MUSÉE LITTÉRAIRE DU SIÈCLE, A 20 CENTIMES LA LIVRAISON

EUGÈNE SUE

LES

SEPT PÉCHÉS CAPITAUX

L'Orgueil. — L'Envie. — La Colère.
La Luxure. — La Paresse. — L'Avarice.
La Gourmandise.

PARIS
MICHEL LÉVY FRÈRES, LIBRAIRES-ÉDITEURS
RUE VIVIENNE, 2 BIS
BUREAUX DU JOURNAL LE SIÈCLE, RUE DU CROISSANT, 16
1852

LES
SEPT PÉCHÉS CAPITAUX

PAR

EUGÈNE SUE

L'ORGUEIL

LA DUCHESSE

I

... Elle avait un vice... l'ORGUEIL, qui lui tenait lieu de toutes les qualités.

Le commandant Bernard, enfant de Paris, après avoir servi l'Empire dans les marins de la garde, et la Restauration comme lieutenant de vaisseau, s'était retiré, quelques temps après 1830, avec le grade honorifique de capitaine de frégate.

Criblé de blessures, souvent mis à l'ordre du jour pour ses brillans faits d'armes dans les combats maritimes de la guerre des Indes, et plus tard cité comme l'un des vaillans soldats de la campagne de Russie, monsieur Bernard, homme simple et droit, d'un cœur excellent, vivant modestement de sa solde de retraite, à peine suffisante à ses besoins, habitait un petit appartement situé dans l'une des rues les plus solitaires des *Batignolles*, ce nouveau faubourg de Paris.

Une vieille ménagère, nommée madame *Barbançon*, était, depuis dix ans, au service du commandant Bernard : quoiqu'elle lui fût fort affectionnée, elle lui rendait parfois, ainsi que l'on dit vulgairement, *la vie très dure*.

La digne femme avait l'humeur despotique, ombrageuse, et se plaisait à rappeler souvent à son maître qu'elle avait quitté, pour entrer chez lui, une *certaine position sociale*.

Pour tout dire, madame Barbançon avait été longtemps aide ou apprentie sage-femme chez une *praticienne* en renom.

Le souvenir de ses anciennes fonctions était pour madame Barbançon un texte inépuisable d'histoires mystérieuses ; elle aimait surtout à raconter l'aventure d'une jeune personne masquée, qui, assistée de la sage-femme, avait secrètement mis au monde une charmante petite fille, dont madame Barbançon avait particulièrement pris soin pendant deux années environ, au bout desquelles un inconnu était venu réclamer l'enfant.

Quatre ou cinq ans après ce mémorable évènement, madame Barbançon quitta sa *praticienne* et cumula les deux fonctions de garde-malade et de femme de ménage.

Vers cette époque, le commandant Bernard, très souffrant d'anciennes blessures rouvertes, eut besoin d'une garde ; il fut si satisfait des soins de madame Barbançon, qu'il lui proposa d'entrer à son service.

— « Ce sera vos invalides, maman Barbançon, lui dit le » vétéran ; je ne suis pas bien féroce, et nous vivrons tran- » quilles. »

Madame Barbançon accepta de grand cœur, s'éleva d'elle-même au poste de *dame de confiance* de monsieur le commandant Bernard, et devint peu à peu une véritable servante-maîtresse.

Certes, en voyant avec quelle patience angélique il supportait la tyrannie de sa ménagère, on eût plutôt pris le vieux marin pour quelque pacifique rentier que pour l'un des plus braves soldats de l'Empire.

Le commandant Bernard aimait passionnément le jardinage ; il donnait surtout ses soins à une petite tonnelle treillagée de ses mains et couverte de clématites, de houblon et de chèvrefeuille ; c'est là qu'il se plaisait à s'asseoir, après son dîner frugal, pour fumer sa pipe en rêvant à ses campagnes et à ses anciens frères d'armes. Cette tonnelle marquait la limite des possessions territoriales du commandant, car, bien que fort petit, le jardin était divisé en deux portions :

L'une, abandonnée aux soins de madame Barbançon, élevait ses prétentions jusqu'à *l'utilité ;*

L'autre partie, dont le vétéran avait seul la direction, était réservée à *l'agrément.*

L'exacte délimitation de ces deux carrés de terre avait été et était encore la cause d'une lutte, sourde mais acharnée, entre le commandant et sa ménagère.

Jamais deux États limitrophes, jaloux d'étendre leurs frontières aux dépens l'un de l'autre, ne déployèrent plus de ruses, plus d'habileté, plus de persévérance pour dissimuler, pour déjouer ou pour assurer leurs mutuelles tentatives d'envahissement.

Il faut d'ailleurs rendre cette justice au commandant, qu'il combattait pour la justice. Il ne voulait rien conquérir, mais il tenait à conserver rigoureusement l'intégrité de son territoire, que l'aventureuse et insatiable ménagère violait souvent, sous prétexte de persil, pimprenelle, ciboule, thym, estragon, mauve, camomille, etc., etc., dont elle voulait à tout prix étendre la culture aux dépens des rosiers, des tulipes et des pivoines de son maître.

Une autre cause de discussion souvent plaisante, entre le commandant et madame Barbançon, était la haine implacable que celle-ci avait vouée à Napoléon, à qui elle ne pouvait pardonner la mort d'un *vélite* de la jeune garde, qu'elle avait passionnément aimé dans sa jeunesse.

De là une rancune implacable contre l'Empereur, qu'elle traitait cavalièrement d'ambitieux despote, *d'ogre de Corse,* et auquel elle accordait à peine quelque supériorité militaire ; ce qui portait à son comble l'hilarité du vétéran.

Néanmoins, malgré ces graves dissentimens politiques et la permanente et brûlante question des limites des deux jardinets, madame Barbançon, dévouée à son maître, l'entourait d'attentions, de prévenances ; et, de son côté, le vétéran se serait difficilement passé des soins de sa ménagère.

Le printemps de 1844 touchait à sa fin, la verdure du mois de mai brillait de toute sa fraîcheur ; trois heures de l'après-dînée venaient de sonner ; quoique la journée fût chaude et le soleil ardent, une bonne odeur d'herbe mouillée, se joignant à la senteur de quelques petits massifs de lilas et de seringats en fleur, attestait les soins providentiels du commandant pour son jardinet.

Grâce à ses arrosoirs fréquemment et laborieusement remplis à un grand cuvier enfoncé à fleur de terre et qui s'arrogeait des prétentions de *bassin,* le vétéran venait d'épancher sur la terre altérée une pluie rafraîchissante ; il n'avait pas même, dans sa généreuse impartialité, exclu des bienfaits de sa rosée artificielle les plates-bandes culinaires et pharmaceutiques de sa ménagère.

Le vétéran, en costume de jardinier, veste ronde de coutil gris, large chapeau de paille, se reposait de la peine qu'il venait de prendre : assis sous la tonnelle qui déjà se garnissait des pousses vigoureuses du houblon et de la clématite, il essuyait la chaleur qui coulait de son front chauve ; ses traits hâlés avaient une rare expression de franchise et de bonté, empreints cependant d'un certain caractère martial, grâce à son épaisse moustache, aussi blanche que ses cheveux coupés en brosse.

Après avoir remis dans sa poche son petit mouchoir à carreaux bleus, le vétéran prit, sur une table placée sous la tonnelle, sa pipe *de Kummer,* la chargea, l'alluma, et, bien établi dans un vieux fauteuil tressé de jonc, il se mit à fumer en jouissant de la beauté du jour.

L'on n'entendait d'autre bruit que le sifflement de quelques merles, et, de temps à autre, un fredon de madame Barbançon, occupée à récolter une petite provision de persil et de pimprenelle pour la salade du souper.

Si le vétéran n'eut pas été doué par la nature de nerfs d'acier, la douce quiétude de son *far niente* eut été péniblement troublée par l'incessant refrain de sa ménagère ; celle-ci avait voué par un lointain ressouvenir de jeunesse (qui se rapportait au *vélite* tant regretté), une affection exclusive à une naïve romance des temps passés, intitulée : PAUVRE JACQUES.

Malheureusement, la ménagère travestissait de la façon la plus saugrenue les simples paroles de cet air d'une mélancolie charmante.

Ainsi, madame Barbançon chantonnait intrépidement les deux derniers vers de cette romance, de la façon que voici :

Mais à présent que je suis loin de toi,
Je MANGE de tout sur la terre*.

Ce qu'il y avait surtout d'horripilant dans ce cantilène, invariablement répété d'une voix aussi fausse que nasillarde, c'était l'expression plaintive, désolée, avec laquelle madame Barbançon, secouant mélancoliquement la tête, accentuait ce dernier vers :

Je MANGE de tout sur la terre.

Depuis tantôt dix ans, le commandant Bernard subissait héroïquement ce refrain. Jamais le digne marin n'avait pris garde au sens grotesque que madame Barbançon donnait au dernier vers de la romance :

Par hasard, ce jour-là, le vétéran s'arrêta au sens de ces paroles, et il lui sembla que *manger de tout sur la terre* n'était pas une conséquence rigoureuse des regrets de l'absence ; aussi, après avoir une seconde fois prêté une oreille impartiale et attentive au refrain de sa ménagère, il s'écria en posant sa pipe sur la table :

— Ah ça ! quelle diable de farce nous chantez-vous là, madame Barbançon ?

Madame Barbançon se redressa et reprit aigrement :

— Je chante une charmante romance... intitulée PAUVRE JACQUES... Monsieur, chacun son goût... Libre à vous de la trouver farce... Ça n'est pourtant pas d'hier que vous m'entendez la chanter.

— Oh ! non, certes, ce n'est pas d'hier ! — reprit le commandant avec un soupir d'innocente récrimination.

— Je l'ai apprise, cette jolie romance, — dit la ménagère en poussant un profond soupir, — dans un temps... dans un temps... enfin suffit, — ajouta-t-elle en refoulant au plus profond de son cœur ses regrets toujours vivans pour le *vélite.* — Cette romance... je la chantais aussi à cette jeune mamé masquée qui est venue pour accoucher secrètement, et qui...

— J'aime mieux la romance, — s'écria le vétéran menacé de cette éternelle redite, et interrompant madame Barbançon, — oui, je préfère la romance à l'histoire... c'est moins long ; mais que le diable m'emporte ! si je comprends davantage ce que cela signifie !...

Mais à présent que je suis loin de toi... je mange de tout sur la terre.

— Eh bien ! monsieur... vous ne comprenez pas ?

— Non !

— C'est pourtant bien simple... mais les militaires ont le cœur si dur.

---

* Au lieu de :
Je manque de tout sur la terre.

— Voyons, maman Barbançon, raisonnons un peu. Voilà une commère qui, dans son chagrin de ce que *Pauvre Jacques* est absent, se met à manger de tout sur la terre?
— Certainement, monsieur, un enfant comprendrait cela!
— Eh bien! moi, pas.
— Comment? vous ne comprenez pas... cette malheureuse fille est si désolée, depuis le départ du *Pauvre Jacques*, qu'elle mange de tout... sur la terre, quoi! sans faire attention à rien, elle mangerait de n'importe quoi... du poison... même... la malheureuse... tant la vie lui est égale... car elle est comme une ahurie, comme une âme damnée; elle ne sait plus ce qu'elle fait; enfin elle mange tout ce qui lui tombe sous la main... et ça ne vous arrache pas les larmes des yeux, monsieur?

Le vétéran avait écouté avec une attention profonde le commentaire de madame Barbançon, et, il faut le dire, cette *glose* ne lui parut pas absolument dépourvue de sens; seulement il hocha la tête et dit en manière de résumé:

— A la bonne heure... maintenant je comprends, mais c'est égal, ces romances, c'est toujours joliment tiré par les cheveux.

— *Pauvre Jacques!* tirée par les cheveux! Oh! si on peut dire!! — s'écria madame Barbançon, indignée de la témérité du jugement de son maître.

— Chacun son goût, — reprit le vétéran, — j'aime mieux, moi, nos vieilles chansons de matelot, on sait de quoi y retourne, ce n'est pas alambiqué.

Et le vieux marin entonna d'une voix aussi puissante que discordante:

Pour aller à Lorient pêcher des sardines...
Pour aller à Lorient pêcher des harengs...

— Monsieur! — s'écria madame Barbançon en interrompant son maître d'un air à la fois pudique et courroucé, car elle connaissait la fin de la romance, — vous oubliez qu'il y a des femmes ici.

— Ah! bah! où donc? demanda curieusement le vétéran, en allongeant le cou pour regarder en dehors de sa tonnelle.

— Il me semble, monsieur, qu'il n'y a pas besoin de regarder si loin, — dit la ménagère avec dignité, — je vous crève suffisamment les yeux.

— Tiens, c'est vrai, maman Barbançon, j'oublie toujours... que vous faites partie du beau sexe... c'est égal, j'aime mieux ma romance que la vôtre... C'était la chanson à la mode sur la frégate l'ARMIDE, où j'ai embarqué novice à quatorze ans, et plus tard nous l'avons chantée en terre ferme... quand j'étais dans les marins de la garde impériale... Ah! c'était le bon temps! j'étais jeune alors!...

— Oui, et puis: Bû...û...ônaparté... (il nous faut absolument orthographier et accentuer ainsi, afin de rendre sensible la manière dédaigneuse et amèrement courroucée avec laquelle madame Barbançon prononçait le nom du grand homme qui avait causé la mort du *vélite*) oui... Bû...û...ônaparté était à votre tête?

— Bien, maman Barbançon, je vous vois venir, — dit en riant le vieux marin, — l'*ogre de Corse* n'est pas loin. Pauvre Empereur, va!

— Oui, monsieur, votre Empereur, c'était un ogre... et si ce n'était que ça, encore!

— Comment! il a fait pis que d'être un ogre?

— Oui, oui, riez... allez, c'est une horreur.

— Mais quoi donc?

— Eh bien! monsieur, quand l'ogre de Corse a tenu le pape, à Fontainebleau, en sa puissance, savez-vous ce qu'il a eu l'indignité de lui faire faire, à notre saint-père, hein, votre Bûûonaparté?...

— Non, maman Barbançon; parole d'honneur, je n'en sais rien.

— Vous ne direz pas que c'est faux, je tiens la chose d'un *vélite* de la jeune garde...

— Qui à cette heure doit être joliment de la vieille; mais voyons l'histoire.

— Eh bien! monsieur, votre Bûûonaparté a eu l'infamie, pour humilier le pape, de l'atteler en grand costume à la petite voiture du roi de Rome, de monter dedans et de se faire traîner par ce pauvre saint-père à travers le parc de Fontainebleau... afin d'aller dans cet équipage-là annoncer son divorce à l'impératrice Joséphine, un amour de femme qui était pleine de religion.

— Vraiment, maman Barbançon, — dit le vieux marin, en étouffant de rire, — ce scélérat d'empereur est allé dans la voiture du roi de Rome traînée par le pape, annoncer son divorce à l'impératrice Joséphine?

— Oui, monsieur, pour la tourmenter à cause de sa religion, cette chère princesse: comme il la forçait aussi de manger un gros jambon tous les vendredis saints... en présence de Roustan, son affreux Mamelouk, à preuve qu'elle était servie ce jour-là à table par des prêtres, dans l'idée d'humilier le clergé, vu que cet affreux Roustan se vantait devant eux d'être musulman et qu'il leur parlait de son sérail... et de ses effrontées bayadères, même que ces pauvres prêtres en devenaient rouges comme des bigarreaux... Il n'y a pas là de quoi pouffer de rire, monsieur; dans le temps tout le monde a su cela, même que...

Malheureusement, la ménagère ne put continuer; ses effrayantes récriminations anti-bûûonapartistes furent interrompues par un vigoureux coup de sonnette, et elle se dirigea en hâte vers la porte de la rue.

. . . .

Quelques mots d'explication sont nécessaires avant l'introduction d'un nouveau personnage, Olivier Raimond, neveu du commandant Bernard.

La sœur du vétéran avait épousé un expéditionnaire du ministère de l'intérieur; au bout de quelques années de mariage, le commis mourut, laissant une veuve et un fils, âgé alors de huit ans. Quelques amis du défunt s'employèrent et firent donner à son fils une bourse dans un collége.

La veuve, sans fortune et n'ayant aucun droit à une pension, tâcha de se suffire à elle-même par son travail. Mais, au bout de quelques années d'une existence pauvre et laborieuse, elle laissa son fils orphelin, sans autre parent que son oncle Bernard, alors lieutenant de vaisseau, commandant une goélette attachée à l'une des stations de la mer du Sud.

De retour en France pour y prendre sa retraite, le vieux marin trouva son neveu achevant sa dernière année de philosophie. Olivier, sans remporter de grands succès universitaires, avait du moins parfaitement profité de son éducation gratuite; mais malheureusement, et ainsi que cela arrive toujours, cette éducation, nullement pratique, n'assurait en rien sa position, vers son avenir à sa sortie du collége.

Après avoir longtemps réfléchi à la position précaire de son neveu, qu'il aimait tendrement, et se voyant hors d'état de lui venir efficacement en aide, vu la modicité de sa solde de retraite, le commandant Bernard dit à Olivier:

« Mon pauvre enfant... nous n'avons qu'un parti à pren-
» dre. Tu es robuste, brave, intelligent; tu as reçu une
» éducation qui te rend du moins supérieur au plus grand
» nombre des pauvres jeunes gens que le sort envoie à
» l'armée. Le recrutement t'atteindra l'an prochain; de-
» vance le moment, fais-toi soldat, tu pourras du moins
» choisir ton arme... On se bat en Afrique; dans cinq ou
» six ans tu peux être officier... C'est du moins une car-
» rière... Si pourtant l'état militaire te répugne par trop,
» mon cher enfant, nous aviserons à autre chose. Nous
» vivrons sur mes mille francs de retraite jusqu'à ce que
» tu puisse te caser quelque part. Je ne te propose pas
» d'entrer dans la marine, il est trop tard: il faut être
» rompu jeune à cette vie exceptionnelle et rude, sans cela
» presque toujours on est mauvais marin... Maintenant,
» choisis. »

Le choix d'Olivier ne fut pas long : trois mois après, li s'engageait soldat, à la condition d'être incorporé dans les chasseurs d'Afrique. Au bout d'un an de service, il était fourrier ; deux ans après, décoré pour une action d'éclat, et l'année d'ensuite maréchal-des-logis-chef.

Malheureusement, Olivier, atteint d'une de ces fièvres tenaces que le climat d'Europe peut seul guérir, fut forcé de quitter l'Afrique au moment où il pouvait espérer les épaulettes d'officier. Renvoyé très malade en France, on l'avait, après sa guérison, incorporé dans un régiment de hussards. Au bout de dix-huit mois de présence à son corps, il était venu passer un semestre à Paris et partager la modeste existence de son oncle.

Le logement du vieux marin se composait d'une petite cuisine, à laquelle attenait la chambre de madame Barbançon, d'une entrée servant de salle à manger, et d'une autre pièce où couchaient le commandant et son neveu. Celui-ci, d'ailleurs, par un scrupule rempli de délicatesse, sachant la position précaire du vétéran, n'avait pas voulu demeurer oisif. Possédant une magnifique écriture, ayant appris suffisamment de comptabilité dans ses fonctions de fourrier, il trouvait chez de petits commerçans de la commune des Batignolles quelques comptes à tenir ; aussi, loin d'être à charge au vétéran, le jeune sous-officier (secrètement d'accord avec madame Barbançon, *trésorière* du ménage), ajoutait chaque mois son petit pécule aux 80 francs de pension que touchait le commandant et lui ménageait même parfois des *surprises* dont le digne homme était à la fois ravi et chagrin, sachant le travail assidu que s'imposait Olivier pour gagner quelque argent.

D'un esprit brillant, enjoué, rompu dès l'enfance à toutes les privations, d'abord par la vie d'*orphelin boursier*, plus tard par les vicissitudes de sa vie de soldat en Afrique ; bon, expansif, brave par tempérament, Olivier n'avait qu'un défaut, si l'on peut appeler défaut une susceptibilité ombrageuse, excessive, à l'endroit de toutes les questions d'argent, si minimes ou si indifférentes qu'elles fussent en apparence ; simple soldat et pauvre, il poussait le scrupule jusqu'à refuser même de ses camarades de régiment la plus modeste invitation, s'il ne payait pas toujours son écot. Cette extrême délicatesse ayant été d'abord raillée ou accusée d'affectation, deux duels, dont Olivier sortit vaillamment, firent accepter et respecter ce trait significatif du caractère du jeune soldat.

Du reste, Olivier, content de tout, prêt à tout, animait incroyablement, par son entrain, par sa gaîté, *l'intérieur* de son oncle.

Dans ses rares momens de loisir, le sous-officier s'épurait le goût en lisant les grands poètes, ou bien il bêchait, arrosait, jardinait avec son oncle, après quoi ils fumaient tous deux leur pipe en parlant guerre et voyages ; d'autres fois, se souvenant au besoin de ses connaissances culinaires acquises durant les bivouacs africains, Olivier guidait madame Barbançon dans la confection des *brochettes de mouton* ou des *galettes d'orge*, ces leçons gastronomiques étant d'ailleurs toujours mêlées de folies et de taquineries féroces à l'endroit de Bûonaparte. La ménagère grondait, rabrouait Olivier Raimond au moins autant qu'elle l'aimait ; en un mot, la présence du jeune sous-officier avait si heureusement incidenté la vie monotone du vétéran et de sa ménagère, que tous deux pensaient avec tristesse que déjà deux mois du semestre d'Olivier s'étaient écoulés.

Madame Barbançon, avertie par la sonnette du dehors, se dirigea donc vers la porte, qu'elle ouvrit au neveu du vétéran.

II.

Olivier Raimond, jeune homme de vingt-quatre ans au plus, avait une physionomie attrayante, expressive ; sa courte veste d'uniforme en drap blanc (rehaussée du ruban rouge) et cotelée de brandebourgs de laine d'un jaune d'or, son pantalon bleu de ciel, faisaient parfaitement valoir sa taille souple, élégante et mince, tandis que son petit *képi*, aussi bleu de ciel, posé de côté sur sa courte chevelure, d'un châtain clair comme sa moustache retroussée et sa large impériale, achevait de donner à sa personne une tournure coquettement militaire ; seulement, au lieu d'un sabre, Olivier tenait ce jour-là sous son bras gauche une grosse liasse de papiers, et à sa main droite un formidable paquet de plumes.

Le jeune sous-officier ayant déposé ces pacifiques engins sur une table, s'écria joyeusement :

— Bonjour, maman Barbançon.

Et il osa serrer entre ses dix doigts la taille ossue de la ménagère.

— Voulez-vous bien finir... mauvais sujet !

— Ah bien oui... je ne fais que commencer... il faut que je vous séduise, maman Barbançon.

— Me séduire, moi ?

— Absolument... c'est indispensable... j'y suis forcé.

— Et pourquoi ?

— Pour que vous m'accordiez une grâce, une faveur !

— Voyons... Qu'est-ce que c'est ?

— D'abord... où est mon oncle ?

— A fumer sa pipe sous sa tonnelle...

— Bon... Attendez-moi-là... maman Barbançon, et préparez-vous à quelque chose d'inouï.

— A quelque chose d'inouï, Monsieur Olivier ?

— Oui... à quelque chose de monstrueux... d'impossible...

— De monstrueux, d'impossible, — répéta madame Barbançon tout ébahie, en voyant le jeune soldat se diriger vers la tonnelle.

— Bonjour, mon enfant, je ne t'attendais pas si tôt, — dit le vieux marin en tendant la main à son neveu avec une joyeuse surprise, déjà de retour, tant mieux...

— Tant mieux... tant mieux... reprit gaîment Olivier. — Au contraire, car vous ne savez pas ce qui vous menace ?

— Quoi donc ?

— Voyons, mon oncle... du courage...

— Finiras-tu ? fou que tu es...

— Fermez les yeux... où ?

— En avant ! où ? contre qui ?

— Contre maman Barbançon, mon brave oncle.

— Pourquoi faire ?

— Pour lui annoncer... que j'ai invité... quelqu'un à dîner...

— Ah ! diable. — fit le vétéran.

Et il recula d'un pas sous sa tonnelle, au seuil de laquelle il se trouvait alors.

— A dîner... aujourd'hui... — poursuivit le sous-officier.

— Ah ! fichtre !!! — fit le vétéran.

Et cette fois il recula de trois pas sous sa tonnelle.

— Et de plus, — poursuivit Olivier, — mon invité... est un duc...

— Un duc !! nous sommes perdus !! — fit le vétéran.

Et il se réfugia au plus profond de son antre de verdure, où il parut vouloir se maintenir comme dans un fort inexpugnable.

— Que le diable me brûle, si je me charge d'aller annoncer ton invitation à maman Barbançon.

— Comment, mon oncle ? la marine... recule ?

— C'est un coup de main, une affaire d'avant-poste... ça regarde la cavalerie légère... tu n'es pas housard pour rien, mon garçon... Allons ! va, enlève-moi ça... en fourrageur... Justement la voici là-bas... madame Barbançon... la vois-tu ?

— Justement, elle est à côté du bassin... ça retombe dans votre élément... dans les opérations navales. Allons ! mon oncle... à l'abordage...

— Ah ! mon Dieu !... elle vient... la voilà !... s'écria le vétéran en voyant la ménagère qui, très intriguée par les quelques mots d'Olivier, s'approchait dans l'espoir de satisfaire sa curiosité.

— Mon oncle, — dit résolument le jeune soldat, au moment où madame Barbançon parut au seuil de la tonnelle, — toute retraite nous est coupée... mon invité arrive dans une heure au plus tard, il s'agit de vaincre ou de mourir... de faim... nous et mon invité, dont il faut au moins que je vous dise le nom : c'est le duc de Senneterre.

— Ce n'est pas à moi qu'il faut dire cela, malheureux ! — reprit le commandant, — c'est à maman Barbançon... car la voici...

A l'approche de la redoutable ménagère, Olivier s'écria :

— Maman Barbançon, mon oncle a quelque chose à vous dire.

— Moi ? du diable si c'est vrai, par exemple ! — reprit le vétéran en s'essuyant le front avec son mouchoir à carreaux, — c'est toi qui as à lui parler !

— Allons, mon oncle... maman Barbançon n'est pas si terrible qu'elle en a l'air ; avouez-lui la chose en douceur.

— C'est ton affaire, mon garçon... Arrange-toi.

La ménagère, après avoir regardé alternativement l'oncle et le neveu avec une curiosité mêlée d'inquiétude, dit enfin à son maître :

— Qu'est-ce qu'il y a donc, monsieur ?

— Demandez cela à Olivier, ma chère... Quant à moi, je n'y suis pour rien... je m'en lave les mains.

— Eh bien ! maman Barbançon, — dit intrépidement le jeune soldat, — au lieu de deux couverts pour notre dîner... il faudra en mettre trois ! voilà !

— Comment ! trois couverts ! monsieur Olivier, pourquoi trois ?

— Parce que j'ai invité à dîner un ancien camarade du régiment...

— Jésus ! mon bon Dieu ! — s'écria la ménagère avec plus d'effroi que de courroux, en levant les yeux au ciel, — un invité... et ce n'est pas le jour du pot-au-feu... nous n'avons qu'une soupe à l'oignon, une vinaigrette de bœuf d'hier et une salade.

— Eh bien ! que voulez-vous donc de plus, maman Barbançon ? — dit joyeusement Olivier, qui s'était attendu à trouver la ménagère bien autrement récalcitrante. — Une soupe à l'oignon confectionnée par vous... une vinaigrette et une salade assaisonnées par vous... c'est un repas des dieux, et mon camarade Gerald se régalera comme un *roi*. Remarquez bien que je ne dis pas comme un *empereur*... maman Barbançon.

Cette délicate allusion aux opinions *anti-Buonapartistes* de madame Barbançon passa inaperçue. A ce moment, la rancuneuse amante du *vélite* disparaissait devant la ménagère.

La ménagère reprit donc avec un accent de récrimination douloureuse :

— Ne pas avoir choisi le jour du pot-au-feu ! ça vous était si facile, monsieur Olivier !

— Ce n'est pas moi qui ai choisi le jour, maman Barbançon... c'est mon camarade.

— Mais, monsieur Olivier, tous les jours, dans la société, on se dit sans façon... « Ne venez pas aujourd'hui, mais venez demain, nous aurons le pot-au-feu. » Après tout, on n'est pas entre ducs et pairs.

Olivier eut envie de porter à son comble l'angoisse de la ménagère, en lui disant que justement c'était un duc qui allait venir manger sa vinaigrette ; mais ne voulant pas mettre à cette rude épreuve l'amour-propre culinaire de madame Barbançon, il se contenta de lui dire :

— Le mal est fait, maman Barbançon... tout ce que je vous demande, c'est de ne pas me faire affront devant un ancien camarade de l'armée d'Afrique.

— Jésus... mon Dieu ! pouvez-vous craindre cela, monsieur Olivier ? vous faire affront... moi ? c'est tout le contraire... j'aurais voulu... que...

— Il se fait tard, — dit Olivier en interrompant ces doléances, — mon ami va arriver avec une faim de soldat...

Ah ! maman Barbançon, ayez pitié de nous !

— C'est pourtant vrai... — dit la ménagère, — je n'ai pas un moment à perdre...

Et la digne femme s'éloigna en hâte, répétant avec douleur.

— N'avoir pas choisi le jour du pot-au-feu !

— Ouf !... — dit le vétéran lorsque la ménagère fut partie, — je respire. Eh bien ! elle a pris ça beaucoup mieux que je ne l'aurais cru... Tu l'as ensorcelée... Mais, à nous deux maintenant, monsieur mon neveu ! Tu ne pouvais pas me prévenir, afin que ton ami trouvât au moins ici un dîner passable ? tu l'invites ainsi à brûle-pourpoint : et c'est un duc par-dessus le marché... Mais dis-moi... comment diable tu as un duc pour camarade dans les chasseurs d'Afrique ?

— En deux mots, voici l'histoire, mon oncle ; je vous la dis, parce que vous aimerez tout de suite mon ami Gerald, car il n'y en a pas beaucoup de cette race et de cette trempe-là... je vous assure... Lui et moi, nous avions été camarades de classe au collège Louis-le-Grand. Je pars en Afrique... Au bout de six mois, qui est-ce que je vois arriver au quartier (nous étions alors à Oran) ? mon ami Gerald en veste et en pantalon d'écurie...

— Simple cavalier ?

— Simple cavalier.

— Comment ? grand seigneur, et riche sans doute, il n'est pas entré à Saint-Cyr ?

— Non, mon oncle.

— Un caprice, alors ? un coup de tête ?

— Non, mon oncle, — dit Olivier avec un accent pénétré, — la conduite de Gerald a été, au contraire, parfaitement réfléchie ; il est en effet, très grand seigneur de naissance, puisqu'il est, je vous l'ai dit, duc de Senneterre.

— Oui, l'on voit souvent ce nom-là dans l'histoire de France, — reprit le vieux marin.

— C'est que la noblesse de la maison de Senneterre n'est pas seulement ancienne, mais illustre, mon oncle ; du reste, la famille de Gerald a perdu la plus grande partie de l'immense fortune qu'elle avait autrefois ; il leur reste, je crois, une quarantaine de mille livres de rentes... C'est beaucoup pour tout le monde ; mais c'est peu, dit-on, pour des personnes d'une grande naissance, et d'ailleurs Gerald a deux sœurs... à marier.

— Ah çà !... dis-moi comment et pourquoi ton jeune duc s'est fait soldat ?

— D'abord, mon oncle, ce brave garçon est fort original, fort spirituel, et il a toutes sortes d'idées à lui. Ainsi, lorsqu'au sortir du collège, Gerald s'est trouvé en âge d'être atteint par le recrutement, son père (il avait encore son père) lui a dit tout naturellement qu'il allait mettre à une bourse d'assurances afin de le garantir contre les chances du sort. Savez-vous ce qu'a répondu ce singulier garçon ?

— Voyons un peu.

« — Mon père, — a dit Gerald, — il est un impôt que
» tout homme de cœur doit payer à son pays, c'est l'im-
» pôt du sang, surtout lorsqu'on se bat quelque part. Je
» trouve donc ignoble de vouloir échapper, moyennant
» finance, aux dangers de la guerre en achetant un pau-
» vre diable qui s'arrache à son champ ou à son métier
» pour risquer d'aller se faire tuer à votre place.... Acheter
» un homme... c'est... passez-moi le terme, se donner un
» brevet de jean f..... avec privilége du gouvernement. Or,
» comme je ne suis pas jaloux de ce privilége-là, si j'ai un
» mauvais numéro, je partirai soldat. »

— Ah ! pardieu ! j'aime déjà ton jeune duc ! — s'écria le vétéran.

— N'est-ce pas, mon oncle, que c'est vaillamment pensé ?

— reprit Olivier avec une expression d'orgueil amical. — Quoique cette résolution lui parût très étrange, le père de Gerald était trop homme d'honneur pour la combattre ; Gerald est tombé au sort, et voilà comment il est arrivé simple cavalier aux chasseurs d'Afrique, pansant son cheval, étant de corvée ou de cuisine tout comme un autre, faisant rondement son métier, et allant sans mot dire à la salle de police, s'il s'attardait sans permission ; en un mot, il n'y avait pas de meilleur cavalier dans son peloton.

— Et avec ça, crânement brave, hein? — dit le vétéran de plus en plus intéressé.

— Brave comme un lion, et si brillant, si gai, si entraînant dans une charge, que son entrain aurait mis le feu au ventre à tout un escadron!!!

— Mais avec son nom, ses protections, il a dû devenir vite officier?

— Il l'aurait été probablement, quoiqu'il ne s'en souciât pas beaucoup, car une fois son temps fait, sa *dette payée*, comme il disait, il voulait revenir jouir de la vie de Paris, qu'il aimait passionnément.

— Brave et singulier garçon, que ton jeune duc.

— Au bout de trois ans de service, — poursuivit Olivier, — Gerald était, comme moi, maréchal-des-logis-chef, lorsqu'ayant témérairement chargé un groupe de cavaliers rouges, il a eu l'épaule cassée d'un coup de feu; heureusement, j'ai pu le dégager et le ramener mourant sur mon cheval. Mais la blessure de Gerald a eu de telles suites qu'il a été réformé; alors, quittant le service, il est revenu habiter Paris. Déjà liés par nos souvenirs de collège, nous étions devenus intimes au régiment. Nous avons continué de correspondre. J'espérais le voir à mon arrivée ici, mais j'ai appris qu'il était allé faire un voyage en Angleterre. Ce matin, je passais sur le boulevard de Monceau, lorsque j'entends qu'on m'appelle à tue-tête. Je me retourne, je vois Gerald sauter d'un élégant cabriolet, courir à moi, et nous nous embrassons, — ajouta Olivier avec une légère émotion, — ma foi, nous nous embrassons comme deux amis s'embrassent à la guerre, après une chaude affaire... Vous savez ça, mon oncle?

— A qui le dis-tu, mon enfant?

« — Il faut que nous dînions et que nous passions la
» soirée ensemble aujourd'hui, — m'a dit Gerald; — où
» loges-tu? — Chez mon oncle (je lui ai cent fois parlé de
» vous; il vous aime presque autant que moi, — dit Oli-
» vier en tendant la main au vétéran). — Eh bien! j'irai
» dîner avec vous deux, — reprit Gerald; — ça va-t-il? Tu
» me présenteras à ton oncle; j'ai mille choses à te dire. »
Sachant combien Gerald est simple et bon garçon, j'ai accepté sa proposition, le prévenant que mes écritures me forceront à le quitter à sept heures, ni plus ni moins que si j'étais clerc d'huissier, — dit gaîment Olivier, — ou que si j'étais obligé de retourner au quartier.

— Brave enfant que tu es! — dit le commandant à Olivier.

— Je me fais une joie de vous présenter Gerald, mon oncle, certain que vous serez tout de suite à l'aise avec lui, et puis enfin... — dit le jeune soldat en rougissant légèrement... — Gerald est riche, je suis pauvre; il connaît mes scrupules, et comme il sait que je n'aurais pas pu payer mon écot chez quelque fameux restaurateur, il a préféré s'inviter ici.

— Je comprends ça, — dit le vétéran, — et ton jeune duc montre la délicatesse d'un bon cœur en agissant ainsi... Qu'au moins la vinaigrette de maman Barbançon lui soit légère, — ajouta joyeusement le commandant.

A peine avait-il exprimé ce vœu philanthropique que la sonnette de la porte de la rue retentit de nouveau.

Bientôt l'oncle et le neveu virent Gerald, duc de Senneterre, s'avancer dans une des allées du jardinet.

Madame Barbançon, l'air affairé, le regard inquiet, et décorée de son tablier de cuisine, précédait le convive improvisé.

III.

Le duc de Senneterre, jeune homme à peu près de l'âge d'Olivier Raymond, avait une tournure pleine de distinction, une physionomie charmante, les cheveux et la moustache noirs, les yeux d'un bleu limpide et doux, il était vêtu avec une élégante simplicité.

— Mon oncle, — dit Olivier au vieux marin en lui présentant le duc de Senneterre, — c'est Gerald, mon meilleur ami... dont je vous ai parlé.

— Monsieur... je suis enchanté de vous voir, — dit le vétéran avec une simplicité cordiale en tendant la main à l'ami de son neveu.

— Et moi, mon commandant, — reprit Gerald avec une sorte de déférence hiérarchique puisée dans l'habitude de la vie militaire, — je suis heureux de pouvoir vous serrer la main; je sais vos paternelles bontés pour Olivier... et comme je suis un peu son frère... vous comprendrez combien j'ai toujours apprécié votre tendresse pour lui.

— Messieurs... voulez-vous manger la soupe dans la maison ou sous la tonnelle... comme à l'ordinaire, puisqu'il fait beau? demanda madame Barbançon.

— Nous dînerons sous la tonnelle... si le commandant le permet, ma chère madame Barbançon, — dit Gerald, — le temps est superbe... ce sera charmant.

— Monsieur me connaît? — s'écria la ménagère en regardant tour à tour Olivier et le duc de Senneterre avec ébahissement.

— Si je vous connais, madame Barbançon, reprit gaîment Gerald, — est-ce qu'Olivier n'a pas cent fois parlé de vous au bivouac? Nous nous sommes même plus d'une fois joliment disputé à propos de vous... allez!

— A propos de moi?

— Je le crois bien... Ce diable d'Olivier est bonapartiste enragé... Il ne vous pardonnait pas d'abhorrer cet affreux tyran... et moi, je prenais votre parti... car je l'abhorre aussi le tyran, dit Gerald d'un ton tragique, — ce scélérat d'ogre de Corse!

— Ogre de Corse!! vous êtes des nôtres, monsieur... touchez-là... nous sommes faits pour nous entendre, — s'écria la ménagère triomphante.

Et elle tendit sa main décharnée à Gerald, qui, répondant bravement à cette étreinte, dit en riant au vieux marin.

— Ma foi, mon commandant, prenez garde... à vous, et gare à toi aussi, Olivier... vous allez avoir à qui parler... Madame Barbançon était seule contre vous deux... mais elle a maintenant en moi un fameux auxiliaire.

— Ah ça! madame Barbançon, — dit Olivier, en venant au secours de son ami, — dont la ménagère semblait vouloir s'emparer, — Gerald meurt de faim... vous ne songez pas à cela... Voyons, je vais vous aider à apporter la table ici, et à mettre le couvert.

— C'est vrai... j'oubliais le dîner, — s'écria la ménagère; et se dirigeant en hâte vers la maison, elle dit au neveu de son maître:

— Venez-vous m'aider? monsieur Olivier.

— Je vous suis, — répondit le jeune sous-officier.

— Ah ça! mon cher, — lui dit Gerald, — est-ce que tu crois que je vais te laisser toute la besogne?

Puis se tournant vers le vieux marin:

— Vous permettez, mon commandant?... j'agis sans façon; mais, quand nous étions sous-officiers, plus d'une fois, Olivier et moi, nous avons préparé la table pour la chambrée; aussi, vous allez voir que je ne m'en acquitte pas trop mal.

Il serait difficile de dire avec quelle gaîté, avec quelle parfaite et naturelle bonne grâce, Gerald aida son ancien camarade de régiment à mettre le couvert sous la tonnelle: tout cela fut accompli si simplement, si allègrement, qu'on eût dit que le jeune duc avait toujours, comme son ami, vécu dans une médiocrité voisine de la pauvreté.

En une demi-heure, Gerald, pour plaire à son ami, avait comme on dit, *fait la conquête* du vétéran et de sa ménagère, qui faillit se pâmer d'aise en voyant son ami antibonapartiste manger avec un appétit sincère la soupe à l'oignon, la salade et la vinaigrette, dont Gerald demanda deux fois, par un raffinement de coquetterie.

Il va sans dire que, pendant ce gai repas, le vieux marin,

délicatement provoqué par Gerald, fut amené à parler de ses campagnes; puis, ce respectueux tribut payé à l'ancienneté du vétéran, les deux jeunes gens évoquèrent à leur tour toutes sortes de souvenirs de collége et de régiment.

Avant de poursuivre ce récit, rappelons la disposition de la tonnelle qui, appuyée à un mur coupé par une sorte de baie grillagée, permettait de voir dans la rue, d'ailleurs fort peu passante.

Le vétéran venait d'allumer sa pipe, Gerald et Olivier leurs cigares; les deux jeunes gens s'entretenaient depuis quelques instans de leurs anciens compagnons de classe et d'armée, lorsqu'Olivier dit à son ami :

— A propos, qu'est devenu cet animal de Macreuse... qui faisait le métier d'espion au collége? Te souviens-tu?... un gros blond fadasse... à qui nous donnions, en nous cotisant, de si belles volées! car il était deux fois grand et fort comme nous?

Au nom de Macreuse, la figure de Gerald prit une expression d'aversion et de mépris singulière et il répondit :

— Diable... tu parles bien légèrement de M. Célestin de Macreuse.

— Comment, de Macreuse? — dit Olivier, — il s'est donné du de, celui-là?... On ne savait d'où il venait, ni qui étaient son père et sa mère? Il était si gueux qu'il mangeait six cloportes pour gagner un sou... Je lui en ai toujours voulu, car il faisait tout pour avilir la pauvreté...

— Et puis, — reprit Gerald, — cruel à plaisir; te rappelles-tu... ces petits oiseaux à qui il crevait les yeux avec une épingle... pour voir comment ils voleraient ensuite.

— Canaille! — s'écria le vétéran indigné, en lançant précipitamment deux ou trois bouffées de tabac. — Cet homme-là doit mourir dans la peau d'un sacré gueux, si on ne l'écorche pas tout vif!

— Je crois que votre prédiction s'accomplira, mon commandant, — dit Gerald en riant; puis, s'adressant à Olivier : — je vais bien t'étonner en te disant ce qui est advenu de M. Célestin de Macreuse... En quittant le service, j'ai recommencé ma vie de Paris. Je t'ai dit, je crois, combien qu'on appelle *notre monde*, à nous autres du faubourg Saint-Germain, était parfois rigoureusement exclusif; juge de mon étonnement, lorsqu'un beau soir, j'entends annoncer chez ma mère *M. de Macreuse*. C'était notre homme. J'avais conservé une si détestable impression de ce mauvais garçon, qu'allant trouver ma mère, je lui dis : — Pourquoi donc recevez-vous ce monsieur qui vient de vous saluer... ce grand blond jaunasse? — Mais c'est M. de Macreuse, — me répondit ma mère avec un accent de considération très marqué. — Et qu'est-ce que c'est que M. de Macreuse, ma chère mère; je ne l'ai pas encore vu chez vous? — Non, car il arrive de voyage, me répondit-elle. — C'est un jeune homme très distingué, d'une piété exemplaire, et le fondateur de l'*œuvre de Saint-Polycarpe*. — Ah diable ! et qu'est-ce que c'est que l'*œuvre de Saint-Polycarpe*, ma chère mère ? — C'est une association pieuse qui a pour but d'enseigner aux pauvres la résignation à leur misère, en faisant comprendre que plus ils souffriront ici-bas, plus ils seront heureux là-haut. — *Si no vero, bene trovato*, dis-je en riant à ma mère. Mais il me semble que ce gaillard-là a la joue bien rebondie, a l'oreille bien rouge, pour prêcher l'excellence des privations. — Mon fils, reprit gravement ma mère, ce que je vous dis est fort sérieux. Les personnes les plus recommandables se sont jointes à l'*œuvre* de M. de Macreuse... qui déploie dans l'accomplissement de ses desseins un zèle évangélique. Mais le voici... je veux vous présenter à lui. — Ma mère, lui dis-je vivement, de grâce n'en faites rien... je serais forcé d'être impoli. Ce monsieur me déplaît, et ce que je sais de lui rend cette déplaisance insurmontable. Nous avons été au collége ensemble, et...

— Je ne pus continuer, le Macreuse s'avança vers nous, j'étais resté assis auprès d'elle. — Mon cher monsieur de Macreuse, — dit-elle à son protégé de l'air le plus aimable, après m'avoir jeté un regard sévère, — je vous présente mon fils... un de vos anciens condisciples, qui sera charmé de renouveler connaissance avec vous. — Le Macreuse me salua profondément, et, du haut de sa cravate, me dit d'un air compassé : — « J'étais absent de Paris depuis quelque » temps, monsieur, et j'ignorais votre retour en France ; » je ne m'attendais pas avoir l'honneur de vous rencon- » trer ce soir chez madame votre mère... nous avons en » effet été au collége ensemble... et... » — C'est pardieu vrai, monsieur, — dis-je au Macreuse en l'interrompant... — et, s'il m'en souvient, vous nous espionniez... au profit des maîtres, vous mangiez six cloportes pour avoir un sou, et vous creviez les yeux des petits oiseaux avec des épingles : c'était probablement aussi dans le charitable espoir que leurs souffrances leur seraient comptées là-haut?

— Bien touché. — dit le commandant en riant aux éclats.

— Et qu'a répondu le Macreuse? — reprit Olivier.

— La large face de ce mauvais drôle est devenue cramoisie, il a tâché de sourire et de balbutier quelques mots ; mais soudain ma mère, me regardant d'un air de reproche, s'est levée, disant à notre homme pour le sauver de son embarras : — Monsieur de Macreuse, voulez-vous me donner le bras pour aller prendre une tasse de thé ?

— Mais, — dit Olivier, — comment cet homme a-t-il été présenté dans ton monde si exclusif?

— C'est ce que personne ne sait, — répondit Gerald... — Une fois la première porte de notre monde ouverte, toutes les autres s'ouvrent d'elles-mêmes... mais cette première porte si difficile à franchir, qui l'a ouverte à ce Macreuse?... on l'ignore ;... quelques-uns cependant pensent qu'il a été introduit dans notre société par un certain abbé Ledoux, directeur très à la mode dans notre quartier. Ceci ne manque pas de vraisemblance, et j'en ai pris l'abbé en aussi grande aversion que le Macreuse... Si du reste mon mépris pour ce mauvais drôle avait besoin d'être justifié, il le serait pour moi... par le jugement qu'a porté du Macreuse un homme très singulier, qui ne se trompe jamais dans ses appréciations.

— Et quel est cet homme infaillible? — demanda Olivier en souriant.

— Un petit bossu pas plus grand que ça, — dit Gerald en élevant sa main à la hauteur de quatre pieds et demi environ.

— Un bossu? — dit Olivier très surpris.

— Oui... un bossu spirituel comme un démon, incisif en diable, raide comme une barre de fer, pour ceux qu'il mésestime ou qu'il méprise;... mais rempli d'affection et de dévouement pour ceux qu'il honore... et ceux-là sont rares; ne cachant d'ailleurs jamais à personne l'éloignement ou la sympathie qu'on lui inspire.

— Il est heureux que son infirmité lui permette d'avoir ainsi son franc parler, — dit le commandant, — sans cela... votre bossu jouerait un jeu diablement dangereux, au moins ?

Son infirmité, — dit Gerald en riant, — quoiqu'il en soit atrocement bossu, te disais-je, le marquis de Maillefort... est...

— C'est un marquis, dit Olivier.

— Tout ce qu'il y a de plus marquis et de la plus vieille roche ; il est puîné de la maison ducale et princière de *Hautmartel*, dont le chef s'est retiré en Allemagne depuis 1830 ; mais quoique atrocement bossu, te disais-je, monsieur de Maillefort est alerte et vigoureux comme un jeune homme, malgré ses quarante-cinq ans, et de plus... tiens... toi et moi, nous sommes sans vanité de très bons tireurs, n'est-ce pas ?

— Mais oui.

— Eh bien ! le marquis nous rendrait huit coups de bouton sur deux... C'est un jeu digne de l'incomparable Bertrand... léger comme l'oiseau, rapide comme la foudre.

— J'aime aussi beaucoup ce brave petit bossu-là, — dit le vétéran, très intéressé, — s'il a eu des duels, ses adversaires devaient faire de drôles de figures.

— Le marquis a eu plusieurs duels dans lesquels il a été charmant, de gai persiflage, de sang-froid et de courage, — répondit Gerald, — c'est ce que m'a dit mon père, dont il était l'ami.

— Et... malgré sa bosse, — demanda Olivier, — il va dans le monde.

— Parfois, il le fréquente assidûment ; puis il reste des mois entiers sans y paraître... C'est un caractère très original. Mon père m'a dit que le marquis avait été longtemps d'une mélancolie profonde ; moi, je l'ai toujours vu gai, railleur, et des plus amusans.

— Mais on doit le craindre comme le feu, — dit Olivier, — avec sa bravoure, son adresse aux armes et son esprit !

— Tu ne peux t'imaginer, en effet, combien, par sa seule présence, il gêne, il inquiète, il impose à certaines gens, que notre monde, si susceptible pour des niaiseries, reçoit pourtant en raison de leur naissance, malgré des vilenies notoires. Aussi, pour en revenir à Macreuse, dès qu'il voit entrer le marquis par une porte, il sort par une autre...

Cet entretien fut interrompu par un incident, insignifiant dans un autre quartier, mais assez peu commun aux Batignolles.

Une belle voiture, élégamment attelée de deux superbes chevaux, s'arrêta juste en face de la baie grillagée de la tonnelle, où étaient réunis les trois convives.

Cette voiture était vide.

Le valet de pied, assis à côté du cocher, et, comme lui, vêtu d'une riche livrée, descendit du siége et, tirant de sa poche une lettre dont il semblait consulter l'adresse, regarda de côté et d'autre comme s'il eût cherché un numéro, puis il diparut en faisant signe au cocher de le suivre.

— Depuis dix ans, — dit le vieux marin, — voilà la première voiture de ce calibre-là que je vois aux Batignolles... c'est fièrement flatteur pour le quartier.

— Je n'ai jamais vu de plus beaux chevaux, — dit Olivier d'un air connaisseur ; — ce sont les tiens, Gerald ?

— Ah çà ! tu me prends donc pour un millionnaire? répondit gaîment le jeune duc ; — j'ai un cheval de selle... et je mets au cabriolet un des deux chevaux de ma mère, quand elle ne s'en sert pas. Voilà mon écurie... Ce qui ne m'empêche pas d'aimer les chevaux à la folie et d'être un enragé *sportsman*, comme nous disons dans notre argot... Mais à propos de cheval, te rappelles-tu le lourdaud brutal nommé Mornand, un autre de nos condisciples ?

— Mornand ? certainement, encore une de nos communes antipathies, et qu'est-il devenu ?

— Aussi un personnage !

— Lui... allons donc ?

— Un personnage... te dis-je... pair héréditaire, il siége à la noble chambre... il y parle... on l'écoute... c'est un ministre... en herbe.

— De Mornand !

— Eh mon Dieu oui !... mon brave Olivier, il est important, il est lourd, il est pâteux, il est sot (je ne dis pas bête, mais sot), il ne croit à rien qu'à son mérite, il est possédé d'une ambition implacable, il appartient à une coterie de gens jaloux et haineux, parce qu'ils sont médiocres, ou médiocres parce qu'ils sont haineux ; ces gaillards-là font la courte-échelle avec une habileté supérieure ; Mornand a un large dos, les reins souples... il arriva... l'un portant l'autre...

A ce moment, le valet de pied, qui avait disparu avec la voiture, revint sur ses pas, avisa à travers la grille les personnages rassemblés sous la tonnelle, s'approcha, et mettant la main à son chapeau :

— Messieurs, pourriez-vous, s'il vous plaît, me dire si ce jardin dépend de la maison numéro 7 ?

— Oui, mon garçon, — répondit le commandant.

— Alors, monsieur, ce jardin est-il celui de l'appartement du rez-de-chaussée? — demanda le domestique.

— Oui, mon garçon.

— Pardon, monsieur, c'est que voilà trois fois que je sonne, et l'on ne me répond pas...

— C'est moi qui habite le rez-de-chaussée, — dit le commandant fort surpris, — que voulez-vous?

— Monsieur... c'est une lettre très pressée pour une... madame Barbançon, qui doit demeurer ici.

— Certainement... mon garçon, elle y demeure, — répondit le vétéran de plus en plus étonné.

Puis, apercevant la ménagère au fond du jardin, il lui cria :

— Eh ! maman Barbançon... pendant que vous complotez sournoisement contre mes plates-bandes, voilà trois fois que l'on sonne à la porte de la rue et vous n'entendez rien... venez donc... on apporte une lettre pour vous...

IV.

A la voix du commandant Bernard, madame Barbançon arriva en hâte, s'excusa auprès de son maître, et dit au domestique qui attendait :

— Vous avez une lettre pour moi... mon garçon? et de quelle part?

— De la part de madame la comtesse de Beaumesnil, madame, — répondit le domestique en remettant la lettre à madame Barbançon au travers de la grille.

— Madame la comtesse de Beaumesnil? — dit l'ancienne sage-femme tout ébahie, — connais pas.

Et elle ouvrit vivement la lettre en répétant :

— Connais pas... du tout, mais du tout, du tout.

— La comtesse de Beaumesnil ? — dit Gerald avec un accent d'intérêt.

— Tu sais qui elle est? — lui demanda Olivier.

— Il y a deux ou trois ans, je l'ai vue dans le monde, — répondit Gerald, — elle était alors d'une beauté idéale; mais la pauvre femme, depuis plus d'une année, n'a pas quitté son lit... On la dit dans un état désespéré... Pour comble de malheur, monsieur de Beaumesnil, qui était allé conduire en Italie leur fille unique, à qui les médecins ont ordonné l'air du midi... monsieur de Beaumesnil vient de mourir à Naples des suites d'une chute de cheval.

— Quelle fatalité! — dit Olivier.

— De sorte que si madame de Beaumesnil meurt, comme on le craint, — poursuivit Gerald, — voilà sa fille orpheline à l'âge de quinze ou seize ans...

— C'est bien triste... — dit le commandant, — pauvre enfant !

— Heureusement, du moins, — reprit Gerald, — mademoiselle de Beaumesnil a devant elle un avenir superbe, car elle doit être la plus riche héritière de France... On évalue la fortune des Beaumesnil à plus de trois millions de rentes... en propriétés.

— Trois millions de rentes! — dit Olivier en riant, — c'est donc vrai? il y a donc des gens qui ont réellement trois millions de rentes... ça existe, ça va... ça vient... ça se parle... comme nous autres... il faudra que tu me fasses envisager un de ces phénomènes-là, Gerald...

— A ton service... Mais je te préviens qu'ordinairement c'est assez laid à contempler... je ne parle pas de mademoiselle de Beaumesnil, je ne sais si elle est aussi jolie que sa mère.

— Je serais curieux de savoir ce que diable! on peut faire de trois millions de rentes, — dit en toute sincérité le commandant, en secouant la cendre de sa pipe sur la table.

— Ah! mon Dieu! ah! grand Dieu! — s'écria madame Barbançon qui, pendant cette partie de l'entretien, avait lu la lettre que le domestique venait de lui remettre, — c'est-il possible... moi... en voiture, et en voiture bourgeoise?

— A qui en avez-vous, maman Barbançon? — demanda le vétéran.

— A qui j'en ai, monsieur ? j'ai qu'il faut que vous me permettiez tout de suite de sortir.

— A votre aise; mais où allez-vous comme ça, sans indiscrétion ?

— Chez madame la comtesse de Beaumesnil, et dans sa propre voiture, encore... — dit la ménagère d'un ton important, — il s'agit de renseignemens que je puis seule lui donner, à ce qu'il paraît... Que je devienne bonapartiste, si je sais ce que ça peut être ! mais c'est égal...

Puis, s'interrompant, l'ancienne sage-femme poussa une exclamation, comme si une idée subite lui eût traversé l'esprit, et elle dit à son maître :

— Monsieur...

— Eh bien !...

— Voulez-vous venir un instant avec moi dans le jardin ? j'ai à vous parler en secret, dans le plus profond secret.

— Oh ! oh ! — répondit le vétéran en sortant de la tonnelle sur les pas de sa ménagère, — c'est grave, allons, je vous suis, maman Barbançon.

La ménagère ayant emmené son maître à quelques pas de la tonnelle, lui dit à voix basse et d'un air de mystère :

— Monsieur, vous connaissez bien *madame Herbaut*, qui demeure au second, qui est commerçante retirée, qui a deux filles, et chez qui j'ai présenté monsieur Olivier, il y a quinze jours ?

— Je ne la connais pas ; mais vous m'avez souvent parlé d'elle... Après ?

— Je me souviens maintenant que son amie intime, *madame Laîné*, est en Italie, gouvernante de la fille d'une comtesse qui a un nom dans le genre de Beaumesnil ; c'est peut-être la même comtesse.

— C'est possible... maman Barbançon... Ensuite ?

— On veut peut-être avoir des renseignemens de moi sur madame Laîné, que j'ai vue chez madame Herbaut.

— Cela se peut, maman Barbançon... et tout à l'heure vous allez savoir à quoi vous en tenir, puisque vous vous rendez chez madame de Beaumesnil.

— Ah ! mon Dieu ! monsieur, une autre idée !

— Voyons l'autre idée ! — dit le vétéran avec une patience angélique.

— Je vous ai parlé de cette jeune femme masquée qui...

— Vous allez recommencer cette histoire-là ! — s'écria le vétéran en commençant d'opérer vivement sa retraite.

— Non, monsieur ; mais si tout ça se rapportait à la jeune femme ?

— Le meilleur moyen de le savoir, maman Barbançon, c'est de partir au plus tôt : nous y gagnerons tous les deux.

— Vous avez raison, monsieur, je pars...

Et suivant son maître qui retournait sous la tonnelle rejoindre ses convives, la ménagère dit au valet de pied, qui s'était tenu à quelques pas de distance de la grille :

— Jeune homme, je mets mon bonnet à nœuds coquelicot et mon beau châle orange, et vous pourrez disposer de moi...

Quelques instans après, madame Barbançon, passant triomphalement en voiture devant la grille de la tonnelle, crut devoir, par déférence, se lever tout debout dans le carrosse, et faire une gracieuse révérence, adressée à son maître et à ses deux convives.

Sept heures sonnèrent alors à une horloge lointaine.

— Diable ! — dit Olivier d'un air contrarié, — sept heures... il faut que je te quitte, mon cher Gerald...

— Déjà ?... et pourquoi ?...

— J'ai promis à un brave maître maçon des Batignolles d'aller ce soir, à sept heures, copier et apurer des mémoires... Tu ne sais pas ce que c'est, toi, que d'*apurer* des mémoires ?

— En effet, tu m'avais prévenu que tu n'étais libre que jusqu'à sept heures, — dit Gerald d'un air contrarié, — je l'avais oublié : je me trouvais si bien de notre causerie !...

— Olivier, — dit le vétéran, qui semblait depuis que son neveu avait parlé des travaux dont il devait s'occuper dans la soirée, — en l'absence de madame Barbançon, va donc à la cave chercher la dernière bouteille de ce vieux vin de *Chypre* que j'ai autrefois rapporté du Levant... M. Gerald en acceptera un verre avant de nous séparer.

Pour une demi-heure de retard, les mémoires de ton maître maçon ne prendront pas feu.

— Excellente idée, mon oncle... car je ne suis pas tout à fait à l'heure, comme lorsque je suis de semaine au quartier... Je cours à la cave... Gerald goûtera de votre nectar, mon oncle.

Et Olivier disparut en courant.

— Monsieur Gerald, dit alors le commandant au jeune duc avec émotion, ce n'est pas seulement pour vous faire goûter mon vin de Chypre que j'ai renvoyé Olivier... c'est afin de pouvoir vous parler de lui... à cœur ouvert ; vous dire, à vous, son meilleur ami... tout ce qu'il y a de bon... de délicat... de généreux chez lui.

— Je sais cela, mon commandant.... mais j'aime à me l'entendre répéter par vous... par vous surtout... qui appréciez si bien Olivier.

— Non, monsieur Gerald, non, vous ne savez pas tout... vous ne pouvez vous imaginer le travail pénible, aride, que le pauvre garçon s'impose, non-seulement pour ne pas m'être à charge... pendant son semestre, mais encore pour me faire de petits présens que je ne veux refuser, de peur de lui faire trop de peine... Cette belle pipe, c'est lui qui me l'a donnée... J'aime beaucoup les rosiers : dernièrement il m'a apporté deux superbes espèces nouvelles. Que vous dirais-je ? J'avais depuis longtemps bien envie d'un bon fauteuil... car lorsque deux de mes blessures se rouvrent, et cela n'arrive que trop souvent, je suis forcé de rester plusieurs nuits assis... Mais un bon fauteuil, c'était trop cher... Voilà qu'il y a huit jours, je vois apporter ce meuble tant désiré par moi. J'aurais dû me méfier de quelque chose, car Olivier avait passé je ne sais combien de nuits à faire des écritures. Excusez ces confidences de bonnes et pauvres gens, monsieur Gerald, — dit le vieux marin d'une voix altérée, — pendant qu'une larme roulait sur sa moustache blanche, — mais j'ai le cœur plein, il faut qu'il s'ouvre... et vous dire cela à vous... c'est un double bonheur.

Et comme Gerald allait parler, le commandant l'interrompit en lui disant :

— Permettez, monsieur Gerald... vous allez me trouver bien bavard ; mais Olivier va venir, et j'ai une grâce à vous demander. Par votre position, vous devez avoir de grandes et belles connaissances, monsieur Gerald ? Mon pauvre Olivier n'est appuyé par personne... et pourtant, par ses services, par son éducation, par sa conduite, il a droit à l'épaulette... Mais il n'a jamais ni voulu, ni osé faire la moindre démarche auprès de ses chefs... Je conçois cela, car si j'avais été un *brosseur*, comme nous disons... je serais capitaine de vaisseau ; mais que voulez-vous.... il paraît que ça tient de famille... Olivier est comme moi, nous nous battons de notre mieux, nous sommes esclaves du service, et puis, quand il s'agit de demander, nous devenons tout bêtes et tout honteux... Mais chut ! voilà Olivier qui vient de la cave, dit vivement le vieux marin en reprenant sa pipe et en la fumant précipitamment, — n'ayez l'air de rien, monsieur Gerald ; pour l'amour de Dieu n'ayez l'air de rien, Olivier se douterait de quelque chose.

— Mon commandant, il faut qu'Olivier soit sous-lieutenant avant la fin de son semestre... et il le sera, — dit Gerald, ému des confidences du vétéran. J'ai peu de crédit par moi-même, mais je vous parlais du marquis de Maillefort : il jouit partout d'une si haute considération que, vivement recommandée par lui, la nomination d'Olivier, qui n'est qu'un droit et justice, sera emportée d'emblée ; je m'en charge, soyez tranquille.

— Ah ! monsieur Gerald, je vous avais bien jugé tout de suite... — dit vivement le commandant ; — vous êtes un frère pour mon pauvre enfant... mais le voilà, n'ayez l'air de rien.

Et le digne homme recommença de fumer sa pipe d'un air très dégagé, après avoir néanmoins du bout du doigt enlevé au coin de son œil une larme trop rebelle.

Gerald, s'adressant à son ancien camarade, afin d'éloigner de lui tout soupçon au sujet de l'entretien précédent, lui cria :

— Arrive donc, traînard ! on dirait, par Dieu ! que tu as été à la cave avec quelque jolie cabaretière comme la belle juive d'*Oran*... Te rappelles-tu cette pauvre Dinah, don Juan que tu es ?

— Le fait est qu'elle était gentille, — répondit le jeune soldat, en souriant à ce souvenir d'amour avec satisfaction ; — mais c'était un laideron... comparé à la jeune fille que je viens de rencontrer dans la cour, dit Olivier, en déposant avec précaution sur la table la poudreuse bouteille de vin de Chypre.

— Ah !... maintenant je comprends la durée de ton absence.

— Voyez-vous le gaillard, — ajouta le vétéran revenant peu à peu de son attendrissement, — et qu'est-ce que cette beauté que tu viens de rencontrer, mon garçon ?

— Voyons... mets-nous au fait de ta conquête au moins, — dit Gerald.

— Pardieu ! monsieur le duc, — dit Olivier en riant, — cela se rencontre à merveille... c'est *une duchesse*...

— Comment ! une duchesse ? — dit Gerald.

— Une duchesse aux Batignolles, — s'écria le commandant, — c'est du fruit nouveau... et fièrement flatteur pour le quartier.

— Allons, mon bon oncle... je vais un peu rabattre de votre amour-propre *batignollais*. Ma conquête, comme dit ce fou de Gerald, d'abord n'est pas ma conquête... et puis elle n'est pas duchesse... seulement on l'a surnommée *la duchesse*.

— Et d'où lui vient ce glorieux surnom ! — demanda Gerald.

— On l'appelle ainsi, — reprit Olivier, — parce qu'elle est, dit-on, belle et orgueilleuse comme une duchesse...

— Tu as oublié... *sage*... — dit Gerald en riant.

— Vraiment ! — dit Olivier, — est-ce que les duchesses... sont ?...

— Veux-tu te taire, mauvaise langue, — reprit Gerald en interrompant le jeune soldat. Je crois, tudieu bien ! qu'elles sont sages... les duchesses !

— Eh bien ! alors elle est belle, orgueilleuse et sage comme une duchesse ; telle est la cause du surnom de cette jeune fille.

— Et qu'est-ce que c'est que cette jolie duchesse ? — demanda Olivier. — En ma qualité de *duc*, comme tu dis, tu dois satisfaire ma curiosité ?

— Elle est maîtresse de piano...—reprit Olivier,—tu vois qu'elle déroge furieusement !

— C'est plutôt le piano qui devient très aristocrate sous ses belles mains... car elle doit avoir aussi des mains de duchesse !... Voyons, conte-nous cela... Que diable ! tu es amoureux ; à qui feras-tu tes confidences, sinon à ton oncle... à ton camarade ?

— Je voudrais bien avoir le droit de vous en faire, des confidences,—dit Olivier en riant,— parce que je ne vous en ferais pas ; mais vrai, c'est la première fois que je vois cette jeune fille.

— Mais ces détails... sur elle ?

— Il y a une madame Herbaut qui loge ici, au second,—répondit Olivier. — Tous les dimanches, cette excellente femme rassemble chez elle des jeunes filles, amies de ses filles : les unes sont teneuses de livres ou demoiselles de magasin, d'autres maîtresses de dessin ou, comme *la duchesse*, maîtresses de musique... je t'assure qu'il y en a de charmantes ; toutes ces braves filles travaillent toute la semaine comme de petits lions, gagnent honorablement leur vie, et s'amusent follement le dimanche chez la bonne madame Herbaut : on joue à des petits jeux, on danse au piano, c'est très amusant ; voilà deux dimanches que madame Barbançon m'a présenté chez cette dame, et, ma foi...

— Je demande à être présenté à madame Herbaut, — s'écria le jeune duc en interrompant son ami.

— Tu demandes... tu demandes... tu crois qu'il n'y a qu'à demander, toi ? reprit gaîment Olivier. — Apprends, mon cher, que les Batignolles sont aussi exclusives que ton faubourg Saint-Germain.

— Bon, tu es jaloux, tu as tort ; d'abord... parce que, vraies ou supposées, les *duchesses* ne m'affriandent plus... surtout quand elles sont sages... et puis l'on ne vient pas aux Batignolles pour s'amouracher d'une duchesse. Ainsi, rassure-toi, et d'ailleurs, si tu me refuses, je suis au mieux avec maman Barbançon, je lui demanderai d'être présenté à madame Herbaut.

— Enfin nous verrons si l'on peut t'admettre, — dit Olivier avec une importance comique.— Mais, pour en revenir à *la duchesse*, madame Herbaut, qui est fort liée avec elle, m'a dit, l'autre dimanche, comme je m'extasiais sur cette réunion de charmantes jeunes filles : — « Que diriez-vous » donc, monsieur, si vous voyiez *la duchesse* !... » (et la digne femme m'a donné les détails dont je t'ai parlé sur l'origine de son surnom) ; « malheureusement, — a-t-elle » ajouté, — voilà deux dimanches qu'elle nous manque, et » elle nous manque beaucoup ; car toute duchesse qu'elle » soit, elle est adorée ici par tout le monde ; mais depuis » quelques jours, elle a été appelée auprès d'une grande » dame très riche et très malade... dont les souffrances » sont si grandes et si rebelles, que les médecins, à bout de » leur science, ont eu l'idée d'essayer si une musique » douce et suave ne calmerait pas les douleurs de la pauvre » dame. »

— Voilà qui est singulier, — dit Gerald.

— Quoi donc ? — lui demanda Olivier.

— Cette pauvre femme, si malade, dont on essaye de calmer les douleurs par tous les moyens possibles, et auprès de qui ta *duchesse* a été appelée... c'est madame la comtesse de Beaumesnil.

— La même qui vient d'envoyer chercher madame Barbançon ? — demanda le vétéran.

— Oui, mon commandant ; j'avais déjà entendu parler de cette espèce de cure musicale entreprise pour adoucir les atroces souffrances de la comtesse.

— Le fait est que la rencontre est assez bizarre, — dit Olivier, mais il paraît que la tentative des médecins n'a pas été vaine, car chaque soir *la duchesse* qui est, à ce qu'il paraît, excellente musicienne, va chez madame de Beaumesnil... Et voilà pourquoi je n'avais pas vu cette jeune fille aux deux soirées de madame Herbaut, de chez qui, sans doute, elle sortait tout à l'heure. Frappé de sa tournure, de sa beauté vraiment extraordinaire, j'ai demandé au portier s'il la connaissait. Sans doute, monsieur Olivier, m'a-t-il répondu, c'est *la duchesse*...

Je trouve cela charmant, intéressant, mais beaucoup trop mélancolique pour moi, — dit Gerald ; — je préfère de bonnes et joyeuses filles sans façon, comme il doit s'en trouver dans la réunion de madame Herbaut, et, si tu ne m'y présente pas... tu es un ingrat... Rappelle-toi cette jolie mercière d'Alger... qui avait une non moins jolie sœur...

— Comment ! dit le vétéran, — et la juive ! la jolie cabaretière d'Oran ?

— Dam...... mon oncle...... on est à Oran...... on aime à Oran ; ... on est à Alger... on aime à Alger...

— Mais tu es donc un Joconde, malheureux ! — s'écria le vétéran, singulièrement flatté des bonnes fortunes d'Olivier, tu es donc un séducteur !

— Que voulez-vous, mon commandant, — dit Gerald, — ce n'est pas de l'inconstance... on suit la marche de sa division, voilà tout... C'est pourquoi Olivier et moi nous avons été obligés de laisser à Oran, lui sa juive, moi ma Mauresque, pour nos petites mercières d'Alger.

— Le fait est, — dit le vieux marin, égayé par le vin de Chypre, dont la bouteille avait circulé entre les convives pendant cet entretien, — le fait est que, selon le changement de station, nous quittions les mulâtresses de la Martinique pour les pêcheuses de Saint-Pierre-Miquelon, de Terre-Neuve.

— Un fameux changement de zone, dites donc, mon commandant ? — reprit Gerald en poussant le coude du vétéran ; — c'était quitter le feu pour la glace.

— Non, pardieu pas! — reprit le vétéran; — je ne sais à quoi ça tient, mais ces pêcheuses, blondes comme des Albinos, avaient le diable au corps. Il y avait surtout une petite boulotte à cils blancs, qu'on appelait *la Baleinière*... — Température du Sénégal... hein!... mon oncle?...
— Ah! fit le vétéran.

Et il posa son verre sur la table en faisant claquer sa langue contre son palais, de sorte que l'on ne savait si ce bruit significatif se rapportait au souvenir de la Baleinière aux cils blancs ou à la dégustation du vin de Chypre.

Puis le digne marin s'écria :
— Ah çà! mais qu'est-ce que je dis là? A-t-on vu des mauvais sujets pareils!... Ce que c'est que l'exemple! Ne voilà-t-il pas un vieux *phoque* comme moi qui parle d'amourettes avec ces jeunes moustaches!... Allons, parlez de vos juives, de vos Mauresques, de vos duchesses, mes enfans; au moins, c'est de votre âge.

— Eh bien donc! au nom de la reconnaissance, je somme Olivier de me présenter chez madame Herbaut, — dit l'opiniâtre Gerald.

— Ce que c'est que la satiété!... Tu vas dans le plus beau, dans le plus grand monde, — dit Olivier, — et tu envies... nos pauvres petites réunions batignollaises.

— Avec ça qu'il est amusant, le grand monde, — dit Gerald. — J'y vais à mon corps défendant, pour ne pas contrarier ma mère... Demain, par exemple, est pour moi un jour assommant, car ma mère donne une matinée dansante... Mais, à propos, viens-y donc, Olivier.

— Où ça?
— A la matinée dansante que donne ma mère.
— Moi?
— Eh bien! oui... toi.
— Moi... Olivier Raimond, maréchal-des-logis de hussards... dans ton faubourg Saint-Germain?

— Il serait sacredieu bien étonnant que je ne puisse pas amener chez ma mère mon meilleur ami, parce qu'il a l'honneur d'être un des plus braves soldats de l'armée... Olivier... tu viendras... je veux que tu viennes.

— En dolman et en képi, n'est-ce pas? — dit Olivier en souriant et en faisant allusion à sa pauvreté, qui ne lui permettait pas le luxe des habits bourgeois.

Sachant l'emploi que faisait le digne soldat de son pécule si laborieusement gagné, et connaissant d'ailleurs son ombrageuse susceptibilité, Gerald ne put que répondre :
— C'est vrai... je n'y pensais pas... C'est dommage, nous aurions passé une bonne journée; je t'aurais montré nos beautés à la mode, et je suis sûr qu'en fait de jolies et fraîches figures... tu aurais regretté... les réunions de madame Herbaut.

— Entendez-vous, mon oncle, comme c'est adroitement ramené... comme il revient à la charge?

Huit heures sonnèrent à la même lointaine horloge.
— Huit heures! — dit vivement Olivier; — diable! et mon maître maçon qui m'attend depuis une heure... Il faut absolument y aller, Gerald... Qu'il me quitte, Gerald... J'ai promis d'être exact... une heure de retard... c'est beaucoup... Or, l'exactitude est la politesse des rois... et de ceux qui aspirent des mémoires, — ajouta gaîment Olivier. — Puis, tendant la main à son oncle : — Bonsoir, mon oncle!

— Tu vas encore travailler une partie de la nuit, — dit le vétéran avec une émotion contenue, en jetant un regard significatif à Gerald, — il ne faudra donc pas que je t'attende?

— Non, mon oncle, couchez-vous... Dites à madame Barbançon de laisser la clef chez le portier et des allumettes chimiques dans la cuisine... Je ne ferai pas de bruit, je ne vous réveillerai pas.

— Adieu, monsieur Gerald, — dit le vétéran en tendant la main au jeune duc et la lui serrant d'une manière expressive, afin de lui rappeler sa promesse au sujet de la promotion d'Olivier au grade d'officier.

— Adieu, mon commandant, — dit Gerald en répondant à l'étreinte du vétéran, et lui indiquant par un signe qu'il comprenait sa pensée, — vous me permettez, n'est-ce pas, de revenir vous voir?

— Ce sera pour moi un plaisir... un vrai plaisir, monsieur Gerald, — dit le vétéran, — vous devez en être sûr...

— Ma foi, oui, mon commandant, car je juge en cela d'après moi-même... Adieu... Olivier... viens... je te conduirai jusqu'à la porte de ton maître maçon.

— J'y gagnerai toujours un quart-d'heure, — dit Olivier. — Bonsoir, mon oncle.
— Bonsoir, mon enfant.

Et Olivier, ayant pris dans l'entrée sa liasse de papiers et son paquet de plumes, sortit avec Gerald; tous deux, se tenant par le bras, allèrent jusqu'à la demeure du maçon, où ils se séparèrent, se promettant de se revoir bientôt.

Environ une heure après qu'Olivier eut quitté son oncle, madame Barbançon fut ramenée aux Batignolles dans la voiture de madame la comtesse de Beaumesnil.

Le vétéran, surpris du silence et de la physionomie ténébreuse de la ménagère, lui adressa, mais en vain, plusieurs fois la parole. Il la pria enfin de serrer le restant du vin de Chypre. Madame Barbançon prit la bouteille, s'en alla lentement, puis, s'arrêtant bientôt, et croisant les bras d'un air méditatif, elle laissa choir par ce mouvement la fiole poudreuse.

— Que le diable vous emporte! — s'écria le vétéran, — voilà le vin de Chypre perdu...

— C'est pourtant vrai, j'ai cassé la bouteille, — répondit la ménagère, en se réveillant comme d'un songe. — Eh bien! ça ne m'étonne pas; depuis que j'ai vu et entendu madame la comtesse de Beaumesnil, car je viens de la voir... et dans quel état, mon Dieu! La pauvre femme!... et je me creuse la tête pour trouver quelque chose que je ne trouve pas, et d'ici à longtemps je ne serai bonne à rien, allez, monsieur, il faut y compter.

— C'est toujours quelque chose que de savoir cela d'avance, — reprit le vétéran avec sa placidité habituelle, en voyant madame Barbançon retomber dans sa mystérieuse préoccupation.

V.

Le lendemain de la rencontre d'Olivier Raimond et de Gerald, sa mère, ainsi qu'il l'avait annoncé au neveu du vétéran, donnait une matinée dansante.

Madame la duchesse de Senneterre, par sa famille et par ses alliances, appartenait à la plus ancienne et à la plus illustre noblesse de France; quoique sa fortune fût médiocre et sa maison petite, madame de Senneterre donnait ainsi chaque printemps quatre ou cinq bals de jour, peu nombreux, mais très élégans et très choisis, dont elle et ses deux jeunes filles faisaient les honneurs avec une grâce parfaite. M. le duc de Senneterre, mort depuis deux ans, avait eu sous la Restauration la plus haute position.

Les trois fenêtres du salon où l'on dansait s'ouvraient sur un beau jardin; le temps était magnifique, entre deux contredanses, plusieurs personnes, hommes et femmes, se promenaient ou causaient à travers les allées, çà et là bordées d'arbustes en fleurs.

Quatre ou cinq hommes, abrités par un massif de lilas, s'entretenaient de ces mille riens dont se composent généralement les conversations mondaines.

Parmi ce groupe, deux personnes méritaient d'attirer l'attention.

L'une d'elles, homme de trente ans environ, déjà obèse, à l'air à la fois suffisant et indolent, dédaigneux et gonflé de soi, à l'œil couvert et presque éteint, s'appelait M. le comte de Mornand. Son nom avait été prononcé la veille chez le commandant Bernard, lorsque Olivier et Gerald évoquaient leurs souvenirs de collége.

M. de Mornand occupait, on l'a dit, à la chambre des pairs, un siége héréditaire.

L'autre personnage, ami intime du comte, était un homme de trente ans aussi, de haute taille, maigre, osseux, anguleux, légèrement voûté, déjà chauve ; sa petite tête plate, son œil à fleur de tête, presque toujours légèrement injecté de sang, donnait à sa physionomie un caratière fort analogue à celui du reptile... Il se nommait le baron de Ravil. Quoique ses moyens d'existence fussent problématiques, eu égard à l'espèce de luxe qu'il affichait, on recevait le baron dans le meilleur monde, auquel il tenait d'ailleurs par sa naissance ; jamais intrigant (en donnant à cette épithète toutes ses conséquences, des plus basses aux plus audacieuses), jamais intrigant ne déploya une plus cynique effronterie, une fourbe plus impudente.

— Avez-vous vu le *lion* du bal? — disait à M. de Mornand l'un des interlocuteurs du groupe dont nous avons parlé.

— J'arrive à l'instant, — répondit monsieur de Mornand, j'ignore de qui vous voulez parler.

— Et parbleu ! du marquis de Maillefort.

— Ce maudit bossu ! — s'écria monsieur de Ravil. — Allons... c'est bien à lui, cette matinée était d'un terne, d'un ennui assommant; le marquis va égayer un peu tout cela par sa bouffonne présence.

— Que diable peut-on venir faire dans le monde quand on est bâti de la sorte? — dit monsieur de Mornand. — Ce pauvre marquis devrait avoir au moins la conscience... de sa bosse.

— C'est singulier, — reprit un autre, — de temps à autre le marquis apparaît dans le monde... pendant quelques semaines... et puis soudain il disparaît.

— Je le soupçonne fort d'être monnoyeur et de venir ainsi de temps à autre écouler le produit de son ingénieuse industrie, dit monsieur de Ravil. — Ce qu'il y a de sûr c'est qu'un jour, chose incroyable... inouïe... il m'a prêté au jeu un billet de mille francs... que je ne lui rendrai jamais... D'abord il devait être faux... Et puis cet impertinent bossu m'a dit en me le prêtant : *Ça m'amusera de vous redemander souvent ces mille francs-là, baron !* Qu'il soit tranquille... il s'amusera longtemps.

— Plaisanterie à part, le marquis est un homme singulier... — dit un autre interlocuteur, la vieille marquise de Maillefort, sa mère, lui a laissé une belle fortune, et l'on ne sait qu'il en fait, car il vit très modestement.

— Je l'ai vu autrefois, assez souvent, chez cette pauvre madame de Beaumesnil.

— A propos, dit un autre, — vous savez qu'on la dit à toute extrémité?

— Madame de Beaumesnil?

— Certainement; elle doit être administrée dans la journée; c'est du moins ce qu'on a répondu à madame de Mirecourt qui, en venant ici, s'était arrêtée à la porte de l'hôtel de Beaumesnil pour avoir des nouvelles.

— Il faut alors qu'elle ait été inguérissable, car elle a pour médecin le fameux docteur Gastérini, aussi savant que gourmand, ce qui n'est pas peu dire.

— Pauvre femme ! c'est mourir jeune encore.

— Et quelle immense fortune aura sa fille ! s'écria monsieur de Mornand; — ce sera la plus riche héritière de France... et orpheline par dessus le marché... quel morceau !...

En disant ces mots, les yeux de monsieur de Mornand rencontrèrent ceux de son ami de Ravil.

Tous deux tressaillirent imperceptiblement, comme si une idée subite leur était venue ; d'un seul regard, ils s'étaient compris.

— La plus riche héritière de France !
— Une orpheline !!
— Et une fortune... territoriale... encore !! — s'écrièrent les trois autres interlocuteurs avec un naïf accent de convoitise.

Puis, l'un d'eux reprit, sans remarquer l'échange de regards significatifs qui avaient lieu entre monsieur de Mornand et son ami.

— Et quel âge a-t-elle, mademoiselle de Beaumesnil?

— Quinze ans à peine, dit monsieur de Ravil ; — et puis si laide... si chétive, — ajouta-t-il avec intention.

— Diable ! *chétive*... n'est pas désavantageux... au contraire, dit l'un des causeurs d'un air judicieux et réfléchi.

— Ah ! elle est très laide, reprit un autre en s'adressant à de Ravil, — vous l'avez donc vue?

— Pas moi ; mais une de mes tantes... a vu cette petite au couvent du *Sacré-Cœur* avant que Beaumesnil l'emmenât en Italie... par ordonnance des médecins...

— Pauvre Beaumesnil, mourir à Naples d'une chute de cheval...

— Et vous dites, mon cher, — reprit l'interlocuteur de monsieur de Ravil, pendant que monsieur de Mornand semblait de plus en plus pensif, — vous dites que mademoiselle de Beaumesnil est fort laide?

— Un vrai monstre... je ne sais pas même si elle ne tombe pas du haut mal, — continua de Ravil avec une affectation de dénigrement très marquée ; — par là-dessus... poitrinaire... puisqu'après la mort de Beaumesnil, le médecin qui les avait accompagnés à Naples a déclaré qu'il ne répondrait de rien, si mademoiselle de Beaumesnil revenait en France... poitrinaire au dernier degré ! vous dis-je... au dernier degré !

— Une héritière poitrinaire? reprit un autre d'un air à la fois friand et alléché ; mais c'est ce qu'il y a au monde de plus délicat, de plus recherché.

— Pardieu... je vous comprends, c'est évident cela, — reprit de Ravil, mais il faut au moins qu'elle puisse vivre jusqu'à ce qu'il l'épouse... tandis que, très probablement, mademoiselle de Beaumesnil ne vivra pas ; elle est condamnée : je l'ai entendu dire par monsieur de la Rochaiguë, son plus proche parent... il doit bien le savoir, puisqu'il hériterait d'elle.

— Peut-être aussi, à cause de cela, voit-il tout en beau. Quelle chose heureuse pour madame de La Rochaiguë qui aime tant le luxe, les fêtes !

— Oui, chez les autres.

— C'est étonnant, — reprit un des interlocuteurs, il me semble que j'avais entendu dire que mademoiselle de Beaumesnil ressemblait à sa mère... qui a été une des plus jolies femmes de Paris.

— Cette héritière est d'une laideur atroce, reprit de Ravil, je vous atteste, et je ne sais pas même si elle n'est pas contrefaite.

— Quant à moi, — dit enfin monsieur de Mornand en sortant de sa rêverie, — d'autres personnes m'ont parlé de mademoiselle de Beaumesnil comme en parle de Ravil.

— Ah çà ! mais pourquoi sa mère ne l'a-t-elle pas accompagnée en Italie?

— Parce que la pauvre femme était déjà atteinte de cette maladie de langueur, à laquelle il paraît qu'elle va succomber. L'on dit d'ailleurs qu'elle a eu un affreux chagrin de ne pouvoir suivre sa fille à Naples, et que ce chagrin pourrait bien contribuer à rendre son état désespéré.

— Il paraîtrait alors, — dit un autre, que la cure musicale du docteur Dupont n'a pas eu le succès qu'il espérait?

— Quelle cure musicale?

— Sachant le goût bien connu de madame de Beaumesnil pour la musique, le docteur, pour calmer les souffrances de sa malade et la distraire de sa langueur, lui avait conseillé, — dit-on, — de se faire jouer ou chanter des morceaux d'une musique douce et suave.

— L'idée n'était pas mauvaise, quoique renouvelée de Saül et de David, — dit de Ravil.

— Eh bien ! qu'en est-il résulté?

— Madame de Beaumesnil aurait d'abord éprouvé, — dit-on, — une sorte de distraction, d'adoucissement ; mais sa maladie a repris le dessus.

— On dit aussi que la mort cruelle de ce pauvre de Beaumesnil lui a porté un coup terrible...

— Allons donc, — s'écria M. de Mornand en ricanant et haussant les épaules; — est-ce qu'elle a jamais aimé Beaumesnil, cette femme-là ! Elle ne l'a épousé que pour ses millions de millions... Et d'ailleurs, étant jeune fille, elle a eu je ne sais combien d'amans. Somme toute, — reprit M. de Mornand en gonflant ses joues avec une affectation de dignité méprisante, — madame de Beaumesnil est une femme tarée... perdue... et malgré la fortune énorme qu'elle laissera... un galant homme ne consentira jamais à épouser la fille d'une pareille mère... une femme déshonorée ! ! !

— Misérable !

S'écria une voix qui, sortant de derrière la touffe de lilas, semblait répondre aux dernières paroles de M. de Mornand.

Il y eut d'abord un moment de silence et de surprise générales; puis M. de Mornand, devenu pourpre de colère, fit rapidement quelques pas afin de contourner le massif.

Il ne trouva personne ;... l'allée, à cet endroit, formant un coude assez brusque, la personne invisible qui venait de prononcer le mot de *misérable* avait pu facilement disparaître.

— Il n'y a de misérables, — dit à voix haute M. de Mornand en revenant occuper sa place, il n'y a de misérables que les gens qui osent dire des injures sans oser se montrer.

Ce singulier incident venait à peine d'avoir lieu, lorsque le son de l'orchestre, se faisant entendre, ramena les promeneurs du côté du salon.

Monsieur de Mornand resta seul avec de Ravil ; celui-ci lui dit :

— On t'a appelé misérable... on n'a pas osé paraître, c'est bien... n'en parlons plus. Mais m'as-tu compris ?

— A merveille. Cette idée m'est venue comme à toi... subitement... Chose étrange ! pendant quelques instans je suis resté comme ébloui... fasciné... par cette pensée...

— Plus de trois millions de rentes ? hein ? quel ministre incorruptible tu ferais ?

— Tais-toi... c'est à devenir fou.

Cette conversation intime fut suspendue par l'arrivée d'un tiers importun, qui, s'adressant à monsieur de Mornand, lui dit, avec la plus exquise politesse :

— Monsieur, voulez-vous me faire la grâce de me servir de vis-à-vis ?

A cette demande, monsieur de Mornand recula d'un pas, sans répondre un mot, tant sa surprise était grande, surprise convenable, si l'on songe que le personnage qui venait demander à monsieur de Mornand de lui servir de vis-à-vis, était le marquis de Maillefort, ce singulier bossu dont on a déjà plusieurs fois parlé.

Un autre sentiment que celui de la surprise empêchait aussi monsieur de Mornand de répondre tout d'abord à l'étrange proposition du marquis, car, dans la voix mâle, vibrante de ce dernier, monsieur de Mornand crut un instant reconnaître la voix du personnage invisible qui, quelques momens auparavant, l'avait traité de *misérable*, lorsqu'il s'était exprimé si durement sur le compte de madame de Beaumesnil.

Le marquis de Maillefort, ne paraissant pas s'apercevoir du silence et de l'expression de surprise désobligeante avec lequel monsieur de Mornand accueillait sa proposition, reprit du même ton de parfaite politesse :

— Monsieur, voulez-vous me faire la grâce de me servir de vis-à-vis pour la prochaine contredanse ?

A cette demande réitérée, demande d'ailleurs étrange, on le répète, si l'on songe à la tournure de ce danseur en expectative, monsieur de Mornand répondit en dissimulant à peine son envie de rire.

— Vous servir de vis-à-vis, à vous, monsieur ?

— Oui, monsieur, — reprit le marquis de l'air du monde le plus naïf.

— Mais... monsieur... ce que vous me demandez là, reprit monsieur de Mornand, — est, permettez-moi de vous le dire... fort délicat...

— Et fort dangereux... mon cher marquis, — ajouta le baron de Ravil en ricanant à froid selon son habitude.

— Quant à vous, baron, — lui répondit en souriant monsieur de Maillefort, — je pourrais vous faire une question non moins délicate... et peut-être plus dangereuse : quand me rendrez-vous les mille francs que j'ai eu le bonheur de vous prêter au jeu ?...

— Vous êtes bien curieux... marquis.

— Allons, baron, répondit le bossu, ne traitez donc pas les défunts bons mots de monsieur de Talleyrand comme vous traitez les billets de mille francs.

— Qu'entendez-vous par là, marquis ?

— Je veux dire, baron, que les uns ne vous coûtent pas plus à mettre en circulation que les autres...

Monsieur de Ravil se mordit les lèvres et reprit :

— Cette explication ne me satisfait pas précisément, monsieur le marquis.

— Vous avez le droit d'être difficile, en fait d'explications, c'est vrai, baron, — répondit le bossu avec un accent de hautain persifflage ; — mais vous n'avez pas le droit d'être indiscret, et vous l'êtes beaucoup dans ce moment. J'avais l'honneur de causer avec monsieur de Mornand, et vous venez vous jeter à la traverse de notre entretien... c'est très désagréable.

Puis, s'adressant à monsieur de Mornand, le bossu reprit :

— Vous aviez donc la bonté, monsieur, de répondre à la demande que je vous faisais de me servir de vis-à-vis, que c'était... fort délicat, je crois ?

— Oui, monsieur, — reprit monsieur de Mornand, sérieusement cette fois, car un pressentiment lui disait que la singulière proposition du bossu n'était qu'un prétexte, et plus il écoutait sa voix, plus il croyait reconnaître celle qui l'avait traité de *misérable*. — Oui, monsieur... ajouta-t-il donc avec une assurance mêlée de hauteur. — J'ai dit qu'il était fort délicat de vous servir de vis-à-vis.

— Et pourrai-je, monsieur... sans trop de curiosité, vous demander pourquoi ?

— Mais... monsieur... — répondit monsieur de Mornand, en hésitant, — parce que... parce que... je trouve... qu'il est singulier... de...

Et comme monsieur de Mornand n'achevait pas.

— Monsieur, — lui dit allégrement le marquis, — j'ai une excellente habitude.

— Laquelle, monsieur ?

— Ayant l'inconvénient d'être bossu et conséquemment d'être fort ridicule... j'ai pris le parti de me réserver exclusivement le droit de me moquer de ma bosse, et comme j'ai la prétention de m'acquitter de ces plaisanteries à la satisfaction générale... (excusez, monsieur, cette fatuité...) je ne permets pas... que l'on fasse très mal... ce que je fais très bien.

— Monsieur..... — dit vivement monsieur de Mornand, je.....

— Permettez-moi... un exemple... — dit toujours très allégrement le marquis. — Je viens vous demander de me faire l'honneur de me servir de vis-à-vis. — Eh bien !... au lieu de me répondre poliment : *Oui, monsieur*, ou *non, monsieur*, vous me répondez en étouffant de rire..... — *C'est très délicat de vous servir de vis-à-vis* ? — Et quand je vous prie en grâce de compléter votre plaisanterie... sans doute suscitée par ma bosse... vous balbutiez... vous ne trouvez rien du tout ; c'est déplorable...

— Mais, monsieur, s'écria M. de Mornand, je veux...

— Mais, monsieur, — reprit le bossu, en interrompant de nouveau son interlocuteur, — si, au lieu d'être poli, vous vouliez être plaisant, que diable ! du moins il fallait l'être, me dire quelque chose d'assez drôlement impertinent ; ceci, par exemple : « Monsieur de Maillefort, j'ai » l'horreur des supplices, — et je n'aurais pas la force d'as- » sister à celui de votre danseuse. » Ou bien encore ceci. — « Monsieur de Maillefort... J'ai beaucoup d'amour-

» propre, et je ne veux pas m'exposer à avoir le désavan-
» tage avec vous dans le *dos à dos*... » Vous voyez donc
bien, mon cher monsieur, reprit le bossu avec un redoublement de jovialité, — que, me moquant de moi-même
mieux que personne, j'ai raison de ne pas tolérer que l'on
fasse grossièrement, maladroitement... ce que je fais de
bonne grâce.

— Vous dites, monsieur, — reprit M. de Mornand avec
impatience, — que vous ne tolérez pas...

— Allons donc, Mornand... c'est une plaisanterie, s'écria
M. de Ravil. — Et vous, marquis..., vous avez trop d'esprit pour....

— Il ne s'agit pas de cela, — reprit M. de Mornand. —
Monsieur a dit qu'il ne tolérait pas...

— Que l'on se moquât de moi, — dit le marquis, — non
pardieu!.. Monsieur, je ne le tolère pas... je le répète.

— Mais, encore une fois, marquis, dit de Ravil, — Mornand n'a pu avoir... n'a pas eu un instant la pensée de se
moquer de vous...

— Vrai ?... baron...

— Parbleu !

— Bien vrai, bien vrai, baron ?

— Mais certainement !

— Alors, — reprit le marquis, que monsieur me fasse
la grâce de m'expliquer ce qu'il entendait par cette réponse
à ma demande : *C'est très délicat*...

— Mais c'est tout simple... je vais...

— Mon cher de Ravil, — dit M. de Mornand en interrompant son ami d'une voix ferme, — tu vas beaucoup
trop loin; puisque M. de Maillefort procède par sarcasmes,
par menaces, je juge convenable de lui refuser toute explication. Monsieur de Maillefort peut donner à mes paroles le sens... qui lui conviendra...

— Oh! oh! donner un sens à vos paroles ! dit le bossu
riant, je ne me charge pas d'une telle tâche, c'est l'affaire
de vos honorables collègues de la Chambre des pairs, lorsque vous leur débitez un de ces superbes discours... que
vous avez la particularité de comprendre...

— Finissons, monsieur, — dit M. de Mornand poussé à
bout, — admettez mes paroles aussi insolentes que possible...

— Mais tu es fou, — s'écria de Ravil, — tout ceci... est...
ou sera d'un ridicule achevé.

— Vous avez raison, mon pauvre baron, dit le marquis
d'un air naïf et contrit, — cela peut devenir d'un ridicule
énorme, effrayant.... pour.... Monsieur; aussi, voyez comme je suis bon prince, je me contenterai des excuses... suivantes, faites à voix haute par M. de Mornand devant trois
ou quatre personnes à mon choix : « Monsieur le marquis
» de Maillefort, je vous demande très humblement et très
» honteusement pardon d'avoir osé... »

— Assez !... Monsieur !... s'écria M. de Mornand, — vous
me supposez donc bien lâche... ou bien stupide ?

— Vrai? vous me refusez cette réparation, dit le marquis en poussant un gros soupir d'un air railleur, — vous
me la refusez... là... positivement ?

— Eh ! oui, monsieur, positivement, — s'écria M. de Mornand, — très positivement !

— Alors, monsieur, dit le marquis avec autant d'aisance
que de parfaite courtoisie, — je me crois obligé de terminer cet entretien ainsi que je l'ai commencé, et d'avoir
de nouveau, monsieur, l'honneur de vous dire : — *Voulez-vous me faire la grâce de me servir de vis-à-vis ?*...

— Comment? monsieur, votre vis-à-vis? — dit M. de
Mornand ébahi.

— Mon vis-à-vis... dans une *contredanse à deux*, — ajouta le bossu avec un geste expressif... — vous comprenez?...

— Un duel... avec vous ? — s'écria M. de Mornand qui,
dans le premier emportement de la colère, avait oublié la
position exceptionnelle du bossu, et qui seulement alors
songeait à tout ce qu'il pouvait y avoir de ridicule pour
lui dans une pareille rencontre, aussi répéta-t-il : — Un duel
avec vous, monsieur ? Mais...

— Allez-vous me répondre comme tout-à-l'heure, — re-

prit gaîment le bossu, en l'interrompant, — que cet autre
vis-à-vis est *trop délicat*?... ou *trop dangereux*, comme disait votre ami de Ravil ?

— Non, monsieur... je ne trouverais pas cela trop dangereux... — s'écria M. de Mornand, — mais ce serait par
trop ridicule.

— Eh ! mon Dieu ! c'est ce que je disais tout-à-l'heure
à cet honnête monsieur de Ravil... ce sera d'un ridicule
énorme... effrayant... pour vous... mon pauvre monsieur...
Mais que voulez-vous ?

— En vérité, messieurs, — s'écria de Ravil, — je ne souffrirai jamais que...

Puis, avisant Gerald de Senneterre qui passait dans le
jardin, il ajouta :

— Voici justement le duc de Senneterre... le fils de la
maison ; il va se joindre à moi pour terminer cette folle
querelle.

— Pardieu, messieurs, — reprit le bossu, — le duc arrive à merveille.

Et, s'adressant au jeune homme, il lui dit :

— Gerald, mon cher ami... venez à notre secours.

— Qu'y a-t-il, monsieur le marquis ? — répondit Gerald
avec une expression d'affectueuse déférence.

— Vous avez des cigares ?

— Excellents, monsieur le marquis.

— Eh bien ! mon cher Gerald, ces deux messieurs et
moi, nous mourons d'envie de fumer... Allons faire cette
petite débauche dans votre appartement.

— A merveille, — répondit gaîment Gerald, — je n'ai
aucune invitation pour cette contredanse... je puis donc
disposer d'un quart-d'heure.

— C'est autant de temps qu'il nous en faudra, — dit le
bossu en jetant un regard significatif à de Mornand et à
de Ravil, qui, néanmoins, ne comprirent pas davantage
où le marquis en voulait arriver.

— Venez-vous, messieurs ? — ajouta le bossu en prenant le bras de Gerald, et précédant le *ministre en herbe* et
son ami.

En quelques secondes, les quatre personnages arrivèrent
dans l'appartement de Gerald, situé au second étage de la
maison de sa mère, et composé de trois pièces, dont l'une
était fort grande.

Le jeune duc ayant poliment prié MM. de Mornand et
de Ravil de passer les premiers, M. de Maillefort dit à Gerald, en donnant un tour de clé à la serrure de la porte,
et en mettant la clé dans sa poche :

— Vous permettez, mon cher ami ?

— Pourquoi donc fermer cette porte à double tour,
monsieur le marquis ? lui dit Gerald très surpris.

— Afin... de n'être pas dérangés, — répondit mystérieusement le bossu, — et de pouvoir fumer... tranquillement...

— Diable... vous êtes homme de précaution, monsieur
le marquis, — dit Gerald en riant.

Et il introduisit MM. de Mornand et de Ravil dans la
pièce du fond qui, beaucoup plus grande que les deux autres, servait de salon et de cabinet au jeune duc.

A l'une des boiseries de cette pièce, on voyait une
sorte de large écusson recouvert de velours rouge, sur lequel se détachait une panoplie d'armes de guerre, de chasse
et de combat.

VI.

M. de Mornand, en voyant le marquis de Maillefort fermer à double tour la porte de l'appartement, avait à peu
près deviné l'intention du bossu. Bientôt celui-ci ne laissa
pas le moindre doute sur sa résolution : dénouant sa cravate, il ôta son gilet et son habit avec une prestesse singu-

lière, à l'ébahissement croissant de Gerald, qui venait de prendre ingénument sur la cheminée son coffret à cigares.

Le marquis, montrant alors du doigt deux épées de combat suspendues avec les autres armes de la panoplie, dit au jeune duc :

— Mon cher Gerald, ayez la bonté de mesurer ces épées avec M. de Ravil et d'offrir la plus longue à mon adversaire ; si elles sont inégales... je m'arrangerai de la plus courte. Eh ! eh !... on connaît le proverbe... *les bossus ont les bras longs.*

— Comment, — s'écria Gerald, — ces épées ?...

— Certainement, mon cher ami. En deux mots, voici la chose. Monsieur (et il désigna de Mornand) vient d'être très sottement impertinent à mon égard, il m'a refusé des excuses, il m'en ferait à cette heure que je ne les accepterais plus... Nous allons donc nous battre : vous serez mon témoin ; M. de Ravil sera celui de M. de Mornand ; nous allons être ici comme des sybarites.

Puis, s'adressant à M. de Mornand, le marquis ajouta :

— Allons, monsieur... habit bas... Gerald n'a qu'un quart d'heure à nous donner, mettons-y de la discrétion.

— Quel dommage qu'Olivier ne soit pas témoin de cette bonne scène ! — pensa Gerald, qui, revenu de sa stupeur, trouvait, en étourdi et valeureux garçon qu'il était, l'aventure d'autant plus piquante qu'il éprouvait peu de sympathie pour MM. de Mornand et de Ravil, et qu'il ressentait une grande affection pour le marquis.

Le bossu ayant fait sa déclaration d'imminente hostilité, M. de Ravil dit à Gerald d'un air parfaitement convaincu :

— Vous sentez bien, monsieur le duc, qu'un tel duel est impossible.

— Impossible ! pourquoi cela, monsieur ? — demanda sèchement l'ancien maréchal-des-logis aux chasseurs d'Afrique.

— Merci... Gerald, — dit le marquis. — Les épées, mon cher ami !... vite... les épées !

— Mais, encore une fois, un tel duel, dans la maison de madame votre mère ? Cela ne se peut pas, monsieur le duc, — dit de Ravil en voyant Gerald se diriger du côté de la panoplie et y décrocher deux épées de combat qu'il examina soigneusement.

— Songez-y donc, monsieur le duc, — reprit de Ravil, avec une nouvelle insistance, — un duel... dans une chambre... chez vous... pour le motif le plus futile...

— Je suis seul juge, monsieur, de la convenance de ce qui se passe chez moi, — reprit froidement Gerald ; il y a mille exemples de duels pareils, rien n'est plus simple et plus commode... n'est-ce pas, monsieur de Mornand !

Celui-ci, ainsi interpellé, répondit :

— Tout endroit est convenable pour venger une offense, monsieur le duc.

— Bravo !... le Cid n'eût pas mieux dit, — s'écria le bossu.

— Alors, mon cher monsieur de Mornand... vite... habit bas. Voyez donc, il faut que ce soit bossu... moi qui ne suis pas absolument bâti comme l'Apollon du Belvédère... qui sois le premier à me mettre en chemise... La partie n'est pas égale.

M. de Mornand, poussé à bout, ôta son habit.

— Je déclare que je ne serai pas témoin d'un duel pareil, — s'écria M. de Ravil.

— A votre aise, — reprit le bossu, — j'ai la clef de la porte dans ma poche... Regardez par la fenêtre et tambourinez-nous sur les vitres un petit air de bravoure... ça ne sera peut-être pas d'un mauvais effet pour M. de Mornand.

— De Ravil, — s'écria l'adversaire du marquis, — je t'en prie... mesure les épées.

— Tu le veux ?...

— Je le veux...

— Soit... mais tu es fou.

Puis s'adressant à Gerald :

— Vous prenez là, monsieur, une bien grave responsabilité.

— Cela suffit, monsieur, — répondit Gerald en mesurant les épées avec de Ravil, pendant que M. de Mornand ôtait son habit.

Le marquis, en rappelant ce proverbe : *les bossus ont les bras longs,* avait dit vrai, car lorsqu'il releva la manche de la chemise pour la rouler et l'assujétir au-dessus de la saignée, il découvrit un long bras velu, maigre, nerveux, et sur lequel les veines saillissaient comme un réseau de cordes, tandis que le bras de son adversaire était gras, et pour ainsi dire d'une mollesse informe.

A la manière dont les deux champions tombèrent en garde et dont ils engagèrent leurs fers, après que Gerald, ayant consulté de Ravil du regard, leur eût dit : *Allez, messieurs...* l'issue de la rencontre ne pouvait être douteuse...

L'on voyait assez que M. de Mornand était, si cela peut se dire, *convenablement brave,* de cette bravoure qu'il est impossible à un homme bien élevé de ne pas montrer, mais il était visiblement inquiet : son jeu, d'une prudence excessive, dénotait une certaine connaissance de l'escrime ; engageant à peine son fer, rompant prestement, se tenant autant qu'il le pouvait hors de portée et toujours sur la défensive, il paraîssait passablement, ripostait avec timidité et n'attaquait jamais.

Un moment de Ravil et Gerald même furent épouvantés de l'expression de haine, de férocité qui changea la physionomie du marquis, jusqu'alors gaie, railleuse, mais nullement méchante, car soudain, les traits contractés par une rage sourde, il attacha sur M. de Mornand un regard d'une si terrible fixité en maîtrisant vigoureusement le fer de son adversaire, tout en marchant à l'épée sur lui, que Gerald tressaillit.

Mais, redevenant tout à coup et comme par réflexion ce qu'il avait été au commencement de cette scène étrange, jovial et moqueur, à mesure que ses traits se détendirent, ralentit sa redoutable marche à l'épée ; puis, voulant sans doute terminer cette rencontre, il fit une feinte en dedans des armes ; M. de Mornand y répondit ingénument, tandis que son adversaire, tirant en dehors, lui traversa le bras droit.

A la vue du sang qui coula, Gerald et de Ravil s'avancèrent en s'écriant :

— C'est assez, messieurs... c'est assez...

Les deux champions baissèrent leurs épées à la voix de leurs témoins, et le marquis dit à haute voix :

— Je me déclare satisfait... je fais mieux, monsieur de Mornand, je vous demande très humblement pardon... d'être bossu... C'est la seule excuse que je puisse raisonnablement vous offrir.

— Cela suffit, monsieur, — dit M. de Mornand avec un sourire amer, tandis que Gerald et de Ravil, à l'aide d'un mouchoir, bandaient la plaie du blessé, plaie peu grave d'ailleurs.

Ce premier appareil posé, les deux adversaires se rhabillèrent ; M. de Maillefort dit alors à M. de Mornand :

— Voudrez-vous, monsieur, me faire la grâce de m'accorder un moment d'entretien dans la pièce voisine ?

— Je suis à vos ordres, monsieur, — répondit M. de Mornand.

— Vous permettez, Gerald ? demanda le bossu au jeune duc.

— Certainement, répondit celui-ci.

M. de Maillefort et M. de Mornand étant seuls dans la chambre à coucher de Gerald, le bossu dit de son air leste et moqueur :

— Quoiqu'il soit de mauvais goût de parler de sa générosité, mon cher monsieur, je suis obligé de vous confesser qu'un moment j'ai eu envie de vous tuer, et que rien ne m'eût été plus facile...

— Il fallait user de votre avantage, monsieur.

— Oui, mais j'ai réfléchi...

— Et à quoi, monsieur ?

— Vous me permettrez de ne pas vous ouvrir tout à fait mon cœur, et de vous prier seulement de considérer cet innocent coup d'épée comme quelque chose d'analogue à ces remémoratifs à l'aide desquels on aide à sa mémoire en certaines circonstances...

— Je ne vous comprends pas du tout, monsieur.

— Vous m'accordez bien que souvent l'on met un petit morceau de papier dans sa tabatière, ou, si l'on ne prise pas, que l'on fait un nœud à son mouchoir, afin de se rappeler... un rendez-vous, une promesse ?

— Oui, monsieur... ensuite ?

— J'ai donc tout lieu d'espérer que, moyennant la piqûre que je viens de vous faire au bras, en guise de remémoratif, la date de ce jour ne sortira jamais de votre mémoire ?

— Et quel intérêt, monsieur, avez-vous à ce que je n'oublie pas la date de cette journée ?

— Mon Dieu... c'est bien simple... Je désirais fixer la date de ce jour dans votre souvenir d'une manière ineffaçable... parce qu'il est possible... que plus tard j'aie à vous rappeler *tout ce que vous avez dit dans cette matinée...*

— Me rappeler tout ce que j'ai dit aujourd'hui ?

— Oui, monsieur, tout ce que vous avez dit en présence de témoins irrécusables, que j'invoquerais au besoin.

— Je vous comprends de moins en moins, monsieur...

— Je ne vois, quant à présent, aucun avantage à ce que vous me compreniez mieux, mon cher monsieur ; vous me permettrez donc d'avoir l'honneur de vous présenter mes très humbles civilités et d'aller dire adieu à Gerald.

Il est facile de le deviner : la cause réelle de la provocation de M. de Maillefort à M. de Mornand était la façon insultante avec laquelle ce dernier avait parlé de madame de Beaumesnil, car ses soupçons ne le trompaient pas... c'était le bossu qui, invisible, et entendant les grossières paroles de M. de Mornand, avait crié : *Misérable...*

Maintenant, pourquoi M. de Maillefort, toujours d'une si franche hardiesse, avait-il dû employer un moyen détourné, se servir d'un futile prétexte pour venger l'insulte faite à madame de Beaumesnil ? dans quel but voulait-il pouvoir rappeler plus tard à M. de Mornand la date de cette journée, et lui demander peut-être compte de tout ce qui avait été dit devant des témoins irrécusables ?

C'est ce qu'éclaircira la suite de ce récit.

Le marquis de Maillefort venait de prendre congé de Gerald, lorsqu'un des gens de sa mère lui remit la lettre suivante, qu'Olivier lui écrivait le matin même.

« Mon bon Gerald, l'homme propose et Dieu dispose
» (pardon de la sentence) ; or donc, hier soir, le bon Dieu,
» prenant la forme de mon brave maître maçon, a décidé
» que je m'en irais compagnon quinze jours ou trois semaines,
» à six lieues d'ici ; cela me contrarie fort, car notre bonne
» partie d'après-demain ne pourra pas avoir lieu.
» Sérieusement voici ce qui arrive : mon maître maçon
» est peu fort sur le calcul ; il s'est tellement embrouillé
» dans ses comptes en faisant le relevé de travaux exécu-
» tés dans un château près de Luzarches, qu'il lui est im-
» possible de se reconnaître au milieu de ses notes, et à
» moi de porter la moindre lumière dans ces ténèbres ; il
» faut donc que nous allions procéder à une foule de toi-
» sés, dont je prendrai note afin d'éviter de nouveaux lo-
» gogriphes ; ce travail m'oblige à une assez longue ab-
» sence ; du reste, mon maître maçon est un ancien sergent
» du génie, brave et honnête homme, simple, naturel ; et
» tu sais que la vie est facile avec des gens de cette nature ;
» ce qui m'a encore engagé à aller l'assister, c'est qu'au-
» tant que j'en ai pu juger, il se trompe à son désavantage ;
» la chose est rare, je ne suis pas fâché d'aider à la cons-
» tater.
» Je quitte mon bon oncle (dis ?... quel cœur d'or !) avec
» une terrible anxiété... Madame Barbançon, ramenée chez
» nous par la belle voiture de la comtesse de Beaumesnil,
» est depuis hier dans un état alarmant... surtout pour
» les modestes repas de mon oncle ; elle n'a pas une seule
» fois prononcé le nom de *Buonaparte,* elle est tout mys-
» tère ; elle s'arrête pensive dans le jardin, et inactive dans
» sa cuisine... elle nous a donné ce matin du lait tourné
» et des œufs durs.

» Donc, avis à toi, mon bon Gerald, s'il te prend fan-
» taisie d'aller manger à *l'ordinaire* du vieux marin.
» Du reste, évidemment, madame Barbançon brûle du dé-
» sir de s'entendre interroger sur l'incident d'hier soir,
» afin d'être amenée à une indiscrétion. Tu juges combien
» mon oncle et moi nous sommes au contraire réservés à
» ce sujet, par cela même qu'il y a quelque chose de sin-
» gulier, de curieux même dans l'aventure.
» Si, pendant mon absence, tu peux disposer d'un mo-
» ment, va voir... mon oncle... tu lui feras le plus grand
» plaisir... car je vais bien lui manquer. Je ne puis te dire
» combien il t'aime déjà ; pauvre et digne soldat !... Quelle
» ineffable bonté ! quel cœur droit il y a sous cette simple
» enveloppe !... Ah ! mon cher Gerald, je n'ai jamais am-
» bitionné la fortune ; mais je tremble en pensant qu'à son
» âge, et avec ses infirmités, mon oncle aura de plus en
» plus de peine à vivre de sa petite retraite... malgré toutes
» les privations qu'il supporte courageusement... Et s'il
» allait tomber malade ?... car deux de ses blessures se rou-
» vrent souvent... et, pour les pauvres gens, c'est si cher
» la maladie !... Tiens, Gerald, cette pensée est cruelle.
» Pardon, mon ami, mon frère... j'ai commencé cette
» lettre gaîment... la voici qui devient triste...
» Adieu, Gerald, à bientôt. Écris-moi à Luzarches, poste
» restante.

» A toi de tout et bon cœur

» OLIVIER RAYMOND. »

VII.

Le soir du jour où avait eu lieu le duel de M. de Maillefort, vers les sept heures et demie, alors que le soleil commençait à décliner au milieu de nuages sombres, épais, qui présageaient une soirée pluvieuse, car déjà tombaient quelques rares mais larges gouttes de pluie, une jeune fille traversait la place de la Concorde, se dirigeant vers le faubourg Saint-Honoré.

Cette jeune fille portait sous son bras gauche deux cahiers de musique dont les reliures fanées attestaient les longs services ; à la main droite elle avait un petit parapluie dont elle s'abritait ; sa mise, des plus modestes, se composait d'une robe de soie noire, d'un mantelet de pareille étoffe, et, quoique le printemps fût déjà avancé, d'un chapeau de castor gris noué sous son menton par un large ruban ; quelques légers flocons de cheveux d'un blond charmant, agités par le vent, débordaient la passe étroite du petit chapeau de cette jeune fille, et encadraient un frais visage de dix-huit ans au plus, alors empreint d'une profonde tristesse, mais rempli de grâce, de modestie et de dignité ; cette dignité, pour ainsi dire native, se retrouvait encore dans l'expression mélancolique et fière des grands yeux bleus de cette jeune fille ; sa démarche était élégante, légère, et quoique son ample mantelet dissimulât sa taille, elle semblait aussi parfaite que souple et dégagée. Enfin, bien que ses vêtemens annonçassent leur vétusté par la mollesse de leurs plis et par une espèce de lustre terne (si l'on peut employer cette antithèse), ils étaient si merveilleusement propres, et portés avec une si rare distinction, que l'on oubliait leur quasi-pauvreté.

La jeune fille, voulant traverser un ruisseau, releva un peu sa robe ; aussi, lorsqu'elle avança son joli pied, chaussé de brodequins bien cirés, à semelle un peu épaisse, elle laissa voir un bas de coton d'une blancheur de neige, et le bord d'un jupon non moins éblouissant, bordé d'un petit tulle de coton.

Une pauvre femme, tenant un enfant entre ses bras, ayant murmuré quelques mots d'une voix implorante en

LES SEPT PÉCHÉS CAPITAUX. — L'ORGUEIL.

s'adressant à la jeune fille, celle-ci, qui se trouvait alors au coin de la rue des Champs-Élysées, s'arrêta, puis après un moment de naïf embarras, car ayant les deux mains occupées, l'une par son parapluie, l'autre par ses cahiers de musique, elle ne pouvait fouiller à sa poche, la jeune fille plaça pour un instant ses cahiers sous le bras de la pauvresse, et lui mit son parapluie dans la main. Ainsi abritées, elle et la mendiante, la jeune fille tira de sa robe une bourse de soie, ôta un de ses gants, prit dans la bourse, qui contenait au plus quatre francs en menue monnaie, une pièce de deux sous, et presque confuse, dit à la mendiante d'une voix d'un timbre enchanteur :

— Tenez, bonne mère... pardonnez-moi de ne pouvoir vous offrir davantage.

Et, jetant un regard attendri sur la figure étiolée du petit être que la mendiante serrait contre son sein, elle ajouta :

— Pauvre cher enfant... que Dieu vous le conserve...

Et, de sa main délicate et blanche, déposant sa modeste aumône dans la main amaigrie que la mendiante lui tendait, et qu'elle trouva moyen de presser légèrement, la jeune fille remit son pauvre vieux petit gant, bien souvent recousu par elle, reprit son parapluie, ses cahiers de musique, jeta un dernier regard de tendre commisération sur la pauvresse, et continua sa route en suivant la rue des Champs-Elysées.

Si nous avons insisté sur les détails de cette aumône, détails peut-être puérils en apparence, c'est qu'ils nous semblent significatifs : ce don, quoique bien minime, n'avait pas été fait avec hauteur ou distraction, la jeune fille ne s'était pas contentée de laisser dédaigneusement tomber une pièce de monnaie dans la main qui l'imploraît. Et comprendra-t-on enfin cette nuance, sans doute insaisissable à bien des esprits ! Pour offrir son aumône... la jeune fille s'était dégantée... comme elle eût fait pour toucher la main d'une amie.

Le hasard voulut que M. de Ravil, après avoir reconduit chez lui son ami, légèrement blessé (M. de Mornand demeurait dans le quartier de la Madeleine) ; le hasard voulut, disons-nous, que M. de Ravil se croisât sur le trottoir de la rue des Champs-Elysées avec la jeune fille. Frappé de sa beauté, de sa tournure distinguée qui contrastait singulièrement avec la plus que modeste apparence de ses vêtemens, cet homme s'arrêta une seconde devant elle, la toisa d'un regard cynique ; puis, lorsqu'elle eut fait quelques pas, il se retourna et la suivit, se disant, en remarquant le cahier de musique qu'elle portait sous son bras :

— C'est quelque vertu du Conservatoire... pour le moment égarée.

La jeune fille entrait dans la rue de l'Arcade, rue alors peu habitée.

De Ravil hâta le pas et, se rapprochant de l'inconnue, il lui dit insolemment :

— Mademoiselle donne sans doute des leçons de musique ? Voudrait-elle venir m'en donner une... à domicile ?

Et il serra le coude de la jeune fille.

Celle-ci, effrayée, poussa un léger cri, se retourna brusquement, et quoique ses joues fussent empourprées par l'émotion, elle jeta sur de Ravil un regard de mépris si écrasant que, malgré son impudence, cet homme baissa les yeux et dit à l'inconnue en s'inclinant devant elle, d'un air de déférence ironique :

— Pardon... *madame la princesse*... je m'étais trompé...

La jeune fille continua son chemin, affectant, malgré sa pénible anxiété, de marcher tranquillement ; la maison où elle se rendait se trouvant d'ailleurs très proche de là.

— C'est égal, je veux la suivre, — dit de Ravil. — Voyez donc cette donzelle, qui, avec sa mauvaise robe noire, sa musique sous le bras et son parapluie à la main, se donne les airs de duchesse ?...

Cet homme faisait, sans le savoir, une comparaison d'une justesse extrême, car Herminie (la jeune fille s'appelait ainsi et n'avait pas d'autre nom, la pauvre enfant de l'amour qu'elle était), car Herminie, — disons-nous, — était vraiment *duchesse*, si l'on entend par ce mot résumer cette grâce, cette élégance native que rehausse encore l'indomptable ORGUEIL, naturel à tout caractère délicat, susceptible et fier.

L'on a dit que bien des duchesses, par leurs instincts, par leur extérieur, étaient nées *lorettes*, et qu'en revanche de pauvres créatures *de rien* naissaient *duchesses* par leur distinction naturelle.

Herminie offrait une nouvelle et vivante preuve à l'appui de cette opinion ; les compagnes qu'elle s'était faites, dans son humble condition de maîtresse de chant et de piano, l'avaient familièrement baptisée *la duchesse ;* celles-ci (et elles étaient en petit nombre) par dénigrement ou par jalousie ; les plus modestes existences, les plus généreux cœurs n'ont-ils pas leurs détracteurs ? celles-là, au contraire, parce qu'elles n'avaient pas trouvé de terme qui exprimât mieux l'impression que leur causaient les manières et le caractère d'Herminie, celle-ci n'étant autre, on le devine facilement, que la jeune fille dont Olivier avait plusieurs fois parlé à Gerald lors de leur dîner chez le commandant Bernard.

Herminie, toujours suivie par de Ravil, quitta la rue de l'Arcade, gagna la rue d'Anjou, heurta à la porte d'un grand hôtel, et y entra, échappant ainsi à la poursuite obstinée du cynique personnage.

— C'est singulier, — dit celui-ci en s'arrêtant à quelques pas, — que diable va faire cette jeune fille à *l'Hôtel de Beaumesnil* avec sa musique sous le bras ?... Elle ne demeure certainement pas là.

Puis, après un moment de réflexion, de Ravil reprit :

— Mais j'y songe... c'est sans doute le *David* femelle qui, par le charme de sa musique, va tâcher de calmer les douleurs de madame de Beaumesnil ; quant à celle-ci, l'on ne peut guère la comparer au bon roi Saül que pour ses immenses richesses, dont héritera cette petite Beaumesnil... à l'endroit de qui mon ami Moruand ressent déjà le plus cupide intérêt... Il n'importe : cette jolie musicienne, qui vient d'entrer dans l'hôtel de la comtesse, me tient au cœur... Je vais attendre qu'elle sorte... Il faudra bien que je sache son adresse.

L'expression de tristesse dont le charmant visage d'Herminie était empreint parut augmenter encore lorsqu'elle toucha le seuil de l'hôtel ; passant devant la loge du portier, sans lui parler, comme eût fait une commensale de la maison, elle se dirigea vers le vaste péristyle de cette somptueuse demeure.

Il était encore grand jour ; pourtant, à travers le vitrage des fenêtres, l'on apercevait tout le premier étage splendidement éclairé par les bougies des lustres et des candélabres dorés.

A cet aspect, la surprise d'Herminie se changea en angoisse inexprimable ; elle entra précipitamment dans l'antichambre.

Là, elle ne vit aucun des valets de pied qui s'y tenaient habituellement.

Le plus profond silence régnait dans cette maison, non pas bruyante d'ordinaire, mais forcément animée par un nombreux domestique.

La jeune fille, dont le cœur se serrait de plus en plus, monta le grand escalier, puis, arrivant au vaste palier, et trouvant les portes des appartemens ouvertes à deux battans, elle put parcourir d'un seul regard cette longue enfilade de pièces immenses et magnifiques.

Toutes étaient brillamment illuminées, mais désertes.

La pâle clarté des bougies, luttant contre les ardens rayons du soleil couchant, produisait un jour faux, étrange, funèbre...

Herminie, ne pouvant se rendre compte de sa poignante émotion, s'avança non sans crainte, traversa plusieurs salons... et s'arrêta brusquement.

Il lui semblait entendre au loin des sanglots étouffés.

Enfin elle arriva à l'entrée d'une longue galerie de tableaux formant équerre avec les pièces qu'elle venait de parcourir.

A l'extrémité de cette galerie, Herminie aperçut tous les gens de l'hôtel agenouillés au seuil d'une porte aussi ouverte à deux battans.

Un terrible pressentiment épouvanta la jeune fille...

La veille, à la même heure, lorsqu'elle avait quitté madame de Beaumesnil, celle-ci était dans un état alarmant... mais non désespéré.

Plus de doute... ces lumières, cet appareil solennel, ce lugubre silence, seulement entrecoupé de sanglots étouffés, annonçaient que l'on administrait les derniers sacremens à madame de Beaumesnil... et l'on saura bientôt les liens secrets qui unissaient la comtesse à Herminie.

La jeune fille, éperdue de douleur et d'effroi, sentit ses forces l'abandonner... Elle fut obligée de s'appuyer un instant à l'une des consoles de la galerie; puis, tâchant de dissimuler ses sentimens et de cacher ses larmes, elle alla d'un pas chancelant rejoindre le groupe des gens de la maison, et s'agenouilla parmi eux et comme eux à peu de distance d'une porte ouverte à deux battans, qui laissait voir l'intérieur de la chambre à coucher de madame de Beaumesnil.

VIII.

Au fond de la chambre à la porte de laquelle venait de s'agenouiller Herminie, parmi les gens de l'hôtel, on voyait, à la faible lueur d'une lampe d'albâtre, madame de Beaumesnil, femme de trente-huit ans environ, d'une pâleur et d'une maigreur extrêmes.

La comtesse, assise dans son lit et soutenue par ses oreillers, avait les mains jointes.

Ses traits, autrefois d'une rare beauté, exprimaient un profond recueillement; ses grands yeux, jadis d'un bleu vif et pur, semblaient alors ternis; elle les attachait, avec une sorte de reconnaissance mêlée d'angoisse, sur M. l'abbé Ledoux, prêtre de sa paroisse, qui venait de lui administrer les derniers sacremens.

Un moment avant l'arrivée d'Herminie, madame de Beaumesnil, abaissant encore le ton de sa voix, déjà bien épuisée par la souffrance, disait au prêtre :

— Hélas!... mon père... pardonnez-moi... mais à ce moment solennel... je ne puis m'empêcher de songer avec plus d'amertume encore à cette pauvre enfant... ma fille aussi... triste fruit d'une faute dont le remords a flétri ma vie...

— Silence... Madame... avait répondu le prêtre qui, jetant un coup d'œil oblique sur le groupe des domestiques, venait de voir Herminie se mettre à genoux comme eux.

— Silence... madame... — reprit l'abbé, — elle est... là...
— Elle?
— Oui... elle arrive à l'instant; elle s'est agenouillée parmi vos gens...

En disant ces mots, le prêtre alla discrètement fermer les deux ventaux de la porte, après avoir d'un signe fait entendre aux domestiques que la triste cérémonie était terminée.

— En effet je me le rappelle... hier... lorsque Herminie m'a quittée, — reprit madame de Beaumesnil, — je l'ai priée de revenir à cette heure; mon médecin avait raison... la voix angélique de cette chère enfant, ses chants, d'une suave mélodie, ont souvent apaisé mes douleurs.

— Prenez garde, — dit le prêtre en revenant et se trouvant seul avec sa pénitente, — madame... soyez prudente...

— Oh! je le suis, — dit madame de Beaumesnil avec un sourire amer... — ma fille ne soupçonne rien.

— C'est probable, — dit le prêtre, — car le hasard... ou plutôt l'impénétrable volonté de la Providence a rapproché cette jeune fille de vous depuis quelques jours... Sans doute, le Seigneur a voulu vous soumettre à une rude épreuve.

— Bien rude en effet, mon père,... car il me faudra abandonner cette vie sans avoir jamais dit!.. *ma fille*, à cette infortunée! Hélas!... j'emporterai dans la tombe... ce triste secret!

— Votre serment vous impose ce sacrifice, madame, c'est un devoir sacré, ! — dit sévèrement le prêtre. — Vous parjurer serait... un sacrilége!...

— Jamais, mon père... je n'ai songé à me parjurer, — répondit madame de Beaumesnil avec abattement, — mais Dieu me punit cruellement... Je meurs... forcée de traiter en étrangère... mon enfant... qui est là... à quelques pas de moi... agenouillée parmi mes gens, et qui doit toujours ignorer que je suis sa mère.

— Votre faute a été grande, madame... l'expiation doit être grande aussi !

— Depuis longtemps elle dure pour moi, cette cruelle expiation... mon père... Fidèle à mon serment, n'ai-je pas eu le courage de ne jamais chercher à savoir ce qu'était devenue cette infortunée?... Hélas! sans le hasard qui l'a rapprochée de moi, il y a peu de jours, je mourais sans l'avoir revue depuis dix-sept ans...

— Ces pensées vous sont mauvaises, ma sœur, — reprit pieusement le prêtre ; elles vous ont conduite hier... à une démarche des plus imprudentes...

— Rassurez-vous, mon père, il est impossible que la femme que j'ai envoyé chercher hier... ostensiblement, sans aucun mystère, afin d'éloigner tout soupçon... puisse se douter de l'intérêt que j'avais... à lui demander certains renseignemens... sur le passé... qu'elle seule pouvait donner.

— Et ces renseignemens !

— Ainsi que je m'y attendais, ils m'ont confirmé de la manière la plus irrécusable... ce que je savais... qu'Herminie est ma fille.

— Mais comment compter sur la discrétion de cette femme !

— Elle ignore ce qu'est devenue ma fille depuis seize ans qu'elle a été séparée d'elle...

— Mais... cette femme ne pouvait-elle pas vous reconnaître?

— Je vous ai confessé, mon père, que j'avais un masque sur la figure lorsqu'Herminie était venue au monde... avec l'aide de cette femme... Et hier, dans mon entretien avec elle... je l'ai facilement persuadée que la mère de l'enfant dont je lui parlais était morte depuis longtemps...

— De ce coupable mensonge il faudra encore que je vous absolve... , — reprit sévèrement l'abbé Ledoux ; — vous voyez les fatales conséquences de votre criminelle sollicitude pour une créature qui, d'après votre serment, devait rester à jamais étrangère...

— Ah! ce serment que le remords... que la reconnaissance pour le plus généreux pardon m'ont arraché... je l'ai souvent maudit, mais je l'ai toujours tenu... mon père !

— Et cependant, ma sœur, à l'heure encore, toutes vos pensées sont concentrées sur cette jeune fille ?

— Toutes ?... non, mon père... puisque j'ai une autre enfant ; mais, hélas ! puis-je empêcher mon cœur de battre à l'approche d'Herminie... qui est ma fille aussi ! Puis-je empêcher mon cœur de voler au-devant du sien ? Il faut pourtant accomplir des choses possibles... car enfin si, à force de courage, je parviens à commander à mes lèvres, à mes regards; à contraindre, à dissimuler tout ce que j'éprouve lorsque je sens Herminie près de moi... je ne peux pas non plus m'empêcher d'être mère !

— Alors, madame, il faut m'écouter, — reprit sévèrement le prêtre. — Il faut interdire à cette jeune fille l'entrée de votre maison... vous avez pour cela des prétextes plausibles; croyez-moi donc, remerciez-la de ses services... !

— Jamais, — dit vivement la comtesse, — non, jamais je n'aurai ce courage... N'est-ce pas déjà assez malheureux pour moi, mon Dieu ! que mon autre fille... dont la tendresse légitime m'eût été si consolante à cette heure... soit en pays étranger... pleurant son père que qu'un terrible accident lui a enlevé... et qui sait !... peut-être Ernestine aussi se meurt comme moi ! Pauvre petite ! elle est partie d'ici...

si frêle... si souffrante... Oh ! il n'est pas une mère plus à plaindre que moi !

Et deux larmes brûlantes tombèrent des yeux de madame de Beaumesnil.

— Du courage... tranquillisez-vous, ma sœur, lui dit l'abbé Ledoux d'une voix onctueuse et insinuante, — ne vous désolez pas ainsi... mettez tout votre espoir dans le Seigneur... Sa clémence est grande... il vous tiendra compte d'avoir supporté chrétiennement cette cérémonie sainte... qui n'était, je vous l'ai dit, que de précaution... Dieu soit loué ! votre état, quoique grave, est loin d'être désespéré.

Madame de Beaumesnil secoua mélancoliquement la tête et reprit :

— Je me sens toujours bien faible, mon père, mais plus calme... maintenant que j'ai accompli mes derniers devoirs... Ah ! si je ne pensais pas à mes enfans... je mourrais en paix...

— Je vous comprends, ma sœur, — dit le prêtre, d'une voix doucereuse.

Et comptant, mesurant, pour ainsi dire, les paroles suivantes, tout en observant avec une profonde attention la physionomie de madame de Beaumesnil, l'abbé Ledoux reprit :

— Je vous comprends, ma sœur !... l'avenir de votre fille... légitime... (je ne puis, je ne dois vous parler que de celle-là...) son avenir, dis-je, vous inquiète.... et vous avez raison..... orpheline, si jeune... pauvre enfant !...

— Hélas ! oui, une mère ne se remplace pas.

— Alors, ma sœur, — reprit lentement l'abbé Ledoux, en couvant la malade des yeux, — pourquoi toujours hésiter... à assurer autant qu'il était en vous l'avenir de cette fille chérie ? pourquoi ne m'avoir pas permis, depuis si longtemps que je vous demande cette faveur, de vous présenter ce jeune homme si pieux... si bon... ce modèle de sagesse et de vertu, dont je vous ai souvent entretenu ? Votre cœur maternel aurait dès longtemps apprécié ce trésor de qualités chrétiennes... et sûre d'avance de l'obéissance de votre fille à vos volontés dernières, vous lui eussiez recommandé par quelques lignes de votre main, que j'aurais remises à cette chère enfant... vous lui eussiez, dis-je, recommandé de prendre pour époux M. Célestin de Macreuse... alors votre fille aurait eu un époux selon Dieu... car...

— Mon père... — dit madame de Beaumesnil en interrompant l'abbé Ledoux, sans pouvoir cacher l'impression pénible que lui causait cet entretien, — je vous l'ai dit... je ne doute pas des qualités de la personne dont vous m'avez souvent parlé... mais ma fille Ernestine n'a pas encore seize ans... je ne veux pas engager ainsi son avenir... en lui prescrivant d'épouser quelqu'un qu'elle ne connaît pas. Cette chère enfant a pour moi tant de tendresse, tant de respect, qu'elle serait capable de se sacrifier ainsi..... à ma volonté dernière...

— N'en parlons plus, ma chère sœur, — se hâta de dire l'abbé Ledoux d'un air contrit. — En réalité, dans mon choix maternel M. Célestin de Macreuse.... je n'avais qu'une pensée,..... celle de vous délivrer de toute inquiétude sur le sort de votre chère Ernestine ; seulement.... permettez-moi de vous le dire, ma sœur ; vous avez parlé de sacrifices, ah !... craignez au contraire que votre pauvre enfant ne soit un jour sacrifiée à quelque époux indigne d'elle... à un homme impie, débauché, prodigue ! Vous ne voulez pas, dites-vous, influencer d'avance le choix de votre fille... Mais, hélas ! ce choix, qui le guidera, si elle a le malheur de vous perdre ? Seront-ce des parens éloignés, toujours égoïstes ou insoucians ! ou bien, la trop naïve et trop crédule enfant s'abandonnera-t-elle en aveugle à l'impulsion de son cœur ? Et alors... j'en frémis, ma sœur... à quelles déceptions, à quelles irréparables chagrins ne sera-t-elle pas fatalement exposée ? Songez à la foule de prétendants que son immense fortune doit attirer autour d'elle. Ah ! croyez-moi... ma sœur, croyez-moi.... prévenez d'avance ces malheurs menaçans... par un choix prudent et sensé...

— Excusez-moi, mon père, — dit madame de Beaumesnil, péniblement émue et voulant mettre un terme à cette conversation, — je me sens très faible... très fatiguée. J'apprécie... d'ailleurs, tout l'intérêt... que vous portez à ma fille, mais j'accomplirai mes devoirs de mère autant qu'il sera en moi ; vos paroles ne seront pas perdues, je vous l'assure... mon père. Que le ciel me donne seulement... la force et le temps... d'agir...

Trop fin, trop rusé pour insister davantage à l'endroit de son protégé, l'abbé Ledoux dit avec componction :

— Priez le Seigneur de vous inspirer, ma sœur....... je ne doute pas qu'il ne vous éclaire sur vos devoirs de mère... allons, courage... et espoir. A demain, ma chère sœur.

— Demain... appartient à Dieu, répondit la comtesse...

— Je vais du moins le prier qu'il prolonge vos jours, ma sœur, — répondit le prêtre en s'inclinant, — et il sortit.

A peine eut-il disparu, que la comtesse, sonnant une de ses femmes, lui dit :

— Mademoiselle Herminie est-elle là ?

— Oui, madame la comtesse.

— Priez-la d'entrer.

— Oui, madame la comtesse, — répondit la femme de chambre, en sortant pour accomplir les ordres de sa maîtresse...

. . . .

Herminie, pâle et profondément triste, calme en apparence, entra dans la chambre à coucher de madame de Beaumesnil, tenant sous son bras son cahier de musique.

— Madame la comtesse m'a fait demander ? — dit-elle avec déférence...

— Oui, mademoiselle... j'aurais... une grâce à solliciter de vous, répondit madame de Beaumesnil, qui s'ingéniait à trouver des moyens de se rapprocher pour ainsi dire matériellement de sa fille, — je ne désirerais pas pour le moment demander à votre talent si suave, si expressif, les soulagemens inespérés que je lui ai dus jusqu'ici. Il s'agirait d'autre chose...

— Je suis aux ordres de madame la comtesse, — répondit Herminie en baissant les yeux.

— Eh bien ! mademoiselle, j'ai à écrire... une lettre de quelques lignes..... mais je ne sais si la force ne me manquera pas... Je n'ai personne en état de me suppléer... pourriez-vous, au besoin, mademoiselle, me servir ce soir de secrétaire ?

— Avec le plus grand plaisir... madame, dit vivement Herminie.

— Je vous remercie... de votre obligeance.

— Madame la comtesse... veut-elle que je lui donne ce qu'il lui faut pour écrire ?... — demanda timidement Herminie.

— Mille grâces, mademoiselle... — répondit la pauvre mère, qui cependant brûlait d'envie d'agréer l'offre de sa fille, afin de rester plus longtemps seule avec elle, — je vais sonner quelqu'un... je ne voudrais pas que vous prissiez tant de peine...

— Ce n'est pas une peine pour moi, madame... Si vous vouliez bien me dire où je trouverai ce qu'il faut...

— Là... sur cette table... près du piano, mademoiselle... il faudrait que vous eussiez aussi la bonté d'allumer une bougie... la clarté de cette lampe est insuffisante... Mais en vérité j'abuse de votre complaisance... ajouta madame de Beaumesnil, pendant que sa fille s'empressait d'allumer la bougie et d'apporter auprès du lit ce qu'il fallait pour écrire.

La comtesse, ayant pris une feuille de papier à lettre qu'elle plaça sur un buvard posé sur ses genoux, reçut une plume de la main d'Herminie, qui de l'autre tenait un bougeoir.

Madame de Beaumesnil essaya de tracer quelques mots ; mais sa vue affaiblie, jointe à la défaillance de ses forces, l'empêcha de continuer ; la plume s'échappa de sa main tremblante.

Alors s'affaissant sur ses oreillers, la comtesse dit à Herminie en étouffant un soupir et tâchant de sourire :

— J'ai trop présumé de ma vaillance... il faut que j'accepte l'offre que vous avez bien voulu me faire, mademoiselle.

— Il y a si longtemps que madame la comtesse est alitée... qu'elle ne doit pas s'étonner d'un peu de faiblesse, — reprit Herminie, qui sentait le besoin de se rassurer elle-même et de rassurer madame de Beaumesnil.

— Vous avez raison, mademoiselle, mais c'était une folie à moi... que de vouloir écrire... Je vais donc vous dicter, si vous le permettez.

Et comme Herminie, par discrétion, conservait son chapeau, la comtesse, à qui ce chapeau cachait une partie du visage de sa fille, dit avec un léger embarras :

— Si vous vouliez ôter votre chapeau, mademoiselle, vous seriez, je crois, plus à votre aise pour écrire...

Herminie ôta son chapeau, et la comtesse, qui la dévorait des yeux, put admirer à son aise, dans son orgueil maternel, le charmant visage de sa fille encadré de longues boucles de cheveux blonds.

— Je suis à vos ordres, madame la comtesse, — dit alors Herminie en s'asseyant devant une table.

— Veuillez donc bien écrire ceci, — répondit madame de Beaumesnil, qui dicta les lignes suivantes :

« *Madame de Beaumesnil aurait la plus vive obligation à*
« *monsieur le marquis de Maillefort s'il pouvait se donner*
« *la peine de passer chez elle... le plus tôt possible... fût-ce*
« *même à une heure assez avancée de la soirée.*

« *Madame de Beaumesnil se trouvant très souffrante, est*
« *obligée d'avoir recours à une main étrangère pour écrire*
« *à madame de Maillefort, à qui elle réitère l'assurance de*
« *ses sentiments les plus affectueux.* »

A mesure que madame de Beaumesnil avait dicté ce billet, une de ces craintes, à la fois puériles et poignantes, qu'une mère seule peut concevoir, lui serrait le cœur.

Délicieusement frappée de la parfaite distinction de langage et de manières qu'elle remarquait dans sa fille, reconnaissant en elle une artiste du premier ordre, la comtesse se demandait, avec la craintive et jalouse inquiétude d'une mère, si l'éducation d'Herminie était complète, si cette éducation n'avait pas été en quelques parties négligées au profit du grand talent musical de la jeune fille ?

Que dire enfin ?... car les plus petites choses deviennent importantes pour l'orgueil maternel. Dans ce moment, et malgré de graves et cruelles préoccupations, madame de Beaumesnil ne pensait qu'à une chose :

Sa fille savait-elle bien l'orthographe ? Sa fille avait-elle une jolie écriture ?

Aussi la comtesse hésita quelques instans avant d'oser prier Herminie de lui apporter la lettre qu'elle venait d'écrire ; ne pouvant cependant résister à cette tentation, elle lui dit :

— Vous avez écrit, mademoiselle ?
— Oui, madame la comtesse.
— Auriez-vous la bonté de me donner cette lettre... afin... que je voie... si... si le nom de M. de Maillefort est écrit comme il convient... car j'ai oublié de vous en dire l'orthographe...

Ajouta la comtesse, ne trouvant pas de meilleur prétexte à sa curiosité.

Herminie remit la lettre entre les mains de la comtesse... Quelle fut l'orgueilleuse joie de celle-ci. Non seulement ces quelques lignes étaient parfaitement correctes, mais l'écriture en était charmante.

— A merveille... Je n'ai jamais vu de plus jolie écriture...

Dit vivement madame de Beaumesnil ;

Mais, craignant de laisser pénétrer son émotion, elle ajouta plus calme :

— Veuillez, mademoiselle, écrire sur l'adresse de cette lettre :

A Monsieur le marquis de Maillefort, rue des Martyrs, 45.

Madame de Beaumesnil sonna sa femme de chambre de confiance, et de qui seule elle avait l'habitude de recevoir des soins.

Lorsqu'elle parut :

— Madame Dupont, — lui dit la comtesse, — vous allez prendre une voiture, et vous irez porter vous-même cette lettre à son adresse ; dans le cas où M. de Maillefort devrait rentrer bientôt, vous l'attendriez...

— Mais, — dit la femme de chambre étonnée de cet ordre, dont tant de gens de la maison pouvaient être chargés : — si madame la comtesse a, pendant mon absence, besoin de quelque chose... moi seule suis au service de madame... et...

— Occupez-vous d'abord de cette commission, — répondit madame de Beaumesnil, — mademoiselle... voudra bien être assez bonne pour me donner ses soins, si j'en ai besoin.

Herminie s'inclina.

Pendant que la comtesse expliquait ses derniers ordres à sa femme de chambre, Herminie, ne craignant plus d'être surprise, attachait sur madame de Beaumesnil des regards remplis de tendresse et d'inquiétude, se disant avec une résignation navrante :

« — Je n'ose la regarder qu'à la dérobée, et pourtant,
» c'est ma mère !... Ah ! qu'elle ignore toujours que je
» connais le triste secret de ma naissance ! »

IX.

Il est impossible de rendre l'expression de bonheur triomphant que trahirent les traits de madame de Beaumesnil, lorsqu'elle vit sa femme de chambre s'éloigner.

La pauvre mère se savait sûre d'être au moins seule pendant une heure avec sa fille.

Grâce à cet espoir, une faible rougeur colora le pâle visage de madame de Beaumesnil ; ses yeux, naguère éteints, brillèrent d'une ardeur fébrile ; une surexcitation factice, malheureusement passagère, succédait à la prostration de ses forces, car la comtesse faisait un effort presque surhumain pour sortir de son état de faiblesse ordinaire, afin de profiter de cette occasion, une des dernières peut-être, de s'entretenir avec sa fille.

Lorsque sa femme de chambre fut sortie, madame de Beaumesnil dit à Herminie qui, baissant ses yeux pleins de larmes, n'osait pas la regarder.

— Mademoiselle, auriez-vous l'obligeance de me donner, dans une tasse, cinq ou six cuillerées de cette potion réconfortante, qui est là... sur la cheminée.

— Mais, madame, dit Herminie avec inquiétude, — vous oubliez sans doute que le médecin a ordonné que vous ne prissiez cette potion que par très petites cuillerées... Hier, du moins, il m'a semblé l'entendre faire cette recommandation.

— Oui... mais je me sens beaucoup mieux, et cette potion me fera, je crois, un bien infini... me donnera de nouvelles forces...

— Madame la comtesse se sent mieux ? — dit Herminie, hésitant entre le désir de croire madame de Beaumesnil et la crainte de la voir s'abuser sur la gravité de sa situation.

— Vous doutez peut-être... de ce mieux... que je ressens ?

— Madame la comtesse...

— Cette triste cérémonie... de tantôt vous a effrayée, n'est-ce pas, mademoiselle ? Mais rassurez-vous, elle était toute de précaution, la conscience d'avoir rempli mes devoirs religieux... et d'être prête à paraître devant Dieu, me donne une si grande sérénité d'âme, que je lui attribue... le mieux que j'éprouve... Et, de plus, je suis sûre que ce cordial que je vous demande... et que vous me refusez... — ajouta madame de Beaumesnil en souriant, — me réconforterait tout à fait, et me permettrait d'entendre encore... un de vos chants, qui tant de fois ont distrait ou calmé... mes douleurs...

— Puisque madame la comtesse l'exige, — dit Herminie, je vais lui donner cette potion.

Et la jeune fille, réfléchissant qu'après tout une dose plus ou moins forte de cordial ne pouvait avoir un fâcheux effet, versa quatre cuillerées de ce réconfortant dans une tasse qu'elle offrit à madame de Beaumesnil.

La comtesse, en prenant la tasse qu'Herminie lui présentait, tâcha de lui toucher la main, comme par mégarde; puis, tout heureuse de sentir, pour la première fois, sa fille si près d'elle, car celle-ci, courbée au chevet de sa mère, tendait la soucoupe pour y recevoir la tasse, madame de Beaumesnil fut longtemps... bien longtemps... à boire le cordial à petites gorgées; après quoi elle fit un mouvement de gêne et de fatigue si affecté, qu'elle obligea presque Herminie à lui dire :

— Madame la comtesse est fatiguée ?

— Un peu... Il me semble que si je restais quelques instans sur mon séant, cela me ferait du bien; mais je suis si faible... que je n'aurai pas la force de me tenir...

— Si madame la comtesse... voulait s'appuyer... sur moi... — dit la jeune fille avec hésitation, — cela pourrait... la délasser un peu...

— J'accepterais, si je ne craignais, en vérité, mademoiselle... d'abuser de votre obligeance...

Répondit madame de Beaumesnil en cachant sa joie de voir le succès de sa ruse maternelle.

Herminie avait le cœur trop gonflé de tendresse et de larmes pour pouvoir répondre; elle se pencha sur le lit de la malade, et celle-ci, pendant quelques instans, put appuyer sa tête sur le sein de sa fille...

A ce rapprochement, qui pour la première fois de leur vie les mettait, pour ainsi dire, dans les bras l'une de l'autre, la mère et la fille tressaillirent... leur attitude les empêchait de se voir... sans cela, peut-être madame de Beaumesnil, malgré son serment sacré, n'aurait pas eu la force de taire plus longtemps son secret, peut-être aussi elle aurait lu dans le regard d'Herminie que celle-ci était instruite du mystère de sa naissance.

Pendant le peu de temps que dura cette scène muette et saisissante entre la mère et la fille :

« — Non, non, pas de criminelle faiblesse, — pensa
» madame de Beaumesnil, en comprimant les élancemens
» de son cœur; que cette malheureuse enfant ignore tou-
» jours ce triste mystère... je l'ai juré... N'est-ce pas pour
» moi un bonheur inespéré que de jouir de ses soins af-
» fectueux, dont elle m'entoure par bonté de cœur, par
» instinct peut-être ?

» — Oh ! plutôt mourir, pensait à son tour Herminie,
» — plutôt mourir que de laisser soupçonner à ma mère
» que je suis sa fille, puisqu'elle a cru devoir
» me cacher ce secret jusqu'ici... Peut-être, d'ailleurs,
» l'ignore-t-elle elle-même ?... peut-être est-ce le hasard,
» seulement le hasard qui, depuis peu de temps, m'a rap-
» prochée de madame de Beaumesnil... peut-être ne suis-
» je à ses yeux qu'une étrangère. «

A ces pensées simultanées, la mère et la fille dévorèrent leurs larmes cachées, puisèrent un nouveau courage, l'une dans la religion du serment, l'autre dans une résignation mêlée de délicatesse et d'orgueil.

Merci, mademoiselle, — dit madame de Beaumesnil, sans oser pourtant regarder encore Herminie, — je me trouve un peu délassée.

— Madame la comtesse veut-elle permettre que j'arrange ses oreillers avant qu'elle se couche ?

— Oui, mademoiselle, puisque vous avez cette bonté, — répondit madame de Beaumesnil... car ce petit service retenait encore sa fille tout près d'elle pendant quelques secondes.

Mademoiselle... madame la comtesse. On ne saurait exprimer l'accent avec lequel cette mère et sa fille échangeaient entre elles ces froides et cérémonieuses appellations, qui jamais ne leur avaient paru plus glaciales.

— Encore merci... mademoiselle, — dit la comtesse en se recouchant, — je me trouve de mieux en mieux, grâce à vos bons soins d'abord... puis sans doute à ce cordial... je dirais presque... moi si faible tout à l'heure... que maintenant je me sens forte... il me semble que j'aurai une bonne nuit....

Herminie jeta un triste regard sur son chapeau et sur son mantelet.

Elle craignait de se voir congédiée au retour de la femme de chambre, car peut-être il ne conviendrait pas à madame de Beaumesnil d'entendre de musique ce soir-là.

Ne voulant cependant pas renoncer à un dernier espoir, la jeune fille dit timidement :

— Madame la comtesse... m'avait demandé hier d'apporter quelques morceaux d'*Obéron*... je ne sais... si elle voudra... les entendre... ce soir ?

— Certainement, mademoiselle, — dit vivement madame de Beaumesnil, — vous savez combien de fois votre chant a apaisé mes souffrances. Et ce soir je me trouve si bien... mais si bien, que vous entendre sera pour moi... non pas un calmant... mais un vrai plaisir...

Herminie regarda de nouveau madame de Beaumesnil, et fut frappée du changement qu'elle remarqua dans sa physionomie naguère encore pâle, abattue, et alors calme, souriante et légèrement colorée.

A cette sorte de métamorphose, les funestes pressentimens de la jeune fille se dissipèrent, l'espoir épanouit son cœur; elle crut sa mère sauvée, par un de ces revirements soudains, si fréquens dans les maladies de langueur.

Herminie, tout heureuse, alla prendre son cahier de musique et se dirigea vers le piano.

Au-dessus de ce piano, on voyait le portrait d'une petite fille de cinq ou six ans, jouant avec un magnifique lévrier; elle n'était pas jolie, mais sa figure enfantine avait un grand charme de douceur et de naïveté.

Ce portrait, fait depuis environ dix ans, était celui d'*Ernestine de Beaumesnil*, fille légitime de la comtesse.

Herminie avait deviné, sans qu'elle eût jamais eu besoin de le demander, quel était l'original de ce tableau; aussi, que de fois, à la dérobée, elle avait jeté un timide et tendre regard sur cette petite sœur... qu'elle ne connaissait pas, qu'elle ne devait peut-être jamais connaître !

Encore sous l'influence d'une émotion récente, Herminie, à la vue de ce portrait, ressentit une impression plus profonde que de coutume; durant quelques instans elle ne put détacher ses yeux de ce tableau, tandis qu'elle ouvrait machinalement le piano.

Madame de Beaumesnil suivait d'un regard attendri tous les mouvemens de la jeune fille, qu'elle voyait avec bonheur contempler le portrait d'Ernestine.

« — Pauvre Herminie, — pensait la comtesse, — elle a
« une mère... une sœur... et elle ne doit jamais connaître
« la douceur de ces deux mots *ma sœur... ma mère...* »

Puis, essuyant une larme furtive, madame de Beaumesnil dit tout haut à Herminie toujours attentive devant le portrait.

— C'est... ma fille... quelle douce figure d'enfant !.... n'est-ce pas ?

Herminie tressaillit comme si elle eût été surprise en faute, rougit et répondit timidement :

— Pardon... madame... mais... je...

— Oh ! regardez-la... — reprit vivement madame de Beaumesnil, — regardez-la; quoiqu'elle soit maintenant jeune fille, et bien changée... elle a conservé ce regard si doux, si ingénu ; sans doute, elle est loin d'être belle comme vous, — dit presque involontairement la pauvre mère avec un secret orgueil, et toute heureuse de pouvoir unir ainsi ses deux filles dans une même comparaison, — mais la physionomie d'Ernestine a, comme la vôtre, un charme infini.

Puis, craignant de se laisser entraîner trop loin par l'attrait de cette comparaison, madame de Beaumesnil ajouta tristement :

— Pauvre enfant... puisse-t-elle être mieux portante à cette heure !

— Avez-vous donc des inquiétudes sérieuses sur sa santé, madame la comtesse ?

— Hélas ! à l'époque de sa croissance... sa santé s'est profondément altérée... elle a grandi si vite... qu'elle nous a donné beaucoup de craintes... les médecins l'ont envoyée en Italie... où je n'ai pas pu l'accompagner... retenue ici sur ce lit de douleurs... Heureusement ses dernières lettres sont rassurantes... Pauvre chère enfant, elle m'écrit chaque jour une espèce de journal de sa vie... Rien de plus tendre, de plus touchant que ses naïves confidences... il faudra que je vous fasse lire... quelques passages de ces lettres... Alors vous aimerez Ernestine comme si vous la connaissiez.

— Oh ! je n'en doute pas, madame, et je vous remercie mille fois de cette promesse... — dit Herminie sans cacher sa joie, — et puisque les dernières nouvelles de mademoiselle votre fille sont si rassurantes... n'ayez donc aucune crainte pour elle... madame ; il y a tant de ressources dans la jeunesse ! et que ne peut la jeunesse sous l'influence de ce beau soleil d'Italie, que l'on dit si vivifiant !

Une pensée amère traversa l'esprit de madame de Beaumesnil.

En songeant au coûteux voyage, aux soins extrêmes, aux dépenses considérables nécessités par la faible santé d'Ernestine, la comtesse se demandait, avec une sorte d'effroi, comment Herminie aurait pu faire, pauvre créature abandonnée qu'elle était, si elle se fût trouvée dans la position d'Ernestine, et si, comme à celle-ci, il avait fallu à Herminie, sous peine de périr, ces soins excessifs, ces voyages dispendieux, seulement accessibles aux grandes fortunes.

Alors madame de Beaumesnil ressentit plus vivement que jamais le désir de savoir comment Herminie avait surmonté les difficultés, les hasards de sa position si précaire, si difficile, depuis le moment où la comtesse n'en avait plus eu de nouvelles jusqu'au jour récent où elle avait été rapprochée d'elle par une circonstance inespérée.

Mais comment, sans se trahir, madame de Beaumesnil pouvait-elle provoquer et entendre de telles confidences ? À quelles angoisses elle allait peut-être s'exposer en écoutant le récit de sa fille !

Tels étaient les motifs qui, jusqu'alors, avaient empêché madame de Beaumesnil de demander à Herminie quelques révélations sur sa vie passée.

Mais ce jour-là, soit que la comtesse pressentît que le mieux passager qu'elle éprouvait, et dont elle exagérait de beaucoup l'importance afin de rassurer sa fille, annonçât peut-être une rechute funeste ; soit qu'elle cédât à un sentiment de tendresse irrésistible, encore augmenté par les divers incidents de cette scène, madame de Beaumesnil prit la résolution d'interroger Herminie.

X.

Pendant que madame de Beaumesnil était restée silencieuse, songeant aux moyens d'amener Herminie à quelques révélations sur sa vie, la jeune fille, debout et feuilletant son cahier de musique pour se donner une contenance, attendait que la comtesse l'invitât à se mettre au piano.

— Vous allez me trouver bien fantasque, mademoiselle, — lui dit la comtesse, — car si cela vous était indifférent... je préférerais vous entendre un peu plus tard... vers dix heures ;... c'est ordinairement l'heure de ma crise. Peut-être... y échapperai-je aujourd'hui... si ce mieux continue... Dans le cas contraire, je regretterais d'avoir usé trop tôt... d'une ressource qui tant de fois a calmé... mes souffrances... Ce n'est pas tout... après m'avoir trouvée fantasque... je crains que vous ne m'accusiez de curiosité, peut-être même d'indiscrétion.

— Pourquoi cela... madame ?

— Veuillez vous asseoir... là... près de moi, — reprit la comtesse du ton le plus affectueux, — et me dire comment il se fait que... si jeune encore... car vous ne devez pas avoir plus de dix-sept ou dix-huit ans ?...

— Dix-sept ans et demi, madame la comtesse.

— Eh bien ! comment se fait-il qu'à votre âge vous soyez si excellente musicienne ?

— Madame la comtesse me juge trop favorablement, j'ai toujours eu beaucoup de goût pour la musique, et j'ai appris facilement le peu que je sais.

— Et quel a été votre professeur ?... où avez-vous été enseignée ?

— J'ai été enseignée dans la pension où j'étais, madame la comtesse...

— A Paris ?

— Je n'ai pas toujours été en pension à Paris, madame.

— Où étiez-vous donc, avant ?

— A Beauvais ; j'y suis restée jusqu'à l'âge de dix ans...

— Et de là ?

— J'ai été mise en pension à Paris, madame.

— Et vous y êtes restée... longtemps ?

— Jusqu'à seize ans et demi.

— Et ensuite ?...

— Je suis sortie... de pension, et j'ai commencé à donner des leçons de chant et de piano...

— Et vous avez...

Puis s'interrompant, madame de Beaumesnil ajouta avec embarras.

— Mais, en vérité, j'ai honte de mon indiscrétion ;... si quelque chose pouvait l'excuser... mademoiselle, ce serait l'intérêt que vous m'inspirez.

— Les questions que madame la comtesse daigne m'adresser sont si bienveillantes, que je suis trop heureuse d'y répondre... avec sincérité.

— Eh bien donc !... à votre sortie de pension... chez qui vous êtes-vous retirée ?

— Chez qui ?... madame la comtesse ?..

— Oui... auprès de quelles personnes ?

— Je ne connaissais personne... auprès de qui me retirer... madame...

— Personne !... — dit madame de Beaumesnil avec un courage et un calme héroïques.

— Mais, — reprit-elle, — vos parents ?... votre... famille ?...

— Je n'ai pas de parents... madame la comtesse, — répondit Herminie, avec un courage égal à celui de sa mère, — je n'ai pas de famille...

Puis Herminie se dit à elle-même :

« — Je ne puis plus en douter... elle ignore que je suis
» sa fille... Sans cela, aurait-elle la force de m'adresser
» une pareille question ? »

— Alors, — reprit madame de Beaumesnil, — auprès de qui vivez-vous donc ?

— Je vis... seule... madame la comtesse.

— Absolument seule ?

— Oui, madame.

— Et... pardonnez-moi encore cette question, car... à votre âge... une telle position me semble si exceptionnelle... si intéressante... avez-vous toujours suffisamment de leçons ?

— Oh ! oui, madame la comtesse, — répondit bravement la pauvre Herminie.

— Je n'en reviens pas... et vous vivez ainsi toute seule, si jeune !

— Que voulez-vous, madame ? on ne choisit pas sa destinée... on l'accepte ;... puis le courage, le travail aidant, on tâche de se faire une vie, sinon brillante, du moins heureuse.

— Heureuse ! — s'écria madame de Beaumesnil avec un mouvement de joie irrésistible, — vous êtes heureuse...

En disant ces mots, l'expression de la figure de la comtesse, l'accent de sa voix, trahirent un bonheur si grand que de nouveaux doutes revinrent à l'esprit d'Herminie, et elle se dit :

« — Peut-être elle n'ignore pas que je suis sa fille ; sans
» cela, comment tiendrait-elle à savoir si je me trouve
» heureuse ? Il n'importe ; si elle sait que je suis sa fille...
» je dois la rassurer, afin de lui épargner des regrets, des
» remords peut-être. »

« Si je suis pour elle une étrangère, je veux encore la
« rassurer, car elle pourrait croire que je désire exciter
« sa commisération, sa pitié... et mon *orgueil* se révolte à
« cette pensée. »

Madame de Beaumesnil, voulant entendre Herminie lui réitérer une assurance si précieuse pour son cœur maternel, reprit :

— Ainsi... vous êtes heureuse ? vraiment bien heureuse ?

— Oui, madame, — répondit Herminie... presque gaîment, — très heureuse...

En voyant le charmant visage de sa fille rayonner ainsi de beauté, de jeunesse et de joie innocente, la comtesse fit un violent effort sur elle-même pour ne pas se trahir, et elle reprit, en tâchant d'imiter la gaîté d'Herminie :

— N'allez pas rire de ma question... mademoiselle... mais, pour nous autres, malheureusement habituées à toutes les superfluités de l'opulence... il est des choses incompréhensibles... Lorsque vous êtes sortie de pension... si modeste que fût votre petit ménage... comment y avez-vous pourvu ?

— Oh ! madame la comtesse,... — dit Herminie en souriant, — j'étais riche... alors.

— Comment donc cela ?

— Deux années après que j'avais été mise en pension à Paris... on cessa de payer pour moi cette pension... j'avais alors douze ans... notre maîtresse m'aimait beaucoup...

« Mon enfant... — me dit-elle, — on a cessé de me payer :
« mais il n'importe... vous resterez ici, je ne vous aban-
» donnerai pas... »

— Excellente femme !

— Ah ! la meilleure des femmes, madame la comtesse, malheureusement elle n'est plus, — dit tristement Herminie.

Mais ne voulant pas laisser la comtesse sous une impression pénible, elle reprit en souriant :

— Seulement, cette excellente femme avait compté... sans mon défaut... principal. Car, puisque vous me demandez d'être sincère avec vous, madame, il faut vous l'avouer... j'ai un bien grand, un bien vilain défaut...

— Quelle prétention ! Voyons ce défaut...

— Hélas ! madame la comtesse... c'est l'ORGUEIL.

— L'orgueil ?

— Mon Dieu, oui... Ainsi, lorsque notre excellente maîtresse me proposa de me garder chez elle par charité... mon orgueil de petite fille se révolta, et je signifiai à ma maîtresse que je n'accepterais son offre qu'à la condition... de gagner par mon travail ce qu'elle voulait me donner pour rien !

— A douze ans ?... Voyez-vous la petite glorieuse ? Et comment faisiez-vous pour désintéresser votre maîtresse de pension ?

— En donnant des répétitions de piano aux autres enfans moins fortes que moi ;... car, pour mon âge... j'étais assez avancée... ayant toujours eu un goût passionné... pour la musique...

— Et la maîtresse de pension... a accepté votre proposition ?

— Avec joie, madame la comtesse... Ma résolution l'a touchée...

— Je le crois bien...

— De ce moment j'eus, grâce à elle, un assez bon nombre d'écolières... dont plusieurs étaient bien plus grandes que moi. (toujours l'*orgueil*, madame la comtesse...). Que vous dirai-je : ce qui avait d'abord été pour ainsi dire... un jeu d'enfant, devint pour moi une vocation... et plus tard une précieuse ressource... A quatorze ans... j'étais seconde maîtresse de piano... aux appointemens de douze cents francs... ainsi, madame la comtesse, jugez des sommes que j'ai ainsi amassées jusqu'à l'âge de seize ans et demi... car, en pension, je n'avais d'autre dépense que celle de mon entretien...

— Pauvre enfant... si jeune... si laborieuse... si noblement fière, et... déjà se suffisant à soi-même, — dit la comtesse sans pouvoir cacher ses larmes.

Et elle reprit :

— Pourquoi avez-vous quitté votre pension ?

— Ayant perdu notre excellente maîtresse, une autre lui succéda... mais, hélas ! elle ne ressemblait en rien à ma bienfaitrice... Néanmoins, cette nouvelle venue me proposa de rester à la pension aux mêmes conditions... J'acceptai... mais, au bout de deux mois... mon vilain défaut... et ma mauvaise tête... me firent prendre une résolution désespérée.

— Et à propos de quoi ?

— Autant ma première maîtresse avait été pour moi affectueuse et bonne... autant celle qui lui succéda fut impérieuse et dure... Un jour...

Et le beau visage d'Herminie se colora d'une vive rougeur à ce souvenir.

— Un jour, — reprit-elle, — cette dame m'adressa un de ces reproches... qui blessent à jamais le cœur... elle me dit...

— Que vous dit-elle, cette méchante femme ? — demanda vivement madame de Beaumesnil, car Herminie s'était tout à coup interrompue, n'osant, de peur d'affliger cruellement la comtesse, répéter ces dures et humiliantes paroles qu'on lui avait adressées :

Vous êtes bien orgueilleuse... pour une petite bâtarde élevée dans cette maison par charité.

— Que vous a-t-elle dit, cette femme ? reprit madame de Beaumesnil.

— Permettez-moi, madame, — répondit Herminie, — de ne pas vous répéter ces cruelles paroles... je les ai, sinon oubliées, du moins pardonnées... Mais le lendemain j'avais quitté la pension avec mon petit trésor... fruit de mes leçons et de mes économies, — ajouta la jeune fille en souriant ; — c'est grâce à ce trésor que j'ai pourvu aux frais de mon *ménage*, comme vous dites, madame la comtesse, car dès lors j'ai vécu seule... chez moi.

Herminie prononça ce mot *chez moi* d'un air si gentiment glorieux, important et satisfait, que madame de Beaumesnil, les larmes aux yeux, le sourire aux lèvres et entraînée par le charme de ces confidences ingénues, prit la main de la jeune fille assise à son chevet et lui dit :

— Je suis sûre... mademoiselle l'orgueilleuse, qu'il est charmant votre chez-vous !

— Oh ! pour cela, madame... il n'y a rien de trop élégant pour moi...

— Vraiment, voyons... combien de pièces a notre appartement ?

— Une seule... avec une entrée... mais au rez-de-chaussée et cela donne sur un jardin ; c'est tout petit, aussi j'ai pu me permettre un joli tapis, une teinture et des rideaux de perse ; je n'ai qu'un fauteuil, mais il est en velours brodé, par moi bien entendu ; enfin je possède peu de chose, mais ce peu, je crois, de bon goût... Ce n'est pas tout, j'avais une ambition et je la réaliserai bientôt.

— Et cette ambition ?

— C'était d'avoir une petite bonne... une enfant de treize ou quatorze ans... que j'aurais retirée d'une position pénible, et qui se fût trouvée heureuse avec moi... Cela s'est rencontré à souhait. On m'a parlé d'une petite orpheline de douze ans... ayant du cœur et du meilleur caractère, m'a-t-on dit... Aussi, madame la comtesse, jugez combien je serai contente quand je pourrai la prendre à mon service... ce ne sera pas d'ailleurs une folle dépense. Ainsi du moins je ne sortirai plus seule pour aller donner mes leçons... et c'est cela qui me coûtait le plus, car vous concevez... madame... une femme seule...

Herminie n'acheva pas, une larme de honte lui vint aux yeux en songeant à la grossière poursuite de M. Ravil, pénible incident auquel la jeune fille avait été quelquefois exposée, malgré la modestie, la dignité de son maintien.

— Je vous comprends... mon enfant, et je vous approuve, — dit madame de Beaumesnil de plus en plus attendrie.
— Mais vos leçons... qui vous les procure ?... et puis enfin, ne vous manquent-elles jamais ?...

— Rarement, madame la comtesse, et l'été, lorsque plusieurs de mes écolières vont à la campagne, j'ai recours à d'autre ressources : je brode au petit point, je grave de la musique, je compose quelques morceaux, et puis enfin j'ai conservé d'amicales relations avec plusieurs de mes amies de pension. C'est grâce à l'une d'elles que j'ai été adressée à la femme de votre médecin, madame la comtesse... lorsqu'il cherchait... une jeune personne... assez bonne musicienne... pour être placée auprès de vous...

A cet instant, Herminie, qui avait commencé son récit assise sur un fauteuil auprès du chevet de la comtesse, se trouva assise sur le lit... et presque enlacée dans les bras de sa mère.

Toutes deux avaient imperceptiblement cédé, presque sans en avoir conscience, à la toute puissante attraction des sentiments filial et maternel, car madame de Beaumesnil, après avoir fait placer Herminie auprès d'elle, avait osé, l'imprudente mère, conserver ses mains une des mains de sa fille, pendant cette narration simple et touchante...

Alors il était advenu ce qui arrive lorsqu'un téméraire, s'approchant de quelque formidable rouage en mouvement, lui donne la moindre prise sur soi : il est aussitôt entraîné par cette irrésistible attraction ; ainsi... à mesure qu'Herminie racontait à sa mère sa vie passée, elle avait senti la main de madame de Beaumesnil serrer d'abord la sienne... puis l'attirer peu à peu près d'elle, jusqu'à ce qu'enfin... assise sur le lit de sa mère, celle-ci lui eût jeté ses bras autour du cou...

Cédant alors à une sorte de frénésie maternelle, madame de Beaumesnil, au lieu de continuer l'entretien et de répondre à sa fille, saisit la tête charmante d'Herminie entre ses deux mains, et, sans prononcer une parole, la couvrit de larmes et de baisers passionnés...

La mère et la fille restèrent ainsi embrassées dans une muette et convulsive étreinte.

Sans doute leur secret, si difficilement contenu jusqu'alors, et qui une fois déjà leur était venu aux lèvres, leur eût échappé cette fois, si toutes deux n'eussent été soudain rappelées à elles-mêmes en entendant frapper à la porte de la chambre à coucher.

Madame de Beaumesnil, épouvantée du parjure qu'elle allait commettre, revint heureusement à la raison ; et, confuse, anéantie, ne sachant comment expliquer à sa fille cet emportement de folle tendresse, elle dit d'une voix entrecoupée, en dégageant doucement Herminie de son étreinte :

— Pardon... Pardon... mon enfant... Mais je suis mère... ma fille est au loin, son absence me cause des regrets affreux... ma pauvre tête est bien affaiblie... et, dans mon illusion... un instant... je ne sais comment cela... s'est fait... mais... c'est elle... ma fille... si cruellement regrettée... que j'ai cru serrer sur mon cœur... Soyez indulgente pour cet égarement maternel... il faut... voyez-vous, avoir pitié... d'une pauvre mère qui se sent... mourir... sans pouvoir embrasser une dernière fois son enfant.

— Mourir ! — s'écria la jeune fille en relevant son visage, inondé de pleurs, et regardant sa mère avec épouvante.

Mais entendant heurter de nouveau, Herminie essuya précipitamment ses larmes et eut assez d'empire sur elle-même pour paraître presque calme, en disant à sa mère :

— Voici... la seconde fois que l'on frappe, madame la comtesse...

— Faites entrer, — murmura madame de Beaumesnil, accablée par cette scène.

La femme de chambre de confiance de la comtesse parut et lui dit :

— Selon les ordres de madame, j'ai attendu M. le marquis de Maillefort.

— Eh bien ! — demanda vivement madame de Beaumesnil, — viendra-t-il ?

— M. le marquis attend au salon que madame la comtesse puisse le recevoir.

— Ah !.... Dieu soit béni, — murmura madame de Beaumesnil en regardant sa fille, — le ciel me récompense d'avoir eu la force de tenir mon serment...

S'adressant ensuite à sa femme de chambre :

— Vous allez introduire ici M. de Maillefort.

Herminie, brisée par tant d'émotions et sentant l'inopportunité de sa présence, prit son mantelet et son chapeau afin de se retirer.

La comtesse ne la quittait pas du regard.

C'en était fait...

Elle voyait sa fille pour la dernière fois peut-être ; car la malheureuse mère sentait à bout les forces qu'elle avait puisées dans une surexcitation factice.

Madame de Beaumesnil eut pourtant le courage de dire à Herminie, d'une voix presque assurée, afin de lui donner le change sur son état :

— A demain... notre morceau d'Obéron, mademoiselle... vous aurez la bonté de venir de bonne heure... n'est-ce pas ?

— Oui... madame la comtesse, répondit Herminie.

— Madame Dupont, reconduisez mademoiselle, — dit la comtesse à sa femme de chambre, — vous introduirez ensuite M. de Maillefort.

Suivant alors d'un regard déchirant sa fille qui se dirigeait vers la porte, madame de Beaumesnil ne put s'empêcher de lui dire une dernière fois :

— Adieu... mademoiselle...

— Adieu... *madame la comtesse*... — répondit Herminie.

Et ce fut dans ces mots imposés par un froid cérémonial que ces deux pauvres créatures, brisées, déchirées, exhalèrent leur désespoir à ce moment suprême, où elles se voyaient pour la dernière fois.

Madame Dupont reconduisit Herminie sans la faire passer par le salon, où attendait M. de Maillefort.

La jeune fille sortait de l'appartement, lorsque madame Dupont lui dit avec intérêt :

— Vous oubliez votre parapluie, mademoiselle, et vous en aurez bien besoin, il fait un temps affreux ; il pleut à verse...

— Je vous remercie, madame, dit Herminie allant prendre son parapluie qu'elle oubliait, auprès de la porte du salon d'attente, où elle l'avait déposé.

En effet, il pleuvait à torrents ; mais c'est à peine si Herminie, abîmée dans sa douleur, s'aperçut que la nuit était pluvieuse et noire, lorsque, sortant de l'hôtel Beaumesnil, elle s'aventura seule, dans ce quartier désert, pour regagner sa demeure.

XI.

M. de Maillefort attendait seul dans un salon quand madame Dupont revint le chercher pour l'introduire auprès de madame de Beaumesnil.

La physionomie du bossu n'était plus railleuse comme d'habitude ; on lisait sur ses traits une profonde tristesse, mêlée d'angoisse et de surprise.

Debout, accoudé à la cheminée, sa tête appuyée sur sa main, le marquis semblait perdu dans ses réflexions, comme s'il eût cherché le mot d'une énigme introuvable ; sortant soudain de sa rêverie, il regarda attentivement autour de lui avec mélancolie, et une larme brilla dans ses yeux noirs... passant alors sa main sur son front, comme s'il eût voulu chasser de pénibles souvenirs, il marcha çà et là dans le salon d'un pas précipité.

Au bout de quelques instans, madame Dupont revint dire à M. de Maillefort :

— Si monsieur le marquis veut se donner la peine de me suivre, madame la comtesse peut le recevoir.

Et, précédant le marquis, madame Dupont ouvrit la porte du salon, qui donnait dans la chambre à coucher de madame de Beaumesnil, et annonça :

— Monsieur le marquis de Maillefort !

La comtesse avait fait, si cela se peut dire, une toilette de malade : ses bandeaux de cheveux blonds, naguère quelque peu dérangés dans les étreintes passionnées dont elle avait accablé sa fille, venaient d'être lissés de nouveau ; un frais bonnet de valenciennes entourait son pâle visage, que son coloris fébrile et factice abandonnait déjà ; ses yeux, naguère brillans de tendresse maternelle, semblaient s'éteindre, et ses mains, tout-à-l'heure si brûlantes lorsqu'elles serraient les bras d'Herminie, déjà se refroidissaient.

A l'aspect de l'altération mortelle des traits de la comtesse, qu'il avait vue éblouissante de jeunesse, de beauté, M. de Maillefort tressaillit, et malgré lui s'arrêta un instant.

Le visage du bossu trahit sa douloureuse surprise, car madame de Beaumesnil, restée seule avec lui, tâcha de sourire, et lui dit :

— Vous me trouvez bien changée... n'est ce pas... monsieur de Maillefort ?

Le bossu ne répondit rien, baissa la tête ; mais lorsqu'après un moment de silence il releva le front, il était très pâle.

Madame de Beaumesnil fit signe au marquis de s'asseoir dans un fauteuil près de son lit, et lui dit d'une voix affectueuse et grave :

— Je crains que les momens ne me soient comptés... monsieur de Maillefort ; je serai donc brève... dans cet entretien.

Le marquis prit silencieusement place auprès du lit de la comtesse, qui continua :

— Ma lettre... a dû vous étonner ?

— Oui... madame.

— Et toujours bon... toujours généreux, vous vous êtes empressé de vous rendre auprès de moi.

Le marquis s'inclina.

Madame de Beaumesnil reprit d'une voix profondément émue :

— Monsieur de Maillefort..... vous m'avez beaucoup aimée.....

Le bossu bondit de surprise, et regarda la comtesse avec un mélange de confusion et de stupeur.

— Ne vous étonnez pas de me voir instruite d'un secret... que seule j'ai pénétré, — dit la comtesse, — car l'amour vrai... loyal... se trahit toujours auprès de la personne aimée.

— Ainsi, madame... — balbutia le bossu, à peine remis de son trouble, — vous saviez ..

— Je savais tout, — reprit la comtesse, en tendant à M. de Maillefort sa main déjà froide.

Le marquis serra la main de madame de Beaumesnil avec un pieux respect, tandis que ses larmes, qu'il ne contenait plus, inondaient ses joues.

— J'ai tout deviné, — reprit la comtesse... — votre dévoûment sublime et caché, vos souffrances héroïquement souffertes...

— Vous saviez tout ? — murmura M. de Maillefort avec hésitation, — vous saviez tout ?... et dans les rares circonstances qui me rapprochaient de vous... votre accueil était toujours gracieux et bon... Vous saviez tout... et jamais je n'ai surpris sur vos lèvres un sourire de moquerie ; jamais dans vos yeux un regard de dédaigneuse pitié !...

— Monsieur de Maillefort, — répondit la comtesse avec une dignité touchante, — c'est au nom de l'amour que vous avez eu pour moi... c'est au nom de l'affectueuse estime que votre caractère m'a toujours inspirée... que je viens... à cette heure... peut-être... suprême... vous confier mes plus chers intérêts...

M. de Maillefort répondit avec une émotion croissante :

— Pardon... pardon... madame... d'avoir un instant supposé qu'un cœur comme le vôtre pouvait railler, mépriser... un sentiment irrésistible, mais toujours respectueusement caché. Parlez, madame, je me crois digne de la confiance que vous avez en moi.

— Monsieur de Maillefort... cette nuit, j'aurai cessé de vivre.

— Madame...

— Oh ! je ne m'abuse pas. C'est à force d'énergie, c'est à l'aide de moyens factices que je combats depuis quelques heures... les derniers envahissemens du mal... Écoutez-moi donc, car, je vous le dis, les momens me sont comptés...

Le bossu essuya ses larmes et écouta.

— Vous savez de quel affreux accident M. de Beaumesnil a été victime... Par sa mort... par la mienne... ma fille Ernestine va rester orpheline... en pays étranger... confiée aux soins d'une gouvernante. Ce n'est pas tout... Ernestine est un ange de candeur et de bonté... sa timidité est excessive. Tendrement élevée par son père et par moi... ne nous ayant jamais quittés... elle ne sait donc du monde de la vie, que ce que peut en savoir une enfant de seize ans, qui, par goût, a toujours aimé la retraite et la simplicité... Sans doute... je devrais mourir tranquille sur son avenir... car elle sera la plus riche héritière de France. Cependant.... je ne puis me défendre de quelques inquiétudes, en songeant aux personnes qui forcément me remplaceront auprès de ma fille... c'est à M. et madame de La Rochaiguë, ses plus proches parens, qu'elle sera sans doute confiée... Depuis longtemps j'ai rompu avec cette famille, et vous la connaissez assez pour concevoir mes appréhensions.

— Il serait en effet... à désirer, madame, que votre fille eût de tuteurs mieux choisis ; mais mademoiselle de Beaumesnil a seize ans, sa tutelle ne saurait être longtemps prolongée ; d'ailleurs les personnes dont vous me parlez... ont plus de ridicules que de méchanceté... elles ne sauraient être réellement à craindre.

— Je le sais ;... néanmoins... la main d'Ernestine devra être l'objet de tant de convoitises... (et déjà même j'ai pu m'en assurer), — ajouta madame de Beaumesnil, en se rappelant l'insistance de son confesseur en faveur de M. de Macreuse, — cette chère enfant sera entourée de tant d'obsessions, que je ne serais complètement rassurée que si je lui savais un ami sincère, dévoué... d'un esprit supérieur, et capable enfin d'éclairer son choix... Cet ami presque paternel... soyez-le pour Ernestine... je vous en supplie, monsieur de Maillefort... et je quitterai la vie certaine que le sort de ma fille sera aussi heureux que brillant.

— Je tâcherai d'être cet ami pour votre fille... madame... Tout ce qui dépendra de moi, je le ferai.

Ah !... je respire... je ne crains plus rien pour Ernestine... Je sais ce que vaut une promesse de vous, monsieur de Maillefort, — s'écria la comtesse, dont le visage, pendant un instant, rayonna d'espérance et de sérénité...

Mais bientôt le sentiment de sa faiblesse croissante, jointe à de funestes symptômes, fit croire à madame de Beaumesnil que sa fin approchait ; ses traits, un moment épanouis par la sécurité que lui avait inspirée la promesse de M. de Maillefort au sujet d'Ernestine, exprimèrent de nouvelles angoisses, et elle reprit d'une voix précipitée, suppliante :

— Ce n'est pas tout, monsieur de Maillefort, j'ai un service plus grand encore peut-être à implorer... de votre générosité.

Le marquis regarda madame de Beaumesnil avec surprise.

— Éclairée, soutenue par vos conseils, — reprit la comtesse, — ma fille Ernestine sera heureuse autant que riche... Il n'est pas maintenant d'avenir plus beau, plus assuré que le sien;... mais il n'en est pas ainsi de l'avenir d'une... pauvre... et noble créature... que... je... que je voudrais... vous...

Madame de Beaumesnil n'osa... ne put continuer.

Résolue d'avance de confier à M. de Maillefort le secret de la naissance d'Herminie, afin de lui gagner à jamais l'appui de cet homme généreux, la comtesse recula devant la honte d'un pareil aveu, qui eût aussi violé la sainteté du serment qu'elle avait juré.

Le marquis, voyant l'hésitation de madame de Beaumesnil, lui dit :

— Qu'avez-vous, madame?... Veuillez de grâce m'apprendre quel autre service... je puis vous rendre. Ne savez-vous pas... que vous pouvez disposer de moi... comme du meilleur de vos amis?...

— Je le sais... oh! je le sais, — répondit madame de Beaumesnil avec une angoisse profonde ; — cependant... je n'ose... je crains...

Et les mots expirèrent encore sur les lèvres de madame de Beaumesnil.

Le marquis, voulant lui venir en aide, touché de son trouble, reprit :

— Lorsque vous vous êtes interrompue, madame, vous me parliez, je crois, de l'avenir d'une pauvre et noble créature... Qui est-elle?... comment pourrai-je lui être utile?...

Vaincue par la douleur et par une faiblesse croissante, madame de Beaumesnil cacha son visage dans ses mains et fondit en larmes ;... mais, après un moment de silence, attachant sur le marquis ses yeux noyés de pleurs et tâchant de se montrer plus calme, elle lui dit d'une voix entrecoupée :

— Oui... vous pourriez être... d'un grand secours à une pauvre jeune fille... digne... à tous égards... de votre intérêt... car elle... est... voyez-vous?... bien malheureuse... orpheline... sans appui... sans aucune fortune... mais pleine de cœur... et de fierté, il n'en est pas, je vous jure, de plus vaillante au bien et au travail... enfin, c'est un ange... — ajouta la comtesse avec une exaltation dont M. de Maillefort fut frappé.

— Oui, — reprit madame de Beaumesnil en fondant en larmes, — c'est un ange... de courage, de vertu ; et c'est pour cet ange que je vous demande, à mains jointes... votre paternel intérêt... comme je vous l'ai demandé pour ma fille Ernestine. Oh! monsieur de Maillefort... je vous en supplie... ne me refusez pas...

L'exaltation de madame de Beaumesnil, en parlant de cette orpheline, son trouble, son visible embarras, cette recommandation suprême qu'elle adressait à M. de Maillefort, le suppliant de partager son affection entre Ernestine et cette jeune fille inconnue, toutes ces circonstances excitèrent de plus en plus l'étonnement du marquis.

Pendant un instant, il garda malgré lui le silence ;... puis soudain... il tressaillit ; une pensée douloureuse lui traversa l'esprit, il se souvint des bruits calomnieux, infâmes (il les avait du moins jusqu'alors considérés comme tels) dont madame de Beaumesnil avait autrefois été l'objet, et dont le matin même il avait voulu la venger en provoquant M. de Mornand sous un prétexte futile.

Ces bruits étaient-ils fondés? L'orpheline, à qui madame de Beaumesnil semblait porter un intérêt si profond, lui était-elle chère à un titre mystérieux? était-elle le fruit d'une faute?

Mais bientôt le marquis, plein de confiance et de foi dans la vertu de madame de Beaumesnil, repoussa ces fâcheux soupçons, se reprochant même de s'y être un moment laissé entraîner.

La comtesse, presque effrayée du silence du bossu, lui dit d'une voix tremblante, altérée :

— Excusez-moi, monsieur de Maillefort, j'ai abusé... je le vois... de votre générosité ;... il ne me suffisait pas d'avoir obtenu l'assurance de votre paternelle protection pour ma fille... Ernestine... j'ai encore voulu vous intéresser... à une pauvre... étrangère... Veuillez, je vous en prie, me pardonner...

L'accent de madame de Beaumesnil, en prononçant ces mots, avait quelque chose de si poignant, de si désespéré, que M. de Maillefort eut de nouveaux doutes navrans pour son cœur;... il voyait s'évanouir l'une de ses plus nobles, de ses plus chères illusions : madame de Beaumesnil n'était plus pour lui... cette créature idéale qu'il avait si longtemps adorée.

Mais, prenant en pitié cette malheureuse mère, et comprenant tout ce qu'elle devait souffrir, M. de Maillefort sentit ses yeux se mouiller de larmes, et lui dit d'une voix émue :

— Rassurez-vous, madame... à mes promesses je ne faillirai pas... L'orpheline que vous me recommandez me sera... aussi chère que mademoiselle de Beaumesnil... j'aurai deux filles au lieu d'une.

Et il tendit affectueusement la main à la comtesse, comme pour consacrer sa promesse.

— Maintenant, je puis mourir en paix, — s'écria madame de Beaumesnil.

Et avant que le marquis eût pu s'y opposer, elle pressa de ses lèvres déjà froides la main qu'il lui avait offerte.

A cette expression de reconnaissance ineffable, M. de Maillefort ne douta plus que madame de Beaumesnil n'eût une fille naturelle.

Tout-à-coup, soit que tant d'émotions eussent épuisé les forces de la comtesse, soit que les progrès de la maladie, un moment dissimulés sous un bien-être trompeur, eussent alors atteint toute leur intensité, madame de Beaumesnil eut un brusque mouvement et ne put retenir un cri de douleur.

— Grand Dieu! madame! — dit vivement le marquis, effrayé de la subite altération des traits de la comtesse, — qu'avez-vous?

— Ce n'est rien, — répondit-elle héroïquement, — ce n'est rien... une légère... douleur ; mais... tenez... prenez vite cette clé, je vous prie...

Et la comtesse remit à M. de Maillefort une clef qu'elle prit sous son oreiller.

— Ouvrez... ce... secrétaire...

Le marquis obéit.

— Dans le tiroir du milieu... prenez... un portefeuille... Le trouvez-vous?...

— Le voici.

— Gardez-le... je vous prie... il contient une somme... dont je puis disposer... ou plutôt dont je suis... dépositaire, — dit la comtesse en se reprenant, — cette somme mettra du moins pour toujours à l'abri du besoin la jeune fille que je vous recommande... Seulement, — ajouta la pauvre mère d'une voix de plus en plus affaiblie, — vous me promettez... de ne jamais... prononcer... mon nom... à cette orpheline... de ne jamais lui révéler quelle est la personne... qui... vous a chargé... de lui remettre cette... petite fortune... Mais dites bien... oh! dites à cette malheureuse enfant qu'elle a été... tendrement aimée... jusqu'à la fin... et que... il a... fallu...

Les derniers mots de la comtesse, dont les forces s'épuisaient, furent inintelligibles pour le marquis.

Mais ce portefeuille... à qui le remettre, madame?... Cette jeune fille... où la trouverai-je, quel est son nom?... — s'écria M. de Maillefort, alarmé de la rapide décomposition des traits de madame de Beaumesnil et de l'oppression qui pesait sur sa respiration.

Au lieu de répondre aux questions du marquis, madame de Beaumesnil se renversa en arrière, jeta un cri déchirant et croisa ses mains sur sa poitrine.

— Madame... parlez-moi! — s'écria le marquis, en se penchant vers madame de Beaumesnil, bouleversé de douleur et d'effroi, — cette jeune fille... où la trouverai-je?... qui est-elle.

— Oh ! je me meurs... — murmura madame de Beaumesnil en levant les yeux au ciel.

Et, dans un dernier effort, elle balbutia ces mots :
— N'oubliez pas... le serment... ma fille... l'orpheline...

Au bout de quelques instans, la comtesse mourut.

M. de Maillefort, en proie à un profond et amer chagrin, ne douta plus que l'orpheline dont il ignorait le nom, et qu'il ne savait où chercher... ne fût la fille naturelle de la comtesse.

. . . .

Le convoi de madame de Beaumesnil fut splendide.

M. le baron de La Rochaigüe, le plus proche parent de la famille, conduisait le deuil.

M. de Maillefort, convié par billet *de faire part*, ainsi que les autres personnes de la société de madame de Beaumesnil, s'était joint au funèbre cortége.

Dans un coin obscur de l'église, agenouillée et comme écrasée sur la dalle par le poids de son désespoir, une jeune fille, inaperçue de tous, priait en étouffant ses sanglots.

C'était Herminie.

XII.

Quelques jours après les funérailles de madame de Beaumesnil, M. de Maillefort, sortant du douloureux accablement où l'avait plongé la mort de la comtesse, et songeant à l'exécution des dernières volontés de cette malheureuse femme au sujet de l'orpheline, sentit toute la difficulté de la mission dont il s'était chargé.

Comment, en effet, retrouver cette jeune fille que madame de Beaumesnil lui avait si instamment recommandée ?

A qui s'adresser pour recueillir des renseignemens ou des indications capables de le mettre sur la voie ?

Et comment surtout prendre des informations si délicates sans compromettre la mémoire de madame de Beaumesnil et le secret dont elle avait voulu entourer l'accomplissement de sa volonté suprême, au sujet de cette orpheline inconnue, sa fille naturelle ? car M. de Maillefort ne pouvait plus en douter.

En rassemblant ses souvenirs, le bossu se rappela que la comtesse, le jour de sa mort, lui avait envoyé une femme de chambre de confiance, afin de l'inviter à se rendre au plus tôt à l'hôtel de Beaumesnil.

« Cette femme est depuis très longtemps au service de madame de Beaumesnil, — pensa le marquis ; elle pourra peut-être m'apprendre quelque chose. »

Le valet de chambre de M. de Maillefort, homme sûr et dévoué, fut chargé d'aller trouver madame Dupont, et l'amena chez le marquis.

— Je sais, ma chère madame Dupont, — lui dit-il, — combien vous étiez attachée à votre maîtresse...

— Ah ! monsieur le marquis... madame la comtesse était si bonne !.. — répondit madame Dupont en fondant en larmes, — comment ne lui aurait-on pas été dévoué à la vie, à la mort !

— C'est parce que je connais votre dévoûment, et le respect que vous avez pour la mémoire de cette excellente maîtresse, que je vous ai priée de venir chez moi, ma chère madame Dupont... il s'agit d'une chose fort délicate.

— Je vous écoute, monsieur le marquis.

— La preuve de confiance que m'a donnée madame de Beaumesnil, en me mandant auprès d'elle le jour de sa mort, doit vous persuader, à l'avance, que les questions que je pourrai vous faire... sont d'un intérêt presque sacré... aussi je compte sur votre franchise et sur votre discrétion.

— Oh ! vous pouvez y compter, monsieur le marquis.

— Je le sais... Maintenant, voici ce dont il s'agit... Madame de Beaumesnil avait été depuis longtemps, je crois, chargée, par une personne de ses amis, de prendre soin d'une jeune orpheline qui, par la mort de sa protectrice, se trouve à cette heure, peut-être, sans aucun appui... J'ignore le nom, la demeure de cette jeune fille... et il me serait urgent de la retrouver. Ne pourriez-vous, à ce sujet, me donner quelques renseignemens ?

— Une jeune fille orpheline ? — reprit madame Dupont en rassemblant ses souvenirs.

— Oui...

— Pendant dix ans que je suis restée au service de madame la comtesse, — reprit la femme de chambre après un nouveau silence, — je n'ai vu aucune jeune fille venir chez madame... comme particulièrement protégée par elle.

— Vous en êtes bien sûre ?

— Oh ! bien sûre... monsieur le marquis.

— Et madame de Beaumesnil ne vous a jamais chargée de quelque commission qui pouvait avoir rapport à la jeune fille dont vous parle.

— Jamais, monsieur le marquis... Souvent on s'adressait à madame la comtesse pour des secours... car elle en donnait beaucoup... mais je n'ai pas remarqué qu'elle donnât de préférence ou s'intéressât davantage à une personne qu'à une autre... et je crois que si madame avait eu quelque commission de confiance elle ne se serait pas adressée à d'autres qu'à moi.

— C'est ce que j'avais pensé... et c'est pour cela que j'espérais me renseigner auprès de vous... voyons... cherchez... vous ne vous souvenez de rien qui puisse vous rappeler une jeune fille que madame de Beaumesnil protégeait particulièrement, et depuis longtemps ?

— Je ne me rappelle rien de cela, — reprit madame Dupont après de nouvelles réflexions ; — rien absolument, — ajouta-t-elle.

Le souvenir d'Herminie lui était, il est vrai, un instant venu à l'esprit ; mais la femme de chambre ne s'arrêta pas à cette pensée.

En effet, rien dans la conduite apparente de la comtesse envers Herminie, qu'elle avait reçue pour la première fois quelques jours avant sa mort, ne pouvait mettre madame Dupont sur la voie de cette protection spéciale, et depuis longtemps accordée, à la jeune fille dont parlait le marquis.

— Allons, — dit celui-ci avec un soupir, — il faudra tâcher de me renseigner autrement.

— Pourtant, attendez donc... Monsieur le marquis ; — reprit madame Dupont, — cela ne paraît avoir aucun rapport avec la jeune fille dont vous parlez... mais enfin... autant vous le dire...

— Voyons, qu'est-ce ?

— La veille de sa mort, madame la comtesse m'a fait venir et m'a dit : « Vous allez prendre un fiacre et vous irez
« porter cette lettre chez une femme qui demeure aux Ba-
« tignolles, sans lui dire de quelle part vous venez ; vous
« la ramènerez avec vous... et vous l'introduirez chez
« moi dès son arrivée... »

— Et le nom de cette femme ?

— Oh ! un nom singulier, monsieur le marquis, je ne l'ai pas oublié... Elle se nomme *madame Barbançon*.

— Et vous l'avez vue souvent chez madame de Beaumesnil ?

— Seulement cette fois-là, monsieur le marquis.

— Et cette femme..., vous l'avez amenée chez madame de Beaumesnil ?

— Non pas moi, monsieur le marquis.

— Comment cela ?

— Après m'avoir donné le premier ordre dont j'ai parlé à monsieur le marquis, madame s'est ravisée et m'a dit, je me la rappelle bien :
« Tout bien considéré, madame Dupont, vous n'irez pas
« chercher cette femme en fiacre... cela aurait l'air d'un
« mystère... Faites atteler ma voiture, donnez la lettre à
« un valet de pied, et qu'il la porte à cette personne en

« lui disant qu'il vient la chercher de la part de madame « de Beaumesnil. »
— Et l'on a été ainsi chercher cette femme?
— Oui, monsieur le marquis.
— Et madame de Beaumesnil s'est entretenue avec elle?
— Pendant deux grandes heures, monsieur le marquis.
— Et quel âge a-t-elle?
— Au moins cinquante ans, monsieur le marquis... et c'est une femme du commun.
— Et ensuite de son entretien avec la comtesse?
— La voiture de madame l'a reconduite chez elle, aux Batignolles.
— Et depuis, vous n'avez pas revu cette femme à l'hôtel Beaumesnil?
— Non, monsieur le marquis.

Après être resté quelque temps pensif, le bossu, s'adressant à madame Dupont :
— La femme dont vous me parlez se nommait, dites-vous?
— Madame Barbançon...

Le bossu écrivit ce nom sur un portefeuille et reprit :
— Elle demeure?
— Aux Batignolles.
— Quelle rue? quel numéro?
— Je n'en sais rien, monsieur le marquis. Je me rappelle seulement que le valet de pied nous a dit que la maison où elle logeait était dans une rue très déserte, et qu'il y avait un jardin que l'on voyait de dehors à travers une petite grille en bois.

Le bossu, après avoir écrit ces renseignemens sur son carnet, dit à madame Dupont :
— Je vous remercie de ces indications, les seules que vous puissiez me donner... Malheureusement, peut-être elles seront inutiles pour les recherches dont je m'occupe... Si plus tard cependant vous vous rappeliez quelque fait nouveau qui vous parût propre à m'éclairer... je vous prie de m'en instruire.
— Je n'y manquerai pas, monsieur le marquis.

M. de Maillefort ayant généreusement récompensé madame Dupont, monta en fiacre et se fit conduire aux Batignolles.

Après deux heures de recherches et d'investigations, le bossu découvrit enfin la maison du commandant Bernard, où il ne trouva que madame Barbançon.

Olivier était parti depuis plusieurs jours avec son maître maçon, et le vétéran venait de sortir pour aller faire sa promenade habituelle dans la plaine de Monceau.

La ménagère ayant ouvert au bossu, fut désagréablement frappée de la laideur marquoise et de la difformité du marquis ; aussi loin de l'introduire dans l'appartement, elle resta sur le seuil de la porte, barrant pour ainsi dire le passage à M. de Maillefort.

Celui-ci, s'apercevant de l'impression peu favorable qu'il causait à la ménagère, la salua très poliment et lui dit :
— C'est à madame Barbançon que j'ai l'honneur de parler?
— Oui, monsieur... Qu'est-ce que vous lui voulez à madame Barbançon?
— Je désire, madame, — répondit le bossu, — que vous veuilliez bien m'accorder quelques instans.
— Et... pourquoi donc faire, monsieur? — demanda la ménagère en toisant le bossu d'un regard défiant.
— J'aurais, madame, à vous entretenir de choses fort importantes.
— Moi... je ne vous connais pas.
— Et moi... madame, j'ai l'avantage de vous connaître... de nom seulement... il est vrai.
— La belle histoire!... moi aussi, je connais de nom le Grand-Turc!
— Permettez-moi, ma chère madame Barbançon, de vous faire observer que, chez vous, nous causerions infiniment plus à notre aise... que sur ce palier.
— Monsieur ! — riposta aigrement la ménagère, — je n'aime à être à mon aise qu'avec les personnes qui m'en donnent envie.
— Je comprends parfaitement votre défiance, ma chère madame, — reprit le marquis en dissimulant son impatience ; — aussi, je me recommanderai d'un nom qui ne vous est pas inconnu.
— Quel nom?
— Celui de madame la comtesse de Beaumesnil.
— Vous venez de sa part, monsieur, — dit vivement la ménagère.
— De sa part... non, madame, — répondit tristement le bossu, en secouant la tête, — madame de Beaumesnil est morte.
— Ah! mon Dieu ! morte... et depuis quand? pauvre chère femme !...
— Je vous en prie, madame, entrons chez vous, et je vous répondrai, — reprit le marquis avec une sorte d'autorité qui imposa à madame Barbançon, très curieuse d'ailleurs de tout ce qui se rapportait à madame de Beaumesnil.

La ménagère introduisit donc le bossu dans le modeste appartement du commandant Bernard.
— Monsieur, — reprit la ménagère, — vous disiez donc que madame la comtesse de Beaumesnil était morte?
— Il y a plusieurs jours, madame... et justement le lendemain de l'entretien qu'elle a eu avec vous.
— Comment! monsieur, vous savez?
— Je sais que madame de Beaumesnil s'est longtemps entretenue avec vous... et je viens accomplir une de ses dernières volontés, en vous remettant de sa part ces vingt-cinq napoléons.

Et le bossu fit voir à madame Barbançon une petite bourse de soie verte, dont les mailles laissaient briller l'or qu'elle renfermait.

Ces mots : vingt-cinq NAPOLÉONS, sonnaient horriblement mal aux oreilles de la ménagère ; le marquis eût dit vingt-cinq LOUIS, que l'impression de l'ennemie jurée de la mémoire de l'Ogre de Corse eût sans doute été différente.

Ainsi, loin de prendre l'or que le bossu lui offrait pour la tenter et la mettre en confiance, madame Barbançon, sentant renaître ses préventions, répondit majestueusement en repoussant d'un geste de dédain superbe la bourse qu'on lui offrait :
— Je ne reçois pas comme ça des NAPOLÉONS (et elle accentua très amèrement ce nom détesté). — Non, je ne reçois pas comme ça des NAPOLÉONS du premier venu... sans savoir... entendez-vous, monsieur?
— Sans savoir... quoi ? ma chère madame.
— Sans savoir qui sont les gens qui disent des NAPOLÉONS, comme si de dire des *louis* leur écorcherait la bouche... Mais c'est connu, — ajouta-t-elle d'un ton sardonique. — Dis-moi qui tu hantes, je te dirai qui tu es. Suffit, vous êtes jugé...
— Je suis jugé?
— Jugé et toisé... Maintenant, qu'est-ce que vous me voulez? j'ai mon pot-au-feu à inspecter...
— Je vous l'ai dit, madame, je venais vous apporter une preuve de la gratitude de madame de Beaumesnil pour la discrétion... pour la réserve... que vous avez montrée lors de l'affaire... en question...
— Quelle affaire?...
— Vous le savez bien...
— Pas du tout.
— Allons, ma chère madame Barbançon, mettez-vous en confiance avec moi, j'étais l'un des meilleurs amis de madame de Beaumesnil... et je n'ignore pas... que l'orpheline... vous savez... l'orpheline...
— L'orpheline?
— Oui... une jeune fille... je n'ai pas besoin de vous en dire davantage... vous voyez bien que je suis instruit de tout ?
— Alors... qu'est-ce que vous venez me demander, puisque vous savez tout?

— Je viens... dans l'intérêt de la jeune fille... que vous connaissez... vous prier de me donner son adresse... j'ai à lui faire... une communication très importante...
— Vraiment?
— Sans doute...
— Voyez-vous ça?... — dit la ménagère d'un ton sardonique et pénétrant.
— Mais, ma chère madame Barbançon... qu'y a-t-il donc de si extraordinaire... dans ce que je vous dis ?
— Il y a, — s'écria la ménagère en éclatant, — il y a que vous êtes un vieux roué !
— Moi ! !
— Un malfaiteur, qui voulez me corrompre à force d'or... pour me faire jaser.
— Ma chère madame, je vous assure...
— Mais votre bosse en serait pleine de... *napoléons*, voyez-vous... elle sonnerait l'or et vous m'autoriseriez à y fouiller et à y farfouiller... que je ne vous dirais pas un mot de ce que je ne veux pas dire... Ah !... ah !... voilà comme je suis bâtie, moi... c'est un peu plus *droit* que vous, ça, hein ?... et ça vous vexe.
— Madame Barbançon, écoutez-moi, de grâce... vous êtes une digne et honnête femme.
— Et je m'en vante...
— Et vous avez raison... Aussi, en votre qualité d'excellente femme... vous m'écouterez et vous me répondrez... car...
— Ni l'un ni l'autre... Ah! vous vous êtes dit, vieux bombé : « Je m'en vas mettre les fers au feu pour tirer les vers du nez de madame Barbançon, afin de voir ce qu'elle a dans le ventre. » Mais minute... votre indécence est dévoilée... aussi je vous prie de me laisser tranquille...
— Un mot, de grâce... un seul mot, ma chère amie, — dit le marquis d'une voix affectueuse, en voulant prendre la main de la ménagère.
Mais celle-ci, se rejetant vivement en arrière, s'écria avec un effroi pudique et courroucé.
— Des attouchemens !... jour de Dieu ! Maintenant je comprends tout... l'office de votre bourse. Ne m'approchez pas... affreux libertin... je vous ai vu venir... serpent... D'abord vous m'avez dit *madame*... et puis... *ma chère madame*... maintenant... c'est *ma chère amie*... pour finir par *mon trésor*, n'est-ce pas ?
— Madame Barbançon... je vous jure que...
— On me l'avait bien dit : ces gens noués, c'est pire que des singes ! — s'écria la ménagère en reculant encore.
— Monsieur... si vous ne vous en allez pas... j'appelle les voisins... je crie à la garde... au feu...
— Eh ! morbleu ! vous êtes folle, — s'écria le marquis, désolé de l'inutilité de ses tentatives auprès de madame Barbançon, qu'il pouvait supposer instruite d'une partie du secret de madame de Beaumesnil. — A qui diable en avez-vous, avec vos effarouchemens? Vous êtes au moins aussi laide que moi, et nous ne sommes pas faits pour nous tenter l'un ou l'autre. Je vous le répète, pour la dernière fois, et pesez bien mes paroles, je viens ici pour tâcher d'être utile à une pauvre et intéressante jeune fille, que vous devez connaître... et si vous la connaissez... vous lui faites un tort irréparable... entendez-vous ? en ne me disant pas où elle est, ou en ne m'aidant pas à la retrouver... Réfléchissez bien ;... le sort, l'avenir de cette jeune fille sont entre vos mains,... et vous avez trop bon cœur, j'en suis sûr... pour vouloir nuire à une digne créature qui ne vous a jamais fait de mal.

M. de Maillefort parlait avec tant d'émotion; son accent était à la fois si ferme, si pénétrant, que madame Barbançon revint d'une partie de ses préventions contre le marquis.

— Allons, monsieur, — lui dit-elle, — mettons que je me suis trompée en pensant que vous vouliez m'en conter...
— C'est bien heureux !
— Mais quant à vous dire un mot de ce que je ne dois pas dire, monsieur,... vous aurez beau faire,... vous n'y parviendrez pas.... vous êtes un brave homme et vous n'avez que de bonnes intentions, c'est possible ; mais moi, je suis aussi une brave femme... je sais ce que j'ai à faire et surtout à ne pas dire. Ainsi, vous me couperiez en quatre, que vous ne m'arracheriez pas un traître mot... je ne sors pas de là ; voilà mon caractère...
— Où diable la discrétion va-t-elle se nicher ? — dit M. de Maillefort en quittant madame Barbançon, désespérant avec raison de rien obtenir de la digne ménagère, et voyant avec douleur la vanité de ses premières recherches au sujet de la fille naturelle de madame de Beaumesnil.

XIII.

Deux mois s'étaient écoulés depuis la mort de madame de Beaumesnil.
Une grande activité régnait dans la maison de M. le baron *de La Rochaiguë*, nommé tuteur d'Ernestine de Beaumesnil par un conseil de famille convoqué peu de temps après la mort de la comtesse.
Transportant et plaçant des meubles, les domestiques de M. de La Rochaiguë allaient et venaient, surveillés et dirigés par sa femme et par sa sœur, *mademoiselle Héléna de La Rochaiguë*, fille de quarante-cinq ans environ, toute de noir vêtue : ses yeux toujours baissés, sa figure pâle et maigre, sa physionomie timide, son allure discrète et le sévère arrangement de sa coiffe blanche, lui donnaient l'aspect d'une sorte de religieuse, quoique mademoiselle Héléna n'eût prononcé aucun vœu monastique.
M. de La Rochaiguë, grand homme sec, de cinquante à soixante ans, avait le front chauve et fuyant, le nez busqué, le menton rentrant, l'œil bleu faïence à fleur de tête; il souriait presque toujours, découvrant ainsi des dents très blanches, mais trop longues, qui achevaient de donner à sa figure un caractère très analogue à celui de la race ovine. Le baron avait d'ailleurs les formes excellentes, tandis que, par son manteau et jusque par la coupe de son habit, toujours soigneusement boutonné à la hauteur de sa cravate blanche et de son jabot, il s'évertuait à se transformer en une copie vivante du portrait de *Canning*, le type parfait de *l'homme d'État gentleman*, — disait le baron.
M. de La Rochaiguë n'était pourtant pas homme d'État; mais, depuis longtemps, il aspirait le devenir ; en un mot, l'ambition de la pairie était tournée chez ce personnage (président d'un conseil général) à l'état de manie, d'idée fixe, de maladie chronique et dévorante. Se croyant un Canning inconnu, et ne pouvant se produire à la tribune de la chambre haute, il saisissait la moindre occasion de prononcer un *speech*, prenant ainsi le ton et l'attitude parlementaires, à propos des sujets les plus insignifians.
Un des traits saillans de la manière oratoire du baron était une redondance d'épithètes ou d'adverbes qui devaient, selon lui, *tripler* l'effet de ses plus belles pensées, et, pour employer la phraséologie du baron, nous dirons que rien n'était d'ailleurs plus *insignifiant, plus terne, plus vide*... que ce qu'il appelait... sa pensée.
Madame de La Rochaiguë, âgée de quarante-cinq ans, avait été jolie, coquette et fort galante ; sa taille était encore svelte ; mais la recherche élégante et trop juvénile de sa toilette contrastait toujours maladroitement avec la maturité de son âge.
La baronne aimait passionnément les plaisirs, le grand luxe, les fêtes magnifiques, et surtout à les diriger, à les présider en souveraine; malheureusement, ses revenus, bien qu'honorables, n'étaient nullement en rapport avec ses goûts d'énormes dépenses ; d'ailleurs elle se fût bien gardée de se ruiner ; aussi trouvait-elle, en femme habile

et économe, le moyen de jouir de la haute influence que donne une grande existence en se faisant, à l'occasion, *la patronesse* de ces étrangers obscurs, mais colossalement riches, météores splendides qui, après avoir brillé durant quelques années à Paris, disparaissent à jamais dans le néant de la ruine et de l'oubli.

Madame de La Rochaiguë se chargeait donc (ainsi qu'on dit en argot de bonne compagnie) *de faire un monde* à ces inconnus; en un mot, elle leur imposait la liste des gens qu'ils devaient exclusivement recevoir, ne leur accordant pas même quelques invitations pour ceux de leurs amis ou de leurs compatriotes qu'elle ne jugeait pas dignes de figurer parmi la fine fleur de l'aristocratie parisienne.

La baronne, appartenant à la meilleure compagnie, lançait ses *clients* dans le plus grand monde, jusqu'au jour prévu de la ruine de ces étrangers; madame de La Rochaiguë restait donc en réalité la maîtresse de leur maison; seule, elle dirigeait, ordonnait les fêtes; à elle seule, enfin, on s'adressait pour être porté sur les listes des élus appelés à ces somptueuses et élégantes réunions.

Il va sans dire qu'elle faisait sentir à ses *clients* l'indispensable nécessité d'une loge à l'Opéra et aux Italiens, où la meilleure place lui était réservée; il en était de même pour les courses de Chantilly ou pour quelques excursions aux bains de mer; les *clients* y louaient une maison, y envoyaient cuisiniers, gens, chevaux, voitures, et là madame de La Rochaiguë tenait ainsi table ouverte pour ses amis, le tout au nom du ménage.

Il y a dans le monde, et dans le plus grand monde, une telle et si basse avidité de plaisirs que, loin de se révolter de voir une femme de haute naissance se livrer à l'indigne exploitation de ces malheureux, qu'une folle vanité conduisait à leur ruine, ce monde flattait, adulait madame de La Rochaiguë, suprême dispensatrice de ces fêtes splendides, et qu'elle-même se targuait effrontément de tous les avantages qu'elle devait à son patronage intéressé; du reste, spirituelle, rusée, insinuante, et partant très comptée, madame de la Rochaiguë, était une des sept ou huit femmes qui ont une véritable influence sur ce qu'on appelle le monde à Paris.

Les trois personnes dont nous parlons présidaient aux derniers arrangemens d'un grand appartement restauré, doré et meublé à neuf avec un luxe inouï, occupant tout le premier étage d'un hôtel situé dans le faubourg Saint-Germain.

M. et madame de La Rochaiguë quittaient ce logement pour aller s'établir au second, dont une partie était habitée par mademoiselle de La Rochaiguë et l'autre avait jusqu'alors servi à loger le gendre et la fille de M. de La Rochaiguë, lorsqu'ils venaient de leur terre, où ils résidaient ordinairement, passer deux ou trois mois à Paris.

Naguère presque délabré et meublé avec une extrême parcimonie, ce vaste appartement, alors si splendide, était destiné à mademoiselle Ernestine de Beaumesnil; sa santé, suffisamment rétablie, lui permettait de revenir en France; elle devait arriver le jour même d'Italie, accompagnée de sa gouvernante et d'un intendant ou homme d'affaires que M. de La Rochaiguë avait envoyé à Naples pour y chercher l'orpheline.

Il est impossible d'imaginer les soins minutieux que le baron, sa sœur et sa femme apportaient à l'arrangement des pièces destinées à mademoiselle de Beaumesnil.

Les moindres circonstances révélaient l'empressement, l'obséquiosité exagérée, pour ne rien dire de plus, avec lesquels mademoiselle de Beaumesnil était attendue... Il y avait même quelque chose d'insolite et presque d'attristant, dans l'aspect de tant de somptueuses et vastes pièces consacrées à l'habitation de cette enfant de seize ans, qui semblait devoir se perdre dans ces appartemens immenses.

Après un dernier coup d'œil jeté sur ces préparatifs, M. de La Rochaiguë assembla ses gens, et saisissant cette belle occasion de prononcer un *speach*, prononça ces mémorables paroles avec sa majesté habituelle :

— Je rassemble ici mes gens, pour leur apprendre, leur déclarer, leur signifier que mademoiselle de Beaumesnil, ma cousine et pupille doit arriver ce soir; madame de La Rochaiguë et moi nous entendons... nous désirons... nous voulons... que nos gens soient aux ordres de mademoiselle de Beaumesnil avant que d'être aux nôtres;.. c'est dire à nos gens, qu'à tout ce que leur dira... leur ordonnera... leur commandera mademoiselle de Beaumesnil, ils doivent obéir aveuglément, et comme si ces ordres leur étaient donnés par madame de La Rochaiguë ou par moi... Je compte sur le zèle... sur l'intelligence... sur l'exactitude de mes gens... Nous saurons reconnaître ceux qui se seront montrés remplis de bon vouloir, de soins, de prévenances pour mademoiselle de Beaumesnil.

Après cette belle allocution, les gens furent congédiés, et l'on donna ordre aux cuisines de tenir continuellement et toute prête une réfection chaude et froide, dans le cas où mademoiselle de Beaumesnil voudrait prendre quelque chose en arrivant.

Ces préparatifs terminés, madame de La Rochaiguë dit à son mari et à sa sœur :

— Nous devrions maintenant monter là-haut, pour bien nous recorder et convenir de nos faits.

— J'allais vous le proposer, ma chère, — dit M. de La Rochaiguë en souriant et montrant ses longues dents de l'air le plus courtois.

Ces trois personnages traversaient un des salons pour sortir de l'appartement, lorsqu'un des gens de M. de La Rochaiguë lui dit :

— Il y a là une demoiselle qui demande à parler à madame la baronne.

— Qu'est-ce que c'est que cette demoiselle ?

— Elle ne m'a pas dit son nom; elle vient pour quelque chose qui a rapport à feue madame la comtesse de Beaumesnil.

— Faites entrer, — dit la baronne.

Puis s'adressant à son mari et à sa belle-sœur :

— Qu'est-ce que ça peut être que cette demoiselle ?

— Je n'en sais rien... nous allons voir... — dit le baron d'un air méditatif.

— Quelque réclamation peut-être... — ajouta madame de La Rochaiguë. — Il faudra envoyer cela au notaire de la succession.

Bientôt le domestique ouvrit la porte et annonça :

— Mademoiselle Herminie.

Quoique toujours charmant, le joli visage de la *duchesse*, pâli, altéré par la douleur profonde que lui causait la mort de sa mère, révélait une tristesse difficilement contenue; ses beaux cheveux blonds, ordinairement déroulés en longues *anglaises*, se réunissaient alors en bandeaux autour de son noble front : car la pauvre enfant, abîmée dans son amer chagrin, n'avait pas, depuis deux mois, un instant songé aux innocentes coquetteries de son âge. Enfin... puérils... mais significatifs et navrans détails, les blanches et belles mains d'Herminie étaient nues... ses pauvres petits vieux gants, si souvent, si industrieusement recousus par elle, n'étaient plus mettables... et sa misère croissante ne lui permettait pas d'en acheter d'autres.

Hélas ! oui... sa misère, car, frappée au cœur par la mort de sa mère, et cruellement malade pendant six semaines, la jeune fille n'avait pu donner ses leçons de musique, sa seule ressource; ses minces épargnes étaient absorbées par les frais de sa maladie; aussi, en attendant le produit des leçons qu'elle recommençait depuis peu de jours, Herminie s'était vue obligée de mettre au Mont-de-Piété un couvert d'argent, acheté au temps de sa *richesse*; et la modique produit de cet emprunt elle vivait alors, avec une parcimonie que le malheur seul peut enseigner.

A l'aspect de cette pâle et belle jeune fille dont les vêtemens, malgré leur minutieuse propreté, annonçaient une misère décente, le baron et sa femme se regardèrent fort surpris. Madame de La Rochaiguë dit à Herminie :

— Je suis madame de La Rochaiguë, mademoiselle; qu'y a-t-il pour votre service ?

— Madame, — dit Herminie en rougissant d'orgueil, — je viens réparer une erreur, involontaire sans doute, et vous rapporter ce billet de cinq cents francs qui m'a été envoyé ce matin par le notaire de... feue madame la comtesse de Beaumesnil.

Malgré son courage, Herminie sentit les larmes lui monter aux yeux, en prononçant le nom de sa mère ; mais faisant un vaillant effort sur elle-même, afin de vaincre son émotion, elle tendit à madame de La Rochaiguë le billet de banque plié dans une lettre à son adresse, où on lisait :

A Mademoiselle Herminie, maîtresse de chant.

Madame de La Rochaiguë, ayant parcouru la lettre, répondit :

— Ah!... pardon... c'est vous, mademoiselle, qui, aviez été appelée auprès de madame de Beaumesnil, comme... musicienne ?

— Oui, madame.

— Je me souviens qu'en effet le conseil de famille a décidé que l'on vous enverrait cinq cents francs pour vos honoraires ; on a cru que cette somme...

— Suffisante... convenable... acceptable, — ajouta sentencieusement le baron en interrompant sa femme, qui reprit :

— Nous ne croyons donc pas, mademoiselle, que vous veniez ici réclamer...

— Je viens, madame, — dit Herminie avec un accent rempli de douceur et d'orgueil, — je viens vous rendre cet argent... j'ai été payée.

Aucun des acteurs de cette scène ne sentit, ne pouvait sentir ce qu'il y avait de douleur amère dans ces mots : *J'ai été payée.*

Mais la dignité, le désintéressement d'Herminie, désintéressement que la pauvreté si apparente des vêtemens de la jeune fille rendait plus remarquable encore, frappèrent surtout madame de La Rochaiguë, qui reprit :

— En vérité, mademoiselle, je ne puis que louer la délicatesse d'un pareil procédé... La famille ignorait que vous eussiez déjà été rémunérée. Mais... — ajouta la baronne, en hésitant, car le grand air naturel d'Herminie lui imposait, — mais je crois pouvoir, au nom de la famille, vous prier de conserver ces cinq cents francs... comme... une gratification...

Et la baronne tendit le billet de banque à la jeune fille, en jetant de nouveau un regard sur ses pauvres vêtemens.

Une seconde fois, la noble rougeur de l'orgueil blessé monta au front d'Herminie.

Il est impossible d'exprimer avec quelle convenance parfaite, avec quelle simplicité fière la jeune fille répondit à madame de La Rochaiguë :

— Veuillez, madame, réserver cette généreuse aumône pour les personnes qui s'adresseront à votre charité...

Puis, sans ajouter un mot, Herminie salua madame de La Rochaiguë et se dirigea vers la porte du salon.

— Mademoiselle... pardon... dit vivement la baronne, — un mot seulement... un seul ?

La jeune fille se retourna... sans pouvoir cacher ses larmes d'humiliation péniblement contenues jusqu'alors, et dit à madame de La Rochaiguë, qui semblait frappée d'une idée subite :

— Que désirez-vous, madame ?

— Je vous prie d'abord, mademoiselle, d'excuser une insistance qui a pu froisser votre délicatesse et vous faire croire peut-être que j'ai voulu vous humilier... mais je vous proteste que...

— Je ne crois jamais, madame, que l'on veuille m'humilier, — répondit Herminie d'une voix douce et ferme, sans laisser madame de La Rochaiguë achever sa phrase.

— Et vous avez raison, mademoiselle, — reprit la baronne, — c'est un sentiment tout contraire que vous devez inspirer ; maintenant, j'ai un service, je dirais même une grâce à vous demander.

— À moi... madame ?

— Vous continuez à donner des leçons de piano, mademoiselle ?

— Oui, madame...

— M. de La Rochaiguë, — et elle désigna le baron qui souriait comme d'habitude, — est le tuteur de mademoiselle de Beaumesnil ; elle doit arriver ici ce soir.

— Mademoiselle de Beaumesnil ! dit vivement Herminie avec un tressaillement et une émotion involontaires. — Elle arrive... ici ?... aujourd'hui ?

— Ainsi que madame la baronne a eu l'honneur de vous le dire, nous attendons ce soir mademoiselle de Beaumesnil, ma bien aimée cousine et pupille, reprit le baron. Cet appartement lui est destiné, — ajouta-t-il en jetant un regard complaisant autour du magnifique salon, — un appartement digne en tout de *la plus riche héritière de France*... car... rien n'est trop...

La baronne interrompit son mari et dit à Herminie :

— Mademoiselle de Beaumesnil a seize ans, son éducation n'est pas complètement achevée... elle aura besoin de plusieurs professeurs... s'il pouvait donc vous convenir, mademoiselle... de donner des leçons de musique à mademoiselle de Beaumesnil... nous serions charmés de vous la confier...

Quoique, peu à peu, elle eût pressenti l'offre que venait de lui faire la baronne... Herminie, à cette pensée qu'un hasard providentiel allait la rapprocher de sa sœur... Herminie fut si impressionnée qu'elle se fût sans doute trahie, si le baron, jaloux de saisir cette nouvelle occasion de *poser* en orateur, et ne donnant pas à la jeune fille le temps de répondre, n'eût ajouté en mettant, selon son habitude, sa main gauche entre les revers de son habit boutonné, tandis qu'il imprimait à son bras droit un mouvement de pendule des plus insupportables :

— Mademoiselle, si pour nous c'est un devoir sacré de veiller scrupuleusement.... rigoureusement... prudemment... au choix des maîtres auxquels nous confions notre chère pupille... c'est aussi pour nous un plaisir... un bonheur... une satisfaction... de rencontrer des personnes qui, comme vous, mademoiselle, réunissent toutes les conditions désirables pour remplir l'emploi auquel elles se sont vouées dans l'intérêt sacré de l'éducation et des familles...

Ce *speach*, prononcé tout d'un trait et tout d'une haleine par le baron, toujours avide de s'exercer aux luttes de la parole, dans la prévision de cette pairie si ardemment désirée, cette tirade, disons-nous, donna heureusement à Herminie le temps de reprendre son sang-froid ; elle répondit à la baronne d'une voix presque calme :

— Je suis touchée, madame, de la confiance que vous m'accordez... j'espère vous montrer que j'en étais digne.

— Eh bien donc ! mademoiselle, — reprit madame de La Rochaiguë, — puisque vous acceptez mes offres... nous vous ferons prévenir dès que mademoiselle de Beaumesnil sera en état de prendre les premières leçons ; car, pendant quelques jours, il lui faudra sans doute se reposer des fatigues de son voyage.

— J'attendrai donc que vous vouliez bien m'écrire, madame, pour me présenter chez mademoiselle de Beaumesnil, dit Herminie en quittant le salon.

Avec quel attendrissement, avec quelle joie la jeune fille regagna sa modeste demeure.

Elle pouvait espérer de revoir sa sœur... de la voir souvent, car elle comptait sur toutes les ressources de sa tendresse cachée pour se faire aimer d'Ernestine.

Sans doute, et pour de toute-puissantes raisons puisées dans ce qu'il y a de plus pur dans le respect filial, dans ce qu'il y a de plus délicat, de plus élevé dans le noble sentiment de l'orgueil, Herminie devait à jamais taire à sa sœur le lien secret qui les unissait, ainsi qu'elle avait eu le courage de le taire à madame de Beaumesnil ; mais la perspective de ce rapprochement, peut-être prochain, jetait la jeune artiste dans un ravissement ineffable, lui apportait la plus inespérée des consolations.

Puis sa sagacité naturelle, jointe à un vague instinct de

défiance envers monsieur et madame de La Rochaiguë, qu'elle voyait cependant pour la première fois, disait à Herminie que cette enfant de seize ans, que cette sœur qu'elle chérissait sans la connaître, aurait pu être confiée à des personnes plus dignes de sa tutelle. Si ses prévisions ne la trompaient pas, l'affection qu'Herminie espérait inspirer à sa sœur pourrait donc avoir sur celle-ci une influence doublement salutaire.

Est-il besoin de dire que, malgré la gêne, la pénurie extrême où elle se trouvait, il ne vint pas un moment à la pensée d'Herminie de comparer l'opulence presque fabuleuse dont allait jouir sa jeune sœur, à sa condition à elle, pauvre artiste, exposée à tous les hasards de la maladie et de la pauvreté.

Les caractères généreux et fiers ont des rayonnemens si chaleureux, qu'ils fondent parfois les glaces de l'égoïsme : ainsi, dans la scène précédente, la dignité d'Herminie, la grâce exquise et naturelle de ses manières, avaient inspiré tant d'intérêt, imposé tant de considération à monsieur et à madame de La Rochaiguë, personnages cependant peu sympathiques, qu'ils s'étaient empressés de faire à la jeune fille l'offre dont elle se trouvait si heureuse.

La baronne, le baron et sa sœur, restés seuls après le départ d'Herminie, se retirèrent chez eux afin d'avoir une conférence importante au sujet de la prochaine arrivée d'Ernestine de Beaumesnil.

XIV.

Lorsque madame de La Rochaiguë, son mari et sa sœur, furent réunis dans un salon du second étage, Héléna de La Rochaiguë qui, depuis la venue d'Herminie, avait semblé pensive, dit à la baronne d'une voix douce et lente :

— Je crois, ma sœur, que vous avez eu tort de prendre cette musicienne comme maîtresse de piano pour Ernestine de Beaumesnil.

— Tort? et pourquoi ? — demanda la baronne.

— Cette jeune fille paraît *Orgueilleuse*, — répondit Héléna avec la même placidité; — avez-vous remarqué avec quelle surprenante hauteur elle a rendu le billet de cinq cents francs, quoique l'usure de ses vêtemens prouvât suffisamment que cette somme lui aurait été nécessaire?

— C'est justement cela qui m'a touchée, — reprit madame de La Rochaiguë, — il y avait quelque chose de si intéressant dans cet orgueilleux refus d'une personne pauvre... il y avait tant de dignité naturelle dans ses manières, que j'ai été pour ainsi dire amenée malgré moi à lui faire l'offre que vous blâmez, ma chère sœur.

— L'ORGUEIL n'est jamais intéressant, c'est le plus damnable des SEPT PÉCHÉS CAPITAUX, — reprit mielleusement Héléna ; — l'orgueil est le contraire de l'humilité chrétienne, sans laquelle il n'y a pas de salut, — ajouta-t-elle, — et je crains que l'influence de cette jeune fille ne soit pernicieuse à Ernestine de Beaumesnil.

Madame de La Rochaiguë sourit imperceptiblement en regardant son mari ; celui-ci répondit par un léger haussement d'épaules qui montrait assez le peu de cas que tous deux faisaient des observations d'Héléna.

Depuis longtemps habitués à considérer la dévote comme une personne parfaitement nulle, le baron et sa femme ne supposaient pas que cette vieille fille, d'une inaltérable douceur, d'un esprit borné, et qui ne disait pas vingt paroles en un jour, pût concevoir une idée en dehors de la pratique de ses habitudes de sacristie.

— Nous ferons notre profit de votre observation, ma chère sœur, — dit la baronne à Héléna. — Après tout, nous n'avons qu'un engagement insignifiant avec cette demoiselle. D'ailleurs, votre observation nous conduit tout naturellement à l'objet de cet entretien...

Aussitôt le baron se leva, retourna prestement sa chaise afin de pouvoir s'appuyer sur son dossier, et donner ainsi toute l'ampleur convenable à ses gestes oratoires et à ses attitudes parlementaires. Déjà, mettant la main gauche sous le revers de son habit et balançant son bras droit, il s'apprêtait à parler, lorsque sa femme lui dit :

— Monsieur de La Rochaiguë, pardon, mais... vous allez me faire la grâce de laisser votre chaise tranquille et de vous asseoir... Vous voudrez bien dire votre opinion sans vous mettre en frais d'éloquence... causons tout simplement, ne pérorons pas... conservez votre puissance oratoire pour la tribune, où vous arriverez infailliblement, mais aujourd'hui résignez-vous à parler tout bonnement comme un homme de beaucoup de tact et de beaucoup d'esprit... sinon... je vous interromps à chaque instant.

Le baron connaissait par expérience l'horreur profonde de sa femme pour ses *speach* : il retourna donc piteusement sa chaise et se rassit en soupirant.

La baronne prit la parole.

— Ernestine arrive ce soir... convenons donc de nos faits...

— C'est indispensable, — dit le baron, — tout dépend de notre bon accord... il faut que nous ayons les uns dans les autres la confiance la plus aveugle... la plus entière... la plus absolue !

— Sans cela, — reprit la baronne, — nous perdrons tous les avantages que nous devons attendre de cette tutelle.

— Car enfin, — dit le baron, — l'on n'est pas tuteur pour son plaisir.

— Il faut au contraire que cette tutelle ne nous rapporte que plaisir et profit, — reprit la baronne.

— C'est ce que je voulais dire, — riposta son mari.

— Je n'en doute pas, — répondit la baronne, et elle ajouta : — Posons d'abord bien en fait, qu'en ce qui touche Ernestine, nous n'agirons jamais isolément.

— Adopté, — dit le baron.

— C'est juste, — dit Héléna.

— Comme depuis longtemps nous avions absolument rompu avec la comtesse de Beaumesnil, dont le caractère m'a toujours été antipathique et insupportable, — reprit madame de La Rochaiguë, — nous n'avons pas la moindre donnée sur les sentimens d'Ernestine... Mais heureusement elle n'a pas seize ans, et en deux jours nous l'aurons pénétrée à fond... traversée à jour...

— Quant à cela, fiez-vous à ma sagacité, — dit le baron d'un air machiavélique.

— Je me fierai sans doute à votre pénétration, mais aussi un peu à la mienne, si vous le permettez, — répondit la baronne. — Du reste, quel que soit le caractère d'Ernestine, nous n'avons rien à changer à nos dispositions. La combler d'attentions, de prévenances, aller au devant de ses moindres désirs, épier, deviner ses goûts, la flatter, l'aduler, l'enchanter, nous en faire, en un mot, chérir, adorer... voilà où il faut en arriver... c'est le but... Quant aux moyens, nous les trouverons dans la connaissance des habitudes et des sentimens d'Ernestine.

— Voici comment je résume la question... — dit le baron en se levant avec solennité. — Et d'abord... je pose en fait que...

Mais à un regard de sa femme, le baron se rassit aussitôt, et continua modestement :

— Il faut que, moi, Ernestine ne pense, ne voie, n'agisse que par nous, voilà l'important.

— « La fin... justifie les moyens, » — ajouta pieusement Héléna.

— Nous avons d'ailleurs parfaitement engagé la partie, — reprit la baronne. — Ernestine nous saura infailliblement bon gré de nous être retirés au second pour lui abandonner le premier étage de l'hôtel, qui a coûté près de cinquante mille écus à restaurer, à dorer et à meubler pour son usage.

— Dorures, meubles et restaurations qui nous resteront,

bien entendu, puisque la maison est à nous, — ajouta le baron d'un air guilleret, — car, avant tout, il fallait loger décemment *la plus riche héritière de France*… ainsi que cela a été réglé dans le conseil de famille.

— Arrivons maintenant à la question la plus importante, la plus délicate de toutes, — reprit la baronne, — à la question des prétendans qui vont indubitablement surgir de toutes parts…

— C'est certain, — dit le baron, en évitant de regarder sa femme.

Héléna ne prononça pas une parole, mais parut redoubler d'attention…

La baronne poursuivit :

— Ernestine a seize ans, elle est en âge d'être mariée… aussi notre position auprès d'elle doit-elle nous donner une influence énorme dans le monde… car l'on croira… (et l'on ne se trompera pas) que nous aurons l'action la plus décisive sur le choix de notre pupille.

— C'est bien le moins, — dit le baron.

— Cette influence nous est déjà tellement acquise depuis que nous avons la tutelle, — reprit la baronne, — que beaucoup de gens, et des plus considérables par leur position ou par leur naissance, ont fait et font journellement toutes sortes de démarches et même de bassesses auprès de moi… pour se *mettre bien dans mes papiers*, comme on dit vulgairement ; nous pouvons donc tirer un immense parti d'une pareille clientèle.

— Et moi donc, — dit le baron, — des personnes que je ne voyais plus depuis des siècles, et avec qui j'étais même en froideur ou en assez mauvais termes, ont fait mille platitudes pour renouer avec moi leurs anciennes relations… L'autre jour, chez madame de Mirecourt, on faisait foule autour de moi… j'étais littéralement entouré… obsédé… étouffé…

— Il n'est pas, — reprit la baronne, — jusqu'à ce méchant marquis de Maillefort, que j'ai toujours eu en exécration…

— Et vous avez raison, — s'écria le baron en interrompant sa femme, — je ne sais rien de plus sardonique, de plus déplaisant, de plus insolent que cet infernal bossu !

— Je l'ai vu deux fois, — dit à son tour pieusement Héléna, — il a tous les vices écrits sur le visage, il a l'air d'un Satan.

— Eh bien ! — reprit la baronne, — il y a qu'un jour, ce Satan tombe moi comme des nues avec son aplomb ordinaire, quoiqu'il n'ait pas mis les pieds chez moi depuis cinq ou six ans… et il est déjà revenu plusieurs fois me voir le matin.

— J'espère bien que si celui-là… vous flatte et vous flagorne, — reprit le baron, — ce n'est pas pour son compte… à moins qu'il ne s'abuse étrangement.

— Évidemment, — reprit la baronne ; aussi je suis convaincue que M. de Maillefort s'est rapproché de nous avec une arrière-pensée, avec une prétention quelconque ; or, je vous déclare que cette arrière-pensée, je la pénétrerai, et que, cette prétention, il ne me l'imposera pas.

— Maudit bossu ! je suis désolé de le voir revenir ici, — reprit M. de La Rochaiguë, — c'est ma bête d'antipathie, ma bête noire… ma bête d'horreur.

— Eh ! mon Dieu ! — reprit la baronne avec impatience, — il n'y a pas de bête d'horreur qui fasse, il faut subir le marquis… Et d'ailleurs, si un homme ainsi posé nous fait de telles avances, que sera-ce des autres ? Avant tout, cela prouve notre influence. Sachons donc en tirer parti de plus d'une façon, et, cette première *monture* épuisée, nous serons bien malhabiles si nous n'amenons pas Ernestine à un choix très avantageux pour nous-mêmes.

— Vous posez les questions à merveille, ma chère, — dit le baron en redoublant d'attention, tandis qu'Héléna, non moins intéressée, rapprochait sa chaise de celle de son frère et de sa femme.

— Maintenant, — reprit la baronne, — devons-nous précipiter ou retarder le moment où il faudra qu'Ernestine fasse un choix ?

— Très importante question ! — dit le baron.

— Mon avis serait d'ajourner à six mois au moins toute détermination à ce sujet, — dit la baronne.

— C'est aussi mon avis, — s'écria le baron, comme si les intentions de sa femme lui eussent causé une satisfaction secrète.

— Je pense absolument comme vous, mon frère, et comme vous, ma sœur, — dit Héléna, qui, silencieuse, mais profondément réfléchie, écoutait, les yeux baissés, ne perdant pas un mot de cet entretien.

— A merveille, — dit la baronne évidemment aussi très contente de ce commun accord, — c'est en nous entendant toujours ainsi que nous mènerons cette affaire à bien, car il va sans dire que nous jurons formellement, — ajouta la baronne d'un ton solennel, — que nous nous jurons, au nom de nos plus chers intérêts, de n'accepter aucun prétendant à la main d'Ernestine, sans nous en prévenir et sans nous concerter…

— Agir isolément et secrètement serait une trahison indigne, infâme… horrible, — dit la baron, semblant se révolter à la seule pensée de cette énormité.

— Jésus ! mon Dieu ! — dit Héléna en joignant les mains, — qui pourrait songer à une si vilaine traîtrise ?

— Ce serait une infamie, — reprit à son tour la baronne, — et plus qu'une infamie… une insigne maladresse… Autant nous serons forts en nous concertant, autant nous serions faibles en nous divisant.

— L'union fait la force, — reprit péremptoirement le baron.

— Ainsi donc, sauf changement de résolution concertée entre nous trois, nous ajournons à six mois… tout projet sur l'établissement d'Ernestine, afin d'avoir le temps d'exploiter notre influence.

— Ces points résolus, — reprit la baronne, — arrivons à une chose qui ne ne manque pas de gravité : faudra-t-il, oui ou non, laisser à Ernestine sa souveraineté ? Cette madame Laîné, autant que j'ai pu me renseigner, est un peu au-dessus de la classe des femmes de chambre ordinaire ; elle est depuis deux ans auprès d'Ernestine, elle doit donc exercer une certaine influence sur elle.

— Une idée ! s'écria le baron d'un air capable et profond. — Il faut évincer la gouvernante ! la perdre dans l'esprit d'Ernestine !… Ce serait très fort !

— Ce serait très…. faible, — reprit la baronne.

— Mais, ma chère…

— Mais, monsieur, il s'agit tout simplement de faire tourner cette influence à notre profit, d'avoir la gouvernante à notre discrétion, d'arriver à ce qu'elle n'agisse que selon nos instructions. Alors… cette influence de tous les momens, au lieu de nous être redoutable, nous pourra servir très puissamment.

— C'est juste… — dit Héléna.

— Le fait est que, sous ce point de vue, — dit le baron en réfléchissant, — la gouvernante peut être… très utile… très avantageuse, très serviable. Mais pourtant si elle refusait de se mettre dans nos intérêts, ou si nos tentatives pour nous concilier cette femme éveillaient la défiance d'Ernestine ?

— Il faudra d'abord s'y prendre adroitement, et je m'en charge… — dit la baronne. — Si nous pressentons que l'on ne peut gagner cette femme, alors nous en reviendrons à l'idée de M. de La Rochaiguë, nous évincerons la gouvernante.

Cet entretien fut interrompu par un des gens de la maison, qui vint dire à madame de La Rochaiguë :

— Madame la baronne, le courrier qui précède la voiture de mademoiselle de Beaumesnil vient de descendre de cheval dans la cour… il n'a qu'une demi-heure d'avance…

— Vite… vite… à notre toilette, — dit la baronne dès que le domestique fut sorti.

Puis elle ajouta, comme par réflexion :

— Mais j'y pense… nous avons, comme cousins, porté pendant six semaines le deuil de la comtesse,… il serait peut-être d'un bon effet de le porter encore… ce deuil ?

Tous les gens d'Ernestine sont en noir, et, par nos ordres, ses voitures seront drapées... Ne craignez-vous pas que si, pour les premiers temps, je m'habillais de couleur, cela ne parût désobligeant à cette petite ?

— Vous avez raison, ma chère amie, — dit le baron, — reprenez votre deuil... ne fût-ce que quinze jours.

— C'est assez désagréable, — dit la baronne, car le noir me va..., comme une horreur... Mais il est des sacrifices qu'il faut s'imposer. Quant à nos conventions, ajouta la baronne, — aucune démarche isolée... ou secrète... au sujet d'Ernestine... c'est juré...

— C'est juré, dit le baron.

— C'est juré, fit Héléna.

Après quoi les trois personnages se séparèrent pour aller faire leur toilette du soir, et rentrèrent chacun dans son appartement.

Aussitôt après avoir quitté M. de La Rochaiguë et sa sœur, la baronne se renferma chez elle et écrivit à la hâte un billet ainsi conçu :

Ma chère Julie, la petite arrive ce soir... je serai chez vous demain sur les dix heures du matin : nous n'avons pas un moment à perdre; PRÉVENEZ QUI VOUS SAVEZ, *il faut bien nous entendre.*

Silence... et défiance...

L. de L. R.

Sur ce billet la baronne écrivit l'adresse suivante :

A Madame la vicomtesse de Mirecourt.

S'adressant alors à sa femme de chambre et lui remettant la lettre :

— Tout-à-l'heure, mademoiselle, pendant que nous serons à table, vous porterez ceci à madame de Mirecourt... Vous prendrez un carton à dentelles, comme si vous alliez faire une commission pour ma toilette.

Presqu'au même instant, s'enfermant à double tour, le baron de son côté écrivait cette lettre :

M. de La Rochaiguë prie M. le baron de Ravil de vouloir bien l'attendre chez lui demain, entre une heure et deux heures de l'après-midi; ce rendez-vous est très urgent.

M. de La Rochaiguë compte sur l'obligeante exactitude de M. de Ravil et lui offre ici l'assurance de ses sentimens les plus distingués.

Sur l'adresse de ce billet, le baron écrivit :

A monsieur le baron de Ravil, 7, rue Godot-de-Mauroy.

Puis il dit à son valet de chambre :

— Vous allez envoyer quelqu'un jeter tout de suite cette lettre à la poste.

Enfin, mademoiselle Héléna, s'entourant des mêmes précautions que monsieur et madame de La Rochaiguë, écrivait secrètement, comme eux, la lettre suivante :

Mon cher abbé, ne manquez pas de venir demain à dix heures du matin, c'est justement notre jour de conférence. Que Dieu soit avec nous... L'HEURE EST VENUE. *Priez pour moi comme je prie pour vous.*

H. de L. R.

Sur ce billet, Héléna écrivit cette adresse :

A Monsieur l'abbé Ledoux, rue de la Planche.

XV.

Le lendemain de la réunion de la famille de La Rochaiguë, trois scènes importantes se passaient chez différens personnages.

La première avait lieu chez M. l'abbé Ledoux, que nous avons vu administrer les derniers sacremens à madame de Beaumesnil.

L'abbé était un petit homme au sourire insinuant, à l'œil fin et pénétrant, à la joue vermeille, aux cheveux gris légèrement poudrés.

Il se promenait d'un air inquiet, agité, dans sa chambre à coucher, regardant sa pendule de temps à autre, et semblait attendre quelqu'un avec impatience.

Un bruit de sonnette se fit entendre, une porte s'ouvrit, et un domestique à tournure de sacristain annonça : *M. Célestin de Macreuse.*

Ce pieux fondateur de *l'œuvre de saint Polycarpe* était un grand jeune homme de bonnes manières, aux cheveux d'un blond fade, et dont la figure pleine, colorée, assez régulière du reste, aurait pu passer pour belle, sans sa remarquable expression de douceureuse perfidie et de suffisance contenue.

Lorsqu'il entra, M. de Macreuse baisa chrétiennement l'abbé Ledoux sur les deux joues, l'abbé lui rendit non moins chrétiennement ses baisers et lui dit :

— Vous n'avez pas d'idée, mon cher Célestin, de l'impatience avec laquelle je vous attendais.

— C'est qu'il y avait aujourd'ui séance de l'*œuvre*, Monsieur l'abbé, séance orageuse s'il en fut; vous ne pouvez concevoir l'esprit d'aveuglement et de révolte de ces malheureux-là... Ah ! que de peines pour faire comprendre à ces brutaux d'ouvriers tout ce qu'il y a pour eux d'inappréciable, d'ineffablement divin... au point de vue de leur rédemption, dans l'atroce misère où ils vivent... Mais non, au lieu de se trouver très satisfaits de cette chance de salut et de marcher les yeux levés au ciel, ils s'obstinent à regarder ce qui se passe sur la terre... à comparer leur condition à d'autres conditions, à parler de leurs droits au travail, au bonheur... au bonheur !! cette autre hérésie !... C'est désespérant !

L'abbé Ledoux écoutait parler Célestin et le contemplait en souriant, songeant intérieurement à la surprise qu'il lui ménageait.

— Et pendant que vous prêchiez si sagement le détachement des choses d'ici-bas à ces misérables, mon cher Célestin, — dit l'abbé au jeune homme de bien, — savez-vous ce qui se passait ? Je m'entretenais de vous avec mademoiselle Héléna de La Rochaiguë... et savez-vous le sujet de notre conversation ? L'arrivée de la petite Beaumesnil...

— Que dites-vous ! — s'écria M. de Macreuse en devenant pourpre de surprise et d'espoir, — mademoiselle de Beaumesnil...

— Est à Paris depuis hier soir.

— Et mademoiselle de La Rochaiguë ?

— Est toujours dans les mêmes dispositions à votre égard... prête à tout pour empêcher que cet immense héritage ne tombe entre de mauvaises mains... J'ai vu ce matin cette chère personne, nous nous sommes concertés, et ce ne sera pas notre faute si vous n'épousez pas mademoiselle de Beaumesnil.

— Ah ! si ce beau rêve se réalisait, — s'écria M. de Macreuse d'une voix âpre et palpitante, en serrant les mains de l'abbé entre les siennes, — c'est à vous que je devrais cette fortune immense, incalculable !

— C'est ainsi, mon cher Célestin, que sont récompensés les jeunes gens pieux qui, dans ce siècle pervers, donnent l'exemple des vertus catholiques, — dit l'abbé d'un air jovial et en chafriolant.

— Ah ! — s'écria Célestin avec une expression de cupidité ardente, — une telle fortune, c'est comme un horizon d'or, j'en suis ébloui.

— Ce pauvre enfant, comme il aime l'argent avec sincérité ! — dit l'abbé en souriant d'un air paterne, et en pinçant la joue rebondie de Célestin, — ainsi donc pensons au solide, et raisonnons serré... Malheureusement, je n'ai pu décider cette opiniâtre madame de Beaumesnil à vous désigner au choix de sa fille par une sorte de testament...

l'affaire eût été ainsi sûrement enlevée... Forts de ces dernières volontés d'une mère mourante, mademoiselle de La Rochaiguë et moi nous chambrions la petite, qui consentait à tout... par respect pour la mémoire de sa mère... C'était superbe, ça allait de soi et sans conteste possible... mais à cela il ne faut plus songer...

— Pourquoi n'y plus songer ? — dit M. de Macreuse avec une certaine hésitation, et en attachant un instant ses yeux clairs et perçants sur ceux de l'abbé.

Celui-ci, à son tour, le regarda fixement.

Célestin baissa les yeux, et répondit en souriant :

— Quand je disais que nous ne devions pas renoncer peut-être à l'appui qu'une espèce de testament de madame de Beaumesnil aurait prêté à nos projets, c'était une simple supposition...

— D'écriture ?

Demanda l'abbé qui, à son tour baissa les yeux sous le regard audacieusement affirmatif de Célestin.

Il y eut un nouveau moment de silence, ensuite duquel l'abbé reprit, comme si ce dernier incident n'eût pas interrompu l'entretien.

— Il nous faut donc commencer une nouvelle campagne : les circonstances nous sont favorables, car nous avons les devants, la baronne et sa femme n'ont encore personne en vue... pour Ernestine de Beaumesnil, à ce que m'a dit mademoiselle de La Rochaiguë qui est toute à nous... Quant à son frère et à sa femme, ce sont des gens très égoïstes, très cupides, il n'est donc pas douteux qu'une fois la chose engagée par nous de façon à leur donner des craintes quant au succès, ils ne se rangent de notre bord, s'ils y trouvent, bien entendu, de solides avantages ; et ces avantages, rien ne sera plus facile que de les leur assurer ; mais il faut d'abord nous emparer d'une position tellement forte... qu'elle nous rende maîtres des conditions.

— Et quand ? et de quelle façon serai-je présenté à mademoiselle de Beaumesnil, monsieur l'abbé ?

— Cette urgente et grave question nous a fort préoccupés, mademoiselle Héléna et moi ; évidemment une présentation officielle, en règle, est impossible : ce serait tout compromettre en donnant l'éveil au baron et à sa femme sur nos prétentions ; il faut donc du secret, du mystère, de l'imprévu, afin d'exciter la curiosité, l'intérêt de mademoiselle de Beaumesnil ; or, cette présentation, pour avoir son effet, doit être étudiée au point de vue du caractère de cette jeune fille.

Célestin regarda l'abbé d'un air surpris et interrogatif.

— Laissez-nous faire, pauvre enfant, — lui dit l'abbé d'un ton d'affectueuse supériorité, — nous savons l'humanité sur le bout du doigt ; ainsi donc, d'après les renseignemens que j'ai pu recueillir, et surtout d'après les remarques de mademoiselle Héléna, de qui, sur certains sujets, la pénétration est aussi sûre que rapide, la petite Beaumesnil doit être très religieuse, très charitable ; et, particularité bonne à connaître, — reprit l'abbé, — mademoiselle de Beaumesnil fait de préférence ses dévotions à l'autel de Marie... prédilection très naturelle à une jeune fille...

— Permettez-moi de vous interrompre, monsieur l'abbé, — dit vivement Célestin.

— Voyons, mon cher enfant ?

— Monsieur et madame de La Rochaiguë ne sont pas réguliers dans l'observance de leurs devoirs religieux, mais mademoiselle Héléna ne manque jamais un office ?...

— Non, certes.

— Elle peut donc se charger tout naturellement de conduire mademoiselle de Beaumesnil à l'église de Saint-Thomas-d'Aquin, sa paroisse ?

— Evidemment.

— Il sera bon que mademoiselle Héléna fasse, à partir de demain, ses dévotions à l'autel de Marie, où elle conduira sa pupille... à neuf heures du matin.

— C'est très facile...

— Ces dames prendront place, je suppose... à gauche... de l'autel.

— A gauche de l'autel... et pourquoi cela, Célestin ?

— Parce que j'y serai, faisant mes dévotions au même autel que mademoiselle de Beaumesnil.

— A merveille ! — dit l'abbé, — cela va tout seul... Mademoiselle Héléna se charge d'attirer sur vous l'attention de la petite, et, dès la première entrevue, vous voici admirablement posé..... C'est parfaitement imaginé, mon cher Célestin.

— Ne m'attribuez pas la gloire de cette invention, monsieur l'abbé, — reprit Célestin avec une ironique modestie, — rendons à César ce qui appartient à César.

— Et à quel César attribuer l'heureuse idée de cette première entrevue, ainsi préparée ?

— A celui qui a écrit ces vers, monsieur l'abbé.

— Et M. de Macreuse récita la tirade suivante avec un accent sardonique :

Ah ! si vous aviez vu comme j'en fis rencontre,
Vous auriez pris pour lui l'amitié que je montre.
Chaque jour à l'église il venait d'un air doux
Tout vis-à-vis de moi se mettre à deux genoux.
Il attirait les yeux de l'assemblée entière
Par l'ardeur dont au ciel il poussait sa prière, etc.

Tout est prévu, jusqu'à l'eau bénite à offrir en sortant, — ajouta Macreuse. — Et que l'on dise encore que les œuvres de cet impie, de cet insolent histrion n'ont pas leur moralité et leur utilité !

— Ma foi, reprit l'abbé en riant aux éclats, — c'est de bonne guerre... Puisse le ciel faire triompher la bonne cause, quelles que soient les armes employées ! Allons, mon cher Célestin, bon courage ; nous sommes en excellente voie : vous êtes habile, insinuant, opiniâtre, capable plus que personne de séduire cette orpheline par les oreilles et par les yeux, pour peu qu'elle vous entende et qu'elle vous voie ; et, à ce propos, soignez toujours votre toilette, mettez-y plus de recherche ; rien d'affecté, mais du goût, une simplicité très élégante ; voyons, regardez-moi un peu... Oui, — reprit l'abbé, après une minute de contemplation, j'aimerais mieux qu'au lieu de porter vos cheveux plats vous leur fissiez donner une légère frisure. On ne prend pas seulement les jeunes filles avec des paroles.

— Soyez tranquille, monsieur l'abbé, je comprends toutes ces nuances ; les grands succès s'obtiennent souvent par de petits moyens... Ah !... ce succès... ce serait l'avenir le plus beau, le plus splendide qu'il ait été donné à un homme de rêver ! s'écria Célestin, dont les yeux clairs brillèrent d'un ardent éclat.

— Et ce succès, — reprit l'abbé, il faut que vous l'obteniez ; toutes les ressources dont nous pouvons disposer... (et elles sont immenses... et de toutes sortes), nous les emploierons.

— Ah... monsieur l'abbé, dit Célestin avec onction, — que ne vous devrai-je pas ?

— Ne vous exagérez pas ce que vous nous devrez, candide garçon, — dit l'abbé en souriant, — votre bon succès n'intéresse pas que vous seul...

— Comment cela ? monsieur l'abbé.

— Eh ! sans doute, votre réussite aurait une énorme portée... une influence incalculable... oui : à tous ces beaux petits messieurs qui font les esprits forts... à tous ces tièdes, à tous ces indifférens qui ne nous soutiennent pas assez vigoureusement, votre réussite prouverait en lettres d'or, en chiffres éblouissans, ce que l'on gagne à être toujours avec nous, pour nous... et par nous. Ceci était quelque peu démontré, je crois, par la position considérable..... inespérée pour votre âge... et pour... votre... naissance... inconnue, — ajouta plus bas l'abbé et en rougissant imperceptiblement, tandis que Célestin semblait partager le même embarras.

Puis le prêtre poursuivit :
— Allez, allez, mon cher Célestin... tandis que ces envieux et impudents petits grands seigneurs ruineront leur bourse et leur santé dans de sales orgies, dans de stupides et bruyans plaisirs, vous, mon cher enfant, venu on ne sait d'où... patroné, poussé, élevé par on ne sait qui... vous aurez, dans l'ombre, fait silencieusement votre chemin, et bientôt le monde restera stupéfié de votre inconcevable... et presque effrayante fortune...
— Ah ! croyez... monsieur l'abbé... que ma reconnaissance...
L'abbé interrompit M. de Macreuse en lui disant avec un singulier sourire :
— Ne vous obstinez donc pas à parler de votre reconnaissance... on ne peut pas être ingrat avec nous... Vous pensez bien que nous ne sommes pas des enfans... nous prenons nos sûretés...
Et, répondant à un mouvement de M. de Macreuse, l'abbé ajouta :
— Et quelles sont ces sûretés?... c'est le cœur et l'esprit de ceux à qui nous nous dévouons...
Puis, toujours paterne, l'abbé pinça de nouveau l'oreille du jeune homme de bien et reprit :
— Maintenant, autre chose non moins importante. Qui n'entend qu'une cloche n'entend qu'un son. Sans doute, mademoiselle Héléna... ne tarira pas sur vous auprès de la petite de Beaumesnil, dès que celle-ci vous aura remarqué. Mademoiselle de La Rochaiguë vantera sans cesse vos vertus, votre piété, la douceur angélique de votre figure, la gracieuse modestie de votre maintien... elle fera tout enfin pour monter, pour exalter au plus haut degré la tête de cette enfant à votre endroit ; mais il serait d'un effet excellent, décisif peut-être, que ces louanges vous concernant trouvassent de l'écho ailleurs, et fussent répétées par des personnes d'une position telle, que leurs paroles eussent une grande autorité sur l'esprit de la petite de Beaumesnil, qui s'enorgueillirait beaucoup de vous voir unaniment loué.
— Cela est vrai, monsieur l'abbé, ce serait un coup de partie...
— Eh bien ! voyons, Célestin... parmi vos amies, vos prôneuses, vos fanatiques, quelle est la femme qui, selon vous, pourrait être priée de se charger de cette mission délicate... madame de Franville ?
— Elle est trop sotte... — dit Célestin.
— Madame de Bonrepos ? — poursuivit l'abbé.
— Elle est trop indiscrète et trop décriée.
— Madame Lefébure ?
— Elle est trop bourgeoise.
Et Célestin reprit, après un assez long silence :
— Il n'y a qu'une femme sur la discrétion et sur l'amitié de qui je puisse assez compter pour lui faire une pareille demande, c'est madame la duchesse de Senneterre...
— Ce serait parfait... car la duchesse a une extrême influence dans le monde, — reprit l'abbé en réfléchissant, — et je crois que vous ne vous trompez pas... Je l'ai entendu plusieurs fois vous défendre ou vous prôner avec une chaleur... incroyable, et regrettant hautement que son fils Gerald ne vous ressemblât pas... l'effronté débauché... l'impie libertin.
Au nom de Gerald, la physionomie de M. de Macreuse se contracta ; il répondit avec un accent de haine concentrée :
— Cet homme m'a insulté... en face de tous... oh ! je me vengerai...
— Enfant, — reprit l'abbé toujours souriant, et paterne, *la vengeance se mange froide*, dit le proverbe romain, et il a raison... Souvenez-vous... et attendez... N'avez-vous pas déjà eu sur sa mère une grande influence ?
— Oui, oui, — reprit Célestin après un moment de réflexion.
— Plus j'y pense, plus je crois que pour mille raisons c'est à madame de Senneterre que je dois m'adresser. Déjà, mainte fois, j'ai pu juger de la solidité de l'intérêt qu'elle me porte... La confiance que je lui témoignerai en cette occasion la touchera... je n'en doute point... Quant aux moyens de la mettre en rapport avec mademoiselle de Beaumesnil, je m'en entendrai avec elle... Ce sera chose facile, je pense...
— En ce cas, — reprit l'abbé, — il faudrait voir la duchesse le plus tôt possible.
— Il n'est que midi et demi, — dit Célestin en consultant la pendule. On rencontre souvent madame de Senneterre chez elle de une heure à deux... c'est le privilége des intimes seulement... J'y cours à l'instant.
— En vous y rendant, mon cher Célestin, dit l'abbé, — réfléchissez bien... si vous ne voyez à cette ouverture aucun inconvénient... Quant à moi, j'ai beau songer... je n'y vois que des avantages.
— Et moi aussi, monsieur l'abbé... néanmoins je vais y réfléchir encore... Quant au reste, c'est bien convenu. Demain à neuf heures... à gauche de l'autel de la chapelle de la Vierge... à *Saint-Thomas-d'Aquin* ?
— C'est entendu, — reprit l'abbé, — je vais aller prévenir mademoiselle Héléna de nos arrangemens ; demain à neuf heures elle sera à cette chapelle avec mademoiselle de Beaumesnil... je puis vous en répondre d'avance..... Maintenant courez vite chez madame de Senneterre.
Après une dernière et chrétienne accolade échangée avec l'abbé Ledoux, Célestin se rendit chez madame la duchesse de Senneterre.

XVI.

Dans la matinée du même jour où l'entretien précédent avait eu lieu entre l'abbé Ledoux et M. de Macreuse, madame la duchesse de Senneterre, ayant reçu une lettre très pressante, était sortie à dix heures contre son habitude ; de retour vers les onze heures et demie, elle avait aussitôt fait demander son fils Gerald. Le valet de chambre du jeune homme avait répondu à la femme de chambre de madame de Senneterre que monsieur le duc n'avait pas couché à l'hôtel.
Vers midi, un second et impatient message de la duchesse... Son fils n'était pas encore de retour ; enfin, à midi et demi, Gerald parut chez sa mère ; il s'apprêtait à l'embrasser avec une affectueuse gaîté, lorsque la duchesse le repoussa doucement, et lui dit d'un ton de reproche :
— Voilà trois fois que je vous fais demander, mon fils.
— Je rentre, et me voici... Que me veux-tu, chère mère ?
— Vous rentrez.... Gerald.... vous rentrez à cette heure ?... Quelle conduite !
— Comment ! quelle conduite !
— Écoutez-moi, — mon fils, — il est des choses que je ne veux... que je ne dois pas savoir ; mais ne prenez pas pour de la tolérance ou de l'aveuglement la répugnance que j'éprouve à vous faire certaines observations...
— Ma chère mère, — dit Gerald, d'une voix à la fois respectueuse et ferme, — tu m'as trouvé... tu me trouveras toujours le plus respectueux, le plus tendre des fils ; je n'ai pas besoin d'ajouter que mon nom, qui est aussi le tien, sera partout et toujours honoré et honorable... Mais, que veux-tu ? j'ai vingt-quatre ans... je vis et je m'amuse en homme de vingt-quatre ans...
— Gerald, ce n'est pas d'aujourd'hui, vous le savez, que votre genre d'existence m'afflige profondément, pour moi et pour vous ; c'est à peine si vous voyez le monde où votre nom et votre esprit vous assignent une place si distinguée, et vous fréquentez continuellement la plus mauvaise compagnie.
— En femmes ?... c'est vrai... et, pour moi, sous ce rapport... la mauvaise compagnie... est la bonne... Allons, ne te fâche pas, je suis, tu le sais, resté toujours soldat pour la franchise du langage... j'avoue donc mon peu

de faible pour les rosières... Mais j'ai le plus glorieux choix d'amis qui puisse rendre fier un galant homme... tiens : j'en ai un entre autres, le plus cher de tous, un ancien soldat de mon régiment... Si tu le connaissais, celui-là... chère mère, tu aurais meilleure opinion de moi, — ajouta Gerald en souriant, — car tu sais qu'on juge aussi des hommes par leurs amitiés...

— Il n'y a au monde que vous, Gerald, pour aller choisir vos amis intimes parmi les soldats... — dit la duchesse en haussant les épaules.

— Je le crois pardieu bien ! chère mère... il n'est pas donné à tout le monde... d'aller choisir ses amis sur le champ de bataille.

— D'ailleurs, je ne vous parle pas de vos relations d'hommes, mon fils, je vous reproche de vous commettre avec d'indignes créatures.

— Elles sont si amusantes !...

— Mon fils...

— Pardon... bonne mère, — dit Gerald en embrassant la duchesse malgré elle ; — voyons, j'ai tort... oui... là... j'ai tort... d'avoir avec toi cette franchise de caserne ; mais pourtant... — ajouta-t-il, souriant et hésitant, — je ne voudrais certes pas te scandaliser encore... Et cependant... que veux-tu que je te dise, chère mère... on a vingt-quatre ans... c'est pour s'en servir... Je n'ai pas le goût des vestales... soit ;... mais aimerais-tu mieux me voir porter le trouble et la désolation dans toutes sortes d'honnêtes ménages ?... — ajouta Gerald d'un ton comi-tragique, — et puis, vois-tu, j'ai essayé, j'ai même réussi... Eh bien ! franchement... (par vertu) j'aime mieux les lorettes... D'abord ça n'outrage pas la sainteté du mariage... et puis c'est plus drôle...

— Eh ! mon Dieu ! monsieur, je n'ai pas à me prononcer sur le choix de vos maîtresses, — reprit impatiemment la duchesse, — mais il est de mon devoir de blâmer sévèrement l'inconcevable légèreté de votre conduite... Vous ne savez pas le tort que cela vous fait...

— Quel tort ?

— Croyez-vous, par exemple, que s'il s'agissait d'un mariage...

— Comment, d'un mariage ? — s'écria Gerald, — mais je ne me marie pas, moi ! diable !

— Vous me ferez, je l'espère, la grâce de m'écouter...

— Je t'écoute...

— Vous connaissez madame de Mirecourt ?

— Oui... heureusement elle est mariée celle-là... et tu ne me la proposeras pas : c'est bien la plus abominable intrigante !..

— C'est possible... mais elle est intimement liée avec madame de La Rochaiguë, qui est aussi de mes amies.

— Depuis peu, donc ? car je t'en ai souvent entendu dire un mal affreux ; que c'était la bassesse même, que c'était...

— Il ne s'agit pas de tout cela, — reprit la duchesse, en interrompant son fils, — madame de La Rochaiguë a pour pupille mademoiselle de Beaumesnil, *la plus riche héritière de France*...

— Qui est en Italie ?

— Qui est à Paris...

— Elle est de retour ?

— D'hier soir... et ce matin, à dix heures, j'ai eu, chez madame de Mirecourt, une longue et dernière conférence avec madame de La Rochaiguë, car, depuis près d'un mois, je m'occupais de cette affaire dont je n'ai pas voulu vous dire un mot, sachant votre légèreté habituelle ; heureusement, tout a été jusqu'ici tenu si secret entre madame de La Rochaiguë, madame de Mirecourt et moi.... que nous avons le meilleur espoir.

— De l'espoir... pourquoi ? — dit Gerald, abasourdi.

— Mais pour la réussite de votre mariage avec mademoiselle de Beaumesnil...

— Comment ? mon mariage !... — s'écria Gerald, en bondissant sur sa chaise.

— Oui, votre mariage... avec *la plus riche héritière de France*, — reprit madame de Senneterre ; puis elle ajouta sans cacher son inquiétude :

— Hélas ! toutes les chances seraient pour nous sans votre malheureuse conduite.... car les prétendans, les rivaux vont surgir de tous côtés... Ce sera une concurrence acharnée, sans merci ni pitié... et Dieu sait combien, sans vous calomnier... on pourra vous desservir. Ah ! si avec votre nom, votre esprit, votre figure, vous étiez cité comme un modèle de conduite et de régularité .. comme cet excellent M. de Macreuse par exemple !

— Ah çà ! ma mère... c'est sérieusement que vous pensez à ce mariage, — dit enfin Gerald, qui avait écouté sa mère avec une stupeur toujours croissante.

— Si c'est sérieusement que j'y pense ? vous me le demandez !

— Ma chère mère, je vous sais un gré infini de vos bonnes intentions ; mais, je vous le répète, je ne veux pas me marier...

Madame de Senneterre crut avoir mal entendu, se renversa brusquement dans son fauteuil, joignit les mains et s'écria d'une voix altérée :

— Comment... vous dites... que ?...

— Je dis, ma chère mère, que je ne veux pas me marier...

— Mon Dieu ! mon Dieu ! c'est de la démence ! — s'écria madame de Senneterre. — Il refuse *la plus riche héritière de France* !

— Ecoute, ma mère, — reprit Gerald avec une gravité douce et tendre, — je suis honnête homme, et, comme tel, je t'avoue que j'aime le plaisir à la folie... je l'aime autant et plus qu'à vingt ans... je serais donc un détestable mari, même pour *la plus riche héritière de France*.

— Une fortune inouïe ! répéta madame de Senneterre comme hébétée par le refus de son fils ; — plus de trois millions de rentes... en biens fonds !!!

— J'aime mieux le plaisir et la liberté.

— Ce que vous dites là est stupide, est indigne, — s'écria madame de Senneterre hors d'elle-même ; — mais vous êtes donc insensé !!!

— Que veux-tu, ma chère mère, — répondit Gerald en souriant, — j'aime tout naïvement les gais soupers, les joyeuses maîtresses et l'indépendance... de la vie de garçon !... Vive Dieu !... j'ai encore devant moi six belles années fleuries, que je ne donnerais pas pour tous les millions de la terre ; et, de plus, — ajouta Gerald d'un ton noble et ferme, — jamais je n'aurai l'ignoble courage de rendre aussi malheureuse que ridicule une pauvre fille que j'aurai prise pour son argent... Et d'ailleurs, ma mère, tu sais bien que je n'ai pas voulu acheter un homme pour l'envoyer se faire tuer à ma place ; tu trouveras donc tout simple que je ne me vende pas aux millions d'une femme...

— Mais, mon fils !

— Ma chère mère, c'est comme ça... Ton M. de Macreuse (et, par intérêt pour lui, ne me le propose plus pour modèle, car je finirais par lui casser une infinité de cannes sur le dos), ton M. de Macreuse, qui est très dévot, n'aurait pas les mêmes scrupules que moi... qui suis un vrai païen... c'est probable... Mais, tel je suis, tel tu me garderas, et tel je t'aimerai plus tendrement que jamais, chère mère, — ajouta Gerald en baisant avec respect la main de la duchesse, qui le repoussa.

Il est des incidens singuliers.

A peine Gerald venait-il de prononcer le nom du protégé de sa mère et de l'abbé Ledoux, que le valet de chambre de la duchesse entra, après avoir frappé, et lui dit :

— M. de Macreuse désirerait parler à madame la duchesse ; c'est pour une affaire très importante et très pressée.

— Vous avez donc dit que j'étais chez moi ? — demanda madame de Senneterre.

— Madame la duchesse ne m'ayant pas donné d'ordre contraire...

— C'est bien... priez M. de Macreuse d'attendre un instant, — dit madame de Senneterre au valet, qui sortit.

S'adressant à son fils, elle lui dit, non plus avec sévérité, mais avec une douloureuse émotion :

— Votre inconcevable refus m'accable et m'afflige à un point que je ne saurais vous dire... Aussi, je vous en prie... je vous en prie en grâce... Gerald, attendez-moi un instant, je reviens tout-à-l'heure. Ah! mon fils, mon ami... vous ne pouvez vous imaginer l'affreux chagrin que vous me faites...

— Tiens... ma mère... ne me parle pas ainsi, — dit Gerald, touché de l'accent attristé de la duchesse. — Ne sais-tu pas combien je t'aime?...

— Vous le dites... Gerald, j'ai besoin de le croire...

— Envoie donc promener cet animal de Macreuse, et causons.. Je tiens à te convaincre que ma conduite est du moins honnête et loyale... Allons, tu me quittes... ajouta-t-il en voyant sa mère se diriger vers la porte.

— M. de Macreuse m'attend... — répondit la duchesse.

— Eh pardieu! je vais lui faire dire qu'il s'en aille. Ne faut-il pas se gêner avec lui?...

Et comme M. de Senneterre, voulant donner cet ordre, s'approchait de la cheminée pour sonner, sa mère l'arrêta et lui dit :

— Gerald... un autre de mes chagrins est de voir avec quelle aversion, je ne veux pas dire avec quelle jalousie trop significative, vous parlez d'un jeune homme de bien, dont la conduite exemplaire, dont la modestie, dont la piété, devraient servir de modèle à tous... Ah! plût au ciel... que vous eussiez ses mœurs, ses vertus... vous ne préféreriez pas les coupables égaremens qui perdent votre jeunesse, à un magnifique mariage qui assurerait votre bonheur et le mien.

Ce disant, madame de Senneterre alla rejoindre M. de Macreuse, et laissa son fils seul, en lui faisant promettre qu'il attendrait son retour.

XVII.

Lorsque la duchesse revint auprès de son fils, elle avait le teint coloré, l'indignation éclatait sur son visage, et elle s'écria en entrant:

— C'est à n'y pas croire... voilà qui est d'une audace :

— Qu'as-tu, ma mère?

— Ce monsieur de Macreuse, — reprit madame de Senneterre avec une explosion de courroux, — ce monsieur de Macreuse... est un drôle!

Gerald ne put s'empêcher de partir d'un grand éclat de rire, malgré l'agitation où il voyait sa mère, mais, regrettant cette inopportune hilarité, il reprit:

— Pardon, ma mère... c'est qu'en vérité le revirement est si brusque, si singulier!... Mais j'y songe, — ajouta sérieusement cette fois Gerald. — Est-ce que cet homme... aurait manqué d'égards envers toi?

— Est-ce que ces gens-là manquent jamais de formes?
— répondit la duchesse avec dépit.

— Alors mère... d'où te vient cette colère?... Tout à l'heure... tu ne jurais que par ton monsieur de Macreuse, et...

— D'abord, je vous prie de ne pas dire : MON monsieur de Macreuse, — s'écria impétueusement madame de Senneterre en interrompant son fils. — Savez-vous le but de sa visite?... Il venait me prier de dire de lui tout le bien que j'en pense. (Il est joli maintenant, le bien que j'en pense!

— A qui le dire? et pourquoi faire?
— A-t-on idée d'une pareille audace!
— Mais dans quel but cette recommandation, ma mère?
— Comment, dans quel but!... Ce monsieur ne prétend-il pas épouser mademoiselle de Beaumesnil?
— Lui!!!

— C'est d'une insolence!...
— Macreuse!
— Un pied plat, un je ne sais quoi!—s'écria la duchesse. — Car, en vérité, on est à se demander et à chercher quelle est la personne qui a eu l'inconvenance de présenter et d'amener dans notre monde... une pareille espèce!
— Mais comment est-il venu te faire part de ses projets?
— Eh! mon Dieu!... parce que je l'avais accueilli avec distinction, avec préférence... parce que, comme tant d'autres sottes... je m'étais engouée de lui sans savoir pourquoi, de sorte que ce monsieur s'est imaginé de venir me dire, qu'en raison de l'intérêt que je lui avais toujours porté, des éloges que je lui avais donnés, il regardait comme un devoir de venir me confier, sous le sceau du secret, ses intentions au sujet de mademoiselle de Beaumesnil, ne doutant pas, a-t-il eu le front d'ajouter,—des bons témoignages que je voudrais bien rendre de lui à mademoiselle de Beaumesnil, laissant à ma bienveillance (je crois même qu'il a eu l'impudence de dire à mon amitié) le soin de faire naître au plus tôt l'occasion de le servir, ce monsieur !! En vérité tout cela est d'une effronterie qui n'a pas de nom.

— Entre nous, ma chère mère... c'est un peu... c'est beaucoup ta faute... avoue-le... Je t'ai entendu louer... ce Macreuse... le flatter... à outrance.

— Le louer... le flatter, — s'écria naïvement madame de Senneterre, — est-ce que je savais alors, moi, qu'il aurait un jour l'insolence de se mettre en tête d'épouser *la plus riche héritière de France?* d'aller sur les brisées de mon fils? Du reste, avec tout sa finesse, ce monsieur n'est qu'un imbécile : il vient justement s'adresser à moi! C'est étonnant comme je vais le servir!... Et d'ailleurs, ses prétentions font pitié. C'est un bélître, il est commun, il n'a pas de nom, il a la tournure d'un sacristain endimanché qui va dîner chez son curé; c'est un pédant, un hypocrite, et il est ennuyeux comme la pluie, avec toutes ses feintes vertus; du reste, il n'a pas la moindre chance, car mademoiselle de Beaumesnil, d'après ce que m'a dit madame de La Rochaiguë, serait ravie d'être duchesse; femme à la mode, elle a le goût de tous les plaisirs; tous les avantages que donne une grande fortune jointe à une grande position dans le monde, et ce n'est certes pas un pleutre comme ce monsieur de Macreuse qui la lui donnera, cette grande position!

— Et, à la demande du Macreuse, qu'as-tu répondu, ma mère?

— Indignée de son audace, j'ai été sur le point de lui répondre que ses prétentions étaient aussi ridicules qu'impertinentes, et de lui défendre de remettre les pieds ici; mais j'ai réfléchi que, pour lui nuire davantage, il valait mieux paraître vouloir le servir... et je lui ai promis de parler de lui... comme il le méritait... et je n'y manquerai certes pas... Oui, je le servirai... de bonne sorte, j'en réponds.

— Sais-tu une chose, ma mère? c'est qu'il serait fort possible que de Macreuse en vînt à ses fins.

— Lui, épouser mademoiselle de Beaumesnil?
— Oui.
— Allons donc, vous êtes fou!
— Ne t'abuse pas... La coterie qui le soutient est toute-puissante... Il a pour lui, je puis te dire cela, maintenant que tu le détestes; il a pour lui les femmes qui sont devenues bigotes... parce qu'elles sont vieilles; les jeunes femmes rigides, parce qu'elles sont laides; les hommes dévots, parce qu'ils font état de leur dévotion ; et les hommes sérieux, parce qu'ils sont bêtes... C'est énorme!

— Mais il me semble que je suis assez comptée dans le monde... moi! — reprit la duchesse, — et mon opinion est quelque chose... j'espère.

— Ton opinion a été jusqu'ici, et hautement, des plus favorables à ce mauvais garçon, et l'on ne s'expliquera pas ton changement subit... ou plutôt on se l'expliquera ; et, loin de nuire au Macreuse, la guerre que tu lui feras...

e servira. Le drôle est très madré, c'est un *roué de sacristie*, et ce sont les pires... Ah ! tu ne sais pas à qui tu as affaire, ma pauvre chère mère...

— En vérité, Gerald, vous prenez cela avec un calme... avec une abnégation... héroïques ! — dit amèrement la duchesse.

— Ma foi non ! je te le jure ; cela m'indigne, me révolte... Un Macreuse !! avoir ces prétentions, et pouvoir peut-être les réaliser ! un homme qui, depuis le collège, m'a toujours inspiré autant de dégoût que d'aversion ! Et cette pauvre mademoiselle de Beaumesnil, que je ne connais pas... mais qui devient intéressante à mes yeux du moment où elle est exposée à devenir la femme de ce misérable... Ah ! pardieu ! j'aurais bien envie... quand cela ne serait que pour renverser les projets du Macreuse, et sauver ainsi de ses griffes cette pauvre petite de Beaumesnil !...

— Ah ! Gerald ! mon enfant !... — s'écria la duchesse interrompant son fils, — ton mariage me rendrait la plus heureuse des mères !

— Oui... mais ma liberté, ma chère liberté ?

— Gerald, songes-y donc !... Avec un des plus beaux noms de France... devenir le plus riche... le plus grand propriétaire de France !

— Et ma belle et bonne vie de jeune homme !

— Mais une fortune immense ! et la puissance qu'elle donne lorsqu'elle est jointe à une position comme la tienne, mon bon Gerald !

— Oui... c'est vrai... — répondit Gerald en réfléchissant ; — mais me condamner à l'ennui... à la gêne... et aux bas de soie le soir... à perpétuité... et ces bonnes filles qui m'aiment tant ! et toutes à la fois, car ayant le bonheur de n'être pas riche et d'être jeune... je suis bien forcé de croire leur amour désintéressé.

— Mais, mon ami, — dit la duchesse entraînée malgré elle par l'ambitieux désir de voir son fils contracter cet opulent mariage, — tu exagères par trop aussi la rigueur de tes devoirs : parce que l'on se marie... ce n'est pas une raison pour...

— Allons bon ! — reprit Gerald en riant, — c'est toi qui maintenant vas me prêcher la facilité des mœurs dans le mariage...

— Mon ami, — reprit madame de Senneterre assez embarrassée, — tu te méprends sur ma pensée.... ce n'est pas cela... que je voulais dire...

— Tiens, chère mère.... parle-moi de Macreuse, ça vaut mieux...

— Si je t'en parle, Gerald, ce n'est pas seulement pour te donner l'envie de supplanter cet abominable homme, car il y a aussi là une question pour ainsi dire d'humanité... de pitié !

— D'humanité ! de pitié !

— Certainement, cette pauvre petite mademoiselle de Beaumesnil n'a-t-elle pas, devant un pareil monstre... et la lui enlever !! ce serait une généreuse, une excellente action que tu ferais là... Gerald... ce serait admirable !!

— Allons, chère mère ! — reprit Gerald en riant, — tu vas dire tout-à-l'heure que j'aurai mérité le prix Montyon... si je fais ce mariage.

— Oui, si le prix Montyon se donnait au fils qui a rendu sa mère la plus heureuse des femmes, répondit madame de Senneterre en attachant sur son fils ses yeux remplis de larmes.

Gerald aimait tendrement sa mère. Quoique celle-ci eût un caractère impérieux, hautain et rempli de contradictions, l'émotion qu'elle ressentait gagna le jeune duc, et il reprit en souriant :

— Oh ! que c'est dangereux, une mère !... c'est pourtant capable de vous faire épouser malgré vous une héritière de trois millions de rentes.... surtout lorsqu'il s'agit d'enlever la pauvre millionnaire à un scélérat de Macreuse ! Le fait est que, plus j'y pense.... plus je me sens ravi de la pensée de jouer ce tour à cet homme et à l'hypocrite séquelle dont il est le Benjamin. Quel soufflet... pour lui..!

adorable soufflet... qui retomberait à la fois sur mille face béates !... Seulement, il n'y a qu'une petite difficulté, ma mère... et j'y songe un peu tard.

— Que voulez-vous dire ?

— Je ne sais pas, moi... si je plairai à mademoiselle de Beaumesnil.

— Vous n'aurez qu'à le vouloir, mon cher Gerald, et vous lui plairez.

— Vraie réponse de mère...

— Je vous connais bien, peut-être.

— Toi ? — dit Gerald en embrassant sa mère, — tu ne peux pas avoir d'opinion là-dessus : ta tendresse t'aveugle... je te récuse.

— Laissez-moi faire, Gerald ; suivez mes conseils, et vous verrez qu'ils mèneront toute cette affaire à bien...

— Sais-tu que l'on te prendrait pour une fameuse intrigante, si l'on ne te connaissait pas ! — dit gaîment Gerald ; — mais, une fois que les mères veulent quelque chose... dans l'intérêt de leur fils... elles deviennent des lionnes, des tigresses... Eh bien ! voyons, quel est ton avis ? je m'abandonne à toi les yeux fermés.

— Bon Gerald, — dit la duchesse ravie en attachant sur son fils des yeux humides de larmes, — tu ne peux t'imaginer combien tu me rends heureuse en me parlant ainsi... Oh ! maintenant, nous réussirons... je n'en doute plus... Cet affreux Macreuse en mourra de dépit.

— C'est ça.... chère mère.... bravo !... Je lui donnerai la jaunisse au lieu d'un coup d'épée qu'il aurait refusé.

— Gerald, je t'en conjure, parlons un peu raison.

— Je t'écoute.

— Puisque tu es décidé, il est urgent que tu voies au plus tôt mademoiselle de Beaumesnil.

— Rien...

— Cette première entrevue est, comme tu le penses, de la dernière importance.

— Vraiment ?

— Mais sans doute... aussi nous avons ce matin longuement causé à ce sujet avec mesdames de Mirecourt et de La Rochaigue. D'après la connaissance que celle-ci croit déjà avoir du caractère de mademoiselle de Beaumesnil, voilà ce que nous croyons de plus convenable ;... tu en jugeras, Gerald.

— Voyons... chère mère.

— Nous avons d'abord malheureusement reconnu l'impossibilité de te poser en homme grave et rangé...

— Et vous avez bien fait, — répondit Gerald en souriant, — je vous aurais trop vite démentis.

— Nous nous attendons à toutes les médisances que semble justifier, mon pauvre Gerald, la légèreté de ta conduite.... mais enfin, cela étant, il faut tâcher de faire tourner à ton avantage ce qui pourrait être invoqué contre toi.

— Il n'y a que les mères pour posséder une pareille diplomatie...

— Heureusement mademoiselle de Beaumesnil, d'après ce que dit madame de la Rochaigue, qui l'a fait causer hier soir... (et l'on voit bientôt le fond du cœur d'une enfant de quinze ans) ; heureusement, dis-je, Ernestine de Beaumesnil semble aimer le grand luxe, les plaisirs, l'élégance ; nous avons donc pensé que tu devais, pour la première fois, apparaître à mademoiselle de Beaumesnil dans une occasion de te montrer comme un des hommes les plus élégans de Paris.

— Si tu as le talent de trouver cette occasion-là, j'y consens...

— C'est après-demain, n'est-ce pas, Gerald, le jour de la Course au bois de Boulogne, dans laquelle tu dois courir ?

— Oui, j'ai promis à ce niais de Courville, qui a d'excellens chevaux dont il a peur, de monter pour lui, dans une course de haies, son cheval *Young-Emperor*.

— A merveille ! Madame de La Rochaigue conduira mademoiselle de Beaumesnil à cette course ; ces dames me prendront ici, et, une fois arrivées au bois de Boulogne, tu viendras tout naturellement nous saluer avant la course.

Ton costume de jockey avec ta veste de satin orange et ta toque de velours noir te sied à ravir

— Ma chère mère... une observation...

— Laisse-moi continuer... mademoiselle de Beaumesnil te verra donc au milieu de cette jeunesse élégante que tu primes de toutes façons, il faut bien l'avouer. Et puis enfin, je ne doute pas que tu ne gagnes la course... Il est indispensable que tu la gagnes, Gerald.

— C'est une opinion, chère mère, que mes éperons tâcheront de faire partager au brave *Young-Emperor*..... mais... je...

— Tu montes à cheval à ravir, reprit la duchesse en interrompant de nouveau son fils, — et lorsque Ernestine de Beaumesnil te verra arriver, dépassant tes rivaux au milieu des applaudissemens de cette foule choisie... nul doute qu'avec le caractère et les goûts qu'elle paraît avoir, la première impression que tu lui causeras ne soit excellente... et si, après cette rencontre, tu veux être aussi aimable que tu peux l'être, cet impudent Macreuse paraîtra odieux, affreux, à mademoiselle de Beaumesnil, dans le cas où il aurait l'audace de vouloir lutter avec toi.

— Maintenant, puis-je parler, ma chère mère?
— Certainement.
— Et bien ! je ne vois aucun inconvénient à être présenté par toi à mademoiselle de Beaumesnil, dans une rencontre au bois de Boulogne... Seulement tu trouveras bon que ce ne soit pas un jour où je serai affublé en jockey?

— Mais pourquoi donc cela? ce costume te sied à ravir, au contraire.
— Allons donc, cela sent trop son acteur, — dit Gerald en riant.
— Comment, son acteur! vous voilà scrupuleux à présent?
— Voyons, chère mère, veux-tu que je ressuscite les procédés de séduction d'Elleviou, qui tirait, dit-on, un si prodigieux parti... du *collant*?
— En vérité, Gerald... — dit la duchesse avec une expression de pudeur révoltée, — vous avez des idées...
— Dam... chère mère... c'est toi qui les as, ces idées... sans t'en douter... Mais sérieusement tu me présenteras à mademoiselle de Beaumesnil où tu voudras, quand tu voudras, comme tu voudras, à pied ou à cheval... Tu vois que tu peux choisir... Seulement je ne veux pas avoir recours aux indiscrétions du costume de jockey... Je n'ai pas besoin de ça, — ajouta Gerald avec une affectation de fatuité comique, — je saurai éblouir, fasciner mademoiselle de Beaumesnil par une foule de qualités morales... vénérables et conjugales.

— En vérité Gerald, vous êtes désolant... vous ne pouvez même traiter sérieusement les choses les plus importantes.
— Qu'est-ce que cela fait... pourvu que les choses s'accomplissent?

L'entretien de la duchesse et de son fils fut une seconde fois interrompu par le valet de chambre de madame de Senneterre, qui entra après avoir frappé.

— M. le baron de Ravil voudrait parler à monsieur le duc pour une affaire très pressée, — dit le domestique ; il attend monsieur le duc chez lui.

— C'est bien, — dit Gerald assez étonné de cette visite. Le valet de chambre se retira.

— Quelle affaire peux-tu avoir avec M. de Ravil? — dit la duchesse à son fils, — je n'aime pas cet homme... On le reçoit partout, et je dois avouer qu'autant qu'une autre je donne réellement, sans savoir pourquoi, le mauvais exemple.

— C'est tout simple, son père était un très galant homme, parfaitement apparenté ; il a mis son fils dans le monde ; une fois le pli pris, on a continué d'accepter de Ravil ; d'ailleurs il me déplaît fort. Je ne l'ai pas revu depuis le jour de ce drôle de duel du marquis et de M. de Mornand. Je ne sais ce que ce de Ravil peut me vouloir... et, à propos de ce cynique, on m'a cité hier un mot de lui, qui le peint à ravir... Un pauvre garçon très peu riche lui avait obligeamment ouvert sa bourse ; voici comment de Ravil a reconnu cette obligeance : « *Où diable*, a-t-il dit, *ce niais « là a-t-il filouté les deux cents louis qu'il m'a prêtés?* »

— C'est odieux ! — s'écria la duchesse.
— Je vais donc me débarrasser de cet homme, — reprit Gerald. — D'ailleurs quelquefois il n'est pas mauvais à entendre ; cette langue de vipère sait tout, est au fait de tout. Attends-moi, chère mère, dans un instant je reviens peut-être enthousiasmé de ce cynique personnage... Tu es bien revenue tout-à-l'heure exaspérée contre le Macreuse.

— Gerald, vous n'êtes pas généreux.
— Avoue, du moins, que, ce matin, chère mère, ni toi ni moi n'avons pas la chance... pour les bonnes connaissances...

Et M. de Senneterre alla rejoindre de Ravil qui l'attendait.

XVIII.

Gerald trouva M. de Ravil chez lui, et l'accueillit avec une politesse glaciale qui ne déconcerta nullement l'impudent personnage.

— A quoi dois-je attribuer, monsieur, l'honneur de votre visite ? — lui dit sèchement Gerald, en restant debout et sans engager de Ravil à s'asseoir.

Ce dernier reprit, très indifférent à cette froide réception :

— Monsieur le duc, je viens vous proposer une excellente affaire.
— Je ne fais pas d'affaires... monsieur.
— C'est selon !
— Comment cela ?
— Voulez-vous vous marier, monsieur le duc ?
— Monsieur...— dit Gerald avec hauteur, — cette question...
— Permettez, monsieur le duc... je viens ici dans votre intérêt... et nécessairement aussi... dans le mien... Veuillez donc m'écouter, que risquez-vous ? je vous demande dix minutes...
— Je vous écoute, monsieur, dit Gerald, dont la curiosité était d'ailleurs assez excitée par cette question de de Ravil : — Voulez-vous vous marier ? — Question d'une singulière coïncidence, si l'on songe au dernier entretien de Gerald et de sa mère.
— Je reprends donc, monsieur le duc. Voulez-vous vous marier ? Il me faut une réponse avant de poursuivre cet entretien.
— Mais, monsieur... je...
— Pardon, j'oubliais d'accentuer suffisamment ma phrase... Donc : Voulez-vous faire un mariage fabuleusement riche, monsieur le duc ?
— Monsieur de Ravil a quelqu'un à marier ?
— Probablement.
— Mais vous êtes célibataire, homme du monde et d'esprit... mon cher monsieur... Pourquoi ne vous mariez-vous pas vous-même ?
— Monsieur... je n'ai pas de fortune, mon nom est assez insignifiant... je suis, dit-on, quelque peu véreux, de plus, laid, et d'un commerce désagréable et hargneux ; en un mot, je n'ai aucune chance pour arriver à un tel mariage... J'ai donc pensé à vous... monsieur le duc.
— Je vous sais gré de cette générosité, mon cher monsieur ; mais, avant d'aller plus loin... permettez-moi une question assez délicate... Je ne voudrais pas, vous comprenez, blesser votre susceptibilité...
— J'en ai peu.
— Je m'en doutais. Eh bien ! à quel prix mettez-vous votre généreux intérêt?

— Je vous demande *un et demi pour cent* de la dot,— reprit audacieusement le cynique.

Et comme Gerald ne put dissimuler le dégoût que lui causaient ces paroles, de Ravil reprit froidement :

— Je crois vous avoir prévenu qu'il s'agissait d'une affaire ?

— C'est juste... monsieur.

— A quoi bon les phrases ?...

— A rien du tout ; je vous dirai donc sans phrases,— reprit Gerald en se contenant,— que cet escompte de *un et demi pour cent* sur la dot me paraît assez raisonnable.

— N'est-ce pas ?

— Certainement... mais encore faudrait-il savoir avec qui vous voulez me marier, monsieur, et comment vous parviendrez à me marier ?

— Monsieur le duc, vous aimez beaucoup la chasse ?

— Oui, monsieur.

— Vous la savez à merveille ?

— Parfaitement.

— Eh bien ! quand votre *Pointer* ou votre *Setter* vous ont fait un arrêt ferme et sûr... ils ont accompli leur devoir, n'est-ce pas ? le reste dépend de la précision de votre coup d'œil et de la prestesse de votre tirer ?

— Si vous entendez par là, monsieur, qu'une fois que vous m'aurez dit : telle riche héritière est à marier... votre un et demi pour cent vous sera acquis... je...

— Permettez, monsieur le duc... je suis trop galant homme en affaires pour venir vous faire une semblable proposition : en un mot, je me fais fort de vous mettre dans une position excellente, sûre, inaccessible à tout autre... et vos avantages naturels, votre grand nom feront le reste...

— Et cette position ?

— Vous sentez bien, monsieur le duc, que je ne suis pas assez jeune... pour vous dire mon secret avant que vous m'ayez donné votre parole de galant homme de...

— Monsieur de Ravil,— reprit Gerald en interrompant ce misérable qu'il avait grande envie de jeter à la porte,— la plaisanterie a suffisamment duré...

— Quelle plaisanterie, monsieur le duc ?

— Vous comprenez bien, monsieur, que je ne peux pas répondre sérieusement à une proposition pareille... Me marier sous vos auspices... ce serait par trop plaisant.

— Vous refusez ?

— J'ai cette... ingénuité.

— Réfléchissez... monsieur le duc... Rappelez-vous ce mot de Talleyrand...

— Vous citez beaucoup M. de Talleyrand ?

— C'est mon maître... monsieur le duc.

— Et vous lui faites honneur... Mais voyons ce mot du grand diplomate.

— Le voici, monsieur le duc : *Il faut toujours se défier de son premier mouvement... parce que c'est ordinairement le bon...* Le mot est profond... faites-en votre profit.

— Pardieu ! monsieur, vous ne savez pas combien ce que vous dites là est vrai et rempli d'à-propos... à votre endroit.

— Vraiment ?

— J'ai devancé votre conseil ; car si j'avais cédé au premier mouvement que m'a inspiré votre honnête proposition... (et ce mouvement était excellent...) je... vous aurais...

— Qu'auriez-vous fait, monsieur le duc ?

— Vous êtes trop pénétrant pour ne pas le deviner, mon cher monsieur... et je suis trop poli... pour vous dire cela chez moi...

— Pardon, monsieur le duc, mais je suis pressé, et n'ai point le loisir de m'amuser aux charades... vous refusez mes offres ?

— Oui.

— Un mot encore, monsieur le duc... Je dois vous prévenir que ce soir... il serait trop tard... dans le cas où vous vous raviseriez... car j'ai quelqu'un à mettre à votre place... j'avais même d'abord songé à ce quelqu'un là ; mais, après mûre réflexion, j'ai senti que vous réunissiez plus de chances de réussite que *l'autre*... Or, ce qu'il me faut à moi, c'est que l'affaire se fasse et que j'aie mon *un et demi* de commission sur la dot... mais si vous refusez, je reviens à ma première combinaison...

— Vous êtes du moins homme de précaution, mon cher monsieur... et je n'aurai pas le chagrin de voir manquer par mon refus... (car je continue de refuser) le gain loyal que vous poursuivez par des moyens si honorables... Seulement ne craignez-vous pas que j'aie l'indiscrétion d'ébruiter un peu votre curieuse industrie ?

— J'en serais ravi, monsieur le duc... cette révélation me servirait de *réclame* et m'attirerait des cliens. Au revoir donc... monsieur le duc, je n'en serai pas moins, dans une autre occasion... tout à votre service...

Et près avoir profondément salué Gerald, de Ravil sortit aussi impassible qu'il était entré, et se rendit dans la rue de la Madeleine, où demeurait son ami de Mornand.

— Ce *ducaillon* a sans doute soupçonné qu'il s'agissait de mademoiselle de Beaumesnil, ce qui m'est fort égal,— se dit le cynique,— et il espère me voler en gagnant par lui-même la prime que je lui demandais sur la dot... C'est ignoble !... mais rien n'est désespéré... on ne me prend pas sans vert, moi... Pourtant, c'est dommage, ce garçon est duc, il est beau, assez spirituel... j'avais des chances ; allons, il me faut en revenir à ce pataud de Mornand...J'ai bien fait de ne rien dire à ce vieux crétin de La Rochaigüe de mes visées sur le duc de Senneterre ; il eût toujours été temps, si ce bel oison avait répondu à cette pipée, de détruire tout ce que j'ai échafaudé en faveur de Mornand, depuis six semaines, et de donner pour mot d'ordre à cette vieille rouée de Laîné, la gouvernante, *Senneterre* au lieu de *Mornand ;* car, ce que je voudrai, la gouvernante le fera... elle le peut m'être d'un secours immense... son intérêt me répond de son dévouement et de sa discrétion. Heureusement encore j'ai trouvé l'endroit sensible du bonhomme La Rochaigüe, et, sauf l'incident de ce rodomont de Senneterre, je n'ai qu'à tout raconter sincèrement (*sincèrement*... c'est drôle) à ce gros Mornand, qui doit m'attendre en frémissant d'impatience, afin de savoir le résultat de mon entretien avec le baron de La Rochaigüe.

En se livrant ainsi au courant de ses réflexions, M. de Ravil était arrivé dans la rue des Champs-Elysées où, pour la première fois, il avait rencontré Herminie, lorsque la jeune fille se rendait chez la comtesse de Beaumesnil.

« — C'est ici, — se dit de Ravil,— que j'ai vu cette jolie
» fille... cette bégueule... le jour du duel de Mornand avec
» le bossu ; elle a passé la nuit à l'hôtel Beaumesnil, et, le
» lendemain, j'ai su par les gens de l'hôtel qu'elle était
» maîtresse de musique, s'appelait Herminie et demeu-
» rait rue de Monceau, du côté des Batignolles... En vain,
» j'ai rôdé par là... je n'ai pu la revoir. Je ne sais pour-
» quoi diable cette charmante blonde me tient tant au
» cœur... Ah ! si j'avais ma commission sur la dot de cette
» petite Beaumesnil, je me passerais la fantaisie de cette
» musicienne ; car, avec son air de duchesse, accompagné
» d'un paarplute et d'une mau vaise robe noire... elle ne
» résistera pas, j'en suis sûr, à l'offre d'un bon petit éta-
» blissement très peu légitime... Elle doit crever de faim
» avec ses leçons... Allons, allons, chauffons le gros Mor-
» nand... il est bête, mais persévérant... d'une ambition
» féroce... Le bonhomme La Rochaigüe est très bien dis-
» posé... ayons bon espoir. »

Et de Ravil entra chez son ami intime.

XIX.

— Eh bien ! — dit M. de Mornand à de Ravil, dès qu'il le vit entrer dans son modeste cabinet de travail, encombré de liasses, de rapports imprimés et communiqués aux membres de la chambre des pairs, — eh bien! as-tu vu M. de La Rochaiguë?

— Je l'ai vu... tout marche à merveille.

— Tiens, de Ravil, je n'oublierai jamais ta conduite dans cette circonstance... Je le vois, c'est pour toi autant une affaire d'argent qu'une affaire de sincère et bonne amitié... Je t'en sais d'autant plus de gré, que, chez toi... la place du cœur n'est pas grande...

— Elle l'est assez pour toi... C'est tout ce qu'il me faut... Je suis ménager à cet endroit.

— Et la gouvernante? lui as-tu parlé?

— Pas encore.

— Pourquoi pas?

— Parce qu'il fallait être convenu de différentes choses entre nous... je te dirai quoi ; du reste, il n'y a pas de temps perdu, madame Lainé, la gouvernante, agira comme je voudrai... et quand je voudrai... Elle est à moi!...

— Que t'a dit M. de La Rochaiguë? a-t-il été satisfait des renseignemens qu'il a pris? mes collègues et amis politiques m'ont-ils bien servi? crois-tu que...

— Ah! si tu ne me laisses pas parler...

— C'est que, vois-tu... depuis que la première pensée de ce mariage m'est venue... et j'ai une bonne raison pour ne pas oublier la date de ce jour-là, — ajouta M. de Mornand avec un sourire amer, — ce duel ridicule avec ce maudit bossu me la rappellera toujours, cette date... mais enfin depuis lors, te dis-je, ce mariage est pour moi une idée fixe... C'est qu'aussi, juge un peu, placé comme je le suis, quel levier qu'une telle fortune!... Le pouvoir, les plus grandes ambassades... c'est immense, te dis-je, c'est immense!

— As-tu fini?

— Oui... oui... je t'écoute.

— C'est heureux. Eh bien! tous les renseignemens que M. de La Rochaiguë a obtenus sur toi corroborent ce que j'avais avancé : il a l'intime conviction que tôt ou tard tu dois arriver au ministère ou à une grande ambassade, mais que ton heure serait singulièrement avancée, si tu jouissais d'une position de fortune aussi considérable que celle que t'assurerait ton mariage avec mademoiselle de Beaumesnil. On préfère, quand par hasard ça se trouve, des ministres ou des ambassadeurs puissamment riches. On se figure que c'est-là une garantie contre toutes sortes de vilenies. Donc, le bonhomme La Rochaiguë est certain que s'il arrange ton mariage avec sa pupille, une fois au pouvoir, tu feras nommer pair de France; or, si les pendus ressuscitaient, cet enragé se ferait pendre pour siéger au Luxembourg; c'est sa marie, son infirmité, sa lèpre... ça le dévore, et tu penses bien que je l'ai gratté à vif là où il lui démangeait.

— Mon mariage fait... sa pairie est assurée, il est président d'un conseil-général depuis longues années... J'emporterai la nomination de haute lutte...

— Il n'en doute pas, et comme il est de mœurs antiques, il s'en rapporte à ta promesse, et promet d'agir immédiatement dans tes intérêts auprès de sa pupille.

— Bravo... et mademoiselle de Beaumesnil, qu'en dit-il? il doit avoir bon espoir?... si jeune... si isolée... elle ne peut pas avoir de volonté... on en fera ce qu'on voudra?

— Il ne la connaît que depuis hier... mais, grâce à quelques mots assez adroitement jetés... il a cru deviner que cette petite personne a de grandes dispositions à être ambitieuse, vaniteuse à l'excès, et que la tête lui tournerait infailliblement à la pensée d'épouser un ministre ou un ambassadeur futur, afin d'avoir ainsi à la cour le pas sur une foule de femmes... d'une condition plus subalterne.

— C'est providentiel, — s'écria M. de Mornand, ne se possédant pas de joie, — et quand la verrai-je?

— A ce sujet... j'ai une idée... je n'ai pas voulu en faire part à La Rochaiguë avant de t'en parler.

— Voyons l'idée, — dit M. de Mornand, en se frottant joyeusement les mains.

Il est d'abord entendu que tu n'es pas beau... que tu es gros... que tu as du ventre... que tu as l'air horriblement commun... crois à ma sincérité, c'est un ami qui te parle.

— A la bonne heure! répondit de Mornand, en cachant le désagrément que lui causait la trop amicale franchise de de Ravil, — entre amis, on doit oser tout se dire et savoir tout entendre.

— La maxime est bonne... J'ajouterai donc que tu n'es ni séduisant, ni spirituel, ni aimable ; mais, heureusement, tu as mieux que cela... tu as... à ce qu'il paraît... un grand tact politique; tu as fait une étude approfondie de tous les moyens à employer pour corrompre les consciences; tu es né corrupteur comme on naît chanteur, et, de plus, tu jouis d'une éloquence à jet continu, capable d'éteindre, de noyer la fougue des plus chaleureux orateurs... de l'opposition ; tu es appelé à devenir le clyso-pompe... que dis-je? la pompe à incendie du cabinet qui t'appellera dans son sein ; de sorte que si, dans un salon, tu es lourd, empêtré, mal tourné, comme tous les gros hommes, une fois à la tribune, tu es imposant, ronflant, triomphant, la balustrade cache ton ventre ; sous ton habit brodé, ton buste tourne au majestueux, tu peux même prétendre à une belle tête.

— A quoi bon tout cela? — répondit de Mornand avec impatience, — tu sais bien que nous autres hommes politiques, nous autres hommes sérieux, nous ne tenons pas le moins du monde à être des freluquets, des béaux.

— Ce que tu dis-là est bête... comme tout, et il ne fallait pas m'interrompre... Je poursuis : Bien des choses dépendent d'une première impression, il faut donc tout de suite apparaître aux yeux de mademoiselle de Beaumesnil sous ton plus brillant côté... afin de la fasciner... de la magnétiser. Comprends-tu cela?

— C'est juste... mais comment?...

— Tu dois parler dans trois jours à la chambre?

— Oui, sur la pêche de la morue... un discours très étudié.

— Eh bien! il faut que tu sois triomphant... poétique... attendrissant... pastoral... dans la pêche de la morue, et c'est facile, en se tenant toujours à côté de la question. Tu peux parler des pêcheurs, de leur intéressante petite famille, des tempêtes sur la grève, de la lune sur la dune, du commerce européen, de la marine, et autres balivernes.

— Mais je n'ai envisagé la question que sous le point de vue économique.

— Il ne s'agit pas d'économie, — s'écria de Ravil en interrompant son ami, — il faut au contraire prodiguer les trésors de ton éloquence pour éblouir la petite Beaumesnil... à l'endroit de la pêche de la morue.

— Ah çà! tu es fou?

— Ecoute-moi donc, gros innocent. Le bonhomme La Rochaiguë aura le mot, la gouvernante aussi; de sorte que, demain et après-demain, la petite fille entendra dire autour d'elle, sur tous les tons : « Ce jeudi qu'on doit par-» ler à la chambre des pairs le fameux, l'éloquent mon-» sieur de Mornand, le futur ministre; tout Paris sera là, » on s'arrache les billets de tribune... car, lorsque M. de » Mornand parle... c'est un événement. »

— Je comprends... de Ravil, tu es le génie de l'amitié... — s'écria M. de Mornand.

— La Rochaiguë trouve naturellement le moyen d'amener mademoiselle de Beaumesnil à vouloir assister à cette fameuse séance, par curiosité ; moi je les ai devancés ; il est convenu que La Rochaiguë amusera l'infante aux bagatelles de la porte, qu'au moment où, montant à la tribune, tu auras ouvert le robinet... de ton éloquence... alors... je sors, je cours avertir le tuteur, qui entre avec sa pupille au plus beau moment de ton triomphe...

— C'est parfait!

— Et si parmi tes compères, tu peux, à charge de revanche, recruter une *claque* bien nourrie et lardée de : *Ah! très bien!..., c'est évident! bravo! admirable!* etc., etc., la chose est enlevée.

— Encore une fois, c'est parfait, il n'y a qu'une chose qui me contrarie, — dit Mornand.
— Quoi ?
— Dès que j'ai parlé, cet enragé de Montdidier prend à tâche de me réfuter... Ce n'est ni un homme politique ni un homme pratique... mais il est mordant comme un démon ; il a l'audace de dire tout haut ce que beaucoup de gens pensent tout bas ; et si, devant mademoiselle de Beaumesnil... il allait...
— Homme de peu de ressources, rassure-toi donc ; dès que tu auras fermé ton robinet, et pendant que tu recevras les nombreuses félicitations de tes compères, nous nous exclamerons : *C'est admirable, étonnant, étourdissant ! c'est du Mirabeau, du Fox, du Sheridan, du Canning...* Il faut rester là-dessus,... ne rien entendre après cela, et nous sortons vite avec l'infante ; en suite de quoi cet enragé de Montdidier pourra venir à la tribune t'immoler, te ridiculiser tant qu'il lui plaira. Du reste, sois certain d'une chose, et je te gardais cela pour le bouquet... Tu te retirerais de la vie politique, tu dirais catégoriquement au bonhomme La Rochaiguë que tu ne peux pas le faire pair de France, que, grâce à une idée lumineuse qui m'est venue, non-seulement le baron pousserait encore de toutes ses forces à ton mariage, mais tu aurais aussi pour toi madame de La Rochaiguë, et sa belle-sœur, tandis que maintenant, tout ce que nous pouvons espérer de plus avantageux c'est qu'elles restent neutres...
— Mais, alors... pourquoi ne pas employer ce moyen... tout de suite ?
— J'ai bien posé quelques jalons... hasardé quelques mots... mais j'ai tout laissé dans le vague...
— Pourquoi cela ?
— Dam... c'est que je ne sais pas... moi, si cela te conviendrait... tu pourrais avoir des scrupules... et pourtant... on a vu les gens les plus honnêtes, les plus considérables... des rois même...
— Des rois ? que je meure si je te comprends, de Ravil, explique-toi donc...
— J'hésite... les hommes placent quelquefois si singulièrement leur amour-propre !..
— Leur amour-propre ?
— Après tout, on n'est pas responsable de cela ; que peut-on contre la nature ?...
— Contre la nature ? mais, en vérité, de Ravil, tu deviens fou ! Qu'est-ce que tout cela signifie ?
— Et dire que tu es assez heureux pour que les apparences soient pour toi... tu es gras... tu as la voix claire et presque pas de barbe...
— Eh bien ! après ?
— Tu ne comprends pas ?
— Non...
— Et il se dit homme politique ?...
— Que diable viens-tu me chanter là, de ma voix claire, de mon peu de barbe et de la politique.
— Mornand... tu me fais douter de ta sagacité ; voyons, que m'as-tu dit avant hier, à propos du projet de mariage de la jeune reine d'Espagne ?
— Avant-hier ?
— Oui, en me confiant un secret d'État surpris en haut lieu.
— Silence...
— Sois donc tranquille, je suis discret comme la tombe... rappelle-toi ce que tu me disais.
— Je te disais que si un jour l'on pouvait marier un prince français à la sœur de la reine d'Espagne, le triomphe de la diplomatie serait de donner pour mari à ladite reine un prince... qui offrît assez... de sécurité ; assez... de garanties... par ses antécédens...
— Il paraît qu'en diplomatie... de famille... ils appellent ça des garanties et des antécédens... Va toujours.
— Un prince, dis-je, qui offrît des garanties telles que la reine ne devant jamais avoir d'enfans... le trône appartiendrait plus tard aux enfans de sa sœur... c'est-à-dire à des princes français. Magnifique combinaison ! — ajouta le futur ministre avec admiration. — Ce serait continuer la politique monarchique du grand roi : question européenne... question dynastique !
— Question de haut-de-chausses, — répondit de Ravil en haussant les épaules, mais il n'importe... l'enseignement est bon... profites-en donc.
— Quel enseignement ?
— Réponds-moi. Quels sont les seuls parens qui restent à mademoiselle de Beaumesnil ?
— M. de La Rochaiguë, sa sœur, et, après eux, la fille de M. de La Rochaiguë, qui est mariée en province.
— Parfaitement... De sorte que si mademoiselle de Beaumesnil mourait sans enfans ?...
— Parbleu ! c'est la famille La Rochaiguë qui hériterait d'elle... c'est clair comme le jour. Mais où diable veux-tu en venir ?
— Attends... Maintenant suppose que la famille de La Rochaiguë puisse faire épouser à mademoiselle de Beaumesnil un mari... qui présentât... ces... ces... *garanties*... ces *antécédens* rassurans dont tu me parlais tout à l'heure au sujet du choix désirable du mari de la reine d'Espagne... Est-ce que les La Rochaiguë n'auraient pas le plus immense intérêt à voir conclure un mariage... qui, devant être sans postérité... leur assurerait un jour la fortune de leur parente ?
— De Ravil... je comprends, — dit M. de Mornand d'un air cogitatif, et frappé de la grandeur de cette conception.
— Voyons... veux-tu que je te pose... aux yeux de La Rochaiguë, comme un homme (sauf le sang royal) parfaitement digne d'être le mari d'une reine d'Espagne, dont le beau-frère serait un prince français ? Songes-y... c'est rallier à toi la sœur et la femme du baron.
Après un long silence, le comte de Mornand dit à son ami d'un air à la fois diplomatique et majestueux :
— De Ravil... je te donne carte blanche.

XX.

A la fin de cette journée, pendant laquelle Ernestine de Beaumesnil avait été à son insu l'objet de tant de cupides convoitises, de tant de machinations plus ou moins habiles ou perfides, la jeune fille, seule dans l'un des salons de son appartement, attendait l'heure du dîner.
La plus riche héritière de France était loin d'être belle ou jolie : son front trop grand, trop avancé, les pommettes de ses joues trop saillantes, son menton un peu long, donnaient à ses traits beaucoup d'irrégularité ; mais en ne s'arrêtant pas cette première apparence, on se sentait peu à peu attiré par le charme de la physionomie de la jeune fille ; son front, trop prononcé, mais uni, mais blanc comme l'albâtre, et encadré d'une magnifique chevelure châtain-clair, surmonté des yeux bleus d'une bonté infinie, tandis qu'une bouche vermeille, aux dents blanches, au sourire mélancolique et ingénu, semblait demander grâce pour les imperfections du visage.
Ernestine de Beaumesnil, seulement âgée de seize ans, avait grandi très rapidement ; aussi quoique sa taille élevée fût parfaitement svelte, droite et dégagée, la jeune fille, convalescente d'une longue maladie de croissance, se tenait encore parfois légèrement courbée ; attitude qui d'ailleurs rendait plus remarquable encore la gracieuse flexibilité de son cou et d'une rare élégance.
En un mot, malgré sa vulgarité surannée, la comparaison d'*une fleur penchée sur sa tige*... exprimerait à merveille l'ensemble doux et triste de la figure d'Ernestine de Beaumesnil...
Pauvre orpheline abattue par la douleur que lui causait la mort de sa mère.

Pauvre enfant accablée sous le poids écrasant pour elle de son immense richesse.

Contraste bizarre... c'était un sentiment de touchant intérêt... nous dirions même de tendre pitié... que semblaient demander et inspirer la physionomie, le regard, l'attitude de cette héritière d'une fortune presque royale...

Une robe noire bien simple que portait Ernestine augmentait encore l'éclat de son teint, d'une blancheur délicatement rosée ; les mains croisées sur ses genoux, la tête penchée sur son sein, l'orpheline semblait triste et rêveuse.

La demie de cinq heures venait de sonner, lorsque la gouvernante de la jeune fille entra discrètement et lui dit :

— Mademoiselle peut-elle recevoir mademoiselle de La Rochaiguë ?

— Certainement, ma bonne Lainé, — répondit la jeune fille en tressaillant et sortant de sa rêverie, — pourquoi mademoiselle de La Rochaiguë n'entre-t-elle pas ?

La gouvernante sortit, et revint bientôt précédant mademoiselle Héléna de La Rochaiguë.

Cette dévotieuse personne n'aborda Ernestine qu'après deux profondes et cérémonieuses révérences, que la pauvre enfant s'empressa de rendre coup sur coup, surprise, presque peinée de voir une femme de l'âge de mademoiselle Héléna l'aborder avec cette obséquiosité.

— Je remercie mademoiselle de Beaumesnil de vouloir bien m'accorder un moment d'entretien, — dit mademoiselle Héléna d'un ton formaliste et respectueux, en faisant une troisième et dernière révérence, qu'Ernestine lui rendit encore ; après quoi elle lui dit, avec un timide embarras :

— J'ai, à mon tour, mademoiselle Héléna, une grâce à vous demander...

— A moi ?... quel bonheur !... dit vivement la protectrice de M. de Macreuse.

— Mademoiselle, je vous en prie... ayez la bonté de m'appeler Ernestine... au lieu de me dire : *Mademoiselle de Beaumesnil...* Si vous saviez comme cela m'impose !

— Je craignais de vous déplaire, mademoiselle, en me familiarisant davantage.

— Dites-moi : Ernestine, et non : mademoiselle... Encore une fois, je vous en prie, ne sommes-nous pas parentes ? et, plus tard, si je mérite que vous m'aimiez, — ajouta la jeune fille avec une grâce ingénue, — vous me direz : ma chère Ernestine, n'est-ce pas ?

— Ah ! mon affection vous a été acquise dès que je vous ai vue, ma chère Ernestine, — répondit Héléna avec onction, — j'ai deviné que la réunion de toutes les vertus... chrétiennes, si désirables chez une jeune personne de votre âge... florissait dans votre cœur. Je ne vous parle pas de votre beauté... si charmante, si idéale qu'elle soit, car vous ressemblez à une madone de Raphaël. Mais, — ajouta la dévote en baissant les yeux, — la beauté est un don fragile... et périssable aux yeux du Seigneur... tandis que les qualités dont vous êtes ornée assureront votre salut.

A cette avalanche de louanges quasi-mystiques, l'orpheline éprouva un embarras mortel, ne sut que répondre et balbutia.

— Je ne mérite pas, mademoiselle... de pareilles louanges... et... je ne sais.

Puis elle ajouta, très satisfaite de trouver un moyen d'échapper à ces flatteries qui, malgré son inexpérience, lui causaient une impression singulière :

— Vous avez quelque chose à me demander, mademoiselle ?

— Sans doute, dit Héléna, je venais savoir vos ordres... pour l'office de demain.

— Quel office, mademoiselle ?

— Mais l'office où nous irons chaque jour...

Et comme Ernestine fit un mouvement de surprise, mademoiselle Héléna ajouta pieusement :

— Où nous irons chaque jour..... prier pendant une heure pour le repos de l'âme de votre père et de votre mère...

La jeune fille n'avait pas eu jusqu'alors *d'heure fixe* pour prier... pour son père et sa mère.

L'orpheline priait presque tout le jour ; c'est-à-dire que, presqu'à chaque instant, elle songeait, avec un pieux respect, avec un ineffable attendrissement, aux deux êtres chéris qu'elle regrettait.

Cependant, n'osant pas se refuser à l'invitation de mademoiselle Héléna, Ernestine lui répondit tristement :

— Je vous remercie d'avoir eu cette pensée, mademoiselle, je vous accompagnerai.

— La messe de neuf heures, — dit la dévote, — est la plus convenable... en cela qu'elle se dit à la chapelle de la Vierge, pour laquelle vous avez une dévotion particulière, m'avez-vous dit hier, Ernestine ?

— Oui, mademoiselle, en Italie... tous les dimanches... j'assistais à l'office dans la chapelle de la Madone... c'était une mère aussi... et je ne sais pourquoi je préférais lui adresser mes prières pour ma mère...

— Elles seront certainement plus efficaces, ma chère Ernestine, et puisque vous les avez commencées sous l'invocation de la mère du Sauveur, il faut les continuer... Ainsi nous ferons donc tous les jours nos dévotions à la chapelle de la Vierge, vers neuf heures du matin.

— Je serai prête, mademoiselle.

— Alors, Ernestine, vous m'autorisez à donner des ordres pour que votre voiture et vos gens soient prêts à cette heure.

— Ma voiture ? mes gens ?

— Certainement, — dit la dévote avec emphase, — votre voiture drapée et armoriée ; un des valets de pied nous accompagnera dans l'église, portant derrière nous un sac de velours où seront nos livres de messe ; vous savez bien que c'est l'usage chez toutes les personnes comme il faut.

— Pardon, mademoiselle ; mais à quoi bon tant d'appareil ? je vais seulement à l'église pour prier ; ne pourrions-nous y aller à pied ? Dans cette saison... le temps est si beau...

— Quelle admirable modestie dans l'opulence ! — s'écria la dévote, — quelle simplicité dans la grandeur ? Ah ! Ernestine, vous êtes bénie du Seigneur ! pas une vertu ne vous manque... vous possédez la plus rare de toutes... la sainte... la divine humilité... vous qui êtes cependant la *plus riche héritière de France* !

Ernestine regardait mademoiselle Héléna avec un nouvel étonnement.

La naïve enfant ne croyait pas avoir fait montre de si merveilleux sentimens en désirant d'aller à la messe à pied, par une belle matinée d'été ; sa surprise redoubla en entendant la dévote continuer en s'exaltant presque jusqu'au ton prophétique :

— La grâce d'en haut vous a touchée, ma chère Ernestine !... Oh !... oui... tout me le dit, le Seigneur vous a bénie jusqu'ici en vous inspirant des sentimens profondément religieux... en vous donnant le goût d'une vie exemplaire passée dans les exercices de la piété, ce qui n'exclut pas les honnêtes distractions que l'on peut trouver dans le monde... Oui, Dieu vous protège, ma chère Ernestine, et bientôt, peut-être, il vous donnera une marque plus visible encore de sa toute-puissante protection.

La faconde de la dévote, ordinairement silencieuse et réservée, fut interrompue par l'arrivée de madame de La Rochaiguë, qui, moins discrète que sa belle-sœur, entra sans se faire annoncer.

La baronne, assez surprise de trouver Ernestine en tête-à-tête avec Héléna, jeta d'abord sur celle-ci un regard de défiance ; mais la dévote reprit aussitôt un masque si béat, si peu intelligent, que les soupçons de la baronne s'effacèrent à l'instant.

L'orpheline se leva, et fit quelques pas devant madame de La Rochaiguë, qui, empressée, souriante, charmante et pimpante, lui dit le plus tendrement du monde, en lui prenant les deux mains :

— Ma chère et toute belle, je viens, si vous le permettez, vous tenir un peu compagnie jusqu'à l'heure du dîner...

car je suis jalouse du bonheur de ma chère belle-sœur.

— Combien vous êtes aimable pour moi, madame ! répondit Ernestine, sensible aux prévenances de la baronne.

Héléna, se dirigeant alors vers la porte, dit à la jeune fille, afin d'aller ainsi au-devant de la curiosité de madame de La Rochaiguë :

— A demain matin, neuf heures, n'est-ce pas, c'est convenu?

Et après un affectueux signe de tête adressé à la baronne, Héléna sortit, reconduite jusqu'à la porte par mademoiselle de Beaumesnil.

Lorsque celle-ci revint rejoindre madame de La Rochaiguë, la baronne, regardant l'orpheline venir à elle, s'éloigna de quelques pas à reculons, à mesure qu'Ernestine s'approchait, et lui dit d'un ton d'affectueux reproche :

— Ah ! ma chère petite belle, vous êtes incorrigible !...

— Comment donc cela, madame ?

— Je suis, je vous l'ai dit, d'une franchise, oh ! mais d'une franchise... brutale... impitoyable ; c'est un de mes défauts ; aussi je vous reprocherai encore... je vous reprocherai toujours de ne pas vous tenir assez droite !...

— Il est vrai, madame... c'est malgré moi que je me tiens ainsi quelquefois courbée.

— Et c'est ce que je ne saurais souffrir... ma chère belle... Oui, je serai sans pitié, — reprit gaîment la baronne. Je vous demande un peu à quoi bon cette délicieuse taille, si vous ne la faites pas mieux valoir... à quoi bon ce visage ravissant, aux traits si fins, si distingués, si vous le tenez toujours baissé. Il est pourtant charmant à voir.

— Madame... — dit l'orpheline non moins embarrassée des louanges mondaines de la baronne que des louanges mystiques de la dévote.

— Oh !... ce n'est pas tout, — reprit madame de La Rochaiguë avec un affectueux enjouement, — il faudra que je gronde bien fort cette excellente madame Lainé : vous avez des cheveux admirables, et vous seriez mille fois mieux coiffée avec des anglaises... Votre port de tête est si naturellement gracieux et noble (quand vous vous tenez droite, bien entendu), que ces longues boucles vous iraient à merveille...

— J'ai toujours été coiffée comme je le suis, madame... et je ne songeais pas à changer de coiffure, cela m'étant, je vous l'avoue, assez indifférent.

— Et c'est encore un reproche à vous faire, ma chère belle (vous voyez que je ne finis pas) : il faut que vous soyez coquette... certainement très coquette... ou plutôt... c'est moi qui le serai pour vous. Je suis si fière de ma charmante pupille que je veux qu'elle éclipse les plus jolies.

— Je ne puis jamais avoir cette prétention, madame, répondit Ernestine, en souriant doucement.

— Je voudrais bien que vous vous permissiez d'avoir des prétentions, mademoiselle,— reprit en riant la baronne, —je n'entends pas cela du tout... c'est moi qui les aurai pour vous... ces prétentions... En un mot, je veux que vous soyez citée comme la plus jolie, la plus élégante des jeunes personnes... de même que vous serez un jour citée comme la plus élégante des femmes... car, entre nous... je vous connais depuis hier seulement, ma chère belle. Eh bien ! à certaines tendances, à des riens que j'ai remarqués en vous, je suis sûre, et je vous l'ai déjà dit, que vous êtes née pour être, un jour, une femme à la mode...

— Moi, madame ? dit ingénument l'orpheline.

— J'en suis sûre... et n'est pas femme à la mode qui veut, il ne suffit pas pour cela d'avoir de la beauté, de la richesse, de la naissance, d'être marquise ou duchesse... quoique ce dernier titre relève singulièrement une femme... Non, non, il faut réunir à tous ces avantages... un je ne sais quoi... qui fixe et commande l'attention... attire l'attention, et ce je ne sais quoi, vous l'aurez... rien n'est plus facile à deviner en vous.

— Mon Dieu madame... vous m'étonnez beaucoup, — répondit la pauvre enfant toute abasourdie.

— Je vous étonne... c'est tout simple, vous devez vous ignorer, ma chère belle ; mais moi qui vous étudie, qui

vous juge avec l'œil jaloux et orgueilleux d'une mère... je prévois tout ce que vous serez, et je m'en applaudis... C'est une si ravissante existence que celle d'une femme à la mode ! Reine de toutes les fêtes, de tous les plaisirs, sa vie est un continuel enchantement... Et tenez, pour vous donner une idée de ce monde, sur lequel vous êtes destinée à régner un jour, il faudra qu'après-demain nous allions en voiture aux Champs-Élysées ; il y aura eu une course au bois de Boulogne... vous verrez revenir tout le Paris élégant... C'est une distraction parfaitement compatible avec votre deuil.

— Madame... excusez-moi... mais ces grandes réunions m'intimident... et... je...

— Oh ! ma chère belle, — reprit la baronne en interrompant sa pupille, — je suis intraitable ; il faudra faire cela pour moi... D'ailleurs, je tiens à être aussi bien traitée que mon excellente sœur... et, à ce propos, voyons, ma chère belle... qu'avez-vous donc comploté... pour demain matin avec cette bonne Héléna ?

— Mademoiselle Héléna veut bien me conduire à l'office... madame.

— Elle a raison, ma chère belle, il ne faut pas trop négliger ses devoirs religieux... Mais neuf heures... c'est bien matin... les femmes du monde ne vont guère qu'à l'office de midi ; au moins l'on a eu tout le temps de faire une élégante toilette du matin, et l'on rencontre à l'église des figures de connaissance.

— J'ai l'habitude de me lever de bonne heure, madame... et puisque mademoiselle Héléna préférait partir à neuf heures... j'ai pensé que cette heure devait être aussi la mienne.

— Ma chère belle, je vous ai dit que je serai avec vous d'une franchise... d'une sincérité brutale.

— Et je vous en remercie... madame...

— Sans doute, il ne faut pas, voyez-vous, être glorieuse de ce que vous êtes *la plus riche héritière de France*... mais, sans vouloir abuser de cette position pour imposer aux autres vos volontés ou vos caprices... il ne faut pas non plus toujours vous empresser d'aller au-devant du moindre désir d'autrui. Encore une fois, n'oubliez pas que votre immense fortune...

— Hélas ! madame,— dit Ernestine sans pouvoir retenir deux larmes qui roulèrent sur ses joues, — je fais mon possible, au contraire, pour n'y pas songer, à cette fortune... car elle me rappelle que je suis orpheline...

— Pauvre chère belle, — dit madame de La Rochaiguë en embrassant Ernestine avec effusion,—combien je m'en veux de vous avoir involontairement attristée ! Je vous en conjure, séchez ces beaux yeux, j'ai trop de regret de vous voir pleurer : cela me fait un mal !...

Ernestine essuya lentement ses larmes ; la baronne reprit affectueusement :

— Voyons, mon enfant... du courage... soyez raisonnable... sans doute c'est un malheur affreux... irréparable, que d'être orpheline ; mais par cela que ce malheur est irréparable... il faut bien prendre sur vous... vous dire qu'il vous reste du moins des amis, des parents dévoués... et que, si le passé est triste, l'avenir est des plus brillans.

Au moment où madame de La Rochaiguë consolait ainsi l'orpheline, on frappa discrètement à la porte.

— Qui est là ? — demanda la baronne.

— Le *majordome* de mademoiselle de Beaumesnil, — répondit une voix,—et il sollicite la grâce de venir se mettre à ses pieds.

Ernestine fit un mouvement de surprise : la baronne lui dit en souriant :

— C'est une plaisanterie de monsieur de La Rochaiguë, c'est lui qui est là derrière la porte.

Mademoiselle de Beaumesnil tâcha de sourire aussi, et la baronne dit à haute voix :

— Entrez, monsieur le majordome... entrez.

A ces mots, le baron parut, montrant plus que jamais ses longues dents, alors complètement découvertes par le rire de satisfaction que lui inspirait sa plaisanterie ; il alla courtoisement s'incliner devant Ernestine, lui baisa la main et lui dit :

— Mon adorable pupille continue-t-elle d'être contente de moi ? rien ne manque-t-il à son service ? trouve-t-elle sa maison sur un pied convenable ? n'a-t-elle pas découvert d'inconvéniens dans son appartement ? est-elle satisfaite de ses gens ?

— Je me trouve parfaitement bien ici, monsieur ; trop bien... même... — répondit Ernestine, — car ce magnifique appartement pour moi seule... est...

— Il n'y a rien de trop beau, charmante pupille, — dit le baron d'un ton péremptoire ; — il n'y a rien de trop somptueux pour *la plus riche héritière de France*.

— Je suis surtout heureuse et touchée de l'affectueux accueil que je reçois dans votre famille, monsieur, — reprit Ernestine, — et, je vous l'assure, le reste a pour moi peu d'importance...

Soudain les deux battans de la porte du salon s'ouvrirent, et un maître d'hôtel dit à haute voix :

— Mademoiselle est servie...

XXI.

Le baron offrit son bras à Ernestine, qu'il conduisit dans la salle à manger, où se rendit bientôt Héléna, un peu attardée par l'envoi d'une lettre à l'abbé Ledoux, au sujet de la rencontre du lendemain.

Pendant le dîner, Ernestine fut le constant objet des prévenances, des obséquiosités du baron, de sa femme, d'Héléna et des domestiques, qui subissaient, comme leurs maîtres, l'influence magique de ces mots tout puissans qui résumaient la position de l'orpheline : *la plus riche héritière de France* !...

Vers la fin du dîner, le baron, affectant l'air du monde le plus détaché, dit à mademoiselle de Beaumesnil :

— Ma chère pupille... vous vous êtes reposée aujourd'hui des fatigues de votre voyage... il faudrait, ce me semble, sortir demain et les autres jours pour vous distraire un peu.

— Nous y avions pensé, Héléna et moi, — dit madame de La Rochaiguë ; — votre sœur accompagnera demain Ernestine à l'office... dans l'après-dîner, mademoiselle Palmyre et mademoiselle Barenne viendront essayer à notre chère petite belle les robes et les chapeaux commandés hier par mes soins, et, après dîner, nous irons faire un tour en voiture aux Champs-Elysées.

— A merveille, dit le baron, — je vois la journée de demain et celle d'après-demain parfaitement employées. Seulement... je me trouve, moi, très mal partagé... Aussi, je vous demande ma revanche pour le jour d'ensuite, ma chère pupille... Me l'accorderez-vous ?

— Certainement, monsieur, avec le plus grand plaisir, — répondit Ernestine.

— La grâce de cette réponse en double encore le prix, — dit le baron avec une expression si convaincue que l'orpheline se demandait ce qu'elle avait répondu de si gracieux, lorsque la baronne dit à son mari :

— Voyons, monsieur de La Rochaiguë, quels sont vos projets ?

— Ah ! ah ! — répondit le baron d'un air fin, — je ne suis ni si dévotieux que ma sœur, ni si mondain que vous, ma chère amie, je propose donc à notre aimable pupille, si le temps le permet, une promenade dans l'un des plus beaux jardins de Paris, où elle verra une merveilleuse collection de rosiers en fleurs.

— Vous ne pouviez mieux choisir, monsieur, dit naïvement Ernestine, — j'aime tant les fleurs.

— Ce n'est pas tout, et comme je suis homme de précaution, ma charmante pupille, — ajouta le baron, — en cas de mauvais temps, nous ferions notre promenade dans des serres chaudes superbes ou dans une magnifique galerie de tableaux renfermant les chefs-d'œuvre de l'école moderne.

— Et où se trouvent donc réunies toutes ces belles choses, monsieur ? — dit Ernestine véritablement émerveillée.

— Ah ! ma chère pupille... quelle véritable Parisienne vous êtes ! — reprit M. de La Rochaiguë en riant d'un air capable, et vous aussi, baronne... et vous aussi, ma sœur ; je le vois, à votre air étonné, vous ignorez où se trouve ce pays de merveilles qui est pourtant presque à notre porte.

— En vérité... — dit mademoiselle de La Rochaiguë, — j'ai beau chercher... je...

— Vous ne trouvez pas ? — reprit le baron radieux, — voyons... j'ai pitié de vous... toutes ces merveilles se trouvent réunies... au Luxembourg.

— Au Luxembourg ! s'écria la baronne en riant et, s'adressant à Ernestine : — Ah ! ma chère belle, c'est un piége... abominable, car vous ne savez pas la passion de M. de La Rochaiguë pour une autre des merveilles du Luxembourg, dont il se garde bien de vous parler !

— Et quelle est cette autre merveille, madame ? — demanda la jeune fille en souriant :

— Figurez-vous... pauvre chère innocente... que M. de La Rochaiguë est capable de vous conduire à une séance de la chambre des pairs... sous prétexte de serres, de fleurs et de tableaux !

— Eh bien ! pourquoi pas, dans la tribune diplomatique ? — Ma chère pupille s'y trouverait en belle et bonne compagnie, — riposta le baron, — elle rencontrerait là de ces bienheureuses femmes d'ambassadeurs... de ministres...

— *Bienheureuses*... le mot est charmant, — dit gaîment la baronne, et d'où leur vient cette canonisation, s'il vous plaît ? Puis, se tournant vers Héléna :

— Entendez-vous votre frère... ma chère... quel blasphème !

— Je maintiens, — répondit le baron, — qu'il n'est pas au monde une position plus enviable, plus charmante... plus admirable, que celle de la femme d'un ambassadeur... ou d'un ministre... Ah ! ma chère amie... ajouta le *Canning* ignoré, en s'adressant à sa femme d'un ton pénétré, — que n'ai-je pu vous donner une pareille position ! Vous eussiez été... jalousée... adulée... fêtée... Vous seriez devenue, je m'en suis sûr... une femme politique supérieure. Vous eussiez dirigez l'État peut-être... Est-il un rôle plus beau pour une femme ?

— Voyez-vous, ma chère belle, quel dangereux flatteur que M. de La Rochaiguë, dit la baronne à Ernestine, — il est capable de vouloir peut-être vous donner aussi le goût de la politique.

— A moi, madame ? oh ! je ne crains pas cela, répondit Ernestine en souriant.

— Vous raillerez tant que vous voudrez, ma chère amie, — dit le baron à madame de La Rochaiguë ; — mais je prétends que ma chère pupille... a dans l'esprit quelque chose de réfléchi... de posé... de sérieux... très remarquable pour son âge, sans compter qu'elle ressemble incroyablement au portrait de la belle et fameuse duchesse de Longueville, qui a eu sous la Fronde une si grande influence politique.

— Ah !... c'est trop fort, — dit la baronne, en interrompant son mari avec un redoublement d'hilarité.

L'orpheline, un moment pensive, ne partagea pas cette gaîté ; elle trouvait singulier qu'en moins de deux heures, les trois personnes dont nous parlons eussent tour à tour découvert qu'elle réunissait les vocations les plus singulièrement opposées :

Celle de *femme dévote*,

De *femme à la mode*,

De *femme politique*.

La conversation fut interrompue par le bruit retentissant d'une voiture qui entrait dans la cour de l'hôtel.

Le baron dit à sa femme :

— Vous n'avez pas fermé votre porte ce soir ?

— Non... mais je n'attends personne... à moins que ce ne soit madame de Mirecourt qui, vous le savez, vient quelquefois en *prima sera*, avant d'aller dans le monde.

— En ce cas, où voulez-vous la recevoir ?

— Si cela ne vous ennuyait pas trop, ma chère belle, dit la baronne à Ernestine, — vous me permettriez de recevoir madame de Mirecourt dans votre salon ; c'est une digne et excellente personne.

— Faites absolument comme il vous plaira, madame, — répondit Ernestine.

— Vous ferez entrer dans le salon de mademoiselle de Beaumesnil, — dit la baronne à l'un des domestiques.

Celui-ci sortit, et revint bientôt en disant :

— D'après les ordres de madame la baronne, j'ai fait entrer chez mademoiselle... mais ce n'était pas madame de Mirecourt.

— Et qui donc était-ce ?

— M. le marquis de Maillefort, madame la baronne.

Au nom du marquis, le baron s'écria :

— C'est insupportable... Une visite à une pareille heure est d'une familiarité inconcevable.

La baronne fit signe à son mari de se contraindre devant les gens, et dit tout bas à Ernestine, qui semblait surprise de cet incident :

— M. de La Rochaiguë n'aime pas M. de Maillefort, qui est un des plus malins et des plus méchans bossus qu'on puisse imaginer...

— Un vrai satan... — ajouta Héléna.

— Il me semble, — dit Ernestine en réfléchissant, — qu'autrefois... chez ma mère, j'ai entendu prononcer le nom de M. de Maillefort.

— Et certes, ma toute belle, reprit la baronne en souriant, — l'on ne parlait pas précisément du marquis comme d'un *bon ange*.

— Je ne me souviens pas d'avoir entendu parler de M. de Maillefort en bien ou en mal, — répondit l'orpheline, — je me rappelle seulement son nom...

— Et ce nom, — dit le baron, — est celui d'une véritable peste !

— Mais, madame, — dit mademoiselle de Beaumesnil en hésitant, — si M. de Maillefort est si méchant, pourquoi le recevez-vous ?

— Ah ! ma chère belle... dans le monde, on est obligé à tant de concessions, surtout lorsqu'il s'agit de personnes de la naissance de M. de Maillefort !

Et s'adressant au baron :

— Il est impossible de prolonger le dîner plus longtemps, car on a servi le café dans le salon.

Madame de La Rochaiguë se leva de table ; le baron, dissimulant son dépit, offrit son bras à sa pupille, et tous entrèrent dans le salon où attendait M. de Maillefort.

Le marquis avait pendant longtemps tellement pris l'habitude de se vaincre, à l'endroit de sa profonde et secrète passion pour la comtesse de Beaumesnil, que celle-ci avait seule pénétrée, qu'à la vue d'Ernestine, il ne trahit en rien l'intérêt qu'elle lui inspirait ; il songea non sans tristesse qu'il lui fallait se montrer devant les autres, incisif et sarcastique ; un changement soudain dans ses manières, dans son langage, eût éveillé les soupçons des La Rochaiguë, et, pour protéger Ernestine à l'insu de tous et peut-être à l'insu d'elle-même, afin d'accomplir ainsi les dernières volontés de la comtesse, il ne devait en rien exciter les défiances des personnes dont l'orpheline était entourée.

M. de Maillefort, doué d'une grande sagacité, s'aperçut, avec un cruel serrement de cœur, de l'impression défavorable que son aspect causait à Ernestine, car celle-ci, encore sous l'influence des calomnies dont le bossu venait d'être l'objet, avait involontairement tressailli et détourné les yeux à la vue de cet être difforme.

Si diversement pénibles que fussent alors les sentiments du marquis, il eut la force de les dissimuler ; s'avançant alors vers madame de La Rochaiguë, le sourire aux lèvres, l'ironie dans le regard :

— Je suis bien indiscret, n'est-ce pas, ma chère baronne ? mais, vous le savez.... ou plutôt vous l'ignorez ; l'on n'a des amis que pour mettre avec eux ses défauts à l'aise... à moins cependant, — ajouta le marquis en s'inclinant profondément devant Héléna, — à moins que, comme mademoiselle de La Rochaiguë... on n'ait pas de défauts... et qu'on soit un ange de perfection, descendu des cieux pour l'édification des fidèles ; alors, c'est pis encore : Quand on est si parfait l'on inflige à ses amis le supplice de l'envie, ou de l'admiration, car pour beaucoup c'est tout un...

Et s'adressant à M. de La Rochaiguë :

— N'est-ce pas que j'ai raison, baron ? je m'en rapporte à vous, qui avez le bonheur de n'être blessant.... ni par vos qualités ni par vos défauts.

Le baron sourit, montra outrageusement ses longues dents et répondit, en tâchant de contraindre sa mauvaise humeur :

— Ah ! marquis !... marquis... toujours malicieux, mais toujours aimable.

Songeant alors qu'il ne pouvait se dispenser de présenter M. de Maillefort à sa pupille, qui regardait le bossu avec une crainte croissante, le baron dit à Ernestine :

— Ma chère pupille, permettez-moi de vous présenter M. le marquis de Maillefort, un de nos bons amis.

Après s'être incliné devant la jeune fille, qui lui rendit son salut d'un air embarrassé, le bossu lui dit avec une froideur polie :

— Je suis heureux, mademoiselle, d'avoir maintenant un motif de plus pour venir souvent chez madame de La Rochaiguë.

Et, comme s'il se croyait libéré envers l'orpheline par cette banalité, le marquis s'inclina de nouveau, et alla s'asseoir auprès de la baronne, pendant que son mari tâchait de donner une contenance à son dépit, en dégustant le café avec lenteur, et qu'Ernestine, s'empart d'Ernestine, l'emmenait à quelques pas, sous prétexte de lui faire admirer les fleurs d'une jardinière.

Le marquis, sans paraître faire la moindre attention à Ernestine et à Héléna, ne les perdit cependant pas de vue ; il avait l'ouïe très fine, et il espérait surprendre quelques mots de l'entretien de la dévote et de l'orpheline, tout en causant avec madame de La Rochaiguë ; conversation d'abord nécessairement insignifiante, chacun des interlocuteurs, cachant soigneusement le fond de sa pensée sous un *partage* frivole ou banal, tâchait de *voir venir* son adversaire, ainsi que l'on dit vulgairement.

Le vague d'un pareil entretien favorisait à merveille les intentions du marquis ; aussi, tandis que, d'une oreille distraite, il écoutait madame de La Rochaiguë, il écoutait de l'autre et très curieusement, Ernestine, le baron et Héléna.

La dévote et son frère, croyant le bossu tout à son entretien avec madame de La Rochaiguë, rappelèrent à l'orpheline, dans le courant de leur conversation, la promesse qu'elle avait faite :

À Héléna de l'accompagner le lendemain à l'office de neuf heures ;

Au baron d'aller le surlendemain admirer avec lui les merveilles du Luxembourg.

Quoiqu'il n'y eût rien d'extraordinaire dans ces projets acceptés par Ernestine, M. de Maillefort, très en défiance contre les La Rochaiguë, ne regarda pas comme inutile pour lui d'être instruit de ces particularités, en apparence insignifiantes. Il les nota soigneusement dans son esprit, tout en répondant avec son aisance habituelle aux lieux communs de la baronne.

L'attention du bossu était ainsi partagée depuis quelques minutes, lorsqu'il vit du coin de l'œil Héléna parler bas à Ernestine, en lui montrant du regard madame de La Rochaiguë, comme pour lui dire qu'il ne fallait pas la déranger de son entretien ; puis l'orpheline, Héléna et le baron quittèrent discrètement le salon.

Madame de la Rochaiguë ne s'aperçut de leur absence qu'au bruit que fit la porte en se refermant.

Ce départ servait à souhait la baronne ; la présence des autres personnes eût gêné une explication qu'il lui paraissait très urgent d'avoir avec le marquis ; elle était trop fine, trop rompue au monde, pour n'avoir pas pressenti, ainsi qu'elle l'avait dit à son mari, que le marquis, revenant chez elle après une longue interruption dans leurs relations, ne pouvait être ramené que par la présence de l'héritière, sur laquelle il avait nécessairement quelque vue cachée.

La passion du bossu pour madame de Beaumesnil n'ayant été devinée par personne, sa dernière entrevue avec la comtesse mourante ayant aussi été tenue secrète, madame de La Rochaiguë ne pouvait soupçonner et ne soupçonnait pas la sollicitude que le marquis portait à Ernestine...

Voulant néanmoins tâcher de pénétrer les desseins du bossu, afin de les déjouer s'ils contrariaient les siens, madame de La Rochaiguë interrompit une insignifiante conversation, dès que la porte se fût refermée sur l'orpheline.

— Eh bien ! — demanda la baronne au bossu, — comment trouvez-vous mademoiselle de Beaumesnil ?

— Je la trouve très généreuse...

— Comment cela, marquis, très généreuse !

— Sans doute... avec sa fortune... votre pupille aurait le droit d'être aussi laide et aussi bossue que moi... mais a-t-elle quelques qualités ?

— Je la connais depuis si peu de temps, que je ne saurai trop vous dire...

— Voyons, pourquoi ces réticences ?... vous sentez bien que je ne viens pas vous demander la main de votre pupille.

— Qui sait ?... — reprit la baronne en riant.

— Moi... je le sais, et je vous le dis...

— Sérieusement, marquis ? — reprit madame de La Rochaiguë d'un ton pénétré. — Je suis sûre qu'à l'heure qu'il est, cent projets de mariage sont déjà formés...

— Contre mademoiselle de Beaumesnil ?

— Contre est très joli... mais, tenez, marquis, je veux être franche avec vous.

— Vraiment, — dit le bossu avec une surprise railleuse.

— Eh bien ! moi aussi. Allons, ma chère baronne... faisons cette petite débauche... de sincérité ; ma foi ! tant pis !

Et M. de Maillefort rapprocha son fauteuil du canapé où la baronne était assise.

XXII.

Madame de la Rochaiguë, après un moment de silence, jetant sur M. de Maillefort un regard pénétrant, lui dit :

— Marquis, je vous ai deviné.

— Ah bah !

— Parfaitement deviné.

— Vous faites tout en perfection... ça ne m'étonne pas ; voyons donc cette surprenante devination.

— De peur de raviver mes regrets, je ne veux pas compter le nombre d'années pendant lesquelles vous n'avez pas mis les pieds chez moi, marquis... et voilà que, soudain... vous me revenez avec un empressement tout flatteur... Moi qui suis bonne femme et pas du tout glorieuse, je me suis dit...

— Voyons... voyons, qu'est-ce que vous vous êtes dit ?

— Oh! mon Dieu !... je me suis dit tout simplement ceci : « Après le brusque délaissement de M. de Maillefort, « qui me veut donc le nouveau plaisir de le voir si sou-

« vent ?... C'est probablement parce que je suis la tutrice « de mademoiselle de Beaumesnil, et que cet excellent « marquis a un intérêt quelconque à revenir chez moi. »

— Ma foi, baronne, c'est à peu près cela...

— Comment, vous l'avouez ?

— Il le faut bien...

— Vous allez me faire douter de ma pénétration en vous rendant si vite, marquis...

— Ne sommes nous pas en pleine orgie... de franchise.

— C'est vrai...

— Alors... à mon tour, je m'en vas d'abord vous dire... pourquoi j'ai soudain cessé de venir chez vous... c'est que, voyez-vous, baronne, mois je suis une manière de stoïque...

— Eh bien !... que fait là le stoïcisme !

— Il fait beaucoup, car il m'a donné l'habitude... lorsqu'une chose me plaît extrêmement... d'y renoncer soudain, afin de ne me point laisser amollir par de trop douces habitudes... Voilà pourquoi, baronne, j'ai brusquement cessé de vous voir.

— Je voudrais croire cela... mais...

— Essayez... toujours... Quant à mon retour chez vous...

— Ah ! ceci est plus curieux.

— Vous avez deviné... à peu près juste...

— A peu près.. marquis ?

— Oui, car bien que je n'aie aucun projet au sujet du mariage de votre pupille, je me suis cependant dit ceci : Cette prodigieuse héritière va être le but d'une foule d'intrigues plus amusantes... ou plus ignobles les unes que les autres... La maison de madame de La Rochaiguë sera le centre où aboutiront tant d'intrigues diverses. On sera là, comme on dit, aux premières loges, pour voir tous les actes de cette haute comédie... A mon âge, et fait comme je suis... je n'ai d'autre amusement, dans le monde, que l'observation. J'irai donc en observateur chez madame de La Rochaiguë... Elle me recevra, parce qu'elle m'a reçu autrefois, et qu'après tout je ne suis ni plus sot ni plus ennuyeux qu'un autre. Ainsi, de mon coin, j'assisterai tranquillement à cette lutte acharnée entre les prétendants ; voilà la vérité ; maintenant, baronne... aurez-vous le courage de me refuser de temps à autre une petite place dans votre salon, pour observer cette bataille dont votre pupille doit être le prix ?

— Ah ! marquis... — dit madame de La Rochaiguë en hochant la tête, — vous n'êtes pas de ces gens qui, sans prendre part à la mêlée, regardent les autres se battre.

— Eh !... eh !... je ne dis pas non...

— Vous voyez donc bien... vous ne resterez pas neutre.

— Je n'en sais rien... — ajouta le marquis, et il appuya beaucoup sur les mots suivans : — Mais comme je suis assez compté dans le monde, comme je sais beaucoup de choses... comme j'ai toujours su maintenir mon franc-parler, comme j'ai horreur des lâchetés, je vous avoue... que si... dans la mêlée, comme vous dites, ma chère baronne... je voyais perfidement attaquer ou menacer un brave guerrier, dont la vaillance m'aurait intéressé, j'irais, ma foi, à son secours par tous les moyens dont je puis disposer.

— Mais... monsieur, — dit la baronne, en cachant son dépit sous un rire forcé, — cela... permettez-moi de vous le dire... cela est une sorte... d'inquisition permanente... dont vous seriez le grand inquisiteur, et dont le siége serait chez moi...

— Oh ! mon Dieu ! chez vous ou ailleurs... ma chère baronne ; vous sentez bien que si, par un caprice de jolie femme... et plus que personne vous pouvez vous permettre ces caprices-là... vous disiez à vos gens qu'à l'avenir vous n'y serez jamais pour moi...

— Ah ! marquis, pouvez-vous penser ?...

— Je plaisante, — reprit M. de Maillefort d'un ton sec, — le baron est de trop bonne compagnie pour souffrir que votre porte me soit refusée sans raison, et il m'épargnera, j'en suis certain, une explication à ce sujet... J'avais donc l'honneur de vous dire, ma chère baronne, qu'une fois résolu d'observer ce fait fort curieux, à savoir : — *De quelle manière se marie... la plus riche héritière de France...* je puis placer partout le siége de mon observatoire, car, malgré ma taille... j'ai la prétention de voir... droit... de haut... et de loin...

— Allons... mon cher marquis,— dit madame de La Rochaiguë redevenant souriante,— avouez-le, c'est une alliance offensive et défensive que vous me proposez?

— Pas le moins du monde... Je ne veux être ni pour vous ni contre vous. J'observerai beaucoup, et puis... selon mon petit jugement et mes faibles ressources... je tâcherai de servir ou de desservir celui-ci ou celui-là... si l'envie m'en prend, ou plutôt si la justice et la loyauté l'exigent ; car vous savez combien je suis original.

— Mais pourquoi ne pas vous borner à votre rôle de curieux, d'observateur ? pourquoi ne pas rester neutre !

— Parce que... et ce n'est pas moi, c'est vous qui l'avez dit, ma chère baronne... parce que je ne suis malheureusement pas de ceux-là qui peuvent voir les autres se battre... sans prendre un peu part à la mêlée...

— Mais enfin,— dit madame de La Rochaiguë poussée à bout,— si... (et c'est une pure supposition, car nous sommes décidés à ne pas songer de longtemps au mariage d'Ernestine); si, par supposition, vous disais-je... nous avions quelqu'un en vue pour elle, que feriez-vous ?...

— Je n'en sais, ma foi, rien du tout.

— Allons, monsieur le marquis, vous jouez au fin avec moi... vous avez un projet quelconque?

— Aucun. Je ne connais pas mademoiselle de Beaumesnil ; je ne vous propose personne... Je suis donc parfaitement désintéressé dans mon rôle de curieux, d'observateur, et puis enfin, je vous demande un peu, qu'est-ce que cela vous fait, ma chère baronne, que je sois curieux et observateur?

— Il est vrai,— dit madame de La Rochaiguë en reprenant son sangfroid,— car, après tout, en mariant Ernestine, que pouvons-nous avoir en vue? son bonheur?

— Parbleu !

— Nous n'avons donc rien à craindre de *votre observatoire*, comme vous dites, mon cher marquis.

— Rien, absolument, ma chère baronne.

— Car enfin, si par hasard nous faisions fausse route...

— Ce qui arrive aux mieux intentionnés.

— Certainement... marquis... vous ne manqueriez pas alors de venir à notre aide... et de nous signaler l'écueil... du haut de votre lumineux observatoire.

— On est observateur... c'est pour cela... — dit M. de Maillefort en se levant pour prendre congé de madame de La Rochaiguë.

— Comment, marquis,— dit la baronne en minaudant,— vous me quittez déjà ?

— A mon grand regret... je vais faire ma tournée dans cinq ou six salons, afin d'entendre parler de votre héritière... Vous n'avez pas d'idée combien c'est amusant... et curieux... et parfois révoltant... tous ces bavardages... au sujet d'une dot si phénoménale...

— Ah çà ! mon cher marquis,— dit madame de La Rochaiguë en tendant sa main au bossu de l'air le plus cordial,— parlons sérieusement... J'espère vous voir souvent, n'est-ce pas ? très souvent... Et puisque tout ceci vous intéresse... malin curieux, soyez tranquille, je vous tiendrai au fait de tout ; — ajouta mystérieusement la baronne.

— Et moi aussi,— répondit non moins mystérieusement M. de Maillefort. — De mon côté, je vous raconterai tout... ce sera délicieux ; et, à propos... de propos, — ajouta le marquis en souriant et d'un air très détaché (quoiqu'il fût venu chez madame de La Rochaiguë autant pour Ernestine que pour tâcher d'obtenir quelques éclaircissemens sur un mystère encore impénétrable pour lui); à propos de propos, — reprit donc le marquis, — avez-vous entendu parler d'un enfant naturel que laisserait *monsieur* de Beaumesnil ?

— *Monsieur* de Beaumesnil ?— demanda la baronne avec surprise.

— Oui,— lui répondit le bossu, car, en déplaçant ainsi la question, il espérait arriver au même résultat d'investigation sans risquer de compromettre le secret qu'il croyait avoir surpris à madame de Beaumesnil.— Oui, avez-vous entendu dire que *monsieur* de Beaumesnil eût eu un enfant naturel ?

— Non...— répondit la baronne,— c'est la première fois que ce bruit vient jusqu'à moi... Dans le temps, on a, je crois, parlé d'une liaison de la comtesse avant son mariage... Ce serait plutôt à elle... que se rapporterait l'histoire de ce prétendu enfant naturel, mais je n'ai, quant à moi, jamais rien entendu dire à ce sujet.

— Alors, que ce bruit regarde le comte ou la comtesse, — reprit le bossu, — c'est évidemment un conte absurde, ma chère baronne, puisque vous en ignorez complétement, vous qui, par votre position et par votre connaissance des affaires de la famille, devriez être mieux instruite que personne sur un fait si grave.

— Je vous assure, marquis, que nous n'avons rien vu, ni lu, qui pût nous donner le moindre soupçon que *monsieur* ou que madame de Beaumesnil ait laissé un enfant naturel..,

M. de Maillefort, doué d'infiniment de tact et de pénétration, fut avec raison convaincu de l'ignorance absolue de madame de La Rochaiguë au sujet de la fille naturelle qu'il supposait à madame de Beaumesnil ; il vit avec chagrin la vanité de sa nouvelle tentative, désespérant presque de pouvoir accomplir les dernières volontés de madame de Beaumesnil, ne sachant comment retrouver la trace de cette enfant inconnue.

Madame de La Rochaiguë reprit sans remarquer la préoccupation du bossu :

— Du reste... on dit tant de choses inconcevables à propos de cet héritage ! N'a-t-on pas aussi parlé de legs aussi bizarres que magnifiques laissés par la comtesse...

— Vraiment ?...

— Ce sont encore là des histoires de l'autre monde,— reprit madame de La Rochaiguë avec un ton de dénigrement marqué, car elle avait toujours été fort hostile à madame de Beaumesnil, — la comtesse a laissé de... mesquines pensions à deux ou trois vieux serviteurs, et une petite gratification à ses autres domestiques... C'est cela que se réduisent ces legs si magnifiques. Seulement, pendant que la comtesse était en veine de générosité, — ajouta madame de La Rochaiguë avec un redoublement d'aigreur,— elle aurait dû ne pas commettre l'ingratitude d'oublier une pauvre fille à qui elle devait pourtant bien quelque reconnaissance !

— Comment cela? — demanda le marquis, obligé de cacher ses pénibles sentimens en entendant la baronne attaquer la mémoire de madame de Beaumesnil ; — de quelle jeune fille voulez-vous parler?

— Vous ne savez donc pas que, pendant les derniers temps de sa vie, la comtesse, suivant l'avis de ses médecins, avait fait venir auprès d'elle une jeune artiste à qui elle a dû souvent de grands soulagemens dans ses douleurs?

— En effet, l'on m'en a vaguement parlé, répondit le bossu en cherchant à rassembler ses souvenirs.

— Eh bien ! n'est-il pas inouï que la comtesse n'ait pas laissé le moindre petit legs à cette pauvre fille ! Si c'est un oubli... il ressemble furieusement à l'ingratitude...

Le marquis connaissait si bien la noblesse et la bonté de cœur de madame de Beaumesnil, qu'il fut doublement frappé de cet oubli à l'endroit de la jeune artiste. Après quelques instans de réflexion, il pressentit vaguement que, par cela même que cet oubli, s'il était réel, semblait inexplicable, il y avait dans cette circonstance autre chose qu'un manque de mémoire. Aussi reprit-il :

— Vous êtes sûre, baronne, que cette jeune fille... n'a reçu aucune rémunération de madame de Beaumesnil ? Vous en êtes bien sûre ?

— Notre conviction a été si unanime à ce sujet, — reprit la baronne, enchantée de cette occasion de se faire valoir, — que, révoltés de l'ingratitude de la comtesse, nous avons par égard pour la famille... envoyé un billet de cinq cents francs à cette jeune fille...
— C'était justice.
— Sans doute... Et savez-vous ce qui est advenu?
— Non...
— La jeune artiste nous a rapporté fièrement les cinq cents francs en disant qu'elle avait été payée...
— Cela est d'un noble cœur, — dit vivement le marquis, — mais, vous le voyez, la comtesse n'avait pas oublié... cette jeune fille... Sans doute elle lui aura remis à elle quelque témoignage de sa gratitude... au lieu de lui laisser un legs...
— Vous ne croiriez pas cela, marquis, si vous aviez vu la misère décente mais significative des vêtemens de cette jeune fille... Cela faisait mal, et, certes, elle eût été autrement habillée... si elle avait eu quelque part aux largesses de madame de Beaumesnil; d'ailleurs, cette pauvre jeune artiste qui, soit dit en passant, est belle comme un astre, m'a fait si grande pitié, — ajouta madame de La Rochaiguë avec une affectation de sensibilité, — la délicatesse de sa conduite m'a si fort émue, que je lui ai proposé de venir donner des leçons de musique à Ernestine...
— Vrai! vous avez fait cela?... mais c'est superbe.
— Votre étonnement est peu flatteur, marquis.
— Vous confondez l'admiration avec l'étonnement, baronne; je ne m'étonne pas du tout... je sais les trésors de bonté, de mansuétude que renferme votre excellent cœur, — dit M. de Maillefort en cachant sous son persiflage habituel l'espérance qu'il avait d'être enfin sur la voie du mystère qu'il avait tant d'intérêt à pénétrer.
— Au lieu de railler... la bonté de mon cœur, marquis, — répondit madame de La Rochaiguë, — vous devriez l'imiter, et tâcher, parmi vos nombreuses connaissances, de procurer des leçons à cette pauvre fille.
— Certainement, — répondit le marquis avec une froideur apparente à l'endroit de la jeune artiste, — je vous promets de m'intéresser à votre protégée... quoique j'aie peu d'autorité comme connaisseur en musique. Mais comment se nomme et où demeure cette jeune fille?
— Elle se nomme Herminie et demeure rue de Monceau... Je ne me souviens pas du numéro, mais je vous le ferai savoir.
— Je m'emploierai donc pour mademoiselle Herminie, si je le puis... mais à charge de revanche, baronne, dans le cas où j'aurais aussi à réclamer votre patronage; pour quelque prétendant à la main de mademoiselle de Beaumesnil, je suppose.... que je verrais du haut de mon observatoire avoir le dessous dans la rude mêlée des concurrens...
— En vérité, marquis, vous savez mettre le prix à vos services... — répondit la baronne en souriant d'un air contraint, — mais je suis certaine que nous nous entendrons toujours parfaitement.
— Et moi donc, ma chère baronne, vous ne sauriez croire combien je me réjouis d'avance du touchant accord qui va désormais exister entre nous deux. Eh bien! après tout, — ajouta le marquis avec un accent rempli de bonhomie, — avouons-le, notre petite débauche de sincérité... nous a fameusement profité... nous voici en pleine confiance... n'est-ce pas, ma chère baronne?
— Sans doute : et malheureusement, — ajouta la baronne avec un soupir, — c'est si rare, la confiance!...
— Mais aussi, quand ça se rencontre, — répondit le marquis, — comme c'est bon!... bien! ma chère baronne?
— C'est divin, mon cher marquis. Ainsi donc, au revoir et à bientôt, je l'espère.
— A bientôt... — dit M. de Maillefort en sortant du salon.
— Maudit homme! — s'écria madame de La Rochaiguë, en bondissant de son fauteuil.

Et, marchant à grands pas, elle donna enfin cours à ses sentimens, si difficilement comprimés.
— Il n'y a pas une des paroles de cet infernal bossu, — reprit-elle, — qui n'ait été un sarcasme ou une menace...
— Le fait est que c'est un bien prodigieux scélérat, — s'écria la voix du baron, qui apparut soudain à l'une des portes du salon, dont il écarta les portières.

XXIII.

A la vue de M. de La Rochaiguë, apparaissant ainsi à peu de distance du canapé où elle s'était tenue pendant son entretien avec M. de Maillefort, la baronne s'écria :
— Comment, monsieur, vous étiez là?
— Certainement... car, pressentant que votre entretien avec M. de Maillefort deviendrait très intéressant, dès que vous seriez tous deux seuls, j'ai fait le tour par le petit salon, et je suis venu écouter là... derrière ces portières, tout près de vous...
— Eh bien!... vous l'avez entendu, ce maudit marquis?
— Oui, madame, et j'ai aussi entendu que vous avez eu la faiblesse de l'engager à revenir, au lieu de lui signifier nettement son congé. Vous aviez une si belle occasion!
— Eh! monsieur, est-ce que M. de Maillefort ne peut pas être aussi dangereux de loin que de près? Il me l'a bien fait comprendre; et d'ailleurs on ne traite pas avec cette grossièreté un homme de la naissance et de l'importance de M. de Maillefort.
— Et qu'en adviendrait-il donc, s'il vous plaît?
— Il en adviendrait, monsieur, que le marquis vous ferait demander satisfaction de sa petite impertinence. Vous ne l'avez donc pas entendu? Ignorez-vous donc qu'il a eu plusieurs duels toujours malheureux... pour ses adversaires, et que, dernièrement encore, il a forcé M. de Mornand à se battre dans une chambre pour une plaisanterie?...
— Et moi, madame, je n'aurais pas été aussi bénévole... aussi débonnaire... aussi simple que M. de Mornand; je ne me serais pas battu... Ah! ah! Et voilà...
— Alors M. de Maillefort vous eût partout poursuivi, accablé de ses épigrammes... il y avait de quoi vous faire déserter le monde... à force de honte...
— Mais c'est donc une bête enragée que ce monstre-là!... il n'y a donc pas de lois! Ah! si j'étais à la Chambre des pairs, de tels scandales ne resteraient pas impunis; on ne serait plus à la merci du premier coupe-jarret! — s'écria le malheureux baron. — Mais, pour l'amour de Dieu, à qui en a-t-il? que veut-il? ce damné marquis?
— Vous avez, en vérité, bien peu de pénétration, monsieur? Il a pourtant parlé avec une assez insolente franchise..... D'autres auraient pris des détours... auraient agi de ruse... M. de Maillefort... point. « Vous voulez ma- « rier mademoiselle de Beaumesnil... Je veux voir, moi, » comment et à qui vous la marierez, et, si l'envie m'en » prend, dans ce mariage j'interviendrai. » Voilà ce qu'il a eu l'audace de me dire... Et, cette menace... il peut la tenir...
— Heureusement Ernestine paraît avoir une peur horrible de cet affreux bossu, et Héléna doit lui dire qu'il était l'ennemi acharné de la comtesse...
— Qu'est-ce que cela fera?... Supposons que nous trouvions un parti convenable pour nous et pour Ernestine, le marquis, par ses railleries, par ses sarcasmes, n'est-il pas capable de donner à cette innocente fille... l'aversion de celui que nous voudrions lui faire épouser?... Et ce n'est pas seulement ici qu'il peut nous jouer ce tour odieux et bien d'autres qu'il est capable d'imaginer; il nous les jouera partout où il rencontrera Ernestine.... car nous ne

pouvons pas la séquestrer, il faut que nous la conduisions dans le monde.

— C'est donc cela surtout que vous craignez? je serais assez de votre avis, si...

— Eh! monsieur! est-ce que je sais ce que je crains;... j'aimerais cent fois mieux avoir une crainte réelle, si menaçante qu'elle fût, je saurais du moins où est le péril, je m'arrangerais pour y échapper; tandis qu'au contraire le marquis nous laisse dans une perplexité incessante, et cela peut nous faire commettre cent maladresses... nous gêner, et paralyser peut-être les résolutions que nous aurons à prendre dans notre intérêt... Il faut, en un mot, nous résigner à nous dire : il y a là un homme d'une pénétration et d'un esprit diaboliques, qui voit ou qui cherche à voir ou à savoir tout ce que nous ferons, et qui, malheureusement, a mille moyens de réussir.... tandis que nous n'avons aucun moyen, nous, d'échapper à sa surveillance.

— J'en reviens à mon idée de tout-à-l'heure, — dit le baron d'un air très satisfait, — je la crois juste... vraie... évidente... cette idée...

— Quelle idée.

— C'est que le marquis est un bien prodigieux scélérat!

— Bonsoir, monsieur, — dit impatiemment madame de La Rochaiguë, en se dirigeant vers la porte du salon.

— Comment, — dit le baron, — vous vous en allez comme cela, dans une pareille extrémité, sans convenir de rien.

— Convenir de quoi?

— De ce qu'il y a à faire.

— Est-ce que j'en sais quelque chose? — s'écria madame de La Rochaiguë hors d'elle-même et en frappant du pied. — Ce méchant bossu m'a complètement démoralisée... et vous achevez de me rendre stupide... par vos belles réflexions.

Et madame de La Rochaiguë quitta le salon dont elle referma la porte avec violence au nez du baron.

Pendant l'entretien de madame de La Rochaiguë et de M. de Maillefort, Héléna avait reconduit mademoiselle de Beaumesnil chez elle, lui disant, au moment de la quitter :

— Allons... dormez bien, ma chère Ernestine, et priez le Seigneur qu'il éloigne de vos rêves la figure de ce vilain M. de Maillefort!

— En effet, mademoiselle, je ne sais pourquoi... il me fait presque peur...

— Ce sentiment est bien naturel... — répondit doucement la dévote, — et plus opportun que vous ne le pensez... car si vous saviez...

Et, comme Héléna se taisait, la jeune fille reprit :

— Vous n'achevez pas... mademoiselle?

— C'est qu'il est des choses... pénibles à dire contre le prochain... quoique méritées... — ajouta la dévote d'un air béat. — Ce M. de Maillefort...

— Eh bien! mademoiselle?

— Je crains de vous attrister, ma chère Ernestine.

— Je vous en prie... parlez,... mademoiselle.

— Ce méchant marquis, puisqu'il faut vous le dire, a été l'un des ennemis les plus acharnés de votre pauvre chère mère.

— De ma mère?... — s'écria douloureusement mademoiselle de Beaumesnil.

Puis elle ajouta avec une touchante naïveté :

— L'on vous a trompée, mademoiselle... ma mère ne pouvait pas avoir d'ennemis.

Héléna secoua tristement la tête et répondit d'un ton de tendre commisération.

— Chère enfant... cette candide ignorance fait l'éloge de votre cœur... mais, hélas! les êtres les meilleurs, les plus inoffensifs, sont exposés au courroux des méchans. Les brebis n'ont-elles pas pour ennemis les loups ravisseurs?

— Et que lui avait donc fait ma mère à M. de Maillefort, mademoiselle? — demanda Ernestine, les larmes aux yeux.

— Elle! la pauvre chère femme, mais rien... Jésus, mon Dieu! autant dire que l'agneau irait attaquer le tigre.

— Alors, mademoiselle, quel était le sujet de la haine de M. de Maillefort?

— Hélas! ma pauvre enfant... mes confidences ne peuvent aller jusque-là... c'est trop odieux, — répondit Héléna en soupirant, — trop horrible.

— J'avais donc raison de craindre cet homme, — dit Ernestine avec amertume, — et pourtant je me reprochais... de céder sans raison à un éloignement involontaire...

— Ah! ma chère enfant... puissiez-vous n'avoir jamais d'éloignement plus mal justifié!... — dit la dévote en levant les yeux au ciel.

Puis elle reprit :

— Allons, ma chère Ernestine, je vous laisse... dormez bien... Demain matin, je viendrai vous prendre à neuf heures pour aller à l'office...

— A demain, mademoiselle... Hélas!... vous me laissez avec une triste pensée : — Ma mère... avait un ennemi...

— Il vaut mieux connaître les méchans que les ignorer, ma chère Ernestine.... au moins, l'on peut se garantir de leurs maléfices... Adieu donc, à demain matin.

— A demain, mademoiselle.

Et mademoiselle de La Rochaiguë s'en alla tout heureuse de l'adresse perfide avec laquelle elle avait laissé au cœur de mademoiselle de Beaumesnil une cruelle défiance contre M. de Maillefort.

Ernestine, restée seule, sonna sa gouvernante, qui lui servait de femme de chambre.

Madame Lainé entra; elle avait quarante ans environ, une physionomie doucereuse, des manières prévenantes, empressées, mais dont l'empressement même annonçait quelque chose de servile, bien éloigné de ce dévoûment de bonne nourrice, dévoûment naïf, absolu, mais cependant empreint de toute la dignité d'une affection désintéressée.

— Mademoiselle veut se coucher? — dit madame Lainé à Ernestine.

— Non, ma bonne Lainé, pas encore... Apportez-moi, je vous prie, mon nécessaire à écrire...

— Oui, mademoiselle.

Le nécessaire à écrire étant apporté dans la chambre d'Ernestine, sa gouvernante lui dit :

— J'aurais à faire part de quelque chose à mademoiselle.

— Qu'est-ce que c'est?

— Madame la baronne a arrêté une femme de chambre coiffeuse, et une autre femme pour mademoiselle..., et...

— Je vous ai déjà dit, ma bonne Lainé, que je ne voulais pour mon service particulier aucune autre personne que vous... et Thérèse.

— Je le sais, mademoiselle, et je l'ai fait observer à madame la baronne; mais elle craint que vous ne soyez pas suffisamment servie.

— Vous me suffisez parfaitement.

— Madame la baronne a dit que néanmoins ces demoiselles resteraient à l'hôtel, dans le cas où vous en auriez besoin, et cela se trouve d'autant mieux que madame la baronne a dernièrement renvoyé sa femme de chambre, et que ces demoiselles lui serviront en attendant.

— A la bonne heure... — répondit Ernestine avec indifférence.

— Mademoiselle n'a besoin de rien?

— Non, merci.

— Mademoiselle se trouve toujours bien dans cet appartement?

— Très bien.

— Il est du reste superbe; mais il n'y a rien de trop beau pour mademoiselle : c'est ce que tout le monde dit.

— Ma bonne Lainé, — dit Ernestine sans répondre à l'observation de sa gouvernante, — vous me préparerez ce qu'il me faut pour ma toilette de nuit... Je me coucherai seule, et vous m'éveillerez demain avant huit heures.

— Oui, mademoiselle.

Puis, au moment de sortir, madame Lainé reprit, pendant qu'Ernestine ouvrait son secrétaire à écrire :

— J'aurais quelque chose à demander à mademoiselle.

— Que voulez-vous?

— Je serais bien reconnaissante à mademoiselle si elle pouvait avoir la bonté de me donner deux heures demain ou après pour aller voir une de mes parentes, madame Herbaut, qui demeure aux Batignolles.

— Eh bien !... allez-y demain matin... pendant que je serai à l'office.

— Je remercie mademoiselle de sa bonté.

— Bonsoir, ma bonne Lainé, — dit Ernestine en donnant ainsi congé à sa gouvernante, qui semblait vouloir continuer la conversation.

Cet entretien donne une idée juste des relations qui existaient entre mademoiselle de Beaumesnil et madame Lainé.

Celle-ci avait souvent, en vain, essayé de se familiariser avec sa jeune maîtresse; mais, aux premiers mots de la gouvernante dans cette voie, mademoiselle de Beaumesnil coupait court à l'entretien, jamais avec hauteur ou avec dureté, mais en lui donnant quelque ordre avec une affectueuse bonté.

Après le départ de madame Lainé, Ernestine resta longtemps pensive, puis s'asseyant devant la table où était son nécessaire à écrire, elle l'ouvrit et en tira un petit album relié en cuir de Russie, dont les premiers feuillets étaient déjà remplis.

Rien de plus simple, de plus touchant que l'histoire de cet album.

Lors de son départ pour l'Italie, Ernestine avait promis à sa mère (ainsi que la comtesse l'avait dit à Herminie), de lui écrire chaque jour une espèce de journal de son voyage; à cette promesse, la jeune fille n'avait manqué que pendant les quelques jours qui suivirent la mort inattendue de son père... et pendant les quelques jours non moins affreux qui succédèrent à la nouvelle de la mort de la comtesse de Beaumesnil.

Le premier accablement de la douleur passé, Ernestine trouva une sorte de pieuse consolation à continuer d'écrire chaque jour à sa mère... se faisant ainsi une illusion à la fois douce et cruelle... en poursuivant ces confidences si touchantes.

La première partie de cet album contenait la copie des lettres écrites par Ernestine à sa mère, du vivant de celle-ci.

La seconde partie... séparée de la première par une croix noire... contenait les lettres que la pauvre enfant n'avait, hélas ! pas eu besoin de recopier.

Mademoiselle de Beaumesnil s'assit donc devant la table ; après avoir essuyé les larmes que provoquait toujours la vue de cet album, rempli pour elle de poignans souvenirs, elle écrivit les lignes suivantes :

« ... Je ne t'ai pas écrit, chère maman, depuis mon arrivée chez M. de La Rochaiguë, mon tuteur, parce que je voulais autant que possible me bien rendre compte de mes premières impressions.

» Et puis, tu sais comme je suis : depuis que je t'ai quittée, lorsque j'arrive quelque part, je me trouve pendant un jour ou deux tout étonnée, presque attristée par le changement ; il faut que je m'habitue, pour ainsi dire, à toutes les choses dont je suis entourée pour retrouver ma liberté d'esprit...

» L'appartement que j'occupe ici toute seule est si magnifique, si grand, qu'hier je m'y regardais comme perdue ;... cela me faisait presque peur... aujourd'hui je commence à m'y habituer.

» Madame de La Rochaiguë, son mari et sa sœur m'ont reçue comme leur enfant; ils me comblent d'attentions, de prévenances, et si l'on pouvait avoir pour un si bon accueil un sentiment autre que celui de la reconnaissance, je m'étonnerais de ce que des personnes d'un âge si vénérable me traitent avec autant de déférence.

» M. de La Rochaiguë, mon tuteur, est la bonté même; sa femme, qui me gâte à force de tendresse, est très gaie, très animée; quant à mademoiselle Héléna, sa belle-sœur, je ne crois qu'il y ait de personne plus douce et plus sainte.

» Tu vois, chère maman, que tu peux être rassurée sur le sort de ta pauvre Ernestine ; entourée de tant de soins, elle est aussi heureuse qu'elle peut l'être désormais.

» Mon seul désir serait de me voir mieux connue de M. de La Rochaiguë et des siens; alors sans doute ils me traiteraient avec moins de cérémonie, ils ne me feraient plus de ces complimens dont je suis embarrassée, et que l'on se croit sans doute obligé de me faire afin de me mettre en confiance... Bons et excellens parens ! ils s'ingénient chacun de son côté à chercher ce que l'on peut dire de plus aimable à une jeune fille.

» Plus tard, ils verront, je l'espère, qu'ils n'avaient pas besoin de me flatter pour s'assurer de mon attachement... En m'accueillant chez eux, on dirait presque qu'ils sont mes obligés... Cela ne m'étonne pas, chère maman, combien de fois ne m'as-tu pas dit : que les gens délicats semblaient toujours reconnaissans des services qu'ils avaient le bonheur de pouvoir rendre !

» J'ai eu aussi quelques momens pénibles, — non par la faute de mon tuteur ou de sa famille, mais par une circonstance pour ainsi dire forcée.

» Ce matin, un monsieur (*mon notaire*, à ce que j'ai appris), m'a été présenté par mon tuteur, qui m'a dit :

» — Ma chère pupille, il est bon que vous sachiez le chiffre exact de votre fortune, et monsieur va vous en instruire.

» Alors le notaire, ouvrant un registre qu'il avait apporté, m'en a fait voir la dernière page toute remplie de chiffres, en me disant :

» — Mademoiselle, d'après le relevé exact de... (il a ajouté un mot que je ne me rappelle pas), vos revenus se montent à la somme de *trois millions cent vingt mille francs* environ, ce qui vous fait à peu près *huit mille francs* par jour. Rien que cela, — a ajouté le notaire en riant, — aussi êtes-vous LA PLUS RICHE HÉRITIÈRE DE FRANCE.

» Alors, pauvre chère maman, cela m'a rappelé ce qu'hélas ! je n'oublie presque jamais : que j'étais orpheline... seule au monde... et malgré moi j'ai pleuré. »

Ernestine de Beaumesnil s'interrompit d'écrire.

De nouveau ses larmes coulèrent abondamment, car, pour cette tendre et naïve enfant, *l'héritage*... c'était la mort de sa mère, de son père...

Plus calme, elle reprit la plume et continua :

« ... Et puis, maman, il m'est impossible de t'expliquer cela, mais en apprenant que j'avais *huit mille francs* par jour, comme disait le notaire, j'ai ressenti une grande surprise, mêlée presque de crainte.

» Tant d'argent... à moi seule !... pourquoi cela ? me disais-je.

» Qu'avais-je fait pour être si riche ?

» Et puis encore ces mots, qui m'avaient fait pleurer : *Vous êtes la plus riche héritière de France*... alors m'effrayaient presque...

» Oui... je ne sais comment t'expliquer cela... mais en songeant que je possédais cette immense fortune, je me sentais inquiète... Il me semble que je devais éprouver ce qu'éprouvent les gens qui ont un trésor et qui tremblent à la pensée des dangers qu'ils courraient si on voulait les voler.

» Et pourtant... non... cette comparaison n'est pas bonne, car je n'ai jamais tenu à l'argent que toi et mon père vous me donniez chaque mois pour mes fantaisies...

» Mon Dieu, chère maman, j'analyse mal ce que je ressens en pensant *à mes richesses* comme ils disent... cela

» est involontaire et inexplicable ; peut-être je m'accoutu-
» merai à penser autrement.
» En attendant, je suis chez d'excellens parens... Qu'ai-je
» à craindre ? c'est un enfantillage de ma part... sans doute...
» Mais à qui dirai-je tout, chère maman, si ce n'est à toi ?
» M. de La Rochaiguë et les siens sont parfaits pour moi,
» mais je ne serai jamais tout à fait en confiance avec eux ;
» tu le sais, sauf pour toi et pour mon père, j'ai toujours
» été naturellement très réservée, et souvent je me repro-
» che de ne pouvoir me familiariser davantage avec ma
» bonne Lainé, qui est pourtant à mon service depuis plu-
» sieurs années, cette familiarité m'est impossible ; cepen-
» dant je suis loin d'être fière... »

Puis, faisant allusion à l'aversion qu'elle éprouvait pour
M. de Maillefort, en suite des calomnies de la dévote, Ernestine ajouta :

« J'ai été cruellement émue, ce soir, mais il s'agit d'une
» chose si indigne... que, par respect pour toi, ma chère
» maman, je ne veux pas l'écrire. Et puis, je n'en aurais
» pas, je crois, le courage.

» Bonsoir, chère maman, demain matin et les autres
» jours j'irai à l'office de neuf heures avec mademoiselle
» de La Rochaiguë ; elle est si bonne que je n'ai pas voulu
» la refuser... Cependant mes vraies prières, chère et pau-
» vre maman, sont celles que je fais dans le recueillement
» et dans la solitude... Demain matin et les autres jours,
» perdue au milieu des indifférens, *je prierai pour toi ;*
» mais c'est toujours lorsque je suis seule, comme à cette
» heure, lorsque toutes mes pensées, toute mon âme s'é-
» lèvent vers toi, que *je te prie* comme on prie Dieu...
» bonne et sainte mère ! ! »

Après avoir renfermé l'album dans le nécessaire dont
elle portait toujours la clé suspendue à son cou, l'orpheline se coucha et s'endormit, le cœur plus calme, plus con-
solé depuis qu'elle avait épanché ses naïves confidences
dans le sein d'une mère... hélas !... alors immortelle.

XXIV.

Le lendemain matin du jour où M. de Maillefort avait
été pour la première fois présenté à mademoiselle de Beaumesnil, le commandant Bernard, l'air souffrant, mais résigné, était étendu dans son bon fauteuil, présent d'Olivier.

A travers la fenêtre de sa chambre, le vieux marin regardait tristement, par une belle matinée d'été, la sécheresse de ses plates-bandes, qu'envahissaient les mauvaises
herbes ; car, depuis un mois, deux des anciennes blessures du vétéran, s'étant rouvertes, le tenaient cloué sur son
fauteuil et l'empêchaient de s'occuper de son cher jardinet.

La ménagère, assise auprès du commandant, s'occupait
d'un travail de couture ; depuis quelques moments, sans
doute, madame Barbançon se livrait à ses récriminations
habituelles contre *Buônaparté*, car elle disait au vétéran
avec un accent d'indignation concentrée :

— Oui, monsieur... crue... crue... il la mangeait toute
crue...

Le vétéran, lorsque ses douleurs aiguës lui laissaient
quelque relâche, ne pouvait s'empêcher de sourire aux
histoires de la ménagère, aussi reprit-il :

— Quoi ! que mangeait-il cru, ce diable d'*ogre de Corse*,
maman Barbançon ?

— Sa viande, monsieur ! oui, la veille du jour de la bataille... il la mangeait crue... sa viande ! Et savez-vous
pourquoi ?

— Non, — dit le vétéran, en se retournant avec peine
dans son fauteuil, je ne devine pas...

— C'était pour se rendre encore plus féroce, le malheureux ! afin d'avoir le courage de faire exterminer ses soldats par l'ennemi, et surtout les *vélites*, — ajouta en soupirant la rancuneuse ménagère, — le tout dans le but d'en
faire *de la chair à canon*, comme il disait, et d'augmenter
la conscription pour dépeupler la France... où il ne voulait plus voir un seul Français... C'était son plan...

A cette tirade, débitée d'une haleine, le commandant Bernard partit d'un franc éclat de rire, et dit à sa ménagère :

— Maman Barbançon, une seule question : Si *Buônaparté*
ne voulait plus voir un seul Français en France, sur quoi
diable aurait-il régné, alors ?

— Eh ! mon Dieu ! — dit la ménagère, en haussant les
épaules avec impatience, comme si on lui eût demandé
pourquoi il faisait jour en plein midi, — mais il aurait régné sur les nègres donc !

Ceci était d'une telle force de conception, d'un inattendu
si saisissant, qu'un moment de stupeur précéda la nouvelle
explosion d'hilarité du commandant, qui reprit :

— Comment sur les nègres ?... quels nègres ?

— Mais les nègres d'Amérique, monsieur, avec qui il
manigançait si bien sous main... que, pendant qu'il était
sur son rocher, ils ont creusé un canal souterrain qui
commençait au *Champ-d'Asile*, serpentait sous *Sainte-Hé-
lène*, et allait aboutir au chef-lieu de l'empire d'autres nègres amis des premiers, de façon que *Buônaparté* voulait
revenir à leur tête tout saccager en France avec son affreux *Roustan*.

— Maman Barbançon, — dit le vétéran avec admiration !!
— vous ne vous étiez jamais élevée à cette hauteur-là...

— Il n'y a pas là de quoi rire, monsieur... Voulez-vous
une dernière preuve que le monstre pensait toujours à
remplacer les Français par des nègres ?

— Je la demande, maman Barbançon, — dit le vétéran,
en essuyant ses yeux remplis de larmes joyeuses, — voyons,
la preuve ?

— Eh bien ! monsieur, n'a-t-on pas dit de tout temps
que votre *Buônaparté traitait les Français comme des nègres !*...

— Bravo ! !... maman Barbançon.

— Or, c'est bien la preuve qu'il aurait voulu, au lieu de
Français, avoir tous nègres sous sa griffe ?

— Grâce... maman Barbançon, — s'écria le pauvre commandant en se crispant de rire sur son fauteuil, — trop
est trop... cela fait mal... à la fin.

Deux coups de sonnette, impérieux, retentissants, firent
bondir et déguerpir la ménagère, qui, laissant le commandant au milieu de son accès d'hilarité, sortit vivement
en disant :

— En voilà un qui sonne en maître, par exemple !

Et, fermant la porte de la chambre du vétéran, madame
Barbançon alla ouvrir au nouveau visiteur.

C'était un gros homme de cinquante ans environ, portant l'uniforme de sous-lieutenant de la garde nationale,
uniforme qui ouvrait outrageusement par derrière et bri-
dait sur un ventre énorme, où se balançaient de monstrueuses breloques en graines d'Amérique.

Ce personnage, coiffé d'un formidable ourson qui lui
cachait les yeux, avait l'air solennel, rogue et pleinement
satisfait de soi.

A sa vue, madame Barbançon fronça le sourcil, et peu
imposée par la dignité du grade de ce soldat citoyen, elle
lui dit aigrement et avec un accent de surprise peu flatteur :

— Comment ! c'est encore vous ?

— Il serait étonnant qu'un *pôpiétaire*..... (*pôpiétaire* fut
dit et accentué ainsi avec une majesté souveraine inexprimable) ne pourrait pas venir dans sa maison... quand...

— Vous n'êtes pas chez vous ici... puisque vous avez
loué au commandant.

— Nous sommes au 17, et *mon* portier a apporté *ma*
quittance imprimée pour toucher *mon* terme... qu'il n'a
pas touché..... aussi je...

— On sait ça, voilà trois fois depuis deux jours que vous
venez le rabâcher. Est-ce qu'on veut vous en faire banque-

route, de votre loyer ? On vous le paiera quand on pourra... et voilà...

— Quand on pourra ! un pôpiétaire ne se paie pas de cette monnaie de singe...

— Singe vous-même... dites donc... *Propriétaire !* vous n'avez que ce mot-là à la bouche... parce que vous avez pendant vingt ans mis du poivre dans l'eau-de-vie, de la chicorée dans le café, du grès dans la cassonade, et passé les chandelles dans l'eau bouillante pour rabioter du suif sans que cela y paraisse... et qu'avec ces procédés-là vous avez acheté des maisons sur le pavé de Paris... faut pas être si fier, voyez-vous ?

— J'ai été épicier, je me suis enrichi dans mon commerce, et je m'en vante..... *Madame !*

— Il n'y a pas de quoi ; et, puisque vous êtes si riche, comment avez-vous l'effronterie, pour un pauvre terme... le seul en retard depuis trois ans, de venir relancer un brave homme comme le commandant ?

— Je m'importe peu de tout ça.... mon argent ou j'assigne !... C'est étonnant... ils ne paient pas leur loyer et il leur faut des jardins... encore... à ces particuliers-là !

— Tenez, monsieur Bouffard, ne me poussez pas à bout, ou vous allez voir !!! Il leur faut des jardins ! un brave homme criblé de blessures... qui a ce jardinet pour seul pauvre petit plaisir... Tenez... si, au lieu de rester dans votre comptoir à filouter les acheteurs, vous aviez fait la guerre comme le commandant, et saigné de votre corps aux quatre coins du monde... et en Russie... et partout, vous en auriez des maisons sur le pavé de Paris ! Va-t-en voir s'ils viennent... Voilà la plaisir pourtant.

— Une fois, deux fois, vous ne pourrez pas me payer plus aujourd'hui qu'hier ?

— Trois fois, cent fois, mille fois non ; le commandant, depuis que ses blessures se sont rouvertes, ne pouvait dormir qu'à force d'opium ; c'est aussi cher que l'or cette drogue-là, et les cent cinquante francs du terme ont passé à ça et aux visites du médecin...

— Je m'importe peu de vos raisons ; les pôpiétaires seraient joliment enfoncés s'ils écoutaient ces *floueurs* de locataires ; c'est comme dans ma maison de la rue de Monceau, d'où je viens... autre bonne pratique !.. une musicienne... une drôlesse qui ne peut pas non plus payer son terme, parce qu'elle a été soi-disant malade pendant deux mois, et qu'elle n'a pas pu donner ses leçons... comme à l'ordinaire ! Bamboches que tout cela. Quand on est malade... on va z'à l'hôpital, et ça vous permet de payer *son* terme...

— A l'hôpital ! jour de Dieu !... le commandant Bernard à l'hôpital ! — s'écria la ménagère exaspérée. — Mais quand je devrais me faire chiffonnière pour gagner la nuit de quoi le soigner le jour... le commandant n'irait pas... à l'hôpital... entendez-vous, et c'est vous qui risquez d'y aller, si vous ne filez pas... et vite encore, car M. Olivier va rentrer... et il vous donnera plus de coups de pied dans votre bedaine que votre ourson n'a de poils.

— Je voudrais bien voir qu'un pôpiétaire serait vilipendé chez lui-même. Mais brisons là... Je reviendrai à quatre heures : si les cent cinquante francs ne sont pas prêts... j'assigne et je fais saisir.

— Et moi, je *saisirai* ma pelle à feu pour vous recevoir si vous reparaissez... voilà ma politique !

Et la ménagère, fermant la porte au nez de M. Bouffard, revint auprès du commandant. Son accès d'hilarité était passé ; mais il lui restait un fond de bonne humeur ; aussi, à la vue de sa femme de confiance, qui, les joues encore enflammées de colère, ferma brusquement la porte en grommelant sourdement, le vieux marin lui dit :

— Voyons, maman Barbançon, est-ce que vous n'avez pas épuisé votre furie sur *Buônaparté*... A qui, diable ! en avez-vous encore à cette heure ?

— A qui ? à quelqu'un qui ne vaut pas mieux que votre empereur... Les deux font la paire, allez !

— Qui est-ce donc qui fait la paire avec l'empereur, maman Barbançon ?

— Pardié... c'est...

Mais la ménagère s'interrompit. Pauvre cher homme, pensa-t-elle, je lui mettrais la mort dans l'âme... en lui disant que le loyer n'est pas payé... que tout a passé pour sa maladie... même soixante francs à moi... Attendons M. Olivier... peut-être il aura de bonnes nouvelles...

— Mais, que diable ! ruminez-vous là au lieu de me répondre, maman Barbançon ? — dit le vieux marin, est-ce quelque nouvelle histoire ? celle du *petit homme* rouge, que vous me promettez toujours ?

— Ah bon ! heureusement... voilà M. Olivier, — dit la ménagère en entendant sonner de nouveau, mais doucement, cette fois. — Ce n'est pas M. Olivier, — ajouta-t-elle, — qui sonnerait à tout casser... comme ce gueux de propriétaire !

Et laissant de nouveau son maître seul, madame Barbançon courut à la porte ; c'était en effet le neveu du commandant.

— Eh bien ! monsieur Olivier ? lui dit la ménagère avec anxiété.

— Nous sommes sauvés, — répondit le jeune homme en essuyant son front baigné de sueur, — le brave maître maçon a eu de la peine à trouver l'argent qu'il me devait, car je ne l'avais pas prévenu qu'il me le faudrait si tôt... mais enfin voici les deux cents francs, — dit Olivier en donnant un sac à la ménagère.

— Ah ! quelle épine hors du pied ! monsieur Olivier !

— Est-ce que le propriétaire est revenu ?

— Il sort d'ici le gredin ! je l'ai abominé de sottises !

— Ma chère madame Barbançon, quand on doit, il faut payer... Ah ! ça ! et mon pauvre oncle ne se doute de rien ?

— De rien... le cher homme... heureusement.

— Ah ! tant mieux ! — dit Olivier.

— Oh ! la fameuse idée, — s'écria la vindicative ménagère en comptant l'argent que le neveu de son maître venait de lui remettre, — une fameuse idée !

— Laquelle, madame Barbançon ?

— Ce gredin de propriétaire doit revenir à quatre heures ; j'allumerai un bon fourneau dans ma cuisine, je mettrai dedans cent cinquante francs, et quand il arrivera, ce monstre de M. Bouffard, je lui dirai d'attendre ; j'irai vite repêcher avec les pincettes mes pièces toutes brûlantes, les empilerai sur la table et je lui dirai : *le voilà, votre argent... prenez-le...* Hein ! monsieur Olivier, fameux ? La loi ne défend pas ça ?

— Diable ! maman Barbançon, — dit Olivier en souriant, — vous voulez tirer à boulets rouges sur les épiciers enrichis ! Faites mieux, allez... économisez votre charbon et donnez les cent cinquante francs à M. Bouffard tout simplement.

— Monsieur Olivier... vous êtes trop bon... laissez-moi lui rissoler le bout des ongles, à ce brigand-là !

— Bah !... il est plus bête que méchant.

— Il est l'un et l'autre, allez, monsieur Olivier, issu d'un *coq* et d'une *oie* comme dit le proverbe.

— Mais mon oncle, comment va-t-il ce matin ? Je suis sorti de bonne heure... il dormait encore, je ne l'ai pas réveillé...

— Il va beaucoup mieux, car nous nous sommes disputés à cause de *son monstre*... et puis votre retour... lui a valu mieux que toutes les potions du monde... à ce digne homme... et, tenez, monsieur Olivier... quand je pense que, sans vos deux cents francs, cet affreux Bouffard nous aurait fait saisir dans trois ou quatre jours... et Dieu sait ce que vaut le ménage... vu qu'il y a trois ans, les six couverts et la timbale du commandant ont fondu dans sa grande maladie...

— Ma bonne maman Barbançon, ne me parlez pas de cela... j'en deviendrais fou, car, mon semestre passé, je ne serai plus ici ; ce qui est arrivé aujourd'hui peut se renouveler encore, et... alors...; mais... tenez, je ne veux pas penser à cela... c'est trop triste...

La sonnette de la chambre du vieux marin vibra.

A ce bruit, la ménagère dit au jeune homme, dont la physionomie avait alors une expression navrante :
— Voilà le commandant qui sonne... Pour l'amour de Dieu, monsieur Olivier, n'ayez pas l'air triste, il se douterait de quelque chose.
— Soyez tranquille. Mais à propos, — reprit Olivier, — Gerald doit venir ce matin ; vous le ferez entrer...
— Bien, bien, monsieur Olivier, allez tout de suite chez monsieur, je vas préparer votre déjeuner... Dam ! monsieur Olivier, — dit la ménagère avec un soupir, — faudra vous contenter... de...
— Brave et digne femme ! — reprit le jeune soldat, sans la laisser achever. — Est-ce que je n'ai pas toujours assez ? Est-ce que je ne sais pas que vous vous privez pour moi ?
— Ah ! par exemple !... Mais tenez, voilà encore monsieur qui sonne... courez donc.
En effet, Olivier se hâta d'entrer chez le vétéran.

XXV.

A la vue d'Olivier, les traits du vieux marin devinrent joyeux ; ne pouvant se lever de son fauteuil, il tendit affectueusement les deux mains à son neveu, en lui disant :
— Bonjour, mon enfant.
— Bonjour, mon oncle.
— Ah ça ! il faut que je te gronde.
— Moi, mon oncle ?
— Certainement... A peine arrivé d'avant-hier, te voilà déjà en course dès *l'aurore*... Ce matin, je m'éveille... tout heureux de ne pas m'éveiller seul, comme depuis deux mois... je regarde du côté de ton lit... plus d'Olivier... déjà déniché !
— Mais, mon oncle...
— Mais, mon garçon, sur ton semestre, tu m'as volé près de deux mois d'absence ; un engrenage d'affaires avec ton maître maçon, m'as-tu dit... soit ; mais enfin, grâce au gain de ces deux mois, te voilà riche à cette heure, tu dois être au moins millionnaire... aussi, j'entends jouir de toi, je trouve que tu as assez gagné d'argent, vu que c'est pour moi que tu travailles. Je ne peux malheureusement pas t'empêcher de me faire des cadeaux, et Dieu sait ce qu'à cette heure tu complotes avec les millions, monsieur Mondor ;... mais je te déclare, moi, que si maintenant tu me laisses aussi souvent seul... qu'avant ton départ... je ne reçois plus rien de toi... rien absolument.
— Mon oncle... écoutez-moi...
— Tu n'as plus que deux mois à passer ici ; je veux largement en profiter... A quoi bon travailler comme tu le fais ? Est-ce que tu crois, par hasard, qu'avec une trésorière comme maman Barbançon, ma caisse n'est pas toujours garnie ?... Il y a trois jours, je lui ai dit : « Eh bien ! » madame l'intendante, où en sommes-nous ? — Soyez » tranquille, monsieur, m'a-t-elle répondu, — soyez tran- » quille, — quand il n'y en a plus, il y en a encore. » — J'espère qu'un caissier qui répond ainsi, c'est fièrement rassurant.
— Allons, mon oncle, — dit Olivier, — voulant rompre cet entretien qui l'attristait et l'embarrassait, — je vous promets de vous quitter, désormais, le moins possible. Maintenant, autre chose... Pouvez-vous recevoir Gerald ce matin ?
— Parbleu ! Ah ! quel bon et loyal cœur que ce jeune duc ! Quand je pense que durant ton absence il est venu plusieurs fois me voir et fumer son cigare avec moi ! Je souffrais comme un damné... mais il me mettait un peu de baume dans le sang. — Olivier n'est pas là, mon commandant, me disait ce digne garçon : c'est à moi d'être de planton auprès de vous.

— Bon Gerald ! dit Olivier avec émotion.
— Oui... va, il est bon... car enfin un jeune homme du beau monde comme lui, quitter ses plaisirs, ses maîtresses, les amis de son âge, pour venir passer une ou deux heures avec un vieux podagre comme moi, c'est du bon cœur, cela... Mais je ne fais pas le fat... C'est à cause de toi que Gerald vient ainsi me voir, mon brave enfant... parce qu'il savait te faire plaisir.
— Non, non, mon oncle, — c'est pour vous, et pour vous seul, croyez-le bien...
— Hum... hum...
— Il vous le dira lui-même tout à l'heure, car il m'a écrit hier pour savoir s'il nous trouverait ce matin.
— Hélas ! il n'est que trop sûr de me trouver : je ne peux pas me bouger de mon fauteuil, et tu vois la triste preuve de mon inaction, — ajouta le vieux marin en montrant à son neveu ses plates-bandes desséchées et envahies par les mauvaises herbes ; — mon pauvre jardinet est rôti, par ces chaleurs dévorantes. Maman Barbançon est trop faible, et d'ailleurs... ma maladie l'a mise sur les dents... la digne femme. J'avais parlé de faire venir le portier tous les deux jours en lui donnant un pour-boire ; mais il faut voir comment elle m'a reçu : — Introduire des étrangers dans la maison, — s'est-elle écriée, — pour tout mettre au pillage, tout saccager ! — enfin, tu la connais, cette excellente diablesse. je n'ai pas osé insister... aussi tu vois dans quel état sont mes chères plates-bandes, naguères encore si fleuries.
— Rassurez-vous, mon oncle... me voici de retour, je serai votre premier garçon jardinier, dit gaîment Olivier, — j'y avais pensé, et, sans une affaire qui m'a fait sortir ce matin de très bonne heure, vous auriez vu à votre réveil votre jardin débarrassé de ses mauvaises herbes et frais comme un bouquet couvert de rosée... mais demain matin... suffit... je ne vous dis que cela.
Le commandant allait remercier Olivier lorsque madame Barbançon ouvrit la porte, et demanda si M. Gerald pouvait entrer.
— Je le crois pardieu bien qu'il peut entrer ! — s'écria gaîment le vieux marin pendant qu'Olivier allait au devant de son ami.
Tous deux rentrèrent bientôt.
— Enfin ! Dieu loué, monsieur Gerald, — dit le vétéran au jeune duc, en lui montrant Olivier, son maître maçon nous l'a rendu !
— Oui, mon commandant, et ce n'est pas sans peine, — reprit Gerald, — ce diable d'Olivier ne devait s'absenter que pendant une quinzaine... et il nous manque pendant deux mois !
— C'était un cahos sans fin que le relevé des travaux de ce brave homme, — reprit Olivier ; — puis le régisseur du château... trouvant mon écriture belle, mes chiffres bien alignés, m'a proposé quelques travaux de comptabilité... et, ma foi, j'ai accepté. Mais maintenant, j'y pense, ajouta Olivier, en paraissant se rappeler un souvenir, — sais-tu, Gerald, à qui appartient ce magnifique château où je suis resté pendant deux mois ?
— Non... à qui ?
— Parbleu ! à la *marquise de Carabas* !
— Quelle marquise de Carabas ?
— Cette héritière si riche, dont tu nous a parlé avant ton départ ; te souviens-tu ?
— Mademoiselle de Beaumesnil !... — s'écria Gerald stupéfait.
— Justement... cette superbe terre lui appartient, et elle rapporte cent vingt mille livres de rentes... Il paraît cette petite millionnaire a des propriétés pareilles par douzaines...
— Excusez du peu ! dit le vétéran, — j'en reviens toujours là : que diable peut-on faire de tant d'argent ?
— Ah ! pardieu... — reprit Gerald, — le rapprochement est étrange, je n'en reviens pas !
— Qu'y a-t-il donc de si étrange à cela, Gerald ?

— C'est qu'il s'agit pour moi d'un mariage avec mademoiselle de Beaumesnil.

— Ah çà !... monsieur Gerald, — dit simplement le vétéran, — l'envie de vous marier vous a donc pris depuis que je vous ai vu ?...

— Tu aimes donc mademoiselle de Beaumesnil ? — demanda non moins naïvement Olivier.

Gerald, d'abord surpris de ces questions, reprit, ensuite d'un moment de réflexion :

— C'est juste !... vous devez parler ainsi, mon commandant... toi aussi, Olivier... et parmi tous ceux que je connais, vous êtes les seuls... oui... car j'aurais dit à mille autres qu'à vous : On me propose d'épouser *la plus riche héritière de France*, tous m'auraient répondu sans s'inquiéter du reste... *Epousez... c'est un superbe mariage... épousez* !

Et, après une nouvelle pause, Gerald reprit :

— Ce que c'est que la droiture... pourtant, comme c'est rare !...

— Ma foi... — reprit le vétéran, — je ne croyais pas, monsieur Gerald, vous avoir dit quelque chose de rare... Olivier pense comme moi, n'est-ce pas, mon garçon ?

— Oui, mon oncle... Mais qu'as-tu donc, Gerald ? te voilà tout pensif.

— C'est vrai... voici pourquoi, — dit le jeune duc, dont les traits prirent une expression plus grave que d'habitude, — j'étais venu ce matin pour vous faire part de mes projets de mariage, au commandant et à toi, Olivier, comme à de bons et sincères amis.

— Quant à ça, vous n'en avez pas de meilleurs, monsieur Gerald, — dit le vétéran.

— J'en suis certain, mon commandant ; aussi... je ne sais quoi... me dit que j'ai doublement bien fait de venir vous confier mes projets.

— C'est tout simple, — reprit Olivier, — ce qui t'intéresse... nous intéresse...

— Voici donc ce qui s'est passé, — dit Gerald, en répondant par un geste amical aux paroles de son ami : — Hier, ma mère, éblouie par l'immense fortune de mademoiselle de Beaumesnil, m'a proposé d'épouser... cette jeune personne... je suis certaine de réussir, je veux suivre ses conseils... mais pensant à ma bonne vie de garçon et à mon indépendance... d'abord j'ai refusé.

— Parbleu ! — dit le vétéran, — vous n'avez pas de goût pour le mariage... des millions de millions ne devaient pas changer votre résolution.

— Attendez... mon commandant, — reprit Gerald avec un certain embarras, — mon refus a irrité ma mère... elle m'a traité d'aveugle, d'insensé ; puis enfin à sa colère a succédé un si grand chagrin que, la voyant désolée de mon refus...

— Tu as accepté ce mariage ? — dit Olivier.

— Oui... — répondit Gerald.

Et, remarquant un mouvement de surprise du vieux marin, Gerald ajouta :

— Mon commandant, ma résolution vous étonne ?

— Oui, monsieur Gerald.

— Pourquoi cela ? parlez-moi franchement.

— Eh bien ! monsieur Gerald, si vous vous résignez à vous marier contre votre gré, — répondit le vétéran d'un ton à la fois affectueux et ferme, — et cela seulement pour ne pas chagriner votre mère, je crois que vous avez tort... car, tôt ou tard, votre femme souffrira de la contrainte que vous vous imposez aujourd'hui... et l'on ne doit pas se marier pour rendre une femme malheureuse... Est-ce ton avis, Olivier ?

— C'est mon avis, mon oncle.

— Mais, mon commandant, voir pleurer ma mère, qui met tout son espoir dans ce mariage ?

— Mais voir pleurer votre femme, monsieur Gerald ? Au moins votre mère a votre tendresse pour se consoler... votre femme, pauvre orpheline qu'elle est, qui la consolera ? personne... mais elle fera comme tant d'autres... elle se consolera avec des amans qui ne vous vaudront pas, monsieur Gerald... ils la tourmenteront... ils l'aviliront peut-être... autre chance de malheur pour la pauvre créature.

Le jeune duc baissa la tête et ne répondit rien.

— Vous voyez, monsieur Gerald, — reprit le commandant, — vous nous avez demandé d'être sincères... nous le sommes... parce que nous vous aimons sincèrement...

— Je n'ai pas douté de votre franchise... mon commandant ; aussi, je dois vous dire, pour ma défense, qu'en consentant à ce mariage je n'ai pas seulement cédé au désir de me rendre aux vœux de ma mère... un autre sentiment m'a guidé... et ce sentiment, je le crois généreux... Tu te souviens, Olivier, que je t'ai parlé de Macreuse ?

— Ce pauvre garçon qui crevait les yeux des oiseaux à coups d'épingles, — s'écria le vétéran, que cette circonstance avait singulièrement frappé, — cet hypocrite qui est maintenant enrôlé dans la clique des sacristains ?

— Lui-même, mon commandant... eh bien ! il se met sur les rangs pour épouser mademoiselle de Beaumesnil.

— Macreuse ! s'écria Olivier. — Ah ! pauvre jeune fille... Mais il n'a aucune chance... n'est-ce pas, Gerald ?

— Ma mère dit que non, mais moi je crains que si, car la sacristie pousse Macreuse, et elle pousse ferme, haut et loin.

— Un tel gredin... réussir ! — s'écria le vétéran, — ce serait indigne...

— Et c'est parce que cela m'a indigné, révolté comme vous, mon commandant, que, déjà ébranlé par le chagrin de ma mère, je me suis décidé à ce mariage pour faire pièce à ce misérable... Macreuse.

— Mais ensuite, monsieur Gerald... — dit le vétéran, — vous avez réfléchi, n'est-ce pas ? qu'un honnête garçon comme vous ne se marie pas seulement pour plaire à sa mère et faire pièce à un rival... ce rival fût-il un M. Macreuse.

— Comment ! mon commandant, — dit Gerald surpris, — il vaut mieux laisser ce misérable épouser mademoiselle de Beaumesnil, qu'il ne convoite que pour son argent ?

— Pas du tout, — reprit le vétéran, — il faut tâcher d'empêcher une indignité quand on le peut, et si j'étais à votre place, monsieur Gerald...

— Que feriez-vous, mon commandant ?

— Quelque chose de bien simple... J'irais d'abord trouver ce M. Macreuse, et je lui dirais : « Vous êtes un gredin, » et comme les gredins ne doivent pas épouser des hé- » ritières, pour les rendre malheureuses comme des pier- » res... je vous défends et je vous empêcherai d'épouser » mademoiselle de Beaumesnil ; je ne la connais pas, je » ne pense pas à elle, mais elle m'intéresse parce qu'elle » est exposée à devenir votre femme... or, c'est pour moi » comme si elle allait être mordue par un chien enragé ; » je vais donc de ce pas la prévenir que vous êtes pis » qu'un chien enragé. »

— C'est cela, mon oncle ! à merveille ! — dit Olivier.

Gerald lui fit signe de laisser parler le vétéran, qui continua :

— J'irais ensuite tout bonnement trouver mademoiselle de Beaumesnil, et je lui dirais : « Ma chère demoiselle, il » y a un M. de Macreuse qui veut vous épouser pour votre » argent ; c'est une vraie canaille : je vous le prouverai » quand vous voudrez, et cela en face de lui ; faites votre » profit du conseil ; il est désintéressé, car je n'ai pas, » moi, l'idée de me marier avec vous ; mais entre hon- » nêtes gens on doit se signaler les gueux. » Dame !... monsieur Gerald, — reprit le commandant, — mon moyen est un peu matelot... mais il n'en est pas plus mauvais, pensez-y...

— Que veux-tu, Gerald ? — reprit Olivier, — les procédés de mon oncle, quoiqu'un peu rudes... vont droit au but... Maintenant, toi qui connais autant le monde que moi et mon oncle le connaissons peu... si tu arrives aux mêmes résultats par des moyens moins violens, cela... vaudra sans doute mieux...

Gerald, de plus en plus frappé du bon sens et de la franchise du vétéran, l'avait attentivement écouté.

— Merci, mon commandant, — lui dit-il en lui tendant

la main; — après tout, vous et Olivier, vous m'empêchez de faire une vilenie... d'autant plus dangereuse que je l'avais colorée d'assez beaux semblans : rendre ma mère la plus heureuse des femmes, empêcher mademoiselle de Beaumesnil d'être la victime d'un Macreuse... tout cela d'abord m'avait paru superbe... je me trompais... je ne tenais aucun compte de l'avenir de cette jeune fille, que je pouvais rendre très malheureuse... peut-être même subissais-je, à mon insu, la fascination de l'héritage...

— Quant à cela, Gerald, tu te trompes...

— Ma foi ! je n'en sais rien, mon pauvre Olivier; aussi, pour être à l'abri de toute tentation, je reviens à ma première résolution... pas de mariage. Je ne regrette qu'une chose dans ce changement de projets, — ajouta Gerald avec émotion, — c'est le vif chagrin que je vais causer à ma mère;... heureusement, plus tard elle m'approuvera...

— Écoute donc, Gerald, — reprit Olivier qui était resté un moment pensif; — il ne faut pas, sans doute, comme dit mon oncle, agir mal pour plaire à sa mère... Pourtant, c'est si bon... une mère... ça vous serre tant le cœur lorsqu'on la voit triste et pleurer : aussi pourquoi ne tâcherais-tu pas de la satisfaire sans rien sacrifier de tes convictions d'honnête homme ?

— Bien, mon garçon, — dit le vétéran; mais comment faire ?

— Explique-toi, Olivier.

— Tu n'as aucun goût pour le mariage ?

— Non.

— Tu n'as jamais vu mademoiselle de Beaumesnil ?

— Jamais.

— Donc tu ne peux pas l'aimer... c'est tout simple... Mais qui te dit que si tu la voyais, tu n'en deviendrais pas amoureux ? La vie de garçon te plaît au-dessus de tout, soit. Mais pourquoi mademoiselle de Beaumesnil ne te donnerait-elle pas le goût du mariage ?

— C'est juste, tu as raison, Olivier, — reprit le vétéran, — il faut voir cette demoiselle avant de refuser, monsieur Gerald... et peut-être, comme dit Olivier, le goût du mariage vous prendra.

— Impossible, mon commandant, ce goût ne se donne pas, — dit gaîment Gerald, — c'est le sang... L'on naît mari... comme on naît borgne ou boîteux; et puis enfin, autre considération, la plus grave de toutes, à laquelle je songe maintenant; il s'agit de *la plus riche héritière de France*.

— Eh bien ! dit Olivier, qu'est-ce que cela fait ?

— Cela fait beaucoup, — reprit Gerald; — car enfin j'admets que mademoiselle de Beaumesnil me plaise infiniment... J'en deviens amoureux fou, elle partage cet amour... soit... mais elle m'apporte une fortune royale, et moi je n'ai rien, car mes pauvres douze mille livres de rentes sont une goutte d'eau dans l'océan de millions de mademoiselle de Beaumesnil. Eh bien ! que pensez-vous de cela, mon commandant ? Cela n'est-il pas dégradant d'épouser une femme qui vous donne tout... à vous qui n'avez rien, et alors, si vrai que soit votre amour, n'avez-vous pas l'air de vous marier par cupidité ? Tenez, savez-vous ce que l'on dirait : Mademoiselle de Beaumesnil a voulu être duchesse, Gerald de Senneterre n'avait pas le sou, il a vendu son titre et son nom... avec sa personne par-dessus le marché.

À ces paroles, l'oncle regarda son neveu d'un air embarrassé.

XXVI.

Gerald reprit en souriant :

— J'en étais sûr, mon commandant, il y a dans cette choquante inégalité de fortune quelque chose de si blessant, pour l'orgueil d'un honnête homme, que vous en êtes frappé comme moi;... votre silence me le prouve.

— Le fait est, — reprit le vétéran après un moment de silence, — le fait est que je ne sais pas pourquoi la chose me paraîtrait toute simple, si c'était l'homme qui apportât la fortune... et que la femme n'eût rien.

Puis le vieux marin ajouta en souriant avec bonhomie :

— C'est peut-être une niaiserie que je dis là, monsieur Gerald.

— Au contraire, votre pensée est dictée par la plus noble délicatesse, mon commandant, — reprit Gerald. — On conçoit qu'une jeune fille sans fortune, mais charmante, remplie de grâces, de qualités, épouse un homme immensément riche... tous deux sont sympathiques; mais qu'un homme qui n'a rien épouse une femme qui a tout...

— Ah çà ! mon oncle... et toi, Gerald, — reprit Olivier en interrompant mon ami, qu'il avait attentivement écouté, — vous n'êtes pas le moins du monde dans la question...

— Comment cela ?

— Vous admettez, et j'admets comme vous, qu'une jeune fille pauvre épouse un homme immensément riche;... mais, cette sympathie, elle ne l'acquiert qu'à la condition d'aimer sincèrement l'homme qu'elle épouse.

— Parbleu ! dit Gerald, — si elle cède à un sentiment de cupidité... cela devient un calcul ignoble...

— Tout ce qu'il y a de plus honteux, — ajouta le vieux marin.

— Eh bien ! alors, — reprit Olivier, — pourquoi un homme pauvre... puisque, en effet, Gerald, tu es pauvre... auprès de mademoiselle de Beaumesnil, pourquoi, dis-je, serais-tu blâmable en épousant cette jeune fille, si tu l'aimais sincèrement, malgré ses millions, si tu l'aimerais enfin comme si elle était sans nom et sans fortune ?

— C'est juste, monsieur Gerald, — reprit le commandant, — dès qu'on aime en honnête homme, et que l'on a la conscience d'aimer, non l'argent, mais la femme, on est tranquille;... que peut-on avoir à se reprocher ? Enfin, moi, je vous conseille de voir d'abord mademoiselle de Beaumesnil ; vous vous déciderez après.

— En effet... — reprit Gerald, — c'est, je crois, le meilleur parti à prendre : il concilie tout... Ah ! pardieu, que j'ai bien fait de venir causer de mes projets avec vous, mon commandant... et avec toi, Olivier !

— Ah çà ! voyons, monsieur Gerald, vraiment est-ce que, dans votre grand et beau monde, il n'y a pas une foule de personnes qui vous auraient dit ce que moi et Olivier venons de vous dire ?

— Dans le grand monde ? — reprit Gerald en haussant les épaules, puis il ajouta : — et c'est d'ailleurs la même chose dans la bourgeoisie... si ce n'est pis encore : partout enfin on ne connaît qu'une chose... l'argent.

— Et comment diable ! Olivier et moi aurions-nous une grâce d'État, monsieur Gerald, et serions-nous autrement que tout le monde ?

— Pourquoi ? — dit Gerald avec émotion, — parce que vous, mon commandant... pendant quarante ans, vous avez vécu de cette vie de marin, vie rude et pauvre... périlleuse, désintéressée ; parce que, dans cette vie-là, vous avez pris la forte habitude de la résignation et du contentement de peu ; parce qu'ignorant toutes les lâches complaisances du monde, vous regardez comme aussi misérable... un homme qui se marie pour l'argent qu'un homme qui vole au jeu ou qui recule au feu ; est-ce vrai, mon commandant ?

— Pardieu ! monsieur Gerald, c'est tout simple... cela...

— Oui, tout simple... pour vous, pour Olivier, car il a vécu comme moi, plus longtemps que moi, de cette vie de soldat... qui enseigne le renoncement et la fraternité..... n'est-ce pas, Olivier ?

— Brave et bon Gerald, — dit le jeune homme aussi ému que son ami, — mais, avoue-le... ta générosité naturelle... la vie de soldat l'a peut-être développée davantage, mais elle ne te l'a pas donnée. Toi seul peut-être, sur tant de jeunes gens de ton rang, tu étais capable de croire faire une sorte de lâcheté en envoyant un pauvre diable à la guerre se faire tuer à ta place... toi seul aussi, parmi tant d'autres, tu éprouves des scrupules au sujet d'un mariage que tous voudraient contracter à n'importe quel prix !

— Ne vas-tu pas maintenant me faire des complimens? — répondit Gerald en souriant. — Allons, c'est convenu, je verrai mademoiselle de Beaumesnil... les circonstances feront le reste... ma ligne est tracée... je n'en dévierai pas... je vous le jure...

— Bravo, mon cher Gerald, — reprit gaîment Olivier, — je te vois marié, amoureux et heureux en ménage ; c'est un bonheur qui en vaut bien un autre... va ! Et moi qui, ne sachant rien de tes projets, avais hier, en arrivant, demandé à madame Herbaut la permission de lui présenter un digne garçon, un ancien camarade de régiment, et madame Herbaut t'avait accepté... à ma toute-puissante recommandation.

— Comment ! elle m'*avait* accepté, — dit Gerald en riant, est-ce que tu me regardes déjà comme mort et enterré... tu peux bien dire qu'elle m'*a* accepté, et je te réponds que j'userai de l'acceptation.

— Comment... tu veux ?
— Certainement.
— Mais tes projets de mariage ?
— Raison de plus !
— Explique-toi.

« — C'est bien simple : plus j'aurai de raison d'aimer la vie de garçon, plus il faudra que j'aime mademoiselle de Beaumesnil pour renoncer à mes plaisirs, et moins je me tromperai sur le sentiment qu'elle m'inspirera ; ainsi c'est convenu, tu me présentes chez madame Herbaut, et, pour me rendre encore plus fort... toujours contre la tentation, je deviens amoureux d'une des rivales, ou même d'une des satellites de cette fameuse *duchesse* dont le nom est pour moi un épouvantail... et dont je te soupçonne fort... d'être épris.

— Allons, Gerald... tu es fou.

— Voyons, sois franc, me crois-tu capable d'aller sur tes brisées? Comme s'il n'y avait que la *duchesse* au monde ! Souviens-toi donc de cette jolie petite femme d'un gros employé des vivres... Tu n'as eu qu'un mot à dire, je t'ai laissé le champ libre... et pendant que le mari allait visiter son parc de bêtes à cornes...

— Comment, encore une autre ! — s'écria le commandant, en s'adressant à Gerald, — mais c'est donc un enragé que mon neveu ?

— Ah ! mon commandant, si vous saviez quelles razzias de cœurs il faisait en Algérie, le scélérat ! La charmante tribu de madame Herbaut n'a qu'à joliment se tenir sur ses gardes, allez !... si elle ne veut pas être ravagée par Olivier.

— Mais, double fou que tu es, je n'ai aucun mauvais dessein sur cette charmante tribu, comme tu dis... — reprit gaîment Olivier ; — mais sérieusement tu veux que je te présente à madame Herbaut ?

— Oui, certes, répondit Gerald.

— Et, s'adressant au vieux marin :

— Il ne faut pas à cause de cela, mon commandant, me prendre pour un écervelé... J'ai accepté les bons conseils d'ami, à propos d'un mariage, direz-vous ; et je termine l'entretien en priant Olivier de me présenter chez madame Herbaut... Eh bien ! si étrange que cela vous doive paraître, mon commandant, je dirai, non plus en plaisantant, mais sérieusement cette fois, que moins je changerai mes habitudes, plus il faudra, pour les abandonner, que mon amour pour mademoiselle de Beaumesnil soit sincère.

— Ma foi, monsieur Gerald, — reprit le vétéran, — j'avoue qu'au premier abord vos raisons semblent bizarres; mais, en y réfléchissant, je les trouve justes. Il y aurait peut-être une sorte de préméditation hypocrite à rompre d'avance avec une vie qui vous plaît depuis si longtemps...

— Maintenant, Olivier, viens me présenter à la tribu de madame Herbaut, — dit gaîment Gerald. — Adieu, mon commandant, je vous reviendrai bientôt et souvent... Que voulez-vous? ce n'est pas pour rien que vous êtes mon *confesseur*.

— Et vous voyez que je ne suis pas un gaillard commode pour l'absolution et pour les arrangemens de conscience, — reprit gaîment le vieux marin. — A bientôt donc, monsieur Gerald, vous me tiendrez au courant des choses de votre mariage, n'est-ce pas ?

— C'est maintenant un droit, pour moi... de vous en parler, et je n'y manquerai pas, mon commandant. Ah ! mais j'y pense, — dit Gerald, — j'ai à vous rendre compte d'une commission dont vous m'avez chargé, monsieur Bernard. Tu penses, Olivier ?

— Comment donc ? — dit le jeune soldat, en se retirant.

— Bonne nouvelle ! mon commandant, — dit tout bas Gerald, — grâce à mes démarches, et surtout à la recommandation du marquis de Maillefort, la nomination d'Olivier comme sous-lieutenant est presque assurée.

— Ah ! monsieur Gerald, serait-il possible ?

— Nous avons le plus grand espoir, car on a su qu'on devait faire à M. de Maillefort des propositions pour être député, ce qui a doublé son influence.

— Monsieur Gerald, — dit le vétéran très ému, — comment jamais reconnaître...

— Je me sauve, mon commandant, répondit Gerald, pour se soustraire aux remercîmens du vieillard, — je cours rejoindre Olivier : un plus long entretien éveillerait ses soupçons.

— Ah ! tu as des secrets avec mon oncle, toi ! — dit gaîment Olivier à son ami.

— Je crois bien, je suis, tu le sais, un homme tout mystère... et, avant de nous rendre chez madame Herbaut, il faut que je te demande un service très mystérieux.

— Voyons ?

— Toi, qui connais le quartier et les environs, ne pourrais-tu pas m'indiquer un petit logement dans une rue très retirée, mais en dedans de la barrière ?

— Comment ! — dit Olivier, en riant, — tu veux abandonner le faubourg Saint-Germain et devenir *Batignollais* ? C'est charmant.

— Écoute-moi donc... tu conçois que, demeurant chez ma mère, je ne peux pas recevoir de femmes chez moi...

— Ah ! très bien !...

— J'avais un mystérieux *pied-à-terre*...

— J'aime ce mot, il est décent...

— Laisse-moi donc parler. J'avais un petit pied-à-terre très convenable... mais la maison a changé de propriétaire, et le nouveau est si féroce à l'endroit des mœurs qu'il m'a donné congé, et mon terme finit après-demain ; voilà donc mes amours sur le pavé, ou réduits à s'abriter derrière les stores des citadines, à affronter le sourire narquois des cochers... c'est désolant...

— Au contraire, cela se trouve à merveille ; tu vas te marier, on t'a donné congé... donne à ton tour congé... à tes amours...

— Olivier, tu sais mes principes, ton oncle les approuve ; je ne veux si l'avance rien changer aux habitudes de ma vie de garçon, et si mon mariage ne se faisait pas, malheureux ! songe que je me trouverais sans *pied-à-terre* et sans amours... Non... non, je suis beaucoup trop prévoyant, trop rangé pour donner dans ces désordres et ne pas conserver... une poire pour la soif.

— *Poire pour la soif* est très joli ; allons, tu es un homme de précautions. Eh bien ! soit, en allant et venant, je te promets de regarder les écriteaux...

— Deux petites pièces avec une entrée, c'est tout ce qu'il me faut... tu sens bien que je vais m'en occuper de mon côté ; tout à l'heure, en sortant de chez madame Herbaut, je vais flâner dans les environs, car ça presse... c'est après-demain le terme fatal... c'est par grâce que j'ai obtenu quelques jours de répit... Dis donc, Olivier, si je découvre par ici ce qu'il me faut...

Ça fait que dans le même quartier,
Je trouverai l'amour et l'amitié !...

Cette profonde réflexion ressemble beaucoup à une devise de mirliton... mais c'est égal... la vérité n'a pas besoin d'ornemens... Sur ce... en avant chez madame Herbaut!

— Ah çà! tu y tiens décidément... réfléchis bien...
— Olivier, tu es insupportable... je me présente tout seul si tu ne m'accompagnes pas...
— Allons, le sort en est jeté, il est convenu que tu es M. Gérald Senneterre, un ancien camarade de régiment.
— Senneterre... non, ça serait imprudent, j'aime mieux Gerald Auvernay, car je suis aussi orné du marquisat d'Auvernay... tel que tu me vois, mon pauvre Olivier.
— Bien... tu es monsieur Gerald Auvernay, c'est entendu... Ah! diable!
— Qu'as-tu donc?
— Qu'est-ce que tu vas être à cette heure?
— Comment ce que je vais être?
— Oui, ton état?
— Mon état? Mais célibataire jusqu'à nouvel ordre...
— Je ne peux pas te présenter chez madame Herbaut comme un jeune homme qui vit des rentes qu'il a amassées... au régiment. Madame Herbaut ne reçoit pas de flâneurs; tu éveillerais ses soupçons, car la jeune femme se défie en diable des gens qui n'ont rien à faire qu'à courtiser les jolies filles, vu qu'elle en a... de jolies filles.
— C'est très amusant. Eh bien!... qu'est-ce que tu veux que je sois?...
— Dam! je ne sais pas trop, moi!
— Voyons, — dit Gerald en riant, — veux-tu... veux-tu... pharmacien?
— Va pour pharmacien, allons, viens...
— Pas du tout. Je plaisante... tu acceptes cela tout de suite, toi! Pharmacien... quel dangereux ami tu es...
— Gerald, je t'assure qu'il y a de petits pharmaciens très gentils.
— Laisse-moi donc tranquille, c'est toujours de la famille des apothicaires... je n'oserais regarder en face aucune des jolies filles qui viennent chez madame Herbaut.
— Eh bien!... fou que tu es... cherchons autre chose: Clerc de notaire!... Hein? cela te va-t-il?
— A la bonne heure!... ma mère a un interminable procès... je vais quelquefois voir pour elle son notaire et son avoué... J'étudierai le clerc sur nature... je me serai enrôlé dans le régiment de la bazoche en sortant des chasseurs d'Afrique... ça va tout seul!...
— Allons, c'est dit, suis-moi... je vais te présenter comme Gerald Auvernay, clerc de notaire...
— Premier clerc de notaire! — dit Gerald avec emphase.
— Ambitieux, va!...

Gerald, présenté chez madame Herbaut, fut, grâce à Olivier, accueilli par elle avec la plus aimable cordialité.

Dans l'après-midi de ce même jour, le terrible M. Bouffard vint chercher l'argent dont lui était redevable le commandant Bernard, pour le terme échu; madame Barbançon le paya, résistant à grande peine au multiple plaisir de rissoler quelque peu les ongles de ce féroce propriétaire, ainsi qu'elle le disait ingénument.

Malheureusement, l'argent que venait de recevoir M. Bouffard, loin de le rendre moins âpre à ses recouvremens, lui donna une nouvelle énergie, et persuadé que, sans ses grossières et opiniâtres poursuites il n'eût pas été payé de madame Barbançon, il se dirigea en hâte vers la rue de Monceau, où demeurait Herminie, bien résolu de redoubler de dureté envers la pauvre jeune fille, afin de la forcer à payer le terme qu'elle lui devait.

XXVII.

Herminie demeurait rue de Monceau, dans l'une des nombreuses maisons dont M. Bouffard était propriétaire, occupant, au rez-de-chaussée, une chambre précédée d'une petite entrée, qui donnait sous la voûte de la porte cochère; les deux fenêtres s'ouvraient sur un joli jardin, entouré d'un côté d'une haie vive, de l'autre d'une palissade treillagée, qui le séparait d'une ruelle voisine.

La jouissance de ce jardin dépendait d'un assez grand appartement du rez-de-chaussée, alors inoccupé, ainsi qu'un autre logement du troisième étatage, non-valeurs qui augmentaient encore la mauvaise humeur de M. Bouffard à l'endroit des locataires arriérés.

Rien de plus simple et de meilleur goût que la chambre de la duchesse.

Une toile de Perse, d'un prix modique mais d'un dessin et d'une fraîcheur charmans, tapissait les murailles et le plafond de cette pièce assez élevée; pendant le jour, d'amples draperies de même étoffe cachaient l'alcôve, ainsi que deux portes vitrées y attenant: l'une était celle d'un cabinet de toilette; l'autre s'ouvrait sur une anti-chambre de six pieds carrés; les rideaux de Perse, doublés de guingamp rose, voilaient à demi les fenêtres, garnies de petits rideaux de mousseline relevés par des nœuds de rubans; un tapis fond blanc semé de gros bouquets de fleurs (ça avait été la plus grosse dépense de l'ameublement) couvrait le plancher; la housse de cheminée, merveilleusement brodée par Herminie, était bleu clair, avec un semis de roses et de pâquerettes; deux petits flambeaux d'un goût exquis, moulés sur des modèles de Pompéï, accompagnaient une pendule faite d'un socle de marbre blanc surmonté de la statuette de Jeanne d'Arc; enfin, à chaque bout de la tablette de cheminée, deux vases de grès verni (précieuse invention), du galbe étrusque le plus pur, contenaient de gros bouquets de roses récemment achetées, qui répandaient dans cette chambre leur senteur suave et fraîche.

Cette modeste garniture de cheminée en grès et en fonte de zinc, conséquemment de nulle valeur matérielle, avait, au plus, coûté cinquante ou soixante francs; mais, au point de vue de l'art et du goût, elle était irréprochable.

En face de la cheminée, on voyait le piano d'Herminie, son gagne-pain; entre les deux fenêtres, une table à colonnes torses, surmontée d'un vieux dressoir en noyer, servait de bibliothèque; la duchesse y avait placé quelques auteurs de prédilection et les livres qu'elle avait reçus en prix à sa pension.

Çà et là, suspendues le long de la tapisserie par des câbles de coton, on voyait dans de simples cadres de sapin verni, aussi brillant que le citronnier, quelques gravures du meilleur choix, parmi lesquelles on remarquait Mignon regrettant la patrie et Mignon aspirant au ciel, d'après Scheffer, placés en pendant de chaque côté de la Françoise de Rimini, du même et illustre peintre; enfin, aux deux angles de la chambre, de petites étagères de bois noir supportaient plusieurs statuettes de plâtre, réduites d'après ce que l'art grec a laissé de plus idéal; une ancienne commode en bois de rose, achetée pour peu de chose chez un brocanteur des Batignolles; deux jolies chaises de tapisserie, ouvrage d'Herminie, ainsi qu'un fauteuil recouvert de satin gros vert, dont la broderie de soie, nuancée des plus vives couleurs, représentait des fleurs et des oiseaux, complétaient l'ameublement de cette chambre.

A force d'intelligence, d'ordre et de travail, Herminie, guidée par un goût exquis, était parvenue à se créer à peu de frais cet entourage élégant et choisi.

S'agissait-il de soins ou de détails qui eussent répugné à cette orgueilleuse duchesse? s'agissait-il de la cuisine, par exemple? Herminie avait échappé à cet embarras, en s'adressant à la portière de sa maison, qui, pour un modique abonnement, lui servait chaque jour une tasse de lait le matin, et le soir un excellent potage, accompagné d'un plat de légumes et de quelques fruits, nourriture frugale qui devenait des plus appétissantes, lorsqu'elle était rehaussée de toute la coquette propreté du petit couvert d'Herminie; car, si la duchesse ne possédait que deux tasses et six assiettes, elles étaient d'une porcelaine choisie, et lorsque, sur sa table ronde, recouverte d'une serviette éblouissante, la *duchesse* avait placé sa carafe et son verre de fin cristal, ses deux uniques couverts d'argent bien brillans et son assiette de porcelaine à fond blanc semé de fleurs bleues et roses, les mets les plus simples semblaient, avons-nous dit, des plus appétissans.

Mais, hélas! et au grand chagrin d'Herminie, ses deux couverts d'argent et sa montre, seuls objets de luxe matériel qu'elle eût jamais possédés, étaient alors *en gage* au *Mont-de-Piété*, où elle avait été obligée de les faire mettre par la portière de la maison ; la jeune fille n'avait pas eu d'autre moyen de subvenir aux frais journaliers de sa maladie, et de se procurer une faible somme d'argent, dont elle vivait, en attendant le salaire de plusieurs leçons qu'elle avait recommencé à donner, ensuite d'une interruption forcée de près de deux mois.

Ce fatal arriéré causait la gêne extrême d'Herminie et l'impossibilité où elle se voyait de payer cent quatre-vingts francs qu'elle devait au terrible M. Bouffard...

Cent quatre-vingts francs !...

Et la pauvre enfant possédait environ quinze francs, avec lesquels il lui fallait vivre presque tout le mois.

Ainsi qu'on le pense, le seuil de la porte d'Herminie était vierge des pas d'un homme.

La duchesse, libre et maîtresse de son choix, n'avait jamais aimé... quoiqu'elle eût inspiré plusieurs passions, sans le vouloir et même à regret, trop orgueilleuse pour s'abaisser jusqu'à la coquetterie, trop généreuse pour se jouer des tourmens d'un amour malheureux.

Aucun des soupirans n'avait donc plu à Herminie, malgré la loyauté de leurs offres matrimoniales, appuyées chez plusieurs sur une certaine aisance, car quelques-uns appartenaient au commerce, tandis que d'autres étaient artistes comme la jeune fille, ou bien encore commis de magasin, teneurs de livres, etc., etc.

La duchesse devait apporter dans le choix de son amant ce goût épuré, ce tact délicat qui la caractérisaient, mais il est inutile de dire qu'infime ou élevée, la condition de l'homme qu'elle eût aimé n'aurait en rien influencé l'amour de la jeune fille ; elle savait par elle-même (et elle s'en glorifiait) tout ce que l'on trouve parfois d'élévation et de distinction natives parmi les positions sociales les plus modestes et les plus précaires : aussi ce qui l'avait jusqu'alors choquée dans ses prétendans, c'était de ces imperfections puériles, dira-t-on, inappréciables même pour toute autre que *la duchesse*... mais, pour elle, invinciblement antipathiques : chez les uns, ça avait été une trop bruyante et trop grosse jovialité ; chez les autres, des manières libres ou vulgaires ; chez celui-ci un timbre de voix brutal, chez celui-là une tournure ridicule.

Quelques-uns de ces *repoussés* possédaient néanmoins d'excellentes qualités de cœur ou d'esprit ; Herminie avait été la première à les reconnaître ; elle tenait ceux-là pour les meilleurs et les plus dignes garçons du monde, elle leur accordait franchement son estime, au besoin même son amitié, mais son amour... non.

Et, ce n'était pas par dédain, par folle ambition de cœur, qu'Herminie les refusait, mais simplement, ainsi qu'elle le disait elle-même à la première de ses désespérés : « parce qu'elle ne res- » sentait aucun amour pour eux, et qu'elle était décidée à » rester fille toute sa vie plutôt que de se marier sans » éprouver un vif et profond amour. »

Et cependant, en raison même de son orgueilleuse et délicate susceptibilité, Herminie devait souffrir plus que personne des inconvéniens, parfois si pénibles et presque inévitables, inhérens à la position d'une jeune fille obligée de vivre seule, et forcément exposée à toutes les chances douloureuses que peuvent amener le manque de travail ou la maladie.

Depuis quelque temps, hélas! *la duchesse* expérimentait cruellement les conséquences de son isolement et de sa pauvreté.

L'*orgueil* et le caractère d'Herminie posés (*orgueil* qui avait poussé la jeune fille à rapporter fièrement, malgré sa pressante misère, les cinq cents francs que lui avait alloués la succession de madame de Beaumesnil), l'on comprendra avec quelle confusion mêlée d'effroi la pauvre enfant attendait le retour de M. Bouffard, car, ainsi qu'il l'avait dit à madame Barbançon, il devait faire dans l'après-dîner une dernière et décisive tournée chez ses locataires en retard.

Herminie cherchait les moyens de désintéresser cet homme insolent et brutal, mais ayant déjà donné en nantissement ses deux couverts d'argent et sa montre d'or, elle ne possédait plus rien qui pût être mis en gage : on ne lui eût pas prêté vingt francs sur sa modeste garniture de cheminée, de si bon goût qu'elle fût ; et ses gravures, ainsi que ses statuettes de plâtre, n'avaient pas la moindre valeur vénale. Enfin, le linge qu'elle possédait lui eût procuré un prêt bien minime.

En face de cette désolante position, Herminie, accablée, versait des pleurs amers, tremblant à chaque instant d'entendre l'impérieux coup de sonnette de M. Bouffard.

Noble cœur, généreuse nature!... Au milieu de ces cruelles perplexités... Herminie ne songea pas un instant à se dire qu'elle serait sauvée avec une part imperceptible de l'énorme superflu de sa sœur, dont elle avait visité la veille les somptueux appartemens...

Si *la duchesse* vint à songer à sa sœur, ce fut pour chercher dans l'espérance de la voir un jour quelque distraction à son chagrin présent.

Et, de ce chagrin, Herminie n'accusait qu'elle-même : jetant des yeux pleins de larmes sur sa coquette petite chambre, la jeune fille se reprochait sincèrement ses folles dépenses.

Elle aurait dû, — pensait-elle, — épargner pour l'avenir et les cas imprévus, tels que la maladie ou le chômage de leçons, elle aurait dû se résigner à prendre un logement au quatrième étage, porte à porte avec des inconnus ; à habiter, à peine séparée d'eux par une mince cloison, quelque chambre triste et nue, au carreau froid, aux murailles sordides ; elle aurait dû ne pas se laisser séduire par la riante vue d'un joli jardin, et par l'isolement du rez-de-chaussée qu'elle avait préféré ; elle aurait dû garder son argent, au lieu de l'employer à l'achat de ces objets d'art et de goût, seul charme, seuls compagnons de sa solitude, qui faisaient de sa chambre un délicieux réduit, où elle avait longtemps vécu heureuse, confiante dans sa jeunesse et dans son travail.

Qui lui eût dit, à elle si orgueilleuse, qu'il lui faudrait subir les grossières mais légitimes réclamations d'un homme à qui elle devait de l'argent... qu'elle ne pourrait pas payer!... Était-ce assez de honte?

Mais ses reproches, à la fois sévères et justes, à propos du passé, ne changeaient en rien le présent. Herminie se désolait, assise dans son fauteuil, les yeux gonflés de larmes ; tantôt elle cédait à un morne accablement, tantôt elle tressaillait au moindre bruit... songeant à l'arrivée probable de M. Bouffard.

Enfin ses poignantes angoisses eurent un terme.

Un violent coup de sonnette se fit entendre.

— C'est lui... c'est le propriétaire !...

Murmura la pauvre créature en frémissant de tous ses membres.

— Je suis perdue... — ajouta-t-elle.

Et elle restait immobile de crainte.

Un second coup de sonnette, plus brutal encore que le premier, ébranla la porte de la petite entrée qui conduisait à la chambre.

Herminie essuya ses yeux, rassembla son courage, et, pâle, tremblante, elle alla ouvrir.

Elle ne s'était pas trompée... c'était M. Bouffard.

Ce glorieux représentant du *pays légal*, ayant dépouillé l'uniforme du soldat citoyen, apparut bourgeoisement vêtu d'un paletot-sac de couleur grise.

— Eh bien ! dit-il à la jeune fille en restant sur le seuil de la porte qu'elle lui avait ouverte d'une main mal assurée, — eh bien ! mon argent ?

— Monsieur...

— Voulez-vous me payer, oui ou non ? — s'écria

M. Bouffard, d'une voix si haute qu'il fut entendu par deux personnes.

L'une était alors sous la porte cochère.....

L'autre montait au premier étage par l'escalier, dont les marches inférieures aboutissaient auprès de l'entrée du logement d'Herminie.

— Pour la dernière fois, voulez-vous me payer, oui ou non ? — répéta M. Bouffard d'une voix encore plus éclatante.

— Monsieur, de grâce ! — dit Herminie avec un accent suppliant, ne parlez pas si haut... Je vous jure que si je ne puis vous payer... ce n'est pas ma faute...

— Je suis dans MA maison, et je parle comme je veux. Tant mieux si l'on m'entend... ça servira de leçon... pour les autres locataires.... qui s'aviseraient d'être en retard comme vous...

— Monsieur... je vous en conjure... entrez chez moi, — dit Herminie, accablée de honte, et en joignant les mains, — je vais vous expliquer.

— Eh bien !... voyons, quoi ? qu'allez-vous m'expliquer ? — répondit M. Bouffard, en suivant la jeune fille dans sa chambre, dont il laissa la porte ouverte.

Lorsque des hommes aussi grossiers que M. Bouffard se trouvent dans une position pareille avec une belle jeune fille, de deux choses l'une : ou ils ont l'audace de proposer quelque transaction infâme, ou bien, la jeunesse et la beauté, loin de les apitoyer, leur inspirent un redoublement d'insolence et de dureté ; on dirait qu'ils veulent se venger de ces charmes qu'ils n'osent convoiter.

Ainsi était-il de M. Bouffard ; sa *vertu* tournait à une animosité brutale.

En entrant dans la chambre d'Herminie, l'impitoyable propriétaire reprit :

— Il n'y a pas d'explications là-dedans... l'affaire est bien simple : encore une fois, voulez-vous me payer, oui ou non !

— Pour le moment, cela m'est malheureusement impossible, monsieur, — dit Herminie en essuyant ses larmes, — mais si vous voulez avoir la bonté d'attendre...

— Toujours la même chanson..... A d'autres, — reprit M. Bouffard en haussant les épaules.

Puis, regardant autour de lui d'un air sardonique, il ajouta :

— C'est bien ça... l'on s'importe peu de ne pas payer son terme, et l'on se flanque des tapis superbes, des tentures d'étoffes et des rideaux à falbalas.... Si ça ne fait pas suer !... Moi, qui ai sept maisons sur le pavé de Paris, je n'ai pas seulement de tapis dans mon salon, et le boudoir de madame Bouffard est tendu en simple papier... à ramages... mais, quand je vous le dis, on se donne des genres... de *princesse*... et l'on n'a pas le sou.

Herminie, poussée à bout, releva orgueilleusement la tête ; d'un regard digne et ferme, elle fit baisser les yeux à M. Bouffard, et lui dit :

— Ce piano a une valeur au moins quatre fois égale à ce que je vous dois, monsieur... Envoyez-le prendre quand vous le voudrez... C'est la seule chose de prix que je possède... disposez-en... faites-le vendre.

— Allons donc ! est-ce que je suis marchand de pianos, moi ?... est-ce que je sais ce que j'en retirerai, de votre instrument ?... est-ce que j'en veux de ça !... vous devez me payer mon terme en argent et non en pianos.

— Mais, mon Dieu, monsieur, je n'ai pas d'argent... je vous offre de vendre mon piano, quoiqu'il me serve à gagner ma vie... que puis-je faire de plus ?

— Je ne donne pas là-dedans... vous avez de l'argent... je le sais... vous avez des couverts et une montre *chez ma tante*... c'est *ma* portière qui a été les engager... Ah ! ah ! on ne me dindonne pas, moi, voyez-vous ?

— Hélas, monsieur, le peu que l'on m'a prêté j'ai été obligé de le dépenser pour...

Herminie ne put achever.

Elle venait de voir M. de Maillefort debout à la porte laissée ouverte ; il assistait depuis quelques instans à cette scène pénible.

Au tressaillement soudain de la jeune fille, au regard surpris qu'il lui vit jeter du côté de la porte, M. Bouffard tourna la tête, aperçut le bossu, et resta aussi étonné qu'Herminie.

Le marquis, s'avançant alors, dit à *la duchesse*, en s'inclinant respectueusement devant elle :

— Je vous demande mille pardons, mademoiselle, de me présenter ainsi chez vous ; mais j'ai trouvé cette porte ouverte, et comme j'espère que vous me ferez l'honneur de m'accorder quelques momens d'entretien pour une affaire fort importante, je me suis permis d'entrer.

Après ces mots, accentués avec autant de courtoisie que de déférence, le marquis se retourna du côté de M. Bouffard, et le toisa d'un regard si altier que le gros homme se sentit d'abord tout sot, tout intimidé devant ce petit bossu, qui lui dit :

— Je viens, monsieur, d'avoir l'honneur de prier mademoiselle de vouloir bien m'accorder quelques instans d'entretien.

— Eh bien ! après ? — reprit M. Bouffard, retrouvant son assurance, — qu'est-ce que cela me fait, à moi ?

Le marquis, sans répondre à M. Bouffard, et s'adressant à Herminie, de plus en plus surprise, lui dit :

— Mademoiselle veut-elle me faire la grâce de m'accorder l'entretien que je lui sollicite ?

— Mais... monsieur... répondit la jeune fille avec embarras... je ne sais... si je...

— Je me permettrai de vous faire observer, mademoiselle — reprit le marquis — que notre conversation devant être absolument confidentielle... il est indispensable que monsieur, — et il montra du regard le propriétaire, — veuille bien nous laisser seuls, à moins que vous n'ayez encore quelque chose à lui dire... ; dans ce cas alors... je me retirerais...

— Je n'ai plus rien à dire à monsieur, — répondit Herminie, espérant échapper, pour quelques moments du moins, à sa pénible position.

— Mademoiselle n'a plus rien à vous dire, monsieur, — reprit le marquis, en faisant un signe expressif à M. Bouffard.

Mais celui-ci, revenant à sa brutalité ordinaire, et se reprochant de se laisser imposer par ce bossu, s'écria :

— Ah ! vous croyez qu'on me commande ça les gens à la porte de chez *soi* sans les payer... monsieur... et que parce que vous soutenez cette...

— Assez, monsieur, assez... — dit vivement le marquis, en interrompant M. Bouffard, et il lui saisit le bras, avec une telle vigueur, que l'ex-épicier, sentant son poignet serré comme dans un étau entre les doigts longs et osseux du bossu, le regarda avec un mélange d'ébahissement et de crainte.

Le marquis, lui souriant alors de l'air le plus aimable, reprit avec une affabilité exquise :

— Je suis aux regrets, cher monsieur, de ne pouvoir jouir plus longtemps de votre bonne et aimable compagnie, mais, vous le voyez, je suis aux ordres de mademoiselle, qui me fait la grâce de me donner quelques instants, et je ne voudrais pas abuser de son obligeance...

Ce disant, le marquis, moitié de gré, moitié de force, conduisit jusqu'à la porte M. Bouffard, stupéfait de rencontrer dans un bossu cette vigueur physique et cette autorité de langage et de manières, dont il subissait involontairement l'influence.

— Je sors... parce que j'ai justement affaire dans *ma* maison, — dit M. Bouffard ne voulant pas paraître céder à la contrainte, — je monte là-haut ; mais je reviendrai quand vous serez parti... Il faudra bien alors que j'aie mon argent, ou sinon, nous verrons !

Le marquis salua ironiquement M. Bouffard, ferma la porte sur lui, et revint trouver Herminie.

XXVIII.

M. de Maillefort, frappé de ce que lui avait appris madame de La Rochaiguë au sujet de la jeune artiste, si *injustement oubliée*, disait-on, par madame de Beaumesnil, M. de Maillefort avait de nouveau interrogé avec autant de prudence que d'adresse, madame Dupont, ancienne femme de chambre de la comtesse; puisant dans cet entretien de nouveaux détails sur les relations de la jeune fille et de madame de Beaumesnil, et devinant, aidé par ses soupçons, ce qui avait dû échapper à la femme de chambre, il acquit bientôt presque la conviction qu'Herminie devait être la fille naturelle de madame de Beaumesnil.

L'on conçoit néanmoins que, malgré cette persuasion quasi-complète, le marquis s'était promis de n'aborder Herminie qu'avec une extrême réserve; non-seulement il s'agissait d'une révélation fâcheuse, presque honteuse pour la mémoire de madame de Beaumesnil, mais encore la comtesse n'avait pas confié ce secret à M. de Maillefort, qui l'avait pour ainsi dire surpris ou plutôt deviné.

Herminie, à la vue du bossu, qui, pour la première fois, se présentait à elle, dans une circonstance pénible, resta confuse, interdite, ne pouvant imaginer le sujet de la visite de cet inconnu.

Le marquis, après avoir expulsé M. Bouffard, revint, disons-nous, auprès de la jeune fille, qui, pâle, émue, les yeux baissés, restait immobile auprès de la cheminée.

M. de Maillefort, d'un coup d'œil investigateur et pénétrant jeté sur la chambre de *la duchesse*, avait remarqué l'ordre, le goût et l'excessive propreté de cette modeste demeure; cette observation, jointe à ce que madame de La Rochaiguë lui avait raconté du noble désintéressement de la jeune fille, donnèrent au marquis la meilleure opinion d'Herminie; presque certain de voir en elle la personne qu'il avait eu tant d'intérêt à rencontrer, il cherchait sur ses traits charmants quelque ressemblance avec ceux de madame de Beaumesnil, et cette ressemblance, il crut la trouver.

De fait, sans ressembler précisément à sa mère, comme elle, Herminie était blonde, comme elle, elle avait les yeux bleus, et si les lignes du visage ne rappelaient pas exactement les traits de madame de Beaumesnil, il n'existait pas moins entre la mère et la fille ce qu'on appelle *un air de famille*, surtout frappant pour un observateur aussi intéressé que l'était M. de Maillefort.

Celui-ci, sous l'empire d'une émotion que l'on concevra sans peine, s'approcha d'Herminie, de plus en plus troublée par le silence et par les regards curieux et attendris du bossu.

— Mademoiselle, — lui dit-il enfin d'un ton affectueux et paternel, — excusez mon silence... mais j'éprouve une sorte d'embarras à vous exprimer le profond intérêt que vous m'inspirez...

En parlant ainsi, la voix de M. de Maillefort fut si touchante que la jeune fille le regarda, de plus en plus surprise, et lui dit timidement :

— Mais, cet intérêt, monsieur?

— Qui a pu vous l'attirer, n'est-ce pas? je vais vous le dire... ma chère enfant...—Oui, ajouta le bossu en répondant à un mouvement d'Herminie, — oui, laissez-moi de grâce vous appeler ainsi; mon âge, et, je ne saurais trop vous le répéter, l'intérêt que vous m'inspirez, me donneraient peut-être le droit de vous dire : *ma chère enfant*, si vous me permettiez cette familiarité...

— Ce sera la seule manière de vous prouver, monsieur, ma reconnaissance des bonnes et consolantes paroles que vous venez de me dire... quoique la pénible position où vous m'avez vue, monsieur... ait dû peut-être...

— Quant à cela, — reprit le marquis en interrompant Herminie, — rassurez-vous... je...

— Oh! monsieur, je ne cherche pas à me justifier, — dit orgueilleusement Herminie en interrompant à son tour le bossu, — de cette situation... je n'ai pas à rougir... et puisque, pour une raison que j'ignore, vous voulez bien me témoigner de l'intérêt, monsieur, il est de mon devoir de vous dire... de vous prouver que ni le désordre, ni l'inconduite, ni la paresse, ne m'ont mise dans le cruel embarras... où je me trouve pour la première fois de ma vie! Malade pendant deux mois, je n'ai pu donner mes leçons; je les reprends depuis quelques jours seulement, et j'ai été forcée de dépenser le peu d'avances que je possédais... Voilà, monsieur, la vérité... si je me suis un peu endettée, c'est par suite de cette maladie...

— Ceci est étrange!

Pensa soudain le marquis en rapprochant dans sa pensée la date du décès de la comtesse et l'époque présumable du commencement de la maladie d'Herminie.

— C'est peu de temps après la mort de madame de Beaumesnil... que cette pauvre enfant a dû tomber malade... serait-ce du chagrin?...

Et le marquis reprit tout haut, avec un accent de touchant intérêt:

— Et cette maladie... ma chère enfant... a été bien grave?... vous vous êtes peut-être trop fatiguée au travail?...

Herminie rougit; son embarras était grand, il lui fallait mentir pour cacher la sainte et véritable cause de sa maladie; elle répondit en hésitant :

— En effet... monsieur... je m'étais un peu fatiguée; cette fatigue a été suivie d'un malaise... d'une sorte d'accablement... mais maintenant... Dieu merci! je vais tout à fait bien.

L'embarras, l'hésitation de la jeune fille avaient frappé le marquis, déjà surpris de la profonde mélancolie dont les traits d'Herminie semblaient avoir, pour ainsi dire, l'habitude.

— Plus de doute... — pensa-t-il. — Elle est tombée malade de chagrin après la mort de madame de Beaumesnil... Elle sait donc que la comtesse est sa mère... mais alors... comment celle-ci, dans les fréquentes occasions qui ont dû la rapprocher de sa fille, ne lui a-t-elle pas remis ce portefeuille dont elle m'a chargé?

En proie à ces perplexités, le bossu, après un nouveau silence, dit à Herminie :

— Ma chère enfant, j'étais venu ici avec l'intention de me tenir dans une extrême réserve : défiant de moi-même... incertain de la conduite que j'avais à tenir, je ne voulais aborder qu'avec la plus grande précaution le sujet qui m'amène... car c'est une mission bien délicate, une mission sacrée...

— Que voulez-vous dire, monsieur?

— Veuillez m'écouter, ma chère enfant... Ce que je savais déjà de vous... ce que je viens de voir, de deviner peut-être... enfin la confiance que vous m'inspirez, changent ma résolution... je vais donc vous parler à cœur ouvert, certain que je suis de m'adresser à une loyale et noble créature... Vous connaissiez madame de Beaumesnil... vous l'aimiez?

Herminie, à ces paroles, ne put réprimer un mouvement d'étonnement mêlé d'inquiétude.

Le bossu reprit:

— Oh! je le sais! vous aimiez tendrement madame de Beaumesnil; le chagrin de l'avoir perdue a seul causé votre maladie...

— Monsieur! — s'écria Herminie, effrayée de voir son secret, celui de sa mère surtout, presque à la merci d'un inconnu, — je ne sais... ce que vous voulez dire... J'ai eu pour madame la comtesse de Beaumesnil, pendant le peu de temps que j'ai été appelée auprès d'elle, le respectueux attachement qu'elle méritait... Ainsi que tous ceux qu l'ont connue je l'ai sincèrement regrettée; mais...

— Vous devez me répondre ainsi, ma chère enfant, — dit le marquis en interrompant Herminie, — vous ne pouvez avoir confiance en moi, ignorant qui je suis... ignorant jusqu'à mon nom... Je m'appelle M. de Maillefort.

— Monsieur de Maillefort, dit vivement la jeune fille en se souvenant d'avoir écrit pour sa mère une lettre adressée au marquis.

— Vous connaissiez mon nom?

— Oui, monsieur... Madame la comtesse de Beaumesnil, se trouvant trop faible pour écrire... m'avait priée de la remplacer, et la lettre... que vous avez reçue...

— C'était vous... qui l'aviez écrite?

— Oui, monsieur...

— Vous le voyez, ma chère enfant, maintenant vous devez être en toute confiance... Madame de Beaumesnil... n'avait pas d'ami plus dévoué que moi... et sur cette amitié de vingt ans elle a cru pouvoir assez compter pour me charger d'une mission sacrée...

— Que dit-il? — pensa Herminie, — ma mère lui aurait-elle confié le secret de ma naissance?

Le marquis, remarquant le trouble croissant d'Herminie, et certain d'avoir enfin découvert la fille naturelle de la comtesse, poursuivit :

— La lettre que vous m'aviez écrite, au nom de madame de Beaumesnil, m'assignait chez elle un rendez-vous... à une heure assez avancée de la soirée... n'est-ce pas, vous vous rappelez cela ?

— Oui, monsieur.

— A ce rendez-vous... je suis venu.... La comtesse se sentait près de sa fin... — continua le bossu d'une voix altérée... — Après avoir recommandé sa fille Esnestine... à ma sollicitude... madame de Beaumesnil... m'a supplié de lui rendre... un dernier service... Elle m'a conjuré... de partager mes soins... mon intérêt... entre sa fille... et une autre jeune personne... qui ne lui était pas moins chère... que son enfant...

— Il sait tout, — se dit Herminie avec un douloureux accablement, — la faute de ma pauvre mère n'est pas un secret pour lui..

— Cette autre personne, continua le bossu de plus en plus ému, était, m'a dit la comtesse, un ange; oui, ce sont ses propres paroles... un ange de vertu, de courage, une noble et vaillante fille, ajouta le marquis, dont les yeux se mouillèrent de larmes, — une pauvre orpheline abandonnée, qui, sans appui, sans secours, luttait à force de courage, de travail et d'énergie, contre le sort le plus précaire, le plus pénible... Oh!... si vous l'aviez entendue! avec quel accent de tendresse déchirante elle parlait de cette jeune fille! malheureuse femme! mère infortunée!... car, de ce moment, j'ai deviné, quoiqu'elle ne m'ait fait aucun aveu, retenue par la honte sans doute, j'ai deviné qu'une mère seule pouvait ainsi parler... ainsi souffrir en songeant au sort de sa fille... Non, oh ! non... ce n'était pas une étrangère que la comtesse me recommandait avec tant d'instance à son lit de mort.

Le marquis, dont l'émotion était à son comble, s'arrêta un instant et essuya ses yeux baignés de larmes.

— Oh! ma mère, — se dit Herminie en tâchant de se contraindre, — tes dernières pensées ont été pour ta fille !

— J'ai juré à madame de Beaumesnil mourante, — reprit le bossu, — d'accomplir ses dernières volontés, de partager ma sollicitude entre Ernestine de Beaumesnil et la jeune fille pour qui la comtesse m'implorait si vivement... Alors, elle m'a remis ce portefeuille, — et le bossu le tira de sa poche, — qui contient, m'a-t-elle dit, une petite fortune, me chargeant de la remettre à cette jeune fille, dont le sort serait ainsi à jamais assuré... Malheureusement, madame de Beaumesnil a expiré avant d'avoir pu me dire le nom de l'orpheline...

— Il n'a que des soupçons... Dieu soit béni !— se dit Herminie avec un ravissement ineffable, — je n'aurai pas la douleur de voir un étranger instruit de la faute de ma mère ; sa mémoire restera pure...

— Vous jugez, ma chère enfant, de mon angoisse, de mon chagrin. Comment accomplir la dernière volonté de madame de Beaumesnil, ignorant le nom de cette jeune fille?— reprit le bossu en regardant Herminie avec attendrissement.— Cependant, je me suis mis en quête... et enfin... après bien de vaines tentatives... cette orpheline... je l'ai trouvée... belle, vaillante, généreuse... telle, enfin, que sa pauvre mère me l'avait dépeinte, sans me la nommer... et cette jeune fille... c'est vous... mon enfant... ma chère enfant...— s'écria le bossu en saisissant les deux mains d'Herminie.

Et il ajouta, avec un élan de bonheur et de tendresse indicibles :

— Ah! vous voyez bien que j'avais le droit de vous appeler mon enfant... oh ! non... jamais père n'aura été plus fier de sa fille!

— Monsieur... — répondit Herminie, d'une voix qu'elle tâchait de rendre calme et ferme ; — quoiqu'il m'en coûte beaucoup de détruire... votre illusion... il est de mon devoir de le faire.

— Que dites-vous?...— s'écria le bossu.

Je ne suis pas... monsieur, la personne que vous cherchez,—répondit Herminie.

Le marquis recula d'un pas, et regarda la jeune fille sans pouvoir d'abord trouver une parole.

Pour résister à l'entraînement de la révélation que venait de lui faire M. de Maillefort, il fallut à Herminie un courage héroïque, né de ce qu'il y avait de plus pur, de plus saint dans son ORGUEIL filial.

La fierté de la jeune fille se révoltait à la seule pensée d'avouer la honte maternelle... aux yeux d'un étranger, en se reconnaissant devant lui pour la fille de madame de Beaumesnil.

De quel droit Herminie pouvait-elle confirmer les soupçons de cet étranger, par l'aveu d'un secret que la comtesse n'avait pas voulu lui confier à lui, M. de Maillefort, son ami le plus dévoué... un secret.... que sa mère lui avait eu la force de lui taire, lorsque, la pressant sur son sein... les battemens de leurs deux cœurs s'étaient confondus ?...

Pendant que ces généreuses pensées venaient en foule à l'esprit d'Herminie, le marquis, stupéfait du refus de la jeune fille, dont il ne pouvait se résoudre à mettre en doute l'identité, cherchait en vain à deviner la cause de cette étrange résolution.

Enfin, il dit à Herminie :

— Un motif qu'il m'est impossible de pénétrer vous empêche de me dire la vérité, ma chère enfant... ce motif... quel qu'il soit... doit être noble et généreux... pourquoi me le cacher, à moi ? l'ami... le meilleur ami... de votre mère... à moi qui viens remplir auprès de vous ses dernières volontés ?...

— Cet entretien... est aussi douloureux pour moi que pour vous, monsieur le marquis, — répondit tristement Herminie, — car il me rappelle cruellement une personne qui a été remplie de bienveillance à mon égard... pendant le peu de temps où j'ai été appelée près d'elle, seulement *comme artiste et à aucun autre titre*, je vous en donne ma parole... J'ose croire que cette déclaration vous suffira... monsieur le marquis, et m'épargnera de nouvelles insistances... Je vous le répète, je ne suis pas la personne que vous cherchez...

A cette déclaration d'Herminie, le marquis sentit renaître ses incertitudes. Cependant, ne voulant pas encore renoncer à tout espoir, il reprit :

— Mais non... non... je ne saurais m'abuser à ce point, jamais je n'oublierai la sollicitude, les prières de madame de Beaumesnil en faveur de...

— Permettez-moi de vous interrompre, monsieur le marquis, et de vous dire... que, trompé peut-être par les émotions d'une scène déchirante pour votre cœur, vous vous serez mépris... sur la nature de l'intérêt que madame de Beaumesnil portait à l'orpheline dont vous me parlez... Pour défendre la mémoire de madame de Beaumesnil contre votre erreur... je n'ai d'autre droit que celui de la reconnaissance... mais la respectueuse estime que madame la comtesse inspirait à tous me fait croire... à une erreur de votre part.

Cette manière de voir était trop d'accord avec les désirs de M. de Maillefort pour qu'il n'inclinât pas à se rendre à l'observation d'Herminie. Cependant, au souvenir de l'émotion déchirante de la comtesse lorsqu'elle lui avait recommandé l'orpheline, il reprit :

— Encore une fois, on ne parle pas ainsi d'une étrangère !...

— Qui sait ? monsieur le marquis, — répondit Herminie en défendant le terrain pied à pied, — on m'a cité tant de preuves de générosité de madame de Beaumesnil ! Son affection pour ceux qu'elle secourait était, dit-on, si chaleureuse, qu'elle se sera ainsi manifestée en faveur de l'orpheline qui vous a été recommandée... et puis, si cette jeune fille est aussi méritante que malheureuse... cela ne suffit-il pas pour motiver le vif intérêt que lui portait madame de Beaumesnil ? Peut-être enfin... cette mystérieuse protection était-elle un devoir pieux... qu'une amie avait confié à madame la comtesse de Beaumesnil, comme celle-ci vous l'a légué à son tour.

— Alors... pourquoi cette prière formelle de toujours taire à la personne à qui je dois remettre ce portefeuille... le nom de la comtesse ?...

— Parce que madame de Beaumesnil, cette fois encore, aura voulu cacher sa bienfaisance...

Herminie, ayant retrouvé son calme, son sang-froid, discutait ces raisons avec un tel détachement que le marquis finit par penser qu'il s'était trompé, et avait injustement soupçonné madame de Beaumesnil ; alors une idée nouvelle lui vint à l'esprit, et il s'écria :

— Mais en admettant que le mérite et les malheurs de cette orpheline soient ses seuls et véritables titres, ne seraient-ils pas les vôtres, chère et vaillante enfant ? Pourquoi ne serait-ce pas vous que la comtesse a voulu me désigner ?

— Je connaissais depuis trop peu de temps madame de Beaumesnil pour mériter de sa part une telle marque de bonté, monsieur le marquis, et puis enfin mon nom n'ayant pas été prononcé par madame la comtesse, je m'adresse à votre délicatesse... puis-je accepter un don considérable... sur votre seule supposition qu'il pouvait m'être destiné ?

— Oui... cela serait vrai, si vous ne méritiez pas ce don.

— Et comment l'aurais-je mérité, monsieur le marquis ?

— Par les soins... dont vous avez entouré la comtesse, par les soulagemens que vous avez apportés à ses douleurs, et ces soins, comment se fait-il qu'elle ne les ait pas reconnus ?

— Je ne vous comprends pas, monsieur ?

— Le testament de la comtesse renferme plusieurs legs... seule... vous avez été oubliée...

— Je n'avais aucun droit à un legs, monsieur le marquis... j'ai été rémunérée de mes soins...

— Par madame de Beaumesnil ?

— Par madame de Beaumesnil, — répondit Herminie d'une voix assurée.

— Oui... c'est de ce que vous avez déclaré à madame de La Rochaigüe en venant généreusement lui rapporter...

— De l'argent qui ne m'était pas dû, monsieur le marquis... voilà tout...

— Encore une fois, non... — s'écria M. de Maillefort, revenant invinciblement à sa première certitude. — Non... je ne me suis pas trompé... Instinct, pressentiment... ou conviction, tout me dit que vous êtes..

— Monsieur le marquis, — dit Herminie en interrompant le bossu, et voulant mettre un terme à cette pénible scène, — un dernier mot... vous étiez le meilleur des amis de madame de Beaumesnil... car elle vous a légué en mourant le soin de veiller sur sa fille légitime... Comment ne vous aurait-elle pas aussi confié, à ce moment suprême... qu'elle avait un autre enfant ?...

— Eh ! mon Dieu ! — s'écria involontairement le marquis, — la malheureuse femme... aura reculé devant la honte d'un pareil aveu...

— Oui, je n'en doute pas, — pensa Herminie avec amertume, — et c'est moi qui ferais cet aveu de honte... devant lequel ma mère... a reculé ?...

L'entretien du bossu et d'Herminie fut interrompu par le retour de M. Bouffard.

L'émotion du marquis et de la jeune fille était telle qu'ils n'avaient pas entendu M. Bouffard ouvrir la première porte d'entrée.

Le *farouche propriétaire* semblait complètement radouci, apaisé ; à son air insolent et brutal avait succédé une physionomie à la fois narquoise et sournoise.

— Que voulez-vous encore, monsieur, — lui demanda rudement le marquis, — que venez-vous faire ici ?

— Je viens, monsieur, faire mes excuses à mademoiselle.

— Vos excuses, monsieur ?... — dit la jeune fille, très surprise.

— Oui, mademoiselle, et je tiens à vous les faire devant monsieur, car je vous ai reproché en sa présence de ne pas me payer... et je déclare devant lui, je jure devant Dieu et devant les hommes !! — ajouta M. Bouffard, en levant la main comme pour prêter serment, tout en riant d'un gros rire bête que lui inspirait sa plaisanterie, — je jure que j'ai été payé de ce que mademoiselle me devait !...
Eh !... eh !...

— Vous avez été payé ! — dit Herminie au comble de l'étonnement, — et par qui donc, monsieur ?

— Parbleu !... vous le savez bien... mademoiselle, — dit M. Bouffard en continuant son rire stupide, — vous le savez bien... quelle malice !!

— J'ignore ce que vous voulez dire, monsieur, — reprit Herminie.

— Allons donc !... — dit M. Bouffard en haussant les épaules, — comme si les beaux bruns payaient les loyers des belles blondes pour l'amour de Dieu !

— Quelqu'un... vous a payé... pour moi... monsieur ? — dit Herminie en devenant pourpre de confusion.

— On m'a payé, et en bel et bon or encore, — répondit M. Bouffard, en tirant de sa poche quelques louis, qu'il fit sauter dans sa main ouverte. — Voyez plutôt ces jaunets ?... sont-ils gentils !... hein ?

— Et cet or... monsieur, — dit Herminie toute tremblante et ne pouvant croire à ce qu'elle entendait, — cet or... qui vous l'a donné ?

— Faites donc l'innocente... et la rosière... ma petite... Celui qui m'a payé est un très joli garçon... ma foi... un grand brun, taille élancée... petites moustaches brunes... Voilà son signalement pour son passeport.

Le marquis avait écouté M. Bouffard avec une surprise et une douleur croissantes.

Cette jeune fille, pour qui jusqu'alors il avait ressenti un si profond intérêt, était soudain presque flétrie à ses yeux.

Après avoir froidement salué Herminie, sans lui dire un seul mot, M. de Maillefort se dirigea vers la porte, les traits empreints d'une tristesse amère.

— Ah !... — fit-il avec un geste de dégoût et d'accablement, — encore... une illusion perdue.

Et il s'éloigna.

— Restez, monsieur, — s'écria la jeune fille en courant à lui, tremblante, éperdue de honte, — oh ! je vous en conjure, je vous en supplie... restez !!...

XXIX.

M. de Maillefort, entendant l'appel d'Herminie, qui le suppliait de rester, se retourna vers elle, et, le visage triste, sévère, lui dit :

— Que voulez-vous, mademoiselle ?

— Ce que je veux, monsieur ! — s'écria-t-elle, la joue en feu, les yeux brillans de larmes d'indignation et d'orgueil ce que je veux... c'est dire, devant vous, à cet homme, qu'il a menti...

— Moi ? — dit M. Bouffard, — c'est un peu fort ! quand j'ai les jaunets en poche !

— Je vous dis que vous mentez ! — s'écria la jeune fille en faisant un pas vers lui avec un geste d'une admirable autorité, — je n'ai donné à personne... le droit de vous payer... de me faire ce sanglant outrage ! !

Malgré la grossièreté de sa nature et de son intelligence, M. Bouffard se sentit ému, tant la fière indignation d'Herminie était irrésistible et sincère ; aussi, reculant de deux pas, le propriétaire balbutia-t-il en manière d'excuse :

— Je vous jure ma parole la plus sacrée... mademoiselle, que, tout à l'heure, en montant, j'ai été arrêté sur le palier du premier étage par un beau jeune homme brun qui m'a donné cet or pour payer votre terme... je vous dis la vérité, foi de Bouffard ! !

— Oh ! mon Dieu ! humiliée... outragée à ce point !... — s'écria la jeune fille, dont les larmes, longtemps contenues, coulèrent enfin.

Tournant alors vers le bossu, muet témoin de cette scène, son beau visage baigné de pleurs, Herminie lui dit d'une voix suppliante :

— Oh ! de grâce, monsieur le marquis, ne croyez pas que j'aie mérité cette insulte !

— Un marquis ! — dit M. Bouffard, en ôtant son chapeau qu'il avait jusqu'alors gardé sur sa tête.

M. de Maillefort s'approchant d'Herminie, le cœur épanoui, dégagé d'un poids cruel, lui prit paternellement la main et dit :

— Je vous crois, je vous crois ! ma chère et noble enfant ; ne descendez pas à vous justifier... Vos larmes, la sincérité de votre accent, votre généreuse indignation, tout me prouve que vous dites vrai... que c'est à votre insu que cet outrageant service... vous a été rendu.

— Ce qu'il y a de sûr, c'est que moi qui viens quasi tous les jours dans *ma maison*, — dit M. Bouffard, presque attendri, — je n'ai jamais rencontré ce beau jeune homme ; mais enfin, que voulez-vous, ma chère demoiselle... votre terme est payé... c'est toujours ça... il faut vous consoler ; il y en a tant d'autres qui voudraient être humiliées... de cette manière-là !... Eh ! eh ! eh ! — ajouta M. Bouffard, en riant de son gros rire.

— Cet argent, vous ne le garderez pas, monsieur ! — s'écria Herminie, — je vous en supplie... vendez mon piano, mon lit, tout ce que je possède ; mais, par pitié, rendez cet argent à celui qui vous l'a donné... Si vous le gardez, la honte est pour moi, monsieur !

— Ah çà ! mais, un instant, diable ! comme vous y allez ! — dit M. Bouffard, — je ne me trouve pas insulté du tout pour empocher mon terme, moi ; un *bon tiens vaut mieux que deux tu l'auras*... et, d'ailleurs, où voulez-vous que je le repêche, ce beau jeune homme, pour lui rendre son argent ! Mais il y a moyen de tout arranger... Quand vous le verrez, ce godelureau, vous lui direz que c'est malgré vous que j'ai gardé son argent, que je suis un vrai Bédouin, un gredin de propriétaire... allez, allez ! tapez sur moi, j'ai la peau dure... comme ça, il verra bien, ce joli garçon, que vous n'êtes pour rien dans la chose !

Et M. Bouffard, enchanté de son idée, dit tout bas au bossu :

— Je suis content de lui avoir rendu service ; je ne pouvais pas la laisser dans cet embarras, cette pauvre fille... car je ne sais pas comment cela se fait... mais... enfin, quoiqu'elle m'ait dû un terme, je me sens tout drôle. Pour sûr, voyez-vous, monsieur le marquis, c'est dans la *débine*, mais c'est honnête.

— Mademoiselle, — dit M. de Maillefort à Herminie qui, son visage caché dans ses deux mains, pleurait silencieusement, — voulez-vous suivre mon conseil ?

— Hélas !... monsieur... que faire ?... — dit Herminie en essuyant ses larmes.

— Acceptez de moi... qui suis d'âge à être votre père... de moi... qui étais l'ami d'une personne... pour qui vous aviez autant de respect que d'affection, acceptez, dis-je, un prêt suffisant pour payer monsieur. Chaque mois... vous me rembourserez par petites sommes. Quant à l'argent que monsieur a reçu... il fera son possible pour retrouver l'inconnu qui le lui a remis... sinon, il déposera cette somme au bureau de bienfaisance de son quartier.

Herminie avait écouté et regardé le marquis avec une vive reconnaissance.

— Oh ! merci, merci, monsieur le marquis, j'accepte ce service... et je suis fière d'être votre obligée.

— Et moi, — s'écria l'impitoyable M. Bouffard, enfin apitoyé, — je n'accepte pas, nom d'un petit bonhomme !

— Comment cela... monsieur ? — lui dit le marquis.

— Non, sac à papier ! je n'accepte pas ! il ne sera pas dit que... car enfin je n 2 suis pas assez... rien du tout pour... enfin n'importe, je m'entends, monsieur le marquis gardera son argent... je tâcherai de repêcher le godelureau ; sinon je mettrai ses louis au tronc des pauvres... je ne vendrai pas votre piano, mademoiselle, et je serai payé tout de même. Ah ! ah ! qu'est-ce que vous dites de ça ?

— A la bonne heure, mais expliquez-vous, mon bravo monsieur. répondit le marquis.

— Voilà la chose, reprit M. Bouffard, — ma fille Cornélia a un maître de piano d'une grande réputation... M. Tonnerriliuskoff...

— Avec un nom pareil, — dit le bossu, — on fait nécessairement du bruit dans le monde.

— Et sur le piano donc! monsieur le marquis, un homme de six pieds... une barbe noire comme un sapeur, et des mains larges... comme les épaules de mouton. Mais ce fameux maître me coûte les yeux de la tête : quinze francs par leçon, sans compter les réparations du piano, car il tape comme un sourd : il est si fort !.. Maintenant, si mademoiselle voulait donner des leçons à Cornélia, à cinq francs le cachet, non... à quatre francs, un compte rond... trois leçons par semaine, ça ferait douze francs... elle s'acquittera ainsi petit à petit de ce qu'elle me doit... et, une fois quitte, elle pourra désormais me payer son loyer en leçons.

— Bravo, monsieur Bouffard ! — dit le marquis.

— Eh bien ! mademoiselle, — reprit le propriétaire, — que pensez-vous de cela ?

— J'accepte, monsieur... j'accepte avec reconnaissance, et je vous remercie de me mettre à même de m'acquitter envers vous par mon travail ; je vous assure que je ferai tout au monde pour que mademoiselle votre fille soit satisfaite de mes leçons...

— Eh bien ! ça va... — dit M. Bouffard, — c'est convenu : trois leçons par semaine... à commencer d'après-demain, ça fera douze francs... la huitaine... Bah ! mettons dix francs... quarante francs par mois... huit pièces cent sous... un compte tout rond !...

— Vos conditions seront les miennes, monsieur, je vous le répète... et je les accepte avec reconnaissance.

— Eh bien ! mon cher monsieur, — dit le marquis à M. Bouffard, — est-ce que vous n'êtes pas plus satisfait de vous, maintenant... que tout à l'heure, lorsque vous effarouchiez cette chère et digne enfant par vos menaces ?

— Si fait, monsieur le marquis, si fait, car enfin cette chère demoiselle... certainement était bien... méritait bien... et puis, voyez-vous, je serai débarrassé de ce grand colosse de maître de piano, avec sa barbe noire et ses quinze francs par cachet, sans compter qu'il avait toujours ses grandes mains sur les mains de Cornélia, sous prétexte de lui donner du *doigté*.

— Mon cher monsieur Bouffard, — dit tout bas le marquis au propriétaire en l'emmenant dans un coin de la chambre, — permettez-moi un conseil...

— Certainement, monsieur le marquis.

— En fait d'art d'agrément, ne donnez jamais de *maîtres* à une jeune fille ou à une jeune femme, parce que, voyez vous, souvent... les rôles changent.

— Les rôles changent, monsieur le marquis, comment cela ?

— Oui, quelquefois l'écolière devient la maîtresse... comprenez-vous? la *maîtresse*... du maître...
— La maîtresse du maître!... ah! très bien! ah! j'y suis parfaitement... C'est très drôle... Eh! eh! eh!

Mais, redevenant tout à coup sérieux, M. Bouffard reprit :

— Mais j'y pense... ah! saperlotte! si cet Hercule de Tonnerrillüskoff... si Cornélia...

— La vertu de mademoiselle Bouffard doit être au-dessus de pareilles craintes, mon cher monsieur... mais pour plus de sûreté...

— Ce brigand-là ne remettra jamais les pieds chez moi, avec sa barbe de sapeur et ses quinze francs par cachet, — s'écria M. Bouffard. — Merci du conseil, monsieur le marquis.

Puis, revenant auprès d'Herminie, M. Bouffard ajouta :

— Ainsi, ma chère demoiselle, après-demain nous commencerons à deux heures... c'est l'heure de Cornélia.

— A deux heures, monsieur, je serai exacte; je vous le promets.

— Et dix francs par semaine.

— Oui, monsieur... moins encore si vous le désirez.

— Vous viendriez pour huit francs?

— Oui, monsieur; — répondit Herminie en souriant malgré elle.

— Eh bien, ça va... huit francs... un compte rond; dit l'ex-épicier.

— Allons donc! monsieur Bouffard... un riche propriétaire comme vous est plus grand seigneur que cela, — reprit le marquis.— Comment! un électeur éligible!... peut-être même un officier de la garde nationale... car vous me paraissez bien capable de cela.

M. Bouffard releva fièrement la tête, poussa son gros ventre en avant, et dit avec emphase, en faisant le salut militaire :

— Sous-lieutenant de la *troisième* du *deuxième de la première*.

— Raison de plus... cher monsieur Bouffard, — reprit le bossu, — il y va de la dignité du grade.

— C'est juste, monsieur le marquis; j'ai dit dix francs, c'est dix francs. J'ai toujours fait honneur à ma signature. Je vais tâcher de retrouver le godelureau... Il flâne peut-être dans les alentours de *ma* maison pour y revenir tout à l'heure; je vais le signaler à la mère Moufflon, *ma* portière... et, soyez tranquille, elle a l'œil bon et la dent idem... Votre serviteur, monsieur le marquis... A après-demain, ma chère demoiselle...

Mais, revenant sur ses pas, M. Bouffard dit à Herminie :

— Mademoiselle... une idée!... Pour prouver à M. le marquis que les Bouffard sont des bons enfans quand ils s'y mettent...

— Voyons l'idée, monsieur Bouffard, — reprit le bossu.

— Vous voyez bien ce joli jardin, monsieur le marquis?

— Oui.

— Il dépend de l'appartement du rez-de-chaussée... Eh bien! je donne à mademoiselle la jouissance de ce jardin... jusqu'à ce que l'appartement soit loué.

— Vraiment! monsieur, — dit Herminie toute joyeuse; — oh! je vous remercie! Quel bonheur de pouvoir me promener dans ce jardin!...

— A la charge par vous de l'entretenir, bien entendu, — ajouta M. Bouffard, qui s'en courut d'un air guilleret, comme pour se soustraire modestement à la reconnaissance que devait inspirer sa proposition.

— On n'a pas idée de ce que *gagnent* ces gaillards-là à être obligeans et généreux, — dit le bossu en riant lorsque M. Bouffard fut sorti.

Puis, redevenant sérieux et s'adressant à Herminie :

— Ma chère enfant, ce que je viens d'entendre me donne une telle idée de l'élévation de votre cœur et de la fermeté de votre caractère... que je comprends l'inutilité de nouvelles instances à propos du sujet qui m'a amené près de vous. Si je me suis trompé; si vous n'êtes pas la fille de madame de Beaumesnil... vous persisterez naturellement dans votre dénégation; si, au contraire, j'ai deviné la vérité, vous persisterez à la nier; et en cela vous obéissez, j'en suis certain, à une raison secrète, mais honorable... Je n'insisterai donc pas... Un mot encore... J'ai été profondément touché du sentiment qui vous a fait défendre la mémoire de madame de Beaumesnil contre les soupçons... qui peuvent m'avoir trompé... Si vous n'étiez une digne et fière créature... je vous dirais que votre désintéressement est d'autant plus beau que votre position est plus précaire, plus difficile... Et, à ce propos, puisque M. Bouffard m'a privé du plaisir de pouvoir vous être utile cette fois... vous me promettez, n'est-ce pas, ma chère enfant... qu'à l'avenir vous ne vous adresserez qu'à moi?...

— Et à qui pourrais-je m'adresser sans humiliation, si ce n'est à vous, monsieur le marquis?

— Merci... ma chère enfant... mais de grâce, plus de *monsieur le marquis*... Tout à l'heure... au milieu de notre grave entretien... je n'ai eu le loisir de me révolter contre cette cérémonieuse appellation; mais maintenant que nous sommes de vieux amis, plus de *marquis*... je vous en supplie... ce sera plus cordial... C'est convenu, n'est-ce pas? — dit le bossu en tendant sa main à la jeune fille, qui la lui serra affectueusement et répondit :

— Ah! monsieur... tant de bontés, tant de généreuse confiance... cela console... de l'humiliation dont j'ai tant souffert devant vous.

— Ne pensez plus à cela, ma chère enfant... Cette injure prouve seulement que cet insolent inconnu est aussi niais que grossier... C'est d'ailleurs trop lui accorder que de garder le souvenir de son offense.

— Vous avez raison, monsieur, — répondit Herminie, quoiqu'à ce souvenir elle rougit encore d'indignation et d'orgueil; — le mépris... le mépris le plus profond... voilà ce que mérite une pareille insulte...

— Sans doute... Mais malheureusement cet outrage... votre isolement a peut-être contribué à vous attirer, ma pauvre enfant, et, puisque vous me permettez de vous parler sincèrement, comment, au lieu de vivre ainsi seule, n'avez-vous pas songé à vous mettre en pension auprès de quelque femme âgée et respectable?

— Plus d'une fois j'y ai pensé, monsieur... mais cela est si difficile à rencontrer... surtout, — ajouta la jeune fille en souriant à demi, — surtout lorsqu'on est aussi exigeante que moi...

— Vraiment? — reprit le bossu en souriant aussi, — vous êtes bien exigeante?

— Que voulez-vous, monsieur? Je ne trouverais à me placer ainsi que chez une personne d'une condition aussi modeste que la mienne... et malgré moi... je suis tellement sensible à certains défauts d'éducation et de manières, que j'aurais trop à souffrir en maintes occasions... Cela est puéril... ridicule... je le sais, car le manque d'usage n'ôte rien à la droiture, à la bonté de la plupart des personnes de la classe à laquelle j'appartiens, et dont mon éducation m'a fait momentanément sortir; mais il est pour moi des répugnances invincibles, et je préfère vivre seule... malgré les inconvéniens de cet isolement; et puis enfin je contracterais presque une obligation envers la personne qui me recevrait chez elle... et je craindrais que l'on ne me le fît trop sentir.

— Au fait, ma chère enfant, tout ceci est très conséquent, — dit le bossu après un moment de réflexion; — vous ne pouvez penser ou agir autrement... et votre fierté naturelle... et cet *orgueil* qu'en vous j'aime avant toute chose, a été, j'en suis sûr, et sera toujours votre meilleure sauvegarde... ce qui ne m'empêchera pas moins entendu, si vous le permettez, de venir de temps à autre... savoir si je peux aussi vous sauvegarder de quelque chose...

— Pouvez-vous douter, monsieur, du plaisir que j'aurai à vous voir?

— Je vous ferais injure si j'en doutais, ma chère enfant... J'en suis persuadé.

Voyant M. de Maillefort se lever pour prendre congé d'elle, Herminie fut sur le point de demander au marquis des nouvelles d'Ernestine de Beaumesnil, qu'il devait sans doute avoir déjà vue ; mais la jeune fille craignit de se trahir en parlant de sa sœur, et de réveiller les soupçons de M. de Maillefort.

— Allons ! — dit celui-ci en se levant, — adieu, ma chère et noble enfant... J'étais venu ici dans l'espoir de rencontrer une jeune fille à aimer, à protéger paternellement ; je ne m'en retournerai pas du moins... le cœur vide... Encore adieu... et au revoir...

— A bientôt, je l'espère... monsieur le marquis, — répondit Herminie avec un respectueuse déférence.

— Hein ? mademoiselle, — dit le bossu en souriant, — il n'y a pas ici de *marquis*, mais un vieux bonhomme qui vous aime, oh ! qui vous aime de tout son cœur... N'oubliez pas cela...

— Oh ! jamais... je ne l'oublierai, monsieur.

— A la bonne heure ! Cette promesse vous absout. A bientôt donc, ma chère enfant.

Et M. de Maillefort sortit très indécis sur l'identité d'Herminie, et non moins embarrassé sur la conduite à tenir au sujet de l'accomplissement des dernières volontés de madame de Beaumesnil.

La jeune fille, restée seule et pensive, réfléchit longuement aux divers incidens de ce jour, après tout presque heureux pour elle, car, en refusant un don qui montrait la tendre sollicitude de sa mère, mais qui pouvait compromettre sa mémoire, elle avait aussi conquis l'amitié de M. de Maillefort. Mais une chose cruellement pénible pour l'orgueil d'Herminie avait été le paiement fait à M. Bouffard par un inconnu.

Le caractère de *la duchesse* admis, l'on comprendra que, malgré ses résolutions de dédaigneux oubli, elle devait plus que toute autre ressentir longtemps une pareille injure, par cela même qu'elle était de tout point immeritée.

— Je passais donc pour bien méprisable aux yeux de celui qui a osé m'offenser ainsi ! — se disait l'orgueilleuse fille avec une hauteur amère, lorsqu'elle entendit sonner timidement à sa porte.

Herminie alla ouvrir

Elle se trouva en présence de M. Bouffard et d'un inconnu qui l'accompagnait.

Cet inconnu était Gerald de Senneterre.

XXX.

Herminie, à la vue du duc de Senneterre, qui lui était absolument inconnu, rougit de surprise et dit à M. Bouffard avec embarras :

— Je ne m'attendais pas, monsieur, à avoir le plaisir de vous revoir... si tôt.

— Ni moi non plus, ma chère demoiselle, ni moi non plus... c'est monsieur qui m'a forcé... de revenir ici.

— Mais, — dit Herminie, de plus en plus étonnée, — je ne connais pas monsieur.

— En effet, mademoiselle, — répondit Gerald, dont les beaux traits exprimaient une pénible angoisse, — je n'ai pas l'honneur d'être connu de vous, et pourtant je viens vous demander une grâce... Je vous en supplie... ne me refusez pas !

La charmante et noble figure de Gerald annonçait tant de franchise, son émotion paraissait si sincère, sa voix était si pénétrante, sa contenance si respectueuse, son extérieur à la fois si élégant et si distingué, qu'il ne vint pas un seul instant à la pensée d'Herminie que Gerald pût être l'inconnu dont elle avait tant à se plaindre ; rassurée d'ailleurs par la présence de M. Bouffard, et n'imaginant pas quelle *grâce* venait implorer cet inconnu, *la duchesse* dit timidement à M. Bouffard :

— Veuillez vous donner la peine d'entrer, monsieur...

Et, précédant Gerald et le *propriétaire*, la jeune fille les conduisit dans sa chambre.

Le duc de Senneterre n'avait jamais rencontré une femme dont la beauté fût comparable à celle d'Herminie, et à cette beauté, à cette taille enchanteresse, se joignait le maintien le plus modeste et le plus digne.

Mais lorsque Gerald, suivant la jeune fille, pénétra dans sa chambre et qu'il reconnut à mille indices les habitudes élégantes, les goûts choisis de celle qui habitait cette demeure, il se sentit de plus en plus confus. Dans son cruel embarras, il ne put d'abord trouver une seule parole.

Etonnée du silence de l'inconnu, Herminie interrogea du regard M. Bouffard, qui, pour venir sans doute en aide à Gerald, dit à la jeune fille :

— Il faut, voyez-vous, ma chère demoiselle, commencer par le commencement... Je vas vous dire... pourquoi monsieur...

— Permettez, — reprit Gerald en interrompant M. Bouffard.

Et, s'adressant à Herminie avec un mélange de franchise et de respect :

— Il faut vous l'avouer, mademoiselle, ce n'est pas une grâce que je viens vous demander, mais un pardon...

— A moi, monsieur ?... et pourquoi ? — demanda ingénument Herminie.

— Ma chère demoiselle, — lui dit M. Bouffard en lui faisant un signe d'intelligence, — vous savez, c'est ce jeune homme qui avait payé... je l'ai rencontré... et...

— C'était vous... monsieur ! — s'écria Herminie, superbe d'orgueilleuse indignation.

Et regardant Gerald en face, elle répéta :

— C'était vous ?

— Oui, mademoiselle... mais, de grâce, écoutez-moi...

— Assez, monsieur... — dit Herminie, — assez, je ne m'attendais pas à tant d'audace... Vous avez, du moins, monsieur, du courage dans l'insulte, — ajouta Herminie avec un écrasant dédain.

— Mademoiselle, je vous en supplie, — dit Gerald, — ne croyez pas que...

— Monsieur, — reprit la jeune fille en l'interrompant encore, mais cette fois d'une voix altérée, car elle sentait des larmes d'humiliation et de douleur lui venir aux yeux, — je ne puis que vous prier de sortir de chez moi... je suis femme... je suis seule...

En prononçant ces mots, *je suis seule*... l'accent d'Herminie fut si navrant que Gerald, malgré lui, en fut ému jusqu'aux pleurs ; et lorsque la jeune fille releva la tête en tâchant de se contenir, elle vit deux larmes contenues briller dans les yeux de l'inconnu, qui, atterré, s'inclina respectueusement devant Herminie, et fit un pas vers la porte pour sortir.

Mais M. Bouffard retint Gerald par le bras, et s'écria :

— Un instant, vous ne vous en irez pas comme ça !

Nous devons dire que M. Bouffard ajouta mentalement :

— Et mon petit appartement du *troisième*, donc !

L'on aura tout à l'heure l'explication de ces paroles: elles atténuaient sans doute la généreuse conduite de l'*homme* ; mais elles témoignaient de l'intelligence du *propriétaire*.

— Monsieur, — reprit Herminie en voyant M. Bouffard retenir Gerald, — je vous en prie...

— Oh ! ma chère demoiselle, — reprit M. Bouffard, — il n'y a pas de *monsieur* qui tienne... Vous saurez au moins pourquoi j'ai ramené ici ce brave jeune homme... Je ne veux pas, moi, que vous croyez que c'est dans l'intention de vous chagriner. Voilà le fait : le hasard m'a fait rencontrer monsieur près de la barrière. — Ah ! ah ! mon gaillard, lui ai-je dit, vous êtes encore bon enfant avec vos *jaunets* ; les voilà, vos jaunets, et n'y revenez plus, s'il vous plaît, — et, là-dessus je lui raconte de quelle manière vous avez reçu le joli service qu'il vous a rendu... et combien vous avez pleuré : alors monsieur devient rouge, pâle, vert, et me dit, tout bouleversé de ce que je lui racontais : « Ah! monsieur, j'ai outragé, sans le vouloir, une jeune personne que son isolement rend plus respectable encore : je lui dois des excuses, une réparation ; ces excuses, cette réparation, je les lui ferai devant vous... monsieur, qui, involontairement, avez été complice de cette offense. Venez... monsieur, venez. » Ma foi, mademoiselle, ce brave jeune homme m'a dit ça d'une façon... enfin d'une façon qui m'a tout remué ; car, je ne sais pas ce que j'ai aujourd'hui, je suis sensible... comme une faible femme. J'ai trouvé qu'il avait raison de vouloir vous demander excuse, ma chère demoiselle, et je l'ai amené, ou plutôt c'est lui qui m'a amené, car il m'a pris par le bras et m'a fait marcher d'une force... saperlotte, c'était le pas gymnastique accéléré, ou je ne m'y connais point.

Les paroles de M. Bouffard avaient un tel accent de vérité qu'Herminie ne put s'y tromper ; aussi, obéissant à l'équité de son caractère, et déjà touchée des larmes qu'elle avait vues briller un instant dans les yeux de Gerald, elle lui dit avec une inflexion de voix qui annonçait d'ailleurs son désir de terminer là cette explication pénible pour elle.

— Soit, monsieur, l'offense dont j'ai à me plaindre... avait été involontaire, et ce n'est pas pour aggraver cette offense que vous êtes venu ici... je crois tout cela, monsieur... vous êtes satisfait... je pense...

— Si vous l'exigez, mademoiselle, — répondit Gerald d'un air triste et résigné, — je me retire à l'instant... je ne me permettrai pas d'ajouter un mot à ma justification.

— Voyons, ma chère demoiselle, — dit M. Bouffard, — ayez donc un peu de pitié, vous m'avez bien laissé parler... Ecoutez monsieur.

Le duc de Senneterre, prenant le silence d'Herminie pour un assentiment, lui dit :

— Voici, mademoiselle, toute la vérité : Je passais tantôt dans cette rue... Comme je cherche à louer un petit appartement, je me suis arrêté devant la porte de cette maison, où j'ai vu plusieurs écriteaux.

— Oui, oui, et tu le loueras, mon *petit troisième !* va, je t'en réponds... — pensa M. Bouffard, qui, on le voit, n'avait pas ramené Gerald sans une arrière-pensée *locative* très prononcée.

Le jeune duc poursuivit :

— J'ai demandé à visiter ces logemens... et, précédant la portière de cette maison, qui devait, m'a-t-elle dit, bientôt me rejoindre, j'ai monté l'escalier... Arrivant au palier du premier étage, mon attention a été attirée par une voix timide, suppliante, qui implorait... Cette voix, c'était la vôtre, mademoiselle... vous imploriez monsieur... A ce moment, je l'avoue, je me suis arrêté, non pour commettre une lâche indiscrétion, je vous le jure... mais je me suis arrêté, comme on s'arrête, malgré soi, en entendant une plainte touchante... Alors, — continua Gerald, en s'animant d'une généreuse émotion, — alors, mademoiselle, j'ai tout entendu, et ma première pensée a été de me dire qu'une femme se trouvait dans une position pareille dont je pouvais à l'instant la sauver, et cela sans jamais être connu d'elle ; aussi, voyant presque aussitôt, du haut du palier où j'étais resté, monsieur sortir de chez vous... et monter vers moi... je l'ai abordé...

— Oui, — continua M. Bouffard, — en me disant très brutalement, ma foi : — voilà de l'or, payez-vous, monsieur, et ne tourmentez pas davantage une personne qui n'est sans doute que trop à plaindre... — Si je ne vous ai pas raconté la chose ainsi tout à l'heure, ma chère demoiselle, c'est que d'abord j'ai voulu faire une drôlerie... et puis, qu'après... j'ai été tout ahuri de vous voir si chagrine.

— Voilà mes torts, mademoiselle, — reprit Gerald, — j'ai obéi à un mouvement irréfléchi... généreux peut-être, mais dont je n'ai pas calculé les fâcheuses conséquences ; j'ai malheureusement oublié que le droit sacré de rendre certains services n'appartient qu'aux amitiés éprouvées... j'ai oublié enfin que, si spontanée, si désintéressée... que

soit la commisération, elle n'en est pas moins quelquefois une cruelle injure... Monsieur, en me racontant tout à l'heure votre juste indignation, mademoiselle, m'a éclairé sur le mal qu'involontairement j'avais fait... j'ai cru de mon devoir d'honnête homme... de venir vous en demander pardon en vous exposant simplement la vérité, mademoiselle... Je n'avais jamais eu l'honneur de vous voir, j'ignore votre nom, je ne vous reverrai sans doute jamais... puissent mes paroles vous convaincre que je n'ai pas voulu vous offenser, mademoiselle, car c'est surtout à cette heure que je comprends... la gravité de mon inconséquence.

Gerald disait la vérité (omettant nécessairement d'expliquer la destination du petit appartement qui devait lui servir de *pied-à-terre amoureux*, ainsi qu'il l'avait confié à Olivier).

Ainsi donc Gerald disait vrai... et sa sincérité, son émotion, le tact, la convenance parfaite de ses explications persuadèrent Herminie.

La jeune fille, d'ailleurs, avait, dans son ingénuité, été surtout frappée d'une chose.... puérile en apparence, mais significative pour elle, c'est que l'inconnu cherchait *un petit appartement*, donc l'inconnu n'était pas riche, donc il s'était sans doute exposé à quelque privation pour se montrer si malencontreusement généreux envers elle, donc c'était presque d'égal à égal qu'il avait voulu rendre service à une inconnue.

Ces considérations, renforcées peut-être, et pourquoi non? de l'influence qu'exerce presque toujours une charmante figure, remplie de franchise et d'expression, ces considérations apaisèrent le courroux d'Herminie ; et cette orgueilleuse, si hautaine en dépit de cet entretien, se sentit d'autant plus embarrassée pour le terminer que, loin d'éprouver dès-lors la moindre indignation contre Gerald, elle était vraiment émue de la pensée généreuse à laquelle il avait obéi, et dont il venait de donner une loyale explication.

Herminie, trop franche pour cacher sa pensée, dit à Gerald avec une sincérité charmante :

— Mon embarras... est grand... à cette heure, monsieur, car j'ai à me reprocher d'avoir mal interprété... une action.., dont j'apprécie maintenant la bonté... Je n'ai plus qu'à vous prier, monsieur, de vouloir bien oublier la vivacité de mes premières paroles.

— Permettez-moi de vous dire qu'au contraire je ne les oublierai jamais, mademoiselle... — répondit Gerald, — car elles me rappelleront toujours qu'il est une chose que l'on doit avant tout respecter chez une femme... c'est sa *dignité*.

Et Gerald, saluant respectueusement Herminie, se préparait à sortir.

M. Bouffard avait, bouche béante, écouté la dernière partie de cet entretien, aussi inintelligible pour lui que si les interlocuteurs avaient parlé turc. L'ex-épicier, arrêtant Gerald qui se dirigeait vers la porte, lui dit, croyant faire un superbe coup de partie :

— Minute, mon digne monsieur... minute... Puisque mademoiselle n'est plus fâchée contre vous... il n'y a pas de raison pour que vous ne preniez pas mon joli *petit troisième*, composé, je vous l'ai dit, d'une entrée... de deux jolies chambres, dont l'une peut servir de salon, et d'une petite cuisine... charmant logement de garçon.

A cette proposition de M. Bouffard, Herminie devint très inquiète : il lui eût été pénible de voir loger Gerald dans la même maison qu'elle.

Mais le jeune duc répondit à M. Bouffard :

— Je vous ai déjà dit, mon cher monsieur, que ce logement ne me convenait pas.

— Parbleu ! parce que cette chère demoiselle était fâchée contre vous... vous étiez ennuyeux d'être en *bisbille* entre locataires ; mais maintenant que cette chère demoiselle vous a pardonné, vous êtes à même d'apprécier la gentillesse de mon *petit troisième ?* Et vous le prenez?

— Maintenant... je le prendrais encore moins, — répondit Gerald, en se hasardant de regarder Herminie.

La jeune fille ne leva pas les yeux, mais rougit légèrement, elle était sensible à la délicatesse du refus de Gerald.

— Comment ! — s'écria M. Bouffard abasourdi, — maintenant que vous êtes raccommodé avec mademoiselle, vous pouvez *encore moins* loger chez moi ? Je ne comprends pas du tout... Il faut donc qu'en revenant vous ayez trouvé des inconvéniens dans *ma* maison ?... *ma* portière a dû pourtant vous dire...

— Ce ne sont pas précisément des inconvéniens qui me privent du plaisir de loger chez vous, mon cher monsieur, — répondit Gerald, — mais...

— Allons, je vous lâche le logement à deux cent cinquante francs... un compte rond, — dit M. Bouffard, — avec une petite cave... par-dessus le marché !

— Impossible, mon cher monsieur, absolument impossible.

— Mettons deux cent quarante, et n'en parlons plus.

— Je vous ferai observer, mon cher monsieur, — dit à demi-voix Gerald à M. Bouffard, — que ce n'est pas chez mademoiselle que nous devons débattre le prix de votre appartement, débat d'ailleurs absolument inutile.

Et, s'adressant à Herminie, le jeune duc lui dit en s'inclinant devant elle :

— Croyez, mademoiselle... que je conserverai toujours un précieux souvenir de cette première et dernière entrevue...

La jeune fille salua gracieusement sans lever les yeux.

Gerald sortit de chez Herminie opiniâtrement poursuivi par M. Bouffard, bien décidé à ne pas ainsi lâcher sa proie.

Mais, malgré les offres séduisantes du propriétaire, Gerald fut inflexible. De son côté, M. Bouffard s'opiniâtra, et le jeune duc, pour se débarrasser de ce fâcheux, et peut-être aussi pour rêver plus à loisir à l'étrange incident qui l'avait rapproché d'Herminie, le jeune duc hâta le pas et dit à ce propriétaire aux abois qu'il dirigeait sa promenade du côté des fortifications.

Ce disant, M. de Senneterre prit en effet ce chemin, laissant M. Bouffard au désespoir d'avoir manqué cette belle occasion de louer son charmant *petit troisième*.

Gerald ayant atteint le chemin stratégique des fortifications, qui, à cet endroit, coupe la plaine de Monceau, se promenait profondément rêveur.

Le souvenir de la rare beauté d'Herminie, la dignité de son caractère, jetaient le jeune duc dans un trouble croissant... Plus il se disait qu'il avait vu cette ravissante créature pour la première et la dernière fois... plus cette pensée l'attristait... plus il se révoltait contre elle...

Enfin, analysant, comparant pour ainsi dire à tous ses souvenirs amoureux ce qu'il ressentait de soudain, de profond pour Herminie, et ne trouvant rien de pareil dans le passé, Gerald se demandait avec une sorte d'inquiétude :

— Ah çà !... mais... est-ce que cette fois... je serais sérieusement pris ?

Gerald venait de se poser cette question, lorsqu'il fut croisé par un officier du génie militaire portant une redingote d'uniforme sans épaulettes et coiffé d'un large chapeau de paille.

— Tiens, — dit l'officier en regardant Gerald, — c'est Senneterre !

Le jeune duc releva la tête et reconnut un de ses anciens compagnons de l'armée d'Afrique nommé le capitaine Comtois. Il lui tendit cordialement la main.

— Bonjour, mon cher Comtois ; je ne m'attendais pas à vous rencontrer ici... quoique vous soyez *chez vous*, — ajouta Gerald en montrant du regard les fortifications.

— Ma foi ! oui, mon cher, nous piochons ferme ; l'ouvrage avance... je suis le général en chef de cette armée de braves manœuvres et de maçons que vous voyez là-bas... En Afrique, nous faisons sauter les murailles ; ici, nous en élevons... Ah çà !... vous venez donc voir nos travaux ?

— Oui, mon cher... une vraie curiosité de Parisien... de badaud.

— Ah çà ! quand vous voudrez.. ne vous gênez pas... je vous conduirai partout.

— Mille remercîmens de votre obligeance, mon cher Comtois... Un de ces jours je viendrai vous rappeler votre promesse.

— C'est dit ; venez sans façon déjeuner à la cantine, car vous retrouverez d'ailleurs au camp quelques *Bédouins*... Eh ! mon Dieu !... j'y pense ! vous vous souvenez de Clarville, lieutenant de spahis, qui, par un coup de tête, avait donné sa démission afin de pouvoir, un an après, avoir la facilité de se couper la gorge avec le colonel Duval, auquel il a coupé, non la gorge, mais le ventre ?

— Clarville ?... un brave garçon ?... je me le rappelle parfaitement.

— Eh bien ! une fois sa démission donnée, il n'avait qu'une petite rente pour vivre... une faillite la lui a enlevée, et si le hasard ne me l'avait fait rencontrer, il mourrait de faim... Heureusement, je l'ai pris comme conducteur de travaux, et il a de quoi vivre...

— Pauvre garçon !... tant mieux.

— Je crois bien : d'autant plus qu'il s'est marié... un mariage... d'amour... c'est-à-dire sans le sou... deux petits enfans par là-dessus... vous jugez... Enfin il met à peu près les deux bouts... mais à grand'peine. J'ai été le voir ; il demeure dans une petite ruelle au bout de la rue de Monceau.

— Au bout de la rue de Monceau ? — dit vivement Gerald ; — pardieu ! il faudra que j'aille aussi le voir, ce brave Clarville !

— Vrai ! eh bien ! vous lui ferez un fameux plaisir, mon cher Senneterre, car, lorsqu'on est malheureux, les visiteurs sont rares...

— Et le numéro de la maison ?

— Il n'y a que cette maison dans la ruelle. Dame, vous verrez, c'est bien pauvre ; toute la petite famille occupe là deux mauvaises chambres... Mais diable ! voici le second coup de cloche ! — dit le capitaine Comtois en entendant un tintement redoublé, — il faut que je vous quitte, mon cher Senneterre, pour faire l'appel de mon monde... Allons, adieu... N'oubliez pas votre promesse...

— Non, certes...

— Ainsi, je puis dire à ce brave Clarville que vous l'irez voir ?

— J'irai. . peut-être demain.

— Tant mieux... vous le rendrez bien heureux... Adieu, Senneterre.

— Adieu, mon cher... et à bientôt...

— A bientôt donc. N'oubliez pas l'adresse de Clarville.

— Je n'ai garde de l'oublier, — pensa Gerald ; — la ruelle où il demeure doit border le jardin de la maison où je viens de voir cette adorable jeune fille.

Pendant que le capitaine doublait le pas afin d'aller gagner une espèce d'agglomération de cabanes en planches que l'on voyait au loin, Gerald, resté seul, se promena encore longtemps avec une sorte d'agitation fiévreuse.

Le soleil déclinait lorsqu'il sortit de sa rêverie.

— Je ne sais pas ce qu'il adviendra de tout ceci, — se dit-il ; — mais cette fois... et c'est la seule, je le sens... je suis pris... et très sérieusement **pris**.

XXXI.

Malgré l'impression profonde et si nouvelle que Gerald avait conservée de son entrevue avec Herminie, il s'était rencontré avec **Ernestine de Beaumesnil** ; car, selon les projets des La Rochaiguë, *la plus riche héritière* de France avait été, soit indirectement, soit directement, mise en rapport avec ses trois prétendans.

Un mois environ s'était passé depuis ces différentes présentations et depuis la première entrevue de Gerald et d'Herminie, entrevue dont on saura plus tard les suites.

Onze heures du soir venaient de sonner.

Mademoiselle de Beaumesnil, retirée seule dans son appartement, semblait réfléchir profondément ; sa physionomie n'avait rien perdu de sa douceur candide, mais parfois un sourire amer... presque douloureux, contractait ses lèvres, et son regard annonçait alors quelque chose de résolu qui contrastait avec l'ingénuité de ses traits.

Soudain mademoiselle de Beaumesnil se leva, se dirigea vers la cheminée et posa la main sur le cordon de la sonnette... puis elle s'arrêta un moment, indécise et comme hésitant devant une grave détermination. Paraissant enfin prendre un parti décisif, elle sonna.

Presque aussitôt parut madame Lainé, sa gouvernante, l'air obséquieux et empressé.

— Mademoiselle... a besoin de quelque chose ?

— Ma chère Lainé... asseyez-vous là.

— Mademoiselle est trop bonne...

— Asseyez-vous là, je vous en prie, et causons...

— C'est pour obéir à mademoiselle, — dit la gouvernante très surprise de la familiarité de sa jeune maîtresse, qui l'avait toujours traitée jusqu'alors avec une extrême réserve.

— Ma chère Lainé, — lui dit mademoiselle de Beaumesnil d'un ton affectueux, — vous m'avez souvent répété que je pouvais compter... sur votre attachement ?

— Oh ! oui, mademoiselle.

— Sur votre dévoûment ?

— Il est à la vie, à la mort... mademoiselle.

— Sur votre discrétion ?

— Je ne demande qu'une chose à mademoiselle, — répondit la gouvernante de plus en plus charmée de ce début, — que mademoiselle me mette à l'épreuve... elle me jugera.

— Eh bien ! je vais vous mettre à l'épreuve...

— Quel bonheur !... une marque de confiance de la part de mademoiselle !

— Oui... une marque d'extrême confiance, et j'espère que vous la mériterez...

— Je jure à mademoiselle... que...

— C'est bien, je vous crois, — dit Ernestine en interrompant les protestations de sa gouvernante ; — mais, dites-moi : il y a aujourd'hui huit jours... vous m'avez demandé... de vous accorder votre soirée du lendemain, pour aller à une petite réunion que donne chaque dimanche une de vos amies, nommée... Comment s'appelle-t-elle ? j'ai oublié son nom.

— Elle s'appelle madame Herbaut, mademoiselle. Cette amie... a deux filles, et chaque dimanche elle réunit quelques personnes de leur âge... Je croyais l'avoir dit à mademoiselle en lui demandant la permission d'assister à cette réunion.

— Et quelles sont ces jeunes personnes ?

— Mais, mademoiselle, — répondit la gouvernante ne voyant pas où mademoiselle de Beaumesnil voulait en venir, — les jeunes filles qui fréquentent la maison de madame Herbaut sont, en général, des demoiselles de magasin, ou bien encore de jeunes personnes qui donnent des leçons de musique ou de dessin... il y a aussi des teneuses de livres de commerce... Quant aux hommes... ce sont des commis, des artistes, des clercs de notaire... mais tous braves et honnêtes jeunes gens ; car madame Herbaut est très sévère sur le choix de sa société en hommes et en femmes ; cela se conçoit, elle a des filles à marier, et, entre nous, mademoiselle, c'est pour arriver à les établir qu'elle donne ces petites réunions...

— Ma chère Lainé, — dit Ernestine comme s'il se fût agi de la chose la plus simple du monde, — je veux assister à l'une des réunions de madame Herbaut...

— Mademoiselle !... s'écria la gouvernante qui croyait avoir mal entendu, — que dit mademoiselle ?

— Je dis que je veux assister à l'une des réunions de madame Herbaut... demain soir, par exemple.

— Ah ! mon Dieu ! — reprit la gouvernante avec stupeur, — c'est sérieusement que mademoiselle dit cela ?

— Très sérieusement...

— Comment ? vous ! mademoiselle, vous ! chez de si petits bourgeois ! mais c'est impossible, mademoiselle n'y songe pas !

— Impossible ! pourquoi ?

— Mais, mademoiselle, M. le baron et madame la baronne n'y consentiront jamais !

— Aussi je ne compte pas leur faire cette demande...

La gouvernante ne comprenait pas encore, et reprit :

— Comment ! mademoiselle irait chez madame Herbaut sans en parler à M. le baron ?...

— Certainement.

— Mais alors, comment ferez-vous, mademoiselle ?

— Ma chère Lainé, vous m'avez encore tout à l'heure dit que je pouvais compter sur vous.

— Et je vous le répète, mademoiselle.

— Eh bien ! il faut donc que demain soir vous me présentiez à la réunion de madame Herbaut.

— Moi !... mademoiselle... En vérité, je ne sais si je rêve ou si je veille.

— Vous ne rêvez pas ; ainsi, demain soir, vous me présenterez chez madame Herbaut comme l'une de vos parentes... une orpheline.

— L'une de mes parentes... Ah ! mon Dieu ! je n'oserai jamais... et...

— Laissez-moi achever... Vous me présenterez, dis-je, comme une de vos parentes nouvellement arrivée de province... et qui exerce la profession de... de brodeuse... par exemple... Mais souvenez-vous bien que si vous commettiez la moindre indiscrétion ou la moindre maladresse... que si l'on pouvait enfin se douter... que je ne suis pas ce que je vous parairie, c'est-à-dire une orpheline qui vit de son travail, vous ne resteriez pas une minute à mon service... tandis que si, au contraire, vous suivez bien mes instructions... vous pouvez tout attendre de moi.

— En vérité, mademoiselle, je tombe de mon haut... je n'en reviens pas... Mais pourquoi mademoiselle veut-elle que je la présente comme ma parente... comme une orpheline... chez madame Herbaut ? Pourquoi ne pas...

— Ma chère Lainé, assez de questions... puis-je compter sur vous ? oui ou non.

— Oh ! mademoiselle, à la vie, à la mort ; mais...

— Pas de mais... et un dernier mot : Vous n'êtes pas sans savoir, — ajouta la jeune fille avec un sourire d'une amertume étrange, — que je suis *la plus riche héritière de France ?*

— Certainement, mademoiselle ; tout le monde le sait et le dit : il n'y a pas une fortune aussi grande que celle de mademoiselle...

— Eh bien ! si vous faites ce que je vous demande, si vous êtes surtout d'une discrétion à toute épreuve... à toute épreuve, entendez-vous bien ?... j'insiste là-dessus, car il faut absolument que chez madame Herbaut l'on me croie ce que je tiens à paraître : *une pauvre orpheline vivant de son travail.* En un mot, si, grâce à votre intelligence et à votre extrême discrétion, tout se passe comme je le désire, vous verrez de quelle façon *la plus riche héritière de France* acquitte les dettes de reconnaissance.

— Ah ! — fit la gouvernante avec un geste de désintéressement superbe, — ce que dit mademoiselle est bien pénible pour moi... Mademoiselle peut-elle croire que je mets un prix à mon dévoûment ?

— Non ; mais je tiens, moi, à mettre un prix à ma reconnaissance.

— Mon Dieu ! mademoiselle, vous le savez bien ; demain, vous seriez pauvre comme moi que je vous serais aussi dévouée.

— Je n'en doute pas le moins du monde ; mais, en attendant que je sois pauvre, faites ce que je vous demande... conduisez-moi demain chez madame Herbaut.

— Permettez, mademoiselle... raisonnons un peu, et vous allez voir toutes les impossibilités de votre projet.

— Quelles sont ces impossibilités ?

— D'abord... comment faire pour disposer de toute votre soirée de demain, mademoiselle ? M. le baron, madame la baronne, mademoiselle Héléna ne vous quittent pas.

— Rien de plus simple... Je dirai demain matin que j'ai passé une mauvaise nuit... que je me sens souffrante... Je resterai toute la journée dans ma chambre... Sur les six heures du soir... vous irez dire que je repose et que j'ai absolument défendu que l'on entre chez moi... Mon tuteur et sa famille respectent si profondément mes moindres volontés... — ajouta mademoiselle de Beaumesnil avec un mélange de tristesse et de dédain, — que l'on n'osera pas interrompre mon sommeil.

— Oh ! pour cela, mademoiselle a raison, personne n'oserait la contredire ou la contrarier en rien... Mademoiselle dirait à M. le baron de marcher sur la tête, et à madame la baronne ou à mademoiselle Héléna de se masquer en plein carême, qu'ils le feraient sans broncher.

— Oh ! oui, ce sont assurément d'excellents parens, remplis de tendresse et de dignité, — reprit Ernestine avec une expression singulière ; — eh bien ! vous voyez que me voilà déjà libre de toute ma soirée de demain.

— C'est quelque chose, mademoiselle ; mais pour sortir d'ici ?

— Pour sortir d'ici ?

— Oui, mademoiselle ; pour sortir... de l'hôtel sans être rencontrée par personne dans l'escalier, sans être vue du concierge ?

— Cela vous regarde ; cherchez un moyen.

— Ecoutez donc, mademoiselle, c'est bien facile à dire : un moyen... un moyen...

— J'avais, en effet, prévu cet obstacle ; mais je me suis dit... ma chère Lainé est très intelligente... elle viendra à mon secours.

— Dieu sait si je le voudrais, mademoiselle ! pourtant... je ne vois pas...

— Cherchez bien... Je ne suis jamais montée chez moi que par le grand escalier... N'y a-t-il pas des escaliers... de service... qui conduisent à cet appartement ?

— Sans doute, mademoiselle, il y a deux escaliers de service ; mais vous risqueriez d'y être rencontrée par les gens de la maison... — à moins, dit la gouvernante en réfléchissant, — à moins que mademoiselle ne choisisse le moment où les gens seront à dîner... sur les huit heures... par exemple.

— A merveille... votre idée est excellente.

— Que mademoiselle ne se réjouisse pas trop tôt !

— Pourquoi cela ?

— Il faudra toujours que mademoiselle passe devant la loge du concierge... un vrai cerbère...

— C'est vrai... trouvez donc un autre moyen !

— Mon Dieu ! mademoiselle, je cherche, mais... c'est si difficile !...

— Oui... mais pas impossible, il me semble...

— Ah ! mon Dieu ! — dit soudain la gouvernante après avoir réfléchi, — quelle idée !

— Voyons vite... cette idée !

— Pardon, mademoiselle, je ne réponds encore de rien... mais il serait peut-être possible... Je sors et je reviens dans l'instant, mademoiselle.

La gouvernante sortit précipitamment. L'orpheline resta seule.

— Je ne m'étais pas trompée, — dit-elle avec une expression de dégoût et de tristesse, — cette femme a une âme vénale et basse... comme tant d'autres... mais du moins cette vénalité... cette bassesse même me répondent de sa soumission, et surtout de sa discrétion.

Au bout de quelques minutes, la gouvernante rentra le visage rayonnant.

— Victoire ! mademoiselle.

— Expliquez-vous !

— Mademoiselle sait que son cabinet de toilette donne dans ma chambre ?

— Ensuite ?

— A côté de ma chambre, il y a une grande pièce où sont les armoires pour les robes de mademoiselle ?

— Eh bien ?

— Cette pièce a une porte qui s'ouvre sur un petit escalier autre que celui de service... et auquel je n'avais jusqu'ici fait aucune attention.

— Et cet escalier... où va-t-il aboutir ?

— Il aboutit à une petite porte condamnée qui, autant que j'en ai pu juger, doit s'ouvrir au bas du corps de logis qui est en retour sur la rue.

— Ainsi, — dit vivement mademoiselle de Beaumesnil, — cette porte donnerait sur la rue ?

— Oui, mademoiselle, et ce n'est pas étonnant ; dans presque tous les grands hôtels de ce quartier, il y a des petites portes dérobées conduisant près des chambres à coucher, parce qu'autrefois... les femmes de la cour...

— Les femmes de la cour ?

Demanda si naïvement Ernestine à sa gouvernante que celle-ci baissa les yeux devant l'innocent regard de la jeune fille, et, craignant d'aller trop loin et de compromettre sa récente familiarité avec Ernestine, madame Lainé reprit :

— Je ne veux pas ennuyer mademoiselle de caquets d'antichambre.

— Et vous avez raison. — Mais si cette porte qui donne sur la rue est condamnée, comment l'ouvrir ?

— Il m'a semblé qu'elle était verrouillée et fermée en dedans... Mais, que mademoiselle soit tranquille, j'ai toute la nuit devant moi... et, demain matin, j'espère pouvoir en rendre bon compte à mademoiselle.

— A demain, donc, ma chère Lainé... Si vous avez besoin de prévenir à l'avance votre amie madame Herbaut que vous devez le soir lui présenter une de vos parentes... n'y manquez pas.

— Je le ferai, quoique ce ne soit pas indispensable. Mademoiselle, présentée par moi, sera accueillie comme moi-même ; entre petites gens, on ne fait pas tant de façons.

— Allons, c'est entendu... Mais, je vous le répète, une dernière fois... j'attends de vous la plus entière discrétion... votre fortune à venir est à ce prix...

— Mademoiselle pourra m'abandonner, me renier comme une malheureuse, si je manque à ma parole.

— J'aimerais bien mieux avoir à vous récompenser.... Occupez-vous donc de cette porte... et... à demain.

— Mon Dieu ! mademoiselle, que tout cela est donc extraordinaire !

— Que voulez-vous dire ?

— Je parle du désir qu'a mademoiselle d'être présentée chez madame Herbaut. Je n'aurais jamais cru que mademoiselle pût avoir une idée pareille... Du reste, je suis bien tranquille, — ajouta la gouvernante d'un air grave et compassé, — je connais mademoiselle, elle ne voudrait pas engager une pauvre femme comme moi dans une démarche fâcheuse... compromettante... et, sans oser me permettre d'adresser une question à mademoiselle... ne pourrais-je pas... par cela même que je ne dois parler de ceci à personne au monde... ne pourrais-je pas savoir pourquoi mademoiselle...

— Bonsoir, ma chère Lainé, — dit mademoiselle de Beaumesnil en se levant et en interrompant sa gouvernante ; — demain matin vous me tiendrez au courant de vos recherches de cette nuit.

Trop heureuse d'avoir enfin un secret entre sa jeune maîtresse et elle, secret qui, à ses yeux était le gage d'une confiance qui assurait sa fortune, la gouvernante se retira discrètement.

Mademoiselle de Baumesnil resta seule...

Après quelques moments de réflexions l'orpheline ouvrit son nécessaire et écrivit ce qui suit sur l'album, où elle tenait une sorte de journal de sa vie, journal que, par un pieux souvenir, elle adressait à la mémoire de sa mère.

XXXII.

» La résolution que je viens de prendre ma chère ma-
» man, — écrivait Ernestine de Baumesnil sur son Jour-
» nal, — est peut-être dangereuse... j'ai tort... je le
» crains ; mais à qui, mon Dieu, demander conseil ?
» A toi, tendre mère, je le sais... aussi, est-ce en t'in-
» voquant que j'ai pris cette étrange détermination.
» Oui, car il faut, qu'à tout prix j'éclaircisse des dou-
» tes qui, depuis quelque temps, me mettent au sup-
» plice...
» Tout à l'heure, chère maman, je te dirai quels sont
» mes projets, et pourquoi je m'y suis décidée.
» Depuis plusieurs jours, bien des choses se sont révé-
» lées à moi ; choses si nouvelles, si tristes, qu'elles ont
» jeté mon esprit dans un trouble extrême.
» C'est à peine si je puis à cette heure mettre un peu
» d'ordre dans mes idées, afin de te faire lire au plus
» profond de mon cœur, bonne et tendre mère.
» Pendant les premiers temps de mon arrivée dans cette
» maison, je n'ai eu qu'à me louer... de mon tuteur et de
» sa famille ; je ne leur reprochais qu'un excès de préve-
» nances et de flatteries.
« Ces prévenances, ces flatteries n'ont pas cessé ; elles
» ont au contraire augmenté, si cela est possible...
» Mon esprit, mon caractère, et jusqu'à mes paroles les
» plus insignifiantes, tout est loué, mais et exalté outre
» mesure. Quant à ma figure, à ma taille, à ma tournure,
» à mes moindres mouvements... tout est non moins gra-
» cieux, charmant, divin ; enfin il n'est pas au monde
» une créature plus accomplie... que moi.
» La pieuse mademoiselle Héléna, qui ne ment jamais,
» m'assure que j'ai l'air d'une MADONE.
» Madame de La Rochaiguë me dit, avec sa brutale
» franchise, que je réunis tant de rares distinctions, en
» attraits, en élégance, qu'un jour je deviendrai, malgré
» moi, LA FEMME LA PLUS A LA MODE DE PARIS.
« Enfin, selon mon tuteur, homme grave et réfléchi, la
» grâce de mon visage, la dignité de mon maintien, me
» donnent une ressemblance frappante avec la belle DU-
» CHESSE DE LONGUEVILLE, si célèbre sous la Fronde.
» Et comme un jour je m'étonnais, dans ma naïveté, de
» ressembler à tant de personnes à la fois, sais-tu, ma
» chère maman, ce que l'on m'a répondu ?
» Cela est très simple... vous réunissez les charmes les plus
» divers, Mademoiselle ; aussi, chacun trouve-t-il en vous
» l'attrait qu'il préfère...
» Et ces flatteries me poursuivent partout, m'atteignent
» partout.
» Le coiffeur vient-il accommoder mes cheveux ? de sa
» vie il n'a vu plus admirable chevelure...
» On me conduit chez la modiste. — A quoi bon choi-
» sir une forme de chapeau plutôt qu'une autre ? — dit
» cette femme, — avec une figure comme celle de made-
» moiselle, tout paraît charmant et du meilleur goût.
» La couturière affirme, de son côté, que telle est l'in-
» croyable élégance de ma taille, que moi, vêtue d'un sac... je
» ferais le désespoir des femmes les plus citées pour leurs
» perfections naturelles.
» Il n'est pas jusqu'au cordonnier, obligé, dit-il, de faire
» des formes particulières, n'ayant jamais eu à chausser
» un aussi petit pied que le mien.
» Le gantier, par exemple, est plus franc, il prétend
» que j'ai tout simplement une main de naine.

» Tu le vois, chère maman, il s'en faut de peu que je
» tombe dans le phénomène... dans la curiosité.
» Oh ! ma mère !...ma mère !... ce n'est pas ainsi que tu
» louais ta fille, lorsque, prenant ma tête entre tes deux
» mains ; tu me disais en me baisant au front :
» Ma pauvre Ernestine, tu n'es ni belle ni jolie... mais
» la candeur... et la bonté de ton âme se lisent si visible-
» ment sur ton doux visage... que pour toi... je ne re-
» grette pas la beauté.
» Et, à ces louanges, les seules que tu m'aies jamais
» données, ma mère, je croyais ! J'en étais heureuse... car
» je me sentais le cœur simple et bon.
» Mais, hélas ! ce cœur que tu aimais ainsi, chère ma-
» man... est-il resté digne de toi ? je ne sais.
» Jamais je n'avais connu la défiance, le doute, la mo-
» querie amère... et, depuis quelques jours, ces tristes et
» mauvais pressentiments se sont tout-à-coup développés
» en moi avec une rapidité dont je suis aussi surprise
» qu'alarmée...
» Ce n'est pas tout...
» Il faut qu'il y ait quelque chose de dangereusement
» pénétrant dans la flatterie ; car, à toi..... je dois tout
» dire... Bien que taxant quelquefois d'exagération les
» louanges que l'on me prodiguait, je m'étais demandé
» comment il se faisait pourtant que tant de personnes
» différentes, n'ayant aucun rapport entre elles, se trou-
» vassent si unanimes pour me louer en tout et sur tout.
» Il y a plus... L'autre jour, madame de La Rochaiguë
» m'a conduite à un concert... Je me suis aperçue que
» tout le monde me regardait... quelques personnes, mê-
» me, passaient et repassaient devant moi avec affecta-
» tion, cependant j'étais bien simplement mise... A l'é-
» glise même... lorsque j'en sors... je ne suis pas sans voir
» que l'on me remarque.
» Et mon tuteur et sa famille de me dire :
» — Eh bien !... vous avions-nous trompée ? Voyez quel
» effet vous produisez partout et sur tout le monde !
» A cela, à cette évidence, que pouvais-je répondre,
» chère maman ? Rien... Aussi...
» Ces louanges, ces flatteries commençaient, je l'avoue,
» à me paraître douces... Je m'en étonnais moins, et si
» parfois encore je les taxais d'exagération, je me répon-
» dais aussitôt :
» Mais pourquoi l'effet que je produis, comme dit mon
» tuteur, est-il si unanime ?
» Hélas ! la cause de cette unanimité, on devait me l'ap-
» prendre.
» Voici ce qui m'est arrivé :
» Plusieurs fois, j'ai vu chez mon tuteur une personne
» dont je n'avais osé te parler jusqu'ici : c'est M. le mar-
» quis de Maillefort : il est difforme, il a l'air sardonique,
» et il dit à tout le monde que des méchantes ou des
» douceurs ironiques, pires que des méchancetés.
» Presque toujours, cédant à l'antipathie qu'il m'inspi-
» rait, j'avais trouvé le moyen de quitter le salon très
» peu de temps après l'arrivée de ce méchant homme ; ces
» marques de mon éloignement pour lui étaient encou-
» ragées, favorisées par les personnes dont je suis entou-
» rée, car elles redoutent M. de Maillefort, quoiqu'elles
» l'accueillent avec une affabilité forcée.
» Il y a trois jours, on l'annonce.
» Je me trouvais seule avec mademoiselle Héléna. Quit-
» ter le salon à l'instant même eût été de ma part une
» impolitesse trop grande ; je restai donc, comptant me
» retirer au bout de quelques momens.
» Tel fut alors le court entretien de M. de Maillefort et
» de mademoiselle Héléna ; je me rappelle comme si je
» l'entendais... Hélas ! je n'en ai pas perdu un seul mot !
» — Eh ! bonjour donc, ma chère demoiselle Héléna,
» lui dit le marquis de son air sardonique, je suis tou-
» jours ravi de voir mademoiselle de Beaumesnil auprès
» de vous... elle a tant à gagner dans vos pieux entre-
» tiens... elle a tant à profiter de vos excellens conseils,

» ainsi que de ceux de votre digne frère et de votre non
» moins digne belle-sœur !
» — Mais, nous l'espérons bien, monsieur le marquis ;
» nous remplissons en cela un devoir sacré envers made-
» moiselle de Beaumesnil.
» — Certainement, — a répondu M. de Maillefort d'un
» ton de plus en plus sardonique, — à ce devoir sacré...
» vous et les vôtres, vous ne faillissez point : ne répétez-
» vous point sans cesse, et sur tous les tons, à mademoi-
» selle de Beaumesnil : — *Vous êtes la plus riche héritière
» de France*... DONC vous êtes, en cette qualité, la per-
» sonne du monde la plus admirablement accomplie...
» DONC la plus universellement douée...
» — Mais, monsieur, — s'écria mademoiselle Héléna en
» interrompant M. de Maillefort, — ce que vous dites là...
» — Mais, mademoiselle, — reprit le marquis, — j'en
» appelle à mademoiselle de Beaumesnil elle-même...
» qu'elle dise si, de toutes parts, ne retentit pas autour
» d'elle un éternel concert de louanges, magnifiquement
» organisé d'ailleurs par ce cher baron, par sa femme et
» par vous, mademoiselle Héléna ; charmant concert dans
» lequel vous faites tous trois votre partie avec un talent
» enchanteur... avec une abnégation touchante, avec un
» désintéressement sublime ! Tous les rôles vous sont bons...
» aujourd'hui simples chefs de chœur, vous donnez le ton
» à la foule des admirateurs de mademoiselle de Beaumes-
» nil... demain, brillans solos, vous improvisez des hym-
» nes à sa louange, où se révèlent toute l'étendue de vos
» ressources, toute la flexibilité de votre art..., et surtout
» l'adorable sincérité de vos nobles cœurs...
» — Ainsi, monsieur, — dit mademoiselle Héléna en de-
» venant rouge, de colère sans doute, — ainsi notre chère
» pupille n'a aucune des qualités, aucun des agrémens,
» aucun des charmes qui lui sont si unanimement reconnus ?
» — *Parce qu'elle est la plus riche héritière de France*,
» répondit M. de Maillefort en s'inclinant ironiquement
» devant moi, — et, en cette qualité, mademoiselle de
» Beaumesnil a droit... aux flatteries les plus outrageuses...
» et les plus... outrageantes, parce qu'elles sont menson-
» gères et uniquement dictées par la bassesse ou par la
» cupidité.
» Je me levai et je sortis, pouvant à peine contenir mes
» larmes...
» Ces paroles, je ne les ai pas oubliées, ô ma mère !
» Toujours je les entends...
» Oh ! la méchanceté de M. de Maillefort a été pour moi
» une révélation ; mes yeux se sont ouverts... j'ai tout
» compris.
» Ces louanges de toutes sortes, ces prévenances, ces
» protestations d'attachement dont on m'accable ; *l'effet
» que j'ai produit dans quelques réunions*, et jusqu'aux flat-
» teries de mes fournisseurs, tout cela s'adresse à *la plus
» riche héritière de France*...
» Ah ! ma mère, ce n'était donc pas sans raison que je
» t'écrivais l'impression douloureuse, étrange, que j'ai
» ressentie, lorsque, le lendemain de mon arrivée dans
» cette maison, l'on m'a si pompeusement annoncé que
» j'étais maîtresse d'une fortune énorme.
» *Il me semble*, — te disais-je, — *que je suis dans la posi-
» tion d'une personne qui possède un trésor... et qui craint
» à chaque instant d'être volée.*
» Cette impression, alors confuse, inexplicable, je la
» comprends maintenant.
» C'était le vague pressentiment de cette crainte, de cette
» défiance inquiète, ombrageuse, amère, dont je suis pour-
» suivie sans relâche... depuis que cette pensée accablante
» est sans cesse présente à mon esprit :
» — *C'est uniquement à ma fortune que s'adressent toutes
» les marques d'affection que l'on me témoigne, toutes les
» louanges que l'on m'accorde.*
» Oh ! je te répète, ma mère, la méchanceté de M. de
» Maillefort a du moins eu, contre son gré, un bon résul-
» tat ; sans doute cette révélation m'a fait et me fera cruel-

» lement souffrir... mais, au moins, elle m'éclaire, elle
» explique, elle autorise l'espèce d'éloignement incompré-
» hensible et toujours croissant que m'inspiraient mon tu-
» teur et sa famille.
» Cette révélation me donne enfin la clef de l'obséquio-
» sité, des basses prévenances dont je suis partout et tou-
» jours entourée.
» Et cependant, chère et tendre mère, c'est maintenant
» que mes aveux deviennent pénibles...
» Oui... je te l'ai dit... soit que l'atmosphère d'adulation
» et de fausseté où je vis maintenant m'ait déjà corrom-
» pue... soit peut-être que je recule devant ce qu'il y a
» d'horrible dans cette pensée :
» *Toutes les louanges, toutes les preuves d'affection que
» l'on me donne ne sont adressées qu'à ma fortune...*
» Je ne puis croire à tant de bassesse, à tant de fausseté
» chez les autres, et, faut-il te le dire, je ne puis croire
» non plus que je vaille si peu... même envers toi...
» et que je sois incapable
» d'inspirer la moindre affection sincère et désintéressée...
» Ou plutôt, vois-tu, chère mère, je ne sais plus que
» penser... mais les autres, ni de moi-même... Ce continuel
» état de doute est insupportable : en vain j'ai cherché les
» moyens d'en sortir, de savoir la vérité. Mais à qui la de-
» mander ? De qui puis-je attendre une réponse sincère ?
» Et encore, maintenant pourrais-je jamais croire à la sin-
» cérité ?
» Ce n'est pas tout ? de nouveaux événemens sont venus
» rendre plus cruelle encore cette situation déjà si pénible
» pour moi...
» Tu vas en juger.
» Les amères et ironiques paroles de M. de Maillefort, à
» propos des perfections que je devais réunir en ma qualité
» d'*héritière*, ont sans doute été répétées à mon tuteur et
» à sa femme par mademoiselle Héléna, ou bien quelque
» autre événement, que j'ignore, a forcé les personnes dont
» je suis entourée à hâter et à me dévoiler des projets
» auxquels j'étais jusqu'alors restée absolument étrangère,
» et qui portent à leur comble mes incertitudes et ma dé-
» fiance. »

Mademoiselle de Beaumesnil, à cet endroit de son journal, fut interrompue par deux coups frappés discrètement
à la porte de sa chambre à coucher.

Surprise, presque effrayée, ayant oublié au milieu de ses
tristes préoccupations le sujet de son dernier entretien avec
sa gouvernante, l'orpheline demanda d'une voix tremblante :

— Qui est là ?

— Moi ! mademoiselle, — répondit madame Lainé à travers la porte.

— Entrez, — dit Ernestine se rappelant tout alors.

Et s'adressant à sa gouvernante :

— Qu'y a-t-il donc ?

— Bonne nouvelle... excellente nouvelle, mademoiselle... Vous voyez, j'ai les mains en sang... mais... c'est
égal !

— Ah ! mon Dieu !... c'est vrai, — s'écria mademoiselle
de Beaumesnil avec effroi, — que vous est-il donc arrivé ?... Tenez, prenez ce mouchoir... étanchez ce sang...

— Oh ! ce n'est rien, mademoiselle, — répondit la gouvernante avec héroïsme, — pour votre service je braverais
la mort !...

Cette exagération attiédit la compassion de mademoiselle
de Beaumesnil, qui répondit :

— Je crois à votre courageux dévoûment, mais, de grâce,
enveloppez votre main.

— C'est pour obéir à mademoiselle, peu m'importe
cette blessure... car enfin, la porte est ouverte... Mademoiselle, je suis parvenue à soulever les pitons du cadenas...
à soulever une barre de fer... J'ai entr'ouvert la porte, et,
comme je m'en doutais, elle donne dans la rue...

— Soyez sûre, ma chère Lainé, que je saurai reconnaître.

— Ah ! je conjure mademoiselle de ne pas me parler de
sa reconnaissance ; ne suis-je pas payée par le plaisir que

j'ai à la servir ?... Seulement que mademoiselle m'excuse d'être ainsi revenue, malgré ses ordres... mais j'étais si contente d'avoir réussi !...
— Je vous sais, au contraire, beaucoup de gré de cet empressement... Ainsi, nous pouvons en toute certitude convenir de nos projets pour demain ?...
— Oh ! maintenant, mademoiselle, c'est chose faite.
— Eh bien donc ! vous me préparerez une robe de mousseline blanche, très simple, et, la nuit venue, nous nous rendrons chez madame Herbaut. Et, encore une fois... la plus grande discrétion.
— Que mademoiselle soit tranquille... elle n'a rien de plus à m'ordonner ?
— Non, je n'ai qu'à vous remercier de votre zèle.
— Je souhaite une bonne nuit à mademoiselle.
— Bonsoir, ma chère Lainé.
La gouvernante sortit.
Mademoiselle de Beaumesnil continua d'écrire son journal.

XXXIII.

Après le départ de sa gouvernante, mademoiselle de Beaumesnil continua donc d'écrire son journal ainsi qu'il suit :
» Pour bien comprendre ces nouveaux événements, il » faut revenir sur le passé... chère maman...
» Le lendemain de mon arrivée chez mon tuteur, je » suis allée à l'église avec mademoiselle Héléna ; je me » recueillais dans ma prière en songeant à toi, ma mère, » lorsque mademoiselle Héléna m'a fait remarquer un » jeune homme qui priait avec ferveur au même autel » que nous.
» — Ce jeune homme, je l'ai su plus tard, se nomme » M. Célestin de Macreuse.
» L'attention de mademoiselle Héléna avait été attirée » sur lui, me dit-elle, parce qu'au lieu de s'agenouiller, » comme tout le monde, sur une chaise, il était à genoux » sur les dalles de l'église ; c'était aussi pour sa mère » qu'il priait... car nous l'avons ensuite entendu deman- » der, au prêtre qui vint faire la quête de notre côté, une » nouvelle neuvaine de messes à la même chapelle pour » le repos de l'âme de sa mère.
» En sortant de l'église, et au moment où nous allions » prendre de l'eau bénite, M. de Macreuse nous en a » offert en nous saluant, car il nous précédait au béni- » tier ; plusieurs pauvres ont ensuite entouré ce jeune » homme ; il leur a distribué une abondante aumône, en » leur disant d'une voix émue : le peu que je vous donne, » je vous l'offre au nom de ma pauvre mère qui n'est » plus. Priez pour elle.
» A l'instant où M. de Macreuse disparaissait dans la » foule, j'ai aperçu M. de Maillefort ; entrait-il dans l'é- » glise ? en sortait-il ? je ne sais ; mademoiselle Héléna, » l'apercevant en même temps que moi, a paru surprise, » presque inquiète de sa présence. En revenant à la mai- » son elle m'a plusieurs fois parlé de M. de Macreuse, » dont la piété paraissait si sincère, la charité si grande ; » elle ne connaissait pas ce monsieur, — me dit-elle, — » mais il lui inspirait beaucoup d'intérêt, parce qu'il sem- » blait posséder des qualités presqu'introuvables chez les » jeunes gens de notre temps.
» Le lendemain, nous sommes retournées à l'église ; » Nous avons de nouveau rencontré M. de Macreuse ; il » fait ses dévotions à la même chapelle que nous ; cette » fois il semblait si absorbé dans sa prière que, l'office » terminé, il est resté à genoux sur la pierre, qu'il tou- » chait presque du front, tant il semblait accablé, anéanti

» par la douleur ; puis, s'affaissant bientôt sur lui même... » il est tombé à la renverse... évanoui, et on l'a trans- » porté dans la sacristie...
» — Malheureux jeune homme, — m'a dit mademoiselle » Héléna, — combien il regrette sa mère ! quel bon et » et noble cœur il doit avoir.
» J'ai partagé l'attendrissement de mademoiselle Hé- » léna, car mieux que personne je pouvais compatir aux » souffrances de M. de Macreuse, dont la figure douce et » triste révélait un profond chagrin.
» Au moment où la sacristie s'ouvrait aux bedeaux qui » emportaient M. de Macreuse, M. de Maillefort, qui se » trouvait sur son passage, se mit à rire d'un air iro- » nique.
» Mademoiselle Héléna parut de plus en plus inquiète » de rencontrer une seconde fois M. de Maillefort à l'é- » glise.
» — Ce satan, — me dit-elle, — ne peut venir dans la » maison de Dieu que pour quelque maléfice...
» Dans l'après-dîner de ce jour, madame de La Rochai- » guë m'a décidée, malgré ma répugnance, à venir faire » une promenade avec elle et une de ses amies ; nous » avons été prendre madame la duchesse de Senneterre, » que je ne connaissais pas, et nous sommes allées aux » Champs-Élysées ; il y avait beaucoup de monde ; notre » voiture s'étant mise au pas, madame de La Rochaiguë a » dit à madame de Senneterre :
» — Ma chère duchesse, est-ce que ce n'est pas mon- » sieur votre fils que je vois là-bas à cheval ?
» — En effet, c'est Gerald, — a répondu madame de » Senneterre en lorgnant de ce côté.
» — J'espère bien qu'il nous verra, — a ajouté madame » de Mirecourt, — et qu'il viendra nous saluer.
« — Oh ! — a repris madame de La Rochaiguë, — M. de » Senneterre n'y manquera pas... puisque heureusement » madame la duchesse est avec nous... Je dis heureuse- » ment, et je me trompe, — a ajouté madame de La Ro- » chaiguë, — car la présence de madame la duchesse nous » empêche de dire tout le bien que nous pensons de » M. Gerald.
» — Oh ! quant à cela, — a répondu madame de Senne- » terre en souriant, — je n'ai aucune modestie maternelle; » jamais je n'entends dire assez de bien de mon fils.
» — Vous devez pourtant, madame, — a répondu ma- » dame de Mirecourt, — être bien satisfaite à ce sujet, si » avide que vous soyez...
« — Mais, à propos de M. de Senneterre, — a dit ma- » dame de Mirecourt à madame de La Rochaiguë, — sa- » vez-vous pourquoi M. de Senneterre s'est à dix-huit ans » engagé comme simple soldat ?
» — Non, — a répondu madame de La Rochaiguë. — Je » sais, en effet, que M. de Senneterre, parti comme sol- » dat, malgré sa naissance, a gagné ses grades et sa croix » sur le champ de bataille, au prix de nombreuses blessu- » res, mais j'ignore pourquoi il s'est engagé.
» — Madame la duchesse, — a ajouté madame de Mi- » recourt en s'adressant à madame de Senneterre, — n'est- » il pas vrai que votre fils a voulu partir comme soldat » parce qu'il trouvait lâche d'acheter un homme pour » l'envoyer à la guerre se faire tuer à sa place ?
» — Il est vrai, — répondit madame de Senneterre, » telle est la raison que mon fils nous a donnée, et il a » accompli son dessein, malgré mes larmes et les prières » de son père.
» — C'est superbe, — a dit madame de La Rochaiguë. — » Il n'y a au monde que M. de Senneterre capable de » montrer une résolution si chevaleresque...
» — Et par ce seul fait on peut juger de la générosité » de son caractère, — ajouta madame de Mirecourt.
» — Oh ! je puis dire avec un juste orgueil qu'il n'est » pas de meilleur fils que Gerald, — dit madame de Sen- » neterre.
» — Et qui dit bon fils... dit tout, — reprit madame de » La Rochaiguë.

» J'écoutais en silence cette conversation, partageant la sympathie qu'inspirait aux personnes dont j'étais accompagnée la généreuse conduite de M. de Senneterre s'engageant comme un simple soldat plutôt que d'envoyer quelqu'un se faire tuer pour lui.

» A ce moment, plusieurs jeunes gens passaient au pas de leurs chevaux, en sens inverse de nous ; je vis l'un d'eux s'arrêter, retourner son cheval et venir se placer à côté de notre calèche, qui allait aussi au pas.

» Ce jeune homme était M. de Senneterre ; il salua sa mère. Madame de La Rochaiguë me le présenta ; il me dit quelques paroles gracieuses, puis il fit en causant plusieurs tours de promenade auprès de nous ; il ne passait pour ainsi dire pas une voiture élégante sans que les personnes qui l'occupaient n'échangeassent quelque signe amical avec M. de Senneterre, qui me parut inspirer une bienveillance générale.

» Pendant l'entretien qu'il eut avec nous, il fut très gai, légèrement moqueur, mais sans méchanceté ; il ne raillait que des ridicules évidents pour tous, et qui passèrent devant nos yeux.

» Peu de temps avant que M. de Senneterre nous quittât, nous fûmes croisés par une magnifique voiture à quatre chevaux, marchant au pas comme nous, et dans laquelle se trouvait un homme devant qui un grand nombre de personnes se découvraient avec déférence ; cet homme salua profondément M. de Senneterre, qui, au lieu de lui rendre son salut, le toisa du plus dédaigneux regard.

» Ah ! mon Dieu, M. de Senneterre, — lui dit madame de La Rochaiguë, toute ébahie, — mais c'est M. du Tilleul qui vient de passer.

» — Eh bien, Madame ?

» — Il vous a salué.

» — C'est vrai, j'ai eu ce désagrément là, — répondit M. de Senneterre en souriant.

» — Et vous ne lui avez pas rendu son salut ?

» — Je ne salue plus M. du Tilleul, Madame.

» — Mais tout le monde le salue...

» — On a tort.

» — Pourquoi cela, M. de Senneterre ?

» — Comment ? pourquoi ?... et son aventure avec madame de...

» Puis, s'interrompant, sans doute gêné par ma présence, M. de Senneterre reprit, en s'adressant à madame de La Rochaiguë :

» — Connaissez-vous sa conduite avec certaine marquise ?

» — Sans doute.

« — Eh bien ! Madame, un homme qui agit avec cette cruelle lâcheté est un misérable.... et je ne salue pas un misérable...

» — Pourtant, dans le monde... on continue de l'accueillir à merveille, — dit madame de Mirecourt.

» — Oui... parce qu'il a la meilleure maison de Paris, — reprit M. de Senneterre, — et qu'on veut aller à ses fêtes... Aussi l'on y va, ce qui est une indignité de plus.

» — Allons, monsieur Gerald, — dit madame de Mirecourt, — vous êtes... trop rigoriste.

» — Moi, — reprit M. de Senneterre en riant, — moi, rigoriste... quelle affreuse calomnie !... je veux vous prouver le contraire... tenez... regardez bien ce petit *brougham* vert qui vient là... et...

« — Gerald ! — s'écria vivement madame de Senneterre en me désignant du regard à son fils, — car j'avais machinalement tourné la tête du côté de la voiture signalée par M. de Senneterre, et occupée par une très jeune et très jolie femme qui me parut le suivre des yeux...

» A l'interpellation de sa mère et au regard qu'elle jeta sur moi, M. de Senneterre se mordit les lèvres, et répondit en souriant :

» — Vous avez raison, ma mère, les anges seraient trop malheureux s'ils apprenaient qu'il y a des démons...

» Sans doute cette sorte d'excuse m'était indirectement adressée par M. de Senneterre, car deux de ces dames me regardèrent en souriant à leur tour, et je me sentis très embarrassée.

» L'heure étant venue de quitter la promenade, madame de Senneterre dit à son fils :

» — A tout à l'heure... vous dînez avec moi, n'est-ce pas, Gerald ?

» — Non, ma mère... et je vous demande pardon de ne pas vous avoir prévenue que je disposais de ma soirée.

» — C'est très malheureux pour vous, — reprit madame de Senneterre en souriant, — car j'ai, moi, disposé de vous ce soir.

» — A merveille, ma mère, — répondit affectueusement M. de Senneterre, — j'écrirai un mot pour me dégager... et je serai à vos ordres...

» Et après nous avoir saluées, M. de Senneterre partit au galop de son cheval, qu'il montait avec une aisance et une grâce parfaites. J'ai fait cette remarque et elle m'a attristée, car la tournure de M. de Senneterre m'a rappelé la rare élégance de mon pauvre père.

» Autant qu'il m'a paru, dans cette entrevue, et quoiqu'il m'eût très peu adressé la parole, M. de Senneterre doit avoir un caractère franc, généreux, résolu, et une tendre déférence pour sa mère. C'était d'ailleurs ce que pensaient ces dames, car jusqu'au moment où nous les avons quittées elles n'ont pas cessé de faire l'éloge de M. de Senneterre.

» Le lendemain et le jour suivant, nous avons revu M. de Macreuse à l'église : sa douleur paraissait non moins profonde, mais plus calme, ou plutôt plus morne. Deux ou trois fois le hasard voulut qu'il jetât les yeux sur nous, et je ne sais pourquoi mon cœur se serra en comparant ses traits d'une douceur si mélancolique, son extérieur humble et timide, à l'aisance cavalière de M. le duc de Senneterre.

» Le surlendemain de notre promenade aux Champs-Elysées, j'accompagnai mon tuteur au jardin du Luxembourg, ainsi que je le lui avais promis.

» Nous visitions les serres et les belles collections de rosiers, lorsque nous avons été abordés par un ami de de M. de La Rochaiguë : il me l'a présenté sous le nom de M. le baron *de Ravil* ou *du Ravil*, je crois.

» Ce monsieur nous a accompagnés pendant quelques instants ; puis, tirant sa montre, il a dit à M. de La Rochaiguë :

» — Pardon de vous quitter si tôt, monsieur le baron ; mais je tiens à ne pas manquer la fameuse séance...

» — Quelle séance ? — a demandé mon tuteur.

» — Comment ! monsieur le baron, vous ignorez que M. de Mornand parle aujourd'hui ?

» — Il serait possible ?...

» — Certainement, tout Paris est à la chambre des Pairs, car M. de Mornand y parle... c'est un événement.

» — Je le crois bien, un si admirable talent ! — a repris mon tuteur, — un homme qui ne peut pas manquer d'être ministre un jour ou l'autre... Ah ! quel malheur de n'avoir pas été prévenu... Je suis sûr, ma chère pupille, que cette séance vous eût intéressée... malgré les folies que vous a contées madame de La Rochaiguë. C'est pour le coup qu'elle m'eût accusée de guet-apens, si j'avais pu vous faire assister à la séance d'aujourd'hui.

» — Mais si mademoiselle en avait le moindre désir, — a dit M. de Ravil à mon tuteur, — je suis à votre disposition, monsieur le baron... Justement, lorsque je vous ai rencontrés, j'attendais une de mes parentes et son mari ; ils me viendront probablement pas ; je m'étais procuré des billets de la tribune diplomatique, et s'ils pouvaient vous être agréables...

» — Ma foi ! qu'en dites-vous, ma chère pupille ?

» — Je ferai, monsieur, ce qu'il vous plaira... et, d'ailleurs, il me semble, — ajoutai-je, par égard pour mon tuteur, — qu'une séance de la chambre des Pairs doit être, en effet, fort intéressante.

» — Eh bien ! j'accepte votre offre, mon cher monsieur

» de Ravil, — reprit vivement M. de La Rochaiguë, — et
» vous aurez la rare et bonne fortune, ma chère pupille,
» — ajouta-t il, — de tomber justement un jour où doit
» parler M. de Mornand. C'est une faveur du sort.
» Nous hâtames le pas pour gagner le palais du Luxem-
» bourg.
» Au moment où nous sortions des quinconces, j'ai vu
» de loin M. de Maillefort, qui semblait nous suivre... Cela
» m'a surprise et inquiétée... — Comment ce méchant
» homme se rencontre-t-il presque toujours sur nos pas ?
» — me suis-je dit ; — qui donc pouvait ainsi l'instruire
» de nos projets ?
» La tribune diplomatique, où nous avons pris place,
» était déjà remplie de femmes très élégantes ; je me suis
» assise sur l'une des dernières banquettes, entre mon tu-
» teur et M. de Ravil.
» Celui-ci ayant entendu quelqu'un dire à côté de nous
» qu'un célèbre orateur (il ne s'agissait pas de M. de Mor-
» nand) devait aussi parler dans cette séance, M. de Ravil
» a répondu qu'il n'y avait pas d'autre orateur célèbre
» que M. de Mornand, et que cette foule n'était venue que
» pour l'entendre. Presque aussitôt, celui-ci est monté à la
» tribune, et l'on a fait un grand silence.
» J'étais incapable de juger et, en grande partie, de
» comprendre le discours de M. de Mornand ; il s'agissait de
» sujets auxquels je suis tout à fait étrangère ; mais j'ai
» été frappée de la fin de ce discours, dans lequel il a parlé
» avec une chaleureuse compassion du triste sort des fa-
» milles de pêcheurs, attendant sur le rivage un père, un
» fils, un époux, au moment où la tempête s'élève.
» Le hasard voulut que M. de Mornand, en prononçant
» ces touchantes paroles, se tournât du côté de notre tri-
» bune ; sa figure imposante me parut émue d'une pro-
» fonde commisération pour le sort des infortunés dont il
» paraissait prendre la défense.
» — Il est admirable, — dit à demi-voix M. de Ravil en
» essuyant ses yeux, car il semblait vivement ému.
» — M. de Mornand est sublime ! — s'écria mon tuteur,
» — il suffit de son discours pour faire améliorer le sort
» de mille familles de pêcheurs.
» D'assez nombreux applaudissemens accueillirent la
» fin du discours de M. de Mornand ; il allait quitter la
» tribune lorsqu'un autre pair de France, d'une figure
» maligne et caustique, dit de sa place d'un air railleur :
» — Je demande à la chambre la permission de poser une
» simple question à M. le comte de Mornand avant qu'il
» ne descende de cette tribune... et que sa généreuse et
» soudaine compassion... pour les pêcheurs de morue ne
» soit conséquemment évaporée...
» — Si vous m'en croyez, monsieur le baron, — dit
» aussitôt M. de Ravil à mon tuteur, — nous quitterons
» tout de suite la tribune, de peur de la foule : M. de Mor-
» nand a parlé, tout le monde va vouloir s'en aller, car
» il n'y a plus rien d'intéressant.
» M. de La Rochaiguë m'offrit son bras, et, au moment
» où nous quittions la salle, nous avons entendu des éclats
» de rires universels.
» — Je vois ce que c'est, — dit M. de Ravil, — M. de
» Mornand écrase sous les sarcasmes l'imprudent qui avait
» eu l'audace de vouloir lui poser une question, car, lors-
» qu'il le veut, ce diable de M. de Mornand a de l'esprit
» comme un démon.
» Mon tuteur m'ayant proposé de reprendre notre pro-
» menade et d'aller jusqu'à l'Observatoire, j'y ai consenti.
» M. de Ravil nous accompagnait.
» — Monsieur le baron, — dit-il à mon tuteur, — avez-
» vous remarqué madame de Bretigny, qui est sortie pres-
» que en même temps que nous ?
» — La femme du ministre ? non, je ne l'avais pas re-
» marquée, — répondit mon tuteur.
» — Je le regrette pour vous, monsieur, car vous eussiez
» vu l'une des meilleures personnes que l'on puisse ren-
» contrer ; on n'a pas d'idée de l'admirable parti qu'elle
» sait tirer de sa position de femme de ministre, de tout

» le bien qu'elle fait, des injustices qu'elle répare, des se-
» cours qu'elle obtient... C'est une véritable Providence...
» — Cela ne m'étonne, — reprit mon tuteur, — dans
» une condition pareille à celle de madame de Bretigny,
» on peut faire tant de bien... car...
» Et s'interrompant, mon tuteur dit vivement à M. de
» Ravil :
» — Ah ! mon Dieu ! est-ce que ce n'est pas lui, là-bas,
» cette allée retirée ? Tenez... il se promène en regardant
» les fleurs.
» — Qui cela ? monsieur le baron.
« — M. de Mornand... voyez donc.
» — Si... fait... — répondit M. de Ravil, — c'est lui...
» c'est bien lui ; il vient oublier son triomphe de tout à
» l'heure... se délasser de ses grands travaux politiques
» en s'amusant à regarder des fleurs... Cela ne m'étonne
» pas, car avec son talent, son génie politique, c'est
» l'homme le meilleur... le plus simple qu'il y ait au mon-
» de... et ses goûts le prouvent bien. Après son admirable
» succès... que recherche-t-il ? la solitude... et des fleurs.
» — Monsieur de Ravil, vous connaissez M. de Mornand ?
» lui demanda mon tuteur.
» — Très peu... je le rencontre dans le monde...
» — Mais enfin, vous le connaissez assez pour l'abor-
» der ?... n'est-ce pas ?.
» — Certainement.
» — Eh bien ! allez donc le féliciter sur le succès qu'il
» vient d'obtenir ; nous vous suivrons, et nous verrons de
» près ce grand homme. Que dites-vous de notre complot,
» ma chère pupille ?...
» — Je vous accompagnerai, monsieur ; l'on aime tou-
» jours à voir des hommes qui semblent aussi distingués
» que M. de Mornand.
» Changeant alors la direction de notre marche, et gui-
» dés par M. de Ravil, nous sommes bientôt arrivés dans
» l'allée où se trouvait M. de Mornand ; aux complimens
» que lui adressa M. de Ravil, et, par occasion, mon tu-
» teur, M. de Mornand répondit avec autant de modestie
» que de simplicité, m'adressa deux ou trois fois la pa-
» role avec une extrême bienveillance, et, après un court
» entretien, nous laissâmes M. de Mornand à sa prome-
» nade solitaire.
» — Quand on pense, — dit M. de Ravil, — qu'avant
» six mois peut-être cet homme de formes si simples gou-
» vernera la France !
» — Dites donc de formes excellentes, mon cher mon-
» sieur de Ravil, — reprit mon tuteur. — M. de Mornand
» a tout à fait des manières de grand seigneur ; il est à
» la fois affable... et imposant. Dame !... ce n'est pas un de
» ces freluquets imbéciles... comme on en voit tant... qui
» ne songent qu'à leur cravate et à leurs chevaux.
» — Et ces freluquets-là seront généralement peu appe-
» lés à gouverner la France, — reprit M. de Ravil, pour
» gouverner, parce que M. de Mornand n'accepterait pas
» un ministère en sous-ordre ; il sera chef du cabinet qu'il
» formera.
» — Eh ! mon Dieu ! — dit M. de La Rochaiguë, — il n'y
» a pas encore six semaines que l'on parlait de lui dans
» les journaux comme président d'un nouveau ministère.
» — Dieu le veuille, monsieur le baron ! Dieu le veuille
» pour le bonheur de la France... pour le repos du monde !
» — ajouta d'un ton profondément pénétré M. de Ravil, qui
» nous quitta bientôt.
» En rentrant avec mon tuteur, je pensais que c'était
» une bien belle et bien haute position que celle d'un
» homme qui pouvait, comme M. de Mornand, avoir une
» si grande influence sur le bonheur de la France, sur la
» paix de l'Europe et sur le repos du monde.
» Voilà, ma chère maman, dans quelles circonstances
» j'ai rencontré, pour la première fois, MM. de Macreuse,
» de Senneterre et de Mornand.
» Telles ont été les suites de ces rencontres. »

XXXIV.

Mademoiselle de Beaumesnil continua son journal de la sorte :

» Au bout de quelques jours, mademoiselle Héléna était
» parvenue, me dit-elle, à savoir le nom du jeune homme
» que nous rencontrions chaque matin à l'église.
» Il s'appelait M. *Célestin de Macreuse.* Mademoiselle Hé-
» léna avait eu sur lui les renseignemens les plus précis ;
» elle m'en parla d'abord souvent, puis presque incessam-
» ment. M. de Macreuse appartenait, — disait-elle, — par
» ses relations, au meilleur et au plus grand monde :
» d'une piété exemplaire, d'une charité angélique, il avait
» fondé une œuvre d'une admirable philanthropie , et ,
» quoique jeune encore, son nom était prononcé partout
» avec affection et respect.
» Madame de La Rochaiguë me faisait, de son côté, les
» plus grands éloges de M. de Senneterre, tandis que mon
» tuteur amenait souvent l'occasion de me parler avec en-
» thousiasme de M. de Mornand.
» Je ne trouvai d'abord rien d'extraordinaire à entendre
» ainsi louer souvent, en ma présence, des personnes qui
» me semblaient mériter ces louanges ; seulement je re-
» marquai que jamais les noms de MM. de Macreuse, de
» Senneterre ou de Mornand n'étaient prononcés que par mon
» tuteur, sa sœur ou sa femme, que dans les entretiens
» que tous trois avaient parfois séparément avec moi.
» Vint enfin le jour où M. de Maillefort m'avait si mé-
» chamment... ou plutôt, hélas ! si véritablement expli-
» qué la cause des prévenances, de l'adulation dont on
» m'entourait.
» Sans doute, mon tuteur et sa femme, avertis par ma-
» demoiselle Héléna, craignirent les conséquences de cette
» révélation, dont je n'avais paru que trop frappée ; le soir
» et le lendemain de ce jour, tous trois s'ouvrirent isolé-
» ment à moi de leurs projets, sans doute arrêtés depuis
» longtemps, et chacun, selon le genre d'un esprit et le
» caractère du *prétendant* qu'il protégeait (car il s'agissait
» alors de prétendant), me déclara que je tenais entre mes
» mains le bonheur de ma vie, et la certitude du plus heu-
» reux avenir, en épousant :
» M. *de Macreuse,* — selon mademoiselle Héléna ;
» M. *de Senneterre,* — selon madame de La Rochaiguë ;
» M. *de Mornand,* selon mon tuteur.
» A ces propositions inattendues, ma surprise, mon in-
» quiétude même ont été telles que j'ai pu à peine ré-
» pondre ; mes paroles embarrassées ont été d'abord pri-
» ses pour une sorte de consentement tacite... puis, par
» réflexion, j'ai laissé dans cette erreur les protecteurs de
» ces trois prétendans.
» Alors les confidences ont été complètes.
» — Ma belle-sœur et mon beau-frère, — me dit made-
» moiselle Héléna, — sont d'excellentes personnes, mais
» bien mondaines, bien légères, bien glorieuses ; toutes
» deux seraient incapables de reconnaître la rare solidité
» des principes de M. de Macreuse, d'apprécier ses vertus
» chrétiennes, son angélique piété... il faut donc me gar-
» der le secret, ma chère Ernestine, jusqu'au jour où vous
» aurez fait le choix que je vous propose parce qu'il est
» digne d'être approuvé par tous... Alors, fière, honorée
» de ce choix... vous n'aurez qu'à le notifier à mon frère,
» votre tuteur, qui l'approuvera, je n'en doute pas, si
» vous le lui imposez avec fermeté... S'il refusait, contre
» toute probabilité... nous aviserions d'autre moyens, et
» et nous saurions bien le contraindre à assurer votre bon-
» heur.
» — Ma pauvre sœur Héléna, — me dit à son tour M. de
» La Rochaiguë, — est une bonne créature... toute en

» Dieu... c'est vrai... mais elle ne sait rien des choses
» d'ici-bas... Si vous vous avisiez, ma chère pupille, de
» lui parler de M. de Mornand, elle ouvrirait de grands
» yeux, et vous dirait qu'il n'a aucun détachement des
» vanités de ce monde ; qu'il a l'ambition du pou-
» voir, etc., etc. Quant à ma femme, elle est parfaite ;
» mais sortez-la de sa toilette, de ses bals, de ses caquets
» mondains... éloignez-la de ces *beaux* inutiles, qui ne
» savent que mettre leur cravate et se ganter de frais...
» elle est complètement désorientée, car elle n'a pas la
» moindre conscience des choses élevées... Pour elle,
» M. de Mornand serait un homme grave, sérieux, *un*
» *homme d'État* enfin, et, par la manière dont vous l'avez
» entendu parler des séances de la chambre des Pairs, ma
» chère pupille, vous jugez comme elle accueillerait nos
» projets... Que tout ceci soit donc entre nous, ma chère
» pupille, et, une fois votre décision prise, comme, après
» tout, c'est moi qui suis votre tuteur, et que votre ma-
» riage dépend de mon seul consentement, votre volonté
» ne rencontrera aucune difficulté.
» Vous pensez bien, ma chère belle, — me dit enfin
» madame de La Rochaiguë, — que tout ce que je viens de
» vous dire au sujet de M. le duc de Senneterre doit être
» absolument tenu secret entre nous. En fait de mariage, ma
» belle-sœur Héléna est d'une innocence plus que naïve ;
» elle ne connaît de mariage qu'avec le ciel, et quant à
» mon mari, la politique et l'ambition lui ont tourné la
» cervelle... il ne rêve que chambre des Pairs... et il est
» malheureusement aussi étranger qu'un Huron à tout ce
» qui est mode, élégance, plaisirs ; or, l'on ne vit après
» tout que par et pour l'élégance, la mode et les plaisirs...
» surtout lorsqu'il s'agit de partager cette vie enchante-
» resse avec un jeune et charmant duc, le plus aimable
» et le plus généreux des hommes ; gardons-nous donc le
» secret, ma chère belle, et, le moment venu d'annoncer
» votre résolution à votre tuteur... je m'en charge... M. de
» La Rochaiguë a l'habitude d'être le très humble servi-
» teur... de mes volontés ; je l ai depuis longtemps accou-
» tumé à cette position subalterne ; il fera ce que nous
» voudrons. J'ai eu d'ailleurs une excellente idée,—ajouta
» madame de La Rochaiguë,—j'ai prié l'une de mes amies,
» que vous connaissez déjà, madame de Mirecourt, de
» donner un grand bal dans huit jours. Ainsi, ma chère
» belle, jeudi prochain, dans le tête-à-tête public d'une con-
» tredanse, vous pourrez juger de la sincérité des senti-
» mens que M. de Senneterre éprouve pour vous.
» Le lendemain de cet entretien avec madame de La
» Rochaiguë, mon tuteur me dit en confidence :
» — Ma femme a eu l'heureuse idée de vous conduire
» au bal que donne madame de Mirecourt ; vous verrez
» M. de Mornand à cette fête, et, Dieu merci ! les occa-
» sions ne lui manqueront pas de vous convaincre, je l'es-
» père, de l'impression soudaine, irrésistible, qu'il a éprou-
» vée à votre vue, lorsque nous sommes allés après la
» séance le complimenter de ses succès.
» Enfin, deux jours après que mon tuteur et sa femme
» m'eurent entretenue de leurs projets de bal, mademoi-
» selle Héléna m'a dit :
» — Ma chère Ernestine, ma belle-sœur vous conduit
» au bal jeudi ; j'ai cru l'occasion excellente pour que
» vous puissiez vous trouver en rapport avec M. de Ma-
» creuse ; quoique ce pauvre jeune homme, d'ailleurs ac-
» cablé de chagrins, n'ait aucun de ces dons frivoles grâce
» auxquels on brille dans une fête, il a chargé une dame
» de ses amies, très hautement placée dans le monde, la
» sœur de l'évêque de Ratopolis, de demander à madame
» de Mirecourt une invitation pour lui, M. de Macreuse ;
» cette invitation lui a été envoyée avec empressement ;
» ainsi, jeudi vous l'entendrez, et vous ne pourrez, j'en
» suis sûre, résister à la sincérité de son langage, lorsque
» vous saurez, ainsi qu'il me l'a dit à moi-même, com-
» ment, depuis qu'il vous a vue à l'église, votre image
» adorée le suit **en tous lieux... et le trouble jusque dans**
» ses prières...

» C'est donc au bal de jeudi prochain... ma chère maman, que je dois me trouver avec MM. de Macreuse, de Senneterre et de Mornand.

» Lors même que je n'eusse pas dû à une méchanceté de M. de Maillefort cette cruelle révélation, sur le vrai motif de sentimens d'admiration et d'attachement que l'on me témoignait si généralement, mes soupçons, mes craintes auraient enfin été éveillés par le mystère, par la dissimulation, par la fausseté des personnes dont j'étais entourée, préparant, à l'insu les unes des autres, leurs projets de mariage, et se dénigrant, se trompant mutuellement, pour réussir isolément dans leurs desseins. Mais, hélas! jugez de mon anxiété, bonne et tendre mère, maintenant que ces deux révélations, se succédant, ont acquis l'une par l'autre une nouvelle gravité!

» Pour compléter ces aveux, chère mère, je dois te dire quelles avaient été d'abord mes impressions à propos des personnes que l'on voudrait me faire épouser.

» Jusqu'à ce moment, d'ailleurs, je n'avais aucune pensée de mariage; l'époque à laquelle j'aurais à songer à cette détermination me paraissait si éloignée; cette détermination elle-même me semblait tellement grave, que si, parfois, j'y avais vaguement pensé, c'était pour me féliciter d'être encore bien loin du temps où il faudrait m'en occuper, ou plutôt, où l'on s'en occuperait sans doute pour moi.

» C'était donc sans aucune arrière-pensée que j'avais été touchée de la douleur de M. de Macreuse, qui, comme moi, regrettait sa mère... puis le bien que mademoiselle Héléna me disait sans cesse de lui, la douceur de sa figure, empreinte de mélancolie, la bonté de son cœur, révélée par ses nombreuses aumônes, tout avait concouru à joindre une profonde estime à la compassion que je ressentais pour lui.

» M. de Senneterre, par la franchise et la générosité de son caractère, par sa gaîté, par la gracieuse élégance de ses manières, m'avait beaucoup plu; il m'aurait surtout, ce me semble, inspiré une grande confiance, à moi pourtant si réservée!

» Quant à M. de Mornand, il m'imposait extrêmement par l'élévation de son caractère et de son talent, ainsi que par la grande influence dont il paraissait jouir; je m'étais sentie tout interdite, mais presque fière, des quelques paroles bienveillantes qu'il m'avait adressées lors de ma rencontre avec lui dans le jardin du Luxembourg.

» Je dis que *j'éprouvais* tout cela, chère maman, car à cette heure que je suis instruite des projets de mariage que l'on prête à ces trois personnes... à cette heure que la révélation de M. de Maillefort me fait douter de tout et de tous... de chacun et de moi-même... je ne puis plus lire dans mon propre cœur.

» Et, assiégée de soupçons, je me demande pourquoi ces trois prétendans à ma main ne seraient pas aussi guidés par le honteux mobile auquel obéissent peut-être toutes les personnes dont je suis entourée?

» Et, à cette pensée, tout ce qui me plaisait, tout ce que j'admirais en eux, m'inquiète et m'alarme.

» Si ces apparences, touchantes et pieuses chez M. de Macreuse, charmantes et loyales chez M. de Senneterre, imposantes et généreuses chez M. de Mornand, cachaient des âmes basses et vénales!

» O ma mère! si tu savais ce qu'il y a d'horrible dans ces doutes, qui complètent l'œuvre de défiance commencée par la révélation de M. de Maillefort!

» Ma mère... ma mère, cela est affreux! car enfin je ne dois pas toujours vivre avec mon tuteur et sa famille, et du jour où j'aurais la conviction qu'ils m'ont trompée, adulée, dans un intérêt misérable, je n'aurai pour eux qu'un froid dédain...

» Mais me dire... que, parce que je suis immensément riche, *je ne serai jamais épousée que pour mon argent*...

» Mais penser que je suis fatalement vouée à subir les douloureuses conséquences d'une pareille union, c'est-à-dire... tôt ou tard l'indifférence, le mépris, l'abandon... la haine peut-être.. car tels doivent être dans la suite les sentimens d'un homme assez vil pour rechercher une femme par un intérêt cupide...

» Oh! je te le répète, ma mère, cette pensée est horrible... elle m'obsède, elle m'épouvante, et j'ai voulu essayer de lui échapper à tout prix...

» Oui, même au prix d'une action dangereuse, funeste peut-être...

» Voici, chère maman, comment j'ai été amenée à la résolution dont je te parle.

» Pour sortir de ces cruelles incertitudes, qui me font douter des autres et de moi-même, il faut que je sache enfin *ce que je suis, ce que je parais, ce que je vaux*, *abstraction faite de ma fortune...*

» Fixée sur ce point, je saurai reconnaître le vrai du faux, les adulations vénales de l'intérêt sincère que je mérite peut-être par moi-même, et en dehors de cette fortune maudite...

» Mais, pour savoir ce que je suis, ce que je vaux réellement... à qui m'adresser? qui aura la franchise d'isoler dans son appréciation la jeune fille de l'*héritière*.

» Et, d'ailleurs, un jugement partiel, si sévère ou si bienveillant qu'il soit, suffirait-il à me convaincre, à me rassurer?

» Non... non... je le sens, il me faut donc le jugement, l'appréciation de plusieurs personnes forcément désintéressées.

» Mais ces juges, où les trouver?

» A force de penser à cela, chère maman, voici ce que j'ai imaginé.

» Madame Lainé m'a parlé, il y a huit jours, de petites réunions que donnait chaque dimanche une de ses amies. J'ai cherché et trouvé ce soir le moyen de me faire présenter demain à l'une de ces réunions par ma gouvernante, comme sa parente, une jeune orpheline, sans fortune et vivant de son travail, ainsi que toutes les personnes dont se compose cette société. Là... je ne serai connue de personne, le jugement que l'on portera de moi me sera manifesté par l'accueil que je recevrai; *les rares perfections* que je suis douée, selon ceux qui m'entourent, ont eu jusqu'ici un effet si *soudain, si irrésistible*, disent-ils, sur eux et sur les personnes qu'ils désignent à mon choix; je produis enfin, dans les assemblées où je vais, un effet si général... que je devrai produire un effet non moins saisissant sur les personnes qui composent la modeste réunion de madame Herbaut.

« Sinon, j'aurai été abusée... on se sera cruellement joué de moi, l'on n'aura pas craint de vouloir compromettre à jamais mon avenir en tâchant de fixer mon choix sur des prétendans uniquement attirés par la cupidité...

» Alors, j'aurai à prendre une résolution dernière, pour échapper aux pièges qui me sont tendus de toutes parts...

» Cette résolution... quelle sera-t-elle!

» Je l'ignore; hélas! isolée, abandonnée comme je suis... à qui me confier désormais?

» A qui? Eh! mon Dieu! à toi, ô ma mère!... à toi comme toujours; j'obéirai aux inspirations que tu m'enverras comme tu m'as peut-être envoyé celle-ci... car, si étrange qu'elle paraisse... qu'elle soit peut-être, l'isolement où je suis l'excuse... Elle part, enfin, d'un sentiment juste et droit : *le besoin de savoir la vérité, si décevante qu'elle soit.*

» Demain donc, j'y suis résolue, je me rendrai à la réunion de madame Herbaut. »

. . . .

Le lendemain, en effet, mademoiselle de Beaumesnil ayant, selon la convention faite avec madame Lainé, simulé une indisposition et échappé, par un ferme refus, aux soins empressés des La Rochaigüe, sortit dès la nuit avec sa gouvernante par le petit escalier dérobé communiquant à son appartement; puis, montant en fiacre à quelque distance de l'hôtel de La Rochaiguë, mademoiselle de Beaumesnil et madame Lainé se firent conduire et arrivèrent aux Batignolles chez madame Herbaut.

XXXV.

Madame Herbaut occupait, au troisième étage de la maison qu'habitait aussi le commandant Bernard, un assez grand appartement; les pièces consacrées à la réunion de chaque dimanche se composaient de la salle à manger, où l'on dansait au piano; du salon, où étaient dressées deux tables de jeu pour les personnes qui ne dansaient pas; et enfin de la chambre à coucher de madame Herbaut, où l'on pouvait se retirer et causer sans être distrait par le bruit de la danse et sans distraire les joueurs.

Cet appartement, d'une extrême simplicité, annonçait la modeste aisance dont jouissait madame Herbaut, veuve et retirée du commerce avec une petite fortune honorablement gagnée. Les deux filles de cette digne femme s'occupaient lucrativement, l'une de peinture sur porcelaine, l'autre de gravure de musique, travaux qui avaient mis cette jeune personne en rapport avec Herminie, *la duchesse*, nous l'avons dit, gravant aussi de la musique, lorsque les leçons de piano lui manquaient.

Rien de plus gai, de plus riant, de plus allègrement jeune, que la majorité de la réunion rassemblée ce soir-là chez madame Herbaut : il y avait une quinzaine de jeunes filles, dont la plus âgée ne comptait pas vingt ans, toutes bien déterminées à terminer joyeusement leur dimanche, journée de plaisir et de repos, vaillamment gagnée par le travail et la contrainte de toute une semaine, soit au comptoir, soit au magasin, soit dans quelque sombre arrière-boutique de la rue *Saint-Denis* ou de la rue *des Bourdonnais*, soit, enfin, dans quelque pensionnat.

Plusieurs d'entre ces jeunes filles étaient charmantes; presque toutes étaient mises avec ce goût que l'on ne trouve peut-être qu'à Paris dans cette classe modeste et laborieuse; les toilettes étaient d'ailleurs très fraîches. Ces pauvres filles, ne se parant qu'une fois par semaine, réservaient toutes leurs petites ressources de coquetterie pour cet unique jour de fête, si impatiemment attendu le samedi, si cruellement regretté le lundi !

La partie masculine de l'assemblée offrait, ainsi que cela se rencontre d'ailleurs dans toutes les réunions, un aspect moins élégant, moins distingué que la partie féminine; car, sauf quelques nuances presque imperceptibles, la plupart de ces jeunes filles avaient autant de bonne et gracieuse contenance que si elles eussent appartenu à ce qu'on appelle la *meilleure compagnie;* mais cette différence, toute à l'avantage des jeunes filles, on l'oubliait, grâce à la cordiale humeur des jeunes gens et à leur franche gaîté, tempérée d'ailleurs par le voisinage des grands parents, qui inspirait une sage réserve.

Au lieu de n'être dans tout son lustre que vers une heure du matin, ainsi qu'à un bal du grand monde, ce petit bal avait atteint son apogée d'animation et d'entrain vers les neuf heures, madame Herbaut renvoyant impitoyablement avant minuit cette folle jeunesse, car elle devait se trouver le lendemain matin, qui à son bureau, qui à son magasin, qui à la pension, pour la classe de ses écolières, etc., etc.

Terrible moment, hélas ! que cette première heure du lundi... alors que le bruit de la fête du dimanche résonne encore à votre oreille, et que vous songez tristement à cet avenir de six longues journées de travail, de contrainte... et d'assujétissement.

Mais aussi, à mesure que se rapproche ce jour tant désiré, quelle impatience croissante !... quel élan de joie anticipée !... Enfin il arrive, ce jour fortuné entre tous les jours, et alors quelle ivresse !

Rares et modestes joies ! jamais du moins vous n'êtes émoussées par la satiété... Le travail au prix duquel on vous achète vous donne une saveur inconnue des oisifs.

Mais les invités de madame Herbaut philosophaient peu... ce soir-là... réservant leur philosophie pour le lundi.

Une entraînante polka faisait bondir cette infatigable jeunesse... Telle était la magie de ces accords, que les joueurs et les joueuses eux-mêmes, malgré leur âge et les graves préoccupations du *nain-jaune* et du *loto*... (seuls jeux autorisés chez madame Herbaut) s'abandonnaient, à leur insu et selon la mesure de cet air si dansant, à de petits balancements sur leur siège, se livrant ainsi à une sorte de vénérable polka assise... qui témoignait de la puissance de l'artiste qui tenait alors le piano.

Cet artiste était... Herminie.

Un mois environ s'était passé depuis la première entrevue de la jeune fille avec Gerald.

Après cette entrevue, commencée sous l'impression d'un fâcheux incident... et terminée par un gracieux pardon... d'autres rencontres avaient-elles eu lieu entre les deux jeunes gens ? On le saura plus tard.

Toujours est-il que ce soir-là... au bal de madame Herbaut, *la duchesse*, habillée d'une robe de mousseline de laine à vingt sous, d'un fond bleu très pâle, avec un gros nœud pareil dans ses magnifiques cheveux blonds, *la duchesse* était ravissante de beauté; un léger coloris nuançait ses joues; ses grands yeux bleus s'ouvraient brillans, animés; ses lèvres de carmin, aux coins ombragés d'un imperceptible duvet doré, souriant à demi, laissaient voir une ligne d'un blanc émail, tandis que son beau sein virginal palpitait doucement sous le léger tissu qui le voilait, et que son petit pied, merveilleusement chaussé de bottines de satin turc, marquait prestement la mesure de l'entraînante polka...

C'est que, ce jour-là, Herminie était bien heureuse !... Loin de se regarder comme isolée de l'allégresse de ses compagnes, Herminie jouissait du plaisir qu'elle leur donnait et qu'elle leur voyait prendre... mais ce rare et généreux sentiment ne suffisait peut-être pas à expliquer l'épanouissement de vie, de bonheur et de jeunesse qui donnait alors aux traits enchanteurs de *la duchesse* une expression inaccoutumée; on sentait, si cela se peut dire, que cette délicieuse créature savait depuis quelque temps tout ce qu'il y avait en elle de charmant... de délicat et d'élevé... et qu'elle en était, non pas fière... mais heureuse... oh ! heureuse... comme ces généreux riches, ravis de posséder des trésors... pour pouvoir donner beaucoup et se faire adorer !...

Quoique *la duchesse* fût toute à sa polka et à ses danseurs, plusieurs fois elle tourna presque involontairement la tête en entendant ouvrir la porte... de l'antichambre qui donnait dans la salle de bal; puis, à la vue des personnes qui chaque fois entrèrent, la jeune fille parut, tardivement peut-être, se reprocher sa distraction.

La porte venait de s'ouvrir de nouveau, et de nouveau Herminie avait jeté de ce côté... un coup d'œil curieux... peut-être même impatient.

Le nouveau venu était Olivier, le neveu du commandant Bernard...

Voyant le jeune soldat laisser la porte ouverte, comme s'il était suivi de quelqu'un, Herminie rougit légèrement et hasarda un nouveau coup d'œil; mais, hélas ! à cette porte, qui se referma bientôt derrière lui, apparut un bon gros garçon de dix-huit ans, d'une figure honnête et naïve, et ganté de *vert-pomme*...

Nous ne saurions dire pourquoi, à l'aspect de ce jouvenceau (peut-être elle détestait les gants *vert-pomme*), Herminie parut désappointée... désappointement qui se trahit par une petite moue charmante et par un redoublement de vivacité dans la mesure que battait impatiemment son petit pied.

La polka terminée, Herminie, qui tenait le piano depuis le commencement de la soirée, fut entourée, remerciée, félicitée, et surtout invitée pour une foule de contredanses ; mais elle jeta le désespoir dans l'âme des solliciteurs, en se prétendant *boiteuse*... pour toute la soirée.

Et il fallut voir... la démarche qu'Herminie se donna pour justifier son affreux mensonge (prémédité du moment où elle avait vu Olivier arriver seul)... Non ! jamais colombe blessée n'a tiré son petit pied rose d'un air plus naturellement souffrant.

Désolés de cet accident, qui les privait du plaisir envié de danser avec *la duchesse*, les solliciteurs, espérant une compensation, offrirent leur bras à l'intéressante boiteuse ; mais elle eut la cruauté de préférer l'appui de la fille aînée de madame Herbaut, et se rendit avec elle dans la chambre à coucher, pour se reposer et prendre un peu le frais, disait-elle, les fenêtres de cet appartement s'ouvrant sur le jardinet du commandant Bernard.

A peine Herminie avait-elle quitté la salle de bal, donnant le bras à Hortense Herbaut, que mademoiselle de Beaumesnil arriva, accompagnée de madame Lainé.

La plus riche héritière de France portait une robe de mousseline blanche, bien simple, avec une petite écharpe de soie bleu de ciel ; ses cheveux, en bandeaux, encadraient sa figure douce et triste.

L'entrée de mademoiselle de Beaumesnil resta complétement inaperçue, quoiqu'elle eût lieu pendant l'intervalle qui séparait deux contredanses.

Ernestine n'était pas jolie ; elle n'était pas laide non plus ; aussi ne lui accorda-t-on pas la moindre attention.

Venue pour observer et se rendre compte de l'épreuve qu'elle voulait subir... le jeune fille compara cet accueil au tumultueux empressement... dont elle s'était déjà quelquefois vue entourée à son apparition dans plusieurs assemblées...

Malgré son courage... la pauvre enfant sentit son cœur se serrer... les paroles de M. de Maillefort commençaient à être justifiées par l'évènement...

— Dans le monde où j'allais, on savait *mon nom*, — se dit Ernestine, — et c'était seulement *l'héritière* que l'on regardait, que l'on entourait... autour de laquelle on s'empressait !

Madame Lainé conduisait Ernestine auprès de madame Herbaut, lorsque sa fille aînée, qui avait accompagné Herminie dans la chambre à coucher, lui dit, après avoir regardé dans le salon :

— Ma petite *duchesse*, il faut que je te quitte... je viens de voir entrer une dame de nos amies, qui a écrit ce matin à maman pour lui demander de lui présenter ce soir une jeune personne, sa parente... Elles viennent d'arriver... et tu conçois...

— C'est tout simple, va vite, ma chère Hortense... Il faut bien que tu fasses les honneurs de chez toi... — répondit Herminie, peut-être satisfaite de pouvoir rester seule... en ce moment.

Mademoiselle Herbaut alla rejoindre sa mère, qui accueillait avec une simplicité cordiale Ernestine présentée par madame Lainé.

— Je vais vous mettre bientôt au fait de nos habitudes, ma chère demoiselle, — disait madame Herbaut à Ernestine, — les jeunes filles avec les jeunes gens dans la salle où l'on danse... les mamans avec les mamans dans le salon où l'on joue... chacun ainsi s'amuse selon son âge et son goût.

Puis, s'adressant à sa fille aînée :

— Hortense, conduis mademoiselle dans la salle à manger, et vous, ma chère amie, — reprit madame Herbaut, en se tournant vers la gouvernante, — venez vous mettre à cette table de nain-jaune ; je connais votre goût.

Madame Lainé hésitait à se séparer de mademoiselle de Beaumesnil, mais, obéissant à un regard de celle-ci, elle la laissa aux soins de mademoiselle Herbaut, et alla s'établir à une des deux tables de jeu.

Cette présentation s'était passée, nous l'avons dit, dans l'intervalle d'une polka à une contredanse ; *la duchesse* avait été remplacée au piano par un jeune peintre, très bon musicien, qui, préludant bientôt, convia par ses accords les danseurs à se mettre en place.

Mesdemoiselles Herbaut, en leur qualité de *filles de la maison*, et fort aimables, fort jolies d'ailleurs, ne pouvaient manquer une contredanse ; bientôt Olivier, portant avec grâce son élégant uniforme, qui eût suffi pour le faire distinguer des autres hommes, lors même que le jeune sous-officier n'eût pas été très remarquable par les agréments de son extérieur, Olivier vint à mademoiselle Hortense qui entrait dans la salle à manger avec Ernestine :

— Mademoiselle Hortense... vous n'avez pas oublié que cette contredanse m'appartient ? et nous devons, je crois, prendre nos places.

— Je suis à vous dans l'instant, monsieur Olivier, — répondit mademoiselle Hortense, qui conduisit mademoiselle de Beaumesnil auprès d'une banquette où étaient assises plusieurs autres jeunes filles.

— Je vous demande pardon de vous quitter si tôt, mademoiselle, — dit-elle à Ernestine, — mais je suis engagée pour cette contredanse... veuillez prendre place sur cette banquette, et vous ne manquerez pas, j'en suis sûre, de danseurs.

— Je vous en prie, mademoiselle, — repondit Ernestine, — ne vous occupez pas de moi.

Les accords du piano devenant de plus en plus pressants, Hortense Herbaut alla rejoindre son danseur, et mademoiselle de Beaumesnil prit place sur la banquette.

De ce moment commençait, à bien dire, l'épreuve que venait courageusement tenter Ernestine ; près d'elle étaient assises cinq ou six jeunes filles, il faut le dire, les moins jolies ou les moins agréables de la réunion, et qui, n'ayant point été engagées d'avance avec empressement, comme les *reines du bal*, attendaient modestement, ainsi que mademoiselle de Beaumesnil, une invitation au moment de la contredanse....

Soit que les compagnes d'Ernestine fussent plus jolies qu'elle, soit que leur extérieur parut plus attrayant, elle les vit toutes engagées les unes après les autres sans que personne songeât à elle.

Une jeune fille, assez laide il est vrai... partageait le délaissement de mademoiselle de Beaumesnil... lorsque ces mots retentirent :

— Il manque un *vis-à-vis*..... il faut tout de suite un *vis-à-vis*.

Le danseur dévoué qui voulut bien se charger de remplir cette lacune chorégraphique était le jouvencel aux gants vert-pomme. Ce bon gros garçon de façons vulgaires, voyant de loin deux jeunes filles *disponibles*, accourut pour inviter l'une d'elles : mais, au lieu de faire son choix sans hésiter, afin d'épargner au moins à celle qui ne lui agréait pas la petite humiliation d'être délaissée *après examen*, ce Pâris ingénu, dont l'irrésolution ne dura guère, il est vrai, que quelques secondes, se décida pour la voisine de mademoiselle de Beaumesnil... victoire que l'objet de la préférence des gants vert-pomme dut sans doute aux éclatantes couleurs et aux luxurians appas qui la distinguaient.

Si puérile qu'elle semble peut-être, il serait difficile de rendre l'angoisse étrange, amère, qui brisa le cœur de mademoiselle de Beaumesnil pendant les rapides péripéties de cet incident.

En voyant les autres jeunes filles invitées tour à tour sans que personne fit attention à elle, Ernestine, revenant déjà à sa modestie naturelle, s'était expliqué ces préférences. Cependant, à mesure que le nombre des délaissées diminuait autour d'elle... son anxiété... sa tristesse... augmentaient. Mais lorsque, restée seule avec cette jeune fille laide... dont la laideur n'était pas même compensée par quelque élégance de manières... mademoiselle de Beaumesnil se vit pour ainsi dire dédaignée après avoir été comparée à sa compagne..., elle ressentit un coup douloureux.

» Hélas ! — se disait la pauvre enfant, avec une tristesse indéfinissable, puisque je n'ai pu supporter la comparaison avec aucune des jeunes filles qui se trouvaient à côté de moi... et même avec la dernière que l'on a invitée... je ne dois donc jamais plaire à personne ?... Si l'on veut me persuader le contraire... l'on obéira, je n'en puis plus douter maintenant, à une arrière-pensée basse et cupide... Au moins, toutes ces jeunes filles que l'on m'a préférées sont bien assurées que cette préférence est sincère... aucun doute cruel ne flétrit leur innocent triomphe... Ah ! jamais je ne connaîtrai même cet humble bonheur ! »

A ces pensées, l'émotion de mademoiselle de Beaumesnil fut si poignante qu'il lui fallut un violent effort pour contenir ses larmes...

Mais si ses pleurs ne coulèrent pas... son pâle et doux visage trahit un sentiment si pénible que deux personnes... deux cœurs généreux en furent frappés tour à tour...

Pendant que mademoiselle de Beaumesnil s'était livrée à ces réflexions cruelles, la contredanse avait suivi son cours. Olivier dansait avec mademoiselle Hortense Herbaut, et le jeune couple se trouvait placé en face d'Ernestine.

Lors d'un repos, Olivier, jetant par hasard les yeux sur les banquettes désertes, remarqua d'autant plus l'humiliant délaissement de mademoiselle de Beaumesnil, qui seule ne dansait pas, puis l'expression navrante de sa physionomie... Olivier en fut sincèrement touché et dit tout bas à mademoiselle Herbaut :

— Mademoiselle Hortense, quelle est donc cette jeune fille qui est là-bas toute seule, sur cette longue banquette, et qui a l'air si triste ?... je ne l'ai pas encore vue ici... ce me semble ?

— Mon Dieu non, Monsieur Olivier, c'est une jeune personne qu'une des amies de maman lui a présentée aujourd'hui.

— C'est donc cela... Elle n'est pas jolie... elle ne connaît personne ici... on ne l'a pas engagée... Pauvre petite... comme elle doit s'ennuyer !

— Si je n'avais pas été invitée par vous, monsieur Olivier, et si ma sœur n'avait pas comme moi promis d'autres contredanses, je serais restée auprès de cette jeune personne... mais...

— C'est tout simple, mademoiselle Hortense, vous avez à accomplir vos devoirs de maîtresse de maison... mais moi... bien certainement, j'engagerai cette pauvre petite fille pour la première contredanse... Cela fait peine de la voir ainsi délaissée.

— Ah ! merci pour maman et pour nous, monsieur Olivier, ce sera une vraie bonne œuvre, — dit Hortense, — une véritable charité...

Peu de temps après qu'Olivier eût remarqué l'isolement de mademoiselle de Beaumesnil, Herminie qui était restée seule et rêveuse dans la chambre à coucher, rentra au salon. Elle causait avec madame Herbaut, appuyée sur le dossier de son fauteuil, lorsque, s'interrompant, elle lui dit en regardant par la porte de la salle à manger, dont les vantaux étaient ouverts :

— Mon Dieu que cette jeune fille qui est là-bas, toute seule sur cette banquette, paraît donc triste !

Madame Herbaut leva les yeux de dessus ses cartes, et, après avoir regardé du côté que lui indiquait Herminie, elle lui répondit :

— C'est une jeune personne qu'une de mes amies qui est là au nain-jaune m'a présentée ce soir. Dame !... ma chère Herminie... que voulez-vous ? cette nouvelle venue ne connaît personne ici... et, entre nous, elle n'est guère

jolie ; ce n'est pas étonnant qu'elle ne trouve pas de danseur.

— Mais cette pauvre enfant ne peut pourtant pas rester ainsi abandonnée, toute la soirée... — dit Herminie, — et comme, par bonheur, je suis boiteuse... je vais m'occuper de l'*étrangère*, et tâcher de lui faire paraître le temps moins long.

— Il n'y a que vous, belle et généreuse *duchesse* que vous êtes, — répondit en riant madame Herbaut, — pour penser à tout et avoir une si bonne idée... Je vous en remercie, car Hortense et Claire sont obligées de danser toutes les contredanses, et il est probable que cette jeune personne les manquera toutes.

— Oh ! quant à cela, madame... ne le craignez pas, — dit Herminie, — je saurai épargner ce désagrément à cette jeune fille.

— Comment ferez-vous, belle *duchesse* ?

— Oh ! c'est mon secret, madame, — répondit Herminie. Et elle se dirigea, toujours boitant... la menteuse... vers la banquette où était seule assise mademoiselle de Beaumesnil.

XXXVI.

Mademoiselle de Beaumesnil, en voyant s'avancer Herminie, fut si frappée de sa beauté surprenante qu'elle ne remarqua pas l'affectation de *boiterie* que s'était imposée la *duchesse* afin de ne pas danser de toute la soirée... (Si l'on ne l'a pas deviné, l'on saura plus tard le motif de ce *renoncement* à la danse, si rare chez une jeune fille.)

Quelle fut donc la surprise d'Ernestine lorsque la *duchesse*, s'asseyant à ses côtés, lui dit de la manière du monde la plus aimable :

— Je suis autorisée par madame Herbaut, mademoiselle, à venir... si vous le permettez, vous tenir un peu compagnie... à remplacer auprès de vous mesdemoiselles Herbaut...

— Allons... on a du moins pitié de moi, — se dit d'abord mademoiselle de Beaumesnil avec une humiliation douloureuse.

Mais l'accent d'Herminie était si doux, si engageant, sa charmante physionomie si bienveillante, qu'Ernestine, se reprochant bientôt l'amertume de sa première impression, répondit à *la duchesse* :

— Je vous remercie, mademoiselle... ainsi que madame Herbaut... d'avoir bien voulu vous occuper de moi, mais je craindrais de vous retenir, et de vous priver du plaisir de...

— De danser ? — dit Herminie en souriant et en interrompant Ernestine. — Je puis vous rassurer, mademoiselle... j'ai ce soir un affreux mal au pied... qui m'empêchera de figurer dans le bal ; mais vous voyez qu'à ce grand malheur je trouve auprès de vous une compensation.

— En vérité, mademoiselle... je suis confuse de vos bontés...

— Mon Dieu, je fais tout simplement ce que vous auriez fait pour moi, j'en suis sûre... mademoiselle, si vous m'aviez vue isolée, ainsi que cela arrive toujours lorsque l'on vient pour la première fois dans une réunion.

— Je ne crois pas, mademoiselle, — répondit mademoiselle de Beaumesnil en souriant, et mise à l'aise par les gracieuses avances d'Herminie, — je ne crois pas que même... la première fois où vous paraissez quelque part, vous restiez jamais isolée...

— Ah ! mademoiselle... mademoiselle, — répondit gaîment Herminie, — c'est vous qui allez me rendre confuse si vous me faites ainsi des complimens...

— Oh ! je vous assure.... que je vous dis ce que je pense,

mademoiselle, — répondit si naïvement Ernestine que *la duchesse*, sensible à cette louange ingénue, reprit :

— Alors, je vous remercie de ce qu'il y a d'aimable dans vos paroles... Elles sont sincères, je n'en doute pas ; pour justes, c'est autre chose ; mais dites-moi, comment trouvez-vous notre petit bal ?

— Charmant, mademoiselle...

— N'est-ce pas ? c'est si gai, si animé !.. Comme on emploie bien le temps ! Que voulez-vous ? il n'y a qu'un dimanche par semaine... aussi, pour nous tous qui sommes ici... le plaisir est vraiment un plaisir ; tandis que, pour tant de gens... dit-on... c'est une occupation... et des plus fatigantes encore... Rassasiés de tout... ils ne savent que s'imaginer pour s'amuser.

— Et croyez-vous qu'ils s'amusent, au moins, mademoiselle ?

— Non, car il me semble que rien ne doit être plus triste que de chercher si péniblement le plaisir...

— Oh ! oui, cela doit être triste... aussi triste... que de chercher une affection vraie lorsqu'on n'est aimé de personne, — dit involontairement Ernestine, cédant à l'empire de ses tristes préoccupations.

Il y eut tant de mélancolie dans l'accent de la jeune fille et dans l'expression de ses traits, en prononçant ces mots, qu'Herminie se sentit émue.

— Pauvre petite, — pensa *la duchesse*, — sans doute, elle n'est pas aimée de sa famille ; puis l'espèce d'humiliation qu'elle a dû ressentir, en se voyant délaissée par tout le monde, doit l'attrister encore... car, je n'y songeais pas, elle est là toute seule, sur cette banquette, exposée, comme en spectacle... aux moqueries peut-être...

Le hasard vint confirmer les craintes d'Herminie.

Les évolutions de la contredanse ayant ramené devant Ernestine la jeune fille aux vives couleurs et son cavalier aux gants *vert-pomme*, *la duchesse* surprit quelques regards de compassion jetés par la *préférée*... sur la *délaissée*.

Ces regards, mademoiselle de Beaumesnil les surprit aussi... elle se crut pour tout le monde l'objet d'une pitié moqueuse. A cette pensée elle souffrait visiblement. Que l'on juge de sa reconnaissance pour Herminie, lorsque celle-ci lui dit, en tâchant de sourire, car elle devinait la pénible impression d'Ernestine :

— Mademoiselle... voulez-vous me permettre d'agir avec vous sans façon ?

— Certainement... mademoiselle.

— Eh bien ! je trouve qu'il fait ici horriblement chaud... Si vous le vouliez, nous irions nous asseoir dans la chambre de madame Herbaut.

— Oh ! merci... mademoiselle, — dit Ernestine, en se levant vivement, et en attachant sur Herminie son regard ingénu, qu'une larme furtive rendit humide.

— Oh ! merci ! — répéta-t-elle tout bas.

— Comment ? merci... — lui dit Herminie avec surprise en lui donnant le bras, — c'est au contraire à moi de vous remercier... puisque pour moi vous consentez à quitter la salle du bal.

— Et moi, je vous remercie, parce que je vous ai comprise, mademoiselle...— reprit Ernestine en accompagnant *la duchesse* dans la chambre à coucher de madame Herbaut, où les deux jeunes filles ne trouvèrent personne.

— Maintenant que nous voilà seules, — dit Herminie à Ernestine, — expliquez-moi donc pourquoi vous m'avez remerciée... lorsque tout à l'heure...

— Mademoiselle, — dit Ernestine en interrompant *la duchesse*, — vous êtes généreuse... vous devez être franche...

— Mademoiselle... c'est ma qualité... ou mon défaut, — répondit Herminie en souriant, — eh bien ! voyons, pourquoi cet appel à ma franchise ?

— Tout à l'heure, lorsque vous m'avez priée de vous accompagner ici... sous prétexte qu'il faisait trop chaud... dans la salle du bal... vous avez écouté votre bon cœur... vous vous êtes dit : « Cette pauvre jeune fille est délaissée... personne ne l'a invitée à danser parce qu'elle » n'est pas jolie... elle reste là comme un sujet de risée... » elle souffre de cette humiliation... A cette humiliation... » je vais la soustraire en l'amenant ici sous quelque prétexte. » Oh ! vous vous êtes dit cela, n'est-ce pas ? — ajouta mademoiselle de Beaumesnil, en ne cherchant pas à cacher cette fois les larmes d'attendrissement qui lui vinrent aux yeux. — Avouez que je vous ai devinée.

— C'est vrai, — dit Herminie avec sa loyauté habituelle, — pourquoi n'avouerais-je pas l'intérêt que votre position m'a inspiré, mademoiselle ?

— Oh ! merci encore, — dit Ernestine en tendant la main à Herminie, — vous ne savez pas combien je suis heureuse de votre sincérité.

— Et vous... mademoiselle, — reprit Herminie en serrant la main d'Ernestine, — puisque vous voulez que je sois franche, vous ne savez pas combien, tout à l'heure, vous m'avez fait de peine.

— Moi ?

— Sans doute... lorsque je vous disais que ce devait être une chose triste que de chercher péniblement le plaisir, vous m'avez répondu avec un accent qui m'a serré le cœur : « Oui, c'est aussi triste... que de chercher une véritable affection lorsqu'on n'est aimé de personne.

— Mademoiselle... — reprit Ernestine embarrassée.

— Oh ! en disant cela... vous aviez l'air navrée... il ne faut pas le nier... ne vous ai-je pas donné l'exemple de la franchise ?

— C'est vrai... mademoiselle ; et cela je ne vous imitais pas.

— Eh bien ! — reprit Herminie en hésitant, — permettez-moi une question... et surtout ne l'attribuez pas à une indiscrète curiosité... vous ne rencontrez peut-être pas... parmi les vôtres... l'affection que vous pourriez désirer ?

— Je suis orpheline... — répondit mademoiselle de Beaumesnil, d'une voix si touchante qu'Herminie tressaillit et sentit son émotion augmenter.

— Orpheline ! — reprit-elle, — orpheline ! Hélas !... je vous comprends... car moi aussi...

— Vous êtes orpheline ?...

— Oui.

— Quel bonheur !... — dit vivement Ernestine.

Mais pensant aussitôt que cette exclamation involontaire devait paraître cruelle ou au moins bien étrange, elle ajouta :

— Pardon... mademoiselle... pardon... mais...

— A mon tour, je vous ai devinée, — reprit Herminie avec une grâce charmante, — *quel bonheur* veut dire : « Elle sait combien le sort d'une orpheline est triste... et » peut-être elle m'aimera... peut-être, en elle, je trouve» rai l'affection que je n'ai pas rencontrée ailleurs. » Est-ce vrai ? ajouta Herminie en tour la main à Ernestine. — N'est-ce pas que je vous ai devinée ?

— Hélas ! oui, c'est vrai, — répondit Ernestine, cédant de plus en plus à l'attrait singulier que lui inspirait *la duchesse*. — Vous avez été si bonne pour moi, vous semblez si sincère, que j'ambitionnerais votre affection, mademoiselle... ce n'est qu'une ambition... je n'ose pas même dire une espérance... — reprit timidement Ernestine, — car vous me connaissez à peine... mademoiselle...

— Et moi, me connaissez-vous davantage ?

— Non... mais vous, c'est différent...

— Pourquoi cela ?

— Je suis déjà votre obligée, et je vous demande encore...

— Et qui vous dit que cette affection, que vous me demandez, je ne serais pas heureuse de vous l'accorder, en échange de la vôtre ? Vous semblez si à plaindre... si intéressante, — reprit Herminie, qui, de son côté, ressentait un penchant croissant pour Ernestine.

Mais, devenant tout à coup pensive, elle ajouta :

— Savez-vous que cela est bien singulier ?

— Quoi donc... mademoiselle, — demanda Ernestine, inquiète de la gravité des traits de *la duchesse*.

— Nous nous connaissons depuis une demi-heure à

peine, j'ignore jusqu'à votre nom, vous ignorez le mien... et nous voici déjà presque aux confidences.

— Mon Dieu... mademoiselle... — dit Ernestine d'un air craintif, presque suppliant, comme si elle eût redouté de voir Herminie revenir par réflexion sur l'intérêt qu'elle lui avait jusqu'alors témoigné, — pourquoi vous étonner de voir naître soudain l'affection et la confiance entre le bienfaiteur et l'obligé ? Rien ne rapproche... laissez-moi dire... ne lie plus vite et davantage... que la compassion d'un côté et que la reconnaissance de l'autre.

— J'ai trop besoin d'être de votre avis, — reprit Herminie, moitié souriant, moitié attendrie, — j'ai trop envie de vous croire... pour ne pas accepter toutes vos raisons...

— Mais ces raisons sont réelles, mademoiselle, — dit Ernestine, encouragée par ce premier succès, et espérant faire partager sa conviction à Herminie. — Et puis enfin... voyez-vous, notre position pareille contribue encore à nous rapprocher l'une de l'autre... Être toutes deux orphelines... c'est presque un lien...

— Oui, — dit *la duchesse*, en serrant les mains d'Ernestine entre les siennes, — c'est un lien... doublement précieux... pour nous... qui n'en avons plus.

— Ainsi... votre affection... — dit Ernestine en répondant avec bonheur à la cordiale étreinte d'Herminie, — votre affection... vous pourrez un jour me l'accorder ?

— Tout à l'heure, — dit *la duchesse*, — sans vous connaître, j'ai été touchée de ce que votre position avait de pénible... Maintenant, il me semble que je vous aime... parce que l'on voit que vous avez un bon cœur...

— Oh ! vous ne pouvez savoir tout le bien que me font vos paroles, — dit mademoiselle de Beaumesnil, — je ne serai pas ingrate, je vous le jure... mademoiselle...

Mais se reprenant, elle ajouta :

— Mademoiselle ?... non, il me semble que maintenant il me serait difficile de vous appeler ainsi.

— Et il me serait tout aussi difficile de vous répondre sur ce ton cérémonieux, — dit *la duchesse*, — appelez-moi donc Herminie... à condition que je vous appellerai ?...

— Ernestine...

— Ernestine... — dit vivement Herminie en se souvenant que c'était le nom de sa sœur, nom que la comtesse de Beaumesnil avait plusieurs fois prononcé devant la jeune artiste, en lui parlant de cette fille si chérie.

— Vous vous nommez Ernestine ? — reprit Herminie. — Vous parliez tout à l'heure de liens... en voici un de plus.

— Comment cela ?

— Une personne qui m'inspirait le plus respectueux attachement... avait une fille... qui se nommait aussi Ernestine...

— Vous le voyez, Herminie, — dit mademoiselle de Beaumesnil, — combien il y a de raisons pour que nous nous aimions... et, puisque nous voici amies, je vais vous accabler de questions plus indiscrètes les unes que les autres.

— Et moi donc ?... — dit Herminie en souriant.

— D'abord... qu'est-ce que vous faites ? quelle est votre profession, Herminie ?

— Je suis maîtresse de chant et de piano...

— Oh ! que vos écolières doivent être heureuses... que vous devez être bonne pour elles !...

— Pas du tout, mademoiselle... je suis très sévère... — reprit gaîment *la duchesse*. — Et vous, Ernestine, que faites-vous ?

— Moi... — reprit mademoiselle de Beaumesnil assez embarrassée, — moi, je brode... et je fais de la tapisserie...

— Et avez-vous au moins suffisamment d'ouvrage, chère enfant ? — lui demanda Herminie avec une sollicitude presque maternelle. — Cette époque de l'année... est la morte saison pour les travaux de ce genre.

— Je suis arrivée depuis très peu de temps de... de province, pour rejoindre ici... ma parente.

Répondit la pauvre Ernestine de plus en plus embarrassée, mais puisant une certaine assurance dans la difficulté même de sa position.

— Aussi, vous concevez, Herminie, — ajouta-t-elle, — que je n'ai pu encore manquer d'ouvrage...

— En tout cas, si vous en manquiez, je pourrais, je l'espère, vous en procurer, ma chère Ernestine.

— Vous ?... et comment cela ?

— J'ai aussi brodé... pour des marchands, parce que... enfin... on peut se dire cela entre amies et entre pauvres gens... Quelquefois mes leçons me manquaient, et la broderie était ma ressource. Aussi, comme on a été très content de mon ouvrage... dans la maison dont je vous parle, maison de broderie très importante, d'ailleurs, j'y ai conservé de bonnes relations ; je puis donc certaine que, recommandée par moi, si peu de travail qu'il y ait à donner... vous l'aurez...

— Mais... puisque vous brodez aussi... vous... Herminie... c'est vous priver d'une ressource en ma faveur... et si vos leçons venaient encore à vous manquer, — dit Ernestine, délicieusement touchée de l'offre généreuse d'Herminie, — comment feriez-vous ?

— Oh ! je n'ai pas que cette ressource-là, — reprit l'orgueilleuse fille, — je grave aussi de la musique... Mais l'important est que vous ayez de l'ouvrage assuré, voyez-vous, Ernestine... Car, hélas !... vous le savez peut-être aussi... pour nous autres comme pour tous ceux qui vivent de leur travail... il ne suffit pas d'avoir bon courage, il faut encore trouver de l'occupation.

— Sans doute... car alors... c'est bien pénible... Et comment faire ?...

Dit tristement Ernestine, en songeant pour la première fois au sort fatal de tant de pauvres jeunes filles, et se disant avec tristesse que sa nouvelle amie devait avoir connu la triste position dont elle lui parlait.

— Oui... c'est pénible, — répondit mélancoliquement Herminie, — se voir à bout de ressources, quelque bon vouloir, quelque courage que l'on ait !... et c'est pour cela que je ferai mon possible pour que vous ignoriez ce chagrin-là, ma pauvre Ernestine... Mais dites-moi, où demeurez-vous ? j'irai vous voir... en allant donner mes leçons... si ce n'est pas trop... trop loin des quartiers où je suis appelée, car malheureusement il faut que je sois très avare de mon temps.

L'embarras de mademoiselle de Beaumesnil arrivait à son comble, embarras encore augmenté par la pénible nécessité d'être obligée de mentir ; pourtant elle reprit en hésitant :

— Ma chère Herminie, je serai bien contente de vous voir chez nous... mais... ma parente...

— Pauvre enfant !... je comprends, — dit vivement Herminie, en venant, sans le savoir, au secours d'Ernestine, — vous n'êtes pas chez vous ? Votre parente... vous le fait durement sentir... peut-être ?

— C'est cela... dit mademoiselle de Beaumesnil, ravie de cette excuse, — ma parente n'est pas précisément méchante, mais elle est bourrue, — ajouta-t-elle en souriant, — et puis grognon... oh !... mais si grognon... pour tout le monde... que... je craindrais...

— Cela me suffit, — reprit Herminie en riant à son tour, — si elle est *grognon*... tout cela dit... elle n'aura jamais ma visite... Mais alors, Ernestine, il faudra venir me voir quelquefois... quand vous aurez un instant...

— J'allais vous le demander, Herminie... je me fais une joie... une fête de cette visite !...

— Vous verrez... ma petite chambre, comme elle est gentille et coquette, — dit *la duchesse ;* mais, réfléchissant que peut-être sa nouvelle amie n'était si bien logée qu'elle, Herminie se reprit et ajouta :

— Quand je dis que ma chambre est gentille... c'est une façon de parler... elle est toute simple...

Ernestine avait déjà, pour ainsi dire, *la clef* du cœur et du caractère d'Herminie, aussi lui dit-elle en souriant :

— Herminie... soyez franche.

— À propos de quoi, Ernestine ?

— Votre chambre est charmante... et vous vous êtes reprise... de crainte de me faire de la peine en pensant que chez ma *grognon* de parente je n'avais pas sans doute une chambre aussi jolie que la vôtre?

— Mais savez-vous, Ernestine, que vous seriez très dangereuse, si l'on avait un secret, — répondit *la duchesse* en riant, — vous devinez tout.

— J'en étais sûre... votre chambre est charmante; quel bonheur d'aller la voir!...

— Il ne s'agit pas de dire : quel bonheur d'aller la voir!... il faut dire : Herminie, tel jour... je viendrai prendre une tasse de lait le matin avec vous.

— Oh! je le dis... de grand cœur!

— Et moi j'accepte aussi de grand cœur; seulement... lorsque vous viendrez, Ernestine, que ce soit à neuf heures, car à dix je commence ma tournée de leçons. Voyons, quel jour viendrez-vous?

Mademoiselle de Beaumesnil fut tirée du nouvel embarras où elle se trouvait par la *Providence*, qui se manifesta sous l'aspect d'un charmant sous-officier de hussards, qui n'était autre qu'Olivier.

Fidèle à la compatissante promesse qu'il avait faite à mademoiselle Herbaut, le digne garçon venait, par charité, inviter Ernestine pour la prochaine contredanse.

Olivier, après avoir salué Herminie d'un air à la fois respectueux et cordial, s'inclina devant mademoiselle de Beaumesnil avec une politesse parfaite, et lui posa cette question sacramentelle :

— Mademoiselle veut-elle me faire l'honneur de danser la première contredanse avec moi?

XXXVII.

Mademoiselle de Beaumesnil fut doublement surprise de l'invitation que lui adressait Olivier, car cette invitation devait être pour ainsi dire *préméditée*, puisque Ernestine ne se trouvait pas alors dans la salle de bal; aussi très étonnée, la jeune fille hésitait à répondre, lorsque Herminie dit gaîment au jeune soldat :

— J'accepte votre invitation au nom de mademoiselle, monsieur Olivier... car elle est capable de vouloir vous priver du plaisir de danser avec elle... afin de me tenir compagnie... pendant toute la soirée.

— Puisque mademoiselle a accepté pour moi, monsieur, — reprit Ernestine en souriant, — je ne puis que suivre son exemple.

Olivier s'inclina de nouveau, et s'adressant à Herminie :

— Je suis arrivé malheureusement bien tard, mademoiselle Herminie... d'abord parce que vous ne touchez plus du piano, et puis parce que j'ai appris que vous ne dansez pas.

— En effet... monsieur Olivier, vous êtes arrivé tard... car il m'a semblé vous voir entrer à la fin de la dernière *polka* que j'ai jouée...

— Hélas!... mademoiselle, vous voyez en moi une victime de ma patience et de l'inexactitude d'autrui... J'attendais un de *mes amis*... qui devait venir avec moi...

Et Olivier regarda Herminie, qui rougit légèrement, et baissa les yeux.

— Mais cet *ami* n'est pas venu...

— Peut-être est-il malade, monsieur Olivier, — demanda *la duchesse* avec une affectation de parfaite indifférence, quoiqu'elle se sentît assez inquiète.

— Non... mademoiselle... il se porte à merveille... je l'ai vu tantôt; je crois que c'est sa mère qui l'aura retenu... car ce brave garçon n'a aucune force contre la volonté de sa mère.

Ces paroles d'Olivier parurent dissiper le léger nuage qui, de temps à autre, avait, pendant cette soirée, assombri le front de *la duchesse*; elle reprit donc gaîment :

— Mais alors, monsieur Olivier... vous êtes trop injuste de blâmer *votre ami*... puisque son absence a une si bonne excuse.

— Je ne le blâme pas du tout... mademoiselle Herminie, je le plains de n'être pas venu, car... le bal est charmant, et je me plains d'être arrivé si tard; j'aurais eu plus tôt le plaisir de danser avec mademoiselle, — ajouta obligeamment Olivier en s'adressant à mademoiselle de Beaumesnil, afin de ne pas la laisser en dehors de la conversation.

Soudain ces mots :

— A vos places... à vos places... — retentirent dans la salle à manger, en même temps que les accords du piano.

— Mademoiselle... — dit Olivier en offrant son bras à Ernestine, — je suis à vos ordres...

La jeune fille se leva.

Elle allait suivre Olivier, lorsque Herminie, la prenant par la main, lui dit tout bas :

— Un instant... Ernestine... laissez-moi arranger votre écharpe... il y manque une épingle.

Et *la duchesse*, avec une sollicitude charmante, effaça un pli disgracieux de l'écharpe, la fixa au moyen d'une épingle qu'elle prit à sa ceinture, détira un froncement du corsage de la robe d'Ernestine, rendant enfin à sa nouvelle amie tous ces petits soins coquets que deux bonnes sœurs échangent entre elles.

— Maintenant, mademoiselle, — reprit Herminie avec une gravité plaisante, après avoir jeté un coup d'œil sur la toilette d'Ernestine, — je vous permets d'aller danser... mais... surtout... amusez-vous bien!...

Mademoiselle de Beaumesnil fut si touchée de la gracieuse attention d'Herminie, qu'avant d'accepter le bras d'Olivier, elle trouva moyen d'effleurer d'un baiser la joue de *la duchesse* en lui disant tout bas :

— Merci... encore... merci toujours.

Et, heureuse... pour la première fois depuis la mort de sa mère, Ernestine quitta Herminie, prit le bras d'Olivier, et le suivit dans la salle de bal.

Le jeune sous-officier, d'une figure remarquablement agréable et distinguée, cordial avec les hommes, prévenant avec les femmes, portant enfin avec une rare élégance son charmant uniforme de hussard, rehaussé d'une croix que l'on savait vaillamment gagnée, le jeune sous-officier, avons-nous dit, avait été le plus grand succès chez madame Herbaut, et Ernestine, naguère si délaissée, fit bien des jalousies lorsqu'elle apparut dans la salle de bal, au bras d'Olivier.

Les femmes les plus ingénues ont, à l'endroit de l'effet qu'elles produisent sur les autres femmes, une pénétration rare; chez mademoiselle de Beaumesnil, à cette pénétration se joignait la ferme volonté d'observer avec une extrême attention tous les incidens de cette soirée; aussi, s'apercevant bientôt de l'envie que lui attirait la préférence qu'Olivier montrait pour elle, la reconnaissance de la jeune fille s'en augmenta. Elle n'en doutait pas : Olivier, par bonté de cœur, avait voulu la venger du pénible... et presque humiliant délaissement dont elle avait souffert.

Ce sentiment de gratitude disposa mademoiselle de Beaumesnil à se montrer envers Olivier un peu moins réservée peut-être qu'il ne convenait dans une position aussi délicate que celle où elle se trouvait. Mise d'ailleurs très en confiance avec le jeune soldat, par cela seulement qu'il paraissait amicalement traité par Herminie, Ernestine se sentit donc très décidée à provoquer toutes les conséquences de l'épreuve qu'elle venait subir.

Olivier, en promettant à mademoiselle Herbaut d'engager mademoiselle de Beaumesnil, avait seulement obéi à un mouvement de son généreux naturel, car, voyant mademoiselle de Beaumesnil de loin, il l'avait trouvée presque laide; il ne la connaissait pas, il ignorait si elle était spirituelle ou sotte : aussi, enchanté de trouver un sujet de conversation dans l'amitié qui semblait lier

Herminie et Ernestine, il dit à celle-ci, pendant un de ces repos forcés que laissent les évolutions de la contredanse :
— Mademoiselle... vous connaissez mademoiselle Herminie ! Quelle bonne et charmante personne ! n'est-ce pas ?
— Je pense absolument comme vous, monsieur, quoique j'ai vu ce soir mademoiselle Herminie pour la première fois.
— Ce soir... seulement ?
— Cette soudaine amitié vous étonne... n'est-ce pas, monsieur ? Mais que voulez-vous ! quelquefois... les plus riches... sont les plus généreux... ils n'attendent pas qu'on leur demande... ils vous offrent... Il en a été ainsi ce soir d'Herminie à mon égard.
— Je vous comprends... mademoiselle... vous ne connaissez personne ici... et mademoiselle Herminie...
— Me voyant seule... a eu la bonté de venir à moi... Cela doit, monsieur, vous surprendre moins que tout autre...
— Et pourquoi cela, mademoiselle ?
— Parce que... tout à l'heure, — répondit Ernestine en souriant, — vous avez, monsieur, cédé, comme Herminie... à un sentiment de charité à mon égard... de charité... *dansante*, bien entendu.
— De charité... Ah ! mademoiselle, cette expression...
— Est trop vraie ?
— Au contraire.
— Voyons, monsieur... avouez-le... vous devez, il me semble, toujours dire la vérité.
— Franchement, mademoiselle, — reprit Olivier en souriant à son tour, — ferais-je acte de *charité*, je suppose... permettez-moi cette comparaison... en cueillant une fleur oubliée, inaperçue ?
— Ou plutôt... délaissée...
— Soit, mademoiselle...
— A la bonne heure...
— Mais qu'est-ce que cela prouverait ? sinon le mauvais goût de celui qui aurait préféré, par exemple, à une petite violette, un énorme coquelicot.
Et Olivier montra, d'un regard moqueur, la robuste et grosse jeune fille pour qui Ernestine avait été délaissée, et dont les vives couleurs avaient, en effet, beaucoup d'analogie avec le pavot sauvage...
Mademoiselle de Beaumesnil ne put s'empêcher de sourire à cette comparaison ; mais elle reprit en secouant la tête :
— Ah ! Monsieur, si aimable que soit votre réponse, elle me prouve que j'avais doublement raison.
— Comment cela, mademoiselle ?
— Vous avez eu pitié de moi, et vous en avez encore assez pitié pour craindre de me l'avouer.
— Au fait, mademoiselle, vous avez raison de vouloir de la franchise, cela vaut toujours mieux que des compliments.
— Voilà, monsieur, ce que j'attendais de vous.
— Eh bien ! oui, mademoiselle, en voyant que, seule... vous n'étiez pas engagée, je n'ai pensé qu'à une chose... à l'ennui que vous deviez éprouver... et je me suis promis de vous inviter pour la contredanse suivante. J'espère que voilà de la sincérité... vous l'avez voulu...
— Certes, monsieur... et je m'en trouve si bien que si j'osais...
— Osez, mademoiselle... ne vous gênez pas.
— Mais non... si franc que vous soyez, si ami de la vérité... que vous me supposiez, monsieur, votre sincérité s'arrêterait, j'en suis sûre, à de certaines limites..
— A celles que vous poseriez, mademoiselle, pas à d'autres.
— Bien vrai ?
— Oh ! je vous le promets.
— C'est que la question que je vais vous faire, monsieur... devra vous paraître... si étrange... si hardie peut-être...

— Alors, mademoiselle, je vous dirai... qu'elle me paraît étrange ou hardie... voilà tout.
— Je ne sais si j'oserai... jamais.
— Ah ! mademoiselle, — dit Olivier en riant, — à votre tour... vous avez peur... de la franchise.
— C'est-à-dire que j'ai peur... pour votre sincérité, monsieur, il faudrait qu'elle fût si grande, si rare...
— Soyez tranquille, mademoiselle... je réponds de moi...
— Eh bien !... monsieur... comment me trouvez-vous ?
— Mademoiselle... — balbutia d'abord Olivier, qui était loin de s'attendre à cette brusque et embarrassante question, — permettez... je...
— Ah ! voyez-vous, monsieur, — reprit gaîment Ernestine, — vous n'osez pas me répondre tout de suite ; mais tenez, pour vous mettre à l'aise... supposez qu'en sortant de ce bal, et rencontrant un de vos amis, vous lui parliez de toutes les jeunes personnes avec qui vous avez dansé... que diriez-vous... de moi à votre ami... si, par hasard, vous vous souveniez que j'ai été l'une de vos danseuses ?
— Oh ! mon Dieu ! mademoiselle, — reprit Olivier en se remettant de sa surprise, — je dirais tout uniment ceci à mon ami : « J'ai vu une jeune demoiselle que personne » n'invitait... cela m'a intéressé à elle, je l'ai engagée... » tout en pensant que notre entretien ne serait peut-être » pas fort amusant, car, ne connaissant pas cette demoi- » selle, je n'avais à lui dire que des banalités, eh bien ! pas » du tout : grâce à ma danseuse, notre entretien a été très » animé ; aussi, le temps de la contredanse a-t-il passé » comme un songe. »
— Et cette jeune personne ?... vous demandera peut-être votre ami, monsieur, était-elle laide ou jolie ?
» — De loin, — répondit intrépidement Olivier, — je n'avais » pu bien distinguer ses traits... Mais, en la voyant de près... » à mesure que je l'ai regardé plus attentivement, et » je l'ai surtout entendu parler... j'ai trouvé dans sa phy- » sionomie quelque chose de si doux, de si bon... une ex- » pression de franchise si avenante, que je ne pensais plus » qu'elle aurait pu être jolie. » Mais, — reprit Olivier, — j'a- jouterai (toujours parlant à mon ami)... ne répétez pas ces confidences... car il n'y a que les femmes de bon esprit et de bon cœur qui demandent et pardonnent la sincérité. C'est donc à un ami discret que je parle... mademoiselle...
— Et moi, monsieur, je vous remercie ; je vous suis reconnaissante, oh ! profondément reconnaissante. de votre franchise, — dit mademoiselle de Beaumesnil d'une voix, si émue, si pénétrante, qu'Olivier, surpris et ému lui-même, regarda la jeune fille avec un vif intérêt.
A ce moment, la contredanse finissait.
Olivier reconduisit Ernestine auprès d'Herminie qui l'attendait : puis, très frappé du singulier caractère de la jeune fille qu'il venait de faire danser, le jeune sous-officier se retira à l'écart quelque peu rêveur.
— Eh bien ! — dit affectueusement Herminie à Ernestine, — vous vous êtes amusée, n'est-ce pas ? je le voyais à votre figure... vous avez causé tout le temps que vous ne dansiez pas...
— C'est que monsieur Olivier est très aimable... et puis, sachant que vous le connaissiez, Herminie, cela m'a mis tout de suite en confiance avec lui...
— Et il le mérite, je vous assure, Ernestine ; il est impossible d'avoir un plus excellent cœur, un caractère plus noble : son ami intime (et la duchesse rougit imperceptiblement) me disait monsieur Olivier s'occupe des travaux les plus ennuyeux du monde... afin d'utiliser son congé et de venir en aide à son oncle, ancien officier de marine, criblé de blessures, qui demeure dans la maison, et qui n'a pour vivre qu'une petite retraite insuffisante.
— Cela ne m'étonne pas du tout, Herminie ; j'avais déviné que monsieur Olivier avait bon cœur.
— Avec cela, brave comme un lion ; *son ami*, qui servait avec lui dans le même régiment, m'a cité plusieurs traits d'admirable bravoure de monsieur Olivier.
— Il me semble que cela doit être : je me suis toujours

figuré que les personnes très braves devaient être très bonnes, — répondit Ernestine. — Vous, par exemple, Herminie... vous devez être très courageuse...

L'entretien des jeunes filles fut interrompu de nouveau par un danseur qui vint inviter Ernestine... en échangeant un regard avec Herminie.

Ce regard, mademoiselle de Beaumesnil le surprit et il la fit rougir et sourire ; elle accepta néanmoins l'engagement pour la contredanse qui allait commencer dans quelques instans.

Le danseur éloigné, Ernestine dit gaîment à sa nouvelle amie :

— Vous m'avez mise en goût d'être dangereuse, et je le deviens... prodigieusement, ma chère Herminie.

— Et à propos de quoi me dites-vous cela, Ernestine ?

— Cette invitation que l'on vient de me faire...

— Eh bien ?...

— C'est encore vous...

— Encore moi ?

— Vous vous êtes dit : il faut au moins que cette pauvre Ernestine danse deux fois... dans la soirée... tout le monde n'a pas le bon cœur de monsieur Olivier... or, je suis reine, ici, et j'ordonnerai à l'un de mes sujets...

Mais le sujet de la reine Herminie vint dire à mademoiselle de Beaumesnil :

— Mademoiselle... on est en place.

— A tout à l'heure, mademoiselle la devineresse, — dit Herminie à mademoiselle de Beaumesnil en la menaçant affectueusement du doigt, — je vous apprendrai à être si fière de votre pénétration.

A peine la jeune fille venait-elle de s'éloigner, avec son danseur, qu'Olivier, s'approchant de *la duchesse*, s'assit auprès d'elle et lui dit :

— Mais quelle est donc cette jeune fille avec qui je viens de danser ?

— Une orpheline... qui vit de son état de brodeuse, monsieur Olivier, et qui, je le pense, n'est pas très heureuse... car vous ne pouvez vous imaginer avec quelle expression touchante elle m'a remerciée de m'être occupée d'elle ce soir ; c'est cela qui nous a soudain rapprochées l'une de l'autre... car je ne la connais que d'aujourd'hui.

— C'est ce qu'elle m'a dit en parlant naïvement de ce qu'elle appelle votre *pitié* et la mienne.

— Pauvre petite... il faut qu'elle ait été bien maltraitée... qu'elle le soit peut-être encore, pour se montrer si reconnaissante de la moindre preuve d'intérêt qu'on lui donne.

— Elle est avec cela fort originale. Vous ne savez pas, mademoiselle Herminie, la singulière question qu'elle m'a faite en invoquant ma franchise ?

— Non.

— Elle m'a demandé si je la trouvais laide ou jolie...

— Quelle singulière petite fille !... Et vous lui avez répondu ?...

— La vérité... puisqu'elle la demandait.

— Comment, monsieur Olivier, vous lui avez dit qu'elle n'était pas jolie ?

— Certainement, mais en ajoutant (et c'était aussi la vérité), qu'elle avait l'air si doux, si franc... qu'on oublierait qu'elle aurait pu être belle.

— Ah ! mon Dieu !... monsieur Olivier...— dit Herminie presque avec crainte,— c'était dur à entendre... pour elle... Et elle n'a pas semblé blessée ?

— Pas le moins du monde, au contraire... et c'est cela surtout qui m'a beaucoup frappé. Lorsqu'on pose des questions de cette nature, *soyez franc* veut ordinairement dire : *mentez*. Tandis qu'elle m'a remercié de ma sincérité en deux mots, mais avec un accent si pénétré, si touchant, et surtout si vrai... que, malgré moi, j'en ai été tout ému.

— Savez-vous ce que je crois, monsieur Olivier ? C'est que la pauvre créature aura été très durement traitée chez elle ; on lui aura peut-être dit cent fois qu'elle était laide comme un petit monstre... et se trouvant, sans doute pour la première fois de sa vie, en confiance avec quelqu'un, elle aura voulu savoir de vous la vérité sur elle-même.

— Vous avez probablement raison, mademoiselle Herminie ; et ce qui m'a touché comme vous, c'est de voir avec quelle reconnaissance cette pauvre jeune fille accueille la moindre preuve d'intérêt, pourvu qu'elle la croie sincère.

— Figurez-vous, monsieur Olivier... que parfois j'ai vu de grosses larmes rouler dans ses yeux...

— En effet, il me semble que sa gaîté... doit cacher un fond de mélancolie habituelle... elle cherche à s'étourdir peut-être...

— Et puis, malheureusement son état, qui demande beaucoup de travail et de temps, est peu lucratif, pauvre enfant !... Si les préoccupations de la pauvreté viennent se joindre à ses autres chagrins !...

— Cela n'est que trop possible, mademoiselle Herminie... — dit Olivier avec sollicitude, — elle doit être, en effet, bien à plaindre.

— Mais silence... la voilà ! — dit Herminie.

Puis elle ajouta :

— Ah ! mon Dieu ! elle met son châle ; on nous l'emmène...

En effet, Ernestine, derrière qui marchait madame Lainé d'un air imposant, s'avança dans la chambre à coucher, et fit à Herminie un signe de tête qui semblait dire qu'elle partait à regret.

La duchesse alla au-devant de sa nouvelle amie et lui dit :

— Comment ! vous nous quittez déjà ?

— Il le faut bien, — répondit Ernestine, en accusant d'un petit regard sournois l'innocente madame Lainé.

— Mais, au moins, vous viendrez dimanche, ma chère Ernestine ?... Vous savez que nous avons mille choses à nous dire.

— Oh ! j'espère bien venir, ma chère Herminie ; j'ai autant que vous le désir de nous revoir bientôt.

Et faisant un salut gracieux au jeune sous-officier, Ernestine lui dit :

— Au revoir, monsieur Olivier.

— Au revoir, mademoiselle, — répondit le jeune soldat en s'inclinant.

Une heure après, mademoiselle de Beaumesnil et madame Lainé étaient de retour à l'hôtel de La Rochaigüe.

XXXVIII.

Mademoiselle de Beaumesnil, de retour du bal de madame Herbaut, resta seule et écrivit son journal :

« Dieu soit béni ! chère maman... L'inspiration à laquelle j'ai cédé... était bonne.

» Oh ! dans cette soirée quelle cruelle leçon... d'abord, puis quel profitable enseignement, et enfin quelles douces compensations !

« Deux personnes de cœur m'ont témoigné un intérêt... » *vrai*.

» Oh ! oui, cette fois bien vrai, bien désintéressé, » car ces personnes-là, du moins, ignorent que je suis » *la plus riche héritière de France*...

» Elles me croient pauvre, dans un état voisin de la » misère... et puis surtout elles ont été sincères envers » moi, je le sais... j'en suis certaine... oui, elles ont été » sincères...

» Jugez de mon bonheur... je puis enfin avoir foi en » quelqu'un, ma mère, moi qui suis arrivée à la défiance » de tout et de tous, grâce aux adulations des gens qui » m'entourent.

» *Enfin... je crois savoir ce que je vaux, ce que je parais*. » Je suis loin d'être jolie, je n'ai rien au monde qui » puisse me faire remarquer, je suis une de ces créatures » qui doivent toujours passer inaperçues, à moins que

» quelques cœurs compatissants ne soient touchés de mon
» air naturellement doux et triste...
» Ce que je dois réellement inspirer (si j'inspire quel-
» que chose) est cette sorte de tendre commisération que
» les âmes d'une délicatesse rare ressentent parfois à la
» vue d'un être inoffensif, souffrant de quelque peine
» cachée.
» Si cette commisération me rapproche d'une de ces
» natures d'élite, ce qu'elle trouve et aime en moi c'est
» une grande douceur de caractère, jointe à un besoin de
» réciproque sincérité.
» Voilà ce que je suis, rien de plus, rien de moins.
» Et quand je compare ces humbles avantages, les seuls
» que je possède, aux perfections inouïes, idéales que la
» flatterie se plaît à m'accorder si magnifiquement ;
» Quand je pense à ces *passions soudaines, irrésistibles*,
» que j'ai inspirées à des gens qui ne m'ont jamais parlé.
» Quant je pense enfin à *l'effet* que je produisais en
» entrant quelque part, et que je me rappelle qu'au bal de
» ce soir... je n'ai été invitée à danser *que par charité*, tou-
» tes les jeunes filles ayant été engagées de préférence à
» moi... car j'étais la plus laide de cette réunion, oh ! ma
» mère !.. moi qui n'ai jamais eu de haine pour personne...
» je le sens, je les hais autant que je les méprise ces gens qui
» se sont joués de moi par leurs basses flatteries... Je suis
» tout étonnée des mots durs, amers, insolents, qui me vien-
» nent à l'esprit, et dont j'espère un jour accabler ceux
» qui m'ont voulu tromper... lorsqu'une épreuve à laquelle
» je veux les soumettre à un grand bal de jeudi, chez ma-
» dame la marquise de Mirecourt, m'aura complètement
» prouvé leur fausseté...
» Hélas ! chère maman, qui m'eût dit, il y a quelque
» temps, que moi, si timide, je prendrais un jour de ces
» résolutions hardies ? Mais la nécessité d'échapper à de
» grands malheurs donne du courage, de la volonté aux
» plus craintifs.
» Puis il me semble que, de moment en moment, mon
» esprit, jusqu'alors fermé à tout ce qui était défiance, ob-
» servation, je dirais presque intrigue et ruse... s'ouvre
» davantage à ces pensées, mauvaises sans doute, mais
» que l'abandon où je suis fait excuser peut-être.
» Je te l'ai dit, chère maman, la cruelle leçon que j'ai su-
» bie n'a pas été du moins sans compensation...
» D'abord, j'ai trouvé, j'en suis certaine, une amie gé-
» néreuse et sincère. Me voyant délaissée... cette char-
» mante jeune fille a eu pitié de mon humiliation... elle
» est venue à moi... elle s'est ingéniée à me consoler...
» avec autant de bonté que de grâce... J'ai ressenti, je res-
» sens pour elle la plus tendre reconnaissance....
» Oh ! si tu savais, chère maman, ce qu'il y a de nou-
» veau, de doux, de délicieux pour moi, *la plus riche hé-
» ritière de France*, jusqu'alors assaillie de tant de protes-
» tations menteuses, à chérir quelqu'un qui m'a vue hu-
» miliée, qui me croit malheureuse, et, qui, pour cela
» seul, me témoigne le plus touchant intérêt, *qui m'aime
» enfin pour moi même !*
» Que te dirai-je ?... être recherchée... aimée... à cause
» des infortunes que l'on vous suppose... combien cela
» est ineffable pour le cœur, lorsque jusqu'alors on a été
» recherchée... aimée (en apparence) seulement à cause
» des richesses que l'on vous sait ! !
» La sincère affection que j'ai trouvée, cette fois, m'est
» si précieuse qu'elle me donne l'espérance d'un heureux
» avenir : désormais... sûre d'une amie éprouvée, que
» puis-je craindre ?... Ah ! cette amie, je n'aurai pas à
» trembler de la voir changer... lorsqu'un jour je lui avoue-
» rai qui je suis ! !
» Ce que je te dis d'Herminie (elle s'appelle ainsi) peut s'ap-
» pliquer aussi à M. Olivier, que l'on croirait le frère de cette
» jeune fille par le cœur et par la loyauté ; voyant que per-
» sonne ne m'invitait, c'est lui qui m'a engagée *par charité*,
» et telle est sa franchise qu'il n'a pas nié cette compas-
» sion ; bien plus, lorsque j'ai eu la hardiesse de lui deman-
» der s'il me trouvait jolie, il m'a répondu que non, mais

» que *j'avais une physionomie qui intéressait par son expres-
» sion de douceur et de bonté.*
» Ces simples paroles m'ont fait un plaisir inouï... je les
» sentais vraies... car elles se rapportaient à ce que tu me
» disais, bonne mère... lorsque tu me parlais de ma
» figure ; et ces paroles... c'était bien à la pauvre petite
» brodeuse qu'elles s'adressaient, et non pas à la riche hé-
» ritière.
» M. Olivier est simple soldat, je crois ; il a dû cepen-
» dant recevoir une éducation distinguée, car il s'exprime
» à merveille, et ses manières sont parfaites ; de plus, il
» est aussi bon que brave ; il prend un soin filial de son
» vieil oncle, ancien officier de marine...
» Oh ! ma mère !... quelles vaillantes natures que celles-
» là ! ! comme on est à l'aise auprès d'elles ; comme à
» leur sincérité le cœur s'épanouit ! comme ces relations
» semblent bonnes et saines à l'âme ! quelle gaîté douce
» et sereine dans la pauvreté !... quelle résignation dans
» le travail... car tous les deux sont pauvres, tous deux
» travaillent, Herminie... pour vivre, M. Olivier pour
» ajouter à l'insuffisante retraite de son vieil oncle.
» Travailler pour vivre ! ...
» Et encore... Herminie me disait que quelquefois...
» le travail manquait... car l'excellente sœur... (oh je peux
» l'appeler ma sœur) m'a proposé de me recommander à
» une maison de broderie, afin, m'a-t-elle dit, que j'ignore
» ce qu'il y a de cruel dans le chômage d'occupation.
» Manquer de travail !...
» Mais alors, mon Dieu ! c'est manquer de pain !...
» mais c'est le besoin !... c'est la misère !... c'est la mala-
» die !.. c'est la mort... peut-être !
» Toutes ces jeunes filles que j'ai vues à cette réunion,
» si riantes, si gaies ce soir, et qui vivent, comme Hermi-
» nie, uniquement de leur travail, peuvent donc souffrir
» demain de toutes les horreurs de la misère, si ce travail
» leur manque ?
» Il n'y a donc personne à qui elles puissent dire :
» *J'ai bon courage, bonne volonté... donnez-moi seulement
» de l'occupation.*
» Mais c'est injuste ! mais c'est odieux cela ! on est donc
» sans pitié les uns pour les autres ? Ça est donc égal qu'il
» y ait tant de personnes ignorant aujourd'hui si elles au-
» ront du pain demain ?
» Oh ! ma mère ! ma mère ! maintenant je comprends
» ce vague sentiment de crainte, d'inquiétude, qui m'a été
» saisie quand on m'a appris que j'étais si riche... j'avais
» donc raison de me dire avec une sorte de remords :
» *Tant d'argent ? à moi seule ? Pourquoi cela ?
» Pourquoi tant à moi, rien aux autres ?
» Cette fortune immense, comment l'ai-je gagnée ?...
» Hélas ! je l'ai gagnée seulement... par ta mort... ô ma
» mère... par ta mort. ô mon père.*
» Ainsi, pour que je sois si riche, il faut que j'aie perdu
» les êtres que je chérissais le plus au monde.
» Pour que je sois si riche... peut-être faut-il qu'il y
» ait des milliers de jeunes filles, comme Herminie, tou-
» jours exposées à la détresse... joyeuses aujourd'hui...
» désespérées demain...
» Et quand elles ont perdu la seule richesse de leur
» âge, leur insouciance et leur gaîté, quand elles sont
» vieilles... que c'est plus seulement le travail... mais
» les forces qui leur manquent, que deviennent-elles ces
» infortunées ?
» Oh ! ma mère... plus je songe à la disproportion ef-
» frayante entre mon sort et celui d'Herminie, ou de tant
» d'autres jeunes filles... plus je songe à toutes les igno-
» minies qui m'assiégent, à tous les projets ténébreux
» dont je suis le but parce que je suis *riche*, il me semble
» que la richesse laisse au cœur une amertume étrange.
« A cette heure où ma raison s'éveille et s'éclaire, il faut
« enfin que j'éprouve la toute puissance de la fortune sur
« les âmes vénales, il faut que je voie jusqu'à quel hon-
« teux abaissement je puis, moi jeune fille de seize ans
« faire courber tout ce qui m'entoure... Oui, car mes

» yeux s'ouvrent maintenant... je reconnais avec une
» gratitude profonde que la révélation de M. de Maillefort
» m'a seule mise sur la voie de ces idées que je sens,
» pour ainsi dire, éclore en moi de minute en minute.
» Je ne sais... mais il me semble, chère maman, que
» maintenant je t'exprime mieux ma pensée, que mon in-
» telligence se développe, que mon esprit sort de son en-
» gourdissement, qu'en certaines parties enfin mon carac-
» tère se transforme, et que, s'il reste tendrement sympa-
» thique à ce qui est généreux et sincère, il devient ré-
» solu, agressif, à l'égard de tout ce qui est faux, bas et
» cupide.
» Je ne me trompe pas... on m'a menti en me disant
» que M. de Maillefort était ton ennemi, chère et tendre
» mère ; on a voulu me mettre en défiance contre
» ses conseils... C'est à dessein que l'on a favorisé mon
» fâcheux éloignement pour lui, éloignement causé par
» des calomnies dont j'ai été dupe.
» Non! jamais, jamais je n'oublierai que c'est aux révé-
» lations de M. de Maillefort que j'ai dû l'inspiration d'al-
» ler chez madame Herbaut... dans cette modeste maison
» où j'ai puisé d'utiles enseignements, et où j'ai rencon-
» tré les deux seuls cœurs généreux et sincères que j'aie
» connus... depuis que je vous ai perdus... ô mon père !...
» ô ma mère ! »

. . . .

Le lendemain matin du jour où elle avait assisté au bal de madame Herbaut, mademoiselle de Beaumesnil sonna sa gouvernante un peu plus tôt que d'habitude.

Madame Lainé parut à l'instant, et dit à Ernestine :

— Mademoiselle a passé une bonne nuit ?

— Excellente, ma chère Lainé ; mais, dites-moi, avez-vous fait causer, ainsi que je vous en avais prié hier au soir, les gens de mon tuteur, afin de savoir si l'on avait quelque soupçon sur notre absence ?

— L'on ne se doute absolument de rien, mademoiselle... madame la baronne a seulement envoyé ce matin, de très bonne heure, une de ses femmes pour savoir de vos nouvelles...

— Et vous avez répondu ?

— Que mademoiselle avait passé une meilleure nuit... quoiqu'un peu agitée ; mais que le calme absolu de la soirée d'hier avait fait beaucoup de bien à mademoiselle...

— C'est à merveille. Maintenant, ma chère Lainé... j'ai autre chose à vous demander...

— Je suis aux ordres de mademoiselle... seulement, je suis désolée... de ce qui est arrivé hier soir chez madame Herbaut, — dit la gouvernante d'un ton pénétré, — j'étais au supplice pendant toute la soirée...

— Et... que m'est-il donc arrivé chez madame Herbaut ?

— Comment ! mais l'on a accueilli mademoiselle avec une indifférence... une froideur... Enfin... c'était une horreur, car mademoiselle est habituée à voir tout le monde... s'empresser autour d'elle comme cela se doit.

— Ah ! cela se doit ?

— Dame... mademoiselle sait bien les égards que l'on doit à sa position... tandis que hier j'en étais mortifiée, révoltée... Ah ! pensais-je, à part moi, si l'on savait que cette jeune personne, à qui on ne fait pas seulement attention... est mademoiselle de Beaumesnil... il faudrait voir... tout ce monde-là se mettre à plat ventre...

— Ma chère Lainé, je veux d'abord vous tranquilliser sur ma soirée d'hier... j'en ai été ravie... et tellement que je compte aller au bal de dimanche...

— Comment .. mademoiselle... veut encore...

— C'est décidé. j'irai. Maintenant, autre chose. L'accueil même que l'on m'a fait chez madame Herbaut, et qui vous scandalise si fort, est une preuve de la discrétion que j'attendais de vous... je vous en remercie... et si vous agissez toujours de la sorte, je vous le répète... votre fortune est assurée.

— Mademoiselle... peut être certaine que ce n'est pas l'intérêt... qui...

— Je sais ce que j'aurai à faire ; mais, ma chère Lainé, ce n'est pas tout ; il faut que vous demandiez à madame Herbaut l'adresse d'une des jeunes personnes que j'ai vues hier soir. Elle s'appelle *Herminie*, et donne des leçons de musique.

— Je n'aurai pas besoin de m'adresser à madame Herbaut pour cela, mademoiselle ; le maître d'hôtel de M. le baron sait cette adresse...

— Comment ? dit Ernestine très étonnée, — le maître d'hôtel sait l'adresse de mademoiselle Herminie !

— Oui, mademoiselle ; et justement on causait d'elle à l'office il y a quelques jours.

— De mademoiselle Herminie ?...

— Certainement, mademoiselle... à cause du billet de cinq cents francs qu'elle a rapporté à madame la baronne. Louis, le valet de chambre, a tout entendu... à travers les portières du salon d'attente.

— Madame de La Rochaigue connaît Herminie ! — s'écria Ernestine, dont la surprise et la curiosité augmentaient à chaque parole de sa gouvernante. — Et ce billet de cinq cents francs, qu'est-ce que cela signifie ?...

— Cette honnête jeune fille... (j'avais bien dit à mademoiselle que madame Herbaut choisissait parfaitement sa société), cette honnête jeune fille rapportait ces cinq cents francs parce qu'elle avait été, disait-elle, payée par madame la comtesse.

— Quelle comtesse ?

— Mais... la mère de mademoiselle.

— Ma mère.. payer Herminie, et pourquoi ?

— Ah ! mon Dieu, c'est juste... mademoiselle ignore sans doute... on n'a pas dit cela à mademoiselle de peur de l'attrister encore.

— Quoi... que ne m'a-t-on pas dit ? Au nom du ciel !... parlez... parlez donc...

— Que feu madame la comtesse... avait tant souffert dans ses derniers momens que les médecins... à bout de ressources, avaient imaginé de conseiller à madame la comtesse... d'essayer si la musique ne calmerait pas ses douleurs.

— Oh ! mon Dieu... je ne puis croire... achevez... achevez...

— Alors on a cherché une artiste, et c'était... Herminie !

— Herminie !

— Oui, mademoiselle. Pendant les dix ou douze derniers jours de la maladie de madame la comtesse, mademoiselle Herminie a été faire de la musique chez elle... on dit que cela a beaucoup calmé feu madame la comtesse... mais malheureusement il était trop tard...

Pendant qu'Ernestine essuyait les larmes que lui arrachaient ces tristes détails, jusqu'alors inconnus d'elle, madame Lainé continua :

— Il paraît qu'après la mort de madame la comtesse, madame la baronne, croyant que mademoiselle Herminie n'avait pas été payée, lui envoya cinq cents francs ; mais cette brave fille, comme je le disais tout à l'heure à mademoiselle, a rapporté l'argent, disant qu'on ne lui devait rien...

— Elle a vu ma mère... mourante... elle a calmé ses souffrances, — pensait Ernestine avec une émotion inexprimable. — Ah ! quand pourrai-je lui avouer que je suis la fille de cette femme qu'elle aimait sans doute ! car comment connaître ma mère sans l'aimer ?

Puis, tressaillant soudain à un souvenir récent, la jeune fille se dit encore :

— Mais je me rappelle maintenant... hier... lorsque j'ai dit à Herminie que je m'appelais Ernestine... elle a paru frappée... elle m'a dit toute émue qu'une personne qu'elle vénérait avait une fille qui s'appelait aussi Ernestine. Ma mère lui a donc parlé de moi ? Et pour parler à Herminie avec cette confiance, ma mère l'aimait donc ? j'ai donc raison de l'aimer aussi... C'est un devoir pour moi... Oh ! ma tête se perd, mon cœur déborde... c'est trop... mon Dieu !... c'est trop de bonheur.

Essuyant alors des larmes d'attendrissement, Ernestine dit à sa gouvernante :
— Et cette adresse ?
— Le maître d'hôtel était allé pour la savoir chez le notaire qui avait envoyé les cinq cents francs ; on la lui a donnée, et il a été la porter de la part de madame la baronne chez monsieur le marquis de Maillefort.
— Monsieur de Maillefort connaît aussi Herminie ?
— Je ne saurais le dire à mademoiselle ; tout ce que je sais, c'est qu'il y a un mois le maître d'hôtel a porté l'adresse d'Herminie chez monsieur le marquis.
— Cette adresse... ma chère Lainé... cette adresse !
Au bout de quelques instans, la gouvernante rapporta l'adresse d'Herminie, et Ernestine lui écrivit aussitôt :

MA CHÈRE HERMINIE,

« Vous m'avez invitée à aller voir votre gentille petite
» chambre... j'irai après-demain *mardi matin*, de très
» bonne heure, bien certaine de ne pas vous déranger
» ainsi de vos occupations ; je me fais une joie de vous
» revoir, j'ai mille choses à vous dire.
» Votre sincère amie qui vous embrasse,
» ERNESTINE. »

Après avoir cacheté cette lettre, mademoiselle de Beaumesnil dit à sa gouvernante :
— Ma chère Lainé, vous porterez vous-même cette lettre à la poste...
— Oui, mademoiselle.
Ernestine se dit :
— Mais après-demain matin ? pour sortir seule... avec madame Lainé, comment faire ?... Oh ! je ne sais, mais mon cœur me dit que je verrai Herminie.

XXXIX.

Le matin du jour fixé par mademoiselle de Beaumesnil pour aller voir Herminie, Gerald de Senneterre venait d'avoir un long entretien avec Olivier. Les deux jeunes gens étaient assis sous cette tonnelle si particulièrement affectionnée par le commandant Bernard.
La figure du duc de Senneterre était très pâle, très altérée ; il semblait en proie à de pénibles préoccupations.
— Ainsi, mon bon Olivier, — dit-il à son ami, — tu vas *la voir*...
— A l'instant... Je lui ai écrit hier soir pour lui demander une entrevue... Elle ne m'a pas répondu... donc elle consent.
— Allons, — dit Gerald avec un soupir d'angoisse, — dans une heure mon sort sera décidé...
— Je ne te le cache pas, Gerald, tout ceci est très grave... tu connais mieux que moi le caractère et l'orgueil de cette chère fille, et ce qui, auprès de toute autre, serait une certitude de réussite, peut avoir près d'elle un effet tout contraire ; mais enfin rien n'est désespéré...
— Tiens, vois-tu... Olivier... s'il fallait renoncer à elle, — s'écria Gerald d'une voix sourde, — je ne sais ce que je ferais.
— Gerald... Gerald...
— Eh bien ! oui... je l'aime comme un fou... Je n'avais jamais cru que l'amour, même le plus passionné, pût atteindre ce degré d'exaltation... Cet amour est une fièvre dévorante, une idée fixe qui m'absorbe et me brûle !... Que veux-tu que je te dise ? la passion me déborde ; je ne vis plus... et d'ailleurs, tu comprends cela, toi... tu connais Herminie !
— Il n'est pas au monde, je le sais, une plus noble et plus belle créature...

— Olivier, — reprit Gerald en cachant sa figure dans ses mains, — je suis le plus malheureux des hommes !
— Allons, Gerald..., pas de faiblesse... compte sur moi... compte aussi sur elle... Ne t'aime-t-elle pas autant que tu l'aimes ?... Voyons... ne te désole donc pas ainsi... Espère... et si malheureusement...
— Olivier... — s'écria M. de Senneterre en relevant son beau visage, où l'on voyait la trace de larmes récentes, — je t'ai dit que je ne vivrais pas... sans elle !...
Il y eut dans ces mots de Gerald un accent si sincère, une résolution si farouche, qu'Olivier trembla, car il savait l'énergie du caractère et de la volonté de son ancien frère d'armes.
— Pour Dieu ! Gerald, — lui dit-il avec émotion, — encore une fois rien n'est désespéré... Attends du moins mon retour.
— Tu as raison, — dit Gerald en passant sa main sur son front brûlant, — j'attendrai...
Olivier, voulant tâcher de ne pas laisser son ami sous l'empire de pensées pénibles, reprit :
— J'oubliais de te dire que j'ai causé avec mon oncle de ton dessein au sujet de mademoiselle de Beaumesnil, que tu dois rencontrer après-demain dans une fête ; il approuve fort. Cette conduite est digne de lui, m'a-t-il dit... Ainsi, Gerald, après-demain...
— Après-demain !... — s'écria le duc de Senneterre avec une impatience amertume, — je ne pense pas si loin ; est-ce que je sais seulement ce que je ferai tantôt ?
— Gerald, il s'agit d'accomplir un devoir d'honneur.
— Ne me parle pas d'autre chose que d'Herminie... le reste m'est égal. Que me font à moi les devoirs d'honneur... quand je suis à la torture ?...
— Tu ne penses pas... ce que tu dis là, Gerald...
— Si... je le pense.
— Non...
— Olivier...
— Fâche-toi si tu veux ; mais je te dis, moi, que ta conduite, cette fois comme toujours, sera celle d'un homme de cœur... Tu iras à ce bal pour y rencontrer mademoiselle de Beaumesnil.
— Mais mordieu !... monsieur, je suis libre de mes actions, peut-être !...
— Non, Gerald, tu n'es pas libre de faire le contraire d'une chose loyale et bonne !
— Savez-vous, monsieur, — s'écria le duc de Senneterre, pâle de colère, — que ce que vous me dites là... est...
Mais voyant une expression de douloureux étonnement se peindre sur les traits d'Olivier, Gerald revint à lui-même, eut honte de son emportement, et dit à son ami d'une voix suppliante, en lui tendant la main :
— Pardon, Olivier... pardon... c'est au moment même où tu te charges pour moi de la mission la plus grave... la plus délicate... que j'ose...
— Ne vas-tu pas me faire des excuses, maintenant ? — dit Olivier en empêchant son ami de continuer et lui serrant cordialement la main.
— Olivier... — reprit Gerald avec accablement, — il faut avoir pitié de moi... je te dis que je suis fou...
L'entretien des deux amis fut interrompu par la soudaine arrivée de madame Barbançon, qui en entrant sous la tonnelle s'écria :
— Ah ! mon Dieu ! monsieur Olivier
— Qu'y a-t-il, madame Barbançon ?
— Le commandant !
— Eh bien !...
— Il est sorti.
— Souffrant... comme il est... — dit Olivier avec une surprise inquiète, — c'est de la plus grande imprudence... Et vous n'avez pas tenté de le dissuader de sortir, madame Barbançon ?
— Hélas ! mon Dieu ! monsieur Olivier, je crois que le commandant est fou !
— Que dites-vous ?
— C'est la portière qui a ouvert à M. Gerald en mon ab-

sence... Quand je suis revenue tout à l'heure, M. Bernard riait, chantait, je crois même qu'il sautait, malgré sa faiblesse... Enfin il m'a embrassée en criant comme un déchaîné : *Victoire! maman Barbançon! victoire!*

Gerald, malgré sa tristesse, ne put s'empêcher de sourire d'un air sournois, comme s'il eût connu le secret de la joie subite du vieux marin ; mais lorsque Olivier, véritablement inquiet, lui dit :

— Y comprends-tu quelque chose, Gerald ?

Le duc de Senneterre répondit de l'air le plus naturel :

— Ma foi non !... je n'y comprends rien... si ce n'est que e commandant aura sans doute appris quelque heureuse nouvelle... et je ne vois là rien de bien inquiétant.

— Une heureuse nouvelle ? — dit Olivier surpris, cherchant en vain ce que cela pouvait être, — je ne vois pas... quelle bonne nouvelle mon oncle aura pu apprendre.

— Ce qu'il y a de certain, — reprit madame Barbançon, — c'est qu'après avoir crié *victoire !* le commandant m'a dit : — Olivier est il au jardin ? — Oui, monsieur, il y est avec M. Gerald. — Ah ! Olivier est au jardin... Alors, vite, maman Barbançon, ma canne et mon chapeau... Je me sauve... — Comment, vous vous sauvez ? Mais, monsieur... — lui ai-je dit, — faible comme vous l'êtes... il n'y a pas de bon sens de vouloir sortir... — Mais bah ! le commandant ne m'a pas seulement écoutée, il a sauté sur son chapeau et a fait deux pas comme pour aller vous trouver dans le jardin, M. Olivier, et puis il s'est arrêté court, a retourné sur ses pas et est sorti par la porte de la rue, en trottinant comme un jeune homme, et en chantonnant sa vilaine romance : — *Pour aller à Lorient pêcher des sardines...* chanson marine qu'il ne chante que dans ses grandes joies, vous le savez, monsieur Olivier... et pour lui les grandes joies sont rares, pauvre cher homme !

— Raison de plus, si elles sont rares, pour qu'elles soient grandes, madame Barbançon, — dit Gerald en souriant.

— En vérité, — lui dit Olivier, — je t'assure que cela m'inquiète... Mon oncle est si faible depuis sa maladie... qu'hier encore il s'est presque trouvé mal dans le jardin après une promenade d'une demi-heure, tant il était fatigué.

— Rassure-toi, mon ami, jamais la joie ne fait de mal...

— Je vas toujours courir du côté de la plaine, monsieur Olivier, — dit madame Barbançon, — il avait l'idée que l'exercice au grand air lui ferait plus de bien que ses promenades dans le jardin... Peut-être le trouverai-je par là... Mais qu'est-ce qu'il pouvait vouloir dire avec sa *victoire !* maman *Barbançon !... victoire !...* Il faut qu'il ait découvert quelque chose de nouveau en faveur de son *Buonaparte.*

Et la digne ménagère sortit précipitamment.

— Allons, Olivier, — reprit Gerald, — ne t'alarme pas. Le pis qu'il puisse arriver au commandant est de se fatiguer un peu...

— Je t'assure, Gerald, que je suis moins inquiet que surpris... Cet accès de joie subite est pour moi incompréhensible...

Neuf heures sonnèrent.

Olivier, songeant à la mission qu'il allait remplir pour Gerald, lui dit :

— Allons... neuf heures... je vais chez elle...

— Bon Olivier, — dit Gerald avec émotion, — tu oublies tout ce qui t'intéresse pour ne songer qu'à moi... et moi, dans mon égoïsme, tout à mon amour, à mes angoisses, je ne te parle pas même de ton amour à toi.

— Quel amour ?

— Cette jeune fille que tu as vue dimanche chez madame Herbaut.

— Je voudrais, mon pauvre Gerald, que ton amour fût aussi tranquille que le mien... si toutefois on peut appeler de l'amour l'intérêt naturel qu'on ressent pour une pauvre petite fille... peu heureuse... qui n'est pas jolie, mais qui a pour elle une physionomie d'une douceur angélique, un excellent naturel, et un petit babil très original.

— Et tu y penses souvent, à cette pauvre fille ?

— C'est vrai... je ne sais vraiment pas trop pourquoi... si je le découvre, je te le dirai. Mais assez parlé de moi... tu viens de montrer de l'héroïsme en oubliant un instant ta passion pour t'intéresser à ce que tu appelles *mon amour*, — dit Olivier en souriant afin de tâcher d'éclaircir le front de Gerald. — Cette généreuse action sera récompensée... Allons, bon courage... espère... et attends-moi ici...

. . . .

Herminie, de son côté, songeait à la visite d'Olivier avec une vague inquiétude, qui jetait un léger nuage sur ses traits naguère épanouis, rayonnans de bonheur.

— Que peut me vouloir M. Olivier ? — pensait *la duchesse ;* — c'est la première fois qu'il me demande à venir chez moi, et c'est pour *une affaire très importante*, me dit-il dans sa lettre... Cette affaire importante ne doit pas le concerner, lui... Mon Dieu ! s'il s'agissait de Gerald, dont M. Olivier est le meilleur ami ? Mais non... hier encore j'ai vu Gerald... je le verrai aujourd'hui... car c'est demain qu'il doit parler à sa mère... de nos projets... Cependant... je ne sais pourquoi cette entrevue me tourmente... En tout cas, je veux prévenir la portière que j'y suis pour M. Olivier...

Et Herminie tira le cordon d'une sonnette qui communiquait à la loge de madame Moufflon, la portière.

Celle-ci, se rendant aussitôt à cet appel, entra chez la jeune fille au moyen d'une double clef.

— Madame Moufflon, — lui dit Herminie, — quelqu'un viendra ce matin me demander, et vous laisserez entrer.

— Si c'est une dame... bien entendu... Je sais ma consigne, mademoiselle.

— Non, madame Moufflon, ce n'est pas une dame, — répondit Herminie avec un léger embarras.

— Ce n'est pas une dame ? alors ce ne peut être que ce petit bossu pour qui vous y êtes toujours, mademoiselle ?

— Non, madame Moufflon, il ne s'agit pas de M. de Maillefort, mais d'un jeune homme...

— Un jeune homme ! — s'écria la portière... — un jeune homme ! voilà, par exemple, du fruit nouveau ! ... C'est la première fois.

— Ce jeune homme vous dira son nom, il se nomme Olivier.

— Olivier... ça n'est pas malin... je me rappellerai des *olives*... je les adore... *Olivier, olives, huile d'olive...* c'est la même chose... je ne l'oublierai pas... Mais, à propos, non pas de jeune homme... car il ne l'est plus, jeune... le grand vilain serpent ! je l'ai encore vu rôder hier dans l'après-midi devant la porte.

— Qui cela, madame Moufflon ?

— Vous savez bien... ce grand sec... qui a une figure si ingrate, et qui a voulu récidiver pour m'induire à vous remettre un poulet ; mais, jour de Dieu ! je l'ai reçu aussi bien la seconde fois que la première.

— Ah ! encore ! — fit Herminie avec un sourire de dégoût et de mépris en songeant à de Ravil...

En effet, ce cynique, depuis sa rencontre avec Herminie, avait plusieurs fois tenté de se rapprocher de la jeune fille ; mais ne pouvant y parvenir ni triompher de l'incorruptibilité de la portière, il avait écrit par la poste à Herminie, et ses lettres avaient été accueillies avec le mépris qu'elles méritaient.

— Oui, mademoiselle, il est encore venu rôder hier, — reprit la portière, et comme je me suis mis sur le pas de la porte pour le surveiller, il a ricané en passant devant moi... Je me suis dit : Ricane, va, grande vipère ! tu ris jaune...

— Je ne puis malheureusement éviter la rencontre de cet homme, qui quelquefois affecte de se trouver sur mon passage, — dit Herminie, — mais je n'ai pas besoin, madame Moufflon, de vous recommander de ne jamais le laisser s'approcher de chez moi.

— Oh ! soyez tranquille, mademoiselle... il sait bien à qui il a affaire... allez !

— J'oubliais de vous dire, — reprit Herminie, — qu'une

jeune personne viendra sans doute aussi me voir, ce matin.
— Les jeunes personnes et les dames, ça va tout seul, mademoiselle... Mais si le jeune homme, M. *Olivier*... (vous voyez que je n'oublie pas le nom) était encore chez vous... quand cette jeune personne viendra ?
— Eh bien ?
— Est-ce qu'il faudra la laisser entrer tout de même ?
— Certainement...
— Ah! tenez, mademoiselle, — dit la portière, — M. Bouffard, qui était si féroce pour vous, et que vous avez rendu comme un vrai mérinos depuis que vous donnez des leçons à sa fille, a bien raison de dire : il y a des rosières qui ne valent pas mademoiselle Herminie... c'est une demoiselle... qui...

Un coup de sonnette coupa court aux louanges de madame Moufflon.
— C'est sans doute M. Olivier, dit Herminie à madame Moufflon, — priez-le d'entrer.

En effet, au bout d'un instant, la portière introduisit Olivier auprès de la jeune fille, et celle-ci resta seule avec l'ami intime de Gerald.

XL.

L'inquiétude vague que ressentait Herminie augmenta encore à la vue d'Olivier ; le jeune homme paraissait triste, grave, et *la duchesse* crut remarquer que par deux fois il évita de la regarder, comme s'il éprouvait un pénible embarras ; embarras, hésitation qui se manifestèrent encore par le silence de quelques instans qu'Olivier garda avant d'expliquer le sujet de sa visite.

Ce silence, Herminie le rompit la première, en disant :
— Vous m'avez écrit, monsieur Olivier, pour me demander une entrevue à propos d'une chose très grave ?
— Très grave, en effet... mademoiselle Herminie.
— Je vous crois, car vous semblez ému, monsieur Olivier ; qu'avez-vous donc à m'apprendre !
— Il s'agit de Gérald, mademoiselle.
— Grand Dieu ! — s'écria *la duchesse* avec effroi, — que lui est-il arrivé ?
— Rien... — se hâta de dire Olivier, — rien de fâcheux... je le quitte à l'instant.

Herminie, rassurée, se sentit d'abord confuse de son indiscrète exclamation, et dit à Olivier en rougissant :
— Veuillez, je vous prie... ne pas mal interpréter...
Mais la franchise et la fierté de son caractère l'emportant, elle reprit :
— Après tout... pourquoi... vouloir vous cacher ce que vous savez, monsieur Olivier ? N'êtes-vous pas le meilleur ami, presque le frère de Gerald ? C'est à lui, ni moi n'avons à rougir de notre attachement. C'est... demain qu'il doit faire part à sa mère de ses intentions, et lui demander... un consentement que, d'avance, il est certain d'obtenir. Pourquoi ne l'obtiendrait-il pas ? notre condition est pareille... Gerald vit de sa profession comme je vis de la mienne... notre sort sera modeste, et... Mais pardon, monsieur Olivier, de vous parler ainsi de nous... c'est le défaut des amoureux. Voyons, puisqu'il n'est rien arrivé de fâcheux à Gerald, quelle peut-être la chose si grave qui vous amène ici.

Les paroles d'Herminie annonçaient tant de sécurité qu'Olivier sentit surtout alors la difficulté de la mission dont il s'était chargé, il reprit donc avec une pénible hésitation :
— Il n'est rien arrivé de fâcheux à Gerald, mademoiselle Herminie... mais je viens vous parler de sa part.

Un moment rasséréné, le visage de *la duchesse* redevint inquiet.

— Monsieur Olivier, expliquez-vous, de grâce, — dit-elle, — vous venez me parler de la part de Gerald ?... pourquoi un intermédiaire entre lui et moi, cet intermédiaire fût-il même vous... son meilleur ami ?... Cela m'étonne. Pourquoi Gerald ne vient-il pas lui-même ?
— Parce qu'il est... des choses... qu'il craint de vous avouer... mademoiselle.

Herminie tressaillit ; sa physionomie s'altéra, et, regardant fixement Olivier, elle reprit :
— Il est des choses... que Gerald craint de m'avouer... à moi !...
— Oui... mademoiselle.
— Mais alors, — s'écria la jeune fille en pâlissant, — c'est donc quelque chose de bien mal, s'il n'ose pas me le dire ?
— Tenez, mademoiselle, — reprit Olivier, qui était au supplice, — je voulais prendre des détours, des précautions ; cela ne servirait qu'à prolonger votre anxiété...
— Oh! mon Dieu ! — murmura la jeune fille toute tremblante, — que vais-je donc apprendre ?
— La vérité... mademoiselle Herminie... elle vaut mieux que le mensonge.
— Le mensonge ?
— En un mot, Gerald ne peut supporter plus longtemps la position fausse à laquelle l'ont contraint la fatalité des circonstances et le besoin de se rapprocher de vous... Son courage est à bout... il ne veut plus vous mentir, et quoi qu'il puisse arriver... n'ayant d'espoir que dans votre générosité... il m'envoie, je vous le répète, vous dire ce qu'il craint de vous avouer lui-même... car il sait combien la fausseté lui fait horreur, et... malheureusement Gerald vous a trompée...
— Trompée... moi ?
— Gerald n'est pas ce qu'il paraît... il a pris un faux nom... il s'est donné pour ce qu'il n'était pas...
— Grand Dieu ! — murmura la jeune fille avec épouvante.

Et une idée terrible lui traversa l'esprit.
Étant à mille lieues de penser qu'Olivier pût avoir une intimité avec un homme d'une classe éminemment aristocratique, la malheureuse enfant s'imagina tout le contraire : elle se persuada que Gerald avait pris un faux nom, s'était donné une fausse profession, afin de cacher sous ces dehors, non l'humilité de sa naissance ou de son état (aux yeux d'Herminie le travail et l'honorabilité égalisaient toutes les conditions), mais quelques antécédens honteux, coupables... enfin... Herminie se figura que Gerald avait commis quelqu'action déshonorante...

Aussi, dans sa folle terreur, la jeune fille, tendant ses deux mains vers Olivier, lui dit d'une voix entrecoupée :
— N'achevez pas... oh !... n'achevez pas... cet aveu de honte.
— De honte !... — s'écria Olivier, — comment, parce que Gerald vous a caché qu'il était *le duc de Senneterre ?*
— Vous dites... que... Gerald... votre ami ?...
— Est le duc de Senneterre !... oui... Mademoiselle... nous avions été au collège ensemble... il s'était engagé ainsi que moi... c'est ainsi que je l'ai retrouvé au régiment ; depuis, notre intimité a toujours duré ; maintenant, mademoiselle Herminie... vous devinez pour quelle raison... Gerald vous a caché son titre et sa position... C'est un tort dont je me suis rendu complice... par étourderie, car il ne s'agissait d'abord que d'une plaisanterie... que je regrette cruellement : c'était de présenter Gerald chez madame Herbaut, comme clerc de notaire... Malheureusement cette présentation était déjà faite... lorsqu'après la singulière rencontre qui a rapproché Gerald de vous... il vous a retrouvée chez madame Herbaut : vous comprenez le reste... Mais, je vous le répète, Gerald a préféré vous avouer la vérité... ce continuel mensonge révoltait trop sa loyauté.

En apprenant que Gerald, au lieu d'être un homme avili, se cachant sous un faux nom, n'avait eu d'autre tort que de dissimuler sa haute naissance, le revirement des idées d'Herminie fut si brusque, si violent, qu'elle éprouva d'abord une sorte de vertige ; mais lorsque la réflexion lui revint ; mais, lorsqu'elle put envisager d'un coup d'œil les conséquences de cette révélation, le saisissement de la jeune fille fut tel que, devenant pâle comme une morte, elle trembla de tous ses membres, ses genoux vacillèrent, et il lui fallut s'appuyer un moment sur la cheminée.

Lorsque Herminie put parler, elle reprit d'une voix profondément altérée :

— Monsieur... Olivier... je vais vous dire quelque chose qui vous semblera insensé... Tout à l'heure... avant que vous m'eussiez tout révélé .. une idée folle... horrible, m'est venue... c'est que Gerald... m'avait dissimulé son vrai nom... parce qu'il était coupable... de quelque action coupable... déshonorante peut-être...

— Ah ! vous avez pu croire...

— Oui... j'ai cru cela... mais... je ne sais si la vérité que vous m'apprenez sur la position de Gerald... ne me cause pas un chagrin plus désespéré que celui que j'ai ressenti en pensant que Gerald pouvait être un homme avili.

— Que dites-vous ? mademoiselle... c'est impossible !

— Cela vous semble insensé, n'est-ce pas ? — reprit la jeune fille avec amertume.

— Comment !... Gerald avili...

— Eh ! que sais-je ! je pouvais espérer, à force d'amour, de le tirer de son avilissement, de le relever à ses propres yeux... aux miens... enfin de le réhabiliter... mais,—reprit Herminie, dans un accablement profond, — entre moi... et monsieur le duc de Senneterre... il y a maintenant un abîme...

— Oh ! rassurez-vous, — dit vivement Olivier, espérant guérir la blessure qu'il venait de faire, et changer en joie la douleur de la jeune fille,—rassurez-vous, mademoiselle Herminie, j'ai mission de vous avouer les torts de Gerald... mais, grâce à Dieu ! j'ai aussi mission de vous dire qu'il entend les réparer... oh ! les réparer de la façon la plus éclatante... Gerald a pu vous tromper sur des apparences... mais il ne vous a jamais trompée sur la réalité de ses sentimens : ils sont, à cette heure... ils ont toujours été ; sa résolution n'a pas varié... Aujourd'hui comme hier... Gerald n'a qu'un vœu... qu'un espoir... c'est que vous consentiez à porter son nom... seulement, aujourd'hui, ce nom est celui de *duc de Senneterre*... Voilà tout.

— Voilà tout ! — s'écria Herminie, dont l'accablement faisait place à une indignation douloureuse. — Ah ! voilà tout ? ainsi ce n'est rien, monsieur... que d'avoir surpris mon affection à l'aide de faux dehors ? de m'avoir mise dans cette affreuse nécessité de renoncer à un amour... qui était l'espoir... le bonheur de ma vie... ou d'entrer dans une famille qui n'aura pour moi qu'aversion et dédain ? ah ! cela n'est rien, monsieur ? ah ! votre ami prétend m'aimer, et il m'estime assez peu pour croire que je subirai jamais les humiliations sans nombre auxquelles m'exposerait un pareil mariage ?

— Mais, mademoiselle Herminie...

— Monsieur Olivier... écoutez-moi... Lorsque je l'ai reçu après une première rencontre... qui, par son étrangeté même, ne m'avait laissé que trop de souvenirs... si Gerald m'eût franchement avoué qu'il était le duc de Senneterre, j'aurais résisté de toutes mes forces à une affection naissante, j'en aurais triomphé... peut-être... mais, en tous cas, de ma vie, je n'aurais revu Gerald, je ne pouvais pas être sa maîtresse... et je n'étais pas faite, je vous le répète, pour subir les humiliations qui m'attendent si je consens à être sa femme.

— Vous vous trompez, mademoiselle Herminie, acceptez l'offre de Gerald, et vous n'aurez à redouter aucune humiliation ; il est maître de lui. Depuis plusieurs années il a perdu son père ; il dira donc tout à sa mère ; il lui fera comprendre ce que cet amour est pour lui ; mais si madame de Senneterre veut sacrifier à des convenances factices le bonheur de Gerald, celui-ci, à regret... sans doute, et après avoir épuisé toutes les voies de persuasion, est décidé à se passer du consentement de sa mère...

— Et moi, monsieur... je ne me passerai, à aucun prix... non de l'affection... elle ne se commande pas... mais de l'estime de la mère de mon mari, parce que, cette estime... je la mérite... Jamais, entendez-vous bien... l'on ne dira que j'ai été un sujet de rupture entre Gerald et sa mère.. et que c'est en abusant de l'amour qu'il avait pour moi, que je me suis imposée à cette noble et grande famille ; non, Monsieur... jamais l'on ne dira cela de moi... mon *orgueil* ne le veut pas !

En prononçant ces derniers mots, Herminie fut superbe de douleur et de dignité.

Olivier avait le cœur trop bien placé pour ne pas partager le scrupule de la jeune fille... scrupule que lui et Gerald avaient redouté, car ils ne s'abusaient pas sur l'indomptable fierté d'Herminie. Néanmoins, Olivier, voulant tenter un dernier effort, lui dit :

— Mais enfin... mademoiselle Herminie, songez-y, je vous en supplie, Gerald fait tout ce qu'un homme d'honneur peut faire en vous offrant sa main. Que voulez-vous de plus ?

— Ce que je veux, monsieur... je vous l'ai dit... c'est être traitée avec la considération qui m'est due... et que j'ai le droit d'attendre de la famille de monsieur de Senneterre...

— Mais, mademoiselle, Gerald ne peut que vous répondre de lui... Exiger plus... serait...

— Tenez... monsieur Olivier, — dit Herminie, après un moment de réflexion, et interrompant l'ami de Gerald,—vous me connaissez... vous savez si ma volonté est ferme...

— Je le sais... mademoiselle.

— Eh bien ! de ma vie je ne reverrai Gerald, à moins que madame la duchesse de Senneterre, sa mère, ne vienne ici...

— Ici !... — s'écria Olivier stupéfait.

— Oui... que madame la duchesse de Senneterre ne vienne ici... chez moi... me dire qu'elle consent à mon mariage avec son fils... Alors... on ne prétendra pas que je me suis imposée à cette noble famille.

Cette prétention, qui semble et qui était en effet d'un incroyable et superbe *orgueil*, Herminie l'exprimait simplement, naturellement, sans emphase, parce que, pleine d'une juste et haute estime de soi, la jeune fille avait la conscience de demander ce qui lui était dû.

Cependant, au premier abord, cette prétention parut à Olivier si exorbitante qu'il ne put s'empêcher de répondre dans sa stupeur :

— Madame de Senneterre !... venir chez vous... vous dire qu'elle consent au mariage de son fils... mais vous n'y songez pas, mademoiselle Herminie... c'est impossible !

— Et pourquoi cela, monsieur ?—demanda la jeune fille avec une fierté si ingénue, qu'Olivier, réfléchissant enfin à tout ce qu'il y avait de dangereux, d'élevé dans le caractère et dans l'amour d'Herminie, répondit assez embarrassé :

— Vous me demandez, mademoiselle, pourquoi madame de Senneterre... ne peut venir ici... vous dire qu'elle consent au mariage de son fils ?

— Oui, monsieur.

— Mais, mademoiselle, sans parler même des convenances du grand monde... la démarche... que vous exigez d'une personne de l'âge de madame de Senneterre... me semble...

Herminie, interrompant Olivier, lui dit avec un sourire amer :

— Si j'appartenais à ce *grand monde* dont vous parlez, monsieur ; si, au lieu d'être une pauvre orpheline, j'avais une famille... et que M. de Senneterre m'eût recherchée en mariage... serait-il, oui ou non, dans les *convenances* que madame de Senneterre fît la première démarche auprès de ma mère, ou de ma famille... pour lui demander ma main ?

— Certainement, mademoiselle... mais...
— Je n'ai pas de mère... je n'ai pas de famille,—poursuivit tristement Herminie.— A qui donc, si ce n'est à moi... madame de Senneterre doit-elle s'adresser, lorsqu'il s'agit de mon mariage?
— Un mot seulement, mademoiselle. Cette démarche de madame de Senneterre serait possible si ce mariage... lui semblait convenable...
— Et c'est à cela que je prétends, monsieur Olivier.
— Mais la mère de Gerald ne vous connaît pas, mademoiselle.
— Si madame de Senneterre a de son fils une assez mauvaise opinion pour le croire capable de faire un choix indigne, qu'elle s'informe de moi... Grâce à Dieu... je ne crains rien...
— C'est vrai, — dit Olivier, à bout d'objections raisonnables, — je n'ai rien à faire à cela.
— Voici mon dernier mot, monsieur Olivier,—reprit Herminie : — ou mon mariage avec Gerald conviendra à madame de Senneterre, et elle m'en donnera la preuve en faisant auprès de moi la démarche que je demande ; sinon... elle me jugera indigne d'entrer dans sa famille... alors de ma vie je ne reverrai monsieur de Senneterre.
— Mademoiselle Herminie... par pitié pour Gerald...
— Ah !... croyez-moi... je mérite plus de pitié... que monsieur de Senneterre, — dit la jeune fille, ne pouvant contraindre plus longtemps ses larmes et cachant sa figure dans ses mains,—car, moi... je mourrai de chagrin peut-être... mais du moins jusqu'à la fin... j'aurai été digne de Gerald et de mon amour.
Olivier était désolé... Il ne pouvait s'empêcher d'admirer cet orgueil, quoiqu'il en déplorât les conséquences en songeant au désespoir de Gerald.
Soudain on entendit sonner à la porte de la jeune fille.
Celle-ci redressa sa tête, essuya les larmes dont son beau visage était inondé ; puis, se rappelant la lettre de mademoiselle de Beaumesnil, elle dit à Olivier :
— C'est sans doute Ernestine... Pauvre enfant, je l'avais oubliée... Monsieur Olivier... voulez-vous avoir la bonté d'aller ouvrir pour moi ?...
Ajouta *la duchesse* en portant son mouchoir à ses yeux, afin d'effacer les traces de ses pleurs.
— Un mot encore, mademoiselle ; — reprit Olivier d'un ton pénétré, presque solennel, — vous ne pouvez vous imaginer quelle est l'exaltation de l'amour de Gerald... vous savez si je suis sincère. Eh bien ! *j'ai peur*... pour lui... entendez-vous bien... *j'ai peur*... en songeant aux suites de votre refus...
Herminie tressaillit aux effrayantes paroles d'Olivier. Pendant quelques instants, elle parut en proie à une lutte pénible... mais elle en triompha, et l'infortunée, brisée par cette torture morale, répondit à Olivier d'une voix presque défaillante :
— Il m'est affreux de désespérer Gerald, car je crois à son amour parce que je sais le mien... je crois à sa douleur... parce que je sens la mienne.... mais jamais je ne sacrifierai ma dignité qui est aussi celle de Gerald...
— Mademoiselle... je vous en supplie...
— Vous savez mes résolutions, monsieur Olivier... je n'ajouterai pas un mot. Ayez pitié de moi... vous le voyez... cet entretien me tue...
Olivier, accablé, s'inclina devant Herminie, et se dirigea vers la porte ; mais à peine l'eut-il ouverte, qu'il s'écria :
— Mon oncle ! et vous, mademoiselle Ernestine ! Grand Dieu ! cette pâleur... ce sang à votre front... qu'est-il arrivé ?
A ces mots d'Olivier, Herminie sortit précipitamment de sa chambre et courut à la porte d'entrée.

XLI.

Telle était la cause de la surprise et de l'effroi d'Olivier, lorsqu'il eut ouvert la porte de la demeure de *la duchesse*.
Le commandant Bernard, pâle, la figure bouleversée, semblait se soutenir à peine ; il s'appuyait sur le bras de mademoiselle de Beaumesnil.
Celle-ci, aussi pâle que le vieux marin, et vêtue d'une modeste robe d'indienne, avait le front ensanglanté, tandis que les brides de son chapeau de paille flottaient dénouées sur ses épaules.
— Mon oncle, qu'avez-vous ? — s'écria Olivier, s'approchant vivement du vétéran et le regardant avec une angoisse inexprimable, — qu'est-il donc arrivé ?
— Ernestine, — s'écriait en même temps Herminie effrayée, — mon Dieu ! vous êtes blessée !...
— Ce n'est rien... Herminie, — répondit la jeune fille d'une voix tremblante en tâchant de sourire, — ce n'est rien... mais pardonnez... si je viens avec monsieur... c'est que... tout à l'heure... je...
La pauvre enfant ne put continuer ; ses forces, son courage étaient à bout, ses lèvres blanchirent... ses yeux se fermèrent, sa tête se renversa doucement en arrière, ses genoux se dérobèrent sous elle, et elle tombait sans Herminie qui la reçut dans ses bras.
— Elle se trouve mal, — s'écria *la duchesse*, — monsieur Olivier, aidez-moi... portons-la dans ma chambre...
— C'est moi... c'est moi qui suis cause de ce malheur ! — dit le commandant Bernard dans sa douloureuse anxiété.
Et il suivit d'un pas chancelant, tant sa faiblesse était grande encore, Olivier et Herminie qui transportaient Ernestine dans la chambre à coucher.
— Pauvre petite, — murmura le vétéran, — quel cœur, quel courage !...
La duchesse, ayant assis Ernestine sur son fauteuil, ôta le chapeau qu'elle portait, écarta de son front pur et blanc ses beaux cheveux châtains, dont les énormes tresses se déroulèrent sur ses épaules, puis, pendant que la tête appesantie de mademoiselle de Beaumesnil était soutenue par Olivier, Herminie, à l'aide de son mouchoir, étancha le sang d'une blessure heureusement légère que la jeune fille avait un peu au-dessus de la tempe.
Le vieux marin, debout, immobile, les lèvres tremblantes, tenant entre ses mains jointes son petit mouchoir à carreaux bleus, contemplait cette scène touchante sans pouvoir trouver une parole, tandis que de grosses larmes tombaient lentement de ses yeux sur sa moustache blanche.
— Monsieur Olivier, soutenez-la... je vais chercher de l'eau fraîche et un peu d'eau de Cologne, — dit Herminie.
Et bientôt elle revint, portant une élégante cuvette de porcelaine anglaise et un flacon de cristal à demi rempli d'eau de Cologne.
Après avoir légèrement épongé la blessure d'Ernestine, avec de l'eau mélangée du spiritueux, Herminie en prit quelques gouttes dans sa main, et les fit aspirer à mademoiselle de Beaumesnil.
Peu à peu les lèvres d'Ernestine se colorèrent, et une tiède rougeur remplaça la froide pâleur de ses joues...
— Dieu soit loué !... elle revient à elle, — dit Herminie, en relevant les tresses de la chevelure de l'orpheline, et les assujétissant sur sa tête au moyen de son peigne d'écaille.
Olivier, profondément touché de ce tableau, dit à *la duchesse*, qui, debout auprès du fauteuil, soutenait sur son sein s'agité la tête de mademoiselle de Beaumesnil :
— Mademoiselle Herminie, je regrette que ce soit dans une si triste circonstance que j'aie à vous présenter mon oncle... monsieur le commandant Bernard.

La jeune fille répondit aux paroles d'Olivier par un salut affectueux adressé au vieux marin. Celui-ci reprit :

— Et moi, mademoiselle, je suis doublement désespéré de cet accident, dont je suis malheureusement cause... et qui vous met dans un si pénible embarras.

— Mais, mon oncle, — reprit Olivier, — que vous est-il donc arrivé ?

Pendant qu'Herminie, voyant, grâce au bon succès de ses soins, Ernestine reprendre peu à peu ses sens, lui faisait de nouveau aspirer quelques gouttes d'eau de Cologne, le commandant Bernard répondit à Olivier d'une voix émue :

— J'étais sorti ce matin pendant que tu causais avec un de tes amis.

— En effet, mon oncle, madame Barbançon m'a dit que vous aviez eu l'imprudence de sortir malgré votre extrême faiblesse... mais ce qui l'avait un peu rassurée... c'est que vous lui avez paru plus gai que vous ne l'aviez été depuis bien longtemps.

— Oh ! certes, — reprit le vétéran avec expansion, — j'étais gai parce que j'étais heureux... oh ! bien heureux... car, ce matin...

Mais le commandant s'arrêta, regarda Olivier avec une expression singulière, et ajouta en soupirant :

— Non... non, je ne dois rien te dire ; enfin... je suis donc sorti...

— C'était bien imprudent... mon oncle.

— Que veux-tu... j'avais mes raisons... et puis j'ai cru que l'exercice au grand air serait plus profitable à ma convalescence que les promenades bornées à notre petit jardin... je suis donc sorti... Cependant, me défiant de mes forces, au lieu de gagner la plaine... je suis allé ici près, dans ces grands terrains gazonnés qui avoisinent le chemin de fer. Après avoir un peu marché... me sentant fatigué, je me suis assis au soleil, sur le faîte d'un talus qui borde l'une de ces rues tracées et pavées, mais où il n'y a pas encore de maisons...

J'étais là depuis un quart-d'heure, lorsque, me croyant suffisamment reposé, j'ai voulu me lever pour revenir chez nous... mais cette promenade, quoique peu longue, avait épuisé mes forces. A peine étais-je debout que j'ai été pris d'un étourdissement, mes jambes ont fléchi, j'ai perdu l'équilibre, le talus était rapide...

— Et vous êtes tombé... — dit Olivier avec anxiété.

— Oui... j'ai glissé jusques en bas du monticule : cette chute aurait été peu dangereuse... si une grosse charrette chargée de pierres, et dont les chevaux abandonnés du charretier marchaient à l'aventure... n'eût passé à ce moment...

— Grand Dieu ! — s'écria Olivier.

— Quel affreux danger ! — s'écria Herminie.

— Oh ! oui, affreux... surtout sans cette chère demoiselle que vous voyez là... blessée... oui... blessée... en risquant sa vie pour sauver la mienne.

— Comment... mon oncle... cette blessure... de mademoiselle Ernestine...

— En tombant au bas du talus, — reprit le vieillard en interrompant son neveu, qui jeta sur mademoiselle de Beaumesnil un regard d'attendrissement et de reconnaissance ineffable, — ma tête avait porté... j'étais étendu sur le pavé, incapable de faire un mouvement, lorsqu'à travers une espèce de vertige... je vois les chevaux s'avancer... Ma tête n'était plus qu'à un pied de la roue... lorsque j'entends un grand cri... je vois vaguement une femme qui venait en sens inverse des chevaux se précipiter de mon côté... c'est alors que la connaissance m'a manqué tout à fait...

Puis, — reprit le vieillard avec une émotion croissante, — lorsque je suis revenu à moi... j'étais assis et adossé au talus... à deux pas de l'endroit où j'avais failli être écrasé... Une jeune fille, un ange de courage et de bonté, était agenouillée devant moi, les mains jointes, pâle encore d'épouvante, le front ensanglanté... Et... c'était elle... — s'écria le vieux marin, en se retournant vers Ernestine, qui avait alors tout à fait repris ses sens.

— Oui, c'était vous, mademoiselle ! — reprit-il, — vous qui m'avez sauvé la vie en vous exposant à périr... vous, pauvre faible créature, qui n'avez écouté que votre cœur et que votre vaillance.

— Oh ! Ernestine, que je suis fière d'être votre amie ! — s'écria *la duchesse* en serrant contre son cœur Ernestine, rougissante et confuse.

— Oui... oui... — s'écria le vieillard... — soyez-en fière de votre amie... mademoiselle... vous le devez !

— Mademoiselle... — dit à son tour Olivier en s'adressant à mademoiselle de Beaumesnil avec un trouble indéfinissable, — je ne puis vous dire que ces mots... et votre cœur comprendra ce qu'ils signifient pour moi : *Je vous dois la vie de mon oncle, ou plutôt du père le plus tendrement chéri...*

— Monsieur Olivier, — répondit mademoiselle de Beaumesnil en baissant les yeux après avoir regardé le jeune homme avec surprise... — ce que vous me dites là... me rend doublement heureuse... car j'avais ignoré... jusqu'ici que monsieur fût celui de vos parents dont Herminie m'avait parlé avant-hier.

— Et maintenant, mademoiselle, — reprit le vieillard d'un ton rempli d'intérêt... — comment vous trouvez-vous ? Il faudrait peut-être aller chercher un médecin... Mademoiselle Herminie... qu'en pensez-vous ? Olivier y courrait.

— Monsieur Olivier, n'en faites rien, de grâce, — dit vivement Ernestine, — je n'éprouve qu'un peu de mal de tête ; la blessure doit être légère, c'est à peine si je la ressens. Lorsque... tout à l'heure je me suis évanouie... ç'a été... je vous l'assure, bien plus émotion... que douleur.

— Il n'importe, Ernestine, — dit Herminie... — il faut prendre un peu de repos... je crois comme vous votre blessure légère... mais vous avez été si effrayée que je veux vous garder pendant quelques heures.

— Oh ! quant à cette ordonnance-là, ma chère Herminie, — dit en souriant mademoiselle de Beaumesnil, — j'y consens de tout cœur... et je ferai durer ma convalescence le plus longtemps qu'il me sera possible.

— Olivier, mon enfant... dit le vieux marin, — donne-moi le bras, et laissons ces demoiselles...

— Monsieur Olivier, — reprit Herminie, — il est impossible que M. Bernard, faible comme il l'est, s'en aille à pied... Si vous voulez dire à la portière d'aller chercher une voiture.

— Non non, ma chère demoiselle, avec le bras de mon Olivier, je ne crains rien, — reprit le vieillard, — le grand air me remettra... et puis je veux montrer à Olivier l'endroit où je périssais sans cet ange gardien... Je ne suis pas dévot, mademoiselle, mais j'irai souvent, je vous le jure, faire un pèlerinage à ce talus de gazon... et je prierai à ma manière pour la généreuse créature qui m'a sauvé au moment où j'avais tant envie de vivre, car ce matin même...

Et pour la seconde fois, à la nouvelle surprise d'Olivier, le vétéran refoula les paroles qui lui vinrent aux lèvres...

— Enfin...... n'importe, — reprit-il, — je prierai donc à ma manière pour mon ange sauveur, car vraiment, — ajouta le vétéran en souriant d'un air de bonhomie, — c'est le monde renversé... ce sont les jeunes filles qui sauvent les vieux soldats... heureusement qu'aux vieux soldats il reste un cœur pour le dévoûment et pour la reconnaissance.

Olivier, les yeux attachés sur le mélancolique et doux visage de mademoiselle de Beaumesnil, éprouvait un attendrissement rempli de charme ; son cœur palpitait sous les émotions les plus vives et les plus diverses, en contemplant cette jeune fille, et se rappelant les incidents de sa première rencontre avec elle, sa franchise ingénue, l'originalité naïve de son esprit, puis surtout les confidences d'Herminie qui lui avait appris que le sort d'Ernestine était loin d'être heureux.

Certes Olivier admirait plus que personne la rare beauté de la *duchesse*, mais en ce moment Ernestine lui semblait aussi belle...

Le jeune sous-officier était tellement absorbé qu'il fallut que son oncle le prît par le bras, et lui dit :

— Allons, mon garçon..... n'abusons pas plus longtemps de l'hospitalité que mademoiselle Herminie... me pardonnera d'avoir acceptée.

— En effet, Herminie, — dit Ernestine, — sachant que vous demeuriez tout auprès de l'endroit où l'accident est arrivé... j'ai cru pouvoir...

— N'allez-vous pas vous excuser maintenant, — dit *la duchesse* en souriant et en interrompant mademoiselle de Beaumesnil, — vous excuser d'avoir agi en amie ?

— Adieu donc, mesdemoiselles, — dit le vieux marin. Et s'adressant à Ernestine d'un ton pénétré :

— Il me serait trop pénible de penser... que je vous ai vue aujourd'hui pour la première et la dernière fois... Oh ! rassurez-vous, mademoiselle, — ajouta le vieillard en répondant à un mouvement d'embarras d'Ernestine, — ma reconnaissance ne sera pas indiscrète... seulement je vous demanderai comme une grâce à vous et à mademoiselle Herminie... de me faire savoir..... quelquefois... aussi rarement que vous le voudrez, quand je pourrai vous rencontrer ici, n'est-ce pas ? — dit le vieillard en contenant son émotion, — car ce n'est pas tout... de remplir un cœur de gratitude, il faut au moins lui permettre de l'exprimer quelquefois...

— Monsieur Bernard, — dit Herminie, — votre désir est trop naturel... pour qu'Ernestine et moi nous ne nous y rendions pas... L'un de ces soirs qu'Ernestine sera libre... nous vous avertirons et vous nous ferez le plaisir de venir prendre une tasse de thé avec nous.

— Vraiment ? — dit joyeusement le vieillard ; puis il ajouta : — Toujours le monde renversé... ce sont les obligés qui sont comblés par les bienfaiteurs... enfin je me résigne. Allons, adieu adieu ; mesdemoiselles, et surtout au revoir... viens-tu, Olivier ?

Au moment de sortir, le vieux marin s'arrêta, parut hésiter et, après un moment de réflexion, il revint sur ses pas et dit aux deux jeunes filles :

— Tenez, mesdemoiselles, décidément... je ne peux pas... je ne dois pas emporter un secret qui m'étouffe.

— Un secret... monsieur Bernard ?

— Ah ! mon Dieu oui..... deux fois déjà il m'est venu aux lèvres ; mais, deux fois... je me suis contraint, parce que j'avais promis de garder le silence... mais, après tout, il faut que mademoiselle Ernestine, à qui je dois la vie... sache au moins pourquoi je suis si heureux de vivre...

— Je pense, comme vous, monsieur Bernard, — dit Herminie, — vous devez cette récompense à Ernestine.

— Je vous assure, monsieur, — reprit mademoiselle de Beaumesnil, — que je serai très heureuse de votre confidence...

— Oh ! c'est que c'est une vraie confidence, mademoiselle... car, je vous l'ai dit, on m'avait recommandé le secret. Oui... et s'il faut te l'avouer, mon pauvre Olivier, c'est pour le mieux garder, ce diable de secret... que je suis sorti ce matin... pendant que tu étais à la maison.

— Pourquoi cela, mon oncle !

— Parce que, malgré toutes les recommandations du monde, dans le premier saisissement de la bonne nouvelle... que je venais d'apprendre, je n'aurais pu m'empêcher de te sauter au cou, et de te dire tout ! ! Aussi je suis sorti, espérant m'habituer assez à ma joie pour pouvoir te la cacher plus tard.

— Mais, mon oncle, — dit Olivier qui écoutait le vétéran avec une surprise croissante, — de quelle bonne nouvelle voulez-vous donc parler ?

— L'ami... que tu as vu ce matin à la maison ne t'a pas dit que sa première visite avait été pour moi, n'est-ce pas ?

— Non, mon oncle... Lorsqu'il est venu me trouver sous la tonnelle... je croyais qu'il arriverait à l'instant.

— C'est cela, nous en étions convenus, de te cacher notre entrevue... car c'est lui qui me l'a apportée, cette fameuse nouvelle ! et Dieu sait s'il était content ! quoiqu'il m'ait paru bien triste d'autre part... En un mot, mesdemoiselles, vous allez comprendre mon bonheur, — reprit le vétéran d'un air triomphant, — mon brave Olivier est nommé officier !

— Moi ! — s'écria Olivier avec un élan de joie impossible à rendre, — moi officier ! !

— Ah ! quel bonheur pour vous, monsieur Olivier ! — dit Herminie.

— Oui, mon brave enfant, — reprit le vétéran en serrant dans ses mains les deux mains d'Olivier ; — oui, tu es officier, et je devais te garder le secret... jusqu'au jour où tu recevrais ton brevet pour que ta joie fût plus complète... car tu ne sais pas tout...

— Qu'y a-t-il donc encore ? monsieur Bernard, — demanda Ernestine qui prenait un vif intérêt à cette scène.

— Il y a... mesdemoiselles, que mon cher Olivier... ne me quittera pas, d'ici longtemps du moins, car on l'a nommé officier dans l'un des régiments qui viennent d'arriver en garnison à Paris... Eh bien ! mademoiselle Ernestine, — reprit le vétéran, — avais-je raison d'aimer la vie ! en pensant au bonheur d'Olivier... au mien ?... Comprenez-vous maintenant toute l'étendue de ma reconnaissance envers vous ?

Le nouvel officier restait muet, pensif ; une vive émotion se peignit sur ses traits lorsque, par deux fois, il jeta les yeux sur mademoiselle de Beaumesnil avec une expression nouvelle et singulière.

— Eh bien ! mon enfant, — dit le vétéran étonné, presque chagrin du silence méditatif qui avait succédé chez Olivier à sa première exclamation de surprise et de joie, — moi qui croyais te faire tant de plaisir, en t'annonçant ton grade ! Je sais bien qu'après tout, ce n'est que justice rendue... et tardivement rendue... à tes services, mais enfin...

— Oh ! ... ne me croyez pas ingrat... envers la destinée, mon oncle, — reprit Olivier d'une voix profondément pénétrée, — si je me tais, c'est que mon cœur est trop plein... c'est que je pense... à tous les bonheurs que renferme la nouvelle que vous m'apprenez ; car, ce grade... je le dois, j'en suis sûr, à la chaleureuse intervention de mon meilleur ami... ce grade... me rapproche pour longtemps de vous, mon oncle... et enfin ce grade... — ajouta Olivier en jetant de nouveau les yeux sur Ernestine, qui rougit en rencontrant encore le regard du jeune homme, — ce grade est sans prix pour moi... — reprit Olivier, — parce que... parce que... c'est vous qui me l'annoncez, mon oncle.

Évidemment, Olivier ne disait pas la troisième raison qui rendait son nouveau grade si précieux pour lui.

Ernestine devina seule les généreuses et secrètes pensées du jeune homme... car elle rougit encore, et une larme d'attendrissement involontaire brilla dans ses yeux...

— Et maintenant, mon officier, — reprit gaîment le vieux marin, — maintenant que ces demoiselles ont bien voulu prendre part à ce qui nous intéresse... remercions-les, ne soyons pas plus longtemps indiscrets... Seulement... mademoiselle Herminie... n'oubliez pas votre invitation pour le thé, vous voyez que j'ai bonne mémoire...

— Oh ! soyez tranquille, monsieur Bernard, je vous prouverai que j'ai aussi bonne mémoire que vous, — répondit gracieusement Herminie.

Pendant que le commandant Bernard adressait à mademoiselle de Beaumesnil quelques dernières paroles de reconnaissance et d'adieu, Olivier, s'approchant d'Herminie, lui dit à demi-voix d'un ton suppliant :

— Mademoiselle Herminie... il est des jours qui doivent disposer à la clémence... que dirai-je à Gerald ?

— Monsieur Olivier, — reprit Herminie, dont le front s'attrista profondément, — pour la pauvre enfant avait un instant oublié ses chagrins... — vous savez ma résolution...

Olivier connaissait la fermeté du caractère d'Herminie ; il étouffa un soupir en songeant à Gerald, et reprit :

— Un mot encore, mademoiselle Herminie, voulez-vous avoir la bonté de me recevoir demain... à l'heure qui vous conviendra.... pour une chose très importante, et qui, cette fois, m'est toute personnelle?... vous me rendrez un vrai service...

— Avec plaisir, monsieur Olivier, —répondit *la duchesse* quoique assez surprise de cette demande. — Demain matin... je vous attendrai...

— Je vous remercie, mademoiselle... A demain donc? Et dit Olivier.

Il sortit avec le commandant Bernard.

Les deux jeunes filles, les deux sœurs, restèrent seules.

XLII.

Les derniers mots adressés par Olivier à Herminie avaient réveillé les chagrins dont elle s'était forcément distraite lors de l'arrivée imprévue du commandant Bernard et d'Ernestine.

Ernestine, de son côté, resta quelques moments silencieuse, pensive, pour deux motifs ; elle était rêveuse, d'abord parce qu'elle se rappelait les regards singuliers qu'Olivier avait jetés sur elle en apprenant qu'il était officier... regards... dont Ernestine croyait comprendre la touchante et généreuse signification, puis la jeune fille ressentait un mélancolique bonheur en songeant que sa nouvelle amie était la jeune artiste que l'on avait appelée auprès de madame de Beaumesnil pendant ses derniers moments.

La rêverie d'Ernestine s'augmentait de l'embarras qu'elle éprouvait pour amener l'entretien sur les soins touchans dont sa mère avait été entourée par Herminie.

Quant à la présence de mademoiselle de Beaumesnil chez Herminie, rien de plus simple à expliquer ; s'étant rendu, comme d'habitude, à la messe avec mademoiselle de La Rochaiguë, Ernestine avait dit à madame Lainé de l'accompagner, puis, au sortir de l'office, prétextant de quelques emplètes à faire, elle était ainsi partie seule avec sa gouvernante ; un fiacre les avait conduites non loin de la rue de Monceau, et madame Lainé attendait dans la voiture le retour de sa jeune maîtresse.

Quoique le silence de *la duchesse* eut à peine duré quelques moments, Ernestine, remarquant la morne et pénible préoccupation où venait de retomber son amie, lui dit avec un mélange de tendresse et de timidité :

— Herminie, je ne serai jamais indiscrète... mais... il me semble que depuis un instant vous êtes bien triste ?

— C'est vrai, — répondit franchement la jeune fille — j'ai un grand chagrin.

— Pauvre Herminie, — dit vivement Ernestine, — un grand chagrin ?

— Oui... et peut-être, tout à l'heure, vous en avouerai-je la cause... ; mais maintenant j'ai le cœur navré... trop serré ; puisse votre douce influence, Ernestine... le détendre un peu... alors je vous dirai tout... et encore... je ne sais si je puis...

— Pourquoi cette réticence, Herminie ? ne me jugez-vous pas digne de votre confiance ?...

— Ce n'est pas cela... Pauvre chère enfant... mais vous êtes si jeune... que je ne dois pas peut-être me permettre avec vous... certaines confidences... enfin... nous verrons ; mais pensons à vous, il faut d'abord vous reposer... sur mon lit... vous serez plus commodément que sur cette chaise.

— Mais, ma chère Herminie...

Sans répondre à la jeune fille, *la duchesse* alla vers son alcôve, et en tira les rideaux, que, par un sentiment de chaste réserve, elle laissait toujours fermés.

Ernestine vit un petit lit de fer, recouvert d'un couvre-pied de guingan rose très frais, pareil à la doublure intérieure des rideaux de perse, et sur lequel s'étendait une courte-pointe de mousseline blanche, relevée d'une garniture brodée par Herminie. Le fond de l'alcôve était aussi tendu en guingan rose, et l'oreiller, d'une éblouissante blancheur, avait une garniture de mousseline à points à jour. Rien de plus frais, de plus coquet que ce lit virginal sur lequel Ernestine, cédant aux prières de la *duchesse*, s'étendit à demi.

S'asseyant alors dans son fauteuil au chevet de l'orpheline, Herminie lui dit avec une tendre sollicitude, en lui prenant les deux mains :

— Je vous assure, Ernestine... qu'un peu de repos vous fera grand bien... Comment vous trouvez-vous ?

— Je me sens la tête encore un peu pesante, voilà tout...

— Chère enfant, à quel affreux péril vous avez échappé !..

— Mon Dieu ! Herminie, il ne faut pas m'en savoir gré. Je n'ai pas songé un instant au danger... j'ai vu ce pauvre vieillard glisser du talus, et tomber presque sous la roue de la charrette... j'ai crié, je me suis élancée, et, quoique je ne sois pas bien forte, je suis parvenue je ne sais comment à attirer assez M. Bernard de mon côté pour l'empêcher d'être écrasé...

— Vaillante et chère enfant... quel courage !... et votre blessure ?

— C'est en me relevant que je me serai sans doute frappée à la roue... Dans le moment je n'ai rien senti ; M. Bernard, en revenant à lui, s'est aperçu que j'étais blessée... mais ne parlons plus de cela, j'ai eu plus de peur que de mal... et c'est être vaillante à bon marché.

Jetant alors autour d'elle des regards ravis, la jeune fille reprit :

— Vous aviez bien raison de me dire que votre petite chambre était charmante... Herminie ! Comme c'est frais et coquet ! et ces jolies gravures... et ces statuettes si gracieuses... et ces vases remplis de fleurs ; il me semble que ce sont de ces choses bien simples que tout le monde pourrait avoir, et que personne n'a... parce que le goût seul sait les choisir... et puis, quand on pense, — ajouta la jeune fille avec une émotion contenue, — que c'est par votre seul travail que vous avez pu acquérir toutes ces charmantes choses... comme vous devez être fière et heureuse ! comme vous devez vous plaire ici !

— Oui, — répondit tristement la *duchesse*, je me suis plu ici pendant longtemps...

— Et maintenant, vous ne vous y plaisez plus ? Oh ! ce serait une ingratitude.

— Non ! non... cette pauvre petite chambre m'est toujours chère, — reprit vivement Herminie en pensant que dans cette chambre elle avait vu Gerald pour la première... et pour la dernière fois peut-être.

Ernestine ne savait comment trouver une transition qui lui permît d'amener l'entretien sur sa mère... sans éveiller les soupçons d'Herminie ; mais avisant son piano elle ajouta :

— Voilà ce piano... dont vous jouez si bien, dit-on... Oh ! que j'aurai de plaisir à vous entendre un jour !...

— Ne me demandez pas cela aujourd'hui, je vous en prie, Ernestine... je fondrais en larmes... aux premières notes... quand je suis triste la musique me fait pleurer....

— Oh ! je comprends cela ; mais plus tard... je vous entendrai, n'est-ce pas ?

— Je vous le promets.

— A propos de musique, — reprit Ernestine en tâchant de se contraindre, — l'autre soir, quand j'étais assise chez madame Herbaut, à côté de plusieurs jeunes personnes, l'une d'elles disait qu'une dame étant très malade vous avait appelée auprès d'elle...

— Cela est vrai... — répondit tristement Herminie, essayant de trouver un refuge contre ses pénibles préoccupations dans le souvenir de sa mère. — Oui... et cette dame était celle dont je vous ai parlé l'autre soir, Ernestine, parce qu'elle avait une fille qui s'appelait comme vous...

— Et... en vous écoutant... n'est-ce pas ? les souffrances de cette dame devenaient moins vives ?

— Parfois elle les oubliait ; mais hélas !... ce soulagement n'a pas suffi pour la sauver...

— Bonne comme vous l'êtes, Herminie... quels soins touchans vous avez dû avoir... de cette pauvre dame ?

— C'est qu'aussi, voyez-vous, Ernestine... sa position était si intéressante !... si navrante !... Mourir... jeune encore... en regrettant une fille bien-aimée !...

— Et de sa fille... elle vous parlait quelquefois, Herminie ?

— Pauvre mère ! sa fille était sa préoccupation constante... et dernière ; elle avait un portrait d'elle... toute enfant... et souvent j'ai vu ses yeux, pleins de pleurs, s'attacher sur ce tableau ; alors elle me disait combien sa fille méritait sa tendresse par son charmant naturel... elle me parlait aussi des lettres qu'elle recevait d'elle... presque chaque jour ; à chaque ligne, me disait-elle, se révélait la bonté du cœur de cette enfant chérie...

— Pour être ainsi en confiance avec vous... Herminie... cette dame devait vous aimer beaucoup...

— Elle me témoignait une grande bienveillance... à laquelle je répondais par un respectueux attachement...

— Et... la fille... de cette dame... qui vous aimait tant... et que vous aimiez tant aussi... vous n'avez jamais... eu... le désir de la connaître, cette autre Ernestine ?

— Si... car tout ce que sa mère m'en avait dit avait éveillé d'avance ma sympathie pour cette jeune personne ;... mais elle était en pays étranger... Cependant, lorsqu'elle est revenue à Paris, un instant... j'avais espéré de la voir...

— Comment cela, ma chère Herminie ? — demanda Ernestine en dissimulant sa curiosité !

— Une circonstance m'ayant rapprochée de son tuteur... il m'avait dit que peut-être je serais appelée à donner à cette jeune demoiselle des leçons de piano.

Ernestine tressaillit de joie ; cette pensée ne lui était pas jusqu'alors venue, mais, voulant motiver sa curiosité aux yeux d'Herminie, elle reprit en souriant :

— Vous ne savez pas pourquoi je vous fais tant de questions sur cette jeune demoiselle ?... C'est qu'il me semble que j'en serais jalouse... si vous alliez l'aimer mieux que moi... cette autre Ernestine ?

— Oh ! rassurez-vous...— dit Herminie en secouant mélancoliquement la tête.

— Et pourquoi... ne l'aimeriez-vous pas ? — dit vivement mademoiselle de Beaumesnil qui, regrettant cette expression d'inquiétude involontaire, ajouta :

— Je ne suis pas assez égoïste pour vouloir priver cette demoiselle de votre affection.

— Ce que je sais d'elle, le souvenir des bontés de sa mère, lui assurera toujours ma sympathie ; mais hélas ! ma pauvre Ernestine, tel est mon orgueil... que je craindrais toujours que mon attachement n'eût l'air intéressé... cette jeune demoiselle est très riche... et je suis pauvre.

— Ah ! — dit amèrement mademoiselle de Beaumesnil, — c'est avoir bien mauvaise opinion d'elle... sans la connaître.

— Détrompez-vous, Ernestine... je ne doute pas de son bon cœur, d'après ce que m'en a dit sa mère... mais pour cette jeune personne, ne suis-je pas une étrangère ?... puis, à cause de plusieurs raisons, et surtout de crainte de réveiller en elle de cruels regrets, c'est à peine si j'oserais lui parler des circonstances qui m'ont rapprochée de sa mère mourante, des bontés qu'elle a eues pour moi. Ne serait-ce pas, d'ailleurs, avoir l'air de chercher à me faire valoir et d'aller au-devant d'une affection... à laquelle je n'ai aucun droit ?...

A cet aveu, combien Ernestine se félicita d'avoir été aimée d'Herminie avant d'être connue pour ce qu'elle était réellement !

Et puis, rapprochement étrange ! elle craignait de ne rencontrer que des affections intéressées parce qu'elle était *la plus riche héritière de France*, tandis qu'Herminie, parce qu'elle était pauvre, craignait que son affection ne parût intéressée...

La duchesse semblait de plus en plus accablée, depuis la dernière moitié de cet entretien... Elle avait cru y trouver un refuge contre ses cruelles pensées, et, fatalement, elle s'y voyait ramenée ; car c'était aussi dans le sublime orgueil de sa pauvreté, craignant de voir attribuer à l'intérêt ou à la vanité son amour pour Gerald, qu'Herminie avait puisé la fière résolution qui devait presque infailliblement ruiner ses propres espérances. Comment espérer en effet que madame la duchesse de Senneterre consentirait à la démarche exigée d'elle ?

Mais, hélas ! quoiqu'assez courageuse pour sacrifier son amour à la dignité de cet amour même, Herminie n'en ressentait pas moins tout ce que ce sacrifice héroïque avait d'affreux pour elle... à mesure qu'elle y songeait davantage.

Aussi, faisant allusion presque malgré elle à ses douloureux sentimens, elle dit d'une voix altérée, en rompant la première un silence de quelques instans :

— Ah ! ma pauvre Ernestine... qui croirait que les affections les plus pures... les plus nobles, peuvent être souillées par des soupçons infâmes !...

Et incapable de se contenir plus longtemps, elle fondit en larmes en cachant son visage dans le sein d'Ernestine, qui, alors à demi-couchée, se releva et serra son amie contre son cœur en lui disant :

— Herminie... mon Dieu !... qu'avez-vous ?... Je m'apercevais bien que vous deveniez de plus en plus triste... mais je n'osais vous demander... la cause de votre peine...

— N'en parlons plus... — reprit Herminie, qui semblait rougir de ses larmes... — pardonnez-moi cette faiblesse... mais, tout à l'heure... des souvenirs... pénibles...

— Herminie, je n'ai aucun droit à vos confidences... mais pourtant quelquefois... l'on souffre moins en parlant de sa souffrance...

— Oh ! oui... car cela oppresse... cela tue... une douleur... une contrainte... mais l'humiliation... mais la honte.

— Vous... humiliée... vous éprouver de la honte... Herminie... oh non !... jamais, vous êtes trop fière pour cela !

— Eh ! n'est-ce pas une lâche faiblesse, une honte, que de pleurer comme je fais... après avoir eu le courage d'une résolution juste et digne ?

Et, après un moment d'hésitation, *la duchesse* dit à Ernestine :

— Ma pauvre enfant... ne regardez pas ce que je vais vous dire... comme une confidence... Votre extrême jeunesse me donnerait des scrupules... mais, dans ce récit, voyez une leçon.

— Une leçon ?

— Oui... comme moi vous êtes orpheline... comme moi vous êtes sans appui... sans expérience qui puisse vous éclairer sur les pièges, sur les tromperies dont de pauvres créatures comme nous sont quelquefois entourées... Ecoutez-moi donc, Ernestine... et puissé-je vous épargner les douleurs dont je souffre !

Et Herminie raconta à Ernestine cette scène dans laquelle, justement offensée contre Gerald, qui s'était permis de payer ce qu'elle devait, et le traitant d'abord avec hauteur et dédain, la jeune fille lui avait ensuite pardonné, touchée du généreux sentiment auquel Gerald avait réellement cédé.

Puis Herminie continua en ces termes :

— Deux jours après... cette première rencontre, voulant me distraire de souvenirs qui, pour mon repos, prenaient déjà sur moi trop d'empire... j'allai le soir chez madame Herbaut ; c'était le dimanche ; quelle fut ma surprise de retrouver ce même jeune homme dans cette réunion ! J'éprouvai d'abord une impression de chagrin... presque de crainte... sans doute un pressentiment... puis j'eus le malheur de céder à l'attrait de cette nouvelle rencontre... jamais, jusqu'alors, je n'avais vu personne qui eût, comme

LUI, des manières à la fois simples, élégantes et distinguées, un esprit brillant et enjoué, mais toujours d'une réserve du meilleur goût. Je déteste les louanges, et IL trouva moyen de me faire accepter ses flatteries, tant il sut y mettre de délicatesse et de grâce. J'appris dans la soirée qu'il se nommait Gerald, et que...

— Gerald? — dit vivement Ernestine en songeant que le duc de Senneterre, l'un des prétendans à sa main, se nommait aussi Gerald.

Mais un coup de sonnette qui se fit entendre attira l'attention d'Herminie, et l'empêcha de remarquer l'étonnement de mademoiselle de Beaumesnil.

Celle-ci, à ce bruit, se leva du lit où elle était assise, pendant qu'Herminie, très contrariée de cette visite inopportune, se dirigea vers la porte.

Un domestique âgé lui remit un billet contenant ces mots :

« Il y a plusieurs jours que je ne vous ai vue, ma chère
» enfant, car j'ai été un peu souffrant. Pouvez-vous me re-
» cevoir ce matin.

» Tout à vous bien affectueusement,
» MAILLEFORT.

» P. S. Ne vous donnez pas la peine de me répondre;
» si vous voulez de votre vieil ami, dites seulement *oui* au
» porteur de ce billet. »

Herminie, toute à son chagrin, fut sur le point de chercher un prétexte pour éviter la visite de M. de Maillefort; mais réfléchissant que le marquis, appartenant au grand monde, connaissait sans doute Gerald, et que, sans livrer son secret au bossu, elle pourrait peut-être avoir par lui quelques renseignemens précis sur le duc de Senneterre, elle dit au domestique :

— J'attendrai ce matin M. le marquis de Maillefort.

Puis, revenant dans sa chambre, où l'attendait mademoiselle de Beaumesnil, Herminie se dit :

— Mais si M. de Maillefort vient pendant qu'Ernestine est encore ici? Eh bien! peu importe qu'elle le voie chez moi, elle a maintenant mes confidences, et d'ailleurs la chère enfant est si discrète qu'à l'aspect d'un étranger elle me laissera seule avec lui.

Herminie continua donc son entretien avec mademoiselle de Beaumesnil sans lui parler de la prochaine visite de M. de Maillefort, de crainte qu'Ernestine, par convenance, ne la quittât plus tôt qu'elle ne se l'était proposé.

XLIII.

— Pardonnez-moi de vous avoir quittée, ma chère Ernestine, — dit Herminie à son amie. — C'était une lettre, et j'ai fait une réponse verbale...

— Je vous en prie, Herminie, — répondit Ernestine, — veuillez continuer vos confidences, vous ne sauriez croire à quel point elles m'intéressent.

— Et moi, il me semble que mon cœur se soulage en s'épanchant...

— Voyez-vous, j'en étais bien sûre, — répondit Ernestine avec une tendresse ingénue...

— Je vous disais donc qu'à la réunion de madame Herbaut, j'appris que ce jeune homme s'appelait Gerald Auvernay... C'est M. Olivier qui me le nomma en me le présentant.

— Ah!... il connaissait M. Olivier.

— C'était son ami intime... car Gerald avait été soldat au même régiment que M. Olivier; en quittant le service, il s'était employé chez un notaire, m'a-t-il dit, mais, depuis peu de temps il avait renoncé à ce travail de chicane, qui ne convenait pas à son caractère, et s'était occupé aux fortifications sous un officier du génie qu'il avait connu en Afrique... Vous le voyez, Ernestine, Gerald était d'une condition égale à la mienne, et, libre ainsi que lui, j'étais bien excusable de me laisser entraîner à ce penchant fatal.

— Pourquoi fatal, Herminie?

— Quelques mots encore, et vous saurez tout. Le lendemain de notre rencontre chez madame Herbaut... vers la tombée du jour, de retour de mes leçons, j'étais assise dans le jardin, dont le propriétaire avait eu l'obligeance de me permettre l'entrée; ce jardin, comme vous pourriez le voir à travers la fenêtre, n'est séparé de la ruelle, qui le borne, que par une charmille et une palissade à hauteur d'appui; du banc où j'étais placée, je vis passer Gerald : au lieu d'être mis, comme la veille, avec une élégante simplicité, il portait une blouse grise et un large chapeau de paille; il fit un mouvement de surprise en m'apercevant; mais, loin de paraître humilié d'être vu dans son habit de travail, il me salua, s'approcha et me dit gaîment en finissait sa journée, qu'il venait de diriger certaines parties des constructions militaires que l'on exécute maintenant dans la plaine de Monceau : « C'est un métier moitié d'archi-
» tecte, moitié de soldat, qui me plaît mieux que la sombre
» étude du notaire, — me dit-il; — ce que je gagne me
» suffit; j'ai à conduire de rudes et braves travailleurs, au
» lieu de paperasser des procès, et j'aime mieux cela. »

— Oh! je comprends bien cette préférence, ma chère Herminie.

— Sans doute aussi, je vous l'avoue, Ernestine, cette résignation à un travail pénible, presque manuel, m'a d'autant plus touchée que Gerald a reçu une très bonne éducation; ce soir-là il me quitta bientôt et me dit en souriant que, dans l'espoir de me rencontrer quelquefois sur les limites de *mon parc*, il se félicitait d'avoir à passer souvent par cette ruelle pour aller voir un de ses anciens camarades de l'armée, qui habitait une petite maison que l'on apercevait, en effet, du jardin. Que vous dirai-je, Ernestine?... presque chaque soir... à la fin du jour, j'avais ainsi un entretien avec Gerald; souvent même nous sommes allés nous promener dans ces grands terrains gazonnés où ce matin est arrivé l'accident de M. Bernard. Je trouvais dans Gerald tant de franchise, tant de générosité de cœur, tant d'esprit et de charmante humeur; il paraissait enfin avoir de moi une si haute et, je puis le dire... une si juste estime que, lorsque vint le jour où Gerald me déclara son amour et me dit qu'il ne pouvait vivre sans moi... mon bonheur... fut grand, Ernestine... oh! bien grand! car si Gerald ne m'eût pas aimée... je ne sais pas ce que je serais devenue... Il m'eût été impossible de renoncer à cet amour... Et aimer seule... aimer sans espoir, — ajouta la pauvre créature en tressaillant et contenant à peine ses larmes, — oh! c'est pire que la mort... c'est une vie... à jamais désolée.

Mais, surmontant son émotion, Herminie continua :

— Ce que je ressentais, je le dis franchement à Gerald; de ma part ce n'était pas seulement de l'amour, c'était presque de la reconnaissance... car, sans lui, la vie m'apparaissait trop affreuse. « Nous sommes libres tous deux,
» — ai-je dit à Gerald, — notre condition est égale... nous
» aurons à demander au travail notre vie de chaque jour...
» et cela satisfait mon orgueil, car l'oisiveté imposée à la
» femme est pour elle une cruelle humiliation. Notre exis-
« tence sera donc modeste... Gerald, peut-être même pré-
» caire... mais, à force de courage, appuyés l'un sur l'au-
» tre et forts de notre amour... nous défierons les plus
» mauvais jours... »

— Oh! Herminie, quel digne langage!... Comme M. Gerald a dû être heureux et fier de vous aimer!... Mais, encore une fois, puisque vous avez rencontré tant de chances de bonheur, pourquoi vos larmes, votre chagrin?

— N'est-ce pas, Ernestine, que j'étais bien excusable de l'aimer! — dit l'infortunée, en portant son mouchoir à ses lèvres pour comprimer ses sanglots. — N'est-ce pas que c'était là de ma part un noble et loyal amour ! Oh ! dites-le moi... N'est-ce pas qu'on ne peut pas... m'accuser de.....

Herminie n'acheva pas, ses larmes étouffèrent sa voix.

— Vous accuser ?... — s'écria Ernestine, — mais, mon Dieu ! de quoi vous accuser ? N'êtes-vous pas libre comme M. Gerald, ne vous aime-t-il pas autant que vous l'aimez ? Laborieux tous deux, votre condition est égale...

— Non, — reprit Herminie avec accablement. — Non, nos conditions ne sont pas égales.

— Que dites-vous ?

— Non, elles ne sont pas égales, hélas ! et c'est là mon malheur, car, afin de les égaliser en apparence, Gerald m'a trompée par de faux dehors.

— Oh ! mon Dieu... et qui est-il donc ?

— Le duc de Senneterre.

— Le duc de Senneterre !

S'écria Ernestine, frappée de stupeur et d'effroi pour Herminie, en pensant que Gerald était l'un des trois prétendans à sa main à elle Ernestine, et qu'elle devait se rencontrer avec lui au bal du lendemain. Il abusait donc indignement Herminie, puisqu'il donnait suite à ses prétentions de mariage avec la riche héritière.

Herminie interpréta la muette et profonde stupeur de son amie en l'attribuant au saisissement qu'une pareille révélation lui devait causer, et reprit :

— Eh bien ! dites... Ernestine... suis-je assez malheureuse !

— Oh ! une telle tromperie... c'est infâme... et comment avez-vous pu savoir ?...

— M. de Senneterre, se sentant incapable de supporter plus longtemps, a-t-il dit, la vie de continuelles faussetés que son premier mensonge lui imposait... et n'osant me faire lui-même l'aveu de cette tromperie, il en a chargé M. Olivier.

— Enfin... c'est du moins M. de Senneterre... qui lui-même vous a fait faire cette révélation...

— Oui... et malgré la douleur qu'elle m'a causée... j'ai retrouvé là quelque chose de cette loyauté que j'aimais en lui.

— Sa loyauté ! — s'écria Ernestine avec amertume, — sa loyauté !... et maintenant... il vous abandonne ?...

— Loin de m'abandonner, — reprit Herminie, — il me propose sa main...

— Lui !... M. de Senneterre ?

S'écria Ernestine avec une nouvelle stupeur ; — mais alors, Herminie, — reprit-elle, — pourquoi vous désespérer ainsi ?

— Pourquoi ? — dit la duchesse, — parce qu'une pauvre orpheline comme moi n'achète un pareil mariage... qu'au prix des humiliations les plus dures.

Herminie ne put continuer, car elle entendit sonner.

— Pardon, ma chère Ernestine, — reprit-elle en séchant ses larmes et contenant son émotion, — je crois savoir quelle est la personne qui sonne-là... Je ne puis me dispenser de la recevoir...

— Alors... je vous quitte, Herminie, — dit Ernestine, en reprenant à la hâte son châle et son chapeau, — quoiqu'il me soit bien pénible de vous laisser si triste...

— Attendez du moins que cette personne soit entrée...

— Allez toujours ouvrir, Herminie, pendant que je vais mettre mon chapeau.

La duchesse fit un pas vers la porte ; mais, par un sentiment rempli de délicatesse, réfléchissant à la difformité de M. de Maillefort, elle revint et dit à son amie :

— Ma chère Ernestine... afin d'épargner à la personne que j'attends le petit désagrément que lui causerait peut-être l'expression de votre surprise à la vue de son infirmité... je vous préviens que cette personne est bossue...

Soudain mademoiselle de Beaumesnil se rappela que sa gouvernante lui avait appris que le marquis de Maillefort s'était fait donner l'adresse d'Herminie ; une crainte vague lui fit demander à Herminie avec un embarras mortel :

— Et quelle est cette personne ?

— Un excellent homme, qu'une circonstance étrange m'a fait connaître... car il appartient au grand monde... Mais je crains de trop tarder à ouvrir... Excusez-moi, ma chère Ernestine.

Et Herminie disparut.

Ernestine resta immobile, atterrée.

Un invincible pressentiment lui disait que M. de Maillefort allait entrer... la trouver chez Herminie... et, quoique mademoiselle de Beaumesnil dût aux paroles ironiques du marquis le désir et la volonté de tenter l'épreuve qu'elle avait subie, lors de sa présentation chez madame Herbaut, quoiqu'enfin elle ressentît pour lui une sorte de revirement sympathique, elle ignorait encore jusqu'à quel point elle pouvait compter sur M. de Maillefort, et cette rencontre la désolait.

Ernestine ne s'était pas trompée...

Son amie rentra accompagnée du marquis.

Heureusement Herminie, songeant seulement alors que les rideaux de son alcôve étaient ouverts, se hâta d'aller les fermer, selon son habitude de chaste susceptibilité.

La duchesse, tournant ainsi le dos à Ernestine et à M. de Maillefort pendant quelques secondes, ne put s'apercevoir du saisissement que ces deux personnages éprouvèrent à la vue l'un de l'autre...

M. de Maillefort, en reconnaissant mademoiselle de Beaumesnil, tressaillit de stupeur ; une curiosité remplie d'inquiétude se peignit sur tous ses traits ; il ne pouvait en croire ses yeux... il allait parler, lorsque Ernestine, pâle, tremblante, joignit vivement les mains, en le regardant d'un air si désespéré, si suppliant, que les paroles expirèrent sur les lèvres du marquis.

A ce moment Herminie se retourna ; la figure de M. de Maillefort n'exprimait plus le moindre étonnement ; voulant même donner à mademoiselle de Beaumesnil le temps de se remettre, il dit à Herminie :

— Je suis bien indiscret, j'en suis sûre, mademoiselle... je viens... mal à propos peut-être...

— Jamais, monsieur, croyez-le, vous ne viendrez mal à propos... — dit la duchesse... — je vous demanderai seulement la permission de reconduire mademoiselle...

— Je vous en supplie, — dit le marquis en s'inclinant, — je serais désolé que vous fissiez pour moi la moindre cérémonie.

Il fallut à mademoiselle de Beaumesnil un grand empire sur elle-même pour ne pas trahir son trouble ; heureusement la petite entrée qui précédait la chambre d'Herminie était obscure, et, l'altération subite des traits d'Ernestine échappant à son amie, elle lui dit :

— Ernestine... après ce que je viens de vous confier, je n'ai pas besoin de vous dire combien votre présence me sera nécessaire... Hélas ! je ne croyais pas devoir mettre si tôt votre amitié à l'épreuve... Par grâce, Ernestine... par pitié... ne me laissez pas trop longtemps seule... si vous saviez combien... je vais souffrir !... Car je ne puis plus espérer de revoir Gerald... ou l'espérance qui me reste est si incertaine... que je n'ose y compter... Je vous expliquerai tout cela... Mais, je vous en conjure, ne me laissez pas longtemps sans vous voir...

— Oh ! croyez bien, Herminie, que je viendrai le plus tôt que je pourrai... et ce ne sera pas ma faute... si...

— Hélas ! je comprends... Votre temps appartient au travail... parce qu'il vous faut travailler pour vivre... C'est comme moi : malgré ma douleur, il va falloir que, dans une heure... je commence... ma tournée de leçons... Mes leçons, mon Dieu ! mon Dieu !... et c'est à peine si j'ai la tête à moi... Mais, pour nous autres, ce n'est pas tout que de souffrir... il faut vivre !

Herminie prononça ces derniers mots avec une si déchirante amertume que mademoiselle de Beaumesnil se jeta au cou de son amie en fondant en larmes.

— Allons, j'aurai du courage, Ernestine, — lui dit Herminie en répondant à son étreinte, — je vous le promets... je me contenterai du peu de temps que vous me donnerez, j'attendrai... et je me souviendrai, — ajouta la pauvre duchesse, en tâchant de sourire. — Oui... me souvenir de vous et attendre votre retour... ce sera encore une consolation.

— Adieu, Herminie, adieu !—dit mademoiselle de Beaumesnil d'une voix étouffée, — adieu, à bientôt... le plus tôt que je pourrai... je vous le jure... après-demain, si je puis... Et... après tout, je le pourrai, — ajouta résolument l'orpheline, — oui, quoi qu'il arrive, après-demain, à cette heure-ci, comptez sur moi...

— Merci... merci, — dit Herminie en embrassant Ernestine avec effusion, — ah ! la compassion que j'ai eue pour vous... votre généreux cœur me le rend bien...

— Après-demain, Herminie.

— Merci encore, Ernestine.

— Adieu, — dit la jeune fille.

Et, dans un trouble inexprimable, elle se dirigea vers l'endroit où sa gouvernante l'attendait dans le fiacre.

Au moment où mademoiselle de Beaumesnil sortait de chez Herminie, elle se croisa avec un homme qui se promenait lentement dans la rue, en regardant de temps à autre la maison occupée par Herminie.

Cet homme était de Ravil, qui, on l'a dit, venait parfois rôder autour de la demeure de *la duchesse*, dont il avait gardé un très irritant souvenir, depuis le jour où ce cynique avait si insolemment abordé la jeune artiste, alors qu'elle était sur le point d'entrer à l'hôtel de Beaumesnil.

De Ravil reconnut parfaitement *la plus riche héritière de France* qui, dans son trouble, remarqua d'autant moins ce personnage qu'elle ne l'avait vu qu'une fois au Luxembourg, lors de la séance de la chambre des pairs, où M. de La Rochaigüe l'avait conduite.

— Oh ! oh !... Qu'est ceci ? la petite Beaumesnil mise presque en grisette... sortant seulette, pâle et comme effarée, d'une maison de ce quartier désert... — se dit de Ravil avec une surprise incroyable... — Suivons-la... d'abord prudemment... Plus j'y songe, plus j'aime à me persuader que c'est le diable qui m'envoie une pareille bonne fortune... Oui, oui... cette découverte peut être pour moi la poule aux œufs d'or... Eh ! eh !... cela me réjouit le cœur et l'âme... Rien que d'y songer... j'ai des éblouissemens... métalliques... tout à fait dans le genre de ceux de ces gros niais de Mornand...

Pendant que de Ravil suivait ainsi mademoiselle de Beaumesnil, sans qu'elle se doutât de ce dangereux espionnage, Herminie était revenue auprès de M. de Maillefort.

XLIV.

M. de Maillefort attendait le retour d'Herminie dans une perplexité étrange, se demandant quelle circonstance inexplicable avait pu rapprocher cette jeune fille de mademoiselle de Beaumesnil.

Le marquis désirait d'ailleurs ce rapprochement, ainsi qu'on le verra bientôt ; mais le bossu ne l'avait pas conçu de la sorte ; aussi la présence d'Ernestine chez Herminie, le mystère dont elle avait dû nécessairement s'entourer pour se rendre dans cette maison, le secret que mademoiselle de Beaumesnil lui avait demandé d'un air si suppliant, secret qu'il voulait et devait scrupuleusement garder, d'après sa promesse tacite, tout concourait à exciter au plus haut point la curiosité, l'intérêt et presque l'inquiétude de M. de Maillefort, qui, pour tant de raisons, ressentait une sollicitude paternelle pour mademoiselle de Beaumesnil.

Cependant, lors du retour d'Herminie, qui s'excusa de l'avoir laissé seul trop longtemps, le marquis lui dit de l'air du monde le plus naturel :

— Je serais désolé, ma chère enfant, que vous ne me traitiez pas avec cette familiarité à laquelle ont droit les véritables amis ; rien de plus simple d'ailleurs que de reconduire une de vos compagnes... car cette jeune personne... est, je suppose...

— Une de mes amies, monsieur, ou plutôt, ma meilleure amie...

— Oh !... oh !... — dit le marquis en souriant, — c'est une bien vieille, une bien ancienne amitié... sans doute ?

— Très récente, au contraire, monsieur, car cette amitié a été aussi soudaine qu'elle est sincère... et déjà éprouvée.

— Je connais assez votre cœur et la solidité de votre esprit, ma chère enfant, pour être certain de la sûreté de votre choix.

— Un seul trait, qui vient de se passer il y a une heure à peine, monsieur, vous fera juger du courage et de la bonté de mon amie : au péril de sa vie, car elle a été blessée, elle a arraché un pauvre vieillard à une mort certaine.

Et en quelques mots Herminie, fière de son amie, et voulant la faire apprécier ainsi qu'elle méritait de l'être, raconta la courageuse conduite d'Ernestine au sujet du commandant Bernard.

L'on devine l'émotion du marquis à cette révélation inattendue, qui lui montrait mademoiselle de Beaumesnil sous un aspect si touchant ; aussi s'écria-t-il :

— C'est admirable de courage... de générosité...

Puis il ajouta :

— J'en étais sûr... vous ne pouviez que dignement placer votre amitié, ma chère enfant... mais quelle est donc cette brave et excellente jeune fille ?

— Une orpheline... comme moi, monsieur, et qui, comme moi, vit de son travail ; elle est brodeuse...

— Ah !... elle est brodeuse ?... mais puisqu'elle est orpheline... elle vit donc seule ?

— Non, monsieur... elle vit avec une de ses parentes... qui l'a présentée dimanche soir à un petit bal... où je l'ai rencontrée pour la première fois.

Le marquis croyait rêver : il fut un instant sur le point de soupçonner quelqu'un des La Rochaigüe d'être complice de ce singulier mystère. Mais la foi aveugle qu'il avait avec raison dans la droiture d'Herminie lui fit rejeter cette idée ; cependant, il se demandait comment avait pu faire mademoiselle de Beaumesnil pour quitter pendant toute une soirée l'hôtel de son tuteur, à l'insu du baron et de sa famille, pour aller au bal ; il se demandait aussi avec non moins d'étonnement par quels moyens Ernestine avait pu ce matin-là même disposer de quelques heures d'entière liberté ; mais craignant d'éveiller la défiance d'Herminie en la questionnant davantage, il reprit :

— Allons... c'est un bonheur pour moi que de vous savoir une amie si digne de vous... et... il me semble, — ajouta le bossu avec intérêt, — qu'elle ne pouvait venir plus à propos.

— Pourquoi cela, monsieur ?

— Vous savez que vous m'avez donné le droit de franchise ?

— Certainement, monsieur.

— Eh bien ! il me semble que vous n'êtes pas dans votre état habituel... Je vous trouve pâle ; l'on voit qu'il y a peu d'instants vous avez pleuré, pauvre chère enfant !

— Monsieur... je vous assure...

— Et, s'il faut vous le dire... cela m'a frappé d'autant plus que, les deux dernières fois que je vous ai vue... vous sembliez toute heureuse... Oui, le contentement se lisait sur tous vos traits... cela donnait même à votre beauté quelque chose de si expansif... de si radieux... que... vous vous en souvenez peut-être, pour la rareté de la chose, je vous ai fait compliment de votre rayonnante beauté. Jugez un peu... moi qui suis le plus maussade louangeur du monde ! — ajouta le bossu en tâchant d'amener un sourire sur les lèvres d'Herminie.

Mais celle-ci, ne pouvant vaincre sa tristesse, répondit :

— L'émotion que m'a causée... le danger auquel Ernestine... vient d'échapper... ce matin... a sans doute altéré mes traits, monsieur.

Le marquis, certain qu'Herminie souffrait d'un chagrin qu'elle voulait tenir caché, n'insista pas par discrétion, et reprit :

— Ainsi que vous me le dites, ma chère enfant... cette émotion aura sans doute ainsi altéré vos traits ; heureusement le péril est passé ; mais, dites-moi, il me faut bien vous l'avouer, ma visite est intéressée... très intéressée...

— Puissiez-vous dire vrai, monsieur !

— Je vais vous le prouver... Vous savez, ma chère enfant, que je me suis fait un scrupule d'honneur d'insister désormais auprès de vous... à propos du grave motif qui m'a amené ici pour la première fois.

— Oui, monsieur... et je vous ai su gré de n'être pas revenu sur un sujet si pénible pour moi.

— Il faut cependant que je vous parle, sinon de madame de Beaumesnil, du moins de sa fille, — dit le marquis en attachant un regard pénétrant, attentif, sur Herminie, afin de découvrir (quoiqu'il fût à peu près certain du contraire), si la jeune fille savait que sa nouvelle amie était mademoiselle de Beaumesnil ; mais il ne conserva pas le moindre doute sur l'ignorance d'Herminie à ce sujet, car elle répondit sans le plus léger embarras :

— Vous avez à me parler de la fille de madame de Beaumesnil, monsieur ?

— Oui, ma chère enfant... je ne vous ai pas caché l'amitié dévouée qui m'attachait à madame de Beaumesnil, ses recommandations dernières au sujet d'une jeune personne orpheline... jusqu'ici inconnue... introuvable, malgré mes recherches ; je vous ai dit aussi les vœux non moins chers de la comtesse au sujet de sa fille Ernestine... Différentes raisons qui ne sont, croyez-moi, d'aucun intérêt pour vous... font que j'aurais le plus grand désir, dans l'intérêt de mademoiselle de Beaumesnil, de vous voir rapprochée d'elle...

— Moi, monsieur, — dit vivement Herminie en songeant au bonheur de connaître sa sœur ; — et comment me rapprocher de mademoiselle de Beaumesnil ?...

— D'une manière bien simple... et dont on vous avait déjà, je crois, parlé... lorsque vous vous êtes si noblement conduite envers madame de La Rochaiguë.

— En effet, monsieur, l'on m'avait fait espérer que je serais appelée auprès de mademoiselle de Beaumesnil pour lui donner des leçons de piano.

— Eh bien ! ma chère enfant, la chose est arrangée.

— Vraiment, monsieur !

— J'en ai parlé hier au soir à madame de La Rochaiguë. Elle doit vous proposer aujourd'hui ou demain comme maîtresse de piano à mademoiselle de Beaumesnil ; je ne doute pas qu'elle n'accepte. Quant à vous... ma chère enfant... d'abord, je ne prévois pas de refus probable... de votre part...

— Oh ! bien loin de là, monsieur !

— Et d'ailleurs, ce que je vous demande pour la fille... — dit le baron avec émotion, — je vous le demande au nom de sa mère, pour qui... vous aviez un si tendre attachement...

— Vous ne pouvez douter, monsieur, de l'intérêt que m'inspirera toujours mademoiselle de Beaumesnil... mais les relations que j'aurai avec elle devront se borner à des leçons de piano...

— Non pas...

— Comment, monsieur ?

— Vous sentez bien, ma chère enfant, que je ne me serais pas donné assez de peine pour amener ce rapprochement entre mademoiselle de Beaumesnil et vous... s'il devait se borner à des leçons de piano données et reçues...

— Mais, monsieur...

— Il s'agit d'intérêts sérieux, ma chère enfant, qui ne peuvent être mieux placés qu'entre vos mains.

— Alors, monsieur... expliquez-vous... de grâce.

— Je vous en dirai davantage, — reprit le marquis souriant à demi, en pensant à la douce surprise d'Herminie lorsqu'elle reconnaîtrait mademoiselle de Beaumesnil dans *l'orpheline brodeuse*, sa meilleure amie, — je m'expliquerai tout-à-fait lorsque vous aurez vu votre nouvelle écolière.

— En tous cas, monsieur, croyez que je regarderai toujours comme un devoir d'obéir à vos inspirations ; je serai prête à aller chez mademoiselle de Beaumesnil lorsqu'elle me fera sa demande...

— C'est moi qui me charge de vous présenter à elle...

— Oh ! tant mieux... monsieur...

— Et si vous le voulez... samedi... matin... à cette heure-ci... je viendrai vous prendre...

— Je vous attendrai, monsieur, et je vous remercie de m'épargner l'embarras de me présenter seule...

— Un mot... de recommandation... ma chère enfant, dans l'intérêt de mademoiselle de Beaumesnil... Personne ne sait, personne ne doit savoir que sa pauvre mère m'a fait appeler près d'elle à ses derniers instants. Il faut que l'on ignore aussi le profond attachement que je ressentais pour la comtesse. Vous garderez le plus profond silence à ce sujet... dans le cas où monsieur ou madame de La Rochaiguë vous parleraient de moi ?

— Je me conformerai à vos intentions, monsieur...

— Ainsi donc, ma chère enfant, — dit le bossu en se levant, — à... samedi, c'est convenu... Je me fais une joie de vous présenter à mademoiselle de Beaumesnil... et je suis certain que vous-même... vous trouverez... à cette entrevue... un charme auquel... vous ne vous attendez pas.

— Je l'espère... monsieur, — répondit Herminie, presque avec distraction, car, voyant le marquis sur le point de sortir, elle ne savait comment aborder une question dont elle se préoccupait depuis l'arrivée du bossu ; elle lui dit donc en tâchant de paraître très calme :

— Auriez-vous la bonté, monsieur... avant de vous en aller, de me donner, si toutefois cela vous est possible, quelques renseignemens que j'aurais à vous demander ?

— Parlez, ma chère enfant, — dit M. de Maillefort en se rasseyant.

— Monsieur le marquis... dans le grand monde où vous vivez, — reprit Herminie avec un embarras mortel, — auriez-vous eu l'occasion de rencontrer... madame la duchesse de Senneterre?

— J'étais l'un des bons amis de son mari, et j'aime extrêmement son fils, le duc de Senneterre actuel, un des plus dignes jeunes gens que je connaisse... Hier encore, — ajouta le bossu avec émotion, — j'ai acquis une nouvelle preuve de la noblesse de son caractère.

Une légère rougeur monta au front d'Herminie en entendant louer spontanément Gerald par un homme qu'elle respectait autant que M. de Maillefort.

Celui-ci reprit, assez étonné :

— Mais quels renseignemens voulez-vous avoir sur madame de Senneterre, ma chère enfant ? Vous aurait-on proposé de donner des leçons de musique à ses filles ?

Merveilleusement servie par ces paroles du bossu, qui la sortaient d'une grande difficulté, celle de donner un prétexte à ses questions, Herminie répondit, malgré la répugnance que lui causaient le mensonge et la feinte :

— Oui, monsieur, une personne m'a dit que peut-être... on me procurerait des leçons dans cette grande maison... mais avant de donner suite à cette proposition très vague... il est vrai... je désirais savoir... si je puis attendre de madame la duchesse de Senneterre... certains... égards... que la susceptibilité peut-être exagérée de mon caractère... me fait rechercher avant tout... En un mot, monsieur, je voudrais savoir si madame de Senneterre... est naturellement bienveillante... et si l'on ne trouve pas en elle cette fierté... cette morgue hautaine... que l'on rencontre quelquefois..... chez les personnes d'une condition si élevée ?

— Je vous comprends à merveille, et je suis enchanté que vous vous adressiez à moi ; vous connaissant comme je vous connais, chère et *orgueilleuse* fille que vous êtes... je vous dirai : n'acceptez pas de leçons dans cette maison-là...

Mesdemoiselles de Senneterre sont excellentes... c'est le cœur de leur frère... mais la duchesse !

— Eh bien ! monsieur, — dit la pauvre Herminie, le cœur navré.

— Ah ! ma chère enfant, la duchesse est bien la femme la plus sottement infatuée de son titre qu'il y ait au monde... ce qui est singulier, car elle est très grandement née. Or... le ridicule et la bête vanité du rang sont ordinairement le privilége des parvenus... En un mot, ma chère enfant, j'aimerais mieux vous voir en relations avec vingt M. Bouffard qu'avec cette femme d'une insupportable arrogance... Les Bouffard sont si niais, si grossiers, que leur manque d'usage amuse plutôt qu'il ne blesse ; mais chez la duchesse de Senneterre, vous trouveriez l'insolence la plus polie... ou la politesse la plus insolente que vous puissiez imaginer ; et vous surtout, ma chère enfant, qui avez à un si haut degré la dignité de vous-même, vous ne resteriez pas dix minutes avec madame de Senneterre sans être blessée à vif, vous ne remettriez jamais les pieds chez elle... Alors à quoi bon y entrer ?

— Je vous remercie... monsieur, — répondit Herminie, écrasée par cette révélation qui détruisait la folle et dernière espérance qu'elle avait conservée... malgré elle : que peut-être madame de Senneterre, touchée de l'amour de son fils... consentirait à la démarche que le légitime orgueil d'Herminie mettait comme condition suprême à son mariage avec Gerald.

Le marquis reprit :

— Non, non, ma chère enfant, cette maison là ne vous mérite pas... et, en vérité, il faut que Gerald de Senneterre soit aussi aveuglé qu'il l'est par la tendresse filiale pour ne pas s'impatienter de l'extravagante vanité de sa mère, et ne pas s'apercevoir enfin que cette glorieuse a le cœur aussi sec qu'elle a l'esprit étroit... et, que si quelque chose surpasse encore son égoïsme... c'est sa cupidité : j'ai de bonnes raisons pour le savoir... aussi je suis ravi de lui enlever une victime... en vous éclairant sur elle... Allons... à bientôt, mon enfant ! je suis tout content de vous avoir, par ce conseil, épargné quelques chagrins d'amour-propre, et ce sont les pires pour les nobles cœurs comme le vôtre... Mettez-moi donc souvent à même de vous être bon à quelque chose : si peu que cela soit, voyez-vous, je m'en contente... en attendant mieux. Ainsi donc, à samedi.

— A samedi, monsieur.

M. de Maillefort sortit.

Herminie resta seule à seule avec son désespoir, alors sans bornes.

XLV.

Le jour du grand bal donné par madame de Mirecourt était arrivé.

A cette fête brillante, les trois prétendants à la main de mademoiselle de Beaumesnil devaient se rencontrer avec elle.

Cette importante nouvelle, que *la plus riche héritière de France* allait faire ce soir-là son entrée dans le monde, était le sujet de toutes les conversations, l'objet de la curiosité générale, et faisait oublier la récente et triste nouvelle d'un suicide qui jetait dans la désolation l'une des plus illustres familles de France.

Madame de Mirecourt, la maîtresse de la maison, se montrait franchement glorieuse de ce que son salon eût l'*étrenne* de mademoiselle de Beaumesnil (cela se dit ainsi en argot de bonne compagnie), et elle se félicitait intérieurement en songeant que ce serait probablement chez elle que se concluerait le mariage de la célèbre héritière avec le duc de Senneterre, car, toute dévouée à la mère de Gerald, madame de Mirecourt, était l'une des plus ardentes entremetteuses de cette union.

Postée, selon l'usage, dans son premier salon, afin d'y recevoir les femmes à leur entrée chez elle et d'y être saluée par les hommes, madame de Mirecourt attendait avec impatience l'arrivée de la duchesse de Senneterre : celle-ci devait être accompagnée de Gerald, et avait promis de venir de bonne heure ; cependant elle n'arrivait pas.

Un grand nombre de personnes, attirées par la curiosité, encombraient, contre l'habitude, ce premier salon, afin d'être des premières à apercevoir mademoiselle de Beaumesnil, dont le nom circulait dans toutes les bouches. Parmi les jeunes gens à marier, il en était bien peu qui n'eussent apporté un soin plus minutieux que de coutume à leur toilette, non qu'ils eussent des prétentions directes, avouées, mais enfin... qui sait,... les héritières sont si bizarres ! et qui peut prévoir les suites d'un entretien, d'une contredanse... d'une première et soudaine impression ?

Aussi, chacun, en jetant un dernier et complaisant regard sur son miroir, se rappelait toutes sortes d'aventures incroyables, dans lesquelles d'opulentes jeunes filles s'enamouraient d'un inconnu qu'elles épousaient contre le vœu de leur famille ; car tous ces dignes célibataires, d'une vertu rigide, n'avaient qu'une pensée : le *mariage*... et ils poussaient le scrupule, l'honnêteté si loin, ils aimaient tant le mariage pour le mariage même, que l'épouse ne devenait plus guère à leurs yeux qu'un accessoire.

Chaque célibataire, selon le caractère de sa physionomie, s'était donc ingénié à se mettre en valeur :

Les beaux, à se faire encore plus beaux, plus conquérans :

Ceux d'un extérieur peu agréable ou laid, se partageaient l'air spirituel ou mélancolique :

Enfin, tous se disaient, ainsi que l'on fait lorsque l'on s'est laissé prendre au piége tentateur de ces loteries allemandes qui offrent des gains de plusieurs millions :

» Certes, il est absurde de croire que je gagnerai un de
» ces lots fabuleux ; j'ai contre moi je ne sais combien de
» millions de chances... *mais enfin... l'on a vu des ga-*
» *gnans...* »

Quant aux personnes dont se composait la société de madame de Mirecourt ; elles étaient à peu près les mêmes qui avaient assisté quelques mois auparavant au bal de jour donné par madame de Senneterre ; et qui, lors de cette fête, avaient pris plus ou moins part aux conversations dont la mort présumable de madame la comtesse de Beaumesnil avait été le sujet.

Plusieurs de ces personnes se rappelaient aussi la curiosité qu'avait inspirée à cette époque mademoiselle de Beaumesnil, alors en pays étranger, et que personne ne connaissait ; la plupart des invités de madame de Mirecourt allaient donc enfin avoir dans cette soirée la solution de ce problème posé quelques mois auparavant :

La plus riche héritière de France était-elle belle comme un astre ? ou laide comme un monstre ? luxuriante de santé ? ou malingre et phthisique ? (et l'on se souvient que les fins gourmets en fait d'héritière avaient prétendu que rien n'était en ce genre plus délicat et plus recherché qu'une orpheline poitrinaire.)

Dix heures sonnaient.

Madame de Mirecourt commençait à s'inquiéter ; madame de Senneterre et son fils ne paraissaient pas, et mademoiselle de Beaumesnil pouvait arriver d'un moment à l'autre, or, il avait été convenu qu'Ernestine resterait pendant toute la soirée accostée de madame de La Rochaigue et de madame de Senneterre, et que celle-ci ménagerait adroitement à Gerald la première contredanse avec l'héritière.

A chaque instant le monde se succédait plus pressé ; parmi les nouveaux venus, M. de Mornand, suivi de M. de Ravil, alla, de l'air du monde le plus désintéressé, saluer madame de Mirecourt qui l'accueillit à merveille et lui dit très innocemment, sans croire rencontrer si juste :

— Je suis sûre que vous venez un peu pour moi, monsieur de Mornand, et beaucoup pour voir la lionne de cette soirée, mademoiselle de Beaumesnil.

Le futur ministre sourit et répondit avec une infernale diplomatie :

— Je vous assure, madame, que je suis venu tout naïvement pour avoir l'honneur de vous présenter mes hommages, et assister à une de ces fêtes charmantes que vous seule savez donner.

Et M. de Mornand, s'étant incliné, s'éloigna de madame de Mirecourt, et dit tout bas à de Ravil :

— Vas donc voir si ELLE est dans les autres salons... Moi... je reste ici, tâche de m'amener le baron, si tu le rencontres.

De Ravil fit un signe d'intelligence à son Pylade, se mêla aux groupes, et se dit, en pensant à sa rencontre de la veille, dont il s'était bien gardé de parler à M. de Mornand :

— Ah! cette héritière s'en va seulette... en grisette, dans des quartiers déserts, et revient trouver cette abominable madame Lainé qui l'attend complaisamment en fiacre... Je ne m'étonne plus si cette indigne gouvernante m'a déclaré net, il y a quinze jours, que je ne devais plus compter sur son influence que j'avais espéré si bien escompter. Mais au profit de qui favorise-t-elle cette intrigue de la petite de Beaumesnil? car il doit y avoir nécessairement là une intrigue. Ce gros niais de Mornand n'y voit rien... je l'aurais su... Il faut que je démêle le vrai de tout cela... car plus j'y songe, plus il me semble qu'il y a là motif... à faire *chanter la poule aux œufs d'or*... et sur ce, observons.

Au moment où le cynique se perdait dans la foule, la duchesse de Senneterre arrivait, mais seule, et la figure altérée par une vive contrariété.

Madame de Mirecourt se leva pour aller au-devant de madame de Senneterre; et, avec cet art que les femmes du monde possèdent à un si haut degré, elle trouva moyen, au milieu de cent personnes, et en ayant l'air de l'adresser à la duchesse des banalités d'usage, d'avoir avec elle à demi-voix l'entretien suivant :

— Et Gerald?...
— On l'a saigné ce soir.
— Ah! mon Dieu! qu'a-t-il donc?
— Depuis hier il est dans un état affreux.
— Et vous ne m'avez pas prévenue, chère duchesse?
— Jusqu'au dernier moment il m'avait promis de venir... quoiqu'il souffrît beaucoup.
— C'est désolant... mademoiselle de Beaumesnil peut arriver d'un moment à l'autre... et vous l'auriez chambrée dès son entrée...
— Sans doute... aussi je suis au supplice... et... ce n'est pas tout...
— Quoi donc encore, chère duchesse?
— Je ne sais pourquoi... il m'est revenu des doutes sur les intentions de mon fils.
— Quelle idée!
— C'est qu'il mène une vie si singulière depuis quelque temps...
— Mais alors il ne vous eût pas promis encore aujourd'hui, et quoique souffrant, de venir ici ce soir pour se rencontrer avec mademoiselle de Beaumesnil.
— Sans doute... et, d'un autre côté, ce qui me rassure, c'est que M. de Maillefort, dont madame de La Rochaiguë redoutait l'insupportable pénétration, et que mon fils avait imprudemment mis dans la confidence de nos projets... c'est que M. de Maillefort est pour nous, car il sait le but de la rencontre de ce soir, et il devait nous accompagner moi et Gerald.
— Enfin, que voulez-vous, ma chère duchesse, ce n'est qu'une occasion perdue; mais, en tout cas... dès que madame de La Rochaiguë va arriver avec mademoiselle de Beaumesnil... ne les quittez pas... et arrangez-vous avec

la baronne pour que la petite n'accepte pour danseurs que des... insignifians...
— C'est très important...

Et après avoir ainsi causé quelques instans debout, les deux femmes s'assirent sur un sopha circulaire.

De nouveaux personnages venaient à chaque instant saluer madame de Mirecourt; soudain madame de Senneterre fit un mouvement et dit tout bas et vivement à son amie :

— Mais, c'est M. de Macreuse qui vient d'entrer... vous recevez donc cette *espèce*?

— Comment, ma chère duchesse? mais je l'ai vu mille fois chez vous... et c'est une de mes meilleures amies, la sœur de monseigneur l'évêque de Ratopolis... madame de Cheverny, qui m'a demandé une invitation pour M. de Macreuse; d'ailleurs, il est reçu partout, et même avec distinction... car son *OEuvre de saint Polycarpe*...

— Eh! ma chère... *saint Polycarpe* ne fait rien du tout à la chose, — dit impatiemment la duchesse en interrompant madame de Mirecourt, — j'ai reçu ce monsieur comme tout le monde, et j'en suis aux regrets, car j'ai appris que c'était un bien grand drôle... je vous dirai même que c'est un homme à chasser de partout!... On parle d'objets de prix disparus pendant ses visites, — ajouta madame de Senneterre très mystérieusement et sans rougir le moins du monde de ce mensonge, car le protégé de l'abbé Ledoux n'était pas homme à s'amuser à des bagatelles.

— Ah! mon Dieu! — s'écria madame de Mirecourt, — mais, c'est donc un voleur?

— Non, ma chère, seulement il vous emprunterait un diamant ou une épingle sans songer à vous en avertir...

Au moment même de cet entretien, M. de Macreuse qui, en s'avançant lentement, avait suivi du regard le jeu de la physionomie des deux femmes, soupçonna leur malveillance pour lui, mais vint néanmoins saluer la maîtresse de la maison avec un imperturbable aplomb, et lui dit :

— J'aurais désiré, madame, avoir l'honneur de me présenter chez vous ce soir sous les auspices de madame de Cheverny... qui avait bien voulu se charger de moi; malheureusement elle est souffrante et me charge d'être auprès de vous, madame, l'interprète de tous ses regrets...

— Je suis désolée, monsieur, que cette indisposition me prive du plaisir de voir ce soir madame de Cheverny, — répondit sèchement madame de Mirecourt, encore sous l'impression de ce que venait de lui dire madame de Senneterre.

Mais le Macreuse ne se déconcertait pas facilement, et, s'inclinant ensuite devant la duchesse, il lui dit en riant :

— J'ai moins à regretter ce soir le bienveillant patronage de madame de Cheverny, car il m'aurait été presque permis de compter sur le vôtre, madame la duchesse.

— Justement... monsieur... — répondit madame de Senneterre avec une expression de hauteur amère, — je parlais de vous à madame de Mirecourt lorsque vous êtes entré.., et je la félicitais sincèrement d'avoir l'honneur de vous recevoir chez elle.

— Je n'attendais pas moins des bontés habituelles de madame la duchesse, à qui j'ai dû tant de précieuses relations dans le monde, — répondit M. de Macreuse, d'un ton respectueux et pénétré.

Après quoi, saluant de nouveau, il passa dans le salon voisin.

Le protégé de l'abbé Ledoux (ancien confesseur de madame de Beaumesnil), en vrai roué de sacristie, était trop madré... trop clairvoyant, trop soupçonneux, pour n'avoir pas senti, lors de son entrevue avec madame de Senneterre (entrevue où il s'était ouvert sur ses prétentions à la main de mademoiselle de Beaumesnil), qu'il venait, comme on dit vulgairement, de faire un *pas de clerc*, bien que la duchesse lui eût promis son appui.

Trop tard, le Macreuse s'était reproché de n'avoir pas réfléchi que la duchesse avait un fils à marier; l'accueil sardonique et hautain qu'elle venait de lui faire confirma les soupçons du pieux jeune homme ; mais il s'inquiéta médiocrement de cette hostilité, se croyant certain, d'après les rapports de mademoiselle Héléna de La Rochaiguë, non-seulement que personne n'était alors sur les rangs pour épouser mademoiselle de Beaumesnil, mais que celle-ci l'avait particulièrement distingué, lui, Macreuse, et qu'elle avait paru touchée de sa douleur et de sa piété.

M. de Macreuse, plein d'espoir, s'assura d'abord que mademoiselle de Beaumesnil ne se trouvait dans aucun salon, et il attendit son arrivée avec impatience, bien résolu d'épier le moment opportun pour l'engager à danser... l'un des premiers... le premier, s'il le pouvait.

— A-t-on idée d'une impudence égale à celle de M. de Macreuse ! — dit madame de Senneterre outrée à madame de Mirecourt, lorsque le protégé de l'abbé Ledoux fut éloigné.

— En vérité, ma chère duchesse, ce que vous m'apprenez m'étonne à un point extrême : et quand on pense que l'on citait partout M. de Macreuse comme un modèle de conduite et de piété !...

— Oui, il est joli, le modèle... je vous en dirai bien d'autres sur son compte...

Et s'interrompant, madame de Senneterre s'écria :

— Enfin, voilà mademoiselle de Beaumesnil... ah ! que malheur que Gerald ne soit pas ici !...

— Allons, consolez-vous, ma chère duchesse, du moins mademoiselle de Beaumesnil n'entendra parler que de votre fils pendant toute la soirée... Restez là... je vais vous amener cette chère petite... vous et la baronne ne la quitterez pas.

Et madame de Mirecourt se leva pour aller au-devant de mademoiselle de Beaumesnil, qui arrivait accompagnée de M. et de madame de La Rochaiguë : la jeune fille donnait le bras à son tuteur.

Un bourdonnement sourd, causé par ces mots échangés à voix basse : *C'est mademoiselle de Beaumesnil*, provoqua bientôt dans tous les salons un mouvement général, et un flot de curieux encombra l'embrasure des portes du salon où se trouvait Ernestine.

Ce fut au milieu de cette agitation, de cet empressement causé par son arrivée, que *la plus riche héritière de France*, baissant les yeux sous les regards attachés sur elle de toutes parts, fit, comme on dit, *son entrée dans le monde*.

La pauvre enfant comparait, à part soi, dans une ironie méprisante, cette impatience, cette avidité de la voir et surtout d'être aperçu d'elle, ces murmures d'admiration que quelques habiles même firent entendre sur son passage, à l'accueil si complètement indifférent qu'elle avait reçu le dimanche passé chez madame Herbaut : aussi se sentait-elle de plus en plus résolue de pousser aussi loin que possible la contre-épreuve qu'elle venait chercher, voulant savoir une fois pour toutes à quoi s'en tenir sur la dignité, sur la sincérité de ce monde où elle semblait destinée à vivre.

Mademoiselle de Beaumesnil, au grand désespoir des La Rochaiguë, et avec une soudaine opiniâtreté qui les avait confondus et dominés, avait voulu être aussi modestement vêtue que lorsqu'elle s'était présentée chez madame Herbaut ; une simple robe de mousseline blanche et une écharpe bleue, en tout pareilles à celles qu'elle portait le dimanche précédent, telle était la toilette de l'héritière, qui, dans cette courte épreuve, voulait paraître sans plus ni moins d'avantages que lors de la première.

Ernestine avait même eu la pensée de s'accoutrer le plus ridiculement du monde, presque certaine que les louanges pleuvraient de toutes parts sur la *charmante originalité* de sa toilette ; mais elle renonça bientôt à cette folie, en songeant que cette nouvelle épreuve était chose grave et triste.

Ainsi que cela avait été convenu à l'avance entre mesdames de Mirecourt, de Senneterre et de la Rochaiguë, dès son arrivée dans le bal, mademoiselle de Beaumesnil, traversant avec peine les groupes de plus en plus empressés sur son passage, et conduite par la maîtresse de la maison, alla prendre place dans le vaste et magnifique salon où l'on dansait.

Madame de Mirecourt laissa Ernestine en compagnie de madame de La Rochaiguë et de madame de Senneterre, que la baronne venait de rencontrer... par hasard.

Non loin du canapé où était assise l'héritière, se trouvaient plusieurs charmantes jeunes filles, aussi belles et beaucoup plus élégamment parées que les reines du bal de madame Herbaut ; mais tous les regards étaient tournés vers Ernestine.

— Ce soir je ne manquerai pas de danseurs, —pensait-elle,—je ne serai pas invitée *par charité*... toutes ces charmantes personnes seront, sans doute, délaissées pour moi.

Pendant que mademoiselle de Beaumesnil observait, se souvenait et comparait, madame de Senneterre dit tout bas à madame de La Rochaiguë que, malheureusement, Gerald était si gravement malade qu'il lui serait impossible de venir au bal, et il fut convenu que l'on ne laisserait danser Ernestine que fort peu, avec des personnes très prudemment choisies.

Pour arriver à ce résultat, madame de La Rochaiguë dit à Ernestine :

— Ma chère belle.. vous pouvez juger de l'étourdissant effet que vous produisez, malgré l'inconcevable simplicité de votre toilette ; je vous l'avais toujours prédit, sans le moindre exagération, vous le voyez bien... aussi allez-vous être accablée d'invitations... mais comme il ne convient pas que vous dansiez indifféremment avec tout le monde, lorsqu'il me paraîtra que vous pouvez accepter un engagement, j'ouvrirai mon éventail ; si au contraire je le tiens fermé... vous refuserez en disant que vous dansez fort peu... et que vous avez déjà trop d'invitations.

A peine madame de La Rochaiguë venait-elle de faire cette recommandation à Ernestine que l'on se mit en place pour la contredanse.

Plusieurs jeunes gens, qui mouraient d'envie d'engager mademoiselle de Beaumesnil, hésitaient cependant, croyant avec raison manquer aux convenances en la priant au moment même de son entrée dans le bal.

M. de Macreuse, moins scrupuleux et plus adroit, n'hésita pas une seconde ; il fendit rapidement la foule et vint timidement prier Ernestine *de lui faire l'honneur de danser la contredanse qui commençait*.

Madame de Senneterre, stupéfaite de ce qu'elle appelait l'*audace inouïe* de ce M. de Macreuse, se pencha vivement à l'oreille de madame de La Rochaiguë pour lui dire de faire signe à Ernestine de refuser ; il était trop tard.

Mademoiselle de Beaumesnil, très impatiente de se trouver pour ainsi dire en tête à tête avec M. de Macreuse, accepta vivement son invitation, sans attendre le jeu de l'éventail de madame de La Rochaiguë, et, au grand étonnement de celle-ci, elle se leva, prit le bras du pieux jeune homme, et alla se placer à la contredanse.

— Ce misérable-là est d'une insolence effrayante, — dit la duchesse avec colère.

Mais elle s'interrompit soudain et s'écria avec l'expression de la joie la plus vive, la plus inattendue, en s'adressant à madame de La Rochaiguë :

— Ah ! mon Dieu, c'est lui !

— Qui cela ?

— Gerald.

— Quel bonheur !... Où donc le voyez-vous, ma chère duchesse ?

— Là-bas dans l'embrasure de cette fenêtre... Pauvre enfant, comme il est pâle, — ajouta la duchesse avec émotion, — quel courage il lui faut !... Ah ! nous sommes sauvées.

— En effet... c'est lui, — dit madame de La Rochaiguë, non moins joyeuse que son amie. — M. de Maillefort est auprès de lui. Ah ! le marquis ne m'a pas trompée... il m'avait bien promis d'être dans mes intérêts, depuis qu'il sait qu'il s'agit de M. de Senneterre.

Pendant que madame de Senneterre faisait signe à Gerald qu'il y avait une place vacante à côté d'elle, M. de Macreuse et mademoiselle de Beaumesnil figuraient à la même contredanse.

XLVI.

Mademoiselle de Beaumesnil avait vivement saisi l'occasion de se rapprocher de M. de Macreuse ; elle comptait sur cet entretien pour savoir si sa défiance envers ce prétendant était fondée. Elle inclinait à le croire, le protégé de l'abbé Ledoux ayant déclaré à mademoiselle Héléna qu'il avait ressenti, à la vue de mademoiselle de Beaumesnil, une *impression soudaine, irrésistible*...

Or, d'après l'épreuve tentée chez madame Herbaut, l'héritière savait à quoi s'en tenir sur les impressions soudaines... irrésistibles... que sa beauté devait produire.

Cependant, songeant aux diverses circonstances qui lui avaient fait remarquer M. de Macreuse, se rappelant la douleur qu'il avait semblé ressentir de la perte de sa mère, la charité dont il faisait preuve par ses aumônes, et surtout les angéliques et rares vertus... à propos desquelles mademoiselle Héléna s'exclamait incessamment... Ernestine voulut, ainsi qu'on dit vulgairement, *avoir le cœur net* à l'endroit de ce modèle de toutes les qualités du cœur et de l'esprit.

— M. de Macreuse, — pensa-t-elle, — m'avait beaucoup intéressé... son extérieur est agréable... sa mélancolie touchante... et, sans la révélation de M. de Maillefort, qui m'a mise en défiance de moi-même et des autres, peut-être aurais-je senti quelque penchant pour M. de Macreuse... peut-être, séduite par ses rares et hautes qualités... dont on me parlait si souvent... obéissant, à mon insu, à l'influence de mademoiselle Héléna, et cédant au choix qu'elle m'indiquait... peut-être... j'aurais épousé M. de Macreuse, qui devait, dit-on, assurer le bonheur de ma vie. Voyons donc quel choix j'aurais fait... J'ai, pour reconnaître la sincérité du mensonge... un moyen infaillible.

M. de Macreuse, rempli de confiance par les communications d'Héléna, comprenant l'importance décisive de cet entretien, s'était dès longtemps préparé, ainsi qu'il l'avait dit à l'abbé Ledoux, à *jouer serré*.

Lorsqu'il eut le bras d'Ernestine sous le sien, le pieux jeune homme parut donc tressaillir subitement, et la jeune fille sentit l'espèce de frissonnement qui parcourut le bras de son danseur.

Une fois en place, par deux fois M. de Macreuse essaya d'adresser la parole à mademoiselle de Beaumesnil ; mais il sembla dominé par une émotion si vive, si naturelle, qu'il rougit très visiblement. L'abbé Ledoux avait enseigné à son protégé un moyen de rougir presque infaillible : c'était de baisser la tête pendant quelques secondes en retenant sa respiration.

Cette émotion, très habilement placée d'ailleurs, occupait justement les premiers momens de la contredanse, pendant lesquels M. de Macreuse n'avait pu échanger que peu de paroles avec mademoiselle de Beaumesnil.

Du reste, par un prodige d'art et de tact, le fondateur de l'*Œuvre de Saint-Polycarpe* trouva le moyen, non-seulement d'échapper au ridicule auquel s'expose presque forcément un homme obligé de danser, tout en affectant les apparences d'une profonde mélancolie ; mais encore il sut être aux yeux de mademoiselle de Beaumesnil presque intéressant malgré les évolutions chorégraphiques auxquelles il se voyait contraint.

M. de Macreuse était d'ailleurs assez bien servi par son extérieur. Vêtu tout de noir, chaussé et ganté avec un soin irréprochable, la coupe de son habit était élégante, et le satin de sa cravate noire séyait parfaitement à sa figure blonde et régulière ; sa taille, quoique un peu replète, ne manquait pas d'aisance, et, selon l'habitude, au lieu de danser, il marchait seulement en mesure ; sa démarche avait ainsi une sorte de lenteur gracieuse, mêlée parfois de soudains accablemens... comme s'il eût traîné le poids douloureux de quelque grand chagrin.

Deux ou trois fois cependant, le pieux jeune homme jeta sur mademoiselle de Beaumesnil un regard navrant et résigné, qui semblait lui dire :

« Je suis étranger aux plaisirs du monde... déplacé dans
» ces fêtes dont mes chagrins m'éloignent... mais ce con-
» traste pénible entre ma peine et les joies qui m'entou-
» rent, je le subis... parce que je n'ai pas d'autre moyen
» de me rapprocher de vous. »

Le disciple chéri de l'abbé Ledoux appartenait à une haute école d'excellens comédiens, dans laquelle on *travaillait* soigneusement la mimique en général, et, en particulier, les regards à la fois significatifs, mais contenus, les soupirs expressifs, mais discrets, le tout congruement accommodé de roulement d'yeux, de mines contrites, béates ou candides, et parfois enflammées d'une ardeur mystique ; aussi le triomphe de M. de Macreuse fut-il complet, en cela que mademoiselle de Beaumesnil, malgré la défiance dont elle était dominée, ne put s'empêcher de se dire :

— Pauvre M. de Macreuse ! il est en effet bien pénible pour lui de se trouver égaré dans cette fête à laquelle il doit prendre si peu de part, abîmé comme il l'est dans le désespoir que lui cause la mort de sa mère...

Mais la défiance d'Ernestine reprenant le dessus :

— Alors, pourquoi vient-il ici ? — se demanda-t-elle. — Peut-être est-il seulement guidé par une arrière-pensée cupide ? C'est donc dans une honteuse espérance qu'il oublie ses chagrins et ses regrets.

M. de Macreuse ayant enfin trouvé un moment opportun pour entamer une conversation de quelque durée avec Ernestine, se prit d'abord à rougir de nouveau et lui dit de sa voix la plus timide, la plus onctueuse, la plus pénétrante :

— Je dois en vérité, mademoiselle, vous paraître... bien gauche... bien ridicule.

— Pourquoi cela, monsieur ?

— Depuis le commencement de cette contredanse, je n'ai pas encore... osé... vous adresser une seule... parole... mademoiselle... mais... le trouble... la crainte...

— Je vous fais peur... monsieur ?

— Hélas !... oui, mademoiselle.

— Mais, monsieur, ceci n'est pas galant du tout.

— Je ne sais pas dire de galanterie, mademoiselle, — répondit le Macreuse avec une tristesse fière, — je n'ai pour moi que la sincérité : je vous parle de la crainte que vous m'inspirez... cette crainte est réelle.

— Et comment, monsieur, vous causai-je cette crainte ?

— En bouleversant ma vie, ma raison... mademoiselle, car, du moment où je vous ai vue, sans vous connaître... votre image s'est placée... entre moi et les deux seuls objets de ma religieuse adoration... alors je suis resté aussi troublé qu'ébloui ; j'avais jusqu'ici vécu pour prier Dieu... et pour chérir ou regretter ma mère... tandis que maintenant...

— Mon Dieu ! monsieur, que c'est donc ennuyeux tout ce que vous me contez là !... Cela vous étonne ? c'est pourtant la vérité ; car d'abord, moi, vous causez-vous ? — ajouta mademoiselle de Beaumesnil, en affectant, de ce moment, le ton impérieux et dégagé d'un enfant ridiculement gâté, — j'ai l'habitude de dire tout ce qui me passe par la tête... à moins que je ne sois forcée de faire l'hypocrite.

Que l'on juge si M. de Macreuse fut surpris de cette interruption, et surtout de la façon dont elle était formulée, lui qui, selon le rapport de mademoiselle Héléna, espérait et croyait trouver dans Ernestine une enfant naïve... si ce n'est sotte, et toute en Dieu ; aussi avait-il, d'après cette donnée, composé un maintien et un langage parfaitement appropriés, pensait-il, au goût et à l'entendement... d'une dévote ingénue.

Cependant, trop habile pour trahir son étonnement, prêt à changer de masque au besoin et à improviser une transition pour se mettre au *diapason* de l'héritière, le pieux jeune homme répondit en hasardant un demi sourire (il s'était tenu jusqu'alors dans un milieu grave et mélancolique) :

— Vous avez raison, mademoiselle, de dire tout ce qui vous passe par la tête... d'autant plus qu'il ne doit y passer que de charmantes choses...

— A la bonne heure... monsieur... j'aime mieux cela... car, tout à l'heure... vous n'étiez pas amusant du tout.

— Il dépend de vous, mademoiselle, — reprit le Macreuse en risquant cette fois le sourire complet, et en déposant pour ainsi dire pièce à pièce sa physionomie jusqu'alors touchante et accablée, — il dépendra toujours de vous... mademoiselle... de changer la tristesse en gaîté ; rien ne vous est impossible.

— C'est qu'aussi, monsieur, il y a temps pour tout... moi, je parais triste le matin, pendant l'office, parce que ça n'est pas gai, la messe... oh ! non, et que, pour faire pièce à madame Héléna, je prends des airs de *sainte n'y touche*... mais, au fond, j'aime beaucoup à rire et à m'amuser. A propos... comment trouvez-vous ma toilette ?

— D'un goût exquis... elle contraste, par sa simplicité délicieuse, avec les parures effrénées de toutes ces pauvres femmes ; après tout, il faut les excuser, et ne pas trop vous glorifier ; elles ont besoin de parure, et vous, vous pouvez vous en passer, mademoiselle... Pourquoi orner ce qui est parfait ?

— C'est ce que je me suis dit, — reprit Ernestine de l'air le plus leste et le plus impertinemment convaincu, — j'ai pensé qu'avec ma petite robe blanche j'étais bien certaine d'éclipser toutes les autres jeunes personnes, et de les faire enrager de dépit... C'est si amusant... d'exciter l'envie des autres... de les bien tourmenter !...

— Vous devez, mademoiselle, être très habituée à ce plaisir-là, et il est tout simple que la jalousie des autres fasse votre joie, comme vous le disiez si spirituellement tout à l'heure...

— Oh ! je n'ai pas positivement beaucoup d'esprit, — reprit Ernestine, en affectant la plus outrecuidante niaiserie, — mais je suis très malicieuse, et je ne peux pas souffrir que l'on me contredise... C'est pour cela que je déteste les vieilles gens, qui sont toujours à faire de la morale aux jeunes. Est-ce que vous les aimez, vous, monsieur, les vieilles gens ?

— Il faut laisser dire ces *momies*, mademoiselle ; la vraie morale... c'est le plaisir.

Et l'impérieuse nécessité d'une figure de contredanse ayant interrompu de Macreuse, il profita de cette excellente occasion pour transformer complétement sa physionomie, et prendre l'air le plus enjoué, le plus *mauvais sujet* possible ; sa danse même se ressentit de cette transformation : elle fut plus animée, plus légère ; le jeune homme de bien se souriait à soi-même, se redressait, portait haut et crânement la tête ; puis, quand il en trouvait l'occasion, il jetait sur mademoiselle de Beaumesnil des regards aussi passionnés que les premiers avaient été discrets et timides.

Tout en dansant et se posant sous cette physionomie nouvelle, le protégé de l'abbé Ledoux se disait :

— C'est à merveille... cette petite fille est hypocrite et fausse, puisqu'elle a donné le change sur son caractère à mademoiselle de La Rochaiguë, ou plutôt... je devine... cette excellente amie aura craint de m'effrayer en me disant la vérité sur mademoiselle de Beaumesnil... C'est me connaître bien peu... Je préfère que cette petite fille soit sotte et vaniteuse, puisqu'elle se croit spirituelle, charmante et capable d'effacer les plus jolies femmes de ce bal : fausseté, sottise et vanité... il faudrait être bien maladroit pour ne pas se servir avantageusement de ces trois excellents leviers... Maintenant, abordons la grande question ! Avec une niaise de cette force, la réserve est inutile, l'on ne saurait pousser trop loin la flatterie ; la complaisance doit aller presque à la bassesse, car cette petite est une enfant gâtée par la fortune... Elle sait parfaitement qu'elle peut tout se permettre, et qu'on doit tout lui passer, parce qu'elle est *la plus riche héritière de France.*

En revenant à sa place, M. de Macreuse dit à Ernestine :

— Vous m'avez tout à l'heure, mademoiselle, reproché d'être triste... il ne faut pas croire que maintenant je sois parfaitement gai, mais le bonheur d'être auprès de vous m'étourdit... et j'ai tant besoin de m'étourdir !

— Pourquoi donc, monsieur ?

— Si mademoiselle Héléna... en me faisant espérer... que peut-être... vous m'auriez remarqué... que peut-être un jour... lorsque vous me connaîtriez davantage, vous me croiriez digne de vous consacrer ma vie... si mademoiselle Héléna s'était trompée.

— A propos de mademoiselle Héléna, monsieur, avouez qu'elle est joliment ennuyeuse.

— C'est vrai... mais elle est si bonne !

— Oh ! bonne !... cela ne l'a pas empêchée de me dire de vous... un mal affreux...

— De moi ?

— Ou, si vous l'aimez mieux, tant de bien, que je me disais : « Mon Dieu ! que ce monsieur doit être insupporta-
» ble avec toutes ses qualités ; quelqu'un de si parfait... ça
» doit être bien gênant ! et puis toujours à la messe ou à
» de bonnes œuvres... c'est à en périr d'ennui. »Je ne disais pas cela à mademoiselle Héléna... mais je n'en pensais pas moins... Jugez donc, monsieur, moi qui ne veux me marier que pour être libre comme l'air, m'amuser du matin au soir, être toujours dans le monde, donner le ton, être femme à la mode de Paris... et surtout aller au bal de l'Opéra... Oh ! le bal de l'Opéra, j'en raffole rien que d'y penser... Dame !... à quoi me servirait d'être aussi riche que je le suis, si ce n'était pas pour jouir de tous les plaisirs et faire toute ma volonté ?... C'est bien le moins !

— Quand on est riche comme vous l'êtes, — reprit M. de Macreuse avec verve, — on est reine partout, et d'abord chez soi... L'homme que vous honorerez de votre choix... devra être... pour suivre ma comparaison, le premier ministre de vos plaisirs... que dis-je ? votre premier courtisan : comme tel, toujours soumis, empressé : son unique emploi sera d'écarter de vous les plus légers soucis de la vie, et de ne vous en laisser que les fleurs... L'oiseau dans l'air ne doit pas être plus libre que vous ; si votre mari comprend ses devoirs... vos plaisirs... vos volontés... vos moindres caprices, tout doit être sacré pour lui. N'est-il pas l'esclave ? N'êtes-vous pas la divinité ?

— A la bonne heure, monsieur ! voilà qui me raccommode avec vous ; mais, d'après ce que m'avait dit de vous mademoiselle Héléna... après ce que j'avais vu moi-même...

— Et qu'avez-vous vu, mademoiselle ?

— Par exemple, je vous ai vu faire l'aumône aux pauvres... et même leur parler.

— Certes... mademoiselle... et... je...

— D'abord, moi, monsieur, j'ai horreur des pauvres... ils sont hideux avec leurs guenilles... ça soulève le cœur !

— Ce sont, il est vrai, mademoiselle, d'abominables gueux ; mais, il faut de temps à autre jeter une aumône à ces gredins, comme on jette un os à un chien affamé pour qu'il ne vous morde point : c'est pure politique.

— Oh ! alors, monsieur, je comprends ; car je me demandais comment vous pouviez vous intéresser à des gens si répugnans à voir...

— Eh ! mon Dieu ! mademoiselle, — reprit le Macreuse, de plus en plus pressant, — il ne faut pas vous étonner de certaines contradictions apparentes... entre le présent et le passé... Si elles existent... vous en êtes la cause... ne devez-vous pas les pardonner ?... Quelles ont été tout-à-l'heure mes premières paroles ?... Ne vous ai-je pas avoué que vous avez bouleversé ma vie ?... Eh bien ! oui... j'avais des chagrins, je n'en ai plus... j'étais pieux... il n'est plus pour moi qu'une divinité... la vôtre!... Quant à mes vertus, —ajouta de M. Macreuse en souriant d'un air fin,—qu'elles ne vous effarouchent pas... je garderai celles qui vous seront commodes, trop heureux de mettre les autres... à vos pieds.

— Ah! c'est infâme,— se dit Ernestine.— Cet homme, pour m'intéresser, avait feint d'être vertueux, dévot, charitable, bon fils, et voilà qu'il renie ses vertus, sa charité, sa mère, son Dieu, pour me plaire davantage et arriver à son but... *m'épouser pour mon argent*... et les détestables penchants que j'affecte... ne le choquent pas... il les loue... il les exalte.

Mademoiselle de Beaumesnil, peu habituée à la dissimulation, et qui avait fait jusqu'alors de grands efforts de contrainte pour jouer le rôle qui devait l'aider à démasquer M. de Macreuse, ne put cacher son dégoût, son mépris, qui, malgré elle, se trahissait sur son visage aux dernières paroles de M. de Macreuse.

Celui-ci, comme tous ceux de son école, étudiait incessamment la physionomie des gens qu'il voulait convaincre ou tromper...

La contraction pénible des traits de mademoiselle de Beaumesnil, son sourire de dédain amer, une sorte d'indignation impatiente, contenue, qu'en ce moment elle dissimulait à peine... tout fut pour M. de Macreuse une révélation soudaine.

— Je suis pris, — pensa-t-il, — c'était un piège... Elle se défiait de moi... elle a voulu m'éprouver... Elle a feint d'être sotte, capricieuse, impie, vaine, méchante... pour voir sans doute si j'aurais le courage de la blâmer... et si mon amour tiendrait contre cette découverte... J'ai donné dans le panneau... comme un sot... Comment diable aussi aller se défier de cette ingénue de seize ans!... Mais, — se dit le disciple chéri de l'abbé Ledoux, frappé d'une idée subite,—si elle a feint ces mauvais penchants, ses penchants réels sont donc bons et généreux? Si elle a voulu m'éprouver, elle a donc quelques vues sur moi?... Rien n'est désespéré... il faut jouer un grand coup...

Ces réflexions du pieux jeune homme durèrent un instant à peine; mais cet instant lui suffit pour se préparer à une nouvelle transformation.

Ces quelques instants avaient aussi suffi à mademoiselle de Beaumesnil pour calmer ses pénibles sentimens et reprendre courage, afin de terminer cette épreuve en couvrant le Macreuse de honte et de mépris.

— Vraiment, monsieur, vous me feriez le sacrifice de vos vertus?—reprit Ernestine,—l'on n'est pas plus aimable... Mais voici la contredanse finie... au lieu de me ramener à ma place, voulez-vous me conduire dans cette galerie de fleurs que l'on voit à travers le salon? cela paraît charmant.

— Je suis trop heureux de me mettre à vos ordres, mademoiselle; d'autant plus que j'aurai, si vous le permettez, quelques derniers mots à vous dire... et ces paroles... seront graves.

L'accent de M. de Macreuse avait complétement changé, il était bref, ferme, presque dur.

Ernestine, étonnée, jeta les yeux sur le pieux jeune homme... il était redevenu triste, ainsi qu'au commencement de la contredanse, mais d'une tristesse, non plus mélancolique et touchante, mais sévère, presque irritée.

De plus en plus surprise de cette métamorphose, que la Macreuse compléta, solidifia pour ainsi dire, pendant le trajet du salon à la galerie, mademoiselle de Beaumesnil se demandait la cause de ce singulier changement.

La vaste galerie où elle entrait alors était latéralement bordée d'encaissemens de stuc remplis de masses de fleurs; à l'une des extrémités, l'on voyait un buffet splendide; presque tous les danseurs étant en ce moment occupés à reconduire leurs danseuses à leur place, il y eut fort peu de monde dans cette galerie pendant quelques minutes, qui suffirent à M. de Macreuse pour dire ce qu'il avait à dire à Ernestine.

— Puis-je savoir, monsieur, — lui demanda l'orpheline, qui ne concevait rien à la soudaine sévérité des traits de son danseur,— puis-je savoir,— ajouta-t-elle en souriant, afin de continuer son rôle, — quelles graves paroles vous avez à me dire?...Graves?...c'est bien près d'être ennuyeux... ce me semble... et, vous le savez, j'ai horreur de ce qui est ennuyeux.

— Ennuyeuses ou graves, vous voudrez pourtant bien subir ces paroles, mademoiselle, ce sont les dernières que vous entendrez de moi.

— Les dernières... de cette contredanse... apparemment?

— Ce sont les dernières paroles que je vous dirai de ma vie, mademoiselle...

Et il y eut dans la voix, dans les traits, dans l'attitude du pieux jeune homme, quelque chose de si douloureux et de si fier que mademoiselle de Beaumesnil resta frappée de stupeur.

Cependant elle reprit en tâchant encore de sourire:

— Comment, monsieur?... je ne vous verrai plus?... après ce que mademoiselle Héléna m'a dit de vous... de...

— Ecoutez, mademoiselle, — dit M. de Macreuse, en interrompant Ernestine, — il m'est impossible de feindre davantage... de parler plus longtemps... un langage qui n'est pas le mien...

— De quelle feinte... s'agit-il donc, monsieur?

— Pour venir ici, mademoiselle, je me suis étourdi sur d'horribles chagrins, car j'espérais vous voir... et surtout... trouver en vous... la jeune fille pieuse, sensible, généreuse, candide... dont, pour mon repos, mademoiselle Héléna ne m'avait fait que trop d'éloges... C'est donc à cette jeune fille que j'ai adressé mes premières paroles, empreintes de la tristesse qui m'accable... mais la raillerie, la frivolité... les ont presque tout d'abord accueillies...

— Qu'entends-je? quel langage? — se dit Ernestine, — où veut-il en venir?

— Alors un doute affreux m'a traversé l'esprit, — continua M. de Macreuse avec un sourire amer. — Je me suis dit que peut-être, mademoiselle, vous ne possédiez pas ces rares qualités que j'adorais et que je croyais trouver en vous... A une si pénible découverte, je n'ai pas voulu d'abord me résigner... attribuant vos premières paroles à la légèreté, à l'étourderie de votre âge... Mais, hélas! la moquerie, la sécheresse de cœur, l'irréligion, la vanité, m'ont paru percer dans votre entretien... Alors j'ai voulu m'éclairer tout-à-fait... et, quoiqu'à chaque instant mon cœur saignât, je n'ai voulu lutter avec vous d'insensibilité pour tout ce qui est pitoyable, de dédain pour tout ce qui est sacré... J'ai été jusqu'à paraître renier ce qui est pour moi plus cher que la vie... ma religion et le souvenir de ma mère... et une larme contenue brilla très à point dans les yeux du disciple de l'abbé Ledoux.

— C'était une épreuve... — pensa Ernestine.

— J'ai affecté les sentiments les plus vicieux, — reprit M. de Macreuse avec une indignation concentrée, — les maximes les plus impies... et de votre part... pas un mot de blâme... pas un mot de surprise! Enfin j'ai poussé à l'extrême l'adulation, la lâcheté, la bassesse... et vous êtes restée calme, plaisantant toujours, approuvant mes paroles, au lieu de m'accabler du mépris que je méritais... Mais l'épreuve a assez duré, trop durée... pour moi, car elle me porte un coup aussi imprévu qu'accablant... Enfin, c'en est fait... Pardonnez cette sévérité de langage à laquelle vous êtes peu habituée, mademoiselle... mais, sachez-le bien, je ne consacrerai jamais ma vie qu'à une femme digne en tout de mon amour et de ma respectueuse estime.

Et, d'un air digne, sévère, mais profondément affligé, M. de Macreuse salua Ernestine et la laissa stupéfaite.

— Ah!... grâce à Dieu je m'étais trompée! — pensa la pauvre enfant avec bonheur, — tant d'hypocrisie, de fausseté, de bassesse n'étaient pas possibles!... M. de Macreuse a été révolté des apparences que j'avais prises; voilà encore une âme sincère et élevée!...

Les réflexions de cette naïve créature, incapable de lutter de ruse avec le fondateur de l'*œuvre de Saint Poly-*

carpe, furent interrompues par mesdames de La Rochaiguë et de Senneterre ; celles-ci, ayant vu mademoiselle de Beaumesnil entrer dans la galerie avec M. de Macreuse, s'étaient hâtées de venir les rejoindre, croyant que la jeune fille allait prendre une place au buffet ; mais les deux femmes la trouvant seule :

— Eh bien ! ma chère belle, — lui demanda madame de La Rochaiguë, — que faites-vous là ?

— Je venais respirer un peu ici, madame, il fait si chaud dans le salon !

— Mais, ma chère belle, cette galerie est trop fraîche... vous risquez de vous enrhumer. Il vaut mieux revenir dans le salon.

— Comme il vous plaira, madame, — reprit mademoiselle de Beaumesnil, en accompagnant dans la salle de bal mesdames de Senneterre et de La Rochaiguë.

A l'instant où Ernestine entrait dans le salon, elle remarqua M. de Macreuse qui attachait sur elle un regard désolé ; mais il se retourna brusquement, comme s'il eût craint que la jeune fille n'eût remarqué la douloureuse émotion qu'il semblait ressentir et vouloir cacher.

XLVII.

Mademoiselle de Beaumesnil, en rentrant dans la salle de bal, aperçut, non loin de la place qu'elle venait de quitter, Gerald de Senneterre debout, appuyé contre l'embrasure d'une porte ; il était fort pâle et paraissait profondément triste.

A la vue du duc de Senneterre, Ernestine se rappela le désespoir de son amie, et se demanda comment, malgré son amour pour Herminie et l'offre qu'il lui avait faite de l'épouser, Gerald venait à ce bal, où une rencontre avec elle, Ernestine, lui avait été ménagée par madame de La Rochaiguë.

En reconduisant à sa place *la plus riche héritière de France*, madame de Senneterre lui dit avec la plus charmante affabilité :

— Mademoiselle... je suis chargée de vous demander une grâce de la part de mon fils..

— Et laquelle, madame ?

— Il vous prie de lui accorder la première contredanse... quoiqu'il ne danse pas ce soir... car il était... et il est encore horriblement souffrant... aussi lui a-t-il fallu un courage surhumain pour venir à ce bal... mais il espérait avoir l'honneur de vous y rencontrer... mademoiselle, et un pareil espoir accomplit des prodiges.

— Mais, madame, si M. de Senneterre ne danse pas... à quoi lui sert de m'engager !

— C'est un secret qu'il va vous dire... lorsque la foule des ambitieux danseurs qui vont vous assaillir d'invitations sera écoulée... Veuillez seulement vous rappeler... que la première contredanse appartient à mon fils... si toutefois vous voulez bien lui accorder cette faveur.

— Avec le plus grand plaisir, madame.

— Gardez-moi une place auprès de vous, ma chère, — dit la duchesse à madame de La Rochaiguë en la quittant, je vais prévenir Gerald.

En attendant M. de Senneterre, mademoiselle de Beaumesnil songeait, avec la candide satisfaction d'un cœur honnête, que M. de Macreuse avait trompé ses craintes ; plus elle y réfléchissait, plus la conduite du pieux jeune homme lui plaisait par sa rudesse même ; elle mettait cette austère franchise presque au niveau du sentiment qu'elle croyait avoir deviné chez Olivier, lorsque celui-ci, apprenant inopinément qu'il était nommé officier, avait jeté sur la jeune fille un regard... dont elle avait compris la généreuse signification,

— Ce sont deux nobles et belles âmes, — se disait-elle.

Mais bientôt mademoiselle de Beaumesnil fut distraite de ces douces et consolantes pensées ; à peine assise, elle fut assaillie d'invitations, ainsi que le lui avait dit madame de Senneterre ; décidée à observer et à écouter beaucoup, l'héritière les accepta toutes, et entre autres celle de M. de Mornand, qui venait ensuite de cette promesse à Gerald.

Très impatiente de connaître les intentions de ce dernier, et de savoir pourquoi, ne dansant pas, il l'avait engagée, Ernestine attendait avec autant d'intérêt que de curiosité l'instant où Gerald allait se rapprocher d'elle. Enfin elle le vit quitter sa place, après avoir dit quelques mots à l'oreille de M. de Maillefort, qu'Ernestine retrouvait pour la première fois depuis leur mystérieuse rencontre chez Herminie.

A l'aspect du bossu, l'orpheline ne put s'empêcher de rougir ; mais s'étant hasardée à jeter les yeux sur lui, elle fut touchée de l'expression de tendre sollicitude avec laquelle il la contemplait, et à un sourire d'intelligence qu'il lui adressa, elle se sentit complètement rassurée sur la discrétion du marquis.

Le moment de prendre ses places pour la contredanse étant arrivé, Gerald s'approcha de mademoiselle de Beaumesnil et lui dit :

— Je viens, mademoiselle, vous remercier de la promesse que vous avez bien voulu faire à ma mère...

— Et je suis disposée à la remplir, monsieur, lorsque je saurai...

— Comment, ne dansant pas, je vous ai engagée pour cette contredanse ?

— Oui, monsieur.

— Mon Dieu ! mademoiselle, — dit Gerald en souriant malgré sa tristesse, — il s'agit d'une innovation... qui, j'en suis certain, aurait beaucoup de succès si elle était adoptée...

— Et cette innovation, monsieur ?

— Pour beaucoup de personnes, et je vous avoue que je suis du nombre... une contredanse n'est qu'un prétexte de conversation à deux, qui dure un quart d'heure... Eh bien ! pourquoi tout simplement ne pas dire : madame ou mademoiselle... voulez-vous me faire l'honneur de causer avec moi pendant le prochain quart d'heure ?

— En effet, monsieur, cela vaudrait quelquefois beaucoup mieux... pour ceux ou pour celles qui savent causer, — reprit Ernestine en souriant.

— Aussi ne vous parlais-je que de ceux-là, mademoiselle, et comme pour causer l'on est infiniment plus à son aise sur un sopha que debout... l'on s'asseoirait pour cette contredanse... causée.

— Vraiment, monsieur, je trouve l'idée très heureuse...

— Et vous acceptez ?

— Sans doute... répondit Ernestine en se rapprochant un peu de madame de La Rochaiguë et faisant à Gerald une place à côté d'elle.

Les danseurs et les danseuses ayant alors pris leurs places, une grande partie des sièges resta vide.

Gerald, n'ayant de son côté aucun voisin, put ainsi parler à Ernestine sans crainte d'être entendu, tandis que madame de La Rochaiguë, afin de laisser plus de liberté à son protégé, s'éloigna quelque peu de mademoiselle de Beaumesnil et se rapprocha ainsi de madame de Senneterre.

Toutes deux alors, paraissant complètement étrangères et indifférentes à la conversation de Gerald et d'Ernestine, leur donnèrent ainsi la plus grande facilité pour leur tête-à-tête.

Jusqu'alors, M. de Senneterre, quoiqu'il eût paru prendre beaucoup sur lui, avait parlé avec une sorte d'assurance enjouée ; mais lorsqu'il fut pour ainsi dire seul avec mademoiselle de Beaumesnil, ses traits, son accent, exprimèrent le plus sérieux et le plus touchant intérêt.

— Mademoiselle, — dit Gerald à l'orpheline d'un ton pénétré dont elle fut tout d'abord frappée, — quoique bien souffrant ce soir, j'ai voulu venir à cette fête... pour accomplir auprès de vous un devoir d'honnête homme.

A ces mots, un pressentiment d'une douceur ineffable épanouit le cœur de mademoiselle de Beaumesnil. Gerald ne voulait pas tromper Herminie ; sans doute il allait lui apprendre, à elle, Ernestine, pourquoi il paraissait conserver des prétentions sur sa main.

— Mademoiselle, — reprit Gerald, — savez-vous comment l'on marie une héritière !

Et comme mademoiselle de Beaumesnil le regardait avec surprise, Gerald continua :

— Je vais vous l'apprendre, mademoiselle, et puisse cet enseignement vous sauvegarder de bien des piéges... Une mère... ma mère, par exemple... la meilleure, la plus digne des femmes... cependant... apprend que *la plus riche héritière de France* est à marier... Ma mère, éblouie des avantages qu'une telle union peut m'apporter... ne s'inquiète en rien ni du caractère, ni de la personne de cette héritière... Elle ne l'a jamais vue, car la riche orpheline est encore en pays étranger... Il n'importe, il s'agit de m'assurer, s'il se peut... une fortune énorme... et, pour cela, tous les moyens sont bons... Ma mère, cédant à une aberration de l'amour maternel, court chez la tutrice de l'orpheline : là, il est convenu qu'à son arrivée l'héritière, pauvre enfant de seize ans, faible, sans défense, ignorant les intrigues du monde, sera entourée, dominée, influencée, de telle sorte que son choix tombe infailliblement sur moi. Cette espèce d'odieux marché est conclu, tout est convenu... tout, mademoiselle... jusqu'à la manière dont je lui serai présenté... *par hasard !...* tout... jusqu'au costume plus ou moins avantageux que je dois porter ce jour-là... C'est puéril, mais c'est triste ! Tout est conclu enfin... et je ne suis instruit de rien... Et l'héritière, encore à cent lieues de Paris, ne me connaît pas plus que je ne la connais !... Enfin elle arrive... Alors ma mère me fait part de ses projets, ne doutant pas que je n'accepte avec joie de courir la chance inespérée qui s'offrait à moi ! Pourtant... je refuse... d'abord, disant, ce qui était vrai, que je n'avais aucun goût pour le mariage, que je ferais sans doute un très mauvais mari... *Qu'importe,* — dit ma mère, — *épousez toujours : elle est si riche !*

Et à un mouvement d'Ernestine, Gerald ajouta :

— Et ma mère, cependant, est aussi honorée...... aussi honorable que personne. Mais si vous saviez la fatale influence de l'argent...

— Ma chère, — dit tout bas la duchesse de Senneterre à madame de La Rochaiguë, pendant que Gerald parlait ainsi à Ernestine... qui l'écoutait avec un bonheur croissant, — ma chère... entendez-vous quelque chose ?...

— Non, — reprit tout aussi bas madame de La Rochaiguë, — mais il me semble que la petite écoute Gerald avec le plus grand intérêt : je viens de la regarder sans qu'elle me voie... Sa figure m'a semblé à la fois émue et radieuse.

— J'étais sûre de Gerald : lorsqu'il le veut, il est irrésistible. — dit la duchesse ravie, — la petite est à nous !... et j'étais assez sotte pour me courroucer de ce que ce misérable Macreuse avait eu l'audace de l'inviter à danser.

— Je vous l'ai dit, mademoiselle, d'abord je refusai de songer à ce mariage, — reprit Gerald, — et j'avais agi en honnête homme... Malheureusement les instances de ma mère, la crainte de la chagriner, l'impatience d'une rivalité odieuse, et que dis-je ? peut-être même à mon insu l'appât de cette fortune immense... me firent dévier de la droiture de mon premier refus... alors, je me résolus de tâcher d'épouser cette héritière... au risque de la rendre la plus malheureuse des créatures... car un mariage basé sur la cupidité est toujours funeste.

— Eh bien ! monsieur, cette résolution, l'avez-vous poursuivie ?

— L'entretien de deux amis, gens de cœur, m'a ouvert les yeux ; j'ai vu que j'étais dans une voie mauvaise, indigne de moi et de ceux qui m'aimaient... seulement il a été convenu que, pour donner quelque satisfaction aux désirs de ma mère, je me rencontrerais avec cette riche héritière,

et que si, en la voyant, en la connaissant, je l'aimais enfin comme j'eusse aimé une jeune fille sans fortune et sans nom, je pourrais à mon tour tenter de me faire distinguer par elle.

— Eh bien ! monsieur... cette héritière, l'avez-vous vue ?
— Oui, mademoiselle... mais alors il était trop tard.
— Trop tard ?...
— Une affection aussi soudaine qu'honorable et sincère pour une personne qui la méritait, qui la mérite à tous égards... ne me permettait plus d'apprécier, ainsi qu'elle le méritait... j'en suis certain... la personne que ma mère désirait tant me faire épouser...

A cet aveu, rempli de loyauté et de délicatesse, car il ménageait l'amour-propre de mademoiselle de Beaumesnil, celle-ci ne put contenir un mouvement de joie profonde.

Gerald aimait Herminie comme elle était digne d'être aimée, et il donnait une nouvelle preuve de l'élévation de son caractère par la générosité même de sa conduite envers Ernestine.

Le joyeux tressaillement de l'orpheline n'avait pas échappé à l'observation attentive et intéressée de madame de La Rochaiguë ; elle dit tout bas à la duchesse de Senneterre :

— Cela va de mieux en mieux... regardez donc mademoiselle de Beaumesnil, comme son teint est animé ! ses yeux brillants !... sa figure enchantée !...

— En vérité, — dit la duchesse en s'avançant un peu pour regarder Ernestine, — cette pauvre petite devient presque jolie en écoutant Gerald.

— C'est le plus beau triomphe de l'amour que de transfigurer l'objet que l'on séduit, ma chère duchesse, — répondit madame de La Rochaiguë en souriant ; — je suis sûre que votre fils sera sensible à ce triomphe.

— Monsieur de Senneterre, — dit Ernestine à Gerald, — je vous remercie... de votre franchise... et de vos conseils... déjà plus justifiés peut-être que vous ne le pensez... mais quoique je sois trop heureuse de votre présence ici pour m'en étonner... cependant pourrai-je savoir ?...

— Pourquoi, malgré ma résolution, je suis ici ce soir, mademoiselle ?... Eh ! mon Dieu ! parce que je voulais profiter de cette occasion... la seule peut-être qui pouvait me rapprocher de vous, et me permettre de vous entretenir avec quelque secret... Aussi, en laissant jusqu'à ce jour ma mère dans l'erreur, j'aurai pu peut-être vous mettre en garde contre bien des projets semblables à celui... dont j'ai failli un moment me rendre complice, et peu de gens seront, je le crains, aussi scrupuleux que moi. Votre tuteur et sa famille se prêteront à toutes les intrigues qui serviront leurs intérêts..... Quant à votre bonheur, à la sûreté de votre avenir, ils s'en soucient peu !... Cela est pénible, mademoiselle, bien pénible, et il m'eût été doublement cruel de jeter dans votre cœur la défiance et l'alarme, si, en même temps, je n'avais pu vous signaler un cœur noble, élevé.... un homme autant redouté des méchans et des lâches qu'il est aimé des gens de bien !... En cet homme, mademoiselle, ayez confiance !... toute confiance !..... On l'a, je crois, calomnié à vos yeux...

— Vous voulez parler de M. de Maillefort ?...
— Oui, mademoiselle... Croyez-moi, vous ne trouverez jamais d'ami plus sûr, plus dévoué !... Dans le doute, adressez-vous à lui... Il n'est pas d'esprit plus juste, plus pénétrant que le sien..... Guidée par lui... vous serez sauvegardée de tous les piéges où l'on pourra vous tendre, et qui, peut-être, vous entourent déjà.

— Monsieur de Senneterre, je n'oublierai pas vos avis... Un sentiment de vive sympathie pour M. de Maillefort avait succédé chez moi à un éloignement dont je suis aux regrets, et que d'indignes calomnies avaient seule causé.

— Voici notre contredanse à son terme, mademoiselle, — dit Gerald en tâchant de sourire, — j'ai profité de l'heureuse circonstance qui m'était offerte. Demain, quoiqu'il m'en coûte de chagriner ma mère... elle saura ma résolution.

Ernestine eut le cœur navré en songeant que le lendemain sans doute Gerald ferait à sa mère l'aveu de son amour pour Herminie.

Quel serait alors le courroux de madame de Senneterre! Son fils préférer une orpheline sans nom, sans fortune, à *la plus riche héritière de France*...

Et quoiqu'elle ignorât la condition que l'orgueilleuse Herminie avait mise à son mariage avec Gerald, mademoiselle de Beaumesnil sentait de combien de difficultés était entourée cette union ; aussi répondit-elle tristement, à Gerald :

— Croyez bien, monsieur de Senneterre, qu'en retour du généreux intérêt que vous me témoignez, je fais les vœux les plus fervens... les plus sincères pour votre bonheur... et pour celui de la personne que vous aimez... Adieu, monsieur de Senneterre ; j'espère un jour vous prouver combien j'ai été touchée de la générosité de votre conduite envers moi.

La contredanse étant terminée, plusieurs femmes revinrent prendre leurs places auprès de mademoiselle de Beaumesnil.

Gerald salua l'orpheline, et, se sentant très souffrant et très fatigué, il se disposa à quitter le bal.

Madame de Senneterre, enchantée des symptômes favorables qu'elle avait cru, ainsi que madame de La Rochaiguë, remarquer sur le visage d'Ernestine, dit tout bas à la baronne :

— Tâchez donc, ma chère, de savoir l'effet qu'a produit Gerald.

Madame de La Rochaiguë, se penchant alors à l'oreille de mademoiselle de Beaumesnil, lui dit :

— Eh bien ! ma chère belle, n'est-ce pas qu'il est charmant ?

— Oh ! madame, il est impossible d'être plus aimable, de montrer des sentimens plus délicats, plus élevés.

— Alors, ma chère belle, vous voilà *duchesse de Senneterre*. Cela ne dépend plus que de vous... Voyons, dites-moi vite... un bon *oui* !

— Madame... vous m'embarrassez beaucoup, — répondit Ernestine en baissant les yeux.

— Bien, bien !... je comprends, — reprit madame de La Rochaiguë enchantée, croyant qu'une chaste réserve empêchait seule Ernestine d'avouer tout d'abord qu'elle voulait épouser Gerald.

— Eh bien ! ma chère, — dit madame de Senneterre à la baronne en la poussant légèrement du coude, — il lui a tourné la tête, n'est-ce pas ?

— Complètement, ma chère duchesse. Mais donnez-moi votre bras, et allons vite retrouver M. de Senneterre, pour lui annoncer... son succès.

— Ah !... enfin !... ce n'est pas sans peine !... nous la tenons... cette chère enfant ! Voici Gerald le plus riche propriétaire de France. Quant à *nos petites conventions particulières*, ma chère baronne, — ajouta tout bas madame de Senneterre, — je n'ai pas besoin de vous dire avec quelle exactitude, avec quelle loyauté elles seront exécutées... Je n'en ai rien dit à mon fils... bien entendu ! mais je réponds de lui !

— Ne parlons pas de cela, ma chère duchesse ; seulement, comme madame de Mirecourt a été vraiment parfaite... dans ceci... ne trouvez-vous pas qu'il serait de bon goût de lui...

— Mais c'est entendu, — dit vivement madame de Senneterre en interrompant la baronne, — rien de plus juste... et nous en causerons... Allons vite retrouver Gerald... Le voyez-vous ?

— Non, ma chère duchesse ; mais il est sans doute dans la galerie, venez !

Puis s'adressant à Ernestine, madame de La Rochaiguë lui dit :

— Nous vous laissons seule un instant, ma chère belle... Nous allons tout simplement rendre quelqu'un fou de joie.

Et, sans attendre la réponse d'Ernestine, madame de La Rochaiguë donna son bras à madame de Senneterre, et toutes deux se dirigèrent vers la galerie d'un pas assez précipité.

M. de Maillefort, qui semblait avoir épié le départ des deux femmes, s'approcha de mademoiselle de Beaumesnil, qu'il salua, et, usant du privilége de son âge, il prit auprès de la jeune fille la place laissée vacante par madame de La Rochaiguë.

XLVIII.

Lorsque M. de Maillefort fut assis auprès de mademoiselle de Beaumesnil, il lui dit en souriant :

— Vous n'avez donc plus peur de moi ?

— Ah ! monsieur, — reprit Ernestine, — je suis bien heureuse de cette occasion, qui me permet de vous remercier.

— De ma discrétion ?... elle est à toute épreuve, rassurez-vous... je vous donne ma parole... que personne n'a jamais su, ne saura jamais que je vous ai rencontrée chez la plus digne... chez la meilleure créature que je connaisse.

— N'est-ce pas, monsieur ?... Et pourtant, si je connais Herminie, c'est à vous que je le dois.

— A moi ?

— Vous rappelez-vous, monsieur, qu'un jour, devant mademoiselle Héléna... vous m'avez fait entendre des paroles... bien tristes... mais hélas !... bien vraies ?

— Pauvre enfant !... je voyais votre éloignement pour moi ; je ne pouvais me trouver seul avec vous. Il fallait bien... pendant que d'un autre côté je veillais sur vous... il fallait à tout prix vous ouvrir les yeux sur les misérables adulations dont vous pouviez devenir dupe... et victime !

— Eh bien ! monsieur, vos paroles m'ont en effet ouvert les yeux : j'ai vu que l'on me trompait... que j'étais sur le point peut-être de croire à tant de flatteries mensongères ; alors j'ai pris un parti désespéré, et, afin de savoir la vérité sur moi-même, je me suis entendue avec ma gouvernante, et, dans un petit bal donné par l'une de ses amies, elle m'a présentée comme une orpheline sans nom et sans fortune.

— Et dans cette réunion, vous avez rencontré Herminie ; elle me l'a dit... Je comprends tout maintenant... Ainsi, vous avez voulu connaître ce que vous valiez par vous-même ?...

— Oui, monsieur... Cette épreuve a été pénible... mais profitable... elle m'a appris, entre autres choses... à apprécier la valeur et la sincérité de l'empressement que l'on me témoigne ce soir.

Et comme le bossu, contenant à peine son émotion, regardait Ernestine en silence, profondément touché de la résolution de la jeune fille, elle lui dit timidement :

— Peut-être... vous me blâmez, monsieur ?

— Vous blâmer !... pauvre enfant !... oh ! non !... il n'y a de blâme que pour les gens dont l'indigne bassesse vous a réduite à cette résolution... que j'admire... car vous ne savez pas vous-même tout ce qu'il y a de courageux et d'élevé dans votre conduite.

Un homme d'un âge mûr, s'approchant du long canapé sur lequel M. de Maillefort était assis à côté d'Ernestine, et, s'appuyant sur le dossier du meuble, dit à demi-voix au bossu :

— Mon cher marquis, MM. de Morainville et d'Hauterive... sont à vos ordres... ils se tiennent là... dans l'embrasure de la porte.

— Très bien, mon cher ; mille grâces de votre obligeance et de la leur... Vous les avez prévenus ?

— De tout.

— Ils acceptent ?...

— C'est tout simple ! comment ne pas répondre à un tel appel ?
— A merveille ! — répondit le marquis.
Et se tournant vers mademoiselle de Beaumesnil :
— Pour quelle contredanse M. de Mornand vous a-t-il invitée, mademoiselle ?
— Pour celle que l'on va danser tout à l'heure, monsieur, — répondit Ernestine, fort surprise de cette question.
— Vous entendez, mon cher ami, — dit M. de Maillefort à la personne qui venait de lui donner les renseignemens précédens... — c'est pour la contredanse prochaine.
— Très bien, mon cher marquis.
Et l'ami de M. de Maillefort, faisant un circuit pour aller rejoindre MM. de Morainville et d'Hauterive, leur parla à l'oreille, et tous deux firent un signe d'assentiment.
— Ma chère enfant, — reprit le marquis en s'adressant à mademoiselle de Beaumesnil, — sans en avoir trop l'air... je me suis, depuis quelque temps, très occupé de vous, car, il faut vous le dire... et quoique vous m'ayez peu vu dans votre enfance chez votre pauvre mère... j'étais... de ses amis... de ses meilleurs amis.
— Ah ! monsieur... j'aurais dû le deviner plus tôt... car on vous calomniait toujours auprès de moi.
— Cela devait être. Maintenant deux mots. M. de La Rochaiguë vous a souvent parlé de M. de Mornand comme prétendant, et vous a dit, n'est-ce pas, que vous ne pouviez faire un meilleur choix ?
— Oui, monsieur.
— Pauvre enfant ! — dit le marquis avec compassion, et il reprit :
— Mademoiselle Héléna, de son côté, la sainte, l'honnête personne qu'elle est, vous a tenu le même langage sur M. Célestin de Macreuse, autre honnête et saint personnage ?
L'orpheline, remarquant le sourire amer et sardonique du marquis en parlant de l'honnêteté et de la sainteté du disciple de l'abbé Ledoux, dit au bossu :
— Vous avez peut-être, monsieur, une mauvaise opinion de M. de Macreuse ?
— Peut-être ?... Non, parbleu ! mon opinion est fort arrêtée.
— Cette méfiance du caractère de M. de Macreuse, monsieur, je l'ai pressentie comme vous, — dit mademoiselle de Beaumesnil.
— Ah ! tant mieux, — reprit vivement le marquis... — de tous, ce misérable était celui qui m'inspirait le plus de craintes... tant je redoutais que vous ne fussiez dupe de sa fourbe et de son hypocrisie... mais, heureusement, ces gens-là inspirent parfois une aversion d'instinct à tout ce qui est bon et candide.
— Monsieur, rassurez-vous, — reprit Ernestine triomphante, — je peux, je dois vous détromper.
— Me détromper ?
— Au sujet de M. de Macreuse.
— Vous ?... et comment cela ?
— Parce que vos préventions ne sont pas fondées, monsieur... M. de Macreuse est un homme loyal et sincère... jusqu'à la dureté.
— Mon enfant, vous m'effrayez beaucoup, — dit M. de Maillefort, avec un tel accent d'alarme que mademoiselle de Beaumesnil en fut interdite : — je vous en conjure, ne me cachez rien... — reprit le bossu. — Vous ne pouvez pas vous imaginer l'astuce diabolique et la perverse habileté de ces roués de sacristie... jugez un peu de vous, ma pauvre innocente enfant !
Mademoiselle de Beaumesnil, frappée de l'inquiétude de M. de Maillefort, et ayant en lui toute confiance, lui raconta en peu de mots la cause et les diverses péripéties de son entretien avec le pieux jeune homme.
— Il vous aura devinée, mon enfant, — dit le bossu, après quelques instans de réflexion, — et, se voyant pris, il aura tenté, avec une adresse infernale, la contre partie de l'épreuve que vous vouliez faire sur lui... je vous dis que ces gens-là m'épouvantent.
— Ah ! mon Dieu ! — dit l'orpheline terrifiée, — est-il possible, monsieur ? Oh ! non... non... une telle noirceur ! et puis, si vous l'aviez vu... les larmes lui sont venues aux yeux lorsqu'il a parlé des cruels regrets que lui causaient la mort de sa mère.
— La mort de sa mère !... — reprit le marquis... — mais vous ne savez donc pas...
Puis, s'interrompant soudain, il ajouta :
— Le voici... Ah ! c'est le ciel qui me l'envoie... Écoutez et jugez !... pauvre chère enfant !... Ah ! votre cœur ne peut pas soupçonner les abominables artifices que la cupidité fait éclore en de pareilles âmes.
Élevant alors la voix de manière à être entendu de toutes les personnes dont il était avoisiné, le bossu, interpellant M. de Macreuse, qui à ce moment traversait le salon afin d'observer mademoiselle de Beaumesnil, s'écria :
— Monsieur de Macreuse, un mot, s'il vous plaît !
Le protégé de l'abbé Ledoux hésita un moment à se rendre à cet appel, car il exécrait et redoutait instinctivement le marquis ; mais, se voyant l'objet de tous les regards, et encouragé par le succès de sa ruse auprès d'Ernestine, il redressa la tête avec assurance, et s'approchant de M. de Maillefort, il lui répondit froidement :
— Vous m'avez fait l'honneur de m'adresser la parole, monsieur le marquis.
— Je vous ai fait cet honneur-là, monsieur, — répondit le bossu de son air sardonique, en restant assis et en balançant négligemment sa jambe droite, qu'il tenait croisée sur son genou gauche, — et pourtant, monsieur, — ajouta-t-il, — vous n'êtes pas du tout poli envers moi... que dis-je ? envers moi, envers nous tous qui sommes ici, et qui avons l'honneur d'être de votre société.
A ces premières paroles, plusieurs personnes se groupèrent très curieusement autour des deux interlocuteurs, car l'esprit agressif et satirique du marquis était très connu.
— Je ne vous comprends pas, monsieur le marquis, — reprit M. de Macreuse, évidemment très contrarié et présentant quelque pénible explication, — je n'ai manqué d'égards ni à vous ni à personne, et...
— Monsieur, — dit le marquis de sa voix claire et mordante, — il paraît que vous avez eu l'inconvénient de perdre madame votre mère.
— Monsieur, — reprit M. de Macreuse, stupéfait à ces paroles.
— Serait-il indiscret, — reprit le marquis, — de vous demander quand vous l'avez perdue, feue madame votre mère... si toutefois vous le savez ?...
— Monsieur !... — répondit le jeune homme, de bien en devenant pourpre et en balbutiant, — une pareille question...
— Une pareille question est toute naturelle, mon cher monsieur, — reprit le marquis, — elle amène le reproche de manque d'égards dont je me plains au nom de toutes les personnes qui vous connaissent !
— Un manque d'égards ?...
— Certainement ! pourquoi n'avez-vous pas fait part poliment, aux personnes de votre société, *de la perte douloureuse que vous aviez eu le malheur de...* etc.
— Monsieur le marquis, — répondit de Macreuse en reprenant son sang-froid, — j'ignore ce que vous voulez dire.
— Allons donc ! moi qui suis très dévot, comme chacun sait, je vous ai entendu l'autre jour, à Saint-Thomas-d'Aquin, prier un prêtre de dire des messes pour le repos de l'âme de feue madame votre mère.
— Mais, monsieur...
— Mais, monsieur... ce que je dis est si vrai que vous vous êtes trouvé mal, de regrets et de douleur apparemment, en priant pour cette mère chérie à la chapelle de la Vierge, si bien que vos bons amis les bedeaux vous ont

transporté évanoui, presque moribond... dans leur sacristie... audacieuse jonglerie de votre part, qui m'aurait fort diverti si elle ne m'eût pas révolté.

Un moment atterré par cette attaque, le protégé de l'abbé Ledoux retrouva son impudence et reprit avec onction :

— Tout le monde comprendra, monsieur, que je ne puis ni ne dois répondre à une si inconcevable... à une si affligeante agression... le secret des prières est sacré...

— C'est vrai, — dirent plusieurs voix avec indignation, — ce M. de Maillefort ne respecte rien.

— Une pareille sortie est déplorable...

— Cela ne s'est jamais vu, etc., etc.

Nous l'avons dit, M. de Macreuse, comme tous les gens de son espèce, s'était créé de nombreux partisans ; ces partisans avaient naturellement la plus grande antipathie pour M. de Maillefort, dont l'esprit caustique poursuivait impitoyablement ce qui était faux et lâche. Aussi un *crescendo* désapprobateur continua de succéder aux dures paroles du marquis.

— L'on n'a pas d'idée d'une scène aussi affligeante, — reprenaient les uns.

— C'est un scandale inouï.

— C'est d'une brutalité sans exemple.

Le marquis, sans se déconcerter le moins du monde, laissa passer cet orage, et le Macreuse, enhardi, rassuré, reprit alors avec effronterie :

— L'intérêt que tant de personnes honorables me témoignent, monsieur... me dispense de prolonger cet entretien, et...

Mais le marquis, l'interrompant, lui dit avec un accent d'écrasante autorité :

— Monsieur de Macreuse, vous avez menti impudemment !... Monsieur de Macreuse, vous n'avez pas perdu votre mère ! la *sainte personne* est vivante... très vivante... vous le savez bien, et votre *saint homme de père* aussi. Vous voyez que je suis suffisamment informé; vous avez donc joué une comédie... infâme ! vous avez insulté à un sentiment que les plus misérables respectent encore, le sentiment filial !... Le but de toutes ces indignités, je le sais... Et si je me tais... c'est qu'il est des noms si respectables que l'on ne doit pas même les prononcer à côté du vôtre... si vous en avez un...

A ces accablantes paroles du marquis, à la pâleur livide du Macreuse, à sa stupeur, qui prouvaient assez que le bossu disait vrai, les plus décidés partisans du pieux jeune homme n'osèrent pas prendre sa défense, et ceux qui avaient une aversion d'instinct contre le fondateur de l'*OEuvre de saint Polycarpe* applaudirent fort aux paroles du marquis.

— Monsieur !... — reprit alors le Macreuse, effrayant de rage contenue, car il se voyait démasqué, — de telles offenses...

— Assez, monsieur... assez ! Allez-vous-en au plus tôt d'ici !... votre vue soulève le cœur des honnêtes gens, et madame de Mirecourt me saura un gré infini de cette *exécution*, et, en vérité, elles sont trop rares, les exécutions. Il faudrait pourtant que, de temps à autre, dans le monde, justice fût faite de ces malfaiteurs de salon que l'on tolère. Et si répugnant que soit le rôle de *justicier*, puisque personne ne le remplit jamais, moi j'en charge aujourd'hui, et je n'ai pas fini...

A ces derniers mots du bossu, le trouble et la confusion furent à leur comble.

Le pieux jeune homme, croyant à de nouvelles attaques contre lui, et trouvant l'*exécution* suffisante, se redressa, comme le reptile se redresse sous le pied qui l'écrase, et dit insolemment au marquis :

— Après de si grossiers outrages, monsieur, je ne saurais rester un instant dans cette maison ; mais j'ose espérer que, malgré la différence de nos âges, monsieur le marquis de Maillefort voudra bien accueillir demain une petite requête... que dure de mes amis lui porteront de ma part.

— Allez-vous-en, Monsieur !... allez !... la nuit porte conseil !.. et, en réfléchissant, vous reviendrez de vos prétentions batailleuses et par trop ridicules... Allez-vous-en donc !

— Soit, monsieur !... Alors j'aurai recours à d'autres moyens pour paraître moins ridicule, — reprit le pieux jeune homme, en jetant un regard infernal au bossu, et en se retirant lentement au milieu de la stupeur universelle.

Madame de Mirecourt, maîtresse de la maison, se rappelant ce que madame de Senneterre lui avait dit de M. de Macreuse, prit parfaitement son parti sur cette *exécution* ; mais, pour mettre un terme à l'espèce de malaise et d'étonnement causés par cette scène étrange, elle pria plusieurs hommes de ses amis d'activer au plutôt la contredanse.

En effet, les danseurs commencèrent de se mettre en quête de leurs danseuses.

L'exécution de M. de Macreuse avait rempli mademoiselle de Beaumesnil de reconnaissance pour M. de Maillefort, et de terreur pour elle-même, en songeant qu'elle aurait pu céder à l'intérêt que M. de Macreuse lui avait d'abord inspiré, et épouser peut-être un homme capable d'une action infâme, d'une action qui révélait la perversité la plus profonde.

Au milieu de ces réflexions, l'orpheline vit revenir mesdames de Senneterre et de La Rochaiguë, qui, n'ayant pu, pendant quelques instans, pénétrer le cercle formé autour de M. de Maillefort et de M. de Macreuse, revenaient prendre leurs places auprès d'Ernestine.

Le marquis alors se leva, passa derrière le sopha, et, se penchant à l'oreille de madame de La Rochaiguë, lui dit :

— Eh bien ! madame... je suis, je pense, un assez bon auxiliaire, et du *haut de mon observatoire*, comme je vous le disais il y a quelque temps, je découvre pas mal de choses, et de vilaines choses.

— Mon cher marquis, je suis dans la stupeur, — répondit la baronne ; — j'ai tout compris ! voilà donc pourquoi mon odieuse belle-sœur conduisait cette pauvre chère enfant tous les matins à Saint-Thomas-d'Aquin !... Avec son air stupide et sa dévotion, cette Héléna est une atroce créature... Quelle fausseté !... Quelle trahison !...

— Vous n'êtes pas au bout, ma chère baronne... vous réchauffez non-seulement une vipère dans votre maison, mais encore un honnête serpent.

— Un serpent ?

— Enorme... avec des dents longues, de ça ! — dit le marquis, en indiquant du regard M. de La Rochaiguë, qui, debout dans l'embrasure d'une porte, montrait ses dents par désœuvrement.

— Comment ! mon mari ? — dit la baronne, — qu'est-ce que cela signifie ?

— Vous allez le savoir !... Voyez-vous ce gros homme qui s'avance vers nous d'un air si triomphant ?

— Sans doute ! c'est M. de Mornand.

— Il vient inviter votre pupille à danser.

— Peu importe... maintenant nous pouvons la laisser indifféremment danser avec tout le monde ; car nous ne nous étions pas trompés... cette chère enfant trouve M. de Senneterre charmant, mon cher marquis !

— Je le crois bien !

— Ainsi la voilà duchesse de Senneterre, — dit madame de La Rochaiguë triomphante, — et ce n'est pas sans peine.

— Duchesse de Senneterre ! — reprit le bossu, — pas tout à fait.

— Sans doute, mon cher marquis, mais c'est décidé...

— Enfin, — dit le bossu en souriant finement, — vous êtes satisfaite de Gerald, de mademoiselle de Beaumesnil et de moi, n'est-ce pas, ma chère baronne ?...

— Ravie, mon cher marquis !

— C'est tout ce que je voulais !... Je reviens maintenant à mon gros homme et à votre serpent de mari, dont vous allez voir se dérouler les astucieux replis.

— Comment ? M. de La Rochaiguë aurait osé...

— Ah! ma pauvre baronne, votre ingénuité me fend le cœur!... Regardez! écoutez!... et instruisez-vous! pauvre femme ingénue que vous êtes!

Le marquis prononçait ces derniers mots lorsque M. de Mornand vint saluer mademoiselle de Beaumesnil, pour lui rappeler l'invitation qu'il lui avait faite.

XLIX.

M. de Mornand, l'air satisfait, outrecuidant, s'inclina devant mademoiselle de Beaumesnil, et lui dit :

— Mademoiselle n'a pas oublié qu'elle m'avait promis cette contredanse? Veut-elle bien me faire l'honneur d'accepter mon bras?

— Ça ne se peut pas, monsieur de Mornand, — dit à demi-voix M. de Maillefort, toujours appuyé au dossier du canapé où était assise Ernestine.

M. de Mornand se redressa brusquement, aperçut le marquis, et lui demanda d'un ton hautain :

— Quoi, monsieur? Qu'est ce qui ne se peut pas?

— Vous ne pouvez pas danser avec mademoiselle de Beaumesnil, monsieur, — reprit le bossu, toujours à demi-voix.

M. de Mornand haussa les épaules avec dédain, et, s'adressant à Ernestine :

— Veuillez, mademoiselle, me faire la grâce d'accepter mon bras.

Interdite, confuse, Ernestine se retourna vers M. de Maillefort, comme pour lui demander avis.

Le marquis répéta cette fois, d'une voix haute et grave, en appuyant sur les mots :

— Mademoiselle de Beaumesnil *ne peut pas*... *ne doit pas danser* avec M. de Mornand.

Ernestine fut si frappée de l'accent presque solennel de M. de Maillefort qu'elle répondit à M. de Mornand, en baissant les yeux :

— Je vous prie... monsieur... de m'excuser... mais je me sens trop fatiguée pour tenir la promesse que je vous ai faite...

M. de Mornand s'inclina poliment, sans mot dire, devant Ernestine; mais en se relevant, il jeta un regard significatif au bossu.

Celui-ci répondit à ce regard, en montrant d'un coup-d'œil au danseur désappointé une des portes de la galerie vers laquelle le bossu se dirigea, laissant mademoiselle de Beaumesnil dans une vive inquiétude.

Cette scène, à l'encontre de *l'exécution* de M. de Mareuse, avait passé inaperçue, les quelques mots échangés entre le marquis et M. de Mornand ayant été prononcés presque à voix basse, et cela au milieu de l'agitation qui accompagne toujours la *mise en places* d'une contredanse.

Ainsi, à l'exception de mademoiselle de Beaumesnil et mesdames de Senneterre et de La Rochaigüe, voisines d'Ernestine, personne dans le bal ne se doutait de ces préliminaires à une nouvelle exécution.

M. de Mornand, en allant rejoindre le bossu dans la galerie, fut successivement accosté par M. de La Rochaigüe et par M. de Ravil, qui, de l'embrasure d'une porte, avaient suivi avec inquiétude, et sans le comprendre, les péripéties de l'incident soulevé par M. de Maillefort.

— Eh bien! — dit de Ravil à M. de Mornand, — comment, tu ne danses pas?

— Que s'est-il donc passé, mon cher monsieur de Mornand? — reprit à son tour le baron; — il m'a semblé vous voir parler à ce maudit bossu, dont l'audace et l'insolence passent réellement tous les termes.

— En effet, monsieur, — répondit le futur ministre, le visage contracté, — M. de Maillefort se croit tout permis! Il faut qu'une telle insolence ait un terme!... il a osé défendre à votre pupille de danser avec moi...

— Et elle a obéi? — s'écria le baron...

— Que vouliez-vous que fît cette pauvre demoiselle après une injonction pareille!

— Mais c'est intolérable!... inqualifiable... incroyable... — s'écria le baron, — je vais trouver ma pupille, et...

— C'est inutile, monsieur, quant à présent... — dit M. de Mornand.

Et s'adressant à de Ravil :

— Viens-tu? il faut absolument que j'aie une explication avec M. de Maillefort... il m'attend là-bas!

— Et moi, mon cher comte, — dit le baron, — je ne vous quitte pas!

Lorsque ces trois personnages s'approchèrent du bossu, ils virent auprès de lui MM. de Morainville et d'Hauterive, et cinq ou six autres personnes rassemblées à dessein par le marquis.

— Monsieur de Maillefort, — lui dit M. de Mornand d'un ton fort poli, — j'aurais quelques mots d'explication à vous demander...

— Je suis à vos ordres, monsieur.

— Alors, monsieur, si vous le voulez bien, nous irons dans le salon de tableaux; priez un de vos amis de vous accompagner...

— Non pas, monsieur... je tiens à ce que notre explication ait autant de retentissement que possible.

— Monsieur...

— Je ne vois pas pourquoi vous craindriez une publicité que je provoque.

— Eh bien! soit! — reprit M. de Mornand, — je vous demanderai donc devant ces messieurs pourquoi, tout-à-l'heure, au moment où j'avais l'honneur d'inviter mademoiselle de Beaumesnil à danser, vous vous êtes permis, monsieur, de dire à cette jeune personne : *Mademoiselle de Beaumesnil ne peut pas, ne doit pas danser avec M. de Mornand*... Ce sont vos propres paroles, monsieur.

— Telles sont, en effet, mes paroles, monsieur; vous avez une excellente mémoire; j'espère que, tout à l'heure, elle ne vous fera pas défaut.

— Et moi, je ferai observer à monsieur de Maillefort, — reprit le baron, — qu'il s'arroge un droit... une autorité... une surveillance qui m'appartient exclusivement, car en disant à ma pupille...

— Mon cher baron, — reprit le marquis en souriant et en interrompant M. de La Rochaigüe, — vous êtes le *modèle*, l'*exemple*, la *merveille* des tuteurs passés, présents et futurs... Je vous prouverai cela plus tard; mais permettez-moi de répondre à M. de Mornand, que j'avais l'honneur de féliciter tout à l'heure, et de lui demander s'il se souvient qu'au dernier *bal de jour* de madame la duchesse de Senneterre, je lui ai dit, à lui, M. de Mornand, au sujet d'un insignifiant coup d'épée, que cette égratignure était une sorte de *memento* destiné à fixer dans son esprit la date d'un jour que, plus tard peut-être, j'aurais intérêt à lui rappeler?

— Cela est vrai, monsieur, — dit M. de Mornand; mais cette rencontre n'a pas le moindre rapport avec l'explication que je viens vous demander.

— Au contraire, monsieur... cette explication est la conséquence naturelle de cette rencontre.

— Parlez clairement, monsieur.

— Je vais être très clair. A ce bal, chez madame de Senneterre, dans le jardin, à gauche, sous un massif de lilas, en présence de plusieurs personnes et notamment de MM. de Morainville et d'Hauterive que voici, vous vous êtes permis, monsieur, de calomnier de la manière la plus outrageante madame la comtesse de Beaumesnil...

— Monsieur!

— Sans respect, sans pitié pour une malheureuse femme, alors à l'agonie, — reprit le bossu indigné, en interrompant M. de Mornand, — vous l'avez lâchement insultée, et vous avez osé dire : *qu'un galant homme n'épouserait jamais la fille d'une femme aussi tarée que madame de Beaumesnil....*

Et à un mouvement de M. de Mornand, qui pâlit de rage, le marquis, s'aredssant à MM. de Morainville et d'Hauterive:

— Messieurs, est-ce vrai !... monsieur de Mornand a-t-il dit cela devant vous ?

— Monsieur de Mornand l'a dit en effet devant nous, — reprirent-ils, — il nous est impossible de nier la vérité !

— Et c'est alors que moi-même, qui vous entendais sans vous voir, monsieur, — reprit le bossu, — c'est alors qu'emporté par l'indignation, je n'ai pu m'empêcher de crier : *Misérable !*

— Ah ! c'était vous, monsieur, — dit M. de Mornand, furieux de voir ce coup mortel porté à ses cupides espérances.

— Oui, c'était moi... et voilà pourquoi j'ai dit tout à l'heure à mademoiselle de Beaumesnil qu'elle *ne pouvait pas...* qu'elle ne devait pas danser avec vous, monsieur, qui avez publiquement diffamé sa mère ! Or, je demande à tous ceux qui nous écoutent, si j'ai tort ou raison d'avoir agi ainsi ?

Un silence accablant pour M. de Mornand succéda aux derniers mots du bossu.

De Ravil seul, prit la parole, et dit d'un air ironique :

— Ainsi, monsieur le marquis de Maillefort se posait en paladin, en chevalier courtois, donnait un coup d'épée à un galant homme, en manière de *memento,* le tout pour l'empêcher un jour de danser une contredanse avec mademoiselle de Beaumesnil ?...

— Le tout pour empêcher monsieur de Mornand d'*épouser* mademoiselle de Beaumesnil, monsieur ! car votre ami est aussi cupide que mademoiselle de Beaumesnil est riche, ce qui n'est pas peu dire, et, dans la conversation même que j'ai surprise pendant le bal de madame de Senneterre, les vues de M. de Mornand se trahissaient déjà... En diffamant madame de Beaumesnil, en faisant retomber les suites de ces diffamations jusque sur sa fille, et même sur celui qui serait tenté de l'épouser, M. de Mornand espérait éloigner les concurrents... Cette infamie m'a révolté... De là, le mot de *misérable* échappé à mon indignation... de là, un prétexte trouvé par moi pour offrir à M. de Mornand la réparation qui, après tout lui était due... dé là, le coup d'épée en manière de *memento...* de là, enfin, ma résolution d'empêcher M. de Mornand d'épouser mademoiselle de Beaumesnil, et j'ai réussi... car je le défie maintenant d'oser paraître devant *la plus riche héritière de France...* prononçât-il encore vingt discours philantropiques sur la pêche de la morue ! se présentât-il même sous votre patronage, baron.... l'exemple, le modèle, la merveille des tuteurs, vous qui vouliez sacrifier l'avenir de votre pupille à votre ridicule ambition.

Une morne stupeur accueillit les paroles du bossu, qui reprit :

— Pardieu ! messieurs, ces vilenies se reproduisent si souvent dans le monde qu'il sera d'un bon exemple de les flétrir une fois !... Comment ! parce que ces choses honteuses se passent, ainsi qu'on dit, entre *gens de bonne compagnie,* elles seront impunies ?... Comment ! il y aura une sellette, une prison pour de pauvres diables d'escrocs qui auront subtilisé quelques louis au jeu avec de fausses cartes ; et il n'y aura pas un pilori pour y clouer des gens qui, à force de faux semblans, de bas mensonges, tentent de subtiliser une fortune énorme, et complotent froidement les moyens d'enchaîner à jamais à eux une pauvre innocente enfant, dont le seul tort est d'avoir une fortune immense et d'allumer, à leur insu, les plus détestables cupidités ?... Et lorsque ces gens-là réussissent, on les accueille, on les loue, on les envie, on vante leur adresse... on s'extasie sur leur bonne fortune !... Oui... car, grâce à ces biens qu'ils ont acquis par des moyens indignes, ils vivent magnifiquement, entretiennent des maîtresses, et font un pont d'or à leur ambition... La malheureuse femme qui les a enrichis et qu'ils ont trompée verse de larmes de désespoir, ou se jette dans le désordre pour s'étourdir !... Pardieu !

messieurs, j'aurai du moins le bonheur d'avoir fait justice de deux de ces ignobles intrigues, car M. de Macreuse, que j'ai chassé tout à l'heure d'ici, avait les mêmes visées que M. de Mornand !... Vous le voyez... les honnêtes esprits se rencontrent !

— Tu es joué comme un sot que tu es, et c'est bien fait... — dit tout bas de Ravil à l'oreille de son ami qui restait accablé. — De ma vie .. je ne te pardonnerai de m'avoir fait perdre la prime sur la dot.

Les sentimens justes, élevés, généreux, ont parfois une telle autorité que, après les véhémentes paroles du bossu, M. de Mornand se vit généralement réprouvé... Aucune voix ne s'éleva pour le défendre ; heureusement la contredanse finissant amena un mouvement dans les salons et dans la galerie, qui permit au futur ministre de se perdre dans la foule, pâle, éperdu, n'ayant pu trouver un mot à répondre aux accablantes accusations de M. de Maillefort.

Celui-ci rejoignit alors madame de La Rochaiguë, qui n'avait pas encore été instruite, non plus qu'Ernestine, de cette dernière exécution.

— Maintenant, — dit M. de Maillefort à la baronne, — il faut absolument que vous emmeniez mademoiselle de Beaumesnil ; sa présence ici n'est plus convenable.

— Oui, ma chère enfant, — ajouta le marquis, en s'adressant à mademoiselle de Beaumesnil, — l'insupportable curiosité que vous excitez s'augmenterait encore. Demain, je vous dirai tout ! Croyez-moi, suivez mon conseil ! quittez ce bal...

— Oh ! de grand cœur, monsieur, — répondit Ernestine, — car je suis au supplice.

Et la jeune fille se leva, prit le bras de madame de La Rochaiguë, qui dit au bossu avec un accent de vive reconnaissance :

— Je comprends tout, mon cher marquis ; M. de Mornand était aussi sur les rangs ?

— Nous causerons de tout cela demain ; mais, en grâce, emmenez mademoiselle de Beaumesnil à l'instant même.

— Ah ! vous êtes notre Providence, mon cher marquis, — lui dit tout bas madame de La Rochaiguë, — combien j'ai eu raison de me confier à vous !

— Certainement ; mais, de grâce, emmenez mademoiselle de Beaumesnil.

L'orpheline jeta un regard de reconnaissance sur le bossu, et, incidente, presque effrayée des divers incidents de cette soirée, elle sortit du bal avec madame de La Rochaiguë, tandis que M. de Maillefort resta chez madame de Mirecourt, ne voulant pas paraître quitter cette maison à la faveur de l'espèce de stupeur que sa loyale et courageuse résolution avait causée.

Le de Ravil, en vrai cynique, dès qu'il avait vu la ruine des espérances de son ami Mornand, s'était empressé de l'accabler et de l'abandonner. Le futur ministre s'était jeté dans un fiacre, tandis que Ravil s'en allait pédestrement, rêvant à ce qui venait de se passer, et comparant la double déconvenue de M. de Mornand et de M. de Macreuse.

En tournant le coin de la rue où était situé l'hôtel de madame de Mirecourt, de Ravil aperçut, à la clarté de la lune, alors d'une sérénité superbe, un homme qui marchait, tantôt lentement, tantôt avec une précipitation fiévreuse.

L'agitation, la démarche de cet homme attirèrent l'attention du cynique. Il doubla le pas, et reconnut M. de Macreuse, qu'une sorte de charme fatal retenait auprès de la maison où était resté le marquis, dont il eût dévoré le cœur, si vouloir... eût été pouvoir.

Cédant à une inspiration diabolique, le de Ravil s'approcha du Macreuse, et lui dit :

— Bonsoir, monsieur de Macreuse.

Le protégé de l'abbé Ledoux releva la tête ; l'exaltation des plus mauvaises passions se lisait si visiblement sur cette physionomie livide que de Ravil se félicita doublement de son idée.

— Que voulez-vous, monsieur ? — dit brusquement Macreuse à de Ravil, qu'il ne reconnut pas d'abord.

Puis, l'ayant plus attentivement regardé, il reprit :
— Ah ! c'est vous, monsieur de Ravil ?... pardon !

Et il fit le geste de continuer son chemin, mais de Ravil l'arrêtant :

— Monsieur de Macreuse, je crois que nous sommes faits pour nous entendre et pour nous servir.
— Nous entendre !... sur quoi, monsieur ?
— Nous avons la même haine : c'est déjà quelque chose.
— Quelle haine ?
— M. de Maillefort ?
— Vous aussi ? vous le haïssez ?
— A la mort !
— Eh bien ! ensuite, monsieur ?
— Eh bien ! ayant la même haine, nous pouvons avoir le même intérêt...
— Je ne vous comprends pas, monsieur de Ravil.
— Monsieur de Macreuse, vous êtes un homme beaucoup trop supérieur, beaucoup trop avancé pour vous laisser décourager par un échec.
— Quel échec, monsieur ?
— Allons, il me faut vous mettre en confiance : j'avais un imbécille ami, c'est vous nommer M. de Mornand, qui poursuivait la même héritière que vous...
— M. de Mornand ?
— Il avait cet honneur-là... Malheureusement, peu d'instans après votre départ, cet abominable marquis l'a traité comme il vous a traité... C'est dire qu'il a rendu impossible le mariage de la petite Beaumesnil avec mon imbécille ami. De là ma haine contre le marquis !
— Mais que vous importait, monsieur, que cette héritière épousât ou non votre ami ?...
— Diable ! mais il m'importait beaucoup ! je m'étais entremis dans l'affaire... j'avais servi de Mornand moyennant une prime promise sur la dot... Donc le maudit bossu m'a ruiné en ruinant Mornand. Comprenez-vous ?
— Fort bien !...
— Mornand est trop mou, trop veule, trop *gras* en un mot, pour tâcher de se relever de cet échec, ou du moins pour chercher à se consoler par une vengeance...
— Une vengeance ?... contre qui ?
— Contre cette petite pécore d'héritière, et incidemment, contre cet affreux bossu... Mais je me hâte de vous dire que je ne suis pas de ces farouches butors qui donnent dans le creux d'une vengeance stérile... Je n'admets, moi, qu'une vengeance fructueuse...
— Fructueuse ?
— Productive !... très productive !... si vous le préférez... et de cette vengeance je pourrais fournir les élémens.
— Vous ! et lesquels ?
— Permettez ! Je possède un secret très important...
— Sur mademoiselle de Beaumesnil ?
— Sur elle-même !... contre elle, je pourrais l'exploiter seul, très productivement, je crois.
— Et vous venez m'offrir...
— De partager !... non pas !... vous me prendriez pour un niais, et vous n'aimez pas les niais.
— Alors, monsieur, à quoi bon ?...
— Vous n'avez pas entamé une aussi *grosse affaire*, comme dit mon imbécille d'ami (qui est un homme politique, s'il vous plaît), vous n'avez pas entamé une aussi grosse affaire que votre mariage avec *la plus riche héritière de France*, sans appui, sans entregent... sans probabilités de réussite... On ne fait pas de ces fautes-là quand on a fondé l'*OEuvre de Saint-Polycarpe* (fondation qui, par parenthèse, m'a prouvé que vous étiez *très fort*, et vous a, dès longtemps, acquis ma sympathie); en un mot, je vous le répète, vous êtes trop *nerveux* pour subir humblement un échec outrageant. Vous avez peut-être des moyens de vous relever de là, d'arriver à votre but par d'autres voies, et, tant que la petite Beaumesnil n'est pas mariée, un homme comme vous espère.

— Eh bien ! soit ! monsieur, supposez que j'espère encore ?
— Ceci admis, je vous proposerai de mettre en commun vos nouveaux moyens de réussir... et mon secret... Si vos espérances se réalisent, nous ne tirerons pas parti de mon secret ;... si elles ne se réalisent pas, mon secret nous restera... comme une onctueuse poire pour la soif... En un mot, si vous épousez, vous me donnerez une prime sur la dot....si vous n'épousez pas, je vous donne une prime sur les bénéfices que me procurera mon secret, si tant est que ledit secret ne puisse pas servir vos nouvelles tentatives... comme j'en ai la certitude... et notez que je ne parle que pour mémoire de certaines influences sur mademoiselle de Beaumesnil, influences engourdies... mais qui pourraient être réveillées...
— Tout ceci mérite attention, monsieur, — reprit le Macreuse, après un moment de réflexion, car il commençait à croire, ainsi que le lui avait dit de Ravil : que tous deux étaient faits pour se comprendre. — Mais encore, ajouta-t-il, faudrait-il savoir quel est ce secret... quelles sont ces influences ?...
— Donnez-moi le bras, mon cher monsieur de Macreuse, je vais vous parler à cœur ouvert, car je n'ai aucun intérêt à vous tromper, ainsi que vous l'allez voir...

Et ces deux hommes s'éloignèrent et disparurent bientôt dans l'ombre que projetait une haute maison sur l'un des côtés de la rue...

L.

Mademoiselle de Beaumesnil avait promis à Herminie d'aller la voir le vendredi matin, le lendemain du jour où *la plus riche héritière de France* avait assisté au bal de madame de Mirecourt, et où MM. de Macreuse et de Mornand avaient été *exécutés* par M. de Maillefort.

Mademoiselle de Beaumesnil était sortie de ce bal aussi profondément attristée qu'effrayée des découvertes qu'elle avait faites au sujet de son beau-père, odieuses révélations complétées par les loyaux aveux de M. Gerald sur la façon dont on *mariait une héritière*...

Éprouvant autant de mépris que d'aversion pour son tuteur et pour sa famille, la jeune fille sentait la nécessité de prendre un parti décisif, ses relations avec les La Rochaigüe devant être intolérables. Il lui fallait donc chercher en dehors de cette famille de sages conseils, un appui certain.

Ernestine ne voyait que deux personnes en qui placer sa confiance : Herminie et M. de Maillefort.

Mais, pour s'ouvrir à Herminie, il fallait que mademoiselle de Beaumesnil lui avouât qu'elle était réellement ; et, cette révélation, elle se promit de la faire bientôt à son amie, voulant cependant, une fois encore, jouir du bonheur inappréciable de recevoir de nouveau ces témoignages de tendre amitié que *la duchesse* croyait adresser à Ernestine orpheline et vivant de son travail.

— « Pourvu qu'elle m'aime autant lorsqu'elle saura que
» je suis si riche,—pensait l'héritière avec anxiété,—pour-
» vu qu'à cette découverte la délicatesse et la fierté du
» caractère d'Herminie ne refroidissent pas son amitié
» pour moi ! »

Fidèle à sa promesse, et toute heureuse de savoir combien Gerald était digne de l'amour d'Herminie, mademoiselle de Beaumesnil, accompagnée de madame Laîné, qui l'attendit comme d'habitude, se rendit donc le vendredi matin chez *la duchesse*.

Il est inutile de dire que, le lendemain de l'*exécution* de M. de Macreuse, mademoiselle Héléna ne s'était pas présentée pour accompagner à la messe la pupille du baron.

En songeant à sa prochaine entrevue avec Herminie, Ernestine se sentait néanmoins attristée.

Bien qu'elle connût la noblesse des intentions de Gerald, et que, depuis son entretien avec lui, pendant la soirée de la veille, elle se fût assurée qu'il aimait passionnément Herminie, mademoiselle de Beaumesnil pressentait les difficultés sans nombre dont devait être traversé le mariage du jeune duc et de la pauvre maîtresse de piano.

Telles étaient les préoccupations d'Ernestine lorsqu'elle arriva chez son amie; celle-ci courut à elle, l'embrassa tendrement et lui dit :

— Ah!... j'étais bien sûre que vous n'oublieriez pas votre promesse, Ernestine... Ne vous avais-je pas dit que votre présence me serait douce et consolante?

— Puisse-t-elle l'être, en effet, ma bonne Herminie... Avez-vous un peu repris courage? avez-vous quelque espoir?

La duchesse secoua mélancoliquement la tête et reprit :

— Je puis heureusement, à cette heure, oublier mes chagrins... N'en parlons pas, Ernestine ; plus tard nous y reviendrons... lorsque, hélas! je n'aurai plus rien pour m'en distraire.

— De quelle distraction voulez-vous donc parler?

— Il s'agit de vous, Ernestine.

— De moi?

— Oui... il est question d'une chose qui pourrait avoir peut-être une heureuse influence sur votre avenir, pauvre chère petite orpheline.

— Que voulez-vous dire, Herminie?

Ce n'est pas moi qui vous expliquerai ce mystère. L'on m'avait priée d'être auprès de vous l'interprete de certains projets ; mais, craignant de vous influencer par la manière dont je vous les présenterais... j'ai refusé, voulant que votre décision vînt absolument de vous, quitte ensuite à vous dire mon avis... si vous me le demandez.

— Mon Dieu! Herminie, ce que vous me dites là me surprend de plus en plus. Quels sont donc ces projets?

— La dernière fois que nous nous sommes vues... pendant que M. le commandant Bernard vous exprimait encore sa reconnaissance... M. Olivier m'a priée de le recevoir le lendemain, pour une communication très importante, m'a-t-il dit... Je l'ai reçu... cela était grave... en effet... aussi me prie-t-il d'être son interprète auprès de vous... mais je n'ai pas voulu me charger de cette démarche, Ernestine, pour les motifs que je vous ai dits.

— Ah!... c'est de M. Olivier qu'il s'agit!

— Oui... et j'ai cru qu'il valait mieux qu'il vous parlât lui-même en ma présence... si toutefois vous y consentez...

— Ainsi, ma bonne Herminie... vous me conseillez d'entendre M. Olivier?

— Je vous le conseille, Ernestine, parce que, quoi qu'il arrive et que vous décidiez... vous serez, je n'en doute pas, heureuse et fière de l'avoir entendu.

— Alors, Herminie... je verrai M. Olivier... mais quand cela?

— Aujourd'hui... à l'instant, si vous le désirez.

— Où est-il donc?

— Là... dans le jardin... Comptant sur votre visite de ce matin... je lui ai dit : venez vendredi, monsieur Olivier... vous attendrez quelques instans en vous promenant ; si Ernestine consent à vous voir, je vous enverrai chercher.

— Eh bien! Herminie, ayez la bonté de faire prévenir M. Olivier que je ne demande pas mieux que de le voir.

Un instant après, Olivier Raimond était introduit et annoncé par madame Moufflon, la portière.

— Monsieur Olivier, — dit Herminie, — Ernestine est prête à vous entendre... vous savez mon amitié pour elle... vous savez aussi mon estime pour vous ; ma présence à cet entretien ne vous étonnera donc pas...

— Votre présence... je la désirais, mademoiselle Herminie... car j'aurai peut-être à en appeler à vos souvenirs.

S'adressant alors à mademoiselle de Beaumesnil, Olivier, ns cacher une vive émotion, reprit d'un ton pénétré :

— Mademoiselle... il me faut une entière confiance dans la droiture de mes intentions pour hasarder la démarche peut-être étrange que je te tente auprès de vous...

— Je suis certaine d'avance... monsieur Olivier... que cette démarche est digne de vous, de moi... et de l'amie qui nous écoute.

— Je le crois... mademoiselle... je vais donc vous parler... en toute sincérité... car vous vous souvenez peut-être... qu'une fois déjà vous m'avez su gré de ma franchise...

— J'en ai été on ne peut plus touchée, monsieur Olivier. Herminie pourra vous en assurer.

— Mademoiselle Herminie pourra témoigner aussi du vif intérêt... que vous m'avez inspiré... mademoiselle... je ne dirai pas lors de la contredanse de *charité*, — ajouta Olivier en souriant doucement, — mais en suite de l'entretien que je vous eus ce soir-là.

— En effet, ma chère Ernestine, après votre départ, M. Olivier m'a paru très touché du mélange de mélancolie, de franchise, de gracieuse originalité qu'il avait trouvé dans votre conversation... son intérêt a surtout redoublé lorsque je lui ai eu dit... sans commettre, je l'espère, d'indiscrétion... que je ne vous croyais pas heureuse...

— La vérité... n'est jamais indiscrète... ma bonne Herminie... si l'on doit cacher son infortune aux indifférens... on s'en console presque en l'avouant à ses amis.

— Alors... mademoiselle... reprit Olivier, — vous comprendrez peut-être, qu'en raison de toutes ces circonstances... notre première entrevue m'ait causé... je ne vous dirai pas, une de ces émotions violentes, soudaines, que l'on éprouve quelquefois... je mentirais... mais une émotion pleine de douceur et mêlée de sollicitude pour votre sort... sollicitude que le souvenir et la réflexion ont rendue plus tard de plus en plus vive... Tels étaient mes sentimens, mademoiselle... lorsque... vous avez, au péril de votre vie... sauvé un homme que j'aime comme mon père... Vous dire, mademoiselle... ce que j'ai ressenti, lorsqu'à ce que j'éprouvais déjà pour vous se sont jointes la reconnaissance, l'admiration, que méritait votre généreux dévouement... Vou dire... ce que j'ai alors ressenti... jamais je ne l'aurais osé... peut-être... sans la fortune inattendue... qui m'est arrivée.

Puis s'arrêtant un instant, comme s'il eût hésité à continuer, Olivier reprit :

— C'est à cette heure, mademoiselle, que j'ai besoin de me rappeler... et j'ai besoin de vous rappeler à vous-même que vous aimez, avant tout, la sincérité.

— Oui, monsieur Olivier, j'aime avant tout la sincérité...

— Eh bien! mademoiselle... franchement, vous n'êtes pas heureuse, vous n'avez pas à vous louer des personnes qui vous entourent, n'est-ce pas?

— Hélas! non, monsieur Olivier... Le seul bonheur que j'aie connu depuis la mort de mon père et de ma mère... date du jour de ma présentation chez madame Herbaut.

— Je ne voudrais pas vous attrister, mademoiselle, — poursuivit Olivier avec un accent rempli de bonté, — je ne voudrais pas vous rappeler ce qu'il y a de pénible, de précaire, dans une condition dépendant absolument d'un travail souvent incertain, parfois insuffisant, et cependant, mademoiselle, quelque laborieuse que vous soyez, quelque foi que vous ayez dans votre courage, il ne faut pas oublier que vous êtes orpheline... entourée sans doute de cœurs égoïstes, durs, qui, au jour... du besoin... de la maladie... vous délaisseraient peut-être, ou vous témoigneraient une humiliante pitié, plus cruelle encore que l'abandon...

— Ah!... vous ne vous trompez pas, monsieur... Olivier! Dureté, mépris, abandon!... voilà ce que j'aurais à attendre des personnes dont je suis entourée, si demain... je tombais dans la misère.

— Vous... exposée au mépris... aux duretés... — s'écria Olivier. — Oh! jamais!

Et une émotion touchante attrista son noble et gracieux visage.

— Vous... mademoiselle... — reprit-il. — Vous... ainsi traitée... non... non, cela ne peut pas être... cela ne sera pas. Je sais bien... que vous devez compter sur la tendre amitié de mademoiselle Herminie... mais entre honnêtes et pauvres gens comme nous... l'on ne doit point s'abuser.

Mademoiselle Herminie peut un jour... avoir à son tour besoin de vous.. Et d'ailleurs deux appuis valent mieux qu'un... Aussi, l'un de ces appuis, je me permettrais de vous l'offrir, si vous aviez en moi... autant de confiance... que j'ai pour vous de profonde et respectueuse affection.

— Monsieur, — dit Ernestine en tressaillant et en baissant les yeux... — je ne sais... si je dois...

— Tenez, mademoiselle, si j'étais encore soldat... car être soldat ou sous-officier, c'est tout un... je ne vous parlerais pas ainsi, j'aurais tâché d'oublier... non ma reconnaissance... mais le sentiment qui me la rend doublement chère... Y serais-je parvenu ?... Je ne sais... mais aujourd'hui... je suis officier... c'est pour moi une fortune... et cette fortune... laissez-moi vous l'offrir.

— A moi... monsieur, un sort si au-dessus de mes espérances ! — dit Ernestine en contenant à peine la joie ineffable que lui causait la proposition d'Olivier ; — à moi pauvre orpheline qui vis de mon travail !...

— Ah ! mademoiselle... si j'étais assez heureux pour que vous acceptiez cette offre... loin d'acquitter une dette sacrée, j'en contracterais une autre envers vous... car je vous devrais le bonheur de ma vie ; mais cette dette-là, du moins, je serais certain de la payer à force de dévouement et d'amour... Oui, pourquoi ?.. ne pas le dire, le dire bien haut ? il n'est pas d'amour plus profond... plus honorable que le mien ; il n'est pas de causes plus généreuses... plus saintes que celles qui me l'ont mis au cœur.

A ces mots, prononcés par Olivier avec un accent de conviction, de sincérité irrésistible, mademoiselle de Beaumesnil, dont le trouble avait toujours été croissant, éprouva un sentiment délicieux, jusqu'alors inconnu pour elle ; une vive rougeur couvrit son front et son cou, lorsque, par deux fois, elle jeta les yeux sur le noble et gracieux visage d'Olivier, alors rayonnant de loyauté, d'amour et d'espoir...

Ainsi Ernestine ne s'était pas trompée sur la signification du regard d'Olivier, alors qu'il avait appris devant elle sa nomination au grade d'officier...

La jeune fille se voyait... se sentait aimée... ardemment aimée... puis, bonheur inappréciable... telles étaient l'évidence, la noblesse des causes de cet amour, qu'elle ne pouvait douter de sa réalité.

Et croire à un tel amour, comprendre, apprécier tout ce qu'il a d'élevé, de tendre, de charmant, n'est-ce pas le partager, surtout lorsque, comme mademoiselle de Beaumesnil, l'on a vécu au milieu des appréhensions d'une défiance si cruellement justifiée par les événements... d'une défiance qui menaçait de flétrir tous les projets que la triste héritière pouvait former pour son avenir ?

Aussi, pour elle, quelle joie ineffable de se dire :

» C'est moi... la pauvre orpheline sans nom, sans fortune, que l'on aime... parce que je me suis montrée
» sincère, vaillante et généreuse.

» Et je suis si véritablement aimée... que l'on m'offre
» un mariage inespéré, car il m'assure l'aisance, une position honorable et honorée à moi, que l'on croit destinée
» à vivre dans la gêne, presque dans la misère. »

Mademoiselle de Beaumesnil, confuse, heureuse, agitée de mille sensations nouvelles, rougissant et souriant à la fois, prit la main d'Herminie, auprès de qui elle était assise, et lui dit, épargnant ainsi à sa chaste réserve de répondre directement à la proposition d'Olivier :

— Oh ! vous aviez raison, Herminie, je devais me trouver bien fière... de l'offre de M. Olivier...

— Et cette offre... — dit Herminie, devinant la réponse de son amie,—cette offre, l'acceptez-vous, Ernestine ?

Mademoiselle de Beaumesnil, par un mouvement d'une grâce et d'une naïveté charmantes, se jeta au cou de *la duchesse*, l'embrassa tendrement et lui dit tout bas... bien bas :

— Oui... j'accepte...

Et Ernestine resta la tête à demi-cachée dans le sein d'Herminie pendant que celle-ci, pouvant à peine contenir ses larmes d'attendrissement, disait au jeune officier, profondément ému lui-même de cette scène charmante :

— Ernestine accepte, monsieur Olivier... J'en suis ravie pour vous et pour elle... car de ce moment... elle est à jamais heureuse...

— Oh ! oui, mademoiselle,—s'écria Olivier radieux,—car de ce moment... j'ai le droit de consacrer ma vie à mademoiselle Ernestine...

— Je vous crois... je crois à mon bonheur à venir, monsieur Olivier,—dit mademoiselle de Beaumesnil en relevant sa tête jusqu'alors appuyée à l'épaule de *la duchesse*.

Et alors, ses joues légèrement colorées, ses jolis yeux bleus brillant d'une joie pure et sereine, la jeune fille tendit cordialement sa petite main au jeune homme.

Olivier tressaillit en touchant cette main qu'il n'osa pas porter à ses lèvres, mais qu'il pressa légèrement avec une émotion remplie de tendresse et de respect.

— Puis, sans chercher à cacher les larmes qui lui vinrent aux yeux, il dit :

— Par cette main loyale que vous m'avez donnée librement... mademoiselle, je vous jure, et j'en prends à témoin votre amie... je vous jure que ma vie sera consacrée à votre bonheur !

LI.

Après les promesses échangées entre mademoiselle de Beaumesnil et Olivier Raimond, en présence d'Herminie, les trois acteurs de cette scène gardèrent pendant plusieurs instans un silence solennel.

Tous trois sentaient la gravité de cet engagement.

— Quel bonheur d'être riche !...—pensait Olivier ; — car maintenant je suis riche auprès de cette pauvre enfant, qui n'a que son travail pour vivre... Quel bonheur de pouvoir lui assurer une existence au-dessus de ses plus beaux rêves !

Et ses traits rayonnant de joie à cette pensée, il rompit le premier le silence, et dit à mademoiselle de Beaumesnil :

— Avant d'être certain de votre consentement, mademoiselle, je n'avais voulu faire aucune démarche auprès de votre parente... qui, j'ai tout lieu de l'espérer... n'est-ce pas ? agréera ma demande... Quant à mon oncle... ai-je besoin de vous dire que sa joie égalera la mienne... lorsqu'il saura qu'il peut vous appeler *sa fille* ?... Ce sera donc lui... si vous le jugez convenable... mademoiselle... qui se rendra auprès de votre parente pour lui faire ma demande.

Ces paroles d'Olivier jetèrent Ernestine dans une grande perplexité ; cédant à un élan de confiance irrésistible qui lui disait qu'elle rencontrerait chez Olivier toutes les garanties de bonheur et de sécurité possibles, elle n'avait pas réfléchi aux difficultés sans nombre résultant de son incognito, qu'elle ne pouvait... qu'elle n'osait rompre à l'instant même.

Pourtant, déjà quelque peu familiarisée avec les embarras soudains qui naissaient de la position qu'elle s'était créée, mademoiselle de Beaumesnil répondit à Olivier après un moment de silence :

— Je ne saurais vous dire aujourd'hui, monsieur Olivier... s'il est préférable que ce soit M. Bernard ou Herminie... qui aille trouver ma parente pour l'instruire de vos intentions... et de mon consentement... j'y penserai, et, la première fois que je vous verrai, je vous ferai part de ce que je crois le plus convenable...

— Ernestine a raison, monsieur Olivier, — reprit Herminie ; — d'après ce que je sais du mauvais caractère de sa parente... il faut agir avec prudence... car enfin, c'est un malheur... mais le consentement de cette parente... est indispensable au mariage d'Ernestine.

— Je m'en rapporte complètement à mademoiselle Ernestine et à vous, mademoiselle Herminie... sur la manière de faire cette démarche... Certain du consentement de mademoiselle Ernestine, je puis attendre dans cette douce pensée... oh! bien douce, mademoiselle Ernestine... Si vous saviez avec quel contentement je songe à l'avenir, à *notre* avenir... je puis maintenant dire cela. Et mon brave et digne oncle, quelle joie... va être la sienne... de se voir entouré de nos soins!... car... cela ne vous contrariera en rien, n'est-ce pas, mademoiselle Ernestine, de vivre auprès de lui?... Il est si bon... il sera si heureux!

— Ne m'avez-vous pas dit, monsieur Olivier.... qu'il m'appellerait sa *fille*?... Je serai jalouse de justifier ce titre...

— Dites, mademoiselle Herminie, — reprit Olivier, s'adressant à *la duchesse*, — après une telle réponse... peut-il être un bonheur plus complet que le mien?

— Non, monsieur Olivier, — reprit *la duchesse* en étouffant un soupir et songeant qu'elle aussi aurait pu jouir d'une félicité pareille, si Gerald eût été dans une position aussi modeste que celle d'Olivier... — non, je ne crois pas qu'il y ait de bonheur comparable au vôtre... et plus mérité ! aussi... je m'en réjouis pour mon amie.

— Dame, mademoiselle Ernestine, — dit Olivier en souriant, — nous ne serons pas de gros seigneurs... car un sous-lieutenant... c'est peu de chose... mais, du moins, une épaulette honorablement portée nivelle toutes les conditions... Et puis... je suis jeune... et, au lieu d'une épaulette... je puis en avoir deux... puis devenir chef d'escadrons... peut-être... colonel !...

— Ah! monsieur Olivier ! — dit Ernestine en souriant à son tour, — voilà de l'ambition.

— C'est vrai ; maintenant, il me semble que j'en suis dévoré, d'ambition !... Je serais si heureux de vous voir jouir de la considération dont est entourée... la femme d'un colonel... Mon pauvre oncle... serait-il assez fier pour vous... pour moi... et aussi pour lui, de me voir ce grade !... Et puis, mademoiselle Ernestine... savez-vous que nous serions millionnaires... avec notre solde de colonel... Alors, quel plaisir pour moi de vous entourer de bien-être... d'un peu de luxe même... de vous faire oublier ce que votre première jeunesse a peut-être eu de pénible... et enfin de voir mon pauvre oncle à l'abri de la gêne... dont il a parfois tant souffert !...

— Oui, malgré vos généreux efforts, monsieur Olivier, — dit Ernestine avec émotion, — malgré les travaux continuels dont vous vous chargiez pendant votre congé.

— Ah ! mademoiselle Herminie, vous avez été bien indiscrète, — dit gaîment Olivier à *la duchesse*.

— En tout cas, — reprit-elle, — mon indiscrétion aura été très désintéressée, car, lorsque j'ai dit à Ernestine tout le bien que je savais de vous, monsieur Olivier, j'étais loin de me douter que vous deviez si tôt me justifier.

— Et moi, — reprit Ernestine en souriant, — je dirai à monsieur Olivier, avec cette franchise dont il est avide, qu'il me méconnaît beaucoup s'il me croit ambitieuse du luxe qu'il me promet un jour...

— Et moi, — dit Olivier, — je répondrai tout aussi franchement que je suis horriblement égoïste... qu'en espérant pouvoir entourer mademoiselle Ernestine de bien-être et de luxe, je ne songe qu'au plaisir que je me promets...

— Mais moi, qui suis la raison en personne, — dit à son tour Herminie en souriant avec mélancolie, — je dirai à mademoiselle Ernestine et à M. Olivier qu'ils sont deux enfans de s'occuper de ces rêves dorés ; le présent ne doit-il pas les contenter ?

— Allons, je l'avoue, j'ai tort... — reprit gaîment Olivier, — voyez un peu où l'ambition vous conduit. Je pense à votre colonel, au lieu de me dire que mon brave oncle et moi, grâce à ma solde de sous-lieutenant, nous n'avons jamais été aussi riches... près de mille écus par an... à nous deux... Quelle joie de pouvoir dire : à nous trois, mademoiselle Ernestine !

— Mille écus par an !... mais c'est énorme cela, monsieur Olivier !... — s'écria *la plus riche héritière de France.*

— Comment dépenser tant d'argent ?

— Pauvre petite ! se dit Olivier, tout glorieux d'être si

gros seigneur... — Je m'en doutais bien ; pour elle, si malheureuse jusqu'ici, c'est une grande fortune.

Et il reprit tout haut :

— C'est égal... mademoiselle Ernestine, nous en viendrons à bout ; allez, de nos trois mille francs. D'abord je veux que vous soyez mise à ravir... des toilettes simples, mais élégantes.

— Mon Dieu ! quelle coquetterie... monsieur Olivier ! — dit Ernestine en riant.

— Pas du tout, mademoiselle... c'est de la dignité... La femme d'un officier... jugez donc, il y va de l'honneur du grade.

— S'il s'agit de l'honneur du grade, — reprit en riant mademoiselle de Beaumesnil, — je me résignerai... monsieur Olivier, mais à condition que votre cher oncle aura un joli jardin... puisqu'il aime les fleurs...

— C'est bien entendu, mademoiselle ; nous trouverons facilement un petit appartement avec un jardin dans un quartier retiré... car étant en garnison à Paris, nous ne pouvons demeurer aux Batignolles... et... ah ! mon Dieu !

— Qu'avez-vous donc, monsieur Olivier ?

— Mademoiselle Ernestine... — dit le jeune officier avec une gravité comique, — êtes-vous bonapartiste ?

— Moi... monsieur Olivier ? certainement, j'admire l'Empereur... Mais pourquoi cette question ?

— Alors, mademoiselle, nous sommes perdus ; mon pauvre oncle abritant, hélas ! sous son toit... la plus implacable ennemie du grand homme...

— Vraiment ! monsieur Olivier !

— Vous frissonnerez en entendant les effroyables histoires qu'elle en raconte ; mais, pour parler sérieusement, mademoiselle Ernestine... j'aurai à vous demander d'avance votre indulgence et votre intérêt pour une digne femme, la ménagère de mon oncle... qui depuis dix ans qu'elle le sert, n'a pas été un jour sans le combler de soins excellens... et sans le quereller à outrance au sujet de l'*ogre de Corse*..

— Eh bien ! monsieur Olivier, je ne parlerai de mon admiration pour l'Empereur qu'à votre cher oncle... je la dissimulerai devant cette brave femme... Vous le verrez ; je serai très politique... et elle m'aimera malgré mon bonapartisme...

Madame Moufion, la portière, ayant frappé à la porte, interrompit l'entretien en apportant une lettre pour Herminie.

Celle-ci, reconnaissant l'écriture de M. de Maillefort, dit à la portière de faire attendre un instant la personne qui lui avait remis cette lettre, à laquelle elle allait répondre.

Olivier, craignant d'être indiscret, et ayant hâte d'aller retrouver le commandant Bernard, afin de lui rendre compte de l'heureux succès de sa démarche, dit à mademoiselle de Beaumesnil :

— J'étais venu ici bien inquiet, mademoiselle Ernestine... je m'en vais... grâce à vous, le plus content des hommes... Je n'ai pas besoin de vous dire, mademoiselle... avec quelle impatience je vais attendre le résultat de votre détermination au sujet de votre parente... si vous jugez convenable que mon oncle fasse une démarche auprès d'elle, veuillez m'en informer.

— Lors de notre prochaine entrevue, monsieur Olivier, qui aura lieu ici chez Herminie, je vous dirai ce qu'il me paraît le plus convenable de faire.

— A cette entrevue, vous me permettrez, n'est-ce pas, d'amener mon oncle... car il aura tant à vous dire... — ajouta Olivier en souriant, — il aura un tel désir de vous voir qu'il y aurait de l'imprudence à ne pas l'admettre... il serait capable de tout... pour arriver jusqu'à vous, afin de vous dire sa joie et sa reconnaissance.

— Herminie et moi, nous ne pousserons pas votre cher oncle à de si terribles extrémités, car je suis moi-même très impatiente de le revoir... A bientôt donc, monsieur Olivier.

— A bientôt... mademoiselle...

Et Olivier, sortant, laissa les deux jeunes filles ensemble.

Herminie ouvrit alors la lettre de M. de Maillefort : elle contenait ces mots :

« C'est toujours demain samedi, ma chère enfant, que
» je vous conduis chez mademoiselle de Beaumesnil; seu-
» lement, si vous le voulez bien, je viendrai vous prendre
» vers trois heures de l'après-dîner, au lieu de venir à mi-
» di, ainsi que nous en étions convenus... Un mien cou-
» sin-germain, le chef de ma famille, le prince-duc de Haut-
» Martel (excusez du peu !), vient de mourir en Hongrie,
» ce qui m'est fort égal, quoique j'hérite de ce parent.
» Je reçois cette nouvelle par l'ambassade d'Autriche...
» où il faut que je me rende demain matin pour quelques
» formalités indispensables ; ce qui, à mon grand regret,
» m'empêche d'aller vous prendre aussitôt que je vous l'a-
» vais promis.

« A demain donc, ma chère enfant, vous savez mes
» sentimens pour vous.
» MAILLEFORT. »

— Ernestine... vous me permettez de répondre un mot à cette lettre, n'est-ce pas ? dit Herminie en s'asseyant devant sa table.

Pendant que *la duchesse* écrivait à M. de Maillefort, mademoiselle de Beaumesnil, rêveuse, réfléchissait avec une satisfaction croissante à l'engagement qu'elle venait de prendre envers Olivier.

La duchesse répondit à M. de Maillefort qu'elle l'attendrait le lendemain à trois heures ainsi qu'il le désirait ; puis sonnant madame Moufflon, elle la pria de remettre sa réponse à la personne qui avait apporté la lettre.

La portière sortie, Herminie revint auprès de mademoiselle de Beaumesnil et, se trouvant enfin seule avec elle, l'embrassa tendrement en lui disant :

— Er estine... vous êtes heureuse, n'est-ce pas ?

— Oh ! oui, bien heureuse,—répondit mademoiselle de Beaumesnil,—car c'est ici... vous, Herminie, que ce bonheur m'arrive... Quelle générosité de la part de M. Olivier... comme il faut qu'il m'estime et qu'il m'aime réellement... n'est-ce pas ? pour vouloir m'épouser... lui qui se trouve dans une position si au-dessus de la mienne ! Et cela, voyez-vous, Herminie... suffirait à me le faire adorer... Quelle confiance ne dois-je pas avoir dans ses promesses ! Avec quelle sécurité je puis maintenant envisager l'avenir... quelles que soient les circonstances où je me trouve un jour !

— Croyez-moi, Ernestine .. il n'est pas de félicité plus assurée que celle qui vous attend... votre vie sera douce et fortunée... Aimer... être aimée noblement, est-il un sort plus digne d'envie?

Et, par un cruel retour sur elle-même, la pauvre *duchesse* ne put s'empêcher de fondre en larmes.

Mademoiselle de Beaumesnil comprit tout et dit tristement :

— Il est donc vrai... il y a donc toujours une sorte d'égoïsme dans le bonheur !... Ah ! Herminie... pardon... pardon... combien vous avez dû souffrir ! Chaque mot de notre entretien avec M. Olivier devait vous porter un coup douloureux... Vous nous entendiez parler d'amour partagé, d'espoir... d'avenir... à toutes ces joies... vous pensiez qu'il vous faudra renoncer peut-être... Ah ! notre insouciance a dû vous faire bien du mal , Herminie !

— Non, non, Ernestine, — dit la pauvre créature en essuyant ses pleurs, — croyez, au contraire, que votre contentement m'a été salutaire et consolant... N'ai-je pas, pendant toute cette matinée... oublié mes chagrins, hélas ! désespérés ?

— Désespérés !... mais pourquoi cela ?... M. de Senneterre est digne de vous... — s'écria inconsidérément Ernestine en se rappelant sa conversation de la veille avec Gerald, — il vous aime... comme vous méritez d'être aimée... je le sais...

— Vous le savez... Ernestine ?... et comment cela ?...

— Je veux dire... que... j'en suis sûre, Herminie, —répondit Ernestine avec embarras, — tout ce que vous m'avez raconté de lui me prouve que vous ne pouviez mieux placer votre affection ; les obstacles qui s'opposent à votre mariage sont grands... je le crois, mais ils ne sont pas insurmontables.

— Ils le sont, Ernestine... car je ne vous avais pas confié cela... mais ma propre dignité veut... que je n'épouse M. de Senneterre que si sa mère vient ici... chez moi, me dire qu'elle consent au mariage de son fils... Sans cela je ne voudrais à aucun prix entrer dans cette noble famille...

— Oh ! Herminie, — s'écria Ernestine, — combien j'aime en vous cet orgueil !... Et M. de Senneterre, qu'a-t-il répondu ?

— De nobles et touchantes paroles, — reprit Herminie ; — elles m'ont fait pardonner la tromperie dont j'avais été victime... Lorsque M. Olivier lui a annoncé ma résolution, loin d'en paraître surpris ou choqué, Gerald a répondu : » Ce que demande Herminie est juste ; cela importe !
» sa dignité comme la mienne... le désespoir est lâche
» et stérile... C'est à moi d'obliger ma mère à reconnaître
» la valeur de la femme à qui je suis fier de donner mon
» nom. »

— Vous avez raison, Herminie, ce sont là de nobles et touchantes paroles.

» — Ma mère... m'aime tendrement,—a ajouté M. de Sen-
» neterre.—rien n'est impossible à une passion vraie... Je
» saurai convaincre ma mère, et l'amener à la démarche
» qu'Herminie a le droit d'attendre d'elle... A cela, com-
» ment parviendrai-je ? je l'ignore... mais j'y parviendrai,
» parce qu'il s'agit du bonheur d'Herminie et du mien... »

— Et cette courageuse résolution de M. de Senneterre ne vous donne pas tout espoir ? — dit vivement Ernestine.

La duchesse secoua tristement la tête, et répondit :

— La résolution de Gerald est sincère ; mais il s'abuse... Ce que j'ai appris de sa mère me donne, hélas ! la certitude que jamais cette femme hautaine...

— Jamais ! pourquoi dire jamais ? — s'écria Ernestine, en interrompant son amie, — ah ! Herminie, vous ne songez donc pas à ce que peut l'amour chez un homme comme M. de Senneterre. Sa mère est fière et hautaine, dites-vous ; tant mieux , une lâche humilité l'eût trouvée impitoyable; votre légitime orgueil la frappera, l'irritera peut-être, puisqu'elle est fière aussi, mais du moins elle sera forcée de vous estimer, de vous respecter... Ce sera déjà un grand pas... sa tendresse pour son fils fera le reste... car vous ne savez pas jusqu'à quel point elle l'aime... oui... elle l'aime assez aveuglément pour s'être compromise dans de misérables intrigues, afin de lui faire acheter une fortune immense par une action indigne de lui... Pourquoi, lorsqu'il s'agirait, au contraire, d'assurer le bonheur de son fils par une démarche digne et louable, son amour maternel taillirait-il à cette noble tâche ? Croyez-moi, Herminie, il ne faut jamais désespérer du cœur d'une mère.

— En vérité, Ernestine, je ne reviens pas de ma surprise. Vous parlez de M. de Senneterre et de sa famille..... comme si vous les connaissiez.

— Eh bien ! s'il faut tout vous dire,— reprit mademoiselle de Beaumesnil, qui ne pouvait résister au désir de calmer les craintes de son amie et de la rassurer par l'espérance, — sachant combien vous étiez affligée, ma chère Herminie, j'ai tant fait.... voyez comme je suis intrigante... que j'ai eu, par ma parente, des renseignemens sur M. de Senneterre.

— Et comment ?

— Elle connaît la gouvernante de mademoiselle de Beaumesnil.

— Votre parente ?

— Certainement... et elle a su, ainsi, que madame de Senneterre s'était mêlée à de tristes intrigues dans le but d'assurer le mariage de son fils avec mademoiselle de Beaumesnil, cette riche héritière.

— Gerald devait épouser mademoiselle de Beaumesnil? — s'écria Herminie.

— Oui ; mais il a noblement refusé... L'attrait de cette fortune immense l'a trouvé indifférent... parce qu'il vous aimait... parce qu'il vous aime passionnément, Herminie...
— Vrai !... — s'écria *la duchesse* avec ravissement,—vous êtes sûre de ce que vous dites là, Ernestine ?
— Oh ! très sûre...
— Non... ce n'est pas qu'un pareil désintéressement m'étonne de la part de Gerald... — dit Herminie, dont le sein palpitait délicieusement, — mais...
— Mais, vous êtes bien heureuse... bien fière... de cette nouvelle preuve d'amour, n'est-ce pas ?
— Oh ! oui... — s'écria *la duchesse*, renaissant à l'espoir presque malgré elle ; — mais, encore une fois, êtes-vous bien sûre de ce que vous me dites, Ernestine ? Pauvre enfant, vous désirez tant me voir heureuse que vous aurez peut-être accueilli comme vrais, ces propos... ces bruits... dont les subalternes sont toujours prodigues... Mais, j'y pense, — reprit Herminie avec une certaine angoisse, — et, d'après ces bruits, fondés ou non, mademoiselle de Beaumesnil avait-elle vu Gerald ?
— Je crois que ma parente m'a dit que mademoiselle de Beaumesnil avait vu M. de Senneterre une ou deux fois... Mais que vous importe cela, Herminie ?
— C'est qu'il me semble que demain je serai gênée... en songeant qu'il y a eu des projets de mariage entre Gerald et mademoiselle de Beaumesnil...
— Et que doit-il donc se passer demain, Herminie ?
— Je dois être présentée comme maîtresse de piano à mademoiselle de Beaumesnil.
— Demain ? — dit vivement Ernestine, sans cacher sa surprise.
— Lisez cette lettre, mon amie, — lui répondit *la duchesse*,— elle est de ce monsieur... bossu... que vous avez vu ici...
— Sans doute M. de Maillefort aura eu ses raisons pour ne pas me prévenir hier de la présentation d'Herminie,—se dit Ernestine en lisant la lettre du marquis,—mais il n'importe, il a sagement agi en hâtant ce moment, car mes forces de dissimulation avec Herminie sont à bout. Quel bonheur de pouvoir demain tout lui avouer !
Et rendant à la duchesse la lettre de M. de Maillefort, Ernestine reprit :
— Eh bien ! Herminie... qu'est-ce que cela peut vous faire qu'il y ait eu des projets de mariage entre M. de Senneterre et mademoiselle de Beaumesnil ?
— Je ne sais... Ernestine... mais, je vous le répète, il me semble que cela me met dans une position fausse, presque pénible... envers cette demoiselle... et si je n'avais promis à M. de Maillefort de l'accompagner chez elle...
— Que feriez-vous ?
— Je renoncerais à cette visite... qui maintenant me cause... une sorte d'inquiétude.
— Ah ! Herminie... vous avez promis, vous ne pouvez vous dédire... et puis, mademoiselle de Beaumesnil n'est-elle pas l'enfant de cette dame qui vous aimait tant... qui vous parlait si souvent de sa fille chérie ?... Herminie, songez-y ; ce serait mal de renoncer à la voir... ne devez-vous pas cela du moins à la mémoire de sa mère ?
— Vous avez raison, Ernestine, il faut me résoudre à cette présentation, et cependant...
— Qui vous dit, Herminie, qu'au contraire votre rapprochement avec cette jeune demoiselle ne vous sera pas bien doux à toutes deux ? Je ne sais pourquoi, moi, j'augure bien pour vous de cette visite... que vous parlez là avec désintéressement... car toute amitié est jalouse... Mais il se fait tard, Herminie, il faut que je rentre... demain je vous écrirai.
La duchesse était restée un moment pensive.
— Mon Dieu ! Ernestine, — reprit-elle, — je ne puis vous dire ce qui se passe en moi, c'est étrange... Le noble désintéressement de Gerald, mon entrevue avec mademoiselle de Beaumesnil, votre réflexion sur le caractère de madame de Senneterre, qui, par cela qu'elle est très fière elle-même... comprendra peut-être les exigences que ma propre dignité m'impose : tout cela me jette dans un trouble singulier ; moi... tout à l'heure encore si désespérée... maintenant j'espère malgré moi... Et grâce à vous, mon amie... mon pauvre cœur est moins serré... que lorsque vous êtes arrivée.

Si Ernestine n'eût pas respecté les projets de M. de Maillefort, quoiqu'elle les ignorât, elle eût mis un terme aux anxiétés de *la duchesse* et augmenté ses espérances en lui donnant de nouvelles preuves de l'amour de Gerald et de la noblesse de son caractère ; mais pensant que tout serait bientôt éclairci, elle garda son secret et quitta Herminie.

. . . .

Le lendemain, selon sa promesse, M. de Maillefort vint chercher la duchesse, et tous deux se rendirent aussitôt chez mademoiselle de Beaumesnil.

LII.

Mademoiselle de Beaumesnil, avant de se rendre chez Herminie le vendredi matin, n'avait eu aucune explication avec M. de La Rochaiguë et mademoiselle Héléna, au sujet de MM. de Macreuse et de Mornand.

Au retour du bal, Ernestine, prétextant d'une fatigue bien concevable, s'était retirée chez elle ; puis, le lendemain matin, elle était sortie seule avec madame Lainé, pour se rendre chez Herminie.

On devine sans peine les récriminations amères, courroucées, échangées entre le baron, sa femme et mademoiselle Héléna, en revenant de cette malencontreuse fête où leurs prétentions secrètes avaient été démasquées.

Madame de La Rochaiguë, toujours persuadée du futur mariage de M. de Senneterre et de mademoiselle de Beaumesnil, fut impitoyable dans son triomphe, qu'elle ne dévoila pas encore, et accabla de sarcasmes et de reproches le baron et sa sœur.

La dévote répondit doucement, pieusement « que le suc-
» cès des méchants et des superbes était passager, mais
» le juste, un moment accablé, se relevait bientôt radieux
» dans sa gloire. »

Le baron, moins biblique, déclara, avec une fermeté que sa femme ne lui connaissait pas encore, qu'il ne pouvait obliger mademoiselle de Beaumesnil à épouser M. de Mornand, après la déplorable scène suscitée par M. de Maillefort, mais qu'il refuserait *complètement, absolument, irrévocablement*, son consentement à tout autre mariage, jusqu'à ce que mademoiselle de Beaumesnil eût atteint l'âge où elle pourrait disposer d'elle-même.

Ernestine, à son retour de chez Herminie, avait été tendrement accueillie par madame de La Rochaiguë, qui, toujours pimpante, souriante et triomphante, lui apprit que M. de La Rochaiguë, dans un premier moment de dépit, avait déclaré qu'il s'opposerait à tout mariage jusqu'à la majorité de sa pupille, mais que la volonté du baron ne signifiait rien du tout, et qu'avant vingt-quatre heures il changerait d'avis, comprenant qu'il n'y avait de mariage possible pour mademoiselle de Beaumesnil qu'avec M. de Senneterre.

Et comme la baronne ajoutait qu'il serait convenable qu'Ernestine reçût le lendemain la mère de Gerald, qui désirait faire auprès de l'héritière une démarche officielle et décisive, relativement au mariage projeté, la jeune fille répondit que, tout en appréciant beaucoup le mérite de M. de Senneterre, elle demandait quelques jours pour réfléchir, voulant ainsi se donner le temps de se concerter avec M. de Maillefort et Herminie, au sujet de ses projets à venir.

En vain la baronne insista pour hâter la décision d'Ernestine, celle-ci fut inflexible.

Assez surprise et très contrariée de cette résolution, la baronne dit à l'orpheline au moment de la quitter :

— J'avais oublié de vous prévenir hier, ma chère belle, qu'après en avoir causé avec M. de Maillefort, qui est maintenant de mes meilleurs amis... et le vôtre aussi (vous savez tout le bien qu'il dit de M. de Senneterre), nous nous sommes promis de vous offrir l'occasion de faire une excellente action... dont j'avais d'ailleurs eu l'idée... même avant votre arrivée à Paris : il s'agit d'une honnête et pauvre fille, qui a été appelée auprès de votre chère mère comme artiste; cette jeune personne est très fière et dans la gêne ; nous avons donc pensé que, sous prétexte de leçons de piano, vous pourriez lui venir en aide, et, si vous y consentez, le marquis vous la présentera demain.

On devine la réponse d'Ernestine, et avec quelle impatience elle attendit l'heure où elle recevrait Herminie accompagnée de M. de Maillefort.

Enfin, arriva ce moment si impatiemment désiré depuis la veille.

Mademoiselle de Beaumesnil voulut, ce jour-là, s'habiller absolument de la même manière que lorsqu'elle allait chez son amie; elle portait donc une petite robe d'indienne des plus modestes.

Bientôt un valet de chambre ouvrit cérémonieusement les deux battans de la porte du salon où se tenait habituellement l'héritière, et il annonça à haute voix :

— Monsieur le marquis de Maillefort.

Herminie accompagnait le bossu, et, ainsi qu'elle en avait la veille prévenu Ernestine, elle se sentait, pour plusieurs raisons, très troublée de cette entrevue avec mademoiselle de Beaumesnil.

Aussi *la duchesse*, dont le sein palpitait vivement, tenait-elle les yeux constamment baissés; le valet de chambre eut le temps de fermer la porte et de sortir avant qu'Herminie n'eût reconnu Ernestine.

Le marquis, jouissant délicieusement de cette scène, jetait un regard d'intelligence à mademoiselle de Beaumesnil au moment où Herminie, surprise du silence qui l'accueillait, hasarda de lever les yeux.

— Ernestine!... — s'écria-t-elle en faisant un pas vers son amie, — vous, ici?

Et, profondément surprise, elle regarda le marquis, tandis que mademoiselle de Beaumesnil, se jetant au cou d'Herminie, l'embrassait avec effusion, ne pouvant retenir des larmes de joie que *la duchesse* sentit couler sur sa joue.

— Vous pleurez... Ernestine? — dit Herminie, de plus en plus étonnée, mais qui ne devinait rien encore, quoique son cœur battût pourtant avec une violence inaccoutumée.

— Mon Dieu!... qu'avez-vous... Ernestine? — reprit-elle, — comment vous retrouvai-je ici, chez mademoiselle de Beaumesnil?... Vous ne me répondez pas!... Mon Dieu!... e ne sais pourquoi je tremble ainsi.

Et *la duchesse* regarda le bossu, dont les yeux se mouillaient de pleurs.

— Je ne sais... mais il me semble qu'il se passe ici quelque chose d'extraordinaire, — reprit Herminie. — Monsieur le marquis, je vous en conjure... dites-moi ce que cela signifie.

— Cela signifie, ma chère enfant, — dit M. de Maillefort, — que j'étais bon prophète lorsqu'en vous parlant de votre entrevue avec mademoiselle de Beaumesnil... je vous disais que cette rencontre vous causerait un plaisir... auquel vous ne vous attendiez pas.

— Alors, monsieur, vous saviez donc que je trouverais ci Ernestine?

— J'en étais sûr...

— Vous en étiez sûr?

— Oui, cela ne pouvait pas manquer.

— Pourquoi cela?

— Par une raison bien simple... c'est que...

— C'est que?

— Vous ne devinez pas?

— Non, monsieur.

— C'est que... les deux Ernestine... n'en font qu'une...

La duchesse était si loin de se douter de la vérité que, ne comprenant pas tout d'abord la réponse du bossu, elle répéta machinalement en le regardant :

— Les deux Ernestine... n'en font qu'une?

Mais voyant son amie, émue, tremblante, la contempler avec une expression de tendresse et de bonheur ineffable, en lui tendant les bras, elle s'écria frappée de stupeur, presque de crainte :

— Mademoiselle de Beaumesnil... ce serait... ah! mon Dieu!... c'est... c'est vous!...

— Oui... c'est elle!... — s'écria le bossu, dans un ravissement indicible, — c'est la fille de cette excellente femme qui vous aimait tant, et pour qui vous aviez un si profond... un si respectueux attachement.

— Ernestine est ma sœur!... — pensa *la duchesse*.

A cette saisissante révélation, au souvenir de la manière étrange dont elle avait connu mademoiselle de Beaumesnil, et des circonstances survenues depuis leur première rencontre, Herminie, frappée d'une sorte de vertige, sentit ses idées se troubler; elle pâlit, trembla de tous ses membres, et il fallut qu'Ernestine la fît asseoir toute défaillante dans un fauteuil.

Alors, agenouillée devant elle, la couvant d'un regard de sœur, mademoiselle de Beaumesnil prit les mains d'Herminie dans les siennes et les baisa presque pieusement, pendant que le marquis, debout, silencieux, contemplait cette scène attendrissante.

— Pardonnez-moi... — balbutia Herminie, — mais l'isolement... le trouble où je suis... mademoiselle...

— Mademoiselle! oh! ne m'appelez pas ainsi, — s'écria mademoiselle de Beaumesnil, — ne suis-je donc plus votre Ernestine, l'orpheline à qui vous avez promis votre amitié... parce que vous la croyiez malheureuse?... Hélas! M. de Maillefort, notre ami, vous dira... si je n'étais pas en effet bien malheureuse, et si votre tendre affection ne m'est pas plus nécessaire que jamais... Qu'est-ce que cela vous fait que je ne sois plus la pauvre petite brodeuse?... Allez, Herminie, la richesse a ses infortunes... bien grandes aussi, je vous le jure... De grâce, souvenez-vous des paroles de ma mère mourante, qui, si souvent, vous parlait de moi; oh! par pitié... continuez de m'aimer pour l'amour d'elle...

— Rassurez-vous... vous me serez toujours chère... doublement chère, — répondit Herminie sa sœur, — mais, voyez-vous, c'est à peine si je puis me remettre du trouble... de la stupeur où me jette tout ce qui arrive... Pour moi, c'est comme un rêve ; et quand je pense à la manière dont je vous ai rencontrée, Ernestine... et à mille autres choses encore... j'ai besoin de vous sentir là... près de moi... pour croire à la réalité de ce qui se passe...

— Votre surprise est concevable, ma chère enfant, — reprit le marquis, — et moi-même, lorsque, chez vous, il y a peu de jours, j'ai rencontré mademoiselle de Beaumesnil... j'ai été tellement étourdi que si, pendant quelques instans, le hasard n'avait pas détourné vos regards... vous vous seriez aperçue de mon étonnement ; mais j'avais promis le secret à Ernestine et je le lui ai tenu jusqu'ici.

Le premier saisissement d'Herminie passé, la réflexion lui revint lucide et prompte; aussi ses premières questions furent-elles :

— Mais, Ernestine, comment se fait-il que vous soyez venue chez madame Herbaut? Quel est ce mystère... Pourquoi vous êtes-vous fait présenter dans cette réunion?

Ernestine sourit tristement, alla prendre sur une table le journal qu'elle écrivait sous l'invocation de la mémoire de sa mère, et l'apportant ouvert à Herminie, à l'endroit où se trouvait le récit des divers motifs qui avaient forcé *la plus riche héritière de France* à tenter la pénible épreuve qu'elle avait courageusement subie, la jeune fille dit à *la duchesse* :

— J'avais prévu votre question, Herminie, et comme je tiens à ce que vous me croyiez en tout digne de votre affection... je vous prie de lire ces quelques pages... elles vous diront la vérité... car c'est à la mémoire de ma mère que je les adresse... Monsieur de Maillefort... veuillez prendre connaissance de ce récit en même temps qu'Herminie... vous verrez que si malheureusement j'ai d'abord cru à d'indignes calomnies dirigées contre vous... votre sage et sévère leçon n'a pas été perdue pour moi; elle seule m'a donné le courage de tenter une épreuve qui, peut-être, vous paraîtra bien étrange, Herminie.

La duchesse prit le livret des mains d'Ernestine.

Ce fut alors un tableau intéressant de voir Herminie assise... tenant l'album ouvert... pendant que le marquis, courbé sur le dossier du fauteuil où elle était, lisait en même temps qu'elle et comme elle, en silence, le naïf récit de mademoiselle de Beaumesnil.

Celle-ci, pendant tout le temps de cette lecture, regardait attentivement Herminie et le bossu, curieuse, presque inquiète de savoir si les deux personnes en qui elle était résolue de placer désormais toute sa confiance approuvaient les motifs qui avaient guidé sa conduite.

Bientôt elle ne conserva pas à ce sujet le moindre doute; quelques exclamations à la fois touchantes et sympathiques lui témoignèrent l'approbation du marquis et d'Herminie.

Lorsque tous deux eurent terminé cette lecture, *la duchesse*, essuyant des larmes d'attendrissement, dit à Ernestine :

— Ce n'est plus seulement de l'amitié que je ressens pour vous, Ernestine... c'est du respect, c'est presque de l'admiration... Combien, mon Dieu ! vous avez dû souffrir de ces doutes affreux ! quel courage il vous a fallu... pauvre petite... pour prendre toute seule un parti si grave, pour affronter une épreuve devant laquelle tant d'autres auraient reculé !... Ah ! du moins... j'ai pu vous offrir une affection... que vous avez dû croire aussi désintéressée qu'elle l'était réellement. J'ai pu vous prouver, Dieu en soit béni ! que vous pouviez, que vous deviez être aimée pour vous-même.

— Oh ! oui, — répondit Ernestine avec effusion, — c'est cela qui me rend cette amitié si douce et si précieuse.

— Herminie a raison, votre conduite est belle et vaillante, — dit à son tour le marquis non moins ému. Les quelques mots que vous m'avez dits à ce sujet au bal d'avant-hier, ma chère enfant, ne m'avaient qu'imparfaitement instruit... Bien, bien, vous êtes la digne fille de votre digne mère...

Soudain, *la duchesse*, se souvenant de la promesse faite par Ernestine à Olivier, s'écria avec anxiété :

— Oh ! mon Dieu ! j'y songe, Ernestine... et l'engagement qu'hier vous avez pris en ma présence avec M. Olivier.

— Eh bien ! — répondit simplement mademoiselle de Beaumesnil, — cet engagement, je le tiendrai...

LIII.

M. de Maillefort, en entendant mademoiselle de Beaumesnil parler d'un engagement qu'elle avait pris avec M. Olivier et qu'elle voulait tenir, fut aussi inquiet que surpris, tandis que *la duchesse* reprit :

— Comment, Ernestine, cette promesse faite à M. Olivier...

— Eh bien ! cette promesse... je vous le répète, ma chère Herminie, je la tiendrai... Ne m'avez-vous pas approuvée d'accepter l'offre de M. Olivier? N'y avez-vous pas vu... comme moi... une garantie certaine pour mon bonheur à venir? N'avez-vous pas enfin senti, comme moi, toute la générosité de la proposition qui m'était faite?

— Sans doute... Ernestine, mais c'était à la pauvre petite brodeuse que s'adressait M. Olivier.

— Eh bien ! pourquoi sa générosité me paraîtrait-elle moindre à cette heure, ma bonne Herminie? Pourquoi les garanties de bonheur que m'assurait cette offre ne seraient-elles pas maintenant aussi certaines?

— Que vous dirai-je, Ernestine?... je ne trouve rien à vous répondre... Il me semble que vous avez raison, et cependant... malgré moi, je me sens inquiète... Mais, tenez... vous ne pouvez avoir de secret pour M. de Maillefort.

— Non, certes, Herminie... et je suis sûre que M. de Maillefort m'approuvera.

Le marquis avait silencieusement écouté et réfléchi.

— Le *monsieur Olivier* dont il s'agit, — dit le bossu, — n'est-il pas le danseur qui vous a invitée *par charité*, et dont il est question dans votre récit, ma chère enfant?

— Oui, monsieur de Maillefort, — répondit mademoiselle de Beaumesnil.

— Et c'est l'oncle de M. Olivier qu'Ernestine a l'autre jour sauvé d'une mort presque certaine, — ajouta Herminie.

— Son oncle ! — dit vivement le bossu.

Puis, après un moment de réflexion, il ajouta :

— Je comprends... la reconnaissance, jointe sans doute à un sentiment plus tendre... né lors de votre rencontre avec ce jeune homme chez madame Herbaut, lui a fait proposer à Ernestine, qu'il croyait abandonnée... malheureuse...

— Un mariage inespéré pour une pauvre orpheline... ainsi que je paraissais à ses yeux, — reprit mademoiselle de Beaumesnil, — car M. Olivier... vient d'être nommé officier, et c'est cette fortune qu'il a offerte à la pauvre brodeuse...

— Ne s'appelle-t-il pas Olivier Raimond ? — s'écria le bossu, comme si un souvenir lui revenait à l'esprit.

— Il s'appelle ainsi, — répondit Ernestine ; — vous le connaissez, monsieur ?

— Olivier Raimond, sous-officier de hussards et décoré en Afrique, n'est-ce pas ? — continua le marquis.

— Oui, monsieur de Maillefort... c'est cela même.

— Alors, c'est pour lui que moi, qui ne sollicite guère... j'ai sollicité, à la demande et en compagnie de mon brave et bon Gerald de Senneterre, qui aimait ce jeune homme comme un frère, — ajouta le bossu d'un air pensif.

Et, de nouveau, s'adressant à Ernestine :

— Mon enfant... c'est le meilleur ami de votre mère... c'est presque un père qui vous parle... Tout ceci me paraît fort grave ; je tremble que la générosité de votre caractère ne vous ait emportée trop loin... Ainsi, vous avez pris un engagement formel avec M. Olivier Raimond?

— Oui, monsieur.

— Et vous l'aimez?...

— Autant que je l'estime, mon bon monsieur de Maillefort.

— Je comprends, hélas ! ma chère enfant, qu'après les horribles révélations du bal d'avant-hier... vous sentiez plus que jamais le besoin d'une affection sincère, désintéressée ; je comprends encore que vous trouviez un charme... extrême, je dirai plus, des garanties peut-être réelles... dans l'offre généreuse de M. Olivier Raimond ; mais... cela n'empêche pas que vous n'ayez été au moins imprudente... en vous engageant formellement. Songez-y ! il y a si peu de temps que vous connaissez M. Olivier.

— Il est vrai, monsieur de Maillefort... mais il ne m'a pas fallu plus de temps, lorsque mes yeux se sont ouverts... pour reconnaître que vous m'aimiez avec la plus tendre sollicitude... et qu'Herminie était la plus noble créature qu'il y ait au monde. Allez, croyez-moi, monsieur de Maillefort, je ne me trompe pas davantage sur M. Olivier.

— Mon Dieu ! je désire vous croire, mon enfant. Ce jeune homme est le meilleur ami de M. de Senneterre... Pour moi, je l'avoue, c'est déjà une très bonne présomption... Puis, avant de m'intéresser au protégé de Gerald, craignant qu'il n'eût été aveuglé par son affection pour un ancien compagnon d'armes, je me suis informé de M. Olivier.

— Eh bien? — dirent en même temps Ernestine et Herminie.

— Eh bien ! mes enfans, la meilleure preuve de l'excellence de ces observations est que j'ai servi M. Olivier de toutes les forces d'un crédit... dont j'use très rarement.

— Alors, monsieur de Maillefort, que craignez-vous pour moi? — reprit Ernestine. — Pouvais-je faire un meilleur choix? La naissance de M. Olivier est honorable, sa profession honorée. Il est pauvre... soit... mais ne suis-je pas, hélas !... que trop riche? Et puis, songez à ma position d'héritière... sans cesse exposée aux machinations odieuses dont, avant-hier encore, vous avez fait justice. Songez que, pour me sauvegarder de ces misérables cupidités, vous avez sagement éveillé en moi une défiance peut-être maintenant incurable. Aussi, désormais en proie à cet horrible soupçon : — *que je ne suis recherchée que pour mon argent*, — en qui aurai-je foi? chez qui... et dans quelles circonstances voulez-vous que je trouve jamais ce désintéressement, cette générosité, dont M. Olivier m'a donné une preuve si convaincante? Car enfin... dans l'offre qu'il m'a faite, me croyant pauvre, abandonnée... n'est-ce pas lui qui est le millionnaire?

Le marquis regarda Herminie en souriant à demi et lui dit :

— Votre amie... la petite brodeuse, a réponse à tout... et, il faut l'avouer, ses réponses, sous un certain côté, sont pleines de justesse, de raisonnement, de prévoyance... et il me serait bien difficile de lui prouver qu'elle a tort.

— Il est vrai, monsieur, — reprit Herminie, — moi-même, tout à l'heure, je cherchais des objections... contre sa promesse... et je n'en trouve pas.

— Ni moi non plus, mes pauvres enfans, — reprit tristement le bossu ; — mais, malheureusement, la raison ne fait pas le droit... et, en admettant même qu'il n'y ait pas au monde pour Ernestine un mariage plus convenable que celui dont il s'agit, il lui faut, pour se marier, le consentement de son tuteur, et, avec les idées que je lui connais, il est impossible qu'il consente à une pareille union... Il faudra donc qu'Ernestine attende plusieurs années... Ce n'est pas tout : vous savez que la petite brodeuse est *la plus riche héritière de France*, et, d'après ce que vous me dites de lui, mes enfans, d'après ce que m'en a dit Gerald lui-même, il est à craindre que, dans son excessive délicatesse, M. Olivier ne recule devant la pensée d'être soupçonné de cupidité... en épousant... lui sans fortune, une si riche héritière. Aussi, malgré son amour et sa vive reconnaissance, sera-t-il peut-être capable de tout sacrifier aux scrupules d'un cœur susceptible et fier...

A ces paroles du marquis, dont elle ne reconnaissait que trop la justesse, mademoiselle de Beaumesnil tressaillit, une douloureuse angoisse lui serra le cœur, et elle s'écria avec amertume :

— Fortune maudite !!!.. je ne lui devrai donc jamais que déceptions et tourmens !

Puis elle ajouta d'une voix suppliante, en attachant sur le bossu un regard noyé de larmes :

— Ah ! monsieur de Maillefort, vous étiez le meilleur ami de ma mère, vous aimez tendrement Herminie... sauvez-moi... sauvez-la... venez à notre aide... soyez notre génie tutélaire... car, je le sens, ma vie sera à jamais flétrie, désolée par le doute et la défiance que vous m'avez inspirés. La seule chance de bonheur qui me reste est d'épouser M. Olivier... et Herminie mourra de chagrin si elle n'épouse pas M. de Senneterre. Encore une fois, bon monsieur de Maillefort, ayez pitié de nous !

— Ah ! Ernestine, — dit *la duchesse* à son amie d'un ton de triste reproche et en devenant pourpre de confusion, — ce secret... je ne l'avais confié qu'à vous seule !

— Gerald !... — s'écria le marquis à son tour, confondu de cette révélation, en interrogeant Herminie du regard, — Gerald... vous l'aimez ! C'est donc à cette irrésistible passion qu'il faisait allusion lorsqu'hier encore, comme je le louais de sa généreuse conduite envers mademoiselle de Beaumesnil, il me disait qu'il ne vivait que pour une jeune fille digne de son adoration... Oui, maintenant, je comprends tout... pauvres chères enfans... aussi votre avenir m'épouvante.

— Pardon... oh ! pardon, Herminie ! — dit Ernestine à son amie, dont les larmes coulaient silencieusement, — ne m'en veuillez pas d'avoir abusé de votre confidence ! Mais en qui pouvons-nous avoir foi et espoir, si ce n'est en M. de Maillefort? Qui mieux que lui pourra nous guider, nous protéger, nous soutenir dans ces cruels jours d'épreuve? Hélas ! il l'a dit lui-même tout à l'heure, la raison n'est pas le droit... Il avoue que, d'après la position que m'a faite cette fortune maudite, je ne puis placer plus sûrement mon affection que dans M. Olivier... et que pourtant... de grandes difficultés menacent ce mariage... Il en est ainsi de vous, Herminie... M. de Maillefort est certainement convaincu, comme moi, qu'il n'y a plus de bonheur possible pour vous et pour M. de Senneterre que dans votre union, aussi menacée que la mienne.

— Ah ! mes enfans, — dit le bossu, — si vous saviez quelle femme est la duchesse de Senneterre !... Eh ! mon Dieu ! je vous l'ai dit l'autre jour, ma chère Herminie, lorsque vous me demandiez sur son caractère des renseignemens dont, à cette heure, je vois le motif... Il n'est pas de femme plus stupidement vaine de son titre.

— Et pourtant Herminie ne veut épouser M. Gerald que si madame de Senneterre vient la voir, et lui dire qu'elle consent à ce mariage ! Cette juste fierté d'Herminie, vous l'approuvez, n'est-ce pas, monsieur de Maillefort?

— Elle veut cela?... Oh ! la vaillante et noble fille ! — s'écria le marquis, après un moment de surprise, — toujours cet admirable ORGUEIL qui me la fait tant chérir... Certainement je l'approuve, je l'admire... Une résolution pareille est d'un cœur haut et hardi... Ah ! je ne m'étonne plus de la folle passion de Gerald. Nobles enfans ! leurs cœurs se valent ; ne sont-ils pas égaux ? Eh ! voilà la vraie noblesse !

— Herminie, — dit Ernestine, — vous entendez M. de Maillefort? Maintenant me reprocherez-vous encore d'avoir abusé de votre secret?

— Non... non, Ernestine, — répondit doucement *la duchesse.*—Non, je ne vous reprocherai qu'une chose , c'est d'avoir causé un chagrin inutile... à M. de Maillefort, en lui faisant connaître des malheurs auxquels il ne peut remédier.

— Mon Dieu ! qui sait ? — reprit vivement Ernestine. — Vous ne le connaissez pas, Herminie. Vous ignorez combien M. de Maillefort a d'influence dans le monde, combien il inspire à la fois de sympathie, de vénération aux nobles cœurs, et d'épouvante aux méchans et aux lâches. Et puis, il est si bon.. si bon... pour ceux qui souffrent, il aimait tant ma mère...

Et comme M. de Maillefort, vaincu par l'émotion, détournait la tête pour cacher ses larmes, mademoiselle de Beaumesnil reprit, de plus en plus suppliante :

— Oh ! n'est-ce pas, monsieur de Maillefort, que vous avez pour nous la sollicitude d'un père ?... Ne sommes-nous pas sœurs à vos yeux, par notre tendresse et par l'attachement filial que nous vous portons ?... Oh ! par pitié, ne nous abandonnez pas.

Et Ernestine prit la main du bossu, pendant qu'Herminie, cédant à l'entraînement de son amie, prenait l'autre main du marquis en disant aussi d'une voix suppliante :

— Hélas ! monsieur de Maillefort, nous n'avons plus d'espoir qu'en vous...

Le trouble... l'attendrissement du bossu étaient à leur comble...

L'une des jeunes filles qui l'imploraient avaient pour mère une femme qu'il avait si longtemps aimée...

L'autre... appartenait peut-être aussi à cette femme, car bien souvent, le marquis, revenant à sa première conviction, se persuadait qu'Herminie était la fille de madame de Beaumesnil...

Mais, quoi qu'il en fût, M. de Maillefort avait reçu de cette mère mourante la mission sacrée de veiller sur Ernestine et sur Herminie... Cette mission, il avait juré de la remplir ; aussi, ne pouvant contenir les sentimens qui débordaient son cœur, il serra passionnément les deux jeunes filles sur sa poitrine, en murmurant d'une voix étouffée par les sanglots :

— Oui... oui... chères et pauvres enfans... je ferai pour vous... ce que pourrait faire le plus tendre des pères.

Il est impossible de peindre cette scène touchante, de rendre l'effet du silence de quelques instans qui succéda et qu'Ernestine, radieuse d'espérance, interrompit la première en s'écriant :

— Herminie... nous sommes sauvées : vous épouserez M. Gerald, et moi M. Olivier.

LIV.

M. de Maillefort, en entendant mademoiselle de Beaumesnil s'écrier :

« — Herminie ! nous sommes sauvées ; vous épouserez » M. Gerald, et moi M. Olivier ; »

M. de Maillefort ; secoua mélancoliquement la tête et reprit en souriant à demi :

— Un instant, mesdemoiselles, n'allez pas concevoir maintenant de folles espérances qui me tourmenteraient autant que votre désespoir... Voyons, mes enfans... parlons sagement, froidement ;... ce n'est pas en s'exaltant comme vous faites... et moi aussi par contre-coup, que l'on avance les affaires ; l'émotion vous brise, on souffre, on pleure, et voilà tout...

— Oh ! monsieur de Maillefort, ces larmes-là sont douces... — dit Ernestine en essuyant ses yeux, — il ne faut pas les regretter.

— Non... mais il ne faut pas les renouveler... cela trouble la vue... et nous avons besoin, mes pauvres enfans, de voir clair... bien clair, dans notre situation.

— M. de Maillefort a raison,—reprit Herminie,—soyons calmes, raisonnables...

— Oui, soyons raisonnables... — dit Ernestine, — monsieur de Maillefort, asseyez-vous là... entre nous deux... et causons sagement... froidement, comme vous dites.

— Voyons... — reprit le bossu, assis sur un canapé au milieu des deux jeunes filles et prenant une de leurs mains dans les siennes, — de qui allons-nous d'abord nous occuper ?

— D'Herminie... — dit vivement Ernestine.

— D'Herminie... soit,—répondit le marquis.— Herminie et Gerald s'aiment tendrement, ils sont dignes l'un de l'autre... c'est entendu ; mais, par un orgueil que j'admire et que j'approuve, parce qu'il n'est pas d'amour ou de bonheur possibles *sans dignité*, Herminie ne consent à épouser Gerald... que si elle reçoit au sujet de ce mariage la visite de la duchesse de Senneterre... Il s'agit de trouver le moyen d'amener à cette démarche la plus hautaine des duchesses... Rien que cela.

— Ah ! monsieur de Maillefort,— dit Ernestine,— rien ne vous est impossible... à vous.

— Entendez-vous cette petite câline avec sa douce voix, —reprit le marquis en souriant,—rien ne vous est impossible, à vous, monsieur de Maillefort !

Et il continua en soupirant :

— Chère enfant... si vous saviez ce que c'est que la vanité dans l'égoïsme ! ces deux mots vous peignent madame de Senneterre. Mais enfin, quoique je ne sois pas un grand enchanteur, il me faudra tâcher de charmer ce monstre à deux têtes.

— Ah ! monsieur, — dit Herminie, — si jamais vous pouviez opérer ce prodige, ma vie entière...

— J'y compte bien mon enfant.... Oui, j'espère que, durant votre vie entière, vous m'aimerez... lors même que je ne réussirais pas dans ce que je veux entreprendre, car j'en serais, je crois, aussi malheureux que vous, et c'est surtout alors que j'aurai besoin de consolations. Maintenant, à votre tour, ma chère Ernestine...

— Oh ! moi, dit tristement mademoiselle de Beaumesnil, — ma position est encore plus difficile que celle d'Herminie.

— Ma foi ! je n'en sais rien... mais je dois vous prévenir, ma pauvre enfant, que je ne puis me mêler en rien de ce qui vous concerne... avant d'avoir pris de nouvelles informations sur M. Olivier Raimond...

— Comment, monsieur de Maillefort, — dit Ernestine,— celles que vous avez déjà sur lui ne suffisent pas ?

— Elles sont excellentes... en ce qui touche sa vie de soldat ; mais comme il ne s'agit pas d'un nouveau grade à lui conférer, et que l'on peut être un très brave officier et un très mauvais mari, je m'informerai... comme il convient...

— Pourtant M. de Senneterre vous a dit tout le bien possible de M. Olivier...

— Ma chère enfant, on peut être un excellent ami, un parfait camarade, et rendre sa femme malheureuse...

— Ah ! monsieur, quel soupçon ! Songez donc que M. Olivier me croit pauvre... et que...

— Tout cela est à merveille... la reconnaissance... la générosité... l'amour, l'ont amené à vous offrir ce qu'il croit une fortune inespérée pour vous ; c'est un premier mouvement, très généreux, et tout à l'heure j'en ai été moi-même si touché, si ému... que je me suis laissé entraîner comme vous et comme Herminie.

— Et maintenant, monsieur, — demanda Ernestine avec inquiétude, — est-ce que votre opinion aurait changé ?

— Maintenant, mon enfant, je ne juge plus seulement avec mon cœur, mais aussi avec ma raison... et ma raison me dit que si le premier mouvement de M. Olivier est excellent... ce n'est qu'un premier mouvement. Je ne doute pas un instant que M. Olivier ne tienne la promesse qu'il vous a faite... qu'il ne l'accomplisse avec honneur ; mais je veux être certain... autant que l'on peut être certain de quelque chose... que, dans le cas où M. Olivier vous épouserait, toute sa vie sera d'accord... avec ce premier mouvement que j'admire autant que vous.

Ernestine ne put cacher une sorte d'impatience douloureuse en écoutant ces sages et prudentes paroles.

Le marquis reprit d'un ton à la fois grave et tendre :

— Ma pauvre enfant, la confiance que vous mettez en moi, l'attachement que j'avais pour votre mère..., l'intérêt même de votre avenir m'obligent de vous parler ainsi, de vous attrister peut-être... mais, je vous le jure, si M. Olivier me paraît digne de vous, alors je m'emploierai corps et âme à aplanir les nombreux obstacles qui s'opposent à votre mariage.

— Ernestine,— dit Herminie à son amie, — nous devons avoir une foi aveugle dans M. de Maillefort... la responsabilité qu'il prend en s'occupant de nous est si grande !... et, d'ailleurs, loin de redouter les informations qu'il veut prendre... provoquez-les au contraire ; elles vous seront une preuve de plus que M. Olivier est, comme je le crois aussi, moi, en tout digne de vous.

— C'est juste, Herminie, et vous aussi, monsieur de Maillefort, pardonnez-moi, — dit timidement mademoiselle de Beaumesnil, — j'ai eu tort... mais, hélas ! il s'agit de ma seule chance de bonheur peut-être, jugez de mon inquiétude... de ma frayeur, lorsque je songe qu'elle pourrait m'échapper.

— C'est, au contraire, mon enfant, pour rendre cette chance plus certaine que je vous parle ainsi ; maintenant supposons que M. Olivier réunisse les qualités... que je désire... Il faudra d'abord décider votre tuteur à consentir à ce mariage... puis, chose plus difficile peut-être... je le crains... persuader M. Olivier qu'il peut, sans scrupule, épouser... *la plus riche héritière de France*, puisqu'il l'a aimée, la croyant pauvre et abandonnée.

— Hélas !... maintenant je suis comme vous... monsieur

de Maillefort... — dit Ernestine avec accablement, — j'ai peur que M. Olivier ne refuse... Et pourtant ce refus... prouverait une telle noblesse d'âme... que, tout en me désespérant... je ne pourrais m'empêcher de l'admirer... Hélas! mon Dieu! comment faire, monsieur de Maillefort?

— Je n'en sais rien encore, mon enfant, je vais songer à cela toute cette nuit... et... j'aurai bien du malheur... si je ne trouve pas quelque chose... J'entrevois même... déjà vaguement... — ajouta le bossu en réfléchissant, — oui... pourquoi non? Enfin, une fois seul, je mettrai un peu d'ordre dans ce chaos d'idées; mais surtout ne nous désespérons pas.

— Monsieur de Maillefort, — reprit Herminie, — croyez-vous qu'Ernestine doive revoir bientôt M. Olivier?

— D'ici à quelques jours... non, sans doute...

— Mon Dieu!... que va-t-il penser de moi? — dit tristement mademoiselle de Beaumesnil.

— Quant à cela, Ernestine, rappelez-vous que vous lui avez dit que la parente chez qui vous viviez avait un caractère si difficile, que vous demandiez quelques jours pour décider si ce serait M. Olivier ou son oncle qui irait demander votre main à cette parente.

— Il est vrai, — reprit Ernestine, — cela me donnera du moins quelques jours... pendant lesquels M. Olivier ne sera pas inquiet...

— Et cette prétendue parente? — reprit M. de Maillefort, — c'est sans doute votre gouvernante, ma chère enfant?

— Oui, monsieur.

— Vous êtes sûre de sa discrétion?

— Son intérêt même m'en répond, monsieur.

— Cela est très important, car, pour qu'il y ait quelque chance de réussir... dans nos projets, il nous faut un secret absolu, — dit le bossu, — et je n'ai pas besoin de vous dire, ma chère Herminie, que Gerald lui-même doit ignorer que la petite brodeuse, dont il a sans doute parlé M. Olivier... est mademoiselle de Beaumesnil.

— Hélas! monsieur, cette discrétion me sera facile... je ne reverrai Gerald que le jour où sa mère sera venue chez moi... sinon, je ne le reverrai jamais... — dit la jeune fille avec accablement.

— Allons... mon enfant, du courage, — lui dit le bossu, — je ne suis pas dévot, mais je crois au *Dieu des bonnes gens*... Vous voyez qu'il s'est déjà passablement manifesté en nous réunissant tous trois. Courage donc... Mais, pour en revenir à M. Olivier, ma chère Herminie, si vous le voyez, comme c'est probable, vous lui direz qu'Ernestine est un peu souffrante... cela me donnera le temps d'aviser, car tout ce que je vous demande, mes pauvres enfans, c'est de me donner seulement huit jours... Si, en huit jours, je n'ai pas conduit les choses à bien, c'est que cela aura été impossible... de toutes façons... Alors il sera temps de songer à la résignation... aux consolations... Et, tenez, mes enfans, avouez que s'il vous fallait renoncer à ces mariages si désirés... ce cruel chagrin vous abattrait moins... réunies toutes deux qu'isolées! Et puis, enfin, je serai là aussi, moi, et à nous trois nous serons bien forts contre le malheur.

— Ah! monsieur de Maillefort, — dit Herminie, — un si grand chagrin... sans l'amitié d'Ernestine... sans la vôtre... c'eût été la mort.

— Hélas! ma pauvre Herminie, — reprit Ernestine, — pendant ces huit jours qui vont s'écouler, quelles angoisses, quelles craintes! Mais, du moins, nous nous verrons chaque jour, n'est-ce pas? Et bien mieux, — s'écria mademoiselle de Beaumesnil, tressaillant de bonheur à cette idée subite, — nous ne nous quitterons plus.

— Que dites-vous, Ernestine?

— Vous logerez ici, avec moi... dès aujourd'hui, Herminie... N'est-ce pas, monsieur de Maillefort?

— Ernestine... ce serait un grand bonheur pour moi, — répondit Herminie en rougissant, — mais... je ne saurais accepter.

Le *bossu* devina le sentiment d'orgueil d'Herminie: elle eût considéré comme une sorte d'humiliation d'accepter de la riche héritière... une vie oisive et somptueuse... et, d'ailleurs, la proposition d'Ernestine, en admettant même qu'elle eût été acceptée par *la duchesse*, pouvait contrarier les desseins de M. de Maillefort; aussi dit-il à mademoiselle de Beaumesnil, qui était aussi surprise que chagrine du refus de son amie:

— Il y aurait, je crois, de graves inconvéniens pour mes projets, ma chère enfant, à mettre votre tuteur et sa famille dans le secret de votre tendresse pour Herminie, car l'on rechercherait ici la cause de cette liaison si subite et si intime avec la jeune personne que vous êtes censée avoir vue aujourd'hui pour la première fois, et ces soupçons... la défiance qu'ils exciteraient... pourraient me gêner beaucoup...

— Allons... il faut se résigner, — reprit tristement Ernestine; — il m'eût été pourtant si doux de passer avec Herminie ces huit jours d'attente et d'angoisse...

— Je partage vos regrets, Ernestine, — dit *la duchesse*, — mais M. de Maillefort sait mieux que nous ce qui convient à nos intérêts... et puis, la brusque disparition de chez moi aurait peut-être éveillé les soupçons de M. Olivier; il m'eût été impossible de lui donner de vos nouvelles, et puis enfin, ma chère Ernestine, il ne faut pas oublier que je vis de mes leçons... et je ne puis rester huit jours oisive...

A ces mots, le premier mouvement de mademoiselle de Beaumesnil fut de regarder *la duchesse* avec une sorte de stupeur, ne comprenant pas qu'Herminie pût songer à continuer de travailler pour vivre, quand elle avait pour amie *la plus riche héritière de France*...

Mais réfléchissant bientôt à la délicatesse et à l'orgueil de la jeune artiste, mademoiselle de Beaumesnil frémit en pensant qu'elle avait été sur le point de blesser peut-être à jamais son amie par une offre inconsidérée.

— Il est vrai, ma chère Herminie, — répondit-elle donc, — je ne songeais pas à vos leçons... En effet, vous ne pouvez les manquer... mais du moins vous me classerez parmi vos élèves favorites, et vous ne serez pas un jour sans venir, n'est-ce pas?

— Oh! je vous le promets, — répondit Herminie, soulagée d'un poids cruel, car un instant, et ainsi que l'avait pressenti Ernestine, *la duchesse* avait craint que son amie n'insistât pour lui faire accepter une hospitalité qu'elle regardait comme une humiliation.

— Ainsi donc, mes enfans, — dit le marquis en se levant, — tout est bien convenu de la sorte... Quant à votre manière d'être avec votre tuteur, ma chère Ernestine, soyez froide, réservée... vivez le plus possible chez vous... mais ne témoignez à ces gens-là aucun amer ressentiment... Un éclat pourrait nous tous compromettre... Plus tard nous verrons.

— A ce propos, monsieur de Maillefort, — reprit Ernestine, — je crois bon de vous avertir que madame de La Rochaiguë, toujours persuadée que j'ai l'intention d'épouser M. Gerald... voulait aujourd'hui même m'engager à recevoir madame de Senneterre... J'ai demandé quelques jours pour réfléchir...

— Vous avez sagement fait, mon enfant; mais demain, il faudra formellement déclarer à madame de La Rochaiguë que vous ne voulez pas vous marier avec Geraldi, sans donner d'autres explications; je me chargerai du reste.

— Je suivrai vos avis, monsieur... Demain, je vous dirai, à vous, Herminie... pour vous rendre fière et heureuse, combien la conduite de M. de Senneterre a été belle et loyale envers moi; n'est-ce pas, monsieur de Maillefort?

— Elle a été admirable... ma chère enfant. Gerald m'avait prévenu d'avance de son projet, et il n'a pas failli à sa promesse... Allons! mes enfans, il faut nous séparer.

— Mon Dieu! déjà... — dit Ernestine, — laissez-moi du moins Herminie jusqu'à ce soir... monsieur de Maillefort.

— Malheureusement, je ne puis rester, Ernestine, — dit *la duchesse* en tâchant de sourire. — J'ai à cinq heures une leçon chez un M. Bouffard, que M. de Maillefort connaît, et il faut que je sois très exacte pour conserver mes écolières.

— Je n'ai rien à dire à cela, Herminie, il faut se résigner, — répondit mademoiselle de Beaumesnil avec un soupir, car elle songeait aux difficultés, aux entraves sans nombre, que le travail auquel était obligée Herminie apportait dans les plus douces relations de sa vie.

— Mais du moins, — reprit-elle, — à demain, Herminie.

— Oh ! oui...—répondit *la duchesse*...—et j'attendrai demain avec autant d'impatience que vous... je vous l'assure...

— Herminie,—dit soudain mademoiselle de Beaumesnil, d'une voix émue, — m'aimez-vous toujours autant... que lorsque vous me croyiez Ernestine... la petite brodeuse?

— Je vous aime... peut-être davantage encore, — répondit *la duchesse* avec effusion ; — car mademoiselle de Beaumesnil a conservé le cœur d'Ernestine la brodeuse...

Les deux jeunes filles s'embrassèrent encore une fois et se séparèrent.

LV.

Deux jours après son entretien avec Herminie et Ernestine, M. de Maillefort, ensuite de deux longues et sérieuses conversations avec Gerald, à qui il recommanda de ne tenter aucune démarche auprès de sa mère à propos d'Herminie, M. de Maillefort écrivit à la duchesse de Senneterre pour lui demander un rendez-vous le jour même, et se présenta chez elle à l'heure convenue.

Le marquis, prévenu par Gerald, ne s'étonna pas de l'expression de chagrin courroucé, mêlé d'accablement, qu'il trouva sur la physionomie de madame de Senneterre; car, le matin même, madame de La Rochaiguë lui avait annoncé que mademoiselle de Beaumesnil, tout en appréciant M. de Senneterre comme il devait l'être, ne voulait pas l'épouser.

A la vue du bossu, les ressentimens de madame de Senneterre s'exaspérèrent encore, et elle lui dit avec amertume :

— Avouez, monsieur, que je suis grandement généreuse ?

— En quoi cela, madame ?

— Ne vous donnai-je pas, monsieur, le plaisir de venir insulter aux chagrins que vous m'avez causés ?

— De quels chagrins voulez-vous parler ?

— De quels chagrins ! — s'écria la duchesse avec explosion, — n'est-ce pas votre faute... si le mariage de mon fils avec mademoiselle de Beaumesnil est rompu ?

— C'est ma faute ?

— Oh !... je ne suis pas votre dupe, monsieur, et c'est pour que vous en soyez bien certain que j'ai accepté le rendez-vous que vous avez eu l'audace de me demander... Je n'ai pas voulu laisser échapper cette occasion de vous dire bien en face l'aversion que vous m'inspirez.

— Soit... madame ; c'est un sujet de conversation comme un autre, et vous excellez dans ce genre d'entretien.

— Monsieur de Maillefort m'obligera de garder son impertinente ironie pour une occasion meilleure, — dit madame de Senneterre avec une hauteur courroucée, — et il voudra bien se rappeler qu'il a l'honneur de parler à la duchesse de Senneterre !

— Madame la duchesse de Senneterre me fera la grâce de me traiter avec la considération qui m'est due, — répondit sévèrement le bossu, — sinon je mesurerai exactement mes paroles sur les paroles de madame de Senneterre.

— Une menace... monsieur !

— Une leçon... madame...

— Une leçon... à moi !

— Et pourquoi donc pas ? Comment ! moi qui étais le plus ancien ami de votre mari, moi qui aime Gerald comme un fils... moi qui ai droit aux égards, à l'estime de tous... entendez-vous bien, madame, à l'estime de tous, moi dont la naissance est au moins égale à la vôtre (il faut bien vous dire cela, puisque vous attachez un si haut prix à ces misères), vous m'accueillez l'injure à la bouche, la colère dans le regard, et je ne vous rappellerais à ce que vous me devez... à ce que vous vous devez à vous-même !...

Comme toutes les personnes vaines, altières, habituées à n'être jamais contredites, madame de Senneterre devait être d'abord surprise, irritée, puis dominée par un langage rempli de bon sens et de fermeté ; aussi, sa colère faisant place à un douloureux accablement, elle reprit :

— Eh ! monsieur ! faites au moins la part du désespoir qu'une mère éprouve en voyant l'avenir de son fils à jamais perdu.

— Comment perdu ?

— Oui, monsieur... et par votre faute encore.

— Voulez-vous avoir la bonté de me démontrer cela ?

— Mon Dieu, monsieur, je sais maintenant quelle influence vous avez sur mademoiselle de Beaumesnil.. Mon fils... a en vous une confiance qu'il n'a pas pour moi... et, si vous l'aviez bien voulu, ce mariage, d'abord en si bonne voie, n'aurait pas été brusquement rompu, sans que l'on sache pourquoi... Oui, il y a là un mystère dont seul vous avez le secret. Et quand je pense que Gerald, avec son grand nom, pouvait être le plus riche propriétaire de France... et qu'il n'en est rien... je suis... eh bien ! oui... je suis la plus malheureuse des femmes et des mères... et tenez... vous le voyez, monsieur, j'en pleure de rage... Vous êtes bien content, n'est-ce pas ?

Et, en effet, la duchesse de Senneterre pleura.

Sans l'intérêt qu'il portait à Gerald et à Herminie, M. de Maillefort, loin d'être apitoyé par ces larmes ridicules, eût tourné le dos à cette femme vaine et cupide, qui se croyait naïvement la plus tendre et la plus infortunée des mères, en cela qu'elle avait voulu, par tous les moyens possibles, assurer à son fils une fortune immense, et que ce beau projet avait échoué ; mais désirant surtout mener à bonne fin la difficile entreprise dont il était chargé, le marquis laissa passer la première effusion d'une douleur dont il n'était nullement touché, et reprit :

— Le mystère est bien simple... Gerald et mademoiselle de Beaumesnil s'apprécient parfaitement l'un et l'autre ;... seulement... ils ne s'aiment pas d'amour... voilà tout.

— Eh ! monsieur... que fait l'amour à cela ? est-ce que de pareils mariages... pas plus que ceux des familles royales, se font jamais par amour ?...

— Vous sentez bien, madame, que je ne vous ai pas demandé une entrevue sérieuse pour discuter avec vous cette thèse vieille comme le monde : *lequel vaut mieux d'un mariage de convenance ou d'un mariage d'amour ?* nous ne nous entendrions jamais ; d'ailleurs, il s'agit d'un fait accompli : le mariage de Gerald et de mademoiselle de Beaumesnil est désormais impossible... vous pouvez m'en croire... Les millions de l'héritière ne seront pas pour votre fils qui, du reste, n'y tenait guères, le digne garçon !

— Oui, et grâce à ce désintéressement stupide, ou plutôt à cette odieuse insouciance de l'éclat de leur nom, — reprit madame de Senneterre avec amertume, — les représentans des plus grandes maisons tombent sans une honteuse médiocrité... C'est ainsi que mon père et mon mari, en négligeant les moyens de rétablir la fortune que cette infâme révolution nous avait enlevée,... ont laissé mon fils et mes filles sans fortune, et, par le temps qui court... je vous demande un peu comment je pourrai marier mes filles ; tandis que Gerald, puissamment riche, venant en aide à ses sœurs, elles auraient pu trouver ainsi des partis sortables... et vous voulez, monsieur, que je ne sois pas désespérée de la ruine de mes projets, moi qui, un moment, ai rêvé pour mon fils une fortune à la hauteur de sa naissance.

— Allons, soit... madame... vous aimez Gerald à votre manière ; ce n'est pas la bonne ; mais enfin, tant bien que mal, vous l'aimez.

— Oh! oui, je l'aime... — dit madame de Senneterre d'une voix concentrée, — je l'aime... comme je dois l'aimer...

— Nous allons voir cela.

— Que voulez-vous dire, monsieur?

— D'abord, je dois vous déclarer que Gerald est passionnément amoureux, et que...

Madame de Senneterre bondit sur son fauteuil, devint pourpre de colère, et s'écria impétueusement en interrompant le bossu :

— C'est indigne... je m'en étais toujours douté... voilà le mystère éclairci... c'est de mon fils que vient le refus... car cette petite Beaumesnil était folle de lui ! Je l'ai bien vu à ce bal... et c'est vous, monsieur, vous, qui avez prêté les mains à cette abominable intrigue !

Puis la colère de madame de Senneterre atteignant à son comble, elle s'écria :

— Jamais je ne reverrai mon fils ; il n'a ni cœur ni âme !

Le marquis s'attendait à cette explosion ; il la laissa passer et reprit :

— Vous m'avez interrompu, madame, et je continue... en vous faisant toutefois observer que mademoiselle de Beaumesnil, loin d'être folle de Gerald, a, de son côté, une affection très sincère et très noblement placée.

— L'effrontée !

S'écria la duchesse, avec une telle naïveté que le bossu, malgré ses graves préoccupations, ne put s'empêcher de sourire imperceptiblement, et continua :

— Je vous disais donc, madame, que Gerald était passionnément amoureux... d'une jeune fille... digne en tout de cet amour.

— Je vous prie, monsieur, de ne pas me dire un mot de plus à ce sujet, — reprit madame de Senneterre, en affectant un calme que démentait le tremblement de sa voix ; — tout est à jamais fini entre mon fils et moi... Il peut aimer qui bon lui semble... épouser qui bon lui semble... après sommations respectueuses... car il a l'âge voulu pour se passer de mon consentement ; qu'il traîne s'il le veut son nom dans la boue... De ce jour je reprends le nom de ma famille, je dirai partout et bien haut pourquoi je rougis de porter un nom avili... déshonoré... Du moins je trouverai quelque consolation auprès de mes filles...

A ces paroles, dont la violence égalait la déraison, le marquis reprit gravement :

— Votre fils, madame, comprend ses devoirs envers vous... autrement que vous ne comprenez les vôtres à son égard ; il ne vous fera pas de sommations ; il vous honorera, il vous respectera, ainsi qu'il l'a fait jusqu'ici ; il ne se mariera qu'avec votre consentement.

— Vraiment ! — s'écria madame de Senneterre avec un éclat de rire sardonique, — il me fait cet honneur ?

— Malgré le profond amour qu'il a pour lui... la personne qu'il recherche ne veut l'épouser qu'à une condition... c'est que vous irez, madame, dire à cette personne... que vous êtes consentante à ce mariage.

— Monsieur de Maillefort... c'est une gageure, sans doute, une plaisanterie ?

— C'est une question de vie ou de mort pour votre fils, madame !

L'accent du marquis, l'expression de ses traits, furent empreints d'une si menaçante autorité que madame de Senneterre s'écria effrayée :

— Monsieur, que dites-vous ?

— Je dis, madame, que vous êtes une mère sans entrailles, si vous n'avez pas remarqué la pâleur, l'accablement de votre fils depuis quelque temps. Et, le jour de ce bal, où ce malheureux enfant s'est courageusement traîné, votre médecin ne vous a-t-il pas déclaré devant moi que, sans les moyens héroïques auxquels il venait de recourir, vous risquiez de perdre votre fils d'une fièvre cérébrale?

Remise peu à peu de son alarme, et regrettant de s'être laissée attendrir un instant, madame de Senneterre reprit avec un sourire de dédain :

— Allons donc ! une fièvre cérébrale se guérit avec des saignées, monsieur, et l'on ne meurt d'amour que dans les romans, et dans les mauvais romans, encore...

— C'est une plaisanterie toute tendre... toute maternelle... que vous faites là, madame, et pour y correspondre, je vous dirai, tout aussi plaisamment... que si, sous peu de jours, et après avoir pris et reçu toutes les informations nécessaires sur la personne dont je vous parle... vous ne faites pas auprès d'elle la démarche qu'elle attend de vous...

— Eh bien ! monsieur ?

— Eh bien ! madame... votre fils se tuera.

— Oui, — reprit madame de Senneterre avec un redoublement d'ironie, — comme dans je ne sais plus quel mélodrame...

— Je vous dis que votre fils se tuera, malheureuse folle ! — s'écria le marquis, effrayant de conviction ; — je vous dis que le dernier duc de Senneterre... finira par un suicide... comme le dernier duc de Bretigny.

Cette allusion à un événement tragique récent, dont on avait parlé chez madame de Mirecourt, fit tressaillir madame de Senneterre ; elle connaissait le caractère de Gerald ; elle savait combien il souffrait d'un chagrin qu'il lui cachait ; elle avait enfin, malgré elle, une si profonde estime pour le caractère de M. de Maillefort, qu'elle savait incapable de parler de la possibilité du suicide de Gerald s'il n'était convaincu de l'imminence de cet événement, que, dans son épouvante, la malheureuse femme s'écria :

— Ah ! monsieur, ce que vous dites là est affreux ! La maison de Senneterre s'éteindre par un suicide...

Dans ce cri, l'aveugle vanité de race parlait plus haut que la maternité. Cette femme, stupidement hautaine, tremblait d'abord, et surtout, à cette pensée que le nom des Senneterre, cette grande et illustre maison, pouvait s'éteindre... et s'éteindre par un acte que le monde où elle vivait qualifiait de crime.

Le marquis ne pouvait se tromper sur les sentiments de madame de Senneterre ; aussi reprit-il :

— Oui, si vous êtes aveugle qu'impitoyable, ce beau nom de Senneterre, souvent glorieux, toujours honoré, disparaîtra pour jamais dans les larmes et dans le sang !

— Monsieur de Maillefort... cette idée est horrible... Je sais mon malheureux fils capable... de tout... Oh ! non ! non ! je ne veux pas penser à cela ; vous me faites frémir... Et quand je me rappelle le deuil, le désespoir, la honte de cette famille, qui a vu... le chef de sa maison... finir par un crime horrible... tenez... assez... assez... j'en deviendrais folle...

Et passant ses mains sur son front inondé d'une sueur froide, madame de Senneterre reprit :

— Je vous dis, monsieur, que je ne veux pas songer à cela... Enfin... cette personne, qui est-elle? Quoique je sois dans une mortelle angoisse au sujet du choix que Gerald a pu faire... une chose du moins me rassure un peu... c'est que cette personne prétend que j'aille lui dire que je consens à son mariage avec mon fils. Or... pour oser attendre de moi... une démarche... pareille, il faut être dans une telle position sociale... qu'il n'y aie pas du moins à redouter... quelque amour indigne... de la part de mon fils.

— Gerald a noblement placé son amour, madame... j'ai déjà eu l'honneur de vous l'affirmer, — reprit sévèrement le marquis. — Ordinairement... ce que je dis... on le croit.

— Il est vrai, monsieur... votre garantie doit me rassurer encore... Sans doute je n'aurai plus jamais l'occasion de faire le rêve que j'avais fait pour mon fils... mais enfin... si la personne dont vous parlez... a de la naissance... de la fortune et...

Le bossu interrompit madame de Senneterre et lui dit :
— La personne dont il est question est une orpheline... et est maîtresse de piano et vit de ses leçons.

Il est impossible de rendre l'expression des traits de madame de Senneterre en entendant les paroles du marquis ; elle eût ressenti une commotion électrique, que le mouvement qui la fit se lever n'eût pas été plus brusque.

— Une aventurière ! une drôlesse !... ce misérable enfant devait finir par là ! — s'écria-t-elle ; — quelle honte pour mon nom et pour celui de mes filles !

Et comme M. de Maillefort se levait non moins vivement pour répondre à madame de Senneterre, celle-ci l'interrompit en ajoutant :

— Et une pareille créature a l'audace... d'exiger que moi... moi... je m'abaisse jusqu'à aller lui...

Madame de Senneterre n'acheva pas ; elle aurait cru souiller ses lèvres en répétant cette proposition énorme... inouïe ; mais elle partit d'un éclat de rire sardonique, presque convulsif.

Puis, un calme glacial succédant à cette exaspération, madame de Senneterre prit le bras de M. de Maillefort d'une main tremblante, et lui dit :

— Mon cher monsieur... écoutez-moi bien... mon indigne fils... viendrait là... entendez-vous... là, devant moi... me dire... « Je me tue à vos yeux si vous me refusez votre consentement... » je lui répondrais : Tuez-vous ! l'aime mieux vous voir mort... qu'infâme... J'aime mieux que votre nom s'éteigne... que de le voir perpétuer pour votre déshonneur, pour le mien... et pour celui de vos sœurs...

Et comme le marquis allait se récrier, elle ajouta :

— Monsieur de Maillefort... je ne m'emporte pas... je suis calme... je vous dis ce que je pense, je vous dis ce que je ferais... et, après l'insultante prétention de mon fils et de sa complice, ce n'est plus de l'amour maternel que je ressens pour lui... ce n'est pas même de l'indifférence... c'est du mépris, c'est de la haine... entendez-vous bien ?... oui, de la haine !... Dites-lui cela... Je reporterai sur mes filles toute l'affection que je portais à ce misérable...

— Cette femme agirait ainsi qu'elle dit,—pensa le marquis avec horreur,— l'insistance serait vaine, la raison échouerait à combattre cette aveugle opiniâtreté (et le bossu ne se trompait pas). Cette femme, ainsi qu'elle le dit, verrait d'un œil stupide et farouche son fils se tuer à ses pieds ! C'est la vanité de race poussée jusqu'à l'obtuse férocité de la bête. Pauvre Gerald ! pauvre Herminie !

LVI.

Après un moment de silence et pendant que madame de Senneterre, pour ainsi dire, palpitait de fureur sous cette abominable révélation, à laquelle elle ne pouvait encore se décider à croire : — que son fils voulait épouser une maîtresse de piano vivant de ses leçons, M. de Maillefort reprit froidement, et comme si l'entretien précédent n'avait pas eu lieu :

— Madame... que pensez-vous de la noblesse et de l'illustration de la maison de *Haut-Martel* ?

D'abord madame de Senneterre regarda le bossu avec une muette surprise, puis elle lui dit :

— En vérité, monsieur, cette question est inconcevable.
— Pourquoi donc cela, madame ?
— Comment, monsieur, vous me voyez accablée sous le nouveau coup qui me frappe, et vous m'avez porté, *involontairement* sans doute,—ajouta-t-elle avec une ironie amère, — et vous venez me demander sans rime ni raison ce que je pense de l'illustration de la maison de Haut-Martel ?

— Ma question... est moins étrangère que vous ne le pensez... au coup qui vous frappe... madame... en cela qu'elle pourrait l'amoindrir... Encore une fois... que pensez-vous de la maison de Haut-Martel ?

— Eh ! monsieur... il n'en est pas en France de plus illustre et de plus ancienne, vous le savez mieux que personne, puisque cette maison, dont vous êtes agnat, est la vôtre.

— Je suis maintenant le chef de cette maison, madame...
— Vous ? — s'écria madame de Senneterre.

Et, chose singulière, à l'accent amer et courroucé de cette femme, succéda une sorte d'envieuse déférence pour le nouveau représentant de cette puissante famille.

— Mais, — reprit la mère de Gerald, — le prince-duc de Haut-Martel, qui vivait dans ses terres d'Allemagne depuis cette sotte révolution de 1830... ?

— Le prince-duc de Haut-Martel s'est noyé par imprudence, madame... Et comme il n'avait ni frères, ni enfans, et que je suis son cousin germain... il faut bien que j'hérite de son titre et de ses biens.

— Alors cet événement est tout récent ?
— J'en ai reçu la première nouvelle... par M. l'ambassadeur d'Autriche... et hier, j'ai eu la confirmation officielle de ce fait.

— Ainsi, monsieur, — dit madame de Senneterre avec une admiration jalouse, — vous voilà... marquis de Maillefort, prince-duc de Haut-Martel...

— Tout autant... et sans me donner beaucoup de mal pour ça... comme vous voyez.

— Mais c'est magnifique, monsieur ! — s'écria cette malheureuse monomane, oubliant son fils, dont le désespoir pouvait aboutir au suicide... et ne songeant qu'à s'extasier devant une nouvelle et haute fortune nobiliaire. — mais vous êtes, à cette heure, un des plus grands seigneurs de France.

— Mon Dieu, oui, ça m'a poussé tout d'un coup, cette belle dignité-là... Et dire qu'hier j'étais tout simplement un fort bon gentilhomme... mais aujourd'hui... comme je suis changé !... dites ?... Est-ce que vous ne trouvez pas ma bosse un peu diminuée depuis que vous me savez si grand seigneur ?

— Monsieur, il n'est pas plus permis de plaisanter de la noblesse que de la religion.

— Certainement, il y a bien assez d'autres sujets de plaisanteries... Mais j'oubliais de vous dire que le prince-duc de Haut-Martel m'a laissé en Hongrie à peu près cinquante mille écus de rentes... liquides, en biens-fonds, toutes dettes payées.

— Cinquante mille écus de rentes ! Mais, quoiqu'on ne sache pas au juste votre fortune, on vous dit déjà fort riche, monsieur, — reprit madame de Senneterre avec une sorte de jalousie cupide.

— Peuh ! — fit le bossu, — je ne sais pas non plus bien au juste le chiffre de mes revenus... car mes fermiers... pauvres gens, ne me paient que lorsqu'ils le peuvent sans trop se ruiner ; mais enfin, les pires années, je boursicote toujours bien dans les environs d'une soixantaine de mille livres nets d'impôt et de non-valeurs... sans compter (ceci est pour l'honneur) que les gros bonnets électeurs de l'arrondissement où j'ai mes propriétés me font l'honneur de me proposer d'être leur député... une épidémie ayant dernièrement emporté leur vénérable représentant actuel ; vous voyez que gloire et fortune tombent sur moi dru comme grêle.

— Alors, monsieur, vous avez ainsi plus de deux cent mille livres de rente... et avec cela prince-duc de Haut-Martel...

— Et député... possible, s'il vous plaît ! Notez cela.
— C'est une position superbe...
— Parbleu ! Et ma figure et ma tournure, je peux, n'est-ce pas ? prétendre aux plus brillans partis. Dites donc, quel dommage que mademoiselle de Beaumesnil soit amoureuse d'un beau jeune homme ; sans cela elle eût été fièrement mon fait.

Une idée subite traversa l'esprit de madame de Senneterre. Cette vaine et avide créature, après un moment de réflexion, regardant M. de Maillefort d'un air pénétrant, lui dit :

— Monsieur de Maillefort... je crois vous deviner...
— Voyons.
— La question que vous me posiez, m'avez-vous dit à propos de ce que je pensais de la maison de Haut-Martel, avait pour but une sorte de compensation au coup affreux qui me frappe dans la personne de mon indigne fils.
— En effet, j'ai dit cela... madame... et c'est la vérité.
— Eh bien ! maintenant que vous êtes le chef de cette grande maison... vous voulez sans doute qu'elle ne s'éteigne pas?
— Il y a du vrai... là-dedans, — répondit le bossu, assez étonné de la pénétration de madame de Senneterre, quoiqu'il fût à mille lieues de se douter de la véritable pensée de la duchesse.
— Oui, — reprit-il, — je vous avoue, madame, que j'aimerais assez que ce nom ne s'éteignît pas.
— Et comme vous savez qu'une jeune fille de haute naissance et d'une éducation pieuse est seulement capable de porter ce grand nom et de comprendre les devoirs sacrés qu'elle aurait à remplir envers l'homme à qui o le devrait une si magnifique position... vous songez à ma fille aînée... et c'est ainsi que vous m'offrez une compensation au malheur que me cause le désordre de mon fils.
— Moi ! me marier ?

S'écria le bossu, encore plus révolté que surpris de l'infâme proposition de madame de Senneterre...

Mais voulant savoir jusqu'où pouvaient aller l'aveuglement, la cruauté et la cupidité cynique de cette marâtre, il reprit, en simulant un de ces refus qui ne demandent pas mieux que de se laisser vaincre...

— Moi songer à un tel mariage ! et d'ailleurs lors même que j'y songerais, serait-il possible? Pensez-y donc, madame, à mon âge... et fait... comme vous voyez ! tandis que votre fille Berthe est charmante et n'a pas vingt ans ! Allons donc ! elle me rirait au nez et elle aurait raison.
— Vous vous trompez, monsieur, — répondit gravement cette mère incomparable : — d'abord, mademoiselle de Senneterre a été élevée dans les habitudes de soumission et de respect dont elle ne se départira jamais... Puis, elle sait qu'elle est pauvre, et que jamais elle ne rencontrerait une position pareille à celle que vous pouvez lui offrir.
— Mais, encore une fois, je suis vieux, je suis laid, je suis bossu comme un sac de noix !
— Monsieur le marquis, mes filles ont été élevées de telle sorte qu'elles ne lèveront, pour ainsi dire, les yeux sur les maris que je leur choisirai que lorsqu'elles reviendront de la messe nuptiale.
— Jolie surprise que vous ménageriez là, ma foi, à la pauvre enfant qui m'épouserait !
— Je vous le répète, monsieur le marquis, mes filles n'ont pas de ces indécentes imaginations qui vont jusqu'à oser apprécier charnellement un mari; je signifierai ma volonté à ma fille aînée, cela suffira...
— Je dirais à cette indigne mère l'horreur qu'elle m'inspire, — pensa le bossu, — qu'y gagnerais-je ? c'est une méchante et incurable folie, servons-nous plutôt de sa folie...

Et le bossu reprit tout haut, voyant madame de Senneterre attendre sa réponse avec une vive anxiété :

— Vous m'avez dit tout à l'heure, madame, et très sagement, qu'il ne fallait plaisanter, ni avec la noblesse, ni avec la religion, n'est-ce pas ?
— Oui, monsieur le marquis.
— Vous avouerez qu'il ne faut pas non plus plaisanter avec le mariage ?
— Non, certainement, monsieur le marquis.
— Eh bien donc ! entre nous, votre désir de voir votre fille Berthe princesse de Haut-Martel ne va rien moins qu'à vouloir bafouer cruellement la religion, la noblesse et le mariage, ces trois choses saintes... ainsi que vous les appelez.
— Comment cela, monsieur ?

— Mademoiselle de Senneterre outragerait le mariage et la religion... ou plutôt c'est bien pis, la nature et le Créateur, en jurant amour et fidélité à un vieux bossu comme moi... et, à mon tour, je me moquerais fort de la noblesse en général, et des maisons de Senneterre et Haut-Martel en particulier, en m'exposant à perpétuer leur illustre lignée dans la personne d'affreux petits *boscos*... faits à mon image... Cela prouverait, sans doute, la résignation et la fidélité de ma femme, mais cela donnerait au monde la plus bouffonne opinion de nos grandes races historiques.
— Monsieur... le marquis... je...
— Je sais bien que vous allez me citer la bosse du prince Eugène... La mienne se tient probablement, dans son for intérieur, extrêmement flattée de la comparaison ; mais il ne fait pas, voyez-vous, ôter leur rareté à ces raretés-là, en les multipliant. Je vous sais un gré infini de l'offre, et mademoiselle Berthe me saura, de son côté, très grand gré de vous avoir refusé ; mais il dépend cependant de vous... de réaliser l'alliance de nos deux *puissantes maisons*, comme vous dites, et d'empêcher mes deux cent mille livres de rente de sortir de votre famille... Je me hâte bien vite de vous dire que je suis trop convaincu de mon peu de mérite pour oser lever les yeux jusqu'à vous, madame la duchesse, — ajouta le bossu avec un profond et ironique salut. — D'abord, je vous serais le plus détestable mari du monde... et puis, je n'ai aucune vocation pour le mariage.
— Vous n'avez pas besoin, monsieur, d'aller avec tant d'empressement au-devant d'une proposition que l'on ne vous fait point, — répondit la duchesse de Senneterre, avec un dépit hautain. — Veuillez seulement vous expliquer plus clairement, car je ne saurais deviner ces énigmes : vous me parlez d'unir nos deux maisons, d'empêcher votre fortune de sortir de ma famille ; je ne comprends rien à cela.
— Entre nous et sans reproche, vous aviez été assez facile quant à l'alliance, lorsqu'il s'est agi du mariage de Gerald avec mademoiselle de Beaumesnil. Beaumesnil n'est qu'un nom de terre... et le grand-père du feu comte, très galant homme d'ailleurs, était simplement M. Joseph Vert-Puis, banquier puissamment riche.
— Je savais parfaitement, monsieur, que, sous le rapport de l'alliance et de la naissance, mademoiselle Vert-Puis de Beaumesnil était moins que rien... mais...
— Mais les millions vous doraient un peu cette roture récemment anoblie... n'est-ce pas ? Néanmoins, quoique les millions doivent être, cette fois, en petit nombre, puisqu'ils se réduisent à quatre ou cinq, que diriez-vous d'un billet de faire-part ainsi conçu :

« *Monsieur le marquis de Maillefort, prince-duc de Haut-Martel, etc., etc.*, a l'honneur de vous faire part du mariage de mademoiselle *Herminie de Haut-Martel* avec *Monsieur le duc de Senneterre.* »

Madame de Senneterre, au comble de la surprise, regarda le bossu sans comprendre ; il continua :

— Il serait dit et porté au contrat que les enfans mâles, issus dudit mariage, porteraient le nom de *Senneterre-Haut-Martel...* ce qui, j'imagine, sonnerait aussi bien que *Noailles-Noailles, Rohan-Rochefort* ou *Montmorency-Luxembourg*, et comme mademoiselle Herminie de Haut-Martel est fille unique, et que je vis de peu, le jeune ménage aurait, en attendant ma mort, environ cinquante mille écus de rentes, pour porter dignement, comme vous le dites si bien, madame, cette double illustration.
— En vérité, monsieur de Maillefort, je ne vous comprends pas du tout ; vous n'avez jamais été marié et vous n'avez pas de fille.
— Non... mais qui m'empêche d'en adopter une, de lui donner mon nom, ma fortune ?
— Personne, assurément... et cette jeune fille, que vous adopteriez... quels sont ses parens ?
— Elle est orpheline... et, comme je vous l'ai dit... elle est maîtresse de piano, et vit de ses leçons...

— Comment? — s'écria madame de Senneterre, — cette fille dont Gerald est affolé ! cette créature...

— Assez, madame, — dit sévèrement le marquis, — je ne tolère pas que l'on parle ainsi d'une jeune personne que j'honore, que j'aime, que j'estime assez... pour lui donner mon nom...

— Soit... monsieur, mais ce que vous m'apprenez est si étrange...

— Va pour étrange... Acceptez-vous, oui ou non?

— Accepter !... monsieur? accepter pour ma belle-fille... une personne... qui aura donné des leçons de piano pour vivre ?

— Cette susceptibilité est héroïque... assurément; mais je vous ferai remarquer que votre fils n'a rien ou peu de chose, et que mademoiselle Herminie de Maillefort, qui a eu l'indignité de vivre honnêtement, vaillamment de son travail, apporte à M. de Senneterre deux cent mille livres de rentes et l'alliance de la maison de Haut-Martel. Enfin, j'ajouterai pour mémoire que, si vous refusez... votre fils se tuera .. Je sais bien que vous aimeriez mieux le voir mort que mésallié... car la mère des Gracques n'est rien du tout auprès de vous pour le stoïcisme... mais il ne s'en suivra pas moins que la maison de Senneterre s'éteindra dans votre fils par le plus déplorable éclat... ce qui est, je crois, pis encore qu'une mésalliance... surtout... lorsqu'un *Senneterre* se mésallie avec une *Maillefort de Haut-Martel.*

— Mais, monsieur... l'on saura bien que cette personne n'est que votre fille d'adoption.

— Tout ce que je puis vous dire, madame, c'est que je ne me serais jamais fait à moi-même une fille ni plus tendre, ni plus belle, ni plus vraiment noble !

— Vous la connaissez donc.. beaucoup ?...

— Vous me faites, en vérité, madame, la plus singulière question du monde! Voyons, croyez-vous que moi... tel que vous me connaissez, je donnerais mon nom... à une personne qui n'honorerait pas ce nom?

— Mais enfin, monsieur, — s'écria madame de Senneterre d'un ton de récrimination douloureuse, — rien au monde ne pourra faire que votre fille adoptive n'ait été quelque chose... comme... artiste?

— Ma fille adoptive aura eu en effet l'inconvénient d'être et d'avoir été une artiste du plus rare talent, c'est déplorable... j'en souffre... j'en pleure... j'en gémis... Mais, hélas ! vous savez le proverbe : *la plus belle fille du monde*...

— Et... sa clientèle... est-elle dans votre société ?

— Elle est trop orgueilleuse pour cela... non pas notre société... mais Herminie de Maillefort...

— Mon Dieu... marquis... vous me jetez dans un embarras.. dans une perplexité...

— Je vais, je crois, madame, mettre un terme à ces embarras. Écoutez-moi bien, — reprit M. de Maillefort, non plus avec ironie, mais d'une voix ferme et sévère, — je vous déclare... moi... que si vous refusez votre consentement, je vais trouver Herminie, je lui apprends ce que j'ai l'intention de faire pour elle, et je lui prouve que si, pauvre, sans nom, et craignant de paraître s'imposer à la famille de Senneterre par ambition ou par cupidité, elle devait, pour sa propre dignité, exiger de vous, madame, une démarche auprès d'elle ; la fille adoptive de M. de Maillefort, en apportant un grand nom et deux cent mille livres de rentes à M. de Senneterre, ne doit plus avoir les mêmes scrupules... que la jeune artiste. Comme Herminie adore Gerald, et que mon conseil sera plein de sens, elle m'écoutera ; votre fils vous fera les sommations voulues, et tout sera dit.

— Monsieur...

— Sans doute il en coûtera beaucoup à Gerald de se passer de votre consentement, car il vous aime... aveuglément, c'est le mot ; mais, pour lui épargner tout remords, je lui répéterai vos paroles, madame : *J'aime mieux voir mon fils mort que mésallié.* Paroles atroces ou plutôt insensées, lorsque je vous affirmais, moi, que Gerald ne pouvait aimer une personne plus honorable... que celle qu'il a choisie.

— Monsieur, vous ne voudrez pas semer la discorde entre mon fils et moi.

— Avant tout, j'assurerai le bonheur et le repos de Gerald, puisque vous êtes assez opiniâtre pour vouloir le sacrifier à des préjugés absurdes.

— Monsieur, cette expression...

— A des préjugés d'autant plus absurdes, madame, qu'après l'adoption que je propose, ils n'ont plus même de prétexte... Un dernier mot... Si vous avez le bon sens maternel de préférer vivre en paix et en affection avec votre fils, et vous épargner, ainsi qu'à lui, un éclat fâcheux, vous vous rendrez demain chez Herminie... toutes informations sur cette jeune personne vous étant parfaitement inutiles après ce que je fais pour elle...

— Moi, monsieur, aller la première chez cette personne ?

— Il faudra vous dégrader jusque-là... dégradation d'autant plus terrible qu'Herminie, pour des raisons à moi connues, devra ignorer que je l'adopte... jusqu'après votre démarche ; ce sera donc tout bonnement à mademoiselle Herminie, maîtresse de piano, que vous irez dire que vous consentez à son mariage avec Gerald.

— Jamais, monsieur, je ne m'abaisserai à une telle démarche...

— Songez que cette démarche n'a rien d'humiliant, et que personne n'en sera témoin, sinon moi, qui me trouverai chez Herminie.

— Je vous dis, monsieur, que c'est impossible... jamais je ne m'exposerai à une pareille humiliation.

— Alors, madame, au lieu de vous faire adorer de votre fils, en consentant à une chose que vous ne pouvez empêcher, Gerald aura la mesure de votre tendresse pour lui, et l'on se passera de votre consentement.

— Mais enfin, monsieur, vous ne pouvez exiger que je prenne ici... en un instant... une détermination de cette gravité.

— Soit, madame, je vous accorde jusqu'à demain midi ; je viendrai savoir votre réponse... et si elle est conforme à la raison... à la véritable affection maternelle, je vous devancerai de quelques instans chez Herminie, afin de me trouver chez elle lors de votre arrivée... Sinon je vous déclare qu'avant six semaines votre fils est marié.

Ce disant, le marquis salua madame de Senneterre et sortit.

« Je n'en doute pas, — se dit-il, — cette malheureuse folle... fera la démarche que j'exige d'elle, car sa cupidité, son ambition, sont flattées de ce mariage, et lui feront oublier l'inconvénient de l'adoption... Puis enfin, par une de ces contradictions malheureusement fréquentes dans notre pauvre nature, cette femme qui, dans son entêtement farouche et stupide, pousserait son fils au suicide, est aussi jalouse de son attachement qu'elle le serait la plus sage, la plus tendre des mères... elle comprendra quelle adoration Gerald aura pour elle, si elle paraît librement consentir à son mariage... et elle viendra chez Herminie.

» Mais, hélas ! ce ne serait pour moi que partie à moitié gagnée, — se dit encore le bossu, — Herminie, dans son orgueil, acceptera-t-elle d'être ma fille d'adoption, en sachant les avantages que cette adoption lui apporte, et qui ont seuls décidé madame de Senneterre ?... je crains que non... Ne l'ai-je pas vue, cette orgueilleuse fille, presque blessée de ce qu'Ernestine lui offrait, non de partager son opulence, mais de rester auprès d'elle, en abandonnant ses leçons ?... Et pourtant, elle sait peut-être qu'Ernestine est sa sœur, car je n'en doute plus... Herminie est et sait être la fille de madame de Beaumesnil.

» Avec cette susceptibilité fière, encore une fois, Herminie acceptera-t-elle mes offres ! Je suis loin d'en être certain, quoi que j'aie dû dire à la mère de Gerald, afin de la décider en l'effrayant : c'est pour cela que j'aurais préféré l'amener à ce mariage, sans recourir, pour le moment du moins, à l'adoption... mais c'était impossible : madame de

Senneterre aurait vu son fils se tuer de désespoir plutôt que de consentir à sa *mésalliance* avec une pauvre fille sans nom et sans fortune ; enfin, que j'obtienne seulement que madame de Senneterre fasse la démarche que j'exige auprès d'*Herminie, orpheline et maîtresse de piano*... nous verrons ensuite...

» Allons maintenant chez M. de La Rochaiguë... après ma fille Herminie... ma fille Ernestine. Il s'agit de tomber à l'improviste chez ce malencontreux baron : car, dans l'exaspération où il est contre moi... depuis que j'ai ruiné ses espérances de pairie, en démasquant ce misérable Mornand, il éviterait à tout prix de me recevoir... mais, grâce à Ernestine, je pourrai le surprendre, et heureusement pour mes desseins, il est encore plus sot que méchant.»

M. de Maillefort, remontant dans sa voiture, se fit conduire chez M. de La Rochaiguë.

LVII.

M. de Maillefort ayant demandé à la porte de l'hôtel de La Rochaiguë, mademoiselle de Beaumesnil, fut bientôt introduit chez Ernestine.

— Eh bien ? — lui dit-elle, dès qu'elle l'aperçut, et courant à sa rencontre, — avez-vous quelques bonnes nouvelles pour Herminie, monsieur de Maillefort ?

— J'espère un peu...

— Quel bonheur... Puis-je, lorsque tantôt je verrai Herminie, lui dire ce que vous m'apprenez ?

— Oui... dites-lui d'espérer, mais... pas trop... et comme vous vous oubliez vous-même, ma chère enfant... j'ajouterai que j'ai les meilleures informations sur M. Olivier...

— Ah !... j'en étais bien certaine.

— J'ai même appris une particularité assez curieuse... c'est qu'en utilisant le temps de son congé pour venir en aide à son oncle, il est allé dans votre terre de Beaumesnil, près de Luzarches, pour quelques travaux.

— M. Olivier ? en effet... c'est bizarre...

— Et cette circonstance... m'a donné une idée... que je crois bonne, car bien que, maintenant, je sois persuadé, comme vous, que vous ne pouviez faire un plus digne et meilleur choix... cependant...

— Cependant ?

— La chose est si grave... que j'ai pensé à une dernière épreuve...

— Sur M. Olivier ?

— Oui... Qu'en pensez-vous ?

— Faites-la, monsieur de Maillefort, je ne crains rien pour lui.

— Et d'ailleurs, de cette épreuve vous serez témoin... ma chère enfant ; si M. Olivier y résiste, vous devrez être la plus fière, la plus heureuse des femmes, et il n'y aura plus de doute possible sur le bonheur de votre avenir... S'il y succombe, au contraire, hélas ! ce sera une nouvelle preuve que les plus nobles caractères cèdent parfois à certaines tentations. Puis enfin, cette épreuve aurait un résultat des plus importans.

— Et lequel ?

— Après cette épreuve, M. Olivier ne pourrait plus avoir le moindre scrupule à épouser *la plus riche héritière de France ;* et vous savez, mon enfant, combien cette question de délicate susceptibilité nous inquiétait.

— Ah ! monsieur, vous êtes notre bon génie.

— Attendez encore un peu, mon enfant, avant de voir en moi un demi-dieu... Maintenant, autre chose. Il y a, m'avez-vous dit, un escalier de service donnant près de votre appartement et qui monte jusque chez votre tuteur ?

— Oui, monsieur, c'est par cet escalier qu'il reçoit le matin quelques amis intimes que l'on n'annonce jamais...

— C'est à merveille, je vais passer par là ni plus ni moins qu'un *ami intime*, et causer une étrange surprise au baron... Conduisez-moi, mon enfant.

Ernestine précéda le marquis.

Au moment où elle traversait la chambre de madame Lainé, elle dit au bossu :

— J'ai toujours oublié de vous apprendre, monsieur de Maillefort, comment j'avais pu sortir à l'insu de mon tuteur, afin d'aller au bal de madame Herbaut. Cette porte que vous voyez conduit à un autre escalier dérobé qui descend dans la rue... la porte était condamnée depuis longtemps, mais ma gouvernante était parvenue à l'ouvrir, et c'est par là que nous sommes sorties et rentrées...

— Et cette porte a-t-elle été de nouveau condamnée ? — demanda le bossu, qui parut frappé de cette circonstance.

— Ma gouvernante m'a dit l'avoir fermée en dedans.

— Ma chère enfant... votre gouvernante est une misérable... elle a favorisé votre sortie mystérieuse de cette maison et vos longues visites à Herminie ; vous eussiez agi dans un but répréhensible qu'elle vous eût obéi de même ; vous ne devez donc avoir aucune confiance en elle.

— Je n'en ai aucune, monsieur de Maillefort ; dès que je le pourrai, mon intention est de payer largement, selon ma promesse, la discrétion de madame Lainé, et de la renvoyer.

— Cette porte... qui donne chez vous un si facile accès, et qui est à la disposition de cette femme... me semble une chose mauvaise, — dit le bossu en réfléchissant : — il faudra dès aujourd'hui prévenir votre tuteur que vous avez par hasard découvert cette issue... et que vous le priez, pour plus de sûreté, de la faire murer... au plus tôt, sinon, lui demander à changer d'appartement.

— Je ferai ce que vous désirez, monsieur ; mais quelles craintes pouvez-vous avoir à ce sujet ?

— Des craintes fondées, je n'en ai aucune, ma chère enfant : c'est d'abord une mesure de convenance que de faire murer cette porte, et ensuite une mesure de prudence. Que rien en cela ne vous effraie... Allons, au revoir, je monte chez votre tuteur ; puissé-je avoir de bonnes nouvelles à vous donner bientôt.

Quelques instans après, M. de Maillefort arrivait au second étage, sur un petit palier ; à la serrure d'une porte qui lui faisait face, il vit une clé, entra, suivit un corridor, ouvrit une seconde porte et se trouva dans le cabinet de M. de La Rochaiguë.

Celui-ci, tournant le dos au marquis, lisait dans un journal le rendu-compte de la séance de la chambre des pairs ; en entendant ouvrir la porte il tourna la tête et vit le bossu, qui, allègre, dégagé, lui fit un signe de tête des plus affectueux, en lui disant :

— Bonjour, cher baron, bonjour...

M. de La Rochaiguë ne put d'abord répondre un mot.

Renversé dans son fauteuil, continuant de tenir son journal entre ses deux mains crispées, il restait immobile, béant, attachant sur le marquis des yeux arrondis par la surprise et la colère.

— Vous le voyez... baron, j'agis en intime... je profite des petites entrées, — continua le bossu du ton le plus enjoué, et en avançant, pour s'y asseoir, un fauteuil près de la cheminée.

M. de La Rochaiguë devint pourpre de courroux ; mais comme il avait grand'peur du marquis, il se contint, et dit en se levant brusquement :

— Il est incroyable... inouï, exorbitant, que... je sois forcé d'avoir l'honneur de vous recevoir chez moi, monsieur... après la scène de l'autre jour... et... je...

— Mon cher baron, permettez... je vous aurais demandé un rendez-vous... que vous me l'auriez refusé... n'est-ce pas ?

— Oh ! bien certainement, monsieur... car...

— J'ai donc pris le bon parti... celui de vous surprendre... Maintenant, faites-moi la grâce de vous asseoir... et causons un peu en amis.

— En amis ! vous osez parler ainsi, monsieur, vous qui, depuis que j'ai le malheureux avantage de vous connaître, m'avez poursuivi de sarcasmes... que d'ailleurs je n'accepte pas et que je vous renvoie de toutes mes forces, — ajouta le baron avec une convenance toute parlementaire. — Un ami ? Vous, monsieur ! vous qui dernièrement encore, pour combler la mesure...

— Mon cher baron, — dit le bossu en interrompant de nouveau M. de La Rochaiguë, — connaissez-vous un charmant vaudeville de M. Scribe... intitulé *la Haine d'une femme ?*

— Monsieur... je ne vois pas quel rapport.

— Vous allez le voir, mon cher baron ; dans ce vaudeville, une jeune et jolie femme semble poursuivre de sa haine... un jeune homme... qu'au fond... elle adore...

— Eh bien ! après monsieur ?

— Eh bien ! mon cher baron... à cette différence près, que vous n'êtes pas un jeune homme et que je ne suis pas une jolie femme qui vous adore, ma position à votre endroit... est absolument la même... que celle de la jolie femme du vaudeville de M. Scribe.

— Encore une fois, monsieur, je...

— Mon cher baron, une seule question : êtes-vous un homme politique, oui ou non ;

— Monsieur...

— Oh ! il ne s'agit pas ici de faire de fausse modestie, mais de me répondre en conscience. Vous sentez-vous, oui ou non, un homme politique ?

A ces mots, qui caressaient délicieusement son *dada* favori, le trop faible baron, oubliant ses ressentimens, gonfla ses joues, mit sa main gauche sous le revers de sa robe de chambre, pendant qu'il gesticulait de la main droite, et, prenant une pose parlementaire, il répondit majestueusement en s'écoutant parler avec une religieuse attention :

— Si les études les plus approfondies, les plus étendues, les plus consciencieuses sur l'état intérieur et extérieur de la France ;... si une certaine facilité oratoire et l'amour sacré de la patrie constituent l'homme politique... certes... j'aurais quelque prétention à jouer ce rôle... oui ; et sans vous, monsieur, sans votre inconcevable sortie contre M. de Mornand... je le jouais, ce rôle ! — s'écria le baron avec un redoublement d'amertume et d'indignation.

— Il est vrai, mon cher baron, et je vous avouerai que c'est avec un bonheur inouï que, faisant d'une pierre deux coups .. j'ai empêché M. de Mornand, âme basse, vénale et corrompue, d'épouser votre pupille, et que je vous ai empêché d'être pair de France.

— Oui, de satisfaire ma *ridicule ambition*... car vous me l'avez dit en face, monsieur, et je repousse de toute mon énergie cette injurieuse insinuation ! Mon ambition n'était en rien ridicule... monsieur.

— Elle l'était de tous points, mon cher baron !

— Ah ! çà, monsieur, venez-vous ici pour m'injurier ?

— Savez-vous pourquoi votre ambition était ridicule, déplacée, mon cher baron ? parce que vous ambitionniez un milieu... où votre valeur politique eût été complètement annihilée... perdue.

— Comment ! monsieur... c'est vous qui parlez à présent de ma valeur politique... lorsque vous m'avez toujours poursuivi de vos épigrammes ?

— *La haine d'une femme*... mon cher baron... *la haine d'une femme*.

— Et comme M. de La Rochaiguë regardait le bossu d'un air ébahi.

— Vous n'êtes pas sans savoir, mon cher baron, — reprit M. de Maillefort, — que nous appartenons... à la même opinion ?

— Je l'ignorais, monsieur... mais cela ne m'étonne pas... les gens d'une certaine position doivent être les représentants nés, immuables, permanens, des traditions du passé.

— C'est pour cela que je m'indignais d'autant plus de la direction que vous donniez à votre conduite politique en sollicitant la pairie, mon cher baron.

— Savez-vous monsieur, — dit M. de La Rochaiguë en écoutant M. de Maillefort avec un intérêt croissant, — savez-vous que vous m'étonnez considérablement, infiniment, énormément ?

— Mon Dieu ! disais-je, que ce malheureux monsieur de la Rochaiguë est donc aveugle... ou mal conseillé ! Il veut avec raison faire revivre les traditions du passé, et, il faut le dire, il a tout ce qu'il faut pour cela... naissance, talent, hautes vues gouvernementales, antécédents purs de tous engagemens...

En entendant commencer l'énumération de ses qualités politiques, M. de La Rochaiguë avait commencé par sourire imperceptiblement, mais lorsque le bossu s'arrêta pour reprendre haleine, les longues dents du baron étaient complètement à découvert.

S'apercevant de ce symptôme de satisfaction intérieure, le marquis poursuivit :

— Et où le baron va-t-il enfouir tant d'excellents avantages ? où ? à la chambre haute, qui regorge d'aristocraties ?... Aussi, qu'arrivera-t-il ? Malgré sa valeur, ce malheureux baron sera noyé ; on le croira nécessairement un *rallié*, puisque c'est à la faveur qu'il devra sa position politique ; alors (la franchise énergique, la... (passez-moi le mot, baron), la brutalité de sa fougue oratoire sera emprisonnée par les convenances de toutes sortes.

— Mais, monsieur, — s'écria le baron d'un ton de reproche courroucé, — pourquoi me dire cela si tard ?

Le bossu continua sans paraître avoir entendu M. de La Rochaiguë :

— Quelle différence, au contraire, si ce malheureux baron était entré dans la carrière politique par la chambre des députés ! Il n'arrivait plus là par la faveur, il y arrivait par la libre élection... par le vœu populaire !... Alors, quelle force ne prenaient pas ses paroles, à lui, l'énergique et fidèle représentant des traditions du passé !... On ne pouvait plus lui dire : Votre opinion est celle de la classe privilégiée à laquelle vous appartenez, rien de plus ; — car le baron répondait : — Non, cette opinion est celle de la nation... puisque la nation m'envoie ici !

— Mais c'est vrai, monsieur, c'est excessivement vrai, ce que vous dites là... Mais, encore une fois, pourquoi me dire cela si tard ?

— Comment, pourquoi ! baron ? Parce que vous me témoigniez toujours une défiance... une antipathie fort désagréables. Avouez-le.

— C'est vous, au contraire, marquis ! Vous sembliez vous acharner après moi.

— Je le crois bien... car je me disais : ah ! le baron est assez aveugle pour perdre l'occasion de jouer un si beau rôle ! Pardieu... il en portera la peine : je le poursuivrai sans relâche... à quoi je n'ai pas manqué... Puis le moment est venu de vous empêcher de faire la plus énorme folie... et je vous en ai empêché.

— Mais, marquis, permettez...

— Mais, que diable ! monsieur ; vous ne vous appartenez pas... vous appartenez à votre parti, et le tort que vous vous faites à vous-même rejaillit sur les gens de votre opinion ; après tout, vous n'êtes qu'un égoïste !

— Monsieur, un mot... un seul mot.

— Un ambitieux qui préférez devoir votre position plutôt à la faveur... qu'à l'élection populaire.

— Eh ! monsieur... vous en parliez bien à votre aise, de l'élection populaire ! Croyez-vous donc qu'une tribune quelconque soit d'un si facile accès, même avec une certaine valeur politique ?... Et, en parlant ainsi de moi, je ne fais que répéter vos paroles. Vous ignorez donc que voilà dix ans que je poursuis la pairie... monsieur !!!

— Bah ! si vous le vouliez... avant un mois vous seriez député...

— Moi !

— Vous... baron de La Rochaiguë.

— Moi ? député... ce serait magnifique, marquis... car vous avez ouvert à mes idées un champ vaste, immense... infini ; mais, encore une fois, député, comment cela !

— Figurez-vous, baron, que la majorité des électeurs de

l'arrondissement où j'ai mes propriétés... ayant un député à élire, ont imaginé de se réunir, et de m'offrir de les représenter...

— Vous, monsieur le marquis ?

— Moi, en personne ; jugez un peu de l'idée que l'on se ferait de ces gaillards-là... d'après leur représentant ?... On se figurerait, en me voyant, que je suis mandataire d'une colonie fondée par Polichinelle.

Cette saillie du marquis excita l'hilarité du baron, qui la témoigna en montrant de nouveau ses longues dents à plusieurs reprises.

— Si encore mon arrondissement était *un pays de montagnes,*—ajouta le marquis en indiquant sa bosse d'un geste railleur, afin d'entretenir le baron dans sa belle humeur, — mon élection aurait du moins un sens...

— En vérité, marquis, — dit M. de La Rochaiguë, dont l'hilarité redoublait, — vous faites les honneurs de vous-même avec une bonne grâce... un esprit...

— Eh ! mon cher baron, criez donc : vive ma bosse ! car vous ne savez pas tout ce que vous lui devrez peut-être !... que dis-je ?... tout ce que notre opinion lui devra.

— Moi... notre opinion... nous devrons quelque chose à votre... — et le baron hésita, — à votre... à votre gibbosité ?

— Gibbosité est merveilleusement parlementaire, baron... vous êtes né pour la tribune... et, comme je vous le disais bien : si vous le voulez, vous êtes député avant un mois...

— Mais encore une fois, marquis, expliquez-vous, de grâce.

— Rien de plus simple : soyez député à ma place.

— Vous plaisantez ?

— Pas du tout ! je ferais rire la chambre, vous la captiverez ; notre opinion y gagnera ; je m'engage à vous présenter à deux ou trois délégués de mes électeurs, qui, depuis des années, ont forcément la majorité dans ce collége, et je vous ferai accepter par eux à ma place... Aujourd'hui je leur écris, après-demain ils seront ici par le chemin de fer, et le surlendemain les paroles sont données, la chose faite.

— En vérité, marquis, je ne sais si je rêve ou si je veille... vous que j'avais jusqu'ici pris pour mon ennemi...

La haine d'une femme, baron, ou, si vous l'aimez mieux, *la haine d'un ami politique.*

— C'est à n'y pas croire !

— Seulement, mon cher baron, par cela même que j'ai ruiné vos absurdes projets de pairie, tout en vous empêchant (sans reproche) de marier votre pupille à un misérable, je tiens à vous faire député en la mariant à un digne jeune homme, qu'elle aime et qui l'aime.

A ces mots, M. de La Rochaiguë fit un bond sur sa chaise, jeta sur le marquis un regard soupçonneux et lui répondit froidement :

— Monsieur le marquis... j'étais votre jouet ; j'ai donné, comme un sot, dans le piège.

— Quel piége, mon cher baron ?

— *Votre haine d'une femme,* cette prétendue colère que vous inspirait la mauvaise direction de ma ligne politique, vos louanges, vos propositions de me faire député à votre place, tout cela cachait une arrière-pensée ; heureusement je la devine... je la démasque... je la dévoile.

— Vous serez infailliblement ministre des affaires étrangères, baron, si vous témoignez toujours d'une perspicacité pareille !

— Trêve de plaisanteries, monsieur.

— Soit, mon cher monsieur, de deux choses l'une... ou je me suis moqué de vous... en paraissant prendre au sérieux vos prétentions politiques... ou je vois sincèrement en vous l'étoffe d'un homme d'Etat : choisissez une des deux hypothèses ; c'est pour vous une affaire de conscience. Maintenant, réduisons la chose à sa plus simple expression : votre pupille a fait un choix excellent, je vous le démontrerai ; consentez à son mariage, et je vous fais élire député, voici le beau côté de la médaille.

— Ah !... il y a deux côtés ? — fit le baron en ricanant.

— Naturellement. Je vous ai montré le beau, voici le vilain : Vous avec indignement abusé, vous, votre sœur et votre femme... de la tutelle qui vous a été confiée...

— Monsieur !...

— J'ai des preuves... Tous trois vous avez tramé ou favorisé d'odieuses intrigues, dont mademoiselle de Beaumesnil devait être victime... De tout cela, j'ai des preuves, je vous le répète, et mademoiselle de Beaumesnil elle-même se joindra à moi pour dévoiler ces menées de vous et des vôtres.

— Et à qui, monsieur, fera-t-on cette belle dénonciation, s'il vous plaît ?

— A un conseil de famille dont mademoiselle de Beaumesnil demandera la convocation immédiate... le résultat de cette mesure, vous le devinez : votre forfaiture avérée... la tutelle d'Ernestine vous est enlevée.

— Nous verrons, monsieur, nous verrons !

— Certainement, vous serez, pour voir cela... placé le mieux du monde ; maintenant choisissez, consentez au mariage et vous êtes député... Refusez, la tutelle vous est enlevée avec un tel éclat, un tel scandale... que vos vues ambitieuses sont à jamais détruites.

— Ainsi, monsieur le marquis, — répondit le baron avec une ironie amère, — vous m'accusez d'avoir voulu marier ma pupille dans un intérêt personnel, et vous venez me proposer de faire justement ce que vous m'avez reproché ?

— Mon cher monsieur, votre comparaison n'a pas le sens commun ; vous vouliez marier votre pupille à un misérable... moi, je veux la marier à un homme d'honneur. Et je mets un prix à votre consentement, parce que vous m'avez prouvé qu'il fallait mettre un prix à votre consentement.

— Pourquoi cela, monsieur, si le parti que vous proposez pour mademoiselle de Beaumesnil est et me paraît sortable ?

— Le parti que je propose... et que mademoiselle de Beaumesnil désire, est honorable à tous égards.

— Réunit-il les conditions de fortune, de position sociale... de...

— Il s'agit d'un sous-lieutenant sans nom, sans fortune, et qui est le plus galant homme que je connaisse. Il aime Ernestine, il en est aimé. Qu'avez-vous à objecter ?

— Ce que j'ai à objecter ? Un homme de rien, qui n'a que la cape et l'épée, épouser *la plus riche héritière de France...* Allons donc, jamais je ne consentirai à un mariage aussi disproportionné ; au moins, M. de Mornand avait la perspective de devenir ministre, ambassadeur... président du conseil, monsieur.

— Vous voyez donc bien, mon cher monsieur, qu'il faut que je vous force la main en mettant un prix à votre consentement.

— Mais selon vous, monsieur, en agissant ainsi par intérêt, je fais une chose....

— Honteuse !... Mais peu m'importe, pourvu que le bonheur d'Ernestine soit assuré.

— Et c'est moi, capable d'une chose honteuse, que vous osez proposer à mes électeurs ! — s'écria le baron triomphant ; — c'est ainsi que vous voulez abuser de leur confiance en politique en leur donnant, comme représentant... de notre opinion, une personne que...

— D'abord, mes électeurs sont des imbéciles, mon cher monsieur ; je n'ai nullement brigué leur suffrage. Ils se sont imaginé que, parce que j'étais marquis, je devais être partisan fanatique du trône et de l'autel comme leur député défunt. Ils m'ont dit qu'en cas de refus, ils me priaient de leur désigner quelqu'un qu'ils accepteraient d'avance... Je leur désigne un candidat de leur opinion et parfaitement capable de les représenter (ce n'est pas vous louer, mon cher monsieur, que de vous dire que vous valez au moins leur défunt député) ; le reste les regarde ; car je n'ai pas besoin de vous dire que tout à l'heure je plaisantais en vous parlant de notre conformité d'opinion ; c'était un moyen d'arriver à l'offre que je vous ai faite et que je vous réitère. Maintenant, vous me demanderez peut-être pourquoi, ayant la conviction de pouvoir vous faire retirer la tutelle de mademoiselle de Beaumesnil, je ne le fais pas tout d'abord?

— Oui, monsieur, je vous adresserai cette simple question, — dit le baron de plus en plus accablé.

— Ma réponse sera bien simple, mon cher monsieur, je ne crois pas que, parmi les personnes à qui serait confiée cette tutelle, il y ait un homme d'assez de cœur et d'esprit pour comprendre que *la plus riche héritière de France* peut épouser un galant homme, sans nom et sans fortune... Or, comme j'aurais difficilement sur un autre tuteur le moyen d'action que j'ai sur vous, ce changement de tutelle ne peut qu'être défavorable à mes projets, puisqu'il vous porte un coup irréparable... Maintenant, réfléchissez et choisissez; demain, je vous attendrai chez moi avant dix heures.

Et le marquis sortit, laissant M. de La Rochaiguë dans une pénible perplexité.

LVIII.

C'était le surlendemain du jour où M. de Maillefort avait eu tour à tour une entrevue avec madame de Senneterre et M. de La Rochaiguë.

Herminie, seule chez elle, semblait en proie à une vive anxiété; bien souvent elle interrogea sa petite pendule d'un regard impatient; tressaillant au moindre bruit, elle tournait parfois sa tête du côté de la porte.

On lisait sur la physionomie de *la duchesse* une angoisse égale à celle qu'elle avait ressentie quelque temps auparavant, en attendant de minute en minute le terrible M. Bouffard.

Et pourtant... ce n'était pas la visite de M. Bouffard, mais celle de M. de Maillefort, qui causait l'agitation de la jeune fille.

Les fleurs de la coquette petite chambre d'Herminie venaient d'être renouvelées, ainsi que les rideaux de mousseline des fenêtres ouvertes, derrière lesquelles les persiennes vertes donnant sur le jardin étaient fermées.

La duchesse semblait *avoir fait son ménage* avec encore plus de soin que de coutume : elle avait mis sa plus belle robe, une robe de lévantine noire montante, avec un col et des manchettes tout unies d'une blancheur éblouissante.

Herminie, seulement parée de ses magnifiques cheveux blonds, brillans des plus doux reflets, n'avait jamais été d'une beauté plus noble et plus touchante; car, depuis quelque temps, son visage avait pâli sans rien perdre de son éblouissant éclat.

La duchesse venait encore de prêter l'oreille du côté de la porte, lorsqu'elle crut entendre un léger bruit de pas derrière les persiennes fermées qui donnaient sur le jardin ; elle allait se lever pour éclaircir ses doutes, lorsque la clé de sa porte tourna dans la serrure, et madame Moufflon introduisit M. de Maillefort.

Celui-ci, à peine entré, dit à la portière :

— Dans quelques instans une dame viendra demander mademoiselle Herminie... vous l'introduirez.

— Oui, monsieur, — répondit madame Moufflon en se retirant.

En entendant ces mots du marquis :

Une dame viendra demander mademoiselle Herminie,

La jeune fille s'avança vivement auprès de M. de Maillefort, et lui dit :

— Mon Dieu !... monsieur... cette dame... qui doit venir ?...

— *C'est elle !* — répondit le marquis rayonnant de joie et d'espérance, — oui... elle va venir.

Puis voyant Herminie pâlir et trembler de tous ses membres, le bossu s'écria :

— Mon enfant... qu'avez-vous?...

— Ah ! monsieur... — dit *la duchesse* d'une voix faible, — je ne sais, mais maintenant... j'ai peur...

— Peur... lorsque madame de Senneterre vient faire auprès de vous... cette démarche inespérée... que vous avez si dignement exigée ?

— Hélas ! monsieur, à cette heure seulement... je comprends la témérité... l'inconvenance, peut-être, de mon exigence.

— Ma chère enfant ! — s'écria le bossu avec la plus vive inquiétude, — pas de faiblesse, vous perdriez tout... Soyez envers madame de Senneterre ce que vous êtes naturellement : modeste sans humilité... digne sans arrogance, et cela ira bien... je l'espère...

— Ah ! monsieur, lorsque hier... vous m'avez fait entrevoir la possibilité de la visite de madame de Senneterre... je croyais éprouver une joie folle si cette espérance se réalisait... et, à cette heure, je ne ressens que frayeur et angoisse.

— La voilà !... pour Dieu ! du courage, mon enfant, et songez à Gerald... — s'écria le bossu en entendant une voiture s'arrêter à la porte.

— Monsieur, — murmura *la duchesse* d'une voix suppliante en prenant la main du marquis, — ayez pitié de moi... je n'oserai jamais... oh ! je me sens mourir...

— La malheureuse enfant, — pensa le marquis, — elle va se perdre !

A ce moment la porte s'ouvrit.

Madame de Senneterre parut.

C'était une femme de haute taille, très maigre, et qui avait, ainsi que l'on dit : *le plus grand air du monde*.

Elle entra, la tête altière, le regard insolent, le sourire dédaigneux et contracté ; son visage était très coloré; elle semblait difficilement contenir une violente agitation intérieure.

C'est qu'en effet madame de Senneterre était violemment agitée.

Cette femme, d'une absurde et indomptable vanité, était partie de chez elle très décidée à faire auprès d'Herminie la démarche que M. de Maillefort exigeait, et en retour de laquelle il promettait d'adopter la jeune fille. Madame de Senneterre s'était donc proposé de se montrer seulement froide et polie dans cette visite, qui coûtait tant à son amour-propre. Mais lorsque le moment de cette entrevue approcha, mais lorsque cette arrogante créature pensa que, dans quelques minutes, elle, duchesse de Senneterre, allait être obligée de se présenter comme *demanderesse* chez une misérable jeune fille qui vivait de son travail, l'implacable vanité de la grande dame se révolta en elle, la colère l'emporta, elle perdit la tête, et, oubliant les avantages considérables que ce mariage pouvait apporter à son fils, oubliant qu'après tout c'était à la fille adoptive du prince-duc de Haut-Martel qu'elle venait rendre visite, et non à la pauvre artiste, madame de Senneterre se présenta chez Herminie, non plus avec des idées de conciliation, mais avec la résolution de traiter cette insolente comme le méritait l'audace de ses prétentions.

A l'aspect de la physionomie hautaine, agressive et sourdement courroucée de madame de Senneterre, le marquis, non moins surpris qu'épouvanté, devina le revirement subit des idées de la mère de Gerald ; il se dit avec désespoir :

— Tout est perdu...

Quant à Herminie, elle n'avait pas, ainsi qu'on dit, une goutte de sang dans les veines. Sa charmante figure était devenue d'une pâleur mortelle ; ses lèvres, presque bleues, tremblaient convulsivement... elle tenait ses yeux fixés et baissés... il lui fut impossible de faire un pas, de trouver une parole.

Quoi que lui eût dit M. de Maillefort sur la jeune personne qu'il estimait assez pour lui donner son nom, madame de Senneterre, trop stupidement fière, trop opiniâtre dans ses préjugés, pour comprendre le sentiment de dignité qui avait dicté la conduite d'Herminie, s'attendait à trouver en elle une petite fille vulgaire et hardie, d'une vanité turbulente et effrontée ; aussi la mère de Gerald s'était-elle armée de ses dédains les plus insultans, de ses hauteurs les plus provocantes... Mais elle resta complétement déroutée à la vue de cette timide et charmante créature, d'une distinction exquise, d'une beauté rare et touchante, et qui, au lieu de prendre des airs de triomphe impertinent, n'osait pas seulement lever les yeux, et paraissait plus morte que vive à l'aspect de la grande dame dont elle avait exigé la visite.

— Mon Dieu... qu'elle est donc belle !... — se dit madame de Senneterre avec un mélange de dépit et d'admiration involontaire, — tout, en elle, paraît d'une distinction parfaite... c'est vraiment incroyable... une mauvaise petite maîtresse de musique... mes filles n'en sont pas mieux...

Ces divers sentimens de madame de Senneterre, si longs à décrire, avaient été presque instantanés ; il s'était passé à peine quelques secondes depuis son entrée chez Herminie, lorsque, rompant la première le silence et rougissant de l'espèce d'embarras et de déconvenue qu'elle venait d'éprouver, la mère de Gerald dit à la jeune fille d'une voix hautaine et sardonique :

— Mademoiselle Herminie ?
— C'est moi... madame la duchesse... —

Balbutia Herminie, pendant que M. de Maillefort écoutait et contemplait cette scène avec une anxiété croissante.

— Mademoiselle Herminie... *maîtresse de musique ?...* — reprit madame de Senneterre en appuyant sur ces derniers mots avec une affectation dédaigneuse. — C'est apparemment vous, mademoiselle ?

— Oui, madame la duchesse... — répondit la pauvre enfant de plus en plus tremblante et sans oser lever encore les yeux.

— Eh bien ! mademoiselle... vous êtes satisfaite... je pense ? Vous avez eu l'audace d'exiger que je vinsse chez vous... m'y voici...

— J'ai dû... madame... la duchesse, solliciter l'honneur... que vous daignez me faire...

— Vraiment ?... et de quel droit avez-vous osé élever cette insolente prétention ?...

— Madame !... — s'écria le bossu.

Mais, aux dernières et insultantes paroles de madame de Senneterre, Herminie, jusqu'alors craintive, accablée, releva orgueilleusement la tête ; ses beaux traits se colorèrent légèrement, et levant, pour la première fois sur la mère de Gerald, ses grands yeux bleus où brillait une larme contenue, elle répondit d'un ton rempli de douceur et de fermeté :

— Jamais je ne me suis cru le droit d'attendre de vous, madame, la moindre marque de déférence... J'ai voulu, au contraire... témoigner du respect que m'inspirait votre autorité, madame... en déclarant à M. de Senneterre... que je ne pouvais... que je ne devais... accepter sa main... qu'avec le consentement de sa mère...

— Et c'était moi... dans ma position, qui devais m'abaisser jusqu'à faire la première démarche auprès de mademoiselle ?

— Madame, je suis orpheline... sans famille... je ne pouvais vous imposer personne à qui vous récuser, ce ce n'est à moi-même... et ma dignité... ne me permettait pas, madame, d'aller solliciter votre adhésion.

— Votre dignité ! c'est fort plaisant, — s'écria madame de Senneterre, outrée de se voir forcée de reconnaître la réserve et la convenance parfaite des réponses de la jeune fille, dans une occurence si difficile. — Vraiment, c'est très curieux, Herminie, — reprit-elle avec un éclat de rire sardonique.

— Mademoiselle a sa dignité !

— J'ai la dignité de l'honneur, du travail et de la pauvreté... madame la duchesse, — répondit Herminie, en regardant cette fois madame de Senneterre bien en face, et d'un air si noble, si décidé, que, se sentant enfin confuse de sa dureté, la mère de Gerald fut obligée de baisser les yeux.

Le marquis, depuis quelques instans, se contenait à grand'peine pour ne pas venger sa protégée des insolences de madame de Senneterre ; mais, en entendant la noble et simple réponse d'Herminie, il la trouva suffisamment vengée.

— Soit, mademoiselle, — reprit madame de Senneterre d'un ton moins amer : — vous avez votre dignité ;... mais vous imaginez-vous, par hasard que, pour entrer dans l'une des plus grandes maisons de France, il suffise d'être honnête et laborieuse !

— Oui, madame... je le crois.

— Voilà qui est, par exemple, d'un audacieux orgueil ! — s'écria madame de Senneterre exaspérée. — Mademoiselle croit faire à M. le duc de Senneterre, en l'épousant, beaucoup d'honneur... et à sa famille aussi probablement ?

— En répondant à l'affection de M. de Senneterre, par une affection égale à la sienne, je crois l'honorer... autant qu'il m'a honorée en me recherchant... Quant à la famille de M. de Senneterre, je sais, madame, qu'elle ne s'enorgueillirait pas de moi... mais j'aurais la conscience d'être digne d'elle.

— Bien ! bien ! — s'écria le bossu, — bien, ma brave et noble enfant.

Madame de Senneterre, quoiqu'elle fit tous ses efforts pour résister à la pénétrante influence d'Herminie, la subissait forcément : la beauté, la grâce, le tact exquis de cette adorable créature, exerçaient sur la mère de Gerald, une sorte de fascination... Aussi, craignant d'y céder, et voulant couper court à toute tentation *en brûlant*, comme on dit, *ses vaisseaux*, madame de Senneterre revint à l'insulte, et s'écria avec colère :

— Non ! non ! il ne sera pas dit que je me laisserai prendre aux charmes perfides d'une aventurière, et que j'aurais sottement consenti à ce qu'elle épouse mon fils...

Avant que le bossu, qui fit un brusque mouvement en jetant un regard terrible sur madame de Senneterre, eût pu dire un mot, Herminie reprit d'une voix brisée, pendant que de grosses larmes tombaient de ses yeux :

— Excusez-moi, madame... l'insulte me trouve sans force... et sans réponse, surtout lorsque c'est la mère de M. de Senneterre qui m'outrage... Je n'ai qu'une grâce à vous demander, madame, c'est de vous rappeler que j'étais résignée d'avance à votre refus... aussi, eût-il été généreux à vous de ne pas venir m'accabler ici. Quel est mon tort, madame ! d'avoir cru M. de Senneterre d'une condition obscure et laborieuse comme la mienne !... sans cela, je serais morte plutôt que de me laisser entraîner à un pareil amour...

— Comment ! — s'écria madame de Senneterre, — vous ignoriez que mon fils...

— M. de Senneterre s'est présenté chez moi comme un homme vivant de son travail... Je l'ai cru, je l'ai aimé... loyalement aimé... lorsque, plus tard, j'ai connu sa naissance, j'ai refusé de le voir davantage..... décidée à jamais m'unir à lui contre le vœu de sa famille... Voilà, madame, toute la vérité, — ajouta Herminie, d'une voix tremblante et voilée par les larmes. — De cet amour, dont je n'aurai jamais à rougir, le sacrifice est accompli... je m'y attendais... je croyais seulement avoir le droit de souffrir sans témoins... Vos cruelles paroles, je les excuse, madame ; vous êtes mère... vous ne savez pas que j'étais digne de votre fils, et, jusque dans son égarement... l'amour maternel est sacré.

Puis Herminie, ayant essuyé les larmes qui inondaient son pâle visage, reprit d'une voix affaiblie et entrecoupée ; car, anéantie par cette scène, la jeune fille sentait ses forces défaillir :

— Veuillez, madame, dire à M. de Senneterre... que je

lui pardonne le mal qu'il m'a fait... involontairement. C'est à vous, madame... à vous... sa mère... que... je jure... de ne le revoir jamais... et l'on doit croire à ma parole... Ainsi, madame, vous sortirez d'ici satisfaite et rassurée... mais je ne sais... ce que... j'éprouve... Monsieur de Maillefort... je vous... en prie... venez... je...

La malheureuse enfant ne put en dire davantage ; ses lèvres décolorées s'agitèrent faiblement, elle jeta un regard mourant et désespéré sur le bossu, qui, s'avançant vivement, la reçut dans ses bras, presque inanimée, la plaça dans un fauteuil, et dit à madame de Senneterre avec une expression terrible :

— Ah ! vous pleurerez des larmes de sang pour le mal que vous avez fait, madame ! Sortez... sortez ! vous voyez bien qu'elle se meurt.

En effet, Herminie, pâle comme une morte, ses bras allanguis, soutenus par les supports du fauteuil, avait la tête renversée et penchée sur son épaule. Son front, baigné d'une sueur froide, était à demi voilé par les grosses boucles de ses blonds cheveux, et, de ses yeux entr'ouverts, filtraient encore quelques larmes presque taries, tandis qu'un frémissement nerveux faisait de temps à autre tressaillir tout le corps de l'infortunée.

M. de Maillefort ne put retenir ses pleurs, et, d'une voix étouffée, il dit à madame de Senneterre :

— Vous jouissez de votre ouvrage, n'est-ce pas ?...

Mais quelle fut la stupeur du bossu en voyant soudain l'attendrissement, la douleur, les remords se peindre sur les traits de cette femme altière qui, enfin, vaincue par la noble et touchante résignation d'Herminie, fondit à son tour en larmes, et dit au marquis d'un ton suppliant :

— Monsieur de Maillefort, ayez pitié de moi ; j'étais venue ici... décidée à tenir ma promesse... et puis, malgré moi, ma fierté s'est révoltée, j'ai perdu la tête .. A cette heure... je me repens... j'ai honte... j'ai horreur de ma conduite insensée.

Et madame de Senneterre, courant à Herminie, souleva sa tête appesantie, la baisa au front et la soutint entre ses bras, disant d'une voix altérée :

— Malheureuse enfant, pourra-t-elle me pardonner jamais ?... Monsieur de Maillefort, du secours... appelez quelqu'un... sa pâleur m'épouvante.

Soudain un pas précipité retentit derrière la porte.

Elle s'ouvrit brusquement.

Gerald entra, les traits bouleversés, l'air égaré, menaçant... car du jardin où il s'était entretenu tacitement, sans en prévenir Herminie et M. de Maillefort, il avait entendu les cruelles paroles de sa mère à la jeune fille.

— Gerald ! — s'écria le marquis stupéfait.

— J'étais là, — reprit-il d'un air farouche en montrant la fenêtre, — j'ai tout entendu... et...

Mais le duc de Senneterre n'acheva pas, saisi d'étonnement à la vue de sa mère qui soutenait sur son sein la tête d'Herminie.

— Mon fils... — s'écria aussitôt madame de Senneterre, — j'ai horreur de ce que j'ai fait, je consens à tout, épouse-la... c'est un ange : fasse le ciel qu'elle me pardonne.

— Oh ! ma mère !— murmura Gerald avec un accent d'ineffable reconnaissance, en tombant aux genoux d'Herminie et couvrant ses mains de larmes et de baisers.

— Bien... bien... — dit tout bas le marquis à madame de Senneterre, — c'est de l'adoration que votre fils aura pour vous maintenant.

A un mouvement que fit Herminie en essayant de soulever sa tête appesantie, Gerald s'écria :

— Elle revient à elle.

Et s'adressant à la jeune fille de la voix la plus pénétrante :

— Herminie... c'est moi... c'est Gerald !

A la voix de M. de Senneterre, Herminie tressaillit de nouveau, ouvrit lentement ses yeux, d'abord fixes, troubles, comme si elle sortait d'un rêve pénible...

Puis l'espèce de voile que l'évanouissement avait étendu sur sa pensée se dissipant peu à peu, la jeune fille dégagea doucement sa tête, jusqu'alors appuyée sur le sein de madame de Senneterre... et leva les yeux...

Quel étonnement !... elle reconnut la mère de Gerald..., qui, la soutenant dans ses bras, la contemplait avec la plus tendre sollicitude...

Se croyant sous l'empire d'un songe, Herminie se redressa brusquement, passa ses mains brûlantes sur ses yeux, et ses regards, de plus en plus assurés, tombèrent d'abord sur M. de Maillefort, qui la contemplait avec un ravissement ineffable, puis sur Gerald, toujours agenouillé devant elle...

— Gerald !... — s'écria-t-elle.

Et aussitôt, avec une incroyable expression d'angoisse, de frayeur et d'espérance, elle retourna vivement la tête du côté de madame de Senneterre, comme pour s'assurer que c'était bien d'elle, en effet, qu'elle recevait des marques d'un touchant intérêt......

Gerald, remarquant le mouvement de la jeune fille, se hâta de dire :

— Herminie, ma mère consent à tout.

— Oui, oui, mademoiselle, — s'écria madame de Senneterre avec effusion, — je consens à tout !... j'ai de grands torts à me faire pardonner, mais j'y parviendrai à force de tendresse.

— Madame... il serait vrai !... — dit Herminie en joignant les mains. — Mon Dieu ! il serait possible... vous consentez... tout ceci n'est pas un songe.

— Non, Herminie, ce n'est pas un songe, — dit Gerald avec entraînement ; — nous sommes à jamais unis l'un à l'autre... vous serez ma femme.

— Non, ma noble et chère fille, ce n'est pas un songe, — dit à son tour, monsieur de Maillefort, — c'est la récompense d'une vie de travail et d'honneur.

— Non, mademoiselle, ce n'est pas un songe, — reprit madame de Senneterre, — car c'est vous, — ajouta-t-elle en regardant le marquis d'un air significatif, — vous, *mademoiselle Herminie, qui vivez noblement de votre travail*, c'est vous que j'accepte avec joie pour belle-fille, en présence de M. de Maillefort, car je suis certaine que mon fils ne peut faire un choix plus digne de lui... de moi et de sa famille...

. . . .

Il faut renoncer à peindre les émotions diverses dont furent agités les acteurs de cette scène.

Une demi-heure après, madame de Senneterre et son fils prenaient affectueusement congé d'Herminie, et celle-ci, accompagnée de M. de Maillefort, se rendait en hâte chez mademoiselle de Beaumesnil, pour lui apprendre *la bonne nouvelle* et soutenir le courage de *la plus riche héritière de France*, car il s'agissait pour elle, ou plutôt pour Olivier, d'une dernière et redoutable épreuve.

LIX.

Pendant que M. de Senneterre reconduisait sa mère, au sortir de chez Herminie, celle-ci était, nous l'avons dit, montée en voiture avec M. de Maillefort, afin de se rendre chez mademoiselle de Beaumesnil.

L'on devine les délicieux épanchements du bossu et de sa jeune protégée, dont le bonheur inespéré était désormais certain.

Le marquis connaissait assez madame de Senneterre pour être assuré qu'elle était incapable de rétracter le consentement solennel donné par elle au mariage de Gerald et d'Herminie ; néanmoins, M. de Maillefort se promit de se rendre le lendemain même chez madame de Senneterre, pour lui déclarer qu'il persistait plus que jamais dans la résolution d'adopter Herminie, qu'il aimait plus tendrement encore si cela se pouvait, depuis qu'il l'avait vue si digne, si touchante, pendant son entretien avec l'altière duchesse de Senneterre.

La seule crainte du marquis était que l'orgueilleuse fille ne refusât les avantages dont il tenait à la doter ; mais, presque sûr d'arriver à son but malgré les scrupules d'Herminie, il dut garder encore auprès d'elle un silence absolu sur cette adoption.

M. de Maillefort et la jeune fille étaient depuis quelque temps en voiture, lorsque, un instant arrêtée par un embarras de charrettes, elle fut obligée de stationner au coin de la rue de Courcelles, où l'on voyait alors la boutique d'un serrurier.

Soudain le bossu, qui s'était avancé à la portière afin de connaître la cause de l'arrêt subit de ses chevaux, fit un brusque mouvement de surprise en disant :

— Que fait là cet homme ?

A cette exclamation, le regard d'Herminie suivit involontairement la même direction que celui du bossu, et elle ne put retenir un geste de dégoût et d'aversion qui ne fut point remarqué de M. de Maillefort, car, au même instant, il baissait vivement le store de la portière près de laquelle il se trouvait.

Pouvant ainsi voir sans être vu, en écartant le petit rideau de soie, le marquis parut observer quelque chose ou quelqu'un avec une attention inquiète, pendant qu'Herminie, n'osant pas l'interroger, le regardait avec surprise.

Le marquis venait de voir et voyait encore dans la boutique M. de Ravil, causant avec le serrurier, homme d'une bonne et honnête figure, à qui le nouvel ami, ou plutôt le nouveau complice de M. de Macreuse, montrait une clé en paraissant lui donner quelques explications, explications que l'artisan comprit parfaitement, puisque, prenant la clé, il la plaçait entre les branches de son étau, lorsque la voiture du marquis continua rapidement sa marche vers le faubourg Saint-Germain.

— Mon Dieu ! monsieur, qu'avez-vous donc ! — dit Herminie au bossu, en le voyant soudain devenu pensif.

— C'est que je viens de voir une chose sans doute insignifiante en apparence, ma chère enfant, mais qui pourtant... me fait réfléchir... Un homme était tout à l'heure dans la boutique d'un serrurier... et lui montrait une clé ; je n'aurais aucunement remarqué le fait, si je ne connaissais l'homme à la clé pour une espèce de misérable, capable de tout ; et, dans de certaines circonstances, les moindres actions de ces gens-là donnent à penser.

— L'homme dont vous parlez est de grande taille, et d'une figure basse et fausse, n'est-ce pas, monsieur ?

— Vous l'avez donc aussi remarqué ?

— Je n'en avais que trop sujet, monsieur.

— Comment donc cela, ma chère enfant ?

En peu de mots, Herminie raconta au bossu les vaines tentatives de Ravil pour se rapprocher d'elle, depuis le jour où il l'avait grossièrement interpellée dans la rue, alors que la jeune fille se rendait auprès de madame de Beaumesnil en ce moment presque à l'agonie.

— Si ce misérable venait souvent errer ainsi autour de votre demeure, ma chère enfant, je m'étonne moins de ce que nous l'ayons rencontré dans une boutique de ce quartier, qu'il connaît, puisque vous l'habitez... Mais il n'importe : qu'allait-il faire chez ce serrurier ? — ajouta le bossu, comme en se parlant à lui-même. — Du reste, depuis son rapprochement avec cet ignoble Macreuse, je ne les ai point perdus de vue ni l'un ni l'autre... un homme à moi les surveille... car ces gens-là ne sont jamais plus dangereux que lorsqu'ils font, comme on dit, *les morts ;*... non pas que je les redoute, moi ; mais j'ai craint pour Ernestine...

— Pour Ernestine ? — demanda *la duchesse* avec autant de surprise que d'inquiétude, — et que pouvait-elle avoir à craindre de pareilles gens ?

— Vous ignorez, mon enfant, que ce de Ravil était l'âme damnée de l'un des prétendans à la main d'Ernestine, et que ce Macreuse avait aussi d'infâmes visées sur cette riche proie. Comme je les ai démasqués et châtiés tous deux en public... je crains que leurs ressentimens ne retombent sur Ernestine, tant leur rage est grande de n'avoir pu faire de la pauvre enfant leur dupe et leur victime... mais je veille sur elle... et cette rencontre de de Ravil chez un serrurier, rencontre dont je ne peux, quant à présent, pénétrer les conséquences, me fera, pour plus de sûreté, redoubler de surveillance.

— En quoi cette rencontre pourrait-elle donc intéresser Ernestine ?

— Je ne le sais pas, ma chère enfant ; seulement je trouve singulier que de Ravil se donne lui-même la peine d'aller chez un serrurier de ce quartier isolé. Mais laissons cela : qu'il ne soit pas donné à de tels misérables de flétrir les joies les plus pures, les plus méritées. Mais... ma tâche n'est qu'à moitié remplie... votre bonheur est à jamais assuré, mon enfant ; puisse ce jour être aussi beau pour Ernestine que pour vous ! Nous voici arrivés chez elle... Vous allez aller la trouver... n'est-ce pas ? lui raconter tous vos bonheurs... pendant que je monterai chez le baron, à qui j'ai quelques mots à dire... puis j'irai vous rejoindre chez Ernestine.

— En effet, il me semble avoir entendu parler d'une dernière épreuve !

— Oui, mon enfant.

— Elle regarde M. Olivier !

— Sans doute, et s'il en sort noblement, vaillamment, comme je le crois, Ernestine n'aura rien à envier à votre félicité.

— Et à cette épreuve, monsieur, elle a consenti ?

— Sans doute, mon enfant, car il ne s'agit pas seulement d'éprouver encore l'élévation des sentimens d'Olivier, mais de tâcher de détruire les scrupules qu'il pourrait avoir d'épouser Ernestine, lorsqu'il apprendra que la petite brodeuse est *la plus riche héritière de France*...

— Hélas ! monsie**ur**... c'est cela surtout que nous redoutons : il y a tant de délicatesse chez M. Olivier !

— Aussi, à force de chercher, de m'ingénier, ma chère enfant, j'ai trouvé, je l'espère, le moyen de nous délivrer de ces craintes ; mais bientôt vous saurez tout.

A ce moment, les chevaux de M. de Maillefort s'arrêtèrent devant la porte de l'hôtel de La Rochaigue.

Le valet de pied du marquis ouvrit la portière, et, pendant qu'Herminie se rendait auprès de mademoiselle de Beaumesnil, le bossu monta chez le baron, qui l'attendait et vint à sa rencontre, souriant et montrant ses longues dents de l'air le plus satisfait du monde.

M. de La Rochaigue ayant réfléchi aux offres et aux menaces du marquis, s'était décidé pour les offres séduisantes qui lui permettraient enfin d'enfourcher son *dada* politique ; il avait promis son concours au mariage d'Olivier Raimond, quoique certaines circonstances de ce mariage lui parussent absolument incompréhensibles, le marquis n'ayant pas jugé à propos d'instruire encore M. de La Rochaigue du double personnage joué par mademoiselle de Beaumesnil.

— Eh bien ! mon cher baron, — dit le bossu, —tout est-il prêt, ainsi que nous en étions convenus ?

— Tout, mon cher marquis... L'entretien aura lieu ici... dans mon cabinet... et cette portière baissée permettra de tout entendre du petit salon voisin...

Le marquis examina les lieux et revint auprès de M. de La Rochaigue.

— Ceci est parfaitement arrangé, mon cher baron : mais, dites-moi, avez-vous eu les derniers renseignemens qui vous manquaient sur M. Olivier Raimond ?

— Je suis allé ce matin chez son ancien colonel de l'armée d'Afrique. Il est impossible de parler de quelqu'un avec plus d'estime et d'éloges que M. de Berville ne m'a parlé de M. Olivier Raimond.

— J'en étais sûr ; mais j'ai voulu, mon cher baron, que vous puissiez vous assurer par vous-même et aux sources différentes des excellentes qualités de mon protégé.

— Il est vrai que ce garçon qu'il ne manque qu'un nom et

qu'une fortune, — dit le baron en étouffant malgré lui un soupir ; — mais enfin c'est un honnête et digne jeune homme...

— Et ce que vous savez de lui n'est rien encore auprès de ce que vous apprendrez peut-être tout à l'heure.

— Comment, un nouveau mystère, mon cher marquis ?

— Un peu de patience, et dans une heure vous saurez tout... Ah çà ! j'espère que vous n'avez pas dit un mot de nos projets à votre femme ou à votre sœur ?

— Pouvez-vous me faire une telle question ? mon cher marquis, n'ai-je pas une revanche à prendre contre la baronne et Héléna ?... Me jouer à ce point ! Chacune comploter à mon insu un mariage de son côté, me faire jouer le rôle le plus ridicule !... Ah ! ce sera du moins une consolation pour moi que de les accabler à mon tour.

— Et surtout pas de faiblesse, baron... Votre femme se vante de pouvoir vous faire changer de volonté à son gré, disant qu'elle vous mène, passez-moi le terme, par le nez...

— Bien... bien... nous verrons : ah ! l'on me mène par le nez !

— Admettons cela pour le passé.

— Je ne l'admets point du tout, moi, marquis...

— Mais... maintenant que vous voici homme politique, mon cher baron, une telle faiblesse n'aurait pas d'excuse... car vous ne vous appartenez plus, et, à ce propos, avez-vous revu nos trois meneurs d'élections ?

— Nous avons eu hier soir une nouvelle conférence... j'ai parlé pendant deux heures sur l'alliance anglaise. — Et le baron se redressa, passa la main gauche sous le revers de son habit, et prit sa pose oratoire. — J'ai ensuite effleuré la question de l'introduction des bêtes à cornes, et j'ai posé en principe la liberté religieuse comme en Belgique, et, il faut le dire, les fondés de pouvoir de vos électeurs m'ont paru ravis !

— Je le crois bien... vous devez vous entendre à merveille... et je leur rends un signalé service, car ils trouveront en vous... tout ce qui me manque...

— Ah ! marquis, vous êtes trop modeste.

— Au contraire, mon cher baron... Ainsi, le contrat d'Olivier et d'Ernestine signé, je me désiste en votre faveur de ma candidature, puisque vous êtes décidé d'avance.

Un domestique, entrant, annonça que M. Olivier Raimond demandait à parler à M. de La Rochaigue.

— Priez M. Raimond d'attendre un instant, — répondit le baron au domestique, qui sortit.

— Ah ! çà, baron, recordons-nous bien. La chose est grave et délicate, — dit le marquis, — n'oubliez aucune de mes recommandations, et, surtout, ne vous étonnez nullement des réponses de M. Olivier Raimond, si extraordinaires qu'elles vous paraissent ; tout s'éclaircira après votre entrevue avec lui...

— Il faut que je sois bien résolu à ne m'étonner de quoi que ce soit, marquis... puisque je ne comprends rien moi-même à la façon dont je dois procéder à cette entrevue...

— Tout s'éclaircira, vous dis-je ; et n'oubliez pas les travaux faits par M. Olivier pour le régisseur du château de Beaumesnil, près de Luzarches.

— Je n'aurais garde : c'est par là que j'entre en matière... et, soit dit en passant, je débute par un fameux mensonge, mon cher marquis.

— Mais aussi quelle éclatante vérité jaillira, je n'en doute pas, de ce fameux mensonge ! Allez, vous n'aurez pas à le regretter... car ce qui va se passer... aura peut-être autant d'intérêt pour vous que pour mademoiselle de Beaumesnil... Je vais la chercher... et, ainsi que nous en sommes convenus, ne faites introduire M. Olivier que lorsque vous nous saurez dans la pièce voisine.

— C'est entendu... allez vite, mon cher marquis... et passez par l'escalier de service... ce sera plus court, et M. Olivier, qui attend dans la bibliothèque, ne vous verra point.

Le marquis descendit en effet par l'escalier dérobé sur lequel s'ouvrait aussi une des portes de l'appartement de mademoiselle de Beaumesnil, et entra chez elle.

— Ah ! monsieur de Maillefort, — s'écria Ernestine, radieuse et les yeux encore remplis de larmes de joie... — Herminie m'a tout dit... Son bonheur du moins ne manquera pas au mien... si le mien se réalise.

— Vite, vite, mon enfant... venez, — dit le bossu, en interrompant la jeune fille, — M. Olivier est en haut.

— Herminie va m'accompagner, n'est-ce pas, monsieur de Maillefort ? elle sera là... près de moi, elle soutiendra mon courage...

— Votre courage ? — dit le marquis.

— Oui... car, maintenant... je vous l'avoue... malgré moi... je regrette cette épreuve.

— N'est-elle pas nécessaire aussi pour détruire les scrupules d'Olivier, ma chère enfant ?... Songez-y, c'est peut-être le plus grand des obstacles que nous aurons eu à combattre.

— Hélas ! il n'est que trop vrai... — dit tristement mademoiselle de Beaumesnil.

— Allons, mon enfant, venez... venez... Herminie vous accompagnera... Il faut qu'elle soit une des premières à vous féliciter...

— Ou... à me consoler... — reprit Ernestine, ne pouvant surmonter ses craintes... mais enfin... que mon sort s'accomplisse, — ajouta-t-elle résolument... — Monsieur de Maillefort... montons chez mon tuteur...

Cinq minutes après, Ernestine, Herminie et M. de Maillefort, rentraient dans le salon du baron, seulement séparé par une portière soigneusement fermée, mais que le bossu laissa entr'ouvrir pour dire à M. de La Rochaigue :

— Nous sommes là.

— Très bien ! — répondit le baron.

Et il sonna.

Le bossu disparut alors, en laissant retomber les pans de la portière un instant soulevée.

— Priez M. Olivier Raimond d'entrer, — dit le baron à un domestique venu à son appel, et qui bientôt annonça :

— Monsieur Olivier Raimond.

En entendant entrer Olivier dans la pièce voisine, Ernestine pâlit malgré elle, et, prenant d'une main la main d'Herminie, et de l'autre la main de M. de Maillefort, elle leur dit en tressaillant :

— Oh !... je vous en conjure... restez là, près... tout près de moi... je me sens défaillir... Oh ! mon Dieu ! que cet instant est solennel !...

— Silence, — dit à voix basse M. de Maillefort ; — Olivier parle... écoutons.

Et tous trois, palpitant sous l'empire d'émotions diverses, écoutèrent avec une inexprimable anxiété l'entretien d'Olivier et de M. de La Rochaigue.

LX.

La figure d'Olivier Raimond, lorsqu'il entra chez M. de La Rochaigue, exprimait un étonnement mêlé de curiosité.

Le baron le salua d'un air courtois, et, lui faisant signe de s'asseoir, lui dit :

— C'est à monsieur Olivier Raimond que j'ai l'honneur de parler ?

— Oui, monsieur.

— Sous-lieutenant au 3e régiment de hussards !

— Oui, monsieur.

— D'après la lettre que j'ai eu l'honneur de vous écrire, monsieur, vous avez vu sans doute qui j'appelais...

— M. le baron de La Rochaigue, monsieur, et je n'ai pas l'honneur de vous connaître... Puis-je savoir, maintenant, de quelle affaire importante et personnelle vous avez à m'entretenir ?

— Certainement, monsieur... Veuillez me prêter une scrupuleuse attention, et surtout ne pas vous étonner de ce qu'il peut y avoir de singulier... d'étrange... d'extraordinaire... même, dans les faits que je vais avoir l'honneur de vous communiquer.

Olivier regarda le formaliste baron avec une nouvelle surprise, tandis que le tuteur de mademoiselle de Beaumesnil jetait un imperceptible regard vers la portière qui fermait le salon dans lequel Herminie, Ernestine et M. de Maillefort, étaient réunis, écoutant cet entretien.

— Monsieur, — reprit le baron en s'adressant à Olivier, — il y a quelque temps, vous êtes allé à un château, près de Luzarches, afin d'aider un maître maçon à établir le relevé des travaux qu'il avait entrepris dans cette propriété?

— Cela est vrai, monsieur... — répondit Olivier, ne voyant pas où tendait cette question.

— Ces relevés terminés, vous êtes resté plusieurs jours au château, afin de vous occuper de différents comptes et écritures que le régisseur vous a proposé de faire pour lui?

— Cela est encore vrai, monsieur.

— Ce château, — reprit le baron d'un air important, — appartient à mademoiselle de Beaumesnil... *la plus riche héritière de France.*

— C'est en effet, monsieur, ce que j'avais appris durant mon séjour dans cette propriété... mais puis-je enfin savoir le but de ces questions?

— A l'instant même, monsieur; seulement, veuillez me faire la grâce de jeter les yeux sur cet acte...

Et le baron prit sur son bureau une double feuille de papier timbré qu'il remit à Olivier.

Pendant que celui-ci, de plus en plus étonné, parcourait ce papier, le baron reprit :

— Vous verrez par cet acte, monsieur, qui est un double de la délibération du conseil de famille convoqué après le décès de feue madame la comtesse de Beaumesnil, vous verrez, dis-je, par cet acte, que je suis tuteur et curateur de mademoiselle de Beaumesnil.

— En effet, monsieur, — répondit Olivier en tendant l'acte au baron, — mais je ne comprends pas de quel intérêt cette communication peut être pour moi.

— Je tenais d'abord, monsieur, à vous édifier sur ma position légale, officielle... judiciaire, auprès de mademoiselle de Beaumesnil, afin que tout ce que je pourrai avoir l'honneur de vous dire, au sujet de ma pupille, ait à vos yeux une autorité évidente... irrésistible... incontestable.

Ce langage, monotone et mesuré comme le mouvement d'un pendule, commença d'impatienter d'autant plus Olivier qu'il ne pouvait s'imaginer où devaient aboutir ces graves préliminaires; aussi regarda-t-il le baron d'un air si ébahi que M. de La Rochaiguë se dit :

— On croirait, en vérité, que je lui parle hébreu... il ne sourcille pas au nom de mademoiselle de Beaumesnil, qu'il n'a point seulement l'air de connaître... Qu'est-ce que tout cela signifie? Le diable de marquis avait bien raison de me dire que je devais m'attendre à de surprenantes choses.

— Pourrais-je enfin savoir, monsieur, — reprit Olivier avec une vivacité contenue, — en quoi il m'intéresse que vous soyez ou non le tuteur de mademoiselle de Beaumesnil?

— Arrivons au mensonge, — se dit le baron, — et voyons-en l'effet.

Puis il reprit tout haut :

— Monsieur, vous avez fait, ainsi que vous en êtes convenu, un assez long séjour au château de Beaumesnil !

— Oui, monsieur, — répondit Olivier avec une impatience de plus en plus difficile à modérer, — je vous l'ai déjà dit.

— Vous ignoriez peut-être, monsieur, que mademoiselle de Beaumesnil se trouvait à ce château en même temps que vous !

— Mademoiselle de Beaumesnil?

— Oui, monsieur, — reprit imperturbablement le baron en pensant qu'il mentait avec une aisance et un aplomb diplomatiques, — oui, monsieur, mademoiselle de Beaumesnil se trouvait à ce château pendant que vous y étiez aussi.

— Mais on disait cette demoiselle alors en pays étranger, monsieur? et d'ailleurs je n'ai vu personne au château.

— Cela ne m'étonne point, monsieur, — ajouta le baron d'un air fin; — mais le fait est que mademoiselle de Beaumesnil, de retour en France depuis très peu de jours, avait voulu passer le premier temps du deuil de madame sa mère dans ce château, et comme elle voulait y être dans la plus complète solitude, elle avait recommandé un secret absolu sur son arrivée dans cette propriété.

— Soit, monsieur... alors j'ai dû ignorer cette circonstance comme tout le monde, car je demeurais dans la maison du régisseur, située assez loin du château, que l'on disait inhabité... Mais, encore une fois, monsieur, à quoi bon me rappeler...?

— Je vous supplie, monsieur, de ne pas vous impatienter, — dit le baron en interrompant Olivier, — et de me prêter une religieuse attention, car il s'agit, je vous le répète, de choses du plus grave... du plus haut... du plus grand intérêt pour vous.

— Cet homme m'agace horriblement les nerfs avec ses redoublemens d'épithètes... Où veut-il en venir?... qu'ai-je de commun avec mademoiselle de Beaumesnil et ses châteaux? — se demandait Olivier.

— Le maître maçon pour lequel vous avez fait plusieurs écritures, — poursuivit le baron, — n'a pas caché au régisseur que le produit de ces travaux que vous vous imposiez pendant votre congé était destiné à venir en aide à M. votre oncle, que vous entouriez d'une tendresse filiale...

— Eh ! mon Dieu ! monsieur, à quoi bon parler d'une chose si simple ? Je vous en conjure, arrivons au fait... au fait !

— Le fait... le voici, monsieur, — reprit le baron avec un geste solennel, — c'est que votre généreuse conduite envers monsieur votre oncle a été rapportée à mademoiselle de Beaumesnil par son régisseur.

— Eh bien ! après, monsieur ? — s'écria Olivier, dont la patience était à bout ; — ensuite, qu'en concluez-vous ? où voulez-vous en venir?

— Je veux en venir, monsieur, à vous apprendre que mademoiselle de Beaumesnil est une jeune personne du meilleur cœur, du plus noble caractère, et, comme telle, plus sensible que personne aux actions généreuses... Aussi, lorsqu'elle a su votre dévoûment pour monsieur votre oncle, elle a été si touchée... qu'elle a désiré vous voir.

— Moi?... — dit Olivier d'un ton parfaitement incrédule.

— Oui, monsieur, ma pupille a voulu vous voir, mais sans être vue de vous; et, bien plus, elle a désiré vous entendre plusieurs fois causer en toute liberté... aussi d'*accord avec le régisseur.* En un mot, mademoiselle de Beaumesnil a trouvé le moyen d'assister, invisible pour vous, à plusieurs de vos entretiens, soit avec ledit régisseur, soit avec le maître maçon pour lequel vous travailliez... Ces entretiens ont tellement mis en relief aux yeux de ma pupille la droiture, l'élévation de vos sentimens, qu'elle a été aussi frappée de la noblesse de votre cœur que de vos agrémens personnels... et qu'alors...

— Monsieur, — dit vivement Olivier en devenant pourpre, — il me serait pénible de croire qu'un homme de votre âge et de votre gravité... pût s'amuser à faire de mauvaises plaisanteries, et pourtant je n'admettrai jamais que vous parliez sérieusement...

— J'ai eu l'honneur, monsieur, de vous communiquer l'acte qui me constitue le tuteur de mademoiselle de Beaumesnil, afin de vous donner toute créance en mes paroles ; je vous ai ensuite prévenu que ce que j'avais à vous dire devait vous paraître singulier... étrange... extraordinaire, et vous ne pouvez croire qu'un homme de mon âge, pourvu d'une certaine façon... dans un certain monde, ose se jouer des intérêts sacrés qui lui sont confiés, et veuille rendre un homme aussi honorable que vous, monsieur, la dupe d'une déplorable plaisanterie.

— Soit, monsieur, — reprit Olivier, ramené par les paroles du baron, — j'ai eu tort, je l'avoue, de vous supposer capable d'une mystification... et cependant...

— Encore une fois, veuillez vous souvenir, monsieur, — dit le baron en interrompant Olivier, — que je vous ai prévenu que j'avais à vous apprendre des choses fort extraordinaires. Je poursuis : Mademoiselle de Beaumesnil a seize ans... elle est *la plus riche héritière de France.* Donc, — ajouta le baron en regardant Olivier d'un air significatif et appuyant sur ces derniers mots ; — donc, elle n'a pas à s'inquiéter de la fortune de celui qu'elle choisira pour époux... Elle veut... avant tout, se marier à un homme qui lui plaise, et qui lui offre des garanties de bonheur pour l'avenir. Quant au nom, quant à la position sociale de celui qu'elle choisira... pourvu que ce nom et que cette position soient honorables et honorés, mademoiselle de Beaumesnil n'en demande pas davantage. Me comprenez-vous, enfin, monsieur ?

— Monsieur... je vous ai prêté la plus sérieuse attention... Je comprends parfaitement que mademoiselle de Beaumesnil veuille se marier selon son goût, sans préoccupation de fortune ou de rang. Elle a, je crois, parfaitement raison ; mais pourquoi me dire tout ceci... à moi qui, de ma vie, n'ai vu mademoiselle de Beaumesnil, et qui ne la verrai sans doute jamais ?

— Je vous dis ceci à vous, monsieur Olivier Raimond, parce que mademoiselle de Beaumesnil est persuadée que vous réunissez toutes les qualités qu'elle désirait rencontrer dans son mari ; aussi, après avoir pris les plus minutieuses informations sur vous, monsieur, et je dois vous avouer qu'elles sont excellentes, j'ai, comme tuteur de mademoiselle de Beaumesnil, j'ai, dis-je, pouvoir et mission de vous proposer sa main.

Le baron aurait pu parler plus longtemps encore qu'Olivier ne l'eût pas interrompu : stupéfait de ce qu'il entendait, il ne pouvait croire à une mystification de la part de M. de La Rochaiguë qui, malgré ses ridicules oratoires, était un homme d'un extérieur grave, de manières parfaites, et qui s'exprimait en fort bons termes ; d'un autre côté, comment se persuader, fût-on doué du plus robuste amour-propre, et ce n'était pas le défaut d'Olivier, comment se persuader que *la plus riche héritière de France* eût pu s'éprendre si soudainement ? Aussi Olivier reprit-il :

— Vous excuserez mon silence et ma stupeur, monsieur, car vous m'aviez vous-même prévenu que vous alliez à m'apprendre la chose du monde la plus extraordinaire...

— Remettez-vous, monsieur... je conçois le trouble où vous plonge cette proposition... je dois ajouter... que mademoiselle de Beaumesnil sait parfaitement que vous ne pouvez accepter son offre avant de l'avoir vue et appréciée... J'aurais donc aujourd'hui même, si vous le désiriez, l'honneur de vous présenter à ma pupille ; mon seul désir... est que vous trouviez tous deux dans vos convenances mutuelles la garantie, l'espoir, la certitude de votre bonheur à venir.

Après cette péroraison, le baron se dit :

« Ouf ! c'est fini.... je saurai tout à l'heure, par ce diable de marquis, le mot de l'énigme, qui me paraît de plus en plus obscure. »

Durant cette première partie de l'entretien d'Olivier et du baron, mademoiselle de Beaumesnil, Herminie et le bossu, avaient silencieusement écouté.

Herminie comprenait alors le double but de l'épreuve à laquelle M. de Maillefort avait cru devoir soumettre Olivier ; mais Ernestine, malgré son aveugle confiance dans l'élévation des sentiments du jeune officier, éprouvait une angoisse inexprimable... en attendant la réponse qu'il allait faire à l'étourdissante proposition du baron.

Hélas ! la tentation était si puissante !... Combien peu de gens seraient capables d'y résister !... Combien en est-il qui, oubliant une promesse faite dans un premier élan de générosité à une pauvre petite fille sans nom, sans fortune, saisiraient avidement cette occasion de posséder des richesses immenses !

— Oh ! mon Dieu ! malgré moi, j'ai peur... — disait tout bas Ernestine à Herminie et au bossu. — Le renoncement que nous attendons de M. Olivier est peut-être au-dessus des forces humaines. Hélas ! pourquoi ai-je consenti à cette épreuve ?

— Courage, mon enfant ! — dit le marquis, — ne songez qu'au bonheur, qu'à l'admiration que vous ressentirez si Olivier ne faillit pas à ce que nous devons attendre de lui... Mais, silence ! écoutez : l'entretien continue...

Par un mouvement d'angoisse involontaire, Ernestine se jeta dans les bras d'Herminie, et ce fut ainsi que toutes deux, palpitantes de crainte et d'espoir, attendirent la réponse d'Olivier.

Celui-ci ne pouvait plus douter de ce qu'il y avait de sérieux dans l'offre incroyable qu'on lui faisait ; mais, ne pouvant absolument se résoudre à l'attribuer à ses mérites, il vit dans cette proposition l'un de ces caprices romanesques, assez familiers, dit-on, aux personnes que leur fortune exorbitante met dans une position exceptionnelle, et qui semblent vouloir se jouer du sort à force d'excentricités.

— Monsieur, — répondit Olivier au baron d'une voix ferme et grave, après un assez long silence, — si incroyable, je dirai presque si impossible, que me semble la démarche dont vous êtes chargé... je vous donne ma parole d'homme d'honneur que, sans pouvoir me l'expliquer, je crois à sa sincérité.

— Croyez-y, monsieur... c'est l'important, c'est tout ce que je vous demande.

— J'y crois donc, monsieur... et je ne cherche pas à pénétrer les motifs incompréhensibles qui ont pu un instant engager mademoiselle de Beaumesnil à songer à moi.

— Pardon... ces motifs... monsieur... je vous les ai fait connaître.

— Je le sais, monsieur ;... mais, sans être d'une modestie ridicule, ces motifs ne me paraissent pas suffisans ; je n'ai pas d'ailleurs le droit de les apprécier, car... il m'est impossible, monsieur... non pas d'accepter la main de mademoiselle de Beaumesnil... un acte si grave est subordonné à mille circonstances imprévues, mais je...

— Je vous donne à mon tour ma parole d'homme d'honneur, monsieur, — dit le baron d'un air solennel dont Olivier fut frappé, — qu'il dépend de vous... entendez-moi bien... de vous... absolument de vous... d'épouser mademoiselle de Beaumesnil, et qu'avant une heure, si vous le désirez, je vous présenterai à ma pupille... Vous ne pourrez alors conserver le moindre doute... sur l'offre que je vous fais.

— Je vous crois, monsieur... je vous le répète ; je voulais seulement vous dire qu'il m'est impossible de donner pour ma part aucune suite aux propositions que vous voulez bien me faire.

A son tour le baron resta stupéfait.

— Comment, monsieur !... — s'écria-t-il, — vous refusez... Mais non... non... je comprends mal, sans doute, votre réponse : il est impossible que vous soyez assez aveugle pour ne pas voir les avantages inouïs qu'un pareil mariage...

— Je vais donc être plus précis, monsieur. Je refuse positivement ce mariage, tout en reconnaissant ce qu'il y a de trop flatteur pour moi dans les bienveillantes intentions de mademoiselle de Beaumesnil...

— Refuser... *la plus riche héritière de France*, — s'écria le baron abasourdi ; — accueillir avec ce dédain la démarche inouïe que mademoiselle de Beaumesnil...

— Permettez, monsieur, — dit vivement Olivier en interrompant le baron, — je vous ai dit tout à l'heure... combien je me sentais honoré de votre proposition. Aussi... je serais désolé que vous pussiez interpréter mon refus d'une manière défavorable pour mademoiselle de Beaumesnil, que je n'ai pas l'honneur de connaître !

— Mais, encore une fois, monsieur, je vous offre de vous la faire connaître.

— Cela est inutile, monsieur... Je ne doute pas du mérite de mademoiselle de Beaumesnil ;... mais, puisqu'il faut

tout vous dire, j'ai un engagement sacré... un engagement de cœur et d'honneur...
— Un engagement ?
— En un mot, monsieur, je dois très prochainement me marier à une jeune personne que j'aime autant que je l'estime.
— Bon Dieu du ciel, monsieur ! — s'écria le malheureux baron, presque suffoqué, — que m'apprenez-vous là ?
— La vérité, monsieur... et cette déclaration suffira, je l'espère, à vous prouver que je puis... sans aucune prévention contre mademoiselle de Beaumesnil... ne pas donner suite à la démarche que vous avez tentée auprès de moi.
— Mais, si le mariage ne se fait pas, ma députation est manquée, — pensait le baron, confondu de ce nouvel incident. — Pourquoi, diable! alors le marquis me demandait-il mon consentement... puisque ce jeune fou, cet archi-fou devait refuser un si fabuleux établissement ? Et ma pupille qui, ce matin encore, vient de me déclarer positivement qu'elle ne veut épouser que ce M. Olivier Raimond... Ah! pardieu! le marquis m'avait bien dit que c'était une énigme ; mais toutes les énigmes ont un mot, et celle-là n'en a point !
Le baron, ne voulant pas renoncer ainsi à son espérance de députation, reprit tout haut :
— Mon cher monsieur, je vous en conjure, réfléchissez bien... vous avez un engagement sacré, à la bonne heure... vous aimez une jeune fille... c'est à merveille ; mais, Dieu merci ! vous êtes libre encore... et il est des sacrifices que l'on doit avoir le courage de faire à son avenir... Jugez donc, monsieur... plus de trois millions de rentes... en terres... cela ne s'est jamais refusé... et la jeune fille que vous aimez... si elle vous aime réellement pour vous-même... sera la première, si elle n'est pas affreusement égoïste, à vous conseiller... la... la résignation à cette fortune inespérée... Plus de trois millions de rentes en terres, mon cher monsieur... en terres ?
— Je vous ai dit, monsieur, que j'avais un engagement de cœur et d'honneur ; aussi je vois avec peine, — ajouta sévèrement Olivier, — que, malgré les excellents renseignements que vous avez, dites-vous, recueillis sur moi... vous me croyez cependant capable d'une lâche et indigne action, monsieur...
— A Dieu ne plaise, mon cher monsieur ; je vous tiens pour le plus galant homme du monde... mais.
— Veuillez, monsieur, — dit Olivier, en se levant, — faire connaître à mademoiselle de Beaumesnil les raisons qui dictent ma conduite, et je suis certain d'avance de mériter l'estime de votre pupille...
— Mais vous ne la méritez que trop son estime, mon cher monsieur... un pareil désintéressement est unique, admirable, sublime...
— Un pareil désintéressement est tout simple, monsieur: j'aime, je suis aimé... j'ai mis l'espoir et le bonheur de ma vie dans mon prochain mariage...
Et Olivier fit un pas vers la porte.
— Monsieur, je vous en conjure... prenez quelques jours pour réfléchir ;... ne cédez pas à ce premier mouvement... Encore une fois : plus de trois millions de...
— Vous n'avez rien de plus à m'apprendre, monsieur, je suppose, — dit Olivier en interrompant le baron et en le saluant afin de prendre congé de lui.
— Monsieur, — s'écria le baron désolé, — je vous adjure... de penser que votre refus... fera le malheur de mademoiselle de Beaumesnil... car enfin, vous sentez bien qu'un tuteur... qu'un homme sérieux, ne ferait pas la démarche que je fais auprès de vous s'il n'y est obligé par les plus graves intérêts ; en d'autres termes, ma pupille sera désespérée de votre refus... elle en mourra peut-être.
— Monsieur, je vous supplie, à mon tour, d'avoir égard à la position pénible dans laquelle vous me mettez, position qu'il m'est impossible d'ailleurs de supporter plus longtemps après l'aveu que j'ai cru devoir vous faire de mon prochain mariage.

Et Olivier salua une dernière fois le baron, se dirigea vers la porte, et ajouta, au moment de l'ouvrir :
— J'aurais désiré, monsieur, terminer moins brusquement cet entretien ; veuillez donc m'excuser et m'attribuer ma retraite qu'à votre insistance, qui me met dans la position la plus désagréable... je n'ose dire la plus ridicule du monde.
En disant ces mots, Olivier sortit, malgré les supplications désespérées du baron.
Alors celui-ci, désappointé, furieux, accourut dans le salon où étaient rassemblés les deux jeunes filles et le bossu, ouvrit brusquement les portières et s'écria :
— Ah çà ! marquis, m'expliquerez-vous, à la fin, ce que cela signifie ?... De qui se moque-t-on ici ? Ne voilà-t-il pas ce M. Olivier qui refuse la main de mademoiselle de Beaumesnil, qu'il dit n'avoir jamais vue de sa vie, tandis que vous m'assurez que lui et ma pupille s'adorent ?

LXI.

M. de La Rochaiguë n'était pas au terme de ses ébahissemens.
En annonçant le refus d'Olivier, dont les auditeurs invisibles de la scène précédente étaient déjà instruits, le baron croyait les trouver dans la consternation.
Loin de là.
Mademoiselle de Beaumesnil et Herminie, étroitement enlacées, s'embrassaient au milieu d'élans d'une joie délirante.
— Il a refusé... — murmurait Ernestine avec un accent d'attendrissement ineffable.
— Ah !... je vous le disais bien, mon amie, M. Olivier ne pouvait tromper notre attente, — ajoutait Herminie.
— Avais-je raison ! — reprenait à son tour le marquis non moins enchanté ; — ne vous avais-je pas prédit, moi, qu'il refuserait ?
— Mais, alors, pourquoi, diable ! m'avez-vous demandé mon consentement avec tant d'acharnement ? — s'écria le baron exaspéré ; — pourquoi m'avez-vous supplié, vous marquis, vous ma pupille, de faire cette inconcevable proposition, puisqu'elle devait être refusée ?
A ces mots du baron, Ernestine quitta le bras de son amie, et, la figure épanouie, radieuse, elle dit à son tuteur d'une voix touchante :
— Oh ! merci... monsieur... merci, je vous devrai le bonheur de toute ma vie... et, je vous le jure... je ne serai pas ingrate !...
— A l'autre, maintenant ! — s'écria le baron, — mais vous n'avez donc pas entendu ?... il refuse... il refuse... il, refuse...
— Oh ! oui... il refuse... — dit Ernestine avec expansion. — noble refus... du plus noble des cœurs !
— Décidément, ils sont fous ! — dit le baron.
Puis il cria aux oreilles d'Ernestine :
— Mais cet Olivier ne se marie... il ne veut pas de vous... son mariage est arrêté !
— Grâce à Dieu ! — dit Ernestine, — et ce mariage n'a plus maintenant d'obstacle possible ; aussi, encore une fois merci, monsieur de La Rochaiguë, jamais, oh ! jamais je n'oublierai ce que vous avez fait pour moi dans cette circonstance.
Le bossu vint heureusement au secours du malheureux baron, dont l'étroite cervelle était sur le point d'éclater.
— Mon cher baron, — lui dit M. de Maillefort, — je vous ai promis le mot de l'énigme.
— Je vous jure qu'il en est temps... marquis ; il est plus que temps de dire ce mot... sinon je deviens fou... mes oreilles bourdonnent... ma tête se fend... mes yeux papillottent... j'ai des éblouissemens.

— Eh bien! donc, écoutez : ce matin votre pupille vous a déclaré, n'est-ce pas? qu'elle voulait épouser M. Olivier Raimond... et qu'elle voyait dans ce mariage le bonheur de sa vie.

— Ah çà !... vous allez recommencer? — s'écria M. de La Rochaigüe en frappant du pied avec fureur.

— Un instant de patience donc, baron! je vous ai dit ensuite que ce que vous saviez d'avantageux sur M. Olivier Raimond n'était rien auprès de ce que vous apprendriez sans doute.

— Eh bien! qu'ai-je appris?

— N'est-ce donc rien que son désintéressement que vous avez vous-même trouvé admirable? Refuser *la plus riche héritière de France*, pour tenir un engagement sacré...

— Eh ! mon Dieu ! oui, c'est admirable, superbe ! — s'écria le baron, — je sais cela de reste! mais je vous répète que je deviendrai fou à l'instant si vous ne m'expliquez pas pourquoi ce refus, qui devrait vous consterner, vous et ma pupille, vous rend radieux ; car enfin, vous vouliez marier Ernestine avec M. Olivier?

— Certainement.

— Eh bien! il est comme un forcené pour en épouser une autre.

— Eh ! c'est justement cela qui nous transporte, — dit le bossu.

— C'est cela qui nous ravit, — ajouta Ernestine.

— Cela vous ravit, qu'il veuille en épouser une autre ! — s'écria le baron exaspéré.

— Mais sans doute, — reprit le marquis, — puisque, cette autre, c'est elle.

— Qui, elle?... — cria le baron ; — mais qui, elle?

— Votre pupille...

— Allons, l'autre est ma pupille? à présent!

— Certainement, — reprit mademoiselle de Beaumesnil, triomphante, — cette autre, c'est moi?

— Encore une fois, baron, — reprit le bossu, — on vous dit que l'autre... c'est elle... votre pupille.

— Oui, c'est Ernestine, — ajouta Herminie.

— C'est pourtant bien clair, — reprit le bossu.

A cette explication, encore plus incompréhensible pour lui que tout le reste, le malheureux baron jeta autour de lui des regards effarés ; puis il ferma les yeux, trébucha, et dit au bossu d'une voix dolente :

— Monsieur de Maillefort... vous êtes sans pitié... je crois avoir la tête aussi forte qu'un autre... mais elle est incapable de résister à un pareil imbroglio... vous me promettez de me donner le mot de cette insupportable énigme, et, ce mot... est encore plus inexplicable que l'énigme elle-même.

— Allons, mon pauvre baron, calmez-vous... et écoutez-moi.

— Cela m'avance beaucoup, — dit le baron en gémissant, — voilà un quart d'heure que je vous écoute, et c'est pis encore qu'au commencement.

— Tout va s'éclaircir.

— Enfin... voyons.

— Voici le fait : par suite de circonstances que vous saurez plus tard et qui ne changent rien au fond des choses, votre pupille s'est rencontrée avec M. Olivier, et elle s'est fait passer pour une petite orpheline vivant de son travail... Comprenez-vous cela, baron?

— Bien... je comprends cela... après?

— Par suite d'autres circonstances, que vous saurez aussi plus tard, votre pupille et M. Olivier se sont épris l'un de l'autre, lui, continuant à ne voir dans mademoiselle de Beaumesnil qu'une orpheline sans nom, sans fortune... et si malheureuse, qu'il a cru être, et a été, en effet, très généreux envers elle, en lui offrant de l'épouser lorsqu'il s'est vu officier.

— Enfin ! — s'écria le baron, triomphant à son tour et se dressant de toute sa hauteur, — Ernestine et *l'autre* ne sont qu'une seule et même personne !

— Voilà, — dit le bossu.

— Et alors, — reprit le baron en s'essuyant le front, — vous avez voulu voir si Olivier aimait assez sincèrement *l'autre* pour résister à la tentation d'épouser *la plus riche héritière de France*...

— C'est cela même, baron.

— De là cette fable que mademoiselle de Beaumesnil, ayant vu et entendu Olivier, pendant son séjour au château, lorsqu'il y était venu pour des travaux, s'était éprise de ce digne garçon?

— Il fallait bien motiver raisonnablement, par cette fable, la proposition que vous vous étiez chargé de faire, baron, et vous vous en êtes tiré à merveille... Eh bien ! avais-je tort en vous disant que M. Olivier Raimond était un galant homme ?

— Un galant homme ! — s'écria le baron. — Ecoutez, marquis... je ne veux pas revenir sur le passé, mais je ne vous cache pas que j'étais loin de trouver ce mariage sortable pour ma pupille ; eh bien! je déclare... j'affirme... je proclame qu'après ce que je viens de voir et d'entendre... ma pupille serait ma fille, que je lui dirais : épousez M. Raimond ; vous ne pouvez faire un meilleur choix.

— Oh ! monsieur... je n'oublierai jamais ces bonnes paroles, — dit Ernestine.

— Et ce n'est pas tout, mon cher baron.

— Quoi donc encore ? — dit M. de La Rochaigüe, avec une vague inquiétude, croyant qu'il allait être question d'un nouvel imbroglio, — qu'y a-t-il ?

— Cette épreuve a un double but.

— Ah bah ! et lequel ?

— Nous connaissons tellement la délicate susceptibilité de M. Olivier que nous avons craint que, en lui révélant soudain que la jeune personne qu'il croyait pauvre était mademoiselle de Beaumesnil, il n'eût d'invincibles scrupules... lui officier de fortune, à épouser *la plus riche héritière de France*, quoiqu'il l'eût aimée la croyant la plus pauvre fille du monde.

— Eh bien ! ces scrupules-là ne m'étonneraient pas, dit le baron ; — d'après la fierté naturelle de ce garçon, il faut s'attendre à tout... Mais, j'y songe, cet inconvénient que vous redoutez, il existe toujours.

— Non pas, mon cher baron.

— Pourquoi non ?

— C'est bien simple, — dit Ernestine toute joyeuse, M. Olivier Raimond n'a-t-il pas refusé d'épouser mademoiselle de Beaumesnil, la riche héritière ?

— Sans doute, — dit le baron, — mais... je ne vois pas...

— Eh bien ! monsieur, — reprit Ernestine, — comment M. Olivier, lorsqu'il apprendra qui je suis, pourra-t-il craindre d'être soupçonné de ne faire qu'un mariage d'argent en m'épousant, puisqu'il aura d'abord positivement refusé ma main ?

— C'est-à-dire... plus de trois millions de rentes en terres... et ce... parlant à ma personne, — s'écria le baron en interrompant sa pupille, — c'est la vérité... l'idée est excellente... je vous en fais mon compliment, marquis, et je dis comme vous ; M. Olivier eût-il une susceptibilité mille fois plus féroce encore, elle ne pourrait tenir contre ce dilemme : vous avez refusé d'épouser trois millions de rentes... donc... votre délicatesse est à jamais au-dessus de tout soupçon...

— N'est-ce pas, monsieur, — dit Ernestine, — il est impossible que les scrupules de M. Olivier tiennent contre cela ?

— Evidemment, ma chère pupille... mais enfin cette révélation... il faudra bien la faire tôt ou tard à M. Olivier?

— Sans doute, — reprit le marquis, — et je m'en charge... J'ai mon projet et nous allons en causer tous deux, baron, car il se relie à certains détails d'intérêt matériel auxquels les jeunes filles n'entendent rien... n'est-ce pas, mon enfant ? — ajouta le marquis en souriant et en s'adressant à Ernestine.

— Oh ! rien absolument, — répondit mademoiselle de Beaumesnil, — et ce que vous déciderez, vous, monsieur de Maillefort, et mon tuteur, je l'accepte d'avance.

— Je n'ai pas besoin, mon cher baron, — reprit le marquis, — de vous recommander la plus entière discrétion sur tout ceci, jusques après la signature du contrat, qui, si vous m'en croyez, et j'ai mes raisons pour cela, précédera la publication des bans... Nous le signerons après-demain, je suppose... ce n'est pas trop tôt... Qu'en pensez-vous, Ernestine?

— Eh! monsieur... vous devinez ma réponse, — dit la jeune fille, souriant et rougissant tour à tour. Puis elle ajouta vivement : — Mais ce contrat, monsieur, ne sera pas le seul... à signer... Il y en a un autre, n'est-ce pas, Herminie?

— Cela pourrait-il être autrement? — dit *la duchesse.*

— M. de Maillefort pense comme moi, j'en suis sûre.

— Oh! certainement, — dit le bossu en souriant. — Mais qui se chargera, s'il vous plaît, de cette combinaison assez difficile?

— Encore vous, monsieur de Maillefort, — dit Ernestine, — vous êtes si bon!

— Et puis, — ajouta Herminie, — ne nous avez-vous pas prouvé que rien ne vous était impossible?...

— Oh! quant aux impossibilités vaincues, — reprit le marquis avec émotion, — lorsque je songe à la scène qui s'est passée ce matin chez vous,. ce n'est pas de moi qu'il faut parler... mais de vous, chère enfant.

En entendant ces mots du bossu, M. de La Rochaigue fit plus d'attention qu'il n'en avait fait jusqu'alors à la présence d'Herminie, et lui dit :

— Pardon, ma chère demoiselle... mais tout ce qui vient de se passer m'a tellement distrait que...

— Monsieur de La Rochaigue, — dit Ernestine à son tuteur, en prenant Herminie par la main, — je vous présente... ma meilleure amie... ou plutôt ma sœur... car deux sœurs ne s'aiment pas plus tendrement que nous.

— Mais, — dit le baron fort surpris, — si je ne me trompe, mademoiselle... mademoiselle... est la maîtresse de piano... que nous avions choisie en raison de la délicatesse parfaite de ses procédés envers la succession de la comtesse de Beaumesnil.

— Mon cher baron, — dit le marquis, — vous aurez encore bien des choses très singulières à apprendre au sujet de mademoiselle Herminie.

— Vraiment! — dit M. de La Rochaigue; — et quelles sont ces choses singulières?

— Dans notre entretien de tout à l'heure... je vous dirai... ce que je pourrai vous dire à ce sujet; qu'il vous suffise seulement de savoir que votre chère pupille a aussi noblement placé son amitié que son amour... car, en vérité celle qui doit avoir pour mari M. Olivier Raimond, devait avoir pour amie mademoiselle Herminie.

— Oh! M. de Maillefort a bien raison, — dit mademoiselle de Beaumesnil en se rapprochant de sa compagne, — tous les bonheurs... me sont venus à la fois, et le même jour, dans cette modeste soirée de madame Herbaut...

— La modeste soirée... de madame Herbaut, — répéta le baron en ouvrant des yeux énormes, — quelle madame Herbaut?

— Ma chère enfant, — dit le bossu en voyant les ébahissemens du baron renaître aux dernières paroles d'Ernestine, — il faut être généreuse et ne pas donner une nouvelle énigme à deviner à M. de La Rochaigue.

— Je me déclare d'avance incapable de la deviner, — s'écria le baron, — j'ai la cervelle aussi étonnée... aussi confuse... aussi étourdie que si je venais de faire une ascension en aérostat.

— Rassurez-vous, baron, dit en riant M. de Maillefort, — je vais tout vous dire, sans mettre le moins du monde votre imagination à l'épreuve.

— Nous vous laissons, messieurs, — dit Ernestine en souriant; puis elle ajouta : — Je crois devoir seulement vous prévenir, monsieur de La Rochaigue, que Herminie et moi, nous avons formé un complot.

— Et ce complot, mesdemoiselles?

— Comme il se fait tard, et que je deviendrais, j'en suis sûre, folle de joie en restant toute seule avec mon bonheur. Herminie a consenti à partager mon appartement jusqu'à demain matin... nous dînerons tête à tête, et je vous laisse à penser quelle bonne fête.

— Mais justement, mesdemoiselles, cela se trouve à merveille, — dit le baron, — car madame de La Rochaigue et moi sommes obligés d'aller dîner en ville. Allons, mesdemoiselles, bonne soirée je vous souhaite.

— A demain, mes enfans, — dit M. de Maillefort : — nous aurons à causer de certains détails qui, j'en suis sûr, ne vous déplairont pas.

Les deux jeunes filles, laissant ensemble MM. de Maillefort et de La Rochaigue, descendirent légères, radieuses, et, après un petit dîner auquel elles touchèrent à peine, tant elles avaient le cœur gros de joie et de tendresse, elles se retirèrent dans la chambre à coucher d'Ernestine, pour s'y livrer seule à seule à tous les charmes du souvenir, à toutes les joies de l'espérance, en se rappelant les singulières vicissitudes de leurs amours et de leur amitié, déjà si éprouvées.

Au bout d'un quart d'heure, les deux jeunes filles furent, à leur grand regret, interrompues par madame Lainé, qui se présenta, après avoir discrètement frappé.

— Que voulez-vous, ma chère Lainé? — lui dit Ernestine.

— J'aurais quelque chose à demander à mademoiselle.

— Qu'est-ce donc?

— Mademoiselle sait que M. le baron et madame la baronne sont allés dîner en ville, et qu'ils ne rentreront que fort tard?

— Je sais cela... ensuite?

— Mademoiselle Héléna, voulant mettre à même les gens de l'hôtel de profiter de la soirée que leur laisse l'absence de M. le baron et de madame la baronne... a fait louer ce matin trois loges... au théâtre de la Gaîté, où l'on donne *les Machabées,* une pièce tirée de l'histoire sainte.

— Et vous désirez aller voir aussi *les Machabées,* ma chère Lainé?

— Si mademoiselle n'avait pas besoin de moi... jusqu'à l'heure de son coucher?...

— Je vous donne votre soirée tout entière, ma chère Lainé; emmenez aussi cette pauvre Thérèse...

— Mais si mademoiselle avait besoin de quelque chose... avant mon retour?...

— Je n'aurai besoin de rien... et il sera même inutile de revenir pour mon coucher... Mademoiselle Herminie et moi nous nous servirons mutuellement de femme de chambre... Allez, ma chère Lainé, amusez-vous bien, et Thérèse aussi.

— Mademoiselle est bien bonne et je la remercie mille fois... Du reste si, par hasard, mademoiselle avait besoin de quelque chose... elle n'aurait qu'à sonner à la sonnette de l'antichambre... Mademoiselle Héléna a dit à Placide de descendre et d'être aux ordres de mademoiselle si elle sonnait, tous les autres domestiques étant absens.

— A la bonne heure, — dit Ernestine, — je sonnerai Placide si j'ai besoin de quelque chose... Bonsoir, ma chère Lainé.

La gouvernante s'inclina et sortit.

Les deux jeunes filles restèrent donc seule dans ce grand hôtel désert, car il ne s'y trouvait alors ni domestiques ni maître, à l'exception de mademoiselle Héléna de La Rochaigue et Placide, sa suivante, qui d'après les instructions de sa maîtresse, restait aux ordres de mademoiselle de Beaumesnil et d'Herminie.

LXII.

Dix heures du soir venaient de sonner.

La nuit était sombre, orageuse, les sifflemens du ven

interrompaient seuls le profond et morne silence qui régnait dans l'hôtel de La Rochaiguë, où il ne restait que quatre personnes : Héléna, sa femme de chambre Placide, mademoiselle de Beaumesnil et Herminie.

Les deux jeunes filles causaient déjà depuis deux heures de leur passé si triste, de leur avenir si riant, et il leur semblait que leur entretien commençait à peine.

Tout à coup Ernestine s'interrompit et parut attentivement écouter du côté de la chambre de sa gouvernante.

— Qu'avez-vous, Ernestine ? — lui demanda Herminie.

— Rien... mon amie...—répondit mademoiselle de Beaumesnil... — rien... je me serai trompée...

— Mais encore ?

— Il m'avait semblé entendre du bruit dans la chambre de ma gouvernante.

— Oh ! la peureuse ! — dit Herminie en souriant... — c'est le vent qui aura agité quelque contrevent au dehors... et...

Mais Herminie, faisant à son tour un mouvement de surprise, tourna vivement sa tête vers la porte qui séparait la chambre à coucher d'Ernestine d'un salon extérieur, et dit :

— Voilà qui est singulier... Ernestine, n'avez-vous pas remarqué ?...

— Que l'on vient de fermer cette porte en dehors... n'est-ce pas ?

Sans répondre, Herminie courut à la porte dont il était question.

Plus de doute, on avait donné un tour de clef à la serrure.

— Mon Dieu !... — dit Ernestine, commençant à s'effrayer... — Qu'est-ce que cela signifie ?... tous les domestiques de l'hôtel sont dehors... Ah !... heureusement, il reste Placide... une des femmes de mademoiselle Héléna.

Et mademoiselle de Beaumesnil, s'approchant précipitamment de sa cheminée, sonna à plusieurs reprises.

Alors Herminie se rappela les vagues inquiétudes que le marquis lui avait manifestées dans l'après-dîner, en lui parlant du rapprochement de de Ravil et de Macreuse.

Quoique *la duchesse* se sentît alors saisie d'un vague effroi, elle ne voulut pas augmenter la frayeur d'Ernestine, et lui dit :

— Rassurez-vous, mon amie... la personne que vous sonnez... va nous expliquer... sans doute, ce qui nous étonne...

— Mais elle ne vient pas... et voilà trois fois que je sonne à tout rompre, — s'écria mademoiselle de Beaumesnil.

Et elle ajouta, toute frémissante et à voix basse en désignant l'autre porte qui, de sa chambre, communiquait chez sa gouvernante :

— Entendez-vous... là... Oh ! mon Dieu !... mais on marche.

Herminie faisant un geste de doute, mademoiselle de Beaumesnil prêta de nouveau l'oreille, et s'écria bientôt avec une nouvelle angoisse :

— Herminie, je vous dis qu'on marche... on vient... écoutez...

— Poussons vite ce verrou et enfermons-nous, — dit vivement Herminie en courant à cette petite porte...

Mais cette porte s'ouvrit brusquement, alors que la jeune fille allait y porter la main.

M. de Macreuse parut dans la chambre.

A sa vue, Herminie fit un cri en se rejetant en arrière, tandis que le pieux jeune homme, se tournant vers quelqu'un qui restait dans l'ombre de la pièce voisine, s'écria avec un accent de stupeur et de rage :

— Enfer !... Elle n'est pas seule... tout est perdu !

A ces mots, un second personnage apparut.

C'était de Ravil.

A l'aspect d'Herminie, il s'écria, non moins surpris et courroucé que son complice :

— La musicienne ici !...

Herminie et Ernestine s'étaient réfugiées dans l'un des angles de la chambre, et là, enlacées dans les bras l'une de l'autre, comme pour se prêter un mutuel appui, elles palpitaient d'épouvante, incapables de parler et d'agir.

Macreuse et de Ravil, stupéfaits, puis furieux de la présence inattendue d'Herminie, qui semblait ruiner leurs projets, restèrent, pendant quelques momens, muets et immobiles aussi, semblant se consulter du regard sur ce qu'ils devaient faire dans cette circonstance imprévue.

Les orphelines, malgré leur terreur, avaient entendu l'exclamation de surprise et de regret désespéré, échappée à Macreuse et à son complice en voyant que mademoiselle de Beaumesnil n'était pas seule, comme ils y comptaient...

Puis les deux jeunes filles remarquèrent ensuite l'espèce de consternation dans laquelle le fondateur de *l'œuvre de Saint-Polycarpe* et son nouvel ami demeurèrent un instant plongés.

Ces observations rendirent quelque courage aux deux sœurs, et, la réflexion aidant, elles finirent par songer que, réunies, elles étaient aussi fortes qu'elles eussent été faibles si elles se fussent trouvées séparées, à la merci de ces misérables.

Alors mademoiselle de Beaumesnil, pensant que la présence d'Herminie la sauvait sans doute d'un grand péril, s'écria avec un élan de tendresse et de reconnaissance que ne purent paralyser l'angoisse et la frayeur qu'elle ressentait :

— Vous le voyez, Herminie, toujours le ciel vous envoie pour être le bon ange de votre Ernestine... Sans vous, j'étais perdue...

— Courage... mon amie... — lui répondit *la duchesse.* — Voyez combien ces misérables ont l'air déconcerté !

— Vous avez raison, Herminie... un jour si beau pour nous... ne saurait être flétri... J'ai maintenant une confiance aveugle dans notre étoile...

Ranimées par ces quelques paroles qu'elles échangèrent à voix basse, les orphelines, fortes surtout de l'espoir du radieux bonheur qui les attendait, se rassurèrent peu à peu, et Ernestine, prenant résolument la parole, dit à Macreuse et à son complice :

— Ne pensez pas nous effrayer... Notre première émotion est passée... votre audace ne nous inspire plus que du dédain... Dans deux heures les gens de l'hôtel rentreront... et il faudra bien que vous sortiez d'ici aussi honteusement... que vous y êtes entrés.

— Nous aurons, il est vrai, à supporter pendant quelque temps votre présence, — ajouta Herminie avec une hauteur amère ; — ce seront deux heures partagées entre le mépris et l'aversion. Mademoiselle de Beaumesnil et moi nous avons subi de plus rudes épreuves...

— Quel courage ! monsieur de Macreuse ! — reprit Ernestine, — vous introduire... avec un complice, chez une jeune fille que vous croyez seule... afin de tirer je ne sais quelle lâche vengeance de ce que M. de Maillefort, qui vous connaît, vous a traité, à la face de tous... comme vous le méritiez !

Macreuse et de Ravil écoutaient silencieusement les sarcasmes des orphelines, en échangeant de temps à autre des regards significatifs.

— Ma chère Herminie... — reprit mademoiselle de Beaumesnil, dont la figure se rassérénait de plus en plus, — je vais vous paraître bien extravagante, car je ne sais, en vérité, si tous les bonheurs qui nous sont arrivés aujourd'hui ne me rendent pas folle... mais enfin tout ceci me semble à la fois si odieux et si ridicule... que... j'ai presque envie de rire...

— S'il faut vous l'avouer, Ernestine, je trouve aussi cela grotesque à force de platitude...

— Cette scélératesse... si piteuse ! — reprit mademoiselle de Beaumesnil avec un franc éclat de rire.

— La rage impuissante de ces ténébreux machinateurs qui, au lieu de faire peur, font rire, — ajouta moins gaîment Herminie, — décidément c'est très amusant !

Et les orphelines, dans l'orgueil, dans l'audace de leur

félicité, où r**es trouvaient le courage de braver insolemment le da(_er, se livrèrent à un accès de gaîté, à la fois réelle, fiévreuse et vindicative ; réelle... car, pendant un moment, l'ébahissement des deux complices, qui *ne se croyaient pas si plaisans*, fut en effet presque comique ; fiévreuse... car les jeunes filles étaient sous l'empire d'une vive surexcitation causée par l'étrangeté même de leur situation ; vindicative... car elles avaient la conscience du coup qu'elles portaient à Macreuse et à de Ravil.

Ceux-ci, un moment déconcertés par la présence inattendue d'Herminie et par l'inconcevable hilarité des orphelines, se remirent bientôt de cette impression passagère.

Macreuse, dont les traits contractés prenaient une expression de plus en plus effrayante, dit quelques mots à l'oreille de de Ravil.

Aussitôt, celui-ci courut à la seule fenêtre qui existât dans la chambre d'Ernestine, passa autour de l'espagnolette, fermant à la fois la fenêtre et les volets intérieurs, un bout de chaîne d'acier préparé d'avance, et s'occupa de réunir les deux derniers maillons de cette chaînette en y adaptant la branche d'un cadenas à secret.

Ceci fait, il devenait impossible d'ouvrir intérieurement la fenêtre et les volets pour appeler du secours.

Les orphelines se trouvaient ainsi à la merci de Macreuse et de de Ravil.

La porte communiquant au salon avait été fermée en dehors par la femme de chambre de mademoiselle Héléna, car la sainte personne et sa suivante étaient complices du protégé de l'abbé Ledoux ; mais elles ignoraient la présence prolongée d'Herminie chez mademoiselle de Beaumesnil.

Pendant que de Ravil s'occupait à la fenêtre, Macreuse, dont les traits exprimaient les plus exécrables sentimens, croisa ses bras sur sa poitrine, et dit aux deux pauvres rieuses avec un calme terrible :

— Mon premier projet est manqué par la présence de cette maudite créature, — et, d'un signe, il désigna Herminie, — vous voyez que je suis franc ! Mais j'ai de l'invention... un ami dévoué, vous êtes toutes deux en notre pouvoir... nous avons deux heures devant nous... et je vous prouverai, moi, que je ne suis pas de ceux dont on rit... longtemps.

Ces menaces, l'accent et la physionomie de celui qui les proférait, le silence, la solitude, tout devait les rendre effrayantes ; mais, une fois les choses tragiques prises au comique, tout ce qui semble devoir augmenter la terreur augmente le rire, qui devient bientôt inextinguible.

Tel fut donc à peu près l'effet produit sur les orphelines par les menaces du Macreuse... Malheureusement pour sa tragédie, il fit un mouvement involontaire qui plaça son chapeau très en arrière de sa tête, et qui donna à cette large figure, pourtant menaçante et farouche, un air si singulier, que les deux jeunes filles partirent d'un nouvel éclat de rire.

Puis ce fut au tour du complice du Macreuse.

Les jeunes filles avaient suivi d'un regard plus curieux qu'effrayé la manœuvre de de Ravil occupé de tourner sa chaînette autour de l'espagnolette ; mais lorsqu'était venu le moment de faire passer la branche du cadenas dans les derniers maillons, de Ravil, qui avait la vue très basse, ne put y parvenir tout d'abord et frappa du pied avec impatience et colère.

Dans la disposition où se trouvaient les orphelines, l'empêtrement de de Ravil avec sa chaînette et son cadenas provoqua un tel redoublement d'hilarité nerveuse chez les deux sœurs, que Macreuse et son complice, stupéfaits et aussi furieux, aussi exaspérés que s'ils eussent été soufflétés devant cent personnes, perdirent la tête et, emportés par une rage féroce, se précipitant sur les jeunes filles, ils les saisirent brutalement par les bras ; alors Macreuse, la figure livide, les yeux hagards, l'écume aux lèvres, mais toujours son malencontreux chapeau beaucoup trop en arrière, s'écria :

— Il faut donc vous tuer pour vous faire peur !

— Hélas ! ce n'est pas notre faute, — dit Ernestine, en éclatant de nouveau à la vue de cette figure à la fois terrible et burlesque, — vous ne pouvez nous faire mourir... que de rire...

Et Herminie fit chorus.

Au moment où les deux misérables, fous de haine et de fureur, allaient se livrer aux plus abominables violences, la porte du salon, fermée extérieurement, s'ouvrit soudain.

M. de Maillefort, accompagné de Gerald, apparut, en s'écriant d'une voix remplie d'angoisse et de frayeur :

— Rassurez-vous, mes enfans... nous voilà...

Que l'on juge de l'étonnement du marquis et de Gerald. Tous deux arrivaient pâles... effarés... comme des gens qui accouraient sauver quelqu'un d'un grand danger... et que voient-ils ?

Les deux jeunes filles, les joues colorées, les yeux brillans, et le sein palpitant d'un dernier rire, tandis que Macreuse et de Ravil restaient blêmes de colère et immobiles de frayeur à ce secours inattendu.

Un moment le marquis attribua l'hilarité inconcevable des orphelines à quelque spasme nerveux causé par la terreur ; mais il se rassura bientôt en entendant Ernestine lui dire :

— Pardon... mon bon monsieur de Maillefort, pardon de cette extravagante gaîté... mais voici ce qui est arrivé... Ces deux hommes... se sont introduits ici... par l'escalier dérobé.

— Oui... — dit le marquis à Herminie, — la clé de ce matin... mon enfant... vous savez... mes pressentimens ne me trompaient pas.

— Il faut l'avouer, nous avons eu d'abord grand'peur, — reprit Herminie... — mais, quand nous avons vu le désappointement, la colère de ces hommes qui s'attendaient à trouver Ernestine seule...

— Leur position... nous a paru si piteuse, — reprit mademoiselle de Beaumesnil, — et puis nous nous sentions d'ailleurs si fortes... réunies toutes deux, que ce qui nous avait d'abord paru effrayant...

— Nous a paru très ridicule... — ajouta Herminie.

— Seulement, — reprit Ernestine, — au moment où vous êtes arrivés, M. de Macreuse parlait de nous tuer un peu... pour nous ôter l'envie de rire...

Le marquis dit à Gerald :

— Sont-elles assez braves... assez charmantes ! En vit-on jamais de pareilles ?

— Comme vous, j'admire... cette vaillance, ce courageux mépris, — répondit Gerald partageant l'émotion du bossu ; — mais quand je songe à l'infâme audace de ces deux misérables... que je ne veux pas regarder... car je ne serais plus maître de moi et je les écraserais sous mes pieds... je...

— Allons donc ! mon cher Gerald, — dit le marquis en interrompant le jeune duc, — nous ne pouvons plus toucher à ces gens-là... pas même du pied ; maintenant ils appartiennent à la cour d'assises.

Et, s'adressant au pieux jeune homme et à de Ravil qui, reprenant leur cynique audace, semblaient vouloir faire tête à l'orage.

— Monsieur Macreuse... — dit le bossu, — depuis votre ralliement à M. de Ravil, sachant de quoi tous deux vous étiez capables, je vous ai fait surveiller par un homme à moi.

— De l'espionnage ?... — dit Macreuse, avec un sourire sardonique et hautain, — cela ne m'étonne pas.

— Certainement, de l'espionnage, — reprit le bossu. — Est-ce que l'on procède jamais autrement avec les repris de justice ?... Intéressante position qu'était la vôtre, depuis que je vous avais mis au pilori...

— Monsieur est justicier, apparemment ? — reprit de Ravil en ricanant à froid, — grand justicier, peut-être ?

— Grand ?... non, — reprit le bossu, — je fais justice selon ma pauvre petite taille, comme vous voyez, et le hasard se plaît quelquefois à m'aider singulièrement ; ainsi, ce matin, ce hasard m'avait fait vous apercevoir chez un serrurier... vous lui apportiez une clé... cela a éveillé mes soupçons... j'ai fait redoubler de surveillance : ce soir, vous et votre complice avez été suivis jusqu'ici par deux hommes à moi : l'un est resté au dehors de la porte que l'on venait de vous voir ouvrir avec une fausse clé ; l'autre est accouru me prévenir, et il est allé ensuite de ma part avertir un commissaire de police... qui, en ce moment, doit vous attendre au bas de l'escalier dérobé, afin de vous édifier vous et votre digne ami sur les inconvéniens auxquels s'exposent les gens qui s'introduisent nuitamment avec fausses clés dans une maison habitée...

A ces mots, Macreuse et de Ravil se regardèrent en frémissant et devinrent livides.

— C'est là un cas de galères ou peu s'en faut, je crois, — dit le bossu, — mais M. de Macreuse jouera là au saint Vincent de Paule, et, par ses vertus chrétiennes, il fera l'admiration de MM. ses collègues du bonnet rouge.

A ce moment l'on entendit un bruit de pas du côté de la chambre de la gouvernante de mademoiselle de Beaumesnil.

— M. le commissaire a vu que vous ne descendiez pas, — dit le marquis aux deux complices atterrés, — et il s'est donné la peine de monter vous chercher ; c'est fort obligeant de sa part.

En effet, la porte s'ouvrit presque aussitôt, et un commissaire suivi d'agens dit à Macreuse et à de Ravil :

— Au nom de la loi, je vous arrête... et je vais en votre présence rédiger un procès-verbal des faits dont vous êtes inculpés.

— Allons, mes enfans, — dit le marquis à Herminie et à Ernestine, — laissons ces messieurs à leurs affaires ; nous allons attendre chez madame de La Rochaiguë le retour de votre tuteur.

— La déposition de ces demoiselles me sera tout à l'heure indispensable, monsieur le marquis... — dit le commissaire, — et j'aurai l'honneur de me rendre auprès d'elles...

. . . .

Au bout d'une heure, le fondateur de l'*OEuvre de saint Polycarpe* et son complice étaient conduits au dépôt de la préfecture, sous la prévention de s'être introduits, nuitamment, à l'aide de fausses clés, dans une maison habitée, et de s'y être livrés à des menaces et à des violences.

Au retour de M. et de madame de La Rochaiguë, il fut convenu qu'Ernestine et Herminie partageraient l'appartement de la baronne jusqu'au lendemain.

Au moment de quitter les jeunes filles, le bossu leur dit en souriant :

— J'ai fait beaucoup de besogne depuis tantôt... j'ai arrangé l'affaire des contrats, et ils se signeront demain soir, à sept heures, chez Herminie.

— Chez moi ! quel bonheur ! — dit *la duchesse*.

— N'est-ce pas toujours chez la mariée qu'il est d'usage de le signer ? — dit le marquis en souriant de nouveau...

— Et comme l'affection qui vous lie, vous et Ernestine, vous rend à peu près sœurs...

— Oh ! sœurs tout à fait ! — dit mademoiselle de Beaumesnil.

— Eh bien ! alors, mademoiselle la sœur cadette, — reprit le bossu, — la déférence veut, dans cette circonstance, que les contrats soient signés chez la sœur aînée.

. . . .

Le surlendemain, en effet, Herminie, radieuse, faisait d'importans préparatifs dans sa coquette petite chambre pour la signature des contrats de *la plus riche héritière de France* et de la fille adoptive de M. le marquis de Maillefort, prince-duc de Haut-Martel... adoption dont la pauvre artiste n'avait pas encore été instruite.

LXIII.

Herminie n'était pas seule à faire des préparatifs pour la signature du contrat de son mariage et de celui d'Ernestine ; tout était aussi en joyeux émoi dans certain modeste petit ménage des Batignolles.

Le commandant Bernard, Gerald et Olivier avaient voulu ce soir-là se réunir à dîner, sous cette même tonnelle où, plusieurs mois auparavant, s'était passée l'exposition de ce récit ; l'on devait ensuite se rendre chez Herminie pour la signature du contrat.

Une magnifique soirée d'automne avait favorisé le projet des trois amis.

Madame Barbançon s'était surpassée ; cette fois, prévenue d'avance, elle avait pu soigner avec la plus grande sollicitude un triomphant pot-au-feu, auquel succédèrent de succulentes côtelettes, un superbe poulet rôti et des œufs à la neige, baignant leur blancheur immaculée dans une onctueuse crême à la vanille.

Ce menu bourgeois atteignait au *nec plus ultrà* des magnificences culinaires de madame Barbançon ; mais, hélas ! malgré l'excellence de ce repas, les trois convives y faisaient peu d'honneur, la joie leur ôtait l'appétit, et la ménagère, dans sa douleur, comparait cette désolante inappétence à la faim de soldat dont Gerald et Olivier avaient fait si vaillamment preuve plusieurs mois auparavant, en mangeant deux rois de sa vinaigrette improvisée.

Madame Barbançon venait de desservir le poulet presque intact ; elle plaça sur la table de la tonnelle les œufs à la neige, disant entre ses dents :

— Au moins, ils videront ce plat-là... ça se mange sans faim... c'est un mets d'amoureux.

— Diable ! maman Barbançon, — dit joyeusement le commandant Bernard, — voilà un plat qui me rappelle les bancs de neige de Terre-Neuve... quel dommage que nous n'ayons plus la moindre faim.

— Grand dommage, — dit Gerald, — car madame Barbançon s'est montrée aujourd'hui un vrai cordon bleu.

— Voilà des œufs à la neige comme on n'en voit jamais, — ajouta Olivier, — mais du moins nous les mangeons... du regard.

La ménagère, ne pouvant croire encore à ce cruel et dernier affront, dit d'une voix contenue :

— Ces messieurs... plaisantent ?

— Plaisanter avec une chose aussi sérieuse que vos œufs à la neige, maman Barbançon... du diable si je l'oserais, — dit le commandant. — Seulement, comme nous n'avons plus faim...... il est impossible de goûter à votre chef-d'œuvre.

— Absolument impossible...—répétèrent les deux jeunes gens.

La ménagère ne dit mot, mais sa physionomie contractée trahissait assez la violence de ses ressentimens ; elle saisit convulsivement une assiette, y servit presque la moitié du plat, et la plaça devant le commandant ébahi, en lui disant avec un accent d'irrésistible autorité :

— Vous, monsieur... vous en mangerez...

— Maman Barbançon, écoutez-moi.

— Il n'y a pas de maman Barbançon qui tienne, c'est la seconde fois que j'ai l'occasion de faire des œufs à la neige depuis dix ans ; je les ai soignés en l'honneur du mariage de M. Olivier et de M. Gerald... il n'y a pas de si ni de mais... vous en mangerez.

L'infortuné vétéran, ne voyant autour de lui que des visages ennemis, car Gerald et Olivier, les traîtres, paraissaient soutenir la ménagère, le vétéran essaya pourtant un accommodement.

— Eh bien ! j'en mangerai demain... vrai, maman Barbançon.

— Comme si des œufs à la neige se gardaient ! — dit la ménagère en haussant les épaules.

— Pourtant... je ne...

— Vous en mangerez à l'instant...

— Mais, par les cornes du diable ! s'écria le vétéran, — je ne peux pourtant pas me crever... pour...

— Vous crever !... avec des œufs à la neige faits par moi... s'écria la ménagère avec autant d'amertume et de douleur que si son maître lui eût dit une mortelle injure, — vous crever ! Ah ! je ne m'attendais pas... après dix ans de service... et dans un si beau jour... que celui d'aujourd'hui, où M. Olivier doit prendre femme, à m'entendre... traiter... de... la... sorte.

Et la digne femme se prit à sangloter.

— Allons bon... des larmes à présent, — dit le vétéran... — mais, en vérité, ma chère... vous êtes folle, ma parole d'honneur.

— Vous crever !!!... Ah ! je l'aurai longtemps sur le cœur, ce mot-là.

— Allons... tenez... j'en mange... là... voyez-vous, j'en mange, — dit la ménagère commandant en avalant à la hâte quelques cuillerées, — ils sont parfaits... divins, vos œufs à la neige... êtes-vous contente ?

— Eh bien ! oui, monsieur... là... ça me satisfait, — dit la ménagère en essuyant ses larmes, — une si bonne crème... même que je me disais en la tournant : il faudra que je donne ma recette à la petite femme de M. Olivier ; pas vrai, monsieur Olivier ?

— Certainement, madame Barbançon, mademoiselle Ernestine sera, j'en suis sûr, une excellente ménagère.

— Et les cornichons que je lui apprendrai à faire ?... verts comme prés... croquants comme des noisettes... soyez tranquille, monsieur Olivier, vous verrez les bons petits fricots que nous vous ferons, nous deux votre femme.

Gerald, à qui M. de Maillefort avait dû confier le secret du double personnage de mademoiselle de Beaumesnil, Gerald ne put s'empêcher de rire aux éclats à cette pensée de madame Barbançon communiquant ses recettes culinaires à *la plus riche héritière de France*.

— Vous riez, monsieur Gerald ? — dit la ménagère, — est-ce que vous croyez que mes recettes ?...

— Allons donc, madame Barbançon, j'y crois comme à l'Évangile, à vos recettes ; je ris... parce que je suis content. Que voulez-vous ? un jour de mariage... c'est si naturel !

— Cependant, — reprit madame Barbançon d'un air sombre et mystérieux, l'on a vu des monstres qui n'étaient que plus féroces le jour de leur mariage.

— Ah bah !

— Tenez, monsieur Gerald, le jour de *son* mariage avec Marie-Louise... savez-vous comment IL s'est comporté... le scélérat ! (madame Barbançon croyait superflu de signaler par son nom l'objet de son exécration).

— Voyons ça, maman Barbançon, — dit le commandant Bernard, — après, vous nous donnerez le café. . car voilà bientôt six heures.

— Eh bien ! monsieur, celui que vous aimez tant a été, le jour de son mariage avec Marie-Louise, pis qu'un tigre pour cet amour de petit roi de Rome, qui, joignant ses petites mains, lui disait, de sa petite voix douce : Papa empereur... n'abandonne pas pauvre maman Joséphine.

— Ah ! très bien, j'y suis, — dit Gerald avec un beau sang-froid, — vous parlez du roi de Rome, fils de Joséphine.

— Certainement, monsieur Gerald, il n'y en a pas d'autres. Mais ça n'est rien encore, auprès de ce que notre scélérat a osé faire au saint-père, sur les propres marches du maître-autel de Notre-Dame.

— Ah ! diable !

— Et quoi donc ?

— Y paraît, — reprit madame Barbançon d'un ton sentencieux, — y paraît que, dans les couronnemens, les papes ont l'amour-propre (tiens, après tout, un chien regarde bien un évêque, ajouta la ménagère en manière de parenthèse), les papes ont donc l'amour-propre de prendre la couronne et de la mettre eux-mêmes sur la tête des autres, quand ils les couronnent ; vous pensez comme ça chaussait votre Buonaparte, qui était déjà comme un crin d'avoir eu à baiser la mule du pape en plein Carrousel devant ses sacripans de la vieille garde... mais il l'a baisée... le scélérat... il l'a bien fallu... sans cela le *petit homme rouge* qui était contre Roustan, et pour le pape, lui aurait pendant la nuit tordu le cou.

— Au pape ?

— A Roustan ?

— Mais non, messieurs, mais non, à Buonaparte. Enfin, n'importe ; au moment où notre saint-père allait le couronner, voilà-t-il pas mon scélérat d'ogre de Corse qui vous empoigne, comme un grossier qu'il était, la couronne des mains du pauvre saint-père, la met d'une main sur la tête, tandis que, de l'autre main, il vous flanque un grand renfoncement sur le bonnet du saint-père, comme pour dire au peuple français : *Enfoncés la religion, le clergé et tout... il n'y a que moi qu'on doive adorer à genoux*... même que, du contre-coup, le pauvre saint-père est tombé assis sur les marches de l'autel, avec son bonnet enfoncé sur les yeux, et qu'il a remercié la Providence en latin... Agneau d'homme, va ! C'est donc pour vous dire, monsieur Olivier, — ajouta la ménagère en forme de conclusion et de moralité — qu'il y a des ogres de Corse que le mariage rend encore plus féroces... tandis que je suis sûre que vous et M. Gerald, le mariage, avec de gentilles petites femmes comme doivent être les vôtres, vous rendra encore plus gentils.

Et la ménagère se hâta d'aller chercher le café et de le servir pendant que le commandant Bernard bourrait sa vieille pipe de Kummer.

A l'hilarité causée par les histoires de madame Barbançon, succéda chez le vieux marin et chez les deux jeunes gens un ordre d'idées plus élevées.

— Cette brave femme, — reprit Gerald, — malgré toutes ses excentricités, a raison, ce cela qu'elle nous dit que notre mariage augmentera ce qu'il y a de bon en nous... Il me semble que cela doit être ainsi, n'est-ce pas, Olivier ?

Mais, voyant son ami absorbé dans une sorte de rêverie, Gerald lui mit affectueusement la main sur l'épaule et lui dit :

— A quoi penses-tu, Olivier ?

— Je pense, mon bon Gerald, qu'il y a six mois... nous étions assis à cette même table.... où je t'ai parlé pour la première fois de cette charmante jeune fille, surnommée *la duchesse*... et que tu m'as dit en riant : — Bah ! les duchesses... je ne connais que cela... j'en ai assez !... et pourtant la voilà, grâce à toi, vraiment duchesse, et duchesse de Senneterre..... Combien les destinées sont bizarres !

— Vous avez raison, mes enfans, — dit le vieux marin... — il y a un grand charme dans ce regard jeté sur le passé... quand le présent est heureux. Il y a six mois, en effet, qui m'aurait dit que mon brave Olivier épouserait une gentille et vaillante créature qui m'aurait sauvé la vie au péril de la sienne ?

— Et qui eût dit surtout, — reprit Gerald en regardant très attentivement Olivier, — que cette mademoiselle de Beaumesnil, dont nous avons tant parlé, et sur qui on avait pour moi des projets de mariage, deviendrait amoureuse d'Olivier ?

— Ne parlons plus de cette folie, Gerald, — dit en riant le jeune officier, — un caprice d'enfant gâtée... caprice qui, j'en suis sûr, se serait passé aussi vite qu'il était venu.

— Tu te trompes, Olivier, — reprit gravement Gerald, — j'ai eu occasion de voir mademoiselle de Beaumesnil et de causer avec elle ; aussi je t'assure que, quoiqu'elle ne soit pas plus âgée que ta chère et charmante Ernestine...

ce n'est pas une enfant capricieuse et gâtée... mais une jeune fille remplie de raison et d'esprit.

— Mon avis à moi, — reprit gaîment le commandant Bernard, — est que mademoiselle de Beaumesnil est du moins une fille de très bon goût, puisqu'elle voulait de mon Olivier... mais il était trop tard... la place était prise... par notre chère petite Ernestine... qui n'a pas de millions à remuer à la pelle, c'est vrai, mais qui a bien le plus vaillant petit cœur que je connaisse.

— Oui, vous avez raison, mon oncle, — reprit Olivier, — la place... était prise, oh ! bien prise... et ne l'eût-elle pas été...

— Que veux-tu dire ? — reprit Gerald en regardant son ami avec une attention croissante, — si tu avais eu le cœur libre, pourquoi n'aurais-tu pas épousé mademoiselle de Beaumesnil ?

— Allons, Gerald... tu es fou.

— Comment ?

— Rappelle-toi donc ce que toi-même disais ici, à cette table, il y a quelques mois : « qu'un homme puissamment
» riche épouse une jeune fille pauvre parce qu'elle est
» charmante et digne de lui, tout le monde l'approuve;
» mais qu'un homme qui n'a rien se marie à une femme
» qui lui apporte une fortune énorme, c'est honteux. »
Ne sont-ce pas là les paroles de Gerald, mon oncle ?

— Précisément, mon garçon.

— Un instant, — s'écria Gerald, qui ne put s'empêcher de témoigner une vive inquiétude, — rappelle-toi aussi, Olivier, que tu me disais toi-même, pour vaincre mes scrupules au sujet de mademoiselle de Beaumesnil : « Il est
» évident que si, malgré son immense fortune, tu aimes
» aussi sincèrement cette jeune personne que tu l'aurais
» aimée pauvre et sans nom, la susceptibilité la plus ombrageuse ne pourrait qu'approuver un pareil mariage. »
Je vous demande à mon tour, mon commandant, si tel n'a pas été l'avis d'Olivier, que vous avez vous-même partagé ?

— C'est vrai, monsieur Gerald, et rien n'était plus raisonnable et plus juste que cet avis-là ; mais, Dieu merci ! nous n'avons pas à examiner de nouveau cette question toujours si délicate. Olivier a agi en honnête homme en refusant ce mariage millionnaire parce qu'il aimait ailleurs; c'est bien... mais c'est tout simple, et ce n'est, pardieu ! ni vous ni moi, n'est-ce pas, monsieur Gerald, qui nous étonnerons de cela, puisque vous faites, comme Olivier, un mariage d'amour.

— Oh ! d'amour ! c'est le mot, — dit le jeune officier avec expansion ; — Ernestine est si douce, si bonne, si spirituelle dans sa naïveté, et puis la pauvre enfant est si reconnaissante de ce qu'un *gros seigneur* comme moi, — ajouta Olivier en souriant, — veuille bien l'épouser ; et puis encore, si tu savais, Gerald, quelle ravissante lettre elle m'a écrite hier, pour me dire que sa parente consentait à tout, et que si mes intentions n'étaient pas changées, le contrat se signerait aujourd'hui !... Rien de plus simple... et pourtant rien de plus délicat, de plus touchant que cette lettre, où un naturel exquis perce à chaque ligne... Du reste, Ernestine est telle que je l'avais d'abord jugée d'après sa physionomie.

— On n'en peut voir de plus attrayante, — dit le vieux marin.

— N'est-ce pas, mon oncle ? elle n'a pas sans doute de régularité dans les traits... mais quel doux regard, quel charmant sourire, avec ses jolies dents blanches... et ses beaux cheveux bruns, sa taille élégante... et sa main si petite... et son pied à tenir dans la main !...

— Olivier, mon garçon, — dit le marin, en tirant sa montre, — à force de parler de ton amoureuse... tu oublies l'heure d'aller la rejoindre... sans compter qu'il faut que M. Gerald ait le temps de se rendre auprès de sa mère, pour être de retour avec elle chez mademoiselle Herminie...

— Nous aurons le temps, mon commandant, — dit Gerald, — mais je ne puis vous dire combien je suis heureux de voir Olivier si amoureux... si amoureux de toutes façons... de son Ernestine.

— Oh ! de toutes façons, mon brave Gerald... sans compter que je l'aime encore passionnément parce qu'elle est la meilleure amie de ta vaillante Herminie.

— Tiens, Olivier, — dit Gerald, — c'est à devenir fou de penser à tant de bonheurs réunis, à une félicité pareille, après tant de difficultés, tant d'obstacles..... Allons, à tout à l'heure... mon ami, mon frère... car nous pouvons nous dire que nous épousons les deux sœurs, ou qu'elles épousent les deux frères, et... ma foi ! les larmes me viennent aux yeux... malgré moi. Allons, embrasse-moi, Olivier... vaut mieux que ça parte ici... Nous aurions eu l'air par trop bêtes devant les grands parens...

Et les deux jeunes gens s'embrassèrent avec une tendresse fraternelle, pendant que le commandant Bernard, voulant maintenir sa gravité de *grand parent*, dissimulait son émotion en fumant sa pipe avec des aspirations étrangement précipitées.

Gerald sortit en toute hâte afin d'aller retrouver sa mère et de se rendre avec elle chez Herminie.

Olivier et le vieux marin s'apprêtaient à sortir, lorsqu'ils furent arrêtés par madame Barbançon qui, s'avançant à pas comptés, tenait étendue sur la paume de ses deux mains, de crainte de la salir, une superbe cravate de mousseline blanche, toute pliée, prête à être mise, que l'empois rendait d'une raideur effrayante.

— Que diable est cela, maman Barbançon ? — dit le vétéran qui avait déjà pris sa canne et son chapeau. — On dirait que vous portez une châsse à la procession.

— Monsieur, — dit la brave ménagère avec une joie contenue, — c'est une cravate pour vous, une petite surprise que je me suis permis de vous faire... sur mes économies... car vous n'avez que votre vieille cravate noire... à mettre pour ce jour... ce beau jour... et j'ai... j'ai pensé... que...

La digne femme, que le mariage d'Olivier portait à l'attendrissement, n'acheva pas et se mit à fondre en larmes.

Le vieux marin, quoiqu'il regimbât intérieurement contre la pensée d'emprisonner son cou dans cette étoffe raide comme du carton, fut si touché de l'attention de sa ménagère, qu'il dit d'une voix un peu émue :

— Ah ! maman Barbançon... maman Barbançon... voilà des folies... je vous gronderai !

— Elle est brodée aux quatre coins d'un J et d'un B, *Jacques Bernard*, — dit la ménagère, en faisant remarquer cette broderie avec un certain orgueil.

— C'est pourtant vrai ! c'est mon chiffre ; vois donc, Olivier, — dit le bonhomme, ravi de cette attention, et il reprit :

— Brave... et bonne femme, allez... vrai ça me fait plaisir, mais bien plaisir.

— Oh ! merci, monsieur... dit madame Barbançon, toute émue, toute joyeuse, comme si elle eût reçu la plus généreuse récompense ; puis elle reprit :

— Mais il se fait tard... voilà six heures et demie passées... vite... monsieur... je vas vous la mettre.

— Mettre quoi, maman Barbançon ?

— Mais, la cravate, monsieur.

— Moi !... du diable, si...

A un coup d'œil suppliant et significatif d'Olivier, le vieux marin réfléchit au chagrin qu'il causerait à sa ménagère en refusant de se parer de ses dons ; d'un autre côté, le bonhomme n'avait de sa vie mis de cravate blanche, et il frémissait à l'idée de cette espèce de carcan. Cependant, sa bonté naturelle l'emporta ; il étouffa un soupir, et se livra son cou à madame Barbançon en disant, afin de terminer sa phrase d'une manière flatteuse pour sa gouvernante :

— Je voulais dire : du diable... si... je refuse maman Barbançon, mais c'est trop beau pour moi.

— Il n'y a rien de trop beau pour un pareil jour, monsieur, — dit la ménagère en finissant d'arranger la cravate autour du cou de son maître, — c'est bien dommage que vous n'ayez pour vous faire de fête que ce vieil habit bleu, qui date déjà de sept ans... mais enfin, avec votre belle croix d'officier de la Légion d'honneur, cette rosette neuve et du beau linge, — ajouta la ménagère, qui, se complaisant dans son œuvre, donnait un libre essor aux deux bouts de la cravate, qui se déployèrent comme deux oreilles de lièvre gigantesques; — oui, — reprit-elle, — avec du beau linge coquettement mis... l'on n'a à rougir à côté de personne. Ah! monsieur, — ajouta-t-elle en se reculant de quelques pas pour mieux juger de l'effet de la cravate, — ça vous rajeunit de vingt ans, avec votre barbe fraîche, n'est-ce pas, monsieur Olivier? Et puis, c'est cossu, parole d'honneur... vous avez l'air d'un notaire retiré....

Le malheureux commandant, le cou emprisonné dans cette cravate qui lui montait jusqu'au milieu des joues, se tourna tout d'une pièce en face d'une petite glace... placée au-dessus de la cheminée de sa chambre, et, il faut l'avouer, le digne homme se raccommoda fort avec la cravate blanche, dont le nœud à oreilles de lièvre lui paraissait surtout d'un fort bon air ; il se sourit discrètement à lui-même en se disant :

— C'est dommage que ça vous empêche de tourner la tête... mais, comme dit maman Barbançon, — ajouta-t-il avec une nuance de fatuité, — c'est assez cossu... et pas mal rentier.

Et le vieux marin passa, ma foi! très coquettement sa main dans ses cheveux blancs coupés en brosse.

— Mon oncle, voilà sept heures moins un quart, — dit Olivier avec une impatience d'amoureux.

— Allons, mon garçon... partons... Maman Barbançon... donnez-moi ma canne et mon chapeau, — dit le vieux marin en se mouvant tout d'une pièce, car il craignait de déranger l'économie du fameux nœud à oreilles de lièvre.

La soirée était magnifique, le trajet des Batignolles à la rue de Monceaux fort court. Le commandant Bernard et Olivier se rendirent modestement à pied chez Herminie.

Heureusement, le mouvement involontaire de la marche affaissa les plis rebelles de la terrible cravate du commandant, et s'il avait l'air moins *cossu*, moins *rentier*, lorsqu'il fut sur le point d'entrer chez Herminie, rien du moins dans la mise plus que modeste du vieux marin ne nuisait à la noble expression de sa mâle et loyale figure.

LXIV.

Dans la soirée de ce jour où devait se signer le double contrat de mariage, M. Bouffard, le propriétaire de la maison où demeurait Herminie, *sa pianiste* (ainsi qu'il disait possessivement depuis que la jeune fille donnait des leçons de musique à mademoiselle Cornélia), M. Bouffard était venu, après son dîner faire, selon l'expression de ce digne représentant du pays légal, *sa ronde-major*, car l'échéance du terme d'octobre approchait.

Il était environ six heures et demie du soir.

M. Bouffard, assis familièrement dans la loge de madame Moufflon, sa portière, s'enquérait d'elle si les différents locataires *flairaient bon* aux approches du terme. (En argot de propriétaire : — si les locataires n'avaient pas l'air inquiet, à mesure que le moment de la fatale échéance approchait.)

— Mais non, monsieur Bouffard, — disait madame Moufflon, — ils ne flairent pas trop mauvais ;.... il n'y a que le petit troisième....

— Eh bien ! le petit troisième ? — dit M. Bouffard avec inquiétude.

— En emménageant ici, il y a trois mois, il était grossier comme pain d'orge... et à mesure que le terme approche il devient pour moi d'un poli... mais d'un poli.... dégoûtant.

— Il faut me surveiller ce gaillard-là... et d'un bon œil, mère Moufflon... c'est suspect... Ah ! quel dommage que ce beau jeune homme.... qui avait payé le terme de *ma pianiste*... n'ait pas voulu y mordre, à ce petit troisième, ce n'est pas lui qui...

M. Bouffard n'acheva pas. Soudain deux ou trois coups de marteau retentirent si bruyamment à la porte cochère, que madame Moufflon et son maître bondirent sur leur chaise.

— Ah ! par exemple ! — dit M. Bouffard, — voilà qui est frappé... comme je n'oserais pas frapper moi-même... moi propriétaire de ma maison. Voyons donc un peu voir quel est ce sans-gêne ? — ajouta M. Bouffard en s'avançant sur le seuil de la porte de la loge, pendant que la portière tirait le cordon.

— Porte, s'il vous plaît ! — cria une voix de Stentor.

Et refermant sur lui le ventail, l'homme à la voix de Stentor sembla annoncer ainsi qu'il fallait ouvrir les deux battants de la porte cochère pour donner entrée à une voiture.

M. Bouffard et sa portière, stupéfaits de cette innovation, restaient immobiles et béants, lorsqu'ils virent sortir de la pénombre de la voûte un valet de pied, poudré à blanc, de la taille d'un tambour-major, et portant une grande livrée bleu clair et jonquille, galonnée d'argent.

— Allons donc... vite la porte, — dit brusquement le géant galonné.

M. Bouffard fut si saisi qu'il salua le grand laquais.

Celui-ci reprit :

— Ah çà ! finirez-vous par ouvrir votre porte ? c'est embêtant à la fin ; le prince attend...

— Le prince ! — s'écria M. Bouffard, sans bouger de place, et il salua de nouveau et plus profondément encore le grand laquais.

A ce moment, un autre coup de marteau non moins impérieux retentit.

Madame Moufflon tira le cordon par un mouvement automatique, comme elle le tirait en dormant, et une nouvelle voix cria du fond de la voûte :

— Porte... s'il vous plaît ?

Puis un autre valet de pied, portant, celui-là, livrée verte et amarante à galons d'or, se dirigea vers la loge devant laquelle il reconnut un confrère, car il lui dit :

— Tiens, Lorrain, c'est toi ?... Je viens de voir la voiture de ton maître... Eh bien ! on n'ouvre pas ?... Ah çà ! les portiers et les portières sont donc empaillés ici ?...

— C'est vrai, on dirait qu'ils ont des yeux de verre... Regarde-les donc, ils ne bougent pas.

— Ah bon ! — dit l'autre laquais, — c'est madame la duchesse qui ne va pas s'impatienter... elle qui en a... de la patience !

— Madame la duchesse ? — dit M. Bouffard, de plus en plus effaré, mais toujours immobile.

— Ah çà ! tonnerre de Dieu ! ouvrirez-vous, à la fin ?... — dit un des laquais.

— Mais, monsieur... chez qui allez-vous, d'abord ? — reprit M. Bouffard, sortant de sa stupeur, — qui demandez-vous ?...

— Mademoiselle Herminie... — dit le grand laquais, avec une sorte de déférence pour la personne que son maître venait visiter.

— Qui... mademoiselle Herminie, — reprit l'autre.

— La petite porte, sous la voûte, à main gauche, — reprit la portière de plus en plus ébahie. — Je vas ouvrir.

— Un prince... une duchesse... chez *ma pianiste* ! — s'écria M. Bouffard.

Bientôt de nouveaux coups de marteau, presque furieux cette fois, se firent entendre ; madame Moufflon tira le cordon, et un valet de pied, à livrée brune, à collet bleu de ciel, vint compléter cet encombrement de laquais, en criant :

— Ah çà! on est donc sourd ou mort ici?... la porte donc... Eh! la porte?

M. Bouffard, éperdu, prit un parti héroïque.

Pendant que la portière se préparait à annoncer chez Herminie ses aristocratiques visiteurs, l'ex-épicier se décida à aller ouvrir les deux battans de la porte cochère, et il n'eut que le temps de se coller contre le mur pour n'être pas atteint par les larges poitrails de deux grands et superbes chevaux gris, attelés à un élégant coupé bleu, qui entrèrent impétueusement, et qui, habilement menés par un gros cocher à perruque, s'arrêtèrent court à un signe d'un des valets de pied posté devant la petite porte d'Herminie.

Un petit bossu et un gros homme, tous deux vêtus de noir, descendirent de cette étincelante voiture, et madame Moufflon s'empressa d'aller annoncer à la pianiste de M. Bouffard :

— Monsieur Leroi, notaire!
— Monsieur le prince-duc de Haut-Martel!

A peine la première voiture était-elle sortie de la cour, qu'une très belle berline, largement armoriée, y entra; deux femmes et un jeune homme descendirent de cette voiture, et madame Moufflon, qui se croyait somnambule, annonça de nouveau à la *pianiste* de M. Bouffard :

— Madame la duchesse de Sennetere!
— Mademoiselle Berthe de Sennetere!
— Monsieur le duc de Sennetere!

— Un élégant brougham ayant succédé aux deux premières voitures, un autre personnage en descendit, et madame Moufflon annonça :

— Monsieur le baron de La Rochaigue!

Puis, enfin, quelques minutes après, la portière introduisit chez Herminie des personnes moins aristocratiques :

— Monsieur le commandant Bernard!
— Monsieur Olivier Raimond!
— Mademoiselle Ernestine Vert-Puis!
— Madame Lainé!

Ces deux dernières personnes étaient venues modestement en fiacre.

Après quoi, madame Moufflon rejoignit son maître qui, suant à grosses gouttes, tant sa curiosité était vivement excitée, se promenait de long en large sous la voûte de sa porte cochère, se disant :

— Mon Dieu! mon Dieu! que peuvent donc venir faire chez *ma pianiste* ces grands seigneurs et ces grandes dames? Qu'en pensez-vous, mère Moufflon?

— Monsieur, moi, d'abord, je suis si ahurie que j'y vois trente-six chandelles, je crains un coup de sang, et je vas me flanquer la tête dans le baquet de ma fontaine pour me remettre. En usez-vous?

— J'y suis, — s'écria l'ex-épicier triomphant, — c'est un concert!.. ma pianiste donne un concert!

— Ah bien oui! — dit la portière, — la dernière fois que j'ai annoncé, j'ai vu que les dames avaient déposé leurs mantelets sur le piano, qui était bien fermé, ma foi! et que tout le monde était rangé en rang d'ognon, tandis que le notaire...

— Quel notaire?... Il y a un notaire?

— Oui, monsieur... et un superbe encore! un gros fort homme; il y a deux fois du ventre comme vous, même que je l'ai annoncé : Monsieur Leroi, notaire; il est assis devant la table à mademoiselle Herminie, avec des papiers devant lui, et une bougie de chaque côté, comme un joueur de gobelets.

— C'en est peut-être un! — s'écria M. Bouffard, — ou bien un tireur de cartes.

— Mais, puisque je vous dis, monsieur, que je l'ai annoncé comme notaire.

— C'est vrai, — dit le représentant du pays légal, en se rongeant les ongles, — c'est vrai... Enfin, n'importe, je reste là tout le temps, et peut-être attraperai-je quelque chose au passage, lorsque le monde sortira.

Et M. Bouffard se mit à *croiser* de long en large devant la loge de la portière.

Jamais, comme on le pense bien, plus brillante réunion n'avait été rassemblée dans la modeste petite chambre d'Herminie.

La jeune fille jouissait d'un bonheur bien grand, en contemplant ce dénoûment inespéré d'un amour traversé par tant d'épreuves; mais ce qui lui causa l'émotion la plus ineffable fut de recevoir chez elle mademoiselle Berthe de Sennetere, la sœur de Gerald, la fille aînée de la duchesse.

— Ah! madame, — lui dit Herminie d'une voix pénétrée et les yeux baignés de douces larmes, car elle comprenait la délicatesse exquise du procédé de la mère de Gerald; celle-ci pouvait-elle offrir une réparation plus évidente de ses dures paroles de la veille qu'en amenant sa fille chez Herminie! — Ah! madame... — reprit donc la jeune artiste, — voir ici mademoiselle de Sennetere... c'eût été mon plus vif désir... si j'avais osé espérer cet honneur.

— Berthe prend trop de part au bonheur de son frère pour n'avoir pas voulu être une des premières à complimenter sa chère belle-sœur, — répondit madame de Sennetere du ton le plus affectueux; puis, mademoiselle de Sennetere, ravissante personne, car elle ressemblait beaucoup à Gerald, dit à Herminie, avec une amabilité charmante :

— Oui, mademoiselle... je tenais à être la première à vous complimenter... car mon frère est bien heureux! et je le sais, je le vois... il a mille raisons de l'être!

— Je voudrais, mademoiselle, être plus digne encore d'offrir à M. de Sennetere le seul bonheur de famille qui lui manque, — répondit Herminie.

Et pendant que les deux jeunes filles, continuant d'échanger d'affectueuses paroles, prolongeaient cette petite scène, durant laquelle Herminie faisait preuve d'un tact parfait, d'une rare distinction de manières et d'une dignité remplie de grâce et de modestie, le bossu, de plus en plus ravi de sa fille adoptive, dit tout bas à madame de Sennetere, en lui montrant d'un coup d'œil la jeune artiste :

— Eh bien!... voyons... franchement... est-il possible d'être mieux en toutes circonstances?

— C'est inouï... elle a le meilleur et le plus grand air du monde, joint à une convenance et une mesure admirables; enfin, que voulez-vous que je vous dise, marquis, — ajouta naïvement et consciencieusement madame de Sennetere, — elle est née *duchesse*... voilà tout.

— Et que pensez-vous du fiancé de mademoiselle de Beaumesnil... l'ami intime, le frère d'armes de Gerald?

— Vous me mettez à une rude épreuve, marquis, — répondit madame de Sennetere en étouffant un soupir, — mais je suis obligée de convenir qu'il est charmant et d'une tournure parfaitement distinguée; il n'y a vraiment presque aucune différence entre ce monsieur et un homme de notre société... Savez-vous que c'est incroyable comme ces classes-là se débourrent, se décrassent.... Ah! marquis!... marquis! je ne sais pas où nous allons.

— Nous allons... signer les contrats... ma chère duchesse... mais, je vous en supplie, — ajouta le bossu en parlant tout à fait bas à madame de Sennetere, — pas un mot qui puisse faire soupçonner à l'ami de Gerald que cette pauvre petite fille... en robe de mousseline de laine, est mademoiselle de Beaumesnil.

— Soyez donc tranquille, marquis; quoique ceci me paraisse inconcevable, je me tairai. Ai-je manqué de discrétion au sujet de l'adoption d'Herminie?... Mon fils l'ignore encore; mais il va pourtant falloir que ces mystères s'éclaircissent à la lecture des contrats qui va avoir lieu...

— Ceci me regarde, ma chère duchesse, — dit le bossu, — tout ce que je vous demande, c'est de me garder le secret jusqu'à ce que je vous autorise à parler.

— C'est convenu.

Quittant alors madame de Sennetere qui alla s'asseoir avec sa fille auprès d'Herminie, le bossu rejoignit le notaire qui paraissait relire attentivement les deux contrats, et lui fit à voix basse quelques dernières recommandations que le *garde-notes* accueillit avec un sourire d'intelligence ; après quoi le marquis dit à haute voix :

— Nous pouvons, je crois, entendre la lecture des contrats.

— Sans doute, — reprit madame de Senneterre.

Les différens acteurs de cette scène étaient placés ainsi : Herminie et Ernestine, assises l'une à côté de l'autre, avaient, la première, à sa droite, madame et mademoiselle de Senneterre ; la seconde, à sa gauche, madame Lainé qui jouait son rôle muet d'une façon très convenable.

Debout, derrière Herminie et Ernestine, se tenaient Olivier, Gerald, le commandant Bernard et le baron de La Rochaiguë, dont la présence à cette réunion étonnait singulièrement Olivier, et lui causait une vague inquiétude, quoiqu'il fût toujours bien loin de se douter qu'Ernestine, la brodeuse et mademoiselle de Beaumesnil ne fussent qu'une seule et même personne.

M. de Maillefort était resté à l'extrémité de la chambre, assis à côté du notaire, qui, prenant un des actes, dit au bossu :

— Nous allons commencer, si vous le voulez bien, monsieur le marquis, par le contrat de M. le duc de Senneterre.

— Certainement, — dit le bossu en souriant, — mademoiselle Herminie est l'aînée de mademoiselle Ernestine ; on lui doit cet honneur.

Le notaire, s'inclinant légèrement devant ses auditeurs, se disposait à lire le contrat de mariage d'Herminie, lorsque M. de La Rochaiguë se leva, prit une pose des plus parlementaires, et dit gravement :

— Je demanderai à l'honorable assistance la permission de présenter quelques observations avant la lecture du contrat.

LXV.

Olivier Raimond, déjà très surpris de la présence du baron de La Rochaiguë, devint presque inquiet en l'entendant dire à l'assemblée :

— Je demande à présenter quelques observations à l'honorable assistance avant la lecture des deux contrats qu'elle se prépare à entendre.

— Monsieur le baron de La Rochaiguë a la parole, — reprit M. de Maillefort en souriant.

— Encore une fois, qu'est-ce que ce diable d'homme vient donc faire et dire ici ? — reprit tout bas Olivier à Gerald.

— Je n'en sais ma foi rien, mon bon Olivier, — répondit le duc de Senneterre de l'air du monde le plus candide, — écoutons, nous le saurons.

Le baron toussa, glissa la main gauche sous le revers de son habit, et dit de sa voix la plus grave :

— Au nom des intérêts qui me sont confiés, je prie monsieur Olivier Raimond de vouloir bien répondre à quelques questions que je me permettrai de lui adresser.

— Je suis à vos ordres, monsieur, — répondit Olivier de plus en plus surpris.

— J'aurai donc l'honneur de demander à monsieur Olivier Raimond si je ne lui ai pas proposé, en ma qualité de tuteur de mademoiselle de Beaumesnil, ayant pouvoir et mission de faire cette proposition ; si je ne lui ai pas proposé, dis-je, la main de ma pupille, mademoiselle de Beaumesnil ?

A ces mots, Ernestine échangea un regard significatif avec M. de Maillefort.

— Monsieur... — répondit Olivier au baron en rougissant, aussi contrarié qu'embarrassé de cette interpellation à lui faite devant plusieurs personnes qu'il ne connaissait pas, — je ne comprends ni la nécessité, ni l'opportunité de la question que vous m'adressez.

— Je suis donc obligé de faire appel à la loyauté, à la sincérité, à la franchise bien connues de l'honorable assistant, — reprit solennellement le baron, — et de l'adjurer de répondre à cette question : Lui ai-je proposé, oui ou non, la main de ma pupille, mademoiselle de Beaumesnil ?

— Eh bien ! oui... monsieur... — dit Olivier avec impatience, — cela est vrai.

— Monsieur Olivier Raimond, — reprit le baron, — n'a-t-il pas refusé nettement, catégoriquement... positivement, cette proposition ?

— Oui, monsieur...

— L'honorable assistant ne m'a-t-il pas donné pour raison de son refus « *un engagement de cœur et d'honneur* » *pris précédemment, et qui devait, disait-il, assurer le* » *bonheur de sa vie ?* » Ne sont-ce pas là les propres paroles de l'honorable assistant ?

— Il est vrai, monsieur, et, grâce à Dieu, ce qui était alors pour moi la plus chère des espérances... va devenir aujourd'hui une réalité, — ajouta le jeune homme en regardant Ernestine.

— Un tel désintéressement est vraiment inouï, — dit à demi-voix la duchesse de Senneterre à sa fille. — C'est la fréquentation de ces gens-là qui a gâté notre pauvre Gerald.

Mademoiselle de Senneterre baissa les yeux et n'osa pas répondre à sa mère, qui reprit :

— Mais, je n'y comprends plus rien... puisque cet héroïque monsieur refuse mademoiselle de Beaumesnil, que vient-elle faire ici... et son imbécile de tuteur aussi ?... je m'y perds... Attendons.

Ernestine, malgré la joie et la fierté que lui causait cette espèce de publicité donnée à la noble conduite d'Olivier, n'était cependant pas encore absolument rassurée au sujet des scrupules qu'il pouvait ressentir en apprenant que la *petite brodeuse* était mademoiselle de Beaumesnil.

— Je n'ai plus qu'à remercier M. Olivier Raimond de la loyauté de ses réponses, — dit le baron en se rasseyant, — et l'honorable assistance voudra bien prendre acte des nobles paroles de mon interlocuteur.

— Pourquoi diable ! ce gaillard à longues dents, et qui est aussi important qu'un Suisse de cathédrale, vient-il de débiter ses phrases ?... — demanda tout bas le commandant Bernard à Olivier et à Gerald.

— Je n'y comprends rien, mon oncle ; je suis comme vous très étonné que ce monsieur vienne me rappeler ici... et à ce moment, la proposition que l'on m'a faite !...

— Cela ne peut avoir d'autre inconvénient, — répondit Gerald en souriant, que de rendre ta chère Ernestine encore plus éprise de toi en apprenant que tu as sacrifié à ton amour pour elle...

— Et c'est justement l'espèce de retentissement donné à une action si simple qui me contrarie beaucoup... — reprit Olivier...

— Et tu as raison, mon enfant, — ajouta le vieux marin. — On fait ces choses-là pour soi... et pas pour les autres. — Puis, s'adressant au duc de Senneterre : — Dites donc, monsieur Gerald, ce brave petit bossu qui est à côté du notaire est le marquis dont vous m'avez parlé, n'est-ce pas ?

— Oui, mon commandant.

— C'est drôle, il a parfois l'air malin comme un singe, et parfois bon comme un enfant... Tenez, maintenant, avec quelle douceur il regarde mademoiselle Herminie !

— M. de Maillefort est un cœur comme le vôtre, mon commandant, c'est tout dire.

— Silence, Gerald, — dit tout bas Olivier ; — le notaire se lève, il va lire ton contrat.

— C'est pour la forme, — dit Gerald ; — car, au fond, peu importe ce contrat ; les véritables conditions de notre amour, nous les avons réglées de cœur à cœur avec Herminie.

Le mouvement d'attention et de curiosité excité par l'interpellation de M. de La Rochaiguë étant calmé, le notaire commença la lecture des contrats de mariage d'Herminie et de Gerald.

Lorsque, après les préliminaires d'usage, le *garde-notes* arriva à l'énonciation des noms, prénoms et qualités des époux, M. de Maillefort lui dit en souriant et d'un air d'intelligence :

— Monsieur, passons, passons... si vous le voulez bien, nous savons les noms, et arrivons au point important, aux règlemens des questions d'intérêt entre les deux époux.

— Soit, monsieur le marquis, — répondit le notaire, et il continua :

« — Il est convenu par le présent contrat, que lesdits » époux sont et seront séparés de biens, quant à ceux qu'ils » possèdent et ceux qu'ils pourraient posséder un jour. »

— C'est vous, ma chère enfant, — dit le marquis à Herminie, en interrompant le notaire, — qui, lorsque je vous ai expliqué hier les différens modes qui régissaient les questions d'intérêt entre les époux, avez insisté pour que la séparation de biens eût lieu, et cela par un sentiment d'extrême délicatesse, car, ne possédant rien que le beau talent dont vous avez si honorablement vécu jusqu'ici, vous avez absolument refusé la communauté de biens et les avantages que M. de Senneterre eût été si désireux de vous voir accepter.

Herminie baissa les yeux en rougissant et répondit :

— Je suis presque certaine, monsieur, que M. de Senneterre excusera et comprendra mon refus.

Gerald s'inclina respectueusement tandis que Berthe, sa jolie sœur, disait tout bas à sa mère :

— Comme les sentimens de mademoiselle Herminie sont bien d'accord avec sa charmante figure si noble, si distinguée ! n'est-ce pas maman ?

— Certainement... oh ! certainement, — répondit madame de Senneterre avec distraction, car elle se disait à part soi : — avec ces belles délicatesses-là, ma belle-fille, ignorant que le marquis l'avantage énormément, n'en sera pas moins séparée de biens avec mon fils ; mais bah ! elle l'aime tant, que lorsqu'elle se saura riche elle reviendra sur cette disposition.

Le notaire poursuivit :

« Il est convenu et entendu que les enfans mâles qui » pourront naître dudit mariage joindront, eux et leurs » descendans, au leur nom de *Senneterre* celui de *Haut-* » *Martel*. Cette clause a été consentie par lesdits époux, à » la demande de Louis-Auguste, marquis de Maillefort, » prince-duc de Haut-Martel. »

Herminie ayant fait un mouvement de surprise, le bossu lui dit en regardant Gerald :

— Ma chère enfant, ceci est un petit arrangement de vanité nobiliaire, auquel Gerald a donné son approbation, certain que vous ne verrez aucun inconvénient à ce que votre fils porte, joint à son illustre nom, le nom d'un homme qui vous regarde et qui vous aime comme sa fille.

Un touchant regard d'Herminie, empreint de reconnaissance et de respectueuse tendresse, répondit au bossu, qui dit au notaire :

— Cet article est le dernier du contrat ?

— Oui, monsieur le marquis.

— Nous pourrons lire maintenant le contrat de mademoiselle Ernestine, — reprit le bossu, — l'on signerait ensuite les deux contrats.

— Certainement, monsieur le marquis, — répondit le notaire.

— A notre tour, mon garçon, — dit tout bas le commandant Bernard à son neveu, — quel dommage de ne pouvoir mettre dans ce contrat que je vous donne, à cette chère enfant et à toi, une bonne petite fortune... Mais, hélas ! mon pauvre ami, — ajouta le vieux marin, d'un air à la fois souriant et attristé, — tout ce que je vous laisserai jamais... après moi, ce sera la bonne vieille maman Barbançon... Merci du cadeau de noces... n'est-ce pas ?

— Allons, mon oncle, pas de ces idées-là...

— Et dire que nous sommes trop pauvres pour lui offrir, à cette chère Ernestine, le moindre petit présent de fiançailles ; j'avais pensé à vendre nos six couverts d'argent ; mais madame Barbançon n'a pas voulu, disant que ta femme aimerait mieux un peu d'argenterie que des affiquets.

— Et madame Barbançon avait bien raison, mon oncle ; mais silence... écoutez.

En effet, le notaire, prenant le second contrat, dit tout haut :

— Nous allons passer aussi les noms ?

— Passez... passez, — dit le marquis.

— J'arrive au seul et unique article concernant le règlement des questions d'intérêt entre les deux époux.

— Ça ne sera pas long, — dit tout bas le commandant Bernard.

— Monsieur, — reprit Olivier en souriant, — permettez-moi de vous interrompre ; cet article du contrat me paraît superflu, car, j'ai eu l'honneur de vous le dire hier, je ne possède rien que mon traitement de sous-lieutenant, et mademoiselle Ernestine Vert-Puits ne possède rien non plus que son état de brodeuse.

— Cela est vrai, monsieur, — reprit le notaire en souriant à son tour ; — mais cependant, comme il faut se marier sous un régime quelconque, j'ai cru pouvoir adopter celui dont je vous parle, parce qu'il est le plus simple... et insérer au contrat que vous vous mariez en communauté de biens avec mademoiselle Ernestine Vert-Puits.

— Alors, il eût été plus régulier de dire que nous nous marions en communauté de *non-biens*, — reprit gaîment Olivier ; — mais c'est égal, puisque c'est l'usage, nous acceptons la clause, n'est-ce pas, mademoiselle Ernestine ?

— Certainement, monsieur Olivier, — reprit mademoiselle de Beaumesnil.

— Allons, monsieur le notaire, — reprit le jeune homme en riant, — c'est entendu, moi et mademoiselle Ernestine nous mettons tous nos biens en commun... tous sans exception, depuis mon épaulette de sous-lieutenant jusqu'à son aiguille de brodeuse, donation complète, mutuelle !

— Et il n'y aura pas de difficultés pour le partage, — dit tout bas le commandant Bernard en soupirant. — Ah ! je n'ai jamais eu envie d'être riche, si ce n'est aujourd'hui !

— Il est donc entendu que l'article relatif à la communauté de biens subsiste au contrat, — reprit le notaire, — je poursuis :

« Lesdits époux se marient sous le régime de la com» munauté de biens, et se font une donation mutuelle et » complète de tous les biens mobiliers, immobiliers et au» tres valeurs quelconques, qu'ils pourraient posséder un » jour, de leur chef ou par héritage. »

— Des héritages ! pauvres enfans ; ma croix et ma vieille épée... voilà ce qu'ils ont à attendre de moi, monsieur Gerald, — dit tout bas le vétéran au duc de Senneterre.

— Bah ! mon commandant, — reprit gaîment Gerald, — qui sait ?

Pendant que le vieux marin, ne partageant pas l'espérance de Gerald, secouait mélancoliquement la tête, le notaire reprit, en s'adressant à Ernestine et à Olivier :

— Cette rédaction vous paraît convenable, mademoiselle, et à vous aussi, monsieur ?

— Je suis d'avance de l'avis de M. Olivier à ce sujet, — dit mademoiselle de Beaumesnil.

— Je trouve la rédaction parfaite, monsieur le notaire, — dit Olivier toujours gaîment, — et je vous certifie que de votre vie vous n'aurez inséré, dans un contrat, une clause moins sujette à contestation que celle-là.

— Maintenant, — reprit gravement le notaire en se levant, — nous allons procéder à la signature des contrats.

Madame de Senneterre, ayant profité de ce mouvement général, s'approcha de M. de La Rochaiguë, et lui dit, sortant à peine de sa stupeur :

— Ah çà ! mon cher baron, pourriez-vous me dire ce que cela signifie ?

— Quoi donc ! madame la duchesse ?

— L'imbroglio qui se joue ici.

— Madame la duchesse, cet imbroglio a failli me rendre fou.

— Mais ce M. Olivier croit donc que mademoiselle de Beaumesnil est brodeuse ?

— Oui, madame la duchesse.

— Mais comment vous a-t-il refusé la proposition que vous lui avez faite ?

— Parce qu'il en aimait une autre, madame la duchesse.

— Quelle autre ?

— Ma pupille.

— Quelle pupille ?

— Mademoiselle de Beaumesnil, — répondit le baron, avec une joie féroce, et ravi de rendre à autrui la torture que lui avait fait subir le marquis.

— Monsieur le baron, — reprit arrogamment la duchesse de Senneterre, en toisant M. de La Rochaiguë, — est-ce que vous prétendez vous moquer de moi ?

— Madame la duchesse ne peut pas présumer que... je sois capable de m'oublier à ce point.

— Mais alors, monsieur, que signifie cet imbroglio ? Encore une fois, comment se fait-il que M. Olivier vienne répéter ici qu'il a refusé la main de mademoiselle de Beaumesnil, et que cependant il soit prêt à signer son contrat de mariage avec elle ; et puis, qu'est-ce que c'est que ce roman de mademoiselle de Beaumesnil brodeuse ?

— Madame la duchesse, j'ai promis le secret à M. de Maillefort, veuillez vous adresser à lui, il n'a pas son pareil pour dire le mot des énigmes.

Madame de Senneterre, désespérant de rien apprendre du baron, s'approcha de M. de Maillefort et lui dit :

— Eh bien ! marquis, saurai-je, à la fin ?...

— Dans cinq minutes, ma chère duchesse, vous allez tout apprendre, — répondit le bossu.

Et il alla dire quelques derniers mots à l'oreille du notaire.

LXVI.

Les assistans à la signature du contrat s'approchèrent de la table où étaient déposés les deux actes, et mademoiselle de Beaumesnil dit tout bas à Herminie avec un accent d'inquiétude :

— Hélas ! mon amie... ma sœur... voilà le moment décisif, tout va se découvrir ; que va penser, que va faire M. Olivier ? Je serais sous le coup de la révélation de je ne sais quelle faute commise par moi que je ne me sentirais pas plus inquiète...

— Courage... Ernestine, — répondit Herminie, — ayez toute confiance dans M. de Maillefort.

Si Ernestine éprouvait quelque crainte au sujet des scrupules d'Olivier, le bossu n'était pas plus rassuré au sujet de la susceptibilité d'Herminie qui, à cette heure, ignorait encore qu'elle était portée au contrat comme fille adoptive du marquis de Maillefort, prince-duc de Haut-Martel.

Ce fut donc avec un certain serrement de cœur que le bossu s'approcha de la jeune fille et lui dit :

— C'est à vous de signer, mon enfant.

Le notaire présenta la plume ; la jeune fille la prit, et, d'une main tremblante de bonheur et d'émotion, elle signa :

HERMINIE.

— Eh bien ! mon enfant, — lui dit M. de Maillefort, qui l'avait regardée écrire, et qui la vit sur le point de remettre la plume au notaire, — pourquoi vous arrêter ainsi ?

Et comme sa protégée le regardait, muette de surprise, le bossu poursuivit :

— Sans doute... continuez donc... et signez : *Herminie de Maillefort.*

— Ah ! je comprends tout, maintenant, — dit Gerald à sa mère, avec une émotion profonde, — M. de Maillefort est le meilleur, le plus généreux des hommes.

Herminie, qui avait continué de regarder le bossu sans trouver une parole, lui dit enfin :

— Mais, monsieur... je ne saurais signer.... *Herminie de Maillefort*... ce nom...

— Mon enfant, — reprit le bossu d'une voix touchante, — ne m'avez-vous pas dit bien souvent que vous ressentiez pour moi une affection toute filiale ?

— Sans doute, monsieur...

— N'avez-vous pas cru, — continua le bossu, — ne pouvoir mieux m'exprimer votre reconnaissance qu'en me disant que je vous témoigniez la sollicitude d'un père ?

— Oh ! oui, monsieur, du père le plus tendre... — s'écria la jeune fille avec effusion.

— Eh bien ! alors, — reprit le marquis en souriant avec bonhomie charmante, — qu'est-ce que cela vous fait, de porter mon nom ? Vous m'avez déjà promis que, si vous aviez un fils, il le porterait, ce nom... N'êtes-vous pas, d'ailleurs, par le cœur, par votre attachement pour moi, par ma tendresse pour vous, mon enfant d'adoption ?... Pourquoi ne signeriez-vous pas ce contrat comme ma fille adoptive ?...

— Moi, monsieur ? — dit Herminie, qui ne pouvait croire encore à ce qu'elle entendait, — moi, votre fille adoptive ?...

— Eh bien ! oui... Sachez enfin mon orgueil... je me suis vanté de cela... je vous ai fait même désigner ainsi dans le contrat.

— Monsieur... que dites-vous ?...

— Voyons, — ajouta le bossu, les larmes aux yeux et avec un accent irrésistible, — croyez-vous que j'aie légitimement gagné le glorieux bonheur de pouvoir dire à tous : *c'est ma fille !*... Refuserez-vous enfin d'honorer encore, en le portant... un nom toujours respecté ?

— Ah ! monsieur, — dit Herminie ne pouvant à son tour retenir ses larmes, — tant de bonté...

— Eh bien ! alors, signez donc, méchante enfant, — dit le marquis en souriant, les larmes aux yeux, — sinon l'on s'imaginerait peut-être qu'une belle et charmante créature comme vous a honte d'avoir pour père adoptif un pauvre petit bossu comme moi.

— Ah ! cette pensée ! — dit vivement Herminie.

— Eh bien ! alors, signez, signez... vite, — ajouta le marquis.

Et, par un mouvement rempli d'affection, il prit la main d'Herminie comme pour saisir sa plume, et, s'approchant ainsi d'elle, il lui dit sans que personne ne l'entendît :

— Enfin... celle que nous regrettons... ne m'a-t-elle pas dit : Soyez un père pour ma fille ?

Tressaillant à ce souvenir de sa mère, étourdie par cette proposition si inattendue, vaincue enfin par l'attendrissement, par la surprise, par sa reconnaissance pour le marquis, la jeune fille, d'une main tremblante d'émotion, signa au contrat :

HERMINIE DE MAILLEFORT.

La jeune artiste ignorait qu'elle acceptait et consacrait ainsi la généreuse donation du bossu, dont elle ne connaissait pas la fortune considérable.

Le commandant Bernard se sentit si ému de cette scène, qu'il s'approcha du bossu et lui dit :

— Monsieur, je suis ancien officier de marine et oncle d'Olivier. Je n'ai l'honneur de vous connaître... que par tout le bien que M. Gerald m'a dit de vous... et par l'appui que vous avez bien voulu lui prêter pour le faire nommer Olivier officier... Mais ce que vous venez de faire pour mademoiselle Herminie montre un cœur si généreux, qu'il faut que vous me permettiez de vous serrer la main.

— Et bien cordialement, je vous assure, monsieur, — répartit le marquis en répondant à l'avance amicale du vétéran ; je n'avais non plus l'honneur de vous connaître que par tout le bien que mon brave Gerald, l'ami intime de M. Olivier, m'avait dit de vous... je savais les avis remplis de haute raison et de délicatesse que vous aviez donnés à Gerald, lorsqu'il s'est agi de son mariage avec mademoiselle de Beaumesnil, et comme les gens de cœur sont rares, monsieur..., c'est une bonne fortune pour moi que de me rapprocher de vous... Cette bonne fortune ne pouvait d'ailleurs me manquer, — ajouta le bossu en souriant, — car vous aimez Ernestine et Olivier comme j'aime Herminie et Gerald ; aussi, je vous demande un peu la bonne vie que nous allons mener avec ces deux jeunes et charmans ménages.

— Pardieu ! monsieur, vous me rendez bien heureux, — dit le vétéran ; — alors, je vous verrai souvent... car je suis décidé à ne pas quitter Olivier et sa femme.

— Et moi, à vivre avec mes enfans, Gerald et Herminie, et comme nos deux chères filles s'aiment en sœurs...

— Elles ne se sépareront pas non plus, — dit le commandant, — et alors...

— Nous vivrons tous en famille, — ajouta le bossu.

— Tenez, monsieur, — s'écria le vétéran, — si j'avais été dévot, le diable m'emporte ! si je ne vous dirais pas que c'est le paradis que le bon Dieu m'assure pour mes vieux jours.

— Allez, monsieur Bernard, tous les honnêtes gens sont de la même religion, celle du cœur et de l'honneur ; c'est la vraie, c'est la bonne. Mais dépêchons, ces deux pauvres enfans meurent d'impatience de signer leur contrat à leur tour...

— C'est vrai ! dit le commandant.

Et s'adressant à Ernestine :

— Allons, mademoiselle, écrivez vite au bas de ce bout de papier ce nom qui va me donner le droit de vous appeler ma fille... quoique je vous doive la vie, — ajouta gaîment le vieux marin, — car entre nous deux c'est toujours le monde renversé... ce sont les filles qui donnent la vie aux pères.

Ernestine prit la plume des mains du notaire avec une angoisse inexprimable, que partageaient, pour des motifs différens, tous les acteurs de cette scène, à l'exception d'Olivier et du commandant Bernard.

Ernestine signa donc au contrat :

ERNESTINE VERT-PUITS DE BEAUMESNIL.

Puis elle offrit, d'une main tremblante, la plume à Olivier.

Celui-ci s'empressa de signer avec un bonheur indicible...

Mais à peine avait-il tracé son prénom d'*Olivier*, que la plume s'échappa de sa main, et il resta un instant penché sur la table... muet, immobile de stupeur... se croyant le jouet d'une illusion, en lisant au-dessus de son nom, qu'il venait de commencer d'écrire, cette signature :

Ernestine Vert-Puits de Beaumesnil.

La cause de la surprise d'Olivier était si prévue par la plupart des assistans que tous gardèrent, pendant quelques instans, un profond silence.

Le commandant Bernard, seul, éleva la voix et dit à son neveu :

— Eh bien ! mon garçon... que diable as-tu ? ne sais-tu plus signer ton nom ?

Puis, le vieux marin, encore plus étonné du silence des autres personnes, les interrogea du regard ; mais, sur toutes ces physionomies, et notamment sur celles d'Ernestine et d'Herminie, il remarqua une expression grave, inquiète.

Le vétéran, pressentant alors quelque sérieux incident, dit à son neveu :

— Olivier... mon enfant... qu'y a-t-il ? qui t'empêche de signer ?...

— Lisez ce nom... mon oncle, — répondit le jeune homme en indiquant d'un doigt tremblant la signature d'Ernestine :

— *Ernestine Vert-Puits de Beaumesnil*, — s'écria le vieillard, approchant le contrat de ses yeux, comme s'il ne pouvait croire à ce qu'il voyait ; puis il reprit, en se tournant alors vers Ernestine :

— Vous... mademoiselle... vous... mademoiselle de Beaumesnil ?

— Oui... monsieur... — dit gravement M. le baron de La Rochaiguë, — moi, tuteur de mademoiselle de Beaumesnil, je déclare, je certifie, j'affirme que mademoiselle est en effet ma pupille... et c'est pour cela que ma présence à son mariage était indispensable.

— Mademoiselle... — dit Olivier à Ernestine d'une voix altérée et en devenant très pâle, — excusez ma stupeur... toutes les personnes présentes... ici... la comprendront... Vous... mademoiselle... de Beaumesnil !... Vous... que j'ai crue pauvre et abandonnée... parce que vous me l'avez dit... Mais alors, quel était le but de cette feinte ?

Ernestine, voyant l'expression pénible des traits d'Olivier, sentit son cœur se briser, ses larmes coulèrent, et elle ne put prononcer que ces mots, en joignant ses mains d'un air suppliant :

— Pardon !... monsieur Olivier !... pardon !...

Il y avait une candeur si touchante dans ces seuls mots de la pauvre enfant, s'excusant, avec cette adorable naïveté, d'être *la plus riche héritière de France*, que tous, jusqu'au baron et à madame de Senneterre, furent délicieusement attendris ; Olivier lui-même sentit les larmes lui venir aux yeux.

M. de Maillefort comprit qu'il était temps de poser nettement les faits et de détruire jusqu'aux moindres scrupules d'Olivier, car le bossu voyait clairement que le jeune homme, à bon droit étonné du mystère étrange dont mademoiselle de Beaumesnil s'était jusqu'alors entourée à son égard, souffrait cruellement de la lutte que se livraient son amour et son ombrageuse délicatesse.

— Veuillez, monsieur Olivier, et vous aussi, monsieur le commandant Bernard, me prêter quelques momens d'attention, — dit le marquis, — et vous allez savoir le mot d'une énigme qui doit vous surprendre et vous inquiéter... Mademoiselle de Beaumesnil, orpheline, immensément riche, ignorant d'abord, dans sa candeur, les passions cupides qui s'agitaient autour d'elle, eut foi à des louanges exagérées, à des démonstrations affectueuses, qui cachaient des projets intéressés ; lorsqu'un jour, un ami de sa mère, ne pouvant malheureusement faire plus, a du moins averti mademoiselle de Beaumesnil que, autour d'elle... tout était mensonge, flatterie, avidité, bassesse... et que, si elle était le prétexte des empressemens qu'on lui témoignait, son énorme fortune en était le seul motif ; cette révélation fut terrible pour mademoiselle de Beaumesnil ; dès lors, obsédée par la crainte de n'être jamais *aimée que pour ses richesses*... elle trouva bientôt insupportable cette défiance de tout et de tous. Aussi, sans appui, sans conseil, mademoiselle de Beaumesnil résolut courageusement de savoir enfin sa valeur réelle. Cette appréciation devait lui servir à mesurer la sincérité des adulations dont on la poursuivait. Mais, cette vérité, comment la savoir ? Un seul moyen restait à mademoiselle de Beaumesnil : se dépouiller du prestige qui entourait la riche héritière, se donner, dans un monde où elle était inconnue, pour une pauvre orpheline, vivant de son travail, etc....

— Oh ! assez, monsieur... assez... — s'écria Olivier avec un accent d'admiration profonde, — je devine tout maintenant... Quel courage !...

— Elle a fait cela ! — s'écria le commandant Bernard, en joignant les mains par un mouvement d'adoration ; — mais elle a donc toutes les vaillances ! Braver une si pénible épreuve ! se jeter sous une roue pour m'empêcher d'être broyé...

— Vous entendez votre oncle... monsieur Olivier, — dit le marquis. — Quelle que soit, à cette heure, la position de mademoiselle de Beaumesnil, n'avez-vous pas toujours à acquitter envers elle une dette de reconnaissance?

— Ah! monsieur, — s'écria Olivier, — cette dette... cause sacrée de l'affection la plus vive... j'espérais l'acquitter en offrant à mademoiselle de Beaumesnil de partager mon sort un peu moins malheureux que le sien... car je la croyais pauvre et abandonnée.... Mais, à présent... je...

— Un dernier mot, monsieur Olivier, — dit vivement le marquis en interrompant le jeune homme, — mademoiselle de Beaumesnil et moi nous connaissions et nous respections votre orgueilleuse susceptibilité. Aussi, pour vous épargner le moindre sujet de reproche envers vous-même, nous étions convenus avec M. de La Rochaigüe, ici présent, de vous mettre dans l'alternative de manquer à une promesse sacrée, faite à une jeune fille que vous croyiez bien malheureuse, ou de refuser la main de mademoiselle de Beaumesnil.. Vous êtes noblement sorti de cette épreuve, si dangereuse pour tout autre; vous avez sacrifié un mariage fabuleusement riche à votre affection pour la pauvre petite brodeuse. Quelle plus grande preuve de désintéressement pourriez-vous jamais donner?

— Aucune... — dit le commandant Bernard. — Je suis plus jaloux que personne de l'honneur d'Olivier; aussi, je lui dirai que, s'il est honteux d'épouser une femme pour son argent, il ne faut pas non plus, lorsqu'on aime sincèrement la meilleure des créatures, refuser de tenir un engagement d'honneur... d'acquitter une dette sacrée... parce que cette adorable fille se trouve avoir un jour beaucoup d'argent. Eh pardieu! mon brave Olivier, suppose que mademoiselle Ernestine, pauvre hier, a hérité ce matin d'un parent archi-millionnaire au Monomotapa, et que tout soit dit; que diable! il ne faut pas non plus que ce malheureux tas de millions soit un trouble-fête!

— Oh! merci! monsieur Bernard, — s'écria Ernestine en se jetant au cou du vieux marin, dans un élan d'expansion filiale, — merci... de ces bonnes paroles... auxquelles M. Olivier ne trouvera rien à répondre.

— Je l'en défie bien, — dit Gerald en prenant la main de son ami avec émotion. — En un mot, mon bon Olivier, rappelle-toi ce que tu me disais il y a quelques mois, lorsqu'il était question de mon mariage avec mademoiselle de Beaumesnil.

— Et puis enfin, — dit à son tour Herminie, — n'est-ce pas toujours Ernestine, la pauvre petite brodeuse, que vous et moi, monsieur Olivier, nous avons tant aimée?

— Tenez, monsieur, — ajouta madame de Senneterre, — le désintéressement dont vous avez fait preuve en refusant l'offre de M. de La Rochaigüe me frappe tellement, que vous aurez beau vous marier avec mademoiselle de Beaumesnil, vous serez toujours dans ma pensée celui qui a refusé *la plus riche héritière de France* pour épouser une pauvre fille sans nom et sans fortune.

Olivier, pour ainsi dire accablé sous des preuves d'estime et de sympathie si diverses dans leur sincérité, éprouvait cependant encore une secrète humiliation de partager, lui si pauvre, l'immense fortune de mademoiselle de Beaumesnil; aussi reprit-il :

— Je sais que je n'ai pas le droit de me montrer, en ce qui touche la délicatesse et l'honneur, plus exigeant que les personnes qui m'entourent, je sens que ce que je viens d'apprendre de mademoiselle de Beaumesnil ne fait qu'augmenter, s'il est possible, mon respect, mon dévouement pour elle, et cependant...

Le marquis interrompit Olivier, et allant au-devant de sa pensée :

— Un mot encore, monsieur Olivier; vous éprouvez une sorte d'humiliation à partager la grande fortune de mademoiselle de Beaumesnil; cette humiliation, je la comprendrais, si vous ne deviez voir, dans les biens immenses que vous apporte Ernestine, qu'un moyen de vous livrer à une oisiveté prodigue et stérile... de mener une vie de luxe et de dissipation, aux dépens de votre femme... Oh! alors, oui, honte! ignominie! pour ceux qui contractent de ces ignobles marchés!... Mais tel ne doit pas être votre avenir, monsieur Olivier... tel ne doit pas être non plus le vôtre, Gerald, — car vous ignorez, et Herminie... ma fille... ma chère fille... ignore aussi que, sans lui donner une fortune en rien comparable à celle d'Ernestine, je lui assure, du mon vivant, environ cinquante mille écus de rentes, dont je viens d'hériter en Allemagne.

— A moi, monsieur, une telle fortune! — s'écria Herminie. — Oh! jamais... jamais... Je vous conjure de...

— Ecoutez-moi, mon enfant, — dit le bossu en interrompant la jeune fille; — écoutez-moi aussi, monsieur Olivier... Ernestine, dans quelques pages touchantes que vous lirez un jour... pages écrites sous l'invocation de la mémoire de sa mère, a tracé, dans l'adorable candeur de son âme, ces mots que je n'oublierai jamais :

J'ai trois millions de rentes!
Tant d'argent à moi seule! Pourquoi cela?
Pourquoi tant à moi, rien aux autres?
Mais c'est donc une GRANDE INIQUITÉ *que l'héritage?*
Cette fortune immense... comment l'ai-je gagnée?
Hélas! par votre mort! ô ma mère! ô mon père!...
Ainsi, pour que je sois si riche, il faut que j'aie perdu les deux êtres que je chérissais le plus au monde!
Pour que je sois riche, peut-être faut-il qu'il y ait des milliers de jeunes filles, comme Herminie, toujours exposées à la détresse, malgré une vie laborieuse et irréprochable...

— Oh! — ajouta le marquis avec une animation croissante, — dans ce généreux cri d'un cœur ingénu, dans ces paroles naïves comme la vérité qui sort de la bouche d'un enfant... il y a toute une révélation. Oui, vous dites vrai, Ernestine, *l'héritage est une grande iniquité...* lorsqu'il perpétue la dégradation et les vices d'une vie oisive et blasée... oui, *l'héritage est un fléau*, lorsqu'il soulève... et excite les exécrables passions dont vous avez failli être victime, pauvre chère enfant! oui, *l'héritage est sacrilège*, lorsqu'il concentre dans des mains égoïstes d'immenses richesses qui pourraient donner des moyens d'existence et de travail à des milliers de familles... mais aussi l'héritage peut quelquefois s'ennoblir jusqu'au sacerdoce... si l'héritier pratique avec ardeur *les devoirs sacrés, imprescriptibles, que l'humanité impose à celui qui possède envers ceux qui ne possèdent pas ;...* oui, l'héritage devient un sacerdoce si le détenteur d'incalculables moyens d'action consacre sa vie entière à les appliquer à l'amélioration morale et matérielle de tous ceux que la société déshérite en faveur de quelques privilégiés; — et maintenant, — reprit le bossu avec une émotion profonde, en prenant la main d'Herminie et d'Olivier, — dites, mes enfans, voyez-vous dans l'humiliation, de la honte, vous pauvres hier, à devenir riches selon ces principes de fraternité humaine? Reculerez-vous devant cette sainte et souvent difficile mission, qu'il faut accomplir chaque jour avec le dévoûment le plus éclairé, si l'on veut se faire pardonner cette exorbitante inégalité, qu'Ernestine dans sa noble candeur, caractérisait en disant :

Pourquoi tant à moi, rien aux autres?

— Ah! monsieur, — s'écria Olivier avec enthousiasme, — pourquoi la fortune de mademoiselle de Beaumesnil n'est-elle pas plus immense encore!

Et reprenant la plume d'une main tremblante de bonheur et de joie, le jeune homme signa au bas du contrat :

OLIVIER RAIMOND.

— Enfin! — dirent Ernestine et Herminie en se jetant dans les bras l'une de l'autre.

Au moment où M. de Maillefort allait monter en voiture avec Herminie, qu'il emmenait, car elle devait dès lors habiter chez son père adoptif, M. Bouffard, en proie à une curiosité désespérée, apparut inopinément aux yeux du bossu.

— Parbleu, cher monsieur Bouffard, — dit le marquis à

l'ex-épicier, je suis ravi de vous rencontrer ; l'on a bien raison de dire que la Providence emploie quelquefois les plus singuliers moyens pour arriver à ses fins, car vous êtes un de ces très singuliers moyens, cher monsieur Bouffard.

— Monsieur le marquis est trop honnête, — reprit M. Bouffard, en écarquillant les yeux sans rien comprendre aux paroles du marquis.

— Savez-vous une chose, cher monsieur Bouffard ? C'est que, sans votre impitoyable avidité de propriétaire, mademoiselle Herminie, ma fille adoptive, ne serait peut-être pas à cette heure DUCHESSE DE SENNETERRE.

— Comment? mademoiselle... Comment? *ma pianiste...* fille d'un marquis et duchesse de Senneterre... — balbutia M. Bouffard abasourdi, pendant que le bossu et la jeune fille montaient dans un brillant coupé, qui les emporta rapidement.

. . . .

Quelque temps après la signature du contrat, *les personnes du monde,* ainsi qu'on dit, recevaient ces deux billets de faire part :

Monsieur le baron de La Rochaiguë a l'honneur de vous faire part du mariage de mademoiselle ERNESTINE DE BEAUMESNIL, *sa pupille, avec Monsieur* OLIVIER RAIMOND.

Monsieur le marquis de Maillefort, prince-duc de Haut-Martel, a l'honneur de vous faire part du mariage de mademoiselle HERMINIE DE MAILLEFORT, *sa fille adoptive, avec Monsieur le duc* GERALD DE SENNETERRE.

FIN DE L'ORGUEIL.

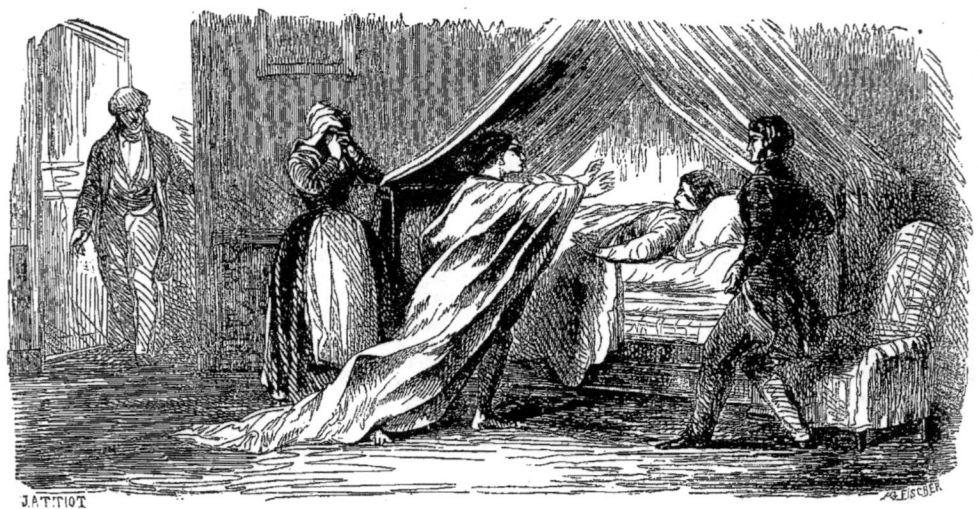

LES
SEPT PÉCHÉS CAPITAUX

PAR

EUGÈNE SUE

L'ENVIE

FRÉDÉRIK BASTIEN

I

Un touriste qui eût parcouru le *Blaisois* dans le courant de l'année 1828, en se rendant de Blois à la petite ville de *Pont-Brillant*, pour y visiter, selon l'usage des voyageurs, le château de ce nom, somptueuse et féodale résidence des anciens marquis de Pont-Brillant, aurait nécessairement passé devant une ferme située sur le bord du chemin vicinal, à une lieue environ du château.

Ce bâtiment, complétement isolé au milieu des bois et des guérets, pouvait, par hasard, attirer l'attention du voyageur ; on l'eût sans doute contemplé avec un mélange de tristesse et de dégoût, comme l'un des nombreux spécimens de la laideur des habitations rurales du pays, lors même qu'elles appartiennent à des personnes jouissant d'une grande aisance. En effet, cette ferme se composait d'un bâtiment d'exploitation, dont les dépendances formaient deux longues ailes en retour ; l'intérieur de cette espèce de parallélogramme tronqué servait de cour et était rempli de fumier croupissant dans des eaux infectes : car la vacherie, l'écurie et la bergerie s'ouvraient sur ces amas d'immondices, où s'ébattaient, dans la fange, toutes sortes d'animaux domestiques, depuis des poules jusqu'à des porcs...

Le bâtiment d'habitation, pris dans l'une des ailes en retour, composé d'un rez-de-chaussée et de quelques mansardes, avait donc pour point de vue cette cour nauséabonde, et pour horizon les sales murailles et les portes vermoulues des vacheries ; tandis que, de l'autre côté de ce triste logis, où nulle fenêtre n'était alors percée, s'étendait une superbe futaie de chênes séculaires de deux arpents, sous laquelle coulait un ruisseau alimenté par le trop-plein de plusieurs étangs éloignés ; mais cette futaie, malgré sa rare beauté, était devenue presque impraticable, son sol ayant été çà et là couvert de gravois, ou envahi par les ronces et les chardons ; enfin le ruisseau, faute de curage et d'une pente suffisante, était bourbeux et stagnant.

Si ce même touriste, dont nous supposons la venue, eût, un an après cette pérégrination, passé de nouveau devant cette ferme d'un aspect autrefois si repoussant, ce touriste eût été frappé de la soudaine métamorphose que ces lieux avaient subie, quoiqu'ils appartinssent toujours au même propriétaire. Une fraîche pelouse de gazon, fin et ras comme du velours vert, ornée de massifs de rosiers, remplaçait la cour immonde, jadis encombrée de fumier ; de nouvelles portes pour l'écurie et la vacherie ayant été pratiquées sur l'autre face, les anciennes baies avaient été murées, et ce bâtiment, ainsi que la vaste grange du fond de la cour, étaient badigeonnés à la chaux et recouverts d'un treillage vert, où s'enlaçaient déjà les pousses naissantes du chèvrefeuille, de la clématite et de la vigne vierge.

L'aile où se trouvait l'habitation, treillagée de même, était entourée d'arbustes et de fleurs; une allée sablée d'un beau sable jaune conduisait à la porte principale, abritée par un large porche de bois rustique, à toit de chaume, où s'enracinaient de larges touffes de joubarbe et d'iris nain; ce péristyle agreste, aux parois à jour, garni de plantes grimpantes, servait de salon d'été... Sur l'appui de chaque croisée, peinte d'un vert foncé, qui faisait ressortir la blancheur éblouissante des rideaux et la limpidité des vitres, on voyait une petite jardinière faite du bois argenté du bouleau, et remplie de fleurs communes, mais fraîchement épanouies. Enfin une légère palissade, à demi cachée par des massifs d'acacias roses, de lilas et d'ébéniers, récemment plantés, reliait les deux ailes des bâtiments parallèlement à la grange du fond, et clôturait ainsi ce charmant jardin, dans lequel on entrait par une porte à claire-voie, peinte aussi d'un vert gai. Du côté de la futaie, la métamorphose n'était pas moins complète et subite. Au lieu de ronces et de chardons, un tapis de fin gazon, coupé d'allées sinueuses et sablées, s'étendait sous le magnifique ombrage des vieux chênes; le ruisseau, jadis si fangeux, détourné dans un lit nouveau, et arrêté vers le milieu de son cours par un barrage en grosses pierres rocheuses et moussues, élevé de trois ou quatre pieds, retombait de cette hauteur en une petite cascade bouillonnante, puis continuait de couler rapide et transparent au niveau de ses rives gazonnées...

Quelques corbeilles de géraniums, dont les ombelles écarlates tranchaient sur le vert de la pelouse, çà et là dorée par quelque vif rayon de soleil traversant l'épaisse feuillée, égayaient encore ce site charmant... terminé par une large trouée, à travers laquelle on apercevait à l'horizon la forêt de Pont-Brillant, dominée par son antique château.

Les détails de cette transformation complète, obtenue en si peu de temps par des moyens simples et peu coûteux, sembleront puérils peut-être; cependant ils sont significatifs, comme expression d'une des mille nuances de l'amour maternel. Oui... une jeune femme de seize ans, mariée à quinze ans et demi, et reléguée, exilée, depuis son mariage, dans cette solitude, l'avait ainsi métamorphosée.

C'était uniquement en songeant à son enfant, en cherchant à l'entourer d'objets riants, d'aspects agréables, au milieu de l'isolement où il devait vivre, que le goût de la jeune mère s'était développé; chacune des innovations charmantes apportées par elle dans ce séjour d'abord si triste, si repoussant, n'avait été pour ainsi dire qu'un cadre où, plus tard, devait rayonner l'image d'une chère petite créature ardemment attendue.

Sur la pelouse du jardin intérieur, soigneusement clos, l'enfant pourrait d'abord s'ébattre tout petit; le porche rustique abriterait ses jeux, en cas de pluie ou de trop ardente chaleur; tandis que les murs treillagés, verdoyants et fleuris de la maisonnette reposeraient gaiement sur sa vue.

Puis, plus tard, lorsqu'il grandirait, il pourrait, sous l'œil maternel, courir sur le gazon de la futaie ombreuse, et s'amuser à entendre le doux murmure de la cascade, ou à voir briller et fuir ses bouillons argentés à travers les rocailles couvertes de mousse, le ruisseau limpide, maintenu partout à une profondeur de deux pieds, n'offrant aucun péril pour l'enfant, qui pourrait, au contraire, lors des chaudes journées d'été, se baigner dans son onde fraîche et pure qui se filtrait à travers un fin gravier.

En cela... comme en bien d'autres circonstances, ainsi qu'on le verra plus tard, une sorte de révélation, guidant la jeune mère, lui avait donné l'idée de changer à si peu de frais cette ferme sordide, délabrée, en un riant *cottage*.

A l'époque où commence ce récit (vers la fin du mois de juin 1845), la jeune mère habitait cette ferme ainsi transformée depuis dix-sept ans; les arbustes de la pelouse intérieure étaient des arbres, les bâtiments disparaissaient complétement sous un luxuriant manteau de feuillage et de fleurs: tandis que, pendant l'hiver, la verdure incessante de plusieurs lierres énormes cachait encore les murailles et garnissait entièrement le porche rustique à toit de chaume. Du côté de la futaie, la petite cascade et le ruisseau faisaient toujours entendre leur mélancolique murmure. Sur ce site agreste et charmant, s'ouvrait la porte vitrée d'une grande pièce servant à la fois de salon à la jeune mère et de salle d'étude pour son fils, alors âgé de seize ans et quelques mois. Cette pièce renfermait une sorte de *musée* (on sourira peut-être de cette ambitieuse expression),

ou plutôt de *reliquaire* maternel. Ainsi... un modeste meuble de bois blanc garni de vitres contenait sur ses tablettes une foule d'objets religieusement conservés par la jeune femme, comme autant de souvenirs précieux résumant à ses yeux les différentes phases de la vie de son fils.

Là, tout avait une date, depuis le hochet de l'enfant jusqu'à la couronne de chêne obtenue par l'adolescent lors d'un concours dans un pensionnat de la petite ville de Pont-Brillant, où l'orgueilleuse mère avait voulu envoyer son fils, pour essayer ses forces. Là, tout avait sa signification, depuis le petit fusil, jouet à demi brisé, jusqu'au brassard de satin blanc frangé d'or que portent si fièrement les néophytes lors de leur première communion.

Ces *reliques* paraîtront puériles, ridicules peut-être. Et pourtant, si l'on songe que tous les incidens de la vie enfantine et adolescente de son fils, caractérisés par les objets dont nous parlons, avaient été pour cette jeune mère idolâtre de son enfant, et vivant dans la plus complète solitude, avaient été, disons-nous, autant d'événemens graves, touchans ou solennels, l'on excusera ce culte du passé... et l'on comprendra aussi la pensée qui avait rangé parmi ces *reliques* une petite lampe de porcelaine blanche, à la pâle lueur de laquelle la jeune mère avait veillé son fils pendant une longue et dangereuse maladie, dont il avait été sauvé par un modeste et habile médecin demeurant à Pont-Brillant.

Est-il besoin de dire qu'une partie des boiseries de la salle d'étude était ornée de cadres renfermant, ici une page d'écriture enfantine presque informe, et, plus loin, la copie de trois strophes que l'année précédente, l'adolescent avait essayé de rimer pour la fête de sa mère? Ailleurs, les inévitables têtes d'*Andromaque* et de *Niobé*, que le crayon inexpérimenté du commençant afflige ordinairement de bouches si contractées, d'yeux si incertains, semblaient regarder avec une surprise courroucée une jolie aquarelle très finement touchée d'après nature, et représentant un site des bords de la Loire. Enfin, çà et là, suspendus aux murailles, ou supportés par des socles de bois noir, on voyait divers fragments de statuaire antique, moulés en plâtre qui avaient servi et servaient encore de modèles; les premiers livres d'étude de l'enfant étaient non moins pieusement conservés par sa mère dans une bibliothèque renfermant un excellent choix d'ouvrages d'histoire, de géographie, de voyages et de littérature. Un piano et quelques rayons chargés de partitions se voyaient non loin de la table de dessin, et complétaient le modeste ameublement de cette pièce.

Vers la fin du mois de juin 1845, la jeune femme dont nous parlons, et que nous nommerons Marie Bastien, se trouvait avec son fils dans la salle d'étude. Cinq heures du soir allaient bientôt sonner; les rayons du soleil, quoique brisés par les lames des persiennes abaissées afin d'entretenir la fraîcheur au dedans, jetaient çà et là de vermeils et joyeux reflets, tantôt sur la boiserie grise de la salle d'étude, tantôt sur de gros bouquets de fleurs récemment coupées et placées sur la cheminée dans des vases de porcelaine.

On voyait encore dans un grand verre de cristal à pied une douzaine de belles roses variées, à demi écloses, épandant le plus doux parfum, et qui semblaient égayer une table de travail chargée de livres et de papiers, de chaque côté de laquelle la mère et le fils, tous deux assis, semblaient très-laborieusement occupés.

Madame Bastien, quoiqu'elle dût avoir bientôt trente-un ans, en paraissait à peine vingt, tant son visage enchanteur resplendissait de fraîcheur juvénile, nous dirions presque virginale... car l'angélique beauté de cette jeune femme était digne d'inspirer ces naïves paroles faites pour la Vierge, mère du Christ : *Je vous salue, Marie, pleine de grâces...* » Madame Bastien portait une robe d'été à manches courtes en percaline à mille raies d'un bleu pâle, serrée par un large ruban rose à sa taille élégante et souple, qui eût, comme on dit, tenu entre les dix doigts. Ses jolis bras étaient nus ou plutôt en partie voilés par le léger réseau de longues mitaines de filet qui ne dépassaient pas son coude à fossettes. Deux épais bandeaux de cheveux châtains naturellement très-ondés, çà et là nuancés de vifs reflets dorés, et descendant très-bas, encadraient l'ovale parfait de son visage, dont la blancheur transparente se colorait d'un carmin éclatant vers le milieu des joues; ses grands yeux, du plus tendre, du plus riant azur, se frangeaient de longs cils, bruns comme ses sourcils finement arqués, bruns comme les cheveux follets qui, se crispant à la naissance de son cou, annonçaient une nature pleine de vie et de sève; l'humide corail de ses lèvres, le brillant émail des dents, la ferme rondeur des bras charmans légèrement rosés comme ceux d'une jeune fille, complétaient ces symptômes d'un sang pur, riche et vierge, conservé tel par la régularité d'une vie solitaire, chaste et pour ainsi dire claustrale, vie concentrée tout entière dans une seule passion... l'amour maternel.

La physionomie de Marie Bastien offrait un double caractère; car si l'angle sous son front, la coupe de ses sourcils révélaient une énergie, une persistance de volonté peu commune, jointes à une rare intelligence, l'expression de son regard était d'une ineffable bonté, son sourire plein de douceur et de gaieté... de gaieté, ainsi que le témoignaient deux petites fossettes roses, creusées par la fréquence d'un franc rire, à peu de distance des coins veloutés de sa bouche. En effet, la jeune mère égalait au moins son fils en joyeuseté; aussi, bien souvent, l'heure de la récréation venue, le plus fou, le plus enfant, le plus turbulent des deux n'était pas l'adolescent.

C'est que tous deux se trouvaient si heureux... si heureux dans ce petit coin de terre isolé qu'ils n'avaient jamais quitté... et où leur vie s'était jusqu'alors passée dans l'échange des sentimens les plus délicats, les plus charmans et les plus tendres !...

Certes, en les voyant assis devant la table de travail, on eût pris la mère et le fils pour le frère et la sœur.

Frédérik Bastien ressemblait extrêmement à sa mère, quoiqu'il fût d'une beauté plus mâle, plus accentuée; son teint était plus brun, ses cheveux plus foncés que ceux de la jeune femme, et ses sourcils d'un noir de jais donnaient un attrait de plus à ses grands yeux d'un bleu pur et doux: car Frédérik avait les yeux et le regard de sa mère, de même qu'il avait son fin sourire, son nez grec, ses dents perlées, ses lèvres vermeilles que le duvet de la puberté estompait déjà.

Élevé dans toute la liberté salubre d'une vie rustique, Frédérik, dont la taille à la fois élégante et robuste dépassait celle de sa mère, rayonnait de santé, de jeunesse et de grâce ; on ne pouvait rencontrer une physionomie plus intelligente et plus résolue, plus affectueuse et plus riante. Il était facile de voir que la coquetterie maternelle avait présidé à la toilette de l'adolescent, quoique sa mise fût des plus simples ; une jolie cravate de satin cerise, sur laquelle se rabattait un fin col de chemise, s'harmoniait parfaitement avec le teint frais et brun de l'adolescent, tandis que l'éblouissante blancheur de son gilet de basin blanc tranchait sur le jaune pâle de sa veste de chasse en nankin, à larges boutons de nacre ; enfin ses mains, au lieu de ressembler à ces affreuses mains de *collégien*, aux ongles rongés, à la peau rouge et tachée d'encre, étaient non moins soignées que celles de la jeune femme, et, comme les siennes, encore embellies par des ongles roses et lustrés d'un ovale parfait.

(Les mères qui ont des fils de seize ans au collège comprendront et excuseront la puérilité de ces détails.)

Nous l'avons dit, Frédérik et sa mère, assis à la même table, l'un en face de l'autre, travaillaient opiniâtrement (ou plutôt *piochaient ferme*, comme on dit au collège); chacun ayant à sa gauche un volume du *Vicaire de Wakefield*, et devant soi une belle feuille de papier blanc alors presque entièrement remplie.

— Frédérik... passe-moi le dictionnaire, — dit madame Bastien sans lever les yeux, et en tendant sa main charmante à son fils.

— Oh !... le dictionnaire... — dit Frédérik en riant avec un accent de compassion moqueuse, — peut-on en être réduit à avoir recours au dictionnaire !

Et il donna le volume à sa mère, non sans avoir baisé la jolie main qui attendait le gros livre.

Marie, la tête toujours baissée, se contenta de sourire sans répondre ; puis tout en jetant à son fils un regard *en dessous*, qui fit paraître encore plus limpide l'azur de ses grands yeux bleus, elle prit son porte-plume d'ivoire entre ses petites dents, qui le firent paraître presque jaune, et se mit à feuilleter prestement le dictionnaire.

Profitant de ce moment d'inattention, Frédérik se leva de son siége, et, les deux mains appuyées sur la table, il se pencha en avant pour tâcher de voir où sa mère en était de sa traduction.

— Ah !... Frédérik... tu veux copier sur moi, — dit gaiement Marie en abandonnant le dictionnaire et, de ses deux petites mains, couvrant à grand'peine le feuillet pour le soustraire aux yeux de son fils. — Ah !... vois-tu ? je t'y prends, cette fois...

— Non... je t'assure, — répondit Frédérik en se rasseyant, — je voulais voir si tu étais aussi avancée que moi...

— Tout ce que je sais, — répondit madame Bastien d'un air triomphant, en se hâtant d'écrire après avoir consulté le dictionnaire, — c'est que moi... j'ai fini...

— Comment... déjà ! — dit humblement Frédérik.

Cinq heures sonnèrent alors à une vieille horloge à gaîne en marqueterie, haute de six pieds et placée dans un coin de la salle d'étude.

— Bon ! la récréation ! — s'écrie joyeusement Marie, — la récréation ! ! viens-tu, Frédérik ?

Et la jeune femme, quittant précipitamment son siége, courut vers son fils.

— Je te demande seulement dix minutes... et j'ai fini, — reprit Frédérik d'un ton suppliant, en se hâtant d'écrire, — fais-moi la charité de dix pauvres petites minutes.

Mais il fallut voir comme cette requête fut accueillie ! et avec quelle pétulante gaieté la jeune mère, posant un buvard sur la feuille que son fils laissait inachevée, ferma ses livres, lui ôta sa plume des mains, et, rapide, légère, l'entraîna sous la futaie séculaire, alors pleine d'ombre et de fraîcheur.

Il faut le dire, Frédérik n'opposa pas une résistance désespérée à la *volonté despotique* de sa mère, et il fut bientôt fort allégrement disposé à faire, comme on dit : *une fameuse partie*.

II.

Cinq minutes après le commencement de la récréation, une partie active de *volant* s'engageait entre Frédérik et sa mère.

C'était un délicieux tableau.

De vifs rayons de soleil, traversant çà et là le dôme presque impénétrable de l'ombreuse futaie, venaient quelquefois dorer les charmantes figures de madame Bastien et de son fils, dont chaque pose, chaque mouvement, était rempli de grâce et d'agilité.

Marie, le visage coloré du rose le plus vif, les yeux animés, la bouche entr'ouverte et rieuse, la taille bien cambrée en arrière, le sein palpitant sous la fine étoffe de sa robe, le pied tendu en avant, la main armée de la raquette à manche de velours, recevait le volant, puis le renvoyait malicieusement à Frédérik dans une direction tout opposée à celle qu'il prévoyait. Aussitôt, leste et rapide, écartant par un brusque mouvement de ses mains les boucles de sa belle chevelure brune, qui embarrassaient son front, l'adolescent, en quelques bonds vigoureux et légers, arrivait assez à temps pour relever avec adresse le jouet ailé au moment où il rasait la terre, et le rejetait à sa mère... Celle-ci le recevait et le relançait non moins adroitement ; mais, ô bonheur ! voici qu'après avoir décrit sa courbe, que Frédérik épiait d'un regard vigilant, le volant lui retombe... droit sur le nez... et que, perdant l'équilibre, en voulant cependant relever ce coup désespéré, l'adolescent trébuche et roule sur l'épais gazon.

Alors, ce furent des rires si fous, des éclats d'hilarité si violens de la part des deux joueurs, que la partie demeura forcément suspendue.

La mère et le fils, bras dessus, bras dessous, les joues empourprées, le regard humide de larmes joyeuses, et recommençant parfois de rire brusquement et de plus belle, gagnèrent un banc de bois rustique placé en face de la cascade, sur le bord du petit ruisseau ; là, tous deux prirent quelques momens de repos, pendant lesquels madame Bastien se mit à étancher avec sollicitude la sueur qui perlait au front de son fils.

— Mon Dieu, — dit Frédérik, — que c'est donc ridicule de rire ainsi !...

— Oui... mais j'avoue que c'est bien bon.

— Certainement, et c'est la faute de ce volant qui vient... justement... me tomber... sur le nez...

— Frédérik... c'est toi qui recommence... tant pis...

— Non... c'est toi qui meurs d'envie de rire... je le vois bien...

Et tous deux de se laisser aller de nouveau à cet excellent rire *bête*, aussi absurde, aussi involontaire que délicieusement désopilant.

— C'est égal, — dit madame Bastien en sortant la première de cette nouvelle crise d'hilarité, — vois-tu, Frédérik, ce qui me console de la bêtise de nos rires, c'est qu'il n'y a, j'en suis sûre, que les gens aussi heureux que nous qui connaissent de pareils accès de folle joie.

— Ah ! mère, tu as raison... — dit Frédérik, en appuyant sa tête sur l'épaule de madame Bastien, et en s'y berçant pour ainsi dire avec un mouvement de câlinerie charmante, — nous sommes si heureux !... Tiens, par exemple, en ce moment... par ce beau soir d'été, sous cette ombre fraîche... être là, près de toi, appuyant ma tête sur ton épaule, et les yeux à demi fermés... voir là-bas, comme à travers un voile doré que lui font les rayons du soleil, notre maisonnette, pendant que la cascade fait entendre son murmure, embrasser ainsi d'un regard ce cher petit monde, dont nous ne sommes jamais sortis, oh ! mais c'est bon... mais c'est doux... à vouloir rester ainsi pendant cent ans...

Et Frédérik, faisant un nouveau mouvement, parut en effet vouloir se dorloter sur l'épaule de sa mère pendant *une éternité*.

La jeune femme, se gardant bien de déranger Frédérik, pencha seulement sa tête un peu de côté, afin de toucher de sa joue la joue de l'adolescent, prit une de ses mains dans les siennes, et répondit :

— C'est pourtant vrai cela... ce coin de terre a toujours été pour nous un paradis; et, sauf le souvenir de ces trente-trois jours de maladie, nous chercherions, je crois, en vain à nous rappeler un moment de chagrin ou de tristesse... n'est-ce pas, Frédérik ?

— Tu m'as toujours tant gâté...

— M. Frédérik ne sait pas du tout ce qu'il dit, — reprit madame Bastien, en affectant une gravité plaisante, — il n'y a rien de plus maussade, de plus insupportable, et surtout de plus malheureux qu'un enfant gâté. Je voudrais bien savoir quels caprices, quelles fantaisies, j'ai encouragés en vous, monsieur ? Voyons : cherchez, cherchez...

— Je le crois bien, tu ne me donnes pas le temps de désirer... tu t'occupes de mes récréations, de mes plaisirs... au moins autant que moi, car, en vérité, je ne sais pas comment tu fais... mais, avec toi, le temps passe toujours... si vite... si vite... que je ne peux croire que nous soyons déjà à la fin de juin... et je dirai la même chose à la fin de janvier, pour toujours recommencer ainsi.

— Il ne s'agit pas de me câliner, monsieur, mais de me dire... quand je vous ai gâté ?... et si je ne suis pas au contraire très sévère, très exigeante, pour vos heures de travail par exemple ?

— Oui, je te le conseille de parler de cela ! Est-ce que tu ne partages pas mes études comme mes jeux ? aussi le travail m'a-t-il toujours autant amusé que la récréation... Vois un peu mon beau mérite !

— Mais enfin, monsieur Frédérik, vous avez remporté deux beaux prix à Pont-Brillant... et je n'étais pas là cette fois... j'espère;... enfin... je vous...

— Enfin, mère... dit Frédérik, — en jetant ses bras autour du cou de Marie, qu'il interrompit en l'embrassant avec effusion, — je soutiens, moi, que, si je suis heureux... c'est par toi... Si je sais... si je vaux quelque chose, c'est encore par toi... oui, uniquement par toi... T'ai-je jamais quittée ? Oui, tout ce que j'ai de bon... je le tiens de toi... mais... ce que j'ai de mauvais... mon opiniâtreté, par exemple... je...

— Oh ! pour cela, dit madame Bastien en souriant, en interrompant à son tour Frédérik et le baisant au front, — cette chère petite tête... veut bien ce qu'elle veut... C'est la vérité, je ne sache pas de volonté plus énergique que la tienne... Ainsi tu as opiniâtrement voulu être jusqu'ici le plus tendre... le meilleur des fils... tu n'as pas manqué... à ta résolution... Puis la jeune mère ajouta avec une émotion délicieuse : Va... va, mon enfant aimé, je ne te vante pas... chaque jour m'apporte une nouvelle preuve de la bonté, de la générosité de ton cœur... Si je te flattais... les habitans de *notre petit monde*, comme tu dis, seraient mes complices, et nous sommes trop pauvres et trop ennemis du mensonge pour avoir des adulateurs. Et tiens, — ajouta vivement madame Bastien en indiquant quelqu'un du geste à Frédérik, —si j'avais besoin d'un auxiliaire pour te convaincre, j'invoquerais le témoignage de l'excellent homme que voici... Il te connaît presque aussi bien que moi, et tu m'avoueras que sa sincérité n'est pas suspecte, à lui.

Le nouveau personnage dont parlait madame Bastien, et qui s'avançait sous la futaie, avait quarante ans environ, une taille petite et frêle, un extérieur fort négligé. De plus ce nouveau venu était singulièrement laid, mais d'une laideur spirituelle et remplie de bonhomie. Il se nommait *Dufour*, exerçait la médecine à Pont-Brillant et, l'année précédente, avait, à force de savoir et de soins, sauvé Frédérik d'une grave maladie.

— Bonjour, ma chère madame Bastien, — dit allègrement le docteur, en s'approchant de la jeune femme et de son fils.— Bonjour, mon enfant, — ajouta-t-il, en serrant cordialement la main de Frédérik.

— Ah ! docteur... docteur, — dit madame Bastien, avec une affectueuse gaieté,— vous venez bien à propos pour être grondé.

— Grondé ! moi !...

— Certainement... voilà plus de quinze grands jours vous n'êtes venu nous voir...

— Fi ! — reprit joyeusement M. Dufour, — fi !... voyez un peu les égoïstes, avec des santés aussi florissantes que celles-là, oser demander des visites à un médecin.

— Fi ! — répondit non moins joyeusement madame Bastien au docteur ! — fi ! le dédaigneux, qui méprise assez la reconnaissance de ceux qu'il a sauvés pour les priver du plaisir de pouvoir lui dire souvent... bien souvent : Merci, notre sauveur... merci.

— Oh ! comme ma mère a raison, monsieur Dufour, — ajouta Frédérik, — vous croyez que parce que vous m'avez rendu la vie... tout est fini entre nous, n'est-ce pas ? Etes-vous ingrat !

— La mère et le fils me déclarent la guerre... je ne suis pas de force... — répondit le docteur en faisant deux pas en arrière... je bats en retraite.

— Allons !... — reprit madame Bastien, — nous n'abuserons pas de nos avantages... mais à une condition, docteur, c'est que vous dînerez avec nous.

— J'étais parti de chez moi avec cette excellente intention-là, — reprit le docteur sérieusement cette fois ; mais je dépassais à peine les dernières maisons de Pont-Brillant, lorsque j'ai été arrêté par une pauvre femme qui m'a demandé de venir voir en hâte son mari... J'y suis allé... j'ai donné les premiers soins... malheureusement il s'agit d'une maladie si grave... et d'une marche si rapide, que je ne serais pas tranquille que je ne revoyais pas ce soir mon malade avant sept heures.

— Contre de telles raisons… je n'ai aucune objection, mon bon docteur, — répondit madame Bastien, — et je vous sais doublement gré de nous donner du moins quelques instans.

— Et moi qui me faisais une fête de cette soirée, — reprit le docteur, — elle complétait si bien ma journée, car ce matin j'avais eu déjà une grande joie.

— Il vous est arrivé quelque chose d'heureux, mon cher docteur : ah ! tant mieux.

— Oui, — reprit M. Dufour avec émotion, — j'étais inquiet de mon meilleur ami… qui, voyageur intrépide, avait entrepris une périlleuse excursion à travers les parties les moins connues de l'Amérique du Sud… Sans nouvelles de lui depuis plus de huit mois, je commençais à m'alarmer, lorsque, ce matin, je reçois une lettre de Londres… venant de Lima. Pour comble de joie il me promet de venir passer quelque temps avec moi… Jugez si je suis heureux, ma chère madame Bastien… un frère pour moi… un cœur d'or… avec cela, un des hommes les plus intéressans, les plus merveilleusement doués que j'aie connus… l'avoir pendant quelque temps à moi tout seul… Hein ? quels épanchemens, quelles causeries !… Aussi, dans ma gloutonnerie de bonheur, je m'étais dit : Je serai insatiable… j'irai, pour en cuillir la douceur, porter ma joie chez madame Bastien, dîner avec elle ; je passerai là quelques heures délicieuses, et je lui ferai une proposition qui lui sera peut-être agréable, ainsi qu'à ce cher Frédérik ; j'espère que c'était là une journée complète, une vraie journée de Sybarite…

Le docteur fut en ce moment interrompu par une vieille servante qui donnait la main à un enfant de sept ou huit ans, très pauvrement vêtu, et qui du seuil de la porte où elle se tenait, appela l'adolescent et lui cria :

— Monsieur Frédérik… il est six heures…

— A tout à l'heure… mère, — dit-il en baisant la jeune femme au front ; puis s'adressant au docteur : — Je vous verrai avant votre départ, n'est-ce pas, mon bon monsieur Dufour ?

Et, en deux bonds Frédérik eut rejoint la vieille servante et l'enfant, avec lesquels il rentra dans la maison.

— Où va-t-il ainsi ? — demanda familièrement le médecin à la jeune femme.

— Donner sa leçon, — répondit Marie en souriant. — N'avez-vous pas vu son écolier ?

— Quel écolier ?

— Cet enfant qui était là… est le fils d'un journalier qui demeure trop loin de Pont-Brillant pour pouvoir envoyer son enfant à l'école ; aussi Frédérik lui donne-t-il par jour deux leçons de lecture, et je vous assure, docteur, que je suis aussi satisfaite du maître de l'élève ; car, si Frédérik apporte à ces leçons un zèle, une douceur, une intelligence rares, son écolier répond merveilleusement à ses soins.

— Mais, c'est charmant, cela.

— Que voulez-vous ? — reprit madame Bastien avec un sourire de douce résignation, — à défaut d'autres aumônes, nous faisons, du moins, de celles-là. Car vous savez avec quelle rigoureuse parcimonie moi et mon fils nous sommes traités en ce qui touche l'argent… mais, — reprit Marie avec un sourire d'une ineffable bonté, — comment pourrais-je me plaindre ? Grâce à cette parcimonie à laquelle on nous astreint, mon Frédérik s'ingénie à trouver et trouve toutes sortes de ressources, dont quelques-unes sont, je vous assure, des plus touchantes, et je ne craignais de me montrer trop orgueilleuse, je vous conterais… une chose qui s'est passée la semaine dernière…

— Voyons, ma chère madame Bastien… allez-vous faire de la fausse modestie maternelle avec moi ?

— Non… je n'en ferai pas… Ecoutez-moi donc, mon bon docteur… Jeudi passé je me promenais avec Frédérik du côté des bruyères de Brevan…

— Où l'on défriche, n'est-ce pas ? J'ai vu cela en passant tout à l'heure.

— Justement on défriche à cet endroit, et c'est, vous le savez, docteur, un rude travail…

— Parbleu ! déraciner des bruyères qui ont peut-être trois ou quatre siècles d'existence.

— Je traversais donc ces landes avec Frédérik, lorsque nous voyons une pauvre femme hâve, maladive, et une petite fille d'une dizaine d'années, toute aussi frêle que sa mère, gratter la terre, un rude travail…

— Une femme et un enfant si faibles ? un tel travail ? mais c'était au-dessus de leurs forces.

— Il n'est que trop vrai… et, malgré leur courage, les deux pauvres créatures faisaient peu de besogne ; la mère, à grand'peine, levait la houe pesante qui entamait difficilement la terre durcie ; enfin, lorsque la souche d'une bruyère, qu'elle piochait mains doute depuis longtemps, fut un peu découverte, la femme et la petite fille, tantôt se servant de la houe comme d'un levier, tantôt de leurs mains grattant la terre, afin de dégager la racine, tâchèrent de l'arracher… avec des efforts inouïs… ce fut en vain… La pauvre femme eut un mouvement de désespoir navrant ; elle se jeta à terre comme brisée par le genou et par la fatigue ; puis, s'enveloppant la tête dans un lambeau de tablier, elle se mit à sangloter sourdement, pendant que sa petite fille, agenouillée devant elle, l'appelait en pleurant.

— Ah ! que de misère !… que de misère !…

— Je regardais mon fils ; il avait comme moi les larmes aux yeux ; je m'approchai de la femme et lui demandai comment elle se livrait à un travail si au-dessus de ses forces et de celles de son enfant ; elle me répondit que son mari avait entrepris la défriche d'un quartier de bruyères à la tâche, que, depuis deux jours il était tombé malade par excès de travail, ayant encore une partie de son ouvrage à faire… et que si le samedi soir tout n'était pas fini, il perdrait le fruit du travail commencé depuis deux semaines… tel était son arrangement avec l'écobueur (1), ces défrichemens étant très urgens.

— En effet, dans le pays, pour les travaux pressés ils font de ces marchés-là, et en exécutent impitoyablement les conditions ; ainsi la pauvre femme venait tâcher de suppléer son mari…

— Oui… car il s'agissait pour cette famille de perdre ou de gagner trente-cinq francs… sur lesquels ils comptaient pour payer le loyer annuel de leur misérable hutte et acheter un peu de seigle… pour attendre la moisson nouvelle. — « Ma bonne femme, — dit Frédérik à cette malheureuse après quelques momens de réflexion, — en » deux jours un bon travailleur peut-il terminer la défri» che ? — Oui, monsieur… mais il aurait bien du mal, — » répondit-elle. — Mère, — me dit alors Frédérik, — il » faudrait donner trente-cinq francs à ces pauvres gens, » nous ne le pouvons pas ; accordez-moi jeudi vendredi » et samedi, la défriche sera faite, cette bonne femme ne » risquera pas de se rendre malade, elle ira soigner son » mari et touchera son argent dimanche. »

— Brave et digne enfant ! — s'écria monsieur Dufour.

— Le samedi soir, — reprit madame Bastien, — à neuf heures, au crépuscule, la défriche était terminée. Frédérik avait accompli ce défi, avec une ardeur, une gaieté, un entrain qui, de cette action, ont fait pour lui un vrai plaisir. Durant ces deux jours, je ne l'ai pas quitté… Un beau genévrier se trouvait à peu de distance, et, assise à l'ombre, je lisais ou je brodais pendant que mon fils travaillait… et d'un cœur ! quels coups de pioche ! mon pauvre docteur ; la terre en tremblait jusque sous mes pieds.

— Je le crois bien… quoique svelte, il est d'une rare vigueur pour son âge.

— De temps à autre, j'allais essuyer le front ruisselant de Frédérik et lui donner à boire… puis, aux heures des repas, afin de perdre moins de temps, notre vieille Mar-

(1) Gens qui se chargent dans le pays d'écobuer ou défricher les terres.

guerite nous apportait à manger aux champs... Jugez quel bonheur, prendre son repas sur la bruyère... à l'ombre d'un genévrier ! C'était une vraie fête pour Frédérik... Sans doute, ce qu'il a fait est bien simple... mais ce dont j'ai été surtout très touché, très contente, c'est la promptitude de sa résolution, accomplie d'ailleurs avec la ténacité de volonté que vous lui connaissez.

— Heureuse... heureuse... mère entre toutes les mères, — dit le docteur avec émotion en serrant les mains de Marie entre les siennes, — et doublement heureuse vous devez être, car ce bonheur est votre ouvrage.

— Que voulez-vous, docteur, — répondit madame Bastien avec une expression angélique, — on vit, c'est pour son fils.

— Oui... et vous... vous surtout... car sans votre fils... vous seriez... allons, — reprit monsieur Dufour, comme si, par cette réticence, il voulait échapper à une pensée pénible, — n'attristons pas cet entretien... il est trop bon au cœur pour cela.

— Vous avez raison, cher docteur... mais, j'y pense... cette proposition que vous veniez nous faire à moi et à Frédérik ?...

— C'est juste... voici de quoi il s'agit... vous savez... ou vous ne savez pas... car, dans votre isolement, vous ignorez toutes les *grandes nouvelles* du pays... vous ne savez peut-être pas que l'on a fait au château de Pont-Brillant des réparations et surtout des embellissemens qui font de ce séjour une demeure vraiment royale.

— En effet, cher docteur, je suis si peu au courant des *grandes nouvelles* du pays comme vous dites... que je ne savais rien de cela... je croyais même le château inhabité...

— Il ne va plus l'être, car le jeune marquis de Pont-Brillant va venir l'occuper avec sa grand'mère...

— Le fils de monsieur de Pont-Brillant qui est mort il y a trois ans ?

— Justement...

— Mais il doit être fort jeune ?

— Il a l'âge de Frédérik à peu près... Orphelin de père et de mère, sa grand'mère l'idolâtre et a fait des folies pour meubler et restaurer ce château, où elle viendra passer huit à neuf jours de l'année avec son petit-fils. Je suis allé à Pont-Brillant, il y a deux jours, pour y donner mes soins à *monsieur le chef des cultures de serres chaudes*, car ces grands seigneurs ne disent pas *jardinier*, c'est trop vulgaire ; finalement, j'ai été ébloui du luxe de cet immense château : il y a une admirable galerie de tableaux, une serre chaude où l'on entrerait en voiture, et dans les jardins des statues admirables... Il y a surtout..., mais je veux vous laisser le plaisir de la surprise, sachez seulement que c'est digne des *Mille et une Nuits*... J'ai donc pensé que vous et Frédérik vous seriez peut-être curieux de voir ce conte arabe réalisé... cette féerie en action... et grâce à la haute protection que m'accorde *monsieur le chef des cultures*, je me fais fort de vous conduire au château... demain ou après-demain, mais pas plus tard, car le jeune marquis est attendu le jour d'ensuite ; que dites-vous de ma proposition ?

— Je dis, mon cher docteur, que j'accepte avec plaisir : ce sera une délicieuse partie pour Frédérik... dont l'éblouissement sera d'autant plus complet qu'il n'a pas plus que moi l'idée de ce que c'est qu'un luxe pareil ; il se fera une fête de cette excursion au château de Pont-Brillant. Merci donc, mon bon docteur, — ajouta madame Bastien avec une joie naïve, — ce sera une charmante journée.

— Eh bien... quand irons-nous ?

— Demain : cela vous convient-il ?

— Parfaitement... je ferai mes visites très matin, afin d'être libre, et si vous le voulez, je serai ici à neuf heures ; il nous faut une heure et demie pour nous rendre au château ; le chemin est superbe... presque toujours dans la forêt.

— Et en sortant... du château, nous pourrons déjeuner dans les bois, avec des fruits que nous emporterons, — reprit gaiement madame Bastien, — je dirai à Marguerite de faire une de ces galettes de ménage que vous aimez tant... mon bon docteur.

— J'accepte... à condition que la galette sera grosse, — s'écria joyeusement le docteur, — qu'elle sera énorme, car Frédérik et vous y ferez une fameuse brèche...

— Soyez tranquille, docteur, — répondit non moins gaiement madame Bastien. — Nous aurons tous notre bonne part au gâteau... Mais, tenez, voilà justement Frédérik qui vient de terminer sa leçon... je vous laisse le plaisir de lui faire cette aimable surprise.

— Oh ! mère... quel bonheur ! — s'écria l'adolescent lorsque monsieur Dufour lui eut donné connaissance de ses projets ; — comme ça doit être magnifique à voir ce château !... Merci, mon bon monsieur Dufour, de nous avoir ménagé ce beau voyage dans le pays des fées.

Le lendemain, le docteur fut exact, et lui, madame Bastien et son fils partirent pour le château de Pont-Brillant par une splendide matinée d'été.

III.

Madame Bastien, son fils et le docteur Dufour, après avoir traversé une superbe forêt, arrivèrent au *château de Pont-Brillant* par une large avenue d'une demi-lieue de long, bordée de deux contre-allées gazonnées, et plantées comme l'avenue principale d'ormes gigantesques, vieux peut-être de quatre siècles ; une vaste esplanade, ornée d'énormes orangers en caisse, entourée de balustres de pierre, et surélevée en terrasse, d'où l'on embrassait un immense horizon, servait de cour d'honneur au château.

Ce chef-d'œuvre de l'architecture de la renaissance, aux tourelles sculptées à jour, aux coupoles dentelées, aux dômes à flèches élancées, aux colonnades mauresques, rappelait l'ensemble grandiose et féerique du château de Chambord.

Frédérik et sa mère n'avaient jamais vu qu'à une distance d'une lieue et demie cette masse imposante de bâtimens ; tous deux s'arrêtèrent un moment au milieu de l'esplanade, frappés d'admiration, en embrassant d'un coup d'œil ces merveilleux détails, ces innombrables broderies de pierre dont ils ne soupçonnaient pas l'existence.

Le bon docteur, aussi triomphant que si le château lui eût appartenu, se frottait joyeusement les mains, s'écriant avec suffisance :

— Ce n'est rien encore... ce ne sont là que les bagatelles de la porte. Que sera-ce donc lorsque vous aurez pénétré dans l'intérieur de ce palais enchanté !

— Mon Dieu, mère, — s'écria Frédérik, — vois donc cette colonnade à ogives, à côté du grand dôme, comme c'est léger, aérien !

— Et là-bas ces balcons de pierre, — reprenait la jeune femme, — on dirait de la dentelle... Et les sculptures des croisées du premier étage, quelle délicatesse ! quelle richesse de détails !

— Je déclare, — dit le docteur avec une gravité comique, — que nous ne serons pas sortis du château avant demain, si nous perdons tant de tant à admirer les murailles.

— Monsieur Dufour a raison, — dit Marie en reprenant le bras de son fils, — allons, entrons.

— Et ces bâtimens, qui ont l'air d'un autre château relié au premier par des ailes circulaires, — demanda l'adolescent au médecin, — qu'est-ce donc, monsieur Dufour ?

— Ce sont les écuries et les communs, mon garçon.

— Des écuries ?... dit madame Bastien, — c'est impossible ; vous vous méprenez, mon cher docteur.

— Comment ? vous n'avez pas plus de foi que cela dans votre cicerone ! — s'écria le docteur ; — apprenez, madame, que je ne me trompe pas... Ce sont si bien des écuries, que lorsque le maréchal de Pont-Brillant, le trisaïeul ou le quadrisaïeul du jeune marquis actuel, habitait le château, il faisait venir un régiment de cavalerie qu'il logeait tout entier, à ses frais, bêtes et gens, dans les écuries et aux communs du château, le tout pour se donner le plaisir de faire manœuvrer tous les matins, avant son déjeuner, cette cavalerie sur l'esplanade que vous voyez ; il paraît que ça lui ouvrait l'appétit, à ce digne seigneur.

— C'était une fantaisie digne d'un grand capitaine comme lui, — dit Marie, — car tu te souviens, Frédérik... avec quel intérêt nous lisions cet hiver ses campagnes d'Italie.

— Si je me le rappelle ? je le crois bien... — dit Frédérik ; — après Charles XII, le maréchal de Pont-Brillant est mon héros favori.

En devisant ainsi, les trois visiteurs avaient traversé l'esplanade. Madame Bastien, voyant monsieur Dufour obliquer à droite au lieu de se diriger vers la façade du château, lui dit :

— Mais, docteur... on doit entrer, ce me semble, dans la cour intérieure par cette porte monumentale...

— Certainement... les maîtres du château entrent par là .. mais de pauvres diables comme nous, qui n'ont que la protection de *monsieur le chef des cultures*, sont bien heureux de passer par une petite porte des communs, — répondit en riant le docteur ; — il ferait beau voir que monsieur le suisse se donnât la peine d'ouvrir pour nous, plébéiens indignes, cette grille armoriée.

— Je vous demande pardon de mon ambitieuse prétention... dit gaiement madame Bastien au docteur, tandis que Frédérik, faisant de loin un salut comique du côté de la grille, disait en riant :

— Madame la grille armoriée, nous reconnaissons très humblement que vous n'êtes pas faite pour nous...

Monsieur Dufour ayant sonné à une porte des communs, demanda à parler à monsieur Dutilleul, *le chef des cultures* du château ; le docteur fut introduit et il donna son bras à madame Bastien.

Il fallait, pour arriver à la demeure de monsieur Dutilleul, traverser une partie des cours des écuries. Une trentaine de chevaux de selle, de chasse ou d'attelage, appartenant au jeune marquis, étaient arrivés la veille avec ses équipages ; un grand nombre de palefreniers anglais allaient et venaient, ceux-là entrant et sortant des écuries, ceux ci lavant les voitures armoriées, d'autres donnant à l'acier des mors et des étriers le lustre et le poli de l'argent bruni ; le tout sous la surveillance attentive de *monsieur le chef des écuries*, Anglais d'un âge mûr, ayant la tournure d'un parfait *gentleman*, et qui, le cigare aux lèvres, le stick à la main, présidait à ces travaux avec un flegme tout britannique.

Parfois aussi, dans des bâtimens voisins, on entendait les formidables aboiemens d'une meute considérable ; plus loin, en passant auprès d'une sorte de galerie souterraine qui conduisait aux cuisines, les visiteurs aperçurent huit ou dix cuisiniers et marmitons occupés à décharger deux grands fourgons remplis d'ustensiles de cuivre qu'on aurait dit destinés à la bouche de *Gargantua*.

Soudain le docteur s'écria, en indiquant du geste une grande porte qui venait de rouler sur ses gonds :

— Comment, encore des chevaux qui arrivent !... c'est un véritable régiment... On nous dirait revenus au temps du maréchal de Pont Brillant. Voyez donc, ma chère madame Bastien.

En effet, vingt-cinq chevaux d'âge et de taille différens, complétement cachés sous des camails et des couvertures aux couleurs et aux armes du marquis, les uns montés, les autres tenus en main, commencèrent à défiler sous la voûte. Leurs housses et leurs genouillères poudreuses annonçaient qu'ils venaient de faire une longue route : une calèche attelée terminait la marche. Un jeune homme d'une tournure élégante en descendit, et donna quelques ordres en anglais à l'un des conducteurs de chevaux, qui l'écouta chapeau bas.

— Mon ami, — dit le docteur à un domestique qui passait, — ces chevaux qui viennent d'arriver sont encore à monsieur le marquis ?

— Oui, ce sont les chevaux de course, les poulinières et les élèves de monsieur le marquis, car il va établir ici un haras.

— Et ce monsieur qui vient de descendre de calèche ?

— C'est monsieur John Newman, l'*entraîneur* de monsieur le marquis.

Et le domestique passa.

Madame Bastien, son fils et le docteur, qui n'avaient pas idée d'un si nombreux service, regardaient avec ébahissement cette incroyable quantité de domestiques de toutes sortes.

— Eh bien, madame Bastien ? — dit en riant monsieur Dufour, — si l'on apprenait à ce jeune marquis que vous, comme moi et comme tant d'autres, nous avons une ou deux pauvres vieilles servantes pour tout domestique, et que nous sommes encore passablement servis... il nous rirait au nez...

— Mon Dieu ! quel luxe ! — reprit Marie, — j'en suis étourdie... C'est un monde que ce château ! et puis, que de chevaux !... J'espère qu'ici tu ne manqueras pas de modèles, Frédérik, toi qui aimes tant à dessiner les chevaux que tu as fait jusqu'au vénérable portrait de notre pauvre vieux cheval de charrette...

— Ma foi, mère, — répondit Frédérik, — je croyais que personne... sauf le roi, peut-être, n'était assez riche pour avoir un si grand nombre de domestiques et de chevaux. Mon Dieu ! que de choses, que de bêtes, que de gens affectés au service ou aux plaisirs d'une seule personne !...

Ces derniers mots furent prononcés par Frédérik avec un imperceptible accent d'ironie, dont madame Bastien ne s'aperçut pas, émerveillée, et, il faut le dire, très amusée qu'elle était par la vue d'un spectacle si nouveau pour elle ; aussi ne remarqua-t-elle pas non plus qu'à deux ou trois reprises les traits de son fils se contractèrent légèrement, sous une impression pénible.

En effet, Frédérik, sans être fort observateur, avait été frappé de quelques manques d'égards auxquels le docteur et sa mère avaient été exposés au milieu de cette foule de domestiques bruyans et occupés : quelques-uns avaient, en passant, coudoyé les visiteurs, d'autres leur avaient grossièrement coupé le passage ; plusieurs enfin, surpris de la rare beauté de Marie Bastien, l'avaient regardée avec une curiosité hardie, presque familière... incidens auxquels la jeune femme était d'ailleurs restée complétement indifférente, par distraction ou par dignité.

Il n'en fut pas ainsi de son fils : blessé dans sa délicate et tendre vénération filiale par les procédés des gens du jeune marquis, il comprit bientôt que sa mère, le docteur et lui recevaient un tel accueil de par le fait seul de leur entrée au château par la porte des subalternes en se récommandant de l'un des principaux domestiques.

Frédérik sentit seulement dès lors son admiration naïve pour tout ce luxe se nuancer d'une légère amertume, amertume qui avait amené son observation ironique « sur » le nombre de gens et de chevaux affectés aux plaisirs » ou au service d'une seule personne. »

Mais bientôt la mobilité d'impressions naturelle à son âge, la vue des magnifiques jardins qu'il eut à traverser pour accompagner sa mère et le docteur jusqu'aux serres chaudes, apportèrent à l'adolescent, sinon l'oubli, du moins la distraction de ces premiers sentimens.

Le personnel des jardiniers de Pont-Brillant était non moins considérable que celui des autres services ; après s'être informé auprès de plusieurs des subordonnés de monsieur *le chef des cultures*, qu'il n'avait pas rencontré chez lui, où se trouvait alors cet important personnage, le docteur et ses amis rejoignirent monsieur Dutilleul dans la serre chaude principale.

Cette immense rotonde vitrée, à toit conique, avait deux cents pieds de diamètre sur quarante de hauteur à son point le plus culminant ; cette serre gigantesque, construite en fer avec une hardiesse, une légèreté admirables, était plantée des plus beaux végétaux exotiques.

Ici, c'étaient des bananiers de toute taille et de toutes variétés, depuis les *musa* nains, chargés de fruits, jusqu'à des *paradisiaca* qui s'élevaient à trente pieds, et dont les feuilles avaient plus de trois mètres de longueur; plus loin, les verts éventails des *dattiers* et des *lataniers* se mêlaient aux tiges élancées des cannes à sucre et des bambous; tandis que, dans l'eau limpide d'un bassin de marbre, situé au milieu de la serre, se réfléchissaient les plus belles plantes aquatiques : *arums* de l'Inde aux feuilles énormes et rondes comme des boucliers, *cypirus* aux ondoyans panaches, *lotus* du Nil aux grandes fleurs bleu d'azur dont le parfum est si enivrant.

C'était un merveilleux mélange de végétation de toutes formes, de toutes grandeurs, de toutes nuances, depuis le vert pâle et marbré des *bégonias* jusqu'aux rayures tour à tour tendres et foncées des *marantha*, feuilles admirables, velours vert en dessus, satin pourpré en dessous; ici, les grands *ficus* noirâtres et charnus contrastaient avec les fougères du Cap, au feuillage si délicat, aux rameaux si délié, que l'on dirait des brins de soie violette supportant une dentelle verte; là le *strélizia*, dont la fleur ressemble à un oiseau aux ailes d'orange et à l'aigrette bleulapis, luttait de richesse et d'éclat avec l'*astrapea*, à l'énorme pompon cerise piqueté de jaune d'or; enfin, dans quelques endroits, les immenses feuilles des bananiers, formant une voûte de verdure naturel et aux souples et transparens arceaux, cachaient si complètement le vitrage de la rotonde que l'on aurait pu se croire transporté sur la terre tropicale.

A l'aspect de cette merveilleuse végétation, Marie Bastien et Frédérik échangeaient à chaque instant des exclamations de surprise et d'admiration.

— Dis, Frédérik, quel bonheur de voir, de toucher enfin, ces bananiers, ces dattiers, dont nous avons lu tant de fois la description dans les livres des voyageurs!... — s'écriait Marie.

— Mère... mère... — disait, à son tour, Frédérik, en montrant à madame Bastien un arbuste aux feuilles dentelées et d'un vert d'émeraude, — voici le *caféier*... et là, cette plante aux feuilles si épaisses, qui grimpe le long de cette colonne... c'est la vanille.

— Frédérik,... vois donc ces immenses feuilles de latanier... comme l'on comprend bien que, dans l'Inde, cinq à six feuilles suffisent pour couvrir une cabane!

— Mère,... regarde donc, voilà ces jolies grenadilles dont parle le capitaine Cook. Je les ai tout de suite reconnues à leurs fleurs : on dirait de petites corbeilles de porcelaine à jour,... et nous qui accusions ce pauvre capitaine de s'amuser à inventer des fleurs impossibles!...

— Mon Dieu! monsieur, — dit Marie Bastien au *chef des cultures*, — monsieur de Pont-Brillant, lorsqu'il est ici, ne doit pas quitter ce jardin enchanté.

— Monsieur le marquis est comme feu monsieur le marquis son père, — répondit le jardinier en soupirant, — il n'est pas amateur; il préfère le chenil et l'écurie...

Madame Bastien et son fils se regardèrent stupéfaits.

— Mais alors, monsieur, — reprit ingénuement la jeune femme? — pourquoi donc avoir ces magnifiques serres?

— Parce qu'il n'y a pas de véritable château sans serres chaudes, madame, — répondit fièrement monsieur *le chef des cultures*, — c'est un luxe qu'un véritable grand seigneur se doit à soi-même.

— Ce que c'est pourtant que le respect humain! — dit tout bas Marie à son fils, avec un sourire doucement railleur. — Tu vois, Frédérik, la dignité de soi-même vous oblige à posséder ces merveilles. — Puis elle ajouta à l'oreille de son fils : — Dis donc, mon ange, dans l'hiver, quand les jours sont si courts... et qu'il neige, quelles heures délicieuses l'on passerait ici à narguer les frimas!...

Il fallut que le docteur vînt arracher la jeune mère et son fils à leur admiration inassouvie.

— Ma chère madame Bastien, nous en aurions pour deux jours seulement dans cette serre, si vous voulez tout voir en détail.

— C'est vrai, mon bon docteur... c'est vrai...—répondit madame Bastien.— Allons...— ajouta-t-elle en souriant et soupirant de regret, — quittons les tropiques... et allons dans une autre partie du monde sans doute... car, ainsi que vous le disiez, monsieur Dufour, c'est ici le pays des merveilles...

— Vous croyez plaisanter? eh bien, si vous êtes sage, — dit en souriant le docteur, — je vous conduirai tout à l'heure en Chine.

— En Chine?... mon bon docteur, est-ce possible?

— Certainement, et s'il nous reste un quart-d'heure, ma foi! nous ferons ensuite une petite pointe... jusqu'en Suisse...

— Aussi en Suisse? — s'écria Frédérik.

— En pleine Suisse... Mais, avant, nous visiterons le château, et là ce sera bien autre chose!

— Quoi donc encore, docteur?

— Oh! là ce ne seront plus des pays divers que nous parcourrons, mais les âges... depuis l'ère gothique jusqu'au siècle de Louis XV... et le tout... en une heure au plus.

— Je vous crois, docteur; je suis décidée à ne plus m'étonner de rien, — répondit madame Bastien, — car nous sommes ici dans le pays des fées? Viens-tu, Frédérik?

Et les visiteurs suivirent *monsieur le chef des cultures* qui, avec une certaine suffisance narquoise, souriait à part soi de l'étonnement bourgeois des amis de monsieur Dufour?

Un moment distrait de ses premiers sentimens par l'aspect saisissant de la serre chaude, Frédérik suivit sa mère d'un pas moins allègre que de coutume : il éprouvait un serrement de cœur singulier, en pensant à la dédaigneuse indifférence du jeune marquis de Pont-Brillant pour ces merveilles qui eussent fait la joie, les délices, l'attachante occupation de tant de personnes dignes d'apprécier et d'aimer ces trésors de la nature réunis à tant de frais.

IV.

Monsieur le chef des cultures, en quittant la rotonde immense formant la serre chaude principale, introduisit les trois visiteurs dans d'autres serres qui s'étendaient latéralement; l'une d'elles, destinée à ces ananas et renfermant toutes les espèces connues de ces fruits parfumés, aboutissait à une serre spéciale aux *orchidées*; il fallut encore que le docteur arrachât Marie Bastien et son fils à la surprise, à l'administration où ils restaient plongés, malgré la température humide et étouffante de cette serre, à la vue de plusieurs *orchis* fleuris, fleurs bizarres, presque fantastiques, tantôt pareilles à des papillons diaprés de vives couleurs, tantôt à des insectes ailés d'une apparence fabuleuse.

Là se terminait le domaine de monsieur Dutilleul; cependant il voulut bien guider nos curieux sur les terres de son collègue *des cultures d'orangerie, de serre tempérée et de pleine terre*.

— Je vous avais promis la Chine, — dit le docteur à ses amis, — nous voici en Chine.

En effet, au sortir de la serre aux *orchidées* l'on entrait dans une galerie chinoise à piliers à jour, peints de rouge et de vert éclatant, et pavée de carreaux de porcelaine, pareils à ceux dont était revêtu un petit mur à hauteur d'appui servant de base aux colonnes; entre celles-ci étaient espacés de grands vases du Japon, bleu, blanc et or, contenant des camélias, des roses pivoines, des azalées, des citronniers, et autres arbustes de la Chine.

Cette galerie, vitrée pendant la mauvaise saison, conduisait à une véritable maison chinoise formant le centre d'un vaste jardin d'hiver.

La curieuse édification de cette demeure, qui avait coûté des soins et des sommes immenses, remontait au milieu du dix-huitième siècle, époque à laquelle la rage des *chinoiseries* était poussée à son comble. Témoin la fameuse *pagode* de *Chanteloup*, bâtiment fort élevé, construit tout en porcelaine.

La maison chinoise de Pont-Brillant ne le cédait en rien à la fameuse *Folie* de M. de Choiseul.

La disposition de cette demeure, composée de plusieurs pièces, ses tentures, ses ameublemens, ses ustensiles de ménage, ses ornemens, tout était rigoureusement authentique; et, pour compléter l'illusion, deux merveilleux magots de grandeur naturelle, habillés des plus riches étoffes, placés de chaque côté des portières du salon, les soulevaient à demi, semblant ainsi les ouvrir aux visiteurs qu'ils saluaient de minute en minute, grâce au balancier intérieur qui leur faisait remuer les yeux, et alternativement incliner et relever la tête.

Tout ce que la Chine offre de plus curieux, de plus chatoyant, de plus splendide en étoffes, laques, meubles, porcelaines, objets d'or, d'argent ou d'ivoire ciselés, était rassemblé dans cette espèce de musée, dont les trois fenêtres de bambou, aux transparens vitrages de pâte de riz, peinte de fleurs et d'oiseaux de couleurs étincelantes, donnaient sur le jardin d'hiver. Cette sorte de serre tempérée, plantée d'arbres et d'arbustes de Chine et du Japon, se couvrait dès l'automne, au moyen de châssis vitrés, s'adaptant au rebord de la toiture de la maison.

— Est-ce un rêve? — disait madame Bastien, en examinant ces merveilles avec autant de curiosité que d'intérêt, que de trésors de toutes sortes!... Vois donc, Frédérik! C'est un livre vivant où l'on pourrait étudier les usages, les mœurs, l'histoire de ce singulier pays... car voici une collection de médailles, de monnaies, de dessins et de manuscrits.

— Dis donc, mère, reprit Frédérik, — que de bonnes et longues soirées d'hiver l'on passerait ici en lisant un voyage en Chine... en suivant ainsi, pour ainsi dire sur nature... toutes les narrations du livre!

— Au moins, monsieur, —dit Marie à monsieur Dutilleul, —monsieur de Pont-Brillant vient souvent visiter ce pavillon si curieux, si intéressant?

— Monsieur le marquis n'est pas non plus fou de chinoiseries, madame; il aime mieux la chasse. Feu monsieur le marquis, son arrière-grand père, avait fait construire cette maison, parce que, dans ce temps-là,... c'était la mode, voilà tout.

Marie ne put s'empêcher de hausser imperceptiblement les épaules, en échangeant un demi-sourire avec son fils, qui, de plus en plus rêveur et réfléchi, suivit sa mère à qui le docteur offrit son bras.

Les visiteurs eurent alors à traverser une allée sinueuse du jardin d'hiver conduisant à une grotte de rocaille... intérieurement éclairée par de gros verres lenticulaires bleuâtres, enchâssés dans les roches; ces jours jetaient dans cette galerie souterraine ornée de coquillages et de coraux, une pâle clarté semblable à celle qui se tamise dans les lieux sous-marins.

— N'allons-nous pas maintenant chez les ondines, bon docteur? — demanda gaiement madame Bastien en commençant à descendre un plan assez incliné, — quelque naïade ne va-t-elle pas nous recevoir au seuil de son humide empire?

— Vous n'y êtes pas du tout, — répondit le docteur; — ce passage souterrain, tapissé de nattes, comme vous voyez, et chauffé pendant l'hiver, conduit au château; car vous remarquerez que tout ce que nous venons de voir ne se communique et ne se continue que par des passages couverts, et qu'en hiver on peut ainsi voyager dans les différentes parties du monde sans crainte du froid ou de la pluie.

En effet, le souterrain aboutissait, par un escalier en spirale, à l'extrémité d'une longue galerie que l'on appelait *la Salle des Gardes*, et qui, dans les temps reculés, avait dû servir à cette destination.

Dix hautes fenêtres à ogives, garnies de vitraux coloriés et armoriés au blason des marquis de Pont-Brillant, éclairaient cette salle immense aux boiseries de chêne sculpté, au plafond bleu de ciel, divisé en caissons par des poutres de chêne ouvragées et rehaussées de dorure.

Dix guerriers, armés de toutes pièces, casque en tête, visière baissée, bouclier au bras, pertuisane au gantelet, épée au côté, espacés de l'autre côté de la galerie, faisaient face aux dix fenêtres, et les reflets irisés des vitraux jetaient çà et là des lueurs prismatiques sur l'acier des armures qui se détachaient étincelantes sur la boiserie sombre.

Au milieu de cette galerie, on voyait exhaussé sur une estrade un cavalier aussi armé de toutes pièces, dont le grand cheval de bataille, figuré en bois, disparaissait complétement sous sa carapace d'acier, et sous les plis traînans de sa longue housse mi-partie chamois et cramoisi, largement armoriée.

L'armure complète du cavalier, admirablement damasquinée d'or, était un chef-d'œuvre de ciselure et d'ornementation. *Monsieur le chef des cultures*, s'arrêtant devant l'estrade, dit aux visiteurs avec un certain orgueil domestique :

— Cette armure que vous voyez a été portée par *Raoul IV, sire de Pont-Brillant*, lors de la première croisade; ce qui prouve, n'est-ce pas? que la noblesse de monsieur le marquis ne date pas d'hier.

A ce moment, un homme âgé, vêtu de noir, ayant ouvert une des portes massives de la salle des gardes, monsieur Dutilleul dit au docteur Dufour :

— Tenez, docteur, voilà justement monsieur Legris, *le conservateur de l'argenterie* du château; c'est un ami; je vais vous confier à lui... il vous servira de guide ici mieux que moi...

Et, s'avançant vers le vieillard, monsieur Dutilleul lui dit à demi-voix :

— Mon cher Legris, ce sont des amis à moi... qui voudraient voir le château, je vous les recommande... à charge de revanche lorsque vos connaissances voudront visiter mes serres.

— Les amis de nos amis sont nos amis, mon cher, — répondit péremptoirement *monsieur le conservateur de l'argenterie*; puis d'un geste de tête familier, il fit signe aux curieux de le suivre dans les appartemens qu'un nombreux domestique d'intérieur achevait de mettre en ordre.

Il serait trop long d'énumérer les merveilles de splendeur grandiose que renfermait le rez-de-chaussée de ce château où plutôt de ce palais : depuis une bibliothèque que bien des grandes villes eussent enviée, jusqu'à une galerie de tableaux des plus grands maîtres anciens et modernes, sur lesquels les visiteurs ne purent jeter qu'un coup d'œil rapide, et qu'ils durent traverser presque à la hâte; car, il faut le dire, malgré son obligeante promesse à monsieur Dutilleul, *monsieur le conservateur de l'argenterie* semblait assez impatient de se débarrasser de nos trois curieux.

Le premier étage, ainsi que l'avait annoncé monsieur Dufour à Frédérik et à sa mère, se composait d'une série de pièces offrant un spécimen de l'aménagement intérieur depuis le quatorzième siècle jusqu'au dix-huitième.

C'était un véritable musée, empreint d'un caractère tout particulier, grâce aux nombreux portraits de famille et aux antiquités de toutes sortes ayant appartenu aux différens membres de cette puissante et ancienne maison.

Dans une des ailes du premier étage, se trouvaient les appartemens de la marquise douairière de Pont-Brillant. Celle-ci, malgré son grand âge, tenait à avoir un ameublement aussi frais, aussi coquet, que lorsqu'elle faisait dans sa première jeunesse les beaux jours de la cour de Louis XV. C'était une éblouissante profusion de dorures, de dentelles, et d'anciennes étoffes des plus précieuses; c'était un encombrement de meubles de bois de rose contournés et chantournés, de porcelaines de Sèvres et de Saxe. Rien n'était surtout plus charmant que la chambre à coucher, tendue en lampas rose et blanc, avec son baldaquin à la *duchesse*, chargé de touffes d'autruche. Quant à la *chambre de toilette*, c'était un ravissant boudoir tapissé de damas bleu tendre à gros bouquets de marguerites. Au milieu de cette pièce, meublée comme la chambre en bois doré, on voyait une magnifique *pompadour* à glace, ornée de bousses et de rideaux de point d'Alençon, renoués par de gros nœuds de ruban, et couverte d'ustensiles de toilette, les uns en or émaillé, les autres en vieux Sèvres bleu de ciel.

Nos trois visiteurs venaient d'entrer dans cet appartement, lorsque parut un homme à la physionomie hautaine et bouffie d'importance. Ce personnage, qui portait un ruban rouge à la boutonnière de sa redingote, n'était rien moins que *monsieur l'intendant du château et des domaines*.

A la vue des trois étrangers, *monsieur l'intendant* fronça le sourcil d'un air à la fois très surpris et très mécontent.

— Que faites-vous ici? — demanda-t-il à son subordonné, monsieur Legris, d'une voix impérieuse. — Pourquoi n'êtes-vous pas occupé de votre argenterie?... Qu'est-ce que ce monde-là?

A ces inconvenantes paroles, madame Bastien devint pourpre de confusion, le docteur se redressa de toute la hauteur de sa petite taille, Frédérik rougit extrêmement et s'écria à demi-voix en regardant sa mère :

— L'insolent !...

Madame Bastien prit vivement la main de son fils et haussa les épaules en lui montrant d'un regard de pitié le sot intendant.

— Monsieur Desmazures, — répondit humblement monsieur Legris à son supérieur, — ce sont des amis de Dutilleul ;... il m'a prié de leur montrer le château et... j'ai cru...

— Mais, c'est inconcevable, — s'écria l'intendant en interrompant monsieur Legris, — mais c'est d'un sans-gêne qui n'a pas de nom... cela ne se passerait pas ainsi chez des bourgeois de la rue Saint-Denis ! Introduire ainsi les premiers venus dans les appartemens de madame la marquise !

— Monsieur, — dit d'une voix ferme le docteur Dufour, en faisant deux pas vers l'intendant, — madame Bastien, son fils et moi, sommes les amis de M. Dutilleul, nous ne croyions pas commettre et nous n'avons pas, en effet, commis la moindre indiscrétion... en acceptant l'offre que l'on nous a faite de visiter le château... J'ai été voir plusieurs demeures royales, monsieur, et je crois bon de vous apprendre que j'y ai toujours été accueilli avec politesse... par les gens qui les gardaient.

— C'est possible, monsieur, — répondit sèchement l'intendant, — mais vous vous étiez sans doute adressé à qui de droit pour obtenir la permission de visiter ces châteaux... Vous m'eussiez adressé votre demande... par écrit, à moi, l'intendant, le seul maître ici en l'absence de monsieur le marquis, que j'aurais vu ce que j'avais à vous répondre.

— Il nous reste à prier *monsieur l'intendant*, de vouloir bien excuser notre ignorance des formalités, — dit madame Bastien à cet important, avec un sourire moqueur, afin de montrer à son fils combien elle avait peu de souci de l'impolitesse de cet homme.

Et elle prit le bras de Frédérik.

— Si j'avais été mieux instruit des usages de l'administration de *monsieur l'intendant*, — ajouta le docteur d'un ton sardonique, — *monsieur l'intendant* aurait reçu ma supplique respectueuse afin d'obtenir de sa toute-puissante bonté la permission de visiter le château.

— Monsieur ! — s'écria l'intendant avec une hauteur courroucée, — est-ce une plaisanterie ?

— A peu près, monsieur, — reprit le docteur.

L'intendant fit un mouvement de colère.

— Pour ne pas terminer cet entretien par une plaisanterie, monsieur, — reprit madame Bastien, en s'adressant à l'intendant, — permettez-moi de vous dire sérieusement, monsieur, que j'ai souvent lu que l'on reconnaissait toujours la maison d'un grand seigneur à la parfaite urbanité de ses gens.

— Eh bien, madame?

— Eh bien, monsieur, il me semble que vous désirez confirmer la règle... par l'exception.

Il est impossible d'exprimer avec quelle finesse et quelle gracieuse dignité Marie Bastien donna cette leçon méritée à l'important personnage, qui se mordit les lèvres et ne souffla mot.

Marie, prenant alors le bras du docteur, lui dit gaiement à demi-voix, ainsi qu'à Frédérik :

— Il ne faut pas nous étonner... ne savons-nous pas que dans les pays enchantés on rencontre parfois des génies malfaisans, mais presque toujours d'un ordre subalterne ?... Sauvons-nous vite avec les souvenirs de ces merveilles que le vilain génie n'aura pu flétrir.

Un quart d'heure après cet incident, madame Bastien, Frédérik et le docteur quittaient le château de Pont-Brillant par une des portes communes.

Marie, autant par bon esprit que par délicatesse pour le docteur, qui semblait peiné de la désagréable issue de cette excursion, dont il se reprochait d'avoir eu la malencontreuse idée, Marie prit parfaitement et très gaiement son parti de leur commune mésaventure, et plaisanta la première sur la ridicule importance que se donnait monsieur l'intendant.

De son côté, monsieur Dufour, fort au-dessus de l'impolitesse de cet homme, ne s'en était affecté qu'en raison du chagrin qu'elle pouvait causer à madame Bastien ; mais, en la voyant bientôt oublieuse et insoucieuse de ce désagréable incident, le bon docteur, revenu à sa gaieté naturelle, rappela l'existence de certaine galette de ménage, enfouie avec d'autres provisions dans le coffre de sa carriole, humble véhicule laissé sous la garde d'un enfant à l'entrée de l'avenue du château.

Au bout d'un quart d'heure de marche dans la forêt, les trois amis ayant trouvé une belle place gazonnée, abritée du soleil par un bouquet de chênes énormes, l'on s'y installa joyeusement pour déjeuner.

Frédérik, quoiqu'un peu contraint, parut partager la gaieté de sa mère et du docteur...

Marie, trop clairvoyante pour ne pas remarquer que son fils éprouvait quelque chose d'inaccoutumé, crut deviner la cause de ses préoccupations et le plaisanta doucement sur la gravité, qu'il semblait attacher à l'impertinence d'un sot intendant.

— Allons, mon beau Cid... mon vaillant chevalier, — disait-elle gaiement à son fils en l'embrassant à la tendresse, — garde ta colère et ta bonne épée pour un adversaire digne de toi... Nous avons donné, le docteur et moi, à ce domestique mal appris, une excellente leçon. Ne songeons qu'à terminer gaiement cette journée et au plaisir que nous aurons pendant longtemps à nous entretenir des trésors de toute sorte que nous aurons vus et que nous emporterons par la pensée dans notre chère petite maisonnette.

Puis, se mettant à rire, la jeune femme ajouta :

— Dis donc, Frédérik.

— Mère.

— Tu n'oublieras pas de dire demain matin à monsieur le vieux père André, *chef de nos cultures à la belle étoile*, de nous faire un superbe bouquet de muguet des bois et de violettes des prés, tout ce que nous avons de plus rare enfin.

— Oui, mère, — répondit Frédérik en souriant.

— Il ne faudra pas non plus oublier, — ajouta la jeune femme, — de prévenir *monsieur le chef de nos écuries* d'atteler... dans l'après-dîner, notre vénérable cheval blanc.

Choisis celui-là... et pour cause, nous irons à la ville faire emplette de toile de ménage.

— Et moi, madame la rieuse, — s'écria le docteur la bouche pleine, — je vous dis, je vous prouve que votre vieille Marguerite, *le chef de vos cuisines*, a fait là une galette... oh mais ! une galette...

Le bon docteur n'acheva pas, car il faillit étouffer.

Alors, ce furent des rires sans fin, et Frédérik fit tous ses efforts pour partager l'hilarité de sa mère et du docteur.

En effet, le rire de l'adolescent était contraint ; il éprouvait moralement un malaise étrange et croissant... De même que certains symptômes vagues, inexplicables, annoncent parfois l'invasion prochaine d'une maladie encore latente ; de vagues, d'inexplicables sentimens, encore confus mais douloureux, semblaient sourdre et germer au plus profond du cœur de Frédérik... Le caractère de ces sentimens encore indéfini lui causait cependant une sorte de honte... tellement instinctive, que lui, toujours si confiant envers sa mère, redouta sa pénétration pour la première fois de sa vie, mit tout en œuvre pour la déjouer... et y parvint en affectant sa gaieté habituelle jusqu'à la fin de cette journée.

V.

Quelques jours s'étaient passés depuis la visite de madame Bastien et de son fils au château de Pont-Brillant.

Frédérik n'était jamais sorti de la maison de sa mère, que pour aller chez quelques personnes d'une condition non moins modeste que la sienne ; aussi resta-t-il d'abord sous l'impression d'éblouissement dont il avait été frappé, à la vue des innombrables merveilles du château, de ce luxe royal, si nouveau pour lui.

Mais, le lendemain, lorsque l'adolescent s'éveilla dans sa petite chambre, il la trouva triste et nue ; allant, ensuite, selon sa coutume, embrasser sa mère chez elle, involontairement il compara de nouveau l'élégance si à la fois coquette et magnifique de l'appartement de la vieille marquise de Pont-Brillant, à la pauvreté de la demeure maternelle, et en éprouva un grand serrement de cœur.

Le hasard rendit cette impression plus sensible pour Frédérik...

Lorsqu'il entra chez madame Bastien, la jeune femme, dans toute la fraîcheur matinale de sa beauté ravissante, tressait ses longs cheveux bruns devant une toilette de bois peint, recouverte d'une toile cirée, bien luisante, et surmontée d'une petite glace à bordure noire.

Frédérik, se rappelant que le satin, la dentelle et l'or enrichissaient la splendide toilette de la marquise douairière de Pont-Brillant, ressentit pour la première fois la morsure aiguë de l'ENVIE, et se dit, contraignant d'autant moins l'amertume de sa réflexion qu'il ne s'agissait pas de lui, mais de sa mère :

« — Ce boudoir si élégant, si somptueux, que j'ai vu au » château, ne semble t-il pas bien plutôt destiné à une » charmante personne comme ma mère, qu'à cette mar- » quise octogénaire qui, dans sa ridicule coquetterie, se » plaît à admirer sa figure décrépite dans ses miroirs en- » cadrés d'or, de dentelles et de rubans ? »

Rêveur et déjà vaguement attristé, Frédérik se rendit au jardin.

La matinée était superbe ; le soleil de juillet faisait étinceler comme autant de perles cristallines les gouttes d'abondante rosée suspendues au calice des fleurs. Jusqu'alors, l'adolescent s'était souvent extasié avec sa mère sur la fraîcheur, l'éclat et le parfum d'une rose, analysant, admirant dans un ravissement toujours nouveau ce trésor de coloris, d'élégance et de senteur... Le disque d'argent des *pâquerettes*, le velours miroitant des *pensées*, les grappes aériennes de l'acacia rose ou de l'ébénier, tout enfin jusqu'à la bruyère des landes, jusqu'au genêt des bois, avait jusqu'alors excité l'intelligente admiration de Frédérik ; mais ce matin-là, il n'eut pour ces fleurs simples et charmantes que des regards distraits, presque dédaigneux.

Il songeait à ces rares et magnifiques plantes tropicales dont étaient remplies les serres chaudes du château.

La futaie séculaire, pourtant si ombreuse et si égayée par le gazouillement des nichées d'oiseaux qui semblaient répondre au murmure de la petite cascade et du ruisseau, fut aussi dédaignée... Qu'étaient cette centaine de vieux chênes et ce filet d'eau limpide auprès des immenses ombrages du parc de Pont-Brillant, tantôt peuplés de statues de marbre blanc, tantôt réfléchis dans des bassins énormes, au milieu desquels naïades et tritons de bronze, verdis par les années, faisaient incessamment jaillir mille gerbes d'eau, dont l'humide poussière atteignait la cime d'arbres gigantesques ?

Frédérik, de plus en plus pensif et attristé, eut bientôt atteint la lisière de la futaie....

L'âme oppressée, il jeta machinalement les yeux autour de lui....

Soudain il tressaillit et se retourna brusquement...

Il venait d'apercevoir, se dessinant à l'horizon et dominant l'antique forêt, le château de Pont-Brillant, que le soleil levant inondait d'une lumière dorée...

A cet aspect, Frédérik se rejeta dans l'ombre de la futaie, comme s'il eût voulu reposer sa vue d'un éblouissement douloureux... Mais hélas !... quoiqu'il fermât pour ainsi dire les yeux du corps devant cette vision resplendissante, la trop fidèle mémoire de ce malheureux enfant, rappelant incessamment à sa pensée les merveilles dont il avait été si frappé, l'amenait fatalement à de nouvelles et poignantes comparaisons qui devaient flétrir, empoisonner à une-les joies naïves du passé, jusqu'alors pour lui si pleines de charmes...

Ainsi, passant devant la porte entr'ouverte de l'écurie d'un vieux cheval de labour, hors de service, que l'on attelait seulement parfois à une sorte de carriole couverte, humble équipage de madame Bastien, Frédérik entendit hennir... c'était le pauvre animal qui, habitué de recevoir chaque matin de son jeune maître quelques croûtes de pain dur, passait à travers la baie de la porte sa grosse tête débonnaire, à demi cachée sous une crinière ébouriffée, réclamant joyeusement sa *friandise* quotidienne.

Frédérik, pour réparer son oubli, arracha une poignée d'herbe fraîche, et la fit manger dans sa main au vénérable *laboureur*, dont il caressait en même temps l'épaisse et rustique encolure ; mais soudain, venant à se rappeler les magnifiques chevaux de course et de chasse qu'il avait vus au château, il sourit avec une expression d'humiliation amère, s'éloigna brusquement du vieux cheval, qui, surpris et tenant encore sa poignée d'herbe entre ses dents, suivit longtemps son maître d'un regard intelligent et doux.

Une autre fois, c'était une femme infirme et âgée à qui, chaque semaine, Frédérik, à défaut d'aumône en argent, donnait du pain et quelques fruits.

— Tenez, bonne mère, — lui dit-il en lui faisant son offrande accoutumée, — je voudrais vous venir mieux en aide, mais ma mère et moi nous n'avons pas d'argent.

— Vous êtes bien bon tout de même, monsieur Bastien, — reprit la mendiante, — mais bientôt je n'aurai plus rien à vous demander.

— Pourquoi cela ?

— Ah dame !... monsieur Bastien... *monsieur le marquis* vient habiter le château, et ces grands seigneurs, ça fait quelquefois de grosses aumônes en argent, et j'espère en avoir ma part. Votre servante... monsieur Bastien.

Pour la première fois Frédérik rougit de l'humble aumône qu'il avait jusqu'alors faite avec un si doux contentement de cœur ; aussi dit plus tard répondit brusquement à un indigent qui l'implorait :

— Vous ririez de mon aumône, adressez-vous à *mon-*

sieur le marquis... il doit être la providence de la contrée... lui ! il est si riche !...

L'âme du malheureux enfant s'assombrissait ainsi de plus en plus.

Ce qui naguère encore le charmait, prenait à ses yeux une teinte morne ; triste et froid brouillard qui s'étendait peu à peu sur les gais horizons, sur les riantes perspectives de ses jeunes années jusqu'alors si heureuses.

Cette invasion de l'ENVIE dans le cœur de Frédérik semblera peut-être d'autant plus étrange que l'on connaît mieux le passé de l'adolescent.

Et cependant cette anomalie apparente est explicable.

Le fils de madame Bastien avait été élevé dans un milieu modeste, presque pauvre ; mais le tact exquis, l'instinct délicat de la jeune mère avaient su donner à la simplicité de son entourage un rare caractère d'élégance et de distinction, et cela grâce à ces mille *riens* dont l'ensemble est charmant.

Ainsi, quelques branches de bruyères sauvages, mêlées de fleurs agrestes, arrangées avec goût, façonné à une vie grossière, il eût, dans sa rudesse, été plus ébahi que charmé des trésors du château ; et il ne les aurait sans doute pas enviés, ignorant les jouissances élevées qu'ils pouvaient procurer.

C'eût été encore la fable du *Coq et de la Perle.*

Et puis enfin, par l'éducation, par le cœur, par l'intelligence, par les manières, peut-être même par la grâce et par la beauté, Frédérik se sentait au niveau du jeune marquis... moins la naissance et la richesse, et, pour cela même, il lui enviait plus âprement encore ces avantages que le hasard seul dispense.

Madame Bastien, incessamment occupée de son fils, s'aperçut peu à peu du changement qui s'opérait en lui... et se manifestait par des accès de mélancolie fréquens. Le modeste *cottage* ne retentissait plus, comme par le passé, d'éclats de rire fous, causés par ces jeux animés et bruyans auxquels la jeune mère participait si joyeusement.

L'étude finie, Frédérik prenait un livre et lisait durant le temps de sa récréation ; mais, plus d'une fois, madame Bastien s'aperçut que son fils, son front appuyé sur sa main, restait un quart-d'heure les yeux fixement attachés sur la même page...

Lorsque, dans son inquiétude croissante, madame Bastien disait à son fils :

— Mon enfant... je te trouve... triste... préoccupé... taciturne ;... tu n'es plus gai comme par le passé...

— Que veux-tu, mère ? — répondait Frédérik en tâchant de sourire, — je suis quelquefois surpris ainsi que toi... de la tournure plus sérieuse que prend mon esprit... Cela n'est pas étonnant... je ne suis plus un enfant... la raison me vient.

Frédérik n'avait jamais menti, et il mentait...

Jusqu'alors, enfant ou adolescent, avouant toujours loyalement ses fautes à sa mère, elle avait été la confidente de ses moindres pensées,... mais à la seule idée de lui confier ou de la voir pénétrer les sentimens pleins de fiel éveillés en lui par sa visite au château de Pont-Brillant, l'adolescent éprouvait une honte écrasante, un effroi insurmontable. Plus il se savait adoré de sa mère, plus il redoutait de lui paraître dégradé ; il n'eût pas reculé devant l'aveu d'une grande faute résultant d'un entraînement quelconque ; il eût mieux aimé mourir que de lui avouer les tourmens de l'ENVIE ; aussi, mis en garde contre lui-même par l'inquiète sollicitude de madame Bastien, il employa toute la force, toute l'opiniâtreté de son caractère résolu, toutes les ressources de son esprit, à cacher désormais la plaie douloureuse qui commençait à le ronger ; mais c'est en vain qu'il eût voulu se soustraire à la profonde sagacité de la tendresse de sa mère, si celle-ci n'eût pas été à la fois égarée et rassurée par le docteur Dufour.

« — Ne vous alarmez pas, — lui dit d'ailleurs en toute
» sincérité le médecin, à qui elle avait confié le sujet de
» ses craintes, — Frédérik subit l'influence de l'époque
» critique dans laquelle il se trouve... La dernière crois-
» sance et la puberté causent souvent, pendant quelques
» mois, de ces brusques et singuliers revirements dans le
» caractère des adolescens ; les plus expansifs, les plus
» gais deviennent parfois sombres, taciturnes ; ils éprou-
» vent alors d'indéfinissables angoisses, des mélancolies
» sans raison, de grands abattemens, et un impérieux be-
» soin de rêverie, de solitude... Encore une fois, ne vous
» alarmez donc pas de ce phénomène, toujours plein de
» mystère et d'imprévu... Surtout, n'ayez pas l'air de
» vous apercevoir du changement que vous remarquez
» chez votre fils ; il s'inquiéterait pour vous et pour lui ;
» laissez faire le temps : cette crise, presque inévitable,
» aura son terme ; vous verrez alors Frédérik revenir à son
» caractère habituel ; seulement, il aura la voix mâle et
» vibrante. Tranquillisez-vous ; je réponds de tout ! »

L'erreur du docteur Dufour était d'autant plus excusable que les symptômes dont s'effrayait madame Bastien ressemblaient fort à ceux dont on remarque la présence chez beaucoup d'adolescens lors de l'âge de la puberté.

De son côté, madame Bastien devait accepter ces explications si vraisemblables, car elle n'avait pu deviner la cause réelle du changement de Frédérik.

Ce changement ne s'était pas manifesté immédiatement après la visite au château ; ça avait été, au contraire, peu à peu, par une progression presque insensible ; et quand vint le jour où madame Bastien commença de s'inquiéter, plus d'un mois s'était écoulé depuis l'excursion à Pont-Brillant ; aucun rapport ne semblait donc pouvoir exister entre cette *joyeuse partie* et la sombre mélancolie de Frédérik, qui, d'ailleurs, mettait tous ses soins à cacher son secret.

Comment enfin madame Bastien pouvait-elle supposer que son fils, élevé par elle, et jusqu'alors d'un caractère si généreux, si noble, pût connaître l'ENVIE ?

Aussi, rassurée par monsieur Dufour, en qui elle avait et devait avoir une entière confiance, voyant dans les symptômes dont s'était alarmée la conséquence d'une crise passagère et inévitable, madame Bastien, tout en suivant avec une tendre sollicitude les différentes phases de l'état de son fils, s'efforça de lui cacher la tristesse dont elle se sentait souvent accablée en le trouvant si changé, et attendit sa guérison avec résignation.

L'erreur si concevable du docteur Dufour, erreur partagée par madame Bastien, eut des suites funestes.

Frédérik, désormais à l'abri des incessantes questions et de l'inquiète sagacité de sa mère, put s'abandonner aveuglément au courant qui l'entraînait.

A mesure que son humble existence, que ses joies innocentes s'étaient flétries au souffle ardent d'une envieuse comparaison... Frédérik avait voulu chercher quelques distractions dans l'étude ; mais bientôt l'étude lui devint impossible... son esprit était ailleurs... et puis, il se disait :

— « Quoi que j'apprenne... quoi que je sache, je ne
» serai jamais que *Frédérik Bastien*, un demi-paysan,
» voué d'avance à une vie obscure et pauvre... tandis
» que ce jeune marquis, sans avoir jamais rien fait pour
» cela, jouit de l'éclat d'un nom glorieux et illustré pen-
» dant des siècles ! »

Alors se retraçaient à la mémoire de Frédérik ces souvenirs féodaux de Pont-Brillant, ces galeries d'armures, ces portraits, ces blasons, preuves parlantes de la puissance et de la célébrité historique de cette ancienne et grande maison; alors, pour la première fois, le malheureux enfant, cruellement humilié de la profonde obscurité de sa naissance, s'affaissait sous le poids d'un découragement invincible.

— « Pourquoi, — se disait-il, — ce jeune marquis, déjà
» las ou insouciant des magnificences dont il est comblé,
» de ces trésors de toutes sortes dont la millième partie
» ferait le bonheur de ma mère, le mien et celui de tant
» de gens, pourquoi, de quel droit, ce jeune homme pos-
» sède-t-il ces magnificences? Les a-t-il acquises par son
» travail? Non... non... Pour jouir, pour se rassasier de
» tout, il s'est seulement donné la peine de naître. Pour-
» quoi tout à celui-là? rien aux autres? Pourquoi là-bas
» tant de superflu, tandis qu'ici ma mère est réduite à pe-
» ser aux indigens le pain de l'aumône? »

Ces réflexions de Frédérik, si amères, si douloureuses, sur l'effrayante disproportion des conditions humaines, avivant, envenimant encore son envie, l'exaltèrent bientôt presque jusqu'à la haine, et cette haine, de nouveaux événemens devaient l'enraciner dans son cœur.

VI.

La première période de l'ENVIE qu'éprouvait Frédérik, avait été pour ainsi dire passive.

La seconde fut active.

Ce qu'il souffrit alors est impossible à exprimer; cette souffrance, cachée, concentrée au plus profond de son âme, n'avait pas d'issue et était toujours avivée par la vue incessante, fatale, du château de Pont-Brillant, que ses regards rencontraient presque toujours, de quelque côté qu'il les tournât, car l'antique édifice dominait au loin et partout l'horizon; plus Frédérik sentait l'âcreté des progrès de son mal, plus il sentait la nécessité de le dissimuler à sa mère; se disant, dans sa morne désespoir, que de pareilles douleurs ne méritaient que mépris et aversion, et qu'une mère elle-même ne pouvait pas les prendre en pitié.

Toutes les affections morales ont leur réaction physique.

La santé de Frédérik s'altéra, il perdit le sommeil, l'appétit. Lui, autrefois si animé, si actif, répugnait à la moindre promenade; il fallait, pour l'arracher à son apathie taciturne ou à ses sombres rêveries, la pressante et tendre sollicitation de sa mère.

Pauvre Marie! combien elle souffrait aussi... mais en silence, et tâchant de sourire toujours, de crainte d'alarmer son fils sur lui-même; mais elle ne se décourageait pas, et attendait, avec un mélange d'angoisse et d'impatiente espérance, la fin sans doute prochaine de cette crise dont le docteur Dufour lui avait expliqué la cause.

Mais, hélas! combien cette attente semblait longue et pénible à la jeune femme! quel changement! quel contraste!... A cette vie naguère si délicieusement partagée avec un fils adoré,... à ces études attrayantes, à ces jeux d'une folle gaieté, à ces entretiens débordant de tendresse, de confiance et de bonheur, succédait une vie morne, inoccupée, taciturne.

Un jour... vers le commencement d'octobre, par un ciel brumeux qui annonçait les derniers beaux jours de l'automne, madame Bastien et son fils étaient réunis dans la salle d'étude, non plus joyeux et jaseurs comme par le passé... mais silencieux et tristes.

Frédérik, pâle, abattu, accoudé sur sa table de travail, soutenait son front de sa main gauche, et de sa main droite écrivait lentement dans un cahier ouvert devant lui.

Madame Bastien, assise non loin de lui, et occupée, par contenance, d'un travail de tapisserie, tenait son aiguille suspendue, s'apprêtant à reprendre son ouvrage au moindre mouvement de l'adolescent, qu'elle regardait à la dérobée.

Une larme difficilement contenue brillait dans les yeux de Marie, frappée de l'expression navrante des traits de son fils; elle se souvenait que, peu de temps auparavant, à cette même table, les heures d'étude étaient pour elle, et pour son Frédérik des heures de fête, de plaisir... Elle comparait le zèle, l'entrain qu'il mettait alors dans ses travaux, à la pénible lenteur, au découragement qu'en ce moment elle remarquait en lui... car elle vit bientôt la plume de Frédérik tomber de ses doigts, et sa physionomie trahir un ennui... une lassitude invincibles...

L'adolescent, ayant à peine étouffé un soupir douloureux, cacha son visage dans ses mains, et resta ainsi absorbé durant quelques minutes.

Sa mère ne le perdait pas de vue un seul instant; mais quelle fut sa surprise, en voyant soudain son fils redresser la tête, et, les yeux brillant d'un sombre éclat, le visage légèrement coloré, les lèvres contractées par un sourire sardonique, reprendre vivement sa plume, et écrire sur le cahier ouvert devant lui avec une rapidité fiévreuse...

L'adolescent était transfiguré. Naguère encore abattu, éteint, l'animation, la pensée, la vie, semblaient déborder en lui; on voyait pour ainsi dire les idées affluer sous sa plume insuffisante à la rapidité de l'inspiration; tandis que quelques brusques tressaillemens du corps, quelques vifs battemens du pied témoignaient d'une fougueuse impatience.

Ici quelques mots d'explication sont nécessaires.

Depuis quelque temps Frédérik avait avoué à sa mère son dégoût, son incapacité de tout travail régulier; seulement parfois, pour condescendre aux désirs de madame Bastien, et aussi dans l'espérance de se distraire, il essayait quelque récit, quelque *amplification* sur un sujet donné... Mais en vain il sollicitait son imagination, autrefois brillante et féconde,... en vain il aiguillonnait sa pensée dont sa mère avait souvent remarqué avec orgueil l'élévation précoce.

« — Je ne sais pas ce que j'ai, — murmurait alors Fré-
» dérik morne et découragé, — il me semble qu'un voile
» s'est étendu sur mon esprit, pardonne-moi, mère, ce
» n'est pas ma faute. »

Et madame Bastien de trouver mille raisons pour excuser et réconforter Frédérick à ses propres yeux.

Aussi, le jour dont nous parlons, la jeune mère s'attendait presque à voir Frédérik renoncer bientôt à son travail. Quel fut donc son étonnement en le voyant pour la première fois depuis longtemps écrire avec animation et entraînement !

Dans ce retour subit aux habitudes du passé, madame Bastien crut trouver un premier symptôme de la cessation de cette crise dont son fils subissait l'influence; sans doute son esprit commençait à se dégager du voile qui l'obscurcissait.

Madame Bastien, impatiente de savoir si elle ne se trompait pas, se leva, et marchant sans bruit sur la pointe des pieds, profita de la préoccupation de son fils pour arriver près de lui à son insu; alors, toute palpitante d'espoir, elle appuya ses deux mains sur l'épaule de Frédérik, et, après l'avoir baisé au front, elle se pencha pour lire ce qu'il écrivait.

L'adolescent tressaillit de surprise, referma vivement son cahier, et, se retournant vers sa mère la physionomie impatiente, presque irritée, il s'écria :

— C'est indiscret... cela... ma mère.

Puis enlevant du cahier, en les lacérant, les feuilles qu'il avait écrites, il les froissa et les jeta dans la cheminée, où elles furent bientôt consumées par les flammes.

Madame Bastien, frappée de stupeur, resta un moment immobile et muette de douleur; puis, comparant la brusquerie de Frédérik à la ravissante confraternité d'études qui régnait autrefois entre eux, elle fondit en larmes.

Pour la première fois de sa vie, son fils la blessait au cœur.

A la vue des pleurs de Marie, Frédérik, éperdu, se jeta à son cou, la couvrit de caresses et de larmes, en murmurant d'une voix entrecoupée :

— Oh! pardon... mère... pardon...

A ces mots, partis du fond de l'âme, à ce cri empreint d'un repentir déchirant, madame Bastien se reprocha la douloureuse impression qu'elle venait de ressentir, elle se reprocha jusqu'à ses larmes ; ne devait-elle pas tenir compte de la situation maladive de Frédérik, seule cause d'un mouvement de brusquerie dont il se repentait si amèrement ?

Aussi la jeune femme, couvrant à son tour Frédérik de baisers passionnés, à son tour aussi lui demanda pardon.

— Pauvre enfant, — lui dit-elle, — tu souffres, la douleur rend nerveux... irritable. J'ai eu tort de m'affecter d'une impatience involontaire, dans laquelle ton cœur n'était pour rien...

— Non... oh! non... mère... je te le jure...

— Je te crois, va... est-ce que je peux douter de toi, mon Frédérik ?...

— J'ai déchiré ces pages... vois-tu, mère, — reprit-il avec un certain embarras, car il mentait, — j'ai déchiré ces pages... parce que... parce que... j'en étais mécontent; c'était plus mauvais que tout ce que j'ai essayé d'écrire depuis que... je ressens ce malaise... ce découragement sans cause...

— Et moi, mon enfant... en te voyant pour la première fois depuis longtemps... travailler avec animation... j'ai été si contente, que je n'ai pu résister au désir de lire bien vite ce que tu écrivais... Mais ne parlons plus de cela, mon Frédérik, bien que je sois certaine que tu as été trop sévère pour toi-même.

— Non... je t'assure...

— Je te crois... et puisque le travail te pèse... veux-tu que nous sortions un peu ?

— Mère, — répondit Frédérik avec accablement, — le temps est si triste!... Vois... ce ciel gris!

— Allons, cher paresseux, — répondit madame Bastien, en souriant doucement, — est-ce que pour nous il est des temps tristes ? est-ce que le brouillard de l'automne... la neige de l'hiver... n'ont pas leur charme ? est-ce que nous ne sommes pas habitués à gaiement affronter, bras dessus bras dessous, la brume et la froidure ? Allons... viens!... cette promenade te fera du bien... Depuis deux jours nous ne sommes pas sortis... C'est honteux! nous, autrefois si intrépides marcheurs !

— Je t'en prie... laisse-moi là, — répondit Frédérik, cédant à une insurmontable apathie, — je ne me sens pas le courage de faire un pas.

— Et c'est justement cette dangereuse langueur que je veux combattre... Allons... mon pauvre cher indolent... un peu de résolution ; viens du côté de l'étang, tu me feras faire une jolie promenade sur l'eau dans notre batelet. Cet exercice de la rame, que tu aimes tant, te fera du bien...

— Je n'en aurais pas la force... ma mère.

— Eh bien, tu ne sais pas ? les bûcherons ont dit ce matin à André qu'il y avait un beau passage de vanneaux ; emporte ton fusil... nous irons du côté des bruyères de la *Sablonnière*... cela t'amusera... et moi aussi ; tu es si adroit que je n'ai jamais eu peur de te voir manier ton fusil !

— Je t'assure... que je n'aurais aucun plaisir à la chasse...

— Tu l'aimais tant!..

— Je n'aime plus rien, — murmura presque involontairement Frédérik avec un accent d'abattement et d'amertume inexprimable.

La jeune femme sentit de nouveau les larmes lui venir aux yeux.

Frédérik, comprenant l'angoisse de sa mère, s'écria :

— Oh!... toi... je t'aime toujours... tu le sais.

— Oui... je le sais... je le sens... mais tu ne peux t'imaginer avec quel accent désespérant tu as dit cela : *Je n'aime plus rien !*

Puis, se reprenant et tâchant de sourire, afin de ne pas attrister son fils, Marie ajouta :

— En vérité, je ne sais pas ce que j'ai aujourd'hui... pour m'affliger et... mon Dieu... pour t'affliger aussi à tout propos... Car voilà que tu pleures... mon enfant... mon pauvre enfant...

— Laisse, mère... laisse, il y a longtemps que je n'ai pleuré, et il me semble que cela me fait du bien...

L'adolescent était resté assis ; sa mère, à genoux devant lui, étanchait silencieusement les larmes qu'il versait.

Il disait vrai... ces larmes le soulagèrent. Ce pauvre cœur, noyé de fiel, se dilata un peu ; et lorsque, après avoir levé au ciel ses yeux baignés de pleurs, Frédérik abaissa son regard sur l'adorable figure de sa jeune mère agenouillée à ses pieds... il vit ses traits angéliques empreints à la fois d'une douleur si touchante et surtout d'une bonté si infinie que, vaincu par l'expression de cette divine tendresse, il eut un instant la pensée d'avouer à Marie les ressentimens dont il était dévoré.

— Oui... oui... — se disait-il, — j'ai eu tort de redouter son mépris ou sa colère... Dans sa bonté d'ange, je trouverai pitié, mansuétude, consolation et secours...

A la seule idée de ce projet, Frédérik se sentit moins accablé...

Cette lueur d'espérance lui rendit quelque courage ; après un moment de silence, il dit à madame Bastien, qui le couvait des yeux :

— Mère,... tout à l'heure, tu me proposais de sortir... tu avais raison,... un peu de promenade me fera du bien...

Cette détermination, les larmes récentes de son fils, l'attendrissement qui semblait détendre sa physionomie navrée, parurent d'un bon augure à madame Bastien ; elle prit à la hâte son chapeau, un léger mantelet de soie, et gagna bientôt les champs, voulant que Frédérik s'appuyât sur son bras.

Ainsi que cela arrive souvent au moment d'un grave et pénible aveu, l'adolescent voulait en reculer l'heure ; puis il sentait la difficulté d'entrer en matière sur un pareil sujet ; il cherchait comment il s'excuserait auprès de sa mère de lui avoir pendant si longtemps caché la vérité.. Enfin, il sentait que, restant à la maison, son entretien aurait pu être interrompu par quelque survenant, et qu'il trouverait plus de secret et de facilité dans l'intimité d'une longue promenade à travers la campagne solitaire.

Par un heureux hasard, le temps, d'abord brumeux et sombre, s'éclaircit peu à peu ; bientôt un beau soleil d'automne rendit la nature d'un aspect plus riant.

— On croirait, mon Frédérik, — dit madame Bastien tâchant d'égayer son fils, — on croirait que ce radieux soleil sort de ses nuages pour te fêter comme un ami qu'il n'a pas vu depuis longtemps. Et puis... remarque donc sa coquetterie.

— Quelle coquetterie, mère ?

— Vois comme il caresse de ses rayons les plus dorés ce vieux genévrier, là-bas... au bout de ce champ, tu ne te souviens pas ?

Frédérik regarda sa mère avec surprise et en faisant un signe de tête négatif.

— Comment... tu as oublié que, pendant deux longues journées de cet été, je me suis assise à l'ombre de ce vieil arbre, pendant que tu achevais de défricher le champ de ce pauvre *écobueur*.

— Ah! oui... c'est vrai, — dit vivement Frédérik.

A ces souvenirs d'une action généreuse, il éprouva un nouveau soulagement... la pensée du triste aveu qu'il devait faire à sa mère lui sembla moins pénible.

L'espèce d'allégement de cœur qu'il ressentait se peignit si visiblement sur ses traits que madame Bastien lui dit :

— Avais-je raison... mon enfant, de t'engager à sortir... ta pauvre chère figure paraît déjà moins souffrante... on dirait que tu renais à ce bon air tiède... je suis sûre que tu te sens mieux.

— Oui... mère...

— Mon Dieu ! mon Dieu ! — dit madame Bastien en joignant les mains dans une sorte d'invocation, — quel bonheur... si c'était la fin de ton malaise... mon Frédérik !

La jeune femme, en joignant ainsi ses mains, fit, par la vivacité de son mouvement, tomber à terre et derrière elle, sans le remarquer, son léger mantelet de soie qu'elle avait jusqu'alors maintenu sur ses épaules dont il venait de glisser.

Frédérik ne s'aperçut pas non plus de la perte que venait de faire madame Bastien, et reprit :

— Je ne sais pourquoi... j'espère comme toi... mère... que c'est peut-être la fin de mes souffrances...

— Oh ! si tu espères... aussi... toi .. nous sommes sauvés, — s'écria-t-elle joyeusement. — Monsieur Dufour me l'a bien dit... cet étrange et douloureux malaise causé par l'âge de croissance... disparaît souvent aussi subitement qu'il est venu... on sort de là comme d'un mauvais songe... et la santé revient par enchantement...

— Un songe ! — s'écria Frédérik en regardant sa mère avec une expression indéfinissable, — oui, tu as raison, mère !... c'était un mauvais songe...

— Mon cher... qu'as-tu donc ? tu parais vivement ému... mais cette émotion... est douce... n'est-ce pas ?... oh ! je le vois à ta figure.

— Oui... elle est douce... bien douce... si tu savais...

Frédérik ne put achever.

Un bruit croissant, que dans leur préoccupation, Marie et son fils n'avaient pas jusqu'alors remarqué, les fit se retourner.

A quelques pas derrière eux, ils virent s'avancer à leur rencontre, sur le chemin gazonné, un cavalier, tenant à la main le mantelet de madame Bastien.

Arrêtant alors son cheval, qu'un domestique de sa suite s'empressa de venir prendre, ce cavalier mit lestement pied à terre, et s'avança vers la jeune femme ; il tenait son chapeau d'une main et le mantelet de l'autre. S'inclinant alors respectueusement devant madame Bastien, il lui dit avec une grâce et une courtoisie parfaites :

— Madame... j'ai vu de loin ce mantelet glisser de vos épaules... je suis trop heureux de pouvoir vous le rapporter.

Puis, après un nouveau et profond salut, ayant le bon goût de se dérober aux remerciemens de madame Bastien, le cavalier alla rejoindre son cheval, se remit en selle, et, par un raffinement de respectueuse déférence, faisant dévier sa monture de la route, au moment où il passa devant madame Bastien, il suivit la lisière du champ comme s'il eût craint d'effrayer la jeune femme par le voisinage de son cheval ; puis il salua de nouveau en passant devant elle et poursuivit sa route au pas.

Ce cavalier, à peu près de l'âge de Frédérik, d'une jolie figure et de la tournure la plus élégante, avait montré tant de savoir-vivre et de politesse, que madame Bastien le suivit un instant des yeux et dit naïvement à son fils :

— Il est impossible d'être plus poli et de l'être avec une meilleure grâce... n'est-ce pas, Frédérik ?

Au moment où madame Bastien adressait cette question à son fils, passait le petit groom en livrée qui suivait le cavalier, et qui, comme lui, avait un magnifique cheval de pur sang. L'enfant, sévère observateur de l'étiquette, avait attendu en place pour se remettre à la suite de son maître qu'il y eût entre eux une distance de vingt-cinq pas.

Madame Bastien fit au groom un signe de la main, signe auquel l'enfant s'arrêta :

— Voulez-vous, je vous prie, — lui demanda la jeune femme, — me dire le nom de votre maître ?

— *Monsieur le marquis de Pont-Brillant*, madame, — répondit le groom avec un accent anglais très prononcé.

Puis, voyant de loin son maître prendre le trot, l'enfant s'éloigna rapidement à cette même allure.

— Frédérik, — dit Marie, en se retournant vers son fils, — tu as entendu ?... C'est monsieur le marquis de Pont-Brillant... Ne trouves-tu pas qu'il est charmant !... cela fait plaisir de voir la fortune et la noblesse si bien représentées... n'est-ce pas, mon enfant ?... Être si grand seigneur et si parfaitement poli, c'est tout ce que l'on peut désirer... Mais tu ne me réponds rien, Frédérik ?... Frédérik ! — ajouta madame Bastien avec une soudaine inquiétude, — qu'as-tu donc ?

— Je n'ai rien, ma mère... dit-il d'un ton glacial.

— Je vois bien, moi, que tu as quelque chose... tu n'as plus la même figure que tout à l'heure... tu parais souffrir... Mon Dieu ! comme tu es devenu pâle !

— C'est que le soleil s'est caché... tout à l'heure... et... j'ai froid.

— Alors... rentrons... mon pauvre enfant, rentrons vite... Pourvu que le mieux que tu ressentais continue...

— J'en doute... ma mère.

— Tu en doutes ?... de quel air tu me dis cela !

— Je dis... ce qui est...

— Mais tu te sens donc moins bien, mon cher enfant ?

— Oh ! beaucoup moins bien... — ajouta-t-il avec une sorte de farouche amertume, — c'est une rechute... une rechute complète... je le sens... mais c'est le froid, sans doute...

Et ce malheureux, jusqu'alors d'une angélique bonté, et qui avait toujours adoré sa mère, se plaisait cette fois, avec une joie cruelle, à augmenter les inquiétudes de la jeune femme...

Il se vengeait ainsi de la douleur atroce que lui avaient causée les louanges que, dans sa généreuse franchise, Marie venait de donner à Raoul de Pont-Brillant.

Oui, car la *jalousie*, sentiment jusqu'alors aussi inconnu de Frédérik que l'ENVIE l'avait été naguère, venait exaspérer ses ressentimens contre le jeune marquis.

. . . .

La mère et le fils regagnèrent leur maison.

Madame Bastien dans une angoisse inexprimable, Frédérik dans un morne silence, songeant avec une rage sourde qu'il avait été sur le point d'avouer à sa mère le honteux secret dont il rougissait... et cela au moment même où celle-ci accordait tant d'éloges au marquis de Pont-Brillant qu'il poursuivait déjà de sa haine dans ENVIE...

Cette dernière et sanglante comparaison dans laquelle le fils de madame Bastien se sentait encore écrasé... changea en une haine ardente, implacable, l'aversion presque passive que lui avait jusqu'alors inspirée Raoul de Pont-Brillant.

VII.

La petite ville de Pont-Brillant, ancienne mouvance féodale, est située à quelques lieues de Blois, non loin de la Loire.

Une promenade appelée *le Mail*, ombragée de grands arbres, borne Pont-Brillant au midi ; quelques maisons sont bâties sur le côté gauche de ce boulevard, qui sert aussi de champ de foire, à diverses époques de l'année.

Le docteur Dufour habitait une de ces maisons.

Environ un mois s'était écoulé depuis les événemens que nous avons rapportés.

Vers le commencement du mois de novembre, le jour de la SAINT-HUBERT, patron des chasseurs (prononcez *Sain-Hubert*, si vous voulez paraître quelque peu *veneur*), les oisifs de la petite ville étaient rassemblés sur le Mail, vers les quatre heures de l'après-midi, afin d'assister à une espèce de cortège cynégétique ou de retour de chasse du jeune marquis Raoul de Pont-Brillant, qui depuis le matin fêtait le grand saint Hubert en forçant un cerf *dix-cors* dans la forêt voisine ; pour plus de solennité, les chasseurs devaient passer triomphalement par Pont-Brillant, pour retourner au château de ce nom, situé à peu de distance de la petite ville qu'il dominait au loin de sa masse imposante.

Lesdits oisifs, commençant à s'impatienter d'une assez longue attente, virent s'arrêter à la porte du docteur Dufour un large cabriolet de campagne, à la caisse d'une couleur douteuse, attelé d'un vieux cheval de labour, aux harnais rustiques, çà et là rajustés avec des cordes.

Frédérik Bastien, sortant le premier de cette modeste voiture, dont il avait été le conducteur, offrit l'aide de son bras à sa mère qui descendit légèrement du marchepied.

Le vieux cheval, d'une sagesse éprouvée, fut laissé en toute confiance attelé au cabriolet, les guides sur le cou, et seulement rangé par Frédérik au long de la maison du médecin, chez qui madame Bastien et son fils entrèrent aussitôt.

Une vieille servante les précéda dans un salon situé au premier étage, et dont les fenêtres s'ouvraient sur la promenade publique de Pont-Brillant.

— Monsieur le docteur Dufour peut-il me recevoir ? demanda madame Bastien à la servante.

— Je crois que oui, madame ; seulement monsieur est en ce moment avec un de ses amis qui loge ici depuis plusieurs jours, et qui doit ce soir partir pour Nantes... mais, c'est égal, je vais toujours prévenir monsieur... que vous êtes là, madame.

— Je vous serai très obligée, — répondit madame Bastien restée seule avec son fils.

L'Envie, exaspérée par la jalousie (l'on n'a pas oublié les justes louanges ingénuement données à la parfaite courtoisie du jeune marquis de Pont-Brillant par madame Bastien), avait depuis un mois fait de nouveaux et effrayans ravages dans le cœur de Frédérik ; son état maladif avait tellement empiré depuis un mois qu'on l'eût à peine reconnu ; son teint n'était plus seulement pâle, mais jaune et bilieux... Ses joues creuses, ses grands yeux renfoncés brillant d'un éclat fébrile, le sourire amer qui contractait presque toujours ses lèvres, donnaient à ses traits une expression à la fois souffrante et farouche... Ses mouvemens, brusques, nerveux ; sa voix brève, souvent impatiente, quelquefois dure, achevaient un pénible et frappant contraste entre ce que ce malheureux enfant était alors et ce qu'il avait été jadis.

Marie Bastien semblait profondément abattue, découragée ; son visage, empreint d'une douloureuse mélancolie, rendait son angélique beauté plus touchante encore.

A la douce et joyeuse familiarité, à la tendresse expansive qui régnaient autrefois entre la mère et le fils, succédait une froide réserve de la part de Frédérik. Marie, brisée par de mortelles angoisses, s'épuisait à chercher la cause du malheur qui la frappait dans son enfant ; elle commençait à craindre que monsieur Dufour ne se fût trompé en attribuant à une crise naturelle la perturbation, de plus en plus alarmante, qui se manifestait chez Frédérik, au physique et au moral.

Aussi, madame Bastien venait-elle consulter, à ce sujet, monsieur Dufour, qu'elle n'avait pas vu depuis assez longtemps, le digne docteur étant retenu à Pont-Brillant par les devoirs et les doux plaisirs d'une amicale hospitalité.

Après avoir tristement contemplé son fils, Marie lui dit presque avec crainte, comme si elle eût redouté de l'irriter :

— Frédérik, puisque tu m'as accompagnée chez notre ami monsieur Dufour que je désirais consulter... pour moi... nous pourrions par la même occasion lui parler de toi...

— C'est inutile... ma mère... je ne suis pas malade...

— Mon Dieu... peux-tu dire cela ?... Cette nuit encore... n'a été pour toi qu'une longue insomnie, mon pauvre cher enfant... j'ai été plusieurs fois voir si tu dormais... je t'ai toujours trouvé éveillé, agité...

— Toutes les nuits je suis ainsi...

— Hélas !... je le sais... et c'est cela et d'autres choses encore qui m'inquiètent beaucoup...

— Tu as tort de t'inquiéter, ma mère... cela se passera...

— Je t'en supplie, Frédérik, consultons monsieur Dufour... n'est-ce pas notre meilleur ami ?... dis-lui ce que tu ressens... écoute ses conseils...

— Encore une fois, je n'ai pas besoin de la consultation de monsieur Dufour, — reprit l'adolescent avec impatience, — je te déclare d'avance que je ne répondrai à aucune de ses questions...

— Mon enfant... écoute-moi...

— Mon Dieu .. ma mère, quel plaisir trouvez-vous donc à me tourmenter ainsi ? — s'écria-t-il en frappant du pied, — je n'ai rien à dire à monsieur Dufour... je ne lui dirai rien... vous savez si j'ai du caractère...

La servante du médecin, entrant alors, dit à madame Bastien :

— Monsieur le docteur vous attend dans son cabinet, madame.

Après avoir jeté sur son fils un regard navrant, la jeune mère dévora ses larmes, et suivit la servante du docteur.

Frédérik, seul dans le salon, s'accouda sur la barre de la fenêtre ouverte, qui donnait, nous l'avons dit, sur la promenade de la petite ville ; au delà des boulevards qui la bordaient, s'étageaient quelques collines baignées par la Loire, tandis qu'à l'horizon, et dominant la forêt dont il était entouré, s'élevait le château de Pont-Brillant, alors à demi voilé par les brumes de l'automne.

Après avoir machinalement erré çà et là, les regards de Frédérik s'arrêtèrent sur le château...

A cette vue l'adolescent tressaillit... ses traits se contractèrent, s'assombrirent encore, et, toujours accoudé sur l'appui de la fenêtre, il resta plongé dans une rêverie profonde.

Telle était la préoccupation du fils de madame Bastien qu'il ne vit ni n'entendit entrer dans la pièce où il se trouvait un second personnage qui, un livre à la main, s'assit dans un coin du salon sans paraître non plus remarquer l'adolescent.

Henri David, c'était le nom de ce nouveau venu, était un homme de trente-cinq ans environ, d'une taille svelte et élevée ; ses traits, énergiquement accentués, depuis longtemps brunis par l'ardeur du soleil tropical, ne manquaient pas de charme, dû peut-être à leur expression de mélancolie habituelle ; son front grand et un peu dégarni, quoique encadré d'une chevelure brune et bouclée, semblait annoncer des habitudes méditatives ; ses yeux noirs, vifs, surmontés de sourcils bien arqués, avaient un regard à la fois pensif, doux et pénétrant.

David, au retour d'un long voyage, était venu passer quelques jours chez le docteur Dufour, son meilleur ami. Il devait repartir le soir même pour Nantes, où il allait s'embarquer afin d'entreprendre une nouvelle et lointaine pérégrination.

Frédérik, toujours accoudé à la fenêtre, ne quittait pas des yeux le château de Pont-Brillant.

Assis dans le salon et continuant sa lecture, Henri David, ayant posé son livre sur son genou, pour réfléchir sans doute, leva la tête, et, pour la première fois, remarqua l'adolescent, qu'il voyait de profil...

Aussitôt il tressaillit... On eût dit qu'un souvenir, à la fois cher et douloureux, déchirait de nouveau son cœur à l'aspect de Frédérik, car deux larmes brillèrent un moment dans le regard attendri de David... Puis, passant sa main sur son front, comme pour chasser d'accablantes pensées, il se prit à contempler l'adolescent avec un indéfinissable intérêt. D'abord frappé de la rare beauté de ses traits, il remarqua bientôt, non sans surprise, leur expression navrante et sombre.

Les yeux de Frédérik s'attachaient si obstinément sur le

château, qu'à leur direction David devina sans peine l'objet qu'ils fixaient incessamment, et se dit :

— Quelles amères pensées éveille donc chez ce pâle et bel adolescent la vue du château de Pont-Brillant, qu'il ne quitte pas du regard?

Soudain l'attention de David fut distraite par un bruit de fanfares; ce bruit, d'abord assez éloigné, se rapprocha de plus en plus dans la direction du Mail.

Au bout de quelques instans cette promenade, où se trouvaient déjà un assez grand nombre de curieux, fut à peu près remplie d'une foule impatiente d'admirer le cortége de vénerie, hommage rendu à saint Hubert par le jeune marquis.

L'attente générale ne fut pas déçue, les sons éclatans des trompes devinrent de plus en plus bruyans, et une brillante cavalcade traversa le Mail...

La marche s'ouvrait par quatre piqueurs à cheval, en grande livrée à la *française*, de couleur chamois, à collet et paremens cramoisi, galonnée d'argent sur toutes les tailles, tricorne en tête, couteau de chasse au côté; ces gens d'équipage sonnaient tour à tour les fanfares de la SAINT-HUBERT, du cerf *dix cors*, et enfin ce qu'on appelle en langue de vénerie *la retraite prise* (c'est-à-dire que l'animal que l'on a chassé a été forcé).

Puis venaient une centaine de grands chiens courans, superbes bâtards anglais, portant au cou, toujours en l'honneur de saint Hubert, de gros nœuds de rubans chamois et cramoisi (couleur de la livrée du maître de l'équipage), rubans quelque peu effilés ou déchirés par les ronces et les broussailles traversées durant la chasse.

Six valets de chiens, à pied, aussi en grande livrée, chaussés de bas de soie et de souliers à boucles d'argent, couteau de chasse en sautoir, suivaient la meute, et, la trompe en main, répétaient, en manière d'écho, les fanfares des piqueurs.

Un fourgon de chasse, conduit en Daumont, venait ensuite, servant de char funèbre à un magnifique cerf *dix cors* gisant sur un lit de feuillage, et dont les énormes andouillers étaient ornés de longs rubans flottans, aussi chamois et cramoisi.

Derrière ce fourgon s'avançaient les chasseurs, tous à cheval, les uns en redingote écarlate, les autres courtoisement vêtus d'un uniforme de vénerie pareil à celui du jeune marquis de Pont-Brillant.

Deux calèches, attelées chacune de quatre magnifiques chevaux, pleins de sang et d'ardeur, menées en Daumont par de petits postillons en veste de satin chamois, suivaient les chasseurs. Dans l'une de ces voitures se trouvaient la marquise douairière, ainsi que deux jeunes et charmantes femmes en habit de cheval, portant galamment sur l'épaule gauche une aiguillette de rubans aux couleurs de Pont-Brillant, car elles avaient suivi la chasse jusqu'à l'hallali du cerf.

L'autre calèche, ainsi qu'un phaéton et un élégant char à bancs, étaient occupés par des femmes non *chasseresses* et par plusieurs hommes qui, en raison de leur âge, avaient été simples spectateurs de la chasse.

Enfin, des chevaux de main et de relais, aux couvertures richement armoriées, et conduits par des palefreniers à cheval, terminaient le cortége.

La tenue parfaite de cette vénerie, la race des chiens et des chevaux, la richesse des livrées, l'excellent goût des attelages, la tournure distinguée des chasseurs, la jolie figure et l'élégance des femmes qui les accompagnaient, eussent été partout très justement remarqués; mais pour les *badauds* de la petite ville de Pont-Brillant, ce cortége était un véritable spectacle, une sorte de *marche d'opéra*, où rien ne manquait, ni musique, ni costumes, ni solennel appareil; aussi, dans leur admiration naïve, les plus enthousiastes, ou les plus *politiques* de ces citadins (bon nombre d'entre eux étaient fournisseurs du château), crièrent : *Bravo, monsieur le marquis!* et battirent des mains avec transport.

Malheureusement, cette pompe triomphale fut un moment troublée par un accident qui arriva presque sous les fenêtres de la maison du docteur Dufour.

L'on n'a pas oublié le vénérable cheval de labour qui avait amené madame Bastien dans une modeste voiture, et sur la sagesse duquel on avait cru pouvoir assez compter pour le laisser, tout attelé et les guides sur le cou, rangé au long de la maison du médecin.

Ce digne cheval méritait cette confiance; il l'eût comme toujours justifiée, sans la circonstance insolite du cortége de la Saint-Hubert.

Aux premières fanfares, le campagnard se contenta de dresser les oreilles, et resta paisible; mais lorsque le cortége eut commencé de défiler devant lui, le retentissement des trompes, les bravos des spectateurs, les cris des enfans, les aboiemens des chiens, la vue de ce grand nombre de chevaux, tout enfin concourut à faire sortir le digne vétéran du labour de son calme et de sa sagesse habituelle; hennissant soudain, comme aux plus beaux jours de sa jeunesse, il éprouva le malencontreux désir de se joindre à la troupe dorée qui traversait le Mail.

En deux ou trois bonds, le *laboureur* joignit en effet la brillante cavalcade, entraînant après soi le vieux cabriolet, et faisant refluer la foule sur son passage.

Une fois au milieu du cortége, le cheval se cabra violemment, et, se tenant un instant sur ses pieds de derrière, il se mit à *jouer*, comme on dit, de *l'épinette* avec ses pieds de devant, s'abandonnant à cette joyeuseté incongrue justement au-dessus de la calèche où se trouvait la marquise douairière de Pont-Brillant; celle-ci, épouvantée, se renversa en arrière, en agitant son mouchoir et en poussant des cris aigus, ainsi que ses compagnes.

A ces clameurs, le jeune marquis se retourna, fit faire une volte et un bond énorme à sa monture avec autant de grâce que de hardiesse; puis, à grands coups de fouet de chasse, il eut bientôt fait sentir au vénérable et trop guilleret *laboureur* l'impertinence de ces familiarités, dure leçon qui fut accueillie par les éclats de rire et par les applaudissemens de plusieurs spectateurs charmés de la bonne mine et de l'aisance cavalière de Raoul de Pont-Brillant.

Quant au pauvre vieux cheval, sentant ses torts, et regrettant sans doute l'indigne abus de confiance dont il venait de se rendre coupable, il revint de lui-même, et tout piteux, reprendre humblement sa place à la porte de la maison du docteur, au milieu des huées du public, pendant que le cortége de la Saint-Hubert finissait de traverser la promenade.

Frédérik Bastien, de la fenêtre où il se trouvait, avait assisté à cette scène...

VIII.

Dès l'entrée du cortége sur le Mail, la contenance, la physionomie de Frédérik avaient subi une transformation si étrange, que David, d'abord attiré vers la croisée par le bruit des fanfares, s'était brusquement arrêté, ne songeant plus qu'à contempler avec une surprise croissante cet adolescent dont les traits, malgré leur rare beauté, étaient devenus presque effrayans.

En effet, au sourire amer qui, un instant auparavant, contractait les lèvres de Frédérik, pendant qu'il regardait au loin du château, avait succédé, lors de l'apparition du cortége de la Saint-Hubert, une expression de douloureuse surprise; mais quand vint à passer, au milieu des acclamations d'un grand nombre de spectateurs, Raoul de Pont-Brillant, vêtu de son élégant habit de vénerie, galonné d'argent, et montant avec une grâce parfaite son superbe cheval de chasse noir comme l'ébène, les traits de Frédérik devinrent d'une lividité jaunâtre... tandis que, appuyées sur la barre d'appui de la fenêtre, ses deux mains se crispèrent si violemment, qu'un réseau bleuâtre de veines gonflées apparut sous la blancheur de l'épiderme.

On eût dit qu'un charme fatal, retenant ce malheureux enfant à cette croisée, l'empêchait de fuir un spectacle odieux pour lui.

Aucun de ces sentimens contenus ou violens n'avait échappé à David, qui devait à une longue expérience des hommes et à son esprit observateur une connaissance profonde de l'âme humaine ; aussi, sentant son cœur se serrer, il se dit, en jetant sur Frédérik un regard de commisération profonde :

— Pauvre enfant... déjà connaître la haine... car... je n'en doute pas... c'est de la haine qu'il éprouve contre cet autre adolescent qui monte ce beau cheval noir... Cette haine, d'où peut-elle naître ?

David faisait cette réflexion, lorsque arriva le burlesque incident du vieux cheval de labour, rudement châtié par le jeune marquis, à l'applaudissement des spectateurs.

En voyant battre son cheval, la figure de Frédérik était devenue terrible... ses yeux, dilatés par la colère, s'étaient injectés de sang ; enfin, poussant un cri de rage, il se fût dans sa fureur aveugle précipité par la fenêtre, pour courir sur le marquis, s'il n'eût pas été arrêté par David, qui le prit à bras-le-corps.

Cette brusque étreinte, causant à Frédérik une commotion de surprise, le rappela à lui-même ; son premier saisissement passé, il dit à David d'une voix tremblante de colère :

— Qui êtes-vous, monsieur ?... pourquoi me touchez-vous ?

— Vous vous penchiez si imprudemment par cette fenêtre, mon enfant, que vous étiez sur le point de tomber, — répondit doucement David, — j'ai voulu prévenir un malheur...

— Qui vous a dit que c'eût été malheur, — répondit l'adolescent d'une voix sourde.

Puis il s'éloigna brusquement, se jeta sur un fauteuil, cacha sa tête entre ses mains, et se mit à pleurer en silence.

L'intérêt, la curiosité de David étaient de plus en plus excités... Il contemplait avec une muette et tendre compassion ce pauvre enfant, alors aussi accablé qu'il était naguère violemment surexcité.

Soudain la porte du cabinet du docteur s'ouvrit.

Madame Bastien parut, accompagnée de monsieur Dufour.

Les premiers mots que Marie, sans remarquer David, prononça en cherchant Frédérik des yeux, furent :

— Où est donc mon fils ?

Madame Bastien ne pouvait, en effet, l'apercevoir ; le fauteuil où il s'était jeté en pleurant se trouvait caché par la projection du battant de la porte.

A la vue de la touchante et angélique beauté de la jeune femme, qui, nous l'avons dit. paraissait avoir vingt ans à peine, et dont les traits offraient une ressemblance extrême avec ceux de Frédérik, David resta un moment frappé de surprise et d'admiration, sentimens auxquels se joignaient un intérêt profond, car il apprenait qu'elle était la mère de l'adolescent pour lequel il éprouvait déjà une commisération sincère.

— Mais... où est donc mon fils ?... répéta madame Bastien en faisant un pas de plus dans le salon et commençant à regarder autour d'elle avec une sollicitude inquiète.

David, lui adressant alors un signe d'intelligence, l'invita par un geste significatif à regarder derrière la porte, ajoutant à voix basse :

— Pauvre enfant !... il est là...

Il y eut dans l'accent, dans la physionomie de David, lorsqu'il prononça ces seuls mots : *pauvre enfant !*... quelque chose de si doux, de si ému, que, d'abord étonnée à la vue de cet étranger, elle lui dit, comme si elle l'eût connu :

— Mon Dieu ! qu'y a-t-il ? Est-ce qu'il LUI est arrivé quelque chose ?

— Il ne m'est rien arrivé, ma mère... — reprit soudain l'adolescent qui, pour essuyer et cacher ses larmes, avait profité du moment pendant lequel il n'était pas vu de madame Bastien.

Puis, saluant d'un air sombre et distrait le docteur Dufour, qu'il traitait jadis avec une si affectueuse cordialité, Frédérik, s'approchant de Marie, lui dit :

— Viens-tu, ma mère ?...

— Frédérik... — s'écria-t-elle en prenant les deux mains de son fils et en le couvrant pour ainsi dire des yeux avec angoisse, — tu as pleuré.

— Non... non... — dit-il en frappant impatiemment du pied et dégageant ses mains de celles de sa mère. — Viens... partons.

— N'est-ce pas, monsieur, qu'il a pleuré ? — s'écria-t-elle en interrogeant David d'un regard alarmé.

— Eh bien, oui, j'ai pleuré, — répondit Frédérik avec un sourire sardonique, — j'ai pleuré de reconnaissance, car monsieur... (et il montra David) m'a empêché de tomber par la fenêtre... Maintenant, ma mère... tu sais tout... viens... sortons.

Et Frédérik se dirigea brusquement vers la porte.

Le docteur Dufour, non moins surpris et affligé que madame Bastien, dit à David :

— Mon ami... qu'est-ce que cela signifie ?

— Monsieur, — ajouta Marie en s'adressant à l'ami du docteur, confuse... désolée de la mauvaise opinion que cet étranger devait concevoir de Frédérik, — je ne sais pas ce que veut dire mon fils... j'ignore ce qui est arrivé... mais je vous en supplie... monsieur, excusez-le...

— Rassurez-vous, madame... c'est moi qui ai besoin d'être excusé, — répondit David avec un sourire bienveillant.—Tout à l'heure, en faisant observer à monsieur votre fils... qu'il se penchait imprudemment à cette fenêtre... j'ai eu le tort de le traiter un peu en écolier... Que voulez-vous... madame ? ce cher enfant est tout fier de ses seize ans... et il a raison... car, à cet âge, — reprit David avec une gravité douce, — l'on est déjà presque un homme et l'on comprend mieux encore tout le charme... tout le bonheur de l'affection maternelle.

— Monsieur, — s'écria impétueusement Frédérik, les narines dilatées par la colère, tandis que son pâle visage se couvrait d'une vive rougeur, — je n'ai pas besoin de leçons...

Et il sortit rapidement.

— Frédérik ! — dit vivement Marie à son fils d'un ton de reproche, au moment où il quittait le salon ; puis tournant vers David sa figure angélique où brillaient, humides de larmes, ses grands et doux yeux bleus, elle reprit avec une grâce touchante :

— Ah !... monsieur... encore pardon ; vos bienveillantes paroles de tout à l'heure me font espérer que vous comprendrez mes regrets... qu'ils me méritent du moins votre indulgence pour ce malheureux enfant.

— Il souffre... il faut le plaindre et le calmer,—répondit David d'une voix attendrie ;—tout à l'heure, j'ai été frappé de la pâleur de ses traits... de leur contraction douloureuse... Mais, tenez... madame, il est sorti du salon ; ne le quittez pas...

— Venez, madame... venez vite,—dit le docteur Dufour en offrant son bras à madame Bastien.

Celle-ci, partagée entre la surprise que lui causait la bienveillance de l'étranger, et les inquiétudes dont elle était assaillie, suivit précipitamment le docteur afin de rejoindre Frédérik.

Resté seul, David s'approcha de la fenêtre.

Au moment où il s'y penchait, il vit madame Bastien, après avoir porté son mouchoir à ses yeux, s'appuyer sur le bras du docteur Dufour, et monter dans le modeste cabriolet où Frédérik l'avait précédée, au milieu des rires et des quolibets d'un assez grand rassemblement d'oisifs, restés sur le Mail après le passage du cortège de Saint-

Hubert, et naguère témoins de la mésaventure du *laboureur*.

— Cette vieille rosse n'oubliera pas la bonne leçon que lui a donnée le jeune monsieur le marquis,—disait l'un.

— Était-il farce, ce gros poussif, avec son cabas de cabriolet au dos, quand il est venu au milieu des superbes voitures de monsieur le marquis ! — ajoutait un autre.

— Ah ! ah ! — reprenait un troisième, — ce *dada*-là se souviendra de la Saint-Hubert.

— Oh ! moi aussi, je m'en souviendrai !!! — murmura Frédérik d'une voix tremblante de rage.

Ce fut à ce moment que madame Bastien, avec l'aide du docteur, remonta dans le cabriolet.

Alors, Frédérik, exaspéré par les railleries grossières qu'il venait d'entendre, fouetta d'une main furieuse le vieux cheval, qui partit au galop à travers le rassemblement.

En vain, madame Bastien supplia son fils de modérer l'allure du cheval, plusieurs personnes faillirent être écrasées ; un enfant ne se rangeant pas assez vite, reçut de Frédérik un violent coup de fouet ; mais bientôt, tournant rapidement à l'extrémité du Mail, le cabriolet disparut au milieu des clameurs irritées de la foule qui le poursuivit de ses huées menaçantes.

IX.

Après avoir accompagné Marie Bastien jusqu'à sa voiture, le docteur Dufour remonta chez lui et trouva son ami toujours accoudé sur la barre de la fenêtre, où il demeurait pensif.

Au bruit de la porte qui se referma, David, sortant de sa rêverie, vint au-devant du médecin, qui lui dit tristement, en parlant de madame Bastien, et faisant allusion à la scène dont tous deux venaient d'être témoins :

— Ah ! pauvre femme... pauvre mère !...

— Tu as raison... Pierre... — reprit David, — cette jeune femme me semble bien à plaindre...

— Oui... et plus à plaindre... encore que tu ne le penses, car elle ne vit au monde que pour son fils... Juge ce qu'elle doit souffrir.

— Son fils ?... l'on dirait son frère ! elle paraît avoir vingt ans à peine.

— Ah ! mon cher Henri, les habitudes d'une vie agreste et solitaire, l'absence d'émotions vives (car les inquiétudes que lui cause son fils datent seulement de quelques mois), le calme d'une existence aussi régulière que celle du cloître... conservent longtemps dans toute sa fraîcheur cette première fleur de jeunesse qui te frappe chez madame Bastien.

— Elle s'est donc mariée bien jeune ?

— A quinze ans...

— Mon Dieu ! qu'elle est belle ! — reprit David après un moment de silence, — mais belle surtout de cette beauté, à la fois virginale et maternelle, qui donne aux *vierges mères* de Raphaël un caractère si divin.

— Vierges mères ?... tu ne crois pas si bien dire, Henri...

— Comment ?

— En deux mots, voici l'histoire de madame Bastien, elle t'intéressera... et tu emporteras... du moins un touchant souvenir de cette charmante femme.

— Tu as raison, mon ami... ce me sera dans mon voyage un doux sujet de méditation.

— *Marie Fierval*,—reprit le docteur,—était fille unique d'un assez riche banquier d'Angers ; plusieurs opérations malheureuses le mirent dans une position de fortune assez précaire ; il était alors en relations d'affaires avec un homme nommé *Jacques Bastien*, qui se livrait à une spéculation assez commune dans nos pays : il était *marchand de terres*.

— Marchand de terres ?

— Il achetait dans certaines localités des lots de terre considérables, et les revendait ensuite en les fractionnant, afin de les rendre accessibles aux très petits cultivateurs.

— Je comprends...

— Jacques Bastien est, comme moi, natif de cette petite ville ; son père avait amassé une belle fortune dans son étude de notaire ; Jacques était son premier clerc. A la mort de son père, Bastien se livra aux spéculations dont je te parle. Lors de la gêne de M. Fierval, chez qui il avait quelques fonds placés, il put, en lui laissant disposer de ces capitaux, lui rendre un grand service ; Marie avait alors quinze ans, elle était belle... comme tu l'as vue, et élevée... ainsi que doit l'être la fille d'un avaricieux de province, c'est-à-dire habituée à se regarder comme la première servante de la maison... et à en accomplir à peu près tous les grossiers emplois.

— Ce que tu me dis là me surprend beaucoup, Pierre ! Rien de plus facile que de juger en un instant de la distinction des manières d'une femme... Et chez madame Bastien...

— Il n'y a rien, n'est-ce pas, qui sente une éducation presque grossière ?

— Non... et bien plus, il est impossible de s'exprimer d'une façon plus touchante et plus digne que ne l'a fait cette femme dans la position presque pénible où elle s'est trouvée tout à l'heure... vis-à-vis de moi...

— C'est vrai... et je m'en étonnerais comme toi... si je n'avais été témoin de bien d'autres métamorphoses chez madame Bastien. Elle fit donc, étant toute jeune fille, une assez vive impression sur notre marchand de terres pour qu'un jour il me dit :

« J'ai envie de faire une grosse bêtise... celle d'épouser
» une très jolie fille ; seulement, ce qui pallie un peu ma
» bêtise, c'est que cette très jolie fille est sotte comme un
» panier, mais ménagère de premier numéro. Elle va au
» marché avec la cuisinière de son père ; elle fait les con-
» fitures dans la perfection, et n'a pas sa pareille pour re-
» priser le linge et les bas. » Six semaines après, Marie, malgré sa répugnance, malgré ses prières, ses larmes, subissait l'inexorable volonté de son père... et devenait madame Bastien.

— Et monsieur Bastien savait la répugnance qu'il inspirait ?

— Parfaitement ; cette répugnance n'était d'ailleurs que trop justifiée, car Bastien, qui a maintenant quarante-deux ans, était et est encore au moins aussi laid que moi ; mais il a, ce que je n'ai pas, une constitution de taureau : c'est de ces gens formidables qui n'ont pas de cheveux, mais une crinière ; non une poitrine, mais un poitrail... Figure-toi l'*Hercule Farnèse*, avec beaucoup d'embonpoint, car Bastien est un mangeur féroce ; joins à cela une incurie de sa personne qui va jusqu'à la malpropreté. Voilà pour le physique. Quant au moral, c'est un gaillard retors et madré comme un homme de loi de province ; il est possédé d'une idée fixe, incessante... faire une grosse fortune et devenir député, lorsqu'il ne sera plus, dit-il, bon à rien... qu'à cela. Sortez-le de ses spéculations, il est ignare, brutal, fier de l'argent qu'il amasse, et ne tarit pas en plaisanteries grossières, car s'il n'est pas précisément bête, il est prodigieusement sot, il est avare jusqu'à l'avarice... il se croit fort libéral envers sa femme en lui donnant une servante, un jardinier *maître Jacques*, et un cheval de labour hors de service pour la conduire à la ville. La grande et seule qualité de Bastien d'être, les trois quarts du temps, en route et hors de chez lui pour ses achats de terres. Lorsqu'il revient dans sa demeure, ferme qu'il a été obligé de conserver ensuite d'une opération malheureuse, il s'occupe de ce *faire-valoir*, sort dès l'aube pour surveiller ses cultures, déjeune aux champs, revient à la nuit, soupe largement, boit comme un chantre, et souvent s'endort ivre sur la nappe.

— Tu as raison, Pierre,—reprit tristement David,—cette pauvre femme est plus malheureuse que je ne le croyais...

Quel mari pour une si charmante créature ! Mais ces gens qui, ainsi que M. Bastien, n'ont à peu près que les appétits de la brute, joints à l'instinct de la rapacité, ont au moins parfois l'amour excessif de la *femelle* et de leurs *petits*... M. Bastien... aime-t-il du moins sa femme et son fils ?

— Quant à sa femme... je t'ai dit que la comparaison de *vierge-mère*... était, à ton insu, d'une singulière justesse... Voici pourquoi... Le surlendemain de son mariage, Bastien, qui m'a toujours poursuivi de sa confiance, me dit, de son air de bœuf surpris et courroucé : — « Ah çà ! tu » ne sais pas que si j'écoutais ma bégueule de femme, je » resterais maintenant toute ma vie *mari garçon*. » — Et il paraît qu'en définitive... il en a été ainsi... car faisant allusion à sa première et unique nuit de noce, Bastien m'a souvent dit d'un air profond : — « C'est bien heureux que » j'aie eu un enfant cette nuit-là ; sans cela je n'en aurais » jamais eu. »— Puis, dans sa colère de se voir rebuté, il a voulu punir la pauvre Marie de l'invincible répugnance qu'il lui inspirait, et dont il n'avait pu triompher, après avoir tout tenté... tout, entends-tu bien, Henri ? tout... jusqu'à la brutalité... jusqu'à la violence... jusqu'aux coups... car, une fois ivre, cet homme ne se connaît plus...

— Ah !... c'est infâme...

— Oui... et il répondait à l'indignation de mes reproches : « Tiens... c'est ma femme, j'ai mon droit... et la loi » pour moi ; je ne me suis pas marié pour rester garçon... » ce n'est pas une *gringalette* comme ça qui me fera cé- » der. » Et pourtant ce taureau sauvage a cédé, parce que la force brutale ne peut rien contre le dégoût et l'aversion qu'une femme éprouve... surtout lorsque cette femme est douée comme Marie Bastien d'une incroyable énergie de volonté...

— Au moins elle a su courageusement échapper à l'une des plus atroces humiliations que puisse imposer un pareil mariage, et cet homme, dis-tu, s'est vengé de l'inexorable aversion qu'il inspirait ?

— Voici comment. Il avait d'abord eu l'intention de s'établir à Blois ; la résistance de sa femme changea ses projets. « — Ah ! c'est comme cela ! me dit-il, — eh bien ! » elle me le paiera !... J'ai une ferme délabrée près de » Pont-Brillant. Cette sotte bégueule n'en sortira pas, elle » y vivra toute seule... avec cent francs par mois... » Et il en a été ainsi... Remplie de courage, de résignation, Marie a accepté cette existence pauvre et solitaire... que Bastien lui rendit aussi pénible que possible, jusqu'au moment où il apprit la grossesse de sa femme ; alors ce brutal s'est un peu radouci... Il a toujours laissé Marie à la ferme... mais il lui a permis d'y faire quelques changemens bien peu coûteux qui cependant, grâce au goût naturel de madame Bastien, ont transformé en un riant séjour l'habitation la plus désagréable du pays ; puis peu à peu la douceur angélique, les rares qualités de cette charmante femme, ont eu quelque influence sur Bastien : quoique toujours grossier, il a fini par être moins brutal et par prendre son parti de la vie de *mari garçon*. « Mon » ami, me disait-il dernièrement, je suis né coiffé, ma » femme vit, et je n'en suis pas fâché ; elle est douce, pa- » tiente, économe, et, excepté pour la dépense de la » maison et son entretien, je ne lui donne pas un sou, et » elle s'en contente ; elle ne met pas le nez hors de la » ferme, et ne s'occupe que de son fils ; après cela, ma » femme mourrait que je n'en serais pas non plus fâché... » car, tu conçois ? être mari garçon, ça vous force d'avoir » des *allures* et ça coûte, sans profit pour le ménage... » Ainsi, que ma femme vive ou qu'elle meure, je n'aurai » pas à me plaindre... c'est ce qui me faisait te dire que » j'étais né coiffé. »

— Et son fils ? — demanda David de plus en plus intéressé, — l'aime-t-il ?

— Bastien est un de ces pères qui ne conçoivent la paternité que toujours rébarbative, colère et grondeuse... Aussi, dans ses rares séjours à la ferme, et quoiqu'il s'occupe beaucoup plus de *l'élève* de son bétail que de son fils... il trouve toujours le moyen de se courroucer contre son enfant. Qu'est-il arrivé ? c'est que Bastien ne compte pour ainsi dire pas du tout dans la vie de sa femme et de son fils... Et, à propos de l'éducation de ce Frédérik, il faut que je te cite une autre de ces métamorphoses admirables que l'amour maternel a opérées chez madame Bastien.

— Tu ne saurais croire... Pierre, — dit David avec une curiosité croissante, — tu ne saurais croire combien tout ceci m'intéresse.

— Et que diras-tu tout à l'heure ? — reprit le docteur.

Et il poursuivit ainsi :

— Jeune fille de quinze ans... et élevée comme je te l'ai raconté, Marie Bastien n'avait reçu qu'une éducation incomplète, et même grossière ; tranchons le mot : la pauvre enfant, à l'époque de son mariage, était d'une ignorance complète... d'une intelligence non pas bornée... mais que rien jusqu'alors n'avait ouverte... Lorsqu'elle se sentit mère, une merveilleuse révolution s'opéra en elle... Devinant la grandeur des devoirs que lui imposait cette maternité, désormais sa seule espérance de bonheur, Marie, désolée de son ignorance, se donna pour tâche d'apprendre en quatre ou cinq ans tout ce qui lui serait nécessaire pour entreprendre elle-même l'éducation de son enfant, qu'elle ne voulait confier à personne.

— C'est admirable... de courage et de dévouement maternel, — s'écria David. — Et cette résolution ?...

— Cette résolution fut vaillamment accomplie, malgré mille obstacles ; ainsi, à quinze ans et demi qu'elle avait, Marie Bastien, pour s'instruire, sentit la nécessité de prendre elle-même une institutrice ; aux premiers mots de ce projet, Bastien la traita de folle ; loin de se rebuter, elle insista, et finit même par trouver d'excellentes raisons à lui donner ; entre autres celle de l'économie, disant que pour deux mille francs par an, elle aurait une institutrice qui lui enseignerait en peu d'années tout ce qui serait nécessaire à l'éducation d'une fille ou à l'éducation d'un garçon, jusqu'à l'âge de treize à quatorze ans ; sinon, comme elle était décidée, disait-elle, à ne pas se séparer de son enfant, il faudrait faire venir à la ferme des professeurs de Pont-Brillant, ou même de Blois, ce qui rendrait l'éducation fort coûteuse. Bastien, après calcul et balance de frais, trouva que sa femme avait raison, et se rendit à ses désirs. Heureusement, Marie trouva dans une jeune institutrice anglaise un trésor de savoir, d'intelligence et de cœur. Miss Hariett (c'était son nom), digne en tout d'apprécier ce rare exemple de dévouement maternel, se voua donc, corps et âme, à la mission qu'elle acceptait auprès de madame Bastien.

— Non... — dit David ému jusqu'aux larmes par le récit du docteur, — non, je ne sais rien de plus touchant que cette jeune mère de quinze ans, jalouse de donner elle-même à son enfant la vie de l'intelligence, se livrant ainsi opiniâtrement à l'étude.

— Que te dirai-je, mon ami ? — poursuivit le docteur.

— Admirablement servie par ses facultés naturelles, qui se développèrent rapidement après quatre ans de travaux, qu'elle poursuivit ensuite toute seule, en s'occupant constamment de son enfant, la jeune mère acquit des connaissances solides en littérature, en histoire, en géographie, devint assez bonne musicienne pour pouvoir enseigner la musique à son fils... connut assez la langue anglaise pour le familiariser avec cet idiome, et sut enfin ce qu'il fallait de dessin pour mettre Frédérik à même de dessiner d'après nature ; il profita merveilleusement de ses leçons ; car il est peu d'enfans de son âge qui aient un savoir plus solide, plus varié... Aussi, par son esprit, par son cœur, par son caractère, faisait-il l'orgueil et la joie de sa mère, lorsque soudain un changement étrange s'est manifesté chez lui...

L'entretien du docteur et de son ami fut interrompu par la vieille servante qui, s'adressant à son maître, lui dit :

— Monsieur, l'on vient vous avertir que la diligence

pour Nantes doit passer à six heures, et l'on vient chercher les bagages de monsieur David.

— Bien... faites-les porter, je vous prie,—répondit Henri David à la servante,—et veuillez dire que l'on me fasse prévenir lorsque la voiture s'arrêtera pour relayer.

— Oui, monsieur David, — reprit la servante.

Et elle ajouta avec une expression de naïf regret :

— C'est donc bien vrai que vous nous quittez, mon bon monsieur David ?

Puis, se tournant vers le docteur :

— Et vous, monsieur le docteur, vous laissez donc partir votre ami ?

— Tu l'entends ? — dit monsieur Dufour, en souriant tristement, — je ne suis pas seul à me chagriner de ton départ.

— Croyez-moi, Honorine, — dit affectueusement David à la vieille servante, — quand on quitte un ami tel que Pierre, et une hospitalité que vos soins ont rendu si bonne, c'est que l'on obéit à une impérieuse nécessité.

— À la bonne heure, monsieur David, — dit la servante, en s'éloignant, — mais c'est bien triste tout de même, on s'habitue si vite aux braves gens comme vous !

X.

Après le départ de la servante, David, encore sous l'impression de l'attendrissement que lui causaient les confidences de son ami au sujet de Marie Bastien, garda le silence pendant quelques instans.

Le docteur Dufour était, de son côté, redevenu triste et pensif.

La venue de sa servante lui avait rappelé que, pour des années peut-être, il allait être séparé de son meilleur ami.

David reprit le premier la parole.

— Pierre, tu as raison... j'emporterai un délicieux souvenir de cette charmante madame Bastien. Bien souvent, ce que tu viens de m'apprendre sera pour moi le sujet de douces rêveries, auxquelles tu seras joint dans ma pensée, car je te devrai une des plus pures jouissances que j'aie goûtées depuis longtemps... Il est si bon de reposer son esprit, de se distraire de peines cruelles par la pensée de l'idéal... car c'est une créature presque idéale que madame Bastien...

— Henri... je te comprends... et pardonne-moi de ne pas y avoir songé plus tôt, — reprit le docteur en remarquant l'émotion de son ami ; —la vue de cet enfant de seize ans... a dû te rappeler...

Et comme le docteur hésitait à continuer, David reprit avec accablement :

— Oui... la vue de cet enfant m'a rappelé... celui que je ne peux oublier, mon pauvre Fernand ! Il était de l'âge de Frédérik ! Aussi, ce bel enfant... m'a tout de suite inspiré un intérêt profond... et cet intérêt s'augmente de toute l'admiration que je ressens pour cette jeune mère si vaillante, si dévouée !... Va, mon ami, ce souvenir me sera bon et salutaire... Oui, crois-moi, au milieu de cette vie aventureuse que je vais recommencer, bien souvent, après une rude journée de marche dans le désert, je fermerai les yeux et j'évoquerai la suave apparition de cette charmante femme et de son fils. Ces pensées me reporteront en même temps vers toi, mon bon Pierre, mon évocation sera complète, car dans son cadre sera ce petit salon où nous avons passé de si longues soirées dans les épanchemens de notre vieille amitié.

— Et moi aussi, Henri, ce me sera une consolation, en te voyant partir, de te savoir un bon souvenir de plus, et de penser que, comme moi, tu t'intéresses maintenant à la plus noble femme que j'aie connue et aimée... Dieu veuille seulement qu'elle ne soit pas fatalement frappée... dans son fils, car, tu comprends, maintenant, son fils, c'est sa vie...

— Mais comment se fait-il qu'élevé par elle, et malgré les antécédens que tu m'as racontés de lui, il donne maintenant à sa mère de graves inquiétudes ? Et ces inquiétudes, quelles sont-elles ?

— Frédérik, que tu viens de voir pâle, amaigri, sombre, impatient et brusque, était, il y a peu de mois, plein de santé, de fraîcheur et de gaieté ; alors, rien de plus charmant, de plus affectueux que ses manières ; rien de plus généreux que son caractère... Je pourrais te citer de lui des traits qui le feraient battre le cœur.

— Pauvre enfant !... — reprit David, avec une expression de tendre compassion.— Je te crois, Pierre. Combien il y avait de douleur, d'amertume sur son beau visage, pâle et contracté ! Non, non, il n'est pas méchant ;... il souffre de quelque mal inconnu, — ajouta David pen —Cela est étrange... en si peu de temps méconnaissable à ce point !

— Que te dirai-je, — reprit le docteur, tout a été attaqué à la fois... le cœur et l'intelligence. Naguères rempli de zèle et d'ardeur, l'étude était un plaisir pour Frédérik ; son imagination était brillante, ses facultés précoces. Tout a tellement changé, qu'il y a un mois, sa mère, désolée de l'incurable apathie d'esprit où il restait plongé, et espérant que peut-être de nouveaux travaux aiguillonneraient sa curiosité, s'est décidée à prendre un précepteur. Il devait donner à Frédérik les notions de quelques sciences à la fois curieuses, instructives, et toutes nouvelles pour lui...

— Eh bien !

— Au bout de huit jours, le précepteur, rebuté par le mauvais vouloir, la rudesse et la violence de Frédérik, a quitté la maison.

— Et ce changement, à quoi l'attribuer ?

— Je crois encore, comme il y a quelques mois, que la sombre mélancolie de Frédérik, sa taciturnité, son dépérissement, son découragement, son dégoût de toutes choses, ses brusqueries, ont pour cause l'âge de puberté... Il y a mille exemples de pareilles crises chez les adolescens lors de leur avénement à la virilité... C'est aussi à cet âge que généralement les traits saillans, arrêtés, du caractère, se dessinent nettement, que l'*homme* enfin, succédant à l'adolescent, commence à se montrer tel qu'il doit être un jour ; cette seconde éclosion cause presque toujours de graves perturbations dans tout le système. Il est donc probable que Frédérik se trouve maintenant sous l'influence de ce phénomène.

— Mais cette explication si vraisemblable a dû rassurer madame Bastien ?

— Ah ! mon pauvre Pierre, on ne rassure jamais complétement une mère... surtout une mère comme celle-là. Pendant quelque temps... les raisons que je lui ai données ont calmé ses craintes... mais le mal s'accroît, et elle s'alarme de nouveau. Tu ne peux t'imaginer avec quelle éloquence de cœur... tout à l'heure encore, elle m'exprimait ses angoisses, avec quelle douloureuse amertume elle s'accusait elle-même en s'écriant : « Je suis sa mère, » et je ne devine pas ce qu'il a... Je manque donc de pénétration et d'instinct maternel ! Je suis sa mère... et il ne » me confie pas la cause du chagrin qui le dévore ! Ah ! » c'est ma faute... c'est ma faute !... je n'ai pas été véritablement bonne mère... Une mère a toujours tort... » lorsqu'elle ne sait pas s'attirer la confiance de son » fils ! »

— Pauvre femme, — reprit David, — elle se calomnie... au moment même où son instinct de mère... la sert à son insu.

— Que veux-tu dire ?

— Certainement, son instinct l'avertit que, si plausible que soit l'explication que tu lui donnes de l'état de son fils... cependant... tu te trompes ! car, malgré sa confiance en toi... malgré le besoin qu'elle a d'être rassurée, tes paroles n'ont pas calmé ses craintes...

Et après être resté quelques momens pensif, David dit à son ami :

— Ce grand château que l'on voit là-bas... à l'horizon, n'est-il pas le château de Pont-Brillant ?

A cette question, qui semblait n'avoir aucun rapport à l'entretien, le docteur regarda David d'un air surpris et répondit :

— Oui, c'est le château de Pont-Brillant. Son propriétaire actuel, le jeune marquis, était parmi les chasseurs qui ont passé tout à l'heure. C'est à lui ce bel équipage de chasse, mais quel rapport ?...

— Dis-moi... le fils de madame Bastien est-il reçu dans la famille de Pont-Brillant ?

— Jamais... cette famille est très fière, ils ne voient que la noblesse du pays, et encore une noblesse très choisie...

— Et Frédérik connaît-il le jeune marquis ?

— S'il le connaît, c'est tout au plus de vue... car, je le répète, le jeune marquis est trop hautain pour frayer avec le fils d'un petit bourgeois.

— Cette famille est-elle aimée ? — reprit David, de plus en plus réfléchi.

— Les Pont-Brillant sont immensément riches ; presque toutes les terres leur appartiennent à six ou sept lieues à la ronde... Ils possèdent une grande partie des maisons de cette petite ville... où ils ont aussi tous leurs fournisseurs. Tu conçois qu'à défaut d'affection, l'intérêt d'un nombre considérable de personnes dépendantes de cette puissante famille commande du moins un semblant de respect et d'attachement ; aussi, parmi les bravos, les vivats, que tu as peut-être entendus tout à l'heure sur le passage du marquis et de sa grand-mère, bien peu, je crois, étaient désintéressés ; du reste, il y a bon an, mal an, une somme fixe pour les pauvres, donnée par la famille. Le maire et le curé sont chargés de la distribution de cette aumône ; mais le jeune marquis ne s'en mêle pas plus que sa grand'mère, dont la philosophie eût, dit-on, fait pâlir celle du baron d'Holbach. Figure-toi une grande dame de la Régence, avec l'athéisme railleur et la parole cynique de cette époque ; mais, encore une fois, mon ami, pourquoi ces questions au sujet du château et de la famille de Pont-Brillant ?

— Parce que tout à l'heure, seul avec Frédérik, j'ai cru m'apercevoir qu'il éprouve une haine profonde contre ce jeune marquis.

— Frédérik !— s'écria le docteur avec autant de surprise que d'incrédulité, — c'est impossible... Encore une fois, je suis certain que de sa vie il n'a parlé à monsieur de Pont-Brillant. Allons donc... de la haine.. contre ce jeune homme ? et pourquoi ? quelle en serait la cause ?

— Je l'ignore... mais je suis certain de ce que j'ai vu.

— Et qu'as-tu vu ?

— Le cheval qui avait conduit ici Frédérik et sa mère, s'étant détaché sans doute, s'est approché du cortège, le jeune marquis l'a fouaillé; et à ce moment, si je ne l'avais retenu, Frédérik, livide de rage, s'élançait par la fenêtre, après avoir montré le poing à monsieur de Pont-Brillant.

— Et pour ne pas effrayer madame Bastien, tu nous a dit...

— Que Frédérik s'était imprudemment penché à la fenêtre... Encore une fois, Pierre... je te le répète, je n'ai pas perdu un geste, un regard, une nuance de la physionomie de ce malheureux enfant... C'est de la haine, te dis-je,.. qu'il ressent contre cet autre adolescent.

Un moment ébranlé par la conviction de David, le docteur reprit :

— Qu'en cette circonstance Frédérik ait cédé à la violence de caractère qui semble se développer en lui... soit; mais pense, mon ami, que ce changement qui effraye et désole sa mère date déjà de quelques mois. La scène de tantôt a pu un moment courroucer Frédérik, mais une haine assez puissante pour réagir si visiblement sur le physique et sur le moral doit avoir une cause terrible...

et déjà ancienne; or, je te le répète, le fils de madame Bastien et Raoul de Pont-Brillant ne se sont jamais parlé, ils vivent dans des sphères absolument séparées, il n'y a entre eux aucun contact possible. D'où serait née la haine qui diviserait ces jeunes gens?

— Il est vrai... ton raisonnement est juste... je dois m'y rendre...— répondit David en réfléchissant, — et pourtant je ne sais quoi me dit que Frédérik subit l'influence d'une crise toute morale.

— Oh ! quant à cela... je suis loin de regarder comme absolue l'explication que j'ai donnée à madame Bastien, dans l'espoir de la rassurer ; je dis comme toi : Frédérik est peut-être sous l'influence d'une crise morale... Cette crise, quelle est-elle ? hélas ! il sera bien difficile de la découvrir si la pénétration d'une mère a échoué... dans cette recherche... J'ai d'ailleurs engagé madame Bastien à tâcher de donner à son fils le plus de distractions possibles, et au besoin à le faire voyager pendant quelques mois... Peut-être le mouvement, le changement de lieux, auraient-ils sur lui une réaction salutaire...

— Tiens, maintenant, Pierre,— reprit tristement David, après un moment de silence, — je suis presque aux regrets d'avoir rencontré chez toi cette charmante femme... par cela même qu'elle et son fils m'inspirent un intérêt croissant.

— Que veux-tu dire ?

— Franchement, mon ami, quoi de plus triste que d'éprouver une commisération aussi profonde que vaine?... Qu'y a-t-il de plus digne de sympathie et de vénération que cette jeune femme si atrocement mariée, et pourtant vivant longtemps heureuse dans une complète solitude, avec cet enfant, beau, sensible, intelligent comme elle ! Et voilà que tout à coup cette double existence est attaquée d'un mal mystérieux... ce pauvre enfant s'étiole,.. sa mère voit avec une douleur croissante les progrès du mal inconnu dont elle s'épuise en vain à chercher la cause. Ah !... de cette douleur... je devine toutes les angoisses... car, moi aussi, j'ai aimé mon pauvre Fernand avec idolâtrie, — ajouta David en contenant à peine ses larmes, — et ne pouvoir que plaindre cette double infortune, continuer son chemin en se demandant ce que deviendra un enfant de seize ans dont l'avenir paraît si sombre ! Oh ! cette impuissance forcée... fatale... devant le mal qu'on déplore, a toujours été un tourment... presque un remords pour moi !

— Oui... cela est vrai, — reprit le docteur en prenant les mains de son ami avec émotion. — Combien de fois ne m'as-tu pas écrit que la seule amertume de tes longs et pénibles voyages, entrepris dans un si noble but... était cette nécessité de constater froidement les faits les plus affreux, les coutumes les plus barbares, les lois les plus monstrueuses, et de reconnaître en même temps que, durant des années, des siècles peut-être, tant de maux devaient poursuivre paisiblement leur cours !... Oui, oui, je comprends ce que causent à des âmes comme la tienne, David,.. la vue du mal et l'impossibilité de le soulager.

Cinq heures trois quarts sonnèrent à l'horloge de Pont-Brillant.

— Mon pauvre ami ! nous n'avons plus que quelques minutes, — dit David en sortant de la rêverie où il était plongé, et il tendit la main au docteur.

Celui-ci ne répondit pas d'abord.

Deux larmes coulèrent lentement de ses yeux, et lorsque son émotion lui permit de parler :

— Hélas ! mon pauvre Henri, je devrais être familiarisé avec la pensée de ton départ... et, tu le vois... le courage me manque...

— Allons, Pierre... avant deux ans... je te reverrai ; ce voyage sera probablement le dernier que j'entreprendrai... et alors tu sais mes projets... je reviendrai m'établir auprès de toi.

Le docteur secoua mélancoliquement la tête.

— Je n'espère pas un pareil bonheur... je sais ce que tu

cherches à oublier, au milieu de cette vie d'aventures, de périls, au-devant desquels tu te jettes avec une audace désespérée... car tes voyages, à toi, sont aussi chanceux que des batailles... Quels dangers n'as-tu pas déjà courus ! et voici qu'à cette heure tu pars pour l'une de plus dangereuses excursions qu'un voyageur puisse tenter, une exploration dans l'intérieur de l'Afrique... et tu ne veux pas que je m'alarme !

— Aie confiance en mon étoile, mon bon Pierre, tu sais le proverbe : *Il est des malheureux dont la mort ne veut pas*, — reprit David avec une résignation amère. — Que cela du moins te rassure... Va, crois-moi... nous nous reverrons... ici... dans ce petit salon.

— Monsieur... monsieur, la diligence de Nantes est en ain de relayer, — dit la vieille servante en entrant précipitamment, — il n'y a pas un moment à perdre... venez... venez...

— Allons ! adieu, Pierre, — reprit David en serrant son ami dans ses bras. — Ecris-moi à Nantes un dernier mot, et n'oublie pas de me donner des nouvelles de madame Bastien et de son fils... Si je savais cette charmante femme moins inquiète, il me semble que cela serait d'un bon augure pour mon voyage... Allons, encore adieu, et à revoir, mon bon Pierre.

— A revoir ! que Dieu t'entende ! — dit le docteur Dufour en embrassant une dernière fois son ami.

— Maintenant, Pierre, conduis-moi jusqu'à la diligence, je veux te serrer la main en montant en voiture.

. . . .

Quelques instans après, Henri David partait pour Nantes, où il devait rejoindre le brick *l'Endymion*, frété pour Gorée.

XI.

Une dernière goutte fait déborder la coupe, — dit le proverbe.

Ainsi la scène qui s'était passé le jour de la Saint-Hubert, sur le Mail de Pont-Brillant, fit déborder le fiel dont le cœur de Frédérik était gonflé.

Dans le châtiment infligé à son cheval par le jeune marquis, Frédérik vit une insulte; disons mieux, un prétexte qui lui permettait de manifester directement sa haine à Raoul de Pont-Brillant, dans l'espoir de tirer de lui-même une vengeance sauvage.

De retour à la ferme avec sa mère, et après une nuit passée dans de sombres réflexions, le fils de madame Bastien écrivit dès le matin ce billet :

« Si vous n'êtes pas un lâche, vous vous trouverez demain à la roche du *Grand-Sire*, avec votre fusil chargé à balles; j'aurai le mien. Venez seul... je serai seul...

« Je vous hais, vous saurez mon nom lorsque je vous aurai dit en face la cause de ma haine.

« La roche du Grand-Sire est un endroit désert de votre forêt de Pont-Brillant : je vous y attendrai demain toute la matinée, tout le jour, s'il le faut; vous n'aurez pas ainsi de raisons pour manquer à ce rendez-vous. »

Cette provocation presque insensée ne s'expliquait que par l'effervescence de la haine et de l'âge de Frédérik, ainsi que par sa complète inexpérience des choses de la vie, et l'isolement où il avait jusqu'alors vécu.

Ce billet écrit, Frédérik y mit l'adresse de Raoul de Pont-Brillant, attendit l'heure où le facteur rural passait par la ferme, et celui-ci emporta la lettre destinée au marquis, afin de la mettre à la poste à Pont-Brillant.

Durant cette journée, l'adolescent, afin de dissimuler son dessein, feignit d'être plus calme que de coutume.

Le soir venu, il dit à madame Bastien que, se sentant fatigué, il désirait dormir pendant toute la matinée du lendemain, et qu'il désirait que l'on n'entrât pas dans sa chambre avant qu'il fût levé. La jeune mère, espérant que le repos calmerait son fils, s'empressa de se conformer à son désir.

Au point du jour, Frédérik ouvrit sans bruit la fenêtre de sa chambre, dans laquelle on ne pouvait arriver que par l'appartement de sa mère, prit son fusil, et sortit d'autant plus facilement que la croisée était au rez-de-chaussée; il n'avait à sa disposition que du gros plomb de chasse, il alla prier le vieux jardinier de lui fondre quelques balles, sous prétexte d'aller à l'affût aux sangliers avec un métayer dont ils ravageaient le champ.

La chose parut si croyable au jardinier, qu'au moyen de quelques débris de plomb il fondit une demi-douzaine de balles qu'il remit à son jeune maître; celui-ci se rendit alors en hâte à la roche du Grand-Sire, située dans une des parties les plus désertes de la forêt.

En approchant de l'endroit du rendez-vous qu'il avait donné au jeune marquis, le cœur de Frédérik palpitait d'une ardeur farouche, certain que, courroucé de l'outrage et de la provocation que renfermait le billet de son adversaire inconnu, Raoul de Pont-Brillant s'empresserait de venger cette insulte...

« — Il me tuera... ou je le tuerai — se disait Frédérik.
» — S'il me tue, tant mieux... A quoi bon traîner une existence à jamais empoisonnée par l'envie ! Si je le tue... »

Et, à cette réflexion, il frissonna ; puis, ayant presque honte de cette faiblesse, il reprit :

« — Eh bien ! si je le tue... tant mieux encore, il ne
» jouira plus de ces biens qui font mon envie... Si je le
» tue... — ajoutait ce malheureux enfant en cherchant à
» justifier à ses propres yeux cette sinistre résolution, —
» son luxe n'insultera plus à ma pauvreté et à celle de tant
» d'autres encore plus à plaindre que moi. »

Absorbé dans ces noires pensées, Frédérik arriva bientôt à la roche du Grand-Sire.

On appelait ainsi, depuis des siècles, en commémoration de l'un des *sires* de Pont-Brillant, un amoncellement de blocs granitiques, situé non loin d'une des routes les moins fréquentées de la forêt.

Des châtaigniers et des sapins énormes s'élançaient au fond des crevasses des roches; c'était un lieu agreste et solitaire, plein d'une grandeur sauvage; le soleil, déjà élevé, projetait çà et là, sur ces masses de granit grisâtres et couvertes de mousse, ses rayons vermeils à travers les arbres dépouillés de feuilles ; la journée s'annonçait splendide, ainsi que cela arrive souvent vers la fin de l'automne.

Frédérik déposa son fusil dans une sorte de grotte naturelle, formée par une profonde excavation à demi voilée par un épais rideau de lierre, enraciné dans la fente d'un bloc supérieur.

De cet endroit à une route dite du *Connétable*, il y avait quarante pas environ ; le marquis, s'il venait, ne pouvait arriver que par ce chemin, bordé d'un taillis où Frédérik se posta, et de cet endroit, il embrassait au loin le chemin du regard, sans être aperçu.

Une heure, deux heures, trois heures se passèrent... Raoul de Pont-Brillant ne parut pas.

Dans sa fiévreuse impatience, ne pouvant, ne voulant pas croire que le marquis eût dédaigné son appel, Frédérik trouvait moyen de s'expliquer le retard de son adversaire : il ne devait avoir reçu sa lettre que dans la matinée ; il avait eu sans doute quelques précautions à prendre pour sortir seul... peut-être préférait-il attendre la fin de la journée.

Le temps s'écoulait parmi ces angoisses; une seule fois Frédérik songea à sa mère et à son désespoir, se disant que, dans une heure... peut-être... il n'existerait plus...

Cette réflexion ébranla seule pendant quelques instans la sombre détermination de l'adolescent; mais il se dit bientôt :

« — Mieux vaut mourir... Ma mort coûtera moins de
» larmes à ma mère que ma vie... j'en juge par celles
» qu'elle a déjà versées... »

Pendant qu'il attendait ainsi l'arrivée du marquis, une

voiture, partie du château de Pont-Brillant vers les trois heures de l'après-midi, arrivait à un carrefour où aboutissait l'allée du Connétable, non loin de laquelle se trouvait, on l'a dit, la roche du Grand-Sire.

Cet équipage, espèce de petit wourst très large et très bas, attelé de deux magnifiques chevaux, s'arrêta au poteau du carrefour; deux grands valets de pied poudrés descendirent du siége de derrière où ils étaient assis, et l'un d'eux ouvrit la portière de la voiture, d'où la marquise douairière de Pont-Brillant descendit très prestement, malgré ses quatre-vingt-huit ans; une autre femme, qui semblait non moins âgée que la douairière, mit aussi pied à terre.

L'autre valet de pied, prenant sous son bras un de ces pliants portatifs dont se servent souvent dans leurs promenades les personnes valétudinaires ou âgées, se disposait à suivre les deux octogénaires; mais la marquise lui dit de sa voix claire et un peu chevrotante :

— Reste avec la voiture, mon garçon; que l'on m'attende ici; donne le pliant à Zerbinette.

Le valet de pied s'inclina, remit le pliant à la compagne de la douairière, et toutes deux entrèrent de préférence dans l'allée du Connétable, qui, beaucoup moins fréquentée que les autres, était revêtue d'un tapis de mousse et de gazon.

L'octogénaire dont était accompagnée la marquise et que celle-ci avait appelée Zerbinette s'était donc chargée du pliant.

A quatre-vingt-sept ans, répondre à ce nom coquet et pimpant de Zerbinette... cela semble étrange; et cependant Zerbinette avait été, dans son printemps, plus que personne, digne de porter ce nom qui sentait d'une lieue sa soubrette de Crébillon fils : nez retroussé, mine effrontée, grands yeux fripons, sourire libertin, corsage provoquant, pied mignon et main potelée, tels avaient été autrefois les titres de la soubrette à être appelée Zerbinette, nom dont elle avait été baptisée lorsqu'elle entra (il y avait quelque soixante-dix ans de cela), comme aide-coiffeuse, chez sa sœur de lait, la charmante marquise de Pont-Brillant. Hélas! nous la voyons douairière et grand'mère; mais, à cette époque, la marquise, mariée au couvent à seize ans, était déjà plus que galante; aussi frappée de l'esprit hardi de son aide-coiffeuse, de ses rares dispositions pour l'intrigue, elle fit de Zerbinette sa première femme, et bientôt sa confidente.

Le diable sait les bons tours de ces deux jeunes et madrées commères, dans leur beau temps! avec quel dévouement, avec quelle présence d'esprit, avec quelle merveilleuse ressource d'imagination, Zerbinette aidait sa maîtresse à tromper les trois ou quatre amans qu'elle avait à la fois, sans compter ce qu'on appelait alor

Les fantaisies,
Les occasions,
Les dettes de jeu,
Et les curiosités.

On allait en *curiosité* aux Porcherons, vêtue en grisette ou en marchande de bouquets.

L'on ne parle du défunt mari de la marquise que pour mémoire : d'abord, l'on ne se donnait pas alors la peine de tromper un mari, puis « *très haut et très puissant seigneur Hector-Magnifique-Raoul-Urbain-Anne-Cloud-Frumence, et sire marquis de* PONT-BRILLANT *et autres lieux,* » était trop du monde et de son siècle pour gêner en rien madame sa femme.

De cet échange de confidences de la part de la marquise et de services de toutes sortes de la part de Zerbinette, il était résulté une sorte de liaison presque familière entre la soubrette et sa maîtresse; ne s'étaient jamais quittées, elles avaient vieilli ensemble, et à quatre-vingts et tant d'années qu'elles avaient, elles trouvaient un grand plaisir à se rappeler les bons jours, les malins tours, les folles amours d'autrefois, et, il faut le dire, chaque jour avait son saint, si ce n'est davantage, dans ce calendrier libertin.

Quant à la licence de paroles, disons mieux, quant au cynique langage dont la marquise et Zerbinette avaient l'habitude dans leur tête-à-tête en parlant du temps jadis ou du temps présent, ce langage n'était ni plus ni moins cru que celui de la régence ou du règne de Louis le Bien-Aimé, et il avait parfois chez la douairière cette affectation de patois parisien, si cela se peut dire, que la plupart des grands seigneurs du milieu du dix-huitième siècle transportèrent des Porcherons à la cour, disant m'*sieu*, *c'te d'moiselle, qué que vous m'voulez*, etc.

Quant aux expressions et aux tournures par trop marotiques ou rabelaisiennes de la marquise, nous les traduirons avec bienséance.

La douairière était une petite vieille, sèche et bien droite, mise avec une recherche extrême, et toujours parfumée *d'eau arménienne*. Elle portait ses cheveux crêpés et poudrés à la maréchale, et avait sur la joue une ligne de rouge qui doublait l'éclat de ses grands yeux noirs, très hardis et très brillans encore, malgré son âge. Elle s'appuyait sur une petite canne d'ivoire à pomme d'or, et puisait de temps à autre une prise de tabac d'Espagne dans une tabatière ornée de chiffres et de médaillons.

Zerbinette, un peu plus grande que sa maîtresse et aussi maigre qu'elle, portait ses cheveux blancs, en papillotes, et était vêtue avec une simplicité élégante.

— Zerbinette, dit la douairière après s'être retournée pour regarder celui des deux valets de pied qui avait abaissé le marche-pied, — *quéque* c'est donc que c'beau grand garçon-là! *j'crais ben n'l'avoir* point encore vu dans mon antichambre?

— Ça se peut, madame... c'est un des derniers venus de Paris.

— Mais c'est qu'il est drûment et fièrement tourné, ce gars-là, — reprit la douairière. — Dis donc, Zerbinette, as-tu vu c'te carrure? c'est étonnant... Les beaux laquais, ça m'rappelle toujours... — et la marquise s'interrompit pour prendre une pincée de tabac d'Espagne. — Les beaux laquais, ça me rappelle toujours c'te petite diablesse de baronne de Montbrison...

— Madame la marquise fait confusion... c'étaient des gardes françaises.

— T'as ma fois raison, ma fille... c'est si vrai, que le duc de Biron, leur colonel... Te rappelles-tu monsieur de Biron?

— Je le crois bien, madame... c'est vous qui avez eu l'étrenne de sa petite maison du boulevard des Poissonniers... et, pour ce premier rendez-vous... vous aviez voulu vous habiller en Diane chasseresse, vous aviez porté votre beau portrait au pastel... et, sous ce costume... vous étiez jolie... ah! mais jolie à plaisir... quelle taille mince... quelles épaules blanches... quels yeux brillans!...

— C'est ma foi vrai, ma fille, j'avais tout ça... et j'ai fait *bon-user* de ce que le bon Dieu m'avait donné : mais, pour en revenir à M. de Biron... qui me trouvait si belle en Diane chasseresse, je ne sais pas si c'est le souvenir d'Actéon qui lui a porté... malheur à ce pauvre duc; mais, quinze jours après notre arrangement, les *sonneux* et les *piqueux* de mon petit-fils auraient pu s'y tromper et crier *taïaut* sur ce cher Biron : tant il y a que, pour en revenir à mon histoire, tu as raison, Zerbinette, au vis-à-vis de cette petite diablesse de baronne de Montbrison; c'étaient si bien des gardes-françaises, que M. de Biron, leur colonel, s'est allé plaindre au roi de ce qu'on mésusait de son régiment. — « Je n'entends point ça du tout, — a répondu
» le bon prince, — je tiens à mes gardes-françaises, moi;
» Montbrison a eu bien assez d'argent de sa femme pour
» lui acheter un régiment. »

— Malheureusement, madame, monsieur de Montbrison n'était pas capable de cette galanterie-là; mais pour ce pour ce qui est des grands laquais, madame voulait parler de la présidente de Lunel... de...

— Lunel... dit vivement la douairière en interrompant sa suivante et en jetant les yeux autour d'elle comme pour rappeler ses souvenirs, — Lunel?... Dis donc, nous

sommes bien ici dans l'allée du Connétable... hein ! Zerbinette ?
— Oui, madame...
— Pas loin de la roche du Grand-Sire ?
— Non, madame...
— C'est ça même... Eh bien ! te rappelles-tu l'histoire de l'orfraie ?
— L'histoire de l'orfraie ? Non, madame...
— De l'orfraie et de ce pauvre président de Lunel ?
— Tout ce que je me rappelle, c'est que monsieur le président était jaloux comme un possédé de monsieur le chevalier de Bretteville... et il y avait de quoi. Aussi, ça amusait toujours madame de les inviter tous les deux ensemble au château.
— Justement, ma fille... voilà pourquoi je te parle de l'histoire de l'orfraie.
— Par ma foi, madame, que je devienne chèvre, si je sais ce que vous voulez dire avec votre orfraie.
— Ah ! Zerbinette... Zerbinette, tu vieillis.
— Hélas !... madame.
— Dis donc, ma fille, autant nous promener d'un côté que de l'autre... n'est-ce pas ? Allons du côté de la roche du Grand-Sire. De revoir cette pauvre chère vieille roche... ça me rajeunira de... Voyons, de combien, Zerbinette ? — ajouta la marquise, en aspirant sa prise de tabac d'Espagne, — car ce pauvre Lunel... et le chevalier, c'était en ?...
— Octobre 1779, — dit Zerbinette, avec la précision de mémoire d'un comptable.
— Ça me rajeunira donc... comme qui dirait de soixante et quelques années, ça en vaut la peine. Allons à la roche du Grand-Sire.
— Soit, madame, mais n'êtes-vous pas fatiguée ?
— J'ai mes jambes de quinze ans, ma fille, et en tout cas tu portes mon pliant.

XII.

Les deux octogénaires suivirent à pas lents la route qui conduisait à la roche du Grand-Sire.
Zerbinette, s'adressant à sa maîtresse :
— Ah ! çà ! madame, et l'orfraie ?
— Tu te souviens combien le président de Lunel était jaloux du chevalier ? Je lui dis un jour : — Sigismond, voulez-vous que nous jouions un fameux tour au chevalier ?
— J'en serais ravi, marquise. — Mais il faut pour cela, Sigismond, que vous sachiez imiter le cri de l'orfraie en perfection. — A ces mots, tu juges, ma fille, de la figure du président ; il me déclare qu'il a bien, dans sa vie, outrageusement crié à la grand'chambre, où il a son *mortier*, mais sans prétendre pour cela imiter plus particulièrement un cri qu'un autre. — Eh bien ! apprenez celui-là, Sigismond, et quand vous le saurez... nous rirons fort de ce pauvre chevalier. — Dès ce soir, marquise, — reprend le président, — je m'en vais étudier... Dieu merci ! les orfraies ne manquent point dans ces bois.
— Bien, madame, — dit Zerbinette, — je commence à me rappeler, mais vaguement ; je vous en prie, continuez...
— Quand le président est sûr de son cri, je prends jour avec le chevalier, — je lui donne rendez-vous entre chien et loup, ma foi, tiens ! quelque part par ici... je le devance, en compagnie du président que je colloque dans une manière de caverne que tu verras là-bas, à la roche du Grand-Sire ; — Maintenant, Sigismond, — lui dis-je, — écoutez-moi bien : le chevalier va venir ; vous allez compter *mille* pour lui donner le loisir de me soupirer son martyre... pendant le temps que je compterai *mille* comme vous..., mais, dans les environs de neuf cent quatre-vingt-dix-huit, j'aurai l'air de m'attendrir à l'endroit du chevalier... C'est alors que vous pousserez vos cris d'orfraie...

— Divin, marquise ! divin ! — Ecoutez-moi donc, mauvais garçon. Ah ! mon Dieu, la vilaine bête, que je dirai au chevalier, je suis superstitieuse à l'excès... Courez au château chercher un fusil pour tuer cet affreux oiseau, et après... nous verrons. Le chevalier s'en courra... et moi, cher Sigismond, je viendrai vous trouver... dans la grotte...
— Marquise, vous êtes le démon le plus charmant...
— Vite, vite, voici le chevalier, — et le pauvre Lunel de se colloquer dans son trou et de commencer à compter 1, 2, 3, 4, etc., pendant que je viens rejoindre le chevalier.
— Bon, madame, — dit Zerbinette en riant comme une folle, — je vois d'ici la figure de ce cher président, comptant scrupuleusement 1, 2, 3, 4, etc., pendant que le chevalier était auprès de vous.
— Tout ce que je peux te dire, ma fille, c'est que j'étais convenu avec ce pauvre Lunel, de ne m'adoucir pour le chevalier que dans les environs de 998... et, ma foi !... je n'avais pas compté 10... que je ne comptais plus du tout. Et, pendant ce temps-là, le président, qui avait fini son 1,000, faisait l'orfraie de toutes ses forces avec des cris si aigus, si étranges, si sauvages... que le chevalier m'en parut tout à coup si extrêmement incommodé que je dis à ce pauvre garçon, pour le consoler de son inconvénient : *C'est la maudite orfraie !... c'est l'orfraie !*
Il est impossible de rendre l'accent avec lequel la douairière prononça ces derniers mots : *c'est l'orfraie !* en aspirant sa prise de tabac pendant que Zerbinette riait aux éclats.
— Courez vite au château chercher un fusil, dis-je au chevalier, — reprit la marquise, — il me faut la vie de cette vilaine bête... de cette abominable orfraie, je veux la déchirer de mes propres mains... Courez, je vous attends.
— Bon Dieu ! marquise, que voilà un étrange caprice ! et puis la nuit va devenir noire, vous aurez peur ? — Bah ! chevalier, je ne suis point poltronne... courez au château... et revenez tôt... — Il était temps, ma fille, car lorsque j'ai été retrouver ce pauvre président, la voix lui manquait, il commençait à crier comme une orfraie qu'on étrangle... Heureusement la voix lui est revenue vite...
— Quelle bonne histoire, madame !... et quand le chevalier est revenu ?
— Il nous a trouvés, le président et moi, à peu près à cette place où nous voici. — Arrivez donc, chevalier, — lui ai-je crié de loin ; — sans le président, que je viens de rencontrer par hasard, je mourais de peur. — Je vous l'avais bien dit, marquise, — reprit ce bel *Alcandre*, — et l'orfraie ? s'écria-t-il, en brandissant son fusil d'un air de farouche rancune, — et l'orfraie ? — Ma foi, chevalier, je crois bien que je lui ai fait peur, car elle s'est tue quand j'ai rencontré la marquise, — répondit le président ; mais à propos, mon cher chevalier, — savez-vous que ce cri-là annonce toujours quelque inconvénient ? — et en disant ces mots d'un ton prodigieusement malicieux, le président me serra le coude gauche. — En effet, mon cher président, j'ai toujours ouï dire que ce cri pronostiquait fort mal, — riposta le chevalier d'un air non moins narquois en me serrant le coude droit. — Plus tard, quand je me suis affolée de cet impertinent petit comédien de Clairville, nous avons bien ri de l'aventure avec le président et le chevalier, à qui j'ai tout dit alors... Aussi, bien longtemps parmi les gens de notre société : *c'est l'orfraie !* est resté comme une manière de proverbe. Quand les hommes...
— Je comprends, madame, mais, hélas !... du temps de *l'orfraie...* c'était le bon temps... alors.
— Laisse-moi donc tranquille, Zerbinette, avec tes *hélas !...* ça sera encore le bon temps.
— Et quand cela, madame ?
— Eh pardi ! dans l'autre monde ! C'est ce que je me tuais toujours à dire à ce gros joufflu d'abbé Robertin, qui, par parenthèse, était goulu comme une dinde, et se serait fait fouetter pour les belles truffes blanches du Piémont que m'envoyait ma cousine Doria. — Allons, madame la marquise, — me répondait l'abbé en s'empiffrant, —

vaut encore mieux croire à cette immortalité-là qu'à rien du tout.—C'est pour te dire, ma fille, qu'aux *Champs Élysiens* je retrouverai mes seize ans fleuris... *et tout ce qui s'ensuit,* pour m'en servir encore, et toujours ainsi jusqu'à la fin des siècles...

— Amen !... et que le bon Dieu vous entende, madame, — reprit Zerbinette d'un air béat. — Seize ans, c'est si joli !

— C'est ce que je me disais avant-hier, en regardant mon petit-fils... Pendant la chasse, quel entrain, quelle ardeur ! Était-il animé ! quelle belle jeunesse... hein ! ma fille ?

— Un vrai *Chérubin pour chanter la romance à madame,* —reprit Zerbinette, qui savait son Beaumarchais ; — aussi je crois bien que certaine vicomtesse...

— Zerbinette, — s'écria la douairière en interrompant sa suivante, — tiens, voilà la roche du Grand-Sire... C'est, niché dans ce trou-là... que ce pauvre président faisait l'orfraie.

— Pour Dieu ! madame, n'approchez pas davantage... c'est comme une caverne... il peut y avoir des bêtes là-dedans..

— J'aurais pourtant bien voulu y entrer pour me reposer.

— Vous n'y songez pas, madame... ça doit être humide comme une cave...

— C'est vrai, ma fille... eh bien ! place mon pliant... adossé à ce chêne... bien au soleil... c'est cela... à merveille. Et toi, Zerbinette, où t'assiéras-tu ?

— Là... sur cette roche, madame... c'est un peu près de la caverne, mais enfin...

— A propos... qu'est-ce que tu me disais donc de la vicomtesse ?

— Je disais, madame, qu'elle voudrait, je crois bien, être la *belle marraine de Chérubin.*

— De Raoul ?

— Ma foi... madame, c'est toujours : monsieur Raoul, mon chapeau ; monsieur Raoul, mon ombrelle... toujours monsieur Raoul... Hier encore... quand on a voulu effrayer monsieur Raoul, c'est madame la vicomtesse qui s'est proposée pour lui faire peur... et j'ai bien vu...

— Tu as vu... tu as vu... que tu ne voyais rien du tout, ma fille... La vicomtesse veut tout bonnement, en paraissant s'occuper de quand nous étions enfant sans conséquence, donner le change à son imbécile de mari, pour qu'il ne s'effarouche ni ne se cabre point, lorsque monsieur de Monbreuil, l'amant de la vicomtesse, arrivera ici, car je l'ai invité, ce garçon ; il n'y a rien qui vous égaye un château comme quelques couples gentiment appariélés... aussi, moi, j'en invite tant que j'en trouve dans ma société ; ces amoureux,... c'est gai, c'est chantant, c'est grouillant comme les pierrots au mois de mai... Rien qu'à les voir, ça me met la joie au cœur et le feu à mes pensées... Et ces bêtes de maris... ces figures !... C'est pour te dire, ma fille, que tu as vu de travers à l'encontre de la vicomtesse.

— Je comprends... M. Raoul est pour elle... *un manteau.*

— Pas autre chose, et j'en ai prévenu mon petit-fils ; il aurait pu s'y laisser d'autant plus prendre, l'innocent, que la vicomtesse est charmante.

— Innocent !... innocent ! — reprit Zerbinette, en hochant la tête, — pas déjà tant, madame ; car monsieur Raoul est comme Chérubin... son amour pour une belle marraine à ce *bel oiseau bleu* ne l'empêcherait pas de lutiner Suzette...

— Cher enfant ! Vraiment Zerbinette ?... Est-ce que parmi les femmes de la vicomtesse il y a quelque chose... qui vaille... qu'on le regarde ?

— La vicomtesse a amené ici une grande blonde aux yeux noirs, qui vous a un air... Avec ça, blanche comme un cygne, dodue comme une caille, et faite au tour...

— Et tu crois que Raoul ?...

— Eh ! eh ! madame, c'est de son âge...

— Pardi ! — s'écria la marquise en prenant sa pincée de tabac. — Mais, à propos de ça, — reprit-elle après un moment de réflexion, — toi, qui sais tout... quoi que c'est donc qu'une manière de petite bourgeoise ou de grosse fermière qui vit encoqueluchonnée comme une ermitesse... dans c'te bicoque isolée qu'est sur la route de Pont-Brillant ? tu sais ben ? La maison est treillagée comme un mur d'espalier, avec une manière de porche tortillonné en bois rustique dans le goût de la niche aux daims que mon petit-fils s'amuse à élever dans les palis. Tu n'y es pas ? Mon Dieu ! que t'es donc sotte, Zerbinette ! Nous sommes passées là, devant, il y a huit jours...

— Ah ! je sais... madame.

— Eh bien, cette ermitesse... comment qu'ça se nomme ?

— Madame Bastien, madame...

— Quèque c'est que ça, madame Bastien ?

— Madame, — dit vivement Zerbinette sans répondre à sa maîtresse, — vous n'avez pas entendu ?

— Quoi ?

— Là... dans cette manière de caverne.

— Eh bien ?

— On dirait qu'on a remué.

— Allons donc, Zerbinette, tu es folle ; c'est le vent dans ces lierres.

— Vous croyez, madame ?

— Certainement ; mais, réponds-moi donc, quèque c'est que c'te madame Bastien ?

— C'est la femme à un revendeur de propriétés, comme qui dirait un homme de la *bande noire,* ou approchant.

— Ah ! le vilain gueux ; c'est cette bande-là qui a mis le marteau dans mon pauvre châtelet de Saint-Irénée, en Normandie... un bijou de la Renaissance ; ils n'en ont pas laissé pierre sur pierre... Mais ma foi, heureusement, mon fils m'a donné le régal de bâtonner un de ces gredins-là !

— Un des hommes de la bande noire, madame ?

— Certainement... figure-toi que nous allions visiter ma terre de Francheville, où je n'avais pas mis les pieds depuis six ans ; le marquis me dit :—Ma mère, passons donc par Saint-Irénée, nous verrons ce qu'il en reste. (Les Jacobins nous l'avaient confisqué, ce pauvre cher petit châtelet, et il était retombé dans le domaine national, comme disaient ces abominables scélérats.) Nous arrivons... à Saint-Irénée, nous trouvons... table rase... sauf l'orangerie où une de ces mauvaises bêtes de proie de démolisseurs s'était terrée... Son méchant sort veut qu'il se trouve là quand nous descendons de voiture sur l'emplacement du châtelet... Nous étions, comme tu le penses, mon fils et moi, dans le feu de notre colère. — Monsieur, dit le marquis à cet homme,—pourriez-vous m'apprendre quelles sont les bêtes brutes qui ont eu l'infamie de raser le châtelet de Saint-Irénée, un des plus merveilleux monumens de la province ? — Ces bêtes brutes, c'est moi et mes associés, monsieur... et vous... vous êtes un insolent de me parler ainsi, — répond cet animal à mon fils avec un accent charabia qui empestait son Auvergnat d'une lieue. Tu sais que le marquis était vif comme la poudre, fort comme un Turc et brave comme un lion ; il vous applique alors à mon démolisseur une volée de coups de canne... Ah ! ma fille, quels coups de canne jubilans ! Il me semble que j'ai la volupté de les entendre encore tomber et retomber sur le gros dos de ce charabia. — Nous allons nous battre à mort ! criait cet animal en se frottant les reins. — Vous avez été insolent, je vous ai donné des coups de bâton ; partant quitte, — lui répondit le marquis. — Quant à me battre avec vous, j'ai fait mes preuves, et je ne me commets point avec un drôle de votre espèce, — et là-dessus...

— Madame, — s'écria Zerbinette en interrompant encore sa maîtresse, — je vous assure qu'on a remué dans la caverne...

— Ah çà ! finiras-tu avec tes effrois ? tu m'impatientes à la fin.

— Mais, madame...

— Que diable veux-tu qu'il y ait là dedans ? des voleurs ?

— Ma foi, madame... cette forêt...

— Eh bien, ma fille, rappelle-toi la vieille chanson.

Et la marquise fredonna de sa voix chevrotante :
— *Cher voleur*, disait Suzon.
— *Cher voleur*, disait Marton.

XIII.

— Mais va, ma fille, nous n'aurons pas cette aubaine, et pour en revenir à mon histoire de coups de bâton, je te dirai qu'après la bastonnade, mon fils et moi nous remontons en voiture, pendant que notre courrier et nos deux valets de chambre tenaient en respect ce mauvais homme de la bande noire, et puis, fouette, postillon... Les six chevaux de notre berline repartent comme le vent... et ni vu, ni connu... le charabia.
— Se battre... avec monsieur le marquis, — dit Zerbinette, rassurée par le courage de sa maîtresse, — il n'était pas dégoûté, ce bourgeois.
— Ainsi pour en revenir à notre ermitesse de la bicoque... son honnête mari est donc de la même et abominable séquelle que l'homme aux coups de bâton ?
— Oui, madame... mais on ne le voit presque jamais... il est toujours voyageant... de ci... de là...
— Ah !... il n'est jamais chez lui ?... mais sais-tu Zerbinette, c'est que ça se trouverait joliment bien ça ! — reprit la douairière en réfléchissant.
Puis elle ajouta :
— Dis-moi, ma fille... est-ce que c'est vrai qu'elle est jolie... cette petite ? Comment l'appelles-tu ?
— Bastien...
— Cette petite Bastien ?
— Belle comme le jour, madame... Tenez, vous vous rappelez madame la maréchale de Rubempré ?
— Oui... et cette petite...
— Est aussi belle... si ce n'est plus...
— Et ça a de la taille ?...
— Une taille de nymphe...
— C'est bien ce que Raoul m'a rabâché quand il l'a eu rencontrée dans les champs... Mais qu'est-ce que c'est qu'un grand dadais de garçon, jaune comme un coing, qui était avec elle ? A ce que m'a dit Raoul, quelque flandrin de frère, probablement ? Alors pour qu'il ne gêne point (et la marquise prit son tabac) on pourrait vous fourrer ça au château dans les bureaux de l'intendant, avec douze ou quinze cents livres de gages.
— Ah !... pour le coup, madame !... — s'écria Zerbinette, en se levant très effrayée et regardant du côté de la caverne avec épouvante, — on a remué... avez-vous entendu.
— Oui, j'ai entendu, — répondit l'intrépide douairière, — eh bien, après ?
— Ah ! madame... venez, sauvons-nous vite !...
— Laisse-moi donc tranquille.
— Mais, mon Dieu ! madame... ce bruit ?...
— Hé... hé, — reprit la marquise en riant, — c'est probablement ce de ce pauvre président qui revient compter 1, 2, 3, 4, etc. Allons, rassieds-toi là et ne m'interromps plus, ou sinon...
— Ah ! madame... vous êtes toujours un vrai dragon pour le courage.
— Pardi ! beau courage, quelque bête de nuit, quelque orfraie qui est à voleter dans ce trou...
— Enfin, madame... ça n'est pas rassurant.
— Voyons, réponds-moi, qu'est-ce que c'est que ce flandrin de garçon que Raoul a rencontré avec cette petite Bastien ? c'est son frère ? hein ?
— Non, madame... c'est son fils !
— Allons donc, son fils ; mais alors...
— Elle s'est mariée très jeune, et elle est si admirablement conservée, qu'elle ne paraît pas avoir plus de vingt ans, madame...

— C'est ça, Raoul y a été pris, car il m'a dit : — grand'mère, figure-toi des yeux bleus long de ça, une taille à tenir entre les dix doigts, une figure de camée... et vingt à vingt-deux ans au plus... Seulement, — a ajouté ce cher enfant, — elles sont si peu habituées aux gens de bonne compagnie, ces bourgeoises, que celle-là a ouvert ses grands yeux tout grands ayant l'air de me regarder comme un phénomène, parce que je lui rapportais poliment son mantelet que j'avais ramassé. — Mais, innocent, — ai-je dit à Raoul, — puisqu'elle était si jolie, cette petite, et qu'elle te regardait avec de si grands yeux, au lieu de lui rendre son mantelet, il fallait le garder et aller le lui reporter chez elle... ça t'aurait fait entrée... de jeu. — Mais, grand'mère, — m'a riposté ce cher enfant avec tout plein de bon sens, — ce n'est qu'en lui rapportant son mantelet que j'ai vu qu'elle était si jolie.
— C'est égal, madame, monsieur Raoul aurait pu retourner chez la petite Bastien deux ou trois jours après... elle aurait été ravie de recevoir monsieur le marquis, quand ça n'eût été que pour faire crever de rage toute la *bourgeoiserie* du pays...
— C'est ce que je lui ai dit, à ce cher enfant..! Mais il n'a pas osé.
— Un peu de patience, madame... Il faudra bien qu'il ose...
— Dis donc, ma fille... — reprit la douairière, après un assez long silence et en aspirant lentement et d'un air méditatif sa prise de tabac d'Espagne, — sais-tu que, plus je songe à cette petite Bastien, plus je trouve que, pour toutes sortes de raisons, ça serait charmant pour ce cher enfant, et que si ça se pouvait, ça serait une fameuse trouvaille ?
— J'allais vous le dire, madame.
— Aussi, ma foi, faut-il battre le fer pendant qu'il est chaud, — répondit la douairière, après de nouvelles réflexions. — Quelle heure est-il, Zerbinette ?
— Quatre heures et demie, madame, — répondit la suivante, en regardant à sa montre.
— Très bien... nous aurons le temps. Ce matin quand il est parti pour aller passer la journée à Boncour, chez les Mérinville, j'ai promis à Raoul d'aller au-devant de lui par l'étang des Loges... sur les cinq heures ; allons, Zerbinette... en route, je veux tout de suite chapitrer Raoul à l'endroit de cette petite Bastien.
— Mais, madame, vous oubliez que M. Raoul a renvoyé son palefrenier pour vous dire qu'en partant de Boncour il irait faire une visite au Montel, et qu'il ne reviendrait au château que sur les sept heures pour dîner.
— Tiens... c'est ma foi vrai, ma fille, je n'y pensais plus... car sa route à ce cher enfant pour revenir du Montel est par la cavée de la Vieille-Coupe... J'aurais une peur de loup dans la descente, car je suis devenue poltronne en voiture, et puis d'ailleurs, il n'est que quatre heures et demie... il faudrait aller trop loin au-devant de mon petit-fils... je le *sermonnerai* aussi bien ce soir au sujet de l'ermitesse.
— Et puis, madame, le soleil baisse et le froid du soir vous est mauvais.
— Allons, Zerbinette... ton bras... Mais laisse-moi donc encore une fois la regarder, c'te pauvre roche du Grand-Sire.
— Oui, madame ; mais, pour Dieu ! n'approchez pas trop près.
Malgré la recommandation de Zerbinette, la marquise s'avança, et, jetant un regard presque mélancolique sur ce site sauvage, elle dit :
— Ah ! les roches... ça ne change pas... La voilà bien comme il y a soixante et tant d'années...
Puis, après un moment de silence, et s'adressant gaiement à Zerbinette, qui se tenait prudemment à l'écart, la marquise ajouta :
— Dis donc, ma fille ?
— Madame...

— Cette bonne histoire de l'orfraie m'a mise en goût de me souvenir. J'crais ben que ça m'amuserait de griffonner comme qui dirait nos mémoires... (1).

— Ah ! madame, la bonne idée !

— Ça servirait à l'instruction de mon petit-fils, — ajouta la douairière en riant aux éclats, hilarité que partagea Zerbinette.

Pendant quelques momens encore l'on entendit, au milieu du silence de la forêt, le bruit du rire chevrotant des deux octogénaires.

Lorsque le bruit eut cessé tout à fait, Frédérik, livide, effrayant, sortit des ténèbres de la grotte où il était caché, et d'où il avait entendu l'entretien de la marquise douairière de Pont-Brillant et de Zerbinette.

XIV.

Frédérik, jusqu'alors pur et chaste, élevé sous l'œil maternel, avait plutôt pressenti que compris les odieux projets de la douairière et de sa suivante au sujet de madame Bastien, qu'elles voulaient, dans leur naïf cynisme, donner, si cela se pouvait, pour maîtresse à Raoul de Pont-Brillant; en effet, à leurs yeux, c'était *une fameuse trouvaille*, comme avait dit la marquise, que cette charmante et honnête bourgeoise, qui demeurait à proximité du château, dont le mari était presque toujours absent, sans compter que l'on pourrait, pour qu'il *ne fût point gênant*, placer le fils de la jeune femme dans les bureaux de l'intendant du château avec quelques bons gages.

L'impression que cet entretien laissait à Frédérik était donc la conviction plus instinctive que raisonnée qu'il s'agissait d'un dessein infâme, dont il se trouvait l'objet, et que, le soir même, le jeune marquis, devant avoir connaissance de ce projet, s'en rendrait nécessairement complice, pensait le fils de madame Bastien.

A ces nouveaux et redoutables sentiments, se joignait, chez l'adolescent, le souvenir de cet homme exerçant la même profession que son père à lui Frédérik, et qui, *bâtonné* par le jeune marquis, avait été dédaigneusement repoussé, lorsqu'il avait demandé une réparation par les armes.

— Il en serait ainsi de moi, — se dit Frédérik avec un sourire farouche, — Raoul de Pont-Brillant aura méprisé ma provocation... à moins qu'il ne soit parti ce matin avant de l'avoir reçue... Heureusement la nuit approche... le marquis revient seul... et je connais la cavée de la *Vieille-Coupe*...

Et Frédérik, prenant son fusil, se dirigea rapidement vers une autre partie de la forêt.

La cavée de la Vieille-Coupe, route obligée de Raoul de Pont-Brillant pour se rendre chez lui en revenant du château du Montel, était une sorte de chemin creux, profondément encaissé, aux revers très élevés et plantés d'énormes sapins d'Écosse, dont les cimes formaient au-dessus de la cavée un dôme si impénétrable, qu'en plein jour il y faisait très sombre.

Ce soir-là, au moment où le soleil venait de disparaître, il régnait déjà dans ce ravin une grande obscurité; toute forme y paraissait indécise; deux hommes, se rencontrant face à face dans cet endroit, n'auraient pu de l'un à l'autre distinguer leurs traits.

Il était environ six heures du soir.

Raoul de Pont-Brillant, seul (il avait, on l'a dit, renvoyé son groom au château, pour avertir la marquise d'un changement de projets), Raoul entra au pas de son cheval dans la cavée, dont les ténèbres lui furent d'autant plus sensibles qu'il venait de quitter une route encore éclairée des dernières lueurs crépusculaires.

Au bout de vingt pas, cependant, sa vue, déjà familiarisée avec les ténèbres, lui permit d'apercevoir vaguement devant lui une forme humaine, debout, immobile au milieu du chemin.

— Holà ! hé ! — cria-t-il, — rangez-vous donc... d' n côté ou de l'autre de la route.

— Un mot ! monsieur le marquis de Pont-Brillant, — dit une voix.

— Que voulez-vous ? — répondit Raoul en arrêtant son cheval et se penchant sur sa selle, afin de tâcher de reconnaître les traits de son interlocuteur ; mais ne pouvant y parvenir, il reprit :

— Qui êtes-vous ? Que voulez-vous ?...

— Monsieur de Pont-Brillant, — répondit la voix, — avez-vous, ce matin, reçu une lettre qui vous donnait rendez-vous à la roche du Grand-Sire ?

— Non... car j'ai quitté Pont-Brillant à huit heures... Mais, encore une fois, qu'est-ce que tout cela signifie ? Qui diable êtes-vous ?

— Je suis celui qui vous a écrit la lettre de ce matin.

— Eh bien, mon ami, vous pouvez...

— Je ne suis pas votre ami, — interrompit la voix, — je suis votre ennemi.

— Vous dites ? — s'écria Raoul avec surprise et une légère émotion.

— Je dis que je suis votre ennemi.

— Vraiment ! — reprit Raoul d'un ton railleur, sa première surprise passée, car il était naturellement fort brave ; — ça devient amusant. Et comment vous nommez-vous, monsieur mon ennemi ?

— Peu vous importe mon nom...

— Soit. Eh bien donc, mon cher, pourquoi diable m'arrêtez-vous ainsi à la tombée de la nuit, au milieu de la route ?... Ah ! mais j'y pense, vous m'avez écrit ?

— Oui.

— Pour me dire... quoi ?

— Que vous seriez un lâche... si...

— Misérable !... — s'écria impérieusement Raoul en interrompant Frédérik et en poussant son cheval sur lui.

Mais le fils de madame Bastien, frappant le chanfrein du cheval avec le canon de son fusil, le força de s'arrêter.

Raoul, d'abord un peu effrayé, mais surtout impatient de savoir où en voulait venir l'inconnu, se calma et reprit avec un sang-froid railleur :

— Vous disiez donc... monsieur mon ennemi, que vous m'aviez fait l'honneur de m'écrire ?

— Oui, pour vous dire que, si vous n'étiez pas un lâche, vous vous rendriez aujourd'hui à la roche du Grand-Sire, seul, avec votre fusil chargé à balles, comme je viendrais seul avec le mien.

Après un nouveau mouvement de surprise, le marquis répondit :

— Et puis-je vous demander, mon cher, ce que nous aurions fait là, tous deux seuls, avec nos fusils ?

— Nous nous serions placés à dix pas, et nous aurions fait feu l'un sur l'autre...

— Peste ! comme vous y allez ! Et dans quel but nous serions-nous livrés à cette distraction innocente, monsieur mon ennemi ?

— Je vous aurais tué... ou vous m'auriez tué.

— Probablement... à dix pas... ou nous aurions été bien maladroits ; mais ce n'est pas le tout que de vouloir tuer les gens, mon cher, il faut au moins leur dire pourquoi.

— Je veux vous tuer... parce que je vous hais.

— Ah bah !

— Ne raillez pas, monsieur de Pont-Brillant, ne raillez pas...

— C'est difficile... enfin... je vais tâcher. Allons, c'est dit, vous me haïssez, et pour quelle raison ?

— Mon nom vous importe aussi peu que le sujet de ma haine.

— Vous croyez ?

---

(1) Peut-être donnerons-nous un jour à nos lecteurs le *Don Juan féminin*, ou *Mémoires de la marquise de Pont-Brillant*.

— Je le crois.

— A la bonne heure... **Je suis, comme vous le voyez, bon prince, assurément...** C'est donc convenu... vous me haïssez... eh bien, après ?

— Vous me tuerez... ou je vous tuerai...

— Ah çà ! mais... il paraît que... décidément... c'est une idée fixe ?...

— Monsieur de Pont-Brillant, cette idée est tellement fixe, que je vais la mettre à exécution... à l'instant.

— Mon cher... ma grand'mère m'a promis de me conduire cette année au bal de l'Opéra pour la première fois... Eh bien, je suis sûr que je n'y serai pas aussi intrigué que je le suis par vous...

— Je vous disais, monsieur de Pont-Brillant, que nous allions nous battre à l'instant même.

— Ici... dans cette cavée ?

— Ici...

— Sans y voir clair ?

— Il n'y a pas besoin d'y voir clair.

— Et avec quoi, nous battre ?

— Avec mon fusil.

— Un seul fusil ?

— Oui.

— C'est curieux. Et comment cela ? voyons, mon cher.

— Vous allez descendre de cheval.

— Et puis ?...

— Vous ramasserez quelques cailloux du chemin...

— Des cailloux ! — reprit Raoul en éclatant de rire, — comment, des cailloux ! Ah çà ! maintenant c'est donc à coups de pierres que nous allons nous battre ? Au fait... c'est moins tragique que le fusil... c'est dans le goût du combat de David et de Goliath... Vous possédez donc des frondes, vous, mon cher ? Mais le dommage est que nous n'y verrons goutte...

— Je vous disais, monsieur de Pont-Brillant, que vous ramasseriez deux ou trois cailloux du chemin... vous les mettrez dans votre main fermée...

— J'y suis : pour jouer à pair ou non.

— L'obscurité n'empêche pas de compter les cailloux... le gagnant prendra le fusil... l'appuiera sur la poitrine de l'autre... et fera feu... Vous voyez bien, monsieur de Pont-Brillant, qu'il n'y a pas besoin de voir clair pour cela...

L'accent de Frédérik était si bref, si résolu, sa voix si altérée, que d'abord le marquis, sans pouvoir s'expliquer cette aventure étrange, l'avait regardée comme sérieuse ; puis, se rappelant un incident de la soirée qu'il avait passée la veille dans le salon de sa grand'mère, il partit d'un grand éclat de rire et s'écria :

— Ah ! ma foi !... la plaisanterie est excellente, je comprends tout, maintenant.

— Expliquez-vous, monsieur de Pont-Brillant.

— C'est bien simple. Hier soir, chez ma grand'mère, on contait des histoires de voleurs, d'attaques nocturnes... on en est venu à me plaisanter sur mon courage, j'ai répondu très haut de ma bravoure, en un mot, j'ai fait un peu le *crâne;* or, ceci est une épreuve arrangée... pour m'essayer, car l'on savait qu'en revenant du Montel je prendrais nécessairement cette cavée ; vous pouvez donc dire à ceux qui vous ont payé pour cela... que je me suis, je l'espère, assez galamment tiré de l'aventure, car, foi de gentilhomme, j'ai d'abord pris la chose au sérieux... Bonsoir, mon brave, laissez-moi passer, il se fait tard... et c'est à peine si j'aurai le temps d'arriver à Pont-Brillant pour m'habiller avant dîner.

— Monsieur de Pont-Brillant, ceci n'est pas une plaisanterie, ceci n'est pas une épreuve... Vous ne passerez pas, et vous allez mettre pied à terre.

— Allons !... assez ! — dit impérieusement Raoul, — vous avez gagné votre argent, ôtez-vous de là... que je passe...

— Pied à terre ! monsieur de Pont-Brillant !... pied à terre !

— Eh bien donc, tant pis pour vous... si je vous marche sur le corps ! — s'écria Raoul.

Et il poussa son cheval en avant.

Mais Frédérik, se jetant à la bride de l'animal, lui donna une violente saccade qui le fit arrêter court sur ses jarrets.

— Tu oses toucher à mon cheval... gredin ! — s'écria Raoul en levant sa cravache et frappant au hasard ; mais elle siffla dans le vide.

— Ce coup de cravache... cet outrage, je le tiens pour reçu, monsieur de Pont-Brillant... Maintenant, vous seriez un misérable lâche si vous ne mettiez pas pied à terre... à l'instant.

Le marquis avait dit vrai. D'abord confondu de l'aventure, il avait ensuite cru que c'était une épreuve dont il était l'objet ; mais en entendant la voix âpre et sourde de Frédérik qui palpitait de rage contenue, il revint à sa première pensée, et comprit que la rencontre était sérieuse.

Nous l'avons dit, Raoul était naturellement brave, déjà rompu au monde comme un homme de vingt-cinq ans, et façonné, par l'exemple de sa grand'mère, à une hardie et insolente raillerie ; aussi, quoiqu'il lui fût impossible de deviner quel était l'inconnu et pourquoi cet inconnu le haïssait et le provoquait avec tant d'acharnement, Raoul répondit sérieusement cette fois, et avec un bon sens et une fermeté précoces :

— Ecoutez-moi, vous dent je ne vois pas la figure et qui cachez votre nom... vous m'avez insolemment provoqué, vous m'avez traité de lâche... j'ai voulu vous châtier comme on châtie un vagabond qui vous insulte au coin d'un bois.... Malheureusement la nuit a égaré mes coups, mais l'intention vaut le fait. Tenez-vous donc pour châtié. Maintenant, si cela ne vous suffit pas, vous savez qui je suis : envoyez, demain, au château de Pont-Brillant, deux hommes honorables, je ne vous en connaissez... ce dont je doute, d'après vos procédés... Ces personnes se mettront en rapport avec deux de mes amis, monsieur le vicomte de Marcilly et monsieur le duc de Morville ; vos témoins, s'ils sont acceptables, feront connaître aux miens votre nom d'abord, s'il vous plaît, et la cause de la provocation que vous m'avez, dites-vous, adressée ce matin. Ces messieurs décideront alors entre eux de ce qu'il y aura lieu de faire. Quant à moi, je serai prêt à me rendre à leur décision... Voilà comment les choses doivent se passer entre gens bien élevés. Mon cher, si vous l'ignorez, je vous l'apprends...

— Pas de mots... des faits, monsieur de Pont-Brillant, — dit Frédérik d'une voix haletante, — voulez-vous vous battre... ici, à l'instant, oui ou non ?

— Encore votre duel aux petits cailloux et au fusil, — répondit Raoul en regardant autour de lui, et tâchant de percer l'obscurité comme pour bien reconnaître l'endroit où il se trouvait ; — ça devient fastidieux.

— Vous refusez ?

— Pardieu ! — répondit Raoul qui, cherchant le moyen de mettre fin à cette rencontre, voulait gagner du temps et distraire l'attention de Frédérik, — j'ai dix-sept ans... j'aime la vie... j'adore les plaisirs... et j'irais, sans savoir pourquoi, risquer de me faire tuer la nuit comme un chien dans un chemin creux... au lieu... parlez-moi d'un beau duel, au grand soleil, l'épée à la main... à la bonne heure... mais un guet-apens... et pour mon premier duel encore ? Vous êtes fou.

— Monsieur de Pont-Brillant, vous êtes à cheval, je suis à pied, la nuit est noire, je ne peux vous frapper à la figure ; mais l'intention vaut le fait, vous l'avez dit ; maintenant, vous battrez-vous ?...

— Venez me demander cela demain... chez moi, au grand jour... je vous répondrai ou je vous ferai jeter à la porte.

— Monsieur de Pont-Brillant, prenez garde.

— A quoi ?

— Il faut que vous ou moi... restions ici...

— Ce sera donc vous. Et sur ce, bonsoir, mon cher, — dit Raoul.

Et en disant ces mots, il enfonça soudain et vigoureusement ses éperons dans le ventre de son cheval, qui fit un bond énorme en se portant en avant comme s'il eût franchi un obstacle, et, de son poitrail, heurta si violemment Frédérik qu'il l'envoya rouler à terre.

Lorsque le fils de madame Bastien, encore étourdi de sa chute, se releva, il entendit le galop du cheval de Raoul, qui s'éloignait rapidement.

Après un premier moment de stupeur, Frédérik réfléchit, poussa un cri de joie féroce, ramassa son fusil, gravit, en s'aidant du tronc des sapins, un des revers de la cavée, qui s'élevait presque à pic, et, courant avec rapidité, il s'enfonça dans la forêt, dont il connaissait tous les chemins et toutes les passées.

XV.

Pendant que les événemens précédens se passaient dans la forêt de Pont-Brillant, madame Bastien éprouvait d'horribles inquiétudes; fidèle à la promesse que la veille elle avait faite à Frédérik, elle attendit longtemps avant d'entrer dans la chambre de son fils; le croyant endormi, elle espérait qu'il trouverait quelque calme dans ce repos réparateur; aussi, jusque vers environ une heure de l'après-midi, la jeune mère resta dans sa chambre, qui communiquait à celle de Frédérik, prêtant de temps à autre une oreille attentive, afin de tâcher de savoir si son fils dormait d'un sommeil paisible.

Marguerite, la vieille servante, entra chez madame Bastien, pour lui demander quelques ordres.

— Parlez bas, et refermez bien doucement la porte, — lui dit Marie à mi-voix, — prenez garde d'éveiller mon fils...

— Monsieur Frédérik, madame! — répondit Marguerite ébahie, — mais il est allé ce matin au point du jour chez le père André... avec son fusil.

Courir à la chambre de son fils et s'assurer de la vérité de l'assertion de sa servante... tel fut le premier mouvement de madame Bastien.

Frédérik en effet n'était plus là, et son fusil avait aussi disparu.

En rapprochant de cette dernière circonstance la mystérieuse disparition de Frédérik, la malheureuse mère sentit ses alarmes arriver à leur comble.

Évidemment, pensait-elle, son fils avait voulu se dérober aux explications qu'elle pouvait lui demander dans son étonnement de lui voir son fusil à la main; et elle le savait trop accablé pour croire qu'il pût songer à la chasse.

Madame Bastien se rendit en hâte à la maison du père André, le jardinier chez qui on avait vu entrer Frédérik au point du jour; mais le jardinier était sorti depuis peu de temps.

Dans son ignorance du chemin qu'avait suivi son fils et de celui qu'il devait prendre à son retour, Marie se rendit à l'extrémité de la futaie, sur un petit tertre assez élevé, tâchant d'apercevoir au loin son fils dans la plaine au delà de laquelle commençait la forêt de Pont-Brillant.

Les heures s'écoulèrent, Frédérik ne parut pas.

L'on était, nous l'avons dit, dans les premiers jours de novembre.

Le soleil allait bientôt se coucher derrière de grandes masses de nuages brumeux, que de longues rayures rougeâtres séparaient du sombre horizon formé par la cime des bois déjà noyés d'ombre.

Madame Bastien, dont l'angoisse augmentait à mesure que le jour arrivait à sa fin, explorait en vain du regard les chemins sinueux et découverts qui serpentaient à travers les champs.

Soudain Marguerite, accourant vers la futaie, dit à sa maîtresse, du plus loin qu'elle l'aperçut :

— Madame... madame... voici le père André, à qui monsieur Frédérik a parlé ce matin.

— Où est André?

— Madame... je l'ai vu de loin... sur la route... où je guettais de mon côté.

Sans en entendre davantage, madame Bastien courut vers le chemin par où s'avançait le vieux jardinier, qui pliait sous le poids d'une énorme botte d'églantiers fraîchement arrachés.

Dès que madame Bastien fut à portée de voix du vieillard, elle s'écria :

— André... vous avez vu mon fils ce matin?... Que vous a-t-il dit? Où est-il?

Avant de répondre à ces questions précipitées, André se déchargea péniblement de son faisceau d'églantiers qu'il déposa par terre; puis il répondit à sa maîtresse :

— En effet, madame... ce matin, au point du jour, monsieur Frédérik est venu me trouver... pour des balles.

— Pour des balles?

— Oui, madame... pour me demander si j'avais du plomb pour fondre des balles... de calibre pour son fusil.

— Ah! mon Dieu!... — s'écria madame Bastien toute tremblante, — des balles... pour son fusil?

— Certainement, madame, et comme il me restait un bout de tuyau en plomb, j'ai fondu une demi-douzaine de balles pour monsieur Frédérik.

— Mais... — dit la jeune mère d'une voix altérée en s'efforçant de chasser une idée folle... horrible, qui lui traversa l'esprit; — ces balles... c'était... c'était donc pour la chasse?...

— Bien sûr, madame... car monsieur Frédérik m'a dit que Jean-François, vous savez, le métayer de la Coudraie...

— Oui... oui, je sais... Ensuite?

— Jean-François a donc conté hier à monsieur Frédérik que voilà deux nuits de suite qu'un des sangliers de la forêt vient retourner de fond en comble son champ de pommes de terre... et comme ce soir la lune se lève de bonne heure, monsieur Frédérik m'a dit qu'il irait se mettre à un affût que Jean-François connaissait... et qu'il tuerait le sanglier.

— Mais c'est d'une imprudence horrible! — s'écria madame Bastien qui ne faisait que changer d'appréhensions, — Frédérik n'a jamais tiré de sanglier; s'il le manque, c'est jouer sa vie!

— N'ayez pas peur, madame, monsieur Frédérik est bon tireur, et...

— Mon fils est donc à cette heure à la métairie de la Coudraie? — demanda madame Bastien en interrompant le jardinier.

— Faut le croire, madame, puisqu'il doit aller ce soir à l'affût avec le métayer.

Madame Bastien ne voulut pas en entendre davantage et s'éloigna précipitamment.

Le soleil baissait, déjà le disque rougeâtre de la lune, alors dans son plein, commençait de poindre à l'horizon...

La métairie de la Coudraie se trouvait à une demi-lieue; Marie s'y rendit en hâte, à travers champs, ne songeant pas, dans son inquiétude, à prendre même un châle et un chapeau.

A mesure que le soleil disparaissait, la lune, encore voilée par la brume du soir, s'élevait lentement au-dessus de la masse noire des grands bois, et jetait assez de clarté pour qu'on y vît presque autant qu'en plein jour.

Bientôt Marie aperçut à travers un taillis de *marsaules*, dont elle était entourée la métairie, une lumière annonçant que le fermier était de retour des champs.

Un quart d'heure après, la jeune mère, toute haletante de sa course précipitée, entrait chez le métayer.

A la lueur d'une *bourrée* qui brûlait dans l'âtre, Jean-François, sa femme et ses enfans, étaient assis autour de leur foyer.

— Jean-François, — dit vivement madame Bastien, —

conduisez-moi vite, je vous en supplie, à l'endroit où est mon fils.

Puis, elle ajouta d'un ton de triste reproche :

— Comment avez-vous pu laisser un enfant de cet âge s'exposer à un pareil danger ?... Mais enfin, venez, je vous en prie... venez... il doit être temps encore... d'empêcher cette horrible imprudence.

Le métayer et sa femme se regardèrent d'abord avec ébahissement, puis Jean-François reprit :

— Madame... excusez... mais je ne sais pas ce que vous voulez dire.

— Comment... vous ne vous êtes pas plaint hier à mon fils... de ce qu'un sanglier venait ravager votre champ depuis deux nuits ?

— Oh! oh! les sangliers trouvent trop de glands en forêt cette année pour sortir si tôt... madame... et, Dieu merci! jusqu'à présent, ils ne nous ont point fait de ravage...

— Mais, mon fils, vous ne l'avez donc pas engagé à venir tirer ce sanglier ?

— Moi, madame? jamais, au grand jamais, je ne lui ai parlé de sanglier.

— Aujourd'hui, vous n'avez pas donné rendez-vous à mon fils ?

— Non, madame...

A cette révélation, Marie resta un moment muette, accablée d'épouvante ; enfin elle murmura :

— Frédérik a menti à André... Mais alors... ces balles... ces balles... mon Dieu! pourquoi donc faire ?...

Le métayer, s'apercevant de l'inquiétude de madame Bastien, se crut en mesure de la rassurer, et lui dit :

— Il est vrai, madame, que je n'ai pas parlé du sanglier à monsieur Frédérik ; mais, si vous venez le chercher, je crois savoir où il est.

— Vous l'avez donc vu ?

— Oui, madame.

— Où cela ? quand cela ?

— Madame sait bien la montée si rapide... qui est à un quart de lieue de la cavée de la Vieille-Coupe... en allant vers le château de Pont-Brillant, par la forêt ?

— Oui... oui... ensuite...

— Eh bien! madame... à la nuit fermée, mais claire encore, je revenais par cette montée, lorsqu'à vingt pas de moi... j'ai vu monsieur Frédérik sortir d'un fourré et traverser cette route en courant. Seulement... il s'est arrêté un moment au sommet de la montée... comme pour écouter dans la direction de la sortie de la cavée, et puis il a gagné le grand taillis qui borde la route de l'autre côté ; même que c'est le brillant du fusil de monsieur Frédérik qui me l'a fait remarquer à travers les branches, et je me suis dit : Tiens! voilà monsieur Frédérik avec son fusil, dans les bois de monsieur le marquis... c'est étonnant...

— Et y a-t-il longtemps de cela ?

— Ma foi, madame, il y a bien une demi-lieure, car la lune ne faisait encore que de pointer.

— Jean-François, dit précipitamment la jeune mère, vous êtes un brave et digne homme... Je suis dans une inquiétude mortelle, il faut que vous me conduisiez à l'endroit où vous avez vu mon fils.

Après avoir regardé madame Bastien avec compassion, le métayer lui dit :

— Tenez... madame... je vois ce qui vous tourmente... et dame... vous n'avez peut-être pas tort d'être inquiète...

— Achevez... achevez.

— Eh bien ! voilà le fin mot : vous craignez que monsieur Frédérik ne soit à l'affût, ce soir, dans le bois de monsieur le marquis, n'est-ce pas? Moi je le crois comme vous, madame, et, franchement, il y a de quoi s'alarmer, car monsieur le marquis est aussi déchaîné contre les braconniers et aussi jaloux de son gibier que feu son père ;... ses gardes sont méchans en diable... et s'ils trouvaient monsieur Frédérik à l'affût, ma foi ça irait mal...

— Oui, c'est cela que je redoute, — reprit vivement madame Bastien, quoiqu'une appréhension tout autrement terrible, quoique vague encore, vînt l'assaillir. — Vous le voyez, Jean-François, — ajouta-t-elle d'un ton suppliant, — il n'y a pas un moment à perdre... il faut qu'à tout prix je ramène mon fils ; venez... venez...

— Tout de suite, madame, — dit avec empressement le métayer, et il se dirigea vers la porte. — Nous n'avons qu'à prendre le petit sentier dans les blés noirs, nous couperons au court, et nous serons dans un quart-d'heure à la forêt...

— Merci de votre bonté, Jean-François, — dit madame Bastien avec émotion, — oh ! merci... Marchez... je vous suis ; partons vite...

— Mais, notre homme, — dit la métayère à son mari au moment où il sortait, — en prenant la *sente*, il faudra traverser la tourbière... et cette chère madame qui est chaussée *fin* se mouillera terriblement et pourra *amasser du mal*.

— Jean-François, je vous en conjure, ne perdons pas un instant, — dit madame Bastien.

Et, s'adressant à la métayère :

— Merci, bonne mère, je vous renverrai tout à l'heure votre mari.

XVI.

Lorsque Marie Bastien et son guide sortirent de la métairie, la lune, ayant dissipé la brume, brillait d'un vif éclat.

L'on apercevait à peu de distance les grandes masses noires des arbres de la forêt se découpant sur le sombre azur du ciel étoilé.

Le silence était profond.

Sur la terre durcie, l'on n'entendait que le bruit sonore et hâté des sabots de Jean-François.

Il se retourna bientôt et dit à la jeune femme en modérant sa marche :

— Pardon, madame... je vas peut-être trop vite ?

— Trop vite ?... non, non, mon ami... vous n'irez jamais trop vite... Marchez... marchez, je peux vous suivre...

Et après un moment de silence, elle reprit en se parlant à elle-même :

— Ces balles... pourquoi faire ? pourquoi ce mensonge ? peut-être Jean-François dit-il vrai... Frédérik aura voulu aller à l'affût dans ces bois, et il se sera caché de moi... et pourtant, toute la journée il a été si sombre, si concentré, que je ne puis croire qu'il songe à la chasse... Depuis si longtemps il n'avait pas touché un fusil !...

Au bout de quelques instans de marche, s'adressant de nouveau à son guide :

— Quand vous avez vu mon fils, vous n'avez pas remarqué sa figure ?

Et comme le métayer se retournait pour lui répondre, madame Bastien lui dit :

— Parlez-moi en marchant, ne perdons pas une minute.

— Dame ! de loin et à la nuitée, je n'ai pu remarquer la figure de monsieur Frédérik, madame...

— Sa démarche ne vous a pas paru brusque, agitée ?

— Je ne peux pas trop vous dire, madame ; il a traversé la montée en courant pour entrer dans le taillis, où il s'est sans doute mis à l'affût ; ça n'a pas duré longtemps...

— C'est vrai... je fais des questions folles, — se dit la jeune mère. — Comment cet homme aurait-il pu remarquer cela ?...

Elle reprit tout haut :

— Et ce taillis où est entré mon fils... vous pourrez le reconnaître, Jean-François ?

— Oh ! très facilement, madame : il est à dix toises en

avant du poteau des *Quatre-Bras*, qui marque la grand'-route du château.

— Mon Dieu ! Jean-François... que le chemin est long !... Nous n'arriverons donc jamais ?

— Encore... un demi-quart d'heure, madame.

— Un demi-quart d'heure... mon Dieu !...—murmura la jeune mère. — Hélas !... il se passe tant de choses... en un demi-quart d'heure !

Marie et son guide continuèrent de s'avancer d'un pas précipité.

Plusieurs fois la jeune femme fut obligée d'appuyer ses deux mains contre sa poitrine pour comprimer la violence des battemens de son cœur, qu'augmentait encore cette course haletante.

Déjà l'on apercevait très distinctement les arbres de la lisière de la forêt.

— Madame, — dit le métayer en s'arrêtant, — nous voici aux tourbières... prenez garde... il y a des meulières profondes... et dangereuses... Voulez-vous que je vous aide ?...

— Allez, allez, Jean-François ; hâtez le pas, s'il est possible... ne vous occupez pas de moi.

Et, d'un pas rapide et sûr, Marie traversa de périlleuses fondrières, où elle n'eût pas osé s'aventurer en plein jour.

Au bout de quelques minutes, elle reprit :

— Jean-François, quelle heure peut-il être ?

— D'après la lune... il ne doit pas être loin de sept heures... madame.

— Et une fois entrés dans la forêt... serons-nous loin du taillis ?

— A cent pas... au plus... madame.

— Vous entrerez dans ce taillis d'un côté, Jean-François, moi de l'autre, et nous appellerons Frédérik de toutes nos forces... S'il ne nous répond pas... — ajouta la jeune femme en frissonnant, — s'il ne nous répond pas... nous chercherons plus loin... car nous ne pouvons pas manquer de le trouver, n'est-ce pas, Jean-François ?

— Certainement, madame ; mais si vous m'en croyez, pour plus de prudence, nous n'appellerons pas monsieur Frédérik.

— Pourquoi cela ?

— Nous pourrions, voyez-vous, madame, donner l'éveil aux gardes de ronde... ils doivent être tous sur pied, car un clair de lune pareil semble fait exprès pour les *affûtiers*.

— Vous avez raison... nous chercherons mon fils... sans rien dire, — répondit Marie en tressaillant.

Puis, cachant sa figure dans ses mains pendant une seconde, comme si elle voulait échapper à une horrible vision, elle s'écria :

— Ah !... je deviendrai folle !...

Elle se remit à marcher sur les pas de son guide.

Soudain, prêtant l'oreille et s'arrêtant brusquement :

— Jean-François, avez-vous entendu ?...

— Oui... madame... c'est encore loin.

— Quel est ce bruit ?

— Ça vient par la sortie de la cavée... C'est le galop d'un cheval dans la forêt... C'est peut-être le garde-général de monsieur le marquis... Il inspecte sans doute si les gardes font leur tournée...

Le métayer, homme robuste, avait marché si vite que, lorsqu'il atteignit enfin la lisière de la forêt, il suait à grosses gouttes, tandis que Marie frissonnait ; il lui semblait que tout son sang refluait vers son cœur... et s'y glaçait...

— Maintenant, madame, nous allons prendre ce sentier sous bois, qui nous raccourcit de beaucoup... car il nous mène droit au poteau des Quatre-Bras... seulement, garez votre figure avec vos mains, madame, faites bien attention, car, dans le fourré que nous allons traverser, il y a des houx terriblement forts et piquans.

En effet, à plusieurs reprises, les mains délicates de Marie, qu'elle étendait en avant, furent déchirées, ensanglantées par les pointes acérées des feuilles du houx...

Mais la jeune femme ne sentit rien.

— Ces balles, — se disait-elle, — pourquoi ces balles ?... oh ! je ne veux pas y songer... je tomberais là... d'épouvante, et j'ai besoin de tout mon courage...

A ce moment le galop du cheval, que l'on avait entendu au loin, se rapprocha de plus en plus...

Puis il cessa soudain, comme si le cavalier se fût mis au pas pour gravir la rapide montée.

Le métayer et madame Bastien, sortant bientôt de l'épais fourré qu'ils venaient de traverser, se trouvèrent dans un large rond-point, au centre duquel se dressait un poteau, dont chacun des bras correspondait à d'immenses allées qui se prolongeaient à perte de vue à travers la forêt ; leur sol, alternativement coupé par les ombres noires des arbres et par les blanches clartés de la lune, offrait d'étranges contrastes de lumière et d'obscurité.

— C'est à vingt pas d'ici, au sommet de la montée, que j'ai vu entrer monsieur Frédérik dans ce taillis qui borde la route, — dit le métayer en indiquant à madame Bastien un fourré de jeunes chênes, — devancé de beaucoup la jeune marquis au passage de la montée, passage obligé pour regagner le château.

Raoul, prenant en gaieté les singuliers événemens de la soirée, sifflait un air de chasse pendant que son cheval gravissait très lentement la côte très ardue en cet endroit.

Marie, dans une anxiété croissante, s'avançait toujours à travers le taillis.

Elle arriva bientôt à une grande clairière éclairée par la lune.

Au milieu de cet espace s'élevait un chêne immense ; une mousse épaisse et des détritus de feuilles qui jonchaient le sol amortissant le bruit des pas, la jeune femme put s'approcher sans avoir attiré l'attention de son fils, qu'elle aperçut à demi caché par l'énorme tronc du chêne.

Ce qui se passa ensuite fut si rapide qu'il serait impossible de donner une idée de la soudaineté de cette péripétie ; il faut donc se résigner à raconter longuement un incident aussi prompt que la pensée.

Frédérik, profondément attentif et absorbé, n'avait ni vu ni entendu s'approcher sa mère, dont la marche s'amortissait sur la mousse ; tête nue, il appuyait un genou en terre, et tenait son fusil à demi abaissé, comme s'il n'eût plus attendu que le moment extrême d'épauler et de tirer.

Quoiqu'elle eût tâché de fuir cette idée, la malheureuse mère... avait, en accourant à la forêt, parfois tressailli d'épouvante, pensant à la possibilité d'un suicide... crainte horrible, éveillée dans son esprit par divers incidens des journées précédentes. Que l'on juge de la joie folle de madame Bastien, lorsque, à la posture de son fils, elle crut les soupçons du métayer justifiés, et qu'il s'agissait seulement d'un dangereux braconnage.

Aussitôt, dans un aveugle élan de bonheur, de tendresse, la jeune femme se jeta d'un bond sur son fils avec une sorte de frénésie, sans prononcer une parole.

Et cela, au moment même où Frédérik, abaissant son fusil, murmurait d'une voix sardonique et féroce :

— Tiens... MONSIEUR LE MARQUIS !...

C'est qu'en effet, Frédérik venait de voir, à dix pas de lui, s'avancer, éclairé en plein par la lune, et découvert jusqu'à mi-corps, grâce à une éclaircie du taillis, Raoul de Pont-

Brillant, montant toujours la côte au pas de son cheval... et continuant de siffler indolemment son air de chasse...

Le mouvement de madame Bastien avait été si soudain, si impétueux, que le fusil de son fils s'échappa de ses mains, au moment où il allait faire feu... et tomba sur la mousse...

— Ma mère !... — murmura Frédérik pétrifié.

Cette péripétie, rapide comme la foudre, s'était passée presque en silence.

La sonorité des pas du cheval de Raoul de Pont-Brillant, et le son de l'air de chasse qu'il sifflait, avaient d'ailleurs, en partie, couvert le bruit causé par madame Bastien.

Cependant, le jeune marquis, s'arrêtant court au delà de l'éclaircie qui l'avait mis en évidence, discontinua de siffler, se pencha sur sa selle... et dit d'une voix ferme :

— Qui va là ?

Puis il prêta de nouveau l'oreille.

Marie, qui venait de découvrir le terrible mystère de la présence de son fils dans la forêt, mit sa main sur la bouche de Frédérik, en l'enveloppant de ses bras... et écouta... suspendant sa respiration.

Raoul de Pont-Brillant, ne recevant point de réponse, s'était dressé sur ses étriers, afin de voir de plus haut et de regarder du côté du gros chêne où il avait entendu un léger bruit.

Heureusement, l'ombre épaisse projetée par cet arbre énorme, et la hauteur des taillis qui bordaient la route au delà de l'éclaircie, déjà dépassée par le jeune marquis, l'empêchèrent de rien apercevoir.

Ayant encore écouté pendant quelques secondes, et ne se doutant pas que son ennemi inconnu l'eût devancé à ce passage, Raoul remit son cheval au pas, et se dit :

— C'est quelque fauve qui aura bondi d'effroi... à travers le fourré...

Puis la mère et le fils, muets, immobiles, glacés d'épouvante, serrés l'un contre l'autre, entendirent le jeune homme recommencer à siffler son air de chasse.

Ce bruit s'affaiblit de plus en plus, et bientôt se perdit au loin dans le grand silence de la forêt.

XVII.

Madame Bastien ne pouvait plus douter du projet de Frédérik...

Elle l'avait vu ajuster Raoul de Pont-Brillant, en disant :

— Tiens, monsieur le marquis.

Ce guet-apens paraissait à la fois si lâche, si horrible, à la malheureuse femme, que, malgré l'évidence des faits, elle voulut encore douter de cette effrayante découverte.

Frédérik s'était brusquement relevé après le premier saisissement causé par la vue et par l'étreinte de sa mère ; debout, les bras croisés sur sa poitrine, les yeux fixes et sombres, les traits couverts d'une pâleur livide, que la clarté bleuâtre de la lune faisait ressortir encore, il restait muet, immobile comme un spectre.

— Frédérik... lui dit madame Bastien, dont les lèvres tremblaient si fort qu'elle mettait une pause entre chaque parole, — que faisais-tu... là... mon enfant ?...

L'adolescent demeura silencieux.

— Tu ne me réponds pas ?... tes yeux sont fixes... hagards... Tiens, vois-tu ?... mon pauvre enfant... la nuit dernière... je t'ai entendu... tu as été si agité... tu souffres tant depuis quelques jours, que tu auras été pris tout à coup d'un accès de fièvre chaude... d'une sorte de délire... et la preuve... c'est que tu ne sais pas seulement comment il se fait que tu te trouves ici... Tu es... comme si tu t'éveillais d'un songe, n'est-ce pas, Frédérik ?

Madame Bastien, fermant volontairement les yeux plutôt que d'envisager une réalité terrible, tâchait de se persuader que Frédérik ne jouissait pas de sa raison.

— Oui, je suis certaine, — reprit-elle, — que c'est à peine si tu as conscience de ce qui s'est passé depuis ton départ de la maison... n'est-ce pas ?.. Tu ne me réponds rien... oh ! je comprends... la pauvre tête est encore troublée... Reviens à toi, mon enfant... calme-toi... mon Dieu ! Tu ne me reconnais donc pas ?... C'est moi... ta mère...

— Je vous reconnais, ma mère...

— Enfin !

— J'ai toute ma raison...

— Ah !... oui, maintenant... Dieu merci ! mais pas tout à l'heure...

— Je l'ai toujours eue...

— Non... mon pauvre enfant, non.

— Je sais où je suis...

— Oui, à présent... tu te reconnais... mais pas tout à l'heure.

— Je vous dis, ma mère, que je sais pourquoi je suis venu ici... à dix pas du poteau des Quatre-Bras... me mettre à l'affût... avec des balles dans mon fusil.

— Ah !... bien ! c'est cela... alors, — dit l'infortunée en feignant d'être rassurée. — Jean-François le métayer ne s'était pas trompé, il me l'avait bien dit...

— Il avait bien dit... quoi ?

— Que tu venais te mettre à l'affût... car, à la nuit tombante, il t'avait vu entrer dans ce taillis avec ton fusil, et même il s'était dit : — Tiens ! voilà monsieur Frédérik, il va sans doute braconner dans les bois de Pont-Brillant. — Lorsque j'ai appris cela... juge de mon inquiétude... tout de suite je suis accourue... avec Jean-François, je conçois... car... en vérité, tu es d'une imprudence folle... mon pauvre enfant... tu ne sais donc pas que les gardes de monsieur le marquis...

Ces mots de *monsieur le marquis* firent sortir Frédérik de son calme effrayant ; il serra les poings avec fureur, et s'écria, regardant sa mère en face avec une expression féroce :

— C'est à l'affût de... monsieur le marquis que j'étais... entendez-vous, ma mère ?

— Non, Frédérik, — répondit la malheureuse femme, en frissonnant de tout son corps, — non, je n'entends pas... et d'ailleurs est-ce que je comprends quelque chose... à vos termes de chasse... moi ?...

— Ah ! — fit Frédérik avec un affreux sourire, — je vais me faire comprendre : Eh bien ! sachant que *monsieur le marquis* devait passer par ici... ce soir... à la nuit tombante, j'ai mis des balles dans mon fusil, et je suis venu m'embusquer derrière cet arbre pour tuer *monsieur le marquis* lorsqu'il passerait. Comprenez-vous, ma mère ?

A ces épouvantables paroles, madame Bastien eut un moment de vertige, puis elle fut héroïque.

Appuyant une de ses mains charmantes sur l'épaule de son fils, elle lui posa son autre main sur le front en se disant d'une voix calme... très calme... et feignant de se parler à elle-même :

— Comme sa pauvre tête est brûlante... il est encore dans le délire de la fièvre... Mon Dieu ! mon Dieu ! comment le décider à me suivre ?

Frédérik, d'abord stupéfait du langage et de l'apparente tranquillité de sa mère, après le terrible aveu qu'il venait de lui faire dans l'exaspération de sa haine, s'écria :

— Je vous dis que j'ai toute ma raison, ma mère... c'est vous autant que moi que je veux venger... et ma haine, voyez-vous, est...

— Oui... oui, mon enfant, je te crois. — dit madame Bastien, en l'interrompant, trop épouvantée pour remarquer les dernières paroles de Frédérik ; puis, le baisant au front, elle ajouta, de ce ton que l'on emploie lorsque l'on ne veut pas contredire les fous :

— Oui, certainement, tu as ta raison... aussi tu vas revenir avec moi ; il se fait tard, et il y a longtemps que nous sommes dans ces bois.

— La place est bonne, — dit Frédérik d'une voix sourde,
— j'y reviendrai.
— Sans doute... nous reviendrons... mon enfant... mais, tu comprends,... il faut d'abord commencer par nous en aller... n'est-ce pas?
— Mais, ma mère... ne me poussez pas à bout !...
— Tais toi... oh ! tais-toi...— dit soudain Marie avec effroi en mettant une main sur la bouche de son fils et écoutant attentivement.
— Entends-tu? — reprit-elle, — on marche dans le taillis... Oh ! mon Dieu ! on vient !
Frédérik ramassa son fusil.
— Ah !... je sais, — reprit la jeune femme dont l'alarme cessa après un moment de réflexion ; — je sais, c'est Jean-François... il devait te chercher d'un côté, moi de l'autre...
Puis, appelant à demi-voix :
— Est-ce vous, Jean-François ?
— Oui... madame Bastien, — répondit le métayer que l'on ne voyait pas encore, mais que l'on entendait venir en écartant les branchages ; — je n'ai pas trouvé monsieur Frédérik.
— Rassurez-vous, mon fils est là... Jean-François.
— Ah !... tant mieux, madame Bastien, — dit le métayer, — car je viens d'entendre parler là-bas... du côté de l'étang... pour sûr, c'est une ronde des gardes de monsieur le marquis.
Ce disant, le métayer parut dans la clairière.
Frédérik, malgré l'audace de sa haine, n'osa pas, en présence d'un étranger, répéter les menaces qu'il avait proférées devant sa mère ; il mit son fusil sous son bras, et toujours sombre, silencieux, il se disposa à suivre madame Bastien.
— Allons, allons, monsieur Frédérik, dit le métayer, — il ne faut pas tenter le diable ; les gardes de monsieur le marquis approchent ; vous êtes dans un fourré... votre fusil à la main ; il fait un clair de lune superbe pour les braconniers... c'est assez pour qu'on vous déclare procès-verbal...
Puis, s'adressant à madame Bastien :
— Je vas marcher devant madame, je connais une petite sente qui nous conduira droit et vite hors de ce taillis et du côté opposé à celui où l'on entend les gardes.
Les forces de Marie étaient à bout ; elle s'appuya sur le bras de son fils qui, toujours concentré, ne lui adressa pas une parole...
A son arrivée chez le métayer, la jeune mère, pâle, affaiblie, frissonnait de tous ses membres ; Jean-François voulut absolument atteler son cheval à sa charrette pour reconduire Marie et son fils ; elle accepta cette offre, car, brisée par tant d'émotions, elle eût été incapable de faire de nouveau à pied le long trajet qui séparait la métairie de sa maison, où elle arriva avec son fils vers neuf heures du soir.
A peine de retour, Frédérik chancela, perdit connaissance et tomba bientôt dans une violente attaque nerveuse qui porta l'effroi de sa mère à son comble ; cependant, aidée de sa vieille servante, elle donna tous les soins possibles à son fils qui fut transporté dans sa chambre et mis au lit.
Durant cet accès spasmodique, et bien que ses yeux fussent fermés, Frédérik versa des larmes.
Revenu à lui et voyant sa mère penchée à son chevet, il lui tendit les bras et la serra longtemps contre lui, avec des sanglots déchirans. Puis, cette nouvelle crise passée, il dit se trouver plus calme et avoir surtout besoin de solitude et d'obscurité ; se tournant alors vers la ruelle de son lit, il ne prononça plus une parole...
Marie, avec une rare présence d'esprit, avait, lors de son retour et pendant l'évanouissement de Frédérik, donné l'ordre de clouer en dehors les contrevens de la chambre où il couchait ; l'on n'entrait dans cette chambre que par la sienne à elle, où elle se proposait de veiller toute la la nuit, en laissant entr'ouverte la porte de communication... Elle n'avait donc pas à redouter jusqu'au lendemain quelque nouvel égarement de la part de son malheureux enfant.

Elle n'était pas de ces femmes que la douleur paralyse et frappe d'irrésolution ou d'impuissance. Si épouvantable que fût la découverte qu'elle venait de faire, une fois seule, elle l'envisagea résolûment, après avoir voulu se persuader un instant que son fils n'avait pas sa tête à lui en préméditant un crime exécrable.

— Je n'en puis douter,— se dit-elle,— Frédérik éprouve une haine implacable contre le jeune marquis de Pont-Brillant... Les ressentimens de cette haine, longtemps concentrée sans doute, sont cause du changement qui s'est opéré en lui depuis quelques mois. Cette haine est arrivée à ce point d'exaltation que mon fils, après avoir tenté de tuer monsieur de Pont-Brillant, n'a peut-être pas renoncé à cette horrible pensée. Voilà les faits. Maintenant quelle circonstance mystérieuse a pu faire naître et développer chez mon fils cette rage contre un adolescent de son âge? Comment mon fils, élevé par moi et qui naguère me rendait la plus fière, la plus heureuse des mères, en est-il venu à concevoir l'idée... d'un tel crime? Tout ceci est secondaire ; je chercherai plus tard à résoudre ces questions qui confondent ma raison et me font douter de moi-même...

— Ce qu'il faut d'abord, et à l'instant, c'est arracher mon fils à d'horribles tentations, et l'empêcher matériellement de commettre un meurtre... Voilà ce qui est imminent.

Et après avoir été, sur la pointe du pied, prêter l'oreille à la porte entr'ouverte de la chambre de Frédérik, qu'elle entendit pousser un gémissement douloureux, après quoi il retomba dans un morne silence, Marie se mit à sa table et écrivit la lettre suivante à son mari :

A monsieur Bastien.

« Je vous ai déjà écrit, il y a quelques jours, mon ami,
» au sujet de la mauvaise santé de Frédérik et du départ
» de l'instituteur que vous m'aviez autorisée à prendre.
» L'état de mon fils s'aggrave, il me donne de sérieuses
» inquiétudes, il est urgent de prendre un parti décisif...
» Je suis allée avant-hier consulter encore notre ami le
» docteur Dufour. Il pense que l'âge et la croissance de
» Frédérik causent son état nerveux, inquiet, maladif ; il
» m'a engagée à donner à cet enfant le plus possible de
» distractions, ou, ce qui serait de beaucoup préférable,
» à le faire voyager.
» C'est à ce dernier parti que je m'arrête ; dans la complète solitude où nous vivons, il me serait impossible de
» donner aucune distraction à Frédérik.
» Il n'est pas probable que vos affaires vous permettent
» de nous accompagner à Hyères, où je désire conduire
» mon fils ; en tous cas, je partirai avec lui ; Marguerite
» nous accompagnera. Notre voyage durera cinq ou six
» mois, peut-être moins ; cela dépendra de l'amélioration
» de la santé de Frédérik.
» Pour mille raisons trop longues à vous énumérer ici,
» j'ai fixé mon départ à *lundi prochain ;* je serais parti
» demain si j'avais eu l'argent nécessaire ; mais j'ai employé, comme d'habitude, aux dépenses de la maison,
» la somme que votre correspondant m'a fait tenir pour
» cet usage à la fin du mois dernier ; et, vous le savez,
» sauf les cent cinquante francs que vous me donnez mensuellement pour mon entretien et celui de Frédérik, je
» n'ai pas d'argent.
» J'envoie cette lettre *ce soir* à Blois par un exprès : ainsi
» elle gagnera six heures, vous la recevrez *après-demain*
» *matin ;* je vous conjure de me répondre courrier par courrier et de m'envoyer un mandat sur votre banquier de
» Blois ; je ne sais quelle somme vous fixer ; vous connaissez la simplicité de mes habitudes, calculez ce qu'il
» faut pour nous rendre à Hyères avec Frédérik et Marguerite par la diligence ; ajoutez à cela les petites dépenses imprévues du voyage, et de quoi vivre à Hyères

» pendant les premiers temps de notre séjour; je m'éta-
» blirai là le plus économiquement possible, je vous écri-
» rai ensuite combien nous aurons à dépenser par mois.
» Ordinairement la multiplicité de vos affaires, sans
» doute, vous empêche de me répondre, ou rend vos ré-
» ponses très tardives, il n'en sera pas ainsi de cette let-
» tre... vous en comprendrez l'*excessive importance.*
» Je ne veux pas vous alarmer; mais je dois vous le
» dire, l'état de Frédérik offre des symptômes d'une telle
» gravité que ce *voyage peut être et sera, je l'espère...* LE
» SALUT DE MON FILS.
» Je crois vous avoir donné, depuis bientôt dix-sept ans,
» assez de raisons de compter sur la solidité de mon ca-
» ractère et sur la tendresse éclairée que je porte à Fré-
» dérik, pour être assurée d'avance que vous approuve-
» rez ce voyage, si soudain qu'il doive vous paraître; vous
» aiderez, n'est-ce pas, de tout votre pouvoir, à une réso-
» lution dictée par la plus *impérieuse,* la plus *urgente né-
» cessité.*
» Je laisserai ici le vieil André; il gardera la maison et
» fera votre service lorsque vous viendrez; c'est un
» homme très sûr, à qui je puis tout confier en mon ab-
» sence... Ce voyage n'offre donc sous ce rapport aucun
» inconvénient.
» Adieu, je suis très inquiète et très triste.
» Je terminerai promptement cette lettre afin de l'envoyer
» ce soir même.
« *Lundi matin,* au reçu de votre réponse, je vous écri-
» rai, je porterai moi-même la lettre à Blois: j'y serai
» vers deux heures, afin de recevoir de votre correspon-
» dant l'argent nécessaire à notre voyage; je prendrai
» le soir même la voiture de Paris, où nous ne resterons
» que vingt-quatre heures, pour de là gagner Lyon, et
» continuer notre route vers le Midi.
» Encore adieu.
» MARIE BASTIEN. »

Ceci écrit, madame Bastien donna l'ordre d'atteler le cheval et d'aller aussitôt porter cette lettre à Blois.
Au retour, l'on devait passer par Pont-Brillant et y laisser un billet que Marie écrivit au docteur Dufour, afin de le prier de venir le lendemain, et pour l'instruire de la crise nerveuse dont Frédérik avait été atteint.
Restée seule, et après s'être plusieurs fois assurée de l'état de son fils qui paraissait céder à une sorte d'assoupissement mêlé d'agitation, madame Bastien réfléchit encore à la détermination qu'elle venait de prendre au sujet de ce voyage soudain, et le trouva de plus en plus opportun...
Elle se demanda seulement avec angoisse comment faire pour empêcher Frédérik de la quitter un seul moment jusqu'au jour de leur départ.
Minuit venait de sonner.
La jeune mère était plongée dans la plus navrante méditation lorsque, au milieu du profond silence de la nuit, il lui sembla d'abord entendre au loin le bruit du galop d'un cheval sur le chemin qui passait devant la ferme, puis, que ce cheval s'arrêtait à la porte de la maison.
Bientôt Marie n'eut plus de doute, l'on se mit à sonner violemment au dehors.
L'heure si indue, que, s'imaginant que les gardes du marquis avait connaissance du guet-apens tendu par Frédérik, et que l'on venait peut-être l'arrêter, madame Bastien se sentit saisie d'épouvante; terreur exagérée, terreur folle, mais, hélas! excusable dans l'état d'esprit où se trouvait la pauvre jeune femme; aussi, lorsqu'elle eut entendu sonner, cédant à un mouvement machinal, elle courut fermer la porte de la chambre de son fils, en cacha la clef, et prêta de nouveau l'oreille avec une angoisse profonde.
Depuis quelques momens, un bruit insolite régnait dans la maison, l'on frappa à la porte de la chambre de madame Bastien.
— Qui est là? — demanda-t-elle.
— Moi... Marguerite, madame.

— Que me voulez-vous?...
— Madame... c'est monsieur le docteur Dufour, il vient d'arriver à cheval...
Marie respira et rougit de ses folles craintes.
Marguerite continua:
— Monsieur le docteur voudrait parler à madame pour quelque chose de très pressé, de très important!
— Priez monsieur le docteur de m'attendre dans la bibliothèque... Faites-y tout de suite du feu, et mettez-y de la lumière.
— Oui, madame.
Mais réfléchissant qu'ainsi elle s'éloignait de son fils, madame Bastien rappela vivement la servante et lui dit:
— Je recevrai monsieur Dufour ici, dans ma chambre priez-le de monter.
— Oui, madame...
— Le docteur ici.. à une pareille heure? — se dit madame Bastien, profondément surprise, — que peut-il vouloir? il est impossible qu'il ait déjà reçu ma lettre.
Presque aussitôt le médecin entra chez madame Bastien, précédé de Marguerite qui se retira discrètement.
Les premiers mots de monsieur Dufour, à la vue de Marie, furent:
— Ah!... mon Dieu!... qu'avez-vous!
— Moi, docteur?... mais rien...
— Rien!... — s'écria le médecin en regardant Marie avec une surprise douloureuse, car depuis la veille, et surtout ensuite des terribles émotions de la soirée, les traits de la jeune femme avaient subi une altération profonde, saisissante. — Rien, — répéta le docteur, — vous n'avez rien...
Madame Bastien, comprenant la pensée de monsieur Dufour à son accent et à l'expression de son visage, répondit avec une simplicité navrante:
— Ah... oui... je sais...
Portant alors un doigt à ses lèvres, elle ajouta à demi-voix en montrant du regard la porte de la chambre de Frédérik:
— Parlons tout bas... je vous en prie, cher docteur... mon fils est là... il dort, il a eu ce soir une cruelle crise... je viens de vous écrire, je vous priais de venir demain... c'est le ciel qui vous envoie...
Remis de la pénible impression qu'il avait ressentie à la vue du changement des traits de madame Bastien, le docteur lui dit en baissant le ton de sa voix:
— Puisque je viens à propos, je n'aurai pas alors à vous prier d'excuser cette visite faite à une heure si avancée...
— Peu importe... mais de quoi s'agit-il donc?
— J'ai à vous entretenir de choses très graves, qui ne peuvent souffrir aucun retard... C'est ce qui m'a forcé de venir chez vous presque au milieu de la nuit et au risque de vous inquiéter.
— Mon Dieu, qu'y a-t-il donc?
— Votre fils dort... n'est-ce pas?
— Je le crois...
— Mais s'il ne dormait pas, pourrait-il nous entendre?
— Non... si nous nous rapprochons de la cheminée et que nous parlions bas.
— Rapprochons-nous donc de la cheminée et parlons bas, — reprit monsieur Dufour, — car s'il s'agit de lui.
— De Frédérik?
— De Frédérik, — répondit le docteur, en allant s'asseoir à côté de la cheminée, auprès de madame Bastien.
Et, en effet, grâce à l'éloignement et à l'épaisseur de la porte de sa chambre à coucher, Frédérik ne pouvait et ne put entendre un mot de l'entretien suivant.

XVIII.

Ces mots du docteur Dufour : — *Je viens vous parler de Frédérik*, — étaient d'un si étrange à propos, que Marie, sans trouver une parole, regarda le médecin avec une profonde surprise.

Il s'en aperçut et reprit :
— Oui, madame... je viens vous parler de votre fils...
— Et... à quel sujet?
— Au sujet... du changement moral et physique que vous remarquez en lui, et qui vous donne de si cruelles inquiétudes...
— Oui... oh! oui... bien cruelles...
— Il s'agirait... de le guérir peut-être...
— Vous!... mon bon docteur?
— Moi!... non.
— Que voulez-vous dire?...

Après un moment de silence, le docteur tira une lettre de sa poche, et la remettant à madame Bastien :
— Ayez d'abord la bonté de lire cette lettre que j'ai reçue ce soir.
— Cette lettre! et de qui est-elle?
— Veuillez la lire.
— Marie, de plus en plus étonnée, prit la lettre et lut ce qui suit :

« Mon cher Pierre, la diligence s'arrête durant une
» heure; je profite de cette occasion pour t'écrire en
» hâte.
» Après t'avoir quitté hier soir, le sujet de notre dernier
» entretien a occupé toute ma pensée, j'y comptais; ce
» que j'ai vu, ce que j'ai appris par ton récit, ne pouvait
» faire sur moi une impression éphémère...
» Cette nuit, ce matin encore, je n'ai donc songé qu'au
» pauvre enfant de madame Bastien. »

Marie, interrompant sa lecture, regarda le docteur avec un étonnement extrême et lui dit vivement :
— De qui est donc cette lettre?
— De mon meilleur ami, d'un homme du caractère le plus généreux, du cœur le plus noble qu'il y ait au monde...
— Le titre de votre meilleur ami disait *tout cela* pour moi ; mais comment donc sait-il?...
— Vous rappelez-vous... le jour de la Saint-Hubert, chez moi... cet étranger?...
— A qui mon fils a répondu si... durement!
— Oui...
— Et vous avez dit... à cette personne...
— Tout ce qu'il y avait... d'admirable dans votre dévouement maternel... Oui, j'ai commis cette indiscrétion... je m'en accuse... Veuillez, je vous en prie, continuer la lecture de cette lettre.

Marie continua et relut ces mots avec une attention marquée :

« ... *Cette nuit, ce matin encore, je n'ai donc songé qu'au*
» *pauvre enfant de madame Bastien.*
» Tu le sais, Pierre, physiomoniste exercé par de nom-
» breuses observations, j'ai été rarement trompé par les
» inductions caractéristiques que je tirais de certaines
» physionomies.
» Aussi, en réfléchissant à mes remarques d'hier, à ce
» que j'ai vu, à ce qui est arrivé lors du passage de ce cor-
» tége de chasse, tout me donne la CONVICTION *que le fils*
» *de madame Bastien est possédé d'une haine implacable...*
» *contre le jeune marquis de Pont-Brillant.* »

Marie, stupéfaite de la vérité de cette observation, que la scène de la forêt venait encore confirmer, tressaillit; à ce souvenir, qui réveilla ses terreurs, et cachant sa figure entre ses mains, elle ne put retenir un sanglot déchirant.
— Mon Dieu !... qu'avez-vous ? — s'écria le docteur.
— Ah !... — reprit-elle en frissonnant, — cela n'est que trop vrai...
— C'est de la haine que ressent Frédérik?
— Oui... — reprit Marie d'une voix étouffée, — une haine implacable!

Puis, frappée de la pénétration de l'ami du docteur Dufour, madame Bastien continua de lire avec un intérêt croissant :

« Cette haine admise... je n'ai pas cherché à en décou-
» vrir la cause... Pour y parvenir, il faudrait être jour-
» nellement avec ce pauvre enfant; alors à force de pa-
» tience, d'étude, de sagacité, l'on saurait sans doute ce
» secret... *découverte indispensable* à la guérison de Frédé-
» rik.
» A défaut de ce secret, je me suis demandé si cette
» haine devait être vivace, opiniâtre, et avoir ainsi fatale-
» ment de dangereuses conséquences, ou bien si ce n'était
» qu'un sentiment passager?
» Un examen attentif de la physionomie de Frédérik,
» dont j'ai conservé le souvenir le plus précis, l'angle de
» son front, le contour de son menton, me donnent la
» conviction qu'il n'est pas de caractère plus résolu... plus
» tenace que celui du fils de madame Bastien.
» Cette conviction bien établie qu'une haine implacable
» est déjà profondément enracinée dans le cœur de Fré-
» dérik, je me suis demandé d'abord par quelle apparente
» contradiction, élevé par une mère telle que la sienne,
» il pouvait être en proie à une si funeste passion? »

Mais... mon Dieu! — dit vivement Marie, — quel est donc cet homme qui semble connaître mon fils mieux peut-être que je ne le connais moi-même?... cet homme dont la pénétration... m'effraye... car elle a été encore plus loin... encore plus avant.... que vous ne pouvez penser...
— Cet homme, — répondit le docteur, avec mélancolie, — cet homme a beaucoup souffert, beaucoup vu et beaucoup pensé... Là, est le secret de sa pénétration.

Madame Bastien se hâta de continuer sa lecture.

« Tu m'as dit, mon ami, que Frédérik était arrivé à ce
» tu appelles *un âge de transition*, époque de la vie sou-
» vent critique et signalée par de graves perturbations
» physiques.
» Frédérik peut, en effet, être soumis à l'action de cette
» crise; s'il en est ainsi, le voici donc, par son état, in-
» quiet, nerveux, impressionnable, très prédisposé à
» éprouver des sentiments d'autant plus puissants qu'ils sont
» nouveaux pour lui... et par cela même en dehors des
» prévisions de sa mère et de la salutaire influence qu'elle
» a jusqu'ici exercée sur lui.
» En effet, comment l'affection et la prudence de mada-
» me Bastien pouvaient-elles le prémunir contre un dan-
» ger qui ni lui ni elle ne soupçonnaient? Non, non, pas
» plus que son fils, elle ne devait s'attendre à ce brusque
» envahissement d'une passion violente et la conjurer à
» temps. Non, cette mère si éclairée n'a pas plus à se re-
» procher ce qui arrive aujourd'hui, qu'elle n'aurait eu
» de reproches à se faire si son fils enfant avait été at-
» teint de la rougeole, ou, adolescent, d'une maladie de
» croissance.
» Il en est ainsi de cette accusation que madame Bastien
» porte contre elle-même :
» *J'ai failli en quelque chose à mes devoirs de mère, puis-*
» *que je n'inspire pas à mon fils assez de confiance pour qu'il*
» *m'avoue ce qu'il ressent.*
» Eh! mon Dieu... je suis certain qu'avant ces tristes
» événements jamais Frédérik n'avait manqué de confiance
» envers sa mère...»

— Oh! jamais... dit Marie en interrompant sa lecture, jamais...

— Eh bien ! n'êtes-vous pas de l'avis de mon ami, — demanda le docteur, — quant au peu de justice des reproches que vous vous adressez?

— Oui... — reprit madame Bastien pensive, — je ne ferai pas de fausse modestie avec vous, bon docteur, j'ai la conscience d'avoir rigoureusement accompli ma tâche de mère. Il ne m'était pas humainement possible... je le reconnais, d'empêcher ou de prévenir le malheur qui m'accable dans mon fils...

— Est-ce que cela pouvait faire l'ombre d'un doute ?

— Un mot seulement, mon cher docteur, reprit Marie après quelques instans de silence, — votre ami a vu Frédérik quelques instans à peine... mais, hélas! suffisamment pour s'entendre adresser de blessantes paroles... Qu'un esprit généreux n'ait qu'indulgence et compassion pour l'emportement d'un pauvre enfant malade... je le conçois, mais entre ce bienveillant pardon... que jamais je n'oublierai... et l'intérêt profond, réfléchi... que votre ami montre pour Frédérik... il y a un abîme... Cet intérêt... qui a donc pu... le mériter à mon fils ?

— La fin de cette lettre vous le dira... Je puis cependant dès à présent vous mettre sur la voie... Mon ami a eu un frère... beaucoup plus jeune que lui et dont il a été uniquement chargé après la mort de leur père à tous deux... Mon ami aimait passionnément cet enfant... c'était la seule affection de sa vie studieuse et solitaire. Ce jeune frère avait l'âge de Frédérik ; comme lui il était beau, comme lui il était noblement doué... comme lui il était idolâtré, non par une mère... mais par le plus tendre des frères.

— Et qu'est-il devenu ? — demanda Marie avec intérêt, en voyant les traits du docteur s'assombrir.

— Ce jeune frère... mon ami l'a perdu... voilà bientôt six ans.

— Ah ! maintenant, je comprends, — s'écria Marie, — les belles âmes seules, loin de s'aigrir par la douleur, deviennent plus tendres, plus compatissantes encore.

— Vous dites vrai, — répondit le docteur avec émotion, — c'est une grande ame que celle de mon ami...

De plus en plus pensive, madame Bastien continua sa lecture :

« J'en suis presque certain, avant ces tristes circonstances,
» jamais Frédérik n'avait manqué de confiance envers sa
» mère... parce qu'il n'avait rien de coupable à lui dissimu-
» ler ; aussi, plus il se montre à cette heure impénétra-
» ble, plus on doit craindre que le secret qu'il cache ne
» soit fâcheux.
» Maintenant que la maladie nous est connue, ainsi que
» tu dirais, mon ami, quels sont les moyens, les chances
» de guérison ?
» Il faudrait, avant tout, *connaître la cause de la haine...*
» *de Frédérik*.... remonter jusqu'à la source de ce senti-
» ment, pour la tarir, ou du moins pour en détourner le
» dangereux courant.
» Cet important secret, essayera-t-on de le pénétrer ?
» Essayera-t-on de l'obtenir par la confiance ?
» Hélas ! il en est souvent de la confiance et de la dé-
» fiance, ou plutôt de la *non-confiance*, ainsi que de ces
» premières impressions d'où résultent des antipathies ou
» des sympathies invincibles.
» Frédéric aime tendrement sa mère, il est pourtant
» resté sourd à ses prières ; il est donc presque certain,
» maintenant, qu'il ne lui dira son funeste secret,
» soit par respect humain, soit pour ne pas compromettre
» le succès de sa vengeance... CONSÉQUENCE INÉVITABLE DE
» LA HAINE.... lorsqu'elle est aussi opiniâtre, aussi éner-
» gique qu'elle paraît l'être chez Frédérik. »

En lisant ces mots, soulignés par Henri David dans le but de leur donner une plus grave signification... ces mots, hélas ! trop justifiés par la scène de la forêt, les mains de madame Bastien frissonnèrent... et elle continua sa lecture d'une voix altérée :

« Il est donc à peu près démontré que madame Bastien
» doit renoncer à l'espoir d'obtenir, par la confiance, le
» secret de son fils.
» Emploiera-t-elle la pénétration ?
» La pénétration ? Mélange de froide observation... de
» dissimulation et de ruse... car, pour surprendre un se-
» cret obstinément caché,... il faut employer mille moyens
» détournés...
» Tristes moyens que leur but seul peut faire absoudre...
» Ainsi, tu ne crains pas, mon ami, d'employer quelque-
» fois de violens poisons pour la guérison de tes malades.
» Eh bien ! penses-tu qu'une femme pénétrée de la di-
» gnité maternelle veuille... et puisse s'abaisser à un pa-
» reil rôle ?... ou plutôt... (une mère songe peu à sa di-
» gnité lorsqu'il s'agit du salut de son enfant) crois-tu
» qu'une femme comme madame Bastien ait, non la *vo-*
» *lonté*, mais le *pouvoir* de jouer un rôle si complexe, si
» difficile, si ténébreux, un rôle qui exige tant de sang-froid,
» et, je le répète, tant de dissimulation ?
« Non, non, la pauvre mère... pâlirait, rougirait, se
» trahirait à tout moment... et, malgré sa résolution, elle
» hésiterait à chaque pas tenté dans cette voie souter-
» raine... en sachant même que cette voie peut aboutir au
» salut de son fils. »

Madame Bastien baissa la tête avec accablement... ses mains, qui tenaient la lettre, retombèrent sur ses genoux... deux larmes coulèrent lentement de ses yeux fixes, alors voilés par la douleur... elle dit en soupirant :

— Il n'est que trop vrai, je reconnais mon impuissance !...

— Je vous en supplie... ne vous désolez pas ainsi ! — s'écria le docteur ; — vous auriez-je, mon Dieu ! apporté cette lettre... et d'ailleurs, mon ami l'eût-il écrite s'il n'avait cru trouver... et, en effet, trouvé, je l'espère, le moyen de remédier aux périls, aux difficultés qu'il vous signale ? Achevez... achevez de lire, je vous en conjure...

Marie secoua tristement la tête et poursuivit :

« Voici maintenant, selon moi, les deux seuls partis à
» prendre par madame Bastien pour conjurer les maux
» dont elle s'alarme avec raison :
» Suivre et développer la sage pensée qu'elle avait eue
» de s'adjoindre un précepteur.
» Je m'explique : il s'agirait, selon moi, bien moins d'in-
» téresser pour le moment Frédérik à de nouvelle études,
» que de lui enseigner des vérités pratiques ; car il arrive
» une époque où la tendresse maternelle la plus éclairée
» est insuffisante pour la direction d'un fils.
» Il faut la science *de la vie des hommes* pour donner à
» un adolescent cette seconde éducation, cette éducation
» virile et forte qui l'arme contre ces rudes épreuves,
» contre ces dangereux entraînemens dont une femme
» ne peut avoir l'expérience, et desquels il lui est donc
» bien difficile de sauvegarder son fils.
» Un père tendre et intelligent pourrait seul dignement
» accomplir cette tâche sacrée ; mais puisqu'il paraît que
» les occupations de monsieur Bastien le retiennent tou-
» jours loin de chez lui, il faut à Frédérik un précepteur
» de science suffisante ; mais, avant tout, *homme de cœur,*
» *d'honneur et d'expérience*.., un homme enfin qui com-
» prenne l'importance presque redoutable de cette mis-
» sion : *façonner un adolescent à la vie de l'homme.*
» Ce précepteur tel que je le conçois, tel qu'il le fau-
» drait, éclairé des lumières que lui donnerait madame
» Bastien sur le passé, aidé de l'influence qu'elle a dû,
» malgré tout, conserver sur son fils, un tel précepteur, à
» force de pénétration, de patiente étude, arriverait d'a-
» bord à connaître le secret de la haine de Frédérik, ai-
» derait sa mère à combattre, à détruire cette haine dans
» le cœur de ce malheureux enfant, puis continuerait pour

» son éducation d'homme ce que madame Bastien avait
» si admirablement commencé ; car enfin... son fils ne lui
» a pour ainsi dire échappé qu'alors qu'il eût fallu, pour
» le conduire, la main ferme et expérimentée d'un homme
» au lieu de la main timide et délicate d'une femme. »

— Cela n'est que trop vrai, — dit madame Bastien en s'interrompant, — j'avais senti cette nécessité en pensant à donner un précepteur à mon fils... vous le savez, mon cher docteur... Désespérée de mon impuissance, je m'étais dit que peut-être ce précepteur, pris d'abord pour tâcher de ranimer le goût de l'étude chez Frédérik, m'aiderait ensuite à le diriger, puisque mon mari ne peut... ni ne veut s'occuper de son fils comme il le faudrait. Ce précepteur, vous le savez, était loin, sans doute, de réunir toutes les conditions que j'aurais désirées, mais il était suffisamment instruit... et surtout d'une patience, d'une douceur rares... Malheureusement, le mauvais vouloir, les emportemens de mon fils l'ont rebuté.
Maintenant, dans l'isolement où je vis, et s'il faut tout vous dire, limitée à la modique somme que mon mari a consenti à grand'peine à affecter à cette dépense, pourtant la plus importante de toutes... où pourrai-je trouver un précepteur... tel que le dépeint votre ami ? Et d'ailleurs, comment le faire accepter par Frédérik dans l'état d'irritation où il se trouve ? Et puis enfin, un précepteur aura conscience de sa valeur, de son dévouement et de sa dignité, moins il voudra s'exposer aux violences de mon fils... Hélas ! vous le voyez... il faut renoncer à ce moyen, dont je reconnais cependant toute la valeur.
Et la jeune femme poursuivit sa lecture.

« Si madame Bastien, par des motifs particuliers, ne dé-
» sirait pas s'adjoindre un précepteur, il lui reste une
» ressource, qui peut-être ne guérira pas radicalement
» l'âme de Frédérik... mais qui du moins le distraira for-
» cément de l'idée fixe dont il paraît dominé ; il faudrait...
» que sa mère partît au plus tôt avec lui pour un long
» voyage... »

— Cette résolution... de partir avec mon fils, — dit Marie en s'interrompant, — je l'avais prise... Ce soir, et au moment où vous êtes arrivé... je venais d'écrire à mon mari pour le prévenir de ma détermination. Ah ! du moins... je ne me suis pas trompée, cette fois, puisque sur ce point je me trouve d'accord avec votre ami... il me reste donc quelque espoir...
— Oui... mais selon... mon ami... et il a, je crois, parfaitement raison, un voyage n'est qu'un palliatif ainsi que vous allez le voir...
En effet, madame Bastien lut ce qui suit :

« Je ne doute pas des bons effets momentanés d'un
» voyage sur l'esprit de Frédérik ; d'abord l'éloignement
» de l'objet de sa haine, puis l'aspect de lieux nouveaux,
» les mille incidens de la route, la présence continuelle
» de sa mère, distrairont nécessairement Frédérik de ses
» funestes pensées.... l'en distrairont... mais malheureu-
» sement ne le détruiront pas...
» Pour me résumer :
» L'assistance d'un précepteur *digne de cette mission*
» doit mettre madame Bastien à même de guérir Frédé-
» rik, et de le préserver du retour des passions mauvai-
» ses...
» Un voyage peut améliorer la situation morale de Fré-
» dérik et permettre, chose *très importante*, d'ailleurs,
» *de gagner du temps*... un voyage ne dépend absolu-
» ment de la volonté de madame Bastien, et peut s'exé-
» cuter à l'instant.
» Il n'en est pas ainsi de la rencontre d'un précepteur.
» Je sais qu'il est difficile de trouver à l'instant un homme
» capable de comprendre cette mission, rendue plus diffi-
» cile encore par la position exceptionnelle de Frédérik...
» Aussi j'ai tellement conscience de ces difficultés... que

» si tu crois mon offre acceptable... et avant tout *conve-*
» *nable*... je serais heureux de m'offrir à madame Bastien
» pour être le précepteur de Frédérik. »

La stupeur de Marie fut si profonde qu'elle s'interrompit brusquement.
Puis, croyant avoir mal lu, elle relut tout haut cette ligne, comme pour bien s'assurer de sa réalité :

« *Je serais heureux de m'offrir à madame Bastien pour*
» *être le précepteur de Frédérik*... »

— Oui, — dit le docteur avec émotion, — et s'il le dit... c'est que cela est...
— Pardon, docteur, — balbutia la jeune femme, presque étourdie de cet incident, — pardon... mais le saisissement... que me cause cette offre inattendue... incompréhensible.
— Incompréhensible... non... Quand vous saurez quel est celui qui vous fait cette offre... mieux que personne vous apprécierez le sentiment auquel il obéit.
— Mais enfin... docteur... sans me connaître...
— D'abord... il vous connaît... car j'ai été, je vous l'ai dit, très indiscret... et puis... tout autre précepteur qui se proposerait vous connaîtrait-il davantage ?...
— Mais... votre ami n'a jamais été précepteur.
— Jamais... Cependant... d'après sa lettre... ne tenez-vous pas pour un homme d'un esprit juste, généreux, éclairé ? Quant à son savoir, je peux vous le garantir, il est rare en toutes choses...
— Je vous l'ai dit, docteur, cette lettre montre une profonde connaissance de l'âme, une rare élévation de sentimens... et par cela même je ne puis comprendre qu'un homme si éminemment doué puisse se résoudre à accepter les fonctions de précepteur, toujours regardées comme si subalternes.
— Il croirait, lui, au contraire, faire preuve d'outrecuidance en acceptant, sans être capable de les remplir, ces fonctions, qu'il regarde avec raison comme un sacerdoce...
Madame Bastien, en proie à une indéfinissable émotion, poursuivit sa lecture.

« Cette proposition t'étonnera peut-être, mon ami, car
» je t'ai quitté hier soir, afin de me rendre à Nantes, où
» je dois m'embarquer pour une longue traversée... Puis,
» je n'ai jamais été précepteur, et ma position de fortune
» me permet de ne pas chercher une ressource dans ces
» fonctions ; enfin, madame Bastien ne me connaît pas,
» et je désire obtenir d'elle la plus grande preuve de con-
» fiance qu'elle puisse me donner : *me laisser partager*
» *avec elle la direction de Frédérik*.
» Ta première surprise passée, mon ami, tu te rappele-
» ras que, tout en tâchant de donner un but d'utilité à
» mes voyages, j'ai surtout cherché, dans cette vie aven-
» tureuse, une distraction aux regrets éternels que me
» cause la mort de mon pauvre jeune frère... Mon excur-
» sion au Sénégal peut d'ailleurs être ajournée... sans
» dommage pour la cause que je désirais servir dans cette
» circonstance.
» Quant à ma capacité comme instituteur, je puis, tu le
» sais, offrir, scientifiquement parlant, toutes les sûretés
» désirables, quoique je n'aie jamais fait d'autre éducation
» que celle de mon bien-aimé Fernand.
» Maintenant, comment en quelques heures de réflexion
» me suis-je décidé à essayer la guérison morale de Fré-
» dérik, si elle m'était confiée?
» Rien de plus extraordinaire pour qui ne me con-
» naît pas.
» Rien de plus simple pour toi qui me connais.
» Depuis la mort de Fernand, tous les enfans de son
» âge... m'inspirent un intérêt indéfinissable. Aussi, hier,
» à la vue de Frédérik, dont la rare beauté m'a d'autant
» plus frappé que l'expression de sa physionomie parais-
» sait plus sombre, plus douloureuse, je me suis senti

» profondément ému ; puis lorsque, à certains indices,
» j'ai cru deviner les cruels sentimens de ce malheureux
» enfant, j'ai éprouvé pour lui une compassion sincère.
» Ce que tu m'a ensuite appris de l'admirable dévoue-
» ment de madame Bastien a porté mon intérêt à son
» comble, et, en nous séparant, je te disais que, cette fois
» encore, il m'était cruel de me résigner à une commisé-
» ration stérile.

» Mais, cette nuit, après avoir beaucoup songé à la gra-
» vité de l'état moral de Frédérik, aux alarmes toujours
» croissantes de sa mère, et enfin aux obstacles qu'elle au-
» rait à vaincre pour arriver à la guérison de son fils, j'ai
» entrevu, je le crois, les moyens d'arriver à cette guéri-
» son, et cette guérison... j'offre de la tenter...

» Que mon apparente générosité ne te surprenne pas,
» mon ami.

» Selon moi, *certaines infortunes* OBLIGENT *autant que*
» *certaines félicités*...

» Je croirais rendre un pieux hommage à la mémoire
» de mon pauvre Fernand, en faisant pour Frédérik ce que
» j'avais espéré faire pour mon frère ; ce me serait à la
» fois la plus salutaire distraction, la plus douce consola-
» tion de mes chagrins...

» Voilà, mon ami, tout le secret de ma résolution ; main-
» tenant je suis certain qu'elle ne t'étonnera plus...

» Si mon offre est acceptée... j'accomplirai ma mission
» avec conscience...

» D'après ce que je sais de madame Bastien, elle doit, il
» me semble, comprendre mieux que personne le motif
» de ma démarche. Aussi, en y réfléchissant, je crois que
» tu peux lui communiquer cette lettre, d'abord seulement
» écrite pour toi.

» Tu compléteras verbalement les renseignemens que
» madame Bastien pourra te demander sur moi ; tu sais
» toute ma vie... En un mot, dis ce que tu croiras devoir
» dire pour prouver à madame Bastien que surtout *mo-*
» *ralement, honorablement parlant,* je suis digne de sa con-
» fiance.

» Réponds-moi à Nantes ; il est indispensable que j'aie,
» *d'aujourd'hui en huit,* une décision quelconque, car
» l'*Endymion* part le 14 courant, sauf les vents contraires ;
» il s'agit, pour madame Bastien, de prendre une détermi-
» nation très grave. Aussi ai-je désiré lui laisser un jour
» de réflexion de plus ; en t'écrivant d'ici, ma lettre gagne
» ainsi près de vingt-quatre heures.

» Si mon offre est refusée, j'accomplirai mon voyage.

» La voiture repart... Adieu en hâte, mon bon Pierre,
» je n'ai que le temps de fermer cette lettre et de te serrer
» la main.

« HENRI DAVID. »

XIX.

Telle était la foi légitime et éprouvée du docteur envers son ami, telle était l'angélique pureté de l'âme de Marie, telle était enfin l'irrésistible sincérité de l'offre de David, qu'il ne vint pas, qu'il ne pouvait pas venir à l'idée de madame Bastien ou de monsieur Dufour que la proposition de David, spontanée comme tout premier mouvement d'un cœur généreux, mais surtout loyale, désintéressée, pût cacher quelque projet de séduction ; et bien plus, David en faisant son offre, Marie et le docteur en la commentant, ne songèrent pas un instant à ce qu'il pouvait y avoir de dangereux dans les rapports de confiance, intime, journalière, qui devaient exister entre la jeune mère et le précepteur... Non, la sainteté de l'amour maternel inspirait à Marie une confiance remplie de sérénité... au docteur et à son ami un dévouement rempli d'admiration et de pieux respect.

. . . .

Madame Bastien, remettant au docteur, d'une main tremblante d'émotion, la lettre de David, s'apprêtait à parler, lorsque monsieur Dufour lui dit :

— Un mot, de grâce... je ne sais quelle sera votre détermination... mais, avant de la connaître, je crois devoir vous donner quelques renseignemens sur Henri David... Alors, complétement édifiée sur lui, vous pourrez accepter ou refuser son offre. N'êtes-vous pas de cet avis.

— Non... mon cher docteur... — répondit madame Bastien, après un moment de réflexion, — je ne suis pas de cet avis.

— Comment?...

— De deux choses l'une... ou j'accepterai l'offre de monsieur David... ou je serai obligée de la refuser... Si je l'accepte... il y aurait de ma part une sorte de défiance blessante, et pour vous et pour votre ami, à vouloir... être plus renseignée sur lui que je ne le suis... Cette lettre me prouve la justesse de son esprit .. la générosité de son cœur... Enfin... moralement parlant, vous me répondez de votre ami... comme de vous-même, vous, mon cher docteur ; vous, pour qui je ressens l'estime la plus méritée... Que pourrais-je désirer de plus ? Et puis, enfin, je vous rappellerai ce que vous me disiez tout à l'heure : parmi les précepteurs que je pourrais choisir... quel est celui qui m'offrirait les garanties que m'offre déjà monsieur David ?

— Cela est juste... entre gens de bien on se croit sur parole.

— Si, au contraire, — reprit tristement madame Bastien, — je ne puis... ou je ne dois pas accepter l'offre de monsieur David, il y aurait une sorte d'indélicate curiosité de ma part à provoquer vos confidences sur la vie passée d'une personne... qui doit me rester étrangère, bien que la noblesse de son offre lui ait mérité ma reconnaissance éternelle.

— Je vous remercie pour David et pour moi de la confiance que vous me témoignez, ma chère madame Bastien. Maintenant... réfléchissez... vous me ferez connaître votre résolution. J'ai désiré, suivant les intentions de David, vous communiquer sa lettre le plus tôt qu'il m'a été possible... Voilà pourquoi, au risque de vous inquiéter un peu par une visite insolite, je suis venu ce soir, au lieu d'attendre à demain, et...

Le docteur ne put achever.

Un éclat de rire violent, convulsif, retentit dans la chambre de Frédérik et fit bondir madame Bastien sur son siége...

Pâle... épouvantée... elle saisit la lumière et courut à la chambre de son fils où elle entra, suivie du docteur.

Le malheureux enfant, les traits décomposés, livides, les lèvres contractées par un sourire sardonique, était en proie à un accès de délire causé sans doute par la réaction des événements de la soirée ; à ses éclats de rire insensés, succédaient çà et là des paroles incohérentes, bizarres, mais parmi lesquelles revenaient incessamment :

— Je l'ai manqué... mais patience... patience.

Ces paroles, malheureusement trop significatives pour madame Bastien, lui prouvaient que telle était la persistance des idées de haine et de vengeance de Frédérik, qu'elles seules restaient lucides au milieu de l'égarement de son esprit.

Grâce à la présence presque providentielle du docteur Dufour chez madame Bastien, les soins les plus prompts, les plus efficaces, furent prodigués à Frédérik.

Durant toute la nuit et la journée du lendemain, sauf une absence de quelques heures, pendant laquelle il se rendit à Pont-Brillant, le docteur ne quitta pas le malade, au chevet duquel madame Bastien veilla avec son courage et son dévouement habituels.

Vers le soir, une amélioration sensible s'opéra dans l'état de Frédérik ; le délire cessa ; ce fut même avec une effusion inaccoutumée que ce malheureux enfant remercia sa mère de ses soins, et il versa des larmes abondantes.

Marie, passant du désespoir à une folle espérance, s'imagina que la violence de cette crise ayant opéré dans l'esprit de son fils une révolution salutaire, il était sauvé. Vers les dix heures du soir, elle céda aux instances du docteur qui prouvait la sécurité où le laissait l'état du malade en retournant à Pont-Brillant, et elle consentit à se mettre au lit pendant que sa servante veillerait son fils. Brisée par la fatigue, par les émotions des dernières journées, la jeune mère goûta le calme réparateur d'un profond sommeil, après avoir exigé que la porte de son fils restât ouverte.

Le matin venu, la première pensée de madame Bastien, en se réveillant, fut d'aller voir Frédérik ; il dormait... Elle s'éloigna doucement, en faisant signe à Marguerite de la suivre, et lui demanda tout bas :

— Comment a-t-il passé cette nuit?

— Très bien, madame ; il ne s'est réveillé que deux fois, et il m'a parlé... bien raisonnablement, je vous l'assure.

— Et de quoi vous a-t-il parlé ?

— Mon Dieu, madame, de choses et d'autres ; il m'a demandé, par exemple, en me priant de ne vous en rien dire, comme s'il y avait grand mal à cela, il m'a demandé où était son fusil...

— Son fusil ? — reprit madame Bastien en tressaillant d'une nouvelle anxiété.

— Et ce fusil, madame... vous savez bien qu'avant-hier... vous me l'avez fait cacher.

— Et... — reprit madame Bastien avec angoisse, — il n'a rien ajouté de plus ?

— Non, madame... seulement quand je lui ai eu répondu... que madame avait fait renfermer le fusil, il m'a dit : « Ah ! c'est bien... mais je vous prie, Marguerite, de ne pas » dire à ma mère que j'ai pensé à mon fusil ; elle croirait » que, faible comme je le suis, j'ai des idées de chasse, et » cela pourrait l'inquiéter... »

A peine remis d'une crise cruelle, Frédérik était-il de nouveau sous l'empire de l'horrible préoccupation de sa vengeance?... idée fixe qui ne l'avait pas même abandonné pendant le trouble de son esprit.

Marie était plongée dans ces réflexions navrantes, lorsqu'on lui remit une lettre apportée par le facteur rural.

Madame Bastien reconnut l'écriture de son mari ; c'était la réponse à la lettre dans laquelle elle le prévenait de sa résolution de faire voyager Frédérik.

« Bourges, 5 novembre 1846.

» Je vous réponds *courrier par courrier*, comme vous » le désirez, et pour vous demander :

» 1° Si vous êtes devenue folle ;

« 2° Si vous me croyez assez *bonasse* pour me rendre » bêtement complice du caprice le plus absurde qui soit » jamais passé à travers la cervelle d'une femme désœu- » vrée ?

» Ah ! ah ! madame ma femme, sous prétexte *de la santé de* » *Frédérik*, il vous faut des voyages de luxe, avec suivante, » ni plus ni moins qu'une grande dame,... passer l'hiver » dans le Midi, rien que ça ! parce qu'il fait trop froid à la » ferme probablement! et que vous vous y ennuyez à cre- » ver, je suppose? Ainsi vous voulez courir la pretan- » taine?

» Ah çà ! mais savez-vous que vous vous y prenez un » peu bien tard, dites-donc, pour faire la folichonne, la » jeunette et l'évaporée ?

» *Nous resterons à Paris vingt-quatre heures...au plus*, » me dites-vous ; mais moi qui suis un vieux renard, d'ici » je vois le fil... c'est pas mal joué, mais j'ai un atout su- » périeur ; je devine vos cartes, je vais vous les dire, moi.

» Comme toutes les provinciales, vous crevez d'envie de » voir la capitale, et le moyen ne serait pas mal choisi, si » j'étais aussi benêt que vous le supposez... Une fois à Pa- » ris, ça serait ceci, cela : *Mon fils est fatigué du voyage*, » *nous ne trouvons pas de place à la diligence, je suis moi-*

» *même indisposée*, et autres fariboles... pendant lesquelles » huit jours, quinze jours, un mois, se passeraient, et vous » vous régaleriez de la vie de Paris, en veux-tu ? en voilà ; » le tout avec mon *saint frusquin*, et puis, à la fin de jan- » vier, fouette, cocher, allons passer l'hiver dans le Midi. » Si ça ne fait pas suer !

» Quand je vous le dis, faites donc la duchesse, la prin- » cesse ! Ah ! vraiment, monsieur mon fils a besoin de dis- » tractions pour sa santé ? Eh bien, qu'il pêche à la ligne, » il a trois étangs à sa disposition ; qu'il chasse le lapin et » le lièvre, il n'en manque pas dans les taillis du *Coudrai*. » Il a besoin de voyager ? qu'il voyage de la plaine des » *Herbiers* à la bruyère du moulin *Grand-Pré* ; qu'il fasse » cet exercice là six fois par jour, et je vous réponds qu'en » trois mois il aura fait un voyage aussi long que celui » d'ici à Hyères.

» Tenez... vous me faites pitié, ma parole d'honneur ! A » votre âge... avoir des idées aussi cornues... biscornues... » et surtout me faire l'offense de me croire assez *serin* » pour donner dans le panneau.

» Du reste, ceci me confirme dans l'idée que j'avais, que » vous éleviez votre fils comme un monsieur... un damoi- » seau... Voyez-vous ça : il faut des distractions, des » voyages, à ce cadet-là ? Est-ce qu'il n'aurait pas des » vapeurs et des attaques de nerfs par hasard !

» Soyez tranquille, j'y mettrai bon ordre, à ces vapeurs ; » comme je n'ai pas le temps de m'en occuper, j'ai con- » senti à vous le laisser jusqu'à dix-sept ans révolus et à » lui donner dernièrement encore le ridicule d'un pré- » cepteur, ni plus ni moins que s'il était duc ou marquis. » Je n'ai que ma parole, vous garderez encore votre fils et » un précepteur quelconque pendant cinq mois, après » quoi, je vous flanque monsieur Frédérik *saute-ruisseau* » chez mon compère Bridou, l'huissier, et, au lieu de faire » des voyages de distraction dans le Midi, comme un » grand seigneur, monsieur mon fils noircira ses belles » mains blanches à grossoyer sur papier timbré, comme » ont fait son père et son grand-père, car le *papier timbré*, » voilà ma noblesse, à moi. Elle vaut bien celle des mar- » quis. Monsieur mon fils entrera donc *page* dans *la noble* » *maison de très haut et très puissant seigneur* Jérôme » Bridou, mon compère, et c'est là que le jeune homme » fera ses *premières armes* ; c'est donc pour dire que » vos projets de voyage n'ont pas le sens commun, et » que je ne vous donnerai pas un rouge liard pour faire » vos escapades.

» J'écris *courrier par courrier* à mon banquier à Blois » de se bien garder de vous avancer un centime, et j'écris » aussi à mon ami Bossard, le notaire de Pont-Brillant, » qui est une vraie gazette, de crier sur tous les toits que, » en cas de demande d'argent de votre part, l'on ne vous » prête pas un sou, vu que je ne payerai pas : *car toute* » *dette contractée sans l'assentiment du mari est entachée* » *de nullité, puisque la femme est considérée comme mineu-* » *re*... Ruminez bien ceci... c'est la loi... une mineure de » trente-un ans, c'est un peu mûr ; mais enfin, puisque » vous vous mettez en goût de batifoler comme une jeu- » nesse, il faut vous brider haut et serré.

» Je vous préviens, en outre, que je viens de donner » des instructions et des pouvoirs tels à mon compère » Bridou, que, si vous aviez l'audace de faire un coup de » tête et d'entreprendre ce voyage, en empruntant de l'ar- » gent, je ne sais à qui, l'on *mettrait à l'instant la police à* » *vos trousses pour vous faire réintégrer de force dans le* » *domicile conjugal*, ainsi que j'en ai le droit ; car une » femme ne peut quitter ledit toit conjugal sans autorisa- » tion de *son maître et seigneur*. Vous me connaissez et sa- » vez si je reculerai devant l'accomplissement de ma me- » nace. Vous avez votre tête,... vous me l'avez bien prou- » vé... Eh bien, moi aussi, j'ai la mienne...

» Ne vous donnez pas la peine de me répondre : je pars » de Bourges ce soir pour descendre dans les bas pays, où » je flaire une bonne opération ; le *revidage* et la vente en » morcellement des lots de terre me retiendront jusque

» vers la mi-janvier au moins ; je reviendrai ensuite à la
» ferme pour songer à mes blés de mars, et vous laver un
» peu soigneusement la tête comme vous le méritez, ainsi
» qu'à monsieur mon fils.

» C'est dans cette espérance que je me dis votre mari
» fort peu content.
» BASTIEN. »

« *P. S.* Vous m'avez écrit, dans votre avant-dernière
» lettre, que votre précepteur était parti ; si vous voulez
» remplacer cet âne par un autre, faites comme vous vou-
» drez, pourvu que le précepteur (*puisque précepteur* il y
» a pendant cinq mois encore) ne me coûte que la pâtée,
» le logement, et cent francs par mois comme l'autre
» (*sans blanchissage, bien entendu*). Je devrais, pour vous
» punir, vous rogner le précepteur ; mais je n'ai qu'une
» parole, et vous le laisse ; arrangez-vous donc comme
» vous voudrez, et surtout, n'oubliez pas qu'à aucun prix
» je ne veux de ces cracheurs de latin-là à ma table quand
» j'y suis ; ça me gêne. Quand je viendrai chez moi, ledit
» précepteur mangera dans sa chambre, ou à la cuisine,
» s'il aime la société.

» Vous remettrez à maître Hurbin cette lettre relative
» à mes semailles d'octobre, et au *curage* de ma belle sa-
» pinière de la route, que je conserve comme la prunelle
» de mes yeux. Vous direz à maître Hurbin de me faire
» savoir si mes portées de truies donnent de belles espé-
» rances, car je tiens à être médaillé pour l'élève de mes
» porcs : c'est pour moi une affaire d'amour-propre. »

Un quart d'heure après avoir reçu la grossière épître de
son mari, *son seigneur et maître*, comme il disait plaisamment, madame Bastien écrivait les deux lettres suivantes,
qui furent aussitôt portées à Pont-Brillant par un exprès.

« *A monsieur le docteur Dufour.*

» Mon bon docteur, veuillez, je vous prie, faire parve-
» nir, au plus tôt, à Nantes, la lettre ci-jointe, après l'avoir
» lue et cachetée : vous ne devez rester étranger à aucune
» de mes résolutions, dans la pénible et grave circonstan-
» ce où je me trouve.

» Mon fils a passé une bonne nuit, *physiquement par-
» lant...*

» Tâchez de me donner quelques instans aujourd'hui ou
» demain. Je vous dirai ce que je n'ai pas le temps de
» vous écrire, car j'ai hâte de faire partir cette lettre.

» A bientôt, je l'espère.

» Croyez à l'assurance de mon inaltérable amitié.
» MARIE BASTIEN. »

La lettre du docteur Dufour contenait une enveloppe
non cachetée dans laquelle on lisait ces lignes :

« Monsieur,

» J'accepte avec une profonde reconnaissance votre offre
» généreuse.

» L'âge et l'état moral de mon fils, les craintes que
» m'inspire son avenir, tels sont mes titres à votre intérêt,
» monsieur ; et je crois qu'à vos yeux ces titres-là sont
» sacrés.

» Daignez, monsieur, mettre le comble à vos bontés en
» hâtant le plus possible votre arrivée ici... Vos prévi-
» sions au sujet de mon malheureux enfant ne sont pas
» seulement réalisées... elles sont, hélas ! encore dépas-
» sées...

» Mon seul espoir est en vous, monsieur ; chaque heure,
» chaque minute... ajoute à mes angoisses. Je suis épou-
» vantée de ce qui peut se passer d'un moment à l'autre,
» malgré ma sollicitude et ma surveillance infatigables.

» C'est vous dire, monsieur, avec quelle impatience, avec
» quelle anxiété, j'attendrai votre secours.

» Soyez béni, monsieur, pour la compassion que vous
» témoignez à une mère qui ne tient à la vie que par son
» fils.
» MARIE BASTIEN. »

XX.

Pendant le peu de jours qui précédèrent l'arrivée de
Henri David chez madame Bastien, l'état de faiblesse qui,
chez Frédérik, avait succédé à la fièvre nerveuse fut si
accablant pour lui qu'il ne put sortir de la maison maternelle... Le temps s'était d'ailleurs complètement *hiverné*,
ainsi qu'on dit dans le pays ; une neige précoce couvrait
la terre, tandis qu'un humide et épais brouillard obscurcissait l'atmosphère.

Ces circonstances, jointes à l'état d'atonie de son fils,
avaient facilité la surveillance de madame Bastien, qui de
toute la journée ne le quittait pas : la nuit venue, les volets de la fenêtre de Frédérik étaient solidement mainte-
nus en dehors, et toute évasion lui était impossible, lors
même qu'il aurait eu la force de la tenter.

Du reste, quoique toujours taciturne et concentré, l'a-
dolescent s'efforçait de dissimuler ses sentimens, dans l'espoir de déjouer plus tard l'inquiète surveillance de sa mère ; deux ou trois fois, il lui manifesta même le désir de
faire un peu de musique et quelques lectures, ce qui ne
lui était pas arrivé depuis longtemps, et, malgré quelques
momens de sombre préoccupation, où il retomba parfois,
son esprit parut plus calme.

Un jour, il était avec sa mère dans le salon d'étude, occupé à placer, dans de petits pots de terre, quelques bul-
bes de jacinthes précoces, lorsque le vent apporta le son
lointain des trompes et les aboiemens des chiens : le jeune
marquis chassait en forêt.

Madame Bastien observa son fils sans que celui-ci s'en
aperçût ; pendant un instant une lividité jaunâtre s'étendit
sur ses traits contractés, ses yeux étincelèrent, et ses mains
se crispèrent si violemment qu'il brisa un fragile petit
pot de terre qu'il tenait ; puis ses traits reprirent une apparente tranquillité, et il dit à sa mère, en tâchant de sourire et lui montrant les débris du vase :

— Il faut avouer que je suis un jardinier... bien maladroit.

Cette dissimulation à laquelle Frédérik n'avait pas encore eu recours, annonçait un nouveau progrès, pour ainsi
dire une nouvelle période de sa funeste passion...
Marie n'en attendit qu'avec plus d'anxiété l'arrivée de
David.

Depuis la scène de guet-apens dans la forêt, il n'y avait
eu entre la mère et le fils aucune explication, aucune allusion même à ce sinistre incident.

La jeune femme aurait été complice de Frédérik, qu'elle
n'eût pas éprouvé des angoisses plus terribles lorsqu'elle
arrêtait malgré sa pensée sur cette tentative homicide ; elle avait même caché cette triste révélation au docteur Dufour, son ami le plus éprouvé. Aussi se demandait-
elle si elle aurait le courage de faire à David cet
aveu, dont elle sentait pourtant l'impérieuse nécessité.

D'autres pénibles préoccupations agitaient madame Bastien : se souvenant de la dureté hautaine avec laquelle
son fils avait accueilli les bienveillantes paroles de David,
le jour de la Saint-Hubert, elle ne pouvait songer sans inquiétude aux difficultés probables des relations de son fils
et de son nouveau précepteur, dont la venue était encore
un secret pour Frédérik. Madame Bastien s'était abstenue
de prévenir son fils tant qu'elle n'avait pas la certitude
absolue de l'arrivée de David.

Enfin elle reçut un mot du docteur Dufour, contenant
ce billet de son ami :

« Je prends la poste pour gagner vingt heures, mon

» cher Pierre... j'arriverai donc chez toi dans le courant
» du jour où tu auras reçu ces lignes, et nous nous rendrons ensemble chez madame Bastien. »

Plus de doute, David arriverait dans quelques heures, Marie ne pouvait tarder davantage à instruire son fils de ses projets; elle se trouvait alors avec lui dans la salle d'étude.

Frédérik, poursuivant son plan de dissimulation, était assis à une table, s'occupant en apparence de traduire du français en anglais, travail à l'aide duquel il pouvait cacher la tension de son esprit, occupé ailleurs.

— Frédérik, — lui dit sa mère, — quitte un instant tes livres... et viens ici.... près de moi... mon enfant, nous avons à causer.

L'adolescent se leva et vint s'asseoir auprès de sa mère, sur une espèce de canapé placé latéralement à la cheminée.

Madame Bastien, prenant les mains de son fils dans les siennes, lui dit avec une tendre sollicitude :

— Comme tes mains sont froides, mon enfant !... Vois-tu ? ta table de travail est trop éloignée du feu... Tu as voulu aller te mettre au bout de cette pièce... au lieu de rester là... voilà ce qui arrive...

— Je vais, si tu le veux, me rapprocher, ma mère.

— Oui, tout à l'heure... mais je te l'ai dit : d'abord... nous avons à causer...

— A causer ?... de quoi ?...

— De quelque chose de très sérieux, mon cher enfant.

— Je t'écoute...

— Les raisons qui m'avaient engagée à te choisir un précepteur... existent toujours... quoiqu'il nous ait quittés... Il est des connaissances que tu dois acquérir, et que je ne puis malheureusement pas te donner...

— Je n'ai maintenant, tu le sais, ma mère... aucun goût pour le travail.

— Il faudrait au moins tâcher de prendre un peu sur toi... de vaincre cette langueur, cet ennui qui t'attriste... et me chagrine...

— Eh bien... je tâcherai...

— Je te crois... mais il me semble que si tu avais quelqu'un auprès de toi pour t'encourager dans les bonnes résolutions... pour te guider dans tes travaux... cela vaudrait mieux ; qu'en penses tu ?

— Tu m'encourageras, toi... cela me suffit.

— Je t'encouragerai... à la bonne heure ; mais diriger tes nouvelles études, cela, je te le répète, me serait impossible ; aussi, — ajouta madame Bastien en hésitant et interrogeant son fils d'un regard inquiet, — j'ai pensé qu'il était à propos de remplacer auprès de toi le précepteur qui nous a quittés...

— Comment... le remplacer ?

— Oui... j'ai pensé à te donner un nouveau précepteur...

— Ce n'est pas la peine de songer à cela, ma mère, je ne veux plus de précepteur...

— Si cela était nécessaire... pourtant...

— Cela ne l'est pas...

— Tu te trompes, mon enfant...

— Je me trompe ?

— Je t'ai choisi un nouveau précepteur.

— Tu dis cela pour plaisanter ?

— Depuis longtemps... mon pauvre enfant, nous avons toi et moi perdu l'habitude de plaisanter... et quand je pense à notre gaieté d'autrefois... il me semble rêver. . Mais enfin, pour revenir à ce que je te disais, ton nouveau précepteur arrive...

— Il arrive ?...

— Aujourd'hui.

Frédérik devint pourpre, tressaillit, se leva brusquement, et frappant du pied avec colère, s'écria :

— Et moi... je ne veux pas de précepteur... entendez-vous, ma mère ?...

— Mon enfant, écoute-moi, de grâce...

— Je vous dis que je ne veux pas de précepteur ; renvoyez-le... il est inutile... de le prendre. Sinon... il sera de celui-ci... comme de l'autre...

Madame Bastien s'était montrée jusqu'alors tendre, presque suppliante avec son fils ; mais, ne voulant pas que sa condescendance dégénérât en faiblesse, elle reprit d'une voix à la fois affectueuse et ferme :

— J'ai décidé, dans ton intérêt, mon enfant, que tu auras un précepteur, et je suis certaine que tu respecteras ma volonté...

— Vous le verrez...

— Si tu entends dire par là que tu espères lasser, rebuter ce nouveau précepteur par ton mauvais vouloir et tes emportemens, tu as doublement tort... d'abord, parce que tu m'affligerais beaucoup, et puis parce que monsieur David... c'est son nom, n'est pas de ces hommes qui se lassent et se rebutent.

— Peut-être...

— Non, mon enfant... car les dures paroles, les colères, loin de le blesser, lui inspirent une tendre commisération remplie de bienveillance et de pardon, ainsi qu'il te l'a déjà prouvé.

— A moi ?

— A toi... mon enfant... car tu l'as vu chez le docteur Dufour...

— Comment... cet homme...

— Cet homme... est le précepteur que je t'ai choisi...

— C'est lui ?... — dit Frédérik avec un sourire amer et sardonique. — Après tout, tant mieux ; je préfère lutter contre celui-là que contre un autre. De lui ou de moi nous verrons qui cédera.

Madame Bastien regarda son fils avec plus de chagrin que de surprise ; elle s'attendait presque à l'irritation de Frédérik à l'annonce de l'arrivée d'un nouveau surveillant.

Mais quoique certaine de la longanimité de Henri David, qu'elle savait préparé d'avance à toutes les tribulations de la tâche difficile dont il désirait se charger, Marie, voulant épargner du moins à cet homme généreux un accueil blessant, qui ne l'irriterait pas sans doute, mais l'affligerait et refroidirait peut-être son intérêt pour Frédérik, Marie s'adressa directement à l'affection de son fils, dont jusqu'alors elle n'avait jamais pu douter.

— Mon cher enfant, — reprit-elle après un moment de silence, — je ne te dirai qu'une chose, et je suis bien certaine d'être entendue... C'est au nom de ma tendresse... et de mon dévouement pour toi... que je te prie d'accueillir monsieur David avec la déférence due à son caractère et à son mérite... Voilà tout ce que je te demande... plus tard... l'affection... la confiance, viendront, je n'en doute pas... je me fie pour cela... à ton bon cœur et aux soins de monsieur David ; mais si aujourd'hui tu ne te montrais pas envers lui tel... que je le désire... je croirais... oui, je croirais que tu ne m'aimes plus, mon Frédérik...

Et madame Bastien se jeta au coup de son fils en fondant en larmes ; car ces paroles, pourtant si simples : *je croirais que tu ne m'aimes plus*, exprimaient le doute le plus navrant qui pût déchirer son cœur.

L'envie, la haine, en aigrissant, en dénaturant le caractère de Frédérik, n'avaient pu altérer son amour pour sa mère ; mais la honte des mauvais sentimens dont il était possédé le rendait contraint, taciturne, et la conscience de n'être plus digne d'être aimé comme par le passé venait souvent arrêter sur ses lèvres l'expression de sa tendresse filiale...

Cependant, entraîné cette fois par l'accent, par l'étreinte passionnée de sa mère, des larmes de regret et d'attendrissement lui vinrent aux yeux ; mais songeant tout à coup que la jeune femme allait mettre entre elle et lui un étranger, la crainte d'être pénétré, la révolte contre une autorité autre que l'autorité maternelle, une sorte de jalousie d'affection glacèrent soudain Frédérik ; ses larmes se séchèrent, et il se dégagea doucement des bras de la jeune femme en détournant les yeux. Celle-ci, ignorant la cause de cette froideur, crut à l'indifférence de cet enfant qui l'avait tant aimée ; mais, voulant douter encore de cette révélation, elle s'écria, tremblante, éperdue :

— Frédérik... tu ne me réponds pas ; tiens, je... comprends pourquoi... oui... tu penses que j'exagère... n'est ce pas, quand je te dis que si tu fais un blessant accueil à ton nouveau précepteur... je croirai que tu ne m'aimes plus, mon Frédérik... En effet, maintenant j'y réfléchis... tu dois penser que j'exagère, mais tu vas me comprendre tout de suite... L'arrivée de ce nouveau précepteur... c'est, selon moi, ton salut et le mien... Vois-tu ?... c'est la fin de tes peines, qui, je le sais bien, sont les miennes, c'est une nouvelle ère d'espérance et de bonheur qui va commencer pour nous deux... C'est à cause de cela que je te dis que si tu t'exposais à compromettre ton salut, que je regarde comme notre salut à tous deux, par ton blessant accueil envers monsieur David, je croirais que tu ne m'aimes plus... parce qu'enfin ce n'est pas aimer sa mère que de la vouloir à jamais malheureuse et désolée... Tu le vois, mon enfant bien-aimé, c'est grave... ce que je te dis là... Je n'exagère rien... n'est-ce pas ? Mais mon Dieu !... Frédérik !... Frédérik !... tu détournes encore les yeux... Mais alors, tu veux donc que ce soit vrai, cet horrible doute que j'avais de ta tendresse ?... Et encore, je n'osais l'exprimer que sûre d'avance que tu ne me laisserais pas achever... que tu t'indignerais contre moi d'avoir seulement pu supposer que tu ne m'aimais plus... Et rien... rien... pas un mot qui me rassure... un silence glacial... Toi... toi... autrefois si tendre et toujours pendu à mon cou... Mais, au nom du ciel, qu'as-tu contre moi ? que t'ai-je fait ? Depuis ce changement qui me tue, ai-je été assez patiente, assez résignée, assez malheureuse !

A cette expression déchirante de la douleur maternelle, Frédérik fut encore sur le point de céder ; mais ressentant plus vivement encore la morsure de cette jalousie d'affection, inséparable de toute tendresse, il dit avec amertume :

— Eh bien !... vous devez être rassurée, maintenant que vous avez appelé un étranger à l'aide contre moi, ma mère...

— Mon Dieu ! mon Dieu ! voilà que tu t'irrites de ce que j'appelle un étranger !... mais, voyons, sois juste. Que veux-tu que je fasse, que je pense, que je devienne... lorsque je te vois... rester là devant moi... indifférent ou sardonique, après tout ce que je te dis ?... Mon Dieu ! il est donc vrai... en quelques mois, j'ai perdu toute influence sur toi... tout, jusqu'à l'autorité des larmes et de la prière... Et tu veux que, impuissante à te sauver, je ne crie pas au secours... que je n'appelle pas quelqu'un à l'aide ?... Mais... malheureux enfant... tu n'as donc plus la conscience du bien ou du mal !... rien de bon, de généreux ne vibre donc plus en toi ! ! Voilà donc ma dernière espérance évanouie ! il ne me reste donc plus qu'à envisager une réalité terrible ! Car enfin... puisque tu m'y forces... — ajouta Marie, pâle, éperdue, et d'une voix d'abord si altérée, si basse, qu'on l'entendait à peine, — puisque tu m'y forces... il faut bien te le rappeler... cette horrible scène dont le souvenir, à cette heure, me glace encore d'épouvante... L'autre soir... dans cette forêt... enfin... dans... cette forêt... tu as... tu as... voulu... enfin... tu as voulu tuer... lâchement tuer... Oh ! mon Dieu !... mon fils... mon fils... un *assassin* !

Cette dernière parole fut accentuée avec un si effrayant désespoir, accompagné d'une explosion de sanglots si déchirans, que Frédérik pâlit et frissonna de tout son corps.

A ce cri accusateur sortant de la bouche d'une mère : Assassin !... à ce mot terrible, vengeur, dont il s'entendait poursuivi pour la première fois, Frédérik eut conscience de la grandeur du crime qu'il avait voulu commettre.

La lumière se fit soudain dans ce malheureux esprit depuis si longtemps obscurci par les noires et enivrantes vapeurs de l'envie, de la haine et de la vengeance exaltées jusqu'à leur dernière puissance par la jalousie... Car les louanges données par Marie Bastien au jeune marquis de Pont-Brillant avaient exaspéré les ressentimens de Frédérik.

Oui, la lumière se fit dans l'esprit de cet infortuné... triste lumière, hélas ! qui ne lui montra que la profondeur de ses maux incurables... triste lumière à laquelle l'adolescent se reconnut... se vit *assassin*, sinon par l'accomplissement, du moins par la pensée du crime...

— Je le sens, mes jours sont à jamais empoisonnés par l'envie, — pensa-t-il. — Aux yeux de ma mère... je suis... je serai toujours un lâche qui a voulu se venger par un assassinat... Dans sa pitié, elle feint encore de m'aimer... mais elle ne peut avoir pour moi que de l'horreur.

Marie, remarquant le morne silence de son fils, son accablement mêlé d'effroi, l'expression de désespérance écrasante qui remplaçait son sourire contraint et sardonique, se demandait, dans une anxiété croissante, si la réaction de cette scène cruelle, serait pour Frédérik funeste ou salutaire.

A ce moment, Marguerite entra et dit à sa maîtresse :

— Madame, monsieur le docteur vient d'arriver avec un autre monsieur il désirent vous parler... Les voici.

— Frédérik ! — s'écria la jeune femme en se hâtant d'essuyer les larmes dont ses joues étaient baignées, — mon enfant... c'est ton nouveau précepteur, monsieur David... Je t'en supplie.

Marie ne put achever, car le docteur Dufour entrait, accompagné de Henri David.

Celui-ci salua profondément madame Bastien, et, en se relevant, il aperçut des traces de larmes récentes sur la figure de la jeune femme ; il remarqua aussi la pâleur livide de Frédérik, qui le regardait d'un air défiant et sombre.

Le nouveau précepteur aurait tout deviné, lors même qu'un regard suppliant de madame Bastien ne fût pas venu l'éclairer sur la scène qui avait dû se passer entre la mère et le fils.

— Madame... — dit monsieur Dufour, désirant venir en aide à la jeune femme, — j'ai l'honneur de vous présenter... mon ami... monsieur Henri David.

Madame Bastien était si brisée par l'émotion, qu'elle ne put que se soulever de son siège, où elle retomba après avoir salué David, qui lui dit :

— Je tâcherai, madame... de me rendre digne de la confiance... que vous voulez bien avoir en moi.

— Mon fils... — dit madame Bastien à Frédérik d'une voix qu'elle tâcha de rendre ferme et assurée, — j'espère que vous répondrez aux soins de monsieur David, qui veut bien se charger de la direction de vos études...

— Monsieur, — dit Frédérik en regardant David en face, — vous entrez ici malgré moi... vous en sortirez... à cause de moi.

— Oh !... mon Dieu !... — murmura madame Bastien avec un sanglot déchirant.

Et écrasée de confusion, de douleur, ne trouvant pas une parole, elle n'osait pas même lever les yeux sur Henri David.

Celui-ci, jetant sur Frédérik un regard rempli de mansuétude, lui répondit avec un accent d'angélique bonté et d'irrésistible conviction :

— Pauvre enfant !... vous regretterez ces paroles... lorsque vous commencerez à m'aimer.

Frédérik sourit d'un air sardonique et sortit violemment.

— Docteur... je vous en conjure... ne le laissez pas seul... — s'écria la jeune mère en étendant vers le médecin ses mains suppliantes.

Elle n'avait pas achevé ces mots que monsieur Dufour, lui faisant un signe d'intelligence, suivait les pas de Frédérik.

XXI.

Resté seul avec madame Bastien, David garda quelques momens le silence, comme pour se recueillir, puis il dit à la jeune femme d'une voix pénétrée :

— Madame, veuillez voir en moi un médecin qui se voue à une cure peut-être très difficile... mais, nullement désespérée... J'attends de votre confiance un récit détaillé de tous les événemens, des plus puérils aux plus importans, qui ont eu lieu depuis que vous avez remarqué dans le caractère de Frédérik ce changement qui vous désole... Notre ami, le docteur Dufour, m'a déjà donné quelques renseignemens ; mais ce que vous pouvez m'apprendre, madame, m'éclairera sans doute davantage.

Ce récit, que Marie fit avec sa sincérité habituelle, touchait à sa fin, lorsque le docteur Dufour rentra.

— Eh bien... et Frédérik ? — demanda vivement la jeune femme.

— En sortant d'ici, — répondit le médecin, — il a gagné la futaie... Je l'ai suivi ; il m'a parlé peu, mais avec une douceur mêlée d'abattement ; puis, après plusieurs tours de promenade, il est rentré chez lui ; comme il ne peut en sortir sans être vu de Marguerite, elle viendra vous prévenir. Du reste, voici bientôt la nuit, aussi faut-il que je retourne à Pont-Brillant. Allons, ma chère madame Bastien... courage !... je vous laisse le plus sûr... le meilleur des auxiliaires. — Puis, s'adressant à David : — Adieu, Henri, il n'y aurait pas de justice au ciel si ton dévouement n'était récompensé par le succès ; et il faut qu'elle existe, cette justice, pour que les mères comme madame Bastien finissent par être aussi heureuses qu'elles le méritent...

Restée seule avec David, Marie acheva son récit ; mais lorsqu'elle en vint à l'aveu de la scène de la forêt, elle hésita, pâlit, et son trouble devint si visible, que David lui dit avec intérêt :

— Mon Dieu ! madame... qu'avez-vous ?... Cette émotion... ces larmes à peine contenues ?...

— Ah ! monsieur... je serais indigne de votre généreux appui si je vous dissimulais une partie de la vérité... si terrible qu'elle soit !

— Que voulez-vous dire, madame ?

— Eh bien, monsieur, — murmura madame Bastien les yeux baissés et comme anéantie par cette effrayante confidence, — Frédérik, saisi d'un accès de fièvre chaude... de délire, que sais-je !... car... il n'avait plus la tête à lui, est allé... le soir...

— Le soir ?...

— Dans la forêt... voisine.

Et madame Bastien s'interrompant encore toute frémissante, David répéta :

— Dans la forêt... voisine ?...

— Oui, — reprit madame Bastien d'une voix tremblante, entrecoupée, — oui... dans la forêt... s'embusquer... pour tirer sur M. de Pont-Brillant...

— Un meurtre ! — s'écria David en pâlissant et se levant par un mouvement involontaire, — un meurtre !

— Grâce, monsieur, — dit Marie, en étendant vers David ses mains suppliantes, — grâce pour mon fils, c'était du délire...

— A seize ans ! — murmura David.

— Oh ! ne l'abandonnez pas, — s'écria la jeune femme avec un accent déchirant, car elle craignait que cette révélation ne fît renoncer David à son œuvre généreuse. — Hélas ! monsieur, plus mon malheur est grand, plus il est désespéré, plus il doit vous faire pitié... Oh ! encore une fois, je vous en supplie à mains jointes, n'abandonnez pas mon fils... Mon dernier espoir est en vous ! que deviendrait-je, que deviendrait-il ? et puis, voyez-vous ? j'en suis sûre, il n'avait pas la tête à lui... c'était du délire, c'était de la folie !

La première stupeur passée, David resta pensif pendant quelques instans, puis il reprit :

— Rassurez-vous, madame : loin de décourager mon dévouement, les difficultés le stimuleront encore. Mais, ne vous abusez pas... Frédérik... avait toute sa raison... Tôt ou tard, la vengeance devait être la conséquence de sa haine.

— Oh ! mon Dieu... mon Dieu !... non... non, je ne puis croire...

— Croyez... au contraire... madame... que Frédérik a agi avec toute sa raison ; cette conviction, loin de vous alarmer, doit plutôt vous rassurer.

— Me rassurer ?

— Sans doute... Qu'attendre d'un insensé ? quels moyens d'action a-t-on sur lui ? aucun... tandis qu'un esprit sain... dans ses plus redoutables emportemens, peut encore être accessible à l'influence de certains sentimens.

— Ah ! monsieur... je vous crois... Hélas ! dans le malheur, on s'abandonne à la plus faible espérance...

— Et puis, enfin... madame, la haine de Frédérik atteint son paroxysme ; et si nous savons toute l'étendue du mal, nous savons aussi qu'il ne peut faire de nouveaux progrès...

— Hélas ! monsieur, quel a pu être le point de départ... le germe de cette horrible pensée ?... par quel mystérieux enchaînement Frédérik, autrefois si bon, si généreux, a-t-il été conduit à cette effrayante résolution ?...

— Là, madame, est toujours le mystère, et conséquemment le danger ; car votre récit des événemens passés ne m'a apporté à ce sujet aucune nouvelle lumière... nous voyons des effets dont la cause nous échappe ; mais une fois le motif de la haine de Frédérik connu, ce qui nous semble à cette heure à la fois effrayant et plein de ténèbres prendra peut-être un autre aspect à nos yeux... C'est donc à pénétrer ce secret que j'appliquerai tous mes soins. Hélas ! madame, — dit David, — je ne veux ni vous décourager, ni vous donner de fol espoir... j'étudierai... j'observerai... je tenterai...

Puis remarquant l'abattement qui, chez la jeune femme, succédait à un élan d'espérance involontaire, il ajouta d'une voix émue :

— Allons, madame, courage, courage !... attendez tout de votre affection pour votre fils et de mon dévouement à l'œuvre que vous me permettez d'entreprendre... Bien des chances sont pour nous, l'âge encore si tendre de Frédérik... ses antécédens, votre sollicitude, ma vigilance de tous les instans... Mon Dieu ! que serait-ce donc si, comme tant d'autres malheureux, il était abandonné sans appui tutélaire à tous les hasards de l'ignorance, de l'isolement et de la misère... ces trois fléaux qui seuls font tant de coupables ?...

Madame Bastien, frémissant à cette pensée, s'écria :

— Ah ! vous avez raison, monsieur, mes larmes, mon désespoir, sont presque un outrage à des malheurs mille fois plus cruel que le mien, car il est des mères qui meurent en laissant leur enfant en proie à ces fléaux, qui, comme vous dites, font seuls tant de coupables.

— Et vous, madame, pleine de courage et d'énergie, vous veillez à chaque instant sur votre fils... et ce fils est rempli d'intelligence et de cœur.

— Oui... il était ainsi...

— Ce qu'il y a en lui de généreux et d'élevé est passagèrement paralysé... soit. Mais lors de la cruelle maladie dont notre ami l'a sauvé, vous avez aussi vu votre enfant pâle, abattu, mourant... Quelques semaines après, cependant, il se relevait plus que jamais brillant de jeunesse, de force et de beauté ; pourquoi cette nouvelle maladie, à la fois morale et physique, n'aurait-elle pas une issue aussi heureuse que la première ? Qui vous dit qu'après avoir été éprouvé, épuré par une lutte terrible, Frédérik, un jour, ne justifiera pas... et même ne dépassera pas vos premières espérances?

Il y avait tant de conviction, tant de dévouement dans l'accent de David... on lisait sur sa figure mâle et expressive un intérêt si sincère, si tendre pour Frédérik, une volonté à la fois si réfléchie, si résolue de sauver cet enfant, que madame Bastien sentit de nouveau son cœur se détendre un peu sous l'influence d'un vague espoir.

Alors aussi, dans sa reconnaissance de ce soulagement inattendu, plus que jamais elle admira la générosité de David ; et, par un retour involontaire sur la brutale défiance de monsieur Bastien, la jeune femme se dit avec amertume que, sans les sentiments de pitié qu'elle et son fils avaient inspirés à un étranger, elle eût été, par l'avarice et l'inintelligence de son mari, dépourvue de tout moyen d'action pour sauver son enfant, puisqu'elle n'aurait pu même le faire voyager, seule chance de guérison qui lui restât.

S'adressant alors à David, avec une profonde émotion :
— Tous les remercîmens... que je pourrais vous adresser, monsieur, seraient...

David ne la laissa pas achever.
— Des remercîmens... Vous ne m'en devez pas, madame... notre ami vous a lu ma lettre. Je vous dirai donc encore que, dans l'œuvre que je vais tâcher d'accomplir... je trouve à la fois une distraction à de cruels chagrins et une sorte de pieux hommage rendu à la mémoire d'un frère... pauvre enfant... toujours regretté.

— Je n'insisterai pas, monsieur... D'ailleurs, mes paroles vous peindraient mal ce que je ressens... Un mot seulement sur une question qu'il m'est pénible d'aborder, — ajouta madame Bastien en baissant les yeux et en rougissant. — Je vous demande pardon d'avance de l'existence modeste..., presque pauvre que vous trouverez ici, et je...

— Permettez-moi de vous interrompre, madame, — reprit David en souriant ; — j'ai beaucoup voyagé... souvent ces voyages se sont accomplis dans des circonstances difficiles... et rudes... j'ai donc été un peu marin et un peu soldat, c'est vous dire la simplicité de mes habitudes.

— Ce n'est pas tout, monsieur, — reprit madame Bastien avec un embarras croissant, — presque toujours je vis seule... Les occupations... le genre d'affaires de mon mari, le retiennent souvent loin de chez lui... mais quelquefois il revient passer plusieurs jours ici... et...

— Permettez-moi, madame, de vous interrompre encore une fois, — dit David, touché de l'embarras de madame Bastien, et allant pour ainsi dire au-devant de ce qu'elle hésitait à lui apprendre. — J'ai eu, par notre ami commun, quelques renseignemens sur les habitudes de monsieur Bastien... Vous me trouverez donc, madame, toujours empressé de faire tout au monde pour que ma présence ici ne blesse en rien les habitudes, les idées, les préjugés même de monsieur Bastien... Je chercherai avant tout à me faire tolérer et à mériter, sinon son affection, du moins son indifférence... ; car il me serait pénible... une fois mon œuvre entreprise... peut-être avec succès... de la voir brusquement interrompue... En un mot, madame, comme je ne puis rester ici contre le gré de monsieur Bastien... rien ne me coûtera pour me faire tolérer par lui, et de ces concessions... quelles qu'elles soient... ma dignité n'aura, je vous l'assure, rien à souffrir, vous comprenez pourquoi... n'est-ce pas ?

— Oui... oui... monsieur... je le comprends, — dit vivement madame Bastien, soulagée d'un poids cruel.

La délicatesse des procédés de David fit sur Marie une nouvelle et profonde impression ; elle n'en doutait pas, le docteur Dufour aurait prévenu son ami de l'habituelle grossièreté de monsieur Bastien, et l'homme généreux qui se vouait au salut de Frédérik avec un dévouement si désintéressé, se résignait d'avance à des désagrémens certains, à des humiliations peut-être, lorsque l'indépendance de sa position, l'élévation de son caractère, le mettaient au-dessus d'une situation subalterne et pénible.

— Ah ! monsieur, — dit la jeune femme à David, en atta-

chant sur lui ses grands yeux où brillaient des pleurs d'attendrissement, — si les belles âmes ont le sentiment du bien qu'elles font... comme vous devez être heureux en ce moment !...

Ces simples paroles, prononcées avec une expression de gratitude ineffable par madame Bastien, pendant que de douces larmes coulaient sur son pâle et adorable visage, touchèrent si profondément David, que ses yeux aussi devinrent humides, son cœur battit violemment, et il garda quelques momens le silence...

Ce silence, Marie le rompit la première en disant : — Maintenant, monsieur David, voulez-vous m'accompagner... afin que je vous fasse connaître la chambre que voulez bien accepter ici ?

David s'inclina et suivit la jeune femme.

XXII.

La nuit était à peu près venue.

Madame Bastien prit une lumière et, passant dans la petite salle à manger, où Marguerite s'occupait de dresser le couvert pour le modeste repas du soir, elle lui dit :
— Frédérik... est toujours dans sa chambre, n'est-ce pas ?
— Oui, madame, sans cela je serais venue vous avertir... mais il n'est pas sorti de la maison, car je l'aurais vu passer par ici.

Madame Bastien conduisit David à l'étage mansardé, pratiqué dans le grenier qui s'étendait au-dessus du rez-de-chaussée.

Cet étage se composait de trois chambres : l'une occupée par Marguerite, l'autre par le charretier, la troisième était destinée au précepteur.

Telle avait été l'inexorable volonté de monsieur Bastien. En vain, sa femme lui avait représenté l'inconvenance de loger ainsi un instituteur, ajoutant qu'à peu de frais l'on pouvait disposer en logement décent une sorte de remise abandonnée faisant suite au rez-de-chaussée ; monsieur Bastien s'était formellement opposé à cette mesure, déclarant de plus que si, en son absence, sa femme passait outre, il le saurait et reviendrait à l'instant procéder lui-même au déménagement du *cracheur de latin*, ainsi qu'il disait, et le renverrait à la mansarde dont il devait se contenter.

Madame Bastien savait son mari capable d'exécuter sa menace ; aussi, pour épargner une si pénible avanie au précepteur qu'elle avait choisi, elle dut se résigner à voir cet homme honorable occuper un logement peu en rapport avec l'importance de ses fonctions.

Si la jeune femme avait pris à cœur ce qu'elle considérait déjà comme une injure faite à la dignité du premier précepteur de son fils, que l'on juge de ce qu'elle éprouva, lorsqu'il s'agit de David dont le noble désintéressement méritait tant d'égards.

Ce fut donc avec une pénible confusion que Marie ouvrit la porte de la chambre mansardée dont elle avait tâché de parer de son mieux la triste et froide nudité. Un petit cornet de porcelaine bleue et blanche, posé sur la table de travail en bois noirci, renfermait un bouquet de chrysanthèmes et de roses du Bengale, pâles et dernières fleurs de l'automne ; le sol carrelé luisait de propreté, et les blancs rideaux de la mansarde étaient relevés par un nœud de ruban ; on reconnaissait enfin, dans les moindres détails de cet aménagement, le désir d'en faire oublier la pauvreté à force de soins, de bonne grâce et de bon vouloir.

— C'est à regret, monsieur... je vous assure... que je suis forcée de vous offrir cette chambre, — dit timidement madame Bastien, — mais... la fâcheuse impossibilité où je suis de mettre à votre disposition un logement plus convenable sera mon excuse...

David jeta les yeux autour de lui, ne put retenir un léger mouvement de surprise, et, après un silence de quelques instans, il dit à madame Bastien, avec un sourire mélancolique :

— Tout ce que je puis vous répondre, madame, c'est que, par un singulier hasard, cette chambre ressemble beaucoup à celle que j'occupais chez mon père... dans ma première jeunesse... et c'est toujours avec plaisir que je me rappelle un passé que tant de doux souvenirs me rendent cher.

David, qui disait vrai, se tut et jeta de nouveau autour de lui un regard attendri.

Rien de moins extraordinaire que cette similitude de deux chambres de garçon, toujours à peu près pareilles dès qu'elles sont mansardées ; aussi, presque heureuse de ce rapprochement et de la visible émotion qui se lisait sur les traits du précepteur, Marie espéra que, grâce aux souvenirs heureux que cette pauvre demeure semblait rappeler à son nouvel hôte, elle lui paraîtrait plus tolérable.

En descendant des mansardes, madame Bastien et David trouvèrent le repas servi.

— Je crains bien, — dit Marie, — que Frédérik ne refuse de se mettre à table ce soir ; excusez-moi, je vous prie, monsieur, je vais aller le trouver.

David s'inclina, madame Bastien courut à la chambre de son fils ; il se promenait lentement d'un air rêveur.

— Mon enfant, lui dit-elle, le souper est servi ; veux-tu venir ?

— Merci, ma mère... je n'ai pas faim... tout à l'heure je me coucherai...

— Tu ne souffres pas ?

— Non, ma mère... mais je me sens fatigué... j'ai surtout besoin de repos...

— Mon enfant... j'espère que tu réfléchiras à ce que tes paroles de tantôt auraient eu de pénible pour M. David s'il ne ressentait pas déjà pour toi le plus tendre intérêt... et s'il n'était pas certain, comme il te l'a dit, de te faire revenir d'injustes préventions à force de soins, de bonté. Il sera pour toi, non pas un maître... mais un ami... je dirais un frère, sans la disproportion de vos âges... Demain matin, tu le verras, et tu auras, n'est-ce pas, pour lui... les égards que commande sa bienveillance pour toi ?

Frédérik ne répondit rien, sa lèvre se contracta légèrement, et il baissa la tête... il semblait depuis l'arrivée de sa mère éviter ses regards.

Madame Bastien avait une profonde habitude de la physionomie de son fils, elle comprit qu'il était décidé à garder un silence obstiné, elle n'insista pas, et rejoignit David.

Après un souper frugal, madame Bastien alla s'informer de son fils ; il paraissait calme. Elle vint retrouver David dans la salle d'étude qui servait de salon.

Au dehors, l'on n'entendait que les sifflemens du vent d'automne ; dans la maison, le silence était profond ; le foyer pétillait et reflétait ses lueurs sur le carrelage d'un rouge brillant, tandis qu'une lampe à abat-jour jetait une lumière à demi voilée dans l'appartement où Marie était seule avec David.

Celui-ci, voulant distraire la jeune femme de ses pénibles pensées, tout en l'occupant de son fils, la pria de lui faire voir les cahiers d'étude, les traductions de Frédérik, ainsi que plusieurs récits d'imagination, et quelques essais de poésie composés par lui alors qu'il faisait encore l'orgueil et la joie de sa mère.

David espérait trouver au milieu de ces pages écrites par l'adolescent, et auxquelles madame Bastien avait plusieurs fois fait allusion pendant le souper, une pensée, une phrase, un mot, qui contiendrait peut-être le germe des funestes idées dont ce malheureux enfant semblait obsédé.

Marie, penchée et accoudée sur la table, pendant que David, assis, examinait, dans un silence attentif, les travaux de Frédérik, attachait un regard d'une curiosité inquiète sur le précepteur, interrogeant sa physionomie, afin de tâcher de deviner à l'avance s'il était satisfait de ce qu'il lisait alors (un récit composé par Frédérik sur un sujet donné par sa mère).

D'abord, la jeune femme douta du succès ; les traits de David restèrent graves, réfléchis ; mais soudain il sourit doucement, et ce sourire fut suivi de plusieurs mouvemens de tête vivement approbatifs ; deux ou trois fois même il dit à demi-voix :

— Bien... très bien...

Puis soudain il parut mécontent, froissa légèrement d'une main impatiente un des feuillets du manuscrit, ses traits redevinrent impassibles, et il poursuivit sa lecture.

La figure de Marie reflétait pour ainsi dire chacune des nuances de la physionomie de David, qu'elle ne quittait pas des yeux. Souriante, orgueilleuse, lorsqu'il souriait de contentement ; triste, inquiète, lorsqu'il ne semblait pas satisfait.

Mais bientôt, et pour la première fois depuis un long temps, l'heureuse mère, oubliant un moment ses chagrins, n'eut plus qu'à se réjouir du triomphe de Frédérik : les marques d'approbation de David redevinrent fréquentes ; intéressé, entraîné par ce qu'il lisait, il semblait ressentir un contentement tout personnel, et plusieurs fois il dit d'une voix attendrie :

— Cher enfant !... c'est généreux... c'est élevé... plein d'élan et de cœur... Et cela encore... Oh ! du cœur, toujours du cœur !...

En disant ces derniers mots, David porta sa main à ses yeux légèrement humides, et continua sa lecture sans plus songer à la présence de madame Bastien.

Marie n'avait perdu ni un mot, ni une inflexion de voix, ni un geste. Elle ressentait le contre-coup de la douce émotion qui se peignait alors sur le mâle et expressif visage de David.

Alors seulement, se rendant compte des traits de son hôte, qu'elle avait jusqu'alors vu, pour ainsi dire, *sans le regarder*, Marie le trouva sinon régulièrement beau, du moins d'une physionomie attrayante, affectueuse et résolue ; elle fut surtout frappée de l'expression douce, pensive et pénétrante de ses grands yeux bruns. Elle ne pouvait isoler son idée d'aucune de ses pensées, de ses remarques. Ainsi, observant que, comme Frédérik, David avait des mains charmantes, parfaitement soignées, et qu'il était mis avec une élégante simplicité, elle se félicita doublement d'avoir habitué son fils à ces soins personnels, que tant de gens dédaignent comme puérils ou affectés, et qu'elle regardait au contraire comme une conséquence de la dignité naturelle et du respect de soi. Ces réflexions de Marie, quoique longues à décrire, furent pour ainsi dire instantanées pendant qu'elle, et faites tout en continuant d'épier d'un regard attentif les moindres mouvemens de la physionomie de son hôte qui, de plus en plus intéressé par la lecture de l'écrit de Frédérik, s'écria soudain :

— Non... non, il est impossible que celui qui a écrit ces lignes, d'une élévation je dirais presque naïve... tant elle semble naturelle et familière à son esprit, n'écoute pas, tôt ou tard, la voix de la raison et du cœur... Ces pages, madame, ont-elles été écrites longtemps avant l'époque où vous avez observé les premiers changemens dans le caractère de Frédérik ?

Madame Bastien se recueillit un instant et répondit :

— Autant que je puis me le rappeler, ceci doit avoir été écrit avant une excursion que nous avons faite au château de Pont-Brillant vers la fin de juin... Et ce n'est que dans les premiers jours du mois d'août que Frédérik a commencé à me donner des inquiétudes à ce sujet.

Après un moment de réflexion, David reprit :

— Et depuis que vous avez observé un changement si notable dans le caractère de Frédérik... a-t-il écrit quelque chose... d'imagination ? cela pourrait nous aider... car dans ces lignes sa pensée secrète s'est peut-être trahie à son insu...

— Votre remarque est très juste, monsieur, — reprit madame Bastien, frappée d'un souvenir soudain; et prenant un des cahiers de son fils, qu'elle montra à David, elle lui dit :

— Plusieurs feuillets manquent à cet endroit, ainsi que vous le voyez... J'ai demandé la cause de cette lacération à Frédérik; il m'a répondu que, mécontent de ce qu'il venait d'écrire, il n'avait pas voulu me le laisser lire... Cela se passait alors qu'il commençait à m'inquiéter sérieusement...

— Et parmi les pages qui restent, vous n'avez, madame, remarqué rien de significatif ?

— Ainsi que vous allez le voir, monsieur... Depuis cette époque Frédérik n'a presque rien écrit, son aversion de tout travail devenait de plus en plus profonde... En vain... ainsi que j'avais coutume de le faire, je lui indiquais plusieurs sujets, soit historiques, soit de pure invention... il essayait d'écrire quelques lignes,... puis, saisi d'un accablement invincible... il laissait tomber sa plume, cachait son visage entre ses mains... et demeurait ainsi... des heures entières... sourd à toutes mes questions... à toutes mes prières.

Pendant que madame Bastien parlait ainsi, David avait attentivement parcouru les fragmens de récits qu'elle venait de lui communiquer.

— Cela est étrange, — dit-il, — au bout de quelques instans, dans ces lignes incohérentes écrites comme au hasard, sans sentiment... toute élévation ont disparu... le style même se ressent de cette funeste disposition; on dirait qu'un voile s'est étendu sur l'esprit de ce malheureux enfant... la lassitude... l'ennui... que lui causait sans doute le travail, se révèle à chaque instant... Mais voici quelques mots qui semblent effacés avec soin... — ajouta David en tâchant de déchiffrer ce que cachaient les ratures.

Marie se rapprocha de son hôte, voulant l'aider de la connaissance qu'elle avait de l'écriture de son fils, et, toujours debout, elle se pencha sur la table, une main appuyée sur le dossier de la chaise de David, afin de mieux voir les lignes raturées. Dans ce mouvement si naturel, David sentit son bras effleuré par la rondeur élastique du bras charmant de madame Bastien.

Cette pression involontaire fut si légère, si instantanée, que Marie ne s'en aperçut même pas. David éprouva un frisson soudain, électrique : mais, doué d'une grande puissance sur lui-même, il resta impassible, quoiqu'il songeât pour la première fois, depuis l'accomplissement de sa généreuse résolution, que la femme avec laquelle il devait désormais vivre d'une vie commune, intime, solitaire, était jeune, d'une beauté adorable, qu'elle réunissait les plus admirables qualités du cœur, et était enfin cette *vierge-mère* dont le docteur Dufour lui avait raconté la vie si vaillante et si résignée...

Bien que rapide, profonde et remplie d'une certaine angoisse, cette impression ne se trahit en rien chez David, et, avec l'aide de Marie, il continua de déchiffrer les mots soigneusement raturés par Frédérik.

Après une étude patiente, la jeune femme et son hôte parvinrent à déchiffrer, en différens endroits du manuscrit, plusieurs mots qui ne se rattachaient en rien aux phrases dont ils étaient suivis ou précédés... Évidemment, ils avaient été tracés presque involontairement, et sous l'influence des pensées dont l'adolescent était obsédé. Ainsi, on lisait sur un feuillet ce lambeau de phrase :

... *Pour les créatures destinées à ramper toujours dans une humiliante obscurité, c'est de ne pouvoir... et... arracher...*

Deux ou trois mots du commencement et la fin de la phrase étaient absolument indéchiffrables.

Plus loin, sur une page, on voyait ces deux seuls mots légèrement biffés comme s'ils eussent été suffisamment défendus contre toute interprétation par leur laconisme :

— *Pourquoi ?*
— *De quel droit ?*

Enfin, cette phrase la moins incomplète, avait été non moins péniblement déchiffrée par David et par la jeune femme :

... *de toi... grande et sainte révolution... les faibles..., sont devenus les forts ; la vengeance tardive est arrivée... alors... terrible... mais... beau dans sa...*

Au moment où David répétait une seconde fois et lentement ces mots, comme pour chercher à deviner leur secrète signification, minuit sonna.

— Minuit, — dit madame Bastien avec surprise, — déjà minuit ?

David, craignant d'être indiscret, se leva, prit le cahier, et dit à la jeune femme :

— Permettez-moi, madame, d'emporter ces pages... Ce que nous venons de déchiffrer est bien vague, bien incomplet... il n'importe ; souvent on est mis sur la voie de la vérité par la trace la plus imperceptible... je vais méditer sur tout ceci, et peut-être y trouverai-je un germe que mes entretiens avec Frédérik développeront plus tard.

— A demain donc, monsieur David, — dit tristement Marie, en sentant de nouveau le poids des appréhensions dont elle avait été distraite pendant la soirée, sans cesser pour cela de s'occuper de Frédérik. J'accepte toutes les espérances que vous m'avez données, j'en ai tant besoin... demain sera pour nous un jour de grande épreuve, car c'est demain qu'aura lieu votre premier entretien avec mon fils.

— Dans cet entretien, je me guiderai sur l'inspiration du moment, sur la disposition d'esprit de Frédérik... peut-être aussi d'après le résultat de mes réflexions de cette nuit, au sujet de ces quelques lignes.

— A demain donc, monsieur David.
— A demain, madame.

Quelques instans après, pensif et rêveur, David se renfermait dans sa petite chambre, située au-dessus de celle de la jeune femme.

XXIII.

Dès que le remords du crime qu'il avait voulu commettre eut, à la voix de sa mère, pénétré dans l'âme de Frédérik, il n'eût possédé assez conscience de l'horreur de sa tentative homicide pour être incapable de la récidiver, il était loin d'être guéri de sa haineuse envie. Ces ressentimens n'ayant plus d'issue au dehors par l'excitation, par l'espoir de la vengeance, n'en devenaient que plus âcres, que plus corrosifs, en stagnant désormais au fond de ce cœur qu'ils rongeaient lentement.

Aussi, à la première nuit qui suivit l'arrivée de David à la ferme, nuit passée tout entière dans une médiation désespérante et désespérée, Frédérik avait subi une nouvelle transformation, qui devait déconcerter la sagacité de sa mère et la pénétration de David.

Tous deux furent frappés d'un changement qui se manifestait jusque dans la physionomie de l'adolescent : elle n'était plus sardonique, altière et farouche ; elle était confuse, abattue ; son regard ne défiait plus le regard par sa sauvage audace ; toujours morne, abaissé, il semblait au contraire fuir tous les yeux.

Madame Bastien et David s'attendaient à une nouvelle explosion de violence, lors de la seconde entrevue de Frédérik avec son nouveau précepteur... il n'en fut rien.

L'adolescent se montra humble et docile, mais toutes les avances cordiales, toutes les familiarités affectueuses de David échouèrent devant la muette concentration de ce malheureux enfant...

David essaya de l'interroger sur ses études, il répondit tantôt avec précision, tantôt d'une manière diffuse et involontairement préoccupée; mais, à toutes les questions, à toutes les insinuations faites en dehors de ses travaux, il resta silencieux, impassible.

Marie proposa une promenade avec David. Frédérik accepta.

Durant cette longue excursion, le nouveau précepteur, dont les connaissances étaient aussi nombreuses que variées, tâcha de s'emparer de l'attention de Frédérik par des observations remplies d'intérêt et de grandeur sur plusieurs phénomènes de la nature : tantôt un silex, un morceau de roche servaient de point de départ aux considérations les plus curieuses sur les différens âges du globe, et sur la transformation successive de ses habitans; tantôt l'admirable régularité géométrique du travail d'un insecte, ses mœurs, ses instincts, devenaient le sujet d'une conversation des plus attrayantes; tantôt enfin, à propos d'une ruine très ancienne, située dans les environs de la ferme, David racontait à Frédérik quelques faits relatifs aux habitudes guerrières et aventureuses du moyen âge, ou lui citait quelques légendes d'une naïveté charmante...

L'adolescent écoutait poliment, répondait par monosyllabes, mais conservait son masque glacé...

Au retour de la promenade, Frédérik prit un livre, lut jusqu'au dîner, et, peu de temps après le repas, demanda à sa mère la permission de se retirer.

Restés seuls, David et Marie échangèrent un regard d'une tristesse profonde; ils comprenaient le néant de cette première journée.

— Rien n'a pu vibrer en lui, — dit David en réfléchissant, — rien. Il m'a été impossible de le captiver un instant, afin de l'attirer peu à peu, à son insu, dans la sphère d'idées où je voulais le conduire.

— Tandis qu'autrefois, monsieur David, vous l'eussiez vu ravi, émerveillé, charmé de ces notions si diverses que vous rendez si attrayantes...

— Ne trouvez-vous pas, madame, que depuis hier il s'est accompli en lui je ne sais quelle révolution qui a fait soudain disparaître, si cela peut se dire, les aspérités de son caractère?

— Comme vous, monsieur David, j'ai fait cette remarque.

— Et ce changement, je suis presque tenté de le regretter, — ajouta David d'un air pensif. — Si aiguës, si tranchantes que soient ces aspérités, elles offrent du moins... quelque prise... Mais que faire devant une surface polie et froide comme la glace?... Il n'importe, — poursuivit-il après réflexion. — Il faudra trouver un moyen d'action...

— Et ce changement si soudain, monsieur David, qu'en pensez-vous?

— Est-ce le calme qui suit l'apaisement de la tempête, ou bien est-ce le calme trompeur qui souvent précède un nouvel orage? Nous le saurons plus tard... Il se peut aussi que mon arrivée ait opéré ce revirement chez Frédérik.

— Comment cela, monsieur David?

— Peut-être sent-il que notre double surveillance doit lui rendre impossible toute nouvelle tentative de vengeance... peut-être encore craint-il que ma pénétration, jointe à la vôtre, madame, ne surprenne son secret; alors il redouble de contrainte et de réserve. C'est à nous, madame, de redoubler d'attention.

— Et dans les cahiers que hier soir vous avez emportés?

— Après avoir longtemps médité sur les lambeaux de phrases que vous savez, madame, j'ai cru, si faible, si incertain qu'il fût, trouver un indice...

— Et cet indice? dit vivement madame Bastien.

— Permettez-moi de ne vous rien dire de plus... madame, avant que j'aie pénétré plus avant dans la voie, bien obscure encore, que semble m'ouvrir cet indice... Si mon pressentiment ne me trompe pas, et me conduit à la découverte de quelques faits significatifs, je pourrai vous bien préciser ma pensée; si elle est juste... son évidence vous frappera, et, fort de nos deux convictions, j'agirai alors avec bien plus d'assurance. Mon Dieu, madame, —

ajouta David en souriant tristement, — mille fois pardon de cette réticence, mais c'est une tâche si difficile, si délicate que la nôtre, qu'un rien peut tout compromettre ou tout sauver. Encore une fois, pardon.

— Vous me demandez pardon, monsieur David, lorsque votre réserve même est une nouvelle preuve de votre généreuse sollicitude pour mon cher... hélas! pour mon unique intérêt sur cette terre!

Le soir du jour où madame Bastien avait eu cet entretien avec David, Marguerite vint donner ses soins à la jeune femme à l'heure de son coucher, et lui dit :

— Mon Dieu, madame, je vous ai vue si occupée avec monsieur David depuis votre retour de la promenade, et ce soir aussi, que je n'ai pas voulu vous déranger pour vous dire une chose pourtant bien extraordinaire.

— De quoi s'agit-il donc?

— Vous étiez sortie avec monsieur Frédérik et monsieur David depuis une heure, madame, lorsque j'entends un grand bruit à la porte de la cour... je vais voir... c'était une superbe voiture à quatre chevaux... Et qui était dans cette voiture, madame? je vous le donne en cent... madame la marquise de Pont-Brillant qui demandait à vous parler...

— A moi! — s'écria Marie en pâlissant, craignant que la tentative de Frédérik n'eût été découverte, — c'est impossible... vous vous trompez, Marguerite... je ne connais pas madame de Pont-Brillant...

— C'est pourtant bien vous, madame, que cette chère bonne petite vieille dame a demandée; même elle m'a dit, en parlant tout aussi simplement que nous autres : « Je
» suis joliment fâchée de ne pas la rencontrer, madame
» Bastien. Je m'en venais pour comme qui dirait voisiner
» un peu, car on est voisin, c'est pour se voir ; enfin c'est
» égal... ça se retrouvera, et tu lui diras, n'est-ce pas, ma
» fille, à cette chère madame Bastien, que je reviendrai...
» un de ces jours... Faut pas surtout qu'elle se donne la
» peine de me rendre ma visite au château... ça le déran-
» gerait, cette chère dame, et je ne veux pas de ça du
» tout... mais moi je reviendrai souvent ici avec mon bâ-
» ton de vieillesse... »

— Qu'est-ce que cela signifie?... — se dit à elle-même madame Bastien, confondue de cet incident, et ne sachant à quoi attribuer cette inconcevable visite.

Marguerite, croyant que sa maîtresse cherchait la signification de ces mots : « Je reviendrai souvent *avec mon bâton de vieillesse*, » ajouta :

— Madame la marquise voulait dire par là, madame, qu'elle reviendrait souvent vous voir avec son petit-fils, monsieur le marquis...

— Elle a dit cela — s'écria Marie, tremblant à la seule pensée d'une rencontre entre Frédérik et Raoul de Pont-Brillant, — elle vous a dit qu'elle reviendrait... avec?

— Avec monsieur le marquis, oui, madame, et même cette bonne chère dame a ajouté : — « C'est qu'il est joli-
» ment gentil, va, ma fille, mon bâton de vieillesse... au-
» trement dit mon petit-fils, et généreux comme un roi.
» Allons, puisque j'ai le guignon de ne pas rencontrer ma-
» dame Bastien; faut bien m'en aller. Mais, dis-donc, ma
» fille, — a ajouté madame la marquise, — j'ai soif à
» étrangler. Est-ce que tu ne pourrais pas me donner un
» bon verre d'eau claire? » Certainement, madame la marquise; que je réponds toute honteuse de ce qu'une si grande dame avait la bonté de me demander un verre d'eau; mais je me dis en moi-même : pour sûr, madame la marquise a demandé de l'eau par politesse, je vais lui rendre sa politesse en lui donnant du vin ; j'accours dans ma cuisine, je verse un plein grand verre de vin, je le mets sur une assiette bien propre, et je reviens à la voiture.

— Vous auriez dû, Marguerite, donner tout simplement à madame de Pont-Brillant le verre d'eau qu'elle vous demandait ; enfin, il n'importe...

— Pardon, madame, j'ai eu bien raison de donner du vin, au contraire, puisque madame la marquise l'a pris.

— Ce grand verre de vin?

— Oui, madame, pas plus fière que ça... c'est-à-dire, elle n'a fait qu'y tremper ses lèvres; mais elle a fait boire tout le reste à une autre vieille dame qui était avec elle, et qui n'aimait peut-être pas le vin, car elle a fait la grimace après avoir bu; alors madame la marquise a ajouté : « Tu diras, ma fille, à cette chère madame Bastien, que » nous avons bu à sa santé et à ses beaux yeux, » — et en même temps, tout en me rendant le verre, elle a mis dedans, devinez quoi, madame?... ces cinq belles pièces d'or que voilà, en me disant : « Voilà pour les gens de madame » Bastien, à condition qu'ils boiront à la santé de mon » petit-fils, le marquis de Pont-Brillant. Au revoir, ma » fille, » — et la belle voiture est repartie.

— Je suis désolée, Marguerite, que vous n'ayez pas eu la délicatesse de refuser l'argent qu'on vous a donné.

— Mais, madame, cinq louis d'or!

— C'est justement parce que cette somme est importante, qu'il m'est très pénible que vous l'ayez acceptée...

— Dame... moi... je ne savais pas, madame; c'est la première fois que ça m'arrive, et si madame veut... je reporterai les cinq pièces d'or au château.

— Ce serait pis encore... mais je vous prie, Marguerite, si vous avez quelque attachement pour moi, de porter ces cent francs au tronc des pauvres de la paroisse.

— Demain ce sera fait, madame, — dit bravement Marguerite, — ces cinq pièces d'or me brûleraient les doigts, maintenant que vous m'avez dit que j'ai eu tort de les recevoir.

— Merci, Marguerite, je sais que vous êtes une bonne et digne femme... Mais un mot encore : mon fils sait-il que madame de Pont-Brillant est venue ici?

— Non, madame, car je ne le lui ai pas dit, et j'étais seule à la maison lorsque la voiture est venue.

— Marguerite, il est important que mon fils ne soit pas instruit de cette visite...

— Bien, madame... je n'en soufflerai pas mot.

— Enfin, si madame de Pont-Brillant revenait ici, que j'y sois ou non, vous direz toujours que je suis absente.

— Comment, madame, refuser de recevoir une si grande dame?

— Ma bonne Marguerite, je ne suis pas une grande dame... et je ne désire d'autre société que celle des personnes de ma condition... Il est donc bien entendu que je ne serai jamais chez moi, si madame de Pont-Brillant revient, et que mon fils doit absolument ignorer la visite d'aujourd'hui.

— C'est convenu, madame... fiez-vous à moi.

Marie Bastien cherchait en vain à deviner le but de cette visite, incident dont elle s'étonnait d'autant plus qu'elle avait toujours présente à la pensée la haine de Frédérik contre le marquis de Pont-Brillant.

Le lendemain matin, Marie fit part de cette circonstance à David; il remarqua deux choses qui avaient aussi frappé madame Bastien, quoique sous un autre point de vue.

— Voici ce que je crois, madame, — dit David. — La demande du verre d'eau n'était qu'un prétexte de faire une largesse qui serait d'une prodigalité folle, si elle ne cachait quelque arrière-pensée. Aussi... madame de Pont-Brillant s'est-elle résignée à boire ou à faire boire le verre de vin par sa compagne, sans doute pour ne pas humilier Marguerite, délicatesse qui me paraît singulière chez une femme comme madame de Pont-Brillant, qui voulait d'ailleurs ne pas perdre l'occasion d'une excessive libéralité au nom de son petit-fils. Puis, enfin, madame de Pont-Brillant promet de revenir souvent... ici, madame... mais...

— Elle ne veut pas me déranger, et me prie de ne pas lui rendre sa visite au château... J'avais remarqué cette humiliante distinction, monsieur David, et lors même que j'aurais eu la moindre intention de répondre aux avances de madame de Pont-Brillant, ce procédé blessant m'eût obligée de lui fermer ma porte à l'avenir... Mais loin d'avoir la triste vanité d'être flattée de sa démarche, je n'en ressens au contraire que de l'inquiétude, de la crainte même... en pensant que si madame de Pont-Brillant revenait ici avec son petit-fils... Frédérik... pourrait se trouver face à face avec l'objet de sa haine... Ah! monsieur David... mon cœur se glace à cette pensée... car je me rappelle la terrible scène de la forêt.

— Cette visite me semble, comme à vous, madame, d'autant plus étrange, que les circonstances dont elle a été accompagnée sont fort suspectes... Notre ami, le docteur Dufour, m'a parlé de la douairière de Pont-Brillant comme d'une femme qui, malgré son grand âge, a conservé le cynisme et la dépravation de l'époque où elle a vécu dans sa jeunesse. Votre éloignement de la douairière est donc doublement justifié, madame; seulement, en rapprochant ces avances, si blessantes qu'elles soient, de la haine de Frédérik contre Raoul de Pont-Brillant, il est du moins évident que celui-ci ne connaît pas votre fils. Sans cela comment consentirait-il à accompagner ici sa grand'mère?

— C'est ce que je me suis dit, monsieur David. Ah! le vertige me prend lorsque je veux pénétrer ce triste mystère.

Deux ou trois jours se passèrent encore en tentatives impuissantes de la part du précepteur et de Marie.

Frédérik resta impénétrable.

David alla jusqu'aux moyens les plus héroïques, il lui parla de Raoul de Pont-Brillant... L'adolescent pâlit légèrement, baissa la tête... resta muet et impassible.

— Il a du moins renoncé à sa vengeance, pensa David, qui avait attentivement étudié la physionomie de Frédérik... — La haine subsiste peut-être encore... mais du moins elle sera passive.

Cette conviction, partagée par Marie, la tranquillisa du moins sur la possibilité d'une récidive qui la glaçait d'épouvante.

L'état de Frédérik semblait empirer chaque jour.

Ce malheureux n'était plus que l'ombre de lui-même : opiniâtre, absolu dans le bien comme dans le mal... il ressentait aussi violemment le remords de sa funeste action qu'il avait ressenti l'ardeur de la vengeance... et puis, sans cesse, il était sous le poids de cette accablante pensée :

— « Quelle comparaison ma mère fera-t-elle toujours
» entre moi, qui ai voulu être un lâche meurtrier... et ce
» noble marquis, dont elle m'a parlé avec tant de louan-
» ges!... Et pourtant si elle savait... Oh!... malheur à
» moi, malheur à moi!... plus que jamais, je hais ce
» Pont-Brillant, et le remords m'a désarmé ».

Un jour David dit à Marie :

— Frédérik, tout en acceptant gaiement la modeste existence qu'il trouvait chez vous, madame, ne vous a-t-il jamais paru désirer le luxe, la richesse, ou regretter de ne pas les posséder?

— Jamais, monsieur David; il n'est pour ainsi dire pas une pensée de mon fils qui ne me soit présente à la mémoire... car, depuis ces malheureux temps, je passe ma vie à interroger le passé... Non, jamais je n'ai entendu Frédérik désirer quelque chose au delà de notre vie simple et presque pauvre... Que de fois il m'a dit, avec tendresse :

— « Mère, est-il un sort plus heureux que le nôtre?...
» Quel bonheur de vivre avec toi, dans notre petit monde
» paisible et solitaire! »

La pauvre Marie ne put achever... ce ressouvenir d'un passé radieux la brisait.

David cependant, loin de se décourager, poursuivait sa pensée avec cette persévérante lenteur, avec cette observation minutieuse et profonde, à l'aide desquelles les savans reconstruisent souvent un monde, une époque, un être, grâce à quelques fragmens, à quelques débris insignifians.

— Croyez-vous Frédérik ambitieux ? — dit une autre fois David à Marie. — Dans ses épanchemens avec vous... lorsqu'il s'agissait de sa position à venir, quelles étaient ses idées ?

Marie sourit tristement et répondit :

— Un jour, je lui disais :— « Voyons, mon enfant, lorsque » tu seras homme, quelle carrière choisiras-tu ? que vou- » dras-tu être ? — *Ton fils,* » — me répondit-il avec un mé- lange de tendresse et de grâce dont vous ne pouvez avoir une idée, monsieur David. — « Je te comprends, mon cher » enfant ; mais enfin il faudra choisir une carrière. — Passer » ma vie à t'aimer, mère, à te rendre heureuse, je ne vois » pas, je ne veux pas d'autre carrière... — Mais enfin, » cher fou bien-aimé, il faudra bien t'occuper ! — M'oc- » cuper!... Et t'embrasser, et te regarder, et t'écouter, et te » dire que je t'aime, et nous promener, et faire nos au- » mônes en actions, et voir nos fleurs, et regarder ensem- » ble le soleil se coucher, ou la lune se lever au-dessus » de nos grands chênes, ne voilà-t-il pas assez d'occupa- » tions? Ah ! mère !... mère... les jours seraient longs » deux fois comme ils le sont... que je n'aurais pas seule- » ment une minute à moi... » Voilà, monsieur David, — dit Marie en essuyant de nouveau ses larmes, — voilà quelle était alors l'ambition de mon fils...

— Affectueuse et charmante nature ! — dit David en partageant l'émotion de Marie ; puis il reprit :

— Lors de cette visite au château de Pont-Brillant, dont vous m'avez parlé, vous n'avez pas remarqué, madame, que la vue de ces merveilles.... ait attristé Frédérik ?

— Non, monsieur David... et, sauf l'incident que je vous ai raconté, la grossièreté d'un intendant dont mon fils s'est un instant irrité... cette journée a été pour lui, comme pour nous, aussi gaie qu'intéressante.

— Et depuis, — ajouta lentement David, — et depuis... rien... n'a pu vous donner la pensée... que Frédérik... ait comparé avec une certaine amertume, avec envie enfin, votre modeste existence à l'existence somptueuse du jeune marquis ?

— Frédérik ! — s'écria madame Bastien, en regardant David d'un air de reproche. — Ah ! monsieur, mon malheureux enfant... est tombé bien bas ; la violence de son caractère l'a emporté jusqu'à la pensée d'un crime... dont nous ignorons la cause... mais lui *envieux*... lui ! ah ! monsieur David, vous vous trompez. Les bons comme les mauvais jours de sa vie le défendent contre un pareil reproche...

David ne répondit rien et resta pensif.

Chaque jour l'intimité de David et de Marie s'augmentait par leur communauté d'intérêts et d'angoisses ; c'était à tout instant un continuel échange de questions, d'épanchemens, de craintes, de projets ou d'espérances, hélas ! bien rares, les espérances ayant toujours Frédérik pour objet.

Henri David et Marie passaient ainsi, dans la solitude du tête-à-tête, les longues soirées d'hiver, car le fils de madame Bastien se retirait à huit heures ; une fois au lit, un sommeil feint lui permettait de se soustraire à la sollicitude dont on l'entourait, et de se plonger pour ainsi dire les yeux fermés dans le noir abîme de ses pensées.

— « Je suis plus misérable encore que par le passé, — » — se disait l'adolescent ; — autrefois les inquiétudes, les » questions incessantes de ma mère sur mon mal inconnu » m'irritaient... à cette heure, elles me navrent et aug- » mentent mon désespoir. Je comprends tout ce que doit » souffrir ma mère ; sa pitié ne se rebute pas. Chaque jour » m'apporte une nouvelle preuve de sa tendre commisé- » ration, de ses efforts inouïs pour me guérir ; mais, hé- » las ! elle pourra pardonner mon crime... mais jamais » l'oublier... Elle doit ignorer toujours, live l'entendez, les » circonstances qui m'ont poussé à vouloir tuer ce Pont- » Brillant... Aussi, je ne serai plus pour elle qu'un triste » objet de compassion ; cela doit être, car, je le sens, mon » mal est incurable... puisqu'il résiste à tant de secours.

» Et, ce que je pense de ma mère, je le pense aussi de » monsieur David ; j'ai maintenant conscience de son dé- » vouement pour moi et pour ma mère ; car se dévouer » pour moi, c'est se dévouer à ma mère... sa sollicitude à » lui est non moins impuissante. Ah ! le mal dont je souf- » fre ne se guérit pas plus... que ne s'efface le remords » d'une lâche et horrible action. »

Pendant que ce malheureux enfant, ainsi concentré en lui-même, se repaissait d'une douleur de plus en plus corrosive, David, se croyant sur la voie de la vérité, poursuivait ses investigations, ne voulant tenter une dernière et décisive épreuve sur Frédérik qu'armé de la toute-puissance d'une conviction inébranlable ; aussi multipliait-il ses recherches, les étendant aux sujets les plus insignifians en apparence. Persuadé que Frédérik, ayant sans doute une puissante raison de dissimuler à sa mère le fond de sa pensée, se serait peut-être moins contraint avec d'anciens serviteurs, David interrogeait minutieusement la vieille servante et le vieux jardinier ; ce fut de la sorte qu'il eut connaissance de quelques faits d'une haute signification pour lui : ainsi, entre autres, un mendiant, envers qui Frédérik s'était toujours montré secourable, avait dit au jardinier : « Monsieur Frédérik est bien changé ; lui, » autrefois si bon, m'a aujourd'hui durement répondu : » Adressez-vous à monsieur le marquis ! *Il est si riche,* » *lui ! ! !* »

Madame Bastien voyait ordinairement David plusieurs fois dans la journée.

Un jour il ne parut pas.

A l'heure du repas du soir, Marguerite étant allée prévenir qu'on était servi, David, profondément absorbé, chargea la servante de dire à madame Bastien que, se trouvant un peu indisposé, elle voulût bien l'excuser de ne pas descendre pour dîner.

De son côté, Frédérik, arrivé au terme de son marasme moral, n'avait pas quitté sa chambre.

Marie, pour la première fois depuis l'arrivée de David, passa sa soirée seule.

Cette solitude l'attrista profondément ; elle se sentit involontairement assaillie de noirs pressentimens.

Vers les onze heures, elle rentra dans sa chambre ; son fils dormait ou feignait de dormir, Marguerite vint donner ses soins habituels à sa maîtresse ; celle-ci, accablée, silencieuse, venait de revêtir son peignoir de nuit et de dénouer ses longs cheveux, lorsque la vieille servante, qui avait plusieurs fois adressé la parole à Marie sans que celle-ci lui eût prêté grande attention, lui dit, au moment de se retirer :

— Madame, j'ai oublié de vous demander si André pouvait prendre demain le cheval et la charrette pour aller à Pont-Brillant.

— Oui, — répondit Marie avec distraction, tenant dans l'une de ses petites mains, qui pouvait à peine les contenir, ses longs cheveux dénoués, tandis que son autre main promenait machinalement le démêloir d'écaille sur la toile cirée de la toilette, car la jeune femme, les yeux fixes, s'abandonnait à ses douloureuses pensées.

— Vous savez, n'est-ce pas, madame, pourquoi André va à la ville ? — reprit Marguerite.

— Non, — répondit Marie toujours absorbée.

— Mais, madame, — reprit Marguerite, — c'est pour porter les effets de ce monsieur, puisqu'il paraît qu'il s'en va...

— Grand Dieu !... — s'écria madame Bastien en laissant retomber sa masse de cheveux sur ses épaules, et en se retournant brusquement vers sa servante, qu'elle regardait avec stupeur : — Marguerite... que dites-vous ?

— Je dis, madame, qu'il paraît que ce monsieur s'en va...

— Quel monsieur ?

— Monsieur David, le nouveau précepteur de monsieur Frédérik... et c'est dommage... car il était...

— Il s'en va ? — reprit madame Bastien en interrompant

Marguerite d'une voix si altérée et avec une telle expression de surprise et de douleur, que la servante s'écria :

— Mon Dieu ! madame, qu'avez-vous ?

— Voyons, Marguerite, il y a quelque erreur là-dedans, — dit Marie en tâchant de se rassurer. Comment savez-vous que monsieur David s'en va ?

— Dame... puisqu'il renvoie ses effets à la ville.

— Qui vous a dit cela ?

— André...

— Comment le sait-il ?

— Mon Dieu ! madame, c'est bien simple ; hier, monsieur David lui a dit : Mon ami, serait-il possible d'avoir un cheval et une charrette pour envoyer des malles à Pont-Brillant, d'ici à un ou deux jours ? André lui a répondu que oui... alors, moi, madame, j'ai cru devoir vous prévenir qu'André prenait le cheval demain, voilà tout.

— Monsieur David est découragé, il renonce à une tâche au-dessus de ses forces... L'embarras, le regret qu'il éprouve, m'expliquant son absence pendant toute cette journée... mon fils est perdu...

Telle fut la première, l'unique pensée de Marie.

Alors, éperdue, folle de désespoir, oubliant le désordre de sa toilette, l'heure avancée de la nuit, et laissant Marguerite stupéfaite, la jeune femme monta chez David, et entra précipitamment dans sa chambre.

XXIV.

Lorsque Marie se présenta si inopinément devant lui, David était assis à sa petite table, dans l'attitude de la méditation. A la vue de la jeune femme, pâle, éplorée, les cheveux épars, et dans le désordre d'une toilette de nuit, il se leva brusquement, et, devenant aussi pâle que Marie, car il croyait à quelque funeste événement, il lui dit :

— Madame... qu'est-il arrivé ?... est-ce que Frédérik ?...

— Monsieur David, — s'écria la jeune femme, — il est impossible que vous nous abandonniez ainsi...

— Madame...

— Je vous dis que vous ne partirez pas... non, vous n'aurez pas ce courage... Mon unique... mon dernier espoir est en vous, car, vous le savez bien, mon Dieu ! je n'ai que vous au monde pour me venir en aide...

— Madame... un mot, je vous en conjure.

Marie, joignant les mains, ajouta d'une voix suppliante :

— Grâce... monsieur David, soyez bon et généreux jusqu'à la fin... pourquoi vous décourager ?... Les emportements de mon fils ont cessé... il a renoncé à ses projets de vengeance... C'est déjà beaucoup... et, cela, je le dois à votre influence...

L'abattement de Frédérik augmente... mais ce n'est pas une raison pour désespérer... Mon Dieu ! mon Dieu !...

Peut-être vous me croyez ingrate... parce que je vous exprime mal ma reconnaissance. Ce n'est pas ma faute... Mon pauvre enfant paraît vous être aussi cher qu'à moi... Vous dites quelquefois *notre* Frédérik, et vous j'oublie que vous êtes un étranger qui a eu pitié de nous ; votre tendresse pour mon fils me semble si sincère, que je ne m'étonne pas plus de vous voir vous dévouer pour lui, que je ne m'étonne de me dévouer moi-même.

Dans sa stupeur, David n'avait pu d'abord trouver un mot... puis il éprouva un si grand bonheur à entendre Marie lui peindre sa gratitude d'une manière si touchante, que, malgré lui, il ne la rassura peut-être pas aussitôt qu'il l'aurait pu. Cependant, se reprochant de ne pas mettre fin aux angoisses de cette malheureuse femme, il reprit :

— Veuillez m'écouter, madame...

— Non... non, — s'écria-t-elle avec l'impétuosité de la douleur et de la prière, — oh !... il faudra bien que vous ayez pitié... vous ne voudrez pas me tuer par le désespoir après m'avoir fait tant espérer. Est-ce que je peux me passer de vous maintenant ? Mais, mon Dieu ! que voulez-vous que je devienne si vous partez ? Oh ! monsieur David, il est un souvenir tout puissant sur vous... celui de votre jeune frère. C'est au nom de ce souvenir que je vous supplie de ne pas abandonner Frédérik. Vous avez été jusqu'ici aussi tendre pour lui que s'il était votre enfant ou votre frère. Ce sont là des liens... sacrés qui nous unissent vous et moi ! et ces liens... vous ne les romprez pas ainsi sans pitié ; non, non, cela ne se peut pas...

Et les sanglots étouffèrent la voix de la jeune femme.

Des larmes aussi vinrent aux yeux de David, et il s'empressa de dire à madame Bastien d'une voix émue et pénétrante :

— J'ignore, madame... qui a pu vous faire croire que je partais... Rien n'est plus loin de ma pensée...

— Vrai ! ! ! — s'écria Marie avec un accent indéfinissable.

— Et s'il faut tout vous dire... madame... j'ai pu parfois, non me décourager... mais avoir conscience de la difficulté de notre tâche ; mais aujourd'hui... à cette heure... pour la première fois... j'ai bon espoir...

— Mon Dieu !... vous l'entendez ! — murmura Marie avec une religieuse émotion. — Que cette espérance ne soit pas vaine !

— Elle ne le sera pas, madame, j'ai tout lieu de le croire, et, loin de songer à partir, j'ai passé mon temps à réfléchir à la journée de demain, qui doit être décisive. Pour ne pas interrompre le cours de ces réflexions, j'ai pris le prétexte d'une légère indisposition, afin de ne pas paraître au dîner. Rassurez-vous donc, madame, je vous en conjure à mon tour. Croyez que je n'ai qu'une seule pensée au monde... le salut de *notre* Frédérik ; aujourd'hui, ce salut est non seulement possible... mais probable... Oui, tout me dit que demain sera pour nous un heureux jour...

Il est impossible de peindre la transformation qui, à chaque mot de David, se manifesta dans la physionomie de la jeune femme... Son visage, naguère pâle, bouleversé par la douleur, s'était soudain coloré par l'émotion d'une surprise heureuse : ses traits enchanteurs, à demi voilés par les ondes de ses cheveux dénoués, rayonnaient alors d'une espérance ineffable.

Marie était si adorablement belle, ainsi vêtue de ce peignoir blanc à demi entr'ouvert par les violentes palpitations de son beau sein, qu'une bouffée de brûlante ardeur monta au front de David et aviva encore l'amour passionné qu'il sentait depuis quelque temps avec effroi envahir peu à peu son cœur.

— Monsieur David, — reprit madame Bastien, — vous ne voudriez pas m'abuser par un fol espoir... afin de vous soustraire à mes prières, afin de vous épargner la vue de mes larmes. Oh ! pardon... pardon, j'ai honte de ce dernier doute, dernier écho de ma terreur passée... oh ! je vous crois... je vous crois, je suis si heureuse de vous croire !

— Vous le pouvez, madame... car je n'ai jamais menti, — répondit David, osant à peine jeter les yeux sur Marie, dont la beauté l'enivrait jusqu'au vertige. — Mais qui a pu, madame... vous faire supposer que je partais ?...

— C'est Marguerite... qui tout à l'heure m'a dit cela dans ma chambre ; alors, tout effrayée, je suis accourue chez vous.

Ces mots rappelèrent à David que la présence de madame Bastien, dans sa chambre à lui, à une heure avancée de la nuit, pouvait sembler étrange aux serviteurs de la maison, malgré l'affectueux respect dont la jeune mère était entourée ; aussi, profitant d'un prétexte qu'elle venait de lui offrir, il s'avança jusqu'au seuil de sa porte, restée d'ailleurs ouverte pendant cet entretien, et appela Marguerite à haute voix.

— Pardon, madame, — dit-il alors à Marie qui le regardait avec surprise, — je désirerais savoir comment Marguerite a pu croire que je partais.

La servante, aussi étonnée qu'effrayée de la brusque sortie de sa maîtresse, se hâta de monter chez David, qui lui dit aussitôt :

— Ma chère Marguerite, vous venez de causer une bien vive inquiétude à madame Bastien en lui disant que je me préparais à quitter la maison... et cela au moment où Frédérik, ce pauvre enfant que vous avez presque vu naître, a besoin de tous nos soins. Dans sa vive anxiété, madame Bastien est accourue ici ; heureusement rien ne m'a été plus facile que de la rassurer ; mais, encore une fois comment avez-vous cru à mon départ ?

— Ainsi que je l'ai dit à madame, monsieur David, vous aviez demandé à André un cheval et une charrette pour transporter des malles à Pont-Brillant... alors... moi... j'ai cru...

— Il est vrai ! — dit David en interrompant Marguerite ; puis, s'adressant à Marie :

— Pardon mille fois, madame, d'avoir donné lieu à une erreur qui vous a causé une telle inquiétude... Voici tout simplement ce dont il s'agit : je m'étais chargé de quelques caisses de livres, que je devais remettre, à mon arrivée au Sénégal, à l'un de nos compatriotes. En partant de Nantes, j'avais, dans ma préoccupation, donné ordre de m'adresser ici mes bagages ; ces caisses ont fait, contre mon intention, partie de cet envoi, et c'est...

— Pour les retourner à Nantes par la diligence qui passe à Pont-Brillant que vous avez demandé un cheval et une charrette, n'est-ce pas, monsieur David ? — dit la vieille servante.

— Justement, ma chère Marguerite.

— C'est la faute d'André aussi ! — reprit la servante. — Il me dit : Des malles ; moi je me suis dit : Des malles ou des effets, c'est la même chose ; mais, Dieu merci ! vous avez rassuré madame, et vous restez, monsieur David ; car, à elle toute seule, elle aurait eu bien du mal avec le pauvre monsieur Frédérik.

Pendant cet échange d'explications entre Marguerite et David, madame Bastien, complètement rassurée, revint pour ainsi dire tout à fait à elle ; alors, sentant flotter sur son sein demi-nu une de ses longues tresses de ses cheveux, Marie songea au désordre de ses vêtements : mais elle était si pure, si candide, et chez elle la *mère* primait tellement la *femme* que, dans le premier moment, elle n'attacha aucune importance aux diverses circonstances de son entrevue nocturne avec David ; mais lorsque son instinct de pudeur naturelle se réveilla, elle réfléchit à ce qu'il y aurait eu d'embarrassant, de pénible pour elle, à s'apercevoir, seule à seule avec David, qu'elle était accourue chez lui en toilette de nuit ; aussi devina-t-elle bientôt toute la délicatesse du sentiment auquel David avait obéi en appelant Marguerite pour lui demander une explication qu'il devait naturellement attendre de madame Bastien.

Ces réflexions, Marie les avait faites pendant les explications échangées entre David et Marguerite.

Ne sachant comment réparer le désordre de sa coiffure et de sa toilette sans être aperçue de David, et sentant que cette *réparation* même était pour ainsi dire l'aveu tacite d'une inconvenance fâcheuse quoique excusable, la jeune femme sut cependant sortir de cet embarras.

La servante portait un grand châle de laine ponceau ; madame Bastien le lui ôta doucement en silence de dessus les épaules ; puis, ainsi que font les femmes du pays, Marie se le mit sur la tête, et le croisa, de sorte que ses cheveux flottants étaient ainsi à demi-cachés et qu'elle se trouvait enveloppée jusqu'à la ceinture dans les longs plis du châle.

Ceci fut fait avec tant de prestesse, que David ne s'aperçut pour ainsi dire de la métamorphose du costume de Marie qu'au moment où celle-ci disait à sa servante avec une affectueuse familiarité :

— Ma bonne Marguerite... pardon si j'ai pris votre châle... mais cette nuit est glaciale et j'ai froid...

Si David avait trouvé la jeune femme adorablement belle et touchante, les cheveux épars et toute vêtue de blanc, il la trouva d'une beauté autre, et charmante encore, sous cette espèce de mante de couleur ponceau ; rien ne pouvait mieux faire ressortir le doux éclat des grands yeux bleus de Marie, le brun de ses cheveux et la blancheur rosée de ses traits.

— Bonsoir, monsieur David, — dit la jeune mère, — après être entrée chez vous désespérée... je sors rassurée... puisque vous me dites que demain doit être un jour d'épreuve décisive pour Frédérik... et un jour peut-être bien heureux pour nous...

— Oui, madame... j'ai bon espoir... et si vous le permettez, demain matin, avant de voir Frédérik, j'irai vous trouver dans la salle d'étude...

— Je vous y attendrai, monsieur David, et avec une grande impatience... Dieu veuille que vos prévisions ne vous trompent pas. Encore bonsoir, monsieur David... Venez voir, Marguerite.

La jeune femme avait depuis longtemps quitté la chambre de David, que celui-ci, immobile à la même place, croyait voir... voyait encore, avec un voluptueux frémissement, cette figure enchanteresse abritée sous les plis de ce châle.

XXV.

Le lendemain matin, à huit heures, David attendait madame Bastien dans le salon d'étude ; elle y arriva bientôt.

— Bonjour, madame... — lui dit le précepteur. — Eh bien... Frédérik ?

— En vérité, monsieur David, je ne sais si je dois me réjouir ou m'alarmer... car, cette nuit, il s'est passé... une chose si étrange...

— Comment cela, madame ?

— Accablée par les émotions de la soirée d'hier, je dormais d'un de ces sommeils profonds et lourds dont le réveil même vous laisse pendant quelques momens dans une torpeur accablante... et vous donne à peine la conscience de ce qui se passe autour de vous... Soudain, il m'a semblé que, réveillée à demi... je ne sais par quelle cause... je voyais confusément, à la lueur de ma lampe, Frédérik penché sur mon lit... Il me regardait en pleurant... et me disait : — *Adieu !... mère, adieu !* — Je voulus lui parler... faire un mouvement ; mais l'engourdissement contre lequel je luttais m'en empêcha pendant quelques momens... Enfin, après un dernier effort de ma volonté, je m'éveillai tout à fait... Frédérik avait disparu. Encore toute étourdie... je me demandai si cette apparition était un songe ou une réalité. Après une hésitation de quelques secondes, j'allai chez mon fils... il dormait ou il feignait de dormir profondément... Dans le doute, je n'osai le réveiller... ce pauvre enfant, il dort si peu... maintenant !

— Et, ce matin... madame... lui avez-vous parlé de l'incident de cette nuit ?

— Oui... mais il a eu l'air si sincèrement surpris de ce que je lui disais, il m'a affirmé si naturellement qu'il n'avait pas quitté sa chambre, que je ne sais plus que penser... Ai-je été dupe d'une illusion ? Dans mon incessante préoccupation de Frédérik... aurai-je pris un rêve pour une réalité ? cela se peut... Cependant il me semble encore voir la figure de mon fils baignée de larmes... entendre sa voix oppressée me dire : *Adieu !... mère, adieu !...* Mais pardon, monsieur, — dit madame Bastien d'une voix altérée, en portant son mouchoir à ses yeux, — le seul souvenir de ce mot *adieu*... me fait mal... Pourquoi ces adieux ? où veut-il aller ? Rêve ou réalité, ce mot, malgré moi, m'inquiète.

— Calmez-vous, madame, — dit David après avoir attentivement écouté madame Bastien, — je crois, comme vous, que l'apparition de Frédérik a été une illusion produite par la tension continuelle de votre esprit... Mille exemples attestent la possibilité de pareilles hallucinations.

— Mais ce mot *adieu*?... Ah! je ne puis vous dire le serrement de cœur qu'il m'a causé, le noir pressentiment qu'il me laisse encore...

— De grâce, madame, n'attachez pas d'importance à un rêve... je dis rêve, parce qu'il est difficile d'admettre la réalité de cet incident ; à propos de quoi Frédérik serait-il venu pleurer à votre chevet et vous faire ses adieux pendant votre sommeil ? Comment voulez-vous qu'il pense à vous quitter? où peut-il aller... maintenant que notre double surveillance compte chacun de ses pas ?

— Il est vrai... monsieur David... et pourtant...

— De grâce, rassurez-vous, madame... et d'ailleurs vous m'aviez dit, je crois, qu'en dehors de cet incident, vous ne saviez si vous deviez vous réjouir ou vous alarmer, et cela pour quelle cause ?

— Ce matin, Frédérik m'a paru calme, presque content : il n'avait plus l'air abattu... il souriait, et, comme par le passé, il m'a embrassé avec une tendre effusion, me suppliant de lui pardonner les chagrins qu'il m'avait causés, et me promettant de faire tout au monde pour me les faire oublier... Aussi, en rapprochant de vos rassurantes paroles d'hier ce langage si nouveau de la part de mon fils, et l'espèce de satisfaction que je lisais sur ses traits, j'aurais dû me trouver heureuse, bien heureuse...

— En effet, madame, et pourquoi vous alarmer? Ce revirement soudain... qui coïncide merveilleusement avec mes espérances, doit, au contraire...

David fut interrompu par l'arrivée de Frédérik. Celui-ci, toujours pâle, mais le front serein, la bouche souriante, s'avançant vers son précepteur d'un air ouvert, lui dit avec un mélange de déférence et de cordialité :

— Monsieur David, j'ai à vous demander votre indulgence et votre pardon pour un pauvre garçon à moitié fou, qui, lors de votre arrivée ici, vous a dit des paroles dont il eût rougi s'il avait eu conscience de ses idées et de ses actions... Depuis cette époque, ce pauvre garçon s'est montré moins grossier, mais il est resté impassible devant les mille témoignages de bonté dont vous l'avez comblé... De tous ces torts... il se repent. M'accordez-vous sa grâce ?

— De tout mon cœur, mon brave enfant,— répondit David en échangeant un regard de surprise et de bonheur avec madame Bastien.

— Merci, monsieur David, — répondit Frédérik en serrant avec émotion les mains de son précepteur entre les siennes ; — merci... pour ma mère et pour moi.

— Ah ! mon enfant,— dit vivement madame Bastien,— je ne puis te dire combien tu me rends heureuse... nos mauvais jours sont donc finis !

— Oui, mère... et ce n'est plus moi qui, je te le jure, te causera des chagrins.

— Mon cher Frédérik...— dit David en souriant,— vous savez que je ne suis pas un précepteur comme un autre... et que j'aime prendre les champs pour salle d'étude... le temps est assez beau ce matin... voulez-vous que nous sortions ?

Frédérik tressaillit imperceptiblement, puis il reprit aussitôt :

— Je suis à vos ordres, monsieur David...

Et se retournant vers madame Bastien :

— Adieu ! mère, — dit l'adolescent en embrassant la jeune femme.

Il est impossible de rendre ce qu'éprouva madame Bastien en entendant ces mots :

— *Adieu ! mère*...

Ces mots qui, la nuit précédente, illusion ou réalité, avaient retenti dans son cœur comme un funeste pressentiment...

Marie crut aussi remarquer que son fils faisait, pour ainsi dire, durer cette fois ses baisers plus longtemps que de coutume... et que sa main, qu'elle tenait, frissonnait dans la sienne...

L'émotion de la jeune mère fut si vive, que ses traits devinrent d'une grande pâleur, et elle s'écria malgré elle, avec un accent d'effroi :

— Mon Dieu ! Frédérik, où vas-tu ?

David n'avait pas quitté madame Bastien des yeux, il devina tout et lui dit de l'air le plus naturel du monde, quoique en appuyant sur certains mots avec intention :

— Eh ! mais, madame... Frédérik *vous dit adieu* parce qu'il vient se promener avec moi.

— Sans doute, mère...— ajouta le jeune homme frappé de l'émotion de madame Bastien et jetant sur elle à la dérobée un regard inquiet et pénétrant.

Ce regard, David le surprit tout en faisant à madame Bastien un signe expressif qui semblait lui dire :

— Qu'avez-vous à craindre ?

— Il est vrai... mes craintes sont folles,— pensa madame Bastien, — monsieur David n'est-il pas avec Frédérik ?

Tout ceci s'était passé en bien moins de temps qu'il n'en faut pour l'écrire ; le précepteur, prenant Frédérik sous le bras, dit à madame Bastien en souriant :

— Il est probable, madame, que notre *classe* en plein champ durera jusqu'au déjeuner : vous voyez que je suis sans pitié pour mon élève... Je veux vous le ramener harassé de fatigue...

Madame Bastien ouvrit la porte vitrée qui donnait de la salle d'étude sous la futaie. David et Frédérik sortirent.

L'adolescent évita de rencontrer de nouveau le regard de sa mère.

Longtemps la jeune femme resta rêveuse et attristée au seuil de la porte, les yeux attachés sur le chemin que son fils et David avaient pris.

— Je vous laisse le choix de notre promenade, mon cher enfant, — avait dit David à Frédérik lorsqu'ils furent sur la lisière de la futaie.

— Oh ! mon Dieu !... monsieur David, peu importe,— répondit simplement Frédérik ; — mais, puisque vous me laissez le choix, je vais vous conduire d'un côté que vous ne connaissez peut-être pas... tenez, vers ce bouquet de sapins que vous voyez là-bas, au faîte de la colline.

— En effet, mon enfant... je ne suis point encore allé de ce côté... — dit David en se dirigeant avec son élève vers le but de leur promenade.

De plus en plus surpris de l'étrange coïncidence de ses espérances avec le revirement soudain qui semblait se manifester chez le fils de madame Bastien, David l'observa attentivement et remarqua qu'il tenait presque toujours ses yeux baissés, quoique, par un mouvement presque involontaire, en traversant la futaie, il eût, par deux ou trois fois, tourné la tête derrière lui pour regarder sa mère tant qu'il put la voir au loin, à travers les éclaircies des grands arbres, debout au seuil de la porte.

Après quelques minutes d'examen, David reconnut que le calme de Frédérik était feint : une fois hors de la présence de sa mère, le jeune homme, d'ailleurs incapable de se contraindre longtemps, redevint soucieux et visiblement préoccupé... ses traits se contractaient parfois et prenaient alors, si cela peut se dire, une expression de sérénité navrante dont David s'inquiéta. En effet, afin de ne pas effrayer madame Bastien, il avait tâché de la persuader que l'apparition de Frédérik, durant la nuit précédente, était un rêve... Mais David ne pensait pas ainsi ; il regardait comme une réalité les adieux nocturnes de Frédérik à sa mère endormie ; cette circonstance, jointe à ce qu'il observait à l'heure même, lui fit craindre que le brusque changement de son élève ne fût joué et ne cachât quelque funeste résolution.

— Mais, heureusement, — pensait David, — je suis là...

Lorsqu'ils eurent quitté la futaie, Frédérik prit un chemin gazonné à travers les guérets qui, laissant à droite la forêt de Pont-Brillant, se dirigeait vers la crête d'une petite colline au sommet de laquelle on apercevait cinq ou six grands sapins isolés.

— Mon cher enfant, — dit David au bout de quelques instants, — je suis d'autant plus heureux des paroles rem-

plies d'affectueuse confiance que vous m'avez adressées ce matin, qu'elles ne pouvaient venir plus à propos...
— Pourquoi cela, monsieur David?
— Parce que, fort de cette confiance et de cette affection que j'avais tâché de vous inspirer jusqu'ici... je pourrai entreprendre avec vous... une tâche... qui d'abord semble bien difficile...
— Et cette tâche, quelle est-elle?
— Vous rendre aussi heureux que vous l'étiez... autrefois.
— Moi!... — s'écria involontairement Frédérik.
— Oui.
— Mais, — reprit Frédérik, en se contraignant, — je ne suis plus malheureux... je l'ai dit ce matin à ma mère.. le malaise que je ressentais... et qui m'avait aigri le caractère... s'est dissipé... presque tout à coup... D'ailleurs, monsieur Dufour avait annoncé à ma mère... que cela finirait ainsi.
— Vraiment, mon enfant... vous n'êtes plus malheureux? vos chagrins ont cessé? vous avez le cœur libre, content, joyeux comme autrefois?
— Monsieur...
— Hélas, mon cher Frédérik, la droiture de votre cœur vous empêche de dissimuler longtemps la vérité... Oui, quoi que vous ayez dit ce matin à votre mère pour la rassurer, vous souffrez encore à cette heure... vous souffrez autant et plus peut-être que par le passé.
Les traits de Frédérik se contractèrent. La pénétration de David l'atterrait... et, pour éviter ses regards, il baissa les yeux.
David l'observait attentivement. Il continua:
— Votre silence même me prouve, mon cher enfant, que cette tâche que je me propose: vous rendre heureux comme par le passé, est encore à remplir; vous vous étonnerez sans doute de ce que je n'ai pas essayé de l'entreprendre plus tôt. La raison en est simple... je ne voulais rien tenter sans une certitude absolue... et c'est d'hier seulement que ma conviction est formée sur la cause du mal qui vous accable... qui vous tue.. Cette cause... je la connais...
Frédérik frissonna d'épouvante... Cette épouvante, mêlée de stupeur, se peignit dans le regard qu'il jeta, malgré lui, sur David.
Puis, regrettant d'avoir trahi son impression, le jeune homme retomba dans un morne silence.
— Ce que je vous ai dit, mon enfant, vous étonne; cela doit être,—reprit David, —mais, — ajouta-t-il d'un ton de tendre reproche, — pourquoi vous effrayer de ma pénétration? Lorsque notre ami, le docteur Dufour, vous a guéri d'une maladie presque mortelle, n'a-t-il pas dû, pour combattre sûrement votre mal, en connaître la cause?...
Frédérik ne répondit rien.
Depuis quelques instans, et à mesure qu'il s'approchait, ainsi que David, du faîte de la colline où l'on voyait quelques sapins disséminés, le fils de madame Bastien avait de temps à autre jeté un coup d'œil oblique et inquiet sur son compagnon. Il semblait craindre de voir déjouer un projet qu'il méditait depuis qu'il avait quitté la maison de sa mère.
Au moment où il finissait de parler, David remarqua que le chemin aboutissant à la crête de la colline se changeait en un étroit sentier longeant le bouquet de sapins, et que Frédérik, par un mouvement de déférence apparente, s'était un instant arrêté, comme s'il n'eût pas voulu prendre le pas sur son précepteur. Celui-ci, n'attachant aucune importance à cet incident, si naturel et si insignifiant d'ailleurs, passa le premier.
Au bout de quelques instans, il lui sembla ne plus entendre Frédérik marcher derrière lui... Il se retourna...
Le fils de madame Bastien avait disparu.

XXVI.

David, stupéfait, regarda autour de lui.
A sa droite s'étendaient les guérets à travers lesquels serpentait la route qu'il venait de suivre avec Frédérik pour arriver au faîte de la colline; mais il s'aperçut seulement alors, en faisant quelques pas vers sa gauche, que, de ce côté, ce pli de terrain était, dans une longueur de trois ou quatre cents pieds, coupé presque à pic, et surplombait un grand bois, dont les cimes les plus élevées n'atteignaient qu'au tiers de l'escarpement.
Du point culminant où il se trouvait, David, dominant au loin la plaine, s'assura que Frédérik n'était ni à sa droite, ni devant, ni derrière lui; il n'avait donc pu subitement disparaître que par l'escarpement de gauche.
L'angoisse de David fut terrible... en songeant au désespoir de madame Bastien s'il revenait seul auprès d'elle. Mais cette stupeur inactive ne dura pas longtemps; homme d'un sang-froid et d'une résolution souvent éprouvés dans ses périlleux voyages, il avait acquis cette rapidité de décision qui est la seule chance de salut dans les cas extrêmes.
En une seconde, David eut fait le raisonnement suivant, agissant pour ainsi dire à mesure qu'il pensait:
— Frédérik n'a pu m'échapper que du côté de l'escarpement, il ne s'est pas jeté dans ce précipice, j'aurais entendu le bruit de son corps tombant et brisant les branches des grands arbres que voici là, au-dessous de moi; il est donc descendu par quelque endroit connu de lui; le sol est boueux, je dois retrouver la trace de sa marche; où il a passé... je passerai, il n'a pas plus de cinq minutes d'avance sur moi.
David avait pédestrement voyagé avec une tribu d'Indiens de l'Amérique du Nord, et plus d'une fois, à la chasse, séparé du gros de ses compagnons dans les forêts vierges du Nouveau-Monde, il avait appris des Indiens auprès de qui il était resté à retrouver leurs compagnons, grâce à des observations d'une rare sagacité.
Revenant donc à l'endroit où il s'était aperçu de la disparition de Frédérik, David, pendant la longueur de cinq ou six mètres, ne vit d'autre empreinte que celle de ses pas à lui; mais bientôt il reconnut ceux de Frédérik tournant brusquement et se dirigeant vers le bord de l'escarpement, qu'ils côtoyaient quelque peu, puis ils disparaissaient.
David regarda au-dessous de lui.
A une quinzaine de pieds environ, la cime d'un orme étendait ses bras immenses jusqu'à toucher la pente rapide de l'escarpement; entre cette cime branchue et l'endroit où il se trouvait, David remarqua une grosse touffe de genêts, à laquelle on pouvait arriver en se laissant glisser par une brèche assez large, ouverte dans le sol argileux; là encore on voyait des empreintes toutes fraîches.
— Frédérik a gagné cette touffe de broussailles, dit David en prenant le même chemin avec autant d'agilité que de hardiesse, — et ensuite, — pensa-t-il, — Frédérik, en se suspendant avec les mains, aura pu atteindre du bout des pieds une des grosses branches du faîte de l'orme et, de là, descendre de rameaux en rameaux jusqu'au pied de l'arbre.
Chez David l'action accompagnait toujours la pensée: en peu d'instans, il se laissa glisser jusqu'au sommet de l'arbre; quelques petites branches récemment rompues, et l'érosion de l'écorce aux endroits où avaient posé les pieds de Frédérik, indiquaient son passage.
Lorsque David eut lestement descendu au bas de l'orme, la couche épaisse de feuilles détachées par l'automne, et amoncelées sur le sol, rendirent plus difficile l'exploration de la marche de Frédérik; mais le léger tassement de cette

feuillée là où avaient posé ses pieds, le brisement ou l'écartement des taillis, très-épais aux endroits qu'il venait de traverser, ayant été soigneusement observés par David, servirent à le guider à travers une large enceinte. Lorsqu'il en sortit, il fut frappé d'un bruit sourd, peu lointain, mais formidable, qu'il n'avait pu jusqu'alors remarquer, au milieu du frôlement des branchages et des feuilles sèches.

Ce bruit formidable était celui des grandes eaux...

L'oreille exercée de David ne lui laissa aucun doute à ce sujet...

Une horrible idée lui vint à l'esprit; mais son activité, sa résolution, un moment suspendues par l'épouvante, reçurent une nouvelle et vigoureuse impulsion; l'enceinte dont il sortait aboutissait à une allée sinueuse, dont le sol humide offrit pendant assez longtemps encore la trace des pas de Frédérik... David la suivit en grande hâte, car, à l'intervalle et à la disposition des empreintes, il s'aperçut qu'en cet endroit le jeune homme avait couru..

Mais bientôt... un sol ferme et sec, parce qu'il était sablonneux et plus élevé, succédant au sol détrempé des bas-fonds, tout vestige de pas disparut...

David se trouvait alors dans une espèce de carrefour... d'où l'on entendait de plus en plus distinctement le bruit de la Loire, dont les eaux, extraordinairement grossies depuis peu de jours, mugissaient avec fracas.

Courir droit à la rivière, en se guidant sur son retentissement puisqu'il lui était impossible de suivre plus longtemps Frédérik à la trace... telle fut la résolution de David, dont l'angoisse redoublait en se rappelant les adieux nocturnes adressés par son élève à sa mère endormie.

Le péril était au bord de la Loire ; c'est dans cette direction que David s'élança à travers bois, s'orientant d'après le bruit du fleuve.

Au bout de dix minutes, quittant le taillis en courant et traversant une prairie bornée par la jetée du fleuve, David gravissait cette jetée en quelques bonds...

A ses pieds, il vit une immense nappe d'eau jaunâtre, rapide, écumante, dont le flot venait bouillonner et mourir sur la grève...

Aussi loin que put s'étendre sa vue, David, haletant de sa course précipitée, n'aperçut rien...

Rien... que l'autre rive du fleuve noyée dans la brume...

Rien... qu'un ciel gris et morne d'où tomba bientôt une pluie battante...

Rien... que ce cours d'eau limoneuse, grondant comme un tonnerre lointain et formant vers le couchant une grande courbe au-dessus de laquelle s'étageaient les massifs de la forêt de Pont-Brillant, dominés par son immense château.

Réduit à une inaction forcée, David sentit son âme forte et valeureuse fléchir sous le poids d'un grand désespoir.

Contre ce désespoir il essaya, mais en vain, de lutter, se disant que peut-être Frédérik ne s'était pas résolu à une extrémité terrible. Il alla jusqu'à attribuer la disparition subite du jeune homme à une espièglerie d'écolier.

Hélas! cette illusion, David ne la conserva pas longtemps... une bourrasque de vent qui soufflait violemment dans le sens du courant du fleuve apporta presque aux pieds de David, en la faisant rouler et voltiger sur la grève, une casquette de drap bleu, ceinte d'une petite bordure écossaise... que Frédérik portait le matin même.

— Malheureux enfant ! — s'écria David, les yeux pleins de larmes, — et sa mère... sa mère... ah ! c'est affreux !

Soudain, il lui sembla entendre, dominant le grondement des eaux et amené par le vent, un long cri de détresse.

Remontant alors la jetée à l'encontre du vent qui lui apportait ce cri, David courut de toutes ses forces dans cette direction.

Soudain il s'arrêta.

Ces mots, exclamés avec un accent déchirant, venaient d'arriver à son oreille :

— *Ma mère... oh ! ma mère !*

A cent pas devant lui, David aperçut, presque en même temps, au milieu des eaux rapides, la tête de Frédérik, livide, effrayante !... ses longs cheveux collés à ses tempes, ses yeux horriblement dilatés... pendant que ses bras, par un dernier effort, s'agitaient convulsivement au-dessus du gouffre.

Puis le précepteur ne vit plus rien... qu'un bouillonnement plus prononcé à l'endroit où il avait aperçu le corps.

Une lueur d'espérance illumina cependant la mâle figure de David... mais, sentant l'imminence du péril et le danger d'une aveugle précipitation, car il avait besoin de toute son agilité, de toutes ses forces, et, si cela se peut dire, de toutes *ses aises* pour sauver Frédérik, et ne pas périr lui-même, il eut l'incroyable sang-froid, après avoir jeté bas son habit, son gilet, d'ôter sa cravate, ses chaussures et jusqu'à ses bretelles.

Tout cela fut exécuté avec une sorte de prestesse calme qui permit à David, pendant qu'il se dépouillait de ses vêtemens, de suivre d'un coup d'œil attentif le courant du fleuve... et de calculer froidement qu'amené par le courant Frédérik ne devait plus se trouver qu'à cinquante pas environ.

David calculait juste. Il vit bientôt, à peu de distance, et vers le milieu du fleuve, flotter pendant un instant la longue chevelure de Frédérik soulevée par les eaux, ainsi que les basques de sa veste de chasse...

Puis tout disparut de nouveau.

Le moment était venu.

David, d'un regard ferme et sûr, mesura la distance, se jeta dans le fleuve, et se mit à nager droit vers la rive opposée, réfléchissant avec raison qu'en coupant la rivière par le travers, et en tenant compte de la dérive, il devait arriver vers le milieu de la Loire peu de temps avant que le courant n'y apportât le corps de Frédérik.

Les prévisions de David ne furent pas trompées : il avait déjà traversé le milieu du fleuve, lorsqu'il aperçut à sa gauche, dérivant entre deux eaux, le corps du fils de madame Bastien, tout à fait privé de mouvement.

Saisissant alors d'une main Frédérik par sa longue chevelure, il se mit à nager de l'autre main et regagna la rive après des efforts inouïs, on se demandant avec angoisse s'il ne sauvait qu'un cadavre.

Enfin... il toucha à la grève... Robuste et agile, il prit le jeune homme entre ses bras et le déposa sur le revers gazonné de la jetée... à cent pas environ de l'endroit où il avait laissé ses vêtemens...

Alors, agenouillé auprès de Frédérik, David lui posa la main sur le cœur... il ne battait plus... ses extrémités étaient roidies, glacées... ses lèvres bleuâtres, convulsivement serrées, ne laissaient échapper aucun souffle...

David, épouvanté, souleva la paupière demi-close de l'adolescent : elle laissa voir un œil immobile, terne et vitreux...

La pluie continuait de ruisseler à torrens sur ce corps inanimé. David ne put retenir ses sanglots... Sur cette grève solitaire... aucun secours à attendre..., et il eût fallu des secours puissans, instantanés... si la moindre qu'une étincelle de vie aurait encore existé chez Frédérik...

David jetait autour de lui un regard désespéré, lorsqu'à peu de distance il vit s'élever une colonne d'épaisse fumée. Un angle saillant de la jetée lui cachait un bâtiment sans doute habité.

Emporter Frédérik entre ses bras, et, malgré ce fardeau, courir vers l'habitation cachée... c'est ce que fit spontanément David... Lorsque la disposition du terrain le lui permit, il aperçut à peu de distance une de ces briqueteries assez nombreuses sur les bords de la Loire, les briquetiers trouvant réunis dans ces parages l'argile, le sable, l'eau et le bois.

Servi par ses souvenirs de voyage, David se rappela avoir vu les Indiens habitant les bords des grands lacs rappeler souvent à la vie leurs compagnons demi-noyés, en ramenant chez eux la chaleur et la circulation du sang au moyen de larges pierres chaudes, sorte d'étuve grossière sur laquelle on plaçait le moribond pendant que l'on frictionnait activement ses membres avec quelques spiritueux.

Les briquetiers s'empressèrent de venir en aide à David; Frédérik, enveloppé d'une couverture épaisse, fut étendu sur un lit de briques légèrement chauffées, et exposé à la pénétrante chaleur qui s'exhalait de la bouche du four; une bouteille d'eau-de-vie, offerte par le maître briquetier, servit aux frictions. Pendant assez longtemps, David douta du succès des soins... Cependant quelques légers symptômes de sensibilité firent bientôt bondir son cœur d'espérance et de joie.

. . . .

Une heure après avoir été transporté dans la briqueterie, Frédérik, complétement revenu à lui-même, était encore d'une si grande faiblesse qu'il n'avait pu prononcer une parole, quoique plusieurs fois ses regards se fussent arrêtés sur David, avec une expression d'attendrissement et de reconnaissance ineffable...

Le précepteur et son disciple se trouvaient alors dans la modeste chambre du maître de la briqueterie; celui-ci s'était rendu avec ses ouvriers sur la jetée, afin d'observer le niveau du fleuve, qui depuis bien des années n'avait atteint une élévation pareille; aussi, sans présager jusqu'alors un débordement, l'état de la Loire ne laissait pas d'inspirer de vives inquiétudes aux riverains, qui craignaient de voir ses eaux continuer de grossir.

David venait de présenter un breuvage chaud et réconfortant à Frédérik, lorsque celui-ci lui dit d'une voix faible et émue :

— Monsieur David... c'est à vous que je devrai le bonheur de revoir ma mère!...

— Oui... vous la reverrez, mon enfant, — répondit le précepteur, en serrant entre ses mains les mains du fils de madame Bastien; — mais comment n'avez-vous pas songé que, vous tuer... c'était la tuer... votre mère?...

— J'y ai songé... trop tard... Alors... je me sentais perdu... et j'ai crié... *ma mère!*... comme j'aurais crié .. au secours.

— Heureusement... ce cri suprême, je l'ai entendu, mon pauvre enfant... Mais, à cette heure que vous voilà calme... je vous en conjure... dites-moi...

Puis, s'interrompant, David ajouta :

— Non... après ce qui s'est passé, je n'ai pas le droit de vous interroger... j'attendrai un aveu... que je ne désire devoir qu'à votre confiance.

Frédérik sentit la délicatesse de David, car évidemment celui-ci ne voulait pas abuser de l'influence que lui donnait un service rendu pour forcer les confidences du fils de madame Bastien.

Celui-ci reprit donc, les larmes aux yeux :

— Monsieur David, la vie m'était à charge... je jugeais de l'avenir par le passé... je voulus en finir... Cependant cette nuit, au moment où, pendant le sommeil de ma mère, j'ai été lui dire adieu... mon cœur s'est brisé... j'ai songé à la douleur que je lui causerais en me tuant, et un moment j'ai hésité... mais je me suis dit : — Ma vie coûtera peut-être plus de larmes à ma mère que ma mort, — et je me suis décidé à en finir... Ce matin je lui ai demandé qu'elle me pardonnât les chagrins que je lui avais causés... Je vous ai aussi prié de me pardonner mes torts envers vous, monsieur David... je ne voulais emporter avec moi l'animadversion de personne... Pour éloigner tout soupçon, j'ai affecté un air calme, certain de trouver dans la journée le moyen d'échapper à votre surveillance, ou à celle de ma mère... Votre offre de sortir ce matin... a servi mes projets. Je connaissais le pays... j'ai dirigé notre promenade vers un endroit où je me croyais sûr de vous échapper... et d'échapper à vos secours... car je ne sais comment il vous a été possible de retrouver mes traces, monsieur David.

— Je vous raconterai cela, mon enfant, mais continuez...

— La précipitation, l'ardeur de ma course... le bruit du vent et des eaux, m'avaient comme enivré, et puis, à l'horizon, j'avais vu se dresser devant moi, comme une apparition, le...

Mais Frédérik, dont une légère rougeur avait coloré les joues, n'acheva pas.

David compléta mentalement la phrase et se dit :

— Ce malheureux enfant, à ce moment désespéré, a vu dominant au loin la rive du fleuve... le château de Pont-Brillant...

Frédérik, après un moment de silence, poursuivit :

— Je vous le disais, monsieur David, j'étais comme enivré... comme fou... car je ne me rappelle pas à quel endroit du fleuve je me suis jeté... le froid de l'eau m'a saisi... je me suis vu mourir, alors j'ai eu peur... Alors la pensée de ma mère m'est revenue, il m'a semblé la voir, comme en rêve... se jeter sur mon corps glacé... je n'ai plus voulu mourir... j'ai crié... *ma mère!*.. *ma mère!*.. en essayant de me sauver, car je sais bien nager; mais le froid m'avait engourdi... je me suis senti couler à fond... En entendant le fleuve gronder au-dessus de ma tête, un effort désespéré m'a un instant ramené à la surface de l'eau... et puis j'ai perdu connaissance pour me retrouver ici, monsieur David... ici, où vous m'avez apporté... secouru comme votre enfant... ici, où ma première pensée a été pour ma mère...

Et Frédérik, fatigué par l'émotion de ce récit, s'accouda sur le lit où on l'avait transporté, et resta silencieux, le front appuyé sur sa main.

XXVII.

L'entretien de David et de Frédérik fut interrompu par le briquetier qui entra dans la chambre d'un air effrayé.

— Monsieur, — dit-il précipitamment à David, — la charrette est attelée... partez vite...

— Qu'avez-vous? lui demanda David.

— La Loire monte toujours, monsieur... il faut qu'avant deux heures le peu de meubles et d'effets que nous possédons ici soient enlevés.

— Craignez-vous donc un débordement?

— Peut-être, monsieur, car la crue devient effrayante... et si la Loire déborde... demain... l'on n'apercevra plus que les cheminées de ma briqueterie... Aussi, pour plus de prudence, je veux déménager; c'est la charrette qui va vous conduire, qui, à son retour, me servira à enlever mes meubles.

— Allons, mon enfant, — dit David à Frédérik, — du courage... Vous le voyez, nous n'avons pas un moment à perdre...

— Je suis prêt, monsieur David.

— Heureusement, nos vêtements ont pu à peu près sécher, grâce à cet ardent brasier... Appuyez-vous sur moi... mon enfant.

Au moment où le fils de madame Bastien quittait la maison, il dit au briquetier :

— Pardon, monsieur, de ne pouvoir mieux vous remercier de vos bons soins... mais je reviendrai.

— Que le ciel vous entende, mon jeune monsieur, et qu'il fasse qu'à la place de cette maison vous ne retrouviez pas dans quelques jours un amas de décombres.

David, sans que Frédérik l'aperçut, remit deux pièces d'or au briquetier, en lui disant tout bas :

— Voici pour la charrette.

Quelques instans après, le fils de madame Bastien et David s'éloignaient de la briqueterie, dans la rustique voiture remplie d'une épaisse couche de paille et recouverte d'une toile, car la pluie continuait de tomber à torrens.

Le conducteur de la charrette, enveloppé d'une roulière, assis sur l'un des brancards, activait la marche du cheval de trait qui trottait pesamment.

David avait exigé que Frédérik se couchât dans la voiture et appuyât sa tête sur ses genoux ; assis tout à fait à arrière, il tenait ainsi l'adolescent à demi embrassé et veillait sur lui avec une sollicitude paternelle.

— Mon enfant, — lui dit-il, en ramenant avec soin sur Frédérik l'épaisse couverture prêtée par le briquetier, — n'avez-vous pas froid ?

— Non, monsieur David...

— Maintenant... convenons de nos faits... Votre mère doit ignorer ce qui s'est passé ce matin... Nous dirons, n'est-ce pas ? que, surpris par une pluie battante, c'est à grand'peine que nous avons pu nous procurer cette charrette... Le briquetier croit que vous êtes tombé à l'eau par imprudence, en vous avançant trop sur l'un des talus de la jetée... Il m'a promis de ne pas ébruiter cet accident dont les suites pourraient inquiéter votre mère... Ceci bien convenu... n'y pensons plus...

— Que de bonté... que de générosité !... Vous songez à tout, vous avez raison, il ne faut que ma mère sache que vous m'avez sauvé la vie au péril de la vôtre... et, cependant...

— Ce qu'il faut que votre mère sache... mon cher Frédérik, ce qu'il faut qu'elle voie, c'est que j'ai tenu la promesse que, ce matin, je lui ai faite... car le temps presse !

— Quelle promesse ?...

— Je lui ai promis de vous guérir.

— Me guérir !... — et Frédérik baissa la tête avec accablement ; — me guérir...

— Et cette guérison... il faut qu'elle soit accomplie ce matin...

— Que dites-vous ?...

— Je dis qu'il faut que, dans une heure, à notre arrivée à la ferme... vous soyez redevenu... le Frédérik d'autrefois... la gloire, l'orgueil de votre mère...

— Monsieur David...

— Mon enfant... les momens sont comptés écoutez-moi donc. Ce matin, au moment où vous avez disparu, je vous disais : — Je sais la cause de votre mal...

— Vous me disiez cela, en effet, monsieur David.

— Eh bien, cette cause c'est l'ENVIE !...

— Oh ! mon Dieu ! — murmura Frédérik écrasé de honte, en cherchant à se dérober à l'étreinte de David. Mais celui-ci serra plus tendrement encore Frédérik contre son cœur, et reprit vivement :

— Relevez le front... mon enfant, pas de honte ! c'est un excellent sentiment que celui de l'Envie...

— L'Envie ! un excellent sentiment ! — s'écria Frédérik en se redressant et regardant David avec stupeur, l'Envie... — répéta-t-il en frémissant, — ah !... monsieur... vous ne savez pas... ce qu'elle enfante...

— La haine ?...

— Tant mieux !... mais la haine à son tour...

— Enfante la vengeance... tant mieux encore...

— Monsieur David, — dit le jeune homme en retombant sur sa couche de paille avec abattement, — vous raillez de moi... et pourtant...

— Me railler de vous, pauvre enfant ! — s'écria David d'une voix pénétrée, en ramenant Frédérik à lui et le pressant avec amour contre sa poitrine ; — me railler de vous ! ah ! ne dites pas cela... Pour moi, plus que pour personne, la douleur est sainte... Me railler de vous... mais vous ne savez donc pas que ma première impression à votre vue a été remplie de compassion, de tendresse... car j'avais un frère, voyez-vous, Frédérik... un jeune frère de votre âge...

Et les larmes de David coulèrent... Suffoqué par l'émotion, il fut obligé de garder un moment le silence.

Les pleurs de Frédérik coulèrent aussi ; ce fut lui qui, à son tour, se serra contre David en le regardant d'un air navré, comme s'il eût voulu lui demander pardon de faire couler ses larmes.

David le comprit.

— Rassurez-vous, mon enfant, ces larmes-là ont aussi leur douceur. Eh bien, le frère dont je vous parle... ce jeune frère bien-aimé, qui faisait ma joie et mon amour, je l'ai perdu... Voilà pourquoi j'ai ressenti pour vous un si prompt... un si vif intérêt... voilà pourquoi je veux vous rendre à votre mère tel que vous étiez autrefois, parce que c'est vous rendre vous-même au bonheur.

L'accent, la physionomie de David, en prononçant ces mots, étaient d'une douceur si mélancolique, si pénétrante, que Frédérik, de plus en plus ému, reprit timidement :

— Pardon, monsieur David, d'avoir cru que vous vouliez vous railler de moi... mais...

— Mais ce que je vous ai dit vous a semblé si étrange.. n'est-ce pas... que vous n'avez pu croire que je parlais sérieusement ?

— Il est vrai...

— Cela doit être, et pourtant... mes paroles sont sincères... je vais vous le prouver.

Frédérik attacha sur David un regard plein d'angoisse et de dévorante curiosité.

— Oui, mon enfant, l'Envie est en soi un sentiment excellent ; seulement vous l'avez jusqu'ici mal appliqué... vous avez mal envié... au lieu d'envier bien.

— Envier... bien !... L'Envie... un sentiment excellent, — répéta Frédérik, comme s'il n'avait pu en croire ses oreilles. — L'Envie... l'affreuse Envie... qui ronge... qui dévore... qui tue...

— Mon pauvre enfant... la Loire... a failli tout à l'heure être votre tombeau... Ce malheur arrivé... votre mère, n'est-ce pas, se fût écriée : — Oh ! fleuve maudit... qui tue ! oh ! fleuve maudit... qui a englouti mon fils...

— Hélas ! monsieur David !

— Et si les craintes d'inondation se réalisent... que de voix désespérées s'écrieront : — Oh ! fleuve maudit ! nos maisons sont emportées, nos champs submergés... Ces malédictions sont-elles justes ?

— Que trop, monsieur David.

— Oui... et pourtant... ce fleuve... si maudit... fertilise ses rives... Il est la richesse des villes qu'il traverse... Des milliers de bateaux chargés de denrées de toutes sortes sillonnent ses ondes ; ce fleuve si maudit accomplit enfin la mission utile, féconde, que Dieu a donnée à tout ce qu'il a créé... car dire que Dieu a créé les fleuves pour l'inondation et pour le désastre, ce serait un blasphème... Non ! non ! C'est l'homme dont l'ignorance, l'incurie, l'égoïsme, l'avidité, le dédain de toute fraternelle solidarité... changent en fléaux les dons célestes du Créateur...

Frédérik, frappé des paroles de son précepteur, l'écoutait avec un intérêt croissant.

— Tout à l'heure encore, — reprit David, — sans ce feu dont la chaleur a pénétré vos membres glacés... vous mouriez peut-être... Et cependant, vous le savez, les ravages du feu ! Faut-il maudire le feu et le Créateur ? Que vous dirais-je ? Faut-il, parce qu'elle a causé d'effroyables sinistres, maudire la vapeur ou la changer la face du monde ? Non ! non ! *Dieu crée des forces*, et l'homme, dans son libre arbitre, emploie ces forces au bien ou au mal... Et comme Dieu est un et indivisible dans sa toute-puissance, il en est des passions comme des autres élémens ; aucune n'est mauvaise en soi ; *ce sont des leviers*... L'homme s'en sert bien ou s'en sert mal... à lui son libre arbitre ! Ainsi, mon enfant, vos chagrins datent de votre visite au château de Pont-Brillant, n'est-ce pas ?

— Oui, monsieur David.

— En comparant l'obscurité de votre nom et votre vie modeste, presque pauvre, à la vie splendide, au nom illustre du jeune marquis de Pont-Brillant, vous avez ressenti une envie âpre... profonde ?

— Il n'est que trop vrai...

— Jusque-là... ces sentiments étaient excellens...

— Excellens !

— Excellens ! Vous emportiez du château... des forces vives... puissantes ; elles devaient, sagement dirigées, donner au développement de vos facultés le plus généreux essor... Malheureusement, ces forces ont éclaté entre vos mains inexpérimentées... et vous ont blessé... pauvre cher enfant ! Ainsi... de retour chez vous, vos simples et pures jouissances ont été détruites par le souvenir incessant des splendeurs du château ; puis... dans votre oisive et douloureuse convoitise, vous en êtes venu forcément... à haïr celui qui possédait tout ce que vous enviez ? puis... la vengeance...

— Vous savez ! — s'écria Frédérik éperdu.
— Je sais tout... mon enfant.
— Ah ! monsieur David... grâce ! — murmura Frédérik anéanti, — c'est surtout le remords de cette lâche et horrible tentative... qui m'a conduit au suicide...
— Je vous crois, mon enfant... et maintenant cela m'explique le sombre et morne abattement où je vous ai vu plongé depuis ma venue chez votre mère... Vous méditiez... cette funeste résolution ?...
— J'y avais songé pour la première fois la veille de votre arrivée.
— Ce suicide était une expiation volontaire. Il en est de plus féconds mon cher Frédérik... D'ailleurs, je suis certain que si l'Envie a été le germe de votre haine implacable contre Raoul de Pont-Brillant, la terrible scène de la forêt a été amenée par des circonstances que j'ignore et qui doivent atténuer votre coupable tentative.

Frédérik baissa la tête et ne répondit rien.
— De cela, nous reparlerons plus tard, — dit David. — Maintenant, voyons, mon enfant, qu'enviez-vous le plus au jeune marquis de Pont-Brillant? *Ses richesses* ? tant mieux ! enviez-les ardemment, enviez-les sincèrement, et, dans cette envie énergique, incessante, vous trouverez un levier d'une puissance incalculable ; vous renverserez tous les obstacles ; à force de travail, d'intelligence, de probité, vous deviendrez riche... pourquoi non ? Jacques Laffite était plus pauvre encore que vous ; il a vingt fois riche, il est devenu vingt fois millionnaire ; sa renommée est sans tache, et toujours il a tendu la main à l'indigence... toujours il a favorisé, doté le travail honnête et courageux... Combien d'exemples pareils je pourrais encore vous citer !

Frédérik regarda d'abord son précepteur avec une profonde surprise ; puis, la lumière se faisant aux yeux du jeune homme, il porta les mains à son front, comme si son esprit eût été ébloui par une clarté subite...

David poursuivit.
— Allons plus loin... Les richesses du marquis ne vous inspirent-elles qu'une envieuse convoitise... au lieu d'un sentiment de haine, de révolte contre une société où ceux-là regorgent de superflu, tandis que ceux-là meurent faute du nécessaire ? Bien, bien, mon enfant ! c'est un admirable sentiment que celui-là : c'est un sentiment religieux et saint, car il a inspiré aux Pères de l'Église de saintes et vengeresses paroles... Aussi, à la voix de ces grands révolutionnaires, le divin principe de la fraternité, de l'égalité humaine a été proclamé... Oui, — ajouta David avec une tristesse amère, — mais proclamé vainement... Les prêtres, reniant leur origine égalitaire, se sont rendus complices du pouvoir et de la richesse des rois et des grands ; au nom de ceux-ci, ils ont dit aux peuples : Vous êtes fatalement voués à la servitude, à la misère et aux larmes sur cette terre... Était-ce assez blasphémer la paternelle bonté du Créateur, assez lâchement déserter la cause des déshérités ? Mais cette cause a, de nos jours, de vaillans défenseurs, et bénis soient les sentimens que vous inspire la richesse, mon enfant, s'ils vous jettent parmi les gens de cœur qui combattent pour la cause impérissable de l'égalité, de la fraternité humaine (1).

— Oh ! — s'écria Frédérik les mains jointes, le regard radieux, le cœur palpitant d'un généreux enthousiasme, — je comprends... je comprends...
— Voyons... — poursuivit David avec une animation croissante, — que lui enviez-vous encore à ce jeune marquis ? L'ancienneté de son nom ? Enviez... enviez ! Vous aurez mieux qu'un nom ancien : vous ferez votre nom plus illustre... plus retentissant que celui de Pont-Brillant. Les arts, les lettres, les sciences, la guerre ! que de carrières ouvertes à votre généreuse ambition ! Et vous arriverez. J'ai étudié vos travaux, je sais où atteindront vos facultés, décuplées par la force d'impulsion d'une opiniâtre et vaillante émulation...

— Mon Dieu !... mon Dieu ! — s'écria Frédérik avec enthousiasme et les yeux mouillés de douces larmes, — je ne puis dire quel changement s'opère en moi... Au lieu de la nuit... c'est le jour... le jour brillant d'autrefois... et plus radieux encore... Oh ! ma mère !... ma mère !...

— Cherchons... encore, — continua David ne voulant pas laisser le moindre doute à Frédérik ; — l'envie que vous inspire cet ancien nom de Pont-Brillant se manifeste-t-elle par une haine violente contre la tradition aristocratique... toujours vivace et renaissante... là féodale... ici bourgeoise ?... De cette envie, glorifiez-vous, mon enfant... Jean-Jacques, en protestant contre l'inégalité matérielle des conditions, a été un sublime envieux, et nos pères... en brisant le privilège et la monarchie... nos pères ont été d'héroïques, d'immortels envieux.

— Oh ! — s'écria Frédérik, — comme mon cœur bat à vos nobles paroles, monsieur David !... Quelle révélation ! Ce qui me tuait... je le sens maintenant, c'était une Envie lâche... stérile ! l'Envie était pour moi l'inertie, le désespoir... la mort... l'Envie devait être l'action... l'espérance... la vie ! Dans ma rage impuissante, je ne savais que maudire moi, les autres et même néant... L'Envie devait me donner le désir et la force de sortir de mon obscurité... j'en sortirai !...

— Bien !... bien !... cher et brave enfant ! — s'écria David à son tour en étreignant Frédérik sur sa poitrine. — Oh !... j'étais certain, moi, de vous guérir... Tâche facile, avec une généreuse nature comme la vôtre... si longtemps cultivée par la plus admirable des mères... Tendre et excellent cœur ! — ajouta-t-il sans pouvoir retenir ses larmes.
— Ce matin, au moment de périr, votre dernier cri était : *Ma mère ! ma mère !...* Vous renaissez à l'espoir, à la vie, et votre premier cri est encore : Ma mère ! ma mère !
— Je vous dois la vie, — murmurait le fils de madame Bastien répondant à l'étreinte de son précepteur, — je vous dois la vie du corps et la vie de l'âme, monsieur David...
— Frédérik, mon enfant, — dit David avec une émotion inexprimable, — appelez-moi votre ami. Ce nom, je le mérite... maintenant, n'est-ce pas ? et il remplacera pour moi ce nom doux et chéri que je ne dois plus entendre : *Mon frère!*
— Oh ! mon ami ! — s'écria Frédérik avec exaltation, — de ce nom vous me verrez digne.

A cette explosion de sentimens tendres succéda un moment de silence... pendant lequel David et Frédérik se tinrent étroitement embrassés.

Le précepteur reprit le premier la parole.
— Maintenant, mon cher enfant, je dois faire appel à votre franchise sur une dernière et grave circonstance... il faut être sévère... impitoyable pour soi-même... mais non pas injuste... Dites-moi si...

David ne put achever. Complètement distraits des objets extérieurs, le précepteur et son élève ne s'étaient pas occupés de la route parcourue, et la charrette venait de s'arrêter brusquement à peu de distance de la porte de la ferme.

Marie Bastien, mortellement inquiète de l'absence prolongée de son fils, était depuis longtemps debout sous le porche rustique de sa maison, épiant au loin du regard le retour de Frédérik.

A la vue de la charrette couverte qui s'approchait de la ferme, un pressentiment inexplicable dit à la jeune femme que son fils était là. Alors, partagée entre la crainte et la joie, elle courut à la rencontre de la charrette, la joignit et s'écria :

— Frédérik !... c'est toi ?

---

(1) Qu'on nous permette de faire remarquer que nous écrivions ceci au mois de novembre 1847.

C'est alors que David fut interrompu et que la voiture s'arrêta.

D'un bond, le fils de madame Bastien sauta de la charrette, se jeta au cou de la jeune femme, la couvrit de baisers et de larmes, en s'écriant d'une voix entrecoupée par des sanglots de joie :

— Mère... sauvé... Plus de chagrins !... sauvé !... mère ! sauvé ! !...

XXVIII.

A ces mots répétés avec ivresse par Frédérik : — *Sauvé!... mère, sauvé!...* — Marie Bastien regarda son fils avec un mélange de joie et de stupeur ; déjà il était méconnaissable et presque transfiguré... le front haut, le sourire radieux, le regard inspiré ; ses beaux traits semblaient illuminés par un rayonnement intérieur ; la jeune mère en fut éblouie... Son fils n'eût pas crié — : *sauvé!...* — qu'à son attitude, à sa physionomie et à la sérénité des traits de David, Marie eût deviné qu'il lui ramenait Frédérik régénéré.

Quel moyen, quel prodige avait opéré ce résultat aussi rapide qu'inattendu ? Marie ne se le demanda pas... David lui rendait son Frédérik *d'autrefois,* comme elle disait... Aussi, dans un élan de reconnaissance presque religieuse, elle allait se jeter aux pieds de David, lorsque celui-ci la prévint en étendant vivement ses mains vers elle... Marie les saisit... les serra passionnément entre les siennes, et s'écria d'une voix où vibraient pour ainsi dire toutes les pulsations de son cœur maternel.

— Ma vie... ma vie entière... monsieur David, vous m'avez rendu mon fils !

— Oh ! ma mère... oh ! mon ami... — s'écria Frédérik.

Et d'une étreinte irrésistible, il serra à la fois contre son cœur Marie et David qui, partageant l'entraînement du jeune homme, se confondirent avec lui dans un même et long embrassement. . . . .

. . . .

Madame Bastien ne fut pas instruite du danger que son fils avait couru le matin ; il alla, ainsi que David, quitter ses vêtemens humides ; puis tous deux revinrent trouver madame Bastien, qui, plongée dans une sorte d'extase, se demandait seulement alors par quel miracle David avait si rapidement opéré la guérison de Frédérik.

En se revoyant, au bout de bien peu de temps cependant, la mère et le fils volèrent de nouveau dans les bras l'un de l'autre. Durant cet embrassement ineffable, la jeune femme chercha presque involontairement les regards de David, comme pour l'associer à ses caresses maternelles et lui rendre grâces du bonheur qu'elle goûtait.

Frédérik, jetant les yeux autour de lui, paraissait contempler avec attendrissement tous les objets que renfermait la salle d'étude.

— Mère, — dit-il après un moment de silence, avec un sourire plein de charme, — tu vas me prendre pour un fou... mais il me semble, qu'il y a je ne sais combien de temps... que je ne suis entré ici... tiens, depuis la veille du jour où nous sommes allés au château de Pont-Brillant... Nos livres, nos dessins, notre piano... enfin jusqu'à mon vieux fauteuil de travail... ce sont comme autant d'amis que je retrouve après une longue absence.

— Je te comprends, Frédérik... — dit madame Bastien en souriant. — Nous sommes comme les endormis du conte de la *Belle au bois dormant...* Notre sommeil, un peu moins long que le leur, a duré cinq mois ! De mauvais songes l'ont agité, mais nous nous réveillons plus heureux que lorsque nous nous sommes endormis. N'est-ce pas ?

— Plus heureux ! mère ! — ajouta Frédérik, en prenant la main de David. — A notre réveil nous trouvons un ami de plus.

— Tu as raison, mon enfant, — dit la jeune mère en jetant sur David un regard enchanteur ; puis, voyant Frédérik ouvrir la porte vitrée qui donnait sur la futaie, madame Bastien ajouta :

— Que fais-tu ? La pluie a cessé... mais le temps est encore brumeux et sombre.

— Le temps brumeux et sombre ? — s'écria Frédérik, sortant de la maison et regardant la futaie séculaire avec ravissement... — Oh ! mère, peux-tu dire que le temps est sombre ?... Tiens... je vais continuer à te paraître fou... mais notre chère et vieille futaie me semble aussi dorée, aussi riante que par le plus beau soleil de printemps.

Le jeune homme paraissait en effet renaître ; ses traits exprimaient une félicité si vraie, si expansive, que sa mère ne se lassait pas de le regarder en silence... Elle le revoyait aussi beau, aussi alerte, aussi joyeux qu'autrefois, quoiqu'il fût amaigri... pâli... et encore sa pâleur se coloraitelle à chaque instant de l'incarnat des plus douces émotions.

David, pour qui chaque parole de Frédérik avait un sens, jouissait délicieusement de cette scène.

Soudain le jeune homme s'arrêta un instant rêveur, devant une touffe d'épines sauvages qui croissait sur la lisière de la futaie ; après quelques momens de réflexion, il chercha des yeux madame Bastien, et lui dit, non plus gaiement, mais avec une douce mélancolie :

— Mère ! en deux mots... je vais te raconter ma guérison... ainsi, — ajouta-t-il en se tournant vers David, — vous verrez que j'ai profité de vos leçons... mon ami.

Pour la première fois, Marie remarqua que son fils appelait David *son ami.* Le contentement qu'elle éprouvait de cette tendre familiarité se lut si visiblement sur ses traits, que Frédérik lui dit :

— Mère ! c'est monsieur David qui m'a demandé de le nommer désormais mon ami. Il a eu raison, il m'eût été difficile de lui dire plus longtemps : *monsieur David ;* maintenant, mère, — écoute-moi bien, — reprit Frédérik, — tu vois cette touffe d'épine noire ?...

— Oui, mon enfant.

— Rien ne semble plus inutile, plus redoutable que cette épine avec ses dards acérés, n'est-ce pas, mère ?

— Sans doute.

— Mais que le bon vieil André, notre jardinier, *notre chef des cultures,* — ajouta-t-il en souriant, — approche seulement de l'épiderme de cet arbrisseau... inculte, un tout petit rameau d'un beau poirier... cette sauvage épine se transformera bientôt en un arbre chargé de fleurs, puis de fruits savoureux. Et cependant, mère, ce seront toujours les mêmes racines, pompant la même sève dans le même sol. Seulement, cette sève, cette force, seront utilisées. Comprends-tu ?

— A merveille, mon enfant... Il s'agit, ainsi que tu le dis, de forces bien employées, au lieu de demeurer stériles ou malfaisantes.

— Oui, madame, — reprit David en échangeant un sourire d'intelligence avec Frédérik, — et pour suivre la comparaison de ce cher enfant, j'ajouterai qu'il en est de même des passions, regardées comme les plus dangereuses et les plus vivaces, parce qu'elles sont les plus profondément implantées en l'homme par Dieu qui les a mises là... ne les arrachez pas ; *greffez,* seulement ces épineux sauvageons, comme disait Frédérik, et faites ainsi fleurir et fructifier la sève puissante que le Créateur a mise en eux.

— Cela me rappelle, monsieur David, — dit la jeune femme, frappée de ce raisonnement, — qu'à propos du sentiment de la haine... vous m'avez fait, avec raison, remarquer qu'il était des haines nobles, généreuses, héroïques même.

— Eh bien, mère, — dit résolûment Frédérik, — l'Envie peut... comme la haine... devenir féconde, héroïque, sublime ..

— L'Envie !... s'écria Marie Bastien.

— Oui, l'Envie... car le mal qui me tuait... c'était l'Envie.

— Toi... envieux... toi?

— Depuis notre visite au château de Pont-Brillant... la vue de ces merveilles...

— Ah! — s'écria Marie Bastien, soudain éclairée par cette révélation, et frémissant, si cela se peut dire, d'un effroi rétrospectif. — Ah! maintenant, je comprends tout, malheureux enfant!...

— Heureux enfant, mère... car si cette Envie, faute de culture, a été longtemps noire et sauvage comme l'épine dont nous parlions tout à l'heure... notre ami — ajouta Frédérik en se tournant vers David avec un ineffable sourire de tendresse et de reconnaissance, notre ami a *greffé* cette Envie de vaillante émulation, d'ambition généreuse... et tu en verras les fruits, mère... tu verras comme, à force de courage, de travail, j'illustrerai ton nom et le mien, cet humble nom dont l'obscurité me navrait. Oh! la gloire! la renommée!... Ma mère, quel radieux avenir!... Te faire dire avec ivresse, avec orgueil : C'est mon fils pourtant... c'est mon fils!...

— Mon enfant... oh! mon enfant chéri! — s'écria Marie avec ravissement, — je comprends maintenant la guérison comme j'ai compris le mal.

Puis s'adressant au précepteur, elle ne put que dire :

— Monsieur David!... oh! monsieur David!...

Et des larmes, des sanglots de joie lui coupèrent la parole.

— Oui, remercie-le, mère, — reprit Frédérik, entraîné par l'émotion, —aime-le, chéris-le, bénis-le, car tu ne sais pas, vois-tu? quelle bonté, quelle délicatesse, quelle haute et mâle raison, quel génie il a montré pour la guérison de ton enfant. Ses paroles sont restées là, ineffaçables, dans mon cœur; elles m'ont rappelé à la vie, à l'espoir, à tous les sentimens élevés que je te devais... Oh! grâces te soient rendues, ma mère, c'est encore ta main qui a choisi mon sauveur, ce bon génie qui m'a rendu à toi, digne de toi.

. . . .

Il est des bonheurs impossibles à peindre... Telle fut la fin de cette journée pour David, Marie et son fils.

Frédérik était trop pénétré de reconnaissance et d'admiration envers son ami pour ne pas vouloir faire partager ces sentimens à sa mère ; les paroles du précepteur étaient si présentes à sa pensée, qu'il redit à la jeune femme presque mot pour mot leur long entretien.

Bien souvent Frédérik fut sur le point d'avouer à sa mère qu'il devait à David non-seulement la vie de l'âme, mais la vie du corps... Il fut retenu par la promesse faite à son ami, et plus encore par la crainte de causer en ce moment à Marie Bastien une dangereuse émotion.

Quant à Marie. en embrassant d'un coup d'œil toute la conduite de David, depuis la première heure de son dévouement jusqu'à cette heure de triomphe inespéré... en se rappelant sa mansuétude, sa simplicité, sa délicatesse, sa généreuse persévérance, couronnées d'un succès si éclatant, succès obtenu par le seul ascendant d'un grand cœur et d'un esprit élevé... quant à Marie... ce qu'elle ressentit de ce jour pour David serait difficile à exprimer : c'était un mélange de tendre affection, d'admiration, de respect et surtout de reconnaissance passionnée, car la jeune femme devait à David, non-seulement la guérison de Frédérik, mois elle comptait aussi sur l'avenir qu'elle entrevoyait glorieux, peut-être illustre, pour son fils, ne doutant pas que ses qualités, habilement dirigées par David, et secondées par l'ardeur d'une généreuse ambition, n'élevassent un jour Frédérik à une brillante destinée.

De ce moment aussi, dans le cœur de Marie, David devint inséparable de Frédérik... et sans se rendre précisément compte de cette espérance, la jeune femme sentit sa vie et celle de son fils à jamais partagées ou plutôt confondues avec la vie de David.

. . . .

On laisse à penser la délicieuse soirée que passèrent dans le salon d'étude la mère, le fils et le précepteur.

Seulement, comme certaines joies accablent autant que la douleur, et demandent à être, pour ainsi dire, dégustées, savourées avec recueillement, Marie, son fils et David se séparèrent plus tôt que d'habitude, et ce soir-là se dirent *à demain* avec la douce conviction d'une journée ravissante.

David regagna sa petite chambre.

Lui aussi avait besoin d'être seul.

Ces mots prononcés par Frédérik dans l'entraînement de la reconnaissance en parlant de son précepteur à sa mère :

— *Aime-le... chéris-le... bénis-le...*

Ces mots auxquels Marie Bastien avait répondu, en jetant sur David un regard d'une reconnaissance inexprimable, ces mots faisaient la joie et la douleur de David.

Il avait senti tressaillir jusqu'aux dernières fibres de son cœur en rencontrant plusieurs fois les grands yeux bleus de Marie noyés d'une volupté maternelle ; il avait encore tressailli en voyant de quelles caresses délirantes elle couvrait son fils ; aussi David rêvait-il malgré lui aux trésors d'ardente affection que devait contenir cette nature à la fois vierge et passionnée.

— Quel amour que le sien, — se disait-il, — s'il y avait place dans son cœur pour un autre sentiment que celui de la maternité!... Combien elle était belle aujourd'hui... quelle expression enchanteresse!... Oh! je le sens, voilà pour moi l'heure du péril, de la lutte et de la souffrance.

Oui... car les larmes de Marie la consacraient ! je me reprochais comme un sacrilège de lever les yeux sur cette jeune mère éplorée, pourtant si belle dans les larmes... Mais la voici radieuse... d'une félicité qu'elle me doit... mais voici que dans sa reconnaissance ingénue, ses yeux attendris me cherchent à chaque instant et se reposent tour à tour sur Frédérik et sur moi. Mais voici que son fils lui dit et lui dira souvent devant moi: *aime-le... chéris-le... bénis-le...* et le silence expressif, le regard touchant de cette adorable femme peut-être un jour me fera croire que...

David, n'osant poursuivre cette pensée, reprit avec accablement :

— Oh! oui, elle est venue, l'heure de la résignation, l'heure de la souffrance; avouer mon amour, moins encore... le laisser deviner à Marie... maintenant qu'elle me doit tant? Lui faire croire peut-être que mon dévouement cachait un calcul de séduction? Lui faire croire qu'au lieu de céder spontanément, ainsi que cela a été, à l'intérêt que m'a inspiré ce pauvre enfant, grâce au souvenir d'un frère incessamment pleuré, je me suis fait un manteau, un prétexte de mes regrets pour surprendre la confiance maternelle de cette jeune femme ; perdre enfin à ses yeux le seul mérite de mon dévouement... ma loyauté soudaine, irréfléchie... oui, bien irréfléchie... je m'en aperçois maintenant... hélas ! me dégrader enfin aux yeux de Marie, jamais... jamais !

Entre elle et moi, *il y aura toujours son fils.*

Pour fuir cet amour... qui, je le sens, va toujours aller croissant, dois-je quitter cette maison?...

Non, je ne le puis encore.

Frédérik, aujourd'hui dans l'ivresse de cette révélation qui a changé son morne désespoir en une volonté pleine de foi et d'ardeur, Frédérik, retiré soudain de l'abîme où il se débattait... éprouve ce vertige du prisonnier rendu tout à coup à la lumière et à la liberté... mais cette guérison n'a-t-elle pas besoin d'être affermie? Ne faudra-t-il pas modérer maintenant la fougue de cette jeune et ardente imagination dans ses élans vers l'avenir ?

Et puis, cette première exaltation passée, demain peut-être, et par cela même qu'il sera plus relevé dans sa propre estime et qu'il comprendra mieux les généreux efforts qu'il doit puiser dans l'Envie, Frédérik se souviendra sans doute avec plus d'amertume encore de la funeste action qu'il a voulu commettre : sa tentative de meurtre contre Raoul de Pont-Brillant. Une féconde et généreuse expiation pourra donc seule apaiser ce remords qui a, en partie poussé Frédérik au suicide...

Non, non, je ne puis encore abandonner cet enfant, je

l'aime trop sincèrement... j'ai trop à cœur de compléter mon œuvre.
Il faut rester.
Rester... et chaque jour vivre d'une vie intime, solitaire, avec Marie... qui est venue seule ici à cette place, au milieu de la nuit, dans un désordre dont le souvenir me brûle, m'enivre... et me poursuit jusque dans le sommeil où je cherche en vain l'oubli et le repos.
. . . .
A ce dangereux sommeil, David se livra pourtant, car les émotions et les fatigues de la journée avaient été grandes.
Le jour commençait à poindre.
David, réveillé en sursaut par plusieurs coups frappés violemment à sa porte, entendit la voix de Frédérik qui lui disait avec épouvante :
— Mon ami... ouvrez... ouvrez, de grâce !...

XXIX.

David, s'étant à la hâte couvert de ses vêtemens, ouvrit sa porte.
Il vit Frédérik, pâle... la figure bouleversée.
— Mon enfant... qu'y a-t-il ?
— Ah ! mon ami... quel malheur !
— Un malheur ?
— La Loire...
— Eh bien ?...
— L'inondation... dont on parlait hier chez le briquetier...
— Un débordement... C'est affreux... que de désastres, mon Dieu ! que de désastres !
— Venez... venez, mon ami... de la lisière de la futaie... on ne voit déjà plus le Val... c'est un lac sans fin !
David et Frédérik descendirent précipitamment ; ils trouvèrent dans la salle d'étude madame Bastien, qui s'était aussi levée en hâte.
Marguerite et le jardinier poussaient des gémissemens d'effroi.
— L'eau va nous gagner...
— La maison va être emportée, — criaient-ils.
— Et les métairies du Val !... — disait madame Bastien les yeux pleins de larmes. — Ces maisons toutes isolées... sont à cette heure peut-être submergées... et les malheureux qui les habitent, surpris la nuit par l'inondation, n'auront pas pu fuir...
— Alors, madame, — dit David, — c'est surtout des gens du Val qu'il faut s'occuper sans retard ! Ici, il n'y a aucun danger.
— Mais l'eau est déjà à un quart de lieue... monsieur David ! — s'écria Marguerite.
— Et elle monte toujours... — ajouta André.
— Rassurez-vous, madame, — reprit David. — J'ai, depuis mon séjour ici, assez parcouru et observé le pays pour être certain que le débordement... n'atteindra jamais cette maison... son niveau est trop élevé. Soyez sans inquiétude...
— Mais les métairies du Val ! — s'écria Frédérik.
— L'inondation a dû gagner la maison de Jean-François, le métayer : un bon et excellent homme... — s'écria Marie.
— Sa femme, ses enfans... sont perdus...
— Cette métairie... où est-elle, madame ? — demanda David.
— A une demi-lieue d'ici... dans la basse plaine... On la voit de la lisière de la futaie qui domine au loin le pays ! Hélas !... du moins on doit la voir... si l'inondation ne l'a pas déjà entraînée.
— Venez, madame... venez, — dit David ; — courons nous assurer de ce qui est.
En un instant, Frédérik, sa mère, David, suivis du jardinier et de Marguerite, arrivèrent à la lisière de la futaie, beaucoup plus élevée que le Val.

Quel spectacle !...
A un quart de lieue de là, et aussi loin que la vue pouvait s'étendre, au nord et à l'est, on n'apercevait qu'une immense nappe d'eau jaunâtre, limoneuse, coupée à l'horizon par un ciel chargé de nuages sombres rapidement poussés par un vent glacial. A l'ouest, le rideau de la forêt de Pont-Brillant était à demi submergé, tandis que la cime de quelques peupliers de la plaine pointait çà et là au milieu de cette mer immobile... et sans bornes.
Cette dévastation, lente, silencieuse comme la tombe, était plus effrayante encore que les étincelans ravages de l'incendie.
Un moment les spectateurs de ce grand désastre restèrent frappés de stupeur.
David, sortant le premier de cet abattement stérile, dit à madame Bastien :
— Madame... je reviens à l'instant.
Quelques minutes après, il accourait, portant une excellente longue-vue dont il s'était mainte fois servi dans ses voyages.
— La brume des eaux empêche de bien distinguer au loin, madame, — dit David à Marie. — Dans quelle direction se trouve la métairie dont vous parliez tout à l'heure ?
— Dans la direction de ces peupliers, là-bas... à gauche, monsieur David.
Le précepteur dirigea sa longue-vue vers le point désigné, resta quelques momens attentif, puis il s'écria :
— Ah ! les malheureux !
— Ciel !... ils sont perdus ! — dit vivement Marie.
— L'eau a déjà envahi jusqu'à la moitié de la couverture de leur maison, — reprit David, — ils sont sur le toit, cramponnés à la cheminée ; je vois un homme, une femme trois enfans.
— Mon Dieu ! — s'écria Marie, les mains jointes et tombant à genoux, les yeux levés vers le ciel... — mon Dieu secourez-les, prenez-les en pitié !
— Et aucun moyen de les sauver ! — s'écria Frédérik, — ne pouvoir que gémir sur un pareil malheur !
— Pauvre Jean-François... un si brave homme ! — dit André.
— Voir mourir avec lui ses trois petits enfans ! — ajouta Marguerite en sanglotant.
David, calme, silencieux et grave, comme il avait l'habitude de l'être à l'heure du péril, frappait convulsivement sa longue-vue dans la paume de sa main et semblait réfléchir ; tous les yeux étaient fixés sur lui. Soudain son front s'éclaircit, et, avec cette autorité d'accent, cette rapidité de décision qui distinguent l'homme fait pour commander, David dit à Marie :
— Madame, permettez-moi de donner des ordres ici... les momens sont précieux.
— On vous obéira comme à moi, monsieur David.
— André, — reprit le précepteur, — vite le cheval à la charrette.
— Oui, monsieur David.
— Sur l'étang qui n'est pas éloigné de la maison, j'ai vu un batelet. Y est-il encore ?
— Oui, monsieur David.
— Il est assez léger pour tenir sur la charrette.
— Certainement, monsieur David.
— Moi et Frédérik nous aiderons à l'y placer... Courez atteler, nous vous rejoignons.
André se rendit en hâte à l'écurie.
— Maintenant, madame, — dit David à Marie, — veuillez faire apporter tout de suite quelques bouteilles de vin et deux ou trois couvertures, nous les emporterons dans le bateau... car ces malheureux, si nous les sauvons, seront mourans de froid et de besoin. Faites aussi préparer des lits et un grand feu, afin qu'à leur arrivée ici ils puissent recevoir tous les soins possibles. Maintenant, Frédérik... allons aider André... et rendons-nous vite à l'étang.
Pendant que David disparaissait en courant avec Frédérik, madame Bastien et Marguerite s'empressèrent d'exécuter les ordres de David.

Le cheval, promptement attelé à la charrette, conduisit Frédérik et David à l'étang.

— Mon ami, — dit le jeune homme à son précepteur et les yeux brillans d'impatience et d'ardeur, — ces malheureux, nous les sauverons ! n'est-ce pas ?

— Je l'espère, mon enfant... mais le danger sera grand... Une fois les eaux mortes traversées... nous entrerons dans le courant du débordement, et il doit être rapide comme un torrent.

— Et qu'importe le danger, mon ami !

— Il faut le connaître pour en triompher, mon cher enfant... Maintenant... dites, — ajouta David avec émotion, — croyez-vous qu'en exposant ainsi généreusement votre vie, vous n'expierez pas plus dignement la funeste action que vous avez voulu commettre... qu'en cherchant dans le suicide une mort stérile ?...

Une étreinte passionnée de Frédérik fit voir à David qu'il était compris.

La charrette, à ce moment, traversait une route pour se rendre à l'étang.

Un gendarme, poussant son cheval au grand galop, arrivait à toute bride.

— L'inondation monte-t-elle encore ? — cria David au soldat, en lui faisant signe de la main d'arrêter.

— L'eau monte toujours, monsieur, — répondit le gendarme haletant ; — les jetées viennent d'être rompues... Il y a trente pieds d'eau dans le Val... la route de Pont-Brillant est coupée... le seul bateau que l'on avait pour le sauvetage vient de sombrer avec ceux qui le montaient. Tous ont péri, je cours au château requérir du monde et les barques des pièces d'eau.

Et le soldat repartit en enfonçant ses éperons dans le ventre de son cheval couvert d'écume.

— Oh !... — s'écria Frédérik avec enthousiasme, — nous arriverons avant les gens du château, nous !...

— Vous le voyez, mon enfant, l'Envie a du bon, — dit David, qui pénétrait la secrète pensée de Frédérik.

La charrette arriva bientôt à l'étang. Frédérik et David chargèrent facilement le léger batelet sur la voiture ; tout en s'occupant de cette manœuvre, David, avec cette prévoyance réfléchie qui ne l'abandonnait jamais, visita soigneusement les rames de l'embarcation, ainsi que ses tolets (morceaux de bois plantés dans le plat-bord pour servir de point d'appui aux avirons).

— André, — dit-il au jardinier, — avez-vous un couteau ?

— Oui, monsieur David.

— Donnez-le moi ; maintenant, vous, Frédérik, retournez à la maison avec André ; hâtez le plus possible la marche du cheval, car à chaque minute l'eau monte... et peut engloutir ces malheureux qui sont là-bas.

— Mais vous, mon ami ?

— Je vois ici de jeunes tiges de chêne ; je vais en couper pour remplacer les tolets de mon bateau, ils sont vieux, le bois vert est plus pliant et plus fort... Allez, allez, je vous rejoindrai en courant.

La charrette s'éloigna ; le vieux cheval, vigoureusement fouetté, et *sentant*, comme on dit, *la maison*, prit le trot. David choisit le bois qu'il lui fallait, rejoignit bientôt la voiture, qu'il suivit à la hâte en à pied, ainsi que Frédérik, afin de ne pas charger le cheval. En marchant, le précepteur donnait aux tolets la forme convenable ; Frédérik le regardait avec surprise.

— Vous pensez à tout, lui dit-il.

— Mon cher enfant, lors de mon voyage aux grands lacs de l'Amérique, j'ai été malheureusement témoin d'inondations terribles ; j'ai aidé les Indiens dans plusieurs sauvetages, et j'ai appris, là, que de petites précautions épargnent souvent de grands périls... Ainsi je prépare un triple rechange de tolets... car il est probable que nous en casserons ; et, comme dit le proverbe marin : *A tollet cassé... aviron mort...*

— Il est vrai qu'alors l'aviron, manquant d'un point d'appui solide, devient presque inutile.

— Et que devenir au milieu d'un gouffre, avec une seule rame ? on est perdu...

— C'est juste, mon ami...

— Il faut donc nous préparer à ramer vigoureusement, puis nous rencontrerons des arbres à fleur d'eau, des berges de chemins, ou d'autres obstacles qui pourront donner de violentes secousses à nos rames, et peut-être les briser. N'en avez-vous pas de rechange ?

— Il y en a encore une à la maison...

— Nous l'emporterons, car, faute d'un aviron, le sauvetage de ces malheureux peut devenir impossible, et notre perte certaine... Vous ramez bien... n'est-ce pas ?

— Oui, mon ami, un de mes grands plaisirs était de promener ma mère sur l'étang.

— Vous serez donc aux avirons ; moi, je sonderai à l'avant, et je dirigerai le bateau au moyen d'une gaffe. Je vous fais ici, mon enfant, une recommandation essentielle que je n'aurai pas le temps de vous adresser une fois à l'œuvre : ne laissez pas trainer vos avirons. Après chaque coup de rame, relevez-les horizontalement... ils pourraient s'engager ou se briser sur l'un de ces obstacles à fleur d'eau qui rendent si dangereuse la navigation sur les terrains submergés.

— Je n'oublierai rien, mon ami, soyez tranquille, — répondit Frédérik, à qui l'expérience et le sang-froid de David donnaient une confiance sans bornes.

Au moment où la charrette allait atteindre la maison, David et Frédérik rencontrèrent un grand nombre de paysans éplorés, poussant devant eux des bestiaux et accompagnant des voitures où l'on voyait entassés pêle-mêle des meubles, des ustensiles de ménage, des matelas, des vêtements, des barils, des sacs de grains, enlevés à la hâte aux flots envahissans de l'inondation.

Des femmes portaient des enfans à la mamelle, d'autres avaient sur leur dos des petits garçons ou des petites filles, pendant que les hommes tâchaient de guider le bétail effaré.

— Est-ce que l'eau monte toujours, mes pauvres gens ? — leur demanda David sans s'arrêter et marchant à côté d'eux.

— Hélas ! monsieur, la crue augmente encore ; le pont de Blémur vient d'être emporté, — dit l'un.

— Il y avait déjà quatre pieds d'eau dans le village quand nous l'avons quitté, — reprit l'autre.

— Les grands trains de bois du bassin de Saint-Pierre, — reprit un troisième, viennent d'être entraînés dans le courant du Val...

— Ils descendent comme la foudre, ils ont fait chavirer, en les heurtant, deux grosses barques de Loire montées par des mariniers qui venaient apporter du secours.

— Tous ces braves gens ont été noyés, — ajouta un témoin de ce sinistre, — car la Loire dans ses plus hautes eaux n'est pas moitié moins rapide que le courant de l'inondation.

— Et ces malheureux là-bas !... — dit Frédérik à David en frémissant d'impatience. — Arriverons-nous à temps, mon Dieu ! ! ! — Oh ! si les gens du château nous devançaient...

La charrette touchait alors à la ferme ; pendant que l'on mettait dans le batelet les provisions et les couvertures, David demanda une serpe à André et alla choisir une longue tige de frêne de dix pieds environ, légère, souple et maniable ; un crochet de fer servant à soutenir la poulie d'un puits fut solidement fixé à l'une des extrémités de cette gaffe improvisée, qui devait ainsi servir soit à haler le bateau le long des obstacles apparens, soit à le maintenir le long du toit des maisons submergées ; la longue corde du puits fut aussi placée dans le batelet, ainsi que deux ou trois planches légères, solidement liées ensemble et pouvant servir de bouée de sauvetage en un cas désespéré.

David s'occupait de ces détails avec une activité réfléchie, une fécondité d'expédiens qui surprenait madame Bastien non moins que son fils. Lorsque tout fut prêt, Da-

vid jeta un attentif et dernier regard sur chaque objet, et dit à André :
— Allez le plus vite possible jusqu'à la rive de l'inondation ; Frédérik et moi, nous vous rejoindrons ; vous nous aiderez à décharger le batelet et à le mettre à flot.

La charrette, longeant alors la lisière de la futaie où restèrent David, Frédérik et sa mère, se dirigea vers la plaine submergée que l'on voyait au loin. La pente étant assez inclinée, le cheval se mit au trot.

Pendant que la charrette s'éloignait, David prit la longue-vue qu'il avait laissée sur un des bancs rustiques de la futaie, et chercha la métairie. L'eau arrivait à deux pieds de la crête du toit sur lequel toute la famille du métayer était réfugiée.

David posa sa longue-vue sur le banc, et, d'une voix ferme, dit à Frédérik :
— Mon enfant, embrassez votre mère... et partons... le temps presse.

Marie frissonna de tout son corps, et devint d'une pâleur mortelle.

Pendant une seconde, il y eut dans l'âme de la jeune femme une lutte terrible entre la voix du devoir, qui lui disait de laisser Frédérik accomplir une action généreuse au risque de sa vie, et la voix du sang qui lui disait d'empêcher son fils de braver un péril de mort ; cette lutte fut si poignante, que Frédérik, qui n'avait pas cessé de regarder sa mère, la vit faiblir... épouvantée de la pensée de perdre son fils, alors qu'elle le retrouvait si digne d'elle.

Aussi Marie, enlaçant Frédérik entre ses bras, pour s'opposer à son départ, s'écria d'une voix déchirante :
— Non... non... je ne veux pas...
— Ma mère, — lui dit Frédérik à voix basse, — *j'ai voulu tuer*... et il y a là... des gens que je peux arracher à la mort.

Marie fut héroïque.
— Allons... mon enfant... viens, — lui dit-elle.

Et elle fit un pas en avant comme pour aller aussi rejoindre le bateau.
— Madame ! — s'écria David devinant sa résolution, — c'est impossible.
— Monsieur David, je n'abandonnerai pas mon fils !
— Ma mère !
— Où tu iras... j'irai...
— Madame, — reprit David, — le batelet peut contenir au plus cinq personnes... Il y a un homme, une femme et trois enfans à sauver : nous accompagner dans le bateau, c'est nous forcer de laisser là-bas, voués à une mort certaine... le père, la mère ou les enfans !

A ces paroles sans réplique, madame Bastien dit à son fils :
— Va donc seul, mon enfant...

Et la mère et le fils confondirent leurs larmes et leurs baisers dans une dernière étreinte.

Frédérik, en sortant des bras de sa mère, vit David qui, malgré la fermeté de son caractère, essuyait ses pleurs.
— Mère, — dit Frédérik en montrant son ami du regard, — et lui ?
— Sauvez son corps comme vous avez sauvé son âme, — s'écria la jeune femme, en serrant convulsivement David contre son sein palpitant. — Ramenez-le-moi... ou je mourrai.

David fut digne du chaste et saint embrassement de cette jeune mère qui voyait son fils aller braver la mort...

Ce fut une sœur éplorée que David pressa contre son cœur.

Puis, prenant Frédérik par la main, il s'élança dans la direction de la charrette ; tous deux jetèrent un dernier regard sur madame Bastien dont les forces étaient à bout, et qui retomba brisée sur l'un des bancs rustiques de la futaie.

Cet accès de faiblesse passé, Marie se releva et suivit des yeux son fils et David aussi longtemps qu'elle put les apercevoir.

XXX.

En un quart d'heure, la charrette eut débarqué le batelet, bientôt mis à flot sur la rive des eaux mortes de l'inondation.
— André, restez là avec la charrette, — dit le précepteur, — car les malheureux que nous allons tâcher de sauver seront exténués et hors d'état de gagner la maison de madame Bastien.
— Bien, monsieur David, — dit le vieillard, et il ajouta avec émotion : — Bon courage, mon pauvre monsieur Frédérik !
— Mon enfant, — dit David au moment où le batelet allait quitter la rive, — pour être prêt à tout événement, faites comme moi, ôtez vos chaussures, votre cravate et votre habit, jetez-le seulement sur vos épaules, afin de vous garantir du froid... Quoi qu'il m'arrive, ne vous occupez pas de moi, je suis très-bon nageur ; en voulant me sauver, vous nous perdriez tous les deux. Maintenant, mon enfant, à vos avirons, et ramez ferme, mais sans trop de hâte ; ménagez vos forces ; je veillerai à l'avant et je sonderai. Allons, du calme, de la présence d'esprit, tout ira bien.

Le batelet s'éloigna de la rive.

Le courage, l'énergie, la conscience de la généreuse expiation qu'il allait tenter, suppléèrent chez Frédérik aux forces qu'il avait perdues pendant sa longue maladie morale.

Ses beaux traits animés par l'enthousiasme, les yeux attachés sur David, épiant ses moindres ordres, le fils de madame Bastien ramait avec vigueur et précision. A chaque coup de *nage*, comme disent les marins, le batelet s'avançait rapidement et sans secousse.

David, debout à l'avant, redressant sa grande taille de toute sa hauteur, la tête nue, ses cheveux noirs flottant au vent, le regard tantôt attaché sur la métairie presque submergée, tantôt sur les objets qui pouvaient être un obstacle à leur navigation... David, froid, prudent, attentif, montrait une intrépidité tranquille... Pendant quelques momens, la marche du bateau, facilitée par son fond plat, ne fut pas entravée ; mais soudain, le précepteur s'écria :
— Haut les avirons !

Frédérik exécuta cet ordre, et, après quelques secondes, le batelet s'arrêta, faute d'impulsion.

David, penché à l'avant de l'embarcation, sonda au moyen de sa gaffe l'eau que, de loin, il avait vu légèrement bouillonner à sa surface, ainsi que cela arrive lorsqu'elle se brise contre quelque obstacle sous-marin.

En effet, David reconnut que le batelet se trouvait presque au-dessus d'un massif d'énormes chênes ébranchés, à la tête desquels l'embarcation aurait pu s'entr'ouvrir si elle eût vogué à toute vitesse ; appuyant alors sa gaffe à l'un des troncs qu'il rencontra sous l'eau, David détourna le bateau de ce dangereux écueil.

— Maintenant, mon enfant, ramez devant vous, en obliquant un peu à gauche, reprit-il, — afin de gagner ces trois grands peupliers à demi submergés que vous voyez là-bas. Une fois arrivés là, nous entrerons en plein dans le courant de l'inondation, qui déjà se fait sentir ici, quoique nous soyons encore dans les eaux mortes.

Au bout de quelques minutes, David dit à Frédérik :
— Haut les avirons !

Et ce disant, le précepteur engagea le crochet de fer dont sa perche était armée entre les branches de l'un des peupliers vers lesquels Frédérik s'était dirigé ; ces arbres, de trente pieds de hauteur, étaient aux trois quarts submergés; maintenu par la gaffe, le batelet resta dès lors immobile.

— Comment... nous nous arrêtons, monsieur David? — s'écria Frédérik.

— Il faut vous reposer un instant, mon cher enfant, et boire quelques gorgées de ce vin.

Puis David, avec un sang-froid singulier, déboucha une bouteille qu'il offrit à son élève.

— Nous reposer! — s'écria Frédérik, — et ces malheureux... qui là-bas... nous attendent!

— Mon enfant... vous êtes haletant, votre front est inondé de sueur, vos forces diminuent, je m'en suis aperçu à l'allure saccadée de vos rames. Nous arriverons encore à temps, l'eau ne monte plus... je l'ai observé à plusieurs remarques certaines; nous allons avoir besoin de toute notre énergie, de toutes nos forces; or, de ces cinq minutes de repos prises à temps, peut dépendre le salut de ces pauvres gens et le nôtre... allons, buvez quelques gorgées de vin.

Frédérik suivit le conseil et s'en trouva bien; car déjà, sans avoir osé l'avouer à David, il ressentait dans les articulations des bras cet engourdissement, cette raideur qui succèdent toujours à trop de fatigue et de tension musculaire.

Pendant ce temps d'arrêt forcé, le précepteur et son élève contemplèrent avec une silencieuse horreur le spectacle qui les environnait.

Du point où ils étaient, ils embrassaient une immense étendue d'eau, non plus morte, ainsi que celle qu'ils venaient de traverser, mais rapide, écumante, fougueuse comme le cours d'un torrent.

De cette nappe d'eau incommensurable, s'élevait un tel mugissement, que, d'un bout à l'autre du batelet, Frédérik et David étaient obligés de se parler à haute voix pour s'entendre.

Au loin une ligne d'eau d'un gris sombre dessinait seule l'horizon.

A six cents pas du batelet, on apercevait la métairie.

Le toit disparaissait presque complètement sous les eaux alors stationnaires, et l'on distinguait vaguement des formes humaines groupées autour de la cheminée.

A chaque instant passaient, à peu de distance de l'embarcation de Frédérik, défendue d'ailleurs de tout choc par les trois peupliers qui lui servaient d'estacade naturelle, grâce à la prévoyance de David, à chaque instant passaient des débris de toutes sortes, emportés par le courant que le batelet devait traverser dans quelques instans.

Là, c'étaient des poutres, des fragmens de charpente provenant de bâtimens écroulés; ici, d'énormes meules de foin ou de paille, soulevées par leur masse compacte et entraînées tout entières par les eaux, voguaient comme autant de montagnes flottantes, submergeant tout ce qu'elles rencontraient; ailleurs, des arbres gigantesques, déracinés, passaient rapides comme le brin de paille sur le ruisseau; c'étaient encore des portes descellées de leurs gonds, des meubles, des matelas, des futailles, et, parfois, au milieu de ces débris l'on apercevait des bestiaux, les uns noyés, les autres se débattant au-dessus de l'abîme et y disparaissant bientôt, tandis que, par un contraste étrange, des canards domestiques voguaient sur ce gouffre avec tranquillité... suivaient par instinct les autres animaux.

Ailleurs, de pesantes charrettes tournoyaient au-dessus du gouffre, et parfois sombraient sous le choc irrésistible mmenses trains de bois, longs de cent pieds, larges de vingt, et s'en allant à la dérive.

C'est au milieu de ces écueils flottans, charriés par un courant irrésistible, que David et Frédérik devaient naviguer pour atteindre la métairie.

Alors seulement le péril du sauvetage allait devenir imminent.

Frédérik le sentit; car, après avoir, ainsi que David, jeté un regard de désolation sur cette scène terrible, le jeune homme dit d'une voix ferme et grave :

— Vous aviez raison, mon ami... nous aurons tout à l'heure besoin de toutes nos forces... de toute notre énergie... Ce repos était nécessaire... mais c'est quelque chose d'effrayant qu'un pareil repos, avec un tel spectacle sous les yeux.

— Oui, mon enfant, il faut du courage pour se reposer ainsi... la bravoure aveugle ne voit pas ou cherche à ne pas voir le danger... la bravoure réfléchie envisage froidement le péril. Aussi, presque toujours elle en triomphe... Sans le repos que nous prenions... nos forces nous auraient certainement trahis, au milieu du gouffre... que nous allons traverser, et nous étions perdus.

En parlant ainsi, David visitait avec un soin minutieux l'armature de la barque, et renouvelait l'un des tolets fendu sous la pression des avirons de Frédérik; pour plus de sûreté, David, au moyen de deux nœuds de corde assez lâches, fixa les rames au plat-bord, un peu au-dessous de leur poignée; elles conservaient ainsi la liberté de leur jeu, sans pouvoir échapper aux mains de Frédérik dans l'occurence d'un choc violent.

Le repos de cinq minutes touchait à sa fin lorsque Frédérik, poussant une exclamation de surprise involontaire, devint très pâle et ne put cacher la contraction de ses traits.

David releva la tête, suivit la direction du regard de son élève, et voici ce qu'il aperçut :

Nous l'avons dit : l'inondation, sans bornes au nord et à l'est, était limitée, à l'ouest, par la lisière de la forêt de Pont-Brillant, dont les plus grands arbres disparaissaient à demi sous les eaux.

L'un des massifs de cette futaie s'avançant de beaucoup dans le Val inondé, formait ainsi une espèce de promontoire au-dessus de la nappe d'eau.

Depuis quelques instans, Frédérik avait vu sortir de derrière cette *avancée*, en ramant contre le courant, une longue pirogue, peinte de couleur chamois et rehaussée d'une large *lisse* cramoisie.

Sur les bancs, six rameurs, portant des vestes chamois et des toques cramoisies, nageaient vigoureusement; le patron, assis à l'arrière, d'où il gouvernait la pirogue, semblait prendre les ordres d'un jeune homme, qui, debout à l'un des bancs, et une main dans la poche de son makintosh de couleur blanchâtre, désignait du doigt un point qui ne pouvait être que la métairie submergée : car, dans cette partie du Val, l'on n'apercevait pas d'autres bâtimens.

Le batelet de David était assez éloigné de la pirogue pour que l'on ne pût distinguer les traits du personnage qui semblait diriger la manœuvre. Mais, à l'expression des traits de Frédérik, David ne douta pas que le maître de la barque ne fût Raoul de Pont-Brillant.

La présence du marquis sur le lieu du désastre s'expliquait par le message que le gendarme rencontré par David avait porté en hâte au château, afin de requérir du secours et des barques des pièces d'eau.

A la vue de Raoul de Pont-Brillant, dont la présence faisait si vivement tressaillir Frédérik, David ressentit autant de surprise que de contentement; la rencontre du jeune marquis semblait providentielle; aussi, attachant un regard pénétrant sur son élève, David lui dit :

— Mon enfant, vous avez reconnu monsieur de Pont-Brillant?...

— Oui... mon ami... — répondit le jeune homme, et il continua de suivre d'un œil ardent et inquiet la manœuvre de la yole, qui, évidemment, voulait aussi atteindre la métairie submergée, dont elle se trouvait alors plus éloignée que le batelet; mais les six avirons de l'embarcation patricienne devaient doubler la vitesse de sa marche.

— Allons, Frédérik, — dit David d'une voix ferme, — monsieur de Pont-Brillant se dirige comme nous vers la métairie, pour aller au secours de ces malheureux. Cela est vaillant et généreux de sa part. C'est à cette heure qu'il est beau d'envier... de jalouser le jeune marquis!

— Oh!... j'arriverai avant lui! — s'écria Frédérik avec une exaltation indicible.

— A vos avirons ! mon enfant... Une dernière pensée à votre mère... et en avant !... l'heure est venue...

Ce disant, David dégagea le crochet de la gaffe jusqu'alors engagé dans les branches des peupliers...

Le batelet, mis en mouvement par la vigoureuse impulsion des avirons, arriva en quelques instans au milieu du courant qu'il fallait traverser pour gagner la métairie.

XXXI.

Alors commença une lutte terrible, opiniâtre, contre des dangers de toute nature.

Pendant que Frédérik ramait avec une énergie incroyablement surexcitée par la vue de la pirogue du marquis, sur laquelle il jetait de temps à autre un regard de généreuse émulation, David, placé à l'avant du batelet, le préservait des chocs avec une adresse, une présence d'esprit merveilleuses.

Déjà il était assez rapproché de la métairie pour apercevoir très distinctement les malheureux rassemblés sur le faîte du toit, lorsqu'une énorme meule de paille, charriée par les eaux, s'avança droit sur le batelet, qui lui offrait le travers en coupant le courant.

— Doublez vos coups de rames, Frédérik, — s'écria David. — Courage !... évitons la meule.

Le fils de madame Bastien obéit.

Déjà la proue du batelet dépassait la meule, qui n'était plus qu'à dix pas de distance, lorsque le jeune homme, roidissant ses bras en se renversant violemment en arrière, afin de donner plus de puissance à sa nage, fit, par un mouvement trop brusque, éclater son aviron de droite ; aussitôt l'aviron de gauche formant levier, le bateau vira, et, au lieu de son travers, offrit son avant à la meule qui devait l'engloutir sous sa masse.

David, surpris par la secousse, perdit un instant l'équilibre, mais il eut le temps de crier :

— Ramez ferme de l'aviron qui vous reste.

Frédérik obéit plus par instinct que par réflexion. Le batelet vira de nouveau, offrit son travers, et, à demi-soulevée par le remous de la masse sphéroïde qui déjà atteignait sa poupe, l'embarcation, pivotant sur son unique aviron, décrivit ainsi un mouvement demi-circulaire autour de l'écueil flottant, et put le contourner en partie et ne recevoir qu'un léger choc.

Pendant que ceci se passait avec la rapidité de la pensée, David, saisissant au fond du batelet l'aviron de rechange, l'avait de nouveau fixé au tolet, en disant à Frédérik encore ému de l'effrayant danger auquel il venait d'échapper :

— Prenez ce nouvel aviron, et en avant... la pirogue nous gagne...

Frédérik saisit ses rames en jetant un coup d'œil étincelant sur l'embarcation du marquis.

Elle se dirigeait droit vers la métairie, debout au courant, tandis que le batelet le coupait par le travers...

Ainsi, en leur supposant une égale vitesse, les deux embarcations, dont la direction présumée formait un angle droit, devaient se rencontrer ensemble à la métairie.

Mais, nous l'avons dit, la pirogue, quoiqu'elle remontât le courant, étant manœuvrée par six vigoureux rameurs, avait pris assez d'avance, grâce à l'accident dont le batelet avait failli être victime.

Frédérik, voyant le marquis le devancer, atteignit à ce point d'exaltation qui, pendant un temps donné, élève les forces humaines à une puissance irrésistible, et lui permet d'accomplir des prodiges.

On eût dit que le fils de Marie Bastien communiquait sa fiévreuse ardeur aux objets inanimés, et que l'embarcation allégée frémissait d'impatience dans sa membrure ; tandis que les rames semblaient recevoir non-seulement le mouvement, mais la vie, tant elles obéissaient avec précision, avec ensemble, on dirait presque avec intelligence, à l'impulsion de Frédérik...

David lui-même, surpris de cette incroyable énergie, continuait de veiller à l'avant du batelet, tout en jetant un regard radieux sur son élève dont il devinait l'émulation héroïque.

Soudain Frédérik fit entendre une exclamation de joie profonde...

Le batelet n'était plus qu'à vingt-cinq pas de la métairie, tandis que la yole s'en trouvait encore éloignée de cent pas environ.

Soudain de longs cris de détresse, accompagnés d'un craquement formidable, surmontèrent le mugissement des eaux.

Un des pignons de la métairie, miné par la force du courant, s'écroulait avec fracas, et une partie de la toiture s'affaissait en même temps.

Alors la famille, groupée autour de la cheminée, n'eut plus sous les pieds que quelques fragmens de charpente dont les lentes oscillations annonçaient la chute imminente...

Quelques minutes encore, et le pignon où était bâtie la cheminée s'abîmait à son tour...

Ces malheureux offraient un tableau navrant, digne du peintre du Déluge...

Le père debout, à demi-vêtu... livide... les lèvres bleuâtres, l'œil hagard, se cramponnait de son bras gauche à la cheminée déjà vacillante ; sur ses épaules, il portait ses deux enfans les plus âgés qui se tenaient étroitement embrassés ; à son poignet droit était enroulée une corde dont il avait pu attacher l'autre bout à l'S en fer de la cheminée ; à l'aide de cette corde, qui ceignait les reins de sa femme, il la soutenait et l'empêchait de tomber à l'eau : car l'infortunée, paralysée par le froid, la fatigue et la terreur, avait perdu presque tout sentiment ; le seul instinct maternel lui faisait serrer contre sa poitrine, entre ses bras raidis, un enfant à la mamelle ; pour le mieux tenir et le préserver, elle avait pris entre ses dents, qu'un spasme convulsif ne lui permettait plus de desserrer, le bas d'une jupe de laine dont elle s'était couverte à la hâte

L'agonie de ces malheureux durait depuis plus de cinq heures.

Anéantis par l'épouvante, ils semblaient ne plus voir, ne plus entendre.

Lorsque David, arrivant à portée de voix, leur cria :

— Tâchez de saisir la corde que je vais vous jeter !

Il ne reçut aucune réponse : ceux qu'il venait sauver restaient pétrifiés.

Reconnaissant que les naufragés étaient incapables de concourir à leur propre salut, David agit promptement, car le pignon et ce qui restait de toiture menaçait de s'abîmer d'un moment à l'autre.

Le batelet, poussé par le courant, fut manœuvré de façon à aborder latéralement la ruine du bâtiment dans le sens opposé à leur chute imminente ; puis pendant que Frédérik, s'accrochant des deux mains à une poutre saillante, maintenait l'embarcation latéralement à la toiture, David, un pied sur la proue et l'autre sur les chevrons vacillans, enlevant la mère d'un bras vigoureux, la plaçait au fond du bateau ainsi que son enfant.

Alors seulement l'intelligence de ces infortunés, jusquelà stupéfiée par l'épouvante, se réveilla tout à fait.

Jean-François, se tenant d'une main à la corde, fit passer ses deux enfans de ses bras entre ceux de David et de Frédérik, puis le métayer descendit lui-même dans le batelet, s'y étendit à côté de sa femme et de ses enfans sous les chaudes couvertures, tous restant immobiles de crainte d'imprimer à l'embarcation de dangereuses oscillations durant son trajet jusqu'aux eaux mortes.

A peine Frédérik courait-il à ses avirons pour s'éloigner des ruines de la métairie, qu'elles s'abîmèrent.

Le reflux causé par l'immersion de cette masse de décombres fut si violent, qu'une grosse lame sourde souleva un instant le batelet ; puis, lorsqu'il s'abaissa, Frédérik aperçut à dix pas de lui, au milieu d'un flot d'écume jaillissante, la yole du marquis à demi couchée sur son plat-bord, et prête à sombrer sous le poids d'un enchevêtrement de charpentes et de pierres ; car, abordant la métairie au moment même et dans le sens de son écroulement, l'embarcation avait été couverte de décombres.

Frédérik, à la vue du danger que courait la pirogue, suspendit un instant le mouvement de ses rames, et s'écria en se retournant vers David :

— Pour les secourir, que faire ? Faut-il ?...

Il n'acheva pas.

Il quitta ses rames, s'élança à l'avant du batelet, et plongea au milieu des eaux.

S'emparer des avirons si imprudemment abandonnés par Frédérik et nager avec une vigueur désespérée vers l'endroit où il venait de voir disparaître le fils de madame Bastien, tel fut le premier mouvement de David : au bout de deux minutes d'angoisses inexprimables, il vit Frédérik reparaître au-dessus du gouffre, nageant vigoureusement d'une seule main et traînant un corps après lui.

En quelques coups d'aviron, David rejoignit son élève.

Celui-ci, saisissant alors, de la main dont il venait de nager, la proue du batelet, soutint de son autre main, à fleur d'eau, Raoul de Pont-Brillant, pâle, inanimé, et dont le visage était couvert de sang.

Le marquis, frappé à la tête par l'un des débris qui avaient failli faire sombrer sa yole, avait été, de ce coup violent, jeté à l'eau, pendant que ses rameurs effrayés ne songeaient qu'à débarrasser l'embarcation des charpentes qui la couchaient sur le flanc. Elle reprenait à peine son équilibre, que le patron, s'apercevant de la disparition de son maître, jeta des regards effarés autour de la pirogue... il aperçut alors le marquis soutenu à fleur d'eau par Frédérik.

Les six rameurs de la yole eurent bientôt atteint le batelet et recueilli à leur bord Raoul de Pont-Brillant complétement évanoui.

Frédérik, avec l'aide de David, sortait de l'eau et remontait dans le batelet, lorsque les rameurs du château lui crièrent avec effroi :

— Gare à vous !... un train de bois !...

En effet, cette masse flottante, arrivant rapidement derrière le batelet, n'avait pas été aperçue de David, entièrement occupé de Frédérik.

A ce nouveau danger, le précepteur retrouva sa présence d'esprit ; il lança sa gaffe à crochet sur la pirogue du marquis, et, au moyen de ce point d'appui, il se hala vers elle, et échappa ainsi au choc du train de bois.

— Ah ! monsieur, — dit à David le patron des rameurs, pendant les quelques secondes que le batelet resta bord à bord avec la pirogue du château, — le nom... le nom du courageux jeune homme qui vient de sauver monsieur le marquis ?...

— La blessure de monsieur de Pont-Brillant peut être grave, — dit David sans répondre à la question du patron, — retournez en hâte au château... c'est plus prudent.

Puis, dégageant le crochet de sa gaffe de la pirogue, afin de rendre au batelet sa liberté d'action, David dit à Frédérik, qui, la figure radieuse, rejetait en arrière sa longue chevelure ruisselante :

— A vos rames, mon enfant, Dieu est avec nous... Atteignons les eaux mortes, et nous sommes sauvés.

Dieu, ainsi que l'avait dit David, protégeait le batelet.

Il atteignit sans encombre les eaux mortes.

Là, le danger cessait presque entièrement.

Le précepteur, n'ayant plus à veiller à l'avant, prit les virons des mains lassées de Frédérik, pendant que celui-ci s'empressait de faire boire un peu de vin aux naufragés.

Dix minutes après, le batelet atterrissait à la rive de l'inondation.

XXXII.

A leur débarquement sur la rive de l'inondation, David et Frédérik trouvèrent madame Bastien.

La jeune femme avait assisté à quelques-uns des épisodes de ce courageux sauvetage, à l'aide de la longue-vue de David, la quittant et la reprenant tour à tour, selon que le danger était imminent ou surmonté...

Tantôt Marie trouvait au-dessus de ses forces d'assister ainsi de loin à la lutte héroïque de son fils contre tant d'obstacles sans pouvoir seulement l'encourager du geste et de la voix.

Tantôt elle cédait au désir irrésistible de savoir si Frédérik avait échappé aux dangers dont il était à chaque instant menacé...

Durant cette demi-heure pleine d'admiration et de larmes, d'élans, d'espérance et de frémissemens de terreur, Marie, plus d'une fois, put juger de la courageuse sollicitude de David pour Frédérik ; aussi renoncerons-nous à peindre les transports de la jeune mère, lorsqu'elle vit aborder le batelet où se trouvaient son fils, David et les malheureux qu'ils venaient de sauver si intrépidement.

Mais le bonheur de Marie devint une sorte de recueillement religieux, lorsqu'elle eut appris de David que Raoul de Pont-Brillant devait la vie à Frédérik.

Ainsi se trouvait providentiellement expiée la tentative homicide de ce malheureux enfant.

Ainsi disparaissait de sa vie la seule tache que sa régénération même n'avait pu jusqu'alors complétement effacer.

Le métayer et sa famille, comblés de soins touchans par madame Bastien, furent installés à la ferme ; car ces malheureux ne possédaient plus rien au monde.

Ni cette nuit, ni ce jour, ne virent le terme des angoisses de madame Bastien.

Les routes coupées par cette inondation soudaine, contre laquelle on n'avait pu se prémunir, rendaient si rares les moyens de sauvetage, que, dans un rayon dé pays assez étendu et nommé le Val, le batelet de Frédérik fut la seule ressource des inondés.

Cette basse plaine, presque entièrement submergée, contenait un grand nombre de métairies isolées ; les unes furent complétement détruites, et leurs habitans périrent ; d'autres maisons résistèrent à l'impétuosité des eaux, mais furent tellement près d'être envahies par la crue, que Frédérik et David, dans l'après-dîner du même jour et dans la journée du lendemain, accomplirent encore plusieurs dangereux sauvetages, ou portèrent des vêtemens et des provisions à d'autres victimes du désastre, réfugiées dans leurs greniers, pendant que les eaux remplissaient l'étage inférieur.

Frédérik et David déployèrent dans ces nombreuses expéditions un courage, une persévérance infatigables, qui furent le salut de ceux qu'ils secoururent et l'admiration des gens que le progrès des eaux avait en partie rejetés sur le plateau élevé où était bâtie la ferme de madame Bastien.

Il faut le dire : les enseignemens de David portaient leurs fruits.

La vaillance et la générosité naturelles de Frédérik furent excitées à une incroyable puissance par les sentimens de son Envie à l'endroit de Raoul de Pont-Brillant.

« — Je ne suis qu'un demi-paysan ; je ne suis ni riche
» ni marquis ; je n'ai ni barque peinte ni rameurs en li-
» vrée, ni ancêtres qui me regardent ; je n'ai que les en-
» couragemens de ma mère, l'appui d'un ami, mes deux
» bras et mon énergie, — se disait le jeune homme avec
» fierté ; — et il faudra pourtant qu'à force de dévoue-
» ment envers les victimes du fléau, mon nom obscur et

» roturier devienne un jour, dans ce pays, aussi retentis-
» sant que l'a jamais été l'illustre et grand nom de Pont-
» Brillant... Tout mon regret est que la blessure du mar-
» quis le retienne au château... j'aurais si ardemment ri-
» valisé avec lui de zèle et d'intrépidité, à la face de
» tous ! »

En effet, la blessure reçue par Raoul de Pont-Brillant avait été assez grave pour le retenir au lit, à son grand regret ; car, à la première nouvelle de l'inondation, il s'était vaillamment jeté dans une de ses yoles de promenade, et avait ordonné qu'on le conduisît là où il pourrait être utile.

Mais, une fois hors d'état de commander, de diriger, d'animer ses gens, l'inaction du marquis s'étendit au reste de sa maison, et la douairière de Pont-Brillant ne songeant qu'aux inquiétudes que lui donnait la blessure de son petit-fils, ne s'inquiéta nullement des conséquences de ce désastre, et tança même vertement le patron de la barque de ne s'être pas opposé à la folle témérité de Raoul.

Madame Bastien entendait autrement les devoirs d'une mère ; elle vit d'un œil ferme son fils partir pour aller braver de nouveaux périls ; elle ne chercha quelque distraction à ses craintes sans cesse renaissantes que dans une foule de soins touchans prodigués par elle, avec un adorable zèle, à tous ceux dont elle était devenue la Providence.

Ce fut ainsi que Marie traversa ces deux longues journées d'angoisses.

Le surlendemain de l'inondation, son niveau s'était de beaucoup abaissé, les routes furent rendues à la circulation ; quelques ponts, réparés à l'aide de charpentes, permirent d'organiser des moyens de secours efficaces...

A mesure que les eaux se retiraient, les infortunés que le fléau avait chassés de leur demeure y retournaient l'âme navrée, se hâtant dans leur amère impatience d'aller juger de l'étendue de leurs désastres...

Aussi, le soir du troisième jour, la ferme de madame Bastien, qui depuis la veille était un lieu de salut et de refuge pour tous, redevint solitaire comme par le passé ; la famille de Jean-François resta seule dans la maison, car elle ne possédait plus d'abri.

Lorsque la route de Pont-Brillant redevint libre, le docteur Dufour, dont l'inquiétude avait été extrême, accourut à la ferme, s'assura avec autant de surprise que de joie, que, malgré les fatigues et les émotions de ces deux terribles journées, aucun de ses soins n'avait eu besoin de ses soins, apprit de Marie la merveilleuse guérison de Frédérik, et, après deux heures de délicieux épanchemens, il quitta ces gens alors si heureux, qui allèrent enfin goûter un repos vaillamment acheté.

Raoul de Pont-Brillant apprit bientôt que le jeune homme qui l'avait arraché à une mort presque certaine était Frédérik Bastien.

Le marquis, encore hors d'état de se lever, pria sa grand'mère d'aller remercier pour lui monsieur Frédérik Bastien.

La douairière n'avait pas renoncé au projet de donner pour maîtresse à son petit-fils cette charmante petite bourgeoise, si voisine du château, et dont le mari était toujours absent ; aussi, trouvant dans sa naïveté cynique l'occasion excellente *pour engager l'affaire*, ainsi qu'elle disait à Zerbinette, et parvenir à rencontrer madame Bastien, chez qui elle s'était en vain présentée deux fois, la marquise partit en grand équipage et se rendit à la ferme.

Cette fois, Marguerite n'eut pas besoin de mentir pour affirmer à la douairière que madame Bastien ne se trouvait pas chez elle. En effet, durant plusieurs jours, la jeune femme fut presque continuellement hors de sa maison, occupée à prodiguer de tous côtés des secours et des consolations.

La marquise, piquée de l'inutilité de cette visite, dit en entrant à sa fidèle Zerbinette :

— C'est un vrai guignon... on dirait, par ma foi ! que cette petite sotte vise à ne point me rencontrer... Ces difficultés-là m'impatientent, et il faudra bien que j'en arrive

à mes fins... sans compter que si Raoul sait s'y prendre, c'est une excellente entrée de jeu pour lui que d'avoir été repêché par ce dadais. Pardi ! au nom de sa reconnaissance pour le fils, Raoul a le droit de ne pas bouger de chez la mère... et de vous l'empaumer... C'est une fameuse occasion, aussi je m'en vas lui faire la leçon, à ce cher garçon.

. . . .

On était au 31 décembre, quinze jours environ après l'inondation.

Les désastres avaient été incalculables, surtout pour une foule de malheureux, qui, de retour dans leurs masures à demi écroulées et remplies de limon, ne retrouvaient que les murailles imprégnées d'eau, à peine abritées par un toit effondré.

C'était une ruine générale.

Celui-ci avait perdu sa petite provision de grains ramassée au glanage ou achetée à grand'peine pour la nourriture de l'hiver.

Celui-là avait vu entraîner par les eaux son porc ou sa vache, trésors du prolétaire des champs ; d'autres ne possédaient même plus le mince matelas servant de couche à toute la famille ; presque tous enfin avaient à déplorer l'ensablement du petit champ dont ils vivaient et dont ils payaient cher le fermage.

Ailleurs les vignes étaient déracinées, et le vin soigneusement conservé pour payer la *locature* emporté avec ses futailles ; enfin, pour tous ces infortunés qui, de l'aube au couchant, travaillant avec l'infatigable énergie du besoin, ne pouvaient cependant, comme on dit, *joindre les deux bouts*, ces quarante-huit heures de fléau devaient peser pendant plusieurs années sur leur misérable existence et la rendre plus misérable encore.

Le marquis de Pont-Brillant et sa grand'mère se conduisirent plus que royalement : ils envoyèrent vingt mille francs au maire, vingt mille francs au curé, le lendemain de l'inondation.

Marie, nous l'avons dit, ne possédait jamais d'autre argent que la faible somme mensuelle qui lui était allouée, pour son entretien et celui de son fils, par monsieur Bastien ; somme sur laquelle Marie trouvait encore moyen d'épargner quelque peu pour le pain de l'aumône ; elle écrivit donc immédiatement à son mari, alors retenu par ses affaires au fond du Berri, pour le supplier de lui envoyer promptement deux ou trois mille francs, afin de venir en aide à tant de misères.

Monsieur Bastien répondit en demandant à sa femme *si elle se moquait de lui* ; car il avait, disait-il, dix arpens de ses meilleures terres du Val ensablées ; aussi, loin de venir en aide aux autres, espérait-il bien être compris parmi les inondés de Pont-Brillant largement indemnisés ; ses affaires terminées, il devait venir à la ferme dresser l'état de ses pertes afin d'évaluer sa part aux secours du gouvernement.

Madame Bastien, plus affligée que surprise de la réponse de son mari, eut recours à d'autres expédiens.

Elle possédait quelques bijoux, héritage de sa mère ; il y avait à la ferme une quinzaine de couverts et quelques autres pièces d'argenterie ; la jeune femme envoya Marguerite vendre à Pont-Brillant argenterie et bijoux ; le tout rapporta environ deux mille francs ; David donna à Marie la permission de doubler la somme, et cet argent, employé avec une rare intelligence, fut le salut d'un grand nombre de familles.

Parcourant le pays avec son fils, pendant que David s'occupait des achats, Marie voyait tout par elle-même et doublait le prix de ses bienfaits par de touchantes paroles ; un sac de grain à ceux-ci, des effets mobiliers à ceux-là, du linge, des vêtements. Le tout était distribué par la jeune femme avec autant de discernement que d'à-propos, et approprié aux besoins de chacun.

Jacques Bastien possédait une vaste et superbe sapinière. La jeune femme, quoiqu'elle s'attendît à la fureur de son mari en apprenant cet *énorme attentat*, fit résolument abattre un millier des plus beaux sapins ; et bien des maisons sans toiture furent au moins solidement couvertes pour l'hiver avec des poutres et des chevrons de bois rustique, sur lesquelles on étendait une couche épaisse de genêts sauvages reliés et clayonnés au moyen de longues et souples tiges de marsaules.

Ce fut David qui, ayant vu dans ses voyages alpestres des abris ainsi construits résister aux vents et aux neiges des montagnes, donna l'idée de ces toitures aux paysans ; dirigeant, partageant leurs travaux, il put utiliser et appliquer encore une foule de connaissances pratiques acquises dans ses longues pérégrinations.

Ainsi l'inondation avait emporté beaucoup de moulins et la plupart des fours des maisons isolées, ces fours étant ordinairement bâtis en dehors et en saillie des pignons. Aller acheter du pain à la ville, toujours éloignée de ces demeures disséminées dans le Val, c'était d'abord le payer plus cher, puis il fallait perdre presque une journée, et le temps est précieux après un tel désastre. David avait vu les Egyptiens nomades concasser le blé entre deux pierres en l'humectant, et confectionner ainsi des galettes qu'ils faisaient cuire sous la cendre chaude : il enseigna ce procédé aux familles dont le four avait été détruit, et elles eurent du moins, pendant les premiers jours, une alimentation facile et suffisante.

Mais, en toute occasion, David, admirablement secondé par Frédérik, se plaisait à s'effacer devant celui-ci, à attirer sur lui la reconnaissance, autant pour le récompenser de son zèle que pour l'engager de plus en plus dans la voie généreuse où il marchait.

Et d'ailleurs, lors même que David n'aurait pas agi avec cette délicate et intelligente sollicitude, Frédérik avait déployé tant de courage, tant de persévérance ; il se montrait si affectueux, et compatissait enfin si visiblement aux maux que lui et sa mère allégeaient de tout leur pouvoir, que son nom était dans toutes les bouches, son souvenir dans tous les cœurs.

Durant la quinzaine qui suivit l'inondation, toutes les journées furent employées par madame Bastien, son fils et David, à ces occupations bienfaisantes.

La nuit venue, l'on rentrait bien fatigué, quelquefois mouillé ou couvert de neige, chacun allait faire une toilette dont le soin et l'excessive propreté étaient le seul luxe.

Marie Bastien revenait au salon d'étude, coiffée de ses magnifiques cheveux bruns, et, selon son habitude, presque toujours vêtue d'une robe de drap gros bleu montante, merveilleusement ajustée à sa taille de nymphe ; l'éblouissante blancheur de deux manchettes plates, et d'un col uni maintenu par une petite cravate de soie cerise ou orange, relevait la couleur foncée de cette robe, qui parfois laissait voir un pied charmant toujours fraîchement chaussé d'un bas de fil d'Ecosse si blanc, si éclatant comme la neige, et sur lequel se croisaient les cothurnes de soie d'un tout petit soulier de peau mordorée.

Cette vie active, passée continuellement au grand air, l'allégresse de l'esprit, l'épanouissement du cœur, l'expansion habituelle des sentimens les plus tendrement charitables, la sérénité de l'âme, avaient non seulement effacé des traits enchanteurs de Marie Bastien jusqu'à la dernière trace de ses souffrances passées ; mais, ainsi que certaines fleurs qui, après avoir un peu langui, se relèvent toujours plus vivaces, plus fraîches encore, la beauté de Marie était devenue éblouissante, et parfois David s'oubliait à la contempler dans une muette adoration.

Les mêmes causes produisaient les mêmes résultats chez Frédérik ; il était plus florissant que jamais de jeunesse, de vigueur et de grâce.

Marie, son fils et David, rassemblés dans le salon d'étude, après ces journées d'actif et courageux dévouement, causaient des événements de la matinée, en attendant le dîner, auquel on faisait gaiement honneur, sans songer que la modeste argenterie était remplacée par un brillant maillechort ; après le repas, on allait visiter un atelier où Marie réunissait plusieurs ouvrières chargées de confectionner du linge et des vêtemens ; l'économie de ce procédé permettait presque de doubler les dons, puis l'on revenait terminer ces longues soirées d'hiver dans le salon d'étude, autour d'un foyer pétillant, pendant que la bise glacée soufflait au dehors.

Les heures s'écoulaient délicieusement entre ces trois personnes désormais unies par des liens sacrés, indissolubles.

Tantôt l'on parlait de divers projets pour l'avenir de Frédérik, car, après ces quinze jours si vaillamment occupés, il devait commencer de nouvelles études sous la direction de David.

Celui-ci ayant parcouru les deux mondes, on parlait souvent de voyages, et il répondait à l'infatigable curiosité de ses deux interlocuteurs ; fallait-il décrire un costume, une arme, un site, il suppléait à la description par le dessin.

Une lecture attachante, ou l'exécution de quelque morceau de musique, terminait la soirée, car David était excellent musicien ; aussi parfois faisait-il entendre à Marie et à son fils les airs nationaux de différens pays, ou des cantilènes d'une naïveté primitive.

Dans ces familiers entretiens, mêlés d'épanchemens intimes, David appréciait de plus en plus le sens exquis et l'élévation d'âme de madame Bastien. Délivrée de toute préoccupation, elle avait retrouvé sa liberté d'esprit ; il remarquait aussi avec bonheur tout le parti qu'il pourrait tirer de l'impulsion généreuse qu'il avait donnée aux idées de Frédérik ; aussi méditait-il un plan d'études et de direction pratiques qu'il devait bientôt soumettre à Marie et à son fils.

Chaque jour enfin, David s'attachait davantage à son élève, déversant sur lui tout ce qu'il avait amassé, thésaurisé, de tendresse dans son cœur, depuis la mort si regrettée de son jeune frère. En aimant ainsi passionnément le fils de madame Bastien, David trompait ses souvenirs fraternels... de même que l'on tâche souvent de tromper des regrets en s'éprenant d'une ressemblance.

Bien souvent minuit sonnait, et l'heureux trio se regardait avec surprise, déplorant la marche rapide du temps..... en s'écriant :

— Déjà !

Et l'on se disait :

— A demain !

Marie rentrait chez elle ; mais Frédérik reconduisait David à sa chambre, et là, que de fois, debout à l'embrasure de la porte, le précepteur et l'élève s'oubliaient dans le charme d'une causerie prolongée ! l'un écoutant avec foi, répondant avec entraînement, questionnant avec l'ardeur de son âge, l'autre parlant avec la touchante sollicitude de l'homme mûr qui sourit mélancoliquement à la jeunesse impatiente de s'élancer dans la voix mystérieuse de ses destinées.

Que de fois la vieille Marguerite fut obligée de monter jusqu'au palier de la chambre de David, et de dire à Frédérik :

— Mais, monsieur, il est minuit, il est une heure du matin... Vous savez bien que madame ne se couche jamais avant vous...

Et Frédérik serrait les mains de David, et redescendait chez sa mère.

Là, David était encore le sujet de longs entretiens entre la jeune femme et son fils.

— Mère, — disait Frédérik, — combien le récit de ce voyage dans l'Asie-Mineure était intéressant !

— Oh ? oui... on ne peut plus attachant, — reprenait la jeune femme, — et ensuite, Frédérik, que de curieuses choses monsieur David nous a apprises sur les vibrations du son, et cela tout simplement à propos de cette corde de piano cassée.

— Mère... et la comparaison des propriétés du son à celles de la lumière ?... c'était attrayant comme un conte fantastique.

— Et ce délicieux morceau de Mozart qu'il nous a joué !...

Tu sais le chœur des petits génies de *la Flûte enchantée*?... C'était aérien... ailé... Quel bonheur que de pauvres sauvages comme nous n'ayons jusqu'ici rien connu de Mozart... pour nous, c'est découvrir un trésor d'harmonie.
— Et cette anecdote sur la vieillesse d'Haydn, comme c'était touchant !...
— Et ce qu'il nous disait de l'association des frères Moraves et des disciples d'Owen en Amérique... Que de misères de moins, que de bien-être pour tant de pauvres gens, si ces idées étaient appliquées dans nos pays !
— As-tu remarqué, mère ?... Il a eu un instant les larmes aux yeux en parlant du bonheur qui pourrait être le partage de tant de gens qui souffrent.
— Ah ! mon pauvre enfant, c'est le plus noble cœur qu'il y ait au monde.
— Mais aussi, mère, comme nous le chérissons ! Oh ! il faudra, vois-tu, tant l'aimer... tant l'aimer qu'il lui soit impossible de nous quitter jamais... Il n'a plus de famille... son meilleur ami, le docteur Dufour, est notre voisin ;... où monsieur David pourrait-il se trouver mieux qu'avec nous ?
— Nous quitter, — s'écriait Marie, — nous quitter... mais c'est lui qui fait notre force, notre foi, notre confiance dans l'avenir... Est-ce qu'il peut nous abandonner maintenant !
La vieille Marguerite était alors obligée d'intervenir encore.
— Pour l'amour de Dieu, madame, couchez-vous donc, voilà deux heures du matin, — disait la vieille servante, — vous êtes levée depuis six heures, et monsieur Frédérik aussi, et puis tant de fatigue dans la journée, ça n'a pas le bon sens, non plus !
— Marguerite a raison de nous gronder, mon enfant, — disait Marie en souriant et en baisant son fils au front : — nous sommes fous de nous coucher si tard.
Et le lendemain il fallait encore les récriminations de Marguerite pour couper court aux entretiens de la mère et du fils.

. . . .

Deux ou trois fois Marie se coucha doucement rêveuse.
Un soir, pendant que Frédérik faisait une lecture, son ami, pensif, accoudé à la table de travail, appuyait son front sur sa main ; la lumière de la lampe, concentrée par l'abat-jour, éclairait alors en plein l'expressive et noble figure de David.
Marie, un moment distraite de la lecture, arrêta son regard sur le sauveur de son fils... et contempla longtemps David.
Peu à peu... la jeune femme sentit ses yeux devenir humides... son beau sein palpiter fortement, et une légère rougeur lui monter au front.
A ce moment David leva par hasard les yeux et rencontra le regard de Marie.
Celle-ci baissa aussitôt la vue et devint pourpre...
Une autre fois David était au piano, accompagnant Frédérik et Marie qui chantaient un duo ; la jeune femme voulut tourner la feuille de la partition, David avait eu la même pensée... sa main rencontra la main de Marie...
A ce contact électrique elle tressaillit, tout son sang reflua vers son cœur, et un nuage passa devant ses yeux.
Malgré ces symptômes significatifs, la jeune mère s'endormit ce soir-là rêveuse, mais pleine de calme et de chaste sérénité.
Comme toujours, elle baisa son fils au front sans rougir...

. . . .

Ainsi s'était écoulé la dernière quinzaine de décembre.
La veille du jour de l'an, David, Marie et son fils s'apprêtaient à sortir pour aller porter quelques derniers secours à leurs protégés, lorsque Marguerite remit à sa maîtresse une lettre qu'un exprès venait d'apporter.
A la vue de l'écriture, Marie ne put cacher sa surprise et sa crainte.
Cette lettre était de monsieur Bastien, et ainsi conçue :

« Madame ma femme (dont je ne suis pas content du
» tout),
» Mes affaires dans le Berry sont terminées plus tôt que
» je ne le pensais. Je suis à Pont-Brillant, avec mon com-
» père Bridou, occupé à vérifier des comptes. Nous parti-
» rons tantôt pour la ferme, où Bridou restera quelques
» jours avec moi, pour m'aider à évaluer l'indemnité qui
» me sera due sur le secours alloué aux inondés ; car il
» faut qu'à quelque chose malheur soit bon.
» Nous arriverons pour dîner.
» Veillez à ce qu'il y ait surtout un gigot avec la grosse
» gousse d'ail de rigueur, et une fameuse soupe aux choux,
» comme je les aime, avec force petit salé de mes porcs
» et force saucisson de Blois ; veillez surtout à cela, s'il
» vous plaît.
» *Nota benè.* J'arrive de très mauvaise humeur, et très-
» disposé à frotter les oreilles de monsieur mon fils, dans
» le cas où ses mélancolies et ses *genres* de petit-maître
» ne seraient pas passés.
» Votre mari, qui n'a pas envie de rire,
» Jacques Bastien.

» *P. S.* Bridou est comme moi : il aime *le fromage qui
» marche tout seul.* Dites à Marguerite de s'en pourvoir,
» et veillez-y. »

Madame Bastien était encore sous l'impression de surprise et de chagrin que lui causait le retour inattendu de monsieur Bastien, lorsqu'elle fut tirée de cette préoccupation par un bruit tumultueux et toujours croissant qu'elle entendit au dehors.
On eût dit qu'un rassemblement considérable entourait la maison.
Soudain Marguerite entra en courant, les yeux remplis de joie, et s'écria :
— Ah ! madame, venez... venez donc voir !
Marie, de plus en plus étonnée, suivit machinalement la servante.

XXXIII.

Le temps était clair, le soleil d'hiver radieux.
Marie Bastien, en sortant du porche rustique élevé au-dessus de la porte d'entrée de sa maison, vit défiler en ordre et se ranger derrière le petit jardin une centaine de personnes environ, hommes, femmes, enfans, presque tous vêtus d'habits grossiers, mais chauds et neufs.
Cette espèce de cortège se terminait par une charrette ornée de branchages de sapin, sur laquelle était ce qu'on appelle dans le pays une *toue*, petit batelet plat, semblable à celui dont Frédérik et David s'étaient si vaillamment servis pendant l'inondation.
Derrière la charrette... qui s'arrêta à la porte du jardin, venait une calèche vide, attelée de quatre chevaux, montés par deux petits postillons à la livrée de Pont-Brillant ; deux valets de pied étaient assis derrière.
A la tête du cortège marchait Jean-François le métayer ; il donnait la main à deux de ses enfans ; sa femme tenait le plus petit entre ses bras.
A la vue de madame Bastien, le métayer s'approcha.
— Bonjour, Jean-François, — lui dit affectueusement la jeune femme ; — que désirent ces braves gens qui vous accompagnent ?
— Nous voudrions parler à monsieur Frédérik, madame...
Marie se retourna vers Marguerite, qui, triomphante, se tenait derrière sa maîtresse, et lui dit :
— Courez prévenir mon fils, Marguerite.
— Ce ne sera pas long, madame, il est dans la salle d'étude avec monsieur David.

Pendant que la servante était allée querir Frédérik, Marie, apercevant seulement alors la calèche vide et magnifiquement attelée, arrêtée à la porte du jardin, se demanda ce que faisait là cette voiture.

Frédérik accourut, ne s'attendant pas au spectacle qui l'attendait.

— Que veux-tu, ma mère ? — dit-il vivement.

Puis voyant la foule qui remplissait le petit jardin, il s'arrêta tout surpris et regarda Marie d'un air interrogatif.

— Mon enfant...

Mais la jeune femme, dont le cœur battait délicieusement, fut obligée de s'interrompre ; vaincue par l'émotion, elle venait de reconnaître que le rassemblement était entièrement composé de personnes secourues, lors du désastre, par elle, par son fils et par David.

Puis Marie reprit :

— Mon enfant... c'est Jean-François qui désire te parler... le voici...

Et l'heureuse mère s'effaça derrière son fils, en échangeant un regard de ravissement ineffable avec David, qui avait suivi son élève et se tenait à demi-caché sous le porche.

Frédérik, dont l'étonnement augmentait, avait fait un pas vers Jean-François ; celui-ci lui dit alors avec des larmes dans la voix :

« — Monsieur Frédérik... c'est nous autres pauvres gens
» du Val... qui... venons vous remercier de franc cœur...
» ainsi que votre brave mère... et votre ami, monsieur
» David, si brave aussi... Comme c'est moi... qui vous dois
» le plus... — poursuivit le métayer d'une voix de plus en
» plus entrecoupée par les larmes, et en montrant sa fem-
» me et ses enfans d'un geste expressif, — comme c'est
» moi... qui vous... dois... le plus... monsieur Frédérik...
» les autres... m'ont dit... de... et... je... »

Le pauvre homme ne put achever.

Les sanglots étouffèrent sa voix.

D'autres sanglots d'attendrissement, partis de la foule émue et recueillie, répondirent aux pleurs de Jean-François et interrompirent seuls le religieux silence qui régna quelques instans.

Le cœur de Frédérik se fondit en larmes célestes.

Il se jeta au cou de sa mère... comme s'il eût voulu reporter sur elle ces témoignages de reconnaissance dont il était si profondément touché.

A un signe de Jean-François qui essuyait ses yeux et tâchait de reprendre son sang-froid, plusieurs hommes du rassemblement étant allés vers la charrette chercher la toue, l'apportèrent à bras et la déposèrent devant Frédérik.

C'était un simple et rustique batelet avec ses deux rames en bois brut ; seulement sur la *lisse* intérieure on lisait, écrit en lettres inégales et grossièrement entaillées dans la membrure :

LES PAUVRES GENS DU VAL A MONSIEUR FRÉDÉRIK BASTIEN.

Puis suivait la date de l'inondation.

Jean-François, ayant surmonté son émotion, reprit en montrant la toue au fils de madame Bastien :

« — Monsieur Frédérik, nous nous sommes réunis pour
» faire faire ce batelet... à peu près pareil à celui qui vous
» a servi à nous secourir, à nous sauver... Excusez notre
» liberté, monsieur Frédérik, mais... c'est de bien bonne
» intent on et de bien bonne amitié... que nous vous ap-
» portons ce batelet. Quand vous vous en servirez, vous
» penserez aux pauvres gens du Val... et eux autres...
» vous aimeront toujours bien, monsieur Frédérik, ils ap-
» prendront votre nom à leurs petits enfans... pour qu'un
» jour, devenus grands, ils l'apprennent aux leurs... car,
» ce nom-là, voyez-vous monsieur Frédérik, c'est main-
» tenant le BON SAINT NOM DU PAYS... »

Frédérik laissait couler ses larmes, muette et éloquente réponse.

David, se penchant alors à l'oreille de son élève, lui dit tout bas :

— Mon enfant, ce rustique cortége ne vaut-il pas le brillant cortége de chasse de la *Saint-Hubert* ?

Au moment où Frédérik se retournait vers David pour lui serrer la main, il se fit un mouvement dans la foule, qui, s'écartant soudain avec un murmure de surprise et de curiosité, donna passage à Raoul de Pont-Brillant.

Le marquis s'avança un peu en avant de Jean-François ; puis, avec autant d'aisance que de parfaite bonne grâce, il dit à Frédérik :

— Je venais, monsieur, vous remercier de m'avoir sauvé la vie... car c'est aujourd'hui ma première sortie ; mon devoir était de vous la consacrer ; j'ai rencontré sur ma route ces braves gens... Après m'être informé auprès de l'un d'eux du but de leur rassemblement, je m'y suis joint... puisque, comme ces braves gens... je suis du Val, et qu'ainsi que plusieurs d'entre eux je vous dois la vie, monsieur...

Après ces mots, prononcés d'un accent peut-être plus poli qu'ému, le marquis de Pont-Brillant, avec un tact exquis, se confondit de nouveau dans la foule.

— Eh bien ! mon enfant, — dit tout bas David à Frédérik, — n'est-ce pas maintenant monsieur de Pont-Brillant qui devrait vous porter envie ?

Frédérik serra la main de David et resta pendant quelques secondes sous l'empire de cette pensée :

— Celui que j'ai voulu lâchement tuer... est là... ignorant ma funeste tentative et venant me remercier de lui avoir sauvé la vie.

Puis le fils de madame Bastien s'adressant aux gens du Val, leur dit d'une voix chaleureuse, en se mêlant à eux et leur tendant ses mains qui furent cordialement pressées :

— Mes amis, ce que j'ai fait... je l'ai fait par l'inspiration de ma mère... et avec l'aide de mon ami, monsieur David... C'est donc en leur nom et au mien que je vous remercie du fond du cœur de ces témoignages d'affection... Quant à ce batelet, — ajouta le jeune homme en se dirigeant vers la toue déposée au milieu du jardin, et le contemplant avec autant d'attendrissement que de joie, — il sera consacré aux promenades de ma mère... et cette touchante inscription nous rappellera les habitans du Val... que nous aimons comme ils nous aiment.

Puis Frédérik, s'adressant tour à tour à ceux qui l'entouraient, demanda à l'un si son guéret commençait à être défoncé ; à l'autre, s'il espérait conserver quelque partie de sa vigne ; à celui-ci, si la vase fécondante de la Loire laissée sur son pré n'atténuerait pas un peu le désastre dont il avait souffert ; à tous enfin, Frédérik disait un mot qui prouvait que les intérêts ou les malheurs de chacun lui étaient présens à l'esprit.

Marie, de son côté, parlant aux femmes, aux mères, aux enfans, trouvait pour tous un mot d'affection et de sollicitude, manifestées par des questions précises, qui prouvaient qu'ainsi que son fils, elle avait eu la connaissance parfaite de la position et des besoins de tous.

Frédérik espérait rejoindre le marquis de Pont Brillant ; il éprouvait le besoin de serrer la main de celui qu'il avait si longtemps poursuivi d'une haine acharnée, car il semblait que cette franche étreinte devait effacer pour lui jusqu'au dernier souvenir de la funeste action qu'il avait tentée... mais il ne retrouva pas le marquis, dont la voiture avait aussi disparu.

Seulement, après le départ des gens du Val, Frédérik, rentrant chez lui avec sa mère et David, trouva Marguerite qui, toute fière, lui remit une lettre.

— Qu'est-ce que c'est que cette lettre, Marguerite? — demanda le jeune homme.

— Lisez, monsieur Frédérik.

— Mère, tu permets... et vous aussi, mon ami ?

David et Marie firent un signe de tête affirmatif.

Frédérik chercha des yeux la signature et dit aussitôt :

— C'est du marquis de Pont-Brillant.

— De lui-même, monsieur Frédérik, — reprit Marguerite... — Avant de repartir en voiture, il est venu par la futaie et a demandé à vous écrire un mot...

— Viens dans la salle d'étude, mon enfant, — dit Marie à son fils.

David, Frédérik et sa mère étant seuls, le jeune homme dit naïvement :

— Je vais lire tout haut, mère...

— Comme tu voudras, mon enfant.

— Ah ! mais j'y songe, — reprit Frédérik en souriant... — c'est sans doute une lettre de remerciemens... et lire cela soi-même...

— Tu as raison... tu en supprimerais les trois quarts, — reprit Marie en souriant à son tour... — Donne cette lettre à monsieur David... il lira cela mieux que toi.

— Allons... — reprit gaiement Frédérik, — ma modestie me sert bien mal... Si ce sont des louanges... elles vont me paraître douces encore...

— Ce sera la punition de votre humilité, — dit gaiement David.

Et il lut ce qui suit :

« Ainsi que j'ai eu l'honneur de vous le dire, monsieur, » j'étais parti de chez moi dans l'espoir de vous exprimer » ma reconnaissance... J'ai rencontré les gens du Val qui » venaient vous féliciter... vous, monsieur, dont le nom » est à bon droit devenu populaire dans notre pays, depuis » l'inondation ; j'ai cru devoir me joindre à ces bonnes » gens, en attendant le moment de pouvoir vous remer- » cier personnellement.

» J'aurais, monsieur, accompli ce devoir aujourd'hui » même sans une circonstance assez délicate...

« En vous entendant remercier en si bons termes et » d'une voix si émue les gens du Val, il m'a semblé re- » connaître la voix d'une personne avec qui *je me suis* » *rencontré à la tombée de la nuit dans la cavée de la fo-* » *rêt de Pont-Brillant, il y a de cela environ deux mois...* » car si j'ai bonne mémoire, cette rencontre avait lieu dans » *les premiers jours de novembre.* »

— Frédérik... qu'est-ce que cela signifie ?... — demanda madame Bastien, en interrompant David.

— Tout à l'heure, mère... je te dirai tout... — Veuillez continuer, mon ami.

David poursuivit :

« Il se peut, monsieur... et je le désire vivement... que » le passage de ma lettre relatif à *cette rencontre* vous » paraisse incompréhensible... dans ce cas, veuillez n'y » attacher aucune importance, et l'attribuer à une erreur » causée par une ressemblance de voix et d'accent, du reste » fort singulière.

» Si, au contraire, *vous me comprenez*, monsieur ; si vous » êtes, en un mot, la personne *avec qui je me suis rencontré* » à la tombée de la nuit dans un endroit fort obscur, et » sans pouvoir distinguer ses traits, qui seraient alors les » vôtres, vous daigneriez sans doute, monsieur, m'expliquer » la contradiction (apparente... je l'espère) qui existe en- » tre votre conduite envers moi *lors de notre rencontre* » *dans la forêt et lors de l'inondation.*

» J'attendrai donc, monsieur, si vous voulez bien le per- » mettre, l'éclaircissement de ce mystère, afin de savoir » avec quels sentimens je dois désormais avoir l'honneur » de me dire, monsieur, votre très-humble et très-obéis- » sant serviteur,

» R., marquis DE PONT-BRILLANT. »

À peine la lecture de cette lettre, écrite avec une assurance et une hauteur précoces, était-elle terminée, que le fils de madame Bastien courut à une table, écrivit spontanément quelques lignes, plia le papier, et revint auprès de madame Bastien.

— Je vais, mère, — lui dit-il, — te raconter en deux mots l'aventure de la cavée : ensuite, toi et mon ami, vous jugerez si la réponse que je viens d'écrire à monsieur de Pont-Brillant est convenable.

Et Frédérik (sans parler de l'entretien de la douairière et de Zerbinette, surpris par lui... il aurait cru outrager sa mère) instruisit la jeune femme et David de tout ce qui s'était passé dans la funeste journée à laquelle le marquis faisait allusion... comment celui-ci, ayant refusé de se battre au milieu de l'obscurité avec un inconnu, et voulant se soustraire aux obsessions de Frédérik, l'avait renversé sous le poitrail de son cheval... comment alors Frédérik, dans le délire de sa rage, était allé s'embusquer près d'un endroit où devait passer le marquis, afin de le tuer.

Ce récit terminé, Frédérik expliqua du moins à sa mère et à David par quelle succession de sentimens et de faits il avait été amené à concevoir l'idée d'un horrible guet-apens, tentative dont ignorait de monsieur de Pont-Brillant, Frédérik dit à sa mère :

— Tiens... voici ma réponse à la lettre de monsieur de Pont-Brillant :

Marie Bastien lut ce qui suit :

» Monsieur,
» Je vous avais provoqué sans raison... j'en ai honte...
» Je vous ai sauvé la vie... j'en suis heureux, voilà tout le
» mystère.
» Votre très-humble serviteur.
» FRÉDÉRIK BASTIEN. »

— Bien, mon enfant... — dit vivement David... — vous avouez noblement une funeste pensée que vous avez rachetée au péril de votre vie...

— Quand je songe à cette réhabilitation et à tout ce qui vient de se passer... — reprit Marie avec une profonde émotion... — quand je me dis... que tout cela est votre ouvrage, monsieur David... et qu'il y a quinze jours à peine, mon fils se mourait... le cœur rongé de fiel...

— Et encore tu ne sais pas tout, — dit Frédérik en interrompant sa mère... — non, tu ne sais pas encore tout ce que tu dois à ce bon génie... qui est venu changer nos chagrins en bonheur.

— Que dis-tu, mon enfant ?...

— Frédérik... — ajouta David d'un ton de reproche, car il pressentait la pensée du fils de madame Bastien...

— Mon ami... c'est aujourd'hui le jour des aveux complets... et d'ailleurs je vois ma mère si heureuse... que...

— Puis s'interrompant, — n'est-ce pas, mère, que tu es heureuse ?...

Marie répondit en embrassant son fils avec ivresse.

— Vous voyez bien, mon ami... ma mère est si heureuse... qu'un danger passé... ne peut plus lui causer du chagrin... surtout... lorsqu'elle aura une raison de plus... de vous aimer, de vous bénir.

— Frédérik... encore une fois je vous conjure.

— Mon ami... la seule raison qui jusqu'ici m'a fait cacher ce secret à ma mère... c'était la crainte de l'affliger.

— De grâce... cher enfant... explique-toi... — s'écria Marie.

— Eh bien, mère... ce n'était pas un rêve... que ces adieux nocturnes... tu sais ?...

— Comment... pendant cette nuit funeste... tu es venu ?...

— Te dire adieu...

— Mon Dieu !... et où voulais-tu donc aller ?

— Je voulais aller me tuer...

Marie poussa un cri d'effroi et devint toute pâle.

— Frédérik, — dit David, — vous voyez... quelle imprudence !...

— Non, non, monsieur David, — reprit la jeune femme en tâchant de sourire, — c'est moi qui suis d'une faiblesse... ridicule... Est-ce que mon fils n'est pas là... dans mes bras... sur mon cœur ?...

Et en disant ces mots, Marie serrait en effet entre ses bras son fils, assis auprès d'elle sur la causeuse ; puis, le baisant au front, elle ajouta d'une voix palpitante :

— Oh! je te tiens... Maintenant je n'ai plus peur, je peux tout entendre...

— Eh bien, mère... dévoré d'envie, poursuivi surtout par le remords qui s'était éveillé à ta voix... j'ai voulu me tuer... Je suis sorti avec monsieur David... Je lui ai échappé... Il est parvenu à retrouver mes traces... J'avais couru du côté de la Loire... et lorsqu'il est arrivé...

— Ah! malheureux enfant! — s'écria Marie, — sans lui... tu périssais!...

— Oui... me voyant mourir... je t'avais appelée... toi, mère, comme on crie au secours... Il a entendu mes cris... s'est précipité dans la Loire... et...

Frédérik fut interrompu par Marguerite.

La vieille servante, cette fois, ne se présenta pas souriante et triomphante, mais craintive, alarmée, en disant tout bas à sa maîtresse, comme si elle lui eût annoncé une nouvelle fatale :

— Madame... madame... VOILÀ MONSIEUR !

XXXIV.

Ces mots de Marguerite :
Voilà monsieur !

Annonçant l'arrivée de Jacques Bastien, au moment même où Marie apprenait qu'elle devait à David et à la guérison morale et la vie de son fils, causèrent à la jeune femme une telle stupeur qu'elle resta muette, immobile et comme frappée d'un coup inattendu, car les divers incidents de la matinée lui avaient fait oublier la lettre de son mari.

Frédérik, de son côté, ressentit une triste surprise. Grâce à la réserve de sa mère, il ignorait jusqu'à quel point la conduite de son père envers elle avait toujours été injuste et dure; mais certaines scènes domestiques dans lesquelles la brutalité naturelle de Jacques Bastien s'était souvent manifestée, la rudesse inintelligente avec laquelle il exerçait son autorité paternelle, lors de ses rares apparitions à la ferme, tout avait concouru à rendre les relations du père et du fils d'une extrême froideur.

David voyait aussi l'arrivée de monsieur Bastien avec une profonde appréhension; quoique bien décidé à faire à cet homme toutes les concessions possibles, à s'annihiler devant lui afin de mériter son indifférence, il lui était pénible de penser que la continuité de ses relations avec Frédérik et sa mère dépendait absolument d'un caprice de Jacques Bastien.

Marguerite précédait de si peu son maître, que David, Marie et son fils étaient encore sous le coup de leur étonnement et de leurs pénibles réflexions lorsque Jacques Bastien entra dans la salle d'étude, accompagné de son compagnon Bridou, huissier à Pont-Brillant.

Jacques Bastien, nous l'avons dit, était un Hercule obèse; sa grosse tête, couverte d'une forêt de cheveux crépus d'un blond roux, était à peine séparée de ses puissantes épaules par un cou de taureau; il avait le visage large, vivement coloré et presque imberbe, comme beaucoup de gens d'une nature athlétique; le nez gros, la bouche lippue, l'œil à la fois rusé, sournois et méchant. La blouse bleue qu'il avait, selon sa coutume, par-dessus sa redingote, dessinait la proéminence de son ventre de Falstaff; il portait une casquette de poils de renards à oreillères, un pantalon de velours flottant, et des bottes ferrées qu'il n'avait pas fait décrotter depuis plusieurs jours; de l'une de ses mains énormes et courtes, plus larges que longues, il tenait un bâton de houx relié à son poignet par une ganse de cuir gras; faut-il tout dire : cette espèce de mastodonte, à dix pas, sentait le bouc.

Son compère Bridou, aussi vêtu d'une blouse par-dessus son vieil habit noir, et coiffé d'un chapeau rond, était un petit homme à bésicles, grêle, criblé de taches de rousseur, au regard matois, à la bouche pincée, aux pommettes saillantes : on eût dit un furet portant lunettes.

A la vue de Jacques Bastien, David frémit de douleur et d'effroi, en songeant que la vie de Marie était à jamais enchaînée à celle de cet homme qui d'un jour à l'autre pouvait n'avoir même plus la générosité de l'absence...

Jacques Bastien et Bridou entrèrent dans la salle d'étude sans saluer; les premiers mots que le maître du logis, le sourcil froncé, l'accent rude et courroucé, adressa à sa femme, qui se leva pour le recevoir, furent ceux-ci :

— Qui a donc donné l'ordre d'exploiter ma sapinière?

— Quelle sapinière, monsieur? — demanda Marie, sans trop savoir ce qu'elle disait, tant elle était bouleversée par l'arrivée de son mari.

— Comment! quelle sapinière? — reprit Jacques Bastien; — mais ma sapinière de la route... Est-ce que je parle turc? En passant, je viens de voir qu'on avait abattu plus d'un millier de sapins de bordure... les plus beaux!... Je vous demande qui s'est permis de les vendre sans mon ordre?

— On ne les a pas vendus, monsieur, — répondit Marie en reprenant son sang-froid.

— Si on ne les a pas vendus... pourquoi les a-t-on abattus alors?... Qui les a fait abattre?

— Moi, monsieur.

— Vous!...

Et Jacques Bastien, stupéfait, garda un moment le silence, puis il reprit :

— Ah! c'est vous... Voilà du nouveau, par exemple... C'est un peu fort de café; qu'en dis-tu, compère Bridou?

— Dame!... Jacques... il faut voir...

— C'est ce que je vais faire... et pour quel besoin d'argent madame a-t-elle fait abattre mille de mes plus beaux sapins, s'il vous plaît?

— Monsieur... il vaudrait mieux, je crois, parler d'affaires lorsque nous serons seuls... Vous ne vous êtes pas sans doute aperçu que monsieur David... le nouveau précepteur de mon fils... était là?

Et madame Bastien d'un regard montra David qui s'était tenu à l'écart.

Jacques Bastien se retourna brusquement, et, après avoir toisé David qui s'inclina devant lui, il dit rudement :

— Monsieur... j'ai à parler à ma femme.

David salua, sortit, et Frédérik le suivit, outré de la réception que l'on faisait à son ami.

— Allons, madame... — reprit Jacques Bastien... — voilà le *cracheur de latin* parti... allez-vous me répondre, à la fin?...

— Quand nous serons seuls, monsieur.

— Si c'est moi qui gêne... — dit Bridou en faisant un pas vers la porte... — je vais filer...

— Ah çà! Bridou, est-ce que tu te moques du monde?... veux-tu bien rester là! — s'écria Jacques.

Puis se tournant vers Marie :

— Mon compère connaît mes affaires comme moi; or, nous parlons affaires, madame... car un mille de sapins de bordure, c'est une affaire, et une grosse... Bridou restera donc.

— Soit, monsieur... alors je vous dirai devant monsieur Bridou que j'ai cru devoir abattre vos sapins afin de les donner aux malheureuses gens du Val, pour les aider à rétablir leurs demeures à demi détruites par l'inondation.

XXXV.

Au point de vue de Jacques, la chose était si énorme, qu'elle devenait pour lui incompréhensible; aussi dit-il naïvement à l'huissier :

— Comprends-tu, toi?

— Mais dame!... oui...—répondit Bridou d'un air de méchante bonhomie : — madame ton épouse a fait cadeau de tes sapins aux inondés... Pas vrai, madame,... c'est ça ?
— Oui, monsieur.

Bastien, suffoqué par la surprise et par la colère, ne put d'abord que balbutier en regardant sa femme d'un œil furieux :
— Vous... avez... osé... comment ! Vous...

Puis, frappant du pied avec rage, il fit un pas vers sa femme en crispant ses gros poings d'un air si menaçant, que l'huissier se jeta au devant de lui en s'écriant :
— Allons, Jacques... que diable !... tu n'en mourras pas, mon vieux... c'est un cadeau de deux mille francs environ que madame ton épouse a fait aux inondés :
— Et vous croyez que ça va se passer comme ça ?... — reprit Jacques en tâchant de se contenir... — Mais vous êtes donc devenue folle à lier ?... Ce carnage de ma sapinière devait me sauter aux yeux en arrivant... vous avez donc oublié ça, hein ?...
— Vous eussiez été ici, monsieur,—répondit doucement Marie, de crainte d'irriter encore Bastien,—comme moi, vous eussiez été témoin de cet horrible désastre et des maux qu'il a causés, que vous auriez fait ce que j'ai fait... je n'en doute pas.
— Moi !... tonnerre de Dieu !... quand j'ai déjà une partie de mes meilleures terres ensablées ?...
— Mon Dieu... monsieur, il vous reste bien assez de terres et de bois... tandis que les malheureux que nous avons secourus étaient sans pain et sans abri...
— Ah çà ! mais c'est donc mon état à moi de donner du pain et des abris à ceux qui n'en ont pas ?...—s'écria Bastien exaspéré. — Ma parole d'honneur, c'est à devenir chèvre... Tu l'entends, Bridou ?
— Tu sais bien, mon vieux, que les dames ne comprennent rien aux affaires, et qu'il vaut mieux qu'elles ne s'en mêlent point... Eh !... eh !... eh !... surtout des coupes de bois... — répondit l'huissier avec un ricanement mielleux.
— Mais est-ce que je lui ai dit de s'en mêler, moi ?...— reprit Jacques Bastien dont la fureur s'exalta de nouveau ; —est-ce que je pouvais seulement supposer qu'elle aurait jamais l'audace de... Mais non, non... il y a quelque chose là-dessous, il faut qu'elle ait la tête tournée... Ah ! tonnerre de Dieu !... j'arrive à temps. D'après cet échantillon-là, il paraît qu'il a dû se passer de drôles de choses ici pendant mon absence... Allons, allons... j'aurai de la besogne... heureusement, je suis bon là... et j'ai la *poigne* solide...

Marie, jetant sur Jacques un regard d'une douceur suppliante, lui dit :
— Je ne puis regretter ce que j'ai fait, monsieur... seulement, ce que je regrette, c'est qu'une mesure qui me semblait devoir mériter votre approbation vous cause une vive contrariété. Du reste, — ajouta la jeune femme en tâchant de sourire, — je suis certaine que vous oublierez cette contrariété... en apprenant avec quelle courage Frédérik s'est conduit lors de l'inondation... Il a, au risque de sa vie, sauvé Jean-François, sa femme et ses enfans d'une mort certaine... Deux autres familles du Val ont été aussi...
— Eh ! tonnerre de Dieu ! c'est justement parce qu'il avait payé de sa personne que vous n'aviez pas besoin, vous, de faire la généreuse à mes dépens et de payer de ma bourse ! — s'écria le butor en interrompant sa femme.
— Comment !—reprit Marie, confondue de ce reproche, — vous saviez que Frédérik...
— Avait été, comme tant d'autres, en bateau au secours des inondés... Parbleu ! on me l'a assez rabâché à Pont-Brillant... Voilà-t-il pas une belle affaire ?... Qu'est-ce qui le forçait de faire cela ?... S'il l'a fait, c'est que ça lui a convenu ; eh bien ! tant mieux pour lui... d'ailleurs les papiers publics sont pleins de ces traits-là... Et encore... si le nom de mon fils avait au moins été mis dans le journal... à la bonne heure... ça m'aurait flatté...

— Il aurait peut-être eu la croix d'honneur, — ajouta l'huissier d'un air narquois et sournois.
— Du reste, nous avons à en causer, de monsieur mon fils... et sérieusement...— reprit Jacques Bastien.— Mon compère Bridou vient aussi pour ça...
— Je ne vous comprends pas, — dit Marie en balbutiant.— Quel rapport monsieur Bridou peut-il avoir avec Frédérik ?
—Vous le saurez, car nous aurons demain à causer aussi de vous... et beaucoup... N'allez pas croire, voyez-vous, que l'affaire de mon millier de sapins passera comme une lettre à la poste. Mais voilà six heures... qu'on nous fasse dîner...
Et il sonna.

A ces mots, la jeune femme songea à l'argenterie portée à la ville et vendue en l'absence et à l'insu de son mari...

Seule avec Jacques, Marie eût souffert, avec sa résignation accoutumée, la colère, les injures, les menaces de cet homme ; mais en songeant aux emportemens auxquels il pouvait se livrer devant son fils et devant David... elle était avec raison effrayée des conséquences possibles d'une pareille scène.

— Jacques Bastien reprit :
— Avez-vous fait faire bon feu dans la chambre de Bridou ?... Je vous ai écrit qu'il passait plusieurs jours ici.
— Je croyais que vous partageriez votre chambre avec monieur Bridou ?... — reprit madame Bastien. — Sans cela je ne vois pas où loger monsieur.
— Comment ! et la chambre d'en haut ?
— Mais c'est là que loge le précepteur de mon fils.
— Vous êtes encore bonne là, vous, avec votre précepteur !... Eh bien, il *décanillera*, donc ! ce cracheur de latin... et voilà !
— Je serais désolé de gêner, — dit l'huissier, — je préférerais... repartir.
— Ah çà !... Bridou... décidément nous allons nous fâcher, — reprit Jacques ; et s'adressant à sa femme d'un ton courroucé :
— Comment ! je vous ai prévenue ce matin que Bridou passerait quelques jours ici, et rien n'est préparé ?
— Encore une fois, monsieur, où voulez-vous que je loge le précepteur de mon fils, si monsieur Bridou occupe sa chambre ?
— *Le précepteur de mon fils*...— reprit Jacques en gonflant ses joues et haussant les épaules, — vous n'avez que ça à la bouche... faites donc la duchesse... Eh bien ! le précepteur de votre fils ira coucher avec André... il n'en mourra pas...
— Mais, en vérité... monsieur...— dit Marie,— vous ne pensez pas que...
— Ah çà ! voyons... ne m'échauffez pas les oreilles, ou je m'en vas dire au cracheur de latin de filer à l'instant de ma maison et d'aller voir sur la route de Pont-Brillant si j'y suis... Je ne serai donc pas maître chez moi... à la fin !... tonnerre de Dieu !...

Marie frissonna... Elle savait monsieur Bastien capable de chasser brutalement le précepteur... Elle se tut un instant... puis, réfléchissant à l'inépuisable dévouement de David, elle reprit, en tâchant de contenir ses larmes :
— Soit... monsieur... le précepteur partagera la chambre d'André.
— Vraiment ! — reprit Jacques d'un air ironique, — c'est bien heureux...
— Et d'ailleurs, voyez-vous, madame, — ajouta l'huissier d'un air doucereux, — un précepteur, c'est comme qui dirait un peu plus qu'un domestique... pas davantage... car c'est une personne à gages... sans cela je ne me serais pas permis de le faire... *décaniller*, comme dit ce gros farceur de Jacques.

Marguerite vint à ce moment dire que le dîner était servi. Bridou ôta sa blouse, passa la main dans ses cheveux jaunes, et offrit d'un air coquet son bras à madame Bastien, qui tremblait de tous ses membres.

Jacques Bastien jeta dans un coin son bâton de houx,

garda sa blouse et suivit sa femme et l'huissier dans la salle à manger.

XXXVI.

Lorsque madame Bastien, son mari et l'huissier entrèrent dans la salle à manger, ils y trouvèrent David et Frédérik.

Celui-ci échangea un regard avec son précepteur, s'approcha de Jacques Bastien et lui dit d'un ton respectueux :

— Bonjour, mon père... j'ai cru que vous vouliez rester seul avec ma mère, voilà pourquoi je me suis retiré dès votre arrivée.

— Il paraît que vos vapeurs sont passées, — dit Bastien à son fils d'un ton sardonique, — et que vous n'avez plus besoin de voyage d'agrément? C'est dommage... car je vous en mitonne, moi... de l'agrément.

— Je ne sais pas ce que vous voulez dire, mon père...

Au lieu de répondre à son fils, Bastien, toujours debout, s'occupait de compter les assiettes placées sur la table; il en vit cinq, et dit rudement à sa femme :

— Pourquoi cinq couverts?

— Mais... monsieur, — répondit Marie, — parce que nous sommes cinq.

— Comment cinq!... moi, Bridou, vous et votre fils, ça fait cinq?

— Vous oubliez monsieur David, — dit Marie.

Jacques s'adressant alors au précepteur :

— Monsieur, je ne sais pas à quelles conditions ma femme vous a engagé... Quant à moi, qui suis le maître ici, je n'aime pas à avoir d'étrangers à ma table... Voilà mon caractère.

A cette nouvelle grossièreté, le calme de David ne se démentit pas; le sentiment de l'injure lui fit monter au front une rougeur involontaire, mais il s'inclina sans mot dire, et fit un pas vers la porte.

Frédérik, les traits colorés par l'indignation et par la douleur que lui causait ce nouvel outrage fait au caractère et à la dignité de David, s'apprêtait à le suivre; mais, à un coup d'œil suppliant de son ami, il s'arrêta.

A ce moment, Marie dit au précepteur :

— Monsieur David... monsieur Bastien ayant disposé de votre chambre pendant quelques jours, voudrez-vous bien consentir à ce que l'on vous dresse un lit dans la chambre du vieil André?... nous n'avons malheureusement pas d'autre logement...

— Rien de plus simple, madame, — répondit David en souriant; — j'ai l'honneur d'être un peu de la maison... c'est donc à moi de céder à un étranger la chambre que j'occupe...

David, s'inclinant de nouveau, quitta la salle à manger.

Après le départ du précepteur, Jacques Bastien, n'ayant aucunement conscience de sa grossièreté, se mit à table, car il avait grand'faim, malgré la sourde colère qu'il ressentait contre sa femme et contre son fils.

On prit place : Jacques Bastien avait à sa droite Bridou, à sa gauche Frédérik, et en face de lui Marie.

Les angoisses de la jeune femme ne faisaient que changer de sujet d'une seconde à l'autre... Jacques allait s'apercevoir de la disparition de l'argenterie...

Un nouvel incident suspendit encore cette révélation...

Jacques Bastien, enlevant le couvercle de la soupière, dilatait d'avance ses larges narines, afin d'aspirer l'arome de la soupe aux choux qu'il avait demandée... mais, voyant son attente trompée, il s'écria furieux, en s'adressant à sa femme :

— Comment!... pas de soupe aux choux?... et je vous avais écrit que j'en voulais manger... Il n'y a peut-être pas de gigot à l'ail non plus?...

— Je ne sais... monsieur, j'ai oublié de...

— Tonnerre de Dieu de femme!... Allez! — s'écria Jacques furieux, en jetant si violemment sur la table le couvercle de la soupière qu'il se brisa.

A la brutale exclamation de son père, Frédérik trahit son indignation par un brusque mouvement...

Aussitôt Marie, prenant sous la table la main de son fils, placé à côté d'elle... la lui serra d'une manière si expressive qu'il se contint; mais son vif ressentiment n'avait pas échappé à Jacques; celui-ci, après un long coup d'œil jeté silencieusement sur son fils, dit à Bridou :

— Allons, mon compère... il faut nous contenter de ce s... potage-lavasse.

— La fortune du pot... mon vieux, — dit l'huissier, — la fortune du pot... eh! eh! on connaît ça...

— Voyons, — reprit Jacques... — disons au moins notre *benedicite* avant de manger.

Et il versa un rouge-bord à Bridou, après quoi il vida presque le restant de la bouteille dans un verre énorme, dont il se servait d'ordinaire et qui tenait une pinte.

L'Hercule obèse avala d'un trait cette rasade, puis se disposait à servir la soupe, lorsqu'il mit la main sur une cuillère de fer fort bien étamée et brillante de propreté.

— Pourquoi, diable! a-t-on mis là cette cuillère à pot?... — dit-il à Marie.

— Monsieur, je ne sais... — répondit la jeune femme en baissant les yeux et en balbutiant.— Je...

— Pourquoi ne pas mettre sur la table ma grande cuillère d'argent, comme d'habitude? — demanda Jacques, — est-ce parce que mon compère Bridou vient dîner ici?

S'adressant alors à son fils, il lui dit brusquement :

— Prenez la cuillère d'argent dans le buffet.

— C'est inutile, mon père, — dit résolûment Frédérik, voyant l'angoisse de sa mère et voulant détourner sur lui le courroux de son père... — La grande cuillère d'argent n'est pas à la maison, non plus que les autres couverts.

— Hein? — fit Jacques avec stupeur.

Mais n'en croyant pas ses oreilles, il saisit le couvert placé à côté de lui, y jeta les yeux, et convaincu de la vérité des paroles de son fils, il resta une minute hébété par l'ébahissement.

Frédérik et sa mère échangèrent un regard à cet instant de crise.

Le jeune homme, fidèle à sa pensée d'attirer sur lui seul le courroux de son père, reprit résolûment :

— C'est moi, mon père... qui, sans prévenir ma mère... ai vendu l'argenterie... pour...

— Monsieur...— s'écria Marie, en s'adressant à Jacques, — ne croyez pas... Frédérik... c'est moi... moi seule... qui... Eh bien, oui, c'est moi qui ai fait vendre l'argenterie...

Malgré cet aveu de sa femme, Jacques Bastien ne pouvait encore croire à ce qu'il entendait, tant la chose lui paraissait exorbitante, impossible.

Bridou lui-même partageait sincèrement cette fois la stupéfaction de son ami; aussi l'huissier rompit le premier le silence, en disant à Jacques :

— Hum!... hum!.. mon vieux... ceci est une autre affaire que la vente de ta sapinière.

La jeune femme s'attendait à une explosion terrible de la part de son mari...

Il n'en fut rien.

Jacques resta muet, immobile, et réfléchit assez longtemps... Sa large face s'empourpra davantage que de coutume... Il but coup sur coup deux grands verres de vin, s'accouda à la table, appuya son menton dans la paume de sa main gauche, dont les doigts crispés *tambourinaient* convulsivement sur sa large joue...

Attachant alors sur sa femme ses deux petits yeux gris qui brillaient sous ses sourcils froncés par un plissement sinistre, Jacques reprit avec un calme apparent :

— Vous disiez donc que l'argenterie?

— Monsieur...

— Voyons... parlez... Vous voyez bien que je suis tranquille...

Frédérik, par un mouvement instinctif, se leva et alla se mettre debout, à côté de sa mère, comme pour la protéger ; car la *tranquillité* de son père l'effrayait.

— Mon enfant, rassieds-toi, — dit Marie à son fils d'une voix douce et tendre.

Frédérik revint s'asseoir à sa place.

Ce nouveau mouvement de Frédérik avait été observé par M. Bastien, qui se contenta de redire à sa femme, sans changer d'attitude, et en *tambourinant* toujours convulsivement du bout de ses gros doigts sur sa joue gauche :

— Vous disiez donc, madame, que l'argenterie... que MON argenterie ?...

— Eh bien, monsieur, — reprit Marie d'une voix ferme, — votre argenterie... je l'ai vendue.

— Vous l'avez vendue ?...

— Oui, monsieur.

— Et... à qui ?

— A un orfèvre de Pont-Brillant.

— Qui se nomme ?

— Je l'ignore, monsieur.

— Vraiment ?

— Ce n'est pas moi qui ai été vendre cette argenterie, monsieur.

— Et qui donc ?

— Peu importe, monsieur... elle est vendue...

— C'est juste, — répondit Bastien en vidant de nouveau son verre, — et pourquoi l'avez-vous vendue, s'il vous plaît... cette argenterie... qui m'appartenait... à moi seul ?

— Mon ami, — dit tout bas Bridou à Jacques, — tu me fais peur... fâche-toi... crie... tempête... rugis... j'aime mieux ça que de te voir si calme... ton front est blanc comme la cire et plein de sueur...

Bastien ne répondit pas à son ami et reprit :

— Vous avez, madame, vendu mon argenterie pour acheter, quoi ?

— Je vous avais supplié, monsieur, de m'envoyer quelque argent, afin de venir au secours des victimes de l'inondation.

— L'inondation ! — dit Jacques avec un éclat de rire sardonique ; — elle a un fameux dos... l'inondation ! !...

— Je n'ajouterai plus un mot à ce sujet, — répondit Marie d'un ton digne et ferme.

Un assez long silence suivit cet entretien.

Évidemment, Jacques faisait un effort surhumain pour contraindre la violence de ses sentimens...

Il fut même obligé de se lever de table et d'aller à la fenêtre qu'il ouvrit, malgré la rigueur du froid, afin de rafraîchir son front ; car de méchans desseins bouillonnaient dans la tête de cet homme, mais il voulait encore les tenir cachés.

En reprenant sa place à table, Jacques jeta sur Marie un regard étrange, sinistre, et lui dit avec un accent de satisfaction cruelle :

— Si vous saviez comme ça me va, que vous ayez vendu mon argenterie... c'est un vrai service que vous m'avez rendu...

Quoique l'ambiguïté de ces paroles causât quelque inquiétude à Marie, et qu'elle fût alarmée du calme incompréhensible de Jacques, elle éprouva un allégement momentané ; elle avait craint d'abord que monsieur Bastien, cédant au brutal emportement de son caractère, ne s'oubliât jusqu'à en venir aux injures, aux menaces en présence de son fils, et que celui-ci ne s'interposât violemment entre sa mère et son père.

Sans adresser davantage la parole à sa femme, Jacques but un verre de vin, et dit à son compère :

— Allons, vieux, nous allons manger la *pâtée* froide avec des couverts en fer battu... c'est la fortune du pot, comme tu dis.

— Jacques, — dit l'huissier de plus en plus effrayé du calme de Bastien... — je t'assure que je n'ai guère faim.

— Moi, je dévore... — dit Jacques avec un ricanement sardonique, — c'est tout simple... la joie double toujours mon appétit... Aussi, dans ce moment, j'ai une faim de vautour.

— La joie... la joie... — dit l'huissier en hochant la tête, — tu n'as pas l'air joyeux du tout.

Et Bridou ajouta en s'adressant à Marie, comme pour la rassurer, car, malgré sa sécheresse de cœur, il se sentait presque ému de compassion :

— C'est égal, madame, le brave Jacques fait de temps en temps les gros yeux et les grosses dents... mais au fond... il est...

— Bon homme, —ajouta Bastien en se versant à boire...
— si bon homme qu'il en est bête. C'est égal, vois-tu... mon vieux Bridou... je ne donnerais pas ma soirée pour *cinquante mille francs*... je viens de réaliser un bénéfice magnifique...

Jacques Bastien ne plaisantait jamais sur les questions d'argent, et ces mots : *Je ne donnerais pas ma soirée pour cinquante mille francs*, il les prononça avec un tel accent de certitude et de contentement, que non-seulement l'huissier crut aux mystérieuses paroles de Jacques, mais que madame Bastien y crut aussi et sentit augmenter sa secrète épouvante.

En effet, le calme affecté de son mari qui, chose bizarre, presque effrayante, pâlissait à mesure qu'il buvait davantage, son sourire sardonique, ses yeux brillant d'une sorte de joie funeste, lorsque de temps à autre il regardait Frédérik et sa mère, portaient à son comble l'angoisse de la jeune femme... Aussi, vers la fin du repas, dit-elle à Jacques, après avoir fait signe à Frédérik de la suivre :

— Monsieur... je me sens fatiguée, un peu souffrante... je vous demande la permission de me retirer... avec mon fils...

— A votre aise, — répondit Jacques avec un rire épais et déjà assez aviné, — à votre aise... quand il y a de la gêne, il n'y a pas de plaisir... Ne vous gênez pas... je ne me gênerai pas non plus... moi... soyez tranquille... patience !...

A ces paroles, ambiguës comme les premières, qui cachaient sans doute quelque mauvaise arrière-pensée, Marie, n'ayant rien à répondre, se leva, tandis que Frédérik, obéissant à un regard de sa mère, s'approcha de Jacques et lui dit respectueusement :

— Bonsoir, mon père...

Jacques se retourna vers Bridou, ne répondit pas à son fils et dit à l'huissier en toisant Frédérik d'un coup d'œil ironique :

— Comment le trouves-tu ?

— Fort joli garçon, ma foi...

— Dix-sept ans bientôt... — ajouta Jacques.

— *C'est le bel âge pour nous*... — ajouta l'huissier en échangeant un regard d'intelligence avec Jacques, qui dit rudement à son fils :

— Bonsoir...

Marie et Frédérik se retirèrent, laissant à table Jacques Bastien et son compère Bridou.

XXXVII.

Lorsque madame Bastien et Frédérik, sortant de la salle à manger, passèrent devant la salle d'étude, ils y virent David qui, debout à la porte, épiait leur sortie.

Marie lui tendit vivement la main et dit, en faisant allusion aux deux outrages que le précepteur venait de courageusement subir :

— Tous les dévouemens... vous les aurez donc pour nous ?...

Un assez grand bruit de chaises et quelques éclats de voix que l'on entendit, du côté de la salle à manger, firent croire à la jeune femme que son mari et l'huissier sortaient de table; elle se dirigea rapidement vers son appartement avec Fréderik, après avoir dit à David d'un air navré :

— A demain matin, monsieur David, je suis dans une inquiétude mortelle...

— A demain, mon ami... — dit à son tour tristement Fréderik à David en passant devant lui.

Puis Marie et son fils entrèrent dans leur appartement, pendant que David gagnait la mansarde qu'il devait partager avec André.

A peine entré dans la chambre de sa mère, Fréderik se jeta dans ses bras en s'écriant avec amertume :

— Oh! ma mère... nous étions si heureux avant l'arrivée de...

— Pas un mot de plus, mon enfant... il s'agit de ton père, — dit Marie en interrompant son fils, — embrasse-moi plus tendrement encore que de coutume... tu as besoin de cela... moi aussi... mais... pas de récrimination... contre ton père.

— Mon Dieu... mère... tu n'as pas entendu ce qu'a répondu monsieur Bridou?...

— Lorsque ton père lui a dit : *Frédérik a bientôt dix-sept ans?*...

— Oui... et cet homme a répondu à mon père : *Pour nous, c'est le bon âge.*

— J'avais, comme toi, remarqué ces paroles, mon enfant...

— *Pour nous... c'est le bon âge...* qu'est-ce que cela peut vouloir dire, mère?

— Je ne sais... — répondit la jeune femme afin de rassurer et de calmer son fils; — peut-être attachons-nous à ces paroles plus d'importance qu'elles n'en méritent.

Après un moment de silence, Fréderik dit à Marie d'une voix altérée :

— Ecoute, mère... ainsi que tu le désires... j'aurai toujours pour mon père le respect... qu'il mérite... et que je lui dois... mais, je te le dis franchement... vois-tu?... si mon père songeait jamais à me séparer de toi et de monsieur David...

— Frédérik!... s'écria la jeune femme alarmée de l'énergique résolution qu'elle lisait sur les traits de son fils, — pourquoi supposer ce qui est impossible... nous séparer!... te retirer des mains de monsieur David... et cela au moment même... où?... mais non, encore une fois, ton père a trop de raison, trop de bon sens pour concevoir une pareille idée...

— Que le ciel t'entende, ma mère... car, je te le jure... et tu sais si ma volonté est ferme... aucune puissance humaine ne me séparera de toi ni de monsieur David... et cela, je le dirais hardiment à mon père... Qu'il respecte notre tendresse, nos liens indissolubles... je le bénirai... mais s'il osait porter la main sur notre bonheur...

— Mon fils...

— Eh! ma mère... notre bonheur, c'est ta vie... et ta vie... je la défendrais contre mon père lui-même... entends-tu?

— Mon Dieu!... mon Dieu!... Frédérik... je t'en prie...

— Oh! qu'il prenne garde... qu'il prenne garde!... deux ou trois fois ce soir... tout mon sang s'est soulevé...

— Tiens, Frédérik... ne parle pas ainsi... tu me rendrais folle... Pourquoi donc, mon Dieu! prévoir des choses si pénibles... ou plutôt impossibles!... c'est vouloir s'épouvanter, se désespérer...

— Soit... ma mère... attendons... mais crois-moi... le calme effrayant de mon père, lorsqu'il a appris la vente de l'argenterie, cache quelque chose... Nous nous attendions à le voir bondir de colère... mais il est devenu pâle... et je ne l'avais jamais vu pâlir... mère... — dit Frédérik, en se rapprochant de la jeune femme avec une expression de tendresse et d'alarme.

— Mère.. j'ai froid au cœur... un malheur nous menace...

— Frédérik, — reprit la jeune femme d'un ton de reproche navrant, tu me fais un mal affreux... et, après tout, je ne veux pas m'effrayer ainsi... ton père a sa volonté... soit...

— Et moi aussi... mère... j'aurai la mienne...

— Mais... pourquoi donc toujours supposer à ton père des intentions qu'il n'a pas... sans doute... des intentions qu'il ne peut pas avoir; crois-moi, cher enfant, malgré sa rudesse... il t'aime... pourquoi voudrait-il te chagriner? pourquoi nous séparer et ruiner ainsi les plus belles, les plus certaines espérances qu'une mère ait jamais eues pour l'avenir de son fils?... Tiens, je suis sûre que notre ami, monsieur David, ne tiendrait pas un autre langage que le mien... Allons, calme-toi... rassure-toi... nous aurons peut-être à traverser encore quelques jours d'épreuves.... mais nous en avons déjà subi de si cruelles que celles-là ne seront rien pour nous...

Frédérik secoua mélancoliquement la tête, embrassa sa mère avec un redoublement de tendresse, et rentra chez lui.

Madame Bastien sonna Marguerite.

La vieille servante parut bientôt.

— Marguerite, — lui dit la jeune femme, — est-ce que monsieur Bastien est encore à table?

— Malheureusement, oui... madame.

— Malheureusement!...

— Dame!... c'est que je n'ai jamais vu monsieur avec une figure si méchante... il boit... il boit, que c'en est effrayant... et, malgré cela, il est tout pâle... il vient de me demander une bouteille d'eau-de-vie...

— Il suffit... Marguerite, — dit Marie en interrompant sa servante, — vous avez fait dresser un lit dans la chambre d'André pour monsieur David?

— Oui, madame... Monsieur David vient d'y monter; mais le vieil André a dit qu'il coucherait plutôt dans l'écurie que d'oser rester dans sa chambre avec monsieur David... D'ailleurs, André n'aura guère le temps de dormir cette nuit.

— Pourquoi cela?

— Monsieur m'a dit d'ordonner à André d'atteler le cheval pour trois heures du matin....

— Comment?... monsieur Bastien partirait au milieu de la nuit?...

— Monsieur a dit que la lune se levait à deux heures et demie, et qu'il voulait être à Blémur avec monsieur Bridou à la pointe du jour, pour pouvoir être de retour ici demain au soir.

— C'est différent... Allons! bonsoir, Marguerite.

— Madame...

— Que voulez-vous?

— Mon Dieu!... madame... je ne sais pas si j'oserai.

— Voyons, Marguerite... qu'y a-t-il?

— Madame m'a interrompu tout à l'heure lorsque je parlais de monsieur... et pourtant, j'avais à dire quelque chose... quelque chose...

Et la servante s'arrêta, regardant sa maîtresse d'un air si inquiet, si triste, que la jeune femme reprit :

— Mon Dieu! qu'avez-vous, Marguerite? vous m'effrayez...

— Eh bien, madame... lorsque je suis entrée dans la salle à manger pour donner à monsieur la bouteille d'eau-de-vie qu'il demandait, monsieur Bridou lui disait, en le regardant d'un air à la fois surpris et alarmé : *Jacques, tu ne feras pas cela...* Monsieur, me voyant entrée, n'a rien répondu, et a fait signe à monsieur Bridou de se taire; mais lorsque je suis sortie... j'ai... madame m'excusera peut-être à cause de l'intention.

— Achevez, Marguerite...

— Je suis sortie de la salle à manger; mais je suis restée un petit moment à écouter derrière la porte... et j'ai entendu monsieur Bridou dire à monsieur : *Encore une fois, Jacques, tu ne feras pas cela...* Alors monsieur a répondu : *Tu le verras.* Je n'ai pas osé écouter davantage, et...

— Vous avez eu raison, Marguerite... c'était déjà trop

d'une indiscrétion... que votre attachement pour moi peut seul excuser.

— Comment !... cela n'effraie pas madame... que monsieur ait dit ?...

— Rien ne prouve, ma chère Marguerite, que les paroles de monsieur Bastien se rapportent à moi... vous vous êtes, je crois, alarmée à tort.

— Dieu le veuille ! madame.

— Allez voir, je vous prie, si monsieur Bastien et monsieur Bridou sont encore à table. S'ils l'ont quittée, vous pourrez vous coucher, je n'ai plus besoin de vous.

Marguerite revint quelques momens après, et dit à sa maîtresse :

— Je viens de donner de la lumière à monsieur et à monsieur Bridou, madame... ils se sont souhaité une bonne nuit... et... mais tenez, madame, — dit Marguerite en s'interrompant, — entendez-vous? voilà monsieur Bridou qui monte en haut.

— En effet, les pas du compère de Bastien se firent entendre dans le petit escalier de bois qui conduisait à la chambre naguère occupée par David.

— Monsieur Bastien est-il rentré chez lui ? — demanda Marie à sa servante.

— Je puis voir du dehors s'il y a de la lumière chez monsieur, — répondit Marguerite.

La servante sortit de nouveau, revint quelques instans après, et dit à sa maîtresse, en frissonnant de froid :

— Monsieur est rentré chez lui, madame; on voit la lumière à travers les persiennes... Mon Dieu !... quel froid noir;... il neige à gros flocons, et moi qui ai oublié de vous faire du feu ici, madame. Vous voulez veiller peut-être...

— Non, Marguerite... merci ; je vais me coucher tout de suite...

Marie ajouta, après un moment de réflexion :

— Les volets de ma chambre sont fermés, n'est-ce pas ?

— Oui, madame.

— Ceux de la chambre de mon fils le sont aussi?

— Oui, madame.

— Bonsoir, Marguerite,... vous entrerez chez moi demain matin, au point du jour.

— Madame n'a besoin de rien ?

— Non, merci.

— Bonsoir, madame.

Marguerite sortit.

Marie verrouilla sa porte, alla s'assurer que les volets de sa chambre étaient fermés, et se déshabilla lentement, en proie à une poignante anxiété, songeant aux divers événemens de la soirée, aux mots mystérieux dits par l'huissier Bridou au sujet de Frédérik, et surtout à ces paroles échangées entre Jacques et son ami, paroles surprises par Marguerite :

— *Jacques, tu ne feras pas cela.*

— *Tu verras.*

La jeune femme, enveloppée de son peignoir de nuit, se préparait comme d'habitude à aller embrasser son fils avant de se mettre au lit, lorsqu'elle entendit marcher pesamment dans le corridor sur lequel s'ouvrait son appartement.

Nul doute, c'était le pas de Jacques Bastien.

Marie prêta l'oreille.

Les pas s'arrêtèrent.

Bientôt succéda au retentissement de cette marche pesante le bruit du tâtonnement de deux mains qui, en dehors et le long de la porte, cherchaient dans l'obscurité la serrure et la clef.

Jacques Bastien voulait entrer chez sa femme.

Celle-ci, se sachant enfermée, se rassura d'abord ; mais bientôt, réfléchissant que si elle n'ouvrait pas à son mari, il pouvait, dans sa brutale violence, frapper bruyamment à sa porte, la briser peut-être, et, par cet esclandre, éveiller son fils... attirer David, et occasionner une collision dont les suites possibles faisaient frémir la malheureuse mère... elle allait se décider à ouvrir à son mari, lorsqu'elle songea que son fils était là, dans la chambre voisine.... que peu de momens auparavant elle avait dû employer toute l'autorité de sa tendresse maternelle pour l'empêcher de se livrer à d'amères récriminations contre Jacques Bastien... Elle se rappela enfin ces mots de Frédérik, dont elle connaissait l'énergie et la résolution :

— *Attenter à notre bonheur, ce serait attenter à ta vie, ma mère... et ta vie, je la défendrais même contre mon père.*

Marie sentait qu'aucune puissance humaine, pas même la sienne, ne pourrait cette fois empêcher Frédérik d'intervenir dans le cas où Jacques Bastien, furieux, ivre peut-être, viendrait jusque chez elle l'accabler d'injures et de menaces...

L'alternative était terrible...

Ne pas ouvrir... c'était s'exposer à un scandale déplorable.

Ouvrir... c'était mettre face à face le père et le fils... le premier, ivre de colère et de vin... le second, exaspéré par sa folle tendresse pour sa mère.

Ces réflexions, rapides comme la pensée, Marie les terminait à peine, qu'elle entendit Jacques Bastien, qui avait enfin mis la main sur la clef, la faire tourner dans la serrure ; mais, trouvant un obstacle intérieur, il secoua violemment la porte.

Marie prit un parti désespéré : elle courut à la porte, ôta le verrou, et, se tenant sur le seuil de sa chambre, comme pour en défendre l'entrée à Jacques Bastien, elle lui dit d'une voix basse et suppliante :

— Mon fils dort, monsieur... si vous avez à me parler, venez, je vous en conjure, dans la salle d'étude, et...

La malheureuse femme s'interrompit un moment...

Son courage faiblit, tant l'expression de la physionomie de Jacques lui parut redoutable.

La clarté de la lampe, placée sur la cheminée de la chambre à coucher de Marie, donnait alors en plein sur la figure de monsieur Bastien, et, ainsi vivement et durement éclairée, elle se détachait lumineuse sur les ténèbres du corridor.

Cet homme, à carrure d'Hercule, était d'une effrayante pâleur, causée par la réaction d'une colère longtemps contenue, et par les fumées de l'ivresse, car il était ivre à demi. Son épaisse et rude chevelure retombait sur son front bas, et cachait presque ses petits yeux gris et méchans. Son cou de taureau était nu, et sa blouse entr'ouverte, ainsi que sa redingote et son gilet, laissait voir en partie sa poitrine puissante et velue.

A l'aspect de cet homme, Marie, nous l'avons dit, sentit un instant son courage faiblir...

Mais, réfléchissant bientôt que l'état de surexcitation dans lequel se trouvait monsieur Bastien devant le rendre plus emporté, plus intraitable encore que de coutume, il ne reculerait devant aucune violence, devant aucun éclat, et qu'alors l'intervention de David ou de Frédérik deviendrait malheureusement inévitable, la jeune femme, vaillante comme toujours, bénit le ciel de ce que son fils n'eût encore rien entendu, saisit la lampe placée sur sa cheminée, revint auprès de son mari, toujours immobile au seuil de la porte, et lui dit à voix basse :

— Allons dans le salon d'étude, monsieur... je craindrais, je vous l'ai dit, d'éveiller mon fils.

Monsieur Bastien parut se consulter avant de se rendre au désir de Marie.

Après quelques instans de réflexion, pendant lesquels la jeune femme se mourait d'angoisse, l'Hercule répondit :

— Au fait... j'aime mieux cela... allons... marchez devant...

Marie, précédant Jacques Bastien dans le corridor, entra bientôt dans la salle d'étude.

XXXVIII.

Madame Bastien, dont le cœur battait violemment, posa la lampe sur la cheminée de la salle d'étude, et dit à son mari :
— Que désirez-vous, monsieur ?...

Jacques avait atteint ce degré d'ivresse qui n'est pas la déraison, qui laisse même l'esprit assez lucide, mais qui rend la volonté implacable ; il ne répondit pas d'abord à la question de Marie, qui reprit :
— Veuillez, monsieur... je vous en prie, m'apprendre ce que vous désirez de moi ?...

Jacques, les deux mains plongées dans les poches de sa blouse, se tenait debout devant sa femme ; tantôt il fronçait les sourcils d'un air sinistre en la regardant, tantôt il souriait d'un air sardonique.

Enfin, s'adressant à Marie d'une voix lente et mal assurée, car la demi-ivresse où il était plongé empâtait déjà sa parole et l'obligeait à des pauses fréquentes... il lui dit :
— Madame... il y a environ dix-sept ans et demi... que nous sommes mariés, n'est-ce pas ?
— Oui, monsieur.
— A quoi m'avez-vous été bonne ?
— Monsieur...
— Vous ne m'avez pas seulement servi de femme.

Marie, la joue colorée de honte et d'indignation, fit un pas pour sortir.

Bastien lui barra le passage et s'écria en élevant la voix :
— Restez là !...
— Silence... monsieur !

Dit la malheureuse femme dont les craintes se renouvelèrent, car David et Frédérik pouvaient être éveillés et attirés par le bruit d'une altercation.

Aussi, s'attendant à de nouveaux outrages et résignée d'avance à les subir, Marie dit à Jacques d'une voix tremblante :
— Par pitié... monsieur... ne parlez pas si haut... l'on pourrait nous entendre... Je vous écouterai donc... si pénible que semble devoir être pour moi cet entretien.
— Je vous disais donc que vous ne m'aviez été bonne à rien depuis que nous sommes mariés : une servante à vingt écus de gages aurait tenu ma maison mieux que vous et à moins de frais...
— Peut-être, monsieur, — reprit Marie avec un sourire amer, — cette servante n'eût pas, comme moi, élevé votre fils...
— A haïr son père ?
— Monsieur !...
— Assez !!!... j'ai bien vu cela ce soir... Si vous ne l'aviez retenu, ce polisson-là... m'invectivait et se rangeait de votre bord... C'est tout simple... et il n'est pas le sien... Dès que j'arrive ici, chez moi, dans ma maison, chacun dit : voilà l'ennemi, voilà la bête noire, voilà l'ogre ! Eh bien, va pour l'ogre, ça me chausse...
— Vous vous trompez, monsieur... j'ai toujours élevé votre fils dans les sentiments de respect qui vous sont dus... et, ce soir encore...
— Assez, — s'écria l'Hercule en interrompant sa femme ; et il poursuivit sa pensée avec la ténacité de l'ivrogne qui concentre sur une seule idée tout ce qui lui reste de lucidité dans l'esprit.
— Je vous disais donc, — reprit-il, — que, depuis notre mariage, vous ne m'avez servi à rien ; vous avez fait de mon fils un freluquet à qui il faut des précepteurs et des voyages d'agrément pour chasser ses vapeurs, et qui, par là-dessus, m'exècre... vous m'avez dévalisé mes bois et mon argenterie... et vous m'avez volé...
— Monsieur... — s'écria Marie indignée.
— Vous m'avez volé, — répéta l'Hercule d'une voix si éclatante, que la jeune mère joignit les mains, en murmurant :
— Oh !... de grâce... monsieur... pas si haut... pas si haut.
— Voilà donc, depuis dix-sept ans, à quoi vous m'avez servi... à rien... ou à mal... ça ne peut pas durer...
— Que voulez-vous dire ?
— J'en ai assez...
— Mais...
— J'en ai trop ! je n'en veux plus...
— Je ne vous comprends pas, monsieur.
— Non ? Eh bien... quand quelqu'un... ou quelque chose m'embête... je m'en débarrasse... et plus vite que ça.

Malgré l'état d'excitation où elle le voyait, madame Bastien ne crut pas un moment que son mari pût penser à la tuer ; aussi, tâchant de deviner sa pensée sur son masque sinistre et hébété, elle lui dit :
— Si je vous comprends bien, monsieur, vous êtes décidé à vous débarrasser des personnes qui vous gênent ou vous déplaisent ?
— Juste !... Ainsi, votre godelureau de fils m'embête... et demain, je m'en prive...
— Vous vous en privez ? mais, monsieur...
— Paix !... Bridou le prend... il l'emmènera demain au soir... à notre retour de Blémur...
— Vous dites, monsieur... que monsieur Bridou... prend mon fils... veuillez m'expliquer...
— Il le prend en pension comme *saute-ruisseau*... et votre Benjamin, qui n'est pas le mien, sera logé, nourri, blanchi... et gagnera six cents francs à dix-huit ans, si Bridou en est content... et d'*un* dont je me prive.
— Personne... ne disposera de l'avenir de mon fils sans mon consentement, monsieur...
— Hein ?... — fit Jacques avec une sorte de rugissement sourd...
— Oh ! monsieur... vous me tueriez sur place que je vous tiendrai le même langage.
— Hein ?... — fit de nouveau le colosse, d'un ton plus menaçant encore.
— Je vous dis, monsieur... que mon fils ne me quittera pas... Il continuera ses études... sous la direction de son précepteur... Je vous ferai connaître, si vous le voulez, les projets que j'ai sur Frédérik... et...
— Ah ! c'est comme ça ! — s'écria le colosse furieux de la résistance de sa femme. — Eh bien, demain je prendrai le cracheur de latin par les épaules, et je le flanquerai à la porte de chez moi... Encore un qui m'embêtait et dont je me priverai. Quant à vous...
— Quel sera mon sort, monsieur ?
— Vous me débarrasserez le plancher comme les autres...
— Que dites-vous, monsieur ?...
— Quand j'ai assez, ou quand j'ai trop de quelque chose ou de quelqu'un, je m'en prive.
— Ainsi, monsieur, vous me chasserez de chez vous ?
— Et raide !... encore !... Depuis dix-sept ans vous ne m'êtes bonne à rien... vous avez tourné mon fils contre moi... vous m'avez dévalisé mes bois, volé mon argenterie... ça m'embête... je m'en prive... Mais minute... où sont vos bijoux ?
— Mes bijoux ?... — demanda Marie, stupéfaite de cette demande inattendue.
— Oui... vos bijoux, valant à peu près mille francs... allez me les chercher, et donnez-les moi... ça compensera l'argenterie que vous avez dévalisée...
— Ces bijoux, monsieur... je ne les ai plus.
— Comment !
— Je les ai vendus.
— Hein ?... — s'écria Jacques en balbutiant de colère... — vous... vous les...
— Je les ai vendus, monsieur... en même temps que l'argenterie... et pour le même objet...
— Vous mentez ! — s'écria le colosse d'une voix formidable.

— Oh! plus bas, monsieur... je vous en supplie... plus bas.

— Vous cachez vos bijoux pour ne pas m'indemniser... — ajouta l'Hercule, en faisant un pas vers sa femme les poings fermés, et livide de rage, — vous êtes une double voleuse!

— Grâce... monsieur... ne criez pas ainsi!... — s'écria la jeune mère, ne songeant pas seulement à la grossièreté des injures dont on l'accablait, mais tremblant que Frédérik ou David ne s'éveillassent aux éclats de voix de Bastien.

En effet, furieux de ne pouvoir, pour compenser la perte de son argenterie, s'emparer des bijoux de sa femme, idée fixe dont il s'était préoccupé toute la soirée, Jacques ne se connut plus... l'excitation de la colère et celle de l'ivresse se confondirent en une exaltation sauvage, et il s'écria :

— Ah! vous avez caché vos bijoux... eh bien... ce ne sera pas demain que vous sortirez de chez moi... ça sera tout de suite...

— Monsieur... c'est une raillerie cruelle... — répondit Marie brisée par tant d'émotions, — je désire rentrer chez moi... la nuit avance... je suis glacée... Demain... nous parlerons sérieusement... vous aurez alors... tout votre sang-froid, et...

— C'est-à-dire que maintenant... je suis soûl... hein?

— A demain, monsieur... Permettez-moi de me retirer...

Jacques, effrayant de colère, de haine et d'ivresse, fit un pas vers sa femme, et lui montrant le sombre corridor qui conduisait à la porte du dehors :

— Sortez de ma maison!... Je vous chasse, double voleuse!

Marie ne pouvait croire que Jacques parlât sérieusement. Elle ne cherchait qu'à terminer au plus tôt cet odieux entretien, afin d'empêcher l'intervention de David et de son fils. Aussi reprit-elle en s'adressant à son mari avec la plus grande douceur afin de le calmer :

— Monsieur... je vous en supplie... rentrez chez vous... et laissez-moi rentrer chez moi... Je vous répète que demain...

— Tonnerre de Dieu!... — s'écria Jacques hors de lui, — je ne vous dis pas de rentrer... mais de sortir de ma maison... Faut-il que je vous prenne par les épaules pour vous mettre dehors?

— Dehors!... — s'écria Marie, qui comprit enfin à l'expression d'hébétement farouche de la physionomie de Jacques qu'il parlait sérieusement...

C'était féroce... c'était stupide... mais qu'attendre d'un tel misérable encore exalté par l'ivresse?

— Dehors?... — reprit donc Marie avec épouvante... — mais, monsieur... vous n'y pensez pas... il fait nuit... il fait froid...

— Qu'est-ce que ça me fait, à moi?

— Monsieur... je vous en conjure, revenez à vous... mon Dieu!... Il est une heure du matin... où voulez-vous que j'aille?...

— Je m'en f...

— Mais, monsieur...

— Une fois!... sortiras-tu, voleuse?...

Et le colosse fit un pas vers sa femme...

— Monsieur... un mot... un seul mot...

— Deux fois!...

Et Jacques fit un nouveau pas vers sa femme.

— De grâce!... écoutez-moi...

— Trois fois!...

Et l'Hercule retroussa ses manches pour saisir sa femme... Que pouvait faire l'infortunée?...

Crier... appeler au secours?...

Frédérik et David s'éveillaient... accouraient au bruit... et, pour Marie, il y avait quelque chose de plus horrible encore que cette indigne et sauvage expulsion : c'était la honte... c'était l'affreuse idée d'être vue par son fils se débattant contre son mari qui voulait la jeter demi-nue à la porte de sa maison... Sa dignité de femme... de mère se révoltait à cette pensée... et surtout à l'idée d'une lutte désespérée entre son fils et son mari, lutte qui pouvait aboutir à un meurtre, à un parricide ; car Frédérik n'eût reculé devant aucune extrémité pour défendre sa mère chassée de la maison.

Marie se résigna donc, et lorsque Jacques, s'approchant d'elle pour la saisir, répéta :

— Trois fois!... sortiras-tu?...

— Eh bien, oui... oui... monsieur... je sortirai, — reprit Marie d'une voix tremblante, — je vais sortir tout de suite... mais, pas de bruit... je vous en supplie...

Alors éperdue, tendant ses mains suppliantes vers Jacques, qui, toujours menaçant, marchait sur elle et lui montrait du geste la porte de sortie, Marie atteignit ainsi, à reculons et dans l'ombre, l'extrémité du corridor.

Bastien ouvrit la porte.

Une bouffée de vent glacial s'engouffra dans l'entrée.

Au dehors, on ne voyait que ténèbres et neige tombant à gros flocons.

— Oh! mon Dieu!... quelle nuit!... — murmura Marie épouvantée malgré sa résolution, et voulant revenir sur ses pas ;— grâce!... monsieur...

— Bonsoir!... dit le misérable avec un ricanement féroce en poussant sa femme dehors ; puis, refermant la porte, il en poussa les verrous.

Marie, tête nue, et seulement vêtue de son peignoir de nuit, sentit ses pieds enfoncer dans l'épaisse couche de neige dont le pavé du porche était déjà recouvert malgré la toiture de cet auvent rustique.

Une lueur d'espérance restait à la jeune femme : un moment, elle crut que son mari ne voulait faire qu'une plaisanterie aussi cruelle que stupide ; mais elle entendit Jacques s'éloigner pesamment.

Bientôt il eut regagné sa chambre, ainsi que Marie s'en aperçut en voyant la lumière filtrer à travers les lames des persiennes...

Madame Bastien, glacée par la bise âpre et pénétrante... sentait ses dents se heurter convulsivement. Elle voulut gagner les écuries situées dans un bâtiment voisin... Malheureusement elle trouva la porte du jardin fermée... et l'on se souvient que ce jardin, entouré de bâtiments de tous côtés, se clôturait par une palissade, au milieu de laquelle était la porte à claire-voie, que madame Bastien ne put parvenir à ouvrir.

Trois fenêtres donnaient sur ce jardin... deux croisées de l'appartement de Jacques Bastien, et celle de la salle à manger où il n'était resté personne...

Marie n'avait plus aucun secours à demander ou à attendre...

Elle se résigna.

La pauvre créature revint sous le porche, débraya de ses mains la neige qui couvrait le seuil, et, déjà glacée, raidie par le froid, elle s'assit sur la marche de pierre, à peine abritée par l'auvent rustique.

XXXIX.

Jacques Bastien, après avoir brutalement chassé sa femme, rentra chez lui d'un pas chancelant, se jeta sur son lit tout habillé, et tomba dans un profond sommeil.

A trois heures de la nuit, ainsi qu'il en avait donné l'ordre la veille, Marguerite apporta de la lumière chez son maître et le trouva endormi ; elle eut assez de peine à le réveiller, et lui annonça que le vieil André avait attelé le cheval à la carriole.

Jacques, encore alourdi par le sommeil et par les suites de son ivresse qui obscurcissait encore ses idées, secoua dans ses vêtemens comme une bête fauve dans sa fourrure, passa sa main dans sa crinière emmêlée, endossa par dessus ses vêtemens un surtout de peau de bique à longs poils, se rinça la bouche avec un plein verre d'eau-de-vie, et envoya Marguerite avertir Bridou que tout était prêt pour le départ.

Bastien avait la tête embarrassée, les idées confuses, et à peine un vague souvenir de son atroce brutalité envers sa femme ; il luttait péniblement contre une violente envie de dormir ; en attendant son compagnon, il se rassit sur le bord de son lit, où il recommençait de sommeiller, lorsque Bridou entra.

— Allons, Jacques, allons, — dit l'huissier... — tu as l'air tout engourdi, mon vieux... secoue-toi donc.

— Voilà !... voilà !... — répondit monsieur Bastien en se dressant sur ses jambes et se frottant les yeux ; — j'ai la tête lourde... et du sable dans les yeux, le grand air me remettra peut-être... Tiens, bois une goutte Bridou, et en route... Nous avons quatre lieues d'ici à Blémur...

— A ta santé, vieux ! — dit l'huissier en se versant un petit verre d'eau-de-vie. — Ah çà !... tu ne trinques pas, toi ?

— Si fait... ça me réveillera, car j'ai la cervelle diablement embrouillée.

Et, après avoir avalé une nouvelle rasade d'eau-de-vie, qui loin d'éclaircir ses idées les rendit encore plus confuses, Bastien, précédant Bridou, sortit de sa chambre, suivit le corridor, et ouvrit la porte du jardin par laquelle il avait chassé sa femme deux heures auparavant...

Mais Marie avait quitté le porche où elle s'était d'abord blottie.

La neige ne tombait plus.

La lune brillait au ciel, le froid devenait de plus en plus vif. Jacques en fut doublement saisi, car il venait de boire deux verres d'eau-de-vie ; aussi, pendant quelques momens, ses idées se troublèrent à ce point, qu'en sortant du porche il marcha droit devant lui à travers la pelouse, au lieu de suivre l'allée qui conduisait à la sortie du jardin.

Bridou s'aperçut de la distraction de son ami et lui dit :

— Jacques... Jacques... mais où diable vas-tu donc ?

— C'est vrai, — répondit l'Hercule en s'arrêtant court et en oscillant légèrement sur ses jambes d'avant en arrière. — C'est vrai... mon vieux... — reprit-il, — je ne sais pas ce que j'ai... je suis abruti ce matin... je vais à droite quand je crois aller à gauche... c'est le froid qui m'a pincé tout de suite en sortant...

— Il y a fichtre bien de quoi être pincé, — reprit Bridou en grelottant, — j'ai un caban, un cache-nez, et je suis gelé...

— Frileux... va !

— Ça t'est bien facile à dire, à toi.

— Voyons, Bridou, veux-tu ma peau ?

— Comment ! ta peau ?

— Ma peau de bique, imbécile.

— Et toi, Jacques ?

— Prends-la ; une fois en cabriolet, la chaleur m'engourdira trop... et je m'endormirais malgré moi.

— Alors, Jacques, j'accepte ta peau, avec d'autant plus d'allégresse, mon vieux, que, si tu te mets à dormir, tu es capable de nous verser...

— Tiens... endosse ; — dit Jacques après avoir ôté sa peau de bique, dont son compère se vêtit prestement.

— Allons, — reprit Bastien en passant sa main sur son front, — voilà que je me retrouve... Ça va mieux.

Et Jacques atteignit d'un pas moins chancelant la porte du jardin qu'André venait d'ouvrir au dehors en amenant la carriole attelée du vieux cheval blanc, devant la tête duquel il se tenait.

Bastien monta le premier en voiture ; Bridou, embarrassé de la peau de bique, trébucha sur le marchepied.

— Prenez garde, notre maître, — dit de loin le vieil André, trompé par la peau de bique, et croyant s'adresser à monsieur Bastien. — Faites attention ! notre maître.

— Jacques, ce que c'est pourtant que la peau du lion, — dit tout bas l'huissier, — ton domestique me prend pour toi, mon vieux... parce que j'ai ta casaque.

Bastien, dont l'esprit continuait d'être quelque peu troublé, prit les guides et dit à André, qui se tenait toujours à la tête du cheval :

— L'ancienne route de Blémur est-elle encore bonne ?

— L'ancienne route ? mais on n'y passe plus, monsieur.

— Pourquoi ?

— Parce que l'inondation l'a toute *ravinée*, monsieur ; sans compter que la berge du côté de l'étang *des Brûlés* a été emportée ; ce qui fait qu'à cet endroit-là le chemin est encore couvert de dix pieds d'eau.

— C'est dommage, car ça raccourcissait fièrement le chemin, — répondit Bastien, en fouettant si vigoureusement le cheval qu'il partit au galop.

— Doucement, Jacques ! — s'écria l'huissier, commençant à s'inquiéter de l'état où il voyait son compère... — les chemins ne sont pas bons... ne va pas nous verser, au moins... Mais saperlotte, Jacques, fais donc attention... Ah çà ! tu ne vois donc pas devant toi ! ! !

Nous laisserons monsieur Bridou dans une perplexité toujours croissante, et nous reviendrons à la ferme.

Nous l'avons dit, Marie, après avoir en vain tenté de gagner l'écurie par la porte du jardin, était revenue se blottir dans l'un des angles du porche.

Durant la première demi-heure, le froid lui causa d'atroces souffrances.

A cette torture succéda une sorte d'engourdissement d'abord douloureux, puis bientôt suivi d'un état d'insensibilité presque complète : funeste, invincible torpeur qui, dans ces circonstances, sert souvent de transition à la mort.

Marie, vaillante comme toujours, avait longtemps conservé toute sa présence d'esprit, et cherchait à s'étourdir sur le danger qu'elle courait ; se disant qu'après tout... vers les trois heures du matin, il y aurait nécessairement dans la maison un certain mouvement causé par le départ de monsieur Bastien, qui voulait, ainsi qu'elle l'avait su par Marguerite, se mettre en route au lever de la lune.

Or, qu'il partît ou non, la jeune femme comptait profiter des allées et venues de Marguerite, pour se faire entendre d'elle en frappant, soit à la porte du corridor, soit aux persiennes de la salle à manger, et regagner ainsi sa chambre.

Mais la terrible influence du froid, dont madame Bastien ignorait les effets rapides et saisissants, glaça pour ainsi dire sa pensée comme elle glaça ses membres.

Au bout d'une demi-heure, la jeune femme cédait malgré elle à un assoupissement involontaire dont elle sortait pourtant par instans à force de courage... mais où elle retombait bientôt plus profondément encore.

Vers les trois heures du matin, la lumière que portait Marguerite avait déjà plusieurs fois brillé à travers les lames des persiennes ; ses pas avaient résonné derrière la porte d'entrée.

Marie, plongée dans une torpeur croissante, n'avait rien vu, rien entendu.

Heureusement, lors de l'un de ces rares instans où elle parvenait à s'arracher en sursaut de son engourdissement, elle tressaillit à la voix de Bastien ; sur le point de sortir avec Bridou, il tirait bruyamment les verrous de la porte...

A la voix de son mari, la jeune femme, par un effort de volonté presque surhumain, secoua tout à fait sa torpeur, se leva, quoique raidie et presque courbée en deux par le froid glacial, sortit du porche et se cacha derrière un des montans couverts de lierre, au moment où la porte s'ouvrait devant Bastien et Bridou, qui sortirent bientôt par la grille du jardin...

Marie, voyant les deux hommes s'éloigner, se glissa dans la maison, regagna sa chambre, sans avoir rencontré Marguerite. Mais, au moment où elle la sonnait, les forces lui manquant, elle tomba sur le carreau, presque sans connaissance.

La servante accourut à la sonnette de sa maîtresse, la trouva gisante au milieu de sa chambre, et s'écria, en se courbant vers elle pour la relever :

— Grand Dieu !... madame... que vous est-il arrivé ?

— Silence !... — murmura la jeune mère, d'une voix faible, — n'éveillons pas mon fils !... Aidez-moi à regagner mon lit.

— Hélas! madame, — dit la servante en soutenant Marie pendant qu'elle se mettait au lit, — vous frissonnez... vous êtes glacée...

— Cette nuit, — répondit la jeune mère d'une voix défaillante, — me sentant très souffrante... j'ai voulu me lever... pour vous sonner... je n'en ai pas eu la force... je me suis trouvée mal... et c'est tout à l'heure... que j'ai pu me traîner jusqu'à la cheminée pour vous appeler... et je...

La jeune femme n'acheva pas, ses dents s'entrechoquèrent, sa tête se renversa en arrière, et elle s'évanouit.

Marguerite, effrayée de la responsabilité qui pesait sur elle et perdant tout à fait la tête, s'écria en courant à la chambre de Frédérik :

— Monsieur! monsieur!... levez-vous, madame se trouve mal.

Puis, revenue auprès de Marie, la servante s'écria en s'agenouillant auprès du lit :

— Mon Dieu ! que faire... que faire ?...

Au bout de quelques instans, Frédérik, ayant passé sa robe de chambre, sortit de chez lui.

Que l'on juge de son saisissement à l'aspect de la jeune femme pâle, inanimée et de temps à autre agitée par un frissonnement convulsif.

— Mère... — s'écria Frédérik en s'agenouillant éperdu au chevet de Marie, — mère, qu'as-tu ? réponds-moi...

— Hélas! monsieur Frédérik, — dit Marguerite en sanglotant, — madame est sans connaissance... Que faire... mon Dieu ! que faire ?...

— Marguerite...— s'écria Frédérik, courez éveillez monsieur David...

Pendant que Frédérik, dans une terreur inexprimable, restait auprès de sa mère, la servante se rendit à la mansarde d'André où David avait passé la nuit.

Le précepteur, s'étant vêtu à la hâte, ouvrit à Marguerite.

— Mon Dieu ! qu'y a-t-il?

— Monsieur David, un grand malheur... madame...

— Achevez...

— Cette nuit, se sentant souffrante, elle s'est levée pour me sonner... les forces lui ont manqué... elle est tombée au milieu de sa chambre... où elle est restée longtemps sans doute sur le carreau, car lorsque tout à l'heure je suis entrée chez elle... et que je l'ai aidée à se mettre au lit, elle était glacée.

— Par une nuit pareille... c'est affreux, — s'écria David en pâlissant, — et, à cette heure... comment se trouve-t-elle ?

— Mon Dieu! monsieur David, elle a perdu tout à fait connaissance... Ce pauvre monsieur Frédérik est à genoux à son chevet... il sanglote... il l'appelle, elle n'entend rien. C'est lui qui m'a dit de courir vous chercher... car nous ne savons que faire... nous avons la tête perdue.

— Il faut dire à André d'atteler le cheval et de se rendre en hâte à Pont-Brillant... chercher le docteur Dufour... Courez... courez Marguerite !

— Hélas ! monsieur... c'est impossible... Monsieur est parti ce matin à trois heures avec le cheval... et André est si vieux qu'il mettrait je ne sais combien de temps à faire deux lieues qu'il y a d'ici à la ville.

— J'y vais, — dit David avec un calme que démentait l'altération de ses traits.

— Vous, monsieur David, aller à la ville, à pied, si loin, et par cette nuit glacée ?

— Dans une heure, — répondit David en finissant de s'habiller pour cette excursion, — dans une heure le docteur Dufour sera ici... Dites cela à Frédérik pour le tranquilliser. En attendant mon retour, il serait bon de faire prendre à madame Bastien quelques tasses de thé bien chaud. Tâchez aussi de rappeler la chaleur chez elle en la couvrant avec soin et en rapprochant son lit d'un grand feu que vous allez allumer tout de suite dans sa cheminée. Allons, courage! Marguerite, — ajouta David en prenant son chapeau et en descendant à la hâte, — dites bien à Frédérik que dans une heure monsieur Dufour sera ici.

Marguerite, après avoir conduit David jusqu'à la grille du jardin, vint chercher sa lampe qu'elle avait laissée sur le seuil de la porte, abritée par le porche rustique.

En se baissant pour reprendre sa lumière, la servante vit, à demi caché par la neige, un mouchoir de cou, en soie orange, appartenant à madame Bastien, et, presque au même endroit, elle trouva une petite pantoufle de maroquin rouge, pour ainsi dire incrustée dans la neige durcie par la gelée.

De plus en plus surprise, et se demandant comment se trouvaient là ces objets qui provenaient évidemment de sa maîtresse, Marguerite, frappée d'une idée subite, ramassa le mouchoir et la pantoufle ; puis, à l'aide de sa lampe, elle examina attentivement le carrelage du corridor...

Elle y reconnut la récente empreinte de pas humides et neigeux, de sorte qu'en suivant cette trace laissée par les petits pieds de madame Bastien sur les carreaux, la servante arriva jusqu'à la porte de sa maîtresse.

Soudain Marguerite se rappela que, lorsqu'elle avait aidé Marie, toute transie de froid, à se mettre au lit, il n'était pas défait ; d'autres souvenirs se joignant à ces remarques, la servante épouvantée de la découverte qu'elle venait de faire, rentra chez madame Bastien, auprès de qui était resté Frédérik...

Une heure un quart après le départ de David, un cabriolet de poste, attelé de deux chevaux blancs d'écume et sillonnés par le fouet du postillon, s'arrêtait à la porte de la ferme.

David et le docteur Dufour descendaient de cette voiture

XL.

Depuis trois heures environ, le docteur Dufour était arrivé à la ferme.

David, discrètement retiré dans le salon d'étude, attendait avec une anxiété mortelle des nouvelles de madame Bastien, auprès de qui le docteur et Frédérik étaient jusqu'alors restés.

Une seule fois, David, debout sur le seuil du salon, s'était écrié à voix basse, en voyant Marguerite passer rapidement devant lui, sortant de chez sa maîtresse :

— Eh bien ! Marguerite?...

— Ah ! monsieur David... — avait seulement répondu la servante en pleurant et sans s'arrêter.

— Elle se meurt ! — s'écria David en rentrant dans le salon.

Et, pâle, les traits bouleversés, le cœur brisé, il se jeta dans un fauteuil, cacha sa figure entre ses mains, fondit en larmes, et mordit son mouchoir pour étouffer ses sanglots.

— J'ai connu... les désespoirs de cet amour contenu... caché... impossible... — murmurait-il... — Je croyais avoir cruellement souffert... cela, souffrir ?... dérision !!... Est-ce que je savais ce que c'était que la crainte de perdre Marie... La perdre... elle... mourir, non... non... oh ! mais... je la verrai du moins !...

Et, presque fou de douleur, David traversa précipitamment le salon, mais il s'arrêta au seuil.

— Elle se meurt peut-être... et je n'ai pas le droit d'assister à son agonie... Que suis-je ici ?... un étranger... écoutons... du moins... rien... rien... un silence de tombe. Mon Dieu !... dans cette chambre où elle agonise peut-être, que se passe-t-il ?... Ah ! quelqu'un sort... c'est Pierre...

Et David, faisant un pas dans le corridor, vit, en effet, dans le pénombre du couloir obscur, le docteur sortir de la chambre de Marie...

— Pierre!... — lui dit-il à voix basse, afin de hâter sa venue... — Pierre!

M. Dufour s'avançait rapidement au-devant de David, lorsque celui-ci entendit une voix dire tout bas:

— Monsieur le docteur, il faut que je vous parle...

A cette voix, M. Dufour s'arrêta brusquement devant la porte de la salle à manger où il entra.

— Quelle est cette voix?... se demanda David. — Est-ce Marguerite?... Mon Dieu! que se passe-t-il? — ajouta-t-il en prêtant l'oreille du côté de l'endroit où venait d'entrer le médecin. — C'est Pierre qui parle... ses exclamations annoncent l'indignation... l'épouvante... Enfin... il sort... le voici!...

En effet, M. Dufour, la figure altérée, le front courroucé, entra dans la salle d'étude, les mains encore jointes par un geste d'horreur, et s'écria :

— Mais c'est horrible!... mais c'est infâme!...

David, ne songeant qu'à Marie, s'élança au devant de son ami.

— Pierre... au nom du ciel... comment va-t-elle? La vérité!... j'aurai du courage.. mais, par pitié! la vérité!... si affreuse qu'elle soit... il n'y a pas... vois-tu... de torture égale à celle que j'endure ici... depuis trois heures... me demandant : Est-elle vivante... agonisante ou morte?...

Les traits bouleversés de David, ses yeux ardens, rougis par des larmes récentes, le brisement de sa voix, trahissaient à la fois tant de désespoir et tant d'amour, que le docteur Dufour, quoique sous l'impression d'une violente émotion, s'arrêta court à la vue de son ami, et le contempla pendant quelques instans avant de lui répondre.

— Pierre... tu ne me dis rien... rien... — s'écria David effrayant de douleur, — mais elle meurt... donc... alors!...

— Non... Henri... non... elle ne se meurt pas.

— Elle vivra!!... — s'écria David.

A cette espérance ces traits se transfigurèrent, il serra le médecin contre sa poitrine, en murmurant sans pouvoir retenir ses larmes...

— C'est plus que la vie... que je te devrai, Pierre...

— Henri... — reprit le docteur avec un soupir, — je n'ai pas dit qu'elle vivrait...

— Tu crains?...

— Beaucoup...

— Oh! mon Dieu!... mais au moins tu espères...

— Je ne l'ose pas encore...

— Et à cette heure comment est-elle?

— Plus calme... elle s'est assoupie...

— Oh! qu'elle vive... qu'elle vive... Pierre... il le faut... elle vivra, n'est-ce pas?... elle vivra...

— Henri... tu l'aimes...

Rappelé à lui par ces mots de son ami, David tressaillit, resta muet et les yeux attachés sur les yeux du docteur.

Celui-ci reprit d'un ton grave et triste :

— Henri... tu l'aimes... je n'ai pas surpris ton secret. Tu viens de me le révéler toi-même.

— Moi!!

— Par ta douleur...

— C'est vrai... je l'aime.

— Henri! — s'écria le docteur, les larmes aux yeux, avec une émotion profonde, — Henri... je te plains... oh! je te plains...

— C'est un amour sans espoir... je le sais... mais qu'elle vive... et je bénirai les tourmens que je dois endurer près d'elle... car son fils... qui nous lie à jamais... sera toujours entre elle et moi...

— Oui, ton amour est sans espoir... Henri... oui, la délicatesse t'empêchera de jamais laisser soupçonner tes sentimens à Marie... Mais ce n'est pas tout... et je te le répète, Henri, tu es plus à plaindre que tu ne le penses.

— Mon Dieu! Pierre, que veux-tu dire?

— Sais-tu?... mais... tiens... mon sang... bout... mon indignation se rallume... tout se révolte en moi... car...

on ne peut plus parler de sang-froid d'une si lâche atrocité.

— Malheureuse femme, il s'agit d'elle! Oh! parle, parle donc! Tu me brises! tu me tues!

— Tout à l'heure... je venais te rejoindre.

— L'on t'a arrêté dans le couloir.

— C'était Marguerite... Sais-tu où madame Bastien a passé une partie de la nuit?

— Que veux-tu dire?

— Elle l'a passée hors de sa maison.

— Elle?!... la nuit hors de sa maison.

— Oui... son mari l'a jetée dehors, demi-nue, par cette nuit glacée.

David frémit de tout son corps. Puis, après avoir porté ses deux mains à son front, comme pour comprimer la violence de ses pensées, il dit au docteur d'une voix entrecoupée :

— Tiens, Pierre... j'ai entendu tes paroles... mais je ne te comprends pas... On dirait qu'un nuage vient de s'étendre sur mon esprit.

— D'abord, je n'ai pas compris non plus, moi, c'était trop monstrueux. Marguerite, hier soir, peu de temps après avoir quitté sa maîtresse... a entendu longtemps parler... tantôt à voix basse... tantôt avec violence, dans la salle d'étude... puis marcher dans le corridor... puis le bruit d'une porte qui s'ouvrait et se fermait, puis plus rien... Cette nuit après le départ de monsieur Bastien, Marguerite, sonnée par sa maîtresse, a cru d'abord à un évanouissement de Marie; mais, plus tard, à certains indices, Marguerite a eu la preuve que sa maîtresse avait dû rester depuis minuit jusqu'à trois heures... sous le porche, exposée à toute la rigueur de cette nuit glaciale... Ainsi... cette maladie mortelle... peut-être...

— Mais c'est un meurtre! — s'écria David, effrayant de douleur et de rage, — mais cet homme est un assassin!

— Ce misérable était ivre, à ce que m'a dit Marguerite, c'est ensuite d'une altercation avec sa malheureuse femme qu'il l'aura jetée dehors...

— Pierre, cet homme va revenir tantôt... deux fois il m'a outragé, je le provoquerai... je le tuerai...

— Henri, du calme...

— Je veux le tuer!...

— Ecoute-moi...

— S'il refuse de se battre, je l'assassinerai... je me tuerai ensuite... Marie sera délivrée.

— Henri, Henri! c'est du délire!

— Oh! mon Dieu!... elle... elle... ainsi traitée, — dit David d'une voix déchirante, — savoir cet ange de pureté, cette mère adorable et sainte, pour toujours à la merci de cet homme stupide et féroce... Mais tu ne vois donc pas que si elle ne meurt pas cette fois-ci, il la tuera un autre jour?

— Je le crois, Henri... et il ne faut pas qu'il la tue...

— Et tu ne veux pas que je...

— Henri... — s'écria le docteur en prenant les mains de son ami avec effusion, — Henri,... noble et excellent cœur, reviens à toi... sois ce que tu as toujours été... plein de générosité, de courage... oui, de courage... il t'en faudra pour accomplir un sacrifice cruel, mais indispensable au salut de madame Bastien...

— Un sacrifice utile au salut... de Marie!! Oh! parle. . parle...

— Brave... brave cœur... je te retrouve, et j'avais tort de te le dire... que tu étais plus à plaindre que tu ne le pensais... car les âmes comme la tienne vivent de sacrifices et de renoncemens. Ecoute, Henri... en admettant que je puisse sauver madame Bastien de la maladie qu'elle a gagnée cette nuit, une fluxion de poitrine des plus dangereuses... il ne faut pas que cette femme angélique reste au pouvoir de ce misérable, n'est-ce pas?

— Achève... achève.

— Il est un moyen honorable et légal d'arracher à cet homme la victime qu'il torture depuis dix-sept ans.

— Et ce moyen?

— Une séparation... judiciaire.
— Et comment y arriver ?
— L'atroce conduite de cet homme, durant cette nuit, est un sévice des plus graves... Marguerite en témoignera ; il n'en faut pas davantage pour obtenir une séparation, et d'ailleurs... je verrai les juges, moi !... et je leur dirai avec la chaleur et l'indignation d'un cœur honnête la conduite de Bastien envers sa femme depuis son mariage ;... je leur dirai l'angélique résignation de Marie... son admirable dévouement pour son fils... et surtout je leur dirai la pureté de sa vie...
— Tiens, Pierre, pardon... tout à l'heure, je parlais comme un insensé. A une brutalité féroce, je répondais par une violence homicide... Tu as raison... il faut que madame Bastien se sépare de son mari, qu'elle soit libre ;
— et, à cette pensée, David ne put réprimer un tressaillement d'espérance. — Oui... qu'elle soit libre, et alors pouvant seule disposer de l'avenir de son fils...
— Henri, — dit le médecin en interrompant son ami... tu dois comprendre que, pour que cette séparation soit ce qu'elle doit être du côté de Marie... digne et honorable... il faut que tu t'éloignes...
— Moi !... — s'écria David, atterré par les paroles du docteur, qui reprit d'une voix ferme :
— Henri, je te le répète... il faut t'éloigner...
— La quitter... la quitter mourante ?... jamais.
— Mon ami...
— Jamais ! elle non plus n'y consentirait pas.
— Que dis-tu ?...
— Non... elle ne me laisserait pas partir... Abandonner son fils... que j'aime comme mon enfant, l'abandonner au moment même de réaliser les plus belles espérances... mais ce serait insensé... je ne le pourrais pas... et ce cher enfant ne le pourrait pas non plus... Tu ne sais pas pas ce qu'il est pour moi... tu ne sais pas ce que je suis pour lui... tu ne sais pas, enfin, les liens indissolubles qui nous unissent... sa mère... lui et moi.
— Je sais tout cela, Henri... je sais la force de ces liens, je sais enfin que ton amour, peut-être ignoré de Marie, est aussi pur que respectueux.
— Et tu veux m'éloigner ?
— Oui... parce que je sais aussi que Marie et toi vous êtes jeunes tous deux, parce que vous vivez dans une intimité de tous les instants... parce que l'expression de la reconnaissance que te doit pourrait paraître à des yeux prévenus... l'expression d'un sentiment plus tendre, parce qu'enfin je sais que la vieille marquise de Pont-Brillant, douairière éhontée, a fait, elle est, a fait au château devant vingt personnes de méchantes et cyniques allusions à l'âge et à la figure du précepteur que madame Bastien a choisi pour son fils.
— Oh ! c'est infâme !
— Oui, c'est infâme !... oui, c'est indigne ! mais tu donneras créance à ces infamies, à ces indignités... si tu restes dans cette maison au moment même où madame Bastien, après dix-sept ans de mariage, demandera sa séparation...
— Mais elle ignore mon amour, Pierre... je te le jure... mais tu sais bien que je mourrais plutôt que de lui dire un mot de cet amour, par cela même qu'elle me doit le salut de son fils !
— Je ne doute ni de toi ni d'elle ; mais, je te le répète, ton séjour prolongé dans cette maison peut faire à Marie un tort irréparable.
— Pierre... ces craintes sont folles.
— Ces craintes ne sont que trop fondées ; ta présence, ainsi méchamment interprétée, portera atteinte à l'irréprochable pureté de la vie de Marie : on préjugera mal de sa demande en séparation, on la rejettera peut-être. Alors Bastien, doublement irrité contre sa femme, redoublera de brutalité envers elle, et il la tuera, Henri... il la tuera légalement... il la tuera honnêtement, comme bien des maris tuent leurs femmes...

La justesse des paroles du docteur était évidente ; David ne put la méconnaître. Voulant pourtant se rattacher à une dernière espérance, il reprit :
— Mais enfin, Pierre, puis-je quitter Frédérik... qui, à cette heure, a encore besoin de tous mes soins, car son moral est à peine raffermi... Cher enfant ! le quitter au moment où j'entrevoyais déjà pour lui un si glorieux avenir.
— Mais songe donc que, ce soir, monsieur Bastien sera ici... qu'il te dira peut-être de sortir de la maison... de cette maison où, après tout, il est le maître... que feras-tu ?

L'entretien de David et du docteur fut interrompu par Frédérik, qui entra vivement en disant à monsieur Dufour :
— Ma mère vient de se réveiller de son assoupissement.., elle désire vous parler à l'instant, monsieur Dufour...
— Mon enfant, — dit le médecin à Frédérik, — j'aurais quelques mots à dire à votre mère en particulier. Veuillez rester un moment ici avec David.

Et, s'adressant à son ami, monsieur Dufour lui dit :
— Henri, je puis compter sur toi... tu me comprends ?
— Je te comprends.
— Tu me donnes ta parole de faire ce que tu dois faire ?

Après une longue hésitation, pendant laquelle Frédérik, surpris de ces paroles mystérieuses, regardait tour à tour le docteur et David, celui-ci reprit d'une voix ferme, en tendant la main à son ami :
— Pierre, tu as ma parole.
— Bien... bien... — dit le médecin avec émotion, en serrant la main de David ; puis il ajouta :
— Je n'ai rempli que la moitié de ma tâche...
— Pierre, que dis-tu ? — s'écria David en voyant le médecin se diriger vers la chambre de Marie, — que vas-tu faire ?
— Mon devoir, — répondit le docteur.

Et laissant David et Frédérik dans le salon d'étude, il entra chez madame Bastien.

XLI.

Lorsque le docteur Dufour entra chez madame Bastien, il la trouva au lit, Marguerite assise à son chevet.

Marie, la veille encore d'une si florissante beauté, était pâle, abattue ; la brûlante ardeur de la fièvre colorait vivement ses pommettes et faisait briller ses grands yeux bleus, demi-clos sous leurs paupières alourdies ; de temps à autre, une petite toux sèche et aiguë soulevait son beau sein, sur lequel la jeune femme appuyait fréquemment sa main comme pour comprimer de fréquents et douloureux déchiremens.

A la vue du docteur, madame Bastien dit à sa servante :
— Laissez-nous, Marguerite.
— Eh bien,... comment vous trouvez-vous ? — dit le docteur à Marie lorsqu'il fut seul avec elle.
— Cette toux me brûle et me brise la poitrine, mon bon docteur ;... mon assoupissement a été mêlé de rêves pénibles... Effet de la fièvre, sans doute... mais... ne parlons pas de cela... — ajouta Marie avec un accent de résignation angélique. — J'ai à vous consulter... sur des choses bien graves... mon bon docteur, et je dois... me hâter... car, deux ou trois fois... j'ai, depuis mon réveil... senti mes pensées .. près de m'échapper.
— Il ne faut pas vous inquiéter, cela tient à l'état de faiblesse... qui suit presque toujours la surexcitation de la fièvre.
— J'ai voulu d'abord vous parler... à vous... à vous seul... avant de prier monsieur David et mon fils... d'entrer chez moi... car nous aurons... je crois, à conférer ensuite... tous ensemble...
— Je vous écoute, madame.
— Vous le savez... mon mari... est venu ici... hier soir.

— Je le sais, — dit le docteur, sans pouvoir vaincre un frémissement d'indignation.

— J'ai eu avec lui une longue... et pénible discussion... au sujet de mon fils... Malgré mes réclamations... mes prières... monsieur Bastien est résolu de faire entrer Frédérik chez monsieur Bridou... comme clerc d'huissier... il me faut donc remercier monsieur David de ses soins... et me séparer de mon enfant...

— Et à cela... vous ne sauriez consentir ?...

— Tant qu'il me restera une étincelle de vie... je défendrai mes droits sur mon fils... Quant à lui... vous connaissez la résolution de son caractère... Jamais il ne voudra me quitter... abandonner monsieur David et entrer chez monsieur Bridou... Monsieur Bastien sera tantôt de retour ici... il va prétendre emmener mon fils...

Marie, vaincue par l'émotion qu'elle tâchait de combattre, fut obligée de s'interrompre un instant et éprouva bientôt un accès de toux d'un caractère si dangereux, joint à une oppression si douloureuse, qu'involontairement le docteur leva les yeux au ciel avec angoisse, tout en faisant prendre à la jeune femme quelques cuillerées d'un breuvage préparé par lui.

Marie, un peu remise, continua.

— Telle est notre position, mon cher docteur... il faut qu'avant le retour de monsieur Bastien... nous ayons pris un parti décisif... sinon... — et Marie devint encore plus pâle, — sinon, il va se passer ici quelque chose d'épouvantable... car vous savez combien monsieur Bastien est violent, combien Frédérik est résolu, et, quant à moi... je le sens, malade comme je suis, c'est me frapper à mort que de m'arracher mon fils.

— Madame, les momens sont précieux... permettez-moi d'abord de faire appel à votre franchise...

— Parlez.

— Hier soir... à la suite de la discussion que vous avez eue avec votre mari... une scène atroce a eu lieu... et cette nuit...

— Monsieur...

— Je sais tout, madame.

— Encore une fois... docteur...

— Je sais tout, vous dis-je, et avec votre courage habituel, vous vous êtes, j'en suis certain, résignée à cet abominable traitement, afin de ne pas donner lieu à un éclat déplorable, et d'éviter une collision terrible entre votre fils et votre mari... Oh! ne cherchez pas à le nier... votre salut, celui de votre fils dépendent de la sincérité de votre aveu...

— Mon salut! celui de mon fils!

— Voyons, madame... croyez-vous que la loi reste désarmée contre d'aussi atroces excès que ceux dont votre mari s'est rendu coupable envers vous? Non! non! Et de sa stupide férocité... il y a des témoins. Et ces témoins, c'est Marguerite... c'est moi qui ai été appelé à vous donner mes soins, en suite de ces horribles sévices qui autorisent, qui justifient une demande en séparation... Cette demande, il faut la former aujourd'hui.

— Une séparation, — s'écria Marie en joignant les mains avec transport, — il serait possible.

— Oui, et vous l'obtiendrez; fiez-vous à moi, madame... Je verrai vos juges, je ferai valoir vos droits, vos chagrins, vos malheurs... mais, avant de former cette demande, — ajouta le docteur en hésitant, car il sentait toute la délicatesse de la question qu'il soulevait, — il est indispensable que David s'éloigne.

A ces mots, Marie tressaillit de surprise et de douleur; les yeux attachés sur ceux de monsieur Dufour, elle tâchait de deviner sa pensée, ne pouvant comprendre pourquoi, lui, le meilleur ami de David, demandait qu'il fût éloigné.

— Nous séparer de monsieur David, — dit-elle enfin, — au moment où mon fils a tant besoin de ses soins.

— Madame... croyez-moi... le départ de David est indispensable... David, lui-même, l'a senti... car il est résolu de s'éloigner.

— Monsieur David!!...

— J'ai sa parole...

— C'est impossible...

— J'ai sa parole, madame...

— Lui... lui... dans un pareil moment, il nous abandonne!!...

— Pour vous sauver... vous et votre fils.

— Pour nous sauver ?...

— Sa présence auprès de vous... madame... compromettrait le bon succès de votre demande en séparation...

— Pourquoi cela ?...

Il y eut dans la question de Marie tant de candeur et de sincérité; elle témoignait si pleinement de l'innocence de son cœur, que le docteur Dufour n'eut pas le courage de porter un nouveau coup à cette angélique créature en lui parlant des bruits odieux que l'on commençait à répandre sur elle et sur David; il reprit :

— Vous ne pouvez douter, madame, du dévouement, de l'affection de David; il sait tout ce que son départ doit avoir de regrettable... de pénible pour Frédérik, mais il sait aussi l'indispensable nécessité de ce départ.

— Lui, partir !...

A l'accent déchirant avec lequel Marie prononça ces deux seuls mots : — lui, partir ! — le docteur devina pour la première fois et comprit la grandeur de l'amour que Marie ressentait pour David ; en songeant à cet amour profond et pur, né des causes les plus nobles, les plus saintes, le cœur du médecin se brisa. Il connaissait la vertu de Marie, la délicatesse de David, et, à cette fatale passion, il ne voyait pas d'issue.

Marie, après avoir silencieusement pleuré, tourna vers le docteur son pâle et douloureux visage baigné de larmes, et lui dit avec accablement :

— Monsieur David... juge à propos de s'éloigner... mon fils et moi nous nous résignerons... Votre ami nous a donné trop de preuves de son admirable dévouement pour qu'il soit permis de douter un instant de son cœur ; mais... je dois... vous le dire... son départ portera un coup affreux... à mon fils...

— Mais vous lui restez... vous, madame, car je n'en doute pas, une fois votre séparation obtenue, tout me fait espérer qu'on vous le laissera...

— Tout vous fait espérer qu'on me laissera mon fils ?

— Sans doute.

— Comment ? — reprit Marie, en joignant les mains et regardant le docteur avec une inexprimable angoisse, — cela peut donc faire... un doute... que l'on me laisse mon fils ?

— Il a plus de seize ans... et légalement, en cas de séparation... le fils suit le père.... une fille vous resterait...

— Mais alors — reprit Marie toute palpitante de crainte, — si je n'ai pas la certitude de garder mon fils, à quoi bon cette séparation ?

— D'abord, à assurer votre repos, votre vie peut-être.... car votre mari...

— Mais mon fils ?... mon fils ?...

— Nous ferons tout au monde... pour obtenir qu'il reste avec vous.

— Et si on ne me le laisse pas?

— Hélas !... madame...

— Ne pensons plus à cette séparation, monsieur Dufour.

— Songez donc, madame, que c'est vouloir rester à la merci d'un misérable qui vous tuera quelque jour...

— Du moins auparavant il ne m'aura pas enlevé mon fils.

— Il vous l'enlèvera, madame... Ne veut-il pas aujourd'hui même l'emmener?

— Oh ! mon Dieu ! — s'écria Marie en se renversant sur son oreiller avec une telle expression de douleur et de désespoir, que le docteur courut à elle en s'écriant :

— Au nom du ciel !... qu'avez-vous?

— Monsieur Dufour... — dit Marie d'une voix affaiblie en fermant les yeux, vaincue par la douleur, — je me sens épuisée... de quelque façon que j'envisage... l'avenir, il est horrible... que faire... mon Dieu ! que faire ?... l'heure approche, mon mari va revenir... il va vouloir... emmener mon fils... Oh ! pour l'amour de moi... mettez-vous entre Frédérik... et son père... oh ! si... vous saviez ce que je... redoute... je...

Et les mots expirèrent sur les lèvres de la jeune femme qui perdit tout à fait connaissance.

Le docteur courut à la sonnette, sonna vivement, puis il revint auprès de madame Bastien lui donner ses secours.

La servante n'ayant pas répondu à la sonnette, monsieur Dufour ouvrit la porte et appela :

— Marguerite !... Marguerite !

A la voix alarmée du docteur, Frédérik resté dans le salon d'étude s'élança vers la chambre de sa mère .. suivi de David, qui, oubliant toutes convenances, et cédant à un irrésistible entraînement, voulut voir du moins une dernière fois celle qu'il allait quitter.

— Frédérik... soutenez votre mère, — s'écria monsieur Dufour, — et toi... Henri... va vite chercher de l'eau froide... dans la salle à manger... quelque part... Je ne sais pas où est Marguerite.

David courut exécuter les ordres du docteur, pendant que Frédérik, soutenant entre ses bras sa mère presque privée de sentiment, disait au docteur d'une voix déchirante :

— Oh !... mon Dieu... cet évanouissement... comme elle est pâle... Mais du secours... du secours...

Marguerite soudain parut dans la chambre ; ses traits bouleversés offraient un singulier mélange de stupeur, d'effroi et de satisfaction contenue.

— Monsieur le docteur, — s'écria-t-elle d'une voix haletante, — si vous saviez...

— Pierre, voici ce que tu m'as demandé, — dit David en accourant et lui donnant une carafe remplie d'eau fraîche, dont le docteur versa quelques cuillerées dans une tasse, puis s'adressant à voix basse à la servante :

— Marguerite, donnez-moi cette fiole... là... sur la cheminée... Mais... qu'avez-vous ?... — ajouta monsieur Dufour, en voyant la servante rester immobile et trembler de tous ses membres... — Parlez... parlez donc...

— Ah ! monsieur, — répondit la servante à voix basse, — c'est que... ça me... coupe la respiration... Si vous saviez...

— Achevez donc...

— Monsieur est mort !...

A ces mots, le docteur se recula d'un pas, oublia Marie... resta pétrifié... et regarda la servante sans pouvoir trouver une parole.

David éprouva une commotion si violente qu'il fut obligé de s'appuyer à la boiserie.

Frédérik... tout en tenant sa mère embrassée, se retourna brusquement vers Marguerite, en murmurant :

— Oh !... mon Dieu !... mort... mort... mon père !...

Et il cacha sa figure dans le sein de sa mère.

Marie, quoique plongée dans un évanouissement causé par la prostration complète de ses forces, avait conservé un léger entendement...

Ces mots de Marguerite : *Monsieur est mort !* arrivèrent jusqu'aux oreilles de la jeune femme, mais vagues comme la pensée d'un rêve.

Le docteur rompit le premier le silence solennel qui avait accueilli les paroles de la servante et lui dit :

— Expliquez-vous... Comment savez-vous ?...

— Cette nuit, — reprit la servante, — monsieur, à deux lieues d'ici, a voulu passer à gué... une route encore couverte par les suites de l'inondation... Le cabriolet et le cheval ont été entraînés... On n'a pas retrouvé le corps de monsieur Bridou, mais on a reconnu celui de monsieur à sa peau de bique ; il a été broyé sous les roues du moulin de l'étang ; on a retrouvé à une des palettes des roues la moitié de sa casaque de peau ; une des poches contenait plusieurs lettres à l'adresse de monsieur. C'est comme ça que le maire de Blémur... qui est là avec un gendarme, a su que c'était monsieur... qui avait péri, et qu'il a dressé l'acte de décès.

Lorsque la servante eut terminé son récit au milieu d'un religieux silence, madame Bastien, rappelée tout à fait à elle par la profonde et violente réaction de cette nouvelle inattendue, serra passionnément son fils contre son sein en disant :

— Nous ne nous quitterons plus... jamais... jamais...

Marie allait ensuite presque instinctivement chercher le regard de David, mais une exquise délicatesse la retient, elle détourne les yeux, sa pâleur se colore d'une légère rougeur, et elle étreint son fils dans un nouvel embrassement.

XLII.

Trois semaines environ s'étaient passées depuis que la mort de monsieur Bastien avait été annoncée.

Tant d'émotions violentes et contraires avaient compliqué et rendu plus dangereuse encore la maladie de Marie.

Pendant deux jours son état avait été presque désespéré, puis il s'était peu à peu amélioré, grâce aux soins du docteur Dufour et aux ineffables espérances dans lesquelles la jeune femme puisait assez de force, assez de volonté de vivre, pour combattre la mort.

Au bout de quelques jours commença la convalescence de Marie, et quoique cette convalescence dût être longue et exiger les soins les plus attentifs, de peur d'une rechute toujours très redoutable que la maladie elle-même, toute alarme avait cessé.

Est-il besoin de dire que, depuis l'annonce de la mort de monsieur Bastien, David et Marie n'avaient pas prononcé une parole qui fît allusion à leurs secrètes et certaines espérances ?

Ces deux âmes d'élite avaient l'exquise pudeur du bonheur ; et quoique la mort de Jacques Bastien ne dût être en rien regrettable, David et Marie respectèrent religieusement, sinon l'homme, du moins une cendre à peine refroidie.

La maladie de madame Bastien, et les craintes que l'on eut quelques jours pour sa vie, causèrent une profonde désolation dans le pays, et son rétablissement une allégresse universelle ; ces témoignages de touchante sympathie adressés autant à Frédérik qu'à sa mère, la conscience d'un avenir qui n'avait, ainsi qu'on dit vulgairement, d'autre tort que d'être trop beau, affermirent et hâtèrent la convalescence de Marie qui, au bout de trois semaines, ne ressentait plus qu'une faiblesse excessive qui l'avait jusqu'alors empêchée de quitter sa chambre.

Dès que son état n'avait plus inspiré de craintes, elle avait voulu que Frédérik entreprît les études projetées par David, et qu'une partie des leçons eût lieu chez elle, éprouvant ainsi un ravissement indicible à voir réunis sous ses yeux ces deux êtres tant aimés dont elle avait failli être à jamais séparée ; sa présence à ces leçons lui causait mille jouissances : d'abord l'intérêt si tendre, si éclairé de David pour Frédérik, puis l'ardeur indomptable du jeune homme qui voulait une destinée glorieuse, illustre, pour être l'orgueil et la joie de sa mère, et satisfaire à son ambitieuse *envie* dont la flamme épurée brûlait plus que jamais en lui.

Il avait été décidé d'un commun accord que Frédérik entrerait d'abord à l'École Polytechnique, et que de là, selon son attrait, il suivrait une des nombreuses carrières à lui ouvertes par cette école encyclopédique : la guerre, la marine, les arts, les lettres ou les sciences.

Ces quelques mots donneront un aperçu bien incomplet de la félicité céleste, idéale, où durent vivre ces trois tendres et nobles créatures, du moment que la santé de Marie n'inspira plus aucune crainte ; félicité nouvelle pour tous, car, lors des heureux jours qui suivirent la guérison morale de Frédérik, la venue de monsieur Bastien, souvent oubliée, mais sans cesse imminente, apparaissait sur ce brillant horizon comme un nuage toujours menaçant.

A cette heure, au contraire, aussi loin que pouvait s'étendre la vue de Marie, de David et de Frédérik... ils apercevaient un ciel d'azur, d'une sérénité si splendide, que sa magnificence infinie les éblouissait par fois.

. . . .

Trois semaines s'étaient donc écoulées depuis l'annonce de la mort de monsieur Bastien.

Deux heures venaient de sonner, Frédérik, aidé de Marguerite et du vieil André, garnissait de perce-neige, de quelques pâles roses du Bengale, d'héliotropes d'hiver, et de rameaux de houx, ornés de leurs baies de corail, les vases de la cheminée de la salle d'étude.

Au milieu de cette pièce, un portrait de Frédérik, d'une admirable ressemblance, et dessiné au pastel par David, était placé sur un chevalet; un grand feu brûlait dans la cheminée; enfin l'on voyait sur une table les préparatifs d'une simple et rustique collation.

Les trois *complices* qui présidaient aux apprêts de cette petite fête, de cette *surprise* en un mot, marchaient sur la pointe du pied, et parlaient tout bas, car il ne fallait pas que madame Bastien se doutât de ce qui se passait; ce jour-là, pour la première fois depuis sa maladie, la jeune femme devait sortir de sa chambre et rester durant quelques heures dans la salle d'étude; aussi Frédérik et les deux vieux serviteurs tâchaient-ils de donner à ce salon un air de fête, et David, à l'insu de Marie, s'était occupé du portrait de Frédérik, portrait qu'elle devait voir ce jour-là pour la première fois.

Pendant les mystérieuses *allées et venues*, Marie était seule dans sa chambre avec David.

La jeune femme, vêtue de deuil, à demi couchée sur une chaise longue, contemplait dans un muet bonheur David, assis à une table de travail, et occupé à corriger, ainsi qu'on dit, un des devoirs de Frédérik.

Soudain David, tout en poursuivant sa lecture, dit à mi-voix :

— C'est inconcevable...

— De quoi s'agit-il donc, monsieur David?

— Des progrès réellement singuliers de ce cher enfant... madame... Voilà trois semaines à peine que nous nous occupons de géométrie... et son aptitude aux sciences exactes... se développe avec la même rapidité que ses autres facultés...

— S'il faut vous le dire, monsieur David... cette aptitude m'étonne chez Frédérik; tout ce qui est... sentiment, imagination, nous semblait devoir prédominer en lui...

— Et c'est là, madame... ce qui me surprend et me ravit... Chez ce cher enfant, tout obéit à la fois à une même impulsion, tout grandit à vue d'œil et rien ne se nuit... Je vous ai lu hier ses dernières pages, vraiment éloquentes, vraiment belles...

— Le fait est, monsieur David, qu'il y a une différence frappante entre ce dernier morceau et les meilleures choses qu'il ait écrites avant... cette terrible maladie morale, qui, grâce à vous, devait amener la régénération de Frédérik... Tout ce que je redoute maintenant pour lui, c'est l'excès du travail.

— Aussi, je calme, je modère autant que je le puis son avidité de savoir... son impatiente et jalouse ardeur, ses élans passionnés vers un avenir qu'il veut glorieux, illustre,... et cet avenir sera le sien.

— Ah! monsieur David, quelle joie, quelle ivresse pour *nous*... si *nos* prévisions se réalisent !

Il est impossible de rendre avec quelle expression de tendresse contenue Marie prononça ces mots : *nous, nos prévisions*, qui seuls révélaient les secrets projets de bonheur formés tacitement par Marie et par David.

Celui-ci reprit :

— Croyez-moi, madame, nous le verrons grand par le cœur et par l'intelligence; il y a en lui une incroyable énergie, encore doublée par cette redoutable *envie* qui nous a tant alarmés.

— Hier encore, monsieur David, il me disait gaiement : « Mère, quand, maintenant, j'aperçois au loin le château » de Pont-Brillant qui me rendait si malheureux... c'est » un regard d'amical défi que je lui jette. »

— Et vous verrez, madame, si, dans huit ou dix ans, le nom de Frédérik Bastien ne résonnera pas plus glorieusement que celui du jeune marquis.

— J'ai l'orgueil de partager votre espoir, monsieur David. Marchant entre nous deux, je ne sais pas où mon fils ne pourra pas arriver.— Puis, après un moment de silence, Marie ajouta:

— Mais, savez-vous que c'est comme un rêve! Quand je pense qu'il y a deux mois à peine... le soir de votre arrivée... vous étiez là, à cette table, parcourant les cahiers de Frédérik et déplorant comme moi qu'un voile fût étendu sur l'esprit de ce malheureux enfant...

— Vous rappelez-vous, madame, ce silence morne, glacé... contre lequel échouaient tous nos efforts?

— Et cette nuit où, folle d'épouvante, j'ai couru chez vous pour vous supplier de ne pas abandonner mon fils... comme si vous pouviez l'abandonner...

— Dites, madame, n'est-ce pas, qu'il y a une sorte de charme dans ces souvenirs poignans, lorsqu'on se retrouve en pleine sécurité... en plein bonheur?

— Oui... il y a là un charme triste... mais combien je lui préfère... les espérances certaines!... Ainsi, monsieur David... je vous dirai que j'ai fait beaucoup de projets cette nuit.

— Voyons, madame...

— Il y en a d'abord un.., très fou, très impossible.

— Tant mieux, ce sont d'ordinaire les plus charmans.

— Lorsque *notre* Frédérik entrera à l'École Polytechnique, il faudra nous séparer de lui... Oh! mais soyez tranquille... pour cela je serai vaillante... à une condition cependant.

— Et cette condition ?

— Vous allez bien rire, car c'est puéril, ridicule peut-être. Eh bien, je voudrais que *nous* puissions demeurer tout près de lui... Et, s'il faut tout vous avouer, mon ambition serait de loger en face de l'École, si cela était possible... Vous allez vous moquer de moi?

— Je ne ris pas du tout de cette idée, madame : je la trouve excellente... car, grâce à cette proximité, vous pourrez voir *notre* cher enfant deux fois par jour. Je ne parle pas des sorties... deux bons grands jours... où *nous* l'aurons tout à fait.

— Vraiment... — dit Marie en souriant, — vous ne me trouvez pas trop... mère?

— Ma réponse est bien simple, madame. Comme il faut prévoir les choses d'un peu loin, je vais écrire aujourd'hui à Paris, afin que l'on guette le premier logement convenable en face de l'École et qu'on *nous* le retienne.

— Combien vous êtes bon !...

— Bonté bien facile, en vérité... Partager avec vous la joie d'être rapproché de *notre* cher enfant.

Marie resta un moment silencieuse; puis, des larmes d'une céleste douceur lui venant aux yeux, elle dit avec une émotion indéfinissable, en se retournant vers David :

— Comme c'est délicieux... le bonheur !...

Et ses yeux noyés de félicité cherchèrent et rencontrèrent les yeux de David ;... longtemps leur regard resta attaché l'un sur l'autre dans une muette et divine extase.

La porte de la chambre s'ouvrit et Marguerite dit au précepteur d'un air à la fois souriant et mystérieux :

— Monsieur David... voulez-vous venir s'il vous plaît ?

— Et mon fils, — demanda Marie, — où est-il ?

— Monsieur Frédérik est occupé... très-occupé, madame, — répondit la servante en échangeant un coup d'œil d'intelligence avec le précepteur qui se dirigea vers la porte et sortit.

— Si madame le permet, — reprit Marguerite, — je resterai auprès d'elle dans le cas où elle aurait besoin de quelque chose.

— Ah ! Marguerite... Marguerite, — dit la jeune femme

en souriant et en secouant la tête, — on complote ici quelque chose.
— Comment donc cela, madame ?
— Oh !... je suis très clairvoyante ! depuis ce matin... ces allées, ces venues... que j'entends dans le corridor, Frédérik absent... à l'heure de son travail... certain bruit inaccoutumé du côté de la salle d'étude...
— Je puis assurer à madame... que...
— Bon ! bon !... on abuse de ma position, — reprit Marie en souriant, — on sait que je ne puis pas encore marcher... et aller voir par moi-même ce qui se passe par là...
— Oh ! madame... par exemple...
— Voyons, Marguerite... il s'agit d'une surprise ?...
— D'une surprise... madame ?
— Voyons, ma bonne Marguerite, contez-moi cela... je vous en prie... Que je sois heureuse... plus tôt... je le serai aussi plus longtemps.
— Madame, — dit héroïquement Marguerite, — ce serait une trahison...

A ce moment, le vieil André entrebâilla la porte et dit à la servante d'un air aussi très-rayonnant et très-mystérieux :
— Marguerite... on demande où est la chose... que... qui...
— Ah ! mon Dieu !... il va dire quelque sottise ; il n'en fait jamais d'autres ! — s'écria la servante en courant à la porte, où elle s'entretint quelques momens à voix basse avec André, après quoi elle revint auprès de sa maîtresse, qui lui dit en souriant :
— Allons... Marguerite... puisque vous êtes impitoyable... je vais aller... moi-même...
— Madame... y pensez-vous ?... Vous n'avez pas encore pu marcher depuis votre maladie.
— Ne me grondez pas, je me résigne, je gâterais la surprise... mais que je suis donc impatiente de savoir !...

La porte du salon d'étude s'ouvrit de nouveau.
C'étaient David, Frédérik et le docteur Dufour.
Marguerite s'éloigna après avoir dit tout bas à Frédérik:
— Monsieur Frédérik, quand vous m'entendrez tousser derrière la porte... ça sera prêt.

Et la servante sortit.
A la vue du docteur, madame Bastien dit gaiement :
— Oh !... dès que vous voici, mon bon docteur... je ne doute plus du complot.
— Un complot ? — dit monsieur Dufour en jouant l'étonnement, pendant que David et Frédérik échangeaient un sourire.
— Oui... oui... — reprit Marie, — une surprise que l'on me ménage... mais je vous avertis que les surprises sont très dangereuses pour de pauvres malades comme moi... et qu'il vaudrait bien mieux me tout dire d'avance.
— Tout ce que je puis vous déclarer, ma chère et impatiente et belle malade, c'est que c'est aujourd'hui, ainsi que nous en sommes convenus, que vous devez tenter de marcher toute seule... pour la première fois... et que mon devoir, oui, madame, mon devoir... est d'assister à cet essai de vos forces.

A peine le docteur prononçait-il ces mots, que l'on entendit Marguerite tousser avec affectation derrière la porte.
— Allons, mère, — dit tendrement Frédérik à la jeune femme, — du courage... nous allons faire une grande promenade dans la maison.
— Oh !... je me sens d'une force... qui va vous étonner... — répondit la jeune femme en souriant et se disposant à se lever de sa chaise longue, ce à quoi elle parvint, non sans quelque difficulté, car sa faiblesse était encore grande.

Ce fut alors un tableau à la fois gracieux et touchant.
Marie debout s'avança d'un pas incertain, David à sa droite, le docteur à sa gauche, prêts à la soutenir si elle faiblissait, tandis que Frédérik, devant elle... marchait doucement à reculons en lui tendant les bras... ainsi que l'on fait à un enfant qui essaye ses premiers pas..
— Voyez comme je suis forte ! — dit la jeune femme en s'avançant lentement vers son fils... qui lui souriait avec tendresse. — Où me conduisez-vous comme cela ?
— Tu vas voir, mère...

A peine Frédérik prononçait-il ces mots, qu'un cri effrayant, terrible, poussé par Marguerite... retentit derrière la porte.
Puis cette porte s'ouvrit brusquement, et une voix railleuse, retentissante, dit en même temps :
— Minute ! Gros Bonhomme vit encore.

Marie, qui faisait face à la porte, jeta un cri épouvantable et tomba à la renverse.
Elle voyait son mari... Jacques Bastien.

XLIII.

On se souvient peut-être qu'au moment de partir pour Blémur, Bridou avait endossé la casaque de peau de bique de Jacques Bastien ; celui-ci, dans sa demi-ivresse, et malgré les recommandations contraires du vieil André, s'était entêté à passer à gué une route inondée et traversée par le courant d'un étang débordé ; le cheval perdit pied, le cabriolet fut entraîné ; Bridou parvint à quitter la voiture ; mais, emporté par le torrent jusque sous les roues d'un moulin, il y fut broyé. Une partie de la casaque de peau était restée accrochée à une palette des roues. On trouva dans la poche de ce vêtement plusieurs lettres décachetées et à l'adresse de M. Bastien. De là vint une funeste erreur. L'on crut M. Bastien broyé sous la roue du moulin, et le corps de l'huissier à jamais disparu sous les eaux.

Jacques Bastien, gêné par son énorme embonpoint, n'avait pu parvenir, malgré ses efforts, à sortir de la voiture ; cette circonstance le sauva : le cheval, après avoir été quelques momens entraîné à la dérive, reprit pied ; mais bientôt, en gravissant une pente rapide, épuisé de fatigue, il s'abattit violemment. Jacques, jeté en avant, se fit une profonde blessure à la tête, resta sur le coup, et au point du jour, des journaliers allant aux champs l'ayant recueilli, le transportèrent dans une ferme isolée, assez éloignée du sinistre.

Jacques resta longtemps retenu dans cette demeure, et par les suites de sa blessure et par une dangereuse maladie causée par la frayeur et par une immersion prolongée dans un courant d'eau glaciale.

Lorsqu'il fut en état d'écrire à sa femme pour lui annoncer son arrivée, il s'en garda bien, se promettant, s'il passait pour mort selon toute probabilité, de faire de sa résurrection l'objet d'une plaisanterie stupide et brutale, car il ne s'abusait pas sur la nature des sentimens avec lesquels Marie avait dû accueillir la nouvelle de sa fin tragique.

A ce projet, ainsi qu'on l'a vu, Jacques ne manqua pas.
Seulement, ce misérable voyant à son aspect sa femme tomber foudroyée, il crut l'avoir tuée, et, dans une épouvante qui tenait du vertige, il se sauva tout d'abord de sa maison.

Marie n'avait pas été seule frappée de ce coup terrible...

Non moins atterré par la brusque apparition de Bastien, Frédérik, voyant sa mère rouler inanimée sur le carreau, s'affaissa sur lui-même et fut reçu complètement évanoui entre les bras du docteur Dufour.

L'on transporta le malheureux enfant non dans sa chambre, voisine de celle de sa mère... mais dans le salon d'étude ; un lit y fut dressé à la hâte, le docteur Dufour ayant craint avec raison que, dans l'état alarmant où se trouvaient Marie et son fils, leur rapprochement n'eût pour tous deux de suites funestes : car, de la chambre de Marie, on entendait tout ce qui se disait chez Frédérik.

Le docteur ne put leur donner simultanément ses soins : il s'occupa d'abord de Marie qui, à peine convalescente, pouvait... et devait être, hélas ! mortellement atteinte par une si effroyable révolution.

Lorsque M. Dufour retourna près de Frédérik, il le trouva frappé d'une congestion cérébrale ; les soins presque instantanés que réclamait sa position n'ayant pu lui être donnés à temps, le jeune homme tomba bientôt dans un état désespéré.

Lorsque Marie revint à elle, elle pressentit sa fin prochaine, et demanda instamment à voir son fils.

L'embarras de Marguerite, sa pâleur, les défaites qu'elle donna, afin d'expliquer l'absence de Frédérik dans un moment si solennel, tout fut pour la jeune mère une révélation...

Elle *sentit*, si cela se peut dire, que son fils se mourait comme elle.

Alors Marie voulut voir David.

Marguerite l'amena ; il resta seul avec madame Bastien... dont les traits angéliques portaient déjà l'empreinte de la mort ; de sa main blanche et froide, faisant signe à David de s'asseoir à son chevet, elle lui dit :

— Et mon fils ?

— Madame...

— Il n'est pas là... on me le cache...

— Ne croyez pas...

— J'ai tout compris... il est dans un état désespéré, et comme ma fin, à moi, est prochaine aussi, j'ai voulu vous faire mes adieux... Henri.

Pour la première... et pour la dernière fois, hélas ! Marie appelait David de son nom de baptême.

— Vos adieux ! — répéta-t-il avec un sanglot déchirant, — vos adieux...

— Je ne mourrai pas du moins... sans vous dire... combien je vous ai aimé... Vous le saviez, n'est-ce pas, mon ami ?

— Et vous dites que vous allez mourir ! Non ! non ! Marie, la force de mon amour vous rendrait à la vie, — s'écria David dans une sorte d'égarement. — Mourir ! pourquoi mourir ? nous nous aimons tant !

— Oui, notre amour est grand, mon ami... et pour moi il a commencé du jour où mon pauvre enfant est revenu... à la vie de l'âme que vous lui avez rendue...

— Oh ! malheur... malheur...

— Non... Henri... ma mort n'est pas un malheur pour nous... Il me semble, voyez-vous, qu'au moment de quitter cette vie... mon âme dégagée de ses liens terrestres... peut lire dans l'avenir... Henri... savez-vous quel aurait été notre sort ?

— Vous me le demandez ? Ce matin encore... nos projets...

— Ecoutez-moi... mon ami... il est dans l'amour maternel... de profonds mystères... peut-être ne se dévoilent-ils qu'aux heures suprêmes... Depuis que je me suis crue libre... l'avenir m'apparaissait radieux comme à vous, Henri... Quelques mois encore... vous, mon fils et moi... nous confondions notre vie dans une même bonheur.

— Oh !... ce rêve ! ce rêve !...

— Ce rêve... a été beau... Henri.... peut-être son réveil eût-il été cruel.

— Que dites-vous ?

— Vous savez combien mon fils m'aime... Vous savez que toute affection passionnée a sa jalousie... tôt ou tard... il eût été jaloux de mon amour pour vous... Henri...

— Lui... lui... jaloux de moi ?...

— Croyez-en le cœur d'une mère... je ne me trompe pas.

— Hélas ! vous voudriez rendre mes regrets moins affreux... vaillante et généreuse jusqu'à la fin !...

— Dites... que je suis *mère*... *jusqu'à la fin*... Ecoutez encore, Henri... En m'unissant à vous, je perdais mon nom, cet humble nom que mon fils voulait surtout rendre illustre... parce que ce nom était le mien, car tout chez mon pauvre enfant se rapportait à moi.

— Oh ! oui... toujours vous êtes mêlée à ses pensées : il y a quelques jours, au moment de mourir, il criait : Ma mère !... comme dernier cri de salut... et c'est en disant... Ma mère ! qu'il marchait à une destinée glorieuse.

— Mon ami, ne nous abusons pas... Quel eût été notre chagrin, si au moment de nous unir... la crainte d'éveiller la jalousie de mon fils... m'eût arrêtée peut-être... Et pourtant, renoncer à notre amour... c'était affreux... ou bien, pensée plus horrible encore, la jalousie de Frédérik ne devait peut-être se dévoiler qu'après notre union. Que faire alors ? Que devenir ?

— Non... non, Marie... ne croyez pas cela... Frédérik... m'aime aussi... et, à votre bonheur... au mien... il se fût sacrifié...

— Sacrifié... oui, mon ami... il se serait sacrifié... Oh ! je le connais, pas un mot... pas une plainte... ne serait sorti de ses lèvres... Toujours aimant, toujours tendre, il nous eût tristement souri.. et puis, peu à peu... nous l'aurions vu... dépérir jusqu'à la fin.

— Oh ! mon Dieu... cela est fatal... Malheur à moi !... — murmura David avec un douloureux gémissement. — Malheur à moi !

— Bonheur à vous... Henri... car vous avez été le plus généreux des hommes... — s'écria Marie avec une exaltation qui donna à ses traits mourans une expression surhumaine. — Bonheur à vous, Henri, car vous avez été aimé... oh ! passionnément aimé, sans coûter une larme ou un moment de honte au cœur loyal qui vous idolâtrait. Oui, Henri... je vous ai aimé... sans hésitation... sans combat... je vous ai aimé avec orgueil, avec sérénité... parce que mon amour pour vous, Henri, avait toute la sainte douceur du devoir... Courage donc, mon ami... que le souvenir de Marie et de Frédérik Bastien vous soutienne... vous console...

— Que dites-vous... Frédérik ?... Oh ! du moins, il me restera, lui...

— Mon fils... ne me survivra pas...

— Frédérik ?...

— Je le *sens là*... voyez-vous, Henri... là, au cœur... je vous dis qu'il se meurt...

— Mais, tout à l'heure encore... Pierre, sortant de la chambre où l'on a transporté ce malheureux enfant... m'a dit que tout espoir n'était pas perdu... Non... non... lui mourir aussi... cela serait trop affreux.

— Pourquoi cela... Henri ?

— Grand Dieu ! vous... vous sa mère ?... Cette question...

— Je vous l'ai dit, mon ami... il est dans l'amour maternel de profonds mystères... J'aurais regardé comme un malheur affreux de survivre à mon fils... Frédérik m'aime autant que je l'aime... Il doit penser... il pense comme moi... il est heureux pour lui de ne pas me survivre...

— Misère de moi !... vous perdre tous deux !...

— Marie et Frédérik Bastien ne peuvent être séparés... ni dans ce monde ni dans l'autre... mon ami...

— Ah ! vous êtes bien heureuse... vous et lui.

— Henri... mes forces sont à leur fin... le froid de la tombe me gagne... Votre main... votre chère et loyale main.

David se jeta à genoux au chevet du lit de la jeune femme, couvrant sa main de larmes et de baisers : il éclatait en sanglots.

Marie poursuivit d'une voix de plus en plus affaiblie :

— Un dernier vœu... Henri... vous l'accomplirez, s'il est possible... Monsieur Bastien... m'a parlé de son désir de vendre cette maison... je ne voudrais pas que des étrangers vinssent profaner cette demeure... où s'est passée ma vie et celle de mon fils... car ma vie date... du jour où j'ai été mère... Monsieur Dufour, votre meilleur ami... demeure ici près,... vous deviez revenir un jour vous fixer... près de lui... Hâtez ce moment... Henri, vous trouverez tant de consolations dans un cœur ami que le sien.

— Oh ! Marie... cette maison sera pour moi... l'objet d'un culte religieux... mais...

— Merci, Henri... oh ! merci !... cette pensée me console... Une dernière prière... je ne veux pas être séparée de mon fils... vous me comprenez... n'est-ce pas ?

A peine Marie prononçait-elle ces mots, qu'on entendit un grand bruit dans le corridor.

Marguerite appelait le docteur avec angoisse et épouvante.

Soudain la porte de la chambre de madame Bastien s'ouvrit brusquement. Frédérik entra... livide... effrayant... traînant après soi un drap comme un suaire, tandis que Marguerite tâchait en vain de le retenir.

Une dernière étincelle d'intelligence... l'instinct filial... peut-être, amenait cet enfant mourir auprès de sa mère.

David, agenouillé au chevet de la jeune femme, se redressa stupéfié, comme à l'apparition d'un spectre.

— Mère !... mère !...—s'écria Frédérik d'une voix agonisante en se précipitant sur le lit de Marie qu'il enlaçait de ses bras au moment où le docteur accourait éperdu.

— Oh! viens... mon enfant ! viens ! — murmurait Marie en embrassant son fils dans une dernière étreinte de joie convulsive, — maintenant... c'est... pour toujours...

Ce furent les derniers mots de la jeune mère..,

Frédérik et Marie exhalèrent leurs âmes... dans un suprême embrassement.

. . . .

ÉPILOGUE.

Nous avons commencé ce récit en supposant qu'un touriste, allant de la ville de Pont-Brillant au château de ce nom, aurait passé devant l'humble maison de Marie Bastien.

Nous terminerons ce récit par une supposition pareille.

Si ce touriste se fût rendu de Pont-Brillant au château, dix-huit mois après la mort de Frédérik et de Marie, il n'eût rien trouvé de changé à la ferme.

La même élégante simplicité régnait dans cet humble séjour ; les mêmes fleurs agrestes y étaient soignées par le vieil André ; la futaie séculaire ombrageait toujours la pelouse verdoyante où serpentait le ruisseau limpide...

Seulement le touriste n'eût pas vu sans émotion, sous la partie la plus ombreuse de la futaie, et non loin de la petite cascade murmurante, une pierre tumulaire en marbre blanc sur laquelle on lisait :

MARIE ET FRÉDÉRIK BASTIEN.

Devant cette tombe, abritée par un porche rustique, déjà garni de lierre et de fleurs grimpantes, on voyait le batelet offert à Frédérik lors de l'inondation et sur lequel on lisait :

LES PAUVRES GENS DU VAL
A FRÉDÉRIK BASTIEN.

S'il fût passé devant la futaie à l'aube ou au couchant, le touriste aurait vu s'approcher de cette tombe, avec un religieux recueillement, un homme de haute taille et vêtu de deuil, et qui, jeune encore, avait les cheveux tout blancs

Cet homme était David.

Il n'avait pas failli à la mission que lui avait donnée Marie.

Rien n'était changé, ni au dehors, ni à l'intérieur de la maison ; la chambre de la jeune mère, celle de Frédérik, le salon d'étude, rempli de tous les travaux inachevés laissés par le fils de madame Bastien, tout était resté comme au jour de la mort de la mère et de l'enfant.

La chambre de Jacques Bastien avait été murée.

David continuait d'habiter la mansarde qu'il avait occupée comme précepteur ; Marguerite était sa seule servante.

Le docteur Dufour venait chaque jour voir David auprès de qui il devait se fixer lorsqu'il aurait pu confier sa clientèle à un jeune médecin nouvellement arrivé à Pont-Brillant.

Par un pieux ressouvenir de son jeune frère et de Frédérik, David, pour que sa douleur ne fût pas stérile, avait fait disposer une des granges de la ferme en salle d'école ; là, il enseignait chaque jour les enfans des métairies voisines. Afin de rendre plus assurés les bienfaits de l'instruction, le précepteur donnait une légère indemnité aux parens des écoliers ; car presque toujours l'exploitation des enfans, forcément amenée par la misère de la famille, les empêche de profiter de l'éducation publique.

Nous supposerons enfin que notre touriste, après s'être arrêté devant la modeste tombe de Marie et de Frédérik, eût rencontré quelque habitant du Val.

— Mon brave homme, — lui eût dit le touriste, — quelle est donc cette tombe que l'on voit là-bas... sous ces vieux chênes ?

— C'est la tombe de celui dont le nom... est le *bon saint nom du pays*, monsieur.

— Il se nommait ?

— Frédérik Bastien... monsieur, et son bon ange de mère... est enterrée avec lui...

— Vous pleurez... brave homme ?

— Oui, monsieur, comme pleurent de regret tous ceux qui les ont connus... l'ange de mère... et l'ange de fils...

— Ils étaient donc bien aimés dans le pays ?

— Tenez, monsieur... vous voyez ce beau et grand château... là-bas...

— Le château de Pont-Brillant ?

— Le jeune marquis et sa vieille grand'mère sont plus riches que le roi... Bon an... mal an... ils envoient beaucoup d'argent pour les pauvres... et si le nom de monsieur le marquis est prononcé une fois chez les bonnes gens du Val, celui de Frédérik Bastien et de sa mère l'est cent fois !

— Et pourquoi cela ?

— Parce que, faute d'argent qu'ils n'avaient point, la mère donnait aux pauvres son bon cœur et la moitié de son pain... le fils, lui... donnait, s'il le fallait, sa vie pour sauver celle des autres... témoin moi... et les miens... sans compter d'autres familles, qu'au risque de périr, il a sauvées, lors de la grande inondation d'il y a deux ans... Aussi, voyez-vous, monsieur... *le bon saint nom* du pays durera plus longtemps dans le Val que le grand château de Pont-Brillant.... Les châteaux s'écroulent, tandis que les enfans de nos enfans apprendront de leurs pères *le nom de* FRÉDÉRIK BASTIEN.

FIN DE L'ENVIE.

Paris. — Typ. de Mme Ve Dondey-Dupré, rue Saint-Louis, 46, au Marais.

LES SEPT PÉCHÉS CAPITAUX

PAR

EUGÈNE SUE

LA COLÈRE

TISON D'ENFER

I

Vers le milieu du carnaval de 1801, fort égayé par l'annonce de la paix signée à Lunéville, alors que Bonaparte était premier consul de la république française, la scène suivante se passait dans un endroit désert, dominé par les remparts à demi démantelés de la ville d'*Orléans*.

Il était sept heures du matin, le jour commençait de poindre; un homme vêtu d'une houppelande de couleur foncée se promenait en long et en large; le froid était vif, la matinée brumeuse; de temps à autre, le promeneur soufflait dans ses doigts, frappait le sol de ses pieds afin de se réchauffer, et regardait parfois du côté d'un sentier qui contournoit les assises d'un bastion.

Au bout de dix minutes, un second personnage enveloppé d'un manteau, et jusqu'alors caché par la saillie du bastion, parut dans le sentier et s'avança rapidement vers l'homme à la houppelande.

Tous deux eurent alors l'entretien suivant : — Je craignais d'être en retard, — dit l'homme au manteau. — Il nous reste encore un quart d'heure, — reprit l'autre : — avez-vous les épées? — Les voici; c'est ce qui m'a retenu, car j'ai eu assez de peine à en trouver. Et Yvon, l'avez-vous vu ce matin? — Non; il m'a dit hier soir qu'il se rendrait directement ici. Il craignait avec raison que ma présence chez lui, de si bonne heure, et notre sortie très-matinale, inquiétant sa femme, ne lui donnassent quelques soupçons.

— Ah çà! mon cher, en attendant Yvon, mettez-moi bien au fait du sujet de la querelle. Vous le savez, hier soir, ce brave ami, pressé par l'heure, n'a pu me dire que deux mots... — C'est bien simple... à la dernière audience du tribunal, un avocat, nommé M° Laurent, a, dans sa plaidoirie, fait une allusion des plus transparentes sur la prétendue partialité de notre ami, l'un des juges devant qui se plaidait l'affaire...

— C'était indigne; la loyauté bretonne d'Yvon Cloareck est connue de tous... — Parbleu... mais vous savez la violence et l'incroyable irascibilité du caractère de notre ami; aussi, bondissant sur son siége et interrompant tout net l'avocat, il s'écria : « M° Laurent, vous êtes un infâme » calomniateur; je vous le dis cela, non comme magistrat, » mais comme homme de cœur; et je vous le répéterai après » l'audience. » Vous jugez de l'agitation du tribunal. — Le fait est que c'était un peu vif pour la gravité d'un magistrat. « Soit, monsieur, » répondit fermement l'avocat à Yvon, — « plus tard nous nous retrouverons. » La plaidoirie achevée, l'audience terminée, le tribunal fit tous ses efforts pour apaiser la querelle... Le barreau intervint de son côté; mais vous connaissez la tête de fer de notre ami. L'avocat Laurent, homme d'ailleurs très-résolu, exigeait

31**

des excuses : à cette prétention, j'ai cru qu'Yvon allait étrangler de colère... Enfin, le rendez-vous de ce matin a été convenu, et l'épée choisie... — Je ne puis qu'approuver la susceptibilité de notre ami... mais je crains que dans sa position de magistrat, ce duel ne lui nuise... — Je le crains comme vous, quoique cependant cette conduite énergique mette un peu la toge en relief. Le pis est qu'Yvon a déjà eu quelques vives altercations avec le président de son tribunal, qui n'est pas, dit-on, un homme intègre... Ce qui est encore fâcheux, c'est que la violence du caractère de notre ami l'a fait déjà changer deux fois de résidence... — Un si noble et si excellent cœur ! — Oui, mais cette malheureuse tête et cette diable d'irascibilité qu'il ne peut dompter !... — Et se faire justement magistrat, avec un pareil caractère !

— Que voulez-vous ? son père, magistrat lui-même, a exigé qu'il suivît cette carrière. Yvon adorait son père, il a obéi. Lorsque plus tard il a perdu son père, il n'était plus temps pour notre ami de changer de profession ; et puis, enfin, il est sans fortune, sa place de magistrat est le plus clair de son revenu, et il a femme et enfant. Il faut donc, vous le voyez, qu'il porte son joug. — C'est vrai... mais je le plains. — Ah çà ! — dites-moi, — Yvon est bon tireur, n'est-ce pas ? — Très-bon... car, dans sa première jeunesse, il était passionné pour les exercices du corps ; seulement, je crains que la bravoure et la colère ne l'emportent, et qu'il ne se précipite en aveugle sur le danger... — Je lui préférerais plus de sang-froid... Et son adversaire ? — J'ai entendu dire qu'il tirait suffisamment. En cas d'accident j'ai laissé à vingt pas d'ici le fiacre qui m'a amené... Heureusement Yvon demeure presque aux portes de la ville. — Tenez... je ne veux pas penser à un malheur !... ce serait la mort de la femme d'Yvon !... Si vous saviez comme elle l'aime !... C'est un ange de grâce et de douceur !... Il est, de son côté... parfait pour elle... Ils s'adorent... et si la fatalité voulait que... — N'entendez-vous pas parler ?... — En effet. Ce sont sans doute nos adversaires. Je regrette qu'Yvon ne soit pas le premier au rendez-vous... — Sans doute les précautions qu'il a eu à prendre à cause de sa femme l'auront retenu...

— Probablement... Mais c'est fâcheux.

Bientôt trois personnes parurent à l'angle du bastion et s'approchèrent ; c'étaient l'adversaire d'Yvon et ses deux témoins.

Ceux-ci abordèrent avec courtoisie les premiers arrivés, s'excusant de s'être peut-être fait attendre ; ce à quoi il fut répondu qu'au contraire monsieur Cloarek n'avait pas encore paru, mais qu'il ne pouvait, à cette heure, tarder beaucoup.

L'un des témoins de l'avocat proposa, afin de perdre le moins de temps possible, de choisir, en attendant l'arrivée de monsieur Cloarek, le terrain du combat ; cette proposition acceptée, le choix venait d'être arrêté, lorsque Yvon parut. La sueur qui perlait son front, sa poitrine haletante, disaient assez la précipitation de sa course ; il serra cordialement la main de ses deux témoins, et leur dit à voix basse :

— J'ai eu toutes les peines du monde à m'échapper sans éveiller les soupçons de ma femme.

S'adressant à son adversaire, d'une voix qu'il tâcha de rendre calme, il ajouta : — Je vous demande mille pardons, monsieur, de vous avoir fait attendre ; mais ce retard a été bien involontaire.

L'avocat salua, et commença de se dépouiller de sa houppelande, ce que fit aussi Cloarek, pendant que les témoins mesuraient les épées.

A mesure que l'instant du combat s'approchait, l'on voyait, si cela se peut dire, la colère d'Yvon monter et bouillonner ; tout son corps frémissait par brusques intermittences ; le sang affluait à ses mains et son visage, ses yeux étincelants s'injectaient peu à peu, tandis que les veines saillantes de ses bras robustes se gonflaient comme des cordes ; ses traits fougueux exprimaient une sorte de satisfaction sauvage ; il semblait être dans son milieu à l'approche du danger, et respirer à l'aise. Ce tempérament *ultra-sanguin*, cette nature fougueuse, exubérante, presque toujours contrainte, et retenue par mille convenances sociales, ne pouvait atteindre sa plénitude d'expansion, sa toute-puissance d'action, qu'au milieu des emportements de la lutte, du péril et de la colère.

L'impatiente et irascible ardeur d'Yvon était telle, que, plus promptement déshabillé que l'avocat, il se fût élancé sur lui, si ses deux témoins ne l'eussent retenu chacun par un bras.

Enfin le champ clos s'ouvrit.

L'un des témoins fit entendre le mot solennel : — *Allez, messieurs !*

Cloarek fondit avec une fureur si impétueuse sur son adversaire, que celui-ci, surpris par cette attaque foudroyante, s'ébranla, rompit vivement en parant de son mieux ; mais, après deux minutes d'engagement, il eut l'avant-bras traversé de part en part et laissa, malgré lui, tomber son épée.

— Assez, messieurs ! s'écrièrent les témoins en voyant l'un des deux combattans désarmé.

Malheureusement, la colère du Breton était telle qu'il n'entendit pas ces mots pacificateurs : — *Assez, messieurs !* — et il redoublait son attaque contre son adversaire, lorsque celui-ci, qui s'était, après tout, bravement comporté, se voyant sans moyen de défense exposé aux coups d'un forcené, sauta en arrière, fit une volte rapide et gagna au large.

L'enragé Breton s'élançait à sa poursuite, lorsque ses témoins se précipitèrent sur lui et le désarmèrent non sans lutte et sans danger, pendant que l'un des amis de l'avocat, au moyen d'un mouchoir, bandait la plaie du blessé, d'ailleurs peu dangereuse.

Le témoin de Cloarek offrit courtoisement son fiacre au blessé, qui l'accepta, et les adversaires se séparèrent après une loyale réconciliation.

— Yvon, — disait au fougueux magistrat l'un de ses amis en regagnant la porte de la ville ; à quoi penses-tu ? foncer ainsi sur un ennemi désarmé...

— C'est vrai, vous aviez donc le diable au corps, mon cher ?... — ajoutait l'autre.

— Je ne pouvais croire que cela fût déjà fini, — reprit Yvon avec un soupir de regret.

— Pardieu... du train dont tu y allais, ça ne pouvait durer longtemps !

— Ah !... il m'eût fallu une heure de combat, et ensuite il me semble que j'aurais été tranquille pendant longtemps, — dit Cloarek. — Je sens encore tout mon sang en ébullition, l'ardeur me dévore... Et moi qui croyais pouvoir m'en donner à cœur joie !

Yvon prononça ces mots avec un accent de dépit si naïf, qu'il en devint comique, et ses témoins ne purent s'empêcher de sourire.

— Morbleu ! — s'écria le colérique Breton en jetant d'abord un regard courroucé sur les rieurs ; puis, confus de cet emportement, il baissa la tête et se tut, tandis que l'un de ses témoins reprenait gaiement : — Yvon, mon brave, ne t'avise pas de nous chercher querelle... Ça ne vaudrait pas la peine... nous ne pourrions à nous deux t'offrir tout au plus que dix pauvres petites minutes... d'exercice.

— Voyons, Cloarek, soyez donc raisonnable, mon cher, — reprit l'autre. — Regardez-vous donc au contraire comme fort heureux de ce que cette fâcheuse affaire se soit terminée ainsi... Vous n'êtes pas blessé... la blessure de votre adversaire est légère... Que voulez-vous de mieux ?

— Il a raison, car enfin juge de notre désespoir, mon pauvre Yvon, si à cette heure nous avions à te rapporter chez toi moribond ?... Pense donc à ta femme... à ta petite fille...

— Ma femme !... ma fille !... — s'écria Cloarek en tressaillant... — oh ! vous avez raison. — Et les larmes lui vinrent aux yeux. — Je suis un fou... un enragé, — ajouta-t-il. — Mais ce n'est pas ma faute... car, voyez-vous ? ainsi que l'on dit dans notre vieille Bretagne : Qui a trop de sang, trop saigne.

— Alors prends des bains de pieds à la moutarde et fais-toi saigner, malheureux ! mais ne prends pas une épée pour lancette, et surtout ne tire pas de sang aux autres sous le prétexte que tu en as trop, — reprit gaiement un de ses amis. — Ou bien encore lisez les philosophes, mon cher, — ajouta l'autre, — et que diable ! rappelez-vous surtout que vous êtes magistrat, un homme de paix et de gravité.

— Ça vous est bien facile à dire, — reprit le pauvre Yvon en soupirant. — Mais vous ne savez pas ce que c'est que d'avoir une robe de juge sur le dos et trop de sang dans les veines.

Et, après avoir remercié cordialement ses témoins de leurs bons offices, Cloarek se disposa à regagner son logis.

— Ah çà ! Yvon, — lui dit un de ses amis au moment de le quitter, — nous .nous verrons ce soir au bal costumé que donne le beau-père de ton président... On dit qu'à ce sujet votre tribunal a une dispense de gravité. La blessure de ton adversaire est légère, il n'y a donc aucun inconvénient à ce que tu te montres à cette fête, qui sera fort curieuse.

— Je ne voulais pas d'abord y aller, car ma femme est un peu souffrante, — reprit Yvon ; — mais elle a tant insisté pour que je prisse cette distraction, que je me suis décidé, et, ma foi ! j'irai un instant pour jouir de ce coup d'œil.

— A ce soir donc.

— A ce soir.

Yvon rentra chez lui, sentant qu'il allait embrasser sa femme et son enfant avec un redoublement de tendresse.

Il fut arrêté au seuil de sa porte par une servante, qui lui dit :

— Monsieur... il y a dans votre cabinet un homme qui vous attend : c'est pour affaire très pressée.

— C'est bien... ma femme ne m'a pas fait demander depuis que je suis sorti ?

— Non, monsieur... Dame Robert est tout à l'heure descendue de chez madame, qui a donné ordre que l'on n'entre pas chez elle avant qu'elle ait sonné... car elle veut, a-t-elle dit, tâcher de dormir un peu ce matin.

— Ayez bien soin de vous conformer à ses ordres, — dit Cloarek, et il entra dans son cabinet où l'attendait un étranger.

C'était un grand et gros homme de quarante ans environ, d'une figure vulgaire, d'une apparence herculéenne, et vêtu en bourgeois campagnard. Saluant assez gauchement Yvon, il lui dit d'un air aussi avenant que possible :

— Vous êtes monsieur Cloarek le juge ?

— Oui, monsieur.

— Moi, monsieur le juge, je suis ami avec le père Leblanc, de Gien, qui vous connaît.

— En effet, je lui ai rendu quelques services ; c'est un digne homme ; comment va-t-il ?

— Très bien, monsieur le juge, c'est lui qui m'a dit : Tu es dans la peine, adresse-toi à monsieur Cloarek, il aime à obliger le pauvre monde...

— Que puis-je faire pour vous ?

— Monsieur le juge, je suis père d'un gars dont l'affaire doit bientôt venir à votre tribunal...

— De quelle affaire voulez-vous parler, monsieur ?

— De l'affaire de Joseph Rateau, — dit le gros homme en clignant de l'œil d'un air d'intelligence, — un faux, un simple faux.

Cloarek, surpris et mécontent de la grossière désinvolture avec laquelle ce père parlait de l'accusation infamante qui pesait sur son fils, lui répondit sévèrement :

— En effet, monsieur, le nommé Joseph Rateau est accusé du crime de faux, et doit être bientôt jugé.

— Tenez, monsieur le juge, je ne vas pas par quatre chemins, moi ; entre nous, mon gars a fait la chose, et il s'est laissé prendre comme un bêta...

— Monsieur, prenez garde... songez à vos paroles, elles sont bien graves.

— Le fait ne peut pas se nier, monsieur le juge... c'est clair comme le jour... sans ça, vous pensez bien qu'on tâcherait de...

— Au fait, monsieur, au fait, — dit Yvon, de plus en plus indigné des sentiments et des manières de cet homme.

— Eh bien ! voilà le fait, monsieur le juge : sans des raisons que je ne peux pas vous dire, ça me serait égal, comme deux œufs, que mon gars soit condamné ; « tu t'es

» laissé pincer, que je lui aurais dit, t'as été bête, t'as que
» ce que tu mérites... » mais moi j'ai intérêt, voyez-vous, à ce que mon gars soit innocenté...

— Monsieur, — s'écria Yvon en sentant son indignation se changer en un violent courroux et le sang lui monter au visage, — pas un mot de plus.

— C'est mon avis, monsieur le juge, au diable les mots, en avant les actions, — répondit le solliciteur, puis clignant de nouveau de l'œil, et plongeant la main dans une des poches de son long gilet de feutre, il en tira un rouleau, le prit entre son pouce et son index, et, le montrant à Yvon, il lui dit avec un sourire matois :

— Il y a là-dedans cinquante bons vieux louis d'or... ça sera les arrhes de l'acquittement de mon gars... il y en aura cinquante autres après.

Bien des précédens, bien des circonstances autorisaient cette indigne tentative de corruption ; car à l'austérité des premières années de la République, si rigides et si glorieuses, avait succédé un déplorable relâchement dans les mœurs ; aussi notre solliciteur, se croyant sûr de son fait, déposa triomphalement le rouleau sur le coin d'un bureau placé à sa portée.

Cloarek, mis hors de lui par cette insulte, le visage empourpré de colère, allait se laisser emporter à quelque effrayant accès de fureur, lorsque, ses regards s'arrêtant sur un portrait de sa femme, appendu à un mur, il songea qu'elle pourrait être réveillée et effrayée de ce bruit, car elle reposait dans une chambre située au-dessus du cabinet où se passait la scène dont nous parlons ; Yvon, par un effort surhumain, parvint donc à se contenir, saisit son chapeau, et dit au campagnard d'une voix altérée :

— Reprenez votre argent... nous causerons de cela dehors...

Et, lui faisant signe de le suivre, il sortit précipitamment de sa demeure.

Le campagnard s'imaginant que, par prudence, le magistrat qu'il pensait suborner préférait traiter de sa corruption ailleurs que chez lui, remit le rouleau de louis dans sa poche, prit son gros bâton noueux et sortit sur les pas de Cloarek, dont il n'eut pas le loisir d'envisager les traits, car leur expression l'eût effrayé ou lui eût donné quelques soupçons.

— Monsieur le juge, où allons-nous donc ? — dit-il à Cloarek qu'il avait peine à suivre, car celui-ci hâtait le pas et marchait pour ainsi dire par soubresauts.

— Par ici, — répondit Yvon d'une voix étouffée en tournant l'angle d'une rue, — par ici.

Cette rue, assez courte, aboutissait à une place appelée la *Place-Neuve*, où se tenait un marché, à cette heure encombrée de monde.

Lorsque Cloarek, qui avait son projet, fut arrivé au milieu de la foule, il se retourna soudain vers le campagnard qui le suivait à pas pressés, et d'une main de fer le saisissant à la cravate, il s'écria d'une voix tonnante :

— Peuple !... regarde bien ce misérable et assiste à son châtiment... c'est un exemple.

Le temps des agitations populaires n'était pas encore entièrement passé, les appels à la justice et aux sentiments du peuple, les débats et les harangues sur la place publique n'avaient rien d'inaccoutumé ; aussi la foule, moins surprise que curieuse, attirée par les éclats de voix d'Yvon, entoura bientôt le juge et le campagnard.

Celui-ci, malgré ses efforts et sa stature herculéenne, ne put échapper à la puissante étreinte de Cloarek qui, le secouant avec rage, continua d'une voix encore plus éclatante :

— Je suis juge !... au tribunal de cette ville, cet infâme est venu m'offrir de l'or pour innocenter un criminel ; telle a été l'indignité, telle va être la punition.

Et ce singulier magistrat, trouvant dans sa colère une force incalculable, se préparait à rouer de coups l'athlétique campagnard, lorsque celui-ci se dégagea par une violente secousse, et non moins furieux que le juge, se recula d'un pas, leva son bâton, véritable massue... et il en eût asséné un coup mortel peut-être au fougueux Breton, si celui-ci, par une manœuvre familière à ses compatriotes, n'eût évité la dangereuse atteinte en se courbant et se précipitant le front baissé sur son adversaire, avec tant d'impétuosité que, l'atteignant d'un terrible coup de tête en pleine poitrine, il lui brisa deux côtes, lui fit vomir le sang, et le renversa complètement privé de connaissance.

Profitant alors du tumulte de la foule qui entourait le vaincu en acclamant au vainqueur, Cloarek reprit un peu de sang-froid et s'empressa d'échapper à une ovation populaire, traversa la place, et, avisant un fiacre vide, s'y jeta et se fit conduire au Palais de Justice, car l'heure de l'audience était arrivée.

II.

Nous laisserons monsieur Cloarek se rendre au Palais de Justice pour y siéger comme d'habitude, après les exploits de cette matinée, qui eût fait honneur à un gladiateur consommé ; nous dirons quelques mots du bal costumé auquel les témoins de l'impétueux magistrat avaient fait allusion après le duel.

Ce bal, innovation hardie pour la province, devait avoir lieu le soir même chez monsieur Bonneval, riche négociant et beau-père du président du tribunal où siégeait Yvon Cloarek ; tous les membres de cette cour de justice ayant été conviés à cette fête, et le déguisement étant de rigueur, ils étaient convenus d'adopter l'imposant domino noir ou des costumes d'un caractère assez sérieux pour ne pas compromettre la gravité de la magistrature.

Cloarek, nous l'avons dit, était l'un des invités ; le bruit de son duel et de la punition qu'il avait infligée au campagnard, bien que malheureusement déjà répandu dans la ville, n'était pas, à la fin de la journée, parvenu aux oreilles de madame Cloarek.

La maison du magistrat était donc parfaitement calme, et l'on s'y occupait, comme dans bien d'autres demeures, des apprêts du déguisement du soir, car, à cette époque, les costumiers étaient rares en province. La salle à manger du modeste logis semblait ce jour-là changée en une officine de tailleur : l'on y voyait des rognures d'étoffes de couleurs variées, des débris de passementerie de soie et d'argent.

Trois jeunes ouvrières, jaseuses comme des grives, babillaient tout en travaillant sous la surveillance d'une femme de trente ans environ, personne accorte, de mine ouverte et avenante. Les jeunes filles la nommaient respectueusement *dame Robert;* cette digne femme, après avoir été nourrice de la fille de monsieur Cloarek, alors âgée de cinq ans, remplissait auprès de madame Cloarek l'emploi de femme de chambre, ou plutôt de femme de confiance, car, en suite de son dévouement et de ses excellents services, il s'était établi entre sa maîtresse et elle une sorte d'affectueuse familiarité.

— Encore un point, et le ruban brodé à ce chapeau est attaché, — dit une des jeunes ouvrières.

— Moi, j'ai fini d'ourler l'écharpe, — reprit une autre.

— Je n'ai plus que quelques boutons d'argent à attacher à la passementerie du gilet, — ajouta la troisième.

— Très bien, mes filles, — dit dame Robert, — le costume de monsieur Cloarek sera, j'en suis sûre, l'un des mieux choisis de la fête.

— Dame Robert... c'est tout de même bien drôle...
— Quoi ?
— Un juge déguisé.

— Tiens ! — reprit une autre ouvrière, — est-ce qu'ils ne le sont pas tous les jours, déguisés, quand ils ont leurs robes ?

— Apprenez, petites filles, — dit sévèrement dame Robert, — qu'une robe de juge n'est pas un déguisement mais un costume officiel.

— Excusez, dame Robert, — dit la jeune fille en devenant rouge jusqu'aux oreilles, — je ne pensais pas à mal en disant cela.

— Quel dommage que madame Cloarek perde cette belle occasion de se déguiser ! — reprit une autre ouvrière, afin de rompre la sévérité de l'entretien.

— Ah ! — reprit une de ses compagnes avec un soupir de regret et d'envie, — si j'étais à la place de madame Cloarek, je ne la laisserais pas perdre, moi, cette occasion-là. Un bal costumé ! On ne rencontre un bonheur pareil qu'une fois dans sa vie... peut-être.

— Si vous pouviez savoir pourquoi madame Cloarek se prive de ce plaisir, — reprit dame Robert, — vous ne seriez plus étonnées, mesdemoiselles.

— Qu'est-ce donc qui empêche madame Cloarek d'aller à cette fête, dame Robert ?

— L'on ne peut dire cela à de petites filles, — répondit la femme de confiance d'un air solennel, pendant que les jeunes ouvrières, ayant terminé leur travail, se préparaient à quitter la maison, car la nuit approchait.

Au moment où les trois jeunes filles allaient sortir, un autre personnage entra dans la salle à manger.

— Ah ! voilà monsieur Segoffin ! — dirent les ouvrières d'un ton railleur et familier. — Eh ! bonjour donc, monsieur Segoffin ! — Comment se porte monsieur Segoffin ?

Ce nouveau venu était un homme de quarante ans environ, de haute taille et d'une maigreur extrême ; il avait un très long nez légèrement retroussé à son extrémité, ce qui contribuait à lui donner une étrange physionomie ; du reste, son teint était si blême, sa figure, complètement imberbe, toujours si impassible, que l'on eût dit le masque enfariné de *Pierrot;* deux petits yeux, noirs et perçans, qui ne manquaient pas de malice, animaient seuls ces traits blafards d'une bonhomie narquoise ; une petite perruque, courte, ronde et noire, qui de loin ressemblait à un serre-tête de soie, ajoutait encore à la ressemblance carnavalesque dont nous parlons ; une longue houppelande grise à boutons argentés, un pantalon noisette, serré à la cheville par un cordon, qui laissait apercevoir des bas rayés bleu et blanc, sur lesquels s'échancraient des souliers de cuir noir à larges boucles d'argent, tel était l'accoutrement ordinaire de monsieur Segoffin, qui tenait sous un bras un parapluie rouge, et à la main un vieux tricorne.

Après être resté vingt ans au service de monsieur Cloarek père, ancien magistrat, Segoffin était, après la mort de ce dernier, entré chez son fils, qu'il avait vu enfant, et qu'il servait avec un dévouement parfait.

Notre homme, nous l'avons dit, avait été, dès son entrée, salué de ces mots, prononcés d'un ton railleur par les ouvrières :

— Ah ! voilà monsieur Segoffin !... Eh ! bonjour donc, monsieur Segoffin !...

Ce personnage, sans se départir de son sang-froid habituel, déposa son parapluie et son chapeau sur une chaise, puis il alla très gravement enserrer dans ses longs bras la plus jolie des rieuses, et, malgré ses cris effarouchés et sa résistance désespérée, il l'embrassa bruyamment sur ses joues rebondies. Très satisfait de ce prélude, il s'apprêtait même à récidiver, lorsque madame Robert, le tirant par l'un des pans de sa redingote, s'écria tout indignée :

— Segoffin ! Segoffin ! vous êtes, en vérité, d'une indécence...

— Ce qui est fait est fait, dit sentencieusement Segoffin en passant sa main osseuse sur ses lèvres avec un air de jubilation rétrospective, pendant que la jeune ouvrière quittait l'appartement avec ses compagnes, toutes trois riant comme des folles en disant :

— Bonsoir, monsieur Segoffin, bonsoir !

Restée seule avec notre homme, dame Robert s'écria :

— Il n'y a que vous au monde pour commettre des indégnités pareilles avec un tel sang-froid, dans la respectable maison d'un magistrat.

— Tiens ! — demanda Segoffin d'un air naïf, — quoi donc ?

— Comment ! quoi donc ? embrasser cette jeune fille devant moi, lorsque vous me poursuivez avec acharnement le vos déclarations amoureuses !

— Jalouse !

— Jalouse ! moi ! rayez cela de vos papiers, Segoffin ! Si je me remariais jamais, ce qu'à Dieu ne plaise, ce n'est pas vous que j'épouserais.

— Savoir.

— Comment ! je le sais bien, peut-être.

— Ce qui sera... sera, ma chère.

— Mais...

— Allons, allons, — reprit le flegmatique personnage en interrompant Suzanne Robert de l'air du monde le plus certain de son fait, — vous grillez d'envie de m'épouser, vous m'épouserez. Ce qui sera sera, n'en parlons plus.

— Jour de Dieu ! — s'écria la femme de confiance exaspérée de l'outrecuidance du personnage ; puis, se reprochant un pareil emportement, elle reprit avec un calme sardonique : — Vous avez raison, monsieur Segoffin... ne parlons plus d'une pareille sottise, c'est ce que nous avons de mieux à faire... Parlons de *monsieur*... Tenez, voici son costume terminé... portez-le chez lui, car il ne peut tarder à rentrer du tribunal.

— Ah ! — fit Segoffin en secouant la tête, — le tribunal... Et il soupira profondément.

Un soupir était chose si rare dans les habitudes de cet homme impassible, que dame Robert, devenant tout à coup inquiète, lui dit vivement :

— Qu'avez-vous à soupirer ainsi, vous qui ne vous émouvez ordinairement de rien ?

— Je m'y attendais, — reprit Segoffin en hochant de nouveau la tête. — Ça devait arriver un peu plus tôt, un peu plus tard.

— Mais quoi donc, pour l'amour de Dieu, qu'est-il arrivé ?

— Monsieur Cloarek, reprit Segoffin avec un nouveau soupir, a jeté monsieur le président du tribunal par la fenêtre...

— Ah ! mon Dieu !

— Ce qui est fait est fait.

— Il serait possible ?...

Ça n'était d'ailleurs qu'un rez-de-chaussée élevé... Un saut d'une toise tout au plus, — ajouta Segoffin avec l'accent d'un homme qui prend son parti d'un accident, — et le président, selon son habitude, est retombé sur ses pieds, car c'est un fier finaud, allez ! Il sait se retourner, celui-là.

— Tenez, Segoffin, je ne crois pas un mot de ce que vous me contez là... C'est encore une de vos histoires, et, en vérité, il est indigne d'oser plaisanter ainsi... sur monsieur, que vous avez vu enfant... et qui qui est si bon pour vous !

— Soit, — reprit froidement Segoffin, — mettez que je plaisante... en attendant, donnez-moi le costume de monsieur ; il m'a dit de le porter dans sa chambre, et il ne va pas tarder à rentrer.

— Hélas !... c'est donc vrai ? — s'écria Suzanne, ne doutant plus de la fâcheuse nouvelle que lui apportait Segoffin ; — il y a donc encore eu quelque scène entre monsieur et son président !

— Dame, — reprit naïvement Segoffin, — puisqu'il l'a jeté par la fenêtre.

— Mon Dieu ! mon Dieu ! Mais alors, cette fois-ci, monsieur va perdre sa place.

— Pourquoi ?

— Comment ! pourquoi ? Après un pareil scandale, et de la part d'un magistrat, on va lui ôter sa place, vous dis-je ; et cette pauvre madame !... encore une secousse pour elle ; et dans l'état où elle se trouve, encore... Mais, mon Dieu ! 'est pas vivre, ça... être toujours en alerte,

en émoi ! adorer son mari et avoir à chaque instant à redouter les suites de la violence de son caractère.

— Ma chère, rappelez-vous ce que je vous ai toujours dit, selon le proverbe de notre vieille Bretagne, — reprit Segoffin d'un ton sententieux... — *Au loup, la forêt... au pigeon, le colombier ;* or, M. Yvon...

— Mais vous me faites bondir avec vos rébus et votre sang-froid ! — s'écria Suzanne. — Dites-moi au moins comment ce malheur est arrivé.

— Eh bien ! je suis allé, il y a une heure, au Palais, pour porter à monsieur la réponse d'une lettre. J'ai trouvé le Palais sens dessus dessous.

— Ah ! mon Dieu ! à cause de monsieur, c'est sûr.

— Ecoutez-moi donc ! Les avocats, tout le monde allait et venait en disant : « Vous ne savez pas ? — Non ! quoi donc ? — Il paraît qu'après l'audience, monsieur le président a fait appeler monsieur Cloarek dans son cabi-
» net. — Ah ! oui, pour son duel !... »

— Son duel !... — s'écria dame Robert. — Quel duel ?

— Celui de ce matin, — reprit flegmatiquement Segoffin, et il poursuivit, profitant de la stupeur de la femme de confiance : — D'autres disaient : — « Non, le président
» l'a fait appeler à cause de ce campagnard à qui il a en-
» foncé deux côtes d'un coup de tête, et que l'on a trans-
» porté dans une boutique. »

— Quel campagnard ? — reprit Suzanne dans un croissant émoi.

— Celui de tantôt, — répondit simplement Segoffin. — « Enfin, il paraîtrait, — reprenait-on au Palais, — qu'il est
» allé dans le cabinet du président, qu'ils se sont échauf-
» fés, et que, finalement, il l'a jeté par la fenêtre. »

— Ah ! mon Dieu ! — dit Suzanne en joignant les mains, tout effrayée.

— Alors, moi, — ajouta Segoffin avec un sourire de satisfaction intime, — moi qui connais fort bien monsieur, je me suis dit tout de suite : s'il y a eu quelqu'un de jeté par la fenêtre, ça doit être l'autre, et j'avais raison ; enfin, ce qui est fait est fait. Je vas porter le costume chez monsieur.

— Ce qui est fait est fait ! vous n'avez que cet insupportable refrain à la bouche ; ne voyez-vous pas les suites de ceci ?

— Ce qui sera... sera.

— Belle consolation ! n'est-ce pas ? voilà déjà la troisième fois que monsieur aura risqué de perdre sa place, par suite de l'emportement de son caractère ; aussi savez-vous ce qui malheureusement va arriver ? Monsieur sera bel et bien destitué, cette fois-ci.

— Dame ?... s'il perd sa place, il la perdra.

— C'est probable, et comme il a besoin de cette place pour vivre, comme il a une femme et une petite fille, et que, dans quelques mois, il aura un autre enfant, puisque madame commence une grossesse, que voulez-vous que lui et sa famille deviennent sans cette place ?... Répondez à cela... avec vos proverbes.

— *Au loup, la forêt... au pigeon, le colombier,* comme je vous le disais tout à l'heure, ma chère.

— Allons, — s'écria Suzanne, — encore ce sot rébus ! Quel rapport cela a-t-il avec monsieur ?

— Ça a ce rapport que monsieur, que j'ai quasi vu naître, puisque je l'ai vu courir tout petit sur les grèves de Penhoet, où, par parenthèse, il se donnait de fières râclées avec la marmaille des pêcheurs, a toujours été colère comme un coq en amour, un vrai Breton bretonnant en diable, comme on dit au pays ; aussi, une fois la colère venue, la tête partie, faut qu'il tape, ce cher homme ; il a toujours été comme ça... hélas ! malheureusement. Mais il n'en était pas moins à jeter des présidens par les fenêtres. Enfin, ce qui est fait est fait...

Puis prenant le costume de son maître, Segoffin dit à Suzanne :

— Il ne manque rien... à ces hardes ?

— Ah çà !... perdez-vous tout à fait la raison ?... Monsieur doit, en vérité, bien penser à aller à cette fête !...

— S'il y pense? il m'a recommandé de tenir le costume tout prêt, afin de pouvoir s'habiller de très bonne heure.
— Comment! après ce qui s'est passé tantôt, il irait à ce bal?
— Je le crois bien!
— C'est impossible!
— Vous le verrez!
— Il irait à ce bal, qui est justement donné par le beau-père de monsieur le président!...
— Raison de plus.
— Je vous dis que cela ne se peut pas... Monsieur n'oserait paraître à cette fête, après les scandales de cette fatale journée... Ce serait soulever toute la ville contre lui.
— Il s'y attend bien.
— Il s'y attend?
— Certainement, et ce n'est pas cela qui le fera reculer... au contraire, — reprit Segoffin d'un air triomphant. — Je l'ai vu après la fin de sa causette avec le président.— Mon bon monsieur Yvon, — lui ai-je dit, — est-ce que vous n'avez pas peur qu'on vous arrête? « Personne n'a le droit » de se mêler de ce qui s'est passé de particulier entre moi » et le président, tant qu'il n'aura pas porté plainte, — m'a » répondu monsieur, — et, cette plainte, je défie le prési- » dent de la porter, car il lui faudrait faire connaître la » cause de mon emportement contre lui, et il serait alors » écrasé de honte. » — Voilà, Suzanne, les propres paroles de monsieur. — Mais, — lui ai-je demandé, irez-vous tout de même à ce bal? — « Si j'irai?... certes... je veux » arriver le premier et en sortir le dernier. Sans cela » on croirait que je regrette ce que j'ai fait, ou que j'ai » peur... Si ma présence à cette fête scandalise mes autres » invités et qu'ils me le témoignent, ou que je m'en aper- » çoive... je saurai répondre et agir... sois tranquille; re- » tourne donc à la maison, et que je trouve mon costume » tout prêt en arrivant. »
— Ah! quel homme! quel caractère de fer! — dit Suzanne en soupirant. — Toujours le même; et cette pauvre madame... qui ne se doute de rien!
— J'emporte le costume,—ajouta Segoffin,—et je vas attendre monsieur chez lui... car il ira à la fête... aussi vrai que vous m'épouserez un jour, ma chère, rappelez-vous de ça.
— Si ce malheur devait jamais arriver, — répondit dame Robert courroucée, — je tâcherais au contraire de n'y jamais songer.

Et, sortant d'un côté opposé à celui par lequel sortit Segoffin, la digne femme, très alarmée de ce qu'elle venait d'apprendre, se rendit chez sa maîtresse, madame Cloarek.

III.

Le premier mouvement de Suzanne avait été de prévenir madame Cloarek des faits si graves qui s'étaient passés dans la journée par suite de la violence du caractère d'Yvon; mais, réfléchissant au coup douloureux et imprévu que de pareilles nouvelles porteraient à la jeune femme, elle recula devant cette révélation, qui ne devait être que trop prochaine, et se promit seulement d'engager sa maîtresse à trouver un prétexte pour empêcher monsieur Cloarek de se rendre à la fête, audacieuse bravade qui pouvait amener les résultats les plus funestes.

L'embarras de Suzanne était grand : il lui fallait, d'un côté, cacher à sa maîtresse les événements de la journée, et cependant conseiller à la jeune femme d'user de son influence sur son mari pour le détourner d'aller au bal.

Telles étaient les préoccupations de dame Robert, lorsqu'elle entra chez sa maîtresse.

Celle-ci, sans être régulièrement jolie, avait une physionomie remplie de charme et de douceur; la pâleur de ses traits distingués, sa frêle apparence, annonçaient une santé très délicate, qu'un commencement de grossesse rendait plus fragile encore.

Jenny Cloarek, assise auprès d'un berceau à balançoire, dont les petits rideaux de soie étaient fermés, s'occupait d'un travail de broderie, tout en imprimant de temps à autre, du bout de son petit pied qui pesait sur la bascule, un doux mouvement de balançoire au berceau de sa petite fille âgée de cinq ans.

La nuit était venue, une lampe éclairait ce gracieux tableau.

Lorsque Suzanne entra chez elle, madame Cloarek lui fit un signe de la main, et lui dit à mi-voix :
— Ne faites pas de bruit, Suzanne, ma petite Sabine vient de commencer à s'endormir.

La femme de confiance s'approcha doucement; Jenny Cloarek reprit :
— Yvon n'est pas encore rentré?
— Non, madame.
— Cette sortie si matinale a dérangé toute ma journée... car j'étais endormie lorsque mon mari est revenu, et il ne m'a pas habituée à rester si longtemps sans le voir.

Puis la jeune femme ajouta en souriant :
— A propos! son costume est-il fini?
— Oui, madame.
— Voyez, Suzanne, quelle a été ma discrétion et mon obéissance aux désirs d'Yvon... J'ai pourtant eu le courage de ne pas aller voir les ouvrières dans la salle à manger... afin de me réserver la surprise complète... puisque monsieur Cloarek désire que je ne voie son costume que lorsqu'il l'aura sur lui... Mais enfin, vous pouvez toujours me dire, ma bonne Suzanne, si le costume est joli.
— Très joli, madame.
— Et il n'est pas trop... voyant? car la position de mon mari l'oblige à certaines convenances.
— On ne pouvait, madame, choisir un costume à la fois plus élégant et plus sévère.
— Et vous croyez qu'il siéra bien à Yvon?
— A merveille, madame...
— En vérité, Suzanne, vous excitez ma curiosité à un point!... enfin... j'aurai du courage jusqu'au bout; seulement, puisque le costume d'Yvon est si bien choisi, je regretterais d'avoir refusé d'aller à cette fête, si la prudence et ma santé ne m'avaient imposé cette longue privation. Je n'ai jamais vu de bal costumé; ce coup d'œil m'eût beaucoup amusée... mais je m'amuserai presque autant du récit que me fera Yvon à son retour, pourvu toutefois qu'il ne revienne pas trop tard, car je me sens aujourd'hui très fatiguée... et plus faible qu'à l'ordinaire.

La quiétude de la jeune femme attristait de plus en plus Suzanne : elle cherchait en vain le moyen d'amener peu à peu la conversation qu'elle désirait avoir avec sa maîtresse, craignant de lui causer une brusque émotion toujours si dangereuse dans l'état où elle se trouvait.
— Madame se sent donc moins bien ce soir... que dans la journée? — lui dit-elle.
— J'éprouve un assez grand malaise,—répondit Jenny, —mais je ne m'en plains pas; je sais ce que c'est,—ajoute-t-elle avec un sourire ineffable, en faisant allusion à sa grossesse. — Ce sont ces chères souffrances qui me promettent de nouvelles joies.

Et, ce disant, la jeune mère se souleva de son fauteuil, et se pencha doucement vers le berceau dont elle entr'ouvrit les rideaux.

Après quelques instants de contemplation radieuse, elle reprit, toujours à mi-voix, en se rasseyant :
—Chère petite!... elle dort du sommeil des anges... Ah! ma bonne Suzanne, — reprit-elle, — avec un mari comme Yvon, une fille comme la mienne... que puis-je désirer au monde... sinon un peu plus de santé, afin de pouvoir nourrir mon second enfant? car, savez-vous, Suzanne, que je vous jalouse beaucoup d'être à demi la mère de ma petite Sabine?... Enfin,.. que je me porte vaillamment, et

rien ne me manquera... Il est bien entendu,—ajouta-t-elle avec un demi-sourire, — que je ne parle maintenant que pour mémoire de la mauvaise tête et de la violence du caractère de ce cher Yvon, dont l'impétuosité m'a souvent causé tant d'alarmes... Heureusement, depuis quelque temps, son effervescence semble s'apaiser... Pauvre ami, combien de fois j'ai été témoin de ses efforts pour vaincre... ce qui est chez lui non pas un vice, mais un tempérament! car, un vice, il l'eût dompté par l'énergie de son caractère... Enfin, grâce à Dieu, je le trouve beaucoup plus calme...

— Sans doute, madame, reprit Suzanne, de plus en plus embarrassée ; — sans doute ; monsieur est bien moins emporté... maintenant...

— Et quand je pense que, pour moi... il a toujours été si doux... si bon, — reprit Jenny avec attendrissement, — que jamais je n'ai été de sa part l'objet ou le prétexte de ces emportemens terribles auxquels je le voyais, avec tant d'épouvante, se livrer pour d'autres causes, et qui ont souvent eu pour lui de si tristes conséquences !...

— Pauvre chère madame, il faudrait être fou furieux pour se mettre en colère après vous ; la brebis du bon Dieu, comme on dit, n'est pas plus douce que vous...

— Pas du tout, maladroite flatteuse,—répondit Jenny en souriant, — ce n'est pas ma douceur, c'est son amour pour moi ;... et même... tenez... c'est très vilain ce que je vais vous avouer là, Suzanne... eh bien, je ne puis quelquefois m'empêcher d'être fière en songeant que je n'ai jamais trouvé que mansuétude et tendresse dans ce caractère si indomptable et si violent.

— En effet, madame, on ne peut être meilleur que monsieur, et, comme vous dites, il faut que ce soit son tempérament qui l'emporte malgré lui, car malheureusement, chez ces caractères-là... il ne faut souvent qu'un rien... qu'un prétexte... pour amener une explosion terrible.

— Cela est si vrai, Suzanne, que ce pauvre Yvon, afin de ne s'exposer à aucun danger de ce genre (et, je l'avoue, j'encourage cette prudence de toutes mes forces), passe ici toutes ses soirées auprès de moi, au lieu d'aller, comme tant d'autres, chercher ses plaisirs et ses distractions dans quelques cercles publics... où sa mauvaise tête pourrait lui jouer de méchans tours.

— Écoutez, madame, — dit Suzanne trouvant enfin l'occasion d'engager sa maîtresse à obtenir de son mari qu'il ne parût pas à cette fête où sa présence pouvait soulever tant d'orages, — je pense comme vous que, pour votre repos et celui de monsieur... il est à désirer qu'il évite toutes les occasions... de se mettre en colère... aussi, madame... si vous m'en croyez...

— Eh bien ! Suzanne... pourquoi vous interrompre... qu'avez-vous ?

— Madame, c'est que...

— Voyons, parlez...

— Mon Dieu, madame, ne craignez-vous pas que le bal costumé de ce soir...

— Ensuite...

— Ne donne à monsieur une de ces occasions d'emportement que vous redoutez ?

— Quelle idée !...

— C'est que... madame, il y aura là bien du monde...

— Soit, mais ce sera la meilleure compagnie de la ville, puisque ce bal a lieu chez le beau-père du président du tribunal où siège mon mari.

— Sans doute, madame ; mais enfin, il me semble que, dans ces bals déguisés, on doit se plaisanter les uns les autres... et si monsieur... qui a la tête si vive... allait se fâcher...

— Vous avez raison, Suzanne... je n'avais pas songé à cela.

— Je ne voudrais pas vous inquiéter, madame, et cependant...

— D'un autre côté, mon mari sait trop bien vivre pour se formaliser des plaisanteries permises... dans une pareille fête... et d'ailleurs sa position particulière de juge au tribunal que préside le gendre de monsieur Bonneval, ne permet guère à mon mari de se dispenser de paraître à ce bal, car il a été convenu que tout le tribunal s'y rendrait ; ainsi l'absence d'Yvon serait presque un manque de procédés envers le président, dont mon mari est, après tout, le subordonné.

— Ah ! pauvre madame, — pensa Suzanne, — si elle savait de quelle manière son mari la pratique, la subordination envers son président !

— Non, non, rassurez-vous, Suzanne,—reprit la jeune femme ; — la présence même de monsieur le président à cette fête... la déférence qu'Yvon doit avoir pour lui, le maintiendront dans une juste réserve... et, encore une fois, on ne saurait à quoi attribuer l'absence de mon mari.

— Pourtant, madame...

— Je recommanderai à Yvon d'être bien sage, — ajouta Jenny en souriant, — et il pourra du moins profiter d'une distraction que notre vie retirée lui fera trouver doublement agréable.

Suzanne, redoutant les suites de l'aveuglement de sa maîtresse, lui dit résolument :

— Madame, il ne faut pas que monsieur paraisse à cette fête.

— Suzanne, je ne vous comprends pas.

— Madame... croyez ce que je vous dis.

— Mais, enfin...

— Ma chère maîtresse, — reprit Suzanne en joignant les mains, — je vous en conjure, au nom de vous... et de votre enfant, empêchez monsieur d'aller à cette fête.

— Suzanne, qu'y a-t-il ? vous m'effrayez.

— Madame... vous savez si je vous suis dévouée.

— Je le sais... mais expliquez-vous.

— Vous sentez bien, madame, que je ne risquerais pas de vous effrayer, s'il ne s'agissait de quelque chose de grave. Eh bien ! croyez-moi, les plus grands malheurs peuvent arriver si monsieur se rend paraît à cette fête...

Dame Robert ne put en dire davantage.

La porte s'ouvrit, et Yvon Cloarek entra dans la chambre de sa femme.

Suzanne n'osa pas rester, et sortit après avoir jeté à sa maîtresse un dernier regard suppliant et significatif.

IV.

Yvon Cloarek avait environ trente ans ; sa taille, robuste et bien prise, était encore mise en valeur par le costume breton qu'il venait d'endosser pour le bal du soir.

Ce costume, à la fois élégant et sévère, se composait d'une longue veste noire, brodée au collet de soie avec manches de passementerie orange, et rehaussée d'une rangée de petits boutons d'argent très serrés : le gilet, noir aussi, et orné de boutons et de broderies pareilles à celles de la veste, était serré aux hanches par une ceinture de soie orange ; de larges *braies* de toile blanche, aussi amples que la jupe flottante des Grecs Palikares, tombaient jusqu'au genou, et laissaient voir de hautes guêtres de peau de daim, collant aux jambes. Yvon portait un chapeau presque plat, à forme ronde et à très vastes ailes, ceint d'un ruban orange brodé d'argent, dont les bouts se balançaient sur ses épaules.

Grâce à ce costume de *bragoubras* breton, à ses longs et épais cheveux d'un blond doré, à son teint animé, à ses yeux bleus de mer, à ses traits hardiment prononcés et à sa robuste carrure, Cloarek offrait le type frappant de la vaillante race de ces *Bretons bretonnans*, de *ces hommes durs de l'Armorique*, ainsi que les appellent les chroniques nationales.

Lorsqu'il entra chez sa femme, la physionomie d'Yvon

était encore un peu soucieuse, et quoiqu'il eût fait de grands efforts sur lui-même pour refouler les divers sentimens dont il était agité, en suite de cette tumultueuse journée, sa femme, déjà mise en alarme par les paroles de dame Robert, fut frappée de l'expression des traits de son mari.

Celui-ci, ignorant les soupçons de Jenny, et ayant pris toutes les mesures possibles pour lui cacher les événemens du jour, s'approcha lentement, et, s'arrêtant à quelques pas de sa femme, lui dit en souriant :

— Eh bien ! Jenny, comment trouves-tu mon costume ? J'espère que je suis fidèle aux vieilles traditions de mon pays natal... et qu'à cette fête je représenterai dignement la Bretagne !

— Sans doute, mon ami, — reprit la jeune mère avec embarras, — ce costume de ton pays te sied à merveille.

— Vrai ?... Eh bien ! je suis enchanté, — dit Yvon en venant embrasser Jenny avec effusion, cherchant à oublier ainsi ses pénibles préoccupations. — Tu sais, ma chère, que je tiens à ton approbation, même pour les choses les plus futiles.

— Oui, — répondit madame Cloarek avec émotion, — oui, je sais combien tu as de tendresse pour moi... de déférence pour mes moindres désirs...

— Quel beau mérite j'ai là ! c'est si bon, si doux d'incliner devant toi, ma Jenny, cette dure et mauvaise tête bretonne, et de te dire : — Pour toi j'abdique ma volonté... ordonne, j'obéirai !

— Bon Yvon, si tu savais combien tu me rends heureuse en me parlant ainsi... aujourd'hui surtout !

Ces derniers mots n'attirant pas l'attention de Cloarek, il reprit :

— Qu'est-ce que ces petits bonheurs-là, que tu me dois, dis-tu, ma chérie... auprès de la céleste félicité que je te dois, moi ?... Tiens, — ajouta-t-il en se dirigeant vers le berceau, — ce petit ange... qui fait la joie de ma vie, qui me l'a donné ?

Et Cloarek allait entr'ouvrir les rideaux lorsque sa femme lui dit à demi-voix :

— Yvon... prends garde... e'le dort.

— Laisse-moi seulement la regarder un peu... rien qu'un peu... je ne l'ai pas vue de toute la journée...

— La lumière de la lampe pourrait l'éveiller, mon ami, et cette chère petite a été tantôt bien agitée...

— Ah ! mon Dieu ! — dit vivement Cloarek en s'éloignant du berceau, — est-ce que tu as quelque inquiétude ?

— Heureusement non, mon ami... seulement tu sais combien cette pauvre enfant est impressionnable et nerveuse... elle ne me ressemble point sous ce rapport, — ajouta Jenny avec un sourire mélancolique.

— Et moi, bien loin de regretter que cette chère enfant soit si impressionnable, je m'en applaudis, au contraire ; car j'espère que, comme toi, elle sera douée d'une sensibilité exquise.

La jeune femme secoua doucement la tête, et reprit :

— Enfin, voici ce qui est arrivé : notre gros chien de Terre-Neuve est entré ici tantôt, et cette pauvre petite en a eu tellement peur, que c'est à grand'peine que je suis parvenue à l'endormir.

— Dieu merci ! cette peur n'a rien d'inquiétant. Mais toi, Jenny, comment as-tu passé la journée ? Ce matin tu dormais, j'ai craint de t'éveiller, pauvre et douce Jenny, ajouta Yvon avec l'accent de la plus touchante sollicitude. — Tu sais si ta santé m'est chère et précieuse ; mais, en ce moment, elle me l'est plus que jamais, car, maintenant, — ajouta-t-il en souriant tendrement, — car maintenant... *tu es* DEUX !

Jenny, à cette allusion à sa nouvelle maternité, tendit à son mari sa petite main blanche et frêle.

— Quel courage me donne ton amour ! — lui dit-elle, — grâce à lui je peux braver la douleur.

— Mais tu as donc souffert aujourd'hui ? — s'écria Yvon avec anxiété. — Jenny, de grâce, réponds-moi... pourquoi n'a-t-on pas envoyé chercher le médecin ?

— Pas si haut, mon ami, — répondit la jeune femme, en montrant du regard le berceau à son mari, — tu pourrais éveiller cette chère petite.

Et elle ajouta, en s'efforçant de sourire :

— Non, je n'ai pas eu besoin d'envoyer chercher le médecin, car j'ai auprès de moi un grand et savant docteur, en qui j'ai toute confiance... qui me comble des plus tendres soins, et qui, aujourd'hui, j'en suis certaine, ne me les refusera pas si j'en ai besoin.

Et, ce disant, la jeune femme prit une des mains de son mari entre les siennes.

— Bon, je te comprends, — reprit Yvon en souriant à son tour, — ce grand docteur-là, c'est moi...

— Et puis-je en choisir un plus soigneux, plus dévoué ?...

— Oh ! non, certes... Eh bien ! voyons, Jenny, consulte-moi...

— Mon bon Yvon, sans avoir été positivement souffrante aujourd'hui, j'ai éprouvé... j'éprouve encore quelque malaise... une sorte d'accablement vague et triste... Oh ! mais rassure-toi... cela n'a rien de grave, et d'ailleurs tu pourrais parfaitement me guérir, cher et bien-aimé docteur.

— Et comment ? dis-moi cela vite.

— Mais d'abord, le voudras-tu ?

— Ah ! Jenny...

— C'est que, vois-tu... je te le répète, ma guérison dépend absolument de toi...

— Tant mieux... car alors tu es guérie... Voyons vite, explique-toi, chère et charmante malade.

— Reste auprès de moi !...

— Est-ce que je pense à te quitter !

— Mais, — dit la jeune femme en hésitant et avec un violent battement de cœur, — mais cette fête de ce soir...

— Tu le vois... je me suis habillé de bonne heure afin de pouvoir rester auprès de toi jusqu'au moment de partir.

Et les traits d'Yvon, d'abord rassérénés, se rembrunirent de nouveau.

Cette nuance n'échappa pas à Jenny ; plus que jamais elle se sentit résolue de tout faire pour empêcher son mari de se rendre à ce bal, car elle sentait croître les alarmes que lui avait inspirées dame Robert.

Aussi la jeune femme reprit-elle :

— Yvon... ne me laisse pas seule pendant cette soirée.

— Comment ?...

— Sacrifie-moi... cette fête.

— Que dis-tu ?

— Reste auprès de moi.

— Mais, Jenny, tu as toi-même insisté pour que..

— Pour que tu acceptes cette invitation... il est vrai. Ce matin encore... je me faisais une joie de te savoir cette distraction... à toi qui vis si retiré...

— Alors, Jenny... d'où vient ce changement subit ?

— Que veux-tu que je te dise ? — reprit la jeune femme avec un pénible embarras. C'est une idée peu raisonnable... bizarre... peut-être... Mais enfin tout ce que je sais, c'est que tu me rendrais heureuse... oh ! bien heureuse... si tu voulais me faire ce sacrifice... que je te demande... si absurde... si ridicule qu'il te semble peut-être.

— Pauvre chérie ! — dit tendrement Yvon après un moment de réflexion, — je comprends, dans la position où tu te trouves, et nerveuse comme je te connais, il est tout simple que tu cèdes malgré toi à certaines contradictions.... que tu ne veuilles plus ce soir ce que tu voulais ce matin... Est-ce que j'oserai te faire un reproche de cela ?

— Tiens, vois-tu, Yvon... tu es bon... tu es ce qu'il y a de meilleur au monde, — dit la jeune femme dont les yeux se remplirent de larmes de joie, car elle se croyait sûre de retenir son mari toute la soirée auprès d'elle, — tu as pitié des caprices... d'une pauvre femme qui ne sait pas seulement ce qu'elle veut ni ce qu'elle a.

— En ma qualité de docteur, je le sais, moi, — reprit Yvon en baisant tendrement sa femme au front. — Voyons, — ajouta-t-il en regardant la pendule, — il est neuf heures... dix minutes pour aller, dix minutes pour revenir, à peine un quart-d'heure pour rester à ce bal, c'est, en tout, l'affaire de trois quarts d'heure au plus... je te promets donc d'être ici avant dix heures...

— Que dis-tu, Yvon ? Tu persistes à vouloir aller à cette fête ?...

— Seulement pour y paraître... Ne fût-ce que quelques minutes.

— Yvon... je t'en conjure...

— Que veux-tu dire ?

— Ne va pas... là.

— Comment ! Pas même... pour un instant ?

— Mon ami, ne me quitte pas... je t'en prie.

— Jenny, sois donc raisonnable...

— Je t'en supplie... fais cela pour moi.

— Voyons, ma Jenny, c'est de l'enfantillage ; de quoi s'agit-il ? d'une absence d'une heure à peine...

— Eh bien ! oui, c'est de l'enfantillage, c'est du caprice... c'est de la folie... c'est tout ce que tu voudras... mais encore une fois, je t'en conjure, ne me quitte pas un moment de toute la soirée...

— Tiens, Jenny, cela me navre... de te voir si peu raisonnable... car je suis obligé de te refuser.

— Yvon...

— Je ne puis, te dis-je, me dispenser de paraître un moment à cette fête.

— Mon ami...

L'impatience fit monter au front de Cloarek une bouffée de rougeur ; pourtant il se contint, et dit à sa femme d'un ton d'affectueux reproche :

— Jenny, une pareille insistance de ta part m'étonne et m'afflige... tu le sais, je n'ai pas l'habitude de me faire prier ; j'ai toujours tâché d'aller au devant de tes désirs ; épargne-moi donc le chagrin de te dire : *non*, pour la première fois de ma vie.

— Mon Dieu ! — s'écria la jeune femme désolée, — mon Dieu !... tenir autant à un plaisir lorsque...

— Un plaisir !... — s'écria amèrement Yvon dont les yeux étincelèrent.

Puis, se contraignant encore, il reprit :

— S'il s'agissait d'un plaisir... Jenny, est-ce que je n'y aurais pas renoncé à la première demande ?

— Mais si tu ne vas pas à cette fête pour ton plaisir, pourquoi y vas-tu alors ?

— J'y vais, — répondit Cloarek, — j'y vais par convenance.

— Ne peut-on pas, Yvon... manquer une fois aux convenances... pour moi ?...

— Tiens, Jenny, — dit Yvon, dont le visage devenait pourpre, — brisons là... Il faut que j'aille à cette fête... j'irai... n'en parlons plus.

— Et moi, je te dis que tu n'iras pas, — s'écria la jeune femme, incapable de dissimuler plus longtemps ses alarmes, et ne pouvant retenir plus longtemps ses pleurs ; — non... car pour que tu me refuses si obstinément, toi, toujours si bon, si tendre pour moi... il faut qu'il y ait quelque grave raison que tu me caches.

— Jenny ! — s'écria Cloarek, en frappant du pied, car la contradiction exaspérait ce caractère violent et irascible, — pas un mot de plus !...

— Ecoute-moi, Yvon, — reprit-elle avec dignité, — je ne feindrai pas plus longtemps, cela est indigne de nous deux... Eh bien ! oui, j'ai peur, j'ai peur pour toi, si tu vas à cette fête, car l'on m'a dit que ta présence en ce lieu pouvait causer de grands malheurs.

— Qui vous a dit cela ? que vous a-t-on dit ? Répondez ? — s'écria Cloarek d'une voix de plus en plus irritée, et si éclatante que l'enfant au berceau se réveilla. — Pourquoi avez-vous peur ?... Vous savez donc quelque chose ?...

— Tu le vois bien, Yvon, il y a quelque chose, — s'écria la pauvre femme de plus en plus épouvantée, — il y a quelque chose... de terrible peut-être, que tu me caches.

Yvon resta un moment immobile et muet, en proie à la lutte violente qui se livrait en lui ; le calme, la raison eurent encore le dessus ; il s'approcha de sa femme pour l'embrasser avant de s'éloigner, et lui dit :

— A tout à l'heure, Jenny...Tu ne m'attendras pas longtemps.

La jeune femme se leva brusquement, et, avant que son mari eût pu faire un mouvement pour s'y opposer, courut à la porte, en retira la clef, et dit à Yvon avec l'énergie du désespoir :

— Tu ne sortiras pas d'ici... et nous verrons si tu oseras venir m'arracher cette clef.

D'abord stupéfait, puis poussé à bout par l'action résolue de Jenny, Cloarek, arrivé au dernier paroxisme de la colère, ne se connut plus ; la rougeur de ses joues fit place à une pâleur livide, et l'œil sanglant, les traits bouleversés, méconnaissable, il s'écria d'une voix terrible en faisant un pas vers la jeune femme :

— Cette clef !

— Non, — répondit intrépidement Jenny, — non, je te sauverai malgré toi...

— Malheureuse ! — s'écria Cloarek, effrayant, en faisant un pas vers Jenny d'un air égaré.

La jeune femme n'avait de sa vie été l'objet de la colère de son mari ; aussi est-il impossible de rendre l'horrible épouvante qu'elle ressentit en le voyant prêt à s'élancer sur elle. Un moment terrifiée sous ce regard sanglant, farouche, qui semblait ne plus la reconnaître, elle resta immobile, tremblante, et se sentant près de défaillir.

Soudain la petite fille, éveillée depuis quelques minutes par les éclats de voix, ouvrit les rideaux de son berceau. Ne reconnaissant pas son père, et le prenant pour un étranger, car elle ne l'avait jamais vu sous le costume étrange qu'il portait, elle poussa des cris d'effroi en appelant sa mère, et s'écria :

— Oh ! cet homme noir... J'ai peur.

— Cette clef ! — répéta Cloarek d'une voix tonnante, en faisant de nouveau un pas vers sa femme.

Celle-ci, obéissant à une idée subite, mit la clef dans son corsage, courut au berceau et prit sa fille entre ses bras, pendant que l'enfant, de plus en plus épouvantée, sanglotait en cachant sa figure dans le sein de sa mère en murmurant :

— Oh ! l'homme noir... l'homme noir... il veut tuer maman...

La frêle mais courageuse femme, rassemblant ses forces déjà presque épuisées, s'écria :

— Pour me prendre cette clef, il faudra que vous arrachiez ma fille d'entre mes bras !

— Mais tu ne sais donc pas que je suis capable de tout dans ma colère ?... — s'écria le malheureux arrivé à ce point de fureur insensée qui rend l'homme aveugle et sourd aux sentiments les plus sacrés ; aussi dans sa rage il se précipita sur sa femme, si effrayant, si redoutable, que l'infortunée, se croyant perdue, enveloppa sa fille dans ses bras et courba la tête en criant :

— Grâce ! pour mon enfant.

Ce cri d'angoisse et de désespoir maternel retentit jusqu'au plus profond des entrailles d'Yvon.

Il s'arrêta court.

Puis, par un mouvement plus rapide que la pensée, et par un effort dont la colère rendait la puissance irrésistible, il se précipita sur la porte fermée à double tour et, malgré sa solidité, il l'enfonça d'un coup de sa large épaule et disparut.

Au fracas de ce brisement, madame Cloarek redressa la tête avec une nouvelle épouvante, car sa fille, en proie à d'horribles convulsions causées par la terreur, était sans parole, sans regard, et semblait expirer dans les spasmes de l'agonie.

— Au secours ! — cria Jenny d'une voix défaillante, — au secours ! Yvon, notre enfant se meurt...

Un cri déchirant répondit du dehors à ces paroles expirantes de Jenny, qui se sentait mourir, car, dans la position maladive et critique où se trouvait l'infortunée, une pareille révolution la tuait.

— Yvon, notre enfant se meurt ! — Ces mots lamentables de sa femme, Cloarek, qui n'était encore qu'à quelques pas... Cloarek les avait entendus.

L'ivresse de sa colère s'était soudain dissipée à cette pensée :

— Mon enfant se meurt...

Yvon, se précipitant alors dans la chambre de sa femme, éperdu de désespoir, la vit encore debout, mais déjà livide comme un spectre...

Alors, par un suprême effort, Jenny étendit ses deux bras pour remettre son enfant entre les mains de son mari, et lui dit :

— Prends-la... je meurs...

Et elle tomba sans mouvement aux pieds de Cloarek. Celui-ci serra machinalement sa petite fille contre sa poitrine ; il n'entendait plus, il ne voyait plus... il était foudroyé...

V.

Environ douze ans après les événemens que nous avons racontés, vers la fin du mois de mars 1812, sur les deux heures de l'après-midi, un voyageur arriva pédestrement à l'hôtel de *l'Aigle Impériale*, unique auberge du bourg de Sorville, où se trouvait alors le second relais de poste sur la route de Dieppe à Paris.

Ce voyageur, homme dans la force de l'âge, portait un chapeau ciré et une grosse casaque bleue à boutons de cuivre timbrés d'une ancre ; il avait les dehors d'un bas officier ou d'un *maître* de la marine marchande. Ses cheveux et ses favoris étaient roux, son teint blême, sa physionomie impassible et dure ; il parlait le français sans le moindre accent, quoiqu'il fût Anglais.

Après un moment d'hésitation, ce personnage entra dans la grande salle de l'auberge, et, s'adressant à l'hôtelier, reconnaissable à son bonnet de coton et à son tablier blanc :

— Pourriez-vous me dire, monsieur, s'il n'est pas venu ici, ce matin, un voyageur à peu près vêtu comme moi, très brun de visage et ayant l'accent italien ; il se nomme Pietri.

— Je n'ai vu personne ici de ce nom et de cette figure-là, monsieur.

— Vous en êtes bien sûr ?

— Très sûr...

— Est-ce qu'il y a une autre auberge dans ce bourg ?

— Non, non, monsieur... grâce à Dieu ! Il n'y a que la mienne... aussi, j'ai la pratique des diligences et des voitures de poste ; ce qui est très commode pour les voyageurs, vu que l'on relaye à deux pas de ma porte.

— Ah ! — fit l'Anglais, que cette circonstance parut frapper, on relaye près de chez vous ?

— De l'autre côté de la rue, presque en face d'ici...

— Pourriez-vous me donner une chambre et faire préparer à déjeuner pour deux personnes ? j'attends ici quelqu'un qui viendra demander *maître Dupont*, c'est mon nom.

— Très bien, monsieur.

— Lorsque cette personne sera arrivée, vous nous servirez dans ma chambre.

— C'est entendu, monsieur... Et vos bagages, où faut-il les envoyer prendre ?

— Je n'ai pas de bagages. Je suis venu des environs de Dieppe... en me promenant.

— Diable ! savez-vous, monsieur, que, pour un marin, car vous l'êtes, j'en suis sûr... J'ai deviné ça tout de suite...

— En effet, je suis marin.

— Je disais donc que, pour un marin, vous marchez fièrement bien sur le *plancher des vaches*, comme on dit, car il y a loin d'ici à Dieppe.

L'Anglais paraissait peu jovial et peu causeur ; au lieu de répondre à la plaisanterie de l'aubergiste, il reprit :

— A-t-il passé beaucoup de voitures de poste par ici aujourd'hui ?

— Pas une... monsieur.

— Aucune venant de Paris ou de Dieppe ?

— Non, monsieur, ni de Paris ni de Dieppe... Mais, à propos de Dieppe, puisque vous en venez, vous avez dû y voir le fameux héros dont tout le monde parle.

— Quel héros ?

— Parbleu... ce fameux corsaire... qui est la mort aux Anglais ! l'intrépide capitaine *l'Endurci* (voilà un vrai nom de corsaire) ; il paraît qu'avec son brick le *Tison d'Enfer* (encore un fameux nom !), qui marche comme un poisson, pas un bâtiment anglais ne lui échappe ; il vous les gobe tous... témoin ce dernier convoi de blé qu'il vient de leur pincer, encore, après un combat enragé... Quelle bonne chance ! le blé était si cher dans le pays ; la prise de ce convoi va le faire baisser, c'est l'abondance au lieu de la disette... Brave corsaire ! va... quel bonheur de se dire qu'il y a toujours des gens curieux d'échiner ces gueux d'Anglais, n'est-ce pas, monsieur ? On dit qu'à Dieppe on l'a porté en triomphe ? Il a d'ailleurs une fameuse étoile, car on prétend que, quoiqu'il se batte comme un lion, il n'a jamais été blessé ! Est-ce vrai ? Est-ce que vous le connaissez ? comment est-il donc ? je ne me fais pas une idée de sa figure, mais elle doit être terrible : on dit qu'il est toujours habillé d'une manière bizarre ? Vous qui êtes marin, vous devez l'avoir vu, ce héros ?

— Jamais, — répondit sèchement le voyageur, qui ne paraissait pas partager l'admiration de l'aubergiste à l'endroit du corsaire, puis il ajouta : — conduisez-moi à ma chambre, vous y amènerez la personne qui viendra demander *maître Dupont*... Ne l'oubliez pas.

— C'est convenu, monsieur.

— Dès que cette personne sera arrivée, vous nous servirez à déjeuner.

— Oui, monsieur... je vais maintenant vous mener à votre chambre.

— Donne-t-elle sur la rue ?

— Certainement, monsieur... deux belles fenêtres.

— Vous nous servirez de votre meilleur vin.

— Soyez tranquille, vous serez content, — répondit l'aubergiste.

Il conduisit l'étranger dans sa chambre, et dit en se retirant :

— C'est drôle... ce marin avait l'air presque vexé de bien que je disais de ce fameux corsaire... et pourtant... ils sont du même état... puisqu'ils sont marins tous deux !... Mais... au fait... que je suis bête !... c'est justement parce qu'il est du même état que ça l'aura vexé d'entendre dire du bien de l'autre ; c'est comme moi, si on venait me parler d'un aubergiste qui voudrait s'établir ici... c'est étonnant comme je lui souhaiterais bonheur, à cet autre !...

L'hôtelier se livrait à ces pensées, qui témoignaient de sa triste opinion de l'âme humaine, lorsqu'un second voyageur entra dans la grande salle de l'auberge.

Ce personnage était aussi vêtu d'une houpelande de marin. Son teint bronzé, ses cheveux épais, noirs comme ses sourcils, et sa large barbe en collier, ses traits durs, presque repoussans, lui donnaient une physionomie sinistre ; il était Maltais, et son accent se rapprochait assez de l'accent italien. Après avoir jeté un regard curieux dans la grande salle, le nouveau venu dit à l'aubergiste en mauvais français :

— Il n'est pas venu ici un voyageur ?

— Un voyageur nommé *maître Dupont*, n'est-ce pas ?
— Oui...
— Suivez-moi, monsieur... je vas vous conduire chez maître Dupont.

L'Anglais et le Maltais ainsi réunis, l'hôte, après avoir servi le déjeuner, reçut l'ordre de ne pas déranger les convives, et de ne se présenter qu'à l'appel de la sonnette.

Dès que les deux étrangers se trouvèrent seuls, le Maltais, frappant sur la table avec rage, s'écria en anglais :
— Le chien de contrebandier recule ; tout est perdu !
— Que dis-tu ?
— La vérité... aussi vrai que j'enfoncerais avec joie ce couteau dans le cœur du lâche qui nous trahit.

Et le Maltais, blême de colère, planta le couteau dans la table.

— Dieu damné ! — s'écria l'Anglais en sortant de son flegme habituel. — Et ce soir, à la tombée de la nuit, le capitaine va passer...
— Tu en es sûr ?
— Ce matin, au moment où j'ai quitté Dieppe... notre émissaire m'a encore assuré que le capitaine avait fait demander des chevaux à la poste pour quatre heures de l'après-midi, il sera donc ici entre cinq et six heures, et il sera là-bas à la nuit.
— Tonnerre et sang !... tout nous secondait, et sans ce misérable contrebandier...
— Pietri... — dit l'Anglais en redevenant calme, — tout n'est peut-être pas désespéré ; la violence n'aboutit à rien, parlons froidement.
— Parler froidement ! quand la rage m'aveugle...
— L'aveugle ne voit pas son chemin.
— Mais pour rester si calme, tu ne le hais donc pas, cet homme, toi ?
— Moi ?

Il est impossible de rendre avec quel accent l'Anglais prononça ce seul mot, *moi*.

Après une pause, il reprit d'une voix concentrée :
— Il faut que je le haïsse plus que tu ne le hais, Pietri, puisque je veux pas le tuer, moi.
— Serpent écrasé ne mord plus.
— Oui, mais le serpent écrasé ne souffre plus ! et il faut que cet homme souffre dans son orgueil mille tortures pires que la mort ; il faut qu'il expie le mal affreux qu'il a fait à mon pays... il faut qu'il expie ses insolens et féroces triomphes qui sont la terreur et la honte de nos croiseurs... il faut qu'il expie la gloire qu'il a eue de me battre deux fois... il faut qu'il expie le dernier outrage que m'a fait son insultante générosité... Dieu damné ! je suis donc un ennemi bien à dédaigner pour qu'il m'ait renvoyé libre en me portant sur un cartel d'échange, après ce dernier combat qui nous a coûté tant d'or et tant de sang... sans qu'une goutte du sien ait coulé... car on le dirait invulnérable. Oh ! mais, par l'enfer ! je veux me venger, je veux venger l'Angleterre !
— Tout à l'heure, — reprit le Maltais avec un sourire sardonique, — le capitaine Russell me reprochait la violence aveugle de mes paroles... et voilà qu'il crie vengeance... lorsque la vengeance nous échappe.
— Tu as raison, — reprit Russell en se calmant. — Cet emportement est mauvais, ne désespérons pas... Et d'abord, que s'est-il passé entre toi et le contrebandier ?
— Parti de cette nuit de Dieppe sur un bateau pêcheur, je suis arrivé ce matin en suivant la côte à l'anse de Hosey; je me suis fait conduire à la cabane du contrebandier située sur la plage.

« — Vous vous nommez Bezelek ? lui ai-je dit.
» — Oui.
» — Je viens de la part de maître Keller.
» — Quel est votre mot de reconnaissance ?
» — *Passe-partout*.
» — Bien... je vous attendais ; mon chasse-marée est à votre service. Il y a flot de suite à dix heures, et le vent, s'il ne change pas, est bon pour passer en Angleterre.
» — Maître Keller vous a-t-il dit de quoi il s'agissait ?
» — Oui... de conduire quelqu'un à Folkestone.
» — De l'y conduire de gré ou de force ?...
» — Oui, mais sain et sauf, sans que sa vie coure aucun
» danger. Je suis contrebandier... mais je ne tue pas. Amenez donc ici votre passager ce soir, et je vous réponds
» que demain, avant le lever du soleil, il sera en Angle-
» terre.
» — Keller vous a-t-il dit qu'il fallait mettre à ma dis-
» position quatre ou cinq de vos matelots les plus réso-
» lus ?
» — Pourquoi faire ?
» — Pour m'aider à enlever l'homme en question à son
» passage sur la grande route, à trois lieues d'ici.
» — Maître Keller ne m'a rien dit de cela, et du diable
» si moi ou mes hommes nous nous mêlons d'un pareil
» guet-apens ; c'est un mauvais jeu ; amenez-moi le pas-
» sager ici, je me charge de le mettre à mon bord. Voilà
» tout. S'il résiste, je peux supposer qu'il est ivre, et que
» c'est pour son bien qu'on l'embarque ; mais aider à un
» enlèvement sur une grande route... je n'en veux pas ! »

— Telles ont été les derniers mots de ce misérable contrebandier ; instances, promesses, menaces, tout a été vain pour changer sa résolution.
— Ah ! cela est fatal, fatal !
— Tu le vois, Russell, il faut renoncer à ces moyens ; si résolus que nous soyons, il nous est impossible à nous deux seuls de tenter cet enlèvement, en admettant même que le postillon qui le conduira reste neutre ; le capitaine, d'après nos renseignemens, doit avoir pour compagnon de route son maître canonnier, cet homme intrépide et dévoué qui ne le quitte jamais, ni en mer, ni à terre ; tous deux sont vigoureux et bien armés sans doute... Que pouvons-nous tenter... à force ouverte ?... rien... à moins d'être fous.
— C'est vrai, — murmura l'Anglais avec accablement.
— Mais où la force échoue... la ruse triomphe, — reprit le Maltais d'un air pensif, — et l'on pourrait...
— Explique-toi.
— Écoute... en venant de la côte ici... j'ai bien observé le chemin... J'ai rejoint la grande route à une lieue environ de ce bourg ; à cet endroit, marqué d'une croix de pierre, il y a une montée très rapide... suivie d'une descente non moins rapide.
— Ensuite ?
— Le capitaine, après avoir traversé ce bourg, où il aura relayé, rencontrera donc d'abord la montée à une lieue d'ici.
— Soit.
— A cette montée, nous irons nous embusquer... la nuit sera venue... les chevaux seront forcés de gravir lentement cette côte. A un moment convenu, nous nous approcherons de la voiture... et, nous donnant pour des marins rejoignant leur port, nous demandons au capitaine quelque secours..., toi à une portière, moi à l'autre, afin d'occuper cet homme et son compagnon... Tous deux seront en pleine sécurité... nos pistolets à deux coups seront armés... nos poignards à notre ceinture... et...
— Jamais ! — s'écria Russell — je ne suis pas un assassin, je ne veux pas la mort de cet homme... ce meurtre serait une tache pour l'Angleterre... et d'ailleurs ce meurtre ne me vengerait qu'à demi ! Non, non, ce que je veux, c'est jouir de la rage, de la honte de cet homme indomptable, lorsque, devenu notre prisonnier, et avant d'être envoyé sur les pontons, il sera longtemps livré en spectacle aux huées, aux insultes de cette multitude que son nom a si souvent terrifiée... Jamais tigre en cage n'aurait rugi d'une fureur plus sauvage et plus impuissante. Oh ! voilà ce que je voulais, et, crois-moi, ce supplice et l'atroce captivité des pontons eussent été pour cet homme cent fois plus terribles que la mort... Mais le refus de ce misérable contrebandier ruine mes projets... Ce relais passé, nous ne pouvons plus compter sur le voisinage de la mer... et sur un bâtiment à nos ordres... Tout enlèvement devient impossible... Que résoudre... que faire ?
— Suivre mon avis, — reprit opiniâtrement le Maltais, —

crois-moi, la mort est moins cruelle... mais plus sûre que la vengeance ; et d'ailleurs, à cette heure, cette vengeance devient impossible... tandis que nous tenons entre nos mains la vie de cet homme.

— Tais-toi... — répondit Russell d'un air sombre, — tais-toi... tentateur...

— Qu'importe le moyen... pourvu que l'Angleterre soit délivrée de l'un de ses plus dangereux ennemis?

— Tais-toi, te dis-je !

— Songe à tant de navires saisis... brûlés, à tant de combats sanglans, dont cet homme est toujours sorti sain et sauf, et vainqueur, malgré l'infériorité de ses forces...

— Laisse-moi.

— Songe à l'effroi que son nom seul inspire maintenant à nos marins dans ces parages... les premiers marins du monde... cependant, et lors de notre dernière croisière, ne leur as-tu pas entendu dire, dans leur crainte superstitieuse... que les succès de cet homme invulnérable et invincible présageaient peut-être l'abaissement maritime de l'Angleterre, et que la mer allait avoir Napoléon comme le continent?... Songe aux désastreux effets d'une telle croyance si elle se propageait à cette heure où l'Angleterre tente un dernier effort pour renverser Bonaparte et écraser la France.

— Mais un guet-apens... un meurtre... un lâche assassinat !

— Un assassinat? non... l'Angleterre et la France sont en guerre : profiter d'une embuscade, d'une surprise pour frapper son ennemi, c'est le droit de la guerre.

Russell ne répondit rien, cacha son visage dans ses mains et resta longtemps pensif.

Le Maltais semblait aussi réfléchir profondément.

Ces deux hommes demeurèrent silencieux jusqu'au moment où ils tressaillirent en entendant le roulement lointain d'une voiture, le claquement du fouet du postillon, et le bruissement de plus en plus distinct des grelots des chevaux de poste.

L'Anglais, ayant consulté sa montre, s'écria :

— Cinq heures... ce doit être lui, cette voiture vient de Dieppe...

Et tous deux se précipitèrent à la croisée, dont ils soulevèrent les rideaux afin de voir sans être vus.

Ils aperçurent bientôt une espèce de vieux vis-à-vis jaune et poudreux, attelé de deux chevaux, qui s'arrêta devant la poste située de l'autre côté de la rue et presque en face de l'auberge.

Au bout de quelques instans, l'Anglais s'écria en devenant livide de rage et en jetant à travers la vitre un regard de haine implacable :

— C'est lui... c'est bien lui !...

— Il est seul, — reprit vivement le Maltais, — il est seul. Il entre dans cette auberge.

— Tout nous seconde... il aura laissé à Dieppe son maître canonnier, — reprit le Maltais. — Nous sommes deux, il est seul.

Soudain Russell, éclairé sans doute par une idée subite, se frappa le front ; sa froide et blême figure se colora légèrement, une étincelle de joie diabolique brilla dans ses yeux gris, et il dit à son compagnon d'une voix palpitante d'un sinistre espoir :

— Pouvons-nous toujours compter cette nuit sur le contrebandier ?

— Oui... car, voulant nous réserver un moyen de fuite en cas de besoin... je lui ai dit de nous attendre.

— Rien n'est désespéré, — s'écria Russell, en sonnant violemment. —Confiance et courage.

— Que veux-tu dire ? — lui demanda le Maltais, — que veux-tu faire ?

— Tu le sauras plus tard... Mais silence, voici quelqu'un.

En effet, l'aubergiste entra dans la chambre.

— Votre déjeuner était excellent, notre hôte, — lui dit Russell ; — combien vous dois-je ?

— Avec la chambre, c'est six francs.

— Tenez..., et voici de plus le pour-boire du garçon.

— Vous êtes bien honnête, monsieur... Je compte une autre fois sur votre pratique.

— Certainement. Mais, dites-moi, il me semble avoir entendu des chevaux de poste s'arrêter. Est-ce que vous avez un voyageur de plus dans votre auberge ?

— Oui, monsieur, il vient d'arriver ; je l'ai même installé dans la belle chambre bleue sur le jardin.

— C'est sans doute une de vos anciennes connaissances, car on doit aimer revenir dans cet hôtel ?

— Monsieur est bien bon... mais c'est la première fois que ce voyageur s'arrête ici.

— Est-ce qu'il a un grand train?... plusieurs domestiques ? doit-il rester longtemps ici ?

— Non, monsieur, le temps de manger un morceau. Ce n'est du reste pas un seigneur... tant s'en faut ; il voyage tout seul, et il a tout simplement l'air d'un bon bourgeois, il chantonne entre ses dents, tambourine sur les vitres et paraît gai comme un pinson... ça doit être un bien aimable homme.

— Vous me paraissez devoir être un grand physionomiste, notre hôte, — reprit l'Anglais d'un ton sardonique.

Puis, faisant un signe à son compagnon, il se leva et dit à l'hôtelier :

— Au revoir. Nous allons faire un tour de promenade dans le bourg et retourner à Dieppe.

— Si vous voulez attendre la diligence de Paris, elle passe à huit heures ce soir, messieurs.

— Merci. Quoique marins, nous sommes bons marcheurs, et la soirée est superbe.

— Au revoir, messieurs !

Et l'aubergiste, après avoir salué les étrangers, rentra dans son auberge.

VI.

Les deux étrangers, après avoir quitté l'auberge, disparurent pendant un quart-d'heure environ pour se concerter, puis ils se dirigèrent, comme de curieux oisifs, vers la poste aux chevaux, à la porte de laquelle était restée la voiture du voyageur ; il se préparait sans doute à repartir, car un postillon s'occupait déjà d'atteler les chevaux.

Le capitaine Russell et son compagnon s'approchèrent de la voiture, qui, se trouvant ainsi entre eux et l'auberge de l'*Aigle impériale*, les masquait complétement du côté des fenêtres de l'hôtel. S'asseyant alors sur l'un des bancs de pierre placés latéralement à la porte du relais, les deux étrangers parurent examiner d'un œil connaisseur les chevaux que l'on attelait.

— Mon brave, vous avez là pour porteur un cheval qui doit être aussi bon qu'il est beau, — dit enfin Russell au postillon après quelques minutes d'examen. — J'ai rarement vu un animal d'une apparence plus vigoureuse.

— Et sarpejeu ! sa mine n'est pas trompeuse... allez, mon bourgeois, — répondit le postillon, flatté de la louange méritée que l'on donnait à son cheval, — il tient ce qu'il promet ; aussi je l'ai baptisé *le Carme*... et il est digne de son nom, allez... le gredin...

— En vérité... — reprit Russell, — je n'en reviens pas... quel bel animal... quel poitrail, quel garrot... quelle hanche !...

— Et quelle jolie tête ! — reprit Pietri ; — elle est fine et carrée comme celle d'un cheval arabe.

— Oh ! oh ! — reprit le postillon, — on voit bien, mes bourgeois, que vous êtes connaisseurs ; aussi vous me croirez quand je vous dirai qu'avec le *Carme* et le *Sans-Culotte* (c'est mon *mallier* que j'appelle comme ça), nous arrachons au petit galop une montée d'un quart de lieue.

— Ça ne m'étonne pas, mon brave... et ça doit être un vrai plaisir d'avoir un pareil cheval entre les jambes.

— Je crois bien, car il vous a des allures d'une douceur... d'une douceur... ah!... — reprit le postillon avec jubilation, — un vrai bateau ; j'irais avec le *Carme* d'ici à Rome.

— Quoique marin, j'ai assez souvent monté à cheval, — reprit l'Anglais, — mais je n'ai jamais eu le bonheur d'enfourcher un pareil cheval...

— Fichtre! je le crois bien, bourgeois, et je peux vous garantir que vous n'en enfourcherez jamais un pareil...

— C'est dommage !

— Dame!... qu'y faire?

— Mon brave... voulez-vous gagner quarante francs? — reprit l'Anglais après un moment de silence.

— Quarante francs! — dit le postillon ébahi; — gagner quarante francs, moi?

— Oui...

— Et comment, diable! cela, bourgeois ?

— D'une manière bien simple.

— Voyons la manière.

Au moment où l'Anglais allait faire sa proposition, un garçon de l'auberge traversa la rue et vint dire au postillon :

— Tu n'as pas besoin de te presser, car, Jean-Pierre, le bourgeois de ce berlingot n'est pas près de descendre.

— A quoi qu'il s'amuse donc, ce lambin-là? — reprit le postillon. — Pourquoi donc alors qu'il fait demander ses chevaux si fort à l'avance?

— Est-ce que je le sais? — reprit le garçon; — ça a l'air d'une vraie poule mouillée... Au lieu de vin, il boit du lait coupé, et il a dîné avec une panade et des œufs à la mouillette...

— De la panade, et pas de vin! Voilà un particulier jugé, — dit sentencieusement Jean-Pierre.

Puis il reprit :

— Ah ça ! tu me fais bavarder, toi, et oublier...

S'adressant alors à Russell :

— Dites donc, bourgeois .. tout à l'heure vous me proposiez de me faire gagner...

L'Anglais fit un signe d'intelligence au postillon, lui montrant du regard le garçon d'auberge, et lui dit à demi-voix :

— Venez dans la cour de la poste, mon brave... je veux vous dire deux mots.

— Impossible de laisser le *Carme* tout seul, mon bourgeois; il en ferait de belles avec le *Sans-Culotte*... Tenez, le guensard... voilà déjà qu'il commence, — ajouta Jean-Pierre, en se rapprochant de ses chevaux qui hennissaient et se cabraient. — Ohé ! le *Carme*, — cria-t-il, — attention, brigand ! si tu t'émancipes... je te vas caresser.

— Eh bien ! écoutez, — reprit l'Anglais en se penchant à l'oreille du postillon et lui parlant tout bas pendant quelques instans.

— Ah! bon, — reprit le postillon en riant; — voilà une drôle d'idée !

— Voyons, mon brave, acceptez-vous ?

— Ma foi !...

— Si vous acceptez, voici vingt francs... vous aurez là-bas l'autre pièce d'or... Après tout, que risquez-vous? il n'y a aucun mal à cela.

— Aucun, sarpejeu ! Mais c'est bien là une idée, une vraie fantaisie de marin !... Je connais ça... j'ai été à la poste de Dieppe... Fallait voir les corsaires, quand ils avaient touché leur part de prise, comme, pour un oui ou pour un non, ils vous faisaient galoper l'argent! J'en ai vu qui ont offert jusqu'à vingt-cinq napoléons à un vieux secrétain bossu pour se laisser habiller en femme avec un chapeau à plumes et une robe à falbalas, et se faire trimbaler en fiacre avec eux et leurs margots...

— Que voulez-vous, mon brave, — reprit Russell en souriant, — les marins ne sont pas déjà si souvent à terre pour ne pas se passer leurs petites fantaisies quand ça se peut... sans nuire à personne.

— Parbleu ! c'est bien le moins.

— Allons, est-ce convenu ?

— Bah ! — reprit le postillon... — avec un particulier pareil à celui que je vas trimbaler, une pratique qui ne boit pas de vin et qui mange de la panade, il n'y a pas à se gêner... Et d'ailleurs il n'y verra que du feu... C'est convenu, bourgeois.

— Voici vingt francs, — reprit Russell en mettant la pièce d'or dans la main du postillon; — vous en aurez autant plus tard.

— Bon... Mais dépêchez-vous, car il y a d'ici là-bas près d'une lieue... C'est égal, je vous donnerai le temps d'arriver... Si mon mangeur de panade trouve que je vas trop doucement, je lui dirai que le *Sans-Culotte* a des cors aux pieds. Allez vite, bourgeois... Prenez la ruelle à gauche, et vous vous trouverez en pleine grande route.

En un instant les deux étrangers eurent disparu.

Au bout d'un quart-d'heure environ, pendant lequel le postillon eut fort à faire pour contenir les ébats du *Carme* et de son compagnon, l'aubergiste de l'*Aigle impériale* parut à sa porte et cria au postillon :

— Allons, mon garçon, à cheval, à cheval... voici le maître de la voiture.

— Diable ! — se dit Jean-Pierre, en se mettant très-lentement en selle, — il vient bientôt, le buveur de lait coupé ; mes deux gaillards n'auront pas eu le temps d'arriver jusqu'à la montée.

Ce disant, le postillon avait conduit la voiture jusqu'à la porte de l'auberge ; l'hôtelier s'empressa d'abaisser le marchepied devant le voyageur et de refermer la portière lorsque celui-ci fut monté; après quoi, ôtant son bonnet, l'hôtelier salua respectueusement son client et dit au postillon :

— Bon train, Jean-Pierre, monsieur est très pressé.

— Je vas vous mener ça à vol d'oiseau, mon bourgeois, — répondit Jean-Pierre, en faisant bruyamment claquer son fouet ; et, partant au galop, il traversa rapidement le bourg et atteignit bientôt la grande route; mais, au bout de deux cents pas, il arrêta brusquement ses chevaux, se retourna sur sa selle, et attendit.

Le voyageur, surpris de cet arrêt, baissa une des glaces et dit :

— Eh bien ! qu'est-ce qu'il y a, mon garçon?

— Qu'est-ce qu'il y a?

— Oui.

— Je ne sais pas, moi.

— Comment ! tu ne sais pas ?

— Mais dame !... non.

— Pourquoi t'arrêtes-tu ?

— Vous m'avez crié : arrête.

— Moi ?

— Oui, bourgeois, et alors je me suis arrêté.

— Tu te trompes, mon garçon, je ne t'ai pas appelé.

— Si, bourgeois.

— Je te dis que non...

— Si, bourgeois, parole d'honneur ! vous ne vous en serez pas aperçu.

— Encore une fois, tu te trompes... Allons, en route, mon garçon, regagnons le temps perdu...

— Soyez tranquille, bourgeois, je vas enlever ça à tout briser... je ne veux pas qu'il reste un morceau de votre voiture en arrivant au relais !

Et le postillon repartit au grand galop.

Mais, au bout de deux cents pas parcourus d'un train désordonné, nouvel et brusque arrêt.

— Eh bien ! — dit la voix du voyageur, — qu'est-ce qu'il y a encore ?...

— Nom d'un nom de mille milliards de noms de tonnerres de Dieu ! — s'écria Jean-Pierre en descendant de cheval et en continuant d'éclater en imprécations furibondes, tout en feignant d'ajuster les traits de cordes fixés au palonnier.

— Est-ce qu'il y a quelque chose de cassé à tes harnais?

— Nom d'un nom de nom !

— Ton cheval est-il déferré?

— Nom d'un nom de nom !...

— Apprends-moi au moins ce qui t'arrive, mon garçon.

— Faites pas attention... ça n'est rien, bourgeois... c'est mon gredin de mallier qui a rué dans ses traits... et il me faut le temps de le dépêtrer.

— C'est un petit malheur, — dit placidement le voyageur; — tâche du moins que cela n'arrive plus.

— Nous allons filer comme des hirondelles, bourgeois,— reprit Jean-Pierre en se remettant en selle; puis il ajouta à part soi : — S... mangeur de panade, va ! quel serin !... Voilà ce que c'est que de boire du lait coupé... Parole d'honneur, ça fait de la peine...

Et le drôle repartit au galop en faisant claquer son fouet avec furie.

La nuit commençait à venir.

Quelques étoiles scintillaient déjà vers l'orient, et le soleil, couché depuis un quart-d'heure, ne jetait plus qu'une lueur crépusculaire sur laquelle les grands arbres de la route dessinaient leurs noirs branchages.

Au loin... et bornant l'horizon de la route, on pouvait apercevoir, grâce à la réverbération blanchâtre d'un sol crayeux, une montée rapide, bordée d'ormes immenses dont les cimes encore dépouillées de feuilles formaient presque le berceau.

Au-delà de cette voûte naturelle, on voyait au milieu d'un ciel clair et bleu se dessiner le croissant de la lune.

La chaise de poste roulait rapidement depuis dix minutes, et le postillon faisait de temps à autre, et comme à dessein, retentir les échos des claquements de son fouet, lorsque, peu à peu, l'allure de ses chevaux se ralentit; le trot succéda au galop, le pas remplaça le trot, et enfin la voiture s'arrêta net.

Jean-Pierre descendit de cheval, examina un des pieds de derrière de son porteur, et cria :

— Mille noms de noms de noms ! voilà un de mes chevaux qui boite, maintenant.

— Ah !... il boite, — dit la voix du voyageur, avec un calme inaltérable, quoique ces temps d'arrêt multipliés fussent capables de faire, comme on dit vulgairement, *damner un saint.* — Ah ! il boite...

— Il boite à mort... — reprit Jean-Pierre, tenant toujours entre ses deux mains le pied du cheval...

— Et comment cette boiterie lui est-elle venue si vite, mon garçon ?

— Que le diable m'emporte si je le sais...

— Nous allons donc rester en route ?

— Non, bourgeois... il n'y a pas de risque... Si je pouvais seulement voir ce qui le fait boiter mon mallier... mais la nuit commence à être noire...

— Très noire, — dit la voix. — Il ne faudra pas oublier d'allumer les lanternes au prochain relais.

— Ah ! je sens ce que c'est, avec mon doigt, — reprit le postillon; — c'est une pierre engagée entre le fer et la fourchette... Si je peux l'ôter... ça ne sera rien...

— Tâche, mon garçon; car, sans reproche, nous jouons de malheur, — répondit la voix toujours impassible du voyageur.

Cependant le postillon maugréait tout haut après la pierre qu'il ne pouvait parvenir à extraire, criait-il, en riant sous cape du bon succès de sa ruse, calculant qu'il avait suffisamment donné d'avance aux deux étrangers pour qu'ils eussent pu gagner le rendez-vous convenu; aussi, le drôle poussa-t-il bientôt un cri de triomphe en disant :

— Enfin, la voici enlevée, la maudite pierre ! maintenant nous allons marcher à vol d'oiseau.

Et la voiture repartit avec une nouvelle rapidité.

La nuit était complétement venue; mais, grâce à la limpidité du ciel, au scintillement des étoiles, il régnait une vague clarté.

Le postillon atteignit cette fois tout d'un trait le bas de la montée.

Là seulement il arrêta ses chevaux essoufflés, et, mettant pied à terre, il s'approcha de la portière et dit au voyageur :

— Nous voici arrivés à une fameuse côte, bourgeois; je vais marcher auprès de mes chevaux afin de les soulager; ça fait qu'une fois là-haut, je serai tout prêt à enrayer pour la descente, qui n'est pas commode...

— Bien, mon garçon, — répondit la voix.

Le postillon resta, en effet, durant quelques instans à côté de ses chevaux; mais ralentissant peu à peu sa marche, pendant que l'attelage gravissait lentement la côte, Jean-Pierre laissa la voiture passer devant lui.

A ce moment, Russell et Pietri sortirent d'un taillis qui longeait la route et s'approchèrent rapidement du postillon. Celui-ci, tout en marchant, ôta son chapeau galonné, sa veste à collet rouge et ses bottes fortes; l'Anglais, s'étant à son tour dépouillé de sa houppelande de marin, passa la veste, mit le chapeau ciré, et enfonça ses jambes dans les bottes fortes. Le postillon, souriant d'un air très satisfait de ce qu'il regardait comme une plaisante fantaisie, remit son fouet à Russell et lui dit :

— J'en reviens toujours là : c'est une drôle d'idée que la vôtre... vraie idée de marin en ribotte, quoique vous n'y soyez pas.

— Que voulez-vous, mon brave ?... j'adore les chevaux, et j'aurai le plus grand plaisir à monter pendant un quart-d'heure votre beau et vigoureux cheval... C'est un caprice bien innocent, n'est-ce pas ?...

— Pardieu !... quel mal ça fait-il au mangeur de panade qui est dans le berlingot ! En voilà un qui a de la patience, il m'en impatientait moi-même... Faut-il qu'il ait du sang de macreuse dans les veines...

— Ah ! vous croyez ? — dit Russell en se rapprochant de la voiture.

— Ça doit être quelque épicier en demi-solde... et pas méchant. Allons, bourgeois, vous allez monter à cheval à ma place; la nuit est noire, ce buveur de lait coupé ne s'apercevra de rien. Je m'asseoirai derrière le berlingot avec votre camarade... A une demi-lieue du relais, il y a une autre montée.

— A cet endroit, — dit Russell, — je descendrai... vous reprendrez vos habits, moi les miens, et tout sera dit; maintenant, mon ami, voici les vingt francs promis.

Et mettant la pièce d'or dans la main de Jean-Pierre, Russell doubla le pas, atteignit les chevaux à une vingtaine de pas du faîte de la montée, et se mit à marcher à côté d'eux.

La nuit était assez obscure pour que le voyageur ne pût s'apercevoir de la substitution de personne qui venait de s'opérer; il ne s'était d'ailleurs nullement étonné de voir, ainsi que cela arrive souvent, le postillon abandonner pendant quelques instans ses chevaux à eux-mêmes, durant une montée rapide; seulement, lorsque la voiture fut sur le point d'atteindre le point culminant de la côte, le voyageur dit au postillon :

— Mon garçon, n'oublie pas de bien assurer le sabot d'enrayage.

— J'y vais, — répondit le faux postillon à demi-voix; puis passant derrière la voiture, il dit tout bas au Maltais et à Jean-Pierre :

— Asseyez-vous sur la palette de derrière, et tenez-vous bien, je vais enrayer.

Les deux hommes s'assirent à l'endroit désigné, se tenant des mains aux courbes de fer des ressorts, pendant que Russell, faisant bruire la chaîne du sabot en le décrochant, simulait l'enrayage, mais laissait le sabot de côté au lieu d'y engager la roue.

L'Anglais remontant alors en selle, enfonça ses éperons dans les flancs de son cheval, et lança la voiture dans la descente avec une effrayante rapidité.

— Nom d'un nom de nom ! nous sommes fichus ! et le mangeur de panade par-dessus le marché, — s'écria Jean-Pierre, en entendant la chaîne et le sabot de fer bondir sur le pavé, — votre camarade a mal enrayé.

Le Maltais, au lieu de répondre au postillon, lui asséna sur la tête un si violent coup de crosse de pistolet, que Jean-Pierre abandonna le ressort qu'il tenait d'une main et tomba sur la route, pendant que la voiture disparaissait dans la descente, au milieu d'un nuage de poussière.

VII.

Plusieurs jours s'étaient passés depuis que le voyageur dont nous avons parlé était tombé dans le piége que le capitaine Russell et son compagnon lui avaient tendu.

Nous conduirons le lecteur dans une riante demeure située à l'extrémité du petit bourg de Lionville, à deux lieues du Havre. De cet endroit, très voisin de la côte, l'on domine au loin la mer.

Une tranquillité profonde, un air vif et salubre, un pays à la fois riche et pittoresque, de frais ombrages, de grasses prairies et la vue de l'Océan rendaient Lionville et ses environs un véritable *Éden* pour les gens amoureux de paix, de rêveries et de contemplation solitaire.

Ce qui contribuait surtout à donner à ce bourg, comme à tant d'autres villes, petites ou grandes, un aspect à la fois calme et singulier, c'était la complète absence de *jeunes gens;* les dernières guerres de l'empire avaient appelé sous les drapeaux tout ce qui était jeune et valide; et un sénatus-consulte de ce mois de mars 1812 avait mis sur pied une partie de la réserve de la garde nationale, divisée en premier, deuxième et arrière-ban, comprenant tous les citoyens depuis dix-huit ans jusqu'à soixante.

On regardait donc à cette époque comme un phénomène non moins rare que le *phénix* ou le *merle blanc,* un jeune homme de vingt-cinq ans qui restait *bourgeois* sans avoir l'avantageuse excuse d'être bossu, manchot ou boiteux.

Le bourg de Lionville possédait une de ces merveilles : un beau jeune homme de vingt-quatre ans au plus; hâtons-nous de dire qu'il semblait peu soucieux de se montrer et de jouir ainsi des avantages de son *unicité;* il vivait fort retiré, autant par goût que par devoir et par position.

Ce jeune homme était l'un des habitants de la riante et paisible demeure dont nous avons parlé. Or donc, nous le répétons, plusieurs jours après que le voyageur avait été si rapidement enlevé par un faux postillon sur la route de Dieppe, une femme d'un âge mûr, une jeune fille et un jeune homme (le *phénix* en question) étaient rassemblés, le soir, dans un joli salon très comfortablement meublé; un bon feu brûlait dans la cheminée, car les soirées étaient encore fraîches; une lampe à globe d'albâtre répandait sa douce clarté dans l'appartement, tandis que la bouilloire à thé, placée devant le feu, faisait entendre son petit murmure.

Un observateur aurait peut-être remarqué cette singularité que, parmi les objets d'agrément et de luxe qui garnissaient ce salon, la plupart étaient d'origine *anglaise,* malgré l'impitoyable prohibition dont le système continental frappait alors les produits de l'Angleterre. En un mot, dans cette demeure, depuis les vases de terre de Godwood, fond vert-pâle ou bleu-clair, à figures blanches en relief, jusqu'aux porcelaines les plus transparentes et les plus finement peintes, presque tout provenait de l'industrie anglaise ; il en était de même du service à thé en argenterie fort riche ; seulement les pièces étaient généralement dépareillées : ainsi, tandis qu'une couronne ducale surmontait le couvercle de l'urne massive où l'on transvasa l'eau bouillante pour faire le thé, un simple cimier de chevalier décorait la théière, et un chiffre bourgeois ornait le sucrier. Malgré ces dissemblances, l'argenterie n'en était pas moins brillante; c'était plaisir que de voir ses facettes brunies miroiter aux reflets du feu et de la clarté de la lampe.

La femme, de moyen âge, avait une figure intelligente, ouverte et gaie : elle comptait quarante-deux ans bien sonnés ; mais ses cheveux étaient encore fort noirs, son teint frais, ses dents blanches, son œil vif, et son joyeux sourire respirait la bonne humeur ; sa taille, bien dessinée, malgré un léger excès d'embonpoint, gagnait en majesté ce qu'elle perdait en élégance : somme toute, cette digne matrone ne manquait jamais d'attirer les regards lorsque, coiffée d'un frais bonnet de dentelle d'*Angleterre*, bien serrée dans une robe de fin tissu *anglais,* ayant sur ses épaules un beau schall d'une manufacture *anglaise*, elle accompagnait à l'église du bourg une jeune fille dont elle était plutôt l'amie que la gouvernante.

Cette jeune fille venait d'avoir dix-sept ans; elle était grande, très frêle, très mince, et douée ou affectée d'une organisation nerveuse essentiellement impressionnable.

Cette sensibilité souvent excessive, que la moindre émotion exaltait parfois douloureusement, avait eu sa cause première dans un sinistre événement arrivé depuis longues années; l'un de ses principaux résultats avait été de rendre cette jeune fille horriblement peureuse; un bruit soudain, une brusque surprise, un récit effrayant, la jetaient parfois dans des transes, dans des effrois involontaires qu'elle se reprochait bientôt, mais qu'elle ne pouvait vaincre.

Il était difficile, d'ailleurs, de rencontrer une physionomie plus aimable, plus intéressante que la sienne, et lorsque, cédant parfois à l'un de ces sentiments de crainte insurmontable, souvent causés par l'incident le plus puéril, tressaillant tout à coup, elle redressait sa jolie tête sur son cou délié et écoutait... toute palpitante... Sa gracieuse attitude, son doux et grand œil bleu, inquiet et alarmé, rappelaient à la pensée une pauvre gazelle effarouchée.

Grâce à cette nature si nerveuse, si étrangement sensitive, la jeune fille n'avait pas le frais coloris d'une vaillante santé. Ordinairement d'une pâleur extrême, l'émotion la plus fugitive menaçait aussitôt son teint d'un rose vif; alors, son charmant visage, encadré dans les tresses soyeuses d'une magnifique chevelure châtain-clair, semblait rayonner de l'éclat fleuri de la jeunesse. Certes, avec une carnation plus fraîchement colorée, avec des contours plus pleins, plus arrondis, elle eût gagné en attrait matériel, mais aurait perdu peut-être le charme de sa physionomie touchante, presque idéale, lorsque, vêtue de blanc, ainsi qu'elle aimait à se vêtir, un léger voile entourant à demi ses traits languissants, la jeune fille se promenait lentement sur la grève ou dans les allées ombreuses du jardin de la maison.

Le dernier des trois personnages réunis dans le salon était ce *phénix* de l'époque dont nous avons parlé, c'est-à-dire *un jeune et joli garçon non appelé sous les drapeaux*.

Ce *phénix* avait vingt-cinq ans, une taille moyenne, mince, bien prise, des traits gracieux et réguliers; mais l'on remarquait sur sa figure pensive une sorte d'embarras mélancolique, résultant d'une grande infirmité qui l'avait exempté du service militaire; en un mot, la vue de ce jeune homme était très basse, et si basse, qu'il pouvait à peine se conduire; de plus, par une bizarrerie organique, il ne pouvait retirer aucun secours des lunettes ; quoique ses grands yeux bruns fussent transparens et bien ouverts, son regard avait quelque chose de voilé, d'indécis ; et il prenait parfois une expression navrante, lorsque le pauvre myope, après s'être vivement tourné vers vous comme pour vous fixer... se rappelait, hélas ! avec une tristesse amère, qu'à trois pas de lui toute forme devenait confuse et presque insaisissable.

Cependant, il faut l'avouer, si les conséquences de l'infirmité de ce jeune homme excitaient parfois la compassion, parfois aussi elles causaient des rires inoffensifs, car le digne garçon était sujet à des méprises fort amusantes.

Est-il besoin de dire que la femme d'un âge mûr se montrait plus particulièrement frappée de ce qu'il y avait de plaisant dans les erreurs du myope, son neveu, tandis que la jeune fille, au contraire, se montrait touchée de ce qu'il y avait d'intéressant dans la position du *quasi-aveugle*, position souvent pénible ?

Enfin, la jeune fille, souffrant beaucoup de cette impressionnabilité presque maladive, de cette *poltronnerie* nerveuse qu'elle ne pouvait vaincre, elle et le myope, ces deux timides créatures, ne devaient-elles pas profondément sympathiser ensemble, et trouver un lien secret dans leur faiblesse même, qui tour à tour appelait le sourire aux lèvres ou les larmes aux yeux ?

Ces trois personnages ainsi posés, nous prendrons part à leur entretien.

La jeune fille brodait, sa gouvernante s'occupait d'un tricot de laine qui semblait destiné à devenir une longue et chaude cravate pour l'hiver, tandis que le jeune homme, tenant tout auprès de ses yeux le dernier numéro du *Journal de l'Empire*, apporté le matin même par la poste, faisait à haute voix la lecture des dernières nouvelles, et apprenait à ses lectrices le départ de M. le maréchal duc de Reggio pour l'armée qu'il devait commander.

La gouvernante ayant entendu, du côté de la cheminée, quelques légers bouillonnemens accompagnés de plusieurs petits jets de vapeur, jugea que l'eau destinée à l'infusion du thé était suffisamment bouillante, et dit à son neveu :

— Onésime, nous reprendrons tout à l'heure notre lecture ; l'eau bout, mets-la dans l'urne, et surtout pas de maladresse.

Onésime déposa le journal sur la table, se leva et se dirigea vers la cheminée avec un certain serrement de cœur, car le malheureux myope allait s'aventurer dans une entreprise difficile, périlleuse et remplie d'écueils, dont il soupçonnait vaguement l'existence ; ainsi il lui fallait d'abord se garer d'un fauteuil placé à sa gauche, puis d'un guéridon placé à sa droite. Ce *Carybde* et ce *Scylla* évités, il devait enjamber un petit tabouret placé tout auprès de la cheminée et saisir enfin la bouilloire fumante.

La jeune fille, nous l'avons dit, ne s'égayait presque jamais des mésaventures d'Onésime ; cependant elles étaient quelquefois d'un comique si inattendu, qu'elle cédait parfois malgré elle à une invincible envie de rire. Or, ce que le pauvre garçon redoutait le plus au monde, c'était de donner à rire à sa compagne de solitude, et, quoiqu'il fût le premier à se moquer de ses maladresses, au fond du cœur il en souffrait.

On comprend donc avec quelle attentive prudence, avec quelle circonspection inquiète, Onésime entreprit d'aller à la recherche de la bouilloire : une de ses mains étendues en avant l'avertit de la présence du fauteuil de gauche ; il tourna cet obstacle ; il allait cependant se heurter au guéridon, lorsque son autre main lui signala le second écueil. Déjà il se réjouissait d'atteindre la cheminée sans accident, lorsque la rencontre imprévue du tabouret le fit trébucher ; voulant reprendre son équilibre, il fit deux pas en arrière, et donna un choc au guéridon, qui fut renversé avec grand fracas.

Depuis quelques momens, la jeune fille, interrompant sa broderie, était absorbée dans une rêverie profonde... Elle en fut brusquement tirée par le bruit de la chute du meuble ; aussitôt, sans connaître la cause de ce fracas, et incapable de vaincre sa peur, elle jeta un cri d'effroi, pâlit et se renversa dans son fauteuil, saisie d'un tremblement nerveux.

— Mon enfant !... rassurez-vous, — s'écria la gouvernante ; — c'est encore une maladresse d'Onésime... voilà tout... Calmez-vous.

La jeune fille, apprenant ainsi la cause du bruit dont elle venait de s'effrayer, regretta beaucoup d'avoir involontairement augmenté la confusion du pauvre myope, et dit, en tâchant de vaincre le tremblement dont elle était saisie :

— Pardon, ma bonne amie... je suis folle ; mais, tu sais, je ne peux surmonter ces peurs absurdes.

— Pauvre enfant, est-ce que c'est votre faute ? mon Dieu !... ne souffrez-vous pas la première de ces frayeurs involontaires ? Est-il besoin, je vous le demande, de vous en excuser ?... et, sans la maladresse de mon neveu...

— Tais-toi, c'est à moi de rougir devant monsieur Onésime, — dit la jeune fille : — à mon âge être encore sujette à de pareilles faiblesses !... c'est honteux.

Le pauvre garçon désolé de sa mésaventure balbutia quelques mots d'excuse ; puis, tout en remettant le guéridon sur pied, il écarta le tabouret et saisit enfin la malencontreuse bouilloire, qu'il apporta pendant que madame Robert faisait respirer des sels à la jeune fille.

Bientôt Onésime se montra héroïque.

Sa tante, le voyant se disposer à verser l'eau dans l'urne, lui dit, tout en s'occupant de la jeune fille :

— Pour l'amour de Dieu ! ne touche plus à cette bouilloire... tu es trop maladroit, tu ferais encore quelque sottise...

Onésime, profondément humilié et jaloux de se réhabiliter, ne répondit rien, profita de l'inattention de sa tante, afin d'agir contrairement à ses ordres, enleva le couvercle de l'urne, et, sa main gauche appuyée sur le rebord de la table, il haussa sa main droite, dont il tenait la bouilloire, afin de transvaser le liquide brûlant... Malheureusement, la mauvaise vue d'Onésime le trompa, et il commença de verser le contenu de la bouilloire à côté de l'orifice de l'urne... Une douleur atroce l'avertit de sa nouvelle maladresse : sa main gauche venait d'être inondée d'eau bouillante et brûlée à vif.

Onésime, nous l'avons dit, se montra d'un stoïcisme héroïque... Sauf un brusque tressaillement causé par cette soudaine et horrible souffrance, il ne poussa pas une plainte, et, mieux avisé par la douloureuse conséquence de son erreur, il parvint même à remplir l'urne ; puis il dit doucement :

— Ma tante... l'urne est remplie... puis-je préparer le thé ?... Mademoiselle en prendra peut-être une tasse ?

— Comment ! l'urne est remplie !... — dit vivement la gouvernante en se retournant. — C'est, ma foi ! vrai... et sans nouveau malheur. Ah ! pour cette fois, il faudra faire une croix à la cheminée, mon garçon.

— En vérité, ma bonne amie, — dit la jeune fille avec un accent d'affectueux reproche, — tu es aussi injuste qu'impitoyable.

Et, s'adressant au jeune homme, elle ajouta :

— Ne l'écoutez pas, monsieur Onésime ; cette méchante tante ne songe qu'à vous tourmenter... mais, moi, je vous défendrai... En attendant, veuillez, je vous prie, me donner une tasse de thé.

— Miséricorde !... — s'écria la gouvernante en riant, — le malheureux va mettre en pièces ce charmant service rose et blanc que *Monsieur* a rapporté à son dernier voyage.

Mais Onésime trompa les fâcheux pronostics de sa tante, apporta bravement et sans encombre la tasse de thé à la jeune fille qui lui dit :

— Merci... de votre obligeance, monsieur Onésime.

Et elle accompagnait ces mots du plus aimable sourire, lorsqu'elle rencontra les grands yeux mélancoliques et voilés du pauvre myope, qui se tournaient machinalement vers elle... et semblaient la chercher... Ce regard vague et triste, presque implorant, émut la jeune fille.

— Hélas ! — pensait-elle, — il ne s'est pas aperçu que je lui souriais ; son pauvre et doux regard a toujours l'air de vous demander grâce de son infirmité.

Ces pensées l'attristèrent si visiblement, que sa gouvernante lui dit :

— Qu'avez-vous donc, mon enfant ? vous semblez chagrine.

Onésime, à ces mots de sa tante, tourna aussitôt les yeux avec inquiétude du côté de sa compagne, comme pour interroger l'expression de ses traits... Mais songeant bientôt qu'il lui était impossible de rien distinguer, il baissa tristement la tête et cacha sous son mouchoir sa main brûlée, qui lui faisait éprouver des douleurs atroces.

La jeune fille, assez embarrassée de l'observation de sa gouvernante, lui répondit :
— Tu te trompes, ma bonne amie... je ne suis pas chagrine... Seulement, tout à l'heure, tu as parlé de mon père, et tu m'as rappelé ce que je n'oublie guère... qu'il devrait être auprès de nous depuis plusieurs jours, et qu'il ne vient pas.
— Voyons, n'allez-vous pas maintenant vous tourmenter pour cela, mon enfant? Est-ce la première fois que *Monsieur* n'arrive pas le jour qu'il nous avait fixé?
— Ce retard n'a, je l'espère, aucune cause fâcheuse... Cependant... il m'inquiète.
— Mais, mon Dieu, mademoiselle, est-ce que *Monsieur* ne peut pas être retenu, malgré lui, pour les affaires de son commerce?... Croyez-vous que lorsqu'on fait en grand la commission de rouenneries et autres étoffes, on puisse annoncer son retour chez soi à heure fixe?... Est-ce que souvent une nouvelle affaire ne s'engage pas juste au moment où on allait partir?... et alors on est forcé de rester.
— Ma tante a raison, mademoiselle, — dit Onésime ; — les opérations du commerce sont imprévues!...
— Il est vrai, monsieur Onésime...
— Sans compter, mon enfant, — reprit la gouvernante, — sans compter que *Monsieur* ne veut jamais revenir ici sans vous rapporter toutes sortes de jolies choses, toujours de fabrique anglaise, par exemple.... et pourquoi? parce que c'est plus rare et plus recherché... comme le fruit défendu.
— Oh! oui... ce bon et tendre père me comble de toutes manières, et chaque fois qu'il me quitte... il pleure autant que moi...
— Mais aussi *Monsieur* sait se faire une raison, lui ! et s'il voyage, mon enfant, c'est dans votre intérêt. — « Je » veux que ma fillette soit riche, — me disait-il y a deux » mois, avant son départ. — Encore une ou deux bonnes » tournées, sa dot sera faite, et alors, ma foi ! au diable le » négoce de rouenneries ; je ne quitterai plus cette chère » enfant. »
— Fasse le ciel que ce moment arrive bientôt ! — reprit la jeune fille en soupirant, — je ne serai tranquille, heureuse, que lorsque ce bon et tendre père... sera là toujours auprès de moi... On se forge tant de craintes pendant l'absence !
— Des craintes ?... Mais, maudite petite poltronne ! — reprit affectueusement la gouvernante, — des craintes ? à propos de quoi ? quels risques peut courir un brave négociant comme *Monsieur*, qui ne s'occupe que de ses petites affaires, et qui voyage dans une bonne voiture afin de pouvoir s'arrêter à sa guise, de ville en ville, pour placer ses échantillons ? Encore une fois, que risque-t-il ? Il ne voyage que de jour, sans compter qu'il emmène toujours son commis ; et, vous le savez, il se mettrait au feu pour *Monsieur*, ce vieux serviteur, quoiqu'il soit le plus mal prédestiné des mortels.
— Pauvre homme !... c'est vrai... car il est victime d'un accident presque à chaque voyage de mon père...
— Et pourquoi cela? parce que c'est un vieux tatillon, *un vieux touche à tout*, et qui, de plus, est fort maladroit (je ne dis pas cela pour toi, mon beau neveu); mais cela n'empêche pas que le bonhomme serait une vraie garde-malade pour *Monsieur* s'il était incommodé en route... Je vous demande donc un peu ce que vous avez tant à craindre, mon enfant?
— Rien... tu as raison...
— Songez donc à ce que ça serait, si vous aviez, comme tant d'autres, un père militaire à l'armée?
— Ah ! ma pauvre amie ! que dis-tu? Faible et impressionnable comme je le suis, est-ce que je pourrais résister aux alarmes continuelles dont je serais assaillie?... Moi, penser à chaque instant que mon père est peut-être exposé aux plus grands dangers !... à la mort !... Tiens... tu le vois... cette seule idée...
— Oui, pauvre enfant, cette seule idée vous rend toute pâle, toute tremblante. Cela ne m'étonne pas... je sais votre tendresse pour votre digne père... Mais chassez ces vilaines idées... et, pour vous distraire, Onésime va continuer la lecture du journal... voulez-vous?
— Certainement... si monsieur Onésime n'est pas fatigué.
— Non, mademoiselle, — reprit le jeune homme, qui faisait des efforts surhumains pour surmonter ses souffrances de plus en plus aiguës ; approchant le plus possible le journal de ses yeux, il se disposait à reprendre sa lecture lorsqu'il dit :
— Je crois que voici un récit qui intéressera mademoiselle.
— De quoi s'agit-il, monsieur Onésime ?
— Mademoiselle, c'est encore une prouesse de ce fameux corsaire de Dieppe dont on parle tant et qu'on a surnommé le *fléau des Anglais*.
— Mon enfant, je crains que ce ne soit trop émouvant pour vous, — dit la gouvernante; — vous êtes si nerveuse aujourd'hui !
— Monsieur Onésime, — dit la jeune fille en souriant, — est-ce que ça a l'air bien terrible... bien effrayant, cette histoire?
— Je ne le crois pas, mademoiselle, car il s'agit d'une évasion. Voici du moins le titre du récit :
Évasion de l'intrépide capitaine corsaire l'Endurci, *qui, victime d'une infernale trahison, avait été enlevé du territoire français par des émissaires anglais.*
— Cela doit être curieux en effet. — Veuillez toujours lire, monsieur Onésime... Si cela me semble trop effrayant, je vous prierai d'interrompre votre lecture.
— Moi, je suis tout oreilles, — ajouta la gouvernante d'un air affriandé, — car j'adore les histoires de corsaires.
— Oh! toi... tu es brave, — dit la jeune fille en souriant, — tu es vaillante.
— Comme un lion... Et je me régale des récits de bataille que je trouve dans le journal ; souvent ça me donne la chair de poule... et pourtant je n'y renonce pas. Oh! je ne suis pas comme vous, moi, chère peureuse. Il me semble que le plus bel état est l'état militaire... Voyons, Onésime, lis-nous bien cela, et si tu trouves quelque chose de trop effrayant pour cette chère enfant, arrête... ou passe.
— Soyez tranquille, ma tante, — dit le jeune homme.
Et il commença, ainsi qu'il suit, le récit de l'évasion du capitaine l'*Endurci*.

VIII.

« La France entière connaît le nom et la bravoure hé-
» roïque du capitaine l'*Endurci*, commandant le corsaire
» le *Tison d'Enfer*, brick de seize canons, » — poursuivit
Onésime, en lisant à haute voix le *Journal de l'Empire*;
» — on sait les nombreux et brillans combats de ce cor-
» saire contre la marine britannique, et le nombre consi-
» dérable de prises faites sur les Anglais par le *Tison d'En-
» fer*, pendant ses dernières croisières.
» Il y a peu de jours, le capitaine l'*Endurci* rentrait à
» Dieppe, remorquant un grand trois-mâts de la Compa-
» gnie des Indes, armé en guerre, portant trente canons.
» Ce bâtiment, qui escortait plusieurs navires marchands
» chargés de blé, a été enlevé avec son convoi par l'intré-
» pide corsaire, après un combat acharné qui a duré près
» de trois heures, et en suite duquel la moitié de l'équi-
» page français a été tuée ou blessée. »
— Un combat de trois heures ?... — dit la jeune fille en frémissant, — tant de braves gens... morts ou mourans ! quel abominable fléau que la guerre !... Ah ! ce n'est pas de l'admiration que m'inspirent ceux qu'on appelle les héros... c'est de l'épouvante... c'est de l'horreur.

— Nous ne nous entendrons jamais à ce sujet, — reprit en riant la gouvernante, — moi qui suis devenue fanatique de la Grande Armée ! rien que ça ; mais le fait est qu'une guerre de corsaires ça doit être encore plus terrible qu'une autre...

— Oh ! oui, — dit Onésime, — une guerre sans merci ni pitié...

— Eh mais ! — reprit la tante, — c'est ce qui en fait le charme pour nous autres lecteurs. Quels hommes ça doit être ces corsaires ! et ce capitaine l'*Endurci*, dont on parle tant, doit-il être redoutable à voir ! je me le figure avec une grande barbe rousse... des yeux flamboyans, une mine féroce et une ceinture de pistolets et de poignards, avec un uniforme noir brodé de têtes de mort en argent !

— De grâce, tais-toi, ma bonne amie, — dit la jeune fille, — il y a de quoi faire des rêves affreux !

— Voyons, continue, Onésime, — reprit la gouvernante ; mais s'apercevant que le jeune homme avait légèrement pâli et que quelques gouttes de sueur perlaient sur son front, elle ajouta :

— Qu'as-tu donc, mon garçon ? l'on dirait que tu souffres ?

— Moi ! non ma tante, — répondit Onésime, se reprochant de ne pouvoir assez vaincre l'atroce douleur que sa brûlure lui faisait éprouver, et dont le sentiment se trahissait malgré lui sur ses traits, — je vais continuer la lecture... si mademoiselle le désire.

— Certainement, monsieur Onésime, mais il me semble que votre tante a raison... vous avez l'air de souffrir !

— Pas du tout, mademoiselle... je vous assure... — reprit Onésime en souriant, — je suis seulement attristé comme vous, en songeant aux maux horribles que la guerre entraîne avec elle. Hélas ! faudra-t-il voir les hommes toujours s'entretuer, au lieu de s'aimer et de s'entr'aider !

— Onésime, — reprit la gouvernante, — tu parles en véritable poule-mouillée... toi qui aurais fait un si joli garde-d'honneur, si tu avais vu à quatre pas devant toi !

— Peux-tu avoir une pareille pensée ? — dit la jeune fille à l'implacable tante ; — ne devons-nous pas, au contraire, nous estimer bien heureux de penser que ceux que nous aimons ne sont pas exposés à de grands périls ?... Mais continuez, je vous prie, monsieur Onésime.

Le jeune homme poursuivit sa lecture.

« L'entrée du capitaine l'*Endurci* dans le port de Dieppe
» fut un véritable triomphe. Toute la population était
» rassemblée sur les jetées ; ce furent des vivats, des cris
» d'enthousiasme sans fin, lorsque l'on vit s'avancer len-
» tement, tenant ses prises sous son canon, le brick cor-
» saire, noir de poudre, son gréement haché par la mi-
» traille, ses voiles trouées par les boulets et son lambeau
» de pavillon tricolore cloué à sa poupe.

» Le trois-mâts anglais était presque complètement dé-
» semparé ; le nombre et la gravité de ses avaries témoi-
» gnaient de la vigueur de l'attaque et de la défense ; de
» nouveaux cris de : *Vive la France ! vive le capitaine*
» *l'Endurci !* firent explosion lorsque l'intrépide corsaire
» mit le pied sur l'embarcadère ; mais le triomphe du ca-
» pitaine devint une véritable ovation lorsque l'on apprit
» que le trois-mâts si intrépidement enlevé par lui con-
» voyait plusieurs transports de blé : dans la pénurie de
» grains où se trouvait la France, une telle capture est
» un bienfait public, et l'on sait à cette heure que le capi-
» taine *l'Endurci*, ayant eu connaissance de la prochaine
» arrivée de ce convoi de grains, avait passé quelques
» jours en croisière pour l'attendre, négligeant des prises
» plus riches et moins dangereuses à attaquer ; somme
» toute, l'ovation du capitaine l'*Endurci* a été complète ;
» elle datera glorieusement dans les fastes de la ville de
» Dieppe. »

— C'est superbe ! c'est magnifique ! — s'écria la gouvernante enthousiasmée, — ah ! je donnerais dix ans de ma vie. . pour être la mère, la femme ou la sœur d'un héros pareil : comme je serais glorieuse !...

— Oh bien ! moi, ma bonne amie, — reprit la jeune fille, — je t'avoue en toute humilité, ou plutôt en toute félicité... que je m'estime mille fois plus heureuse d'être la fille d'un bon commerçant en rouenneries, que d'avoir pour père quelque héros sanguinaire comme ce corsaire, ou d'autres gens de guerre...

— Mon Dieu ! mon Dieu ! mon enfant, êtes-vous peu ambitieuse ! Comment ! cela ne vous rendrait pas fière de pouvoir vous dire : Ce terrible homme, c'est mon père ; ou bien, c'est mon mari, c'est mon frère ?

— S'il était absent, je tremblerais pour lui... en songeant aux périls qu'il court... et, quand il serait présent... je croirais toujours voir du sang à ses mains, — ajouta la jeune fille en frissonnant et devenant toute pâle.

— Mon enfant, vous n'êtes, en vérité, pas raisonnable de vous impressionner ainsi, — dit la gouvernante avec un accent d'affectueux reproche, — vous vous faites mal.

— Mademoiselle, voulez-vous que je cesse cette lecture ? — dit le jeune homme.

— Non, non, monsieur Onésime... pardon de cette faiblesse dont j'ai honte...— Puis, tâchant de sourire, elle dit à la gouvernante :— C'est ta faute aussi, à toi... ce sont tes idées ambitieuses qui ont amené cet entretien... Mais, va... tu reviendras à des pensées plus sages... et, au lieu de rêver aux héros de la Grande Armée, un beau jour, tu te décideras à épouser ce pauvre soupirant qui t'aime depuis tant d'années.

— Moi ! — s'écria la gouvernante,— épouser le commis de *monsieur*, un civil, un *pékin*, comme disent les militaires, un bonhomme que je soupçonne d'être aussi poltron que maladroit, et qui, à chaque voyage de *monsieur*, revient avec quelque chose de moins... ou de plus ? Une fois, c'est une roue de moulin qui lui broie à demi le pied, ce qui le rend boiteux ; une autre fois, il laisse deux de ses doigts entre les dents d'une machine à laquelle il avait, dit-il, voulu toucher ; enfin, un autre jour, et je ne serais pas étonnée qu'il ait été gris ce jour-là, n'est-il pas tombé (nous a-t-il conté) si malheureusement sur un tesson de bouteille, qu'il est resté au pauvre cher homme une telle balafre à travers le visage que l'on dirait d'un coup de sabre ?

— Eh bien ! ma tante, — dit Onésime en souriant, — que du moins cette apparence d'une blessure martiale vous attendrisse en faveur de ce brave homme.

— Monsieur Onésime a raison, — reprit la jeune fille en riant aussi, — en voyant à ton bras ce balafré, on le prendra pour un de ces héros de la Grande Armée que tu aimes tant, et tu pourras être fière tout à ton aise.

— Un instant, ça ne fait pas mon compte,—dit gaîment la gouvernante,—j'aime les héros, mais non les invalides. Maintenant, Onésime, continue ; je suis très curieuse d'apprendre comment ce terrible corsaire a pu être enlevé par des Anglais sur le territoire de France.

— Voici, mademoiselle, la suite de ce récit, — dit Onésime :

» Le capitaine l'*Endurci*, après être resté trois jours à
» Dieppe pour y consigner ses prises, quitta le port et prit
» la route de Paris, dans une chaise de poste, laissant mal-
» heureusement à Dieppe, pour régler quelques affaires,
» son maître canonnier, un de ses plus anciens compa-
» gnons d'armes, grièvement blessé d'ailleurs dans le der-
» nier combat. Il est probable qu'avec le secours de ce
» brave marin, le capitaine l'*Endurci* n'eût pas été victime
» de l'indigne guet-apens où il est tombé.

» C'est entre le second et le troisième relais de poste,
» en venant de Dieppe à Paris, qu'un enlèvement d'une au-
» dace incroyable a été tenté et exécuté par deux émis-
» saires anglais, qui avaient sans doute épié le moment
» de s'emparer du capitaine l'*Endurci*.

» Il paraît que ces émissaires, sous un prétexte adroit,
» ont abusé de la crédulité du postillon qui conduisait la
» chaise de poste, ont obtenu de lui qu'ils le devance-
» raient sur la route à un endroit convenu, et que, profi-
» tant de l'obscurité de la nuit, ainsi que d'un temps af-

» rêt causé par une montée rapide, l'un d'eux prendrait la
» place du postillon et conduirait ainsi la voiture pendant
» quelque temps.
» Ce projet réussit. Le postillon crut ne céder que momentanément la conduite de son attelage ; mais à peine
» l'émissaire anglais fut-il en selle, qu'il lança les chevaux
» avec une effrayante rapidité, tandis que le postillon était
» jeté à demi-mort sur la route par l'autre Anglais, cramponné aux ressorts de la chaise de poste.
» Le capitaine l'*Endurci*, d'abord surpris de l'allure impétueuse des chevaux dans une dangereuse descente,
» crut que le postillon avait négligé d'enrayer la voiture,
» et qu'il était emporté par ses chevaux. Mais bientôt cette
» allure imprudente se modéra, et la voiture continua de
» rouler avec une extrême rapidité.
» La nuit étant devenue très obscure, le capitaine corsaire ne put donc remarquer qu'au lieu de suivre la
» grande route la voiture prenait une autre direction.
» N'ayant aucun soupçon, ignorant complètement la substitution du postillon, le capitaine voyagea ainsi pendant
» une heure et demie environ et finit par s'endormir.
» La voiture s'arrêta ; il s'éveilla en sursaut, et se crut
» arrivé au relais ; et voyant à travers la nuit noire deux
» ou trois lanternes aux approches de la chaise de poste,
» il en descendait sans la moindre défiance, lorsque, soudain, plusieurs hommes se précipitèrent sur lui, et avant
» qu'il eût pu faire un mouvement, il était garrotté, bâillonné et transporté sur la plage du petit port de Hozey,
» situé sur la côte, à sept lieues de Dieppe, et connu pour
» être un repaire d'audacieux contrebandiers.
» Le capitaine, incapable de bouger et d'articuler une
» parole, fut embarqué à bord d'un chasse-marée et jeté
» à fond de cale, toujours garrotté...
» Quelques momens après, le léger bâtiment, profitant
» du flot et d'un vent propice, quittait Hozey et se dirigeait à toutes voiles vers les côtes d'Angleterre... »
— Pauvre capitaine! — dit la gouvernante ; — comment
va-t-il sortir de cette terrible position ? Mais, Dieu merci !
il en est sorti, puisque le journal raconte son évasion...
Que je meure si je me doute de quelle façon il aura pu
échapper à ces maudits Anglais ! Quelle infâme trahison !
— Oui... mais peut-être étaient-ce des représailles, —
dit la jeune fille en soupirant. — Hélas ! entre ces hommes
de bataille et de sang, les haines doivent être implacables.
— Décidément le capitaine l'*Endurci* ne fait pas votre
conquête, ma chère enfant, — dit la gouvernante.
La jeune fille secoua mélancoliquement la tête, pendant
qu'Onésime poursuivait sa lecture.
» Le capitaine l'*Endurci* n'est pas de ces hommes que le
» péril abat ; nous sommes heureux de pouvoir, à ce sujet,
» donner l'extrait d'une lettre du capitaine, adressée à l'un
» de ses amis, son armateur, lettre dans laquelle il donne
» les plus grands détails sur son évasion.
» Voici cet extrait :
» Une fois enfermé à fond de cale (écrit le capitaine
» l'*Endurci*), incapable de faire un mouvement, je me sentis possédé par une colère féroce en songeant à la lâche
» perfidie dont j'étais victime. J'aurais étouffé de fureur
» si l'on m'eût laissé mon bâillon.
» On m'avait jeté à fond de cale, sur quelques morceaux
» de vieilles voiles ; mes jambes étaient liées et serrées
» l'une contre l'autre, au moyen d'une longue corde goudronnée, grosse comme le pouce ; mes mains attachées
» derrière mon dos ; je ne pouvais ainsi me servir de mes
» dents pour ronger mes liens. J'essayai, en me courbant,
» d'atteindre la corde qui me serrait les jambes : impossible. Au peu de roulis du chasse-marée, je jugeai qu'il
» était appuyé par une forte brise, et que nous devions
» marcher vite et droit vers la côte d'Angleterre.
» Je savais ce sort qui m'attendait ; quelques mots des
» lâches qui s'étaient emparés de moi m'avaient éclairé ;
» au lieu de me tuer tout d'un coup, ils préféraient me
» torturer longtemps dans les *pontons* : l'un de ces Anglais

» avait même parlé de m'exposer plusieurs jours aux huées
» aux insultes de la populace.
» A cette pensée, j'ai cru que j'allais devenir fou ; je retombai, en rugissant de fureur, sur les vieilles voiles
» qui me servaient de couche.
» Ce premier accès passé, la COLÈRE me donna, comme
» toujours, de nouvelles forces ; mon sang bouillonnait,
» affluait à mon cerveau et y faisait naître mille projets
» plus audacieux les uns que les autres ; je sentais ma puissance morale et physique décuplée par cette incroyable
» effervescence de toutes mes forces vitales.
» Je me décidai pour l'un de ces projets que le paroxysme de ma fureur avait fait éclore.
» Dans toute autre disposition d'esprit, ce projet m'eût
» paru impraticable, et il l'aurait été, je crois, pour un
» homme qui ne se fût pas trouvé comme moi surexcité
» par la fermentation de la colère, LA COLÈRE, REDOUTABLE
» ET PUISSANTE DIVINITÉ, comme dit le poète indien. »
Depuis peu d'instans, la jeune fille, de plus en plus attentive à ce récit, semblait en proie à une préoccupation
pénible ; plusieurs fois elle avait tressailli comme si elle
avait voulu fuir une pensée douloureuse ; soudain, interrompant, malgré elle, la lecture du journal, elle s'écria :
— Ah !... cet homme... me fait frémir.
— Pourquoi donc cela ? — lui demanda la gouvernante.
— A moi, cet intrépide corsaire me paraît brave comme
un lion...
— Oui, mais quel caractère de fer ! — reprit la jeune
fille, de plus en plus émue ; — quelle violence !... et l'on
dirait que cet homme ose glorifier, diviniser la COLÈRE !...
— Puis elle ajouta, en tressaillant de nouveau :
— Ah ! la violence... la colère... c'est horrible !...
Et, pâle et frissonnante de tout son corps, elle répéta :
— Oh ! la colère... c'est horrible !...
La gouvernante, sans attacher grande importance à l'émotion de la jeune fille, lui répondit :
— Dame ! écoutez donc, mon enfant, vous dites que la
colère... c'est horrible ; ma foi ! c'est selon !... car enfin si,
dans cette violence, ce brave corsaire devait trouver la
force et le moyen d'échapper à ces traîtres d'Anglais, il
avait joliment raison... et moi, à sa place... mais je... mon
Dieu ! — s'écria-t-elle en voyant la jeune fille devenir d'une pâleur mortelle et fermer les yeux, comme si elle eût
été sur le point de défaillir ; — mais, mon Dieu ! qu'avez-vous donc, mon enfant ?
A ces mots de sa tante et au bruit qu'elle fit en se levant
pour se rapprocher vivement de sa compagne, Onésime fit
un mouvement pour aller aussi au secours de la jeune fille ;
mais il se rassit tristement, de crainte de s'exposer à quelque maladresse, et désolé de ne pouvoir pas même lire
sur les traits de celle pour qui il tremblait, si l'agitation
dont elle souffrait se calmait ou s'aggravait ; car il régna
un silence de quelques secondes que la gouvernante interrompit en s'écriant avec une anxiété croissante :
— Mon enfant, vous ne me répondez pas ?... vos lèvres
tremblent... vous pleurez... Mon Dieu ! qu'avez-vous ?...
Ces paroles n'arrivèrent pas aux oreilles de la pauvre enfant ; le regard fixe... ses grands yeux encore agrandis par
la terreur et par l'égarement, elle indiquait, du geste, une
apparition née sans doute du désordre de ses pensées, et
murmurait d'une voix haletante, saccadée :
— Cet homme ! oh ! cet homme vêtu de noir... ce sinistre souvenir de mon enfance... le voilà encore... le voilà...
— Calmez-vous... ne pensez plus à cela, au nom du ciel !
— s'écria la gouvernante. — Le savez-vous pas combien
ces pensées vous sont funestes ?...
— Oh ! — reprit la jeune fille dans un complet égarement, — cet homme... cet homme... il était aussi effrayant
dans son emportement et sa colère... lorsque... oh ! il y a
bien des années de cela..., moi, j'étais toute petite... il me
semble le voir encore... avec son large chapeau, sa veste
noire et sa jupe blanche ; costume étrange... lugubre...
noir et blanc comme la livrée des morts... C'était le soir...
mon père était absent de la maison... alors... cet homme...

mon Dieu! cet homme... il était entré chez nous... je ne sais par où, je ne l'avais jamais vu... il menaçait ma mère qui me tenait entre ses bras... Alors elle lui a dit en pleurant, je me le rappelle bien : — Grâce au moins pour mon enfant! — Mais lui... s'est écrié, en menaçant toujours ma mère : — *Tu ne sais donc pas que je suis capable de tout dans ma colère!...* — Et puis... il s'est élancé... Alors... ma mère... oh! ma mère... morte... et moi...

La jeune fille ne put en dire davantage; elle tomba dans une crise spasmodique que lui causait presque toujours ce douloureux et terrible souvenir de ses premières années, funeste événement, fatale commotion, d'où avaient daté l'impressionnabilité nerveuse et maladive, les involontaires et vagues effrois auxquels l'infortunée était sujette depuis son enfance.

Cette crise se calma bientôt, grâce aux soins experts de la gouvernante, qui n'était, hélas! que trop habituée à les lui donner. Revenue à elle, la jeune fille, dont le caractère offrait un singulier mélange de faiblesse et de fermeté, eut regret et honte du peu d'empire qu'elle avait conservé sur elle-même pendant le récit de l'évasion du corsaire, récit qui, chose inexplicable pour elle, lui inspirait à la fois de l'horreur et une sorte de curiosité sinistre. Aussi, malgré les timides supplications d'Onésime, elle voulut absolument que celui-ci continuât la lecture si tristement interrompue.

La gouvernante, voyant cette insistance, et craignant que, dans ce moment surtout, une contrariété, même légère, ne réagît d'une manière dangereuse sur l'organisation fiévreuse de la jeune fille, dit à Onésime de continuer le récit de l'évasion du capitaine l'*Endurci*.

IX.

Onésime poursuivit en ces termes la lettre écrite par le corsaire l'*Endurci* au sujet de son évasion :

« — Pour réaliser mon projet de fuite, il fallait d'abord
» rompre mes liens. N'ayant pu parvenir à les approcher
» à portée de ma bouche, afin de les ronger avec mes
» dents, je songeai à un autre moyen : à force de fureter
» en rampant sur le ventre et en tâtant autour de moi
» avec ma figure, n'ayant pas l'usage de mes mains, liées
» derrière mon dos, je rencontrai un gros crochet de fer,
» rivé à l'intérieur de la cale, et sans doute destiné à l'arri-
» mage du lest. M'approchant de crochet, je m'y ados-
» sai et commençai d'user mes liens en les frottant sur le
» fer et en les déchiquetant sur la pointe. Deux heures
» après, j'avais assez limé mes cordes pour pouvoir les
» briser par une violente secousse, car *la colère* me don-
» nait une force incalculable.

» Une fois les mains libres, mon dessein bien arrêté, le
» reste n'était qu'un jeu.

» J'avais sur moi mon briquet, ma pipe, de l'amadou,
» un paquet de tabac et un long couteau de baleinier; je
» coupai les liens de mes jambes, et, tout à fait maître de
» mes mouvemens, je parcourus la cale à genoux, ne pou-
» vant m'y tenir debout.

» Je n'y trouvai rien que des morceaux de vieilles voiles
» et quelques bouts de cordage; la seule issue par laquelle
» je pouvais sortir était fermée par un large panneau car-
» ré; ses planches épaisses s'étaient à un endroit quelque
» peu disjointes; à travers cette fente, j'aperçus la clarté de
» la lune; m'arcboutant alors, mes mains placées sur mes
» genoux, j'essayai de soulever le panneau avec mes épau-
» les. Vains efforts! il était, ainsi que cela devait être, main-
» tenu au dehors par deux fortes barres de fer.

» Je pris alors à tâtons quelques bouts de corde gou-
» dronnée; je les coupai par tronçons, et les détordant
» brin à brin, j'en fis facilement de l'étoupe; je découpai
» ensuite en lanières quelques morceaux de la vieille voile
» sur laquelle on m'avait jeté; je disposai ces bandes sur

» l'étoupe goudronnée que j'avais préparée, plaçant le tout
» au-dessous du panneau, vers l'endroit où s'y trouvait
» une fente de quelques lignes; je vidai mon petit sac de
» tabac, bien sec, sur l'étoupe, afin de la rendre plus com-
» bustible. Je battis le briquet, j'allumai l'amadou, je
» jetai sur l'étoupe, et je commençai à souffler vigoureu-
» sement.

» L'étoupe prit feu, le communiqua aux morceaux de
» vieille voile; en un instant la cale fut remplie d'une
» épaisse fumée dont une partie s'échappait par la fissure
» du panneau, et je criai *au feu* de toutes mes forces. Mes
» cris et la forte odeur de brûlé qui s'échappait de la cale
» effrayèrent les marins; ils craignirent un incendie. J'en-
» tendis un grand mouvement sur le pont, le panneau fut
» aussitôt enlevé, et il s'échappa de l'écoutille une bouffée
» de noire fumée si aveuglante pour ceux qui, groupés sur
» le pont, se penchaient vers l'ouverture de la cale, que
» d'un bond, je pus en sortir et m'élancer à l'avant du
» chasse-marée, mon couteau à la main. Je me trouvai
» en face d'un homme de haute taille en caban brun; je le
» poignardai : il tomba à la renverse dans la mer; sautant
» alors sur la hache toujours placée près de la *bitte* (afin
» de pouvoir couper le câble au besoin), j'abattis à mes
» pieds un autre homme, et d'un revers je...

Onésime s'arrêta court, ayant été entraîné à lire plus qu'il ne l'aurait voulu; il craignait que le récit de cette tuerie n'impressionnât trop vivement la jeune fille.

En effet, celle-ci faisait un grand effort pour cacher l'horreur que lui causait ce massacre, injustifiable à ses yeux, même par les nécessités d'une évasion; pourtant elle se contint, autant par raison que pour satisfaire à l'étrange curiosité que ce récit lui inspirait malgré elle; et il faut le dire aussi, elle tâcha encore de se vaincre pour ne pas priver sa gouvernante d'une lecture qui semblait l'intéresser.

— Tu as raison de t'arrêter, mon garçon, — dit la tante à son neveu; — tu aurais même dû t'interrompre plus tôt.

— Ma chère amie, — répondit la jeune fille, — si c'est pour moi que tu prends cette précaution, c'est inutile. Je veux tâcher de m'aguerrir.

— Vrai! mon enfant, vous aurez ce courage? Eh bien! tant mieux! car je vous avoue que je grille de savoir la fin... Et puisque cela ne vous émotionne pas trop...

— Ayez l'obligeance de continuer, — dit la jeune fille à Onésime.

Celui-ci reprit :

» J'abattis à mes pieds un autre marin, et d'un revers je
» coupai à demi le bras d'un homme qui se jetait sur moi
» un sabre à la main. Tout ceci s'était passé en un clin
» d'œil. Profitant de la stupeur de l'équipage, et me sentant
» déjà plus calme, plus à mon aise, après cette première
» explosion de ma colère, de ma rage, si longtemps con-
» tenues, je voulus un peu voir où j'en étais, et, comme
» on dit, me recorder un instant.

» Il faisait un clair de lune magnifique; la brise était
» fraîche, la mer belle; un vieux matelot à cheveux blancs
» tenait le gouvernail; un mousse et trois marins épouvan-
» tés s'étaient réfugiés à l'avant, séparés de moi par l'ou-
» verture du panneau; l'homme que j'avais abattu d'un
» coup de hache ne bougeait plus; celui que j'avais blessé
» était à genoux, tenant son bras droit dans sa main gau-
» che.

» Tout compte fait, j'avais encore contre moi trois hom-
» mes valides, un enfant et un vieillard; mais ces gens
» semblaient démoralisés par ma brusque attaque.

» J'aperçois au moment une paire de pistolets accro-
» chés près du gouvernail; avant qu'aucun des trois ma-
» rins puisse faire un mouvement, je saute sur ces armes;
» j'avais ma hache entre mes dents et deux coups à tirer;
» mes deux balles me répondaient de deux hommes et éga-
» lisaient la partie. Moi au gouvernail, le vieux marin et
» le mousse à la manœuvre, nous pouvions à la rigueur
» faire évoluer le chasse-marée, car le temps était superbe,

» et nous ne devions nous trouver qu'à dix ou douze
» lieues des côtes de France.

» Ma position ainsi promptement estimée, j'arme mes
» pistolets, je m'élance vers les trois hommes qui reve-
» naient à peine de leur surprise... car tout cela s'était
» passé en deux minutes au plus :

» — Vous allez descendre tous trois dans la cale, — leur
» dis-je, — ou sinon j'en brûle deux et j'abats le troisième
» à coups de hache.

» Il n'y avait entre ces hommes et moi que la largeur
» du panneau, quatre pieds environ, je pouvais les tirer à
» brûle-bourre. Ils sautèrent dans la cale, où finissait de
» s'éteindre le peu de matière combustible que j'y avais
» allumée ; le blessé y descendit comme il put ; je refer-
» mai le panneau, j'assujétis solidement les barres de fer
» qui le retenaient, et je revins à l'arrière.

» — Donne-moi la barre, — dis-je au vieux matelot en
» prenant sa place au gouvernail ; — toi et le mousse vous
» manœuvrerez la voilure, et manœuvrez droit... ou je vous
» brûle la cervelle.

» Je prenais la barre des mains de cet homme, lorsqu'il
» s'écria en reculant d'un pas :

» — C'est le capitaine l'*Endurci* !

» — Tu me connais ?

» — Si je vous connais ! capitaine ? J'ai fait deux cour-
» ses sur le *Tison d'Enfer*.

» — Et tu t'appelles ?

» — Simon de Dunkerque.

» — C'est vrai ; je me rappelle maintenant ta figure.
» Ah ! misérable ! tu voulais me livrer aux Anglais, moi,
» ton ancien capitaine !

» — Que je sois fusillé à l'instant si je me doutais qu'il
» s'agît de vous, capitaine.

» — C'est donc à toi ce chasse-marée ?

» — Non, capitaine, c'est à Bezelek...

» — Et où est-il ?

» — Au fond de la mer, capitaine ; c'était l'homme au
» caban brun que vous avez abattu le premier, et qui est
» tombé par dessus le bord.

» — Et comment lui et toi avez-vous consenti à vous
» rendre complice de mon enlèvement ?

» — Dame ! capitaine, nous faisons un peu de contre-
» bande... un peu de... tout.

» — Je le vois bien.

» — Avant-hier, deux Anglais sont venus ; et tenez, en
» voilà un des deux.

» Et il me montra le cadavre étendu à l'avant.

» — Jette ça à la mer, lui dis-je.

» Le vieux marin, aidé du mousse, fit rouler le corps
» par dessus le plat-bord du chasse-marée.

» — Et l'autre Anglais ? — dis-je au vieux matelot.

» — Il est dans la cale, capitaine ; c'est à lui que vous
» avez le coude coupé le bras.

» — Et comment ces hommes vous ont-ils rendu leurs
» complices ?

» — Ils ont dit : Bezelek, il y a cinquante guinées pour
» toi si tu consens à passer en Angleterre un homme que
» nous t'amènerons ; nous ne voulons lui faire aucun mal ;
» mais s'il résiste, il faudra, toi et tes hommes, nous don-
» ner un coup de main pour le bâillonner, le garrotter et
» le mettre à fond de cale de ton chasse-marée... Il y aura
» vingt-cinq guinées d'avance et vingt-cinq guinées en ar-
» rivant à Folkestone... Comme il n'y avait pas, après tout,
» mort d'hommes, le marché a tenté Bezelek ; tout a été
» convenu, et l'on vous a amené, capitaine... Mais je vous
» jure que je ne savais pas que c'était vous ; sans cela, je
» ne me serais pas mêlé de cette affaire.

» Quatre heures après ma sortie de la cale, nous étions
» en vue du petit port de Mora, où j'ai débarqué sain et
» sauf. »

« Nos lecteurs nous sauront gré (ajoutait le *Journal de
l'Empire*) de leur avoir donné cet extrait du récit du
brave corsaire. Grâce à Dieu le capitaine l'*Endurci*,
» par son sang-froid et son intrépidité, a pu échapper à
» un infâme guet-apens. Espérons que son nom sera long-
» temps encore la terreur des ennemis de la France. »

Onésime, la lecture terminée, posa le journal sur la table.

— Quel homme ! — dit la gouvernante avec admiration ;
— quel homme que ce corsaire ! Seul, garrotté, bâillonné,
trouver moyen de sortir si vaillamment d'un pareil danger !

— Mais que de sang versé ! — dit la jeune fille en frémissant... — Et pas un mot de regret... de pitié pour ses
victimes ! Avec quelle cruelle indifférence cet homme
parle de ceux qu'il a massacrés sans résistance ! car, surpris, ces malheureux ne se défendaient pas.

— C'est vrai, — dit Onésime à demi-voix.

Sa tante ne l'entendit pas, et reprit en s'adressant à la
jeune fille :

— Écoutez donc, mon enfant, cela est bien facile à dire ;
mais dans une position pareille... on a bien le droit de...

— Eh ! mon Dieu ! ma chère amie, tu vas sans doute
me prouver que cet homme était victime d'une lâche trahison ; qu'il voulait à tout prix recouvrer sa liberté ; que
cette tuerie était son droit ; que ce féroce mépris de la vie
d'autrui s'appelle courage, héroïsme ?... Tout cela est possible... je suis mauvais juge peut-être... Je te dis seulement mon impression ; car, pendant ce récit, me l'a-
voue, m'inspirait malgré moi une sorte de curiosité sinistre... je n'ai ressenti qu'aversion et horreur... Tiens, il
y a une pensée, un mot... qui m'a surtout épouvantée par
sa férocité.

— Quelle pensée ?

— Cet homme, après avoir tué deux de ces malheureux et blessé le troisième, n'a-t-il pas dit presque en rail-
lant : — *Alors je me suis senti plus à mon aise... plus calme
après cette première explosion de ma colère, de ma rage !*
— Plus calme ! mon Dieu ! Ainsi, il lui fallait du sang, des
meurtres, pour apaiser cette colère furieuse qui semble sa
passion dominante, exécrable passion dont il semble in-
voquer le secours dans les momens désespérés, comme
d'autres invoquent l'assistance de Dieu...

— Mais encore une fois, mon enfant, après tout, un corsaire est un corsaire, ce n'est pas un saint. Que voulez-
vous ? à chacun son métier.

— Eh ! mon Dieu ! ma tante, — s'écria Onésime, qui
avait jusqu'alors gardé le silence, — le bourreau a pour
métier de couper des têtes... et c'est un épouvantable métier que le sien.

— Ah ! — dit vivement la jeune fille, — j'étais bien sûre
que monsieur Onésime penserait comme moi.

— Lui, je le crois bien, — répondit la gouvernante en
riant, — c'est une vraie femmelette. Est-ce qu'il peut parler de bataille ?

— J'avoue en toute humilité, ma tante, que je n'ai rien
de ce qui fait le héros, — reprit Onésime en souriant ; —
aussi je vous avoue que... si j'étais prisonnier, et qu'il me
fallût acheter ma liberté par la mort de mon plus cruel
ennemi... je renoncerais à la liberté.

— Bien... bien... monsieur Onésime... voilà le vrai, le
bon courage ; aussi n'est-ce pas celui des gens de guerre
et de massacre, — répondit la jeune fille avec animation ;
car la répulsion qu'elle éprouvait pour les batailleurs venait peut-être aussi de ce qu'Onésime, et par son caractère
et par son infirmité, ne pouvait être un homme d'action.

— Onésime courageux ! — reprit la gouvernante en répondant aux dernières paroles de la protectrice du pauvre myope, — allons, cela n'est pas sérieux.

Et s'adressant à son neveu :

— Tu ne vois pas que mademoiselle se moque de toi,
mon pauvre garçon ? Mais, en attendant, mets mon tricot
sur ce guéridon, mon vaillant héros, et passe-moi ma
boîte à ouvrage sans faire de maladresse, s'il est possible.

En parlant ainsi, elle tendait à la fois les deux mains à

Onésime; l'une tenait le tricot, l'autre s'ouvrait pour recevoir la boîte.

Le jeune homme fut donc obligé de tendre à son tour ses deux mains, l'une pour donner le coffret à ouvrage, l'autre pour prendre le tricot. La clarté de la lampe tombant en plein sur la table, l'impitoyable tante s'aperçut seulement alors de l'horrible brûlure dont Onésime avait été atteint, et s'écria :

— Mon Dieu ! mon enfant ! qu'as-tu donc à la main ?

— Mais... rien... ma tante, — répondit-il en retirant vivement sa main, pendant que la jeune fille, dont l'attention venait d'être attirée par l'exclamation de sa gouvernante, le regardait avec inquiétude.

Mais l'implacable tante s'était levée précipitamment, et, s'emparant de la main de son neveu presque malgré lui, l'avait examinée :

— Ah ! le malheureux enfant ! — s'écria-t-elle avec angoisse ; — il est affreusement brûlé !... Mais tu dois souffrir le martyre !... cela est tout récent... A quel moment cela t'est-il donc arrivé ?

Et se tournant vivement vers la jeune fille qui s'approchait tout inquiète, elle lui dit :

— Ne regardez pas cela, pour l'amour de Dieu, mon enfant ! cela vous ferait trop de mal à voir. — Et elle ajouta :

— Ah ! maintenant je devine... C'est tout à l'heure, n'est-ce pas, Onésime ?... lorsque tu as mis l'eau bouillante dans l'urne... ta mauvaise vue t'aura trompé, pauvre cher garçon... et, de crainte de te faire moquer de toi... tu as enduré, sans mot dire, une douleur atroce... Ah ! mon Dieu ! Et il a eu le courage de nous faire la lecture pendant tout ce temps-là encore !

Le silence d'Onésime, qui baissa la tête, fut significatif.

— Ah !... — s'écria la jeune fille en s'adressant à sa gouvernante avec une indicible émotion et les yeux pleins de larmes, — je te le disais bien, moi, qu'il était courageux... Oui... voilà le vrai courage, non pas ce féroce courage qui, né de la colère, ne cherche que sang et massacre... mais ce courage des nobles cœurs qui, de crainte d'effrayer ceux qu'ils aiment, savent endurer sans plainte une douleur horrible.

L'émotion de la jeune fille, qui se trahissait dans l'accent de sa voix, récompensa divinement le digne garçon de son martyre ; il eut même le souverain bonheur de distinguer parfaitement cette fois la touchante expression des traits de la jeune fille, car elle voulut obstinément aider sa gouvernante à panser la main d'Onésime ; et, pour concourir à ce pansement, il lui fallut s'approcher bien près du pauvre myope ; aussi, pendant quelques momens du moins, put-il s'enivrer de la contemplation de ces traits charmans, qu'il n'apercevait ordinairement que vagues et pour ainsi dire à demi-voilés.

Le pansement s'achevait, et Onésime regrettait de n'avoir qu'une seule brûlure, lorsque la porte du salon s'ouvrit et une servante entra précipitamment en disant :

— Dame Robert !... dame Robert !...

— Eh bien ! que voulez-vous ?

— Madame, c'est monsieur Segoffin qui vient d'arriver...

— Et mon père ! — s'écria la jeune fille, le visage rayonnant d'une joie subite en courant à la porte, — mon père est là ?...

— Non, mademoiselle... monsieur Segoffin m'a dit que *monsieur* s'était arrêté un instant à la poste aux lettres, mais qu'il allait venir tout de suite...

— Ma chère amie, je descends... — dit la jeune fille à sa gouvernante. — Je vais dans l'antichambre attendre mon père, je l'embrasserai plus tôt... Quant à vous, monsieur Onésime, je vous en prie, soignez bien votre main...

Et la jeune fille se hâta d'aller au devant de son père.

— Mon garçon, — dit dame Robert au jeune homme, — rentre dans ta chambre, et arrose toujours ta main avec de l'eau fraîche... j'irai te voir avant de me coucher et te faire part de ce que m'aura dit monsieur Cloarek à ton sujet, car il faut qu'il sache pourquoi et depuis quand je t'ai donné l'hospitalité chez lui... Du reste, je connais assez sa bonté pour être certaine qu'il approuvera ce que j'ai fait pour toi.

Onésime se retira chez lui, sous l'impression d'une triste et vague inquiétude.

Il venait à peine de quitter le salon, lorsque monsieur Segoffin vint y rejoindre dame Robert.

X.

Ce serait douter de la pénétration du lecteur, que de supposer qu'il n'a pas depuis longtemps reconnu dans la jeune fille, protectrice d'Onésime, *mademoiselle de Cloarek*, qui n'avait que cinq ans, lorsque sa mère était morte des suites d'une commotion terrible ; nous espérons aussi que la pénétration du lecteur n'a pas été non plus en défaut à l'endroit de la gouvernante, *Suzanne Robert*, autrefois nourrice de Sabine et femme de confiance de madame Cloarek.

Quant au capitaine *l'Enduro*, et à son fidèle maître canonnier... Mais nous nous arrêtons de crainte de blesser le lecteur dans sa sagacité.

Monsieur Segoffin entra donc dans le salon que venaient de quitter mademoiselle Cloarek et Onésime, et où se trouvait dame Robert.

Segoffin, depuis environ douze ans que nous l'avons perdu de vue, était peu changé ; il avait toujours sa longue figure, blafarde et impassible comme celle de *Pierrot*, couronnée d'une petite perruque noire ressemblant à un serre-tête ; les seules modifications que le temps, ou plutôt les événemens eussent apportées à ces traits d'une gravité grotesque, étaient :

1° Une profonde cicatrice commençant à la tempe gauche et se terminant au bas de la joue (blessure occasionnée, affirmait-il, par sa chute malencontreuse sur un tesson de bouteille) ;

2° La perte toute récente d'un œil, perte douloureuse, annoncée par un large emplâtre noir (et causée, sans doute, par une autre malencontre).

Malgré ces graves atteintes portées à ses *avantages* naturels, monsieur Segoffin n'en tenait pas moins la tête haute ; autour de son cou de cigogne s'enroulait une longue cravate de mousseline blanche anglaise, à pois roses, dont les bouts retombaient sur son gilet de drap noir ; sa longue redingote à boutons de métal blanc était de couleur noisette comme son pantalon, qui caressait agréablement ses bas de filoselle noirs et ses gros souliers lacés ; de sa main droite (privée de deux doigts laissés, disait-il, par imprudence entre les dents d'une machine), il s'appuyait sur une grosse canne, car il boitait fort bas, par suite d'une autre inadvertance ; somme toute, à voir monsieur Segoffin, on l'eût pris (sauf la balafre) pour un vieux clerc de notaire ou pour un juge de province, pacifique apparence parfaitement en rapport d'ailleurs avec ses nouvelles fonctions de *commis* de monsieur Cloarek, *négociant en rouenneries*.

A l'aspect de Segoffin, dame Robert, malgré les sarcasmes dont elle avait l'habitude de le poursuivre depuis tant d'années, ne chercha pas à cacher le contentement qu'elle éprouvait de le revoir ; toute à l'affectueuse joie que lui causait ce retour, elle ne s'aperçut pas d'abord que Segoffin tâchait de manœuvrer de façon à n'être envisagé par elle que de profil ou au plus de trois quarts : il voulait ainsi reculer autant que possible l'heure des explications sur la perte récente de son œil ; mais la gouvernante, en allant au-devant de son ancien commensal, remarqua bientôt que, parti avec ses deux yeux, sinon bien beaux et bien grands, du moins perçans et malins, le *commis* de monsieur Cloarek revenait avec un énorme emplâtre ; aussi s'écria-t-elle :

— Ah! mon Dieu! qu'avez-vous donc sur l'œil, Segoffin?
— Où ça?
— Comment! où ça? mais sur l'œil droit.
— Sur l'œil droit!... ma chère!
— Oui... ce large emplâtre noir.
— Ah!... très bien! — dit flegmatiquement notre homme, — je sais ce que c'est.
— Je crois que vous le savez... et moi je crains de le deviner.
— Allez... devinez... ne vous gênez pas.
— Encore une blessure... suite de quelque maladresse?...
— Peuh! — fit Segoffin d'un air détaché, — un œil... un simple œil!
— Il serait vrai!... Vous avez perdu un œil?
— Ce qui est fait est fait...
— Il ne vous manquait plus que cela... Ainsi... vous voilà borgne.
— Pour vous servir.
— Merci du cadeau!
— Vous ne direz pas toujours cela, ma chère : ce qui sera, sera.
— Il y a longtemps que vous me rabâchez cette prédiction-là, mon pauvre Segoffin.
— Elle se réalisera.
— Jolie perspective, en vérité! car je voudrais bien savoir, si cela continue, ce qu'il vous restera de vous-même dans quelques années? Car enfin, lors de presque tous les voyages de monsieur Cloarek, vous revenez ici avec quelque chose... de moins. C'est vrai! depuis que monsieur s'est mis dans le commerce et qu'il vous a pris commis, je suis sûr qu'il y a aux Invalides des militaires moins blessés que vous.
— A chacun son état et ses chances!
— Et c'est en faisant votre état que vous avez perdu un œil?
— Justement.
— Je serais curieuse de savoir comment?
— C'est bien simple. Monsieur Cloarek me reprochait depuis longtemps quelques confusions dans mes chiffres. Le fait est que ma vue baissait terriblement; je me dis : à cela il y a un remède, c'est de porter lunettes; bien raisonné, n'est-ce pas, ma chère?
— C'est évident. Après?
— J'achète donc une paire de lunettes. C'était à Lyon... Ah! scélérat de marchand! — fit Segoffin en fermant les poings avec une expression de fureur rétrospective. — Ah! gredin!... ah! pendard!...
— Voyons, Segoffin, calmez-vous et continuez.
— Il faisait un soleil superbe; la boutique de cet opticien était en plein midi... sur le quai du Rhône, ma chère, en plein midi : notez bien cela!
— Qu'est-ce que cela fait?
— Cela fit énormément. Je demande donc des lunettes à essayer... Le scélérat m'en donne une paire... je l'ajuste sur mon nez... A ce moment, on entend des cris sur le quai... naturellement je cours à la porte par curiosité.
— Vous reconnais bien là.
— Je cours donc à la porte... toujours avec les lunettes sur le nez... Retenez encore ceci.
— Ensuite... ensuite...
— Je regarde de côté et d'autre, en bas, en haut, pour savoir d'où partent ces cris, lorsque tout à coup... en regardant en haut... ah! ma chère...
— Achevez donc.
— Je sens à l'œil droit une douleur aussi aiguë que si j'avais eu la prunelle traversée par un fer rouge...
— Ah! mon Dieu!... et qu'était-ce donc?
— Par une erreur de cet animal d'opticien, un des verres de mes lunettes était un verre horriblement grossissant, — dit Segoffin d'un ton lamentable, — un verre de loupe... et comme j'avais levé le nez en l'air... le soleil de midi, frappant en plein sur les lunettes, l'un des verres avait opéré sur mon œil comme on opère avec une loupe sur de l'amadou... j'avais l'œil brûlé... calciné... ma chère... ça a fait *frrrrr*..... et j'étais borgne!!!
— Est-ce bien possible! — s'écria dame Robert avec stupeur, pouvant à peine croire à ce singulier effet d'optique, — c'est ainsi que vous avez perdu l'œil?
— Ce qui est fait est fait... Mais je dois dire à la décharge de l'opticien, que, depuis que je n'ai plus qu'un œil, le gaillard en vaut deux... j'ai mes yeux ou plutôt mon œil de quinze ans... Aussi je vous vois belle, oh! mais belle... comme vous l'étiez à quinze ans... ma chère.
— Malheureusement, mon pauvre Segoffin, moi qui n'ai que mes yeux de quarante ans bien sonnés, je vous vois comme vous êtes; mais parlons sérieusement. Je vous plains de ce nouvel accident. Ce sera, je l'espère, le dernier, car monsieur a dit à mademoiselle qu'il ne voyagerait probablement plus, et, par fatalité, il ne vous arrive jamais malheur que pendant ces voyages;... enfin, sauf la perte de votre œil, comment tout s'est-il passé cette fois?
— Parfaitement.
— Monsieur a été content de ses affaires?
— Très content; la vente a été à ravir.
— Et monsieur se porte?...
— Comme un charme...
— Et ses accès de tristesse... quand il vient à songer à la mort de cette pauvre madame?...
— Il les a toujours... Alors il s'enferme, reste seul pendant quelques heures, et quand il sort, on voit qu'il a pleuré... Puis, ça passe... et revient de temps en temps.
— Et son caractère?
— Je suis un salpêtre auprès de lui!
— Ainsi, en voyage... pas plus d'accès de colère qu'ici?...
— Pas davantage.
— En vérité, quand on pense à ce qu'était monsieur, il y a douze ans... hein! Segoffin?
— C'est le jour et la nuit.
— Cela me fait penser qu'encore aujourd'hui cette chère mademoiselle Sabine a eu une de ses crises nerveuses en se rappelant la mort de sa pauvre mère. Enfin, dans un pareil malheur, il est du moins bien heureux qu'elle n'ait pas reconnu monsieur sous son costume breton... lors de cette terrible soirée où madame est morte! La pauvre enfant croit toujours que c'est un étranger qui a tué sa mère, et ce funeste souvenir la fait quelquefois délirer.
— Heureusement, ce secret, elle l'ignorera toujours, — dit Segoffin en soupirant. Triste nuit, en effet, que celle-là!
— Ah! qu'il s'est passé de choses depuis ce temps-là, Segoffin! Quelles inquiétudes pour cette chère enfant, pour monsieur!
— Ai-je jamais été inquiet, moi, ma chère?
— Est-ce que vous vous inquiétez jamais de quelque chose, vous?
— Enfin, ai-je jamais désespéré?
— Non... c'est vrai.
— Lorsque nous avons vu monsieur dans le désespoir d'avoir causé la mort de sa femme, puis destitué de sa place de juge, qui l'aidait à vivre, qu'est-ce que je vous ai dit, ma chère, quand vous étiez à gémir sur l'avenir? Je vous ai dit : *Au loup la forêt, au pigeon le colombier.*
— C'est encore vrai; mais, quant à ce beau rébus, comme je ne le comprends pas plus maintenant que je ne l'ai compris autrefois... vous avouerez qu'il ne devait pas me paraître suffisamment rassurant.
— C'est possible, mais moi je m'entendais... et je m'entends... Monsieur a donc réalisé le peu qui lui restait pour subvenir aux besoins de sa fille, qu'il vous a confiée, et lui et moi nous sommes partis.
— Oui... et pendant deux ans nous n'avons pas eu de vos nouvelles.
— Dame! monsieur Cloarek, malgré ses trente ans, est allé passer ce temps-là dans une maison de commerce pour apprendre... le négoce... car il a toujours eu un goût naturel pour le négoce, — répondit Segoffin d'un air de

malice contenue; — vous avez dû vous en apercevoir, ma chère.

— Ma foi non... et il fallait votre sagacité pour deviner cela, Segoffin.

— C'était pourtant comme j'ai l'honneur de vous l'affirmer, ma chère; monsieur s'est dit : — « Voilà ma magistrature au diable... ma fille a à peine de quoi vivre pendant quelques années... Je ne suis décidément pas bâti pour la judicature... j'ai du goût pour... le négoce... » soyons négociant ; » et il est devenu un fameux négociant; car il a fait pour sa fille une belle fortune, sans compter que lui, qui était colère comme un coq en amour, est à présent doux comme un mouton. Est-ce encore vrai ?

— C'est la pure vérité, Segoffin ; et, je vous l'avoue, ce n'est pas tant la fortune que monsieur a faite... qui me surprend ; car, après tout, le commerce, c'est une loterie ; ce qui m'étonne, c'est ce changement complet dans le caractère de monsieur...

— Peuh... — fit Segoffin d'un air narquois, — c'est l'effet du commerce !

— Qu'est-ce que vous me contez-là, Segoffin ?

— Certainement, ma chère, — ajouta notre homme d'un ton sentencieux, — le commerce est le lien des hommes; car vous sentez bien que si un négociant offrait sa marchandise à grands coups de poing sur la tête, ou qu'il reçût les acheteurs à grands coups de pied dans le ventre, ça ne rendrait pas les transactions excessivement coulantes.

— Pourtant Segoffin, entendons-nous : l'état de juge demande un caractère au moins aussi conciliant que celui de négociant ; comment se fait-il alors que monsieur ait été calmé par le négoce, comme vous dites, lui qui était autrefois si violent, qui allait, vous vous en souvenez, Segoffin, jusqu'à jeter des présidens par les fenêtres ?

Cette question de haute psychologie parut un moment embarrasser notre homme ; cependant, comme on le prenait rarement *sans vert*, il répondit :

— C'est tout simple... vous allez comprendre cela tout de suite... ma chère... c'est simple comme bonjour.

— Voyons ?

— Un enfant comprendrait cela...

— Enfin, voyons !

— Voici, — dit Segoffin d'un air capable : — *Au loup la forêt... au pigeon le...*

— Tenez, vous serez toujours le même, Segoffin, une insupportable créature ! — s'écria la gouvernante en interrompant son ancien commensal ; — les années, les voyages et le négoce ne vous ont pas changé, vous, moralement j'entend, car au physique, c'est différent !

— Tenez, ingrate amie, — dit Segoffin en tirant de sa poche et offrant galamment à Suzanne une boîte de forme particulière (un homme quelque peu marin et canonnier eût reconnu cette boîte pour une *boîte à étoupilles*), — voici comment je me venge de vos duretés.

— Qu'est-ce que cela, Segoffin ? — demanda Suzanne.

— Les petits cadeaux entretiennent l'amitié... et au fond vous en avez pour moi... méchante...

— Si j'ai de l'amitié pour vous ? vous ne le savez que trop, vilain homme, — répondit la gouvernante en ouvrant la boîte et en développant un assez grand morceau de parchemin contenant le cadeau de Segoffin, qui d'avance souriait complaisamment à l'effet que son présent devait produire.

— Ah ! mon Dieu ! — s'écria Suzanne, presque avec effroi, — ce parchemin est comme brûlé à un bout, et l'autre a été taché de sang !

— Ah ! oui, — reprit imperturbablement le *commis* de monsieur Cloarek, — c'est le restant d'un morceau de... n'importe qui m'avait servi à allumer ma chandelle, et en enveloppant les boucles d'oreilles et l'épingle d'or qu'il renferme, je m'étais piqué le doigt... toujours maladroit, comme vous voyez... Aussi, je ne serais pas étonné que ces affiquets n'aient été aussi un peu ensanglantés... mais une goutte d'eau lui lavera.

La gouvernante avait retiré du parchemin (il provenait, il faut le dire, d'un débris de gargousse) deux énormes boucles d'oreilles d'or simulant un câble noué, et une large épingle d'or ornée d'une ancre, surmontée d'une couronne royale. (Ajoutons comme renseignement significatif, qu'il y a trente ans, beaucoup de matelots de la marine royale anglaise portaient encore des boucles d'oreilles, et qu'ils attachaient leur chemise de laine au moyen de larges épingles d'or ou d'argent.)

La gouvernante, encore plus reconnaissante du procédé que du présent, car elle ne se sentait pas disposée à se faire distendre les oreilles par ces énormes anneaux, attacha du moins l'épingle à son corsage et dit à Segoffin :

— En vérité, vous êtes trop galant; ces anneaux et surtout cette épingle sont d'un goût parfait ; et comme nous habitons justement proche de la mer, le choix de cette épingle surmontée d'une ancre est rempli d'à-propos.

— C'est à quoi j'ai pensé, — répondit l'impassible Segoffin, — car ces petits affiquets proviennent de la femme d'un capitaine de vaisseau; elle a pris en échange quelques *rouenneries* dont monsieur m'avait gratifié.

— Tenez, monsieur le voyageur, — dit Suzanne en prenant sur la table le tricot de laine rouge auquel elle avait travaillé pendant la soirée, — vous voyez que vous n'êtes pas le seul qui pensiez aux absens.

— Comment, Suzanne... ce tricot...

— Est destiné à vous faire une longue et chaude cravate de laine pour l'hiver.

— Ah ! Suzanne ! — dit notre homme, réellement touché du bon souvenir de la gouvernante. — Suzanne.., je n'oublierai jamais...

Malheureusement l'expression de la gratitude de Segoffin fut interrompue par l'entrée de monsieur Cloarek et de sa fille qui se tenaient tendrement bras dessus bras dessous.

Les traits d'Yvon, alors âgé de quarante-deux ans, n'avaient pas beaucoup changé, seulement ses cheveux commençaient à grisonner et son teint était singulièrement bruni et hâlé ; du reste, il semblait avoir gagné en souplesse et en vigueur ; sa physionomie rayonnait, ses yeux étaient remplis de larmes de joie, et il s'écria en entrant :

— De la lumière... beaucoup de lumière, que je la voie au grand jour, ma fille chérie !

Se dégageant alors doucement des bras de Sabine, il se recula pour la contempler à la vive clarté de la lampe.

Alors debout, le cœur palpitant, les deux mains tendues en avant, il couva sa fille d'un regard rempli d'une anxieuse tendresse, afin de s'assurer si la frêle et chère santé de cette enfant adorée s'était altérée ou améliorée depuis qu'il était parti. Pendant cet examen, toutes les angoisses, toutes les espérances, toutes les idolâtries paternelles se révélèrent dans l'attitude, dans le geste, et jusque dans le tremblement convulsif des lèvres d'Yvon, car il était trop ému pour prononcer une seule parole.

Sabine, les traits colorés par la rougeur de l'allégresse, examinait aussi son père avec une tendre avidité. Elle s'aperçut bientôt, à l'expression de félicité croissante qu'elle remarqua sur les traits d'Yvon, qu'il confondait avec les roses de la santé le coloris éphémère que le bonheur et l'émotion mettaient aux joues de sa fille; aussi éprouva-t-elle un grand bonheur de voir son père rassuré sur les craintes qu'il avait sur elle, et puis enfin, quoique persuadée que Cloarek n'entreprenait jamais que les inoffensives pérégrinations nécessaires à son commerce de rouenneries, elle se sentait souvent inquiète en songeant, non pas aux périls, mais aux accidens toujours possibles, même dans les voyages les plus pacifiques du monde; aussi était-elle heureuse de retrouver à son père cette vaillante santé qu'elle aimait tant à lui voir.

En suite de cette silencieuse contemplation de quelque instants, Yvon, appelant Sabine d'un signe de tête entre les bras qu'il lui tendait, s'écria en la serrant de nouveau contre sa poitrine :

— Viens... viens, mon enfant aimée... je vois que je peux t'embrasser en toute sécurité de cœur ; je te trouve encore mieux portante que lors de mon départ...

S'adressant alors pour la première fois à dame Robert, il lui dit avec effusion, en lui serrant affectueusement la main :

— Merci... merci du fond du cœur pour vos bons soins, Suzanne ; je sais combien ils ont dû contribuer à l'amélioration de la santé de Sabine...

Regardant de nouveau sa fille, Cloarek lui tendit les bras en disant :

— Encore... mon enfant, encore.

Et le père et la fille volèrent de nouveau dans les bras l'un de l'autre.

— Ma chère, — dit tout bas Segoffin à la gouvernante, — les pères et les filles, c'est comme les amoureux après une longue absence... c'est content d'être seuls.

— Vous avez raison, Segoffin, — répondit la gouvernante en se dirigeant vers la porte.

— Ah ! Suzanne, — dit le *commis* de M. Cloarek en suivant dame Robert dans la chambre voisine, — quelle belle occasion nous aurions là pour un tendre tête à tête... si nous avions besoin d'en avoir un !

— Malheureusement, l'amour est aveugle, mon pauvre Segoffin, et vous ne l'êtes encore qu'à moitié...

— Ça n'empêche pas que vous serez madame Segoffin, — dit notre homme avec un accent de conviction profonde.

— Ce qui sera sera.

Et ces deux personnages ayant doucement refermé la porte, Cloarek et sa fille restèrent seuls.

XI.

Lorsque Yvon fut seul avec sa fille, il l'embrassa de nouveau et plus passionnément encore... comme si jusqu'alors il eût été gêné par la présence de dame Robert pour se livrer à toutes les folles tendresses de l'amour paternel. Faisant ensuite asseoir Sabine sur une causeuse auprès de lui, et prenant ses deux mains entre les siennes :

— Voyons, ma fille chérie, d'abord les choses sérieuses... Pendant ces trois mois, qui m'ont paru d'une longueur infinie, comment t'es-tu portée ?

— On ne peut mieux.

— Je te trouve en effet un air de santé meilleur, — dit Yvon en couvant sa fille des yeux. — Et puis... et puis...

— Quoi donc, bon père ?

— Je ne sais comment te dire cela... mais, au fait, c'est peut-être une de ces idées de pères... comme ils en ont tant.

— Voyons cette idée ?

— Il me semble que tu es encore plus jolie que lorsque je suis parti...

— Oh ! c'est bien là une idée de père, comme vous dites. Et d'abord, il faudrait supposer qu'avant votre départ je fusse déjà jolie.

— Et qui douterait de cela, mademoiselle ?

— Moi... d'abord...

— Toi, tu ne t'y connais pas, ou bien tu as de mauvais miroirs... Mais... plus je te regarde... oui... plus je te trouve... un je ne sais quoi... qui me charme... Que veux-tu que je te dise... tu es l'air moins fillette... Non... non... pardon de blesser ainsi la juste susceptibilité de vos dix-sept ans sonnés d'avant-hier, mademoiselle ! je veux seulement dire que vous avez l'air plus grande fille...

— Quelle folie, bon père !... et en quoi consiste ce changement ?

— Je ne sais, car tu as toujours les mêmes traits, Dieu merci !... mais ils ont une sorte de gravité douce et contente.

— En pourrait-il être autrement, lorsque je vous revois mon père ? C'est mieux que de la joie... c'est du bonheur que j'éprouve, et c'est sérieux, le bonheur...

— Ah ! bon... si tu me parles ainsi, tu vas me faire venir les larmes aux yeux et je ne verrai plus rien du tout... Enfin j'en suis pour ce que j'ai dit... Mais passons... Tu t'es bien portée, c'est l'essentiel... mais ne t'es-tu pas ennuyée ici, pauvre chère enfant ? ces mois d'hiver sont si tristes à la campagne ? Après cela, que veux-tu ?... on nous a conseillé pour ta santé l'air de la mer, et le fait est que tu t'en trouves beaucoup mieux... Cependant, ça n'est pas gai ici.

— Je ne me suis pas ennuyée un instant... mon père... Est-ce que je n'avais pas mes livres, mon piano, ma broderie, la promenade...

— Enfin... tu ne t'es pas ennuyée, bien sûr ?

— Oh ! bien sûr...

— Et Suzanne ?... je n'ai pas besoin de te demander... si, comme toujours, elle a été parfaite pour toi ?...

— Vous la connaissez... c'est tout vous dire...

— Et...

Yvon s'arrêta court.

Il était sur le point de demander à Sabine si sa sensibilité nerveuse se calmait un peu, si ses vagues frayeurs étaient moins fréquentes ; mais il craignit d'attrister sa fille et préféra se renseigner à ce sujet auprès de la gouvernante.

Il reprit donc, afin de donner un prétexte à sa réticence :

— Et... tu te plais toujours dans cette maison, dans ce pays ? Tu sais, mon enfant, que tu n'as qu'à parler... Du nord au midi, les côtes de France sont étendues ; il y a du choix, Dieu merci ! et si tu préférais changer de résidence...

— Non, mon père... ce pays me convient beaucoup, au contraire... les environs sont charmans ; il est déjà comme un vieil ami pour moi... je serais ingrate de le quitter... à moins que vous ne le désiriez.

— Moi ? un désir qui ne serait pas le tien ? Je voudrais bien savoir comment je m'y prendrais pour cela ?

— Tout ceci, bon père, est fort beau en paroles.

— Comment ?

— Mais vos actions les démentent un peu,... ces belles paroles.

— Quelles actions ?

— Vous dites que tous mes désirs sont les vôtres...

— Je t'en fais juge...

— Combien de fois vous ai-je demandé de renoncer à vos voyages... qui vous tiennent toujours éloigné de moi ?

— Ah ! ça, c'était différent... Comme c'est pour toi, mon enfant chérie, que je voyageais, j'avais mes petites raisons d'agir à ma tête...

— Pauvre bon père... je le sais ; c'est pour m'enrichir que vous vous donnez tant de peine dans votre commerce... Eh ! mon Dieu ! à quoi bon tant d'argent ?... Mais, vous ne me parlez que de moi... Et vous... votre voyage, comment s'est-il passé ?

— A merveille.

— Vous n'avez pas eu de trop mauvais chemins ? vous n'avez pas eu trop froid en voiture ?... Il y a eu encore tant de neige le mois passé ! « Aussi, — disais-je à Suzanne, » pendant que nous étions là bien abritées, au coin d'un » bon feu, — mon pauvre père est peut-être en ce moment » en route, grelottant de ce froid noir au fond de sa voitu- » re, mettant une heure à faire une lieue, à cause de la » neige, du verglas, que sais-je ? »

— Rassure-toi, chère enfant, mon voyage s'est passé, je te le répète, le mieux du monde, et sans plus de fatigue qu'à l'ordinaire.

— Vrai... bien vrai ?

— Certainement.

— Et pourquoi votre retour ici a-t-il été retardé, mon père ? ce n'est pour aucune cause fâcheuse... n'est-ce pas ?

— Non, mon enfant... une complication d'intérêts et d'affaires... voilà tout.

— Si vous saviez combien je suis inquiète pendant vos absences !... Mais enfin ces inquiétudes, ces craintes cen-

gérées, je le veux bien... je ne les éprouverai plus désormais; car vous tiendrez votre promesse, n'est-ce pas?
— Quelle promesse?
— Vous ne voyagerez plus... vous ne me quitterez plus?
— Je te l'ai promis... à moins pourtant que quelque circonstance imprévue...
— Oh! je n'admets pas du tout les circonstances imprévues... c'est un prétexte...
— Allons... ne me gronde pas...
— Vous me resterez?
— Toujours...
— Vous me le jurez?...
— Foi de père...
— Ah! — dit Sabine en se jetant au cou de Cloarek, — je comptais sur ce bonheur, et cependant... je ne peux vous dire combien vous me rendez heureuse... Aussi, pour vous récompenser...
— Eh bien! dit Cloarek souriant et ému de la touchante expression des traits de sa fille. — Voyons... pour me récompenser...?
— Je vais vous demander quelque chose... puisque vous me reprochez toujours de ne vous demander jamais rien.
— Tu ne pouvais me faire plus de plaisir, chère enfant... Eh bien! voyons, qu'est-ce que c'est?... qu'as-tu à me demander?
— Votre protection... votre appui...
— Et pour qui?
— Oh! pour une personne qui en est digne... et en faveur de qui Suzanne doit vous parler aussi... Mais voyez comme je suis jalouse... je désire être la première à vous recommander mon protégé...
— Votre protégé... à vous deux?
— A nous deux...
— Celui-là, par exemple, est bien certain d'obtenir ce qu'il voudra de moi... Et que désire-t-il?
— Mon Dieu, lui, il n'ose rien désirer... il est si timide!... mais moi et Suzanne, nous vous demanderons pour lui... Sa position est si intéressante... si pénible!...
— Pauvre enfant! bon et tendre cœur, comme tu parais émue! comme tu rougis!... Je suis sûr qu'il s'agit de quelqu'un de bien malheureux!
— Oh! oui, mon père!... et puis, que voulez-vous? quand on voit une personne tous les jours... et qu'on peut ainsi la mieux apprécier... naturellement l'intérêt augmente...
— Mais, mon enfant, de qui veux-tu donc parler?
— De monsieur Onésime.
— Qu'est-ce que monsieur Onésime?... Attends donc, monsieur Onésime... ce nom ne m'est pas inconnu, ce me semble?
— Le neveu de Suzanne...
— C'est cela... Elle m'en a souvent parlé; son nom m'était vaguement resté dans la mémoire... c'est le fils de la sœur qu'elle a perdue il y a deux ans?...
— Oui, mon bon père, il est orphelin... Il vivait à Lille d'une petite place dans une administration, et il a été obligé d'y renoncer... Alors, comme il n'avait pas d'autres moyens d'existence que cette place, Suzanne, qui vous sait si bon, l'a fait venir ici en attendant.
— Ah! il est ici?
— Oui, mon père.
— Il habite la maison?
— Oui, mon père, depuis deux mois.
— Allons, voilà que tu rougis encore!
— Moi, mon père?... mais non, je vous assure.
— Voyons, chère enfant... ne vas-tu pas croire que je trouverai mauvais que ta gouvernante, à qui nous devons tant, ait donné ici l'hospitalité à son neveu... qui doit être un garçon de bonne conduite et bien élevé, puisque Suzanne l'a fait venir ainsi près d'elle?
— Oh! mon bon père! vous le verrez... vous le verrez... et vous l'aurez bien vite jugé...
— Ah ça! et pourquoi a-t-il renoncé à sa place?
— Il était expéditionnaire; mais il a la vue si mauvaise que cela ralentissait beaucoup son travail; alors on l'a congédié... Vous concevez, mon bon père, combien cela a dû être pénible pour lui, car il est plein de cœur, plein de courage... il a reçu une éducation excellente, et il se désole de son oisiveté. Sa mauvaise vue sera peut-être un obstacle à toute carrière... aussi, mon bon père, j'ai compté... c'est-à-dire... Suzanne et moi, nous avons compté sur vous... pour venir en aide à monsieur Onésime dans cette triste circonstance... pour le conseiller, et puis, je vous le répète, vous le verrez, mon père... il est si doux... si bon!... et, quand vous le connaîtrez, vous ferez comme tout le monde... vous le plaindrez et... vous l'aimerez.

Il est impossible d'exprimer avec quelle émotion naïve et touchante Sabine prononça ces dernières paroles en rougissant de nouveau, tandis que son sein palpitait doucement et trahissait le vif intérêt qu'elle portait à son protégé.

Cloarek était un instant resté muet et pensif; il commençait à s'expliquer le changement de physionomie qu'il remarquait chez sa fille. Celle-ci, surprise et inquiète du silence d'Yvon, reprit :
— Mon père, mon bon père... vous ne me répondez pas...
— Dis-moi, mon enfant... depuis que le neveu de Suzanne habite ici, avec sa tante et toi, qu'a-t-il fait? quelle a été sa vie?
— Mon Dieu! mon père, sa vie a été la nôtre... Il sortait avec nous, quand nous allions nous promener; si nous restions à la maison, il y restait, nous faisait la lecture... il lit si bien... avec tant d'expression, tant d'âme! ou bien, nous faisions de la musique, car il est très bon musicien... il sait aussi beaucoup de choses en histoire, et rien n'est plus instructif, plus intéressant que de l'entendre, et puis enfin il tâchait de nous rendre mille petits services, et cela de son mieux... à quoi il ne réussissait pas toujours, car sa mauvaise vue lui fait parfois commettre des maladresses... C'est là son seul défaut, mon bon père, — ajouta Sabine avec une ingénuité charmante, — et, pour ce défaut bien involontaire pourtant, Suzanne se montre impitoyable; elle se moque toujours de lui.
— Et toi, tu ne t'en moques pas? j'en suis sûr.
— Oh! bon père, ce serait de la cruauté... car il tâche de rire le premier de ses mésaventures; mais, au fond, il en est navré... C'est si triste d'être presque aveugle!... Tenez, ce soir encore (et cela vous prouvera comme il est courageux), il s'est brûlé la main à vif avec de l'eau bouillante... Vous verrez, mon père, quelle horrible blessure!... Eh bien! monsieur Onésime a eu assez d'empire sur lui-même, assez de courage, non seulement pour ne pas pousser un cri, mais pour continuer la lecture qu'il nous faisait, et ce n'est qu'au bout d'une heure, et par hasard encore, que nous nous sommes aperçues de ce malheur.
— Diable! mais monsieur Onésime me paraît décidément un héros.
— Un héros?... non, père; car, ainsi que nous le disions encore ce soir avec lui, ceux qu'on appelle des *héros* tuent et versent le sang, tandis que monsieur Onésime...
— Verse de l'eau bouillante!
— Ah!... mon père!...
— Bon Dieu!... comme tu me regardes!...
— C'est qu'aussi... vous qui êtes toujours si juste!...
— Eh bien! mon enfant, où est mon injustice!...
— Vous plaisantez d'une chose si sérieuse... si triste!... certainement, mon père... car Suzanne, en voyant la cruelle blessure de monsieur Onésime, en a pâli d'effroi... et pourtant, Suzanne ne lui ménage pas les railleries!... c'est toujours : *pauvre myope! pauvre conscrit invalide!...* C'est tout simple... avec la grande admiration qu'elle ressent pour tout ce qui est militaire et batailleur... Suzanne n'est que trop disposée à se moquer de monsieur Onésime, et pourquoi cela? parce qu'il a horreur de tout ce qui est méchant et sanguinaire... Tenez, justement ce soir, nous avons eu une grande discussion avec Suzanne... et monsieur Onésime était de mon avis... et il n'en est que

lorsque j'ai raison... Aussi, je suis sûre d'avance que vous penserez comme nous.

— Quel était donc le sujet de cette discussion, mon enfant?

— Monsieur Onésime nous lisait dans ce journal qui est là, sur la table, le récit de l'évasion d'un corsaire redouté, le capitaine *l'Endurci*... Vous avez peut-être lu cela aussi, mon père?

— Non, — dit Cloarek en contraignant un premier mouvement de surprise et d'inquiétude, — non, mon enfant... Eh bien! que pensiez-vous de ce corsaire... monsieur Onésime et toi?

— Sa cruauté nous épouvantait, mon bon père; car figurez-vous que, pour recouvrer sa liberté, il a tué deux hommes... et en a blessé un troisième. Suzanne, elle, bien entendu, approuvait le corsaire, disant qu'il s'était conduit en brave... en héros; monsieur Onésime disait, lui, et cela prouve bien la générosité de son cœur...

— Et que disait monsieur Onésime?

— Il disait qu'il aimerait mieux rester prisonnier toute sa vie... que de devoir sa liberté à un meurtre... N'est-ce pas, mon bon père, que monsieur Onésime et moi nous avions raison... et que vous pensez comme nous?

— Dame, mon enfant... que veux-tu que je te dise? un bonhomme de négociant comme moi n'est pas très bon juge en matière de guerre... Cependant, il me semble que monsieur Onésime et toi, vous êtes bien sévères pour ce pauvre corsaire.

— Oh!... mon père... lisez cet effrayant récit... et vous verrez.

— A la bonne heure! mais, écoute donc... ce corsaire... avait peut-être une famille... qu'il aimait tendrement... qu'il espérait bientôt retrouver, et, ma foi! dans son désespoir de se voir prisonnier... il aura...

— Une famille! ces hommes qui ne vivent qu'au milieu du carnage, avoir une famille?... l'aimer tendrement?... Est-ce que c'est possible... mon bon père?

— Voyons... mauvaise tête... est-ce que les loups... n'aiment pas au moins leurs petits?

— Je n'en sais rien... mais, s'ils les aiment, ils les aiment en loups, leur apportant un morceau de proie sanglante tant qu'ils sont petits... et, plus tard, ils les mènent sans doute attaquer et dévorer de pauvres agneaux.

Une émotion douloureuse, amère, passa comme un nuage sur le front de Cloarek, puis il reprit en souriant:
— Après tout, mon enfant, tu as peut-être raison... et monsieur Onésime aussi. Ah! si tu me parlais *rouenneries*... ou *soieries de Lyon*, je ne te céderais pas si facilement... mais, pour juger des corsaires... je me récuse.

— Oh! j'étais bien certaine que vous seriez de mon avis... Vous, si tendre pour moi, vous dont le cœur est si généreux, si compatissant, vous ne pouviez penser autrement, ou plutôt, bon père, c'est moi qui ne pouvais penser autrement de vous... car si j'ai horreur de ce qui est mal et méchant... si j'aime ce qui est bon, beau... eh bien! n'est-ce pas à vous... à votre exemple que je le dois! n'est-ce pas aux premiers préceptes de ma pauvre mère, que vous aimiez si tendrement... car il ne se passe pas de jour que Suzanne ne me raconte des traits de votre affection pour elle?

L'entretien de Cloarek et de sa fille fut interrompu par la gouvernante.

Elle entra tenant un bougeoir à la main, et, s'adressant à Yvon, qui la regardait avec surprise, elle lui dit en souriant et d'un ton de familiarité autorisé par ses longs services:

— Monsieur... j'en suis bien fâchée... mais il est dix heures...

— Eh bien! Suzanne?

— Eh bien! monsieur, c'est l'heure où mademoiselle doit se coucher; le médecin a bien recommandé, vous le savez, qu'elle ne veille jamais tard; déjà l'émotion de cette soirée a été vive; aussi je serai inexorable...

— Ma chère Suzanne... seulement un petit quart-d'heure!... — dit Sabine.

— Pas seulement une minute, mademoiselle.

— Comment, Suzanne! le jour de mon retour... vous ne permettez pas même ce petit excès?

— Dieu merci, mademoiselle aura maintenant, monsieur, le loisir de vous voir tout à son aise; mais la laisser veiller passé dix heures... impossible; demain... elle serait brisée de fatigue... vous la verriez toute malade.

— A cela, je n'ai rien à dire, si ce n'est: Bonsoir, ma chère enfant, — reprit Cloarek en prenant entre ses deux mains la tête de sa fille et la baisant tendrement au front.

— A demain matin... et dors bien... qu'à ton réveil je te trouve fraîche et reposée...

— Oh! soyez tranquille, mon bon père... je vous sais là... près de moi... je sais que je vous verrai demain... et après... et toujours... Je fermerai les yeux sur cette douce pensée; aussi je m'endormirai et je dormirai comme une *bienheureuse*, c'est le mot... Bonsoir, mon tendre père... à demain... à demain, — dit Sabine en embrassant à son tour Cloarek; puis elle lui dit tout bas:

— Suzanne va vous parler de monsieur Onésime. Que je suis contente de l'avoir devancée!... Bonsoir, bon père.

— Bonsoir, mon enfant... dors bien.

— Soyez tranquille... depuis longtemps je n'aurai passé une si bonne nuit. A demain! père.

— A demain! mon enfant.

Cloarek, s'adressant alors à la gouvernante, lui dit:
— Vous reviendrez tout à l'heure, n'est-ce pas, Suzanne?... J'aurai à m'entretenir avec vous.

— Très bien, monsieur... J'avais moi-même à vous parler...

Resté seul, Cloarek se promena sombre et pensif dans le salon.

En allant et venant, le *Journal de l'Empire*, laissé sur la table, attira ses regards; il le prit, le parcourut et dit avec une vive contrariété:

— Quelle indiscrétion à cet imbécile de monsieur Verduron, mon armateur, d'avoir rendu publique une lettre toute confidentielle... et sans me prévenir, encore!... J'ai toujours craint la sottise et la cupidité de cet homme. Heureusement, je lui ai caché le lieu que j'habite lorsque je ne suis pas en mer... Ah! plus que jamais l'état moral de ma fille me fait un devoir sacré de cette dissimulation... Malheureuse enfant!... une pareille découverte la tuerait!!

A ce moment, la gouvernante, ayant quitté Sabine, vint dans le salon retrouver monsieur Cloarek.

XII.

Ma chère Suzanne, — dit monsieur Cloarek à la gouvernante, lorsqu'il fut seul avec elle, — je veux d'abord vous remercier encore de vos excellents soins pour ma fille!

— Pauvre mademoiselle Sabine! est-ce que je ne l'ai pas nourrie? est-ce qu'elle n'est pas aussi un peu mon enfant?

— Vous avez été une seconde mère pour ma fille... je le sais... C'est donc au nom même du tendre attachement que vous lui avez toujours prouvé que je désire vous entretenir d'une chose fort grave...

— De quoi s'agit-il donc, monsieur?

— Vous avez appelé votre neveu auprès de vous; depuis deux mois environ il habite ici?

— Oui, monsieur, et c'est même au sujet de ce pauvre garçon, que je désirais vous parler ce soir.

— C'est aussi de lui que je viens vous parler, Suzanne.

— Je vais, monsieur, vous expliquer pourquoi je...

— Sabine m'a tout dit...
— Mon Dieu! monsieur, est-ce que vous êtes fâché?
— Fâché... non, Suzanne... mais inquiet... alarmé...
— Alarmé! mais de quoi donc, monsieur?
— De la présence de votre neveu dans cette maison.
— Ah! monsieur, si j'avais pu prévoir que cela vous fût désagréable, je me serais bien gardée de faire venir ce pauvre garçon auprès de moi... Mais il était si malheureux et je vous savais si bon, monsieur, que j'ai cru pouvoir prendre sur moi de...
— Vous m'avez rendu trop de services, Suzanne, pour que toutes les personnes de votre famille n'aient pas toujours droit à mon appui, à mon intérêt... Ce que je vous reproche, c'est une grave imprudence.
— Excusez-moi, monsieur, je ne vous comprends pas...
— Votre neveu... est jeune?
— Il vient d'avoir vingt-cinq ans.
— Il est bien élevé; son éducation a été cultivée.
— Que trop pour sa position, monsieur; ma pauvre sœur et son mari avaient fait de grands sacrifices... pour lui... Comme il a une vue si mauvaise, qu'il ne voit pas à dix pas, infirmité qui lui interdisait l'accès de bien des carrières, sa famille avait voulu, en lui donnant une excellente éducation, le mettre à même d'entrer dans le clergé; mais il n'y a pas eu moyen... Onésime n'avait pas la vocation... alors il a bien fallu se rabattre sur les bureaux... il a obtenu une petite place, et...
— Je sais le reste... son extérieur quel est-il?
— Dame, monsieur, le pauvre garçon n'est ni beau ni laid; il a une figure très douce... seulement sa myopie lui donne un regard un peu effaré... Du reste, c'est bien la meilleure créature qu'il y ait au monde; vous n'avez, monsieur, qu'à parler de lui à mademoiselle, vous verrez ce qu'elle vous en dira...
— En vérité, Suzanne, un pareil aveuglement me confond.
— Quel aveuglement, monsieur?
— Comment!... vous!... vous... Suzanne, qui avez de l'expérience et beaucoup de bon sens, vous n'avez pas senti... je ne vous dirai pas l'inconvenance... mais la grave imprudence qu'il y avait à appeler votre neveu sous le même toit que ma fille, et à les exposer à vivre ainsi tous deux dans la complète intimité d'une vie retirée!
— Je sais bien, monsieur, que je ne suis qu'une domestique et que mon neveu...
— Est-ce qu'il s'agit de cela? Est-ce que ma fille et moi n'avons pas toujours tâché de vous prouver que vous étiez pour nous une amie et non une servante?
— Alors, monsieur... je ne vois pas la cause de vos reproches...
— Eh! malheureusement non... vous ne l'avez pas vue; car, si vous aviez été plus clairvoyante, vous vous seriez aperçue de ce qui est arrivé.
— Ah! mon Dieu! monsieur, et qu'est-il donc arrivé?
— Sabine aime votre neveu.
— Mademoiselle!!!
— Elle l'aime, vous dis-je.
— Mademoiselle... aimer Onésime... Monsieur ne parle pas sérieusement!
— Comment! quand il s'agit de ma fille!!!
— Si, si, monsieur, pardon... vous parlez sérieusement, je n'en doute pas, mais vous êtes dans l'erreur la plus profonde.
— Encore une fois, Sabine aime votre neveu.
— Monsieur, c'est impossible!
— Impossible... et pourquoi?
— Parce que ce pauvre garçon est timide comme une fille, parce qu'il n'est pas beau, parce qu'il n'y voit pas clair, et qu'à cause de cela il fait par jour vingt maladresses, dont mademoiselle est parfois la première à se moquer... Ah! si celui-là est jamais un héros de roman, par exemple! Non, non, monsieur, rassurez-vous. Sans doute mademoiselle s'est montrée pour Onésime bienveillante et bonne, parce qu'après tout c'est mon neveu, et qu'elle en a eu pitié... mais...

— Eh! femme aveugle que vous êtes, vous n'avez donc pas prévu que Sabine, avec son caractère, avec son extrême sensibilité, avec son angélique bonté pour tout ce qui souffre, risquait d'éprouver pour votre neveu d'abord de la pitié, et ensuite un sentiment plus tendre?... Et voilà ce qui est arrivé.

— En vérité, monsieur, est-ce possible? Mademoiselle... jeter les yeux sur un pauvre garçon comme lui!

— Mais c'est justement parce qu'il est pauvre, parce qu'il est faible, timide; parce que son infirmité même la met dans une position exceptionnelle et pénible, que Sabine l'aura aimé. Vous qui la connaissez aussi bien que moi, n'avez-vous pas prévu cela? Fasse le ciel que votre aveuglement n'ait pas de suites funestes!...

— Ah! monsieur, — reprit la gouvernante avec accablement, — vos paroles m'éclairent... mais trop tard. Oui, j'ai été bien imprudente, bien coupable... Mais, non, non, je ne puis croire encore ce que vous m'apprenez. Mademoiselle Sabine ne vous a pas avoué qu'elle aimait Onésime.

— Eh non, sans doute, elle ne m'a rien avoué; mais j'ai tout deviné... Pauvre enfant! elle est si candide, si sincère!... On lit dans son cœur à livre ouvert... et d'ailleurs n'ai-je pas remarqué sa rougeur, les battemens de son sein, lorsqu'elle parlait de lui?... n'ai-je pas remarqué le dépit, la tristesse même qu'elle a montrés, lorsque, voulant l'éprouver, j'ai hasardé une plaisanterie sur une brûlure qu'il s'est faite à la main, m'a dit Sabine? Elle l'aime; elle l'aime, vous dis-je... et cela renverse des projets que j'avais formés... Mais, qu'avez-vous?... pourquoi cette pâleur, ces sanglots?... Suzanne... Suzanne, relevez-vous, — s'écria Cloarek en voyant la gouvernante se jeter à ses genoux, — quelle émotion!... Mais qu'avez-vous donc à m'apprendre?

— Ah! monsieur... j'ai une crainte... et elle est horrible...

— Expliquez-vous.

— Mon Dieu! monsieur, si vous alliez supposer qu'en appelant mon neveu ici... et le rapprochant ainsi de mademoiselle, j'avais calculé... espéré... un mariage...

— Ah! Suzanne... vous me faites injure de me croire capable de supposer une pareille infamie!...

— Je vous en supplie, monsieur, dites, oh! dites que vous ne me croyez pas capable de cela!

— Je vous répète que vous avez été imprudente... irréfléchie... voilà tout... et c'est bien assez. Mais, quant à vous accuser d'une arrière-pensée indigne... ce serait insensé... Je comprends même que certaines particularités de l'existence de votre neveu aient dû vous sembler une garantie suffisante... et que, le jugeant comme vous le jugiez, sans conséquence, vous n'ayez pas même soupçonné le danger qu'il pouvait y avoir à le rapprocher de ma fille.

— Hélas! monsieur, c'est la vérité; moi, je le regardais comme n'ayant pas plus de conséquence qu'un enfant.

— Je le crois, vous dis-je; mais enfin le mal est fait.

— Heureusement, monsieur, le mal peut se réparer. Demain matin, à la pointe du jour, Onésime aura quitté la maison pour n'y jamais remettre les pieds.

— Je ne le veux pas, — s'écria Cloarek; — et Sabine?

— Comment, monsieur?

— Mais ce départ peut la désoler... peut la tuer... faible, impressionnable... nerveuse comme elle l'est... Ah! c'est la sensibilité de sa malheureuse mère...

— Mon Dieu! mon Dieu! je le vois... je suis bien coupable... — dit la gouvernante en pleurant. — Que faire, monsieur? que faire?

— Et le sais-je moi-même...

Cloarek se promena pendant quelques momens en silence et d'un air agité; puis il dit soudain à Suzanne, plongée de son côté dans un douloureux accablement:

— Où est votre neveu?

— Ici près, dans la chambre bleue, monsieur... je lui avais dit d'aller m'y attendre.., je devais lui faire connaître le résultat de l'entretien que je devais avoir avec vous à son sujet.
— Faites-le venir.
— Ici, monsieur ?
— Oui.
— Ah ! monsieur... pardon... pardon pour lui ! — s'écria Suzanne en joignant les mains avec anxiété ; car, bien qu'Yvon, pendant cet entretien, ne se fût laissé entraîner à aucun emportement, tout en s'exprimant avec chaleur et énergie, la gouvernante redoutait quelque soudain retour aux furieuses colères du passé ; aussi reprit-elle :
— Je vous jure, monsieur, que ce n'est pas sa faute... le malheureux enfant est innocent de tout.. il ignore tout, j'en suis certaine... Ah ! de grâce ! ayez pitié de lui.
— Faites-le venir, vous dis-je.
— Monsieur, il quittera la maison cette nuit, à l'instant...
— Et ma fille ! Encore une fois, ma fille ! voulez-vous donc qu'elle meure de chagrin, peut-être ?
— Monsieur, un mot seulement. Il se peut encore que mademoiselle n'éprouve pour Onésime qu'un faible penchant que l'absence lui fera sans doute oublier.
— Et si elle ne l'oublie pas ? et si cet amour est vrai, profond, comme il doit l'être ? s'il est enraciné dans une âme telle que celle de Sabine ? Non, non, pauvre enfant, ce serait lui faire injure de la croire capable d'aimer légèrement... C'est sa mère, vous dis-je, sa mère, avec sa sensibilité pleine de dévoûment et d'exaltation.
— Hélas ! monsieur, ce que vous dites me navre, me désespère, et, malgré moi, je suis forcée d'avouer que vous avez raison. C'est seulement à cette heure que je reconnais toutes les conséquences de ce fatal rapprochement ; car, malheureusement, ce n'est pas tout.
— Que voulez-vous dire ?...
— Monsieur...
— Mais, parlez... parlez donc...
— Malheureux enfant ! il ne faudrait pourtant pas lui en vouloir.
— Lui en vouloir... mais de quoi ?
— Car, enfin... monsieur... et cela ne serait pas de sa faute.., s'il était étranger à l'affection qu'il inspire à mademoiselle ?... si cette affection, il ne la partageait pas ?...
— Malédiction ! — s'écria Cloarek. — Puis, après un moment de silence, il dit à la gouvernante d'une voix brève :
— Faites venir votre neveu.
— Monsieur ! — s'écria Suzanne avec effroi, — ne me demandez pas cela...
— Obéissez !
— Vous me tuerez plutôt, monsieur, — répondit Suzanne avec résolution ; — non,.. il ne viendra pas... je vais lui faire quitter la maison... je ne l'exposerais pas....
— A quoi ?...
— Monsieur...
— A mes emportemens, n'est-ce pas ? à ma violence... à ma colère...
— Je vous en supplie, monsieur, ne...
— Eh ! ne voyez-vous pas que l'amour que ma fille a pour lui le rend sacré pour moi ?...
— Mais, s'il ne l'aime pas, lui, monsieur ?...
— S'il ne l'aimait pas !... — s'écria Cloarek en devenant d'une effrayante pâleur. — Puis, sans ajouter un mot, et avant que la gouvernante, frappée de stupeur, eût pu faire un mouvement, il quitta le salon et arriva en deux minutes à la chambre bleue, occupée par Onésime.
Ouvrir la porte de cette chambre, la refermer sur lui à double tour, afin d'empêcher Suzanne d'entrer et Onésime de sortir, ce fut pour Cloarek l'affaire d'un moment et il se trouva bientôt seul avec le neveu de Suzanne.

XIII.

Onésime, au bruit que fit Cloarek en ouvrant et fermant violemment la porte, se leva surpris et inquiet ; il n'attendait plus que sa tante, et la pesanteur des pas de personne qui venait d'entrer si impétueusement, lui annonçait la présence d'un étranger.

Cloarek, revenu au calme dont il était un moment sorti, contemplait silencieusement Onésime avec une curiosité pleine d'angoisses ; d'abord ses traits lui parurent agréables et doux ; mais bientôt, oubliant l'infirmité du pauvre myope, qui, n'apercevant à quelques pas de lui qu'une forme vague, regardait fixement Yvon sans distinguer ses traits, celui-ci trouva qu'Onésime avait l'air souverainement insolent et audacieux.

Le neveu de Suzanne, d'autant plus surpris du silence de l'étranger que sa venue avait été bruyante, fit deux pas à l'encontre du visiteur, afin de tâcher de distinguer sa figure, et dit doucement et en hésitant :
— Qui est là ?

Cloarek, toujours oublieux de l'infirmité de ce jeune homme, trouva la question impertinente et lui répondit :
— Qui est là ? c'est le maître de cette maison, monsieur.

— Monsieur Cloarek ! — s'écria Onésime en reculant avec autant de timidité que de respectueuse déférence, et il baissa machinalement les yeux, comme s'ils avaient été, hélas ! assez clairvoyans pour risquer de rencontrer ceux du père de Sabine.

En effet, l'accent de Cloarek était trop significatif pour qu'Onésime, doué de beaucoup de tact et de pénétration, ne sentît pas, tout en ignorant le motif de la répulsion qu'il inspirait, que sa présence dans la maison déplaisait fort au père de Sabine ; aussi reprit-il d'une voix douce et tremblante :
— En me rendant aux désirs de ma tante, qui m'appelait ici, je croyais, monsieur, que son désir avait votre agrément, ou que, du moins, elle avait la certitude que vous ne désapprouveriez pas ses bontés pour moi ; sans cela, je ne me serais pas permis d'accepter ses offres...
— J'aime à le croire, monsieur.
— Je vous prierai seulement, monsieur, d'excuser une indiscrétion.... dont je me suis rendu bien involontairement complice. Demain je quitterai cette maison.
— Et où irez-vous ? que ferez-vous ? — dit brusquement Cloarek, — que deviendrez-vous ensuite ?
— Ne sachant quel sentiment vous dicte ces questions, monsieur, — reprit Onésime avec une dignité douce, — vous ne serez pas surpris si j'hésite à vous répondre.
— Mes sentimens envers vous peuvent être... bienveillans... comme ils peuvent être aussi tout le contraire de la bienveillance... Plus tard... je verrai ce que j'aurai à faire...
— Vous seriez l'arbitre absolu de mon sort, monsieur, — s'écria Onésime avec une respectueuse fermeté, — que c'est à peine si vous me parleriez ainsi !
— Et qui vous dit que votre sort n'est pas entre mes mains ?
— Et de quel droit, monsieur ?
— De quel droit ? — s'écria Cloarek avec une impétuosité qui l'entraîna trop loin. — Vous vous êtes bien rendu l'arbitre de ma vie, ma destinée, vous !
— Moi... moi ?... pardon, monsieur... je ne vous comprends pas !
— Osez donc, — s'écria Cloarek, — me regarder en face en me répondant ainsi !

Le pauvre myope, au lieu de se formaliser de ces mots, reprit avec une ingénuité navrante, en promenant autour de lui son vague et triste regard :

— Vous regarder en face, monsieur ! Hélas ! je le voudrais ; mais, à cette distance, je ne saurais distinguer vos traits.

— C'est vrai, monsieur, — répondit Cloarek moins brusquement ; — j'avais oublié votre infirmité. Mais, puisque vous ne pouvez me voir, soyez certain que j'ai, moi, un regard auquel rien n'échappe... C'est un avantage que j'ai sur vous, je vous le signale.

— Je vous remercie, monsieur ; mais cet avantage vous servira de peu avec moi ; de ma vie je n'ai rien eu à cacher à personne.

Ce mélange de douceur et de franchise, de mélancolie et de dignité, frappa et émut Cloarek ; néanmoins il se raidit contre cette impression, craignant de se laisser prendre aux apparences et de ne pas apprécier ainsi froidement et sûrement la valeur morale de l'homme dont sa fille s'était éprise.

— J'ai peu de pénétration, monsieur, — reprit Onésime ; — mais vos questions, l'accent dont vous les faites, quelques-unes de vos paroles... tout me fait croire que vous avez contre moi un grief dont j'ignore malheureusement la cause.

— Vous aimez ma fille, — lui dit Cloarek en tâchant de lire au plus profond de sa pensée.

Onésime pâlit et rougit tour à tour, tressaillit et se sentit si près de défaillir, que, dans son accablement, obligé de se rasseoir auprès de sa petite table, il mit son visage entre ses deux mains sans pouvoir trouver une parole.

Dans le mouvement que fit Onésime pour cacher sa figure, le mouchoir qui bandait sa plaie tomba et découvrit sa main, ainsi que l'horrible brûlure dont Sabine avait parlé à Cloarek ; celui-ci était depuis longtemps familiarisé avec la vue de bien des blessures, cependant, malgré la gravité de son entretien avec Onésime, il ne put s'empêcher de frémir et de se dire :

— Ah !... le malheureux... qu'il doit souffrir ! Il faut qu'il ait un grand courage pour supporter ainsi cette douleur... Ce courage... joint à la douceur de son caractère, à la fermeté digne que je crois reconnaître en lui... annonce du moins un vaillant cœur.

Voyant le muet abattement d'Onésime, Yvon reprit :

— Comment dois-je interpréter votre silence ?... vous ne répondez pas...

— Que puis-je vous dire, monsieur ?

— Vous avouez donc ?

— Oui, monsieur.

— Et ma fille ignore cet amour ?

— Si elle l'ignore ! Ah ! monsieur... je serais mort plutôt que de lui en parler... j'ai toujours caché mon secret au plus profond de mon cœur... Aussi je ne sais, monsieur, par quelle fatalité... vous avez pu deviner ce que e tâchais de me dissimuler à moi-même...

— Et cet amour... qui a fait naître en vous ?

— D'abord la reconnaissance, monsieur.

— Comment n'avez-vous pas cherché à vaincre un sentiment qui ne pouvait faire que votre malheur ?...

— Le croyant ignoré de tous... je m'y abandonnais avec délices... Jusqu'ici, je n'ai connu que l'infortune... Cet amour était le premier bonheur de ma vie... comme il sera l'unique consolation de la triste destinée qui m'attend.

— Vous deviez d'un jour à l'autre être séparé de ma fille... vous n'avez donc pas réfléchi à cela ?

— Mon Dieu ! non... je ne réfléchissais à rien... monsieur ; j'aimais pour le bonheur d'aimer... j'aimais sans espérance, mais aussi sans crainte et sans remords.

— Ainsi vous n'étiez pas retenu par la crainte de me voir quelque jour instruit de cet amour ?

— Je vous l'ai dit : je ne réfléchissais pas... je ne pensais qu'à aimer... Ah ! monsieur, lorsque l'on est comme moi, d'une infirmité fatale, presque entièrement isolé des objets extérieurs et à l'abri des distractions qu'ils causent... si vous saviez comme il est facile de s'absorber tout entier dans la solitaire jouissance d'un sentiment unique et profond !

— Mais puisque votre vue est si mauvaise, vous ne connaissez donc qu'imparfaitement les traits de ma fille ?

— Depuis le temps que j'habite cette maison... c'est seulement ce soir que j'ai vu distinctement mademoiselle Sabine.

— Et pourquoi ce soir plutôt que les autres jours ?

— Parce qu'elle a bien voulu aider ma tante... à panser une blessure que j'ai à la main... et c'est en daignant me donner ses soins que mademoiselle Sabine s'est assez approchée de moi pour qu'il me fût permis de distinguer parfaitement ses traits.

— Alors qu'aimez-vous donc en elle, puisque c'est à peine si vous connaissiez ses traits ?

— Ce que j'aime en elle ! monsieur, — s'écria Onésime, — c'est son noble et généreux cœur, c'est la grâce de son esprit, l'aménité de son caractère... Ce que j'aime en elle, mon Dieu ! mais sa présence, sa voix, sa voix si touchante lorsqu'elle m'adresse quelques mots d'intérêt ou de consolation !

— Alors, jamais il ne vous est venu à la pensée que vous pourriez un jour devenir l'époux de Sabine ?

— Ah ! monsieur... je l'aime trop pour cela.

— Que voulez-vous dire ?

— Oubliez-vous donc, monsieur, que je suis à demi aveugle, que je suis, par cette infirmité, à jamais voué à la pitié, au ridicule, à la misère ou à une humiliante oisiveté ?... Moi qui ne puis jamais être qu'un fardeau pour ceux qui s'intéressent à moi, j'aurais osé... ah ! monsieur ! je n'achève pas... Non, non, je vous le répète, je vous le jure... j'ai aimé, j'aime mademoiselle Sabine comme on aime le beau, le bien, sans autre espoir que la céleste félicité que porte en soi l'amour du beau et du bien. Voilà, monsieur, ce que j'ai éprouvé... voilà ce que j'éprouve encore. Maintenant, si ma franchise vous touche, daignez me promettre, monsieur, qu'en quittant cette maison, j'emporterai du moins votre estime...

— Cette estime... vous l'avez acquise, vous la méritez, Onésime, — répondit Cloareck d'une voix émue, — et, après cette assurance, vous me permettrez, n'est-ce pas, de vous demander ce que vous comptez faire en sortant d'ici ?

— Je tâcherai, monsieur, de retrouver un emploi semblable à celui que j'occupais, si modeste, si laborieuse que soit ma condition ; pourvu qu'elle me permette de gagner ma vie... c'est tout ce que je désire.

— Mais ne craignez-vous pas que les mêmes motifs qui vous ont fait perdre votre emploi ne se reproduisent ?

— Hélas ! monsieur, si je songeais à toutes les déceptions, à toutes les douleurs qui sans doute m'attendent encore, je perdrais courage, reprit Onésime avec accablement.

— Ce n'est ni pour vous décourager, ni vous attrister que je vous ai fait cette objection, vous devez en être certain. Je désire, au contraire, et j'espère trouver le moyen de vous aider à sortir d'une position dont je comprends toute l'amertume.

— Ah ! monsieur, que de bontés ! Comment ai-je mérité ?...

L'entretien d'Onésime et de Cloarek fut interrompu par quelques coups précipitamment frappés à la porte de la chambre ; bientôt l'on entendit la voix de Suzanne disant :

— Monsieur... ouvrez... ouvrez de grâce !...

Cloarek s'empressa d'aller ouvrir.

A la vue de Suzanne pâle et effrayée, il pensa tout d'abord à Sabine et s'écria :

— Qu'y a-t-il ? Est-ce que ma fille ?.

— Rassurez-vous, monsieur... mademoiselle est endormie, je l'espère.

— Alors de quoi s'agit-il donc ?

— Avant de venir vous déranger, j'étais allée frapper à la porte de Segoffin, mais il a le sommeil si dur !... impossible de le réveiller.

— Mais, encore une fois, que s'est-il passé ?

— Thérèse était allée comme d'habitude fermer les volets du rez-de-chaussée du côté du jardin ; elle venait d'ouvrir une des fenêtres...

— Eh bien !...

— Excusez-moi, monsieur... Je suis si émue...

Et Suzanne disait vrai ; car, à l'émotion de son récit se joignait son inquiétude sur le résultat de l'entretien de Cloarek et d'Onésime. Elle reprit donc :

— Thérèse venait d'ouvrir une des fenêtres de la salle à manger, — reprit la gouvernante, — lorsqu'elle a vu, à la clarté de la lune... les têtes de deux hommes se dresser au-dessus du mur d'appui de la terrasse d'où l'on aperçoit la mer.

— Allons donc ! — reprit Cloarek en haussant les épaules, — Thérèse est une poltronne ; elle aura eu peur de son ombre.

— Je vous assure que non, monsieur... Thérèse a parfaitement bien vu les deux hommes... Ils avaient tous deux escaladé le talus du saut de loup... et certainement ils s'apprêtaient à entrer dans le jardin ; mais, au bruit qu'elle a fait en ouvrant la fenêtre, ils ont disparu.

— Bien que ces craintes me paraissent fort exagérées, — reprit Cloarek, — gardez-vous d'en rien dire demain à Sabine... La pauvre enfant serait dans une inquiétude mortelle ; aussi, je vous recommande la même discrétion envers ma fille, Onésime, — ajouta-t-il affectueusement en s'adressant au neveu de Suzanne.

L'accent d'Yvon était si bienveillant pour lui qu'Onésime tressaillit de surprise.

Puisqu'il lui faisait cette recommandation au sujet de Sabine, quoiqu'il fût instruit de son amour pour elle, monsieur Cloarek admettait donc que les deux jeunes gens pourraient encore se voir, se parler ?

Suzanne, non moins étonnée, non moins heureuse que son neveu, faisait les mêmes réflexions que lui, lorsque Cloarek reprit :

— Il fait un clair de lune superbe... je vais descendre au jardin et m'assurer par moi-même...

— Descendre au jardin ! — s'écria Suzanne effrayée, — y songez-vous, monsieur, lorsqu'il y a du danger... peut-être ?

— Vous êtes folle avec votre danger, ma chère Suzanne, — dit Cloarek en se dirigeant vers la porte ; — vous n'êtes pas plus vaillante que Thérèse.

— Monsieur, je vous en supplie, permettez-moi alors d'aller éveiller Segoffin ; je frapperai si fort qu'il faudra bien cette fois-ci qu'il m'entende.

— Excellent moyen pour éveiller aussi ma fille et l'effrayer par ces allées et venues dans la maison... à une heure pareille !

— Vous avez raison, monsieur ; mais pourtant vous ne pouvez pas ainsi aller tout seul...

— Eh bien ! que faites-vous, Onésime ? — dit Cloarek en voyant le jeune homme se diriger de son mieux vers la porte, dessein qu'il n'accomplit pas sans avoir heurté plus d'un meuble. — Où allez-vous donc ?

— Je vais sortir avec vous, monsieur, si vous le voulez bien.

— Et pourquoi faire ?

— Ma tante parle de quelque danger, monsieur...

— Vous... mon digne garçon, — dit Yvon en souriant avec bonté, car le dévoûment d'Onésime le touchait, — et de quel secours me seriez-vous ?

— Il est vrai, monsieur, j'oubliais que je ne puis vous être bon à rien, — répondit le pauvre myope avec un soupir de résignation mélancolique. — Mais enfin, s'il y a quelque danger, du moins je le partagerai, je serai là... près de vous... et si ma vue est détestable, heureusement, par une sorte de compensation, j'entends de fort loin... Cela pourrait peut-être servir à connaître la direction que ces hommes ont prise, s'ils sont restés dans les environs.

Cette offre naïve était faite avec tant de sincérité, que Cloarek, échangeant avec Suzanne un regard d'intérêt et de compassion pour Onésime, lui dit :

— Je vous remercie de votre proposition, mon digne garçon, et je l'accepterais de bon cœur si vous n'aviez pas besoin des soins de votre tante pour panser cette blessure que vous avez à la main ; elle est à vif et à l'air ; cela doit vous faire beaucoup souffrir... Ainsi donc, Suzanne, ne vous occupez pas de moi, mais de votre neveu.

Cloarek sortit de la chambre et se rendit au jardin.

La lune éclairait au loin les flots alors immobiles, car cette terrasse dominait la mer, que l'on apercevait au loin, à travers la large échancrure d'une falaise.

Cloarek, presque convaincu que la servante avait été dupe d'une illusion causée par quelque jeu d'ombre et de lumière, s'approcha du parapet de la terrasse.

Un saut de loup, large de vingt pieds et creux de douze, rompant la continuité de la muraille d'enceinte, clôturait le jardin à cet endroit du côté de la falaise. Ce saut de loup était maçonné à pic ; mais, du côté de la terrasse, il s'abaissait en talus.

Yvon regarda au fond de cet énorme fossé ; il ne vit rien, il tâcha de distinguer, à la faveur de la clarté de la lune, si l'herbe du talus était foulée en certains endroits, ce qui eût indiqué la trace de pas récens. Cette nouvelle investigation n'amena aucun résultat.

Il prêta attentivement l'oreille ; il n'entendit au loin que le sourd murmure des grandes lames de l'Océan qui se déroulaient pesamment sur la grève. Il crut définitivement à une folle peur de sa servante, car le pays était parfaitement tranquille, et, depuis que Sabine l'habitait, jamais on n'avait entendu parler d'un vol.

Cloarek allait quitter la terrasse pour regagner sa maison, lorsqu'il vit tout à coup un grand massif d'arbres que l'on apercevait à mi-chemin de la falaise s'élever une de ces fusées qui, dans la marine, servent aux signaux de nuit.

La courbe lumineuse décrivit rapidement sa parabole... le sillon de feu se dessina pendant une seconde sur le bleu foncé du ciel, puis tout s'éteignit.

Cet incident parut d'abord étrange à Cloarek ; revenant aussitôt sur ses pas, il jeta les yeux du côté de la mer pour examiner s'il ne se trouvait pas quelque bâtiment en vue pour répondre au signal qui venait de partir d'un point du littoral...

Aussi loin que put atteindre le regard de Cloarek, il ne découvrit aucun navire ; il ne vit rien, rien que l'immensité de la mer, dont la nappe immobile et d'un sombre azur reflétait en une traînée de lumière tremblante la vive clarté de la lune.

Après avoir pendant quelques instans cherché à s'expliquer ce singulier incident, et croyant bientôt qu'il s'agissait de quelque signal convenu entre des contrebandiers qui, sans doute, correspondaient ainsi d'une falaise à l'autre, Cloarek rentra chez lui.

Cette alerte, qui, dans d'autres circonstances, eût peut-être donné beaucoup à penser au capitaine corsaire en la rapprochant de l'audacieux enlèvement dont il avait failli être victime, cette alerte fut bientôt oubliée pour les graves réflexions qui chez lui devaient succéder à l'entretien qu'il avait eu dans la soirée avec Onésime.

XIV.

Cloarek, après avoir passé une partie de la nuit à réfléchir sur son entretien avec Onésime, entra le matin chez sa fille ; il la trouva levée, souriante, heureuse ; elle se jeta à son cou avec un redoublement de tendresse.

— Eh bien ! mon enfant, — lui dit Cloarek, — as-tu passé une bonne nuit ?

— Excellente, mon père... J'ai fait des rêves d'or ; car vous me portez bonheur jusque dans mon sommeil.

— Voyons, mon enfant, ces beaux rêves, conte-les moi...

Illusion ou réalité, je tiens à savoir tout ce qui te rend heureuse, — dit Cloarek, cherchant une transition pour arriver à l'entretien qu'il voulait avoir avec Sabine au sujet d'Onésime. — Allons, je t'écoute... Quelque brillant château en Espagne?... quelque songe digne des *Mille et une Nuits*?

— Oh! père, je ne suis pas si ambitieuse, même en rêve... Mes désirs sont plus humbles...

— Eh bien! ce songe?

— Oh! mon Dieu! c'est bien simple... Je rêvais que je passais ma vie avec vous.

— Il ne valait guère la peine de rêver pour cela... mon enfant.

— Avec vous... et avec cette chère Suzanne...

— Bon... mais c'est tout simple.

— Et avec ce brave Segoffin qui vous est si attaché.

— Et... — dit Cloarek, en remarquant une légère rougeur qui colora le gracieux visage de sa fille, — et c'est tout?

— J'oubliais....

— Tu oubliais... quelqu'un? cette bonne petite Thérèse, sans doute?

— Non, mon père... je n'avais pas songé à Thérèse.

— Eh bien! cette personne oubliée... c'était?...

— Monsieur Onésime...

— Comment!... monsieur Onésime?... je ne comprends pas...

— Dame! mon bon père, vous me demandez mon rêve... je vous le raconte...

— Sans doute... mais enfin... dans ce rêve, à quel titre... monsieur Onésime passait-il sa vie avec nous?

— C'était tout simple, bon père... nous étions mariés...

Sabine prononça ces mots avec un accent à la fois si ingénu, si enjoué, que Cloarek ne put avec raison douter de la sincérité du récit de sa fille; il se demanda s'il devait se féliciter ou non de ce rêve singulier; aussi reprit-il avec une certaine anxiété:

— Ah! toi et monsieur Onésime vous étiez mariés?

— Oui, mon père...

— Et... j'avais consenti à ce mariage?

— Certainement... puisque nous étions mariés... Mais mon rêve... ne prenait que quelque temps après notre union... Nous étions dans le petit salon d'en haut... tous trois assis sur le grand canapé... vous, mon bon père, au milieu de nous deux... Suzanne, près de la fenêtre... travaillait à son tricot, tandis que Segoffin, à genoux devant la cheminée, soufflait le feu... et Suzanne, comme à son ordinaire, se moquait du pauvre homme... Vous, mon père, vous gardiez le silence depuis quelques momens. Soudain... prenant dans vos mains les mains de monsieur Onésime et les miennes, vous nous avez dit d'une voix tout émue: « Savez-vous, mes enfans, à quoi je pensais? » — Non, mon père, — avons-nous dit, monsieur Onésime et moi (car naturellement il vous appelait aussi son » père). — Eh bien! » avez-vous repris, — je pensais » qu'il n'existe pas sur la terre un homme plus heureux que » moi. Avoir auprès de soi deux enfans qui s'adorent, » deux anciens serviteurs, ou plutôt deux vieux amis... et » passer ainsi avec eux une vie paisible et fortunée... Il » faut encore et toujours remercier Dieu, mes enfans... » Et, en disant cela, mon bon père, vos yeux étaient pleins de larmes... Alors, Onésime et moi, nous vous avons serré dans nos bras, en disant... car la même pensée nous venait: « Oh! oui, Dieu est bon pour nous... Merci, merci » à Dieu!... » Nous sommes restés ainsi un moment tous trois embrassés... et puis je me suis éveillée, pleurant comme dans le rêve...

Cloarek ne put cacher les larmes qui lui vinrent aux yeux à ce naïf récit, et il dit à Sabine:

— En réalité comme en songe, tu es et tu seras la meilleure et la plus tendre des filles... Mais, dis-moi... il y a dans ton rêve quelque chose qui me surprend beaucoup.

— Quoi donc?...

— Tu permets?...

— Je le crois bien... bon père... Et qu'est-ce donc qui vous surprend si fort?

— Ton mariage avec Onésime.

— Vraiment?...

— Oui.

— C'est singulier... moi, j'ai trouvé cela si naturel, que je n'en ai pas été étonnée du tout.

— D'abord, mon enfant... et cela n'est pas, je l'avoue, le plus grand inconvénient... monsieur Onésime est sans fortune...

— Mais bien des fois vous m'avez dit, mon bon père, que tous ces voyages... pour votre commerce, toutes ces absences dont je m'affligeais tant... avaient pour unique but de m'amasser une belle dot...

— Sans doute...

— Alors vous voyez bien que, dans mon rêve... monsieur Onésime n'avait pas besoin de fortune...

— Soit... pour un mariage en songe... l'égalité des biens n'est pas nécessaire.

— Et dans les mariages vrais... elle est donc indispensable?

— Indispensable... non, mon enfant... mais du moins convenable... Enfin passons à autre chose...

— Encore!

— Oh!... je ne suis pas au bout... Mais puisque tu permets...

— Allez... allez, bon père.

— Monsieur Onésime n'a pas d'état et par conséquent pas de position sociale...

— Pauvre jeune homme... il n'en est que plus à plaindre... pourrait lui faire un crime de son oisiveté forcée? Est-ce le cœur, le bon vouloir, l'instruction, la capacité... qui lui manquent? non, sans doute... C'est cette fatale infirmité qui met obstacle à tout ce qu'il pourrait entreprendre...

— Tu as parfaitement raison, mon enfant... cette fatale infirmité est un obstacle insurmontable, qui malheureusement l'empêchera toujours de suivre une carrière quelconque, de se créer une position... et même de se marier... si ce n'est en songe bien entendu.

— Ici, mon bon père, à mon tour, je ne vous comprends plus.

— Vraiment!

— Oh! mais plus du tout! du tout!

— Comment! mon enfant, tu ne comprends pas qu'il est impossible qu'une femme fasse jamais la folie de se marier avec un pauvre garçon à demi-aveugle, qui voit à peine à dix pas devant lui... qui serait toujours, pour ainsi dire, comme un enfant en tutelle? tu ne comprends pas qu'ainsi les rôles seraient intervertis... et qu'au lieu de protéger sa femme, comme tout homme doit le faire, monsieur Onésime devrait être protégé par la femme qui serait assez folle pour l'épouser...

— N'est-il pas tout simple que celui qui peut protéger l'autre... le protège?...

— Sans doute; mais ce rôle... ce devoir est celui de l'homme.

— Oui, quand il peut le remplir; mais quand il ne le peut pas, il appartient à la femme...

— Si elle est assez folle, je le répète, mon enfant, pour s'exposer à une si triste existence.

— Folle!...

— Archi-folle!... Allons... ne fais pas tes doux yeux si méchans...

— Voyons, père... écoutez-moi...

— Je t'écoute.

— Vous m'avez élevée avec une bonté adorable, vous avez été au devant de tous mes désirs, vous m'avez entourée de tout le bien-être possible; enfin, pour moi, vous vous êtes exposé à tous les ennuis de vos longs voyages de commerce, n'est-ce pas?...

— C'était pour moi, non-seulement un bonheur, mais un devoir, mon enfant.

— Un devoir...
— Le premier, le plus sacré de tous...
— De me protéger?... d'être mon guide? mon soutien?...
— L'on n'est père qu'à cette condition...
— Voilà où j'en voulais venir, — dit Sabine avec une naïveté triomphante. — Le rôle, le devoir du père est de protéger son enfant?
— Certainement.
— Maintenant, père, supposez que, dans l'un de vos voyages, vous ayez été aussi malheureux ou aussi maladroit que ce pauvre Segoffin... et qu'au ciel ne plaise, grand Dieu! vous ayez, par suite de je ne sais quel accident, perdu la vue... serais-je folle, archi-folle, parce que j'emploierais toutes les forces de mon intelligence et de mon cœur à tâcher de vous rendre ce que vous avez fait pour moi, et d'être, à mon tour, votre guide, votre soutien, votre protectrice? Nos rôles seraient intervertis, comme vous dites... Et cependant, quelle est la fille qui ne serait pas heureuse et fière de faire pour son père ce que je ferais pour vous?... Eh bien! ce dévoûment d'une fille pour son père, pourquoi ce que femme ne l'aurait-elle pas pour son mari?... Ah! ah! voyez-vous, j'étais bien sûre que vous n'auriez rien à répondre à cela, mon bon père.
— D'abord, chère et tendre enfant, je ne te réponds pas... parce que ce que tu me dis là m'émeut délicieusement et me prouve de nouveau la rare bonté de ton cœur... mais ne te hâte pas tant de triompher...
— Nous verrons bien.
— Tu vas sentir tout de suite que ta comparaison... si touchante qu'elle soit, n'est pas juste... J'admets que, par suite d'événemens fâcheux, une fille soit obligée de devenir le soutien... la protectrice de son père... elle se dévoue à lui... C'est beau, c'est noble... Mais enfin, elle n'a pas choisi son père, elle accomplit un devoir sacré... tandis que la femme qui peut choisir son mari... serait... je le répète (ne me fais pas de trop méchans yeux), serait folle, archi-folle... d'aller justement choisir pour mari...
— Une pauvre créature qui ait justement besoin d'être entourée de la plus tendre sollicitude, s'écria Sabine en interrompant son père. — Choisir ainsi, c'est faire acte de folie? Répétez-moi cela, mon bon père... je vous croirai. Oui, vous si généreusement dévoué à votre enfant, vous si compatissant pour ses faiblesses... vous qui pour elle avez accompli tous les sacrifices... dites-moi qu'il est insensé de mettre son bonheur à dévouer sa vie à un pauvre être que la destinée accable; dites-moi qu'il est insensé de venir à lui par cela même que son infortune doit éloigner tout le monde de lui! dites-moi cela, mon père... et je vous croirai.
— Non, ma noble et généreuse enfant, je ne dirai pas cela... je mentirais... — s'écria Cloarek entraîné par la généreuse animation de Sabine; — non, je ne doute pas du bonheur divin que l'on puise dans le dévoûment lorsque l'on se dévoue surtout pour une personne bien-aimée... non, je ne doute pas de l'attrait qu'éprouvent les âmes d'élite pour tout ce qui est à la fois souffrant, courageux et résigné...
— Vous voyez donc bien... bon père... mon rêve n'est pas si extraordinaire que vous le disiez, — reprit la jeune fille en souriant, — et j'ai, je l'espère, réponse à tout.
— Oh! tu es une rude jouteuse... et je m'avouerais tout à fait vaincu... ou plutôt convaincu, si tu pouvais répondre aussi victorieusement à une dernière objection... Je l'avais gardée en réserve... comme la plus forte...
— Voyons l'objection, j'en ferai justice... comme des autres...
— Sais-tu... que tu es terrible, au moins?
— Oui... oui... riez... je vous attends, et de pied ferme encore...
— Dis-moi... quand on pousse à ce point... le dévoûment pour quelqu'un... c'est qu'on l'aime beaucoup... n'est-ce pas?
— Nécessairement.

— Et il faut admettre que ce quelqu'un aime beaucoup... aussi...
— Cela va sans dire.
— Qu'il aime... corps et âme... que la présence de celle qui se dévoue si noblement pour lui le charme... et l'enchante... qu'il éprouve enfin autant de bonheur à la voir qu'à l'entendre, car la contemplation du gracieux visage d'une épouse bien-aimée nous est aussi douce que la contemplation de ses mérites et de ses vertus? Eh bien! dans ton mariage... en rêve... ce qui me semble le plus étrange... c'est...
— Pourquoi vous interrompre, mon bon père?...
— Tiens... pour mieux te rendre ma pensée... je vais te raconter un fait. Hier soir... selon ta recommandation, j'ai vu... monsieur Onésime... et...
— Oh!... n'est-ce pas qu'il est impossible de ne pas s'intéresser à lui, et de...
— D'accord... mais laisse-moi parler... J'ai fait naturellement causer monsieur Onésime, afin de juger un peu de son esprit, de ses sentimens. Or...
— Avouez qu'il n'est pas de sentimens plus élevés que les siens, d'esprit plus juste... de caractère plus...
— Mais, maudite petite bavarde, permets-moi donc d'achever... Somme toute, j'ai été satisfait de ce jeune homme; seulement...
— J'en étais bien sûre... je vous l'avais bien dit.
— Sabine... Sabine...
— Pardon, bon père... je vous écoute.
— Nous avons donc assez longuement causé... avec monsieur Onésime, et... je ne sais plus comment cela est venu dans notre conversation... je lui ai demandé, à propos de sa mauvaise vue, s'il voyait distinctement à quelques pas. Il m'a répondu que non... et qu'ainsi, par exemple, depuis où il était ici... il ne t'avait vue... là, bien distinctement... bien complètement vue... qu'une seule fois... et c'était hier... lorsque tu as aidé Suzanne à panser la blessure qu'il avait à la main...
— Pauvre monsieur Onésime... c'est vrai; car, pour aider Suzanne, il m'a fallu m'approcher tout près, tout près de lui.
— Eh bien! s'il te faut tout dire... ce qui me paraît le plus inconcevable dans ton mariage en rêve... c'est un mari qui ne verrait jamais sa femme...
— Jamais... il faudrait donc qu'il devînt, hélas! tout à fait aveugle...
— D'accord... mais enfin... il passerait toute sa vie auprès de sa femme sans jamais la voir... pour ainsi dire... que par accident...
— Eh bien!... mon père... la part faite à ce qu'il y a de cruel dans une infirmité pareille... moi, je trouverais cela charmant.
— Voilà qui est un peu fort.
— Et je vous le prouverai.
— Je t'en défie... par exemple!...
— Tenez, mon bon père, je ne sais plus où j'ai lu qu'il n'y avait rien de plus sacrilège que de laisser toujours exposés à la vue les portraits destinés à vous rappeler des personnes aimées.. car parfois les yeux finissaient par tellement s'habituer à ces images, que leur effet, au lieu d'être toujours vif et nouveau, allait ainsi en s'émoussant.
— Il y a du vrai dans cette observation... mais je ne devine pas le profit que tu en peux tirer pour ta cause.
— Si... au contraire... on renferme ces portraits dans un cadre à ventaux... je suppose... et que l'on ne l'ouvre que lorsque l'on se sent disposé à contempler avec recueillement une image chérie, l'impression qu'elle vous cause est d'autant plus puissante, qu'elle a été plus ménagée... n'est-ce pas, bon père?...
— Parfaitement raisonné, mademoiselle... Ensuite...
— Eh bien!... vous aimant comme je vous aime, mon bon père... je serais, je suppose, dans la position de monsieur Onésime, je me consolerais en me disant: Toutes les fois que j'embrasserai mon père, la vue de sa bienveillante et noble figure sera pour moi comme une

apparition ineffable... puis ses traits se voileront pour ainsi dire de nouveau à mes regards... mais du moins je le saurai là... et...

— Tais-toi... perfide... tu me donnerais envie de te voir myope...

— Ah !... j'étais bien sûre de vous convaincre...

— Un moment, je ne me rends pas encore.

— Oh ! quel tenace adversaire vous faites, mon bon père !...

— J'admets... que notre myope... le myope de notre rêve, se console ainsi ; j'admets qu'il trouve même une sorte de charme toujours nouveau dans ces apparitions de l'objet aimé... j'admets enfin qu'il en soit de l'original du plus charmant portrait du monde comme du portrait lui-même... et que, sans se blaser pour cela sur la vue incessante de l'objet aimé, le regard finisse peut-être par trop s'habituer à être ravi...

— C'était absolument ma pensée.

— Et c'est justement là où je t'attendais et où je t'arrête, triomphante raisonneuse ! C'est un horrible guet-apens que je te tendais, glorieuse !

— Voyons ce guet-apens, bon père !

— S'il en est ainsi, le myope sera parfaitement partagé, lui ; mais l'autre, c'est-à-dire le *clairvoyant*, ou plutôt la clairvoyante, elle n'aura donc pour ressource que de fermer les yeux, afin de se ménager, à son tour, des apparitions et de ne pas s'habituer à être trop continuellement enchantée ?

— Comment ! c'est sérieusement que vous me faites cette objection ?

— Parbleu ! c'est ma meilleure.

— En vérité, mon père... j'ai trop beau jeu...

— Vraiment ?

— Mais, certainement ; car enfin, si je me suis mise un instant à la place de monsieur Onésime, ce n'est pas du tout une raison pour que je renonce à mes excellens yeux ; je ne crains pas que ma vue se blase jamais à regarder mon mari, je suis sûre du contraire. J'en prends à témoin le bonheur que j'ai toujours à vous voir, mon bon père (quoique, dans la prévision sans doute de mes idées sur les *rares apparitions*, vous vous soyez bien souvent dérobé à mes regards par vos fréquens voyages), mais il n'importe, allez, père... je resterais pendant cent ans mes yeux sur vos yeux, que je ne me rassasierais pas de lire sur vos nobles traits toute votre tendresse pour moi.

Et Sabine embrassa tendrement Yvon.

— Chère... chère enfant,—dit Cloarek en répondant aux caresses de sa fille, — tu as pour toi la logique de l'affection et la raison du cœur, comment veux-tu que je lutte contre cela ?... Allons, je m'avoue humblement vaincu... J'avoue qu'après tout ton rêve n'est pas si déraisonnable, et que l'on pourrait, à la rigueur, épouser un myope lorsqu'on l'aime, et qu'il est rempli de cœur et de dévoûment...

— Ah ! bon père... — dit vivement Sabine en pressant les mains de Cloarek entre les siennes.

— Seulement, — reprit Yvon,—malgré ta façon poétique d'envisager la *mauvaise vue*, je préférerais que ce pauvre Onésime... Mais, au fait... j'y songe...

— A quoi donc pensez-vous, mon père ?

— J'ai beaucoup connu... dans les voyages que j'ai faits... mon commerce, un jeune chirurgien d'une grande habileté (il n'avait, par parenthèse, qu'un défaut : une gourmandise effrénée) ; il est allé s'établir à Paris où sa réputation a grandi, et, à cette heure, il est l'une des célébrités du monde savant... Peut-être trouverait-il dans sa science le moyen de rendre la vue à ce pauvre garçon...

— Grand Dieu ! — s'écria Sabine ravie, — il y aurait quelque espoir ?

— Je n'en sais rien, mon enfant ; mais je connais plusieurs cures merveilleuses du docteur GASTERINI ; je lui écrirai aujourd'hui même... et nous avons été assez liés pour que je puisse lui demander de venir voir Onésime... si toutefois ce célèbre docteur peut abandonner pendant vingt-quatre heures sa nombreuse clientèle.

— Ah ! mon père... que de bontés !... et puis aussi, que d'espérances !... Car enfin, l'intérêt que vous portez à monsieur Onésime... le bien que vous pensez de lui...

— Voyons... achève...

— Vous songez à le guérir... parce que vous ne voudriez peut-être pas avoir un myope pour gendre ?...—dit Sabine en rougissant et en baissant les yeux avec embarras.

— Diable... comme tu y vas ! Oh ! je n'accorde pas si vite mon consentement... Allons, rassure-toi... je ne dis pas tout-à-fait non, et la meilleure preuve que je puisse te donner de mon bon vouloir... c'est que...

— C'est que ?

— Embrasse-moi... encore, — dit Yvon. Puis, se dirigeant vers la porte, il ajouta :

— Attends-moi ici... dans une heure.

— Vous sortez, mon père ?

— Pour une affaire très importante...

— Et vous ne m'en dites pas davantage ?

— Pas un mot de plus... Je suis un terrible homme, comme tu vois... A bientôt... attends-moi et ne t'impatiente pas trop.

Cloarek, en sortant de chez Sabine, monta chez Onésime, et afin que leur conversation fût plus secrète et moins sujette à être troublée, il pria le jeune homme de l'accompagner dans une promenade qu'il voulait faire sur la grève avant déjeûner.

Pendant l'absence d'Yvon, sa demeure recevait la visite d'un personnage aussi fâcheux qu'inattendu.

XV.

Pendant que monsieur Cloarek s'éloignait avec Onésime, Segoffin, debout et immobile sur la terrasse du jardin, endroit élevé d'où l'on découvrait la mer, braquait obstinément une vieille longue-vue recouverte en chagrin vert sur un objet qui semblait absorber toute son attention et exciter au plus haut degré sa curiosité.

Cet objet était un brick que l'on apercevait encore au loin, à travers la large échancrure des falaises ; mais comme ce bâtiment louvoyait depuis quelque temps, d'un moment à l'autre il devait, en poursuivant sa manœuvre, échapper aux regards de Segoffin, tandis qu'il s'abandonnait au monologue suivant :

— C'est incroyable !... Est-ce un rêve ?... est-ce lui ?... Oui, ce doit être lui !... Voilà bien sa mâture... sa voilure... son air... sa démarche enfin, et pourtant, non, ce ne peut être lui... ce n'est pas sa coque... sa *façon*... Avec sa batterie barbette, il était bas sur l'eau comme une baleinière... tandis que celui-ci vous a des bastingages d'une hauteur ridicule, impossible ; et puis enfin, je ne lui vois pas un sabord... pas le moindre petit canon ne montre le bout de son nez. Non... non, ce n'est pas lui ! Est-ce que cette peinture d'un gris de perruquier une lisse jaunâtre (ce qui est du plus pâteux, du plus piteux effet) a le moindre rapport avec cette peinture noire à lisse écarlate qui vous était d'un effet si crâne et si marin ? Encore une fois, ce n'est pas lui... Cependant... cette mâture démesurée, si gaillardement inclinée sur l'arrière... ce gréement fin comme des fils d'araignée... il n'y a au monde ou au diable que le *Tison-d'Enfer* capable de porter une pareille mâture... qui lui donne la rapidité d'un alcyon... Mais, quel âne je suis ! j'ai un excellent moyen de m'assurer de l'*identité que je cherche à constater*, ainsi qu'aurait dit monsieur Yvon lorsqu'il servait dans les robes noires et qu'il se délectait à jeter des présidens par la fenêtre... c'est bien facile... le voilà qui vire de bord... je vais être certain de...

Segoffin fut interrompu dans son soliloque et dans ses

observations nautiques par une tape qu'on lui donna familièrement sur le bras dont il tenait sa longue vue... Il retourna vivement la tête, fort contrarié de cette inopportune agacerie, et se trouva face à face avec Suzanne; dans sa préoccupation, il ne l'avait pas entendue s'approcher.

— Ce qui est fait est fait ; mais que le diable vous emporte, ma chère, de venir me déranger ainsi ! — dit le *commis*, ou plutôt (avouons-le maintenant) le *maître canonnier* de monsieur Cloarek, en reprenant au plus tôt sa longue-vue et cherchant son point de mire...

Malheureusement il était trop tard : le brick avait viré de bord et disparu ; ainsi devenait impossible la *constatation d'identité* dont Segoffin s'était flatté.

— Comment ? que le diable m'emporte ! grossier que vous êtes... — reprit Suzanne, — tel est le bonjour que vous me souhaitez ?

— Entre vieux amis comme nous, la franchise est un devoir, — reprit Segoffin, en jetant sur la mer un dernier regard de regret et en faisant rentrer les uns dans les autres les tubes de sa longue vue. — J'étais là à m'amuser à voir passer *les petits bateaux qui vont sur l'eau*, comme je chantais dans mon jeune âge... et vous venez m'interrompre.

— Vous avez raison : la franchise est un devoir entre nous, Segoffin... aussi, je vous dirai que jamais sourd n'a dormi d'un sommeil plus insolent que le vôtre...

— Qu'en savez-vous ? Malheureusement pour moi et pour vous, Suzanne... vous n'avez jamais été à même de voir de quelle manière je dors... — répondit le maître canonnier d'un air gaillard, — et surtout de voir de quelle manière... je ne dors point !... ma chère.

— Vous vous trompez, car hier soir j'ai été frapper à votre porte.

— Enfin ! ! — s'écria Segoffin en faisant papilloter son œil unique d'un air étrangement libidineux et triomphant, — je vous avais bien dit, moi, que vous y arriveriez... et vous êtes arrivée...

— A quoi ? — reprit la gouvernante sans vouloir comprendre l'audacieuse pensée de son compagnon ; — à quoi suis-je arrivée ?

— A venir seulette, sur la pointe du pied et sans chandelle... pour me conter fleurette et me lutiner dans ma chambrette.

— Monsieur Segoffin... vous êtes un impertinent.

— Je vous jure, ma chère, que je serai discret, et que, sans ce sommeil de plomb, vous eussiez été reçue... ah mais ! reçue comme la reine des amours... et je vous promets qu'une autre fois...

— Comme vous êtes à moitié fou, et aussi borgne de l'esprit que du corps, je ne fais pas attention à vos sottises... Je vous seulement vous dire que j'étais allée frapper à votre porte... pour vous demander aide et secours...

— Aide et secours ! contre qui ?

— Mais comme vous êtes poltron comme un lièvre... vous vous êtes tenu coi, feignant de dormir et vous gardant bien de me répondre.

— Voyons, Suzanne... sérieusement, que s'est-il passé cette nuit ? Est-ce que vraiment vous avez cru avoir besoin de moi ?

— Cela m'eût avancé à grand'chose ! Oh ! mon Dieu ! l'on aurait beau mettre la maison à feu et à sang... tant pis... monsieur Segoffin se trouve bien dans son lit... il y reste...

— La maison à feu et à sang ! Encore une fois, qu'est-ce que cela veut dire ?

— Cela veut dire que cette nuit deux hommes ont tenté de s'introduire ici... Rien que cela.

— Allons donc... ma chère, vous rêvez tout éveillée.

— Deux hommes ont tenté de s'introduire ici... par ce saut de loup devant lequel nous sommes ; m'entendez-vous, Segoffin ?

— Un instant... ils étaient deux ?

— Oui.

— Ils ont tenté de s'introduire ici ?

— Par ce saut de loup, vous dis-je...

— Je sais ce que c'est... ma chère.

— Comment ?

— C'étaient deux de vos amoureux...

— Segoffin !

— Il y avait sans doute eu de votre part erreur de date... ou double emploi dans vos circulaires... et alors...

Le maître canonnier s'interrompit brusquement et n'acheva pas sa mauvaise plaisanterie.

Ses traits, ordinairement impassibles, prirent soudain une indicible expression de stupeur d'abord... puis de crainte et d'anxiété ; le changement de ses traits fut si subit, si frappant, que dame Robert, oubliant les impertinences de son compagnon, s'écria :

— Mon Dieu ! Segoffin, qu'avez-vous ? que regardez-vous donc ainsi ?

Et, suivant la direction de l'œil du vieux serviteur, elle vit s'avancer, du fond d'une allée qui conduisait à la terrasse, un nouveau personnage que précédait la peureuse servante.

La venue de ce personnage causait la stupeur et l'effroi du maître canonnier. Cependant, tant s'en fallait que ce nouvel arrivant eût un aspect terrifiant.

C'était un gros petit homme trapu, à ventre saillant ; il portait un superbe habit bleu barbeau, une culotte de casimir noisette, des bottes à revers et un long gilet blanc au-dessous duquel se balançaient deux chaînes de montre en or, garnies de volumineuses breloques en graines d'Amérique.

Ce personnage tenait d'une main une petite badine dont il secouait cavalièrement la poussière de ses bottes, et, de son autre main, il tenait son chapeau, qu'il avait galamment ôté de loin, à la vue de dame Robert. On pouvait ainsi admirer l'élégant et léger crêpé de sa coiffure, poudrée à blanc, ainsi que ses épais favoris coupés en croissant ; la blancheur de la poudre faisait ressortir davantage encore la couleur empourprée de la rubiconde et large figure de ce personnage : figure et coiffure que le maître canonnier s'était souvent plu à comparer ingénieusement à une grosse framboise à demi saupoudrée de sucre blanc.

Mais, à ce moment, Segoffin, loin de songer à plaisanter, éprouvait une frayeur qui augmentait pour ainsi dire à chaque pas que faisait à son encontre l'homme à la tête poudrée et aux bottes à revers.

Ce digne homme, nommé *Floridor Verduron*, était l'armateur du brick LE TISON D'ENFER, ordinairement commandé par le capitaine *l'Endurci*.

Or, jusqu'à cette époque et pour des motifs que l'on comprend du reste, Cloarek avait caché son véritable nom à son armateur, lui ayant surtout laissé ignorer dans quel endroit il allait se reposer en suite de ses croisières ; un ami commun servait d'intermédiaire à la correspondance du capitaine et de monsieur Floridor Verduron.

On conçoit l'effroi du maître canonnier : il songeait que, ayant sans doute eu connaissance de la demeure et du véritable nom du capitaine corsaire, mais dans son ignorance du double rôle que jouait monsieur Cloarek, l'armateur, dès ses premiers mots, allait révéler, sans penser à mal, un secret de la plus grave importance.

La présence de l'armateur expliquait aussi en partie l'arrivée du brick que Segoffin avait cru reconnaître quelques momens auparavant, sous une espèce de déguisement dont il ne pouvait deviner le mystère.

Pendant ces désolantes réflexions du maître canonnier, monsieur Floridor Verduron s'était approché de plus en plus, tandis que Suzanne disait au vieux serviteur :

— Quel peut être ce monsieur ?... Est-il rouge de figure !... Je ne l'ai jamais vu ici... Mais répondez donc, Segoffin ! Mon Dieu ! quel air singulier vous avez ! En vérité vous êtes encore plus blême que de coutume.

— C'est la rougeur de ce gros homme qui me fait paraître ainsi, ma chère... — dit notre homme en se voyant en face d'un danger qu'il ne savait comment conjurer.

La servante, qui précédait l'armateur de quelques pas, dit à Suzanne :

— Dame Robert, c'est un monsieur qui vient voir notre maître pour affaires très importantes.

— Vous savez bien que monsieur est sorti.

— C'est ce que j'ai répondu à ce monsieur ; mais il a dit qu'il attendrait, car il fallait absolument qu'il voie notre maître... alors... je vous l'ai amené... pour qu'il s'explique avec vous.

Thérèse finissait d'expliquer ainsi la venue de monsieur Verduron, lorsque celui-ci, qui savait son monde, se piquait de bonne compagnie et avait été cité dans son bel âge comme un coryphée du menuet, s'arrêta à cinq pas de dame Robert et fit un premier et profond salut, ses bras gracieusement arrondis, les coudes en dehors, ses talons exactement joints et ses pieds formant le V.

Dame Robert, flattée de ce respectueux hommage rendu à son sexe, riposta par une cérémonieuse révérence, en disant tout bas à Segoffin, d'un air de récrimination sardonique :

— Apprenez, par cet exemple, comment un galant homme doit aborder une femme.

— J'ai, mordieu ! bien abordé autre chose, ainsi que va malheureusement le dire cet animal d'armateur, — murmura le maître canonnier entre ses dents et en rongeant ses ongles de désespoir.

Monsieur Floridor Verduron, s'avançant de deux pas, accomplit sa seconde salutation ; Suzanne y répondit par une nouvelle révérence, en disant tout bas à Segoffin, pour le vexer et le piquer d'émulation :

— Ce sont vraiment des façons de grand seigneur !... d'ambassadeur !...

Le maître canonnier, au lieu de répondre, s'effaça le plus possible derrière le feuillage d'un arbre vert, comme s'il avait pu échapper au danger en l'ajournant.

Le troisième et dernier salut de l'armateur (les trois saluts étaient de rigueur) fut trop semblable aux deux premiers pour mériter une mention particulière, et il allait enfin s'adresser à Suzanne, lorsqu'il aperçut le maître canonnier.

— Tiens ! tu étais là ? — lui dit l'armateur en lui faisant un signe de tête des plus affectueux. Je ne t'avais pas aperçu... vieux *loup de mer*...

— Peuh ! — reprit Segoffin croyant sourire, tandis qu'il ne faisait qu'une horrible grimace ; — si l'on était *loup-marin* parce qu'on habite sur la côte... madame, — et il montra Suzanne, — serait, à ce compte, une *loup-marin*.

— Toujours plaisant ! — répondit l'armateur. — Et ton œil... mon pauvre garçon !

— Comme vous voyez, — mon bon monsieur Verduron : je n'y vois plus... mais ne parlons pas de cela... je vous en supplie... Ne parlons pas de cela... j'ai mes raisons.

— Je te le crois bien, mon pauvre vieux... car, en vérité, c'est jouer de malheur, n'est-ce pas, madame ? — dit l'armateur en s'adressant à Suzanne ; — perdre ainsi un œil d'un coup de pique !

— Comment ! — s'écria dame Robert en regardant Segoffin avec ébahissement, — comment ! un coup de pique !...

— C'est un calembour, — reprit héroïquement le maître canonnier avec une grimace encore plus compliquée que la première. — Monsieur Verduron, qui est très drôle, appelle l'ATOUT que j'ai reçu à l'œil un *coup* de PIC, parce que j'ai beaucoup de CŒUR, mais que malheureusement je n'ai pas eu GARDE A CARREAU... avec ce gueux d'opticien... de Lyon.

Ces derniers mots, seulement à l'adresse de Suzanne, furent prononcés si bas, qu'elle seule les entendit, et d'ailleurs l'armateur s'étourdissait lui-même en riant à gorge déployée des calembours atroces qu'une position désespérée inspirait au malheureux Segoffin.

— Ah ! parbleu ! je ne le croyais pas si fort que cela... Ah ! ah ! ah ! qu'il est très plaisant ! n'est-ce pas, madame ? — disait monsieur Verduron. — Il n'y a que lui pour trouver cela... Un *coup de pic*... un *atout*... il a beaucoup de cœur... et il n'a pas eu *garde à carreau*. Eh ! eh ! C'est très plaisant... très plaisant !

— Le fait est, monsieur, — reprit dame Robert, qui trouvait le jeu de mots exécrable, mais qui heureusement ne pensait plus au *coup de pique*, ainsi expliqué, — le fait est que monsieur Segoffin, avec son air sérieux, est un *pince sans rire*, comme on dit... et, s'il n'est pas plaisant, ce n'est pas, du moins, l'intention qui lui manque... Mais, monsieur, la servante vient de m'apprendre que vous désiriez parler à monsieur Cloarek pour affaires pressantes ?...

— Oui, belle dame, très pressantes, — reprit galamment l'armateur. — C'est sans doute à madame son épouse que j'ai l'honneur de parler... dans ce cas, je...

— Pardon, monsieur... je ne suis que la gouvernante de mademoiselle Cloarek.

— Comment, le cap...

Cette première syllabe du mot *capitaine* n'était pas sortie de la bouche de l'armateur, que le maître canonnier s'écriait soudain de tous ses poumons, en frappant brusquement sur le bras de Suzanne :

— Ah ! *nom d'un petit poisson !* regardez donc !... voyez donc !...

La gouvernante fut si saisie et de l'éclat de voix et du geste de Segoffin, qu'elle jeta un cri perçant et n'entendit pas même la syllabe si redoutée prononcée par l'armateur. Aussi, à peine remise de cette alerte, elle dit au vieux serviteur avec beaucoup d'aigreur :

— C'est insupportable ! vous m'avez fait une peur horrible... J'en suis toute tremblante...

— Mais regardez donc là-bas, — reprit le maître canonnier en étendant son long bras dans la direction des falaises. — C'est à n'y pas croire... ma parole d'honneur... c'est surnaturel...

— Quoi donc ? — dit l'armateur en suivant des yeux la direction indiquée par Segoffin, — que voyez-vous donc ?

— Non, l'on m'aurait juré que cela était possible, — reprit notre homme, — que j'aurais donné ma tête à couper que cela ne pouvait pas être.

— Mais, quoi donc ? — reprit Suzanne qui, malgré sa mauvaise humeur, sentait sa curiosité s'éveiller, — de quoi parlez-vous ?

— Ça tient du prodige ! — poursuivit le maître canonnier avec une sorte d'accablement admiratif ; — c'est à se demander si l'on veille ou si l'on rêve...

— Encore une fois, qu'y a-t-il ? — s'écria l'armateur, non moins impatienté que la gouvernante ; — de quoi parlez-vous ? où faut-il regarder ?

— Tenez ! — dit Segoffin imperturbable, — vous voyez bien cette falaise... à gauche ?

— A gauche, — dit ingénument l'armateur, — à gauche de quoi ?

— Parbleu, à gauche de l'autre... — fit Segoffin.

— Quelle autre ? — demanda Suzanne à son tour, quelle autre ?

— Comment ! quelle autre ? — reprit notre homme ; — vous ne voyez pas là-bas cette grande falaise blanche... qui a l'air d'un dôme ?

— Si... je la vois, — dit l'armateur.

— Eh bien ! après ?... dit Suzanne.

— Vous ne voyez pas là... tout à fait en haut...

— Tout à fait en haut... Segoffin ?

— Oui... sur le côté...

— Sur le côté ?

— Oui... vous ne voyez pas comme une espèce de lueur bleue...

— Une lueur bleue ! — répéta l'armateur en écarquillant les yeux, et mettant sa main gauche au-dessus de ses sourcils en guise d'abat-jour ; — une lueur bleue... sur la falaise ?...

— Oui, là-bas... et même tenez ; ah !... *nom d'un petit poisson !* la voilà qui devient rouge ! — s'écria Segoffin. Voyez-vous ?... hein ? est-ce étonnant, étourdissant ! Mais venez,.. Monsieur Verduron, allons voir la chose de près,

ajouta Segoffin en saisissant l'armateur par le bras et cherchant à l'entraîner. — Venez... venez...
— Un instant donc ! — reprit monsieur Verduron en se dégageant des mains du maître canonnier, — pour voir la chose de près il faudrait d'abord l'avoir vue de loin, et, du diable ! si je vois quelque chose. Et vous, madame ?
— Je n'aperçois rien de rien, monsieur.

Segoffin eût peut-être tâché de prolonger l'illusion de ses victimes et de leur en faire voir encore, ainsi que l'on dit, *de toutes les couleurs*; mais l'approche d'un nouveau danger vint éteindre sa verve d'invention.

À deux pas de lui, il entend la voix de Sabine.

En effet, n'apercevant pas monsieur Verduron caché par Segoffin et Suzanne, la jeune fille accourait, disant à sa gouvernante :

— Que regardes-tu donc là, ma bonne Suzanne ?
— Mademoiselle Sabine ! — pensa Segoffin avec désespoir, — tout est perdu... Malheureuse enfant ! cette révélation peut la tuer ! !

XVI.

Monsieur Floridor Verduron, l'armateur, à la vue de Sabine, recommença ses révérencieuses évolutions. La jeune fille lui rendit ses saluts en rougissant ; car elle ne s'attendait pas à rencontrer un étranger dans le jardin...

Segoffin, songeant avec effroi que le secret de Cloarek allait être, d'un moment à l'autre, révélé en présence de Sabine, se résolut à un parti désespéré. Voulant à tout prix éloigner l'armateur, il l'interrompit au milieu de ses saluts et lui dit :

— Maintenant, monsieur Verduron, venez avec moi ; je vais vous conduire auprès de monsieur...
— Mais, Segoffin, — dit Sabine, — vous ignorez donc que mon père est sorti ?
— Soyez tranquille, mademoiselle... je sais bien où le trouver.

Et, se mettant en marche, le maître canonnier fit un signe de tête significatif à l'armateur en lui disant :
— Venez... venez...

— Monsieur ferait mieux d'attendre mon père ici, — reprit obligeamment la jeune fille ; — il m'a dit qu'il ne tarderait pas à rentrer... vous risqueriez de vous croiser avec lui, Segoffin, et de faire faire ainsi à monsieur une promenade inutile.

— Non... non... mademoiselle... soyez tranquille, il fait un temps superbe. Je sais un très joli petit chemin... et certainement votre père reviendra par là...

— Et s'il revient d'un autre côté ? — dit Suzanne, parfaitement disposée en faveur de l'armateur par ses galanteries, — vous exposez monsieur à une course très fatigante.

— Mais, encore une fois, — reprit Segoffin avec impatience, — je vous répète que...

— Mon brave, — dit monsieur Verduron en interrompant le maître canonnier, — tu conçois que je suis trop galant ou plutôt trop égoïste, — ajouta-t-il avec un sourire coquet, — pour ne pas me rendre aux obligeantes observations de ces belles dames et attendre ici... ce cher...

— Très bien ! — s'écria vivement Segoffin, — très bien ! n'en parlons plus... je croyais faire pour le mieux... mais pendant que j'y pense, monsieur Verduron, — ajouta-t-il en se reculant assez loin de Sabine et de Suzanne et faisant signe à l'armateur de venir auprès de lui, — écoutez-moi donc... j'ai quelque chose de particulier à vous communiquer...

— Ah çà ! mon brave, — reprit l'armateur en cédonnant, — tu veux donc absolument m'éloigner de ces belles dames ? C'est donc un complot que tu trames contre ma satisfaction ?

— Parole d'honneur, monsieur Verduron, — s'écria Segoffin, craignant de voir cette nouvelle tentative inutile, — j'ai quelque chose de très important à vous dire... je ne vous demande que deux minutes.

— Deux minutes ! vous l'entendez, belles dames, — reprit en riant l'armateur, — il ne demande que cela... comme si deux minutes passées loin d'une si aimable société n'étaient pas deux siècles !

— Ah ! monsieur... — dit Suzanne, enchantée de cette nouvelle gracieuseté, — c'est trop aimable...

— Vous le voyez, mon pauvre Segoffin, — dit à son tour Sabine, qui commençait à trouver monsieur Verduron fort amusant, — il faut vous résigner.

— Mais, monsieur, — s'écria le maître canonnier, véritablement alarmé, — je vous dis, moi, qu'il faut que je vous parle en secret... et à l'instant même.

Monsieur Verduron tenait beaucoup trop à coqueter auprès de deux femmes pour se rendre au désir de Segoffin, désir dont il ne pouvait d'ailleurs soupçonner l'importance. Aussi lui répondit-il du ton le plus folâtre :

— Allons, mon brave... ne prends pas cette grosse et terrible voix, tu ferais peur à ces belles dames ; je te promets une audience particulière lorsqu'elles nous priveront de leur tout aimable présence.

— Eh bien ! alors... écoutez au moins que je vous dise... — s'écria le malheureux Segoffin, poussé à bout, en s'approchant pour parler bas à l'armateur.

Mais celui-ci se recula et dit, en riant aux éclats :

— Se chuchoter à l'oreille devant des dames ; ah çà !... tu me prends donc pour un mal-appris, pour un sauvage, pour un cannibale ?... Ah ! décidément, belles dames... ce gaillard-là veut me perdre dans votre esprit.

— Oh ! c'est que vous ne connaissez... sans doute pas l'entêtement de monsieur Segoffin ! — ajouta Suzanne ; — quand il a quelque chose dans la tête, il est impossible de le faire changer d'idée.

Le maître canonnier ne répondit rien, et se rapprocha des trois personnages, avec la physionomie d'un homme qui s'abandonne à toutes les chances d'une position désespérée.

— Ainsi, — reprit galamment l'armateur en s'adressant à Sabine, — c'est à mademoiselle Cloarek que j'ai l'honneur de parler ?...

— Oui, monsieur, — répondit la jeune fille, — et vous êtes, sans doute, un des amis de mon père ?

— Il n'en a pas de plus dévoué que moi, mademoiselle... et je serais bien ingrat s'il en était autrement... je lui dois tant !

— Mon père a donc été assez heureux pour vous rendre quelques services, monsieur ?

— Quelques services, mademoiselle !... il a fait ma fortune... rien que cela !

— Votre fortune ! reprit Sabine avec surprise, — et comment donc, monsieur ?

— Mais, ma belle demoiselle, c'est tout simple. Le...

— Oui, mademoiselle, — se hâta de dire Segoffin en interrompant l'armateur, — c'est pour le compte de monsieur que votre digne père s'est mis tant de fois en voyage... *en course* (1).

— C'est la vérité, mademoiselle, — répondit l'armateur ; — et chaque *course* m'amenait presque toujours une riche aubaine. Mais la meilleure aubaine que je devrai à votre cher père aura été celle de pouvoir vous présenter mes hommages, ma belle demoiselle.

Pendant que Sabine répondait de son mieux aux galanteries surannées de monsieur Verduron, Segoffin, avançant la tête entre Sabine et Suzanne, leur dit tout bas :

— C'est un gros fabricant. Nous placions ses étoffes dans nos voyages, et ça l'a énormément enrichi.

— Alors, monsieur, — reprit Sabine, — vous êtes à moi-

(1) En langage maritime, un corsaire *fait la course*, et quand il prend la mer, il *se met en course*.

tié coupable des inquiétudes que me causait chaque absence de mon père.

— Et Dieu sait, monsieur, combien mademoiselle était peu raisonnable à ce sujet-là ! — ajouta Suzanne. — Figurez-vous qu'elle était alors dans des transes continuelles, comme si son digne père avait eu à courir le moindre danger !

L'armateur, regardant à son tour Suzanne avec ébahissement, lui dit :

— Quelque danger ?... Ah ça ! vous croyez donc, belle dame, que...

— Mais non... c'est étonnant, — s'empressa de dire Segoffin en interrompant encore monsieur Verduron avec une excessive volubilité, — c'est étonnant comme on s'abuse sur certaines choses... On s'imagine que tout est roses dans notre métier ; et parce qu'il rapporte beaucoup, on croit qu'il n'y a qu'à se baisser et à en prendre, comme si nous ne rencontrions jamais de pratiques récalcitrantes ; mais, comme dit le proverbe : *A corsaire, corsaire et demi*, car souvent nous avons affaire à des *marchands* (1) qui, avec leur air bonasse, nous donnent fièrement du fil à retordre.

— C'est la vérité, ma belle demoiselle, — dit l'armateur à Sabine ; — on n'a pas idée comme ces gaillards-là ont souvent la mine trompeuse...

— Aussi, — répondit la jeune fille en souriant, — ne faut-il pas se fier aux apparences...

— Voilà donc, — reprit ironiquement Suzanne, — voilà donc à quoi se bornent les grands dangers dont M. Segoffin vient de nous parler d'un air si matamore.

— Ma foi, belle dame, il n'a pas tort, et je vous assure que le dernier combat...

— Un combat ? — dit vivement la jeune fille en interrompant l'armateur et le regardant avec stupéfaction, — un combat ?

— Comment, — reprit à son tour Suzanne non moins stupéfaite, — un combat ?... de quel combat... parlez-vous, monsieur ?

— D'un combat, d'une lutte à outrance, — reprit Segoffin en coupant encore la parole à l'armateur, — d'une lutte désespérée entre nous et un scélérat d'acheteur qui ne trouvait pas nos *rouenneries* de son goût ; mais monsieur Cloarek et moi, nous l'avons si bien endoctriné, qu'il nous a pris nos cent dernières pièces d'étoffes... et...

— Ah ça ! belles dames, que diable nous chante-t-il là, avec ses rouenneries et ses ballots ! — dit monsieur Verduron, qui, plusieurs fois, avait en vain tenté d'interrompre Segoffin. — Voyons... perdez-vous la tête, mon brave ?

— Comment, je perds la tête ! — s'écria Segoffin d'une voix tonnante ; et, changeant soudain de physionomie, il s'avança sur monsieur Verduron et lui dit d'un ton menaçant : — Vous me traitez de fou... vieux drôle que vous êtes !

Le fait est que le maître canonnier, se voyant à bout de ressources imaginatives et désespérant de pouvoir soutenir p'us longtemps cette conversation à double entente, venait de se résoudre à un moyen héroïque pour tâcher de sauver le secret de son maître. Aussi, profitant alors du silence de stupeur où restait l'armateur, tout étourdi de ce brusque changement de manières, Segoffin reprit d'une voix plus éclatante encore :

— Oui, vous êtes un isolent... monsieur Verduron, et, si vous m'échauffez les oreilles, je vous secouerai les vôtres.

— Segoffin, — s'écria Sabine, toute tremblante, — au nom du ciel !... que dites-vous ?...

---

(1) Les corsaires appellent les bâtimens marchands *des marchands*, et souvent des navires armés en guerre se donnent l'apparence de navires de commerce, afin de tromper les corsaires et de les attirer à leur poursuite.

— Comment ! — s'écria enfin l'armateur, — tu as l'audace de me traiter ainsi... devant ces dames ?

— Emmenez vite mademoiselle, — dit tout bas Segoffin à Suzanne ; — ça va devenir affreux... elle aurait une crise... vite... vite... emmenez-la...

Puis, faisant de nouveau quelques pas à l'encontre l'armateur, il ajouta, en le forçant de reculer jusqu'au parapet du saut de loup :

— Vieux papillon poudré à la bergamotte... je ne sais qui m'empêche de te faire faire le plongeon dans le fossé...

Et il prit au collet monsieur Verduron, qui s'écria en tâchant en vain de se dégager :

— Mais ce malheureux est devenu fou à lier ! A-t-on vu un pareil forcené ! à qui en a-t-il ?

— Au nom de Dieu ! emmenez donc mademoiselle ; il lui sera désobligeant de voir *plonger* ce vieux drôle, — reprit Segoffin en s'adressant à la gouvernante.

Celle-ci n'avait pas attendu le conseil du maître canonnier pour tenter de reconduire Sabine chez elle, en la voyant pâlir et trembler de tous ses membres à cette scène de violence ; mais la jeune fille, malgré son effroi et les prières de sa gouvernante, ne voulut pas s'éloigner, regardant comme une lâcheté de laisser un ami de son père en butte aux mauvais traitemens du *commis* ; aussi, se dégageant de l'étreinte de Suzanne, elle se rapprocha des deux hommes, et indignée, s'écria :

— Segoffin... votre conduite est déplorable ; au nom de mon père, je vous ordonne de mettre un terme à un pareil scandale.

— Au secours ! il m'étrangle, — murmurait d'une voix affaiblie monsieur Floridor Verduron, acculé au parapet du saut de loup. — Ah ! vieux misérable, le capitaine te...

Ce dernier mot : — *le capitaine*, — prononcé d'un accent si étouffé que heureusement Sabine n'entendit pas, fut la condamnation de l'armateur.

Segoffin saisit monsieur Verduron à bras le corps, le renversa brusquement en arrière, par dessus le parapet élevé de trois pieds au plus, et les deux lutteurs, tombant sur le talus gazonné, roulèrent jusqu'au fond du saut de loup sans se faire d'ailleurs le moindre mal, tandis que Sabine, ne pouvant plus maîtriser l'épouvante dont la frappait ce dernier incident, s'évanouissait entre les bras de Suzanne.

— Thérèse... au secours !... Mademoiselle se trouve mal, — cria la gouvernante, — au secours !

La jeune servante accourut bientôt, et, avec son aide, Sabine fut transportée dans la maison.

Cet appel de secours, adressé par la gouvernante à Thérèse, était arrivé aux oreilles de Segoffin, alors étendu au fond du saut de loup et tenant sous lui l'armateur, qui commençait à sortir du premier étourdissement causé par la rapidité *rotatoire* de sa chute.

— Mademoiselle Sabine se trouve mal, il n'y a plus rien à craindre, notre secret est sauvé, — se dit Segoffin.

S'asseyant alors sur le revers du talus, le maître canonnier se mit à contempler avec un flegme imperturbable monsieur Floridor Verduron ; celui-ci suant, haletant, soufflant, décoiffé, dépoudré, débraillé, se releva péniblement, et s'adossa, encore tout chancelant, au mur du saut de loup. La surprise, la colère de l'armateur étaient telles, qu'il ne put d'abord trouver une parole ; ses joues se gonflaient et se dégonflaient tour à tour, selon les aspirations de sa poitrine oppressée par la fureur ; mais s'il était muet, son regard parlait et semblait vouloir foudroyer Segoffin. Celui-ci, profitant de ce silence, dit à l'armateur avec un accent de bonhomie parfaite, et comme s'ils continuaient paisiblement un entretien :

— Maintenant, mon digne monsieur Verduron, je vais vous expliquer pourquoi je vous ai prié de me suivre dans ce petit réduit écarté.

— Misérable !... — s'écria l'armateur exaspéré par le

sang-froid du maître canonnier, — oser m'injurier, porter la main sur moi...
— Dame ! c'est votre faute, mon bon monsieur Verduron.
— Quelle audace !...
— Je vous ai demandé un moment d'entretien pour affaire particulière, vous m'avez refusé. Il m'a bien fallu manœuvrer de façon à obtenir de vous la commodité du colloque intime dont nous jouissons en ce moment.
— Bien, bien ! ajoute la raillerie à la violence ; le capitaine me fera justice de toi, vieux bandit, — s'écria l'armateur avec une rage concentrée.
Puis, avisant la pente rapide du talus, il ajouta :
— Je ne pourrai jamais, gros comme je suis, remonter là-haut : je serai obligé d'appeler au secours... de demander une échelle ou de me faire hisser avec des cordes. Ah ! misérable Segoffin ! me mettre dans cette position d'un ridicule atroce, et devant des dames encore !
Le maître canonnier s'était plu, pendant un moment, à savourer son triomphe, se disant avec complaisance qu'il n'avait pas manqué d'adresse pour sortir du très mauvais pas ; mais, cette glorieuse satisfaction assouvie, il dit sérieusement cette fois à l'armateur :
— Tenez, monsieur Verduron, je vous demande excuse de ce que j'ai fait ; mais, sur l'honneur, j'y ai été forcé...
— Comment ! tu oses encore...
— Écoutez-moi donc : monsieur Cloarek avait jusqu'ici, pour de graves motifs, caché à sa fille qu'il était corsaire et qu'il faisait la course...
— Il serait vrai ! — s'écria l'armateur en passant de la colère à la surprise ; — c'est donc pour cela qu'il m'avait caché son véritable nom et sa résidence, que j'ai eu tant de peine à découvrir !
— Justement... et afin de pouvoir s'absenter d'ici de temps à autre, il donnait pour prétexte à sa fille qu'il faisait la commission des rouenneries et autres marchandises.
— Est-il possible ?
— Aussi, vous comprenez mon embarras et ma crainte quand je vous ai vu tomber ici comme une bombe !
— C'était donc pour me prier de garder le secret ?...
— Que je voulais vous parler en particulier.
— Je n'en reviens pas... Quel bonheur de n'avoir pas compromis le secret du capitaine ! Il ne me l'eût jamais pardonné... Maintenant que je me rappelle cet entretien à double entente... je comprends tout.
— Mais, comme c'était marcher sur des charbons ardens ou sur des lames de rasoir que de continuer une conversation pareille, j'ai pris le parti de vous introduire au fond de ce saut de loup, afin de vous éloigner de mademoiselle Cloarek et de sa gouvernante ; le moyen était brutal, mais ce qui est fait est fait.
— Segoffin... je te pardonne, — dit monsieur Verduron avec magnanimité ; — je reconnais même que tu n'as pas manqué d'adresse, car...
L'entretien des interlocuteurs souterrains fut interrompu par un bruit de pas précipités et par la voix de monsieur Cloarek qui s'écriait :
— Où cela ?... où sont-ils ?
— Hélas ! mon Dieu ! ils sont tombés tous deux dans le saut de loup, monsieur, — répondait la voix de Thérèse.
Bientôt Yvon apparut au-dessus du parapet.
A la vue de son armateur, il resta frappé de stupeur ; puis, songeant que la présence de monsieur Verduron pouvait compromettre un secret qu'il avait tant d'intérêt à garder, il s'écria, en pâlissant de crainte et de colère :
— Malédiction !... vous ici, monsieur... vous avez osé...
En trois bonds, Segoffin, encore fort agile, malgré sa boiterie, gravit le talus rapide et vint dire à Cloarek :
— Monsieur Yvon, rassurez-vous... mademoiselle Sabine et Suzanne ignorent tout...

— Ah ! merci Dieu ! — dit Cloarek, soulagé d'une appréhension terrible ; — je respire... ma fille ne sait rien.

XVII.

Cloarek, rassuré sur les conséquences possibles de la visite de son armateur, voulut s'enquérir de l'objet de sa venue ; il fallait d'abord aviser aux moyens de le retirer du saut de loup. Segoffin alla chercher une corde, jeta l'un de ses bouts à monsieur Floridor Verduron qui le saisit et parvint, grâce à cette aide, à gravir le talus.
— Venez chez moi, — lui dit Cloarek sans cacher son mécontentement ; — il faut que je sache, monsieur, pourquoi vous vous êtes permis, malgré l'incognito que je voulais garder, de venir me chercher jusqu'ici, au risque d'occasionner les plus grands malheurs ?
— Vous saurez tout, mon cher capitaine, — répondit Floridor Verduron.
Et tandis que ce fâcheux réparait de son mieux le désordre de sa toilette, singulièrement compromise par sa chute au fond du saut de loup, Segoffin racontait à son maître tout ce qui s'était passé depuis l'arrivée de l'armateur.
— Toujours intelligent et dévoué, mon bon Segoffin ! — dit Cloarek avec émotion après ce récit. — Par ta présence d'esprit et par ton adresse, tu as sauvé notre secret.
— Et mademoiselle... comment se trouve-t-elle, monsieur Yvon ? Je suis bien fâché de lui avoir causé une telle peur... Impressionnable comme elle l'est... Mais de deux maux il fallait choisir le moindre...
— Elle va beaucoup mieux ; lorsque je suis arrivé, son évanouissement avait cessé depuis quelques instans, elle était encore très faible ; c'est Suzanne qui, tout indignée contre toi, m'a raconté qu'après un entretien fort paisible avec un négociant de mes amis, tu t'étais soudain jeté sur lui comme un fou furieux, et que vous aviez roulé tous deux dans le saut de loup... Ne comprenant rien à ce récit, je suis accouru, et je sais maintenant que tu m'as rendu un nouveau et grand service...
— Mon cher capitaine, — dit l'armateur en finissant de se rajuster de son mieux, — je vous en supplie, ne me faites pas paraître aux yeux de vos belles dames... je suis hideux ; le fond du saut de loup était rempli de boue, et j'aurais honte d'affronter les regards de votre charmante fille.
— Soyez tranquille... — dit Cloarek avec humeur, — je n'ai pas envie de vous remettre en sa présence...
Et Cloarek, faisant passer monsieur Verduron par un corridor de dégagement, l'introduisit dans son cabinet.
Segoffin se disposait à se retirer, lorsque l'armateur lui dit :
— Avec l'autorisation du capitaine, il faut rester, mon brave... ton avis nous peut être fort utile.
— Qu'est-ce que cela signifie ? — demanda Cloarek.
— Priez le vieux Segoffin de bien fermer la porte, mon cher capitaine, et vous allez tout savoir...
Yvon, aussi surpris qu'impatienté, fit signe à son maître canonnier de rester et dit à l'armateur :
— M'expliquerez-vous enfin pourquoi vous êtes venu me réclamer jusqu'ici, et pourquoi vous n'avez pas respecté l'incognito qu'il me convenait de garder ?
— Je vais répondre à toutes vos questions, mon cher capitaine, — répondit monsieur Verduron, qui reprenait peu à peu son air guilleret et dégagé. — Or donc, pour entrer en matière... je vous dirai que nous allons tenir ici tout bonnement un petit conseil de guerre.
— Un conseil de guerre ? — dit Cloarek, — est-ce que vous êtes fou ?
— Pas si fou, mon brave capitaine... car je viens vous proposer une aubaine d'au moins quatre à cinq cent mille francs pour votre part.

— Me remettre en mer ! — dit Cloarek en secouant la tête. J'ai renoncé à faire la course.

— Hélas ! oui, vous m'avez annoncé cette triste résolution, mon cher capitaine, et, au lieu de rester le roi des armateurs de Dieppe, parce que j'avais l'honneur et l'avantage d'armer pour le célèbre capitaine l'*Endurci*... je ne suis que...

— Un mot en passant... — dit Cloarek en interrompant monsieur Verduron, — De quel droit avez-vous pris sur vous de faire imprimer une lettre confidentielle dans laquelle je vous faisais part de mon enlèvement et de mon évasion ?

— Comment ! mon brave capitaine, mais ça été une bonne fortune pour tous les lecteurs du *Journal de l'Empire*... qui, comme tant d'autres, sont très friands de tout ce qui a trait au plus intrépide... au plus illustre de nos corsaires.

— Vous êtes beaucoup trop obligeant, car cette indiscrétion de votre part m'a fort contrarié.

— Puisque votre modestie s'est alarmée ainsi, mon cher capitaine, elle aura beaucoup à souffrir de l'article d'aujourd'hui.

— Comment ! quel article ?

— On parle encore de vous dans le *Journal de l'Empire* que j'ai vu ce matin.

— Et que dit-on ? —s'écria Cloarek, craignant pour son secret et songeant que ce journal était reçu dans sa maison.

— Mordieu ! monsieur, est-ce une nouvelle indiscrétion de votre part ?

— Rassurez-vous, mon cher capitaine, l'on n'y parle que de l'intrépide corsaire l'*Endurci*, de sa manière de combattre et d'aborder l'ennemi, etc.; enfin de simples détails sur le marin... mais rien sur l'homme privé.

— C'est déjà trop ! — reprit Cloarek avec impatience, quoique rassuré. — En tout ceci, vous m'avez été parfaitement désagréable.

— Du moins, mon cher capitaine, je ne l'ai pas fait par mauvaise intention, et, puis enfin, *ce qui est fait est fait*, comme dit ce vieux diable de Segoffin, et à tout péché... miséricorde ! n'est-ce pas ?

— Soit... mais poursuivez... ou plutôt il est, je crois, inutile de poursuivre... Vous êtes venu ici pour me proposer de reprendre la mer ; je ne veux pas la reprendre... Tout est dit.

— Non, certes, tout n'est pas dit, mon cher capitaine ; prêtez-moi seulement deux minutes d'attention : Voici le fait... Il s'agit d'un trois-mâts de la compagnie des Indes chargé de lingots et d'espèces monnayées pour environ deux millions de francs... Vous entendez... *deux millions de francs* !

— Peu m'importe...

— Attendez... Ce navire a été très avarié lors du dernier coup de vent ; il est, à cette heure, en réparation à Jersey, et il doit en appareiller demain soir à la marée, sous l'escorte d'une corvette de guerre ; je ne vous en dis pas davantage pour le moment.

— Et vous avez raison... Le trois-mâts, fût-il chargé de dix millions, je ne me remettrai pas en mer... je vous l'ai dit.

— Vous me l'avez dit, c'est vrai, mon cher capitaine... mais ce n'est pas votre dernier mot, et ce... pour plusieurs raisons...

— Je n'ai pas deux paroles, monsieur.

— Ni moi non plus, mon cher capitaine... mais enfin, souvent... malgré nous... les circonstances...

— Encore une fois, j'ai dit non... c'est non.

— Vous avez dit : non... eh bien ! vous direz : oui ; voilà tout, mon cher capitaine, —reprit l'armateur, comme s'il eût été parfaitement sûr de son fait.

— Monsieur Verduron, — s'écria Cloarek en frappant du pied, — assez !... assez !...

— Tenez, voyez-vous, n'agacez pas monsieur Yvon, — dit tout bas Segoffin à l'armateur ; — je le connais, il y aurait de l'orage pour vous ; et, comme vous n'êtes pas orné d'un paratonnerre, vous comprenez...

— Mon cher capitaine, — reprit monsieur Verduron, — tout ce dont je vous supplie, c'est de m'accorder cinq minutes d'attention, voilà tout.

— Allons, finissons.

— Vous pourrez voir, par le fragment ci-joint d'un journal anglais, et par ce rapport, qui est de bonne source,— ajouta l'armateur, en remettant quelques papiers à Yvon, — vous pourrez voir que la corvette de guerre le *Vangard*, qui convoie ce riche et succulent navire, est commandée par le capitaine Blak.

— Le capitaine Blak ! — s'écria Cloarek.

— Lui-même, répondit l'armateur. — C'est, vous le savez, l'un des plus intrépides capitaines de la marine anglaise ; et, malheureusement pour nous, il a toujours été si heureux dans ses rencontres avec nos navires, qu'on l'a surnommé le *pourvoyeur des pontons*.

— Puisque c'est ce fameux capitaine Blak qui convoie ce riche navire, il m'eût été doux, quand même il m'en aurait coûté mon dernier œil, — dit Segoffin, — il m'eût été doux de proprement loger un boulet de dix-huit dans le ventre de ce *pourvoyeur de pontons* ; mais, nom d'un petit poisson ! je n'ai pas de chance.

— La chance viendra, mon vieux loup de mer.

— Je ne suis pas assez intime avec le bon Dieu pour ça, monsieur Verduron.

— Eh bien ! mon cher capitaine, — reprit l'armateur, — votre silence me dit que vous acceptez ; j'en étais certain. Dame ! pensez donc, quel honneur et quel profit ! quatre à cinq cent mille francs de part de prise ! et ramener le *Vangard* à la remorque du *Tison-d'Enfer*... le tout en quarante-huit heures... ni plus ni moins... empocher un demi-million et coiffer le *pourvoyeur des pontons* !

Au nom du capitaine Blak, en effet, surnommé le *pourvoyeur des pontons*, de ces sépulcres flottans où chaque fonctionnaire anglais était bourreau et chaque prisonnier français martyr, Cloarek avait frémi ; tout son sang, affluant à son visage, l'avait empourré ; les artères de ses tempes, gonflées par l'engorgement du sang, battaient avec violence, et par deux fois ses poings convulsifs s'étaient contractés.

Segoffin, depuis longtemps adonné à de profondes études sur la physionomie de son maître, l'observa très attentivement ; puis il dit tout bas à l'armateur en secouant la tête :

— Ça mord un peu... mais pas assez... il bouillotte... il ne bouillira pas.

Les pronostics de Segoffin se réalisèrent ; le pourpre de la colère passa comme une nuée d'orage sur le front de Cloarek. Ses traits assombris et contractés se détendirent ; il redevint calme et dit à monsieur Verduron, en souriant à demi :

— Vous êtes un habile tentateur ; mais j'ai un talisman contre vous : c'est la promesse faite à ma fille de ne plus jamais la quitter ; vous l'avez vue, vous comprendrez que je tienne mon serment.

— Sans doute, mademoiselle Cloarek est charmante, mon cher capitaine... mais vous ne ferez pas la folie de perdre une si belle occasion. Vous mesurer avec le capitaine Blak et faire une prise de deux millions, ce sera le bouquet de votre carrière de corsaire.

— N'insistez pas...

— Capitaine... mon cher capitaine...

— Impossible ! vous dis-je.

— Segoffin, mon brave loup de mer, joins-toi donc à moi ; tu logeras ton petit boulet de dix-huit dans le ventre du capitaine Blak, je t'en réponds... vieux gourmet !

— Segoffin sait que je ne reviens pas sur ma parole, monsieur Verduron ; encore une fois, j'ai dit : non, c'est non.

— Sacrebleu ! il y a des gens d'un égoïsme intraitable ! s'écria l'armateur ; furieux du refus de Cloarek ; — il y a des gens d'une personnalité révoltante! et vous êtes de ces gens-là... capitaine!

— Ah çà! monsieur Verduron, c'est une plaisanterie, — reprit Cloarek, ne pouvant s'empêcher de sourire de cette étrange sortie; — vous parlez, mordieu! de batailles bien à votre aise... et je vous prie de me dire de quel côté est l'égoïsme : vous, restant fort tranquille dans votre comptoir de Dieppe, pendant que les marins des bâtimens que vous armez vont s'exposer aux chances d'un combat terrible...

— Comment! Et n'ai-je pas aussi mes risques, moi, monsieur? — s'écria Verduron, — et les boulets que je reçois... monsieur.

— Ah! ah! — fit Segoffin, — foi de canonnier! j'ignorais que vous fussiez dans l'habitude de recevoir une grêle de boulets.

— Certes, monsieur! je les reçois... dans mon navire encore! Aussi les réparations, les avaries, qui les paie? votre serviteur.... et les blessures, et les bras, et les jambes de moins... ce n'est rien non plus cela, apparemment?

— Ah! ah! — continua Segoffin, — vous auriez aussi la mauvaise habitude de perdre comme cela toutes sortes de bras et de jambes, mon pauvre cher homme? Non d'un petit poisson! c'est désastreux.

— Faites donc l'ignorant, vieux damné! Est-ce que, dans votre dernier et enragé combat, je n'en ai pas été pour cinq jambes et trois bras amputés? Mettez le tout l'un dans l'autre à cinquante écus de pension par membre... et comptez.

— Il faut dire que vous ne donnez pas un sou quand on perd la tête, — dit Segoffin.

— Il ne s'agit pas de plaisanter, mais de répondre, — s'écria l'armateur de plus en plus animé; — car enfin, est-ce que je ne fais pas tout ce que je peux, moi, pour vous créer d'excellens équipages? Croyez-vous donc, capitaine, que l'espoir d'une petite pension en cas d'avaries majeures ne donne pas du cœur au ventre à nos matelots et n'en fasse pas de vrais démons pour le feu? Et c'est quand je me saigne ainsi aux quatre membres, que je suis payé par la plus noire ingratitude!

— Ce que vous dites est ridicule, — répondit Cloarek en haussant les épaules, — j'ai quadruplé votre fortune.

— Et parce que monsieur le capitaine l'Endurci a sa suffisance de richesses, s'écria l'armateur, — il s'inquiète peu que les autres aient ou n'aient point la leur.

— Monsieur Verduron, — dit Cloarek, — tout à l'heure vous étiez ridicule, maintenant vous êtes amusant : c'est un progrès.

— Je trouve même, — ajouta sentencieusement Segoffin, — que de même que l'on dit dans notre pays un Breton... bretonnant, on pourrait dire à l'endroit de monsieur : un bouffon... bouffonnant!

— Ah! c'est ainsi — s'écria l'armateur exaspéré, — eh bien! bouffonnera fort... celui qui bouffonnera le dernier.

— Allons, mon cher Verduron, calmez-vous, — reprit Cloarek; il y a, Dieu merci, plus d'un aussi capable que moi de vaillamment commander le Tison d'Enfer, d'aller à Jersey faire cette bonne capture et livrer un beau combat au capitaine Blak. Ce combat est, je vous l'avoue, la seule chose que je regrette.

— Ainsi, vous refusez, capitaine?
— Pour la dixième fois, oui.
— Positivement?
— Allons... assez.

— Eh bien donc! — reprit résolument l'armateur, — ce que j'aurais voulu obtenir de vous, capitaine, par la prière et par la persuasion... je l'obtiendrai autrement.

— Que veut-il dire? — reprit Cloarek en regardant Segoffin.

— Quelque drôlerie, — répondit le maître canonnier; — toujours bouffon... bouffonnant.

— Vous sentez, capitaine, — poursuivit Verduron avec un accent sardonique et menaçant, que je ne se résigne pas facilement à renoncer à l'éventualité d'une prise d'un demi-million... Aussi, quoique je fusse loin de m'attendre à votre refus... j'avais prudemment pris mes petites précautions...

— Vos précautions?

— Le Tison d'Enfer est mouillé au Havre, où il est entré ce matin.

— C'était lui, — s'écria Segoffin, — je ne me trompais pas; c'est lui que j'ai vu louvoyer il y a trois heures.

— Le brick! — s'écria Cloarek, — le brick est au Havre.

— Oui, monsieur Yvon... mais déguisé... oh! déguisé à ne pas le reconnaître, puisque moi qui le connais comme si j'étais son père, j'ai douté, —reprit le maître canonnier.

— Figurez-vous qu'ils vous l'ont barbouillé de gris perruquier, avec une large bande jaunâtre, c'est-à-dire que c'est bourgeois... c'est galiote... c'est patache! enfin c'est ignoble! Et avec cette belle dégaîne-là... pas l'apparence d'un canon, Dieu merci! car ils en auraient rougi jusqu'à la gueule, ces pauvres chéris.

— Ah çà! monsieur, — dit Cloarek à l'armateur,—m'apprendrez-vous ce que tout cela signifie?...

— Le voici... capitaine, — répondit Verduron triomphant à son tour : — j'ai changé la couleur du brick; j'ai fait exhausser ses bastingages au moyen de bordages volans, qui, dissimulant sa batterie... le rendent méconnaissable; excellente précaution, car le Tison d'Enfer a fait tant de mal à l'Angleterre, que son signalement est donné à tous les croiseurs britanniques... Aussi, capitaine, grâce au déguisement de votre brick, vous arriverez bien plus facilement à Jersey...

— Ah!... — dit Cloarek en se contenant, — décidément vous y tenez?

— Beaucoup, capitaine, et je fais mieux, je vous tiens... Oui, et voici comment : l'équipage est dans l'enthousiasme; l'attente d'une nouvelle course sous vos ordres a mis le feu au ventre de ces démons incarnés... Ils vous attendent ce soir... et je vous préviens que si vous n'êtes pas au Havre dans une heure... ils seront ici dans deux.

Cloarek, stupéfait de la détermination de l'armateur, regarda Segoffin sans pouvoir d'abord trouver une parole; puis il balbutia d'une voix altérée par la colère :

— Comment! vous osez!

— Mon Dieu, ce n'est pas moi qui oserai, capitaine; ce seront vos matelots, et vous savez si les gaillards sont oseurs... Ainsi donc, si vous refusez, vous verrez arriver ici vos cent cinquante diables enragés, tambours et fifres en tête; ils sont déterminés à enlever de force l'intrépide capitaine l'Endurci. Aussi, je crains que les fifres et tambours de votre équipage n'ébruitent cette fois votre incognito.

— Misérable! — s'écria Cloarek désespéré, car il sentait combien le dessein de l'armateur était réalisable; aussi se précipitait-il sur Verduron, sans Segoffin, qui, craignant un danger pour l'armateur, lui fit un rempart de son corps en disant à Cloarek :

— Ah! monsieur Yvon, il a les cheveux blancs... sous sa poudre à la bergamote.

— Assommez-moi... tuez-moi... si vous voulez, — reprit l'armateur, — vous n'empêcherez pas l'équipage du brick de venir vous trouver si vous n'allez pas à lui.

— Monsieur, — dit vivement Segoffin à son maître, en prêtant l'oreille du côté de la porte, — calmez-vous... pas si haut! j'entends quelqu'un...

— Ne laisse entrer personne, — s'écria Cloarek.

Segoffin courait à cette porte, lorsqu'elle s'ouvrit brusquement; Suzanne, pâle, alarmée, y parut, et lui dit en joignant les mains :

— Ah!... monsieur, venez... venez vite.
— Qu'y a-t-il?
— Mademoiselle...
— Ma fille!... qu'a-t-elle?...
— Ah! monsieur, je suis si émue... venez... venez...

Cloarek, oubliant tout, suivit précipitamment la gouvernante, laissant l'armateur et Segoffin.

— Monsieur Verduron, — lui dit le maître canonnier, — sans compliment, vous l'avez échappé belle. Je n'ai qu'un conseil à vous donner, c'est de filer votre nœud... e raide...

— Oui, — dit l'armateur, en prenant à la hâte sa canne et son chapeau, — tu peux avoir raison.

— J'ai énormément raison.

— Écoute : tu le sais, au fond je suis bon homme, et après tout je regrette d'avoir mené les choses si loin, pour cette nouvelle course, car j'ignorais que le capitaine eût une fille et tant d'intérêt à lui cacher qu'il était corsaire; mais maintenant, aucune puissance humaine, pas même celle du capitaine, ne serait capable d'empêcher ces endiablés marins de venir le chercher ici, s'il ne va pas à eux. Ils flairent une capture énorme et un combat acharné; ils seront intraitables; ce que je leur dirais ou rien, ce serait...

— Ce serait la même chose... je les connais... Aussi, en considération de tout ceci, je vous conseille, moi, de filer précipitamment votre nœud; vous avez fourré monsieur Yvon dans un affreux guêpier; je ne vois pas comment il en pourra sortir. Or, moi, malgré mon air bon enfant, ça me révolte... et quoique, sous votre poudre à la bergamote, il y ait des cheveux blancs, je pourrais, nom d'un petit poisson! me faire illusion et me livrer sur votre personne à toutes sortes de « *sévices graves et de voies de fait,* » comme disait autrefois mon maître... quand il était juge, et...

L'armateur n'en attendit pas davantage; car, malgré ses paroles doucereuses et son flegme habituel, Segoffin paraissait prêt à éclater. Monsieur Verduron se hâta de sortir, et, du seuil de la porte, ajouta ces derniers mots :

— Je pars... Dis, en tout cas au capitaine, que l'état-major du brick et une partie de l'équipage l'attendent à la taverne de l'*Ancre-d'Or*, sur le quai.

Au bout de quelques instans, l'armateur eut quitté la maison de Cloarek.

Segoffin se dirigea du côté de la chambre de Sabine, afin d'avoir quelques nouvelles sur le dernier événement qui venait de motiver la brusque sortie du capitaine.

XVIII.

Segoffin, depuis une demi-heure environ, se promenait avec une inquiétude croissante dans un couloir où donnait la porte d'un petit salon précédant la chambre à coucher de Sabine; de temps à autre, le maître canonnier prêtait l'oreille avec attention et n'entendait rien qu'un bruit confus.

Enfin il vit sortir Suzanne qui s'essuyait les yeux.

— Eh bien! — lui dit-il vivement et avec anxiété, — comment va mademoiselle? qu'est-ce qu'il y a encore, Suzanne?... répondez... répondez donc...

— Vous me demandez ce qu'il y a, brutal que vous êtes, lorsque votre scène de violence de ce matin envers cet honnête négociant, qui est si poli, a jeté mademoiselle dans une horrible crise nerveuse !!!...

— Admettons que j'aie eu tort... cette crise avait heureusement cessé... Monsieur Yvon me l'a dit en venant me retrouver au jardin.

— Oui, cette crise avait cessé... mais mademoiselle était restée dans une prédisposition si nerveuse, que ce qui est arrivé ensuite... l'a replongée dans un état très alarmant.

— Eh morbleu! je sais l'affaire du saut de loup; parlez-moi de ce qui est arrivé ensuite...

— Certes... vous devez savoir cette affaire, vieux forcené! Précipiter cet aimable homme au fond de ce fossé!

— Suzanne... — reprit Segoffin d'une voix grave et émue; — au nom de l'attachement que nous portons tous deux à nos maîtres, je vous en supplie... dites-moi ce qui est arrivé...

L'accent pénétré du vieux serviteur toucha Suzanne.

—Eh! mon Dieu !...—reprit-elle,—vous savez bien que j'en suis certaine de votre affection pour nos maîtres... seulement vous avez parois de si sauvages façons d'agir, et ce matin encore... allons, n'en parlons plus... Il y a une heure, je suis donc venue chercher monsieur là haut.

— Ensuite?

— Monsieur est accouru auprès de mademoiselle... elle a pleuré beaucoup... et cela, comme toujours, l'a un peu calmée... Monsieur a aussi beaucoup pleuré.

— Lui... que s'était-il donc passé?

— Hélas !... le seul chagrin de sa vie... s'est ravivé plus douloureux que jamais.

— Comment?

— La mort de cette pauvre madame...

— Et qui l'a rappelée à M. Yvon?

— Sa fille !

— Mademoiselle Sabine?

— Oui. Jugez combien ce coup a été cruel pour lui !

— Que dites-vous là? — s'écria Segoffin avec effroi. — Mademoiselle Sabine sait donc ce malheureux secret?

— Elle? Dieu merci, elle l'ignore, elle l'ignorera toujours, je l'espère.

— Alors, Suzanne... je ne vous comprends plus.

— Tenez, — dit la gouvernante en tirant un papier de sa poche, — voici ce qui a causé tout le mal...

— Qu'est-ce que cela?

— Le journal de ce matin.

— Eh bien?

— Il contient de nouveaux détails sur ce fameux corsaire, le capitaine l'*Endurci*.

— C'est donc cela... dont cet animal d'armateur nou parlait tantôt, — se dit Segoffin.

Et il ajouta tout haut :

— Mais quel rapport ce journal peut-il avoir...

— Ecoutez ce passage, Segoffin; celui-là seul est important, et alors vous comprendrez tout.

Suzanne ouvrit le journal et lut le fragment suivan d'un article intitulé :

Nouveaux détails sur le célèbre capitaine corsaire
L'ENDURCI.

« Il n'est pas jusqu'à l'extérieur du capitaine qui n'ajoute
» joute encore au prestige dont il est entouré, car chacun
» de ses matelots est un séide capable de se dévouer pour
» lui jusqu'à la mort.
» Cet intrépide corsaire est âgé de quarante ans environ; sa taille, moyenne, est à la fois svelte et robuste;
» sa physionomie mâle est expressive; son œil d'aigle,
» le port impérieux de sa tête, son allure décidée, tout
» décèle en lui l'homme né pour le commandement; l'on
» ignore son véritable nom et son origine; mais plusieurs
» pensent qu'il est Breton, si l'on en juge, disent les uns,
» d'après le costume qu'il porte invariablement pendant
» ses croisières; d'autres pensent, au contraire, que le
» capitaine l'*Endurci* est Méridional, et qu'il n'adopte le
» costume breton, que parce qu'il est, par sa forme et par
» sa commodité, parfaitement approprié aux fonctions et
» aux habitudes du marin.
» Quoi qu'il en soit, nous croyons intéresser nos lecteurs en leur donnant, d'après un témoin oculaire, une
» description exacte du costume que ce célèbre corsaire a
» toujours porté à son bord, depuis qu'il fait la course;
» l'on dit même qu'il attache à l'usage de ce costume une
» idée superstitieuse.
» Le capitaine l'*Endurci* est habituellement vêtu d'une
» veste et d'un gilet noir, rehaussés de petits boutons
» d'argent; une large ceinture orange qui supporte aussi
» ses armes, serre à sa taille d'amples *braies* de toile blan-

» che, semblables aux *morphs* des pêcheurs hollandais
» ou aux jupes des pilotes de l'île de Batz ; de grandes
» guêtres de peau et un large chapeau, très bas de forme,
» complètent ce costume à la fois commode, sévère et
« pittoresque. »

Puis, après avoir lu ce fragment, la gouvernante ajouta :

— Vous le voyez, Segoffin, le hasard veut que ce corsaire porte un costume breton pareil à celui que portait monsieur Cloarek lors de cette nuit funeste où madame est morte, et...

— Ah ! — s'écria Segoffin en interrompant la gouvernante, — je tremble de deviner. A cette lecture, mademoiselle Sabine a cru reconnaître dans ce corsaire le personnage mystérieux qu'elle croit être le meurtrier de sa mère...

— Hélas ! oui, Segoffin ; aussi, dans une sorte de délire, a-t-elle dit à M. Cloarek : — *Mon père... le meurtrier de ma mère existe... ne la vengerez-vous pas?* Jugez du désespoir de monsieur Cloarek. Détromper sa fille, c'est pour ainsi dire s'accuser lui-même.

— Mais ce journal de ce matin, mademoiselle l'a donc lu après l'arrivée de monsieur Yvon ?

— Mon Dieu, oui ; voici comme cela s'est passé : l'émotion que lui avait causée votre algarade du ce matin, soit dit sans reproche, Segoffin, était déjà calmée... mais la chère enfant éprouvait encore ces tremblemens nerveux, qui, chez elle, succèdent toujours à ses crises. Vers les onze heures, monsieur est rentré ; il avait l'air rayonnant, mon neveu l'accompagnait, tout aussi joyeux. « Ma fille » est-elle chez elle? me dit gaîment monsieur Cloarek ; j'ai » une bonne nouvelle à lui apprendre. » Là-dessus, Segoffin, sans être rapporteuse, je suis bien obligée de raconter à monsieur votre affaire du saut de loup avec ce digne négociant poudré qui a des manières si gracieuses, et l'effroi que votre violence a causé à mademoiselle.

— Nécessairement ; mais continuez.

— Monsieur court chez sa fille, la trouve presque tout à fait remise, se rassure, lui recommande le calme, le repos, et va vous rejoindre ; il avait dit à mon neveu d'aller tout de suite s'occuper dans sa chambre de je ne sais quelle note qu'il lui avait demandée... (et, par parenthèse, le pauvre garçon y est encore... dans sa chambre... je n'ai pas voulu l'attrister en allant lui conter ce qui vient d'arriver à mademoiselle). Mais cela ne fait rien à la chose ; je reste donc auprès de cette chère enfant, Thérèse, comme à l'ordinaire, apporte le journal ; alors... j'ai la malheureuse idée, pour distraire mademoiselle, de le lui donner à lire ; aussi, qu'est-il arrivé ? c'est qu'au passage où l'on décrit le costume de ce corsaire... elle a jeté un cri affreux... et... mais, tenez, — dit Suzanne en s'interrompant,

— voilà monsieur.

En effet, Cloareck, pâle et les traits empreints d'un sombre désespoir, sortait de la chambre de sa fille.

— Suzanne, retournez près d'elle... je vous prie... — dit-il à la gouvernante d'une voix altérée ; — elle vous demande.

Puis s'adressant à Segoffin :

— Toi, viens.

Le vieux serviteur suivit silencieusement son maître dans sa chambre à coucher.

Cloarek, se jetant alors dans un fauteuil, donna un libre cours à ses larmes, jusqu'alors contenues par la présence de Sabine ; il cacha sa figure entre ses mains et poussa de sourds gémissemens, entrecoupés de sanglots déchirans.

A l'aspect de cette douleur poignante, Segoffin, qui s'émouvait rarement, sentit son œil devenir humide, et debout, près de son maître, il resta silencieux, abattu.

Au bout de quelques instans, Cloarek s'écria d'une voix entrecoupée :

— Oh ! que j'ai souffert !... oh ! que je souffre ! !

— Oui... je vous crois, monsieur Yvon, — dit tristement Segoffin, — Suzanne m'a tout dit... Ce journal... c'est bien malheureux !

— Non, vois-tu ! — s'écria Cloarek avec un redouble-

ment de désespoir ; — non, il est impossible de se figurer combien le terrible souvenir de cette nuit funeste est resté présent... à la pensée de cette malheureuse enfant ! Je frissonne encore en songeant avec quelle expression d'épouvante et d'horreur elle s'écriait, presqu'en délire, en me serrant convulsivement entre ses bras : — « Père ! » père ! cet homme... ce meurtrier de ma mère... il existe... » — Et comme, dans ma stupeur, je la regardais sans lui répondre, elle me dit, avec l'énergie de la haine : — « Mais, père... il vit... celui qui a tué ma mère... celui » qui a tué ta femme... Ce meurtre... il crie vengeance ! et » cet homme vit encore ! » — Et, pour la première fois, sur la douce figure de ma fille... je lisais l'expression de la haine... et de cette haine... je suis l'objet... Ah ! tiens... cette scène horrible a rouvert ma plaie... ravivé mes remords, et tu sais pourtant si j'ai assez souffert... si j'ai assez expié... un moment d'entraînement fatal...

— Tenez, monsieur Yvon, ce qu'il y a de pis, dans tout cela, — reprit Segoffin après un moment de silence, — c'est la trame de cet armateur que l'enfer confonde...

— C'est à en devenir fou... car si je reste auprès de ma fille... l'équipage du brick arrivera ici.

— C'est certain... vous connaissez nos hommes...

— Oui, et Sabine alors apprendra ainsi, que moi, le capitaine l'*Endurci*, et le meurtrier de sa mère... c'est tout un... et cette enfant... sur laquelle j'ai depuis tant d'années concentré toutes mes affections... cette enfant, qui est ma vie... ma seule consolation... mon seul espoir... cette enfant n'aura plus pour moi qu'aversion et horreur... et pourtant, tu le sais, toi... toi seul ! le véritable et étrange secret de cette vie, dont ma fille me fera un crime ! et pourtant ce secret, s'il était révélé... me donnerait peut-être le droit d'être fier et glorieux ! Mais, non... elle doit toujours ignorer ce mystère... elle ! ! !... Et je n'aurai rien... rien, pour combattre l'aversion que ma vie passée doit inspirer à mon enfant ! mais... c'est affreux... — s'écria Cloarek avec un accent déchirant.

Et après quelques minutes de sinistres réflexions, l'œil égaré, les lèvres contractées par un sourire sardonique, il murmura, se parlant à lui-même :

— Bah !... elle est riche... elle aime un honnête homme... elle est aussi aimée... Suzanne lui resteront... Au lieu de m'abhorrer, elle me pleurera, et, pour elle, ma mort sera environnée du même mystère que ma vie.

Cloarek, en disant ces mots, s'était avancé vers un meuble sur lequel était placée une paire de pistolets.

Segoffin n'avait pas perdu son maître du regard ; sautant sur les pistolets avant que le capitaine ait pu s'en emparer, il profita d'un premier moment de surprise de celui-ci pour ouvrir les bassinets et répandre les amorces sur le plancher, puis il replaça froidement les armes à leur place.

— Malheureux ! — s'écria Cloarek hors de lui-même, saisissant le vieux serviteur au collet, — tu paieras cher ton audace !

— Allons, monsieur Yvon, pas d'enfantillage... Revenez à vous.

— Ces pistolets, — poursuivit Cloarek, — pourquoi les as-tu désarmés ?

Et il secoua vigoureusement Segoffin, qui répondit, tout en cédant aux brusques oscillations que lui imprimait le rude poignet de son maître :

— Monsieur Yvon... le temps presse... et se passe... Vous avez mieux à faire qu'à secouer votre vieux Segoffin... comme un arbre dont on veut faire tomber les fruits... je vous le dis : le temps presse, et est précieux !

Le sang-froid du maître canonnier rappela Cloarek à lui-même ; il murmura, en retombant sur son siège avec accablement :

— Tu as raison... je suis insensé... Tiens, Segoffin... aie pitié de moi.

— Allons, mordieu ! monsieur ! est-ce vous qui parlez ainsi ?

— Eh! que veux-tu que je te dise? que veux-tu que je fasse? ma tête est en feu... j'ai le vertige!
— Est-ce mon avis que vous me demandez?
— Parle... toujours.
— Il faut aller au Havre.
— Abandonner Sabine dans l'état où elle se trouve. Redoubler ses alarmes par un départ précipité, par une absence incompréhensible pour elle, après mes promesses! L'abandonner enfin au moment même où elle n'a jamais eu plus besoin de mes soins, de ma tendresse... au moment de la marier, peut-être...
— Mademoiselle Sabine...
— Oui, ce mariage m'avait d'abord déplu... et, à cette heure... j'y ai confiance, pour l'avenir de ma fille; mais il faut pour cela que je puisse la guider... entourer ces deux faibles enfans d'une constante et paternelle sollicitude, et c'est dans un pareil moment que j'irais reprendre la mer... risquer encore ma vie, lorsque jamais elle n'a été plus nécessaire à Sabine!... car maintenant, je retrouve mon sang-froid, ma raison, et, je le sens, tout-à-l'heure j'étais fou de vouloir me tuer. Merci à toi, mon vieux et fidèle... c'est un crime que tu m'as épargné.
— Je voudrais vous épargner de même la visite de l'équipage du corsaire, monsieur Yvon; il ne faut pas oublier ce danger-là... Si vous n'allez pas à eux, ils viendront à vous.
— C'est moi qui vais aller à eux! — s'écria Cloarek, frappé d'une idée subite; — oui, je vais à l'instant partir pour le Havre et annoncer à mes matelots que j'ai renoncé à la mer... et ils ne m'imposeront pas leur volonté... Ils savent si mon caractère est énergique, si je cède aux clameurs... Tu m'accompagneras... tu as aussi sur eux de l'influence; elle me sera nécessaire... C'est le seul moyen de conjurer le péril qui me menace; il est deux heures, à trois heures nous serons au Havre, et à cinq heures, au plus tard, de retour ici. Ma fille repose un peu, elle ne se doutera seulement pas de mon absence. Allons, viens. Pour ne donner ici aucuns soupçons, nous prendrons un cabriolet à l'auberge.
Au moment où Cloarek se dirigeait vers la porte, le maître canonnier, qui n'avait pu l'interrompre, l'arrêta et lui dit d'un ton grave:
— Monsieur Yvon, vous faites fausse route.
— Que veux-tu dire?
— Si vous mettez le pied au Havre, vous ne serez de retour ici qu'après la croisière...
— Tu es fou.
— Je ne suis pas fou.
— Mon équipage m'enlèvera de force, n'est-ce pas?
— C'est probable.
— Et ma volonté?
— C'est votre volonté que je crains.
— Finiras-tu tes énigmes?
— Une fois en présence de nos matelots, vous n'aurez pas la force de leur résister.
— Moi?
— Non.
— Après les raisons que je viens de te donner?
— Rien n'y fera! croyez-moi. Vous allez vous retrouver face à face, cœur à cœur, avec ces enragés qui, tant de fois ont, avec vous, bravé mer et tempête, feu, fer et plomb. Vous allez flairer le goudron et la poudre; ces démons vont vous parler à leur manière: du capitaine Blak, le Pourvoyeur des pontons!!! et alors... je vous dis, moi, que, malgré vous, VOUS VOUS SENTIREZ... COMME VOUS SAVEZ... et, quand vous êtes comme ça, le diable n'est pas votre maître, et le bon Dieu encore moins.
— Je t'ai dit qu'à cinq heures je serai de retour ici... sans que ma fille se soit aperçue de mon absence. Tes craintes sont folles. Viens.
— Vous le voulez?
— Suis-moi...
— Ce qui sera... sera, — dit Segoffin en suivant son maître et en secouant la tête.

Après s'être informé auprès de Suzanne de l'état de Sabine, et avoir appris qu'elle continuait de reposer, Cloarek, accompagné de son maître canonnier, sortit de sa maison et partit pour le Havre.

XIX.

Trois jours se sont écoulés depuis le moment où Yvon Cloarek a quitté sa demeure sans prévenir sa fille de son départ.
Cette habitation, ordinairement si calme, si riante, offre presque partout des traces à peine effacées d'une dévastation récente.
L'un des pavillons attenant au bâtiment principal a été presqu'entièrement ravagé par l'incendie; des décombres noircies au feu, des poutres à demi-carbonisées couvrent une partie du jardin.
La porte et plusieurs des fenêtres du rez-de-chaussée du bâtiment principal, brisées et défoncées à coups de hache, sont remplacées avec des planches; de larges taches rouges ensanglantent la muraille, et, à quelques endroits, plusieurs des croisées des étages supérieurs ont été criblées par la mousqueterie.
Il est minuit.
A la clarté d'une lampe éclairant une des chambres à coucher de la maison, on voit Onésime; les draps du lit où il est étendu sont çà et là tachés de sang.
Le neveu de Suzanne semble sommeiller; il est d'une grande pâleur; de temps à autre, une sorte de demi-sourire douloureux erre sur ses lèvres entr'ouvertes.
Une femme âgée, vêtue en paysanne, assise à son chevet, le veille avec sollicitude.
Le grand silence qui règne dans cette chambre est interrompu par le bruit de la porte, que l'on ouvre avec une extrême précaution. Bientôt dame Robert entre, et, recommandant d'un geste à la paysanne de ne pas se déranger, elle s'avance sur la pointe du pied jusqu'au lit de son neveu; dérangeant alors un des rideaux, elle le contemple dans une muette anxiété.
En trois jours, les traits de Suzanne sont devenus presque méconnaissables: la douleur, les angoisses, les larmes les ont marbrés et creusés.
Après avoir silencieusement regardé Onésime pendant quelques instans, Suzanne, se reculant doucement, fit signe à la garde de venir auprès d'elle et lui dit tout bas:
— Comment a-t-il été depuis que je suis venue?
— Il a paru moins souffrant, mais plus agité, madame...
— Il ne s'est pas plaint?
— Très peu... Il m'a plusieurs fois demandé des détails sur ce qui s'est passé; mais, d'après vos ordres... je n'ai rien voulu dire.
— Grâce à Dieu, la connaissance... lui revient?
— Oh! tout à fait, madame... On voit même qu'il parlerait davantage... si on répondait à toutes ses questions.
— Il ne m'a pas demandée?
— Oh! si, madame; plusieurs fois il m'a dit: — Ma tante viendra, n'est-ce pas?... Ne viendra-t-elle pas bientôt?... Je lui ai répondu que vous veniez presque toutes les demi-heures... Il m'a fait signe de la tête qu'il me remerciait, et puis il s'est assoupi, mais il s'est plusieurs fois réveillé en sursaut.
— Et il n'a pas paru souffrir davantage de sa blessure?
— Non, madame... seulement, une ou deux fois il a eu comme de la peine à respirer...
— Pourvu, mon Dieu! — dit Suzanne en joignant les mains et levant au ciel des yeux humides de larmes, — pourvu qu'il ne survienne pas d'accident mortel!
— Le chirurgien vous a pourtant rassurée à ce sujet, madame.

LES SEPT PÉCHÉS CAPITAUX. — LA COLÈRE.

— Il m'a dit qu'il avait bon espoir; hélas! rien de plus!

— Madame, je crois qu'il s'éveille, dit la paysanne en écoutant. Car Suzanne et elle s'étaient retirées derrière les rideaux du lit qui les cachaient.

En effet, Onésime fit un léger mouvement sur sa couche et poussa un profond soupir.

Suzanne avança la tête, s'aperçut qu'Onésime ne dormait pas, et dit à la paysanne :

— Descendez dîner, ma bonne... je vous sonnerai plus tard.

La garde sortit, Suzanne vint s'asseoir à sa place.

A la voix de sa tante, Onésime avait tressailli de contentement; il lui dit, en la sentant assise auprès de lui :

— Vous voilà?... oh! tant mieux!...

— Cher... cher enfant... — dit la gouvernante avec une émotion difficilement contenue, — je viens de t'entendre soupirer... tu souffres donc toujours... ou davantage peut-être?

— Non... je vous assure... je me sens beaucoup mieux.

— Tu dis cela pour me rassurer?

— Tenez... prenez ma main... Vous savez combien elle était brûlante... voyez!

— Il est vrai... elle l'est moins... Et ta blessure, est-ce qu'elle t'élance encore beaucoup?...

— J'ai un peu de difficulté à respirer, voilà tout; cela ne sera rien.

— Rien! mon Dieu! rien... un coup de poignard en pleine poitrine...

— Ma bonne tante...

— Que veux-tu?...

— Et mademoiselle Sabine?

— Tout le monde va bien.. très bien, je te l'ai déjà dit.

Onésime secoua la tête d'un air d'incrédulité, et reprit :

— Et monsieur Cloarek?

— Tiens, mon enfant... ne parlons pas de ce qui s'est passé... ne me fais pas de questions, je ne saurais y répondre... Quand tu seras tout à fait sur pied, à la bonne heure!

— Ecoutez, ma tante... vous refusez de me répondre... de crainte de trop m'agiter... mais, je vous le jure... l'incertitude où je suis sur le sort de mademoiselle Sabine et de monsieur Cloarek me désole!

— Tout le monde va bien... je te le répète...

— Non, ma tante... non, tout le monde ne peut pas aller bien... après cet événement terrible et encore inexplicable pour moi!

— Mais, mon ami, je t'assure que... Allons, voilà que tu t'impatientes, que tu t'agites. Mon Dieu! combien tu es peu raisonnable, Onésime!... Je t'en prie... calme-toi.

— Mon Dieu! mon Dieu! est-ce ma faute? Pourquoi me laissez-vous dans une pareille anxiété... au sujet de mademoiselle Sabine... de monsieur Cloarek?

— Mais je me tue à te répéter que tout le monde va bien...

— Et moi je vous dis que c'est impossible, — s'écria le jeune homme avec une animation croissante. — Comment! dans cette funeste soirée, l'on attaque cette maison de vive force, et au bruit de la fusillade, à la lueur de l'incendie l'appartement où nous nous trouvions, mademoiselle Sabine, vous et moi, est envahi par une bande de gens furieux, et vous voulez que je croie que mademoiselle Sabine, qui tremblait au moindre bruit, n'a pas éprouvé dans cette soirée une commotion terrible, mortelle, peut-être?

— Onésime... au nom du ciel, écoute-moi.

— Et qui me dit qu'elle n'est pas morte?...

— Calme-toi...

— Morte! — ajouta-t-il, d'un air égaré, — et vous me le cachez. Morte! Si cela était... Oh! mon Dieu!

— Mon enfant... je t'en supplie...

— Et monsieur Cloarek... si sa fille est morte! lui qui l'aimait tant! où est-il? qu'est-il devenu? qu'aura-t-il fait... après un pareil malheur? Je vous dis, moi, qu'il règne dans cette maison un silence de tombe.

— Malheureux enfant!... mais c'est du délire.

— Non, ce n'est pas du délire! Hélas! j'ai maintenant ma raison, toute ma raison! avec elle me sont revenues les craintes... les pressentimens... et cela me tue... — murmura Onésime, en retombant anéanti sur sa couche; car, dans son agitation, il avait eu la force de se dresser sur son séant.

Suzanne, effrayée, se pencha sur son neveu, souleva sa tête appesantie, lui fit respirer des sels; peu à peu sa faiblesse se dissipa, et il dit à Suzanne qui sanglotait :

— Pardon... pardon... du chagrin que je vous cause... Mais, si vous saviez mes angoisses... si vous saviez ce qu'il y a d'affreux... pour moi... à penser que, le matin même de cette fatale journée, monsieur Cloarek m'avait fait espérer... un bonheur si grand, si grand!... que je ne pouvais y croire... Et... maintenant tant d'espérances ne sont plus que larmes et cendres!

— Mais que veux-tu que je fasse à cela? mon Dieu!...

— Vous croyez agir pour le mieux en me cachant tout... je le sais, pauvre et bonne tante... mais, je vous le jure, vous vous trompez... la réalité... si affreuse qu'elle soit... me ferait moins de mal que l'incertitude dont je suis torturé... Quand je ne dors pas... les pensées les plus sinistres m'assiégent... quand je ferme les yeux, ce sont des songes horribles, et je me réveille en sursaut... pour retomber dans des doutes pleins d'alarmes... Non, non, je vous dis que ce n'est pas vivre... J'aime mieux cent fois la mort; c'est au moins une certitude.

Suzanne, effrayée de la croissante exaltation d'Onésime, et craignant qu'en effet les réticences dont elle s'entourait n'eussent un effet funeste, Suzanne s'écria :

— Eh bien! écoute... promets-moi d'être raisonnable.. d'avoir du courage...

— Du courage... ah! je savais bien, moi, qu'il y avait de grands malheurs!

— Tu vois bien... que veux-tu que je fasse, que je dise? — s'écria la malheureuse femme. — Voilà déjà qu'aux premiers mots, tu te désespères.

— Oh! mon Dieu! — s'écria Onésime avec terreur, — j'en avais le pressentiment!... elle est morte!...

— Non... non... elle vit, — reprit la gouvernante; elle vit... je te le jure sur le salut de mon âme... elle vit, te dis-je... Elle a bien souffert... elle a été bien cruellement éprouvée... tu dois le penser, mais sa vie n'est plus en danger.

— Elle a donc été en danger?...

— Pendant deux jours... oui, malheureusement; mais, tout à l'heure encore, j'ai causé avec elle... Son état est aussi satisfaisant que possible.

— Merci! mon Dieu! merci!... — dit religieusement Onésime. — Merci à vous, ma bonne tante... ah! si vous pouviez savoir le bien que vous me faites... l'adoucissement que j'éprouve, vous en seriez heureuse!

— Et j'en suis heureuse, mon enfant.

— Monsieur Cloarek est-il ici?

— Non...

— Il n'est pas auprès de sa fille?...

— Non, mon enfant... non.

— Où est-il donc?

— On l'ignore.

— Oh! mon Dieu!... mais, dans cette nuit fatale...

— Il est venu... il a même été blessé... légèrement.

— Et depuis?

— On ne l'a pas revu.

— Mais comment n'est-il pas resté auprès de sa fille? C'est inconcevable! elle doit mourir d'inquiétude...

— Elle est bien triste, bien inquiète, — répondit la gouvernante avec embarras.

— Et cette sanglante attaque, et ces mots effrayans, inexplicables, de mademoiselle Sabine, qu'il me semble avoir entendus comme dans un rêve sinistre, lorsque je croyais sentir ma vie s'écouler avec mon sang! oh! parlez ! parlez ! il y a là des choses qui confondent ma raison... Comment, encore une fois, monsieur Cloarek n'est-il pas ici... auprès de sa fille ?

— Mon pauvre cher enfant, c'est à grand'peine que je cède à ton désir ; mais, dans l'état d'agitation où je te vois... un refus de ma part serait peut-être dangereux.

— Oui... oui, bien dangereux.

— Je te crois... écoute-moi donc... je te le répète, du courage... car les blessures de l'âme sont, hélas ! souvent plus cruelles que les blessures du corps... et c'est surtout à l'âme... au cœur... que cette pauvre mademoiselle et son père ont été frappés...

— Ma tante... vous le voyez, je suis calme ; j'aurai du courage.

— Tu te rappelles, n'est-ce pas, que, dans l'après-midi de cette funeste soirée, monsieur Cloarek, qui avait quitté la maison sans qu'on le sût, pour se rendre au Havre, envoya de cette ville un exprès à sa fille pour lui recommander de n'être pas inquiète ; une affaire qui l'intéressait elle-même devant le retenir dehors pendant la soirée... tu te rappelles bien cela, n'est-ce pas ?

— Oui... — répondit Onésime avec un soupir. — Mademoiselle Sabine avait même un moment pensé qu'il s'agissait de quelques préliminaires relatifs à cette union... qui me semblait un songe ! Hélas ! oui... c'était trop beau... trop inespéré... cela ne devait être qu'un songe...

— Tu m'as promis, mon pauvre enfant, d'avoir du courage...

— J'en aurai... Continuez, je vous prie...

— Tu te souviens aussi de l'alerte qui avait eu lieu... pendant la soirée même de l'arrivée de monsieur Cloarek ?

— Oui... ces deux hommes que Thérèse croyait avoir vus...

— La pauvre fille n'avait que trop bien vu... Deux hommes en effet, ainsi qu'on l'a su plus tard, s'étaient introduits dans le jardin, non pour attaquer la maison... mais pour reconnaître le passage...

— Ces deux hommes faisaient donc partie de cette bande armée ?

— L'un d'eux en était le chef, mon enfant.

La paysanne, en rentrant, interrompit l'entretien d'Onésime et de sa tante, et fit signe à celle-ci de venir lui parler.

— Qu'y a-t-il ? — demanda tout bas Suzanne.

— Monsieur Segoffin vient d'arriver.

— Et monsieur ?

— Monsieur Segoffin est seul ; il a demandé à parler tout de suite à mademoiselle... Thérèse est allée la prévenir, et elle a fait dire à monsieur Segoffin d'entrer.

— Et il n'a donné aucune nouvelle de monsieur ?

— Aucune.

— Dites à Thérèse de prévenir mademoiselle que, si elle a besoin de moi, je descendrai à l'instant.

— Oui, madame Robert.

La garde sortit ; Suzanne revint auprès de son neveu, afin de poursuivre son entretien avec lui.

XX.

— Mon cher enfant, — dit Suzanne en revenant s'asseoir auprès d'Onésime, — maintenant que je t'ai rappelé quelques faits indispensables à l'intelligence de ce que j'ai à te raconter... je poursuis...

— Ce que l'on est venu vous dire... là... tout bas, ma tante, n'était pas une mauvaise nouvelle ?

— Non, mon ami... il s'en faut, et... d'ailleurs, je te le dirai plus tard ; mais, pour en revenir à mon récit... tu te souviens qu'aux premières lueurs de l'incendie et aux premiers coups de hache donnés à la porte de la maison,

Thérèse est accourue épouvantée nous dire que le pavillon au fourrage était en feu et qu'une troupe armée attaquait la maison... Tu te rappelles notre mortelle épouvante ?...

— Oui... Oh ! quelle nuit ! quelle nuit !...

— Mais aussi, moi, je me rappelle avec un mélange de terreur et d'admiration l'intrépidité que tu as montrée pendant cette nuit affreuse.

— A quoi bon parler de cela ?

— A quoi bon ! Mais parce que cela me fait battre le cœur de fierté ! Cher et brave enfant, je t'entends encore nous dire : « Ils viennent, la fuite nous est impossible, je » ne peux vous préserver du danger, car, hélas !... mon » infirmité m'empêche de le voir... mais je peux du moins » vous faire un rempart de mon corps... » Et, t'armant au hasard de la barre de fer de l'un des volets, tu t'es précipité à la porte, au moment où elle allait être envahie... et là, pauvre ami, seul, pendant quelques instants, tu as défendu l'entrée de notre chambre avec un courage et une force surnaturels...

— Je vous en prie.... ma bonne tante... assez... assez à ce sujet.

— Assez ! comment ! lorsque ma seule consolation, en te voyant blessé, est de me souvenir de ta bravoure, de ton dévoûment ! Non... non, j'aime à répéter, moi, que la vaillance des plus déterminés aurait pâli auprès de la tienne... Retranché dans l'embrasure de la porte que tu défendais, la barre de fer que tu avais saisie était devenue entre tes mains une arme terrible, et quoique la mauvaise vue t'empêchât de bien diriger tes coups... tous ceux qui s'approchaient à portée de ton bras tombaient à tes pieds.

— Ah ! pendant cette lutte de peu d'instants... quelle devait être l'épouvante de mademoiselle Sabine !... Un tel spectacle... pour elle... si craintive, c'était mourir mille fois...

— Tu te trompes, mon ami.

— Que dites-vous ?

— Sa fermeté était inconcevable... oui... et, à cette heure encore, je me demande par quel prodige, elle... qu'un rien effrayait, a pu montrer dans cette terrible soirée une pareille force de caractère...

— Mademoiselle Sabine ?

— C'est incroyable, te dis-je ; pendant que tu défendais si vaillamment notre refuge, cette pauvre et chère enfant (il me semble la voir encore) était debout... pâle... mais résolue... Ses premiers mots ont été : — Merci, mon Dieu ! je mourrai seule... mon père est absent.

— Oh !... c'est bien... d'elle... Toujours son noble et grand cœur.

— Puis, te regardant d'un coup d'œil assuré, presque glorieux, elle m'a dit avec exaltation, en te montrant à moi : — « Le crois-tu brave, maintenant ?... Il va se faire » tuer pour nous ; mais au moins nous périrons avec » lui. »

— Tant de résignation, — dit Onésime en portant la main à ses yeux humides, — tant d'énergie chez elle ! cela me confond.

— Peut-être ces cœurs timides, qu'un rien effraie habituellement, s'exaltent-ils au contraire dans les grands dangers !... Ce qu'il y a de certain, c'est que Sabine s'est montrée héroïque ; elle t'a vu tomber... Lorsqu'enfin, accablé par le nombre et frappé d'un coup presque mortel, tu as été renversé sans connaissance au seuil de sa porte... quatre de ces bandits, dont le chef avait un bras en écharpe... un grand homme pâle à cheveux roux, se sont alors précipités dans la chambre. « Onésime est mort pour » nous !... A notre tour, maintenant. Adieu, Suzanne, » m'a dit Sabine en m'enlaçant de ses bras et en murmurant tout bas : — « Adieu !... bon père... adieu ! »

— Aimante et courageuse jusqu'à la fin ! — dit Onésime en essuyant ses larmes.

— Je me sentais moins résignée qu'elle.. Je venais de te voir tomber sanglant, au seuil de la porte ; je me jetai aux pieds du chef de ces meurtriers en criant : — Grâce !... grâce !... — Il étendit sa main comme pour ordonner à ses hommes de s'arrêter, et me dit d'une voix menaçante : — Où est le capitaine l'*Endurci* ?

— Le capitaine l'*Endurci !* — reprit Onésime en regardant Suzanne avec une surprise extrême, ce corsaire dont il y a quelques jours encore nous lisions l'évasion ? Pourquoi venait-on le demander ici, au milieu d'un tel désastre ? Et d'ailleurs, ces hommes étaient Anglais, je me le rappelle maintenant.

— Tout à l'heure, je t'apprendrai ce que je sais à ce sujet, mon ami... Je te disais donc que l'homme au bras en écharpe, qui paraissait le chef, m'avait demandé où était le capitaine l'*Endurci*... Je me jetai aux pieds de cet homme en m'écriant : « Cette maison est celle de monsieur
» Cloarek, monsieur ; il est absent. Voici sa fille... ayez
» pitié d'elle ! »

« — Sa fille ! — dit cet homme avec un éclat de rire féroce ; — c'est sa fille !... ah ! tant mieux !... Et toi,
» me dit-il, — tu es sa femme ?

» — Non, monsieur... je suis la gouvernante.

» — Ah ! c'est sa fille ! » — reprit-il encore.

— Et il s'approcha de cette pauvre mademoiselle, dont le courage semblait augmenter avec le danger. Les deux mains croisées sur sa poitrine, comme une sainte, elle regardait fièrement le chef de ces bandits.

« — Où est ton père ? » — lui dit-il.

» — Loin d'ici... grâce à Dieu ! » — répondit bravement la pauvre enfant.

» — Ton père est arrivé hier ; il se trouvait encore tan-
» tôt dans cette maison. Où est-il ? où est-il ? » — s'écria ce misérable en la menaçant. — Sabine restait muette ; il reprit avec un affreux sourire :

« — J'ai manqué le père... mais en t'emmenant, toi,
» je l'aurai... Tu lui écriras d'Angleterre, où je vas te con-
» duire. Tu lui diras où tu es ; il bravera tout pour venir
» te délivrer. C'est là que je l'attends... et je l'aurai. Al-
» lons, suis-moi.

» — Vous suivre ? » s'écria Sabine, — vous me tuerez
» plutôt !

» — L'on ne te tuera pas ; tu viendras de gré ou de
» force : choisis.

» — Jamais ! » — s'écria la malheureuse enfant.

— Alors, il se tourna vers ses hommes, leur dit quelques mots, et ces bandits se jetèrent sur Sabine. Je voulus la défendre ; on me renversa, et, malgré ses larmes, ses cris, elle fut garrottée.

— Mais c'est horrible !... Et quel était donc le sujet de cette haine acharnée contre monsieur Cloarek ?

— Écoute encore... On venait de garrotter Sabine, lorsque soudain des coups de feu retentissent au loin avec un grand tumulte... et des cris forcenés... Deux hommes du dehors accourent, disent un mot à leur chef, qui les suit et s'élance hors du salon ; il n'y reste que les gens qui tenaient Sabine garrottée. Alors seulement, pauvre enfant, je pus m'approcher de toi... Je te relevai.

Et Suzanne, tremblante encore de ce souvenir, se pencha sur le lit de son neveu pour le serrer entre ses bras.

— Pauvre ami ! — reprit-elle ; — d'abord je te crus mort; aussi, oubliant Sabine... oubliant tout, je sanglotais sur toi, désespérant de te rappeler à la vie, lorsque tout à coup...

Et Suzanne s'arrêta un moment, vaincue par l'émotion.

— Oh ! parlez !... parlez !...

— Oh !... jamais !... jamais je n'oublierai ce spectacle !... Au fond du salon, deux de ces misérables tâchaient d'entraîner Sabine... malgré ses cris déchirans... Les deux autres hommes, effrayés du tumulte qui croissait au dehors, s'élançaient à la porte... lorsque tous deux, frappés tour à tour à coups de hache, roulent sur le plancher... L'un de ceux qui entraînaient Sabine a le même sort.

— Mais qui donc les avait frappés ?

— Qui ? — reprit Suzanne en frémissant et baissant la voix, — un homme vêtu d'un costume étrange... il portait un chapeau à larges bords, une longue veste noire et d'amples braies blanches... Une hache à la main, il venait de se précipiter dans le salon, suivi de quelques marins.

— O mon Dieu ! — s'écria Onésime en cherchant à rappeler ses souvenirs; — mais il me semble... que mademoiselle Sabine, dans ses accès de terreur, parlait parfois... d'un homme aussi vêtu de cette manière étrange... et qui... était, disait-elle... le meurtrier de sa mère ?...

— Hélas !... hélas ! — dit Suzanne en pleurant, — ce souvenir n'était que trop présent à sa pensée.

— Mais, quel était cet homme... qui, vêtu de la sorte, venait ainsi au secours de mademoiselle Sabine ?

— Cet homme, — répondit Suzanne avec accablement, — était le capitaine corsaire l'*Endurci*... cet homme était monsieur Cloarek.

— Lui ! — s'écria Onésime en se dressant sur son lit, malgré sa faiblesse. — Quel mystère !... c'était lui... monsieur Cloarek ?

— Oui... il tenait une hache à la main, ses vêtements étaient ensanglantés, sa figure... oh ! jamais... non, jamais je n'ai vu de figure si terrible, si effrayante. Il entre... Sabine, ne distinguant pas d'abord ses traits, pousse un cri d'épouvante en disant : *L'homme noir ! l'homme noir !...* Monsieur Cloarek s'élance vers sa fille... elle recule avec horreur en s'écriant : — Mon père !... ah ! c'est vous qui avez tué ma mère !... — Et la malheureuse enfant tombe inanimée...

— Oui... oui... ces mots : « *Mon père, vous avez tué ma mère !...* » je les avais vaguement entendus... en me sentant mourir... Ah ! c'est affreux !... affreux !... Quelle horrible découverte !... que de larmes !... que de désespoir pour l'avenir !... Lui, un père si tendre... elle, une fille si aimante... entre eux... et pour jamais un abîme... O mon Dieu ! vous avez raison... il faut du courage... pour supporter une pareille révélation... Et mademoiselle Sabine... depuis, qu'est-elle devenue ?

— La malheureuse enfant, je te l'ai dit, a été pendant deux jours entre la vie et la mort.

— Et monsieur Cloarek ?

— Hélas !... on ne sait rien de lui ; on dit qu'en entendant sa fille lui reprocher la mort de sa mère, il a poussé un grand cri, s'est enfui comme un insensé, et on ne l'a pas revu...

— Oh ! que de malheurs, mon Dieu ! que de malheurs ! Mais comment monsieur Cloarek avait-il été prévenu de cette attaque ? et ces Anglais, d'où venait leur haine contre lui ?

— Déjà, dit-on, sur deux ou trois points de la côte, ils ont fait de semblables descentes... portant le ravage dans quelques bourgades isolées, puis, regagnant leurs vaisseaux, ils espéraient s'emparer de Cloarek, qui, a sous le nom du capitaine l'*Endurci*, fait le plus grand mal à la marine anglaise.

— Monsieur Cloarek, lui, corsaire !... Mais comment a-t-il embrassé cette carrière de luttes et de périls ? pourquoi ce mystère à ce sujet envers sa fille ?

— Je l'ignore comme toi, mon ami ; depuis cette terrible soirée, il n'a pas reparu, je te l'ai dit ; les marins de son bâtiment, à la tête desquels il est venu et parmi lesquels se trouvait Segoffin, ont emmené prisonniers les Anglais qu'ils n'avaient pas tués. Revenue de ma première épouvante, j'ai partagé mes soins entre Sabine et toi, pendant que Segoffin et plusieurs marins éteignaient le feu du pavillon et tâchaient de faire disparaître les traces les plus visibles de ce désastre.

— Segoffin lui-même n'a pas eu de nouvelles de monsieur Cloarek ?

— Je l'ignore ; mais l'on est venu me dire tout à l'heure que Segoffin, parti depuis hier matin, était de retour ; en ce moment, il a un entretien avec mademoiselle... Peut-être lui apporte-t-il des nouvelles de son père...

— Dieu le veuille !... Mais si monsieur Cloarek survit à son désespoir... quel éternel sujet de douleurs et de larmes... la révélation de ce fatal secret... n'aura-t-elle pas apporté entre sa fille et lui...

— Que veux-tu que je te dise, mon pauvre enfant ? De quelque côté que j'envisage l'avenir, partout il me paraît sombre et désolé.

— Ah ! vous aviez raison, ma tante... du courage... du courage !... Oh ! oui, il en faut davantage encore pour voir souffrir ceux que nous aimons, pour souffrir nous-mêmes.

La garde-malade, entrant dans ce moment, dit à Suzanne :

— Madame Robert, monsieur Segoffin voudrait vous parler, ainsi qu'à monsieur Onésime, s'il se trouve assez bien pour l'entendre.

— Certainement, — répondit vivement le jeune homme en se levant sur son séant.

Bientôt le vieux serviteur parut dans la chambre. Ce n'était plus cette blême et longue figure sérieusement narquoise, cette physionomie froidement railleuse, qui provoquait tour à tour l'impatience ou la moquerie de Suzanne ; le visage du digne homme était profondément triste et accablé ; son petit œil, ordinairement si malin, était rougi par des larmes récentes, et l'on voyait aussi quelques traces humides au-dessous de son large emplâtre noir, car si l'œil qu'il avait perdu en bataillant aux côtés de son maître, était fermé à la lumière... il ne l'était pas aux pleurs.

Dame Robert n'accueillit plus son vieux compagnon, comme par le passé, la malice aux lèvres et l'ironie dans le regard, elle alla au devant de lui avec un mélancolique et affectueux empressement.

— Eh bien ! mon pauvre Segoffin, — lui dit-elle, — quelles nouvelles ? bonnes ou mauvaises ?

— Je n'en sais trop rien... ma chère Suzanne, — dit le maître canonnier en soupirant, — cela va dépendre... de ceci.

Et il tira de sa poche une enveloppe cachetée assez volumineuse.

— Qu'est-ce que cela ? — demanda Suzanne.

— Une lettre de monsieur Cloarek.

— Grâce à Dieu !... il vit, — s'écria Onésime.

— Et sa santé ? — demanda Suzanne.

— Que voulez-vous ? loin de sa fille, et après tout ce qui s'est passé, il est comme un corps sans âme.... — répondit Segoffin. — Enfin sa dernière espérance... est dans cette lettre, et cette lettre est pour vous, monsieur Onésime.

— Pour moi ?

— Et je vais vous dire ce que vous en devez faire. Mais d'abord êtes-vous capable de vous lever ?

— Oui, — s'écria le jeune homme en faisant un mouvement, — oh ! oui.

— Et moi, je dis que non, Onésime, — reprit Suzanne ; — ce serait une horrible imprudence.

— Permettez, ma chère Suzanne, — dit Segoffin, — je suis autant que vous ennemi des imprudences, mais... (je puis vous avouer cela maintenant), — comme depuis une douzaine d'années j'ai été à même de voir par-ci par-là des blessures de tout calibre... il m'en est resté une certaine expérience.

— Hélas ! oui, et à vos dépens, mon pauvre vieux ami... et moi qui vous raillais sur vos blessures lorsqu'elles prouvent votre grand courage et votre dévoûment à notre maître !

Et Suzanne se rappelait, non sans attendrissement, avec quelle patiente discrétion le maître canonnier du corsaire avait si longtemps supporté ses moqueries ainsi qu'elle l'accablait au sujet de sa prétendue maladresse qui lui faisait perdre tantôt deux doigts, tantôt un œil.

— Eh bien ! Suzanne, — reprit-il, — ne craignez rien... je vais tâter le pouls de votre neveu, examiner attentivement son *facies* comme disait notre chirurgien-major, et si je trouve notre brave garçon en état de se lever et de descendre pour une heure dans le salon où il trouvera mademoiselle Sabine... je... Ah ! non !... mais non ! un instant, — ajouta Segoffin, en arrêtant d'une main robuste Onésime qui, au nom de Sabine, voulait se jeter hors de son lit, — permettez... je n'ai point encore passé ma visite de médecin ; faites-moi le plaisir de rester tranquille, ou sinon... j'emporte ma lettre, et je vous enferme... ici à double tour.

Onésime soupira, se tut et subit avec une impatience haletante l'examen attentif de Segoffin qui, à l'aide de la lampe approchée du lit par Suzanne, s'assura que le jeune homme pouvait, en effet, sans inconvénient, demeurer levé pendant une heure.

— Mais, Segoffin, — dit dame Robert toujours inquiète, — vous me répondez au moins qu'il n'y a aucun danger ?...

— Aucun... fiez-vous à moi.

— Pourquoi ne pas remettre cet entretien ?

— Pourquoi ? — reprit le maître canonnier d'une voix profondément émue, — ah ! c'est que, voyez-vous... non loin d'ici... il y a quelqu'un qui compte les heures... les minutes...

— Que dites-vous ? — s'écria Suzanne ; — est-ce de monsieur Cloarek que vous parlez ?

— Je vous disais, — reprit Segoffin, sans répondre à cette question, — je vous disais que... non loin d'ici... il y a quelqu'un qui attend... la vie ou la mort.

— Grand Dieu ! — s'écria à son tour Onésime, — la vie ou la mort !...

— Ou plutôt l'espoir... ou le désespoir... — reprit Segoffin d'une voix grave, — et cet espoir... ou ce désespoir dépendra de la lecture de cette lettre ; voilà pourquoi, Suzanne... je demande à votre neveu de rassembler toutes ses forces... pour descendre au salon... car, s'il faut tout dire, — ajouta Segoffin d'une voix de plus en plus altérée, — avant une heure, le sort de monsieur Yvon... sera décidé.

— D'après la lecture de cette lettre ? — demanda Suzanne avec autant de surprise que d'anxiété.

— Oui, — répondit Segoffin en tressaillant, — et cette lettre, c'est monsieur Onésime que doit la lire... à mademoiselle, en présence de vous et de moi, Suzanne... car j'aurai à donner quelques explications dont monsieur Yvon m'a chargé... Allons, monsieur Onésime, du calme... du courage... mademoiselle est prévenue... *ce qui fait est fait... ce qui sera sera.*

Vous, Suzanne, allez nous attendre auprès de mademoiselle ; je vais aider votre neveu à s'habiller.

Dix minutes après, Onésime, dont la faiblesse était extrême, entrait, appuyé sur le bras de Segoffin, dans le salon où l'attendait Sabine.

XXI.

Lorsqu'Onésime, accompagné de Suzanne et de Segoffin, entra dans le salon où l'attendait Sabine, il la trouva pâle, accablée, mais grave, presque solennelle ; sa faiblesse l'obligeait de rester à demi-étendue sur une chaise longue...

— Monsieur Onésime, — dit-elle, — veuillez vous asseoir... vous aussi, ma bonne Suzanne, vous aussi, Segoffin...

Les acteurs de cette scène s'assirent en silence et dans une profonde tristesse.

— Avant de commencer cet entretien, — reprit Sabine avec un sourire navrant, — je dois vous prévenir que je suis très changée... Ces peurs vagues, involontaires, souvent puériles... dont j'étais obsédée, je ne les ressens plus... Une réalité terrible m'a guérie... Devant elle... tous les fantômes qui depuis mon enfance assiégeaient mon imagination se sont évanouis... Je vous dis cela, mes amis, pour que vous ne gardiez envers moi aucun ménagement... pour que vous me disiez ou plutôt pour que vous me confirmiez toute la vérité... si affreuse qu'elle soit... Maintenant, j'ai le courage et la force de tout entendre... Un mot encore... Je vous adjure, Suzanne, et vous aussi, Segoffin, au nom de votre attachement si éprouvé... pour moi... et pour... ma famille, de répondre loyalement à mes questions... me le promettez-vous ?

— Je vous le promets, — dit Suzanne.
— Je vous le promets, — dit Segoffin.

Il y eut ensuite un moment de silence.

La gouvernante, le vieux serviteur, et surtout Onésime, étaient frappés de l'accent résolu avec lequel s'exprimait Sabine ; tout présageait que, quelle que fût sa détermination en suite de cet entretien, cette détermination serait invariable.

La jeune fille reprit :
— Suzanne... vous m'avez vu naître... vous avez été, par votre dévouement et vos soins... l'amie de ma mère ;... c'est au nom de cette amitié... que je vous adjure de me dire si les souvenirs de mon enfance ne me trompent pas ; si mon père... il y a douze ans, vêtu... comme je l'ai revu avant-hier... n'a pas... n'a pas... causé la mort de ma mère ?

— Hélas ! mademoiselle...
— Au nom de la mémoire sainte et bénie de ma mère... Suzanne... dites-moi la vérité...
— La vérité... est... mademoiselle... — répondit la gouvernante d'une voix tremblante, — la vérité est que, après une scène violente... que madame a eu avec monsieur... elle est morte ;... mais...
— Assez, ma bonne Suzanne. — dit Sabine en l'interrompant, et, passant sa main sur son front brûlant, elle garda un moment le silence.

Triste silence... que personne n'osa rompre.

La jeune fille poursuivit :
— Segoffin... vous avez été le serviteur... le digne serviteur de mon grand-père... vous avez vu naître mon père... vous vous êtes, en tout temps, en toute circonstance, aveuglément dévoué à lui... Est-il vrai que mon père... au lieu de se livrer au commerce, ainsi qu'il le disait, était corsaire et courait les mers sous le nom du capitaine l'*Endurci* ?

— Oui, mademoiselle, c'est vrai, — répondit Segoffin, en étouffant un soupir.

Après un nouveau silence, Sabine reprit :
— Monsieur Onésime... je me dois à moi-même... je vous dois à vous de vous faire connaître ma détermination... Dans un temps plus heureux, des projets d'union ont été formés pour nous... mais, après ce qui s'est passé... après ce que vous savez et ce que vous venez d'apprendre... je ne vous surprendrai pas, je l'espère, en vous disant que ma vie... ne doit plus être de ce monde...
— Grand Dieu ! mademoiselle, — s'écria Onésime, — que dites-vous ?...
— Je suis décidée à me retirer dans un couvent... où je désire terminer mes jours...

Onésime ne prononça pas une seule parole, sa tête se pencha sur sa poitrine, ses larmes le suffoquaient.

— Mademoiselle... non... non, c'est impossible, — s'écria Suzanne en pleurant ; — non, vous ne vous ensevelirez pas ainsi... toute vivante...

— Ma résolution est prise... — répondit Sabine d'une voix ferme ; — mais si ce séjour ne vous paraît pas trop triste... ma bonne Suzanne... je serai heureuse de vous voir m'accompagner.

— Jamais je ne pourrai me séparer de vous, mademoiselle... vous le savez bien... mais vous ne ferez pas cela... vous ne...

— Suzanne, — dit Sabine en interrompant la gouvernante, — depuis deux jours j'ai réfléchi au parti que je devais prendre... il ne m'en reste pas d'autre... je vous le dis... ma résolution est irrévocable...

— Et votre père ?... mademoiselle, — dit Segoffin, — avant de vous séparer de lui pour toujours... — et Segoffin appuya sur ce mot — *pour toujours*... — le verrez-vous au moins une fois ?

Sabine parut en proie à une lutte aussi cruelle que violente ; puis elle répondit d'une voix altérée :
— Non...
— Ainsi, reprit Segoffin, — ainsi... de ce jour... vous êtes morte... pour lui... il est mort pour vous ?

Sabine sembla faire de nouveau un violent effort sur elle-même et reprit :
— Je ne dois revoir mon père que lorsque nous serons pour jamais réunis à ma mère.

— Ah ! mademoiselle... — murmura le vieux serviteur désespéré, — vous n'aurez pas cette cruauté.

— Non, ce n'est pas de la cruauté, — répondit la jeune fille avec une résignation poignante, — j'accomplis un devoir filial... un enfant ne peut s'approcher de son père que le cœur rempli de tendresse et de vénération... il doit être pour elle ce qu'elle aime, ce qu'elle respecte le plus au monde... il en a été ainsi jusqu'à présent entre mon père et moi... Cette pensée sera la consolation d'une vie qu'il me faut passer loin de lui...

— Ah ! mademoiselle... si vous saviez sa douleur...
— Segoffin, — répondit Sabine en dominant son émotion, — je ne puis que vous répéter ce que j'ai dit à Suzanne : Depuis deux jours, j'ai réfléchi au parti que je devais prendre... ma résolution est irrévocable !

Un silence morne, désespéré, accueillit cette déclaration de Sabine.

Pendant quelques instans, l'on n'entendit que des sanglots étouffés.

Segoffin reprit le premier la parole et dit à Sabine :
— Vous ne vous refuserez pas du moins, mademoiselle, à entendre la lecture d'une lettre de monsieur Cloarek. C'est la dernière chose qu'il attende de vous, car il prévoyait bien l'éloignement que vous devez maintenant avoir pour lui.

— De l'éloignement !... — s'écria Sabine avec une mortelle angoisse ; puis, se contenant, elle ajouta :
— La fatalité seule a tout fait.

— Enfin, — dit le vieux serviteur en soupirant... — c'est toujours la même chose... Monsieur Cloarek ne vous verra plus, veuillez du moins entendre la lecture de la lettre que j'ai remise à monsieur Onésime.

— Je vous l'ai dit tout à l'heure, Segoffin, c'est pour moi un devoir de me rendre à cette volonté de mon père... Monsieur Onésime... je vous écoute...

Le jeune homme décacheta l'enveloppe que Segoffin lui avait remise.

La lettre que Cloarek écrivait à sa fille était accompagnée d'un billet ainsi conçu :

« Je vous prie de lire à Sabine la lettre ci-jointe, mon
» cher Onésime ; c'est une dernière preuve d'estime et
» d'affection que je désire vous donner.
» Puisse ce récit sincère écrit par un père au désespoir
» et lu par une voix amie aller au cœur de sa fille...
» Votre affectionné,
» Y. CLOAREK. »

Après avoir donné connaissance de ce billet à Sabine, Onésime lui demanda s'il pouvait commencer sa lecture.

La jeune fille répondit par un signe de tête affirmatif.

Le jeune homme lut ce qui suit :

A MA FILLE.

« La *fatalité* le veut ; je dois me séparer à jamais de toi,
» mon enfant, car maintenant, tu ne saurais supporter
» ma vue.
» Ce terrible secret, un événement imprévu... te l'a fait
» découvrir.
» Oui, cet homme au costume étrange, qui est resté

» dans ton souvenir comme le meurtrier de ta mère... c'é-
» tait moi...
» Ce corsaire, dont les aventures t'inspiraient tant d'ef-
» froi, tant d'horreur... c'était moi...
» Ta mère était grosse d'un second enfant, nous avons
» eu une vive discussion... la première et la seule de
» notre vie... je te le jure!! je me suis emporté, ma co-
» lère est devenue si effrayante, que, dans la position où
» se trouvait ta malheureuse mère... elle est morte d'é-
» pouvante...
» Mon crime a été double... cette terreur qui a frappé
» ta mère, pauvre enfant... tu l'as aussi ressentie... Cette
» douloureuse impression de ton jeune âge a influé... sur
» ta santé... sur toute ta vie.
» Voilà quel a été mon crime.
» Je dois te dire, à cette heure où il me faut, sans doute,
» me séparer pour toujours de toi, quelle a été l'expiation
» de ce crime.
» Lorsque je t'ai vue orpheline, je me suis demandé ce
» que tu deviendrais?
« Le peu de fortune personnelle que nous possédions,
» ta mère et moi, avait été presqu'entièrement perdue par
» suite du malheur des temps et d'un procès ruineux;
» ma place de magistrat, notre principale ressource, m'é-
» tait retirée; l'on punissait ainsi le scandale causé par
» mes emportemens.
» Je réalisai le peu que je possédais; cela se montait à
» six mille francs environ.
» Suzanne Robert t'avait nourrie. Cette excellente fem-
» me, par ses qualités, par son dévoûment, avait mérité
» de ta mère la plus affectueuse estime. Je dis à Suzanne:
« — Voici cinq mille francs..., c'est de quoi suffire pen-
» dant cinq ans, bien modestement, il est vrai, à votre
» existence et à celle de ma fille; je vous la confie; si, à
» l'expiration de ces cinq années, vous ne m'avez pas re-
» vu, vous ferez parvenir à son adresse une lettre que je
» vous laisse.
» Cette lettre, mon enfant, était écrite par moi à un
» homme d'une grande et ancienne famille de France, re-
» tiré en Allemagne; je lui avais sauvé la vie pendant la
» révolution. J'étais certain que cet homme, ou, à défaut
» de lui, sa famille, dont la richesse était encore grande,
» te traiterait comme un enfant d'adoption. Mais je ne
» voulais t'exposer qu'à la dernière extrémité à recevoir
» le pain amer de la pitié.
» Ces dispositions prises, je t'embrassai une dernière
» fois pendant ton sommeil, pauvre et chère enfant, et je
» partis, emportant avec moi mille francs pour toute for-
» tune.
» Segoffin, fidèle et ancien serviteur, voulut courir les
» hasards de ma destinée : il me suivit.
» Pendant les quelques jours qui précédèrent mon dé-
» part, j'avais douloureusement médité sur l'avenir et sur
» le passé.
» Je m'étais interrogé, étudié, jugé avec une inexorable
» sévérité.
» La cause de mes malheurs et de mon crime envers ta
» mère était l'impétuosité de mon caractère... Tout ce qui
» blessait mes sentimens ou mes convictions, tout ce qui
» mettait obstacle à ma volonté, faisait bouillir mon sang,
» exaltait tout mon être, et cette exubérance de forces
» ne trouvait son expansion que dans la fureur et la vio-
» lence...
» En un mot, mon vice capital était LA COLÈRE.
» En m'étudiant ainsi moi-même, je me rappelai l'in-
» croyable puissance morale et physique dont je me sen-
» tais doué lorsque je cédais à mes emportemens.
« Souvent, révolté de certains faits iniques, de certaines
» oppressions cruelles, j'avais, dans l'effervescence même
» de ma colère, trouvé des forces presque surhumaines
» pour défendre les faibles et châtier les oppresseurs :
» ainsi, un jour, je n'ai eu seul raison de trois misérables très
» résolus qui violentaient une pauvre créature sans dé-
» fense; et pourtant, dans mon état normal, c'est à peine

» si j'aurais pu lutter avec avantage contre un seul de ces
» trois bandits.
» C'est encore dans un de ces momens d'exaspération
» que j'ai pu arracher à une mort atroce le grand seigneur
» sur l'appui duquel j'avais autrefois compté pour toi.
» Dans l'ordre moral, la lâcheté, la perfidie, l'impro-
» bité, m'inspiraient le même courroux, la même indigna-
» tion, mais ce courroux me poussait presque toujours à
» la violence contre ceux que je trouvais lâches, perfides
» ou improbes.
» Hélas! mon enfant, en poursuivant cette inexorable
» étude sur moi-même, je reconnus aussi que ma colère
» n'avait pas toujours eu des causes excusables! une con-
» tradiction légitime me jetait aussi dans des emporte-
» mens fougueux. La mort de ta pauvre mère en est un
» terrible exemple.
» Enfin, mon enfant, après ces longues et poignantes ob-
» servations sur moi-même, après cette minutieuse évo-
» cation du passé, j'en suis venu à me résumer ainsi :
» La colère est chez moi une passion d'une telle énergie,
» que ses accès ont toujours décuplé ma vaillance phy-
» sique et morale.
» L'effervescence du sang, l'impétuosité du caractère,
» exaltées jusqu'à leur dernière puissance, la colère, en un
» mot, est donc une force?
» Quand cette force a été mise en jeu par des motifs gé-
» néreux, elle m'a poussé à des actions dont je pourrais
» m'énorgueillir.
» Quand cette force a été, au contraire, mise en jeu par
» des motifs misérables, elle m'a poussé à des actes dégra-
» dans ou criminels... comme celui qui sera l'éternelle
» douleur de ma vie.
» La colère a été ma ruine... ma perte... mon désespoir;
» elle a tué ma femme... il faut, me suis-je dit, que la co-
» lère soit mon salut et celui de ma fille...
» Ces mots doivent te sembler étranges, mon enfant...
» écoute-moi encore...
» Dans ma position de magistrat, ma propension à la co-
» lère, et les violences qu'elle entraînait, me nuisaient, me
» déconsidéraient... mon caractère, mon esprit, mon
» tempérament étaient en désaccord continu avec mes
» fonctions.
» Je devais donc chercher une carrière dans laquelle le
» vice ou plutôt la force radicale de ma nature pût trouver
» sa libre expansion et s'utiliser ainsi pour moi, pour les
» miens, pour autrui.
» Cette carrière... je la trouvai...
» Mon grand-père avait été marin, comme nous le som-
» mes presque toujours, nous autres Bretons du bord de la
» mer.
» La faible santé de mon père lui interdisant la rude
» profession de mon aïeul, il était entré dans la magistra-
» ture. Mais je fus élevé au bord de nos grèves solitaires;
» et la vue de la mer, les mœurs de nos pêcheurs, leur vie
» dure, aventureuse et indépendante, laissèrent dans mon
» cœur des souvenirs impérissables.
» Une circonstance puérile me réveilla, et la seconde
» phase de ma destinée s'accomplit.
» Voici comment :
» Segoffin, ce serviteur fidèle qui t'a vu naître, a, tu le
» sais, l'habitude de citer deux ou trois proverbes de notre
» pays, et de les appliquer à presque toutes les circons-
» tances de sa vie, ou de celle d'autrui; l'un de ces dictons
» qu'il affectionne est celui-ci :
» *Au loup, la forêt; au pigeon, le colombier.*
» Le sens traditionnel que l'on attache à ces mots dans
» notre pays, et qui me semble juste, est celui-ci :
» *A chacun le milieu où il doit et peut vivre d'après son
» organisation.*
» Alors que je cherchais l'emploi de mes facultés, et que,
» faisant un triste retour vers le passé, je songeais à mon
» enfance écoulée au bord de la mer, auprès de mon aïeul,
» vieux et brave marin, Segoffin qui, dans l'état déses-
» péré où il me voyait, ne me quittait jamais, prononça,

» je ne me souviens plus à quel propos, son dicton fa-
» vori.
» *Au loup, la forêt; au pigeon, le colombier.*
» Ces mots me firent profondément réfléchir et me mi-
» rent sur la voie de la vérité.
» Corsaire !... être corsaire !... Lorsque cette idée sur-
» git de mes réflexions... je tressaillis d'espoir.
» C'était une révélation soudaine.
» C'était l'emploi de cette ardeur oisive qui me dévo-
» rait.
» Que voulais-je, avant tout ? te sauvegarder de la mi-
» sère, ma pauvre enfant !... t'assurer une existence heu-
» reuse, et pour le présent et pour l'avenir !... enfin, te
» conquérir une fortune qui te mît à même de te marier
» un jour selon ton cœur, et d'assurer l'indépendance et
» le bonheur de l'homme de ton choix !...
» Que voulais-je encore ?... Trouver un milieu où toutes
» mes forces vives eussent leur libre essor.
» Corsaire !... être corsaire !... Pouvais-je avoir une
» idée meilleure ?...
» Les prises que font les corsaires leur rapportent sou-
» vent des sommes considérables... Il m'était donc possi-
» ble de t'enrichir un jour, mon enfant.
» La vie de corsaire est une vie de luttes, de dangers ;
» une vie dans laquelle il faut surtout que la furie du cou-
» rage, que l'exaltation du caractère supplée au nombre,
» car presque toujours le corsaire est obligé d'attaquer des
» ennemis qui lui sont de beaucoup supérieurs.
» Encore une fois, pouvais-je mieux rencontrer ?
» La lutte... le combat, c'est mon fait ; la résistance
» m'exaspère jusqu'à la rage... le péril m'irrite comme un
» insolent défi, et je le brave comme une menace ; à l'as-
» pect du danger, mon sang bouillonne... je ne sais quelle
» frénésie s'empare de moi, et, ainsi que mes forces, elle
» semble s'augmenter en proportion du nombre de mes
» ennemis...
» Ce n'est pas tout... je te l'ai dit, mon enfant, dans l'or-
» dre moral, l'oppression, la perfidie, la cruauté, soule-
» vaient en moi les plus violentes colères... et contre qui
» avais-je à me battre comme corsaire ?... Contre un pays
» abhorré qui, depuis nos terribles guerres, suscitées par
» sa haine, par son or, par son impitoyable ambition,
» poursuivait la France avec acharnement... employant
» tout pour nous combattre, trahison, perfidie, mensonge,
» atrocités, ne reculant devant rien, hier faussaire pour
» nous ruiner par de faux assignats, aujourd'hui geôlier,
» bourreau, pour martyriser, jusqu'à la folie, jusqu'à la
» mort, nos plus braves soldats dans ses horribles pontons ;
» *l'Angleterre*, enfin ! !
» Oh ! *l'Angleterre !* Tiens... à cette heure où je t'écris,
» malgré le désespoir qui m'accable, rien qu'au nom de ce
» pays, que je hais jusqu'à l'exécration depuis un dernier
» attentat dont tu as failli être victime, le feu de la colère
» brûle ma joue, tout se révolte, tout se soulève en moi...
» mon courroux se rallume, et...
» Mais pardon !... pardon, ma pauvre enfant !... pardon
» d'affliger par ces emportemens ton âme douce et ten-
» dre, ton âme aimante et ingénue, incapable de toute
» haine, ou plutôt n'ayant d'aversion que pour le mal !
» Il me fallait de force te faire comprendre toutes les
» raisons qui m'engagèrent à entrer dans la seule voie qui
» me fût ouverte, parce que, dans cette voie seulement,
» je pouvais donner une libre carrière à mon impétuosité
» naturelle.
» Ma résolution bien arrêtée, je t'embrassai une der-
» nière fois pendant ton sommeil, je te baignai de mes
» larmes, et je partis avec Segoffin... »

La lecture d'Onésime fut interrompue par un sanglot
déchirant que Sabine ne put contenir.

XXII.

Sabine, aux premières lignes de la lettre de son père,
lue et accentuée par Onésime avec la plus touchante émotion, s'était sentie profondément remuée.

Les aveux simples et sincères de Cloarek, ses remords de
l'emportement dont la violence avait causé la mort de sa
femme, sa résolution d'expier ses fautes ou plutôt d'utiliser, en vue du bonheur à venir de sa fille, la fougue invincible qu'il sentait en lui, la tendresse paternelle qui
toujours avait dominé ses résolutions, tout concourait à
remplir le cœur de Sabine de commisération pour des
malheurs auxquels la fatalité du tempérament avait eu tant
de part.

En voyant la jeune fille si vivement impressionnée, Segoffin, Suzanne et Onésime eurent une lueur d'espoir.

Le maître canonnier et la gouvernante échangèrent un
regard d'intelligence et se rencontrèrent dans cette pensée : qu'il ne fallait pas prononcer une parole pendant cette
interruption, et laisser silencieusement Sabine sous l'empire de ses réflexions.

Aussi, au bout de quelques instants, Suzanne, se penchant à l'oreille de son neveu, lui dit à voix basse :

— Tout n'est pas désespéré... Continue, continue, mon
cher enfant...

Onésime continua ainsi :

« Segoffin et moi nous nous sommes rendus à Dieppe.
» De là partaient, à cette époque, les corsaires les plus
» aventureux ; et nous nous sommes tous deux engagés
» comme simples matelots. Il me fallait faire le rude ap-
» prentissage de cette profession.
» Nous avons ainsi entrepris plusieurs courses. Dans
» nos momens de repos ou de relâche, j'étudiais assidû-
» ment les mathématiques et la théorie de l'art nautique,
» afin de pouvoir, lorsque j'aurais acquis assez d'expérience
» pratique, commander à mon tour un corsaire.
» Cet apprentissage a duré deux ans, pendant lesquels
» nous avons livré de bien sanglans combats.
» Ce que j'avais prévu arriva.
» Cette vie de lutte, de périls, était mon élément. A l'ap-
» proche d'un abordage avec les Anglais, je ressentais tous
» les symptômes d'une sourde *colère*... Une fois le combat
» engagé, cette furie éclatait comme la foudre et décuplait
» mes forces.
» Une chose te paraîtra étrange, mon enfant, et pourtant
» elle est explicable.
» Après avoir ainsi donné un libre essor à ma fougue, et
» lorsque j'avais ainsi dépensé cette exubérance de vie qui
» débordait en moi, je me sentais pendant longtemps plus
» calme et comme apaisé...
» C'est à point tel que, dans les relations habituelles de
» la vie, ces contrariétés, ces oppositions souvent puériles,
» qui autrefois me mettaient hors de moi, me trouvaient
» alors presque toujours indifférent et paisible ; aussi, bien
» des fois, mon enfant, je t'ai entendu, depuis quelques an-
» nées, louer la patiente et conciliante facilité de mon ca-
» ractère.
» Faut-il attribuer ce changement au progrès de l'âge ?
» Je ne sais ; peut-être, au contraire, en est-il de certaines
» natures violentes comme de ces coursiers pleins de sang
» et d'ardeur, que l'inaction rend farouches, indomptables,
» dangereux, tandis qu'ils deviennent sans pareils à la
» chasse ou à la guerre, parce qu'ils trouvent à y déployer
» l'énergie dont ils sont dévorés.
» Loin de moi, mon enfant, la pensée de t'attrister par
» le récit de ce que d'autres ont appelé *les exploits* de ton
» père.
» Je te dirai seulement qu'après deux années de service

» comme matelot, on m'offrit d'être second à bord d'un
» célèbre corsaire.

» Après dix-huit mois passés dans ce grade subalterne,
» mon renom était tel, qu'un armateur me proposa le
» commandement de l'un de ses corsaires, nommé le
» TISON D'ENFER. Depuis ce temps, j'ai toujours servi
» comme capitaine, et le nom bizarre du premier bâtiment
» que j'avais commandé a été conservé par mon arma-
» teur à tous les navires que j'ai montés.

» Le hasard a voulu que je n'aie jamais été blessé ; j'ai
» reçu l'autre soir ma première blessure en venant à ton
» secours.

» Je n'ose t'avouer à quelle cause j'attribue, par une su-
» perstition étrange, la chance d'avoir été jusqu'ici épar-
» gné au milieu de tant de combats sanglans... Il me fau-
» drait prononcer encore le nom de ta mère et cela ravi-
» verait tes douleurs.

» Le bon Segoffin ne m'a jamais quitté, son courage, son
» sang-froid naturel, me l'ont rendu précieux comme
» maître canonnier, car il faut, pour ce métier, conserver
» au milieu des périls et du tumulte du combat un calme
» inaltérable, une main ferme et un coup d'œil d'une jus-
» tesse infaillible.

» Malheureusement le sort inconcevable qui m'avait tou-
» jours protégé n'a pas été aussi favorable à Segoffin : il
» a reçu plusieurs blessures graves, et, à notre dernier
» combat, sautant avec moi à l'abordage, il a perdu un
» œil d'un coup de pique. Te dire, mon enfant, l'admirable
» dévouement de ce digne homme serait impossible ; ce
» n'est plus un serviteur pour moi, c'est un ami.

» Pendant ces années où j'ai fait presque continuelle-
» ment la guerre, mes prises ont été très considérables ;
» j'ai pu, ainsi que je l'avais espéré, assurer ton sort, et
» t'entourer de tout le bien-être possible.

» Une dernière explication, mon enfant :

» Je connais ta tendresse pour moi ; je m'étais, hélas !
» aperçu, au retour de ma première absence, que, par suite
» de la terreur dont tu avais été saisie lors de la mort de
» ta pauvre mère, tu avais contracté une sorte de maladie
» nerveuse ; cela te rendait sujette à des accès de frayeur
» involontaire ; je te savais enfin douée, comme ma pau-
» vre Jenny, d'une sensibilité aussi rare qu'excessive ; je
» résolus donc, d'accord avec Segoffin, de te cacher mon
» dangereux et aventureux métier... car, pour toi, chère
» enfant, ce n'eût pas été vivre que d'être sans cesse en
» proie aux inquiétudes, aux alarmes que ta tendresse fi-
» liale se fût encore exagérées, en songeant aux périls que
» je pouvais courir loin de toi.

» Il fut convenu avec Segoffin, qu'à tes yeux et à ceux
» de Suzanne, nous serions censés nous occuper du com-
» merce de rouenneries et du placement de ces marchan-
» dises ; nos fréquentes absences s'expliquaient ainsi ; je
» m'étais arrangé de façon à ce que les lettres que tu m'a-
» dressais à des endroits convenus entre nous me fussent
» envoyées à Dieppe : lorsque j'y revenais après une croi-
» sière, je les recevais, et je datais mes réponses des di-
» vers lieux d'où je les faisais ensuite parvenir, grâce à
» quelques mesures facilement organisées.

» Telles étaient, mon enfant chéri, les minutieuses pré-
» cautions que je devais prendre, afin de te laisser dans
» l'erreur et de ne pas éveiller tes soupçons.

» Pardonne-moi ces mensonges... leur nécessité sera
» mon excuse auprès de toi.

» Il y a deux ans, les médecins m'avaient assuré que
» l'air de la mer, salubre et fortifiant, serait bon pour ta
» santé ; je te fis venir d'Orléans ; j'achetai cette maison et
» je t'y établis ; ce bourg se trouvant à une assez grande
» distance de Dieppe, où je m'embarque ordinairement.
» Mon secret avait été fidèlement gardé jusqu'ici, grâce à
» mon nom de guerre de capitaine l'*Endurci* ; jamais ni
» toi, ni Suzanne, n'aviez soupçonné que ce redoutable
» corsaire dont les sanglans exploits te causaient tant d'é-
» pouvante fût ton père, monsieur Yvon Cloarek, com-
» merçant en rouenneries.

» Maintenant, chère et tendre enfant, tu connais ma vie...
» toute ma vie ; je ne te fais pas ces aveux pour changer
» ta résolution... Ma présence, je le prévois, te serait dé-
» sormais trop pénible ; mais je ne veux pas te quitter
» sans t'avoir dévoilé le mystère dont ma conduite a été
» jusqu'ici enveloppée.

» Maintenant, adieu et pour toujours ; adieu, ma bien
» chérie et tendre enfant !...

» Ma dernière consolation sera de te laisser des chances
» de bonheur certain... Tu aimes dignement, et tu es di-
» gnement aimée ; le cœur que tu as choisi est noble et
» généreux. Suzanne sera pour toi une seconde mère...
» et je te laisse mon bon et fidèle Segoffin...

» Mon notaire a reçu mes ordres pour tout ce qui con-
» cerne ton mariage...

» Je désire qu'il soit célébré le *premier du mois prochain*,
» afin que de loin... mes vœux puissent s'associer à ton
» bonheur...

» Adieu encore... et pour toujours adieu, ma fille idolâ-
» trée... les larmes tombent de ma vue... Je ne puis t'é-
» crire davantage...

» Ton père, qui t'aime comme il t'a toujours aimée,

» YVON CLOAREK.

» Segoffin te dira la cause de mon départ précipité pour
» le Havre, et comment j'ai pu revenir assez à temps pour
» te délivrer des misérables qui t'entraînaient. »

Après la lecture de cette lettre dont la dernière partie fut souvent interrompue par les pleurs d'Onésime et de ses auditeurs... Sabine, pâle, profondément attendrie, cacha sa figure entre ses mains et fit entendre des gémissemens étouffés...

Segoffin échangea de nouveau un regard d'intelligence avec Suzanne, et reprit en domptant son émotion :

— Maintenant je vais, si vous le voulez, mademoiselle, vous apprendre en deux mots... comment M. Yvon est revenu ici à temps pour vous sauver.

Sabine n'ayant pas répondu, le maître canonnier poursuivit :

— Le monsieur poudré que vous avez vu l'autre jour, mademoiselle Sabine, était notre armateur... Il venait engager monsieur Yvon à une nouvelle course ; il s'agissait d'une prise de deux millions et d'un combat bien tentant ; mais monsieur Yvon vous avait promis de ne plus vous quitter, il a refusé ; alors, l'armateur a signifié à votre père que l'équipage viendrait ici... le chercher de gré ou de force... Afin d'éviter ce malheur qui vous eût tout appris... nous sommes partis pour le Havre ; notre brick s'y trouvait ; une partie de l'équipage était réunie dans une taverne. Monsieur Yvon est accueilli avec une joie... un enthousiasme !!... Enfin, mademoiselle, c'était du délire... comme toujours, d'ailleurs, lorsqu'on le revoyait à bord... Car il est, voyez-vous, aussi tendrement aimé... de ces endiablés corsaires qu'il est aimé... dans sa maison... C'est qu'aussi s'il est sévère... il est juste... et bon et humain. Il y a plus d'un capitaine marchand en Angleterre, allez... mademoiselle... monsieur Yvon a pris et qu'il a renvoyé libre et avec tout ce qu'il possédait personnellement ; savez-vous pourquoi ? parce que la première question que votre père faisait à un prisonnier était celle-ci :

— *Avez-vous une fille ?*

S'il répondait : *oui*, — continua Segoffin, sans paraître remarquer un mouvement de Sabine, — s'il répondait *oui*, son compte était bon, et monsieur Yvon me disait :

— « *J'aime trop ma petite Sabine pour garder prison-
» nier un homme qui a une fille !* »

Aussi, mademoiselle Sabine, vous avez, sans vous en douter, rendu des filles et des pères bien heureux en Angleterre... Mais, pardon, il ne s'agit pas de cela. Voici donc monsieur Yvon au milieu de nos corsaires, fous de joie de le revoir ; mais bientôt si furieux, quand ils ont appris qu'il ne voulait pas reprendre la mer, qu'il était impossible de leur faire entendre raison. Ils criaient tous : — « Nous abandonnerons nos parts de prise au capitaine. Ce » n'est pas pour l'argent que nous voulons nous battre, » c'est pour aborder ce brigand de *Pourvoyeur des pontons*. » (On appelait ainsi un intrépide capitaine anglais commandant l'escorte du bâtiment que l'on voulait enlever.) Aussi, tenez, mademoiselle Sabine, j'ai vu monsieur Yvon dans de bien grands dangers ; une fois, entre autres, où il avait à lutter contre l'ennemi, contre la tempête et contre le feu que nous avions à bord ; eh bien ! il ne s'est jamais montré plus courageux que l'autre soir, où il a refusé la plus glorieuse entreprise de toute sa vie de marin, et cela, parce qu'il vous avait promis de ne plus jamais vous quitter. — « Oui, » m'a-t-il dit : — « j'ai donné à ma fille » ma parole de père. C'est encore plus sacré, s'il est pos» sible, qu'une parole d'honneur. » — Et ce n'est pas tout... Le refus de monsieur Yvon a tellement exaspéré l'équipage, que les plus enragés ont été... jusqu'à dire à votre père que, s'il refusait la course, ils croiraient qu'il *avait peur de se battre* avec ce fameux capitaine anglais... Lui ! monsieur Yvon... peur ! lui !... Et là-dessus... savez-vous, mademoiselle Sabine, ce qu'il m'a dit tout bas, avec un sourire triste que je n'oublierai de ma vie :
— « Pour la première fois de ma vie, ma tendresse pour » ma fille vient d'être mise à l'épreuve ; maintenant, je » le jure, il n'y a pas un père qui aime son enfant plus » que moi. »
— Oh ! non, — s'écria Onésime avec enthousiasme, — il n'existe pas au monde un père plus courageux et plus tendre.
— Continuez... oh ! continuez, Segoffin, — dit Sabine, dont l'attendrissement et l'émotion devenaient inexprimables.
A ce reproche de lâcheté, qui, au fond, poignardait monsieur Yvon, il a répondu froidement que sa résolution était prise ; alors, autre scène. Les corsaires s'écrient : « Emmenons de force le capitaine à bord, le lieutenant » fera la route, et une fois en vue du Pourvoyeur des » pontons, le capitaine se décidera, nous en répon» dons. »
Malgré mes efforts et ceux de deux ou trois autres pour faire entendre raison à ces furieux, je ne sais ce qui serait arrivé, tant l'équipage était monté, si un officier du port, sachant que le capitaine du *Tison d'Enfer* était à la taverne, n'était accouru annoncer à monsieur Yvon qu'un bateau pêcheur venait de donner la nouvelle qu'un grand schooner, d'une apparence suspecte, louvoyait en vue des falaises, comme s'il voulait tenter un débarquement sur la côte, ainsi que cela était arrivé depuis quelques jours sur d'autres points... L'officier du port venait engager le capitaine du *Tison d'Enfer*, en l'absence de tout bâtiment de guerre, à appareiller à l'instant afin d'aller attaquer le schooner s'il voulait en effet tenter un débarquement. Monsieur Yvon devait obéir : c'était défendre le pays... Nous courons aux canots, nous arrivons à bord du brick ; le vent était bon, nous filons notre câble, et nous longeons la côte pour découvrir le schooner. Ici, mademoiselle Sabine, je dois vous parler d'une chose que monsieur Yvon n'a pas osé vous avouer dans sa lettre, lorsqu'en vous rappelant qu'il a été blessé, il vous parle d'une idée superstitieuse : il faut bien vous le dire, mademoiselle Sabine, la vie de votre pauvre père a été partagée comme qui dirait en deux parties... l'une, toute de bonheur... c'était quand il était ici ou qu'il me parlait de vous ;... l'autre, toute de désolation... c'est quand il pensait à votre chère mère... qu'il aimait autant qu'il vous aime... Suzanne vous l'a cent fois dit comme moi... Enfin... toujours est-il que, dans cette soirée où il l'a perdue... le hasard avait voulu qu'il fût costumé à la mode de notre pays breton pour aller à un bal déguisé...

Aussi, étant toute petite, vous ne l'avez pas reconnu... Lorsqu'après le malheur nous nous sommes engagés comme matelots sur des corsaires, où chacun s'habille à sa guise, monsieur Yvon m'a dit : « Puisque je m'embarque » pour expier un malheur que je pleurerai toute ma vie... » je veux toujours porter en mer le costume de notre » pays ; il est devenu sacré pour moi, car je le portais » dans cette nuit funeste où j'ai, pour la dernière fois, » serré entre mes bras ma pauvre femme expirante. » — Depuis, monsieur Yvon n'a jamais manqué à sa parole, et cela malgré mes prières, car le bruit s'étant répandu en Angleterre que le fameux corsaire *l'Enduroi* portait le costume breton, une fois bord à bord avec nous, c'est surtout sur monsieur Yvon, si reconnaissable à ses habits, que l'on tirait avec acharnement. Eh bien ! mademoiselle Sabine... quoique votre père payât de sa personne mieux que pas un de nous, il n'a jamais été blessé ; or comme l'on devient toujours un peu superstitieux dans notre métier, monsieur Yvon a presque fini par croire qu'il y avait comme un charme protecteur attaché à notre costume national... De leur côté, nos marins s'imaginaient aussi que ce costume portait bonheur à l'équipage ; ils auraient eu moins de confiance si monsieur Yvon les eût commandés sous un autre habit que celui sous lequel ils l'avaient vu tant de fois les conduire au feu ; voilà pourquoi monsieur Yvon, en arrivant à bord pour aller combattre le schooner, avait revêtu son costume comme il aurait mis son uniforme, ne croyant pas avoir à débarquer chez lui.

Nous étions en mer depuis trois quarts d'heure, lorsque nous voyons tout à coup une grande flamme s'élever vers la côte, au-dessus des falaises. Monsieur Yvon s'oriente... Plus de doute, sa maison, où vous êtes restée, est en feu. Presque aussitôt le lieutenant, à l'aide d'une longue-vue de nuit, aperçoit le schooner en panne et toutes ses grandes embarcations au pied de la falaise de Bara... où elles venaient sans doute de débarquer les Anglais. Cette falaise, on la voit d'ici ; épouvanté pour vous, monsieur Yvon fait mettre la chaloupe à la mer, s'y jette avec moi et vingt de nos hommes... Un quart d'heure après, nous étions ici... Monsieur Yvon recevait sa première blessure en abattant à ses pieds le chef de ces bandits, un capitaine Russell, qui avait déjà machiné contre monsieur Yvon l'enlèvement que vous avez lu dans les journaux ; blessé par votre père et resté prisonnier à Dieppe, il avait trouvé moyen de s'évader et de monter ce nouveau coup. Voilà, mademoiselle Sabine, toute la vérité sur monsieur Yvon. Il a bien souffert, allez ! depuis trois jours... et cela n'est rien... auprès de ce qu'il aura à souffrir... jusqu'au jour de votre mariage... car, après cela... comme il vous aura heureuse... je crains bien qu'à bout de forces pour souffrir...

— Mon père !... s'écria Sabine palpitante de douleur, d'angoisses et de tendresse, — où est mon père ?...

— Mademoiselle, — dit Segoffin en tressaillant d'espoir, — je ne sais... si je dois...

— Mon père !... répéta la jeune fille, — il est ici ?...

— Peut-être... n'est-il pas loin... — répondit Segoffin presque fou de joie, — mais, s'il revenait, ce serait pour ne plus s'en aller...

— Oh ! qu'il me pardonne seulement d'avoir un moment méconnu sa tendresse... et sa courageuse expiation... Qu'il me pardonne... et ma vie entière lui sera consacrée... Mon Dieu ! vous vous taisez... vous pleurez tous... vos regards se tournent de ce côté... il est là !... joies du ciel !... mon père est là !... — s'écria Sabine dans une exultation radieuse en courant à la porte d'une chambre voisine.

Cette porte s'ouvrit soudain. Le père et la fille s'embrassèrent dans une indicible étreinte...

Un mois après, sous les auspices de monsieur Yvon Cloarek, un double mariage unissait Suzanne et Segoffin, Sabine et Onésime.

Une cure merveilleuse du célèbre docteur Gastérini, ancien ami du corsaire, et aussi grand médecin que grand gourmand, avait rendu la vue à Onésime.

En revenant de la messe, Segoffin dit à Suzanne d'un air triomphant :

— Eh bien ! ma chère, avais-je tort de vous dire : *Ce qui sera, sera*. Vous serez madame Segoffin... L'êtes-vous, oui ou non ?

— Que voulez-vous, méchant homme, — répondit dame Segoffin avec un soupir railleur, quoiqu'elle fût aussi fière d'être au bras de son mari que s'il eût été l'un de ces *héros de la Grande armée*, qu'elle avait tant admirés, — il faut bien se résigner, *ce qui est fait est fait*.

FIN DE LA COLÈRE.

Paris. — Typ. de Mme Ve Dondey-Dupré, rue Saint-Louis, 46, au Marais.

LES

SEPT PÉCHÉS CAPITAUX

PAR

EUGÈNE SUE

LA LUXURE

MADELEINE

I.

Le palais de l'*Élysée-Bourbon* (ancien hôtel de la marquise de Pompadour), situé au milieu du faubourg Saint-Honoré, était, dans ces derniers temps (1) ainsi qu'on le sait, l'*hôtel garni* des altesses royales étrangères, catholiques, protestantes ou musulmanes, depuis les princes de la confédération germanique jusqu'à Ibrahim-Pacha.

Vers la fin du mois de juillet de l'une des années passées, vers les onze heures du matin, plusieurs jeunes secrétaires et gentilshommes de la suite de S. A. R. l'archiduc LÉOPOLD-MAXIMILIEN, qui habitait l'Élysée depuis six semaines, étaient réunis dans l'un des salons de service du palais.

La revue donnée au Champ de Mars en l'honneur de S. A. R. se prolonge, — disait l'un. — L'audience du prince sera encombrée ce matin. — Le fait est, — reprit un autre, qu'il y a déjà cinq à six personnes qui attendent depuis une demi-heure. — Et monseigneur, dans sa rigoureuse ponctualité militaire, regrettera fort cette inexactitude forcée.

Une des portes de la salle s'ouvrit alors, un jeune homme

(1) Ce récit a été écrit avant la révolution de février.
E. S.

de vingt ans au plus, commensal de la maison, traversa le salon et entra dans une pièce voisine, après avoir salué, avec un mélange de bienveillance et de timidité, les personnes dont nous avons parlé, et qui s'étaient levées à son aspect, lui témoignant ainsi une sorte de déférence que son âge et sa position ne semblaient pas d'ailleurs commander.

Lorsqu'il eut disparu, l'un des gentilshommes reprit, en faisant allusion au très-jeune homme qui venait de traverser le salon :

— Pauvre *comte Frantz*... toujours aussi timide ! une jeune fille de quinze ans sortant du couvent aurait plus d'assurance que lui... — Qui croirait, à le voir si virginal, qu'il a fait pendant trois ans la guerre du *Caucase* avec une rare bravoure ?... — Et qu'il a eu à Vienne un duel acharné dont il est vaillamment et brillamment sorti ? — Moi, messieurs, je me figure que le comte Frantz devait toujours baisser candidement les yeux en allongeant ses coups de sabre aux Circassiens.

— Du reste, je crois que S. A. R. s'accommode fort de l'ingénuité de son...

— Diable !... pas d'indiscrétion, mon cher !

— Laissez-moi donc achever. Je dis que monseigneur s'accommode fort de la persistante ingénuité de son. filleul.

— A la bonne heure... Et je pense, comme vous, que le prince n'avait pas vu sans quelque crainte ce beau garçon exposé aux tentations de ce diabolique Paris. Mais qu'avez-vous à sourire, mon cher ?
— Rien.
— Est-ce que vous pensez que le comte Frantz, malgré son apparente innocence, a eu quelque amourette ?
— Voyez un peu, messieurs, toutes les belles choses que peut signifier un sourire... car je vous en prends à témoin, je me suis contenté de sourire...
— Sérieusement, mon cher, pensez-vous que le comte Frantz ?...
— Je ne pense rien... je ne dis rien, je serai muet comme un diplomate qui a intérêt à se taire... ou comme un jeune officier des gardes... nobles, lorsqu'il passe pour la première fois sous l'inspection de monseigneur.
— Le fait est que le prince a un de ces regards qui imposent aux plus hardis. Mais, pour en revenir au comte Frantz...

Cet entretien fut interrompu par un collègue des personnages réunis dans le salon de service.

Ce nouveau venu fit oublier le comte Frantz, et deux ou trois voix lui demandèrent à la fois : — Eh bien ! votre merveille ? — Cette fameuse usine du faubourg Saint-Marceau ?
— Cela valait-il au moins la peine d'être vu ? — Pour moi, messieurs, qui suis très-curieux de ces constructions de machines, — répondit celui qui venait d'entrer, — cette matinée a été du plus grand intérêt, et je déclare monsieur Charles Dutertre (le propriétaire de cette usine), un des plus habiles et des plus savans mécaniciens que je connaisse... en ajoutant qu'il est peu d'hommes plus avenans ; je compte même engager monseigneur à aller visiter ces ateliers. — A la bonne heure, vous, mon cher ; on ne vous accusera pas de perdre votre temps à des futilités : moi, j'ai de moins hautes prétentions, et ma prétention vient même encore qu'à l'état d'espérance... — Et cette espérance ? — Est d'être invité à dîner chez le célèbre docteur Gasterini. — Le plus illustre, le plus profond gourmand de l'Europe...
— On dit en effet que sa table est un échantillon du Paradis... des gourmands.
— Je ne sais, hélas ! s'il sera pour moi de ce paradis comme de l'autre... mais j'espère...
— Moi, j'avoue ma faiblesse. De tout ce que j'ai vu à Paris, ce qui m'a le plus charmé... fasciné... ébloui... ravi... je dirai même instruit...
— C'est ? voyons.
— Eh bien ! c'est... (dût ce blasphème faire rougir notre pudique et fière Germanie), c'est...
— Achevez donc !
— C'est le bal Mabille.

Les rires, les exclamations, provoqués par ce franc aveu, duraient encore, lorsqu'un des secrétaires de l'archiduc entra, tenant deux lettres à la main, et s'écria gaîment :
— Messieurs ! des nouvelles toutes fraîches de Bologne et de Venise !... — Bravo ! mon cher Ulrik... et quelles nouvelles ? — Les plus curieuses, les plus extraordinaires du monde. — Vraiment ? — Vite... contez-nous cela, cher. — Bologne d'abord, et Venise ensuite, ont été, pendant plusieurs jours, dans une agitation incroyable, par suite d'événements non moins incroyables. — Une révolution ? — Un mouvement de la Jeune Italie ? — Ou bien un nouveau mandement du pape libérateur ? — Non, messieurs, il s'agit d'une femme. — D'une femme ! — Oui... à moins que ce ne soit le diable, et j'inclinerais à le croire. — Ulrik, vous nous mettez au supplice, expliquez-vous donc. — Vous rappelez-vous, messieurs, avoir entendu parler en Allemagne, il y a passé, de cette jeune veuve mexicaine, la marquise de MIRANDA ? — Parbleu ! c'est elle que notre poète Moser-Hartman... a chantée en vers si magnifiques et si passionnés sous le nom de la moderne APHRODITE. — Ah ! ah ! ah ! quelle plaisante erreur ! — dit un des interlocuteurs en riant aux éclats, — Moser-Hartman... le poète religieux et spiritualiste par excellence ! le poète chaste, pur et froid comme la neige immaculée, aller chanter Aphrodite en vers brûlans ! J'ai entendu, en effet, citer ces vers vraiment admirables !... mais ils sont évidemment d'un autre Hartman... — Et moi, je vous assure, mon cher, et Ulrik vous le confirmera, que ce poème, que l'on place avec raison à la hauteur des plus belles odes de Sapho, est bien de

Moser-Hartman. — Rien de plus vrai, — reprit Ulrik ; — j'ai entendu Moser-Hartman réciter lui-même ses vers... dignes de l'antiquité. — Alors, je vous crois ; mais comment expliquer cette transformation soudaine, inconcevable ? — Eh ! mon Dieu ! cette transformation qui a changé un homme d'un talent estimable, mais correct et froid, en un homme de génie, plein de fougue et de puissance, dont le nom est à cette heure européen... cette transformation a été opérée par la femme que le poète a chantée... par la marquise de Miranda. — Moser-Hartman ainsi changé... j'aurais cru la chose impossible ! — Bah !... — reprit Ulrik, — la marquise en a fait bien d'autres... et voici un de ses meilleurs tours, que l'on m'écrit de Bologne. Il y avait là un certain cardinal légat !... la terreur et l'aversion du pays. — C'est nommer Orsini, homme aussi détestable que détesté. — Et il a même l'extérieur de son emploi ; je l'ai vu en Lombardie... Quelle figure cadavéreuse... et sinistre ! Je me suis toujours ainsi représenté le type de l'inquisiteur. — Eh bien ! la marquise l'a conduit au bal du Casino de Bologne, masqué et déguisé en cavalier Pandour. — Le cardinal légat en cavalier Pandour ! — s'écriat-on tout d'une voix. — Allons donc, Ulrik, c'est un conte bleu ! — Vous lirez cette lettre, et quand vous verrez de qui elle est signée, vous ne douterez plus, incrédules que vous êtes, — reprit Ulrick. — Oui, la marquise s'est fait accompagner de l'Orsini ainsi déguisé ; puis, en plein bal, elle lui a arraché son masque en lui disant à haute voix : Bonsoir, cardinal Orsini ! et, riant comme une folle, elle a disparu, laissant le légat exposé aux huées de la foule exaspérée. Il eût couru quelque danger, sans la force armée qui vint le protéger ; le lendemain, Bologne se soulevait pour demander le renvoi de l'Orsini, qui, après deux jours d'agitation, a été forcé de quitter nuitamment la ville. Le soir, toutes les maisons ont été illuminées en signe d'allégresse : sur plusieurs transparens, on voyait, m'écrit-on, deux M. entrelacées, le chiffre de la marquise.
— Et elle, qu'est-elle devenue ?
— On ne l'a plus revue ; elle était partie pour Venise .. — reprit Ulrik en montrant une seconde lettre ; — là, m'écrit-on, ç'a été bien autre chose...
— Quelle femme ! quelle femme !...
— Comment est-elle ?
— L'avez-vous vue ?
— Non...
— Ni moi...
— Ni moi...
— On dit qu'elle est très-grande et très-mince.
— On m'avait dit à moi qu'elle était d'une taille plus qu'ordinaire.
— Ce qu'il y a de sûr, c'est qu'elle est brune, car Moser-Hartman parle de ses yeux noirs et de ses noirs sourcils...
— Tout ce que je puis dire, — reprit Ulrik, — c'est que, dans cette lettre de Venise, d'où la marquise est partie tout récemment pour la France, assure-t-on, on appelle assez poétiquement cette femme singulière la blonde étoile... ce qui donnerait à penser qu'elle est blonde !
— Mais, à Venise... qu'a-t-elle fait ? que s'est-il passé ?
— Ma foi ! — répondit Ulrik, — c'est une aventure qui tient à la fois des mœurs de l'antiquité païenne, et de celles du moyen âge en Italie.

Malheureusement pour la curiosité des auditeurs d'Ulrik, le bruit soudain d'un tambour battant aux champs ayant annoncé le retour de l'archiduc Léopold, chaque personne de la maison du prince regagna son poste ; on se tint prêt à recevoir l'altesse royale.

En effet, le factionnaire de l'Élysée-Bourbon, ayant vu de loin venir rapidement plusieurs voitures à la livrée du roi des Français, avait poussé le cri Aux armes ! Les soldats de garde, leur officier en tête, s'étaient alignés, et au moment où les voitures de la cour entraient successivement dans l'immense cour de l'Élysée, le tambour battit aux champs, la troupe présenta les armes.

La première des voitures s'arrêta devant le palais ; les valets de pied à grande livrée rouge ouvrirent la portière, et S. A. R. l'archiduc MAXIMILIEN-LÉOPOLD monta lentement les degrés du perron, en s'entretenant avec un colonel, officier d'ordonnance, chargé de l'accompagner ; à quelques pas du prince venaient ses aides de camp, vêtus de brillans uniformes étrangers, et déposés à leur tour au pied du perron par les voitures royales.

L'archiduc, âgé de trente-neuf ans, était d'une taille à la fois robuste et élancée ; il portait, avec une raideur martiale, le grand uniforme de *feld-maréchal*, habit blanc à épaulettes d'or ; culotte de casimir écarlate, sur laquelle tranchait le noir luisant de ses grandes bottes à l'écuyère, un peu poudreuses, car il avait assisté à cheval à une revue de troupes commandée en son honneur ; le grand-cordon rouge, le collier de la Toison-d'Or, et cinq ou six plaques d'ordres différens, ornaient sa poitrine ; ses cheveux étaient d'un blond pâle comme sa longue moustache militairement retroussée, qui rendait plus rude encore l'expression de ses traits qu'accusaient fortement la carrure du menton et l'arête proéminente du nez ; l'œil bleu, pénétrant et froid, à demi couvert par la paupière, s'enchâssait sous un sourcil très relevé ; aussi, le prince avait-il toujours l'air de regarder de très haut ; ce regard sévère, dédaigneux, joint à une attitude impérieuse, à un port de tête inflexible, donnait à l'ensemble de la personne de l'archiduc un remarquable caractère d'altière et glaciale autorité.

Depuis un quart d'heure environ, le prince était rentré à l'Élysée, lorsque la voiture d'un ministre français et celle d'un ambassadeur d'une grande puissance du Nord, s'arrêtant successivement devant le perron, l'homme d'État et le diplomate entrèrent dans le palais.

Presqu'à ce moment, l'un des principaux personnages de cette histoire arriva pédestrement dans la cour de l'Élysée-Bourbon.

Monsieur Pascal (notre héros s'appelait ainsi) paraissait avoir environ trente-six ans ; il était de taille moyenne, très brun, et portait une assez longue barbe, rude et noire comme ses sourcils, sous lesquels luisaient deux petits yeux gris, très clairs, très fins et très perçans ; il marchait légèrement voûté, non par suite d'une déviation de sa taille, mais par une sorte de nonchaloir ; ayant d'ailleurs coutume de tenir presque toujours sa tête basse et ses deux mains plongées dans les goussets de son pantalon, cette attitude arrondissait forcément ses larges épaules ; ses traits étaient surtout remarquables par une expression de dureté sardonique, à laquelle se joignait cet air d'inexorable assurance, particulier aux gens convaincus et vains de leur toute puissance ; une étroite cravate noire nouée, comme on dit, *à la Colin*, un long gilet de coutil écossais, un léger paletot d'été de couleur blanchâtre, un chapeau gris assez râpé, et un large pantalon de nankin dans les goussets duquel monsieur Pascal tenait ses mains enfoncées ; tel était son costume, de propreté douteuse, et parfaitement en harmonie avec l'extrême chaleur de la saison et *le sans gêne* habituel de ce personnage.

Monsieur Pascal, lorsqu'il passa devant la porte du suisse, fut interpellé par ce fonctionnaire de la *loge*, qui, du fond de son fauteuil, lui cria :

— Eh !... dites donc ! monsieur, où allez-vous ?

Soit que monsieur Pascal n'entendît pas le suisse, soit qu'il ne voulût pas se donner la peine de lui répondre, il continua sans mot dire de se diriger vers le perron.

Le suisse, quittant alors forcément son fauteuil, courut après le muet visiteur, et lui dit impatiemment :

— Encore une fois, monsieur, où allez-vous donc ? On répond, au moins !

Monsieur Pascal s'arrêta, toisa dédaigneusement son interlocuteur, haussa les épaules, et répondit en se remettant en marche vers le perron :

— Je vais... chez l'archiduc.

Monsieur le suisse savait son monde ; il ne put s'imaginer que ce visiteur en paletot d'été, et en cravate à la Colin, eût réellement une audience du prince, et surtout osât se présenter devant lui dans un costume si impertinemment négligé, car toutes les personnes qui avaient l'honneur d'être reçues au palais étaient ordinairement vêtues de noir ; aussi, monsieur le suisse, prenant monsieur Pascal pour quelque fournisseur égaré ou mal appris, le suivit en lui disant à haute voix :

— Mais, monsieur... les marchands que S. A. R. fait venir ne passent pas par le grand escalier ; voilà... là-bas, à droite, la porte du fournisseur et des communs... par laquelle vous devez entrer.

Monsieur Pascal n'aimait pas les paroles inutiles, il haussa de nouveau les épaules, et continua de s'avancer vers le perron, sans répondre au suisse.

Celui-ci, exaspéré par ce silence et cette opiniâtreté, saisit alors monsieur Pascal par le bras, et, élevant la voix, s'écria :

— Encore une fois, monsieur, ce n'est pas par là que vous devez entrer...

— Qu'est-ce à dire, drôle ? — s'écria monsieur Pascal avec un mélange de courroux et de stupeur, comme si l'attentat du suisse lui eût paru aussi audacieux qu'inconcevable ; — sais-tu bien à qui tu parles ?...

Il y eut dans ces mots, dans leur accent, une expression d'autorité si menaçante, que le pauvre suisse, un moment effrayé, balbutia :

— Monsieur... je... je... ne sais.

La grande porte du vestibule s'ouvrit alors brusquement ; l'un des aides de camp du prince ayant vu, de l'une des fenêtres du salon de service, s'élever l'altercation du suisse et du visiteur, descendit précipitamment les degrés du perron, s'avança avec empressement vers monsieur Pascal, et, s'adressant à lui en excellent français, il lui dit, d'un ton pénétré :

— Ah ! monsieur, S. A. R. sera, j'en suis sûr, aux regrets de ce malentendu. Veuillez me faire l'honneur de me suivre... je vais vous introduire à l'instant... J'ai reçu tout à l'heure des ordres de monseigneur à votre sujet, monsieur...

Monsieur Pascal baissa la tête en manière d'assentiment, et suivit l'aide de camp, laissant le suisse ébahi et désolé de sa maladresse.

Lorsque monsieur Pascal et son guide furent arrivés dans le salon d'attente où se trouvaient d'autres aides de camp, le jeune officier reprit :

— L'audience de S. A. R. est encombrée ce matin, car la revue a retenu monseigneur plus longtemps qu'il ne le pensait ; aussi désirant vous faire attendre le moins possible, monsieur, il m'a ordonné de vous conduire, dès votre arrivée, dans une pièce voisine de son cabinet. S. A. R. ira vous rejoindre aussitôt après la conférence qu'elle a en ce moment avec monsieur le ministre des affaires étrangères.

Monsieur Pascal fit de nouveau un signe d'assentiment, et, précédé de l'aide de camp, il traversa un couloir assez obscur et arriva dans un salon donnant sur le magnifique jardin de l'Élysée.

Au moment de se retirer, l'aide de camp, distrait jusqu'alors par la malencontreuse altercation du suisse et de monsieur Pascal, remarqua le négligé de ce dernier. Habitué aux sévères formalités de l'étiquette, le jeune courtisan fut étrangement choqué de l'irrespectueux costume du personnage qu'il venait d'introduire ; il hésita entre la crainte d'indisposer un homme tel que monsieur Pascal, et l'envie de protester contre l'inconvenance de sa tenue, espèce d'injure faite à la dignité du prince, inexorable pour tout ce qui touchait aux égards dus à son rang : mais la première crainte l'emporta, et l'aide de camp, réfléchissant d'ailleurs qu'il était trop tard pour engager notre homme à aller se vêtir plus révérencieusement, lui dit en se retirant :

— Dès que monsieur le ministre des affaires étrangères sera sorti du cabinet de S. A. R., je le préviendrai, monsieur, que vous êtes à ses ordres.

Ces derniers mots : — *Que vous êtes à ses ordres*, — parurent mal sonner aux oreilles de monsieur Pascal ; un demi-sourire sardonique plissa ses lèvres ; mais faisant bientôt, comme on dit, *comme chez lui*, et trouvant sans doute la température du salon trop élevée, il ouvrit une des fenêtres, s'accouda sur la balustrade, et, gardant son chapeau sur sa tête, se mit à examiner le jardin.

II.

Tout le monde connaît le jardin de l'Elysée, ce petit parc ravissant, planté des plus beaux arbres du monde, et dont les frais gazons sont arrosés par une rivière anglaise; une allée en terrasse, qu'abritent des ormes séculaires, borne ce parc du côté de l'avenue de Marigny : une allée semblable, en parallèle, le limite du côté opposé; un mur très bas le sépare des jardins voisins.

Cette dernière allée dont nous parlons aboutissait à peu de distance de la fenêtre du salon où se tenait alors monsieur Pascal; bientôt son attention fut pour plusieurs motifs vivement éveillée.

Le jeune homme qui avait traversé le salon des secrétaires et des gentilshommes, et par sa timidité avait été l'objet de plusieurs remarques, se promenait alors lentement dans l'allée ombreuse. Il était d'une taille élégante et svelte ; de temps à autre, il s'arrêtait, baissait la tête, restait un instant immobile, puis il recommençait sa promenade ; lorsqu'il eut atteint l'extrémité de l'allée, il s'approcha presque furtivement du mur limitrophe du jardin voisin, et comme à cet endroit ce mur n'avait guère plus de quatre pieds de haut, il s'y appuya, et parut absorbé, soit dans la réflexion, soit dans l'attente.

Jusqu'alors ce promeneur avait tourné le dos à monsieur Pascal, qui se demandait avec curiosité ce que pouvait regarder ou attendre ce personnage dont il n'avait pas encore pu distinguer les traits ; mais lorsque, n'ayant pas sans doute vu ce qu'il semblait chercher du regard, le jeune homme se retourna et revint sur ses pas, il fit ainsi face à monsieur Pascal.

Le comte *Frantz de Neuberg*, nous l'avons dit, passait pour être le filleul de l'archiduc, dont il était tendrement aimé. Selon les bruits de cour, S. A. R. n'ayant pas eu d'enfans depuis son mariage avec une princesse de Saxe-Teschen, ne manquait pas de raisons pour traiter *paternellement* Frantz de Neuberg, fruit secret d'un premier et mystérieux amour.

Frantz, âgé de vingt ans à peine à l'époque de ce récit, offrait le type accompli de la beauté mélancolique du Nord : ses longs cheveux blonds, séparés au milieu de son front candide et blanc comme celui d'une fille, encadraient un visage d'une régularité parfaite ; dans ses grands yeux, d'un bleu céleste, au regard doux et rêveur, semblait se réfléchir la pureté de son âme ; une barbe naissante, estampant de son duvet soyeux et doré son menton et sa lèvre supérieure, accentuait virilement cette charmante figure.

A mesure qu'il s'avançait dans l'allée, Frantz attirait de plus en plus l'attention de monsieur Pascal, qui le contemplait avec une sorte de surprise admirative, car il était difficile de ne pas remarquer la rare perfection des traits de Frantz ; lorsqu'il fut à peu de distance de la fenêtre, il rencontra le regard fixe et obstiné de monsieur Pascal, parut non moins embarrassé que contrarié, rougit, baissa les yeux, et, se retournant brusquement, continua sa promenade, hâtant un peu le pas jusque vers le milieu de l'allée ; là, il recommença de marcher lentement, et sans doute gêné par la pensée qu'un étranger observait tous ses mouvemens. A peine osa-t-il d'abord se rapprocher des limites du jardin voisin ; mais soudain, oubliant toute préoccupation, il courut vers le mur à la vue d'un petit chapeau de paille qui apparut de l'autre côté de la muraille et qui encadrait un passe doublée de soie rose le plus frais, le plus délicieux visage de quinze ans que l'on puisse rêver...

— Mademoiselle Antonine, — dit Frantz vivement et à voix basse, — on nous regarde...

— A ce so`r !... — murmura une voix douce.

Et le petit chapeau de paille disparut comme par enchantement, la jeune fille ayant, sans doute, prestement sauté d'un banc sur lequel elle avait dû monter de l'autre côté du mur.

Mais, comme compensation sans doute à cette brusque retraite, une belle rose tomba aux pieds de Frantz, qui, la ramassant aussitôt, ne put s'empêcher de la porter ardemment à ses lèvres ; puis, cachant la fleur dans son gilet, le jeune homme disparut au milieu d'un massif, au lieu de continuer sa promenade dans la longue allée.

Malgré la rapidité de cette scène, malgré la disparition instantanée du petit chapeau de paille, monsieur Pascal avait parfaitement distingué les traits enchanteurs de la jeune fille et vu Frantz baiser passionnément la rose tombée à ses pieds.

Les traits durs et sardoniques de monsieur Pascal devinrent alors étrangement sombres. On y lisait un courroux violent mêlé de jalousie, de douleur et de haine ; pendant quelques instans, sa physionomie, devenue presque effrayante, trahit l'homme qui, habitué à voir tout plier devant soi, est capable de sentimens et d'actions d'une méchanceté diabolique, lorsqu'un obstacle imprévu vient contrarier sa volonté de fer.

— Elle ! elle ! dans ce jardin voisin de l'Elysée, — se disait-il, avec une rage concentrée, — qu'y venait-elle faire ?... Triple sot que je suis ! elle venait coqueter avec ce fluet et blond jouvenceau... Peut-être habite-t-elle l'hôtel mitoyen. Misère de Dieu ! apprendre,.. et apprendre de la sorte où elle demeure, après avoir en vain tout fait pour le découvrir... depuis que ce damné minois de quinze ans m'a pris par les yeux et m'a rendu fou,.. moi... moi qui me croyais mort à ces caprices subits et frénétiques, auprès desquels ce qu'on appelle les plus violentes passions de cœur sont de la glace... car, pour avoir rencontré trois fois cette petite fille, je me sens, comme en mes plus beaux jours, capable de tout pour la posséder... à cette heure surtout, que la jalousie m'irrite et me dévore... Misère de Dieu ! c.. niais, c'est stupide, mais je souffre...

Et, en disant ces mots, la figure de monsieur Pascal exprima, en effet, une douleur haineuse et farouche ; puis, tendant son poing du côté où avait paru le petit chapeau de paille, il murmura avec un accent de rage concentrée :

— Tu me le paieras, va... petite fille... et quoi qu'il puisse m'en coûter... tu m'appartiendras...

Et, accoudé à la balustrade, ne pouvant détacher ses regards irrités de l'endroit où il avait vu Frantz échanger un mot avec la jeune fille, monsieur Pascal était encore plongé dans cette sombre contemplation, lorsqu'une des portes du salon s'ouvrit doucement, et l'archiduc entra.

Le prince croyait si évidemment se trouver face à face avec le personnage dont il se savait attendu, que, d'avance, il avait donné à ses traits, ordinairement d'une hauteur glaciale, l'expression la plus avenante possible ; aussi entra-t-il dans le salon le sourire aux lèvres.

Mais monsieur Pascal, à demi penché hors de la fenêtre, n'ayant pas entendu ouvrir la porte et ne se doutant pas de la présence du prince, continua de lui tourner le dos, en restant accoudé sur l'appui de la croisée.

Un physionomiste, témoin de cette scène muette, aurait pu curieusement étudier la réaction des sentimens du prince sur son visage.

A l'aspect de monsieur Pascal, penché à la fenêtre, vêtu de son paletot d'été, et gardant incongrument son chapeau sur sa tête, l'archiduc s'arrêta court ; son sourire emprunté s'effaça de ses lèvres, et, se cambrant sur ses hanches plus fièrement encore que de coutume, il se roidit dans son grand uniforme, devint pourpre de colère, fronça les sourcils, et ses yeux lancèrent un éclair d'indignation courroucée... Mais bientôt la réflexion venant sans doute apaiser cet orage intérieur, les traits du prince prirent soudain une expression de résignation amère, douloureuse... et il baissa la tête comme s'il eût fléchi sous le poids d'une nécessité fatale...

Étouffant alors un soupir de fierté révoltée, tout en jetant un regard de vindicatif mépris sur monsieur Pascal, toujours penché à la fenêtre, le prince reprit, si cela se peut dire, son sourire affable là où il l'avait laissé, s'avança vers la croisée en toussant assez fort afin d'annoncer sa présence et de s'épargner la dernière humiliation de toucher l'épaule de notre familier personnage pour attirer son attention.

Aux hum! hum! sonores de l'altesse royale, monsieur Pascal se retourna subitement; à la sombre expression de ses traits succéda une sorte de satisfaction cruelle et sardonique, comme si l'occasion lui eût amené une victime sur laquelle il pourrait se venger de ses tourmens et de ses colères contenues.

Monsieur Pascal s'avança donc vers le prince, le salua d'un air dégagé, en tenant son chapeau d'une main, et plongeant l'autre dans son gousset :

— Mille pardons, monseigneur, — dit-il, — je ne savais vraiment pas que vous fussiez là...

— J'en suis persuadé, monsieur Pascal, — répondit le prince avec une hauteur difficilement déguisée.

Puis il ajouta :

— Veuillez me suivre dans mon cabinet, monsieur, j'ai quelques pièces officielles à vous communiquer...

Et il se dirigeait vers son cabinet, lorsque monsieur Pascal lui dit avec un calme apparent, car cet homme avait, lorsq'il le fallait, un rare empire sur lui-même.

— Monseigneur... me permettez-vous une question ?

— Parlez, monsieur, — répondit le prince en s'arrêtant et se retournant assez surpris.

— Monseigneur... qu'est-ce donc qu'un jeune homme... d'une vingtaine d'années tout au plus, portant de longs cheveux blonds... que je viens de voir se promener dans cette allée... que l'on aperçoit de cette fenêtre?... Tenez, monseigneur.

— Vous voulez sans doute parler, monsieur, du comte Frantz de Neuberg, mon filleul ?

— Ah ! ce jeune homme est votre filleul, monseigneur ? Je vous en fais mon sincère compliment, on ne peut voir un plus joli garçon...

— N'est-ce pas ? — reprit le prince, sensible à cet éloge, même dans la bouche de monsieur Pascal, — il a une charmante figure.

— C'est que tout à l'heure je remarquais à loisir, monseigneur.

— Et le comte Frantz a mieux qu'une charmante figure, — ajouta le prince ; — il a de rares qualités de cœur et une grande bravoure.

— Je suis enchanté, monseigneur, de vous savoir un filleul si accompli... Et il y a long-temps qu'il est à Paris ?

— Il y est arrivé avec moi.

— Et il repartira sans doute avec vous, monseigneur, car il doit vous être pénible de vous séparer d'un si aimable jeune homme ?

— En effet, monsieur, j'espère bien emmener le comte Frantz avec moi en Allemagne.

— Mille pardons, monseigneur, de mon indiscrète curiosité.. Mais votre filleul est de ces personnes auxquelles on s'intéresse malgré soi... Maintenant je suis tout à vous...

— Veuillez donc me suivre, monsieur.

Pascal fit un signe de tête d'assentiment, et, marchant parallèlement à l'archiduc, il arriva avec lui jusqu'à la porte de son cabinet ; là, s'arrêtant avec un geste de déférence qui n'était qu'une impertinence de plus, il s'inclina légèrement et dit au prince, comme si celui-ci avait hésité à passer le premier :

— Après vous, monseigneur, après vous.

Le prince sentit l'insolence, la dévora, et entra dans son cabinet en faisant signe à monsieur Pascal de le suivre.

Celui-ci, quoique peu habitué au cérémonial des cours, avait trop d'esprit, trop de pénétration, pour ne pas sentir la portée de ses actes et de ses paroles ; non-seulement il avait conscience de son insolence qu'exaspéraient encore des ressentimens récens et contenus ; mais, cette insolence, il la calculait, il l'étudiait, et, dans cette circonstance même, il avait, à part soi, agité la question de savoir s'il n'appellerait pas tout simplement l'altesse royale *monsieur ;* mais, par un raffinement d'intelligente impertinence, il pensa que l'appellation cérémonieuse de *monseigneur* rendrait ses familiarités plus blessantes encore pour le prince, en contrastant avec une apparence d'étiquette...

Nous reviendrons d'ailleurs sur l'expression du caractère de monsieur Pascal, caractère moins excentrique qu'il ne le paraîtra peut-être tout d'abord. Disons seulement que, pendant dix années de sa vie, cet homme, né dans une position humble, précaire, et d'abord *homme de peine,* avait subi et dévoré les humiliations les plus dures, les dominations les plus insolentes, les dédains les plus outrageans ; ainsi, des haineuses et implacables rancunes s'étaient amassées dans son âme ; et le jour venu où il fut puissant à son tour, il s'abandonna sans scrupule, sans remords, à la féroce volupté des représailles, peu soucieux de se venger sur des innocens.

L'archiduc, à défaut d'un esprit supérieur, possédait une longue pratique des hommes, acquise par l'exercice d'un emploi suprême dans la hiérarchie militaire de son pays ; aussi, à sa seconde entrevue avec monsieur Pascal (entrevue à laquelle nous assistons), il avait compris la portée de l'insolence étudiée de ce personnage, et, lorsqu'en entrant avec lui dans son cabinet, il le vit, presque sans attendre l'invitation, familièrement s'asseoir dans le fauteuil occupé un instant auparavant par un premier ministre qu'il avait trouvé rempli de déférence et de respect, le prince éprouva un nouveau et cruel serrement de cœur.

Le regard pénétrant de monsieur Pascal surprit cet impression sur le front de l'archiduc, et il se dit avec un triomphant dédain :

— Voilà un prince né sur les marches d'un trône... un cousin, pour le moins, de tous les rois d'Europe, un généralissime d'une armée de cent mille soldats ; le voilà dans tout l'éclat de son uniforme de bataille, paré de tous ses insignes d'honneur et de guerre ; cette altesse, cet homme, me méprise dans son orgueil de race souveraine. Il me hait parce qu'il a besoin de moi, et qu'il sait bien qu'il faut qu'il s'abaisse... et pourtant, cet homme, malgré son mépris, malgré sa haine, je le tiens en ma puissance, et je vais le lui faire rudement sentir, car aujourd'hui j'ai le cœur noyé de fiel.

III.

Monsieur Pascal s'étant établi dans un fauteuil doré, de l'autre côté de la table où se tenait le prince, s'empara tout d'abord d'un couteau à papier en nacre de perles qu'il trouva sous sa main et qu'il commença de faire incessamment évoluer en disant :

— Monseigneur... si vous le voulez bien... parlons d'affaires, car je dois être à une heure précise au faubourg Saint-Marceau... chez un manufacturier de mes amis...

— Je vous ferai remarquer, monsieur, — répondit le prince en se contraignant à peine, — que j'ai bien voulu renvoyer à demain toutes les audiences que je vous devais donner aujourd'hui, afin de pouvoir vous consacrer tout mon temps...

— C'est trop aimable à vous... monseigneur... mais venons au fait.

Le prince prit sur la table une longue feuille de papier-ministre, et, la remettant à monsieur Pascal, lui dit :

— Cette note vous prouvera, monsieur, que toutes les parties intéressées à la cession que l'on me propose, non-seulement m'autorisent formellement à l'accepter, mais encore m'y engagent vivement, et sauvegardent même toutes les éventualités de mon acceptation.

Monsieur Pascal, sans bouger de son fauteuil, tendit sa main d'un côté à l'autre de la table, pour recevoir la note, et la prit en disant :

— Il n'y avait absolument rien à faire sans cette garantie.

Et il se mit à lire lentement, tout en mordillant le bout du couteau de nacre dont il ne se dessaisissait point.

Le prince attachait un regard inquiet, pénétrant, sur monsieur Pascal, tâchant de deviner à l'expression de ses traits s'il trouvait dans la note les garanties qu'il devait y chercher.

Au bout de quelques instants, monsieur Pascal s'interrompit de lire, disant entre ses dents, d'un air fâcheux et comme se parlant à soi-même :

— Hon!... hon!... voilà un article 7 qui ne me va point... du tout... mais du tout...

— Expliquez-vous... monsieur, — s'écria le prince avec angoisse.

— Pourtant, — continua monsieur Pascal en reprenant sa lecture, sans répondre à l'archiduc et en affectant toujours de se parler à lui-même, — cet article 7 se trouve corrigé par l'article 8... oui... et, au fait... c'est assez bon... c'est très bon même.

Le front du prince s'éclaircit, car vivement préoccupé des puissans intérêts dont monsieur Pascal devenait forcément l'arbitre, il oubliait l'impertinence et la méchanceté calculée de ce personnage, qui trouvait, lui, une âpre jouissance à faire passer lentement sa victime par toutes les perplexités de la crainte et de l'espoir.

Au bout de quelques minutes, nouvelles anxiétés du prince ; monsieur Pascal s'écriait :

— Impossible !... cela... impossible ! Pour moi, tout serait annulé par ce premier article supplémentaire. C'est une dérision.

— Mais enfin, monsieur, — s'écria le prince, — parlez clairement !

— Pardon, monseigneur... en ce moment je lis pour moi... Tout à l'heure, si vous le voulez... je lirai pour nous... deux.

L'archiduc baissa la tête, rougit d'indignation contenue, parut découragé, et appuya son front dans l'une de ses mains.

Monsieur Pascal, tout en poursuivant sa lecture, jeta à la dérobée un regard sur le prince, et reprit, quelques momens après, d'un ton de plus en plus satisfait :

— Voilà du moins une garantie... certaine... incontestable...

Et comme le prince semblait renaître à l'espérance, monsieur Pascal ajouta bientôt :

— Malheureusement... cette garantie est isolée... de...

Il n'acheva pas, et continua silencieusement sa lecture.

Non, jamais solliciteur aux abois venant implorer un hautain et distrait protecteur... jamais emprunteur désespéré s'adressant humblement à un prêteur rogue et fantasque... jamais accusé cherchant à lire sa grâce ou sa condamnation dans le regard de son juge, n'éprouvèrent les tortures que ressentit le prince pendant que monsieur Pascal lisait la note dont il devait prendre connaissance, et qu'il remit bientôt sur la table.

— Eh bien ! monsieur, — lui dit le prince en dévorant son impatience, — que décidez-vous ?

— Monseigneur... voudriez-vous, s'il vous plaît, me prêter une plume et du papier...

Le prince poussa un encrier, une plume et du papier devant monsieur Pascal. Celui-ci commença une longue série de chiffres, tantôt levant les yeux au plafond, comme pour calculer de tête, tantôt murmurant à mi-voix des phrases incomplètes, telles que :

— Non... je me trompais, car... mais j'oubliais le... C'est évident... la balance serait égale si...

Après une longue attente de la part du prince, monsieur Pascal jeta la plume sur la table, replongea ses deux mains dans les goussets de son pantalon, renversa sa tête en arrière en fermant les yeux comme pour faire mentalement une dernière supputation... puis, se redressant bientôt, il dit d'une voix brève, tranchante :

— Impossible! monseigneur.

— Comment ! monsieur, — s'écria le prince consterné... — vous m'aviez affirmé, lors de notre premier entretien, l'opération faisable...

— Faisable, monseigneur... non point faite.

— Mais cette note, monsieur... cette note, jointe aux garanties que je vous ai offertes?

— Ce que propose cette note complète, je le sais, les sûretés indispensables à une opération pareille.

— Alors, monsieur, d'où vient votre refus ?

— De raisons particulières, monseigneur...

— Mais, encore une fois, est-ce que je ne vous offre pas toutes les garanties désirables ?

— Si, monseigneur... Je vous dirai même que je regarde l'opération non seulement comme faisable, mais encore comme sûre et avantageuse pour celui qui voudrait la tenter. Ainsi je ne doute pas, monseigneur, que vous ne trouviez...

— Eh ! monsieur... — s'écria le prince, en interrompant Pascal, — vous savez qu'en ce moment de crise financière, et pour d'autres raisons dont vous êtes aussi bien instruit que moi, vous êtes le seul qui puissiez vous charger de cette opération...

— La préférence de votre Altesse Royale m'honore et me flatte infiniment, — dit monsieur Pascal avec un accent de reconnaissance ironique, — aussi, je regrette doublement de ne pouvoir y correspondre.

Le prince sentit le sarcasme et reprit, en feignant de s'offenser de voir sa bienveillance méconnue.

— Vous êtes injuste, monsieur... La preuve que je tenais à traiter cette affaire avec vous, c'est que j'ai refusé d'entendre les propositions de la maison Durand.

— Je suis presque certain que c'est un mensonge, — pensa monsieur Pascal, — mais il n'importe... j'éclaircirai la chose ; d'ailleurs cette maison m'inquiète et parfois me gêne. Heureusement, grâce à ce fripon de Morcelange, j'ai un excellent moyen de remédier à cet inconvénient pour l'avenir.

— Une autre preuve que je tenais à traiter cette affaire directement, personnellement, avec vous, monsieur Pascal, — continua le prince avec un accent de déférence, — c'est que je n'ai voulu aucun intermédiaire entre nous, certain que nous nous entendrions, que nous devions nous entendre... Oui, — ajouta l'archiduc d'un ton de plus en plus insinuant, — j'espérais que ce juste hommage rendu .. à votre capacité financière, si universellement reconnue...

— Ah ! monseigneur...

— A votre caractère aussi honorable qu'honoré...

— Monseigneur... en vérité vous me comblez.

— J'espérais, dis-je, mon cher monsieur Pascal, qu'en venant franchement à vous pour proposer quoi ? une opération dont vous reconnaissez vous-même les avantages et la solidité, vous seriez sensible à ma démarche... car elle s'adressait non moins au financier qu'à l'homme privé... J'espérais enfin pouvoir vous assurer, en outre des avantages pécuniaires, des témoignages plus particuliers de mon estime et de ma reconnaissance.

— Monseigneur...

— Je le répète, mon cher monsieur Pascal... *de ma reconnaissance*... puisque, tout en ne faisant une excellente opération, vous m'auriez rendu un immense service... car... vous ne sauriez croire quelles peuvent être pour mes intérêts de famille les plus chers... les conséquences de l'emprunt que je sollicite de vous.

— Monseigneur... j'ignorais...

— Et quand j'ai parlé d'intérêts de famille, — s'écria le prince en interrompant monsieur Pascal, qu'il espérait de plus en plus ramener, — quand je vous parle d'intérêts de famille, ce n'est pas assez : une haute question d'Etat se rattache à la cession du duché que l'on m'offre et que je ne puis acquérir sans votre puissant secours financier ; ainsi, en me rendant un service personnel, vous seriez encore grandement utile à ma nation... et vous savez, mon cher monsieur Pascal, comment les grands empires s'acquittent des services d'État...

— Excusez mon ignorance, monseigneur, mais j'ignore complétement la chose.

Le prince sourit, garda un moment le silence et reprit avec un accent qu'il crut irrésistible :

— Mon cher monsieur Pascal, connaissez-vous le célèbre banquier *Torlonia* ?

— Je le connais de nom, monseigneur.

— Savez-vous... qu'il est prince du Saint-Empire ?

— Prince du Saint-Empire, monseigneur ! — reprit Pascal avec ébahissement.

— Je tiens mon homme, — pensa le prince, et il reprit tout haut :

— Savez-vous que le banquier Torlonia est grand dignitaire des ordres les plus enviés ?

— Il serait possible, monseigneur ?

— Cela n'est pas seulement possible, mais cela existe, mon cher monsieur Pascal. Or, je ne vois pas pourquoi l'on ne ferait pas pour vous ce que l'on a fait pour monsieur Torlonia.

— Plaît-il, monseigneur ?

— Je dis... — répéta le prince, en appuyant sur les mots, — je dis que je ne vois pas pourquoi un titre éclatant, de hautes dignités ne vous récompenseraient pas aussi.

— Moi, monseigneur ?

— Vous.

— Moi, monseigneur, je deviendrais... *le prince Pascal* ?

— Pourquoi non ?

— Allons... allons... monseigneur veut rire de son pauvre serviteur.

— Personne n'a jamais douté de mes promesses... monsieur.., et, c'est presque m'offenser que de me croire capable de rire de vous...

— Alors, monseigneur, c'est moi qui rirais de moi-même... et très fort, et très haut, et toujours, si j'étais assez bête pour avoir la velléité de me déguiser... en *prince*, en *duc* ou en *marquis*, dans le carnaval nobiliaire de l'Europe ! Voyez-vous, monseigneur, je ne suis qu'un pauvre diable de plébéien... (mon père était colporteur, et j'ai été homme de peine). J'ai mis quelques sous de côté en faisant mes petites affaires, je n'ai pour moi que mon gros bon sens ; mais ce bon sens là, monseigneur, m'empêchera toujours de m'affubler en *marquis de la Janotière* (c'est un très joli conte de Voltaire, il faut lire cela, monseigneur !), et ce, à la plus grande risée de ces malignes gens, qui s'amusent comme ça à *emmarquiser* ou à *emprinciser* le pauvre monde.

L'archiduc était loin de s'attendre à ce refus et à cette amère boutade ; cependant il fit bonne contenance, et reprit d'un ton pénétré :

— Monsieur Pascal, j'aime cette rude franchise, j'aime ce désintéressement. Grâce à Dieu ! il est d'autres moyens de vous prouver ma reconnaissance, et un jour... mon amitié.

— Votre amitié... à moi, monseigneur ?

— C'est parce que je sais ce qu'elle vaut, — ajouta le prince avec une imposante dignité, — que je vous assurais de mon amitié... si...

— Votre amitié, à moi, monseigneur, —reprit monsieur Pascal en interrompant le prince, — votre amitié... à moi, qui ai, disent les méchans, centuplé mon petit avoir par des moyens hasardeux, quoique je sois sorti blanc comme une jeune colombe de ces accusations calomnieuses ?

— C'est parce que vous êtes, ainsi que vous le dites, monsieur, sorti pur de ces odieuses calomnies dont on poursuit tous ceux qui s'élèvent par leur travail et par leur mérite, que je vous assurerais de mon affectueuse reconnaissance, si vous me rendiez l'important service que j'attends de vous.

— Monseigneur, je suis on ne peut plus touché... on ne peut plus flatté de vos bontés... mais malheureusement les affaires... sont des affaires, — dit monsieur Pascal en se levant, — et cette affaire-ci, voyez-vous, ne me va point... C'est dire à Votre Altesse Royale combien il m'en coûte de renoncer à l'amitié dont elle a bien voulu m'offrir l'assurance.

A cette réponse d'une amère et humiliante ironie, le prince fut sur le point d'éclater ; mais, songeant à la honte et à l'inutilité d'un pareil emportement, il se contint, voulut tenter un dernier effort, et reprit d'un ton pénétré :

— Ainsi... monsieur Pascal... il sera dit que je vous aurai prié... supplié... imploré en vain.

Ces mots, accentués avec une poignante sincérité : *prié... supplié... imploré*, parurent, aux yeux du prince, impressionner monsieur Pascal, et l'impressionnèrent en effet ; jusqu'alors, pour lui, l'archiduc n'était pas encore descendu assez bas ; mais en voyant ce royal personnage, après de si durs refus, s'abaisser jusqu'à la prière... jusqu'à une humble supplication... monsieur Pascal éprouva une de ces âpres jouissances qu'il savourait alors doublement.

Le prince, le voyant garder le silence, le crut ébranlé, et ajouta vivement :

— Allons... mon cher monsieur Pascal, ce n'est pas en vain... que j'aurai fait appel à la générosité de votre cœur.

— En vérité, monseigneur,— répondit le bourreau, qui, sachant l'opération bonne, était au fond disposé à la faire, mais qui voulait y trouver profit et plaisir... — en vérité, vous avez une manière de dire les choses ! Les affaires, je le répète, ne devraient être que des affaires... et voilà que, malgré moi... je me laisse, comme un enfant, prendre au sentiment... Je suis d'une faiblesse...

— Vous consentez ! — s'écria le prince radieux, et, dans son premier moment de joie, il saisit avec effusion les deux mains du financier dans les siennes.

— Vous consentez... mon digne et bon monsieur Pascal !...

— Comment vous résister, monseigneur ?

— Enfin !... — s'écria l'archiduc en respirant avec une joie profonde, et comme s'il eût été, dès-lors, dégagé d'une cruelle obsession. — Enfin !!!

— Seulement... monseigneur,— reprit monsieur Pascal, — je mettrai une petite condition...

— Oh ! qu'à cela ne tienne ; quelle quelle soit j'y souscris d'avance...

— Vous vous engagez peut-être plus que vous ne le pensez... monseigneur.

— Que voulez-vous dire ? — s'écria le prince avec une légère inquiétude, — de quelle condition... voulez-vous parler ?

— Dans trois jours d'ici, monseigneur, jour pour jour... je vous la ferai connaître.

— Comment ! — dit le prince stupéfait et atterré, — encore des retards... Comment !... vous ne me donnez pas votre parole définitive ?

— Dans trois jours, monseigneur, je vous la donnerai... si vous acceptez ma condition...

— Mais cette condition... dites-la moi maintenant ?

— Impossible... monseigneur.

— Mon cher monsieur Pascal...

— Monseigneur, — reprit l'autre d'une voix grave et sardonique, — je n'ai point l'habitude... de m'attendrir deux fois de suite dans une séance. Voici l'heure de mon rendez-vous... au faubourg Saint-Marceau ; j'ai l'honneur de présenter mes respectueux devoirs à Votre Altesse Royale.

Monsieur Pascal, laissant le prince plein de dépit et d'anxiété, allait atteindre la porte lorsqu'il se retourna et dit :

— C'est aujourd'hui lundi... ce sera donc jeudi à onze heures que j'aurai l'honneur de revoir Votre Altesse Royale, pour lui soumettre ma petite condition.
— Soit, monsieur, à jeudi...
Monsieur Pascal salua profondément et sortit.
Lorsqu'il passa dans le salon de service où se tenaient les aides de camp, tous se levèrent respectueusement, connaissant l'importance du personnage que le prince venait de recevoir. Monsieur Pascal fit à ces officiers un salut de tête protecteur, et quitta le palais comme il y était entré, les deux mains dans ses goussets, se donnant le plaisir (cet homme ne perdait rien) de s'arrêter un instant devant la loge du suisse, et de lui dire :
— Eh bien ! monsieur le drôle, me reconnaîtrez-vous... une autre fois ?
Le fonctionnaire de la loge, tout décontenancé, salua profondément et balbutia :
— Oh ! je reconnaîtrai monsieur, maintenant... Je supplie monsieur de vouloir bien m'excuser...
— Il me supplie, — dit à mi-voix monsieur Pascal avec un sourire amer et sardonique, — ils ne savent tous... que supplier... depuis l'altesse royale jusqu'au portier.
Monsieur Pascal, en sortant de l'Elysée, retomba dans ses cruelles préoccupations au sujet de la jeune fille dont il avait surpris le secret accord avec le comte Frantz de Neuberg. Voulant savoir si elle demeurait dans la maison contiguë au palais, il allait tenter de se renseigner, lorsque réfléchissant que c'était peut-être compromettre ses projets, il résolut d'arriver, sans imprudence, au but qu'il se proposait, et d'attendre le soir.
Avisant alors une citadine qui passait à vide, il fit signe au cocher de s'arrêter, monta dans la voiture, et lui dit :
— Faubourg Saint-Marceau, 15, à une grande usine dont on voit la cheminée de la rue.
— L'usine de monsieur Duterre ? Je sais, bourgeois, je sais ; tout le monde connaît ça...
Le fiacre s'éloigna.

IV.

Monsieur Pascal, nous l'avons dit, avait passé une partie de sa vie dans une position plus que subalterne et précaire, dévorant les plus outrageans dédains avec une patience pleine de rancune et de haine.
Né d'un père colporteur, qui s'était amassé quelque pécule à force de privations et de trafics illicites ou douteux, il avait commencé par être homme de peine chez une espèce d'usurier de province, auquel monsieur Pascal père confiait le soin de faire valoir son argent.
Les premières années de notre héros s'écoulèrent donc dans une domesticité aussi dure qu'humiliante. Néanmoins comme il était doué de beaucoup d'intelligence, d'une grande finesse, et que sa rare opiniâtreté de volonté savait, au besoin, se plier et disparaître sous des dehors d'insinuante bassesse, dissimulation forcément née de l'état de servilité où il vivait, Pascal, à l'insu de son maître, apprit presque tout seul à lire, à écrire, à compter ; la faculté des chiffres et des calculs financiers se développa presque spontanément en lui d'une manière merveilleuse. Pressentant sa valeur, il se demanda s'il pouvait, en la cachant, s'en faire un avantage pour lui, et une arme dangereuse contre son maître qu'il abhorrait.
Après mûres réflexions, Pascal crut de son intérêt de révéler l'instruction qu'il avait secrètement acquise ; l'usurier, frappé de la capacité de son homme de peine, le prit alors pour son teneur de livres au rabais, augmenta quelque peu son infime salaire, et continua de le traiter avec un mépris brutal, cherchant même à le ravaler davantage encore que par le passé, afin de ne pas lui laisser soupçonner le cas qu'il faisait de ses nouveaux services.

Pascal, ardent, infatigable au travail, impatient d'augmenter son instruction financière, continua de subir impassiblement les outrages dont on l'abreuvait, redoublant de servilité à mesure que son maître redoublait de dédains et de duretés.
Au bout de quelques années passées ainsi, il se sentit assez fort pour abandonner la province et venir chercher un théâtre plus digne de lui ; il était entré au nom de son patron en correspondance d'affaires avec un banquier de Paris auquel il offrit ses services ; celui-ci ayant depuis longtemps pu apprécier Pascal, accepta sa proposition, et il quitta sa petite ville au grand regret de son premier maître, qui tenta, mais trop tard, de le retenir en l'intéressant à ses affaires.
Le nouveau patron de notre homme était chef d'une de ces riches maisons, moralement tarées, mais (et cela n'est pas rare) regardées, commercialement parlant, comme irréprochables, car si ces maisons se livrent à des opérations qui touchent parfois au vol, à la fraude, si elles se sont impunément engraissées par d'ingénieuses faillites, elles font, comme on dit, *honneur à leur signature*... signature pourtant déshonorée dans l'estime des gens de bien.
Fervens adeptes de ce bel axiome qui résume toute notre époque (1) : ENRICHISSEZ-VOUS ! ! ils siégent fièrement à la *Chambre*, prennent héroïquement le sobriquet d'*honorables*, et visent au ministère... Pourquoi non ?
Le luxe tant vanté des anciens fermiers-généraux, n'était que misère auprès de la magnificence de monsieur Thomas Rousselet.
Pascal, transplanté dans cette maison d'une impudente et folle opulence, éprouva des humiliations bien autrement amères et poignantes que chez son bon vieux coquin d'usurier de province, qui le traitait comme un vil mercenaire, mais avec qui, du moins, il avait des rapports de travail fréquens et presque familiers.
Or, l'on chercherait en vain dans la fierté nobiliaire la plus altière, dans la vanité aristocratique la plus ridiculement féroce, quelque chose qui pût approcher de l'impérieux et écrasant dédain avec lequel monsieur et madame Rousselet traitaient leurs subalternes, qu'ils tenaient à une distance incommensurable. Parqués dans leurs sombres bureaux, d'où ils voyaient resplendir les somptuosités de l'hôtel Rousselet, les employés de cette maison ne connaissaient que par manière de tradition féerique ou de légende fabuleuse, les fantastiques merveilles de ces salons et de cette salle à manger d'où ils étaient souverainement exclus de par la dignité de madame Rousselet, au moins aussi hautaine, aussi grande dame que la première femme de chambre de la princesse de *Lorraine* ou de *Rohan*.
Quoique d'un ordre nouveau, ces humiliations n'en furent pas moins terriblement sanglantes pour Pascal ; il sentit là, plus partout ailleurs, son néant, sa dépendance ; et le joug de l'opulent banquier le blessa bien plus à vif, bien plus profondément, que celui de l'usurier ; mais notre homme, fidèle à son système, cacha ses plaies, sourit aux coups, lécha la botte vernie qui parfois daignait s'amuser à le crosser ; redoubla de travail, d'étude, de pénétration, et apprit enfin dans la pratique de cette maison ce qu'il regardait comme la vraie science des affaires, en un mot :
« Gagner, avec le moins d'argent possible, le plus d'ar-
» gent possible, par tous les moyens possibles, en se sau-
» vegardant rigoureusement de la police correctionnelle
» et des assises. »
La marge est grande ; on pouvait, on le voit, y évoluer fort à l'aise.
Cinq ou six ans se passèrent encore ainsi ; l'esprit recule effrayé, lorsqu'on songe à ce qui dut s'amasser de rancunes, de haines, de colères, de fiel, de venin, dans les abî-

(1) Nous rappelons que ceci fut écrit avant la révolution de 1848.

mes de cette âme froidement vindicative... toujours calme au dehors, comme la noire et morne surface d'un marais fangeux.

Un jour, monsieur Pascal apprit la mort de son père. Les économies du colporteur, considérablement grossies par de savantes manipulations usuraires, avaient atteint un chiffre fort élevé ; une fois maître de ce capital, et fort de son activité, de son audace, de son rare *savoir-faire*, ou plutôt de son *savoir-prendre*, Pascal se jura sur l'honneur d'arriver à une grande fortune, dût-il, pour parvenir plus vite (il faut bien risquer quelque chose) sortir un peu, si besoin était, de l'étroit et droit chemin de la légalité.

Notre homme se tint à soi-même son serment. Il quitta la maison Rousselet ; puis l'habileté, le hasard, la fraude, le bonheur, la ruse et la probité de l'époque aidant, il gagna des sommes importantes, paya comptant l'amitié d'un ministre, qui, le renseignant avec une tendre sollicitude, le mit à même de jouer, à coup sûr, au trente-et-quarante de la bourse, et d'encaisser ainsi près de deux millions ; peu de temps après, un courtier d'affaires anglais, très aventureux, mais très intelligent, lui fit entrevoir la possibilité de réaliser d'immenses bénéfices en se jetant avec audace dans les opérations de chemins de fer, alors toutes nouvelles en Angleterre ; Pascal se rendit à Londres, sut profiter d'un engouement qui prit bientôt des proportions inouïes, joua toute sa fortune sur ce coup de dé, et, réalisant à temps, il revint en France avec une quinzaine de millions. Alors, aussi prudent, aussi froid qu'il avait été aventureux, et doué d'ailleurs de grandes facultés financières, il ne songea plus qu'à continuellement augmenter cette fortune inespérée ; il y parvint, profitant de toute occasion avec une rare habileté, vivant d'ailleurs largement, confortablement, satisfaisant à tout prix ses nombreux caprices sensuels, mais n'affichant aucun luxe extérieur ou intérieur, et dînant au cabaret. De la sorte, il dépensait à peine la cinquième partie de ses revenus qui, se capitalisant chaque année, augmentaient incessamment sa fortune, que d'habiles opérations accroissaient encore.

Alors, nous l'avons dit, vint pour Pascal le grand et terrible jour des représailles.

Cette âme, endurcie par tant d'années d'abaissement et de haines, devint implacable et trouva mille voluptés cruelles à faire sentir aux autres la pesanteur de ce joug d'argent qu'il avait si longtemps porté.

Ce dont il avait surtout souffert, c'était de la dépendance, du servage, de l'annihilation complète du *moi*, où il avait été tenu si longtemps, obligé de subir sans murmurer les rudesses, les dédains de ses opulens patrons.

Ce fut cette dure pélagogie qu'il prit plaisir à imposer aux autres : à ceux-ci en exploitant leur servilité naturelle, à ceux-là en les soumettant à une implacable nécessité, symbolisant ainsi en lui la toute-puissance de *l'argent*, dans ce siècle vénal ; tenant ainsi en sa dépendance presque absolue, depuis le petit marchand qu'il commanditait, jusqu'au prince du sang royal qui s'humiliait pour obtenir un emprunt.

Ce despotisme effrayant, que l'homme qui *prête* peut exercer sur l'homme que les besoins du moment forcent à l'*emprunt*, monsieur Pascal l'exerçait et le savourait avec des raffinemens et des délicatesses de barbarie incroyables.

On a parlé du pouvoir de *Satan* sur les âmes. Satan accepté, monsieur Pascal pouvait perdre ou torturer autant et plus d'âmes que Satan.

Une fois dans sa dépendance, par un crédit, par un emprunt ou par une commandite, accordés d'ailleurs avec une parfaite bonhomie et souvent même offerts avec un perfide semblant de générosité (mais toujours sur de solides garanties morales ou matérielles), l'on ne s'appartenait plus, on avait, comme on dit, *vendu son âme à Satan-Pascal.*

Il procédait à ces marchés avec une infernale habileté.

Un moment de crise commerciale arrivait-il, les capitaux devenaient ou introuvables, ou d'un intérêt si exorbitant, que des commerçans très solvables, très probes d'ailleurs, se voyaient dans un embarras extrême, souvent à la veille d'une faillite. Monsieur Pascal, parfaitement renseigné, certain d'être couvert de ses avances par les marchandises ou le matériel de l'exploitation, accordait ou proposait ses services à un intérêt d'une modération incroyable pour la circonstance, mais déjà fort lucratif pour lui ; seulement il mettait à ce prêt la condition expresse d'un remboursement *à sa volonté*, se hâtant d'ajouter qu'il n'userait pas de ce droit, son avantage étant de n'en pas user, puisque le placement lui offrait évidemment des bénéfices ; sa grande fortune garantissait, d'ailleurs, le peu de besoin qu'il avait d'une rentrée immédiate de cinquante ou de cent mille écus ; mais par habitude, par bizarrerie si l'on voulait, ajoutait-il, il tenait expressément à ne prêter qu'à cette condition : *de rembourser à sa volonté*.

L'alternative était cruelle pour les malheureux que tentait Satan-Pascal : d'un côté, la ruine d'une industrie jusqu'alors prospère, de l'autre, un secours inespéré et si peu onéreux, qu'il pouvait passer pour un généreux service, la presque impossibilité de trouver ailleurs des capitaux, même à un taux ruineux, et puis la confiance que savait inspirer monsieur Pascal, rendaient la tentation bien puissante ; elle était achevée par la bonhomie insinuante de l'archi-millionnaire, si jaloux, disait-il, de venir, en manière de providence financière, à l'aide de gens laborieux et honnêtes.

Tout concourait, en un mot, à étourdir ces imprudens ; ils acceptaient...

Pascal, dès lors, *les possédait.*

Une fois sous le coup d'un remboursement considérable, qui pouvait à chaque instant les rejeter dans la position désespérée dont ils étaient sortis, ils n'avaient plus qu'un but, complaire à monsieur Pascal... qu'une crainte, déplaire à monsieur Pascal, qui ainsi disposait en maître de leur sort.

Souvent, notre Satan n'usait pas tout d'abord de son pouvoir, et, par un raffinement de méchanceté sardonique, il commençait par jouer au *bonhomme*, au bienfaiteur, se complaisant, avec une satisfaction ironique, au milieu des bénédictions dont on le comblait, laissant ainsi longtemps ses victimes s'habituer à leur erreur ; puis, peu à peu, selon son humeur, son caprice du moment, il se révélait progressivement, n'employant jamais les menaces, la rudesse ou l'emportement, affectant au contraire une douceureuse perfidie, qui parfois, en raison même du contraste, devenait effrayante.

Les circonstances en apparence les plus insignifiantes, les plus puériles, lui offraient mille moyens de tourmenter les personnes qu'il tenait dans sa redoutable dépendance.

Ainsi, par exemple, il arrivait chez un de ses *vassaux* ; celui-ci allait partir avec sa femme et ses enfans, pour se rendre gaîment à quelque fête de famille longtemps préparée à l'avance.

— Je viens dîner sans façon avec vous, mes bons amis, — disait Satan.

— Mon Dieu, monsieur Pascal, quels regrets nous avons ! C'est aujourd'hui la fête de ma mère, et, vous le voyez, nous partons pour aller dîner chez elle : c'est un anniversaire que jamais nous ne manquons de célébrer.

— Ah ! c'est très contrariant, moi qui espérais passer ma soirée avec vous.

— Et pour nous donc, monsieur Pascal, croyez-vous que la contrariété soit moins vive ?

— Bah !... vous me sacrifierez bien votre fête de famille ! Après tout... votre mère ne mourra point de n'être pas fêtée...

— Oh ! mon bon monsieur Pascal, c'est impossible ; ce serait la première fois, depuis notre mariage, que nous manquerions à cette petite solennité de famille.

— Allons, vous ferez bien cela pour moi ?

— Mais, monsieur Pascal...

— Je vous dis, moi, que vous ferez cela pour votre bon monsieur Pascal, n'est-ce pas ?
— Nous le voudrions de tout cœur... mais...
— Comment ?... vous me refusez cela... *à moi*... pour la première chose que je vous demande...

Et monsieur Pascal mettait une telle expression dans ce mot *à moi*, que toute cette famille tressaillait soudain ; *elle sentait*, comme on dit vulgairement, *son maître*, et, tout en ne concevant rien à l'étrange caprice du capitaliste, elle s'y soumettait tristement, afin de ne pas indisposer l'homme redoutable dont elle dépendait. On se résignait donc, on improvisait un dîner. On tâchait de sourire, d'avoir l'air joyeux, et de ne pas regretter cette fête de famille à laquelle on renonçait ; mais bientôt une crainte vague commençait de resserrer les cœurs ; le dîner devenait de plus en plus triste, contraint. Monsieur Pascal s'étonnait doucereusement de cet embarras et s'en plaignait en soupirant :

— Allons, — disait-il, — je vous aurai contrariés ; vous me gardez rancune, hélas ! je le vois.

— Ah ! monsieur Pascal ! — s'écriaient les malheureux de plus en plus inquiets ; — pouvez-vous concevoir une pareille pensée ?

— Oh ! je ne me trompe pas, je le vois... je le *sens*... car mon cœur me le dit... Eh ! mon Dieu ! ce que c'est !... C'est toujours un grand tort de mettre les amitiés à l'épreuve, même pour les plus petites choses... car elles servent quelquefois à mesurer les grandes... Moi... moi... qui comptais sur vous comme sur de vrais et bons amis !... Encore une déception peut-être ?

Et Satan-Pascal passait sa main sur ses yeux, se levait de table, et sortait de la maison d'un air contrit, affligé, laissant ces malheureux dans de terribles angoisses... car s'il ne croit plus à leur amitié, s'il les croit ingrats, il peut, d'un moment à l'autre, les replonger dans l'abîme, en leur redemandant un argent si généreusement offert... La reconnaissance qu'il attendait d'eux pouvait seule leur assurer son appui continu.

Nous avons insisté sur ces circonstances, qui sembleront puériles peut-être, et dont le résultat est pourtant si cruel, parce que nous avons voulu montrer, pour ainsi dire, le premier échelon des tourmens que monsieur Pascal faisait subir à ses victimes...

Que l'on juge, d'après cela, de tous les degrés de torture auxquels il était capable de les exposer, lorsqu'un fait si insignifiant en soi qu'une fête de famille manquée offrait tant de pâture à sa barbarie raffinée.

C'était un monstre... soit.

Il est malheureusement des Nérons de tout étage et de toute époque ; mais oui oserait dire que Pascal eût jamais atteint ce degré de perversité sans des exemples pernicieux, sans les terribles ressentimens depuis si longtemps amassés dans son âme irritée par la dépendance la plus dégradante ?

Le mot *représailles* n'excuse pas la férocité de cet homme ; elle l'explique. L'homme ne devient presque jamais méchant sans cause... le mal a toujours son générateur dans *le mal*.

Monsieur Pascal ainsi posé, nous le précéderons d'une heure environ chez monsieur Charles Dutertre.

V.

L'usine de monsieur Dutertre, destinée à la fabrication des machines pour les chemins de fer, occupait un immense emplacement dans le faubourg Saint-Marceau, et les hautes cheminées de briques, incessamment fumantes, la désignaient au loin.

Monsieur Dutertre et sa famille habitaient un petit pavillon séparé des bâtimens d'exploitation par un vaste jardin.

Au moment où nous introduisons le lecteur dans cette modeste demeure, un air de fête y régnait ; l'on semblait s'y occuper de préparatifs hospitaliers, une jeune et active servante achevait de dresser le couvert au milieu de la petite salle à manger dont la fenêtre ouvrait sur le jardin, et qui avoisinait une cuisine assez exiguë, séparée seulement du palier par un vitrage de carreaux dépolis ; une vieille cuisinière allait et venait d'un air affairé au milieu de ce laboratoire culinaire, d'où s'échappaient des bouffées de vapeurs appétissantes qui se répandaient parfois jusque dans la salle à manger.

Au salon, garni de meubles de noyer recouverts de velours d'Utrecht jaune et de rideaux de calicot blanc, l'on faisait d'autres préparatifs : deux vases de porcelaine blanche, ornant la cheminée, venaient d'être remplis de fleurs fraîches ; entre ces deux vases, et remplaçant la pendule, on apercevait sous un globe de verre une petite locomotive en miniature, véritable chef-d'œuvre de mécanique et de serrurerie ; sur le socle noir de ce bijou de fer, de cuivre et d'acier, on voyait ces mots gravés :

A MONSIEUR CHARLES DUTERTRE,

Ses ouvriers reconnaissans.

Téniers ou Gérard Dow auraient fait un charmant tableau d'un groupe de figures alors réunies dans ce salon.

Un vieillard aveugle, à figure vénérable et mélancolique, encadrée par de longs cheveux blancs tombant sur ses épaules, était assis dans un fauteuil, et tenait deux enfans sur ses genoux : un petit garçon de trois ans et une petite fille de cinq ans, deux anges de gentillesse et de grâce.

Le petit garçon, brun et rose, avec de grands yeux noirs veloutés, n'était pas sans jeter de temps à autre un regard satisfait et méditatif sur sa jolie blouse de casimir bleu clair, sur son frais pantalon blanc ; mais il semblait surtout se délecter dans la contemplation de certains bas de soie blancs rayés de cramoisi, et encadrés par des souliers de maroquin noir à bouffettes.

La petite fille, nommée Madeleine, en souvenir d'une amie intime de sa mère, qui avait servi de marraine à l'enfant ; la petite fille, disons-nous, blonde et rose, avait de charmans yeux bleus, et portait une jolie robe blanche ; ses épaules, ses bras étaient nus, ses jambes seulement à demi-couvertes par de mignonnes chaussettes écossaises. Dire combien il y avait de fossettes sur ses épaules, sur ces bras, sur ses joues potelées, d'une carnation si fraîche et si satinée, une mère seule en saurait le compte, à force de les baiser souvent, de ces fossettes, et la mère de ces deux charmans enfans devait le savoir.

Debout et appuyée au dossier du fauteuil du vieillard aveugle, madame Dutertre écoutait, avec la gravité qu'une mère apporte toujours en pareil cas, le ramage des deux oiseaux gazouilleurs que le grand-père tenait sur ses genoux, et qui, sans doute, l'entretenaient de quelque chose de bien intéressant, car ils parlaient tous deux à la fois, dans ce jargon enfantin que les mères traduisent avec une rare sagacité.

Madame Sophie Dutertre avait au plus vingt-cinq ans ; quoiqu'elle fût légèrement marquée de petite vérole, que l'on pût rencontrer des traits plus réguliers et beaucoup plus beaux que les siens, il était presque impossible d'imaginer une physionomie plus gracieusement ouverte et plus attrayante... un sourire plus avenant et plus fin ; c'était l'idéal du charme et de la bienveillance. Les superbes cheveux, les dents de perles, une peau éblouissante, une taille élégante, complétaient cet aimable ensemble ; et lorsqu'elle levait ses grands yeux bruns limpides et brillans vers son mari, alors debout de l'autre côté du fauteuil du vieillard aveugle, l'amour et la maternité donnaient à ce beau regard une expression à la fois touchante et passionnée, car le mariage de Sophie et de Charles Dutertre avait été un mariage d'amour.

Le seul reproche... est-ce un reproche que l'on avait pu adresser à Sophie Dutertre, car elle n'avait de coquetterie que pour la mise de ses enfans? c'était la complète inintelligence de sa toilette. Une robe d'étoffe mal choisie et mal faite déparait sa taille élégante; son petit pied n'était pas irréprochablement chaussé, et ses superbes cheveux bruns auraient pu être disposés avec plus de goût et de soin.

Franchise et résolution, intelligence et bonté, tel était le caractère des traits de monsieur Dutertre, alors âgé de vingt-huit ans environ; son œil vif et plein de feu, sa stature robuste et svelte, annonçaient une nature active, énergique. Ancien ingénieur civil, homme de haute science et d'application, aussi capable de résoudre avec la plume les problèmes les plus ardus, que de manier dextrement la lime, le tour et le marteau de fer, sachant commander, parce qu'il savait exécuter, honorant, rehaussant le travail manuel, en le pratiquant parfois, soit comme exemple, soit comme encouragement, probe jusqu'au scrupule, loyal et confiant jusqu'à la témérité, paternel, ferme et juste avec ses nombreux ouvriers; de mœurs d'une simplicité antique, ardent au labeur, amoureux de ses *créatures* de fer, de cuivre et d'acier, sa vie s'était jusqu'alors partagée entre les trois plus grands bonheurs de l'homme, — l'amour, — la famille, — le travail.

Charles Dutertre n'avait qu'un chagrin: la cécité de son père, et encore cette infirmité était le prétexte de dévouemens si tendres, de soins si délicats et si variés, que Dutertre et sa femme tâchaient de se consoler en disant: — qu'au moins il leur était donné de prouver doublement leur tendresse au vieillard. Malgré les apprêts de fête, Charles Dutertre avait remis au lendemain le soin de se raser, et avait gardé son habit de travail, blouse de toile grise, çà et là noircie, brûlée ou maculée par les accidens de la forge. Son front noble et élevé, ses mains à la fois blanches et nerveuses, étaient quelque peu noircis par la fumée des ateliers. Il oubliait enfin, dans sa laborieuse et incessante activité, ou dans les momens de repos réparateur qui succédaient, ce soin, sinon cette recherche de soi auxquels certains hommes, et avec raison, ne renoncent jamais.

Tels étaient les personnages rassemblés dans le modeste salon de la fabrique.

Les deux enfans gazouillaient toujours, tous deux à la fois, tâchant de se faire comprendre du grand-père; il y mettait d'ailleurs la meilleure volonté du monde, et leur demandait, en souriant doucement:

— Voyons, que dis-tu... mon petit Auguste... et toi, ma petite Madeleine?

— Madame l'interprète veut-elle nous faire la grâce de nous traduire ce gentil ramage en langue vulgaire? — dit gaiement Charles Dutertre à sa femme.

— Comment, Charles, tu ne comprends pas?

— Pas du tout.

— Ni vous, mon cher père? — demanda la jeune femme au vieillard.

— J'avais bien cru d'abord entendre quelque chose comme *dimanche* et *habit*, — répondit le vieillard en souriant, — mais cela s'est ensuite tellement compliqué, que j'ai renoncé... à comprendre, ou plutôt... à deviner...

— C'était pourtant à peu près cela; allons, il n'y a que les mères et les grands-pères pour comprendre les petits enfans, dit Sophie d'un air triomphant.

Puis s'adressant aux deux enfans:

— N'est-ce pas, chers petits, que vous dites à votre grand-père: « C'est aujourd'hui dimanche, puisque nous avons » nos beaux habits neufs? »

Madeleine, la blondinette, ouvrit ses grands yeux bleus tout grands, et baissa sa tête frisée, d'un air affirmatif.

— Tu es le Champollion des mères! — s'écria Charles Dutertre, tandis que le vieillard disait aux deux enfans:

— Non... ce n'est pas aujourd'hui dimanche, mes enfans... mais c'est un jour de fête...

Ici Sophie fut obligée d'intervenir de nouveau, et de traduire encore:

— Ils demandent pourquoi c'est fête, mon bon père.

— Parce que nous allons voir un ami... — reprit le vieillard avec un sourire un peu contraint... — et, quand un ami vient, c'est toujours fête... mes enfans.

— A propos, et la bourse? — dit Dutertre à sa femme.

— Tenez, monsieur, — répondit gaiement Sophie à son mari, en lui indiquant du geste sur la table une petite boîte de carton entourée d'une faveur rose, — croyez-vous que j'oublie plus que vous notre bon monsieur Pascal, notre digne bienfaiteur?

Le grand-père, s'adressant alors à la petite Madeleine, lui dit en la baisant au front:

— On attend monsieur Pascal... tu sais... monsieur Pascal.

Madeleine ouvrit de nouveau ses grands yeux; sa figure prit une expression presque craintive, et, secouant tristement sa petite tête bouclée, elle dit:

— Il est méchant...

— Monsieur Pascal!... — dit Sophie.

— Oh!... oui... bien méchant! — répondit l'enfant.

— Mais, — reprit la jeune mère, — pourquoi... penses-tu, ma petite Madeleine, que monsieur Pascal est méchant?

— Allons, Sophie, — dit Charles Dutertre en souriant, — ne vas-tu pas t'arrêter à ces enfantillages au sujet de notre digne ami?

Chose assez singulière, la physionomie du vieillard prit une vague expression d'inquiétude, et, soit qu'il crût à la sûreté de l'instinct ou de la pénétration des enfans, soit qu'il obéît à une autre pensée, loin de plaisanter, comme son fils, des paroles de Madeleine, il lui dit, en se penchant vers elle:

— Dis-nous, mon enfant, pourquoi monsieur Pascal est méchant?

La blondinette secoua la tête, et répondit naïvement:

— Sais pas... Mais, bien sûr, il est méchant.

Sophie, qui pensait un peu comme le grand-père au sujet de la singulière sagacité des enfans, ne put s'empêcher de tressaillir légèrement; car il est des rapports secrets, mystérieux, entre la mère et les créatures de son sang; un indéfinissable pressentiment contre lequel Sophie lutta pourtant de toutes ses forces, car elle le trouvait injustifiable, insensé, lui disait que l'instinct de sa petite-fille ne la trompait peut-être pas à l'endroit de monsieur Pascal, quoique jusqu'alors la jeune mère, loin d'avoir le moindre soupçon sur cet homme, le regardât, au contraire, en le jugeant d'après ses actes, comme un homme de caractère rempli de noblesse et de générosité.

Charles Dutertre, ne se doutant pas des impressions de sa femme et de son père, reprit en riant:

— C'est moi qui vais faire à mon tour la leçon à ce grand-père et à cette mère qui se prétendent si entendus au jargon et aux sentimens des enfans... Notre excellent ami à l'écorce rude, les sourcils épais, la barbe noire, la figure brune, la parole brusque... c'est, en un mot, une sorte de *bourru bienfaisant*. Il n'en faut pas davantage pour mériter le titre de *méchant* de par l'autorité du jugement de cette blondinette.

A ce moment la jeune servante entra et dit à sa maîtresse:

— Madame... mademoiselle Hubert est là avec sa domestique, et...

— Antonine?... quel bonheur!... — dit Sophie en se levant vivement pour aller au devant de la jeune fille.

— Madame... — ajouta mystérieusement la servante, — Agathe demande si monsieur Pascal aime les pois au sucre ou au lard?

— Charles ! — dit gaiement Sophie à son mari, — c'est grave... qu'en penses-tu ?

— Il faut faire un plat de pois au sucre et un plat de pois au lard, — répondit Charles, d'un air méditatif.

— Il n'y a que les mathématiciens pour résoudre les problèmes, — reprit Sophie ; puis, emmenant ses deux enfans par la main, elle ajouta :

— Je veux faire voir à Antonine comme ils sont embellis et grandis.

— Mais j'espère bien, — dit monsieur Dutertre, — que tu prieras mademoiselle Hubert de monter ici... sinon j'irais la chercher !

— Je vais conduire les enfans à leur bonne et je remonte avec Antonine.

— Charles, — dit le vieillard en se levant lorsque la jeune femme eut disparu, — donne-moi ton bras, je te prie.

— Volontiers, mon père ; mais monsieur Pascal ne peut tarder à arriver.

— Et tu tiens... à ce que je sois là, mon ami ?

— Vous savez, mon père, tout le respect que notre ami a pour vous, et combien il est heureux de vous le témoigner.

Après un moment de silence, le vieillard reprit :

— Sais-tu que, depuis que tu l'as chassé, ton ancien caissier Marcelange est souvent allé voir monsieur Pascal ?

— Voilà, mon père, la première nouvelle que j'en apprends...

— Cela ne te paraît pas singulier ?

— En effet...

— Ecoute-moi... Charles... je...

— Pardon, mon père, — reprit Dutertre en interrompant le vieillard, — maintenant, j'y songe : rien de plus naturel ; je n'ai pas vu notre ami depuis que j'ai renvoyé Marcelange ; celui-ci n'ignore pas mon amitié pour monsieur Pascal, et il sera peut-être allé le voir pour le prier d'intercéder auprès de moi.

— Cela peut s'expliquer ainsi, — dit le vieillard en réfléchissant. — Cependant...

— Eh bien ! mon père...

— L'impression de ta petite fille... m'a tout à l'heure frappé.

— Allons, mon père, — reprit Dutertre en souriant, — vous dites cela pour faire votre cour à ma femme... Malheureusement elle ne peut pas vous entendre. Mais je lui rapporterai votre coquetterie pour elle...

— Je dis cela, Charles, — reprit le vieillard d'un ton triste, — parce que, si puérile qu'elle te paraisse, l'impression de ta petite fille... me semble d'une certaine gravité, et quand je la rapproche de quelques circonstances qui me viennent à cette heure à l'esprit, quand je songe enfin aux fréquentes entrevues de Marcelange et de monsieur Pascal, malgré moi, je te l'avoue, je ressens à son égard une vague défiance.

— Mon père... mon père... — reprit Charles Dutertre avec émotion, — sans le vouloir... et par tendresse pour moi... vous m'affligez beaucoup... Douter de monsieur Pascal... douter de notre généreux bienfaiteur... Ah ! tenez, mon père... vrai... voilà le premier chagrin que j'aie ressenti depuis longtemps... Se défier sans preuves... subir l'influence de la fugitive impression d'un enfant, — ajouta Dutertre avec la chaleur de son généreux naturel, — cela est injuste... aussi...

— Charles !... — dit le vieillard, blessé de la vivacité de son fils.

— Pardon... pardon, mon bon et excellent père, — s'écria Dutertre, en prenant les mains du vieillard entre les siennes. — J'ai été vif... excusez-moi... mais un moment l'amitié a parlé plus haut que mon respect pour vous...

— Mon pauvre Charles, — répondit affectueusement le vieillard, — fasse le ciel que tu aies raison contre moi... et, loin de me plaindre de ta vivacité, j'en suis heureux. Mais j'entends quelqu'un... viens, reconduis-moi.

Au moment où monsieur Dutertre refermait la porte de la chambre où il avait ramené l'aveugle, mademoiselle Antonine Hubert entrait dans le salon, accompagnée de madame Dutertre.

VI.

Que l'on nous pardonne la *mythologie* de cette comparaison surannée, mais jamais l'Hébé qui servait d'échanson à l'Olympe païen n'a pu réunir plus de fraîcheur, d'éclat dans sa beauté surhumaine, que n'en réunissait, dans sa modeste beauté terrestre, mademoiselle Antonine Hubert, dont monsieur Pascal avait surpris le secret et amoureux accord avec Frantz.

Ce qui charmait le plus dans cette jeune fille, c'était surtout cette beauté de quinze ans et demi, à peine épanouie, qui tient de l'enfant par la candeur, par la grâce ingénue, et de la jeune fille par les charmes voluptueusement naissans ; âge enchanteur encore plein de mystères et de chastes ignorances, aube encore pure, transparente et blanche, que les premières palpitations d'un cœur innocent vont nuancer d'un coloris vermeil.

Tel était l'âge d'Antonine : et elle avait le charme et tous les charmes de cet âge.

Afin d'*humaniser* notre Hébé, nous la ferons descendre de son piédestal antique, et, voilant modestement son joli corps de marbre rosé, aux formes si délicates, si virginales, nous la vêtirons d'une élégante robe d'été ; un mantelet de soie noire cachera son buste d'une finesse de contours toute juvénile, tandis qu'un chapeau de paille, doublé de taffetas rose comme ses joues, laissant apercevoir ses bandeaux de cheveux d'un châtain très clair, encadrera l'ovale de cette ravissante petite tête, d'une carnation aussi fraîche, aussi blanche, aussi satinée, que celle des enfans que la jeune fille venait d'embrasser.

En entrant dans le salon avec Sophie, mademoiselle Hubert rougit légèrement, car elle avait la timidité de ses quinze ans ; puis, mise à l'aise par le cordial accueil de Dutertre et de sa femme, elle dit à celle-ci avec une sorte de déférence puisée dans leurs anciennes relations de *petite* et de *mère*, ainsi qu'on disait au pensionnat où elles avaient été élevées ensemble, malgré leur différence d'âge :

— Vous ne savez pas la bonne fortune qui m'amène, ma chère Sophie ?

— Une bonne fortune !... tant mieux, ma petite Antonine.

— Une lettre de *Sainte-Madeleine*... — reprit la jeune fille en tirant une enveloppe de sa poche.

— Vraiment ! — s'écria Sophie, rougissant de surprise et de joie en tendant impatiemment la main vers la lettre.

— Comment, mademoiselle Antonine, — reprit gaiement Charles Dutertre, — vous êtes en correspondance avec le paradis ?... Cela, il est vrai, ne doit pas m'étonner... cependant...

— Taisez-vous, monsieur le railleur, — reprit Sophie, — et ne plaisantez pas de notre meilleure amie... à Antonine et à moi...

— Je m'en garderai bien... Pourtant, ce nom de *Sainte-Madeleine* ?

— Comment ! Charles, est-ce que je ne t'ai pas mille fois parlé de mon amie de pension... mademoiselle Madeleine Silveyra, qui, vu son absence, a été, par procuration, marraine de notre chère petite ? A quoi songes-tu donc ?

— J'ai très bonne mémoire, au contraire, ma chère Sophie, — reprit Dutertre ; — car je n'ai pas oublié que cette jeune Mexicaine était d'une beauté si singulière, si étrange, qu'elle inspirait au moins autant de surprise et d'atirait que d'admiration.

— C'est d'elle-même qu'il s'agit, mon ami ; après moi,

Madeleine a servi de *petite mère* à Antonine, ainsi que nous disions à la pension, où l'on confiait aux soins de chaque *grande* un enfant de dix ou onze ans... Aussi, en quittant notre maison d'éducation, j'ai légué cette chère Antonine à l'affection de *Sainte Madeleine.*

— C'est justement le surnom qui a causé mon erreur, — reprit Dutertre, — surnom qui, je l'avoue, me semble très ambitieux ou très humble pour une si jolie personne, car elle doit être à peu près de ton âge.

— On a donné à Madeleine le surnom de *sainte* à la pension, parce qu'elle le méritait, monsieur Dutertre, — reprit Antonine avec son grand sérieux de quinze ans ; — et pendant les deux années qu'elle a été ma *petite mère*, on a continué de l'appeler *Sainte-Madeleine* comme du temps de Sophie.

— C'était donc une bien austère dévote que mademoiselle *Sainte-Madeleine ?* — demanda Dutertre.

— Madeleine, comme presque toutes les personnes de son pays (nous avions francisé son nom de *Magdalena*), s'adonnait à une dévotion particulière. Elle avait choisi le Christ ; et son adoration pour le Sauveur allait parfois jusqu'à l'extase, — reprit Sophie. — Du reste, elle alliait à cette dévotion ardente le caractère le plus affectueux, le cœur le plus chaleureux et l'esprit le plus piquant, le plus enjoué du monde... Mais, je t'en prie, Charles, laisse-moi lire sa lettre... je suis d'une impatience !... Tu juges ? La première lettre après deux ans de séparation ! Nous voulions, Antonine et moi, lui garder rancune de son silence ; mais, au premier souvenir de cette méchante *Sainte-Madeleine*, nous voici, tu le vois, désarmées...

Et prenant la lettre que mademoiselle Hubert venait de lui remettre, Sophie reprit avec émotion, à mesure qu'elle lisait :

— Chère Madeleine... toujours affectueuse et tendre... toujours spirituelle et gaie, toujours sensible aux chers souvenirs du passé... Après quelques jours de repos à Marseille, à son arrivée de Venise... d'où elle vient, elle part pour Paris, presque en même temps que sa lettre... et elle ne pense qu'au bonheur de revoir Sophie, son amie... et Antonine, notre *petite fille*... à qui elle écrit en hâte pour nous deux : et elle signe comme à la pension : *Sainte-Madeleine.*

— Elle n'est donc pas encore mariée ? — demanda Charles Dutertre.

— Je n'en sais rien, mon ami, — reprit sa femme, — puisqu'elle signe seulement son nom de baptême, —

— Au fait, — reprit Charles en souriant, — pouvais-je faire une pareille question ? Une *sainte*... se marier !

A cet instant, la jeune servante entra, et, restant au seuil de la porte, fit un signe d'intelligence à sa maîtresse ; mais celle-ci répondit :

— Vous pouvez parler, Julie : mademoiselle Antonine n'est-elle pas de la famille ?

— Madame, — dit la servante, — Agathe demande si elle peut toujours mettre le poulet à la broche, quoique monsieur Pascal n'arrive pas.

— Certainement, — dit madame Dutertre, — monsieur Pascal est un peu en retard, mais, je n'en doute pas, il sera ici d'un instant à l'autre.

— Vous attendez donc quelqu'un, Sophie, — dit Antonine lorsque la servante se retira, — alors, au revoir... — ajouta la jeune fille avec un léger soupir ; je ne venais pas seulement pour vous apporter la lettre de *Sainte-Madeleine*... je désirais longuement causer avec vous... je reviendrai demain, ma chère Sophie.

— Mais pas du tout, ma petite Antonine ; j'use de mon autorité d'ancienne *mère* pour retenir ma chère fille à déjeuner avec nous... C'est une espèce de fête de famille... Est-ce que la place n'y est pas marquée, mon enfant ?

— Allons, mademoiselle Antonine, — dit Charles, — faites-nous ce sacrifice.

— Vous êtes mille fois bon, monsieur Dutertre ; mais, en vérité, je ne puis accepter.

— Alors, — reprit-il, — je vais employer les grands moyens de séduction ; en un mot, mademoiselle Antonine, si vous nous faites le plaisir de rester, vous verrez l'homme généreux qui, de lui-même, est venu à notre secours il y a aujourd'hui un an ; car c'est l'anniversaire de cette noble action que nous fêtons.

Sophie, ayant oublié l'espèce de pressentiment éveillé en elle par les paroles de la petite fille, ajouta :

— Oui, ma petite Antonine, lors de ce moment de crise désastreuse et de si pénible gêne dans les affaires, monsieur Pascal a dit à Charles : « Monsieur, je ne vous con-
» nais pas personnellement, mais je sais que vous êtes
» aussi probe qu'intelligent et laborieux. Vous avez be-
» soin de cinquante mille écus pour faire face à vos af-
» faires ; je vous les offre en ami... acceptez-les... en ami ;
» quant aux conditions d'intérêts, nous les règlerons plus
» tard, et encore... en ami. »

— En effet, — dit Antonine, — c'était noblement agir.

— Oui, — reprit monsieur Dutertre avec une émotion profonde, — car ce n'est pas seulement mon industrie qu'il sauvait, qu'il assurait, c'était le travail des nombreux ouvriers que j'emploie... c'était le repos de la vieillesse de mon père, le bonheur de ma femme, l'avenir de mes enfans... Oh ! tenez, restez, mademoiselle Antonine... C'est si rare, c'est si doux, la contemplation d'un homme de bien... mais tenez, le voilà, — ajouta monsieur Dutertre en voyant passer monsieur Pascal devant la fenêtre du salon.

— Je suis bien touchée de ce que Sophie et vous venez de m'apprendre, monsieur Dutertre, et je regrette de ne pouvoir me trouver avec l'homme généreux à qui vous devez autant... mais le déjeuner me mènerait trop loin... il faut que je rentre de bonne heure... Mon oncle m'attend ; il a été cette nuit encore très souffrant ; dans ses momens de crise douloureuse, il désire toujours que je sois près de lui... et cette crise peut revenir d'un moment à l'autre.

Puis, tendant la main à Sophie, la jeune fille ajouta :

— Je pourrai bientôt vous revoir, n'est-ce pas ?

— Demain ou après-demain, ma chère petite Antonine, j'irai chez toi, et nous causerons aussi longuement que tu le désireras.

La porte s'ouvrit : monsieur Pascal entra.

Antonine embrassa son amie, et celle-ci dit au financier avec une affectueuse cordialité :

— Vous me permettez, n'est-ce pas, monsieur Pascal, de reconduire mademoiselle ?... Je n'ai pas besoin de vous dire combien j'ai hâte de revenir...

— Pas de façons, je vous prie, ma chère madame Dutertre, — balbutia monsieur Pascal, malgré son assurance, stupéfait qu'il était de rencontrer encore Antonine, qu'il suivit d'un sombre et ardent regard jusqu'à ce qu'elle eût quitté la chambre.

VII.

Monsieur Pascal, à l'aspect d'Antonine, qu'il voyait pour la seconde fois dans la matinée, était, nous l'avons dit, resté un instant stupéfait de surprise et d'admiration devant cette beauté si candide, si pure.

— Enfin ! vous voilà donc ! — dit Charles Dutertre avec expansion, en tendant ses deux mains à monsieur Pascal lorsqu'il se trouva seul avec lui. — Savez-vous que nous commencions à douter de votre exactitude ?... Toute la semaine, ma femme et moi, nous nous faisions une joie de cette matinée... car, après l'anniversaire de la naissance de nos enfans, le jour que nous fêtons avec le plus de bonheur, c'est celui d'où a daté, grâce à vous, la sécurité de leur avenir. C'est si bon, si doux de se sentir, par la reconnaissance et par le cœur, à la hauteur d'un de ces actes généreux qui honorent autant celui qui offre que celui qui accepte !

Monsieur Pascal ne parut pas avoir entendu ces paroles de monsieur Dutertre, et lui dit :

— Quelle est donc cette toute jeune fille qui sort d'ici ?

— Mademoiselle Antonine Hubert.

— Est-ce qu'elle serait parente du président Hubert, qui a été dernièrement si malade ?

— C'est sa nièce...

— Ah ! — fit Pascal en réfléchissant.

— Vous savez que si mon père n'était pas des nôtres, — reprit monsieur Dutertre en souriant, — notre petite fête ne serait pas complète. Je vais l'avertir de votre arrivée, mon bon monsieur Pascal...

Et comme il faisait un pas vers la porte de la chambre du vieillard, monsieur Pascal l'arrêta d'un geste et lui dit :

— Le président Hubert ne demeure-t-il pas...

Et comme il hésitait, Dutertre ajouta :

— Rue du Faubourg-Saint-Honoré ; le jardin touche à celui de l'Elysée-Bourbon.

— Et y a-t-il longtemps que cette jeune fille habite chez son oncle ?

Dutertre, assez surpris de l'insistance de monsieur Pascal au sujet d'Antonine, reprit :

— Il y a trois mois environ que monsieur Hubert est allé chercher mademoiselle Antonine à Nice, où elle était restée après la mort d'une de ses parentes.

— Et madame Dutertre est fort liée avec cette jeune personne ?

— A la pension, où elles étaient ensemble, Sophie lui servait de mère, et elles sont restées dans les termes de la plus tendre affection.

— Ah !... — fit encore Pascal, et de nouveau il parut réfléchir profondément pendant quelques instans.

Cet homme possédait une grande et rare faculté, qui avait contribué à sa prodigieuse fortune : ainsi que l'on ouvre et que l'on ferme à volonté certains casiers, monsieur Pascal pouvait momentanément se détacher à son gré des plus profondes préoccupations pour entrer froidement dans un ordre d'idées complètement opposé à celles qu'il venait de quitter. Ainsi, après l'entrevue de Frantz et d'Antonine, qu'il avait surpris, et dont il s'était trouvé si terriblement ému, il retrouvait toute sa liberté d'esprit pour causer d'affaires avec l'archiduc et le torturer.

De même, après cette dernière rencontre avec Antonine chez Dutertre, il ajourna, pour ainsi dire, ses violens ressentimens, ses projets, au sujet de la jeune fille, et, s'occupant de toute autre chose, il dit au mari de Sophie avec bonhomie :

— En attendant le retour de votre chère femme, mon ami, j'ai à vous demander un petit service.

— Enfin, — s'écria Dutertre radieux en se frottant joyeusement les mains ; — enfin... vaut mieux tard que jamais !

— Vous avez eu pour caissier... un nommé Marcelange !

— Malheureusement pour moi...

— Malheureusement ?

— Il a commis ici, non pas un acte d'improbité... à aucun prix je ne lui aurais épargné la punition de sa faute ; mais il a commis un acte d'indélicatesse dans des circonstances telles, qu'il m'a été démontré que cet homme était un misérable... et je l'ai chassé...

— Marcelange m'a dit qu'en effet vous l'aviez renvoyé.

— Vous le connaissez ? — reprit Dutertre très surpris et se rappelant les paroles de son père.

— Il y a quelques jours... il est venu chez moi... Il désirait entrer dans la maison Durand...

— Lui ? chez des gens si honorables ?

— Pourquoi pas ? il a bien été employé chez vous !

— Mais, ainsi que je vous l'ai dit, mon bon monsieur Pascal, je l'ai chassé dès que sa conduite m'a été connue...

— Bien entendu ! Seulement, comme il se trouve sans place, il faudrait, pour entrer dans la maison Durand, qui est prête à accepter ses services, il faudrait, dis-je, à ce pauvre garçon, une lettre de recommandation de votre part ; avec cette garantie, il est accepté d'emblée : or, cette lettre, mon cher Dutertre, je venais tout bonnement vous la demander.

Après un moment de brusque étonnement, Dutertre ajouta en souriant :

— Après tout, cela ne doit pas m'étonner... vous êtes si bon !... Cet homme est rempli de finesse et de fausseté... il aura surpris votre bonne foi...

— Je crois, en effet, Marcelange très fin, très madré ; mais cela ne peut vous empêcher de me donner la lettre dont je vous parle.

Dutertre crut avoir mal entendu ou s'être fait mal comprendre de monsieur Pascal ; il reprit :

— Pardon... je vous ai dit que...

— Vous avez à vous plaindre d'un acte d'indélicatesse de la part de ce garçon ; mais, bah ! qu'est-ce que cela fait ?

— Comment, monsieur Pascal... qu'est-ce que cela fait ? Sachez donc qu'à mes yeux, l'action de cet homme était plus condamnable encore peut-être qu'un détournement de fonds !

— Je vous crois, mon brave Dutertre, je vous crois ; il n'est pas de meilleur juge que vous en matière d'honneur ; le Marcelange me semble, il est vrai, un rusé compère... et, s'il faut tout vous dire, c'est à cause de cela que je tiens, je tiens beaucoup à ce qu'il soit recommandé par vous.

— Franchement, monsieur Pascal... je croirais agir en malhonnête homme en favorisant l'entrée de Marcelange dans une maison respectable à tous égards.

— Allons ! Faites cela pour moi... voyons !

— Ce n'est pas sérieusement que vous me parlez ainsi, monsieur Pascal ?

— C'est très sérieusement !

— Après ce que je viens de vous confier tout à l'heure ?

— Eh ! mon Dieu, oui !

— Vous ! vous ! l'honneur et la loyauté même !

— Moi ! l'honneur et la loyauté en personne, je vous demande cette lettre.

Dutertre regarda d'abord monsieur Pascal avec stupeur ; puis, ensuite d'un moment de réflexion, il reprit d'un ton d'affectueux reproche :

— Ah ! monsieur, après une année écoulée... cette épreuve était-elle nécessaire ?

— Quelle épreuve ?

— Me proposer une action indigne afin de vous assurer si je méritais toujours votre confiance.

— Mon cher Dutertre, je vous répète qu'il me faut cette lettre... Il s'agit pour moi d'une affaire fort délicate et fort importante.

Monsieur Pascal parlait sérieusement, Dutertre ne pouvait plus en douter ; il se souvint alors des paroles de son père, des pressentimens de sa petite fille, et, saisi d'un vague effroi, il reprit d'une voix contrainte :

— Ainsi, monsieur, vous oubliez la grave responsabilité qui pèserait sur moi si je faisais ce que vous désirez.

— Eh ! mon Dieu, mon brave Dutertre, si l'on ne demandait à ses amis que des choses faciles !

— C'est une chose impossible que vous me demandez, monsieur...

— Allons donc... vous me refusez cela... à moi ?

— Monsieur Pascal, — dit Dutertre d'un accent à la fois ferme et pénétré, — je vous dois tout... Il n'est pas de jour où mon père, ma femme et moi, nous ne nous rappelions qu'il y a un an, sans votre secours inespéré, notre ruine et celle de tant de gens que nous faisons vivre était immanquables. Tout ce que la reconnaissance peut inspirer d'affection, de respect, nous le ressentons pour vous... Toutes les preuves de dévouement possibles, nous sommes prêts à vous les donner avec joie… avec bonheur… mais…

— Un mot encore… et vous me comprendrez, — reprit monsieur Pascal, en interrompant Dutertre. — Puisqu'il faut vous le dire… j'ai un intérêt puissant… à avoir quelqu'un à moi… *tout à moi*, vous entendez bien ?… tout à moi, dans la maison Durand… Or, vous concevez, en tenant ce Marcelange par la lettre que vous me donnerez pour lui, et par ce que je sais de ses antécédens, je me fais de lui une créature, un instrument aveugle. Ceci est tout à fait entre nous, mon cher Dutertre… et, comptant sur votre discrétion absolue… j'irai même plus loin, je vous dirai que…

— Pas un mot de plus à ce sujet, monsieur, je vous en conjure, — s'écria Dutertre, avec une surprise et une douleur croissantes, car il avait cru jusqu'alors monsieur Pascal un homme d'une extrême droiture. — Pas un mot de plus… Il est des secrets dont on n'accepte pas la confidence.

— Pourquoi ?

— Parce qu'ils peuvent devenir très embarrassans… monsieur.

— Vraiment ! les confidences d'un vieil ami peuvent devenir gênantes ! Soit, je les garderai… Alors, donnez-moi cette lettre, sans plus d'explications.

— Je vous répète que cela m'est impossible, monsieur.

Monsieur Pascal brida ses lèvres et plissa imperceptiblement ses sourcils ; aussi surpris que courroucé du refus de Dutertre, il avait peine à croire, dans l'ingénuité de son cynisme, qu'un homme qu'il tenait en sa dépendance eût l'audace de contrarier sa volonté ou le courage de sacrifier le présent et l'avenir à un scrupule honorable.

Cependant, comme monsieur Pascal avait un intérêt véritablement puissant à obtenir la lettre qu'il demandait, il reprit avec un accent d'affectueux reproche :

— Comment… vous me refusez cela… mon cher Dutertre… à moi, votre ami ?

— Je vous le refuse surtout à vous, monsieur, qui avez eu assez de foi dans ma sévère probité… pour m'avancer, presque sans me connaître… une somme considérable.

— Allons, mon cher Dutertre, ne me faites pas plus aventureux que je ne le suis. Est-ce que votre probité, votre intelligence, votre intérêt même (et en tout cas, le matériel de votre usine), ne me garantissaient pas mes capitaux ? Est-ce que je ne me trouve pas toujours dans une excellente position, par la faculté que je me suis réservée d'exiger le remboursement à ma volonté ?… faculté dont je n'userai pas d'ici à bien longtemps, que je sache… je m'intéresse trop à vous pour cela, — se hâta d'ajouter monsieur Pascal, en voyant la stupeur et l'angoisse se peindre soudain sur les traits de Dutertre, — car enfin, supposons… et ce n'est là, Dieu merci ! qu'une supposition ; supposons que, dans l'état de gêne et de crise excessive où se trouve à cette heure encore une fois l'industrie, je vous dise aujourd'hui : Monsieur Dutertre, j'ai besoin de mon argent avant un mois, et je vous ferme mon crédit !

— Grand Dieu ! — s'écria Dutertre, consterné, épouvanté à la seule supposition d'un pareil désastre ; — mais je tomberais en faillite ! mais ce serait ma ruine, la perte de mon industrie ; il faudrait travailler de mes mains peut-être, si je trouvais un emploi, afin de faire vivre mon père infirme, ma femme et mes enfans !…

— Voulez-vous bien vous taire, méchant homme, et ne pas me mettre de si affligeantes idées sous les yeux ! Vous allez me gâter toute ma journée ! — s'écria monsieur Pascal avec une bonhomie irrésistible et en prenant les deux mains de Dutertre avec les siennes. — Parler ainsi… aujourd'hui… et moi qui, comme vous, me faisais une fête de cette matinée !… Eh bien ! qu'avez-vous ? vous voici tout pâle… maintenant…

— Pardon, monsieur, — dit Dutertre en essuyant les gouttes de sueur froide qui coulaient de son front, — mais à la seule pensée d'un coup si inattendu… qui frapperait ce que j'ai de plus cher au monde, mon honneur… ma famille… mon travail… Ah !… tenez, monsieur, vous avez raison, éloignons cette idée… elle est trop horrible.

— Eh ! mon Dieu ! c'est ce que je vous disais, n'attristons pas cette charmante journée… Aussi, pour en finir, — reprit allègrement monsieur Pascal, — bâclons de suite les affaires… vidons notre sac, comme on dit… Donnez-moi cette lettre… et n'en parlons plus…

Dutertre tressaillit, une affreuse angoisse lui serra le cœur, il répondit :

— Une pareille insistance m'étonne et m'afflige, monsieur… Je vous le répète, il m'est absolument impossible de faire ce que vous désirez.

— Mais, grand enfant que vous êtes ! mon insistance même vous prouve l'importance que j'attache à cette affaire.

— Il se peut, monsieur !

— Et pourquoi y attachai-je autant d'importance, mon brave Dutertre ? c'est parce que cette affaire vous intéresse autant que moi.

— Que dites-vous, monsieur ?

— Eh ! sans doute… Ma combinaison de la maison Durand manquant, puisque votre refus m'empêcherait d'employer ce coquin de Marcelange selon mes vues (vous ne voulez pas de mes secrets, je suis bien forcé de le garder), peut-être serais-je obligé, pour certaines raisons, — ajouta monsieur Pascal en prononçant lentement les mots suivans et en attachant sur sa victime son regard clair et froid, — peut-être serais-je obligé… et cela me saignerait le cœur… de vous redemander mes capitaux et de vous fermer mon crédit.

— Oh ! mon Dieu ! — s'écria Dutertre en joignant les mains et devenant pâle comme un spectre.

— Voyez un peu, vilain homme, dans quelle atroce position vous vous mettriez !… Me forcer à une action qui, je vous le répète, me déchirerait l'âme…

— Mais, monsieur… tout à l'heure encore… vous m'assuriez que…

— Eh ! parbleu ! mon intention serait de vous les laisser le plus longtemps possible, ces malheureux capitaux. Vous m'en payiez les intérêts avec une ponctualité rare… le placement était parfait, et, grâce à l'amortissement convenu, vous étiez libéré dans dix ans, et j'avais fait une excellente affaire en vous rendant service.

— En effet, monsieur, — murmura Dutertre anéanti, — telles avaient été vos promesses, sinon écrites… du moins verbales… et la générosité de votre offre, la loyauté de votre caractère, tout m'avait donné la confiance la plus entière… Dieu veuille que je n'aie pas à dire la plus téméraire, la plus insensée, sur votre parole !…

— Quant à cela, mon cher Dutertre, mettez-vous en paix avec vous-même ; à cette époque de crise commerciale, au moins aussi terrible que celle d'aujourd'hui, vous n'eussiez trouvé nulle part les capitaux que je vous ai offerts à un taux si modéré.

— Je le sais, monsieur !

— Vous avez donc pu, vous avez même dû, forcé par la nécessité, accepter la condition que je mettais à cet emprunt.

— Mais, monsieur, — s'écria Dutertre dans un effroi inexprimable, — j'en appelle à votre honneur ! vous m'aviez formellement promis de…

— Eh ! mon Dieu, oui… je vous avais promis ! sauf la force majeure des événemens ; et malheureusement votre refus, à propos de cette pauvre petite lettre, crée un événement de force majeure, qui me met dans la pénible… dans la douloureuse nécessité… de vous redemander mon argent.

— Mais, monsieur, c'est une action indigne… que vous me proposez là… songez-y donc !

A ce moment on entendit au dehors le rire doux et frais de Sophie Dutertre qui s'approchait.

— Ah! monsieur! — s'écria son mari, — pas un mot de cela devant ma femme... car, ce ne peut être là votre dernière résolution, et j'espère que...

Charles Dutertre ne put achever, car Sophie entra dans le salon.

Le malheureux homme ne put faire qu'un geste suppliant à Pascal, qui y répondit par un signe d'affectueuse intelligence.

VIII.

Lorsque Sophie Dutertre entra dans le salon où se trouvaient son mari et monsieur Pascal, le gracieux visage de la jeune femme, plus vivement coloré que de coutume, le léger battement de son sein, ses yeux humides, témoignaient de son récent accès d'hilarité.

— Ah! ah! madame Dutertre, — dit gaiement monsieur Pascal; — je vous ai bien entendue, vous étiez là, à rire comme une folle...

Puis, se tournant vers Dutertre, qui tâchait de dissimuler ses horribles angoisses et de se rattacher à une dernière espérance, il ajouta :

— Comme le bonheur les rend gaies, ces jeunes femmes! Rien qu'à les voir... ça met la joie au cœur, n'est-ce pas, mon brave Dutertre?

— Je viens de rire, et bien malgré moi, je vous assure, mon bon monsieur Pascal, — reprit Sophie.

— Malgré vous? — dit notre homme, — comment! est-ce que quelque chagrin?...

— Un chagrin? oh! non, Dieu merci!... Mais j'étais plus disposée à l'attendrissement qu'à la gaieté... Cette chère Antonine... si tu savais... Charles, — ajouta la jeune femme avec une douce émotion en s'adressant à son mari, — je ne puis te dire combien elle m'a émue... quel aveu à la fois touchant et candide elle m'a fait... car le cœur de la pauvre petite était trop plein..., et elle n'a pas eu la force de s'en aller sans tout me dire...

Et une larme d'attendrissement vint mouiller les beaux yeux de Sophie.

Au nom d'Antonine, monsieur Pascal, malgré son rare empire sur lui-même, avait tressailli ; ses préoccupations au sujet de la jeune fille, un instant ajournées, revinrent plus vives, plus ardentes que jamais, et, pendant que Sophie essuyait ses yeux, il jeta sur elle un regard pénétrant, tâchant de deviner ce qu'il pouvait espérer d'elle, pour une combinaison qu'il formait.

Madame Dutertre reprit bientôt, en s'adressant à son mari :

— Mais, Charles, je te conterai cela... plus tard : toujours est-il que j'étais encore sous l'impression de mon entretien avec cette chère Antonine, lorsque ma petite Madeleine est venue à moi... et m'a dit, dans son gentil jargon, de si drôles de raisons, que je n'ai pu m'empêcher de rire aux éclats. Mais pardon, monsieur Pascal... votre cœur comprendra et excusera, n'est-ce pas, toutes les faiblesses maternelles?

— C'est à moi que vous demandez cela, — reprit cordialement Pascal, — à moi... un bonhomme?

— C'est vrai, — ajouta Sophie avec une affectueuse expansion, — si l'on vous aime tant ici... c'est que vous êtes, voyez-vous, comme vous le dites si bien, *un bonhomme*... Tenez... demandez à Charles... s'il me démentira?

Dutertre répondit par un sourire contraint, et il eut la force et le courage de se contenir assez devant sa femme, pour que celle-ci, tout occupée de monsieur Pascal, n'eût pas d'abord le moindre soupçon des anxiétés de son mari. Aussi, se dirigeant vers la table et prenant la bourse qu'elle avait brodée, elle la présenta à monsieur Pascal, en lui disant d'une voix touchante :

— Mon bon monsieur Pascal, cette bourse est le fruit du travail de mes meilleures soirées... celles que je passais ici... avec mon mari... son excellent père et mes enfans. Si chacune de ces petites perles d'acier pouvait parler, — ajouta Sophie en souriant, — elle vous dirait combien de fois votre nom a été prononcé parmi nous, avec tout l'attachement et la reconnaissance qu'il mérite...

— Ah! merci, merci, ma chère madame Dutertre, — répondit Pascal, — je ne peux pas vous dire combien je suis sensible à ce joli cadeau... à cet aimable souvenir ; seulement, voyez-vous, il m'embarrasse un peu...

— Comment cela?...

— Vous venez de me donner, et moi, je vais vous demander encore.

— Quel bonheur!... Demandez... demandez, mon bon monsieur Pascal.

Puis s'adressant à son mari, avec surprise :

— Charles, que fais-tu donc là... assis... devant ce bureau?

— Monsieur Pascal voudra bien m'excuser ; je viens de me rappeler que j'ai négligé de revoir quelques notes relatives à un travail très pressé, — répondit Dutertre en feuilletant au hasard quelques papiers afin de se donner une contenance et de cacher à sa femme, à qui il tournait ainsi le dos, l'altération de ses traits.

— Mon ami, — dit Sophie d'un ton de tendre reproche, — ne pouvais-tu donc pas remettre ce travail et attendre que...

— Madame Dutertre, je m'insurge si vous dérangez votre mari à cause de moi, — s'écria monsieur Pascal, — est-ce que je ne connais pas les affaires? Allez, allez, heureuse femme que vous êtes! c'est grâce à cette ardeur du travail que ce brave Dutertre est aujourd'hui à la tête de son industrie.

— Et cette ardeur pour le travail, qui l'a encouragée, qui l'a récompensée, n'est-ce pas vous, monsieur Pascal? Si Charles est, à cette heure, comme vous dites, à la tête de son industrie, si notre avenir et celui de nos enfans est maintenant à jamais assuré... n'est-ce pas grâce à vous?

— Ma chère madame Dutertre, vous allez me confusionner, et alors je ne saurai plus comment vous demander le petit service que j'attends de vous.

— Et moi... qui l'oubliais...— reprit Sophie en souriant ; — heureusement, c'était pour vous parler de services bien autrement importans, sans doute, que vous nous aviez rendus; aussi vous m'excuserez, n'est-ce pas? Mais, voyons vite, vite, de quoi s'agit-il? — ajouta la jeune femme avec un empressement plein de charme.

— Ce que je vais vous dire va bien vous surprendre, peut-être...

— Tant mieux... j'adore les surprises.

— Eh bien!... l'isolement de la vie de garçon me pèse, et...

— Et?...

— J'ai envie de me marier...

— Vraiment!

— Cela vous étonne?... J'en étais sûr.

— Vous vous trompez tout à fait, car, selon moi, vous deviez en arriver là.

— Comment donc?

— Mon Dieu, souvent je me disais : Tôt ou tard ce bon monsieur Pascal, qui vit tant par le cœur, voudra goûter les chères et douces joies de la famille... et s'il faut vous avouer mon orgueilleuse présomption, — ajouta Sophie en souriant, — je me disais même, à part moi : Est-il possible que la vue du bonheur dont nous jouissons, Charles et moi, ne donne pas quelque jour à monsieur Pascal l'idée de se marier. Maintenant, jugez un peu si je suis heureuse d'avoir pressenti votre projet!

— Triomphez donc, ma chère madame Dutertre, car, en effet, séduit par votre exemple et par celui de votre mari, je désire faire, comme vous deux... un mariage d'amour...

— Est-ce qu'il y a d'autres mariages possibles?—dit Sophie en haussant les épaules par un mouvement plein de grâce, et sans réfléchir tout d'abord aux trente-huit ans de monsieur Pascal, puis elle ajouta :
— Et vous êtes aimé ?
— Mon Dieu ! cela peut dépendre de vous.
— De moi ?
— Absolument...
— De moi ?... — reprit Sophie avec une surprise croissante, — tu entends, Charles, ce que dit monsieur Pascal ?
— J'entends... — répondit Dutertre, qui, non moins étonné que sa femme, écoutait avec une anxiété involontaire.
— Comment, monsieur Pascal, — reprit Sophie, — je puis faire, moi... que vous soyez aimé ?
— Vous pouvez cela... ma chère madame Dutertre.
— Quoique ceci me semble incompréhensible, que Dieu soit béni ! si j'ai la puissance magique que vous m'attribuez, mon bon monsieur Pascal, — reprit Sophie avec un doux sourire ; — alors vous serez aimé comme vous méritez de l'être...
— Comptant sur votre promesse, je n'irai donc pas par quatre chemins, et je vous avouerai tout bêtement, ma chère madame Dutertre, que je suis fou de mademoiselle Antonine Hubert.
— Antonine ! — s'écria Sophie avec stupeur, pendant que Dutertre, toujours assis devant son bureau, se tournait brusquement vers sa femme dont il partageait l'étonnement extrême.
— Antonine ! — reprit Sophie, comme si elle n'avait pu croire à ce qu'elle venait d'entendre, — c'est Antonine que vous aimez !
— C'est d'elle que je suis fou... C'est chez vous, tout à l'heure, que je l'ai rencontrée pour la quatrième fois ; seulement, je ne lui ai jamais parlé... et pourtant ma résolution est prise, car je suis de ces gens qui se décident vite et par instinct... Ainsi, quand il s'est agi de venir en aide à ce brave Dutertre, en deux heures la chose a été faite... Eh bien ! la ravissante beauté de mademoiselle Antonine... la candeur de son visage... un je ne sais quoi qui me dit que cette jeune personne doit avoir les meilleures qualités du monde... tout a contribué à me rendre amoureux fou et à vouloir chercher, dans un mariage comme le vôtre, ma chère madame Dutertre, ce bonheur intérieur, ces joies du cœur... que vous me croyez à juste titre digne de connaître et de goûter...
— Monsieur... — dit Sophie avec un pénible embarras, — permettez-moi de...
— Un mot encore, c'est un amour de *première vue*, direz-vous... soit... mais il y a vingt exemples d'amours aussi soudains que profonds !... D'ailleurs, ainsi que je vous l'ai dit, je suis tout bonnement un homme d'instinct, de pressentimens ; d'un seul coup d'œil, j'ai toujours jugé une affaire bonne ou mauvaise : pourquoi ne suivrais-je pas pour me marier une méthode qui jusqu'ici m'a parfaitement réussi ? Je vous ai dit qu'il dépendait de vous que mademoiselle Antonine m'aimât... Je m'explique : à quinze ans, et elle ne me paraît avoir guères plus que cet âge... les jeunes filles n'ont pas de volontés à elles... vous avez servi de mère à mademoiselle Antonine, à ce que m'a dit Dutertre ; vous possédez sur elle un grand empire, puisqu'elle vous choisit pour confidente... rien ne vous sera plus facile, en lui parlant de moi... d'une certaine façon, lorsque vous m'aurez présenté à elle (et ce, pas plus tard que demain, n'est-ce pas ?) ; il vous sera, dis-je, très facile de l'amener à partager mon amour et à m'épouser. Si je vous devais ce bonheur... ma chère madame Dutertre, tenez... — ajouta monsieur Pascal d'un ton sincère et pénétré, — vous parlez de reconnaissance ? eh bien !... celle que vous dîtes avoir pour moi... serait de l'ingratitude auprès de ce que je ressentirais pour vous.

Sophie avait écouté monsieur Pascal avec autant de trouble et de chagrin que de surprise, car elle croyait, et elle avait raison de croire à la réalité de l'amour... ou plutôt de l'irrésistible ardeur de possession qu'éprouvait cet homme ; aussi, reprit-elle d'un ton pénétré, car il lui coûtait de renverser des espérances qui lui semblaient honorables :

— Mon pauvre monsieur Pascal, vous me voyez désolée de ne pouvoir vous rendre le premier service que vous me demandez ; je n'ai pas besoin de vous dire combien je le regrette.
— Qu'y a-t-il donc d'impossible ?
— Croyez-moi... ne songez pas à ce mariage.
— Mademoiselle Antonine ne mérite-t-elle pas ?...
— Antonine est un ange, je la connais depuis son enfance... Il n'est pas au monde de cœur, de caractère meilleur.
— Ce que vous me dites-là, ma chère madame Dutertre, suffirait pour augmenter mon désir... s'il pouvait l'être...
— Encore une fois... ce mariage est impossible.
— Mais enfin... pourquoi ?
— D'abord, songez-y... Antonine a quinze ans et demi à peine, et vous...
— Et moi, j'en ai trente-huit ; est-ce cela ?
— La différence d'âge est bien grande, avouez-le... et comme je ne conseillerais ni à ma fille... ni à ma sœur... un mariage aussi disproportionné, je ne puis le conseiller à Antonine... car je ne voudrais à aucun prix son malheur et le vôtre.
— Oh ! soyez tranquille... je vous réponds de mon bonheur... à moi.
— Et de celui d'Antonine ?
— Bah ! bah ! pour quelques années de plus ou de moins...
— Je me suis mariée par amour, mon bon monsieur Pascal... je ne comprends pas d'autres mariages. Peut-être est-ce un tort ; mais enfin, je pense ainsi... et je dois vous le dire... puisque vous me consultez.
— Selon vous, je ne suis donc pas capable de plaire à mademoiselle Antonine ?
— Je crois qu'elle apprécierait, comme Charles et moi, comme tous les cœurs généreux, la noblesse de votre caractère... mais...
— Encore une fois, ma chère madame Dutertre, permettez... une enfant de quinze ans n'a pas d'idées arrêtées au sujet du mariage ; mademoiselle Antonine a en vous une confiance aveugle... présentez-moi à elle... dites-lui toute sorte de bien du *bonhomme* Pascal... L'affaire est sûre : si vous le voulez... vous le pouvez.
— Tenez, mon cher monsieur Pascal, cet entretien m'attriste plus que je ne saurais vous le dire... Pour y mettre un terme... je confierai un secret à votre discrétion et à votre loyauté...
— Eh bien !... ce secret ?
— Antonine... aime et elle est aimée... Ah ! monsieur Pascal, rien n'est à la fois plus pur, plus touchant que cet amour... et, pour bien des raisons... je suis certaine qu'il assurerait le bonheur d'Antonine ; la santé de son oncle est chancelante : que la pauvre enfant le perde, elle est obligée d'aller vivre chez des parens qui, non sans raison, lui inspirent de l'éloignement... Une fois mariée, au contraire, selon son cœur, elle peut espérer le plus heureux avenir... car sa vive affection est noblement placée.. Vous le voyez donc bien, mon bon monsieur Pascal, vous n'auriez, même avec mon appui, aucune chance de réussir... et cet appui, en mon âme et conscience... puis-je vous l'accorder lorsque, en dehors même d'une disproportion d'âge selon moi inadmissible, je suis certaine... et je m'affirme jamais rien légèrement, je suis certaine que l'amour que ressent et qu'inspire Antonine... doit la rendre à jamais heureuse ?

A cette affirmation de l'amour d'Antonine pour Frantz, secret déjà à demi-pénétré par monsieur Pascal, celui-ci éprouva un cruel sentiment de rage et de douleur, encore exaspéré par le refus de madame Dutertre, qui ne voulait en rien servir des projets qui lui semblaient irréalisables ;

mais il se contint, afin de tenter un dernier effort, et, s'il échouait, de rendre sa vengeance plus terrible encore.

Il reprit donc avec un calme apparent :

— Ah !... mademoiselle Antonine est amoureuse... soit ; mais nous connaissons ces *grandes* passions de petites filles, ma chère madame Dutertre... un vrai feu de paille... Or, vous soufflerez dessus, il s'éteindra ; ce bel amour ne résistera pas à votre influence.

— D'abord, je n'essaierai pas d'influencer Antonine à ce sujet, monsieur Pascal, puis ce serait inutile.

— Vous croyez ?

— J'en suis certaine.

— Bah !... essayez toujours.

— Mais je vous dis, monsieur, qu'Antonine...

— Est amoureuse ! c'est entendu ; de plus, le bonhomme Pascal a trente-huit ans, et n'est pas beau, c'est évident ; mais aussi, en revanche, il a de beaux petits millions ; et lorsque ce soir (car vous irez ce soir, n'est-ce pas ? j'y compte), vous aurez fait comprendre à cette ingénue que si l'amour est une bonne chose, l'argent vaut encore mieux, car l'amour passe et l'argent reste, elle suivra vos conseils, congédiera dès demain son amoureux, et je n'aurai plus qu'à dire : gloire et merci à vous, ma chère madame Dutertre !

Sophie regarda monsieur Pascal avec autant d'étonnement que d'inquiétude ; sa délicate susceptibilité de femme était cruellement froissée, son instinct lui disait qu'un homme parlant comme monsieur Pascal n'était pas l'homme de cœur et de droiture qu'elle avait cru jusqu'alors trouver en lui.

A ce moment aussi Dutertre se leva, dans une douloureuse perplexité ; pour la première fois sa femme remarqua l'altération de ses traits, et s'écria en faisant un pas vers lui :

— Mon Dieu ! Charles... comme tu es pâle !... tu souffres donc ?...

— Non... Sophie... je n'ai rien... une légère migraine...

— Moi, je te dis que tu as autre chose... Cette pâleur n'est pas naturelle... Monsieur Pascal, regardez donc Charles...

— En effet... mon brave Dutertre... vous ne paraissez pas à votre aise...

— Je n'ai rien, monsieur, — répondit Dutertre d'un ton glacial qui augmenta la vague appréhension de Sophie...

Elle regardait tour à tour et en silence son mari et monsieur Pascal, tâchant de pénétrer la cause du changement qu'elle remarquait et dont elle se sentait effrayée.

— Voyons, mon cher Dutertre, — reprit monsieur Pascal, — vous avez entendu notre entretien... joignez-vous donc à moi, pour faire comprendre à votre chère et excellente femme que mademoiselle Antonine, malgré son fol amour de petite fille, ne peut trouver un meilleur parti que moi !

— Je partage en tout, monsieur, la manière de voir de ma femme à ce sujet.

— Comment !... méchant homme !... vous aussi ?

— Oui, monsieur...

— Réfléchissez donc que...

— Ma femme vous l'a dit, monsieur ; nous avons fait un mariage d'amour, et, comme elle, je crois que les seuls mariages d'amour sont heureux...

— Marchander Antonine, — dit Sophie avec amertume, — moi... lui conseiller un acte de révoltante bassesse, un mariage d'intérêt, de se vendre, en un mot, lorsque tout à l'heure encore, elle m'a avoué son pur et noble amour... Ah ! monsieur, je me croyais plus dignement connue de vous.

— Allons, voyons, mon cher Dutertre, vous, homme de bon sens, avouez que c'est là des raisons de roman... aidez-moi donc à convaincre votre femme.

— Je vous le répète, monsieur, je pense comme elle...

— Ah ! — s'écria monsieur Pascal, — je ne m'attendais pas à trouver ici des amis si froids... si indifférents à ce qui me touche.

— Monsieur ! — s'écria Sophie, — ce reproche est injuste.

— Injuste !... Hélas ! je le voudrais ; mais enfin... je n'ai que trop raison... Tout à l'heure, votre mari accueillait par un refus une de mes demandes ; maintenant... c'est vous... Ah ! c'est triste, triste !... Sur quoi compter désormais !

— Quel refus ? — dit Sophie à son mari, de plus en plus inquiète, — de quel refus s'agit-il, Charles ?

— Il est inutile de te parler de cela, ma chère Sophie...

— Je vois, moi, au contraire, — reprit Pascal, — qu'il serait bon de tout dire à votre femme, mon cher Dutertre, afin d'avoir son avis.

— Monsieur !... — s'écria Dutertre en joignant les mains avec effroi.

— Allons ! Est-ce que, dans un mariage d'amour, — reprit Pascal, — l'on a des secrets l'un pour l'autre ?

— Charles... je t'en supplie, explique-moi ce que cela signifie... Ah ! j'avais bien vu, moi, que tu souffrais... Mais, monsieur, il s'est donc passé quelque chose entre vous et Charles ? — dit-elle à Pascal d'une voix suppliante, — répondez-moi, de grâce !

— Mon Dieu ! il s'est passé quelque chose de fort simple... Vous allez en juger, ma chère madame...

— Monsieur ! — s'écria Dutertre, — au nom de la reconnaissance que nous vous devons, au nom de la pitié ; pas un mot de plus, je vous en supplie ; car je ne croirai jamais que vous persistiez dans votre résolution. Et alors, à quoi bon donner à ma femme des inquiétudes inutiles ?

Puis, s'adressant à madame Dutertre, il ajouta :

— Rassure-toi, Sophie, je t'en conjure.

Le père Dutertre, qui, de sa chambre, avait entendu les voix s'élever de plus en plus, ouvrit soudain sa porte, fit vivement deux pas dans le salon en étendant ses mains devant lui, et s'écria, la figure bouleversée :

— Charles ! Sophie ! mon Dieu ! qu'y a-t-il ?

— Mon père ! — murmura Dutertre avec accablement.

— Le vieux ! — dit Pascal — bon ! ça me va !

IX.

Un moment de silence suivit l'entrée du vieillard aveugle dans le salon.

Dutertre s'avança vivement au devant de son père, prit une de ses mains tremblantes, et, la serrant avec émotion, lui dit :

— Rassurez-vous, mon père, ce n'est rien... une simple discussion d'affaires... un peu vive... permettez-moi de vous reconduire chez vous.

— Charles, — dit l'aveugle en secouant tristement la tête, — ta main est froide... tu frissonnes... ta voix est altérée... il se passe ici quelque chose que tu veux me cacher...

— Vous ne vous trompez pas, monsieur, — dit Pascal au vieillard, — votre fils vous cache quelque chose, et, dans son intérêt, dans le vôtre, dans celui de votre belle-fille et de ses enfans... vous ne devez rien ignorer.

— Mais, monsieur, rien ne peut donc vous toucher ? — s'écria Charles Dutertre, — vous êtes donc sans pitié, sans entrailles !

— C'est parce que j'ai pitié de votre folle opiniâtreté et de celle de votre femme, mon cher Dutertre, que j'en veux appeler au bon sens de votre respectable père...

— Charles ! — s'écria Sophie, — quelque cruelle que soit la vérité, dis-la... Ce doute, cette angoisse est au-dessus de mes forces.

— Mon fils, — ajouta le vieillard, — sois franc comme toujours, et nous aurons tous du courage.

— Vous le voyez, mon cher Dutertre, —reprit monsieur

Pascal, — votre digne père lui-même désire connaître la vérité.

— Monsieur, — reprit Dutertre d'une voix navrante, en attachant sur Pascal un regard humide de larmes à peine contenues, — soyez bon, soyez généreux comme vous l'avez été jusqu'ici. Votre pouvoir est immense, je le sais; d'un mot, vous pouvez nous plonger tous dans le deuil, dans le désastre; mais, d'un mot aussi, vous pouvez nous rendre au repos et au bonheur que nous vous avons dû. Je vous en supplie, ne soyez pas impitoyable.

A la vue des larmes qui, malgré ses efforts, coulèrent des yeux de Dutertre, cet homme si énergique, si résolu, Sophie pressentit la grandeur du péril, et s'adressant à monsieur Pascal, d'une voix déchirante :

— Mon Dieu!... je ne sais pas le danger dont vous nous menacez, mais... j'ai peur... oh! j'ai peur, et je vous implore aussi, monsieur Pascal.

— Après avoir été notre sauveur, — s'écria Dutertre, en essuyant les pleurs qui s'échappaient malgré lui, — vous ne pouvez pourtant pas être notre bourreau !

— Votre bourreau! — reprit Pascal, — A Dieu ne plaise, mes pauvres amis.... ce n'est pas moi... c'est vous qui voulez être les bourreaux de vous-mêmes !... Ce mot que vous attendez de moi, ce mot qui peut assurer votre bonheur, dites-le, mon cher Dutertre, et notre petite fête sera aussi joyeuse qu'elle devait l'être... sinon... ne vous plaignez pas du mauvais sort qui vous attend... Hélas! vous l'aurez voulu..

— Mais enfin, Charles... si cela dépend de toi, — s'écria Sophie dans une angoisse inexprimable, — ce mot que demande monsieur Pascal... dis-le donc, mon Dieu!... puisqu'il s'agit du salut de ton père... et de celui de tes enfans...

— Vous entendez votre femme, mon cher Dutertre. — reprit Pascal, — serez-vous assez insensible à sa voix?

— Eh bien donc! — s'écria Dutertre, pâle, désespéré, — puisque cet homme est impitoyable...; sache donc tout, mon père, et toi aussi, Sophie... J'ai chassé d'ici Marcelange. Monsieur Pascal a un intérêt, que j'ignore, à ce que cet homme entre dans la maison Durand... et il me demande de garantir à cette maison la probité d'un misérable... que j'ai jeté hors d'ici comme un fourbe insigne.

— Ah! monsieur, — dit le vieillard révolté, en se tournant du côté où il supposait Pascal, — cela est impossible : vous ne pouvez attendre de mon fils une indignité pareille!

— Et si je me refuse à cette indignité, — reprit Dutertre, — monsieur Pascal me retire les capitaux que j'ai si témérairement acceptés, il me ferme son crédit, et, dans la crise où nous sommes, c'est notre perte... notre ruine...

— Grand Dieu!... — murmura Sophie avec épouvante.

— Ce n'est pas tout, mon père, — ajouta Dutertre, — il faut aussi que ma femme paie son tribut de honte... Monsieur Pascal est, dit-il, amoureux de mademoiselle Antonine, et Sophie doit servir cet amour, qu'elle sait impossible; cet amour que, pour d'honorables raisons, elle désapprouve; ou sinon... encore une menace suspendue sur nos têtes... Voici la vérité, mon père... Subir une ruine aussi terrible qu'imprévue, ou commettre une action indigne... telle est l'alternative où l'a réduit l'homme que nous avons si longtemps cru généreux et loyal.

— C'est bien cela, toujours cela! Ainsi va le monde... — reprit monsieur Pascal en soupirant et en haussant les épaules. — Tant qu'il s'agit de recevoir des services sans en rendre... oh! alors, on vous flatte, on vous exalte; c'est toujours mon *noble bienfaiteur!* mon *généreux sauveur!* on vous appelle *bon homme,* on vous comble de prévenances, on vous brode de bourses, on vous fête... Les petits enfans vous récitent des complimens ; puis, vient le jour où ce pauvre *bonhomme* de bienfaiteur se hasarde, à son tour, à demander un, ou deux malheureux petits services,... alors... on crie au gueux, à l'indigne, à l'infâme !

— Tous les sacrifices compatibles avec l'honneur, vous me les eussiez demandés, monsieur, — s'écria Dutertre, d'une voix navrée; — je vous les aurais faits avec joie...

— Alors, que voulez-vous ? — reprit Pascal sans répondre à Dutertre, — si *bonhomme,* si bonasse qu'on le suppose, le bienfaiteur, à la fin, pourtant, se lasse ;... l'ingratitude surtout lui fend le cœur, car il est né sensible; trop sensible.

— L'ingratitude, — s'écria Sophie, en fondant en larmes, — nous, nous, ingrats... Oh! mon Dieu!...

— Et comme le bonhomme voit un peu tard qu'il s'est trompé, — continua Pascal, sans répondre à Sophie, — comme il reconnaît trop tard sa douleur... qu'il a eu affaire à des gens incapables de mettre leur reconnaissante amitié au-dessus de quelques susceptibilités puériles... il se dit qu'il serait aussi par trop *bonhomme* en continuant d'ouvrir sa bourse à de si tièdes amis... Aussi leur retire-t-il argent et crédit, comme je le fais, étant amené d'ailleurs à cette résolution par certaines circonstances dérivant du refus de ce cher Dutertre, que j'aimais tant... et que j'aimerais encore tant à appeler ainsi... Un dernier mot, monsieur, — ajouta Pascal, en s'adressant au vieillard, — je viens de vous exposer franchement ma conduite envers votre fils, et la sienne envers moi; mais comme il coûterait trop à mon cœur de renoncer à la foi que j'avais dans l'affection de ce cher Dutertre, comme je sais les maux terribles qui peuvent l'accabler, par sa faute, lui et sa famille... je lui accorde encore un quart-d'heure pour réfléchir et s'amender... Qu'il me donne la lettre en question, que madame Dutertre me fasse la promesse que j'attends d'elle, et tout redevient comme par le passé... et je demande à grands cris le déjeuner et je porte un tôsté à *l'amitié...* Vous êtes le père de Dutertre, monsieur, vous avez sur lui une grande influence... jugez et décidez.

— Charles, — dit le vieillard à son fils d'une voix émue, — tu as agi en honnête homme... C'est bien... mais il te reste une chose à faire... refuser de garantir la moralité d'un misérable... ce n'est pas assez...

— Ah! ah! — fit Pascal, — et qu'y a-t-il donc à faire de plus?

— Si monsieur Pascal, — continua le vieillard, — donne suite à son pernicieux dessein, tu dois, mon fils, pour des raisons que tu ignores, mais dangereuses peut-être, monsieur Pascal a intérêt à faire entrer ce Marcelange chez ces honnêtes gens, et qu'ils aient à se tenir sur leurs gardes, car se taire sur un projet indigne, c'est s'en rendre complice.

— Je suivrai vos conseils, mon père, — répondit Dutertre d'une voix ferme.

— De mieux en mieux, — reprit Pascal en soupirant. — A l'ingratitude, on ajoute un odieux abus de confiance... Allons, je boirai le calice jusqu'à la lie... Seulement, mes pauvres *ci-devant amis,* — ajouta-t-il en jetant sur les acteurs de cette scène un regard étrange et sinistre, — seulement je crains, voyez-vous, qu'après boire, il ne me reste au cœur beaucoup d'amertume, beaucoup de fiel... et alors... vous savez, quand, à la plus tendre amitié succède une haine légitime, malheureusement, elle devient terrible, cette haine...

— Oh! Charles, il me fait peur... — murmura la jeune femme en se rapprochant de son mari.

— Quant à vous, ma chère Sophie, — ajouta le vieillard avec un calme imperturbable, et sans répondre à la menace de monsieur Pascal, — vous devez non-seulement ne favoriser en rien, ainsi que vous l'avez fait, les vues de mariage que vous désapprouvez ; mais si monsieur Pascal persiste dans ses intentions, vous devez encore éclairer mademoiselle Antonine et ses parens sur le caractère de l'homme qui la recherche... Pour cela, vous n'avez qu'à faire connaître à quel prix infâme il met la continuation des services qu'il a rendus à votre mari...

— C'est mon devoir. — répondit Suzanne d'une voix altérée, — je l'accomplirai, mon père...

— Vous aussi, ma chère madame Dutertre! Abuser

d'une confidence... loyale, — répondit monsieur Pascal d'un air doucereusement féroce, — me frapper dans ma plus chère espérance... ah! c'est peu généreux. Dieu veuille que je ne me laisse pas aller à de cruelles représailles!...
Après deux années d'amitié... se quitter avec de pareilles sentimens. Il le faut donc? hein! — ajouta Pascal en regardant alternativement Dutertre et sa femme, — tout est donc fini entre nous?

Sophie et son mari gardèrent un silence rempli de résignation et de dignité.

— Allons, — dit Pascal en prenant son chapeau, — encore une preuve de l'ingratitude des hommes... hélas!

— Monsieur, — s'écria Dutertre, exaspéré par l'affectation d'ironique sensibilité de Pascal, — en présence du coup affreux dont vous nous écrasez... cette raillerie continue est atroce... Laissez-nous... laissez-nous...

— Me voici donc chassé de cette maison... par des gens qui ont la conscience de m'avoir dû si longtemps leur bonheur, leur salut, — reprit Pascal en se dirigeant lentement vers la porte, — chassé d'ici... moi! Ah! cet humiliant chagrin me manquait...

Puis, s'arrêtant, il fouilla dans sa poche et en retira la petite bourse que Sophie Dutertre lui avait donnée peu d'instans auparavant, et, la tendant à la jeune femme, il reprit avec son impitoyable accent de contrition sardonique :

— Heureusement, elles sont muettes, ces petites perles d'acier, qui devaient me dire, à chaque instant, combien mon nom était béni dans cette maison d'où l'on me chasse.

Mais, ayant l'air de se raviser, il remit la bourse dans sa poche, après l'avoir contemplée avec un sourire mélancolique, en disant :

— Non... non... je te garderai, pauvre petite bourse innocente... Tu me rappelleras le peu de bien que j'ai fait, et la cruelle déception qui m'a récompensé.

Ce disant, monsieur Pascal mit la main sur le bouton de la porte, l'ouvrit et sortit au milieu du morne silence de Sophie, de son mari et de son père.

Ce silence accablant durait encore lorsque monsieur Pascal, revenant et ouvrant à demi la porte, dit à travers un des ventaux entrebâillés.

— Au fait... j'ai réfléchi... Ecoutez, mon cher Dutertre...

Une lueur de folle espérance illumina la figure de Dutertre; un moment il crut que, malgré la sardonique et froide cruauté que venait d'affecter monsieur Pascal, il ressentait enfin quelque pitié.

Sophie partagea le même espoir; ainsi que son mari, elle attendit avec une indicible angoisse les paroles de l'homme qui disposait souverainement de leur sort, et qui reprit :

— C'est samedi prochain votre jour d'échéance et de paie... n'est-ce pas, mon cher Dutertre; laissez-moi vous appeler ainsi, malgré ce qui s'est passé entre nous...

— Dieu soit béni!... il a pitié, — pensa Dutertre, et il reprit tout haut :

— Oui... monsieur...

— Je ne voudrais point, vous concevez, mon cher Dutertre, — reprit monsieur Pascal, — vous mettre dans un embarras mortel. Je connais la place de Paris, et, dans l'état de crise des affaires, vous ne trouveriez pas un liard de crédit, surtout si l'on savait que je vous ai fermé le mien... et comme, après tout, vous aviez compté sur ma caisse pour faire face à vos engagemens... n'est-ce pas?

— Charles, nous sommes sauvés, — murmura Sophie d'une voix palpitante, — c'était une épreuve.

Dutertre, frappé de cette idée, qui lui parut d'autant plus vraisemblable qu'il l'avait d'abord partagée, ne douta plus de son salut; son cœur battit violemment; ses traits contractés se détentirent, et il répondit en balbutiant, tant son émotion était grande :

— En effet... monsieur... aveuglément confiant dans vos promesses... j'ai compté comme à l'ordinaire sur votre crédit...

— Eh bien!... mon cher Dutertre... afin que vous ne vous trouviez pas dans l'embarras, ainsi que je viens de vous le dire, et comme il vous reste d'ailleurs une huitaine de jours, vous ferez bien de vous précautionner ailleurs et de ne compter ni sur la place de Paris ni sur moi.

Et monsieur Pascal ferma la porte et se retira.

La réaction de cet espoir si horriblement déçu fut tellement violente, chez Dutertre, qu'il tomba sur une chaise, pâle, inanimé, sans forces, et il s'écria, en cachant sa figure dans ses mains et en dévorant ses sanglots :

— Perdu!... perdu!...

— Oh!... nos enfans... — s'écria Sophie d'une voix déchirante, en se jetant aux genoux de son mari, — nos pauvres enfans!...

— Charles... — dit à son tour le vieillard en étendant les mains et se dirigeant à tâtons vers son fils, — mon Charles... mon fils bien-aimé... du courage!...

— Mon père... c'est la ruine... c'est la faillite... — disait le malheureux au milieu de sanglots convulsifs. — La misère, oh! mon Dieu!... la misère pour vous tous...

Un contraste cruel vint porter cette douleur à son comble : les deux petits enfans, bruyans, joyeux, se précipitèrent dans le salon en criant :

— C'est Madeleine! c'est Madeleine!

X.

A la vue de Madeleine (qui n'était autre que la marquise de Miranda), le bonheur de madame Dutertre fut si grand, que, pendant un moment, tous ses chagrins toutes ses terreurs pour l'avenir furent oubliés ; son gracieux et doux visage rayonnait de joie ; elle ne pouvait que prononcer ces mots d'une voix entrecoupée :

— Madeleine!... Madeleine... après une si longue absence... enfin... te voilà!...

Ces premiers embrassemens échangés entre les deux jeunes femmes, Sophie dit à son amie, en lui indiquant tour à tour du regard Dutertre et le vieillard :

— Madeleine... mon mari... son père... notre père, car il m'appelle sa fille...

La marquise, entrant soudainement, s'était élancée au cou de Sophie avec tant d'impétueuse affection, que Charles Dutertre n'avait pu distinguer les traits de l'étrangère ; mais lorsque celle-ci, aux dernières paroles de madame Dutertre, se tourna vers lui, il éprouva une impression subite, étrange ; impression si vive que, pendant quelques minutes, il oublia ainsi que sa femme les paroles vindicatives de monsieur Pascal.

Ce que ressentit Charles Dutertre à la vue de Madeleine, fut un singulier mélange de surprise, d'admiration et presque d'inquiétude, car il avait comme un remords confus d'être accessible, dans un moment si critique, à d'autres pensées que celle de la ruine dont lui et les siens étaient menacés.

La marquise de Miranda ne semblait cependant pas, au premier abord, devoir causer une impression si brusque et si vive. D'une stature assez élevée, sa taille et son corsage disparaissaient complètement sous un large mantelet d'une étoffe printanière, pareille à celle de sa robe, dont les longs plis traînans laissaient à peine apercevoir le bout de son brodequin ; il en était de même de ses mains, presque entièrement cachées sous l'extrémité des manches de sa robe, qu'elle portait, contre son habitude, longues et presque flottantes ; une petite capote de crêpe, d'un blanc de neige, encadrait son visage d'un ovale allongé, et faisait ressortir la nuance de son teint, car Madeleine avait la carnation pâle et mate d'une femme extrêmement brune, et de très grands yeux du bleu le plus vif, frangés de cils noirs comme ses sourcils de jais, tandis que, par un contraste piquant, sa chevelure, disposée en une foule de petites boucles à la Sévigné, était de ce blond charmant, vaporeux et cendré, dont Rubens fait ruisseler les ondes sur les épaules de ses blanches Naïades...

Ce teint pâle, ces yeux bleus, ces sourcils noirs et ces cheveux blonds, donnaient à Madeleine une physionomie saisissante; ses cils d'ébène se pressaient si drus, si fournis, qu'on eût dit qu'à l'instar des femmes d'Orient, qui donnent ainsi à leur regard une expression de volupté à la fois brûlante et énervée, elle teintait de noir le dessous de ses paupières, presque toujours demi-closes sur leur large prunelle d'azur; ses narines roses, mobiles, nerveuses, se dilataient de chaque côté d'un nez grec du plus fin contour; tandis que ses lèvres, d'un rouge si chaud que l'on croyait voir circuler un sang vermeil sous leur derme délicat, étaient charnues, nettement découpées, un peu proéminentes, comme celles de l'Erigone antique, et parfois laissaient voir entre leurs rebords pourprés une ligne de l'émail des dents.

Mais pourquoi continuer ce portrait? N'y aura-t-il pas toujours, entre notre description si fidèle, si colorée qu'elle soit, et la réalité... l'incommensurable distance qui existe entre une peinture et un être animé? Ce serait tenter l'impossible que de vouloir rendre perceptible l'atmosphère d'attraction irrésistible, magnétique peut-être, qui semblait émaner de cette singulière créature. Ainsi, ce qui, chez toute autre, eût produit un effet négatif, semblait centupler chez elle les moyens de séduction : nous voulons parler de l'ampleur et de la longueur de ses vêtements, qui, ne trahissant pas le moindre contour, laissaient à peine entrevoir le bout des doigts et de son brodequin; en un mot, si la chaste draperie qui tombe aux pieds d'une Muse antique, à la figure sévère et pensive... ajoute au caractère imposant de son aspect, un voile jeté sur le corps charmant de la Vénus Aphrodite ne fait qu'irriter et enflammer encore l'imagination.

Telle était donc l'impression que Madeleine avait causée sur Charles Dutertre, que, muet et troublé, il resta quelques instans à la contempler.

Sophie, ne pouvant soupçonner la cause du silence et de l'émotion de son mari, le crut absorbé par l'imminence de sa ruine; et, cette pensée la ramenant elle-même à sa position, un moment oubliée, elle dit à la marquise en tâchant de sourire :

— Il faut excuser la préoccupation de Charles, ma chère Madeleine... Au moment où tu es entrée, nous causions d'affaires... d'affaires... fort graves.

— En effet, madame, veuillez m'excuser, — reprit Dutertre, en tressaillant et se reprochant doublement l'impression étrange qu'il causait à l'amie de sa femme, — heureusement tout ce que Sophie m'a dit de votre bienveillance habituelle me fait compter, madame, sur votre indulgence.

— Mon indulgence?... Mais c'est moi qui ai grand besoin de la vôtre, monsieur, — reprit la marquise en souriant, — car, dans mon impérieux désir de revoir ma chère Sophie, accourant ici à l'improviste, je ai lui sauté au cou, sans songer à votre présence... ni à celle de monsieur votre père... Mais il voudra bien aussi me pardonner d'avoir traité Sophie en sœur... lui qui la traite comme sa fille.

Et Madeleine, en disant ces mots, se tourna vers le vieillard.

— Hélas! madame, — reprit-il involontairement, — jamais mes pauvres enfans... n'ont eu plus besoin de l'attachement de leurs amis... C'est peut-être le ciel qui vous envoie...

— Mon père... prenez garde... — dit à demi-voix Dutertre au vieillard, comme pour lui reprocher affectueusement de mettre une étrangère au courant de leurs peines domestiques, car Madeleine avait soudain jeté sur Sophie un regard surpris et interrogatif.

Le vieillard comprit la pensée de son fils et répondit tout bas :

— Tu as raison... j'aurais dû me taire; mais la douleur est si indiscrète!... Allons... viens, Charles... reconduis-moi dans ma chambre... je me sens accablé...

Et il reprit le bras de son fils. Au moment où Dutertre allait quitter le salon, la marquise fit un pas vers lui, en disant :

— A bientôt, monsieur Dutertre, car je vous en préviens... je suis résolue, pendant mon séjour à Paris, de venir souvent... oh! bien souvent, voir ma chère Sophie... J'aurai d'ailleurs un service à réclamer de vous, et, pour être certaine de votre consentement... je chargerai Sophie de vous le demander. Vous le voyez, j'agis sans façon, en amie... en ancienne amie... car mon amitié pour vous, monsieur Dutertre, date du bonheur que Sophie vous doit... A bientôt donc et au revoir! — ajouta la marquise en tendant sa main à Dutertre avec un mouvement de gracieuse cordialité.

Le mari de Sophie eut, pour la première fois, honte de ses mains noircies par le travail; c'est à peine s'il osa presser le bout des petits doigts roses de Madeleine; à ce contact, il frissonna légèrement; une rougeur brûlante lui monta au front, et, pour dissimuler son trouble et son embarras, il s'inclina profondément devant la marquise et sortit avec son père.

Depuis le commencement de cette scène, les deux petits enfans de Sophie, se tenant par la main et à demi cachés par leur mère, auprès de laquelle ils restaient, ouvraient des yeux énormes, contemplant silencieusement *la dame* avec une grande curiosité.

La marquise, s'apercevant alors de leur présence, s'écria en regardant son amie :

— Tes enfans? Mon Dieu qu'ils sont jolis!... Dois-tu être fière!

Et elle se mit à genoux devant eux, afin de se placer pour ainsi dire à leur *niveau*; puis écartant d'une main les boucles blondes qui cachaient le front et les yeux de sa filleule, dont la tête était à demi baissée, la marquise, lui relevant doucement le menton de son autre main, contempla un instant cette délicieuse petite figure, si rose, si fraîche, et baisa les joues, les yeux, le front, les cheveux, le cou de l'enfant, avec une tendresse toute maternelle.

— Et toi, gentil chérubin, ne sois pas jaloux, — ajouta-t-elle; et, rapprochant la tête brune du petit garçon de la tête blonde de la petite fille, elle partagea entre eux deux ses caresses.

Sophie Dutertre, attendrie jusqu'aux larmes, souriait mélancoliquement à ce tableau, lorsque la marquise, toujours à genoux, leva les yeux vers elle, et ajouta, en tenant toujours les deux enfans enlacés.

— Tu ne croirais pas, Sophie, qu'en embrassant ces petits anges, je comprends... je ressens presque le bonheur que tu éprouves lorsque tu les manges de caresses, et il me semble que je t'aime davantage encore, de te savoir si heureuse, si complètement heureuse.

En entendant ainsi vanter son bonheur, Sophie, ramenée de nouveau à sa situation présente, un moment oubliée, baissa la tête, pâlit, et ses traits exprimèrent soudain une si pénible angoisse, que Madeleine se releva vivement et s'écria :

— Mon Dieu!... Sophie... tu pâlis... qu'as-tu donc?

Madame Dutertre étouffa un soupir, secoua tristement la tête et répondit :

— Je n'ai rien... Madeleine... l'émotion... la joie de te revoir... après une si longue absence...

— L'émotion, la joie? — reprit la marquise d'un air de doute pénible; — non... non! tout à l'heure c'était de l'émotion, de la joie; mais à cette heure, tu as l'air navré... ma pauvre Sophie...

Madame Dutertre ne répondit rien, cacha ses larmes, embrassa ses enfans, et leur dit tout bas :

— Allez retrouver votre bonne, mes chers petits.

Madeleine et Auguste obéirent, et quittèrent le salon non

sans s'être retournés plusieurs fois pour regarder encore *la dame* qu'ils trouvaient des plus avenantes.

XI.

A peine les deux enfans furent-ils sortis du salon, que Madeleine dit vivement à son amie :
— Nous voici seules... Sophie... Je t'en conjure, réponds-moi ; qu'as-tu ? D'où vient cet accablement soudain ? L'absence... l'éloignement m'ont-ils donc fait perdre ta confiance ?

Sophie eut assez de courage pour surmonter son accablement et cacher, sans mentir cependant, un pénible secret qui n'était pas le sien. N'osant avouer, même à sa meilleure amie, la ruine prochaine et probable de Dutertre, elle répondit à Madeleine, avec un calme apparent :

— S'il faut te dire ma faiblesse, mon amie, je partage parfois, en me les exagérant, quelques-unes des préoccupations de mon mari au sujet de la crise, passagère sans doute, où se trouve l'industrie, car, — ajouta Sophie en tâchant de sourire, — madame la marquise ignore sans doute que nous autres, modestes industriels, nous éprouvons un moment de crise !

— Mais cette crise, ma chère Sophie, n'est que passagère, n'est-ce pas ? Elle n'a rien de grave, ou, si elle le devient, qu'y a-t-il à faire pour la rendre moins pénible pour toi et ton mari ? Sans être très riche... je vis dans l'aisance ; est-ce que je ne pourrais pas ?...

— Bonne... excellente amie ! — dit Sophie en interrompant Madeleine avec émotion ; — toujours la même cœur ! Rassure-toi : ce moment de crise ne sera, je l'espère, que passager ; ne parlons plus de cela, laisse-moi être toute à la joie de te revoir.

— Mais enfin... si tes inquiétudes...

— Madeleine, — reprit Sophie en souriant avec douceur et en interrompant de nouveau son amie, — d'abord... parlons de toi...

— Égoïste !...

— C'est vrai... à ta façon ; mais, dis-moi, tu es heureuse, n'est-ce pas... car toute marquise que tu sois, tu as sans doute fait comme moi un mariage d'amour... et ton mari ?...

— Je suis veuve...

— Oh ! mon Dieu, déjà !

— Je l'étais la veille de mes noces, ma chère Sophie.

— Que veux-tu dire ?...

— Si extraordinaire que cela te semble, c'est pourtant bien simple... Écoute-moi : en sortant de pension, et de retour au Mexique, où j'avais été mandée, tu le sais, par mon père... je n'ai plus trouvé qu'un parent de ma mère... le marquis de Miranda... mortellement atteint des suites de l'épidémie qui venait de ravager Lima... Il m'avait vue toute petite, il n'avait pas d'enfans... il savait la fortune de mon père presque entièrement perdue par de ruineux procès... il fut pour moi d'une bonté paternelle... Presqu'à son lit de mort, il me proposa sa main... « — Accepte, » ma chère Magdalena, ma pauvre orpheline, — me dit-il. » — Mon nom te donnera une position sociale, ma for- » tune assurera ton indépendance, et je mourrai content » de te savoir heureuse. »

— Noble cœur ! — dit Sophie.

— Oui... — reprit Madeleine avec émotion, — c'était le meilleur des hommes... L'isolement où je me voyais... les instances, me firent accepter son offre généreuse... Le prêtre vint auprès de son lit consacrer notre union ; et la cérémonie se terminait à peine, que la main de monsieur de Miranda se glaçait dans la mienne...

— Madeleine... pardon... — dit madame Dutertre involontairement, — je t'ai attristée... en te rappelant de pénibles souvenirs.

— Pénibles ? non ; c'est avec une douce mélancolie que je songe à monsieur de Miranda. L'ingratitude seule est amère au cœur.

— Et si jeune encore... ta liberté ne te gêne pas ? Seule... sans famille... tu t'es habituée à cette vie d'isolement ?

— Je me crois la plus heureuse des femmes... après toi, bien entendu... — reprit Madeleine en souriant.

— Et il ne t'est pas venu à la pensée de te remarier... ou plutôt, — ajouta Sophie en souriant à son tour, — ou plutôt de te marier ?... Car, enfin, malgré ton veuvage, tu es toujours demoiselle...

— A toi, bonne Sophie... je ne cache rien. Eh bien !... si... Une fois j'ai eu envie de... me marier... comme tu dis : ç'a été une grande passion, tout un roman, — reprit gaiement Madeleine.

— Libre comme tu es, qui a empêché ce mariage ?

— Hélas ! je n'ai vu mon héros que pendant cinq minutes... et de mon balcon encore...

— Cinq minutes seulement ?

— Pas davantage.

— Et tu l'as aimé tout de suite ?

— Passionnément...

— Et tu ne l'as jamais rencontré depuis ?

— Jamais... Il est sans doute remonté au ciel parmi ses frères les archanges... dont il avait l'idéale beauté.

— Madeleine... parles-tu sérieusement ?

— Écoute... Il y a six mois, j'étais à Vienne ; j'habitais une campagne située près des faubourgs de la ville... Un matin, je me trouvais dans un kiosque dont la fenêtre s'ouvrait sur la campagne... Soudain mon attention est attirée par le bruit d'un piétinement sourd et d'un choc d'épées... Je cours à ma fenêtre... c'était un duel !

— Oh ! mon Dieu !

— Un jeune homme de dix-neuf à vingt ans au plus, gracieux et beau comme on peint les anges, se battait avec une sorte de géant d'une figure féroce. Mon premier vœu fut que le blond archange (car ma passion est blonde), triomphât de l'horrible démon... et, quoique le combat n'ait duré devant moi que deux minutes à peine, j'eus le temps d'admirer l'intrépidité, le calme et l'adresse de mon héros ; sa blanche poitrine demi-nue, ses longs cheveux blonds flottant au vent, le front serein, les yeux brillans, le sourire aux lèvres, il semblait braver le péril avec une grâce charmante, et, à ce moment, je te l'avoue, sa beauté me parut surhumaine ; soudain, au milieu de l'espèce d'éblouissement que me causait le scintillement des épées, je vis le colosse chanceler et s'affaisser sur lui-même. Aussitôt mon beau héros, jetant son épée au loin, joignit les mains... et, tombant à genoux devant son adversaire, leva vers le ciel sa figure enchanteresse, où se peignit tout à coup une expression si touchante, si ingénue, qu'à le voir douloureusement penché vers son ennemi vaincu, on eût dit une jeune fille désolée de voir sa colombe blessée,... si toutefois il est permis de comparer à une colombe ce gros vilain colosse qui, du reste, ne semblait pas blessé mortellement ; car il se leva sur son séant, et, de sa voix rauque, qui arriva jusqu'à moi à travers les persiennes, il dit à son jeune adversaire :

« — C'est à genoux, monsieur, que je devrais vous de-
» mander pardon de ma conduite déloyale et de ma pro-
» vocation grossière ; si vous m'aviez tué, c'eût été jus-
» tice. »

Presque aussitôt une voiture s'approcha ; l'on y transporta le blessé ; quelques minutes ensuite, témoins ou acteurs du duel, tous avaient disparu. Cela s'était passé si rapidement, que j'aurais cru avoir rêvé, sans le souvenir de mon *héros*, qui depuis m'est toujours resté présent à la pensée, comme l'idéal de ce qu'il y a de plus beau, de plus brave et de plus généreux au monde.

— Maintenant, Madeleine, je conçois que, dans de pareilles circonstances, on puisse, en cinq minutes, ressentir une impression profonde... ineffaçable peut-être... Ainsi, ton héros... tu ne l'as jamais revu ?

— Jamais, te dis-je. J'ignore jusqu'à son nom, et si je dois me marier... ce ne sera qu'avec lui.
— Madeleine, tu sais que notre ancienne amitié m'autorise à être franche avec toi ?
— Peut-il en être autrement ?
— Il me semble que tu portes cette grande passion... bien allègrement ?
— Pourquoi serais-je triste ?
— Mais quand on aime... passionnément... rien de plus cruel que l'absence, que la séparation... et surtout que la crainte de ne plus jamais revoir l'objet aimé.
— Il est vrai, et pourtant les effets de cette passion profonde, je te le jure... se manifestent tout autrement chez moi...
— Que te dirai-je ? Lorsque j'ai commencé à aimer Charles, je serais morte de chagrin si l'on m'avait séparée de lui.
— C'est singulier !... ma passion à moi, je te le répète, se traduit d'une façon toute contraire... Il n'est pas de jour où je ne songe à mon héros... à mon idéal... pas de jour où je ne me rappelle avec amour, et dans les plus petits détails, l'unique circonstance où je l'ai vu... pas de jour où je n'élève vers lui toutes mes pensées, pas de jour où je ne triomphe d'orgueil en le comparant à tous ; car il est plus beau que les plus beaux, plus généreux que les plus généreux ; pas de jour enfin où, grâce à lui, je ne me berce des plus beaux rêves. Oui, il me semble que mon âme est à jamais attachée à la sienne, par des liens aussi mystérieux qu'indissolubles... J'ignore enfin si je le reverrai jamais, et je ne sens au cœur que charme et allégresse.
— A mon tour, je dis comme toi, ma chère Madeleine, c'est singulier...
— Voyons, Sophie, parlons sincèrement... nous sommes seules, et, entre femmes... (quoique je sois encore demoiselle à marier...) on se dit tout... Tu trouves, n'est-ce pas ? mon amour un peu... platonique... Tu t'étonnes de me voir insouciante ou ignorante de ce trouble enivrant que tu as dû ressentir lorsque, pour la première fois, la main de ton Charles a pressé amoureusement la tienne ?...
— Allons... Madeleine... tu es folle...
— Sois franche, je t'ai devinée.
— Un peu... mais moins que tu ne le penses...
— Ce peu m'a suffi pour pénétrer ta secrète pensée... madame la matérialiste...
— Encore une fois, Madeleine, tu es folle...
— Oh ! ... oh ! ... pas si folle...
Puis, après un moment de silence, la marquise reprit en souriant :
— Si tu savais, Sophie... ce qu'il y a d'étrange, d'extraordinaire, je dirais presque d'incompréhensible pour moi-même, dans certaines circonstances de ma vie ! Que d'aventures bizarres me sont arrivées, depuis que nous nous sommes quittées... Mon médecin et mon ami, le célèbre docteur Gasterini, grand philosophe d'ailleurs, m'a dit cent fois qu'il n'y avait pas au monde une créature aussi singulièrement douée que moi.
— Explique-toi.
— Plus tard... peut-être.
— Pourquoi pas maintenant ?
— S'il s'agissait d'un chagrin à épancher, est-ce que j'hésiterais ? Mais, malgré ce qu'il y a de très extraordinaire dans ma vie... ou peut-être à cause de cela, je me trouve, te dis-je, la plus heureuse des femmes... Attends-moi à mon premier chagrin... Eh ! mon Dieu ! tiens... à cette heure... j'ai presque du chagrin, car c'en est un que d'avoir conscience d'un manque de cœur... ou de souvenir.
— Un manque de souvenir ?
— Et Antonine... ne l'ai-je pas oubliée depuis que je suis ici, que je ne te parler que de moi ? Est-ce mal ? Est-ce assez d'ingratitude ?
— Je serais au moins aussi coupable que toi, mais nous n'avons pas de reproches à nous faire : ce matin, elle est venue m'apporter ta lettre et m'annoncer ton arrivée... Songe à sa joie, car elle a conservé pour toi, et tu peux m'en croire, le plus tendre attachement.
— Pauvre petite ! quel tendre et charmant naturel ! Mais, dis-moi, si elle a tenu ce qu'elle promettait, elle doit être jolie comme un ange, avec ses quinze ans à peine fleuris !
— Tu as raison, c'est un bouton de rose pour la fraîcheur ; ajoute à cela les traits les plus fins, les plus délicats que l'on puisse rencontrer. Après la mort de sa plus proche parente, elle est, tu le sais sans doute, venue habiter avec son oncle, le président Hubert, qui a toujours été parfait pour elle. Malheureusement, il est fort gravement malade, et si elle le perdait, elle serait sans doute obligée d'aller demeurer chez des parens éloignés, et cette pensée l'attriste. D'ailleurs, tu la verras, elle te fera toutes ses confidences... Il en est une qu'elle m'a faite presque toute entière, afin de me demander mes conseils, car les circonstances étaient assez graves...
— Et cette confidence ?
« — Si vous voyez Madeleine avant moi, — m'a dit Antonine, — ne lui apprenez rien, ma chère Sophie. Je désire lui tout confier moi-même ; elle a un droit que me » donne son affection pour moi ; j'ai d'autres raisons encore pour vous faire cette recommandation. » Tu vois, ma chère amie, que, forcément, je dois être discrète.
— Je n'insiste pas pour en savoir davantage... Aujourd'hui ou demain, j'irai voir cette chère enfant, — répondit la marquise en se levant pour prendre congé de madame Dutertre.
— Tu me quittes déjà, Madeleine ?
— Malheureusement, il le faut... J'ai rendez-vous de trois à quatre heures chez l'envoyé du Mexique, mon compatriote ; il doit me conduire demain chez une Altesse Royale étrangère... Tu le vois, je suis dans les grandeurs.
— Une Altesse ?
— Tellement Altesse... que, comme tous les princes appartenant aux familles souveraines étrangères, il habite l'Élysée-Bourbon durant son séjour à Paris.
Madame Dutertre ne put retenir un mouvement de surprise, et dit, après une minute de réflexion :
— C'est singulier !
— Quoi donc, Sophie ?
— Antonine habite dans une maison qui touche à l'Élysée... Cela n'a rien de bien surprenant, sans doute... mais...
— Mais ?
— Je ne puis t'en dire plus, Madeleine ; lorsque tu auras entendu la confidence d'Antonine, tu comprendras pourquoi j'ai été frappée d'un certain rapprochement.
— Qu'y a-t-il de commun entre Antonine et l'Élysée ?
— Encore une fois, ma chère amie, attends les confidences d'Antonine.
— Soit, chère mystérieuse... Du reste, je ne savais pas qu'elle habitât une maison voisine du palais ; je lui avais adressé une lettre à son ancienne demeure. Cela se rencontre d'ailleurs à merveille ; j'irai la voir avant ou après mon audience avec le prince.
— Allons, te voilà tout à fait grande dame...
— Plains-moi plutôt, ma chère Sophie, car il est question d'une supplique... non pas pour moi, j'ai peu l'habitude de supplier... mais il s'agit de rendre un grand service à une famille proscrite et digne du plus vif intérêt. La mission est fort délicate, fort difficile ; j'ai cependant consenti à m'en charger, lors de mon départ de Venise... et je veux du moins tout tenter pour réussir.
— Et certainement tu réussiras... Est-ce que l'on peut te refuser quelque chose ? Souviens-toi donc, qu'à la pension... dès qu'il y avait une demande à adresser à notre maîtresse, c'était toujours toi que l'on choisissait pour ambassadrice, et l'on avait raison... car, en vérité, on dirait que tu as un talisman pour tout obtenir.
— Je t'assure, ma bonne Sophie, — répondit Madeleine en souriant malgré elle, — je t'assure, que je suis magi-

cienne souvent malgré moi... Mon Dieu ! — ajouta la marquise en riant, — que j'aurais donc à ce sujet de bonnes folies à te raconter !... Enfin... plus tard nous verrons... Allons, chère Sophie, adieu, et à bientôt...

— Oh ! oui, à bientôt !... Je t'en conjure...

— Mon Dieu ! tu peux compter sur moi presque tous les jours... car je suis un oiseau de passage, et je suis décidée à bien employer mon temps à Paris ; c'est te dire si je te verrai souvent !

— Comment ! déjà tu penses à t'éloigner ?

— Je ne sais ; cela dépendra de l'inspiration que me donnera mon héros... ma passion... mon idéal... car jamais je ne me décide à rien sans le consulter par la pensée... Mais, comme il m'inspire toujours à merveille, je ne doute pas qu'il ne m'engage à rester auprès de toi le plus longtemps possible...

— Ah ! mon Dieu ! Madeleine... mais j'y songe... tu as dit à mon mari que tu avais un service à lui demander ?...

— C'est vrai... je l'oubliais; la chose est toute simple : je n'entends rien aux affaires d'argent. En Allemagne, je m'en suis dernièrement aperçue à mes dépens... J'avais une lettre de crédit sur un certain Aloysius Schmidt, de Vienne, il m'a indignement friponnée ; aussi me suis-je promis d'être sur mes gardes à l'avenir ; j'ai donc pris une autre lettre de crédit sur Paris... Je voudrais que ton mari eût la bonté d'aller demander pour moi l'argent dont j'aurais besoin ; il en prendrait note, veillerait ainsi à mes intérêts, et, grâce à lui, je ne serais plus exposée à tomber entre les griffes d'un nouvel Aloysius Schmidt.

— Rien de plus facile, ma chère Madeleine ; Charles se substituera à toi pour la lettre de crédit, et il vérifiera de près tous tes comptes.

— Ce sera d'autant plus nécessaire, qu'entre nous l'on m'a dit que la personne qui put on me donnait cette lettre de crédit était puissamment riche, solvable autant que qui que ce fût, mais retors et arabe au dernier point.

— Tu fais bien de me prévenir ; Charles redoublera de surveillance.

— Du reste, ton mari, qui est dans les affaires, doit connaître l'homme dont je parle ; il est, dit-on, l'un des plus grands capitalistes de France.

— Comment le nommes-tu ?

— Monsieur Pascal.

— Monsieur Pascal ! — répéta madame Dutertre.

Et elle ne put s'empêcher de pâlir et de frissonner.

La marquise, s'apercevant de l'émotion de son amie, lui dit vivement :

— Sophie... qu'as-tu donc ?

— Rien... rien... je t'assure.

— Je vois bien que tu as quelque chose... Je t'en prie... réponds-moi.

— Eh bien !... s'il faut te le dire... mon mari a été en rapport d'affaires avec monsieur Pascal... Malheureusement une assez grande mésintelligence s'en est suivie... et...

— Comment... Sophie... tu es assez peu raisonnable pour t'impressionner aussi vivement de ce que, par suite de sa mésintelligence avec monsieur Pascal, ton mari ne peut sans doute me rendre le bon office que j'attends de lui.

Madame Dutertre, voulant laisser son amie dans son erreur, tâcha de redevenir calme et lui dit :

— En effet... cela me contrarie beaucoup de penser que Charles ne pourrait te rendre le premier service que tu nous demandes.

— Tiens, Sophie, tu me ferais presque regretter de m'être adressée si cordialement à toi...

— Madeleine...

— En vérité, ne voilà-t-il pas un beau malheur ! Et d'ailleurs, afin de n'être pas trompée, je m'adresserai directement à ce monsieur Pascal ; mais je lui demanderai mes comptes chaque semaine ; ton mari les examinera, et, s'ils ne sont pas nets, je saurai parfaitement bien m'en plaindre à monsieur mon banquier et en prendre un autre.

— Tu as raison, Madeleine, — dit Sophie en reprenant peu à peu son sang-froid, — et le contrôle de mon mari... te sera en effet plus nécessaire que tu ne le penses.

— Ainsi... ce monsieur Pascal est... un arabe ?

— Madeleine... — dit madame Dutertre sans pouvoir en ce moment vaincre son émotion, — je t'en conjure,— laisse-moi te parler en amie, en sœur... Sous quelque raison, sous quelque prétexte que ce soit, ne te mets pas dans la dépendance de monsieur Pascal.

— Que veux-tu dire... Sophie ?

— En un mot, s'il t'offre ses services... refuse-les...

— Ses services ? mais je n'ai aucun service à lui demander. J'ai une lettre de crédit sur lui, j'irai ou j'enverrai prendre de l'argent à sa caisse lorsque j'en aurai besoin... voilà tout.

— Soit... mais enfin... tu pourrais par étourderie... par ignorance des affaires, outrepasser ton crédit... et alors...

— Et alors ?

— Je sais cela par... par une personne qui nous l'a dit à Charles et à moi ; une fois que monsieur Pascal vous tient en sa dépendance... vois-tu, il abuse cruellement... oh ! bien cruellement de son pouvoir.

— Allons, ma bonne Sophie, je vois que tu me prends pour une prodigue... pour une écervelée. Rassure-toi et admire-moi ; j'ai tant d'ordre, que chaque année je fais quelques économies sur mon revenu, et quoique minimes, ce sont ces économies que je mettais à ta disposition.

— Chère et tendre amie... merci, mille fois merci, je te le répète ; la crise dont moi et mon mari nous nous préoccupons... aura bientôt un terme ; mais, encore une fois... défie-toi de monsieur Pascal... Lorsque tu auras vu Antonine... je t'en dirai davantage.

— Encore Antonine !... Tu m'en parlais aussi tout à l'heure à propos de l'Élysée...

— Oui, tout cela se tient... Tu le verras toi-même après-demain... je t'expliquerai complètement... Ce sera très important pour Antonine.

— Après-demain, donc, ma chère Sophie... Tu irrites, je te l'avoue, beaucoup ma curiosité... et je cherche en vain ce qu'il peut y avoir de commun entre Antonine et l'Élysée, entre Antonine et cet assez vilain homme (il y paraît, du moins) qui s'appelle monsieur Pascal. Trois heures et demie sonnèrent à l'horloge de la fabrique.

— Mon Dieu ! que je suis en retard, — dit Madeleine à son amie. — Je me sauve bien vite... non pas cependant sans avoir embrassé tes anges d'enfans.

Les deux femmes quittèrent le salon.

Nous reviendrons avec le lecteur à l'Élysée-Bourbon, où nous avons laissé l'archiduc seul après le départ de monsieur Pascal.

XII.

L'archiduc, soucieux, préoccupé, se promenait de long en large dans son cabinet, pendant que le secrétaire de ses commandemens lui analysait, à mesure qu'il les décachetait, les lettres reçues dans la journée.

— Cette dépêche, monseigneur, — poursuivit le secrétaire, — est relative au colonel Pernetti, exilé en Angleterre avec sa famille... L'on croit devoir prévenir Votre Altesse de se tenir en garde contre les démarches et les prières des amis du colonel Pernetti.

— Je n'avais pas besoin de cette recommandation. Les principes républicains de cet homme sont trop dangereux pour qu'à aucun prix j'écoute qui que ce soit en sa faveur. Poursuivez.

— Son Éminence l'envoyé plénipotentiaire de la République mexicaine demande la grâce de présenter une de ses compatriotes à Votre Altesse. Il s'agit d'un intérêt très ur-

gent, et l'on solliciterait des bontés de Votre Altesse une audience pour demain...
— La liste d'audience est-elle bien chargée pour demain?
— Non, monseigneur.
— Écrivez que je recevrai demain, à deux heures, monsieur l'envoyé du Mexique et sa compatriote.
Le secrétaire écrivit.
Au bout d'un instant, l'archiduc lui dit :
— Est-ce que dans cette lettre il n'est pas fait mention du nom de la personne qui désire m'être présentée?
— Non, monseigneur...
— Cela est contraire à tous les usages; je n'accorde pas l'audience.
Le secrétaire mit de côté la lettre qu'il venait de commencer d'écrire, et prit une autre feuille de papier.
Cependant, le prince, se ravisant après réflexion, ajouta :
— J'accorde l'audience.
Le secrétaire inclina la tête, et, prenant une autre lettre, il se leva et la présenta au prince, sans la décacheter, en lui disant :
— Il y a sur l'enveloppe : *confidentielle et particulière*, monseigneur.
L'archiduc prit la lettre, la lut; elle était de monsieur Pascal, et conçue en ces termes familiers :

« Après mûres réflexions, monseigneur, au lieu d'atten-
» dre à jeudi, je vous verrai demain, sur les trois heures :
» il *dépendra de vous absolument* que notre affaire soit
» conclue et signée séance tenante.
       « Votre tout dévoué,
                                » PASCAL. »

Un moment de vive espérance, bientôt tempérée par le ressouvenir des étrangetés du caractère de monsieur Pascal, avait fait tressaillir le prince, qui reprit froidement :
— Vous inscrirez monsieur Pascal sur le livre d'audiences pour demain trois heures.
Un aide de camp s'étant présenté, demanda si le prince pouvait recevoir monsieur le comte Frantz de Neuberg.
— Certainement, — dit l'archiduc.
Et après avoir encore travaillé quelques momens avec son secrétaire des commandemens, il donna l'ordre d'introduire Frantz.
Frantz se présenta en rougissant devant le prince, son parrain, car Frantz était d'une timidité excessive et d'une candeur dont riraient fort nos roués de vingt ans; élevé par un pasteur protestant, au fond d'un village d'Allemagne dépendant d'un des nombreux apanages de l'archiduc, le filleul de l'Altesse Royale n'avait quitté cette solitude austère pour entrer, à seize ans, dans une école militaire destinée aux gardes-nobles, et tenue avec une rigueur puritaine.
De là Frantz, par ordre du prince, était allé servir dans l'armée russe comme volontaire, lors des guerres du Caucase; la rude discipline des camps, la sévérité de mœurs du vieux général auprès duquel il avait été envoyé et particulièrement recommandé par son royal parrain; l'ordre d'idées sérieuses ou tristes qu'éveille dans certaines âmes vaillantes, mais tendres et mélancoliques, la vue des champs de bataille, durant une guerre acharnée, sans merci ni pitié; l'habituelle gravité de pensées que donne à ces mêmes âmes, sinon l'attente, du moins la possibilité d'une mort froidement bravée chaque jour au milieu des plus grands périls; le mystère de sa naissance auquel se joignait la pénible certitude de devoir à jamais ignorer la douceur des caresses d'une mère ou d'un père; tout, enfin, avait jusqu'alors concouru à tenir Frantz dans un milieu de circonstances et de réflexions peu faites pour modifier la réserve craintive de son caractère et l'ingénuité de son cœur sincère et bon comme celui d'un enfant; chez Frantz, ainsi que chez tant d'autres, le courage héroïque se conciliait d'ailleurs parfaitement avec une extrême et invincible timidité dans les relations ordinaires de la vie.
Du reste, soit prudence, soit calcul, pendant les six mois que Frantz passa en Allemagne à son retour de la guerre, le prince tint son filleul éloigné de la cour. Cette détermination s'accordait à merveille avec les goûts simples et studieux du jeune homme, car il n'avait jamais rêvé le bonheur que dans les loisirs occupés d'une vie obscure et tranquille; quant aux sentiments qu'il éprouvait pour le prince, son parrain, ils étaient pleins de reconnaissance, de soumission et du plus respectueux attachement, mais contenus dans leur expression timide par l'imposant prestige du rang presque souverain de ce royal protecteur.
L'embarras de Frantz était tel lorsque, après le départ du secrétaire, il se présenta chez son parrain, que d'abord il resta muet, immobile et les yeux baissés.
Heureusement, à la vue du jeune homme, le prince parut oublier ses pénibles préoccupations; sa froide et hautaine physionomie s'attendrit, son front s'éclaircit, un sourire tendre dérida ses lèvres, et, s'adressant affectueusement à Frantz :
— Bonjour, mon enfant, — lui dit-il.
Et, prenant la tête blonde du jeune homme entre ses deux mains, il le baisa tendrement au front; puis il ajouta, comme s'il eût senti le besoin d'épancher à demi son cœur :
— Je suis content de te voir, Frantz... J'ai été ce matin... accablé d'affaires... de tristes affaires... Tiens... donne-moi le bras, allons faire ensemble un tour de jardin.
Frantz ouvrit une des portes vitrées qui donnaient sur un perron, en face de la pelouse, et le parrain, ainsi que son filleul, se dirigèrent bras dessus bras dessous vers l'allée ombreuse dans laquelle le jeune homme s'était longtemps promené le matin.
— Mais qu'as-tu, mon enfant?—dit bientôt le prince, remarquant l'embarras du jeune homme.
— Monseigneur, — répondit Frantz dont le trouble augmentait, — j'ai une confidence à faire à Votre Altesse Royale.
— Une confidence?... — reprit le prince en souriant. — Voyons la confidence de monsieur Frantz.
— Une confidence... grave, monseigneur.
— Voyons... cette grave confidence !
— Monseigneur... je n'ai pas de parens... Votre Altesse Royale a daigné jusqu'ici me tenir lieu de père...
— Et tu as dignement répondu à mes soins... à toutes mes espérances, mon cher Frantz... tu les as même dépassées; modeste, studieux... plein de courage ; il y a trois ans, quoique bien jeune encore, tu as combattu avec autant d'intelligence que d'intrépidité dans cette terrible guerre, où je t'avais envoyé faire tes premières armes... Tu as reçu là le baptême de feu... ta première blessure, mon pauvre enfant... Je ne veux pas parler d'un duel, que je dois ignorer, mais dans lequel tu as encore, je le sais, fait preuve d'autant de bravoure que de générosité.
— Monseigneur...
— Je t'en prie, laisse-moi en ce moment me rappeler tous tes titres à ma tendresse... Cela me fait du bien... Cela me fait oublier d'amers ennuis dont tu es la cause innocente et involontaire.
— Moi, monseigneur?
— Toi... car si tu continues à me combler de satisfaction, tu ne peux prévoir l'avenir que ma tendre ambition te prépare... la position inespérée qui peut-être t'attend.
— Vous savez, monseigneur, la simplicité de mes goûts... et...
— Mon cher Frantz, cette modestie, cette simplicité, sont des vertus dans de certaines conditions, tandis que, dans d'autres circonstances, ces vertus deviennent faiblesse et inertie. Mais nous voilà loin de ta confidence... Voyons, qu'as-tu à me dire?
— Monseigneur...
— Allons, parle... est-ce que je te fais peur? Est-ce qu'il

y a dans ton cœur une seule pensée que tu ne puisses avouer le front haut, le regard assuré ?

— Non, monseigneur... aussi je dirai sans détour à Votre Altesse Royale... que je désire... me marier.

La foudre fut tombée aux pieds du prince, qu'il n'aurait pas été plus étourdi qu'il ne le fut à ces paroles de Frantz ; il dégagea brusquement son bras de celui du jeune homme, se recula de deux pas, et s'écria :

— Vous marier, Frantz ?
— Oui, monseigneur.
— Mais vous êtes fou !
— Monseigneur...
— Vous marier... à vingt ans à peine... Vous marier... quand je songe pour vous à...

Puis, le prince, s'interrompant et redevenant calme et froid par réflexion, ajouta :

— Et... avec qui voulez-vous vous marier... Frantz ?
— Avec mademoiselle Antonine Hubert, monseigneur.
— Qu'est-ce que c'est que mademoiselle Hubert ?... Son nom, comment le dites-vous ?
— Hubert... monseigneur.
— Qu'est-ce que c'est que mademoiselle Hubert ?
— La nièce d'un magistrat français, monseigneur, monsieur le président Hubert...
— Et où avez-vous connu cette demoiselle ?...
— Ici... monseigneur.
— Ici ?... Je n'ai jamais reçu personne de ce nom...
— Quand je dis ici... monseigneur, je veux dire... dans cette allée où nous sommes.
— Parlez plus clairement.
— Votre Altesse Royale voit ce mur d'appui qui sépare ce jardin voisin ?
— Ensuite ?
— Je me promenais dans cette allée, monseigneur... lorsque, pour la première fois, j'ai aperçu mademoiselle Antonine.
— Dans ce jardin ? — reprit le prince en s'avançant jusqu'au mur et après y avoir jeté un coup d'œil ; puis il ajouta :
— Cette demoiselle... demeure donc dans la maison voisine ?
— Oui, monseigneur... son oncle occupe une partie du rez-de-chaussée...
— Fort bien.

Après quelques momens de réflexion, le prince ajouta sévèrement :

— Vous m'avez offert vos confidences, j'accepte... mais faites-les-moi avec franchise... avec la plus entière sincérité... ou sinon...
— Monseigneur ! — dit Frantz avec un accent de surprise pénible.
— Soit ! j'ai eu tort, Frantz, de suspecter votre loyauté... De votre vie vous ne m'avez menti... parlez !... je vous écoute.
— Votre Altesse Royale sait que, depuis notre arrivée à Paris, je suis très rarement sorti le soir.
— Il est vrai... je connaissais votre peu de goût pour le monde, votre excessive timidité, qu'augmentait encore l'appréhension de paraître dans ces salons français si redoutés, et où vous deviez être doublement étranger ; je n'ai pas voulu insister auprès de vous... Frantz, et je vous ai laissé, seul ici... disposer de presque toutes vos soirées...
— C'est pendant une de ces soirées, monseigneur, qu'il y a six semaines... j'ai vu pour la première fois mademoiselle Antonine dans le jardin voisin... Elle arrosait des fleurs... J'étais accoudé... là... sur ce mur d'appui... Elle m'a vu... Je l'ai saluée... Elle m'a rendu mon salut en rougissant... et a continué d'arroser ses fleurs ; deux autres fois encore... elle a levé les yeux de mon côté. Nous nous sommes de nouveau salués... puis, la nuit venant tout à fait, mademoiselle Antonine a quitté le jardin...

Il est impossible de rendre la grâce ingénue avec laquelle le pauvre Frantz fit ce naïf récit de sa première entrevue avec la jeune fille... L'émotion de sa voix, la rougeur de son front montraient toute la candeur de cette âme innocente et pure.

— Une question... Frantz, — dit le prince, — cette demoiselle a-t-elle sa mère ?
— Non, monseigneur... Mademoiselle Antonine a perdu sa mère au berceau, et son père est mort il y a bien des années.
— Son oncle, monsieur le président Hubert, est-il marié ?
— Non, monseigneur...
— Et quel âge a-t-elle ?...
— Quinze ans et demi, monseigneur...
— Et elle... est... jolie ?...
— Antonine ! ! ! monseigneur ?...

Dans cette exclamation de Frantz, il y avait presque un reproche, comme s'il était permis d'ignorer la beauté de mademoiselle Antonine.

— Je vous demande, Frantz, — répéta l'archiduc, — si cette jeune fille est jolie ?
— Monseigneur se rappelle l'Hébé endormie qu'il a dans la galerie de son palais d'Offenbach ?
— Un de mes plus beaux Corréges...
— Monseigneur... mademoiselle Antonine ressemble à ce tableau du Corrége... quoiqu'elle soit bien plus belle encore...
— C'est difficile.
— Monseigneur sait que je dis toujours la vérité, — répondit Frantz ingénuement.
— Continuez votre récit...
— Je ne saurais vous dire, monseigneur, ce que j'ai ressenti lorsque, revenu chez moi... j'ai songé à mademoiselle Antonine... j'étais à la fois agité, inquiet et heureux... Je n'ai pas dormi de la nuit... la lune s'est levée, j'ai ouvert ma fenêtre... et je suis resté à mon balcon jusqu'au jour à regarder le faîte des arbres du jardin de mademoiselle Antonine... Oh ! monseigneur, comme la journée du lendemain m'a paru longue !... Bien avant le coucher du soleil, j'étais là... près du mur... Enfin, mademoiselle Antonine est revenue arroser ses fleurs... je m'apprêtais à la saluer... mais je ne sais comment cela se fit, elle ne me vit pas. Pourtant, elle venait arroser tout près du mur où je me trouvais... J'avais bien envie de tousser légèrement pour lui faire remarquer ma présence... mais... je n'ai pas osé... La nuit venait, j'avais le cœur navré, mademoiselle Antonine continuait de ne pas me voir ; enfin, elle regagna sa maison après avoir déposé son petit arrosoir près de la fontaine ; heureusement, le trouvant mal placé là sans doute, elle revint, et l'apporta sur un banc près de son mur. Tournant alors par hasard les yeux vers moi, elle m'a enfin aperçu... Nous nous sommes salués tous les deux en même temps, monseigneur, et elle est rentrée vite chez elle. Je cueillis alors quelques belles roses, et tâchant d'être adroit, quoique le cœur me battît fort, j'eus le bonheur de laisser tomber le bouquet juste dans l'ouverture de l'arrosoir que mademoiselle Antonine avait laissé là. De retour chez moi, je tremblai en songeant à ce que cette demoiselle penserait en trouvant ces fleurs ; j'étais si inquiet que j'eus envie de redescendre, et de sauter par dessus le petit mur pour aller retirer le bouquet... Je ne sais quoi me retint... J'espérai que mademoiselle Antonine ne se formaliserait peut-être pas. Quelle nuit je passai, monseigneur !... Le lendemain, je cours au mur... L'arrosoir et le bouquet étaient toujours sur le banc ; mais j'attendis en vain mademoiselle Antonine : elle ne vint pas ce soir-là, ni le lendemain, soigner ses fleurs ; ma tristesse et mes angoisses pendant ces trois jours et ces trois nuits, monseigneur, je ne saurais vous les peindre, et vous auriez deviné mon chagrin, si, à cette époque, vous n'étiez parti.

— Pour le voyage de la cour à Fontainebleau, sans doute ?

— Oui, monseigneur... Mais, pardonnez-moi, j'abuse peut-être de la patience de Votre Altesse Royale...
— Non... non... Frantz, continuez... je tiens, au contraire, à tout savoir... Continuez, je vous prie, votre récit avec la même sincérité.

XIII.

Frantz de Neuberg, sur l'invitation de l'archiduc, continua donc son récit avec une candeur charmante :
— Depuis trois jours, mademoiselle Antonine n'avait pas paru, monseigneur; accablé de tristesse, n'espérant plus rien, j'allai pourtant au jardin, à l'heure accoutumée; quelle fut ma surprise, ma joie, monseigneur, lorsque arrivant près du mur, je vis au-dessous de moi mademoiselle Antonine, assise sur le banc ! Elle tenait à sa main, posée sur ses genoux, mon bouquet de roses, fanées depuis longtemps; elle avait la tête penchée; je ne voyais que son cou et la naissance de ses cheveux; elle ne se doutait pas que je fusse là; je restais immobile, retenant presque ma respiration, tant je craignais de causer son départ en révélant ma présence... Enfin, je m'enhardis et je dis en tremblant, car pour la première fois je lui parlais : — Bonsoir, mademoiselle. — Elle tressaillit; ce mouvement fit tomber le bouquet fané; elle ne s'en aperçut pas, et, sans changer d'attitude, sans retourner ou relever la tête, elle me répondit d'une voix aussi basse, aussi émue que la mienne... — Bonsoir, monsieur... — Me voyant si bien accueilli par elle, monseigneur, j'ajoutai : — Voilà trois jours que vous n'êtes venue arroser vos fleurs, mademoiselle.— Il est vrai, reprit-elle d'une voix toute tremblante, — j'ai été... un peu souffrante... — Oh ! mon Dieu ! — m'écriai-je avec tant d'inquiétude, que mademoiselle Antonine releva un moment la tête vers moi. Je la trouvai, hélas ! en effet, bien pâle, monseigneur; mais elle reprit bientôt sa première attitude, et je ne vis que son cou qui me parut légèrement rougir... — Et maintenant, mademoiselle, vous êtes moins souffrante ? — Oui, monsieur, me dit-elle. Alors, j'ajoutai, après un moment de silence : — Vous pourrez au moins revenir arroser vos fleurs... tous les soirs, comme par le passé. — Monsieur... je ne sais pas... je l'espère. — Et ne craignez-vous pas, mademoiselle, qu'après avoir été malade, la fraîcheur de cette soirée ne vous soit nuisible ? — Vous avez raison, monsieur, je n'y songeais pas, — me répondit-elle, — je vous remercie... je vais rentrer... — En effet, monseigneur, il avait plu toute la matinée, et il faisait très froid. Au moment où elle allait quitter le banc, je lui dis : — Mademoiselle, voulez-vous me donner ce bouquet fané qui est tombé là à vos pieds ? — Elle le ramassa, me le tendit en silence, sans relever la tête ni me regarder; je le pris comme un trésor, monseigneur, et bientôt mademoiselle Antonine disparut au détour d'une allée.

Le prince écoutait son filleul avec une profonde attention. La candeur de ce récit en prouvait la sincérité. Jusqu'alors, rien ne donnait à penser que Frantz eût été le jouet d'une de ces coquettes parisiennes, si redoutées des étrangers, ou dupe d'une fille aventureuse et manégée ainsi que l'avait d'abord appréhendé l'archiduc; mais une crainte bien plus grave vint l'assaillir : un pareil amour, sans doute conservé chaste et pur, devait, en raison même de sa pureté, qui éloignait tout remords de l'âme de ces deux enfans (l'une avait quinze ans et demi, l'autre vingt), devait être déjà bien profondément enraciné dans leur cœur.

Frantz, voyant la physionomie du prince s'assombrir de plus en plus, et avait rencontré son regard redevenu hautain et glacial, s'arrêta tout interdit.
— Ainsi, — reprit ironiquement l'archiduc pendant le silence de son filleul,—vous voulez épouser une jeune fille à qui vous n'avez pas adressé quatre paroles, et dont la rare beauté... dites-vous, vous a tourné la tête...
— J'espère obtenir le consentement de Votre Altesse Royale pour épouser mademoiselle Antonine, parce que je l'aime, monseigneur, et qu'il est impossible que notre mariage soit différé.

A ces mots, résolûment accentués malgré la timidité de Frantz, le prince tressaillit et se reprocha d'avoir cru à l'un de ces chastes amours germaniques d'une candeur proverbiale.
— Et pourquoi, monsieur, — s'écria-t-il d'une voix menaçante, — pourquoi ce mariage ne saurait-il être différé ?
— Parce que je suis homme d'honneur, monseigneur...
— Un homme d'honneur ! Vous êtes, monsieur, un malhonnête homme... ou une dupe...
— Monseigneur !...
— Vous avez indignement abusé de l'innocence d'une enfant de quinze ans... ou vous êtes sa dupe... vous dis-je... Les Parisiennes sont précoces dans l'art de piper les maris.

Frantz regarda un moment le prince en silence, mais sans confusion, sans colère, et comme s'il eût en vain cherché le sens de ces paroles qui ne l'atteignirent ni dans son amour ni dans son honneur.
— Excusez-moi, monseigneur, — reprit-il, — je ne vous comprends pas...

Frantz prononça ces mots avec une telle expression de sincérité, avec une assurance si ingénue, que le prince, de plus en plus étonné, ajouta, après un moment de silence, en attachant sur le jeune homme un coup d'œil pénétrant :
— Ne m'avez-vous pas dit que votre mariage avec cette demoiselle ne pouvait être différé ?...
— Non, monseigneur... Avec la permission de Votre Altesse Royale... il ne peut par l'être... il ne le sera pas !
— Parce que sans cela vous manqueriez à l'honneur ?
— Oui, monseigneur.
— Et en quoi... et pourquoi... manqueriez-vous à l'honneur en n'épousant pas mademoiselle Antonine ?
— Parce que nous nous sommes faits serment à la face du ciel d'être l'un à l'autre, monseigneur, — répondit Frantz avec une énergie contenue.

Le prince, à demi rassuré, ajouta cependant :
— Et... ensuite... dans quelles circonstances avez-vous pu échanger ce serment ?
— Craignant de vous mécontenter, monseigneur, ou de fatiguer votre attention, j'avais interrompu mon récit...
— Soit... continuez-le...
— Monseigneur... je crains...
— Continuez... mais n'omettez rien... je tiens à tout savoir...
— Souvent l'oncle de mademoiselle Antonine sortait le soir, monseigneur, et elle restait seule chez elle... La saison était si belle... que mademoiselle Antonine passait toutes ses soirées au jardin... Nous nous étions enhardis l'un et l'autre; nous avions plusieurs fois longuement causé : elle, sur le petit banc, moi, accoudé sur le mur; elle m'avait ainsi raconté toute sa vie... moi, je lui avais dit la mienne, et surtout ma respectueuse affection pour vous, monseigneur, à qui je dois tout... Aussi, mademoiselle Antonine partage à cette heure ma profonde reconnaissance pour Votre Altesse Royale.

A cet endroit du récit de Frantz, un bruit de pas, de plus en plus rapproché, attira l'attention du prince; il se retourna, et vit un de ses aides de camp qui s'avançait, mais qui s'arrêta respectueusement à distance; à un signe de l'archiduc, l'officier fit quelques pas.
— Qu'y a-t-il, monsieur ? — demanda le prince.
— Son Excellence monsieur le ministre de la guerre vient d'arriver ; il est aux ordres de Votre Altesse Royale pour la visite qu'elle doit faire à l'hôtel des Invalides.
— Dites à Son Excellence que je suis à elle dans l'instant.

Pendant que l'aide de camp s'éloignait, le prince, s'adressant à Frantz d'un air glacial, lui dit :
— Rentrez chez vous, monsieur, vous garderez les arrêts jusqu'au moment de votre départ.
— De mon départ, monseigneur?...
— Oui.
— Mon départ? — répéta Frantz anéanti, — Oh! mon Dieu! Et où m'envoyez-vous, monseigneur?
— Vous le verrez; je vous confierai au major Butler... il me répondra de vous; avant vingt-quatre heures vous aurez quitté Paris.
— Grâce!... monseigneur, — s'écria Frantz d'une voix suppliante, ne pouvant croire à ce qu'il entendait; — ayez pitié de moi... ne m'obligez pas à partir...
— Rentrez chez vous,—lui dit le prince, avec la rudesse du commandement militaire, en lui faisant signe de la main de passer devant lui, — je ne reviens jamais sur un ordre que j'ai donné... Obéissez.

Frantz, accablé, regagna tristement sa chambre, située au premier étage du palais, non loin de l'appartement de l'archiduc, et donnant sur le jardin. Vers les sept heures on servit au jeune prisonnier un dîner auquel il ne toucha pas. La nuit venue, Frantz, à son grand étonnement, et à sa profonde et douloureuse humiliation, entendit que l'on fermait au dehors sa porte à double tour; vers les minuit, lorsque tout dormit dans le palais, il ouvrit doucement sa fenêtre, sortit sur son balcon, puis, penché en dehors, il parvint, à l'aide d'une canne, à éloigner un peu du mur où il était plaqué l'un des montans d'une persienne des fenêtres du rez-de-chaussée; ce fut sur ce point d'appui vacillant, qu'avec autant d'adresse que de témérité, Frantz, ayant enjambé la grille du balcon, posa le bout du pied, et, s'aidant des lames de la persienne comme d'une échelle, atteignit le sol, gagna l'allée ombreuse, escalada le petit mur d'appui, et se trouva bientôt dans le jardin de la maison habitée par Antonine.

Quoique la lune fût voilée par des nuages épais, il régnait une demi-clarté sous les grands arbres qui jusqu'alors avait servi de lieu de rendez-vous à Antonine et à Frantz; au bout de quelques instans, il aperçut de loin une forme blanche qui s'approchait rapidement; en peu d'instans la jeune fille fut auprès du jeune homme, et lui dit d'une voix précipitée :
— Je viens seulement pendant une minute, afin que vous ne soyez pas inquiet, Frantz. J'ai profité d'un moment d'assoupissement de mon oncle; il est très souffrant... je ne puis m'éloigner plus longtemps de lui. Adieu Frantz, ajouta Antonine avec un gros soupir; — c'est bien triste de se séparer si vite; mais il le faut. Encore adieu... peut-être à demain.

Le jeune homme était si atterré de ce qu'il devait apprendre à la jeune fille, qu'il n'eut pas la force de l'interrompre; puis, d'une voix entrecoupée par les sanglots, il s'écria :
— Antonine, nous sommes perdus!
— Perdus!
— Je pars...
— Vous!
— Le prince m'y force.
— Oh! mon Dieu! — murmura Antonine en pâlissant et s'appuyant au dossier du banc rustique, — oh! mon Dieu!
Et, ne pouvant prononcer un mot de plus, elle fondit en larmes. Après un moment de silence déchirant, elle reprit :
— Et vous espériez le consentement du prince, Frantz?
— Hélas! je croyais l'obtenir en lui disant simplement combien je vous aimais... combien vous méritiez cet amour... Le prince a été inflexible...
— Partir!... nous séparer... Frantz,—murmura Antonine d'une voix brisée, — mais c'est impossible; nous séparer, c'est vouloir nous faire tous deux mourir de chagrin... Et le prince ne voudra pas cela...
— Sa volonté est inflexible... Mais quoi qu'il arrive, —

s'écria Frantz en tombant aux genoux de la jeune fille, — oui, quoique je sois ici étranger, sans famille, sans savoir que devenir... je resterai malgré le prince... Rassurez-vous, Antonine.
Frantz ne put continuer ; il vit au loin une lumière briller, et une voix s'écria avec angoisse :
— Mademoiselle Antonine...
— Mon Dieu! la gouvernante de mon oncle!... elle me cherche, — s'écria la jeune fille; et s'adressant à Frantz :
— Frantz... si vous partez, je meurs.
Et Antonine disparut du côté où avait paru la lumière.
Le jeune homme, brisé par la douleur, tomba sur le banc, en cachant son visage entre ses mains. Au bout de quelques minutes, il entendit une voix, venant de l'allée du jardin de l'Elysée, l'appeler par son nom :
— Frantz!
Il tressaillit, croyant reconnaître la voix du prince; il ne se trompait pas; pour la seconde fois son nom fut prononcé.
La crainte, l'habitude de l'obéissance passive, son respect et sa reconnaissance envers l'archiduc, qui lui avait jusqu'alors tenu lieu de famille, ramenèrent Frantz vers le petit mur d'appui qui séparait les deux jardins; derrière ce mur, il vit le prince à la clarté de la lune; celui-ci lui tendit la main avec une ironie glaciale, afin de l'aider à remonter dans l'allée.
— Tout à l'heure à mon retour, je suis entré chez vous, — lui dit sévèrement l'archiduc ; — je ne vous ai pas trouvé... Votre fenêtre ouverte m'a tout appris... maintenant, suivez-moi...
— Monseigneur, — s'écria Frantz en se jetant aux pieds du prince, et tendant vers lui ses mains jointes, — monseigneur, écoutez-moi...
— Major Butler! — dit le prince à voix haute en s'adressant à un personnage jusqu'alors caché dans l'ombre, — accompagnez le comte Frantz chez lui... vous ne le quitterez pas d'un instant, vous me répondrez de lui.

XIV.

Le lendemain du jour où les événemens précédens s'étaient accomplis, l'archiduc, toujours vêtu de son grand uniforme, car il poussait la manie militaire jusqu'à ses dernières limites, se trouvait dans son cabinet, vers les deux heures de l'après-midi; l'un de ses aides de camp, homme de quarante ans environ, d'une physionomie calme, résolue, se tenait debout devant la table de l'autre côté de laquelle le prince était assis, occupé à écrire, l'air plus soucieux, plus sévère, et plus hautain encore que d'habitude; tout en écrivant et sans lever les yeux sur l'officier, il lui dit :
— Le capitaine Blum est resté auprès du comte Frantz?
— Oui, monseigneur.
— Vous venez de voir le médecin?
— Oui, monseigneur.
— Que pense-t-il de l'état du comte?
— Il le trouve plus satisfaisant, monseigneur.
— Croit-il que le comte Frantz puisse supporter sans aucun danger les fatigues du voyage?...
— Oui, monseigneur.
— Major Butler, vous allez donner ordre à l'instant de faire préparer une de mes voitures de voyage...
— Oui, monseigneur.
— Ce soir, à six heures, vous partirez avec le comte Frantz. Voici l'itinéraire de votre route, — ajouta le prince en remettant à son aide de camp la note qu'il venait d'écrire.
Puis il reprit :
— Major Butler, vous n'attendrez pas longtemps les marques de ma satisfaction, si vous accomplissez, avec votre

dévouement et votre fermeté ordinaire, la mission... dont je vous charge...
— Votre Altesse peut compter sur moi.
— Je le sais... mais je sais aussi qu'une fois revenu de son premier abattement, et n'étant plus contenu par son respect et son obéissance pour moi, le comte Frantz tâchera certainement d'échapper à votre surveillance pendant la route, afin de regagner Paris à tout prix. Si ce malheur arrivait, monsieur, prenez garde... tous mes ressentimens tomberaient sur vous...
— Je suis certain que je n'aurai pas à démériter des bontés de Votre Altesse.
— Je l'espère, monsieur... N'oubliez pas, d'ailleurs, de m'écrire deux fois par jour, jusqu'à votre arrivée à la frontière.
— Je n'y manquerai pas, monseigneur.
— A votre arrivée sur le territoire des provinces rhénanes, vous remettrez cette dépêche à l'autorité militaire.
— Oui, monseigneur.
— Le terme de votre voyage atteint, vous me le ferez savoir... et vous recevrez de moi de nouveaux ordres...
A ce moment, le prince, ayant entendu frapper légèrement à la porte, dit au major :
— Voyez ce que c'est.
Un autre aide de camp remit à l'officier une lettre, en lui disant tout bas :
— Monsieur l'envoyé du Mexique vient de me remettre cette lettre pour Son Altesse.
Et l'aide de camp sortit.
Le major alla présenter la lettre au prince, et lui dit de quelle part elle venait.
— Je vous recommande de nouveau la plus grande surveillance, major Butler, — reprit l'archiduc en mettant la lettre de l'envoyé mexicain à côté de lui sans l'ouvrir encore. — Vous me répondez de conduire le comte Frantz jusqu'à la frontière.
— Je vous en donne ma parole, monseigneur.
— Allez, monsieur, je crois à votre parole ; je sais ce qu'elle vaut... Si vous la tenez... vous n'aurez qu'à vous en féliciter... Ainsi, vous partirez à six heures... faites tout préparer à l'instant. Diesbach vous remettra l'argent nécessaire pour le voyage.
Le major s'inclina.
— Vous direz au colonel Heidelberg d'introduire dans quelques instans monsieur l'envoyé du Mexique et la personne qui l'accompagne...
— Oui, monseigneur.
L'officier salua profondément et sortit.
Le prince, resté seul, se dit en décachetant lentement la lettre qu'on lui avait remise :
— Il faut sauver ce malheureux jeune homme de sa propre folie... Un pareil mariage !... c'est insensé... Allons, je suis d'ailleurs moi-même insensé de m'être un instant inquiété des suites de la folle passion de Frantz, comme si je n'avais pas tout pouvoir sur lui... Ce n'est pas de la colère, c'est de la pitié que sa conduite doit m'inspirer.
Au milieu de ces réflexions, le prince avait décacheté la lettre et jeté machinalement les yeux sur son contenu ; soudain il bondit sur son fauteuil ; ses traits hautains irritant une expression d'indignation courroucée, et il s'écria :
— La marquise de Miranda... cette femme infernale, qui dernièrement encore a causé à Bologne tant de scandale... et presque une révolution, en exposant ce malheureux cardinal aux huées, aux fureurs d'une toute une population déjà si mal intentionnée... Oh ! à aucun prix je ne veux recevoir cette indigne créature.
Et, ce disant, le prince s'élança vers la porte, afin de donner l'ordre de ne pas laisser entrer la marquise.
Il était trop tard.
Les deux battans s'ouvrirent à ce moment devant elle, et elle se présenta, accompagnée de l'envoyé du Mexique.
Profitant du silence causé par la stupeur de l'archiduc,

stupeur dont il ne s'apercevait pas d'ailleurs, le diplomate s'inclina profondément et dit :
— Monseigneur, j'ose espérer que Votre Altesse a bien voulu agréer les excuses que je viens d'avoir l'honneur de lui adresser par lettre au sujet de l'importante formalité que j'ai omise dans ma supplique d'hier... car je devais mentionner le nom de la personne en faveur de qui je sollicitais une audience de Votre Altesse ; j'ai réparé cette omission ; il ne me reste plus qu'à avoir l'honneur de présenter à Votre Altesse madame la marquise de Miranda, qui porte l'un des noms les plus considérables de notre pays, et de la recommander à la bienveillance de Votre Altesse.
Le diplomate, prenant le silence prolongé du prince pour un congé, s'inclina respectueusement et se retira fort désappointé d'un accueil si glacial.
Madeleine et l'archiduc restèrent seuls.
La marquise était selon son habitude, aussi simplement, aussi amplement vêtue que la veille ; seulement, soit hasard, soit calcul, une voilette de point d'Angleterre garnissait ce jour-là sa capote de crêpe blanc, et cachait presque entièrement son visage.
Le prince, dont les mœurs tenaient à la fois de la rudesse militaire et de l'austérité religieuse (son amour pour la mère de Frantz avait été sa première et sa seule erreur de jeunesse), le prince considérait avec une sorte d'aversion inquiète cette femme qui, à ses yeux, symbolisait la perversité la plus profonde, la plus dangereuse ; car le bruit public accusait la marquise de s'attaquer de préférence, par ses séductions, aux personnes revêtues des caractères les plus imposans et les plus sacrés ; et puis enfin la retentissante aventure du cardinal légat avait eu des conséquences si déplorables (au point de vue absolutiste et religieux de l'archiduc), qu'un sentiment de vindication politique augmentait encore la colère contre Madeleine. Aussi, malgré ses habitudes de dignité froide et polie, il pensa d'abord à congédier brutalement l'importune visiteuse, ou à se retirer dédaigneusement dans une pièce voisine, sans prononcer une parole. Mais la curiosité de voir enfin cette femme, sur qui circulaient tant de rumeurs étranges, et surtout l'âpre désir de la traiter aussi durement qu'à son avis elle méritait de l'être, modifièrent la résolution du prince ; il resta donc ; mais, au lieu d'offrir un siège à Madeleine, qui l'examinait attentivement à travers son voile toujours baissé, l'archiduc s'adossa carrément à la cheminée, croisa les bras, et, la tête rejetée en arrière, le sourcil impérieusement relevé, il toisa la solliciteuse de toute la hauteur de sa morgue souveraine, se renferma d'abord dans un silence glacial, et ne dit pas à Madeleine un mot d'encouragement ou de banale politesse.
La marquise, habituée à produire un effet tout autre, et subissant, à son insu peut-être, l'espèce d'intimidation qu'exerce souvent sur les autres le rang suprême, surtout lorsqu'il se manifeste sous des dehors insolemment altiers, la marquise, décontenancée par cet écrasant accueil, le sentit d'autant plus vivement qu'elle avait davantage espéré de la courtoisie du prince.
Pourtant, comme il s'agissait pour elle d'intérêts sacrés, et qu'elle était vaillante... elle pensa avec émotion ; et, ainsi que dit le proverbe espagnol naturalisé au Mexique, elle se résolut bravement *de prendre le taureau par les cornes*. S'asseyant donc négligemment dans un fauteuil, elle dit au prince, de l'air du monde le plus souriant et le plus dégagé :
— Je viens, monseigneur, tout simplement vous demander deux choses : l'une, presque impossible ; la seconde, tout à fait impossible...
L'archiduc resta confondu ; son rang souverain, la hauteur, la sévérité de son caractère, son inflexible rigueur pour l'étiquette, encore si puissante dans les cours du Nord, l'avaient si habitué à voir même les femmes l'aborder toujours avec les respects les plus humbles, que l'on pense

s'il fut abasourdi par la familière aisance de Madeleine, qui reprit gaiement :

— Vous ne répondez rien, monseigneur ?... Comment dois-je interpréter le silence de Votre Altesse ? Est-ce réflexion ?... Est-ce timidité ?... Est-ce consentement ?... Serait-ce enfin impolitesse ?... Impolitesse ? non... je ne puis croire cela. En touchant la terre de France, les esclaves deviennent libres, et les hommes les moins galans deviennent d'une exquise courtoisie...

Le prince, presque hébété par la stupeur et par la colère que lui causaient ces audacieuses paroles, resta muet.

La marquise reprit en souriant :

— Rien ?... pas un mot ? Allons, monseigneur, décidément, que signifie le mutisme prolongé de Votre Altesse ? Encore une fois, est-ce réflexion ?... réfléchissez... Est-ce timidité ?... surmontez-la... Est-ce impolitesse ? souvenez-vous que nous sommes en France et que je suis femme... Puis-je, au contraire, regarder votre silence comme un consentement aveugle à ce que je viens vous demander ? alors, dites-le moi tout de suite... afin que je vous apprenne au moins quelles sont les faveurs que vous m'accordez si gracieusement d'avance, et dont je veux alors vous remercier cordialement.

Puis Madeleine, ôtant son gant, tendit sa main à l'archiduc.

Cette toute petite main, blanche, délicate, frétillante, effilée, veinée d'azur, et dont les ongles allongés ressemblaient à des coquilles roses, attira malgré lui l'attention du prince ; de sa vie, il n'avait vu pareille main ; mais bientôt, honteux, révolté de s'abandonner à une telle remarque dans un moment semblable, la rougeur de l'indignation lui monta au front, et il chercha quelque mot souverainement dédaigneux et blessant, afin d'écraser d'un seul coup de massue cette audacieuse, dont l'outrecuidance avait déjà trop duré pour la dignité archiducale.

Malheureusement, le prince était plus habitué à commander ses troupes, ou à recevoir les hommages de ses courtisans, qu'à trouver soudain des mots écrasans, surtout lorsqu'il s'agissait d'écraser une jeune et jolie femme ; cependant, il chercha...

Cette cogitation *sérénissime* donna le temps à Madeleine de retirer sa petite main sous ses larges manches, et de dire au prince avec un malin sourire :

— Il n'y a plus à en douter, monseigneur, le silence de Votre Altesse est de la timidité... et de la timidité allemande encore !... Je connais cela. Après la timidité de savant, c'est ce qu'il y a de plus insurmontable, et, partant, de plus vénérable; mais tout a des bornes... Aussi, voyons... monseigneur... permettez-vous ; je n'ai pourtant, je crois, rien en moi de très imposant... — ajouta la marquise sans relever encore le voile qui cachait ses traits.

L'archiduc jouait de malheur ; malgré toute sa bonne volonté, il ne trouva pas son mot écrasant ; mais, sentant combien sa position devenait ridicule, il s'écria :

— Je ne sais pas, madame, comment vous avez osé vous présenter ici.

— Mais... je m'y suis présentée avec votre agrément, monseigneur...

— Lorsque hier je vous ai accordé une audience, j'ignorais votre nom, madame.

— Et... que vous a donc fait mon nom, monseigneur ?

— Votre nom, madame ? Votre nom ?

— Oui, monseigneur...

— Mais votre nom a été le scandale de l'Allemagne ; vous avez rendu païen... idolâtre... matérialiste... le plus religieux, le plus spiritualiste de nos poètes.

— Dame ! monseigneur, — répondit Madeleine avec un accent d'ingénue de village, — ça n'est pas ma faute... à moi...

— Ce n'est pas votre faute ?

— Et puis... où est le grand mal, monseigneur ! Votre poète religieux faisait des vers médiocres... il en fait à cette heure de magnifiques.

— Ils n'en sont que plus dangereux, madame... Et son âme ?... son âme ?

— Son âme a passé dans ses vers, monseigneur ; elle est maintenant deux fois immortelle.

— Et le cardinal légat, madame ?

— Vous ne me reprocherez pas du moins, monseigneur, d'avoir agi sur l'âme de celui-là... il n'en avait point.

— Comment ! madame, n'avez-vous pas assez avili le caractère sacré de ce prince de l'Église, de ce prêtre jusqu'alors si austère, de cet homme d'État qui, depuis vingt ans, était la terreur des impies et des révolutionnaires... Ne l'avez-vous pas livré au mépris, à la haine des gens pervers... car, sans un secours inespéré, on le massacrait ; enfin, madame, n'avez-vous pas été sur le point de révolutionner Bologne ?...

— Ah ! monseigneur, vous me flattez.

— Et vous osez, madame, vous présenter chez un prince qui a tant d'intérêt à ce que l'Allemagne et l'Italie soient calmes et soumises !... Vous osez venir me demander... quoi ? des choses que vous dites vous-même impossibles ou presque impossibles ! Et cette inconcevable demande, de quel ton me la faites-vous ? d'un ton familier, railleur, comme si vous étiez certaine d'obtenir tout de moi... Erreur ! madame, erreur ! je ne ressemble, je vous en préviens, ni au poète Moser-Hartman, ni au cardinal légat, ni à tant d'autres que vous avez ensorcelés, dit-on ; en vérité, c'est à douter si l'on dort ou si l'on veille. Mais qui êtes-vous donc, madame, pour vous croire assez au-dessus de tous les respects... de tous les devoirs, pour oser me traiter d'égal à égal, tandis que les princesses des familles royales n'abordent qu'avec déférence ?

— Hélas ! monseigneur, je ne suis qu'une pauvre femme... — répondit Madeleine.

Et elle rejeta en arrière son voile, qui, jusqu'alors baissé, avait dérobé son visage aux regards de l'archiduc.

XV.

Le prince, emporté par la véhémence de son indignation et de son courroux, s'était, tout en parlant, approché peu à peu de la marquise, toujours négligemment assise dans son fauteuil.

Lorsque celle-ci eut relevé son voile en rejetant légèrement sa tête en arrière, afin de pouvoir attacher ses yeux sur ceux du prince, il resta immobile, et éprouva ce mélange de surprise, d'admiration et de trouble involontaire que presque tout le monde ressentait à la vue de cette charmante figure, à laquelle son teint pâle, ses grands yeux bleu d'azur, ses sourcils noirs et ses cheveux blonds, donnaient un charme si singulier.

Cette impression profonde que subissait le prince, Charles Duterfre l'avait aussi subie malgré son amour pour sa femme, malgré les terribles préoccupations de désastre et de ruine dont il était assiégé.

Pendant quelques secondes, l'archiduc resta pour ainsi dire sous la fascination de ce regard fixe, pénétrant, dans lequel la marquise s'efforçait de concentrer toute l'attraction, toute l'électricité vitale qui était en elle... et de le *darder* dans les yeux du prince, car la projection du regard de Madeleine était, pour ainsi dire, intermittente, et avait, si l'on peut s'exprimer ainsi, des pulsations ; aussi, à chacune de ces pulsations, dont il semblait ressentir physiquement le contre-coup, l'archiduc tressaillait-il involontairement ; sa morgue glaciale paraissait fondre comme la neige au soleil ; sa hautaine attitude s'assouplissait ; sa physionomie altière exprimait un trouble inexprimable.

Soudain, Madeleine fit retomber son voile sur son visage, baissa la tête, et tâcha de s'effacer davantage encore, s'il était possible, sous l'ampleur des plis de son mantelet et de sa robe traînante qui cachait complètement son petit pied, de même que ses larges manches cachèrent aussi la main charmante qu'elle avait cordialement tendue au prince ; celui-ci n'eut donc plus devant lui qu'un forme indécise et chastement voilée.

La coquetterie la plus provoquante, la plus audacieusement décolletée, eût été de l'ingénuité auprès de cette mystérieuse réserve, qui, dérobant aux regards jusqu'au bout du pied, jusqu'au bout des doigts, ne laissait absolument rien apercevoir de la personne, mais donnait le champ libre à l'imagination, qui devait s'allumer au souvenir des récits étranges qui couraient sur la marquise.

Lorsque le visage de Madeleine disparut de nouveau sous son voile, le prince, délivré de l'obsession qu'il subissait malgré lui, reprit son sang-froid, gourmanda rudement sa faiblesse, et, afin de se sauvegarder de tout dangereux entraînement, il s'efforça de songer aux déplorables aventures qui prouvaient la fatale influence de cette femme sur des hommes longtemps inflexibles ou inexorables.

Mais hélas ! la chute ou la transformation de ces hommes ramenait forcément les idées du prince sur la marquise et sur son irrésistible influence ; il sentait le péril grave, imminent ; mais, on le sait, parfois le danger possède l'attraction de l'abîme.

En vain le prince, pour se rassurer, se disait-il que, d'un naturel flegmatique, il était arrivé jusqu'à la maturité de l'âge sans avoir subi l'empire de ces passions brusques et grossières qui dégradent l'homme. En vain encore il se disait qu'il était prince du sang royal ; qu'il devait à la souveraine dignité de son rang de ne pas s'abaisser à de honteux entraînemens, etc. ; en un mot, le malheureux archiduc philosophait à merveille, mais aussi utilement qu'un homme qui, se voyant avec effroi rouler sur une pente rapide, philosopherait gravement sur les précieux avantages de la stabilité.

Il faut malheureusement des lignes, des phrases, des pages, pour rendre perceptibles ces impressions instantanées comme la pensée, car tout ce que nous venons de décrire si longuement, depuis le moment où Madeleine avait levé son voile jusqu'au moment où elle l'avait abaissé, s'était passé en quelques secondes, et l'archiduc, tout en se gourmandant, tâchait, à son insu sans doute (tant sa philosophie dégageait son esprit de la matière), tâchait, disons-nous, d'apercevoir encore les traits de Madeleine à travers la dentelle qui les cachait.

— Je vous disais donc, monseigneur, — reprit la marquise en tenant toujours sa tête baissée sous le regard avide et troublé de l'archiduc, — je vous disais donc que j'étais une pauvre veuve... qui vaut mieux que sa réputation... et qui ne mérite vraiment pas... vos sévérités.

— Madame...

— Oh ! je ne vous en fais pas un reproche... monseigneur... Vous avez dû, comme tant d'autres, croire à certains bruits...

— Des bruits ! madame... — s'écria l'archiduc en sentant avec joie renaître dans son âme sa première colère, — des bruits !... que ce vain bruit, n'est-ce pas, que la scandaleuse apostasie du poète Moser-Hartman ?

— Ce que vous appelez son apostasie est un fait, monseigneur... soit... mais...

— C'est peut-être aussi un vain bruit, — reprit impétueusement l'archiduc en interrompant Madeleine, — que la dégradation du cardinal légat ?

— C'est encore un fait, monseigneur... soit... mais...

— Ainsi, madame... vous avouez vous-même que...

— De grâce, monseigneur... écoutez-moi... Je m'appelle Madeleine... c'est le nom d'une grande pécheresse... comme vous savez.

— Il lui a été pardonné, madame.

— Oui, parce qu'elle avait *beaucoup... aimé* ; cependant, croyez-moi, monseigneur, je n'ai pas à chercher une excuse... ou un exemple dans la vie amoureuse de ma sainte patronne... Je n'ai rien à me faire pardonner... non... rien... absolument rien, monseigneur. Cela paraît vous étonner

beaucoup. Aussi, pour me faire tout à fait comprendre... ce qui est assez embarrassant, je serai obligée, au risque de passer pour pédante, d'en appeler aux souvenirs classiques de Votre Altesse.

— Que voulez-vous dire, madame ?

— Quelque chose de fort bizarre ; mais l'acrimonie de vos reproches, et d'autres raisons encore, m'obligent à un aveu... ou plutôt à une justification fort singulière.

— Madame... expliquez-vous.

— Vous savez, monseigneur, à quelle condition on choisissait à Rome les *prêtresses de Vesta* ?

— Certainement, madame, — répondit le prince avec une rougeur pudique.

Et il ajouta ingénument :

— Mais je ne vois pas quel rapport....

— Eh bien ! monseigneur, — reprit Madeleine, en souriant de ce *germanisme*, — si nous étions à Rome, sous l'empire des Césars, j'aurais tous les droits possibles... imaginables, à entretenir le feu sacré sur l'autel de la chaste déesse... En un mot, je suis veuve, sans avoir jamais été mariée... monseigneur ; car, à mon retour d'Europe, le marquis de Miranda, mon parent et mon bienfaiteur, se mourait... et il m'a épousée à son lit de mort... pour me laisser son nom et sa fortune...

L'accent de la vérité est irrésistible ; aussi, d'abord, le prince crut aux paroles de Madeleine, malgré la stupeur où le jetait cette révélation si complètement opposée aux bruits d'aventures et de galanterie qui couraient sur la marquise.

L'étonnement du prince se mêla bientôt d'une satisfaction confuse, dont il ne se rendait pas compte ; pourtant, craignant de donner dans un piège, il reprit, non plus avec emportement, mais avec une récrimination douloureuse :

— C'est trop compter sur ma crédulité, madame..... Quoi ! lorsque tout à l'heure encore vous m'avez avoué que...

— Pardon, monseigneur... faites-moi le plaisir de répondre à quelques questions.

— Parlez, madame...

— Vous avez certes tous les vaillans dehors d'un homme de guerre, monseigneur ; et, lorsque je vous voyais à Vienne, monté sur votre beau cheval de bataille, traverser fièrement le *Prater*, suivi de vos aides de camp, je me suis dit souvent : Voilà pour moi le type du général d'armée, de l'homme fait pour commander aux soldats.

— Vous m'avez vu à Vienne ? — demanda l'archiduc, dont la voix rude s'attendrissait singulièrement, — vous m'avez remarqué ?

— Heureusement vous l'ignoriez, monseigneur ; sans cela vous m'eussiez fait exiler, n'est-ce pas ?

— Mais, — répondit le prince en souriant, — je le crains.

— Allons, c'est de la galanterie, je vous aime mieux ainsi. Je vous disais donc, monseigneur, que vous avez les dehors d'un vaillant homme de guerre, et vous répondez à ces dehors. Cependant, vous m'avouerez que parfois la tournure la plus martiale... peut cacher un poltron ?

— A qui le dites-vous, madame ? J'ai eu sous mes ordres un général major qui avait bien la figure la plus farouche qu'on puisse imaginer, et c'était un fieffé poltron !

— Vous m'avouerez encore, monseigneur, que parfois aussi l'enveloppe la plus chétive... peut receler un héros...

— Certes... le grand Frédéric... le prince Eugène, ne payaient pas de mine...

— Hélas ! monseigneur... c'est cela même... et moi, tout au contraire de ces grands hommes, malheureusement... je paie trop de mine...

— Que voulez-vous dire, madame ?...

— Eh ! mon Dieu, oui !... je suis comme le poltron qui fait trembler tout le monde avec sa mine rébarbative, et qui, à part soi, est plus tremblant que les plus tremblans de ceux qu'il intimide... En un mot, j'inspire souvent malgré moi… ce que je ne ressens pas; figurez-vous, monseigneur, un pauvre glaçon tout surpris de porter autour de lui la flamme et l'incendie! Aussi j'aurais parfois la prétention de me croire un phénomène, si je ne me rappelais que les beaux fruits de mon pays, si vermeils, si délicats, si parfumés, m'inspiraient parfois de furieux appétits… sans partager le moins du monde le bel appétit qu'ils me donnaient, sans qu'ils éprouvassent enfin le plus léger désir d'être croqués! Il en est ainsi de moi, monseigneur : il paraît qu'aussi innocente en cela que les fruits de mon pays, je donne à certains égards… des faims d'ogre… moi qui suis d'une frugalité cénobitique… Aussi ai-je pris le parti de ne plus m'étonner de l'influence que j'exerce involontairement; mais comme, après tout, cette action est puissante, en cela qu'elle met en jeu une des plus violentes passions de l'homme, je tâche de tirer parfois le meilleur parti possible de mes victimes, soit pour elles-mêmes, soit pour autrui, et cela, je vous le jure, sans coquetterie, sans tromperie… sans promesses… — Je brûle pour vous… — me dit-on. — Soit, brûlez… peut-être l'ardeur de vos feux fera-t-elle fondre ma glace… peut-être la lave se cachet-elle en moi sous la neige… Brûlez… brûlez donc… faites que votre flamme me gagne, je ne demande pas mieux… car je suis libre comme l'air, et j'ai vingt-deux ans…..

Madeleine, en disant ces mots, redressa la tête, releva son voile, et regarda fixement l'archiduc.

La marquise disait vrai, car sa passion pour son *blond archange*, dont elle s'était entretenue avec Sophie Dutertre, n'avait eu jusqu'alors rien de terrestre.

Le prince crut Madeleine : d'abord parce que presque toujours la vérité porte avec soi la conviction, puis, parce qu'il se sentait heureux d'ajouter foi aux paroles de la jeune femme; il rougissait moins de s'avouer l'impression subite, profonde, que cette singulière créature lui causait, en se disant qu'après tout, elle eût été digne *d'entretenir le feu sacré de Vesta*; aussi l'imprudent, les yeux fixés sur les yeux de Madeleine, aspirait-il à loisir le philtre enchanteur en la contemplant avec une avidité passionnée.

Madeleine reprit en souriant :

— En ce moment, monseigneur, vous vous faites, j'en suis sûre, une question que je me fais souvent…

— Voyons.

— Vous vous demandez .. (pour parler comme une romance du vieux temps), *quel est celui qui me fera partager sa flamme?*… Eh bien! moi aussi, je serais très curieuse de pénétrer l'avenir à ce sujet…

— Cet avenir, pourtant… dépend de vous.

— Non pas, monseigneur; pour qu'une lyre résonne, il faut qu'on la fasse vibrer.

— Et cet heureux mortel… qui sera-t-il?

— Mon Dieu! qui sait? peut-être vous, monseigneur.

— Moi!… — s'écria le prince, ébloui, transporté, — moi!

— Je dis : peut-être…

— Oh! que faudrait-il faire?…

— Me plaire…

— Et pour cela?

— Ecoutez, monseigneur.

— Je vous en prie, ne m'appelez pas monseigneur, c'est trop cérémonieux…

— Oh! oh! monseigneur… c'est une grande faveur pour un prince que d'être traité avec familiarité : il faut la mériter. Vous me demandez comment me plaire?… Je veux vous citer, non un exemple, mais un fait : le poète Moser-Hartman, dont j'ai, ainsi que vous le dites, causé l'apostasie, m'a adressé la plus singulière déclaration du monde. Un jour, il me rencontre chez une amie commune, me regarde longtemps, en enfin me dit d'un air d'alarme et de courroux : — « Madame, pour la tranquillité du spiritualisme, on devrait vous enterrer toute vive. » — Et il sort; mais le lendemain il vient chez moi, fou d'amour, en proie, me dit-il, à une passion aussi subite, aussi nouvelle que brûlante. — « Brûlez, — lui dis-je, — mais écoutez un conseil d'amie ; la passion vous dévore… qu'elle coule dans vos vers. Devenez un grand poète, et peut-être votre gloire m'enivrera. »

— Et l'enivrement ne vous est pas venu? — dit le prince.

— Non… mais la gloire est restée à mon amoureux pour se consoler, et un poète se console de tout avec la gloire… Eh bien! monseigneur, franchement, ai-je bien ou mal usé de mon influence?

Soudain l'archiduc tressaillit.

Un soupçon poignant lui serra le cœur; dissimulant cette pénible angoisse, il dit à Madeleine en s'efforçant de sourire :

— Mais, madame, votre aventure avec le cardinal légat n'a pas eu pour lui une fin si heureuse ; que lui est-il resté, à lui, pour se consoler?

— Il lui en reste la conscience d'avoir délivré de sa présence un pays qui l'abhorrait, — répondit gaîment Madeleine : — n'est-ce donc pas cela, monseigneur?

— Voyons, entre nous, madame, quel intérêt aviez-vous à rendre ce malheureux homme victime d'un si terrible scandale?

— Comment! quel intérêt? monseigneur. Mais celui de démasquer un infâme hypocrite, de le faire chasser d'une ville qu'il opprimait, de le couvrir enfin de mépris et de honte… « — Je crois à votre passion, — lui ai-je dit, — et peut-être la partagerai-je si vous vous masquez en cavalier Pandour pour venir avec moi au bal du Rialto, mon cher cardinal; c'est de ma part un caprice bizarre, insensé, soit, mais c'est ma condition ; et d'ailleurs, qui vous reconnaîtra sous le masque? » — Cet horrible prêtre avait la tête tournée ; il a accepté, je l'ai perdu…

— Et moi… vous ne me perdrez pas ainsi que le cardinal légat, madame! — s'écria l'archiduc en se levant et faisant un suprême effort pour rompre le charme dont il sentait déjà l'irrésistible puissance. — Je vois le piège… j'ai des ennemis… vous voulez, par vos séductions perfides, m'entraîner à quelque démarche dangereuse, et ensuite me livrer aussi au mépris et aux risées que mériterait ma faiblesse… Mais, Dieu soit béni! il m'ouvre les yeux à temps… Je le reconnais avec horreur, cette fascination diabolique, qui m'ôtait l'usage de ma raison… n'était pas même de l'amour… non, je cédais à la passion la plus grossière, la plus ignoble qui puisse ravaler l'homme au niveau de la brute, à cette passion que, pour ma honte et pour la vôtre, je veux nommer tout haut, à LA LUXURE! madame!!!

Madeleine haussa les épaules, se mit à rire d'un air moqueur, se leva, alla droit au prince qui, dans son agitation, s'était reculé jusqu'à la cheminée, le prit délicatement par la main, et le ramena s'asseoir auprès d'elle, sans qu'il eût eu la force de s'opposer à cette douce violence.

— Faites-moi la grâce de m'écouter, monseigneur, — dit Madeleine, — je n'ai plus que quelques mots à vous dire… et ensuite, de votre vie vous ne reverrez la marquise de Miranda.

XVI.

Lorsque Madeleine eut fait rasseoir l'archiduc auprès d'elle, elle lui dit :

— Ecoutez, monseigneur… je serai franche… tellement franche… que je vous défie… de ne pas me croire… Je suis venue ici dans l'espoir… de vous tourner la tête…

— Ainsi, — s'écria le prince stupéfait, — ainsi, vous l'avouez!

— Parfaitement… Ce but atteint… je voulais user de mon empire sur vous… pour obtenir, je vous l'ai dit, monseigneur, au commencement de cet entretien, deux choses regardées... l'une comme presque impossible... l'autre comme tout à fait impossible...

— Vous avez raison, madame, de me défier de ne pas vous croire, — répondit le prince avec un sourire contraint, — je vous crois.

— Les deux actions que je voulais obtenir de vous étaient grandes, nobles, généreuses ; elles vous auraient fait chérir et respecter... Il y a loin de là, je pense, à vouloir abuser de mon empire pour vous pousser au mal ou à l'indignité... ainsi que vous le supposez.

— Mais enfin, madame, de quoi s'agit-il ?

— D'abord un acte de clémence ou plutôt de justice... qui vous rallierait une foule de cœurs en Lombardie... la grâce pleine et entière du colonel Pernetti.

Le prince bondit sur son fauteuil et s'écria :

— Jamais !... madame !... jamais.

— La grâce pleine et entière du colonel Pernetti, l'un des hommes les plus vénérés de toute l'Italie, — poursuivit Madeleine... sans tenir compte de l'interruption du prince. — La juste fierté de cet homme de cœur l'empêchera toujours de solliciter de vous le moindre adoucissement à ses malheurs, mais vous venez généreusement au devant de lui, et sa reconnaissance vous assurera de son dévouement.

— Je vous répète, madame, que de hautes raisons d'Etat s'opposent à ce que vous demandez... C'est impossible... tout à fait impossible.

— Bien entendu... j'ai commencé moi-même par vous le dire... monseigneur. Quant à l'autre chose, plus impossible encore sans doute, il s'agit tout simplement de votre consentement au mariage d'un jeune homme que vous avez élevé...

— Moi ! — s'écria l'archiduc, comme s'il en croyait à peine ses oreilles, — moi... consentir au mariage du comte Frantz ?

— Je ne sais pas s'il est comte ; ce que je sais c'est qu'il s'appelle Frantz, ainsi que me l'a dit ce matin... mademoiselle Antonine Hubert, ange de douceur et de beauté que j'ai aimée toute petite, et pour qui je ressens à la fois la tendresse d'une sœur et d'une mère.

— Madame, avant trois heures d'ici, le comte Frantz aura quitté Paris... voilà ma réponse.

— Mon Dieu, monseigneur... c'est à merveille... tout ceci est impossible, absolument impossible... encore une fois, c'est convenu...

— Alors, madame, pourquoi me le demander ?

— Eh mais !... monseigneur... afin de l'obtenir...

— Comment ! malgré tout ce que je viens de vous dire... vous espérez encore ?

— J'ai cette prétention-là, monseigneur.

— Une pareille confiance...

— Est bien modeste... car je ne compte pas sur ma présence...

— Et sur quoi donc comptez-vous, madame ?

— Sur mon absence... monseigneur, — dit Madeleine en se levant.

— Sur votre absence ?...

— Sur mon souvenir, si vous le préférez.

— Vous partez, — dit vivement le prince sans pouvoir cacher son dépit et son regret, — vous partez... déjà.

— C'est mon seul et dernier moyen de vous amener à composition...

— Mais enfin, madame...

— Tenez, monseigneur, voulez-vous que je vous dise ce qu'il va arriver ?

— Voyons, madame...

— Je vais vous quitter... Vous serez tout d'abord soulagé d'un grand poids ; ma présence ne vous obsèdera plus de toutes sortes de tentations qui ont leur angoisse et leur charme ; vous me chasserez... tout à fait de votre pensée... Malheureusement, à peu à peu et malgré vous... je reviendrai l'occuper ; ma figure mystérieuse, voilée, vous suivra partout ; vous ressentirez bien davantage encore ce qu'il y a de peu platonique dans votre penchant vers moi, et ces sentimens n'en seront que plus irritans, plus obstinés... Aussi demain, après-demain peut-être, réfléchissant qu'après tout je ne vous demandais que des actions nobles, généreuses, vous regretterez amèrement mon départ ; vous me rappellerez, mais il sera trop tard, monseigneur.

— Trop tard ?

— Trop tard... pour vous, pas pour moi. Je me suis mis dans la tête que le colonel Pernetti aurait sa grâce et que monsieur Frantz épouserait Antonine. Vous comprenez, monseigneur, qu'il faudra bien que cela soit...

— Malgré moi ?

— Malgré vous.

— C'est un peu fort...

— C'est ainsi... Car, voyons, monseigneur, pour ne vous parler que de faits que vous n'ignorez pas : quand on a su amener le cardinal légat que vous connaissez à courir la mascarade en cavalier Pandour, quand on a su faire éclore un grand poète sous la chaleur d'un regard, quand on a su rendre amoureux (dans l'expression toute... terrestre du mot, je l'avoue humblement), un homme comme vous, monseigneur... il est évident que l'on peut autre chose... Vous forcez, n'est-ce pas, ce pauvre monsieur Frantz à partir de Paris ?... mais la route est longue, et avant qu'il soit hors de France, j'ai deux jours devant moi... Quelque peu de retard dans la grâce du colonel Pernetti ne sera rien pour lui... et, après tout, sa grâce ne dépend pas que de vous seul, monseigneur ; vous ne pouvez pas vous imaginer où peut atteindre le ricochet des influences, et grâce à Dieu, ici, en France, j'ai tout moyen et toute liberté d'agir... C'est donc la guerre que vous voulez, monseigneur ; va pour la guerre. Je pars, et je vous laisse déjà blessé... c'est-à-dire amoureux. Eh ! mon Dieu ! (quoique je puisse à bon droit m'enorgueillir de ce succès) ce n'est pas par vanité que j'insiste sur l'impression subite que j'ai faite sur vous ; car, en vérité, je n'ai pas mis la moindre coquetterie en tout ceci ; presque toujours j'ai eu mon voile baissé, et je suis habillée en véritable mère-grand... Allons, adieu, monseigneur ; me ferez-vous du moins la grâce de m'accompagner jusqu'à la porte de votre premier salon !... La guerre n'empêche pas la courtoisie...

L'archiduc était dans un trouble inexprimable ; il sentait que Madeleine disait vrai ; car déjà, à la seule pensée de la voir s'éloigner pour toujours peut-être, il éprouvait un véritable chagrin ; puis, réfléchissant que si le charme, l'attrait singulier et presque irrésistible de cette femme agissait puissamment sur lui, qui, pour tant de raisons, avait dû se croire sauvegardé d'une telle influence, bien d'autres que lui pourraient céder à cet empire, alors il ressentait une sorte de jalousie vague, mais amère et courroucée, et cependant il ne pouvait se résoudre à accorder la grâce qu'on lui demandait, et à consentir au mariage de Frantz ; néanmoins, comme tous les indécis, il essaya de gagner du temps, et dit à la marquise, avec émotion :

— Puisque je ne dois plus vous revoir, prolongez du moins quelque peu cette visite.

— A quoi bon, monseigneur ?

— Peu vous importe, si cela me rend heureux.

— Cela ne vous rendra nullement heureux, monseigneur, car vous n'avez ni la force de me laisser partir, ni la force de m'accorder ce que je vous demande.

— C'est vrai, — répondit le prince en soupirant... — les deux choses me semblent aussi impossibles l'une que l'autre.

— Ah !... comme demain, comme tout à l'heure, après mon départ, vous vous repentirez !

Le prince, en suite d'un assez long silence, reprit avec effort et de sa voix la plus insinuante :

— Tenez... ma chère marquise... supposons, ce qui n'est pas supposable... que peut-être un jour... je songe... à vous accorder la grâce de Pernetti...

— Une supposition ?... peut-être un jour ?... vous songerez ?... Combien tout cela est vague et nébuleux, monseigneur!... Dites-donc tout uniment : Admettez que je vous accorde la grâce du colonel Pernetti...

— Eh bien!... soit, admettez cela...

— Bon... vous m'accordez cette grâce, monseigneur, et vous consentez au mariage de Frantz?... Il me faut tout ou rien...

— Quant à cela... jamais... jamais...

— Ne dites donc pas jamais, monseigneur... Est-ce que vous en savez quelque chose?...

— Après tout, une supposition n'engage à rien... Enfin, admettons que je fasse tout ce que vous désirez... je serai du moins certain de ma récompense...

— Vous me le demandez, monseigneur? Est-ce que toute généreuse action ne porte pas en elle sa récompense?

— D'accord... Mais il en est une... à mes yeux... la plus précieuse de toutes... et celle-là, vous pouvez seule... la donner.

— Oh!... pas de conditions, monseigneur.

— Comment?

— Voyons, franchement, monseigneur, est-ce que je puis m'engager à quelque chose? Est-ce que tout ne dépend pas, non de moi, mais de vous? Plaisez-moi... cela vous regarde.

— Oh! quelle femme vous êtes! — dit le prince avec dépit. — Mais enfin... vous plairai-je? Croyez-vous que je vous plaise?

— Ma foi! monseigneur, je n'en sais rien... Vous n'avez jusqu'ici rien fait pour cela... sinon de m'accueillir assez rudement, soit dit sans reproche.

— Mon Dieu! j'ai eu tort; pardonnez-moi ; si vous saviez aussi l'inquiétude... je dirais presque la crainte que vous m'inspirez, chère marquise!

— Allons, je vous pardonne... le passé, monseigneur, et vous promets de mettre la meilleure volonté du monde à me laisser séduire... et, comme je suis très franche... j'ajouterai même qu'il me semble que j'aimerais assez à ce que vous réussissiez.

— Vraiment! — s'écria le prince enivré.

— Oui... vous êtes à demi souverain... vous le serez peut-être un jour... et il peut y avoir toutes sortes de belles et bonnes choses à vous faire faire un jour de par l'empire de cette ardente passion que vous avez flétrie tout à l'heure en vrai capucin, passez-moi le terme... Allez... monseigneur, si le bon Dieu l'a mise chez toutes ses créatures, cette passion, il a su ce qu'il faisait... C'est une force immense, car, dans l'espoir de la satisfaire, ceux qui l'éprouvent sont capables de tout, même des actions les plus généreuses... n'est-ce pas, monseigneur?

— Ainsi, — ajouta le prince dans un ravissement croissant, — je puis espérer...

— Espérez tout à votre aise, monseigneur, mais voilà tout.., je ne m'engage à rien, ma foi! Brûlez, brûlez... fasse que ma neige se fonde à votre flamme.

— Mais enfin, supposez que je vous aie accordé tout ce que vous me demandez, qu'éprouveriez-vous pour moi?

— Peut-être cette première preuve de dévouement à mes désirs me causerait-elle une vive impression... mais je ne puis l'affirmer; ma divination ne va pas jusque-là, monseigneur.

— Ah! vous êtes impitoyable! — s'écria le prince, avec un dépit douloureux, — vous ne savez qu'exiger.

— Vaut-il mieux vous faire de fausses promesses, monseigneur? Cela ne serait digne, ni de vous, ni de moi; et puis enfin, voyons, parlons en gens de cœur. Encore une fois, qu'est-ce que je vous demande? de vous montrer juste et clément pour le plus honorable des hommes; paternel pour l'orphelin que vous avez élevé. Si vous saviez, ces pauvres enfans, comme ils s'aiment! Quelle naïveté! quelle tendresse! quel désespoir! Ce matin, en me parlant de la ruine de ses espérances, Antonine m'a émue jusqu'aux larmes.

— Frantz est d'une naissance illustre, j'ai d'autres projets et d'autres vues sur lui, — reprit impatiemment le prince, — il ne peut pas se mésallier à ce point.

— Le mot est joli... Et qui suis-je donc, moi, monseigneur? Magdalena Pérès, fille d'un honnête négociant du Mexique ruiné par des banqueroutes, et marquise de hasard... Vous m'auriez pourtant sans crainte de mésalliance?

— Eh! madame... moi... moi...

— Vous... vous... c'est autre chose, n'est-ce pas? comme dit la comédie.

— Du moins, je suis libre de mes actions.

— Et pourquoi donc Frantz ne serait-il pas libre des siennes, lorsque ses vœux se bornent à une vie modeste et honorable, embellie par un pur et noble amour?... Allez, monseigneur... si vous étiez, comme vous le dites, épris de moi... comme vous compatiriez tendrement au désespoir d'amour de ces deux pauvres enfans qui s'adorent avec l'innocence et l'ardeur de leur âge! Si la passion ne vous rend pas meilleur, plus généreux, cette passion n'est pas vraie... et si je dois jamais la partager... il faut que je commence par y croire; ce que je ne puis, en voyant votre impitoyable dureté pour Frantz.

— Eh! mon Dieu, si je l'aimais moins, je ne serais pas impitoyable.

— Singulière façon d'aimer les gens!

— Ne vous ai-je pas dit que je pensais pour lui à de hautes destinées?

— Et je vous dis, monseigneur, que les hautes destinées que vous lui réservez lui seront odieuses... Il est né pour une vie heureuse, modeste et douce; ses goûts simples, la timidité de son caractère, ses qualités même, l'éloignent de tout ce qui est honneurs et splendeur, est-ce vrai?

— Mais alors, — dit le prince très surpris, — mais vous le connaissez donc?

— Je ne l'ai jamais vu.

— Comment savez-vous?...

— Est-ce que cette chère Antonine ne m'a pas fait toutes ses confidences? est-ce que, d'après la manière d'aimer des gens, on ne devine pas leur caractère? En un mot, monseigneur, le caractère de Frantz est-il tel que je le dis, oui ou non?

— Il est vrai... tel est son caractère.

— Et vous auriez la cruauté de lui imposer une existence qui lui serait insupportable, tandis qu'il trouve là... sous sa main... le bonheur de sa vie?

— Mais sachez donc que j'aime Frantz comme mon propre fils... et jamais je ne consentirai à me séparer de lui !

— Beau plaisir pour vous d'avoir sans cesse sous les yeux la figure navrée d'une pauvre créature dont vous aurez causé l'éternel malheur! D'ailleurs Antonine est orpheline; rien ne l'empêche d'accompagner Frantz : au lieu d'un enfant, vous en auriez deux. Combien alors la vue de ce bonheur toujours souriant et doux vous reposerait délicieusement de vos grandeurs, des adulations d'un entourage menteur et intéressé ; avec quelle joie vous iriez vous rafraîchir le cœur et l'âme auprès de ces deux enfans qui vous chériraient de tout le bonheur qu'ils vous devraient!

— Tenez... laissez-moi... — s'écria le prince de plus en plus ému. — Je ne sais quelle inconcevable puissance ont vos paroles, mais je sens chanceler mes résolutions les plus arrêtées, je sens faiblir les idées de toute ma vie...

— Plaignez-vous donc de cela, monseigneur. Tenez... entre nous... sans médire des princes... souvent ils font bien, je crois, de renoncer aux idées de toute leur vie, car, Dieu sait... ce que c'est que ces idées-là... Voyons, croyez-moi, cédez à l'impression qui vous domine... elle est bonne et généreuse...

— Eh! mon Dieu... sais-je seulement, à cette heure, distinguer le bien du mal?

— Interrogez pour cela, monseigneur, la figure de ceux dont vous aurez assuré le bonheur ; quand vous direz à l'un : Allez, pauvre exilé, allez revoir la patrie que vous pleurez... vos frères vous tendent leurs bras ; et à l'autre : Mon enfant bien-aimé... sois heureux, épouse Antonine... Alors, regardez-les bien l'un et l'autre, monseigneur... et si des larmes viennent mouiller leurs yeux... comme en ce moment elles mouillent les vôtres et les miens... soyez tranquille, monseigneur... c'est le bien que vous aurez fait... et à ce bien... pour vous encourager... car votre émotion me touche... je vous promets d'accompagner Antonine en Allemagne...

— Il serait vrai ! — s'écria le prince éperdu, — vous me le promettez ?

— Il faut bien, monseigneur, — reprit Madeleine en souriant, — vous donner le temps de me séduire...

— Eh bien !... quoi qu'il arrive... quoi que vous fassiez... car vous vous plaisez peut-être à vous jouer de moi, — reprit le prince en se jetant aux genoux de Madeleine... — je vous donne ma parole royale que je pardonne à l'exilé... que je...

L'archiduc fut brusquement interrompu par un bruit assez violent qui se fit tout à coup derrière la porte du salon, bruit que dominaient plusieurs voix paraissant échanger des paroles très vives, entre autres celle-ci :

— Je vous dis, monsieur, que vous n'entrerez pas.

L'archiduc se releva soudain, devint pâle de dépit et de colère, et dit à Madeleine, qui écoutait aussi avec surprise :

— Je vous en conjure... entrez dans la pièce voisine, il se passe ici quelque chose d'extraordinaire... Dans un instant, je vous rejoins.

A cet instant, un coup assez violent retentissait derrière la porte ; le prince ajouta, en allant ouvrir à Madeleine la pièce voisine :

— Entrez là, de grâce...

Puis, refermant la porte, et voulant dans sa colère savoir la cause de ce bruit insolent et inaccoutumé, il sortit soudain du salon et vit monsieur Pascal, que deux aides de camp, très émus, tâchaient de contenir.

XVII.

A la vue de l'archiduc, les aides de camp s'écartèrent respectueusement, et monsieur Pascal, qui semblait hors de lui-même, s'écria :

— Mordieu ! monseigneur, on accueille singulièrement les gens ici...

Le prince, se souvenant alors seulement du rendez-vous qu'il avait donné à monsieur Pascal, et craignant pour sa propre dignité quelque nouvelle incartade de ce brutal personnage, lui dit, en lui faisant signe de le suivre :

— Venez, monsieur, venez.

Et, aux yeux des aides de camp silencieux, la porte se referma sur le prince et sur le financier.

— Maintenant, monsieur, — reprit l'archiduc blême de colère, et se contenant à peine, — me direz-vous la cause d'un pareil scandale ?

— Comment ! monseigneur, vous me donnez audience pour trois heures... je suis ponctuel ; un quart-d'heure se passe... personne ; une demi-heure, personne ; ma foi ! je perds patience, et je prie un de vos officiers de venir vous rappeler que je vous attends .. On me répond que vous êtes en audience... Je me remets à ronger mon frein... mais enfin, au bout d'une autre demi-heure, je déclare formellement à vos messieurs que, s'ils ne veulent pas venir vous avertir, je suis décidé à y aller moi-même.

— Ceci, monsieur... est d'une audace !

— Comment ! d'une audace ! Ah çà ! monseigneur, est-ce moi qui ai besoin de vous, ou qui avez besoin de moi ?

— Monsieur Pascal !...

— Est-ce moi qui suis venu à vous, monseigneur ? Est-ce moi qui vous ai demandé un service d'argent ?

— Mais, monsieur...

— Mais, monseigneur, lorsque je consens à me déranger de mes affaires pour venir attendre dans votre antichambre, ce que je ne fais pour personne... il me semble que vous ne devez pas me laisser donner au diable pendant une heure, et justement à l'heure la plus intéressante de la Bourse, que j'aurai manquée aujourd'hui, grâce à vous, monseigneur : désagrément qui ne m'empêchera pas de trouver fort étrange que vos aides de camp me repoussent, lorsque, sur le refus de m'annoncer, je prends le parti de m'annoncer moi-même...

— La discrétion... les plus simples convenances vous commandaient d'attendre... la fin de l'audience que je donnais, monsieur...

— C'est possible, monseigneur, mais malheureusement ma juste impatience m'a commandé tout le contraire de la *discrétion*, et franchement je croyais mériter un autre accueil en venant vous parler d'un service que vous m'aviez supplié de vous rendre.

Dans le premier moment de son dépit, de sa colère, encore exaltés par les grossièretés de monsieur Pascal, le prince avait oublié que la marquise de Miranda pouvait tout entendre de la pièce voisine où elle se trouvait ; aussi, écrasé de honte et sentant alors le besoin d'apaiser la rude et fâcheuse humeur du personnage, qui ne s'était déjà que trop manifestée, le prince, se contraignant de toutes ses forces pour paraître calme, tâcha d'emmener monsieur Pascal, tout en causant avec lui, du côté de l'embrasure d'une des fenêtres, afin d'empêcher Madeleine d'entendre la suite de cet entretien.

— Vous savez, monsieur Pascal, — reprit-il, que j'ai toujours été... très tolérant pour les brusqueries de votre caractère... Il en sera cette fois encore ainsi.

— Vous êtes, en vérité, trop bon, monseigneur, — répondit Pascal avec ironie, — mais c'est que, voyez-vous, chacun a souvent ses petites contrariétés... et, en ce moment, j'en ai de grandes... aussi fait-il que je ne possède pas tout à fait la mansuétude d'un agneau.

— Cette excuse... ou plutôt cette explication me suffit et m'explique tout, monsieur Pascal, — répondit le prince dominé par le besoin qu'il avait des services du financier.

— La contrariété, je le sais, aigrit souvent les caractères les plus faciles ; ne parlons donc plus du passé... Vous m'avez demandé d'avancer de deux jours le rendez-vous que nous avions pris pour terminer notre affaire... J'espère que vous m'apportez une réponse satisfaisante.

— Je vous apporte un Oui bien complet, monseigneur, — répondit notre homme, en s'adoucissant, et il tira un portefeuille de sa poche ; — de plus, pour corroborer ce oui, voici un bon sur la banque de France, pour toucher le dixième de la somme, et cet engagement de moi pour le restant de l'emprunt.

— Ah ! mon cher monsieur Pascal ! — s'écria le prince radieux, — vous êtes un homme... un homme d'or.

— *Un homme d'or !* C'est le mot, monseigneur ; voilà, sans doute, la cause de votre penchant pour moi...

Le prince ne releva pas ce sarcasme ; tout heureux de cette journée qui semblait combler ses vœux les plus divers, et très impatient de congédier le financier afin d'aller retrouver Madeleine, il reprit :

— Puisque tout est convenu, mon cher monsieur Pascal, échangeons seulement nos signatures... et, demain matin ou après... à votre heure, nous nous entendrons pour régulariser complètement l'affaire.

— Je comprends, monseigneur : une fois l'argent et la signature en poche, le plus vif besoin de votre cœur est de vous débarrasser au plus tôt de votre très humble serviteur Pascal ! Et demain, vous l'adresserez à quelque subalterne chargé de vos pouvoirs et de régulariser l'affaire.

— Monsieur !

— Bon ! monseigneur, est-ce que ce n'est pas la marche

naturelle des choses? Avant le prêt on est un bon génie... *un demi ou un trois quarts de Dieu;*... une fois l'argent prêté on est un juif, un arabe... Je connais ceci, c'est le revers de la médaille; ne vous hâtez donc pas tant, monseigneur, de retourner ladite médaille.

— Enfin, monsieur, expliquez-vous?

— Tout de suite, monseigneur, car je suis pressé... L'argent est là, ma signature est là, — ajouta-t-il en frappant sur le portefeuille,—l'affaire est conclue à une condition...

— Encore des conditions?...

— Chacun, monseigneur, fait ses petites affaires comme il les entend. Ma condition d'ailleurs est bien simple.

— Voyons, monsieur, terminons...

— Hier, je vous ai fait remarquer dans le jardin, où il se promenait, un beau jeune homme blond... qui demeure ici... m'avez-vous dit.

— Sans doute... c'est le comte Frantz, mon filleul.

— On ne peut certes voir un plus joli garçon, je vous l'ai dit... Or donc, étant le parrain de ce joli garçon, vous devez avoir, n'est-ce pas, quelque influence sur lui.

— Où voulez-vous en venir, monsieur.

— Monseigneur, dans l'intérêt de votre cher filleul, je vous dirai en confidence que je crois l'air de Paris... mauvais pour lui.

— Comment?

— Oui, et vous feriez sagement de le renvoyer en Allemagne ; sa santé y gagnerait beaucoup, monseigneur... beaucoup, beaucoup.

— Est-ce une plaisanterie, monsieur?

— Cela est si sérieux, monseigneur, que l'unique condition que je mette à la conclusion de notre affaire est celle-ci : Vous ferez partir votre filleul pour l'Allemagne dans les vingt-quatre heures au plus tard.

— En vérité, monsieur... je ne puis revenir de ma surprise... Quel intérêt avez-vous au départ de Frantz?... C'est inexplicable.

— Je vais m'expliquer, monseigneur, et, pour vous faire bien comprendre l'intérêt que j'ai à ce départ, il faut que je vous fasse une confidence ; cela me permettra de mieux préciser encore ce que j'attends de vous. Or donc, monseigneur, tel que vous me voyez, je suis amoureux fou... Eh! mon Dieu! oui... amoureux fou... cela vous paraît drôle... et à moi aussi... mais enfin cela est... Je suis donc amoureux fou d'une jeune fille appelée mademoiselle Antonine Hubert, votre voisine...

— Vous... monsieur... — s'écria le prince ébasourdi, — vous!

— Certainement, moi! moi, Pascal! et pourquoi donc pas, monseigneur ? *L'amour est de tout âge*, dit la chanson. Seulement, comme il est aussi de l'âge de votre filleul, monsieur Frantz, il s'est mis le plus innocemment du monde à aimer mademoiselle Antonine... celle-ci, non moins innocemment, a payé de retour ce joli garçon ; ce qui me place, vous le voyez, dans une position fort désobligeante ; heureusement, de cette position vous pouvez parfaitement m'aider à sortir, monseigneur.

— Moi?

— Oui, monseigneur ; voici comme : faites partir monsieur Frantz à l'instant, garantissez-moi, et c'est facile, qu'il ne remettra pas les pieds en France avant plusieurs années ; le reste me regarde...

— Mais vous n'y songez pas, monsieur... Si cette jeune personne aime Frantz...

— Le reste me regarde, vous dis-je, monseigneur ; le président Hubert n'a pas deux jours à vivre, mes batteries sont prêtes ; la petite sera forcée d'aller vivre avec une vieille parente horriblement avaricieuse et cupide ; une centaine de mille francs me répondront de cette mégère, et une fois qu'elle tiendra la petite entre ses griffes, je jure Dieu qu'il faudra bien qu'Antonine devienne bon gré mal gré *madame Pascal*, et encore il n'y aura pas besoin de la violenter. Allez, monseigneur, toutes les amourettes de quinze ans ne tiennent pas contre l'envie de devenir, je ne dirai pas *madame l'archiduchesse*, mais *madame l'archimil-* *lionnaire*. Maintenant, monseigneur, vous le voyez, j'ai franchement joué cartes sur table ; n'ayant aucun intérêt à agir autrement, il doit vous importer peu ou point que votre filleul épouse une petite fille qui n'a pas le sou. La condition que je vous pose est des plus faciles à remplir... Encore une fois, est-ce oui? est-ce non?

Le prince était atterré, bien moins des projets de Pascal et de son odieux cynisme, que de la cruelle alternative où le plaçait la condition imposée par le financier.

Ordonner le départ de Frantz et s'opposer à son mariage avec Antonine, c'était perdre Madeleine ; refuser la condition posée par monsieur Pascal... c'était renoncer à un mariage qui lui permettait d'accomplir des projets d'ambitieux agrandissement.

Au milieu de cette lutte de deux passions violentes, le prince, en vrai prince qu'il était, se souvint qu'il allait seulement engagé sa parole à Madeleine pour la grâce de l'exilé... le tumulte causé par l'emportement de Pascal ayant interrompu le prince au moment où il allait aussi jurer à Madeleine de consentir au mariage de Frantz.

Malgré la facilité que lui laissait cette échappatoire, l'archiduc sentit surtout à ce moment combien déjà était puissante sur lui l'influence de la marquise, car, la veille, le matin même, il n'eût pas hésité un instant à sacrifier Frantz à son ambition.

L'hésitation et la perplexité du prince frappaient Pascal d'une surprise croissante ; il n'avait pas cru que sa demande au sujet de Frantz pût faire seulement question ; néanmoins, pour peser sur la détermination du prince en lui remettant sous les yeux les conséquences de son refus, il rompit le premier le silence et dit :

— En vérité, monseigneur, votre hésitation n'est pas concevable ! Comment ! par condescendance, par faiblesse pour une amourette d'écolier, vous renonceriez à la certitude d'acquérir une couronne ? Car, après tout, le *duché* dont on vous offre la cession est souverain et indépendant...... Cette cession, mon emprunt seul peut vous mettre à même de l'accepter... ce qui, soit dit en passant, n'est pas peu flatteur pour le bonhomme Pascal... Car enfin... de par l'empire... de son petit boursicot, il peut faire ou ne pas faire des souverains ; il peut ou permettre ou empêcher ce joli commerce où se vendent, se revendent, se cèdent et se rétrocèdent ces jobards de peuples, ni plus ni moins que si c'était un parc de bœufs ou de moutons... Mais cela ne me regarde point... Je suis peu politique ; mais vous qui l'êtes, monseigneur, je ne comprends pas votre hésitation. Encore une fois, est-ce oui ? est-ce non ?

— C'est non... — dit Madeleine en sortant soudain de la pièce voisine, d'où elle avait entendu la conversation précédente, malgré les précautions du prince.

XVIII.

L'archiduc, à l'apparition inattendue de la marquise de Miranda, partagea la surprise de monsieur Pascal ; celui-ci jeta d'abord des regards ébahis sur Madeleine, la croyant commensale du palais, car elle avait ôté son chapeau, et sa beauté singulière rayonnait dans toute sa splendeur. L'ombre jusqu'alors portée par la passe de son chapeau, qui cachait en partie le front et les joues, avait disparu, et la vive lumière du grand jour, faisant valoir encore la transparente pureté du teint pâle et brun de Madeleine, dorait les boucles légères de sa magnifique chevelure blonde, et donnait à l'azur de ses grands yeux aux longs sourcils noirs cette étincelante limpidité que donne au bleu d'une mer tranquille le rayon de soleil qui la pénètre.

Madeleine, la joue légèrement colorée par l'indignation que lui causait l'odieux projet de Pascal, le regard animé,

les narines frémissantes, la tête fièrement redressée sur son cou élégant et souple, Madeleine s'avança donc au milieu du salon, et répéta en s'adressant au financier :
— Non... le prince n'acceptera pas la condition que vous avez l'audace de lui imposer, monsieur.
— Madame... — balbutia monsieur Pascal en sentant son effronterie habituelle l'abandonner, et se reculant à la fois troublé, intimidé, charmé, — madame... je ne sais... qui vous êtes... je ne sais de quel droit vous...
— Allons, monseigneur, — reprit la marquise en s'adressant à l'archiduc, — reprenez donc votre dignité... non de prince, mais d'homme; accueillez donc avec le mépris qu'elle mérite l'humiliante condition que l'on vous impose... A quel prix, grand Dieu ! achèteriez-vous un accroissement de pouvoir ? Comment ! vous auriez le courage de ramasser votre couronne souveraine aux pieds de cet homme ? Mais elle souillerait votre front ! mais un homme de cœur, dans la plus humble des conditions, n'aurait pas toléré la millième partie des outrages que vous venez de dévorer... monseigneur ! Et vous êtes prince ? et vous êtes ? et vous êtes de ceux qui se croient d'une race supérieure au vulgaire? Ainsi, pour vos plats courtisans, pour vos bas adulateurs, pour vos peuples intimidés, vous n'aurez que hauteur, et devant un... monsieur Pascal vous abaisserez votre orgueil souverain... Voilà donc la puissance de l'argent ! — ajouta Madeleine avec une exaltation croissante en coupant la parole au financier d'un geste de dédain écrasant, — voilà donc devant lui l'homme s'incline ! Merci-Dieu ! ! ! voilà donc aujourd'hui les rois des rois !... Songez-y donc, prince, ce qui fait l'empire et l'impudence de cet homme, c'est votre ambition... Allons, monseigneur, au lieu d'acheter par un honteux abaissement le hochet fragile d'un rang souverain... renoncez à cette pauvre vanité... reprenez vos droits d'homme de cœur, et vous pourrez ignominieusement chasser cet homme, qui vous traite plus insolemment que vous n'avez jamais traité le dernier de vos pauvres vassaux.

Pascal, depuis son avènement à la fortune, s'était habitué à une domination despotique et aux déférences craintives de ceux dont il tenait le sort entre ses mains ; que l'on juge de son saisissement, de sa rage, en s'entendant apostropher ainsi par Madeleine... la femme, sinon la plus belle, du moins la plus attrayante qu'il eût jamais rencontrée... Que l'on songe à son exaspération en pensant qu'il lui faudrait sans doute renoncer à l'espoir d'épouser Antonine, et perdre le bénéfice de l'emprunt ducal, excellente affaire selon lui ; aussi s'écria-t-il d'un air menaçant :
— Madame... prenez garde... ce pouvoir de l'argent que vous traitez si indignement, peut mettre bien des ressources au service de sa vengeance... prenez garde !
— Merci-Dieu ! ! ! la menace est bonne, et elle m'épouvante beaucoup ! — reprit Madeleine avec un éclat de rire sardonique, et en arrêtant d'un geste le prince qui fit vivement un pas vers Pascal. — Votre pouvoir est grand, dites-vous, monsieur du coffre-fort ! c'est vrai, c'est un pouvoir immense que celui de l'argent... j'ai vu, à Francfort, un bon petit vieil homme qui a dit, en 1830, à deux ou trois grands rois furibonds : « — Vous voulez faire la
» guerre à la France, cela ne me convient pas ; or, ni moi,
» ni ma famille ne vous donnerons d'argent pour payer vos
» troupes ». — Et il n'y a pas eu de guerre... Ce bon vieil homme, cent fois plus riche que vous, monsieur Pascal, habite l'humble maison de son père, et vit de peu, tandis que son nom bienfaisant est inscrit sur vingt splendides monuments d'utilité publique... On l'appelle le roi des peuples, et son nom est autant de fois béni que le vôtre est honni ou sifflé, monsieur Pascal ! Car votre réputation de loyal et honnête homme est aussi bien établie à l'étranger qu'en France. Certainement, oh ! vous êtes connu... monsieur Pascal... trop connu, car vous n'imaginez pas comme on apprécie votre délicatesse, votre scrupuleuse probité !... Ce qui est surtout l'objet de la considération universelle, c'est la manière honorable dont vous avez gagné, augmenté votre immense fortune... Tout cela vous a fait une réputation très retentissante, monsieur Pascal, et je suis heureuse de pouvoir vous l'affirmer dans cette circonstance.

— Madame, — reprit Pascal avec un calme glacial plus effrayant que la colère, — vous savez bien des choses, mais vous ignorez quel est l'homme que vous irritez. Vous ignorez ce qu'il peut... cet homme du coffre-fort, comme vous dites.

Le prince fit un nouveau geste de menace, que Madeleine contint encore ; puis elle reprit en haussant les épaules :
— Ce que je sais, monsieur Pascal, c'est que, malgré votre audace, votre impudence, votre coffre-fort, vous n'épouserez jamais mademoiselle Antonine Hubert, qui demain sera fiancée à Frantz de Neuberg, ainsi que monseigneur va vous en donner l'assurance.

Et la marquise, sans attendre la réponse de Pascal, lui fit un demi-salut ironique et rentra dans la pièce voisine.

Entraîné par la généreuse indignation des paroles de Madeleine, de plus en plus subjugué par sa beauté qui venait de lui apparaître sous un jour tout nouveau, l'archiduc, sentant se raviver dans son cœur toutes les rancunes, toutes les colères amassées par les insolences de Pascal, éprouvait la joie de l'esclave libre enfin d'un joug détesté. A la voix chaleureuse de la jeune femme, la mauvaise âme de ce prince, durcie par l'orgueil de race, glacée par l'atmosphère de morne adulation où il avait jusqu'alors vécu, eut du moins quelques nobles palpitations ; et la rougeur de la honte couvrit enfin le front de ce hautain personnage, en mesurant à quel degré d'abaissement il était descendu devant monsieur Pascal.

Celui-ci, n'étant plus intimidé, troublé, par la présence de la marquise, sentit renaître son audace, et, s'adressant brusquement au prince, il lui dit avec son habitude d'ironie brutale, à laquelle se mêlait la haineuse jalousie de voir à l'archiduc une si belle maîtresse (du moins telle était la croyance de Pascal) :

— Morbleu ! je ne m'étonne plus, monseigneur, d'avoir si longtemps fait le pied de grue dans votre antichambre. Vous étiez, je le vois, occupé en bonne et belle compagnie... Je suis un fin connaisseur, et vous fais mon compliment ; mais des hommes comme nous ne se laissent pas mener par un cotillon ; or, je crois que vous connaissez trop nos intérêts pour renoncer à notre emprunt et prendre au sérieux les paroles que vous venez d'entendre, et que je n'oublierai pas... moi... car, j'en suis fâché pour vous, monseigneur, — ajouta Pascal, dont la rage redoublait l'effronterie ; — mais, malgré ses beaux yeux, il faudra que je me venge des outrages de cette trop adorable personne...

— Monsieur Pascal, — dit le prince triomphant de pouvoir enfin se venger, — monsieur Pascal ! — et du geste il lui montra la porte, — sortez d'ici... et n'y remettez jamais les pieds...

— Monseigneur... ces paroles...

— Monsieur Pascal, — reprit le prince d'une voix plus élevée en allongeant la main vers le cordon d'une sonnette, — sortez d'ici... à l'instant, ou je vous fais jeter dehors...

Il y a ordinairement tant de lâcheté dans l'insolence, tant de bassesse dans la cupidité, que monsieur Pascal, atterré de voir ses espérances lui échapper, et de perdre aussi les bénéfices de l'emprunt, se transporta, mais trop tard, de sa grossièreté, devint aussi abject qu'il avait jusqu'alors été arrogant, et dit au prince d'une voix piteuse :
— Monseigneur... je plaisantais ; je croyais que Votre Altesse, en daignant me laisser mon franc-parler, s'amusait de mes boutades. Voilà pourquoi je me permettais tant de choses... incongrues... Votre Altesse peut-elle penser que j'ose conserver le moindre ressentiment des plaisanteries que cette charmante dame m'a adressées ?... Je suis trop galant, chevalier français pour cela ; je demanderai même à Votre Altesse, dans le cas où, comme je l'espère, notre emprunt aurait toujours lieu, d'offrir à cette respectable dame ce que nous autres hommes du

coffre-fort, comme elle le disait si gaiement tout à l'heure, nous appelons des épingles, pour sa toilette... quelques rouleaux de mille louis; les dames ont toujours de petites emplettes à faire... et...

— Monsieur Pascal, — dit le prince, qui jouissait de cette humiliation qu'il n'avait pas eu le courage d'infliger à monsieur Pascal, — vous êtes un misérable drôle... sortez...

— Ah çà ! monseigneur, est-ce sérieusement que vous me traitez ainsi ? — s'écria Pascal.

Le prince, sans répondre, sonna vivement ; un aide de camp entra.

— Vous voyez bien monsieur, — dit l'archiduc à l'officier en indiquant du geste Pascal. — Regardez-le ?

— Oui, monseigneur.

— Savez-vous son nom ?

— Oui, monseigneur : c'est monsieur Pascal.

— Vous le reconnaîtrez bien ?

— Parfaitement, monseigneur.

— Eh bien ! conduisez cet homme jusqu'à la porte du vestibule, et s'il avait jamais l'impudence de se présenter ici, chassez-le honteusement.

— Nous n'y manquerons pas, monseigneur, — répondit l'aide de camp, qui, ainsi que ses camarades, avait eu sa part des insolences de monsieur Pascal.

Notre homme, voyant la ruine de ses espérances, et n'ayant plus rien à ménager, retrouva son audace, redressa la tête et dit au prince, qui, suffisamment vengé, avait hâte d'aller rejoindre Madeleine dans la chambre voisine.

— Tenez, monsieur l'archiduc, notre courage et notre bassesse à tous les deux sont de la *même farine :* l'autre jour j'étais fort de votre lâcheté, comme tout à l'heure vous avez été fort de la mienne... La seule personne vaillante ici, c'est cette damnée femme... aux sourcils noirs et aux cheveux blonds... mais je me vengerai d'elle et de vous !

Le prince, irrité de se voir ainsi traité devant un de ses subalternes, devint pourpre et frappa du pied avec fureur.

— Sortirez-vous, monsieur ! — s'écria l'officier en mettant la main à la garde de son épée, et menaçant Pascal, — hors d'ici, ou sinon...

— Tout beau... monsieur le bataillour, — répondit froidement Pascal en se retirant, — tout beau ! on ne sabre personne ici, voyez-vous !... et nous sommes en France, voyez-vous !... et nous avons, voyez-vous ! de bons petits commissaires de police pour recevoir la plainte des honnêtes citoyens que l'on violente...

Monsieur Pascal sortit du palais le cœur noyé de fiel, rongé de haine, crevant de rage ; il songeait à sa cupidité déçue, à son amour déçu, et il ne pouvait chasser de sa pensée l'ardente et pâle figure de Madeleine, qui, loin de lui faire oublier la candeur virginale de la beauté d'Antonine, semblait la rendre plus présente encore à son souvenir, car ces deux types à la fois, si parfaits et si dissemblables, se faisaient valoir par leur contraste même.

— L'homme est un animal bizarre... Je me sens des instincts de tigre, — se disait monsieur Pascal en suivant à pas lents la rue du Faubourg-Saint-Honoré les deux mains plongées dans les goussets de son pantalon. — Non, — ajouta-t-il en marchant la tête baissée et les yeux machinalement fixés sur le pavé, — non... il ne faut pas dire cela... de peur de rendre moins cruelle, moins amère à ceux qui la ressentent, l'envie qu'ils nous portent, à nous autres millionnaires... car heureusement nous sommes souffrent comme des damnés de toutes les joies qu'ils nous supposent... Mais enfin, c'est un fait : me voici, moi, à cette heure... ayant dans ma caisse de quoi me rassasier de toutes les jouissances, permises et défendues, qu'il soit donné à l'homme de rêver... je suis jeune encore, je ne suis pas sot, je suis plein de vigueur et de santé, libre comme l'oiseau... la terre est à moi... je puis me rassasier de ce qu'elle offre de plus exquis dans tous les pays, je puis mener une vie de sybarite à Paris, à Londres, à Vienne, à Naples ou à Constantinople ; j'ai pu être prince, duc ou marquis, et chamarré de cordons ; je puis avoir ce soir à mon coucher les actrices les plus belles et les plus enviées de Paris, je puis avoir chaque jour un festin de Lucullus... me faire traîner par les plus beaux chevaux de Paris ; je peux encore, dans un mois, en prenant un hôtel splendide, comme tant d'autres fripons ou imbéciles, réunir chez moi l'élite de Paris, de l'Europe : ce *quasi-roi* que j'ai failli sacrer avec la sainte ampoule de la Basilique de France, cet *archiduc* que je quitte m'a léché les pieds... Eh bien ! ma parole d'honneur ! — ajouta mentalement monsieur Pascal en grinçant des dents, — je gage que personne au monde ne souffre autant que moi en ce moment. J'étais dans le paradis lorsque, homme de peine, je décrottais les souliers de mon vieux coquin d'usurier de province. Heureusement que, pour ne pas mâcher à vide... je peux toujours, en attendant de meilleurs morceaux, *manger un peu* de Dutertre... Courons chez mon huissier. . . . . .

L'archiduc, après le départ du financier, se hâta, nous l'avons dit, d'aller retrouver la marquise de Miranda ; mais, à son grand étonnement, il ne la retrouva pas dans la pièce où elle était entrée.

Cette pièce n'ayant d'autre issue que dans le salon de service, le prince demanda aux aides de camp s'ils avaient vu passer la personne à qui il avait donné audience : il lui fut répondu que cette dame était sortie du salon, et avait quitté le palais peu de temps avant le départ de monsieur Pascal.

Madeleine, en effet, s'était éloignée, quoiqu'elle eût d'abord résolu d'attendre le prince jusqu'à la fin de son entretien avec monsieur Pascal.

Voici pourquoi la marquise avait pris le parti contraire :

Elle rentrait dans le salon, après avoir traité monsieur Pascal comme il méritait de l'être, lorsque, jetant par hasard les yeux dans le jardin, elle aperçut Frantz, qui avait sollicité la grâce de faire avant son départ quelques tours de parc, accompagné du major Butler.

À la vue de Frantz, Madeleine resta pétrifiée.

Elle reconnut son *blond archange*, l'objet de cette idéale et unique passion dont elle avait fait l'aveu à Sophie Dutertre.

XIX.

Madeleine ne douta pas un moment que le héros du duel dont elle avait été le témoin invisible, que son blond archange, qu'en un mot l'idéal de sa passion... et Frantz, l'objet de la passion d'Antonine, ne fussent qu'un même personnage.

À cette brusque découverte, la marquise ressentit une commotion profonde. Jusqu'alors, cet amour, entouré de mystère et d'inconnu, cet amour vague et charmant comme le souvenir d'un doux rêve, avait suffi à remplir son cœur au milieu des agitations de sa vie, rendue si bizarre par le calme de ses sens glacés, comparés aux folles ardeurs qu'involontairement elle inspirait sans les ressentir.

Jamais Madeleine n'avait pensé pouvoir son idéal pût partager l'amour d'une autre femme, ou plutôt jamais sa pensée ne s'était arrêtée sur ce doute ; pour elle, son radieux archange était muni de belles ailes blanches qui devaient le ravir à tous les yeux dans les plaines infinies de l'Éther... Sans cesse assaillie de sollicitations très peu *platoniques*, elle éprouvait une joie, un délassement moral, ineffable, à s'élever parmi les régions immatérielles, où ses yeux éblouis et charmés voyaient planer son idéal.

Mais soudain la réalité avait coupé les ailes de l'archange, et, déchu de sa sphère céleste, il n'était plus qu'un beau jeune homme épris d'une jolie fille de quinze ans, qui l'adorait aussi...

A cette découverte, Madeleine éprouva d'abord une sorte de tristesse ou plutôt de mélancolie douce, semblable à celle qui suit le réveil d'un songe enchanteur ; car, pour éprouver les tortures de la jalousie, il faut aimer charnellement. Madeleine ne pouvait donc pas être jalouse d'Antonine. Enfin, si Frantz avait presque toujours occupé la pensée de Madeleine, il n'avait eu aucune part dans sa vie ; il ne s'agissait donc pas pour elle de rompre ces mille liens que l'habitude, la sympathie, la confiance rendent si chers ; cependant, elle se sentit bientôt en proie à une inquiétude croissante, à de pénibles pressentimens, dont elle ne se rendait pas compte. Soudain elle tressaillit et dit :

— Si la fatalité voulait que ce charme étrange que j'exerce sur presque tous ceux qui m'approchent agît aussi sur Frantz ; si, cette impression... j'allais la partager en la voyant vivement ressentie par le seul homme qui ait jusqu'ici occupé mon cœur et ma pensée !

Puis, tâchant de se rassurer en faisant appel à son *humilité*, Madeleine se dit :

— Mais non... Frantz aime trop Antonine, c'est son premier amour ; la candeur, la sincérité de cet amour le sauvegarderont. Il aura pour moi cette froideur que j'éprouve pour tous... Oui... et pourtant, qui me dit que mon orgueil, que mon amour peut-être, ne se révolteront pas de la froideur de Frantz ? Qui me dit qu'oubliant les devoirs d'une amitié sainte, presque maternelle, pour Antonine... je n'userai pas de toutes les ressources de l'esprit et de la séduction pour vaincre l'indifférence de Frantz ? Oh ! non, ce serait odieux... et puis, je m'abuse... encore une fois, Frantz aime trop Antonine... Hélas ! le mari de Sophie l'aime tendrement aussi... et je crains que...

Ces réflexions de la marquise avaient été interrompues par les éclats de voix de l'archiduc, qui ordonnait à Pascal de sortir ; prêtant alors l'oreille à cette discussion, elle s'était dit :

— Après avoir mis cet homme à la porte, le prince va venir ; occupons-nous du plus pressé...

Tirant alors de sa poche un agenda, la marquise détacha l'un de ses feuillets et traça quelques lignes au crayon, plia le papier, le ferma au moyen d'une épingle. Après avoir écrit sur l'adresse : *Pour le prince*, elle posa ce billet, bien en évidence, sur une table de marbre placée au milieu du salon, remit son chapeau et sortit, l'avons dit, peu de temps avant le départ de monsieur Pascal.

Pendant que l'archiduc, stupéfait et désolé de ne pas trouver la marquise, ouvrait avec une angoisse inexprimable le billet laissé par elle, celle-ci se rendait chez Antonine, où Sophie Dutertre devait se trouver aussi.

A son arrivée chez le président Hubert, introduite dans un modeste salon, la marquise y fut reçue par Sophie Dutertre, qui, courant à elle, lui dit avec anxiété :

— Eh bien ! Madeleine, tu as vu le prince ?
— Oui ; et j'ai bon espoir.
— Il serait possible ?...
— Possible, oui, ma chère Sophie ; mais voilà tout. Je ne veux pas causer de folle espérance à cette pauvre enfant. Où est-elle ?
— Auprès de son oncle. Heureusement, la crise de ce matin paraît avoir des résultats de plus en plus satisfaisans. Le médecin vient de dire que, si ce mieux continue, monsieur Hubert sera peut-être ce soir hors de danger.
— Dis-moi, Sophie, crois-tu que monsieur Hubert soit en état de recevoir une visite ?
— De qui ?
— D'un certain personnage. Je ne puis maintenant t'en dire plus.
— Je crois que oui ; car un des amis de monsieur Hubert sort d'ici. Seulement, le médecin lui avait recommandé de ne pas rester trop longtemps, afin de ne pas fatiguer le malade.
— C'est à merveille. Et Antonine, pauvre petite ! elle doit être dans une inquiétude mortelle.

— Pauvre chère enfant ! elle fait pitié... C'est une douleur si naïve et à la fois si douce et si désespérée, que j'en ai le cœur navré... Tiens, Madeleine... je suis sûre qu'elle mourrait de chagrin s'il lui fallait renoncer à Frantz... Ah !... mieux vaut la mort que certaines souffrances, — ajouta Sophie avec un accent si profondément triste que les larmes lui coulèrent des yeux ; puis, les essuyant, elle ajouta : — Oui, mais quand on a des enfans... il faut vivre...

Madeleine fut si frappée de l'accent de madame Dutertre, de sa pâleur qu'il n'avait pas remarquée, des pleurs qu'elle lui voyait verser, qu'elle lui dit :

— Mon Dieu ! Sophie... qu'as-tu donc ? pourquoi ces pénibles paroles ? pourquoi ces larmes ?... Hier, je t'avais laissée calme, heureuse, sauf, m'as-tu dit, quelques préoccupations causées par les affaires de ton mari ! Y a-t-il aujourd'hui quelque chose de nouveau ?

— Non... je ne... le pense pas, — répondit madame Dutertre avec hésitation. — Mais, depuis hier... ce sont moins les préoccupations d'affaires de mon mari... qui m'inquiètent, que...

— Achève...

— Non, non, je suis folle... — reprit madame Dutertre en se contraignant et semblant refouler quelques paroles prêtes à lui échapper, — ne parlons pas de moi, parlons d'Antonine ; je suis si émue du désespoir de cette pauvre enfant... qu'on dirait que ses peines sont les miennes...

— Sophie... tu ne me dis pas la vérité ?
— Je t'assure...
— Je te trouve pâle... changée... Oui... depuis hier... tu as souffert, beaucoup souffert, j'en suis sûre.
— Mais non... — reprit la jeune femme, mettant son mouchoir sur ses yeux, — tu te trompes...
— Sophie... — dit vivement Madeleine en prenant entre les siennes les mains de son amie, — tu ne sais pas combien ton manque de confiance m'afflige ; tu me ferais croire que tu as à te plaindre de moi...
— Que dis-tu ? — s'écria Sophie, désolée de ce soupçon, — tu es... tu seras toujours ma meilleure amie, et si je ne craignais de te fatiguer de mes doléances...
— Ah ! encore ? — reprit la marquise d'un ton d'affectueux reproche.
— Pardon... pardon, Madeleine ; mais, en vérité, ne suffit-il pas de confier à ses amis des peines réelles, sans les attrister encore par l'aveu de pressentimens vagues, mais souvent bien douloureux pourtant ?
— Voyons, Sophie, ma chère Sophie, ces pressentimens.
— Depuis hier... mais encore une fois... non, non... je vais te paraître folle.
— Tu me paraîtras folle... soit... mais parle, je t'en conjure.
— Eh bien ! il me semble que, depuis hier, mon mari est sous l'empire de je ne sais quelle idée fixe... qui l'absorbe.
— Des préoccupations d'affaires, peut-être ?
— Non... oh ! non... il a autre chose, et c'est cela qui me confond... et m'alarme.
— Qu'as-tu donc remarqué ?
— Hier, après ton départ, il avait été convenu qu'il ferait deux démarches d'une grande importance pour nous... Voyant l'heure s'écouler, je suis allée dans notre chambre, où il s'était rendu pour s'habiller. Je l'ai trouvé encore avec ses vêtemens de travail, assis devant une table, son front appuyé sur sa main ; il ne m'avait pas entendu entrer. — Charles, lui dis-je, mais tu oublies l'heure ; tu as à sortir. — Pourquoi sortir ? me demanda-t-il. — Mais, mon Dieu ! pour deux démarches très urgentes, pour tes affaires... (et je le lui rappelai). — Tu as raison, me dit-il, je n'y pensais plus. — Mais à quoi songeais-tu donc ; Charles ? — lui ai-je demandé. Il a rougi, a paru embarrassé, et ne m'a rien répondu.

— Peut-être a-t-il un projet, une résolution qu'il médite et qu'il ne croit pas encore devoir te confier.

— C'est possible... et pourtant jamais il ne m'a rien caché, même ses projets les plus vagues. Non... non... ce ne sont pas ses affaires qui le préoccupent; car, hier soir, au lieu de causer avec son père et moi d'un état de choses qui, je dois te l'avouer, Madeleine, est plus grave que je ne te l'ai dit, Charles nous a entretenus de choses tout à fait étrangères à ce qui devait le préoccuper... Et... là... seulement, je n'ai pas eu le courage de le blâmer, car il nous a surtout parlé de toi.

— De moi ?... Et... qu'a-t-il dit ?

— Que tu avais été pour lui remplie de bienveillance, hier matin; puis il m'a demandé mille détails sur toi, sur ton enfance, sur ta vie; je lui ai répondu avec bonheur, comme bien tu penses, Madeleine; et puis, soudain il est retombé dans un morne silence, dans une sorte de méditation si profonde, que rien n'a pu l'en tirer, pas même les caresses de nos enfans.

A ce moment, le vieux domestique de monsieur Hubert, qui était connu de madame Dutertre, entra d'un air surpris, affairé, et dit à Sophie :

— Madame, mademoiselle Antonine est auprès de monsieur, sans doute ?

— Oui, Pierre; qu'y a-t-il ?

— Mon Dieu ! madame... ça m'a très étonné, et je n'ai su que répondre.

— Voyons, Pierre, expliquez-vous.

— Voici, madame. Il y a là un officier étranger... probablement un de ceux de la suite du prince qui habite maintenant l'Elysée.

— Ensuite?

— Cet officier a une lettre qu'il veut remettre lui-même, dit-il, entre les mains de monsieur le président, qui devra donner une réponse... J'ai eu beau dire à cet officier que monsieur était bien malade, il m'a assuré qu'il s'agissait d'une chose très importante et très pressée, et qu'il venait de la part de Son Altesse qui occupe l'Elysée ; alors, madame, dans mon embarras, je viens vous demander qu'est-ce qu'il faut faire.

Madame Dutertre, oubliant ses chagrins, se tourna vers Madeleine, et lui dit vivement et avec joie :

— Ton espoir ne t'avait pas trompée... Cette lettre du prince... c'est son consentement peut-être à ce mariage... Pauvre Antonine... va-t-elle être heureuse !...

— Ne nous hâtons pas trop de nous réjouir, chère Sophie... Attendons... mais, si tu m'en crois, va trouver cet officier, un aide de camp du prince, sans doute... Dis-lui que monsieur Hubert, quoique éprouvant un peu de mieux, ne peut cependant le recevoir; tu prieras l'officier de te confier la lettre, en l'assurant que tu vas la faire remettre à monsieur Hubert, qui donnera une réponse.

— Tu as raison, Madeleine... Venez, Pierre, — dit Sophie en sortant accompagnée du vieux domestique.

— Je ne m'étais pas trompée, — dit la marquise restée seule. — Ces regards de monsieur Dutertre... En vérité, cela est fatal... Mais, je l'espère, — ajouta-t-elle en souriant à demi, — dans l'intérêt de Sophie et de son mari, je saurai tirer bon parti de cette infidélité vénielle.

Puis, ensuite d'un moment de réflexion, Madeleine ajouta :

— Le prince est d'une ponctualité rare... Puisse-t-il également avoir égard à l'autre recommandation contenue dans mon billet au crayon !

Antonine sortit alors de la chambre de son oncle. A la vue de la marquise, la pauvre enfant n'osa faire un pas. Elle resta immobile, muette, tremblante, attendant son sort avec une angoisse mortelle, car Madeleine lui avait promis le matin même d'intercéder auprès du prince.

Sophie, alors, tenant à la main la lettre que l'aide de camp venait de lui remettre, la donna à Antonine en lui disant :

— Tiens, mon enfant, porte cette lettre tout de suite à ton oncle... C'est très pressé... très important... il te donnera la réponse... et je la transmettrai à la personne qui attend...

Antonine prit la lettre des mains de madame Dutertre et jeta un regard de curiosité inquiète sur ses deux amies, qui échangeaient un regard d'intelligence et d'espoir contenu; leur physionomie frappa tellement Antonine, que, s'adressant tour à tour aux deux jeunes femmes, elle leur dit :

— Sophie... Madeleine, qu'y a-t-il ? Vous vous regardez en silence... et cette lettre... Que se passe-t-il donc ? mon Dieu !

— Va vite, mon enfant, — dit Madeleine, — tu nous retrouveras ici.

Antonine, de plus en plus troublée, rentra précipitamment chez son oncle; madame Dutertre, voyant la marquise baisser la tête et rester silencieuse et pensive, lui dit :

— Madeleine... qu'as-tu donc ?

— Rien... mon amie... Je songe au bonheur de cette pauvre Antonine, si mes espérances ne me trompent pas..

— Ah ! ce bonheur... c'est à toi qu'elle le devra... Avec quelle ivresse elle et monsieur Frantz te rendront grâces !... N'auras-tu pas été leur Providence ?

Au nom de Frantz, Madeleine tressaillit, rougit légèrement, et un nuage passa sur son front. Sophie n'eut pas le temps de s'apercevoir de l'émotion de son amie, car Antonine sortit soudain de la chambre voisine, sa charmante figure bouleversée par une expression de surprise et de joie impossible à rendre ; puis, sans pouvoir prononcer une parole, elle se jeta au cou de Madeleine ; mais, l'émotion étant trop vive sans doute, elle pâlit soudain, et les deux amies furent obligées de la soutenir.

— Dieu soit loué ! — dit Sophie, — malgré ton trouble, ta pâleur, ma pauvre Antonine... je suis certaine qu'il s'agit d'une bonne nouvelle.

— Ne tremble donc pas ainsi, chère enfant, — reprit à son tour Madeleine... — Calme-toi...

— Oh ! si vous saviez !... murmura la jeune fille. — Non... non... je ne puis le croire encore.

La marquise de Miranda, prenant affectueusement les deux mains d'Antonine entre les siennes, lui dit :

— Il faut toujours croire au bonheur, mon enfant; mais voyons... explique-toi, de grâce.

— Tout à l'heure, — reprit la jeune fille d'une voix entrecoupée par des larmes de joie, — j'ai porté la lettre à mon oncle. Il m'a dit : — Antonine, j'ai la vue bien affaiblie... lis-moi cette lettre, je te prie. — Alors j'ai décacheté l'enveloppe; je ne sais pourquoi le cœur me battait d'une force... mais d'une force à me faire mal, tenez... comme maintenant encore, — ajouta la jeune fille en mettant sa main sur son sein comme pour comprimer ses pulsations... si vives, qu'elle fut obligée de s'interrompre un instant; puis elle reprit :

— J'ai donc lu la lettre ; il y avait... Oh !... je n'en ai pas oublié un seul mot :

« Monsieur le président Hubert, je vous prie, malgré l'é-
» tat maladif où vous êtes, de m'accorder à l'instant, si
» cela vous est possible, un moment d'entretien pour une
» affaire urgente et de la plus haute importance.
» Votre affectionné,
» Léopold-Maximilien. »

— Mais, — a dit mon oncle en se dressant sur son séant, — c'est le nom du prince qui occupe maintenant l'Elysée ? — Je... je... crois... que oui, mon oncle, lui ai-je répondu. — Que peut-il me vouloir ? — a repris mon oncle. — Je ne sais, lui ai-je dit en tremblant et en rougissant, car je mentais, et je me reprochais de n'avoir pas encore osé lui avouer mon amour pour monsieur Frantz. Alors, mon oncle a repris : « — Il m'est impossible, quoique souf-
» frant, de ne pas recevoir le prince, mais je ne saurais lui
» répondre par lettre ; je suis encore trop accablé. Remplace-moi, Antonine, et va écrire ceci : rappelle-toi
» bien :

« Monseigneur, ma faiblesse ne me permettant pas d'a-

» voir l'honneur de répondre moi-même à Votre Altesse,
» j'emprunte une main étrangère pour vous dire, monsei-
» gneur, que je suis à vos ordres. »

— Cette lettre, je vais maintenant l'écrire pour mon oncle, — reprit Antonine en s'approchant d'un pupitre placé sur une table de salon. — Mais, dites, Sophie, — ajouta la jeune fille avec entraînement, — dites... si je ne dois pas bénir Madeleine, la remercier à deux genoux?... Car si le prince voulait s'opposer à mon mariage avec monsieur Frantz, il ne viendrait pas voir mon oncle, n'est-ce pas, Sophie?... Et sans Madeleine, le prince aurait-il jamais consenti à venir?

— Comme toi, mon enfant, je dis qu'il faut bénir notre chère Madeleine, — reprit madame Dutertre en serrant la main de la marquise. — Mais, en vérité, je le répète encore, Madeleine, tu as donc un talisman, pour obtenir ainsi tout ce que tu désires?

— Hélas! chère Sophie, — reprit la marquise en souriant, — ce talisman... si je l'ai... ne sert qu'aux autres... et pas à moi.

Pendant que les deux amies échangeaient ces paroles, Antonine s'était assise devant le pupitre; mais, au bout de deux secondes de vaine tentative, il lui fallut renoncer à écrire; sa petite main tremblait si fort... si fort... qu'elle ne pouvait tenir sa plume.

— Laisse-moi me mettre à ta place, ma chère enfant, — dit Madeleine, qui ne la quittait pas des yeux, — je vais écrire pour toi...

— Pardon... Madeleine, — dit la jeune fille en cédant sa place à la marquise. — Ce n'est pas ma faute... mais... c'est plus fort que moi.

— C'est la faute de ton cœur, pauvre petite. Je conçois ton émotion, — dit la marquise en écrivant d'une main ferme la réponse du président Hubert. — Maintenant, — ajouta-t-elle, — sonne... quelqu'un, Antonine, afin que cette lettre soit remise à l'aide de camp du prince.

Le vieux domestique entra et fut chargé d'aller remettre la lettre à l'officier.

— A cette heure, ma petite Antonine, — dit la marquise à la jeune fille, — il te reste un devoir à remplir, et je suis certaine que Sophie sera de mon avis; avant l'arrivée du prince, il faut en peu de mots tout avouer à ton oncle.

— Ce que dit Madeleine est très juste, — reprit Sophie, — il serait d'un mauvais effet que monsieur Hubert ne fût pas prévenu du but probable de la visite du prince.

— Ton oncle est bon et bienveillant, ma chère Antonine, — ajouta Madeleine, il excusera un manque de confiance... causé surtout, je n'en doute pas, par la timidité...

— Vous avez raison toutes deux, je le sens, — dit Antonine. — De cet aveu, d'ailleurs, je n'ai pas à rougir... car c'est comme malgré moi, mon Dieu! et sans y songer... que j'ai aimé monsieur Frantz.

— C'est ce qu'il faut hâter d'aller confier à ton oncle, mon enfant, car le prince ne peut tarder beaucoup à venir... Mais, dis-moi, — ajouta la marquise, — pour une raison à moi connue, je désirerais ne pas me trouver ici lors de l'arrivée du prince... Ne peut-on, de ce salon, aller dans ta chambre?

— Le corridor sur lequel s'ouvre cette porte, — répondit Antonine, — mène à ma chambre; Sophie connaît bien le chemin.

— En effet... je vais te conduire, Madeleine, — reprit Sophie en se levant ainsi que la marquise, qui, baisant tendrement Antonine au front, lui dit en lui montrant la porte de la chambre de son oncle : — Va vite... chère petite, les momens sont précieux.

La jeune fille jeta un regard de tendresse reconnaissante sur les deux amies; celles-ci, quittant le salon, se dirigeaient vers la chambre de mademoiselle Hubert, en suivant le corridor, lorsqu'elles virent venir à elles le vieux domestique, qui dit à Sophie :

— Madame... monsieur Dutertre voudrait vous parler à l'instant.

— Mon mari!... et où est-il?

— En bas, madame, dans un fiacre, à la porte; il m'a fait demander par le concierge pour me dire de vous prier de descendre.

— C'est singulier! pourquoi n'est-il pas monté? — dit Sophie en regardant son amie.

— Monsieur Dutertre n'a que quelques mots à dire à madame, — reprit Pierre.

Madame Dutertre, assez inquiète, le suivit, et, s'adressant à la marquise :

— Je reviens à l'instant, mon amie, car j'ai bien hâte de savoir le résultat de la visite du prince à monsieur Hubert.

Madeleine resta seule.

— J'ai bien fait de me hâter, — pensa-t-elle avec une sorte d'amertume, — j'ai bien fait de céder à mon premier mouvement de générosité; demain il eût été trop tard; je n'aurais peut-être pas eu le courage de me sacrifier à Antonine... Cela est étrange : il y a une heure, en songeant à Frantz et à elle, je ne ressentais aucune jalousie, aucune angoisse... et seulement une mélancolie douce; mais voilà que peu à peu mon cœur s'est resserré, s'est endolori; et, à cette heure, je souffre... oh! oui... je souffre bien...

La brusque rentrée de Sophie interrompit les réflexions de la marquise, et elle devina quelque grand malheur, à l'expression sinistre, presque égarée, de madame Dutertre, qui lui dit d'une voix brève, haletante :

— Madeleine... tu m'as offert tes services, je les accepte.

— Grand Dieu! Sophie... qu'as-tu?

— Notre position est désespérée.

— Explique-toi...

— Demain, ce soir peut-être... Charles sera arrêté.

— Ton mari?

— Arrêté... te dis-je... oh! mon Dieu!...

— Mais pourquoi?... mais comment?...

— Un monstre de méchanceté... que nous croyions notre bienfaiteur... monsieur Pascal...

— Monsieur Pascal!...

— Oui... hier... je n'ai pas osé... je n'ai pas pu tout te dire... mais...

— Monsieur Pascal! — répéta Madeleine.

— Notre sort est entre les mains de cet homme impitoyable... il peut, il veut nous réduire à la dernière misère... Mon Dieu! que devenir?... et nos enfans! et le père de mon mari! et nous-mêmes!... ah! c'est horrible! c'est horrible!

— Monsieur Pascal! — reprit la marquise avec une indignation contenue, le misérable!... Oh! oui... je l'ai lu sur sa figure... je l'ai vu à son insolence et à sa bassesse... cet homme doit être impitoyable.

— Tu le connais?...

— Ce matin... je l'ai rencontré chez le prince... Ah! maintenant... je regrette d'avoir cédé au courroux, au mépris que m'inspirait cet homme... Pourquoi ne m'as-tu pas parlé plus tôt? c'est un malheur, Sophie... un grand malheur...

— Que veux-tu dire?...

— Enfin, il n'importe, il n'y a pas à revenir sur le passé. Mais voyons, Sophie... mon amie... ne te laisse pas abattre... ne t'exagère rien... dis-moi tout... et peut-être trouverons-nous le moyen de conjurer le coup qui vous menace...

— C'est impossible... tout ce que je viens te demander au nom de Charles... au nom de mes enfans... c'est de...

— Laisse-moi t'interrompre... Pourquoi dis-tu qu'il est impossible de conjurer le coup qui vous menace?

— Monsieur Pascal est impitoyable.

— Soit... Mais quelle est votre position envers lui?

— Il y a un an, mon mari s'est trouvé, comme tant d'autres industriels, dans une position embarrassée. Monsieur Pascal lui a offert ses services. Charles, trompé par de loyales apparences, a accepté; il serait trop long de t'expliquer par quel enchaînement d'affaires Charles, confiant dans les promesses de monsieur Pascal, s'est trouvé bientôt sous la dépendance absolue de cet homme, qui pouvait, du jour au lendemain, réclamer à mon mari plus de cent mille écus, c'est-à-dire ruiner son industrie, nous plonger dans la misère ; enfin, le jour est venu où monsieur Pascal, fort de ce pouvoir terrible, a mis mon mari et moi dans l'alternative d'être perdus, ou de consentir à deux indignités qu'il nous imposait.

— L'infâme ! l'infâme !

— Hier, lorsque tu es arrivée, il venait de nous signifier sa menace. Nous avons répondu selon notre cœur et notre honneur... il nous a juré de se venger, et aujourd'hui il tient parole... Nous sommes perdus... te dis-je ; il prétend, en vertu de je ne sais quel droit, faire provisoirement emprisonner Charles... Ma pensée, à moi, est qu'il faut, avant tout, que mon mari échappe à la prison... Il s'y refuse, disant que c'est un piége... qu'il n'a rien à craindre, et que...

Madeleine, qui était restée quelque temps pensive, interrompit de nouveau son amie, et lui dit :

— Pour que vous n'ayez plus rien à redouter de monsieur Pascal, que faudrait-il ?

— Le rembourser...

— Et ton mari lui doit ?

— Plus de cent mille écus, garantis par notre usine ; mais, une fois expropriés, nous ne possédons plus rien au monde. Mon mari est déclaré en faillite, et son avenir est perdu.

— Et il n'y a pas absolument d'autre moyen d'échapper à monsieur Pascal qu'en le remboursant ?

— Il y en a un sur lequel mon mari avait toujours compté, d'après la parole de ce méchant homme.

— Et ce moyen ?

— D'accorder dix années à Charles pour se libérer.

— Et avec cette certitude ?

— Hélas ! nous serions sauvés ; mais monsieur Pascal veut se venger, et jamais il ne consentira à nous donner un moyen de salut.

Ce triste entretien fut coupé par l'arrivée d'Antonine, qui, rayonnante et folle de joie, entra dans la chambre en disant :

— Madeleine... oh ! venez... venez...

— Qu'y a-t-il, mon enfant ?... une heureuse nouvelle... je le devine à ton radieux visage...

— Ah !... mes amies, — reprit la jeune fille, — toute ma crainte est de ne pouvoir supporter un si grand bonheur ! Mon oncle... le prince consentent à tout... et le prince... si vous saviez combien il a été indulgent... paternel, pour moi ; car il a voulu que j'assiste à un entretien avec mon oncle... il m'a demandé pardon du chagrin qu'il m'avait causé en voulant s'opposer à notre mariage. « Ma seule » excuse, a-t-il ajouté une plus touchante bonté, — » ma seule excuse, mademoiselle Antonine, c'est que je » ne vous connaissais pas... Madame la marquise de Mi- » randa, votre amie, a commencé ma conversion, et vous » l'avez achevée ; seulement, puisqu'elle est ici, dites- » vous, ayez la bonté de lui témoigner le désir que j'au- » rais de la remercier devant vous de m'avoir mis à mê- » me de réparer mes torts à votre égard... » Ne sont-ce pas là de nobles et touchantes paroles ? — ajouta la jeune fille. — Oh ! venez, Madeleine, venez, ma bienfaitrice... ma sœur, ma mère... vous à qui Frantz et moi devrons notre bonheur... Venez aussi, Sophie, — ajouta Antonine en allant prendre madame Dutertre par la main, — n'êtes-vous pas aussi de moitié dans mon bonheur, comme vous l'avez été dans mes confidences et dans mon désespoir ?

— Ma chère enfant, — reprit madame Dutertre en tâchant de dissimuler son abattement, — je n'ai pas besoin de te dire si je prends part à ta joie ; mais la présence du prince m'intimiderait, et d'ailleurs... je le disais tout à l'heure à Madeleine, il me faut retourner chez moi... Je ne puis laisser trop longtemps mes enfans seuls... Allons, embrasse-moi, Antonine, ton bonheur est assuré ; cette pensée me sera douce, et, si j'ai quelque chagrin, crois-moi, elle m'aidera à le supporter... Adieu... Si tu as quelque chose de nouveau à m'apprendre, viens me voir demain matin.

— Sophie, — dit tout bas la marquise d'une voix ferme à son amie, — courage et espoir ! que ton mari ne parte pas, attends-moi chez toi demain matin, toute la matinée.

— Que dis-tu ?

— Je ne puis m'expliquer davantage ; seulement, que l'exemple d'Antonine te donne un peu de confiance. Ce matin, elle était désespérée... la voici maintenant radieuse.

— Oui, grâce à toi.

— Allons, embrasse-moi ; et, encore une fois, courage et espoir.

Alors, se rapprochant d'Antonine, Madeleine lui dit :

— Maintenant, mon enfant, allons retrouver le prince.

La jeune fille et la marquise quittèrent madame Dutertre qui, cédant malgré elle à l'accent de conviction des paroles de Madeleine, regagnait sa triste demeure avec une lueur d'espérance.

Le prince attendait Madeleine dans le salon du président Hubert ; il la salua profondément, et lui dit, avec une affectation de politesse cérémonieuse que lui imposait la présence d'Antonine :

— J'avais à cœur, madame la marquise, de vous remercier du grand service que vous m'avez rendu. Vous m'avez mis à même d'apprécier mademoiselle Antonine Hubert comme elle méritait de l'être ; le bonheur de mon filleul Frantz est à jamais assuré... Je suis convenu avec monsieur le président Hubert, qui a bien voulu y consentir, que, demain matin, les fiançailles de Frantz et de mademoiselle Antonine auraient lieu selon la coutume allemande, c'est-à-dire que moi et monsieur le président Hubert nous signerions, sous peine de parjure et de déloyauté, le contrat d'union que Frantz et mademoiselle auront signé aux mêmes conditions...

— Ainsi que vous l'avez dit à Antonine, monseigneur je n'ai fait que vous mettre sur la voie de la vérité... Antonine s'est chargée de vous prouver tout le bien que je vous avais annoncé d'elle.

— J'ai une grâce à vous demander, madame la marquise, — reprit le prince en tirant de sa poche une lettre et la remettant à Madeleine. — Vous connaissez la famille du colonel Pernetti ?

— Beaucoup, monseigneur.

— Eh bien ! veuillez avoir la bonté de faire parvenir au colonel cette lettre après en avoir pris connaissance... Je suis certain, — ajouta l'archiduc, en appuyant sur ces derniers mots, — je suis certain que vous aurez autant de plaisir à envoyer cette lettre, que celui à qui elle est adressée aura de bonheur à la recevoir.

— Je n'en doute pas, monseigneur, et je vous renouvelle ici mes bien sincères remercîmens, — dit la marquise en faisant une cérémonieuse révérence.

— A demain, mademoiselle Antonine, — dit le prince à la jeune fille, — je vais ménager à mon pauvre Frantz la bonne nouvelle que je lui apporte... de peur d'une émotion trop vive ;... mais je suis certain, lorsqu'il saura tout, qu'il me pardonnera comme vous, les chagrins que je lui ai causés...

Et après avoir de nouveau salué Antonine et la marquise, avec qui il échangea un regard d'intelligence, le prince regagna l'Élysée-Bourbon.

*   *   *

Le lendemain matin, à dix heures, Madeleine monta en voiture et se fit conduire d'abord chez un notaire, puis chez Pascal.

XX.

Monsieur Pascal habitait seul le rez-de-chaussée d'une maison située dans le nouveau quartier Saint-Georges, et donnant sur la rue. Une entrée particulière était réservée pour la caisse du financier, gérée par un seul homme de confiance, assisté d'un jeune commis pour les écritures, monsieur Pascal continuant à faire l'escompte d'excellentes valeurs.

L'entrée principale de son logis, précédée d'un vestibule, conduisait à l'antichambre et aux autres pièces : cet appartement, sans aucun luxe, était néanmoins confortable ; un valet de chambre pour l'intérieur, un enfant de quinze ans pour les commissions, suffisaient au service de monsieur Pascal ; cet homme ne faisant pas même excuser son immense richesse par ces magnificences fécondes, par ces larges dépenses qui alimentent le travail et l'industrie.

Ce matin-là, vers neuf heures et demie, monsieur Pascal, vêtu d'une robe de chambre, se promenait avec agitation dans son cabinet ; sa nuit avait été une longue et fiévreuse insomnie ; un espion bien payé, ayant eu depuis deux jours mission d'observer autant que possible ce qui se passait chez mademoiselle Antonine, avait rapporté à monsieur Pascal la visite du prince au président Hubert.

Cette démarche significative et prompte ne laissait au financier aucun doute sur la ruine de ses projets à l'endroit de la jeune fille ; cette cruelle déception se compliquait chez lui d'autres ressentimens : d'abord la rage de reconnaître que, malgré les millions dont il disposait, sa volonté, si opiniâtre qu'elle fût, était obligée de reculer devant des impossibilités d'autant plus poignantes qu'il s'était cru et vu sur le point de réussir. Ce n'était pas tout : s'il n'éprouvait pas d'amour pour Antonine dans la généreuse acception du mot, il éprouvait pour cette ravissante enfant l'un de ces ardens caprices, éphémères peut-être, mais d'une extrême vivacité tant qu'ils durent ; aussi avait-il fait ce raisonnement d'un féroce égoïsme :

« — Je veux posséder à tout prix cette petite fille ; je l'é-
» pouserai s'il le faut, et, quand j'en serai las, une pension
» de 12 ou 15,000 francs m'en débarrassera ; je suis assez
» riche pour me passer cette fantaisie. »

Tout ceci, quoique odieux, était, au point de vue de la société actuelle, parfaitement possible et légal, et c'est, nous le répétons, cette possibilité même qui rendait l'insuccès si douloureux à monsieur Pascal. Autre chose encore : ce qu'il ressentait pour Antonine n'était, après tout, qu'une ardeur sensuelle, ne comportait pas la préférence exclusive de l'amour ; aussi, tout en désirant passionnément cette jeune fille, d'une beauté virginale et candide, il n'en avait pas moins été vivement frappé de la beauté provoquante de Madeleine, et, par un raffinement de sensualité qui redoublait aussi sa torture, monsieur Pascal avait, toute la nuit, évoqué à son imagination enflammée le contraste de ces deux adorables créatures.

A l'heure où nous le voyons chez lui, monsieur Pascal était encore en proie à la même obsession.

— Malédiction sur moi ! — se disait-il, en se promenant d'un pas inégal et fébrile. — Pourquoi ai-je vu cette damnée femme blonde, aux sourcils noirs, aux yeux bleus, au teint pâle, à la physionomie hardie, à la tournure provoquante ? Elle me fait paraître plus désirable encore cette petite fille à peine éclose... Malédiction sur moi ! ces deux figures vont-elles me poursuivre ainsi malgré moi ?... ou plutôt, ma pensée désordonnée va-t-elle toujours ainsi les évoquer ? Misère de Dieu ! ai-je été assez sot... assez brute !... En m'y prenant autrement... je ne sais comment... mais enfin la chose était faisable, facile (et c'est là ce qui fait ma rage) ; je pouvais certainement, riche comme je le suis, épouser cette petite fille... et avoir l'autre pour maîtresse, car, je n'en doute pas, elle est la maîtresse de cet archiduc que Dieu confonde ! et je le défie de pouvoir lui donner autant d'argent que je lui en aurais donné, moi...
Oui, oui, — reprit-il en serrant ses poings avec un redoublement de rage, — c'est à en devenir fou... fou furieux... de se dire : Je ne demandais pas, après tout, à avoir pour maîtresse l'impératrice de Russie, ou à épouser la fille de la reine d'Angleterre, ou autre... Qu'est-ce que je voulais ? me marier à une petite fille bourgeoise, nièce d'un vieux bonhomme de magistrat, qui n'a pas le sou... Est-ce qu'il n'y a pas cent exemples de mariages pareils ? Et je n'ai pu réussir ! et j'ai près de trente millions de fortune ! Misère de Dieu ! Elle me sert à grand'chose, ma fortune !... pas même à enlever une belle maîtresse à cet automate de prince allemand ! Après tout, elle ne doit l'aimer que pour son argent... Il approche de la quarantaine, il est fier comme un paon, bête comme une oie, et froid comme une glace. Je suis plus jeune que lui, pas plus plaid, et, s'il est archiduc, ne suis-je pas archimillionnaire ? Et puis, j'ai sur lui l'avantage de l'avoir mis sous mes pieds, car cette maudite et insolente femme m'a entendu traiter son imbécile de prince comme un misérable... Elle lui a reproché devant moi de souffrir les humiliations que je lui imposais. Elle doit mépriser cet homme-là !... Et, comme toutes les femmes de son espèce, avoir un faible pour un homme énergique et rude qui a mis sous ses pieds ce grand flandrin couronné. Elle m'a impitoyablement traité devant lui... c'est vrai... mais pour le flatter ;... nous connaissons ces rouéries-là... Oh ! si je pouvais la lui enlever, cette femme !... quel triomphe !... quelle vengeance !... quelle consolation de mon mariage manqué !... Consolation ? non... car l'une de ces deux femmes ne me fait pas oublier l'autre,.. Je ne sais si c'est l'âge, mais je ne me suis jamais connu une ténacité de désirs pareille à celle que j'éprouve pour cette petite fille... Enfin, n'importe, si je pouvais enlever au prince sa maîtresse... ça serait déjà la moitié de mon vouloir accompli... et, qui sait ? cette femme connaît Antonine... elle semble avoir de l'influence sur elle... Oui, qui sait si, une fois à moi, je ne pourrais pas, à force d'argent, la décider à... Misère de Dieu ! — s'écria Pascal avec une explosion de joie farouche, — quel triomphe !... enlever sa femme à ce blond jouvenceau, et sa belle maîtresse à cet archiduc !... Quand ma fortune devrait y passer... cela sera !

Et notre homme, se redressant, sembla se grandir dans une attitude d'impérieuse volonté, tandis que ses traits prenaient une expression de joie diabolique.

— Allons... allons... — reprit-il en relevant la tête, — quoique j'en aie médit, comme un sot et comme un ingrat... *l'argent* est une belle chose.

Puis, s'arrêtant pour réfléchir, il reprit, après quelques momens de silence :

— Voyons, du calme... engageons bien la chose... et surtout lestement. Mon espion saura ce soir où demeure la maîtresse de l'archiduc, à moins qu'elle n'habite au palais, ce qui n'est pas probable... Une fois sa demeure connue...
— ajouta-t-il, en se frottant le menton d'un air méditatif, — une fois sa demeure connue, pardieu ! je dépêche cette vieille rouée de madame Doucet... la marchande à la toilette... C'est le vieux moyen... et toujours le meilleur... pour engager la chose avec les actrices, les bourgeoises et les femmes entretenues ; car, après tout... la maîtresse du prince ne doit pas être autre chose : elle est venue, tête nue, se jeter sans façon au beau milieu de notre conversation ; elle n'avait donc aucun ménagement à garder... Ainsi, je ne peux pas me servir d'un intermédiaire plus convenable que la mère Doucet... Mandons-la tout de suite.

Monsieur Pascal était occupé à écrire à son bureau lorsque son valet de chambre entra.

— Qu'est-ce qu'il y a ? — demanda brusquement le financier, — je n'ai pas sonné.

— Monsieur... c'est une dame...
— Je n'ai pas le temps.
— Monsieur, c'est qu'elle vient pour une lettre de crédit.
— Qu'elle passe à la caisse.
— Cette dame voudrait parler à monsieur.
— Impossible... Qu'elle passe à la caisse.

Le valet de chambre sortit.

Pascal continua d'écrire; mais, au bout de quelques instans, le domestique revint.

— Ça finira-t-il? — cria monsieur Pascal. — Qu'est-ce encore?...

— Monsieur, c'est cette dame qui...

— Ah çà! est-ce que vous vous moquez du monde? Je vous ai dit de l'envoyer à la caisse!

— Cette dame m'a remis sa carte, en me disant de prier monsieur de lire ce qu'elle venait d'écrire au bas au crayon.

— Voyons... donnez... C'est insupportable, — dit Pascal en prenant la carte, où il lut ce qui suit :

LA MARQUISE DE MIRANDA.

Au dessous du nom, était écrit au crayon :

Elle a eu l'honneur de rencontrer hier monsieur Pascal à l'Élysée-Bourbon, chez S. A. l'archiduc Léopold.

La foudre serait tombée aux pieds de monsieur Pascal qu'il n'eût pas été plus stupéfié; il ne put en croire ses yeux, et relut une seconde fois la carte en se disant :

— La marquise de Miranda!... c'est donc une marquise!... Bah!... elle est *marquise* comme *Lola Montès est comtesse!* noblesse de cotillon; mais enfin... c'est elle... Elle ici... chez moi... au moment où je m'ingéniais à trouver le moyen de me mettre en rapport avec elle... Ah! Pascal, mon ami Pascal... ton étoile d'or, un moment cachée, brille enfin de tout son éclat... Et c'est sous le prétexte d'une lettre de crédit qu'elle vient ici... Voyons... voyons, Pascal, mon ami, du calme... on ne retrouve pas deux fois dans sa vie... une occasion pareille... Songe que si tu es habile... tu peux, du même coup de filet, prendre la maîtresse du prince et la femme de ce blond jouvenceau. Ah!... mon cœur bat d'une force!... je suis sûr que je suis pâle...

— Monsieur... qu'est-ce que je dois répondre à cette dame? — demanda le valet de chambre, étonné du silence prolongé de son maître.

— Un moment, drôle, attends mes ordres, — reprit brusquement Pascal.

— Allons... du calme, encore une fois du calme, — pensait-il. — L'émotion perdrait tout... paralyserait mes moyens... C'est une terrible partie à jouer... car, ayant si beau jeu... je crois, misère de Dieu! que je me brûlerais la cervelle de rage si j'avais la maladresse de perdre.

Après un moment de silence, pendant lequel il parvint à dominer son agitation intérieure, Pascal se dit :

— Me voilà remis, voyons-la venir... et jouons serré.

Et il ajouta tout haut :

— Faites entrer cette dame...

Le domestique sortit, et revint bientôt ouvrir la porte et annoncer :

— Madame la marquise de Miranda.

Madeleine, contre son habitude, était vêtue ce jour-là, non plus en *mère-grand*, ainsi que, la veille, elle l'avait dit au prince, mais avec une fraîche élégance qui rendait sa beauté plus irrésistible encore : un chapeau de paille de riz à la Paméla, orné d'épis de blé mêlés de bleuets, dégageait et découvrait le visage et le cou de la marquise; une fraîche robe de mousseline blanche, aussi semée de petits bleuets, dessinait les contours d'une taille incomparable, type achevé de la fine élégance, et de la souplesse voluptueuse qui caractérise les créoles mexicaines, tandis que son écharpe de gaze ondulait légèrement selon les aspirations tranquilles d'un sein de marbre.

XXI.

Pascal resta un moment ébloui, fasciné.

Il revoyait Madeleine mille fois plus belle... plus provoquante, plus désirable encore que la veille... Et, quoique *fin connaisseur*, ainsi qu'il l'avait dit au prince, quoiqu'il eût joui et abusé de tous ces trésors de beauté, de grâce et de jeunesse que la misère rend tributaires de la richesse, de sa vie il n'avait soupçonné l'existence d'une créature telle que Madeleine... et, chose étrange ou plutôt naturelle pour cet homme blasé, dépravé par la satiété de tous les plaisirs, il évoquait, en ce moment même, la figure virginale d'Antonine à côté de celle de la marquise; pour lui, Vénus Aphrodite se complétait par Hébé...

Madeleine, profitant du silence involontaire de Pascal, lui dit d'un ton sec, hautain et sans faire la moindre allusion à la scène de la veille, malgré les quelques mots ajoutés à son nom sur sa carte :

— Monsieur... j'ai sur vous une lettre de crédit... la voici... j'ai voulu vous voir pour quelques arrangemens d'affaires.

Cet accent dédaigneux et bref déconcerta Pascal ; il s'attendait, sinon à des excuses, du moins à quelques explications sur la scène de la veille ; aussi lui dit-il presqu'en balbutiant :

— Comment... madame... vous venez ici, seulement... à propos... de cette lettre de crédit !...

— Pour cette lettre.... d'abord ; puis.... pour autre chose...

— Je m'en doutais, — se dit Pascal avec un soupir d'allègement, — la lettre de crédit n'était qu'un prétexte... C'est bon signe.

Et il reprit tout haut :

— La lettre de crédit, madame, est du ressort de mon caissier... Il aura l'ordre de faire ce que vous lui demanderez. Quant à l'autre chose qui vous amène, elle m'est, je l'espère, toute personnelle ?

— Oui...

— Avant d'en parler, madame, me permettrez-vous de vous faire une question ?

— Laquelle ?

— Sur la carte que vous venez de me faire remettre, madame, vous avez écrit que vous m'aviez vu hier à l'Élysée ?

— Ensuite ?...

— Mais vous ne paraissez vous souvenir de notre entrevue... que par écrit.

— Je ne comprends pas.

— Voyons, — dit Pascal en reprenant peu à peu son assurance, et pensant que la sécheresse d'accent de Madeleine était une feinte dont il ne devinait pas encore le but, — voyons, madame la marquise... avouez qu'hier vous avez traité... bien durement votre humble serviteur...

— Après ?...

— Comment ? vous n'éprouvez pas un petit remords... d'avoir été si méchante ?... vous ne regrettez pas votre injuste vivacité envers moi ?...

— Non...

— Très bien !... j'y suis... c'était d'un excellent effet pour ce brave homme d'archiduc, — se hasarda de dire Pascal en souriant, espérant d'une façon ou d'une autre faire sortir Madeleine de cette réserve glacée dont il commençait à s'inquiéter, — c'est toujours très adroit d'avoir l'air de prendre les intérêts de la dignité de ceux que nous dominons... car, entre nous... belle... adorable... comme vous l'êtes, vous devez faire de ce pauvre prince tout ce que vous voulez... mais je vous défie d'en jamais faire... un homme d'esprit... et un homme généreux.

— Continuez...

— Tenez, madame la marquise, je n'ai pas vu votre lettre de crédit, — et Pascal l'ouvrit, — je parie que c'est d'une mesquinerie atroce... Parbleu !... j'en étais sûr... quarante mille francs... qu'est-ce qu'une femme comme vous peut faire, à Paris, avec cette misère?... Ah! ah! ah! quarante mille francs... Il n'y a qu'un archiduc allemand capable d'une telle magnificence.

Madeleine avait d'abord écouté Pascal sans le comprendre. Bientôt elle le comprit : il la regardait comme la maîtresse du prince et vivant de ses libéralités.

Une bouffée de rougeur monta soudain au visage de Madeleine... Puis, un moment de réflexion la calma, et, pour ses projets, elle sut même gré à monsieur Pascal de cette supposition ; aussi, reprit-elle avec un demi-sourire :

— Décidément, monsieur... vous n'aimez pas le prince...

— Je l'abhorre ! — s'écria audacieusement Pascal encouragé par le sourire de la marquise, et croyant faire un coup de maître en brusquant les choses. — Je l'exècre, ce maudit prince... car il possède un inestimable trésor... que je voudrais lui ravir au prix de tous les miens...

Et Pascal jeta un regard enflammé sur Madeleine, qui reprit :

— Un trésor ?... je ne croyais pas le prince si riche... puisqu'il avait recours à vous... pour un emprunt... monsieur.

— Eh ! madame... — dit Pascal d'une voix basse et palpitante, — ce trésor... c'est vous...

— Allons, vous me flattez, monsieur.

— Écoutez, madame, — reprit Pascal après un moment de silence, — allons droit au fait, c'est la bonne méthode. Vous êtes une femme d'esprit, je ne suis point sot, nous nous entendrons...

— A propos de quoi, monsieur ?

— Je vais vous le dire. Si à l'étranger je ne passe pas positivement pour... une rosière en matière de finances... je passe pour avoir une petite aisance, n'est-ce pas ?

— Vous passez pour puissamment riche, monsieur.

— Je passe pour ce que je suis... je vas vous le prouver : Un million comptant pour frais d'établissement... cent mille livres de rente viagère, une corbeille de noce comme tous les archiducs de la Germanie réunis n'en pourraient payer une, en boursicotant, et, de plus, je défraie la maison. Que dites-vous de cela ?

Madeleine, qui ne comprit pas tout d'abord, regarda Pascal d'un air très surpris ; il reprit :

— Cette libéralité vous confond... ou bien vous n'y croyez pas peut-être. Cela vous paraît fort... je vas vous montrer que je peux me permettre cette folie-là... Voici un petit carnet qui n'a l'air de rien... — et il le prit dans l'un des tiroirs de son bureau ; — c'est mon bilan... et, sans être bien forte en finances, vous pouvez voir que, cette année, mon inventaire se monte à vingt-sept millions cinq cent soixante mille francs. Maintenant, supposons que ma folie me coûte une somme ronde de trois millions, il me reste vingt-quatre petits *millionnets* qui, manipulés comme je les manipule, me rapporteront toujours bien dans les environs de quinze cent mille livres de rente... et comme je vis admirablement bien avec cinquante ou soixante mille francs par an, je rattrape en trois années, seulement avec mon revenu, les trois millions de ma folie. Je vous dis cela, marquise, parce que, surtout en fait de folies, il faut compter et prouver qu'on peut tenir ce qu'on promet. Maintenant, avouez que le bonhomme Pascal vaut bien un archiduc ?

— Ainsi... cette offre... c'est à moi que vous la faites, monsieur ?

— Quelle question ? Voyons, quittez votre archiduc... donnez-moi des arrhes... je vous compte de la main à la main le million en bons du trésor. Je passe acte chez mon notaire pour les cent mille livres de rente viagère... et, si le père Pascal est content... il n'est pas au bout de son rouleau...

Le financier disait vrai ; ces offres, il les faisait sincèrement, l'impression croissante qu'il éprouvait à la vue de Madeleine, l'orgueil d'enlever à un prince sa maîtresse, la vanité de l'entourer aux yeux de tout Paris d'une grande splendeur et d'exciter l'envie de tous ; enfin l'abominable espérance d'amener la marquise, à force d'argent, à enlever Antonine à Frantz, tout enfin justifiait, dans son ignominie et dans sa magnificence, l'offre de Pascal à Madeleine.

Reconnaissant à cette offre le degré d'influence qu'elle exerçait sur Pascal, Madeleine s'en réjouit, et, pour éprouver davantage encore la sincérité de cette offre, elle reprit en paraissant hésiter :

— Sans doute, monsieur, ces propositions sont au-dessus de mon faible mérite ; mais...

— Cinquante mille livres de rente viagère de plus, et une maison de campagne ravissante ! — s'écria Pascal. — C'est mon dernier mot, marquise !

— Voici le mien, monsieur Pascal, — reprit Madeleine en se levant et en jetant sur le financier un regard qui le fit reculer.

— Écoutez-moi bien : Vous êtes bassement cupide ; votre offre magnifique me prouve donc l'impression que j'ai produite sur vous.

— Si cette offre ne suffit pas ! — s'écria Pascal en joignant les mains, — parlez, et....

— Taisez-vous, je n'ai pas besoin de votre argent.

— Ma fortune, s'il le faut.

— Regardez-moi bien, monsieur Pascal, et si vous avez jamais osé regarder une honnête femme en face et su lire sur son front la vérité, vous verrez que je dis vrai. Vous mettriez toute votre fortune là, à mes pieds, que le dédain et le dégoût que vous m'inspirez resteraient ce qu'ils sont.

— Écrasez-moi ; mais laissez-moi vous dire...

— Taisez-vous... Il m'a convenu de vous laisser croire un instant que j'étais la maîtresse du prince... d'abord, parce que je n'ai pas souci de l'estime d'un homme de votre espèce... et puis, parce que cela vous encourageait dans vos offres insolentes...

— Mais alors... pourquoi m'avoir...

— Taisez-vous... J'avais besoin de savoir mon degré d'influence sur vous ; je le sais... je vais en user.

— Oh !... je ne demande pas mieux, si vous voulez me...

— Je suis venue ici pour deux raisons : la première... pour toucher cette lettre de crédit...

— A l'instant, mais...

— J'étais venue ensuite pour mettre un terme à l'abus infâme que vous faites d'un service en apparence généreusement rendu au mari de ma meilleure amie, monsieur Charles Dutertre.

— Vous connaissez les Dutertre... ah ! je vois le piège...

— Tous moyens sont bons... pour prendre les êtres malfaisants... vous, et vous êtes pris...

— Oh ! pas encore, — reprit Pascal en serrant les dents de rage et de désespoir, car l'impérieuse beauté de Madeleine, encore augmentée par l'animation de son langage, exaspérait sa passion jusqu'au vertige ; — peut-être triomphez-vous trop tôt, madame...

— Vous allez le voir.

— Voyons, — dit Pascal en tâchant de payer d'audace malgré la torture qu'il endurait, — voyons...

— A l'instant... là... sur cette table, vous allez signer un acte en bonne forme... par lequel vous vous engagez à accorder à monsieur Dutertre le temps que vous lui aviez accordé sur parole pour se liquider envers vous...

— Mais...

— Comme vous pourriez me tromper, et que je n'entends rien aux affaires, j'ai chargé un notaire de rédiger cet acte, afin que vous n'ayez plus qu'à le signer.

— C'est une plaisanterie !

— Le notaire m'a accompagnée... il attend dans la pièce voisine...

— Comment !... vous avez amené ?...

— On ne vient pas seule chez un homme comme vous... Vous allez donc me signer cet acte... à l'instant.
— Et en retour ?
— Mon dédain et mon dégoût, comme toujours...
— Misère de Dieu !... voilà qui est violent !...
— C'est ainsi.
— Vouloir m'enlever gratis mon *meilleur morceau*... au moment où, dans la rage qui me possède... il ne me reste qu'à me repaître de vengeance pour me consoler un peu ! Ah ! la Dutertre est votre meilleure amie !... ah ! ses larmes vous seront amères !... ah ! les douleurs de cette famille vous déchireront le cœur ! Pardieu ! cela se trouve à point, et j'aurai ma vengeance aussi, moi !
— Vous refusez ?
— Si je refuse !... Ah çà ! madame la marquise, vous me croyez donc idiot ? et, pour une femme d'esprit, vous êtes faible... en ce moment. Vous m'auriez pris par la câlinerie... Entortillé par quelque promesse... j'étais capable de...
— Allons donc, est-ce qu'on s'abaisse à faire semblant de vouloir séduire monsieur Pascal ?... On lui ordonne de réparer une indignité... il la répare... et on méprise monsieur Pascal après comme devant, aujourd'hui comme hier... demain comme aujourd'hui...
— Misère de Dieu ! c'est à devenir fou ! — s'écria le financier, abasourdi, presque effrayé de l'accent de conviction que prenait Madeleine, et se demandant si elle n'avait pas connaissance de quelque petit *secret véreux* dont elle pouvait se faire une arme. Mais notre homme, fin et prudent comme un fripon, se rassura bientôt après un rapide examen de conscience, et reprit :
— Eh bien ! madame, me voici prêt à obéir si vous m'y forcez... j'attends...
— Ce ne sera pas long...
— J'attends...
— J'ai vu... dans votre rue, plusieurs logemens à louer... Cela n'a rien, assurément, d'extraordinaire, monsieur Pascal ; mais un hasard heureux a voulu qu'il y eût un fort joli appartement, au premier, disponible presque en face de votre maison.

Pascal regarda Madeleine d'un air hébété.
— Cet appartement... je le prends... et je m'y installe demain...

Un vague pressentiment fit tressaillir le financier ; il pâlit.

Madeleine poursuivit en attachant son regard brûlant sur celui de cet homme :
— A toute heure du jour et de la nuit... vous saurez que je suis là... Vous ne pourrez sortir de chez vous ou y rentrer sans passer devant mes fenêtres... où je serai souvent, très souvent... j'aime assez me mettre à la fenêtre... Vous ne quitterez pas votre maison... je vous en défie... Un charme irrésistible... fatal... vous y retiendra pour votre supplice de tous les instans... Ma vue... causera votre torture, et vous rechercherez ma vue... Chaque fois que vous rencontrerez mes regards, et vous les rencontrerez souvent... vous recevrez un coup de poignard au cœur... et cependant, embusqué derrière vos rideaux, vous épierez mes moindres regards.

En parlant ainsi, Madeleine avait fait un pas vers Pascal, le tenant fasciné, pantelant, sous ses yeux fixes, ardens, dont il ne pouvait détacher les siens.

La marquise poursuivit :
— Ce n'est pas tout... Comme ce logement est vaste... Antonine, aussitôt après son mariage, viendra, ainsi que Frantz, habiter avec moi... je ne sais vraiment pas alors, mon pauvre monsieur Pascal, ce que vous deviendrez.
— Oh !... cette femme... est infernale, — murmura le financier.
— Jugez donc... les tortures de toutes sortes que vous aurez à endurer. Il fallait que vous fussiez bien épris d'Antonine pour vouloir l'épouser ; il fallait que vous fussiez bien épris de moi pour mettre votre fortune à mes pieds... Eh bien !... non-seulement vous souffrirez un martyre atroce en voyant posséder par d'autres les deux femmes que vous avez si follement désirées (car je suis veuve... et j'ai envie de me remarier) ; mais encore, vos immenses richesses, vous les maudirez... car chaque instant du jour vous dira qu'elles ont été impuissantes, qu'elles seront toujours impuissantes à satisfaire vos plus ardens désirs.
— Laissez-moi ! — balbutia Pascal en reculant devant Madeleine, qui le tenait toujours sous son regard. — Laissez-moi ! Mais c'est donc le démon... que cette femme !...
— Tenez, voyez-vous, — reprit la marquise, — malgré moi je vous plains, mon pauvre monsieur Pascal, en songeant à votre rage envieuse, à votre jalousie féroce, exaspérées jusqu'à la frénésie par la pensée incessante du bonheur d'Antonine, car vous nous verrez presque chaque jour... souvent aussi la nuit ; oui, la saison est belle, le clair de lune charmant, et, bien des fois, le soir, très tard, caché dans l'ombre, le regard ardemment fixé sur ma demeure, vous verrez tantôt Antonine et moi, accoudées à notre balcon, jouissant de la fraîcheur du soir, et, riant fort, je vous l'avoue, de monsieur Pascal, alors placé sans doute derrière quelque persienne et nous dévorant des yeux ; tantôt Antonine et Frantz, à leur croisée, parleront d'amour au clair de la lune, tandis que moi et mon futur mari nous serons aussi délicieusement occupés sous vos yeux.
— Malédiction ! — s'écria Pascal hors de lui, — elle me torture sur des charbons ardens.
— Et ce n'est pas tout, — reprit la marquise d'une voix basse, presque palpitante ; — à une heure plus avancée, vous verrez nos fenêtres se fermer, nos rideaux discrètement tirés sur la faible lueur de la lampe d'albâtre, si douce et si propice aux voluptés de la nuit... — Puis, la marquise, riant aux éclats, ajouta : — Aussi, tenez, mon pauvre monsieur Pascal, je ne serais pas étonnée que, de désespoir et de rage, vous deveniez fou ou que vous vous brûliez la cervelle.
— Pas sans m'être vengé, du moins, — murmura Pascal saisi d'un effrayant vertige, en se précipitant sur son bureau, dans lequel il y avait un pistolet chargé...

Mais Madeleine, qui savait avoir tout à redouter d'un pareil homme, s'était, en s'avançant peu à pas vers lui, le tenant sous son regard, ainsi peu à peu approchée de la cheminée ; au geste menaçant de Pascal, elle tira violemment le cordon de la sonnette qu'elle avait remarqué.

Aussi, au moment où Pascal, livide, effrayant, se retournait vers Madeleine, le domestique entrait vivement, tout surpris de la précipitation des coups de sonnette...

Au bruit de la porte qui s'ouvrit, à la vue de son valet de chambre, Pascal revint à lui... rejeta vivement derrière lui la main qui tenait le pistolet, et le laissa tomber sur le tapis.

La marquise avait profité de ces quelques instans pour s'approcher de la porte laissée ouverte par le domestique, et pour dire à haute voix au notaire, qui, assis dans une pièce voisine, s'était aussi vivement levé au bruit précipité de la sonnette :
— Monsieur... mille pardons de vous avoir fait si longtemps attendre... veuillez vous donner la peine d'entrer.

Le notaire entra.
— Sortez, — dit brusquement Pascal à son domestique.

Et le financier essuya son front livide, baigné d'une sueur froide.

Madeleine, restée seule avec Pascal et le notaire, dit à celui-ci :
— Vous avez, monsieur, préparé l'acte relatif à monsieur Charles Dutertre ?
— Oui, madame la marquise, il n'y a plus qu'à approuver l'écriture et à signer.
— Fort bien, — dit la marquise ; — puis, pendant que Pascal, anéanti, s'appuyait sur le fauteuil placé devant son bureau, elle prit une feuille de papier, une plume, et écrivit ce qui suit :

« Signez l'acte... et non seulement je ne viendrai pas habiter en face de votre maison... mais, ce soir, je quitterai Paris, où je ne reviendrai pas de longtemps... Ce que je promets, je le tiens... »

Ces lignes écrites, Madeleine remit le papier à Pascal, en disant au notaire :
— Pardon, monsieur... il s'agit d'une condition relative à l'acte... que je désire soumettre à monsieur Pascal.
— Parfaitement, madame la marquise, — répondit le notaire en s'inclinant, pendant que le financier lisait.
A peine eut-il lu, qu'il dit au notaire d'une voix altérée, et comme s'il avait hâte d'échapper à un grand danger :
— Cet acte... monsieur... cet acte... finissons.
— Je vais, monsieur... préalablement vous en donner lecture, — répondit le notaire en tirant l'acte de son portefeuille et en le dépliant avec lenteur.
Mais monsieur Pascal le lui arracha brusquement des mains, et dit, comme si sa vue eût été troublée :
— Où faut-il signer ?...
— Ici, monsieur... et approuver l'écriture auparavant... mais il est d'usage de...
Pascal écrivit d'une main convulsive et tremblante l'approbation d'écriture, signa, jeta la plume sur le bureau, et baissa la tête afin de ne pas rencontrer le regard de Madeleine.
— Il manque encore un paraphe ici, — dit le minutieux notaire.
Pascal parapha, le notaire prit l'acte en jetant un coup d'œil surpris, presque craintif, tant l'expression de la figure livide de Pascal était sinistre.
La marquise, toujours de sang-froid, reprit sa lettre de crédit, laissée sur le bureau, et dit au financier :
— Comme j'aurai besoin de tous ces fonds pour mon voyage, monsieur, et que je pars ce soir... je vais, si vous le voulez bien, toucher la totalité de cette lettre de crédit ?
— Passez à la caisse, — répondit machinalement Pascal, les yeux égarés et injectés de sang, car à sa pâleur livide avait soudain succédé une rougeur pourprée.
Madeleine, précédant le notaire, qui prétexta de saluer Pascal pour le regarder encore d'un air alarmé, Madeleine sortit du cabinet, ferma la porte, et dit au domestique :
— Où est la caisse ? je vous prie.
— La première porte à gauche dans la cour, madame.
La marquise quittait le salon lorsqu'un grand bruit se fit entendre dans le cabinet de Pascal...
On eût dit la chute d'un corps tombant sur le plancher.
Le domestique, quittant aussitôt Madeleine et le notaire, courut chez son maître.
La marquise, après avoir touché en billets de banque le montant de sa lettre de crédit, allait remonter en voiture, accompagnée du notaire, lorsqu'elle vit sortir de la porte cochère le domestique, d'un air effaré.
— Qu'y a-t-il, mon bon ami, — lui demanda le notaire, — vous semblez effrayé ?
— Ah! monsieur, quel malheur ! mon maître vient d'avoir une attaque d'apoplexie... je cours chercher un médecin...
Et il disparut en courant.
— Je me disais aussi, — reprit le notaire en s'adressant à Madeleine, — ce cher monsieur ne me paraît pas dans son état naturel; cela ne vous a-t-il pas fait cet effet-là, madame la marquise ?...
— Je trouvais comme vous, monsieur, quelque chose de particulier dans l'expression de la physionomie de monsieur Pascal.
— Dieu veuille que cette attaque n'ait rien de grave, madame la marquise... Un homme si riche mourir dans toute la force de l'âge, ce serait vraiment dommage.
— Grand dommage, en vérité... Mais dites-moi, monsieur, si vous le voulez bien, je vais vous reconduire chez vous, et vous me remettrez l'acte relatif à monsieur Dutertre... J'en ai besoin.
— Le voici, madame la marquise, mais je ne souffrirai pas que vous vous dérangiez de votre route pour moi... Je vais à deux pas d'ici.
— Soit. Ayez alors la bonté de prendre ces quarante mille francs. Je désirerais avoir dix mille francs en or pour mon voyage, et une lettre de crédit sur Vienne. Et quand faudra-t-il vous porter ces fonds ?
— Je vais m'en occuper tout de suite, madame la marquise. Et quand faudra-t-il vous porter ces fonds ?
— Ce soir, avant six heures, je vous prie.
— Je serai exact, madame la marquise.
Le notaire salua respectueusement, et Madeleine se fit aussitôt conduire à l'usine de Charles Dutertre.

XXII.

Madeleine, nous l'avons dit, s'était, en sortant de chez monsieur Pascal, fait conduire chez madame Dutertre ; celle-ci était seule, retirée dans sa chambre à coucher, lorsque la servante lui annonça la marquise.
Sophie, alors assise dans un fauteuil, semblait en proie à un grand désespoir ; à la vue de son amie, elle releva vivement la tête ; ses traits, navrés, baignés de larmes, étaient d'une pâleur mortelle.
— Tiens... lis... et ne pleure plus, — s'écria tendrement Madeleine, en lui remettant l'acte signé par monsieur Pascal, — hier... avais-je tort de te dire : Espère.
— Ce papier !... — reprit madame Dutertre avec surprise, — qu'est-ce ?... explique-toi.
— Ta délivrance et celle de ton mari...
— Notre délivrance ?
— Monsieur Pascal s'est engagé à donner à ton mari tout le temps que celui-ci demandait pour s'acquitter...
— Il serait vrai ! Non... non.., un tel bonheur... encore une fois, c'est impossible...
— Lis donc... incrédule...
Sophie parcourut rapidement l'acte, puis, regardant la marquise avec stupeur :
— Cela... tient du prodige, — reprit-elle, — je ne puis en croire mes yeux... et par quel moyen ?... Mais, mon Dieu !... c'est de la magie !
— Peut-être ! — répondit Madeleine en souriant, — qui sait ?
— Ah !... pardon... mon amie... — s'écria Sophie en se jetant au cou de la marquise, — ma surprise était si vive... qu'un instant elle a paralysé ma reconnaissance. Tu nous arraches à la ruine ;... nous et nos enfans nous te devrons tout, bonheur, sécurité... fortune... Oh ! Madeleine... tu es notre ange sauveur !...
L'expression de la reconnaissance de madame Dutertre était sincère...
Cependant la marquise remarqua dans l'accent, dans le geste, dans le regard de son amie, une sort de contrainte... Sa physionomie ne semblait pas sereine, radieuse, comme elle aurait dû le devenir à la nouvelle d'un salut inespéré.
Un autre chagrin préoccupait évidemment madame Dutertre ; aussi, après un moment de silence attentif, Madeleine reprit :
— Sophie... tu me caches quelque chose : tes chagrins ne sont pas à leur fin ?...
— Peux-tu le croire... lorsque, grâce à toi, Madeleine... notre avenir est aujourd'hui aussi beau, aussi assuré qu'il était hier désespéré... lorsque...
— Je te dis moi, ma pauvre Sophie, que tu souffres encore... Je devrais lire sur tes traits la joie la plus entière, et tu peux à peine dissimuler ton chagrin.
— Me croirais-tu ingrate ?
— Je crois ton pauvre cœur blessé... oui, et cette bles-

sure est si douloureuse, qu'elle n'est pas même adoucie par la bonne nouvelle que je t'apporte.

— Madeleine, je t'en conjure... laisse-moi... ne me regarde pas ainsi... cela me trouble;... ne m'interroge pas; mais, crois, oh ! je t'en supplie, crois bien que, de ma vie, je n'oublierai ce que nous te devons.

Et madame Dutertre cacha sa figure entre ses mains et fondit en larmes.

La marquise réfléchit pendant quelques instans, parut hésiter, et reprit :

— Sophie, où est ton mari ?

La jeune femme tressaillit, rougit et pâlit tour à tour, et s'écria involontairement et presque avec crainte :

— Tu veux donc le voir ?

— Oui.

— Je ne sais... s'il est... en ce moment à l'usine, — répondit madame Dutertre en balbutiant, — mais, si tu le désires... si tu y tiens absolument... je vais le faire demander... afin qu'il apprenne de toi-même... tout ce que nous te devons...

La marquise secoua mélancoliquement la tête et reprit :

— Ce n'est pas pour recevoir les remercîmens de ton mari, que j'aurais voulu le voir, Sophie... c'eût été pour... lui faire, comme à toi... mes adieux...

— Tes adieux ?

— Ce soir... je quitte Paris.

— Tu pars ! — s'écria madame Dutertre, et son accent trahit un singulier mélange de surprise, de tristesse et de joie.

Aucune de ces nuances ne devait échapper à la pénétration de Madeleine.

Elle éprouva d'abord une impression pénible ; ses yeux devinrent humides ; puis, surmontant son émotion, elle dit à son amie en souriant avec douceur et prenant ses deux mains entre les siennes :

— Ma pauvre Sophie... tu es jalouse...

— Madeleine !

— Tu es jalouse de moi... avoue-le...

— Je t'assure...

— Sophie... sois franche... me nier cela, serait me faire penser que tu crois que j'ai été sciemment coquette... avec ton mari... et Dieu sait ce qui en est;... je ne l'ai vu qu'une fois... en face de toi...

— Madeleine, — s'écria la jeune femme avec effusion et sans pouvoir retenir ses larmes, — pardonne-moi... ce sentiment est honteux... indigne... car je connais l'élévation de ton cœur... et, à ce moment encore, tu viens nous sauver tous ;... mais si tu savais...

— Oui... ma bonne Sophie... si je savais... mais... je ne sais rien ;... voyons... fais-moi ta confession jusqu'au bout ; peut-être me donnera-t-elle une bonne idée...

— Madeleine... en vérité, j'ai honte, je n'oserai jamais...

— Voyons... que crains-tu ? puisque je pars... puisque je pars... ce soir !

— Tiens, c'est là ce qui me navre et m'irrite contre moi-même... Ton départ me désole... j'avais espéré te voir ici chaque jour, pendant longtemps peut-être... et pourtant...

— Et pourtant... mon départ te délivrera d'une cruelle appréhension... n'est-ce pas ? Mais c'est tout simple, ma bonne Sophie, qu'as-tu à te reprocher, puisque, ce matin, avant de venir te voir, j'avais résolu de partir ?

— Oui... tu dis cela... vaillante et généreuse comme tu l'es toujours.

— Sophie, je n'ai jamais menti... je te répète que, ce matin, avant de t'avoir vue... mon départ était arrêté ;... mais, je t'en conjure... dis-moi quelles causes ont éveillé ta jalousie... Cela est peut-être plus important que tu ne le penses pour la tranquillité de tous...

— Eh bien ! hier soir, Charles est rentré, brisé de fatigue et d'inquiétude, épouvanté des promptes mesures dont monsieur Pascal le faisait menacer.... malgré ces préoccupations terribles... il m'a encore longuement parlé de toi ;... alors, je te l'avoue, les premiers soupçons me sont venus, en voyant à quel point ton souvenir dominait sa pensée... Charles s'est mis au lit... je suis restée pensive, assise à son chevet... Bientôt il s'est endormi... épuisé par les poignantes émotions de cette journée ;... au bout de quelques instans son sommeil, d'abord tranquille, a paru agité... deux ou trois fois... ton nom est sorti de ses lèvres... puis ses traits se sont péniblement contractés, et il a murmuré, comme s'il eût été oppressé par un remords :

— Pardon ! Sophie... pardon !... et mes enfans, oh ! Sophie...

— Puis... il a encore prononcé quelques mots inintelligibles, et son repos n'a plus été troublé... Voilà tout ce qui s'est passé, Madeleine... ton nom seulement prononcé par mon mari... durant son sommeil... et cependant... je ne puis te dire le mal affreux que cela m'a fait... en vain je cherchais la cause de cette impression si vive, si soudaine, car Charles ne t'avait vu qu'une fois, et pendant un quart-d'heure à peine ;... sans doute tu es belle... oh ! bien belle... et je ne puis t'être comparée, je le sais ;... cependant jusqu'ici Charles m'avait toujours tant aimée !...

Et la jeune femme ne put retenir ses larmes.

— Pauvre et bonne Sophie, — reprit la marquise avec attendrissement, — rassure-toi... il t'aime... il t'aimera toujours... et tu m'auras bientôt fait oublier...

Madame Dutertre soupira en secouant tristement la tête. Madeleine poursuivit :

— Crois-moi, Sophie... il dépendra de toi de me faire oublier... de même qu'il eût dépendu de toi d'empêcher ton mari de songer un seul instant à moi.

— Que veux-tu dire ?

— Tout à l'heure, j'ai provoqué ta confidence en t'assurant qu'elle aurait sans doute quelque heureux résultat pour ton bonheur à venir et pour celui de ton mari ;... je ne m'étais pas trompée.

— Explique-toi...

— Voyons, figure-toi, ma bonne Sophie, que tu es à confesse... — reprit Madeleine en souriant ; — oui, imagine-toi que tu es au confessionnal de ce grand et gros abbé Jolivet... tu sais, l'aumônier de la pension, qui nous faisait de si étranges questions lorsque nous étions jeunes filles... Aussi, depuis ce temps-là, me suis-je toujours demandé pourquoi il n'y avait pas d'abbesses pour confesser les jeunes filles ;... mais, comme sans être abbesse, je suis femme... — ajouta la marquise en souriant de nouveau, — je peux hasarder quelques questions dont notre ancien confesseur eût été fort affriandé... Voyons... dis-moi... et ne rougis pas... ton mari t'a épousée par amour ?...

— Hélas !

— Veux-tu bien ne pas gémir à propos d'un si charmant souvenir !

— Ah ! Madeleine... plus le présent est triste, plus certains souvenirs nous navrent...

— Le présent... l'avenir seront ce que tu voudras qu'ils soient. Mais, réponds-moi : pendant les deux ou trois premières années de ton mariage... vous vous êtes aimés... aimés... en amans, n'est-ce pas ?... tu me comprends ?

La jeune femme baissa les yeux en rougissant.

— Puis, peu à peu... sans que votre affection diminuât pour cela, cette tendresse passionnée a fait place à un sentiment plus calme... que votre amour pour vos enfans a rempli de charme et de douceur ;... mais enfin... les deux amans n'étaient plus que deux amis réunis par les devoirs les plus chers et les plus sacrés... est-ce vrai ?

— Cela est vrai, Madeleine, et, s'il faut te le dire... quelquefois j'ai regretté ces jours de première jeunesse et d'amour ; puis je me suis reproché ces regrets... me disant qu'ils étaient incompatibles peut-être avec les sérieux devoirs qu'impose la maternité.

— Pauvre Sophie !... Mais, dis-moi... ce refroidissement... ou plutôt votre transformation d'amans en époux, en amis, si tu veux, n'a pas été soudaine, n'est-ce pas ? Cela est venu... insensiblement, et presque sans que vous vous en soyez aperçus.

— En effet... mais comment sais-tu ?...

— Encore une question... chère Sophie... Dans les premiers temps de votre amour... toi et ton mari... vous étiez, j'en suis certaine, très coquets l'un pour l'autre ? Jamais ta toilette n'était assez fraîche, assez jolie?... Rehausser par la recherche et par la grâce tout ce qu'il y avait en toi de charmant ; enfin plaire à ton mari, le séduire toujours, le rendre amoureux toujours, telle était ta seule pensée?... Ton Charles avait sans doute quelque parfum de prédilection... et tes beaux cheveux, tes vêtemens, exhalaient cette douce senteur qui, lors de l'absence, matérialise pour ainsi dire le souvenir de la femme aimée?...

— C'est vrai... nous adorions l'odeur de la violette et de l'iris... Ce parfum me rappelle toujours nos beaux jours d'autrefois.

— Tu vois donc bien !... Quant à ton mari, je n'en doute pas, il luttait avec toi de soins, d'élégance et de goût dans les plus petits détails de sa mise ;... enfin, tous deux, ardens, passionnés, vous pariez avec délices vos jeunes amours... Mais, hélas ! du sein de ce bonheur si facile, si commode, est sortie peu à peu l'HABITUDE... l'habitude, ce fatal précurseur du *sans-gêne*, du *sans-façon*, de la *négligence de soi... l'habitude*... d'autant plus dangereuse, que souvent elle ressemble, à s'y méprendre, à un confiant et intime abandon... Aussi l'on se dit : « Je suis sûre d'être » aimée ;... à quoi bon ces recherches, ces soins de tous » les instans ?... ce sont des futilités auprès du véritable » amour? » De sorte, ma bonne Sophie, qu'il est venu un jour où, tout absorbée d'ailleurs par ta tendresse pour tes chers enfans, tu ne t'es plus occupée de savoir si ta coiffure séyait plus ou moins bien à ton joli visage?... si ta robe se drapait bien ou mal à ton gracieux corsage ?... si ton petit pied était ou non coquettement chaussé dès le matin;... ton mari, absorbé de son côté par ses travaux, comme toi par la maternité, s'est aussi peu à peu négligé. Insensiblement vos yeux se sont accoutumés à ce changement, sans presque s'en apercevoir ; de même que, pour ainsi dire, l'on ne se voit pas vieillir lorsque l'on vit continuellement ensemble. Et cela est si vrai, chère Sophie, que si, à cette heure, tu évoquais par le souvenir, la recherche, l'élégance, les soins charmans dont ton mari et toi vous vous entouriez au beau temps de vos amours... tu resterais saisie de surprise en comparant le présent au passé...

— Il n'est que trop vrai... Madeleine, — répondit Sophie en jetant un regard triste, presque honteux sur ses vêtemens négligés, sur sa coiffure en désordre. — Oui... peu à peu, j'ai oublié l'art, ou plutôt le désir de plaire à mon mari. Hélas ! il est maintenant trop tard pour se repentir.

— Trop tard ! — s'écria la marquise, — trop tard ! Avec tes vingt-cinq ans, avec cette figure si attrayante... trop tard ! cette taille enchanteresse, ces cheveux magnifiques, ces dents de perles, ces grands yeux tendres, cette main de duchesse et ce pied d'enfant, trop tard !... Laisse-moi vivre te femme de chambre pendant une demi-heure, ma chère Sophie, et tu verras s'il est trop tard pour faire redevenir ton mari ardent et passionné comme autrefois.

— Ah ! Madeleine, il n'y a que toi au monde pour donner de l'espoir à ceux qui n'en ont plus ; et pourtant la vérité de tes paroles m'épouvante. Hélas ! tu as raison... Charles ne m'aime plus.

— Il t'aime toujours autant, et peut-être même plus que par le passé, pauvre folle. Car tu es pour lui l'épouse la plus éprouvée, la tendre mère de ses enfans ; mais tu n'es plus l'enivrante maîtresse d'autrefois ; aussi n'a-t-il plus pour toi ce tendre, ce brûlant amour des premiers jours de votre bonheur. C'est un peu bien *cru* ce que je te dis là, ma bonne Sophie; mais enfin, le bon Dieu sait ce qu'il fait : il ne nous a pas créés d'essence immatérielle ; tout en nous n'est pas matière, soit ; mais tout, non plus, n'est pas esprit. Va, crois-moi, il est quelque chose de divin dans le plaisir ; aussi faut-il le parer, le parfumer, l'adoniser. Enfin, pardonne-moi cette énormité ; en ménage...

vois-tu ? une petite pointe de *luxure*... n'est pas de trop, pour réveiller les sens endormis par l'habitude... sinon l'agaçante maîtresse a toujours l'avantage sur l'épouse ; et, entre nous, c'est un peu l'avantage de l'épouse, car, après tout, voyons, Sophie, pourquoi les devoirs de femme et de mère seraient-ils incompatibles avec les séductions et les voluptés de la maîtresse ? pourquoi le père, le mari, ne serait-il pas aussi un amant ravissant ? Tiens, ma bonne Sophie, je vais, en deux mots, avec ma brutalité ordinaire, résumer ta position et la mienne : *Ton mari t'aime*, ET IL NE TE DÉSIRE PLUS... *il ne m'aime pas*, et IL ME DÉSIRE.

Puis, la marquise, riant comme une folle, ajouta :

— N'est-il pas étrange que ce soit moi, une *demoiselle*, hélas ! bien désintéressée dans la question, car je suis comme un gourmand sans estomac qui parlerait d'une chère délicieuse... n'est-il pas étrange que ce soit moi qui fasse ainsi la leçon à une femme mariée ?

— Ah ! Madeleine, — s'écria Sophie avec effusion, — tu nous auras sauvés deux fois aujourd'hui... car ce que mon mari ressent pour toi... il aurait pu le ressentir pour une autre femme moins généreuse que toi... et alors, songe donc à mon chagrin, à mes larmes !... Oh ! tu as raison... tu as raison... il faut que Charles revoie et retrouve dans sa femme... sa maîtresse d'autrefois...

L'entretien des deux amies fut interrompu par l'arrivée d'Antonine.

XXIII.

L'entretien de Madeleine et de Sophie fut donc interrompu par l'arrivée d'Antonine, qui, impétueuse comme la joie, la jeunesse et le bonheur, entra en s'écriant :

— Sophie, je savais hier que Madeleine serait ici ce matin, et j'accours pour vous dire que...

— Pas un mot de plus, petite fille, — reprit gaîment la marquise, en baisant Antonine au front, — nous n'avons pas un moment à perdre ; il faut que nous soyons, nous l'étions autrefois en pension entre nous, les femmes de chambre de Sophie.

— Que dis-tu ? s'écria la jeune femme.

— Mais, Madeleine, — reprit Antonine, — je venais vous prévenir que mon contrat a été signé ce matin par le prince et par mon oncle, et que...

— Ton contrat est signé, mon enfant ! c'est l'important, et je m'y attendais ; tu me conteras le reste lorsque nous aurons fait à notre chère Sophie la plus jolie, la plus coquette toilette du monde ; c'est fort important et surtout fort pressé.

Puis la marquise ajouta tout bas à l'oreille de madame Dutertre :

— Ton mari peut venir d'un moment à l'autre ; il faut qu'il soit ravi... il le sera...

S'adressant alors à Antonine, Madeleine ajouta :

— Vite, vite, mon enfant... aide-moi à apporter cette toilette devant la fenêtre... et occupons-nous d'abord de la coiffure de Sophie...

— Mais, en vérité, Madeleine... — répondit madame Dutertre en souriant, car elle renaissait malgré elle à l'espoir et au bonheur, — en vérité, tu es folle.

— Pas si folle... répondit la marquise, en faisant asseoir Sophie devant la toilette. Dénouant alors la magnifique chevelure de son amie, elle ajouta : — Avec des cheveux pareils, je serais laide comme un monstre que je voudrais paraître agaçante au dernier point ; juge par toi-même de toi... Sophie... Voyons, aide-moi, Antonine, car... ces cheveux sont si longs, si épais, que je ne puis les tenir dans ma main.

Ce fut quelque chose de charmant à voir que ces trois amies de beautés si diverses, ainsi groupées. La candide figure d'Antonine exprimait un étonnement tout naïf de cet toilette improvisée. Sophie, émue, troublée, par les tendres et brûlans souvenirs du passé, sentait sous son voile de cheveux bruns sa gracieuse figure, jusqu'alors pâle et attristée, se colorer d'une rougeur involontaire, tandis que Madeleine, tirant merveilleusement parti de la superbe chevelure de son amie, la coiffait à ravir.

— Maintenant, — dit la marquise à Sophie, — quelle robe vas-tu mettre? Mais, j'y pense, elles doivent t'habiller horriblement mal, si elles sont toutes taillées sur le même patron?

— Elles le sont malheureusement, — répondit Sophie en souriant.

— Très bien! — reprit la marquise, — et toutes sont montantes, je parie?

— Oui, toutes sont montantes, — dit la pauvre Sophie.

— De mieux en mieux, — dit Madeleine. — De sorte que ces jolies épaules à fossettes, ces bras charmans, sont condamnés à un enfouissement perpétuel... c'est déplorable. Voyons, as-tu du moins quelque robe de chambre bien élégante, quelque peignoir bien coquet?

— Mes robes de chambre sont toutes simples. Il est vrai qu'autrefois...

— Autrefois?

— J'en avais de délicieuses.

— Eh bien! où sont-elles?

— Je les ai trouvées trop *jeunes* pour une mère de famille comme moi, — répondit Sophie en souriant, — et je les ai reléguées, je crois, dans le haut de cette armoire à glace.

La marquise n'en entendit pas davantage : elle courut à l'armoire, qu'elle bouleversa, et trouva enfin deux ou trois très jolies robes de chambre de taffetas rayé, d'une extrême fraîcheur ; elle en choisit une fond bleu clair à rayures paille ; les manches, ouvertes et flottantes, devaient laisser les bras nus à partir du coude, et, quoique se croisant par devant, cette robe pouvait s'entr'ouvrir à volonté, et dégager la poitrine.

— A merveille! — dit Madeleine, — cette étoffe est charmante, et aussi fraîche que si elle était neuve ; il me faut maintenant des bas de soie blancs, dignes de ces élégantes pantoufles de Cendrillon que je trouve aussi dans cette armoire... où tu as enseveli tes armes, comme un guerrier qui ne va plus à la bataille.

— Mais, ma chère Madeleine, — dit Sophie, — je...

— Il n'y a pas de mais, — reprit impatiemment la marquise, — je veux et j'entends que, tout à l'heure en entrant ici, ton mari se croie... et soit rajeuni de cinq ans.

Malgré une faible résistance, Sophie Dutertre se montra docile aux conseils et aux soins coquets de son amie ; bientôt, à demi couchée sur une chaise longue, dans une pose pleine de morbidesse et de langueur, elle consentit à ce que la marquise donnât la dernière *touche* à ce tableau vivant. En effet, Madeleine fit jouer quelques longues boucles de cheveux à l'entour du cou ; une éblouissante blancheur, releva les larges manches, afin de bien laisser voir un coude à fossettes, entr'ouvrit quelque peu (malgré les chastes scrupules de Sophie) le corsage de la robe de chambre, qui, drapée avec une agaçante préméditation, laissait voir le bas d'une jambe faite au tour, et le plus joli petit pied du monde.

Il faut le dire, Sophie Dutertre était ainsi charmante : l'émotion, le trouble, l'espoir, une vague inquiétude colorant son doux et attrayant visage, animaient son regard, faisaient palpiter son sein, et donnaient à ses traits une expression délicieuse.

Antonine, frappée de cette espèce de métamorphose, s'écria naïvement en frappant dans ses petites mains :

— Mon Dieu! mon Dieu! Sophie, je ne vous savais pas si jolie que cela.

— Ni Sophie non plus ne le savait plus, — répondit Madeleine en haussant les épaules ; — il faut que ce soit moi qui *exhume* tant d'attraits.

La servante de madame Dutertre, ayant frappé à la porte, entra et dit à sa maîtresse :

— Monsieur désirerait parler à madame... Il est à l'atelier ; il fait demander si madame est chez elle.

— Il le sait ici, — dit tout bas Sophie à Madeleine avec un soupir.

— Fais-lui dire de venir, — reprit à demi-voix la marquise.

— Prévenez monsieur Dutertre que je suis chez moi, — dit Sophie à la servante, qui sortit.

Madeleine, s'adressant alors à son amie d'une voix pénétrée, lui tendit les bras et lui dit :

— Et maintenant... adieu, Sophie... annonce à ton mari qu'il est délivré de monsieur Pascal.

— Tu pars... déjà?... — reprit Sophie avec tristesse ; — et quand te reverrai-je?...

— Je ne sais... un jour peut-être. Mais j'entends les pas de ton mari... je te laisse.

Puis elle ajouta en souriant :

— Seulement, je veux, cachée derrière cette portière abaissée, jouir de ton triomphe.

Et, faisant signe à Antonine de l'accompagner, elle se retira derrière la portière baissée du salon voisin, au moment où monsieur Dutertre entrait dans la chambre à coucher de sa femme. Pendant quelques instans, les yeux de Charles errèrent comme s'il cherchait une personne qu'il s'était attendu à rencontrer, et il ne s'aperçut pas de la métamorphose de Sophie, qui lui dit :

— Charles, nous sommes sauvés... voici le désistement de monsieur Pascal.

— Grand Dieu! serait-il vrai? — s'écria Dutertre en parcourant les papiers que sa femme venait de lui remettre ; puis, son regard se relevant et s'arrêtant sur Sophie, il remarqua seulement alors sa toilette si coquette, si agaçante. Après un moment de silence causé par la surprise et l'admiration, il s'écria :

— Sophie! que vois-je? cette toilette si charmante, si nouvelle! c'est donc pour fêter le jour de notre délivrance?

— Charles, — reprit Sophie en souriant et en rougissant tour à tour, — cette toilette n'est pas nouvelle... il y a quelques années... si tu te le rappelles... je te plaisais ainsi...

— Si je me le rappelle! — s'écria Dutertre, sentant se réveiller en lui mille tendres et voluptueux souvenirs, — ah! c'était le beau temps de nos brûlantes amours ; et cet heureux temps, il renaît, il existe. Je te revois comme par le passé... la beauté brille à mes yeux d'un éclat tout nouveau... Je ne sais quel est ce prestige... mais cette élégance... cette coquetterie... cette grâce... ta rougeur... tout, jusqu'à cette douce senteur d'iris que nous aimions tant, tout me transporte et m'enivre... Jamais, non, jamais, je ne t'ai vue plus jolie, — ajouta Dutertre d'une voix passionnée en baisant avec ardeur les belles mains de Sophie.

— Oh! oui, c'est toi, c'est bien toi, je te retrouve, maîtresse adorée de mon *premier amour!*

— Maintenant, petite fille... il est, je crois, fort à propos de nous retirer, — dit tout bas Madeleine à Antonine, sans pouvoir s'empêcher de sourire.

Et toutes deux, s'éloignant sur la pointe du pied, et quittant la chambre, la marquise ferma discrètement la porte, se trouvèrent dans le cabinet de monsieur Dutertre, qui donnait sur le jardin.

— Tout à l'heure, Madeleine, — dit Antonine à la marquise, — vous ne m'avez pas laissé achever ce que je venais vous dire.

— Eh bien! parle, mon enfant.

— Monsieur Frantz est ici.

— Lui... ici! — dit la marquise en tressaillant sans pouvoir cacher un sentiment douloureux. — Et pourquoi, et comment... monsieur Frantz est-il ici?

— Sachant par moi que vous deviez vous trouver ici

ce matin, — reprit Antonine, — monsieur Frantz est venu pour vous remercier de toutes vos bontés pour nous... Il attend dans le jardin... et, tenez, le voilà !...

Ce disant, la jeune fille montra Frantz, qui, en effet, était assis sur un banc du jardin.

Madeleine jeta un long et dernier regard sur son *blond archange*, sans pouvoir retenir une larme qui roula dans ses yeux ; puis, baisant Antonine au front, elle lui dit d'une voix légèrement altérée :

— Adieu, mon enfant.

— Comment, Madeleine, — s'écria la jeune fille stupéfaite d'un si brusque départ, — vous vous en allez sans vouloir voir monsieur Frantz ? mais c'est impossible... mais...

La marquise mit son doigt sur ses lèvres en faisant signe à Antonine de garder le silence ; puis, s'éloignant, non sans que ses yeux se tournassent encore une fois du côté du jardin, elle disparut.

. . . .

Deux heures après, la marquise de Miranda quittait Paris en laissant ce billet pour l'archiduc :

« *Monseigneur*,

» *Je vais vous attendre à Vienne ; venez achever de me séduire* (1).

« Madeleine. »

(1) On trouvera la conclusion de cette aventure dans le dernier de ces sept récits : LA GOURMANDISE (*le Docteur Gasterini.*)

E. S.

FIN DE LA LUXURE.

Paris. — Typ. de Mme Ve Dondey-Dupré, rue Saint-Louis, 46, au Marais.

LES
SEPT PÉCHÉS CAPITAUX

PAR

EUGÈNE SUE

LA PARESSE

LE COUSIN MICHEL

I

Un peintre voudrait-il représenter dans sa plus charmante expression la paresseuse douceur du *far niente?*... Nous allons tenter de lui offrir un modèle...

Florence de LUCEVAL, mariée depuis six mois, n'a pas encore dix-sept ans; elle est blanche et rose, avec de beaux cheveux blonds. Quoique d'une taille svelte et élancée, la jeune femme est un peu grasse; mais ce léger embonpoint est si merveilleusement réparti, qu'il devient un nouvel attrait. La pose de Florence, enveloppée d'un peignoir de mousseline blanche, est pleine de nonchalance et d'abandon; à demi étendue dans un moelleux fauteuil à dossier renversé, où repose indolemment sa tête charmante, elle allonge et croise ses petits pieds, chaussés de mignonnes pantoufles, sur un épais coussin, tandis que, du bout de ses doigts effilés, elle effeuille une rose sur ses genoux.

La jeune femme, ainsi placée auprès d'une fenêtre ouverte donnant sur un jardin, laisse errer ses grands yeux bleus demi-clos à travers des jeux d'ombre et de lumière, que produisent les rayons dorés du soleil perçant çà et là l'obscurité bleuâtre d'une allée ombreuse... A l'extrémité de cette voûte de verdure, deux vasques de marbre blanc épanchent l'une dans l'autre une eau cristalline; le murmure lointain de cette cascade, le gazouillement des oiseaux, la chaleur de l'atmosphère, la limpidité d'un ciel d'été, la senteur embaumée de plusieurs massifs d'héliotropes et de chèvrefeuilles du Japon, plongent la jeune femme dans l'extase d'une béatitude contemplative... Ainsi mollement étendue, laissant sa pensée s'engourdir à demi comme son corps, il lui semble qu'un fluide énervant l'enveloppe, la pénètre, et elle s'abandonne à ce délicieux anéantissement de tout son être.

Pendant que cette incurable paresseuse cédait ainsi au charme de son indolence habituelle, la scène suivante se passait dans une pièce voisine.

M. Alexandre de LUCEVAL venait d'entrer dans la chambre à coucher de sa femme. C'était un jeune homme de vingt-cinq ans environ, brun, sec, nerveux; l'activité, la pétulance de son caractère, se trahissaient dans ses moindres gestes; il appartenait à cette classe de gens qui, doués ou affligés d'un besoin de locomotion incessant, ont, comme on le dit vulgairement, *du salpêtre dans les veines,* et ne peuvent rester une minute en place, ou sans agir, de-ci, de-là, pour le moindre motif; ce personnage semblait être en dix endroits à la fois, et résoudre à la fois deux problèmes : celui du mouvement perpétuel et celui de l'*ubiquité.*

Deux heures de l'après-midi sonnaient, M. de Luceval, levé dès l'aube (il dormait quatre ou cinq heures au plus),

45.

avait déjà parcouru la moitié de Paris à pied ou à cheval. Au moment où il se présentait dans la chambre à coucher de Mme de Luceval, une des femmes de celle-ci s'y trouvait.

— Eh bien ! — lui dit son maître d'une voix brève, précipitée, qui lui était naturelle, — madame est-elle rentrée ? est-elle habillée ? est-elle prête ? — Madame la marquise n'est pas sortie, monsieur, — reprit la suivante, Mlle Lise.

— Comment !... ce matin, madame n'est pas sortie, à onze heures ? — Non, monsieur, puisque madame ne s'est levée qu'à midi et demi. — Allons, encore cette course remise ! — dit M. de Luceval en frappant du pied avec impatience ; puis il reprit : — Enfin, madame est habillée, au moins ?

— Oh ! non, monsieur... Madame est encore en peignoir... madame ne m'avait pas dit qu'elle dût sortir. — Où est-elle ?... — s'écria M. de Luceval en frappant du pied ; — où est-elle ? — Dans le petit salon du jardin, monsieur.

Quelques secondes après, M. de Luceval entrait bruyamment dans le boudoir où la paresseuse était indolemment étendue dans son fauteuil ; elle s'y trouvait si bien... si bien... qu'elle n'eut pas le courage de tourner la tête pour voir qui entrait.

— Vraiment, Florence, — lui dit M. de Luceval, — c'est insupportable...

— Quoi !... mon ami ? — lui demanda-t-elle languissamment, sans bouger, et les yeux toujours attachés sur le jardin.

— Vous me demandez quoi ? comme si vous ignoriez que nous devions sortir ensemble à deux heures...

— Il fait trop chaud...

— Votre voiture est attelée.

— Faites-la dételer ; pour un empire... je ne bougerais...

— Voilà autre chose, maintenant ! Mais vous savez bien qu'il est indispensable que nous sortions ensemble... d'autant plus indispensable, que vous n'êtes pas sortie ce matin comme vous le deviez.

— Je n'ai pas eu le courage de me lever.

— Vous aurez du moins celui de vous habiller, et sur l'heure...

— Mon ami... n'insistez pas...

— Ah çà ! Florence, c'est une plaisanterie !

— Pas du tout.

— Mais, encore une fois, les achats que nous avons à faire sont de toute nécessité ; il faut que la corbeille de mariage de ma nièce soit enfin complétée... et elle le serait depuis une semaine... sans votre incroyable apathie...

— Vous avez très-bon goût, mon ami... occupez-vous de cette corbeille ; il me faudrait courir de boutique en boutique, monter, descendre, rester debout pendant des heures ; cela m'épouvante, rien que d'y songer.

— Allez, madame, à dix-sept ans, une paresse pareille, c'est honteux, c'est monstrueux, c'est une véritable maladie... Dès demain je consulterai le docteur GASTERINI.

— Ah ! la bonne idée ! dit Florence en riant. — Ce cher docteur, il est si spirituel, que ce sera une consultation très-amusante.

— Je parle sérieusement, madame ; il doit y avoir quelque chose à faire pour vous guérir de cette inconcevable apathie...

— J'espère bien être incurable... car tenez... tout à l'heure... avant votre arrivée, vous n'avez pas idée du bien-être dont je jouissais... là... regardant pour ainsi dire sans voir... écoutant cette cascade... et ne me donnant pas même la peine de penser.

— Et vous osez avouer cela !...

— Pourquoi pas ?

— Non... non... je ne crois point que l'on puisse rencontrer dans ce monde une seconde créature d'une apathie comparable à la vôtre. — Cependant, vous m'avez parlé bien des fois de votre cousin *Michel*, qui, selon vous, ne me cède en rien en paresse... C'est peut-être pour cela qu'il n'a pas encore pris la peine de venir vous voir depuis notre mariage... — Oh ! certes... vous vous valez tous deux... et encore je ne sais si votre indolence ne l'emporte pas sur la sienne... Mais voyons, Florence, ne plaisantons pas... habillez-vous et sortons, je vous en conjure... Et moi, à mon tour, mon cher Alexandre, je vous en conjure, chargez-vous de ces commissions, et je vous promets d'aller ce soir me promener avec vous, en calèche découverte...

au bois de Boulogne... Il fera nuit, je n'aurai que la peine de mettre un mantelet et un chapeau. — Comment ! mais c'est le jour de réception de Mme de Saint-Prix ; voilà deux fois qu'elle est venue vous voir, et vous n'avez pas encore mis les pieds chez elle... Vous me ferez donc le plaisir d'y venir ce soir... —. M'habiller... faire une toilette... ma foi ! non, c'est trop ennuyeux. — Madame... il ne s'agit pas de ce qui est ennuyeux ou amusant ; il est des devoirs de société à remplir... et vous viendrez chez Mme de Saint-Prix... — La société se passera de moi comme je me passe d'elle. — Le monde me fatigue, je n'irai pas chez Mme de Saint-Prix... — Vous irez... — Non... et quand je dis non... c'est non... — Morbleu ! madame... — Mon ami, je vous l'ai dit souvent... je me suis mariée pour quitter le couvent... pour dormir ma grasse matinée, pour me lever tous les jours à l'heure qu'il me plairait... pour ne plus prendre de leçons, pour jouir du délice de ne rien faire, pour être, en un mot, ma maîtresse. — Mais c'est parler et raisonner comme un enfant... comme un enfant gâté...— Soit... — Ah ! votre tuteur m'avait prévenu... Pourquoi ne l'ai-je pas cru ? Mais j'étais à mille lieues de m'imaginer qu'un caractère comme le vôtre pouvait exister. Je me disais... chez une jeune fille de seize ans... cette apathie, cette paresse, n'est autre chose que l'ennui... que le dégoût que cause la vie monotone du couvent... Une fois dans le monde, les devoirs et les plaisirs de la société... le soin de sa maison, les voyages, triompheront de son indolence, et... — C'est pourtant vrai, cela ! — dit Mme de Luceval en interrompant son mari avec un ton de reproche, — sous le prétexte que vous aviez encore à parcourir les trois quarts du globe... vous avez eu la barbarie de me proposer de voyager, le lendemain de notre mariage... — Mais, madame, les voyages... — Ah ! monsieur, rien qu'en m'en parlant, vous me donnez le frisson !... Un voyage, bon Dieu !... voyez ! c'est-à-dire tout ce qu'il y a de plus pénible, de plus fatigant au monde ! Des nuits passées en voiture ou dans d'horribles auberges ; des promenades, des courses sans fin, pour aller voir les prétendues beautés du pays... ou les curiosités de la route... Tenez, monsieur, je vous en ai déjà supplié... ne me parlez plus de voyages... je les ai en horreur ! — Ah ! madame... madame... si j'avais pu prévoir !... — Je comprends... je n'aurais pas le bonheur d'être madame de Luceval... — Dites que je n'aurais pas le malheur d'être votre mari... Après six mois de mariage... c'est gracieux... — Eh ! morbleu ! madame, vous me poussez à bout... aussi. Il n'y a pas sur la terre un être plus malheureux que moi... car, enfin, il faut bien que j'éclate. — Allons, éclatez... mais tout doucement... j'abhorre le bruit. — Eh bien ! madame... je vous dirai... doucement... qu'il est du devoir d'une femme de se mêler de sa maison, et que vous ne vous occupez nullement de la vôtre ; sans moi, je ne sais comment elle irait. — Cela regarde votre intendant. D'ailleurs, vous avez de l'activité pour deux ; il faut bien que l'employiez à quelque chose. — Je vous dirai encore... *tout doucement*, madame, que j'avais rêvé une vie délicieuse... Je m'étais réservé de parcourir, une fois marié, les pays les plus curieux, me disant : — Au lieu de voyager seul, j'aurai une compagne charmante ; fatigues, hasards, périls même, nous partagerons tout avec courage.

— Ah ! mon Dieu ! — murmura Florence en levant ses beaux yeux au ciel, — osez avouer cela... encore !

— Quel bonheur ! me disais-je, — reprit M. de Luceval emporté par l'amertume de ses regrets, — quel bonheur... de parcourir ainsi... les contrées les plus intéressantes... l'Égypte...

— L'Égypte !...

— La Turquie.

— Ah ! mon Dieu !... la Turquie... — Et même, si vous aviez été la femme que j'avais malheureusement rêvée, nous aurions pu pousser... jusqu'au Caucase... — Au Caucase ! — s'écria Florence, en se levant cette fois tout à fait sur son séant ; car, jusqu'alors, à chacune des énumérations géographiques de son mari, elle s'était progressivement soulevée du fond de son fauteuil. — Est-il possible ! — ajouta-t-elle en joignant ses jolies mains avec effroi, — au Caucase ! — Eh, morbleu ! madame... *lady Stanhope*, la duchesse *de Plaisance*, et tant d'autres, n'ont pas reculé devant de pareils voyages.

— Au Caucase !... Voilà donc ce qui m'était réservé !

voilà ce que vous complotiez en sournois, monsieur, lorsque, toute confiante, je vous donnais innocemment ma main... à la chapelle de l'Assomption... Ah ! c'est maintenant que je puis juger du cruel égoïsme de votre caractère.

Et l'indolente retomba dans son fauteuil en répétant :
— Au Caucase !...

— Oh ! je le sais bien, — reprit monsieur de Luceval avec amertume, — vous n'êtes pas de ces femmes capables de faire la plus petite concession aux moindres désirs de leurs maris.

— Une petite concession !... Mais, monsieur, proposez-moi donc tout de suite un voyage de découvertes à Tombouctou, ou dans la mer Glaciale !...

— Madame, la courageuse femme d'un peintre éminent, madame *Biard*, a eu le courage, elle, d'accompagner gaîment son mari au pôle Nord. Oui, — ajouta monsieur de Luceval d'un ton de récrimination courroucé, — entendez-vous, madame... au *pôle Nord* ?

— Je n'entends que trop, monsieur... Allez ! vous êtes le plus méchant... ou le plus fou des hommes.

— Madame !

— Mais... mon Dieu ! monsieur, qui vous retient ?... Vous avez la passion, la monomanie des voyages... le repos vous donne des vertiges... voyagez ! allez au Caucase, allez au *pôle Nord*, partez, courez... nous y gagnerons tous deux... je ne vous affligerai plus du spectacle de ma *monstrueuse* indolence... et vous ne m'irriterez plus les nerfs par cette agitation continuelle qui vous empêche de rester un moment en place, ou d'y laisser les autres... Vingt fois par jour vous entrez chez moi pour le seul plaisir d'aller et de venir ; ou, mieux encore... car c'est à n'y pas croire... vous vous imaginez d'accourir m'éveiller à cinq heures du matin, pour me proposer des promenades à cheval... ou de me conduire à l'école de natation... N'avez-vous pas été jusqu'à m'engager à faire un peu de gymnastique ?... De la gymnastique ! il n'y a que vous au monde pour avoir des idées pareilles ! Aussi, monsieur, je vous le répète, vos propositions sauvages, vos allées, vos venues, ce bruit, ce mouvement perpétuel, cette incessante activité dont vous êtes possédé, me causent au moins autant d'ennuis que ma paresse vous en cause ; après tout, il ne faut pas croire que seul vous ayez à vous plaindre... et puisque nous en sommes enfin à nous dire nos vérités... je vous déclare, à mon tour, monsieur, qu'une pareille vie m'est insupportable, et que, si cela doit durer ainsi, il me sera impossible d'y résister.

— Qu'entendez-vous par là, madame ?

— J'entends par là, monsieur, que nous serions bien sots de nous contraindre et de nous mutuellement gêner ; vous avez vos goûts, j'ai les miens ; vous avez votre fortune, j'ai la mienne : vivons comme bon nous semblera, et, pour l'amour du ciel, vivre surtout en repos.

— En vérité, madame, je vous admire, c'est exorbitant. Ah ! vous croyez que je me suis marié pour ne pas vivre à ma guise ?...

— Eh ! mon Dieu ! monsieur, vivez comme il vous plaira, mais laissez-moi vivre comme il me plaît.

— Il me plaît, à moi, madame, de vivre avec vous... c'est pour cela que je vous ai épousée, je pense ? c'est donc à vous d'accepter mon genre de vie... Oui, madame, j'ai le droit de l'exiger... et j'aurai l'énergie de l'obtenir.

— Monsieur de Luceval, ce que vous dites là est parfaitement ridicule...

— Ah ! ah ! — dit le mari avec un sourire sardonique, — vous croyez ?

— Du dernier ridicule, monsieur.

— Alors le Code civil est du dernier ridicule ?

— Eh mais !... sans le connaître, je ne répondrais pas que non, puisque vous l'invoquez au sujet de cette discussion.

— Apprenez, madame, que le Code civil déclare formellement que la femme est tenue, obligée, forcée de suivre son mari...

— Au Caucase ?

— Partout où il lui plaît de l'emmener... madame, pourvu qu'il y ait sécurité pour elle.

— Monsieur, je ne suis pas en humeur de plaisanter ; sans cela, votre interprétation du Code civil m'amuserait beaucoup.

— Je parle sérieusement, madame, très sérieusement.

— Voilà justement le comique de la chose.

— Madame !... prenez garde ; ne me poussez pas à bout.

— Allons, menacez-moi tout de suite du *pôle Nord*, et que cela finisse.

— Je ne vous menacerai pas, madame ; mais rappelez-vous bien une chose : c'est que le temps de la faiblesse est passé ; aussi, lorsqu'il me conviendra de partir en voyage, et ce moment-là est peut-être plus prochain que vous ne le pensez, je vous avertirai huit jours à l'avance, afin que vous ayez le temps de faire vos préparatifs, et, bon gré mal gré, lorsque les chevaux de poste seront arrivés, il vous faudra monter en voiture.

— Ou sinon, le commissaire, et un bon *de par la loi, suivez votre mari*, je suppose, monsieur ?

— Oui, madame... Vous avez beau rire... vous me suivrez *de par la loi...* car vous sentez bien qu'il faut et qu'il existe des garanties à l'endroit d'une chose aussi sérieuse, aussi sainte, que le mariage. Après tout, les goûts, le bonheur, la tranquillité d'un honnête homme, ne peuvent pas être soumis au premier caprice d'une enfant gâtée !

— Un caprice !... c'est curieux... J'ai les voyages en horreur... la moindre fatigue m'est insupportable ; et parce qu'il vous plaît de continuer la tradition du *Juif errant*, je serai forcée de vous suivre ?

— Oui, madame... et je vous prouverai que...

— Monsieur de Luceval, je hais la discussion ; c'est un véritable travail, et des plus fastidieux... Aussi, pour me résumer, je vous déclare que je ne vous accompagnerai dans aucun de vos voyages, ne fût-ce que pour aller d'ici à Saint-Cloud ; vous verrez si je manque à ma résolution...

Et Florence se replongea dans son fauteuil, croisa ses petits pieds l'un sur l'autre, laissa retomber languissamment ses mains sur les accoudoirs du siège, renversa sa tête en arrière, et ferma à demi ses yeux... comme si elle avait à se reposer d'une fatigue accablante.

— Madame ! — s'écria monsieur de Luceval, — il n'en sera pas ainsi... je ne supporterai pas ce dédaigneux silence...

Quoi qu'il en dît, quoi qu'il en eût, le mari de Florence parla longtemps sans pouvoir arracher d'elle la moindre parole. Désespérant de vaincre ce silence obstiné, il sortit furieux.

Monsieur de Luceval était parfaitement sincère dans ses prétentions. Égoïste ingénu, touriste effréné, il n'admettait pas que sa femme n'eût point, ainsi que lui, la passion des voyages, ou que du moins elle n'agît pas comme si elle les eût aimés. Il l'admettait d'autant moins, qu'en épousant Florence, il s'était persuadé qu'une enfant de seize ans, orpheline et sortant du couvent, n'aurait aucune volonté, et serait au contraire ravie de voyager, proposition qu'il avait délicatement ménagée à sa femme comme une surprise délicieuse.

Telle fut l'erreur de monsieur de Luceval : son notaire lui avait parlé d'une orpheline de seize ans, d'une figure charmante, riche de plus d'un million, qui, placée chez son tuteur, banquier renommé, rapportait quatre-vingt mille livres de rente. Monsieur de Luceval remercia son notaire et la Providence, vit la jeune fille, la trouva ravissante, en devint amoureux, bâtit follement sa vie à venir sur le sable mouvant d'un cœur de seize ans... se maria... et, au réveil, il avait la bonhomie de s'étonner de la perte de ses illusions ; il avait la simplicité de croire que le droit, que l'obsession, que les menaces, que la force, que la *loi*...

pouvaient quelque chose sur la volonté d'une femme qui se retranche dans une résistance passive.

. . . .

Monsieur de Luceval avait quitté Florence depuis peu de temps, lorsque mademoiselle Lise, la femme de chambre, entra dans le salon d'un air effaré, et dit à sa maîtresse :

— Ah ! mon Dieu ! madame.

— Eh bien... qu'y a-t-il, mademoiselle ?

— Une dame, qui s'appelle madame d'Infreville, est en bas... dans un fiacre...

— Valentine !... — dit vivement la jeune femme avec un accent de surprise et de joie, — il y a des siècles que je ne l'ai vue... qu'elle monte...

— Oh ! madame, c'est impossible.

— Comment ?

— Cette dame a fait demander par le portier la femme de chambre de madame la marquise ; on est venu me prévenir, je suis descendue ; alors cette dame, qui était toute pâle, m'a dit : « Mademoiselle, priez madame de Lucova » de se donner la peine de descendre... j'ai à lui parler » pour une chose fort importante... vous lui direz mon » nom... Valentine d'Infreville... »

A peine mademoiselle Lise achevait-elle ces mots, qu'un valet de chambre entra, après avoir frappé, et dit à Florence :

— Madame la marquise peut-elle recevoir madame d'Infreville ?

— Comment ? — demanda Florence, fort surprise de ce brusque revirement dans la résolution de son amie, madame d'Infreville est donc là ?...

— Oui, madame.

— Priez-la d'entrer, dit madame de Luceval en se levant pour aller au devant de son amie, qu'elle embrassa avec effusion, et avec qui elle demeura seule.

II.

Valentine D'INFREVILLE avait trois ans de plus que madame de Luceval, et formait avec celle-ci un contraste frappant, quoiqu'elle fût aussi fort jolie ; grande, très brune, très mince sans être maigre, elle avait de beaux yeux, aussi noirs que les longs et épais cheveux ; ses lèvres rouges, estampées d'un léger duvet, ses narines roses, dilatées et palpitantes à la moindre émotion, l'excessive mobilité de ses traits, son geste vif, le timbre un peu viril de sa voix de contralto, tout annonçait chez cette jeune femme un caractère ardent et passionné ; elle avait connu Florence au couvent du *Sacré-Cœur*, où elles s'étaient intimement liées. Valentine était sortie de cette retraite pour se marier, une année avant sa compagne, qu'elle vint cependant maintes fois visiter au couvent ; mais, peu de temps avant son union avec monsieur de Luceval, Florence, à sa grande surprise, n'avait plus revu son amie, et leurs relations s'étaient dès lors bornées à une correspondance assez rare du côté de madame d'Infreville, absorbée, disait-elle, par les soins de famille ; les deux compagnes se retrouvaient donc en suite d'un intervalle de six mois environ.

Madame de Luceval, après avoir tendrement embrassé son amie, remarqua sa pâleur, son agitation, et s'adressant à elle avec inquiétude :

— Mon Dieu ! Valentine, qu'as-tu donc ? Ma femme de chambre m'avait dit d'abord que tu désirais me parler, mais que tu ne voulais pas monter chez moi...

— Tiens, Florence, j'ai la tête perdue... je suis folle.

— De grâce, explique-toi... tu m'effrayes.

— Florence, veux-tu me sauver d'un grand malheur ?

— Parle, parle... Ne suis-je pas ton amie, quoique tu m'aies bien délaissée depuis six mois ?

— J'ai eu tort... j'ai été oublieuse, ingrate... et pourtant je viens m'adresser à toi.

— C'est la seule manière de te faire pardonner.

— Florence... Florence... toujours la même !

— Voyons, vite, que puis-je faire ?

— Tu as ici... ce qu'il faut pour écrire ?...

— Oui, là, sur cette table...

— Écris ce que je vais te dicter... Je t'en supplie, cela peut me sauver...

— Ce papier est à mon chiffre... est-ce indifférent ?

— C'est au contraire à merveille, puisque c'est toi qui m'écris...

— Maintenant, Valentine, dicte, je t'attends.

Madame d'Infreville dicta ce qui suit d'une voix altérée, en s'interrompant de temps à autre, vaincue par l'émotion :

« J'ai été si heureuse de notre bonne et longue journée
» d'hier, ma chère Valentine, journée qui ne l'a cédée
» d'ailleurs en rien à celle de mercredi, qu'au risque de te
» paraître égoïste et importune, je viens encore te deman-
» der celle de dimanche... »

— Celle de dimanche ? — répéta Florence fort intriguée par ce début.

Madame d'Infreville poursuivit sa dictée :

« Notre programme sera le même... »

— Souligne PROGRAMME, — ajouta la jeune femme, avec un sourire amer, — c'est une plaisanterie ; — puis elle reprit :

« Notre *programme* sera le même : déjeuner à onze
» heures, promenade dans ton joli jardin, travail de ta-
» pisserie, musique et causerie jusqu'à sept heures, puis
» le dîner, et ensuite quelques tours d'allée au bois de
» Boulogne, en voiture découverte... si le temps est beau,
» et tu me ramèneras chez moi à dix heures comme hier.
» — Réponds-moi par un oui ou par un non, tâche sur-
» tout que ce soit UN OUI, et tu rendras bien heureuse ta
» chère

» FLORENCE. »

— *Et tu rendras bien heureuse ta chère Florence*, — répéta madame de Luceval en écrivant, puis elle ajouta, en souriant à demi : — Ce qu'il y a de cruel à toi, Valentine, c'est de me dicter de pareils *programmes*, qui ne me donnent que des désirs et des regrets ; enfin... l'heure des reproches ou des explications viendra tout à l'heure, et je me vengerai... Est-ce tout, ma chère Valentine ?

— Mets mon adresse sur ce billet... cachète-le, et fais-le porter à l'instant chez moi.

Madame de Luceval s'apprêtait à sonner ; une réflexion la retint, elle dit à son amie, avec un certain embarras :

— Valentine... je t'en supplie, ne prends pas ce que je vais te dire pour une indiscrétion...

— Explique-toi.

— Si je ne me trompe... le but de cette lettre... est de faire... supposer... à... quelqu'un que nous avons depuis quelque temps passé plusieurs journées ensemble...

— Oui... oui... c'est cela ; ensuite ?...

— Eh bien ! je crois prudent de te prévenir que mon mari est malheureusement doué d'une si prodigieuse activité que, quoiqu'il soit presque toujours hors de la maison, il trouve encore le moyen d'être presque toujours chez moi, et d'y venir huit à dix fois par jour... de sorte que si, par hasard, son témoignage pouvait être invoqué... il ne manquerait pas de dire qu'il ne t'a jamais vue ici !

— J'avais prévu ce danger ; mais de deux dangers il faut choisir le moindre... Envoie, je te prie, cette lettre à l'instant par quelqu'un de tes gens... ou plutôt... non... il pour-

rait parler... Fais-la mettre à la poste... Elle arrivera chez moi toujours à temps.
Madame de Luceval sonna.
Un valet de chambre entra.
Elle allait lui remettre la lettre; mais elle changea d'idée et lui dit :
— Baptiste est-il là?
— Oui, madame la marquise... il est à l'antichambre.
— Faites-le monter.
Le domestique sortit.
— Florence... pourquoi ce domestique plutôt qu'un autre? — demanda madame d'Infreville.
— Mon valet de chambre sait lire;... je le crois passablement curieux, et il pourrait trouver singulier que je t'écrive, toi étant là... Le valet de pied que j'ai fait demander ne sait pas lire; il est assez niais, et il n'y a aucune indiscrétion à craindre de sa part.
— Tu as raison... cent fois raison, Florence. Dans mon trouble, je n'avais pas réfléchi à cela.
— Madame la marquise m'a fait demander? — dit Baptiste en entrant dans le salon.
— Vous connaissez bien la marchande de fleurs qui a sa boutique aux Bains-Chinois? — dit Florence.
— Oui, madame la marquise.
— Allez-y, vous m'achèterez deux gros bouquets de violettes de Parme...
— Oui, madame.
Et le domestique s'en allait.
— Ah!... j'oubliais, — dit madame de Luceval en le rappelant, — vous mettrez cette lettre à la poste...
— Madame n'a pas d'autres commissions?
— Non.
Et Baptiste sortit.
Madame d'Infreville comprit l'intention de son amie, qui avait eu la précaution de donner comme accessoire la commission principale.
— Merci... merci, ma chère Florence, — lui dit-elle avec effusion. — Ah! fasse le ciel que ton bon vouloir ne me soit pas inutile!...
— Je l'espère... je le désire... mais...
— Florence, écoute-moi... Ma seule manière de te prouver ma reconnaissance du grand service que tu viens de me rendre, est de me mettre à la discrétion, de ne te rien cacher... J'aurais dû peut-être commencer par là... et d'abord te dire le but de cette lettre, au lieu de surprendre ainsi cette preuve de ton dévoûment et de ton amitié; mais... je te l'avoue... j'ai craint ton blâme et un refus... en t'apprenant... que...
Et après un moment d'hésitation douloureuse, Valentine dit résolument, tout en rougissant jusqu'aux yeux :
— Florence... j'ai un amant.
— Valentine, je m'en doutais...
— Oh! je t'en prie... ne me juge pas sans m'entendre...
— Ma pauvre Valentine... je ne pense qu'à une chose... à la confiance que tu me témoignes.
— Ah!... sans ma mère, — reprit Valentine avec angoisse, — je ne serais pas descendue à la ruse, au mensonge, j'aurais supporté toutes les conséquences de ma faute... car j'ai du moins le courage de mes actions... mais, dans le triste état de santé où se trouve ma mère... un éclat la tuerait... Ah! Florence... si je suis coupable... je suis bien malheureuse, — dit madame d'Infreville, en pleurant, et se jetant au cou de son amie.
— Valentine, je t'en conjure, calme-toi, — dit la jeune femme en partageant l'émotion de sa compagne, — confie-toi à ma sincère affection. Parle, épanche ton cœur dans un cœur ami, c'est du moins une consolation.
— Je n'ai d'espoir que dans ton attachement. Oui, Florence, je crois, je sais que tu m'aimes, cette conviction me donne seule la force de te faire un aveu pénible; et, tiens, il en est un autre dont je veux tout de suite débarrasser mon cœur. Si je suis venue, après une longue séparation, te demander le grand service que tu m'as rendu, c'est moins encore peut-être parce que e comptais aveuglément

sur ton amitié, que parce que, de toutes les femmes de ma connaissance, tu étais la seule chez qui mon mari ne fût jamais venu. Maintenant, écoute-moi : lorsque j'ai épousé monsieur d'Infreville, tu te trouvais encore au couvent; tu étais toute jeune fille, et la réserve m'empêchait de te confier bien des choses, de te dire que je m'étais mariée... sans amour.
— Comme moi... — murmura Florence.
— Ce mariage plaisait à ma mère, et m'assurait une grande fortune... Je cédai malheureusement à l'influence maternelle, et, je l'avoue... je me laissai aussi éblouir par les avantages d'une haute position. J'épousai donc monsieur d'Infreville... sans savoir, hélas! à quoi je m'engageais... et à quel prix je vendais ma liberté. Quoique j'aie le droit de me plaindre de mon mari, ma faute devrait m'interdire toute récrimination... Cependant il faut bien que, sans excuser ma faiblesse, tu en comprennes pour ainsi dire la fatalité... Monsieur d'Infreville est un homme valétudinaire, parce que, dans sa jeunesse, il s'est livré à tous les excès; morose... parce qu'il regrette le passé; impérieux et dur, parce qu'il n'a pas... ou qu'i n'a plus de cœur. Je n'ai jamais été à ses yeux qu'une pauvre fille sans fortune, qu'il avait daigné épouser pour s'en faire une sorte de garde-malade; pendant longtemps j'acceptai ce rôle... je l'accomplis religieusement, rôle pénible, honteux, parce que les soins que je donnais à mon mari ne partaient pas du cœur... mais trop tard, hélas! j'avais reconnu combien ma conduite avait été vile...
— Valentine...
— Non, non, Florence, ce n'est pas trop sévère... J'ai épousé monsieur d'Infreville sans amour, je l'ai épousé parce qu'il était riche... je lui ai vendu mon âme et mon corps; c'est une honte, te dis-je.
— Encore une fois, Valentine... tu t'accuses à tort... tu auras songé moins à toi qu'à ta mère.
— Et ma mère songeait bien moins encore à elle qu'à moi... En me poussant à ce mariage, va, Florence, la richesse de monsieur d'Infreville a rendu ma déférence filiale trop facile... Enfin, je me résignai d'abord à mon sort... Au bout de quelque temps de mariage, mon mari, jusqu'alors trop souffrant pour sortir de chez lui, éprouva une grande amélioration dans sa santé, grâce à mes soins peut-être; mais, de ce moment, ses habitudes changèrent... je ne le vis presque plus, il vivait hors de chez lui, et bientôt j'appris qu'il avait une maîtresse...
— Ah! pauvre Valentine!
— Une fille connue de tout Paris; mon mari l'entretenait d'une manière splendide, et si ouvertement, que j'ai appris ce scandale par le bruit public. Je hasardai quelques remontrances à monsieur d'Infreville, non par jalousie, grand Dieu! mais je le priai, par convenance pour moi, de ménager du moins les apparences. La modération même de mes reproches irrita mon mari; il me demanda, avec le plus insolent dédain, de quel droit je me mêlais de sa conduite. Il me rappela durement que je lui devais un sort auquel je n'aurais jamais pu prétendre, et que m'ayant épousée sans dot, il devait se croire à l'abri de mes récriminations.
— C'est odieux!... c'est infâme!
— Mais, monsieur, — lui dis-je, — puisque vous manquez si ouvertement à vos devoirs, que diriez-vous donc si j'oubliais les miens?
« Il n'y a pas de comparaison à faire entre vous et
» moi, — me répondit-il. — Je suis le maître; c'est à vous
» d'obéir; vous me devez tout, je ne vous dois rien; ayez
» le malheur de manquer à vos devoirs, et je vous mets
» sur le pavé, vous et votre mère, qui vit de mes bien-
» faits... »
— Ah! c'est trop d'insolence... et de cruauté...
— J'eus une bonne et honnête inspiration; j'allai trouver ma mère, bien résolue de me séparer à tout jamais de mon mari, et de ne pas retourner chez lui. « Et moi? que
» deviendrai-je, me dit ma mère, souffrante, infirme com-
» me je le suis? la misère pour moi c'est la mort... et

» puis, ma pauvre enfant... une séparation est impossi-
» ble : ton mari est dans son droit, tant qu'il n'entretient
» pas sa maîtresse là où tu habites ; la loi est pour lui, et
» comme il a besoin de toi, comme il est accoutumé à tes
» bons soins, il ne voudra pas entendre parler de sépara-
» tion, et te forcera de rester avec lui ; fais donc contre
» fortune bon cœur, ma pauvre enfant ; cette maîtresse ne
» durera pas toujours ; patiente, tôt ou tard ton mari te
» reviendra ; ta résignation le touchera ; d'ailleurs, il est
» d'une si faible santé, que son caprice pour cette créature
» sera certainement le dernier ; alors tout reprendra com-
» me par le passé ; crois-moi, mon enfant, en pareil cas,
» une honnête femme souffre, attend et espère. »

— Comment !... ta mère a osé te...
— Ne l'accuse pas, Florence... Elle avait si peur de la misère !... moins pour elle que pour moi, je le répète ; et puis son langage n'était-il pas, après tout, celui de la raison, du droit, du fait, et en tout conforme à l'opinion du monde ?...
— Hélas !... il n'est que trop vrai...
— Eh bien ! soit, — me dis-je avec amertume, — une fière et légitime révolte m'est interdite... le mariage ne doit plus être pour moi qu'un dégradant servage... J'accepte..., j'aurai la bassesse de l'esclave ; mais aussi j'aurai sa ruse, sa perfidie... son manque de foi ; après tout, la dégradation de l'âme a du bon ; elle bannit tout scrupule... anéantit tout remords... De ce moment je fermai les yeux, et, au lieu de lutter contre le courant qui m'entraînait à ma perte, je m'y abandonnai...
— Que veux-tu dire ?...
— C'est maintenant, Florence, que j'ai besoin de toute l'indulgence de ton amitié... Jusqu'ici... je méritais quelque intérêt peut-être... mais cet intérêt va cesser...

L'entretien des deux amies fut alors interrompu par la femme de chambre de madame de Luceval.
— Que voulez-vous ? — lui demanda Florence.
— Madame, c'est une lettre qu'un commissionnaire vient d'apporter de la part de monsieur.
— Donnez.
— Voici, madame.

Après avoir lu, Florence dit à son amie :
— Peux-tu disposer de ta soirée et dîner avec moi ? Monsieur de Luceval me fait savoir qu'il ne dînera pas ici.

Après un moment de réflexion, madame d'Infreville répondit :
— J'accepte, ma chère Florence.
— Madame d'Infreville dînera avec moi, — dit madame de Luceval à la femme de chambre ; — et faites dire à ma porte que je n'y suis absolument pour personne.
— Oui, madame, — répondit mademoiselle Lise.
Et elle sortit.

III.

Nous quitterons un instant les deux amies pour nous occuper de monsieur de Luceval. Celui-ci, ainsi qu'il venait de le faire savoir à sa femme, ne devait pas dîner chez lui.

Voici pourquoi :
Il avait, nous l'avons dit, quitté madame de Luceval très furieux, très décidé à user de ses droits et à lui faire subir ses volontés et ses fantaisies pérégrinatoires.

Il n'était encore qu'à quelques pas de sa demeure, lorsqu'il fut abordé par un homme de quarante-cinq ans environ, d'un extérieur distingué, mais dont les traits fatigués, flétris, portaient l'empreinte et les rides d'une vieillesse précoce ; sa physionomie, dure, froide et hautaine, prit, à l'aspect de monsieur de Luceval, une expression de courtoisie banale, et, le saluant avec une extrême politesse, il lui dit :
— C'est à monsieur de Luceval que j'ai l'honneur de parler ?
— Oui, monsieur...
— J'allais chez vous, monsieur, pour vous faire à la fois des excuses et des remercîmens.
— Avant de recevoir les uns et les autres, pourrai-je du moins savoir, monsieur ?...
— Qui je suis ?... pardon, monsieur, de ne pas vous l'avoir dit plus tôt... Je suis monsieur d'Infreville, et mon nom... ne vous est pas inconnu, je pense ?...
— En effet, monsieur, — répondit monsieur de Luceval en paraissant se remémorer quelque circonstance, — nous avons des amis communs... et je me félicite de la bonne fortune qui me met à même de vous connaître personnellement, monsieur... Mais nous ne sommes pas éloignés de chez moi, et si vous voulez bien m'accompagner... je me mettrai tout à vos ordres.
— Je serais d'abord désolé, monsieur, de vous donner la peine de retourner chez vous... Puis, s'il faut tout vous dire, — ajouta monsieur d'Infreville en souriant, — je craindrais de rencontrer madame de Luceval.
— Et pourquoi cela, monsieur ?
— J'ai eu de si grands torts envers elle, monsieur... qu'il faudra que vous soyez assez bon pour faire agréer mes excuses à madame de Luceval avant que j'aie l'honneur de lui être présenté.
— Pardon, monsieur, — dit le mari de Florence, de plus en plus surpris, — je ne vous comprends pas...
— Je vais m'expliquer plus clairement, monsieur... Mais nous voici aux Champs-Élysées ; si vous le voulez bien, nous causerons en marchant.
— Comme il vous plaira, monsieur.

Et monsieur de Luceval, qui mettait aussi dans sa marche l'activité dont il était possédé, commença d'arpenter le terrain à pas précipités, accompagné ou plutôt suivi de monsieur d'Infreville, qui, débile et usé, avait grand'peine à se tenir au niveau de son agile interlocuteur ; néanmoins, continuant l'entretien, il reprit d'une voix déjà un peu haletante :
— Il est vrai, monsieur, lorsque tout à l'heure j'ai eu l'honneur de vous dire mon nom... et d'ajouter que sans doute il ne vous était pas inconnu, vous m'avez répondu qu'en effet nous avions des amis communs... et je... Mais pardon... j'ai une grâce à vous demander, — dit monsieur d'Infreville en s'interrompant tout essoufflé.
— De quoi s'agit-il, monsieur ?
— Je vous prierais de marcher un peu moins vite... je n'ai pas la poitrine très forte... et, vous le voyez, je suis haletant.
— C'est au contraire à moi, monsieur, de vous prier d'excuser la précipitation de ma marche ; c'est une mauvaise habitude dont il est difficile de se défaire... d'ailleurs, si vous le désirez, nous pouvons nous asseoir ; voici des chaises...
— J'accepte, monsieur, — dit monsieur d'Infreville en se laissant tomber sur un siége, — j'accepte avec grand plaisir.

Les deux interlocuteurs commodément établis, monsieur d'Infreville reprit :
— Permettez-moi de vous faire observer, monsieur, que mon nom doit vous être connu par un autre intermédiaire que celui de nos amis communs.
— Par quel intermédiaire, monsieur ?
— Mais... par celui de madame de Luceval.
— Ma femme ?
— Sans doute, monsieur, car, quoique je n'aie pas eu jusqu'ici l'honneur de lui être présenté, ainsi que je viens de vous le dire (et c'est ce dont je vous remercie un peu tard m'excuser auprès de vous) ; ma femme étant intimement liée avec madame de Luceval, nous ne sommes pas, grâce à elles, étrangers l'un à l'autre ; leur intimité a commencé

au couvent ; elle a toujours continué, puisque ces dames se voient presque journellement, et...

— Pardon, monsieur, — dit monsieur de Luceval en interrompant son interlocuteur et le regardant avec une nouvelle surprise, — il y a sans doute quelque erreur ?

— Quelque erreur ?

— Ou quelque confusion de noms.

— Comment cela, monsieur ?

— Je quitte rarement madame de Luceval ; elle reçoit fort peu de monde, et je n'ai jamais eu le plaisir de voir chez elle madame d'Infreville.

Le mari de Valentine parut ne pas croire à ce qu'il entendait, et reprit d'une voix oppressée :

— Vous dites monsieur ?...

— Que je n'ai jamais eu l'honneur de voir madame d'Infreville chez ma femme...

— C'est impossible, monsieur... ma femme est sans cesse chez la vôtre !

— Je vous répète, monsieur, que jamais je n'ai vu madame d'Infreville chez madame de Luceval.

— Jamais !... s'écria le mari de Valentine, avec une telle expression de stupeur, que monsieur de Luceval le regarda tout surpris, et reprit :

— Aussi, monsieur, vous faisais-je observer qu'il y avait sans doute confusion de noms... lorsque vous me disiez que ma femme recevait journellement la vôtre.

Monsieur d'Infreville devint livide ; de grosses gouttes de sueur coulèrent de son front chauve. Un sourire amer et courroucé contracta ses lèvres blafardes, puis se dominant et voulant, aux yeux d'un étranger, prendre, comme on dit, la chose en homme de bonne compagnie, il reprit d'un ton sardonique :

— Heureusement... cela se passe *entre maris*, monsieur... et nous devons avoir un peu de compassion les uns pour les autres... Après tout... chacun son tour, car l'on ne sait pas ce qui peut arriver...

— Que voulez-vous dire, monsieur ?

— Ah !... ma vague défiance n'était que trop fondée. — murmura monsieur d'Infreville avec une rage concentrée, — que ne me suis-je informé plus tôt de la vérité... Oh ! les femmes !... les misérables femmes !

— Encore une fois, monsieur, veuillez vous expliquer...

— Monsieur, — reprit monsieur d'Infreville d'un ton presque solennel, — vous êtes un galant homme, je me confie à votre loyauté, certain que votre témoignage ne me fera pas défaut lorsqu'il s'agira de confondre et de punir une infâme... Car, maintenant, je devine tout... Oh ! les femmes !... les femmes !...

Monsieur de Luceval, craignant que les exclamations de son compagnon n'attirassent l'attention d'autres personnes assises non loin d'eux, tâchait de le calmer, lorsque, par hasard, il aperçut le valet de pied chargé par l'amie de Valentine de mettre une lettre à la poste.

Ce garçon, un peu niais, s'en allait dandinant, tenant la missive à sa main. Monsieur de Luceval, le voyant porteur d'une lettre sans doute écrite par Florence après la vive explication du matin, céda à un invincible mouvement de curiosité. Il appela le valet de pied, qui accourut, et lui dit :

— Où allez-vous ?

— Monsieur, je vas acheter des violettes pour madame la marquise, et mettre cette lettre à la poste.

Et il la montra à son maître.

Celui-ci la prit, jeta les yeux sur l'adresse, ne put retenir un mouvement de surprise ; puis, se remettant, il dit au domestique en le congédiant du geste.

— C'est bien... je me charge de cette lettre.

Le valet de pied s'étant éloigné, monsieur de Luceval dit au mari de Valentine :

— Excusez-moi, monsieur... mais j'ai obéi à je ne sais quel pressentiment qui ne m'a pas trompé... cette lettre de ma femme est adressée à madame d'Infreville...

— Mais alors — s'écria le mari de Valentine avec une lueur d'espoir, — vous voyez donc bien que, du moins.. ma femme et la vôtre sont en correspondance...

— Il est vrai, monsieur, mais je l'apprends aujourd'hui pour la première fois.

— Monsieur... je vous adjure... je vous somme d'ouvrir cette lettre... elle est adressée à ma femme... je prends sur moi toute la responsabilité...

— Voici cette lettre, monsieur, lisez-la, — répondit monsieur de Luceval non moins intéressé à connaître la vérité que monsieur d'Infreville.

Celui-ci, après avoir lu le billet, s'écria :

— Lisez, monsieur... c'est à devenir fou... car, dans cette lettre, votre femme, rappelant à la mienne qu'elles ont passé toute la journée d'hier ensemble, journée non moins agréable, ajoute-t-elle, que celle de mercredi, l'invite à revenir dimanche...

— Et moi, je vous jure sur l'honneur, monsieur, — reprit monsieur de Luceval après avoir à son tour lu la lettre de Florence avec ébahissement, — je vous jure qu'hier ma femme s'est levée à midi... que je l'ai décidée, à grand'peine, à sortir en voiture avec moi vers les trois heures ; nous sommes ensuite rentrés pour dîner, et, après dîner, deux personnes de nos amies sont venues passer la soirée avec nous... Quant à la journée de mercredi, je me rappelle parfaitement que je suis venu plusieurs fois chez ma femme, et je vous affirme de nouveau sur l'honneur, monsieur, que madame d'Infreville n'a pas passé la journée chez nous.

— Mais, enfin, cette lettre, monsieur, comment l'expliquez-vous ?

— Je ne l'explique pas, monsieur, je me borne à vous dire ce qui est... J'ai autant que vous à cœur, croyez-le bien, de pénétrer ce mystère.

— Oh ! je me vengerai ! — s'écria monsieur d'Infreville avec une fureur concentrée. — Maintenant, je n'ai plus de doute ! Ayant appris que depuis quelque temps ma femme s'absentait parfois des journées entières, cela m'a donné de vagues soupçons... Je lui ai demandé la cause de ces absences, elle m'a répondu qu'elle allait souvent passer ses journées auprès d'une de ses amies de couvent nommée madame de Luceval... Ce nom était si honorable, la chose si possible, l'accent de ma femme si sincère, que je la crus comme un sot... Cependant, je ne sais quelle méfiance instinctive, jointe au désir de faire auprès de vous, monsieur, une démarche convenable, m'a décidé à venir vous trouver, et vous voyez ce que je découvre... Oh ! la misérable ! l'infâme !...

— De grâce, calmez-vous, — dit monsieur de Luceval en tâchant d'apaiser le courroux de son interlocuteur, — l'animation de notre entretien attire les yeux sur nous... on nous regarde ; prenons un fiacre... et allons à l'instant chez moi, monsieur ; car il faut que ce mystère s'éclaircisse ; je frémis de penser que ma femme, par une complaisance indigne, s'est rendue peut-être complice d'un odieux mensonge... Venez, monsieur, venez... Je compte sur vous, comptez sur moi ; c'est un devoir pour les honnêtes gens de s'entr'aider, de se soutenir en de si funestes circonstances ; il faut que justice se fasse, il faut confondre les coupables.

— Oh ! oui, monsieur, union et vengeance... vengeance implacable ! — murmura monsieur d'Infreville.

Et, son émotion augmentant sa faiblesse, il fut obligé de s'appuyer sur le bras de son compagnon, pour gagner, tout tremblant de colère, une voiture où tous deux montèrent.

Ce fut environ une heure après cette rencontre fortuite et fâcheuse des deux maris, que Florence reçut un billet de monsieur de Luceval qui lui annonçait qu'il ne dînerait pas chez lui.

Pendant que l'orage conjugal s'amasse de plus en plus menaçant, nous retournerons auprès des deux jeunes amies, restées seules par suite du départ de la femme de chambre qui venait d'apporter la lettre de monsieur de Luceval.

IV.

Lorsque, après le départ de la femme de chambre, madame de Luceval et madame d'Infreville se trouvèrent seules, celle-ci dit à son amie :
— Tu m'as proposé de finir la journée ici : j'ai accepté ton offre, ma bonne Florence, autant pour rester auprès de toi que pour donner, en cas de malheur, quelque apparence de vérité à mon mensonge...
— Mais, ma lettre?...
— Je serai censée m'être croisée avec elle... et être venue chez toi après la lettre envoyée.
— C'est juste...
— Maintenant, mon amie... je réclame toute ton indulgence, peut-être aussi ta compassion pour ce qui me reste à te confier...
— Compassion! indulgence! est-ce que tout cela ne t'est pas assuré d'avance, pauvre Valentine?... Malheureuse comme tu l'étais en ménage, froissée, humiliée, dégradée, qui ne te plaindrait? Mais voyons, je t'écoute...
— Je ne sais si je t'ai dit que nous occupions le premier étage de l'hôtel de monsieur d'Infreville; des fenêtres de ma chambre à coucher on plonge directement dans un petit jardin dépendant du rez-de-chaussée de la maison voisine. Trois mois environ avant que j'eusse découvert que mon mari avait une maîtresse, et alors qu'il était encore très souffrant, le jardin et le rez-de-chaussée dont je te parle, inhabités depuis quelque temps, subirent de grands changements; le genre de vie que je menais alors me retenait presque constamment chez moi, la mauvaise santé de mon mari l'empêchant de sortir. C'était au commencement de l'été. Retirée dans ma chambre, pour être plus *chez moi* lorsque monsieur d'Infreville n'avait pas besoin de mes soins, je travaillais souvent auprès de ma fenêtre ouverte. La saison était magnifique. Je remarquai ainsi les changements que l'on faisait au jardin voisin; ils étaient singuliers, mais ils annonçaient autant de goût que d'originalité; peu à peu, dans mon triste désœuvrement, ma curiosité s'éveilla... Je voyais chaque jour les ouvriers exécuter ces travaux, sans apercevoir jamais le nouvel habitant du rez-de-chaussée : j'assistai de la sorte à la transformation d'un jardin assez maussade en un lieu délicieux; une serre remplie de plantes rares, et communiquant à l'une des pièces de l'appartement, fut appuyée au mur du midi; le mur qui lui faisait face disparut sous une grotte de pierres rocheuses entremêlée d'arbustes. De l'un des côtés de ce rocher une jolie cascade retombait dans un large bassin, et répandait partout la fraîcheur. Enfin, une galerie de bois rustique, recouverte en chaume et espacée par des arceaux, dissimulait l'autre pan de muraille dont était entouré ce jardin, qui fut bientôt tellement encombré de fleurs, que, de ma fenêtre, il ressemblait à un gigantesque bouquet... Tu comprendras tout à l'heure pourquoi j'entre dans ces détails.
— Mais ce ravissant séjour, au milieu de Paris, c'était un petit paradis!
— C'était charmant, en effet, car les murailles disparaissaient sous les plus riants aspects. Une volière dorée, remplie d'oiseaux magnifiques, s'éleva au milieu d'une pelouse de gazon, une sorte de *verandah* indienne, formant une légère galerie couverte, fut construite devant les fenêtres du rez-de-chaussée, et meublée de sophas, de coussins turcs et d'épais tapis, on y transporta aussi un piano. Cette galerie à jour, au besoin abritée par des stores, offrait pour l'été une retraite pleine d'ombre et de fraîcheur.
— En vérité, c'est un conte des *Mille et une Nuits!* Quelle imagination ne fallait-il pas pour rassembler tant de merveilles de goût et de bien-être dans un si petit espace!... Et l'*inventeur* ne paraissait pas?
— Il ne parut que lorsque tous ces arrangemens furent terminés...
— Et déjà tu n'avais pas été assez curieuse pour tâcher de savoir quel était ce mystérieux voisin? Moi, je te l'avoue... je n'aurais pas résisté à la tentation.
Valentine sourit tristement et reprit :
— Le hasard avait voulu que la sœur d'un vieux maître d'hôtel de monsieur d'Infreville fût l'unique servante de ce mystérieux voisin. Renseignée par son frère, cette femme avait même indiqué à son maître cet appartement et ce jardin; un jour, cédant à ma curiosité, je demandai à notre maître d'hôtel s'il savait qui devait venir habiter le rez-de-chaussée de la maison voisine; il me dit que sa sœur était au service de ce nouveau locataire. J'appris ainsi sur lui certains détails qui déjà n'excitèrent que trop mon intérêt.
— Vraiment! et qui était-il, ma chère Valentine?
— Il n'y avait pas au monde, disait-on, d'âme meilleure et plus généreuse que la sienne; pour t'en donner un exemple entre plusieurs, lorsqu'à la mort d'un oncle dont il héritait de biens assez considérables, il voulut prendre plusieurs domestiques, cette vieille servante, dont je t'ai parlé et qui avait été sa nourrice, lui dit, les larmes aux yeux, que jamais elle ne pourrait s'habituer à voir chez lui d'autres serviteurs qu'elle. En vain il lui promit qu'elle serait au-dessus de tous et considérée comme femme de confiance, elle ne voulut entendre à rien... Lui, dans sa bonté parfaite n'insista pas, et, malgré sa nouvelle fortune, il garda uniquement à son service cette vieille servante... Cela te semble puéril, peut-être, ma chère Florence, mais...
— Que dis-tu?... au contraire... je trouve ce sentiment d'une délicatesse touchante... Souvent il n'en faut pas davantage pour juger sûrement du caractère.
— Aussi, dès ce moment, je jugeai notre voisin bon et généreux... J'appris aussi, avant de l'avoir connu, qu'il se nommait MICHEL RENAUD...
— Ah!... mon Dieu!... — s'écria madame de Luceval, — Michel Renaud?
— Sans doute... Mais qu'as-tu donc, Florence?
— Voilà qui est étrange...
— Achève...
— Est-il fils du général Renaud mort dans les dernières guerres de l'Empire?
— Oui... Tu le connais?
— Il est cousin de monsieur de Luceval.
— Michel!!!
— Et il ne se passe presque pas de jour que mon mari ne me parle de lui...
— De Michel?
— Sans doute... Mais je ne l'ai jamais vu, car, bien qu'il ait été prévenu du mariage de monsieur de Luceval avec moi, comme tous les membres de sa famille, il n'est pas encore venu nous voir... cela ne m'étonne guère... car mon mari n'a jamais eu que peu de relations avec lui...
— En vérité, ce que tu m'apprends me confond... Michel... le cousin de ton mari?... Et comment, et à quel propos monsieur de Luceval te parle-t-il donc si souvent de Michel?...
— Hélas! ma pauvre Valentine, à cause d'un défaut qui m'est, à ce qu'il paraît, commun avec monsieur Michel Renaud, défaut qui fait mon bonheur, défaut qui devrait être la sécurité de mon mari, et qui fait son désespoir; mais les hommes sont si aveugles!
— De grâce, explique-toi.
— Tu le sais, au couvent, j'étais signalée comme une incurable paresseuse... Que de remontrances! que de punitions j'ai subies pour ce cher défaut!
— Il est vrai.
— Eh bien! mon défaut a pris des proportions in-

croyables... si incroyables, qu'il est devenu presque une qualité.

— Que veux-tu dire ?

— Figure-toi que, loin de vouloir les imiter, j'éprouve la plus grande compassion pour ces malheureuses femmes que leur sol amour du monde jette dans le tourbillon de ses fêtes : tristes plaisirs dont la seule pensée me donne le frisson ; car, hélas ! n'est-ce pas, Valentine, on en a vu, de ces infortunées, de ces martyrs volontaires, aller chaque jour jusque dans trois ou quatre bals ou soirées, sans compter les spectacles !... or, pour peu qu'elles soient coquettes avec cela... c'est à faire frémir... Courir ses couturières, chez ses marchandes de modes, chez sa fleuriste ; s'habiller, se déshabiller, essayer des robes, se faire tirailler les cheveux, s'emprisonner dans un corset, faire trois toilettes par jour... danser, valser, galoper, polker. Non, vois-tu, Valentine, il faut avoir des membres d'acier, des tempéramens d'acrobate pour se résigner à de tels exercices... et cela, tous les jours, tous les soirs, toutes les nuits, pendant quatre à cinq mois de l'année !... Ah ! ma chère Valentine, qu'il y a loin de cette furie de *délassemens*, dont un seul suffirait à me harasser, au délicieux repos que je goûte dans ce fauteuil, où je passe ma vie, trouvant d'inépuisables jouissances dans l'indolente contemplation du ciel, des arbres, du soleil ! L'hiver arrive-t-il ? je me trouve tout aussi heureuse de me dorloter au coin de mon feu, ou sous mon édredon, en entendant grésiller le givre à mes carreaux. Que te dirai-je ? je savoure enfin en toute saison le suprême bonheur *de ne rien faire*; rêvant, songeant... tantôt éveillée... tantôt demi-endormie, lisant parfois quelques poètes, parce qu'il y a, pour ainsi dire, après chaque vers, un long repos pour la pensée... Je suis enfin capable, faut-il t'avouer cette énormité, de rester toute une journée couchée sur l'herbe... tantôt occupée à dormir, tantôt à regarder passer les nuages, à écouter le vent dans la feuillée, le bourdonnement des insectes... le murmure de l'eau ; en un mot, ma pauvre Valentine, jamais sauvage rêveuse et paresseuse n'a ressenti plus délicieusement que moi la béatitude infinie d'une vie libre, oisive et indolente ; aussi, personne n'est plus que moi religieusement reconnaissante envers le bon Dieu, qui nous a douées de félicités si simples et si faciles...

Mais, Valentine, — reprit la jeune femme, en regardant son amie avec surprise, — qu'as-tu donc ? Ces regards inquiets... cette émotion que tu contiens à peine... Valentine, encore une fois, je t'en supplie, réponds-moi...

Après un moment de silence, madame d'Infreville, passant sa main sur son front, reprit d'une voix légèrement altérée :

— Écoute... la fin de mon récit, Florence ; tu devineras... ce que je ne puis... ce que je n'ose te dire... en ce moment...

— Alors, parle... parle... je t'en prie...

— La première fois que je vis Michel, — reprit Valentine, — il était sous cette espèce de galerie couverte dont je t'ai parlé... Il y passait sa vie durant l'été ; cachée derrière ma persienne, je pus l'examiner à loisir ; je ne crois pas que l'on puisse imaginer des traits plus beaux que les siens... À demi-couché sur un divan turc, vêtu d'une longue robe de chambre de soie de l'Inde... il fumait un narguilhé dans une attitude de nonchalance tout orientale ; le regard fixé sur son jardin encombré de fleurs, il semblait écouter avec ravissement le murmure de la cascade et le gazouillement des beaux oiseaux de sa volière... puis il prit un livre, qu'il déposait de temps à autre comme pour songer à ce qu'il venait de lire... Deux de ses amis survinrent... L'un passe à juste titre pour un des hommes les plus éminens, les plus célèbres de ce temps-ci, c'était M***.

— Certes, il n'est pas de personnages plus illustre et plus justement considéré.

— Je le connaissais de vue et de réputation ; sa très haute position, la différence d'âge qui existait entre Michel et lui, me firent trouver sa visite, chez ce jeune homme inconnu, presque extraordinaire.

— En effet, cette visite me semble flatteuse pour notre cousin.

— Michel l'accueillit avec une affectueuse familiarité. Il me parut que M*** le traitait sur le pied d'une égalité parfaite ; un long entretien commença ; éloignée ainsi que j'étais, je ne pouvais rien entendre. Pour compenser cet empêchement, et, toujours cachée par mes persiennes, je pris une lorgnette de théâtre, et j'étudiai curieusement la physionomie de Michel pendant cette conversation ; je distinguais jusqu'au mouvement de ses lèvres ; je trouvais un singulier attrait dans cet examen, je m'aperçus facilement qu'une discussion animée s'était élevée entre M*** et Michel... D'abord, celui-ci parut être énergiquement combattu ; mais bientôt je vis à l'expression du visage de M*** qu'il se laissait peu à peu convaincre par Michel... mais non sans résistance. Parfois, cependant, un signe d'assentiment spontané témoignait de l'avantage que prenait Michel, et qui finit par lui rester ; je ne puis te peindre le charme des traits de ton cousin pendant cet entretien ; à leur mobilité, à ses gestes, je voyais qu'il employait tour à tour une chaleureuse éloquence, une fine raillerie, ou de graves raisonnemens pour répondre à ses interlocuteurs et les ramener à son opinion ; ceux-ci marquaient leur adhésion tantôt par un sourire, tantôt par leur air convaincu ou entraîné. Cet entretien dura longtemps ; lorsqu'il fut terminé, les amis de Michel prirent congé de lui, avec un redoublement de cordialité ; il fit mine de vouloir se lever pour les accompagner, mais eux le forcèrent gaîment à rester étendu sur son divan, semblant lui dire qu'ils savaient trop combien il en coûterait à sa paresse pour se déranger. J'ai su depuis que M***, ayant à prendre une résolution très importante, était venu, ainsi que cela lui arrivait souvent, consulter Michel dont le tact était exquis et le jugement aussi élevé que solide... Que te dirai-je, mon amie, dès ce premier jour, qui me permettait déjà d'apprécier Michel, quoique jamais je ne lui eusse parlé... j'éprouvai pour lui un intérêt qui ne devait, hélas ! que prendre trop de place dans ma vie...

Et la jeune femme resta un moment silencieuse.

À mesure que Valentine parlait, Florence s'intéressait d'autant plus à ce récit et au héros de ce récit, qu'elle lui trouvait de nombreux points de contact avec son caractère, avec ses goûts, avec ses penchans à elle... Monsieur de Luceval, en lui parlant de la paresse incurable de son *cousin Michel*, en manière d'épouvantail, ne lui avait jamais rien dit de ce qui pouvait excuser ou poétiser cette disposition morale et physique à l'indolence.

Florence comprit alors la surprise, et peut-être même le sentiment de jalousie involontaire que Valentine n'avait pu dissimuler, alors que son amie lui développait ingénuement sa théorie de la paresse et les délices qu'elle y trouvait...

Sans doute, madame d'Infreville ne pouvait être aucunement jalouse de madame de Luceval ; c'eût été de la folie, Florence ne comprenait pas pour Michel Renaud, et elle se montrait trop sincère amie pour vouloir le connaître plus tard, dans quelque sournois dessein de rivalité.

Néanmoins Valentine, ombrageuse comme toutes les natures violentes et passionnées, ne pouvait vaincre une sorte d'envie vague et inquiète, mêlée de récriminations contre elle-même. Hélas ! elle songeait à tous les élémens de sympathie et de bonheur qui se rencontraient dans l'étrange conformité de caractère qu'elle remarquait entre Florence et Michel Renaud.

V.

Madame de Luceval, après être restée un moment muette et pensive comme son amie, dit à Valentine :

— Je comprends parfaitement que les divers incidens de cette première journée où tu voyais notre cousin Michel aient fait sur toi une vive impression ; tu le trouvais d'une rare beauté, son esprit était éminent, puisqu'il semblait exercer de l'influence sur l'un des hommes les plus considérables de ce temps-ci ; enfin, ce que tu savais de la délicate déférence de Michel pour sa vieille nourrice te prouvait qu'il avait un généreux cœur... Hélas ! il n'en fallait pas tant, pauvre Valentine, pour t'intéresser profondément dans la triste situation où tu le trouvais.

— Enfin... Florence... si tu ne l'excuses pas... tu conçois du moins comment ce sentiment a pu naître dans mon cœur ?

— Non-seulement je le conçois, mais je l'excuse. Abreuvée de chagrins, d'humiliations par ton mari, ta position était si cruelle ! Comment n'aurais-tu pas cherché à t'en distraire ou à t'en consoler ?

— Je n'ai pas besoin de te dire que, toute la nuit, je pensai, malgré moi, à Michel... Le lendemain, dès que cela me fut possible, je courus à ma persienne, la journée était superbe ; Michel la passa comme la veille, dans la galerie, couché sur son divan, fumant, rêvant, lisant, et jouissant, comme il me l'a dit plus tard, *du bonheur de se sentir vivre;* ce jour-là, je vis entrer chez lui un homme vêtu de noir, et portant sous son bras un large portefeuille. Je ne sais pourquoi, et, toujours grâce à ma lorgnette, je devinai quelque homme d'affaires ; en effet, il tira de son portefeuille plusieurs papiers, et se préparait à les lire à Michel, lorsque celui-ci les prit et les signa sans même les parcourir ; après quoi, l'homme d'affaires prit dans sa poche le paquet de billets de banque qu'il remit à ton cousin, en paraissant le prier de les compter, ce dont celui-ci se garda bien, témoignant ainsi sa confiance aveugle en cet homme.

— De tout ceci il ressort, — dit Florence, — que notre cher cousin est fort insouciant de ses affaires.

— Hélas !... que trop malheureusement pour lui.

— Est-ce que sa fortune ?...

— Tu sauras tout... Prête-moi encore quelques momens d'attention. Pendant cette journée, qui se passa comme l'autre dans une complète indolence, la nourrice de Michel lui apporta une lettre ; il la lut ! Ah ! Florence, jamais je n'ai vu la compassion se peindre d'une manière plus touchante sur une figure humaine ! Ses yeux se remplirent de larmes, il ouvrit le meuble où il avait serré les billets de banque, et en donna un à sa nourrice. Le premier mouvement de cette digne femme fut de sauter au cou de Michel. Tu ne peux t'imaginer avec quelle délicieuse émotion il parut recevoir ces caresses presque maternelles.

— Bon et généreux cœur, — dit Florence attendrie.

— Le soleil était couché depuis longtemps, lorsque je pus m'enfermer chez moi, — reprit Valentine, — et revenir à ma chère fenêtre... Je cherchais Michel des yeux, lorsque je vis une jeune femme entrer dans la galerie... et courir à lui.

— Ah ! pauvre Valentine !

— Je reçus au cœur un coup violent... C'était stupide, c'était fou, car je n'avais aucun droit sur Michel,... mais cette impression fut involontaire ; aussitôt je quittai ma croisée... je me jetai dans un fauteuil, et, cachant ma figure dans mes mains... je pleurai longtemps... puis je tombai dans une douloureuse rêverie ; au bout de deux heures, je crois, j'entendis soudain un prélude de piano, et, bientôt deux voix, d'un ravissant accord, commencèrent à chanter le duo si passionné de Mathilde et d'Arnold dans *Guillaume Tell.*

— C'était Michel !

— Oui... c'était lui... et... cette femme !

Il est impossible d'accentuer la manière dont Valentine prononça ces mots : *Et... cette femme !*

Après un instant de pénible silence, elle reprit :

— La nuit était calme, sonore ; ces deux voix vibrantes, pleines de passion, semblaient s'élever vers le ciel, comme un chant de bonheur et d'amour : pendant quelque temps j'écoutai malgré moi ;... mais, à la fin, cela me fit tant de mal, que, sans avoir le courage de m'éloigner, je couvris mes oreilles de mes mains ; puis, rougissant de cette faiblesse ridicule et voulant... chercher dans la douleur même je ne sais quel charme amer... j'écoutai de nouveau, le chant avait cessé... Je me rapprochai de la persienne... les fleurs du jardin embaumaient l'air... la fraîcheur de la nuit était délicieuse... pas un souffle de vent n'agitait les arbres... une lueur affaiblie comme celle d'une lampe d'albâtre perçait à travers la transparence des stores baissés de la galerie... Le plus grand silence régna pendant quelques instans, puis j'entendis crier le sable des allées sous les pas de Michel et de cette femme ; la nuit était assez claire, je les distinguai tous deux. Ils se promenaient lentement et se tenant tendrement enlacés... je refermai brusquement ma fenêtre, mes forces étaient à bout ; je passai une nuit affreuse. Ah ! Florence, que de passions nouvelles, violentes, terribles, éveillées en deux jours ! L'amour, le désir, la jalousie, la haine, le remords, oui... le remords... car, de ce moment, je sentis qu'une force irrésistible m'entraînait à ma perte... car je succomberais dans la lutte ; tu connais l'énergie, l'ardeur de mon caractère... Cette énergie, cette ardeur... je les portai dans ce malheureux amour... Que te dirai-je ?... Longtemps je résistai vaillamment... mais lorsque l'indigne et brutale conduite de mon mari m'eut exaspérée, je me crus dégagée de tous liens... et je m'abandonnai en aveugle à la passion dont j'étais dévorée.

— Au moins, tu as été heureuse, Valentine... bien heureuse...

— Ce furent d'abord les joies du ciel, quoique parfois flétries, malgré moi, par le ressouvenir de cette femme, dont Michel s'était d'ailleurs depuis longtemps séparé. C'était une cantatrice célèbre, actuellement, je crois, en Italie... Je le trouvai tel que je l'avais rêvé, esprit à la fois remarquable et charmant, cœur excellent, délicatesse exquise, enjouement et bonne humeur inaltérables... tendresse passionnée, grâce, égards, prévenances... il réunissait tout... Et cependant, cette liaison durait à peine depuis deux mois, quoique en adorant toujours Michel, j'étais la plus malheureuse des créatures...

— Pauvre Valentine ! comment cela ? D'après ce que tu viens de me dire, Michel devait réunir toutes les qualités désirables pour te rendre heureuse ?

— Oui, —répondit Valentine en soupirant ; —mais toutes ces qualités étaient chez lui paralysées par un vice incurable,...

Et madame d'Infreville tressaillit et s'arrêta court.

— Valentine, pourquoi t'interrompre ? — lui demanda Florence, en la regardant avec surprise. — Pourquoi cette réticence ? Parle, je t'en conjure. N'as-tu pas en moi toute confiance ?

— Ne t'en donnais-je pas une preuve par mes aveux ?

— Si, oh ! si, mais achève.

— Après tout, — reprit madame d'Infréville en suite d'un moment d'hésitation, — ma réticence, tu vas la comprendre Eh bien ! tout ce qu'il y avait de bon, d'excellent, d'élevé, de tendre chez Michel, était gâté par une apathie incurable.

— Mon défaut ! — dit madame de Luceval, — et tu craignais de me dire cela...

— Non... non, Florence, ton indolence à toi est charmante.

— Monsieur de Luceval n'est pas du tout de cet avis, — dit la jeune femme en souriant à demi.

— Ton indolence n'a du moins, ni pour ton mari, ni surtout pour toi, aucune fâcheuse conséquence, — reprit Valentine, — ton indolence fait tes délices, et personne n'en souffre... Mais elle a eu chez Michel des suites fatales : d'abord il a laissé ses intérêts de fortune aller comme ils purent, ne voulant jamais prendre la peine de s'en occuper. Un homme d'affaires infidèle, encouragé par cette incurie, non content de le voler indignement, l'a jeté dans des opérations fructueuses pour lui, ruineuses pour Michel, trop indolent pour vérifier ses comptes. Que te dirai-je? à cette heure, je ne sais s'il lui reste de quoi vivre de la manière la plus humble...

— Pauvre garçon! mon Dieu! que c'est triste! Mais comment ton influence n'a-t-elle pu vaincre cette funeste paresse?

— Mon influence! — reprit Valentine en souriant avec amertume, non quelle influence peut-on prendre sur un caractère pareil? Raisonnemens, inquiétudes, avertissemens, prières, tout échoue devant cette inertie satisfaite et sereine, car, chez Michel, jamais un mot dur ou brusque; oh! non, il recule devant l'impatience ou la colère comme devant une fatigue; toujours calme, souriant et tendre, il répond aux remontrances les plus sages, aux supplications les plus désolées, par une plaisanterie ou par un baiser... C'est en se jouant ainsi de mes conseils, de mes prières, qu'il est arrivé à une position qui m'épouvante pour lui; car ayant pu vivre jusqu'à présent dans cette incurie, dans cette oisiveté qu'il prise avant toute chose, une fois sa ruine accomplie, il sera incapable de trouver en lui assez de courage, assez d'énergie, pour ressortir d'une si funeste position.

— Tu as raison... Valentine... cela est plus grave que je ne le pensais.

— Grave... oui... bien grave, — reprit la jeune femme en tressaillant, — car tu ne sais pas l'horrible idée qui m'obsède comme un spectre...

— Que veux-tu dire?

— Michel est un homme d'un esprit trop juste pour se faire illusion sur l'avenir; il sait bien que, son dernier louis dépensé, il n'a rien à attendre de personne et encore moins de lui-même...

— A quoi pense-t-il donc alors?

— A quoi? — dit Valentine en frémissant...

Puis, ses lèvres tremblèrent, et elle ajouta d'une voix altérée :

— Il pense à se tuer...

— Grand Dieu!... il t'a dit?...

— Oh! non, — reprit Valentine avec un redoublement d'amertume et d'affliction; — non, il s'est bien gardé de me dire cela... Un tel aveu eût amené... ce que l'on appelle une *scène* de ma part, des larmes, des désolations infinies... Non, non, il ne m'a pas avoué que, par paresse, il se tuerait... comme jusqu'ici il a vécu pour la paresse... mais un jour il lui est échappé de me dire en riant, comme la chose la plus simple du monde... *Heureux morts... Eternels paresseux.*

— Ah! Valentine... cette idée est horrible!

— Et c'est pourtant, vois-tu, avec cette idée que je vis, — dit la malheureuse femme, en fondant en larmes. — Et cette terreur qui plane sur toutes mes pensées, sur toutes mes actions, je suis obligée de la dissimuler devant lui, qui me voyait triste, préoccupée, sais-tu ce qu'il me dirait avec son tendre et gracieux sourire :

« Ma pauvre Valentine, à quoi bon la tristesse? Ne sommes-nous pas jeunes et amoureux? Ne pensons qu'au
» bonheur... je t'aime autant qu'il m'est possible d'aimer...
» je t'aime comme je puis et comme je sais aimer; ac-
» cepte-moi tel que je suis... sinon, si involontairement je
» t'ai chagrinée, ne le prends plus... laisse-moi, cherche
» mieux, et restons amis... A mon sens, l'amour ne doit
» être que joie, félicité, tendresse... et repos!... Ce doit
» être un beau lac, toujours frais et calme, où se reflètent

» les plus riantes félicités de la vie. Pourquoi l'assombrir,
» le troubler par des inquiétudes inutiles? Ne peut-on s'ai-
» mer *tranquillement?* Va, mon ange, jouissons en paix
» de notre jeunesse; celui qui a vécu en sa vie dix jours
» d'un bonheur complet, radieux, doit être content et
» mourir en disant : *Merci Dieu!!!* Nous avons vécu cent
» et plus de ces jours-là, ma Valentine !... et nous en vi-
» vrons mille et davantage s'il te plaît... car je t'adore. Ne
» suis-je pas trop paresseux pour être inconstant? Et puis,
» pourrais-je, sans effroi, songer à la peine de chercher
» de nouvelles amours?... »

— Oui... — ajouta Valentine avec une animation douloureuse et croissante, pendant que Florence semblait profondément pensive. — Oui, voilà comment Michel envisage l'amour! Ces alternatives de joie et de larmes, ces vagues angoisses, ces jalousies folles, mais terribles, qui, incriminant le passé... l'avenir même... bouleversent et martyrisent le cœur... oui, ces violences, ces tumultes inséparables de la passion... font sourire Michel... Ce serait pour lui une fatigue de les ressentir; moi, moi seule en suis déchirée... Son indolence... je ne puis dire son indifférence, car, après tout, j'en suis même comme il sait et comme il peut aimer, ainsi qu'il le dit lui-même... son indolence en amour me navre... me révolte... me fait bondir... mais je me contiens, mais je le souffre parce que, malgré moi, je l'adore tel qu'il est; et ce n'est pas tout : Michel ne semble pas se douter des remords, des transes, des effrois qui m'assiègent chaque jour, car, pour passer des heures, quelquefois même des journées avec lui, il me faut entasser mensonges sur mensonges... me mettre presque à la discrétion de mes gens, trouver toujours de nouveaux prétextes à mes fréquentes sorties, vivre dans une agitation continuelle, et quand je rentre, ah! Florence, quand je rentre, si tu savais quel poids affreux j'ai sur le cœur... lorsque après une longue absence je mets la main au marteau de ma porte, en me disant : *tout est peut-être découvert!* Et quand je me retrouve face à face de mon mari... autre martyre! affronter son regard... tâcher de lire sur ses traits s'il a le moindre soupçon, trembler, mais trembler en dedans à ses questions les plus insignifiantes; paraître tranquille, indifférente, quand je suis bourrelée d'angoisses... Et puis, dernière douleur, dernière bassesse... avoir l'air souriant, empressé même, avec mon mari que j'abhorre... Oui... il faut bien que je le flatte, puisque j'ai peur de lui... puisque j'espère écarter ses soupçons en me composant une physionomie avenante et gaie... Comprends-tu, Florence? quelquefois il faut que je sois gaie... Comprends-tu? gaie! pendant que j'ai la mort dans l'âme... Tiens, Florence... c'est l'enfer qu'une vie pareille; elle brûle, elle use, elle tue... et pourtant il me serait impossible d'y renoncer.

— Ah! Valentine... — s'écria madame de Luceval en se jetant dans les bras de son amie; — merci... à toi... ma tendre amie... merci... tu m'as sauvée!

Madame d'Infreville, aussi stupéfaite du mouvement que des paroles de Florence, reçut son embrassement avec autant d'émotion que de surprise.

VI.

Madame de Luceval avait en effet, depuis quelques momens, écouté son amie avec un redoublement d'intérêt et de curiosité; aussi, ne pouvant résister à son émotion, s'était-elle jetée dans les bras de Valentine, en s'écriant :

— Merci... merci à toi, ma tendre amie... tu m'as sauvée!

Madame d'Infreville, après ce moment d'effusion, regarda la jeune femme avec le plus grand étonnement et lui dit :

— Mon Dieu !... Florence... explique-toi... de quoi me remercies-tu ?... de quoi t'ai-je sauvée ?...

— En effet, — reprit madame de Luceval en souriant à demi, — je dois te paraître folle, mais si tu savais... quel service tu me rends !...

— Moi ?...

— Oh ! certainement, un grand, un immense service... — ajouta Florence avec un mélange d'émotion, de malice et d'ingénuité difficile à rendre, — figure-toi que d'abord, en te sachant un amant, je t'ai enviée... comme je t'enviais au couvent quand j'étais petite fille et que je t'ai vue mariée... et puis, pourquoi te le cacher ? je trouvais dans le caractère de notre cousin Michel tant de rapports avec mes goûts et ma manière d'être, que je me disais : « Com- » bien ce qui désespère cette pauvre Valentine... me sé- » duirait... me ravirait, au contraire... moi qui n'ai jamais » aimé... Voilà justement comment je comprendrais l'a- » mour : *de la paresse à deux*; et il me semble que je se- » rais bien heureuse d'avoir aussi... un petit Michel. »

— Florence... que dis-tu ?...

— Laisse-moi donc achever... et pour ne te rien cacher... comme je pressens l'approche de grands orages entre mon mari et moi... comme il me devient de plus en plus insupportable... j'entrevoyais vaguement dans l'avenir... (si, comme toi, je finissais par être poussée à bout) la nécessité de chercher peut-être un jour des consolations... à une union si mal assortie.

— Ah ! Florence ! — s'écria Valentine avec un accent de tendresse alarmée, — prends garde... si tu savais...

— Si tu savais, — reprit madame de Luceval en interrompant son amie, — si je savais ?... Mais justement, et, grâce à toi, maintenant *je sais*; et après ce que tu viens de me dire, grand Dieu ! — ajouta la jeune femme avec une expression d'épouvante naïve et presque comique, — à cette heure que je vois ce qu'il en coûte d'angoisses, d'agitation, de peines, de démarches, de tourmens, pour avoir un amant, je te jure bien que jamais je n'en aurai ! Et je crois, Dieu me pardonne ! que j'aimerais encore mieux aller au *pôle Nord* ou au *Caucase* avec mon mari... que de me lancer dans les tribulations amoureuses ! j'y mourrais à la peine. Un amant ! juste ciel ! que de fatigues ! Cette fois encore, je t'en réponds, ma paresse me servira de vertu ; dame... chacun est vertueux selon ses moyens, et pourvu qu'on le soit, c'est l'essentiel. N'est-ce pas, Valentine ?

Florence fit, en disant ces mots, une petite mine à la fois si sérieuse et si drôle, que son amie, malgré ses cruelles préoccupations, ne put s'empêcher de sourire pendant que madame de Luceval ajoutait :

— Ah ! pauvre Valentine !... je te plains... je te plains doublement... car, tu as raison... c'est un véritable enfer qu'une pareille vie !

— Oui... oui... un enfer... et, crois-moi, Florence... ma bien-aimée Florence, persiste dans ta résolution, reste fidèle à tes devoirs... si pesans qu'ils te semblent ! Ah ! que mon malheur te serve de leçon, je t'en conjure, — ajouta Valentine d'une voix suppliante, attendrie ; — ce serait pour moi un éternel remords que de t'avoir donné de mauvaises idées ou un méchant exemple... Toute ma vie je me reprocherais comme un crime la confiance que j'ai eue en toi, Florence, mon amie, ma tendre amie... que du moins ce nouveau chagrin me soit épargné... jure-moi...

— Sois donc tranquille, Valentine, je suis encore plus de ton avis que toi-même, s'il est possible... Mais, penses-y donc. Moi, paresseuse comme je suis ; moi qui ne puis seulement quitter mon fauteuil pour faire une visite, aller me jeter dans un tel tourbillon ! et surtout avec un mari comme le mien, qui vient chez moi dix fois par jour... entreprendre de tromper un pareil homme ! mais ce serait un travail qui me donne le vertige rien qu'en y songeant. Non, non, la leçon est bonne, elle portera ses fruits, je t'en réponds. Mais parlons de toi... je ne vois pas que, jusqu'ici, heureusement, les soupçons de ton mari aient été éveillés.

— Tu te trompes... je le crains, sans en avoir pourtant la certitude.

— Comment cela ?

— Mon mari, je te l'ai dit, vit presque toujours hors de chez lui. Il sort le matin après déjeuner... dîne le plus souvent chez cette fille qu'il entretient, et où il reçoit ses amis. Il la conduit ensuite au spectacle... rentre chez elle, où l'on joue fort gros jeu, m'a-t-on dit, et il n'est guère de retour chez lui avant trois ou quatre heures du matin.

— La belle vie pour un homme marié !

— Soit confiance... soit indifférence, il me fait peu de questions sur l'emploi de mon temps... Il y a deux jours, se trouvant subitement indisposé, il est rentré vers les deux heures de l'après-midi ; je le croyais absent pour toute la journée, car il m'avait dit qu'il dînerait dehors ; aussi je ne revins de chez Michel qu'à dix heures du soir.

— Mon Dieu ! que tu as dû être saisie en apprenant le retour de ton mari ! J'en frissonne rien que d'y penser... et l'on a un amant !

— J'ai été si épouvantée, que mon premier mouvement a été de ne pas monter chez moi et de ressortir pour ne jamais revenir.

— C'est à quoi je me serais résolue... et encore, je ne sais... non, décidément je serais morte de peur.

— Enfin, je rassemblai tout mon courage, je montai : le médecin était là. Monsieur d'Infreville se trouvait si souffrant, qu'il ne m'adressa que quelques paroles... Je passai la nuit à le veiller avec une hypocrite redoublement de zèle... Lorsqu'il fut plus calme, il me demanda pourquoi je m'étais absentée tout le jour, et où j'étais allée. J'avais médité ma réponse et mon mensonge : je lui dis que j'étais restée toute la journée chez toi, ainsi que cela m'arrivait souvent... puisqu'il me laissait presque toujours seule. Il parut me croire, me dit même qu'il m'approuvait, connaissant de nom monsieur de Luceval, et qu'il voyait avec plaisir ma liaison avec sa femme. Je me crus sauvée ; mais, hier soir, nouvelles craintes ; j'ai appris par ma femme de chambre que mon mari l'avait interrogée très adroitement pour savoir si je m'absentais souvent.

— Mon Dieu !... toutes tes transes ont dû revenir ! Quelle perplexité !... quelles angoisses ! ! ! et l'on a un amant !

— Mes inquiétudes devinrent si graves, que je me crus perdue. Voulant sortir à tout prix d'une position intolérable, ce matin je suis allée chez Michel. — Prenons un parti extrême, — lui ai-je dit, — je vais tout avouer à ma mère, lui annoncer que mon mari a de graves soupçons, qu'il ne me reste qu'à fuir. Je puiserai dans mon amour pour vous, Michel, la force de convaincre ma mère. Je ne retournerai pas chez mon mari. Nous quitterons Paris ce soir même, ma mère et moi. Nous irons à Bruxelles ; vous viendrez nous y rejoindre. Le peu qui vous reste et mon travail nous suffiront à vivre ; nous voyagerons, s'il le faut, pour trouver d'autres ressources ; mais, du moins, si pauvre, si tourmentée que soit notre existence, je serai délivrée de cette horrible nécessité de mentir chaque jour, ou de vivre dans de continuelles alarmes... Ces tortures, vous ne les avez jamais soupçonnées, Michel, je vous les ai cachées... mais je ne puis souffrir plus longtemps.

— Et a-t-il accepté ?

— Lui !... — s'écria Valentine avec amertume, — ah ! que j'étais insensée de compter sur une pareille résolution de sa part !... Il me regardait avec stupeur ; cette fuite, cette vie agitée, dure, malheureuse peut-être, épouvantait sa paresse... ou plutôt son affreux égoïsme... il a traité ma résolution de folie, me disant qu'il ne fallait prendre ces partis extrêmes qu'à la dernière extrémité... qu'après tout, mon mari n'avait tout au plus que des soupçons... et c'est Michel qui m'a donné l'idée de la lettre que je t'ai demandée.

— Après tout, Valentine, il a peut-être raison... d'hésiter à fuir... et cela dans ton intérêt même... Car enfin rien n'est désespéré...

— Florence, un pressentiment me dit que...

Madame d'Infreville ne put achever.

Un nouvel incident interrompit cet entretien.

La nuit était presque venue.

L'on touchait à la fin des derniers beaux jours de l'automne ; le salon où se tenaient les deux jeunes femmes n'était plus éclairé que par la clarté crépusculaire qui succède au coucher du soleil.

La porte de l'appartement s'ouvrit brusquement.

Messieurs de Luceval et d'Infreville apparurent aux regards stupéfaits de Florence et de Valentine.

Celle-ci, saisie d'effroi, s'écria :

— Je suis perdue !

Et, accablée de honte à l'aspect de monsieur de Luceval qui accompagnait monsieur d'Infreville, elle cacha son visage dans son mouchoir.

Florence, se rapprochant de son amie, comme pour la protéger, dit impérieusement à monsieur de Luceval :

— Que voulez-vous, monsieur ?

— Vous convaincre de mensonge et d'une indigne complicité, madame ! — s'écria monsieur de Luceval d'une voix menaçante.

— J'avais appris que, depuis quelque temps, madame d'Infreville passait des journées presque entières hors de chez elle, madame, — ajouta l'autre mari en s'adressant à Florence pendant que son amie, agitée d'un tremblement convulsif, continuait de cacher son visage entre ses mains ; — hier, j'ai demandé à madame d'Infreville où elle avait passé la journée. Elle m'a répondu qu'elle l'avait passée chez vous. Cette lettre de vous, madame (et il la montra), écrite de complicité avec ma femme, et destinée à me rendre dupe d'un mensonge infâme, est tombée entre les mains de monsieur de Luceval. Il m'a juré sur l'honneur, et je le crois, qu'il n'avait jamais vu ici madame d'Infreville. Je ne suppose pas, madame, que vous puissiez soutenir plus longtemps ce qui est le contraire de toute vérité.

— Oui, madame, — s'écria monsieur de Luceval, — il faut que votre déclaration lui porte le dernier coup à une femme coupable ; ce sera l'une des punitions de votre odieuse complicité.

— Tout ce que j'ai à vous déclarer, monsieur, — répondit résolûment Florence, — c'est que madame d'Infreville est et sera toujours ma meilleure amie... et plus elle sera malheureuse, plus elle devra compter sur ma tendre affection.

— Comment ! madame, — s'écria monsieur de Luceval, — vous osez...

— J'oserai bien plus, monsieur, j'oserai dire à monsieur d'Infreville que sa conduite envers sa femme a toujours été celle d'un homme sans cœur et sans honneur.

— Assez, madame ! — dit monsieur de Luceval exaspéré.

— Assez !

— Non, monsieur, ce n'est pas assez, — reprit Florence, — j'ai encore à rappeler à monsieur d'Infreville qu'il est chez moi, et, comme il sait maintenant dans quelle estime je le tiens, il comprendra que sa présence n'est plus convenable ici.

— Vous avez raison, madame, j'en ai trop entendu, — dit monsieur d'Infreville avec un sourire sardonique.

Puis, prenant rudement sa femme par le bras, il lui dit :

— Suivez-moi, madame.

La malheureuse créature, anéantie, éperdue, se leva machinalement, cachant toujours son visage entre ses mains, tant sa honte était écrasante, puis elle murmura :

— Oh ! ma mère ! ma mère !

— Valentine, je ne te quitte pas ! — s'écria Florence en s'élançant vers son amie ; mais monsieur de Luceval, poussé à bout, saisit violemment sa femme à bras le corps, et la contint en disant :

— C'est me braver avec trop d'audace.

Monsieur d'Infreville profita de ce moment pour entraîner Valentine, qui, d'une voix entrecoupée par les sanglots, jeta ces derniers mots à travers le mouchoir qui couvrait sa figure.

— Florence... adieu !

Et elle disparut avec monsieur d'Infreville.

Madame de Luceval, pâle d'indignation et de douleur, resta un moment contenue par son mari, qui ne lui rendit la liberté de ses mouvemens que lorsque Valentine eut quitté le salon.

La jeune femme dit alors d'une voix calme :

— Monsieur de Luceval, vous avez porté brutalement la main sur moi... de ce jour tout est à jamais rompu entre nous.

— Madame !

— Vous avez votre volonté, monsieur, j'aurai la mienne, et je vous le prouverai.

— Et votre volonté, madame, — dit monsieur de Luceval d'un ton sardonique, — me ferez-vous du moins la grâce de me la signifier ?

— Certainement.

— Voyons, madame.

— La voici : nous nous séparerons à l'amiable, sans bruit, sans scandale.

— Ah ! madame arrange cela ainsi ?

— J'ai ouï dire que très souvent cela s'arrangeait ainsi.

— Et à dix-sept ans à peine, madame pourra courir le monde à son gré.

— Courir le monde ! Dieu m'en préserve, monsieur : vous savez que tel n'est pas mon goût...

— Il ne s'agit pas de plaisanter, madame ! — s'écria monsieur de Luceval, — je vous demande si vous êtes réellement assez folle pour vous imaginer qu'à dix-sept ans à peine.... vous pouvez vous passer la fantaisie de vivre seule... lorsque vous êtes en puissance de mari.

— Je ne compte pas du tout vivre seule... monsieur.

— Et avec qui madame vivra-t-elle ?

— Valentine est malheureuse ; je me retirerai auprès d'elle et de sa mère. Grâce à Dieu ! ma fortune est indépendante de la vôtre, monsieur...

— Vous retirer auprès de cette malheureuse ! une femme qui a eu un amant... une femme que son mari va chasser ce soir de sa maison... et bien il fera !... une femme qui mérite le mépris de tous les honnêtes gens... Et c'est auprès d'une pareille créature que vous voulez vivre !... Mais oser seulement avouer un pareil projet, c'est à vous faire enfermer, madame.

— Monsieur de Luceval, je suis horriblement fatiguée des événemens de cette journée ; vous m'obligerez de me laisser tranquille ; j'ajouterai seulement que si quelqu'un mérite le mépris des honnêtes gens, c'est monsieur d'Infreville, car ce sont ses indignes traitemens qui ont poussé sa femme à sa perte. Quant à Valentine, ce qu'elle mérite et ce qu'elle devra toujours attendre de moi, c'est la plus tendre compassion.

— Mais c'est inouï ! mais c'est à vous faire enfermer, vous dis-je !

— Voici mes derniers mots, monsieur de Luceval : l'on ne m'enfermera pas, j'aurai ma liberté, vous aurez la vôtre, et de ma liberté... j'userai.

— Oh !... nous verrons cela, madame !

— Vous le verrez, monsieur.

VII.

Quatre ans environ se sont écoulés depuis les événemens que nous avons racontés.

L'hiver sévit rudement, le froid est âpre, le ciel gris et morne.

Une femme s'avance rapidement dans la rue de Vaugirard, s'arrêtant çà et là, pour consulter du regard les numéros des maisons, comme si elle eût cherché une adresse.

Cette femme, vêtue de deuil, paraît âgée de vingt-deux ou vingt-trois ans ; grande, svelte, très brune, elle a de grands yeux noirs, pleins d'expression et de feu ; ses traits sont beaux, quoiqu'un peu fatigués ; sa physionomie, vive et mobile, révèle tour à tour une tristesse amère, ou une inquiétude pleine d'impatience ; sa démarche saccadée, quelquefois brusque, décèle aussi une vive agitation.

Lorsque cette jeune femme eut parcouru à peu près la moitié de la rue de Vaugirard, elle interrogea de nouveau du regard les numéros du côté impair, et étant arrivée en face du numéro 57, elle s'arrêta, tressaillit, et porta la main sur son cœur, comme pour en comprimer les battemens ; après être restée quelques momens immobile, elle se dirigea vers la porte cochère, mais fit une nouvelle pause avec une hésitation marquée ; mais ayant aperçu des écriteaux annonçant plusieurs appartemens à louer dans cette maison, elle entra résolûment et s'arrêta devant la loge du portier.

— Vous avez, monsieur, — lui dit-elle, — des appartemens à louer ?

— Oui, madame... le premier, le troisième, et deux chambres séparées.

— Le premier serait sans doute trop cher pour moi... le troisième me conviendrait mieux : de quel prix est-il ?

— Six cents francs, madame... au dernier mot... il est tout fraîchement décoré... il n'y a plus que les papiers à poser...

— Et de combien de pièces se compose-t-il ?

— Une cuisine donnant sur l'entrée, une petite salle à manger, un salon et une belle chambre à coucher avec un grand cabinet, où l'on peut mettre un lit pour une domestique. Si... madame veut monter... elle verra par elle-même.

— Avant toute chose... je désire savoir qui habite cette maison. Je suis veuve, je vis seule, vous comprenez pourquoi je vous fais cette question...

— C'est tout simple, madame... la maison est d'ailleurs des plus tranquilles ; le premier est vacant, comme je vous l'ai dit ; le second est occupé par un professeur à l'école de Droit, homme bien respectable, ainsi que sa dame... ils n'ont pas d'enfans... le troisième est l'appartement que je propose à madame, et le quatrième, de deux petites pièces et d'une entrée, est loué par un jeune homme... quand je dis jeune homme... c'est une manière de parler, car monsieur Michel Renaud doit avoir de vingt-six à vingt-huit ans.

Au nom de Michel Renaud, la jeune femme, malgré le grand empire qu'elle avait sur elle-même, rougit et pâlit tour à tour, un sourire douloureux contracta ses lèvres, et ses grands yeux noirs semblèrent briller plus ardens sous leurs longues paupières.

Dominant pourtant son émotion, elle reprit d'une voix calme et d'un air indifférent :

— L'appartement du troisième est donc immédiatement au-dessous de celui... de... ce monsieur ?

— Oui, madame...

— Et... ce monsieur est-il marié ?

— Non, madame...

— Encore une fois, il ne faut pas vous étonner des questions que je vais vous adresser, mais je dois vous dire que j'ai horreur du bruit au-dessus de ma tête, et que je redoute fort la mauvaise compagnie ; or, je désirerais savoir si mon futur voisin n'a pas, comme tant d'autres jeunes gens, des habitudes bruyantes... et de ces connaissances un peu légères... qu'il me serait fort désagréable de rencontrer sur l'escalier en sortant de chez moi ou en y rentrant.

— Lui ! — s'écria le portier avec un air de récrimination ; — monsieur Michel Renaud recevoir des *demoiselles*... Ah ! madame ! ah ! madame !

Et il joignit les mains.

Une lueur de joie et d'espérance éclaircit un instant la triste physionomie de la jeune femme, qui reprit avec un demi-sourire.

— Je suis loin de vouloir calomnier les mœurs de ce monsieur, et l'étonnement que vous cause ma question me paraît rassurant.

— Monsieur Michel Renaud, madame, est rangé comme il n'y en a pas... Tous les jours que le bon Dieu fait, dimanches et fêtes, il sort de chez lui à trois heures et demie, ou quatre heures du matin, au plus tard, ne rentre qu'après minuit... et ne reçoit jamais de visites...

— Je le crois... il faudrait qu'elles fussent singulièrement matinales... — dit la jeune femme, qui parut très vivement frappée de ces détails. — Comment ? tous les jours ce monsieur se lève aussi matin ?

— Oui, madame, été comme hiver, rien ne l'arrête.

— Mais... — reprit la jeune femme, comme si elle ne pouvait croire à ce qu'elle entendait, — c'est donc un prodige d'activité que ce monsieur ?

— Je ne pourrais pas vous dire, madame ; tout ce que je sais, c'est qu'il est aussi matinal qu'un coq de village.

— Et, sans indiscrétion... monsieur, — reprit la jeune femme de plus en plus stupéfaite de ce qu'elle apprenait, — quelle est donc la profession de ce monsieur qui sort, chaque jour, de chez lui à trois ou quatre heures du matin, et qui ne rentre qu'après minuit ?

— Vous m'en demandez là, madame, plus que je n'en sais... Ce qu'il y a de certain, c'est que ce locataire-là ne sera pas gênant pour vous...

— Assurément, je ne pouvais rencontrer un voisinage plus à mon goût, mais... franchement, il est impossible que vous ne connaissiez pas la profession de votre locataire ?

— Que voulez-vous que je vous dise, madame, depuis trois ans que monsieur Renaud demeure ici... il ne lui est venu qu'une lettre... adressée à monsieur Michel Renaud tout court, et il ne reçoit âme qui vive.

— Mais il n'est pas muet ?

— Ma foi, madame, il n'en vaut guère mieux. Quand il sort, je suis couché ; quand il rentre... idem... le matin, il me dit : *Cordon, s'il vous plaît !* et le soir, en prenant sa lumière : *Bonsoir, monsieur Landri !* (c'est mon nom.) Voilà toutes nos causeries... Ah ! si pourtant, j'oubliais...

— Qu'oubliez-vous ?

— La veille du terme il me dit, le soir, en déposant ses soixante francs sur ma table : — Je mets là l'argent du terme, monsieur Landri ; — le lendemain soir, je lui dis : — La quittance est à côté de votre bougeoir, monsieur Renaud. — Il la prend, me dit : — Merci, monsieur Landri. — Et en voilà pour trois mois...

— Il est impossible en effet d'être moins communicatif... et... la simple curiosité ne vous a pas donné l'envie de tâcher de pénétrer le secret de cette existence vraiment assez mystérieuse ? N'a-t-il pas quelqu'un qui le sert ?

— Non, madame... il fait lui-même son ménage... c'est-à-dire qu'il fait son lit, cire ses bottes, bat ses habits et balaie sa chambre...

— Lui !... — ne put s'empêcher de s'écrier la jeune femme, avec un nouvel accent de stupeur ; puis, se reprenant, elle ajouta : — Comment... ce... monsieur prend tant de peine...

— Dame ! — reprit le portier, qui parut surpris de l'ébahissement de la jeune femme, — c'est tout simple ; tout le monde n'a pas cinquante mille livres de rentes, et quand on n'a pas de quoi se faire servir, il faut se servir soi-même.

— C'est très juste, monsieur, — dit la jeune femme en deuil, en reprenant son sang-froid, — mais êtes-vous quelquefois entré chez... ce monsieur ?

— Deux fois, madame.

— Et il n'y a rien d'extraordinaire dans son appartement ?

— Ma foi ! bon, madame... il n'habite qu'une des deux pièces... l'autre n'est pas seulement meublée...

— Et... dans sa chambre... rien n'a pu vous faire deviner... quelle était sa profession?

— Mon Dieu, c'est une chambre comme toutes les chambres, madame... meublée en noyer... et très propre... un lit, une commode, une table, et quatre chaises, voilà tout.

— En vérité, monsieur, — reprit la jeune femme, sentant bien que ses questions et surtout ses étonnemens devaient sembler étranges, — je m'aperçois un peu tard que je suis d'une indiscrétion rare; mais, vous la comprendrez, car je suis certaine que depuis que vous avez des locataires dans cette maison, vous n'en avez pas eu un pareil à... ce monsieur.

— Pour ce qui est de cela, madame, c'est la pure vérité... Mais, comme monsieur Michel Renaud paie son terme rubis sur l'ongle, comme il n'y a pas de locataire moins gênant... vu qu'il ne reçoit pas un chat, je me dis : — Ma foi! qu'il soit ce qu'il voudra... Maintenant, madame veut-elle voir l'appartement.

— Certainement, car, après tout, je trouverai difficilement, je crois, une demeure plus à ma convenance.

VIII.

Pendant que cette locataire en *expectative* commençait son ascension, sur les pas du portier, une autre scène, assez curieuse, se passait dans la maison mitoyenne, dont le rez-de-chaussée était occupé par un café.

Ce café, assez peu fréquenté d'ailleurs, ne possédait, à ce moment, qu'un seul consommateur, assis devant une table, sur laquelle étaient une carafe d'eau, du sucre et un verre d'absinthe.

Ce personnage, qui venait d'entrer depuis quelques instans à peine, était un homme de trente ans au plus, maigre, nerveux, au teint hâlé, aux traits fortement accentués... au geste prompt; il prit plusieurs journaux les uns après les autres, il eut l'air de les parcourir, en fumant son cigare; mais évidemment sa pensée n'était pas à ce qu'il lisait si toutefois même il lisait; il semblait en proie à une tristesse profonde, mêlée, çà et là, de sourdes irritations, qui se manifestaient par la brusquerie de ses mouvemens; ce fut ainsi qu'il rejeta violemment sur la table de marbre le dernier journal qu'il venait de parcourir.

Après un moment de réflexion, il appela le garçon d'une voix brève et dure.

Le garçon, homme à cheveux gris, accourut.

— Garçon!... versez-moi un verre d'absinthe, — dit l'homme au cigare.

— Mais, monsieur... votre verre est encore plein.

— C'est juste. — Et notre homme vida son verre que le garçon remplit de nouveau.

— Dites-moi, — reprit l'homme au cigare, — ce café dépend de la maison numéro 59, n'est-ce pas?

— Oui, monsieur.

— Voulez-vous gagner cent sous? — lui dit l'homme au cigare.

Et comme le garçon le regardait tout ébahi, il reprit :

— Je vous demande si vous voulez gagner cent sous?

— Moi... monsieur... mais...

— Voulez-vous, oui ou non?

— Je le veux bien, monsieur, que faut-il faire?

— Parler.

— Parler de quoi, monsieur?

— Répondre à mes questions.

— C'est bien facile... si je sais...

— Êtes-vous dans ce café depuis longtemps?

— Oh!... depuis sa fondation, monsieur... depuis dix ans.

— Vous habitez cette maison?

— Oui, monsieur... je couche au cinquième.

— Vous connaissez tous les locataires?

— De nom... et de vue, oui, monsieur, mais voilà tout... Je suis seul garçon ici... et je n'ai guère le temps de voisiner.

Après un moment d'hésitation pénible, pendant lequel les traits de l'homme au cigare exprimèrent une douloureuse angoisse, il dit au garçon, d'une voix légèrement altérée :

— Qui habite le quatrième?

— Une dame, monsieur.

— Une dame... seule?

Et son angoisse parut redoubler en attendant la réponse du garçon.

— Oui, monsieur, — reprit celui-ci, — une dame seule...

— Veuve?

— Pour cela, monsieur, je l'ignore; elle s'appelle madame Luceval; voilà tout ce que je peux vous dire.

— Vous sentez bien, mon cher, que si je vous promets cent sous... c'est pour que vous me disiez quelque chose...

— Dame! monsieur, on dit ce que l'on sait.

— Bien entendu. Voyons, franchement, que pense-t-on dans la maison de cette dame? Comment l'appelez-vous?

Évidemment le consommateur faisait cette question pour dissimuler le léger tremblement de sa voix, et prendre le temps de vaincre son émotion croissante.

— Cette dame, je vous l'ai dit, monsieur, se nomme madame Luceval... et il faudrait être bien malin pour jaser sur son compte... car on ne la voit jamais...

— Comment?

— Dame!... monsieur, il n'est jamais plus de trois heures et demie ou quatre heures du matin lorsqu'elle sort de chez elle... été comme hiver; et moi qui ne me couche pas avant minuit, je l'entends toujours rentrer après moi...

— Allons donc! c'est impossible... — s'écria l'homme au cigare avec autant de stupeur que la femme en deuil en avait manifesté en apprenant les habitudes incroyablement matinales de monsieur Michel Renaud. — Comment reprit-il, — cette dame sort ainsi tous les matins avant quatre heures?

— Oui, monsieur, je l'entends fermer la porte...

— C'est à n'y pas croire, — dit l'homme au cigare.

Et, en suite d'un moment de réflexion, il reprit :

— Et que peut faire cette femme ainsi toujours hors de chez elle?

— Je l'ignore, monsieur.

— Mais que pense-t-on de cela dans la maison?

— Rien, monsieur...

— Comment, rien! on trouve cela tout naturel?

— Dans les premiers temps que madame Luceval a logé ici... voilà bientôt quatre ans, sa manière de vivre a semblé assez drôle, et puis on a fini par ne plus s'en occuper... car, ainsi que je vous l'ai dit, monsieur, on ne la voit jamais; ça fait qu'on l'oublie... quoiqu'elle soit jolie à plaisir...

— Allons... si elle est jolie, mon cher, — dit l'homme au cigare avec un sourire sardonique, et comme si les mots lui eussent brûlé les lèvres, — allons... il y a quelque amant, hein?

Et il jeta un sombre et ardent regard sur le garçon, qui répondit :

— J'ai entendu dire que cette dame ne recevait jamais personne, monsieur.

— Mais le soir... lorsqu'elle revient à une heure aussi avancée de la nuit... elle ne rentre pas seule, j'imagine?

— J'ignore, monsieur, si quelqu'un la conduit jusqu'à la porte... mais ce qu'il y a de certain, c'est qu'il ne court pas, je vous le répète, le plus petit bruit sur son compte...

— Une véritable vertu, alors?

— Dame!... monsieur... ça en a bien l'air, et je suis sûr que toute la maison en jurerait comme moi.

Cette fois encore il y eut une complète analogie entre ce que parut ressentir l'homme au cigare et la joie qu'avai manifestée la femme en deuil en apprenant par les pudiques dénégations du portier que monsieur Michel Renaud ne recevait jamais de *demoiselles*; mais les traits de l'interlocuteur du garçon, un moment éclaircis, redevinrent sombres, et il reprit :

— Sait-on au moins quelles sont ses ressources, de quoi elle vit, enfin?

— Encore une chose que j'ignore, monsieur, quoiqu'il ne soit pas probable qu'elle vive de ses rentes... Eh! eh!... les rentières ne se lèvent pas si matin, surtout par des temps comme aujourd'hui, où il gèle à pierre fendre... et trois heures et demie sonnaient au Luxembourg lorsque j'ai entendu cette dame sortir ce matin de chez elle.

— C'est étrange... étrange! c'est à croire que je rêve, — se dit le personnage; puis il reprit tout haut : — Voilà tout ce que vous savez?

— Voilà tout, monsieur, et je vous certifie que personne, dans la maison, n'en sait davantage...

L'homme au cigare resta un moment pensif, puis, après quelques momens de silence, pendant lesquels il but son second verre d'absinthe à petite gorgées, il jeta sur la table une pièce d'or étrangère, et dit au garçon :

— Payez-vous... et gardez cent sous pour vous... ils ne vous ont pas coûté beaucoup à gagner, je l'espère?

— Monsieur, je ne ne vous les demandais pas... et... si vous...

— Je n'ai qu'une parole... Payez-vous, — reprit l'homme au cigare avec hauteur.

Le garçon alla au comptoir changer la pièce d'or, pendant que le consommateur semblait profondément rêveur. Ayant reçu la monnaie qui lui revenait, il sortit du café.

Au même instant, la jeune femme dont nous avons parlé quittait la maison mitoyenne, et venait en sens inverse de l'homme au cigare.

Lorsqu'ils passèrent à côté l'un de l'autre leurs regards se rencontrèrent par hasard...

L'homme s'arrêta une seconde, comme si la vue de cette femme lui eût rappelé un vague souvenir; puis, croyant que sa mémoire le trompait, il continua son chemin vers le haut de la rue de Vaugirard, tandis que la jeune femme descendait la même rue.

IX.

L'homme au cigare et la jeune femme en deuil, après avoir passé à *contre-bord* l'un de l'autre, comme disent les marins, continuèrent leur chemin chacun de son côté, pendant une dixaine de pas, au bout desquels l'homme au cigare, semblant revenir à sa première pensée, se retourna pour regarder encore la femme en deuil.

Celle-ci, à ce moment même, se retournait aussi ; mais voyant l'homme qu'elle avait remarqué faire le même mouvement, elle détourna brusquement la tête, et continua sa route d'un pas un peu hâté...

Cependant, alors qu'elle allait traverser la rue pour entrer dans le jardin du Luxembourg, elle ne put s'empêcher de regarder de nouveau derrière elle; aussi vit-elle de oin... l'homme au cigare debout à la même place et la suivant des yeux... Assez impatientée d'avoir été deux ainsi dire surprise deux fois en flagrant délit de curiosité, elle rabaissa vivement son voile noir, et, activant encore sa marche, elle entra au Luxembourg.

L'homme au cigare, après un moment d'hésitation, revint sur ses pas, les précipita, atteignit bientôt la grille, e aperçut de loin la jeune femme se diriger du côté de la grande allée de l'Observatoire.

Un de ces instincts singuliers, qui souvent nous avertissent de ce que nous ne pouvons voir, donna à la jeune femme la presque certitude qu'elle était suivie; elle hésita longtemps avant de se résoudre à s'assurer de la chose;

elle allait céder à cette tentation, lorsqu'elle entendit derrière elle une marche assez pressée, puis quelqu'un passa à ses côtés...

C'était l'homme au cigare; il fit une vingtaine de pas devant lui, puis il revint en ligne directe vers la jeune femme. Celle-ci obliqua subitement à gauche; son *poursuivant* fit la même manœuvre, s'approcha résolûment, et, ôtant son chapeau, il lui dit avec une courtoisie parfaite :

— Madame... je vous demande mille pardons de vous aborder ainsi...

— En effet... monsieur... je n'ai pas l'honneur de vous connaître.

— Madame... permettez-moi une question...

— En vérité, monsieur... je ne sais...

— Cette question, madame... je n'aurais pas à vous l'adresser... si j'étais assez heureux pour que votre voile fût relevé...

— Monsieur...

— De grâce, madame, ne croyez pas qu'il s'agisse d'une impertinente curiosité... je suis incapable d'un pareil procédé; mais, tout à l'heure, en passant auprès de vous, dans la rue de Vaugirard, il m'a semblé vous avoir déjà rencontrée; et comme c'était lors d'une circonstance fort extraordinaire...

— Mon Dieu! monsieur, — reprit la femme en deuil, en interrompant l'étranger, — s'il faut vous l'avouer, j'ai cru aussi...

— M'avoir déjà rencontré?

— Oui, monsieur.

— Au Chili?

— Il y a huit mois environ?

— A quelques lieues de Valparaiso?

— A la tombée du jour?

— Au bord d'un lac encaissé de rochers? Une bande de Bohémiens attaquait une voiture... où vous étiez, madame.

— L'arrivée d'un convoi de voyageurs, montés sur des mulets dont on entendait les sonnettes depuis quelques instans, a fait fuir ces bandits. Ce convoi qui venait de Valparaiso nous croisa.

— A peu près comme je vous ai croisée tout à l'heure dans la rue de Vaugirard, madame, — dit l'homme au cigare en souriant; — et pour plus de sûreté, un des voyageurs et trois hommes de l'escorte proposèrent aux personnes de la voiture de les accompagner jusqu'au plus prochain village.

— Et ce voyageur... monsieur... c'était vous. Maintenant, je me rappelle parfaitement, quoique je n'aie eu le plaisir de vous voir que pendant quelques instans, car la nuit vient vite au Chili.

— Et elle était fort noire lorsque nous sommes arrivés au village de... de Balaméda... si j'ai bon souvenir, madame...

— Je ne me rappelais pas le nom de ce village... monsieur; mais ce dont je me souviens et me souviendrai toujours, c'est de votre extrême obligeance... car, après nous avoir escortés jusqu'au village, vous avez dû rejoindre en toute hâte votre convoi... qui se dirigeait vers le nord... il me semble?

— Oui, madame...

— Et vous l'avez, je l'espère, monsieur, rejoint sans accident, sans mauvaise rencontre? Nous avions cette double crainte : les chemins sont affreux à travers ces précipices... et ces Bohémiens pouvaient être restés dans ces rochers.

— J'ai atteint le convoi le plus paisiblement du monde, madame, il n'en a coûté à ma mule que de hâter un peu sa marche.

— En vérité, monsieur... avouez qu'il est fort singulier de renouer dans le jardin du Luxembourg une connaissance faite au milieu des solitudes du Chili?

— Fort singulier, en effet, madame... Mais voici qu'il commence à neiger ; me permettez-vous de vous offrir mon bras et un appui sous ce parapluie... j'aurai l'honneur de vous conduire, si vous le désirez, jusqu'à la prochaine place des fiacres !

— Je crains, monsieur, d'abuser de votre complaisance, — reprit la jeune femme en acceptant néanmoins l'offre de l'étranger ; — il est dit qu'au Chili comme ici je mettrai toujours votre courtoisie à l'épreuve.

Ce disant, tous deux se dirigèrent, en se tenant par le bras, vers la place de fiacres situé proche de l'une des galeries du théâtre de l'Odéon. Il ne restait qu'une seule voiture ; la jeune femme y monta : son compagnon, par discrétion, semblait hésiter à monter après elle.

— Eh bien ! monsieur, — lui dit-elle avec affabilité, — qu'attendez-vous ? Il ne se trouve pas d'autres voitures sur cette place... ne profiterez-vous pas de celle-ci ?

— Je n'osais, madame, vous demander cette faveur, — répondit-il en montant avec empressement.

Puis il ajouta :

— Quelle adresse vais-je donner au cocher, madame ?

— Veuillez seulement, — reprit la jeune femme avec un léger embarras, — me faire conduire à l'extrémité de la rue de Rivoli, vers la place de la Concorde... J'attendrai sous les arcades que la neige ait cessé ; quelques affaires m'appellent dans ce quartier.

L'ordre donné au cocher, la voiture se dirigea vers la rive droite de la Seine.

— Savez-vous, monsieur, — reprit la jeune femme, — que je trouve notre rencontre de plus en plus singulière ?

— Tout en reconnaissant, madame, la singularité de cette rencontre, elle me semble encore, je vous l'avoue, plus agréable qu'étrange.

— Allons, monsieur, entre nous pas de ces galanteries, cela est bon pour les gens qui n'ont rien de mieux à se dire, et je vous avoue que si vous êtes disposé à satisfaire ma curiosité, je ne vous aurai pas adressé la moitié de mes questions lorsqu'arrivera le moment de nous séparer.

— Il ne fallait pas me dire cela, madame ; vous me rendrez très diffus... dans l'espoir que votre curiosité...

— M'inspirera le désir de vous rencontrer une seconde fois, si vous ne m'avez pas tout dit aujourd'hui, monsieur ? Est-ce votre pensée ?

— Oui, madame.

La femme en deuil sourit mélancoliquement, et reprit :

— Mais, pour procéder par ordre, qu'alliez-vous faire au nord du Chili ? Je revenais de ces contrées désertes, lorsque je vous ai rencontré il y a huit mois ; et comme je sais que les voyageurs qui se rendent dans ce pays sont fort rares, vous comprendrez et vous excuserez ma question, si toutefois elle vous semble indiscrète...

— Avant de vous répondre, madame, il faut absolument que je vous dise quelques mots de mon caractère, sans cela vous me prendriez pour un fou.

— Comment cela, monsieur ?

— Je dois donc vous déclarer, madame, que je suis possédé, dévoré d'un besoin d'activité, de locomotion, qui, depuis quelques années surtout, ne me permet pas de rester un mois dans le même endroit. En un mot, j'ai la passion, la monomanie, la rage des voyages.

— Ah ! monsieur.

— Quoi donc ? madame.

— En vérité, les singularités s'accumulent dans notre rencontre.

— Pourquoi cela ?

— Ce besoin invincible d'agitation, de mouvement, cette aversion du repos, j'éprouve cela comme vous, monsieur, et, comme vous encore, depuis quelques années, j'ai trouvé dans les voyages d'utiles distractions...

Et la jeune femme étouffa un soupir.

— Oh ! n'est-ce pas, madame, que cette vie errante, aventureuse, est une belle et curieuse vie ?... N'est-ce pas qu'une fois que l'on a senti son charme, toute autre existence est impossible ?

— Oui, vous avez raison, monsieur, — reprit tristement la jeune femme ; — au milieu de cette vie active, l'on trouve du moins l'oubli ! reste-t-on au contraire inactif, si l'on a des souvenirs fâcheux, ils nous assiègent et nous dominent bien plus sûrement : aussi, ai-je le repos en horreur.

— Que dites-vous, madame ? Ainsi que moi, vous auriez horreur de ces existences calmes, mornes, engourdies, qui ressemblent à celle de l'huître sur son banc, ou du colimaçon dans sa carapace ?

— Ah ! monsieur, n'est-il pas vrai ? le mouvement, l'action, jusqu'au vertige, car le vertige vous enlève à de tristes réalités !

— Tandis que la torpeur, l'immobilité, c'est la mort.

— C'est pis que la mort, monsieur, car l'on doit avoir conscience de cette espèce de léthargie de l'âme et du corps.

— Et pourtant, madame, — s'écria le compagnon de la jeune femme, cédant à de secrets sentiments qu'il pouvait à peine contenir, — n'y a-t-il pas des personnes... que dis-je ? ce ne sont plus des êtres animés, qui resteraient des mois, des années entières, attachés au même lieu, dans une sorte d'extase contemplative, goûtant ce qu'ils appellent le charme du *far niente*.

— S'il y a de ces gens-là... monsieur !... — s'écria la femme en deuil avec une douloureuse vivacité, — de ces gens qu'une incurable indolence cloue pour la vie au même endroit... et qui ont l'audace de vous vanter les béatitudes de leur apathie... misérable apathie qui paralyse toute énergie, toute résolution généreuse... funeste paresse, morale et physique, qui aboutit toujours au plus cruel, au plus impitoyable égoïsme ? Oui... oui, monsieur... il y a de ces gens-là... je ne le sais que trop !

— Vous aussi, madame ?...

— Comment ?

— Auriez-vous été aussi à même... de connaître tout ce qu'il y a d'intraitable chez ces caractères, dont la force d'inertie finit par triompher des volontés les plus tenaces ?

Et la femme en deuil et l'étranger se regardèrent un moment avec une sorte de stupeur, tant ils paraissaient frappés de l'étrange coïncidence de leur destinée.

X.

La jeune femme rompit la première le silence, et dit en soupirant :

— Tenez, monsieur... laissons ce sujet... il éveille en moi de trop douloureux souvenirs.

— Oui... oui... laissons ce sujet, madame, car, moi aussi, j'ai de pénibles souvenirs, et, ces souvenirs, je les fuis comme une honte, comme une lâcheté... car il est honteux, il est lâche de sentir souvent sa pensée occupée de ceux que l'on hait, que l'on méprise !... Ah ! madame... pour votre repos, ne connaissez jamais ce mélange de regrets, d'aversion et d'amour, qui rend parfois la vie à jamais misérable.

La jeune femme écoutait son compagnon avec une stupéfaction profonde et croissante : en parlant de lui, il semblait aussi parler d'elle ; mais la réserve qu'elle devait nécessairement apporter dans ses relations avec un inconnu l'empêchant de correspondre ainsi qu'elle l'aurait pu aux dernières confidences qu'elle venait d'entendre, elle reprit donc, autant pour dissimuler ses propres sentiments que pour tâcher de satisfaire sa curiosité de plus en plus éveillée :

— Vous parlez, monsieur, d'aversion et d'amour... Comment peut-on aimer ce que l'on hait ?... une contradiction pareille est-elle donc possible ?

— Eh ! mon Dieu ! madame, — reprit l'étranger avec

amertume et entraîné malgré lui par le courant de ses pensées, — n'est-ce pas une énigme, un abîme sans fond que le cœur humain ? Depuis que le monde est monde, on a, je crois, parlé de l'attrait inexplicable que les caractères les plus opposés exercent parfois les uns sur les autres... Souvent, ce qui est faible cherche ce qui est fort ; ce qui est impétueux et violent cherche ce qui est doux et timide. Qui opère ces rapprochemens ? Est-ce le besoin de contraste ? est-ce le charme d'une certaine difficulté à vaincre ? On ne sait. Pourquoi ces personnes d'un caractère complètement opposé au nôtre ont-elles cependant sur nous un empire inexplicable ? oh ! oui, bien inexplicable, car on les maudit, on les prend en pitié, en dédain... en aversion... et pourtant... l'on ne peut se passer d'elles, ou, si l'on s'en passe... on les regrette au moins autant qu'on les hait... et lorsque l'on se met à rêver l'impossible... tout ce que l'on désirerait au monde serait d'avoir sur elles assez d'influence pour les transformer... pour leur donner nos goûts, nos penchans, qu'on leur reproche si cruellement de ne pas avoir ; mais hélas ! ce sont là des rêves... qui ne servent jamais qu'à faire momentanément oublier de trop tristes réalités.

En prononçant ces derniers mots, l'étranger ne put retenir une larme... et resta pensif.

La jeune femme se sentit de plus en plus émue ; elle l'avait été déjà par l'accent douloureux et sincère de son compagnon, pendant qu'il parlait de ces contrastes qui engendrent pour ainsi dire certaines attractions ; cette fois encore, l'étranger semblait être l'écho de ses propres pensées à elle... Cette conformité de situation l'intéressait vivement ; aussi, voulant, sans livrer elle-même son secret, tâcher de pénétrer plus avant dans le secret de l'étranger, elle lui dit :

— J'ai, comme vous, monsieur, souvent entendu parler de ces contradictions ; elles me paraissent d'autant plus incompréhensibles que la seule chance de bonheur probable... devrait se trouver dans une complète harmonie de caractère...

Mais soudain, la jeune femme s'arrêta, rougit, regrettant ses paroles qui pouvaient passer (et c'était bien loin de sa pensée) pour une sorte d'avance faite à l'étranger, lui et elle s'étant déjà plusieurs fois exclamés sur l'identité de leurs penchans. Cette crainte fut vaine ; le tour de l'entretien avait jeté le compagnon de la jeune femme dans une préoccupation visible.

A ce moment, la voiture s'arrêta devant les dernières arcades de la rue de Rivoli, et le cocher étant venu ouvrir la portière :

— Comment ?... — dit l'étranger en sortant de sa rêverie, et regardant sa compagne avec surprise, — déjà ?

Puis, faisant signe au cocher de refermer la portière, il dit :

— Madame... excusez-moi... j'ai bien mal profité des derniers instans... de l'entretien que vous avez bien voulu m'accorder... mais, involontairement, j'ai subi l'influence de certains souvenirs... Vous ne me refuserez pas, je l'espère, un dédommagement en me permettant de vous revoir... et d'avoir l'honneur de me présenter chez vous...

— Pour plusieurs raisons, monsieur, ce que vous me demandez là est impossible...

— Madame, je vous en conjure, ne me refusez pas ; il y a, ce me semble, dans notre destinée, tant de points de contact... j'aurais encore tant de choses à vous dire sur les causes de ce voyage au Chili, que vous avez désiré connaître ; notre rencontre est enfin si extraordinaire.... que toutes ces raisons vous décideront, je n'en doute pas, à m'accorder la grâce que je sollicite... Je n'oserais pas insister au nom du petit service que j'ai été assez heureux pour vous rendre autrefois, et dont vous voulez bien vous souvenir...

— Je ne suis point ingrate, monsieur, croyez-le... Je ne vous cache pas que j'aurais grand plaisir à vous revoir... et, pourtant, peut-être, devrai-je renoncer à cet espoir.

— Ah ! madame... que dites-vous ?

— Voici ce que je puis vous proposer, monsieur : nous sommes aujourd'hui lundi...

— Eh bien ! madame...

— Trouvez-vous jeudi... ici... sous ces arcades, à midi...

— J'y serai, madame... j'y serai...

— Si au bout d'une heure je ne suis pas venue... c'est qu'il sera plus que probable, monsieur, que nous ne devrons jamais nous revoir.

— Et pourquoi cela, madame ?

— Il m'est impossible de vous en dire davantage, monsieur... mais, quoi qu'il arrive, soyez du moins persuadé que j'ai été très heureuse de pouvoir vous remercier d'un service dont je me souviendrai toujours.

— Comment ! madame... il se peut que je ne vous voie plus... je vous quitte, et j'ignore même jusqu'à votre nom...

— Si nous ne devons plus nous rencontrer, monsieur... à quoi bon savoir mon nom ? si, au contraire, nous nous retrouvons ici jeudi... je vous dirai qui je suis... et, si vous le désirez, nous pourrons continuer des relations commencées si loin d'ici... et renouées par une rencontre bien imprévue.

— Je vous remercie, du moins, madame, de cet espoir... si incertain qu'il soit ; je n'insisterai pas davantage ; à jeudi, donc, madame.

— A jeudi, monsieur.

Et tous deux se séparèrent.

XI.

Le lendemain de l'entrevue des deux voyageurs qui s'étaient rencontrés au Brésil, la scène suivante se passait dans la maison de la rue de Vaugirard, 57, au quatrième étage.

Trois heures trois quarts du matin venaient de sonner dans le lointain.

Un homme jeune et d'une beauté remarquable écrivait à la lueur d'une petite lampe.

Avons-nous besoin de dire que ce personnage était *monsieur Michel Renaud*, cet excellent mais silencieux locataire, qui sortait régulièrement de chez lui chaque matin avant quatre heures, et ne rentrait jamais qu'après minuit.

Michel Renaud écrivait donc à la lueur de sa lampe, alignant, sur un de ces gros registres adoptés dans le commerce, une foule de chiffres et d'indications qu'il transcrivait au, d'après d'autres cahiers assez mal en ordre ; il s'occupait, en un mot, d'écritures de commerce.

Deux ou trois fois cet aride et fastidieux labeur appesantit les yeux et les mains de Michel, mais il surmonta bravement ces velléités de somnolence, ramena la couverture de laine dont il avait enveloppé ses jambes et ses pieds afin de se réchauffer, souffla dans ses doigts raidis par le froid, et reprit son travail ; il n'y avait pas de feu dans cette petite chambre ; l'atmosphère y était glaciale, et les carreaux opaques scintillaient de dessins bizarres formés par la gelée.

Malgré ce qu'il y avait de pénible dans cette occupation accomplie durant une rude nuit d'hiver, la physionomie de Michel exprimait autant de satisfaction que d'heureuse quiétude.

Lorsque le dernier quart de trois heures eut sonné, le jeune homme quitta sa table, puis, la figure affectueuse et souriante comme celle de quelqu'un qui s'apprête à présenter un bonjour amical, il alla vers sa cheminée avec empressement, et, du manche de son couteau de buis, il frappa deux petits coups sur le mur mitoyen qui séparait la maison qu'il habitait de la maison voisine.

Presque aussitôt deux autres coups lui répondirent.

Michel sourit alors avec une expression de satisfaction aussi grande que si on lui eût adressé les paroles du monde les plus agréables... Il s'apprêtait sans doute à y répondre, car déjà il levait le manche de son couteau, lorsqu'un petit coup léger, presque mystérieux, suivi de deux autres plus sonores, arrivèrent à son oreille.

Michel rougit, ses yeux s'animèrent, il semblait éprouver un délicieux sentiment ; on eût dit qu'il recevait une faveur aussi douce qu'inattendue, ce fut donc avec l'expression d'une reconnaissance exaltée qu'il répondit par plusieurs battemens aussi précipités que les violentes pulsations de son cœur.

Cette *batterie* d'une passion désordonnée se fût sans doute prolongée pendant quelques secondes avec une furie croissante, si elle n'eût été subitement arrêtée net par un petit coup sec et bref qui retentit de l'autre côté de la muraille, comme une interruption impérative.

Michel obtempéra respectueusement à cet ordre, et suspendit la trop vive manifestation de son allégresse.

Bientôt après, quatre coups bien distincts, lents, prolongés comme le tintement d'une horloge, et accentués comme un signal, venant encore de l'autre côté de la muraille, mirent un terme à ce mystérieux entretien digne des abords d'une loge de francs-maçons.

— Elle a raison, — se dit Michel, — voici bientôt quatre heures...

Et il s'occupa diligemment de ranger ses registres, de tout mettre en ordre avant de sortir de chez lui et de faire, comme on dit : — *son ménage*.

Durant ces préparatifs, nous conduirons le lecteur au quatrième étage de la maison voisine, numéro 59, dans l'appartement de madame de Luceval, séparé, nous l'avons dit, de celui de Michel Renaud par un mur assez épais.

Cette jeune femme, âgée alors de vingt-un ans passés, était toujours charmante ; mais son embonpoint avait un peu diminué.

Florence s'occupait, ainsi que son voisin, de faire ses préparatifs de départ.

Une lampe à réflecteur, très basse et très ardente, pareille à celle dont se servent les enlumineurs qui travaillent le soir, éclairait une grande table sur laquelle se voyaient pêle-mêle plusieurs belles lithographies à demi-coloriées, des couleurs pour l'aquarelle étendues sur une palette de faïence, et plus loin, parmi des bandes de tapisserie commencées, des cahiers de papier de musique destinés à la copie de partitions ; plusieurs de ces cahiers étaient déjà remplis.

La chambre, pauvrement meublée, était de la plus extrême propreté ; sur le petit lit, déjà soigneusement fait par Florence, l'on voyait son manteau et son chapeau.

Tout en rangeant allègrement dans différens casiers ses aquarelles coloriées, ses copies de musique et ses tapisseries, la jeune femme soufflait vaillamment dans ses jolis doigts rosés par le froid qui régnait avec autant d'intensité dans cet appartement que dans celui du voisin ; car, dans cette chambre, il n'y avait pas non plus de feu.

Notre paresseuse devait trouver un grand changement entre sa vie présente et sa vie passée, lorsqu'elle se rappelait le comfort et le luxe de l'hôtel de Luceval, si favorable au développement de cette indolence dont elle faisait ses délices.

Et pourtant, Florence semblait aussi heureuse que lorsque, plongée dans un moelleux fauteuil, les pieds sur le velours, elle jouissait de son cher *far niente*, regardant nonchalamment, après avoir dormi sa grasse matinée, le soleil jouer dans le feuillage de son riant jardin, ou écoutant le murmure de la cascade mêlé au gazouillement des oiseaux.

Oui, cette frileuse, cette dormeuse, qui autrefois passait des matinées entières à se dorloter, à se pelotonner comme une caille dans son nid, sous la tiède et pénétrante chaleur de l'édredon, ou à se chauffer à la braise ardente de son foyer, en entendant *le grésil tinter sur la vitre sonore*, ainsi que dit le grand poète... qu'elle lisait au fond d'un somptueux appartement ; oui, cette indolente, qui regardait comme une fatigue de sortir dans une élégante voiture doucement suspendue, notre *paresseuse*, en un mot, ne paraissait pas le moins du monde regretter ses splendeurs évanouies : ce fut au contraire en fredonnant gaiement qu'elle visita les ressorts de ses petits *socques*, et qu'elle tira de son fourreau un léger parapluie, prête à braver neige, bise et froidure.

Ces derniers préparatifs de départ terminés, Florence jeta un coup d'œil sur la glace de sa cheminée, passa le plat de sa main sur ses épais bandeaux de cheveux blonds, aussi luisans, aussi lustrés, malgré cette toilette matinale, que si une femme de chambre eût passé une heure à la coiffure de la jeune femme, puis... il faut avouer cette faiblesse, madame de Luceval étendit, et comme on dit vulgairement, *détira* ses deux bras, en renversant un peu son buste en arrière, et laissant tomber avec langueur sa tête charmante sur son épaule gauche.

Alors Florence poussa un petit gémissement, plein de douceur et de câlinerie, qui semblait dire :

— Ah ! qu'il me serait doux de rester dans un bon lit, bien chaud, au lieu de sortir à quatre heures du matin, par ce vilain froid noir !

Il est impossible de peindre la grâce indolente de ce mouvement, et la gentille petite moue qui, étouffant un léger bâillement, renfla pendant un instant les lèvres vermeilles de cette jolie créature.

Mais bientôt, se reprochant sans doute ce paresseux regret et ce trop grand attachement à son réduit, bien froid cependant, Florence mit à la hâte son chapeau, s'enveloppa de son manteau, attacha ses socques à ses petits pieds, prit bravement son parapluie, alluma un modeste *rat-de-cave*, éteignit sa lampe, et, légère... descendit rapidement ses quatre étages.

A ce moment, quatre heures du matin sonnaient au Luxembourg.

— Mon Dieu !... déjà quatre heures, — murmura la jeune femme en arrivant au bas de l'escalier ; puis, de sa voix douce et fraîche, elle dit :

— Le cordon ! s'il vous plaît.

Et bientôt elle referma sur elle la porte de sa maison.

L'on touchait à la fin de décembre.

La nuit était très noire.

Une bise glaciale soufflait dans la rue déserte, faiblement éclairée çà et là par les lanternes du gaz.

Lorsque madame de Luceval fut sortie, elle toussa légèrement et en manière de signal.

Un *hum !... hum !...* plus mâle lui répondit.

Mais la nuit était si profonde, que c'est à peine si Florence put apercevoir Michel qui, sorti de chez lui depuis quelques instans et posté de l'autre côté de la rue, venait de répondre ainsi à l'appel de sa *voisine*.

Alors tous deux, sans s'être adressé une parole, commencèrent à marcher parallèlement l'un à l'autre.

Celui-ci sur le trottoir de gauche.

Celle-là sur le trottoir de droite.

Une demi-heure avant que Michel Renaud eût quitté sa demeure, un fiacre s'était arrêté à peu de distance du numéro 57.

Une femme, enveloppée d'une pelisse, était dans cette voiture, et avait dit au cocher :

— Lorsque vous verrez un monsieur sortir de cette maison, vous le suivrez au pas jusqu'à ce que je vous dise de vous arrêter...

Le cocher ayant, grâce à la clarté de ses lanternes, vu Michel sortir, et bientôt prendre le trottoir, le suivit en se maintenant au milieu de la chaussée au pas de son cheval.

La femme, restée dans la voiture qui cheminait lentement, ne quittait pas Michel du regard, et ainsi toujours occupée de ce qui se passait sur le trottoir de gauche, elle n'avait pu encore apercevoir sur le trottoir de droite madame de Luceval.

Celle-ci venait à peine de fermer la porte de sa maison,

lorsqu'un homme enveloppé d'un vaste manteau, hâtant le pas comme quelqu'un qui craint de se trouver en retard, arriva rapidement par le haut de la rue de Vaugirard.

Cet homme n'avait donc pu ni entendre le signal échangé entre Florence et Michel, ni apercevoir celui-ci, caché qu'il était par le fiacre qui cheminait lentement au milieu de la chaussée.

L'homme au manteau commença donc de suivre pas à pas madame de Luceval, de même que la femme restée dans la voiture ne quittait pas Michel du regard.

XII.

Michel et Florence, occupés l'un de l'autre, quoique séparés par la largeur de la chaussée, ne prêtèrent aucune attention à ce fiacre, qui cheminait lentement dans une direction semblable à la leur, rien n'étant plus commun que de voir, à cette heure matinale, des fiacres regagner au pas leur domicile.

Au moment où les deux *voisins*, toujours suivis à leur insu, entraient dans la rue de Tournon, l'angle de cette rue était obstrué par un embarras de ces charrettes de maraîchers qui, entrant par toutes les barrières, se rendent de grand matin à la Halle.

La femme, tapie dans le fiacre, le voyant s'arrêter devant cet encombrement, craignit de perdre de vue la personne qu'elle suivait, dit au cocher de lui ouvrir la portière, le paya, descendit, et, hâtant le pas, se remit sur les traces de Michel; mais, en arrivant vers le milieu de la rue de Tournon, elle remarqua pour la première fois l'homme au manteau qui marchait à peu près de front avec elle. D'abord elle ne s'inquiéta pas de cet incident; cependant ayant, à la lueur d'une lanterne, vu qu'une femme précédait cet homme de quelques pas, et que cette femme cheminait parallèlement à Michel Renaud, elle commença de trouver ceci fort singulier; dès-lors son attention se partagea malgré elle entre Michel, madame de Luceval, et l'homme qui marchait à quelque distance de celle-ci.

Michel et Florence, bien encoqueluchonnés pour se garantir du froid, celle-ci dans son chapeau et dans son manteau, celui-là dans son paletot et dans un large *cache-nez* de laine qui lui montait presque jusqu'aux yeux, ne s'apercevaient pas encore de ce qui se tramait derrière eux, tâchaient d'échanger un regard lorsqu'ils passaient sous la lueur d'un bec de gaz, et se dirigeaient allégrement vers le carrefour auquel aboutit la rue Dauphine.

L'homme au manteau, tout *encapé* (comme disent les Espagnols) dans les larges plis de son vêtement, et profondément absorbé, remarqua tardivement qu'une femme suivait un homme sur le trottoir opposé à celui où lui-même suivait Florence; il y avait à cette heure trop peu de passans, pour qu'après quelques minutes d'attention il pût se méprendre sur la manœuvre de la femme à la pelisse; mais combien il fut surpris, lorsque l'ayant entrevue à la clarté d'un magasin de liquoriste matinalement ouvert, il crut reconnaître, à sa taille élevée, à sa démarche légère et à son chapeau de deuil, la femme que la veille il avait reconduite en fiacre rue de Rivoli; car l'on a sans doute déjà nommé les deux voyageurs du Chili.

Cette nouvelle rencontre, cette coïncidence dans leur double poursuite, après leur entrevue du jour précédent, était trop extraordinaire, pour ne pas donner à l'homme au manteau le désir d'éclaircir à l'instant ses soupçons; aussi, sans quitter pour ainsi dire Florence du regard, il traversa rapidement la rue, et, s'approchant de la femme à la pelisse :

— Madame... un mot, de grâce !...

— Vous ! monsieur, — s'écria-t-elle, — c'était donc vous ?

Et tous deux restèrent un instant stupéfaits.

L'homme, prenant la parole le premier, s'écria :

— Madame, d'après ce qui se passe... et dans notre intérêt commun, il faut que nous ayons à l'instant une explication sincère.

— Je le crois, monsieur.

— Eh bien ! madame... je...

— Rangez-vous... prenez garde à cette charrette, — s'écria la femme à la pelisse, en interrompant son interlocuteur, et lui montrant une voiture de laitière qui s'avançait au grand trot, effleurant le trottoir en dehors duquel l'homme au manteau était resté.

Celui-ci se gara prestement ; mais, pendant ce temps, Florence et Michel, arrivés au carrefour, venaient de disparaître, grâce à l'avance qu'ils avaient prise durant les quelques mots échangés entre les deux poursuivans.

La femme à la pelisse, s'apercevant la première de la disparition de Michel, s'écria avec un accent de dépit douloureux :

— Je ne le vois plus ! je l'ai perdu !

Ces mots rappelèrent à l'autre personnage que sa poursuite devait être aussi déçue ; en effet, il se retourna vivement, et ne vit plus Florence.

— Madame, — s'écria-t-il, — marchons vite jusqu'au carrefour... peut-être est-il encore temps de les rejoindre... Venez, prenez mon bras.

— Courons, monsieur, courons, — dit la jeune femme en s'attachant au bras de son compagnon ; et tous deux s'élancèrent vers le carrefour.

Arrivés à cette place où aboutissent quatre ou cinq rues étroites et sombres, ils ne trouvèrent personne, et reconnurent combien il serait vain de pousser plus loin leurs recherches.

Après s'être un instant reposés de la précipitation de leur course, nos deux personnages gardèrent un moment le silence, songeant pour ainsi dire à loisir au rapprochement singulier de leur destinée :

Puis l'homme au manteau s'écria :

— En vérité, madame, c'est à se demander si l'on rêve ou si l'on veille.

— Il n'est que trop vrai, monsieur... je ne puis croire à ce que je vois, à ce qui se passe...

— Je vous le répète, madame... il y a dans ce qui nous arrive depuis hier quelque chose de tellement inexplicable, que notre réserve mutuelle ne saurait durer plus longtemps.

— Je le pense comme vous, monsieur ; veuillez me donner votre bras... je suis glacée... l'émotion... la surprise... je ne me sens pas bien... mais en marchant cela se dissipera.

— Où irons-nous, madame ?

— Peu m'importe, monsieur, gagnons le Pont Neuf... les quais.

Et tous deux, descendant la rue Dauphine, eurent en marchant l'entretien suivant :

— Je dois d'abord, monsieur, — reprit la jeune femme, — vous faire connaître mon nom... cela est de peu d'intérêt, sans doute, mais enfin il faut que je vous apprenne qui je suis... je m'appelle Valentine d'Infreville... je suis veuve...

— Grand Dieu !... — s'écria l'homme au manteau et s'arrêtant pétrifié, — vous !...

— Que voulez-vous dire ?

— Vous... madame d'Infreville !

— Pourquoi cet étonnement, monsieur ? mon nom ne vous est donc pas étranger ?

— Après tout, — reprit l'homme au manteau en sortant de l'espèce d'étourdissement où le jetait cette révélation, — il n'est pas étonnant que je ne vous aie point reconnue, madame... ni au Chili, ni ici, car, la première fois que je vous ai vue... il y a quatre ans de cela... je n'ai pu

distinguer vos traits, que vous cachiez dans vos deux mains... puis l'indignation que je ressentais...
— Que dites-vous, monsieur... il y a quatre ans, vous m'aviez déjà vue... avant notre rencontre au Chili ?
— Oui, madame...
— Et où cela ?
— En vérité, maintenant je n'ose vous rappeler...
— Encore une fois, chez qui m'avez-vous vue, monsieur ?
— Chez ma femme...
— Votre femme ?
— Chez madame de Luceval...
— Comment... vous êtes ?...
— Monsieur de Luceval...

Valentine d'Infreville, à son tour, resta pétrifiée de cette rencontre, qui éveillait en elle de cruels souvenirs ; aussi reprit-elle avec accablement :
— Vous dites vrai, monsieur ; la première et seule fois que nous nous sommes rencontrés... chez madame de Luceval, il a dû vous être aussi impossible de distinguer mes traits qu'à moi de distinguer les vôtres... Je me cachais le visage, écrasée de honte ; et maintenant encore, — ajouta Valentine en baissant la tête comme pour se soustraire aux regards de M. de Luceval, — bien que des années se soient passées depuis cette funeste soirée... je remercie Dieu... qu'il fasse nuit.

— Croyez-le, madame, c'est à regret que je vous ai rappelé de si pénibles souvenirs... bien pénibles aussi pour moi... car, entraîné par l'animosité de M. d'Infreville, qui vous accablait... j'ai...

Mais Valentine l'interrompit, et lui dit avec un mélange de curiosité, d'inquiétude et de tendre intérêt :
— Et Florence ?
— C'est elle que je suivais tout à l'heure, — répondit M. de Luceval d'un air sombre.
— Elle ? comment... cette femme c'était...
— C'était madame de Luceval.
— Mais... pourquoi la suivre ?
— Vous ignorez donc ?
— Parlez, monsieur, parlez...
— Nous sommes séparés, séparés de corps et de biens, — répondit M. de Luceval, en étouffant un soupir douloureux, — il l'a fallu...
— Et Florence, où demeure-t-elle ?
— Rue de Vaugirard.
— Ah ! mon Dieu ! — dit Valentine, en tressaillant, — cela est étrange.
— Qu'avez-vous, madame ?
— Florence demeure rue de Vaugirard, et à quel numéro ?
— Au numéro 59.
— Et Michel demeure au numéro 57, s'écria Valentine.
— Michel ! — s'écria à son tour monsieur de Luceval,— Michel Renaud ?
— Oui... votre cousin... Il demeure au quatrième, numéro 57. Hier, lorsque je vous ai rencontré... je venais de m'en assurer...
— Et ma femme demeure au même étage que lui ! — dit monsieur de Luceval.

Puis il ajouta, en sentant le bras de Valentine trembler convulsivement et s'appuyer pesamment sur le sien :
— Mon Dieu ! madame, qu'avez-vous ?... Vous faiblissez.
— Pardon, monsieur... le saisissement... le froid... Je ne sais ce que j'éprouve... mais je puis à peine me soutenir, et, je le sens, la tête me tourne.
— Madame... un peu de courage... encore un effort... seulement jusqu'à cette boutique éclairée... là... au coin du quai...
— Je vais tâcher, monsieur, de me soutenir jusque-là, — répondit Valentine d'une voix altérée.

Elle eut en effet la force de se traîner jusqu'à une boutique d'épicier déjà ouverte ; une femme se trouvait au comptoir, elle s'empressa d'accueillir madame d'Infreville, la fit entrer dans l'arrière-boutique, où elle lui prodigua tous les soins possibles.

. . . .

Au bout d'une heure, et il faisait alors grand jour, une voiture ayant été mandée à la porte de la boutique, monsieur de Luceval reconduisit chez elle madame d'Infreville.

XIII.

Madame d'Infreville s'était trouvée si souffrante, si bouleversée, après ces événemens de la nuit, que, hors d'état de mettre quelque suite dans ses idées, elle avait prié monsieur de Luceval, lorsqu'il l'eut reconduite chez elle, de revenir le soir, vers les huit heures, afin d'avoir avec lui un sérieux entretien.

A huit heures, monsieur de Luceval se rendit chez Valentine, qui demeurait dans un hôtel garni de la Chaussée-d'Antin.
— Comment vous trouvez-vous ce soir, madame ? —dit-il à la jeune femme avec intérêt.
— Mieux, monsieur... beaucoup mieux, et j'ai à vous demander pardon de ma ridicule faiblesse de ce matin.
— N'était-elle pas concevable, madame, après tant d'événemens étranges ?...
— Enfin, monsieur, à cette heure, j'ai toute ma tête... avantage dont ne jouissais pas ce matin... aussi ai-je été forcée de vous demander de remettre à ce soir l'entretien si nécessaire que nous devons avoir.
— Me voici, madame, à vos ordres...
— Permettez-moi, monsieur, quelques questions... je répondrai ensuite aux vôtres... Vous êtes, m'avez-vous dit, séparé de Florence ? Je l'ignorais complètement.
— En effet, madame, depuis cette triste soirée où je vous ai rencontré chez ma femme, pour la première fois... ni elle ni moi n'avons eu aucune nouvelle de vous...
— Je vous dirai pourquoi, monsieur.
— Vous comprendrez, madame, qu'après la terrible scène qui s'était passée entre vous, monsieur d'Infreville, ma femme et moi... mon irritation ait été grande ; après votre départ... j'eus une violente explication avec Florence... elle me déclara qu'elle voulait se séparer de moi... que je vivrais de mon côté, elle du sien ; elle désirait, disait-elle, se retirer auprès de vous et de madame votre mère, supposant qu'il vous serait désormais impossible de vivre avec monsieur d'Infreville.
— Vraiment ! telles étaient les intentions de Florence ?
— Oui, madame, ce qui m'a toujours paru ressentir pour vous la plus tendre amitié ;... cependant... ainsi que vous le pensez, je repoussai ce projet de séparation comme une folie ; Florence m'affirma que, bon gré mal gré, nous serions séparés ; je haussai les épaules... et pourtant cette séparation eut lieu.
— Une telle opiniâtreté de volonté m'étonne... de la part de Florence... et s'accorde peu avec son indolence habituelle...
— Ah !... madame... que vous la connaissez peu... et que je la connaissais peu moi-même !... Si vous saviez la force d'inertie d'un pareil caractère !... Dès avant la scène dont je vous parle... nous avions eu de vifs dissentimens. Je vous l'ai dit : j'ai un goût passionné pour les voyages ; le plus doux rêve de ma vie eût été de faire partager ce goût à Florence, car j'étais très amoureux d'elle ;... et entreprendre d'intéressans voyages avec une femme aimée, c'eût été pour moi le bonheur idéal... mais Florence, dans son incurable paresse, repoussa toujours mes projets ; sans doute, j'eus des torts... je le reconnus, mais il n'était plus temps ; je la traitai trop en enfant, je fis trop le maître, le mari... et quoique l'aimant à l'idolâtrie, je crus

de son intérêt et de ma dignité de me montrer sévère, impérieux; et puis, enfin, que vous dirais-je? vif, emporté, comme je le suis, son apathie railleuse me mettait hors de moi... Le lendemain du jour où je vous vis chez Florence, elle alla chez vous; on lui dit que vous étiez partie dans la nuit, avec madame votre mère... et monsieur d'Infreville; elle ne put savoir de quel côté vous vous étiez dirigée, son chagrin fut profond... J'en eus tellement pitié... que je reculai de quelque temps un projet de voyage que j'avais arrêté; plus tard, voulant enfin dominer la résistance de ma femme... et lui imposer mes goûts, je lui annonçai ma résolution... Il s'agissait, pour commencer, d'un petit voyage en Suisse... une véritable promenade; je m'attendais à une vive résistance... il n'en fut rien...

— Elle consentit?

« — Vous voulez me faire voyager, — me dit-elle, — soit... » c'est *votre droit*, ainsi que vous le prétendez, essayez-en, » — ajouta-t-elle de son air nonchalant, — seulement, je » dois vous prévenir qu'avant huit jours vous m'aurez ramenée à Paris. »

— Et au bout de huit jours, monsieur?

— Je la ramenais à Paris...

— Mais comment a-t-elle pu vous contraindre à ce retour?

— Oh! — dit monsieur de Luceval avec amertume, — par un moyen bien simple. Nous partons; à la première couchée... je la préviens que nous nous remettrons en route le lendemain à neuf heures... afin de ne pas l'obliger à se lever trop tôt...

— Eh bien!

— Elle est restée quarante-huit heures au lit; dans une mauvaise chambre d'auberge, sous prétexte qu'elle était très fatiguée, me disant avec un calme indolent qui m'exaspéra : « Vous avez *de par la loi, le droit* de me forcer » de vous accompagner, mais la loi ne limite pas, je pense, » les heures qu'il m'est permis de passer au lit. » — Que répondre à cela, madame? Et surtout que devenir pendant quarante-huit heures dans ce maudit endroit? Vous dire, madame, mon irritation pendant ces deux mortels jours, est impossible... ne pouvant arracher un mot de ma femme... et réduit à courir cette petite ville dans tous les sens pour me distraire... Cependant, courroucé comme je l'étais, je tins bon. Elle se lassera plus que moi, me disje, elle aime le luxe, le bien-être, toutes ses aises; deux ou trois séances pareilles, dans de mauvaises auberges... auront raison de son entêtement.

— Je ne sais si vous aviez calculé juste, monsieur?

— Vous allez le voir, madame... Au bout de ces deux mortels jours, nous repartons, nous arrivons, vers les trois heures de l'après-midi, à un relais situé dans un misérable village... La route était remplie de poussière, Florence avait les cheveux quelque peu poudreux; elle descend de voiture, ordonnant à sa femme de chambre de venir la peigner pour lui ôter cette poussière... On conduit ma femme dans une chambre délabrée. Là, répugnant de se coucher dans un lit sordide, elle se fait apporter un vieux fauteuil, s'y établit, et me déclare que, se trouvant de plus en plus lasse, elle ne bougera cette fois de quatre jours; je crus qu'elle plaisantait... elle parlait sérieusement.

— Comment, monsieur... pendant ces quatre jours?...

— Je ne perdis courage qu'à la fin du troisième... mais il me fut impossible de résister plus longtemps! Trois jours, madame! trois jours entiers dans un lieu pareil! cherchant, mais en vain, le moyen de dompter la résistance de ma femme, ne sachant qu'imaginer... Requérir la force? faire enlever Florence et la remettre en voiture? quel scandale!... et il eût fallu sans doute recommencer à chaque relais... la menacer? la supplier? peine inutile... Que vous dirai-je, le sixième jour après notre départ, nous rentrions à Paris. Peu de temps après notre arrivée, j'appris une déplorable nouvelle... toute la fortune de ma femme était restée placée chez son tuteur, banquier très connu; il avait fait faillite, pris la fuite; Florence se trouvait complètement ruinée... J'eus un moment de joie. Ma femme, désormais sans fortune, se trouvant pour ainsi dire à ma discrétion, se montrerait peut-être plus traitable.

— Je connais Florence, monsieur, et si je ne me trompe... votre espoir a dû être trompé.

— Il n'est que trop vrai, madame: Florence, en apprenant la perte de sa fortune, loin de manifester aucun regret, parut fort satisfaite. Ses premiers mots furent ceuxci : — « J'espère maintenant, monsieur, que vous ne vous » opposerez plus à notre séparation? — Plus que jamais, » lui dis-je, car j'ai pitié de vous, et je ne veux pas vous » exposer à la misère. — Monsieur, reprit-elle, avant la » perte de mes biens, j'aurais peut-être hésité à me séparer de vous, car je n'ai plus l'espoir de retrouver Valentine, et je ne demandais qu'à vivre en repos, à ma » guise; je vous aurais posé certaines conditions; mais, » à présent, chaque jour, chaque heure, que je passerais » dans cette maison, serait pour moi une humiliation et » un supplice; ce supplice, je ne veux pas l'endurer; consentez donc à me rendre ma liberté et à reprendre la » vôtre. — Mais, malheureuse enfant! lui dis-je, comment vivrez-vous, habituée que vous êtes au luxe, à la » paresse? — Je vous ai demandé, en me mariant, dix » mille francs en or sur ma dot, me répondit-elle, il me » reste une partie de cette somme... cela me suffira. — » Mais cet argent une fois dépensé, quelles seront vos » ressources? — Peu vous importe, me répondit-elle. — » Cela m'importe tellement, que je vous sauverai malgré » vous, et quoi que vous fassiez, je ne me séparerai pas » de vous. — Ecoutez, monsieur, — me dit-elle d'un ton » pénétré, — votre intention est généreuse, je vous en » remercie; vous avez des qualités, vous êtes l'homme le » plus honorable du monde, mais nos caractères, nos » penchans, sont et seront toujours en un tel désaccord, » que la vie commune deviendrait pour nous intolérable. » De plus, et c'est cela surtout qui me décide... je serais » à votre charge, puisque je suis ruinée. Or, sachez-le » bien, il n'est pas de puissance humaine capable de me » forcer de vivre avec vous dans une condition pareille. » Je vous en supplie donc, monsieur de Luceval, séparons-nous à l'amiable, et je conserverai de vous un bon » souvenir. »

— Ah! je la reconnais là... Il n'y a pas de délicatesse plus ombrageuse que la sienne. Ce refus, si pénible qu'il fut pour vous, monsieur... sortait du moins d'un noble cœur.

— Je pensais comme vous, madame. Et bien plus... ce qu'il y avait de généreux dans la résolution de Florence, la fermeté de son caractère dans cette circonstance, sa courageuse résignation à un coup imprévu... tout vint augmenter encore l'amour que, malgré moi, je ressentais toujours pour elle; aussi, dans l'espoir que la réflexion et la crainte d'une vie misérable la ramèneraient à moi... je repoussai plus énergiquement que jamais toute idée de séparation, promettant même à Florence de tâcher de modeler mes goûts sur les siens. — « Cette contrainte, me » dit-elle, vous donnerait un vice que vous n'avez pas, » l'hypocrisie; vous avez votre tempérament, j'ai le » mien, il n'y a rien à faire à cela ; toutes les résolutions, » tous les raisonnemens du monde n'empêcheront ja» mais, n'est-ce pas, que je sois blonde et que vous soyez » brun. Il en sera toujours ainsi de la disparité de nos ca» ractères, et puis enfin, je ne veux pas être à » votre charge; c'est tout au plus si j'y consentirais » vous aimant d'amour; or, vous le savez, il n'en est » rien, une dernière fois, je vous en supplie, séparons» nous en amis. » — Je refusai...

— Et pourtant cette séparation?

— Cette séparation eut lieu, madame... Florence m'y a forcé!

— Et par quel moyen?

— Oh! par un moyen bien simple et parfaitement digne de son indolence... Imaginez-vous, madame, que, pendant trois mois, elle ne m'a pas une fois adressé la parole, elle n'a pas répondu à une seule de mes questions; pendant ces trois mois enfin, son regard ne s'est pas arrêté une seule fois sur moi.

— Sa ténacité a pu aller jusque-là?

— Oui, madame; et il vous serait, voyez-vous, impossible de vous figurer ce que j'ai souffert; les accès de colère, de fureur, de désespoir, où me jetait ce mutisme obstiné. Figurez-vous un homme assez insensé pour s'opiniâtrer à vouloir faire parler une statue et à solliciter d'elle un regard. Prières, larmes, offres, menaces, tout fut vain pour lui arracher une seule parole; rien, jamais rien, que l'immobilité, le silence, et un dédaigneux sourire. Ah! bien des fois, madame, j'ai senti mon cerveau s'ébranler, mon esprit s'égarer après des heures entières passées aux pieds de cette implacable créature ou dans les emportemens d'une rage folle, pendant que ses traits conservaient leur impassible insouciance.

— Ah! je le comprends, monsieur, tout se brise devant une telle force d'inertie.

— Que vous dirai-je, madame? Peu à peu ma santé s'altéra gravement; épuisé par une fièvre lente, ma volonté perdit son énergie, et, convaincu d'ailleurs de l'inutilité de ma persistance, je cédai.

— Mon Dieu! que vous avez dû souffrir!... mais lutter plus longtemps eût été inutile.

— Aussi me résignai-je; et voulant autant que possible atténuer l'éclat de cette séparation, je consultai les gens de loi. Ils m'apprirent que l'une des causes qui pouvaient amener une séparation de corps était le refus formel que fait la femme de *réintégrer le domicile conjugal* : ce moyen, joint surtout à l'incompatibilité absolue d'humeur, malheureusement trop prouvée par le silence obstiné que Florence avait gardé durant trois mois, et par les scènes qui s'étaient passées dans les auberges, lors de mon essai de voyage, ce moyen parut suffisant; il fut convenu que ma femme sortirait un jour de chez moi, et irait s'établir dans un hôtel garni. Je fis alors à Florence les sommations légales; son avoué y répondit : la séparation fut plaidée et prononcée. Ma santé avait été rudement atteinte, les médecins ne virent de salut pour moi que dans un long voyage. Avant mon départ, je remis cent mille francs à mon banquier, le chargeant de les faire accepter à ma femme. En cas de refus de sa part, il devait lui faire savoir qu'il les tiendrait toujours à sa disposition, et, à cette heure, il a encore cette somme entre les mains. Je partis, j'espérais trouver l'oubli dans les voyages... Loin de là, plus que jamais je sentis combien la présence de Florence me manquait... Je parcourus l'Égypte, la Turquie d'Europe et d'Asie... je revins par les provinces illyriennes, et m'embarquai ensuite à Venise pour Cadix, de là je partis pour le Chili, où je vous rencontrai, madame. Après une excursion dans les Indes-Occidentales, je fis voile pour le Havre, où j'ai débarqué il y a peu de jours... En arrivant ici, ma première démarche a été de m'enquérir de Florence; après d'assez nombreuses recherches, j'ai appris qu'elle demeurait rue de Vaugirard. Hier, lorsque nous nous sommes reconnus, madame, je venais de prendre quelques renseignemens sur elle, en faisant causer une personne qui habite la même maison qu'elle.

— Et qu'avez-vous appris, monsieur?

— Sa position de fortune est sans doute bien modeste, car elle loge au quatrième étage, et n'a personne pour la servir : du reste, sa conduite est, dit-on, irréprochable, elle ne reçoit personne... Seulement, par une bizarrerie qui me paraît doublement inexplicable quand je songe à ses anciennes habitudes de bien-être et de paresse... Florence sort tous les jours de chez elle avant quatre heures du matin, et ne rentre qu'après minuit.

— Comme Michel! — s'écria Valentine sans pouvoir cacher sa surprise et son inquiétude croissante. — Cela est étrange!

— Que dites-vous, madame?

— Hier aussi, monsieur... j'avais appris que monsieur Michel Renaud, votre cousin, demeurait n° 57, au quatrième étage... que, comme Florence, il ne rentrait jamais qu'après minuit, et qu'il sortait chaque matin avant quatre heures. Impossible de tirer du portier d'autres éclaircissemens.

— Que signifie cela? — s'écria monsieur de Luceval. — Michel et ma femme demeurant au même étage, dans deux maisons mitoyennes! sortant et rentrant aux mêmes heures!... Quel mystère!

— Florence connaît donc Michel? — demanda vivement Valentine.

— Monsieur Renaud est mon cousin, et maintenant je me rappelle que, peu de temps après votre départ de Paris, madame, il est venu me voir... et m'a prié de le présenter à ma femme, qui l'a reçu plusieurs fois... Mais vous-même, madame, vous connaissez donc aussi monsieur Michel Renaud, puisque vous aviez intérêt à le suivre cette nuit?

— Tout à l'heure, monsieur, je vous dirai tout, — reprit Valentine en rougissant, — car, autant que vous, j'ai intérêt à pénétrer le mystère de certains rapprochemens entre la vie de Florence et celle de Michel.

— Ah! madame, s'écria monsieur de Luceval avec une sombre amertume;... il faut vous l'avouer... plus d'une fois, durant mes longs voyages, j'ai ressenti les tortures de la jalousie... en pensant... que Florence, désormais libre...

Puis, tressaillant, il s'interrompit, et reprit bientôt d'une voix sourdement courroucée :

— Libre! oh! non, malgré notre séparation, la loi me réserve du moins le droit de me venger, si la femme qui porte encore mon nom était coupable... et cet homme, cet homme! Oh! si j'avais la certitude, je le provoquerais... et lui ou moi...

— De grâce, calmez-vous, monsieur, dit madame d'Infreville. — Si bizarres que doivent paraître certains rapprochemens, rien jusqu'ici n'accuse Florence. Ce matin, elle est sortie de chez elle ainsi que Michel, et quoique la nuit fût sombre et la rue déserte... ils ne se sont pas adressé une seule parole, se sont tenus éloignés l'un de l'autre... car ce n'est que longtemps après avoir commencé de suivre Michel, que je me suis aperçu qu'une femme marchait parallèlement à lui de l'autre côté de la rue.

— Eh! madame, cette affectation même n'est-elle pas significative? Ils sortent et rentrent aux mêmes heures : leur logis n'est séparé que par un mur mitoyen où se trouvent peut-être une communication secrète... Puis tout le temps qu'ils sont hors de chez eux, que font-ils? où vont-ils? Sans doute, ils se réunissent, mais où cela?

— Oh! ce mystère, nous le pénétrerons... il le faut... j'ai à cela autant d'intérêt que vous, monsieur, et, pour vous le faire comprendre, je vais en peu de mots vous dire quelle a été ma vie... ma triste vie... depuis le jour où vous m'avez vue chez vous écrasée de honte sous les justes reproches de monsieur d'Infreville.

XIV.

Après un moment de silence causé par son embarras et par sa confusion, madame d'Infreville reprit courage, et dit à monsieur de Luceval :

— Lorsqu'il y a quatre ans, monsieur, le mensonge dont Florence s'était rendue complice par dévoûment fut découvert en votre présence, mon mari, quittant votre maison, me ramena chez lui. Là, je trouvai ma mère.

« — Madame, — me dit monsieur d'Infreville, — nous
» allons partir dans une heure avec votre mère. Je vous
» conduirai dans une de mes fermes du Poitou, vous y

» resterez désormais seule avec votre mère : son exis-
» tence et la vôtre seront assurées à ce prix. Si vous re-
» fusez, dès demain, je plaide en séparation, et je vous
» poursuis comme adultère... J'ai des preuves : des let-
» tres, peu nombreuses, mais significatives, saisies par
» moi dans votre secrétaire. Je vous traînerai sur le banc
» des accusés, vous et votre complice, et, à la face de
» tous, vous boirez la honte jusqu'à la lie. Vous irez en-
» suite en prison avec les femmes de mauvaise vie ; après
» quoi vous et votre mère serez sur le pavé, où vous
» mourrez de faim. Si vous voulez échapper à tant de
» misère et d'infamie, partez pour le Poitou. Ce n'est ni
» par compassion ni par générosité que je vous fais cette
» offre, mais parce que je crains le ridicule d'un scanda-
» leux procès. Cependant, si vous me refusez, je braverai
» ce ridicule ; l'infamie dont vous serez couverte me con-
» solera. »

— Ah !... — s'écria monsieur de Luceval, — je comprends toute la violence des ressentimens d'un cœur
blessé... mais ce langage est atroce !

— Je devais tout entendre, tout souffrir, tout accepter,
monsieur. J'étais coupable, et j'avais une mère infirme,
sans ressources, nous partîmes pour le Poitou... où monsieur d'Infreville nous laissa : la ferme que nous habitions
était isolée au milieu des bois ; son vaste enclos, dont
nous ne pouvions sortir, toujours soigneusement fermé.
Je suis restée avec ma mère dix-huit mois dans cette
prison, sans qu'il me fût permis ou possible d'écrire une
lettre et d'avoir la moindre communication avec le dehors... Au bout de ce temps, je fus libre, j'étais veuve....
Monsieur d'Infreville... justement irrité, ne m'avait rien
laissé ; ma mère et moi nous tombâmes dans une profonde
misère. Mes travaux d'aiguille furent insuffisans à soutenir ma mère, et, après une longue agonie... elle mourut...

Valentine essuya une larme qui lui vint aux yeux, garda
un moment le silence, et, surmontant son émotion, continua ainsi :

— Dès notre retour à Paris, je m'étais informée de Florence. Je ne pus rien apprendre, sinon que vous étiez en
voyage, monsieur ; je la crus parti avec vous... Dans ma
détresse, j'eus le bonheur de rencontrer une de nos anciennes compagnes de couvent ; elle me proposa d'entrer
comme institutrice chez sa sœur, dont le mari venait d'être
nommé consul à Valparaiso. C'était pour moi une position
inespérée, j'acceptai, je partis avec cette famille. C'est en
revenant d'un voyage fait avec elle dans le nord du Chili
que nous nous sommes rencontrés, monsieur... Quelque
temps après mon retour à Valparaiso, des lettres d'Europe
m'apprirent qu'une parente éloignée de mon père, bien
que je ne la connusse pas, m'avait laissé en mourant une
fortune modeste, mais indépendante. Je reviens en France
pour régulariser cette succession, et, il y a dix jours, j'ai
débarqué à Bordeaux. Maintenant, monsieur, il me reste à
aborder une question très délicate : mais si embarrassante
qu'elle soit pour moi, je l'aborderai ; la franchise de vos
aveux m'en fait un devoir.

Et après un moment d'hésitation pénible, Valentine
ajouta, en baissant les yeux et devenant pourpre :

— La complice de ma faute... était votre cousin, monsieur Michel Renaud.

— Les quelques mots prononcés tout à l'heure à part
vous, à son sujet, madame, m'avaient donné cette pensée.

— J'ai aimé, oh ! passionnément aimé Michel ; cet amour
a survécu à toutes les cruelles épreuves par lesquelles j'ai
passé ; l'agitation, le mouvement d'un voyage qui m'intéressait beaucoup, ont pu me distraire parfois de ce fol
amour, et apporter quelque adoucissement à mes peines ;
mais mon affection pour Michel est aussi profonde à cette
heure qu'il y a quatre ans ; vous comprenez, monsieur,
si j'ai dû m'identifier à vos regrets et à vos chagrins, si
ai dû apprécier tout ce que vous me disiez hier sur l'inexplicable empire que prennent sur nous certains caractères complétement opposés aux nôtres.

— En effet, madame, le peu de relations que j'ai eues
avec mon cousin et ce que j'ai appris de lui m'ont prouvé
qu'il était d'une telle indolence, d'une telle apathie, que,
dans les premiers temps de mon mariage, je le citais à Florence pour lui faire honte de sa paresse.

— Je les connais tous deux, monsieur ; il est impossible
de rencontrer des caractères d'une plus grande similitude.

— C'est ce qui les aura sans doute rapprochés... Leur
liaison aura sans doute commencé lors des premières visites de Michel ; et pourtant alors, rien dans la conduite de
ma femme ne pouvait éveiller chez moi le moindre soupçon... Mais, la ruse aidant, on m'aura trompé... Oh ! ils
s'aiment, madame... Ils s'aiment vous dis-je !... L'instinct
de la jalousie ne trompe pas...

— Je devrais partager vos alarmes, monsieur, et pourtant je doute... Oui, je doute encore, monsieur ; car, si je
me croyais oubliée de Michel, j'aurais renoncé à la pensée
de le revoir.

— Vous doutez, madame... Et ce logement seulement
séparé par un mur ?... Et ces sorties, ces rentrées aux
mêmes heures ?

— Permettez, monsieur ?... Florence et Michel ne sont-
ils pas libres... parfaitement libres ? N'est-elle pas légalement séparée de vous ? Quel droit, désormais, auriez-vous
sur elle ?

— Le droit de la vengeance, madame ?

— Et à quoi vous servirait cette vengeance, monsieur ?
S'ils s'aiment... les plus rudes épreuves ne feront qu'augmenter leur amour, sans vous donner aucun espoir ! Non,
non... vous êtes trop généreux pour vouloir faire le mal...
pour le mal...

— Ah !... j'ai tant souffert, madame !

— Moi aussi, monsieur... j'ai souffert... Peut-être de
plus grandes douleurs encore m'attendent... et pourtant
j'aimerais mieux mourir que de chercher à troubler l'a-
mour de Michel et de Florence, si j'étais certaine de leur
bonheur.

— Mais pourquoi l'avez-vous suivi cette nuit, madame,
au lieu de l'aborder franchement ?

— Parce que, avant de me présenter à lui, je voulais
tâcher de pénétrer le mystère de sa vie... Si cette découverte m'eût appris que lui et Florence s'aimaient, jamais
ni lui ni elle n'auraient entendu parler de moi... Si, au
contraire, j'avais la preuve que Michel est resté fidèle à
mon souvenir, ou qu'il est, du moins, libre de tout lien...
je lui aurais proposé un mariage qui, peut-être, assurait
le repos de sa vie...

— J'ai moins de résignation, madame.

— Alors, quel était donc votre but en suivant Florence ?

— De la surprendre en faute, car son genre de vie me
semblait suspect, et alors, armé de ce secret...

— Ah ! monsieur... toujours l'intimidation, toujours la
violence ! Voyez, hélas ! à quoi cela vous a servi !...

— Et mes prières... et mes larmes ! et mon désespoir
dont elle rit, à quoi cela m'a-t-il servi, madame ?

— A rien, sans doute... aussi, croyez-moi, ce qui a déjà
été vain le serait encore... Florence vous a donné des
preuves de la fermeté de son caractère... la supposez-vous
changée ? Erreur ! Si elle aime... sa volonté puisera de
nouvelles forces dans son amour même... et si vous vous
vengez... vous n'aurez que le triste triomphe d'avoir fait
le mal...

— Du moins, je serai vengé ! je tuerai cet homme, ou il
me tuera.

— Monsieur... si je vous croyais capable de persister
dans de pareils projets... je n'aurais qu'une pensée : prévenir Florence et Michel du danger qui peut les menacer...

— Vous êtes généreuse, — dit monsieur de
Luceval avec une sombre amertume.

— Et vous aussi, vous êtes généreux, monsieur, lorsque vous ne cédez pas à d'aveugles ressentimens ; car,
vous êtes généreux, j'en veux pour preuve, que votre
touchante sollicitude lorsque, avant votre départ, et malgré votre désespoir, vous songiez à subvenir aux besoins
de Florence.

— C'était faiblesse de cœur et d'esprit, madame... les temps sont changés...
— Tout ce que je puis vous dire, monsieur, c'est que si vous espérez trouver en moi la complice d'une vaine et méchante vengeance, nous devons à l'instant terminer cet entretien... Si, au contraire, vous voulez comme moi arriver à connaître la vérité, afin de savoir si nous pouvons espérer ou si tout espoir doit nous être ravi... comptez sur moi, monsieur... car, en nous servant mutuellement, nous arriverons sans doute à la découverte de la vérité.
— Et si la vérité est qu'ils s'aiment ?...
— Avant d'aller plus loin, monsieur, donnez-moi votre parole d'homme d'honneur... que, si pénible que soit la découverte que nous pouvons faire, vous renoncerez à toute vengeance... et même... à voir Florence.
— Jamais... madame !... jamais !... Aimez à votre manière... j'aime à la mienne...
— Soit, monsieur, — dit Valentine en se levant, — nous agirons donc isolément et comme bon vous semblera...
— Mais, madame... je ne puis pourtant pas...
— Vous êtes libre de vos actions, monsieur.
— De grâce...
— C'est inutile, monsieur.

XV.

Monsieur de Luceval garda un moment le silence, en proie à la lutte violente de sa jalousie, de sa générosité naturelle, et de sa crainte de voir madame d'Infreville, ainsi qu'elle l'en avait menacé, avertir Florence des dangers qu'elle pouvait courir ; enfin, cette dernière considération, et, il faut le dire, un fonds de sentimens élevés l'emportèrent, et monsieur de Luceval répondit à Valentine :
— Allons, madame, vous avez ma parole...
— Bien, bien, monsieur... et quelques pressentimens me disent que cette bonne résolution nous portera bonheur... Car, enfin, raisonnons seulement sur ce que nous savons...
— Voyons, madame. Eh! mon Dieu! je ne demande qu'à espérer...
— C'est justement d'espérances que je veux vous parler...
— Mais lesquelles ?
— D'abord, si Michel et Florence s'aimaient : tranchons le mot, s'ils étaient amans, qui les empêcherait de vivre comme mari et femme... dans quelque solitude de province, ou même à Paris, l'endroit du monde où l'on peut vivre le plus à sa guise, et le plus obscurément ?
— Mais ces appartemens mitoyens, n'est-il pas probable qu'ils communiquent l'un à l'autre ?
— A quoi bon ces précautions, ce mystère, cette gêne si éloignée du caractère de Michel et de Florence ?
— A quoi bon ? mais à se voir sans scandale, madame.
— Mais, encore une fois, en changeant de nom et en se donnant pour mari et femme, monsieur et madame Renaud, je suppose, où eût été le scandale ? qui eût pénétré la vérité ? qui aurait eu intérêt à la découvrir ?
— Qui ? mais tôt ou tard, vous ou moi, madame,..
— Raison de plus, monsieur : s'ils avaient craint quelque chose, ils auraient changé de nom, c'était plus simple et plus sûr, tandis que gardant leurs noms, n'étaient-ils pas bien plus faciles à découvrir, ainsi que l'ont prouvé nos recherches ? Et puis enfin, monsieur, s'ils avaient voulu absolument s'entourer de mystère, ne pouvaient-ils pas tout aussi bien cacher ce qu'ils laissent apparaître de leur vie que ce qu'ils en dissimulent, car ils passent la majeure partie de leur temps hors de chez eux.
— Et c'est là ce qui me confond. Où vont-ils ainsi ? Florence, qui pouvait à peine se lever à midi... se lève, depuis trois ans... avant quatre heures... du matin, et par des temps aussi détestables que celui de cette nuit.
— Et Michel !... n'est-ce pas tout aussi surprenant ?
— Quel changement ! à quoi l'attribuer ?
— Je l'ignore... mais ce changement même me fait espérer ; oui, tout me fait croire que Michel a enfin vaincu cette apathie... cette paresse qui lui avait été si funeste, et dont je n'avais aussi que trop souffert...
— Ah ! si vous disiez vrai, madame ! Si Florence n'était plus cette indolente qui regardait une course en voiture comme une fatigue, et le moindre voyage comme un supplice ; si l'existence pénible à laquelle elle a été réduite depuis quatre ans l'avait transformée... avec quel bonheur j'oublierais le passé ! combien ma vie pourrait être belle encore ! Ah ! madame ! tenez, je ne crains plus qu'une chose... maintenant, c'est de follement espérer.
— Pourquoi, follement ?
— Vous pouvez espérer... vous ! madame... car du moins vous avez été aimée... tandis que Florence n'a jamais ressenti d'amour pour moi.
— Parce qu'il y avait entre son caractère et le vôtre un complet désaccord. Mais si, comme tout nous le fait supposer, son caractère s'est transformé par les nécessités même de la vie qu'elle mène depuis quatre ans, peut-être ce qui alors lui déplaisait en vous, lui plaira-t-il maintenant ? Ne vous a-t-elle pas dit elle-même, au fort de vos dissentimens, qu'elle vous tenait pour un homme aussi généreux qu'honorable ?
— Mais notre séparation légale ?
— Eh ! monsieur, raison de plus.
— Comment ?
— Contrainte... Florence a été intraitable... maîtresse d'elle-même, sa conduite envers vous sera peut-être toute autre.
— Encore une fois, madame, je crains de me laisser entraîner à de folles espérances... La déception serait trop pénible.
— Espérez, espérez toujours... monsieur... la déception, si elle vient, ne viendra que trop tôt... Mais, pour changer nos espérances en certitudes, il est urgent de pénétrer le mystère dont s'entourent Florence et Michel... dans ce mystère est certainement le nœud de leurs rapports. Une fois la nature de ces relations connue, nous serons fixés.
— Je suis de votre avis, madame ; mais comment faire ?...
— En attendant mieux, revenir au moyen que nous avons employé hier... C'est le plus simple et le meilleur, en un mot, les suivre... en redoublant de précaution. L'heure à laquelle ils sortent... rend notre entreprise bien facile ; si ce moyen est insuffisant... nous aviserons à un autre.
— Peut-être serait-il préférable, afin de ne pas éveiller leurs soupçons, que je les suive seul.
— En effet, monsieur... et si vous ne réussissez pas... j'essaierai à mon tour.
Deux coups légers, frappés à la porte du salon, interrompirent l'entretien.
— Entrez, — dit madame d'Infreville.
Un domestique de l'hôtel se présenta tenant une lettre à la main.
— C'est une lettre qu'un commissionnaire vient d'apporter pour madame.
— De quelle part ?
— Il ne l'a pas dit, madame, et il est reparti aussitôt.
— C'est bien ! — dit Valentine en prenant la lettre.
Puis, s'adressant à monsieur de Luceval :
— Vous permettez ?
Il s'inclina. Valentine décacheta la lettre, chercha la signature et s'écria bientôt :
— Florence !... une lettre de Florence !...
— De ma femme ! — s'écria monsieur de Luceval.
Et tous deux se regardèrent avec stupeur.
— Mais comment sait-elle votre adresse... madame ?

— Je l'ignore... et je reste confondue.
— Lisez, madame, lisez, de grâce...

Madame d'Infreville lut ce qui suit :

« Ma bonne Valentine, j'ai appris que tu étais à Paris...
» je ne puis te dire le bonheur que j'aurais à t'embrasser ;
» mais ce bonheur, il me faut l'ajourner et le remettre à
» trois mois environ, c'est-à-dire aux premiers jours de
» juin de cette année.
» Si, à cette époque, tu tiens à revoir ta meilleure amie
» (j'ai la présomption de ne pas douter de ta bonne vo-
» lonté), tu iras chez monsieur Duval, notaire à Paris,
» rue Montmartre, n° 17; tu lui diras qui tu es, et il te re-
» mettra une lettre où tu trouveras mon adresse ; quant à
» cette lettre, il ne la recevra lui-même qu'à la fin de mai,
» car, à cette heure, monsieur Duval ne me connaît même
» pas de nom.
» Je suis tellement certaine de ton amitié, ma bonne
» Valentine, que je compte sur ta visite ; le voyage te sem-
» blera peut-être un peu long... mais tu pourras te repo-
» ser chez moi de tes fatigues, et Dieu sait si nous aurons
» à causer.
» Ta meilleure amie, qui t'embrasse de toute son âme.
» FLORENCE DE L. »

L'on comprend la surprise profonde de Valentine et de monsieur de Luceval en lisant cette lettre; ils gardèrent un instant le silence ; monsieur de Luceval l'interrompit le premier, et s'écria :

— Cette nuit, ils se sont aperçus que nous les suivions !
— Comment Florence a-t-elle su mon adresse ? — dit Valentine pensive ; — je n'ai vu personne à Paris, excepté vous, monsieur, et un de nos anciens domestiques, à l'aide de qui je suis parvenue à découvrir l'adresse de Michel, qui a eu pour nourrice la sœur de l'homme dont je vous parle.
— Pourquoi Florence vous écrit-elle à vous, madame, et non pas à moi, si elle s'est doutée que je la suivais ?
— Peut-être nous trompons-nous, monsieur, et m'écrit-elle sans savoir que vous êtes à Paris.
— Mais alors, madame, pourquoi ce retard à vous recevoir... et cette recommandation indirecte de ne pas chercher à savoir son adresse avant la fin du mois de mai, puisqu'elle vous avertit que la personne qui vous donnera cette adresse ne doit la savoir qu'à cette époque ?
— Oui, il est évident, — reprit Valentine un peu abattue.
— Florence ne désire pas me voir avant trois mois... et elle aura pris ses mesures en conséquence... Maintenant, Michel a-t-il participé à l'envoi de cette lettre ?
— Madame... il n'y a pas une minute à perdre, — dit monsieur de Luceval après un moment de réflexion, — prenons une voiture et allons rue de Vaugirard... si ma femme a quelque soupçon... quelque crainte, elle sera revenue chez elle... dans le jour, où elle aura fait donner quelque ordre qui pourra nous éclairer.
— Vous avez raison, monsieur, partons... partons...

Une heure après, Valentine et monsieur de Luceval se rejoignaient dans le fiacre qui les avait déposés à peu de distance des deux maisons mitoyennes où ils étaient allés se renseigner.

— Eh bien ! monsieur, — dit avec anxiété madame d'Infreville, qui, pâle et agitée, était remontée la première en voiture ; — quelle nouvelle ?
— Plus de doute, madame, ma femme a des soupçons. J'ai demandé au portier madame de Luceval, ayant à l'entretenir d'une affaire très importante. — Depuis tantôt, monsieur, — m'a répondu cet homme, — cette dame ne demeure plus ici... Elle est venue en fiacre sur les onze heures, elle a emporté plusieurs paquets, en annonçant qu'elle ne reviendrait plus... Cela était tout simple, a ajouté le portier, car madame de Luceval avait payé six mois d'avance en entrant ici, et avait, il y a quelque temps, donné congé pour le 1er juin ; quant à son petit mobilier,

elle fera savoir plus tard comment elle en disposera. — Telles ont été les réponses de cet homme, madame ; il m'a été impossible d'en tirer autre chose, et vous, madame, qu'avez-vous appris ?

— Ce que vous avez appris vous-même, monsieur, — répondit Valentine avec un accablement croissant. Michel est venu sur les onze heures ; il a de même annoncé qu'il quittait la maison et qu'il aviserait à la destination de ses meubles. Il avait d'ailleurs aussi donné congé pour le 1er juin.
— Ainsi, c'est le 1er juin qu'ils doivent se réunir...
— Alors, monsieur, pourquoi me donner rendez-vous à cette époque ?
— Oh ! quoi qu'il en soit, quoi qu'ils fassent, — s'écria monsieur de Luceval, — je pénétrerai ce mystère.

Madame d'Infreville secoua mélancoliquement la tête, ne répondit rien, et resta profondément absorbée.

XVI.

Il y avait trois mois environ que monsieur de Luceval et madame d'Infreville s'étaient rencontrés à Paris.

Les scènes suivantes se passaient dans une *bastide* située à deux lieues environ de la ville d'*Hyères*, en Provence.

Cette bastide, toute petite maison de campagne, de la plus modeste mais de la plus riante apparence, s'élevait au pied d'une colline, à cinq cents pas de la mer.

Le jardin, d'un demi-arpent tout au plus, planté de sycomores et de platanes séculaires, était traversé par un cours d'eau rapide ; alimenté par les sources de la montagne, ce ruisseau allait se jeter dans la mer, après avoir répandu la fraîcheur dans ce jardinet.

La maison, blanche, à volets verts, semblait enfouie au milieu d'un quinconque d'énormes orangers en pleine terre, qui l'abritaient contre les rayons brûlans du midi.

Une simple haie d'aubépine fleurie clôturait le jardin, où l'on entrait par une petite porte enchâssée entre deux assises de pierres sèches.

Vers les trois heures de l'après-midi, par un soleil aussi resplendissant que le soleil d'Italie, une calèche de voyage, venant d'Hyères, s'arrêta non loin de la petite bastide, sur la pente de la colline.

Monsieur de Luceval, pâle, la figure contractée, sortit le premier de la voiture, et aida madame d'Infreville à en descendre.

Celle-ci, après avoir un instant jeté les yeux autour d'elle, aperçut, de la hauteur où la voiture venait de s'arrêter, la maisonnette enfouie au milieu des orangers.

Valentine, désignant alors d'un geste la bastide à monsieur de Luceval, lui dit d'une voix légèrement altérée :
— C'est là !...
— En effet, — reprit-il avec un soupir contenu. — Ce doit être là... d'après les renseignemens qu'on nous a donnés... Le moment suprême est arrivé... Allez, madame, je vous attends, je ne sais s'il n'y a pas plus de courage à rester ici, dans l'angoisse de l'incertitude... qu'à vous accompagner.
— Rappelez-vous, de grâce... votre promesse, monsieur ; laissez-moi seule... accomplir cette mission peut-être bien pénible ; vous pourriez ne pas rester maître de vous... et, malgré l'engagement d'honneur... que vous avez pris envers moi... Ah ! monsieur... tenez... je n'achève pas... je frémis à cette pensée...
— Ne craignez rien, madame, — reprit monsieur de Luceval d'une voix sourde, — je n'ai qu'une parole... à moins que...
— Ah ! monsieur... vous m'avez juré...

— Soyez tranquille, madame... je n'oublierai pas ce que j'ai juré...

— A la bonne heure, vous me rassurez... Allons, monsieur, courage et espoir... ce jour que nous attendons depuis trois mois avec tant d'anxiété est enfin venu. Le même mystère enveloppe pour nous la conduite de Michel et de Florence. Dans une heure nous saurons tout... et tout sera décidé.

— Oui... — reprit monsieur de Luceval avec accablement, — oui... tout sera décidé.

— A bientôt, monsieur... peut-être ne reviendrai-je pas seule...

Monsieur de Luceval secoua tristement la tête, et Valentine, descendant un sentier, se dirigea vers la porte du jardin de la maisonnette.

Monsieur de Luceval, resté seul sur le versant de la colline, se promena d'un air sombre et pensif, jetant parfois les yeux comme malgré lui sur la maisonnette.

Soudain il s'arrêta, tressaillit, devint livide... son regard étincela...

Il venait de voir, à quelque distance de la haie dont était entourée la bastide, passer un homme vêtu d'une veste de coutil blanc et coiffé d'un large chapeau de paille.

Mais bientôt cet homme disparut parmi quelques rochers bordant la mer, et au milieu desquels s'élevaient çà et là d'énormes chênes de liège.

Le premier mouvement de monsieur de Luceval fut de courir à la voiture, d'y prendre, sous une des banquettes, une boîte à pistolets de combat soustraite aux regards de madame d'Infreville, et de s'élancer à la poursuite de l'homme au chapeau de paille...

Au bout de dix pas... monsieur de Luceval fit une pause, réfléchit, revint lentement auprès de la calèche, et y replaça les armes en se disant :

Il sera toujours temps... et quant à mon serment... je le tiendrai... tant que le désespoir et la rage de la vengeance ne m'emporteront pas au-delà de toutes les limites de la raison et de l'honneur.

Puis, monsieur de Luceval, les yeux fixés sur la maisonnette, descendit le sentier, et, semblant lutter contre une puissante tentation, il examina la haie dont le jardin était entouré.

Pendant la durée de ces derniers incidens, Valentine, arrivant à la porte extérieure de l'enclos, y avait frappé.

Au bout de quelques instans cette porte s'ouvrit.

Une femme de cinquante ans environ, très proprement vêtue à la mode provençale, parut sur le seuil.

A sa vue, Valentine s'écria sans cacher sa surprise :

— C'est vous, madame Reine ! ! !

— Oui, madame... — reprit la vieille femme, avec un accent méridional et sans paraître d'ailleurs nullement étonnée de la visite de Valentine ; — toujours votre servante, donnez-vous la peine d'entrer.

Valentine sembla retenir une question qui lui vint aux lèvres, rougit légèrement, entra dans le jardin, et la porte se referma sur les deux femmes (madame Reine avait été la nourrice et l'unique servante de Michel Renaud, même au temps de sa splendeur).

Madame d'Infreville arriva bientôt sous l'épaisse voûte de verdure formée par le quinconque d'orangers, au centre duquel était bâtie la petite maison blanche.

— Madame de Luceval est-elle ici ? — demanda Valentine d'une voix un peu altérée.

La vieille nourrice s'arrêta court, mit un doigt sur sa bouche, comme pour recommander le silence à madame d'Infreville, puis, d'un geste, elle lui fit signe de regarder à gauche, et resta immobile.

Valentine aussi resta immobile.

Voici ce qu'elle vit :

Deux hamacs caraïbes, tressés de jonc aux mille couleurs, étaient attachés, à peu de distance l'un de l'autre, aux troncs noueux des orangers.

L'un de ces hamacs était vide.

Dans l'autre reposait Florence.

Une sorte de léger velarium en toile blanche à raies bleues, tendu au-dessus du hamac, se gonflant comme une voile au souffle du vent de mer, qui venait de s'élever, imprimait un doux balancement à ce lit aérien...

Florence... les bras et le cou nus... vêtue d'un peignoir blanc, sommeillait dans une attitude ravissante d'abandon, de mollesse et de grâce... Sur son bras droit, à demi replié, sa jolie tête s'appuyait languissante, et parfois la fraîche haleine de la brise, caressant le front de la jeune femme, soulevait quelques boucles de ses cheveux blonds; son bras gauche pendait nonchalamment en dehors du hamac, et sa main tenait encore le large éventail vert dont elle s'éventait peu d'instans auparavant que le sommeil l'eût surprise... Une de ses jambes charmantes, découverte jusqu'à la naissance d'un petit mollet rebondi, emprisonné dans les fines mailles d'un bas de fil d'Écosse, était aussi négligemment pendante en dehors du hamac, et mettait en évidence un pied de Cendrillon, chaussé d'une pantoufle de maroquin rouge.

Jamais Valentine n'avait vu Florence plus jolie, plus rose et plus fraîche ; ses lèvres purpurines, à demi ouvertes, exhalaient un souffle pur et doux comme celui d'un enfant, et ses traits, dans leur adorable sérénité, exprimaient une quiétude ineffable.

A quelques pas de là, on voyait au milieu de l'eau transparente du ruisseau, qu'ombrageaient aussi les orangers, une grande corbeille de jonc à demi submergée, remplie de pastèques vertes à chair vermeille, de figues empourprées et de raisins précoces, qui rafraîchissaient dans cette onde presque glacée, où étaient aussi presque noyées des caraffes de cristal remplies de limonade au citron couleur de l'ambre, et de jus de grenade couleur de rubis... Enfin... sur le gazon dont le ruisseau était encadré, et toujours bien à l'ombre, on voyait deux vastes fauteuils, de nattes de paille, des carreaux, des coussins, et autres *engins* de paresse et de *far niente*, puis, à portée des fauteuils, une table où se trouvaient pêle-mêle quelques livres, une pipe turque, des coupes de cristal, et, sur un plateau, de petits gâteaux de maïs à la mode du pays. Enfin, pour compléter ce tableau, l'on apercevait à travers deux des percées du quinconce, d'un côté les flots bleus et assoupis de la Méditerranée ; de l'autre, les cimes étagées des hautes collines, dont les lignes majestueuses se profilaient sur l'azur du ciel.

Valentine, frappée du spectacle qu'elle avait sous les yeux, restait, malgré elle, immobile et charmée...

Soudain, la petite main de Florence s'ouvrit machinalement, l'éventail tomba, et, en s'échappant des doigts de la dormeuse, l'éveilla.

XVII.

A l'aspect de madame d'Infreville, pousser un cri de joie, sauter de son hamac et se jeter au cou de son amie... tels furent les premiers mouvemens de Florence.

— Ah ! — dit-elle en embrassant tendrement Valentine, pendant que des larmes d'attendrissement mouillaient ses paupières, — j'étais bien sûre que tu viendrais... Depuis deux jours je t'attendais, et, tu le vois, — ajouta-t-elle en souriant et en jetant un coup d'œil sur le hamac dont elle venait de descendre, — le *bonheur vient en dormant* ; proverbe de paresseux, mais il n'en est pas moins vrai, puisque enfin te voilà. Mais laisse-moi donc bien te regarder, — ajouta Florence en tenant entre ses mains les mains de son amie, et se reculant de deux pas. — Toujours belle... oui, plus belle que jamais. Embrasse-moi donc encore, ma bonne Valentine ! Quand j'y songe, voilà pourtant plus de quatre ans que nous ne nous sommes vues, et dans quelle occasion encore ! mais chaque chose aura son temps. Et d'abord, — ajouta Florence en prenant son amie par la main, et la conduisant auprès du ruisseau : — comme la chaleur est accablante, voici des fruits de mon jardin que j'ai fait rafraîchir pour toi.

— Merci, Florence, je ne prendrai rien maintenant. Mais, à mon tour, laisse-moi te regarder et te dire... (je ne suis pas une flatteuse, moi !) combien tu es embellie. Quel éclat ! quelle fraîcheur ! et surtout quel air de bonheur !

— Vrai ? tu me trouves l'air heureux ? tant mieux, car je serais bien ingrate envers le sort si je n'avais pas cet air-là.. Mais je devine ton impatience... tu veux causer ?... moi aussi, j'en meurs d'envie. Eh bien ! causons... mais d'abord assieds-toi là... dans ce fauteuil... maintenant, ce carreau sous tes pieds, puis ce coussin pour t'accouder plus mollement... Oh ! on ne saurait trop prendre ses aises...

— Je le vois, — dit Valentine de plus en plus étonnée de l'air dégagé de son amie, quoique leur entrevue, en raison de plusieurs circonstances, dût avoir un caractère fort grave. — Oui, ajouta-t-elle avec un sourire contraint, — tu me parais, Florence, avoir fait encore de grands progrès dans tes recherches de bien-être.

— J'en ai fait d'étonnans... ma chère Valentine... Tiens, regarde cette petite mentonnière fixée au dossier de ce fauteuil.

— Bien... mais je ne devine pas.

— C'est pour se soutenir la tête... quand on le veut...

— Et joignant l'exemple au précepte, la nonchalante ajouta : — Vois-tu comme c'est commode !... Mais à quoi pensais-je ?... Tu me regardes d'un air surpris, presque chagrin, — dit la jeune femme en devenant sérieuse, — tu as raison... Tu me crois peut-être insensible à tes douleurs passées... et, je l'espère... heureusement oubliées, — ajouta Florence d'un ton ému et pénétré.— Moi... insensible ! oh ! il n'en est rien, je te jure. A toutes tes peines j'ai compati, mais ce jour est si doux, si beau pour moi, que je ne voudrais pas l'attrister par de méchans souvenirs...

— Comment ! tu as su...

— Oui, j'ai su, il y a de cela un an... ta retraite en Poitou, ton veuvage, ta détresse... dont tu as moins souffert pour toi que pour ta mère... — reprit Florence de plus en plus attendrie. J'ai su aussi avec quel courage tu as lutté contre l'adversité jusqu'à la mort de ta pauvre mère... Mais, tiens... voilà ce que je craignais, — ajouta la jeune femme en portant sa main à ses yeux, — des larmes... et aujourd'hui... encore !...

— Florence... mon amie, — dit Valentine en partageant l'émotion de sa compagne, — jamais je n'ai douté de ton cœur...

— Bien vrai ?

— Peux-tu le croire ?

— Merci, Valentine... merci, tu me rends toute à ma joie de te revoir.

— Mais comment as-tu appris ce qui me regarde ?

— Je l'ai appris de ci, de là, un peu de chaque côté. Je menais une vie si active, si agitée...

— Toi !

— Moi, — répondit la jeune femme, avec une petite mine joyeuse et triomphante, — oui, moi... Oh ! tu en sauras bien d'autres.

— Certes, si tu le veux, tu me feras tomber de surprise en surprise... car, moins instruite que toi, je ne sais rien de ta vie depuis quatre ans... sinon ta séparation d'avec monsieur de Luceval.

— C'est vrai, — dit Florence avec un demi-sourire, — monsieur de Luceval a dû te raconter cela... et par quels moyens un peu bizarres... mais puisés dans mon arsenal de paresse... (que veux-tu ? on se sert de ce qu'on a...) j'ai amené mon mari à renoncer à la fantaisie de me faire voyager contre mon gré, et surtout de me garder malgré moi pour sa femme.

— Et cette séparation, tu l'as exigée lorsque tu as appris ta ruine. Monsieur de Luceval m'a tout dit... Il rend pleine justice à ta délicatesse.

— La générosité venait de lui... pauvre Alexandre !... A part ses habitudes de mouvement perpétuel et ses manières de *Juif-Errant*, il a du bon... beaucoup de bon... n'est-ce pas, Valentine ? — ajouta Florence en souriant malignement. — Quel heureux hasard que vous soyez rencontrés... si à propos... et que, depuis trois mois, vous vous soyez vus si fréquemment ! Vous avez dû ainsi vous apprécier ce que vous valez.

— Que veux-tu dire ? — reprit Valentine en rougissant et regardant son amie avec surprise. — En vérité, Florence, tu es folle.

— Je suis folle... à la bonne heure... Mais, tiens Valentine, soyons franches, comme toujours... Il est un nom que tu es impatiente et embarrassée de prononcer depuis ton arrivée. c'est le nom de Michel ?

— C'est vrai. Florence, et cela pour plusieurs raisons.

— Eh bien ! Valentine, pour nous mettre tout de suite à l'aise et appeler les choses par leur nom, je te dirai que Michel n'a pas été... et n'est pas mon amant.

Une lueur d'espérance brilla dans les yeux de Valentine, mais elle reprit bientôt avec un accent de doute :

— Florence...

— Tu le sais, je ne mens jamais ; pourquoi te tromperais-je ? Michel n'est-il pas libre, moi aussi ! je te répète qu'il n'est pas mon amant ; je ne sais pas ce qui arrivera plus tard, mais je te dis la vérité quant à présent. Et puis enfin, est-ce que tu ne comprends pas, toi, la délicatesse même, que si j'avais été ou que si j'étais la maîtresse de Michel, il y aurait pour toi et pour moi quelque chose de si embarrassant, de si pénible dans cette entrevue, que je me serais bien gardée de la solliciter ?

— Ah ! Florence, ton loyal et bon cœur ne se dément jamais, — dit Valentine en ne pouvant s'empêcher de se lever et d'aller embrasser son amie avec effusion, — malgré toute ma joie de te revoir... j'avais le cœur serré, contraint ; mais maintenant je respire à l'aise... Je suis délivrée d'une angoisse poignante.

— Ça aura été ta punition d'avoir douté de moi... méchante amie ; mais tu m'as demandé la vérité franche... Aussi, ajouterai-je en toute franchise, — que si nous ne sommes point amans, nous nous adorons, Michel et moi, autant que deux paresseux comme nous peuvent prendre la peine de s'adorer... Et tiens, il y a une heure encore, les yeux demi-clos, et fumant lentement sa longue pipe orientale, en se balançant dans ce hamac à côté du mien pendant que je m'éventais délicieusement, Michel me disait : « Ne » trouvez-vous pas, Florence, que notre amour ressemble » au doux balancement de ce hamac ?... Il nous berce en » tre la terre et le ciel. » Tu me répondras, Valentine, que cette pensée n'est pas très claire, — ajouta Florence en souriant, — qu'elle est vague et obscure comme les idées qui nous viennent entre le sommeil et la veille... Je suis de ton avis ; maintenant, cela me paraît ainsi... mais, quand Michel me disait cela, je jouissais sans doute de toute la béatitude de corps et de tout l'engourdissement d'esprit nécessaires pour apprécier cette sublime comparaison de notre ami, qui me paraissait alors d'une vérité frappante.

— Michel ne m'aime plus, — dit madame d'Infreville d'une voix altérée en regardant fixement Florence, — il m'a tout à fait oubliée !

— Je ne puis répondre à cela, ma bonne Valentine, — dit la jeune femme, — qu'en te racontant notre histoire, et...

— Ah ! mon Dieu ! — dit Valentine en interrompant son amie, — tu n'as pas entendu !

— Quoi donc ? — dit la jeune femme en prêtant l'oreille et regardant du côté vers lequel se dirigeaient les regards de son amie, — qu'as-tu entendu ?...

— Écoute donc...

Les deux compagnes restèrent muettes, attentives, pendant quelques instans.

Le plus grand silence régnait au dedans et au dehors du jardin.

— Je me serai trompée, — dit madame d'Infreville rassurée, — j'avais cru entendre du côté de ce massif...

— Quoi donc, Valentine?

— Je ne sais... comme un bruit de branches cassées...

— C'est le vent de mer qui s'élève par intervalles; il aura agité les grands rameaux de ce vieux cèdre, placé là-bas près de la haie, et dont tu vois la cime au-dessus de ces massifs... le frottement des branches des arbres verts cause souvent des bruits singuliers, — reprit Florence en toute sécurité de conscience; puis elle ajouta : — Maintenant, Valentine, que je t'ai expliquée ce grand phénomène, écoute notre histoire à Michel et à moi.

XVIII.

Madame d'Infreville, revenue de la crainte dont elle avait été un moment agitée, dit à madame de Luceval :

— Florence... je t'écoute; je n'ai pas besoin de te dire avec quelle curiosité... ou plutôt avec quel intérêt.

— Eh bien donc! ma chère Valentine, ce que mon mari ne t'a pas sans doute appris, car il l'ignorait, c'est que, deux jours après ton départ, je reçus une lettre de Michel.

— Et le but de cette lettre?

— Était tout simple... Sachant par toi que, pour dérouter les soupçons de ton mari, tu voulais me demander de t'écrire, afin d'établir que nous avions eu de fréquentes entrevues, Michel, n'entendant plus parler de toi, fut très inquiet, s'informa, apprit que, depuis deux jours, tu étais partie avec ta mère, mais il lui fut impossible de découvrir le lieu de ta retraite.

— Vrai? il s'est ému de ma disparition? — dit Valentine avec un mélange de doute et d'amertume. — Une fois, enfin, il est sorti de son apathie!

— Oui, oui, méchante... il s'est ému, et pensant que, t'ayant vue la surveille, je serais peut-être mieux instruite que lui, il m'écrivit, me supplia de le recevoir, j'y consentis; rien de plus naturel que sa visite, il était notre cousin.

— Mais ton mari?

— Il n'avait aucune objection à faire, ignorant que Michel fût l'objet de la passion qui t'avait perdue.

— En effet, monsieur de Luceval n'a su cela... que par moi.

— Michel vint donc me voir... je lui appris ce qu'il ignorait, la cruelle scène dont j'avais été témoin. Sa douleur me toucha; elle était profonde, et contrastait avec ce que je savais par toi de ce caractère ennemi du chagrin comme d'une fatigue de l'âme, et préférant aux regrets... l'oubli... comme moins gênant.

— Michel est-il donc changé à ce point, que ce caractère ne soit plus le sien?

— Il est le sien, plus que jamais le sien, ma bonne Valentine... Michel est toujours, a toujours été le Michel que tu as connu. C'est pour cela, je te répète, que sa douleur m'a beaucoup touchée. Nous sommes donc convenus que moi de mon côté, lui du sien, nous ferions toutes les tentatives possibles pour te retrouver. Il s'y est bravement résolu; je dis bravement... parce que tu comprends ce qu'était pour un paresseux comme lui la perspective de tant de peines! d'embarras!... Seulement...

— Seulement?

— Il s'est naïvement écrié : — « Ah! que je la retrouve » ou non! c'est bien la dernière maîtresse que j'aurai. »

— Ce qui correspondait parfaitement, tu le vois, à ma terreur des angoisses auxquelles peut vous exposer l'inconvénient d'avoir un amant. Je trouvai en cela Michel rempli de bon sens... et l'encourageai dans ses démarches pour te retrouver.

— Et ces démarches... vraiment il les a faites?...

— Avec une activité qui me confondait, car il me tenait au courant de tout; malheureusement les mesures de ton mari avaient été si bien prises... que nous ne pûmes rien découvrir, et, de plus, nous ne recevions aucune nouvelle... aucune lettre de toi.

— Hélas! Florence... presque prisonnière dans une demeure isolée au milieu des bois, entourée de gens dévoués à monsieur d'Infreville... tout envoi de lettres m'était impossible.

— Nous l'avons bien pensé, ma pauvre Valentine... mais enfin il nous fallut renoncer à l'espoir de retrouver tes traces...

— Et en t'occupant ainsi de moi... tu voyais souvent Michel?

— Nécessairement.

— Et que pensais-tu de lui?

— T'en dire tout le bien que j'en pensais serait faire mon éloge, car, chaque jour, je m'étonnais de plus en plus de l'inconcevable ressemblance qui existait entre son caractère, ses idées, ses penchans et les miens... Or, comme je ne suis pas d'une modestie farouche lorsque je cause avec moi-même... je trouvais... que nous étions tous deux charmans...

— C'est alors... que tu as pensé à te séparer de ton mari...

— Qu'elle est donc mauvaise! — dit Florence, en menaçant du doigt son amie. — Non, madame... la cause de notre séparation est toute autre... car nous étions, Michel et moi, si fidèles à notre caractère, qu'en parlant de lui, et conséquemment de toutes les algarades, de tous les soubresauts, de tous les émois que causent une *liaison criminelle*, comme disent les maris, nous nous écriions de la meilleure foi du monde :

« — Voilà pourtant, monsieur, où ça conduit, l'amour!
» jamais de repos... toujours sur le qui-vive... l'oreille au
» guet... l'œil inquiet, le cœur palpitant, rôder, user,
» épier sans cesse...

» — Et le dérangement, madame? et les séances dans la
» rue, à l'affût d'un signal, par la pluie et par la neige?
» — Et les rendez-vous manqués, après trois heures
» d'attente, monsieur?
» — Et le tracas des duels, madame?
» — Et les tracas de la jalousie, monsieur? Et les courses
» furtives dans d'horribles fiacres, où l'on est moulu, brisée!...
» — Ah! que de peines! que de fatigues, madame, et, je
» vous le demande un peu, monsieur, *pourquoi?*
» — C'est ma foi vrai, monsieur, *pourquoi?* »

— Enfin, je t'assure, Valentine, — reprit gaiement Florence, — que si quelque démon caché eût écouté nos moralités paresseuses, il eût ri comme un fou, et pourtant nous raisonnions en sages; vint le moment où monsieur de Luceval entreprit de me faire voyager malgré moi... cette fantaisie lui passa.

— Oui, il m'a dit ton moyen... il était singulier, mais efficace.

— Que voulais-je à cette époque? le repos; car bien que mon mari eût été très dur, très brutal envers moi lors de la scène de ta lettre, ma pauvre Valentine, et que je l'eusse alors menacé d'une séparation, toute réflexion faite, je m'étais amendée... reculant devant la pensée de vivre seule, c'est-à-dire d'avoir à m'occuper de mille soins dont mon mari ou mon intendant s'occupaient pour moi; je bornais donc mes prétentions à ceci : ne jamais voyager, encourager mon mari à voyager le plus souvent possible, afin de n'être pas continuellement impatientée par ses agitations.

— Et pouvoir recevoir Michel à ta guise?

— C'est entendu... et cela bien à mon aise, sans le moindre mystère, sans avoir à me donner la peine de rien cacher, car rien n'était à cacher dans nos relations... toujours *la vertu de la paresse*... chère Valentine. Mais ce n'est rien encore... tu sauras tout à l'heure quelles merveilles elle peut enfanter cette chère paresse.

— Je te crois... et cette séparation... m'a dit ton mari, fut réellement amenée par la perte de ta fortune?... Cela en a été le vrai motif?

— Voyons, Valentine... franchement... être désormais à la merci de mon mari... à ses gages, pour ainsi dire... est-ce que je pouvais admettre cela? Non, non, je me rappelais trop les humiliations que tu avais souffertes, pauvre fille sans fortune, en épousant un homme riche... Non, non, la seule pensée d'une vie pareille révoltait ma délicatesse et ma paresse.

— Ta délicatesse... soit, mais ta paresse, Florence? Comment cela? ne te fallait-il pas renoncer à ce luxe, à cette richesse qui te permettaient d'être paresseuse tout à ton aise?

— De deux choses l'une, Valentine : si je restais aux gages de monsieur de Luceval, il me fallait complètement sacrifier mes goûts aux siens, me lancer dans son tourbillon d'activité, et aller *au Caucase* s'il avait eu cette fantaisie ; or, j'aurais, je crois, préféré la mort à cette vie-là...

— Mais pourquoi, au contraire, n'avoir pas imposé tes goûts à ton mari? profitant de l'empire que tu avais sur lui... car il t'aimait... et...

— Il m'aimait. Oui... comme j'aime les fraises... pour les manger. Mais d'abord je le connais, il ne pouvait pas plus changer son caractère que moi changer le mien ; le naturel eût chez lui repris le dessus, et, tôt ou tard, notre vie eût été un enfer ; je préférai donc me séparer... tout de suite.

— Et Michel... fut-il prévenu de ta résolution?

— Il la trouva des plus convenables. Ce fut à cette époque... que lui et moi nous fîmes quelques vagues projets pour l'avenir... projets d'ailleurs toujours subordonnés à toi.

— A moi?

— Certes, Michel connaissait ses devoirs, il les eût accomplis, s'il fût parvenu à te retrouver... Aussi, pendant qu'il se livrait à une dernière recherche, je m'occupai de mon côté d'arriver à la séparation que je voulais obtenir, je priai Michel de cesser ses visites jusqu'à ce que je fusse libre ; sa présence m'eût gênée... mon mari t'a dit sans doute?...

— Comment tu étais parvenue à forcer sa volonté... par ton silence obstiné?...

— Il était impossible, j'espère, d'employer un moyen plus doux et de meilleure compagnie. Enfin, au bout de quatre mois, j'étais légalement séparée de monsieur de Luceval, et il partait en voyage. Je revis Michel. Il n'avait non plus que moi aucune nouvelle de toi... Renonçant à l'espoir de te retrouver, nous revînmes à nos premiers projets d'avenir : notre détermination fut arrêtée. Je t'ai tout à l'heure, ma chère Valentine, parlé des prodiges que peut enfanter la *paresse*... ces prodiges, tu vas les connaître.

— Je t'écoute ; mon intérêt et ma curiosité redoublent.

— Voici quel fut notre point de départ, ou, si tu veux, ajouta Florence en souriant et faisant une petite mine solennelle, la plus drôle du monde, — voici notre DÉCLARATION DE PRINCIPES à nous deux Michel : « Pour nous, il n'y
» a qu'un désir, qu'un bonheur au monde : la parfaite
» quiétude de corps et d'esprit, appliquée à ne rien faire
» du tout, si ce n'est à rêver, à lire, à s'aimer, à causer, à
» regarder le ciel, les arbres, les eaux, les prairies et les
» montagnes du bon Dieu ; à se bercer à l'ombre en été,
» à so chauffer durant la froidure. Nous sommes trop re-
» ligieusement paresseux pour être glorieux, ambitieux
» ou cupides, pour rechercher le fardeau du luxe ou les fa-
» tigues du monde et de ses fêtes. Que nous faut-il pour
» vivre dans ce paradis de paresseux que nous rêvons?
» Une petite maison bien close en hiver, avec un jardinet
» bien frais en été ; d'excellens fauteuils, des hamacs, des
» nattes pour nous y étendre ; de beaux points de vue à la
» portée de notre regard, pour ne point nous donner la
» peine d'aller les chercher ; un beau ciel, un climat doux
» et riant, une nourriture frugale (nous ne sommes gour-
» mands ni l'un ni l'autre) et une servante ; il faut surtout
» que cette vie soit bien réglée, bien assurée, afin que
» nous n'ayons jamais l'esprit troublé par des préoccupa-
» tions d'affaires. » Tel était l'unique objet de nos désirs. Comment les réaliser? C'est là que nous avons fait des efforts de génie et de courage... Écoute et admire, ma bonne Valentine.

— Je t'écoute, Florence, et je suis bien près d'admirer... car il me semble que je devine un peu...

— Ne devine rien, laisse-moi le plaisir de te surprendre. Je poursuis : la nourrice de Michel est provençale et native d'Hyères, elle nous parla de la beauté de son pays, où l'on vivait, disait-elle, presque pour rien, affirmant que l'on pouvait y acheter pour dix à douze mille francs, au plus, une maisonnette comme nous la désirions, sur le bord de la mer, avec un joli jardin planté d'orangers. Justement un des amis de Michel était établi à Hyères pour sa santé ; il fut chargé de prendre des renseignemens ; ils confirmèrent ceux de la nourrice de Michel ; il se trouvait même alors, à deux lieues d'Hyères, une petite maison du prix de onze mille francs, admirablement située, mais elle était louée pour trois années encore, l'on ne pouvait en jouir qu'à l'expiration du bail ; pleins de confiance dans le goût de l'ami de Michel, nous le priâmes d'acheter la maison ; mais là était la grande difficulté, le nœud de notre situation... Pour l'acquisition de la maisonnette, et pour l'achat d'une rente de deux mille francs suffisant à nos besoins, il nous fallait soixante mille francs environ, afin d'avoir au moins, outre cela, deux ou trois mille francs d'avance... Or, ma bonne Valentine... le tout était de trouver les bienheureux soixante mille francs... une grosse somme, comme tu le vois.

— Et comment avez-vous fait?

— Il me restait, à moi, près de six mille francs en or que j'avais, lors de mon mariage, demandés sur ma dot. Un ami de Michel se chargea de liquider ses déplorables affaires ; il en retira une quinzaine de mille francs. Ces sommes furent placées. Nous résolûmes d'y toucher le moins possible, jusqu'à ce que nous fussions en mesure de gagner les quarante mille francs dont nous avions besoin pour arriver à notre paradis.

— Gagner! Comment pouviez-vous espérer gagner une si forte somme?

— Eh! mon Dieu! en travaillant, ma chère, — dit Florence d'un air conquérant, — en travaillant comme des lions.

— Toi! travailler, Florence? — s'écria Valentine en joignant les mains avec surprise, — toi travailler? et Michel aussi?

— Et Michel aussi! ma bonne Valentine. Oui, nous avons travaillé presque nuit et jour, en acceptant les plus drôles de métiers du monde, et cela pendant plusieurs années.

— Toi... et Michel... capables d'une pareille résolution?

— Comment! cela t'étonne?

— Si cela m'étonne, grand Dieu !

— Voyons, Valentine, souviens-toi donc combien nous étions paresseux, moi et Michel.

— Et c'est cela même qui me confond, cette paresse!

— Mais au contraire.

— Au contraire?

— Certainement. Songe donc quel excitant, quel aiguillon c'est que la PARESSE!!

— La Paresse, la paresse?

— Tu ne comprends pas quel courage, quel élan, quelle ardeur cela vous donne, de se dire à la fin de chaque jour, quelque harassé que l'on soit, quelque privation que l'on ait endurée, — « encore un pas de fait vers la liberté,
» l'indépendance, le repos et la volupté de ne rien faire!... » Oui, Valentine, oui... Et la fatigue même que l'on ressent alors vous fait songer, avec plus de délices encore, au

bonheur ineffable dont on jouira plus tard ; eh ! mon Dieu ! tiens... c'est en petit, et appliqué à la vie réelle, le procédé des joies éternelles achetées par les douleurs d'ici-bas ; seulement, entre nous, j'aime mieux tenir mon petit *paradis* sur terre... que d'attendre... l'autre...

Madame d'Infreville fut tellement stupéfaite de ce qu'elle apprenait, elle regardait son amie avec un tel ébahissement, que Florence, voulant lui donner le temps de se remettre d'une si profonde surprise, garda un moment le silence.

XIX.

Madame d'Infreville, sortant enfin de sa stupeur, dit à madame de Luceval :

— En vérité, Florence, je ne sais si je rêve ou si je veille ! encore une fois, toi... toi ? si indolente... si habituée au bien-être... un tel courage, une telle opiniâtreté dans le travail ?

— Allons, il faut que je t'étonne davantage encore. Sais-tu, Valentine, quelle a été ma vie pendant quatre ans, et notamment il y a trois mois, lorsque mon mari et toi vous êtes venus vous informer de Michel et de moi, rue de Vaugirard ?

— L'on nous a dit que chaque jour vous sortiez tous deux le matin, avant le jour, et ne rentriez que bien avant dans la nuit ?

— Mon Dieu ! mon Dieu ! — dit Florence en riant comme une folle, — maintenant que ces souvenirs me reviennent et que je vois tout cela... de loin... combien c'est amusant ! Tiens, voici le récit de l'une des dernières journées qui ont clos mon *purgatoire*. Elle te donnera une idée des autres. A trois heures du matin, je me suis levée, j'ai terminé la copie d'une partition et la coloration d'une grande lithographie... Tu ne t'étonneras pas, du moins, de mes talens... c'est qu'au couvent, ce dont je me tirais le moins mal... c'était de la copie de musique et de la mise en couleur des gravures de sainteté !

— Il est vrai, et cela t'a été de quelque ressource ?

— Je le crois bien ; j'ai parfois gagné, rien qu'à ces ouvrages, jusqu'à 4 et 5 francs par jour... ou plutôt par nuit, sans compter mes autres états.

— Tes autres états... mais lesquels ?

— Je poursuis le récit de ma journée... A quatre heures, je suis sortie et me suis rendue à la HALLE...

— Ah ! mon Dieu !... à la Halle, toi ! et qu'y faire ?

— J'y tenais jusqu'à huit heures du matin le bureau d'une factrice, trop grande dame pour se lever si tôt... Du reste, rien de plus pastoral ; un entrepôt de crème, d'œufs et de beurre... J'avais, en outre, un petit intérêt dans la factorerie... et, bon an, mal an, je retirais de cela deux mille et quelques cents francs.

— Toi... Florence... toi, marquise de Luceval, un pareil métier !

— Et Michel, donc ?

— Lui ? et quel métier faisait-il ?

— Il en faisait plusieurs... d'abord celui d'*inspecteur des arrivages* à la Halle, ma chère, rien que cela ! Quinze cents francs, une haute considération de la part de messieurs les charretiers et de messieurs les maraîchers. Par là-dessus, libre à neuf heures du matin : c'est alors qu'il se rendait à son bureau et moi à mon magasin.

— Comment, à ton magasin ?

— Certainement, rue de l'Arbre-Sec, A LA CORBEILLE D'OR ; j'étais première demoiselle chez une grande lingère, une maison de la vieille roche, et comme, sans me vanter, je chiffonne avec assez de goût, je n'avais pas ma pareille pour la confection des *canezous*, des *baigneuses*, des *mantilles*, des *cols*, des *visites*, et pour l'élégance des garnitures, mais je me faisais payer très cher, quinze cents francs (il faut profiter de sa vogue) ; oui, quinze cents francs par an et nourrie, s'il vous plaît ! c'était à prendre ou à laisser... Il était aussi formellement entendu que je ne paraîtrais jamais à la vente ; j'aurais craint d'être reconnue par quelque pratique, et cela m'eût gênée en sortant du magasin...

— Ta journée n'était donc pas finie ?

— A huit heures, y penses-tu ? car j'avais encore mis pour clause que je serais libre à huit heures, afin de pouvoir utiliser mon temps... Pendant un an je travaillai chez moi à la tapisserie, à la copie de musique et à mes aquarelles ; mais, plus tard, la femme d'un ami de Michel m'a trouvé quelque chose de miraculeux, une bonne vieille dame aveugle, du meilleur monde... mais très misanthrope ; aussi, ne pouvant sortir de chez elle, et n'aimant pas à recevoir, elle préférait passer ses soirées à entendre des lectures ; pendant trois ans, j'ai été sa lectrice au prix de 800 francs par année. J'arrivais chez elle à neuf heures ; tour à tour je lisais, nous causions, puis nous prenions le thé. Cette dame demeurait rue de Tournon, de sorte que Michel, après minuit, venait me chercher en revenant de son théâtre.

— De son théâtre ?

— Oui, de l'Odéon.

— Ah ! mon Dieu ! — s'écria Valentine, — il était acteur ?

— Que tu es folle ! — dit Florence en riant aux éclats. — Pas du tout ; il était *contrôleur* à l'Odéon. Je te dis que nous avons fait tous les métiers... Michel remplissait ces fonctions au théâtre, après avoir quitté son bureau où il gagnait ses deux mille quatre cents francs par an...

— Michel ? si indolent !... incapable autrefois de s'occuper seulement de ses affaires !

— Et, remarque bien qu'en rentrant il mettait encore au net des livres de commerce, ce qui augmentait d'autant nos revenus... Ainsi donc, ma bonne Valentine, tu concevras qu'en vivant avec la plus sévère économie, en nous passant de feu en hiver, en nous servant nous-mêmes, et en employant même nos dimanches à travailler, nous ayons en quatre ans amassé la bienheureuse somme qu'il nous fallait... Eh bien ! quand je te parlais des prodiges enfantés par la PARESSE, avais-je tort ?

— Je n'en reviens pas... c'est à n'y pas croire.

— Eh ! mon Dieu ! Valentine, comme le disait Michel : « Il y a un vif amour de la paresse au fond de bien des existences très laborieuses. Pourquoi tant de gens, qui ne sont ni ambitieux ni cupides travaillent-ils souvent avec une infatigable ardeur ? Afin de pouvoir se *reposer* le plus tôt possible. Or, qu'est-ce que le *repos*, sinon la PARESSE ? Aussi, — ajoutait Michel, — on ne sait pas de quels travaux énormes est capable un paresseux bien déterminé à pouvoir *paresser* un jour. »

— Tu as raison... Je conçois maintenant que l'amour de la paresse puisse donner momentanément une ardeur extrême pour le travail ; mais, dis-moi, Florence, pourquoi votre logement si voisin et pourtant séparé ?

— Oh ! quant à cela, vois-tu, Valentine, ça a été, de notre part, le comble de la raison... une résolution d'une sagesse... sublime... héroïque, — dit Florence avec un accent de triomphe plein de gentillesse et de gaieté ; — nous nous sommes dit : « Quel est notre but ? Amasser le plus
» vite possible l'argent qu'il nous faut pour *paresser* un
» jour ; en ce sens, le temps c'est l'argent ; donc, moins
» nous perdrons de temps, plus nous gagnerons d'argent ;
» or, pour nous, le meilleur moyen de perdre beaucoup
» de temps, c'est d'être ensemble, et, par suite, de nous
» livrer ainsi aux délices de jaser de songes creux, de rê-
» ver à deux ; nous trouverions cela si charmant, que la
» pente serait irrésistible... Alors, adieu le travail, c'est-
» à-dire les moyens de ne voir un jour paresser à tout

» jamais ; car, pour paresser, encore faut-il vivre à son
» aise. Ce n'est pas tout, disions-nous encore ; nous avons,
» il est vrai, une sainte horreur des amours qui donnent
» de la peine et du souci, c'est très moral ; mais à cette
» heure que nous sommes libres, à cette heure que rien
» ne nous serait moins gênant que notre amour, eh ! eh !
» qui sait ? le diable est bien fin, et alors... que devien-
» drait le travail ? Que de temps ! c'est-à-dire que d'ar-
» gent perdu ! car, comment trouver le double courage de
» s'arracher à la paresse et à l'amour ? Non ! non ! soyons
» inexorables envers nous-mêmes, ne compromettons pas
» l'avenir, et jurons-nous, au nom du salut de notre divine
» paresse, de ne pas nous dire un mot... un seul mot, tant
» que notre petite fortune ne sera pas faite. »
— Comment ! pendant ces quatre années !...
— Nous avons tenu notre serment.
— Pas un mot ?
— Pas un mot, à partir du jour où nous avons commencé à travailler...
— Florence, tu exagères. Une telle retenue, c'est impossible.
— Je t'ai promis la vérité, je te la dis.
— Mais enfin pas un mot, cela me semble une précaution exagérée...
— Exagérée ! Eh ! mon Dieu ! tout dépendait d'un mot... d'un seul mot, et ce premier mot-là dit, comment répondre du reste ?
— Ainsi, pendant ces quatre années ?...
— Pas un mot... Mais, pour les choses graves, les mesures à prendre, concernant nos intérêts, nous nous écrivions... voilà tout... Il faut te dire aussi que nous avions imaginé un moyen de correspondre à travers la cloison qui séparait nos chambres, c'était juste tout autant qu'il nous en fallait, et pour nous dire : — *Bonsoir, Michel.* — *Bonsoir, Florence.* — Et le matin : — *Bonjour, Michel.* — *Bonjour, Florence...* — Ou bien encore : — *Il est l'heure de partir ;* — et, de temps à autre : *Courage, Michel.* — *Courage, Florence ; songeons à notre* PARADIS, *et gai le* PURGATOIRE ! — Vois combien nous avons été prévoyants d'adopter cette méthode ! Croirais-tu que Michel trouvait encore quelquefois le moyen de tant bavarder... à coups de manche de couteau frappés sur notre cloison, que j'étais obligée d'imposer silence à cet emporté... Juge donc, si nous avions eu le malheur de nous parler !...
— Et cette étrange correspondance vous suffisait ?
— Parfaitement... n'avions-nous pas une vie commune, malgré cette muraille qui nous séparait ? Notre esprit, nos moindres pensées ne tendaient-elles pas au même but ? et poursuivre ce but, c'était songer toujours l'un à l'autre. Puis enfin, matin et soir, nous nous apercevions, nous n'étions pas amans, cela nous suffisait... si nous l'eussions été... brrr... la paille ne vole pas plus vite à l'aimant que nous n'eussions volé l'un vers l'autre, au premier regard... Enfin, il y a quinze jours, notre but a été atteint ; nous avions en quatre ans gagné quarante et deux mille et tant de cents francs ! J'espère que c'était vaillant ! Nous aurions pu, comme disent les commerçans, *nous retirer* quelques mois plus tôt ; mais nous nous sommes dit, ou plutôt écrit : « C'est bien de ne vouloir que le nécessaire ; mais il faut » du moins que le pauvre passant qui aura faim et qui » frappera à notre porte, trouve aussi chez nous le né- » cessaire... Rien ne donne plus de quiétude à l'âme et » au corps que la conscience d'avoir toujours été bon et » humain. Cela repose. » — Aussi, une fois en train, nous avons un peu prolongé notre *purgatoire.* Eh bien ! maintenant, Valentine, avoue qu'il n'est rien de tel que la PARESSE bien dirigée pour donner aux gens *activité, courage...* et *vertu...*

. . . .

— Adieu, Florence, — dit madame d'Infreville d'une voix étouffée, en fondant en larmes et se jetant dans les bras de son amie, — adieu... et pour toujours adieu !...
— Valentine... que dis tu ?
— Un vague et dernier espoir m'avait conduite ici... espérance insensée, comme toutes celles de l'amour opiniâtre et déçu... adieu ! encore adieu ! Sois heureuse avec Michel ; Dieu vous avait créés l'un pour l'autre... votre bonheur, vous l'avez vaillamment gagné... mérité...

Soudain l'on entendit sonner bruyamment à la petite porte du jardin.
— Madame... madame !... — dit la vieille nourrice, en accourant aussitôt tenant à la main une lettre sans cachet, qu'elle remit à Valentine ; — voici ce que le monsieur qui était resté dans la voiture m'a dit de vous remettre... tout de suite... il venait du côté de la haie, — ajouta la vieille servante, en indiquant du geste la direction de la clôture végétale, masquée de ce côté par un épais massif d'arbustes.

Valentine, pendant que Florence la regardait avec une surprise croissante, ouvrit la lettre qui contenait un billet, et lut ce qui suit, écrit au crayon :

« Remettez, de grâce, ce mot à Florence, et venez me » rejoindre... Il faut partir... il n'y a plus d'espoir... »

Madame d'Infreville fit un mouvement pour sortir.
— Valentine, où vas-tu ? — dit vivement Florence à son amie, en la prenant par la main.
— Attends-moi un instant, — reprit madame d'Infreville en serrant presque convulsivement les mains de son amie entre les siennes ; — attends-moi, et lis cela...

Puis remettant le billet à Florence, elle s'éloigna d'un pas précipité pendant que la jeune femme, de plus en plus étonnée en lisant l'écriture de son mari, lisait ces lignes aussi écrites au crayon :

« Au moment où madame d'Infreville entrait chez vous...
» je franchissais la haie de votre jardin ;... caché dans un
» massif... j'ai tout entendu... Un vague et dernier espoir
» m'amenait ici... et, s'il faut tout vous dire... cet espoir
» déçu... je voulais me venger... Je renonce à l'espérance
» comme à la vengeance... Soyez heureuse... Florence...
» je ne puis désormais ressentir pour vous qu'estime et
» respect.
» Mon seul regret est de ne pouvoir vous rendre une li-
» berté absolue... la loi s'y oppose... il faut donc vous ré-
» signer à porter mon nom.
» Encore adieu, Florence... vous ne me reverrez jamais,
» vous n'entendrez plus parler de moi... mais, de ce jour...
» conservez mon souvenir comme celui de votre meilleur
» de votre plus sincère ami.

» A. DE LUCEVAL. »

Madame de Luceval fut attendrie à la lecture de cette lettre... qu'elle terminait à peine, lorsqu'elle entendit le roulement d'une voiture qui s'éloignait de plus en plus.
Florence comprit que Valentine ne reviendrait pas.
Lorsqu'à la tombée du jour Michel revint trouver madame de Luceval, celle-ci lui remit la lettre de son mari.
Michel fut, comme Florence, ému de cette lettre, puis il dit en souriant :
— Heureusement, Valentine est libre.

XX.

Environ deux ans après ces événemens, on lisait dans les journaux du temps les nouvelles suivantes :

ÉTRANGER.

On écrit de *Symarkellil* :

« Parmi les rares voyageurs qui ont osé jusqu'à présent
» gravir les cimes les plus élevés du CAUCASE, on cite une
» ascension faite, au mois de mai dernier, par deux in-
» trépides touristes français, monsieur et madame ***.
» Celle-ci, svelte et brune, d'une beauté remarquable,
» était vêtue en homme, et a partagé tous les dangers de
» cette aventureuse expédition ; les guides ne pouvaient
» assez admirer son courage, son sang-froid et sa gaîté :
» l'on prétend que les deux infatigables touristes se sont
» ensuite dirigés vers Saint-Pétersbourg, à travers les
» steppes, afin d'arriver à temps pour faire partie de l'ex-
» pédition nautique du capitaine Moradoff, chargé d'en-
» treprendre un voyage d'exploration au PÔLE NORD. Les
» pressantes recommandations dont sont favorisés mon-
» sieur et madame *** auprès de la cour de Russie leur
» font espérer qu'ils obtiendront la faveur qu'ils sollicitent
» et qu'ils pourront prendre part à cette périlleuse expé-
» dition dans ces régions boréales. »

FRANCE.

On écrit d'*Hyères*, à la date du 29 décembre :

« Un phénomène de végétation extraordinaire s'est der-
» nièrement présenté dans nos contrées. L'on nous avait
» parlé d'un oranger en pleine floraison à cette époque
» de l'année. Comme nous paraissions douter de ce pro-
» dige, l'on nous a proposé de nous convaincre, et nous
» nous sommes rendus, à deux lieues d'ici, dans une pe-
» tite maison située au bord de la mer ; là, au lieu d'un
» quinconce d'orangers, nous avons vu, *de nos yeux vu*,
» *ce qui s'appelle vu*, un de ces arbres magnifiques littéra-
» lement couvert de boutons et de fleurs qui parfumaient
» l'air à cent pas à la ronde. Nous avons été bien payé de
» la peine de notre excursion par la vue de cette merveille
» et par l'accueil plein de bonne grâce qu'ont bien voulu
» nous faire les maîtres de la maison, *monsieur et ma-
» dame Michel.* »

FIN DE LA PARESSE

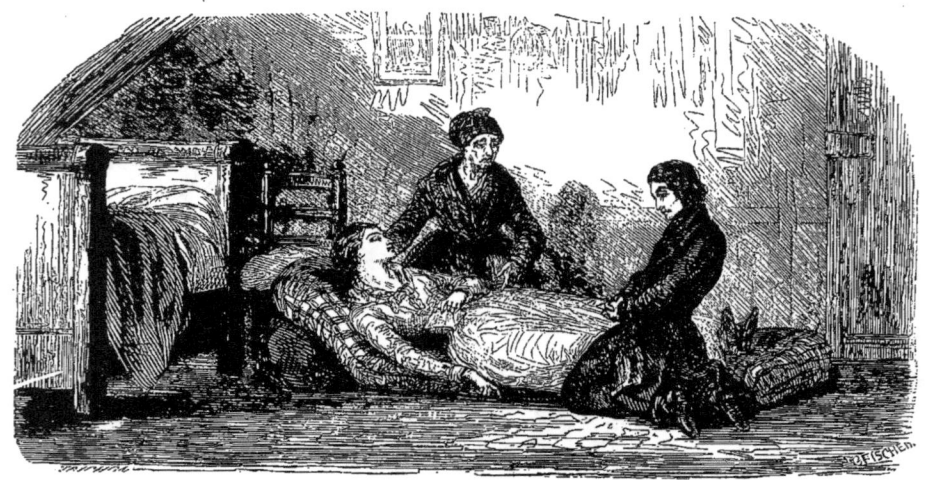

LES SEPT PÉCHÉS CAPITAUX

PAR

EUGÈNE SUE

L'AVARICE

LES MILLIONNAIRES

I

L'emplacement appelé depuis longues années le *Charnier des Innocents*, situé près des *Piliers des Halles*, a toujours été cité pour le grand nombre d'*écrivains publics* qui ont établi leurs échoppes dans ce quartier populeux de Paris.

Par une belle matinée du mois de mai 18**, une jeune fille de dix-huit ans environ, vêtue comme une pauvre ouvrière, et dont la figure charmante et mélancolique était d'une pâleur mate, sinistre reflet de la misère, parcourait le *Charnier des Innocents* d'un air pensif. Plusieurs fois, elle s'arrêta indécise devant quelques échoppes d'écrivains publics; mais, soit que les uns lui parussent trop jeunes, les autres d'une physionomie peu engageante, soit enfin qu'ils fussent alors tous occupés, elle continuait lentement ses recherches.

Avisant cependant, à la porte de la dernière échoppe, un vieillard d'une physionomie vénérable, remplie de douceur et de bonté, la jeune fille n'hésita pas à entrer dans la maisonnette de bois.

L'écrivain public, frappé, de son côté, de la touchante beauté de la jeune fille, de sa tournure modeste, de son air timide et triste, l'accueillit avec une affabilité paternelle, la fit entrer dans l'échoppe, dont il ferma la porte; puis tirant discrètement le rideau de la petite fenêtre, le bonhomme, presque vêtu de haillons, indiqua d'un geste une chaise à sa cliente, et s'assit dans son vieux fauteuil de cuir.

Mariette (c'était le nom de la blonde jeune fille) baissa ses grands yeux bleus, rougit beaucoup, et garda pendant quelques instant un silence embarrassé, presque pénible. Une vive émotion agitait son sein sous le vieux petit châle de mérinos gris qu'elle portait sur sa robe d'indienne fanée, tandis que ses deux mains, croisées sur ses genoux, tremblaient légèrement.

L'écrivain, désirant rassurer la pauvre fille, lui dit affectueusement: — Allons, mon enfant, remettez-vous. Pourquoi cet embarras? Vous venez sans doute me prier de rédiger une pétition? une demande? une lettre? — Oui... monsieur... c'est... c'est pour une lettre... que je viens. — Vous ne savez donc pas écrire? — Non... monsieur, — répondit Mariette en rougissant davantage encore, car à sa timidité naturelle se joignait la honte de son ignorance.

L'écrivain public, regrettant d'avoir peut-être humilié sa *cliente*, reprit d'un ton affectueux: — Pauvre enfant! me supposez-vous capable de blâmer votre ignorance? — Monsieur... — Ah! croyez-moi, — reprit-il d'une voix pénétrée, — c'est au contraire de l'attendrissement, de la compassion que j'éprouve pour les personnes qui, comme vous, n'ayant pu acquérir une éducation première, sont forcées de venir à moi. Pauvres créatures, obligées de s'adresser à un tiers qu'elles peuvent croire indiscret, moqueur! Et cependant, il faut qu'elles le mettent dans la confidence de leurs pensées les plus secrètes, les plus chères! C'est bien pénible, n'est-ce pas? — Oh! oui, monsieur! — dit Mariette, touchée de ces paroles. — Être obligée de s'adresser à un étranger pour...

La jeune fille n'acheva pas, rougit encore, et ses yeux devinrent humides.

L'écrivain public reprit, en regardant la jeune fille avec un intérêt croissant : — Encore une fois, rassurez-vous, mon enfant. Avec moi vous n'avez à craindre ni indiscrétion ni moquerie ; j'ai toujours regardé comme quelque chose de touchant, de sacré, la confiance que sont obligées de m'accorder les personnes que le hasard ou le malheur a déshéritées des bienfaits de l'éducation.

Puis, souriant avec bonhomie, l'écrivain public ajouta :
— Ah çà, mademoiselle, n'allez pas croire, au moins, que je vous parle ainsi pour me vanter aux dépens de mes confrères, et leur enlever une cliente ! Non, non, — reprit-il plus sérieusement, — je vous parle comme je pense, et à mon âge on peut avouer cette prétention-là.

Mariette, de plus en plus surprise et émue du langage du vieillard, lui dit avec reconnaissance: — Ah! merci, monsieur ; vous me soulagez de la moitié de ma peine, en comprenant, en excusant mon embarras. Oh, oui! — ajouta-t-elle en soupirant, — c'est bien cruel de ne savoir ni lire ni écrire; mais, hélas! cela souvent ne dépend pas de nous.

— Eh! mon Dieu! ma pauvre enfant, il en aura été de vous, j'en suis sûr, comme de tant d'autres jeunes filles qui s'adressent à moi : ce n'est pas la bonne volonté qui leur a manqué pour apprendre, c'est de le pouvoir. Celles-ci, en l'absence de leurs parents occupés hors du logis, et obligées, dès leur enfance, de garder leurs sœurs ou leurs frères plus petits, n'ont jamais eu le temps d'aller à l'école; celles-là, mises en apprentissage de trop bonne heure... — Comme moi, monsieur, — dit Mariette en soupirant. — On vous a mise, toute enfant, en apprentissage? — A neuf ans, monsieur, et jusqu'alors j'étais restée à la maison pour garder un petit frère, qui est mort peu de temps avant mon père et ma mère. — Pauvre enfant! votre histoire est à peu près celle de beaucoup de vos compagnes, qui sont dans la même position que vous. Mais comment, en sortant d'apprentissage, n'avez-vous pas tâché de vous instruire? — Et le temps, monsieur? — dit tristement Mariette, — c'est à peine si en prenant sur mes nuits, mon travail peut suffire à moi et à ma marraine... — Hélas! oui, le temps! — dit le vieillard ; — le temps, c'est le pain pour les travailleurs, et trop souvent il faut opter : mourir de faim ou vivre dans l'ignorance. — Puis il ajouta de plus en plus intéressé : — Vous me parlez de votre marraine; vous n'avez donc plus ni père ni mère? — Non, monsieur, je vous l'ai dit, — répondit tristement Mariette; puis elle reprit en soupirant :
— Mais pardon, monsieur, de vous avoir fait perdre ainsi beaucoup de votre temps, au lieu de vous avoir dit tout de suite quelle lettre je viens vous demander.

— Ce temps, je ne pouvais mieux l'employer qu'à vous écouter, mon enfant, car je suis vieux, j'ai de l'expérience, et je suis certain que vous êtes une brave et digne jeune fille. Maintenant venons à cette lettre. Voulez-vous m'en dire le sujet, pour que je la rédige? Ou bien préférez-vous me la dicter?

— Je préfère vous la dicter, monsieur.

— Alors je suis prêt, mon enfant, — dit le bonhomme en mettant ses lunettes et s'établissant devant son bureau, la tête baissée sur son papier, afin de ne pas augmenter l'embarras de sa cliente en la regardant.

Après un moment d'hésitation, Mariette commença de dicter ce qui suit à voix basse, et en tenant ses yeux baissés : « Monsieur Louis... »

Au nom de *Louis*, le vieillard fit un léger mouvement de surprise inaperçu de Mariette, qui répéta de nouveau d'une voix un peu émue: « Monsieur Louis... »

— C'est écrit, mon enfant, — dit le vieillard, toujours sans regarder Mariette.

Celle-ci continua en s'interrompant parfois et en hésitant, car il était facile de deviner que malgré sa confiance dans le vieillard, elle ne lui livrait pas toute sa pensée: « Je » suis bien triste; je n'ai pas encore reçu de vos nouvelles. » Vous m'aviez pourtant promis de m'écrire pendant votre » voyage, monsieur Louis. »

— Pendant votre voyage, — répéta le vieillard, dont les traits étaient soudain devenus pensifs, et qui se dit en lui-même avec une vague anxiété : — Voilà un rapprochement étrange. Il se nomme Louis, et il est absent. Mariette continua de dicter : « J'espère, monsieur Louis, que vous » vous portez bien, et que ce n'est pas pour cause de maladie » que vous ne m'avez pas encore écrit, car ce serait pour » moi deux chagrins au lieu d'un.

» C'est aujourd'hui le 6 mai, monsieur Louis, le *six mai*. » Aussi je n'ai pas voulu passer cette journée sans vous » faire souvenir de moi. Peut-être que vous aurez eu la » même idée, et qu'après-demain je recevrai une lettre » de vous, comme vous recevrez celle-ci de moi. Alors ce » ne serait ni par oubli ni par maladie que vous auriez » tant tardé à m'écrire. Comme j'en serais heureuse! Aussi » je vais attendre jusques après-demain avec une grande » impatience. Dieu veuille qu'elle ne soit pas trompée, » monsieur Louis ! »

Mariette, en dictant ces derniers mots, étouffa un soupir. Une larme roula sur ses joues. Elle s'interrompit durant quelques instants.

Les traits de l'écrivain public toujours courbé sur sa table étaient invisibles à la jeune fille, et prenaient une expression de plus en plus attentive et sérieusement inquiète; deux ou trois fois, tout en écrivant, il tâcha de jeter à la dérobée sur sa cliente un regard chagrin et scrutateur.

Il était facile de deviner qu'au touchant intérêt qu'il avait d'abord involontairement ressenti pour Mariette, succédait chez le vieillard une sorte d'éloignement causé par de graves appréhensions.

La jeune ouvrière poursuivit sa dictée en continuant de tenir ses yeux baissés : « Je n'ai rien de nouveau à vous » apprendre, monsieur Louis ; ma marraine est toujours » bien malade; ses souffrances empirent; cela aigrit » encore son caractère. Afin de la quitter le moins possible, » je travaille maintenant presque toutes mes nuits au lieu d'aller chez » madame Jourdan. Aussi les journées me paraissent » longues et tristes, car le travail fait en commun, à l'ate- » lier, avec mes compagnes, était presque un plaisir et » allait bien plus vite; aussi je suis obligée de veiller très- » tard, et je ne dors pas beaucoup, car c'est surtout la nuit » que ma marraine souffre davantage et qu'elle a le plus » besoin de moi. Quelquefois je ne m'éveille pas aussitôt » qu'elle m'appelle, parce que souvent le sommeil est plus » fort que moi; alors elle me gronde un peu, c'est bien » naturel, car elle souffre.

» C'est pour vous dire, monsieur Louis, que, comme » toujours, je ne suis pas très-heureuse à la maison, et » qu'un mot d'amitié de votre part me ferait grand bien. » Cela me consolerait de tant de choses tristes.

» Adieu, monsieur Louis, je comptais sur Augustine pour » vous écrire, mais elle est allée dans son pays, et j'ai été » obligée de m'adresser à une autre personne, à qui j'ai » dicté cette lettre. Ah! monsieur Louis, jamais je n'ai été » plus chagrine de ne savoir ni lire ni écrire qu'en ce » moment. Adieu encore, monsieur Louis, pensez à moi, » je vous en prie, car moi je pense toujours à vous.

» Je vous salue de bien bonne amitié. »

La jeune fille étant restée silencieuse après ces derniers mots, le vieillard se retourna, et levant enfin les yeux sur elle, lui dit :

— Est-ce tout, mon enfant ? — Oui, monsieur.

— Et de quel nom faut-il signer cette lettre?

— Du nom de Mariette, monsieur.

— Seulement *Mariette*?

— Mariette Moreau, si vous voulez, monsieur. C'est mon nom de famille.

— « Signé : *Mariette Moreau*, — dit le vieillard en écrivant ces noms.

Puis, ayant plié la lettre, il reprit en dissimulant la secrète angoisse avec laquelle il attendait la réponse de la jeune fille :

— Et cette lettre, à qui faut-il l'adresser, mon enfant ?

— A M. *Louis Richard*, à DREUX, bureau restant.

— Plus de doute! — se dit le vieillard en se disposant à écrire sur la lettre l'adresse que Mariette venait de lui dicter.

Si la jeune ouvrière n'eût pas été elle-même très-préoccupée, elle aurait sans doute remarqué l'expression contrainte qui se peignait depuis quelques instans sur la physionomie de l'écrivain, et qui s'accentua plus durement encore lorsqu'il fut bien certain du nom de celui-là à qui cette missive ingénue était destinée. Jetant à la dérobée un regard irrité sur Mariette, il semblait ne pouvoir se résoudre à écrire l'adresse qu'elle venait de lui dicter, car après avoir seulement mis sur l'enveloppe ces mots : *A Monsieur, Monsieur...* il laissa tomber sa plume, et il dit à l'ouvrière, en tâchant de sourire avec sa bonhomie accoutumée afin de dissimuler ses ressentimens et ses appréhensions :

— Tenez, mon enfant... quoique ce soit la première fois que nous nous voyons, il me semble que vous avez déjà quelque confiance en moi.

— C'est vrai, monsieur... avant de venir ici je craignais de n'avoir pas le courage de dicter ma lettre à quelqu'un que je ne connaissais pas: mais vous m'avez accueillie d'une manière si bonne que je n'ai presque plus été embarrassée...

— Embarrassée, pourquoi, mon enfant? Je serais votre père que je ne trouverais pas un mot à redire à la lettre que vous écrivez à... à M. Louis... et même si je ne craignais d'abuser de cette confiance que vous dites avoir en moi... je vous demanderais... mais non... ce serait trop indiscret.

— Que me demanderiez-vous, monsieur?

— Quel est ce M. Louis Richard?

— Mon Dieu! monsieur, ce n'est pas un secret. M. Louis est clerc de notaire; l'étude où il est employé se trouve dans la même maison que l'atelier où j'allais travailler ; c'est ainsi que nous nous sommes connus, il y a aujourd'hui un an le 6 mai.

— Ah! je comprends maintenant pourquoi vous insistiez sur la date de votre lettre : c'est l'anniversaire de votre connaissance !

— Oui, monsieur.

— Vous vous aimez? Allons, ne rougissez pas, mon enfant, vous attendez sans doute le moment de vous marier?

— Oui, monsieur.

— Et la famille de M. Louis consent à ce mariage ?

— M. Louis n'a plus que son père, monsieur, et nous espérons qu'il ne nous refusera pas son consentement.

— Et le père de Louis, quel homme est-ce ?

— Le meilleur des pères, à ce que m'a dit M. Louis, et supportant sa pauvreté avec grand courage, quoiqu'il ait été à son aise autrefois ; mais à cette heure, M. Louis et son père sont aussi pauvres que nous deux ma marraine. C'est cela qui nous donne bon espoir pour notre mariage. Entre pauvres-gens, il ne peut y avoir de difficultés.

— Et votre marraine, mon enfant, il me semble qu'elle ne vous rend pas la vie très heureuse?

— Que voulez-vous, monsieur, il est si naturel d'être de mauvaise humeur quand on n'est presque pas un moment sans souffrir et qu'on n'a jamais eu que du malheur dans sa vie !

— Votre marraine est donc infirme?

— Elle a perdu la main, monsieur, et elle a une maladie de poitrine qui la tient au lit depuis plus d'un an.

— Perdu la main, comment ?

— Elle était cardeuse de matelas, monsieur ; elle s'est piquée, en travaillant, avec son aiguille à quelqu'un s'est envenimée faute de soins, car ma marraine n'avait pas le temps de se faire soigner, et on a été obligé de lui couper le bras. De temps à autre la plaie se rouvre encore, et lui est bien sensible.

— Pauvre femme ! —dit le vieillard d'un air distrait.

— Quand à la maladie de poitrine de ma marraine, — reprit Mariette, — bien des cardeuses en sont atteintes comme elle, à ce que dit le médecin, parce qu'elles respirent sans cesse la poussière malsaine qui sort de la laine des matelas qu'elles battent. Ma marraine est comme courbée en deux, et presque! toutes les nuits elle a des accès de toux si déchirans qu'il faut que je la soutienne quelquefois dans mes bras pendant plusieurs heures.

— Ainsi, votre seul travail fait vivre votre marraine ?

— C'est tout simple, monsieur, elle ne peut plus gagner sa vie.

— Ce dévoûment de votre part est généreux.

— Je fais ce que je dois, monsieur ; ma marraine m'a recueillie chez elle après la mort de mes parens, elle a payé pour moi trois années d'apprentissage. Sans elle, je ne saurais pas l'état qui me fait vivre ; n'est-il pas juste qu'elle profite maintenant de l'aide qu'elle m'a donnée autrefois ?

— Et pour subvenir à ses besoins et aux vôtres, vous travaillez beaucoup sans doute ?

— Le plus que je peux, monsieur, quinze à dix-huit heures par jour.

— Et la nuit, au lieu de prendre un repos nécessaire, vous veillez votre marraine ?

— Qui la veillerait si ce n'est moi, monsieur ?

— Mais pourquoi n'a-t-elle pas tâché d'entrer à l'hôpital ?

— Le médecin a dit qu'on ne la garderait pas à l'hospice, parce que sa maladie de poitrine était incurable. Et puis d'ailleurs je ne sais si j'aurais eu le courage de l'abandonner ainsi.

— Allons, mon enfant, je ne m'étais pas trompé. Vous êtes une brave et digne jeune fille, —dit le vieillard en tendant sa main à Mariette.

Dans ce mouvement, soit par maladresse, soit volontairement, l'écrivain public fit choir sur son bureau son encrier, de sorte que l'encre se renversa en partie sur la lettre, à laquelle il ne manquait plus que l'adresse.

— Ah ! mon Dieu ! quel malheur ! — s'écria Mariette. — Voici la lettre toute pleine d'encre, monsieur.

— Maladroit que je suis ! — reprit le vieillard d'un air fâché. — Mais il n'y a que demi mal, la lettre n'est pas longue. J'écris vite, je ne vous demande que dix minutes pour la recopier, mon enfant ; en même temps je la relirai tout haut, et vous verrez de la sorte si vous trouvez quelque chose à changer ou à ajouter.

— Monsieur, excusez, mon Dieu ! la peine que je vous donne.

— Tant pis pour moi, mon enfant. C'est ma faute, — dit le vieillard.

Et il commença de relire la lettre à haute voix tout en écrivant, et comme s'il l'eût recopiée à mesure qu'il avançait dans cette lecture.

En se livrant à ce nouveau travail, une violente lutte intérieure semblait se réfléchir sur les traits de l'écrivain public : tantôt il soupirait d'un air satisfait et dégagé, tantôt au contraire il paraissait confus et évitait d'arrêter ses yeux sur la candide figure de Mariette. Celle-ci, accoudée sur la table, appuyant son front dans sa main, suivait d'un regard mélancolique et envieux la plume rapide du vieillard et les caractères qu'il traçait, caractères indéchiffrables pour elle, et qui cependant, se disait-elle, allaient reporter sa pensée à celui qu'elle aimait.

La jeune ouvrière n'ayant rien trouvé à retrancher ou à ajouter à sa missive ingénue, l'écrivain public la lui remit après l'avoir soigneusement cachetée.

— Monsieur, demanda timidement la jeune fille en tirant de sa poche une petite bourse contenant deux pièces de dix sous et quelques sous, — combien vous dois-je ?

— Cinquante centimes, — répondit le vieillard après avoir hésité un instant, pensant que c'était certainement le prix de son pain de la journée que la pauvre fille donnait de ses nouvelles à son amant. —Cinquante centimes, — reprit donc l'écrivain, — et il est bien entendu, mon enfant, que je ne vous fais payer qu'une de deux lettres que j'ai écrites. Je suis seul responsable de ma maladresse.

— Vous êtes bien honnête, monsieur, — dit Mariette, touchée de ce qu'elle regardait comme une preuve de la générosité de l'écrivain; puis, après avoir payé sa lettre, elle ajouta :

— Vous avez été si bon pour moi, monsieur, que j'ose vous demander un service.

— Parlez, mon enfant.

— Si j'avais d'autres lettres à faire écrire, il me serait presque impossible de m'adresser maintenant à d'autre qu'à vous, monsieur.

— Je serai à votre service.

— Ce n'est pas tout, monsieur, ma marraine est comme moi, elle ne sait ni lire ni écrire. J'avais une amie en qui je me confiais; mais elle est absente. Pourriez-vous, dans ce cas où je recevrais une lettre de M. Louis, prendre la peine de me la lire? Je vous dicterais tout de suite après ma réponse.

— Certainement, mon enfant, je lirai vos lettres; apportez-les-moi toutes, — répondit le vieillard en dissimulant sa satisfaction. — C'est moi qui vous remercie de la confiance que vous me témoignez. A bientôt donc. Allons, vous sortez d'ici, je l'espère, moins embarrassée qu'en y entrant.

— C'est qu'aussi, monsieur, je ne m'attendais pas à trouver en vous tant de bonté.

— Adieu donc, mon enfant, habituez-vous à me regarder comme votre lecteur et votre secrétaire. Ne dirait-on pas maintenant que nous nous connaissons depuis dix ans!

— C'est bien vrai, monsieur. Au revoir.

— Au revoir, mon enfant.

Mariette venait à peine de sortir de l'échoppe de l'écrivain public, qu'un facteur poussa la porte et dit cordialement au vieillard, en lui remettant une lettre :

— Tenez, père Richard, voici pour vous une lettre de Dreux. Je n'aurai pas ainsi la peine de la porter jusque chez vous, rue de Grenelle, et vous l'aurez plus tôt.

— Une lettre de Dreux! — dit vivement le vieillard en la prenant. — Merci, mon garçon. — Puis examinant l'écriture, il se dit : — C'est de Ramon; que va-t-il m'apprendre? que pense-t-il de mon fils? Ah! que vont devenir maintenant des projets depuis si longtemps formés entre moi et Ramon!

— Père Richard, c'est six sous, — dit le facteur en tirant le vieillard de sa rêverie.

— Six sous! — s'écria l'écrivain public. — Diable! elle n'est donc pas affranchie?

— Voyez le timbre, père Richard.

— C'est vrai, — dit le vieillard en soupirant; et tirant comme à regret de sa poche la pièce de dix sous qu'il venait de recevoir, il la remit au facteur.

Durant cet incident, Mariette s'était hâtée de retourner chez elle.

II.

Mariette, après avoir quitté le Charnier des Innocens, arriva bientôt dans cette sombre et triste rue nommée rue des Prêtres-Saint-Germain-l'Auxerrois, et entra dans l'une des dernières maisons qui font face aux noires murailles de l'église. Après avoir traversé une allée obscure, Mariette commença à gravir un escalier délabré non moins obscur que l'allée, car il ne recevait de jour que par une cour si étroite, qu'elle ressemblait à un puits carré.

La loge de la portière était située à quelques marches du palier du premier étage; la jeune fille, s'arrêtant devant cette loge, dit à une femme qui s'y trouvait:

— Madame Justin, avez-vous eu la bonté de monter chez ma marraine voir si elle n'avait besoin de rien?

— Oui, mademoiselle Mariette, je lui ai porté son lait; mais elle est d'une humeur si massacrante, qu'elle m'a reçu comme un chien. Si ça n'avait été à cause de vous, je vous l'aurais joliment relevée du péché de paresse!

— Hélas! madame Justin, il faut avoir pitié d'elle; elle souffre tant!

— C'est ça, vous l'excusez toujours, vous qui êtes son *patira*, mademoiselle Mariette; ça prouve votre bon cœur, mais ça n'empêche pas que votre marraine soit méchante comme un âne rouge. Pauvre fille! allez, on peut bien le dire, vous faites votre purgatoire d'avance, et s'il n'y avait pas de paradis, vous seriez volée.

— Adieu, madame Justin, je monte bien vite chez nous.

— Attendez donc un instant, j'ai là une lettre pour vous.

— Une lettre? — s'écria Mariette en devenant toute rouge et sentant son cœur battre d'aise et d'espoir. — Une lettre de province?

— Oui, mademoiselle, elle est timbrée de Dreux et coûte six sous. La voici. Il y a au coin de l'enveloppe : *Très pressée*.

Mariette prit vivement la lettre, la mit dans son sein; puis, tirant sa petite bourse, elle y prit la dernière pièce de dix sous qui s'y trouvait, et paya la portière, qui lui rendit sa clef.

La jeune fille monta rapidement chez elle, à la fois heureuse, triste et inquiète; heureuse d'avoir reçu une lettre de Louis, inquiète de la signification de ces mots : *Très pressée*, inscrits sur un coin de l'enveloppe, ainsi que l'avait dit la portière; triste, enfin, parce qu'il lui faudrait attendre plusieurs heures peut-être avant de savoir ce que Louis lui écrivait, car elle craignait de s'absenter de nouveau après avoir laissé sa marraine si longtemps seule.

Mariette atteignit enfin le cinquième étage de cette maison délabrée, triste et empestée par les eaux d'immondices presque toujours croupissantes dans les plombs établis à chaque palier. Ce fut avec un grand battement de cœur que la jeune fille ouvrit la porte de la pauvre chambre lambrissée qu'elle occupait avec sa marraine. Celle-ci était couchée dans le seul lit que possédaient les deux femmes. Un mince matelas, alors roulé dans un coin et la nuit étendu sur le carreau, servait de coucher à Mariette; une table à ouvrage, une vieille commode, deux chaises, quelques ustensiles de ménage accrochés au-dessus de la cheminée, située entre deux placards, tel était l'ameublement de ce logis, d'une extrême propreté cependant, et à peine éclairé par une petite fenêtre prenant jour sur la cour sombre et infecte.

Madame Lacombe (ainsi se nommait la malade) était une grande femme de cinquante ans environ, d'une maigreur et d'une pâleur effrayantes, d'une figure désagréable et dure; un sourire amer, sardonique, causé par les longs ressentimens de la misère et de la douleur, contractait incessamment ses lèvres blafardes; presque courbée en deux dans son lit, on ne voyait d'elle au dehors que son bras mutilé enveloppé de linges, et sa figure atrabilaire, coiffée d'un vieux bonnet d'où s'échappaient çà et là quelques longues mèches de cheveux gris.

Madame Lacombe semblait alors souffrante et courroucée; ses yeux caves brillaient d'un feu sombre. Elle fit un effort pour se retourner dans son lit, afin de mieux regarder sa filleule, et elle s'écria d'une voix menaçante :

— D'où viens-tu?

— Ma marraine, je...

— Coureuse!... Tu laisses seule exprès, pour me faire damner, n'est-ce pas?

— Je suis restée à peine une heure dehors, ma marraine.

— Et tu espérais me trouver morte de rage en arrivant, hein?

— Oh! mon Dieu, mon Dieu!

— Oui, va! pleurniche. Je ne suis pas ta dupe. Tu as assez de moi, tu en as trop! Le jour où l'on clouera ma bière, ça sera fête pour toi, et aussi pour moi, car c'est trop souffrir! Non, — ajouta cette malheureuse en portant la main à sa poitrine et poussant un long et douloureux gémissement, — mort et passion!! C'est trop souffrir aussi!

Mariette essuya les larmes que lui arrachaient les sarcastiques duretés de la malade, s'approcha d'elle, et lui dit avec un accent de douceur angélique :

— Votre dernière nuit avait été si mauvaise que j'espérais que la journée serait bonne, et que vous auriez un peu dormi ce matin pendant mon absence.

— Que je souffre ou que je crève, qu'est-ce que ça te fait, pourvu que tu t'en ailles courir les rues !

— Je suis sortie un instant ce matin parce que cela était nécessaire, mais marraine, en m'en allant j'avais prié madame Justin de...

— J'aimerais autant voir la mort que cette créature-là... Aussi, quand tu le peux, tu me l'envoies. C'est toujours ça en attendant.

Mariette sourit avec une amertume navrante, ne répondit rien à ce nouveau sarcasme, et reprit doucement :

— Ma marraine, voulez-vous que je panse votre bras ?

— Non, l'heure est passée ; tu l'as fait exprès.

— Je suis fâchée d'avoir été en retard, mais permettez-moi toujours de vous panser.

— Laisse-moi tranquille.

— Mais, ma marraine, la plaie s'aggravera.

— C'est ce que tu veux.

— Ma marraine, je vous en prie !

— Ne m'approche pas !

— J'attendrai, — dit la jeune fille en soupirant ; puis elle reprit : — J'avais dit à madame Justin de vous monter votre lait ; le voilà. Voulez-vous que je le fasse chauffer ?

— Du lait, toujours du lait ! le cœur m'en soulève. Le médecin avait ordonné de me donner du bon bouillon fait avec de la bonne viande et une moitié de poule... Ah ! bien oui, j'en ai eu... lundi et mardi... et puis voilà... et nous sommes à dimanche.

— Ma marraine, ce n'est pas ma faute, le médecin ordonne... (1) mais il faut trouver l'argent pour suivre ses ordonnances, et si je gagne vingt sous par jour maintenant, c'est à grand'peine...

— Tu me regardes pas à la dépense pour ta toilette.

Mariette secoua tristement la tête et répondit avec une résignation touchante :

— Vous l'avez vu, j'ai passé l'hiver avec cette robe d'indienne, ma marraine. J'économise tant que je peux, et nous devons deux termes.

— Ça veut dire que je te suis à charge, n'est-ce pas ? Voilà tes remercîmens ! Et je t'ai ramassée dans la rue, et je t'ai fait apprendre ton état ! Va... ingrate ! mauvais cœur !

— Non, ma marraine, je ne suis pas ingrate ! Quand vous êtes moins souffrante, vous me rendez plus de justice, — répondit Mariette contenant ses larmes.— Mais, je vous en prie, ne restez pas ainsi sans rien prendre, cela vous fera mal.

— Je le sais bien, j'ai des crampes d'estomac à n'y pas tenir !

(1) A propos des ordonnances de médecin, quelquefois en désaccord (quoique indispensables) avec les ressources des malades, nous avons conservé celle-ci, laissée à une pauvre femme de nos pays ; elle était veuve, et en allant au bois et à la bruyère toute la journée, elle pouvait à peine, vu sa faiblesse (causée par une lente décomposition du sang), gagne cinq à six sous par jour.
Voici l'ordonnance :
Prendre tous les matins, à jeun, une cuillerée de vin de Séguin (à 12 fr. la bouteille).
Déjeuner avec des œufs frais et une côtelette grillée.
Prendre vers les deux heures un bon bouillon.
Diner avec un potage gras, une tranche de bœuf grillée et des légumes.
Boire à chaque repas un verre de vin pur.
Se garantir surtout du froid et de l'humidité ; exercice modéré par le beau temps.
Cette ordonnance, que l'on prendrait pour une ironie cruelle, ne contenait cependant que les prescriptions *indispensables*, faute desquelles la pauvre créature devait périr dans un temps donné et très rapproché. (Eugène Sue.)

— Vous voyez. Tenez, prenez votre lait, je vous en prie, ma marraine.

— Va-t'en au diable avec ton lait ! tu m'impatientes.

— Voulez-vous que j'aille vous chercher deux œufs frais ?

— Non.

— Ou que je vous fasse cuire un peu de riz au beurre ?

— Je veux du poulet.

— Ma marraine, c'est que...

— C'est que quoi ?

— Je ne peux pas prendre un poulet à crédit.

— J'aurai assez d'un demi ou d'un quart. Tu avais ce matin vingt-sept sous dans ta bourse.

— C'est vrai, ma marraine.

— Alors, va m'acheter un quart de poulet chez le rôtisseur.

— Ma marraine, c'est que cet argent...

— Cet argent ?

— Je ne l'ai plus. Il ne me reste que quelques sous.

— Et tes deux pièces de dix sous ?

— Ma marraine...

— Répondras-tu ? Tes deux pièces dix sous, où sont-elles ?

— Je... je ne sais, — répondit la pauvre fille en rougissant et se reprochant la dépense de sa correspondance avec Louis. — Ces petites pièces auront glissé de ma bourse, et je ne les ai pas retrouvées.

— Tu mens, tu rougis.

— Je vous assure...

— C'est ça, — dit la malade avec un ricanement sardonique ; — pendant que je suis à râler de besoin sur mon grabat, elle aura été se goinfrer des gâteaux !

— Moi, mon Dieu !

— Va-t'en ! sors d'ici ! laisse-moi crever de faim si tu veux, mais que je ne te voie pas !

Et cette malheureuse, poussée à bout par l'âcre ressentiment de la souffrance et d'un malheur acharné, ajouta avec un éclat de rire d'une ironie sinistre :

— Tu tiens bien à me le faire boire ce lait ! Il y a peut-être quelque chose dedans, je te sui si à charge !

A cette accusation, encore, plus insensée qu'elle n'était atroce, Mariette resta un moment interdite, car elle ne comprit pas tout d'abord le sens de ces horribles paroles ; mais lorsqu'elle l'eut compris, elle se recula en joignant les mains avec effroi ; puis, ne pouvant retenir ses sanglots et cédant à un mouvement irrésistible, elle se jeta au cou de la malade, l'enlaça de ses bras, et la couvrit de larmes, de baisers en murmurant d'une voix déchirante :

— Oh ! marraine ! marraine !

Cette protestation navrante contre une accusation qui ne pouvait naître que d'un cerveau délirant, rappela heureusement, la malade à la raison ; son cœur ulcéré, corrodé, se détendit un peu, et, ainsi que cela lui arrivait parfois, elle eut conscience de son affreuse injustice, en sentant ruisseler sur ses joues fiévreuses les larmes de sa filleule.

Madame Lacombe prit alors une des mains de Mariette dans la sienne, et, de son bras mutilé, tâcha de presser la jeune fille contre sa poitrine, en lui disant d'une voix émue :

— Allons, petite, ne pleure pas ; es-tu bête ! tu ne vois pas que je disais ça en riant ?

En riant ! lugubre plaisanterie, digne, hélas ! de cette sombre misère.

— C'est vrai, marraine, — reprit Mariette en essuyant du revers de sa main ses yeux et ses joues baignés de pleurs, — c'est vrai, j'ai eu tort de croire que vous parliez sérieusement, mais ça a été plus fort que moi.

— Que veux-tu, il faut avoir pitié de cette pauvre marraine, ma petite Mariette, — reprit la malade avec un morne accablement. — A force de souffrir, vois-tu, *la poche au fiel* aura crevé, et j'ai le cœur comme la bouche, amer, amer !

— Je sais bien que c'est malgré vous que vous vous emportez quelquefois, marraine. Dame ! c'est si facile d'être toujours juste et content quand on est heureux ; tandis que vous, vous ne l'avez guère été, heureuse.

— C'est vrai, — dit la malade en éprouvant une sorte de satisfaction cruelle à justifier son caractère atrabilaire par l'énumération de ses griefs contre une implacable destinée ; — c'est vrai, il y a beaucoup de sorts comme le mien, mais il n'y en a pas de pires. Battue en apprentissage, battue par mon mari jusqu'à ce qu'il se soit noyé étant soûl, devenue *poumonique*, et estropiée dans mon état, je traîne mon boulet depuis cinquante ans, et bien malin serait celui qui pourrait me dire : « Femme Lacombe, vous avez été au moins une fois heureuse, là, ce qui s'appelle heureuse, pendant un jour, un seul jour de votre chienne de vie. » C'est pourtant vrai, ça, ma petite Mariette, j'ai eu, comme on dit, *une vie sans dimanches*, quand il y en a tant d'autres pour qui chaque jour est un dimanche.

— Pauvre marraine, je ne comprends que trop bien ce que vous avez dû souffrir, allez !

— Non ! petite, non, tu ne peux pas comprendre cela, quoique tu aies déjà bien connu la peine avec tes dix-huit ans ! mais au moins, toi, tu es gentille, et quand tu as un bonnet blanc et frais, avec un bout de ruban rose sur tes cheveux blonds, et que tu vois dans ton miroir ta jolie mine, tu as de petits momens de contentement.

— Marraine, écoutez, je...

— Je te dis que si, moi ; ça contente toujours, sois franche, petite ; avoue que tu es toute aise, et un peu *fiérotte* quand on se retourne pour te regarder, malgré ta mauvaise robe de deux sous et tes gros souliers lacés ?

— Oh ! pour ça, marraine, dès que je m'aperçois qu'on me regarde, ça me rend toute honteuse. Tenez, quand j'allais à l'atelier, il venait un monsieur qui me regardait toujours en venant parler à madame Jourdan ; ça m'impatientait à mourir.

— Oui—, mais au fond ça contente, et quand tu seras vieille, tu te souviendras du temps jadis ; tu auras du moins comme quelque chose qui reluira dans ta jeunesse, tandis que moi, je ne vois que du noir, et je ne sais plus seulement si j'ai été jeune, mais pour laide, j'en suis sûre.

— Oh ! marraine !

— Si laide que j'en prenais les miroirs en grippe ; aussi je n'ai pu trouver pour mari qu'un vieil ivrogne qui me rouait de coups, et je n'ai pas même eu la chance de me réjouir de sa mort, car il m'a fallu payer ses dettes de cabaret ; enfin, comme je suis née coiffée, je suis devenue estropiée, incapable de travailler, et je mourais de faim si je ne t'avais pas eue.

— Allons, marraine, vous n'êtes pas juste, — dit Mariette avec un tendre sourire, voulant dissiper la noire humeur de madame Lacombe ; — vous avez, à ma connaissance, eu du moins un jour heureux dans votre vie.

— Lequel donc ?

— Quand, après la mort de maman, votre voisine, vous m'avez prise avec vous par charité.

— Eh bien ?...

— Est-ce que cette bonne action ne vous a pas satisfaite ? Est-ce ça n'a pas été, au moins pour vous, un jour heureux que celui-là, marraine ?

— Si tu appelles ça un jour heureux... merci !

— Comment ?

— Dis donc que ça a été un de mes jours pires, au contraire.

— Ah ! marraine ! — dit tristement la jeune fille.

— Pardi ! mon ivrogne de mari était mort, et une fois ses dettes payées, je n'avais plus de soucis que pour moi ; mais en me chargeant de toi, petite, c'est comme si je m'étais trouvée veuve avec un enfant sur les bras ; et tu crois que c'est gai, toi, pour une femme qui déjà se suffit à peine à elle-même ? Mais tu étais si gentille, avec ta petite tête frisée et tes yeux bleus, tu avais l'air si triste agenouillée devant le corbillard de ta mère, que je n'ai pas eu le courage de te laisser aller aux enfans trouvés. Aussi quelle mauvaise nuit j'ai passé en me demandant ce que je ferais de toi, ce que tu deviendrais, si le travail venait à me manquer ! Tiens, vois-tu, Mariette, j'aurais été ta mère, que je n'aurais pas été plus tourmentée ; et tu appelles ça un jour heureux pour moi ! Non, non ! Si j'avais été dans l'aisance, à la bonne heure ! j'aurais dit : Le sort de cette petite est assuré ; et c'est là une chose qui vous contente ; mais te faire seulement changer de misère, il n'y a pas là de quoi être gaie.

— Pauvre marraine ! — dit la jeune fille profondément attendrie ; puis souriant dans ses larmes, et voulant tâcher de rendre un peu de calme à cette âme si ulcérée, elle reprit :

— Eh bien, marraine, ne parlons pas de jours, mais seulement de momens, car moi, je veux vous trouver absolument en flagrant délit de bonheur, en ce moment par exemple.

— En ce moment ?...

— Vous êtes, j'en suis sûre, contente de ne plus me voir pleurer de chagrin comme tout à l'heure, et cela, marraine, grâce aux bonnes paroles que vous me dites.

La malade secoua tristement la tête.

— Quand mon humeur acariâtre s'apaise un peu, comme maintenant, sais-tu à quoi je pense ?

— A quoi, marraine ?

— Je me dis : Mariette est une bonne petite fille, c'est vrai, mais je suis presque toujours si dure, si injuste pour elle, qu'au fond elle doit me détester, et je le mérite.

— Allons, marraine, — dit douloureusement la jeune fille, — voilà que vous revenez à vos mauvaises pensées de tout à l'heure.

— Avoue que je ne me trompe pas ? Eh ! mon Dieu ! je ne te dis pas cela pour te gronder ! Tu as raison. Tu te tues de travail pour moi, tu me nourris, tu me sers, et le plus souvent je te paye en duretés... Va, pauvre petite, ma mort sera pour toi un bon débarras, et mieux vaut que l'homme à la bière vienne plus tôt que plus tard.

— Vous l'avez dit tout à l'heure, marraine : quand vous parlez de choses si vilaines et si tristes, c'est une plaisanterie, et je les prends ainsi,—repartit Mariette en tâchant encore de sourire, bien qu'elle sentît de nouveau son cœur se briser en voyant la malade sur le point de retomber dans ses noires extravagances ; mais celle-ci, touchée de l'expression d'angoisse qu'elle remarqua de nouveau sur les traits de sa filleule, lui dit :

— Puisque je plaisante, petite, ne prends donc pas un air si chagrin ; voyons, allume le réchaud, fais-moi une soupe au lait, et pendant qu'elle chauffera, tu panseras mon bras.

Mariette fut aussi contente de ces ordres de sa marraine que si elle lui eût dit les meilleures paroles ; elle se hâta de prendre sur une planche du placard le seul morceau de pain qui restât céans, l'émiça dans un poêlon rempli de lait, alluma le réchaud, le porta sur le palier, et revint auprès de la malade. Celle-ci lui tendit alors son bras mutilé, qui, malgré la répugnance que devait inspirer une plaie putride, fut pansé par Mariette avec autant de patience que de dextérité.

La résignation de la jeune fille, son dévouement, ses prévenances, ses soins empressés, émurent de nouveau le cœur de madame Lacombe ; le pansement terminé, elle dit à sa filleule sans pouvoir s'empêcher de joindre au témoignage de sa reconnaissance une comparaison amère :

— On vante les sœurs de charité, il n'y en a pas une qui mérite la moitié autant que toi, petite.

— Ah ! marraine, ne dites pas cela.

— Est-ce que la plupart ne sont pas comme nous des enfans de misère ?

— Mais les bonnes sœurs se dévouent à soigner des étrangers, marraine, tandis que vous êtes pour moi comme une mère. Je fais mon devoir, j'ai donc moins de mérite qu'elles.

— Oui, pauvre Mariette, parles-en de ma tendresse pour

toi ; elle est belle ! Tout à l'heure encore, je t'ai fait fondre en larmes, et sans doute je recommencerai demain. Mariette, afin de s'épargner le chagrin de répondre aux amères paroles de sa marraine, alla chercher la soupe au lait, qu'elle apporta fumante après avoir éteint le réchaud. La malade mangea cette soupe avec assez d'appétit ; à la dernière cuillerée, elle dit à Mariette :

— Mais j'y songe, petite, et toi ?

— Oh ! moi, marraine, j'ai déjeuné,—répondit la pauvre menteuse. — Ce matin j'ai acheté un petit pain de seigle que j'ai mangé tout en marchant. Mais laissez-moi arranger votre oreiller ; vous pourrez peut-être dormir un peu ; vous avez passé une si mauvaise nuit !

— Tu le sais bien ; tu as toujours été sur pied.

— Bah ! je ne suis pas très dormeuse, moi, marraine, et la veille ne me fatigue pas. Allons, vous trouvez-vous mieux couchée ainsi ?

— Oui... Merci, petite.

— Alors je vais prendre mon ouvrage et me mettre auprès de la fenêtre. Il fait si sombre ici, et j'ai un ouvrage si vétilleux !

— Qu'est-ce que tu couds donc là ?

— Oh ! une pièce magnifique, marraine, une chemise de batiste superfine. Madame Jourdan m'a confié, en me recommandant bien de ne pas la perdre, cette superbe garniture de valenciennes, qui vaut à elle seule 200 fr., ce qui mettra chaque chemise à 300 fr. pièce au moins, et il y en a deux douzaines à faire. Il paraît que c'est pour une demoiselle entretenue,—ajouta naïvement Mariette.

La malade partit d'un éclat de rire sardonique.

— Qu'avez-vous, marraine ? — dit la jeune fille assez surprise.

— Une drôle d'idée.

— Ah !—dit Mariette non sans appréhension, car elle connaissait le caractère habituel des *plaisanteries* de madame Lacombe, — et quelle idée avez-vous, marraine ?

— Je me demande à quoi ça sert qu'il y ait sur terre tant de pauvre monde qui comme toi et moi ne connaissent dans la vie que peine et misère ; le sais-tu, petite, à quoi ça sert ?

— Dame, marraine, que voulez-vous que je vous dise ?

— Ça sert à ce qu'une honnête fille comme toi, qui n'a que deux ou trois mauvaises chemises de calicot rapiécées à se mettre sur le corps, gagne vingt sous par jour à coudre des chemises de trois cents francs pour... ! Bon courage à l'ouvrage, petite ! je vas tâcher de rêver cimetière par là-dessus !

Et la malade se retourna du côté de la ruelle, et ne dit plus rien.

Heureusement, Mariette avait le cœur trop pur et était trop préoccupée pour sentir la désespérante amertume des derniers sarcasmes de sa marraine ; et pendant que celle-ci était tournée du côté de la muraille, la jeune fille tira de son sein la lettre *très pressée* que la portière lui avait remise, et, tout en continuant de travailler, elle posa cette lettre sur ses genoux et à l'abri des regards de la malade.

III.

Mariette s'aperçut bientôt que sa marraine s'était endormie. Suspendant alors un instant son travail, la jeune fille, qui jusqu'alors avait couvé du regard la lettre de Louis Richard (dit fils de l'écrivain public), lettre posée sur ses genoux, la décacheta et l'ouvrit. Vaine et puérile curiosité ! car, nous l'avons dit, la pauvre ouvrière ne savait pas lire. Aussi, rien n'était à la fois plus touchant et plus pénible que de voir la jeune fille contempler avec un vif battement de cœur ces caractères pour elle incompréhensibles ; elle remarqua seulement, avec un mélange d'inquiétude et d'espoir, que la lettre était très courte.

Cette lettre si courte et si *pressée*, ainsi que le marquait l'annotation visible à un coin de l'enveloppe, annonçait-elle une bonne ou une mauvaise nouvelle ?

Mariette, les yeux fixés sur le mystérieux écrit, se perdait en conjectures, songeant qu'évidemment une lettre si brève, après une assez longue séparation, annonçait quelque chose d'inattendu : soit un prochain retour, car si Louis devait arriver presque en même temps que sa lettre, il n'aurait pas eu besoin d'écrire ; soit une mauvaise nouvelle imprévue qui ne laissait pas à Louis le temps de s'expliquer longuement.

Ces poignantes perplexités firent éprouver à Mariette un des mille tourments auxquels sont exposés les infortunés que le malheur ou l'abandon déshérite d'une éducation première. Tenir là, dans sa main, sous ses yeux, quelques lignes qui vous apportent la joie ou la douleur, et ne pouvoir pénétrer ce secret ! être obligée d'aller demander à un étranger de lire ces lignes et de recevoir de sa bouche au moins indifférente l'annonce d'une nouvelle à laquelle votre vie est pour ainsi dire suspendue !

Telles étaient les réflexions de Mariette. Ses angoisses atteignirent bientôt à leur comble ; aussi, voyant sa marraine continuer de dormir, elle résolut, au risque d'être cruellement traitée à son retour (les bons momens de madame Lacombe étaient rares), elle résolut de courir chez l'écrivain public. La jeune ouvrière se leva de sa chaise avec précaution afin de ne pas éveiller la malade ; mais au moment où elle s'approcha de la porte en marchant sur la pointe du pied, elle fut soudain arrêtée par une pensée désolante.

Elle ne pouvait faire lire sa lettre à l'écrivain public sans lui demander d'y répondre, réponse peut-être imposée par le contenu de la lettre de Louis ; il faudrait donc encore payer le vieillard, et Mariette ne possédait plus que ce qu'il lui fallait pour acheter le pain de la journée, pain qu'elle devait solder comptant, le boulanger, déjà créancier d'une vingtaine de francs, refusant d'ouvrir un nouveau crédit. Mariette avait touché la veille *sa semaine*, ne montant qu'à cinq francs, les soins qu'elle donnait à sa marraine absorbant une partie de son temps. La plus grande partie de cette modique somme avait été employée à rembourser la portière de quelques avances, et à donner un à-compte sur le blanchissage ; il n'était resté à Mariette que vingt-cinq sous, sur lesquels elle avait déjà prélevé les frais de sa correspondance avec Louis.

En présence des besoins de sa marraine, et de sa position déjà si obérée, la pauvre enfant se reprochait cette dépense épistolaire comme une prodigalité coupable.

L'on sourira peut-être de pitié à la peinture de ces angoisses navrantes, de ces cruelles récriminations contre soi-même à propos de deux ou trois pièces de 50 centimes... Hélas ! il n'est pas de petite somme pour le malheureux ; une augmentation de dix sous sur son salaire lui permettent souvent de soutenir son existence au lieu de mourir un peu chaque jour et de sentir sa vie s'épuiser, se tarir dans une sorte d'agonie vivante, état moyen entre la maladie et la santé, qui conduit prématurément tant de gens au tombeau.

Mariette, afin de s'épargner un surcroît de dépense, songea d'abord à faire lire la lettre de Louis par la portière ; mais craignant le bavardage et peut-être les railleries de cette femme, d'une délicate susceptibilité, la jeune fille s'effraya, et elle préféra accomplir un pénible sacrifice. Il lui restait une robe d'une jolie étoffe qu'elle avait achetée au Temple et refaite à sa taille ; elle la conservait, ainsi qu'on dit, pour *les grands jours ;* deux ou trois fois seulement elle l'avait portée pour se faire belle et sortir avec Louis. Mariette mit en soupirant sa jolie robe dans un petit cabas de paille, y joignit un fichu de soie, afin de porter le tout au mont-de-piété. Tenant d'une main son petit paquet, et marchant légèrement, afin de ne pas troubler le sommeil de sa marraine, la jeune ouvrière attei-

gnait la porte, lorsque madame Lacombe fit un mouvement et, s'éveillant à demi, murmura :
— Allons!... elle sort encore!... et...
Mais elle n'acheva pas, et retomba dans son assoupissement.

Mariette, profitant de cette circonstance, resta un moment immobile et muette, puis ouvrant la porte avec la plus grande précaution, elle sortit, retira la clef, qu'elle déposa en passant chez la portière, et se rendit en hâte au mont-de-piété. On lui prêta cinquante sous sur sa robe et son fichu. Munie de cette somme, Mariette courut au Charnier des Innocents, afin d'y retrouver l'écrivain public.

Depuis le départ de Mariette, et surtout depuis qu'il avait pris connaissance de la lettre que son fils lui avait écrite de Dreux dans la matinée, le vieillard réfléchissait avec une anxiété croissante aux entraves que pouvait apporter à ses projet le secret que le hasard lui avait fait découvrir lors de son entrevue avec la jeune fille. Soudain, il la vit paraître de nouveau à la porte de son échoppe. Ne cachant pas sa surprise, mais dissimulant les vagues inquiétudes que lui causait le retour subit de sa cliente, l'écrivain lui dit :
— Qu'y a-t-il, mon enfant ? Je ne m'attendais pas à vous revoir sitôt ?
— Monsieur, — répondit Mariette en tirant de son sein la lettre qu'elle avait reçue, — voici un mot de M. Louis ; je viens vous prier de me le lire, et d'y répondre si cela est nécessaire.

Et la jeune ouvrière, palpitant d'inquiétude et de curiosité, attendit la lecture des quelques lignes de Louis. L'écrivain public, qu'elle ne quittait pas du regard, lut en un instant cette courte missive, cacha difficilement la contrariété qu'elle lui fit éprouver ; puis, soudain, feignant un douloureux étonnement, il déchira la lettre, à la grande stupeur de Mariette, et s'écria :
— Ah ! pauvre enfant !
Et il jeta les morceaux de la lettre sous son bureau après les avoir froissés entre ses mains.
— Monsieur, — dit Mariette en pâlissant, — que faites-vous ?
— Ah ! pauvre enfant ! — répéta le vieillard d'un air consterné.
— Oh ! mon Dieu ! — murmura la jeune fille en joignant les mains, — il est arrivé malheur à M. Louis !
— Non, mon enfant, non ; mais ce que vous pouvez faire de mieux, c'est de l'oublier.
— L'oublier !
— Oui, croyez-moi, renoncez à de trop chères espérances.
— Comment ! M. Louis... Que lui est-il donc arrivé, mon Dieu !
— Tenez, ma pauvre enfant, c'est quelque chose de bien triste que l'ignorance, et cependant, en cette occasion, je vous plaindrais de savoir lire.
— Mais, monsieur, qu'y a-t-il dans cette lettre ?
— Il ne faut plus songer à un mariage désormais impossible.
— M. Louis m'écrit cela ?
— Oui, en faisant appel à la générosité, à la délicatesse de votre cœur.
— M. Louis me dit de renoncer à lui, et qu'il renonce à moi ?
— Hélas ! oui, pauvre enfant ! Allons, du courage, de la résignation.

Mariette devint pâle comme une morte, garda un moment le silence, pendant que de grosses larmes coulaient de ses yeux ; puis, se baissant soudain, elle ramassa les morceaux lacérés de la lettre, les remit à l'écrivain, et lui dit d'une voix altérée :
— Monsieur, j'aurai le courage de tout entendre : rajustez ces morceaux ; j'écoute.
— Mon enfant, croyez-moi, n'insistez pas, je vous en supplie !

— Monsieur, lisez ! par grâce, lisez !
— Mais...
— Ignorer ce que dit cette lettre, si pénible qu'elle me soit à entendre... ah ! tenez, monsieur, ce serait à en mourir !
— Je vous ai fait connaître le sens de ces lignes ; épargnez-vous un nouveau coup.
— Monsieur, ayez pitié de moi ! Si, comme vous me l'avez dit, je vous inspire quelque intérêt, lisez ! au nom du ciel, lisez ! Que je sache au moins toute l'étendue de mon malheur. Et puis il y aura peut-être une ligne, un mot de consolation.
— Allons, pauvre enfant, puisque vous l'exigez, — dit le vieillard en rajustant les morceaux à côté les uns des autres, pendant que Mariette, anéantie, les traits bouleversés, attachait un regard fixe et désolé sur l'écrivain public, — écoutez donc cette lettre.

Et il lut :

« Ma chère Mariette,
» Je vous écris en hâte quelques mots ; j'ai la mort » dans l'âme. Il faut renoncer à nos projets ; il s'agit pour » moi d'assurer à mon père l'aisance et le repos pour ses » vieux jours. Vous savez si j'aime mon père. J'ai donné » parole. Nous ne pouvons plus nous voir.
» Une dernière prière : je m'adresse à la délicatesse, à la » générosité de votre cœur ; ne tentez pas de me revoir ou » de changer ma résolution. Il me faudrait opter entre » mon père et vous ; peut-être, en vous revoyant, n'au» rais-je plus le courage d'accomplir mon devoir de fils. » Le sort de l'avenir de mon père est donc entre vos » mains. Je compte sur la générosité de votre cœur.
» Adieu ! la douleur me fait tomber la plume des mains.
» Encore adieu, et pour toujours adieu !
» LOUIS. »

Tant que dura la lecture de ce billet, Mariette aurait pu offrir à un peintre le triste modèle de la douleur : debout et immobile auprès du bureau de l'écrivain, les bras pendans, les mains jointes et les doigts entrelacés, muette, les lèvres agitées d'un tremblement convulsif, les yeux baissés et noyés de larmes qui coulaient sur ses joues, la pauvre créature écoutait encore, quoique le vieillard eût terminé sa lecture.

Le premier il rompit le silence, et dit :
— J'étais bien certain, mon enfant, que cette lettre vous ferait un mal affreux.

Mariette ne répondit rien.
— Mon enfant, — reprit le père Richard, — ne tremblez pas ainsi ; asseyez-vous. Tenez, buvez un peu d'eau fraîche.

Mariette n'entendit pas : le regard toujours fixe et baigné de pleurs, elle murmura à mi-voix, avec une expression déchirante :
— Allons, c'est fini ! rien, plus rien au monde !... C'était trop heureux ! Ah ! je suis comme ma marraine : le bonheur n'est pas fait pour moi !

Puis, elle ajouta avec un sanglot étouffé et un accent impossible à rendre :
— Enfin !
— Mon enfant, — reprit le vieillard, involontairement ému de ce morne désespoir, — de grâce, remettez-vous.

Ces paroles rappelèrent la jeune fille à elle-même ; elle essuya ses yeux, et dit à l'écrivain d'une voix qu'elle tâcha de rendre assurée :
— Merci, monsieur.

Puis elle ramassa lentement sur la table les morceaux de la lettre lacérée.
— Que faites-vous ? — dit le père Richard avec inquiétude. — A quoi bon conserver ces débris qui ne vous rappelleront que trop de douloureux souvenirs ?
— La tombe de quelqu'un que l'on a bien aimé rappelle aussi de douloureux et chers souvenirs, — répondit Mariette avec un sourire navrant, — et pourtant on ne la délaisse pas, cette tombe !

Et après avoir réuni les morceaux de papier dans l'enveloppe, Mariette la mit dans son sein, et, croisant son

petit châle, elle se disposa à sortir en disant au vieillard :
— Je vous remercie de votre complaisance, monsieur.
— Et, par un scrupule plein de délicatesse, elle ajouta timidement : — Quoiqu'il n'y ait pas eu de réponse à écrire à cette lettre, monsieur, je dois, après la peine que vous avez vous prise, vous offrir...

— Ce sera donc dix sous, comme pour une lettre, — dit le vieillard en interrompant Mariette; et, sans hésiter le moins du monde pour accepter cette rémunération, il la reçut, l'empochant avec une sorte de sensualité, malgré les émotions diverses dont il était agité depuis le retour de la jeune fille.

— Allons, mon enfant, au revoir, — dit-il, — et ce sera, je l'espère, dans des circonstances moins tristes.

— Que Dieu vous entende, monsieur ! — répondit Mariette.

Elle s'éloigna lentement, tandis que le père Richard, très empressé de retourner chez lui, fermait les volets de son échoppe, terminant ainsi sa journée plus tôt que de coutume.

Mariette, en proie aux plus poignantes, aux plus noires idées, marcha machinalement devant elle, sans se rendre compte du chemin qu'elle suivait. Elle arriva ainsi aux environs du pont au Change.

A l'aspect de la rivière, la jeune fille tressaillit comme on s'éveille en sursaut d'un rêve, et murmura :
— C'est mon mauvais sort qui m'a amenée ici !
Et traversant rapidement le trottoir, elle s'accouda au parapet, contemplant d'un œil fixe les eaux rapides du fleuve.

Peu à peu Mariette subit cette sorte de fascination étrange que cause l'attraction de l'abîme. A mesure que son regard suivait le courant, elle se sentait prise d'une sorte de vertige. Toujours accoudée au parapet, la tête entre ses deux mains, elle se penchait de plus en plus au dessus de la rivière.

— Là est pourtant l'oubli de tous les chagrins ! — se disait cette malheureuse enfant ; — là est un refuge assuré contre toutes les misères, contre la crainte de la faim, de la maladie, ou d'une vieillesse malheureuse, malheureuse comme celle de ma marraine... Ma marraine ! mais sans moi qu'est-ce qu'elle va devenir?

A ce moment Mariette se sentit saisie fortement par le bras, et entendit une voix lui dire d'un ton effrayé :
— Prenez donc garde, ma petite, vous allez tomber dans la rivière !

La jeune fille frémit, se redressa, jeta les yeux autour d'elle d'un air hagard, et vit une grosse femme, d'une bonne et honnête figure, qui reprit affectueusement :
— Savez-vous que vous êtes bien imprudente au moins, ma petite, de vous pencher ainsi sur le parapet. J'ai vu le moment où vos pieds allaient quitter terre.

— C'est que je ne faisais pas attention, madame ; je vous remercie.

— Mais il faut faire attention, ma petite. Oh ! mon Dieu ! comme vous êtes pâle ! est-ce que vous sentez mal ?

— Non, madame... un peu de faiblesse seulement, — dit Mariette, qui éprouvait une sorte d'étourdissement douloureux ; — ce ne sera rien.

— Appuyez-vous sur moi. Vous relevez sans doute de maladie ?...

— Oui, oui, madame, — ajouta Mariette en passant ses mains sur son front. — Où suis-je, s'il vous plaît ?

— Entre le pont Neuf et le pont au Change, ma petite. Vous êtes étrangère à Paris, peut-être ?

— Non, madame, mais tout à l'heure j'ai eu une espèce d'étourdissement. Maintenant cela passe, et je me reconnais.

— Vous ne voulez pas que je vous accompagne, mon enfant ? — dit cordialement la grosse femme. — Vous tremblez de tout votre corps. Voyons, prenez mon bras.

— Je vous remercie, madame, je demeure tout près d'ici.

— Ça aurait été tout à votre service, ma petite. Allons, bon courage !
Et l'obligeante femme poursuivit sa route.

Mariette, revenue tout à fait à elle, n'en ressentit que plus amèrement son horrible chagrin, auquel se joignait la crainte d'être brutalement reçue par sa marraine, alors que la pauvre enfant aurait eu tant besoin de consolation, ou du moins de cet isolement, de ce calme morne où parfois la douleur s'engourdit.

Désirant conjurer les durs reproches que la prolongation de son absence pouvait lui attirer, et se rappelant le désir exprimé le matin par sa marraine *de manger du poulet,* Mariette espéra se faire pardonner sa sortie en satisfaisant au caprice de la malade, et, riche de ce qui lui restait des cinquante sous qu'on lui avait prêtés au mont-de-piété, elle entra chez un rôtisseur, acheta un quart de poulet, deux petits pains blancs chez un boulanger, et se hâta de rentrer au logis.

Un cabriolet assez élégant était arrêté à la porte de la maison où demeurait Mariette ; elle ne remarqua pas d'abord cette circonstance, et s'arrêta chez la portière pour lui demander sa clef.

— Votre clef, mademoiselle Mariette ? — lui dit madame Justin ; — je ne l'ai pas : ce monsieur vient de la prendre à l'instant.

— Quel monsieur ?

— Un monsieur décoré. Oh ! oui, on peut dire qu'il est décoré celui-là : un ruban de deux pouces qui vous fait les cornes ! Je n'ai vu personne d'aussi décoré que ça !

— Mais, — dit la jeune fille très surprise, — je ne connai pas de monsieur décoré ; il se sera sans doute trompé !

— Oh ! non, ma fille, il m'a demandé si c'était-ici que demeurait une femme Lacombe, une estropiée qui habitait avec sa filleule, couturière de son état ; vous voyez bien qu'il n'y a pas d'erreur.

— Vous n'avez donc pas dit à ce monsieur que ma marraine était malade et ne pouvait voir personne ?

— Si, ma petite, mais il m'a répondu qu'il voulait lui parler tout de même, et qu'il venait pour une affaire très importante et très pressée ; alors moi, je lui ai donné la clef, et je l'ai laissé monter seul, ne me souciant pas d'être rudoyée par votre marraine.

— Je vais voir ce que c'est, madame Justin, — dit Mariette.

Et, de plus en plus étonnée, elle atteignit le palier du cinquième étage.

Là elle s'aperçut que l'étranger avait laissé la porte entr'ouverte, et ces mots arrivèrent jusqu'à elle :

— Puisque votre filleule est sortie, ma brave femme, cela se trouve à merveille, je vais donc m'expliquer clairement.

Mariette, au lieu d'entrer, céda à un sentiment de curiosité involontaire, et, restant sur le palier, elle écouta l'entretien de sa marraine et de l'étranger.

IV.

Pendant que Mariette écoutait à la porte de la chambre où sa marraine s'entretenait avec un étranger, voici ce qui se disait et ce qui se passait dans cette chambre.

L'étranger, homme de quarante-cinq ans environ, d'une figure assez régulière, mais flétrie, creusée par les excès, portait de longues moustaches qu'un cosmétique quelconque rendait d'un noir aussi luisant et aussi cru que celui de sa chevelure artistement frisée, qui évidemment devait aussi à l'art son ébène menteur. La physionomie de cet homme offrait un mélange de fausseté, de ruse et d'impertinence. Il avait de gros pieds, de grosses mains, et malgré ses visibles prétentions, on voyait qu'il était de ces gens vulgaires destinés non pas à imiter, mais à parodier la véritable élégance. Vêtu avec une recherche de mauvais goût, ayant un large ruban rouge noué au revers de sa redingote, il affectait aussi de se donner une tournure militaire. Conservant son chapeau sur la tête, il s'était assis à quelque distance du lit de la malade, et, tout en causant avec elle, il mordillait la pomme d'une petite canne enrichie de pierres fines.

Madame Lacombe, déjà revenue à ses habitudes atrabilaires et sardoniques, regardait l'étranger avec autant de surprise que de méfiance, et, en attendant qu'il s'expliquât, elle commençait à ressentir à son égard une certaine aversion, causée par l'air insolent et protecteur de ce personnage.

— Puisque votre filleule est sortie, ma brave femme, — avait dit l'étranger à la malade, — cela se trouve à merveille, et je vais m'expliquer clairement.

C'est à ce moment que Mariette, arrivant sur le palier et trouvant la porte entrebâillée, s'était arrêtée pour écouter. La jeune fille entendit donc l'entretien suivant :

— Monsieur, reprit la malade d'un ton revêche, vous m'avez demandé si j'étais la femme Lacombe, marraine de Mariette Moreau; je vous ai répondu que oui. Maintenant, qu'est-ce que vous me voulez? Expliquez-vous ?

— D'abord, ma brave femme...

— Je m'appelle madame Lacombe!

— Diable! Eh bien donc, madame Lacombe, — reprit l'étranger avec un accent de déférence moqueuse, — je dois vous dire d'abord qui je suis; je vous dirai ensuite ce que je veux.

— Voyons.

— Je me nomme le commandant de la Miraudière. — Puis effleurant du doigt son ruban rouge, il ajouta : — Ancien militaire, comme vous voyez, dix campagnes, cinq blessures.

— Ça m'est égal. Après?

— J'ai les plus belles connaissances de Paris, des ducs, des comtes, des marquis.

— Qu'est-ce que ça me fait, à moi ?

— J'ai cabriolet, et je dépense au moins vingt mille francs par an.

— Pendant que moi et ma filleule nous crevons à moitié de faim, vous nous vingt sous par jour, quand elle peut les gagner encore! — dit amèrement la malade. — Voilà la justice du monde, pourtant !

— Non! ce n'est pas juste, ma brave maman Lacombe ! — s'écria le commandant de la Miraudière. — Non ! cela n'est pas juste ! et je viens ici pour faire cesser cette injustice.

— Si c'est pour vous moquer de moi que vous êtes monté, — reprit la malade d'un air sombre et courroucé, — laissez-moi tranquille !

— Me moquer de vous, maman Lacombe, moi ! Tenez, jugez-en d'après ce que je viens vous offrir. Voulez-vous une belle chambre dans un joli appartement, une bonne pour vous servir, deux fins repas par jour, le café le matin, et cinquante francs par mois pour votre tabac, si vous prisez, ou pour vos petites fantaisies, si vous ne prisez pas, maman Lacombe? Hein! qu'est-ce que vous dites de ça ?

— Je dis... je dis... que ça c'est des menteries... ou bien qu'il y a quelque chose là-dessous. Quand on offre tant de choses à une pauvre vieille femme estropiée, ce n'est pas pour l'amour de Dieu, bien sûr !

— Non, maman Lacombe, mais pour l'amour de deux beaux yeux.

— Quels beaux yeux ?

— Ceux de votre filleule, maman Lacombe, — répondit cyniquement le commandant de la Miraudière. — Il n'y a pas besoin d'aller par quatre chemins.

La malade fit un mouvement de surprise, ne répondit rien, jeta d'abord un regard pénétrant sur l'étranger, et reprit :

— Vous connaissez donc Mariette ?

— J'ai été plusieurs fois faire des commandes de linge chez madame Jourdan, car j'aime fort le beau linge, moi,

— ajouta cet homme en jetant un regard complaisant sur les plis brodés de sa chemise. — J'ai donc vu souvent votre filleule au magasin ; je l'ai trouvée charmante, adorable, et...

— Et vous venez me l'acheter!

— Bravo ! maman Lacombe ; vous êtes, je le vois, femme d'esprit et de bon sens ; vous comprenez pardieu les choses à demi-mot. Voici donc mes propositions : un joli appartement fraîchement meublé pour Mariette, avec qui vous logerez ; 500 fr. par mois pour sa dépense, une femme de chambre, et une cuisinière qui vous servira de bonne ; un trousseau convenable pour la petite, et une bourse de 50 louis pour son entrée en *ménage*, sans compter les cadeaux si elle se conduit honnêtement. Voilà pour le solide. Quant à l'agrément, promenades en cabriolet, loges au spectacle (je connais beaucoup d'auteurs), et j'ai de superbes relations avec des dames très comme il faut, qui tiennent des tables d'hôte, donnent des bals, et font jouer à la bouillotte ; en un mot, une vie enchantée, maman Lacombe, une vie de duchesse! Voyons, ça vous va-t il ?

— Pourquoi donc pas ? — dit la malade avec un sourire sardonique. — Des canailles de pauvresses comme nous, ça n'est bon qu'à se vendre quand elles sont jeunes, ou qu'à vendre les autres quand elles sont vieilles !

— Allons, maman Lacombe, pour calmer vos honnêtes scrupules, nous mettrons soixante francs par mois pour votre tabac, et je vous ferai hommage d'un superbe châle *boiteux*, afin que vous représentiez dignement et maternellement auprès de Mariette, que vous ne quitterez pas plus que son ombre, car je suis jaloux comme un tigre, et n'aime à point être jobardé.

— Ça se trouve bien. Justement, ce matin, je disais à Mariette : Tu es une honnête fille, et tu gagnes à peine vingt sous par jour à coudre des chemises de trois cents francs pièce pour une femme entretenue.

— Des chemises de trois cents francs pièce commandées chez madame Jourdan ? Attendez donc... maman Lacombe... je connais ça ; mais oui, c'est pour Amandine, qui est entretenue par le marquis de Saint-Herem, mon intime. C'est moi qui ai donné sa pratique à madame Jourdan... une vraie fortune pour elle, quoique ce diable de marquis paye rarement : il aime mieux ça ; mais, en revanche, il met à la mode tous les fournisseurs qu'il prend et toutes les femmes qu'il a. Cette petite Amandine était la plus obscure des parfumeuses du passage Colbert, et, en six mois, Saint-Herem en a fait la femme la plus à la mode de Paris. Voilà pourtant où peut un jour arriver Mariette, maman Lacombe ! porter des chemises de trois cents francs pièce au lieu de les coudre ! Ça ne vous fait pas suer d'orgueil.

— A moins qu'il n'arrive à Mariette ce qui est arrivé à une pauvre fille que j'ai connue, et qui s'était aussi perdue par misère.

— Et que lui est-il arrivé, à cette fille, maman Lacombe ?

— Elle a été volée.

— Volée ?

— On lui avait aussi promis des monts d'or ; son monsieur l'a logée en garni, et au bout de trois mois il l'a laissée là sans le sou. Alors, de désespoir elle s'est tuée.

— Ah çà ! maman Lacombe, — dit l'étranger avec hauteur, — pour qui me prenez-vous ? Est-ce que j'ai l'air d'un escroc, d'un *Robert-Macaire* ?

— Je n'en sais rien, je ne m'y connais pas.

— Moi, ancien militaire ! vingt campagnes, dix blessures ! moi qui suis à tu et à toi avec tous les *lions* de Paris ? moi qui ai cabriolet et qui dépense au moins vingt mille francs par an ! Voyons, parlez franchement, que diable ! sont-ce des sûretés, des avances que vous voulez? Soit, l'appartement sera meublé huit jours, le bail signé demain en votre nom, avec paiement par moi d'une année d'avance ; et de plus, si nous nous arrangeons, voilà, pour arrhes vingt-cinq ou trente louis que j'ai sur moi, — dit l'étranger.

Et, en effet, il tira de la poche de son gilet vingt-huit pièces d'or, qu'il jeta sur la table à ouvrage placée tout auprès du lit de la malade.

Puis il ajouta :

— Je ne suis pas comme vous, moi, maman Lacombe ; je n'ai pas peur d'être volé.

Au tintement de l'or, la malade se pencha vivement hors de son grabat, et jeta un regard d'âpre convoitise sur ces pièces étincelantes ; de sa vie, cette femme n'avait eu en sa possession une pièce d'or : ces louis étalés devant elle lui causaient une sorte d'éblouissement ; elle ne put même s'empêcher de faire jouer et miroiter entre ses doigts le brillant métal.

— Allons donc ! — se dit le tentateur avec un sourire de dédain ; — il a fallu te montrer l'hameçon pour t'y faire mordre, vieille mégère !

— Enfin, — dit la malade d'une voix avide et oppressée, — enfin, j'en aurai au moins touché de cet or !

— Ce n'est rien que de le toucher, maman Lacombe : le joli, c'est de le dépenser.

— Voilà pourtant, — reprit-elle en empilant les louis avec une attention puérile ; — voilà pourtant de quoi vivre bien à son aise pendant cinq ou six mois !

— Allons donc, maman Lacombe, c'est chaque mois que vous et Mariette vous auriez cette somme si vous le vouliez ; oui, cette somme en or, entendez-vous ? en bel et bon or comme celui-là.

Après un long silence, la malade leva ses yeux caves sur l'étranger et lui dit d'une voix émue, pénétrée :

— Monsieur, vous trouvez Mariette gentille ? Vous avez raison, il n'y a pas de meilleure créature au monde. Eh bien, soyez généreux envers elle ; cette somme que voilà, ce n'est pas grand'chose pour un homme riche comme vous ; faites-nous en cadeau.

— Hein ! — s'écria l'étranger.

— Monsieur, — reprit la malade en joignant les mains et avec un accent véritablement touchant, — mon bon monsieur, soyez charitable ; cette somme n'est rien pour vous, et elle nous remettrait à flot pour longtemps ; nous paierions ce que nous devons ; Mariette ne serait plus obligée de se tuer au travail ; elle aurait le temps de chercher un ouvrage mieux payé, et nous devrions à votre bonté cinq ou six mois de tranquillité, de paradis. Nous vivons de si peu ! Voyons, mon digne monsieur, faites cela, nous vous bénirons, et il sera dit qu'une fois dans ma vie j'aurai eu du bonheur.

L'accent de la malade était si sincère, sa demande si naïve, que l'étranger fut encore plus blessé que surpris de cette proposition, ne pouvant ni croire ni comprendre qu'une créature humaine fût assez stupide pour faire sérieusement une pareille demande à un homme de sa sorte, et il se dit :

— C'est peu flatteur ! la vieille rouée me regarde comme un vieux *pigeonneau* bon à plumer.

Puis il ajouta tout en éclatant de rire :

— Ah çà, maman Lacombe, vous me prenez donc pour un philanthrope, pour un inspecteur du bureau de bienfaisance, ou pour un élève en prix Montyon ? Oui, oui, on vous en fera des charités de six cents francs, remboursables au porteur en bénédictions, ou en reconnaissance à son ordre, merci ! En voilà une banque !

La malade avait cédé à une de ces folles et soudaines espérances qui parfois entraînent malgré eux les êtres les plus défiants, les plus endurcis par le malheur de leur implacable destinée ; mais, confuse et irritée de sa lourde méprise, madame Lacombe reprit avec un ricanement sardonique :

— Pardon, excuse, monsieur, de vous avoir insulté.

— Il n'y a pas de quoi, maman Lacombe ; j'ai, vous le voyez, bien pris la chose ; mais finissons-en. Faut-il, oui ou non, que je rempoche ces beaux louis que vous aimez tant à manier ?

Et il avança la main vers les pièces d'or.

La malade, par un mouvement presque machinal, poussa vivement la main de l'étranger ; ses yeux brillèrent de cupidité au fond de leur profond orbite, et elle dit d'une voix sourde en couvant les louis du regard :

— Un moment, donc ! on ne vous le mangera pas, votre or !

— Mais ce que je vous demande, au contraire, à cor et à cri, maman Lacombe, c'est que vous le mangiez, cet or, à condition de...

— Je connais Mariette, — répondit la malade, le regard toujours ardemment fixé sur les louis, — elle ne voudra pas.

— Bah ! bah !

— Je vous dis qu'elle est honnête, moi ; elle pourrait, comme tant d'autres, écouter quelqu'un qui lui plaise, mais vous, jamais ; elle refuserait ; elle a ses idées ; oui, vous avez beau rire !

— D'accord ; je crois à la vertu de Mariette, car je sais ce que madame Jourdan, chez qui elle travaille depuis plusieurs années, m'a dit de votre filleule.

— Eh bien, alors ?

— Eh bien, je sais aussi, maman Lacombe, que vous, qui avez de l'influence sur elle, que vous, qu'elle craint comme le feu (madame Jourdan me l'a dit), vous pouvez amener, et au besoin contraindre Mariette à accepter, quoi ? son bonheur ; car, après tout, vous êtes logées comme des mendiantes, vous mourez de faim. Or, si vous refusez, savez-vous ce qui arrivera ? Cette petite, avec son beau désintéressement, se laissera tôt ou tard enjôler par quelque mauvais gamin, ouvrier comme elle.

— C'est possible, mais il n'aura pas vendu son âme.

— Ta, ta, ta ! ce sont des mots que cela, et un beau jour son amant la plantera là peut-être, et, pour ne pas mourir de faim, la petite finira comme tant d'autres, je vous en réponds !

— Oh ! c'est possible, — dit la malade avec un gémissement courroucé, — c'est une mauvaise conseillère que la faim, quand on pâtit pour soi et pour son enfant ! et avec cet or que voilà, combien l'on en sauverait, de ces pauvres filles ! et si Mariette devait finir comme elles, ne vaudrait-il pas mieux tout de suite ?

Et pendant quelques instants les émotions les plus diverses se peignirent sur les traits hâves et contractés de la malheureuse femme. Le regard toujours attaché sur les louis, elle parut en proie à une violente lutte intérieure, puis, semblant faire un effort désespéré, et fermant soudain les yeux comme pour échapper à la fascination de l'or, elle se rejeta sur son grabat en disant à l'étranger :

— Allez-vous-en, laissez-moi tranquille !

— Comment ! maman Lacombe, vous refusez ?

— Oui.

— Positivement ?

— Oui.

— Allons, je reprends cet or, — dit l'étranger, en ramassant lentement les louis et les faisant tinter. — Je les remets dans ma poche ces brillans louis.

— Que l'enfer vous confonde, vous et votre or ! — s'écria la malade exaspérée ; — gardez-le, et surtout allez-vous-en tout de suite ; je n'ai pas recueilli Mariette pour la perdre ou pour lui conseiller de se perdre. Plutôt que de manger de ce pain-là, j'aimerais mieux allumer un réchaud de charbon et en finir tout de suite, nous deux, la petite et moi.

A peine madame Lacombe prononçait-elle les derniers mots, que Mariette pâle, indignée, les joues baignées de larmes, s'élança dans la chambre et se jeta au cou de la malade, en s'écriant :

— Oh ! marraine, je savais bien que vous m'aimiez comme votre fille !

Et se retournant vers le commandant de la Miraudière, qu'elle reconnut, car souvent il l'avait obsédée de ses regards chez madame Jourdan, elle lui dit avec un profond dédain :

— Je vous prie de sortir d'ici, monsieur.

— Mais, chère petite colombe...

— J'étais là, monsieur, à cette porte ; j'ai tout entendu.

— Tant mieux! vous savez mes offres, et je ne me dédis pas, ma belle!

— Encore une fois, je vous prie de sortir d'ici, monsieur!

— Bon, bon, l'on s'en va! petite Lucrèce! on s'en va! mais je vous donne huit jours pour réfléchir,—dit l'étranger en quittant la chambre.

Cependant, il s'arrêta au seuil de la porte et ajouta:

— Vous n'oublierez pas mon nom, chère petite : le commandant de la Miraudière; madame Jourdan sait mon adresse.

Et il disparut.

— Ah! marraine, — reprit la jeune fille en revenant auprès de la malade et l'embrassant avec une nouvelle effusion,—comme vous m'avez défendue! comme votre cœur a parlé pour moi!

— Oui, — reprit aigrement la malade en se dégageant brusquement de l'étreinte de sa filleule, — oui, et avec ces belles vertus-là, au lieu d'avoir tout à gogo, on crève de faim.

— Mais, ma marraine...

— Allons, c'est bon, c'est dit, — s'écria la malade d'une voix acerbe et impatiente, — c'est convenu! J'ai fait mon devoir, tu as fait le tien; je suis une honnête femme, tu es une honnête fille. Grand bien t'en arrivera, et à moi aussi! compte là-dessus!...

— Mon Dieu! ma marraine, écoutez-moi...

— Je te dis, vois-tu, que si un beau matin on nous trouve ici, mortes, avec un réchaud de charbon entre nous deux, ça sera bien fait. Ah! ah! ah!...

Et en riant ainsi d'un rire sardonique, cette malheureuse créature, tellement ulcérée par le malheur que tout s'aigrissait en elle, tout jusqu'à la conscience de son honnêteté, rompit l'entretien avec sa filleule, et se retourna brusquement dans la ruelle de son grabat.

La nuit était à peu près venue.

Mariette alla prendre sur le carré où elle l'avait laissé son cabas, qui renfermait le souper de sa marraine. Elle plaça ces alimens sur la table, près du lit, et alla ensuite silencieusement s'asseoir auprès de l'étroite fenêtre, à travers laquelle n'arrivait qu'un jour crépusculaire. Tirant alors de son sein les morceaux de la lettre de Louis, la jeune ouvrière se mit à les contempler, et tomba dans un abîme de désespoir.

. . . .

Le commandant de la Miraudière, en quittant la chambre de Mariette, s'était dit :

— Bah! bah! c'est un premier coup de feu; la petite réfléchira, et la vieille rouée se ravisera. Ses yeux de chouette papillottaient à l'aspect de mon or comme si elle eût regardé le soleil en plein midi. Et puis leur ignoble misère parlera pour moi; je ne désespère de rien. Deux mois d'une bonne vie pour la *remplumer*, et cette petite sera une des plus jolies filles de Paris; cela me fera beaucoup de frais. Mais après les plaisirs songeons aux affaires. Et il s'agit d'en faire une excellente. Une vraie trouvaille, — ajouta-t-il en montant dans son cabriolet, qu'il dirigea vers la rue Grenelle-Saint-Honoré. Devant le n° 17, maison de modeste apparence, il descendit, et s'adressant au portier :

— C'est ici que demeure M. Richard ?

— Le fils et le père logent ici, monsieur.

— Je voudrais parler au fils. M. Louis Richard est-il chez lui ?

— Oui, monsieur; il vient à l'instant d'arriver de voyage, il est avec son père.

— Ah! il est avec son père ? Je ne pourrais donc pas lui parler à lui seul ?

— Ils n'ont qu'une chambre pour eux deux ; c'est difficile, monsieur.

Le commandant de la Mirandière tira de son carnet une carte de visite où était son adresse, et il ajouta au crayon, au-dessous de son nom : » Attendra demain chez lui, de neuf à dix heures du matin, M. Louis Richard, pour une communication très intéressante et qui ne souffre pas de retard. »

— Mon cher,—dit alors M. de la Miraudière au portier, — voici quarante sous pour boire.

— Merci, monsieur, mais à propos de quoi?

— A propos de cette carte qu'il faudra remettre à M. Louis Richard.

— C'est bien facile, monsieur.

— Mais il faut seulement la lui remettre demain matin quand il sortira, sans que son père en ait connaissance; vous comprenez ?

— Parfaitement, monsieur; ça sera d'autant plus facile que M. Louis sort tous les matins à sept heures pour se rendre à son étude, et que le père Richard ne va, lui, à son bureau d'écrivain public qu'à neuf heures.

— A merveille. Ainsi je peux compter sur votre promesse?

— Oui, monsieur, vous pouvez regarder la commission comme si elle était faite.

Le commandant de la Miraudière remonta en cabriolet et s'éloigna.

Peu de temps après son départ, un facteur apporta une lettre pour Louis Richard, lettre écrite le matin même en présence de Mariette par l'écrivain public, qui, on le voit, avait adressé la lettre *à Paris, rue de Grenelle*, au lieu de l'adresser *à Dreux, poste restante*, ainsi que le lui avait demandé la jeune fille.

Nous introduirons maintenant le lecteur dans la chambre occupée par le père Richard et par son fils, qui venait d'arriver à l'instant de Dreux.

V.

Le père Richard et son fils occupaient, au cinquième étage d'une vieille maison, une chambre qui aurait pu faire parfaitement le *pendant* de la demeure de Mariette et de sa marraine. Même misère, même dénûment : un grabat pour le père, un lit de sangle pour le fils, une table vermoulue, quelques chaises, une sorte de vieux bahut destiné à serrer les hardes ; tel était l'ameublement.

Le père Richard, en revenant de son échoppe, avait acheté et mis sur la table le repas du soir: une appétissante tranche de jambon, dans un morceau de papier blanc servant d'assiette, et un pain de quatre livres tendre. Une bouteille d'eau fraîche était placée en regard d'une maigre chandelle, qui dissipait à peine les ténèbres de la chambre.

Louis Richard, âgé de vingt-cinq ans environ, avait une physionomie ouverte, remplie de douceur et d'intelligence ; sa bonne grâce naturelle se faisait même jour sous ses habits râpés, qu'il portait usés jusqu'à la corde, blanchis sur toutes les coutures.

Les traits de l'écrivain public exprimaient une grande joie, cependant tempérée par l'inquiétude que lui causaient, pour certains projets depuis longtemps caressés par lui, les divers événemens de la journée.

Le jeune homme, après avoir déposé son modeste sac de nuit, venait d'embrasser son père, qu'il adorait. Le bonheur de se retrouver auprès de lui, la certitude de voir Mariette le lendemain, épanouissaient la figure de Louis et augmentaient sa bonne humeur naturelle.

— Ainsi, mon garçon, — dit le vieillard en s'asseyant devant la table et dépeçant le jambon,— tu as fait un bon voyage?

— Excellent, mon père.

— Ah çà! dis-moi ce que... Mais veux-tu dîner? Nous causerons en mangeant.

— Si je veux dîner, mon père! je le crois bien! je n'ai pas mangé à table d'hôte comme les autres voyageurs, et... pour cause,—ajouta gaîment Louis en frappant sur son gousset vide.

— Ma foi ! tu n'as rien à regretter, — reprit le vieillard en partageant en deux portions inégales la tranche de jambon, et donnant à son fils le plus gros morceau, — ces dîners d'auberge sont chers et ne valent pas le diable !

Ce disant, il offrit à Louis un formidable *croûton* de pain tendre, puis le père et le fils se mirent bravement à manger, comme on dit, *sur le pouce*, arrosant leur repas de glorieuses rasades d'eau claire, et faisant tous deux preuve d'un robuste appétit.

L'entretien continua de la sorte pendant le dîner.

— Voyons, mon garçon, — reprit le vieillard, — conte-moi ton voyage.

— Ma foi ! mon père, il est bien simple, ce voyage. Le notaire, mon patron, m'avait donné le projet de plusieurs actes à faire lire à M. Ramon. Il les a lus et étudiés, en y mettant, il faut le dire, le temps... cinq grands jours ! après lesquels ce cauteleux personnage m'a remis lesdites paperasses annotées, commentées ; puis, Dieu merci ! me voilà.

— Dieu merci ? Ah çà ! est-ce que tu te serais ennuyé à Dreux ?

— Je me suis ennuyé à la mort, mon bon père.

— Quel homme est-ce donc que ce M. Ramon chez qui les gens s'ennuient si fort ?

— La pire espèce d'homme qu'il y ait au monde, cher père... un avare !

— Hum ! hum !— fit le vieillard en toussant, comme s'il eût avalé de travers. — Ah ! il est avare ? Il faut qu'il soit riche alors ?

— Je n'en sais rien ; mais l'on peut être avare d'une petite fortune comme d'une grande, et s'il faut mesurer les biens de ce M. Ramon à sa parcimonie, il doit être archimillionnaire... Vieil Harpagon, va !— Et Louis mordit son pain avec une sorte de frénésie.

— Entre nous, mon pauvre garçon, si tu avais été élevé dans le luxe et dans l'abondance, je concevrais tes récriminations à l'endroit de ce vieil Harpagon, comme tu dis ; mais nous avons toujours vécu dans une telle pauvreté, que, si avare que soit ce monsieur Ramon, tu n'as pas dû trouver une grande différence entre son existence et la nôtre.

— Ah ! mon père, que dites-vous là !

— Comment ?

— M. Ramon a deux servantes, et nous n'en avons pas ; il occupe une maison toute entière, et nous logeons tous deux dans cette mansarde ; il a trois ou quatre plats à son dîner, et nous mangeons sur le pouce un morceau de n'importe quoi. Eh bien ! nous vivons pourtant cent fois mieux que ce grippe-sous !

— Je ne te comprends pas, mon enfant, — dit le père Richard, qui semblait de plus en plus contrarié du jugement que son fils portait sur son hôte de Dreux.—Il n'y a pourtant aucune comparaison à établir entre l'aisance de ce monsieur et notre pauvreté.

— Mon cher père, nous sommes franchement pauvres, au moins ! Nous supportons gaîment nos privations, et si, dans mes jours d'ambition, j'ai rêvé quelquefois d'une vie un peu meilleure, vous le savez, ce n'est pas pour moi, car je me trouve satisfait de mon sort.

— Cher enfant, je connais ton bon cœur, je sais combien tu m'aimes, ma seule consolation dans notre pauvreté est de savoir qu'au moins tu ne te plains pas de ta condition.

— M'en plaindre ! est-ce que vous ne la partagez pas ? Et puis, après tout, que nous manque-t-il ? le superflu.

— Il nous manque au moins l'aisance.

— Ma foi ! bon père, je ne m'en aperçois guère ; nous ne mangeons pas de poulets truffés, c'est vrai, mais nous mangeons à notre faim et de franc appétit, témoin ce papier vide et la rapide disparition d'un pain de quatre livres à nous deux. Nos habits sont râpés, mais ils sont chauds ; notre chambre est au cinquième, mais elle nous abrite ; nous gagnons à nous deux, bon an mal an, seize à dix-huit cents francs. Ça n'est pas lourd, mais nous ne devons rien à personne ! Allez, cher père, que le bon Dieu ne nous envoie jamais de plus mauvais jours, et je ne me plaindrai pas.

— Je ne peux te dire, mon enfant, combien tu me fais plaisir en me parlant de la sorte, en acceptant si résolument ton sort. Vrai ! tu te trouves... tu t'es toujours trouvé heureux ainsi ?

— Très heureux.

— Bien vrai ?

— Pourquoi vous tromperais-je ? Voyons, bon père, ai-je jamais eu l'air soucieux, chagrin, comme tout homme mécontent de son sort ?

— C'est qu'aussi tu as un si rare, un si excellent caractère !

— Ça dépend, car s'il me fallait, par exemple, vivre avec M. Ramon, cet abominable fesse-mathieu, je deviendrais insupportable, indomptable, hydrophobe !

— Mais qu'as-tu donc contre ce pauvre homme ?

— Ce que j'ai ? La rancune féroce qui résulte d'un supplice de cinq jours !

— Un supplice !

— Et qu'est-ce donc, cher père, qu'habiter une grande maison délabrée, si nue, si froide, si sombre, qu'auprès d'elle un tombeau paraîtrait une demeure réjouissante ! Et puis voir dans ce grand sépulcre aller, venir, comme des ombres, deux vieilles servantes, mornes, maigres, affamées ; et quels repas, grand Dieu ! que ceux où le maître de la maison semble compter les morceaux que vous mangez ! Et sa fille donc ? (car le malheureux-là a une fille, et son espèce se perpétuera peut-être, hélas !) Et sa fille, qui préparait sur la table la part insuffisante des domestiques, et allait serrer elle-même, sous des doubles tours de clef, les reliefs du maigre festin ! Tout ce que je peux vous dire, cher père, c'est que moi, qui jouis d'un fameux appétit, comme vous savez, au bout de cinq minutes de séance à la table de cet Harpagon, j'étais rassasié, et, qui pis est, révolté ! Car enfin, de deux choses l'une : ou l'on a de l'aisance, et l'avarice est hideuse ; ou l'on est pauvre, et alors il est stupide de vouloir paraître jouir d'une certaine aisance.

— Ah ! Louis, Louis, toi que j'ai connu toujours si bienveillant, je te trouve étrangement hostile à ce pauvre homme et à sa fille !

— Sa fille ! peut-on appeler ça une fille !

— Que diable me chantes-tu là ! C'est peut-être une licorne ?

— Ma foi !

— Allons, tu es fou !

— Ah çà ! mon père, comment voulez-vous donc qu'on nomme une grande créature sèche, hargneuse, maussade, avec des pieds et des mains comme un homme, une figure de casse-noisette, et un nez... ah ! Dieu du ciel, quel nez ! long de ça... et d'un rouge brique ! Mais il faut être juste : en revanche, cette incomparable créature a les cheveux jaunes et les dents noires.

— Le portrait n'est pas flatté. Mais, que veux-tu ? toutes les femmes ne peuvent être belles ; va, crois-moi, souvent un bon cœur vaut mieux qu'une jolie mine ; et, quant à moi, la laideur m'a toujours inspiré de la pitié.

— A moi aussi, mon père. J'avais d'abord grande envie de plaindre cette demoiselle en la voyant si disgracieuse, et surtout condamnée à vivre avec un homme tel que son grippe-sous de père ; que voulez-vous, en fait de père, vous m'avez gâté ; mais quand j'ai vu cette créature à *nez rouge* harceler, gronder sans cesse ses deux malheureuses servantes, leur mesurer les morceaux, renchérir encore d'avarice sur son père, et cela à propos des plus petites choses, alors ma première compassion s'est changée en aversion pour ce méchant *nez rouge*, et comme, de plus, il est dans la conversation très sec, et fort tranchant, ce *nez rouge* (au figuré, s'entend), malgré la bénignité de mon caractère, j'avais à chaque instant l'envie de contredire le *nez rouge* pour le vexer ; mais craignant de nuire aux intérêts de mon patron, qui m'a-

vait envoyé chez ce vilain client, j'ai rongé mon frein.
— Et tu te dédommages, je l'espère !
— Tiens, ça soulage ! Avoir eu pendant cinq grands jours ce *nez rouge* sur le cœur !
— Décidément, c'est un parti-pris, une fâcheuse prévention, et je parierais, moi, que cette demoiselle, qui te parait tranchante, avare et revêche, est tout simplement une femme d'un caractère ferme et d'habitudes ménagères.
— Cher père, qu'elle soit ce qu'elle voudra, peu m'importe ! seulement il y a dans certaines familles de bien singuliers contrastes.
— Que veux-tu dire ?
— Figurez-vous ma surprise en voyant dans une des chambres de cette triste maison un portrait de femme, d'une figure si charmante, si fine, si distinguée, que cette image semblait être placée là tout exprès pour faire continuellement dépit et injure au méchant *nez rouge*. Ce portrait d'ailleurs ressemblait à s'y méprendre à un de mes anciens camarades de collège. Frappé de cette circonstance, je demandai à l'harpagon quelle était cette peinture. Il me répondit d'un ton bourru que c'était le portrait de sa sœur, feu madame de Saint-Herem.— Cette dame serait-elle la mère d'un jeune homme nommé Saint-Herem ? —demandai-je à mon hôte. — Ah ! ah ! mon bon père, — dit Louis en riant aux éclats, — si tu savais !
— Eh bien ! quoi ?
— A voir la figure de M. Ramon en m'entendant seulement prononcer le nom de Saint-Herem, on aurait dit que je venais d'évoquer le diable, car le *nez rouge* s'est aussitôt signé d'un air pudibond et alarmé. (J'oubliais de te dire, pour compléter, que le *nez rouge* est très dévot.) Alors son digne père s'est écrié qu'il avait en effet le malheur d'être l'oncle d'un infernal bandit nommé Saint-Herem.
— Ce monsieur de Saint-Herem est, je le vois, un homme de fort mauvaise réputation.
— Lui ! Florestan ! le plus brave, le plus charmant garçon du monde !
— Mais enfin son oncle t'a dit que...
— Tiens, cher père, juges-en : au collège, moi et Saint-Herem nous étions très liés ; je l'avais depuis longtemps perdu de vue, lorsque, il y a six mois, passant sur le boulevard, je vois tout le monde s'arrêter pour regarder sur la chaussée ; je fais comme tout le monde, et qu'est-ce que j'aperçois ? Un phaéton attelé de deux magnifiques chevaux, avec deux petits domestiques derrière. Cet équipage était si élégant, si charmant, que tout le monde, je l'ai dit, se retournait pour l'admirer. Or, sais-tu qui conduisait cette délicieuse voiture ? Mon ancien camarade de collège, Saint-Herem, plus brillant, plus beau que jamais, car il est impossible d'avoir une plus jolie figure et une tournure plus distinguée.
— Ce monsieur de Saint-Herem m'a tout à fait l'air d'un dépensier, d'un prodigue.
— Attends donc la fin, cher père. Soudain l'équipage s'arrête, et pendant que les petits domestiques descendus de leur siège se tiennent à la tête des chevaux, Saint-Herem saute de sa voiture, court à moi et m'embrasse, dans sa joie de me retrouver après une si longue séparation. J'étais vêtu comme un pauvre diable de clerc de notaire que je suis : ma vieille redingote marron, mon pantalon noir et mes souliers lacés. Tu me vois d'ici. Mais, cher père, avoue-le, bien des élégans, bien des *lions*, comme on dit, auraient reculé devant une accolade donnée en public à un gaillard fagoté comme je l'étais. Florestan n'y fit pas seulement attention, lui, tant il avait de plaisir à me revoir. Moi, j'étais tout heureux et presque honteux de cette preuve de son amitié, car nous faisions événement, à cause même du contraste. Saint-Herem s'en aperçut et me dit : — Ces gens-là sont stupides avec leur air ébahi. Où vas-tu ?—A mon étude.— Allons, viens, je t'y mène : nous causerons plus longtemps.— Moi, — lui dis-je,—monter dans ton bel équipage, malgré mon para-

pluie, ma redingote marron et mes souliers lacés! — Florestan lève les épaules, me prend sous le bras, et, bon gré mal gré, me pousse dans sa voiture, et me mène à mon étude ; pendant le trajet, Saint-Herem me fait promettre d'aller le voir, et il me descend à la porte de mon notaire. Eh bien ! mon père, ne peut-on pas juger un homme d'après un trait pareil ?
— Peuh !...—fit le vieillard d'un air fort peu enthousiaste.—C'est un premier bon mouvement, voilà tout ; mais je me défie fort de tous ces gens à grand étalage. D'ailleurs tu n'es pas en position de fréquenter un si gros seigneur.
— Certes. Et cependant il m'a bien fallu tenir ma promesse d'aller déjeuner chez Florestan un dimanche. Brave garçon ! il m'a reçu en grand seigneur quant au luxe et à la bonne chère ; mais quant au bon accueil, toujours en camarade, en vieil ami de collège ; puis, quelque temps après, il est parti pour un voyage, et je ne l'ai plus revu.
— C'est singulier, Louis, tu ne m'as jamais parlé de ce déjeuner ?
— Il est vrai, mais sais-tu pourquoi ? Je me suis dit : Ce pauvre bon père, qui m'aime tant, va peut-être s'imaginer, son inquiète sollicitude, que la vue du luxe de Florestan est capable de me tourner la tête, de me faire prendre en dégoût notre pauvre condition ; ce soupçon seul serait un chagrin pour ce cher père : cachons-lui donc qu'une fois dans ma vie j'ai fait un déjeuner de Sardanapale, de Lucullus !
— Cher et brave enfant !— dit le vieillard avec émotion, — je comprends la délicatesse de ta conduite, j'en suis profondément touché ; c'est pour moi une nouvelle preuve de ton bon et généreux cœur ; mais écoute-moi, car c'est justement à ton cœur, à ta tendresse pour moi que je vais m'adresser.
— De quoi s'agit-il donc ?
— Il s'agit de quelque chose de très sérieux, de très grave, non-seulement pour toi, mais pour moi.
La physionomie du vieillard devint presque solennelle en prononçant ces derniers mots. Le jeune homme le regarda avec surprise.
A cet instant, le portier vint frapper à la porte et entra :
— Monsieur Louis,—dit il,—c'est une lettre pour vous.
— Bien,—dit le jeune homme en prenant la lettre avec distraction, car il cherchait quel pouvait être l'objet du grave entretien que son père allait avoir avec lui.
Le portier, ne trouvant pas le moment opportun pour remettre au jeune homme la carte de visite laissée par le commandant de la Miraudière, ajouta en s'en allant :
— Monsieur Louis, si vous sortez ce soir, n'oubliez pas d'entrer à la loge, j'aurais quelque chose à vous dire.
— Bien, — fit le jeune homme, en n'attachant aucune importance à ces dernières paroles du portier, qui bientôt quitta la chambre.
Le père Richard avait d'un coup d'œil reconnu la lettre que le matin même, de son échoppe, il avait adressée à son fils, à *Paris, rue de Grenelle*, au lieu de l'adresser à Dreux, poste restante, ainsi que l'en avait prié la pauvre Mariette.
Un moment, le vieillard instruit du contenu de cette lettre écrite par lui-même, fut sur le point d'engager son fils à la lire immédiatement ; mais, après réflexion, il adopta une idée contraire, et dit :
— Mon cher enfant, tu auras tout le temps de lire cette lettre. Maintenant écoute-moi, car, je te le répète, il s'agit d'une chose de la plus haute importance, et pour toi et pour moi.
— Je suis à vos ordres, mon bon père,—répondit Louis en laissant sur la table la lettre qu'il venait de recevoir.

VI.

Le père Richard garda un moment le silence, et s'adressant à son fils,

— Je t'ai prévenu, mon enfant, que je voulais faire appel à ton bon cœur, à ta tendresse.

— Oh! alors, mon père, vous n'avez qu'à parler.

— Tu m'as dit tout à l'heure que si parfois tu rêvais une existence meilleure que la nôtre, ce n'était pas pour toi, satisfait de ton humble condition, que tu formais ce désir, mais pour moi.

— Cela est vrai.

— Eh bien! mon enfant, il dépend de toi de voir réaliser ton désir.

— Que dites-vous?

— Ecoute-moi. Des revers de fortune qui ont suivi de près la mort de ta mère, alors que tu étais encore enfant, m'ont enlevé le peu que nous possédions; il m'est à peine resté de quoi pourvoir à ton éducation. Cette somme dépensée, j'ai été réduit à prendre l'état d'écrivain public.

— Oui, mon bon père, — répondit Louis avec émotion; — et en voyant avec quel courage, avec quelle résignation, vous supportiez la mauvaise fortune, ma tendresse et ma vénération pour vous n'ont fait qu'augmenter.

— Cette mauvaise fortune, mon cher enfant, peut empirer; l'âge arrive, ma vue baisse, et je prévois avec tristesse qu'un jour viendra où il me sera impossible de gagner le peu qui nous aide à vivre.

— Mon père, comptez sur...

— Sur toi? j'y puis compter, je le sais; mais ton avenir, à toi-même, est précaire; ton bâton de maréchal est de devenir second ou premier clerc, car il faut de l'argent pour acheter une étude, et je suis pauvre.

— Ne craignez rien, je gagnerai toujours assez pour nous deux.

— Et la maladie? Et les événemens? Que de circonstances imprévues peuvent te rendre inoccupé pendant quelques mois! Alors, toi et moi, comment vivre?

— Mon bon père, si nous autres pauvres gens nous pensions à tout ce qui nous menace, nous perdrions courage. Fermons donc les yeux devant l'avenir, ne songeons qu'au présent; Dieu merci! il n'a rien d'effrayant.

— Oui, il est plus sage en effet, lorsque l'avenir est inquiétant, d'en détourner la vue, mais lorsqu'il peut être heureux et assuré, ne faut-il pas ouvrir les yeux au lieu de les fermer?

— Certes!

— Eh bien! je te le répète, il dépend de toi absolument de faire que notre avenir soit heureux et assuré.

— Alors, c'est fait. Seulement dites-moi comment?

— Je vais bien t'étonner. Ce pauvre M. Ramon, chez qui tu as passé quelques jours et que tu juges si mal, ce M. Ramon est un ancien ami à moi.

— Lui, votre ami?

— Ton voyage à Dreux était convenu entre lui et moi.

— Mais ces actes que mon patron...

— Ton patron avait obligeamment consenti à servir notre petite ruse, en te chargeant d'une feinte mission auprès de Ramon.

— Mais cette ruse, à quoi bon?

— Ramon voulait t'observer, t'étudier, te connaître, sans que tu le doutasses, et je dois te déclarer qu'il est enchanté de toi. Ce matin même, j'ai reçu de lui une longue lettre dans laquelle il me fait de toi le plus grand éloge.

— Je regrette de ne pouvoir lui rendre la pareille; mais quel intérêt y a-t-il pour moi à être bien ou mal jugé par M. Ramon?

— Un très grand intérêt, mon cher enfant, car l'heureux avenir dont je te parle était subordonné à l'opinion que Ramon aurait de toi.

— Mon père, c'est une énigme.

— Ramon, sans être ce qui s'appelle riche, a une certaine aisance que son économie augmente chaque jour...

— Peste! je le crois bien! Seulement, je vous en demande pardon pour votre ami, ce que vous appelez économie est une sordide avarice.

— Soit! ne disputons pas sur les mots; mais enfin, par suite même de cette avarice, Ramon laissera après lui à sa fille une jolie fortune... Je dis après lui, car, de son vivant, Ramon ne donne rien.

— Cela ne m'étonne pas du tout; mais, en vérité, je ne comprends pas où vous voulez en venir, mon père.

— J'hésite un peu parce que, si fausses, si injustes que soient les premières impressions, je sais combien elles sont tenaces, et tu as jugé si sévèrement mademoiselle Ramon...

— Le *nez-rouge*? Ah! dites donc que j'ai été très indulgent pour lui!

— Tu reviendras, j'en suis certain, de ces préventions... Crois-moi, mademoiselle Ramon est de ces personnes qui gagnent à être connues, appréciées... Je te le répète, c'est une femme d'un esprit ferme et d'une piété exemplaire; peut-on désirer mieux pour une mère de famille?

— Une mère de famille? — reprit Louis, qui jusqu'alors, très loin de soupçonner ce dont il était menacé, commençait cependant de concevoir une crainte vague, — une mère de famille? et que m'importe, à moi, que mademoiselle Ramon soit ou non bonne mère de famille!

— Cela doit t'importer plus qu'à personne.

— A moi?

— Certes.

— Et pourquoi cela? — demanda Louis avec anxiété.

— Parce que mon plus vif, mon unique désir, — dit résolument le vieillard, — serait de te voir épouser mademoiselle Ramon.

— Epouser... mademoiselle Ramon! — s'écria le malheureux Louis, en se reculant sur sa chaise par un mouvement d'épouvante, et comme s'il eût vu soudain apparaître le *nez-rouge*; — moi... épouser...

— Oui, mon enfant, — s'écria le vieillard de sa voix la plus pénétrante, — épouse mademoiselle Ramon, et notre sort est à jamais assuré. Nous allons habiter Dreux; la maison de Ramon est suffisante pour nous loger tous. Il ne donne rien en dot à sa fille; mais nous vivrons chez lui, c'est convenu d'avance, et il a pour toi la certitude d'une bonne petite place dans les contributions indirectes. Mais à la mort de ton beau-père, tu hériteras d'une jolie fortune. Louis, mon fils, mon fils bien-aimé, — ajouta le vieillard d'un ton suppliant et en serrant les mains de son fils entre les siennes, — je t'en conjure, consens à ce mariage, et tu me rendras le plus heureux des hommes; car au moins je mourrai rassuré sur ton avenir.

— Ah! mon père, vous ne savez pas ce que vous me demandez là! — répondit Louis avec autant d'accablement que de stupeur.

— Tu vas me dire que tu ne ressens aucun penchant pour mademoiselle Ramon. Eh! mon Dieu! en ménage une mutuelle estime est suffisante, et tu m'accorderas du moins que cette estime mademoiselle Ramon la mérite. Quant à son père, je comprends qu'à la rigueur ce que tu tiens à appeler son avarice t'ait d'abord choqué; mais elle te semblera moins odieuse lorsque tu réfléchiras qu'après tout, c'est toi qui devras profiter un jour de cette... de cette avarice. Ramon est au fond un excellent homme; son seul désir est de laisser à sa fille et au mari qu'elle choisira une petite fortune; pour arriver à ce but, il renferme ses dépenses dans de sages limites; faut-il lui en faire un crime? Allons, Louis, mon cher enfant, réponds, donne-moi une bonne parole d'espoir.

— Mon père, — dit le jeune homme d'une voix altérée, — il m'en coûte de contrarier vos projets, mais ce que vous me demandez est impossible.

— Louis, est-ce bien toi qui me réponds ainsi, lorsque je m'adresse à ton cœur, à ta tendresse pour moi?

— D'abord, il n'y a dans ce mariage aucun avantage personnel pour vous : vous ne songez qu'à moi.
— Comment ! demeurer chez Ramon, et vivre chez lui sans dépenser une obole ! C'est convenu, te dis-je ; il nous prend tous en pension gratuitement, au lieu de donner une dot à sa fille.
— Mon père, tant que j'aurai une goutte de sang dans les veines, vous ne recevrez l'aumône de personne. Bien des fois déjà je vous ai supplié d'abandonner votre profession d'écrivain public, me faisant fort de subvenir à vos modestes besoins par un surcroît de travail.
— Mais, malheureux enfant, si tu tombes malade, si l'âge me rend incapable de gagner ma vie, il me faudra donc aller à l'hôpital !
— J'ai foi en mon courage, je ne tomberai pas malade, et vous ne manquerez de rien ; mais si j'avais le malheur d'épouser mademoiselle Ramon, je mourrais de chagrin.
— Louis, une telle réponse n'est pas sérieuse.
— Elle l'est, mon père. Dans votre aveugle tendresse, vous n'avez pensé qu'à me faire contracter une union avantageuse ; je vous en suis profondément reconnaissant. Mais ne parlons plus de ce mariage : il est, je vous le dis, impossible.
— Louis !...
— J'éprouve et j'éprouverai toujours une aversion invincible pour mademoiselle Ramon ; et puis, il faut bien vous l'avouer, j'aime une jeune fille, et celle-là seulement sera ma femme.
— Ah ! mon enfant, autrefois j'avais ta confiance, et tu as pris une résolution si grave à mon insu !
— Je me suis tu jusqu'ici à ce sujet, parce que je voulais que cette affection présentât des garanties de durée telles qu'il me fût permis de vous parler sérieusement de mes projets. Moi et la jeune fille que j'aime nous étions convenus d'attendre une année, afin de voir si nos caractères sympathiseraient longtemps, et si ce que nous prenions à son début pour une passion réelle ne serait pas un attachement éphémère. Grâce à Dieu, notre amour a résisté à toutes les épreuves. L'année que nous avions fixée expire aujourd'hui même ; je comptais voir demain la jeune fille dont je vous parle, afin d'être d'accord sur le jour où elle ferait sa demande à sa marraine, qui l'a élevée, et où je vous ferais ma demande de mon côté. Pardon, mon père, — ajouta Louis en interrompant le vieillard qui allait prendre la parole, — un mot encore : la jeune fille que j'aime est pauvre comme nous, et ouvrière de son état ; mais c'est le meilleur, le plus noble cœur que je connaisse. Jamais vous ne trouverez de fille plus dévouée. Le fruit de son travail et du mien suffira aux besoins : elle est, ainsi que nous, habituée aux privations ; je redoublerai de zèle, d'efforts, et, croyez-moi, vous trouverez le repos et les soins qui vous sont nécessaires. Permettez-moi un dernier mot. Rien ne m'est plus pénible que de différer de vues avec vous. C'est la première fois, je crois, que cela m'arrive ; aussi, je vous en supplie, épargnez-moi le chagrin de vous faire de nouveaux refus. N'insistez plus au sujet de ce mariage ; je ne m'y résignerai jamais, je vous en donne ma parole, comme je vous jure aussi, par ma respectueuse affection pour vous, que je n'aurai jamais d'autre femme que Mariette Moreau.

Louis prononça ces derniers mots d'un ton à la fois si respectueux mais si résolu, que le vieillard, qui avait d'ailleurs une arrière-pensée, ne crut pas devoir alors persister, et répondit à son fils d'un air chagrin et fâché :
— Je ne puis croire, Louis, que les raisons que je vous ai données en faveur de ce mariage restent sans valeur à vos yeux. J'ai plus de foi dans votre cœur que vous n'en avez vous-même ; je suis certain qu'en réfléchissant, vous reviendrez à des pensées plus sages.
— Mon père, ne l'espérez pas.
— Selon votre désir, je n'insisterai point, mais je compte, vous dis-je, sur vos réflexions. Je vous donne vingt-quatre heures pour prendre une résolution définitive : d'ici là, je vous promets de ne pas vous dire un mot de ce mariage, et je vous prie, à mon tour, de ne pas m'entretenir non plus de vos désirs. Après-demain, nous aviserons.
— Soit, mon père, mais je vous assure que ce délai expiré, je...
— Nous sommes convenus de ne plus parler de cette affaire, — dit le vieillard en se levant.

Et il se promena silencieux dans la chambre, jetant parfois à la dérobée un regard sur Louis, qui, la tête appuyée dans ses deux mains, restait pensif et accoudé sur la table où était déposée la lettre qu'on lui avait remise quelques instans auparavant.

VII.

Louis Richard ayant jeté les yeux sur la lettre qui se trouvait presque devant lui, et dont l'écriture lui était inconnue, la décacheta machinalement.

Le vieillard, tout en continuant de se promener silencieusement dans la chambre, suivait son fils de l'œil.

Soudain il le vit pâlir, passer la main sur son front, comme pour s'assurer qu'il n'était pas dupe d'une illusion, puis relire avec une angoisse croissante cette lettre, à laquelle il semblait ne pouvoir se décider à croire.

Cette lettre, que le matin le père Richard, contrefaisant son écriture, avait paru recopier d'après la première dictée de Mariette, loin de reproduire les pensées de la jeune ouvrière, était ainsi conçue :

« Monsieur Louis,

« Je profite de votre absence pour vous faire part de ce
» que je n'aurais pas osé vous dire ; depuis plus de
» deux mois je remets à vous avouer cela, de peur de
» vous faire peut-être de la peine. Il faut renoncer à
» nos projets de mariage, monsieur Louis, et même à nous
» voir.
» Il m'est impossible de vous dire la cause de ce changement, mais croyez que ma résolution est bien prise. Si
» je ne vous en préviens qu'aujourd'hui, et si, monsieur Louis, *le six mai*, c'est que j'ai voulu bien réfléchir une dernière fois et surtout en votre absence, avant
» de vous apprendre ma détermination.
» Adieu, monsieur Louis ; ne cherchez pas à me revoir ;
» cela serait inutile et ne servirait qu'à me causer de
» grands chagrins. Si, au contraire, vous m'oubliez tout
» à fait, et si vous ne tâchez pas de vous rapprocher de
» moi, mon bonheur, ainsi que celui de ma pauvre marraine, est assuré.
» C'est donc au nom de notre bonheur à toutes deux,
» et de notre tranquillité, monsieur Louis, que je vous
» supplie de ne plus nous voir.
» Vous avez si bon cœur que vous ne voudrez pas me
» causer des peines qui ne vous serviraient à rien, car,
» je vous le jure, tout est *fini pour toujours entre nous
» deux*. Vous n'essayerez pas, je l'espère, de vouloir revenir malgré moi, lorsque je vous déclare que *je ne vous
» aime plus que de bonne amitié*.

» Mariette Moreau.

» P. S. Au lieu de vous adresser cette lettre à *Dreux*,
» comme vous me l'avez dit, je vous l'adresse à Paris,
» afin que vous la trouviez à votre retour. Augustine, qui,
» vous le savez, écrivait pour moi, étant à son pays, c'est
» une autre personne qui écrit.
» J'oubliais de vous dire que l'état de ma marraine
» est toujours le même. »

La lecture de cette lettre plongea Louis dans une stupeur accablante. L'ingénuité du style, ses détails intimes ; le rappel de la date du 6 mai, tout le devait persuader que ces lignes avaient été dictées par Mariette. Aussi, après s'être en vain demandé quelle pouvait être la cause de cette rupture aussi brusque qu'inattendue, la douleur, le dépit, la colère, l'amour-propre froissé, agitèrent violemment le cœur du jeune homme, et il murmura :

— Oh ! non, je ne la verrai plus ! Elle n'a pas besoin de me le défendre avec tant d'insistance et de dureté !

Ces paroles remplirent d'aise le vieillard, qui, tout en continuant de se promener d'un air absorbé, épiait les suites de son stratagème.

Mais bientôt la douleur dominant la colère dans le cœur de Louis, son amour se réveilla plus tendre, plus passionné que jamais ; il tâcha de se rappeler les moindres détails de sa dernière entrevue avec Mariette ; il s'interrogea sur les derniers mois de leurs relations. Il lui fut impossible de trouver dans ses souvenirs la moindre trace de refroidissement de la part de la jeune fille ; jamais au contraire elle n'avait paru plus aimante, plus dévouée, plus impatiente d'unir son sort au sien ; et toutes ces apparences mentaient, Mariette était un monstre de dissimulation, elle qu'il avait toujours crue si pure, si candide !

Louis ne pouvait se résoudre à accepter une pareille déception. Impatient de découvrir le mystère qui semblait entourer la conduite étrange de Mariette, incapable d'endurer plus longtemps ses angoisses, il résolut de se rendre sur le champ chez elle, au risque d'indisposer sa marraine, qui, de même que le père Richard, avait ignoré jusqu'alors l'amour de Louis et de Mariette.

Aucune des émotions dont le jeune homme venait d'être tour à tour agité n'avait échappé au vieillard, qui suivait attentivement les effets de sa ruse. Aussi, croyant le moment d'agir opportun, il dit à son fils, après mûres réflexions :

— Louis, j'ai pensé qu'il serait bon que demain matin, de très bonne heure, nous partissions pour Dreux, car, si nous ne prévenons pas l'arrivée de Ramon, il sera ici après-demain, ainsi que nous en sommes convenus.

— Mon père !

— Cela, — reprit le vieillard en attachant un regard pénétrant sur son fils, — cela ne t'engagera nullement, et si tu dois résister au vœu le plus cher de ma vie, je te demande seulement, comme satisfaction dernière, de passer quelques jours auprès de Ramon et sa fille. Tu seras ensuite libre d'agir comme tu voudras.

— Mais, voyant Louis prendre son chapeau et s'apprêter à sortir, le père Richard s'écria :

— Que fais-tu ? où vas-tu ?

— Je me sens un peu de mal de tête, mon père ; je vais faire un tour dehors.

— Je t'en prie, mon ami, — dit le vieillard avec une inquiétude croissante, — ne sors pas ; tu as l'air abattu, consterné, depuis la lecture de cette lettre. Tu m'effraies !

— Moi, mon père ? vous vous trompez, je n'ai rien. Cette lettre est fort insignifiante, je vous assure. J'ai un peu de migraine, voilà tout ; je reviens dans l'instant.

Et Louis sortit brusquement.

Au moment où il passait devant la loge du portier, celui-ci l'appela et lui dit d'un air mystérieux :

— Monsieur Louis, je vous avais recommandé d'entrer à la loge parce que j'ai quelque chose à vous remettre à vous, à vous seul. Entrez donc.

— Qu'y a-t-il ? — demanda Louis en entrant dans la loge.

— Voici une carte qu'un monsieur décoré m'a remise tantôt pour vous ; il est descendu d'un superbe cabriolet, et il a dit que c'était très pressé.

Louis prit la carte, s'approcha d'une lampe et lut :

« LE COMMANDANT DE LA MIRAUDIÈRE,
» 17, rue du Mont-Blanc.
» *Attendra demain matin chez lui M. Louis Richard pour une communication très intéressante, et qui ne souffre pas de retard.* »

— Le commandant de la Miraudière ? Je ne connais pas ce nom, — dit Louis en examinant la carte ; puis, en la retournant machinalement, il aperçut sur l'envers ces autres mots écrits au crayon :

» *Mariette Moreau, chez madame Lacombe, rue des Prêtres-Saint-Germain-l'Auxerrois.* »

En effet, M. de la Miraudière ayant noté sur le revers de l'une de ses cartes de visite, afin ne pas les oublier, l'adresse et le nom de Mariette et de sa marraine, avait, sans y songer, écrit sur cette même carte, laissée chez Louis, la demande d'entrevue qu'il sollicitait de lui.

Le jeune homme, dans une surprise et une perplexité croissantes, cherchait à pénétrer quel rapport pouvait exister entre Mariette et cet étranger dont il recevait la carte. Après un moment de silence, il dit au portier :

— Le monsieur qui a laissé cette carte n'a rien dit pour moi ?

— Si, monsieur Louis : il m'a recommandé de ne vous remettre sa carte que lorsque votre père ne serait pas là.

— Cela est étrange, — pensa le jeune homme.

— A telle enseigne, monsieur Louis, — reprit le portier, — qu'il m'a donné quarante sous pour boire, afin d'être sûr que sa commission serait bien faite.

— Et quel homme est-ce ? jeune ou vieux ?

— C'est, ma foi ! un très bel homme, monsieur Louis ; un très bel homme décoré ; moustache et favoris noirs comme de l'encre, et mis comme un prince, sans compter son superbe cabriolet.

Louis sortit la tête perdue. Ce nouvel incident redoublait ses angoisses. A force de chercher le motif de la brusque rupture de Mariette, il ressentit bientôt la morsure aiguë de la jalousie. Une fois sous cette impression, les soupçons les plus insensés, les craintes les plus chimériques prirent à ses yeux l'apparence de la réalité ; il en vint à se demander si l'étranger dont il avait reçu la carte n'était pas un rival. Quels rapports, en effet, Mariette et sa tante pouvaient-elles avoir dans leur misère avec un jeune homme riche et beau ?

Dans sa lettre, Mariette suppliait Louis de ne pas chercher à la voir, ce rapprochement, disait-elle, pouvant compromettre son bonheur et celui de sa marraine. Louis connaissait la misérable position des deux femmes. Il avait maintes fois reçu des confidences de la jeune fille sur le caractère chagrin et atrabilaire de madame Lacombe. Une horrible pensée lui traversait l'esprit. Peut-être Mariette, autant par misère que par l'obsession de sa marraine, avait écouté les brillantes propositions de l'homme dont il venait de recevoir la carte. Mais, dans ce cas, quel pouvait être le but de l'entrevue que lui demandait cet homme ? La tête de Louis se perdait à pénétrer ce mystère.

Une fois lancés dans la voie vertigineuse de la jalousie, les amoureux se laissent presque toujours entraîner de préférence aux idées les plus extravagantes. Il en fut ainsi de Louis. En se supposant trahi pour un rival, il trouvait la clef de ce qu'il y avait d'inexplicable dans la lettre et dans la conduite de Mariette ; il s'obstina donc à croire à une infidélité, en attendant le moment de son entretien avec le commandant de la Miraudière, dont il comptait exiger une explication et des éclaircissemens.

Dans l'état d'angoisse et de douloureuse excitation où il se trouvait, Louis abandonna sa première résolution et ne se rendit pas chez Mariette. Vers minuit, il revint chez son père. Celui-ci, rassuré par la sombre physionomie de Louis, et certain qu'il n'avait pu revoir la jeune fille et reconnaître ainsi l'erreur dont les deux amants étaient victimes, proposa de nouveau à son fils de partir pour Dreux le lendemain matin. Louis répondit qu'il désirait réfléchir sur cette grave démarche, et se jeta désespéré sur son lit.

La nuit fut pour ce malheureux qu'une longue et cruelle insomnie. Au point du jour, devançant le réveil du vieillard dont il voulait éviter les questions, il sortit, et, après avoir attendu sur le boulevard avec une anxiété mortelle l'heure de son entrevue avec le commandant de la Miraudière, il se rendit enfin chez ce personnage.

VIII

Lorsque Louis Richard se présenta chez le commandant de la Miraudière, celui-ci, enveloppé d'une magnifique robe de chambre, assis devant son bureau, fumait son cigare, tout en classant dans un portefeuille une grande quantité de billets et de lettres de change. Son domestique entra et lui annonça

— M. Richard.

M. de la Miraudière se leva vivement et dit :

— Priez M. Richard d'attendre un moment dans mon salon; quand je sonnerai, vous l'introduirez.

Le domestique sortit. M. de la Miraudière ouvrit un des tiroirs de son bureau formant caisse de sûreté, y prit vingt-cinq billets de mille francs qu'il mit à côté d'une de ces feuilles de papier timbré destinées à faire des actes, puis il sonna.

Louis Richard entra, l'air sombre, embarrassé. Son cœur battait violemment en songeant qu'il se trouvait peut-être devant un rival heureux, car le pauvre garçon, comme tous les amoureux sincères et candides, s'exagérait les avantages de celui qu'il se croyait préféré. Aussi M. de la Miraudière, drapé dans sa robe de chambre de damas, et occupant un appartement assez élégant, semblait à Louis un concurrent fort redoutable auprès de Mariette.

— C'est à monsieur Louis Richard que j'ai l'honneur de parler? — dit M. de la Miraudière avec le plus aimable sourire.

— Oui, monsieur.

— Fils unique de M. Richard, écrivain public ?

Ces derniers mots furent prononcés d'un air à demi sardonique. Louis s'en aperçut et répondit d'un ton sec :

— Oui, monsieur, mon père est écrivain public.

— Excusez-moi, mon cher monsieur, de vous avoir dérangé, mais j'avais à vous parler en particulier. Cette conférence me paraissait fort difficile chez vous. Voilà pourquoi je vous ai prié de vous donner la peine de passer chez moi.

— Maintenant, monsieur, puis-je savoir ce que vous me voulez ?

— Vous offrir mes services, mon cher monsieur Richard, — dit M. de la Miraudière d'un ton insinuant, — car je serais très heureux de pouvoir vous appeler mon cher client.

— Votre client? moi ! Mais qui êtes-vous donc, monsieur ?

— Ancien militaire, chef d'escadron en retraite, vingt campagnes, dix blessures, et homme d'affaires pour passer mon temps. J'ai de gros capitalistes dans ma manche, et je suis en maintes circonstances leur intermédiaire auprès de jeunes gens de famille.

— Je ne vois pas, monsieur, quels services vous pouvez me rendre.

— Quels services (mon jeune ami, permettez à un ancien, à un troupier, de vous donner ce nom)? quels services ? Vous me demandez cela et vous êtes clerc de notaire ! Vous végétez, vous partagez une misérable mansarde avec votre père, et vous êtes vêtu... Dieu sait comme !

— Monsieur ! — s'écria Louis en devenant pourpre d'indignation.

— Permettez, mon jeune ami, ce sont des faits que je précise avec chagrin, je dirais presque avec indignation. Morbleu ! un jeune homme comme vous devrait dépenser vingt-cinq à trente mille francs par an, avoir des chevaux, des maîtresses, et passer la vie douce et joyeuse.

— Monsieur, — s'écria Louis en se contenant à peine, — est-ce une plaisanterie? Je ne suis pas d'humeur à l'endurer, je vous en préviens.

— Je suis ancien militaire, et j'ai fait mes preuves, mon jeune ami, — dit M. de la Miraudière d'un air matamore; — c'est vous dire que je puis laisser passer certaines vivacités, que j'excuse d'ailleurs, car, je l'avoue, ce que je vous dis doit vous sembler fort extraordinaire.

— Fort extraordinaire, monsieur !

— Voici, du moins, mon jeune ami, qui vous convaincra que je parle sérieusement, — ajouta notre homme en étalant les billets de mille francs sur son bureau. — Voici vingt-cinq mille francs que je serais enchanté de mettre à votre disposition pour vous établir en jeune homme de bonne famille, et, de plus, tous les mois, je tiendrai à votre service deux mille cinq cents francs ; je vous offre ces avances pendant cinq ans, nous compterons ensuite.

Louis regardait M. de la Miraudière d'un air abasourdi, croyant à peine à ce qu'il entendait; enfin, sortant de sa stupeur, il dit :

— C'est à moi, monsieur, que vous faites cette offre?

— Oui, et je suis fort heureux de vous la faire.

— A moi ! Louis Richard ?

— A vous, Louis Richard.

— Beaucoup de personnes se nomment Richard, monsieur ; vous me prenez pour un autre.

— Non pas, diable! je connais mon monde ; je vous prends pour ce que vous êtes : M. Louis-Désiré RICHARD, fils unique et majeur de M. Alexandre-Timoléon-Bénédict Phamphile RICHARD, âgé de soixante-sept ans, à Brie-Comte-Robert, et présentement domicilié rue de Grenelle-Saint-Honoré, nº 23, profession d'écrivain public. Vous voyez qu'il n'y a pas erreur, mon jeune ami.

— Alors, monsieur, puisque vous connaissez si bien ma famille, vous devez savoir que ma pauvreté m'empêche de contracter aucun emprunt.

— Votre pauvreté ! malheureux jeune homme !

— Mais, monsieur...

— Non, c'est indigne ! c'est abominable !—s'écria l'homme d'affaires avec un accent de récrimination courroucée; — avoir le front d'élever un pauvre jeune homme dans une erreur si grossière! le condamner à passer ses plus belles années dans la basoche! le réduire aux habits râpés, aux bas bleus et aux souliers lacés ! Mais heureusement il y a une Providence, et cette Providence, vous la voyez en moi, mon jeune ami. Elle vous apparaît sous les traits du commandant de la Miraudière.

— Monsieur, je vous déclare que tout ceci me fatigue, à la fin ! Rompons cet entretien, ou bien expliquez-vous clairement.

— Soit !... Vous croyez votre père presque dans l'indigence, n'est-ce pas ?

— Je n'en rougis pas, monsieur.

— Oh ! candide jeune homme !

— Que signifie...

— Ecoutez-moi, et vous me bénirez après comme votre sauveur.

Ce disant, M. de la Miraudière ouvrit un registre où il lut ce qui suit :

« Note des biens mobiliers de M. Timoléon-Bénédict
» Alexandre-Pamphile RICHARD (informations prises par
» le comité du crédit à la banque de France, le 1er mai
» 18..):
» 1º TROIS MILLE NEUF CENT VINGT actions de la banque de France (réalisables au cours actuel), ci. . . . . . . 924,300 fr.
» 2º OBLIGATIONS DU MONT-DE-PIÉTÉ   875,250
» 3º Dépôt en ESPÈCES à la banque de France. 259,130

» Total. . 2,058,680 »

— Vous entendez, mon jeune et candide ami, la fortune mobilière seulement connue de votre cher et honorable père se montait, au 1er de ce mois, à la bagatelle de deux millions cinquante-huit mille six cent quatre-vingts francs, d'après les informations officielles. Mais tout fait présumer que, selon le goût passionné des avares, qui, en outre de bons placements, se plaisent à voir, à flairer, à toucher, à manier une partie de leur trésor, tout fait présumer, dis-je, que votre digne père a enfoui dans quelque cachette un *magot* quelconque, et non moins succulent que sa fortune connue. Mais, en admettant que cela ne soit pas, en mettant la chose au pis, vous voyez que l'auteur de vos jours possède au soleil plus de deux millions. Or, comme il ne dépense pas douze cents francs par an, avec un revenu de près de cent mille livres de rente, vous voyez de quelle fortune vous jouirez un jour, mon jeune ami, et vous ne vous étonnerez plus des offres que je vous fais.

Cette révélation pétrifiait Louis Richard ; mille pensées confuses se heurtaient dans son esprit. Il ne pouvait trouver une parole, et regardait l'homme d'affaires avec un saisissement inexprimable.

— Vous voilà tout ébaubi, mon jeune ami. C'est tout simple, vous croyez rêver.

— En effet, monsieur, je ne sais si je dois, si je puis croire.

— Faites comme saint Thomas, mon jeune ami, touchez ces vingt-cinq billets de mille francs ; ça vous donnera la foi, car les capitalistes qui sont derrière moi ne sont pas des gaillards à risquer leur argent, et ici je dois vous dire qu'ils vous font ces avances à huit pour cent, en y ajoutant une commission de sept pour cent pour mes obligeans services. Vous allez être trop *gentilhomme* pour chicaner sur ces misères. Intérêt et capital s'élèveront à peine chaque année à la moitié du revenu de M. votre père ; vous économisez donc, à bien dire, tout en vivant largement, cinquante mille francs par an. Il est impossible de vous montrer plus économe, mais du moins vous pourrez attendre patiemment l'heure suprême où le bonhomme, vous entendez... Du reste, j'ai pensé à tout, et, comme ledit bonhomme pourrait s'étonner de vous voir mener un certain train, sans ressources connues, j'ai imaginé quelque chose de très ingénieux, le semblant de la mise en loterie d'un superbe diamant de cinq cents louis : mille billets à dix francs. Vous aurez pris un de ces billets, la loterie sera censée se tirer après-demain, vous serez censé avoir gagné et vendu le diamant pour huit ou neuf mille francs ; cette somme, vous direz l'avoir confiée, pour la faire valoir, à un ami ; il ne manquera pas de la placer dans une magnifique entreprise rapportant trois cents pour cent par an, et, grâce à ce stratagème, vous pourrez dépenser à la barbe paternelle vos vingt-cinq ou trente mille francs par an. Maintenant, jeune homme, dites-moi si j'étais fat en prenant des airs de Providence à votre endroit. Mais qu'avez-vous ? cette figure renfrognée ! cet air soucieux ! ce silence ! moi qui m'attendais, la première surprise passée, à vous voir éclater en transports de joie, en éclats de rire, en cabrioles et autres manifestations bien pardonnables, quand, en un quart d'heure, on passe du grade de clerc de notaire à celui de millionnaire ! Jeune homme, jeune homme, répondez-moi donc ? Ah çà ! pourvu que l'étonnement, le bonheur, ne l'aient pas rendu fou !

En effet, cette révélation, qui eût jeté sans doute tout autre que Louis Richard dans une sorte de joyeux délire, lui causait de pénibles ressentimens : d'abord la longue dissimulation et la méfiance de son père à son égard, en lui laissant ignorer tant de richesses, blessait son cœur ; puis, et c'était là pour lui le coup le plus douloureux, seconde pensée, en songeant à la fortune dont il jouirait un jour, avait été de se dire qu'il aurait pu la partager avec Mariette sans son cruel abandon, et changer en une vie de bonheur et de paix la vie jusqu'alors si misérable, si résignée de la jeune fille.

Cette réflexion, en ravivant ses amers chagrins, le domina tellement, que, ne pensant plus qu'aux explications qu'il était venu demander au commandant de la Miraudière, il lui dit soudain, d'un air sombre et contraint, en lui montrant sa carte de visite :

— Vous avez, monsieur, laissé hier chez moi cette carte de visite.

— Oui, mon jeune ami, mais...

— Pourriez-vous me dire, monsieur, — ajouta Louis d'une voix altérée, — comment il se fait que le nom et l'adresse de mademoiselle Mariette Moreau se trouvent écrits au crayon sur cette carte ?

— Vous dites ? — demanda l'homme d'affaires, stupéfait de cette question dans un pareil moment. — Vous me demandez...

— Je vous demande, monsieur, comment il se fait que l'adresse de mademoiselle Mariette Moreau se trouve sur cette carte ?

— Ah çà ! mais, décidément, mon client perd la tête ! — dit l'usurier. — Comment ! mon jeune ami, je vous parle des millions paternels, de trente mille francs à dépenser par an, et vous me répondez... grisette !

— Quand je fais une question, monsieur, — s'écria Louis, — j'entends qu'on y réponde.

— Diable ! mon jeune ami... vous le prenez avec moi... sur ce ton ?

— Ce ton est le mien, monsieur ; tant pis s'il vous choque !

— Morbleu ! monsieur, — s'écria l'usurier en se redressant et caressant ses moustaches ; puis il ajouta : — Bah ! j'ai fait mes preuves ; ancien militaire criblé de blessures, je puis laisser passer beaucoup de choses. Je vous répondrai, mon cher client, que le nom et l'adresse de cette petite fille se trouvent sur ma carte parce que je les y ai écrits pour ne pas les oublier.

— Ainsi vous connaissez mademoiselle Mariette ?

— Parbleu !

— Vous lui faites la cour ?

— Un peu...

— Et vous espérez ?

— Beaucoup.

— Et moi, monsieur, je vous défends de remettre les pieds chez elle !

— Tiens ! — se dit l'usurier, — un rival. C'est drôle ! Ah ! je comprends maintenant les refus de la petite. Enfonçons mon client. C'est jeune, c'est novice, c'est clerc de notaire ; ça doit être jaloux ; il donnera dans le panneau, et je l'évincerai, car je tiens à cette petite ; si le jeune homme ne donne pas dans ledit panneau, il n'en sera, pour moi, ni plus ni moins.

Et il ajouta tout haut :

— Mon cher monsieur, quand on me défend quelque chose, je regarde comme mon premier devoir de faire ce que l'on me défend.

— Nous verrons, monsieur !

— Écoutez, jeune homme ! j'ai eu cinquante-sept duels ; je peux donc me dispenser d'avoir le cinquante-huitième avec vous ; je préfère vous parler le langage de la raison. Permettez-moi une simple question. Vous êtes arrivé de voyage hier, n'est-ce pas ?

— Oui, monsieur.

— Vous êtes resté plusieurs jours absent, vous n'avez pas revu Mariette depuis votre retour ?

— Non, monsieur, mais...

— Eh bien ! mon jeune ami, il vous est arrivé ce qui arrive à tant d'autres : Mariette ne vous connaissait pas comme fils de millionnaire. Je me suis présenté pendant votre absence ; j'ai offert à cette petite fille ce qui ne peut jamais manquer de tourner la tête d'une grisette affamée. Sa marraine, qui comme elle meurt de faim, a flairé le bien-être, et, ma foi ! comme les absens ont toujours tort... hé ! hé ! vous comprenez ?

— Mon Dieu ! mon Dieu ! — dit Louis, dont le courroux faisait place à un morne désespoir, — il est donc vrai !

— Si j'avais su me trouver en concurrence avec un futur client, je me serais abstenu. Mais il est trop tard. Et, d'ailleurs, pour une de perdue, mille de retrouvées. Allons, mon jeune ami, pas d'abattement. Cette petite était pour vous trop jeunette ; c'était une éducation à faire, et vous trouverez de charmantes femmes tout élevées et très bien élevées. Je vous recommanderai particulièrement une certaine madame de Saint-Hildebrand.

— Misérable ! — s'écria Louis Richard en prenant l'homme d'affaires au collet. — Infâme !

— Monsieur, — s'écria le commandant de la Miraudière, — vous me rendrez raison...

A ce moment la porte s'ouvrit brusquement, et, à un grand éclat de rire qui retentit, les deux adversaires tournèrent simultanément la tête.

— Saint-Herem! — s'écria Louis en reconnaissant son ami d'enfance.

— Toi ici! — dit à son tour Florestan de Saint-Herem en courant au devant du jeune homme encore pâle de colère, pendant que l'usurier rajustait le collet de sa robe de chambre en murmurant :

— Au diable le Saint-Herem en un pareil moment!

IX.

M. de Saint-Herem était un homme de trente ans au plus, d'une charmante figure, de la tournure la plus élégante. Sa physionomie fine et spirituelle prenait par fois un caractère de souveraine impertinence, lorsque par exemple, comme on va le voir, il s'adressait au commandant de la Miraudière; mais à la vue de son ami d'enfance, M. de Saint-Herem éprouva la joie la plus vive et serra cordialement Louis entre ses bras; affectueuse étreinte à laquelle le jeune homme répondit avec entraînement, malgré les émotions diverses dont il était agité.

Ce premier mouvement donné à la surprise et au plaisir de se revoir, les acteurs de cette scène, revenant à leurs premières pensés, reprirent à peu près la même physionomie qu'ils avaient lors de la soudaine apparition de Saint-Herem. Louis continua de jeter des regards indignés sur l'usurier, pâle encore de colère, tandis que M. de Saint-Herem lui disait d'un air moqueur :

— Ah çà ! mon cher, avouez que je suis arrivé à temps ; il me semble que, sans moi, mon ami Louis vous frottait d'importance !

— Oser porter la main sur moi ! un ancien militaire ! — s'écria le commandant de la Miraudière en faisant un pas vers Louis. — Cela ne se passera pas ainsi, monsieur Richard !

— Comme vous voudrez, monsieur de la Miraudière.

— M. de la Miraudière ? Ah ! ah ! ah ! — fit Florestan de Saint-Herem en partant d'un grand éclat de rire. — Comment ! mon brave Louis, tu réponds à cette provocation ? tu prends au sérieux ce gaillard-là ? tu crois à son grade militaire, à sa croix, à ses campagnes, à ses blessures, à ses duels, et à ce nom mirifique de la Miraudière qui devrait se prononcer de la *Maraudière* ?

— Assez de ces plaisanteries-là ! — dit le prétendu commandant en rougissant de dépit et s'adressant à M. de Saint-Herem ; — toute raillerie a ses bornes, mon très cher !

— Monsieur Jérôme Porquin, — dit Florestan. Et se tournant vers Louis, — il ajouta en lui montrant l'usurier : — Il s'appelle Jérôme Porquin. Son véritable nom est Porquin, et il me semble parfaitement choisi, ce nom. — Puis, se tournant vers le prétendu commandant, Florestan ajouta d'un ton qui n'admettait pas de réplique : — Voilà la seconde fois que je suis obligé, monsieur Porquin, de vous défendre de m'appeler votre *très cher*. Moi, c'est différent, j'ai acheté et payé le droit de vous appeler mon *cher*, mon énormément *cher*, mon *trop cher* monsieur Porquin ; car vous me coûtez bon et m'avez furieusement friponné !

— Monsieur, — s'écria l'usurier, — je ne souffrirai pas...

— Hein ! qu'est-ce que c'est ? D'où vient la farouche susceptibilité de M. Porquin ? — dit M. de Saint-Herem en regardant autour de lui d'un air étonné. — Que se passe-t-il donc ? Ah ! j'y suis. C'est toi, mon brave Louis, c'est ta présence qui force ce *trop cher* M. Porquin à se regimber, car il voit avec dépit que je démasque ses mensonges et ses vaniteuses prétentions. Or, pour en finir tout de suite (et vois bien s'il a l'effronterie de démentir), je vais te dire ce que c'est que M. le commandant de la Miraudière. Il n'a jamais servi que dans l'administration des vivres de l'armée. C'est ainsi qu'il est allé jusqu'à Madrid, lors de la dernière guerre ; et, comme on a trouvé que ce honnête *vivrier vivait* trop aux dépens du gouvernement, on l'a prié d'aller *vivre* ailleurs. Il y est allé et s'est fait soi-disant homme d'affaires, en d'autres termes prête-nom d'usuriers, agioteur, ou entremetteur de toutes sortes d'affaires véreuses ; ce ruban rouge qu'il porte est celui de l'*Éperon d'or*, ordre du pape, qu'un saint homme a fait obtenir à cet autre saint homme pour le récompenser de son aide dans une spoliation effrontée ; enfin, M. de la Miraudière s'appelle Porquin ; il n'a eu aucun duel, d'abord parce qu'il est poltron comme un lièvre, et ensuite parce qu'il est si taré, qu'il sait bien qu'un galant homme ne doit répondre à ses provocations que par le mépris, et que s'il pousse jusqu'à l'insolence, on doit aller jusqu'aux coups de bâton.

— Quand vous avez besoin de moi, monsieur, — dit l'usurier d'une voix sourde, — vous ne me traitez pas ainsi.

— Quand j'ai besoin de vous, je vous paye, monsieur Porquin ; et comme je sais vos friponneries, mon trop cher monsieur Porquin, je dois prémunir contre vous M. Richard, dont j'ai l'honneur d'être l'ami. Vous voulez sans doute le dévorer comme une mouche, et vous avez déjà probablement commencé à ourdir autour de lui votre toile d'usurier.

— Rendez donc service aux gens ! — dit M. Porquin avec amertume ; — comme l'on vous en récompense ! Je révèle à votre ami un secret de la plus haute importance pour lui, et...

— Je comprends maintenant, monsieur, dans quel but vous êtes venu à moi, — répondit sèchement Louis Richard ; — je ne vous dois aucune gratitude pour le service que vous m'avez rendu... si c'est un service, — ajouta-t-il tristement.

L'usurier n'entendait pas abandonner si facilement sa proie, et, sachant oublier à propos les mortifications dont M. Saint-Herem venait de l'accabler, il reprit en s'adressant à lui avec autant d'aisance que s'il n'eût pas été brutalement démasqué :

— M. Louis Richard pourra vous dire, monsieur, les conditions de l'affaire que je lui proposais, et dans quelle circonstance je lui faisais des offres ; vous jugerez si mes prétentions étaient exorbitantes. Du reste, si je vous gêne dans votre entretien, messieurs, veuillez vous donner la peine de passer dans le salon ; j'attendrai ici la décision de M. Richard, s'il veut prendre vos conseils à ce sujet.

— Voilà, mon trop cher monsieur Porquin, ce que vous avez dit de mieux jusqu'à présent, — reprit Florestan.

Puis, prenant Louis par-dessous le bras, il l'emmena dans la pièce voisine, et ajouta en s'adressant à l'usurier :

— En revenant, je vous dirai le sujet de ma visite, ou plutôt je vais vous le dire : Il me faut deux cents louis pour ce soir. Tenez, examinez ces valeurs...

Et M. de Saint-Herem, tirant de sa poche quelques papiers, les jeta de loin à l'usurier, et, quittant le cabinet, entra dans la pièce voisine, accompagné de son ami.

La brutalité hautaine laquelle M. de Saint-Herem avait démasqué M. Porquin portait un nouveau coup à Louis Richard ; il pensait avec une douleur amère que c'était à un pareil misérable qu'il avait été sacrifié par Mariette. Aussi, une fois seul avec son ami, Louis, ne pouvant contenir davantage l'émotion qui l'oppressait ni retenir ses larmes, dit d'une voix étouffée, en prenant entre les siennes les deux mains de M. de Saint-Herem :

— Ah ! Florestan, je suis bien malheureux !

— Je m'en doute, mon pauvre Louis ; car, pour un garçon sage et laborieux comme toi, se mettre entre les griffes d'un drôle comme ce Porquin, c'est se donner au diable ! Voyons, que t'est-il arrivé ? Ta vie était modeste, presque pauvre ; aurais-tu fait quelques dettes, quelque folie ? Ce qui peut te tenter énorme ne serait peut-être rien pour moi. J'ai demandé, pour ce soir, deux cents louis à cet arabe... Je les aurai, j'en suis sûr. Veux-tu partager avec moi, veux-tu tout ? je saurai pardieu bien me retourner d'une autre façon ! Deux cents louis, ça doit payer les dettes d'un clerc de notaire. Je ne dis pas cela pour t'humilier. Voyons, te faut-il davantage ? Nous chercherons, mais, pour Dieu ! ne t'adresse pas au Porquin, sinon tu es perdu ; je connais ce drôle !

Louis écoutait l'offre généreuse de M. de Saint-Herem avec une si douce satisfaction, qu'un moment il oublia ses chagrins.

— Cher et bon Florestan ! — lui dit-il, — si tu savais combien cette preuve de ton amitié me fait de bien, me console !

— Tant mieux ! Tu acceptes, alors ?

— Non.

— Comment ?

— Je n'ai pas besoin de tes bons services : cet usurier, que je ne connaissais pas, m'a écrit, et il m'offre de me prêter par année plus d'argent que je n'en ai dépensé dans toute ma vie.

— Que dis-tu ? Il t'offre cela à toi ? Ce coquin et l'usurier dont il est l'entremetteur n'avancent jamais un sou sans les meilleurs garanties : ces gens-là n'escomptent ni l'honneur, ni la probité, ni l'amour du travail ; or, mon pauvre Louis, je ne sache pas que tu possèdes d'autre patrimoine.

— Tu te trompes, Florestan : mon père est deux fois millionnaire.

— Ton père ! — s'écria M. de Saint-Herem stupéfait. — Ton père !

— Cet usurier a découvert, je ne sais comment, ce secret que j'ai toujours ignoré.

— Et il est venu t'offrir ses services ? Je le reconnais là ! Lui et ses pareils sont à la piste des fortunes cachées ; quand ils les découvrent, ils proposent aux fils de famille de manger leur blé en herbe. Vive Dieu ! mon brave Louis, te voilà donc riche ! car tu peux croire le Porquin ; s'il te fait ces offres, c'est qu'il est parfaitement renseigné.

— Je le crois, — répondit tristement Louis.

— De quel air accablé tu me dis cela, Louis ! On croirait que tu viens de faire une sinistre découverte. Qu'as-tu donc ? Et tes larmes de tout à l'heure ? Et ces mots : Je suis bien malheureux ! Toi, malheureux ! et pourquoi ?

— Mon ami, ne te moque pas de moi : j'aime et je suis trompé.

— Un rival ?

— Et pour comble de douleur et de honte, ce rival...

— Achève.

— C'est cet homme, ce misérable usurier !

— Porquin ? ce vieux drôle ? Lui ! préféré à toi ! Non, non, c'est impossible ! Mais qui te fait supposer ?

— De vagues soupçons, et puis il m'a dit qu'on me le préférait !

— Belle autorité ! Il ment, j'en suis certain.

— Florestan, il est riche ; celle que j'aimais, que j'aime encore malgré moi, est pauvre. Elle endure depuis longtemps une cruelle misère.

— Diable !

— Elle a, de plus, à sa charge, une parente infirme. Les offres de cet homme auront ébloui la malheureuse enfant, et, comme tant d'autres, elle aura succombé par misère... Maintenant, que veux-tu que me fasse la découverte d'une fortune inespérée ? Mon seul désir eût été de la partager avec Mariette.

— Ecoute, Louis, je te connais : tu dois avoir honorablement placé ton affection.

— Depuis un an, Mariette m'avait donné des preuves de l'attachement le plus sincère, lorsqu'hier, brusquement, une lettre de rupture...

— Une honnête fille qui t'a aimé pendant un an, pauvre comme tu l'étais, ne cède pas en un jour à un vieux fripon comme Porquin. Encore une fois, il doit mentir.

Puis, appelant à haute voix l'homme d'affaires, à la grande surprise de Louis, M. de Saint-Herem s'écria :

— Hé ! monsieur le commandant de la *Maraudière* ! L'usurier parut aussitôt.

— Florestan, — dit vivement Louis, — que fais-tu ?

— Sois tranquille.

Et, s'adressant à l'usurier,

— Monsieur de la *Maraudière*, il y a, je n'en doute pas, quelque confusion dans vos souvenirs, au sujet d'une honnête jeune fille qui, selon vous, aurait été séduite par votre esprit, votre bonne grâce et vos excellentes manières, le tout rehaussé d'un peu de cet argent que vous grugez si honorablement. Voulez-vous me faire le plaisir, monsieur le commandant, de me dire la vérité ? sinon, je sais ce que j'aurai à faire.

Le Porquin, réfléchissant qu'il serait politique à lui de sacrifier une fantaisie, qu'il avait d'ailleurs peu de chances de satisfaire, à l'avantage d'avoir Louis Richard pour client, répondit :

— Je regrette beaucoup une mauvaise plaisanterie qui me paraît avoir contrarié monsieur Richard.

— Tu vois bien, — dit Florestan à son ami. — Mais M. le commandant m'expliquerait-il comment lui est venue l'idée de... ce qu'il appelle une mauvaise plaisanterie, et que j'appellerai, moi, une indigne calomnie ?

— Rien de plus simple, monsieur : j'ai vu mademoiselle Mariette Moreau dans l'établissement où elle travaillait ; sa beauté m'a frappé. J'ai demandé son adresse, je suis allé chez elle ; là j'ai trouvé sa marraine, et je lui ai tout bonnement proposé de...

— Assez, monsieur ! — s'écria Louis avec indignation, — assez !

— Permettez-moi seulement d'ajouter, monsieur mon futur client, — reprit Porquin, — que ladite marraine a refusé mes offres, que mademoiselle Mariette survenant m'a mis à peu près à la porte. Vous voyez, monsieur de Saint-Herem, que je m'exécute franchement. Maintenant j'espère que cet aveu sincère me vaudra la confiance de M. Richard, et qu'il acceptera mes petits services. Quant à vous, monsieur de Saint-Herem, — ajouta l'usurier d'un air patelin, — j'ai examiné les valeurs que vous m'avez remises ; ce soir je vous porterai vos deux cents louis. Vous ne trouverez pas sans doute exagérées les conditions que j'ai proposées à M. Richard, lorsque vous les connaîtrez...

— Je n'ai pas besoin d'argent, monsieur, — dit Louis ; — vous m'avez fait injure en me croyant capable d'escompter la mort de mon père.

— Mais, mon cher client, permettez...

— Viens, Florestan, sortons, — dit Louis à son ami en interrompant l'homme d'affaires.

— Vous le voyez, mon trop cher monsieur Porquin, — dit Saint-Herem en sortant avec son ami, — vous le voyez, il y a encore d'honnêtes filles et d'honnêtes fils. Je ne vous dirai pas : Que cela vous serve d'exemple ou de leçon. Vous êtes trop vieux pêcheur pour vous amender ; je ferai seulement des vœux sincères pour que ce double échec vous soit on ne peut plus désagréable.

— Ah ! mon cher Florestan, — dit Louis lorsqu'il eut quitté la maison de l'usurier, — grâce à toi, j'ai l'âme moins oppressée, je suis maintenant certain que Mariette ne s'est pas abaissée jusqu'à ce misérable. Mais elle n'en veut pas moins rompre avec moi.

— Elle te l'a donc dit ?

— Non, elle me l'a écrit, ou plutôt elle me l'a fait écrire.

— Comment !... elle te l'a fait écrire ?

— Tu vas me railler... la pauvre fille que j'aime ne sait ni lire ni écrire.

— Ah ! que tu es heureux ! au moins tu ne reçois pas des épîtres comme celles que m'adresse une petite gantière que j'ai enlevée à un banquier qui, par jalousie et lésinerie, l'avait enfouie dans un magasin ; je m'amuse à la mettre à la mode, je jouis des éblouissemens de cette pauvre fille : c'est si amusant de rendre les gens heureux ! seulement, je ne la rendrai jamais forte en grammaire. Ah ! mon ami, quelle orthographe ! C'est d'une innocence anté-diluvienne. Eve, notre mère, devait écrire ainsi. Mais

si ta Mariette ne sait pas écrire, qui te dit que son secrétaire n'aura pas altéré, dénaturé sa pensée?
— Dans quel but?
— Je n'en sais rien ; mais pourquoi ne vas-tu pas t'expliquer avec elle ? tu saurais décidément à quoi t'en tenir.
— Elle m'a supplié, au nom de son repos, de son avenir, de ne pas chercher à la revoir.
— Revois-la donc, au contraire, au nom de son avenir, maintenant que te voici millionnaire en perspective.
— Tu as raison, Florestan ; je la verrai, je vais la voir, et si ce cruel mystère s'explique, si je la retrouve comme par le passé, tendre et dévouée, oh! tiens, ce serait trop beau! Pauvre enfant! sa vie s'est passée jusqu'ici dans la misère et dans le travail ; elle connaîtrait enfin le repos, le bien-être; car, je n'en doute pas, mon père consentirait, et... Ah! mon Dieu!
— Qu'as-tu donc?
— Ces émotions, ces événemens, m'ont fait oublier de te dire une chose qui va bien t'étonner : mon père voulait absolument me faire épouser ta cousine.
— Quelle cousine ?
— Mademoiselle Ramon.
— Que dis-tu?
— Ignorant les projets de mon père, je suis allé à Dreux, d'où j'arrive ; là, j'ai vu mademoiselle Ramon, et, lors même que je ne serais pas amoureux de Mariette, la fille de ton oncle m'a paru si déplaisante, que jamais...
— Mon oncle n'est donc pas presque ruiné comme il en a fait courir le bruit depuis longues années ?—dit Florestan en interrompant son ami.—Non, évidemment non, — reprit-il,—car si ton père veut te faire épouser ma cousine, c'est qu'il y trouve des avantages pour toi. Nul doute, cette ruine prétendue était une feinte !
— Mon père a employé le même prétexte. C'est ainsi qu'il m'a toujours expliqué la pauvreté dans laquelle nous vivions.
— Ah! mon oncle Ramon, je vous savais fâcheux, maussade, insupportable ! mais je ne vous croyais pas capable de cette supériorité de conception : dès aujourd'hui, je vous vénère. Je n'hérite pas de vous, c'est vrai ; mais c'est égal, ça fait toujours plaisir de savoir qu'on a un oncle millionnaire. On y pense dans les momens difficiles ; on se livre alors à toute sorte d'hypothèses onclicides, on se laisse aller à de réjouissantes pensées d'apoplexie foudroyante, et l'on regrette un peu le choléra, cette Providence des héritiers, qui leur apparaît comme un bon génie, couleur de rose et d'or.
— Sans aller aussi loin que toi, mon cher Florestan, et sans souhaiter la mort de personne, — dit Louis en souriant,—j'avoue que j'aimerais mieux voir, par la marche naturelle des choses, la fortune de ton oncle arriver entre tes mains qu'entre celles de son insupportable nièce. Tu saurais au moins jouir de tant de biens, et avec ces richesses, je suis sûr que tu ferais...
— Des dettes! — répondit Saint-Herem avec majesté en interrompant son ami.
— Comment ! Florestan, avec une si grande fortune...
— Je ferais des dettes, te dis-je; oui, forcément je ferais des dettes.
— Avec deux ou trois millions de biens ?
— Avec dix, avec vingt millions, je ferais toujours des dettes. Mon système est d'ailleurs celui de l'Etat : plus la dette d'un pays est forte, plus elle prouve en faveur de son crédit; or, qu'est-ce que le crédit ? la richesse. C'est élémentaire, sans compter qu'il y a là-dedans une haute question de philosophie morale... Mais je t'expliquerai une autre fois mes idées philosophiques et financières. Cours chez Mariette, et préviens-moi de tout ce qui t'arrivera. Voici midi, j'ai promis à cette petite gantière que je m'amuse à émerveiller, de lui faire essayer aujourd'hui un nouveau cheval de selle, le plus joli hak (1) de Paris;

(1) Cheval de promenade.

il me coûte un prix fou ; et elle m'a écrit ce matin pour me rappeler que tantôt je devais la conduire O BOA (de Boulogne); o-b-o-a, ça fait *au bois* dans la pensée de cette ingénue. Voilà pourtant où conduit l'abus de l'écriture ! Ta Mariette ne te fera jamais de ces tours-là ! Cours donc la trouver, j'ai bonne espérance ; écris-moi, ou viens me voir ; mais qu'aujourd'hui je sache ta joie ou ton chagrin : ta joie, je la partagerai ; quant au chagrin, il faudra pardieu bien que je te console. Quoi qu'il arrive, mon cher Florestan, je te tiendrai au courant. Adieu donc et à bientôt.
— Mais j'y songe ; veux-tu que je te conduise chez Mariette ?
— Non, merci, j'aime mieux aller à pied ; en marchant, j'aurai le temps de songer à tant d'événemens singuliers, et au parti que je dois prendre envers mon père au sujet de cette révélation de fortune.
— Adieu donc, mon cher Louis ; il est bien convenu qu'avant demain je te verrai ou que j'aurai de tes nouvelles.
Ce disant, M. de Saint-Herem monta dans un *brougham*, voiture du matin merveilleusement bien attelée qui l'attendait à la porte de l'usurier.
Louis Richard se dirigea pédestrement vers la demeure de Mariette.

X.

Lorsque Louis Richard entra dans la chambre occupée par Mariette et par sa marraine, il s'arrêta un moment au seuil de la porte. Son cœur se brisait à la vue douloureuse du tableau qui s'offrait à ses regards.
La jeune fille, couchée tout habillée sur un matelas étendu à terre, semblait inanimée ; ses traits, couverts d'une pâleur mortelle, tressaillaient convulsivement de temps à autre ; ses yeux étaient clos ; des traces de larmes séchées se voyaient sur ses joues marbrées ; dans l'une de ses deux mains crispées et croisées sur sa poitrine, elle tenait l'enveloppe où étaient réunis les débris de la lettre de Louis.
Madame Lacombe, dont la physionomie était ordinairement chagrine et sardonique, paraissait en proie à une douleur touchante ; agenouillée près du matelas où gisait sa filleule, elle soutenait du bout de son bras mutilé la tête appesantie de Mariette, et essayait, de son autre main, de lui faire boire un verre d'eau.
Madame Lacombe retourna vivement la tête, et ses traits reprirent leur expression de dureté habituelle, à l'aspect de Louis immobile à la porte.
— Que voulez-vous ?—dit-elle brusquement. — Pourquoi entrez-vous ici sans frapper ? Je ne vous connais pas ! Qui êtes-vous ?
— Oh ! mon Dieu !— s'écria Louis,—dans quel état je la retrouve ! — Et sans répondre aux questions de madame Lacombe, il s'approcha du matelas, s'agenouilla et s'écria.— Mariette, qu'avez-vous ! répondez-moi.
Madame Lacombe, d'abord aussi surprise qu'irritée de l'apparition du jeune homme, le regarda avec une attention farouche, réfléchit un moment, et dit d'une voix courroucée :
— Vous êtes Louis Richard ?
— Oui, madame. Mais, au nom du ciel, qu'est-il arrivé à Mariette ?
— Il lui est arrivé que vous me l'avez tuée !
— Moi, grand Dieu !
— Et quand elle sera morte, c'est vous qui me nourrirez, n'est-ce pas? malheureux que vous êtes !
— Morte ! Mariette !... c'est impossible ! Mais, madame, il faut courir chercher un médecin, faire quelque chose... Ses mains sont glacées... Mariette ! Mariette ! Mon Dieu ! mon Dieu ! elle ne m'entend pas !

— Voilà comme elle est depuis cette nuit, et c'est votre lettre, mauvais garnement, qui a causé ce malheur !
— Ma lettre ?... quelle lettre ?
— Oui, vous allez nier, mentir, maintenant ! mais hier soir le désespoir l'étouffait, cette pauvre petite ; le cœur lui a crevé, et elle m'a tout avoué !
— Mais, mon Dieu ! que vous a-t-elle avoué ?
— Que vous ne vouliez plus la revoir, et que vous la plantiez là pour une autre. Voilà les hommes !
— Mais au contraire ! j'ai écrit à Mariette que...
— Vous mentez ! — s'écria la vieille infirme de plus en plus irritée. — Je vous dis qu'elle a lu votre lettre ; c'est ce chiffon de papier qu'elle tient entre ses doigts. Je n'ai pas pu le lui retirer des mains depuis qu'elle s'est trouvée mal ! A-t-elle assez pleuré dessus, mon Dieu ! Allez-vous-en, garnement ! Mariette a été bien bête, et moi aussi, de refuser ce qu'on nous offrait ; et pourtant, je lui avais dit : « Nous somme honnêtes, tu verras comme ça nous servira ! » Ça n'a pas manqué, elle se meurt, et me voilà sur le pavé, sans feu ni lieu, sans pain ni rien ; car nous devons un terme, et on va tout prendre. Heureusement, — ajouta cette malheureuse avec un sourire sinistre, — heureusement, il me reste un quart de boisseau de charbon ; et le charbon, c'est la délivrance du pauvre monde !
— Ah ! c'est horrible ! — s'écria Louis, ne pouvant retenir ses larmes ; — mais, je vous le jure, madame, nous sommes victimes d'une erreur désolante ! Mariette ! Mariette ! revenez à vous ! c'est moi ! moi, Louis !...
— Vous voulez donc me la tuer tout de suite ? — s'écria madame Lacombe en faisant un effort désespéré pour repousser le jeune homme loin du matelas. — Si elle reprend connaissance votre vue va l'achever.
— Soyez béni, mon Dieu ! — dit Louis en résistant à madame Lacombe et se penchant vers Mariette. — Elle a fait un mouvement ; voyez, ses mains se desserrent, sa tête se soulève... ses yeux s'ouvrent... Mariette ! m'entendez-vous ? c'est moi !
En effet, la jeune fille revenait peu à peu à elle ; sa tête, languissamment penchée, se releva ; ses yeux rougis par les larmes, après avoir erré un moment dans le vide, s'arrêtèrent sur Louis. Bientôt la surprise, la joie, se peignirent dans son regard, et elle murmura d'une voix faible :
— Louis, c'est vous ? Ah ! je n'espérais plus...
Puis la triste réalité se présentant sans doute à sa pensée, elle détourna la vue, laissa retomber sa tête sur le sein de madame Lacombe, qui la soutenait entre ses bras, et lui dit en gémissant :
— Ah ! marraine, il vient pour la dernière fois... tout est fini !
— Quand je vous le disais, moi, que vous alliez l'achever ! — s'écria madame Lacombe exaspérée. — Mais sortez donc d'ici ! Oh ! être faible, infirme, et n'avoir pas la force de mettre ce gueux-là dehors ! Il veut me la tuer, m'ôter mon pain !
— Mariette ! — s'écria Louis d'une voix suppliante, — de grâce ! écoutez-moi : je ne viens pas pour vous faire mes adieux, je viens au contraire vous dire que je vous aime plus que jamais !
— Grand Dieu ! — reprit la jeune fille en se redressant vivement sur son séant, comme si elle eût ressenti une secousse électrique, — que dit-il ?
— Je dis, Mariette, que nous sommes victimes d'une erreur ; je n'ai jamais un moment cessé de vous aimer ; non, jamais ; et pendant mon absence, je n'avais qu'un désir, qu'une pensée, vous revoir et convenir avec vous de tout ce qui était relatif à notre mariage, ainsi que je vous le disais dans ma lettre.
— Votre lettre ? — s'écria Mariette avec un accent navrant. — Oh ! mon Dieu ! il ne se la rappelle seulement plus maintenant ! Tenez, Louis, la voici, votre lettre !
Et elle remit au jeune homme les débris de papier sur lesquels s'apercevaient encore la trace des larmes de la malheureuse enfant.

LE SIÈCLE. — IX.

— Tu vas voir, — reprit amèrement madame Lacombe, pendant que Louis rassemblait à la hâte les morceaux de papier lacérés, — à cette heure, il va renier son écriture ! tu seras assez bête pour le croire, n'est-ce pas ?
— Voilà ce que je vous écrivais, Mariette, — reprit Louis en lisant à mesure qu'il rajusta les débris à côté les uns des autres :

« Ma bonne et chère Mariette,
» Je serai auprès de vous le lendemain du jour où vous
» recevrez cette lettre. Ma courte absence, dont j'ai
» tant souffert, m'a prouvé qu'il m'est impossible de vi-
» vre loin de vous. Grâce à Dieu ! le jour de notre union
» est proche : c'est demain, le *six mai*, selon nos conven-
» tions. Dès mon retour, je parlerai à mon père de notre
» résolution ; je ne doute pas de son consentement.
» Adieu donc, et à après-demain, ma bien aimée Mariet-
» te. Je vous aime comme un fou ou plutôt comme un
» sage, car la sagesse est d'avoir cherché et trouvé le
» bonheur dans un cœur tel que le vôtre.
» A vous pour la vie,
» LOUIS.
» Je vous écris ce peu de mots parce que je serai à
» Paris presque en même temps que ma lettre ; et puis
» enfin il m'est toujours pénible de penser qu'un autre
» que vous lit ce que je vous écris. Sans cela, que de
» choses j'aurais à vous dire ! A vous, et pour toujours à
» vous ! »

Mariette avait écouté cette lecture avec une telle stupeur qu'elle n'avait pu prononcer une parole.
— Voilà, Mariette, — reprit Louis, — voilà ce que je vous avais écrit. Comment se fait-il, mon Dieu ! que cette lettre vous ait désespérée ?
— Quoi ! monsieur Louis, il y avait cela sur votre lettre ?
— Tenez, madame, voyez plutôt, — dit Louis à madame Lacombe en lui présentant les morceaux lacérés.
— Est-ce que je sais lire, moi ! — répondit-elle brusquement. — Mais comment se fait-il qu'on ait lu à Mariette tout le contraire de ce que vous lui écriviez ?
— Mariette, — s'écria Louis, — qui vous a donc lu ma lettre ?
— L'écrivain public, — répondit la jeune fille.
— Un écrivain public ! — s'écria Louis frappé d'une idée subite. — Oh ! de grâce ! Mariette, expliquez-vous ?
— Mon Dieu ! monsieur Louis, c'est bien simple. J'étais allée chez un écrivain public du Charnier des Innocents pour lui dicter une lettre pour vous. Il l'a écrite, et même, au moment d'y mettre votre adresse à Dreux, il a renversé son encrier dessus, et a été obligé de la recommencer. En revenant ici, j'ai trouvé votre petit mot. N'ayant personne à qui le faire lire en l'absence d'Augustine, je suis retournée chez l'écrivain public, un vieillard bien respectable et rempli de bonté ; je l'ai prié de me lire ce que vous m'écriviez. Il me l'a lu et, selon lui, il y avait dans votre lettre « qu'il ne fallait plus jamais nous revoir, qu'il s'agissait pour vous de l'avenir de votre père et du vôtre, et qu'enfin vous me suppliiez de... »
La pauvre enfant ne put achever, elle se mit à fondre en larmes.
Louis comprit ou devina tout, depuis le hasard qui avait conduit Mariette chez son père, jusqu'au stratagème de l'encrier renversé sur la lettre, afin que l'adresse seule restait à inscrire ; adresse qui, éclairant sans doute le vieillard, lui avait donné la pensée d'écrire une seconde lettre dans un sens tout opposé à celui de la première, et de l'envoyer non pas à Dreux, mais à Paris, afin que Louis la trouvât dès son arrivée. Il comprit enfin que son père avait aussi improvisé la lecture d'une lettre de rupture lorsque Mariette était retournée près de lui pour la seconde fois.
En apprenant ainsi l'affligeant abus de confiance dont son père s'était rendu coupable dans un but trop évident,

Louis, accablé de douleur et de honte, n'osa pas avouer à la jeune fille quels liens l'attachaient à l'écrivain public. Mais désirant donner à Mariette et à sa marraine une explication plausible de cette tromperie, il leur dit :

— Voilà sans doute ce qui sera arrivé : cet écrivain public aura, malgré son apparente bonhomie, voulu faire une méchante et triste plaisanterie, ma pauvre Mariette : il vous aura lu tout le contraire de ce que je vous écrivais.

— Oh ! ce serait indigne ! — dit la jeune fille en joignant les mains. — Quelle fausseté de la part de ce vieillard ! Il avait si bon air si bon en me parlant de l'intérêt que lui inspiraient les pauvres créatures qui, comme moi, ne savaient ni lire ni écrire !

— Que voulez-vous ! il vous a trompée, Mariette, cela est certain.

— Mais la lettre que je lui ai dictée pour qu'elle vous parvînt à Dreux ?

— Elle sera arrivée dans cette ville lorsque je l'aurai eu quittée, — répondit le jeune homme en cachant à Mariette que la veille cette lettre lui avait été remise à Paris.

— Mais que nous importe ? — ajouta Louis, désirant terminer un entretien si pénible pour lui. — Ne sommes-nous pas à cette heure rassurés sur nos sentimens, Mariette, et...

— Un instant, — dit madame Lacombe, qui était restée pendant quelques instans pensive, — un instant, vous êtes rassurés, vous deux, mais moi, non.

— Comment, madame ?

— Que voulez-vous dire, marraine ?

— Je veux dire, — reprit aigrement madame Lacombe, — que je ne veux pas de ce mariage-là.

— Madame, écoutez-moi...

— Il n'y a pas de madame ! Puisque vous êtes fils d'un écrivain public, vous n'avez pas le sou, Mariette non plus, et deux misères qui se marient en valent trois. Ma filleule m'a déjà à sa charge, il ne lui manquerait plus que d'avoir des enfans ! Beau ménage d'affamés que ça ferait là !

— Mais, marraine... — dit la jeune fille.

— Laisse-moi tranquille, toi ! Je vois bien le plan : on veut se marier pour se débarrasser de la vieille ! Oui, oui, tôt ou tard on lui dira : « Nous n'avons seulement pas » assez de pain pour nous et pour nos enfans, et il nous » faut encore te nourrir à rien faire. Va-t'en d'ici, la » vieille ! *vis si tu peux, meurs si tu veux !* comme dit le » proverbe. »—Et moi, une fois dans la rue, on m'arrêtera comme *vagabonde*, on me conduira au *dépôt*, et vous serez débarrassés de ma personne. Oui, oui, le voilà, votre plan !

— Oh ! mon Dieu ! — s'écria Mariette, — pouvez-vous croire cela ?

— Madame, — se hâta de dire Louis, — rassurez-vous. Aujourd'hui même, j'ai fait une découverte à laquelle j'étais loin de m'attendre. Mon père, pour des raisons que je dois respecter, m'avait jusqu'ici caché qu'il était riche, très riche.

Mariette regarda Louis d'un air plus étonné que ravi de cette nouvelle inattendue ; puis elle dit à madame Lacombe :

— Vous le voyez, marraine, vous n'aurez plus maintenant de ces craintes si navrantes pour moi.

— Ah ! ah ! ah ! — s'écria madame Lacombe avec un éclat de rire sardonique ; — elle donne là-dedans ! elle...

— Mais, ma marraine...

— Tu ne vois pas qu'il invente ce mensonge-là pour que je consente à ton mariage ?

— Madame, je vous jure...

— Je vous dis que tout ça, c'est des tromperies, moi ! — s'écria madame Lacombe ; — ou bien, si vous êtes riche, alors vous ne voudrez plus de Mariette. Allons donc ! est-ce que le fils d'un homme riche est assez bête pour épouser une pauvre ouvrière qui ne sait ni lire ni écrire !

Sans partager les doutes de sa marraine, Mariette, songeant à la nouvelle fortune de Louis, le regarda d'un air inquiet, attristé.

Le jeune homme comprit la signification de ce regard et reprit :

— Vous vous trompez, madame Lacombe : le fils d'un homme riche tient la parole qu'il a donnée étant pauvre, lorsque le bonheur de sa vie est attaché à cette parole.

— Bah ! bah ! c'est des mots, — interrompit la malade d'un ton méfiant et bourru. — Que vous soyez riche ou pauvre, vous n'aurez pas Mariette, à moins de m'assurer de quoi vivre. Je ne demande pas beaucoup : six cents francs par an ; mais il me les faut en argent avant le contrat, et déposés chez un bon notaire.

— Ah ! marraine, — dit Mariette, ne pouvant retenir ses larmes, — vous défier ainsi de Louis !

— Ah ! bien oui ! — s'écria la malheureuse créature, — ayez-en donc de la confiance, et puis un beau jour vous êtes volée ! Je connais ça : *avant*, on promettra tout ce qu'on voudra, et puis *après*, on aura de la vieille infirme par dessus les bras, et on vous la fera fourrer au dépôt, plus vite que ça ! ! Seule avec Mariette, je n'aurais pas craint d'être mise par elle sur le pavé : je lui suis à charge, elle a assez de moi, c'est vrai ; mais elle doit avoir petite fille, l'habitude est prise, et elle me craint. Tandis qu'une fois mariés, vous me ficheriez tous les deux à la porte sans rémission, et où voulez-vous que j'aille, moi ? Qu'est-ce que vous voulez que je devienne ? Est-ce que c'est de ma faute si je me suis estropiée dans mon état ? Non ! non ! pas de mariage, où six cents francs de rente pour moi déposées chez un bon notaire ! C'est mon idée. Pendant que madame Lacombe se livrait à ces récriminations amères, Louis et Mariette avaient échangé des regards tristement significatifs.

La jeune fille semblait dire :

— Vous l'entendez, Louis ? Avais-je tort de vous dire combien le malheur, qui s'est acharné sur elle durant toute sa vie, a aigri le caractère de ma marraine ?

— Pauvre enfant ! — semblait répondre le jeune homme ; — que vous avez dû souffrir ! Voir un dévouement aussi tendre, aussi saint que le vôtre accueilli, compris, récompensé de la sorte !

— C'est le malheur qu'il faut accuser, non pas elle, Louis : elle a tant souffert ! — répondait le touchant regard de la jeune fille.

— Madame, — reprit Louis lorsque la malade eut cessé de parler, — vous pouvez être certaine que votre sort sera ce qu'il devait être : Mariette et moi, nous n'oublierons jamais que vous l'avez recueillie, que vous avez été pour elle une seconde mère, et, soit que vous consentiez à vivre auprès de nous, que vous préfériez vivre seule, vous serez traitée aussi dignement que vous devez l'être.

— Ah ! merci, Louis, — dit la jeune fille avec reconnaissance ; — merci de partager ainsi ce que je ressens pour ma pauvre marraine, ma seconde mère !

Et la jeune fille se pencha vers madame Lacombe pour l'embrasser ; mais la malade, la repoussant, reprit avec un accent sardonique :

— Tu ne vois pas qu'on se moque de nous ? T'épouser ! Me faire une pension ! Est-ce que ça s'est jamais vu ? Il veut m'amadouer, voilà tout ; s'il est vraiment riche, veux-tu que je te dise ce qui t'arrivera, moi ? Il t'enjôlera, te lanternera, et un beau jour tu apprendras sa noce avec une autre ; aussi je lui défends de remettre les pieds ici.

— A moins, madame, que je ne me présente chez vous avec mon père, qui n'il ne vienne vous demander la main de Mariette, en vous faisant connaître les avantages qu'il nous assure et à vous aussi.

— Oui, oui, — répondit la malade en se retournant vers la ruelle, où elle s'était remise sur son lit, — quand nous vous reverrons pour nous proposer ces belles choses-là, ce sera la semaine des quatre jeudis.

— Ce sera demain, madame Lacombe, — répondit Louis.

Puis, s'adressant à la jeune fille :

— Adieu, Mariette. A demain donc, je viendrai avec mon père.

— Mon Dieu ! Louis, il serait vrai ! — répondit-elle en serrant tendrement les mains du jeune homme entre les siennes. — Après tant de chagrins, le bonheur viendrait enfin... le bonheur pour toujours !

— Allez-vous bientôt finir ? vous me rompez la tête avec votre bonheur ! — s'écria aigrement la malade. — Laissez-moi donc en repos; et toi, Mariette, ne bouge pas de là : tu meurs d'envie d'accompagner ce menteur-là dans l'escalier ; mais j'ai dit non, c'est non.

Louis et Mariette échangèrent un dernier regard, et le jeune homme dit tout bas :

— A demain, Mariette, ma bien-aimée, ma femme !

— Va-t-il décaniller à la fin!—s'écria la malade.

Louis quitta la chambre. Mariette revint lentement s'asseoir auprès du lit de sa marraine.

Peu d'instans après cette scène, le jeune homme se rendait en hâte à l'échoppe de son père, où il espérait le rencontrer, mais il trouva l'échoppe fermée, s'informa de M. Richard, et il apprit qu'il n'avait pas paru ce jour-là au Charnier des Innocens. Etonné de ce dérangement si grave dans les habitudes régulières du vieillard, Louis courut alors à la rue de Grenelle, leur commun logis.

XI.

Louis Richard arriva bientôt rue de Grenelle. Au moment où il passait devant la loge du portier, celui-ci lui dit :

— Monsieur Louis, votre père est sorti il y a deux heures; il a laissé cette lettre pour vous; je devais la porter à votre étude si vous n'étiez pas revenu ici avant deux heures de l'après-midi.

Le jeune homme prit cette lettre ; elle contenait ce qui suit :

« Mon cher enfant,

» Je reçois à l'instant quelques lignes de mon ami Ra-
» mon; il m'apprend qu'il part de Dreux avec sa fille en
» même temps que sa lettre, et qu'il arrivera aujourd'hui
» à Paris.
» Comme il n'a été de sa vie en chemin de fer, et qu'il
» se fait un plaisir d'essayer de ce genre de locomotion,
» il s'arrêtera à Versailles, où il nous prie de venir l'atten-
» dre. Nous visiterons le palais et nous reviendrons tous
» à Paris par l'un des derniers convois.
» Je t'attends à l'hôtel du Réservoir. Si je suis déjà parti
» avec Ramon et sa fille pour notre excursion au palais,
» tu sauras bien nous retrouver. Il est entendu que cette
» entrevue avec mademoiselle Ramon ne t'engagera nulle-
» ment pour l'avenir. Je désire seulement que, profitant de
» l'occasion qui se présente aujourd'hui, tu puisses, grâce
» à un sérieux examen, reconnaître l'injustice de tes pré-
» ventions contre cette jeune personne. D'ailleurs, tu com-
» prendras que, quels que soient tes projets, il serait très
» désobligeant pour Ramon, un de mes meilleurs amis,
» de te voir manquer au rendez-vous qu'il nous donne.
» Viens-y donc, mon cher Louis, ne fût-ce que par con-
» venance.
» Ton père qui t'aime, et qui n'a au monde qu'un désir :
» ton bonheur !

» A. RICHARD. »

Louis, malgré sa déférence ordinaire aux volontés de son père, s'abstint de se rendre à Versailles, sentant la complète inutilité d'une nouvelle entrevue avec mademoiselle Ramon, puisqu'il était plus décidé que jamais à épouser Mariette.

L'étrange révélation qui lui avait fait connaître la fortune de son père changea si peu les modestes et laborieuses habitudes de Louis, qu'il se rendit en hâte à son étude afin d'y accomplir son devoir et d'excuser son absence durant la matinée. Quelques travaux pressés auxquels il se livra, non sans de nombreuses distractions causées par les divers incidens de la journée, le retinrent longtemps à son étude. Au moment où il se disposait à sortir, un de ses camarades entra en s'écriant :

— Ah ! mes amis, quel événement ! quel malheur !

— Quoi ? qu'y a-t-il ?

— Je viens de rencontrer quelqu'un qui arrive de la gare du chemin de fer de Versailles.

— Du chemin de fer ! — dit Louis en tressaillant. — Eh bien ! qu'est-il arrivé ?

— Un épouvantable accident.

— Grand Dieu ! — s'écria Louis en pâlissant.

— Achevez.

— Le convoi de retour sur Paris a déraillé ; les wagons se sont amoncelés les uns sur les autres, le fourneau de la machine a mis le feu aux voitures, et l'on dit que presque tous les voyageurs ont été écrasés ou brûlés, et que...

Louis, saisi d'une angoisse mortelle, n'en put pas entendre davantage. Oubliant de prendre son chapeau, il se précipita hors de l'étude, courut à une porte cochère où se tenait habituellement un cabriolet *de régie*, et, sautant dans cette voiture, il dit au cocher :

— Vingt francs de pourboire si vous me conduisez à toute bride au chemin de fer de Versailles... et de là... ailleurs... je ne sais encore où... Mais partons, au nom du ciel, partons !

— Rive droite ou rive gauche, monsieur ? — dit le cocher en fouettant son cheval.

— Comment ?

— Il y a deux gares, monsieur, celle de la rive droite et celle de la rive gauche.

— Je veux aller sur la ligne où vient d'arriver un affreux malheur.

— C'est la première nouvelle que j'en apprends, monsieur.

Louis se fit reconduire à son étude, afin de se renseigner auprès de celui de ses camarades qui avait apporté la nouvelle de l'événement ; mais n'ayant plus trouvé personne chez son notaire, le fils de l'avare remonta en cabriolet avec un redoublement d'angoisse.

— Monsieur, — lui dit le cocher, — je viens d'apprendre que c'est sur la rive gauche.

Louis, tiré de son indécision, se fit mener à l'embarcadère de la rive gauche. Là, l'événement lui fut confirmé; il apprit aussi à quel endroit de la ligne cet affreux malheur était arrivé. La grande route d'abord, un chemin de traverse ensuite, lui permirent de s'avancer jusqu'à une de distance du Bas-Meudon, vers la tombée de la nuit. Il se jeta hors du cabriolet et, guidé par les dernières lueurs de l'incendie des wagons amoncelés, il se trouva bientôt sur le lieu du sinistre.

Les récits contemporains ont si longtemps retenti de cette catastrophe, qu'il est inutile d'entrer ici dans de nouveaux détails ; nous dirons seulement que, pendant toute la nuit, en vain Louis rechercha son père parmi ces corps calcinés, défigurés ou affreusement blessés. Vers quatre heures du matin, le jeune homme, brisé de douleur, de fatigue, revint à Paris, n'ayant plus qu'un espoir, c'est que son père, ayant, ainsi qu'un petit nombre de voyageurs, échappé au danger, eût regagné sa demeure pendant la soirée.

A peine arrivé devant la porte de sa maison, Louis descendit de cabriolet et courut à la loge du portier :

— Mon père est-il rentré ? — furent ses premiers mots.

— Non, monsieur Louis.

— Ah ! plus de doute ! — murmura-t-il en étouffant ses sanglots; — mort !... mort !...

Et ses genoux fléchissant sous lui, il fut obligé de s'asseoir, et faillit s'évanouir.

Après s'être reposé quelques instans chez le portier, qui lui offrit les banales condoléances d'usage, Louis regagna lentement sa chambre.

A la vue de cette pauvre demeure, si longtemps partagée avec un père qu'il avait si tendrement aimé, et qui venait de périr d'une mort épouvantable, la douleur de Louis atteignit à son comble ; il se jeta sur son lit, cachant sa figure entre ses mains, et donna un libre cours à ses sanglots.

Depuis une demi-heure environ, il s'abîmait dans un profond désespoir, lorsqu'il entendit frapper à sa porte, et le portier entra.

— Que voulez-vous ? —dit Louis en essuyant ses pleurs.

— Monsieur Louis, je suis bien fâché de vous déranger dans un pareil moment, mais c'est le cocher...

— Quoi?—demanda Louis, qui, tout à sa douleur, avait oublié le cabriolet.—Quel cocher ?

— Mais le cocher que vous avez gardé toute la nuit. Il paraît que vous lui avez promis vingt francs pour boire, ce qui fait, avec ses heures de course d'hier et de cette nuit, quarante-neuf francs, et il les demande.

— Eh ! mon Dieu ! — dit le jeune homme avec une douloureuse impatience, — donnez-lui cet argent, et laissez-moi !

—Mais, monsieur Louis, quarante-neuf francs, c'est une grosse somme ! Et je ne l'ai pas, moi !

— Ah ! mon Dieu ! comment faire ? — s'écria Louis, rappelé par cette demande aux intérêts matériels de la vie.— Je n'ai pas d'argent.

Et il disait vrai, car jamais il n'avait eu à sa libre disposition le quart de la somme qu'il devait au cocher.

— Mais alors, monsieur, — reprit le portier, — comment prenez-vous des cabriolets de régie à l'heure, et la nuit encore, en leur promettant des pourboire de vingt francs ? Vous êtes donc fou ! Comment allez-vous faire ? Voyez au moins s'il n'y a pas quelque monnaie dans le tiroir de feu votre père ?

A ces derniers mots, Louis se souvint de ce que, dans sa douleur, il avait jusqu'alors oublié. On lui avait dit que son père était riche. Songeant alors que peut-être il y avait dans la chambre quelque argent caché, mais ne voulant pas se livrer à ces recherches devant le portier, il lui dit :

— Il se peut que j'aie besoin du cabriolet ce matin; qu'il attende. D'ici à une demi-heure je ne suis pas descendu, vous remonterez ; je vous remettrai l'argent.

— Mais, monsieur, cette attente va encore augmenter vos frais, et, si vous n'avez pas de quoi payer, il faudra...

— C'est bien, — reprit Louis en l'interrompant brusquement, — je sais ce que j'ai à faire.

Le portier sortit. Le jeune homme, resté seul, éprouva une sorte de remords en songeant aux recherches qu'il allait tenter ; cette investigation, dans un pareil moment, lui semblait sacrilège ; mais, forcé par la nécessité, il se résigna.

Le mobilier de la chambre se composait d'une table à écrire, d'une commode, et d'un vieux bahut en noyer pareil à ceux que l'on voit chez les paysans aisés ; il se composait de deux compartimens superposés l'un à l'autre.

Louis visita la table et la commode : il n'y trouva pas d'argent ; les deux clefs du bahut étaient aux serrures des compartimens ; il les ouvrit et ne vit que quelques hardes sur les planches ; un long tiroir séparait les deux corps de ce meuble ; dans ce tiroir, Louis ne trouva que quelques papiers sans importance. Cependant, pensant à la possibilité d'une cachette, l'idée lui vint de faire sortir ce tiroir de ses rainures ; d'abord il n'aperçut rien, mais un examen plus attentif lui fit découvrir un bouton de cuivre effleurant la rainure gauche ; il poussa ce bouton ; aussitôt il entendit dans le corps inférieur du meuble un léger grincement semblable à celui de deux charnières qui se déploient ; il se baissa et vit la planche qui semblait former un compartiment s'abaisser lentement en mettant à jour un double fond, creux de six pouces environ, et s'étendant dans toute la partie postérieure du meuble. Plusieurs tablettes transversales, disposées comme les rayons d'une bibliothèque et recouvertes de velours rouge garnissaient cette cachette ; sur chacune d'elles on voyait, symétriquement rangées, d'innombrables piles de pièces d'or, de tous les modèles, de tous les pays, de toutes les époques ; évidemment chacune de ces pièces devait avoir été souvent nettoyée, lustrée, car elles étincelaient comme si elles venaient de sortir du balancier.

Louis, malgré son accablante tristesse, resta un moment ébloui à la vue de ce trésor, dont la valeur devait être considérable. Cette première impression passée, il remarqua un papier placé sur la première tablette, le prit, et reconnaissant l'écriture de son père, il lut ces mots :

« Cette collection de pièces d'or a été commencée le
» 7 septembre 1803 ; sa valeur vénale se monte à 287,634
» fr. 10 c. (Voir le pagraphe IV de mon testament confié à
» maître Marainville, notaire, rue Sainte-Anne, nº 28, dé-
» positaire de mes titres de rentes, actions et autres va-
» leurs de portefeuille. Voir aussi l'enveloppe cachetée,
» placée derrière les piles de quadruples d'Espagne, cin-
» quième tablette.) »

Louis dérangea plusieurs piles de ces épaisses et larges pièces d'or, et trouva en effet une enveloppe cachetée de noir.

Sur cette enveloppe on lisait ces mots écrits en grosses lettres :

« A MON CHER ET BIEN-AIMÉ FILS. »

Au moment où Louis mettait la main sur cette enveloppe, on frappait à la porte. Se rappelant qu'il avait dit au portier de revenir bientôt, il n'eut que le temps de prendre un des quadruples d'or et de pousser les ventaux du meuble, qui se refermèrent sur le trésor.

Le portier examina avec autant de surprise que de curiosité le doublon que le jeune homme venait de lui remettre, et s'écria d'un air ébahi :

— Quelle belle pièce d'or ! On la croirait toute neuve. Je n'en ai jamais vu de pareille.

— Il suffit, — reprit Louis ; — allez payer.

— Combien cela vaut-il donc, une belle pièce d'or comme cela, monsieur ?

— Cela vaut plus que la somme que je dois ; allez chez un changeur et payez le cocher.

— Monsieur Louis, — reprit le portier d'un ton mystérieux, — est-ce que le père Richard vous a beaucoup laissé de ces belles pièces-là ? Qui est-ce qui aurait jamais cru que ce pauvre bonhomme... ...

— Sortez ! — s'écria Louis, irrité du cynisme de cette question ; — allez payer le cocher et ne revenez pas.

Le portier se hâta de se retirer. Louis, afin d'être à l'abri de nouvelles indiscrétions, s'enferma, ôta la clef de la serrure, et revint au bahut.

Avant d'ouvrir le testament de son père, et pendant un moment encore, le jeune homme contempla, presque malgré lui, l'éblouissant trésor. Mais cette fois, et quoiqu'il se reprochât cette pensée trop riante dans un si funèbre moment, il songeait à Mariette, se disant que le quart de la somme qu'il avait sous les yeux lui suffirait pour assurer à jamais le bien-être et l'indépendance de sa femme.

Puis il tâchait d'oublier le cruel stratagème employé par son père à l'égard de la pauvre ouvrière, et se plaisait même à croire que son mariage avec elle aurait obtenu l'assentiment du vieillard, et que, sans avouer les richesses qu'il possédait, il eût du moins assuré le sort des nouveaux époux.

La découverte de ces richesses n'inspirait pas à Louis une de ces joies cupides et vengeresses que ressentent presque toujours les héritiers d'un avare, lorsqu'ils songent aux privations cruelles que cette avarice leur a fait souffrir.

Ce fut, au contraire, avec un touchant et pieux respect que le jeune homme prit le testament de son père et que, d'une main tremblante d'émotion, il décacheta le pli qui contenait sans doute les dernières volontés du vieillard.

XII.

Le testament du vieillard, écrit depuis deux mois environ, était ainsi conçu :

« Mon fils bien-aimé, lorsque tu liras ces lignes j'aurai
» cessé de vivre.

» Tu m'as toujours cru pauvre ; je te laisse une grande
» fortune accumulée par mon AVARICE.

» J'ai été avare, je ne m'en défends pas ; loin de là,
» je m'en honore, je m'en glorifie.

» Et voici pourquoi :

» Jusqu'au jour de ta naissance, qui m'a ravi ta mère,
» j'avais, sans me montrer prodigue, été assez insoucieux
» d'augmenter mon patrimoine et la dot que m'avait ap-
» portée ma femme ; dès que j'ai eu un fils, ce sentiment
» de prévoyance, qui devient un devoir sacré lorsqu'on
» est père, s'est peu à peu changé chez moi en éco-
» nomie, puis en parcimonie, puis enfin en AVARICE.

» Du reste, les privations que je m'imposais, tu n'en
» souffris jamais dans ton enfance. Né sain et robuste,
» la mâle simplicité de ton éducation a aidé, je le crois,
» au développement de ton excellente constitution.

» Lorsque tu as été en âge de recevoir l'instruction, je
» t'ai envoyé dans une des écoles ouvertes à la pauvreté ;
» d'abord, c'était pour moi une économie (il n'y a pas de
» petites économies) ; ensuite, tu devais puiser dans cette
» éducation commune l'habitude d'une vie modeste, labo-
» rieuse. Le succès a dépassé mon attente. Elevé avec
» des enfans pauvres au lieu de l'être avec des enfans
» riches ou aisés, tu n'as ressenti aucun de ces goûts fac-
» tices, dispendieux, aucune de ces amères, au-
» cune de ces jalousies vaniteuses, qui influent presque
» toujours fatalement sur nos destinées.

» Je t'ai ainsi épargné beaucoup de chagrins, qui pour
» être enfantins n'en sont pas moins cruels.

» Tu n'as pas eu à comparer ta condition à des conditions
» plus hautes ou plus opulentes que la tienne.

» Tu n'as pas éprouvé une sorte de regret haineux
» en entendant tel de tes camarades parler de la splendeur
» de l'hôtel de son père, tel autre vanter l'antique no-
» blesse de sa race, tel autre, enfin, supputer les riches-
» ses dont il jouirait un jour.

» L'on croit généralement que, parce que des enfans
» de conditions très dissemblables portent le même unifor-
» me, mangent à la même table, suivent les mêmes
» cours au collège, le sentiment de l'égalité existe entre
» eux.

» Erreur profonde.

» L'inégalité sociale est aussi bien comprise parmi les
» enfans qu'elle l'est dans le monde.

» Presque toujours le fils d'un riche bourgeois, ou d'un
» grand seigneur, montre à dix ans la morgue ou la hau-
» teur qu'il déploiera quinze ans plus tard.

» Que les enfans soient de *petits hommes*, ou que les
» hommes soient de *grands enfans*, peu importe : tout
» âge a la conscience de sa condition.

» Quant à toi, élevé avec des enfans du peuple, tu les
» entendais tous parler des rudes labeurs de leur père et
» de leur mère ; aussi, l'indispensable nécessité du travail
» s'est dès ton plus jeune âge gravée dans ton esprit.

» D'autres de tes condisciples racontaient les privations,
» la misère de leur famille ; ainsi tu t'es accoutumé à l'i-
» dée de notre pauvreté.

» Enfin tu as vu le plus grand nombre de ces enfans
» résignés, courageux (la résignation, le courage, deux des
» plus grandes vertus du peuple), et jamais jusqu'ici, mon
» fils bien aimé, la résignation, le courage, ne t'ont fait dé-
» faut.

» A quinze ans, je t'ai fait concourir pour une bourse
» d'externe dans une école communale supérieure, où tu
» as achevé tes études ; ta première éducation avait déjà
» porté d'excellens fruits, car dans cette nouvelle école,
» bien que plusieurs de tes camarades appartinssent à
» l'aristocratie de naissance ou de fortune, leur contact n'a
» en rien altéré tes qualités précieuses, et tu ne con-
» nus jamais la jalouse envie.

» A dix-sept ans, tu es entré petit clerc chez un notaire,
» mon ami, qui seul a eu le secret et l'administration de
» ma fortune ; jusqu'à cette heure où j'écris ces lignes,
» la discrétion de cet ami a égalé son dévoûment ; la
» modeste carrière que tu étais appelé à parcourir ne t'ins-
» pirait pas d'éloignement ; l'amitié de ton patron pour moi
» me répondait de sa sollicitude à ton égard ; il t'a donné
» des leçons de droit public, et grâce à ses soins, aux
» travaux dont il t'a progressivement chargé, tu as ac-
» quis près de lui une parfaite connaissance des affaires ;
» ainsi, grâce à ma prévision, tu vas être à même de gé-
» rer habilement, fructueusement, les biens considérables
» que je t'ai amassés.

» Ma conscience ne me reproche rien, et cependant
» parfois, je te l'avoue, j'ai craint que tu n'adresses à ma
» mémoire ce reproche :

» *Pendant que vous entassiez des richesses, mon père,*
» *vous me voyiez sans pitié souffrir de cruelles privations.*

» Mais la réflexion chassait toujours cette crainte de
» mon cœur ; je me rappelais, mon cher enfant, combien
» de fois tu m'as dit que, bien que pauvre, ta condition te
» satisfaisait, et si tu désirais un peu de bien-être, c'était
» pour moi seul.

» En effet, ton inaltérable bonne humeur ; ta douceur,
» l'égalité de ton caractère, ta gaîté naturelle, ta tendresse
» pour moi, m'ont toujours prouvé que ton sort te con-
» tentait ; d'ailleurs, je le partageais. Ce que je gagnais,
» de mon côté, dans mon métier d'écrivain public, joint à
» tes économies, nous permettait de vivre sans toucher à
» mes revenus. Ainsi capitalisés, ils ont fructifié entre les
» mains prudentes de leur dépositaire ; cela dure depuis
» près de vingt ans. Aussi aujourd'hui, jour où j'écris ce
» testament, la fortune que je te laisserai se montera à
» près de deux millions et demi.

» Je ne sais combien d'années il me reste encore à vi-
» vre ; mais que je vive seulement encore dix ans, j'aurai
» atteint le terme moyen de l'existence humaine ; tu au-
» ras alors trente-cinq ans, et je t'aurai amassé une for-
» tune de quatre ou cinq millions, puisque un capital se
» double en dix ans.

» Ainsi, selon toute probabilité (à moins qu'un coup im-
» prévu me frappe), lorsque tu entreras en possession de
» ces grands biens, tu atteindras ta complète maturité ;
» tes habitudes sobres, modestes, laborieuses, contrac-
» tées depuis l'enfance, seront pour toi une seconde na-
» ture. Ton intelligence des affaires se sera encore déve-
» loppée par la pratique. Joins à ces avantages la recti-
» tude de ton esprit, la forte trempe de la constitution
» physique que nul excès précoce n'aura affaiblie, et
» maintenant, mon cher enfant, dis-moi si tu ne te trouve-
» ras pas dans la meilleure condition possible pour hériter
» de la fortune que je t'ai créée, et pour en user selon tes
» goûts, qui, je le pressens, seront aussi généreux qu'ho-
» norables.

» Pourquoi, te diras-tu peut-être, me suis-je borné à
» laisser mes fonds se capitaliser sans tenter quelque
» grande opération financière, ou sans me donner toutes
» les jouissances du luxe ?

» Pourquoi cela ? Je vais te le dire, mon cher enfant.

» Mon avarice a eu sa source, il est vrai, dans un senti-
» ment de prévoyance paternelle. Mais cette avarice a fini
» par prendre tous les caractères inhérens à cette violente
» passion.

» Or, j'ai pu, je puis encore me priver de tout afin d'en-
» tasser richesses sur richesses, parce que je me dis avec
» bonheur que c'est pour toi que j'entasse, et que tu hé-
» riteras un jour. Mais, de mon vivant, me dessaisir
» de mes biens dans tel ou tel but, ou les risquer dans
» des opérations financières ? Impossible, oh ! impossible !

» Ce serait me déchirer les entrailles; car sais-tu ce qui
» fait de la possession de nos trésors une seconde vie pour
» nous autres avares? C'est que, sans dépenser, sans hasar-
» der un denier, nous nous livrons en imagination aux opé-
» rations les plus immenses, aux magnificences les plus
» inouïes. Et cela n'est pas un vain désir, un songe creux.
» Non, non, de par l'état de ma caisse, ces magnificences
» étaient réalisables demain, aujourd'hui, sur l'heure.

« Comment alors veux-tu qu'un *avare* ait le courage ou
» la volonté de se désaisir d'un pareil talisman? Comment!
» pour un projet, pour un seul rêve réalisé, on irait sa-
» crifier mille projets, mille rêves toujours réalisables, sur-
» tout lorsqu'on se dit: — Quel mal est-ce que je fais? A
» qui portai-je dommage? Mon fils jusqu'ici ne s'est-il pas
» trouvé heureux de son sort? Ne ferait-il pas l'orgueil
» des pères les plus fiers de leur enfant? N'est-ce pas
» après tout pour lui, *pour lui seul* que je thésaurise?

» Et puis enfin, j'aurais agi différemment, voyons,
» quel bien en serait-il résulté pour mon fils et pour moi?

» Si j'avais été *prodigue*, ma prodigalité t'eût laissé dans
» la misère, mon pauvre cher enfant.

» Me serais-je borné à dépenser sagement mon revenu?

» Alors, au lieu de nous adonner au travail, nous se-
» rions sans doute restés oisifs; au lieu de vivre pauvre-
» ment, nous aurions eu quelques jouissances physiques,
» quelques satisfactions vaniteuses. Nous eussions enfin
» vécu comme tous les bourgeois aisés de notre con-
» dition.

» A cela, qu'eussions-nous gagné?
» Serions-nous devenus meilleurs? Je ne sais. Mais à ma
» mort je ne t'aurais laissé qu'un revenu raisonnable, et
» non suffisant à la réalisation d'aucune vaste et géné-
» reuse entreprise.

» Un dernier mot, mon cher enfant, pour répondre
» d'avance à un reproche que tu adresseras peut-être
» à ma mémoire.

» Crois-le bien, si je t'ai laissé ignorer mes richesses,
» ce n'est par un sentiment de dissimulation ou par mé-
» fiance de moi.

» Voici quelles ont été mes raisons:
» Ignorant nos richesses, tu te résignais facilement à la
» pauvreté; instruit, au contraire, de notre fortune, tu
» aurais accepté peut-être sans murmurer l'humble exis-
» tence que je t'imposais, mais tu m'aurais intérieure-
» ment accusé de dureté, de bizarre égoïsme. Qui sait
» enfin si la certitude de ta richesse à venir n'eût pas,
» peu à peu, dénaturé tes précieuses qualités?

» Ce n'est pas tout, et pardonne-moi, cher enfant, cette
» crainte insensée, cette appréhension si outrageante
» pour ton excellent cœur; mais, pour jouir de la ten-
» dresse filiale dans tout ce que son désintéressement
» avait de plus pur, de plus touchant, de plus saint, je
» n'ai pas voulu, de mon vivant, *te donner l'arrière-pensée*
» *d'un opulent héritage.*

» Une dernière raison, enfin, et peut-être la plus grave
» de toutes, m'a conduit à te cacher ma richesse... Je t'ai-
» me tant... vois-tu, qu'il m'eût été impossible de te voir
» subir la moindre privation, si tu avais su qu'il dépendait
» de moi de te donner la vie la plus large, la plus somp-
» tueuse.

» Malgré l'apparente contradiction qui semble exister
» entre ce sentiment et ma conduite avaricieuse envers
» toi, j'espère, mon cher enfant, que tu comprendras ma
» pensée.

» Et maintenant que par la pensée je me mets face à
» face avec la mort, qui peut me frapper demain, au-
» jourd'hui, tout à l'heure... je déclare en ce moment su-
» prême et solennel, que je te bénis du plus profond de
» mon âme, cher enfant bien-aimé, toi qui ne m'as ja-
» mais donné que joie et bonheur en ce monde.

» Sois donc béni, Louis, mon bon et tendre fils, sois heu- » reux selon tes mérites, et mes derniers désirs seront com-
» blés.

» Ton père, A. RICHARD.
» Écrit en double, à Paris, le 25 février 18**. »

Louis, profondément ému de la lecture de ce singulier testament, pleura longtemps, réfléchissant à la bizarrerie de son père.

Le jour touchait à sa fin, lorsque le jeune héritier entendit frapper à la porte de la mansarde, et la voix bien connue de Florestan de Saint-Herem arriva jusqu'à lui.

XIII.

Saint-Herem se jeta dans les bras de son ami, et lui dit:
— Louis! mon pauvre Louis! je sais tout. Hier, je t'avais promis de venir m'informer de ce qui t'intéressait: tout à l'heure, lorsque je suis monté ici, ton portier m'a appris la mort de ton père. Ah! quel cruel et subit événement!

— Tiens, Florestan, — reprit Louis d'une voix pleine de larmes, en remettant à Saint-Herem le testament du vieillard, — lis, et tu comprendras si mes regrets doivent être amers.

Lorsque Saint-Herem eut achevé la lecture du testament, Louis reprit:

— Eh bien! dis, maintenant, crois-tu que quelqu'un puisse blâmer mon père de son avarice? Sa seule pensée n'a-t-elle pas toujours été de m'enrichir, de me mettre à même de m'enrichir davantage encore, ou de faire un généreux usage des grands biens qu'il me laisse? C'était pour moi qu'il thésaurisait en s'imposant les plus rudes privations!...

— Rien ne m'étonne de la part d'un avare, — répondit sincèrement Florestan. — Les avares sont capables de grandes choses... et je dis cela pour tous ceux qui sont en proie à cette passion puissante et féconde.

— Florestan, n'exagérons rien.

— Cela te semble un paradoxe? Rien n'est pourtant plus vrai. On a toujours été envers les avares d'une injustice stupide, — ajouta Saint-Herem avec un enthousiasme croissant. — Les avares! mais l'on devrait leur élever des autels! Les avares! mais c'est prodigieux, le génie qu'ils emploient à inventer des économies inconcevables, impossibles! C'est quelque chose de merveilleux que de les voir, grâce à leur opiniâtre et savante parcimonie sur toute chose, faire de l'or avec des épargnes en apparence insaisissables, bouts d'allumettes conservés! épingles ramassées! centimes portant intérêts! liards placées à la grosse aventure! Et l'on ose nier les alchimistes, les inventeurs de la pierre philosophale! Mais l'avare la trouve, lui, la pierre philosophale! Encore une fois, ne fait-il pas de l'or avec ce qui n'est rien pour les autres!

— Sous ce rapport tu as raison, Florestan.

— Sous ce rapport et sous tous les rapports, car enfin... Mais tiens, Louis, suis bien ma comparaison: elle est juste et digne de mes beaux jours de rhétorique! Voici un terrain sec, stérile; on y creuse un puits, qu'arrive-t-il? les moindres sources, les plus petits filets d'eau souterraine, les plus imperceptibles pleurs de la terre, évaporés ou perdus jusqu'alors sans profit pour personne, se concentrent goutte à goutte au fond de ce puits; peu à peu l'eau monte, grandit; le réservoir s'emplit, et vient ensuite une main bienfaitrice conservés épanchi largement au dehors cette onde salutaire: verdure et fleurs naissent comme par enchantement sur ce sol naguère si triste, si nu, Eh bien! Louis, ma comparaison est-elle juste? Le trésor caché de l'avare n'est-ce pas ce puits profond où, grâce à son opiniâtre et courageuse épargne, ses richesses s'amassent goutte à goutte, sou à sou, et, sans l'avare, n'eussent-elles pas été dissipées presque sans profit pour personne, ces milliers de gouttelettes de cuivre, converties en argent, puis en or, et qui, accumulées, forment un réservoir d'où peuvent s'épandre à flots le luxe, la magnificence, les prodigalités de toutes sortes !

— En vérité, Florestan, — dit Louis distrait de sa douleur par la verve de son ami,—si mon jugement sur la conduite de mon pauvre père avait pu être influencé par ma tendresse filiale, les raisons que tu me donnes, au point de vue philosophique, me prouveraient du moins que je ne me suis pas abusé.

— Je le crois bien, tu es dans le vrai ! car, si au point de vue philosophique nous envisageons l'avare, il est pardieu bien plus admirable encore !

— Ceci, mon ami, me paraît moins juste.

— Comment ! moins juste ? voyons, réponds : admets-tu que, tôt ou tard, les richesses si laborieusement amassées par l'avare s'épanchent presque toujours en magnificence de toutes sortes, car le proverbe a dit : *A père avare, fils prodigue.*

— Soit ; j'admets la prodigalité comme dispensatrice presque ordinaire de ces trésors si longtemps enfouis, mais où vois-tu de la philanthropie là dedans ?

— Où j'en vois ? mais partout ! mais dans tout ! Est-ce que les conséquences du luxe, de la magnificence, n'amènent pas le bien-être et l'aisance de cent familles qui tissent la soie, le velours, la dentelle ! qui cisèlent l'or et l'argent, qui montent les pierres précieuses, bâtissent des palais, sculptent l'ébène des meubles, vernissent les voitures, élèvent les chevaux de race, cultivent les fleurs rares ? Est-ce que peintres, architectes, cantatrices, musiciens, danseuses, tout ce qui est enfin métier, art, plaisir, enchantement, poésie, n'a pas une large part à la pluie d'or qui fait éclore ces merveilles ? Et cette pluie d'or, d'où sort-elle, sinon de ce magique réservoir si lentement mais si opiniâtrement rempli par l'avare ? Ainsi donc, sans l'avare, pas de réservoir, pas de pluie d'or, et aucune des merveilles que cette splendide rosée peut seule féconder. Maintenant veux-tu que nous abordions l'avare au point de vue catholique ?

— L'avare ?... au point de vue catholique !

— Certes, c'est là surtout qu'il est superbe !

— Je te l'avoue, cette thèse me semble difficile à soutenir !

— Elle est des plus simples, au contraire. Voyons. Dis-moi, une des plus grandes vertus catholiques, c'est l'abnégation, n'est-ce pas ?

— Sans doute.

— C'est le renoncement absolu aux joies du monde, une vie de privations atroces ! une vie d'anachorète dans la Thébaïde !

— Certes.

— N'est-il pas aussi d'un excellent procédé pour le salut des catholiques d'être vilipendés, bafoués, honnis, conspués, abhorrés pendant leur vie, et de supporter ces outrages avec une imperturbable sérénité ?

— C'est encore vrai.

— Eh bien ! mon cher Louis, je te défie de me citer un ordre monastique dont les membres pratiquent aussi absolument, aussi sincèrement, que la plupart des *avares* le renoncement aux plaisirs d'ici-bas. Et bien plus, presque tous les moines ne font-ils pas vœu de pauvreté comme un aveugle de naissance ferait vœu de n'y voir point clair ! Les capucins renoncent aux danseuses, au vin de Champagne, aux chevaux de courses, aux hôtels, à la chasse, au lansquenet, à l'Opéra. Je le crois pardieu bien qu'ils y renoncent ! La plupart ont de bonnes raisons pour cela ; mais l'*avare*, quelle différence ! Voilà un renoncement vraiment héroïque ! Avoir sous clef, dans son coffre, toutes les jouissances, toutes les ivresses, tous les enchantemens de l'âme, de l'esprit des et sens, et posséder l'incroyable courage de se refuser tant de délices ! Ah ! crois-moi, Louis, là est la force, là est le triomphe d'une volonté énergique.

— C'est qu'aussi l'avarice étouffe presque toujours les autres passions, et le renoncement coûte moins à l'avare qu'à tout autre. En se privant, il satisfait sa passion dominante.

— Justement ! Et n'est-ce donc pas une puissante, une grande passion, que celle-là qui aboutit à de tels renoncemens ? Et ce n'est rien encore : comme désintéressement, l'avare est sublime.

— Le désintéressement de l'avarice ? Ah ! Florestan !

— Il est sublime de désintéressement, te dis-je ! L'avare ne s'abuse pas, lui ; il est pendant sa vie exécré, honni ; il le sait bien, et il sait bien aussi qu'à peine mort, ses héritiers danseront presque toujours une des plus ébouriffantes farandoles, en buvant à l'heureuse fin du *fesse-mathieu*, du *grippe-sous*, de l'*Harpagon*. Oui, l'avare sait tout cela, la pauvre et bonne âme ! cependant, citez-m'en un, un seul qui, dans une telle prévision, rancuneux par-de là le trépas, ait tenté de faire disparaître son trésor avec lui ? Chose facile (deux millions en billets de banque se brûlent en cinq minutes). Mais, non, ces deux avares, pleins de mansuétude et de pardon, pratiquant l'oubli des injures, laissent leur trésor à leurs héritiers. Tiens, Louis, sais-tu quelque chose de comparable au martyre d'un avare ? Et il dure non pas une heure, mais toute sa vie, car l'avare se dit incessamment : « Ce trésor amassé avec tant de peine, au prix de privations inouïes, ce n'est pas pour moi que je l'aurai amassé. Non, non ; viendra l'heure fatale où cet or, auquel je tiens comme à mon sang, sera dissipé en prodigalités fastueuses, en folles orgies, au milieu desquelles mon nom sera bafoué, insulté, et cela... par mon fils peut-être ! et pourtant ce trésor, je ne le fais pas disparaître avec moi pour tromper et punir tant d'insolente cupidité ! » Ah ! crois-moi, Louis, c'est une forte, c'est une grande passion que l'avarice, et rien de ce qui est grand, de ce qui est fort n'est inutile. Le bon Dieu sait ce qu'il fait ; je crois que dans son intelligence, dans sa bonté infinie, Dieu n'a pas créé de passions sans but ; c'est-à-dire de forces sans emploi. S'il a doué les avares d'une incroyable concentration de volonté, c'est qu'ils ont à accomplir quelque mystérieuse destinée. Tant pis pour le vulgaire assez peu éclairé pour ignorer *la domestication* de cette passion (comme dirait le savant docteur *Gasterini*, le grand apôtre de la GOURMANDISE), tant pis pour l'humanité si elle laisse l'avarice à l'état inculte et sauvage. Greffez le poirier des bois, il vous donne au lieu d'un fruit amer un fruit savoureux. Encore une fois, toute force a et doit avoir son expansion, toute passion bien dirigée son excellent essor. Suppose, par exemple, un avare, ministre des finances d'un État, et apportant dans la gestion, dans l'économie des deniers publics, cette inflexibilité qui caractérise l'avarice : il enfantera des prodiges. *A l'encontre du surintendant Fouquet* (dit Saint-Simon), M. COLBERT, malgré ses grands biens, était en son particulier étrangement ménager. Or, Fouquet avait ruiné les finances de la France, et jamais elles ne furent plus florissantes que sous Colbert ; sans ce ministre avare, les prodigalités de Louis XIV devenaient impossibles, et tant de merveilles de magnificence et d'art et de poésie restaient dans le néant. Tu le vois donc bien, tout se relie, tout s'enchaîne ; chaque cause a son effet. Louis XIV prodigue est la conséquence de Colbert avare.

— Florestan, — reprit tristement Louis, — pendant que ce *grand roi*, dont j'ai toujours abhorré la mémoire, ruinait le pays par ses insolentes prodigalités, le peuple, écrasé d'impôts, vivait dans une atroce servitude pour subvenir au faste effronté de Louis XIV, de ses maîtresses et de ses bâtards... Ces jours, que de misères encore ! Ah ! si, comme moi, tu connaissais la vie de Mariette, par exemple ! Pauvre enfant ; si vaillante au travail pourtant ! le spectacle d'un si affreux dénûment te causerait comme à moi un sentiment amer.

— C'est vrai, mais que veux-tu, je suis philanthrope et économiste à ma manière ; je prends le temps comme il est, et, faute de pouvoir faire mieux, je dépense jusqu'à mon dernier sou, morbleu! Ce n'est pas moi que l'on accusera de faire chômer les industries de luxe.

— Mon ami, je n'accuse pas ton généreux cœur; dans l'état des choses, celui qui dépense largement, follement même ses richesses, donne du moins du travail, et le travail c'est le pain; et pourtant tu vantes l'avarice.

— Eh morbleu! mon ami, raison de plus!

— Comment?

— Qui appréciera l'excellence de l'armurier, sinon le guerrier? L'excellence du cheval, sinon le cavalier? L'excellence du luthier, sinon l'instrumentiste? Paganini pape eût canonisé Stradivarius, l'auteur de ces violons merveilleux dont le grand artiste jouait si admirablement. Or, moi qui ai la prétention de jouer admirablement du million, je canoniserais mon oncle, cet héroïque martyr de l'avarice, si la justice distributive voulait que les merveilleux instrumens de prodigalité qu'il fabrique, en entassant sou sur sou, tombassent un jour entre mes mains.

— Ah! mon Dieu!

— Qu'as-tu, Louis?

— Tu ignores donc?

— Quoi?

— Mais oui! car, ainsi que me l'avait écrit mon pauvre père, la résolution de M. Ramon de venir à Paris avait été subite.

— Mon oncle est à Paris?

— Ah! Florestan! il est des événemens étranges!

— De quel air me dis-tu cela? Que signifie...

— Et c'est moi, dans un pareil moment, et après l'entretien que nous venons d'avoir, c'est moi qui dois t'apprendre!... Ah! encore une fois, cela est étrange!

— Que dois-tu m'apprendre? Qu'y a-t-il d'étrange?

— Je t'ai parlé des projets de mon pauvre père au sujet d'un mariage entre moi et ta cousine.

— Oui. Ensuite?

— Ton oncle, ignorant mon refus et voulant hâter le moment de cette union, qu'il désirait aussi vivement que mon père, est parti hier de Dreux avec sa fille, et tous deux sont arrivés ce matin...

— A Paris? Bien. Mais pourquoi cet embarras, cette hésitation de ta part, mon cher Louis?

— Ton oncle et sa fille ne sont pas venus directement à Paris, ils se sont arrêtés à Versailles, Florestan, à Versailles, où mon pauvre père... est... est allé!

A cette pensée qui ravivait ses douleurs Louis ne put achever; ses sanglots étouffèrent sa voix.

Saint-Herem, touché de l'émotion de son ami, lui dit:

— Allons, mon ami, du courage. Je comprends ton profond chagrin, le testament de ton père doit augmenter tes regrets.

— Florestan, — dit le jeune homme après un assez long silence, en essuyant ses larmes, — si j'hésitais tout à l'heure à m'expliquer, c'est que, dans les idées de tristesse et de deuil où je suis, je crains d'être péniblement affecté en voyant la satisfaction, excusable peut-être, que va sans doute te causer la nouvelle que j'ai à te donner.

— Pour Dieu! Louis, explique-toi clairement.

— Je te l'ai dit: mon père est allé à Versailles rejoindre ton oncle et ta cousine.

— Et puis?

— Ton oncle et sa fille, ainsi que cela avait été convenu avec mon père, auront sans nul doute pris le chemin de fer comme lui, monté dans le même wagon que lui... et...

— Eux aussi! — s'écria Saint-Herem en mettant ses deux mains sur son visage. — Les malheureux!... ah! ce serait horrible!

Le cri d'effroi, l'accent de pitié de Saint-Herem, furent si spontanés, si sincères, que Louis se sentit touché de cette preuve de la bonté du cœur de son ami, dont la première impression avait témoigné d'un sentiment de généreuse commisération et non d'une joie cupide et cynique.

XIV.

Pendant quelques momens, Louis Richard et Saint-Herem gardèrent le silence.

Le fils de l'avare prit le premier la parole, et dit à son ami avec effusion:

— Je ne puis t'exprimer, Florestan, combien me touche ton mouvement de sensibilité; il est si en rapport avec ce que j'éprouve dans ce triste moment!

— Que veux-tu, mon ami, je n'éprouvais, tu le sais, aucune sympathie pour mon oncle. J'ai pu faire sur lui, et dans l'hypothèse de son héritage, de ces plaisanteries *à la Molière* et pour ainsi dire traditionnelles, railleries d'autant moins graves, d'ailleurs, que ceux dont on plaisante sont en parfaite santé; mais, dès qu'il s'agit d'un événement aussi horrible que celui dont mon oncle et sa fille peuvent avoir été victimes comme ton pauvre père, il faudrait avoir un cœur de bronze et une cupidité infâme pour ne songer qu'à l'héritage, et ne pas se sentir profondément attristé. Quant à ce que je pense de l'avarice, cette passion dont les conséquences sont si fécondes, je ne rétracte rien; j'aurais seulement donné à ma pensée un tour plus sérieux, si j'avais prévu qu'il s'agissait pour moi d'une question pour ainsi dire personnelle... Mais, tu le vois, je ne suis pas du moins de ces héritiers qui accueillent l'héritage avec une joie cynique. Maintenant, dis-moi, Louis, et pardonne à la nécessité d'une question qui va raviver ta douleur: dans les pénibles recherches que tu as faites pour retrouver ton père, rien n'a pu te donner l'espoir que mon oncle et sa fille auraient échappé à cette mort affreuse?

— Tout ce que je puis te dire, Florestan, c'est que je me rappelle parfaitement n'avoir vu ni ton oncle ni ta cousine parmi les personnes blessées ou mortes sur le coup. Quant aux victimes dont ils ont sans doute, hélas! partagé le sort, ainsi que mon père, il était impossible de reconnaître leurs traits: c'était un amas sans forme de corps calcinés, réduits presque en charbon.

Louis s'interrompit à ce terrible souvenir et des larmes coulèrent encore.

— Selon toute probabilité, mon pauvre Louis, c'est ainsi que tu me l'as dit: mon oncle et sa fille devaient se trouver dans le même wagon que ton père. Ils auront peut-être partagé son sort; je vais d'ailleurs écrire à Dreux et faire de nouvelles et actives recherches. Si tu apprends de ton côté quelque chose de nouveau, préviens-moi. Mais, j'y songe: au milieu de tant de tristes incidens, j'avais oublié de te demander des nouvelles de Mariette.

— Il s'agissait d'un cruel malentendu, ainsi que tu l'avais soupçonné, Florestan. Je l'ai retrouvée plus tendre, plus dévouée que jamais.

— Son amour sera du moins pour toi une précieuse consolation à tes chagrins. Allons, bon courage, mon pauvre Louis, courage, à bientôt! Tout ce qui vient de se passer resserre encore les liens de notre amitié.

— Ah! Florestan, sans cette amitié, sans l'affection de Mariette, je ne sais comment je pourrais supporter le coup qui m'accable. Adieu, mon ami, et tiens-moi aussi au courant de ce que tu découvriras relativement à ton oncle.

Les deux amis se séparèrent.

Resté seul, Louis réfléchit longtemps à la conduite qu'il devait tenir. Sa détermination arrêtée, il plaça dans son sac de nuit la somme en or qu'il avait découverte, prit le testament de son père, et se rendit chez son patron, notaire et ami du défunt, ainsi que Louis venait de l'apprendre en lisant les dernières volontés de l'avare.

Le notaire, douloureusement frappé des détails de la mort plus que probable de son client, tâcha de consoler Louis, et se chargea des formalités légales qui devaient constater le décès de M. Richard père.

Ces arrangemens convenus, Louis dit à son patron:

— Maintenant, monsieur, il me reste une question à vous faire. Les tristes formalités dont vous parlez étant remplies, pourrai-je disposer des biens de mon père ?
— Certes oui, mon cher Louis.
— Voici donc, monsieur, quelles sont mes intentions. Je vous apporte une somme qui se monte à plus de deux cent mille francs ; je l'ai trouvée dans un de nos meubles ; sur cette somme, je désire assurer une pension de douze cents francs à la marraine d'une jeune orpheline que je dois épouser.
— Mais cette jeune fille est-elle dans une position de fortune qui...
— Mon cher patron, — répondit Louis en accentuant les paroles suivantes d'un ton ferme et résolu, — cette jeune fille est ouvrière et vit de son travail, je l'aime depuis longtemps ; aucune puissance humaine ne m'empêcherait de l'épouser.
— Soit, — dit le notaire, comprenant l'inutilité de ses observations ; — la pension dont vous parlez sera constituée au bénéfice de la personne que vous m'indiquerez.
— Je désire prendre ensuite sur la somme dont nous parlons quinze mille francs environ, afin de monter notre ménage d'une manière convenable.
— Quinze mille francs seulement ! — dit le notaire, surpris de la modicité de cette demande ; — cela vous suffira ?
— Ma fiancée est comme moi, mon cher patron, habituée à une vie pauvre et laborieuse. Nos désirs ne s'élèvent pas au-delà d'une modeste aisance. Aussi un revenu de mille écus par année, joint à notre travail, nous suffira largement.
— Comment, joint à votre travail ! Vous comptez donc ?...
— Rester dans votre étude, si vous ne trouvez pas que j'aie démérité de votre estime.
— Votre femme rester ouvrière, et vous clerc de notaire, avec plus de cent mille livres de rentes !
— Je ne puis, je ne veux me résoudre à croire que cette grande fortune me soit acquise, mon cher patron ; et lors même que toutes les formalités judiciaires établiraient la mort probable de mon malheureux père, je conserverai toujours au fond du cœur une vague espérance de revoir celui que je regrette, que je regretterai toujours.
— Hélas ! vous vous abusez, mon pauvre Louis.
— Je m'abuserai le plus longtemps possible, monsieur, et tant que durera cette illusion, je ne me croirai pas libre de disposer ides biens de mon père, si ce n'est dans la limite que je vous indique.
— L'on ne saurait, mon cher Louis, agir avec une plus parfaite, une plus honorable réserve ; mais quel emploi ferez-vous de l'excédant de ces grands biens ?
— Je ne prendrai à ce sujet aucune résolution, monsieur, tant que je conserverai la moindre espérance de retrouver mon père. Veuillez donc demeurer dépositaire de ces richesses, et les gérer comme vous les avez gérées jusqu'ici.
— Je ne puis que vous louer, que vous admirer, mon cher Louis, — répondit le notaire avec une émotion profonde. — Votre conduite est d'ailleurs conforme à celle que vous avez toujours tenue... vous ne pouviez mieux honorer la mémoire de votre père qu'en agissant ainsi... Il sera fait comme vous le désirez : je resterai dépositaire de votre fortune, et cette somme en or restera ici intacte, sauf ce que vous prélèverez pour vos besoins. Je vais dès aujourd'hui dresser le contrat de pension viagère dont vous m'avez parlé.
— A ce sujet, mon cher patron, je dois entrer dans un détail qui peut-être vous semblera puéril, mais qui cependant à son côté pénible.
— Que voulez-vous dire ?
— La pauvre femme à qui je désire assurer cette pension a été si cruellement éprouvée par le malheur durant sa longue vie, que son caractère, généreux au fond, s'est aigri et est devenu farouche, défiant ; la moindre promesse de bonheur serait vaine à ses yeux, si cette promesse ne s'appuyait sur une preuve palpable, matérielle... Aussi, pour convaincre cette infortunée de la réalité de la pension dont nous parlons, j'emporterai une quinzaine de mille francs en or ; ils représenteront à peu près le capital de la rente viagère. C'est le seul moyen de convaincre cette pauvre femme de mes bonnes intentions pour elle.
— Rien de plus simple, mon cher Louis ; prenez ce que vous désirez, et dès aujourd'hui l'acte sera dressé.
Louis, quittant le notaire, se rendit chez Mariette.

XV.

Lorsque Louis Richard entra chez Mariette, la jeune ouvrière travaillait auprès du lit de sa marraine, qui semblait profondément endormie.
La pâleur du jeune homme, l'altération de ses traits, leur expression douloureuse, frappèrent la jeune fille, et elle s'écria en se levant et allant vivement à lui :
— Mon Dieu ! Louis, il vous est arrivé quelque chose... un malheur peut-être ?
— Un grand malheur, Mariette. Avez-vous entendu parler du terrible accident arrivé hier sur le chemin de fer de Versailles ?
— Oh ! oui, c'est affreux. On parle de je ne sais combien de victimes.
— Je n'en puis presque plus douter, mon père est au nombre de ces victimes...
Mariette, par un mouvement plus rapide que la pensée, se jeta en sanglotant au cou de Louis, et il sentit les larmes de la jeune fille inonder ses joues.
Longtemps les deux jeunes gens restèrent ainsi enlacés, sans prononcer une parole. Louis rompit le premier ce douloureux silence.
— Mariette, vous savez dans quels termes je vous ai toujours parlé de mon père... c'est vous dire mon désespoir.
— Oh ! c'est un grand malheur, Louis !
— A ce chagrin, il n'est pour moi qu'une consolation au monde, c'est votre amour, Mariette, et de cet amour e viens vous demander une nouvelle preuve.
— Parlez, ordonnez, mon cœur est à vous.
— Il faut nous marier dans le plus bref délai possible.
— Ah ! Louis ! pouviez-vous douter un moment de mon consentement ? Est-ce donc là cette preuve d'amour que vous me demandiez ? — dit la jeune fille.
Mais bientôt et comme par réflexion, elle ajouta tristement :
— Cependant, nous marier avant la fin de votre deuil, qui commence aujourd'hui, est-ce possible ?
— Je viens vous supplier, Mariette, de ne pas vous arrêter à ce scrupule, si respectable qu'il paraisse.
— Moi... je ferai ce que vous voudrez.
— Ecoutez, Mariette : longtemps, bien longtemps encore, mon cœur sera brisé par les regrets. Le véritable deuil est celui de l'âme, et chez moi il ne dépassera que trop le terme de convention fixé pour le deuil apparent. J'ai la conscience d'honorer autant qu'il est en moi la mémoire de mon père. C'est pour cela, Mariette, que je crois pouvoir ne pas me conformer à un usage de pure convenance. Ah ! croyez-moi, un mariage contracté sous l'impression douloureuse de la perte que j'ai faite aura un caractère encore plus solennel, encore plus sacré, que si nous nous mariions dans d'autres circonstances.
— Vous avez peut-être raison, Louis ; mais cependant l'usage !
Franchement, Mariette, parce que vous serez ma femme, parce que vous pleurerez mon père avec moi, parce que vous porterez son deuil, parce qu'un lien presque filial vous rattachera désormais à sa mémoire vénérée, sera-t-il moins pieusement regretté par nous ? Et puis enfin, Mariette, dans l'accablement où je suis vivre

longtemps seul, isolé de vous, me serait impossible... Tenez... je mourrais de chagrin.

— Je ne suis qu'une pauvre ouvrière, ignorante des usages du monde, je ne peux que vous dire ce que je sens, Louis. Tout à l'heure votre offre de nous marier si tôt m'avait par réflexion paru blesser ce que vous appelez les convenances ; mais les raisons que vous me donnez me font partager votre avis. Peut-être ai-je tort ; peut-être le désir d'être à vous, de faire ce qui vous plaît m'influence-t-il ? Je ne sais, Louis, mais à cette heure je n'éprouverais ni regret ni remords à nous marier le plus tôt possible. Et pourtant, il me semble que j'ai le cœur aussi susceptible qu'un autre.

— Oui, et plus ingrat qu'un autre !—s'écria soudain madame Lacombe de sa voix aigre en se dressant sur son séant. Puis, voyant la surprise se peindre sur les traits de sa filleule et de Louis, elle ajouta d'un ton sardonique :

— C'est ça, on croyait la vieille endormie ! et l'on ne se gênait pas pour parler de noce. Mais j'ai tout entendu, moi.

— Et il n'y avait rien que vous ne pussiez entendre, madame,—reprit Louis gravement. —Mariette et moi n'avons pas à rétracter une seule de nos paroles.

— Pardi !... je le crois bien... vous ne pensez qu'à vous... Vous n'avez pas d'autre idée en tête que ce damné mariage... Quant à moi, on y pense... comme si j'étais ma bière... Aussi, je ne veux pas que...

— Permettez-moi de vous interrompre, madame, — dit Louis, — et de vous prouver que je n'ai pas oublié dans ma promesse...

Ce disant, il prit un petit coffret de bois qu'il avait en entrant déposé sur la table, le posa sur le lit de madame Lacombe, et lui dit, en lui remettant une clef :

— Veuillez ouvrir ce coffret, madame, ce qu'il contient vous appartient.

Madame Lacombe prit la clef d'un air défiant, ouvrit le coffret, jeta les yeux sur son contenu, et s'écria éblouie, stupéfiée :

— Ah ! mon Dieu ! ah ! grand Dieu !

Ce premier moment de stupeur passé, la malade renversa le coffret sur son lit, et bientôt elle eut devant elle un monceau de quadruples d'or étincelans.

Madame Lacombe ne pouvait en croire ses yeux ; elle regardait les doublons, les maniait, les faisait tinter, en murmurant d'une voix entrecoupée, palpitante :

— Oh ! que d'or ! que d'or ! Et c'est du bel et bon or, pour sûr ? il ne sonne pas faux ? Mon Dieu ! les belles pièces ! On dirait des pièces de cent sous en or. Quelle grosse somme ça doit faire !

Et elle ajouta avec un soupir :

— Il y aurait pourtant là dedans le repos et l'aisance de la vie à deux pauvres femmes comme moi et Mariette !

— Il y a là, madame, — reprit Louis, — quinze mille francs environ... ils sont à vous.

— A moi !—s'écria la malade. — Comment ! à moi ?...

Puis elle secoua la tête d'un air incrédule et reprit aigrement :

— C'est ça, moquez-vous de la vieille. Laissez-moi donc tranquille ! Je vous demande un peu pourquoi cet or serait à moi ?

— Parce que cet or, — reprit affectueusement Louis, — doit servir à vous assurer une pension de douze cents francs, soit qu'après le mariage de Mariette vous veuilliez vivre seule, soit que vous préfériez rester auprès de nous ; car dès demain notre contrat sera signé, en même temps que le contrat de votre rente, et cet acte, vous le recevrez en échange de cet or. J'ai tenu à vous l'apporter afin de vous convaincre de la sincérité de mes promesses. Maintenant, madame, puisque vous nous avez écoutés, vous savez les raisons qui me font supplier Mariette de hâter notre mariage. Votre sort est, vous le voyez, désormais parfaitement assuré. Trouvez-vous encore quelque empêchement à mon union avec Mariette, pour qui vous serez toujours une seconde mère ? Dites-le nous, je vous en supplie, madame. Tout ce qui dépendra d'elle et de moi pour vous contenter, nous le ferons. Notre bonheur serait incomplet s'il vous manquait quelque chose. Allons, madame, courage ; oubliez vos longues souffrances en pensant à une position plus heureuse.

A ces bonnes paroles de Louis prononcées d'une voix émue et pénétrante, madame Lacombe ne répondit rien d'abord, puis elle mit soudain sa main sur ses yeux et se renversa sur son traversin en poussant un soupir douloureux.

Louis et Mariette se regardèrent interdits ; la jeune fille, s'agenouillant au chevet de la malade, reprit :

— Marraine, qu'avez-vous ?

Mais ne recevant pas de réponse, Mariette, se penchant davantage, vit des larmes ruisseler à travers les doigts de la malade, et s'écria, sans dissimuler sa surprise :

— O mon Dieu ! Louis, ma marraine pleure ! Depuis dix ans, c'est la première fois !

— Madame, — dit vivement le jeune homme en se penchant vers madame Lacombe, — au nom du ciel ! répondez, qu'avez-vous ?

— J'ai l'air d'une mendiante ; j'ai l'air de ne penser qu'à l'argent... et j'ai honte, — reprit la malheureuse créature en sanglotant et en continuant de cacher son visage qui, de livide, devint pourpre de confusion. — Oui, oui, vous croyez que je ne veux rien faire que pour de l'argent ; vous croyez que je vous vends Mariette pour le mariage... comme je l'aurais vendue pour la débauche, si j'avais été une mauvaise femme !

— Marraine ! — s'écria Mariette en embrassant la malade avec effusion, — ne dites pas cela. Pouvez-vous croire que Louis et moi nous ayons pensé à vous humilier en vous apportant cet argent ? Louis a fait ce que vous lui avez demandé, voilà tout.

— Je le sais bien ; mais que veux-tu, petite ? c'est la peur de mourir dans la rue ! la peur de te voir, par ce mariage, plus malheureuse encore que tu l'es, qui m'a fait demander cette rente. Je disais cela, moi, par manière de parler ; je sais bien que je n'ai pas le droit d'en avoir, des rentes ! mais si l'on se figurait ce que c'est que la crainte de se voir, comme tant d'autres, sur le pavé, à mon âge, et infirme ! C'est égal, j'ai demandé trop, j'ai eu tort. Qu'est-ce qu'il me faut ? Un matelas dans un coin, un morceau à manger, et surtout que Mariette ne me laisse pas toute seule. Je suis si habituée à la voir aller et venir autour de moi avec sa douce petite figure ! Si elle n'était plus là, je me croirais dans la nuit de la bière... Et puis, il n'y a qu'elle au monde qui puisse être bonne pour une vieille infirme comme moi... Je ne désire pas autre chose que de rester avec Mariette ; mais je veux jeter ce tas d'or à la figure, eh bien ! oui, ça m'a ébloui une minute ; mais ça m'a tant humiliée, là, au fin fond du cœur, que j'en ai pleuré, que j'en pleure, — ajouta-t-elle en essuyant ses yeux du revers de sa main. —On a beau être qu'un ver de terre, on a son amour-propre aussi. Et pourtant, quand ce mauvais homme de l'autre jour est venu m'offrir de l'or pour que je lui vende Mariette, ça aurait dû m'humilier encore plus qu'aujourd'hui. Eh bien, non ! ce que c'est que de nous ! ça m'a rendue furieuse, voilà tout. Mais cette fois-ci, oh ! c'est bien différent ! je pleure, et, tu es là pour le dire, petite, il y a peut-être dix ans que ça ne m'est arrivé. Dame ! voyez-vous, le fiel ça ronge le cœur, mais ça ne se pleure pas.

— Ah ! pleurez, pleurez, marraine ; ces pleurs-là font du bien !

— Allons, ma bonne madame Lacombe, ayez confiance dans l'avenir, — reprit Louis, de plus en plus attendri. — Mariette ne vous quittera jamais ; nous ne vivrons pas dans le luxe, mais dans une modeste aisance ; Mariette continuera de vous aimer comme sa mère, et moi je vous aimerai comme un bon fils.

La malade, après quelques instans de silence, reprit en tâchant de lire au plus profond du cœur des jeunes gens.

— C'est pour de bon ce que vous me dites ? Vous me prendrez avec vous... bien vrai ?

A cette nouvelle preuve de l'invincible défiance de cette infortunée, défiance, hélas ! légitimée par l'acharnement du malheur, Louis et Mariette échangèrent un regard de compassion ; la jeune ouvrière prit la main de la malade et lui dit de sa voix la plus tendre, la plus touchante :

— Oui, marraine, nous vous garderons avec nous, nous vous soignerons, ainsi que notre mère ; vous verrez comme nous vous rendrons heureuse... vrai... oh ! bien vrai !

— Vrai... — ajouta Louis avec expansion ; — bien vrai, bonne mère !

La voix, l'accent, la physionomie de Louis et de Mariette eussent convaincu le scepticisme en personne ; mais, hélas ! une créance absolue, complète, à un bonheur inespéré ne pouvait pénétrer, attendrir aussi brusquement cette pauvre âme depuis si longtemps corrodée par la souffrance. La malade répondit donc en soupirant et en tâchant de cacher son doute involontaire, de crainte d'affliger les deux jeunes gens :

— Je vous crois, mes enfans. Oui, je crois que M. Louis a de l'argent ; je crois que vous avez tous les deux de la bonne amitié pour moi... Mais, dame ! vous savez, au nouveau tout est beau ! En commençant, ça va comme ça bien de la bonne volonté, et puis plus tard... ça change ! Enfin, nous verrons. Et d'ailleurs, je serai gênante peut-être pour vous. De nouveaux mariés, ça aime à être seuls, et une vieille sempiternelle comme moi ça déparera votre gentil ménage ; vous craindrez que je vous bougonne ; vous vous lasserez de moi... Enfin, qui vivra verra.

Mariette, pénétrant la pensée de la pauvre vieille, lui dit avec un accent de douloureux reproche :

— Ah ! marraine, vous doutez encore de nous ! pourtant....

— Faut me pardonner, mes enfans, c'est plus fort que moi, — répondit la malheureuse en sanglotant ; puis, souriant d'un air navré, elle reprit : — Ça vaut peut-être mieux pour moi que je doute, car si, après cinquante ans de peine et de misères, j'allais tout d'un coup croire au bonheur, ça me rendrait peut-être folle. — Et elle ajouta avec un accent d'inexprimable amertume :

Ma foi ! ça ne m'étonnerait pas... j'ai toujours eu tant de chance, moi !

XVI.

Cinq ans s'étaient écoulés depuis les événemens que nous avons racontés.

La scène suivante se passait dans la soirée du 12 mai 18**, anniversaire du sinistre arrivé le 12 mai 18** sur le chemin de fer de Versailles.

Il était environ neuf heures et demie du soir : une jeune femme de vingt-cinq à vingt-six ans, très brune, d'une taille remplie d'élégance, d'une figure aussi agréable que distinguée, et d'une physionomie à la fois spirituelle et décidée, achevait une éblouissante toilette de bal ; deux de ses femmes l'assistaient ; l'une venait d'agrafer au cou de cette séduisante personne une étincelante *rivière* de diamans gros comme des noisettes, tandis que l'autre femme de chambre posait sur les beaux cheveux noirs de sa maîtresse un magnifique diadème dont les diamans égalaient en grosseur ceux du collier. Ajoutons enfin que le corsage en pointe de la robe de pou-de-soie vert tendre, garnie de dentelles magnifiques et de nœuds de satin rose, que portait la jeune femme, étincelait de merveilleuses pierreries.

Le choix de ces diamans n'avait sans doute prévalu qu'après réflexion, car sur un meuble on voyait plusieurs écrins renfermant des parures complètes et non moins splendides ; deux d'entre elles, l'une en rubis énormes, l'autre en perles fines, d'un *orient* et d'une grosseur extraordinaires, eussent fait l'admiration d'un joaillier.

L'une des deux femmes de chambre, beaucoup plus âgée que sa compagne, semblait, grâce à ses longs services, jouir d'une sorte de familiarité auprès de sa maîtresse qui, ainsi qu'elle, était Russe ; la seconde femme, jeune Française n'entendant pas le russe, assista donc sans le comprendre à l'entretien suivant, qui eut lieu entre madame la comtesse Zomaloff et sa cameriste de confiance, mademoiselle Katinka :

— Madame trouve-t-elle son diadème bien placé ainsi ?

— Oui... assez bien, — répondit la comtesse.

Et jetant un dernier regard sur la glace, elle ajouta en se levant :

— Où est mon bouquet ?

— Le voici, madame.

Mais madame Zomaloff se reculant s'écria :

— Ah ! mon Dieu ! qu'est-ce que cet affreux bouquet jauni, ridé, fané ?

— C'est M. le duc qui l'a envoyé tantôt pour madame la comtesse.

— Je reconnais là son bon goût, — dit madame Zomaloff en haussant les épaules, et elle ajouta d'un air moqueur : — C'est, je le parierais, un bouquet de *hasard* ; quelque amant qui, rompant hier matin avec sa maîtresse, n'aura pas envoyé chercher le soir le bouquet commandé. Il n'y a que M. de Riancourt au monde pour découvrir de pareils bons marchés !

— Ah ! madame, croyez-vous que M. le duc lésine à ce point?... il est si riche !

— Raison de plus !

Quelqu'un frappant à la porte d'une pièce qui précédait le salon de toilette, la femme de chambre française disparut un moment et revint dire :

— M. le duc de Riancourt est arrivé ; il est aux ordres de madame la comtesse.

— Qu'il m'attende ! — répondit madame Zomaloff. — La princesse est sans doute au salon ?

— Oui, madame la comtesse.

— C'est bien. Tiens, Katinka, agrafe ce bracelet, — reprit la jeune femme en tendant son bras charmant à sa caméeriste. — Mais quelle heure est-il donc ?

Et comme Katinka allait lui répondre, madame Zomaloff ajouta en souriant de son air moqueur :

— Après tout, qu'ai-je besoin de te faire cette question ! le duc vient d'arriver, neuf heures et demie doivent...

Le tintement d'une demie qui sonnait en ce moment à la pendule de la cheminée interrompit la comtesse. Elle reprit en riant aux éclats :

— Quand je te le disais, Katinka : c'est une véritable horloge pour l'exactitude que M. de Riancourt.

— Madame, cela vous prouve son empressement, son amour.

— Je lui préférerais un amour un peu plus déréglé. Ces gens à la minute, qui adorent à heure fixe, me paraissent avoir une montre à la place du cœur. Donne-moi un flacon... non, pas celui-ci, un autre ; oui, celui-ci. Maintenant je suis presque fâchée d'être complètement habillée et de ne pas avoir attendre plus longtemps ce pauvre duc pour le récompenser de son impitoyable exactitude.

— Mon Dieu ! madame, comme vous êtes désobligeante pour lui ; alors, pourquoi l'épousez-vous ?

— Ah ! pourquoi ? — répondit la comtesse d'un air distrait en donnant un dernier coup d'œil à son miroir, — pourquoi j'épouse M. de Riancourt ? Tu es plus curieuse que moi, Katinka ; est-ce qu'on sait jamais pourquoi l'on se remarie ?

— La raison de ce mariage paraît pourtant fort simple à tout le monde : M. le duc, sans avoir certainement comme madame la comtesse des mines d'or en Crimée, des mines d'argent dans les monts Ourals, des...

— Katinka, trêve sur mes richesses.

— Enfin, madame, M. le duc, sans avoir comme vous des biens immenses, est un des plus riches et des plus grands seigneurs de France, il est jeune, sa figure est agréable; il n'a pas, comme tant d'autres jeunes gens, mené une conduite dissipée, débauchée; il est très religieux, il est très...

— Il est, si tu le veux, digne de porter une couronne de fleurs d'oranger le jour de notre mariage, droit que moi je n'aurai pas; mais fais-moi grâce du reste de ses vertus : il me semble entendre ma tante me vanter son favori.

— En effet, madame la princesse fait grand cas de M. le duc, et elle n'est pas la seule qui...

— Donne-moi un manteau : les soirées sont encore fraîches.

— Madame a-t-elle pensé aux commandes qu'elle a à faire pour le 20 de ce mois ?

— Quelles commandes?

— Madame oublie donc que son mariage a lieu d'aujourd'hui en huit ?

— Comment! d'aujourd'hui en huit ?... Déjà!

— Certainement, madame : vous l'avez fixé au 20 mai, et nous sommes le 12.

— Allons, si j'ai dit le 20, il faudra bien que ce soit le 20... Donne-moi mes éventails.

Et, tout en choisissant un délicieux éventail, véritable *Watteau*, par mi une collection de petits chefs-d'œuvre en ce genre, la comtesse ajouta :

— Comme c'est singulier pourtant ! On a la plus grande existence, on est jeune, on est libre, on abhorre la contrainte, et l'on n'a rien de plus pressé que de se donner de nouveau un maître !

— Un maître! M. le duc! lui si doux, si benin! Vous ferez de lui tout ce que vous voudrez, madame.

— Je n'en ferai jamais un homme charmant, et pourtant je l'épouse. Ah! ma tante, ma tante, vous me conseillez peut-être une grande sottise ! — dit la comtesse moitié souriante, moitié pensive, en regardant machinalement un *colin-maillard* de petits amours par *Watteau*, que représentait son *éventail*.

— Eh, mon Dieu !— ajouta-t-elle, — tel a été mon mariage : un véritable colin-maillard, un choix à l'aveuglette parmi des hommes du monde qui ne valaient guère mieux les uns que les autres ; tous à peu près égaux en richesse et en naissance, mais tous si médiocres, si effacés, si nuls, qu'il n'y avait guère à s'inquiéter du choix. Voilà le motif de ma préférence pour M. de Riancourt, Katinka ; et puis enfin, le veuvage a ses inconvéniens, je le sais; puis le mariage en a-t-il pas aussi de bien grands? Bah ! il vaut mieux encore se marier ; l'on n'a plus du moins l'ennui de se dire : Que ferai-je ?

Et ce disant, la comtesse Zomaloff se rendit au salon, où elle trouva sa tante et le duc de Riancourt.

La princesse Wileska, tante de madame Zomaloff, était une grande femme, du meilleur air, portant ses cheveux blancs légèrement poudrés.

Le duc de Riancourt, petit homme de trente ans environ, au cou peu tors, à la mine béate, onctueuse, à l'œil oblique, aux cheveux longs et plats, séparés par une raie située presqu'au milieu du front, avait l'air singulièrement sournois et cafard ; tous ses mouvemens calculés, réglés, compassés, annonçaient un grand empire sur soi même. Lorsque madame Zomaloff entra, il alla vers elle, la salua profondément, et porta près de ses lèvres, avec une respectueuse courtoisie, la jolie main que la comtesse lui tendit familièrement ; puis il se redressa, resta un moment ébloui et s'écria :

— Ah ! madame la comtesse, je ne vous avais pas encore vu tous vos diamans! je ne crois pas qu'il y ait au monde de diamans pareils. Ah! qu'ils sont beaux ! mon Dieu ! qu'ils sont donc beaux !

— Vraiment, mon cher duc ? — dit madame Zomaloff en feignant de minauder. — Ah! vous me rendez confuse... pour le joaillier qui a vendu ces pierreries ; il est impossible d'être plus galant que vous l'êtes... pour lui ; et puisque ses colliers et ses diadèmes vous causent une si tendre émotion, vous inspirent de si gracieux complimens, de si ingénieuses flatteries, je puis vous dire en confidence le nom charmant de ce trop séduisant lapidaire... Il se nomme *Ezéchiel Rabotautencraff*, de Francfort.

Pendant que M. de Riancourt, d'abord un peu étourdi de la railleuse réponse de madame Zomaloff, cherchait une réponse, la tante de la jeune femme lui adressa un regard de reproche, et dit au duc en souriant d'un air forcé :

— Voyez un peu, mon cher duc, comme cette méchante Fœdora se plaît à vous tourmenter. C'est ainsi que l'on cache toujours l'affection que l'on a pour les gens...

— Je vous avouerai humblement, ma chère princesse, — reprit M. de Riancourt, afin de réparer sa maladresse, — je vous avouerai que, ébloui de ces magnifiques pierreries, je n'ai pu tout d'abord rendre hommage à la grâce de celle qui les portait. Mais... mais... ne peut-on être ébloui par le soleil en regardant une fleur charmante ?

— Je trouve si galante, si juste, cette comparaison de coup de soleil et de fleurs, — répondit la malicieuse jeune femme, — que je serais tentée de croire que ce même coup de soleil dont vous parlez aura outrageusement flétri ces pauvres fleurs,—ajouta-t-elle en riant comme une folle et montrant à M. de Riancourt le bouquet fané qu'il lui avait envoyé.

Le béat personnage rougit jusqu'aux oreilles et ne sut que répondre ; la princesse fronça les sourcils d'un air impatient et fâché, tandis que la comtesse Zomaloff, parfaitement indifférente à ces divers ressentimens, dit au duc en se dirigeant vers la porte :

— Donnez votre bras à ma tante, mon cher monsieur de Riancourt. J'ai promis à l'ambassadrice de Sardaigne d'arriver chez elle de très bonne heure ; elle doit me présenter à l'une de ses parentes, et vous savez qu'il nous faut d'abord aller visiter dans tous ses détails ce merveilleux hôtel, ce palais enchanté, où l'on nous attend. Visite fort bizarre à une pareille heure de la soirée, il est vrai ; mais j'avoue mon faible, ma passion pour le bizarre. C'est chose si rare et si charmante que l'originalité !

Et la jeune femme, précédant sa tante et M. de Riancourt, descendit légèrement l'escalier d'un des plus confortables hôtels garnis de la rue de Rivoli, car la belle étrangère n'avait pas encore de maison à Paris et cherchait un hôtel à acquérir.

Le duc conduisait ce soir-là les deux femmes dans sa voiture, familiarité concevable, les bans de son mariage avec madame Zomaloff étant depuis longtemps publiés.

Après quelques instans d'attente sous le péristyle de l'hôtel, la comtesse et sa tante virent s'avancer péniblement sous la voûte un énorme landau jaune traîné par deux maigres chevaux fouaillés à tour de bras par un cocher à trogne rouge et à petit carrick bleu.

Le valet de pied de M. de Riancourt ouvrit la portière de cette lourde machine.

La jeune veuve, regardant le duc avec surprise, lui dit :

— Mais... ce n'est pas là votre voiture ?

— Je vous demande pardon, madame.

— Et qu'est donc devenue cette berline bleue attelée d'assez jolis chevaux gris que vous aviez mise à nos ordres hier matin ?

— Je puis vous avouer ce petit détail de *ménage*, au point où nous en sommes, ma chère comtesse,—répondit le duc avec un touchant abandon.—Afin de ne pas fatiguer mes chevaux gris, qui m'ont coûté, ma foi ! fort cher, je loue une voiture de remise pour la soirée. Il y a encore économie à ce marché, car ainsi on ne risque pas la nuit un attelage de prix.

— Et vous avez parfaitement raison, mon cher duc, — se hâta de dire la princesse, qui, à la physionomie de sa nièce, redoutait un nouveau sarcasme ; aussi se hâta-t-elle de monter dans le fabuleux landau en s'appuyant sur le bras de M. de Riancourt. Celui-ci offrait sa main à la jeune veuve pour l'aider à monter à son tour, lorsque, s'arrêtant un instant, le bout de son petit soulier de satin blanc posé sur la dernière feuille du marchepied, la moqueuse dit à la princesse le plus sérieusement du monde et d'un air d'appréhension :

— Ma tante, je vous en supplie, regardez donc bien partout dans cette voiture.

— Pourquoi donc cela, ma chère ? — demanda naïvement la princesse. -- A quoi bon cette précaution ?

— C'est que j'ai peur qu'il soit resté dans un coin obscur de cette espèce de coche quelque maigre miss rousse ou quelque gros marchand de la Cité, car c'est particulièrement dans ces sortes d'équipages que ces dignes insulaires se promènent tout le jour en famille ; j'aurais donc une peur horrible de trouver là-dedans quelqu'un oublié par mégarde.

Et la jeune veuve, se remettant à rire comme une folle, monta dans le landau, pendant que la princesse lui disait à mi-voix d'un air peiné :

— En vérité, Fœdora, je ne vous comprends pas. Vous êtes d'une incroyable causticité envers M. de Riancourt... A quoi pensez-vous donc ?

— A le corriger de ses maladresses, de ses impertinentes lésineries. Puis-je mieux lui témoigner mon intérêt ?

A ce moment, le duc monta et prit sa place sur le devant de la voiture. Il paraissait endurer très chrétiennement les railleries de cette jeune femme qui avait de si beaux diamans et possédait toutes sortes de mines d'or et d'argent. Seulement de temps à autre, au regard oblique qu'il jetait sur elle à la dérobée, à une certaine contraction de ses lèvres pincées, on devinait la sournoise et patiente rancune du dévot. Son valet de pied lui ayant demandé ses ordres, M. de Riancourt lui dit :

— A l'hôtel Saint-Ramon !

— Pardon, monsieur le duc,—répondit le valet de pied, — mais je ne sais pas où est l'hôtel Saint-Ramon.

— Au bout du Cours-la-Reine,—reprit M. de Riancourt, —du côté du quartier Jean-Goujon.

— Monsieur le duc veut peut-être parler de ce grand hôtel où l'on travaille depuis plusieurs années ?

— C'est cela même, allez.

Le valet de pied referma la portière, donna ses instructions au cocher, qui fouetta de nouveau ses maigres haridelles, et le landau se dirigea vers le Cours-la-Reine, chemin du merveilleux hôtel SAINT-RAMON.

XVII.

Le pesant landau de M. de Riancourt s'avançait si lentement, que lorsqu'il arriva au commencement du *Cours-la-Reine*, un piéton, qui suivait le même chemin que la voiture, put marcher parallèlement à elle.

Ce piéton, pauvrement vêtu, ne semblait pourtant pas fort ingambe: il s'appuyait péniblement sur une canne ; sa longue barbe était blanche comme ses cheveux et ses sourcils épais, tandis que la couleur fortement bistrée de sa figure ridée, creusée par l'âge, lui donnait l'apparence d'un vieux mulâtre. Il marcha donc parallèlement au landau de M. de Riancourt jusque vers le milieu du *Cours-la-Reine ;* là, le landau fut obligé de prendre, comme on dit, *la file* des voitures qui se dirigeaient vers l'hôtel SAINT-RAMON.

Le vieux mulâtre, devançant alors la voiture de M. de Riancourt, continua son chemin jusqu'à l'entrée d'une avenue étincelante de verres de couleur, et qu'une longue suite de voitures encombrait dans toute sa longueur.

Quoique le vieux mulâtre parût profondément absorbé, il ne put s'empêcher de remarquer auprès de la grille qui servait d'entrée à cette allée éblouissante de lumière un assez grand rassemblement. Alors il s'arrêta et, s'adressant à l'un des curieux.

— Monsieur, pourriez-vous me dire ce que l'on regarde là ?

— On regarde les voitures qui se rendent à l'ouverture du fameux hôtel *Saint-Ramon*, — répondit le curieux.

— *Saint-Ramon !* — reprit le vieillard d'un air surpris et comme se parlant à lui-même. — Cela est étrange !

Et il ajouta :

— Qu'est-ce que c'est que l'hôtel *Saint-Ramon*, monsieur ?

— Ma foi ! on dit que c'est au moins la huitième merveille du monde. Voilà près de cinq ans qu'on y travaille ; on dit que c'est aujourd'hui que l'on y pend la crémaillère.

— Et... à qui appartient cet hôtel, monsieur ?

— A un jeune homme riche à millions, qui, dit-on, a fait là dedans des folies.

— Et quel est le nom de ce millionnaire ?

— Je crois que c'est *Saint-Harem* ou *Saint-Herem...*

— Plus de doute, — murmura le vieillard.— Mais alors pourquoi donner à cet hôtel le nom de Saint-Ramon ?

Et il parut de nouveau s'absorber dans de tristes pensées. Il en fut distrait par le curieux auquel il s'était d'abord adressé, et qui dit :

— Voilà, par exemple, quelque chose de bien singulier.

— Quoi donc, monsieur ? — reprit le vieux mulâtre avec distraction. — Qu'est-ce qui vous paraît singulier ?

— Un marquis millionnaire, ça ne devrait connaître que des gens à équipage, et voyez : à part trois ou quatre voitures bourgeoises, la file n'est composée que de fiacres et de cabriolets *milords*...

— En effet, c'est fort singulier, — répondit le vieillard, et après un silence d'un instant, il reprit : — Auriez-vous la bonté de me dire quelle heure il est, monsieur ?

— Dix heures et demie viennent de sonner.

— Merci, monsieur, — répondit le vieux mulâtre en se rapprochant de la grille. — Dix heures et demie, — se dit-il ; — je ne dois être à Chaillot qu'à minuit. J'ai le temps de tâcher de découvrir ce mystère. Combien cette rencontre est étrange, mon Dieu !

Et après une légère hésitation, le vieillard passa le seuil de la grille, se glissa dans l'obscurité d'une contre-allée d'ormes séculaires qui longeait l'avenue principale, s'achemina vers l'hôtel, et, malgré sa préoccupation, il ne put s'empêcher de remarquer l'immense quantité de fleurs qui s'étageaient en gradins de chaque côté de l'allée du milieu, et dont les mille nuances étaient vivement éclairées par une incroyable profusion d'ifs, de girandoles et de vases simulés en verres de couleur.

Cette avenue d'un aspect féerique aboutissait à un vaste hémicycle pareillement illuminé, au delà duquel s'élevait l'hôtel *Saint-Ramon*, véritable palais, qui, par la richesse à la fois grandiose et charmante de son architecture, rappelait le plus beau temps de la Renaissance.

Le vieillard traversa l'hémicycle, et arriva au pied d'un immense perron conduisant au péristyle. A travers les portes de glace qui fermaient cette espèce d'antichambre dans sa longueur, il aperçut une haie de grands valets de pied poudrés, vêtus de magnifiques livrées. De minute en minute, les fiacres s'arrêtaient au bas du péristyle, et y déposaient des hommes, des femmes, des jeunes filles, dont la mise, extrêmement simple, semblait en complet désaccord avec les splendeurs de ce palais magique.

Le vieux mulâtre, poussé par une invincible curiosité, suivit plusieurs de ces nouveaux venus, et, ainsi confondu parmi les invités, il arriva comme eux jusque sous le péristyle. Là deux grands suisses, portant la hallebarde et le baudrier aux couleurs des livrées, ouvraient à tous les survenans les deux ventaux d'une immense porte en glace, et à chacune de ces entrées ces suisses faisaient résonner les dalles de marbre sous les coups répétés de la crosse de leur hallebarde. Toujours confondu avec le groupes d'invités, le vieillard traversa une double haie de valets de pied, à livrée bleu clair galonnée d'argent sur toutes les coutures, droits, impassibles comme des soldats en bataille, et arriva dans le salon d'attente. Là se tenaient les valets de chambre et les maîtres d'hôtel ; habit bleu clair à la française liséré de blanc, culotte de soie noire et bas de soie blancs, telle était la tenue de ces gens d'office, et tous, ainsi que les gens de livrée, témoignaient de leur déférence respectueuse pour les invités, dont la mise modeste semblait au vieillard si discordante avec le luxe princier de la demeure où ils étaient reçus. De ce salon il passa dans une galerie de musique destinée aux concerts ; elle aboutissait à un immense salon circulaire à vaste coupole, formant pour ainsi dire le rond-point de trois autres galeries, dont l'une servait de salle de bal, l'autre de salle de souper, et la dernière de salle de jeu ; ces quatre galeries (en y comprenant la salle de concert) communiquaient entre elles par de larges allées, pavées de riches mosaïques plantées d'arbres exotiques, et recouvertes d'un dôme vitré comme un jardin d'hiver.

Il faut renoncer à décrire la splendeur, l'élégance, la noblesse grandiose et le somptueux ameublement de ces vastes pièces, étincelantes de peintures et de dorures, éblouissantes de lumières, de cristaux et de fleurs, répétées à l'infini par des glaces énormes ; nous insisterons seulement sur une magnificence rare de nos jours, et qui donnait à cette demeure un caractère monumental royal. Le salon et les quatre galeries étaient, selon la destination de chaque pièce, ornés de peintures et de sculptures allégoriques qui eussent fait le renom des plus beaux palais connus. Les plus illustres artistes de ce temps-ci avaient concouru à cette œuvre superbe ; le pinceau magistral d'Ingres, de Delacroix, de Scheffer, de Paul Delaroche, illustraient cet hôtel, et les noms moins célèbres alors, mais qui appartenaient à l'avenir, tels que Couture, Gérome, etc., etc., avaient été devinés dans leur gloire future par l'opulent et intelligent créateur de ce palais. Mentionnons seulement, en parlant d'objets d'art, un buffet dressé dans la galerie destinée au souper. Sur ce buffet l'on voyait une merveilleuse argenterie dont les grandes pièces eussent été dignes du siècle de Benvenuto ; candélabres, aiguières, bassins à glaces, coupes à fruits, corbeilles à fleurs, surtouts, girandoles, tout était admirable et aurait fait l'ornement d'un musée par la pureté de la forme et par le fini précieux des moindres ciselures.

Un mot encore à propos d'une assez bizarre particularité du grand salon circulaire.

Au-dessus d'une gigantesque cheminée de marbre blanc, véritable monument dû au mâle génie de David (d'Angers), notre Michel-Ange, des figures allégoriques en ronde-bosse, représentant les arts et l'industrie, soutenaient un large cadre ovale et doré incrusté dans l'entablement de la cheminée. Ce cadre contenait une peinture que l'on aurait pu attribuer à Velasquez. C'était le portrait d'un homme pâle, à la figure rude et austère, aux joues creuses, aux fronts profonds, au front dégarni ; une sorte de robe brune, tenant le milieu entre la robe de chambre et la robe de moine, donnait à cette figure l'imposant caractère de ces portraits de saints ou de martyrs si nombreux dans l'école espagnole ; apparence complétée d'ailleurs par une auréole d'or qui, étincelant sur le fond sombre de la toile, semblait jeter ses reflets sur cette figure austère et pensive. Enfin on lisait ces mots tracés en lettres gothiques dans un cartouche formé par les rinceaux de la bordure :

SAINT RAMON.

Le vieux mulâtre ayant suivi le flot de la foule, arriva en face de cette cheminée.

A la vue du portrait, il resta frappé de stupeur ; son émotion fut si vive, qu'une larme brilla dans ses yeux, et il ne put s'empêcher de murmurer tout bas :

— Pauvre ami ! c'est lui, c'est bien lui ! — Puis il se dit : — Mais pourquoi ce nom de *saint* ajouté à son nom ? Pourquoi cette auréole d'or autour de son front ? Pourquoi cette apparence mystique ? Et puis enfin, quelle fête étrange ! Vêtu pauvrement comme je le suis, inconnu du maître de la maison, l'on m'a laissé entrer ici.

A ce moment, un maître d'hôtel, porteur d'un plateau de vermeil chargé de glaces et de fruits confits, s'arrêta devant le vieillard, et lui offrit respectueusement des rafraîchissements qu'il refusa ; il cherchait, mais en vain, à deviner quelle pouvait être la condition des invités qui l'entouraient ; les hommes, presque tous modestement mais proprement vêtus, ceux-ci d'habits, ceux-là de redingotes, d'autres de blouses neuves, avaient un maintien discret, réservé, parlaient bas entre eux, semblaient ravis d'assister à cette fête ; et cependant, loin de paraître émerveillés des richesses accumulées dans ce palais, on eût dit qu'ils se trouvaient là fort à l'aise, et, comme on dit vulgairement, *en pays de connaissance.*

Les femmes et les jeunes filles, dont un grand nombre étaient fort jolies, avaient l'air plus de paysées ; timides et pleines de modestie, elles admiraient ingénuement ces splendeurs, échangeant à voix basse leurs observations ; les jeunes filles, toutes coiffées en cheveux, portaient généralement des robes blanches d'une étoffe peu coûteuse, mais éblouissante de fraîcheur.

Le vieillard, de plus en plus désireux de pénétrer ce mystère singulier, s'approcha d'un groupe de plusieurs personnes, hommes et femmes, qui, arrêtés devant la grande cheminée de marbre, s'entretenaient à demi-voix, en contemplant le portrait de SAINT RAMON.

Telle était une des conversations que le vieux mulâtre écoutait avec un intérêt croissant.

— Vois-tu ce portrait-là, ma petite Juliette ? — disait à sa jeune femme un homme de robuste stature et d'une figure avenante et ouverte. — Ce brave homme a fièrement raison de s'appeler saint Ramon, va ! Il y a au paradis des saints qui auprès de lui ne sont que des flâneurs, si l'on en juge par le bien qu'il a fait.

— Comment donc cela, Michel ?

— Dame ! grâce à ce brave saint-là, pendant près de cinq ans, moi, comme les autres camarades qui sont là, j'ai eu de l'ouvrage ici, ouvrage crânement payé, et très bien payé, parce que c'était du soigné, et que le bourgeois d'ici voulait que tout le monde fût content. Ce bonheur-là, ma petite Juliette, moi et les amis nous l'avons dû à ce brave homme dont voilà le portrait, à M. *Saint-Ramon* enfin ! Grâce à lui, pendant tout ce temps-là, je n'ai pas eu un moment de chômage, et mon salaire a été assez fort pour que nous ayons pu bien vivre, nous et nos enfans, et mettre quelque chose à la caisse d'épargne.

— Mais, Michel, ce n'est pourtant pas ce digne monsieur, dont voilà le portrait, qui a commandé et bien payé les travaux. C'est M. Saint-Herem, qui a l'air si gai, si bon, si peu fier, et qui, en entrant tout à l'heure, nous a dit de choses bien avenantes.

— Sans doute, ma petite Juliette, c'est monsieur Saint-Herem qui a commandé les travaux, mais, comme il nous le disait toujours en venant nous voir à la besogne, —
 « Mes enfans, sans les richesses que j'ai héritées, je ne
 » pourrais vous donner des travaux et vous payer lar-
 » gement comme de braves et intelligens ouvriers ! Gardez
 » donc toute votre reconnaissance pour la mémoire de
 » celui-là seul qui m'a laissé tant d'argent ; il a fait,
 » lui, la chose la plus rude, il a thésaurisé sou sur sou en
 » se privant de tout, tandis que moi, mes enfans, je n'ai
 » que le plaisir de dépenser grandement ces trésors. Dé-
 » penser, c'est mon devoir. A quoi bon la richesse, sinon
 » pour la prodiguer ! Gardez donc le souvenir du bon
 » vieux avare ; bénissez son avarice : elle nous donne, à
 » moi la jouissance de vous faire travailler à de belles et
 » grandes choses, à vous de larges salaires bravement ga-
 » gnés !

— C'est égal, vois-tu, Michel, s'il faut rendre grâce à ce digne avare, il ne faut pas oublier non plus M. Saint-Herem. Tant de gens riches ne dépensent rien, ou, s'ils nous occupent, combien ils lésinent sur le prix de notre travail, qu'ils nous font encore souvent attendre longtemps !

— Pardieu ! je suis de ton avis, ma petite Juliette : vaut mieux avoir deux personnes à aimer qu'une seule, et la part de cœur que nous ferons à ce bon saint Ramon ne rognera pas celle de M. de Saint-Herem. Brave jeune homme ! On peut dire que c'est une fameuse paire d'hommes que lui et son oncle !

Le vieux mulâtre avait écouté cet entretien avec autant d'intérêt que d'étonnement ; il prêta l'oreille à d'autres conversations. Dans tous les groupes, il entendit un concert de louanges et de bénédictions en faveur de Saint-Ramon, le digne avare ; partout aussi, l'on vantait le noble cœur, la libéralité de M. de Saint-Herem.

— Est-ce un rêve ? — se disait le vieillard. — Qui pourrait jamais croire que ces éloges, ces respects, s'adressent à la mémoire d'un avare, mémoire ordinairement honnie, vilipendée, exécrée ! Et c'est un dissipateur, un prodigue, l'héritier de cet avare, qui le réhabilite ainsi ! Encore une fois, est-ce un rêve ? Puis, par quelle autre bizarrerie ces artisans sont-ils conviés à cette fête d'inauguration ?

Les étonnemens du vieillard, loin de cesser, augmentèrent encore en remarquant un contraste assez singulier : parfois, quelques hommes, portant plusieurs décorations à leurs boutonnières et mis avec recherche, traversaient les salons, donnant le bras à des femmes remarquables par leur grande élégance ; mais cette classe d'invités était très peu nombreuse.

Florestan de Saint-Herem, plus beau, plus gai, plus brillant que jamais, semblait s'épanouir au milieu de cette atmosphère de luxe et de splendeur ; il faisait à merveille les honneurs de cette fête, accueillant les invités avec une bonne grâce, une courtoisie parfaites. En maître de maison qui sait vivre, il s'était placé à l'extrémité de la galerie et à madame la comtesse Wileska, à laquelle aboutissait le salon d'attente, et il n'entrait pas une femme ou une jeune fille à laquelle il n'adressât quelques paroles empreintes de cette affabilité gracieuse et cordiale qui, par sa sincérité, charme et met à l'aise les plus timides.

Florestan de Saint-Herem accomplissait ainsi les devoirs de la plus aimable hospitalité, lorsqu'il vit entrer dans le premier salon la comtesse Zomaloff, la princesse Wileska et le duc de Riancourt.

XVIII.

M. Saint-Herem rencontrait pour la première fois de sa vie la comtesse Zomaloff et sa tante la princesse Wileska, mais il connaissait depuis longtemps M. de Riancourt ; aussi, le voyant entrer dans le salon accompagné de deux femmes, Florestan allaivivement à sa rencontre.

— Mon cher Saint-Herem, — lui dit M. de Riancourt, — permettez-moi de vous présenter à madame la princesse Wileska et à madame la comtesse Zomaloff... Ces dames n'ont pas cru être indiscrètes en venant avec moi visiter votre hôtel et ses merveilles, selon l'invitation que vous m'avez faite hier.

— Mon cher duc, — reprit Florestan, — je suis très heureux d'avoir l'honneur de recevoir ces dames, et je m'empresse de me mettre à leurs ordres pour leur montrer ce que vous voulez bien appeler les merveilles de cette maison.

— M. de Riancourt a raison de parler de merveilles, — reprit madame Zomaloff, — car, je vous l'avoue, monsieur, on est, en entrant, tellement ébloui, que l'on ne peut tout d'abord admirer en conscience.

— S'il faut tout vous dire, mon cher Saint-Herem, — reprit M. de Riancourt, — la visite de madame la comtesse Zomaloff est un peu intéressée ; car je lui ai fait part de vos intentions au sujet de cet hôtel, et comme je serai assez heureux pour avoir l'honneur de donner dans huit jours mon nom à madame la comtesse, vous sentez que je ne pouvais rien décider sans elle... puisqu'enfin je suis à peu près... un mari.

— Franchement, madame, dès que M. de Riancourt anticipe ainsi sur son bonheur, — dit gaiement Florestan à madame Zomaloff, — ne trouvez-vous pas juste qu'il subisse toutes les conséquences de sa révélation ? Or, comme un mari me donne jamais le bras à sa femme, vous me ferez peut-être la grâce d'accepter le mien ?

Saint-Herem s'épargnait par cette plaisanterie l'obligation d'offrir, selon les convenances, son bras à la princesse Wileska, qui lui semblait beaucoup moins agréable à accompagner que sa jeune et jolie nièce. Celle-ci accepta l'offre de Florestan et prit son bras, tandis que M. de Riancourt conduisait la princesse.

— J'ai beaucoup voyagé, monsieur, — disait madame Zomaloff à Saint-Herem, — et je n'ai jamais rien vu qui pût approcher... non pas de cette magnificence (le premier millionnaire venu peut acheter de la magnificence pour son argent), mais rien qui pût approcher du goût merveilleux qui a présidé à la construction de cet hôtel. C'est réellement un musée splendide. Permettez-moi, de grâce, d'admirer encore les superbes peintures de ce plafond.

— Après l'admiration de l'œuvre doit venir la récompense de l'auteur. N'est-il pas vrai, madame ? — dit Florestan en souriant. — Aussi dépend-il de vous de rendre très heureux et très fier le grand artiste qui a peint ce plafond.

Et Saint-Herem désigna à madame Zomaloff un des plus illustres maîtres de l'école moderne.

— Ah ! mille fois merci, monsieur, de me procurer une pareille bonne fortune ! — dit la jeune femme en s'avançant avec Florestan au devant de l'artiste.

— Mon ami, — lui dit Saint-Herem, — madame la comtesse Zomaloff désire vous dire toute son admiration pour votre œuvre.

— Et ce n'est pas seulement mon admiration que je vous exprime, monsieur, mais encore ma reconnaissance, — dit gracieusement la jeune femme au grand peintre. — Le noble plaisir que cause la vue d'un tel chef-d'œuvre est une dette que l'on contracte envers celui qui l'a créé.

— Si flatteur, si précieux que me soit cet éloge, — répondit l'éminent artiste avec une modestie remplie de bon goût, afin de détourner le compliment qu'on lui adressait, — cet éloge, je ne puis l'accepter qu'à demi... Mais souffrez que je me mette hors de cause, l'expression de ma pensée sera plus libre. Parlons, par exemple, des peintures de la galerie des concerts, que vous admirerez tout à l'heure. Elles sont dues à notre Raphaël. Ai-je besoin, madame, de vous nommer M. Ingres ? Eh bien ! cette œuvre monumentale, qui doit dans l'avenir fournir aux pieux pèlerins de l'art autant de sujets d'adoration que les plus belles fresques de Rome, de Pise ou de Florence, ce chef-d'œuvre, en un mot, n'existerait peut-être pas sans mon excellent ami Saint-Herem. N'est-ce pas lui qui a donné au Raphaël français le prétexte d'une de ses pages immortelles ? Franchement, madame, par ce temps de gros luxe et de brutale magnificence financière, n'est-ce donc pas un phénomène de rencontrer un *Médicis*, comme au plus beau temps des républiques italiennes ?

— Il est vrai, monsieur, — reprit vivement la comtesse Zomaloff, — et l'histoire a été juste en illustrant...

— Pardonnez-moi si je vous interromps, madame la comtesse, — dit Saint-Herem non moins modeste que mon illustre ami : aussi, de crainte de laisser s'égarer votre admiration, je dois vous signaler le véritable Médicis, le voici.

Et Florestan indiqua du geste à madame Zomaloff le portrait de saint Ramon.

— Quelle figure austère et pensive ! — dit la jeune femme en examinant cette peinture avec autant de surprise que de curiosité. Puis, ayant au milieu du cartouche le nom de saint Ramon, elle ajouta en regardant Florestan avec un étonnement croissant :

— Saint Ramon ?... Quel est ce saint ?

— Un saint de ma façon, madame. C'est mon oncle, — reprit gaiement Florestan. — Quoique je ne sois pas encore pape, je me suis permis de canoniser un peu cet admirable homme en récompense du long martyre de sa vie et des miracles qu'il a faits après sa mort.

— Le long martyre de sa vie ?... les miracles qu'il a faits après sa mort ?... — répéta madame Zomaloff en regardant Florestan comme si elle eût douté de ses paroles. — Franchement, monsieur, c'est une plaisanterie...

— Pas du tout, madame... Mon oncle Ramon a enduré pendant sa longue vie des privations atroces, car il était d'une impitoyable et sublime avarice. Voilà pour son martyre. J'ai hérité de lui de biens considérables ; ils ont enfanté ces prodiges de l'art que vous admirez, madame. Voilà pour ses miracles. J'ai divinisé son souvenir par reconnaissance. Voilà pour sa canonisation. Vous le voyez, c'est une véritable légende de la Vie des saints.

Madame Zomaloff, de plus en plus frappée de l'originalité de Saint-Herem, garda un moment de silence pendant lequel M. de Riancourt, qui s'était jusqu'alors tenu à quelque distance, s'approcha de Florestan et lui dit :

— Mon cher Florestan, j'ai, depuis notre arrivée, une question à vous adresser. Qu'est-ce donc que tous ces gens qui sont ici ? J'ai bien reconnu, par-ci par-là, trois ou quatre grands peintres et un architecte renommé, donnant le bras à leurs femmes sans doute ; mais les autres, qu'est-ce que c'est donc que ça ? Moi et la princesse nous cherchons en vain le mot de l'énigme. Tout ce monde-là me paraît d'ailleurs tranquille et réservé. Ces petites jeunes personnes ont l'air modeste ; il y en a même de fort gentilles ; mais, encore une fois, qu'est-ce donc que cette société-là ?

Madame Zomaloff, rompant le silence qu'elle gardait depuis quelques instans, dit à Saint-Herem :

— Puisque M. de Riancourt a pris sur lui de vous adresser, monsieur, une question peut-être indiscrète, je vous avouerai que je partage sa curiosité.

— Vous avez sans doute remarqué, madame, — dit Saint-Herem en souriant, — que la plupart des personnes que j'ai réunies ce soir chez moi, avec un plaisir extrême, n'appartiennent pas à ce que notre petit monde aristocratique appelle le *grand* monde.

— Il est vrai, monsieur.

— Cependant, madame, tout à l'heure vous avez été heureuse, n'est-ce pas, de rencontrer ici le grand artiste auteur la coupole que vous avez tant admirée ?

— En effet, monsieur, je vous ai dit le plaisir que me causait cette rencontre.

— Vous m'approuvez aussi, je pense, de l'avoir invité, ainsi que plusieurs de ses collègues, à l'inauguration de leur œuvre commune ?

— Il me semble que cette invitation devenait presque un devoir pour vous, monsieur.

— Eh bien ! madame, ce devoir inspiré par la gratitude, j'ai voulu le remplir envers tous ceux qui ont concouru, de quelque manière que ce soit, à la construction de cet hôtel, depuis les grands artistes jusqu'aux plus humbles artisans. Tous sont ici avec leur famille, jouissant à bon droit des magnificences qu'ils ont créées. Voyons, madame, n'est-il pas juste que l'habile et obscur ouvrier qui a ciselé la coupe d'or puisse au moins une fois y tremper ses lèvres ?

— Comment ! — s'écria M. de Riancourt stupéfait, — il y aurait ici des menuisiers, des doreurs, des serruriers, des tapissiers, des charpentiers, des ébénistes, des maçons !... Quoi ! il y aurait jusqu'à des maçons ! Mais c'est inouï, exorbitant, incroyable !

— Mon cher duc, connaissez-vous les mœurs des abeilles ?

— Fort peu.

— Ces mœurs-là, mon cher duc, sont des plus sauvages, des plus impertinentes ; ces insolentes mouches (sous ce fabuleux prétexte qu'elles ont construit leurs alvéoles) n'ont-elles pas la prétention de les habiter ? Bien plus, scandale énorme ! elles parlent de leur droit au miel parfumé qu'elles ont élaboré pour l'hiver avec tant de peine et d'intelligence.

— Eh bien ! mon cher, que concluez-vous de là ?

— Je conclus de là qu'il faut, au moins par reconnaissance, donner aux pauvres et laborieuses abeilles humaines l'innocent plaisir d'habiter un jour l'alvéole dorée qu'elles ont bâtie pour nous, frelons oisifs, pour nous qui savourons le miel recueilli par autrui.

Madame Zomaloff avait un instant quitté le bras de Florestan. Elle le reprit, et faisant quelques pas afin de laisser derrière elle sa tante et M. de Riancourt, elle dit à Saint-Herem avec émotion :

— Monsieur, votre idée est charmante, plus que cela, elle est d'une touchante délicatesse. Je ne m'étonne plus maintenant de l'expression de contentement que je remarquais sur les traits de tous vos invités. Oui, plus j'y songe, plus cette pensée me paraît généreuse et juste. Après tout, ainsi que vous le dites, c'est l'œuvre commune de ces laborieux artisans, et c'est honorer, dignifier le travail, que de lui donner une pareille fête. Aussi, monsieur, d'après votre manière élevée d'envisager les choses, cet hôtel doit être à vos yeux bien plus encore qu'une jouissance d'art et de luxe ; à sa création se rattacheront toujours pour vous de précieux souvenirs.

— Certes, madame.

— Alors... monsieur...

— Achevez, madame.

— Il m'est impossible de comprendre comment...

— Vous hésitez, madame ; de grâce, expliquez votre pensée.

— Monsieur, — reprit madame Zomaloff avec embarras et après un moment de silence, — M. de Riancourt ne vous a point laissé ignorer notre prochain mariage. Il y a deux jours, causant avec lui de l'assez grande difficulté de trouver un hôtel aussi vaste et aussi somptueux que je le désirais, M. de Riancourt crut se rappeler que, la veille, on lui avait assuré que vous consentiriez, peut-être, à vous défaire de cette habitation achevée d'hier.

— En effet, madame, M. de Riancourt m'a écrit pour me demander à visiter l'hôtel ; je l'ai prié d'attendre jusqu'à aujourd'hui, lui disant que je donnais une fête, et qu'il pourrait ainsi beaucoup mieux juger de l'ensemble des appartemens de réception... mais je ne m'attendais pas, madame, à avoir l'honneur de vous recevoir.

— Monsieur, — reprit la jeune femme avec une nouvelle hésitation, — je me suis déjà permis de vous adresser plusieurs questions. Soyez donc indulgent encore une fois.

— L'indulgence m'a été jusqu'ici, madame, si agréable et si douce, que je vous remercie de me donner l'occasion de l'exercer encore. Voyons, de quoi s'agit-il ?

— Eh bien ! monsieur, — reprit résolument madame Zomaloff, — comment avez-vous le courage.... ou.... je vais dire un mot bien dur, — ajouta-t-elle en souriant d'un air presque mélancolique, — comment avez-vous l'ingratitude d'abandonner cette demeure que vous avez créée avec tant d'amour, cette demeure à laquelle se rattachent déjà pour vous tant de bons et généreux souvenirs ?

— Mon Dieu ! madame, — répondit Saint-Herem de l'air le plus riant, le plus dégagé, comme s'il disait la chose la plus simple du monde, — je vends cet hôtel parce que je suis ruiné, complètement ruiné. C'est aujourd'hui mon dernier jour de fortune, et vous m'avouerez, madame, que, grâce à votre présence ici, ce jour ne pouvait avoir un soir plus brillant et plus heureux !

XIX.

Florestan de Saint-Herem avait prononcé ces mots : *Je suis ruiné!* avec tant de bonhomie et d'insouciance, que madame Zomaloff le regarda d'un air stupéfait ; elle ne pouvait croire à ce qu'elle entendait. Aussi, reprit-elle :
— Comment! monsieur, vous êtes...
— Ruiné! madame, complétement ruiné! Mon Dieu! mon compte est fort simple : il y a cinq ans, mon saint homme d'oncle m'a laissé cinq millions environ ; je les ai dépensés, plus à peu près dix-huit mille francs, que je dois ; ils seront payés et au delà par la vente de cet hôtel, de son mobilier, argenterie, etc., et il me restera une centaine de mille francs, avec lesquels j'irai vivre dans quelque riante retraite de roi ; je me ferai berger ; contraste charmant, surtout en me rappelant mon existence passée. Quels rêves merveilleux, impossibles, changés en réalités pour moi, pour mes amis, pour mes maîtresses, que mon tourbillon doré emportait à ma suite! quelle renommée que la mienne! comme tout ce qui était beau, élégant, somptueux, recherché, venait se fondre dans mon orbite éblouissant! Croiriez-vous, madame, que ma réputation de libéralité était devenue européenne? Que dis-je! un lapidaire de Chandernagor ne m'a-t-il pas envoyé un sabre indien dont la poignée ruisselait de pierreries. A cette arme était joint ce joli billet d'un laconisme héroïque : « Le cimeterre a appartenu à Tippo-Saëb ; il doit appartenir à M. Saint-Herem. Cette arme vaut vingt-cinq mille francs, payables à la maison Rothschild, à Paris. — Reçu vingt-cinq mille francs. » Oui, madame, c'était ainsi : les objets d'art les plus rares, les plus précieux, m'étaient naïvement adressés de tous les coins du monde ; les plus beaux chevaux d'Angleterre venaient d'eux-mêmes se placer dans mes écuries ; les vins les plus exquis du globe affluaient à ma cave ; les plus illustres cuisiniers se disputaient la gloire de me servir, et le célèbre docteur Gasterini... le connaissez-vous, madame?
— Qui n'a pas entendu parler du plus fameux gourmand du monde connu?
— Eh bien, madame, ce grand homme a dit et proclamé qu'il avait aussi bien dîné chez moi que chez lui... et il n'accordait pas même cette louange à la table de M. de Talleyrand. Ah! madame, la belle vie, si complète, si grande! et les femmes! Ah! les femmes!
— Monsieur...
— Ne craignez rien, madame, je ne vous parlerai des femmes que comme d'objets d'art. Mais, franchement, est-il de plus charmans prétextes à la magnificence? C'est si joli à parer, à orner, à entourer de tous les produits des arts! Le luxe n'est que l'accessoire de la femme. Aussi, madame, croyez-moi, j'ai la conscience de m'être généreusement, noblement, intelligemment ruiné. Je n'ai à me reprocher ni une sotte dépense ni une méchante action! C'est l'esprit rempli de souvenirs délicieux, le cœur plein de sérénité, que je vois s'envoler ma fortune!

L'accent de Saint-Herem était si sincère, la vérité de ses sentimens et de ses paroles se lisait en caractères si visibles sur sa loyale et charmante figure, que madame Zomaloff, convaincue de la réalité de ce qu'il disait, reprit :
— En vérité, monsieur, une pareille philosophie me confond! A l'heure de renoncer à une vie pareille, pas un mot d'amertume de votre part!
— De l'amertume, moi! après tant de joies, tant de bonheurs savourés? Ah! madame, ce serait blasphémer.
— Ainsi vous abandonnerez sans un regret, sans un soupir, ce palais enchanté, et cela, au moment même où vous alliez en jouir?
— Que voulez-vous, madame, je ne me croyais pas si avancé dans ma ruine ; il n'y a guère que huit jours que mon fripon d'intendant m'a montré mes comptes, et, vous le voyez, madame, je m'exécute franchement. Et d'ailleurs, en quittant ce palais créé avec tant d'amour, je suis comme le poëte qui a écrit le dernier vers de son poëme, comme le peintre qui a donné la dernière touche à son tableau, après quoi il leur reste l'impérissable gloire d'avoir créé un chef-d'œuvre. Il en est ainsi de moi, madame (excusez ma vanité d'artiste) : ce palais restera comme un monument d'art et de magnificence, il sera toujours le temple du luxe, des fêtes, des plaisirs, et que dis-je, madame, voyez combien je suis prédestiné, combien je serais ingrat de me plaindre du sort! C'est vous, madame, vous qui allez être la divinité de ce temple, car, n'est-ce pas, vous achèterez cette maison? elle vous ira si bien!... ne laissez pas échapper cette occasion, car j'ignore si M. de Riancourt vous a dit cela, mais il sait que lord Wilmot me fait des offres très pressantes. Or, je serais désolé d'être forcé de traiter avec lui : il est si laid, et sa femme aussi, et ses cinq filles aussi!... Jugez un peu quelles divinités pour ce temple splendide, qui semble vraiment bâti pour vous! Voyons, madame, gardez-le, pour l'amour de l'art, que vous appréciez si bien. Seulement, grâce pour mon digne oncle! c'est une grand peinture magnifique, et quoique le portrait et le nom de *saint Ramon* se trouvent répétés plusieurs fois en médaillons sculptés dans divers endroits de la façade de l'hôtel, je serais ravi de penser que du haut de son monument de marbre situé au centre des salons de l'hôtel, ce brave oncle assistera pendant des siècles aux plaisirs dont il s'est privé durant sa vie!

L'entretien de la comtesse et de Saint-Herem fut interrompu par M. de Riancourt. On avait, en causant, fait le tour des appartemens de réception. Le duc dit à Florestan :
— Mon cher, tout ceci est superbe et entendu à merveille. Mais dix-huit cent mille francs, mobilier et argenterie compris, bien entendu, c'est un prix exorbitant. Je suis complétement désintéressé dans la question, cher duc, — reprit Florestan en souriant ; — ces dix-huit cent mille francs doivent appartenir à mes créanciers : aussi serai-je borriblement tenacé pour les conditions ; d'ailleurs, je vous l'ai dit, lord Wilmot m'offre cette somme, et me presse d'accepter.
— Soit, mais vous ferez bien en ma faveur, mon cher, ce que vous refuseriez à lord Wilmot. Voyons, Saint-Herem, ne soyez pas inflexible, accordez-moi une diminution, et...
— Monsieur, — dit la comtesse Zomaloff à Florestan, en interrompant le duc, — M. de Riancourt voudra bien me permettre d'aller sur ses brisées ; je te prends cet hôtel aux conditions que vous avez proposées, monsieur ; si cela vous convient, je vous donne ma parole et je vous demande la vôtre.
— Vive Dieu! madame, mon étoile ne m'abandonne jamais, — dit Florestan en tendant cordialement la main à madame Zomaloff, — c'est affaire conclue.
— Mais, madame... dit vivement M. de Riancourt, très surpris et très contrarié de la facilité de sa future femme, car il avait espéré obtenir de Saint-Herem une réduction de prix, — mais, madame, permettez... il s'agit d'un immeuble d'un prix considérable! il est impossible qu'aux termes où nous en sommes, vous vous engagiez ainsi sans mon autorisation. De grâce! attendez que nous soyons mariés, et alors...
— Monsieur de Saint-Herem, vous avez ma parole, — dit madame Zomaloff en interrompant le duc ; — je fais de cette acquisition une affaire personnelle ; demain, si vous le permettez, mon intendant ira s'entendre avec le vôtre.
— C'est convenu, madame, — dit Saint-Herem, puis il ajouta gaiement, en s'adressant à M. de Riancourt : — J'espère que vous ne m'en voudrez pas, mon cher duc ; mais, c'est votre faute, il fallait vous montrer vraiment grand seigneur, et ne pas marchander comme un banquier.

A ce moment, l'orchestre, qui avait cessé de se faire entendre pendant un quart d'heure, donna le signal d'une nouvelle contredanse.

— Pardon si je vous quitte, madame la comtesse, — dit Saint-Herem à madame Zomaloff, — mais j'ai invité pour cette contredanse la charmante fille d'un des meilleurs ouvriers qui aient travaillé à cet hôtel, ou plutôt, madame, à *votre* hôtel. Je suis heureux d'emporter du moins cette pensée en vous quittant.

Et Saint-Herem, saluant respectueusement madame Zomaloff, alla rejoindre une charmante jeune fille qu'il avait engagée, et le bal continua.

— Ma chère Fœdora, — dit la princesse, qui avait remarqué avec une soucieuse impatience le long entretien de sa nièce et de Saint-Herem, — il se fait tard, et vous avez promis à l'ambassadrice de Sardaigne d'arriver chez elle de bonne heure.

— Permettez-moi de vous le faire observer, madame, — dit à son tour M. de Riancourt en s'adressant à sa *future*, — vous avez été un peu trop vite en affaires. Saint-Herem est obligé de vendre cet hôtel pour payer ses dettes, et avec un peu de persévérance, nous aurions pu obtenir un rabais de cinquante mille écus au moins, surtout si vous aviez insisté vous-même ; il est de ces choses qu'il est si difficile de refuser à une jolie femme ! — ajouta M. de Riancourt avec le plus aimable sourire.

— Fœdora, à quoi pensez-vous donc, ma chère ? — reprit la princesse en touchant légèrement le bras de la jeune femme, qui, accoudée à une console dorée chargée de fleurs, rêvait profondément et n'avait pas entendu un seul mot de ce que sa tante et le duc lui avaient dit. — Fœdora, — reprit la princesse en attirant enfin l'attention de sa nièce, — encore une fois à quoi pensez-vous donc ?

— Je pense à M. de Saint-Herem, — dit la jeune femme en sortant comme à regret de sa rêverie. — Tout ce qui s'est passé ici est tellement bizarre...

— Entre nous, comtesse, — dit M. de Riancourt d'un air sentencieux, — je crois que le désespoir de se voir ruiné aura détraqué le cerveau de ce pauvre Saint-Herem. Il faut être timbré pour imaginer une pareille fête. Inaugurer son hôtel par un bal d'artisans, cela sent le socialisme d'une lieue !

— Ce cher duc a raison, c'est d'un ridicule achevé, — reprit la princesse. — Quelle amusante nouvelle nous allons apporter ce soir à l'ambassade ! Ce bal d'ouvriers fera merveille ; on en rira fort ! Mais, Fœdora, vous ne répondez rien... Qu'avez-vous donc ?

— Je ne sais, — dit la jeune femme ; — ce que j'éprouve est fort singulier.

— Vous avez besoin d'air, sans doute, ma chère comtesse, — dit M. de Riancourt avec empressement ; — cela ne m'étonne point : cette agglomération de populaire est étouffante, et quoique les appartemens soient très vastes...

— Fœdora, — dit la princesse avec une inquiétude croissante, — est-ce que vous vous sentez indisposée ?

— Non, certes, l'émotion que j'éprouve est au contraire remplie de douceur et de charme ; aussi je ne sais en vérité, mon cher duc, comment exprimer...

— Comtesse, expliquez-vous, de grâce, — dit M. de Riancourt ; — peut-être la forte odeur de ces fleurs vous cause-t-elle un des ces malaises qui ont une sorte d'agrément ?

— Non, ce n'est pas cela. J'hésite à tout vous dire ; vous et ma tante vous allez me trouver si étrange, si extravagante...

— Ah ! comtesse, — dit galamment M. de Riancourt, — extravagante, vous !

— Fœdora, — dit la princesse, — expliquez-vous donc.

— Je le veux bien, mais vous allez être fort surpris, — ajouta la jeune veuve d'un air confidentiel et coquet ; puis, se tournant vers M. de Riancourt, elle lui dit à mi-voix :

— Il me semble...

— Il vous semble, chère comtesse ?

— Que...

— Achevez, de grâce !

— Que je meurs d'envie d'épouser M. de Saint-Herem.

— Madame ! — s'écria le duc stupéfait et devenant cramoisi. — Madame !

— Qu'il y a-t-il donc, cher duc ? — demanda vivement la princesse. — Comme vous êtes rouge !

— Madame la comtesse, — reprit M. de Riancourt en souriant d'un air forcé, — la plaisanterie est un peu... un peu vive, et...

— Allons, donnez-moi votre bras, mon cher duc, — reprit madame Zomaloff de l'air le plus naturel du monde, — et faites demander vos gens, car il est tard. Nous devrions être déjà à l'ambassade. C'est votre faute aussi : comment vous, l'exactitude en personne, ne m'avez-vous pas sonné onze heures depuis longtemps ?

— Ah ! madame, je n'ai pas envie de rire ! — dit le duc d'un ton sentimentale et pénétré. — Quel mal m'a fait votre cruelle plaisanterie de tout à l'heure ! J'en ai le cœur navré.

— Mon pauvre monsieur de Riancourt, je ne vous savais pas le cœur si vulnérable...

— Ah ! madame, ce soupçon m'afflige ; vous êtes bien injuste ; moi qui sacrifierais ma vie pour vous !

— Vraiment !

Pour unique réponse, le duc leva les yeux au ciel et poussa un long soupir.

— Allons, mon cher duc, — reprit jeune femme en souriant, — si j'avais quelque chose à vous demander, ce ne serait pas un sacrifice si héroïque.

La voiture de M. de Riancourt étant arrivée au bas du perron, madame Zomaloff, sa tante et le duc, quittèrent l'hôtel Saint-Ramon.

Presqu'au même instant le vieux mulâtre abandonnait aussi cette opulente demeure, ébloui, confondu de ce qu'il venait de voir, d'entendre, et songeant toujours aux bénédictions dont le nom de saint Ramon était comblé par les invités de cette fête singulière.

Onze heures et demie sonnaient alors dans le lointain à l'église de Chaillot.

— Onze heures et demie ! — se dit le vieillard ; j'ai le temps d'arriver pour minuit. — Ah ! que vais-je apprendre ! quelle angoisse que la mienne !

Et le vieillard commença à gravir lentement les hauteurs qui, du bord de la Seine, s'étagent jusqu'à la rue de Chaillot.

XX.

Le vieux mulâtre s'était lentement acheminé vers les hauteurs de Chaillot ; il arriva bientôt dans la rue où s'élève l'église de ce faubourg pauvre et populeux.

Contre l'usage, cette église était éclairée cette nuit-là. A travers la grande porte ouverte, on voyait la nef et l'autel brillamment illuminés de cierges, quoique l'église fût encore vide ; quelque cérémonie imposante allait sans doute avoir lieu, car, bien que minuit dût bientôt sonner, l'on apercevait des lumières et des curieux aux fenêtres des maisons voisines de l'église, tandis que des groupes nombreux stationnaient sur le parvis. Le vieux mulâtre, s'approchant de l'un de ces rassemblemens, prêta l'oreille et entendit ce qui suit :

— Ils ne peuvent maintenant beaucoup tarder.

— Non, car voilà bientôt minuit.

— C'est tout de même une drôle d'heure pour se marier.

— Ma foi ! quand on est si bien doté, l'on peut passer par là-dessus.

— Qui donc va se marier à cette heure, messieurs ? — demanda le vieux mulâtre ; — quel est ce singulier mariage dont vous parlez ?

— On voit, mon brave homme, que vous n'êtes pas du quartier !

— En effet, monsieur, je suis étranger.

— A la bonne heure ! sans cela vous sauriez ce que c'est que *le mariage des six*, qui a lieu depuis quatre ans, pendant la nuit du 11 au 12 mai.
— Du 11 au 12 mai,—se dit le vieillard en tressaillant, —et il reprit :
— Mais, monsieur, pourquoi appelle-t-on ce mariage *le mariage des six*?
— Parce qu'il y a chaque année six jeunes filles mariées et bien dotées, ma foi ! chacune de dix mille francs !
— Dotées, et par qui ?
— Par la volonté d'un digne homme, mort depuis cinq ans, et dont le nom est aussi populaire et aussi béni dans Chaillot que celui du *Petit manteau bleu* dans Paris.
— Et,—demanda le vieux mulâtre avec un léger tremblement dans la voix,—comment s'appelait ce digne homme, au nom de qui l'on dote si généreusement de jeunes filles ?
— Il se nomme le *père Richard*, monsieur, — répondit avec un accent de déférence la personne que le vieillard interrogeait.
Celui-ci, contenant à peine son émotion croissante, reprit :
— Et pourquoi ce père Richard fait-il tant de bien après sa mort ?
— Dame ! parce que c'était son idée, et qu'il a un brave fils, M. Louis Richard, qui exécute religieusement les dernières volontés de son père. Ah ! voilà un autre digne homme que M. Louis ! Tout le monde sait que lui, sa femme et son enfant, vivent tout au plus avec trois ou quatre mille francs par an, et pourtant il faut qu'ils aient hérité du père Richard une fameuse fortune pour doter chaque année six jeunes filles de dix mille francs chacune, sans compter les frais de l'école et de la maison *du bon Dieu*, ou du père Richard, si vous aimez mieux.
— Pardonnez, monsieur, à la curiosité d'un étranger ; mais vous parlez d'une maison appelée la maison du bon Dieu, d'une école ?
— Oui... l'école du père Richard. C'est madame Mariette qui la dirige.
— Madame Mariette ? — demanda le vieillard, —qui est-elle ?
— La femme de M. Louis Richard... Cette école est fondée pour vingt-cinq petits garçons et vingt-cinq petites filles qui y restent jusqu'à l'âge de douze ans, époque où ils entrent en apprentissage chez des maîtres choisis; les enfans sont nourris ; on leur donne en outre un habillement pour l'hiver et un pour l'été ; de plus ils reçoivent chacun dix sous par jour. De cette façon-là, les parens, au lieu de faire comme tant d'autres qui, pressés par la misère, mettent trop tôt leurs enfans en apprentissage, sont intéressés à leur faire donner de l'instruction.
— Et c'est la femme de... de M. Louis Richard qui dirige cette école ?
— Oui, monsieur ; et elle dit qu'elle y prend d'autant plus de plaisir qu'elle était avant son mariage une pauvre ouvrière ne sachant ni lire ni écrire, et qu'elle a si cruellement souffert du manque d'éducation, qu'elle se trouve heureuse d'être à même d'empêcher les autres de souffrir ce qu'elle a souffert. Voilà, monsieur, ce que c'est que l'école du père Richard.
— Mais, monsieur, vous m'aviez aussi parlé d'une maison...
— Cette maison est fondée pour douze pauvres ouvrières infirmes ou hors d'état de travailler. C'est madame Lacombe qui la dirige.
— Qu'est-ce que c'est que madame Lacombe ?
— La marraine de madame Mariette, une bonne et digne femme, qui a le poignet coupé : c'est la douceur, la patience, la bonté en personne... Que voulez-vous ! elle doit s'y connaître en pauvres vieilles femmes infirmes ! car elle dit à qui veut l'entendre qu'avant le mariage de sa filleule avec M. Louis, toutes deux ne mangeaient pas tous les jours du pain à leur faim; mais, tenez, mon brave homme, voilà les mariages ; placez-vous devant moi, vous les

verrez mieux défiler ; nous pourrons ensuite entrer dans l'église.
En effet, le vieillard vit bientôt s'avancer une sorte de cortége, à la tête duquel marchaient Louis Richard donnant le bras à madame Lacombe, puis Mariette tenant par la main un charmant petit garçon de quatre ans.
Madame Lacombe n'était plus reconnaissable; sa figure, autrefois si creuse, si maladive, était pleine, vermeille, et annonçait la santé ; sa physionomie, jadis chagrine, sombre, presque farouche, exprimait alors la plus heureuse mansuétude ; elle portait ses cheveux blancs en bandeaux sous un bonnet de dentelle, et un beau châle de cachemire français cachait à demi sa robe de soie.
Les traits de Louis Richard, qui donnait le bras à la marraine de Mariette, étaient empreints d'une félicité sérieuse et contenue. On voyait qu'il comprenait la grandeur des devoirs qu'il s'était imposés. Mariette, plus jolie que jamais, se distinguait par un air de gravité douce qui sied si bien aux jeunes mères ; dans son légitime orgueil, elle avait toujours, malgré son mariage, conservé le modeste costume de sa première condition ; fidèle au coquet petit bonnet de l'ouvrière, elle n'avait jamais voulu porter de chapeau ; le *bon Dieu* l'en récompensait, car elle était ravissante de fraîcheur, de grâce et de beauté, sous son frais bavolet de dentelle à nœuds de rubans bleu ciel. De temps à autre elle souriait avec un amour ineffable à son petit garçon, blond, rose et joli comme elle.
Après Louis, sa femme, son enfant et madame Lacombe, venaient, vêtues de blanc et couronnées de fleurs d'oranger, les six jeunes filles dotées cette année-là : elles donnaient le bras aux parens ou aux témoins de leurs fiancés ; ceux-ci conduisaient les parens et les témoins de leurs promises ; tous appartenaient à la classe des travailleurs. Derrière ce groupe s'avançaient les vingt-quatre ménages unis depuis quatre ans, puis les enfans de l'école du père Richard, puis enfin celles des vieilles femmes de la maison de refuge à qui leurs infirmités permettaient d'assister à cette touchante cérémonie.
Il fallut près d'un quart d'heure pour le défilé de ce cortége, qui prit enfin place dans l'église.
Le vieux mulâtre avait assisté muet et pensif à ce défilé, pendant qu'autour de lui les curieux disaient :
— C'est pourtant grâce au père Richard que ces jeunes filles laborieuses vont devenir de bonnes et heureuses ménagères.
— Et les mariées des autres années ont-elles l'air heureux ! Et ce bonheur, à qui le doivent elles ? Au père Richard !
— C'est vrai... toujours au père Richard !
— Et aussi à M. Louis, qui remplit si bien les intentions de son brave père.
— Sans doute ; mais enfin, toujours est-il que sans la grosse fortune que le père Richard lui a laissée pour en faire un si bon usage, M. Louis n'aurait eu que sa bonne volonté.
— Et l'école du père Richard ? avez-vous vu les enfans, les petits garçons avec leurs bonnes blouses de drap, les petites filles avec leurs bonnes robes de mérinos ? Comme tous ont l'air content !
— Savez-vous qu'il ne manque pas plus de cinq ou six de ces pauvres vieilles infirmes qui, grâce au père Richard, trouvent au moins du pain et du repos pour leurs vieux jours ?
— Savez-vous une chose, mes amis ?
— Quoi donc ?
— C'est que voilà peut-être cent cinquante personnes qui passent devant nous et qui toutes ont eu plus ou moins part aux bienfaits du père Richard.
— C'est vrai, et quand on songe que c'est la même chose depuis quatre ans, ça fait déjà six à sept cents personnes soutenues, instruites, aidées ou mariées grâce à ce digne homme.
— Sans compter que pourvu que M. Louis vive encore

pendant trente ans, je suppose, ça fera cinq ou six mille personnes qui, grâce au père Richard, auront eu la vie bonne et heureuse, au lieu de l'avoir eu mauvaise... et coupable peut-être ; la misère perd tant de monde !

— Qu'est-ce que vous dites donc, cinq ou six mille personnes, mais ça ferait bien plus que cela !

— Comment ?

— Ces ménages que l'on dote chaque année, choisis parmi les plus pauvres et les plus honnêtes artisans, ces ménages auront des enfans ; ceux-ci d'abord participeront au bien-être de leurs familles, ils seront bien élevés, et ils auront plus tard leur part du petit pécule grossi certainement par l'économie et le travail des sons parens, car c'est facile de mettre de côté quand on s'établit avec quelque chose ; on n'est pas forcé de s'endetter pendant le chômage en mettant au mont-de-piété, qui nous ruine par les gros intérêts !

— C'est, ma foi ! vrai, en calculant ainsi, ça double, ça triple la somme des bienfaits du père Richard ; et si l'on osait songer à une deuxième, à une troisième génération de bienfaiteurs, en multipliant, comme on dit, les obligés par eux-mêmes, ça deviendrait incalculable le bien dont il aurait été la souche, ce digne et excellent homme !

— Et dire pourtant que le bien est si facile à faire, et qu'il y a tant de gens, du petit au grand, qui ne savent à quoi dépenser leur argent !

— C'est vrai... car enfin de l'argent ça représente le bonheur de bien du monde, et avoir entre les mains beaucoup d'argent, c'est avoir le moyen de faire, si on le voulait, beaucoup d'heureux !

— Ah dame ! c'est que les père et fils Richard ne sont pas très communs, — dit le dernier inter locuteur qui avait servi de cicerone au vieux mulâtre ; puis, voyant ce dernier laisser couler des larmes, il ajouta : — Eh bien ! mon brave homme, que diable ! avez-vous à pleurer ainsi ?

— C'est... c'est l'émotion, — dit le vieillard. — Le bien que j'entends dire de ce... ce... père Richard et de son fils... la vue du cortège de gens si heureux... tout cela me cause une impression extraordinaire.

— Oh ! mon digne homme, si telle est la cause de vos larmes, je ne vous plains pas, elle vous font honneur. Mais, tenez, puisque cela vous intéresse, entrons dans l'église, nous verrons la fin de la cérémonie, et après, vous pourrez aller jusqu'à la maison du bon Dieu, car, cette nuit-ci, y entre qui veut.

— Je vous remercie de votre conseil, monsieur, et je le suivrai, — dit le vieux mulâtre en essuyant ses pleurs et en entrant dans l'église avec son cicerone.

La foule était si compacte, que le vieillard dut renoncer à arriver jusqu'aux premiers rangs des spectateurs qui se pressaient à l'entrée du chœur ; mais un moment de réflexion le consola bientôt, et il revint se placer auprès du bénitier situé non loin de la porte de l'église.

Pendant l'accomplissement de la cérémonie des mariages, à laquelle tous les assistans prirent part avec recueillement, la physionomie du mulâtre exprima une émotion profonde, étrange ; il semblait plongé dans une sorte d'extase, comme si une révélation soudaine lui eût ouvert des horizons immenses, éblouissans, mais jusque-là voilés à sa vue ; aussi, après un moment de méditation fervente, s'agenouilla-t-il, et joignant les mains, il laissa tomber sur sa poitrine sa tête blanchie.

Dans l'église le silence était solennel ; tout à coup la voix grave et sonore du prêtre qui officiait à l'autel fit entendre ces paroles, qu'il adressait aux nouveaux mariés :

« Et maintenant que votre union est consacrée par
» Dieu, jeunes époux, continuez la vie honnête et laborieu-
» se qui vous a mérité le bonheur dont vous allez jouir ;
» n'oubliez jamais que cette juste rémunération de votre
» dignité dans la pauvreté, de votre courage dans le tra-
» vail, vous la devez à un homme doué de la plus ten-
» dre, de la plus juste affection pour ses frères ; car, fidèle
» aux devoirs du vrai chrétien, il ne s'est pas regardé com-
» me le maître, mais comme l'aumônier de ses richesses.

» Le Christ n'a-t-il pas dit : *Aimez-vous les uns les autres,*
» *et que ceux qui ont donnent à ceux qui n'ont pas...* Aussi
» le Seigneur, en accordant au père Richard un fils digne
» de lui, a récompensé ce grand homme de bien, et par
» son obéissance aux lois de l'évangélique fraternité, il a
» mérité que sa mémoire vécût parmi les hommes. Cette
» immortalité, votre reconnaissance la lui accordera ; que
» son nom soit donc à jamais béni par vous, par vos en-
» fans, par les enfans de vos enfans ; que vos cœurs con-
» servent toujours comme le souvenir d'une rare vertu le
» nom vénéré du père Richard ! »

Le murmure approbateur de la foule accueillit ces paroles et couvrit les sanglots étouffés du vieux mulâtre, qui, toujours agenouillé, semblait éprouver un ressentiment ineffable.

La cérémonie était terminée.

Le bruit que firent les assistans en quittant leurs places, afin de sortir de l'église, rappela à lui le vieillard ; il se releva précipitamment, et s'appuya au bénitier, car il se sentait près de défaillir.

Bientôt il vit du fond de l'église s'avancer de son côté Louis Richard, qui, donnant le bras à madame Lacombe, se dirigeait vers la porte de l'église.

Le vieillard trembla de tous ses membres, et au moment où Louis Richard allait passer devant lui, il trempa ses doigts dans le bénitier, et baissant à demi la tête, il offrit l'eau sainte d'une main tremblante à l'époux de Mariette.

— Merci, bon père, — répondit affectueusement Louis en effleurant de ses doigts la main vacillante ; puis, remarquant la pauvreté de ses vêtemens et la tête blanchie du *donneur* d'eau bénite, et voyant dans son offre une demande d'aumône, le jeune homme lui glissa dans la main une pièce de monnaie, en lui disant avec bonté :

— Tenez, et priez Dieu pour le père Richard.

Le vieillard saisit avidement la pièce de monnaie, la porta à ses lèvres et la baisa en fondant de nouveau en larmes.

Ce singulier incident ne fut pas aperçu de Louis Richard ; il sortit de l'église ainsi que le cortège, et une grande partie des spectateurs se dirigea vers ce que l'on appelait à Chaillot la Maison du bon Dieu.

Le vieux mulâtre, brisé par une profonde émotion, s'appuya péniblement sur son bâton, et se dirigea aussi vers la maison du bon Dieu.

XXI.

La *Maison du bon Dieu* était bâtie sur les dernières hauteurs de Chaillot, dans une situation aussi riante que salubre ; un grand et ombreux jardin entourait les bâtimens d'une élégante simplicité.

Cette nuit de mai était pleine de douceur et de sérénité ; les parfums printaniers embaumaient l'air, de nombreux becs de gaz éclairaient la grande allée couverte qui conduisait au corps de logis principal, au-devant duquel s'élevait un perron de quelques marches.

Le vieux mulâtre avait suivi le cortège ; il le vit se ranger silencieusement en demi-cercle à l'entour du perron, car aucune salle n'aurait pu contenir l'affluence de la foule.

Bientôt Louis Richard, selon son habitude de chaque année, s'avança sur le perron et prononça d'une voix émue et chaleureuse les quelques paroles suivantes :

« Mes amis, il y a cette nuit cinq ans que je perdais le
» meilleur des pères ; il périssait d'une mort affreuse,
» lors du sinistre du chemin de fer de Versailles. Mon
» père, maître d'un patrimoine assez considérable, aurait
» pu vivre dans l'aisance et l'oisiveté ; il a vécu pauvre et
» laborieux. Tandis qu'il renonçait ainsi à tout bien-être,

» gagnant par son travail le pain quotidien, sa parci-
» monie sublime accumulait lentement de grandes riches-
» ses, son abnégation les augmentait chaque année. Vin
» le jour prématuré de sa mort. J'eus à pleurer un des
» plus fervens amis de l'humanité, car, selon ses derniè-
» res volontés, j'ai consacré ses biens à l'accomplissement
» de trois saints et grands devoirs :
» Envers les enfans,
» Envers les jeunes filles,
» Envers les femmes que l'âge ou les infirmités rendaient
» incapables de travailler.
» Aux enfans pauvres si souvent privés d'une éducation
» tutélaire, mon père a voulu que l'instruction élémen-
» taire et plus tard professionnelle fût assurée.
» Aux jeunes filles laborieuses et probes qu'un sa-
» laire insuffisant, la souffrance, la misère, n'exposent que
» trop fréquemment aux séductions du vice, mon père a
» voulu qu'une dot modeste fût assurée. Cette assistance,
» jointe aux fruits du travail de chaque ménage, lui per-
» mettra du moins de goûter dans toute leur douceur et
» leur pureté les saintes joies de la famille, joies souvent,
» hélas ! ignorées au milieu des maux qu'enfante la pau-
» vreté.
» Enfin, aux femmes âgées ou infirmes qui, après une
» longue vie de labeur, sont hors d'état de gagner leur
» subsistance, mon père a voulu assurer du moins le repos
» et le bien-être de leurs vieux jours.
» Ces dernières volontés de mon père, je les ai reli-
» gieusement remplies dans la limite des moyens d'action
» qu'il m'a laissés. Sans doute, le bien qu'il dispense ainsi
» chaque année par mes mains est peu de chose, si l'on
» songe aux innombrables misères de l'humanité ; mais
» celui-là *qui fait tout le bien qu'il peut faire*, ne parta-
» geât-il que son morceau de pain avec son frère affamé,
» celui-là agit comme il doit agir : il accomplit le devoir
» que l'humanité lui impose.
» Ce devoir est celui de tout homme de bien, et il doit
» employer tous ses efforts à se rapprocher de cet idéal
» par des actes. Ainsi a fait mon père. De sa généreuse
» pensée, je ne suis que l'écho, que l'agent. L'accomplis-
» sement de ce glorieux devoir remplirait ma vie d'une
» félicité sans mélange et sans borne, si je n'avais à pleu-
» rer la mort d'un père à jamais regretté. »

A peine Louis Richard avait-il prononcé ces dernières paroles, qu'un certain tumulte s'éleva au milieu de la foule dont le perron était entouré : le vieux mulâtre, succombant à son émotion, sentit ses forces lui manquer, et tomba sans mouvement dans les bras de ceux qui se trouvaient à côté de lui.

Louis Richard, instruit de la cause de cette subite agitation, accourut auprès du vieillard, et, afin de mieux s'assurer de son état et de pouvoir lui donner des soins plus prompts, il le fit transporter dans son appartement, situé au rez-de-chaussée, puis il pria les nouveaux époux de se rendre au souper destiné à les réunir aux *ménages* des années précédentes. Madame Lacombe et Mariette devaient, en l'absence momentanée de Louis Richard, le suppléer dans la présidence de ce repas servi dans le jardin sous une tente immense.

Le vieux mulâtre avait été transporté, toujours évanoui, dans le cabinet de Louis. Celui-ci, par un pieux respect pour la mémoire de son père, ne s'était pas séparé du pauvre mobilier de la chambre qu'ils avaient si longtemps habitée en commun : la table de bois noirci, la vieille commode, l'antique bahut, tout avait été gardé, ainsi que la couchette peinte en gris, sur laquelle on avait jeté une courte-pointe, et qui servait de lit de repos à Louis Richard. C'est sur cette couche que le vieillard fut porté.

Une bougie allumée à la hâte éclairait faiblement cette pièce.

Louis, dès qu'il y entra, envoya un domestique à une petite pharmacie dépendante de la maison, demander

quelques spiritueux, et resta seul avec le vieux mulâtre. Ses épais cheveux blancs retombaient sur son front ; son inculte et longue barbe cachait presque entièrement ses traits. Louis prit sa main pour consulter son pouls.

A ce moment le vieillard fit un léger mouvement, e prononça quelques mots inintelligibles.

Le son de cette voix frappa cependant Louis ; il tâcha de mieux distinguer les traits de celui qu'il secourait ; mais la demi-obscurité de la chambre, et la longueur des cheveux et de la barbe du mulâtre rendirent infructueux cet examen.

Soudain son hôte releva languissamment la tête, regarda autour de lui, et ses yeux s'étant arrêtés sur le dossier du lit peint en gris et contourné d'une façon particulière, il fit un mouvement de surprise ; mais lorsqu'il eut aperçu le bahut si reconnaissable par sa forme, il ne put retenir ces mots :

— Où suis-je ? Est-ce un rêve ?... Mon Dieu ! mon Dieu !

L'accent de cette voix de plus en plus distincte frappa Louis de nouveau ; il tressaillit légèrement ; mais bientôt, secouant la tête et souriant avec amertume, il se dit tout bas :

— Hélas ! les regrets nous causent souvent des illusions étranges.

S'adressant alors au vieillard d'un ton affectueux,

— Eh bien ! comment vous trouvez-vous, bon père ?

A ces mots, le mulâtre, se dressant sur son séant, saisit vivement la main de Louis avant que celui-ci eût pu s'y opposer, et la couvrit de larmes et de baisers.

L'époux de Mariette, surpris, touché de ce mouvemen d'effusion, reprit :

— Allons, calmez-vous, bon père. En vérité, je n'ai rien fait jusqu'ici qui puisse me mériter votre reconnaissance. Un jour, je serai peut-être plus heureux... Mais dites-moi, comment vous trouvez-vous ? Est-ce la fatigue, la faiblesse, qui ont causé votre évanouissement ?

Le vieillard resta muet, baissa la tête sur sa poitrine sans quitter la main de Louis, dont il semblait ne pouvoir se détacher ; il la serrait contre sa poitrine haletante dans une étreinte convulsive.

Le jeune homme, gagné par une émotion singulière et croissante, sentit les larmes lui venir aux yeux, et reprit :

— Bon père, écoutez-moi.

— Oh ! encore ! — murmura le vieux mulâtre d'une voix étouffée, — encore !...

— Comment ! que je vous dise encore *Bon père ?*

— Oui, — répondit le vieillard, qui tremblait de tous ses membres, — oui ! Oh ! encore !

— Eh bien ! bon père...

Le jeune homme ne put achever.

Son hôte, incapable de se vaincre plus longtemps, se redressa et s'écria d'une voix vibrante de tendresse :

— Louis !!

Ce nom, prononcé avec l'expression de toutes les forces de l'âme, ce mot seul était une foudroyante révélation.

Le jeune homme pâlit, se rejeta en arrière et resta pétrifié, les yeux fixes, hagards.

La commotion était trop violente, l'ébranlement moral trop profond, pour qu'il ne s'écoulât pas quelques instans avant que cette pensée :— *Mon père n'est pas mort !* — pût arriver jusqu'à l'entendement de Louis.

Ainsi, la brusque transition d'une nuit profonde à l'éclat du soleil nous éblouit et nous rend momentanément aveugles.

Mais lorsque Louis, remis de cette violente secousse, envisagea la réalité sans vertige, il se jeta sur le lit du vieillard, écarta d'une main convulsive ses longs cheveux blancs ; puis, parcourant d'un œil avide, radieux, enivré, les traits de son père enduits de bistre factice, il ne conserva plus aucun doute, et ne put que balbutier ces mots dans une sorte de délire filial : — Toi !... oh ! mon Dieu ! toi, mon père !

. . . .

Renonçons à peindre cette première explosions de tendresse qui jeta le père et le fils dans les bras l'un de l'autre.

Qui pourrait rendre ces étreintes, ces mots sans suite, ces cris, ces déchiremens d'une joie trop aiguë, ces défaillances de l'esprit et du corps trop faible pour un pareil ravissement, mais bientôt suivies de ces élans passionnés qui emportent l'âme jusqu'aux dernières limites de la félicité?

A ces emportemens de bonheur succéda enfin un moment de calme.

Le père Richard dit à son fils :

— En deux mots, mon cher enfant, voici mon histoire : j'ai dormi pendant cinq ans; il y a quarante-huit heures que je me suis complétement éveillé.

— Que dites-vous?

— Je me trouvais avec le pauvre Ramon et sa fille dans un des wagons les plus maltraité lors de la catastrophe. Un hasard providentiel, encore inexplicable pour moi, m'a sauvé la vie, quoique j'aie eu la cuisse droite cassée et que l'épouvante m'ait rendu fou.

— Vous, mon père?

— Oui, je suis devenu fou de terreur... J'ai complétement perdu la raison.

— Oh! mon Dieu!

— Conduit loin du lieu du sinistre, chez un digne médecin, ma fracture guérie, j'ai été transporté dans un hospice d'aliénés à Versailles. Ma folie était inoffensive, je ne parlais que de mes trésors perdus. Pendant près de quatre ans mon insanité fut incurable, mais, grâce aux soins des médecins, mon intelligence s'éclaircit peu à peu, lentement et par intermittence; puis, ma guérison fit de nouveaux progrès, avança et devint enfin complète, assurée, car il y a deux jours, je te le répète, mon enfant, j'ai pu sortir de l'hospice. Te dire ce que j'ai éprouvé lorsque je me suis retrouvé en possession de toute ma raison, de tous mes souvenirs, me serait impossible. Je m'éveillais, je te l'ai dit, d'un long et profond sommeil de cinq années. Ma première pensée, je te dois cet humiliant aveu, ma première pensée fut une pensée d'avare... Qu'étaient devenus mes biens? quel usage en avais-tu fait? Hier, lorsque les portes de l'hospice se sont ouvertes devant moi, j'ai couru chez mon notaire, ton ancien patron et mon ami... Sa stupeur, tu la comprends. Voici quelles ont été ses paroles : « La première idée de votre fils, lorsqu'il a partagé
» l'erreur commune au sujet de votre mort, a été se considérer comme dépositaire de vos richesses,
» de n'en disposer qu'à l'âge de trente-six ans, en distrayant seulement une faible somme destinée à son entretien et à celui de sa femme; mais au bout de six mois,
» après une assez grave maladie, pensant que la mort
» pourrait le frapper avant qu'il eût accompli ce qu'il considérait comme un devoir sacré, votre fils a changé d'avis et m'a fait part de ses projets, auxquels j'ai adhéré
» de toute mon âme.» — Mais ces projets, quels étaient-ils? ai-je demandé à mon ancien patron. « Ayez le courage
» d'attendre jusqu'à demain minuit, — m'a-t-il répondu,
» rendez-vous alors à l'église de Chaillot : vous saurez
» tout, et vous remercierez Dieu de vous avoir donné un
» fils tel que le vôtre. » — J'ai eu le courage d'attendre jusqu'à ce soir, mon cher Louis; ma longue barbe, mes cheveux tout blancs, me changeaient bien beaucoup : j'ai bistré mes traits, afin de me défigurer tout à fait et de pouvoir ainsi m'approcher de toi sans être reconnu. Oh! tendre et noble enfant! — ajouta le père Richard en pleurant d'attendrissement, — si tu savais ce que j'ai vu, ce que j'ai entendu! Mon nom vénéré, adoré, grâce à la grandeur de ton âme et à une pieuse supercherie de ton amour filial! Si tu savais la révolution subite qui s'est opérée en moi! Oh! tiens, vois-tu, pendant un moment, j'ai éprouvé une sorte d'extase. Oui, pendant qu'en ma présence l'on bénissait ainsi ma mémoire, il m'a semblé que mon âme, dégagée de ses liens terrestres, planait dans le ciel comme planent sans doute les âmes des hommes de bien qui entendent encore ici-bas l'expression de l'amour et de la reconnaissance qu'ils ont laissés après eux. Hélas! cette illusion a été de courte durée. Je n'étais pour rien dans ces touchantes actions dont on me glorifiait!

— Que dites-vous, mon père!... Sans vous, sans votre persévérante épargne, comment donc aurais-je accompli le bien? Ne m'aviez-vous pas laissé un tout-puissant levier? Mon seul mérite a été de bien user de cette force immense concentrée par vous au prix de tant de sacrifices, de tant de privations. Maître de cette grande fortune que je n'avais pas gagnée par mon travail, j'ai compris les devoirs qu'elle m'imposait. L'horrible misère et l'ignorance dont ma femme bien-aimée avait souffert, les dangers auxquels cette ignorance et cette misère l'avaient exposée, la cruelle infirmité de sa marraine, tout a été un enseignement pour moi, et, ainsi que Mariette et madame Lacombe, nous avons voulu, autant qu'il serait en nous, épargner aux autres la peine dont nous avions tant souffert.

— Cher enfant!

— Cela n'est pas mon œuvre, mon père, c'est la vôtre. Jouissez de votre gloire, mon père; vous avez laborieusement semé, je n'ai fait que recueillir : la moisson vous appartient.

Soudain la porte du cabinet s'ouvrit brusquement. Florestan de Saint-Herem entra, se jeta dans les bras de Louis avec tant d'impétuosité qu'il n'aperçut pas le père Richard, et s'écria :

— Embrasse-moi, Louis; réjouis-toi! tu es mon meilleur ami; à toi la première nouvelle. Je comptais te trouver ici, car ce n'est pas de cette année que je suis comment tu fêtes les anniversaires du 12 mai. Aussi, je n'ai pas voulu perdre une minute pour venir t'apprendre que *saint Ramon* devient un bel et bon saint, car il vient de faire le plus incroyable des miracles...

— Que veux-tu dire?

— Il y a deux heures, j'étais complétement ruiné, ou peu s'en faut; maintenant je suis plus riche que je ne l'ai jamais été, et surtout que je ne le serai jamais! Louis, des mines d'or, des mines d'argent, des diamans à remuer à la pelle, des richesses fabuleuses, une fortune qui se compte par dizaines de millions. Oh! saint Ramon! saint Ramon! que votre nom soit sanctifié! Combien j'ai eu raison de vous canoniser, car, vive Dieu! vous n'êtes pas ingrat!

— Florestan, de grâce, explique-toi.

— Il y a une heure, la fête que je donnais, tu le sais, à ces dignes artisans, touchait à sa fin. Un de mes gens me prévient qu'une femme venue en fiacre s'est fait conduire dans mon appartement et demande instamment à me parler; je monte chez moi : que vois-je? la comtesse Zomaloff, jeune et charmante veuve qui, dans huit jours, devait épouser le duc de Riancourt; cette nuit elle était venue visiter mon hôtel pour l'acquérir, elle l'avait acheté en effet. Stupéfait de la revoir, je restai un moment muet. Sais-tu ce qu'elle me dit du ton le plus naturel du monde?

» Monsieur de Saint-Herem, mille pardons de vous
» déranger, j'ai seulement deux mots à vous dire : Je suis
» veuve, j'ai vingt-huit ans; je ne sais trop pourquoi j'avais
» promis à de Riancourt de l'épouser; peut-être aurais-je
» accompli ce sot mariage si je ne vous avais pas rencontré. Votre cœur est généreux, votre âme élevée, la fête
» que vous avez donnée ce soir me le prouve; votre esprit me séduit, votre caractère me charme, votre bonté
» me touche et votre personne me plaît. Quant à moi, la
» démarche que je fais en ce moment vous donne la
» mesure de ce que je suis, de ce que je vaux, en bien et
» en mal.

» Cette démarche étrange, inconvenante, extravagante
» peut-être... vous l'apprécierez : si votre jugement m'est
» favorable, je serai fière et heureuse de devenir madame
» de Saint-Herem, et d'habiter avec vous l'hôtel *Saint-Ra-*

» mon ; j'ai une fortune colossale, vous en disposerez comme vous l'entendrez, car je vous confie aveuglément mon » avenir. J'attendrai donc votre décision. Bonsoir, monsieur de Saint-Herem. » — A ces mots, mon cher Louis, la fée disparaît et me laisse dans un tel éblouissement de bonheur, que j'ai cru en perdre la tête.

— Florestan, — lui dit Richard d'un air grave et affectueux, — la confiance aveugle de cette jeune femme, venue à toi avec tant de franchise et de confiance, t'impose de grands devoirs.

— Je comprends mon ami, — répondit Saint-Herem avec accent rempli de sincérité. — J'ai pu dissiper les biens qui m'appartenaient et me ruiner, mais me montrer ainsi prodigue d'une fortune qui n'est pas la mienne, ruiner une femme qui me confie si loyalement son avenir, ce serait une infamie !

. . . .

Environ un mois après ces divers événemens, madame Zomaloff épousait Florestan de Saint-Herem.

Louis Richard, son père et Mariette, assistaient à la cérémonie nuptiale.

Le père Richard, malgré sa *résurrection*, ne changea rien à l'usage que Louis avait fait jusqu'alors des biens paternels; seulement le vieillard demanda instamment d'être l'ÉCONOME de la maison, et, en cette qualité, il y rendit de très grands services.

Tous les ans, on célébrait doublement le 12 mai.

Louis, son père et Mariette, qui voyaient fréquemment M. et madame de Saint-Herem, assistaient à une fête magnifique donnée à l'hôtel Saint-Ramon le jour anniversaire de leur union ; mais, à minuit, Florestan et sa femme, qui s'adoraient, car ce mariage avait fini par devenir un mariage d'amour, allaient partager le dîner de noces des *six* nouveaux ménages dans la maison du *Bon Dieu*.

FIN DE L'AVARICE.

Paris. — Typ. de Mme Ve Dondey-Dupré, rue Saint-Louis, 46, au Marais.

LES
SEPT PÉCHÉS CAPITAUX

PAR

EUGÈNE SUE

LA GOURMANDISE

LE DOCTEUR GASTERINI

I

Vers la fin du mois d'octobre 18..., l'entretien suivant avait lieu, dans le couvent de Sainte-Rosalie, entre la supérieure de cette maison, nommée sœur Prudence, et un certain abbé Ledoux, dont les lecteurs de ces récits se souviendront peut-être (1).

L'abbé venait d'entrer dans le parloir particulier de sœur Prudence, femme de cinquante ans environ, à la figure pâle et grave, à l'œil fin et pénétrant.

— Eh bien! cher abbé, dit-elle, quelles nouvelles de dom Diégo? Quand arrive-t-il? — Le chanoine est arrivé, ma chère sœur. — Avec sa nièce? — Avec sa nièce. — Dieu soit béni!... Maintenant, mon cher abbé, prions le ciel de favoriser nos projets. — Sans doute, ma chère sœur, prions-le; mais surtout jouons serré, car la partie ne sera pas facile à gagner.

— Que dites-vous? — La vérité. Cette vérité, je l'ai seulement apprise ce matin, et la voici. Prêtez-moi, je vous prie, toute votre attention. — Je vous écoute, mon cher frère. — Du reste, afin de nous mieux recorder, et de voir bien clair dans nos affaires, établissons nettement l'état des choses. Il y a deux mois, le révérend père Benoît, attaché

(1) Voir l'*Orgueil* (la duchesse).

aux missions étrangères, et actuellement à Cadix, m'écrivit pour me recommander très-particulièrement le seigneur dom Diégo, chanoine d'Alcantara. Il devait s'embarquer à Cadix pour la France, avec sa nièce Dolorès Salcédo. — Très-bien, mon cher frère. — Le père Benoît ajoutait qu'il connaissait assez le caractère et les dispositions de la senora Dolorès Salcédo pour être certain qu'elle se déciderait facilement à prendre le voile; résolution qui aurait l'agrément de dom Diégo, son oncle. — Et comme elle doit être l'unique héritière du riche chanoine, la maison dans laquelle entrerait la senora Dolorès bénéficierait de la fortune qui un jour lui reviendra. — C'est cela même, ma chère sœur. Aussi ai-je tout naturellement songé pour la senora Dolorès à notre maison de Sainte-Rosalie, et je vous ai parlé de ces projets. — Je les ai adoptés, mon cher frère, car ayant quelque pratique, quelque expérience des jeunes filles, je suis presque assurée de pouvoir, par la persuasion, sauvegarder cette colombe innocente des pièges d'un monde tentateur et corrompu, en la décidant à prendre le voile dans notre maison. C'est une œuvre doublement bonne à faire : sauver une jeune fille, et faire tourner au bien des pauvres des richesses dont l'emploi pourrait devenir mauvais dans d'autres mains; je ne pouvais hésiter. — Sans doute; mais maintenant, ma chère sœur, l'inconvénient est que l'innocente colombe a un amoureux. — Jésus! que dites-vous,

55

mon frère? Quelle horreur! Mais alors nos projets... — Aussi vous ai-je avertie qu'il nous fallait jouer serré. — Et comment avez-vous été instruit de cette abomination, mon cher frère? — Par le majordome de dom Diégo, un modeste serviteur qui doit me tenir au courant de tout ce qu'il saura sur le chanoine et sur sa nièce. — Ces renseignemens sont indispensables, mon frère, car ils nous mettront à même d'agir avec connaissance de cause et sécurité. Mais quelles notions vous a données le majordome sur ce malencontreux amour, mon cher frère?

— Voici comment les choses se sont passées. Le chanoine et sa nièce se sont embarqués à Cadix à bord d'un trois-mâts venant des Indes et en partance pour Bordeaux. Or, en vérité, il y a souvent des fatalités étranges!

— Quelles fatalités?

— D'abord le trois-mâts à bord duquel s'est embarqué le chanoine avait pour nom le Gastronome.

— En effet, singulier nom pour un vaisseau!

— Moins singulier qu'il ne le paraît d'abord, ma chère sœur; car ce navire, après avoir porté aux Indes des vins des meilleurs crus de Bordeaux et du Midi, des jambons de Bayonne, des langues fumées de Troyes, des pâtés d'Amiens et de Strasbourg, du thon et des olives de Marseille, des fromages de Suisse, des fruits confits de Touraine et de Montpellier, etc., etc., revenait du cap de Bonne-Espérance avec un chargement de vins de Constance, de poivre, de kari, de cannelle, de gingembre, de clous de girofle, de thé, de salaisons de Hachar, et autres comestibles des Indes. Il devait compléter son chargement, en prenant à Cadix une grande quantité de vins d'Espagne, et ensuite retourner à Bordeaux. — Bon Dieu! mon frère, que de vins! que de victuailles! c'est à faire frémir! Je comprends maintenant que ce vaisseau soit bien nommé le Gastronome! — Et vous comprendrez tout à l'heure, ma sœur, pourquoi je vous parlais de fatalités étranges, et comment le chanoine dom Diégo devait préférer de s'embarquer plutôt sur le Gastronome que sur tout autre vaisseau, sans compter que la destination de Bordeaux devait extrêmement plaire au chanoine.

— De grâce, expliquez-vous, mon frère.

— Pour cela je dois d'abord vous apprendre ce que j'ignorais moi-même avant d'avoir secrètement conféré avec le majordome du seigneur chanoine : c'est que celui-ci est d'une gourmandise inouïe, fabuleuse!

— Ah! mon frère, l'horrible péché!

— Horrible péché, soit; mais enfin n'en médisons pas trop, ma chère sœur, de ce péché; car c'est peut-être grâce à lui que nous pourrons arriver à nos louables fins et gagner la partie.

— Et comment cela, mon frère?

— Je vais vous le dire. Le chanoine est doué d'une gourmandise idéale. Toutes ses facultés, toutes ses pensées sont concentrées sur une seule jouissance: la table, et il paraît qu'à Madrid et à Cadix sa table était véritablement merveilleuse, car je me rappelle maintenant que mon médecin, le docteur GASTERINI... — Un abominable athée!... un Sardanapale! — dit sœur Prudence en levant les mains au ciel et interrompant l'abbé Ledoux; — je n'ai jamais compris pourquoi vous receviez des soins d'un tel mécréant. — Je vous dirai cela quelque jour, ma chère sœur; mais, croyez-moi, je sais ce que je fais. Et d'ailleurs le docteur Gasterini, malgré son grand âge, est encore le premier médecin de Paris, comme il est encore le premier gourmand du monde. Car, ainsi que je vous le disais, ma sœur, je me rappelle maintenant l'avoir entendu parler de la table d'un chanoine espagnol, table qui, d'après une correspondance de Madrid reçue par le docteur, était, disait-on, vraiment remarquable. Alors j'étais loin de me douter qu'il s'agît de dom Diégo. C'est du reste un sot et pauvre homme, d'un esprit borné, accessible à toutes les ridicules superstitions méridionales. Aussi, d'après son majordome, serait-il très-facile de faire voir à ce gourmand chanoine le diable en chair et en os. — Un moment, mon cher frère; cette sotte superstition ne me déplaît point du tout chez le chanoine. — Ni à moi non plus, ma sœur; au contraire: elle m'agrée fort. Ce n'est pas tout, le chanoine, grâce à un fond de religion tel quel, ne s'abuse pas sur la vilenie de sa passion dominante. Il sait que la gourmandise est un des sept péchés capitaux, il croit que ce péché doit le conduire en enfer, et pourtant il n'a pas le courage de résister à son vice : il mange avec volupté. Seulement, lorsqu'il n'a plus faim, arrive l'heure des remords. — Au lieu de remords, ce sont des indigestions qu'il devrait avoir, le malheureux! — s'écria sœur Prudence. — Cela du moins le corrigerait peut-être.

— Il est vrai, ma sœur; mais il n'en est pas ainsi. Néanmoins, la vie du chanoine se passe à jouir et à regretter d'avoir joui; quelquefois même, ses remords et sa superstition aidant, il s'attend à quelque soudaine et terrible punition céleste; mais lorsque l'appétit revient, avec lui revient l'oubli des remords, et il en a été longtemps ainsi pour le chanoine.

— Après tout, mon frère, je le trouve encore moins coupable que ces Sardanapales, comme votre docteur Gasterini, qui jouissent effrontément sans la moindre appréhension. Le chanoine a du moins conscience de son péché : c'est déjà quelque chose. — Le caractère du chanoine ainsi posé, vous ne vous étonnerez donc plus que se trouvant à Cadix, et apprenant qu'un navire, appelé le Gastronome, était en partance pour la France, dom Diégo ait saisi cette occasion de s'embarquer sur un vaisseau si heureusement nommé et de pouvoir, en arrivant à Bordeaux, acheter sur place quelques tonnes de vin des crus les plus précieux. — Certes je comprends cela, mon cher frère. — Voici donc le seigneur dom Diégo embarqué avec sa nièce sur le trois-mâts le Gastronome. Il est impossible d'imaginer, m'a dit le majordome, la quantité de provisions, de denrées, de rafraîchissements de toutes sortes, dont le chanoine avait encombré le pont de ce vaisseau, encombrement défendu d'ailleurs par toutes les règles de la navigation; mais le commandant du bâtiment, un certain capitaine Horace, mécréant s'il en est, n'avait que trop de raisons d'oublier la discipline, et de tâcher de se rendre agréable au chanoine.

— Et ces raisons, mon frère?

— Frappé de la beauté de la nièce de dom Diégo, lorsque celui-ci était allé avec elle stipuler les conditions de son passage, ce misérable capitaine, devenant soudain épris de Dolorès Salcédo, et comptant profiter des facilités de la traversée, accorda tout ce que dom Diégo lui demanda, afin d'être certain de la voir s'embarquer à son bord avec sa nièce.

— Quelle scélératesse de la part de ce capitaine, mon frère!

— Heureusement, le ciel l'en a puni, et cela peut nous sauver. Voici donc le chanoine et sa nièce embarqués à bord du Gastronome, encombré des provisions de bouche de dom Diégo. A peine à la sortie du port, une horrible tempête éclate, et la sûreté du navire exige que, pour plus de rapidité dans la manœuvre, on jette à la mer, non-seulement toutes les victuailles du chanoine, mais encore les cages à volailles et les bestiaux embarqués pour la nourriture des passagers. Ce coup de vent, qui poussait d'ailleurs le navire du côté de Bordeaux, dura si longtemps et avec une telle furie, que, pendant presque toute la traversée, il devint impossible de faire la cuisine à bord, et passagers, matelots, officiers, tous furent réduits à manger du biscuit sec et quelques salaisons.

— Ah! le malheureux chanoine! Lui, si gourmand, que devint-il? — Il devint furieux, ma sœur; car cette traversée lui a coûté son appétit.

— Ah! mon frère, le doigt de la Providence est là!

— En un mot, soit que la terreur de la tempête, soit que cette longue privation d'alimens recherchés, soit que cette détestable nourriture ait agi sur sa santé, le chanoine, depuis qu'il a débarqué du Gastronome, a complètement perdu l'appétit. Le peu qu'il mange pour se substanter, m'a dit son majordome, lui semble insipide et amer, si bien accommodé que ce soit, et de plus, la superstition lui fait voir dans la fatalité de ces circonstances une juste punition du ciel à l'endroit de sa gourmandise incurable. Or, comme le capitaine Horace est à ses yeux le principal instrument de la colère céleste, le chanoine a pris ce mécréant en horreur, ne pouvant oublier que ses victuailles, qui auraient si bien remplacé le biscuit sec et le lard, ont été impitoyablement jetées à la mer par ordre du capitaine. En vain celui-ci a mainte fois tâché de lui faire comprendre que le salut du navire avait dépendu de ce sacrifice et de plusieurs autres : dom Diégo est resté inflexible dans sa haine. Eh bien! ma chère sœur, croiriez-vous que, malgré cela, le capitaine, à son arrivée à Bordeaux, a eu l'audace de demander à dom Diégo la main de sa nièce Dolorès, se fondant sur ce que cette malheureuse jeune fille l'aimait, et qu'il était aimé d'elle ? Vous sentez, ma sœur, que deux amoureux se soucient peu de la mauvaise chère ou des tempêtes ; aussi, ce mécréant avait-il fasciné, ensorcelé cette innocente. Ai-je besoin de vous dire l'indignation, la fureur de dom Diégo, à l'insolente demande du capitaine Horace, qu'il considère comme son mortel ennemi, comme le mauvais génie envoyé vers lui par le courroux céleste ? Aussi le chanoine a-t-il notifié à Dolorès que, pour la punir d'avoir osé aimer un pareil scélérat, il la mettrait au couvent, dès son arrivée à Paris, et qu'elle y prendrait le voile.

— Mais jusqu'ici, mon frère, je ne vois que bonheur pour nos projets. Tout semble les seconder, au contraire.

— Oui, — mais vous comptez, ma sœur, sans l'amour de Dolorès et sans le caractère résolu de ce damné capitaine. Il est à Paris.

— Quelle audace !

— Il a suivi à cheval, relais par relais, la voiture du chanoine, courant ainsi de Bordeaux à Paris comme un courrier d'ambassade. Il faut en vérité que cet enragé ait une constitution de fer. Il s'arrêtait aux auberges où s'arrêtait dom Diégo, et durant tout ce voyage, les œillades de Dolorès et du capitaine allaient leur train, malgré les défenses et les emportements de dom Diégo. Pouvait-il empêcher cette malheureuse affolée de regarder par la portière ? Pouvait-il empêcher ce mécréant de chevaucher sur la grande route à côté de la voiture ?

— Une pareille audace est incroyable, n'est-ce pas, mon frère ?

— Aussi vous dis-je qu'il faut s'attendre à tout d'un pareil forcené. Il n'est pas seul : un de ses matelots, véritable chenapan, l'a accompagné, chevauchant à sa suite, et se cramponnant sur le cheval comme un singe sur un âne, ce que m'a dit le majordome. Mais il n'importe, ce matelot endiablé est capable de tout pour seconder son capitaine, auquel il est dévoué. Ce n'est pas tout encore. Vingt fois pendant la route, Dolorès a dit résolument à son oncle qu'elle ne voulait pas se faire religieuse, qu'elle voulait épouser le capitaine Horace, et que celui-ci saurait bien d'ailleurs, si on la contraignait, venir, lui et son matelot, la délivrer, dussent-ils mettre le feu au couvent.

— Quel bandit ! s'écria sœur Prudence. Quel affreux scélérat !

— Voilà, chère sœur, où en étaient hier les choses, à l'arrivée de dom Diégo dans un appartement que je lui avais retenu d'avance. Ce matin il m'a fait prier de passer chez lui ; je l'ai trouvé fort abattu et couché ; il m'a appris qu'une soudaine révolution s'était opérée dans l'esprit de sa nièce ; qu'elle paraissait maintenant aussi soumise, aussi résignée qu'elle avait été d'abord indisciplinée ; qu'enfin elle consentait à se rendre au couvent aujourd'hui même, si on l'exigeait.

— Mon frère, mon frère, ce changement est bien brusque et bien prompt !

— C'est aussi mon avis, ma sœur. Si je ne me trompe, ce revirement soudain cache quelque piége. Aussi vous ai-je dit qu'il fallait jouer très serré. C'est déjà beaucoup, sans doute, que d'avoir cette malheureuse affolée entre nos mains ; mais encore faut-il songer à l'ennemi, ce détestable capitaine Horace, qui, accompagné de son matelot, sera sans doute toujours à rôder autour de la maison comme le loup ravisseur dont parle l'Écriture.

— *Quærens quem devoret*, dit sœur Prudence, qui se piquait de latinité.

— Justement, ma sœur, cherchant quelqu'un à dévorer ; mais heureusement à bon loup bon chien de garde, et nous avons ici des serviteurs courageux et intelligens. La plus grande surveillance sera établie au dedans et surtout au dehors. Nous saurons bientôt où demeure ce mécréant de capitaine ; il ne fera pas un pas sans être suivi par un homme à nous ; il faudra donc qu'il soit bien fin, bien audacieux pour tenter quelque chose.

— Cette surveillance me paraît aussi très urgente, mon cher frère.

— Maintenant, ma voiture est en-bas, allons chez le chanoine, et dans une heure sa nièce sera ici.

— Pour n'en plus sortir, s'il plaît au ciel, mon frère, car il s'agit du bonheur éternel de cette pauvre folle.

. . . .

Deux heures après cet entretien, la senora Dolorès Salcèdo entrait en effet dans la maison de Sainte-Rosalie.

II.

Peu de jours après l'entrée de la senora Dolorès Salcèdo dans la maison de Sainte-Rosalie, et alors que le jour touchait à sa fin, deux hommes s'acheminaient lentement le long du boulevard de l'*Hôpital*, un des endroits les plus déserts de Paris.

Le plus jeune de ces deux personnages semblait avoir vingt-cinq ans à trente ans. Sa figure était ouverte et résolue, son teint hâlé, sa taille haute et robuste, sa démarche décidée, sa mise simple et d'une sévérité militaire.

Son compagnon, beaucoup plus petit, mais singulièrement trapu et carré, paraissait âgé de quarante-cinq ans environ, et offrait le type du matelot, type maintenant familier aux yeux des Parisiens. Un chapeau ciré, très bas de forme, à larges bords, placé fort en arrière sur la grosse tête de ce personnage, découvrait son front orné de cinq ou six tire-bouchons ou *accroche-cœur* assez longs, tandis que le restant de sa chevelure était coupé très ras. (Cette coiffure dite à la *matelot* avait, si nos souvenirs sont fidèles, beaucoup de succès vers 1825 parmi les équipages de ligne du port de Brest.)

Une chemise blanche à collet bleu liseré de rouge et rabattu sur ses larges épaules laissait voir le cou de taureau de notre matelot, dont la peau était tannée comme du parchemin couleur de brique. Une veste ronde en drap bleu, à boutons timbrés d'une ancre, et un large pantalon serré aux hanches par une ceinture de laine rouge, complétaient l'habillement de notre homme. Des favoris en collier, d'un brun nuancé de fauve, encadraient sa face carrée, à la fois débonnaire et décidée. Un observateur superficiel aurait pu croire la joue gauche du marin considérablement *fluxionnée* ; mais, grâce à un examen plus attentif, on devinait qu'une *chique* énorme causait cette tuméfaction passagère. Ajoutons enfin que le matelot portait sur son dos un sac dont le contenu semblait assez volumineux.

Ces deux personnages venaient d'arriver devant de hautes murailles entourant un jardin. On distinguait à peine la cime des arbres, car la nuit était presque complétement venue.

Le jeune homme dit à son compagnon en s'arrêtant comme pour s'orienter :

— Sans-Plume, écoute.

— Plaît-il, capitaine ? dit l'homme à la chique, en répondant à ce singulier surnom.

— Je ne me trompe pas, c'est bien ici.

— Oui, capitaine, c'est dans les atterages de ces deux gros arbres. Voilà l'endroit où la muraille est un peu avariée, je l'ai remarqué hier soir à la brune, quand nous avons ramassé la pierre et la lettre.

— C'est juste. Allons, leste, mon vieux gabier (1), — dit le capitaine à son matelot en lui désignant de l'œil un des gros arbres du boulevard, dont plusieurs fortes branches surplombaient de beaucoup le mur du jardin. — Haut, Sans-Plume ! il faut voir, en attendant l'heure, comment nous pourrons *gréer* la chose.

(1) Matelot d'élite.

— Capitaine, il fait encore un brin de crépuscule, et puis j'aperçois là-bas un homme qui vient par ici.
— Alors attendons. Cache d'abord ton sac derrière ce tronc d'arbre. Tu n'as rien oublié ?
— Non, capitaine ; tout mon gréement est là-dedans.
— Allons, viens, marchons. Cet homme approche ; il ne faut pas avoir l'air de rester en panne devant ces murailles.
— C'est ça, capitaine, courons des bordées pour le désorienter.

Et les deux marins commencèrent, ainsi que l'avait dit Sans-Plume dans son langage pittoresque, à courir une bordée dans la contre-allée, après que le matelot eut repris, pour plus de prudence, le sac qu'il avait d'abord caché entre un des gros arbres du boulevard et la muraille.
— Sans-Plume, dit le jeune homme tout en marchant, tu reconnaîtras bien l'endroit où le fiacre nous attend ?
— Oui, capitaine. Mais, dites donc, capitaine ?
— Quoi ?
— Cet homme a l'air de nous suivre.
— Bah !
— Et de nous espionner.
— Allons, Sans-Plume, tu es fou !
— Capitaine, mettons le cap à bâbord et vous allez voir.
— Soit ! dit le capitaine.

Et, suivi de son matelot, il quitta la contre-allée droite du boulevard, traversa la chaussée et prit la contre-allée gauche.
— Eh bien ! capitaine, dit à demi voix Sans-Plume, vous voyez, ce Lascars (1) navigue dans nos eaux.
— C'est vrai, nous sommes suivis.
— Ce n'est pas la première fois que ça m'arrive, dit Sans-Plume avec une nuance de fatuité, en cachant à demi sa bouche du revers de sa main, afin de lancer au loin le surcroît de suc salivaire produit par la mastication de son énorme chique. Un soir, au Sénégal, à Gorée, j'ai été suivi pendant une lieue, *beaupré sur poupe*, capitaine ; arrivé dans un plant de canne à sucre, j'ai...
— Diable ! cet homme, décidément, nous suit ! — dit le capitaine en interrompant les indiscrètes confidences de son matelot. — Cela m'inquiète !
— Capitaine, voulez-vous que je mette mon sac à bas et que je lui *flanque du tabac*, à ce Lascars, pour lui apprendre à nous louvoyer malgré nous ?
— Beau moyen ! Tiens-toi tranquille, et suis-moi.

Le capitaine et son matelot, traversant alors de nouveau la chaussée, regagnèrent la contre-allée de droite.
— Voyez-vous, capitaine ? — dit Sans-Plume, — il a viré de bord comme nous.
— Laisse faire... et marquons le pas.

L'homme qui suivait les deux marins, grand et solide gaillard, en blouse bleue et en casquette, les dépassa alors quelque peu, puis s'arrêta, et se mit à contempler les étoiles, car la nuit était tout à fait venue.

Le capitaine, après quelques mots dits à voix basse à son matelot, qui resta derrière lui à demi caché par le tronc de l'un des gros arbres du boulevard, s'avança seul à l'encontre du fâcheux observateur, et lui dit :
— Camarade... il fait beau ce soir.
— Très beau.
— Vous attendez quelqu'un ici ?
— Oui.
— Moi aussi.
— Ah !
— Camarade, en avez-vous encore pour longtemps, vous ?
— Pour trois heures au moins.
— Camarade, — reprit le capitaine après un moment de silence, — voulez-vous gagner le double de ce qu'on vous donne pour me suivre et m'espionner ?

(1) Matelot indien. Les marins emploient cette appellation en signe de dédain.

— Je ne sais pas ce que vous voulez dire ; je ne vous suis pas, monsieur, je ne vous espionne pas
— Si.
— Non.
— Finissons ! je vous donne ce que vous voudrez pour que vous passiez votre chemin. Tenez... j'ai de l'or dans ma poche...

Et le capitaine, faisant tinter l'or dont le gousset de son gilet était rempli, ajouta :
— J'ai là vingt-cinq ou trente louis...
— Hein ! — dit le fâcheux d'un air singulièrement affriandé, — vingt-cinq ou trente louis ?...

A ce moment, une horloge lointaine sonna la demie de sept heures. Presque au même instant, un cri guttural ressemblant à un appel ou à un signal se fit entendre dans la direction qu'avait d'abord suivie l'homme en blouse pour rejoindre les deux marins. L'espion fit un mouvement comme s'il eût compris la signification de ce cri, et parut un instant indécis.
— Sept heures et demie, — se dit le capitaine ; — ce gredin-là n'est pas seul.

Cette réflexion faite, il toussa.

A peine le capitaine avait-il toussé que l'espion se sentit vigoureusement saisi aux chevilles par quelqu'un qui s'était brusquement jeté entre ses jambes, et tomba à la renverse ; mais en tombant, il eut le temps de crier d'une voix sonore :
— Alerte, Jean ! cours au...

Il ne put achever. Sans-Plume, après l'avoir jeté bas, s'était assis sans façon et pesait de tout son poids sur la poitrine de l'espion, et, le tenant rudement à la gorge, l'empêchait de parler.
— Diable ! ne l'étrangle pas trop ! — dit le capitaine, qui, agenouillé, garrottait solidement au moyen de son foulard les deux jambes du curieux indiscret.
— Le sac, capitaine, — dit Sans-Plume, tenant toujours l'espion à la gorge ; — le sac ! il est assez grand pour lui envelopper la tête et les bras ; nous le lui *souguerons* (1) ferme autour des reins, et il ne bougera pas plus qu'un rouleau de vieille voile.

Aussitôt dit, aussitôt fait. En quelques secondes le curieux, encoconluchonné dans le sac jusqu'à mi-corps, et ayant les jambes attachées, se trouva hors d'état de faire un mouvement. Sans-Plume eut la courtoisie de pousser sa victime dans un de ces larges fossés verdoyans qui séparent les arbres, et l'on n'entendit plus de ce côté qu'une suite peu interrompue de beuglemens étouffés.
— L'alerte va être donnée au couvent ! Sept heures et demie sont sonnées, dit le capitaine à son matelot. Il faut tout risquer, ou tout est perdu !
— En deux temps trois mouvemens la chose est *parée* (2), capitaine, répondit Sans-Plume en courant, ainsi que son compagnon, vers les grands arbres qui surplombaient la muraille près de laquelle ils s'étaient d'abord arrêtés.

III.

Pendant que les événemens précédens se passaient sur le boulevard et un peu avant que la demie de sept heures eût sonné, une autre scène avait lieu dans l'intérieur du jardin du couvent.

Sœur *Prudence*, la supérieure, et Dolorès Salcédo se promenaient dans le jardin, malgré l'heure assez avancée de la soirée.

Dolorès, fort brune, et d'une figure charmante, réunissait en elle les rares et piquantes perfections de la beauté espagnole : cheveux d'un noir bleu, qui, dénoués, traînaient à terre ; teint mat et doré par le soleil du Midi,

(1) Serrerons.
(2) Prête.

grands yeux tour à tour pleins de feu ou de langueur humide, petite bouche aussi rouge qu'un bouton de fleur de grenadier trempé de rosée, taille fine et voluptueusement cambrée, mains effilées, jambe et pied andaloux, c'est tout dire. Quant au *salero* (1) de sa tournure et de sa démarche, pour s'en faire une idée, il faudrait avoir vu onduler les basquines des belles senoras de Séville ou de Cadix, lorsque, jouant de la prunelle et de l'éventail, elles se promènent lentement, par un beau soir d'été, sur les carreaux de marbre des Alamédas.

Dolorès accompagnait donc sœur Prudence. Tout en marchant et en causant, les deux femmes s'étaient approchées de la muraille derrière laquelle le capitaine Horace et son matelot s'étaient d'abord arrêtés.

— Vous le voyez, ma chère fille — disait la supérieure à Dolorès, — je vous accorde tout ce que vous désirez, et quoique la règle de la maison interdise les promenades dans le jardin après la nuit tombée, j'ai consenti à ce que nous restions ici jusqu'à sept heures et demie, heure du souper, qui va bientôt sonner.

— Je vous remercie, madame, — dit Dolorès avec un léger accent espagnol, et d'une voix délicieusement timbrée ; — je le sens, cette promenade me fera du bien.

— Il faut m'appeler ma mère et non pas madame, ma chère fille ; je vous l'ai déjà dit, c'est l'usage ici.

— Je m'y conformerai si je puis, madame.

— Encore !

— Il me sera difficile d'appeler ma mère, — dit Dolorès avec un soupir, — une personne qui n'est pas ma mère.

— Je suis votre mère spirituelle, ma chère fille ; votre mère en Dieu, comme vous êtes, comme vous serez ma fille en Dieu ; car vous ne nous quitterez plus, vous renoncerez aux joies trompeuses d'un monde pervers et corrompu ; vous aurez ici un céleste avant-goût de la paix éternelle.

— Je commence à m'en apercevoir, madame.

— Vous vivrez dans la prière, le silence et le recueillement.

— Je n'ai pas d'autre désir, madame.

— Bien, bien, ma chère fille, car, après tout, que sacrifierez-vous ?

— Oh ! rien, absolument rien.

— J'aime cette réponse, ma chère fille ; en effet, ce n'est rien, moins que rien, que ces passions mondaines et mauvaises qui ne nous causent que des tourmens et nous jettent dans une voie de perdition.

— Juste ciel ! cela fait frémir, rien que d'y songer, madame !

— Le Seigneur vous inspire en me répondant ainsi, ma chère fille, et je suis sûre que maintenant vous concevez à peine comment vous aviez pu aimer ce capitaine mécréant.

— C'est vrai, madame, j'avais été assez insensée pour rêver le bonheur et les joies de la famille, assez criminelle pour espérer de trouver cette félicité dans un amour partagé, et devenir, comme tant d'autres, une épouse dévouée, une tendre mère ; c'était, m'avez-vous dit, offenser le ciel. Je me repens de mes vœux impies, j'en comprends tout l'odieux ; il faut me pardonner, madame, d'avoir été scélérate et folle à ce point.

— Il ne faut rien exagérer, ma chère fille, — dit sœur Prudence, frappée de l'accent légèrement ironique avec lequel Dolorès avait prononcé ces dernières paroles. — Mais, — ajouta-t-elle, en remarquant la direction que prenait la jeune fille, — à quoi bon retourner encore dans cette allée ? Voici bientôt l'heure du souper ; venez, ma chère fille, regagnons la maison.

— Oh ! madame, ne sentez-vous pas cette odeur si douce du côté de ce bosquet ?

— Ce sont, en effet, quelques touffes de réséda. Mais

(1) Le mot *salero*, employé par les Espagnols au sujet de la tournure des femmes, est presque intraduisible, et signifie piquant, agaçant.

venez : il fait très frais ; je n'ai pas vos seize ans, moi, ma chère fille, et je crains de m'enrhumer.

— Un moment, de grâce ! que je cueille quelques-unes de ces fleurs.

— Allons, il faut faire tout ce que vous voulez, ma chère fille ; tenez, la nuit est assez claire pour que vous voyiez là, à dix pas, ces résédas ; allez-en cueillir quelques brins et revenez.

Dolorès, quittant le bras de la supérieure, se dirigea rapidement vers la touffe de fleurs.

A ce moment, sept heures et demie sonnèrent.

— Sept heures et demie ! — murmura Dolorès en tressaillant et en prêtant l'oreille ; — il est là, il va venir !

— Ma chère fille, voici l'heure du souper, — dit la supérieure en s'avançant au devant de la nièce du chanoine.

— Tenez, entendez-vous la cloche ? Vite, vite ! venez ; il nous faut au moins dix minutes pour regagner la maison, car nous sommes au fond du jardin.

— Me voici, madame, — reprit la jeune fille en accourant au devant de la supérieure, qui lui dit doucereusement :

— Oh ! la petite folle !.. elle court comme une biche effarée.

Soudain, Dolorès jeta un cri aigu et tomba sur les deux genoux.

— Grand Dieu ! — dit vivement sœur Prudence en se précipitant vers elle, — qu'avez-vous, chère fille ? pourquoi ce cri ? pourquoi vous agenouiller ainsi ?

— Ah ! madame !

— Mais qu'est-ce donc ?

— Quelle douleur !

— Où cela ?

— Au pied, madame ; je me serai donné une entorse. Oh ! que je souffre, mon Dieu ! que je souffre !

— Tâchez de vous relever, ma chère fille, — dit la supérieure en s'approchant de Dolorès avec une vague défiance, car cette entorse lui paraissait singulière. — Voici mon bras, appuyez-vous sur moi, venez.

— Oh ! impossible, madame, je ne saurais faire un mouvement.

— Mais essayez, du moins.

— Je le veux bien.

Et la jeune fille fit mine de vouloir se tenir debout, mais elle retomba à genoux en poussant un cri aigu qui dut s'entendre de l'autre côté de la muraille du jardin.

Puis Dolorès reprit en gémissant :

— Vous le voyez, madame, il m'est impossible de bouger ; je vous en prie, retournez à la maison dire que l'on vienne me chercher avec une chaise ou une litière. Oh ! que je souffre ! mon Dieu ! que je souffre ! Par pitié, madame, retournez donc vite à la maison ; c'est si loin ! je ne pourrai jamais me traîner jusque là.

— Mademoiselle, — s'écria la supérieure, — je ne suis pas votre dupe ! vous n'avez pas plus d'entorse que moi, c'est un abominable mensonge ! Vous voulez, pour je ne sais quelle raison, m'éloigner et rester seule au jardin. Ah ! vous me faites bien repentir de ma condescendance.

Le bruit léger de quelques petits cailloux tombant à travers les branchages des arbres attira l'attention de la supérieure et de Dolorès. Alors celle-ci, légère et radieuse, se releva d'un bond en s'écriant :

— Le voilà !

— Et de qui parlez-vous, malheureuse ?

— Du capitaine Horace, madame, — dit Dolorès en faisant une demi-révérence moqueuse. — Il vient m'enlever !

— Quelle audace ! Ah ! vous croyez que malgré moi...

— Nous sommes au fond du jardin, madame : criez, appelez, on ne vous entendra pas.

— Oh ! l'horrible trahison ! — s'écria la supérieure. — Mais c'est impossible ! les hommes de ronde n'ont pas dû quitter le boulevard depuis la nuit tombée.

— Horatio ! — cria Dolorès d'une voix claire et argentine, — mon Horatio !

— Effrontée ! — s'écria sœur Prudence désespérée, en faisant quelques pas précipités pour saisir Dolorès par le bras. Mais l'Espagnole, leste comme une gazelle, fut en deux bonds hors de la portée de sœur Prudence, dont les membres raidis par l'âge se refusaient à tout exercice gymnastique ; aussi, déjà étouffée, s'écria-t-elle en joignant les mains :

— Oh ! ces misérables hommes de ronde ! ils n'auront pas veillé ! Maintenant, je crierais, qu'on ne m'entendrait pas du couvent. Y courir, c'est la laisser seule, cette malheureuse ! Ah ! je comprends trop tard pourquoi ce serpent a ainsi prolongé notre promenade !

— Horatio ! — cria encore une fois Dolorès en se tenant toujours à distance de la supérieure, — mon cher Horatio !

— Affale (1) ! — répondit une voix mâle et vibrante qui semblait venir du ciel.

Cette voix céleste n'était autre que celle du capitaine Horace donnant le signal à son fidèle Sans-Plume d'*affaler* quelque chose.

La supérieure et Dolorès, malgré la diversité des émotions dont elles étaient agitées, levèrent simultanément les yeux en entendant le capitaine Horace.

Mais rappelons la disposition des lieux pour expliquer le prodige qui allait se manifester aux regards des recluses.

Deux des plus grosses branches des arbres du boulevard extérieur s'avançaient pour ainsi dire en potence au-dessus et au-delà du chaperon de la muraille du couvent. La nuit était assez claire pour que Dolorès et la supérieure aperçussent bientôt lentement descendre, soutenu par des cordes, un hamac indien dans le fond duquel le capitaine Horace était étendu, tout en envoyant de la main une grêle de baisers à Dolorès.

Lorsque le hamac fut à deux pieds de terre, le capitaine cria d'une voix sonore :

— Stop !

Le hamac resta immobile. Le capitaine en sauta, et dit à la jeune fille :

— Vite, nous n'avons pas un moment à perdre ! Chère Dolorès, montez dans ce hamac et n'ayez pas peur.

— Vous me tuerez plutôt, scélérat ! — s'écria la supérieure en se jetant sur la jeune fille, qu'elle enlaça de ses bras en criant : — Au secours ! au secours !

À ce moment, on vit au loin, tout au fond du jardin, des lumières aller et venir.

— Voilà du monde, enfin ! — dit la supérieure en redoublant ses cris : — Au secours ! au secours !

— Voyons, madame, — dit le capitaine, — lâchez tout de suite Dolorès !

Et employant à regret la force, il dégagea la jeune fille de l'étreinte obstinée de sœur Prudence, qu'il contint, tandis que Dolorès s'élançait dans le hamac. L'y voyant assise, le capitaine cria :

— Oh ! bisse !...

Et le hamac commença à s'enlever assez rapidement, tant était léger le poids de la jeune fille.

Sœur Prudence, furieuse et songeant que le secours qui lui arriverait viendrait trop tard peut-être, car en effet les lumières approchaient, mais étaient encore fort loin ; sœur Prudence redoubla ses cris et voulut se jeter sur le hamac pour le retenir, mais le capitaine mit familièrement le bras de la supérieure sous le sien, et ainsi paralysa tous ses mouvemens, quoiqu'elle se débattît pour retirer son bras de cet étau.

— Dolorès ! — dit alors le capitaine à la jeune fille qui opérait toujours son ascension, — n'ayez pas peur, mon amour ! Lorsque vous serez arrivée aux grosses branches, cédez sans crainte au mouvement qui entraînera le hamac en dehors du mur. Sans-Plume est de l'autre côté, qui veille à tout. Dites-lui, dès que vous serez à terre, de me jeter la corde à nœuds et de la bien tenir au dehors.

(1) Descends.

— Oui, mon Horatio, — dit la voix de Dolorès déjà élevée de huit à dix pieds de terre. — Soyez tranquille, notre amour double mon courage.

Et la rieuse, se penchant au dehors du hamac, ajouta gaîment :

— Bonsoir, sœur Prudence, bonsoir !

— Tu seras damnée, maudite ! — s'écria la supérieure.

— Mais vous, misérable, vous ne m'échapperez pas ! — ajouta-t-elle en se cramponnant avec une colère convulsive et désespérée au bras du capitaine. — On approche, vous serez pris.

Déjà, en effet, les lumières devenaient de plus en plus visibles, et l'on entendait au loin des cris voilés de gens qui appelaient :

— Sœur Prudence ! sœur Prudence !

L'arrivée de ce secours doubla les forces de la supérieure, toujours cramponnée au bras d'Horace ; elle commença à embarrasser assez sérieusement le marin : il ne pouvait se résoudre à violenter cette femme âgée pour échapper à son étreinte. Cependant les lumières, les cris s'approchaient de plus en plus, et Sans-Plume, occupé sans doute d'assurer la descente de Dolorès de l'autre côté du mur, n'avait pas encore jeté la corde à nœuds, seul moyen de fuite du marin.

Aussi, voulant à tout prix se débarrasser de la supérieure sans brutalité, le capitaine lui dit :

— Je vous en prie, madame, lâchez-moi.

— Non, scélérat ! Au secours ! au secours !

— Alors, pardonnez-moi, car vous m'y forcez : je vas me livrer avec vous à une valse infernale, à une polka échevelée !

— Une polka ! moi !... Vous oseriez ?

— Allons, madame, puisqu'il le faut absolument, et en mesure... sur l'air du *Tra, la, la*.

Et, joignant l'effet aux paroles, le joyeux marin passa le bras qu'il avait de libre autour de la taille osseuse de sœur Prudence, l'enleva, entonna son refrain, et commença de la faire pirouetter avec une rapidité si vertigineuse, qu'au bout de quelques secondes, étourdie, suffoquée, elle ne prononçait plus que des syllabes entrecoupées.

— Ah ! au... au... se... se... cours !.. Ah ! mi... sé..., rable !.. il m'essouffle... Je n'en... puis... Au... se... cours !

Et, bientôt brisée par ce tournoiement rapide, sœur Prudence sentit ses jambes faiblir. Le capitaine la vit s'affaisser ses bras et n'eut que le temps de la déposer mollement sur le vert gazon, anéantie, sans voix et sans haleine.

— Ohé ! — criait à ce moment Sans-Plume de l'autre côté de la muraille, en lançant par dessus le chaperon une longue corde à nœuds.

— Diable, il est temps ! — s'écria le capitaine en s'élançant après la corde, car les lumières et les gens qui portaient n'étaient plus qu'à cinquante pas.

Les premiers arrivés, armés de fourches ou de fusils, entendirent les cris étouffés de la supérieure, qui, revenue un peu à elle, montrait du geste la muraille en murmurant :

— Là, il se sauve !..

Un des hommes armés d'un fusil, guidé par le geste de la supérieure, aperçut alors le capitaine, qui, grâce à son agilité de marin, avait presque atteint la crête de la muraille.

L'homme au fusil mit en joue, tira et manqua.

— À vous ! — cria-t-il à un autre homme armé comme lui. — Tirez... le voilà debout sur le chaperon du mur, pour gagner les branches d'arbre.

Un second coup de feu partit au moment où le capitaine Horace, à cheval sur une des branches saillantes en dedans du jardin, s'avançait vers le tronc de l'arbre, à l'aide duquel il devait descendre en dehors. À peine le coup de feu était-il tiré, qu'Horace fit un soubresaut, s'arrêta une seconde, mais il disparut néanmoins au milieu de l'épaisseur des branches.

— Courez ! courez en dehors ! — s'écria sœur Prudence d'une voix encore haletante ; — il sera peut-être encore temps de les arrêter.

Les ordres de la supérieure furent exécutés, mais lorsque l'on arriva sur le boulevard extérieur, Dolorès, le capitaine et Sans-Plume avaient disparu ; l'on ne trouva que le hamac abandonné à quelques pas de l'espion, qui, toujours enveloppé dans son sac, beuglait sourdement au fond de son fossé.

IV.

Huit jours après l'enlèvement de Dolorès Salcèdo par le capitaine Horace, l'abbé Ledoux, alité, recevait la visite de son médecin.

Le malade, couché dans un lit moelleux, au fond de l'alcôve d'un appartement confortable, avait toujours la figure grasse et fleurie ; son triple menton descendait jusqu'au col d'une fine chemise de toile de Hollande, et l'éclat pourpré du teint du saint homme contrastait avec la blancheur immaculée de son bonnet de coton, ceint, à l'ancienne mode, d'un ruban orange. Malgré ces apparences de jubilante santé, l'abbé, la tête appuyée sur son oreiller d'un air dolent, poussait de temps en temps des gémissemens plaintifs, tandis que sa main, courte et douillette, était abandonnée à son médecin, qui lui tâtait gravement le pouls.

Le docteur Gasterini (tel était le nom du médecin), quoiqu'il eût soixante et quinze ans passés, n'en paraissait pas soixante. D'une taille droite et élevée, sec et nerveux, le teint clair, les lèvres vermeilles, le docteur, lorsqu'il souriait de son air fin et goguenard, laissait apercevoir trente-deux dents d'une blancheur irréprochable, et qui semblaient réunir au poli de l'ivoire la dureté tranchante de l'acier ; une forêt de cheveux blancs, naturellement bouclés, encadrait l'aimable et spirituelle figure du docteur ; vêtu toujours de noir avec une certaine coquetterie, il était resté fidèle à la tradition de la culotte courte de drap de soie, aux souliers à boucles d'or et aux bas de soie qui dessinaient sa jambe nerveuse.

Le docteur Gasterini tenait donc délicatement entre son pouce et son index (dont les ongles, roses et polis, eussent fait l'envie d'une jolie femme) le poignet de son client, qui attendait religieusement la décision de son médecin.

— Mon cher abbé, — dit le docteur, — vous n'êtes point du tout malade.

— Mais, docteur...

— Vous avez la peau souple, fraîche et soixante-cinq pulsations à la minute ; il est impossible de se trouver dans des conditions de santé meilleure.

— Mais, encore une fois, docteur, je...

— Mais, encore une fois, l'abbé, vous n'êtes pas malade ! Je m'y connais, peut-être !

— Et je vous dis, moi, docteur, que je n'ai pas fermé l'œil de la nuit. Mme Siboulet, ma gouvernante, a été constamment sur pied ; elle m'a donné plusieurs fois des *gouttes* des bonnes sœurs.

— Peste !

— De la fleur d'oranger distillée au Sacré-Cœur.

— Diable !

— Oui, docteur, vous avez beau rire, et malheureusement ces remèdes ne m'ont apporté aucun soulagement. Je n'ai fait que me tourner et me retourner toute la nuit dans mon lit. Hélas ! hélas ! je ne me sens pas bien : j'éprouve une agitation, un malaise insupportables.

— Peut-être, mon cher abbé, avez-vous éprouvé hier soir quelque contrariété, quelque contradiction, et comme vous êtes très entêté, très glorieux, très rancuneux...

— Moi ?

— Vous.

— Docteur, je vous assure...

— Cette contrariété, dis-je, vous aura mis d'une humeur diabolique ; or, je ne connais aucun remède contre les dépits rentrés. Quant à être malade, ou même indisposé, vous ne l'êtes pas le moins du monde, mon digne abbé.

— Mais, alors, pourquoi vous aurais-je prié de venir me voir ce matin ?

— Vous devez le savoir mieux que moi, mon cher abbé ; pourtant, je me doute du motif détourné qui vous a fait désirer ma venue.

— C'est un peu fort !

— Non, pas très fort, mon cher abbé, car nous sommes de vieilles connaissances, et je sais de vos tours.

— De mes tours, à moi !

— Vous en faites parfois d'excellens... Mais, pour en revenir à notre affaire, je crois, moi, que, sous prétexte d'une maladie qui n'existe pas, vous m'avez fait demander afin de savoir de moi directement, ou indirectement, quelque chose qui vous intéresse.

— Allons, docteur, c'est une mauvaise plaisanterie !

— Tenez, mon cher abbé, j'ai été dans ma jeunesse médecin du duc d'Otrante, quand il était ministre de la police. Il jouissait, comme vous, d'une parfaite santé ; pourtant, il ne se passait presque pas de jour qu'il n'exigeât ma visite. J'étais naïf, alors, et quoique bien lancé, j'avais encore besoin de protecteurs : aussi, bien que mes visites à l'Excellence de la police me parussent fort inutiles, je me rendais chaque jour assiduement chez lui, à l'heure de sa toilette, et nous causions. M. le duc avait l'inconvénient d'être fort interrogant, et comme, par état, je me trouvais en rapport avec des personnes de toutes conditions, cette Excellence ingénue me faisait sur mes cliens une foule de questions, avec une bonhomie charmante ; moi, j'y répondais dans toute la sincérité de mon âme. Un jour, j'arrivai, comme je vous l'ai dit, chez le ministre, à la fin de sa toilette, au moment où un garçon perruquier, le drôle le plus malpropre que j'aie vue de ma vie, achevait de le raser. « Monsieur le » duc, — dis-je à Son Excellence lorsque le barbier fut parti, » — comment se fait-il qu'au lieu de vous faire raser » par un de vos valets de chambre, vous préfériez les » services d'affreux garçons barbiers dont je vous » vois pour ainsi dire changer chaque quinzaine ? — Mon » cher, — me répondit le duc d'un ton confidentiel, — » vous n'imaginez pas ce que l'on apprend sur toutes » sortes de gens et de choses lorsqu'on sait faire bavarder » ces garçons-là. » — Cet aveu était-il une distraction, une étourderie de ce grand homme de police, ou bien me croyait-il assez niais pour ne pas comprendre la portée de ses paroles ? Je l'ignore ; tout ce que je sais, c'est que cet aveu m'éclaira sur le véritable but que se proposait Son Excellence en me faisant ainsi bonnement causer tous les matins. Aussi désormais je répondis avec beaucoup de circonspection aux questions du fin ministre, qui mettait si bien en pratique cette maxime transcendante : « Les meilleurs espions sont ceux qui le sont sans le savoir. »

— L'anecdote est piquante, comme toutes celles que vous racontez si bien, mon cher docteur, — répondit l'abbé avec un dépit caché ; — mais je vous jure que votre allusion est complètement fausse, et qu'hélas ! je suis malade.

— Encore une quarantaine d'années d'une maladie pareille, et vous mourrez centenaire, mon cher abbé, — dit le docteur en se levant et se préparant à sortir.

— Oh ! quel homme ! quel homme ! s'écria l'abbé. Mais écoutez-moi donc, docteur ! vous êtes donc un cœur de bronze ? on n'abandonne pas ainsi un pauvre malade ! accordez-moi cinq minutes !

— Soit ; causons, si vous le voulez, mon cher abbé : j'ai un quart d'heure à votre disposition ; vous êtes homme d'esprit, je ne puis mieux employer la durée de cette visite.

— Ah ! docteur, vous êtes féroce !

— Si vous voulez un médecin plus complaisant, adressez-vous à quelques-uns de mes confrères : vous les trouverez fort empressés de donner leurs soins au célèbre prédicateur l'abbé Ledoux, le directeur le plus à la mode du faubourg Saint-Germain ; car, malgré la république ou à cause de la république, il y a plus que jamais un faubourg Saint-Germain, et sous tous les régimes possibles, c'est une fière protection que celle de l'abbé Ledoux.

— Non, docteur, non, je ne veux pas d'autre médecin que vous, terrible homme que vous êtes ! Et voyez quelle est la confiance que vous m'inspirez ! il me semble que déjà votre seule présence me fait du bien, me calme.

— Ce pauvre cher abbé, quelle confiance ! c'est touchant ; cela prouve bien qu'il n'y a que la foi qui sauve.

— Ne parlez pas de la foi, — dit l'abbé avec un courroux plaisamment affecté ; — taisez-vous, païen, matérialiste, athée, républicain ! car vous l'êtes, vous l'avez toujours été, quand même !

— Oh ! oh ! l'abbé, voilà de bien gros mots !

— Vous les méritez, vilain homme ; vous serez damné, entendez-vous ? archidamné !

— Dieu le veuille, pour que nous nous retrouvions un jour, mon pauvre abbé.

— Moi, damné ?

— Eh ! eh !

— Est-ce que je m'abandonne, moi, ainsi que vous, à la brutalité de tous mes appétits ? Allez, vous n'êtes qu'un Sardanapale !

— Flatteur !… mais c'est votre manière. Vous reprochez à un vieux Lovelace les énormités dont il voudrait pouvoir encore se rendre coupable, et pourtant vous savez qu'il n'en est rien ; mais c'est égal, vos reproches le ravissent, le rendent tout gaillard : alors il vous avoue délicieusement toutes sortes de péchés dont il est, hélas ! incapable, le pauvre homme, et vous avez l'air de donner ainsi un dernier prétexte à sa défaillante fatuité.

— Fi ! fi ! docteur ! le serpent n'avait pas plus de malignité que vous !

— A l'ambitieux décrépit, à l'homme d'Etat impuissant, vous reprochez non moins furieusement ses ténébreuses menées pour bouleverser le monde politique, l'Europe peut-être ! Aussi avec quelle onction le pauvre homme savoure vos reproches ! Tout le monde le fuyait comme une peste lorsqu'il ouvrait la bouche pour rabâcher sa politique : pour lui donc quelle bonne fortune de pouvoir vous dévoiler longuement ses projets machiavéliques à l'endroit des destinées de l'Europe, et de trouver ainsi un patient auditeur des insanités de sa vieillesse !

— Oui, oui, plaisantez, raillez, scélérat de docteur ! vous voulez vous étourdir en médisant des autres.

— Voyons, l'abbé, faisons un examen de conscience. Nos rôles seront intervertis ; c'est moi, le médecin du corps, qui vais vous demander, à vous, le médecin de l'âme, une consultation.

— Et vous en auriez fièrement besoin, de cette consultation !

— Que me reprochez-vous, l'abbé ?

— D'abord, vous êtes gourmand comme Vitellius, Lucullus, le prince de Soubise, Talleyrand, d'Aigrefeuille, Cambacérès et Brillat-Savarin to us ensemble.

— Toujours flatteur ! Vous me reprochez ma seule haute et grande qualité.

— Ah ça ! docteur, avec vos sornettes, me prenez-vous pour une huître ?

— Vous prendre pour une huître ! voyez-vous le glorieux ! Malheureusement je ne puis faire cette comparaison si avantageuse pour vous, l'abbé : ce serait une hérésie, un anachronisme ; les huîtres vertes (les autres ne sont point censé exister), les huîtres donc ne donnent

le droit de parler d'elles que vers la mi-novembre, et nous n'y sommes point.

— Ceci, docteur, peut être très spirituel, mais ne me convainc pas du tout que la gourmandise puisse jamais être, ni chez vous ni chez personne, une qualité.

— Je vous en convaincrai.

— Vous ?

— Moi, mon cher abbé.

— C'est un peu fort ! Et comment ?

— Accordez-moi votre soirée du 20 novembre, et je vous prouverai que… — Mais s'interrompant, le docteur ajouta : — Ah çà ! mon cher abbé, qu'avez-vous donc à regarder sans cesse du côté de cette porte ?

Le saint homme, pris ainsi à l'improviste, rougit jusqu'aux oreilles, car plusieurs fois il avait écouté le docteur avec distraction, en tournant les yeux du côté de la porte avec impatience, et comme si une personne attendue n'arrivait pas ; pourtant, ce premier mouvement de surprise passée, l'abbé ne se déconcerta pas et reprit :

— De quelle porte voulez-vous donc parler, docteur ? Je ne sais ce que vous voulez dire.

— Je veux dire que vous regardez fréquemment de ce côté, comme si vous comptiez sur quelque heureuse apparition.

— Il n'y a que vous au monde, cher docteur, pour avoir des idées semblables. J'étais tout entier à votre sophistique mais spirituelle conversation.

— Ah ! l'abbé ! l'abbé ! vous me comblez !

— Vous voulez, en un mot, docteur, me prouver que la gourmandise est une passion noble, sublime, n'est-ce pas ?

— Sublime, l'abbé, c'est le mot. Sublime sinon par elle-même, du moins par les conséquences qu'elle peut avoir, surtout dans l'intérêt de l'agriculture et du commerce.

— Allons, docteur, c'est un paradoxe ; cela se soutient comme autre chose.

— Ce n'est pas un paradoxe, c'est un fait, oui, un fait ; et s'il vous est positivement, mathématiquement, pratiquement, économiquement démontré, qu'aurez-vous à répondre ? Douterez-vous encore ?

— Je douterai, ou plutôt je croirai moins que jamais cette abomination.

— Comment ! malgré l'évidence, l'abbé ?

— A cause de l'évidence, si tant est que cette évidence puisse jamais exister ; car c'est justement au moyen de ces prétendues évidences, de ces perfides apparences, que le mauvais esprit nous tend les pièges les plus dangereux.

— Allons, l'abbé, que diable ! je ne suis point un séminariste que vous préparez à prendre le rabat. Vous êtes un homme d'esprit et de savoir. Quand je vous parle raison, parlez-moi raison et non pas du diable et de ses cornes !

— Mais, païen, idolâtre que vous êtes, vous ignorez donc que la gourmandise est peut-être le plus abominable des sept péchés capitaux, hein ?

— D'abord, l'abbé, je vous prie de ne pas calomnier comme cela les *sept péchés capitaux*, et d'en parler avec la déférence qui leur est due dans beaucoup de cas ; je les ai toujours profondément vénérés en général et en particulier.

— Allons, bien ! ce n'est plus seulement la gourmandise qu'il glorifie ! voilà maintenant qu'il pousse le paradoxe jusqu'à vouloir glorifier les sept péchés capitaux !

— Oui, cher abbé, tous les sept, à les considérer d'un certain point de vue.

— C'est de la monomanie !

— Voulez-vous être convaincu, l'abbé ?

— De quoi ?

— De l'excellence possible, de l'existence conditionnelle, de l'excellence philosophique et mondaine des sept péchés capitaux ?

— En vérité, docteur, vous me prenez pour un enfant !

— Donnez-moi votre soirée du 20 novembre, vous serez convaincu.

— Ah çà ! docteur, toujours le 20 novembre ?
— C'est pour moi une date fatidique, et de plus le jour anniversaire de ma naissance, mon cher abbé. Ainsi donc donnez-moi votre soirée ce jour-là, et vous ne serez pas fâché d'être venu.
— Va donc pour le 20 novembre, si ma santé toutefois…
— Vous le permet, bien entendu, mon cher abbé ; mais mon expérience me dit que vous pourrez ce jour-là… vous traîner jusque chez moi.
— Quel homme ! C'est qu'il est capable de m'en donner un échantillon complet, dans sa seule et damnée personne, des sept péchés capitaux !
A ce moment, une porte s'ouvrit.
C'est sur cette porte que, plus d'une fois, les regards de l'abbé Ledoux s'étaient tournés avec une secrète et croissante impatience pendant son entretien avec le docteur.

V.

La gouvernante de l'abbé étant entrée dans la chambre, remit une lettre à son maître, et échangeant avec lui un regard d'intelligence, elle dit :
— C'est très pressé, monsieur l'abbé.
— Vous permettez, cher docteur ? — dit le saint homme avant de décacheter la lettre qu'il tenait entre ses mains.
— A votre aise, mon cher abbé, — répondit le docteur en se levant, — je vous laisse.
— De grâce ! un mot seulement, un mot ! — s'écria l'abbé, qui semblait vivement désirer que le docteur ne partît pas si tôt ; — donnez-moi le temps de jeter les yeux sur cette lettre et je suis à vous.
— Mais, l'abbé, nous n'avons rien de plus à nous dire. J'ai une consultation pressée, voici l'heure, et…
— Je vous en conjure, docteur, — reprit l'abbé tout en décachetant et parcourant des yeux la lettre qu'il venait de recevoir ; — au nom du ciel, accordez-moi seulement cinq minutes, pas davantage.
Surpris de cette insistance assez singulière de la part de l'abbé, le docteur hésitait à sortir, lorsque son malade, s'interrompant de lire, s'écria en levant les yeux au ciel :
— Ah ! mon Dieu ! mon Dieu !
— Qu'y a-t-il ?
— Ah ! mon pauvre docteur !
— Achevez !
— Ah ! docteur, c'est la Providence qui vous envoie !
— La Providence !
— Oui, car je me trouve peut-être à même de vous rendre un grand service, mon bon docteur !
Le médecin parut quelque peu douter de la bonne volonté de l'abbé Ledoux, et n'accueillit pas ses paroles sans une secrète défiance.
— Voyons, mon cher abbé, — reprit-il, — quel service pouvez-vous me rendre ?
— Vous m'avez quelquefois parlé des nombreux enfans de votre sœur, que vous avez élevés (malgré vos défauts, vilain homme !) avec une tendresse toute paternelle, après la mort précoce de leurs parens.
— Ensuite, l'abbé ? — dit le docteur, qui de ce moment attacha un regard attentif et pénétrant sur le saint homme, — ensuite ?…
— J'ignorais complètement que l'un de vos neveux servît dans la marine et fût capitaine au long cours. Il s'appelle, n'est-ce pas, Horace Brémont ?
Au nom d'Horace, le docteur tressaillit imperceptiblement ; son regard sembla vouloir lire au plus profond du cœur de l'abbé, et il répondit froidement :
— En effet, j'ai un neveu capitaine de marine, et il se nomme Horace.
— Et il est maintenant à Paris ?

— Ou ailleurs, l'abbé.
— Pour Dieu, mon cher docteur, parlons sérieusement ; le temps est précieux ; voici ce que l'on m'écrit ; écoutez et vous jugerez de l'importance de cette lettre :
« Monsieur l'abbé,
» Je sais que vous êtes fort lié avec le célèbre docteur » Gasterini ; vous pouvez lui rendre un grand service ; » son neveu, le capitaine Horace, est compromis dans » une affaire des plus fâcheuses ; quoi qu'il soit parvenu » jusqu'ici à se cacher, l'on a découvert sa retraite, et » peut-être au moment où je vous écris s'est-on emparé » de sa personne. »
L'abbé s'interrompit alors et regarda attentivement le docteur. Celui-ci resta impassible.
Surpris de cette indifférence, l'abbé lui dit d'un ton pénétré :
— Ah ! mon pauvre docteur, quel cruel chagrin pour vous ! Mais ce malheureux capitaine, qu'a-t-il donc fait ?
— Je n'en sais rien, l'abbé. Continuez.
Evidemment, le saint homme attendait un autre effet de la lecture de sa lettre. Cependant, sans se décontenancer, il continua :
— « Peut-être à l'heure qu'il est s'est-on déjà emparé de » sa personne, » — reprit-il en appuyant sur ces mots et en poursuivant sa lecture.
« Mais il reste une chance de sauver ce jeune homme, » plus inconsidéré que coupable : il faudrait, au reçu de » cette lettre, envoyer à l'instant quelqu'un chez le doc» teur Gasterini. »
Et s'interrompant de nouveau, l'abbé ajouta :
— Quand je vous le disais, docteur : c'est la Providence qui vous a envoyé ici.
— Elle n'en fait jamais d'autres à mon égard, — reprit froidement le docteur. — Allez toujours, l'abbé.
— « Il faudrait, au reçu de cette lettre, envoyer à » l'instant quelqu'un chez le docteur Gasterini, — reprit » l'abbé de plus en plus surpris de l'impassibilité du mé» decin, — afin de prévenir du malheur qui menace » son neveu. Le docteur chargerait aussitôt une personne » de confiance d'aller, sans perdre une minute, avertir » le capitaine Horace de quitter sa retraite. Peut-être » ainsi pourrait-on devancer les gens de justice chargés » d'arrêter cet infortuné. »
— Je n'ai pas besoin de vous en dire davantage, mon cher docteur, — ajouta précipitamment l'abbé en jetant la lettre sur son lit ; — une minute de retard peut tout perdre. Courez vite, sauvez ce malheureux jeune homme ! Eh bien ! vous ne bougez pas ! vous ne me répondez rien ! A quoi pensez-vous donc, mon pauvre docteur ? Pourquoi me regarder de cet air singulier ? N'avez-vous donc pas entendu ce que l'on m'écrit ? Et c'est souligné encore ! « Il faut aller à l'instant, sans perdre une minute, avertir le capitaine Horace de quitter sa retraite. » En vérité, docteur, je ne vous comprends pas !
— Et moi, je vous comprends parfaitement, mon cher abbé, — dit le docteur avec un calme sardonique. — Mais, d'honneur, l'expédient n'est vraiment pas à la hauteur de vos inventions accoutumées : vous avez fait mieux que cela, l'abbé, beaucoup mieux !
— Un expédient ! mes inventions ! — reprit l'abbé feignant l'ébahissement. — Ah çà, docteur, vous ne parlez pas sérieusement ?
— Vous avez oublié, cher abbé, qu'un vieux renard comme moi évente de loin les pièges ?
— Des pièges ! quels pièges ?
— Voyons, l'abbé, regardez-moi bien en face si vous pouvez ?
— Docteur, — répondit l'abbé sans pouvoir cacher son violent dépit, — libre à vous de railler, libre à vous de laisser le temps s'écouler et de perdre l'occasion de sauver votre neveu. La chose vous regarde ; je vous ai averti

en ami. Maintenant arrangez-vous, je m'en lave les mains!

— Ainsi donc, mon cher abbé, vous étiez, vous êtes du complot de ces béates personnes qui voulaient faire de Dolorès Salcèdo une religieuse, afin d'accaparer les biens qu'elle doit hériter un jour de son oncle le chanoine?

— Dolorès Salcèdo! son oncle le chanoine! En vérité, docteur, je ne sais point du tout ce que vous voulez dire.

— Ah! ah! l'abbé, vous êtes de ce pieux complot! C'est bon à savoir; il est toujours utile de connaître ses adversaires, surtout lorsqu'ils sont aussi habiles que vous l'êtes, cher abbé!

— Mais, encore une fois, docteur, je vous jure...

— Tenez, l'abbé, jouons cartes sur table. Vous m'avez fait demander chez vous ce matin, afin que la touchante épître que vous venez de me lire et que vous aviez préparée vous arrivât en ma présence.

— Docteur! — s'écria l'abbé, — c'est pousser la méfiance, le soupçon, à un point qui devient... qui devient, permettez-moi de vous le dire...

— Je vous le permets.

— Eh bien! qui devient outrageant au dernier point, docteur. Ah! vraiment, — ajouta l'abbé avec amertume, — j'étais loin de m'attendre à voir récompenser de la sorte mon empressement à vous rendre service.

— Parbleu! je le sais bien, mon pauvre abbé, vous espériez un tout autre résultat de votre ingénieux stratagème.

— Docteur, c'en est trop!

— Non, l'abbé, non, ce n'en est pas assez; écoutez-moi donc encore. Voici ce que vous espériez, dis-je, de votre ingénieux stratagème : épouvanté du danger que courait mon neveu, je vous remerciais avec effusion du moyen que vous m'offriez pour le sauver, et je partais comme un trait pour aller avertir ce pauvre garçon de quitter sa retraite.

— C'est ainsi, en effet, que tout autre eût agi à votre place, docteur; mais vous vous gardez bien d'agir si raisonnablement. Tenez, vous êtes, en vérité, frappé de vertige et d'aveuglement.

— Hélas! l'abbé, c'est la punition de mes péchés qui commence... Mais revenons à l'effet de votre ingénieux stratagème. Selon votre espoir, je partais donc comme un trait pour aller, selon vous, sauver mon neveu. Ma voiture était en-bas, j'y montais, je me faisais conduire rapidement à la mystérieuse retraite du capitaine Horace.

— Eh! sans doute, docteur, voilà ce que vous auriez dû faire depuis longtemps.

— Or, savez-vous ce qui serait arrivé, mon pauvre abbé?

— Vous sauviez votre neveu!

— Je le perdais, je le trahissais, je le livrais, et voici comment : je pariais qu'à l'heure où je vous parle, il y a, non loin d'ici, dans cette rue, et bien en vue de cette maison, un cabriolet attelé d'un vigoureux cheval, et, hasard étrange (si vous ne donnez pas contre-ordre), ce cabriolet se mettra à suivre ma voiture partout où elle ira.

L'abbé devint écarlate, mais reprit :

— Je ne sais pas de quel cabriolet vous voulez parler, docteur.

— En d'autres termes, mon cher abbé, on a jusqu'ici vainement cherché les traces de mon neveu. Pour découvrir sa retraite, l'on m'a fait sans doute tout aussi vainement suivre; or, l'on espérait, par la brusque annonce du prétendu danger qu'il courait, me pousser à aller à l'instant avertir le capitaine. Votre émissaire d'en-bas eût alors suivi ma voiture, de sorte que, sans le savoir, j'aurais livré moi-même le secret de la retraite de mon neveu. Encore une fois, l'abbé, pour tout autre que vous, le moyen n'était pas mal inventé; mais vous avez habitué vos admirateurs, et permettez-moi de m'inscrire parmi eux, à des conceptions plus hautes et plus hardies. Espérons donc qu'une autre fois vous vous montrerez plus digne de vous-même. Au revoir et sans rancune, mon cher abbé, car je compte toujours sur vous pour notre bonne soirée du 20 novembre. Je viendrai d'ailleurs vous rappeler votre tout aimable promesse. Au revoir donc, mon pauvre et cher abbé. Allons, n'ayez point l'air si dépité, si déconcentré ; consolez-vous bravement de ce petit échec, en vous rappelant vos triomphes passés.

Et le docteur Gasterini quitta l'abbé Ledoux après ce persiflage.

— Tu chantes victoire, vieux serpent! — s'écria l'abbé pourpre de courroux et montrant le poing à la porte par laquelle le docteur était sorti. — Tu es bien orgueilleux, et tu ne sais pas que, ce matin même, nous avons déjà repris Dolorès Salcèdo; mais ton misérable neveu ne nous échappera pas, car, heureusement, je suis aussi roué que toi, infernal docteur! et, comme tu le dis, j'ai plus d'un tour dans mon sac!

Le docteur, objet de ce monologue en manière d'imprécation, avait caché l'inquiétude que lui causait la découverte qu'il venait de faire; il savait l'abbé Ledoux capable de prendre une revanche éclatante. Aussi, en descendant de la maison du saint homme, le docteur, avant de remonter dans sa voiture, regarda de côté et d'autre dans la rue. Ainsi qu'il s'y attendait, il vit, à vingt pas de là, un cabriolet de régie arrêté; dans ce cabriolet se tenait un gros homme à redingote brune. S'avançant alors à pied jusqu'à ce cabriolet, le docteur dit à demi-voix au gros homme d'un air confidentiel :

— Mon ami, vous êtes posté là, n'est-ce pas, pour suivre cette voiture verte à deux chevaux qui est là-bas, arrêtée devant la porte du n° 17?

— Monsieur, — dit le gros homme en hésitant, — je ne sais qui vous êtes et pourquoi vous...

— Chut! mon ami, — reprit le docteur d'un ton plein de mystère ; — je quitte l'abbé Ledoux, l'ordre de marche est changé, l'abbé vous attend à l'instant pour vous donner de nouveaux ordres ; vite, allez, allez !

Le gros homme, rassuré par les détails que lui donna le docteur, n'hésita plus, descendit de son cabriolet et se rendit en hâte chez l'abbé Ledoux. Lorsque le docteur eut vu la porte cochère refermée sur l'émissaire de l'abbé, bien certain dès lors de n'être pas suivi, il se fit conduire en hâte au faubourg Poissonnière; car s'il ne craignait rien pour son neveu, il éprouvait vaguement d'autres inquiétudes depuis qu'il savait l'abbé Ledoux mêlé dans cette intrigue.

La voiture du docteur venait d'entrer dans une des rues les moins fréquentées du faubourg Poissonnière, non loin de la barrière du même nom, lorsqu'à quelque distance, il aperçut un assez grand rassemblement formé en face d'une maison de modeste apparence. Le docteur fit aussitôt arrêter sa voiture, en descendit, alla se mêler aux groupes, et dit à une des personnes dont ils étaient composés :

— Qu'y a-t-il donc là, monsieur?

— Il paraît, monsieur, que c'est une colombe égarée que l'on ramène au colombier.

— Une colombe !

— Ou, si vous l'aimez mieux, une jeune fille qui s'était sauvée d'un couvent. Le commissaire de police est arrivé avec ses agens et un très gros homme en redingote violette qui avait l'air d'un curé. Il s'est fait ouvrir la maison. La fugitive y a été trouvée, puis emmenée dans un fiacre avec le gros homme en redingote violette. Je n'ai jamais vu un citoyen orné d'un pareil ventre.

Le docteur Gasterini n'en entendit pas davantage, se fit jour à travers les groupes, et alla sonner impérieusement à la porte de la petite maison dont on parlait. Une jeune servante, encore pâle d'émotion, vint lui ouvrir.

— Où est Mme Dupont? dit vivement le médecin.

— Chez elle, monsieur. Ah! si vous saviez!

Le docteur ne répondit rien, traversa deux pièces, et entra dans une chambre à coucher où se trouvait une femme âgée, d'une figure vénérable et pleine de douceur.

— Ah! monsieur le docteur, — s'écria Mme Dupont en fondant en larmes, — quel malheur, quel scandale! pauvre jeune fille!

— Je suis désolé, ma pauvre Mme Dupont, que le service que vous m'avez rendu ait eu pour vous des suites si désagréables.

— Oh! ne croyez pas que ce soit cela qui m'afflige, monsieur le docteur! je vous dois plus que ma vie, puisque je vous dois la vie de mon fils; aussi, je ne pense pas à me plaindre, quant à moi, d'un désagrément passager; je vous connais trop, d'ailleurs, pour élever le moindre doute sur les intentions qui vous ont fait me demander de donner momentanément asile à cette jeune fille.

— A cette heure, ma chère madame Dupont, je puis et je dois tout vous dire. Voici l'histoire en deux mots : J'ai un neveu, une tête folle, mais le plus brave garçon du monde; il est capitaine de marine; dans son dernier voyage de Cadix à Bordeaux, il a eu comme passagers un chanoine espagnol et sa nièce; mon neveu est devenu amoureux fou de la nièce, mais par suite d'événemens trop longs et trop ridicules à vous raconter, le chanoine ayant pris mon neveu en aversion, lui a signifié qu'il n'épouserait jamais Dolorès; la résistance a exaspéré ces deux amoureux; mon diable de neveu a suivi le chanoine à Paris, a découvert le couvent où avait été mise la jeune fille, s'est mis en correspondance avec elle, et il l'a enlevée. Horace (c'est son nom) est un honnête garçon; l'enlèvement accompli, il m'a amené Dolorès, et m'a tout avoué. En attendant son mariage, il m'a supplié de placer cette jeune fille dans une maison convenable; car, pour mille raisons, il m'était impossible de garder cette enfant chez moi, après un tel éclat. Alors j'ai songé à vous, ma bonne madame Dupont.

— Ah! monsieur, j'étais bien certaine que vous ne pouviez qu'agir noblement, comme toujours; et d'ailleurs, pendant le peu de temps qu'elle est restée près de moi, Mlle Dolorès m'a si vivement intéressée, que je m'étais déjà attachée à elle; aussi jugez de mon chagrin, lorsque ce matin...

— Le commissaire de police s'est fait ouvrir cette maison; je sais cela. Et le chanoine dom Diégo l'accompagnait.

— Oui, monsieur; il était furieux; il s'est écrié qu'il connaissait la loi française; que cela ne se passerait pas ainsi; qu'il y avait rapt d'une mineure, et que l'on cherchait de tous côtés le ravisseur.

— C'est à quoi je m'attendais; aussi avais-je exigé de mon neveu, non-seulement qu'il ne revît pas Dolorès avant que tout fût arrangé, mais qu'il se tînt caché, afin de se soustraire à des poursuites que j'espérais apaiser. Maintenant je ne sais si je pourrai y parvenir; le cas est fort grave. Je l'avais dit à Horace; mais le mal était fait, et, je l'avoue, j'ai reculé devant la pensée de remettre moi-même cette pauvre Dolorès entre les mains du chanoine, espèce de brute superstitieuse et gloutonne dont il n'y a rien à espérer.

— Ah! monsieur le docteur, je connais maintenant assez Mlle Dolorès pour être certaine qu'elle serait morte de chagrin, qu'elle en mourra peut-être, si on la laisse au couvent. Aussi croyez, monsieur, que, dans la scène de ce matin, ce qui m'a le plus affligée a été, non le scandale dont ma pauvre maison a été le théâtre, mais la pensée du triste avenir qui est peut-être réservé à cette malheureuse enfant. Et maintenant que je sais tout, monsieur le docteur, je suis doublement inquiète en songeant aux graves conséquences que cet enlèvement peut aussi avoir pour votre neveu.

— Ces craintes, je les partage plus vivement encore, ma chère madame Dupont. D'après une découverte que j'ai faite ce matin, je tremble qu'une plainte ait déjà été déposée contre Horace; si elle ne l'a pas été, elle le sera peut-être aujourd'hui; car, maintenant que Dolorès est retombée au pouvoir de son oncle, s'il peut parvenir à faire arrêter mon neveu, son amour pour Dolorès ne sera plus à craindre. Ah! cette arrestation serait affreuse! la loi est inflexible : mon neveu s'est introduit, la nuit, dans un couvent, et a enlevé une mineure; il est passible d'une peine infamante, et pour lui ce serait la mort!

— Grand Dieu!

— Et ses frères et ses sœurs qui l'aiment tant! Quel deuil pour moi! pour notre famille! — ajouta le vieillard avec abattement.

— Mais, monsieur, il doit y avoir quelque chose à faire pour tâcher au moins d'arrêter les poursuites.

— Tenez, ma chère madame Dupont, — reprit le docteur douloureusement ému, — ma tête se perd quand je songe aux terribles conséquences qui peuvent résulter de ce coup de tête de jeune homme!

— Mais que faire, monsieur le docteur? que faire?

— Eh! le sais-je moi-même, ma pauvre madame Dupont! Je vais réfléchir à la meilleure marche à suivre; mais j'ai affaire à si forte partie, que je n'ose espérer le succès.

Et le docteur Gasterini quitta le faubourg Poissonnière dans une inexprimable anxiété.

VI.

Le lendemain du jour où Dolorès Salcèdo avait été reconduite au couvent, la scène suivante se passait chez le chanoine dom Diégo, qui logeait dans un appartement très comfortable, retenu d'avance pour lui par l'abbé Ledoux.

Il était onze heures du matin.

Dom Diégo, étendu dans un large et profond fauteuil, semblait assailli de ténébreuses pensées. C'était un gros homme de cinquante ans environ, d'une obésité énorme; ses joues, grasses et tremblotantes, se confondaient avec son menton à quadruple étage; sa peau, légèrement bistrée comme celle des méridionaux, était mate, flasque, et annonçait la mollesse de cette masse inerte. Ses traits ne devaient cependant point manquer d'une certaine bonhomie, lorsqu'ils n'étaient pas sous l'impression d'une idée chagrine; sa large bouche, dont la lèvre inférieure, très épaisse, était un peu pendante, dénotait surtout la sensualité. Les yeux demi-clos sous ses gros sourcils gris, les mains croisées sur son ventre de *Falstaff*, qui dessinait sa vaste rotondité sous une robe de chambre violette, le chanoine soupirait de temps à autre d'un ton dolent et abattu.

— Plus d'appétit, hélas! plus d'appétit!—murmurait-il.

— Trop de secousses m'ont bouleversé. Mon estomac, si vaillant, si régulier d'habitude, est détraqué comme une montre déréglée. Ce matin, au déjeuner, ordinairement mon plus franc repas, j'ai à peine mangé; tout me semblait fade ou amer. Que sera-ce donc à dîner, Jésus! que sera-ce donc à dîner! un repas que je fais toujours presque sans faim, pour ne prendre, pour ne savourer que la fine fleur des meilleures choses! Ah! maudit et damné soit cet infernal capitaine Horace! L'horrible régime auquel j'ai été soumis à son bord, pendant cette longue traversée, a commencé à me faire perdre l'appétit; mon estomac s'est courroucé, s'est révolté contre ces exécrables salaisons, contre ces abominables légumes secs. Aussi, depuis cette injure faite à la délicatesse de ses habitudes, mon estomac me boude, hélas! comme si c'était ma faute; il me garde rancune, il me punit, il fait le fier devant les meilleurs mets.

Puis, après un long silence, le chanoine reprit d'un air effrayé :

— Mais qui sait si le doigt de la Providence n'est pas là? A cette heure que je n'ai point la moindre faim, je reconnais que je m'abandonne à un péché aussi détestable... que délectable. Hélas! la *gourmandise* ! Peut-être la Providence a-t-elle voulu me punir en envoyant sur ma route ce misérable capitaine Horace. Ah! le scélérat, quel mal il m'a fait! Et ce n'était pas assez : il enlève ma nièce; il me jette dans de nouvelles tribulations; il bouleverse ma vie, mon repos, moi qui ne demande qu'à manger avec recueillement et tranquillité! Oh! brigand de capitaine, je me vengerai! Mais quelle que soit ma vengeance, double traître! je ne te rendrai jamais la vingtième partie du mal que je te dois! Car, enfin, voilà près de deux mois que j'ai perdu l'appétit, et, quand je vivrais cent ans, ces deux mois d'abstinence forcée, je ne les rattraperai jamais!

Ce douloureux monologue fut interrompu par l'entrée du majordome du chanoine, vieux serviteur à cheveux gris.

— Eh bien! Pablo, — lui dit dom Diégo, — tu viens du couvent?

— Oui, seigneur.

— Et mon indigne nièce?

— Seigneur, elle est dans une sorte de délire, elle a une fièvre ardente; tantôt elle appelle le capitaine Horace avec des cris déchirans, tantôt elle invoque la mort en sanglotant; je vous assure, seigneur, que c'est à fendre le cœur.

Dom Diégo, malgré son égoïste sensualité, parut d'abord touché des paroles de son majordome, mais bientôt il s'écria :

— Tant mieux! Dolorès n'a que ce qu'elle mérite; ça lui apprendra à s'amouracher du plus détestable des hommes. Elle restera au couvent, elle y prendra le voile. Mon excellent ami et compère, l'abbé Ledoux, a parfaitement raison : par cet échantillon des frasques de ma nièce, je juge de ce qui m'attendrait plus tard, si je la gardais près de moi : alertes, algarades perpétuelles, jusqu'à ce que je l'eusse enfin mariée, bien ou mal. Or, donc, pour couper court à tout ceci, la senora Dolorès prendra le voile et fera son salut; mes biens enrichiront un jour la maison où l'on priera pour le repos de mon âme, et je serai débarrassé de ma diablesse de nièce, trois avantages pour un.

— Pourtant, seigneur, si l'état de la senora empire...

— Pas un mot de plus, Pablo ! — s'écria le chanoine, craignant de s'apitoyer malgré lui sur le sort de sa nièce, — pas un mot de plus. N'ai-je pas, hélas! assez de mes chagrins personnels, sans venir encore m'agacer, m'irriter par des contradictions?

— Pardon, seigneur, pardon ; alors je vous parlerai d'autre chose.

— De quoi ?

— Il y a dans l'antichambre un homme qui désire vous parler.

— Qu'est-ce que cet homme?

— Un homme vieux et bien vêtu.

— Et qu'est-ce qu'il veut, cet homme?

— Vous entretenir, seigneur, d'une affaire très importante. Il a apporté avec lui une grande caisse qu'un commissionnaire a montée ici; elle paraît fort lourde.

— Et qu'est-ce que c'est que cette caisse, Pablo ?

— Je ne sais, seigneur.

— Et le nom de cet homme ?

— Oh! un nom bien étrange!

— Lequel ?

— Appétit, seigneur.

— Comment! cet homme s'appelle monsieur Appétit?

— Oui, seigneur.

— Tu auras mal entendu.

— Non, seigneur, je lui ai fait répéter deux fois son nom : il s'appelle bien Appétit.

— Hélas! hélas! voilà un nom cruellement ironique! — murmura le chanoine avec amertume. — Il n'importe! pour la rareté du nom, fais entrer cet homme.

Un instant après, l'homme annoncé par le majordome entra, salua respectueusement dom Diégo et lui dit :

— C'est au seigneur dom Diégo que j'ai l'honneur de parler ?

— Oui, monsieur. Que me voulez-vous ?

— D'abord, seigneur, vous payer le tribut de ma profonde admiration; puis, vous offrir mes services.

— Mais, monsieur, quel est votre nom ?

— Appétit, seigneur.

— Écrivez-vous donc votre nom comme s'écrit appétit, envie, besoin de manger?

— Oui, seigneur; cependant, je dois vous avouer que ce n'est pas mon nom, mais mon surnom.

— Pour mériter un tel surnom, vous devez être furieusement bien doué par la nature, monsieur Appétit; vous devez jouir d'une fringale éternelle, dit le chanoine avec un soupir d'envie et de regret.

— Au contraire, je mange fort peu, seigneur, comme presque tous ceux qui ont la mission sacrée de faire manger les autres.

— Comment! quelle est donc votre profession?

— Cuisinier, seigneur, pour avoir l'honneur de vous servir, si je pouvais mériter cette félicité.

Le chanoine secoua mélancoliquement la tête, et cacha son visage entre ses mains ; il sentait toutes ses douleurs se réveiller à la proposition du seigneur Appétit. Celui-ci poursuivit :

— Mon second maître, lord Wilmot, dont la débilité d'estomac était si extrême que, depuis près d'une année, il mangeait sans goût et sans plaisir, a littéralement dévoré dès le premier jour que j'ai eu l'honneur de le servir. Aussi, par gratitude, milord m'a-t-il donné le surnom d'*Appétit*, que j'ai toujours conservé depuis.

Le chanoine regarda plus attentivement son interlocuteur, et reprit :

— Ah! vous êtes cuisinier? Mais, dites-moi, vous m'avez parlé de me payer le tribut de votre admiration et de m'offrir vos services. D'où me connaissez-vous donc ?

— Vous avez, seigneur, pendant votre séjour à Madrid, souvent dîné chez M. l'ambassadeur de France.

— Oh! oui, c'était mon bon temps, alors, — répondit dom Diégo avec abattement :—j'ai rendu justice éclatante à la table de monsieur l'ambassadeur de France, et j'ai proclamé que je ne connaissais pas de meilleur praticien que le chef de ses cuisines.

— Aussi, cet illustre praticien, avec qui, seigneur, je suis en correspondance, afin de nous tenir mutuellement au courant des progrès de la science, m'a-t-il écrit pour me dire la joie d'avoir été si dignement apprécié par un connaisseur tel que vous, seigneur ; j'ai noté votre nom, et hier, apprenant, par hasard, que vous cherchiez un cuisinier, je suis venu pour avoir l'honneur de vous offrir mes services.

— Et de chez qui sortez-vous, mon ami ?

— Depuis dix ans, seigneur, je ne travaille plus que pour moi, c'est-à-dire *pour l'art*; j'ai une fortune modeste, mais suffisante: aussi n'est-ce pas l'intérêt qui m'amène auprès de vous, seigneur.

— Mais pourquoi vous présenter plutôt chez moi que chez tout autre?

— Parce que, libre de choisir, je consulte mes convenances; car je suis très jaloux, seigneur, horriblement jaloux.

— Jaloux! et de quoi ?

— De la fidélité de mon maître.

— Comment! de la fidélité de votre maître?

— Oui, seigneur ; et je suis certain que vous me serez fidèle, car vous vivez seul, sans famille, et par état autant que par caractère, vous n'avez pas, comme tant d'autres, toutes sortes de penchans qui se gênent ou se contrarient toujours ; en homme sérieux et convaincu, vous n'avez qu'une passion, mais profonde, absolue, la *gourmandise*. Eh bien! cette passion, je m'offre, seigneur, à la satisfaire comme de votre vie vous ne l'avez jamais satisfaite.

— Vous parlez d'or, mon cher ami ; mais savez-vous que, pour soutenir un pareil langage, il faut posséder un grand talent, un immense talent !

— Ce grand, cet immense talent, je l'ai, seigneur.

— L'aveu n'est pas modeste.
— Il est sincère, et vous le savez, seigneur, on puise une légitime assurance dans la conscience de sa force.
— J'aime cette noble fierté, mon cher ami, et si vos actes répondent à vos paroles, vous êtes un phénix!
— Seigneur, mettez-moi à l'essai aujourd'hui, sur l'heure...
— Aujourd'hui, sur l'heure ! — s'écria le chanoine en haussant les épaules. — Vous ne savez donc pas que, depuis deux mois à jamais maudits, je suis dans un état déplorable! que je n'ai goût à rien ! que, ce matin, j'ai laissé intact un excellent déjeuner que l'on m'a fait venir de chez Chevet, chez qui je me fournis en attendant que j'aie monté ma cuisine! Ah ! si vous n'aviez les dehors d'un honnête homme, je croirais que vous venez insulter à mes misères! Me proposer de me faire la cuisine, lorsque je n'ai pas la moindre faim !
— Seigneur, je me nomme *Appétit*.
— Mais je vous répète, mon cher ami, qu'il y a une heure à peine, j'ai rebuté sur d'excellentes choses.
— Tant mieux, je ne pouvais me présenter à vous, seigneur, dans une conjoncture plus favorable ; mon triomphe sera plus grand.
— Ecoutez, mon cher ami, je ne puis vous dire si c'est l'influence de votre nom, ou la manière savante et élevée dont vous parlez de votre art, qui me donne malgré moi confiance en vous, mais j'éprouve, je ne dirai pas la velléité de manger, car je vous mettrais au défi de me faire avaler une aile d'ortolan ; mais enfin j'éprouve à vous entendre raisonner cuisine un plaisir qui me fait espérer que peut-être, plus tard, si jamais l'appétit me revenait, je...
— Seigneur, pardonnez-moi si je vous interromps; vous avez ici une cuisine ?
— Certes, et toute montée! C'est là que l'on fait un instant voir le feu à ce que l'on m'apporte tout confectionné de chez Chevet ; mais, hélas ! bien inutilement.
— Voulez-vous, seigneur, m'accorder une demi-heure ?
— Pour quoi faire ?
— Un déjeuner pour vous, seigneur.
— Avec quoi ?
— J'ai apporté ce qu'il me faut.
— Mais à quoi bon ce déjeuner, mon cher ami ? Allez, croyez-moi, ne compromettez pas un talent auquel je me plais à croire, en l'engageant dans une entreprise impossible, folle.
— Seigneur, m'accordez-vous une demi-heure ?
— Mais, encore une fois, à quoi bon ?
— A vous faire faire un excellent déjeuner, seigneur, qui vous prédisposera à un dîner meilleur encore.
— C'est de la folie, vous dis-je ; vous êtes insensé.
— Essayez toujours, seigneur ; que risquez-vous ?
— Allons donc ! il faudrait que vous fussiez magicien.
— Je le suis peut-être bien, seigneur, répondit le cuisinier avec un sourire étrange.
— Eh bien ! portez donc la peine de votre orgueil, par trop superbe aussi ! s'écria dom Diégo en sonnant violemment. — Si vous êtes tout à l'heure accablé d'humiliation ; si vous êtes forcé d'avouer l'impuissance de votre art, c'est vous seul qui l'aurez voulu. Prenez garde ! prenez garde !
— Vous mangerez, seigneur, — répondit l'artiste d'un ton doctoral ; — oui, vous mangerez, et beaucoup, et délicieusement.
Au moment où le cuisinier prononçait ces outrecuidantes paroles, le majordome, appelé par le coup de sonnette, entra.
— Pablo, — lui dit le chanoine, — ouvre la cuisine à monsieur, et mets-moi un couvert. Il faut que justice soit faite !
— Mais, seigneur, ce matin...
— Fais ce que je te dis ; conduis monsieur à la cuisine, et, s'il a besoin de quelqu'un pour l'aider, qu'on l'aide.
— Je n'ai besoin de personne, seigneur ; j'ai l'habitude de travailler seul dans mon laboratoire. Je vous demanderai même la permission de m'enfermer.
— Tout ce que vous voudrez, mon cher ; mais que je sois à jamais damné pour mes péchés, si j'avale une bouchée de ce que vous allez me servir. Je me sens bien peut-être, et il y a véritablement de l'outrecuidance à vous...
— Il est onze heures et demie, seigneur, — dit le cuisinier en interrompant dom Diégo avec majesté;—à midi sonnant vous déjeunerez !
Et l'artiste sortit accompagné du majordome.

VII.

Après la disparition du seigneur Appétit, cet étrange cuisinier qui offrait ses services avec une si superbe assurance, le chanoine, resté seul, se dit en se levant péniblement de son fauteuil et marchant çà et là avec une sorte d'agitation :
— L'orgueilleux aplomb de ce cuisinier me confond et m'impose malgré moi. Mais s'il croit avoir affaire à un novice en gastronomie, il est dans l'erreur ; je le lui ferai bien voir ! Allons, que je suis fou de m'inquiéter ainsi ! Est-il une puissance humaine capable de me donner, dans cinq minutes, cette faim qui me fait défaut depuis deux mois ? Ah ! maudit capitaine Horace ! que je vais avoir de plaisir à te faire mettre sous les verrous ! à penser que tu n'auras pour toute nourriture que la nauséabonde pâtée des prisonniers, arrosée d'un verre de vin bleu, âpre au gosier comme une râpe, acide comme du vinaigre tourné! Mais bah ! ce scélérat, habitué sans doute aux fréquentes privations des gens de mer, est capable de rester indifférent à ce martyre et de conserver son insolent appétit, tandis que moi... Ah ! si ce cuisinier ne mentait pas ! Mais non, non, comme tous les Français, c'est un vantard, un orgueilleux. Et pourtant, son assurance me semble consciencieuse. Il a d'ailleurs dans le regard, dans la physionomie, quelque chose de dominateur. Au fait, quel est cet homme? d'où vient-il ? puis-je me fier à sa sincérité ? Je me rappelle maintenant que, lorsque je lui parlais de l'impossibilité de ranimer mon appétit, il m'a répondu d'un air étrange : « Seigneur, je suis peut-être magicien. » S'il existe des magiciens, ce sont des fils du mauvais esprit, et Dieu me garde d'en jamais rencontrer ! Il faudrait donc que cet homme fût réellement magicien pour me faire manger. Hélas ! je suis un grand pécheur ! Satan prend toutes les formes ; et si... Oh non, non ! à cette seule pensée je frissonne ! Ecartons de si funestes préoccupations !
Puis, après un moment de silence, et regardant sa pendule, le chanoine ajouta :
— Voici bientôt midi... Malgré moi, plus l'heure fatale approche, plus mon anxiété redouble. J'éprouve une émotion singulière ; je puis m'avouer cela à moi-même : j'ai presque peur. Il me semble qu'à cette heure cet homme se livre à une incantation mystérieuse, qu'il machine quelque chose de surhumain ; car ressusciter un mort ou ressusciter mon appétit, ce serait accomplir le même prodige. Et cet homme étonnant s'est fait fort de l'accomplir, ce prodige ! Et, s'il l'accomplissait, il me faudrait donc reconnaître son pouvoir surnaturel ?.. Allons, allons, j'ai honte de cette faiblesse. C'est égal, je préfère ne pas rester seul ; que plus l'heure approche, et plus je me sens inquiet. Sonnons Pablo. (*Et il sonna.*) Oui, le silence de cette demeure, la pensée que cet homme singulier est là, dans cette cuisine souterraine, courbé sur ses fourneaux embrasés, comme quelque mauvais esprit occupé de maléfices, tout cela me cause une impression extraordinaire. Ah çà ! Pablo ne m'entend donc pas ! s'écria le chanoine, dont l'inquiétude augmentait.
Et il sonna de nouveau violemment.

Pablo ne parut pas.
— Qu'est-ce que cela signifie ? — murmura dom Diégo en jetant autour de lui des regards effarés. — Pablo ne vient pas ! Quel effrayant et morne silence ! Oh ! il se passe ici quelque chose d'extraordinaire ! Je n'ose faire un pas !

Et prêtant l'oreille, le chanoine ajouta :
— Quel est ce bruit sourd ? cela n'a rien d'humain. On approche ! on vient ! Ah ! je n'ai pas une goutte de sang dans les veines !

A ce moment la porte s'ouvrit si violemment que le chanoine poussa un cri et cacha sa figure entre ses mains, en balbutiant :
— *Vade, re... retro... Sa... Satanas!*

Ce n'était pourtant point *Satanas*, mais Pablo le majordome, qui, n'ayant pas répondu aux deux premiers appels de la sonnette de son maître, avait précipitamment accouru et ainsi causé ce bruit que l'imagination superstitieuse du chanoine transformait en un bruit mystérieux et surhumain.

Le majordome, frappé de l'attitude du chanoine, lui dit en s'approchant :
— Ah ! mon Dieu ! qu'avez-vous, seigneur ?

A la voix de Pablo, dom Diégo abaissa ses grosses mains dont il couvrait son visage, et laissa voir à son serviteur des traits encore frissonnans d'épouvante.
— Seigneur, seigneur, que s'est-il donc passé ! s'écria le majordome.
— Rien, mon pauvre Pablo, rien ; une idée folle dont je rougis à cette heure. Mais pourquoi as-tu tant tardé à venir ?
— Seigneur, ce n'est pas ma faute.
— Comment cela ?
— J'avais voulu, seigneur, par curiosité, entrer dans la cuisine pour voir à l'œuvre ce fameux cuisinier.
— Eh bien ! Pablo ?
— Après que je l'ai eu aidé à transporter son coffre, cet homme étonnant m'a prié de sortir de la cuisine, où il voulait, disait-il, être absolument seul.
— Ah ! Pablo, comme il s'entoure de mystère !
— J'ai obéi, seigneur, mais je n'ai pu résister au désir de rester en dehors, à la porte.
— Pour écouter ?
— Non, seigneur, pour flairer, pour sentir.
— Eh bien ! Pablo ?
— Ah ! seigneur ! ah ! seigneur !
— Achève !
— Peu à peu, il s'est épandu à travers la porte une odeur si agréable, si agaçante, si provoquante, qu'il m'a été impossible de m'en aller ; j'eusse été cloué à cette porte, que je ne serais pas resté plus immobile : j'étais étourdi, fasciné !
— Vraiment, Pablo ?
— Vous le savez, seigneur, vous m'avez abandonné l'excellent déjeuner que l'on vous a apporté ce matin.
— Hélas ! oui !
— Ce déjeuner, je l'ai mangé, seigneur.
— Heureux Pablo !
— Eh bien ! seigneur, cette odeur que je dis était si appétissante, que je me suis senti tout à coup possédé d'une faim furieuse, et sans quitter la porte, j'ai pris sur une des tablettes de l'office un gros morceau de pain sec.
— E' tu l'as mangé, Pablo ?
— Je l'ai dévoré, seigneur !
— Sec ?
— Sec, — répondit le majordome en inclinant la tête.
— Sec ! — s'écria le chanoine en levant les yeux au ciel. — C'est un prodige ! Il a déjeuné comme un ogre il y a une heure, et il vient de se bourrer de pain sec !
— Oui, seigneur ; et ce pain sec, seulement assaisonné de cette succulente odeur, m'a paru le plus délicieux des mets.

A ce moment, midi sonna.
— Midi ! — s'écria le majordome. — Ce cuisinier merveilleux m'a recommandé de vous servir, seigneur, à midi précis. Le couvert est tout préparé sur une petite table ; je vais l'apporter.
— Va, Pablo, — dit le chanoine d'un air recueilli, — ma destinée va s'accomplir !... Le prodige, s'il y a prodige, va s'opérer... s'il doit s'opérer ; car, je le jure, malgré tout ce que tu viens de me conter, je n'ai pas le moindre appétit ; j'ai l'estomac pesant, la bouche pâteuse. Va, Pablo, j'attends.

Il y avait une résignation pleine de doute, de curiosité, d'angoisse et de vague espérance dans l'accent avec lequel dom Diégo exclama ce mot : « J'attends ! »

Bientôt le majordome reparut.

Il marchait d'un air solennel, portant sur un plateau un petit réchaud d'argent de la grandeur d'une assiette, surmonté de sa cloche.

A côté de ce plat on voyait un petit flacon de cristal rempli d'un liquide limpide et couleur de topaze brûlée.

Pablo, tout en s'avançant, approchait parfois son long nez de la cloche comme pour aspirer les miasmes appétissans qui pouvaient s'échapper ; enfin, il plaça sur la table le petit réchaud, le flacon et un petit billet.
— Pablo, — demanda le chanoine en indiquant du geste le réchaud surmonté de sa cloche, — qu'est-ce que cette argenterie ?
— Elle appartient à M. Appétit, seigneur ; sous cette cloche est une assiette à double fond, remplie d'eau bouillante, car il faut surtout, dit ce grand homme, manger brûlant.
— Et ce flacon, Pablo ?
— Son emploi est indiqué sur ce billet, seigneur, qui vous annonce les mets que vous allez manger.
— Voyons ce billet, dit le chanoine, et il lut :
— « Œufs de pintade frits à la graisse de caille, relevés d'un coulis d'écrevisse.
» N. B. — Manger brûlant, ne faire qu'une bouchée de
» chaque œuf, après l'avoir bien humecté de coulis.
» Mastiquer *pianissimo*.
» Boire, après chaque œuf, deux doigts de ce vin de
» Madère de 1807, qui a fait cinq fois la traversée de *Rio-*
» *Janeiro à Calcutta* (1).
» Boire ce vin avec recueillement.
» Il m'est impossible de ne pas prendre la liberté d'ac-
» compagner chaque mets que je vais avoir l'honneur de
» servir au seigneur dom Diégo, d'un flacon de vin appro-
» prié au caractère particulier du mets susdit. »

— Quel homme ! s'écria le majordome avec une expression d'admiration profonde ; quel homme ! il pense à tout.

Le chanoine, dont l'agitation allait croissant, souleva la cloche d'argent d'une main tremblante et émue.

Soudain une émanation délicieuse s'épandit dans l'atmosphère ; Pablo joignit les mains, dilata démesurément ses larges narines et regarda d'un œil avide.

Au milieu de l'assiette d'argent et à demi baignés d'un coulis onctueux et velouté, d'une belle nuance vermeille, le majordome vit quatre tout petits œufs ronds mollets, et semblant frémir encore dans leur friture fumante et dorée.

Le chanoine, frappé comme son majordome de la délicieuse senteur de ce mets, le mangeait littéralement du regard, et pour la première fois depuis deux mois, une soudaine velléité d'appétit chatouilla son palais. Néanmoins il doutait encore, croyant à la trompeuse illusion d'une fausse faim. Cependant il prit dans une cuiller un des petits œufs bien imprégnés de coulis, et l'enfourna dans sa large bouche.

— *Mastiquez pianissimo*, seigneur ! — s'écria Pablo, qui suivait chaque mouvement de son maître avec de grands battemens de cœur. — Mastiquez lentement, a dit le magicien, et buvez ensuite de ceci, suivant l'ordonnance.

(1) Il est inutile de dire que certains vins se bonifient extraordinairement par les voyages de long cours.

Et Pablo versa deux doigts du vin de Madère de 1807 dans un verre mince comme une pelure d'oignon, et le présenta à dom Diégo.

O miracle ! ô merveille ! ô prodige ! le second mouvement de mastication pianissimo était à peine accompli, que le chanoine renversait doucement sa tête en arrière, puis fermant à demi les yeux dans une sorte d'extase, il croisa sur sa poitrine ses deux mains, dont l'une tenait encore la cuiller dont il venait de se servir.

— Eh bien ! seigneur ? — dit vivement Pablo en présentant à son maître les deux doigts de vin de Madère, — eh bien ?

Le chanoine ne répondit pas, prit le verre avec empressement et le porta à ses lèvres.

— Et, surtout, buvez *avec recueillement*, seigneur ! — s'écria Pablo, scrupuleux observateur de l'ordonnance du cuisinier.

Le chanoine but, en effet, avec recueillement, fit ensuite claper sa langue contre son palais, et, si cela se peut dire, s'écoula pendant un instant savourer le bouquet du vin qui se confondait merveilleusement avec le délicate arrière-goût du mets qu'il venait de déguster ; puis, toujours sans répondre aux interrogations de Pablo, le chanoine mangea pianissimo les trois derniers œufs de pintade avec une délectation pensive et croissante, vida le petit flacon de vin de Madère et, faut-il avouer cette énorme incongruité, il sauça si scrupuleusement de son pain le coulis d'écrevisse dont étaient baignés les œufs, que le fond de l'assiette d'argent brilla bientôt d'un lustre immaculé.

S'adressant alors pour la première fois à son majordome, dom Diégo s'écria d'une voix attendrie, pendant que quelques larmes brillaient même dans ses yeux :

— Ah ! Pablo !

— Qu'y a-t-il, seigneur ? Cette émotion...

— Pablo, je ne sais qui a dit que les grandes joies avaient quelque chose de mélancolique ; ce quelqu'un-là ne se trompait pas, car l'infirmité de notre nature nous fait souvent fléchir sous le poids des plus grands bonheurs. Ainsi, depuis deux mois voici la première fois qu'à bien dire je mange, et que je mange comme je n'ai jamais mangé de ma vie ! Non, non ! car aucune langue humaine, vois-tu, mon pauvre Pablo, ne peut exprimer la finesse, la délicatesse exquise de ce mets, si simple en apparence, *des œufs de pintade frits dans de la graisse de caille arrosés d'un coulis d'écrevisse*. Non ! vois-tu ! à mesure que je les savourais, je sentais mon appétit se renaître, et, à présent, j'ai beaucoup plus faim qu'avant d'avoir mangé. Et ce vin, Pablo, ce vin ! comme c'est fondu, hein ?

— Hélas ! seigneur, — dit le majordome d'un air piteux, — je ne sais point le goût de ce vin, mais je me plais à vous croire.

— Oh ! oui, crois-moi, mon pauvre Pablo, c'est à la fois sec et velouté ; que te dirai-je ? un nectar ! et si tu savais, Pablo, comme la saveur de ce nectar se marie admirablement au parfum du coulis d'écrevisse ? C'est idéal, Pablo, idéal ! te dis-je ; aussi, je devrais être rayonnant, fou de joie en retrouvant ainsi mon appétit perdu... Eh bien, non, je me sens pris d'un attendrissement ineffable ; enfin, je pleure comme un enfant ! Pablo, tu le vois, je pleure, j'ai faim !...

Un coup de sonnette retentit.

— Qu'est-ce que cela, Pablo ?

— C'est lui, seigneur.

— Qui ?

— Le grand homme ! Il nous sonne.

— Lui ?

— Oui, seigneur, — répondit Pablo en enlevant l'assiette.

— Il affirme que ceux qui mangent doivent être à la sonnette de ceux qui font manger, car ceux-ci savent seuls l'heure, la minute, l'instant où chaque mets doit être servi, dégusté, pour ne pas perdre un atome de sa valeur.

— C'est très profond ce qu'il dit là ! il a raison. Cours donc, Pablo... Mon Dieu ! voilà qu'il sonne encore ! Pourvu qu'il ne se formalise point... Va vite, vite !

Le majordome courut, et, avouons cette autre énormité, le malheureux, poussé par une dévorante curiosité, osa lécher avec une avidité désespérée l'assiette qu'il remportait, quoique le chanoine l'eût laissée nette et brillante.

On s'imagine avec quelle impatience de plus en plus vive et croissante le chanoine attendit les différens mets, toujours inconnus à l'avance, dont se composa son déjeuner.

Chaque service était accompagné d'une *ordonnance*, comme disait Pablo, et d'un nouveau flacon de vin tiré sans doute de la cave de ce singulier cuisinier.

La collection de ces bulletins culinaires donnera une idée des délices variés que goûta dom Diégo.

Après la note qui annonçait les œufs de pintade, se déroula successivement le *menu* suivant, dans l'ordre où nous le présentons :

« Truite du lac de Genève au beurre de Montpellier,
» frappé de glace.
» Envelopper hermétiquement chaque bouchée de ce
» poisson exquis dans une couche de cet assaisonnement
» de haut goût.
» Mastiquer *allegro*.
» Boire deux verres de ce vin de Bordeaux (*Sauterne*
» 1834); il a fait trois fois la traversée de l'Inde.
» Ce vin veut être *médité*. »

— Un peintre ou un poète eût fait de cette *truite au beurre de Montpellier*, frappé de glace, un portrait enchanteur, avait dit le chanoine à Pablo. — Vois-la, cette charmante petite truite, à la chair couleur de rose, à la tête nacrée, voluptueusement couchée sur ce lit d'un vert éclatant, composé de beurre frais et d'huile vierge, congelés par la glace, auxquels l'estragon, la ciboulette, le persil, le cresson de fontaine, ont donné cette gaie couleur d'émeraude ! Et quel parfum ! Comme la fraîcheur de cet assaisonnement contraste délicieusement avec le haut goût des épices qui le relèvent ! Et ce vin de Sauterne ! quelle ambroisie *si bien appropriée*, comme dit ce grand homme de cuisine, *au caractère* de cette truite divine qui me donne un appétit croissant.

Après la truite vint un autre mets accompagné de ce bulletin :

« Filets de *grouse* (1) aux truffes blanches du Piémont,
» (émincées crues).
» Enchâsser chaque bouchée de grouse entre deux
» rouelles de truffe, et bien humecter le tout avec la sau-
» ce à la Périgueux (truffes noires), servie ci-joint.
» Mastiquer *forte*, vu la crudité des truffes blanches.
» Boire deux verres de ce vin de *Château-Margaux*
» 1834. — (Il a aussi fait le voyage des Indes.)
» Ce vin ne se révèle dans toute sa majesté qu'*au dé-*
» *boire*. »

Ces filets de *grouse*, loin de l'apaiser, excitèrent jusqu'à la fringale l'appétit toujours croissant du chanoine, et sans le profond respect que lui inspiraient les ordres du *grand homme de cuisine*, il eût envoyé Pablo devancer le coup de sonnette et chercher un nouveau prodige culinaire.

Enfin ce coup de sonnette se fit entendre.

Le majordome revint bientôt avec cette note qu'accompagnait un autre mets :

« Râles de genêts rôtis sur une croûte *à la Sardanapale*.
» Ne manger que les cuisses et le croupion des râles ; ne
» pas couper la cuisse, la prendre par la patte qui la ter-
» mine, la saupoudrer légèrement de sel, trancher net au-
» dessus de la patte, et tout broyer, manger, chair et os.
» Mastiquer *largo* et *fortissimo ;* manger presque simul-
» tanément une bouchée de la rôtie brûlante, enduite
» d'un condiment onctueux dû à la combinaison de foies

(1) *Grouse*, grosse perdrix d'Écosse infiniment supérieure à la bartavelle et aux gélinott

» et de cervelles de bécasse, de foies gras de Strasbourg,
» de moelle de chevreuil, anchois pilés, épices de haut
» goût, etc.
» Boire deux verres de *clos Vougeot* de 1817.
» Verser ce vin avec émotion, le boire *avec religion.* »

Après ce rôti, digne de Lucullus ou de Trimalcyon, et savouré par le chanoine avec idolâtrie et une faim inassouvie, le majordome reparut avec deux entremets que le menu signalait ainsi : « *Morilles* aux fines herbes et à
» l'essence de jambon; laisser fondre et dissoudre dans la
» bouche ce champignon divin.
» Mastiquer *pianissimo.*
» Boire un verre de vin de *Côte-Rôtie* 1829 et un verre
» de Johannisberg de 1729 (provenant de la grand'foudre
» municipale des bourgmestres de Heildelberg).
» Aucune recommandation à faire à l'endroit du vin de
» Côte-Rôtie, ce vin est fier, impérieux, *il s'impose.*
»A l'égard du vieux Johannisberg de cent-quarante ans,
» l'aborder avec la vénération qu'inspire un centenaire,
» le boire avec componction.
» Deux entremets sucrés.
» Bouchées à la duchesse, à la gelée d'ananas.
» Mastiquer *amoroso.*
» Boire deux ou trois verres de ce vin de Champagne
» frappé de glace (Sillery sec, année de la comète).
» Dessert :
» Fromage de Brie de la ferme d'Estouville, près Meaux.
» Cette maison a eu pendant quarante ans l'honneur
» de servir la bouche de M. le prince de Talleyrand, qui
» proclamait le fromage de Brie *le roi des fromages*
» royauté à laquelle ce grand diplomate soit resté fidèle
» jusqu'à sa mort).
» Boire un verre ou deux de vin de *Porto* tiré d'une bar-
» rique retrouvée sous les décombres du grand tremble-
» ment de terre de Lisbonne.
» Bénir la Providence de ce miraculeux sauvetage, et
» vider pieusement son verre.
» *N. B.* Jamais de fruits le matin, ils réfrigèrent, char-
» gent et obèrent l'estomac aux dépens du repos du soir;
» se rincer simplement la bouche avec un verre de crème
» des Barbades de *madame Amphoux* (1780), et faire une
» légère sieste en rêvant au dîner. »

Il est inutile de dire que toutes ces prescriptions du cuisinier furent suivies de point en point par le chanoine, dont l'appétit, chose prodigieuse, avait semblé augmenter à mesure qu'il était alimenté; enfin, après avoir savouré jusqu'à la dernière goutte son verre de liqueur des îles, dom Diégo, l'oreille écarlate, l'œil doucement voilé, la joue colorée, commença de ressentir la tiède moiteur et la légère torpeur d'une heureuse et facile digestion; alors, se laissant aller dans son fauteuil avec un accablement délicieux, il dit à son majordome :

— Si je ne sentais sourdre une faim de tigre, qui ne fera que trop tôt explosion, je me croirais dans le paradis. Aussi, Pablo, va me chercher ce grand homme de cuisine, ce véritable magicien ; dis-lui qu'il vienne jouir de son ouvrage ; dis-lui qu'il vienne juger de la béatitude ineffable où il m'a plongé; dis-lui surtout, Pablo, que si je ne vais pas moi-même lui témoigner mon admiration, ma reconnaissance, c'est que...

Le chanoine s'interrompit à la vue de l'artiste culinaire, qui entra brusquement dans le salon et s'arrêta en face de Diégo en attachant sur lui un regard étrange.

VIII.

A la vue du cuisinier qui portait, selon la coutume de sa profession, une veste blanche et un bonnet de coton,—(l'ancienne et haute école classique des Laguipierre, des Morel, des Carême est restée fidèle au bonnet de coton ; la jeune école romantique se coiffe de la toque de percaline blanche),—le chanoine dom Diégo se leva péniblement de son fauteuil, fit deux pas vers l'artiste culinaire en lui tendant les mains, et s'écria d'une voix profondément émue :

— Soyez le bienvenu, mon sauveur, mon ami, mon cher ami ! Oui, je suis fier de vous donner ce titre; vous l'avez mérité, car je vous dois l'appétit, et l'appétit,c'est le bonheur, c'est la vie !

Le cuisinier ne parut pas extrêmement sensible au titre amical dont l'honorait le chanoine: il resta silencieux, les bras croisés sur sa poitrine, le regard attaché sur dom Diégo; mais celui-ci, dans le feu de sa reconnaissance gastronomique, ne remarqua pas le sourire sardonique, nous dirions presque satanique, qui errait sur les lèvres du grand homme de cuisine, et poursuivit ainsi l'expression de sa reconnaissance :

— Mon ami,— ajouta-t-il,— de ce jour vous êtes à moi; vos conditions seront les miennes. Je suis riche, la bonne chère est ma seule passion : aussi pour vous je serai, non pas un maître, mais un admirateur. Jamais, mon cher ami, jamais vous n'aurez été mieux apprécié. Vous me l'avez dit vous-même, vous ne travaillez que pour l'art, et vous le prouvez, car, je le déclare hautement, vous êtes le plus grand homme de cuisine qu'il y ait au monde ! Le prodige que vous avez opéré aujourd'hui, non-seulement en me rendant l'appétit, mais en le redoublant à mesure que je savourais vos chefs-d'œuvre (puisqu'à cette heure je serais capable de déjeuner encore); ce prodige, ai-je dit, vous met à mes yeux hors ligne. Nous ne nous quitterons donc plus, mon cher ami ; tout ce que vous me demanderez, je vous l'accorderai ; vous prendrez autant d'aides, de subalternes que vous voudrez ; je désire vous épargner toute fatigue; votre santé m'est trop précieuse pour la compromettre, car désormais je ne sens là, — et dom Diégo mit sa grosse main sur son estomac, — désormais je ne saurais vivre que par vous, mon cher ami, et...

— Ainsi, — dit le cuisinier en interrompant le chanoine et souriant d'un air sarcastique, — ainsi vous avez bien déjeuné, seigneur chanoine?

— Si j'ai bien déjeuné, mon cher ami ! mais dites donc que je vous dois une jouissance d'une heure un quart ! une jouissance ineffable et sans autre intermittence que les temps d'arrêt de votre service! et encore ces intermittences étaient remplies de charmes ! Partagé entre le souvenir et l'espérance, n'attendais-je pas de nouveaux plaisirs avec une insatiable appétence? Vous me demandez si j'ai bien déjeuné ! Pablo vous dira que j'ai pleuré d'attendrissement ! Voilà ma réponse.

— Je me suis permis, seigneur, de vous envoyer quelques *accompagnemens* de vins, car de bons mets sans bon vin, c'est une belle femme sans esprit; or, ces vins, les avez-vous, seigneur, trouvés potables?

— Potables !... Grand Dieu ! quel blasphème ! D'inestimables échantillons de tous les nectars connus... potables ! Des vins dont l'on ne paierait pas la valeur en les échangeant bouteille pour bouteille contre de l'or liquide... potables ! Allons, mon cher ami, votre modestie est exagérée, de même que vous sembliez tout à l'heure exagérer votre immense talent. Mais je le reconnais, l'on vanterait votre génie jusqu'à l'hyperbole, que l'on resterait toujours au-dessous de la vérité.

— J'ai encore beaucoup de vins de cette qualité, — dit froidement le cuisinier ; — depuis vingt-cinq ans je travaille à me monter une petite cave passable.

— Mais cette cave passable, mon cher ami, a dû vous coûter des millions ?

— Elle ne m'a rien coûté, monseigneur.

— Rien !

— Ce sont autant de dons, faits à mon humble mérite.

— Je ne m'en étonne point, mon cher ami ; mais cette cave qui rendrait un roi jaloux, que comptez-vous en faire ? Ah ! si vous vouliez me la céder en tout ou en partie, je ne reculerais devant aucun sacrifice ; car, —

ainsi que vous venez de le dire avec profondeur, — de bons mets sans bons vins, c'est une belle femme sans esprit. Or, ces vins accompagnent si admirablement vos... productions... que je...

Le cuisinier interrompit dom Diégo par un ricanement ironique.

— Vous riez, mon ami? — dit le chanoine fort surpris; — vous riez?

— Oui, seigneur, je ris.

— Et de quoi, mon ami?

— De votre reconnaissance envers moi, seigneur chanoine.

— Mon ami, je ne vous comprends pas.

— Ah! seigneur dom Diégo, vous croyez que votre bon ange (et je me figure le voir gros et joufflu, habillé comme moi en cuisinier et portant des ailes de faisan au dos de sa robe blanche); ah! vous croyez, dis-je, seigneur chanoine, que votre bon ange m'a envoyé vers vous!

— Mon cher ami, — dit dom Diégo, ouvrant des yeux énormes et se sentant très inquiété par l'air de plus en plus sardonique du cuisinier, — mon cher ami, de grâce, expliquez-vous plus clairement?

— Seigneur chanoine, ce jour sera pour vous un jour fatal.

— Grand Dieu! que dites-vous!

— Seigneur chanoine, —reprit le cuisinier, toujours les bras croisés, le regard fixe, l'air menaçant; et il fit un pas vers dom Diégo, qui recula d'autant avec une angoisse croissante; — seigneur chanoine, regardez-moi bien.

— Je... je... vous... regarde, mon bon ami, — balbutia dom Diégo, — mais...

— Seigneur chanoine, ma figure vous poursuivra partout, pendant votre sommeil et pendant vos veilles! Vous me verrez là, toujours là, devant vous, avec mon bonnet de coton et ma veste blanche, comme une apparition fantastique et terrible.

— Ah! mon Dieu! c'est fait de moi! — murmura le chanoine épouvanté. — Mes pressentimens ne me trompaient pas; cet appétit était trop miraculeux, ces mets, ces vins trop surhumains, pour qu'il n'y ait là-dessous quelque mystère effrayant, quelque magie infernale.

Dans cette occurrence si critique pour lui, le chanoine vit heureusement entrer son majordome.

— Seigneur, — dit Pablo, — l'homme de loi vient d'arriver; vous savez, l'homme de loi qui...

— Pablo... reste là! — s'écria dom Diégo en saisissant son majordome par le bras et l'attirant auprès de lui; — ne me quitte pas...

— Mon Dieu! seigneur, qu'avez-vous? — dit Pablo, — vous semblez effrayé...

— Ah! Pablo... si tu savais... dit dom Diégo d'une voix basse et lamentable, sans oser tourner les yeux du côté du cuisinier.

— Seigneur, — reprit Pablo, — je vous disais que l'homme de loi était arrivé.

— Quel homme de loi, Pablo?

— Celui qui doit venir rédiger selon les formes votre demande de poursuites contre le capitaine Horace, comme coupable d'enlèvement de la senora Dolorès.

— Pablo... je suis dans l'impossibilité de m'occuper d'affaires... je n'ai plus la tête à moi... je crois rêver... Ah! si tu savais ce qui arrive!... ce cuisinier... oh! mes pressentimens...

— Alors, seigneur, je vais faire retirer l'homme de loi?

— Non! s'écria le chanoine; non! car c'est ce misérable capitaine Horace qui est la cause de tous mes maux. S'il ne m'avait pas fait perdre l'appétit, j'aurais eu déjeuné ce matin, lorsque ce tentateur en veste blanche s'est introduit ici, et je n'aurais pas été victime de ses maléfices... Non! quand dom Diégo avec un redoublement de colère; dis à l'homme de loi d'attendre; il écrira mes plaintes tout à l'heure; mais il faut auparavant que je sorte de l'effrayante perplexité où je me trouve, — ajouta-t-il en jetant un regard effaré sur le cuisinier, toujours silencieux et formidable. Il faut que je sache, —ajouta le chanoine, — ce que veut de moi cet être mystérieux qui m'épouvante; dis à l'homme de loi d'entrer dans mon cabinet, et ne me quitte pas.

Le majordome alla dire quelques mots en dehors de la porte à l'homme de loi qui se trouvait dans la pièce voisine, et le chanoine, le majordome et le cuisinier restèrent seuls.

Dom Diégo, se sentant plus fort de la présence de Pablo, tâcha de prendre quelque assurance, et dit à l'homme à la veste blanche, qui conservait toujours son air impassible et sardonique :

— Voyons, mon bon ami, parlons sérieusement. Il n'est ici question ni de bons ni de mauvais anges, mais d'un homme d'un immense talent (c'est vous dont je parle), que je voudrais m'attacher à quelque prix que ce fût... Il s'agit encore d'une cave divine, pour l'acquisition de laquelle aucun sacrifice ne me coûtera. Je vous parle dans la toute sincérité de mon âme, mon cher et bon ami; répondez-moi de même.

Puis le chanoine dit à voix basse à son majordome :

— Pablo, reste toujours entre lui et moi.

— Je vais donc vous parler en toute sincérité, seigneur chanoine, — reprit le cuisinier; — et d'abord, je vous le répète, je serai la désolation, le désespoir de votre vie...

— Vous!...

— Moi.

— Pablo, tu l'entends. Que lui ai-je donc fait, mon Dieu! — murmura dom Diégo, — à qui en a-t-il?

— Rappelez-vous bien mes paroles, seigneur chanoine. Auprès du repas incomparable que je vous ai servi, les meilleurs mets vous sembleront insipides, les meilleurs vins amers, et votre appétit, un moment éveillé par ma puissance, s'anéantira de nouveau dès que je ne serai plus là pour le ressusciter.

— Mais, mon ami, s'écria le chanoine, vous pensez donc à... me...

L'homme au bonnet de coton et à la veste blanche interrompit de nouveau le chanoine et s'écria :

— En vous souvenant des délices que je vous ai fait goûter un moment, seigneur chanoine,... vous serez comme ces anges déchus qui ne se rappellent les joies célestes du paradis que pour les regretter au milieu des lamentations et des grincemens de dents.

— Mon bon ami, de grâce, un mot!

— Vous grincerez des dents, chanoine! — s'écria le cuisinier d'une voix formidable qui retentit au fond de l'âme de dom Diégo comme le bruit de la trompette du jugement dernier; — vous serez comme une âme... non, vous n'avez pas d'âme : vous serez comme un estomac en peine, allant, venant, flairant, effleurant tous les mets les plus recherchés que l'on vous pourra servir, et vous écriant avec des gémissemens terribles en vous souvenant du déjeuner de ce matin : « Hélas! hélas! mon appétit a passé » comme une ombre; ces mets exquis, je ne les goûterai » plus! Hélas! hélas! » Alors, dans votre désespoir, vous maigrirez, m'entendez-vous, chanoine! vous maigrirez!

— Grand Dieu! Pablo! Le malheureux! que dit-il?

— Jusqu'à présent, malgré votre perte d'appétit, vous avez encore vécu sur votre graisse, comme les marmottes pendant l'hiver, mais désormais vous subirez la double et terrible atteinte de la perte de l'appétit et des regrets désespérés que je vous laisserai. Aussi vous dis-je : vous maigrirez, chanoine; oui, vos joues s'affaisseront, votre triple menton fondra comme la cire au soleil, ce ventre énorme s'aplatira comme une outre dégonflée; ce teint, qui d'aujourd'hui refleurissait, s'étiolera, jaunira sous vos larmes, et vous deviendrez maigre, décharné, livide comme un anachorète vivant de racines et d'eau claire... Entendez-vous, chanoine!

— Pablo... murmura dom Diégo en s'appuyant sur son majordome et en fermant les yeux, — soutiens-moi... je me sens frappé à mort... il me... semble... que je vois apparaître mon propre spectre... tel que vient de le pourtraire ce démon ! Oui, Pablo, je me vois maigre... décharné... livide!... O mon Dieu! c'est affreux... c'est horrible!... C'est une punition divine de mon péché de gourmandise.

— Seigneur, rassurez-vous, —dit le majordome.

Et s'adressant au cuisinier avec un mélange de crainte et de courroux,

— Pouvez-vous prendre à tâche d'accabler un excellent et vénérable homme comme le seigneur dom Diégo !

— Et maintenant,—reprit impitoyablement le cuisinier, — adieu, chanoine... et, pour toujours, adieu !

— Adieu ! pour toujours adieu ! — s'écria dom Diégo avec un violent soubresaut, et comme s'il eût reçu une commotion électrique. Comment !... il serait vrai ?... vous m'abandonneriez à jamais ! Oh ! non, non, je devine tout maintenant : en me faisant sentir les regrets que me causerait votre perte, vous voulez mettre vos services à un plus haut prix. Eh bien ! parlez... que vous faut-il ?...

— Ah ! ah ! ah ! ah ! — fit l'homme au bonnet de coton et à la veste blanche avec un éclat de rire méphistophélique et en se dirigeant lentement vers la porte.

— Non, non, —s'écria le chanoine les mains jointes, — non, vous ne m'abandonnerez pas ainsi !... ce serait atroce !... ce serait sauvage !... ce serait laisser un infortuné voyageur au milieu d'un désert brûlant, après lui avoir fait entrevoir les délices d'une oasis pleine d'ombre et de fraîcheur.

— Vous avez dû, dans votre temps, être un grand prédicateur, chanoine, — dit l'homme à la veste blanche en continuant de se diriger vers la porte.

— Grâce ! grâce !—s'écria dom Diégo d'une voix éplorée, en fondant en larmes. — Eh bien ! ce n'est plus à l'artiste, au cuisinier de génie que je m'adresse, c'est à l'homme; oui, c'est mon semblable que je supplie à genoux (et m'y voilà) de ne pas laisser un de ses frères dans une désolation incurable !

— Oui, et me voilà aussi à vos genoux, seigneur cuisinier, — s'écria le digne majordome, entraîné par l'émotion de son maître, en se mettant à genoux comme lui ; — c'est une pauvre créature bien humble qui joint sa prière à celle du seigneur dom Diégo ; hélas ! ne l'abandonnez pas, il en mourra !

— Oui,—reprit le cuisinier avec un redoublement d'éclat de rire satanique, — il en mourra, et il mourra maigre !

Ce dernier sarcasme changea le désespoir de dom Diégo en fureur ; il se releva prestement malgré son obésité, et se précipita sur l'homme en bonnet de coton en s'écriant :

— A moi, Pablo !... le monstre ne fera plus la cuisine pour personne ! sa mort seule pourra me délivrer de son infernale obsession !

— Seigneur, — s'écria le majordome moins exalté que son maître, — seigneur, que faites-vous ? la douleur vous égare !

Heureusement l'homme à la veste blanche, au premier mouvement aggressif de dom Diégo, s'était reculé de deux pas en se mettant sur la défensive au moyen de son grand couteau de cuisine, qu'il brandissait d'une main, tandis que de l'autre il lui montrait une lardoire aiguë.

A la vue du formidable tranchelard et de la lardoire effilée comme une dague, la meurtrière exaspération du chanoine se dissipa, mais ces émotions violentes, le bouillonnement de son sang, le trouble de sa digestion, lui causèrent une telle révolution, qu'il chancela et tomba sans connaissance entre les bras du majordome, qui, trop faible pour soutenir une pareille masse, s'affaissa lui-même sous le poids de son maître en criant de toutes ses forces :

— Au secours ! au secours !

Alors l'homme à la veste blanche disparut en poussant un dernier et retentissant éclat de rire qui eût fait honneur à Satan et qui terrifia le majordome.

IX.

Plusieurs jours s'étaient écoulés depuis que le chanoine dom Diégo avait été impitoyablement abandonné par l'étrange et inimitable cuisinier dont nous avons parlé.

La scène suivante se passait chez l'abbé Ledoux entre lui et le chanoine :

Les menaçantes prédictions du « grand homme de cui- » sine » commençaient à se réaliser. Dom Diégo, pâle, abattu, le teint jauni par l'abstinence, car tout mets lui avait paru fade, nauséabond, depuis ce merveilleux déjeuner auquel il rêvait sans cesse; dom Diégo n'était presque plus reconnaissable : son ventre énorme avait déjà perdu de sa rotondité. Le pauvre homme, dont l'attitude et la physionomie trahissaient un abattement profond, répondait à peine, et d'un ton dolent, aux questions de l'abbé Ledoux. Celui-ci allait et venait avec agitation dans son salon, s'adressant au chanoine d'une voix rude et fâchée.

— En vérité, vous n'avez pas la moindre énergie, dom Diégo, — lui disait-il ; — vous êtes d'une apathie désespérante !

— Cela vous est bien facile à dire, — murmura le chanoine d'une voix lamentable.—Je voudrais bien vous voir à ma place..... Hélas !

— Allons donc ! C'est honteux !

— Accablez-moi, l'abbé, maudissez-moi ; mais, que voulez-vous : depuis que ce maudit m'a si atrocement abandonné, je ne vis plus, je ne mange plus, je ne dors plus ! Ah ! il me l'avait bien dit : « Mon souvenir et ma figure vous poursuivront partout, chanoine ! » Et, en effet, je pense toujours à ces œufs de pintade, à cette truite, à cette rôtie à la Sardanapale ! et lui, je le vois toujours et partout avec sa veste blanche et son bonnet de coton : c'est comme une hallucination ! Cette nuit encore, cédant à un sommeil fiévreux, agité, j'ai rêvé de ce démon !

— De mieux en mieux, chanoine !

— Quel cauchemar ! Jésus, mon Dieu ! quel horrible cauchemar ! Il m'avait servi un de ces plats exquis, divins, que seul il a le génie de produire... Et il me disait de son air sardonique : *Mangez donc, chanoine, mangez donc !* C'était, je me le rappelle, je la vois encore, une *canne pétière* (1), *sauce à l'orange*... J'avais un appétit dévorant, je prenais ma fourchette et mon couteau pour découper cette trop adorable *canne pétière*... Je découpais, j'enlevais les filets, dorés en dessus, rosés en dedans, et marbrés d'une graisse si fine, si délicate ! Mille gouttelettes d'un jus vermeil apparaissaient sur la chair comme autant de gouttes d'une rosée succulente, tant ce gibier était rôti à point... Je l'arrosais de plusieurs cuillerées d'une sauce à l'orange dont le fumet chatouillait toutes les papilles de mon palais, épanouies d'avance... Je prenais au bout de ma fourchette un de ces filets, véritable *bouchée de roi*... J'ouvrais la bouche.... soudain un ricanement féroce de mon bourreau retentissait, et, horreur ! je n'avais plus au bout de ma fourchette qu'un gros morceau de lard rance, jaune, gluant, infect. « Mangez donc, chanoine ! » me répétait ce maudit, de sa voix stridente. « Mangez donc ! » Et, malgré moi, malgré mon épouvantable répugnance, je mangeais ! Oui, l'abbé, je mangeais cet affreux lard. Tenez, quand j'y pense, pouah ! c'était horrible!... Et je m'éveillai en fondant en larmes... Avant-hier, autre rêve odieux ! il s'agissait de foies de lotte en caisse... et...

— Allez au diable, chanoine ! —s'écria l'abbé, qui s'était déjà contraint à grand'peine pendant le récit du cauchemar gastronomique de dom Diégo, — vous feriez damner un saint avec vos sornettes !

— Des sornettes ! — s'écria le chanoine exaspéré. —

(1) Gibier rare, d'une délicatesse exquise. Il y en a quelques *passages* en Beauce.

Comment! voilà huit jours que je n'ai pu avaler que quelques cuillerées de chocolat, tant je suis écœuré, affadi... comment! j'ai eu la conscience d'aller passer deux heures assis dans les *musées* de *Chevet* et de *Bontoux*, espérant que peut-être la vue de leurs rares collections de comestibles exciteraient en moi une velléité d'appétit... Et rien, rien! Non! le souvenir de ce déjeuner céleste était là, toujours là, écrasant tout, annihilant tout par la seule puissance de son souvenir chéri! Ah! l'abbé, l'abbé! je n'ai jamais aimé, mais depuis trois jours je comprends tout ce qu'il y a d'exclusif dans l'amour, je comprends qu'un homme passionnément amoureux reste indifférent à la vue des plus belles créatures du monde, ne songeant, hélas! trois fois hélas! qu'à l'objet adoré qu'il regrette.

— Mais, chanoine, — s'écria l'abbé en considérant dom Diégo avec inquiétude, — savez-vous que cela tourne au délire, à la folie!

— Eh! mon Dieu! je le sais bien, l'abbé, ma tête se perd. Ce séducteur maudit a emporté avec lui ma vie et ma pensée. Dans la rue, je dévisage tous les passants, tant je suis possédé de l'espoir de le rencontrer. Grand Dieu! si ce bonheur m'arrivait! Oh! il ne serait pas insensible à mes larmes, à mes prières! — « Cruel, perfide, » lui dirais-je, regarde-moi! Vois sur mes traits la mar-» que de mes souffrances! Seras-tu sans pitié? Non, non! » Grâce! grâce! »

Et le chanoine, se renversant dans son fauteuil, cacha sa figure dans ses mains et éclata en sanglots.

— Mon Dieu! mon Dieu, que je suis malheureux! — s'écria le chanoine.

— Quelle double brute! il en deviendra fou s'il ne l'est déjà, — se dit l'abbé. — Je ne m'en plaindrais pas; car, sa folie constatée, il ne sortirait pas de notre maison et, somme toute, sa nièce ou lui, peu importe.

L'abbé s'approcha alors du chanoine avec componction, et lui dit doucement:

— Allons, mon frère, soyez raisonnable, calmez-vous; peut-être faut-il voir dans ce qui vous arrive une punition du ciel.

— Je le pense comme vous, l'abbé. Ce tentateur sortait de l'enfer. Il n'est pas donné à une créature humaine de faire ainsi la cuisine. Ah! l'abbé, il faut que je sois un grand pécheur, car ma punition est terrible.

— Vous vous êtes, en effet, adonné sans frein, sans mesure, à l'un des plus immondes des *péchés capitaux*, à la GOURMANDISE, mon cher frère, et, je vous le répète, le ciel vous punit, comme c'est son habitude, par où vous avez péché.

— Pourtant, après tout, quel est mon crime? J'ai simplement usé des dons admirables du Créateur? car, enfin, ce n'est pas moi qui pour les savourer ai créé tout exprès les faisans, les ortolans, les foies gras, les truites saumonées, les truffes, les huîtres, les homards, les vins de.....

— Mon frère! mon frère! — s'écria l'abbé en interrompant cette appétissante énumération, — mon frère, vos paroles sentent le matérialisme, le panthéisme, l'hérésie! Vous n'êtes pas dans un état d'esprit assez calme pour m'entendre réfuter comme il convient ces systèmes impies, abominables, qui mènent droit au paganisme. Mais il y a un fait, c'est que vous souffrez, mon frère; vous souffrez cruellement; eh bien! c'est à nous de baiser vos plaies, mon tendre frère; c'est à nous d'y répandre le miel et le baume.

A ces mots, le chanoine fit une grimace involontaire, car, dans sa monomanie gastronomique, cette idée de *miel* et de *baume* lui semblait singulièrement *fadasse* et sans aucun ragoût.

L'abbé continua:

— Voyons, cher frère, remontons à la cause de tous vos maux.

— Hélas! l'abbé, c'est la perte de mon appétit.

— Soit, mon frère; et qui a causé la perte de votre appétit?

— Ce misérable! s'écria le chanoine courroucé; cet infâme capitaine Horace!

— Il est vrai... Eh bien! je vous prêcherai toujours la maxime du pardon des injures, mon cher frère; mais aussi je vous recommanderai toujours une inexorable sévérité contre les sacrilèges.

— Quels sacrilèges, l'abbé?

— Le capitaine Horace et un de ses matelots n'ont-ils pas osé franchir les murs sacrés du couvent où vous aviez renfermé votre nièce? N'ont-ils pas eu l'audace d'enlever cette malheureuse, qu'heureusement nous avons reprise? Cette énormité en d'autres temps eût motivé le feu séculier, mais elle sera punie un jour par le feu éternel.

— Et il n'aura que ce qu'il mérite, ce scélérat de capitaine! — s'écria dom Diégo d'un air féroce; — oui, il cuira, il rissolera à petit feu pendant l'éternité dans la daubière de Satan, où il sera humecté avec un coulis de plomb fondu, après avoir été lardé avec du fer rouge. Telle sera sa punition, je l'espère bien!

— Soit! mais en attendant cette expiation éternelle, pourquoi ne pas le punir ici-bas? pourquoi avez-vous eu la coupable faiblesse de renoncer à votre demande de poursuite contre ce mécréant? Je ne veux certes point vous rappeler que cet homme est la cause première de ce que vous appelez tous vos maux, c'est-à-dire la perte de cet appétit.

— C'est vrai; ah! c'est un grand criminel.

— Alors, mon frère, comment, encore une fois, avez-vous été assez faible pour renoncer à vos poursuites contre lui? Vous ne me répondez pas; vous semblez embarrassé.

— C'est que...

— C'est que?

— Hélas! l'abbé, vous allez me gronder, me sermoner encore.

— Enfin expliquez-vous, mon frère.

— Que vous dirai-je? c'est sa faute; car, depuis qu'il a disparu, toutes mes pensées viennent de lui et retournent à lui.

— Qui, lui?

— Cet ange ou ce démon.

— Quel ange? quel démon?

— Le cuisinier.

— Encore!

— Toujours!

— Allons, — dit l'abbé en haussant les épaules, — du moins expliquez-vous, mon frère.

— Eh bien, l'abbé, sachez donc que le surlendemain du jour fatal où j'avais déjeuné comme je ne déjeunerai plus jamais, hélas!... au plus fort de mon désespoir, je reçus un billet mystérieux.

— Et ce billet, que contenait-il, mon frère?

— Le voici.

— Vous l'avez gardé?

— Il est peut-être de son écriture chérie, — murmura le chanoine avec une navrante mélancolie, — et il remit le billet à l'abbé Ledoux, qui lut ce qui suit:

« Seigneur chanoine,
» Il te reste peut-être un moyen de me revoir un jour.
» Tu connais maintenant les délices dont je peux te combler.
» Tu connais aussi les terribles tourmens que te fait endurer mon absence.
» Avant-hier, n'ayant pas encore ressenti ces tourmens dans toutes leurs angoisses, tu aurais pu te refuser à ce que j'attends de toi.
» Aujourd'hui, que tes souffrances passées te seront garant de tes peines à venir, écoute-moi.
» Ces souffrances, tu peux les faire cesser.
» Il faut pour cela m'accorder trois choses.
» Je te demanderai aujourd'hui la première.
» Dans huit jours la seconde.
» Dans quinze jours la troisième.
» Je proportionne ainsi l'importance de mes demandes à la progression de tes tourmens, car plus tu souffriras, plus tu me regretteras, et plus tu te montreras docile.
» Ma première demande, la voici:

» Remets au porteur de ce billet ton désistement de
» toute poursuite contre le capitaine Horace.
» Donne-moi par cet acte une preuve de ton désir de
» me satisfaire, et alors tu pourras espérer de retrouver :
» APPÉTIT. »

X.

Lorsque l'abbé Ledoux eut achevé la lecture du billet, il réfléchit un moment en silence, pendant que le chanoine, répétant les derniers mots de la lettre, disait amèrement :

— Et tu pourras espérer de retrouver Appétit. Quelle sauvage ironie dans cet impitoyable calembour !

— Cela est singulier, — dit l'abbé tout pensif. — Et le porteur de cette lettre, l'avez-vous vu, dom Diégo ?

— Si je l'ai vu ! Pouvais-je perdre cette occasion de parler de lui ?

— Eh bien ?

— Eh bien ! j'avais l'air de parler hébreu à cet animal ! A mes questions les plus pressantes, il répondait d'un air stupide ; je n'ai pu même tirer de lui ni le nom ou l'adresse de la personne qui m'avait envoyé ce billet.

— Ainsi, chanoine, c'est pour obéir à ce que vous enjoignait cette lettre que vous avez renoncé à vos poursuites contre ce renégat de capitaine Horace ?

— Oui, car un moment j'ai espéré, par ma déférence aux désirs de celui qui tient ma vie entre ses mains, amollir son cœur de roche ; mais, hélas ! cette concession ne l'a pas touché.

— Quels rapports peuvent donc exister entre ce maudit cuisinier et le capitaine Horace ? — se dit l'abbé Ledoux en réfléchissant encore. — Cela cache quelque manège.

Puis après un nouveau silence, il ajouta :

— Dom Diégo, écoutez-moi : je ne vous dirai pas de renoncer à l'espoir d'avoir un jour à votre service ce cuisinier que vous prisez tant ; je n'insisterai pas sur les dangers dont est menacé votre salut par suite de votre abominable gourmandise : vous êtes en ce moment dans un tel état de surexcitation, que vous ne comprendriez pas.

— Je le crains, l'abbé.

— Moi, j'en suis sûr, chanoine ; j'agirai donc avec vous ainsi que l'on agit, permettez-moi de vous le dire, avec les monomanes. Je me mettrai, quant à présent, à votre point de vue, si extraordinaire qu'il soit. Aussi vous dirai-je que vous avez justement fait tout le contraire de ce qu'il fallait faire pour dominer cet homme qui, ainsi que vous le dites, dispose de votre sort.

— Expliquez-vous, mon cher abbé.

— D'après tout ce que vous m'avez confié, évidemment ce cuisinier n'a nul besoin de place ; instruit de votre goût favori, il n'a cherché qu'un prétexte pour s'introduire chez vous ; sa connivence avec le capitaine Horace ne vous prouve-t-elle pas que leur plan était arrêté d'avance, et qu'ils comptaient se servir de votre gourmandise pour avoir, comme on dit, barre sur vous ?

— Grand Dieu ! — s'écria dom Diégo, — c'est un trait de lumière !

— Avouez-vous maintenant votre aveuglement ?

— Quelle trame infernale ! quel atroce machiavélisme ! —murmura le chanoine avec effroi.

Et il ajouta avec un découragement plein d'amertume et de misanthropie :

— Tant de dissimulation ! tant de perfidie jointe à un si beau génie ! O humanité ! humanité !

— Je poursuis, — reprit l'abbé. — Vous vous êtes déjà privé, par votre insigne faiblesse, de l'un des trois moyens d'action que vous aviez sur ce « grand homme de cuisine ; » car, ainsi qu'il a l'effronterie de vous en prévenir, il a encore deux choses à exiger de vous, et il compte assez sur votre facilité déplorable pour être certain de les

obtenir. Or, une fois ce but atteint, il se moquera de vous et vous ne le reverrez plus.

— L'abbé, c'est impossible !

— Comment ?

— Je vous dis, l'abbé, qu'une pareille trahison est impossible. Il ne faut pas non plus croire que les hommes sont des bêtes féroces, des monstres !

— Je crois, chanoine, — répondit l'abbé en haussant les épaules, — je crois qu'un cuisinier qui vous donne bénévolement des vins à un ou deux louis la bouteille...

— Allons donc ! — s'écria dom Diégo. — Ni un, ni deux, ni dix louis ne les paieraient, ces vins-là ! C'est du nectar, l'abbé ! c'est de l'ambroisie, vous dis-je !

— Raison de plus, chanoine ; un cuisinier qui vous prodigue une ambroisie si coûteuse n'a pas besoin de se mettre à vos gages, j'imagine ?

— Je ne lui ai pas seulement offert des gages, je lui ai offert aussi mon amitié, l'abbé, à ce perfide. Je lui ai dit : « Ami, je ne serai pas votre maître, je serai votre admirateur. »

— Vous voyez qu'il se soucie aussi peu de votre amitié que de votre admiration.

— Ah ! ce serait un grand ingrat !

— Soit ; mais si vous voulez à votre tour mettre cet ingrat dans votre dépendance, il ne vous reste qu'un moyen.

— Le mettre dans ma dépendance ! Oh ! l'abbé, si vous opériez ce miracle ! mais non, non, vous êtes sans pitié, vous vous jouez de ma crédulité !

— Le miracle est bien simple : refusez-vous absolument à tout ce que cet homme exigera, car, s'il n'a pas besoin de votre amitié ou de votre admiration, il a évidemment grand besoin, par exemple, de votre désistement à l'endroit de vos poursuites contre le capitaine Horace. Refusez donc. Alors vous tiendrez votre homme. Je ne sais pour combien de temps vous le tiendrez ; mais enfin, vous le tiendrez. Nous verrons ensuite à prolonger votre domination. Je suis, vous le voyez, homme de bon conseil.

— L'abbé, vous m'ouvrez les yeux ; vous avez raison, c'est en me refusant à ses désirs que je l'obligerai de revenir à moi.

— En convenez-vous, enfin ?

— J'étais aveugle, inepte ! Mais que voulez-vous, l'abbé, le désespoir, l'inanition ! L'estomac réagit si terriblement sur le cerveau ! Ah ! pourquoi ai-je eu la faiblesse de signer ce désistement de poursuites !

— Il est temps encore de revenir sur cette mesure.

— Vous croyez, l'abbé ?

— J'en suis certain, je connais des personnes très influentes dans la magistrature.

— Quelle chance, l'abbé, quelle chance !

— Nous avons des amis partout. Or, voici ce qu'il faut faire : vous allez sur l'heure formuler une plainte en bonne forme ; nous irons la déposer immédiatement au parquet du procureur du roi. Nous lui dirons que l'autre jour, étant très souffrant, n'ayant presque pas la tête à vous, vous aviez signé votre désistement, mais que songeant à la grandeur du crime sacrilège du capitaine Horace, vous croiriez manquer à votre double caractère de chanoine et de tuteur en ne livrant pas le ravisseur à toute la rigueur des lois. Commencez par cet acte de vigueur, et vous verrez bientôt arriver à vous, humble et soumis à vos volontés, cet insolent qui vous dicte ses ordres.

— Abbé ! cher abbé ! vous me sauvez la vie !

— Attendez, ce n'est pas tout. Le mystérieux inconnu, qui s'intéresse tant au capitaine Horace, doit s'intéresser aussi à son mariage avec votre nièce. Évidemment, cette intrigue aboutit là ; car, tenez, je gagerais cent contre un que l'une des deux choses que cet impertinent se réservait de vous demander, c'était votre consentement à ce mariage.

— Quelle profondeur de scélératesse ! — s'écria le chanoine. — Quelle machination diabolique ! Il n'y a plus à en douter, l'abbé : tel était le plan de ce malheureux-là. Oh ! si je pouvais le dominer à mon tour !

— Le moyen est fort simple, et d'ailleurs, en tout état de cause, d'après les ramifications de cette ténébreuse intrigue dont votre nièce est le but, il y aurait de graves dangers à la laisser à Paris, et quelque parti que vous preniez à son égard...

— Elle entrera au couvent!—s'écria le chanoine;— cela m'arrange sous tous les rapports; elle m'a déjà causé assez de tracas, assez de soucis; je n'aime point du tout à jouer le rôle de tuteur de comédie.

— Votre nièce entrera donc au couvent; mais la laisser à Paris, c'est la laisser exposée aux machinations des amis du capitaine Horace, et vous savez quelle est leur audace. Peut-être serait-elle enlevée une seconde fois. Jugez quels nouveaux ennuis pour vous!

— Mais où l'envoyer, cette damnée fille?

— Qu'elle parte pour Lyon, aujourd'hui même; nous avons dans cette ville une excellente maison : une fois qu'on y est entré, impossible d'en sortir ou de communiquer avec le dehors. Voici donc ce que nous allons faire : d'abord nous rendre à l'instant au palais de justice; là je trouverai un personnage influent qui me recommandera au procureur du roi, entre les mains de qui vous déposerez votre plainte; ensuite nous courons au couvent; il y a toujours sous les remises, pour les cas imprévus, une voiture de voyage toute prête; une de nos chères sœurs et un homme sûr et résolu accompagneront votre nièce; vous lui signifiez vos ordres : dans deux heures elle est sur la route de Lyon, et, avant la fin de la journée, le capitaine Horace est coffré, car, croyant votre plainte retirée, il a dû sortir de la retraite où nous n'avions pu le découvrir; une fois ce mécréant arrêté et votre nièce hors de Paris, vous verrez accourir chez vous le seigneur Appétit, et avec un peu d'adresse,—je vous aiderai, s'il le faut,—vous le tiendrez à merci et userez de lui comme vous le voudrez.

— Cher abbé! vous êtes mon sauveur! — s'écria le chanoine en se levant, le visage rayonnant d'espérance; — vous êtes un homme supérieur; le père Benoît me l'avait bien dit à Cadix. Partons! partons! je m'abandonne aveuglément à vos conseils; tout me dit qu'ils sont excellens et qu'ils mettront à jamais en ma puissance celui-là qui est à la fois pour moi un ange et un démon.

— Partons donc, mon cher dom Diégo,—dit l'abbé en prenant son chapeau à la hâte et en entraînant le chanoine.

Au moment où l'abbé ouvrait la porte du salon, il se trouva face à face avec le docteur Gasterini, qui entrait familièrement chez le saint homme sans être annoncé.

L'abbé allait adresser la parole au docteur lorsqu'il se sentit fortement poussé par le chanoine, il se retourna brusquement, et vit dom Diégo pâle, immobile, le regard fixe, les mains jointes; ses traits exprimaient à la fois la stupeur, le doute, l'angoisse et l'espérance. Enfin, s'adressant à l'abbé, qui ne comprenait rien à cette émotion subite, le chanoine, désignant le docteur du geste, balbutia d'une voix assurée :

— C'est... c'est... lui... le... le...

Mais dom Diégo ne put en dire davantage, et, brisé par l'émotion, il s'assit pesamment dans un fauteuil, pâlit, ferma les yeux et tomba en faiblesse.

— Diable! le chanoine ici? — se dit le docteur Gasterini. — Maudite rencontre!

L'abbé Ledoux, à l'aspect de dom Diégo tombant en faiblesse, tableau peu touchant, s'écria en s'adressant au docteur :

— Mais, en vérité, je crois que le chanoine se trouve mal! Qu'a-t-il donc? Vous arrivez à propos, mon cher docteur : tenez, voici des sels; je vais les lui faire respirer.

A peine le flacon eut-il été placé sous les larges narines du chanoine qu'il éternua violemment avec une sorte de mugissement caverneux; puis, sortant de son anéantissement passager et revenant tout à fait à lui, mais n'ayant pas encore la force de se lever, il tourna vers le docteur ses regards languissans, tout noyés de larmes, et lui dit avec un accent qui voulait être courroucé, mais qui n'était que tendre :

— Ah! cruel!

— Cruel! — reprit l'abbé stupéfait, — et pourquoi appelez-vous le docteur cruel, dom Diégo?

— Oui, — reprit le médecin revenu parfaitement calme et souriant, — quelle cruauté avez-vous à me reprocher, monsieur?

— Tu me le demandes, ingrat! — murmura le chanoine, — tu me le demandes!

— Comment! vous tutoyez le docteur? — dit l'abbé, — vous le traitez d'ingrat?

— Le docteur? — dit le chanoine, — quel docteur?

— Mais, mon ami, auquel vous parlez, — dit l'abbé, — mon ami que voilà, le docteur Gasterini.

— Eh! — s'écria le chanoine en se levant soudain;—je vous dis que c'est mon tentateur, mon séducteur!

— Au diable! il le voit partout!—dit impatiemment l'abbé. — Je vous répète que monsieur est le docteur Gasterini, mon ami.

— Et moi, je vous répète, l'abbé, — s'écria dom Diégo, — que monsieur est le grand homme de cuisine dont je vous ai parlé!

— Docteur! — dit vivement l'abbé, — au nom du ciel! expliquez ce quiproquo.

— Il n'y a pas de quiproquo du tout, mon cher abbé.

— Comment?

— Le seigneur chanoine dit vrai, — répondit le docteur Gasterini;—avant-hier, j'ai eu le plaisir de faire la cuisine chez lui, car pour avoir l'honneur de se dire gourmand, il faut savoir pratiquer soi-même la science culinaire.

XI.

L'abbé, frappé de stupeur, regardait le docteur Gasterini, ne pouvant croire à ce qu'il entendait; enfin il s'écria:

— Comment! docteur, vous avez fait la cuisine chez le seigneur dom Diégo! vous! vous!

— Oui, moi, mon cher abbé.

— Un docteur! — reprit à son tour le chanoine ébahi, — un médecin!

— Oui, monsieur le chanoine, — répondit M. Gasterini, — je suis médecin, ce qui ne m'empêche pas, dis-je, de faire passablement la cuisine.

— Passablement! — s'écria le chanoine, — dites donc divinement! Mais que signifie...

— Je comprends tout! — reprit l'abbé Ledoux, après être resté un moment silencieux et pensif, — la trame était habilement ourdie.

— Que comprenez-vous, l'abbé? de quelle trame parlez-vous? — reprit le chanoine, qui, son premier étonnement passé, commençait aussi à trouver fort étrange qu'un médecin fût un cuisinier si extraordinaire; — de grâce, expliquez-vous, l'abbé.

— Savez-vous, dom Diégo,—reprit l'abbé avec un sourire amer et courroucé, — savez-vous qui est M. le docteur Gasterini?

— Mais... — répondit le chanoine en balbutiant, et en s'essuyant le front, car il faisait des efforts surhumains pour pénétrer ce mystère, — tout ceci se complique... si étrangement... que...

— M. le docteur Gasterini,— s'écria l'abbé,— est l'oncle du capitaine Horace!

— Il serait vrai! — dit le chanoine stupéfait, — l'oncle du capitaine Horace!

— Comprenez-vous maintenant, dom Diégo, le tour diabolique que le docteur vous a joué? Comprenez-vous qu'il a mis en action votre déplorable gourmandise, afin d'avoir prise sur vous et de vous amener d'abord à renoncer à vos poursuites contre son neveu le capitaine Horace, et ensuite à vous amener aussi à consentir sans doute au mariage du capitaine avec votre nièce ? Comprenez-vous enfin jusqu'à quel point vous avez été trahi, dupé ? voyez-vous la profondeur de l'abîme où vous avez failli tomber ?

— Jésus, mon Dieu ! ce grand homme de cuisine est docteur ! Il est l'oncle du capitaine Horace ! — murmurait le chanoine étourdi de cette révélation. — Ce n'est pas un véritable cuisinier ! Oh ! illusion des illusions !

Le docteur restait muet et imperturbable.

— Hein ! avez-vous été assez dupe ! — reprit l'abbé, — avez-vous joué un rôle assez ridicule, assez honteux ! et croyez-vous maintenant que l'illustre docteur Gasterini, l'un des princes de la science, qui a cinquante mille livres de rente, ira se mettre cuisinier à vos gages ! Avais-je tort de vous dire que l'on se moquait cruellement de vous ?

Chacune des paroles de l'abbé exaspérait la colère, la douleur, le désespoir du malheureux chanoine. Cette dernière observation surtout : *Croyez-vous que le célèbre docteur Gasterini ira se mettre à vos gages ?* portait un coup mortel aux dernières illusions que dom Diégo aurait pu conserver. Aussi, s'adressant au docteur, il lui dit avec une rage à peine contenue :

— Ah ! monsieur, monsieur, vous vous souviendrez du mal que vous m'avez fait ! J'en mourrai peut-être, mais je me vengerai, sinon sur vous, du moins sur votre scélérat de neveu et sur mon indigne nièce, qui doit être aussi de cet abominable complot !

— Bien, courage, dom Diégo ! cette vengeance si légitime ne se fera pas attendre, — reprit l'abbé Ledoux.

Et s'adressant au médecin avec ironie :

— Ah ! docteur, docteur, vous êtes sans doute un homme très fin, très habile, mais, vous le savez, les meilleurs joueurs perdent souvent les plus belles parties ; vous perdrez celle-ci.

— Peut-être, — dit le docteur en souriant, — qui sait !

— Venez, mon cher abbé, venez, — s'écria le chanoine pâle et exaspéré, — venez chez le procureur du roi, et ensuite nous hâterons le départ de ma nièce.

Et se retournant vers le docteur :

— Employer des armes si perfides, si déloyales ! abuser avec cet odieux machiavélisme d'un homme confiant et inoffensif ! Moi qui ai mangé les yeux fermés ! moi qui me délectais au bord de l'abîme ! Ah ! monsieur, c'est abominable, mais je me vengerai.

— Et cela à l'instant, — dit l'abbé. — Allons, suivez-moi, dom Diégo. Mille pardons, cher docteur, de vous quitter si brusquement ; mais, vous concevez, les momens sont précieux.

Le chanoine, bouillant de fureur, se disposait à suivre l'abbé, lorsque le docteur Gasterini dit d'une voix calme :

— Monsieur le chanoine, un mot, s'il vous plaît.

— Si vous l'écoutez, vous êtes perdu, dom Diégo ! — s'écria l'abbé en entraînant le chanoine ; — le malin esprit n'est pas plus insidieux que cet homme. Jugez-en d'après le tour qu'il vous a joué. Venez, venez !

— Monsieur le chanoine, — dit le docteur en saisissant dom Diégo par la manche droite, tandis que l'abbé, qui tenait le digne homme par la manche gauche, s'efforçait de se faire suivre par lui, — monsieur le chanoine, — reprit le docteur, un seul mot, de grâce !

— Non, non ! — dit l'abbé, — fuyons, dom Diégo, fuyons ce serpent tentateur !

Et l'abbé continuait d'attirer le chanoine par sa manche gauche.

— Un seul mot, — reprit le médecin, — et vous verrez combien ce cher abbé vous abuse à mon endroit.

Et le docteur ne lâchait point la manche droite du chanoine.

— L'abbé Ledoux m'abuse à votre endroit ? c'est par trop fort ! — s'écria dom Diégo. — Comment, monsieur, vous osez...

— Je vais vous prouver ce que j'avance, monsieur le chanoine, — dit vivement le docteur en sentant dom Diégo faire un imperceptible mouvement pour se rapprocher de lui.

L'abbé, redoutant la faiblesse du chanoine, l'attira violemment à lui en s'écriant :

— Rappelez-vous, malheureux, que notre mère Eve s'est perdue pour avoir prêté l'oreille à la première parole de Satan ! Je vous adjure, je vous ordonne de me suivre à l'instant. Si vous mollissez, malheureux, prenez garde ! Une seconde de plus, et c'est fait de vous. Partons, partons !

— Oui, oui ! vous êtes mon sauveur, arrachez-moi d'ici, — balbutia le chanoine en se dégageant de l'étreinte du docteur ; — malgré moi, je subissais déjà je ne sais quelle influence diabolique à l'aspect de ce démon : je me rappelais ces œufs de pintade au coulis d'écrevisses, cette truite au beurre de Montpellier glacé, cette céleste rôtie à la *Sardanapale*, et déjà, une funeste espérance... Fuyons, l'abbé il est temps, fuyons !

— Monsieur le chanoine, — dit le médecin avec anxiété, en s'attachant de toutes ses forces au bras de dom Diégo, — écoutez-moi, de grâce !

— *Vade retro, Satanas !* — s'écria dom Diégo avec horreur en s'échappant des mains du docteur ; et, entraîné par l'abbé Ledoux, il touchait au seuil de la porte lorsque le médecin s'écria :

— Je vous ferai la cuisine tant que vous le voudrez et tant que je vivrai, dom Diégo ! Accordez-moi cinq minutes, et je prouve ce que j'avance. Cinq minutes... Que risquez-vous ?

A ces mots magiques : « Je vous ferai la cuisine tant que vous voudrez ! » le chanoine parut cloué au seuil de la porte et n'en bougea plus, malgré les efforts de l'abbé, trop faible pour lutter contre la force d'inertie du gros homme.

— Mais vous êtes donc stupide ! — s'écria l'abbé hors de lui, — vous êtes donc fou à lier !

— Accordez-moi cinq minutes, dom Diégo, — reprit le docteur, — et si je ne vous convaincs pas de la réalité de mes promesses, donnez alors un libre cours à votre vengeance. Encore une fois, que risquez-vous ? Je ne vous demande que cinq pauvres minutes.

— En effet, — dit le chanoine en se tournant vers l'abbé, — que risquerai-je ?

— Allez ! vous ne risquez plus rien ! — s'écria l'abbé, poussé à bout par la faiblesse du chanoine ; — de ce moment, vous êtes perdu, bafoué. Allez, allez, jetez-vous bien vite dans la gueule du monstre, double et épaisse brute que vous êtes !

Ces mots, maladroitement échappés au courroux de l'abbé, blessèrent au vif l'amour-propre de dom Diégo ; il reprit d'un air piqué :

— Je ne serai pas du moins assez brute, monsieur l'abbé, pour hésiter entre la perte de cinq minutes et la ruine de mes espérances, si faibles qu'elles soient.

— A votre aise, dom Diégo, — reprit l'abbé en se rongeant les ongles de colère ; — vous êtes une bonne et grasse dupe à exploiter. Tenez, j'ai honte d'avoir eu pitié de vous.

— Pas si dupe, monsieur l'abbé, pas si dupe ! — dit le chanoine d'un ton capable ; — vous allez bien vous en apercevoir, et monsieur le docteur aussi, car il va sans doute s'expliquer.

— Oh ! à l'instant, — s'empressa de répondre le docteur, — à l'instant, monsieur le chanoine, et très clairement, très catégoriquement.

— Voyons ! — dit dom Diégo en gonflant ses joues d'un air important. — Vous sentez, monsieur, que j'ai maintenant de puissantes raisons pour ne point me payer de chimères, car, ainsi que l'a dit monsieur l'abbé, je serais une grasse et bonne dupe, si, après tant d'avertissemens, je me laissais abuser par vous.

— Oh ! certes, — dit l'abbé dans son profond dépit, —

vous êtes un fier homme, chanoine, et bien capable de lutter contre ce fils de Belzébuth.

— Ceci s'adresse à moi, cher abbé, — dit le docteur en redoublant de courtoisie sardonique. — Êtes-vous ingrat! je venais vous rappeler que vous m'aviez promis de venir dîner aujourd'hui chez moi... Permettez, monsieur le chanoine : cela n'est pas du tout étranger à notre sujet. Vous allez le voir.

— Oui, monsieur le docteur, — dit l'abbé, — je vous avais fait cette promesse ; mais...

— Vous la tiendrez, je n'en doute pas, et je vous rappellerai même que cette invitation est venue de ma part à la suite d'une petite discussion relative aux sept péchés capitaux. Encore une fois, monsieur le chanoine, je suis dans la question, vous allez le reconnaître tout à l'heure.

— Il est vrai, monsieur le docteur, — reprit l'abbé avec un sourire contraint, — je flétrissais, comme ils méritent de l'être, les sept péchés capitaux, causes de damnation éternelle pour les malheureux qui s'adonnent à ces abominables vices, et, dans votre rage de paradoxes, vous avez osé soutenir que.....

— Que les sept péchés capitaux ont du bon, à un certain point de vue, dans une certaine mesure, et que la gourmandise, en son particulier, peut être une admirable passion.

— La gourmandise ! — s'écria le chanoine ébahi, — la gourmandise admirable !

— Admirable, monsieur le chanoine, — reprit le docteur ; — et cela, aux yeux des hommes les plus sages, les plus sincèrement religieux.

— La gourmandise, — répéta le chanoine, qui avait écouté le médecin avec une stupeur croissante, — la gourmandise !

— C'est mieux encore, monsieur le chanoine, — dit solennellement le docteur, — car pour ceux qui sont à même de la pratiquer, elle devient un impérieux devoir d'humanité.

— Un devoir d'humanité ! — répéta dom Diégo.

— Et surtout une question de haute civilisation et de grande politique, monsieur le chanoine, — ajouta le docteur d'un air si sérieux, si sincèrement convaincu, qu'il imposa au chanoine, lequel s'écria :

— Tenez, monsieur le docteur, si vous pouviez seulement me démontrer que...

— Mais vous ne voyez donc pas que M. le docteur se moque de vous? — dit l'abbé en haussant les épaules. — Ah! je vous le disais bien, malheureux dom Diégo, vous êtes perdu, à jamais perdu, dès que vous consentirez seulement à écouter de pareilles sottises.

—Monsieur le chanoine, —se hâta d'ajouter le docteur, résumons-nous, non par des raisonnemens, qui, je l'avoue, peuvent de ma part vous paraître spécieux, mais par des faits, par des actes, par des preuves, par des chiffres. Vous êtes à la fois gourmand et superstitieux; vous n'avez pas la force de résister à l'appétence des bonnes choses ; puis, votre gourmandise satisfaite, vous avez peur d'avoir commis une grande faute, ce qui gâte parfois pour vous le plaisir de la bonne chère, et nuit surtout au calme et à la régularité dans vos digestions. Est-ce vrai?

— C'est vrai, —répondit humblement le chanoine dominé, fasciné par la parole du docteur,—c'est trop vrai!

— Eh bien ! monsieur le chanoine, je veux, je vous le répète, non par des raisonnemens, si logiques qu'ils soient, mais par des faits visibles, palpables, par des chiffres, vous convaincre : 1º qu'en étant gourmand, vous accomplissez une mission hautement philanthropique, civilisatrice et politique ; 2º que je puis et pourrai vous faire manger et boire, quand vous le voudrez, d'une manière encore plus exquise que l'autre jour.

— Et moi je vous dis,— s'écria l'abbé, stupéfait de l'assurance du docteur,—je vous dis que si vous prouvez par des faits, par des chiffres, comme vous le prétendez, qu'être gourmand, c'est accomplir une mission d'humanité, ou de haute civilisation et de grande politique, je vous jure d'être l'adepte de cette philosophie, si absurde, si insensée qu'elle paraisse.

— Et si vous me prouvez, monsieur le docteur, que vous pouvez me rouvrir, et pour toujours, les portes de ce paradis culinaire que vous m'avez entr'ouvertes avant-hier, — s'écria le chanoine palpitant d'une espérance involontaire, — si vous me prouvez que j'accomplis un devoir social en me livrant à la gourmandise, vous pourrez disposer de moi ; je serai votre séide, votre esclave, votre chose!

— C'est convenu, monsieur le chanoine ; c'est convenu, l'abbé ; vous allez être satisfaits. Partons.

— Partir ! — dit le chanoine, — et où cela, monsieur le docteur ?

— Chez moi, seigneur dom Diégo.

— Chez vous ? — dit l'abbé d'un air méfiant, — chez vous ?

— Ma voiture est en bas, — reprit le médecin ; — dans un quart d'heure nous serons arrivés.

— Mais, monsieur le docteur, — reprit le chanoine, — pourquoi aller chez vous ? qu'y ferons-nous ?

— Chez moi seulement, monsieur le chanoine, vous pourrez trouver les preuves palpables, visibles, de ce que j'avance, car je venais rappeler au cher abbé que c'était aujourd'hui le 20 novembre, le jour de la séance à laquelle je l'avais invité. Mais l'heure avance ; partons, messieurs, partons.

— Je ne sais si je rêve ou si je veille,—dit dom Diégo,—mais je me jette dans le gouffre les yeux fermés.

— Il faut, cher docteur, — ajouta l'abbé, — que vous soyez le diable en personne, car mon esprit, ma raison, se révoltent contre vos paradoxes; je ne crois pas un mot de vos promesses, et il m'est impossible de résister à la curiosité de vous accompagner.

Le chanoine et l'abbé suivirent le docteur, montèrent avec lui dans sa voiture, et arrivèrent bientôt tous trois à la maison qu'il occupait.

XII.

Le docteur Gasterini habitait une charmante maison dans le faubourg du Roule ; il y arriva bientôt en compagnie du chanoine et de l'abbé Ledoux.

— En attendant l'heure du dîner, — dit le docteur à ses hôtes, — voulez-vous que nous fassions un tour de jardin ; cela me fournira l'occasion de vous présenter les huit enfans de ma pauvre sœur, mes neveux et mes nièces que j'ai élevés, et bien placés dans le monde, le tout par *pure gourmandise.* Vous voyez, monsieur le chanoine, que nous sommes dans notre sujet.

— Comment ! monsieur le docteur, — reprit le chanoine, — vous avez élevé cette nombreuse famille par gourmandise ?

— Vous ne voyez pas que le docteur continue à se moquer de nous ! — dit l'abbé en haussant les épaules ;—c'est par trop fort aussi !

— Je vous donne ma parole d'honneur d'honnête homme,—reprit le docteur Gasterini,—et je vais vous prouver d'ailleurs dans un instant, par des faits, que si je n'avais pas été le plus gourmand des hommes, je n'aurais pas su créer à chacun de mes neveux ou nièces l'excellente position qu'ils exploitent en braves gens laborieux, honnêtes, intelligens, et qui concourent, chacun dans sa sphère, à la prospérité du pays.

— Ainsi, voilà des gens qui concourent à la prospérité du pays, — dit le chanoine en regardant l'abbé Ledoux avec ébahissement, — et cela... grâce à la gourmandise de monsieur le docteur ?

— Non, — s'écria l'abbé ; — ce qui me confond, c'est d'entendre soutenir de pareils paradoxes... jusqu'au dernier moment... et...

Mais, s'interrompant soudain, il ajouta en regardant avec surprise à quelques pas devant lui :
— Qu'est-ce donc que ce bâtiment, docteur?... on dirait des boutiques.
— C'est mon orangerie, — répondit le docteur, — et aujourd'hui, ainsi que tous les ans à pareille époque (jour anniversaire de ma naissance), on installe ici des boutiques.
— Comment ! — dit l'abbé, — des boutiques, et pourquoi faire ?
— Mais, parbleu ! pour y vendre, mon cher abbé.
— Y vendre, quoi et à qui ?
— Quant à ce qu'on vend, vous allez le voir ; quant aux acheteurs, ils se composent de tous mes cliens, qui viennent ce soir passer ici la soirée.
— En vérité, docteur, je ne vous comprends pas.
— Vous savez, mon cher abbé, que depuis longtemps on organise souvent des boutiques tenues par les plus jolies femmes de Paris.
— Ah ! très bien, — reprit l'abbé, — et le produit de la vente est pour les pauvres.
— C'est cela même ; le produit de la vente de ce soir est destiné aux pauvres de mon arrondissement.
— Et par qui ces boutiques sont-elles tenues ?—demanda le chanoine.
— Par les huit enfans de ma sœur, seigneur dom Diégo ; ils vendent là, dans le but charitable que je vous ai dit, les produits de leur industrie. Mais venez, messieurs, entrons ; j'aurai l'honneur de vous présenter successivement mes neveux et mes nièces.
Et le docteur Gasterini introduisit ses hôtes dans une vaste orangerie. L'on y voyait en effet huit boutiques. Les caisses vertes d'un grand nombre d'orangers gigantesques formaient l'entourage et les séparations de ces boutiques, de sorte que chacune d'elles avait pour plafond un dôme de feuillage.
— Ah ! monsieur le docteur ! — s'écria le chanoine en s'arrêtant devant la première boutique avec admiration, — c'est magnifique !... de ma vie je n'ai rien vu de pareil !... C'est magique !
— Le fait est, — reprit l'abbé, — que c'est un coup-d'œil... unique !...
Voici ce qui causait la juste admiration des hôtes du docteur Gasterini.
Les caisses d'oranger formant l'enceinte de cette première boutique, étaient ornées de feuillages et de fleurs ; sur des gradins de bois rustique, couverts de mousse, on voyait disposés, avec un goût parfait, une collection de fruits, de légumes et de primeurs d'une beauté rare ; des ananas d'un jaune d'or à couronne verte surmontaient d'immenses corbeilles de raisins de toutes nuances, depuis le frankental d'un noir pourpré, jusqu'au thomery transparent et vermeil. Des pyramides de poires et de pommes des espèces les plus recherchées, d'une grosseur monstrueuse et diaprées des plus riantes couleurs, avaient pour faîtes des régimes de bananes, aussi dorées que si le soleil des tropiques les eût mûries. Plus loin, des figuiers nains en pots et couverts de figues violettes dominaient une belle collection de melons d'automne, de courges du Brésil et d'énormes patates violettes et blanches. Plus loin, de petites corbeilles de jonc étaient remplies de fraises de serre-chaude, rouges et parfumées, contrastant avec des champignons rosés et des truffes énormes d'un noir d'ébène, obtenues sur couche par la nouvelle culture. Puis enfin venaient les rares primeurs de cette époque de l'année : asperges vertes et laitues panachées.
Au milieu de ces merveilles du règne végétal, qu'elle achevait de grouper d'une manière pittoresque et charmante, on voyait une belle jeune femme élégamment vêtue à la mode des paysannes des environs de Paris.
— Je vous présente une de mes nièces, — dit le docteur à ses hôtes, — Juliette Dumont, cultivatrice de primeurs, de fruits de pleine terre et de serre chaude, à Montreuil-sous-Bois.

Et, s'adressant à la jeune femme, le docteur ajouta :
— Mon enfant, dis donc à ces messieurs combien toi et ton mari vous employez de jardiniers à vos cultures.
— Mais, mon bon oncle, nous employons toujours au moins une vingtaine d'hommes.
— Et leur salaire, mon enfant ?
— D'après vos conseils, mon bon oncle, nous leur donnons, en outre des cinquante sous de fixe, une part dans nos bénéfices, afin de les intéresser comme nous à ce que nos cultures soient aussi soignées que possible. Nous nous trouvons le mieux du monde de cet arrangement, car nos jardiniers, ayant avantage comme nous à la prospérité de notre établissement, travaillent avec grand zèle. Aussi, cette année, leur part dans les bénéfices de la maison a porté leur journée à près de cinq francs.
— Et le mouvement général de vos affaires, de combien est-il à peu près par an, mon enfant ?
— Mon bon oncle, grâce à nos pépinières des plus belles espèces d'arbres à fruits, nous faisons, par an, pour quatre-vingt à cent mille francs d'affaires.
— Autant que cela ? — dit l'abbé.
— Oui, monsieur, — répondit la jeune femme, — et il y a bien des maisons aux environs de Paris et en province qui sont encore plus fortes que la nôtre.
Le chanoine, absorbé par la contemplation de ces fruits si dorés, si parfumés, de ces champignons, de ces truffes, de ces rares primeurs, ne prêtait qu'une attention distraite à la partie *économique* de l'entretien, et il ne céda qu'à regret à l'invitation du docteur, qui lui dit :
— Passons à un autre spécimen de l'industrie de ma famille, monsieur le chanoine, car chacun aujourd'hui pare de son mieux sa marchandise ; aussi, dites-moi si ce gaillard là n'est pas un véritable artiste ?
En disant ces mots, le docteur Gasterini désignait à ses hôtes la seconde boutique.
Que l'on se figure, au milieu d'une logette tapissée d'algues, de joncs et de varechs, trois grandes tables de marbre blanc superposées les unes aux autres à un pied d'intervalle et diminuant progressivement de grandeur, ainsi que les vasques d'une fontaine. Sur ces dalles, recouvertes d'herbes marines, on voyait un échantillon des coquillages, des crustacés et des poissons de mer les plus délicats.
Sur la première tablette, c'était une longue table rocaille, composée de clovisses, de bigorneaux, d'huîtres de Marennes, d'Ostende et de Cancale, engraissées à grands frais dans les parcs. A la base de ce rocher, des langoustes, des homards, des crevettes, des crabes presque tous vivans sous leur humide carapace, se mouvaient lentement.
Sur la seconde tablette, frangée de longues algues d'un vert glauque, se trouvaient les poissons d'une dimension moyenne et d'un goût exquis : sardines argentées, royans d'un bleu d'outre-mer mêlé de nacre, grondis d'un rose vif, barbues au dos de neige et au ventre rose, etc.
Enfin, sur la dernière et la plus large des vasques de marbre, gisaient çà et là de véritables monstres marins, des turbots énormes, des saumons gigantesques, des esturgeons formidables, des thons prodigieux.
Un jeune homme au teint hâlé, à la figure ouverte et avenante, qui rappelait les traits du capitaine Horace, souriait complaisamment à cette magnifique exhibition de marée.
— Messieurs, je vous présente mon neveu Thomas, patron de pêche à Etretat, — dit le docteur Gasterini à ses hôtes, — et vous voyez que ses filets ne ramènent pas que du sable !...
— Je n'ai vu de ma vie plus admirable, plus appétissante marée ! — s'écria dom Diégo avec enthousiasme ; — ce serait à la manger crue !
— Mon garçon, — dit le docteur Gasterini à son neveu, — ces messieurs désireraient savoir combien de matelots, vous autres patrons pêcheurs, vous employez par chaque bateau.
— Chaque bateau emploie huit à dix hommes et un mousse, — répondit le patron Thomas ; — vous voyez,

cher oncle, que ça fait un fier personnel, quand on songe au nombre de bateaux pêcheurs de toutes les côtes de France, depuis Bayonne jusqu'à Dunkerque, et depuis Perpignan jusqu'à Cannes ?

— Et quel salaire ont tes hommes, mon garçon ? — dit le docteur.

— Nous autres, mon bon oncle, nous achetons filets et bateaux à frais communs, nous partageons le produit de la pêche, et quand l'un de nous est emporté par un coup de mer, sa veuve ou ses enfans succèdent à la part du père ; en un mot, nous vivons en association, tous pour chacun, chacun pour tous ; et je vous jure que lorsqu'il s'agit de jeter nos seines ou de les retirer, de crocher dans une voile ou de haler sur une manœuvre, il n'y a pas de fainéant, tous y vont de tout cœur.

— Bien, mon brave garçon, — dit le docteur. — Ce que c'est pourtant, monsieur le chanoine, — ajouta-t-il en se tournant vers dom Diégo, — ce que c'est pourtant que de déguster en vrai gourmand des *escalopes de saumon* aux *truffes* ou des *filets de sole à la vénitienne* ! On favorise une des plus nobles industries du pays, et l'on pousse à l'amélioration de notre marine nationale. Que cette pensée, seigneur chanoine, vous rende l'*esturgeon* léger... lorsque vous le mangerez bien braisé dans son jus, largement piqué de jambon de Bayonne, avec une sauce d'huîtres au vin de Madère !

A ces paroles, dom Diégo ouvrit machinalement sa large bouche et la referma bientôt en passant sa langue sur ses lèvres avec un soupir de convoitise.

L'abbé Ledoux, trop fin et trop sensé pour ne pas comprendre la pensée du docteur, éprouvait un dépit croissant, et ne disait mot. Le médecin feignit de ne pas s'apercevoir de la contrariété de son hôte. Prenant dom Diégo par le bras, il lui dit, en l'amenant devant la troisième boutique,

— Franchement, monsieur le chanoine, avez-vous jamais vu quelque chose de plus coquet, de plus élégant ?

— Jamais ! oh ! jamais ! — s'écria dom Diégo en joignant les mains d'admiration, — et pourtant les *Confiterias* de mon pays passent pour être les premières du monde !

Rien en effet de plus coquet, de plus élégant que cette troisième boutique où l'on voyait dans des coupes ou sur des plateaux de porcelaine tout ce que la friandise la plus raffinée peut imaginer en confitures, conserves, bonbons, etc. Tantôt le sucre cristallisé entourait de ses étincelans stalactites les plus beaux fruits, tantôt il formait des pyramides de toutes formes, et se diaprait des couleurs les plus vives, rose avec les pastilles à la rose, vert avec les pistaches glacées, jaune avec les *fondantes* au citron ; plus loin, des oranges, des limons, des cédrats semblaient couverts d'une neige sucrée. Ailleurs, les transparentes gelées de pomme de Rouen et de groseille de Bar brillaient de l'éclat prismatique du rubis et de la topaze. Plus loin, de larges dalles de nougat de Marseille, pleines de crème fraîche, servaient de socle à des colonnettes de chocolat de Bayonne et de pâte d'abricot de Montpellier. C'étaient, enfin, des boîtes de fruits confits de Touraine, aussi frais qu'ils venaient d'être cueillis, et par la vivacité de leurs couleurs, ressemblant à ces mosaïques florentines en pierres fines qui figurent des fruits en relief.

Une nièce du docteur Gasterini, jeune et jolie personne, présidait à cette friande exhibition et accueillit son oncle par le plus aimable sourire.

— Je vous présente, messieurs, ma nièce Augustine, une des premières confiseuses de Paris, — dit le docteur à ses hôtes, — une véritable artiste qui sculpte et peint avec le sucre, et dont les chefs-d'œuvre sont littéralement *à croquer* ; mais cet échantillon de son savoir-faire n'est rien : c'est dans la quinzaine du jour de l'an que son magasin de la rue Vivienne sera véritablement splendide, et je suis sûr qu'elle ménage des surprises aux curieux.

— Certainement, mon bon oncle, — reprit en souriant la jolie confiseuse, — nous aurons les bonbons les plus nouveaux, les boîtes les plus riches, les corbeilles les plus galantes, les sacs les plus coquets. Rien que pour tous ces accessoires, nous avons un atelier où nous employons trente ouvrières, sans compter, bien entendu, toutes les personnes occupées dans notre laboratoire.

— Qu'avez-vous donc, mon cher abbé ? — dit le docteur au saint homme ; — vous semblez tout soucieux. Est-ce que cela vous contrarie de voir que de la GOURMANDISE dépendent toutes sortes d'industries et de productions qui comptent pour beaucoup dans le mouvement commercial de la France ? Ah ! parbleu, vous n'êtes pas au bout !

— Bien ! bien ! — répondit l'abbé d'un air contraint, — je vous vois venir, vilain homme ; mais j'aurai réponse à tout. Allez, allez, je ne dis mot, mais je n'en pense pas moins.

— Je suis à vos ordres pour la discussion, mon cher abbé ; mais en attendant, vous le voyez, monsieur le chanoine, — ajouta le docteur en se tournant vers dom Diégo, — vous devez être déjà un peu convaincu que vous pouvez sans regret savourer les fruits les plus rares, les poissons les plus exquis et les sucreries les plus recherchées. Bien plus, ainsi que je vous le disais tantôt, comme vous êtes riche, cette consommation de friandises est pour vous un devoir social impérieux : car enfin, il faut bien que vous vous rendiez bon à quelque chose, en consommant largement, splendidement, afin d'activer et de rémunérer la production.

— Et je me sens, dans ma spécialité, à la hauteur de cette noble et patriotique mission ! — s'écria le chanoine avec enthousiasme. — Vous me donnez la conscience de mes devoirs, monsieur le docteur.

— Je m'attendais pas moins de la grandeur de votre âme, seigneur dom Diégo, — reprit le médecin ; — mais un jour viendra où cette douce mission de consommateur que vous acceptez avec un si superbe désintéressement sera plus largement répartie, et de cela nous causerons une autre fois, seigneur chanoine ; mais avant de passer à la boutique suivante, je dois vous demander d'avance votre indulgence pour mon pauvre neveu Léonard, qui préside à l'exhibition que vous allez voir.

— Pourquoi mon indulgence, monsieur le docteur ?

— C'est que, voyez-vous, mon neveu Edouard exerce un métier un peu hasardeux ; mais là où est le penchant il faut qu'on penche. Ce diable de garçon a été élevé quasi comme un sauvage. Mis en nourrice chez une paysanne qui habitait sur la lisière de la forêt de *Sénart*, il a été longtemps si chétif, que j'ai dû le laisser habiter la campagne jusqu'à l'âge de douze ans. Le mari de la paysanne était un fieffé braconnier, et mon neveu avait la protubérance de la chasse aussi marquée qu'un limier de vénerie. Jugez de ce que devint sa passion cynégétique, élevé sous la tutelle d'un pareil père nourricier ! A l'âge de six ans, Léonard, tout malingre qu'il était, passait la journée dans les bois, tendant des collets aux lapins, aux levrauts et aux faisans. Comme un petit homme, à dix ans, il inaugurait son premier affût par la mort d'un superbe brocard (1), tué au clair de lune, par une belle nuit d'hiver. Moi, j'ignorais alors tout cela. Aussi, lorsque Léonard eut douze ans, il me parut suffisamment renforcé ; je le repris auprès de moi et le mis en pension. Trois jours après, il escaladait les murs et retournait à la forêt de Sénart. En un mot, seigneur dom Diégo, rien n'a pu vaincre la passion diabolique de ce garçon à l'endroit de la chasse. Et, ma foi ! j'avoue que je me rendis un peu complice de mon neveu, en lui faisant un jour cadeau d'un de ces fusils de *Lefaucheux*, cet arquebusier de génie dont les armes sont si commodes, si parfaites, qu'elles feraient de vous, cher abbé, un tireur aussi consommé que mon neveu. Il n'est pas le seul d'ailleurs. Des milliers de familles vivent de même du superflu giboyeux des riches propriétaires, qui chassent non par besoin, mais seulement par divertissement. Ainsi, seigneur

(1) Chevreuil.

chanoine, en savourant un gigot de chevreuil mariné, un salmis de perdreau, ou une cuisse de faisan rôti (je ne vous fais pas l'injure de vous croire capable de préférer l'aile), dites-vous bien que vous aidez à vivre à une foule de pauvres ménages.

XIII.

Le docteur ayant fait ainsi l'éloge de la chasse, s'avança vers la boutique de son neveu, et du geste montra au chanoine et à l'abbé le plus admirable spécimen cynégétique que l'on puisse imaginer.

Les gardes-chasse anglais, grands maîtres dans l'art de grouper le gibier et de composer ainsi des tableaux réels de nature morte, eussent reconnu la supériorité de Léonard.

Que l'on se figure un tronc d'arbre noueux et branchu, haut de six à sept pieds, perpendiculairement dressé au milieu de cette boutique; au pied de ce tronc d'arbre étaient groupés, sur un lit de fougère d'un vert éclatant, un jeune sanglier, un magnifique daim daguet (1) en pleine venaison, et deux beaux chevreuils. Ces animaux, couchés en rond, la tête sur l'épaule, comme s'ils eussent reposé dans leur *fort* (2) au fond des grands bois, garnissaient ainsi le pied de l'arbre; de flexibles liens de lierre garni de ses feuilles suspendaient aux branches inférieures du tronc d'arbre, disposé à peu près en ifs, des lièvres, des lapins de garenne, alternés avec des oies sauvages d'un gris cendré; des halbrands à la tête verte et à la penne frangée de blanc; des faisans à l'orbite écarlate, au cou bleu changeant et à la plume brillante comme du cuivre bruni; des outardes argentées, oiseau de passage assez rare dans nos climats; çà et là des branches de houx aux baies pourprées, des rameaux de bruyères à fleurs roses, s'entremêlaient gracieusement avec le gibier ainsi étagé; venaient ensuite des groupes de bécasses, de perdreaux gris, de bartavelles rouges, de pluviers dorés, de poules d'eau d'un noir d'ébène, au bec jaune; aux derniers branchages était suspendu un gibier plus menu et plus délicat encore : cailles, grives, bec-figues et râles de genêts (ces rois de la plaine); enfin, tout au faîte de l'arbre, un magnifique coq de bruyère, sans doute égaré des montagnes des Ardennes, semblait ouvrir ses larges ailes d'un brun glacé de bleu, et planer sur cette giboyeuse hécatombe.

Léonard, svelte et agile garçon, à l'œil un peu fauve, mais à la physionomie franche et résolue, contemplait amoureusement son œuvre, et y donnait, pour ainsi dire, une dernière touche, faisant çà et là contraster le rouge d'une bartavelle avec un vert rameau de genévrier, ou le noir d'ébène d'une poule d'eau avec le rose vif d'une branche de bruyère.

— J'ai instruit ces messieurs de ton affreux métier, mauvais garçon, — dit en souriant le docteur Gasterini à son neveu Léonard; — M. le chanoine et M. l'abbé voudront bien prier pour le salut de ton âme.

— Oh! oh! mon bon oncle, — reprit joyeusement Léonard, — j'aime mieux qu'ils prient pour le bon tirer des deux premières *balles mariées* (3) que de mon affût j'enverrai à quelque bonne et grasse bête de compagnie (4) dont je vous offrirai la hure et les filets, mon bon oncle.

— Hélas! hélas! il est incorrigible! — dit le docteur Gasterini, — et malheureusement, seigneur chanoine, vous n'avez pas d'idée du fumet de haut goût dont sont doués une hure congruement farcie et les filets mignons d'un sanglier d'un an, sautés à la Saint-Hubert! Ah! monsieur le chanoine, quelle succulence! On a bien raison de placer ce mets divin sous l'invocation du saint patron de la vénerie. Mais passons, — dit le docteur, en précédant dom Diégo, ébloui, fasciné par cette exhibition de gibier si nouvelle pour lui, car ces richesses cynégétiques sont inconnues en Espagne.

— Oh! combien est grande la nature dans ses créations! — disait le chanoine; — quelle miraculeuse échelle de goût et de succulence, depuis le gros et monstrueux sanglier jusqu'au bec-figue, cet oiselet exquis! Gloire, gloire à toi! éternelle reconnaissance à toi! — ajouta-t-il en manière d'oraison jaculatoire.

— Bravo! dom Diégo! — s'écria le docteur, — vous voici dans le vrai.

— Le voici dans le matérialisme, dans le paganisme, dans le panthéisme le plus grossier! — dit l'intraitable abbé. — Vous le damnez, docteur, vous perdez son âme!

— Encore un peu de patience, mon cher abbé, — reprit le docteur en faisant un pas vers une autre boutique. — Tout à l'heure, malgré vos dénégations, vous serez convaincu que je dis vrai en préconisant l'excellence de la gourmandise, ou plutôt vous pensez comme moi, mais vous trouvez opportun de nier l'évidence. Maintenant, monsieur le chanoine, vous allez voir ici surtout en quoi cette gourmandise, que nous adorons, vous et moi, est une des causes d'un des plus grands progrès de l'agriculture, la seule et véritable base de la prospérité du pays. Et sur ce, je vous présenterai mon neveu Mathurin, herbager aux prés-salés, qui nourrissent les seuls bestiaux dignes du gourmand, et qui lui donnent ces inestimables gigots, ces côtelettes souveraines, ces filets de bœuf merveilleux que l'Angleterre même nous envie. Je vous présenterai aussi la femme de mon neveu Mathurin, native du Mans, et de cette illustre école d'engraissage qui produit ces poulardes et ces chapons une des gloires et des richesses de la France.

La boutique du fermier Mathurin, sans doute moins coquette, moins brillante, moins pittoresque que les autres, avait, en revanche, un caractère de simplicité majestueuse.

Sur de grandes claies d'osier, couvertes de branches de thym, de sauge, de romarin, d'estragon, et autres herbes fortement aromatiques, s'étalaient, avec un aplomb herculéen, des *rosbifs* monstrueux, des *aloyaux* fabuleux, des *longes* de veau merveilleuses, et de ces *gigots* et de ces *côtelettes* nonpareils qui emplissent les cent bouches de la Renommée de la saveur incomparable des bestiaux des *prés-salés*.

Quoique crue, cette admirable chair, entourée de plantes à odeurs pénétrantes, était si fine, si courte, et d'un rose si vif, sa graisse mate était d'une blancheur si fraîche, si délicate, que dom Diégo jetait sur ces spécimens de l'industrie bovine et ovine des regards carnivores.

De son côté, la fermière Mathurine présidait à une exhibition non moins remarquable. On admirait, à demi enfouie dans les touffes de cresson de fontaine, une collection de poulardes, de chapons, de coqs d'Inde vierges et de poulets à la reine, dits tardillons, tous si dodus, si potelés, si ronds, d'une peau si satinée, que plus d'une jolie femme eût envié leur peau si satinée.

— Oh! qu'elles sont jolies! qu'elles sont ravissantes! — balbutia le chanoine, — oh! c'est à en perdre la tête!

— Ah! monsieur le chanoine, — reprit le docteur, — que direz-vous donc, lorsque l'intéressante pâleur de ces poulardes sera dorée aux feux du tourne-broche! lorsque, distendue à se rompre par les truffes qui apparaîtront bleuâtres sous la finesse de son épiderme, cette peau satinée deviendra vermeille, et qu'elle épandra les pleurs d'un jus empourpré, bientôt moiré par la lente distillation de cette graisse, presque aussi exquise que la graisse de caille!

— Assez, docteur! — s'écria le chanoine exaspéré, — assez, de grâce! ou, bravant le scandale, je me jette sur

---

(1) Daim de deux ans.
(2) Demeure où les fauves restent cachés pendant le jour.
(3) Deux balles liées ensemble; elles rendent le tir plus certain.
(4) Sanglier d'un an accompli.

l'une de ces adorables poulardes, sans le moindre respect pour leur crudité !

— Calmez-vous, seigneur dom Diégo, — dit le docteur en souriant;— l'heure du dîner approche, et vous pourrez alors rendre vos hommages à deux des sœurs de ces adorables.

S'adressant alors à son neveu Mathurin, le docteur ajouta :

— Ces messieurs trouvent remarquables les produits de tes herbages et de la ferme, mon garçon.

— Ces messieurs sont bien honnêtes, mon cher oncle, — répondit Mathurin. — Dame ! aussi, c'est du bétail de choix et d'amateurs ! Je ne crains ni Anglais ni Ardennois pour la saveur de mes bœufs, de mes veaux et de mes moutons de prés-salés, qui font mon petit amour-propre et ma fortune. Car, voyez-vous, messieurs, le dernier mot de l'agriculture, c'est de *faire de la viande*, comme nous disons. Le bétail produit le fumier, le fumier l'engrais, l'engrais la fertilité de la terre, et la fertilité de la terre vous donne bon affanage et bon pacage pour le bétail. Tout ça se tient et s'enchaîne ; et plus le bétail est *fin-gras*, plus il est bon à gourmand, selon le proverbe de chez nous; mieux il se vend, meilleur est son fumier, et conséquemment meilleure est la culture. C'est comme les volailles à Mathurine ; sans doute, ça coûte bien de la peine, ça emploie bien du monde à la ferme, car vous ne croiriez peut-être pas, messieurs, que pour engraisser un de ces chapons ou une de ces poulardes à la mode mancelle, il faut lui ouvrir le bec et l'empâter quinze ou vingt fois par jour dans sa mue, avec des boulettes de farine d'orge et de lait, et cela pendant trois mois ! Mais aussi c'est un fameux produit, car un chapon nous rapporte plus que ne rapporte ailleurs un mouton ou un veau chétif. Mais il faut de grands soins. Aussi, d'après le conseil de ce cher oncle, bon conseil s'il en est, tous les ans, à la Noël, voilà, messieurs, ce que nous faisons à la ferme : le soir, au retour des bestiaux, les deux premiers bœufs qui entrent à l'étable, qu'ils soient les plus beaux ou les moins beaux du troupeau (peu importe, le hasard décide), sont mis de côté ; il en est de même des six premiers veaux, des six premiers moutons qui rentrent à l'étable ; ensuite on ouvre les mues des volailles, et les premiers douze chapons, les premières douze poulardes, les douze premiers coqs vierges qui sortent des mues sont ainsi mis de côté.

— A quoi bon ? — demanda l'abbé. — Que deviennent ces animaux ainsi désignés par le sort ?

— On en fait un lot, monsieur, et il est vendu au profit du personnel de la ferme. Ce bénéfice s'ajoute à leurs gages fixes. Vous comprenez, messieurs, qu'ainsi tout mon monde a intérêt à ce que bétail et volailles soient, indistinctement, soignés le mieux possible, puisque le hasard seul désigne le *lot d'encouragement*, comme nous l'appelons. Qu'arrive-t-il de là, messieurs ? c'est que troupeau et volailles deviennent presque autant la chose de mes gens que la mienne, car, plus le lot se compose de beaux produits, plus il se vend cher et plus mon monde bénéficie. Eh bien ! messieurs, croiriez-vous que, grâce au zèle, aux soins, à l'activité, que donne à mes gens de ferme l'espoir de ce bénéfice, je gagne encore plus que je ne leur abandonne, parce que, encore une fois, notre intérêt à tous est commun, de sorte que, en rendant la condition de ces braves gens beaucoup meilleure, j'y trouve mon avantage.

— La morale de ceci, seigneur chanoine, — dit le docteur en souriant, — est qu'il faut manger le plus possible d'excellents aloyaux, de tendres côtelettes de prés-salés, et se livrer avec le même dévouement à une consommation effrénée de poulardes, de chapons et de coqs-dindes vierges, afin d'activer l'intéressante industrie mancelle.

— Je tâcherai, monsieur le docteur, — dit gravement le chanoine, — d'être à la hauteur de mes devoirs.

— Et ils sont plus nombreux que vous ne le pensez, seigneur dom Diégo, car il dépend aussi de vous que le pauvre monde soit mieux vêtu et mieux chaussé. Ce à quoi vous pouvez particulièrement concourir, en mangeant force grenadins de veau à la Samaritaine, force biftecks au beurre d'anchois, force langues de mouton à la d'Uxelle.

— Ah çà ! monsieur le docteur, — dit le chanoine, — vous plaisantez !

— Vous vous en apercevez un peu bien tard, dom Diégo, — dit l'abbé.

— Je parle très sérieusement, — reprit le docteur, — et je vais vous le prouver, seigneur dom Diégo. Avec quoi se font les souliers ?

— Avec du cuir, monsieur le docteur.

— Et qui produit ce cuir ? Ne sont-ce pas les bœufs, les moutons, les veaux ? Il est donc évident que plus l'on consomme de bétail, plus le prix du cuir diminue, et plus les bonnes et saines chaussures deviennent accessibles aux pauvres gens qui ne portent que des sabots.

— C'est vrai, — dit le chanoine d'un air cogitatif, — c'est pourtant vrai !

— Maintenant, — reprit le docteur, — et les bons vêtemens de laine, et les bons bas de laine, de quoi sont-ils tissés ? de la toison des moutons ! Or donc, plus l'on consomme de moutons, plus la laine devient bon marché.

— Ah ! monsieur le docteur, — s'écria le chanoine, emporté par un élan de vaillante philanthropie, — c'est à regretter de ne pouvoir faire dix repas par jour ! Oui, oui, c'est à se crever d'indigestion pour le plus grand bonheur de ses semblables !

— Ah ! seigneur dom Diégo, — répondit le docteur d'un ton pénétré, — toi est peut-être le glorieux martyre qui vous attend !

— Et je le subirai avec joie, avec orgueil ! — s'écria le chanoine enthousiasmé, — il est doux de mourir pour l'humanité !

L'abbé Ledoux ne pouvait plus en douter, dom Diégo lui échappait ; aussi manifestait-il son dépit par de dédaigneux haussements d'épaules et par des roulements d'yeux courroucés.

— Oh ! mon Dieu ! monsieur le docteur, — dit soudain le chanoine en dilatant à plusieurs reprises ses larges narines, — quelle est donc cette appétissante odeur que e sens là ?

— C'est le spécimen de l'industrie de mon neveu Michel, monsieur le chanoine ; elle sort à peine du four ; voyez comme c'est doré, comme c'est friand !

Et le docteur Gasterini désigna du geste au chanoine les plus merveilleux échantillons de pâtisserie et de petits-fours que l'on puisse imaginer : pâtés formidables au gibier, au poisson ou à la volaille ; bouchées aux queues d'écrevisses, tourtes aux fruits, tartelettes aux confitures et aux crèmes de toutes sortes, brioches fumantes, meringues à la gelée d'ananas, viennoises pralinées, nougats montés en forme de rochers supportant des temples de sucre candi ; sultanes élégantes, dont le dôme en sucre filé, pareil à un filigrane d'argent, laisse apercevoir un bassin de massepains à la vanille rempli de crème à la rose, crème fouettée aussi légère que de l'écume. Passons sous silence d'autres merveilleuses friandises qu'il serait trop long d'énumérer, et que le chanoine dom Diégo contemplait avec une muette admiration.

— L'heure de dîner s'approche, et il faut que j'aille bientôt à mes fourneaux donner la dernière touche à certains mets que je fais ébaucher par mes élèves, — dit le docteur Gasterini à son hôte. — Aussi, pour vous prouver l'importance de cette branche d'industrie si appétissante, je me bornerai à une seule question.

Et s'adressant à son neveu Michel :

— Mon garçon, dis à monsieur combien tu as payé le fonds de pâtisserie que tu exploites rue de la Paix.

— Vous le savez bien, mon cher oncle, — répondit Michel, en souriant affectueusement au docteur Gasterini, — puisque vous m'avez avancé l'argent nécessaire à cette acquisition.

— Ma foi ! mon garçon, comme tu m'as intégralement remboursé depuis longtemps, j'ai oublié ce chiffre. Voyons, c'était...

— Deux cent mille francs, mon cher oncle. Et j'ai fait une excellente affaire. Du reste, la maison est bonne ; car mon prédécesseur a gagné dans ce commerce vingt mille livres de rentes en dix ans.

— Vingt mille livres de rentes ! — s'écria dom Diégo avec stupéfaction, — vingt mille livres de rentes !

— Voilà pourtant, monsieur le chanoine, comment l'on crée des capitaux, en mangeant des *pâtés chauds* à la financière, ou des babas aux pistaches. Maintenant, voulez-vous voir quelque chose de véritablement grandiose ? car il s'agit, cette fois, d'une industrie qui touche, non-seulement aux intérêts de presque toutes les contrées de la France, mais qui s'étend jusque dans une grande partie de l'Europe et de l'Orient, c'est-à-dire en Allemagne, en Italie, en Grèce, en Espagne, en Portugal ! Une industrie qui met en circulation des capitaux énormes, qui occupe des populations entières, et dont les produits de premiers choix atteignent parfois à des prix fabuleux ; une industrie, enfin, qui est surtout à la gourmandise ce que l'âme est au corps, l'esprit à la matière ! Tenez, seigneur dom Diégo, regardez et vénérez, car ici, les plus jeunes sont déjà bien vieux.

Aussitôt, le chanoine ôta par instinct son chapeau, et courba respectueusement la tête.

— Je vous présente mon neveu Théodore, commissionnaire en vins fins français et étrangers, — dit le docteur au chanoine.

Dans cette boutique, rien de brillant ni de chatoyant : de simples étagères de bois chargées de bouteilles poudreuses, et au-dessus de chaque étagère des écriteaux en lettres rouges sur fond noir, où l'on lisait ces mots, d'un laconisme significatif :

FRANCE.

« Chambertin (comète). — Clos-Vougeot-1813. — Volney
» (comète). — Nuits-1820. — Pomard-1834. — Châblis-1834.
» — Pouilly (comète). — Château-Margot-1818. — Haut-
» Brion-1820. — Château-Laffitte-1834. — Sauterne-1811.—
» Grave (comète). — Roussillon-1800. — Tavel-1802. — Ca-
» hors-1793.—Lunel-1814.—Frontignan (comète). — Rive-
» saltes-1831.—Aï mousseux-1820.—Aï rose-1831.—Sillery
» sec (comète).—Eau-de-vie de Cognac-1737.—Anisette de
» Bordeaux-1804.—Ratafia de Louvres-1807.

ALLEMAGNE.

» Johannisberg-1779.— Rudesteimer-1747.—Hocheimer-
» 1760.—Tokai-1797.—Vermouth-1801.—Vin de Hongrie-
» 1783.—Kirchenwasor de la forêt Noire-1801.

HOLLANDE.

» Anisette-1821.— Curaçao rouge-1805.— Curaçao blanc
» 1820.— Genièvre-1799.

ITALIE.

» Lacryma-Christi-1803.— Imola-1819.

GRÈCE.

» Chypre 1801.— Samos-1813.

ILES IONIENNES.

» Marasquin de Zara.

ESPAGNE.

» Val de Penas-1812. — Xérès sec-1809. — Xérès doux-
» 1810. — Moscatelle-1824. — Tintilla de Rota-1823. —
» Malaga-1799.

PORTUGAL.

» Po-1778.

ILE DE MADÈRE.

» Madère-1810, ayant fait trois fois le voyage de l'Inde,

CAP DE BONNE-ESPÉRANCE.

» Vins, rouge, blanc, paille, 1826. »

Pendant que dom Diégo contemplait dans un profond recueillement, le docteur Gasterini dit à son neveu :

— Mon garçon, as-tu un souvenir précis du prix auquel s'est élevée la vente de quelques caves renommées ?

— Oui, mon cher oncle, — répondit Michel, — Il y a eu la cave du duc de Sussex, à Londres, qui a été vendue 280,000 fr.; la cave de M. Laffitte a été, je crois, vendue à Paris près de 100,000 fr.; celle de M. Lagillière, aussi à Paris, 160,000 fr.

— Eh bien ! seigneur dom Diégo, — dit le docteur Gasterini à son hôte — qu'en pensez-vous ? Croyez-vous que ce soit là une abomination, comme l'affirme cet espiègle d'abbé Ledoux, qui nous observe sournoisement ? Croyez-vous, dis-je, qu'elle soit digne en soi d'anathème, cette passion qui entre autres favorise une industrie de cette immense importance ? Songez aux frais de main-d'œuvre, de transport, de conservation, que de pareilles caves ont dû coûter ! Que de gens ont vécu des capitaux qu'elles représentaient !

— Je pense, — s'écria le chanoine, — je pense que j'étais un aveugle, un insensé, de ne pas avoir compris jusqu'ici l'immense portée industrielle, politique et sociale, de ce que je faisais en mangeant et en buvant avec recherche. Je pense que maintenant la conscience d'accomplir une mission d'intérêt public, en me livrant à une gourmandise effrénée, sera pour mon appétit un délicieux apéritif ; et cet apéritif, à qui le dois-je, si ce n'est à vous, docteur ? O noble penseur ! ô grand philosophe !...

— C'est la gastrolâtrie poussée jusqu'à l'insanité ! — dit l'abbé Ledoux, — c'est du néo-paganisme.

— Seigneur Diégo ! — reprit le docteur, — nous parlerons de la reconnaissance que vous croyez me devoir, lorsque nous aurons jeté un coup d'œil sur cette dernière boutique. Il s'agit ici d'une industrie qui l'emporte sur toutes celles dont nous venons de parler, par sa haute importance. La question est grave, car elle a trait à l'influence de la gourmandise sur l'équilibre de l'Europe.

— L'équilibre de l'Europe ! — dit le chanoine, de plus en plus abasourdi. — La gourmandise a quelque chose à voir dans l'équilibre de l'Europe !

— Allez, allez, dom Diégo ! — dit l'abbé Ledoux en haussant les épaules, — si vous écoutez ce tentateur, il vous prouvera des choses bien plus surprenantes encore.

— Je vais, en attendant, mon cher abbé, prouver au seigneur dom Diégo, et à vous-même, que je n'avance rien que de rigoureusement vrai. Et d'abord vous m'avouerez, n'est-ce pas, que la puissance de la marine militaire d'une nation comme la France pèse d'un grand poids dans la balance des destinées de l'Europe ?

— Certes ! — dit le chanoine.

— Ensuite ? — dit l'abbé.

— Or, — poursuivit le docteur, — vous m'accorderez que, selon que cette marine militaire s'augmente ou s'affaiblit, l'influence maritime de la France perd ou gagne dans la même proportion ?

— Évidemment ! dit le chanoine.

— Concluez donc ! — s'écria l'abbé, — c'est là que je vous attends.

— Je conclus donc, mon cher abbé, que plus la gourmandise fera de progrès, que plus elle deviendra accessible au grand nombre, plus la marine militaire de la France gagnera en force, en influence ; et cela, seigneur dom Diégo, je vais vous le démontrer en vous priant seulement de lire cet écriteau.

En effet, au-dessus de cette dernière boutique, la seule qui ne fût pas occupée par un neveu ou par une nièce du docteur Gasterini, on lisait ces mots :

DENRÉES COLONIALES.

— Denrées coloniales ! — répéta tout haut le chanoine en regardant le médecin d'un air interrogatif, tandis que l'abbé, plus pénétrant, se mordait les lèvres de dépit.

— Ai-je besoin de vous dire, seigneur chanoine, — poursuivit le docteur, — que sans colonies nous n'aurions pas de marine marchande, et sans marine marchande point de marine de guerre, puisque celle-ci se recrute parmi les matelots de commerce? Eh bien! si les gourmands ne consommaient pas toutes ces excellentes choses dont vous voyez ici des échantillons, sucre, café, vanille, girofle, cannelle, gingembre, riz, pistaches, muscade, poivre de Cayenne, liqueur des Iles, hachars des Indes, etc., etc., que deviendraient, je vous le demande, nos colonies, c'est-à-dire notre puissance maritime?

— Je suis ébloui! — s'écria le chanoine; — j'ai le vertige! à chaque pas je me sens grandir de cent coudées!

— Et vous avez parbleu raison, seigneur dom Diégo, — dit le docteur, — car enfin, lorsqu'après avoir dégusté au dessert un fromage glacé à la vanille, auquel a succédé un verre de vin de Constance ou du Cap, vous savourez une tasse de café, en suite de quoi vous concluez par un ou deux petits verres de liqueur des Iles à la cannelle ou au girofle, eh bien! vous poussez héroïquement à la grandeur maritime de la France, vous faites dans votre sphère autant pour la marine que le matelot ou que le capitaine, et à propos de capitaine, seigneur chanoine, — ajouta tristement le docteur, — je vous ferai observer que seule parmi toutes les autres cette boutique est vide, car le capitaine du navire qui a amené des Indes et des colonies toutes ces friandes denrées n'ose se montrer, étant sous le coup de votre vengeance. C'est vous nommer mon pauvre neveu le capitaine Horace, seigneur chanoine. Seul il manque aujourd'hui à cette fête de famille.

— Ah! serpent maudit! — murmura l'abbé Ledoux, — comme il arrive tortueusement à son but! comme il a su enlacer cette misérable brute de dom Diégo!

Au nom du capitaine Horace, le chanoine avait tressailli et était resté un moment silencieux et pensif.

XIV.

Le chanoine dom Diégo, après être resté un moment silencieux, tendit au docteur Gasterini sa grosse main tremblante d'émotion, et lui dit :

— Monsieur le docteur, le capitaine Horace m'avait fait pendant deux mois perdre l'appétit; vous me l'avez rendu, je l'espère, pour toute ma vie, et bien plus, selon votre promesse, vous m'avez prouvé, non par des raisonnemens spécieux, mais par des faits, par des chiffres, que le gourmand, ainsi que vous le disiez avec tant de profondeur, que le gourmand accomplit une haute mission sociale civilisatrice et politique; vous m'avez donc ainsi délivré de cruels remords en me donnant conscience de la noble tâche que la gourmandise me donnait à remplir; et à ce devoir sacré je ne faillirai pas, monsieur le docteur. Aussi, gloire à vous, reconnaissance à vous, et je crois m'acquitter bien modestement en vous déclarant que, non-seulement je ne déposerai aucune plainte contre le capitaine Horace, mais que je lui accorde de grand cœur la main de ma nièce.

— Quand je vous le disais, chanoine, — reprit l'abbé, — j'étais bien sûr qu'une fois qu'il vous tiendrait entre ses griffes, ce diabolique docteur ferait de vous ce qu'il voudrait! Où sont maintenant vos belles résolutions de ce matin?

— L'abbé, — reprit dom Diégo d'un ton capable, — je ne suis pas un enfant; je saurai rester à la hauteur du rôle que monsieur le docteur m'a tracé. — Et, s'adressant à ce dernier, il ajouta : — Vous allez, monsieur, me donner ce qu'il faut pour écrire; une personne sûre prendra ma lettre, montera dans votre voiture et ira à l'instant chercher ma nièce au couvent et la ramènera ici.

— Seigneur dom Diégo, — reprit le docteur, — vous assurez le bonheur de nos deux enfans, la joie de mes vieux jours, et conséquemment votre félicité gastronomique, car je tiendrai ma parole : je vous ferai dîner tous les jours, mieux encore que je ne vous ai fait déjeuner l'autre matin. Un pavillon de cette maison sera désormais à votre disposition; vous me ferez l'honneur de manger à ma table, et vous voyez que, d'après les professions que j'ai choisies pour mes neveux et pour mes nièces (avec une *gourmande* et friande préméditation, ainsi que je vous le disais), mon garde-manger, mon office et ma cave seront toujours merveilleusement approvisionnés. Je vieillis, j'ai besoin d'un bâton de vieillesse : Horace et sa femme ne me quitteront plus; je leur confierai le dépôt de mes traditions culinaires, afin qu'elles se transmettent de génération en génération; nous vivrons tous ensemble, et nous passerons ainsi tour à tour de la pratique à la philosophie de la gourmandise, monsieur le chanoine.

— Docteur, je mets le pied sur le seuil du paradis! — s'écria le chanoine. — Ah! la Providence est miséricordieuse, car elle va combler de faveurs un pauvre pécheur tel que moi.

— Hérésie! impiété! blasphème! — s'écria l'abbé Ledoux; — vous serez damné! archi-damné, chanoine! ni plus ni moins que votre tentateur.

— Voyons, cher abbé, — reprit le docteur, — pas de ces espiègleries-là! Avouez donc tout de suite que je vous ai convaincu par mes raisonnemens.

— Moi, je suis convaincu!

— Certainement; car je vous défie, vous et tous vos pareils, passés, présens et futurs, de sortir de ce dilemme.

— Voyons le dilemme.

— Si la gourmandise est une monstruosité, la frugalité poussée à ses dernières limites doit être une vertu.

— Certes, — répondit l'abbé.

— Ainsi, mon cher abbé, plus l'on est frugal, selon vous, plus l'on est méritant?

— Évidemment, docteur.

— Ainsi, celui qui vivrait de racines crues et boirait de l'eau en vue de se macérer, serait le type et le prototype de l'homme vertueux?

— Et qui en douterait? Vous trouvez ce type céleste chez les anachorètes.

— A merveille, l'abbé. Maintenant, d'après vos idées de prosélytisme, vous devez forcément désirer que tous vos frères se rapprochent le plus possible de ce type de perfection idéale : *un homme habitant une caverne et vivant de racines?* Le beau idéal de votre société religieuse serait donc une société d'*habiteurs* de cavernes et de mangeurs de racines, s'administrant par passe-temps une rude discipline?

— Plût à Dieu qu'il en fût ainsi! — reprit vaillamment l'abbé; — il y aurait autant de justes que d'hommes sur la terre.

— D'abord, cela rendrait le calendrier un peu nombreux, mon cher abbé; et ensuite, cela aurait le petit inconvénient de détruire tout d'un coup ces nombreuses industries dont nous venons d'admirer les spécimen. Sans compter l'industrie des tisserands qui trament les nappes, des orfévres qui cisèlent l'argenterie, des porcelainiers qui fabriquent les porcelaines, des verriers qui fabriquent les cristaux, des peintres, des doreurs qui embellissent les salles à manger, des tapissiers, etc., etc. C'est-à-dire que la société, en se rapprochant de votre idéal, anéantirait les trois quarts des industries les plus florissantes, ce qui serait, en d'autres termes, revenir à l'état sauvage.

— Mieux vaut faire son salut dans l'état sauvage, — reprit opiniâtrement l'abbé Ledoux, — que de mériter les peines éternelles en s'adonnant aux délices d'une civilisation corrompue et corruptrice.

— Voilà un sublime désintéressement. Mais alors, pourquoi laissez-vous généreusement aux autres ces durs renoncemens, ces cruelles privations, leur abandonnant votre part de paradis, et vous contentant modestement de vivre douillettement ici-bas, couchant sous l'édredon, buvant frais, mangeant chaud? Allons, parlons sérieusement, et avouez que c'est un véritable outrage, un véritable blasphème contre les munificences de la création, que de ne pas glorifier les milliers d'appétissantes bonnes choses qu'elle offre à la satisfaction de la créature.

— Voilà bien ces païens, ces matérialistes, ces philosophes! — s'écria l'abbé Ledoux, — ils ne peuvent pas admettre ce qu'ils ne comprennent pas dans leur orgueil infernal.

— Oui, *Credo quia absurdum.* Cet axiome est vieux comme le monde, mon cher abbé; mais il n'empêche pas le monde de marcher au rebours de vos théories de renoncement et de privations. Dieu merci! le monde aspire incessamment au bien-être. Croyez-moi, il ne s'agit pas de réduire tous les hommes à manger des racines et à boire de l'eau, ; il faut arriver au contraire à ce que le plus grand nombre possible mange au moins de bonnes viandes, de bonnes volailles, de beaux fruits, de beau pain de pur froment, et boive du vin vieux. La nature, dans sa sagesse infinie, a fait l'homme insatiable dans les besoins de son corps, dans les aspirations de son intelligence ; et si l'on songe aux merveilles de toutes sortes que l'homme a seulement créées pour plaire aux *cinq sens* dont elle l'a pourvu dans sa munificence, on reste frappé d'admiration. C'est donc obéir à ses lois imprescriptibles, que de pousser avec ardeur, par la consommation, au travail et au bien-être de tous, ainsi que je le disais au chanoine, et de faire, chacun dans sa sphère, autant de bien que possible, afin de jouir sans trop de remords, car... Mais voici bientôt six heures ; venez chez moi, seigneur chanoine, afin d'écrire la lettre qui doit mander ici votre charmante nièce. J'irai donner ensuite un dernier coup d'œil à mon laboratoire, que j'ai confié aux soins de mes deux premiers élèves. Le cher abbé voudra bien m'attendre au salon, car je tiens à remplir mon programme et à lui prouver par les faits économiques, non pas seulement l'excellence de la gourmandise, mais aussi de toutes ces autres passions qu'il appelle des *péchés capitaux.*

— Allons, nous verrons jusqu'où vous pousserez votre sacrilége paradoxe, — dit imperturbablement l'abbé Ledoux. — Du reste, toutes les monstruosités sont curieuses à observer. Mais, docteur, docteur, il y a trois siècles..., quel magnifique auto-da-fé l'on eût fait de vous!

— Mauvais rôti mon cher abbé! Cela ne vaut pas mieux que le produit de cette chasse qu'au beau temps du fanatisme vous faisiez aux protestans dans les montagnes des Cévennes. Mauvais gibier, l'abbé. Ainsi donc, à tout-à-l'heure, mes chers hôtes, — dit le docteur en s'éloignant.

Le chanoine ayant écrit à la supérieure du couvent, un homme de confiance du docteur Gasterini partit en voiture pour aller quérir la senora Dolorès Salcédo, et prévenir en même temps le capitaine Horace et son fidèle Sans-Plume qu'ils pouvaient sortir de leur cachette.

Une demi-heure après le départ de cet émissaire, le chanoine, l'abbé, ainsi que les neveux et nièces de M. Gasterini et plusieurs autres convives, étaient réunis dans le salon du docteur.

XV.

Dolorès et Horace ne tardèrent pas à arriver à peu de distance l'un de l'autre chez le docteur Gasterini. Nous laissons le lecteur s'imaginer la joie des deux amans et l'expression de leur tendre reconnaissance pour le docteur et pour le chanoine. Le profond attendrissement de ce dernier, la conscience d'assurer à jamais la félicité de sa nièce, se manifestaient chez lui par une faim de tigre ; aussi murmura-t-il d'une voix lamentable à l'oreille du docteur Gasterini :

— Hélas! hélas! les autres convives n'arrivent donc point, cher docteur? Il y a des gens d'un affreux égoïsme!

— Mes convives ne peuvent maintenant beaucoup tarder, mon cher chanoine ; il est six heures et demie, et l'on sait qu'à sept heures sonnant, je me mets impitoyablement à table.

En effet, les derniers invités du docteur ne se firent pas longtemps attendre, et un valet de chambre annonça successivement les noms suivans :

— *Monsieur le duc et madame la duchesse de Senneterre-Maillefort!*

— L'ORGUEIL, — dit tout bas le docteur au chanoine et à l'abbé, qui fit une laide grimace en se souvenant de la mésaventure de son protégé, M. de Macreuse, à l'endroit de Mlle de Beaumesnil, la riche héritière.

— Combien vous êtes aimable, madame la duchesse, d'avoir bien voulu vous rendre à mon invitation! — dit le docteur à Herminie, à qui il alla recevoir et dont il baisa respectueusement la main. — S'il faut tout dire, madame, je comptais pour vous décider sur ce cher ORGUEIL que M. de Maillefort, M. de Senneterre et moi, nous admirons tant chez vous.

— Et comment cela, mon bon docteur ? — dit affectueusement Gérald de Senneterre. — Je sais bien que je dois à *l'orgueil* de ma femme.le bonheur de ma vie, mais......

— Notre cher docteur a raison, — reprit Herminie en souriant, — je suis très orgueilleuse de l'amitié qu'il veut bien avoir pour nous, et je saisis toutes les occasions de lui témoigner combien je suis sensible à son attachement, sans parler de notre éternelle reconnaissance pour les soins si dévoués qu'il a eus pour mon fils et pour la fille d'Ernestine. Je n'ai pas besoin de vous dire, mon bon docteur, les regrets qu'elle éprouve de n'être pas ici ce soir, mais son état de grossesse avancée la retient chez elle, et le cher Olivier, non plus que son oncle et M. de Maillefort, ne quitte pas d'une minute notre intéressante malade.

— Il n'y a rien de tel que les vieux marins, les marquis duellistes et les anciens soldats d'Afrique pour être d'excellentes gardes malades, sauf pourtant, sans dit déprécier la terrible madame Barbançon, — répondit gaîment le docteur. — Seulement, madame la duchesse, vous me permettrez de n'être pas du tout de votre avis sur la manière dont tout à l'heure vous avez interprété mes paroles ; je voulais vous dire que votre propension pour *l'orgueil* m'assurait d'avance que vous encourageriez chez moi cet adorable péché en me rendant fière de vous posséder dans ma pauvre maison.

— Et moi, cher docteur, — dit en riant Gérald de Senneterre, — je déclare que vous encouragez furieusement en nous le friand péché de *gourmandise,* car lorsque l'on a dîné une fois chez vous, l'on devient gourmand à perpétuité.

L'entretien du docteur, d'Herminie et de Gérald (entretien auquel le chanoine avait prêté l'oreille) fut interrompu par la voix du valet de chambre qui annonça :

— *Monsieur Yvon Cloarek.*

— LA COLÈRE, — dit tout bas le docteur au chanoine en s'avançant au devant de l'ancien corsaire, qui, malgré son grand âge, était encore vert et alerte.

— Vivent les chemins de fer! car j'arrive à l'instant du Havre, mon vieux camarade, pour assister à l'anniversaire de ta naissance, — dit cordialement Yvon au docteur, en lui serrant les mains ; — et pour venir ici, j'ai laissé *Sabine, Sabinon* et *Sabinette,* ce sont les noms que le quasi-centenaire *Segoffin,* mon ancien maître-canonnier, a donnés à ma petite-fille et à mon arrière-petite-fille, car je suis bisaïeul, tu sais cela.

— Parbleu! mon vieux camarade, et j'espère bien que tu ne t'arrêteras pas là!

— Ah çà, mon gendre Onésime, à qui tu as rendu la vue, il y a quelque trente ans, m'a chargé, comme toujours, de te le rappeler à ton souvenir. Et me voilà!

— Pouvais-tu manquer à une de nos réunions annuelles, mon brave Yvon? Je me serais mis dans une de ces superbes colères dont tu étais autrefois possédé.

S'interrompant alors, et s'adressant au chanoine et à l'abbé, le docteur leur présenta Yvon en leur disant :
— Le capitaine Cloarek, un de nos plus anciens et de nos plus illustres corsaires, le fameux héros du brick le *Tison-d'Enfer*, qui a fait des siennes à la fin de l'empire.
— Ah! monsieur le capitaine, — dit le chanoine, — en 1812, j'étais à Gibraltar, et j'ai eu l'honneur de vous entendre bien souvent maudire, vous et votre bâtiment corsaire, par les Anglais.
— Et savez-vous, mon cher chanoine, à quel admirable péché le capitaine Cloarek doit sa gloire et les services qu'il a rendus à la France dans les victorieuses croisières qu'il a faites contre les Anglais? Je vais vous le dire, et mon vieil ami ne me démentira pas. Gloire, succès, richesse, il doit tout à la *colère*.
— A la colère ! — s'écria l'abbé.
— A la colère? — dit le chanoine.
— La vérité est, messieurs, — reprit modestement Cloarek, — que le peu que j'ai fait pour mon pays, je le dois à mon naturel incroyablement *colère*.
— *Monsieur et madame Michel !* — annonça le valet de chambre.
— LA PARESSE, — dit le docteur au chanoine et à l'abbé en s'approchant de Florence et de son mari (son véritable mari, car le cousin Michel avait épousé Mme de Lucenay depuis la mort de M. de Lucenay, victime d'une ascension qu'il avait tentée au Chimboraçao en compagnie de Valentine).
— Ah ! madame, — dit le docteur Gasterini en allant galamment baiser la main de Florence, — combien je vous sais gré de vous être arrachée à vos douces habitudes de *paresse* pour vous donner la peine de venir chez moi avant votre départ pour votre chère retraite de Provence !
— Comment, mon bon docteur! — reprit en riant la jeune femme. — Oubliez-vous donc que les paresseux sont capables de tout?
— Même de faire l'incroyable effort de venir dîner chez un de leurs meilleurs amis, — ajouta Michel en serrant la main du docteur.
— Et quand je pense, — reprit Gasterini, — quand je pense qu'il y a quelques années j'ai été consulté afin de faire savoir si je pouvais vous guérir de cet incurable péché de *paresse*! Heureusement l'insuffisance de la science, et surtout mon profond respect pour les dons du Créateur, m'ont empêché d'attenter à l'ineffable nonchalance dont vous étiez douée.
Et désignant du regard à Florence l'abbé Ledoux, le docteur ajouta :
— Tenez, madame, monsieur l'abbé Ledoux, que j'ai l'honneur de vous présenter, me considère, à l'heure qu'il est, environ comme un païen, comme un affreux idolâtre. Soyez assez bonne pour me réhabiliter dans son esprit en affirmant à ce saint homme que vous et votre mari avez puisé dans la plus profonde, la plus invincible paresse, une activité sans bornes, une énergie inconcevable, grâce auxquelles vous vous êtes assuré tous deux la plus honorable indépendance.
— Pour l'honneur de la paresse, monsieur l'abbé, — répondit Florence en riant, — je suis obligée de faire violence à ma modestie et à celle de mon mari et d'avouer que ce cher docteur dit la vérité.
— *Monsieur Richard !* — annonça le valet de chambre.
— L'AVARICE, — dit tout bas le docteur au chanoine et à l'abbé pendant que le père de Louis Richard, l'heureux époux de Mariette, s'avançait vers le docteur.
— Est-ce que M. Richard, — dit à demi voix l'abbé à M. Gasterini, — serait le fondateur de ces écoles, de ces maisons de retraite établies à Chaillot, et si admirablement organisées ?
— C'est lui-même, — répondit le docteur en tendant la main au vieillard et lui disant :—Arrivez donc, bonhomme Richard; M. l'abbé me parlait de vous.
— De moi, cher docteur?

— Ou, si vous le préférez, de vos merveilleuses fondations de Chaillot.
— Ah! docteur, — dit le vieillard, — il faut rendre à César ce qui appartient à César : mon fils seul est l'auteur de ces fondations charitables.
— Voyons, mon bon et excellent monsieur Richard, — reprit le docteur, — si vous n'aviez pas été un *avare* aussi complet que votre ami *Ramon*, votre digne fils aurait-il pu faire bénir partout votre nom, comme il l'a fait?
— Quant à cela, docteur, c'est la pure vérité ; aussi je vous avoue qu'il n'est pas de jour où, à ce point de vue, je ne remercie Dieu de m'avoir fait naître le plus avaricieux des hommes.
— Et l'ami de votre fils, — reprit le docteur, — *le marquis de Saint-Hérem*, comment va-t-il ?
— Il est venu nous voir hier avec sa femme. C'est la perle des ménages. Il nous a invités à aller visiter le château qu'il vient de faire construire dans la vallée de Chevreuse. On dit que son palais de Paris n'est rien auprès de ces nouvelles splendeurs. Il paraît que depuis trois ans, il y a là quinze cents ouvriers occupés, sans parler des terrassements du parc, qui seuls ont employé les bras de trois ou quatre villages ; et, comme le marquis paie magnifiquement, vous concevez quel bien-être cela a répandu dans les environs de son château.
— Or donc, mon cher bonhomme Richard, vous m'avouerez que si l'oncle du marquis n'avait pas été de la même avarice que vous, ce généreux garçon n'aurait pu donner du travail à tant de familles.
— C'est vrai, mon cher docteur ; aussi, sous le nom de *saint Ramon*, comme le marquis [a baptisé ironiquement son oncle, la mémoire de ce fameux avare est-elle bénie de tous.
— C'est inconcevable, l'abbé, — disait le chanoine, — le docteur avait donc raison ? Je suis confondu de ce que j'entends, de ce que je vois. Nous allons donc dîner avec les *sept péchés capitaux*?
— *Monsieur Henri David*, — dit le valet de chambre.
A ce nom, la physionomie du docteur devint grave ; il alla au-devant de David, lui prit les deux mains avec effusion et dit :
— Pardon d'avoir tant insisté au sujet de cette invitation, mon cher David, mais j'ai promis à mon excellent ami et élève le docteur Dufour, qui vous a recommandé à moi, de tâcher de vous distraire pendant votre court séjour à Paris.
— Et de ces distractions je sens le besoin, je vous assure, monsieur. Là-bas notre vie est si calme, si régulière, que les heures passent presque inaperçues, mais ici, perdu dans cette immense bruyante et grande ville à laquelle je suis devenu tout à fait étranger, j'éprouve des accès de tristesse mortelle, et je vous remercie mille fois de m'avoir ménagé une si aimable distraction.
Henri David parlait ainsi au docteur lorsque sept heures sonnèrent.
Le chanoine poussa un profond soupir de satisfaction en voyant un maître d'hôtel ouvrir les deux battants de la porte de la salle à manger.

XVI.

CONCLUSION.

Au moment même où tous les convives du docteur se dirigeaient vers la salle à manger, un valet de chambre annonça :
— *Madame la marquise de Miranda.*
— LA LUXURE, — dit tout bas le docteur à l'abbé. — Je craignais qu'elle ne nous manquât.
Puis allant offrir son bras à *Madeleine*, plus belle, plus séduisante que jamais, le docteur lui dit en la conduisant dans la salle à manger :

— Je commençais à désespérer de la bonne fortune que vous m'aviez promise, madame la marquise. Écoutez donc ! à mon âge, le bonheur de vous revoir ici, savez-vous que cela vaut presque un rendez-vous ? Ah ! si j'avais seulement cinquante ans de moins!

— Je vous prendrais pour mon cavalier, mon cher docteur, — dit la marquise en riant comme une folle. — Ainsi c'est convenu, nous avons été ensemble du dernier mieux il y a cinquante ans.

Nous n'entreprendrons pas d'énumérer les merveilles de la salle à manger du docteur; nous nous bornerons à citer le menu de ce dîner, menu que chaque convive, grâce à une délicate prévoyance, trouva sur la serviette, entre deux douzaines d'huîtres, l'une d'Ostende, l'autre de Marennes. Ce menu était écrit sur blanc vélin, et encadré dans une petite bordure formée par des rameaux de feuilles d'argent ciselées et émaillées de vert. Chaque invité savait ainsi la somme d'appétit qu'il devait tenir en réserve pour tel ou tel mets de prédilection. Ajoutons seulement que la grandeur de la table et de la salle à manger était telle, qu'au lieu de ces chaises incommodes et pressées qui vous forcent de manger, comme on dit, *les coudes au corps*, chaque convive, assis dans un large et excellent fauteuil, les pieds sur un moelleux tapis, avait toute la latitude nécessaire pour les évolutions de sa fourchette et de son couteau.

Voici le menu que le chanoine prit d'une main tremblante d'émotion et lut religieusement :

MENU DU DÎNER.
Quatre potages.

« Le potage à la Condé.
» La bisque d'écrevisse au blanc de volaille.
» Le potage au kouskoussou.
» Le potage de santé au consommé.

Quatre relevés de poisson.

» La hure d'esturgeon à la Godard.
» Les tronçons d'anguille à l'italienne.
» Le saumon à la Chambord.
» Le turbot à la hollandaise.

Quatre assiettes volantes.

» De croquettes à la royale.
» De bouchées aux queues d'écrevisse.
» De laitance de carpes à la Orly.
» De petits pâtés à la reine.

Quatre grosses pièces.

» Le quartier de sanglier mariné.
» La pièce de bœuf (des prés-salés) à la cuiller.
» Le quartier de veau à la Monglas.
» Le rosbif de quartier de mouton (des prés-salés).

Seize entrées.

» Les escalopes de chevreuil à l'espagnole.
» Les filets d'agneau à la Toulouse.
» Les aiguillettes de cannetons à l'orange.
» Le pain de levraut à la gelée.
» Les papillottes de bec-figues à la d'Uxelle.
» Le vol-au-vent à la Nesle.
» La timbale de macaroni à la parisienne.
» Le pâté chaud d'ortolans.
» Les filets de poularde (du Mans) en suprême.
» Les bécasses à la financière.
» Les croustades de caille au gratin.
» Les côtelettes de lapereau à la maréchale,
» Les hatelettes de riz de veau.
» Les boudins de perdreaux à la Richelieu.
» Les caisses de foie gras à la provençale.
» Les filets de pluviers à la lyonnaise.

Intermède.

» Punch à la romaine.

Quatre pièces de rôt.

» Les faisans piqués et truffés.
» Les gélinotes bardées.
» La dinde truffée du Périgord.
» Le coq de bruyère.

Seize entremets.

» Les cardons à la moelle.
» Les fonds d'artichaut à la napolitaine.
» Les champignons grillés.
» Les truffes du Périgord au vin de Champagne.
» Les truffes blanches du Piémont à l'huile vierge.
» Le céleri à la française.
» Le buisson de homards cuits au vin de Madère.
» Le buisson de crevettes au kary de l'Inde.
» Les laitues à l'essence de jambon.
» Les pointes d'asperges en petits pois.

Deux grosses pièces.

» La sultane à la crème rose.
» Le temple de Croque-en-bouche à la pistache.

» Les marrons d'abricot glacés.
» La gelée d'ananas garnie de fruits.
» Le fromage bavarois (glacé) aux framboises.
» La gelée de marasquin fouettée.
» La crème française au café noir.
» Les bouchées de fraises. »

Après la lecture de ce menu, le chanoine, emporté par l'enthousiasme et oubliant, il faut l'avouer, les convenances, se leva, prit d'une main son couteau, de l'autre sa fourchette, et allongeant les bras, il dit d'une voix solennelle :

— Docteur, je mangerai de tout, je le jure!

. . . .

Et le chanoine, en effet, mangea de tout.
Et il resta sur son appétit !

Inutile de dire que les vins exquis, dont le chanoine avait déjà pu, par de nombreux spécimens, apprécier l'ambroisie, circulèrent à profusion.

Au dessert, le docteur Gasterini se leva, tenant à la main un petit verre de vin de Constance frappé de glace, et dit :

— Mesdames, je vais porter un toste infernal, un toste aussi diabolique que si nous banquetions ici joyeusement entre damnés au plus profond de la salle à manger du royaume de Satan.

— Oh ! oh ! cher et aimable docteur, — dit-on tout d'une voix, — quel est donc ce toste infernal ?

— Aux *Sept péchés capitaux*! — dit le docteur. Et maintenant, mesdames, permettez-moi de vous exposer la pensée qui m'inspire ce toste : j'ai promis à M. l'abbé Ledoux, qui a le bonheur d'être placé auprès de Mme la marquise de Miranda, j'ai promis, dis-je, à M. l'abbé Ledoux, homme d'esprit, d'expérience et de savoir, mais incrédule, de lui prouver par des faits, par des actes, l'excellence que peuvent avoir, dans certains cas et dans une certaine mesure, ces goûts, ces propensions, ces instincts, ces passions qu'on appelle les sept péchés capitaux. Tout le problème est de les régler sagement et d'en tirer le meilleur parti possible. Or, comme Mme la duchesse de Senneterre-Mailleford, Mme Florence Michel et Mme la marquise de Miranda veulent bien depuis longtemps m'honorer de leur amitié ; comme MM. Richard, Yvon Cloarek et Henri David sont de mes anciens et meilleurs amis, j'ai espéré que, pour le triomphe des idées saines, mes aimables convives me feraient la grâce de m'aider à réhabiliter ces péchés capitaux que leurs excès, dus à l'absence de toute bonne direction, ont fait condamner absolument, et à convertir ce pauvre abbé à leur utilité possible. Il ne pèche que par ignorance et par obstination, c'est vrai, mais il n'en blasphème pas moins ces admirables moyens d'action, de bonheur et de richesse, dont l'inépuisable munificence du Créateur a doué la créature. Or, comme rien n'est plus charmant qu'une causerie au dessert entre gens d'esprit, je supplie donc, dans l'intérêt de notre infortuné frère l'abbé Ledoux, je supplie donc les représentans de ces divers péchés de nous dire tout ce qu'ils leur doivent ou tout ce qu'ils leur ont dû de félicité pour eux ou pour autrui.

La proposition du docteur Gasterini, accueillie à l'unanimité, fut réalisée avec une bonne grâce parfaite et un joyeux entrain. Henri David seul, qui parla l'avant-dernier, intéressa vivement les convives en retraçant les prodiges de dévouement et de générosité que l'ENVIE avait inspirés à Frédéric Bastien, et fit couler quelques douces larmes en racontant la mort de ce noble enfant et celle de son angélique mère. Heureusement le récit de la LUXURE termina le dîner, et la sémillante marquise fit beaucoup rire la compagnie lorsque, parlant de son aventure avec l'archiduc (dont elle n'avait point partagé la flamme), elle dit qu'il était plus facile d'amener un légat à courir la mascarade en cavalier pandour que de faire comprendre à un archiduc autrichien que l'homme est né pour la liberté. Du reste, la marquise annonça qu'elle combinait un plan de campagne contre le vieux *Radetzki*, et s'engagea formellement à le transformer en *carbonaro* et à faire de lui l'un des chefs de l'affranchissement de l'Italie.

— Et cette neige, chère et belle marquise? — lui dit tout bas le docteur après ce récit, — cette armure de glace qui vous rend si méprisante au pauvre monde que vous incendiez, elle ne s'est donc point encore fondue à tant de feux?

— Non, mon bon docteur, — répondit tout bas la marquise avec un sourire légèrement mélancolique, — le souvenir de mon blond archange, mon idéal et unique amour, se conserve ainsi toujours frais et pur au fond de mon cœur comme une fleur sous la neige.

— Et j'avais des remords! — s'écria le chanoine dans le paroxysme des délices de la digestion, — j'étais assez mécréant pour avoir des remords à l'endroit de ma gourmandise!

— Loin de laisser des remords, un excellent dîner donne au contraire, même aux cœurs les plus égoïstes, une singulière propension à la charité, — reprit le docteur; — et si je ne craignais d'être frappé d'anathème par notre espiègle et cher abbé Ledoux, j'ajouterais qu'au point de vue de la charité, *la gourmandise* pourrait avoir les plus heureux résultats.

— Allons, soit! — reprit l'abbé en haussant les épaules, tout en *sirotant* un petit verre d'exquise crème de cannelle de *madame Amphoux* (1788). — Vous nous avez déjà tant dit d'énormités, cher docteur, qu'une de plus ou de moins...

— Il s'agit, non de chimères, non d'utopies, mais d'un fait palpable, pratique, réalisable, demain, aujourd'hui, — reprit le docteur; — d'un fait qui peut verser chaque jour dans les bureaux de bienfaisance de Paris des sommes considérables. Est-ce une énormité?

— Parlez, cher docteur, — dirent les convives tout d'une voix. — Parlez, nous vous écoutons.

— Voici ce dont il s'agit, — reprit le médecin, — et je regrette que la pensée que j'ai eue ne me soit pas venue plus tôt. Il y a trois jours, je me trouvais sur les boulevards, vers les six heures du soir. Surpris par une horrible averse, je me réfugie dans un café, chez un des restaurateurs les plus en vogue de Paris. Je ne dîne jamais hors de chez moi, mais pour me donner une contenance et satisfaire mes goûts d'observation, je me fais servir quelques mets auxquels je ne touche point, et, en attendant la fin de la pluie, je m'amuse à observer les dîneurs. Il y aurait un livre curieux et un livre à écrire sur les nuances de mœurs, de caractère et de condition sociale et autres qui se révèlent invinciblement à l'heure solennelle du dîner. Mais telle n'est pas la question. Je faisais seulement cette remarque, à savoir que tel dîneur, qui s'était attablé l'air indifférent, soucieux, rogue ou morose, semblait, à mesure qu'il dînait et en raison du choix et de l'excellence des mets, céder à une sorte de béatitude, d'épanouissement intérieur qui se reflétait et rayonnait sur sa physionomie, miroir fidèle de son âme. Placé près de l'une des fenêtres de la maison, je suivais de l'œil mes dîneurs à leur sortie du café; au dehors se tenait un enfant hâve, déguenillé, tremblant sous cette froide pluie d'automne. Eh bien, mes amis, je le dis à la louange des gourmands, presque aucun de ceux qui avaient le mieux dîné ne refusa son aumône à la pauvre petite créature frissonnante et affamée. Or, sans médire de mon prochain, je me demande si, à jeun, ces gens-là se seraient sentis aussi charitables, et j'affirmerais presque que le pauvre petit mendiant avait, à leur entrée au cabaret, essuyé un dur refus de la plupart de ceux-là mêmes qui en sortant se montraient libéraux pour lui.

— Ce païen ne va-t-il pas nous dire que la charité peut naître de la gourmandise! — s'écria l'abbé Ledoux.

— Il faudrait, pour vous répondre victorieusement, cher abbé, entrer dans une discussion physiologique au sujet de l'influence du physique sur le moral, — reprit le docteur. — Je vous dirai donc tout simplement ceci : Vous avez, n'est-ce pas, des troncs pour les pauvres à la porte de vos églises? Personne plus que moi n'affectionne et ne respecte la charité des fidèles qui déposent aux parvis des lieux saints leur modeste ou riche offrande; mais pourquoi ne pas en placer aussi dans ces brillans cafés, où les heureux du jour viennent satisfaire leurs goûts raffinés? pourquoi, dis-je, ne pas y placer un tronc de même genre, dans un endroit bien apparent, avec cette simple, hélas! et trop significative inscription : POUR CEUX QUI ONT FAIM !

— Le docteur a raison! — crièrent les convives, — l'idée est excellente, tout grand établissement produirait chaque jour une belle recette.

— Et les petits établissemens aussi, — reprit le docteur. — Ah! croyez-moi, mes amis, celui qui fait un modeste repas ressent, autant que l'opulent gastronome, cette sorte de compassion rétrospective qui naît d'un besoin ou d'un plaisir satisfait, lorsque l'on songe à ceux qui sont privés de la satisfaction de ce plaisir ou de ce besoin. Or donc je me résume : Si tous les propriétaires de restaurans et de cafés suivaient mon conseil, ils s'entendraient avec les membres des bureaux de bienfaisance et exposeraient, en un lieu apparent, leurs troncs avec ces mots ou tels autres : *Pour ceux qui ont faim!* J'en suis convaincu, soit charité, soit orgueil, soit respect humain, vous verriez pleuvoir dans ces troncs d'abondantes aumônes. Et puis, enfin, l'homme le plus égoïste, qui a dépensé un louis ou plus à son dîner, éprouve, malgré lui, un ressentiment pénible et une sorte de déboire amer à l'aspect de ceux qui souffrent. Une généreuse aumône l'absoudrait à ses propres yeux; et au point de vue hygiénique, cher chanoine, ce petit acte de charité lui rendrait vraiment la digestion délicieuse.

— Docteur, je m'avoue vaincu, — s'écria l'abbé Ledoux; — je bois, sinon aux *Sept péchés capitaux* en général, du moins, en particulier, à la *Gourmandise !*

FIN DE LA GOURMANDISE
ET DE LA NEUVIÈME SÉRIE.

TABLE

DES OUVRAGES CONTENUS DANS CE VOLUME.

LES SEPT PÉCHÉS CAPITAUX, PAR EUGÈNE SUE.

L'ORGUEIL.	— LA DUCHESSE.	1
L'ENVIE.	— FRÉDÉRIC BASTIEN.	157
LA COLÈRE.	— TISON D'ENFER.	247
LA LUXURE.	— MADELEINE.	301
LA PARESSE.	— LE COUSIN MICHEL.	354
L'AVARICE.	— LES MILLIONNAIRES.	387
LA GOURMANDISE.	— LE DOCTEUR GASTERINI.	433

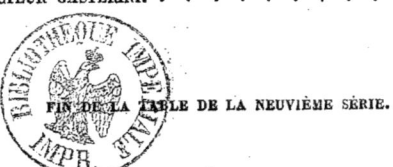

FIN DE LA TABLE DE LA NEUVIÈME SÉRIE.

En Vente, chez MICHEL LÉVY FRÈRES, Libraires-Éditeurs.

LE
THÉATRE CONTEMPORAIN ILLUSTRÉ
CHOIX DES PRINCIPALES PIÈCES DE

MM. ALEXANDRE DUMAS, BALZAC, EUGÈNE SUE, SCRIBE, FRÉDÉRIC SOULIÉ, JULES SANDEAU, BAYARD, LOCKROY, DUMANOIR, ANICET-BOURGEOIS, LÉON GOZLAN, MARC-FOURNIER, MÉLESVILLE, DUVERT et LAUZANNE, DENNERY, PAUL FÉVAL, FÉLIX PYAT, BOUCHARDY, LABICHE et MARC MICHEL, ROSIER, MICHEL MASSON, MÉRY, DE SAINT-GEORGES, JULES DE PRÉMARAY, HENRY MURGER, AUGUSTE MAQUET, EMILE SOUVESTRE, FERDINAND DUGUÉ, COGNIARD FRÈRES, AMÉDÉE ACHARD, LÉON GUILLARD, TH. BARRIÈRE, A. DECOURCELLE, MICHEL CARRÉ, JULES BARBIER, CHARLES DESNOYER, ALPHONSE ROYER, GUSTAVE VAEZ, A. LEFRANC, DELACOUR, ETC., ETC.

20 Centimes la Livraison. — Il en paraît une ou deux par semaine

CHAQUE PIÈCE 20 CENTIMES

CHAQUE SÉRIE BROCHÉE SE COMPOSANT DE 5 PIÈCES, 1 FRANC.

PIÈCES EN VENTE :

1re Série	1° LE CHIFFONNIER DE PARIS, drame en 5 actes, de FÉLIX PYAT...........	20 c.
	2° LA CLOSERIE DES GENÊTS, drame en 5 actes, de FRÉDÉRIC SOULIÉ......	
1 FRANC.	3° UNE TEMPÊTE DANS UN VERRE D'EAU, comédie en 1 acte, de LÉON GOZLAN.....	40
	4° LE MORNE AU DIABLE, drame en 5 actes, d'EUGÈNE SUE.	
	5° PAS DE FUMÉE SANS FEU, comédie-vaudeville en 1 acte, de BAYARD........	40
	6° LA REINE MARGOT, drame en 5 actes, d'ALEXANDRE DUMAS et A. MAQUET.....	
	7° CROQUE-POULE, comédie-vaudeville en 1 acte, de ROSIER	40

EN PRÉPARATION.

La Marâtre, drame en 5 actes, de BALZAC.
Hamlet, drame en 5 actes, en vers, d'ALEXANDRE DUMAS et P. MEURICE.
Gentil-Bernard, com.-vaud. en 5 actes, de DUMANOIR et CLAIRVILLE.
La Vie de Bohème, drame en 5 actes, de BARRIÈRE et HENRY MURGER.
Le Fils du Diable, drame en 5 actes, de PAUL FÉVAL.
La Foi, l'Espérance et la Charité, drame en 5 actes, de ROSIER.
Le Chevalier de Maison-Rouge, drame en 5 actes, d'ALEXANDRE DUMAS et AUG. MAQUET.

Clarisse Harlowe, drame en 3 actes, de DUMANOIR et LÉON GUILLARD.
Martin et Bamboche, drame en 5 actes, d'EUGÈNE SUE.
Le Livre noir, drame en 5 actes, de LÉON GOZLAN.
Trois Rois, trois Dames, comédie-vaud. en 3 actes, de LÉON GOZLAN.
Les Mystères de Londres, drame en 5 actes, de PAUL FÉVAL.
Hortense de Blengie, drame en 3 actes, de FRÉDÉRIC SOULIÉ.

LE MUSÉE LITTÉRAIRE DU SIÈCLE

Choix des meilleurs ouvrages de MM. de LAMARTINE, Alexandre DUMAS, de BALZAC, Jules JANIN, Eugène SUE, Emile de GIRARDIN, Charles de BERNARD, Frédéric SOULIÉ, Jules SANDEAU, MÉRY, Alphonse KARR, Léon GOZLAN, Félix PYAT, Emile SOUVESTRE, SCRIBE, Paul FÉVAL, Louis DESNOYERS, Emmanuel GONZALÈS, Marc FOURNIER, SAINTINE, Michel MASSON, Emile MARCO DE SAINT-HILAIRE, etc., etc.

Il paraît deux Livraisons par semaine ou une Série tous les quinze jours.

20 centimes la livraison composée de 24 pages.

EN VENTE, OUVRAGES COMPLETS :

ALEXANDRE DUMAS

Les Trois Mousquetaires.	1 vol. Prix :	1	50
Vingt ans après.	—	2	»
Le Vicomte de Bragelonne	—	4	50
Le Chevalier de Maison-Rouge. . . .	—	1	10
Le Comte de Monte-Cristo.	—	3	60
La Reine Margot.	—	1	50
Ascanio.	—	1	30
La Dame de Monsoreau	—	2	20

LÉON GOZLAN

Les Nuits du Père-Lachaise	—	1	10

PAUL FEVAL

Les Mystères de Londres	—	3	»
Les Amours de Paris	—	1	75

ALEXANDRE DUMAS

Amaury	1 vol. Prix :	»	90
Les Frères corses	—	»	50

EUGÈNE SUE

Les Sept Péchés capitaux.	1 vol. Prix :	5	»

Chaque ouvrage se vend séparément.

L'Orgueil	—	1	50
L'Envie.	—	»	90
La Colère	—	1	50
La Luxure.	—	»	70
La Paresse	—	»	50
L'Avarice	—	»	50
La Gourmandise.	—	»	50
Les Enfants de l'Amour	—	»	90
La Bonne Aventure.	—	1	50

ALPHONSE KARR

Sous les Tilleuls.	—	»	90

EN PRÉPARATION

CHARLES DE BERNARD

La Femme de 40 ans	—	»	20

Paris. — Typographie de Mme Ve Dondey-Dupré, rue Saint-Louis, 46, au Marais.

www.ingramcontent.com/pod-product-compliance
Lightning Source LLC
Chambersburg PA
CBHW050249230426
43664CB00012B/1890